2010 中共山西年鉴

中共山西省委 主办

中央文献出版社

《中共山西年鉴》编审委员会

《中共山西年鉴》编辑委员会

《中共山西年鉴》编辑部

主　　任　范小平
调 研 员　郭秀翔
副 主 任　徐海鸿
责　　编　李　军　袁佩红
装帧设计　王晋元
图文设计　张晓娟

各市工作站

太原市　雷学东　刘德清　谢　洋
大同市　李生明　景　京　王树鑫
朔州市　李永强　贾尚福
忻州市　郝钧藩　华和平　赵　芳
吕梁市　李良森　李俊有　薛　斌
晋中市　赵宏钟　王俊山　杨美红
阳泉市　李顺宽　高喜存　贺　艳
长治市　李仁秀　卫恒善　宋河星
晋城市　窦三马　高俊霞
临汾市　扈新起　赵靖平　陈波轶
运城市　杜国华　樊朝阳　刘辽垣

7月4日，中共中央政治局常委、国务院总理温家宝在太原钢铁（集团）有限公司考察。

9月7日，中共中央政治局常委李长春在京观看大型山西说唱剧《解放》后与演职人员合影。

5月24日，中共中央政治局常委、国家副主席习近平在晋城市农村考察。

12月27日,中共中央政治局常委、国务院副总理李克强在大同县看望老党员。

4月2日，中共中央政治局常委、中央政法委书记周永康在临汾市考察。

4月13日，中共中央政治局委员、国务院副总理回良玉在晋中市考察。

4月20日，中共中央政治局委员、书记处书记、中央宣传部部长刘云山在山西日报报业集团考察。

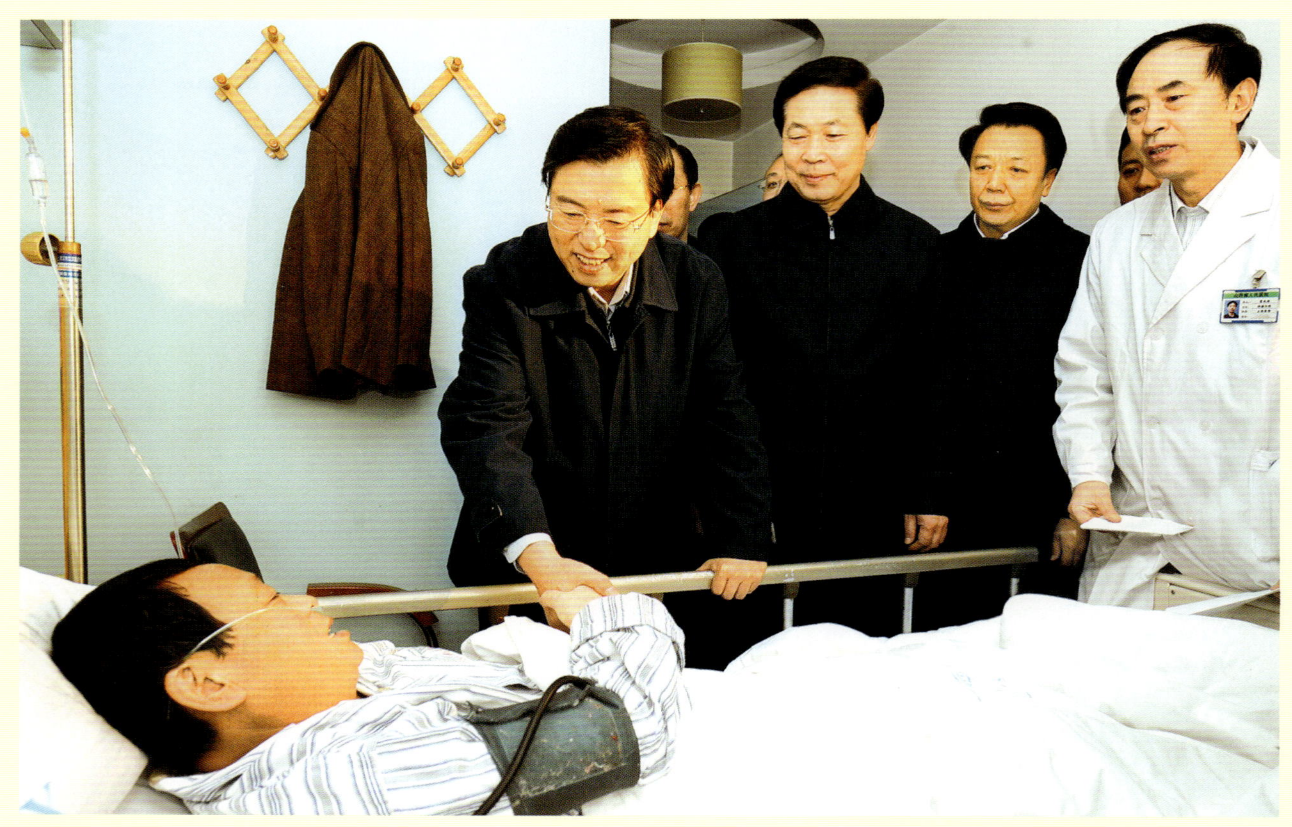

2月23日，中共中央政治局委员、国务院副总理张德江看望在屯兰矿特别重大瓦斯爆炸事故中受伤人员。

9月25日，国务委员兼国务院秘书长马凯在山西调研。

出席十一届全国人大二次会议的山西代表团成员

5月12日，省委书记、省人大常委会主任张宝顺在长子县方兴科技园调研。

6月25日，省委副书记、省长王君在长治市调研。

2月12日，省委副书记、省政协主席薛延忠慰问坚守在执勤一线的太原市消防特勤官兵。

10月12日，省委常委、常务副省长申联彬在晋城市东街办事处建设路社区调研。

9月28日，省委常委、太原市委书记申维辰视察长风西大街改造工程，现场为群众解答改造工程中的折迁安置问题。

8月30日，省委常委、政法委书记杜玉林在河山管业朔州分公司调研。

2月4日，省委常委、纪委书记金道铭在石楼县辛关镇辛关村慰问困难群众。

3月22日，省委常委、副省长李小鹏到吕梁市太中银铁路建设工地现场调研。

3月19日，省委常委、宣传部部长胡苏平在山西出版集团调研。

11 月18日，省委常委、省军区司令员方文平在长治市调研。

9月24日，省委常委、秘书长高建民在中共太原支部历史纪念馆参加新中国成立60周年纪念活动。

10 月29日，省委常委、统战部部长李政文在运城市调研。

7 月5日，省委常委、组织部部长汤涛在孝义市调研。

编 辑 说 明

《中共山西年鉴》是中共山西省委主办的一部大型党史工具书，按年度连续出版，全面记录中共山西省委一年来召开的重要会议、发布的重要文件、进行的重大活动、开展的重要工作，系统反映全省各部门、各市县党的建设和其他各方面工作情况。

《中共山西年鉴》2010版记录的时限范围是2009年1月1日至2009年12月31日。所收资料采用分类编排法，共设置10个栏目。在保留传统栏目的基础上，为纪念新中国成立60周年，特别设立了反映山西60年建设成就的《山西辉煌60年》，并增设了《人物》栏目，力求使资料收集更全面。资料来源主要由省委办公厅和各市县、各部门党委办公室提供，还有少部分转载自省内主要报刊。《附录》部分由省市统计部门和省委组织部供稿。在组稿、编辑、印刷、出版过程中，得到了各有关部门的大力支持和协助，在此，表示诚挚的谢意。

由于《中共山西年鉴》2010版内容浩繁，涉及面广，编纂难度较大，加之编辑水平所限，部分单位未能按要求提供稿件，因此，所收资料错误和遗漏之处难以避免，恳请广大读者批评指正，以便在今后的编辑工作中加以改进。

目录

中央领导在山西

中共山西省委工作概况

重要会议

重 要 文 献

省委工作部门工作概况

省人大常委会党组工作概况

省政协党组工作概况

省纪委（监察厅）工作概况

省高级人民法院党组工作概况

省人民检察院党组工作概况

省政府各厅局党组（委）工作概况

省直属事业单位党组（委）工作概况

群团组织党组工作概况

省管国有企业党委工作概况

中央部属单位党组（委）工作概况

驻晋部队党委工作概况

高等院校党委工作概况

领导与专家论坛

人事变动

市、县（市、区）委工作概况

山西辉煌60年

人 物

一、年度职务变动的省级领导

二、先进人物和先进集体

三、4位为新中国成立作出突出贡献的山西籍候选人事迹

四、5位新中国成立以来感动中国人物山西籍候选人事迹

五、年度逝世人物

六、缅怀文章

大 事 记 要

附　录

中央领导在山西

深情播洒黄土地 企稳回升正当时

——温家宝在山西考察侧记

7月的天气，热浪逼人。深切的关怀，催人奋进。

正值应对国际金融危机、经济开始向好的关键时刻，7月4日至5日，中共中央政治局常委、国务院总理温家宝来到了山西。

这是温家宝10年间第七次来晋考察。温家宝在省委书记、省人大常委会主任张宝顺，省委副书记、省长王君等陪同下，深入企业车间、居民社区和几百米深的矿井下，走到生产一线，走入人民中间，与干部群众共商保增长、保民生、保稳定大计……

一家家企业难中求进，一户户居民生活安定，一张张笑脸意气风发。从龙城太原到塞北大同，三晋大地充满勃勃生机。看到山西在应对危机中出现的可喜变化，感受着广大群众昂扬向上的精神面貌，温家宝感到由衷的高兴。

坚定的信念，殷殷的嘱托，亲切的话语，和蔼的笑容，给奋进在转型发展、安全发展、和谐发展之路上的山西干部群众以巨大的信心和力量。

我相信经过这一轮调整，中国钢铁工业有可能稳稳地站在世界领先地位

7月4日上午，温家宝一下飞机，就直奔太原钢铁（集团）有限公司。

火红钢花飞溅，科学操控精确。温家宝来到4350立方米高炉工作面和中控室，认真听取企业负责人介绍，详细了解生产工艺流程和主要技术经济指标，对他们在钢渣转化、尾气利用、余热回收等方面取得的骄人成绩表示祝贺。

太钢不锈钢冷轧厂拥有世界最先进的冷轧生产线。望着码放整齐的不锈钢冷轧带和几十种应用于建筑、石油、汽车等重点领域的不锈钢产品，温家宝十分欣慰。

他动情地对大家说，钢铁工业处在十分艰苦的调整阶段，但也蕴涵着极有希望的光明前途。太钢从冶炼、冷轧到热轧，特别是不锈钢板材，已有许多世界领先的优势，这使我们看到了希望。

温家宝强调，今后的调整，一是技术改造，二是淘汰落后产能，三是推进企业改革。抓企业兼并重组，重在体制和机制的转换，要做到“貌合神也合”。同时，把信息化与钢铁生产和经营紧密结合起来，把材料工业、新材料工业与钢铁企业的技术改造紧密结合起来，把钢铁企业的冶炼、加工与循环经济的发展紧密结合起来，争取在更多的指标上处于世界领先的地位。

轧机的轰鸣掩不住温家宝坚定的声音，战胜困难、再上台阶的信念萦绕在现场每个人的脑海中。

太重之所以化危为机，有所发展，关键是前些年技改搞得好

太原重型机械集团是我国自行设计和建造的第一座重型机器厂，是我省发展装备制造业的骨干企业。令人欣喜的是，在这次国际金融危机面前，太重能够保持一定的竞争力，产品继续有大量的订单，并在世界范围内都有新的开拓。

温家宝健步走进挖掘焦化分公司、油膜轴承分公司、起重机分公司，沿着生产主线路，了解各类设备的运转情况和企业经营状况。

看到一台台即将运往印度、韩国等国家和台湾地区的设备，一份份排得有些紧张的生产订单，他露出赞许的笑容。

师明霞是有着27年工龄的高级工程师，正在专心研究挖掘提升卷筒的设计图纸。温家宝来到她旁边，向她询问有关设计问题，祝她工作愉快。

温家宝对太重的职工们说，装备制造业搞的不是一般的产品，这样的产品从哪来？要靠先进的管理理念，先进的科学技术，先进的市场营销。太重之所以化危为机，有所发展，关键是前些年的技改搞得好。振兴装备制造业，关键是领导、是国家政策。现代化建设需要装备制造业，装备制造业大有希望。太重下一步的发展，还是要面向世界。

“安全、可靠、效益、质量”，应该成为煤炭机械产业进一步发展的努力方向

山西煤机装备有限公司由山西煤炭研究院改制而来，是专门从事煤矿采掘设备研制的科技型企业，已形成掘进机、胶轮车等五大系列产品，是我国惟一具有生产短壁开采成套设备能力的企业。

在支架搬运车前，在作防爆处理的柴油发动机前，温家宝不时驻足询问，了解企业在激烈的市场竞争中站稳脚跟、赢得主动的做法和成效。

他说，山西作为煤炭基地，应该生产全国乃至世界最先进的煤炭机械。对于煤炭设备的要求，不能停留在老的观念上。应该把高新科学技术融入煤炭机械生产，比如自动化、电子信息，不断提高煤炭机械工业水平，为大型煤炭基地建设提供装备保证。

山西目前依托的还是以煤焦冶电为主的支柱产业，传统加工产业有一定基础，关键是要特别重视新兴产业

山西这样的资源型省份如何走上科学发展之路？山西的经济如何才能保持长期稳定的发展？

考察日程虽短，温家宝却想得很远、想得很深。

在山西老陈醋集团厂区的凉亭里，温家宝与醋厂的工人师傅们围坐一圈，与他们一起为山西的产业结构升级问切把脉。

温家宝对山西工业非常了解。他说，山西三大类产业：一是以煤焦冶电为主的支柱产业，二是老陈醋这样的传统加工产业，三是高新技术产业等新兴产业。

温家宝对在场的人们说，第一类支柱产业应该把高新技术、信息技术融入其中，使其科技含量更高，产品安全可靠，具有较高的质量和效益；第二类传统加工产业也可以融入新的技术，实现规模化生产，同时还要保持传统文化。新兴产业包括新材料、新能源和节能环保等技术。

他特别指出，山西的东湖老陈醋和杏花村汾酒、竹叶青等传统食品工业，千万要把安全和质量放在第一位。企业要想可持续，能站得住，就得讲诚信、质量好，闯市场靠的是真本事。

富士康（太原）科技工业园是太原经济技术开发区最大的企业，也是山西省引进的最大的高新科技企业。温家宝来到这家企业，认真了解镁铝合金构件、精密模具散热模组电子产品组装，以及汽车零组件等产品的研发情况，并饶有兴致地打开显微镜，观察实验情况。

当走入模具车间时，他主动用手语与聋哑女员工打招呼，夸奖她们“心灵手巧”，在各自的岗位上发挥了特长，体现了价值。姑娘们被总理的关怀和激励深深地打动了……

中国是世界上最大的产煤国，应该有世界上最先进的矿井，最先进的技术设备，最优秀的产业工人，这是我们的责任，也是中国为人类必须作出的贡献

同煤集团塔山循环经济工业园，是用循环经济理念建设的现代化园区。

在这里，温家宝认真听取园区建设情况的介绍，详细了解生产环节和工艺流程。他说，同煤集团现在正往现代化煤矿发展，延长产业链，实现资源综合利用，提高煤炭附加值和综合效益，这条路子走对了。要对煤矿进行现代化改造，用现代科学技术对煤炭实行综合利用，把信息化、现代化融入煤矿生产和管理中。

温家宝指出，山西作为全国重要的煤炭和重化工基地，要注重把握好两点。一是我国的工业化进程还离不开包括煤炭的重化工业，要着重提高这些产业的科技水平和管理水平；二是山西面临着安全生产的压力，既要保证全国煤炭需要，也要保证煤矿安全生产。

随即，温家宝乘坐专用车，通过7公里长的巷道，下到460多米深的井下，察看综采工作面，慰问一线矿工。

作业现场机器轰鸣，采好的煤进入传送带，源源不断地输送到地面。正在井下作业的矿工们，突然见到温家宝总理，心情十分激动，都争着与总理握手和问候，汇报生产情况。

到吃中饭时间了，大家围坐一起，与总理一同进餐。总理不时招呼大家多吃点，关切地询问他们的工作和生活，向大家回忆起了他早年下矿井的经历，并说这是他第三次在井下与矿工们一起用餐。

温家宝充满深情地对矿工们说，60年来，同煤集团几代人为共和国贡献了23亿吨煤，你们的功绩，不仅要写在中国煤炭工业的历史上，而且要写在中国工业和共和国的历史上。我国以煤炭为主的能源结构，决定了工业基础依赖煤炭的局面，在短期内改变不了。煤炭是工业发展的动力，没有煤就没有电，没有电就没有工业，要抓住机遇，加快发展。

他指出，这次危机冲击中，同煤集团的工人工资没有降，说明我们应对危机的能力强了，国家的实力强了，这也是这些年大家共同奋斗的结果。应对国际金融危机需要煤炭产业的发展，一定要把煤炭生产搞好，把安全生产放到第一位，做到均衡稳定生产，实现可持续发展。要下决心引进先进技术包括信息化技术、自动化装置，大力发展洗精煤、洁净煤、可再生资源、循环经济，这要作为我们面临的新课题和继续努力的目标。

矿工们纷纷表示，一定牢记总理的教导，搞好煤炭生产，为全国经济建设作出更大贡献，报效祖国，回报人民。

感谢你们对煤炭工业所作的贡献，我们要继续努力，让工人的日子一天比一天过得好，一天比一天有盼头

亲眼看看山西煤矿职工及家属的生活状况，是温家宝很久以来的心愿。

同煤集团采煤沉陷区综合治理和棚户区改造工程，是党中央、国务院和省、市关怀煤矿职工群众的一项民心工程、德政工程和安居工程。

7月5日上午，温家宝来到同煤集团改造一新的居住区。听说总理来看望大家，小区沸腾了，人们自发地拥到道路两边，热烈地鼓掌，激动地高喊，“总理好！”温家宝不断挥手致意，与大家握手，向大家问好。

随后，温家宝来到退休职工焦建忠家，在宽敞明亮的客厅里，与他拉起了家常。

“你是属于沉陷区还是棚户区？”

“沉陷区。”

“那你就是出7.2%，这套房子你花了多少钱？”

“三万四千块。”

“你住着满意吗？上下水、煤气都有吗？”

“满意，上下水都有，用的是天然气，以前在矿上只能看一个山西台，现在看的是数字电视，有三四十个台。刚搬进来高兴得一夜睡不着觉，感谢党和政府。”

温家宝说，党和政府也感谢你们。改善矿工生活条件，住的问题是第一位的，还有矿工的安全问题，养老、医疗保险等社会保障问题，也要逐步解决。

从焦建忠家出来，温家宝对围拢而来的工人和家属说，你们为中国煤炭产业作出了重要贡献，中国工业化离不开煤炭工业，离不开工人劳动，你们应该过上幸福的生活。中央非常关心井下工人，下决心治理棚户区和采煤沉陷区，这次应对国际金融危机、扩大内需，把安居工程等民生问题摆在政府投入的第一位。我们还要逐步完善一线采煤工人的生活保障，要让大家的生活一天比一天过得好，日子一天比一天有盼头！

社区是为群众服务的，要怀着感情做好改善民生的工作

万柏林区和平街道办康乐社区是太原市企业退休人员社会化管理服务示范社区，也是远近闻名的“文明社区”、“和谐社区”。

当温家宝来到这里时，群众纷纷拥来，簇拥在总理周围。温家宝与大家边走边谈，走到了社区劳动保障工作站，重点了解廉租房申请办理和失业救助工作情况。

当了解到我省已有18亿元投入廉租房建设，去年康乐社区有22户居民成为首批受益者，今年这项工作以更大力度推进时，温家宝连连点头。

他说，社区是为群众服务的，要怀着感情工作。从当前的情况看，各地的房子都还是供不应求，廉租房很受老百姓欢迎。廉租房制度要坚持下去，发放货币补贴也是一种办法。廉租房建设的力度要加大，要搞好规划布局，各种地段都要有。

温家宝与正在办理求职信息的居民孔祥俊攀谈起来。他说，劳动保障很重要，要搞好失业人员登记和求职信息公布，加强职业培训，尽可能帮助更多的人创业就业。从年轻人来讲，找工作既要考虑长远，又要立足眼前，要拓宽视野，尽快找到工作是最重要的。

考察途中，温家宝还察看了太原汾河城区段治理美化工程。在汾河景区，他兴致勃勃地边走边看，行至景区南内环段时，被嘹亮的歌声吸引住了。温家宝欣然加入这个自发演唱革命歌曲的队列中，引吭高歌《社会主义好》和《没有共产党就没有新中国》……

太原市大学生创业就业咨询活动正在这里举行，也引起了温家宝的关注。在新型建材专业园、现代制造专业园、信息专业基地等招聘点，每到一处，他都与正在求职的大学生一一交谈，关切地询问毕业院校、专业和求职志向。他说，在当前就业选择难度大的情况下，可以适当降低预期目标，改变一选定终身的情况，从容易找到的工作做起，先走向社会，锻炼自己，以后还可以有别的更好的选择。

望着汾河景区的宜人环境，他深情地说，山西好的地方太多了，我们把水再弄好，这地方可就真像歌里唱的那样了，山好、水好、人也好！

坚定不移地执行中央确定的方针政策，巩固经济企稳回升的基础

7月4日晚，温家宝主持召开企业负责人座谈会。在听取6位企业负责人的发言后，温家宝作了重要讲话。他指出，山西是我国重要的煤炭基地，也是重化工基地，山西的工业形势可以从一个侧面反映我国工业经济发展的趋向。山西和全国一样，通过半年多的努力，整个经济形势开始出现企稳回升局面，但是由于结构性的因素和外部需求下降，山西的经济特别是工业经济面临的困难是比较大的。温家宝强调，要正确分析形势，宁可把困难估计得充分些，把应对困难的时间估计得更长些，不能盲目乐观、不能麻痹松懈，坚定不移地执行中央确定的方针政策，保持政策的连续性和稳定性。要巩固经济企稳回升的基础，大力推进结构调整，下决心淘汰落后产能，使经济增长、经济发展与结构调整相互促进，把扩大内需特别是扩大消费需求作为一个长期的根本的方针。要依靠科技，培育新的经济增长点，特别是大型企业要把信息技术应用到工业生产和管理上来，重视发展循环经济，推进可持续发展。要重视尽快完善社会保障制度，保障群众有一个稳定的生活，无后顾之忧。要通过改革克服经济上存在的不协调、不稳定和不可持续的问题，把经济发展真正转变到依靠科技进步和提高劳动者素质上来，保持经济长期平稳较快发展。

张宝顺在座谈会上说，在全省上下团结一致、共克时艰，应对国际金融危机带来的挑战、促进经济平稳较快发展和总结上半年、谋划下半年工作的关键时刻，温家宝总理亲临山西考察，进企业、到社区，和干部群众亲切交谈，今天又亲自主持召开座谈会，作了非常重要的指示，具有很强的针对性和指导性，对全省干部群众是巨大的鼓舞。总理不辞辛苦、深入实际、亲民爱民的精神，让我们深为感动、深受教育。张宝顺指出，我们要认真学习传达贯彻温家宝总理重要讲话精神，正确分析形势，保持清醒头脑，不断增强信心，狠抓当前、着眼长远，深入贯彻落实党中央、国务院的决策部署，努力做好各项工作。要坚持“三个千方百计”、“三个坚定不移”，把保增长与促转型结合起来，用新型工业化的理念和信息化的手段提升传统支柱产业，开辟新的经济增长点，为山西的长远发展和可持续发展奠定基础。要把转型发展、安全发展、和谐发展作为实现科学发展的主攻方向和战略重点，加强薄弱环节的工作，促进经济平稳较快发展，推进资源型地区的可持续发展和全面创新。

省领导薛延忠、申联彬、申维辰、杜玉林、金道铭、李小鹏、胡苏平、方文平、高建民、李政文、杨安和、陈川平、张平、刘维佳、张建欣等陪同考察或参加座谈会。

（徐补生）

“三个发展”找到了山西科学发展的突破口和切入点

——习近平和山西代表一起审议政府工作报告侧记

这是一次久已期待的审议！3月10日上午，中共中央政治局常委、中央书记处书记、国家副主席习近平与出席十一届全国人大二次会议的山西代表团成员一起审议政府工作报告。

气势恢宏的人民大会堂，这座政治议事中心显得格外庄严。山西厅位处二楼，与天津厅相对。

上午9时，主持会议的山西代表团团长张宝顺宣布审议开始。他高兴地宣布：今天上午我们举行全团会议，审议吴邦国委员长作的人大常委会工作报告。中共中央政治局常委、中央书记处书记、国家副主席习近平同志到我们团听取大家的发言并和代表一起审议。近平副主席对山西的工作非常关心，对山西的工作多次作出重要批示，我们取得成绩给予鼓励，我们遇到困难及时给予帮助。今天，专门到我们团来，听取代表的审议，对全体代表、全省人民都是一个很大的鼓舞。我提议，对近平副主席表示热烈欢迎和衷心的感谢。

张宝顺接着介绍：“我们团的代表国务委员、国务院秘书长马凯同志，也出席今天的全团会议。另外，我们团的代表、全国人大常委会委员石泰峰、白景富、张少琴、朗胜、郭凤莲、谢克昌同志，受全国人大的委托，也来我们团听取意见。”

虽然我到山西次数不多，但感觉很亲切，对山西很关注

代表团副团长王君第一个发言。他首先介绍了去年以来山西经济社会发展情况，介绍了山西在支援南方地区抗击雨雪冰冻灾害，及确保全国迎峰度夏煤炭供应所作出的贡献。作为一省之长，王君的发言自然结合山西实际。他说，要努力保持经济平稳较快发展，我们将重点从五个方面做好工作：一是围绕国家鼓励支持的领域加大投资的力度，带动经济的发展。安排今明两年投资约6500亿元，带动全社会固定资产投资1万亿元，加大铁路、公路、机场、电力、农村公共事业、节能减排等建设力度。二是加强消费对经济的拉动作用。推进流通领域基础设施建设，全面启动“家电下乡”“农机下乡”工程，落实促进房地产市场健康发展政策措施，加大保障性住房建设力度。加大政策扶持力度，促进服务业发展。三是帮助企业解决困难和问题。采取社会保险“五缓四减三补”政策，省属国有重点煤炭企业可缓交“两权”价款、煤炭可持续发展基金。推动银企合作，大幅度增加中小企业贷款担保资本金，引导金融机构改善对中小企业的金融服务。加强经济运行分析调度，帮助企业搞好产销衔接、开拓市场。四是高度重视和做好就业工作。加强组织指导，引导企业采取灵活用工、弹性工时、协商薪酬、在岗培训等办法，尽量少裁员、不裁员，稳定现有就业岗位；大力发展吸纳就业能力强的产业，充分发挥重大项目带动就业的作用，积极开发公益性岗位，千方百计稳定和扩大就业。高度重视做好高校毕业生、返乡农民工、复转军人、“零就业”家庭、失业人员重点群体的就业工作。加大政府投入，广泛开展职业技能培训。五是在全面抓好产业结构调整的基础上，重点抓好工业结构调整。制定煤炭、焦炭、冶金、电力四大传统支柱产业和新型装备制造业、现代煤化工、新型材料工业、特色食品工业四个有发展潜力的产业调整振兴规划，促进产业健康有序发展。

接着，代表团副团长李小鹏、谢克昌及郭凤莲、吴永平、韩长安、李晓波、张家胜、田喜荣、白云等代表相继发言。代表们谈思路，讲打算，提建议。

习近平副主席听得非常仔细，不时认真记录和插话。他问：“山西去年固定资产投资是多少？”问同煤集团的代表：“棚户区改造进展如何？”

代表们一一作答。

当王君谈到山西的旅游业时，习近平说，山西有那么多好地方，像悬空寺、关帝庙、平遥古城、乔家大院都很有名。

张宝顺介绍，山西的地上文物占全国的70%多。

习近平说：“地下看陕西，地上看山西。”

习近平说，我对山西不是太熟悉，去过只有三五次，但我实际上却和山西有很多联系，感觉很亲切。我最早去山西是在陕北延川县上山下乡时，陕西与山西一河之隔。后来在河北正定当县委书记期间，与山西又是一山之隔。因为煤炭协作，每年都要去阳泉，当时是白换黑，小麦换煤炭，双方协作搞得比较好。后来我在福建工作，大批老同志都是山西过来的。

此外，也有很多亲缘上的联系。我母亲一家抗日战争时期都在山西，转战长治、阳城、平顺一带，经常从他们口中听到那个年代的事情，耳熟能详，感到很亲切。

山西的人文，过去有着灿烂的历史文化，社会主义革命建设时期有大寨。我很关注山西的情况，今后还会继续关注山西。

张宝顺说，山西人民非常欢迎你，请你有时间到山西多走走，多看看。

山西人民识大体顾大局能奉献

民营企业家韩长安在发言中谈到，作为一个企业家，一个改革开放的受益者，有义务承担更多的社会责任。汶川特大地震发生后，韩长安第一时间赶赴灾区，把1260名师生接到山西，由他负担孩子们3—5年的所有学习生活费用。

习近平关切地问："一年需要拿出多少钱?"

韩长安说："一年需要3000多万。"

习近平听了连连点头，说："不容易，令人感动。"

代表们非常珍惜和习近平副主席面对面交流的机会，想多说说，多谈谈。但审议的时间已到，主持会议的张宝顺同志请近平副主席讲一讲。代表们致以热烈的掌声。

习近平说，刚才大家谈了很多山西的情况。山西在过去有一个很好的基础上，去年经济社会仍然呈平稳较快发展、健康协调推进的良好局面，生产总值连续6年保持两位数增长，财政收入在全国排第12位，特别是外运煤炭、外送电力居全国首位，粮食总产量102亿公斤，是历史上第6个突破百亿公斤的年份。基础设施建设明显改善。

在实现经济平稳较快发展的同时，安全发展、和谐发展也取得了明显成效。在安全生产方面，在环境保护方面，都有了很大的变化。

从山西主观努力的角度看，变化非常明显。去年全国是不寻常的一年，大事多、要事多、难事多。对于山西来讲，也是不寻常的一年。山西自觉发扬识大体、顾大局、能奉献的优良传统，在南方低温雨雪冰冻灾害中，你们作出了突出的贡献，增加煤炭生产和电煤外运。胡锦涛同志专门到山西，亲临指挥。山西超额完成了国家交给的任务。四川汶川特大地震发生后，全力支持抗震救灾和灾后恢复重建。你们交纳的特殊党费居全国第二位，作为山西这样一个中等省份，说明了老区人民的觉悟。还有，你们启动了茂县对口援建项目，山西本身还有很多建设任务，还有许多需要支持的地方，这样无私援助，令人感动。

北京召开奥运会期间，山西起到了奥运护城河的作用，为成功举办奥运会、残奥会作出了应有的贡献。

转型发展、安全发展、和谐发展，找到了山西走科学发展之路的具体途径和战略重点

习近平说，2009年是我国实施十一五规划的关键之年，同时也要看到这是新世纪以来我国经济面临最大困难的一年。改革发展稳定的任务非常繁重，我们要把保持经济平稳较快发展作为经济工作的首要任务，要确保实现GDP增长8%左右的预期目标，要全力做好"三保"的各项任务，要在应对国际金融危机冲击、保增长的实践中更加自觉地深入贯彻落实科学发展观，真正做到以人为本，全面协调可持续发展，实现节约发展、清洁发展、安全发展、和谐发展。

在这里，我想单就山西所提出的转型发展、安全发展、和谐发展谈谈体会和意见。

山西作为国家重要的能源基地、老工业基地，要全面把握和自觉贯彻中央的大政方针，以科学发展观为指导，结合实际，有所突破，体现实践特色。我认为，你们所提出的"三个发展"，找到了深入贯彻落实科学发展观的突破口和切入点。在第一批学习实践活动中，山西省委牢牢把握以人为本这个核心，努力实现转型发展，加快建设新基地新山西进程，作为学习实践活动的主题和载体，认真查找了在落实科学发展观方面存在的六个方面的突出问题，有针对性地提出了七个方面的整改措施，提得实实在在。你们能提出转型发展、安全发展、和谐发展，表明了山西省委、省政府对科学发展观的科学内涵、精神实质、根本要求加深了理解，找到了山西走科学发展之路的具体途径和战略重点。

当前山西深入贯彻落实科学发展观的关键之一，就是抓好这三个方面。转型发展，你们以山西企业、产业、矿城的转型为重点，优化产业结构，推进节能减排，实现能源基地、老工业基地的全面转型；安全发展是以坚决的决心和过硬的举措，全面加强安全生产工作，走切合山西实际的安全发展路子；和谐发展就是正确处理社会矛盾，协调各方面利益关系，实现各方面事业有机统一，社会和谐。这三个发展是把科学发展转化为促进山西科学发展政策措施的具体体现，很有现实针对性、长远指导性。希望在第二批学习实践活动中继续突出这个主题和载体，把实现"三个发展"放在突出位置，继续努力探索。

山西的经济发展因煤而兴，问题也因煤而生，应当继续加大转型发展力度，花大力气深入抓好安全生产

习近平说，能源原材料产业是山西的优势。作为全国的煤炭大省，山西的经济发展因煤而兴，但经济社会发展中的问题也因煤而生。近年来，山西改造提升传统技术产业，大力发展新兴产业，目前已经取得初步成效。电力焦炭传统产业实现了优化升级，冶金行业产品结构明显优化，山西的装备制造、煤化工、旅游这些新兴产业朝着规模化方向发展，2008年服务业增幅首次超过地区生产总值增幅和第二产业的增幅。这个发展思路和发展趋势是正确的，是能看到前景的。但是也要看到，山西的产业结构重型化、单一化、初级化的问题没有得到根本的解决，应当继续加大转型发展力度。

与此同时，更要花大力气深入抓好安全生产。安全生产关系到广大人民群众的生命安全，以人为本首先要以人的生命为本，坚持科学发展首先要实现安全发展。山西各级党委政府、各级领导干部对人民群众生命财产安全是重视的，贯彻落实党中央、国务院各项安全生产决策部署也是有力的。特别是去年以来，全省各级各部门深刻汲取襄汾"9·8"溃坝等重特大事故教训，围绕杜绝重特大事故、扭转安全生产被动局面，以煤矿瓦斯治理、重点行业的安全生产专项整治、打击非法违法经营行为、完善安全监管体制机制等方面，以及交通安全专项整治方面，做了大量富有成效的工作。去年全省的煤矿事故比前年减少了28起，死亡人数减少了155人，分别下降了19%、34%，全省煤炭生产百万吨死亡率0.46，低于全国1.18的平均水平。但同时也要看到，在2008年全国发生的10起一次性死亡30人以上的特大事故中，山西占了3起。特别是襄汾“9·8”溃坝特大事故、今年2月22日发生的西山煤电集团屯兰矿瓦斯爆炸事故,教训深刻。要深入总结煤矿事故频发特别是重特大事故时有发生的惨痛教训，切实把全省煤矿安全和道路交通安全提高到一个新的水平。

在新的一年里，山西要突出抓好安全基础工作，狠抓各项安全措施的贯彻落实，对各级干部的要求应当更严，安全发展的标准应当更高，预防重特大安全生产事故的措施应该更硬。要始终把人的生命安全放在高于一切的位置，以全国开展的“质量安全年”活动为契机，继续打好煤矿整顿关闭、瓦斯治理两个攻坚战。加强安全生产源头治本，加快产业结构调整优化，有效预防和坚持扼制重特大事故发生。要加强安全生产领域的反腐倡廉工作，严肃查处各类矿难事故背后的官商勾结、权钱交易等腐败行为。各级干部要着眼于全面推进转型发展、安全发展、和谐发展，深入实际调查研究，真抓实干，紧紧盯住容易发生事故的地区和企业，把工作抓实抓细，掌握安全生产工作的主动权。

要坚持统筹兼顾，促进山西城乡、工农、经济社会、自然与人的和谐发展

习近平说，要推动实现城乡、工农和谐发展，要更加自觉主动地解决好“三农”问题，这在山西也是重中之重。按照加快形成城乡经济社会发展一体化新格局的根本要求，统筹协调具有山西特色的村矿城矿关系、城乡关系，建立健全以工促农、以城带乡、以煤帮农、以矿帮村的长效机制，加快山西社会主义新农村建设，大力发展现代农业，不断增加农民收入。

要推动实现经济与社会和谐发展。这方面要扎实推进省委、省政府确定的惠民工程，扩大公共服务。

要推动实现人与自然的和谐发展，你们在全省九次党代会上提出了走出“四条路子”、实现“三个跨越”，非常好。希望在座的各位人大代表能够加强对这方面的民主监督，转型发展、安全发展、和谐发展，更加主动地按照建设生态文明的要求加大节能环保投入，落实节能减排责任制，努力实现“十一五”规划提出的节能减排目标。加快建立充分反映市场供求关系、资源牺牲程度、环境损害成本的资源要素价格形成体制，大力发展循环经济，努力形成具有山西特点的节约能源资源、保护生态环境的产业结构增长方式、消费模式，增强可持续发展的活力。确保实现全省九次党代会提出的建设充满活力、富裕文明、和谐稳定、山川秀美的新山西的发展目标。这种生态的机制既要靠山西的同志去创造、去奋斗，也要靠全国的支持。把山西的能源送出去，怎样使山西的生态能够少付出代价，也是全国共同的责任。

抓好“三保”和“三个发展”，关键要抓党的建设

习近平最后强调，要联系山西实际，抓好“三保”，抓好“三个发展”，关键还是要抓党的建设。必须坚持党要管党、从严治党，把党的政治优势、组织优势转化为推动经济社会又好又快发展的强大力量。当前就是要深入开展学习实践科学发展观活动。一二三批善始善终、步步为营，不断深化，突出实践特色。

学习实践活动还要和加强高素质的干部队伍建设结合起来。正确的路线确定之后，干部是决定因素。当前干部队伍建设的一项根本任务，就是要着力提高各级领导班子、领导干部推动科学发展的能力，着力转变不适应、不符合科学发展观要求的思想观念，着力解决好经济社会发展中存在的不平衡、不协调、不可持续的问题，着力解决好民生问题。同时还要在实践中进一步加强领导干部思想素质建设、作风建设。

山西的同志要大力发扬山西革命老区的光荣传统，坚持讲党性、重品行、作表率，厉行节约，艰苦奋斗。要认真执行领导干部廉洁自律规定，加强党风廉政建设，完善惩治与预防腐败体系，落实党风廉政建设责任制，强化权力运行制约和监督，确保中央关于进一步扩大内需、促进经济增长的政策不折不扣地落到实处。这样我们就能够在应对金融危机，确保经济平稳较快发展中凝聚起万众一心、战胜困难的强大力量。

张宝顺最后说，今天，习近平同志到山西代表团参加审议，对全团代表和全省人民是巨大的鼓舞。这几年，在党中央、国务院的坚强领导和关心支持下，山西在推动科学发展上迈出新步伐，全省综合实力、发展质量、人民生活迈上了一个大台阶，长期困扰山西发展的一些深层次矛盾和问题开始得到破解，在国际金融危机冲击的严峻形势面前抓住了项目，赢得了主动，同时全力为国家建设提供能源服务。从省委常委会到省级四套班子，团结协调、密切配合，全省干部群众展现出良好精神风貌，干事创业劲头足，总体形势和谐稳定。特别是我们扎实开展深入学习实践科学发展观活动，把转型发展、安全发展、和谐发展作为学习实践活动的主题和载体，围绕如何实现科学发展进一步理清了思路、摸准了路子。同时我们清醒地认识到，与党中央、国务院的要求相比，与兄弟省区市相比，我们的工作中还存在不少差距，山西经济社会发展还面临不少困难和问题，当前最突出的是经济下行压力较大，调整产业结构、转变发展方式压力较大，安全生产压力较大。这充分说明，山西这样的资源型地区落实科学发展观十分重要、十分艰巨、十分紧迫，也是一个长期奋斗、艰辛探索的过程，必须持之以恒地去努力。

张宝顺强调，习近平同志的重要讲话具有很强的针对性和指导性，体现了对山西人民的深厚感情，使我们深为感动，深受教育。我们要认真贯彻落实习近平同志重要讲话精神，把讲话作为我省第二、第三批学习实践科学发展观活动的重要文件，坚定不移地贯彻落实科学发展观，突出实践特色，解决突出问题，把学习实践活动搞得更深入、更扎实、更有效。我们要把安全发展提到科学发展、以人为本的战略层面，着力推进本质安全型市县和企业创建活动，杜绝重特大事故发生，让党中央、国务院放心。我们要扎实推进经济社会协调发展，加强“三农”工作，推进以工补农，精心实施“五大惠民工程”，加快生态文明建设，让绿色发展理念深入人心。我们要全面加强党的建设，大力弘扬优良作风，把各项工作落实到基层，决不辜负党中央、国务院对山西的关怀和期望。

代表团副团长杨安和、申联彬、杜玉林、胡苏平参加了审议。　（孟银凤　尚慧辉　刘　宇）

无边光景走太行 殷殷期望寄三晋

——习近平在山西考察侧记

5月的山西生机盎然，5月的山西充满希望。

5月24日至26日，中共中央政治局常委、中央书记处书记、国家副主席习近平一行，在省领导张宝顺、王君、薛延忠等陪同下，先后来到晋城、长治、太原等地考察调研。

——作为能源大省和老工业基地，山西保增长、保民生、保稳定做得怎样？

——第二批学习实践活动正在深入开展，山西如何把科学发展观的要求贯彻落实到经济社会发展和党的建设各个方面？

——作为革命老区，山西如何结合新的实际与时俱进地大力弘扬太行精神？

带着这些问题，习近平踏上太行山路，深入生产一线，走进群众中间。一连三天，他不辞辛劳、风尘仆仆，每到一地，都同基层党员干部群众亲切座谈、倾心交流，话发展、察民情、谈党建，详细了解我省转型发展、安全发展、和谐发展的推进情况。他一路走来，看得很细、问得很多、讲得很深、想得很远，把党中央的关怀送到了山西人民的心坎里，也把求真务实、心系群众、平易近人的风范，对革命老区的深情厚意撒在了三晋大地的沃土上。

有好的班子、好的规划，还要有好的监督机制，再把各项支农惠农措施落到实处，社会主义新农村建设就大有希望

太行深处，曲径通幽。晋城市城区洞头村是习近平考察的第一站。这里青山披绿，麦菽千重，生态宜人。近年来，该村完善基础设施，修复古建民居，美化村容村貌，“农家乐”旅游搞得红红火火，新农村建设成绩斐然。

一下车，习近平就直奔村东，了解农作物生长情况。在苗全禾壮的玉米地，他与村党支部书记王全富和正在锄草的老农王根德攀谈起来。当听到吃水不发愁、种地有补贴、收入有提高、生活有保障，特别是用无公害小麦做食、用鲜嫩的甜玉米待客，吸引了众多游客时，他露出高兴的笑容。

在村民王小坤家，习近平与村干部、村民代表围坐在一起，拉起了家常。“如今村里经济发展了，文化繁荣了，环境美化了，生活富裕了，社会和谐了。洞头村有今天，全靠党的政策好。有党和政府的关心，我们有信心把村里建设得更好。”王小坤的话，道出了全体洞头村人的心声。

座谈中，农家小院传出阵阵欢声笑语……

临别，习近平拉着王小坤的手说：“老王，我是恋恋不舍呀，等洞头村发展得更好了，我再来看望你们。”

阳城县凤城镇岳庄村坚持以党建促发展，创造性地推行“企财村管、阳光采购、三堂会审”等村务公开制度，推动了各项事业协调发展。习近平来到村民主议事厅和财务结算中心，详细了解财务公开、经营管理和民主监督情况，对该村大力发展集体经济、走共同富裕道路表示肯定。他说，目前基层党建面临新的形势、新的课题、新的任务，希望你们在即将开展的第三批学习实践活动中继续走在前面，探索出更多更好的经验来。考察中，他还登上阳城县东坡头山顶，察看县城建设和绿化情况，称赞在阳城是见新见绿。

长治市城区太行东街电力社区是“省级文明和谐社区”，该社区党总支以党建为龙头，构建了社区服务党员、服务群众、服务社会的格局。习近平先后走进便民服务大厅、党员活动中心，了解服务项目和办事程序，对该社区帮助46名下岗党员再就业的做法表示赞许。之后，他又来到医疗服务站，了解预防排查甲型H1N1流感的情况，并饶有兴趣地翻阅了为社区居民建立的个人健康登记卡。

只要把学习实践活动同实际工作紧密结合起来，真正以科学发展观为动力，转变作风、狠抓落实，保增长、保民生、保稳定的目标就一定能达到

应对国际金融危机、保持经济平稳较快发展，是习近平考察的一个重点。考察中，他十分关注国有大型企业学习实践科学发展观，化危机为转机、加快改革发展的情况。

在晋城煤业集团港华煤层气有限公司，他详细了解煤层气的抽采、液化、运输等情况。随后来到寺河矿调度中心，与正在300米井下作业的矿工徐玉胜通电话。

从有没有时间休息、能不能吃上班中餐，到井下环境、安全措施，温度、湿度、粉尘等对身体有无影响等，习近平问得十分仔细。

他关切地叮咛：“你们在井下很辛苦，一定要自觉养成良好的安全意识和安全习惯，精力充沛地工作，高高兴兴上班、平平安安回家……”

在听取晋城煤业集团经营状况和学习实践活动汇报后，习近平说：“你们在贯彻落实科学发展观上有新举措，在绿色环保、循环经济、综合利用、多元发展等方面有新进展。你们的实践充分证明，科学发展观具有普遍的适用性、强大的真理力量和广泛的指导作用，是学之有理、用之有效的指导理论。”

“第二批学习实践活动已经进入第二阶段的关键时期，你们要充分运用调研成果，充分体现职工群众的意志，充分凝聚职工群众的智慧，努力形成高质量的分析检查报告，深刻分析存在问题的主客观原因，明确深入贯彻落实科学发展观的主要思路，提出加强自身建设的举措。特别要落实中央的部署和要求，进一步加强党纪、党风、廉洁自律方面的工作，把国有企业的政治优势转化为经营管理优势。”

太原重型机械集团公司是我省发展装备制造业的代表性企业，也是我国自行设计和建造的第一座重型机器厂，多年来创造了341个中国和世界第一。在太重，习近平先后到挖掘焦化设备分公司和油膜轴承分公司，察看车床等特种设备的运行情况。当了解到数控立式组合磨床的加工精度达到头发丝的二十分之一时，连连点头称赞，希望企业保持先进水平，继续推进自主创新，增强主导产品的竞争力，为国家建设提供装备支撑。

太原钢铁（集团）有限公司是特大型钢铁联合企业。在太钢，习近平先后来到4350立方米高炉中控室和不锈钢冷轧厂，详细了解生产流程、产品特点和企业经营状况。他说，太钢是为国家做出重要贡献的现代化企业，在建设全球产能最大、工艺技术装备水平最高、品种规格最全的不锈钢企业的同时，注重改善职工生活、形成园林化厂区，取得很好的经济效益和社会效益，充分说明国有企业完全可以搞好，不愧是中国特色社会主义的雄厚基础和骨干力量。国际金融危机给企业带来较大冲击，既面临困难考验，也蕴含难得机遇，要把学习实践科学发展观活动与保增长、保民生、保稳定结合起来，最大程度地突出实践特色，解决不适应、不符合科学发展观要求的问题，破除制约科学发展的深层次难题。要解放思想、开拓进取、把握机遇，把发扬老一代创业者优良传统和深化改革开放结合起来，在化解危机中走出增强自主创新能力、提升国有企业竞争力的新路，切实巩固和提升国有经济控制力，促进中国特色社会主义事业乘风破浪前进。

考察期间，习近平还来到长治市第一职业高中和太原经济技术开发区富士康（太原）科技工业园。他希望各级政府要更加重视和扶持职业教育，规范订单培养模式，提高专业教学水平和教学质量，勉励学生勤奋学习，掌握技能，能为社会所用，能实现自身价值。希望外商、台商投资的高新科技企业，采取灵活多样的形式保留和新增就业岗位，最大限度地扩大就业，在加快企业发展的同时为当地做更多贡献。

太行精神和纪兰精神是我们党的宝贵财富，要深入挖掘、大力弘扬，让它在新的历史时期放射出更加夺目的光彩

太行精神，光耀千秋。纪兰精神，代代相传。

太行革命老区一直是习近平心中深深的牵挂。24日下午，习近平怀着崇敬的心情，瞻仰了八路军太行纪念馆，深切缅怀为建立新中国而奋斗牺牲的革命先烈。步入庄严肃穆的纪念馆大厅，一幅幅生动的图片，一份份珍贵的文件，一件件斑驳的兵器……深深地吸引了习近平的目光。他不时驻足端详，仔细阅读，并与随行的同志交流观感。他感慨地说：“八路军就是在抗击日本侵略者的艰苦战争中不断发展壮大的。”

在再现八路军抗日历史篇章的大幅浮雕前，在平型关大捷实战景观前，在八路军总部行动路线示意图前，在壮烈殉国的左权将军的雕像前……习近平伫立良久，眼角湿润了。

习近平还亲切看望了老八路代表，他饱含深情地说，我代表党中央来看望你们，看到大家精神很好，身体健康，我非常高兴。革命前辈为全国解放进行了不屈不挠的斗争，做出了巨大贡献，党和人民永远不会忘记，我们要多关心老八路、老党员、老同志，让他们晚年生活得更幸福。新中国成立60周年到来了，最好的纪念就是不要忘记过去的艰难岁月，结合新的实际与时俱进地大力弘扬太行精神，加快全面建设小康社会进程。

沿着盘山公路，习近平还考察了平顺县青羊线荒山绿化工程，对该县发扬纪兰精神，绿化万亩荒山的拼搏精神、取得的显著成效给予充分肯定。

到达西沟村，习近平一下车就与申纪兰亲切握手，热情交谈。在西沟展览馆，他认真观看了500余幅珍贵照片和100多件实物，全面了解西沟人艰苦奋斗、建设家乡的光辉历程。他说，西沟60多年的发展，是社会主义革命、建设和改革开放的缩影，特别是李顺达、申纪兰的劳模精神，需要好好总结和发扬。

在展览馆前的小广场，习近平与西沟村的干部、村民代表和大学生“村官”围拢而坐。在听取大家发言后，他说，很早就想到西沟来，既是看望大家，也是好好学习。现在日子好了，但我们勿忘革命老区和老区人民做出的巨大贡献和牺牲。革命老区多数地处偏僻，自然条件较差，普遍欠发达，各级都要加大倾斜支持力度，帮助老区尽快富裕起来。这也是中央十分关心的。

习近平十分关注大学生“村官”的工作和学习情况，当听到大家苦中有乐、累中有甜的感受时，他深有感触，语重心长地说：“大学生当‘村官’，关键是不要眼高手低，要志存高远；要发挥所长，有所作为；要为官一任，造福一方。”他希望大家扎根基层，在实践中锻炼成才，在农村的广阔天地建功立业。各级组织要完善政策，畅通“进口”和“出路”，确保把一批骨干留在农村。

山西这几年发生了巨大变化，取得了明显成绩，中央对山西的工作是充分肯定的。希望山西深入贯彻落实科学发展观，着力推进“三个发展”，全力做好“三保”工作，以优异成绩迎接新中国成立60周年

26日下午，习近平主持召开座谈会，听取省委、省政府工作汇报和市县乡及企业代表发言。他指出，山西贯彻落实科学发展观有一套系统的思路，山西省委结合省情确立走出“四条路子”、实现“三个跨越”的发展思路，有力推动了科学发展观在山西的贯彻落实。在深入学习实践科学发展观活动中，提出转型发展、安全发展、和谐发展的总体思路，是山西走科学发展之路的具体途径和战略重点，具有很强的针对性和指导性。近年来山西经济社会发展成绩喜人，处处涌动着竞相发展、争先跨越的热潮，感受到山西干部群众积极进取、奋发有为的精神状态。山西为全国的改革发展稳定做出了新的贡献。作为国家重要的能源基地和老工业基地，山西自觉发扬识大体、顾大局、能奉献的优良传统，长期以来对国家的贡献是很大的。习近平指出，山西的发展形势是好的，这是历届省委、省政府坚持党的基本理论、基本路线、基本纲领、基本经验，从实际出发科学谋划、辛勤工作的结果，是全省各级党组织和广大党员干部带领人民艰苦奋斗的结果。以张宝顺同志为班长的新一届省委领导班子，带领全省各级领导班子和广大干部群众取得了新的工作成绩。中央对山西的工作是充分肯定的。希望进一步坚定信心、迎难而上，挖掘潜力、促进发展，求真务实、真抓实干，全力做好保增长、保民生、保稳定各项工作，以优异成绩迎接新中国成立60周年。一要努力保持经济平稳较快发展，更加注重在转型中推进发展，更加注重培育新的经济增长点，更加注重支持企业发展，更加注重改善民生，更加注重改善生态环境；二要千方百计确保安全生产；三要把太行精神作为推动山西科学发展的强大动力；四要扎实抓好学习实践科学发展观活动。

张宝顺重点汇报了我省开展学习实践科学发展观活动的情况，落实“三保”措施、推进“三个发展”和加强党的建设的情况。张宝顺指出，习近平同志对山西人民怀有深厚感情，对山西工作经常给予指导和帮助。这次习近平同志在百忙之中亲临我省考察，正值开展深入学习实践科学发展观活动、应对国际金融危机的重要时刻，对全省干部群众是巨大鼓舞，对全省各项事业是有力促进。三天来，习近平同志不辞辛劳，风尘仆仆，与基层干部群众倾心交谈，作了许多重要指示。习近平同志求真务实、心系群众、平易近人的作风，给全省干部群众留下深刻印象。习近平同志的重要讲话使我们深受教育，在贯彻落实科学发展观上进一步明确了方向，在应对国际金融危机、促进经济平稳较快发展上进一步坚定了信心，在加强党的建设上进一步强化了责任。全省上下要紧密团结在以胡锦涛同志为总书记的党中央周围，认真贯彻落实中央的大政方针和习近平同志重要讲话精神，开拓创新，埋头苦干，推动经济社会又好又快发展，推动党的建设迈上新台阶，进一步把山西的事情办好，以优异成绩迎接新中国成立60周年。

三天的时间是短暂的，但习近平同志对山西人民的关爱之情，对山西工作的指导性意见，对山西干部群众的殷切期望，都留在了山西这片热土上，留在了三晋儿女的心中……

中央政策研究室常务副主任何毅亭、中央组织部副部长张纪南、中央财经领导小组办公室副主任刘鹤陪同考察。省领导申联彬、申维辰、杜玉林、金道铭、李小鹏、胡苏平、方文平、高建民、李政文等分别陪同考察或出席座谈会。

（徐补生）

关爱暖三晋　民生最动情

——李克强在山西考察侧记

隆冬时节，朔风刺骨。但在冰封的雁北大地，却早已涌动着阵阵暖流，激荡着奋进激情。

12月27日至28日，中共中央政治局常委、国务院副总理李克强，在省领导张宝顺、王君、杜玉林、李小鹏、高建民等陪同下，深入大同市的农村、社区和城建工地，走访慰问干部群众，详细了解棚户区改造和经济社会发展情况。

每到一地，李克强都同基层干部群众亲切交谈，共商保增长、保民生、保稳定大计。每入一户，李克强都嘘寒问暖，把党中央、国务院的关怀送到了群众心坎里，把求真务实、心系群众、平易近人的风范留在了这块厚重的能源基地和黄土地上。

这是李克强两年来第二次来山西考察。2008年北京奥运会前夕，他来山西考察煤电生产供应，对山西经济社会发展寄予殷切希望。去年以来，省委、省政府认真贯彻中央一揽子政策方针，迎难而上，化危为机，把落实“三保”措施与推进转型发展、安全发展、和谐发展结合起来，努力在实现自身科学发展的同时为全国建设提供能源服务，在优化经济结构、转变发展方式、改善人民生活上取得新进展新成效。李克强对我省应对国际金融危机、扎扎实实推进结构调整取得的成绩给予充分肯定，希望全省干部群众深入贯彻落实科学发展观，巩固和发展经济企稳向好势头，加快民生工程建设和社会事业发展，让人民群众生活得更温暖、更舒适。

党员就要给乡亲们办实事，解决群众最迫切的困难

如何使贫困地区加快发展起来，使困难群众早日脱贫致富，住上好房子、过上好日子，是李克强心里牵挂的大事。

一下飞机，李克强就驱车来到大同县倍加造镇营坊沟村。他沿着蜿蜒的冰冻小路，挨家挨户察看房屋状况和居住环境。

在老党员蒙品家，李克强坐上炕头，与他聊起了家常。蒙品今年83岁，是1947年入党的老党员，担任过30多年的村党支部书记，曾带领本村党员干部利用高灌等科技手段发展优质高效农田。

“身体怎么样，吃饭怎么样？”李克强关切地问道。

“身子骨硬着哩，胃口也好着哩。”蒙品高兴地回答。

“有多少地？种点啥？今年粮食打了多少？”

“有20多亩地。我80多岁了，不下地了，都是孩子们来种。今年种了10来亩玉米，收了6000多斤。”

“家里收入怎么样?”

“我和老伴每个月有60元的养老金，还有低保金和党组织的补助金，日子过得还可以。”

“看病有医保吗?”

“有合作医疗，看大病帮助很大，能报销一大部分。”

随后，李克强提出要看看家里的粮食储藏情况。他走到面缸跟前，弯腰揭开了缸盖，里面是细细的黄米面。蒙品说，这是雁北高寒地区特有的黍子面，属于小杂粮，在农村叫糕面，逢年过节时用来炸油糕。

临别时，李克强紧握住老人家的手说，作为新中国成立前入党的老党员，你带领村里的党员干得不错，给乡亲们办了很多事情，功劳很大。

蒙品说：“为人民服务我做得还不够，关键是共产党领导得好呀!”

接着，李克强又走访了几家贫困户。在村民蒋茂云家，李克强走进厨房、后院等处，仔细察看旧窑洞受损情况。当得知老两口在村里帮助下住进了新盖的瓦房，并按时领到养老金和低保金时，李克强十分欣慰。他拉着蒋茂云的手说，天气冷了，要多穿衣服，祝愿您健康长寿。

李克强叮嘱当地干部，住房是老百姓最基本的需求之一，一些困难群众的住房条件很差，甚至不能遮风挡雨。解决民生问题首先要着眼于解决群众最迫切的困难，加快农村危房改造步伐，使群众住得安稳、住得踏实。

“李副总理来看望咱们啦!”这个消息瞬间传遍了全村，村民们纷纷涌了过来。李克强亲切地与大家一一握手，预祝大家新年好。现场爆发出经久不息的掌声。

保障性住房建设是重大的民生工程，工作要做实、做细，好事一定要办好

加快棚户区改造步伐、加大保障性住房建设力度是李克强此次调研的重点。考察期间，李克强在大同主持召开全国城市和国有工矿棚户区改造工作现场会，并发表了重要讲话。他强调，加快推进棚户区改造、加大保障性住房建设力度要做到“五个确保”，即确保群众得到实惠，确保资金及时到位，确保政策有效落实，确保改造规范有序，确保操作过程公开透明、分配结果公平公正，把棚户区改造工程建设成廉政工程、德政工程，把这一民生工程办成民心工程。

省委书记张宝顺在会议致辞中指出，我省立足于工矿型城镇比重大的省情实际，把加快城市和国有工矿棚户区改造作为拉动经济增长、增进人民福祉的重要抓手，2004年以来累计建设了65万套、4500万平方米，促进了城乡群众生产生活条件的改善，促进了城市面貌、城乡环境和整体形象的提升。我们要借这次会议的东风，认真贯彻落实李克强副总理重要讲话精神，继续把棚户区改造作为推动经济又好又快发展的重要着力点，下更大决心、拿更多投入、以更强举措予以推进，为人民群众安居乐业创造条件，加快新基地新山西建设进程。

省长王君在会议发言中说，我省棚户区改造工作取得明显成效在于，一是领导高度重视，二是制定配套政策，三是保障资金到位，四是进行机制创新，五是强化督促检查。特别是去年以来，我省把棚户区改造列入省级重点工程，创新项目审批、补偿安置、工作推进机制，妥善解决拆迁安置等问题，保证了有力有效推进。我省将进一步完善政策措施，加大工作力度，力争用3年时间全部完成城市和工矿棚户区改造任务，让人民群众共享改革发展成果，向党中央、国务院交一份满意的答卷。

会议间隙，李克强来到大同市城区鼓楼东街，了解棚户区改造情况，看望慰问棚户区居民。鼓楼东街是大同市城区最早的街道之一，辖区内文物景点多达7处，城市棚户区比较集中。近两年时间里，东街已完成2100多户改造搬迁动员工作。

27日下午，李克强来到王喜、杨凤英夫妇家，一边仔细察看老两口捧出的低保证、医保证，掀起褥子感受炕角的温度，一边关切地询问收入情况、生计打算，与他们一起算细账，征求对拆迁改造政策的意见和建议，祝愿他们早日住上称心如意的新房。

“家里有几间房? 多大面积? 住在这里有什么不方便?”

“6间房，建筑面积不到100平方米。3代4户11口人，非常拥挤。公共厕所少，上厕所还得排队。”

“党和政府正在采取措施帮助大家解决住房困难。你们愿意拆迁改造吗? 知道拆迁的政策吗?”

“非常愿意。我们也了解拆迁的政策，这里的棚户区要改造了，想早点搬。”

王喜夫妇介绍说，家里收入不高，如果拆迁的话，要一套60平方米的房子就够了。按照市里45平方米以下“拆一还一”的政策，只需再交15平方米的房钱，这样比较划算。

大同市城市和工矿棚户区拆迁住房，出台了“零成本”旧房换新房、拆除房屋建筑面积实行“拆一还一”、阶梯价保障住房等一系列具体的惠民措施，把改革发展的成果惠及广大低收入群众。

“老百姓都支持政府的政策吗?”

“当然支持。我们都相信党和政府。”

李克强听了十分高兴。

走访中，李克强认真了解公共设施情况和城市棚户区改造的详细方案。东街居民除家居面积较小之外，公共空间和服务也无法满足需求。由于古城内文物景点较多，无法就地重新安置居民，安置小区大多位于古城外围。大同市采取选择性安置方案，居民可根据自己意愿，自由选择安置地段。新安置小区周围，医院、学校、超市等配套设施齐全，完全可以满足日常的生活需求。

“保障性住房建设是重大的民生工程，工作要做实、做细，好事一定要办好!”李克强叮嘱随行的负责同志，住有所居是老百姓千百年来的梦想，保障性住房建设也是当前保增长、扩内需的重要内容，是促进房地产市场健康发展的重要举措。要加快棚户区改造步伐，让困难群众都能够住上具备基本条件的住房。

“请李副总理放心，我们一定把这件事情办实、办好！”大家异口同声地回答。

“民”字当头放，围绕“民”字做文章，让人民群众得实惠

28日下午，李克强来到大同市规划展览馆，察看城市规划展示，听取棚户区改造和城市建设工作情况汇报。李克强就有关问题不时插话提问，与有关负责同志就解决棚户区改造和城市建设中遇到的问题进行研究，提出要求。

2008年至今，大同市投资130亿元，展开了规模空前的棚户区改造大决战。规划建筑面积886万平方米、住房10万多套，现已建成572万平方米、住房5.8万多套。一座座住宅楼拔地而起，数万户家庭喜迁新居，幸福和感恩之情写在每一位圆梦者的脸上。

家住西环路惠民西城小区的陈怀玉，就是较早搬入新居的拆迁户。李克强走入陈怀玉家中，仔细察看房屋的户型结构，询问购置和装修资金情况，畅谈迁入新居后的感受，展望新的生活。望着整洁的客厅、厨房和卫生间，感受着新型地暖带来的暖和室温，李克强高兴地说，一看就是安置房，外表不豪华，但布局合理，设施配套，功能完善，造价又低，让群众不花太多的钱，住上这样面积够用、环境又好、绿化又好的房子，是各级政府的责任。李克强嘱托当地负责同志，帮助大家搬进新家，这是第一步，今后要在提高小区管理和物业服务水平上下工夫，让人民群众住得舒适又便利。

大同市是整个山西的缩影。着力解决人民群众最关心、最直接、最现实的利益问题，让低收入群体实现“居者有其屋”，正是山西保障性安居工程的根本出发点。

“‘民’字当头放，围绕‘民’字做文章，让人民群众得实惠，这个指导思想是完全正确的。”李克强充分肯定了山西省特别是大同市在城市和国有工矿棚户区改造工作中的经验和做法。

他说，从大同市的城市规划可以看到，实施时间不长，但你们从自身实际出发抓得有亮点、有突破，为全国提供了新鲜经验。你们概括的民心、民富、民有、民和、民乐“五个民”工程，归结起来就是为民工程，就是全心全意为人民办实事、办好事。

他表示，国家对山西的棚户区改造，将继续给予政策和资金支持。他还要求有关部门抓紧审核为棚户改造区配套的热电联产供热项目，争取早日供热。

李克强充满感情地说，当煤炭供应紧张的时候，山西为国家保电煤、保电力供应做出了突出贡献，这次在大同召开全国城市和工矿棚户区改造工作会议，是对大同和山西工作的肯定。因为大同在棚户区改造上力度大、动作快，取得了明显成效，老百姓比较满意。刚才又看了你们的规划，了解了大同悠久的历史文化，看到了大同的美好未来。我相信，等棚户区改造好了，历史文化名城建设得更好，大同的城市面貌、人民生活还会再上一个新台阶，再加上你们大力发展工业园区、新产业，大同一定会重振雄风、再创辉煌，山西的科学发展也一定会更好。大家一起来努力！

（齐作权）

深情洒三晋　发展谱新篇

——周永康在山西考察侧记

春意盎然的三晋大地，草木吐翠，桃杏芬芳，一派勃勃生机。

3月31日至4月4日，中共中央政治局常委、中央政法委书记周永康一行，在省领导张宝顺、王君等陪同下，先后来到运城、临汾、晋中、太原等地，深入田间地头、乡村社区、企业车间和基层政法单位，详细了解经济社会发展和政法工作情况，看望慰问干部群众和政法干警，就深入学习实践科学发展观，落实全国“两会”部署，全力以赴保增长、保民生、保稳定进行考察调研。

祖国中部的这方黄土地，一直是周永康心中深深的牵挂。四年前的2005年7月，他就曾来山西考察调研，把党中央的关怀带给山西人民。这次5天的行程，他与基层干部群众共话科学发展、共议和谐稳定，再次把党中央的关怀撒向山西的山山水水。他满怀深情的谆谆嘱托、殷殷希望，使全省干部群众和政法干警备受激励和鼓舞，增添了保持经济平稳较快发展，加快推进转型发展、安全发展、和谐发展的信心和力量。

只要你们过得好，我们就高兴，希望你们过得更好

农村稳，天下安。农村的发展和稳定，始终是周永康关注的重大课题。4月1日一大早，他驱车奔赴夏县。车窗外，农民们忙着进行田间管理，绿油油的麦田一眼望不到边。

车子在夏县裴介镇墙下村边停下来，周永康仔细查看麦田墒情。这块地已经浇了三次水，正在喷施叶面肥，麦苗长势喜人。

周永康走入麦田的田埂上，与村民冯保山、景中纪攀谈起来。

“家里几口人，责任田有几亩，去年收入多少，棉粮补贴拿到手了没有，土地承包权有保障吗?”周永康一一询问。

当听到中央的支农惠农安农政策都能落实，农业经营效益提高，农民种地积极性高涨时，他欣慰地说，“你们把地种好，增加收入，安居乐业，我们就放心了。”

随后，周永康来到裴介镇双庙村。这个村是远近闻名的文明和谐村。近年来，该村一手抓加快致富步伐，一手抓精神文明建设和社会事业建设，大力改善村容村貌，开展矛盾纠纷排查化解，呈现欣欣向荣的发展势头。

沿着村里的主干道，周永康先后考察了双庙村卫生室、小超市、学校和文化活动场所，具体了解农民医疗保健、上学养老、日常购物等民生情况。在村民王武勤、李花玉家中，周永康与大家围坐在一起，拉起了家常。他嘘寒问暖，关切地询问枣树经营、村里治安和村民生活状况。他很关注当地具有特色的水窖如何使用，当看到一合上电闸，甘冽的清水汩汩而出时，露出高兴的笑容。

在双庙村的党员活动室，周永康召开了农村发展稳定座谈会。在一一听取大家的发言后，他强调，保障和改善民生，是最好的发展，也是最大的稳定。越是经济发展困难的时候，越要注重改善民生。

从省到市到县，都要认真贯彻党的十七届三中全会精神，大力发展县域经济，扩大农民就业、增加农民收入，特别要提高新农村建设标准，加大对农村的投入和服务，全面改善农村生产生活条件，真正让广大农民过上幸福生活。同时要加强民主法治建设，通过综合治理和人民调解把矛盾消除在萌芽状态，促进村民之间、邻里之间、村村之间和睦相处，建设一个和谐稳定的新农村。

要化危机为转机，在战胜困难中保持经济平稳较快发展

受国际金融危机的影响，加上自身的结构性矛盾，我省经济出现多年来少有的下滑局面。周永康对此十分关心。他说，“危”与“机”是相互转化的，经济发展遇到困难，但市场形成的倒逼机制，给调整产业结构、转变发展方式带来了机遇；山西要实现科学发展，必须在巩固提升传统产业的同时，大力发展新兴产业集群，推动发展由资源依赖型向创新驱动型转变，使山西这个能源基地和老工业基地在市场经济大潮中焕发新的活力。

周永康考察了太原重型机械集团和晋西机器工业集团这两个我省发展装备制造业的骨干企业。太重是我国自行设计和建造的第一座重型机器厂，曾创造了341个中国和世界第一，正在向“打造百亿太重，构建和谐太重，创建世界太重”的目标奋进。周永康深入轧锻分公司，实地察看万吨水压机和锻压生产线，称赞说，这是国家工业的脊梁，希望企业推进自主创新，增强主导产品的竞争力，为国家建设提供装备支撑。

建设现代产业体系，关键是壮大新的支柱产业。周永康指出，山西的发展，不仅要盯着自然资源，更要挖掘丰厚的人文资源，把悠久的历史文化与现代文明结合起来，做好旅游文化产业这篇大文章，在深度开发、优化服务、提高档次上下功夫。要抓住时机，加快发展现代物流业等第三产业，既扩大就业量，又推进产业结构的梯度演进。

在侯马方略保税区和宝特国际物流有限公司，周永康仔细听取企业负责人的介绍，鼓励企业要勇敢应对国内外环境变化，为山西外向型经济发展做贡献。在祁县大华玻璃有限公司，他饶有兴趣地观看了玻璃器皿的吹制过程，了解生产流程和经营状况。他要求企业积极应对经济形势的变化，广泛开拓国内外市场，为今后发展奠定基础。

周永康很关注高新技术产业的发展。在山西光宇电源有限公司，他深入芯片装配车间和产品展示室，认真察看锂电池组、锂电池LED矿灯及照明系列产品的情况。当听到该公司取得十几项国内国际专利时，他鼓励企业继续搞好科技创新，开发更多节能、美观的产品。他说，像这样具有自主知识产权的企业，具有调整结构、节能减排的多方面意义，看了以后让人很受鼓舞。这个“冷光源”加上“热能源”，发展潜力巨大，山西的产业升级大有希望。

针对山西是矿业大省的实际，周永康强调，安全生产是人命关天的大事，不科学的发展一定是不安全的发展。要吸取教训，举一反三，深入探求社会主义市场经济条件下做好安全生产的具体途径，把过去一些成功的经验纳入现代企业管理制度，进一步完善安全生产体制机制，把着力点放在每个矿井和每个工作面上，把安全生产措施落实到岗位上，把安全隐患消除在岗位上，以安全发展保障转型发展、和谐发展。

维护社会稳定、促进公平正义，是政法机关的神圣职责

近几年，是我省各级党委、政府为政法机关办实事最多的时期，也是全省政法工作历史上最好的时期之一。在紧张的日程安排中，周永康不辞辛苦，广泛深入基层政法委、综治委和公检法司单位，与奋战在政法一线的干警亲切交谈，并分别在临汾市公安局和太原市公安局召开座谈会，研究新形势下维护社会稳定、加强政法队伍建设的思路和做法。他强调，人民群众最希望公平、最渴望公正。政法机关要始终坚持党的事业至上、人民利益至上、宪法法律至上，进一步转变执法理念，切实解决人民群众反映强烈的执法问题，真正做到严格、公正、文明、清廉执法，同时要发挥司法调解的优势，实现法律效果、社会效果、政治效果有机统一，做中国特色社会主义的建设者和捍卫者。

在运城市中级人民法院、临汾市尧都区人民法院，周永康以普通群众的身份旁听庭审，要求审判人员坚持司法为民，以诚心、恒心、耐心、公心做好审判工作，加强辨法析理，努力让胜诉者清清白白，败诉者明明白白，实现案结事了，案结人和。在太原市检察院和侯马市检察院，周永康认真了解立查案件和接访群众情况。他说，检察机关是法律监督机关，必须严格法律程序，规范办案，把每个案子都办成铁案。

公安工作战线长、任务重，群众接触最多。周永康非常关注，详细考察了多个市县的公安机关和基层队所。在太原市公安局指挥中心，他现场调度、检查了太原公安巡警的应急反应和巡逻防控，通过电话向广大民警致以亲切问候，对太原市公安机关深化警务体制改革、激发队伍活力，行风评议由靠后转入先进行列的做法和成效给予充分肯定。随后来到太原市公安特勤大队一中队，与正在进行作战演练的消防官兵一一握手，关切询问工作和生活情况。在平遥县公安局交通指挥中心，他说，平遥是旅游城市，国内外游客较多，人口流动量大，维护交通安全的担子很重，希望平遥的交警同志做好工作，为游客提供安全和谐的交通环境，为古城增辉，为发展加油。在平遥县公安局车辆管理所，仔细询问车牌办理情况，对车管所14项便民利民措施表示肯定。周永康高度重视公安基层基础建设，他先后深入盐湖区陶村派出所、夏县裴介镇派出所双庙警务室，了解户籍管理、接警出警情况，对他们推行警务前移的做法予以肯定。他说，公安工作要整合资源，上下联动，按照“抓基层、打基础、狠练基本功”的思路，不断夯实基层基础，以过硬本领维护人民利益。

司法行政工作也是周永康关注的重点。他深入临汾劳教所、晋中监狱等，慰问坚守一线的干警。周永康语重心长地对一位因多次盗窃而被劳动教养的青年说，你要好好表现，对得起自己的家人，对得起社会，回去后成为对家庭、对社会有用的人。他嘱咐有关部门的同志要办好这些特殊的学校，把失足者教育成新人，使他们顺利回归社会、过上正常人生活，最大限度地减少不和谐因素，促进社会和谐稳定。在山西佳镜律师事务所，周永康详细询问了律师行业队伍建设和业务工作。他说，广大律师要自觉用社会主义法治理念武装头脑、指导工作，切实维护当事人合法权益，为服务经济社会又好又快发展作出新贡献。

每到一处，周永康都高度关注政法队伍建设，强调要带着对人民群众的深厚感情做好政法工作，以人民群众的满意度检验政法工作。同时各级党委、政府要进一步加大对政法工作的支持力度，关心爱护政法干警，从编制、经费等方面给予有力保障，为政法机关创造良好的工作环境。

周永康还考察了太原市滨河社区，亲切看望社区警务、司法、调解、综治和就业扶助等工作人员，鼓励他们扎实工作，为居民搞好服务。

加快推进转型发展、安全发展、和谐发展，山西的明天会更好

4月4日上午，周永康与省领导和有关方面负责同志进行了座谈。张宝顺主持座谈会并代表省委、省政府作了汇报。周永康对山西工作给予充分肯定。他指出，几天一路走来，实地察看了一些农村、企业、社区和政法机关，接触了大量干部群众，感到山西总体形势很好。一是发展成绩令人鼓舞，经济发展较快，基础设施投入力度很大，产业集群开始形成，节能减排和环境保护成效明显，山西积极输煤输电，对全国发展贡献很大。二是人民群众生活持续得到改善，围绕“五大惠民工程”加大了投入，认真解决群众的现实利益问题。三是全省大局保持和谐稳定，全力推进“平安三晋”建设，深入化解矛盾纠纷，大力加强基层基础工作，人民群众安全感普遍增强。四是全省干部群众精神状态很好，面对国际金融危机带来的较大压力，保持了团结向上、奋发有为、干事创业的状态。这些成绩的取得，充分说明党中央、国务院的领导是正确的，特别是科学发展观的指导思想通过山西的实践证明是正确的；也充分说明山西省委、省政府贯彻落实科学发展观和中央的一系列方针政策是坚强有力的，以张宝顺同志为班长的山西省委结合省情贯彻落实科学发展观，确立了走出“四条路子”、实现“三个跨越”的发展思路，在深入学习实践科学发展观活动中又提出了“三个发展”，是完全正确的，既贯彻了党中央、国务院的方针政策，又完全符合山西实际。所以要充分肯定山西这几年来改革发展稳定各项工作所取得的成绩，充分肯定山西这几年来为全国的改革发展稳定所作出的重要贡献。周永康希望山西认真搞好第二批深入学习实践科学发展观活动，把省委提出的“三个发展”的思路转化为全省干部的自觉行动，并从推动科学发展、着力保障和改善民生、全力维护社会稳定、加强政法工作和政法队伍建设等方面提出了明确要求。

张宝顺在座谈会上说，周永康同志是在全省推动科学发展、实现“三个发展”的关键时刻，积极应对国际金融危机、遏制经济下滑的关键时刻，努力消除重大事故不良影响、保持社会和谐稳定的关键时刻，来山西视察指导工作的，几天来风尘仆仆，作风深入，亲民爱民，充分体现了对山西工作的关心、对各级干部的关心、对人民群众的关心，给全省干部群众留下深刻印象。周永康同志的重要讲话，站在党和国家全局的高度，对党的十七大、十七届三中全会和最近中央一系列大政方针作出了深刻阐释，结合山西实际提出了明确要求，对全省干部群众是巨大的鼓舞，也是有力的鞭策，我们要在全省干部群众和政法干警中认真组织传达贯彻，抓好落实。要把周永康同志的讲话作为第二批深入学习实践科学发展观活动的重要文件，推动学习实践活动深入开展。要在过去的发展基础上，进一步深化认识，找不足、找差距，深入推进转型发展、安全发展、和谐发展，不折不扣地落实好各项惠民政策，在思想认识上、制度措施上、财力支持上为“三个发展”提供有力保障。要进一步加强政法工作，特别是加强基层基础工作，多为政法部门办实事，切实把政法队伍建设好。

省领导薛延忠、申联彬、任泽民、申维辰、杜玉林、金道铭、李小鹏、胡苏平、方文平、高建民、李政文参加汇报或陪同考察调研。

（宋　伟　宋红波）

心系三农　情牵三晋

——回良玉山西纪行

芳菲四月，万物吐新，三晋大地，一派春光。正当全省上下深入贯彻落实科学发展观，积极应对国际金融危机，努力保持经济平稳较快发展的重要时刻，也是春暖花开、春耕春播的大忙季节，4月12日至14日，中共中央政治局委员、国务院副总理回良玉在时隔一年后，再次亲临山西，考察指导工作。

肉价跌了，养猪情况怎样？

大旱过后，小麦长势如何？

粮价偏低，农资的供应和销售可好？

面对国际金融危机影响的不利局面，农业农村形势有什么新的变化，春耕春播、农民增收、农民工就业等遇到哪些困难和问题……

3天里，回良玉副总理接连深入晋中市农村考察得天缘养猪场、榆次区东赵乡石羊坂村温室大棚、太谷县胡村镇小麦长势及正林农资供应超市，并召开了3个座谈会。记者跟随采访，所闻所见，深切地体会到回良玉副总理亲民务实、平易近人的作风，也由衷感受到回副总理心系“三农”，情牵三晋……

看猪场寄予希望：“得天缘，还要得地缘，得人缘。做大做强自身，还要带动富裕一方。”

13日一早，回良玉副总理一行从晋祠宾馆出发，直达地处榆次区乌金山镇的得天缘公司考察。

这是一个现代化的养猪企业，由个体煤矿投资，与日本自然农法国际研究开发中心合作建设，目前已完成一、二期工程，是企业转型的一个成功范例。

回良玉副总理对得天缘致力于探索新型健康养殖模式、发展现代生态养猪深表赞许，同时对当前猪价不断下跌，企业能否盈利，怎样渡过难关表示了深切的关心。他说：“办绿色企业是正确的。生物能源是永不衰败的产业，发展生物产业大有可为。当前养猪利润确实是低了点，党中央国务院非常重视。越是困难，越要加强管理，依靠科技。只要挺过这一关，迈过这个坎，就会大有收益。”

考察中，回副总理还非常关心公司的带动辐射情况，对能不能提供仔猪、防疫、饲料、收购等服务一一询问。在得到肯定的回答后，他不无诙谐又语重心长地说：“得天缘，还要得地缘，得人缘。做大做强自身，还要带动富裕一方。”

看大棚由衷称赞：“我看到农村产业结构调整在山西取得了成效。”

石羊坂村是回良玉副总理此行考察的第二站。上午9时20分许，回良玉副总理在村口一下车，村民立刻围拢上来。他一边向大家热情致意问好，一边直奔温室园区，走进村民杜宝应的西葫芦大棚。棚内郁郁葱葱，密密匝匝，有沼气，既种菜，也养猪。此情此景，引起了回良玉副总理的极大兴趣。

第一茬种什么？种西葫芦。第二茬呢？西红柿。

用的什么品种？法国东玉。

一个棚多大？产多少？七分，两万来斤。

什么时间上市？11月份定植，到腊月就上了市啦。冬天用沼气灯补光增温，比其他大棚能早上市十来天。

现在菜的行情挺好，是吧？是哩。一般都能卖个好价钱，我们在春节前集中上市，价格挺高，卖得也挺好。

一个大棚一年能挣多少？西葫芦两万多块，西红柿1.8万，加起来毛收入有个4万来块，除去六七千块钱的开支，差不多能落个3万多块吧。

种大棚菜七分地净收入3万多，可种粮一亩地才收入三四百块。可不是，这一个大棚能顶几十亩地。

种子是统一买还是各家买各家的？统一买。

销售呢？销售是菜贩子过来拉。

菜贩子是本地人还是外地来的？收西葫芦的大部分是本地人，就是咱们晋中的。西红柿下来了就有外省的来，湖南、湖北的都有。

是不是量越大，越集中就越好卖。是哩。

大棚盖几年了？有个3年了。

你搞这个大棚政府给补助没有？给了。一个棚投人1.2万，有补助，还帮助贷款，当年就收回了。沼气、修路、浇水、通电，都给解决。

杜宝应一开始还有些拘谨，但一看回副总理那样随和，慢慢也就放松了。“感谢国家对我们农民的关心、支持！”他是拉着回副总理的手，激动地说出了这句心里话。

在随后举行的座谈会上，回良玉专门称赞：“从得天缘的养猪，从石羊坂村的大棚，我看到农村产业结构调整在山西取得了成效。”

看了小麦长势和农资超市后说：“要千方百计争取今年有个好收成。”

在太谷县胡村镇，回良玉副总理蹲在地头，拔起一株麦苗，一边仔细察看根须生长情况，一边与麦田主人要有有亲切交谈。当了解到虽然遭受严重旱情，但经过积极抗旱，现在全县7万亩小麦一类苗和二类苗各达到四成，三类苗仅两成，苗情总体还好于去年时，回副总理欣慰地点点头，并叮嘱在场的太谷县县长郝向明：“要千方百计争取今年有个好收成。”

最后来到太谷县最大的农资供应市场——正林农资超市。

一进展厅，回良玉副总理便直奔山西农大的几位专家，他们正在这里为农民提供咨询服务。

在与教授郭平毅、张述英、王日鑫交谈后，他说：“这样做好，实际上是双重效应，既服务了农民，也更了解实际、了解基层。”特别是了解到山西建立了科普惠农服务站，开通了“农科110”，光这里就有3部专用电话时，回良玉副总理连连称赞，连说“好好好”。

回良玉副总理还专门察看了超市的化肥储备库、农化实验室和测土配肥车间。在销售大厅，他仔细询问了农资的销售价格，当了解到磷肥、氮肥降幅较大，尿素略低，只有钾肥稍高时，回副总理说：“农资的价格总体还是下降的，这对农民来说是好事。我们的政府部门包括技术专家、农资生产企业和供应商，都要为农民争取好收成千方百计作贡献。”

随后，回良玉副总理又在该公司会议室专门召开了一次座谈会，邀请晋中市、太谷县部分领导及榆次区、太谷县的几位农民和涉农企业负责人参加。会后，应这些与会农民代表的要求，回良玉副总理与他们欣然合影。

主持召开座谈会：研究国际金融危机影响下的“三农”新情况、发展新对策

13日下午和14日上午，回良玉副总理连续主持召开座谈会，认真听取了全国人大农委副主任尹成杰，以及黑龙江、安徽、河南、湖南、云南、湖北、江西、重庆、山西等9省市分管农业负责同志及部门负责同志所作的发言。

回良玉副总理总结说，通过座谈，大家基本上达成了三点共识：一是这几年“三农”发展的好形势为我们有效应对国际金融危机奠定了良好基础，农村的稳定发展为国家的宏观调控提供了巨大的回旋余地；二是农业农村也受到了金融危机的巨大冲击，总体看，当前我国农业农村形势有喜有忧；三是地方各级政府和广大农民群众对加大“三农”的支持充满期盼，必须在落实好现有政策的基础上，深入研究出台新的强农惠农和应对国际金融危机负面影响的政策措施。

回良玉副总理强调，当前要重点抓好五个方面的工作，即：下功夫抓好农业生产；切实加强农产品的市场调控；高度重视支持、保护农业产业化龙头企业；因势利导推进农业结构的调整和发展方式的转变；更加积极地改善农村民生。

随同回良玉副总理前来考察的有中央农村工作领导小组副组长田成平、全国人大农委副主任尹成杰、国务院副秘书长张勇、国家发改委副主任杜鹰、农业部副部长危朝安、中农办副主任唐仁健、财政部部长助理张通、国务院研究室党组成员黄守宏等。

省委书记、省人大常委会主任张宝顺在座谈会上发言，省委副书记、省长王君在座谈会上致辞。省委副书记、省政协主席薛延忠，省委常委、秘书长高建民先后陪同考察，副省长刘维佳参加座谈会并发言。（徐补生）

把宣传文化工作的根深深扎在基层

——刘云山在山西考察侧记

阳春四月，万木竞秀；三晋大地，生机勃发。

4月18日至21日，中共中央政治局委员、书记处书记、中央宣传部部长刘云山一行，带着党中央对山西人民的深切关怀，先后来到运城、临汾、太原、吕梁、晋中等地，深入乡村农户、园区企业和宣传文化单位，了解经济社会发展和宣传思想文化工作情况，看望基层宣传文化工作者，就宣传文化工作更好地面向基层、服务群众，让广大人民群众共享文化发展成果进行考察调研。

这是4年来刘云山第二次莅晋，同样是一次倾听民声之行、求真务实之行、调查研究之行。“基层文化建设搞得怎样？”“农民群众喜欢什么样的精神文化产品？”“文化事业和文化产业该怎样改革发展？”“新闻媒体如何增强舆论引导能力？”每到一地，刘云山都与基层干部群众促膝交谈、亲切座谈，共商宣传思想文化工作的思路和途径，给正在积极应对严峻形势、全力保持经济平稳较快发展的全省干部群众鼓劲加油。匆匆的行程，掩不住他对黄土地一草一木的无尽关爱；留恋的脚步，映衬出他对山西人民的无限深情。

要为农民送更多文化“大礼包”，为群众创造喜闻乐见的精神文化产品

欢快的秧歌、悠扬的道情、喜庆的锣鼓、拙朴的书法……

4月18日，刘云山一走进永济市干樊村文化大院，就沉浸在浓浓的文化氛围中。

刘云山与正在剪窗花的樊宝琴大娘拉起家常。

“您多大年纪了？”“75岁。”

“身体怎么样？”“好着哩！”

“您的剪纸卖不卖？”“卖。”

看到桌上放着一本《浮山民间艺术荟萃》，刘云山问道：“您照着书上的样子剪？”

“我自己搞创作呢！”樊大娘连连摆手，引来一阵欢笑声。

在樊大娘的“指点”下，刘云山欣然持起剪刀，体验剪纸艺术的魅力。一会儿工夫，一个红彤彤的“喜”字就展现出来。

刘云山向村党支部书记罗振峰询问文化大院的建设情况——

“投资200多万元，钱从哪里来？”

“财政拨一部分，村里自筹一部分。”

“村里的筹资是不是让老百姓出？”

当听到“村办企业拿这部分钱，从2004年至今村里没有向老百姓收过钱”时，刘云山欣慰地点了点头。

在汾阳市贾家庄村，刘云山来到村民贾维征、王红霞家，与他们拉起家常，对该村推进村镇园林化、农田林网化、生活现代化的做法表示肯定。在拥有300多种林木的生态农业园，他亲手植下一株翠绿的国槐树。

随后，刘云山来到该村益智图书苑。该图书苑属于国家文化资源共享工程，拥有2万多册图书和上网设施。

“这是我见过的规模最大的、质量最好的农家书屋。”刘云山仔细察看书架上的书籍，高兴地说。

刘云山走到正在浏览网页的村民张力面前，询问他对新农村网站建设的意见和建议。

张力腼腆地说：“希望能增加更多农业科技和发家致富方面的内容！”

“这是一个好建议，要认真研究加强。”

刘云山边走边说，乡村文化站、文化大院、电影放映、农家书屋以及广播电视“村村通”等，是党和政府送给农民的文化“大礼包”，一定要认认真真落到实处，为农民提供更多更好的精神文化产品，这是宣传文化工作贴近实际、贴近生活、贴近群众的重要体现。

坚定推进文化体制改革，把文化资源变成发展优势，文化的繁荣发展才有活力

文化体制的改革创新、文化资源的深度开发是刘云山此次调研的重点。

刘云山十分关注新绛县推进文艺院团转企改制情况。该县重新组建绛州蒲剧团以及几十个绛州鼓乐团，为业务骨干办理了养老保险，让他们系上“保险带”后走向市场，使剧团焕发出勃勃生机，演出水平日渐提升，单场演出收入由600元提高到5000元。刘云山称赞山西基层文化体制改革搞得好。他说，基层的文化建设，要靠农民发挥主体作用，靠专兼职人才队伍，但最根本的要靠好的体制。

在夏县宇达青铜文化产业园，展现在刘云山面前的不是一般意义上的企业：没有工人，只有美术师；没有车间，只有创作室；看不到仓库，只有艺术展览馆。象牙塔般的企业与象牙塔之外的市场神奇接轨，企业年产值达到1亿多元。

“靠借脑创意。”公司负责人向刘云山介绍说，这一成果主要体现在艺术名家设计授权、公司承制的各类大型标志雕塑和礼品上，包括韩美林在内的200多位知名艺术家与企业保持长期合作关系。

刘云山说，就像煤炭资源埋藏地下，挖掘出来才能变成经济优势一样，山西悠久丰厚的历史文化资源，也要在深入挖掘上下功夫，实现文化资源与文化市场的对接，为文化事业的繁荣、文化产业的发展注入活力。

近年来，太原市围绕建设特色文化名城，深入推进文化体制改革，实施文化产业振兴工程，加快建设覆盖城乡的公共文化服务体系，在文化的繁荣和发展上走在全省前列。刘云山来到太原高新区动漫创意园等文化企业，饶有兴趣地了解动漫游戏的制作过程，对他们依托三晋历史文化底蕴和高新区完善的科技服务体系，整合创意产业资源、打造创意产业链的成功做法表示充分肯定。随后他来到富士康科技集团太原园区调研了高新技术企业的发展状况，与郭台铭先生就新兴产业、创意产业的发展进行了探讨。

刘云山说，文化产业发展有特殊规律，经济下行期也是文化产业逆势发展的机遇期，要善于在困难中抢抓机遇，在逆境中培育有利因素，特别要加快文化产业与旅游、演艺、会展等相关产业的联动发展，完善文化产业发展政策，扶持一批文化产业发展重点项目，建设文化产业园区，通过增强文化自主创新能力提高文化对经济增长的贡献率。

在晋期间，刘云山还考察了永济市历史文化景区、关公文化和虞舜文化研究基地、洪洞县大槐树移民文化园、汾酒集团酒文化博览馆、常家庄园晋商文化等，观看大型精品旅游品牌节目《唱享山西——经典民歌汇》，亲身感受厚重的三晋历史文化，了解近年来文化旅游业的发展状况。

把握导向、突出特色，把《山西日报》、山西广播电视台办成全国一流的宣传舆论阵地

如何搞好新形势下的新闻宣传，牢牢把握正确舆论导向，是刘云山牵挂于心的大事。

“大家辛苦了！”在山西日报报业集团，刘云山走进值班总编办公室、编辑中心时事组和要闻组，亲切看望采编人员，详细询问编前会召开时间、组版流程和版面内容。刘云山一直非常关心《山西日报》的发展，2005年7月他来晋时也曾亲临报社指导工作。

听山西日报报业集团负责人介绍，4月26日《山西日报》将迎来60周年华诞，刘云山兴致勃勃地参观了社庆摄影展和书画展。

“上世纪70年代我就爱看《山西日报》，当时《山西日报》是办得最好的省报之一，发行量也很大。”刘云山满怀深情地对新老报人说，“希望你们继续发扬优良传统，坚持正确导向，办出山西特色，成为全国第一流的党报。”

谆谆寄语，殷殷期望，令在场报人深为感动。

在山西广播电视台新闻中心播音室，刘云山详细询问了编采人员的工作和播出情况。他勉励电台、电视台坚持“三贴近”原则，突出地方特色，为听众提供更好的节目。

“新闻宣传要适应网络等新兴媒体蓬勃发展的形势，改进方式方法，切实提高舆论引导能力。”刘云山语重心长地对新闻宣传战线提出要求。他说，稷山县从农村实际出发，建立舆情信息员、新闻发言人、形势政策报告员“三支队伍”，做实基层舆论宣传力量，就是强化舆论引导的有效做法。

刘云山还考察了太原书城、山西教育出版社等文化和出版单位，鼓励他们开拓创新，多出版基层群众买得起、看得懂、用得上的图书。

加快自然人文资源大省向经济强省和文化强省跨越，新基地新山西建设大有希望

4月21日上午，刘云山就宣传思想文化工作与省领导和有关方面负责同志进行了座谈。刘云山对山西工作特别是宣传思想文化工作给予充分肯定。他指出，山西这几年工作思路清晰，发生了巨大变化。一是经济社会发展迈上了一个新台阶，着力在转型发展、安全发展、和谐发展上下功夫，主要指标在全国排位前移，尤其是积极应对国际金融危机的冲击，全省经济运行呈现出积极态势；二是人民群众更加充分地享受到改革发展成果，老百姓得到看得见、摸得着的实惠；三是宣传思想文化工作取得新成效，创造了许多好经验，有特色、有亮点。刘云山希望山西在推进经济社会又好又快发展的同时，进一步把文化资源优势发挥出来，不仅成为新型能源和工业大省，而且成为文化建设强省，努力走在中西部地区乃至全国的前列。

张宝顺在座谈会上说，刘云山同志对山西情况了解多，对山西人民有感情，对山西工作很关心，经常给予指导和帮助，尤其是对我省的宣传思想文化工作倾注了大量心血。刘云山同志的重要讲话，深入分析了今年宣传思想文化工作面临的形势和任务，对我省今后发展特别是加强宣传思想工作、深化文化体制改革、促进文化产业发展提出了殷切希望和明确要求，对全省工作是有力的促进。我们要把刘云山同志的重要讲话作为学习实践科学发展观活动的重要内容，尽快传达到各级党委、政府和宣传思想文化战线；要围绕党和国家中心工作尤其是庆祝新中国成立60周年，发挥好宣传思想文化工作对群众的教育、引领和鼓舞作用，促进科学发展与社会和谐；要积极稳妥、坚定有序地推进文化体制改革，把弘扬优秀传统文化和发展新兴文化产业结合起来，不断提高三晋文化知名度和文化产业竞争力，使文化产业成为山西新的经济增长点；要加强对宣传思想文化工作的领导，努力开创宣传思想文化工作新局面。

省领导王君、薛延忠、申维辰、胡苏平、高建民、张平等参加座谈或陪同考察调研。（田建平）

办出山西特色　办成一流党报

——刘云山考察《山西日报》侧记

"希望你们继续发挥好优良传统，坚持正确舆论导向，把报纸办出山西特色，办成全国第一流党报。"

六十载华章岁月，六十载光辉历程。

4月20日，离《山西日报》创刊60周年纪念日还有短短6天，中共中央政治局委员、中央书记处书记、中宣部部长刘云山来到山西日报报业集团考察工作。刘云山同志对《山西日报》创刊60周年表示热烈祝贺，并向我省新闻宣传战线的同志们致以崇高的敬意。随同考察的有新华社社长李从军、中宣部副部长李东生。

"《山西日报》在省级党报中是好的，尤其是评论和典型报道见长、有优势。"

这是刘云山同志继2005年7月之后，再次来到山西日报报业集团考察工作。

上午10时许，刘云山来到山西日报报业集团。

在省委书记、省人大常委会主任张宝顺，省委常委、太原市委书记申维辰，省委常委、宣传部长胡苏平，省委常委、秘书长高建民等陪同下，刘云山进入新闻大楼一楼大厅，兴致勃勃地观看了报社60年发展历程图片展览。

创刊于1949年4月26日的《山西日报》，是中共山西省委机关报。毛泽东曾两次亲笔题写报头，并称赞《山西日报》。上世纪60年代，《山西日报》被誉为"红旗报"，吸引了许多省级党报同行前来学习。

60年来，《山西日报》坚持正确的办报方向，积极宣传党的理论和路线方针政策，中央和省委、省政府的重大决策部署，忠实记录我省在社会主义建设各个时期、各个阶段的伟大实践，为服务全省中心工作和维护全省稳定大局，为促进全省改革发展和树立山西对外开放良好形象，为加快新基地新山西建设特别是实现"三个发展"、科学发展，营造了良好舆论环境，提供了有力的舆论支持。现在，《山西日报》不仅在党报同行中赢得了较高声誉，在全省广大干部群众中树立了良好形象，而且以其为旗舰，成立了山西日报报业集团。

展厅里，一幅幅图片，一件件实物，生动展示了党中央领导，历届省委、省政府对《山西日报》的亲切关怀，全面反映了《山西日报》60年来走过的不平凡历程。刘云山一边参观，一边听取社长袁升德、总编辑王建武介绍情况。毛泽东两次为《山西日报》亲笔题写报头的图文资料，《山西日报》创刊号、山西日报社历任社长、总编辑介绍等，吸引了刘云山的目光。他不时停下脚步，仔细观看。刘云山对《山西日报》60年来取得的成绩，对报社一代又一代人为党的新闻宣传事业作出的贡献，给予充分肯定。他称赞说："《山西日报》在省级党报中是好的，尤其是评论和典型报道见长、有优势。"

随后，刘云山步入多功能厅饶有兴致地观看了祝贺《山西日报》创刊60周年书画展。在书画名家吴冠中、沈鹏、范曾等的作品前停步，仔细欣赏，还特别称道了山西籍书画名家李琦等的作品。

观毕，刘云山欣然答应大家的请求，提笔蘸墨，签名留念。

"希望你们继续发挥好优良传统，坚持正确舆论导向，把报纸办出山西特色，办成全国第一流党报。"

观看完发展历程图片展和纪念书画展，刘云山又专门到新闻大楼第27层，看望山西日报编辑中心全体同志。

山西日报编辑中心是一个特别能战斗的集体，几乎所有人都是长年累月上夜班。在编辑部，他们担负着版面统筹、稿件编辑、照片选用、版式设计等任务，也是报纸出版流程的最后一道关口，工作辛苦，责任重大。近年来，编辑中心屡获山西省五一劳动奖状等重要荣誉。2007年，他们还被中宣部等六部委评为全国新闻工作先进集体。这是全国新闻界集体类最高荣誉奖项。

刘云山首先来到编辑中心值班总编办公室。其时，几位编辑正在讨论《山西日报》创刊60周年纪念特刊版面的设计。刘云山一进屋，便兴致勃勃地观看版面报头、报眉的设计，并关切地询问编前会怎么安排、每次夜班工作到几点。

报社领导回答："每天开两次编前会，一次下午5点，一次晚上9点。夜班一般得上到凌晨两点。"

刘云山又问："纪念特刊报头、报眉的设计是自己搞还是请外面做？"

美术编辑回答："是我们自己设计。"

刘云山点点头，又意味深长地说："上世纪70年代，我就很喜欢，也经常看《山西日报》。当时《山西日报》在全国省级党报中数第一，发行量很大，有没有100万份？"

一位老同志回答："发行量最大的时候，有个大几十万份吧。"

听了介绍，刘云山勉励大家："希望你们继续发挥好优良传统，坚持正确舆论导向，把报纸办出山西特色，办成全国第一流党报。"

张宝顺随即说："这是云山同志对《山西日报》创刊60周年的寄语啊！"

尽管只是短短几分钟，简单几句话，但充分体现了刘云山对《山西日报》怀有深厚的感情，对广大新闻工作者的关心爱护。同时，也对《山西日报》给予了充分肯定和高度评价，提出了殷切希望和目标要求。

大家表示，一定不辜负党和人民的希望，认真落实刘云山同志的指示精神，要在认真总结成功经验的基础上，不断丰富报道内容，创新报道方式，使《山西日报》进一步办出特色、办出水平，更好地发挥省委机关报的舆论导向作用。

随后，刘云山又到编辑中心要闻组、时事组，热情看望各位编辑，并致意说："都是年轻人，你们辛苦了！"

10时35分，刘云山结束考察。临行前，一起与山西日报报业集团中层以上领导合影。

栉风沐雨六十载，春华秋实六十载。创刊60年，《山西日报》在我省新闻发展史上写下了辉煌一页，在人民群众中树立了良好形象，在与时俱进中谱写了灿烂篇章。春暖花开的大好时节，即将迎来60华诞的重要时刻，刘云山再次来到《山西日报》。这是亲切的关怀、巨大的鼓舞，必将激发新一代山西日报新闻人更加努力，更加奋发，开创更加美好、更加灿烂的明天！（徐补生）

关怀与嘱托

——张德江在山西指导"2·22"事故处置工作纪实

2月22日凌晨2时20分，山西焦煤集团西山煤电屯兰煤矿井下发生瓦斯爆炸，74人遇难。事故牵动着党中央、国务院领导的心，牵动着全国人民的心。

22日晚，受党中央、国务院委托，中共中央政治局委员、国务院副总理张德江连夜赶赴事故现场，转达胡锦涛总书记、温家宝总理的亲切关怀，探望伤员、慰问家属，指导抢险救护工作。

一

事故发生后，党中央、国务院高度重视，胡锦涛总书记、温家宝总理立即作出重要批示，要求采取紧急措施，千方百计抢救被困人员，同时要保障救援人员安全，防止次生事故发生。

带着总书记、总理的委托，22日晚，张德江一行抵达太原后，立即赶往50公里之外的古交屯兰矿区。考虑到发生瓦斯爆炸事故后，一氧化碳中毒对矿工危害较大、具有后遗症后发等特性，张德江到达古交后，立即赶到矿区总医院看望受伤矿工。

在受伤矿工穆明军的病床边，张德江握住他的手，说："你受了伤，胡锦涛总书记、温家宝总理特意派我来看望你们，对你们慰问。"

"谢谢中央领导的关心。"

"医生说你现在恢复得不错，希望你安心养伤，配合治疗，争取早日康复。"

在场的省委书记张宝顺、省长王君表示，为防止发生一氧化碳中毒后遗症，对所有升井人员要逐一登记，实施24小时医学观察，对重症伤员要不惜一切代价全力抢救。

张德江还仔细询问穆明军妻子家里的情况，并叮嘱她，病人保持好的精神状态很重要，作为家属一定要格外关照他、开导他。

离开医院后，张德江还来到了事故现场，亲切慰问了参加抢险救援的矿山救护队员。

23日上午，山西省人民医院重症监护室。在一位受伤矿工的病床前，张德江关切地摸了摸矿工的额头，回头问医生："他还有点发热，要不要紧？"医生解释，这是有毒气体中毒后的典型症状，随着时间的推移很快就会缓解的。

离开时，张德江又轻轻地为他掖了掖被子，并对他说："你一定要配合医生治疗，争取早日康复！"

随后，张德江又来到西山煤电集团公司看望慰问遇难矿工家属。在慰问现场，他强忍眼泪对遇难矿工高明亮的妻子说："胡锦涛总书记、温家宝总理派我来向你们表示慰问，对你丈夫不幸遇难我们表示沉痛的哀悼。失去亲人的痛苦心情我们都很理解，要相信我们的各级党委、政府一定会妥善把这件事情处理好的。自己要节哀，要保重身体，照顾好家庭。"

从22日晚到达事故现场，到23日离开山西，在不到20个小时的时间里，张德江副总理不顾疲劳、星夜兼程，往返奔波在古交屯兰煤矿和太原两地。事故现场、调度中心、收治伤员的医院、受伤矿工的身边，到处都留下了他的身影。

二

22日23时许，屯兰矿指挥中心。张德江连夜主持召开会议，听取山西省委、省政府关于事故情况的汇报。

事故发生以后，我省立即启动了抢险救援应急预案。接到事故报告后的第一时间，省委书记张宝顺、省长王君即赶赴现场坐镇指挥，省领导申维辰、高建民、陈川平带领有关部门负责人也紧急赶赴现场组织抢险救护工作。

据了解，事故发生时井下当班436人，因抢险救援有力、有序、有效，爆炸发生后多数人被营救出井，74人遇难。114人住院治疗，其中26名危重病人经过专家全力抢救，21人已经脱离生命危险，5位伤员伤情较重。经过全力救治，目前5位危重病人中有3位情况有了明显好转。

抢险救援中，西山煤电、汾西矿业、霍州煤电、阳煤集团等4个救护大队的16个矿山救护小队，共250多人投入到抢险救援工作中。省城7家最好的医院，组成7支医疗救护队伍迅速赶赴事故现场，41辆救护车、68台高压氧仓全部启动待命，100多位专家直接参与了救治和救护工作。

"山西省委、省政府反应迅速，决策果断，组织有力，抢险救援救治工作有序有效。"了解情况后，张德江认为，事故发生后，省委书记张宝顺、省长王君等第一时间赶赴现场，组织有力的抢险救援；国家安监总局等有关部门及时赶赴现场协调指挥，为解救被困矿工赢得了宝贵时间，尽量减少了事故可能造成的伤亡。

在充分肯定了救援救治工作后，张德江再三叮嘱：一定要全力以赴救治伤员。

三

22日深夜，在了解事故详细情况汇报后，张德江语重心长地指出，目前，现场搜救已经结束。下一步，事故处理进入善后阶段，一定要按照胡锦涛总书记和温家宝总理的重要指示精神，切实抓好以下几项工作：一是要全力以赴救治伤员，动用一切必要的医疗资源，尽最大努力，千方百计减少因伤死亡，千方百计防止伤员留下后遗症。二是要深入细致地做好遇难矿工善后工作，讲政策，讲感情，一对一地开展遇难矿工家属的抚慰工作。三是要实事求是、认真负责地做好事故调查工作，彻底查清事故原因，严肃追究有关人员的责任。四是要扎实做好事故处理相关工作，维护矿区正常秩序，及时、公开发布信息。五是要深刻总结事故教训，举一反三，认真开展隐患排查并坚决整改。

张德江副总理在晋指导抢险救灾、看望慰问矿工家属，尽管只有短短的19个小时，但充分体现了党中央、国务院对山西矿工的关心，对山西人民的关心。

省委书记张宝顺代表省委、省政府表示，山西坚决贯彻张德江副总理的讲话精神，全力以赴做好伤员救治工作，深入细致做好事故善后工作，全面实施安全生产八项制度，积极开展隐患排查和责任落实，扎实推进为期一年的17个行业的安全专项整治。

夜色沉沉，刚刚发生了特大瓦斯爆炸事故的屯兰矿区更显得格外凝重。目前，事故善后工作正在有序进行。我们有信心也有决心，在党中央、国务院的正确领导下，按照张德江副总理的指示精神，落实好安全生产工作的各项措施，努力实现安全生产形势的明显好转。

（桂小纯　齐作权）

马凯在山西考察调研

9月的山西，秋高气爽，到处洋溢着喜迎新中国60华诞的浓厚气氛。9月23日至25日，国务委员兼国务院秘书长马凯在省委副书记、省长王君的陪同下，在我省就事业单位分类改革考察调研。他强调，要适应经济社会又好又快发展要求，按照中央的决策部署，积极稳妥地推进事业单位分类改革。

两天来，马凯先后深入到我省的长治市、武乡县、太原市等地，实地了解事业单位改革的进展情况、取得的成效以及改革中遇到的困难和问题，分别主持召开省市县和部分事业单位座谈会，听取地方政府及有关部门和单位对事业单位改革的意见和建议，与大家共同商讨推进改革的对策和措施。在听取省委、省政府的工作汇报后，马凯充分肯定了我省应对国际金融危机、促进经济平稳较快增长所采取的措施，以及在推进事业单位分类改革试点中进行的积极探索和取得的成效。他说，去年以来，山西省委、省政府认真贯彻落实党中央、国务院的决策部署，深入贯彻落实科学发展观，紧密结合山西实际，制定实施了一系列扩内需、保增长、调结构、抓安全、促改革的政策措施，经济呈现出企稳回升的良好态势。在推进事业单位改革方面，做了大量工作，进行了积极探索，取得了初步成效，积累了一定经验。

马凯指出，事业单位改革意义十分重大。近年来各地试点的实践证明，早改早主动、早受益，改革是大势所趋、势在必行，必须继续坚定信心，坚定不移地推进。要坚持以科学发展观为指导，全面贯彻党的十七大精神，积极稳妥地推进事业单位改革，不断巩固行政机构改革成果，促进社会事业又好又快发展，满足人民群众日益增长的公共服务需求。

马凯强调，事业单位改革牵涉面广、难度大，是一项复杂的系统工程。要对事业单位改革的复杂性、艰巨性有清醒的认识，对事业单位改革的长期性、渐进性有充分的思想准备。要按照总体设计、先行试点、分类指导、稳妥推进的思路，以事业单位科学分类为基础，以体制机制创新为重点，注重政策配套，扎实推进。要搞好改革的总体设计，明确改革的方向、目标、基本原则和工作步骤。要以社会功能为标准，搞好事业单位的科学分类。要坚持分类指导、分级组织、分步推进、分散风险。要统筹推进各项改革，围绕养老保险制度、干部人事制度、收入分配制度等制定完善相关政策，增强针对性和可操作性。要坚持试点先行，先易后难，及时总结经验，循序渐进推进改革。要按照已有的相关规定积极主动做好事业单位内部改革，为全面改革奠定基础、创造条件。他希望，山西作为全国事业单位改革试点省份，继续解放思想、大胆探索、攻克难点、创造经验，努力为全国事业单位改革探出一条新路子。

在晋考察期间，马凯还参观了武乡八路军纪念馆，缅怀抗战光辉历程，勉励广大干部群众要进一步弘扬太行精神，百折不挠、艰苦奋斗，万众一心、敢于胜利，努力推动经济社会又好又快发展。

王君在座谈会上代表省委、省政府汇报了我省经济社会发展情况和事业单位分类改革试点情况。他说，省委、省政府高度重视事业单位改革试点工作。省委书记张宝顺多次就事业单位改革作出重要指示。各地各有关部门加强组织领导，精心安排部署，深入调查研究，制定工作方案，从事业单位的清理规范和功能界定入手，有序推进各项改革，取得了积极成效。他表示，今后我们要继续按照中央的部署和要求，进一步推进事业单位分类工作，研究制定相关配套政策，统筹市县政府机构改革与事业单位分类改革，扎实有效地推进各项试点工作，抓好各项改革措施的落实，坚决完成中央交给的试点任务，努力为全国事业单位分类改革提供可资借鉴的经验。

中央编办主任王东明，国务院副秘书长汪永清，省委常委、常务副省长申联彬参加调研、座谈。（杨　文）

中共山西省委工作概况

省委书记　张宝顺

2009 年，在中共中央的正确领导下，中共山西省委团结带领四套班子和全省广大干部群众，坚持以邓小平理论和“三个代表”重要思想为指导，深入贯彻落实科学发展观，全面贯彻党的十七大和十七届三中、四中全会精神，以开展深入学习实践科学发展观活动为契机和动力，把保持经济社会平稳较快发展作为首要任务，迎难而上、拼搏进取，积极应对国际金融危机冲击，努力破解发展难题，全力保增长、保民生、保稳定，深入推动转型发展、安全发展、和谐发展，全面推进经济建设、政治建设、文化建设、社会建设以及生态文明建设，各项工作取得新进展、新成效。

一、深入推进经济结构调整，着力转变经济发展方式，全力促进经济平稳较快发展

面对国际金融危机冲击带来的多年少有的经济下行压力，省委认真贯彻中央决策部署，紧紧围绕保持经济平稳较快发展这一首要任务，深入研判形势，努力化危为机，科学决策应对，着力破解难题，经济实现由下滑到增长的重大转折，回升向好基础不断巩固。全省地区生产总值完成 7365.7 亿元，同比增长 5.5%；财政总收入 1537.5 亿元，增长 1.3%，一般预算收入 805.8 亿元，增长 7.74%。社会消费品零售总额完成 2809 亿元，增长 19.2%；居民消费价格总水平下降 0.5%；城镇居民人均可支配收入 13997 元，增长 6.7%；农民人均纯收入 4244 元，增长 3.6%。节能减排和环境保护取得新成效，主要控制指标均完成或超额完成年度目标。战胜了严重自然灾害，保持了社会和谐稳定。

一是认真贯彻中央决策部署，有效应对国际金融危机冲击。强调强信心、稳增长、促转型、惠民生，通过加强基础设施和民生工程建设、争取国家投资和激活民间资本、银企合作和金融创新、加快特色城镇化进程拉动经济增长。省委常委会每季度召开一次专题会议，省政府每月召开一次会议，分析研究经济运行情况，针对性地作出部署，始终掌握工作主动权。坚持把保增长与推进结构调整、转变发展方式结合起来，与深化改革开放结合起来，与弥补社会事业欠账、改善民生结合起来，努力使保增长的过程成为提高发展质量、增强发展活力和不断改善民生的过程，成为培育新的经济增长点和竞争优势的过程。重点工程建设取得历史性成就，出台两年投资 6500 亿元的重点项目和民生工程建设规划，带动全社会固定资产投资 1 万亿元，全省全社会固定资产投资完成 5090 亿元，增长 38.5%，创 15 年来最高增速。一批铁路、高速公路、电网、机场、水利项目开工建设，完成投资 1300 亿元，增长 70%。改善消费环境，全面落实家电下乡等政策，积极扩大消费。出台 10 大产业调整振兴规划，推进产业结构调整。组织各级干部深入一线帮扶重点工程和重点企业，为 3.8 万户企业减负税费 62.9 亿元。促进民间资本进入鼓励类投资领域，第三产业对经济的拉动力得到增强。

二是着力提升煤炭产业素质，煤炭企业兼并重组整合取得重要突破。着眼煤炭产业规模化、机械化、信息化、集约化和可持续发展，抓住经济下行期形成的倒逼机制，下大力气推进煤炭企业兼并重组整合，将全省矿井个数由 2600 座减少到 1053 座（国有、民营、混合所有制办矿比例为 2:3:5），企业主体由 2200 多个减少到 130 个，70%的矿井规模达到 90 万吨以上，30 万吨以下煤矿全部淘汰，保留矿井全部实现机械化开采的目标，产业整体素质和资源利用水平全面提升，煤炭产量恢复到历史最好水平。工作中坚持把市县党委、政府作为组织领导的主体，把企业作为推进实施的主体，完善政策措施，精心组织指导，兼顾各方利益，加强舆论引导，探索建立“以煤补农”长效机制，保持了兼并重组整合的顺利健康推进。这次煤炭企业兼并重组整合是我省煤炭产业由大到强的一次历史性跨越，有效遏制了多年困扰我省的矿难频发、资源浪费、生产粗放等突出问题，对全省产业结构优化、发展方式转变产生了重要的示范和带动作用，为实现安全发

展、促进可持续发展打下坚实基础。中央领导同志对这项工作给予充分肯定。积极为全国经济社会发展提供能源支持和服务，全年外销煤4.42亿吨，外送电601.27亿千瓦时。

三是着力提升传统产业，大力发展新兴产业。推动传统支柱产业改造升级，加快建设国家规划的煤炭基地，推进煤炭产业多元化发展，五大煤炭集团非煤收入占到40%以上。2009年，全省煤炭行业实现非煤销售收入1281亿元，同比增长27%，一些重点煤炭企业的非煤收入已占到总收入一半以上。从战略高度积极推动变“输煤”为“输电”，建成了国内首条特高压示范工程——山西长治至湖北荆门的交流1000千伏特高压输电线路，这条线路送电55.48亿千瓦时，就地转化煤炭200万吨。国有重点煤炭企业已建成煤矸石、中煤和煤层气(瓦斯)电厂24座，总装机容量3696MW，2009年完成发电量203.7亿千瓦时。煤层气（瓦斯）产业健康发展，2009年完成瓦斯抽采32.31亿立方米，利用12.18亿立方米，同比提高31.34%和65%。潞安集团16万吨煤基合成油项目成功出油、稳定运行，在国内首次实现产业化。太钢不锈钢产能达到300万吨，为世界最大不锈钢基地，以太原为中心的铝镁合金生产基地建设取得新的进展。以太原长安重汽新基地落成、运城大运重卡等项目投产为标志，装备制造业发展迈出重大步伐。加快实施服务业“1+10”工程，服务业增速达到10%以上。全年旅游总收入达到893亿元，增长20.7%。配合中财办围绕转型发展进行深入调研，提出了推进资源型经济转型发展的政策建议。

四是以节能减排和生态环境建设为重点，加快转变发展方式。强化政府推动、企业主动、社会参与的节能减排工作机制，发挥政府资金示范作用，引导金融机构增加“绿色贷款”额度。淘汰钢铁、水泥、电石、铁合金等方面落后产能1023万吨。加快发展循环经济，加强节水、节材、节地和资源综合利用，开展整治违法排污企业环保专项行动，11个城市气化率、集中供热率、烟控区覆盖率和污水处理率均达到80%以上。“蓝天碧水工程”、造林绿化工程以及汾河流域、太原西山地区等重点地区生态环境修复治理取得重要进展，抓好黄土高原地区综合治理10个试点县工作。全国造林绿化现场会在我省召开，山西荣获“全国生态建设突出贡献奖”。全年完成营造林530万亩。2009年，万元生产总值综合能耗下降5.6%，超额完成年度目标和提前完成“十一五”目标，化学需氧量、二氧化硫排放量同比下降4.01%、3.06%，全部超额完成年度任务。特别是二氧化硫指标提前实现“十一五”目标，在全国排名前十位；11个地级市和119个县中的82个县空气质量达到国家二级标准，实现我省环保史上新的跨越。

五是加快社会主义新农村建设与特色城镇化进程，推动城乡区域协调发展。认真落实中央强农惠农政策，省财政安排“三农”资金135亿元，增长29.8%。在落实中央多项补贴政策的同时，结合我省实际出台玉米、生猪、新建奶站、农机具购置、黄河水价等五项农业补贴政策。深化农业结构调整，启动运城、晋中、大同现代农业示范区建设。战胜了历史罕见旱灾，粮食总产达94.2亿公斤。大力发展农业产业化经营，完善新型农业社会化服务和支撑体系，农民专业合作社发展继续保持全国领先水平。构建以工促农、以城带乡长效机制，新启动2000个新农村重点推进村建设，“四化四改”和“五个一工程”基本完成。农村“五个全覆盖”顺利实施，96%的建制村通了水泥(油)路；完成506万平方米中小学校舍安全改造任务；完成99%的村卫生室空白村建设任务，为全省2.8万个行政村配备了基本医疗设备；完成村通广播电视2586个村；新解决272万农村人口饮水安全问题，农村村容村貌和生产生活条件发生了明显变化。加快实施开发式扶贫，加强农民工转移就业和返乡创业服务，20万贫困人口脱贫。城市改造和基础设施建设步伐加快。省城十大建筑施工进展顺利，太原、大同等地城市改造建设推进有力。城镇污水、垃圾处理项目建设扎实推进。

六是推进改革开放和自主创新，增强发展的动力和活力。根据国家部署，继续抓好煤炭工业可持续发展政策措施试点的各项工作。省属企业改革重组步伐加快，境内外上市和再融资工作成效明显。出台加快资本市场发展的意见及2009至2015年发展规划，推动区域性资本市场发展。地方金融改革有效推进，晋商银行挂牌成立，全省首家外资银行—汇丰银行入驻。建立市对县财力差异调节机制，“乡财县管乡用”试点县达到81个。全面完成省政府机构改革，基本完成市县政府机构改革，事业单位分类改革工作有序进行。深化农村综合改革，土地承包经营权流转试点工作扎实开展，集体林权制度改革深入推进，1市17县试点全部完成。

进一步拓展对外开放的广度和深度。制定保持对外贸易稳定增长、改进投资环境以及推进区域合作、承接产业转移等方面的政策措施，加强与兄弟省区市、国家部委和国内外大企业大集团的战略协作，招商引资取得新成效。加快出口商品基地规划建设。开发区建设稳步推进，引进资金大幅增长。首届中国(山西)特色农产品交易博览会成功举办。全年共引进各类资金1120多亿元。

加快地区创新体系建设，建设重点工程研究中心和实验室，涌现一批具有自主知识产权的科技创新成果和高新技术企业。加快产业技术创新步伐。实施知识产权战略，推动具有自主知识产权的关键核心技术产业化，以新材料、生物医药、电子信息、新型能源和环保为主的高新技术产业格局正在形成。全省以企业技术改造为主的产业投资达到2370亿元，增长20%，科技支撑作用日益增强。

二、着力改善民生，维护社会稳定，加快和谐山西建设步伐

在经济遇到困难的情况下，坚持把改善民生放在更加突出的位置，全面推进“五大惠民工程”(教育协调发展、创业就业、医疗健康、社会保障、住房安居工程)，全年用于发展社会事业和改善民生的投入达到1013元，比上年增长20%。

一是扎实推进就业和社会保障工作。完善加强就业工作的政策措施，重点扶持零就业家庭和就业困难群体就业，城镇新增就业岗位42.2万个，应届高校毕业生就业率达81%，

返乡农民工再就业率达95%，城镇登记失业率低于4.2%的年度控制目标。完善城乡居民最低生活保障制度，社会保险综合覆盖率达到84%，提前实现“十一五”目标。新型农村社会养老保险试点和被征地农民社会保障稳步推进。连续5年提高企业退休人员养老金待遇。城乡社会救助水平有新的提高。保障性安居工程建设完成投资323亿元，廉租房、经济适用房、棚户区改造、农村困难群众危房改造开工建设超出年度目标任务的30%。全国城市和国有工矿棚户区改造会议在我省大同召开。

二是加快发展教育、卫生、体育等社会事业。农村义务教育经费保障机制进一步完善，义务教育学校绩效工资改革稳步推进，招聘4500名高校毕业生到扶贫开发重点县农村学校任教。完善贫困学生资助体系。公共卫生和疾病防控体系进一步健全，加强县、乡、村三级医疗卫生机构达标建设，甲型H1N1流感防控治疗工作富有成效。新型农村合作医疗实现全覆盖，大学生纳入城镇居民基本医疗保险试点范围。城乡医疗救助制度进一步落实。医药卫生体制改革全面启动。食品药品安全工作得到加强。

三是全面提高安全发展水平。从战略高度加强安全生产工作，出台加强安全生产的一系列政策措施，健全目标管理体系，强化责任链条，层层落实责任，扎实开展“质量和安全年”活动以及安全生产专项整治，加强全员、全过程、全方位质量和安全管理，严肃查处各类安全生产事故。关闭一批不符合安全生产条件的小企业。安全生产基础进一步夯实，安全生产形势明显好转，全省各类安全生产事故死亡人数同比减少1018人，下降27%；煤矿事故起数下降40%，原煤生产百万吨死亡率下降到0.328。

四是切实加强社会管理和维稳工作。完善社会治安防控体系和公共安全保障体系，严厉打击严重刑事犯罪分子，深入开展社会治安专项整治，加强平安创建工作，加强和改进对流动人口、民间组织和非政府组织的管理。加强反恐斗争，严密防范境内外敌对势力渗透破坏活动。拓宽社情民意反映渠道，推进矛盾纠纷排查化解，开展“信访积案化解年”活动，集中解决了一批群众反映强烈的问题，保持了社会和谐稳定。特别是国庆期间实现了“四个坚决防止”的目标（坚决防止发生危害国家安全和社会稳定的重大政治事件、坚决防止发生暴力恐怖事件和重大治安事件、坚决防止发生大规模群体性事件、坚决防止发生重特大安全生产事故），实现了非正常进京“零上访”，较好地发挥了首都“护城河”的作用。

三、发展社会主义民主政治，加强宣传思想文化工作，为又好又快发展提供有力保障

一是加强民主政治建设。坚持和完善人民代表大会制度，支持人大及其常委会依法履行职能，加强立法工作、法律监督和工作监督。加强和改进代表工作，组织人大代表围绕促进“三个发展”进行专题视察，高质量办理代表议案和建议。坚持和完善中国共产党领导的多党合作和政治协商制度，支持和保证人民政协履行政治协商、民主监督、参政议政职能。完善同民主党派合作共事机制，支持民主党派加强自身建设。实施“凝聚力工程”取得明显成效，做好新社会阶层的工作，开展“新晋商万企联万户感恩行动”，帮助老红军、老八路、老党员解决生产生活困难。全面贯彻党的民族宗教政策，及时妥善处理相关敏感事件。加强和改进新形势下工商联工作，做好党外知识分子和港澳台海外统战工作。支持工、青、妇等人民团体依照法律和章程独立自主开展工作，发挥作用。

二是扎实推进法治山西建设。以纪念依法治省工作10周年为契机，部署启动“法治山西”建设。法治政府建设步伐加快。深化司法体制和工作机制改革，规范司法行为，强化执法监督，司法公信力和政法队伍形象得到提升。“五五”普法全面推进，法律服务和法律援助不断加强。完善基层群众自治制度，强化城乡社区建设，推进厂务公开，健全党组织领导下的村民自治机制，加强企事业单位民主管理，完善政务公开、村务公开和公共企事业单位办事公开等制度。

三是加强宣传思想文化工作。进一步巩固马克思主义在意识形态领域的指导地位，推动党的理论创新成果进企业、进农村、进社区、进学校、进军营，积极探索用核心价值体系引领社会思潮的有效途径，组织优秀社科研究成果评奖活动，推动哲学社会科学繁荣发展。大力宣传中央决策部署，宣传各地各部门的成功做法和基层干部群众创造的新鲜经验，围绕庆祝新中国成立60周年，成功举办系列庆祝活动，广泛开展以爱党、爱国、爱社会主义为主要内容的形式多样的群众性活动，深入开展革命传统教育，推进城乡、区域文化协调发展，“三下乡”、“四进社区”活动扎实开展。正确把握舆论导向，建立健全新闻舆论引导处置机制，制定突发公共事件应急新闻处置办法及预案，加大对社会舆情的引导，有力配合了突发事件的处置，切实掌握主流舆论主导权。加大对外宣传力度，加强与重点媒体的战略合作，展示我省改革发展的新形象。

四是大力实施文化强省战略。深化文化体制改革，制定出台文化体制改革和文化产业发展的实施意见和相关政策，经营性文化单位转企改制取得突破性进展，公益性文化单位改革成效明显。组织创作一批文艺精品，获得“五个一工程奖”等重大奖项。设立省级文化产业发展专项资金，规划建设“五大特色文化产业区”。城乡公共文化服务体系日趋完善。加强文物保护，推动文化与旅游等行业联动发展。在国家有关部门大力支持下，五台山申遗取得成功。

四、着眼于提高党的建设科学化水平，切实加强和改进党的建设

认真贯彻落实十七届四中全会精神，及时召开全省领导干部会议和省委常委会进行传达学习。召开省委九届十次全会，出台了贯彻中央决定的《意见》，以先进性建设和执政能力建设为主线，围绕“提高党的建设科学化水平”这一重大命题和历史任务，对当前和今后一个时期党的建设作出全面部署。

一是扎实开展学习实践活动。把深入学习实践科学发展观活动作为重要政治任务，省委主要负责同志把这项工作紧紧抓在手上，提出转型发展、安全发展、和谐发展的主题载体，坚持边学边改、边查边改、边整边改，抓好第一、第二批学习实践活动“回头看”，精心组织第三批学习实践活动，搞好三个批次的有序衔接，全省党员干部贯彻落实科学发展观的能力和水平明显增强。省委学习实践活动领导小组多次召开会议，根据每个批次和阶段的特点提出针对性要求。省委常委和省级领导干部带头参加，加强学习研讨，开展领题调研，并经常深入联系点了解情况、检查指导。省委常委和领导小组成员参加各市市委常委民主生活会。张宝顺书记亲自审阅了10个市委常委会分析检查报告并提出指导意见。结合山西特点在调查研究的基础上，从10个方面健全了推进和保障科学发展的体制机制。特别是第三批活动中，针对基层实际，创新学习方法，搞好帮学送学，组织编写了适合农村需要的“乡土教材”，一本是《与农村党员谈心——说一说农村如何贯彻落实科学发展观》，另一本是将学习实践的好经验和12名优秀村支部书记的先进事迹汇编成册，同时还组织优秀支部书记在全省巡回宣讲，用身边的先进事迹增强教育的生动性和针对性。重视发挥活动骨干的力量，对乡镇党委书记、街道党(工)委书记进行了集中轮训，对充分发挥大学生村干部作用作出专门部署。6月初，省委成立12个作风建设督查组，对11个市和22个省直重点部门的党政领导干部作风建设展开督查。对排查出的班子不健全、活动难度大的58个难点村，由省委学习实践活动领导小组办公室挂牌督导和集中整顿，各市、县确定3090个重点村、难点村、矛盾突出村，“一村一策”进行转化整顿，切实解决在学习实践活动和党的建设中的突出问题，这些村的面貌发生明显变化。

二是推进思想政治建设。把理论学习作为推进各项事业的重要保证，强化理论武装、理想信念教育和思想道德建设，坚持用中国特色社会主义理论体系武装广大党员干部，努力建设学习型党组织和学习型领导班子。加强和改进党委(党组)中心组学习，倡导开展“多读书、读好书”活动，推动理论学习制度化。2009年，省委中心组围绕资源型地区转型发展、提高应对危机和风险的能力等主题，组织了9次集体学习。出台干部学习考核暂行规定，落实党政领导班子成员轮训制度、党政“一把手”和年轻干部专训制度，对干部自主选学工作作出部署。推广党员干部现代远程教育，努力增强学习效果。

三是加强领导班子和干部队伍建设。坚持德才兼备、以德为先，认真贯彻党的干部路线和干部政策，编制全省2009—2020年党政领导班子建设规划，完善体现科学发展观要求的领导干部考核评价体系，以实施市、县党政主要领导干部科学考评办法为重点，制定了干部学习考核、民意调查、民主测评、谈话、巡视评价、心理素质测评、考核评价结果运用、考核评价责任追究等8项制度，强化了对领导班子和领导干部的日常考核，并注重考核结果的反馈和运用。加强对县委书记等关键岗位干部的管理，进一步规范了提名、推荐、考察、决定、任用等环节的程序和办法，其任免由省委常委会议审议；规范县(市、区)长人选产生办法，突出基层工作经历。加大培养选拔年轻干部力度，把基层工作经历作为选拔优秀年轻干部的重要条件，建立来自基层和生产一线的党政干部培养链。结合省政府机构改革，推进领导班子调整配备和干部交流。实行省市县三级干部选拔任用工作“一报告两评议”制度。深化干部人事制度改革，以“十个一律”的查处办法为重点治理拉票行为，深入整治用人上的不正之风。开展完善干部选拔任用提名权试点工作，积极推行地方党委讨论决定重大问题和任用重要干部票决制，完善了全委会闭会期间任用重要干部征求党委委员意见的办法。加强群众监督，坚持任前公示制和任期试用制度，对群众有反映的拟任人选及时调查了解，严防“带病提拔”，进一步提高选人用人的公信度。

四是实施人才强省战略。完成全省中长期人才发展规划纲要的编制工作，开通山西人才工作网站，统筹推进各类人才队伍建设，努力构建上下衔接、左右协调的全省人才规划体系，实现党委联系专家工作向基层延伸。大力实施引进海外高层次人才“百人计划”，成立省海外高层次人才引进工作领导小组，设立5000万元专项资金，择优确定太原理工大学等10个海外高层次人才创新创业基地，为引进海外高层次人才搭建平台。目前已有16名海外高层次人才入选第一批“百人计划”。同时组织各级各类专家投身基层、服务“三农”，实施“科技入户直通车”，选拔200多名农业专家，开通了“12316三农服务热线”，帮助农民解决农业生产技术难题。

五是加强基层党组织建设。实施农村基层党建工作固本强基“五项工程”，加强农村党支部书记队伍建设，提高农村“两委”干部待遇，建立农村党支部书记、村委会主任岗位报酬集中统一发放制度。新选聘9011名大学生村(社区)干部，全省2.8万个村(社区)都有了一名大学生干部，提前实现省第九次党代表大会提出的为每个村、每个社区选配一名大学生干部的目标，成为全国第一个实现农村(社区)大学生干部全覆盖的省份。从优秀村干部中招录1200名乡(镇)公务员和县乡事业单位工作人员。启动村级组织活动场所建设，帮助5659个村建设村级组织活动场所，对3232个标准不高的村级组织场所进行改造维修，计划用一年时间使每个村都有一个“好阵地”。召开省属企业党建工作经验交流会，推进国有企业党的建设。健全了街道社区“一站式”服务机制，规模以上非公有制企业和律师行业全部组建党组织。实行县以上党委常委会向全委会报告抓基层党建工作情况并接受评议制度。构建城乡一体流动党员动态管理和关怀帮扶机制，加强流动党员管理服务工作。

六是加强党风廉政建设和反腐败斗争。坚持标本兼治、综合治理、惩防并举、注重预防的方针，抓好惩防体系建设，狠抓党风廉政建设责任制的落实和检查。紧紧围绕大兴“四种风气”的要求，以领导干部为重点，以保持党同人民群众的血肉联系为核心，加强党性修养，解决突出问题，大力发扬太行精神、纪兰精神、双良精神、右玉精神等，出台进一步从严管理干部的19条具体措施，加强干部的日常管理和监督，把作风建设考核结果作为选拔任用干部的重要依据。认真开展中央和省委、省政府扩大内需、促进经济增长政策措施落实情况的监督检查，保证了重点工程顺利建设。加强反腐倡廉教育，29746名党员干部接受了廉政教育培训。深入开展煤焦领域反腐败专项斗争，出台在煤炭企业兼并重组整合工作中加强纪律约束、防止发生违纪问题的规定，立查煤焦领域腐败案件，收缴各类资金145.8亿元。严肃查处一批严重违纪违法案件，为国家挽回经济损失3.37亿元。扎实推进国有企业反腐倡廉和农村基层党风廉政建设，坚决纠正损害群众利益的不正之风。出台加强巡视工作的具体措施，规范党政领导干部问责工作。党政机关带头厉行节约，把有限资金和资源用在发展经济和改善民生上。

附：中共山西省第九届委员会组成人员名单
(2009.1.1—2009.12.31)

书　记：张宝顺

副书记：王　君　薛延忠

常　委：申联彬　任泽民（5月离职）　申维辰　杜玉林　金道铭（满）　李小鹏　胡苏平（女）　方文平　高建民　李政文　汤　涛（6月任职）

委　员：（按姓氏笔画为序）

马景龙　丰立祥　王大高　王凤祥　王守祯　王国正
王清宪　王淑珍（女）　王雅安　牛仁亮　左世忠　田喜荣
白　云（女）　令政策　朱先奇　刘　巩　刘银才　刘维佳
安焕晓（女）　杜创业　杜善学　李天太　李东福　李永宏
李旺明　李高山　李悦娥（女）　李雁红　李潭生　杨　波
宋广义　张　健　张九萍（女）　张兵生　张茂才　张建民
张建欣（女）　张崇慧　陈川平　郑建国　郝志远　洪发科
袁升德　耿怀英　聂春玉　夏振贵（4月撤职）　高卫东
高彦斌　郭良孝　郭贵春　郭海亮　梁志祥　董洪运
谢　海　靳善忠　潘军峰

候补委员：（按得票多少为序）

王茂林　王抒祥（7月离职）　毛金明　张高宏　王树新
侯晋川　李良森　韩和平　廉毅敏　张义平　李平社
孟原生

重要会议

全省组织部长会议 2月16日，全省组织部长会议在太原召开。会议回顾总结了2008年的组织工作，研究部署了2009年的组织工作。会议宣读了省委书记、省人大常委会主任张宝顺所作的书面讲话，省委常委、组织部部长任泽民作工作报告。

张宝顺在书面讲话中对全省组织工作给予充分肯定，指出，2008年，全省各级组织部门围绕中心、服务大局，出色完成省委交给的各项重要任务，为促进和保障全省经济社会又好又快发展作出了重要贡献；广大组工干部认真履职、勤于奉献，树立了良好的作风和形象。

会议要求，2009年全省组织工作要重点抓好以下六个方面的工作。

一要认真组织指导深入学习实践科学发展观活动。按照中央和省委的部署，把开展学习实践活动与应对国际金融危机、保持经济平稳较快发展、加快"三个发展"结合起来，及早谋划、认真组织、扎实推进第二批、第三批学习实践活动。

二要着眼于提高执政能力和领导水平，进一步加强领导班子和干部队伍建设。切实加强领导班子和领导干部思想政治建设。高度重视和大力加强县委书记队伍建设，在进一步完善市、县党政正职科学考评办法的基础上，制定符合我省实际的县委书记选拔任用办法。继续选拔基层优秀干部进入各级领导机关，逐步形成上级党政机关从基层和生产一线逐级遴选干部制度。今后，凡考录乡镇(街道)公务员和事业单位人员，优秀村(社区)干部要占到整个录用计划的70%以上。市、县两级机关也要拿出一定比例考录基层工作人员。把基层工作经历作为选拔优秀年轻干部的重要条件，探索试行挂职和任职相结合的办法，继续选派干部进行挂职任职锻炼。加大干部交流轮岗的力度，把重要部门、关键岗位作为干部交流的重点，同时积极探索实行新提拔干部跨地区、跨部门交流，并认真做好各级后备干部的集中考察和补充调整工作。

三要进一步深化干部人事制度改革，着力提高选人用人的公信度。以实施市、县党政主要领导干部科学考评办法为重点，进一步完善干部综合考评办法。尽快制定出台民意调查制度、谈话制度、考评结果运用制度等9项制度。强化对领导班子和领导干部的日常考核，特别是要加强对领导干部在落实中央和省委重要工作部署现实表现的考核。全面实行地方党委常委会向全委会和各级党政机关、事业单位党组(党委)向机关单位干部群众报告干部选拔任用工作并接受评议的"一报告两评议制度"。积极开展选人用人群众满意度民意调查工作，有计划地对县以及党政机关选人用人群众满意度进行民意调查。

四要推进实施人才强省战略，不断壮大服务科学发展的人才队伍。要进一步加强对人才工作的统筹规划和宏观指导，有计划地引进一批海外高层次人才，建立一批海外高层次人才创新创业基地。继续组织各级党委联系的高级专家投入经济社会发展主战场主战线，直接服务"三个发展"。

五要坚持抓基层、打基础，全面加强和创新基层党组织建设。在省市县三级全面实行党委常委会向全委会、全委会向党代表大会报告基层党建工作情况，接受委员评议的基层党建工作"一报告一评议"制度。积极推行县乡党委书记抓农村基层党建工作述职制度。探索从乡镇、企业选派一批干部到村担任党支部书记。对村党支部书记进行十七届三中全会精神集中轮训。实行村干部报酬集中统一发放制度和村党支部书记基本养老保险制度。继续选派优秀大学生到农村和社区任职，年内实现"一村一社区一名高校毕业生"的目标。六是各级党委要切实加强和改进对党的建设和组织工作的领导，各级组织部门要以作风建设为重点进一步加强自身建设。

全省宣传部长会议 2月17日上午，全省宣传部长会议在太原召开。会议的主要内容是：学习贯彻全国宣传部长会议精神，分析形势，总结经验，研究和部署2009年全省宣传思想工作。省委书记张宝顺发表书面讲话，他强调要从政治、全局和战略高度谋划和推进宣传思想文化工作，始终保持清醒头脑，正确把握面临的形势和任务，更加自觉地把宣传思想文化工作放到新基地新山西建设全局来推进，进一步开创宣传思想文化工作新局面。省委常委、宣传部部长胡苏平对2008年全省宣传思想工作进行了总结，对2009年工作进行了部署。省委宣传部常务副部长杨波主持会议。

张宝顺在书面讲话中充分肯定了全省的宣传思想文化工作，对2009年工作提出了五项要求。

一是要着眼巩固马克思主义在意识形态领域的指导地位，进一步用中国特色社会主义理论体系武装全省党员干部群众。他指出，中国特色社会主义理论体系是凝魂聚气、强基固本的根本武器，建设社会主义核心价值体系是巩固党员干部群众团结奋斗的共同思想基础、有效抵御西方意识形态渗透、维护国家长治久安的战略举措。要紧紧抓住开展深入学习实践科学发展观活动这一重要契机，认真学习宣传贯彻党的十七大、十七届三中全会精神和胡锦涛总书记在纪念党的十一届三中全会召开30周年大会上的重要讲话精神，引导全省干部群众深刻领会改革开放是决定中国命运的关键抉择。

二是要着眼保持经济平稳较快发展这一首要任务，进一步增强推动转型发展、安全发展、和谐发展的自觉性、坚定性、有效性。要坚持强信心、稳增长、促转型、保民生，大力宣传中央和省委、省政府应对国际金融危机、推动经济社会又好又快发展的坚强意志、坚定信念和决策部署，宣传今年全省经济工作的总体要求、目标任务和重要措施，把全省广大干部群众的思想和行动统一到科学发展观的要求上来，统一到中央和省委、省政府对国内外经济形势的分析判断和决策部署上来，形成共克时艰的强大合力。

三是要着眼庆祝新中国成立60周年等重大活动，进一步抓好舆论引导工作。要牢牢把握正确导向，坚持团结稳定鼓劲、正面宣传为主，不断提高舆论引导的权威性、公信力、影响力。要按照中央确定的庆祝建国60周年活动的主体和总体要求，大力弘扬抗震救灾精神、北京奥运精神和载人航天精神，深入进行革命历史和革命传统教育、爱国主义教育、社会主义理想信念教育和改革开放教育，唱响时代主旋律。

四是要着眼建设文化强省的战略目标，进一步推动文化体制改革。要按照中央确定的文化体制改革"时间表"和"路线图"，特别是刘云山同志的重要指示，紧紧抓住影响我省文化发展的主要矛盾，进一步加大力度、加快进度，着力在一些重点领域和关键环节的改革上实现突破性进展，有效推动自然人文资源大省向经济强省和文化强省的跨越。

五是要着眼巩固党的执政地位，提高党的执政能力，进一步加强和改善党对宣传思想文化工作的领导。各级党委和政府要从贯彻落实科学发展观的高度，切实担负起意识形态工作的领导责任，一刻也不放松地抓好宣传思想文化工作，把文化建设与经济社会的发展一起部署、一起落实、一起检查，不断提高领导宣传思想文化工作的能力和水平。

胡苏平在部署2009年工作时指出，2009年的宣传思想工作的基本思路是，以科学发展观为统领，按照高举旗帜、围绕大局、服务人民、改革创新的总要求，着力统一思想、增强信心，促进经济社会健康发展；着力提高舆论引导能力，营造积极健康向上的社会环境；着力推动文化体制改革，加快实施文化强省战略步伐；着力打造文化精品，促进社会主义文化大发展大繁荣；着力深化群众性文明和谐创建，构建社会主义核心价值体系；着力提高队伍素质，对内凝聚力量，对外提升形象，为我省的转型发展、安全发展、和谐发展提供强大的思想保证、舆论支持、文化条件。

胡苏平强调，2009年的工作，要在继续全面推进省委提出的宣传思想文化建设"六项重点工程"的基础上，突出在以下六个方面下功夫：要在应对严峻经济形势，围绕中心、服务大局，推动"三个发展"上下功夫；在提高舆论引导能力和应对能力、提升山西良好形象上下功夫；在加快文化体制改革，扎实推进文化强省战略上下功夫；在推出精品力作，繁荣文化产品的创作生产上下功夫；在建设社会主义核心价值体系，深化群众性精神文明创建上下功夫；在加强领导、强化管理、提高队伍素质上下功夫。要见实效、出成果，为我省的转型发展、安全发展、和谐发展提供强大的思想保证、舆论支持、文化条件，努力在全省形成共迎挑战、共谋发展、共创和谐的生动局面。

会上，省委宣传部副部长李福明宣读了张宝顺的书面讲话，省委宣传部副部长、省文明办主任李海渊传达了全国宣传部部长会议精神。各市、县(市、区)委常委、宣传部部长，各市文明办主任，省直宣传文化系统各单位主要负责同志参加了会议。

省委农村工作会议 2月22日，省委召开农村工作会议，全面贯彻党的十七大、十七届三中全会、中央农村工作会议和省委九届六次全会精神，以科学发展观为统领，总结2008年农业农村工作，表彰农业农村工作先进集体，针对当前面临的形势和任务，安排部署2009年农业农村工作。省委副书记、省政协主席薛延忠出席会议并讲话，省人大常委会副主任郭海亮出席会议，副省长刘维佳作工作报告，省政协副主席李雁红出席会议。

会议认为，2008年，在省委、省政府的正确领导下，各地各部门坚持以科学发展观为指导，牢牢把握"三农"工作主动权，有效克服了多种不利因素影响，继续保持了良好发展势头，粮食总产再夺丰收，农民收入持续增长，农村公共事业加快发展，为维护全省改革发展稳定大局提供了基础支撑，为推动全省现代化建设作出了重大贡献。

会议指出，尽管我省农业农村发展取得明显成绩，但必须清醒看到，受多种因素和条件限制，一些长期制约我省"三农"发展的深层次矛盾和突出问题尚未得到根本解决；受当前国际金融危机的冲击和影响，我省"三农"工作又面临一些新的困难和问题，新老困难、问题相互交织、叠加一起，对我省农业农村发展带来严峻的挑战。各级各部门和广大干部群众要进一步认清形势，统一思想，坚定信心，切实增强做好新形势下农业农村工作的责任感和紧迫感，努力保持全省农业农村经济平稳较快发展。

会议提出，2009年，全省农业农村工作的总体要求是：全面贯彻党的十七大、十七届三中全会、中央农村工作会议和省委九届六次全会的精神，深入贯彻落实科学发展观，坚持统筹城乡发展方略，把保持农业农村经济平稳较快发展作为首要任务，围绕农业稳定发展、农民持续增收、农村社会繁荣，突出抓好稳定粮食生产、优化产业结构、强化农业基础、发展公共事业、促进就业创业、保持农村稳定“六个重点”，进一步强化组织领导、资金投入、改革创新、基层基础“四大支撑”，坚定信心、迎难而上，奋力拼搏、扎实工作，努力推进农村经济社会又好又快发展。

薛延忠强调，2009年，我省农业农村工作要突出抓好“六个重点”，努力保持农村经济社会持续健康发展。一要稳定粮食生产，维护粮食安全。稳定粮田面积，提高单产水平，进一步保护和调动农民种粮积极性，力争全年总产达百亿公斤，努力提高全省粮食自给水平。二要优化产业结构，建设现代农业。继续推进雁门关生态畜牧、中南部无公害果菜和东西两山杂粮干果三大经济区建设，抓紧启动大同、晋中、运城三大现代农业示范区建设，大力实施玉米丰产增粮、高效园艺建设、规模健康养殖、农产品加工增值“四大工程”，进一步加大对农业产业化龙头企业和专业合作组织的培育和扶持力度，下大力气抓好农业社会化服务体系建设，不断提高我省农业现代化水平。三要强化农业基础，增强发展后劲。加强耕地质量建设和农田水利建设，强化农业科技支撑，推进农业机械化，搞好生态环境建设，加快改善我省农业基础条件。四要发展公共事业，改善农村民生。重点围绕“五大惠民工程”和“五个全覆盖”的推进实施，抓紧制定工作规划和实施方案，进一步加大资金投入，健全推进机制，强化责任考核，确保各项工作顺利实施、如期完成。要进一步做好扶贫开发工作，努力帮助贫困农民尽快摆脱贫困、走向富裕。五要促进创业就业，拓宽增收渠道。引导企业稳定就业岗位，拓宽农村三次产业就业创业空间，积极安排农民在重点建设项目中从业，加强对返乡农民工创业和再就业培训，制定和落实鼓励农民创业的优惠政策，最大限度地安置好农民工就业。六要保持农村稳定，推动和谐发展。加强农村信访工作和群众工作，搞好农村社会治安综合治理，深入开展农村精神文明和民主法制建设，努力保持农村社会和谐稳定。

薛延忠要求，各级党委、政府要切实加强和改善对“三农”工作的领导，全面落实“重中之重”的要求，站在全局和战略高度，围绕推进山西转型发展、安全发展、和谐发展的大局，坚持协调推进农业现代化、新型工业化、特色城镇化的原则，着眼打破城乡二元结构、形成城乡经济社会发展一体化的新格局，朝着建设社会主义新农村的总目标来谋划、部署、推进新形势下的“三农”工作，加强组织领导，加大资金投入，加快改革创新，夯实基层基础，以良好的作风确保2009年全省“三农”工作任务圆满完成。

刘维佳在讲话中全面回顾了2008年农业和农村工作取得的显著成绩，科学分析了当前农业和农村经济形势，对做好2009年农业农村工作进行了安排部署。

全省党风廉政建设干部大会暨省纪委四次全会 2月24日上午，全省党风廉政建设干部大会暨省纪委四次全会在太原召开，会议深入贯彻中央纪委三次全会精神，认真学习贯彻胡锦涛总书记重要讲话精神，研究部署全省反腐倡廉工作。省委书记、省人大常委会主任张宝顺出席并讲话，省委副书记、省长王君和省委副书记、省政协主席薛延忠分别主持会议。省委常委、省纪委书记金道铭代表省纪委常委会作了题为《深入贯彻落实科学发展观，扎实推进以完善惩治和预防腐败体系为重点的反腐倡廉建设》的工作报告。省委、省人大、省政府、省政协党员负责同志，省法检两长等出席会议。中央纪委也专门派员参会。

张宝顺首先充分肯定了全省党风廉政建设和反腐败工作取得的成绩，并代表省委向全省纪检监察战线的同志们表示亲切问候和衷心感谢。对于2009年全省反腐倡廉建设，张宝顺强调，纪检监察机关要紧紧围绕保持经济平稳较快发展这一首要任务履行监督检查职责，推动转型发展、安全发展、和谐发展。一要认真履行党章和行政监察法赋予的职责，通过加强对重大项目和民生工程建设情况的监督检查，坚决纠正违背科学发展观要求的错误做法，坚决防止急功近利的短期行为，促进经济平稳较快发展；二要通过加强对经济结构调整政策措施落实情况的监督检查，促进转型发展；三要通过加强对安全生产制度措施落实情况的监督检查，督促各地各部门和企业建立覆盖所有工作和生产环节的无空档安全保障体系和无缝隙安全责任链条，严格落实企业安全生产主体责任和政府安全监管主体责任，实现事后追究向事前事后追究并重转变，促进安全发展；四要通过加强对涉及群众切身利益政策措施落实情况的监督检查，促进和谐发展。

张宝顺指出，要紧紧围绕建立健全惩治和预防腐败体系，更加有效地推进反腐倡廉建设，特别要注重处理好四个关系。一要处理好全面推进与重点突破的关系，在全面推进的同时，要在重点工作上不断取得突破性进展。即要在增强教育的说服力、制度的约束力、监督的制衡力、改革的推动力、纠风的遏制力、惩治的威慑力上求突破。二要处理好解决共性问题与解决具有山西特点的突出问题的关系。一方面要深入开展煤焦领域反腐败专项斗争，另一方面要深挖重大事故背后的腐败案件。要通过个案分析，追根溯源、完善政策，善于从制度、政策的层面思考和解决问题，使煤焦领域腐败现象多发势头得到有效遏制，并有效减少重特大事故的发生。三要处理好完成年度任务与做好长远工作的关系。四要处理好解决当前问题与建立长效机制的关系。

张宝顺强调，要紧紧围绕充分发挥领导干部模范带头作用，做到“八个有”，加强党性修养，弘扬优良作风。一是对群众要有深爱之情。把解决人民群众最关心、最直接、最现实的利益问题放在一切工作的首位，多出一些亲民之策、为民之举，多办一些顺民意、解民忧、增民利的实事。二是对学习要有致用之道。各级领导干部既要提高理论水平，又要提高实践能力，把学习的成效体现到推动发展改革稳定的实践中去，不断提高干事创业、开拓创新的本领。三是对工作要有守土之则。执政时间越长，越要防止脱离群众；信息渠道越多，越要防止漠视民生；通讯手段越发达，越要防止听不到真实的声音；交通越便利，越要防止不深入基层和群众。领导干部要时刻牢记肩负的使命，把心思用到干事业上，把精力集中到做实事上，把功夫下到抓落实上，对职责范围内的事情要确保抓好管好。四是对难题要有破解之策。领导干部面对困难要有进取的锐气，面对挑战要有攻克的信心。遇到急难险重工作，发生重大突发事件，领导干部要亲临一线，靠前指挥，妥善处置。五是对组织要有感恩之心。各级领导干部要有高尚的境界和宽广的胸怀，牢记党和人民的养育之恩，以一种报恩的心态去投入工作，以勤勉的工作和无私的奉献回报组织和人民，这不仅是党性要求、为政准则，更是做人的底线。六是对利益要有淡泊之怀。各级领导干部要坚持人民利益高于一切，要自觉抵御各种利益诱惑，经受住各种腐朽落后观念和生活方式的影响，在为党和人民利益奋斗的过程中实现自己的人生价值和个人追求。七是对法纪要有敬畏之意。领导干部要坚持和维护党的政治纪律，自觉在思想上、政治上、行动上与党中央保持高度一致，确保中央政令畅通；要模范执行党的组织、经济、群众、宣传等方面的纪律，自觉在法律规定范围内行事。八是对修身要有勤勉之志。把加强党性修养、保持优良作风作为立身之本和从政之要，作为日常行为和终生追求。

张宝顺最后指出，要紧紧围绕为反腐倡廉建设提供坚强保证，进一步加强对纪检监察工作的领导。各级党委、政府特别是主要领导干部要旗帜鲜明地反对腐败，做到重视抓、亲自抓，抓大事、抓大案，作表率、树正气和抓班子、带队伍，切实加强对纪检监察工作的领导。

金道铭的工作报告回顾总结了2008年党风廉政建设和反腐败工作情况，对2009年全省反腐倡廉建设提出总体要求，指出要着力抓好八项工作。一是严明党的纪律，认真履行监督检查职责，推动科学发展重大决策部署和扩大内需、促进经济平稳较快发展政策措施的贯彻落实；二是加强领导干部党性修养，大力树立和弘扬良好作风；三是坚定不移地深入推进煤焦领域反腐败专项斗争，努力为煤焦行业健康发展创造良好环境；四是以深入推进农村党风廉政建设为重点，切实加强基层反腐倡廉建设；五是加强对领导干部的教育、监督和廉洁自律工作，保证权力正确行使；六是继续加大查办案件工作力度，着力解决重点领域的腐败问题；七是着力解决群众反映强烈的突出问题，坚决维护群众切身利益；八是积极推进重点领域和关键环节改革，深化治本抓源头工作。

省委九届七次全体会议 2月26日，中共山西省委九届七次全体会议在太原举行，全会由省委常委会主持，省委书记张宝顺作了重要讲话。全会听取了省委常委、组织部部长任泽民受省委常委会委托作的《关于2008年基层党建和干部选拔任用工作情况的报告》，对省委基层党建和干部选拔任用工作情况进行了民主评议，对2008年提拔和任用的主要领导干部进行了民主测评。

出席会议的省委委员66人，候补委员11人，中组部干部监督局负责同志到会指导，全会充分肯定省委常委会一年来加强基层党建情况和干部选拔任用工作，指出，在过去的一年，省委常委会认真贯彻党的十七大和十七届三中全会精神，以加强党的执政能力建设和先进性建设为主线，以开展深入学习实践科学发展观活动为重点，紧紧围绕推动科学发展、促进社会和谐、选干部配班子、建队伍聚人才、抓基层打基础，作了大量扎实有效的工作，既严格执行中央的有关规定，又开展了一些具有创新性的工作，积累了可贵经验，为建设新基地新山西提供了坚强组织保证。

全会认为，省委坚持把基层党建工作放在全省工作大局中来谋划和推进，采取了一系列过硬措施，基层党建工作得到新的加强、取得新的进展，全省基层党组织和广大党员在努力实现转型发展、安全发展、和谐发展，加快建设新基地新山西进程中，特别是在完成重大任务、应对重大事件中充分发挥组织动员、组织保障和表率带动作用。省委在选拔任用干部工作中，以邓小平理论和“三个代表”重要思想为指导，深入贯彻落实科学发展观，认真学习贯彻党的十七大、十七届三中全会和全国组织工作会议精神，以加强党的执政能力建设和先进性建设为主线，紧紧围绕走出“四条路子”、实现“三个跨越”的目标，按照德才兼备、以德为先、注重实际、群众公认的原则选拔任用干部，树立了干事创业的用人导向，不断扩大干部工作的民主化，充分发挥了全委会对干部任用的决定监督作用，不断深化干部人事制度改革，全面加强和改进了党政干部选拔培养工作，进一步强化对干部选任工作的监督，进一步提高了选人用人公信度。

全会指出，要根据形势和任务的要求，进一步加强基层党建工作，突出抓好农村基层党组织建设，建立健全村党支部书记培养选拔、教育培训、激励保障、管理监督四个机制，启动新一轮村级组织活动场所建设，两年内覆盖全部行政村，统筹推进国有企业、城市社区、机关学校、“两新组织”等领域基层党组织建设，坚持因地制宜、分类指导，着力解决基层党组织建设面临的新问题。加强对党员的教育管理和服务，继续抓好保持共产党员先进性四个长效机制文件的贯彻落实。完善和落实基层党建工作领导责任制，把抓基层党建工作情况列入县、乡党委领导班子和党委书记年度工作实际考核的重要内容，把考核结果作为选拔任用干部的重要依据。在干部工作中，要不断解放思想，锐意改革创新，狠抓工作落实，着眼于提高执政能力和领导水平，进一步加强领导班子和干部队伍建设。坚持德才兼备、以德为先，加大培养锻炼优秀年轻干部的力度；坚持民主公开、竞争择优原则，不断深化干部人事制度改革，提高选人用人公信度；坚持党管人才原则，推进实施人才强省战略，努力建设宏大的创新型人才队伍，为有效应对国际金融危机、保持经济平稳较快发展、确保全年经济社会发展各项任务的顺利完成提供坚强组织保证。

全省深入学习实践科学发展观活动第一批总结暨第二批动员会议 2月28日上午，省委召开深入学习实践科学发展观活动第一批总结暨第二批动员会议，省委书记、省人大常委会主任张宝顺作重要讲话，他对第一批学习实践活动作了全面总结，强调，各地各部门各单位要把开展学习实践活动作为应对挑战、克服困难、开创事业新局面的龙头、动力和机遇，紧紧围绕“三个发展”确定各自的主体和活动载体，着眼全省大局，谋划和推进第二批学习实践活动，努力实现党员干部受教育、科学发展上水平、人民群众得实惠的目标要求。中央指导检查组副组长孟宪来出席会议，并作重要讲话。省领导王君、申联彬、申维辰、金道铭、胡苏平、高建民、张建欣出席，薛延忠主持，任泽民对第二批学习实践活动作了具体安排。

我省第一批学习实践活动从 2008 年 10 月开始，主要由省级机关和省直部门的 104 个单位、7.2 万多名党员参加，目前已基本告一段落，第二批学习实践活动从 2009 年 3 月开始到 8 月基本结束，主要是在市县机关、国有企业、高等院校开展，共 10 个市委、117 个县市区委、616 个国有企业和 53 所高等院校、84.5 万名党员。

会议认为，第一批学习实践活动取得了明显成效，主要体现在坚持深入学习、深刻领会、深化认识，在科学发展重大理论和实践问题、特别是“三个发展”上形成了新的共识；坚持解放思想、更新观念、创新理念，进一步增强了推进转型、跨越、崛起的信心；坚持扎实调研、认真查找、找准问题，运用科学发展观指导实践，推进工作的能力有了新提高；坚持着眼当前，应对挑战、破解难题，面对国际金融危机冲击和经济下行压力加大的局面赢得了主动；坚持边学边改、边查边改、边整边改，解决了一批事关山西发展大局和群众切身利益的突出问题；坚持群众参与、群众监督、群众检验，使学习实践活动成为宣传群众、引导群众、凝聚群众的过程；坚持抓好班子、夯实基础、转变作风，党组织的创造力、凝聚力、战斗力进一步提高；坚持加强领导、精心组织、统筹兼顾，实现了开展学习实践活动与推动各项事业发展有机联系、互促互动。张宝顺指出，深入开展学习实践活动是用中国特色社会主义理论体系武装全党的重大举措，更是应对国际金融危机、保持经济平稳较快发展的迫切需要，第二批学习实践活动在整个学习实践活动中具有承前启后的重要作用，各地各部门各单位要紧紧围绕“三个发展”确定各自的主题和活动载体，借鉴第一批学习实践活动包括试点单位的经验，着眼全省改革发展稳定大局，谋划和推进第二批学习实践活动，努力实现党员干部受教育、科学发展上水平、人民群众得实惠的目标要求。

张宝顺对扎实搞好第二批学习实践活动提出五点要求：一要用科学发展观武装头脑，在深化我省走科学发展之路具体途径和战略重点的认识上有新境界，组织广大党员干部搞好学习调研，坚持理论联系实际，开展解放思想讨论，进一步增强贯彻落实科学发展观的自觉性和坚定性，深刻认识“三个发展”的内在要求和相互关系，增强推进“三个发展”的责任感和紧迫感。二要积极应对复杂多变的经济环境，在保持经济平稳较快发展上有新作为，把应对国际金融危机冲击、克服经济发展困难和保持社会稳定作为学习实践活动最大的实践、最重要的实际、最需要取得的实效，坚定信心、迎难而上，以抓好重点工程、民生工程建设为重点，扎实做好保增长、保民生、保稳定的各项工作，努力把国际金融危机的不利影响降到最低程度，在应对复杂严峻形势的过程中增强推动科学发展的本领。三要注重解决突出矛盾和问题，在推进“三个发展”上迈出新步伐，在转型发展上推动产业格局向支柱产业多元化转变，发展方式向节约、集约、绿色转变，发展动力向创新驱动型转变；在安全发展上坚持把人民生命安全放在至高无上的位置，着眼全面安全、稳定安全、持久安全和本质安全，全面落实安全生产制度，扎实开展安全生产专项整治，坚决杜绝重特大安全生产事故的发生；在和谐发展上加快新农村建设步伐，加快形成城乡一体化发展新格局，推动依法治省，实施文化惠民工程，确保人民安居乐业、社会和谐稳定。四要努力改善民生，在维护群众根本利益上取得新进展，深入实施“五大惠民工程”，认真解决大学毕业生和返乡农民工的就业问题，做好零就业家庭的消零解困工作；深入开展进万户门、解万家难、暖万人心活动，使实现科学发展观具有更广泛、更深厚的群众基础。五要加强党性修养和作风养成，在保持领导干部的良好形象上有新突破；要把加强党性修养和作风养成贯穿于学习实践活动全过程，教育引导广大党员干部特别是领导干部坚持正确的事业观、工作观、政绩观，着力解决一些党员干部信念不坚、党性不纯、党风不正、党纪不严的问题；要大力弘扬艰苦奋斗的作风，认真贯彻落实中办国办关于党政机关厉行节约若干问题的通知和关于坚决禁止公款出国境旅游的通知，勤俭办一切事业，以坚强党性和良好作风为各项事业发展提供保证。

张宝顺强调，切实加强对第二批学习实践活动的组织领导。要落实领导责任，各级党委党组主要负责同志要认真履行第一责任人的职责，同时要带头参加活动，要加强分类指导，既坚持学习实践活动的总体要求，又因地制宜地对各单位的活动做出灵活安排；要强化舆论宣传、营造良好社会氛围；要坚持统筹兼顾、协调推进学习实践活动与各项工作做到“两手抓”、“两不误”、“两促进”。

孟宪来在讲话中对我省第一批学习实践活动给予充分肯定，他指出，山西省第一批学习实践活动省委高度重视、主要领导带头，切实发挥表率作用，突出问题找得准，整改措施制定得实，形成了推进山西科学发展的共识，整个活动中认真贯彻中央的要求和部署，结合实际、精心组织、扎实推进，取得明显成效，积累了宝贵经验。他强调，科学发展观的学习和实践是一项长期的过程，推进山西的科学发展还有很长的路要走，还有很艰巨的工作要做：一要切实抓好整改落实方案的组织实施；二要着眼长远，进一步建立和完善保障科学发展的长效机制；三要把领导干部思想作风建设摆在更加突出位置。

任泽民指出，参加第二批学习实践活动的单位要紧紧围绕中央和省委提出的总要求，按照坚持解放思想、突出实践特色、贯彻群众路线、正面教育为主的原则开展活动；要准确把握第二批学习实践活动的特点，密切联系实际、加强分类指导、突出活动重点、务求取得实效；要统筹考虑、精心组织，把“三个阶段”、“六个环节”的工作抓紧抓实；学习调研阶段，要统筹抓好学习研究、解放思想讨论等工作；分析检查阶段，要统筹抓好召开领导班子专题民主生活会,形成领导班子分析检查报告等工作;整改落实阶段,要统筹抓好制定落实整改方案,解决突出问题等工作。

薛延忠在主持会议时指出,各级、各部门和广大党员干部要认真学习、全面贯彻中央和省委的部署和要求,深入扎实地搞好整个学习实践活动,切实加强领导、精心组织实施、狠抓督查落实,着力在提高思想认识、解决突出问题、加强党性修养、创新体制机制、促进科学发展上下功夫,确保学习实践活动取得实实在在的成效,为保持全省经济平稳较快发展、推进"三个发展"、加快新基地新山西建设提供有力的思想、政治和组织保证。

省委传达贯彻十一届全国人大二次会议和全国政协十一届二次会议精神大会 3月17日上午,省委召开传达贯彻十一届全国人大二次会议和全国政协十一届二次会议精神大会。省委书记、省人大常委会主任张宝顺主持并讲话,省委副书记、省长王君传达中共中央政治局常委、国家副主席习近平,中共中央政治局委员、国务院副总理张德江,国务委员兼国务院秘书长马凯在山西代表团的重要讲话,省委副书记、省政协主席薛延忠传达全国政协十一届二次会议精神,省人大常委会常务副主任杨安和传达十一届全国人大二次会议精神。省领导申联彬、任泽民、申维辰、金道铭、李小鹏、胡苏平、高建民等出席会议。

张宝顺指出,全国"两会"是在举国一致应对国际金融危机的关键时刻召开的。温家宝总理作的政府工作报告,全面总结了2008年的工作,科学分析了国内外经济形势和我们面临的挑战与机遇,明确了2009年经济社会发展的指导思想、主要原则、目标任务和重点工作,贯穿了科学发展观的要求,体现了全国人民的愿望,是一个提振信心、共克时艰,求真务实、为民惠民的报告。全国人大常委会工作报告、全国政协常委会工作报告、"两高"报告等,反映了推进社会主义民主政治建设和依法治国的新要求。会议期间,胡锦涛总书记和其他中央领导围绕保增长、保民生、保稳定,就关系经济社会发展全局的重大问题作了深刻阐述,使我们深化了对国际国内形势的认识和对中央大政方针的理解,增强了应对挑战、科学发展的信心和决心。习近平同志、张德江同志、马凯同志参加了山西代表团的审议和讨论。特别是习近平同志在山西代表团作了非常重要的讲话,对山西省的发展思路、工作成绩给予充分肯定,对今后工作作出重要指示,体现了对山西人民的深厚感情,对山西工作的关心和支持,具有很强的思想性、针对性和指导性。

张宝顺强调,要科学把握发展形势,坚定应对挑战、战胜困难的信心。目前世界经济环境更加严峻,国内经济增速持续下滑,山西省经济增长依赖性强、被动性大,抵御市场风险的回旋余地较小,受影响的范围更大、程度更深,产业结构单一化、初级化的问题更加凸显出来,我们既感受到经济增长下行的巨大压力,又感受到结构性矛盾的切肤之痛。同时要充分认识到,困难中蕴含希望,挑战中仍有机遇。既要增强危机意识和忧患意识,又要增强战胜困难的信心和勇气,决不能被动等待下游产业的拉动,决不能消极等待宏观经济变化后拉动山西省经济增长,决不能在困难面前畏缩不前、无所作为。经济下滑是主要矛盾,产业结构不合理是深层原因,提振信心是应对挑战的关键环节,保持经济平稳较快发展是我们面临的首要任务。要把保增长与推进结构调整结合起来,与加强基础设施建设结合起来,与深化改革开放结合起来,与弥补社会事业欠账、改善民生结合起来,把中央提出的大规模增加政府投资、大范围实施调整振兴产业规划、大力推进自主创新、大幅度提高社会保障水平的要求落实好。全省上下要同舟共济,广开思路,拓宽渠道,敢于逆势而上、突围发展、背水一战,在应对挑战中开创转型发展、安全发展、和谐发展的新局面。

张宝顺强调,要调动一切积极因素,抓紧抓好保持经济平稳较快发展这一首要任务。一是要加大投资力度,狠抓资金到位率,加快重点工程建设步伐。6500亿元投资涉及的项目,有关部门要特事特办,确保开工项目尽快形成相应的实物工作量,未开工的要力争早日开工建设。与山东、湖南签订的战略合作协议要抓紧做好后续工作。煤炭工业可持续发展基金、资源价款等都要按规定程序,尽快拨付到具体项目。大力推进城市重要基础设施和公益类项目建设,有条件的地方要放宽户籍限制,通过提质扩容,提高城镇的承载力和带动力。促进房地产市场稳定健康发展,特别是加快廉租房建设和棚户区改造步伐。优化投资发展环境,引导民间资金转化为发展资本,吸引外部资金合作开发战略项目。二是要努力扩大消费特别是农村消费。加强城乡消费设施和服务体系建设,稳定市场信心和预期,促进消费结构升级。大幅度增加对农业农村的投入,加快推进新农村建设,进一步完善扶贫战略和政策,推进"五个全覆盖",增加农民收入,增强农民即期消费理念,落实"家电下乡"、"农机下乡"、"汽车摩托车下乡"等政策措施。三是要积极帮扶企业渡过难关。减轻企业税费负担,能减的减、能缓的缓、能免的免,对行政事业性收费和中介收费要进行全面清理,坚决禁止针对企业的"三乱"行为。加大银企对接力度,完善中小企业信贷担保和风险补偿机制,为企业发展创造良好的环境。出台支持扩大出口的政策措施,培育新的出口增长点,有重点地扩大进口,加大招商引资力度,提高利用外资水平。

张宝顺指出,"三个发展"既是推动山西省科学发展的切入点和突破口,也是应对当前经济困难的必然选择。要以发展新兴产业、节能减排、科技创新为重点,扎实推进转型发展。抓住机会发展新兴产业,弥补由于传统产业下滑造成的空档。以汽车项目、矿山机械、重型装备、不锈钢和铝镁合金加工为重点,使装备制造业有一个突破性发展。把更多的资金投入到现代服务业,提高服务业在经济总量中的比重。把握文化产业具有反经济周期的特点,加大文化产业发展力度,促进文化产业和旅游业的融合,加快实施文化强省战略。各市县包括一些有实力的企业都要抓紧上马一两个像样的新兴产业大项目。引导企业调整投资方向和产品结构,实行低成本扩张,提高企业经济效益、产业集中度和资源配置效率。在经济增长较慢的时候决不能放松节能减排工作，坚决防止高耗能、高污染项目回潮。积极引进一批关键技术和科技拔尖人才，为下一轮经济增长积蓄力量。推进资源型产品价格改革、财税体制改革、国有企业改革和政府机构改革，加强机关效能建设。要以加强基层基础工作、杜绝重特大事故发生为重点，扎实推进安全发展。以全国开展“质量和安全年”活动为契机，加强全员、全过程、全方位质量和安全管理，把安全生产专项整治作为重要途径，把落实企业和政府两个主体责任作为关键环节，把完善制度体系和考核机制作为坚强保证，强化安全生产推进机制、责任链条和保障体系，注重抓隐患、抓细节、抓基础、抓落实，走出资源型地区安全发展的新路子。要以扩大就业、改善民生、化解矛盾为重点，扎实推进和谐发展。对“五大惠民工程”，对国家和省里出台的惠民政策和向群众承诺的事情，要不折不扣地落实好；对那些因经济形势急剧变化陷入困境的群众，要摸清底数，有针对性地做好工作，确保基本生活质量不下降。落实国家和省里关于促进就业的优惠政策，引导鼓励企业尽量少裁员、不裁员，通过多种方式帮助待岗职工提升转岗能力，帮助农民工寻找就业机会，重视解决好高校毕业生就业面临的具体问题，针对城镇就业困难人员更多地开发公益性就业岗位。要推进社会主义民主政治建设，加大维护社会稳定的力度，理顺群众情绪，化解矛盾纠纷，坚持正确舆论导向，为首都建国60周年重大活动当好“护城河”。

张宝顺指出，要引深学习实践科学发展观活动，为全省各项事业发展提供坚强动力和保证。坚持把保持经济平稳较快发展作为学习实践活动最大的实践，作为要取得的最大的实效，把习近平同志在山西代表团的重要讲话作为学习实践活动的重要文件，贯彻落实到学习实践活动的全过程，各单位主要领导既要亲自抓，又要带头参加，确保学习实践活动成效体现在经济增长、民生改善、社会和谐上。越是遇到困难的关键时刻，越是对一个班子、一个干部识别和考验的关键时刻。要坚决维护大局、维护团结、维护形象，倍加珍惜全省干部群众干事创业的良好局面，形成战胜困难的强大合力，对内凝聚力量，对外提升形象。要密切联系群众、联系基层、联系实际，以开拓创新的精神抓工作，以百折不挠的精神破难题，以只争朝夕的精神抓落实，深入基层和一线，深入重点工程和项目，深入困难企业，深入最需要帮助的群众中间，工作力度要大、节奏要快、效果要实。要做到认真履责、敢于负责、强化问责，特别是面对涉及人民群众生命安全的事、危及社会稳定的事，要增强政治敏锐性，严防死守，及时处置。对工作不负责任，给国家利益、公共利益和群众利益造成重大损失的，实行严格的问责制度。要自觉艰苦奋斗、严格要求、当好表率，认真执行中央和省委、省政府关于转变作风、厉行节约、廉洁自律的有关规定，以模范行动赢得民心、集中民智、凝聚民力，与全省人民同甘共苦、共渡难关。

山西省委、省人大、省政府、省政协负责同志，省法、检两长，省级老同志；省直各部门和中央驻晋单位主要负责同志；在并的省人大常委会委员；驻并本科院校、部分省管国有企业主要负责同志出席会议。

省委省政府传达贯彻周永康　回良玉　刘云山考察山西重要讲话精神会议　4月24日上午，省委、省政府召开电视电话会议，传达贯彻中共中央政治局常委、中央政法委书记周永康同志，中共中央政治局委员、国务院副总理回良玉同志，中共中央政治局委员、中央书记处书记、中央宣传部部长刘云山同志考察山西重要讲话精神。省委书记、省人大常委会主任张宝顺主持会议并提出贯彻意见，省委副书记、省长王君，省委副书记、省政协主席薛延忠分别传达。省领导申联彬、任泽民、申维辰、杜玉林、金道铭、胡苏平、方文平、高建民、李政文等出席会议。

3月31日至4月21日期间，周永康、回良玉、刘云山同志先后对我省进行考察，看望慰问干部群众，了解经济社会发展情况，并发表了重要讲话，对推动科学发展、应对国际金融危机、维护改革发展稳定大局的一系列重大问题和重点工作作了深刻阐述、提出明确要求，对我省的发展思路和工作成效给予充分肯定，对山西今后的发展寄予殷切希望。

张宝顺指出，正值全省上下深入学习实践科学发展观、积极应对国际金融危机、努力保持经济平稳较快发展的关键时刻，周永康、回良玉、刘云山同志先后来我省考察工作，充分体现了党中央、国务院对山西工作的高度重视、对山西人民的深切关怀，中央领导同志的重要讲话，思想性、针对性、指导性很强，帮助我们深化了对科学发展观的认识，对当前形势和中央大政方针的认识，增强了我们克服国际金融危机不利影响、加快推进“三个发展”的信心和决心，激发了全省干部群众迎难而上、共克时艰的斗志和干劲，对推动全省各项事业发展具有重要意义。

张宝顺就贯彻落实中央领导同志重要讲话精神提出五点意见：

一、积极应对国际金融危机的严峻考验，全力保持经济平稳较快发展。既充分认识经济形势的严峻性，又要看到潜在的优势和蕴含的机遇，全面贯彻中央的决策部署，提振信心，突出重点，狠抓落实，有效遏制经济下滑局面。全力以赴加快工程建设进度，未开工的项目要尽快开工，继续加大投资力度；千方百计帮助企业渡过难关，保证有订单、有市场、有潜力的企业能够及时得到资金支持，支持优势企业通过低成本扩张做大做强，帮助困难企业走出困境。着力扩大消费特别是居民消费，落实家电、农机、汽车和摩托车下乡等政策措施，稳定住房、汽车等大宗消费。组织好煤焦冶电等主导产业的生产，对符合产业发展要求的重点企业，要一厂一策给予帮扶，挺过这一段最困难的时期，为保增长、保民生、保稳定发挥支撑作用，为下一轮经济增长积蓄力量。

二、引深学习实践活动，扎实推进转型发展、安全发展、和谐发展。把中央领导同志重要讲话精神作为第二批学习实践活动的重要文件，深刻理解“三个发展”与科学发展观的内在联系，着力解决制约“三个发展”的突出问题。在转型发展上，要围绕由资源依赖型向创新驱动型转变，深化结构调整，激发企业活力，建设生态文明，推进科技创新，加强园区建设，抓好城市建设，推进经济社会协调发展和能源基地全面转型。在安全发展上，要围绕实现安全形势根本好转，牢固树立以人为本的理念和大安全观，严格落实企业安全生产和政府安全监管两个主体责任，在加强安全生产专项整治上下功夫，在全面提升安全管理水平上下功夫，在健全安全发展长效机制上下功夫，切实加强本质安全建设。在和谐发展上，要围绕保障和改善民生，实施更加积极的就业政策，开展创业型城市创建活动，完善社会保障体系，解决好困难群众的生产生活问题。

三、统筹做好“三农”工作，推动新农村建设取得明显进展和成效。加快农业产业结构调整，建设一批优势农产品产业带、产业区、基地县，提升农业规模化、标准化、集约化、产业化水平，推动农业发展方式转变，支持和保护农业产业化龙头企业，加快农业社会化服务体系建设。扎实推进社会主义新农村建设，抓好试点村和重点村工作，加快推进农村基础设施和社会事业发展“五个全覆盖”，使全省农村面貌有一个大的改观。完善扶贫战略和政策体系，形成全方位、宽领域、多渠道的“大扶贫”格局。突出抓好各项强农惠农政策的落实和“一抗两保”工作，为今年农业取得好收成、农民收入稳定增长打下坚实基础。

四、开创宣传思想文化工作新局面，为建设新基地新山西提供强大动力和支持。坚持围绕中心、服务大局，加强对中央和省委、省政府各项决策部署、各项重点工作和重点工程进展情况的宣传，以新中国成立60周年为契机，深入开展群众性爱国主义教育活动。坚持改革创新、抢抓机遇，推进文化体制改革和文化产业发展，加快经营性国有文化单位转企改制，建立文化市场综合执法机构，鼓励和引导社会资本进入文化领域，以资本为纽带推进文化企业兼并重组，扶持培育一批在国内外有较强市场竞争力的大型文化企业，推动文化产业与旅游、信息、会展等产业联动发展，形成促进和保障文化产业健康快速发展的体制机制，打造更多具有山西特色的文化品牌。坚持面向基层、服务群众，增加对公益性文化事业的投入，大力实施文化惠民工程，健全公共文化服务体系。坚持正确导向、优化舆论环境，树立山西的良好形象。

五、着力维护社会大局稳定，加强和改进政法工作。统筹抓好硬道理与硬任务，以稳定促发展，以发展保稳定。严厉打击经济领域的违法犯罪活动，切实维护市场经济秩序，为经济平稳较快发展提供法制保障。着力推进“平安三晋”和“法治山西”建设，坚决防止发生危害国家安全和社会政治稳定的重大事件和案件。深入开展矛盾纠纷排查化解和信访工作，对各类不稳定苗头和隐患做到心中有数、应对有策、化解有效；贯彻落实信访工作制度，搞好“信访积案化解年”活动，推进领导干部接访制度化、下访常态化。切实维护社会公平正义，各级政法机关要做到严格、公正、文明、清廉执法，加大司法救助力度。进一步加强各级政法部门领导班子和政法队伍建设，加强基层政法单位建设，从编制、经费等方面为政法部门开展工作提供有力保障。

张宝顺强调，党中央、国务院对山西工作非常关心，对山西各级干部寄予厚望。我们要紧密团结在以胡锦涛同志为总书记的党中央周围，强化政治意识、大局意识和责任意识，带头真抓实干，带头狠抓落实，带头艰苦奋斗，团结带领广大干部群众顽强拼搏、共克时艰，千方百计保持经济平稳较快发展，扎实推进“三个发展”，不辜负党中央、国务院的关怀和期望，以优异成绩迎接新中国成立60周年。

省委传达贯彻习近平考察山西重要讲话精神会议 6月2日上午，省委召开电视电话会议，传达贯彻中共中央政治局常委、中央书记处书记、国家副主席习近平同志考察山西重要讲话精神。山西省委书记、省人大常委会主任张宝顺主持会议并提出贯彻意见，省委副书记、省长王君，省委副书记、省政协主席薛延忠分别传达，省领导申维辰、杜玉林、金道铭、李小鹏、高建民等出席。

5月24日至26日，习近平同志对山西省进行了考察，看望慰问基层干部群众，了解经济社会发展和党的建设情况，发表了重要讲话，对山西工作思路和经济社会发展成绩给予充分肯定，对山西今后发展寄予殷切希望，提出明确要求。

张宝顺指出，习近平同志亲临山西省考察，带来了党中央对山西人民的深切关怀，体现了对山西工作的高度重视。学习习近平同志的重要讲话精神，使我们在贯彻落实科学发展观上进一步明确了方向，在应对国际金融危机、促进经济平稳较快发展上进一步坚定了信心，在加强党的建设上进一步强化了责任，激发出全省干部群众迎难而上、共克时艰的干劲，为全省各项事业又好又快发展增添了新的动力。

张宝顺就贯彻落实习近平同志重要讲话精神提出三点意见：

一、狠抓“三保”政策措施的落实，促进经济平稳较快发展。2009年以来，山西省坚持“三个千方百计”“三个坚定不移”，经济运行出现一些积极变化，但是落实“三保”要求、遏制经济下滑的任务十分艰巨。抓项目就是保投资，抓投资就是保增长。对已确定的项目要加强协调，抓紧开工，加快形成实物工作量。同时要重视以企业技术改造为主的内涵效益型投资，重视非国有和民间投资。落实相应的“缓免减补”政策，发展和健全中小企业贷款担保机制，积极推进银企合作，通过帮扶大型企业拉动经济增长，通过帮扶中小企业带动社会就业。建设一批直接拉动消费的项目，培育新的消费热点，扩大农村消费，促进消费结构升级。着力扩大进出口，重点出口企业要大力拓展国际市场。要促进两个循环：一是促进产业内部的循环，推动煤焦冶电等主导产业以及企业之间建立战略协作关系，使单一产业优势转变为集群产业优势，共同应对市场风险；二是促进重点工程建设与企业发展的循环，加快重点工程建设进度，增强投资的有效性，帮助企业稳定市场、渡过难关。在坚定不移推进煤炭企业兼并重组整合的同时，组织符合条件、安全有保障的煤炭企业复工复产，发挥煤炭产业在保增长中不可替代的作用，为应对下一轮经济增长做好准备、奠定基础。

二、向改革开放要动力，在转型发展、安全发展、和谐发展上迈出实质性步伐。在转型发展上迈出实质性步伐,关键是推动支柱产业由单一化、初级化向多元化、高级化转变,发展方式由粗放型向节约集约绿色转变,增长动力由资源依赖型向创新驱动型转变。加快实施八大产业调整和振兴规划,加快制定文化旅游产业调整和振兴规划,提升山西文化旅游产业的整体形象和综合实力;加强对高耗能企业的监管,把循环经济的理念和技术渗透到各行各业,加快形成资源节约型、环境友好型生产方式和消费模式;营造创业、创新、创造、创优的社会环境,利用省内外各类平台加大开放力度。在安全发展上迈出实质性步伐,关键是坚决杜绝重特大安全生产事故的发生。认真开展安全生产专项整治,认真推行精细化管理,认真落实企业和政府两个主体责任,确保所有工作和生产环节安全有人问、有人管、有人查,创建本质型、恒久型安全企业。在和谐发展上迈出实质性步伐,关键是要让最广大人民群众共享改革发展成果。通过增强发展的协调性促进社会和谐,把建设新农村与推进特色城镇化结合起来,协调好村矿关系、城矿关系、城乡关系;通过改善民生促进社会和谐,把宝贵的财力用到保民生上,把人力、财力、物力向基层倾斜、向社会事业倾斜、向困难群众倾斜;通过化解矛盾纠纷促进社会和谐,畅通信访渠道,加强社会治安综合治理,最大限度地增加和谐因素,最大限度地减少不和谐因素,为庆祝新中国成立60周年营造和谐稳定的社会环境。

三、以学习实践活动为重要契机,全面加强和改进党的建设。根据市县机关、国有企业、高等学校的不同情况,扎实做好学习实践活动各个环节的工作,做到问题查找更准确、原因分析更透彻、发展思路更清晰、工作对策更可行。要以改革创新精神进一步加强和改进党的建设。一是要加强各级领导班子和干部队伍建设。把学习实践活动和实现"三保"、推进"三个发展"作为培养和考验干部的主阵地,提高化危为机的能力,增强逆势发展、弯道超车、难中求变的本领,使有创业激情、有干事能力、有培养前途的干部在实践中成长起来。以最坚决的态度整治用人上的不正之风。做好从基层和生产一线选拔优秀干部的工作,让基层干部工作上有劲头、发展上有盼头,完善机关和基层干部良性互动机制。二是要统筹抓好城乡基层党建工作。完善党建工作责任制,加强农村党组织建设,重视社区党建工作。对近年来大学生"村官"选聘工作进行总结,完善相关政策措施,发现和推广先进典型,使大学生"村官"在实践中锻炼成长。三是要加强各级领导干部的党性修养。自觉用科学理论武装头脑,掌握做好工作必需的知识,始终保持共产党人的政治本色。把心思用到干事业上,把精力集中到做实事上,遇到急难险重任务要靠前指挥、稳妥处置。四是要把太行精神等宝贵精神财富转化为加快建设新基地新山西的强大动力。加强对太行精神的研究和宣传,使太行精神真正深入人心,不断发扬光大。引深"进万户门、解万家难、暖万人心"活动,把接访、下访、走访制度化。组织省市县机关干部分期分批深入基层特别是重点工程和重点企业帮助工作,服务重点工程、帮助困难企业、造福人民群众。建立保障和促进科学发展的有效机制,对中央和省委、省政府关于加强作风建设规定的落实情况要进行监督检查。坚持勤俭办一切事业,坚决杜绝铺张浪费、大手大脚,始终保持良好作风和形象。全省广大干部群众要振奋精神、开拓进取、埋头苦干,进一步开创各项事业发展新局面,不辜负党中央的关心和期望,以优异成绩迎接新中国成立60周年。

省委省政府传达贯彻温家宝考察山西重要讲话精神会议 7月9日,省委、省政府召开全省电视电话会议,传达贯彻中共中央政治局常委、国务院总理温家宝考察山西重要讲话精神。省委书记张宝顺主持会议并提出贯彻意见,省委副书记、省长王君传达,省领导薛延忠、申联彬、申维辰、金道铭、李小鹏、胡苏平、高建民、李政文、汤涛等出席会议。

7月4日至5日,温家宝总理对我省进行了考察,深入太原、大同的企业车间、居民社区和重点工程建设工地看望干部群众,了解经济社会发展情况,并主持召开企业负责人座谈会,作了重要讲话。

张宝顺指出,温家宝总理这次来我省考察,正值全省上下团结一致、共克时艰,积极应对国际金融危机、促进经济平稳较快发展的关键时刻,体现了党中央、国务院对山西工作的高度重视和对全省人民的亲切关怀,是对全省干部群众的鼓舞、激励和鞭策。温家宝总理的重要讲话,深入分析了当前的经济形势,对做好保增长、保民生、保稳定的各项工作提出了明确要求,既具有全局指导意义,又对我省有着很强的针对性,使我们进一步认清了形势、统一了思想,提升了信心、增强了力量。

张宝顺就贯彻落实温家宝总理重要讲话精神提出六点意见:

一、着眼发展大局,正确分析形势,切实把思想统一到温家宝总理重要讲话精神上来。由于全国经济形势的影响和我省经济发展内生力的增强,全省经济出现企稳向好的重要转折,要全力以赴巩固和发展这一良好态势。同时要看到,我省经济发展面临的困难和压力仍然很大,决不能盲目乐观、决不能麻痹松懈。要正确认识当前宏观经济形势,坚定不移地贯彻中央应对国际金融危机的决策部署,保持政策的连续性和稳定性,继续坚持"三个千方百计"、"三个坚定不移",加快推进以6500亿投资为重点的各项应对措施。要把立足当前与着眼长远结合起来,既要千方百计扭转经济下滑局面、努力促进增长,又要积极培育新的经济增长点,加快转型发展步伐,为应对更高层次的竞争打好基础。在危机和困难面前全省干部群众展现出良好的精神风貌,社会是和谐稳定的,干部队伍是平稳务实的,群众是有发展信心的,对这一局面我们要倍加珍惜。

二、认真落实保增长这一首要任务,全力巩固和发展企稳向好的经济形势。充分发挥重点项目对经济增长的拉动作用,鼓励企业加大技改投入,形成基础设施建设和企业技术改造并行推进,双向拉动投资的良好局面;认真做好帮扶企业、服务企业的工作,对领头企业要予以重点支持,对困难企业和中小企业要减轻负担,鼓励大企业强强联合,与中小企业加强协作，实现共同发展；组织好煤炭、电力的生产供应，组织符合条件、安全有保障的煤炭企业复工复产，加快推进煤炭资源整合，保证兼并主体尽快到位，注重煤焦冶电各产业之间的平衡；努力提升群众即期消费能力，满足消费者多层次和多元化的需求，提高消费对经济增长的贡献率。各市县要从宏观经济与本地实际的结合点上谋划发展，充分发挥自身优势，针对性地采取对策，增强市县域经济的发展动力，为全省经济复苏作出应有贡献。省直部门要加强对市县工作的指导、帮助和服务。

三、以自主创新、结构调整、可持续发展为战略重点，在转型发展上取得明显进展。围绕增强自主创新能力，以信息化、自动化和高科技融入传统产业，以科技进步为先导培育新的增长点，在重型装备、煤机制造、铁道装备、节能环保产业、新能源新材料等方面争创全国乃至世界一流水平。围绕深化结构调整，推进企业兼并重组，大力发展新兴产业，打造一批优势企业集团和产业集群，促进产业结构轻型化。围绕推进可持续发展，坚决淘汰落后产能，大力发展循环经济，积极推广节能减排和保护环境的新技术，培育循环经济示范区，加速推进特色城镇化，加大城市建设的投入，促进矿城转型，建设宜居县城和小城镇，提高对农村的辐射带动能力，开拓转型发展的空间。

四、健全社会保障体系，解决好群众的生产生活问题。抓好大学毕业生和农民工的就业创业工作，重视解决零就业家庭的就业困难，健全社会保障制度，加快经济适用房和廉租房建设，抓紧推进煤矿棚户区和沉陷区的改造治理。全面落实强农惠农的政策措施，以发展龙头企业和种养大户为重点推进农业结构调整，以“五个全覆盖”为重点完善基础设施，以发展沼气和改厕、改水、改圈为重点改善农民生活环境，以发展经济合作组织和经纪人队伍为重点带领农民走向市场。解决好停产破产企业职工、城乡特困群众、返乡农民工等群众的生产生活问题，使他们的基本生活得到保障。从以人为本、安全发展的高度，全面落实安全生产的制度措施，杜绝重特大事故发生。全力维护社会稳定，保证人民群众安居乐业。

五、进一步深化改革开放，为转型发展、安全发展、和谐发展提供强大动力。从国际金融危机的影响中寻找改革开放的突破口，把深化改革开放作为应对国际金融危机的有效途径。要在建设服务型政府上有新突破，以政府机构改革为契机，加快政府职能转变，以较高的公信力和执行力创造良好的投资发展环境；要在深化经济体制改革上有新进展，统筹推进金融、财税、投资等体制改革，完善民间资本进入机制、信贷担保体系和资本市场推进机制；要在培育和规范市场主体上有新成效，扎实推进省属国有企业改革重组，促进非公有制经济快速健康发展；要在构建开放型经济上有新局面，降低商务成本，扩大交流合作，引进更多的资金、项目、技术和人才。

六、树立良好作风，狠抓工作落实，确保各项工作有效推进。各级领导干部要胸怀全局，牢牢掌握经济工作的主动权，准确把握国际国内经济形势的走向，做到善谋全局、善把方向、善抓大事；要狠抓落实，增强工作的有效性，组织好省市县三级机关干部深入基层对口帮扶工作，把工作重心放在基层，把人力、物力、财力倾斜到基层，做到工作在一线推动、督办在一线进行、责任在一线落实；要敢于创新，着力破解改革发展难题，科学把握改革发展稳定的内在联系，努力实现保增长、保民生、保稳定的有机结合；要体恤民情，团结带领群众共渡难关，保持艰苦奋斗的作风，把有限的资金和资源投向经济建设，用于改善民生，取得“三个发展”的新进展新成效。

全省深入学习实践科学发展观活动第二批总结暨第三批动员大会 9月9日上午，省委召开全省深入学习实践科学发展观活动第二批总结暨第三批动员电视电话会议。省委书记、省委学习实践活动领导小组组长张宝顺作了重要讲话，指出要从政治、全局和战略的高度，充分认识搞好第三批学习实践活动的重大意义，按照中央和省委要求，充分借鉴第一、二批学习实践活动包括试点单位的经验，组织好、开展好第三批学习实践活动，全面推进当前工作和党的建设。中央巡回检查组组长虞云耀出席会议并作重要讲话。薛延忠主持会议，申联彬、金道铭、胡苏平、高建民出席会议，申维辰在分会场参加会议，汤涛对第三批学习实践活动作了具体安排。

会议认为，全省第二批学习实践活动取得了明显成效，积累了宝贵经验。特别是第二批学习实践活动正值我省经济运行较为困难的时期，也是通过努力止跌回升、企稳向好、实现转折的关键时期。通过学习实践活动，起到了统一思想、提高认识、稳定大局、凝聚人心的重要作用，增强了应对困难和危机的信心和决心，为迎接下一轮经济持续快速健康发展打下坚实基础。广大党员干部进一步深切认识到，无论是经济快速增长期还是下行压力较大的时期，科学发展观都是我们破解难题、促进发展强有力的思想武器，必须把科学发展的理念贯穿到各项工作中，必须在推进“三个发展”上狠下功夫。

张宝顺指出，“三个发展”提出一年来，对于凝聚全省广大党员干部群众的智慧和力量，有效应对国际金融危机冲击，促进经济社会又好又快发展，带动各项事业上台阶上水平，开创全省科学发展新局面，发挥了重要作用，得到了党员干部群众的普遍赞同。当前，必须抓住机遇、乘势而上，进一步增强推动“三个发展”的紧迫感和有效性。第三批学习实践活动最接近基层、最贴近群众，工作搞得怎么样，关系到第一、第二批学习实践活动成效的巩固和拓展乃至学习实践活动的整体成效，关系到党执政基础的巩固和加强，关系到“三保”任务的落实和“三个发展”的推进，关系到党的十七届四中全会精神的贯彻落实。各地各部门要从政治、全局和战略的高度，组织好、开展好第三批学习实践活动，全面推进当前工作和党的建设。

张宝顺对扎实搞好第三批学习实践活动提出四点要求：一是在总体把握上要紧紧围绕“四句话”目标，突出抓好“五个更加注重”。更加注重取得实效，下功夫在推动科学发展上增强执行力，在服务群众上增强亲和力，在凝聚人心上增强向心力，在促进和谐上增强感召力，每个单位必须办成几件至少一两件群众渴盼的实事；更加注重简便易行，针对基层党员学习、生活和工作的特点安排学习实践活动，做到好操作、易落实、有效果；更加注重分类指导，坚持因地制宜、区别对待、具体帮助；更加注重强化基层，确立重视基层、加强基层、关心基层的导向，完善基层党建工作支撑体系，关心、爱护长期工作在基层特别是艰苦地区的干部；更加注重统筹协调，形成协同动作、整体推进的工作格局。二是在具体操作上要扎实做好三个阶段的六项工作。要以学习讨论、调研走访为重点抓好学习调研阶段的工作，进一步加深对科学发展观的理解，充分理解“三个发展”对山西走科学发展之路的关键意义，深刻认识只有加快转型、确保安全、实现和谐，山西才能走出全面协调可持续发展的路子，围绕科学发展解放思想、理清思路、找准问题、明确方向。要以召开专题民主生活会、进行分析检查为重点抓好分析检查阶段的工作，联系党员干部思想工作实际，切实把问题找准确，把原因分析透，把对策定科学，进一步完善规章制度，提升基层工作的制度化、规范化、科学化水平。三是在工作重点上要着力提高基层党组织推动发展、服务群众、凝聚人心、促进和谐的能力和水平。加强农村党组织建设，健全村级组织活动场所，特别要着力抓好重点村、难点村、矛盾突出村的学习实践活动，努力提高领导新农村建设的能力和水平。加强社区党组织建设，使社区党组织在服务城市发展、促进社区和谐、强化基层管理中更好地发挥作用。加强“两新”组织的党组织建设，既要扩大组织覆盖面，又要切实解决开展活动难、发挥作用难的问题。加强中等职业学校、中小学校和医院党组织建设，优化教育医疗资源的配置，加大投入，完善机制，改进师德师风和医德医风，重点解决群众反映强烈的上学难、就医难等问题。四是在突出实践特色上要更加有效地推进当前中心工作。要继续推动经济平稳较快发展，加速推进重点工程建设，深入推进煤炭企业兼并重组整合，帮扶企业积极开拓市场，有重点地组织好出口，继续发挥旅游等服务业对经济增长的拉动作用。要抓住难得的机遇，从更高层次、以更大力度推进转型发展，使转型发展的思路更加清晰、视野更加宽广、措施更加完善，特别是要强化绿色经济的理念、生态文明的理念、多元支柱的理念、后发优势的理念、整体转型的理念，实现经济社会发展的新跨越。要抓好维护稳定工作特别是首都“护城河”工程。进一步增强政治意识、责任意识、忧患意识，牢固树立全国一盘棋思想，以对党和人民极端负责的精神，切实把化解矛盾、维护稳定、确保安全的各项工作抓紧抓好，坚决防止发生危害国家安全和社会稳定的重大政治事件，坚决防止发生暴力恐怖事件和重大治安事件，坚决防止发生大规模群体性事件，坚决防止发生重特大安全生产事故，为庆祝建国60周年提供有力保障和良好氛围。各级党员干部要进一步转变作风，大力学习弘扬“右玉精神”，工作中要有一种拼劲，亲自抓、抓具体，多出力、多流汗，肯付出、愿吃苦，认准目标、全力以赴，脚踏实地、埋头苦干；要有一种钻劲，开动脑筋，潜心钻研，捕捉危中之机，探索转型途径，总结维稳规律，善于破解工作难题、能够打开新的局面；要有一种闯劲，为了党和人民的利益敢于向困难挑战，敢于应对风险和挑战，勇闯新路，敢为人先；要有一种韧劲，坚持不懈，百折不挠，善于完成困难工作，善于处理复杂矛盾，完不成任务不歇脚，达不到目标不言弃。

张宝顺强调，要加强领导指导，强化统筹协调，确保第三批学习实践活动真正取得实效。组织领导重在强化责任，工作抓手重在突破重点难点，检查指导重在帮助解决问题，活动安排重在搞好衔接，工作摆布重在搞好统筹协调，宣传引导重在营造良好氛围，促进学习实践活动上下联动、左右协调、形成合力。县（市、区）委是第三批学习实践活动的第一线指挥部和责任主体，要明确责任、强化责任、尽到责任，逐乡逐村进行指导和帮扶，为第三批学习实践活动真正取得实效提供坚强组织保障。

虞云耀在讲话中对我省第二批学习实践活动给予充分肯定。他指出，山西第二批学习实践活动认真贯彻中央的决策部署，紧密联系应对国际金融危机的冲击，促进经济平稳较快发展，切实加强领导，精心组织实施，扎实有力推进，坚持解决问题与推动工作有效结合，贯彻落实科学发展观的自觉性和坚定性进一步增强，突出问题得到有效解决，体制机制逐步建立和完善，同时积累了宝贵经验。他对开展第三批学习实践活动提出要求：一要充分认识搞好第三批学习实践活动的重要意义，再接再厉、继续努力，切实把第三批学习实践活动搞好；二要全面贯彻落实中央对学习实践活动的总体要求，坚持从基层的实际出发，因地制宜，务求实效，确保学习实践活动健康有序开展，取得预期效果；三要紧密联系实际，创造性地开展工作，合理确定学习内容、实践载体、活动方式，使学习实践活动符合中央要求、贴近党员和群众实际、富有本地本单位特点，进一步加强和改进基层党组织建设；四要努力增强学习实践活动的整体效果，把三个批次的学习实践活动紧密结合起来，上下联动、左右互动，进一步巩固、扩大和深化活动成果。

汤涛指出，要精心组织每个阶段工作，在学习调研阶段要重点抓好学习讨论、调研走访工作，使群众在学习的一开始就感觉到新的变化；在分析检查阶段，要重点抓好专题民主生活会和组织生活会、撰写分析检查报告和分析检查材料工作，努力形成本单位科学发展的共识；整改落实阶段，要重点抓好制定整改落实方案和整改落实措施、解决突出问题和建章立制工作，确保学习实践活动取得实效。要准确把握第三批学习实践活动的特点，把“加强基层组织”作为重要目标，面向基层和党员开展多种形式的争先创优活动，使学习实践活动成为基层党组织和党员干部推动科学发展、促进和谐稳定的实际行动。

薛延忠在主持会议时指出，各级各部门特别是第三批学习实践活动的单位和广大党员，要认真贯彻中央和省委的部署和要求，紧密联系本地本部门本单位的实际，明确和落实领导责任，加强分类指导，突出实践特色，坚持把开展学习实践活动与做好当前各项工作结合起来,特别是进一步抓好稳定工作,做到两手抓、两不误、两促进,推动学习实践活动健康有序开展,确保学习实践活动取得预期效果,成为群众满意工程。

省委传达贯彻党的十七届四中全会精神会议 9月21日,省委召开传达贯彻党的十七届四中全会精神大会。省委书记张宝顺主持会议并讲话,省委副书记、省长王君,省委副书记、省政协主席薛延忠分别传达,省领导申联彬、申维辰、杜玉林、金道铭、李小鹏、方文平、高建民、李政文、汤涛等出席会议。

会议传达了胡锦涛总书记在十七届四中全会上的重要讲话和习近平同志就中央《决定(讨论稿)》向全会作的说明。张宝顺同志就学习贯彻十七届四中全会精神作了讲话。他指出,在新中国成立60周年之际,十七届四中全会集中研究加强和改进新形势下党的建设重大问题,这是以改革创新精神推进党的建设新的伟大工程的战略举措,为应对困难和挑战、推进中国特色社会主义事业提供了强大动力,也是对我们党执政60年的最好纪念,具有十分重要的意义。一年来,以胡锦涛同志为总书记的党中央,在应对危机、保持增长的关键时刻沉着稳健、举措得力、务实有效,使我国成为世界经济发展的一个亮点;在学习实践科学发展观上抓得紧、抓得实,带动了整个党的建设,科学发展观越来越显示出强大的真理力量;在治国理政、驾驭全局上谋略深远、应对得当,始终牢牢掌握工作主动权;在执政理念和作风建设上充分体现了勤政爱民、清廉为民,团结带领全国人民共渡难关。实践证明,党中央不愧是具有崇高威望的中国特色社会主义事业坚强领导核心。全会通过的《决定》,深刻总结了我们党加强执政党建设的基本经验,明确提出了新形势下党的建设的目标要求和战略部署,体现了坚定理想信念和增强忧患意识的统一,继承党的优良传统和致力改革创新的统一,推进伟大事业和推进"伟大工程"的统一,指导性和可操作性的统一,是马克思主义党建理论的丰富和发展,是加强和改进新形势下党的建设的纲领性文件。胡锦涛总书记的重要讲话,从全局和战略高度,对贯彻落实全会精神、推动经济社会发展、做好民族工作、加强党风廉政建设和反腐败斗争提出明确要求,为我们进一步做好工作指明了方向。

张宝顺强调,学习好贯彻好落实好十七届四中全会精神,是当前的首要政治任务。要认真学习、深刻领会全会精神,切实把思想认识统一到中央的部署和要求上来。正确把握党的建设面临的形势和积累的基本经验,深刻领会"三个历史性转变"的科学判断,清醒认识党的历史方位的深刻变化,加深对执政党建设六条基本经验的理解,常怀忧党之心,恪尽兴党之责。全面领会建设马克思主义执政党的总体目标和部署,深刻理解《决定》在党的建设理论和实践上提出的一系列新思路、新要求、新举措。认真贯彻全会对当前工作的部署和要求,坚持把保持经济平稳较快发展作为经济工作的首要任务,领会贯彻好在扩大内需、调整经济结构、抓好自主创新和节能减排、做好"三农"工作、深化改革开放、保障和改善民生、维护社会稳定等方面的新部署新要求。

张宝顺指出,要做好当前各项工作,维护改革发展稳定大局。一是要全面加强党的建设,提高党的建设科学化水平,为建设新基地新山西提供坚强保证。以抓好党委中心组学习和理论普及为切入点,更好地用中国特色社会主义理论体系武装全省党员干部,建设学习型党组织、学习型领导班子。积极发展党内民主,改革和完善党的领导方式和执政方式,严守党的纪律特别是政治纪律,坚决维护党的集中统一。完善体现科学发展观要求的领导干部考核评价体系,加大培养选拔年轻干部力度,提升领导干部的整体素质,建设善于推动"三个发展"的高素质干部队伍。加强基层党组织建设,特别是在选配优秀农村党支部书记、建设村级活动场所等方面加大工作力度,努力构建城乡统筹的基层党建新格局。把大兴"四种风气"与学习弘扬"右玉精神"和我省其他先进典型结合起来,激励全省党员干部顽强拼搏。以煤焦领域反腐败专项斗争为突破口,加大教育、监督、改革、制度创新力度,严肃查处官商勾结、官煤勾结等腐败案件,构建具有山西特点的惩治和预防腐败体系。二是要以有力举措巩固和发展全省经济企稳回升良好势头。在外部环境趋好、我省经济增长加快的情况下,要抓住机遇,乘势而上,努力实现全年奋斗目标。加快重点工程建设,加快在建项目的投产达效,具备条件的项目要尽快开工,保持投资对经济增长的拉动强度;抓好煤炭资源整合和企业兼并重组工作,组织好工业生产,加快发展旅游等服务业;扎实推进转型发展,大力发展新兴产业,积极发展循环经济、低碳经济,加强节能减排,加快资源型经济转型,以产业转型带动经济转型,促进社会全面转型。三是要下功夫做好维护稳定工作特别是当好首都"护城河"。牢固树立全国一盘棋思想,切实把化解矛盾、维护稳定、确保安全的各项工作抓紧抓好,坚决克服侥幸心理,在预防上狠下功夫,切实消除工作死角,把各种不和谐不稳定的问题化解在基层和萌芽状态,为庆祝新中国成立60周年提供有力保障、营造良好氛围。四是要扎实推进第三批学习实践活动。把十七届四中全会精神作为第三批学习实践活动的重要文件,组织好学习,搞好帮学送学。把加强基层党组织建设放在突出位置,贯穿于学习实践活动的始终。多为群众办实事办好事,让群众通过实际生活的变化加深对科学发展观的认知。加强分类指导,主要领导干部要深入基层调查研究,帮助基层解决问题,确保学习实践活动取得明显成效。

省委、省人大、省政府、省政协负责同志出席会议。

省委弘扬"右玉精神" 加强作风建设会议 9月29日下午,省委召开弘扬"右玉精神"、加强作风建设电视电话会议。省委书记张宝顺作了重要讲话,要求全省上下深入贯彻党的十七届四中全会精神,大力学习弘扬"右玉精神",以更加务实的作风、更加昂扬的状态,锐意进取、勤奋工作,不断取得"三个发展"的新成效,开创各项事业新局面。省领导王君、申联彬、申维辰、杜玉林、李小鹏、胡苏平、方文平、高建民、汤涛等出席会议,薛延忠主持会议,金道铭宣读了省委《关于大力学习弘扬"右玉精神"的决定》。

张宝顺指出，新中国成立60年来，右玉县历任党政领导班子团结带领全县党员干部群众，坚持不懈植树造林，坚忍不拔改善生态，坚定不移谋求发展，一任接着一任干，一张蓝图绘到底，将昔日的“不毛之地”变成了今天的“塞上绿洲”，在实践中铸造了以“执政为民、尊重科学、百折不挠、艰苦奋斗”为主要内容的“右玉精神”。“右玉精神”既有对老区精神和传统文化的传承弘扬，又有社会进步和时代特征的鲜明印记，是执政党建设特别是新时期领导干部作风建设的生动写照，是对科学发展观的质朴诠释，是三晋儿女甘于奉献、勇于胜利崇高品格的集中展示，是靠信念、靠精神、靠意志干事创业的可贵本色。

张宝顺指出，学习弘扬“右玉精神”，符合党的十七届四中全会提出的大兴“四种风气”的要求和我省工作实际。重点要抓好五个方面：一是要通过大力学习弘扬“右玉精神”，在发扬光荣传统、弘扬时代精神上增添新内涵。更加自觉地做到以人为本、民生为先，时刻不要忘记全省城乡还有许多困难群众，以夙兴夜寐的责任情怀为党和人民工作；更加自觉地做到把握规律、科学发展，科学把握省情特点，不断探索发展规律，推动发展由资源依赖型向创新驱动型转变；更加自觉地做到奋力拼搏、攻坚克难，勇敢担当历史赋予的责任，在应对各种困难和挑战中开拓新路；更加自觉地做到无私奉献、廉洁奉公，始终牢记“两个务必”，勤俭办一切事业。二是要通过大力学习弘扬“右玉精神”，为战胜困难挑战、推动“三个发展”注入新动力。抓住经济回暖带来的有利时机，加大保增长各项措施的落实力度，抓好重点工程建设，培育新的经济增长点，开拓国际市场，活跃城乡市场，努力实现全年经济社会发展预期目标。更加富有成效地推进生态文明建设，加强植被培养、水土保持、林木保护，淘汰落后产能，加强节能减排，开发低碳技术，努力建设宜居环境。切实加快转型发展步伐，以绿色经济、循环经济、集群经济等新的理念引领转型，以现代产业体系支撑转型，以加强自主创新推动转型。牢固树立发展是第一要务、稳定是第一责任的思想，牢固树立全国一盘棋思想，牢固树立预防为主、解决问题为主的思想，努力把各类矛盾化解在基层和萌芽状态，为庆祝新中国成立60周年营造欢乐祥和平安的社会氛围。三是要通过大力学习弘扬“右玉精神”，在增强宗旨意识、服务人民群众上开拓新境界。领导干部要经常深入群众、深入基层，基层干部要坚守一线，准确把握人民群众的期盼愿望和忧虑疾苦，努力使决策部署、发展思路、工作重点符合人民意愿和时代要求；尊重群众主体地位和首创精神，齐心协力战胜前进道路上的艰难险阻；把让人民群众共享改革发展成果作为开展工作的根本目标，把公共服务更多地延伸到广大农村和经济困难地区，使广大群众现实生活有保障，未来生活有希望；健全符合科学发展观的考核评价机制，加强干群之间的联系，多干打基础利长远之事，把人民的评价、口碑、满意度作为检验成效的根本标准。四是要通过大力学习弘扬“右玉精神”，在建设善于推动“三个发展”的高素质干部队伍上要有新作为。各级领导干部要提高政治修养，提高领导科学发展能力，增强战略思维、创新思维、辩证思维能力，积极探索调整经济结构、加强安全生产、协调利益关系的特点和规律，提高处理复杂问题特别是突发公共事件的水平，树立为民、务实、清廉的形象。五是要通过大力学习弘扬“右玉精神”，在激励埋头苦干、营造创业氛围上焕发新气象。在全省努力形成鼓励干事的导向，注重在艰苦地区、复杂环境、关键岗位锻炼干部，在重大关头、关键时刻以及重点工程建设中考察干部，对能打开工作新局面的干部要给予褒扬，对懒官庸官要加大整治力度；努力形成重视基层的导向，各种资源要向基层倾斜，采取务实举措加强基层党组织建设，建立注重基层锻炼的干部培养选拔链；努力形成创业光荣的导向，健全创业体系，壮大创业群体，拓宽创业领域，支持改革者、鼓励开拓者、扶持自主创业者；努力形成崇尚先进的导向，让“右玉精神”转化为更多人的前进动力，产生更广泛的社会效应，使学先进、比先进、赶先进在全社会蔚然成风。

薛延忠在主持会议时指出，张宝顺同志的讲话具有很强的针对性和指导性。各级各部门和广大党员干部要按照张宝顺同志提出的要求，深入理解“右玉精神”的深刻内涵，充分认识学习弘扬“右玉精神”的重要性和必要性，把学习弘扬“右玉精神”与学习贯彻党的十七届四中全会精神结合起来，与深入学习实践科学发展观活动结合起来，与加强作风建设结合起来，继承优良传统、发扬时代精神，切实改进作风、解决突出问题，把“右玉精神”转化为干事创业的强大动力和自觉行动，团结带领人民群众为落实“三保”措施、推进“三个发展”，加快新基地新山西建设作出新的更大贡献。

省委九届十次全体会议　11月5日至6日，中共山西省委九届十次全体会议在太原举行，全会由省委常委会主持，省委书记张宝顺作了重要讲话，全会听取和讨论了张宝顺同志受省委常委会委托作的工作报告，审议通过了中共山西省委贯彻落实《中共中央关于加强和改进新形势下党的建设若干重大问题的决定》的意见，薛延忠同志就《意见讨论稿》向全会作了说明。

出席会议的省委委员59人，候补委员11人，有关方面负责同志、党的十七大代表和省第九次党代表大会代表中部分基层党务工作者、基层党员和从事党建研究的同志列席了会议。

全会充分肯定了省委常委会一年来的工作，指出，省委九届六次全会以来，在党中央的正确领导下，省委常委会坚持以邓小平理论和“三个代表”重要思想为指导，深入贯彻落实科学发展观，全面贯彻党的十七大和十七届三中、四中全会精神，紧紧依靠全委会的同志，团结带领全省干部群众，以深入学习实践科学发展观活动为契机和动力，积极应对国际金融危机冲击，努力破解发展难题，全力保增长、保民生、保稳定，深入推动转型发展、安全发展、和谐发展，切实加强党的建设，各项工作取得新进展、新成效。

全会指出，加强和改进党的建设始终是我们党要解决好的重大课题，是我们战胜各种艰难险阻的重要法宝，要认真贯彻落实中央《决定》和我省《意见》，努力提高党的建设科学化水平。要领会好党建工作新的要求,把提高党的建设科学化水平贯穿于党的建设各个方面和各个环节,积极探索党的建设各个领域提高科学化水平的具体途径和办法,努力在以科学理论指导党的建设、以科学制度保障党的建设、以科学方法推进党的建设上取得明显成效。要落实好党建工作的重点任务,紧紧围绕推进马克思主义中国化、时代化、大众化和建设马克思主义学习型政党的要求,着力建设学习型党组织和学习型领导班子;紧紧围绕积极发展党内民主,坚决拥护党的集中统一的要求,坚持和完善党的领导制度,健全党内民主决策机制,严守党的纪律,特别是政治纪律;紧紧围绕建设善于推动科学发展、促进社会和谐的高素质干部队伍的要求,完善干部选拔任用机制,健全干部管理机制,提高干部队伍运用科学发展观干事创业的水平;紧紧围绕培养好带头人、配备好班子、建设好阵地和构建城乡统筹的基层党建新格局的要求,推进基层党组织工作创新,增强党员队伍的生机和活力,启动农村基层阵地建设全覆盖,抓好重点村、难点村、矛盾突出村的整治,夯实党执政的组织基础;紧紧围绕大兴"四种风气"的要求,加强党性修养、解决突出问题,大力发扬太行精神、纪兰精神、双良精神、右玉精神等,把作风建设考核结果作为选拔任用干部的重要依据;紧紧围绕加快推进惩治和预防腐败体系建设的要求,加强领导干部廉洁自律工作,加大查处违纪违法案件工作力度,健全全力运行制约和监督机制,切实纠正损害群众利益的突出问题和行业不正之风,深入推进煤焦领域反腐败斗争。要把握好党建工作发展规律,坚持改革创新精神,加强对党的建设面临新情况、新问题的研究,探索运用现代科学和技术手段开展党建工作的新方法,不断推进党的建设实践创新、理论创新、制度创新和方法创新。要落实好党建工作领导责任,完善和落实党建工作考核评价体系,加强党建任务完成情况的监督检查。要指导好第三批学习实践活动,把中央《决定》和我省《意见》作为重要学习文件,加强分类指导、解决突出问题、健全体制机制、回应群众期盼,确保学习实践活动成为群众满意工程。

全会指出,要扎实推进"三保"工作,认真落实中央和我省的"一揽子"政策措施,坚持科学发展理念、善于把握机遇、有效化解困难、激活潜在优势,努力完成全年各项目标任务,开创经济社会发展新局面。要把保增长作为首要任务,在好的基础上尽量提升经济增速,一手抓重点工程,一手抓重点企业,加快基础设施工程、民生工程和产业工程的施工进度,继续搞好对口帮扶重点工程和企业工作;一手抓资金到位,一手抓扩大消费,激发各类投资主体的积极性,落实扩大内需各项政策,培育新的消费热点;一手抓内部挖潜,一手抓借助外力,组织好煤、焦、电等产品的生产营销,加强招商引资工作;一手抓当务之急,一手抓长远谋划,及早谋划明年工作,启动编制"十二五"规划。要把保民生作为基本要求,在全面保障的基础上做好雪中送炭工作,加大督促检查力度,促进"五大惠民工程"和"五个全覆盖"、"十件实事"的全面落实,解决好大学生、返乡农民工、下岗失业人员等群体的就业问题,加快建立覆盖城乡居民的社会保障体系,坚持各种资源向困难群体倾斜,广泛开展送温暖活动,搞好过冬取暖、赈灾抚恤、救助慰问等工作。要把保稳定作为重要前提,在保持大局稳定的基础上,有效化解社会矛盾,全面加强社会治安综合治理,严厉打击各种违法犯罪活动,全面落实安全生产制度措施,深入开展矛盾纠纷排查化解,及时解决群众反映强烈的突出问题,完善突发事件应急处置机制,把各类不稳定隐患、不和谐因素化解在基层和萌芽状态,认真做好甲型 H1N1 流感防控工作,保障人民生命健康。

全会指出,要做好转型发展这篇大文章,让全省经济社会发展焕发新的生机,转型发展是化危为机、逆势而上的制胜之道,是把自然、人文资源优势转化为发展优势的有效途径,是顺应国际发展潮流的战略抉择。要把发展绿色经济作为推动转型发展的主题,以低碳经济、循环经济、环保经济为抓手,坚持把降耗、减排、节地等作为市场准入的强制性要求,着力形成节约能源、资源和保护生态环境的产业结构、增长方式、消费模式,抓好循环经济重点项目建设,努力在产业循环经济体系、循环型社会体系和循环经济技术支撑体系三大领域取得新的突破。要把落实十大产业调整振兴规划作为推动转型发展的重点,善始善终抓好煤炭企业兼并重组整合、推进煤的延伸和转化,实现装备制造业发展的更大突破,以更宽的视野、更高的层次开发旅游文化资源。要把建立地区科技创新体系作为推动转型发展的根本,坚持科技立省、创新转型,加强高科技人才队伍建设,努力在我省主导产业、重点扶持产业和关键领域掌握一批核心技术和自主知识产权,完善企业技术创新的公共服务体系、推动创新成果产业化。要把深化改革开放作为推动转型发展的动力,着力优化政务环境,发挥市场在资源配置中的基础性作用,加强转型发展规律研究,有效引导激励各类市场主体投身转型发展,完善政企银互动合作机制,营造转型发展的浓厚氛围。

全会指出,面对繁重的任务和多方面的挑战,各级领导干部要自觉做到讲党性、重品行、作表率,以坚强党性和优良作风推动各项事业实现新发展。要提高破解难题的攻坚力,在重要任务、复杂局面、敏感问题面前要稳得住、看得准、有办法,做到关键时刻敢于负责、重大问题敢于担当、复杂局面善于驾驭,大力提倡讲真话、干实事,使各项工作有创新、有突破。要增强贴近群众的亲和力,把群众立场作为根本政治立场,把群众呼声作为工作第一信号,与群众多交流、多沟通,及时掌握群众的所思所想所盼,多办顺民意、解民忧、增民利的实事,为群众提供方便、快捷、优质的公共服务,始终保持党同人民群众的血肉联系;要弘扬高尚人格的影响力,注重加强人格修养,陶冶高尚的道德情操,培养高尚的生活情趣,树立高尚的人生追求,坚持正确的事业观、政绩观、工作观,真正把党和人民赋予的权力用在为党分忧、为民造福上,特别是在保持经济平稳较快发展的关键时期更要带头解放思想、带头深入学习、带头攻坚克难、带头服务群众,全力投身工作,在干事创业中体现高尚人格和坚强党性。要发挥反腐倡廉的带动力,始终牢记"两个务必",严格遵守廉洁自律的各项规定,用自身的模范行为影响和带动党员干部队伍。同时，要认真落实党风廉政建设责任制，加大对公共权力大、公益性强、社会关注度高的部门的监管力度，推动党风、政风和社会风气持续好转。

全会号召，全省各级党组织和广大共产党员要高举中国特色社会主义伟大旗帜，紧密团结在以胡锦涛同志为总书记的党中央周围，抢抓机遇、应对挑战、埋头苦干、扎实工作，以转型发展、安全发展、和谐发展的新成绩向党和人民交一份满意的答卷。

省委传达贯彻中央经济工作会议精神会议 12月10日上午，省委召开传达贯彻中央经济工作会议精神会议。省委书记、省人大常委会主任张宝顺主持会议，传达胡锦涛总书记重要讲话，并提出贯彻中央经济工作会议精神的意见。省委副书记、省长王君传达温家宝总理重要讲话。省领导薛延忠、申联彬、杜玉林、金道铭、李小鹏、方文平、高建民、李政文、汤涛等出席会议。

张宝顺指出，胡锦涛总书记和温家宝总理的重要讲话，贯穿了科学发展观的要求，贯彻了党的十七大和十七届三中、四中全会精神，深刻总结全年工作，提炼了宝贵经验，提振了全党全国人民的信心；科学分析国际国内经济形势，体现了全球视野和战略思维；工作部署统筹兼顾，要求明确，措施得力，标志着中央对宏观经济政策力度、节奏和重点的把握达到了新的高度。

张宝顺指出，2009年是新世纪以来我国经济最为困难的一年，党中央、国务院团结带领全党全国各族人民努力化挑战为机遇，有效遏制经济增长下滑态势，在全球率先实现经济形势总体回升向好，各项事业取得新成就。这次中央经济工作会议，提出了明年经济工作的总体要求和重点任务，既强调保持宏观经济政策的连续性和稳定性，继续实施积极的财政政策和适度宽松的货币政策，又强调提高政策的针对性和灵活性，特别是强调“五个更加注重”，强调把加快经济发展方式转变作为深入贯彻落实科学发展观的重要目标和战略举措，从6个方面提出明年经济工作的主要任务。一年来，面对严峻复杂的经济形势，我省坚持把落实“三保”措施与推动“三个发展”结合起来，把抓好当务之急与着眼长远发展结合起来，努力把经济下滑之危转化为优化产业结构、转变发展方式、弥补历史欠账、培育后发优势之机，经济增长逐季加快，安全生产形势稳步好转，民生得到进一步改善，社会保持和谐稳定，各项工作取得了新进展、新突破、新成效。目前，我省既处于巩固回升向好势头的关键时期，又处于转型发展、负重赶超的关键时期。我们要把思想和行动统一到中央对国内外经济形势的分析判断上来，统一到中央的决策部署上来，统一到科学发展观的要求上来，以坚定信念和务实举措推动经济社会又好又快发展。

张宝顺强调，贯彻落实中央经济工作会议精神，要重点抓好以下五个方面：一是着力稳定经济增长，促进经济由总体回升向平稳较快发展转变，使经济进入又好又快发展区间。特别是进一步抓好重点工程，进一步帮扶困难企业，进一步促进消费需求增长。二是着力推动转型发展，强化绿色、循环、低碳经济理念，扎实推动经济结构调整和战略性新兴产业发展，在转型中保安全、促和谐、增后劲、惠民生。抓紧完成煤炭企业兼并重组整合，大力发展新兴产业，扎实推进节能减排，提高自主创新能力，实施生态兴省战略。要毫不松懈、扎扎实实地抓好安全生产特别是煤矿安全生产，确保安全发展。三是着力统筹城乡发展，全面落实惠农强农政策，抓好新农村建设，把推进特色城镇化作为扩大内需和调整经济结构的重要抓手，促进大中小城市和小城镇协调发展。四是着力解决民生问题，以发展的思路和改革的办法解决好民生问题，让人民得到更多实惠，使社会更加和谐。五是着力深化改革开放，增强发展的动力和活力，特别是要加强与国家有关部委的联系沟通，做好各项工作，争取国家早日批准我省为“国家资源型经济转型发展综合试验区”。

张宝顺指出，各级领导干部特别是主要领导同志，要增强宗旨意识、责任意识、大局意识、忧患意识，统筹安排，科学运作，扎实做好岁末年初的各项工作。加大对重点工作的督查力度，做到有布置、有督促、有检查，努力完成今年各项目标任务。加强调查研究，及早谋划明年工作乃至“十二五”的发展。满腔热情地解决人民群众最关心、最直接、最现实的利益问题，做好关心困难群众生产生活工作，广泛深入开展“救灾、帮困、送温暖”活动，使困难群众平平安安越冬过节。更加自觉、更加主动地落实稳定是硬任务、是第一责任的要求，有效化解矛盾和纠纷，加强社会治安综合治理，维护社会大局的和谐稳定。

省委常委、副省长，省人大、省政协负责同志，省法、检两长，省军区党委常委、省武警总队主要负责同志，省直有关部门主要负责同志参加会议。

全省经济工作会议 12月23日至24日，全省经济工作会议在太原召开。会议全面贯彻落实党的十七届四中全会精神和中央经济工作会议精神，总结2009年经济工作，分析当前形势，安排2010年经济工作。省委书记、省人大常委会主任张宝顺，省委副书记、省长王君作重要讲话。省领导薛延忠、申联彬、杜玉林、金道铭、李小鹏、胡苏平、方文平、高建民、汤涛、杨安和、靳善忠、王雅安、牛仁亮、陈川平、张平、刘维佳、张建欣、郭良孝、韩儒英、周然、李雁红、李潭生、令政策、卫小春、刘滇生、左世忠、王建明出席会议。

会议认为，2009年是全省经济发展面临较大困难和严峻挑战的一年，是全省上下齐心协力、拼搏进取，“三个发展”取得重要进展的一年。面对国际金融危机的严重冲击，省委、省政府认真贯彻中央决策部署，紧紧围绕保持经济平稳较快发展这一首要任务，深入研判形势，努力化危为机，科学决策应对，着力破解难题，经济实现由下滑到增长的重大转折，回升向好基础不断巩固，转型发展特别是煤炭企业兼并重组整合取得重要突破，重点工程建设取得历史性成就，节能减排得到加强，民生进一步改善，安全生产形势稳步好转，战胜了严重自然灾害，保持了社会和谐稳定。在经济环境发生重大变化和自身结构性矛盾突出的情况下，取得这样的成绩确实来之不易。这主要得益于中央应对国际金融危机冲击的一揽子计划和政策措施及时、有力、有效，对我省发展给予大力支持；得益于扎实开展深入学习实践科学发展观活动，凝聚了科学发展共识，为攻坚克难提供了坚强保证；得益于各级各部门和全省人民同心同德、奋力拼搏、敢打硬仗。

会议强调，2010年是实施“十一五”规划的最后一年，做好2010年经济工作，对于确保经济平稳较快发展，为“十二五”规划启动实施创造良好条件具有十分重要的意义。我们要把思想和行动统一到科学发展观的要求上来，统一到中央对国内外经济形势的分析判断和决策部署上来。2010年经济工作的总体要求是：全面贯彻党的十七大、十七届四中全会和中央经济工作会议精神，以邓小平理论和“三个代表”重要思想为指导，深入贯彻落实科学发展观，紧紧围绕转型发展、安全发展、和谐发展目标，从战略高度推进经济结构调整和发展方式转变，着力保持经济平稳较快增长，着力提高发展质量和效益，着力统筹城乡发展，着力推进改革开放和自主创新，着力改善民生和促进社会和谐，努力实现经济社会又好又快发展。

会议强调，推进2010年经济工作，要把握好以下几个问题。一是着眼于又好又快发展，既要继续做好“保增长”的文章，更要做好“促转变”的文章，切实把工作着力点真正放在调整经济结构、转变发展方式上；二是着眼于强化发展支撑，既要整合提升传统产业，更要培育发展战略性新兴产业，大力提高自主创新能力；三是着眼于拓展发展空间，既要保持一定的投资力度，更要加快特色城镇化进程、加强新农村建设，使之与扩大内需、调整结构、推动转型结合起来，增强发展的协调性和可持续性；四是着眼于增强发展活力，既要加大对外开放力度，更要深化重点领域和关键环节的改革，优化投资发展环境，大力推动全民创业；五是着眼于保障改善民生，既要解决好群众的生产生活问题，更要加快社会保障体系建设，保障困难群众的基本生活，让广大群众共享改革发展成果。

会议指出，2010年经济工作要抓好六项重点任务。一是以抓好重点项目、激活民间投资、扩大产品市场为重点，推动经济尽快进入又好又快发展区间。引导更多资金投向既能增加投资，又能带动消费、改善民生、促进可持续发展的项目，加快在建续建项目建设。各市县要积极为国家和省重点工程建设提供服务，并要确定一些带动力大的好项目，尽早建成并发挥作用。大力优化投资结构，把政府投资重点投向“三农”、民生、节能环保、自主创新、技术改造等领域，重点抓好煤矿棚户区、城市棚户区改造和农村困难群众住房以及廉租房、经济适用房建设。加强监督检查，严格控制盲目投资和低水平重复建设。有效缓解中小企业融资难问题，引导从煤炭行业退出的民间资本投向新兴产业。积极促进消费增长，加强城乡消费设施和服务体系建设，通过增加收入增强居民特别是低收入群众消费能力。帮助企业解决流动资金、搞好产销衔接、积极开拓市场，选择符合产业发展要求的企业进行重点帮扶，增强对保增长的支撑作用。二是以优化经济结构、加强自主创新为重点，通过务实举措推进经济发展方式转变。抓紧整合提升传统产业、培育发展新兴产业，按照先进生产力标准和现代企业理念，抓紧完成煤炭企业兼并重组整合工作，积极推进焦炭、冶金、建材等传统支柱产业的兼并重组整合，全面落实产业调整振兴规划，引导传统优势产业向新兴产业进军，高度重视发展新能源、新材料、节能环保、新能源汽车等高科技产业，力争在新的产业分工中占据有利地位。健全支持创新的投融资体制，大力发展科技服务业，建设特色高新技术产业基地，构建现代产业技术支撑体系，提高科技对经济增长的贡献率。要把发展低碳经济和绿色经济作为战略取向，从全局高度及早加以谋划、加以推进，培育低碳产业，推广低碳生产，倡导低碳消费，加强节能减排，增加森林碳汇，大力实施生态兴省战略。三是以发展现代农业、增加农民收入为重点，切实加强“三农”工作。多渠道帮助农民增加收入，落实惠农强农政策，完善“以煤补农”机制，加强农业基础设施建设，调整农业产业结构，大力发展林业和畜牧业，培育龙头企业，完善服务体系，加快产业化进程。推进公共设施向农村延伸、公共服务向农村覆盖，加快发展农村社会事业，加大扶贫工作力度。加强以党组织为核心的村级组织建设，抓好大学生村干部管理使用工作和阵地建设“全覆盖”工程，为新农村建设提供坚强保证。四是以提升城市建设水平、增强城镇综合承载能力为重点，加快特色城镇化进程。加强城市基础设施建设和市政管理，解决好涉及市民切身利益的问题，推进太原经济圈发展，抓好大运高速公路沿线城镇带建设，加快区域中心城市发展，推进工矿型城镇全面转型，因地制宜建设一批宜居城镇。要把符合条件的农业转移人口逐步在城镇就业和落户作为重要任务来抓，做好放宽中小城市和小城镇户籍限制的相关工作。五是以建设高效政府、优化投资环境为重点，加大改革开放力度。深化行政审批制度改革，深化国有企业改革，引导鼓励支持非公有制经济和中小企业快速发展，创新节能环保体制机制，建立基层政权财力保障机制，扎实推进集体林权制度、文化体制、事业单位等方面的改革。要全方位、多层次扩大开放，开展针对性、战略性招商引资和招才引智，积极参与区域经济合作，努力开拓新的市场，鼓励支持特色农产品、资源深加工产品、机械制成品、高新技术产品出口。六是以改善民生、平安创建、安全发展为重点，推动和谐山西建设。深入实施“五大惠民工程”，建立健全公平公正、惠及全民、水平适度、可持续发展的公共服务体系，完善维护社会和谐稳定的体制机制，健全和谐社会建设考核评价体系。实施更加积极的就业政策，做好大学毕业生、农民工和“零就业”家庭等就业再就业工作；健全教育投入保障机制，促进教育公平，提升教育水平；加快推进医药卫生体制改革，提高全民医疗保障水平；完善社保机制体系；抓好住房安居工程。努力解决影响社会稳定的源头性、根本性、基础性问题，健全利益调节体制机制，引深平安创建活动，加强社会治安综合治理，有效维护社会大局和谐稳定。牢固树立安全发展理念，抓好各领域的安全工作，做到硬件上消除投入欠账，制度上堵塞盲点漏洞，管理上及时排除隐患，工作上严格落实责任，推动安全生产形势由明显好转向根本好转迈进。

会议指出，2010年经济社会发展要抓好七项工作：一是认真贯彻落实中央宏观经济政策，努力保持经济平稳较快发展。继续立足扩大内需，增强经济增长的内在动力和活力，同时最大限度地增加出口，努力形成消费、投资、出口协调拉动经济增长的良好格局。要按照基础设施投资与产业开发投资并重、国有投资和民间投资并举的要求，以重点工程、重点项目为载体，在优化结构的前提下，进一步扩大投资规模，确保全年投资达到6000亿元。在狠抓基础设施建设的同时，更加注重以结构调整为主线的产业投资。要深化改革，多渠道增加城乡居民收入，解除群众消费的"后顾之忧"，改善居民消费预期，着力培育新的消费热点。要大力实施市场多元化战略，优化出口产品结构，不断增强我省参与国际竞争的实力，努力稳定外需。继续执行并不断完善今年出台的各项帮扶企业政策措施，切实加大对企业的帮扶力度。二要坚定不移地推进经济发展方式转变和经济结构调整，着力提高经济发展质量和效益。继续全力推进煤炭资源整合、煤矿兼并重组工作。在今年取得重大阶段性成果的基础上，要把主要精力集中到组织煤矿复工复产、推进煤矿技术改造、完善煤炭企业法人治理结构、提高煤矿管理水平等工作上来，确保煤炭产量在经济回升时期能够满足市场需求，实现煤炭产业可持续发展。启动实施焦化、冶金、电力、化工、建材等行业的重组整合和技术改造。继续加大淘汰落后产能力度，抑制盲目重复建设。以大企业和产业集群为载体，着力培育发展装备制造业、现代煤化工、新型材料产业和特色食品工业等新兴产业，加快形成支柱产业多元化格局。继续深入推进服务业"1+10"工程，突出抓好文化旅游产业发展，要打造一流景点景区，做强精品线路，提高服务水平，开发旅游新产品，促进文化与旅游的融合，使旅游业发展再上新台阶。要落实好国家和我省关于鼓励促进民间投资发展的意见，进一步扩大民间投资的市场准入范围，支持民营企业加快技术进步，加大结构调整力度。切实加强和改善政府服务，为中小企业发展创造宽松环境。三要统筹城乡发展，做好"三农"工作。加大各级财政对"三农"的投入，在认真落实国家各项补贴等政策，继续执行我省已经出台的各项补贴等政策的基础上，再研究出台一批农民期盼、受益面大的补贴政策。加强农业基础设施建设，大幅度提高农业机械化水平，稳定粮食播种面积，推进农业科技进步，提高单产水平，稳步提高粮食综合生产能力。继续深入推进雁门关生态畜牧经济区等"三大区域"建设，加快推进运城、晋中、大同三个现代农业示范区建设，大力实施农业产业化龙头企业"513"工程。进一步健全农业服务体系，深化农村改革，积极稳妥地推进农村土地承包经营权合理流转，发展多种形式的适度规模经营。继续加大建制村通水泥（油）路、中小学校舍安全改造、村级卫生室、村通广播电视、农村安全饮水工程的推进力度，确保2010年全部完成任务，实现全覆盖。继续加大社会主义新农村建设力度，推动城乡一体化发展，推进扶贫工作由整村推进向集中连片开发转变，确保2010年再解决20万贫困人口的脱贫问题。四要大力推进节能减排和生态建设，促进经济社会可持续发展。要综合运用经济、技术、管理、法律以及必要的行政手段，坚决打好节能减排攻坚战，重点抓好节能工程、造林绿化工程、"蓝天碧水工程"、生态环境治理修复"2+10"工程，力争明年取得明显成效。大力发展循环经济，加快循环经济重点项目建设，发展循环经济企业、园区、社区和城市，促进能量和物质的循环高效利用。五要持之以恒地抓好安全生产和社会管理工作，进一步提高安全发展、和谐发展水平。牢固确立"抓经济发展是政绩，抓安全生产也是政绩"的理念，不折不扣地贯彻执行国家和省里的法律法规和规章制度，强化企业的安全生产主体责任，强化政府安全生产监管主体责任，特别是煤矿兼并重组主体企业，要在抓好原有企业各项安全生产工作的同时，切实抓好兼并重组矿井的安全生产工作。要创新安全监管机制，严格事故追究和行政问责，进一步引深煤焦领域反腐败专项斗争，促进煤炭开采秩序和煤矿安全生产形势的持续好转。加强非煤矿山、尾矿库、危险化学品、道路交通、防火、水库、学校等行业和领域的安全工作。要拓宽民意诉求通道，将各类隐患、不和谐因素化解在基层、解决在萌芽状态。全面加强社会应急管理，妥善处置群体性和敏感性事件，严厉打击各种违法犯罪特别是严重暴力犯罪活动和黑恶势力，为经济社会发展创造良好的环境。六要加快发展社会事业，切实保障和改善民生。优先发展教育，健全教育投入保障机制，改善办学条件，提高师资质量，统筹发展各级各类教育。把促进就业作为经济社会发展的优先目标，实施更加积极的就业政策。大力发展医疗卫生事业，健全基层医疗卫生服务体系，提高应对突发公共卫生事件的能力。加强食品药品安全综合监管工作，认真做好甲型H1N1流感和其他急性传染病的预防控制工作。继续稳定低生育水平，大力开展"优生促进工程"。加强社会保障体系建设，完善城乡养老保险制度，巩固和完善新型农村合作医疗制度，提高城镇居民基本医疗保险财政补助标准和筹资水平；全面实施被征地农民社会保障制度；提高城乡低保、农村五保等保障水平；大力发展社会福利和慈善事业。加快实施保障性安居工程，新建保障性住房23.7万户、1370万平方米。七要深化改革开放，为经济发展注入新的动力和活力。进一步搞好政府机构改革，积极稳妥地推进事业单位分类改革试点工作，继续深化国企改革，全面开展集体林权制度改革，深化医药卫生体制改革，扎实推进文化体制改革，继续推进投融资体制改革。要优化投资环境，创新招商引资方法，提高招商引资的规模和质量。加强对外交流合作，加强与中部地区和周边省（市、区）的合作，密切与长三角、珠三角、环渤海和东部其他地区的经济联系，发挥好各类开发区对外开放的示范带动作用。此外，要加快推进城镇化，加大科技创新力度。科学构建城镇体系，切实优化城镇布局，加快基础设施建设和社会事业发展，提升城镇承载能力。突出文化特色，提升城市品位，发展一批有特色、有影响、有魅力的历史文化名城、现代宜居城市和旅游商贸城市。要进一步加强科技工作，立足我省产业基础和资源优势，在新能源、新材料、生物工程、生态环保以及煤炭清洁生产加工、煤矿安全生产、铝镁合金及其深加工等重要领域集中攻关，力争取得重大突破。加快科技成果向现实生产力转化，加快构建以市场为导向、企业为主体、产学研相结合的科技创新体系建设，不断提升我省科技创新能力和水平。深化科技管理体制改革，加大科技投入，积极营造有利于科技进步和创新的社会环境，加大对创新型人才和领军人物的培养、引进和使用，为增强全省科技创新能力提供有力支撑。

会议强调，进一步加强对经济工作的领导。要统一思想、积极进取，牢固树立大局意识和责任意识，密切跟踪国内外经济形势变化，提高分析判断和洞察预见能力，增强政策措施的针对性和工作推进的有效性，始终牢牢掌握经济工作的主动权。要加强学习、提高本领，改进领导经济工作的方式和方法，增强在市场经济、对外开放、网络环境中开展工作的本领，增强谋划发展、统筹发展、优化发展、推动发展的本领，增强群众工作、公共服务、社会管理、维护稳定的本领。要统筹兼顾、创新机制，着力消除影响和制约科学发展的思想观念和体制机制，完善地区和领导干部综合考核评价体系和考核机制，健全对重大决策部署执行情况的督促检查机制，促进发展导向、工作机制、干部评价的统一。要转变作风、狠抓落实，切实减少会议、减少文件、减少应酬，减少不必要的总结评比、检查验收，腾出更多时间和精力深入基层摸实情、办实事，厉行节约、勤俭办事，把宝贵资金用在发展经济和改善民生上，把工作效果体现在推进经济社会又好又快发展上。

各市市委书记、市长以及发改委、经信委、财政局主要负责同志；省直各部门主要负责同志，省人大、省政协各工作机构和专门委员会主要负责同志，中央驻晋单位和部分企业主要负责同志参加了会议。

省委传达贯彻李克强考察山西重要讲话精神会议 12 月 30 日，省委召开电视电话会议，传达贯彻中共中央政治局常委、国务院副总理李克强考察山西重要讲话精神。省委书记张宝顺传达并提出贯彻意见，省领导王君、申联彬、高建民、杨安和、李雁红出席，薛延忠主持。

张宝顺指出，12 月 27 日至 28 日，李克强同志冒着严寒亲临我省考察，并在大同主持召开全国城市和国有工矿棚户区改造工作现场会，发表了重要讲话。李克强同志深入农村、社区和城建工地，走访慰问党员干部群众，详细了解棚户区改造和经济社会发展情况，听取了省委、省政府工作汇报，充分肯定山西近年来经济社会发展和结构调整所取得的成绩，希望山西充分发挥比较优势，在保持经济平稳较快发展中加快转变发展方式，在中部崛起中努力实现新跨越。李克强同志两年内再次亲临我省考察，带来了党中央、国务院对山西人民的深切关怀，对我们的工作是巨大的支持和鼓舞。李克强同志的重要讲话，对我省棚户区改造工作和整个经济社会发展具有重要指导意义，为我们进一步搞好工作指明了方向。

张宝顺指出，近年来，省委、省政府坚持把保障性住房建设作为改善民生的重要内容，列入“五大惠民工程”，列为向全省人民承诺办好的实事，2009 年又列入省重点工程，出台优惠政策，实行目标管理，加强督促检查，扎实加以推进。截至目前，全省共建设保障性住房 65 万户、4501 万平方米，已有国有重点煤矿和城市棚户区的 25.89 万户职工和居民受益。在全省经济工作会议上，省委、省政府对明年的保障性住房建设和棚户区改造工作作出了部署。我们要认真贯彻落实李克强同志重要讲话精神，进一步抓好棚户区改造和保障性住房建设，做好改善民生的各项工作。一是要完善建设规划，着眼于加快特色城镇化进程和统筹解决矿城、矿山、矿业、矿工问题，科学规划以棚户区改造为重点的保障性住房建设，优先改造集中连片、规模较大的棚户区，同时要把棚户区改造与廉租住房、经济适用房建设有机结合起来，与加大农村困难群众危房改造力度有机结合起来，力争用 3 年左右时间使城乡居民的居住条件明显改善。二是要加大资金投入，多渠道筹集建设资金，进一步增加政府投入，积极争取国家资金补助，鼓励金融机构向符合条件的棚户区改造项目提供贷款，有效引导更多社会资金参与，同时要加强对资金使用的监管，确保资金及时足额到位，确保每一笔宝贵的资金都真正用在圆群众的住房梦上。三是要强化政策措施，在落实国家和我省政策的基础上，从实际出发，提出新的扶持政策，特别是要优先安排建设用地，继续减免有关税费，对被拆迁居民重新购置普通住房给予适当补贴，政府要抓好改造新区的基础设施配套建设，提高公共服务水平。四是要惠及广大群众，提高操作过程的透明度，多和群众商量，了解群众需要，尊重群众意愿，确保建设进度，确保工程质量，确保分配结果公平公正，特别是要有效防止腐败发生，依法严厉查处侵犯群众利益、以权谋私的违纪违法行为，保障群众合法权益，保证改造工作切实使群众得到实惠。五是要促进房价平稳，把加快保障性住房建设作为增加住房供应、改善供给结构的重要抓手，增加对保障性住房建设的土地供应，灵活运用财政、金融等杠杆，加强中小套型和中低价位住房建设，贯彻国家出台的有关政策措施，抑制投机性投资性行为，保持房地产市场平稳健康发展，让更多的群众有房住、有恒产，真正做到安居乐业。

张宝顺强调，我们要认真落实李克强同志提出的要求，按照保基本、广覆盖、可持续的原则，进一步做好促进就业、义务教育、基本医疗、公共卫生、保障性住房等基本民生工作，建立健全社会保障的安全网，促进优势产业和特色经济加快发展，积极稳妥地推进城镇化，加强社会事业和公共设施建设，更好地造福人民群众。要深入实施“五大惠民工程”，建立健全公平公正、惠及全民、水平适度、可持续发展的公共服务体系，在改善民生中促进社会和谐。要坚持用发展和改革的办法解决前进中的问题，提高新形势下社会服务和管理的能力，为社会和谐创造条件、奠定基础。要用多元化的支柱产业支撑经济社会平稳较快发展，破解经济发展与资源环境生态之间的矛盾，大力发展循环经济，推广环境友好技术，有重点地加强自主创新，坚持不懈建设生态文明。要加快农村社会事业发展，全面提升城镇综合承载能力。要健全党和政府主导的维护群众权益机制,注重从源头上预防和减少矛盾纠纷,严防各类矛盾叠加升级,掌握信息化条件下维护稳定的主动权。要完善对困难地区的转移支付制度,逐步提高扶贫标准和最低工资标准,推动工资集体协商和工资支付保障制度建设,逐步缩小收入分配差距。要坚持正确舆论导向,唱响主旋律、打好主动仗、弘扬真善美,引导人们理性面对各种矛盾特别是利益矛盾,以包容心态对待新生事物,以坚强性格对待困难和挫折,以友爱精神对待他人。各级领导干部要结合开展学习实践科学发展观活动,深入基层、深入群众,一户一户地了解群众的安危冷暖,一件一件地落实惠民利民便民的实事好事,实实在在地为群众排忧解难,努力开创各项事业发展新局面。

2月26日,中共山西省委九届七次全体会议在太原召开。

重要文献

中共山西省委办公厅　山西省人民政府办公厅 关于在全省开展“进万户门、解万家难、暖万人心”活动的通知

晋办发〔2009〕2号

（2009年1月7日）

各市、县委，各市、县人民政府，省委各部委，省直各委、办、厅、局，各人民团体：

为了进一步引深深入学习实践科学发展观活动，切实帮助困难群众解决生产生活问题，密切党和政府与人民群众的联系，省委、省政府决定全省各级领导干部开展“进万户门、解万家难、暖万人心”活动。现将有关事宜通知如下。

一、充分认识开展“进万户门、解万家难、暖万人心”活动的重要意义

组织各级领导干部开展“进万户门、解万家难、暖万人心”活动，是践行党的宗旨，坚持以人为本，落实问政于民、问需于民、问计于民的具体体现；是开展深入学习实践科学发展观活动，实现党员干部受教育、科学发展上水平、人民群众得实惠目标的内在要求；是积极应对国际金融危机的不利影响，保持经济平稳较快发展，推动转型发展、安全发展、和谐发展的现实需要；是解决群众生产生活困难，确保全省人民过一个欢乐、祥和、平安的春节的务实举措；是进一步改进干部作风，保持党与人民群众血肉联系的有效途径。各级各部门和各级领导干部要从全局和政治高度，充分认识开展“进万户门、解万家难、暖万人心”活动的重要性，带着对人民群众的深厚感情，切实把这项活动作为一件大事抓紧抓好。

二、明确重点任务，务求取得实效

开展“进万户门、解万家难、暖万人心”活动，主要任务是深入群众特别是困难群众，包括优抚对象、受灾群众、城乡低保人员、五保户、孤残人员、城镇下岗失业人员、困难企业职工、生活困难的返乡农民工等，宣传中央政策和省委、省政府的决策部署，慰问困难群众，帮助群众解决好生产生活问题，体察民情、了解民意、集中民智，巩固和发展全省科学发展、社会和谐、团结奋进的良好局面。

一是要摸清困难群众底数。全面了解掌握本地区本单位困难群众的情况，特别是要摸清近期因经济增长放缓、企业效益下滑造成困难的群众生产生活情况，真正做到对群众的困难心中有数，切实把群众的冷暖安危放在心上。

二是要组织好对困难群众的慰问和救助。领导干部要走访慰问困难群众，慰问活动要尽量扩大覆盖面，对不能登门慰问的困难群众也要给予关照，确保让每一个困难群众都能感受到党和政府的温暖。要全面落实、切实做好对困难群众的救助工作，把符合条件的困难群众纳入低保范围，符合其他救助条件的要抓紧落实相关政策，真正建立起覆盖所有困难群众的社会保障和社会救助体系。

三是要办一些直接惠及群众的实事好事。对群众反映的困难和问题，能解决的立即解决，一时难以解决的要积极创造条件解决，并做好解释引导工作。加快实施“五大惠民工程”，让群众共享改革发展成果。做好清理拖欠农民工工资、对返乡农民工进行就业培训、帮助大学毕业生实现就业和创业等工作。积极帮扶企业特别是中小企业解决发展中面临的困难和问题，出台优惠政策，提高服务质量，创优发展环境，帮助企业改善经营、稳定就业、渡过难关。

四是要广泛听取群众的意见和建议。听取群众对党和政府工作的意见和建议，特别是对开展深入学习实践科学发展观活动，推进转型发展、安全发展、和谐发展的意见

和建议，并体现到工作部署和规划中。对群众提出的热点焦点问题，要做好解疑释惑和教育引导工作，理顺思想情绪。

三、领导干部要积极主动为群众排忧解难

“进万户门、解万家难、暖万人心”活动的主体是领导干部。各级领导干部要深怀爱民之心、乐尽为民之责，积极参与到活动中来。开展深入学习实践科学发展观活动的单位，要把“进万户门、解万家难、暖万人心”作为学习调研、分析检查、整改落实的重要内容。各级各部门主要负责同志要高度重视这项工作，亲自安排部署，带头深入农村、社区和企业，深入群众特别是困难群众，面对面开展群众工作，实实在在地为群众办实事、解难事，着力解决群众最关心、最直接、最现实的利益问题，树立权为民所用、情为民所系、利为民所谋的良好形象。

四、认真组织实施，营造良好氛围

各级党委、政府要将“进万户门、解万家难、暖万人心”活动摆上重要议事日程，精心组织实施。有关部门要切实履行职责，做好协调、组织、服务工作。新闻宣传部门要搞好宣传报道，特别是总结宣传好的典型，营造良好的社会氛围。要重在为群众办实事，力戒形式主义。要建立健全相关制度，加强督促检查，形成为群众排忧解难的长效机制。各地各部门开展活动的情况要及时报告省委、省政府。

中共山西省委关于印发《各级党委（党组）抓基层党建工作责任制》的通知

晋发〔2009〕8号

各市、县委，省委各部委，省直各委、办、厅、局党组（党委），各人民团体党组：

省委同意《各级党委（党组）抓基层党建工作责任制》，现印发给你们，请认真贯彻落实。

中共山西省委

2009年1月21日

各级党委（党组）抓基层党建工作责任制

第一章　总　则

第一条　党的基层组织是党执政的组织基础。为进一步明确和落实各级党委、部门党组（党委）抓基层党建工作的责任，以改革创新精神不断加强和改进党的基层组织建设，充分发挥基层党组织推动发展、服务群众、凝聚人心、促进和谐的作用，根据《中国共产党章程》和中央办公厅印发的《关于建立健全地方党委、部门党组（党委）抓基层党建工作责任制的意见》（中办发〔2006〕21号）等有关规定，结合我省实际，制定本责任制。

第二条　各级党委（党组）抓基层党建工作，必须高举中国特色社会主义伟大旗帜，以邓小平理论和“三个代表”重要思想为指导，深入贯彻落实科学发展观，着眼于加强党的执政能力建设和先进性建设，努力构建责任明确、领导有力、运转有序、保障到位、有利于科学发展的工作机制，促进基层党建工作科学化、制度化和规范化，不断增强基层党组织的创造力、凝聚力和战斗力，为全省实现转型发展、安全发展、和谐发展提供坚强的组织保证。

第三条　抓基层党建工作要坚持党要管党、从严治党的原则，始终把基层党建工作摆在突出位置，逐级明确责任，切实加强领导和指导；坚持围绕中心、服务大局的原则，把基层党建工作纳入经济社会发展的大局中去谋划，促进改革发展稳定各项工作的落实；坚持分类指导、整体推进的原则，从不同领域、不同行业的实际出发，找准工作的着力点，有针对性地采取措施，全面推进思想、组织、作风、制度和反腐倡廉建设；坚持与时俱进、开拓创新的原则，创新工作机制，拓展工作领域，改进工作方法，使党的基层组织和党员队伍始终充满生机与活力。

第二章　责任主体

第四条　在省委的统一领导下，按照党组织隶属关系，市、县（市、区）党委领导本地区的基层党建工作；部门党组指导本部门机关和直属单位党建工作，部门党委和党委直属党（工）委根据批准其成立或派出的党组织授权，领导或指导本部门机关和直属单位党建工作。

第五条　党的组织关系实行属地管理、业务工作实行垂直管理的基层单位，其党建工作由所在地党委领导，业务主管部门党组（党委）指导。

第六条 党的组织关系和业务工作都实行垂直管理的基层单位，其党建工作由业务主管部门党委领导，所在地党委指导。

第七条 各级党委、部门党组（党委）书记是本地区、本部门抓基层党建工作的第一责任人，对本地区、本部门基层党建工作负总责；分管党建工作的领导是直接责任人，具体负责抓好基层党建工作；其他班子成员根据分工，抓好职责范围内的基层党建工作。

第三章 责任内容

第八条 贯彻执行中央和省委关于基层党建工作的决议、决定和指示，围绕中央和省委工作大局，紧密结合本地区、本部门中心工作，研究制定基层党建工作规划、计划、制度和措施，并认真组织实施。

第九条 从促进本地区、本部门改革发展稳定的大局出发，建立健全党的基层组织，灵活设置党的基层组织，创新党组织活动方式，扩大党的工作覆盖面，领导和指导基层党组织有效开展工作。

第十条 加强基层党组织领导班子建设，创新培养选拔机制，选优配强党组织书记，落实教育培训制度，强化管理监督机制，确保党组织书记认真履行职责。

第十一条 加强党员队伍建设，指导基层党组织做好发展党员工作，提高党员质量，优化党员队伍结构。加强对党员的教育、管理、监督和服务，建立让党员经常受教育、永葆先进性的长效机制，强化党员的理想信念和思想道德建设，建立党员党性定期分析制度，认真做好处置不合格党员工作，引导党员自觉履行义务，保障党员充分行使权利。

第十二条 构建城乡统筹的基层党建新格局，坚持整体谋划推进城市和农村党建工作，逐步使城乡基层党建工作目标相互协调、工作部署相互呼应、工作成效相互促进。

第十三条 组织党政机关、街道社区、企事业单位等城市党组织和农村党组织开展多种形式的结对共建、对口帮带、帮扶升级活动，建立健全城乡党的基层组织互帮互助机制。

第十四条 建立健全党员服务中心（站、点）等工作平台和党员信息管理系统，健全城乡一体、全面覆盖、协同配合、运转有序的党员动态管理机制。整合各方面力量和资源，健全党内激励、关怀、帮扶机制，关心爱护基层党务干部、老党员、生活困难党员。拓宽党员服务群众渠道，构建党员联系和服务群众工作体系。

第十五条 为基层党组织开展工作提供必要的条件，保证基层党建工作有人抓、有经费、有阵地、有制度。

第十六条 做好基层党建工作的督促检查和考核评价。

第四章 责任目标

第十七条 组织坚强有力。党的基层组织健全，设置合理，隶属关系明确，各项制度配套落实，充分发挥战斗堡垒作用，真正成为贯彻落实科学发展观和转型发展、安全发展、和谐发展的组织者、推动者和实践者。

第十八条 党员作用突出。广大党员自觉运用中国特色社会主义理论体系武装头脑，理想信念坚定，宗旨观念牢固，在生产、工作、学习和社会生活中充分发挥先锋模范作用。

第十九条 工作得到促进。党的路线方针政策得到认真贯彻，科学发展观的要求得到全面落实，广大党员和群众投身科学发展的积极性、创造性得到充分发挥，群众反映强烈、影响和制约科学发展的突出问题得到有效解决，各项工作取得新的进展。

第二十条 人民群众满意。基层党建工作体现群众意愿，组织群众、宣传群众和服务群众工作成效明显，群众权益得到有效维护和发展，党群干群关系融洽。

第五章 责任落实

第二十一条 加强统一领导。市、县（市、区）党委、部门党组（党委）要认真履行抓基层党建工作的职责，切实加强对基层党建工作的领导。党委常委会、部门党组（党委）每年要定期召开会议，制定工作规划，统筹社会资源，加大投入力度，抓好典型示范，搞好激励表彰，加强督促检查和宏观指导，解决基层党建工作中存在的问题。

第二十二条 市、县（市、区）党委常委会向全委会以及全委会向党代表大会报告工作时，要把基层党建工作作为重要内容，县（市、区）党委要把农村基层党建工作作为重点，接受委员和代表评议。评议的情况，由上级党委组织部门进行统计汇总，并向本级党委常委会通报。该项工作结束后，要将综合情况书面报告上级党委组织部门。市、县（市、区）党委常委会在向全委会报告基层党建工作情况时，上级党委组织部门应派人参加。

第二十三条 建立党建工作领导机构。市、县（市、区）党委建立党建工作领导小组，落实党委工作部署，协调各部门力量，分解工作任务，形成党委统一领导，有关职能部门各司其职、密切配合的工作格局。各级党建工作领导小组要定期召开会议，听取基层党建工作情况汇报，研究决定基层党建工作重要问题，督促完成基层党建工作各项任务。领导小组办公室设在党委组织部门。

第二十四条 建立党员领导干部联系点。各级党委（党组）领导班子成员要结合各自分工，建立基层党建工作联系点。特别要注意在党组织力量比较薄弱、开展党的工作比较困难的地方和单位建立联系点。领导班子成员要经常深入联系点指导检查工作，努力把联系点建成基层党建工作的示范点，以点上经验推动面上工作。

第二十五条 深入调查研究。各级党委（党组）要结合基层党建工作实际，每年确定重点课题，由有关领导牵头，组织力量进行专题调查研究。领导班子成员要经常深入基层、深入实际、深入联系点，掌握第一手资料，总结推广经验，研究解决问题，提出对策建议。

第二十六条 各级党委（党组）要根据基层党组织和党员队伍建设的目标要求，紧紧围绕转型发展、安全发展、和谐发展，深入开展“创先争优”和农村“三级联创”活动。

第二十七条 搞好舆论宣传。把宣传学习实践科学发展观作为一项长期任务，通过办好新闻媒体各类专栏等形式，深入宣传党的光辉历史和新形势下优秀共产党员学习实践科学发展观的先进事迹，及时推广、介绍基层党建工作的好经验好做法，形成良好的舆论氛围。

第二十八条 强化督促检查。采取督查、巡回检查和随机抽样检查等方式，定期或不定期地对基层党建工作进行督促检查，发现问题及时解决。特别要加强对农村基层党建工作和新经济组织、新社会组织党建工作情况的督促检查。

第二十九条 逐级报告工作。各级基层党组织每年向上级党组织书面报告一次党建工作情况；县（市、区）党委每年年底前向市委书面报告一次抓基层党建工作情况；省直部门和企业、高校党组（党委）每年年底前向省委直属党（工）委书面报告一次抓基层党建工作情况；各市委和省委直属党（工）委每年1月底前将上年抓基层党建工作情况向省委作出书面报告。各级党委（党组）领导班子成员要把履行抓基层党建工作责任的情况作为年度述职述廉的重要内容。

第六章 责任考评

第三十条 考核评价要坚持自查述职、上级检查、群众评议相结合的办法，全面考核履行职责和工作目标、制度措施的落实情况，重点考核评价责任目标的完成情况。

第三十一条 上级党委要把下级党委和部门党组（党委）特别是党委（党组）书记落实抓基层党建工作责任制的情况纳入党政领导班子和领导干部考核评价体系，与考核经济社会发展和业务工作一并进行，必要时可以组织专门考核。

第三十二条 各级党委（党组）抓基层党建工作情况的考核结果，作为领导班子及其成员工作实绩评价的重要内容，作为领导干部选拔任用、培养教育、奖励惩戒的重要依据。对抓基层党建工作成绩突出的要予以表彰，对思想不重视、工作不得力、责任不落实的要予以通报批评，并限期整改。对不认真履行职责，责任范围内基层党建工作存在的严重问题没有及时解决，造成不良影响和严重后果的，要依据有关规定追究领导班子和相关责任人的责任。

第七章 附 则

第三十三条 本责任制由省委组织部负责解释。

第三十四条 本责任制自印发之日起施行。

中共山西省委关于加强领导干部党性修养 大力树立和弘扬良好作风的意见

晋发〔2009〕11号

（2009年2月23日）

为认真贯彻落实十七届中央纪委三次全会精神特别是胡锦涛总书记的重要讲话，切实加强领导干部党性修养，大力树立和弘扬良好作风，认真解决党员干部队伍特别是领导干部在党性党风党纪方面存在的突出问题，以坚强党性、良好作风和昂扬向上、奋发有为的精神状态，保证和推动科学发展观的贯彻落实，全面推进转型发展、安全发展、和谐发展，制定本意见。

一、充分认识加强领导干部党性修养、树立和弘扬良好作风的重要性和紧迫性

（1）加强领导干部党性修养、树立和弘扬良好作风，是保持党同人民群众血肉联系，加强党的执政能力建设和先进性建设，全面推进党的建设新的伟大工程的重要内容；是面对复杂多变的经济形势和艰巨繁重的改革发展任务，保持经济平稳较快发展，促进社会和谐稳定的迫切需要；是解决当前我省一些领导干部党性党风党纪方面存在的突出问题，进一步振奋精神、攻坚克难、干事创业的现实要求。我省领导干部队伍作风状况总体上是好的，但近年来发生的襄汾“9·8”尾矿库溃坝事故等重大事故和事件，反映出一些领导干部作风不正的问题相当严重。主要表现在：一是宗旨意识不强，对群众疾苦漠不关心，对群众利益麻木不仁，对群众生命安全置若罔闻；二是政治敏锐性不强，驾驭复杂局面、处理复杂问题能力有待提高；三是责任意识不强，形式主义、官僚主义严重，精神不振、作风飘浮、欺上瞒下；四是政绩观不正确，心态浮躁，脱离实际，好大喜功，急功近利；五是党性原则不强、纪律观念淡薄，搞上有政策、下有对策，权钱交易、跑官要官、拉票贿选；六是个人主义严重，重个人利益，轻群众疾苦；七是生活情趣低下，贪图享乐，用公款大吃大喝，奢侈浪费等。对这些问题必须认真加以解决。

（2）当前和今后一个时期，全省加强领导干部党性修养、树立和弘扬良好作风的总体要求和目标是：坚持以邓

小平理论和“三个代表”重要思想为指导，深入贯彻落实科学发展观，自觉遵行社会主义核心价值体系，坚持理论和实践相统一，继承光荣传统和弘扬时代精神相统一，改造客观世界和改造主观世界相统一，加强个人修养和接受教育监督相统一，强化制度建设，强化监督检查，强化问责追究，使各级领导干部切实成为政治坚定、作风优良、纪律严明、勤政为民、恪尽职守、清正廉洁的领导干部，充分发挥模范带头作用，为推进转型发展、安全发展、和谐发展，加快新基地新山西建设提供坚强保障。

二、着力增强宗旨观念，切实做到立党为公、执政为民

(3) 坚持全心全意为人民服务的宗旨和科学发展的理念。扎实开展深入学习实践科学发展观活动，坚持以人为本，把实现好、维护好、发展好最广大人民的根本利益作为一切工作的出发点和落脚点。坚持求真务实，正确行使人民赋予的权力。一是坚持包乡（村）联企制度。从省委常委做起，省市县领导干部每人至少联系一个贫困县乡（村）或困难企业，并经常深入联系点调查研究，帮助解决实际困难和问题。二是建立重要信息报送制度。各市各部门要向省委、省政府及时报告贯彻落实中央和省委、省政府重要决策部署的情况，及时上报管辖范围内的重要情况和信息。对隐瞒不报、不如实报告、不按时报告或干扰和阻挠如实报告的，追究有关负责人的责任。三是坚持无会周制度。改进会风文风，少开会、开短会，少发文、发短文。各级党委（党组）每月要空出一周不安排会议和领导干部集体活动。党政领导干部不出席一般性的剪彩、奠基、庆典等活动，确需出席的，严格按程序报批。

(4) 及时了解群众诉求，妥善化解利益矛盾，坚决纠正损害群众切身利益的突出问题。建立和完善领导干部信访接待日制度，省委、省政府领导班子成员每季度至少安排1次接待群众来访，市级党政领导班子成员每月至少安排1次接待群众来访，县级党政领导班子成员每月至少安排2次接待群众来访，乡（镇、街道）领导干部要随时接待群众来访。各级领导干部要主动下访，化解矛盾，解决问题。建立领导干部信访领办包案制度，各级领导干部每年都要包案处理重要信访案件，切实减少集体访、越级访。

三、着力提高实践能力，切实用党的创新理论指导工作

(5) 发扬理论联系实际的学风，提高理论指导实践的能力。牢固树立马克思主义实践观点，善于把发展着的马克思主义同本地区本部门实际相结合，认真研究解决影响改革发展稳定的深层次矛盾和问题、影响群众生产生活的突出矛盾和问题，不断提高干事创业的能力，不断增强应对复杂局面的能力。

(6) 坚持和完善学习制度。一是中心组理论学习制度。各级党委（党组）中心组每年集体学习研讨的时间累计不少于12天。二是学习培训制度。各级领导干部要加强个人自学，自觉学习党的基本理论、党纪政纪条规和有关法律法规，不断提高自身修养。各级各部门要严格执行《干部教育培训工作条例》，采取多种形式对党员干部进行培训，县处级以上领导干部每5年应参加累计3个月以上的培训，其他干部的培训时间每年累计不少于12天；认真落实县以上领导干部定期脱产进修制度、后备干部培训制度等。三是党员领导干部讲党课制度。各级党政机关党员领导干部每年要结合自己分管的工作，在同级党校或分管范围讲1次党课。四是考试考核制度。各级各部门每年要定期对领导干部学习理论、党纪政纪条规和有关法律法规的情况进行考试，考试不合格的要实行待岗培训，补考合格后再上岗，补考后仍不合格的应进行组织调整。要把领导干部学习情况作为干部年度考核的重要内容，将述学与述职述廉结合起来，建立领导干部学习档案，将学习情况和考试成绩记入档案，作为考察、评优、晋升的重要依据。

(7) 坚持调查研究制度。省级党政领导干部要带头下基层调查研究，问政于民、问需于民、问计于民。市县党政领导干部每年下基层调研或现场解决问题不少于3个月。领导干部下基层达不到规定时间的要在同级党委常委会或政府常务会上说明原因，并采取改进措施。领导干部调研后要写出有情况、有分析、有见解的调研报告，适于公开发表的在党报党刊上发表，不适于公开发表的要在同级班子中进行交流。

四、着力强化责任意识，切实履行党和人民赋予的职责

(8) 增强忧患意识，做到守土有责。保持迎难而上的锐气，增强攻坚克难的本领，遇到急难险重工作或发生重大群体性事件时，要亲临一线、靠前指挥，查清原委、稳妥处置。

(9) 建立健全领导干部岗位目标管理制度。各级各部门要按照责权分明、职责相称、任务明确、便于考核的原则，把涉及本地区本部门经济社会发展的大事、群众利益的难事、社会稳定的急事细化量化，分解落实到每个领导干部，形成人人头上有指标、件件工作有着落的责任体系，形成一级抓一级、层层抓落实的工作格局。领导干部的岗位职责要在一定范围内公示，接受人民群众监督。

(10) 坚持行政效能建设制度。建立健全行政审批、行政许可、行政执法责任制，促进各级各部门和领导干部依法行政，认真履行职责。推进党务公开、政务公开、村务公开和厂务公开制度，推进电子政务建设，提高政府工作透明度和公信力。

(11) 建立“办实事”制度。各地各部门每年要按照“群众最关心、财力可承受”的原则，确定为人民群众办实事项目，年初公开承诺，年中公布工作进度，年底向群众交账。

五、着力树立正确政绩观，切实做到科学谋划和推进发展

（12）坚持一切从实际出发，尊重客观规律。各级领导干部要勤奋敬业、埋头苦干，察实情、讲实话、出实招、办实事、求实效，把全部精力用在推动经济社会又好又快发展上，用在保障和改善民生上，用在促进社会和谐稳定上，创造经得起实践、人民和历史检验的实绩。

（13）建立重大决策调查研究、专家咨询、社会听证、决策评估以及决策反馈纠偏机制和重大决策失误责任追究制度。各级党委、政府要依托高等院校和科研机构，建立由各类专家和群众代表参加的决策咨询机构，并充分发挥其作用。凡涉及民生的重大决策都要举行听证会，广泛听取民意，集中民智。

（14）建立完善体现科学发展观和正确政绩观要求的干部考核评价体系。各级党委要按照科学发展观的要求选干部、配班子、建队伍、聚人才。各级组织部门要认真做好领导干部年度考核工作，将定期考核与日常考核结合起来，组织评价与群众评价结合起来，建立健全领导干部民意调查和民主测评制度。

六、着力树立正确利益观，切实把人民利益放在首位

（15）坚持个人利益服从国家、集体和人民利益，时刻把群众的安危冷暖挂在心上，把民生问题放在各项工作的首位，多办顺民意、解民忧的实事，解决好群众反映强烈的突出问题。要讲党性、重品行、作表率，淡泊名利，克己奉公，正确对待个人得失，努力实践共产党人高尚的人生价值。

（16）严格执行廉洁从政规定，严禁在公务活动中接受礼金和各种有价证券、支付凭证，或者违反规定收受礼品；严禁借婚丧喜庆之机敛财；严禁违反规定多占多购住房、违反规定购买或使用小汽车，工作有调整的领导干部，应在任（免）职文件下发后1个月内，退出所占办公用房、周转住房、原单位公务用车及电脑等公共财物，办理完毕行政工资关系和党组织关系接转手续；严禁领导干部配偶、子女及其配偶在所管辖地区和范围从事可能与公共利益发生冲突的经商办企业、社会中介服务活动。

（17）继承和发扬党的优良传统。保持艰苦奋斗的传统美德，牢固树立过紧日子的观念，勤俭办一切事业，带头节约经费开支、反对铺张浪费，带头抵制用公款大吃大喝等不正之风，遵守公务接待有关规定。各级各部门每年要采取教育周、教育月等形式，学习宣传太行精神、吕梁精神、晋商精神、右玉精神等，深入开展向申纪兰同志学习活动。市县两级要结合实际建立党风廉政建设教育基地，积极开展党性党风党纪教育。

七、着力增强纪律观念，切实维护党的团结统一

（18）严守党的政治纪律。坚决维护党章，遵守党内政治生活准则，确保中央政令畅通，在思想上、政治上、行动上同以胡锦涛同志为总书记的党中央保持高度一致。对公然违反党的政治纪律，经教育不改的，要依照党纪条规严肃查处。

（19）严守党的组织纪律。坚持民主集中制，完善党委议事决策机制，健全党委常委会决策程序。严格执行《党政领导干部选拔任用工作条例》，坚决整治跑官要官、拉票贿选等选人用人上的不正之风，对突击提拔、违规进人的，要严肃查处。

（20）严守党的经济工作纪律。遵守财经制度，严格按照规定权限和程序办事，禁止利用职权干预和插手建设工程项目承发包、土地使用权出让、矿产资源开发利用、国有企业重组改制、政府采购、房地产开发与经营以及各类行政许可和资金借贷等。不准以权谋私，搞权钱交易。

（21）严守党的群众工作纪律。不准与民争利，不准侵占群众物质利益、损害群众合法权益，不准搞特权欺压群众，坚决防止和纠正官僚主义。

（22）坚持对执行纪律情况的检查制度。各级纪委要加强对领导干部遵守党的纪律情况的监督检查，特别要加强对中央和省委、省政府保增长、保民生、保稳定有关政策措施落实情况的监督检查，坚决防止、纠正和惩处各种违反党的纪律的行为。认真贯彻党员权利保障条例，切实保护那些坚持党性、坚持原则的同志。

八、加强组织领导，强化问责追究，务求作风建设取得实效

（23）各级党委（党组）要把加强党性修养、大力树立和弘扬良好作风作为一项重大政治任务抓紧抓好。要建立党委统一领导，纪委、组织、宣传、直属机关工委等部门组成的作风建设领导组，组织专门力量狠抓中央和省委关于加强作风建设各项制度和要求的落实，建立健全加强领导干部作风建设的长效工作机制。各级党政主要领导干部要以身作则，充分发挥表率作用。

（24）各级党委（党组）和纪检监察机关要善于运用党内监督、党外监督的有效形式，加强对领导干部作风建设情况的监督检查。一是加强考核监督。各级党委每半年要针对作风建设的关键部位和重点环节组织专项督查，发现和解决问题，通报督查结果；每年要对领导干部加强党性修养、树立和弘扬良好作风的情况进行检查考核，并将其作为党风廉政建设责任制的重要内容。二是述职述廉述学监督。对作风建设方面有举报反映、问题比较突出的领导干部，上级党委和纪检监察机关要责令其在年度述职述廉述学时作出专题说明。三是民主生活会监督。民主生活会要把对照检查和纠正党性党风党纪方面存在的突出问题作为重要内容。四是诫勉

谈话监督。党委（党组）和纪检监察机关、组织部门要及时发现领导干部在作风建设方面的苗头性问题，并按照干部管理权限及时对其进行诫勉谈话。诫勉要求和该领导干部的说明及表态，要以书面形式经本人核实后存入廉政档案或工作档案。五是询问和质询监督。对领导干部执行中央和省委关于加强作风建设有关规定和要求中存在的问题，同级党委委员和纪委委员有权提出询问和质询。被询问和质询对象要认真作出说明，并以书面形式作出解释或答复，有关资料存入档案。六是领导干部报告个人重大事项监督。党员领导干部要按规定向党组织如实报告个人重大事项。各级领导干部办理婚丧嫁娶等事宜要严格执行中央和省委有关规定，并按照干部管理权限向党委（党组）和纪检监察机关请示报告。七是开展巡视监督。省委各巡视组要把被巡视地方和单位领导班子和领导干部作风建设状况作为重点进行监督检查。八是加强行政效能监察。对领导干部工作作风、工作纪律进行明察暗访，对发现的问题要及时批评教育、责令整改。九是加强社会监督。充分发挥党代表、人大代表、政协委员和广大人民群众对干部作风建设的监督作用，每年采取问卷调查、群众评议和统计部门抽样调查等形式，了解评价各地各部门作风建设状况。各级纪检监察机关要采取设立作风建设投诉举报电话、举报网站等方式，受理群众举报。十是重视舆论监督。各级宣传舆论部门要大力宣传加强作风建设的政策规定和先进经验，选择正反两方面的典型进行教育引导，保持正确舆论导向，营造良好社会氛围。

(25) 建立完善党员领导干部作风建设问责制度。各级党委（党组）和纪检监察机关要加强对领导干部作风建设的日常监督管理，发现党性党风党纪方面存在苗头性问题的，要批评教育，并责令整改，对存在突出问题的，要在一定范围内进行通报批评，对经教育不改或造成恶劣影响和重大损失的，要采取调整工作、责令辞职、免职等组织处理方式进行问责。对违反党纪政纪的要依据有关规定追究责任；涉嫌犯罪的，移交司法机关处理。

各地各部门要认真分析本地区本部门作风建设状况，结合实际制定得力措施，认真抓好本意见的贯彻落实。

中共山西省委常委会深入学习实践科学发展观活动整改落实方案

晋发〔2009〕12号

（2009年2月26日）

深入学习实践科学发展观活动开展以来，省委常委围绕贯彻落实科学发展观，实现转型发展、安全发展、和谐发展，深入学习调研，广泛征求意见，认真分析检查，明确努力方向，形成了《关于贯彻落实科学发展观情况的分析检查报告》，并进行了群众评议。同时，坚持突出实践特色，边学边改、边查边改、边整边改，抓紧解决影响和制约科学发展的突出问题以及党性党风党纪方面群众反映强烈的突出问题。一是深刻吸取“9·8”襄汾尾矿库溃坝事故的沉痛教训，把安全发展提升到战略层面，部署开展安全生产集中整治，拉网式排查安全隐患，严肃责任追究，为11个市和87个重点产煤县和非煤矿山重点县配备专家型安全生产市、县长助理，着力扭转安全生产被动局面。二是认真落实中央扩大内需、促进经济平稳较快发展的决策部署，开工建设一批重点项目和民生工程，帮助企业渡过难关。三是着力解决群众生产生活问题，筹集8.4亿元资金用于供热补贴和热电联产改造，实现冬季供热价格不上涨，并向低保对象和农村中小学校发放取暖补贴，提高城乡低保标准，组织各级领导干部开展“进万户门、解万家难、暖万人心”活动，通过社情民意通道和互联网及时解决了一大批群众反映的困难和问题。四是召开省委九届六次全会，对贯彻落实党的十七届三中全会精神、加强“三农”工作作出部署；圆满完成第八届村委会换届选举工作。五是建立健全科学发展特别是“三个发展”的推进和保障机制，对相关政策措施和规章制度进行了清理，出台加强领导干部党性修养、大力树立和弘扬良好作风的意见。

当前和今后一个时期，省委常委会进一步贯彻落实科学发展观的总体思路是：全面贯彻党的十七大和十七届三中全会精神，以邓小平理论和“三个代表”重要思想为指导，深入贯彻落实科学发展观，坚持解放思想、实事求是、与时俱进，着力推进转型发展、安全发展、和谐发展，积极有效应对国际金融危机的冲击，确保经济平稳较快发展，推动经济结构优化，加快发展方式转变，增强发展活力和动力，保持社会和谐稳定，协调推进经济、政治、文化、社会建设和生态文明建设，全面推进党的建设，团结带领全省干部群众努力走出“四条路子”、实现“三个跨越”，加快建设新基地新山西。

具体整改落实措施如下：

一、坚持用科学发展观武装头脑，以思想的新境界推动事业的新发展

1．扎实抓好深入学习实践科学发展观活动。在搞好第一批学习实践活动整改落实和总结完善工作的基础上，扎

实推进第二、第三批学习实践活动。坚持把学习实践活动同应对国际金融危机冲击、促进经济平稳较快发展结合起来，同学习贯彻胡锦涛总书记最近一系列重要讲话和中央政治局常委专题民主生活会情况通报结合起来，提高各级领导班子和领导干部推动“三个发展”的能力，着力解决影响和制约科学发展的突出问题以及党员干部党性党风党纪方面群众反映强烈的突出问题，确保党员干部受教育、科学发展上水平、人民群众得实惠。

（主要负责人：张宝顺、王君、薛延忠、申联彬、任泽民、金道铭、高建民；负责落实单位：省委深入学习实践科学发展观活动领导小组及办公室）

2. 引深解放思想大讨论。认真学习胡锦涛总书记在纪念党的十一届三中全会召开30周年大会上的重要讲话，坚持解放思想、实事求是、与时俱进，大力倡导敢为人先、敢于创新、敢于竞争的精神，着力转变不适应不符合科学发展观的观念和做法。

（主要负责人：胡苏平；负责落实单位：省委宣传部）

3. 增强理论指导实践能力。深入调查研究走出“四条路子”、实现“三个跨越”面临的新情况新问题，既要到工作搞得好的地方总结经验，又要帮助问题多、矛盾集中、工作难度大的地方和单位打开工作局面，针对影响和制约科学发展的突出问题，完善工作思路和政策措施，特别要在转型发展上解决好发展方向、政策取向、用人导向的问题，在安全发展上解决好认真履责、敢于负责、强化问责的问题，在和谐发展上解决好上下联动、部门互动、全民行动的问题，不断取得“三个发展”的新进展新成效。

（主要负责人：张宝顺、王君、薛延忠；负责落实单位：省委办公厅、省政府办公厅）

二、积极应对复杂多变的经济环境，保持经济平稳较快发展

4. 坚持强信心、稳增长、促转型、保民生。把保持经济平稳较快发展作为首要任务，通过加强基础设施和民生工程建设拉动经济增长，通过争取国家投资和激活民间资本拉动经济增长，通过银企合作和金融创新拉动经济增长，通过加快特色城镇化进程拉动经济增长，在应对危机的过程中解决困扰山西发展的深层次矛盾和问题，培育新的经济增长点和竞争优势。抓紧建设一批公路、铁路、机场、电源、电网、水利等重大基础设施，推进教育卫生文化、农村民生工程、保障性住房、节能减排、生态环保、自主创新和产业升级项目建设。力争3年内全部建成省城十大公益性项目。加快推动我省与国家部委和兄弟省份合作协议的实施。今明两年在国家鼓励支持的领域投资6500亿元，带动全社会固定资产投资1万亿元。同时，解决好建设用地、配套资金等问题，加强建设项目资金和工程质量监管，坚决防止高耗能、高污染、低水平重复建设。引导和鼓励施工单位多用当地劳动力和原材料，增强项目的带动力。

（主要负责人：张宝顺、王君和各位副省长；牵头落实单位：省发展改革委；协助单位：省交通运输厅、省水利厅、省住房和城乡建设厅、省教育厅、省卫生厅、省农业厅、省环保厅、省经济信息委、省文化厅、省重点办、省万家寨引黄工程管理局、太原铁路局、省电力公司、山西银监局、省纪委、省监察厅、省审计厅）

5. 积极帮助企业渡过难关。为各类企业发展创造良好的政策和市场环境，着力缓解和克服国际金融危机给企业生产经营带来的困难。引导企业调整产品结构，提高产品质量，苦练内功，增收节支，提高效益，增强市场竞争力和抵御风险能力。推进中小企业社会化服务体系建设，取消不合理行政性收费，有效解决中小企业融资难等问题。

（主要负责人：陈川平；牵头落实单位：省国资委、省经济信息委；协助单位：省工商局、省财政厅、省地税局、省国税局、省人力资源和社会保障厅、山西银监局、省工商联）

6. 着力扩大消费特别是居民消费。千方百计增加居民收入特别是中低收入者的收入，完善消费政策，优化消费环境，培育消费热点，增加即期消费，促进消费结构升级，提升消费对经济增长的拉动力。大力开拓农村市场，增加农民收入，落实好“家电下乡”等政策措施，加快建设农产品市场体系和农村现代流通服务网络，继续实施万村千乡市场工程。

（主要负责人：李小鹏；牵头落实单位：省商务厅；协助单位：省财政厅、省农业厅、省供销社）

三、协调推进新型工业化、特色城镇化、农业现代化，加快转型发展步伐

7. 深化经济结构调整。研究制定重点产业调整和振兴规划，运用高新技术和先进适用技术改造传统产业，以有效的政策措施推动新兴产业发展，坚持淘汰关闭一批落后产能、改造提升一批传统产业、培育发展一批新兴产业、做大做强一批优势企业，增强发展的内生力和后劲。加快建设国家规划的煤炭基地，稳步推进煤炭企业重组整合，用两年时间将煤矿总数压减到1500座以内，到2010年使大集团控股经营的煤炭产量占到总产量75%以上，支持五大煤炭集团进一步做大做强。提高新上焦炉准入门槛，加大污染治理力度，推进焦炭行业化产回收和深加工。抓好不锈钢技术改造和深加工，以太原为中心打造世界级不锈钢和铝镁合金生产加工基地。充分发挥特高压输电线路的带动作用，加快以坑口电站为重点的电源建设，发展新型能源。大力发展装备制造、现代煤化工、新型材料、高新技术、特色食品、旅游、文化和现代服务业，打造一批主营业务突出、规模效益明显、核心竞争力强的大企业和企业集团，推动项目向各类园区集中，努力形成优势产业集群。认真实施服务业“1+10”工程，提高服务业在整个经济中的比重。探索建立过剩产能退出置换机制。鼓励企业走多元发展的路子，引导企业利用增值税转型改革的时机提升装备和工艺水平，推动企业加强内部管理。

（主要负责人：王君、牛仁亮、陈川平；牵头落实单位：省发展改革委、省经济信息委；协助单位：省煤炭厅、省国土厅、省国资委、省科技厅、省旅游局、省文物局、省文化厅、省农业厅、省地税局、省国税局、太原市）

8．进一步加强“三农”工作。加强粮食生产，发展优势农业和特色农业，增强农业综合生产能力。推进农业产业化经营，扶持发展龙头企业。构建新型农业社会化服务和支撑体系，力争3年内健全乡镇或区域性农业技术推广、动植物疫病防控、农产品质量管理公共服务机构。实施科技进村入户工程，开展农民技术培训，提高农业科技进步贡献率。加强农村基础设施建设，用两年时间实现“五个全覆盖”，即具备条件的建制村通水泥（油）路全覆盖，中小学校舍安全改造全覆盖，县乡村三级卫生服务体系特别是村级卫生室全覆盖，村通广播电视全覆盖，农村安全饮水全覆盖。扎实推进新农村建设，抓好试点村、重点推进村工作，推广沼气、太阳能等可再生能源，加快“四化四改”进程。完善扶贫战略和政策体系，加强教育扶贫，到2012年解决百人以下山庄窝铺贫困人口移民搬迁问题。完善农业支持保护制度，完善以工促农、以城带乡和以煤补农、以矿带村机制，大幅度增加对“三农”的投入，特别是加大对农村社会事业、社会保障、民生工程的财政支持力度。促进公共资源和生产要素在城乡之间均衡配置。抓好侯马市城乡经济社会发展一体化试点工作。

（主要负责人：薛延忠、刘维佳；牵头落实单位：省农业厅；协助单位：省发展改革委、省粮食局、省财政厅、省科技厅、省水利厅、省交通运输厅、省教育厅、省卫生厅、省文化厅、省广播电影电视局、省煤炭厅、省住房和城乡建设厅、省气象局、省地震局、临汾市）

9．加快特色城镇化进程。支持太原率先发展，推动太原经济圈建设取得实质性进展，太原要在城乡经济社会发展一体化等方面走在前面。全面提升城镇建设和管理水平，促进工矿型城市转型，因地制宜建设一批宜居县城，抓好中心镇、重点镇建设。加快农村人口向城镇转移，力争城镇化率年均提高1个百分点。大力发展县域经济，增强县域综合经济实力。

（主要负责人：申维辰、李小鹏；牵头落实单位：省住房和城乡建设厅；协助单位：省发展改革委、太原市、晋中市、省农业厅、省经济信息委）

10．加强节能减排工作。着力推进生态文明建设，完善节约资源、保护环境、建设生态的总体规划、法规措施和体制机制。加强对重点产业与重点企业的整治，加快建设覆盖全省的空气质量自动监测系统、重点河段水质监测系统和污染源自动监控系统，对重点耗能和排污企业实行全天候监测，焦化企业脱硫除尘效率要达到98%以上，污水处理综合排放达到一级标准；火电企业脱硫效率要达到95%以上，污水实现零排放；煤炭企业要建成矿井水处理设施，矿井水实现闭路循环不外排；钢铁企业污染物排放指标、化工企业废水处理达到一级清洁生产标准。确保两年内所有市、县（市、区）都建成污水处理厂并投入正常运营，逐步实现废水零排放。坚决淘汰落后产能，严格核定能耗和排污总量，确保完成“十一五”节能减排指标。扎实推进“蓝天碧水工程”和造林绿化工程，每年完成400万亩植树造林任务。全面治理地下水超采，着力改善水生态环境。加快生态省试点建设，推进城市绿化，抓好汾河流域、太原西山地区和大同、阳泉等10个设区市的生态环境治理修复重点工程。加强农业生态环境保护，控制农业面源污染。完善节能减排指标考核体系，对未完成节能减排任务的政府、部门和企业严格实行问责制度。

（主要负责人：牛仁亮、陈川平；牵头落实单位：省经济信息委、省环保厅；协助单位：省发展改革委、省国资委、省煤炭厅、省科技厅、省林业厅、省水利厅、省统计局、省住房和城乡建设厅、省人大常委会办公厅、省法制办、太原市和各设区市）

11．大力发展循环经济。做好循环经济试点省工作，编制循环经济发展总体规划和专项规划，加快循环经济促进条例立法进程，把发展循环经济纳入政府绩效考核范畴，建立资源节约综合利用政府专项资金，完善支持循环经济发展的财税金融政策机制，加快循环经济示范园区建设，支持循环经济技术的研发和推广应用，充分发挥循环经济试点企业的示范引领作用。培育低碳经济，发展环保产业，逐步形成以企业为主体的循环经济网络。

（主要负责人：陈川平；牵头落实单位：省经济信息委；协助单位：省科技厅、省发展改革委、省国资委、省财政厅、省地税局、省国税局、省人大常委会办公厅、省法制办）

12．大力实施科教兴晋、人才强省战略。充分发挥企业科技创新主体作用，加强科技运行系统与经济运行系统的联系、融合，推进产学研合作，围绕发展优势产业进行技术开发，加强创新方法的推广和应用，提高科技对经济社会发展的贡献率，加快创新型省建设。抓好以高层次人才和高技能人才为重点的人才队伍建设，培养引进科技拔尖人才和领军人才，实施海外高层次人才引进计划，吸引世界知名企业在我省建立技术研发中心，加强农村实用人才队伍建设，完善人才保障机制和考核评价制度，更好地服务人才、留住人才、用好人才。

（主要负责人：任泽民、李政文、张平；牵头落实单位：省科技厅、省委组织部；协助单位：省教育厅、省科协、省人力资源和社会保障厅、省商务厅、省国资委、省经济信息委、省农业厅、省发展改革委、省财政厅、省委统战部、省外事侨务办）

四、着眼于全面安全、稳定安全、本质安全，加快安全发展步伐

13．树立大安全观，推动安全生产形势稳定好转。牢固确立“抓经济发展是政绩，抓安全生产也是政绩”的理念，认真贯彻安全第一、预防为主、综合治理的方针，坚

持企业治理与政府监管相结合，隐患排查与建章立制相结合，管理创新与文化建设相结合，教育引导与考核问责相结合，健全安全投入保障机制，完善煤炭产量监控、井下人员管理和煤矿瓦斯监测监控“三大系统”，加强安全生产监管，确保事故发生率和死亡率稳定下降，杜绝发生重特大事故，杜绝连续发生事故，走出一条符合科学发展、切合山西实际的安全生产、安全发展路子。

（主要负责人：王君、陈川平；牵头落实单位：省安监局；协助单位：省煤炭厅、省国资委、省经济信息委、省公安厅、省财政厅、省委宣传部）

14．扎实开展安全生产专项整治。全面开展包括安全生产、交通安全、防火安全、校舍安全、水库安全、食品药品安全、建筑安全、特种设备安全在内的各行业各领域安全生产专项整治，重点抓好煤矿、非煤矿山、尾矿库、易燃易爆物品、道路交通、学校及公共娱乐场所的安全工作，真正做到不留死角、不留盲区、不留隐患。

（主要负责人：杜玉林、陈川平和有关副省长；牵头落实单位：省安监局；协助单位：省公安厅、省煤炭厅、省国资委、省教育厅、省水利厅、省农业厅、省卫生厅、省交通运输厅、省文化厅、省住房和城乡建设厅、省质监局、省工商局）

15．建立完善安全生产体制机制。加快形成党委重视、政府监管、企业负责、全社会关心安全发展的工作格局和良好氛围，完善安全生产法律法规体系和制度体系，建立覆盖所有工作和生产环节的无空档安全保障体系和无缝隙安全责任链条。研究探索对县乡和企业安全状况评估机制。强化企业安全生产和政府安全监管主体责任，发挥好市、县长安全助理的作用，落实好国有煤矿通风区长兼任矿长助理的规定。把事前防范、事中监管、事后追究有机衔接起来，强化日常安全监管和考核，严格问责制度。推进安全文化建设，开展创建本质安全型市县和企业活动。

（主要负责人：陈川平；牵头落实单位：省安监局；协助单位：省煤炭厅、省国资委、省公安厅、省委宣传部）

五、以改善民生、促进民和、确保民安为重点，加快和谐发展步伐

16．实施更加积极的就业政策。支持发展劳动密集型企业、中小企业，完善促进企业吸纳就业的政策措施，引导鼓励企业少裁员、不裁员。鼓励支持自主创业、自谋职业，鼓励大学毕业生参与科研项目或到基层、企业就业，大力开发公益性岗位，帮助就业困难人员和返乡农民工就业创业，健全“零就业家庭”消零解困机制。

（主要负责人：陈川平；牵头落实单位：省人力资源和社会保障厅；协助单位：省国资委、省经济信息委、省教育厅、省农业厅）

17．健全覆盖城乡的社会保障体系。进一步提高养老、医疗、失业保险综合覆盖率。完善城镇企业职工基本养老保险省级统筹制度，推进事业单位养老保险制度改革试点，开展新型农村社会养老保险试点，制定农民工参加养老保险配套措施。完善城乡最低生活保障制度。建立被征地农民社会保障制度。发展以扶老、助残、救孤、赈灾为重点的社会福利和慈善事业。

（主要负责人：申联彬、刘维佳；牵头落实单位：省人力资源和社会保障厅；协助单位：省民政厅、省卫生厅、省农业厅、省财政厅）

18．统筹发展各级各类教育。加快高等教育改革发展步伐，理顺学费标准，重视解决建设用地和投入问题，逐步建立按生均拨款的财政经费保障机制，增强高校发展后劲。促进义务教育均衡发展，以农村为重点强化教育经费保障制度，完善义务教育教师绩效工资制度。加快普及高中阶段教育。大力发展职业教育，逐步实现农村中等职业教育免费。加强学前教育和特殊教育。着力开发优质教育资源。完善中小学生综合素质评价机制。完善和落实助学体系，确保不出现一个学生因家庭经济困难而失学。

（主要负责人：张平；牵头落实单位：省教育厅；协助单位：省高校工委、省财政厅、省发展改革委、省物价局、省国土厅）

19．大力发展医疗卫生事业。巩固和发展新型农村合作医疗，加快乡村卫生院（所）改造步伐，加快城市社区卫生服务中心（站）建设，切实提高基层医疗水平。坚持公共医疗卫生的公益性质，推进医药卫生体制改革，构建人人享有基本医疗卫生服务的全民健康体系。进一步加强人口计生工作。

（主要负责人：张建欣；牵头落实单位：省卫生厅；协助单位：省财政厅、省发展改革委、省人口计生委）

20．加快推进保障性住房建设。优化住房供应结构，加快经济适用住房和廉租住房建设，抓紧解决城市低收入家庭和农村困难群众住房问题，推进棚户区改造和沉陷区治理。促进房地产市场健康发展。

（主要负责人：李小鹏、牛仁亮、陈川平；牵头落实单位：省住房和城乡建设厅、省发展改革委；协助单位：省财政厅、省国资委、省煤炭厅、省政府机关事务管理局）

21．加强社会管理和服务，切实维护社会和谐稳定。认真落实维护稳定是硬任务、是第一责任的要求，完善社会治安防控体系和公共安全保障体系，加强社会治安综合治理，健全基层社会管理体制，加强和改进流动人口、民间组织和非政府组织的管理。健全党和政府主导的维护群众权益机制，加强信访工作，规范信访秩序，建立领导干部接访、下访和包案制度，认真解决土地征用、城市拆迁、环境保护、企业改制、涉法涉诉、村矿纠纷等方面群众反映强烈的问题，抓好各项解困政策的落实，排查化解矛盾纠纷，及时妥善处理群体性事件。协调好城乡、城矿、村矿关系，促进城镇、乡村和矿区和谐发展。扎实做好敏感时期维护社会稳定工作及防范和处理邪教问题工作，坚决抵御各种敌对势力的渗透破坏活动。

（主要负责人：薛延忠、杜玉林、高建民、张建欣；牵

头落实单位：省委政法委；协助单位：省公安厅、省法院、省检察院、省司法厅、省国家安全厅、省信访局、省委“610”办公室、省煤炭厅）

22．深入开展“进万户门、解万家难、暖万人心”活动。及时主动了解群众的诉求和愿望，有效保障城乡困难群众的基本生活，尤其要注意关心那些因经济形势变化陷入困境的城乡群众，健全社会救助制度，确保城乡困难群众、离退休职工、贫困残疾人、在校困难大学生等群体基本生活水平不下降。加强对灾区的社会救助。

（主要负责人：申联彬；牵头落实单位：省民政厅；协助单位：省财政厅、省农业厅、省教育厅、省总工会、团省委、省妇联）

23．抓紧推进向人民群众承诺年内要办的十件实事。一是维护、加固和改造中小学校舍400万平方米。二是实现县乡卫生机构达标率80%，80%的村建成卫生室。三是城镇居民基本医疗保险覆盖230万人，农村社会养老保险试点覆盖300万人，110万农村特困群众纳入低保范围，14万农村“五保”对象实现应保尽保。四是解决好14万重点优抚对象的就医问题，实施3万名残疾人康复救助。五是帮助4万名城镇就业困难人员实现就业，培训农民100万人，转移农村富余劳动力30万人。六是建设村通水泥（油）路1.5万公里。七是解决好农村200万人口的饮水安全问题。八是发展连锁农家店和新农村便民店2000家、放心粮油店1000家。九是确保11个重点城市空气质量二级以上天数稳定在3000天以上，争取40个县（市）达到大气污染综合指数二级标准。十是解决40万户农村困难群众、棚户区居民、城市低收入群体的住房问题。

（主要负责人：申联彬和有关副省长；负责落实单位：省政府办公厅和省政府有关部门）

24．发展社会主义民主政治，加快依法治省进程。坚持和完善人民代表大会制度，支持人大及其常委会依法履行职责，围绕“三个发展”加强立法工作，加强监督检查，做好代表工作。坚持和完善中国共产党领导的多党合作和政治协商制度，规范政治协商程序，完善民主监督机制。加强统一战线建设，更好发挥民主党派和无党派人士作用，重视做好新社会阶层人士工作。坚持和完善基层群众自治制度，推进政务公开、厂务公开和村务公开，保障人民权益和社会公平正义。以建设“法治山西”和“平安三晋”为抓手，加快依法治省进程。推进依法行政，深化司法体制和工作机制改革，加强政法队伍建设，推进“五五”普法，加强法律服务和法律援助工作。支持驻晋部队和国防动员力量建设，大力培育当代军人核心价值观，加强军地“双服务”工作，促进经济建设与国防建设协调发展。

（主要负责人：张宝顺、王君、薛延忠、杜玉林、方文平、李政文；牵头落实单位：省人大常委会办公厅、省政协办公厅、省委统战部、省委政法委、省军区司令部、省军区政治部；协助单位：省委办公厅、省政府办公厅、省法院、省检察院、省公安厅、省司法厅、省国家安全厅、省法制办、省宗教局）

25．加强和改进宣传思想文化工作，大力实施文化强省战略。坚持高举旗帜、围绕大局、服务人民、改革创新，加强和改进意识形态工作，加强社会主义核心价值体系建设，广泛开展中国特色社会主义理论体系宣传普及活动，深入推进马克思主义理论研究和建设工程，巩固广大干部群众团结奋斗的思想基础。加强思想道德建设，推进文明和谐创建活动。精心组织庆祝新中国成立60周年等重大宣传活动，大力宣传经济形势和“三个发展”取得的新进展新成效，对内凝聚力量、对外提升形象。把舆论引导放在全局高度来把握，加强相关培训教育和制度建设，加强对舆情的研判和引导，建立和完善突发公共事件信息报送、新闻发布和宣传报道机制，加强和改进舆论监督，提高各级领导干部与媒体打交道的能力。加强对新兴媒体的建设、运用和管理，掌握网上舆论主导权。全面推进文化惠民工程，增加对公益性文化事业的投入，加快建立覆盖城乡的公共文化服务体系。深化文化体制改革，完善文化产业政策，鼓励引导非公有资本进入文化领域，大力开发历史文化资源和民间文化艺术资源，塑造当代典型人物，生产更多精品力作，促进文化产品和文化服务参与国内外交流与竞争，打造具有山西特色的文化品牌。

（主要负责人：胡苏平、张平；牵头落实单位：省委宣传部；协助单位：省文化厅、省广播电影电视局、省新闻出版局、省文明办、省外宣办、省文联、省公安厅）

六、继续深化改革、扩大开放，增强经济社会发展的活力和动力

26．抓好重点领域和关键环节的改革。扎实搞好煤炭工业可持续发展政策措施试点工作，收好管好用好煤炭可持续发展基金，建立煤炭开采综合补偿和生态环境恢复补偿机制以及煤炭企业转产、煤炭城市转型发展长效机制，加大分离煤炭企业办社会职能的力度。完善煤炭资源有偿使用制度，积极推进非煤资源有偿使用。深化国有企业改革，健全国有资产监管体系，调整优化国有经济布局；推进产权改革，完善法人治理结构；转换企业经营机制，创新管理模式和运行机制。深入推进集体企业改革。鼓励支持引导非公有制经济加快发展。稳步推进政府机构改革。两年内完成省直属事业单位改革任务。深化行政审批制度改革，加强行政效能建设，优化投资发展环境。推进农村综合改革，稳定土地承包关系，健全土地流转机制，到2012年基本完成乡镇机构改革任务，全部化解“普九”债务。积极推进集体林权制度改革。放宽中小城市落户条件。推进省管县财政管理体制创新。充分发挥资本市场作用。完善资源要素价格形成机制，提高能源产业基金运作水平。推进农村金融产品和服务创新，大力发展小额信贷、乡镇银行和微型金融服务。

（主要负责人：申联彬、牛仁亮、陈川平、刘维佳；牵头落实单位：省发展改革委、省国资委、省编办、省农业

厅、省林业厅；协助单位：省国土厅、省煤炭厅、省经济信息委、省人力资源和社会保障厅、省教育厅、省公安厅、省监察厅、省财政厅、山西银监局）

27．拓展对外开放的广度和深度。坚持对内开放与对外开放相结合，招商引资与招才引智相结合，建立重大招商引资项目责任制和相关部门协调机制，大力引进战略投资者，引进先进技术、管理经验和高端人才。加强对外经济技术交流合作，引导鼓励外来投资者转让先进技术，投入基础设施和社会事业，投向“三个发展”相关领域。强化与我省能源输出区域的经济技术合作。建立与中部和周边省区市的联动机制，加强与环渤海经济圈的经济技术联系。优化进出口结构，鼓励和扶持高新技术产品、机电产品和劳动密集型产品、特色农产品出口。提高物流贸易发展水平。组织有资质、有实力、有优势的企业“走出去”，开拓国际市场，统筹利用好国际国内两个市场、两种资源。

（主要负责人：李小鹏；牵头落实单位：省商务厅；协助单位：省发展改革委、省人力资源和社会保障厅、省农业厅、省科技厅、省国资委、省经济信息委）

七、以改革创新精神加强党的建设，为科学发展提供坚强保证

28．推进理论武装工作。做好以县（处）级以上领导干部为重点的大规模培训干部工作，加强和改进党委（党组）中心组理论学习，把述职述廉与述学结合起来，教育引导党员干部把加强理论学习作为政治责任和不懈追求，增强理论指导实践能力。

（主要负责人：任泽民、胡苏平；牵头落实单位：省委组织部、省委宣传部；协助单位：省委党校、省行政学院）

29．加强领导班子和干部队伍建设。严格执行民主集中制，完善全委会、常委会工作机制和党委讨论决定重大问题、任用重要干部票决制，健全抓落实的责任制。坚持公道正派、任人唯贤，德才兼备、以德为先，注重在学习实践科学发展观中考察、识别和选拔干部，把有潜力的干部放在重要岗位和艰苦环境培养锻炼，继续选派领导干部到沿海发达地区挂职锻炼，加强省直干部与基层干部的交流使用，关心和爱护基层干部。优化领导班子结构，重视市县党政正职和省直部门正职的配备。加强后备干部队伍建设，做好培养选拔女干部、少数民族干部和党外干部工作。落实党的代表大会代表任期制。

（主要负责人：张宝顺、任泽民；牵头落实单位：省委组织部；协助单位：省人力资源和社会保障厅、团省委、省妇联、省委统战部、省宗教局）

30．深化干部人事制度改革。扩大干部选拔任用工作中的民主，完善公开选拔、竞争上岗、差额选任办法，研究解决干部能上不能下、“以票取人”等党员干部群众反映较多的问题，探索建立干部选拔任用工作信息公开制度，提高选人用人的公开性和透明度。加强干部监督工作，坚决反对选人用人上的不正之风。推进国有企事业单位人事制度改革。

（主要负责人：任泽民；牵头落实单位：省委组织部；协助单位：省人力资源和社会保障厅、省国资委）

31．加强基层党组织和党员队伍建设。全面推进农村、国有企业、机关、学校和科研院所党建工作，深入开展“三级联创”活动和创先争优活动，整顿后进村党组织。深入实施农村干部“素质提升工程”。加大村级组织建设投入，两年内所有行政村都要健全活动场所。加强城市社区和新经济组织、新社会组织党建工作。年内实现为每个村和社区配备一名大学生干部的目标，继续选拔大学生村干部和优秀村干部到乡镇和县乡事业单位工作。重视流动人口和外来务工人员较多的基层党组织建设，建立健全城乡一体党员动态管理机制和党组织互帮互助机制。保障党员权利。

（主要负责人：任泽民；牵头落实单位：省委组织部；协助单位：省农业厅、省国资委、省直工委、省高校工委、省人力资源和社会保障厅、省财政厅）

32．深入推进党风廉政建设和反腐败斗争。认真学习贯彻胡锦涛总书记在中央纪委第三次全会上的重要讲话精神，坚持标本兼治、综合治理、惩防并举、注重预防的方针，扎实推进惩治和预防腐败体系建设。把加强领导干部党性修养、树立和弘扬优良作风作为重大政治任务抓紧抓好，教育引导党员、干部特别是领导干部树立正确的事业观、工作观、政绩观，对群众要有深爱之情、对学习要有致用之道、对工作要有守土之责、对难题要有破解之策、对组织要有感恩之心、对利益要有澹泊之怀、对法纪要有敬畏之意、对修身要有勤勉之志。抓好领导干部廉洁自律工作，加强廉政文化建设。加大查办案件工作力度，坚决查处权钱交易和官商勾结、官煤勾结等违纪违法行为，抓好煤焦领域反腐败专项斗争，深入开展治理商业贿赂专项工作。坚决纠正损害群众利益的突出问题。深化治本抓源头工作，建立健全防治不正之风的长效机制。发扬艰苦奋斗精神，厉行节约、勤俭办事，降低公务活动成本，严格预算支出管理，严格控制新建楼堂馆所，坚决反对铺张浪费和奢靡之风。加强党内监督，完善巡视工作。加强农村特别是城中村、矿产资源村、矛盾突出村党风廉政建设。扎实推进国有企业和高校反腐倡廉建设。严格执行党风廉政建设责任制，以反腐倡廉的实际成效取信于民。

（主要负责人：金道铭；负责落实单位：省纪委、省监察厅）

八、建立健全十个方面的体制机制和工作措施

33．形成保障和促进“三个发展”的长效机制。一是调整完善经济社会发展考核评价机制，二是建立健全安全发展机制和制度体系，三是建立健全加快转型发展的推进机制，四是建立健全加快和谐发展的推进机制，五是建立健全统筹城乡发展机制，六是建立健全资源节约型、环境友好型社会建设推进机制，七是建立健全对外开放推进机

制，八是建立健全符合科学发展观的干部考核评价机制，九是建立健全全省重大问题科学决策推进机制，十是建立健全加强作风建设机制。上述体制机制要确保在第一批学习实践活动结束前初步建立起来，其他方面的体制机制建设要不断推进，对已经形成的体制机制要严格执行、抓好落实，适时出台相关的地方性法规。

（主要负责人：张宝顺、王君和有关省委常委、副省长；负责落实单位：省政府办公厅、省纪委和省直有关部门）

九、着眼于提高领导科学发展的能力，加强省委常委会自身建设

34．加强和改进省委中心组学习。完善学习制度，创新学习形式，增强学习效果，不断增强贯彻落实科学发展观的自觉性和坚定性。

（主要负责人：胡苏平、高建民；负责落实单位：省委宣传部、省委办公厅）

35．提高决策科学化、民主化水平。坚持问政于民、问需于民、问计于民，大力弘扬求真务实精神，深入开展调查研究，深化对省情特点和经济社会发展规律的研究，完善议事和决策制度。省委常委每年深入基层调查研究不少于两个月。

（主要负责人：张宝顺、高建民；负责落实单位：省委办公厅、省委政研室）

36．坚持民主集中制原则。健全保障和促进民主集中制贯彻执行的具体制度，完善党委领导班子配备改革后的工作机制，认真落实集体领导与个人分工负责相结合制度，提高班子整体效能。推进党内民主建设，自觉接受各级党组织和广大党员的监督，巩固和发展民主团结、奋发向上、干事创业的良好局面。

（主要负责人：张宝顺；负责落实单位：省委办公厅、省委组织部）

37．增强驾驭复杂局面的能力。强化改革开放意识，树立宽广眼光，培养战略思维，致力开拓创新，探索新办法，破解新难题，及时化解矛盾纠纷，妥善协调利益关系，科学应对复杂局面。

（主要负责人：张宝顺、王君；负责落实单位：省委办公厅、省政府办公厅）

38．保持清正廉洁。牢记“两个务必”，加强党性修养和作风养成，严格执行反腐倡廉和廉洁自律的各项规定，廉洁用权、依法用权。严治家风，管好亲属和身边工作人员。切实做到政治坚定、作风优良、纪律严明、勤政为民、恪尽职守、清正廉洁，为各级党组织和广大党员作出表率。

中共山西省委办公厅　山西省人民政府办公厅
转发《关于加强矿山治安综合治理工作的意见》的通知

晋办发〔2009〕5号

各市、县委，各市、县人民政府，省委各部委，省直各委、办、厅、局，各人民团体，各大型企业：

省综治委拟定的《关于加强矿山治安综合治理工作的意见》已经省委、省政府同意，现转发给你们，请结合实际，认真贯彻落实。

中共山西省委办公厅
山西省人民政府办公厅
2009年3月3日

关于加强矿山治安综合治理工作的意见

省综治委为推进矿山治安综合治理，促进矿山企业安全生产，建设“平安三晋”、“和谐山西”，根据中央综治委、国家安监总局《关于在安全生产领域深入开展平安创建活动的意见》（安监总协调〔2006〕67号）和《企业事业单位内部治安保卫条例》、《山西省社会治安综合治理条例》等法律法规，结合我省实际，提出如下意见。

一、指导思想和工作目标

（一）指导思想。以邓小平理论和“三个代表”重要思想为指导，深入贯彻落实科学发展观，充分运用社会治安综合治理工作机制和工作网络，以落实各级党委、政府和矿山企业法人治安责任制为抓手，深入开展“平安矿山”创建活动，推动“平安三晋”建设，为全省实现转型发展、安全发展、和谐发展提供有力保障。

（二）工作目标。通过开展“平安矿山”创建活动，使矿山企业安全事故明显减少，涉矿违法犯罪活动有效遏制，群体性事件有效预防，企业及周边治安环境显著改善。

二、基本原则

（一）党政领导，齐抓共管。坚持“谁主管谁负责”的原则，明确各级各部门职责任务，努力形成党委、政府统一领导，综治委(办）组织协调，各职能部门协作联动的工

作格局。

（二）条块结合，属地管理。市、县（市、区）负责组织实施，乡（镇、街道）具体抓好落实，村(社区）协助配合，有关职能部门各司其职，共同推进矿山治安综合治理工作。

（三）企业为主，法人负责。坚持“谁经营谁负责”的原则，建立健全矿山企业法人代表治安责任制和综合治理责任体系，充分依靠矿山企业自身力量抓好各项治安综合治理措施的落实。

（四）融合互动，增强实效。找准治安综合治理工作与矿山企业人力资源管理、生产经营管理、安全生产管理的结合点，把矿山企业治安综合治理工作与企业组织建设、内部管理、治安防控、矛盾化解、安全生产等各项工作结合起来，不断增强工作实效。

（五）突出重点，分类指导。在广泛开展“平安矿山”创建活动的基础上，突出抓好治安问题较多的矿山企业，因地制宜、因企制宜，不断探索规律，创新矿山治安综合治理的有效模式。

三、主要工作

（一）完善治安综合治理责任体系。实行政府监管责任制，在相关职能部门明确监管责任的基础上，建立矿山治安综合治理联席会议制度，完善情况通报、协调配合、监督检查等制度。实行矿山企业法人和法人代表治安责任制，明确企业各类综治组织及相关人员的工作职责，在企业内部建立完善社会治安综合治理例会、工作报告、情况通报、基本台账（包括流动人口、民爆物品、矛盾纠纷调处等情况）、检查考核等制度。通过明确政府和企业责任主体，着力构建治安防控、矛盾化解、安全生产、服务维权等长效机制，把治安综合治理措施落到实处。

（二）健全治安综合治理机构和工作制度。加强矿山企业治安综合治理领导机构建设。规模以上企业应设立治安综合治理工作办公室，并根据需要设立保卫、调解、帮教、安全生产、外来务工人员管理等配套组织，以及专、兼职治安信息员、治安巡防队、消防队等群防群治队伍，确保矿山治安综合治理工作有人管、有人干。按照《企业事业单位内部治安保卫条例》要求，根据矿山企业规模、职工人数、区域范围、安全风险防护要求和周边社会治安状况等实际，设置治安保卫机构，在非公有制矿山企业内部组建专职保安队伍。治安保卫机构设置及人员配备情况应报所在县（市、区）公安机关备案，保卫人员上岗前应接受公安机关有关法律及专业知识的培训和考核。健全门卫、值班、巡查制度，生产、经营场所及职工生活区管理制度，要害部位安全管理制度，治安防范教育培训制度，企业内部治安案件、刑事案件报告制度，治安保卫工作检查、考核及奖惩制度。

（三）调处化解矛盾纠纷。各类矿山企业要成立调解委员会或调解小组，及时排查调处企业内部及其与周边的矛盾纠纷。把企业内部劳资纠纷、合同纠纷、工伤事故、社会保障等方面以及矿地之间的矛盾作为排查化解的重点，落实源头治理措施，着力解决影响企业稳定的突出矛盾和问题。要依托工会组织，通过企业劳动争议调解委员会把矛盾纠纷化解在企业内部，消除在萌芽状态，并引导职工通过劳动仲裁、劳动监察或司法渠道维护自己的合法权益。

（四）落实治安防控措施。建立健全矿山安全管理领导责任制及岗位责任制，制定安全管理规章制度和操作规程，确定各岗位的安全责任人，明确安全职责。按照“落实人防、巩固物防、提高技防、加强协防”的思路，强化集防护、预警、监控为一体的物防建设，改善并加固民爆物品库房、财务室等要害部位及其他内部重点保卫目标安全防范设施，安装报警装置、监控装置、保险装置、防火防爆技术装置。积极推行“矿地联防”等有效做法，引导矿山企业参与周边区域治安协防，形成群防群治、联防联保、整体联动的治安防控网络。

（五）加强矿山治安管理。按照“谁主管谁负责、谁经营谁负责、谁用人谁负责”的原则，加强矿山企业各项治安管理工作。积极推广长治县煤矿劳动用工经验，完善矿山企业用工实名、实数、实情、实时登记管理制度，确保流动人口来有登记、走有注销，实行动态管理。尤其要加强对从事高危行业流动人员的管理，并配合公安机关依法做好身份核对、背景调查等工作。配合公安机关加强对重点人员的工作、居住场所的管控，及时掌握其思想动态、现实表现及行踪，防止违法犯罪。严格对民爆等危险物品的流向管理，实现对民爆物品的全程动态监控，确保民爆物品不流失。加强对公共安全设施的管理，加大矿山防火、防爆、防盗、防自然灾害事故等基础设施建设的投入，确保基础设施建设与矿山经济发展同步。设施不足的，要及时增建、改建，并定期检查维修，确保基础设施完整配套。

（六）维护职工合法权益。监督矿山企业依法保障职工的合法权益。按照《劳动法》、《劳动合同法》和《山西省职工劳动权益保障条例》、《山西省农民工权益保护条例》等相关法律法规，依法与职工签订劳动合同，按时足额支付职工工资，认真落实煤矿井下从业人员最低工资标准和艰苦岗位津贴标准，建立完善职工工资正常增长机制和支付保障机制。保障职工依法享有的休息休假权利，不得强制或变相强制职工超时加班。加强对职工的劳动保护，切实做好安全生产和职业危害防治工作，改善职工的劳动条件和生活条件。依法保障女职工和未成年工的特殊权益，禁止使用童工。建立健全工会组织，规范矿山企业职工民主管理制度，积极为工会开展工作创造条件，支持工会依法维护职工合法权益。

（七）开展平安建设和宣传教育活动。大力开展“平安矿山”创建活动，各级社会治安综合治理部门要积极组织、引导、督促矿山企业经常性地开展隐患排查整改，适时开展安全生产专项整治，及时协调和解决重大事故隐患和其他安全生产突出问题。加大对非法违法开采、私挖滥采、越界开采和非法制造、买卖、储存、使用爆炸物品的打击力度，对不达安全标准的矿山企业要坚决整顿关闭。加强对矿山经营者和职工的法制教育，确保依法经营、依法保障企业职工合法权益。加强安全生产宣传教育，重点宣传安全生产法律法规知识、涉爆安全知识、火灾自防自救知识和逃生等安全常识，增强广大职工安全生产意识，提高安全防范技能。

四、保障措施

（一）加强组织领导，形成工作合力。加强矿山治安综合治理是优化矿山企业发展环境、扩大社会治安综合治理工作覆盖面的重要举措，是完善社会管理体系、构建社会主义和谐社会的内在要求。各级各部门要高度重视矿山治安综合治理工作，将其摆到重要位置，纳入平安建设总体规划，加强领导，扎实推进，务求实效。各级综治委要成立由综治部门牵头，煤炭、安监、国土、工商、公安、劳动保障、环保、司法、中小企业管理、工会、共青团、妇联等部门组成的矿山治安综合治理领导组，负责对矿山治安综合治理工作的领导、指导、协调和监督。有关部门要各司其职、各负其责，形成推动矿山治安综合治理的工作合力。公安机关要加大对矿山及周边社会环境的整治力度，依法从重从快打击各种危害生产经营的违法犯罪活动，维护矿山企业正常的生产、生活秩序。纪检监察机关要严肃查处责任事故，尤其要严查事故背后的腐败行为。司法行政部门要抓好矿山企业的法制教育和民事纠纷的调解，增强矿山企业经营管理者和广大职工的法律意识和法制观念，及时化解民事纠纷。安监、煤炭、中小企业管理等部门要加强对矿山安全生产工作的检查指导，及时消除安全隐患，堵塞安全漏洞。劳动保障部门要监督企业依法规范用工行为，维护劳动者的合法权益。国土、工商等部门要严厉打击无证开采、违法经营活动，治理整顿生产经营秩序。党委组织部门要指导矿山企业完善党组织建设，充分发挥基层党组织的战斗堡垒作用。工会、共青团、妇联要加强矿山企业特别是非公有制矿山企业的组织建设，充分发挥群团组织在劳动就业、技能培训、职工维权、化解矛盾等方面的作用。

（二）健全责任体系，严格落实责任。认真落实矿山治安综合治理领导责任制和目标管理责任制。各级党委、政府对本地矿山治安综合治理负总责，要与辖区矿山企业签订治安综合治理目标管理责任书，明确企业治安综合治理目标任务和措施，加大检查考核力度，严格奖惩。矿山企业法人代表是该企业治安综合治理的第一责任人，对矿山治安综合治理负总责。煤炭、安监、国土、公安等职能部门对矿山企业落实治安综合治理措施负有监管责任，要依照有关政策法规研究制定具体办法和措施，将矿山治安综合治理情况与市场准入、信誉评估、证照审核办理等资质资格认定联系起来，与企业的各种荣誉和经济利益挂钩。各级综治机构要把矿山安全生产控制指标的实施情况纳入本地社会治安综合治理考核内容，对维护社会稳定作出突出贡献的矿山企业及企业家要给予表彰奖励。对由于民爆物品管理、使用不规范，暂住人口身份、底数不清楚，治安防控措施不落实等原因形成治安和安全生产隐患的矿山企业，要督促有关部门通过停批雷管炸药、证照年检不予审核等措施，责令限期整改和停产整顿。对发生严重危害社会稳定的重大案(事）件的矿山企业，要严肃追究有关责任人的责任，构成犯罪的依法追究刑事责任。

（三）加强内外衔接，推动矿地互动。充分发挥矿山企业的主体作用，动员和组织矿山经营者和广大职工积极投入到“平安矿山”创建活动中来。矿山企业内部要加强对各类问题和隐患的定期排查，每月至少要对矿山及周边地区治安突出问题和安全生产隐患排查一次。县（市、区）、乡（镇、街道）综治委（办）要加强与企业综治组织的联系与衔接，每月至少召开一次由乡（镇、街道）、村(社区）、工业园区、矿山企业等参加的联席会议，分析矿山企业及周边治安形势，及时发现和解决存在的问题，有效预防各类案件和事故发生，确保矿山企业安全生产，维护社会和谐稳定。

中共山西省委办公厅　山西省人民政府办公厅
转发《关于进一步加强新形势下离退休干部工作的实施意见》的通知

晋办发〔2009〕6号

各市、县委，各市、县人民政府，省委各部委，省直各委、办、厅、局，各人民团体：

省委组织部、省委老干部局、省人力资源和社会保障厅拟定的《关于进一步加强新形势下离退休干部工作的实施意见》已经省委、省政府同意，现转发给你们，请结合实际，认真贯彻落实。

中共山西省委办公厅

山西省人民政府办公厅

2009年3月3日

关于进一步加强新形势下离退休干部工作的实施意见

为深入贯彻落实中央组织部、人力资源和社会保障部《关于进一步加强新形势下离退休干部工作的意见》（中组发〔2008〕10号）精神，进一步做好离退休干部工作，结合我省实际，提出以下实施意见。

一、加强新形势下离退休干部工作的重要意义和指导思想

（1）切实增强做好新形势下离退休干部工作的责任感。离退休干部工作是党的组织工作、干部工作的重要组成部分，是建设社会主义和谐社会的一个重要方面。目前，我省有离退休干部40余万人，随着离休干部整体进入高龄期、高发病期和退休干部人数逐年增加，离退休干部队伍的人员结构、年龄状况、思想状况等方面都发生了新的变化，离退休干部工作的任务越来越繁重。特别是随着改革的不断深化和经济社会的快速发展，广大离退休干部对提高生活质量、体现自身价值、共享发展成果的愿望更加强烈，迫切要求我们以改革创新精神，统筹推进离退休干部工作科学发展。各级各部门要充分认识加强新形势下离退休干部工作的重要性，以高度的政治责任感和使命感，把离退休干部工作抓实抓好，更好地服务于转型发展、安全发展、和谐发展与新基地新山西建设。

（2）指导思想。高举中国特色社会主义伟大旗帜，坚持以邓小平理论和“三个代表”重要思想为指导，深入贯彻落实科学发展观，进一步加强离退休干部党组织建设和思想政治建设，更好地落实离退休干部政治、生活待遇，组织引导离退休干部积极发挥作用,加强老干部工作部门自身建设，不断提升离退休干部服务管理水平，为推动全省经济社会又好又快发展作出新贡献。

二、加强离退休干部思想政治建设

（3）进一步落实离退休干部政治待遇。坚持和完善离退休干部阅读文件、听报告、参加重要会议和活动以及向离退休干部定期通报情况、走访慰问离退休干部等制度，确保离退休干部基本政治待遇落实到位。按照建设学习型政党、学习型社会要求，健全离退休干部学习制度，丰富学习内容。通过辅导讲座、骨干培训、就近就地参观等途径，使离退休干部及时了解党的路线方针政策、国际国内形势和本地本部门的发展情况，更好地在思想上、政治上、行动上与党中央保持一致。

（4）加强和改进离退休干部党组织建设。各级党委要加强对离退休干部党建工作的领导，组织部门要把离退休干部党组织建设纳入党建工作总体规划，老干部工作部门要对离退休干部党组织建设统筹安排、分类指导、创新方法、整体推进。建立健全离退休干部基层党组织，特别要注重加强离退休干部党支部建设。从离退休干部党员实际出发，本着有利于组织参加活动、有利于教育管理和有利于发挥作用的原则，加大单设离退休干部党支部的力度，使离退休干部党员都能参加党的生活。选配组织能力强、身体素质好、群众威信高、有奉献精神的同志担任离退休干部党支部书记或委员，原则上75岁以上的老同志不再担任支部书记和委员。在职党员可兼任离退休干部党支部书记、委员或担任联络员，离退休干部担任党务工作者的可适当发放工作补助。离退休干部党务工作者的教育培训要纳入政工干部培训规划。落实离退休干部党员党费留存规定，保证离退休干部党组织活动的经费。加强流动党员教育管理，积极引导离退休干部流动党员就近参加流入地党组织活动。以“支部班子好、党员队伍好、组织设置好、活动开展好、群众反映好”为目标，加强阵地建设，完善工作制度，创新活动方式，丰富活动内容，切实增强离退休干部党支部和党员队伍的活力。引深离退休干部党组织和党员“创先争优”活动，积极培养先进离退休干部党组织和优秀离退休干部党员，大力宣传先进典型和事迹，营造发挥离退休干部党组织和党员作用的良好氛围。

（5）加强离退休干部思想政治工作。深入开展对离退休干部的政治理论教育、形势政策教育、理想信念教育和法纪教育，使离退休干部自觉做到政治坚定、思想常新、理想永存。充分发挥离退休干部党组织的教育、服务和带动作用，引导离退休干部党员争当老有所学、与时俱进、永葆本色、奋发有为的模范。创新离退休干部思想政治建设的形式、方法和途径，坚持把开展思想政治工作与解决实际困难和问题相结合，增强思想政治工作的针对性和说服力。推进老干部党校建设工作，逐步形成经常性思想教育工作机制。

三、完善离退休干部生活待遇保障机制

（6）提高离休干部“三个机制”运行水平。坚持“单位尽责、社会统筹、财政支持、加强管理”的原则，不断完善离休干部离休费保障机制、医药费保障机制和财政支持机制。离休费由财政负担的，要在预算中足额安排；实行基本养老保险统筹的，统筹项目内的费用要保证足额发放。医药费由财政负担的，要在预算中足额安排、优先拨付；实行医药费单独统筹的，要合理确定统筹标准，不断拓宽统筹渠道，切实加大征缴力度，确保医药费统筹金按时足额到位；没有实行医药费单独统筹的企事业单位，要按规定给予经费保障。要采取积极措施，稳妥推进企业和原未享受公费医疗事业单位离休干部参加所在地离休干部医药费单独统筹工作。加强对统筹金的监管，确保合理使用，防止浪费。完善方便离休干部看病就医的具体措施。

充分发挥财政支持机制的保障作用，对困难企事业单位离休干部的医药费和离休干部医药费统筹金的缺口部分，同级财政要给予切实支持。

(7) 落实退休干部生活待遇。加大养老保险金的征收力度，加强养老保险基金管理。各级财政对供养的退休干部退休费要足额拨付，对退休干部养老统筹和医保统筹费的缺口部分，要予以支持，保障国家和我省规定的退休干部生活待遇落实到位。

(8) 建立完善对特殊困难离退休干部的帮扶机制。按照单位尽责、财政支持的要求，帮助参加革命时间早、家庭收入低、长期身患重病、生活不能自理，以及遭受自然灾害和家庭意外变故等原因致贫、致困的离退休干部解决实际困难。各级财政部门要对特殊困难离退休干部帮扶工作予以资金支持，各级老干部工作部门要加强帮扶资金管理，督促指导帮扶工作。

(9) 建立健全离退休干部共享经济社会发展成果机制。完善市、县（市、区）离休干部医药费统筹标准正常增长机制，建立省直行政事业单位处级以下离休干部医药费标准增长机制，确保离休干部医药费按规定实报实销。完善退休干部养老保险制度，健全退休干部生活待遇落实的保障办法和措施。组织、老干部工作、财政、人力资源和社会保障部门要按照国家有关规定，根据经济社会发展水平，及时研究制定提高离退休干部生活待遇的政策规定，使离退休干部共享经济社会发展成果。

四、做好离休干部服务管理工作

(10) 完善离休干部服务管理机制。针对离休干部普遍进入高龄、高发病期的实际情况，坚持亲情式、人性化服务，为离休干部就近学习、就近参加组织生活、就近医疗创造条件。改进服务管理方式，拓宽服务途径和领域，逐步建立和完善家庭、单位、社区、街道、养老机构相结合的离休干部服务管理体系。加强对离休干部休养所、公寓的管理以及居住在农村离休干部的服务管理。鼓励各类慈善团体、志愿者组织为离休干部提供服务和帮助，给予他们生活上的照顾和精神上的关怀。

(11) 加强对国有改制、破产企业离休干部的服务管理。认真贯彻落实《关于加强国有改制和破产企业离休干部管理服务工作的意见》（晋政办发〔2006〕33号），进一步完善国有改制、破产企业离休干部服务管理办法，确保改制、破产企业离休干部服务管理工作有机构承担、有人员负责、有经费保障，使改制、破产企业离休干部的各项待遇落实到位。

(12) 做好易地安置离休干部服务管理工作。离休干部原工作单位要认真履行日常联系、走访慰问等职责，做到按时足额发放离休费、按规定报销医药费，并及时划拨医疗备用金、公务费、特需费等费用。接收单位要安排好易地安置离休干部的看病就医、政治理论学习、文体等活动，及时向离休干部原工作单位反馈情况，共同做好离休干部待遇落实和服务管理工作。各级组织、老干部工作部门要坚持至少两年看望慰问一次易地安置离休干部制度，及时了解离休干部的生活状况，帮助他们解决实际困难和问题。

五、加强退休干部服务管理工作

(13) 明确退休干部的服务管理职责。各级党委、政府要进一步加强对退休干部服务管理工作的领导。各级组织、老干部工作、财政、人力资源和社会保障部门要履行好对退休干部服务管理工作的宏观指导和督促检查职能。老干部工作部门要会同相关部门，落实好本地区本部门本单位原领导班子成员和干部管理权限范围内退休干部的各项待遇。

(14) 做好退休干部的日常服务管理工作。退休干部的日常服务管理由原工作单位负责，按规定移交到街道、社区的由所在街道、社区负责。各级财政部门要按规定足额安排退休干部活动经费和服务管理经费，由各市、县（市、区）老干部工作部门统一管理、统筹使用，保证退休干部的服务管理工作正常开展。积极探索退休干部服务管理的新途径新方法，动员社会力量共同做好退休干部服务管理工作。

六、加强老干部活动场所建设

(15) 高度重视老干部活动场所建设。各级党委、政府要把老干部活动中心（室）和老年大学（老干部大学）建设纳入当地经济社会发展总体规划，加强组织领导，加大支持力度，建立正常经费投入机制，逐步建成布局科学、规模合理、实用性强、覆盖面广的老干部活动场所网络，使老干部活动场所建设与经济社会发展以及离退休干部学习、活动的需求相适应。

(16) 大力推进老干部活动中心（室）建设。认真落实中央和我省关于加强老干部活动中心（室）建设的要求，不断提升老干部活动中心（室）服务管理水平，丰富离退休干部的文体生活。市县单独建立老干部活动中心，乡镇、街道、社区建立老干部活动室；省、市直单位采取单建、联建和资源共享等方式建立适应离退休干部需求的活动场所。

(17) 加快老年大学（老干部大学）发展步伐。坚持老年大学由老干部工作部门主办管理、纳入财政预算的体制，校长一般由同级党委分管老干部工作的负责同志担任，老干部工作部门主要负责同志兼任第一副校长，配备专职副校长。在省、市老年大学独立建校的基础上，进一步推进县级老年大学建设，并在大专院校、大型企事业单位建立分校，在乡镇、街道建立教学点，构建省、市、县、乡老年大学教学网络。规范老年大学教材，优化教师队伍，完善管理制度，推广远程教育，扎实开展“示范校”创建活动，积极探索老年大学办学规律。

七、发挥好离退休干部的积极作用

(18) 组织引导离退休干部发挥作用。根据离退休干部的身体状况、志趣爱好和专业特长，本着自觉自愿、量力而行、就地就近的原则，组织引导离退休干部通过调查研究、专业指导、技术服务和提供政策咨询等途径，面向社会、面向基层、面向群众发挥作用，为促进社会和谐贡献力量。根据离退休干部队伍结构的新变化，重点发挥好退休干部的作用，引导他们发挥政治优势、威望优势和经验优势，特别是在弘扬党的优良传统、宣传党的方针政策、关心教育下一代等方面更好地发挥作用。

（19）为离退休干部发挥作用创造条件。积极探索新形势下组织引导离退休干部发挥作用的新途径，充分发挥由离退休干部组成的各种协会、研究会、宣讲团等团体的作用，为离退休干部发挥作用搭建平台、拓展领域。注重总结经验，树立典型，表彰先进，营造离退休干部发挥作用的良好氛围。

八、加强对离退休干部工作的组织领导

（20）把离退休干部工作放在重要位置。各级各部门要高度重视离退休干部工作，健全老干部工作领导组，建立党政领导班子和领导干部抓离退休干部工作的考核机制，把考核结果纳入干部综合考核指标体系。各级党政主要领导特别是老干部工作领导组组长要定期听取离退休干部工作汇报，及时研究解决工作中的重要问题。各级党委组织部门要加强对离退休干部工作的指导检查。逐步实行老干部局局长由同级党委组织部副部长兼任。

（21）健全离退休干部工作机制。坚持和完善老干部工作领导组会议、领导组成员单位联席会议等制度，探索建立相关部门共同调研、协调议事、联合督查、定期通报等制度，推动离退休干部工作上下联动机制、督查指导机制和绩效考评机制有效运转。财政、人力资源和社会保障等部门在出台涉及离退休干部切身利益的政策规定前，要征求组织部门、老干部工作部门的意见。老干部工作部门要加强调查研究，充分发挥职能作用，主动协调相关部门建立健全齐抓共管离退休干部工作的有效机制。

（22）加强离退休干部信访工作。认真落实《信访条例》，坚持属地管理、分级负责，谁主管、谁负责和依法、及时、就地解决问题的原则，进一步完善领导包案、领导接访、动态报告、目标管理、定期通报、应急处置等信访工作制度，及时解决离退休干部反映的问题，积极探索加强离退休干部信访工作的有效途径。

（23）加强离退休干部宣传工作。老干部工作部门要切实增强宣传工作的针对性和实效性，通过办好内部刊物，利用报刊、广播、电视、网络等媒体，大力宣传党委、政府加强离退休干部工作的新举措，宣传离退休干部工作的新成效，宣传离退休干部和老干部工作的先进典型，展示新时期离退休干部和老干部工作人员的良好形象。

（24）加强老干部工作部门建设。各级各部门要为做好离退休干部工作创造条件，根据退休干部逐年增加的实际，为老干部工作部门增加与工作任务相适应的机构、人员及必要的设施。对老干部活动中心、老年大学（老干部大学）、干休所等老干部工作部门所属的事业单位予以支持，明确规格，保证人员和经费。老干部工作部门要大力推进文明和谐单位创建、档案达标管理、办公自动化和网络建设等工作，不断提升服务水平，努力构建秩序优良、服务规范、管理科学、务实高效的工作机制。

（25）加强老干部工作人员队伍建设。加强老干部工作部门领导班子建设，把政治素质好、工作能力强、热爱离退休干部工作、有进取精神的同志充实到领导班子中。加强教育培训工作，不断提高老干部工作人员的政策运用能力、服务管理能力、调查研究能力和改革创新能力。加强思想作风建设和职业道德建设，关心老干部工作人员的成长进步，激发老干部工作人员的创造活力和工作热情，使他们更加积极投身于离退休干部工作。

中共山西省委办公厅　山西省人民政府办公厅 关于2009年全省党风廉政建设和反腐败工作任务的分解意见

晋发〔2009〕13号

（2009年4月8日）

为认真贯彻落实党的十七大和十七届中央纪委三次全会精神，按照全省党风廉政建设干部大会和省纪委九届四次全会的总体部署，根据省委、省政府要求和党风廉政建设责任制的规定，现对2009年党风廉政建设和反腐败工作任务提出如下分解意见。省委、省政府领导成员按照各自分工，认真实施省委印发的《山西省建立健全惩治和预防腐败体系2008—2012年实施办法》（晋发〔2008〕22号），并对分管系统、部门和单位的党风廉政建设和反腐败工作负领导责任。各部门党组（党委）按照“谁主管、谁负责”和“管行业必须管行风”的原则，对本部门本行业的反腐倡廉建设作出具体安排，形成主要领导亲自抓、分管领导具体抓的工作局面。各派驻纪检监察机构认真履行职责，协助部门党组（党委）落实好本部门、本行业、本单位所承担的反腐倡廉工作任务。牵头单位要积极发挥组织协调和监督检查作用，主要参加单位要主动协助配合牵头单位抓好工作落实。（下列任务分解中，列在首位的为牵头单位，其他为主要参加单位）

一、严明党的纪律，促进科学发展重大决策部署和扩大内需、保持经济平稳较快发展政策措施的贯彻落实

1. 深入开展政治纪律教育和宣传，加强对政治纪律执行情况的监督检查，严肃查处违反政治纪律的行为。（省纪委、省委组织部、省委宣传部、省直工委）

2. 加强对贯彻落实科学发展观情况的监督检查。开展对中央和省委、省政府应对国际金融危机、加强宏观调控特别是扩大内需、保持经济平稳较快发展，转型发展、安全发展、和谐发展，耕地保护和节约用地，资源节约和环境保护等政策措施执行情况的监督检查。开展对支援灾区重建资金物资管理使用情况的监督检查。（省纪委、省监察厅、省委办公厅、省政府办公厅、省委组织部、省发展改革委、省经济信息委、省财政厅、人行太原中心支行、省农业厅、省住房和城乡建设厅、省国土厅、省民政厅、省环保厅、省交通运输厅、省水利厅、省国资委、省国税局、省地税局、省工商局、省审计厅、省纠风办）

二、加强领导干部党性修养，大力树立和弘扬良好作风

3. 认真落实“八个坚持、八个反对”的要求，大力倡导八个方面的良好风气，切实加强领导干部党性修养，树立和弘扬良好作风，进一步推进领导干部思想作风、学风、工作作风、领导作风和生活作风建设。（省纪委、省委组织部、省委宣传部、省监察厅、省直工委）

4. 把改进领导干部作风作为促进科学发展的重要切入点，督促领导干部加强党性修养和党性锻炼，树立宗旨意识，发扬求真务实、艰苦奋斗精神。（省纪委、省委组织部、省委宣传部、省监察厅、省直工委）

5. 认真贯彻落实省委《关于加强领导干部党性修养大力树立和弘扬良好作风的意见》（晋发〔2009〕11号）和省纪委、省委组织部《关于领导干部进一步改进工作作风严肃工作纪律的若干意见》。（省纪委、省委办公厅、省政府办公厅、省委组织部、省委宣传部、省监察厅、省直工委、省发展改革委、省财政厅、省审计厅、省信访局、省委党校、省政府机关事务管理局）

6. 运用函询、质询、述职述廉、巡视等形式，加强对领导干部作风状况的监督检查，及时发现和解决领导干部在作风方面的苗头性、倾向性问题。（省纪委、省委组织部、省监察厅、省委巡视办及各巡视组、省直工委）

7. 积极推进落实党政领导干部问责制，把不作为、乱作为和严重损害群众利益等行为作为问责重点，严肃追究给国家利益、公共利益和公民合法权益造成严重损害的行为。（省纪委、省监察厅、省委组织部、省直工委、省审计厅）

8. 认真落实党风廉政建设责任制，抓好责任分解、责任考核、责任追究，使各级领导干部特别是主要领导干部对所管辖范围内的党风廉政建设切实负起领导责任。（省纪委、省委办公厅、省政府办公厅、省委组织部、省委宣传部、省委政法委、省法院、省检察院、省直工委、省监察厅、省审计厅、省总工会）

9. 充分发挥舆论监督作用。（省委宣传部、省广播电影电视局、省新闻出版局、山西日报报业集团）

三、深入推进煤焦领域反腐败专项斗争

10. 坚持以集中解决煤焦领域（含非煤矿山）暴露出来的突出问题和人民群众反映强烈的突出问题为着力点，认真落实“五个一批”的工作任务，深入推进煤焦领域反腐败专项斗争。开展对煤炭票据管理、基金和价款征收拨付使用情况的专项监督检查。着力规范煤焦领域监管秩序，着力推进煤焦领域体制机制改革。建立健全举报保护和奖励制度，完善重大安全生产责任事故责任追究联席会议制度。（省集中开展煤焦领域反腐败专项斗争领导组办公室、省纪委、省监察厅、省政府办公厅、省委宣传部、省发展改革委、省经济信息委、省公安厅、省财政厅、省国土厅、省煤炭厅、省商务厅、省环保厅、省民政厅、省国资委、省安监局、山西煤监局、省国税局、省地税局、省工商局、省中小企业局、省物价局、省国防科工办、省法制办、省编办）

11. 加大查办案件力度，严肃查处官煤勾结、官商勾结、入股牟利、权钱交易、索贿受贿等问题。（省集中开展煤焦领域反腐败专项斗争领导组办公室、省纪委、省监察厅、省委政法委、省检察院、省法院、省公安厅、省司法厅、省审计厅）

12. 建立省级煤焦领域集中审批政务大厅。（省政府办公厅、省监察厅、省审改办、省国土厅、省煤炭厅、省安监局、山西煤监局、省工商局）

四、以深入推进农村党风廉政建设为重点，切实加强基层反腐倡廉建设

13. 全面推进农村党风廉政建设。认真落实中央和省委、省政府关于加强农村党风廉政建设的部署要求，坚持“县委是关键、乡镇是基础、农民群众是主体”，重点抓好资源村、城中村、信访问题突出村的党风廉政建设。加强对中央和省委、省政府推进农村改革发展和强农惠农政策措施落实情况的监督检查，深化农村党务公开、村务公开特别是财务公开，切实加强对农村集体资金、资产、资源的管理。制定并实施《关于加强信访问题突出村党风廉政建设的指导意见》。进一步加强对农村党员干部的教育、管理和监督，认真解决少数党员干部办事不公、作风不实、铺张浪费、简单粗暴等突出问题。坚决查处和纠正侵害农民利益、民主权利的突出问题。逐步规范推行“农村集体经济组织财务支出审批（审核）单”和向农民家庭发放支农惠农政策“明白卡”制度。畅通农民群众诉求渠道，健

全处理群体性事件工作机制。（省农村党风廉政建设联席会议办公室、省纪委、省监察厅、省委组织部、省委宣传部、省委政法委、省编办、省信访局、省发展改革委、省教育厅、省民政厅、省财政厅、省人力资源和社会保障厅、省国土厅、省住房和城乡建设厅、省交通运输厅、省水利厅、省农业厅、省林业厅、省卫生厅、省审计厅、省环保厅、省广播电影电视局、省物价局、省扶贫办、省文化厅）

14. 加强和改进国有企业反腐倡廉工作。严格执行中央纪委、中央组织部、监察部、国务院国资委印发的《国有企业领导人员廉洁从业若干规定（试行）》（中纪发〔2004〕25号），认真落实廉洁自律“七项要求”。制定企业贯彻落实“三重一大”决策制度的指导意见。加强对企业改制、企业对外投资、资产评估、资产转让、项目招标投标、大宗材料采购等重大事项的监督，防止国有资产流失。实行国有企业领导人员任期和离任审计制度。实行厂务公开，维护职工民主权利。逐步开展对省外、境外国有资产的审计和巡视。（省国资委、省纪委、省监察厅、省委组织部、省国防科工办、省总工会、省人力资源和社会保障厅、省发展改革委、省财政厅、省审计厅、省纠风办）

15. 加强高等学校反腐倡廉建设。认真贯彻落实中央纪委、教育部、监察部《关于加强高等学校反腐倡廉工作的意见》（教监〔2008〕15号），加大对高等学校招生、基建项目、材料采购、财务管理、科研经费、后勤服务等方面的监督。（省高校工委、省教育厅、省纪委、省监察厅、省财政厅、省审计厅、省纠风办）

16. 加强城市社区党风廉政建设。开展对城市社区公共资源营业性收入、公共建设投入等资金使用情况的专项检查，建立健全城市社区资金、资产、资源管理制度和城市社区民主议事决策制度。（省纪委、省监察厅、省财政厅、省审计厅、省民政厅、省住房和城乡建设厅）

五、切实加强领导干部的教育、监督和廉洁自律工作

17. 结合深入学习实践科学发展观活动，加强中国特色社会主义理论体系教育和党性党风党纪教育，引导党员干部认真学习并严格遵守党章。开展示范教育、警示教育，有针对性地加强对重点领域和关键部位相关公务人员的岗位廉政教育。坚持并完善新任领导干部任前廉政谈话制度。（省纪委、省委组织部、省委宣传部、省文化厅、省教育厅、省总工会、团省委、省妇联、省广播电影电视局、省新闻出版局、山西日报报业集团、省委党校）

18. 加强廉政教育载体建设，各市、县（市、区）逐步建立廉政教育基地。（省纪委、省监察厅、省委宣传部、省财政厅、省司法厅、省委党校）

19. 深入推进廉政文化建设。（省委宣传部、省纪委、省监察厅、省文化厅、省委组织部、省文明办、省教育厅、省民政厅、省农业厅、省广播电影电视局、省新闻出版局、省委党校、山西日报报业集团、省国资委、省总工会、团省委、省妇联）

20. 牢牢把握反腐倡廉的正确舆论导向，充分运用网络开展宣传教育，积极引导网上舆论。（省委宣传部、省纪委、省监察厅、省文化厅、省文明办、省教育厅、省公安厅、省广播电影电视局、省新闻出版局、省总工会、团省委、省妇联、山西日报报业集团）

21. 严肃处理领导干部违反规定收送现金、有价证券、支付凭证和收受干股等行为。（省纪委、省委组织部、省监察厅、省检察院、省公安厅、省证监局、省银监局、省委巡视办及各巡视组）

22. 严格落实领导干部配偶和子女从业、投资入股、到国外定居等报告登记制度，严禁发生与公共利益冲突的行为。（省纪委、省委组织部、省监察厅、省公安厅、省人力资源和社会保障厅、省委巡视办及各巡视组）

23. 严禁违规集资合作建房、超标准建房、在风景名胜或公园区建房等问题，严肃处理和纠正领导干部多占住房等违反规定的行为。（省纪委、省委组织部、省监察厅、省住房和城乡建设厅、省委巡视办及各巡视组、省政府机关事务管理局）

24. 严肃处理利用和操纵招商引资、资产重组为本人或特定关系人谋取私利的行为。（省纪委、省委组织部、省监察厅、省国资委、省公安厅、省财政厅、省商务厅、省工商局、省委巡视办及各巡视组）

25. 严禁领导干部相互请托，违反规定为对方的特定关系人在就业、投资入股、经商办企业等方面提供便利，谋取不正当利益。（省纪委、省委组织部、省监察厅、省国资委、省财政厅、省商务厅、省工商局、省委巡视办及各巡视组）

26. 严禁借培训学习名义到国内外公款旅游，严格出国（境）团组管理，严格执行涉外规定和外事纪律。（省外事侨务办公室、省纪委、省监察厅、省委组织部、省人力资源和社会保障厅、省财政厅、省审计厅、省旅游局、省公安厅）

27. 深入治理“小金库”，进一步规范公务员津贴补贴。（省财政厅、省人力资源和社会保障厅、省委组织部、省纪委、省监察厅、省审计厅、人行太原中心支行）

28. 纠正超预算、超标准新建和装修办公用房。纠正超标准超编制配备使用公务用车。（省纪委、省监察厅、省发展改革委、省财政厅、省住房和城乡建设厅、省政府机关事务管理局）

29. 纠正违规发放、乱挂机动车号牌问题。（省公安厅、省纪委、省监察厅、省政府机关事务管理局）

30. 集中治理领导干部参与赌博和利用婚丧嫁娶之机敛财行为。严肃处理群众反映强烈的党员干部利用各种借口收敛财物的行为。（省纪委、省委组织部、省监察厅、省公安厅）

31. 切实加强对领导干部特别是主要领导干部的监督，加强对关键领域、关键环节、关键岗位的监督，确保权力

正确行使。（省纪委、省监察厅、省委组织部、省委宣传部、省审计厅、省直工委、省委巡视办及各巡视组）

32. 发展党内民主，健全民主集中制。认真贯彻党内监督条例，加强对民主生活会、诫勉谈话等制度执行情况的监督检查。认真落实党委委员、纪委委员开展党内询问和质询的制度。做好党委委员、纪委委员提出罢免或撤换要求及处理的试点工作。全面推行党的基层组织党务公开。（省纪委、省委组织部）

33. 积极推进党政领导干部经济责任审计工作。（省审计厅、省纪委、省监察厅、省委组织部、省人力资源和社会保障厅）

34. 积极推进巡视工作，继续开展对市县、省直机关和省管国有骨干企业的巡视，逐步开展对国家和省重点工程项目、高等学校的巡视。（省委巡视办及各巡视组、省纪委、省委组织部、省审计厅）

35. 深化政务公开，加大乡（镇）政务公开力度，不断扩大公共企事业单位办事公开的范围。加强对政府信息公开条例实施情况的监督检查，积极推进行政权力公开透明运行。（省监察厅、省政府办公厅、省委组织部、省总工会、省民政厅、省财政厅、省人力资源和社会保障厅、省住房和城乡建设厅、省法制办）

36. 加强对政府机构改革中人事变动和财务管理、财产处理等方面的监督。（省纪委、省监察厅、省委组织部、省人力资源和社会保障厅、省编办、省财政厅、省审计厅、省直工委、省政府机关事务管理局）

六、加大查办案件工作力度，着力解决重点领域的腐败问题

37. 坚持党要管党、从严治党，以查办发生在领导机关和领导干部中滥用职权、贪污贿赂、腐化堕落、失职渎职案件为重点，严肃查办违反宏观调控政策的案件，违反政治纪律与组织人事纪律的案件，官商勾结、官煤勾结、权钱交易的案件，利用行政审批权、人事权、司法权、行政执法权索贿受贿、徇私舞弊的案件；严肃查办领导干部干预招标投标获取非法利益的案件以及非法批地、低价出让土地或擅自变更规划获取非法利益的案件；严肃查办违法审批探矿权和采矿权、违法入股矿产开发的案件，环境执法和环保项目审批审评中谋取非法利益的案件，金融领域违规授信、内幕交易、挪用保险资金、违规核销贷款和资产处理的案件；严肃查办国有企业重组改制中隐匿、侵占、转移国有资产以及企业领导人员搞同业经营、关联交易的案件；严肃查办严重侵害群众利益、违反强农惠农政策的涉农案件；严肃查办为黄、赌、毒和黑恶势力充当“保护伞”的案件。（省纪委、省监察厅、省法院、省检察院、省公安厅、省司法厅、省委组织部、省发展改革委、省审计厅、省国土厅、省人力资源和社会保障厅、省国资委、省财政厅、省住房和城乡建设厅、省环保厅、省工商局、省农业厅、省安监局、省信访局、省纠风办、省银监局、省保监局）

38. 进一步加强查办案件的组织协调，完善移送案件线索和协作配合机制。坚持严格依纪依法办案，保障被调查人的合法权利。强化案件监督和管理，正确使用“两规”措施，严格履行审批程序。不断改进案件审理工作。加强信访举报工作，建立网上信访举报系统，抓好信访接待厅（室）建设，组织实施《信访提醒诫勉谈话制度》。切实解决赴省进京非正常上访居高不下问题。完善重要案件通报制度，加强案件剖析，充分发挥办案的治本功能。（省纪委、省监察厅、省法院、省检察院、省公安厅、省审计厅、省国税局、省地税局、省信访局、省法制办）

39. 深入开展治理商业贿赂专项工作。巩固和扩大自查自纠成果，认真做好对突出问题的整改工作。继续依法查处商业贿赂案件。加强市场诚信体系建设，逐步建立统一的市场诚信平台，健全失信惩戒制度，抓紧建立商业贿赂“黑名单”和犯罪档案查询系统。（省治理商业贿赂领导组办公室、省政府办公厅、省监察厅、省法院、省检察院、省公安厅、省审计厅、省财政厅、省发展改革委、省经济信息委、省国资委、省国土厅、省住房和城乡建设厅、省交通运输厅、省工商局、省质监局、省商务厅、省法制办）

七、着力解决群众反映强烈的突出问题，维护社会和谐稳定

40. 开展食品药品安全整治工作，严肃查处安全事件，严格责任追究。（省食品药品监管局、省质监局、省工商局、省农业厅、省商务厅、省监察厅、省纠风办）

41. 进一步规范医院收费行为，大力加强医德医风建设。继续治理医药购销和医疗服务中的突出问题。（省卫生厅、省财政厅、省物价局、省监察厅、省纠风办）

42. 开展对安全生产法律法规和安全生产责任制落实情况的监督检查，加大责任事故调查处理力度，坚决查处失职渎职问题和事故背后的腐败行为。（省监察厅、省政府安全生产委员会办公室、省安监局、省法院、省检察院、省公安厅、省司法厅、省法制办、省总工会）

43. 集中整治饮用水源地环境突出问题，强化对环境行政审批权、评审权、执法权的监督，完善群众环境权益保障机制。（省环保厅、省发展改革委、省监察厅、省工商局、省司法厅、省安监局、太原电监办）

44. 认真处理征地拆迁中损害群众利益的问题，特别是不履行征地审批手续、征地补偿不到位和采取暴力手段强行侵占农民土地等行为。（省国土厅、省农业厅、省监察厅、省发展改革委、省住房和城乡建设厅、省财政厅、省审计厅、省纠风办）

45. 进一步加强对社保基金的监管，规范社保基金的征缴、支付和管理，严肃处理涉及社保基金的违纪违规问题。（省人力资源和社会保障厅、省监察厅、省财政厅、省纠风办、省国资委、省审计厅、人行太原中心支行）

46. 完善监管体系，强化住房公积金的监管，及时发现

和查处违规挤占、挪用住房公积金等问题。（省住房和城乡建设厅、省监察厅、省财政厅、省审计厅、省纠风办、人行太原中心支行）

47. 加强对扶贫资金和救灾救济资金的监管，严肃处理违纪违规问题。（省监察厅、省扶贫办、省民政厅、省财政厅、省审计厅、省纠风办、人行太原中心支行）

48. 加强对实施成品油价格和税费改革有关政策落实情况的监督检查，严肃查处变相新增收费项目、乱收费等行为。（省发展改革委、省财政厅、省物价局、省交通运输厅、省公安厅、省国税局、省地税局、省编办、省人力资源和社会保障厅、省监察厅、省纠风办）

49. 继续治理教育乱收费问题，健全教育收费和管理制度，严格规范各类学校的办学和收费行为。加强对改制学校的规范和管理，促进教育资源均衡发展。（省教育厅、省监察厅、省纠风办、省财政厅、省物价局、省审计厅、省新闻出版局）

50. 认真查处侵害农民和进城务工人员合法权益的问题，维护破产倒闭企业职工的权益。（省农业厅、省监察厅、省纠风办、省财政厅、省住房和城乡建设厅、省委农村工作领导小组办公室、省政府农村综合改革工作小组办公室、省人力资源和社会保障厅、省民政厅、省总工会）

51. 继续治理公共服务行业侵害群众消费权益等问题。（省纠风办、省监察厅、省发展改革委、省住房和城乡建设厅、省工商局、省银监局、省证监局、省保监局、省通信管理局、太原电监办）

52. 切实加强对行业协会、市场中介组织的监管，推动其与行政主管部门脱钩，规范服务和收费行为。（省监察厅、省民政厅、省发展改革委、省财政厅、省物价局、省住房和城乡建设厅、省司法厅、省地税局、省工商局、省法制办、省纠风办）

53. 继续清理规范评比达标表彰活动。（省纪委、省委组织部、省委宣传部、省直工委、省委政法委、省委办公厅、省政府办公厅、省人大办公厅、省政协办公厅、省法院、省检察院、省监察厅、省财政厅、省人力资源和社会保障厅、省法制办、省纠风办）

54. 建立健全民主评议、政风行风热线和互联网站相结合的行风建设监督体系，健全防治不正之风的长效机制。（省行评办、省委宣传部、省监察厅、省纠风办、省直部门）

八、积极推进重点领域和关键环节改革，深化治本抓源头工作

55. 认真治理工程建设领域的突出问题，重点要规范招标投标工作。制定落实招标投标法的实施条例，完善举报投诉处理机制，推行违法行为记录公告制度，切实加强监管，严肃处理违纪违法案件。（省发展改革委、省住房和城乡建设厅、省国土厅、省水利厅、省交通运输厅、省国资委、省商务厅、省监察厅、省法制办）

56. 认真治理房地产开发领域的突出问题。加强对规划许可、施工许可、开发建设等环节的监督检查，严肃处理违规行为。（省住房和城乡建设厅、省发展改革委、省国土厅、省监察厅）

57. 完善国有土地使用权招标拍卖挂牌出让制度，严格执行探矿权、采矿权招标拍卖挂牌出让规定。（省国土厅、省监察厅、省财政厅、省发展改革委、省审计厅）

58. 认真治理司法领域的突出问题。推进司法公开，严管执法队伍，严格规范行使自由裁量权，严肃处理司法不公、以权谋私等违法违纪行为。（省委政法委、省法院、省检察院、省公安厅、省司法厅、省纪委、省监察厅）

59. 建立健全体现科学发展观要求的领导干部考核评价体系，强化对干部选拔任用工作的监督，坚决纠正和严肃查处跑官要官、买官卖官等问题，严防“带病提拔”、“带病上岗”。（省委组织部、省纪委、省监察厅、省委巡视办及各巡视组、省人力资源和社会保障厅）

60. 深化行政审批制度改革，进一步规范政府行政审批行为。依法减少行政审批事项，优化审批流程，精简审批环节，加大监督检查力度。规范政务大厅，推进电子政务，加快行政审批电子监察系统建设。（省监察厅、省审改办、省政府办公厅、省发展改革委、省法制办、省直有关部门）

61. 深化财税体制改革，增强预算管理透明度。加快将预算外管理的非税收入纳入预算管理。制定政府采购法实施细则。（省财政厅、省纪委、省监察厅、省审计厅、省法制办）

62. 深化投资体制改革，实行政府投资项目代建制、公示制度。（省发展改革委、省政府办公厅、省经济信息委、省国资委、省财政厅、省审计厅、省监察厅、省住房和城乡建设厅、省商务厅）

63. 深化国有企业改革，进一步健全企业经营业绩考核、企业重大决策失误追究制度。深化现代市场体系建设及相关改革，加强产权交易市场建设，健全企业国有产权和上市公司国有股权交易监管制度。（省国资委、省财政厅、省商务厅、省监察厅、省工商局、省证监局）

64. 积极探索建立社会领域防治腐败工作信息共享机制、腐败风险预警机制。（省纪委、省监察厅、省委宣传部、省法院、省检察院、省公安厅、省司法厅、省审计厅、省法制办）

65. 认真落实中央纪委、监察部印发的《关于加强和改进派驻机构工作的若干意见》（中纪发〔2008〕39号）精神，深化派驻机构统一管理工作，严格执行重要情况报告和工作责任追究制度。切实加强对驻在部门领导班子和领导干部的监督。加快市、县两级派驻机构统一管理工作。积极开展归口设置派驻机构工作试点。（省纪委、省监察厅、省委组织部、省编办、省财政厅）

各级各部门要以实施中央《建立健全惩治和预防腐败体系2008—2012年工作规划》（中发〔2008〕9号）和省委的《实施办法》为主线，坚持标本兼治、综合治理、惩防

并举、注重预防的方针，全面加强反腐倡廉建设。要把反腐倡廉工作与部门业务工作紧密结合起来，以加强领导干部作风建设，保障扩大内需、保持经济平稳较快发展政策措施落实，深入开展煤焦领域反腐败专项斗争，深化农村党风廉政建设为重点，推进反腐倡廉建设各项任务顺利完成，确保2009年全省党风廉政建设和反腐败斗争取得实效。

中共山西省委 山西省人民政府
关于加强青少年体育增强青少年体质的实施意见

晋发〔2009〕14号

（2009年4月9日）

为深入贯彻落实中共中央、国务院《关于加强青少年体育增强青少年体质的意见》（中发〔2007〕7号），进一步加强全省青少年体育工作，大力推进素质教育，切实增强青少年体质，提高青少年健康水平，结合我省实际，提出如下意见。

一、加强青少年体育工作的重要意义、指导思想和目标任务

（1）重要意义。随着教育事业的快速发展和素质教育的全面实施，我省青少年体育工作取得了长足进步，青少年体育事业蓬勃发展，青少年营养水平和形态发育水平不断提高。但是必须看到，一些地方和学校存在重智育、轻体育的倾向，体育设施和条件不足，学生体育课和体育活动难以保证，青少年耐力、力量、速度等体能指标持续下降，视力不良率居高不下，城市超重和肥胖青少年比例明显增多，等等。各级党委、政府一定要从关心国家和民族未来、培养中国特色社会主义事业合格建设者和可靠接班人的高度，重视和加强青少年体育工作，提高青少年健康素质，促进青少年全面发展。

（2）指导思想。以科学发展观为指导，全面落实健康第一的指导思想，把加强学校体育与进一步推进素质教育有机结合起来，将青少年体育作为实施素质教育的突破口和切入点，采取有效措施，建立和完善青少年体育工作机制，不断提高青少年体质健康水平。

（3）目标任务。建立健全学校体育卫生工作机制，充分保证学校体育课和学生体育活动，加强体育卫生设施和师资队伍建设，全面完善学校、社区、家庭相结合的青少年体育网络，培养青少年良好的体育锻炼习惯和健康的生活方式，形成青少年热爱健康、重视体育的浓厚氛围，使青少年逐步达到国家体质健康的基本要求，身体素质明显提高。

二、认真落实加强青少年体育、增强青少年体质的各项措施

（4）推行学生体质健康测试。全面实施《国家学生体质健康标准》（以下简称《标准》），把健康素质作为评价学生全面发展的重要指标。建立《标准》测试报告制度，将测试报告记入学生档案，并作为学生成长记录的重要内容和学生毕业、升学的重要依据。建立《标准》实施情况公告制度，省教育厅要定期公布各市和各高等学校的测试结果和《标准》实施情况，市县要定期对各中小学实施《标准》情况进行公告。逐步建立新生入学体质健康测试制度。

（5）改革和完善学生毕业、升学体育考试考核制度。初中毕业升学体育考试成绩总分按不低于30分的分值计入中考成绩，并逐步加大体育成绩在学生综合素质评价和中考成绩中的分量。普通高中新课程改革后，积极推行在高中毕业学业考试中增加体育考试的做法。

（6）严格执行国家体育课程标准。各级各类学校必须根据国家课程计划保质保量开齐体育课程、开足体育课时，不得以任何理由削减、挤占体育课时。九年义务教育阶段要按照新课程标准，小学1—2年级每周4课时，3—6年级和初中阶段每周3课时，高中阶段每周2课时。没有体育课的当天，学校在下午课后组织学生集体进行1小时体育锻炼并将其列入教学计划，保证学生体育活动时间每天不少于1小时。全面实行大课间体育活动制度，每天上午统一安排25—30分钟的大课间体育活动。规模较小的农村学校也要根据校园环境和地域特点，借助体育教师跑教和学校教师兼代的方式开设体育课程。高等学校要加强体育课程管理，必须开设体育必修课，本科不少于144课时，高职高专不少于108课时，并积极引导每个学生每周至少参加3次课外体育锻炼。

（7）积极推进体育课程改革。根据学生年龄特点、身心发展规律和身体健康状况，科学制定教学计划，合理安排体育课程，使每个学生通过体育课程的学习能够正确掌握2项以上锻炼身体的基本方法和基本技能，养成良好的体育锻炼习惯，为终身体育运动打下坚实基础。

（8）广泛开展“学生阳光体育运动”。充分发挥学校和教育、体育部门以及共青团、少先队组织的作用，鼓励广大学生走向操场、走进大自然、走到阳光下，形成青少年体育锻炼的热潮。要结合学校特点，开展丰富多彩的体育

竞赛活动，学校每年都要举办春、秋季学生运动会。加强学生体育社团建设，不断提高广大学生的体育健身意识，形成健康良好的校园体育氛围。

（9）加强学校课余体育训练工作。把面向全体学生的群体活动与提高运动训练水平有机结合起来，把学校开展群体活动的情况和形成体育特色的水平作为对体育传统项目学校和高水平运动队评估的重要条件。努力创新体育竞赛形式，积极组织开展校际、市际、省际间的体育竞技比赛。高等学校和4轨以上中小学校都应组建以田径项目为主要训练内容的学校体育运动队，坚持系统训练，积极参加各级各类竞赛活动，提高各项运动技术水平。完善高等学校和高中阶段学生军训制度，积极开展"少年军校"活动。

（10）建立科学的学生作息制度，加强卫生、保健、营养等方面的指导。按照健康第一的指导思想和青少年生长发育的规律，合理安排学生的学习、生活、体育、娱乐、课外活动和作息时间，保障学生睡眠，确保小学生每天睡眠时间不少于10小时，初中学生不少于9小时，高中学生不少于8小时。积极开展疾病预防、科学营养、卫生安全、禁毒控烟等健康教育，并保证小学阶段40课时、初中阶段30课时、高中阶段20课时、高等学校16—36课时的健康教育课程。培养学生掌握科学用眼的知识和方法，降低学生的近视率。学校每天上、下午要组织学生做眼保健操，每学期要对学生视力状况进行两次测试。根据青少年青春期特征和心理特点，针对性地加强学生心理健康工作，并把心理健康教育与体育健康知识纳入师资培训内容。高等学校、中等专业学校要逐步建立心理健康咨询中心，配备专职心理咨询师；中小学要逐步建立心理健康辅导室，配备专（兼）职心理健康辅导员或心理咨询师，做好对学生的心理健康教育和辅导工作。

三、为青少年体育工作发展创造良好条件

（11）加强青少年体育卫生师资队伍建设。根据国家基础课程设置改革中体育课时大幅度增加的实际，充实配齐体育教师。建立体育教师培训基地，加大对体育教师的培训力度，力争每3-5年对所有体育教师轮训一遍。寄宿制学校必须设立卫生室，并配备卫生专业技术人员；非寄宿制学校可视学校规模设立卫生室或保健室，600名学生以上的配备卫生专业技术人员，不足600名的配备保健教师。

（12）加强学校体育设施建设。各级政府要按照《中小学校体育场馆设施配备目录》和《普通高等学校体育场馆设施、器材配备目录》，力争在"十一五"期间为各级各类学校基本配齐体育器材，基本满足学校体育教学和体育活动对场馆设施的需求。体育部门要把学校体育工作作为全民健身工程的重点，在场地建设方面合理规划，积极探索依托学校修建体育场馆的途径，促进资源的整合和合理利用。要把"农民体育健身工程"与农村中小学校体育设施建设结合起来，进一步改善农村学校体育条件。广泛开展"体育三下乡"活动，为农村地区青少年创造更多参加体育运动的条件。各类公共体育设施和专业体育训练场馆在节假日和寒暑假要定期向青少年优惠开放。各级各类学校要开发和利用好各种体育资源，提高体育场馆设施的利用率，在保证正常教学、训练和学生课外体育活动的情况下，体育场馆在课余和节假日应向学生开放。

（13）建立健全学校体育工作经费保障机制。各级政府和教育部门要加大对学校体育经费的投入，切实解决学校体育场地、器材和卫生设备不足的问题。要结合学校建设、校舍维修改造，加大对学生宿舍、食堂、饮水、厕所和教室采光照明等方面的改造，改善学校体育卫生条件。要将改善农村学校体育条件作为工作重点，纳入农村义务教育经费保障机制。

四、加强对青少年体育工作的组织领导

（14）加强领导，形成工作合力。各级党委、政府要把加强青少年体育工作摆上重要议事日程，纳入经济社会发展总体规划，形成党委领导、政府主抓、部门协作、全社会共同参与的青少年体育工作格局。建立在党委、政府领导下，由教育部门牵头负责，体育、卫生、财政、编制、发展改革、规划、建设等部门和共青团、少先队、妇联等组织共同参加的联席会议制度，统筹协调解决青少年体育工作中的重要问题。体育部门要制定和实施公共体育场所向学校和学生开放的工作方案，组织开展体育训练辅导和竞赛活动，并充分发挥体育总会、各单项体育协会和俱乐部等组织的作用，努力构建学校、家庭和社区相结合的青少年体育活动网络；卫生部门要统筹规划和指导学校公共卫生服务体系的建立和完善；财政部门要建立健全青少年体育工作的经费保障机制；编制部门要协助教育部门做好配齐配强体育卫生师资力量的工作；发展改革、规划、建设等部门要统筹规划青少年体育场地建设；共青团、少先队、妇联等组织要发挥所属校外教育机构的作用，鼓励和引导广大青少年及其家庭成员成立体育爱好者活动基地、兴趣小组等，开展有益青少年健康成长的体育活动。

（15）加大对学校体育工作的督导检查力度。将学校体育工作情况和学生体质健康状况作为评价学校办学质量和办学水平的重要内容，作为关键性指标纳入教育督导评估体系。建立对学校体育工作的专项督导检查制度，定期公告督导检查结果，对发现的问题要限期整改。

（16）营造重视学校体育工作的舆论环境。宣传部门和新闻单位要加大对学校体育工作的宣传力度，积极宣扬健康第一的理念，宣传健康知识和科学健身方法，报道学校体育工作的先进典型，引导学生自觉参加体育锻炼、培养文明健康的生活方式，营造有利于青少年体育发展的舆论氛围。

中共山西省委　山西省人民政府
关于进一步加强安全生产工作推进安全发展的意见

晋发〔2008〕17号

（2009年4月29日）

为了进一步加强安全生产工作，坚决杜绝重特大安全生产事故，为全省经济社会发展创造良好环境，提出如下意见。

一、牢固树立安全发展的理念

（1）充分认识安全生产和安全发展的重大意义。安全生产事关人民群众生命财产安全，事关改革发展稳定大局。高度重视和切实抓好安全生产工作，是坚持立党为公、执政为民的必然要求，是贯彻落实科学发展观、构建社会主义和谐社会的必然要求，是实现好、维护好、发展好最广大人民群众根本利益的必然要求。党中央、国务院把安全发展作为一个重要理念纳入我国社会主义现代化建设的总体战略，进一步丰富和发展了科学发展观的内涵。安全发展是科学发展的重要内容和重要保证，安全生产是安全发展的核心内容和基本任务。高度重视和全面推进安全发展，必须始终坚持"安全第一、预防为主、综合治理"的方针，把国民经济发展和社会文明进步建立在安全保障能力不断增强、安全生产状况持续改善、劳动者生命安全和身体健康得到切实保证的基础上，使经济社会真正步入科学发展的轨道。

（2）认清形势，切实增强推进安全发展的紧迫感、责任感和使命感。近年来，全省各级各部门和广大企业认真贯彻落实党中央、国务院关于加强安全生产工作的各项部署，做了大量工作，取得了明显成效。但我省作为能源资源型省份，有近万座煤矿、非煤矿山、尾矿库以及众多危险化学品、民爆器材生产等高危企业，重特大事故集中多发，安全生产形势十分严峻，经济发展与安全发展的矛盾非常突出，安全生产已成为影响和制约我省科学发展的突出问题。高度重视和切实抓好安全生产，实现安全发展，是我省当前一项重大而紧迫的任务。只有实现安全发展，才能为转型发展奠定坚实的基础，为和谐发展创造良好的环境。各级领导干部要牢固树立安全发展和本质安全的理念，牢固树立"发展经济是政绩、抓好安全生产也是政绩"的思想，进一步增强搞好安全生产工作、推进安全发展的紧迫感、责任感和使命感，正确处理好安全与发展的关系，切实把做好安全生产工作贯穿于经济社会发展的全过程。

二、明确指导思想和工作目标

（3）指导思想。深入贯彻党的十七大精神，以科学发展观为指导，牢固树立以人为本的理念，坚持"安全第一、预防为主、综合治理"的方针，全面实施"转型发展、安全发展、和谐发展"战略，进一步强化党委、政府对安全生产工作的组织领导，以落实生产经营单位安全生产主体责任和各级政府及有关部门安全监管主体责任为重点，创新体制机制，落实安全生产法律法规和规章制度，深化重点行业和领域专项整治，加强安全生产宣传教育，不断提高全民安全防范意识和全社会安全保障能力，努力实现安全生产状况的根本好转，为新基地新山西建设创造良好环境，促进全省经济社会又好又快发展。

（4）工作目标。坚持近期目标与远期目标相结合、实现阶段性成果与构建长效机制相统一的原则，用1年时间通过开展安全生产专项整治，使全省安全生产形势明显好转，煤矿、非煤矿山、危险化学品、道路交通、建筑施工、消防等重点行业和领域事故多发状况得到根本扭转。2009年和2010年努力做到各类生产事故和死亡人数稳定下降，杜绝发生重特大事故。到2015年，全省建立起较为完善的安全生产组织领导体系、法规体系、监管体系、目标责任考核评价体系和应急救援体系等，全民安全防范意识明显增强，全社会安全生产保障能力明显提高，各类安全生产事故和死亡人数有较大幅度下降，职业危害明显减少，煤炭生产百万吨死亡率、亿元地区生产总值死亡率、工矿商贸企业从业人员十万人死亡率、道路交通万车死亡率等指标比2008年下降50%以上，全省安全生产状况实现根本好转。

三、强化生产经营单位安全生产主体责任

（5）加强生产经营单位安全管理。生产经营单位是安全生产的责任主体，其法定代表人是安全生产第一责任人，必须对本单位的安全生产全面负责。生产经营单位要全面贯彻执行安全生产法律法规、国家标准和行业标准，落实各项安全生产保障措施，健全并落实安全生产责任制和各项规章制度、操作规程，依法设置安全生产管理机构、配备安全管理人员，加强安全管理，及时消除安全隐患，依法保障从业人员的安全与健康权益，努力创建本质安全型企业。

（6）加大安全投入，提高安全生产装备水平。认真执行国家和省关于煤矿、非煤矿山等高危行业安全费用提取与使用管理的规定，足额提取安全费用，不断提高提取比例，保障企业安全生产必需的投入。积极采用安全性能可

靠的新技术、新工艺、新设备和新材料，提高生产装备自动化水平，不断改善安全生产基础设施和条件。

(7) 加大安全生产教育培训力度。加强生产经营单位全员安全培训，提高培训工作的针对性和有效性。规范煤矿等高危行业招工和劳动用工管理，依法实行强制性安全培训制度，对高危企业的从业人员每年培训两次，对其他企业的从业人员每年培训一次，提高从业人员的安全意识和安全技能。高危企业的负责人和安全管理人员，以及各类企业的特种作业人员，必须持证上岗。大力发展安全生产职业教育，培养企业急需的安全生产高素质人才。

(8) 开展安全质量标准化活动。制定和颁布各行业和领域安全生产技术规范和工作标准，在各类生产经营单位普遍开展安全生产标准化活动。积极推行安全生产无缺陷管理和生产现场精细化管理，严格执行安全生产各项规章制度，杜绝违章指挥、违章作业和违反劳动纪律现象。积极与国际惯例接轨，推行职业健康安全管理体系(OHSAS18000)、安全环境健康体系（HSE）等国际先进安全管理模式和方法，不断提高企业安全生产管理水平。

四、落实政府及有关部门安全监管主体责任

(9) 明确政府安全监管职责。各级政府的主要负责人是本地区安全生产工作的第一责任人，必须亲自抓、负总责；分管安全的副职要协助主要负责人抓好安全生产各项具体工作；其他副职要抓好各自分管行业和领域的安全生产工作。要把安全生产纳入当地经济社会战略规划，明确安全生产指标以及相应的项目、资金、措施和支撑体系，始终做到安全生产与经济社会各项工作同规划、同部署、同推进。各级政府每季度至少要召开一次安全生产及防范重特大安全生产事故工作会议，分析、布置、督促、检查本地区安全生产工作。

(10) 落实政府有关部门的安全监管责任。按照“谁主管、谁负责”的原则，依法界定政府各有关部门的安全监管职责。安全生产监督管理部门要加强安全生产综合监督管理，切实加强对同级政府有关部门和下级政府安全生产工作的指导协调和监督检查，同时对职责规定范围内有关工矿商贸企业安全生产实施监督管理；其他负有安全监管职能的部门依法在各自的职责范围内对本行业和领域的安全生产工作实施监督管理。各职能部门既要各司其职，抓好各自分管范围内的安全生产工作，又要密切配合、通力协作，形成齐抓共管的强大合力。

(11) 加强安全监管机构和队伍建设。县级以上政府要根据本行政区域内人口数量、企业数量、地区生产总值、产业和行业状况等因素，按照有关要求和一定标准配备能够适应当地安全生产工作需要的安全监管机构和队伍。要加强基层安全监管机构和队伍建设，乡（镇）政府、街道办事处要设立安监站，村（居）委会要指定专人负责安全生产工作。政府各职能部门要落实安全监管内设机构和工作人员。各级政府要保证安全生产监督管理部门和各有关职能部门的工作经费和装备，为履行安全生产监督管理职责创造条件。

(12) 建立安全监管专项资金制度。各级政府要按照财政收入的一定比例安排安全监管专项资金，主要用于安全生产监督检查、改善执法条件、安全生产宣传教育培训和应急救援体系建设等。要把安全生产纳入民生工程，增加各级财政的引导性投入，支持和促进企业加大安全技术投入，增加安全技术装备。

(13) 依靠转型发展，推进安全发展。各级政府要大力调整和优化产业结构，推动单一支柱的资源型产业结构向新型多元的现代产业体系转变，大力发展高新技术、文化、旅游等新型产业，通过产业结构优化，提高全省安全生产保障能力。推动经济增长由粗放型向集约型转变，不断提高科学技术在经济增长中的作用，依靠科学管理和技术进步提升安全生产水平。针对我省企业安全生产保障能力较低的现状，大力调整煤矿、非煤矿山、危险化学品以及交通运输等企业的组织结构，通过兼并、重组等措施，实施大企业、大集团战略，提高产业集中度和产业化水平，淘汰国家明令禁止使用、安全生产保障能力低的落后装置和设施，为安全发展奠定良好基础。

(14) 强化安全生产源头管理。各级政府和有关部门要按照各自职能严把安全关，认真执行项目立项、土地和资源审批、安全生产等各项许可制度和产业政策，严格市场准入。严格建设项目的审批和管理，把安全生产条件作为设立建设项目的前提，未经批准擅自开工建设的，依法从严处理。认真督促企业严格执行安全设施“三同时”（同时设计、同时施工、同时投入使用）制度，对违反规定的，要责令停止建设，限期整改；拒不整改或不能整改的，当地政府要坚决予以取缔，并追究企业和有关政府工作人员的责任。

(15) 创新监管模式，加大执法力度。各级安全生产监督管理部门和各行业管理部门要对各类企业实行科学评估，根据企业安全生产现状进行分类排队，有针对性地实施动态监管。对存在安全生产严重违法行为或发生重特大事故的企业要列入黑名单，定期向社会公布。建立健全安全生产行政执法责任制，落实安全生产联合执法制度，加大行政执法力度，严厉打击各种非法违法、违规违章生产行为，对高危企业的执法检查每年不少于两次，对其他企业每年不少于一次。

(16) 实施科技兴安战略。积极推广应用新技术、新设备、新工艺，不断提高安全生产装备水平。充分利用高等院校、科研机构、社会团体等安全生产科研资源，加强安全生产基础研究和应用研究。积极开展安全生产领域的国际交流与合作，加快先进安全生产技术的引进、消化、吸收和自主创新步伐。

五、建立完善的安全生产工作考核评价体系

(17) 科学分解安全生产控制指标和工作目标。按照安

全发展的要求，把国务院下达的安全生产控制指标和省委、省政府确定的工作目标层层分解落实到各级政府、有关部门和各类企业，并逐级落实到每个工作岗位、领导干部和工作人员，对安全生产情况实行定量控制和考核，形成横向到边、纵向到底、覆盖全省和“一级抓一级、一级对一级负责、层层抓落实”的安全生产目标责任体系。

(18) 制定科学、合理的安全生产工作考核评价体系。强化对各级政府、各类企业安全生产工作的过程控制和监管考核，使安全生产工作步入科学管理的轨道。在经济社会发展考核评价指标体系中，设置专门的安全生产和安全发展考核指标，提高其在考核评价体系中的权重，把考核结果作为评价领导班子和领导干部工作实绩、执政水平的重要标准。对安全生产工作成绩突出的党委、政府及部门主要领导表彰奖励；对年度安全生产指标考核不合格或本行政区域、本行业领域发生较大安全生产事故的，在按照有关规定进行问责的同时，在各项评优评先中严格执行安全生产“一票否决”制。

六、深化专项整治，落实各项制度，构建安全生产工作长效机制

(19) 扎实开展安全生产专项整治。针对当前安全生产非法违法行为屡禁不止、重特大事故多发等突出问题，在全省各行业、各领域、各企业中开展安全生产专项整治。要突出煤矿、非煤矿山、尾矿库和危险化学品、交通运输、建筑施工、民爆器材等重点行业和领域，对所有生产经营单位进行彻底排查，对发现的问题分类进行整治。对无证或证照不全的，坚决关闭取缔；对证照齐全，但安全隐患多、安全无保证的，一律停产整顿，验收合格后方可恢复生产，验收工作实行谁验收、谁签字、谁负责；对证照齐全并具备安全生产条件的，要加强安全生产日常监管。专项整治要宁严毋宽、宁紧毋松，不留死角，不留盲区，不留问题。

(20) 建立健全安全生产规章制度。进一步完善和落实好我省安全生产10项制度，即安全生产委员会会议制度、厅（局）际联席会议制度、联合执法制度、隐患排查治理制度、事故约谈制度、事故和隐患举报制度、重大危险源监督管理制度、专项督查制度、煤焦领域反腐败制度、行政问责制度。各级各部门和各生产经营单位要针对安全生产和监管工作中存在的突出矛盾和问题，制定具体的安全生产规章制度，通过制度管人、管事。要把落实安全生产规章制度与开展安全生产专项整治、加强日常监督管理结合起来，构建安全生产工作长效机制。

七、加强安全生产应急管理

(21) 完善安全生产应急管理工作体制和机制。整合现有应急救援资源，建立以现有矿山救护、消防救援等专业救援队伍为基础，以大型煤炭、化工等企业应急救援队伍为骨干，以应急救援志愿者队伍为补充的应急救援体系。按照我省“十一五”规划，加快全省六个区域性应急救援基地建设步伐，提高专业技术水平，形成统一指挥的安全生产应急救援系统。积极探索组建安全生产指挥中心，切实加强对安全生产的集中指挥和信息调度，实现快速、准确、及时处置安全生产隐患和解决安全生产方面的重大问题，防范安全生产事故发生。加大应急救援物资和装备投入，加强安全生产应急预案、预测、预警、预报工作。搞好重大危险源的普查登记，加强对重大危险源的监控。强化应急救援队伍管理，定期开展应急救援演练，提高处置突发事故的能力。

(22) 落实安全值班和事故专报制度。各级各部门和各企业要加强日常特别是节假日期间的安全值班值守工作，实行24小时专人值班，保证一名领导干部在岗带班，确保信息渠道畅通。企业一旦发生安全生产事故，必须在1小时内向当地县级以上安全生产监督管理部门及其他有关部门报告，并采取及时有效措施组织抢救，做到处理及时、指挥有力。有关部门值班人员在接到事故报告后，必须立即报告当日带班领导和主要负责人，并向同级政府和上级有关部门报告。有关负责人接到报告后，要立即赶赴现场，调动各方力量，迅速开展应急救援，最大限度减少人员伤亡和财产损失。对迟报、谎报、瞒报和漏报事故的要从严查处。

八、严格责任追究和行政问责

(23) 严肃查处各类事故。按照实事求是、尊重科学和“四不放过”（事故原因未查清不放过、责任人员未处理不放过、整改措施未落实不放过、有关人员未受到教育不放过）的原则，认真查处各类事故，不仅要追究事故直接责任人的责任，同时还要追究有关负责人的领导责任，真正做到有责必究、有过必罚、一查到底。各级政府要加强对事故查处工作的统一领导，进一步完善事故调查处理牵头部门负责、相关部门密切配合的工作机制。有关部门要认真执行事故处理决定，落实事故防范措施，举一反三，防止同类事故重复发生。

(24) 严格事前责任追究。加大对事故隐患的事前责任追究和问责力度，对不执行上级机关、主管部门有关安全生产的决定、命令、指示，不能全面履行安全生产监督管理职责，打击非法违法行为不力，安全生产防范措施落实不到位，安全隐患排查治理不彻底的各级政府、部门和企业负责人，视同发生安全生产责任事故进行严肃处理。

九、加强领导，形成齐抓共管安全生产工作的新格局

(25) 加强对安全生产工作的组织领导。各级党委、政府要把安全发展放在全局和战略层面加以推进，努力构建“党委重视、政府监管、企业负责、全社会关心安全发展”的工作格局。要定期研究解决安全生产工作中的重大问题，督促政府部门和企业落实各项安全生产责任。为各级安全生产监督管理部门选配好领导班子，配备主要领导

时要征求上级相关部门的意见。加强安全生产领域反腐倡廉建设，以查处煤焦领域腐败问题为重点，严肃查处与安全生产有关的安全许可、资源审批等方面的问题以及事故背后的腐败行为。建立健全领导干部安全生产责任制，并逐级抓好落实。完善安全监管工作保障机制，使安全监管机构编制配齐、人员配强、经费给足，为全面履行职责创造必要条件。

（26）充分发挥工会、妇联、共青团等群团组织的监督作用。工会、妇联、共青团等群众团体要组织开展群众性的安全生产监督检查和法制宣传教育，加强民主决策、民主管理、民主监督，调动职工依法参与、监督本单位安全生产和维护自身权益的积极性，有效保障职工安全健康方面的合法权益。充分发挥群众参与监督安全生产的作用，各级各部门要设立安全生产举报电话和举报信箱，畅通监督渠道，鼓励广大群众积极对安全生产重大隐患和安全生产违法行为进行举报，及时查处举报属实的问题，并对举报有功人员给予奖励。

（27）加强安全文化建设，营造有利于安全生产的社会氛围。加强安全生产宣传教育工作，将其纳入党的宣传思想工作和社会主义精神文明建设的总体布局，统一部署，协调推进。各新闻单位要坚持正确的舆论导向，大力宣传党和国家关于安全生产方面的方针政策、法律法规，宣传安全生产工作先进典型和先进经验，普及安全生产知识，曝光安全生产事故和安全生产违法行为。加强安全发展理念教育和安全文化建设，深入开展群众性的安全文化创建活动，推动安全文化进机关、进企业、进学校、进乡村、进社区、进工地、进站场、进家庭，引导广大人民群众树立“安全第一”的理念，形成“不伤害别人、不伤害自己、不被别人伤害”的行为习惯，努力建设“以人为本、关注安全、关爱生命”的安全文化，形成全社会关心安全生产的良好氛围。

（28）转变作风，狠抓各项措施的落实。进一步改进工作作风，树立正确的用人导向，把能抓好安全、保一方平安的高素质干部安排到重要领导岗位。建立政府领导下矿井、进车间、上工地检查工作制度，市级领导每月不少于一次，县级领导每月不少于两次。推行部门领导联系安全生产工作制度，省、市、县（市、区）有关部门领导要经常深入联系点，调查研究，指导工作，及时协调解决基层安全生产工作中存在的问题。坚决反对和克服形式主义、官僚主义和推诿扯皮、不负责任的行为，严格落实各项安全生产措施和责任，推动全省安全生产状况根本好转，努力实现转型发展、安全发展、和谐发展。

中共山西省委办公厅　山西省人民政府办公厅
关于加强农村实用人才队伍建设和农村人力资源开发的实施意见

晋办发〔2009〕17号

（2009年4月30日）

为深入贯彻落实中央办公厅、国务院办公厅《关于加强农村实用人才队伍建设和农村人力资源开发的意见》（中办发〔2007〕24号），大力实施人才强省战略，为建设社会主义新农村、全面建设小康社会提供有力的人才保证和智力支持，结合我省实际，提出如下实施意见。

一、加强农村实用人才队伍建设和农村人力资源开发工作的重要意义、指导思想和目标任务

（1）重要意义。建设社会主义新农村，关键要提高广大农民群众的整体素质，培养造就有文化、懂技术、会经营的新型农民，充分发挥他们的主体作用。没有新农民，就没有新农村；没有农民素质的现代化，就没有农业和农村的现代化。大力加强农村实用人才队伍建设和农村人力资源开发，是增强农民素质、提高农村生产力水平、加快现代农业发展的重要举措，是缩小城乡差距、推动城乡协调发展的有效途径，是推动新农村建设、全面建设小康社会的客观要求，是巩固党在农村执政的组织基础、加强党的执政能力建设和先进性建设的必然选择。农村实用人才是指具有一定的知识或技能，为农村经济和科技、教育、卫生、文化等各项社会事业发展提供服务、作出贡献，起到示范或带动作用的农村劳动者，是广大农民的优秀代表，是新农村建设的生力军，是我国人才队伍的重要组成部分。加强农村人力资源开发工作，就是要统筹城乡资源，通过学校教育、职业培训等方式，努力提高广大农村人口的综合素质和能力，不断促进农村人力资源的合理配置和使用。农村实用人才队伍建设是农村人力资源开发的重点，农村人力资源开发是农村实用人才队伍建设的基础和前提。改革开放以来，我省农村人力资源开发工作不断加强，一大批优秀农村实用人才脱颖而出，在推广农业技术、调整产业结构、活跃农村市场、带领农民增收致富、加强农村精神文明建设等方面发挥了重要作用。但也要清醒地看到，对农村实用人才队伍建设和农村人力资源开发还存在重视不够、投入不足、缺乏整体规划等问题，农村人才工作基

础薄弱；农村实用人才队伍还存在总量不足、整体素质不高、结构不合理等问题，不能适应建设社会主义新农村的要求。各级党委、政府要从贯彻落实科学发展观、全面建设小康社会的高度，切实增强做好农村人才工作的责任感和紧迫感，把加强农村实用人才队伍建设和农村人力资源开发作为实施人才强省战略的重要内容，加大工作力度，采取有力措施，不断开创全省农村人才工作的新局面。

（2）指导思想。以邓小平理论和“三个代表”重要思想为指导，深入贯彻落实科学发展观，大力实施人才强省战略，坚持党管人才原则，创新工作体制机制，统筹城乡、整合资源、营造环境，充分发挥市场在农村人才资源配置中的基础性作用，充分发挥农村基层党组织加强农村人才工作的积极性和主动性，紧紧抓住培养、服务、评价、激励、使用等环节，以提高科技素质、职业技能和经营能力为重点，着力建设并稳定一支宏大的适应新农村建设需要的实用人才队伍，并以此推动农村人力资源开发，造就数以百万计的新型农民，为我省农村经济发展和社会进步提供有力的人才保证和智力支持。

（3）目标任务。根据新农村建设的总体要求，以繁荣农村经济为重点，全面促进农村经济社会发展，扩大规模，提高素质，优化结构，使农村实用人才总量大幅度增加，农村人力资源整体实力不断增强；农村实用人才的培养、服务、评价、激励机制更加健全，配套措施更加完善，有利于农村实用人才成长和发挥作用的环境不断优化；农村实用人才运用先进科学技术和经营管理知识带头致富、带领群众致富的能力显著提高，农村实用人才在发展农村经济、增加农民收入中的贡献率逐步提高。力争用5年左右的时间，通过大力实施“农村实用人才培养工程”，培养一批适应社会主义新农村建设要求的乡村教师、乡村医疗卫生人员、乡村科技服务人员、乡村文化工作人员、生产能手、经营能人、能工巧匠等各方面实用人才。到2015年，全省农村实用人才总数在2008年37万名的基础上新增43万名，达到80万名，其中：生产型人才45万名，经营型人才17万名，技能带动型人才8万名，技术服务、社会服务型人才10万名。

二、采取多种形式，培养造就大批农村实用人才

（4）大力推进农村实用人才培养工作。以增加总量、改善结构、提高能力为目标，大力开展农业生产技术、农业科学知识和生产经营管理知识培训，开发农村人力资源。深入实施提高农民科技素质行动、新型农民科技培训工程、绿色证书工程、百万中专生计划、科普助力新农村行动计划、星火科技培训专项活动、科技入户、农业专业技术人员知识更新等项目。继续实施《山西省新型农民科技培训工程项目实施方案》，省、市、县（市、区）要拨付专门资金优先免费培训农村实用人才。加强农村实用人才培养基地建设，在整合现有资源的基础上，3年内分期分批在每个市创建1个省级农村实用人才培养示范基地。各市、县（市、区）也要结合实际情况，建立农村实用人才培养示范基地。充分发挥农村党员干部现代远程教育系统、农业广播学校、电大、农业职业学校、成人文化技术学校等教育培训资源在农村实用人才培训中的主渠道作用。鼓励和支持农村民办培训机构发展，积极利用村级组织活动场所开展农业实用技术讲座和文化卫生知识培训，提高广大农民素质。

（5）着力培养农村实用人才带头人。着眼于把农村基层党员干部培养成农村实用人才带头人，实施农村党员干部素质提升工程，采用省、市、县分级轮训的办法，用1年时间把新任的村党组织书记和村委会主任轮训一遍，用5年时间把全省农村基层党员干部轮训一遍，不断提高他们执行政策、加快发展、服务群众、依法办事和解决实际问题的能力，增强他们带头致富、带领群众致富的本领。2009年全面完成“一村一社区一名大学生”选派计划，同时加强对大学生村（社区）干部的培养、培训和跟踪管理。加大对致富带头人、科技带头人、经营带头人等优秀农村实用人才的培养力度，使他们成为长于经营、精于管理、勇于创业、能够带领群众共同致富的复合型人才。实施农村实用人才带头人素质提升计划，重点加强对种养业能手、专业大户、科技带头人、农村经纪人和农民专业合作社、专业技术协会、农业产业化龙头企业负责人的培养，通过学习培训、参观考察、经验交流、实践锻炼等方式，提高他们的科技意识、市场意识和经营能力，支持他们成为企业家和各领域专家。

（6）加快培养农村文化、教育、卫生、社会管理等方面的实用人才。加快农村文化基础设施建设，构建农村公共文化服务体系，促进农村文化大院、文化中心户等民间文化组织发展，建设一批有利于农村文化人才成长和发挥作用的有效载体。创新农村文化人才培养机制，采取有力措施，加大对县、乡两级专职文化工作者的培训力度，积极培养民间艺人、文化能人、文化经纪人等农民文化骨干。加强对具有特殊技能的农村文化人才的保护，鼓励和支持他们传承优秀民族民间文化。扎实推进农村义务教育阶段学校教师特设岗位计划，补充农村学校教师。加强对乡村中小学校校长和教师的培训，全面提高他们实施素质教育的能力和水平。适应推进农村新型合作医疗制度的要求，实施每村都有一名或一名以上具备执业医师资格的医疗卫生从业人员规划。大力推进省、市医学院校和医疗机构定向为农村培养医疗卫生人才。建立农村在职卫生人员和新型合作医疗管理经办人员的学历教育、业务培训和进修学习等制度，提高农村医疗卫生从业人员的业务素质。根据农村经济社会发展和加强社会服务管理工作的需要，加大农村社会工作人才的培养力度，提高他们的管理能力和服务水平。

（7）注重在生产实践中培养农村实用人才。引导各类经济组织、农村产业化龙头企业开展岗位培训和技术指导，

提高农村实用人才的生产技术水平和经营管理能力。建立市、县、乡、村四级农业科技示范体系，努力发挥科技示范基地、优质农产品示范园的科技示范和成果展示作用，引导农民自觉学习运用先进生产技术。积极开展农业实用技术交流活动，鼓励农业技术骨干、科技示范户、种养加能手开办农家课堂，进行现场技术指导。大力实施农业科技入户示范工程，组织专家和农技人员通过田间地头示范、联户结对、巡回指导等方式，手把手帮助农民提高生产技能。

三、加强创业兴业环境建设，充分发挥农村实用人才在新农村建设中的作用

(8) 努力搭建农村实用人才创业兴业平台。鼓励和支持农村实用人才牵头建立专业合作经济组织、专业协会和农产品销售中介组织，健全农村市场体系。鼓励和支持农村实用人才创办科技示范基地、优质农产品示范园和农产品生产加工企业，加快新技术、新品种的推广应用。鼓励和支持农村实用人才领办、创办从事农产品生产、加工、销售的各类经济实体，推动规模经营，推进农业产业化进程。鼓励和支持农村实用人才开办技术培训班、农业技术研发和技术中介服务机构，普及推广科技知识和实用技能。依法保护农村实用人才的知识产权和合法权益，支持他们开展技术引进、开发、推广和成果转化等创新活动。

(9) 进一步完善农村实用人才发挥作用的政策支持体系。加大对农村实用人才创业兴业的政策支持力度，在土地流转、技术服务、项目立项、资金投入、税费缴纳等方面制定优惠和倾斜政策。按照“依法、自愿、有偿”的原则，引导土地依法适度有序向种养加能手流转。各市、县(市、区)要研究具体政策措施，支持种养加大户优先承租土地、山林、草场等，扩大经营规模和辐射效应。省财政安排专项资金支持重大和重点农业科技成果的转化应用。对符合产业政策、科技含量高、有利于扩大就业的农民合作经济组织要按照国家有关规定给予税收优惠。引导农村金融机构为农村实用人才创业兴业提供贷款支持。规范民间借贷，引导农村实用人才创办资金互助组织。研究制定有效的政策措施，鼓励和支持外出务工人员回乡创业，充分发挥他们在新农村建设中的重要作用。

(10) 大力培育农村实用人才市场和信息服务体系。以市级人才市场和农业大县人才市场为重点，积极推进农村实用人才市场建设，逐步形成以市、县级人才市场为依托，以乡(镇)劳动和社会保障服务站为网点，辐射农村、贯通城乡的农村实用人才市场体系。建立面向农村实用人才的信息服务体系，完善农业科技信息服务网络和农村公共信息网络，进一步增强农民科技书屋、农业科技入户直通车、乡村文化活动室、科普活动站、科技宣传栏、文化信息资源共享基层服务点、农村流动电影放映车、农村党员干部和农村中小学现代远程教育系统的信息服务功能。加大对“三农”出版物出版发行的支持力度，强化报刊、广播、电视、网络等媒体发布和宣传农业信息的功能，广播电视台和农村远程教育要结合农时季节开通专门的农业广播电视专栏，为农村实用人才和广大农民提供及时有效的信息服务。鼓励引导农村实用人才按区域、行业和产业组建各种协会，加强信息沟通和技术交流、技术指导、技术咨询服务。

(11) 建立农村实用人才评价激励体系。根据农村实用人才的成长规律和特点，制定以知识、技能、业绩、贡献为主要内容的农村实用人才认定标准。建立符合农村实际的农村实用人才认定评价体系和由农民有效参与的考核评定办法。开展农村实用人才职称评定工作，对具有特殊专长、贡献突出的农村实用人才在晋升技术职称方面给予照顾。大力推行国家职业资格证书制度，建立农村实用人才技能培训与技能鉴定相衔接的制度，鼓励和支持农村实用人才参加相关职业技能的评价与鉴定。建立简便规范的农村实用人才统计办法和不同层级的农村实用人才信息库，省级管理的农村实用人才可以纳入高层次人才库。继续实施“山西省农村拔尖乡土人才评选办法”，每2年评选表彰一次农村实用人才。把特别优秀的农村实用人才推荐为“全国农村优秀人才”和“中华农业英才奖”等表彰人选。

四、夯实农村教育培训工作基础，推进农村人力资源开发

(12) 加强农村义务教育和职业教育。普及和巩固农村九年制义务教育，提高农村义务教育公用经费保障水平和校舍维修经费补助标准，对全部义务教育阶段农村中小学生实行免费提供教科书。实施农村初中校舍改造工程、新农村卫生新校园建设工程，着力改善农村义务教育的办学条件,积极推进农村中小学现代远程教育工程的应用。加强农村中小学教师队伍建设，努力提高农村义务教育的师资水平。加大对农村家庭经济困难学生的资助力度，提高寄宿生生活费补助标准，扩大补助覆盖面。采取有力措施，保障进城务工人员子女平等接受义务教育。调整农村教育结构，加大中等职业教育在农村高中阶段教育中的比重，扩大职业教育面向农村招生的规模。大力推进“一网两工程”的实施，构建以县级职教中心为龙头，乡(镇)成人教育学校和普通中小学为依托的农村职业教育培训网络，发展城乡一体化的中等职业教育。鼓励通过捐资办学、民办公助等多种形式，加大对农村职业教育特别是民办职业教育的投入力度，各市重点扶持1所涉农高职学院或农牧业中专学校，各县(市、区)集中精力建设好县级职教中心(中等职业学校)。加大对县级职教中心(中等职业学校)农林牧水类专业学生的助学力度，落实中等职业教育助学金政策，有条件的地方可以减免种植、养殖专业学生的学费。

(13) 推进农村劳动力转移培训。适应工业化、城镇化和城乡统筹发展的需要，加强部门协调，整合培训资源，加大“阳光工程”、“雨露计划”和“技能就业计划”等农

村劳动力培训工作力度，扩大培训规模。推行订单培训、定向培训等有效形式，提高农民转移培训的针对性和实效性。完善农民工培训补贴办法。农村劳动力输出地要着力打造劳务输出品牌，保护农民工土地承包权益，加强信息引导和动员组织，开展多种形式的劳务协作，提高农村劳动力转移输出的组织化程度，做好转移输出后的跟踪服务工作；输入地要把农民工纳入城市公共服务体系，加强岗位技能培训，做好法律援助等各方面服务工作。

五、统筹城乡和贫困地区人力资源，促进农村实用人才队伍建设

(14) 充分发挥农技推广人员的作用。加快新型基层农技推广体系建设，按照“稳定公益性、放活经营性”的原则，培养多元化农技推广服务队伍。涉农高校要坚持面向“三农”调整专业设置，改革教学内容、课程体系和教学方法，采取定向招生、专项奖学金和减免学费等方式，为农村培养一批“下得去、留得住、用得上”的农林牧水技术人员。积极探索用招聘大学生村干部的办法在农业大专院校毕业生中招聘农村科技人员。选拔理论基础扎实、实践经验丰富、推广服务能力强的专业技术人员充实到公益性农技队伍，加强村级动物防疫员、植物保护员队伍建设，充实一线农技人员力量。落实扶持农业科技人员相关政策，保障县以下农林牧水科技人员待遇，切实解决他们工作和生活中的实际困难，为他们提供必要的办公场所、仪器设备和示范基地。逐步推行“推广教授”、“推广研究员”制度，组织动员和引导农业科技人员依法通过技术开发、技术承包、技术入股、成果转让等形式，从事农技推广和产业化经营活动。

(15) 引导鼓励各类人才到农村创业服务。鼓励和引导城市教育、科技、文化、卫生等各方面人才通过技术服务、成果转化、资金参股、贸易合作等方式到农村创业兴业，为开发农村人力资源、发展农村经济服务。深入开展“三支一扶”、选派“科技副职”和“科技特派员”等工作。建立农业首席专家制度，开通“12316”“三农”服务热线，组织省级专家和各类专家为农村、农业和农民开展各项服务。选派和组织城市教师到农村交流任职，鼓励和支持优秀大学毕业生到农村中小学任教。深入开展“万名医师支援农村卫生工程”等卫生对口支援活动，出台政策鼓励和支持各类医卫院校毕业生到农村服务。继续执行城市医疗卫生专业技术人员晋升主治医师或副主任医师职称前到农村累计服务1年的规定，逐级选派医疗卫生人员到农村开展医疗服务和技术培训。鼓励离退休科技、卫生、文化人才到农村进行义务或持证有偿咨询服务。

(16) 加大对农村贫困地区人才的援助力度。建立政府引导、市场配置、项目对接、利益共享、创业服务与人才培养相结合的新机制，加大对农村贫困地区人力资源开发的支持力度。实施“贫困地区农村基层干部培养计划”，选择贫困地区乡村干部和致富带头人到发达地区接受培训。扶贫部门要建立扶贫与扶智、项目支持与人才支持相结合的长效机制，全省扶贫资金（除专项资金外）的15%左右用于促进贫困地区人才培养和开发。组织高等院校、科研院所、大型企业和有关部门开展“扶贫志愿者行动计划”、“专家扶贫团”、“博士服务团”、“科技扶贫团”等活动，为农村贫困地区提供科技和人才服务。鼓励和支持各类人才到农村贫困地区兼职，领办、创办企业和开发人力资源。

六、进一步加强对农村实用人才队伍建设和农村人力资源开发工作的组织领导

(17) 健全农村人才工作体系。各级党委、政府要把农村实用人才队伍建设和农村人力资源开发工作摆上重要议事日程，切实加强组织领导和统筹协调。要建立党委统一领导，组织部门牵头抓总，人力资源和社会保障、农业部门具体负责，教育、科技、文化、卫生、财政、发展改革、扶贫开发等部门各司其职、密切配合，共青团、妇联、科协等人民团体广泛参与的工作机制，努力形成社会各方面力量共同培养农村实用人才、开发农村人力资源的工作格局。组织、人力资源和社会保障、农业部门要分解落实有关职责，研究制定实施方案和工作措施，加强协调配合，推进各项任务落实，并抓好督办。各地要结合实际研究制定农村实用人才队伍建设规划和实施办法，将其列入本地区新农村建设总体规划。建立农村实用人才队伍建设和农村人力资源开发工作目标考核制度、年度例会制度、直接联系优秀农村实用人才制度和督促检查制度。县、乡、村三级党组织在农村实用人才队伍建设中负有重要责任，要把农村实用人才队伍建设和农村人力资源开发工作成效列入县乡党政领导班子和相关责任部门的政绩考核内容。

(18) 充分发挥农村基层党组织在农村实用人才队伍建设和农村人力资源开发中的重要作用。农村基层党组织要努力营造有利于农村实用人才发挥作用、干事创业的良好环境。要把农村实用人才队伍建设和农村人力资源开发工作纳入农村党的建设“三级联创”活动之中，作为乡村党组织创建“好班子”、“好队伍”的重要内容和农村党的建设的一项经常性工作。农村基层党组织要整合、运用好各方面资源，充分发挥共青团、妇联等人民团体在凝聚人才、联系群众等方面的作用，增强推进农村人才工作的整体合力。认真组织实施“双培双带”工程，把农村党员干部培养成农村实用人才带头人，把农村实用人才中的优秀分子培养成农村党员干部，积极支持农村党员干部和实用人才带头致富、带领群众共同致富。建立健全城乡党的基层组织互帮互助机制。积极支持政治素质好、有突出贡献的农村实用人才代表进入地方基层的人大、政协参政议政。

(19) 加大对农村实用人才队伍建设的投入。按照统筹城乡经济社会发展的要求，充分发挥公共财政的职能作用，完善有关职能部门的支持体系，广泛动员社会力量参与，建立农村实用人才队伍建设和农村人力资源开发的投入和社会分担机制。各级财政部门要加大资金投入，保障农村

实用人才队伍建设和农村人力资源开发的需要。进一步整合农村实用人才队伍建设相关资金，有条件的市、县（市、区）可设立农村人力资源开发专项资金。加强对农村人力资源开发资金的管理，提高使用效率。鼓励和支持企业、社会、个人等各方面力量加大对农村实用人才工作的投入，健全多元化投入保障体系。

（20）营造有利于农村各类人才成长兴业的社会氛围。各级各部门要进一步明确广大农民在新农村建设中的主体作用，高度重视农村实用人才在新农村建设中的重要作用。通过报刊、广播、电视、网络等各种媒体，运用多种方式，大力宣传农村实用人才学习推广农业科技、带领群众科技致富、建设社会主义新农村的事迹，表彰他们作出的突出成绩，扩大他们的社会影响，提高他们的社会地位，在全社会营造关心和爱护农村实用人才的良好氛围，激发广大农民成才兴业、建设社会主义新农村的积极性。要形成正确的舆论导向，引导和鼓励城乡各方面人才面向“三农”，扎根农村，为全省转型发展、安全发展、和谐发展作出积极贡献。

中共山西省委　山西省人民政府
关于加快残疾人事业发展的实施意见

晋发〔2009〕18 号

（2009年5月15日）

为认真贯彻落实中共中央、国务院《关于促进残疾人事业发展的意见》(中发〔2008〕7号)精神，推动残疾人事业健康快速发展，结合我省实际，提出如下实施意见。

一、发展残疾人事业的重要意义、总体要求和目标任务

（1）重要意义。残疾人是一个数量众多、特性突出、特别需要帮助的社会群体。目前，我省共有202.9万残疾人，涉及600多万家庭人口。长期以来，各级各部门高度重视发展残疾人事业，相继采取了一系列重大举措推动残疾人事业不断发展，残疾人参与社会生活的环境和条件明显改善，生活水平和质量不断提高。但是，必须清醒地看到，一些地方和部门对发展残疾人事业重视不够、扶残助残意识不强，服务残疾人的专业队伍、基础设施和经费投入等难以满足残疾人事业发展需要，残疾人事业发展仍然滞后于经济社会发展，残疾人总体生活状况与社会平均水平还有较大差距。加快残疾人事业发展，改善残疾人状况，充分发挥残疾人在促进改革发展稳定中的重要作用，是全面建设小康社会、构建社会主义和谐社会的内在要求，是实现转型发展、安全发展、和谐发展的客观需要，也是建设新基地新山西的重要任务。各级党委、政府要从坚持立党为公、执政为民的高度，充分认识发展残疾人事业的重要意义，进一步增强责任感和紧迫感，采取积极有效措施，促进残疾人事业又好又快发展。

（2）总体要求。加快残疾人事业发展，必须高举中国特色社会主义伟大旗帜，以邓小平理论和“三个代表”重要思想为指导，深入贯彻落实科学发展观，紧紧围绕全面建设小康社会奋斗目标，着眼于解决残疾人最关心、最直接、最现实的利益问题，以加强残疾人社会保障和服务体系建设为重点，充分发挥政府主导作用，有效整合社会资源，坚持统筹兼顾和分类指导，立足基层，面向群众，完善促进残疾人事业发展的法律法规和政策措施，营造残疾人平等参与的社会环境，缩小残疾人生活状况与社会平均水平的差距，实现全省残疾人事业健康快速发展。

（3）目标任务。到2015年，全省基本建立起残疾人社会保障和服务体系，基本实现残疾人人人享有基本生活保障、人人享有安全住房、人人享有康复服务，残疾儿童少年人人享有义务教育；到2020年，残疾人社会保障和服务体系更加完善，残疾人生活状况根本改善，文化教育水平明显提高，就业更加充分，参与社会生活更加广泛，每个残疾人都能得到基本公共服务，真正实现“学有所教、劳有所得、病有所医、老有所养、住有所居”。

二、加强残疾人社会保障体系建设

（4）保障残疾人享有基本医疗卫生服务。将残疾人纳入城镇职工基本医疗保险、城镇居民基本医疗保险、新型农村合作医疗和城乡医疗救助制度，对于自愿参保、参合但个人缴费确有困难的贫困残疾人，可由医疗救助基金给予资助，确保残疾人参保、参合全覆盖。认真落实我省关于残疾人就医优惠的有关规定，对患大病的残疾人个人负担费用难以承受的给予大病医疗救助，将白内障复明手术、精神病人院治疗、残疾儿童医疗康复等项目纳入城镇职工基本医疗保险、城镇居民基本医疗保险和新型农村合作医疗范围，对贫困残疾人肢体矫治手术、辅助器具适配等给予适当补助，保障残疾人基本医疗卫生需求。

（5）保障残疾人享有基本康复服务。将残疾人康复纳入全省基本医疗卫生制度和基层医疗卫生服务内容。发挥残疾人康复机构的作用，加强残疾人康复专业技术人才培

训和康复服务专业队伍建设。充分利用卫生、民政、教育、计生等服务网络和民办康复机构，就近就便为残疾人康复提供服务。支持开展残疾人康复技术研究和应用，不断提高康复质量和水平。实施残疾儿童康复医疗救助工程，对各类贫困残疾儿童实施康复医疗救助，逐步实现残疾儿童免费享受康复服务。加强社区残疾人卫生康复服务体系建设，推进康复进社区、服务到家庭。依托乡（镇）村卫生院（所）、学校和社会福利服务中心，通过政府购买服务等方式，为农村残疾人提供康复训练与服务，着力解决边远地区和贫困残疾人康复难问题，扩大残疾人康复服务覆盖面。各级政府要按照残疾人康复服务覆盖率年增长15%的目标要求，按辖区人口每人每年不少于0.5元的标准落实康复经费，纳入财政预算，并逐年增长。另外，还要通过彩票公益金、社会募捐等多渠道筹措残疾人康复经费。

（6）建立健全残疾预防体系。建立综合性、社会化预防和控制网络，广泛开展以社区为基础、以一级预防为重点的三级预防工作。注重婚前医学检查和孕产期优生检查，加强出生缺陷与残疾预防，提高出生人口素质。开展碘缺乏等疾病的监测与预防，建立出生缺陷与残疾监测网络，实施残疾报告制度。广泛开展心理健康教育与保健，预防精神残疾。强化安全生产、劳动保护、交通安全和科学救护等措施，有效控制残疾的发生和发展。普及残疾预防知识，提高公众的残疾预防意识，加强老年人残疾防治体系建设和管理。

（7）保障残疾人基本生活。完善城乡残疾人基本生活保障机制，扩大保障范围，提高保障水平，实现应保尽保。对持证重度残疾人、一户多残、老残一体等特殊困难残疾人，要按照分类施保的办法，提高补助水平，重点予以关照。对无劳动能力、无生活来源又无法定赡养、抚养、扶养的残疾人，民政部门应当给予供养和救济。安置和照顾好残疾军人。继续实施农村贫困残疾人危房改造工程，各级财政要安排并逐步增加配套资金，在政府实施的解决农村困难群众住房、城市居民棚户区改造中，优先解决好贫困残疾人住房问题；对于符合廉租住房和经济适用房保障条件的贫困残疾人，要优先给予照顾。

（8）完善残疾人社会保险政策。确保城镇残疾职工按照规定参加基本养老、基本医疗、失业、工伤和生育保险。落实城镇贫困残疾人个体户基本养老保险补贴政策，鼓励个体就业残疾人参加社会保险。对农村贫困残疾人参加社会养老保险的个人缴费部分，当地政府要给予补贴。

（9）促进残疾人社会福利和慈善事业。完善残疾人社会福利政策，逐步扩大残疾人社会福利范围，适当提高残疾人社会福利水平。重点做好残疾老人、残疾儿童和边远农村贫困残疾人的福利服务。县级以上政府在发行福利彩票、体育彩票的本级留成中安排不低于15%的公益金用于发展残疾人事业。充分发挥残疾人福利基金会、红十字会、慈善总会等组织的作用，积极为残疾人事业筹集资金。鼓励和动员社会捐资助残，并对贡献突出的单位和个人予以表彰。

三、加强残疾人服务体系建设

（10）加快发展残疾人服务业。针对残疾人特殊性、多样性、类别化的服务需求，建立健全以专业机构为骨干、社区为基础、家庭邻里为依托，以生活照料、医疗卫生、康复、社会保障、教育、就业、文化体育、维权为主要内容的残疾人服务体系。公共服务机构应当为残疾人提供优先优惠优质服务。各级政府要将残疾人服务业纳入服务业发展总体规划和专项实施计划，加大残疾人专业服务机构的建设力度，通过民办公助、政府补贴、政府购买服务、按规定减免税收和奖励等方式，鼓励发展残疾人服务业，改善服务条件，完善服务功能，提高服务水平。

（11）加强综合服务能力建设。各级政府要将残疾人服务设施建设纳入城乡公益性建设项目，在立项、规划、土地征收、税费减免等方面按规定给予支持。逐步建设省、市、县残疾人托养服务机构，为重度、智力、精神残疾人及老年残疾人提供生活照料、康复养护、技能培训、心理咨询等公益性、综合性服务。兴建残疾人文化体育设施，满足残疾人文化体育需求。加强山西省残疾人康复中心建设，加大投入，配备相应康复设备，提高服务能力。

（12）加快无障碍建设和改造。严格执行有关无障碍建设的法律法规、设计规范和行业标准，实现无障碍设施与城乡发展建设相配套。新建、改建、扩建公共建筑、社区、城市道路、公共设施和场所，要实行与无障碍设施同步设计、同步施工、同步验收。中心城市加快无障碍建设和改造，小城镇、农村地区逐步推行无障碍建设和改造。加快推进与残疾人日常生活密切相关的住宅、社区、学校、福利机构、公共服务场所和设施的无障碍建设和改造，有条件的地方要对贫困残疾人家庭住宅无障碍改造提供资助。强化无障碍设施养护和使用日常监督管理，保证无障碍设施的完好率和使用率。对应建未建、应改未改、改变用途、破坏无障碍设施的，相关部门要按照有关规定给予处罚。交通运输、铁路及城市公共交通要加大无障碍建设和改造力度，公共交通工具要配置无障碍设备，公共停车区要优先设置残疾人专用停车泊位。残疾人乘坐公共交通工具时，其随身必备辅助器具和导盲犬应予免费携带，盲人、肢体残疾人免费乘坐市内公共交通工具。机场、车站、图书馆、博物馆、大型商场超市、公园、影剧院等公共服务场所要提供语音、文字提示和盲文、手语等无障碍服务，影视作品和节目加配字幕，网络、电子信息和通讯产品方便残疾人使用，逐步实现市级以上电视台开播手语节目，推进信息和交流无障碍。

四、促进残疾人全面发展

（13）发展残疾人教育。全面普及残疾人九年义务教育，加快发展学前康复教育和高中阶段特殊教育，大力发展残疾人职业教育和高等教育。根据国家特殊教育政策和我省经济发展实际，逐年增加特殊教育投入。完善以特殊教育学校为骨干，以残疾儿童少年随班就读为主体、各类教育并举的特殊教育格局。完善特殊教育学校布局，30万人口以上的县（市、区）要逐步建立特殊教育学校，各市要建设功能比较完善的特殊教育中心学校，省城要建设残疾人职业教育中等专业学校。支持普通高等院校开设特殊教育专业和培养为残疾人服务的各类专业人才，落实普通高等院校招收残疾考生政策，各级各类学校在招生、入学等方面不得歧视残疾学生。免费进行残疾人扫盲教育，开展残疾人职业教育培训，鼓励残疾人自学成才。对从事特殊教育的教师，在继续教育培训、专业技术职称评聘、晋升、评优等方面，同等条件下予以优先照顾。建立扶残助学制度，确保残疾学生不因家庭经济困难失学或辍学，残疾学生、贫困残疾人家庭子女优先享受减免学费、国家助学金、困难补助和国家助学贷款补贴等政策待遇。县以上设立扶残助学基金，通过财政预算、彩票公益金、社会募捐等渠道筹集资金，对贫困残疾学生和特困残疾人家庭子女进行资助，对优秀残疾人大学生和参加自学考试、远程教育和成人高等教育取得大专以上学历的残疾人给予奖励。

（14）促进残疾人就业创业。扶持残疾人自主择业、自主创业，在生产、经营、技术、资金、物资、土地使用等方面为残疾人就业创业给予倾斜。依法推进按比例安排残疾人就业，鼓励兴办集中安排残疾人就业的福利企业、盲人按摩机构、工（农）疗机构、辅助性工场等。党政机关、事业单位录用工作人员时不得歧视残疾人，国有企业要带头安置残疾人就业，政府开发的公益性岗位优先安排残疾人。各级政府要积极扶持残疾人专产专营项目，同等条件下要优先购买残疾人集中就业单位的产品和服务。

（15）加强残疾人就业服务工作。公共就业服务机构、残疾人就业服务机构要免费开展残疾人就业政策咨询、岗位信息、职业指导、职业介绍、职业培训等服务工作，设立残疾人就业窗口，免收未就业残疾人人事档案、人事关系委托保管费，完善残疾人失业登记管理制度。定期举办残疾人职业技能竞赛，建立健全残疾人职业技能人才奖励机制。同时，完善残疾人就业保障金征收管理政策，加大征收力度，加强监督管理。

（16）加强农村残疾人扶贫工作。将农村扶贫开发政策措施和支农惠农政策落实到农村贫困残疾人家庭，在生产服务、技术指导、农资供应、农副产品购销和信贷等方面给予优先照顾和优惠待遇。各级财政和扶贫部门要安排一定数量的专项扶贫资金和贷款贴息资金，支持兴办残疾人扶贫基地，开展农村残疾人生产实用技术培训，扶持残疾人从事种养业、手工业和多种经营。金融部门要积极落实专项扶贫贷款政策，确保残疾人扶贫贷款到户到人。

（17）繁荣残疾人文化体育事业。加大对残疾人文化体育事业的经费投入，拓展残疾人文化体育活动场所，积极组织开展残疾人文化体育活动，丰富残疾人精神文化生活。多渠道培养残疾人文艺体育人才，建立残疾人文艺体育人才的选拔、输送、训练、激励机制，定期举办残疾人文化、艺术、体育比赛，组织参加残疾人国内、国际比赛和交流，对取得优异成绩的残疾人、教练员和工作人员进行表彰。残疾人运动员在重大国际、国内比赛中取得的成绩，计入教练员从事相关专业的工作成绩。文艺体育专业院校要招收一定数量的优秀残疾人文艺体育人才，特殊教育学校要把培养学生文艺体育技能作为重要教学内容,开展相关学科的理论研究和专业人员培养。专业文化艺术团体、体育训练单位要支持选派专业教练员、指导教师、技术人员从事残疾人文化体育工作，利用专业团体的场地、设施、技术等优势协助培养残疾人文化体育专业人才。城市社区和农村要创造条件，提供残疾人文化体育活动场所，吸纳和组织残疾人参加文化体育活动。残疾人集中的单位要组织开展经常性的残疾人文化体育活动。城乡公共健身场所要配置适合残疾人特点的健身器材。公共图书馆要建立盲人图书室，配置盲文版书籍，为盲人提供有声读物。公园、动物园、烈士陵园、旅游区（点）、文化馆、展览馆、博物馆、文化活动中心、科技活动中心、影剧院、体育场馆等公共文化和体育场所，要对参观游览的残疾人、重度残疾人的1至2名陪侍人员免费，并设立明确标识。

五、优化残疾人事业发展的社会环境

（18）增强全社会扶残助残意识。围绕社会主义核心价值体系建设，在全社会大力弘扬人道主义精神和中华民族传统美德，倡导“平等、参与、共享”的现代文明社会残疾人观，形成理解、尊重、关心、帮助残疾人的良好社会风尚。新闻媒体要开设专版专栏宣传残疾人事业，免费刊播残疾人事业公益广告，大力宣扬残疾人自强模范和扶残助残先进典型。教育部门要将人道主义思想纳入中小学德育教育内容。各级工会、共青团、妇联、残联等人民团体及老龄协会等社会组织要发挥各自优势，加大对残疾职工、残疾青年、残疾儿童、残疾妇女和残疾老人的扶助力度。组织好“全国助残日”、“国际残疾人日”活动，继续开展红领巾助残、志愿者助残活动，开展无障碍城市、残疾人工作爱心城市创建活动，开展“自强模范”、“助残先进”评选活动，激励广大残疾人自尊、自信、自强、自立，融入社会，参与发展，共享发展成果。

（19）加强残疾人事业发展研究。将残疾人生存发展状况和残疾人事业发展情况纳入社会事业发展统计内容，开展残疾人状况抽样调查和专项调查，建立全省残疾人事业状况定期监测报告制度。建设残疾人工作网络信息资源平台，建立残疾人和残疾人工作者基础数据动态信息库。加强残疾人事业理论与实践研究工作，为残疾人事业发展战略、目标规划、政策制定及组织管理等提供科学的决策依据。支持科研机构、高等院校开展现代康复技术、辅助器具新产品、信息无障碍产品等新技术新产品的研发。

（20）加强残疾人事业法规体系和制度建设。认真执行《山西省保障残疾人合法权益规定》，充分保障残疾人参政议政的平等权益，尊重残疾人对相关立法和残疾人事务的知情权、参与权、表达权、监督权。加大执法检查力度，加强法制宣传教育，增强全社会依法维护残疾人权益的法制观念。完善残疾人事业法规体系，修订《山西省实施〈残疾人保障法〉办法》，制定《山西省实施〈残疾人就业条例〉办法》。建立由法院、检察院、公安、司法、民政、人力资源和社会保障、教育、卫生、残联等部门和团体共同参与的残疾人法律救助工作协调机制，设立残疾人法律救助专项基金，加大对残联法律救助工作站的投入和残疾人法律救助案件的补贴。各级法院、法律援助和法律服务机构要将残疾人列为重点救助对象，依法提供优先、优质、优惠的司法救助、法律援助等法律服务。特别要在一些福利企业、残疾人聚集地、特教学校中广泛开展法律援助，提高残疾人依法维权的意识和能力。各级司法机关和执法部门要加大对侵害残疾人合法权益案件的查处力度，依法打击各种侵害残疾人合法权益的违法犯罪行为。

(21) 加强残疾人事业国际交流合作。鼓励、支持开展残疾人事业国际交流与合作。以残疾人文化、体育、职业技能比赛等为载体，拓展国际交流合作领域，借鉴国外有益经验，提高国际合作水平，加快发展我省残疾人事业。

六、加强对残疾人工作的组织领导

(22) 完善残疾人工作领导体制。各级党委、政府要高度重视残疾人事业，将其纳入国民经济和社会发展总体规划，完善党委领导、政府负责的残疾人工作领导体制。党委和政府要分别明确一位领导同志联系和分管残疾人工作，定期听取汇报，研究解决工作中遇到的重要问题。各级政府残疾人工作委员会及其办事机构要强化职责，健全工作制度，加强统筹协调，严格督促检查。有关部门和单位要将残疾人康复、教育、就业、社会保障、文化体育、无障碍建设、权益保障、助残宣传等各项工作按照职责范围纳入本部门本单位工作规划和年度计划，切实提高为残疾人提供社会保障和公共服务的水平。

(23) 建立残疾人事业经费保障机制。各地要认真落实中央和省里的残疾人重点扶助项目配套资金，将残疾人综合服务设施和专业服务设施建设以及公共服务设施无障碍改造等项目纳入政府为民办实事的重要内容，重点予以解决。残疾人事业经费纳入各级财政预算，并随财政收入增长逐步增加。加强对残疾人事业经费使用情况的监督检查。

(24) 发挥残疾人组织作用。各级党委和政府要支持残联依照法律法规和章程开展工作，参与残疾人事业社会管理和公共服务,充分发挥其联系残疾人的桥梁纽带作用，并对残联承办的社会事务和专业服务项目给予相应的政策支持。各级人大、政协要吸收同级残联组织和优秀残疾人代表参与民主管理，拓宽残疾人组织和残疾人民主参与渠道。各级残联要切实履行职能，代表残疾人共同利益，维护残疾人合法权益，努力为残疾人服务，发展和管理残疾人事业。健全县乡两级残联组织，解决好人员待遇问题，为残疾人工作提供有力的组织保障。村和社区成立残疾人协会。

(25) 加强残疾人工作干部队伍建设。认真执行残联领导干部双重管理有关规定，配齐配强各级残联领导班子，将残联干部队伍建设纳入当地干部队伍和人才队伍建设整体规划，加大培养、使用和交流力度，从政治上、工作上、生活上给予关心爱护。县以上残联按规定配备残疾人干部，要做好残疾人干部的选拔、培养和使用工作。推进残疾人服务机构和服务人员专业化，逐步建立相关专业技术职务系列和任职资格评定体系，稳定残疾人工作专业人员队伍。选聘好乡村两级残疾人专职委员，广泛动员社会力量发展壮大助残志愿者队伍。

各地和有关部门要根据本意见精神，制定具体实施办法。

中共山西省委关于贯彻《中国共产党党校工作条例》的实施意见

晋发〔2009〕21号

(2009年6月4日)

为认真贯彻落实《中国共产党党校工作条例》(简称《条例》)，全面推进党校工作，结合我省实际，提出如下实施意见。

一、深刻认识党校工作的基本性质、总体要求、目标任务和重要意义

(1) 基本性质。党校是在党委直接领导下培养党员领导干部和理论干部的学校，是党委的重要部门，是培训轮训党员领导干部的主渠道，是党的哲学社会科学研究机构。各级党委要把党校办成培训轮训党员领导干部、培养党的理论队伍，学习、研究和宣传马克思列宁主义、毛泽东思想、邓小平理论、“三个代表”重要思想以及科学发展观等重大战略思想的重要阵地，使之成为干部加强党性锻炼的熔炉。

(2) 总体要求。党校教育要围绕党和国家工作大局，按照实事求是、与时俱进、艰苦奋斗、执政为民的要求，

尊重和研究干部成长规律和党校教育规律，针对干部成长的特点和需求，以马克思主义理论特别是中国特色社会主义理论体系为主课，培养忠诚于中国特色社会主义事业、德才兼备的党员领导干部和理论干部。

（3）目标任务。党校的基本任务是：培训轮训各级党员领导干部及后备干部，培养理论干部；承办党委和政府举办的专题研讨班；围绕国际国内出现的新情况新问题开展科学研究，承担党委和政府下达的调研任务，推进理论创新；针对改革开放和社会主义现代化进程中的重大理论和现实问题，开展马克思主义中国化最新成果的理论宣传，开展党的路线、方针、政策的宣传；按照国家有关法律法规和政策规定，开展学位研究生以及其他形式的干部继续教育和培训；开展同国内国（境）外教育、研究等机构和组织的合作交流。通过加强党校建设，提高教学和科研水平，力争把各级党校建设成为设施先进、功能齐全、教学质量上乘、科研成果突出、与我省经济发展水平相适应的党的干部教育培训学校和哲学社会科学研究机构。

（4）重要意义。党校在加强干部教育培训、推进中国特色社会主义理论创新、提高党的执政能力方面，具有不可替代的作用。加强党校工作，是用中国特色社会主义理论体系武装党员干部的重要举措，是实现大规模培训干部、大幅度提高干部素质目标的主要渠道，也是建设新基地新山西的迫切需要。各级党委要深刻认识做好新形势下党校工作的重要意义，认真学习贯彻《条例》，采取有力措施，开创党校工作新局面。

二、充分发挥党校作为培训轮训领导干部主渠道的作用

（5）培训对象。省委党校主要轮训副市厅级领导干部、正县处级领导干部、乡(镇)党委书记和县处级领导干部中的市厅级后备干部；市委党校主要轮训副县处级领导干部、正乡科级领导干部和乡科级领导干部中的县处级后备干部；县级党校轮训副乡科级领导干部和基层党员干部。省、市两级党委要根据中心工作需要，在党校举办各类专题研讨班。省委党校举办主要以党校教师为对象的师资培训班，与有关部门合作举办以理论干部和哲学社会科学教学科研骨干为对象的研修班及其他班次。鉴于我省各级党校与行政学院合并办学的实际，各级各类公务员培训按照分级培训的要求，一律纳入党校（行政学院）培训计划。

（6）抓好领导干部培训轮训工作。各级党委要按照新一轮大规模培训干部的实际需求，指导制定党校培训轮训规划，协调好党校与其他教育培训机构的关系，发挥好党校的主渠道作用。要以组织调训为主，优先安排关键岗位、重点岗位的领导干部和年轻后备领导干部参加培训轮训。现职乡级以上党员领导干部特别是党政主要领导干部，每5年要到党校轮训一次。党政后备干部，在被提拔或提名选举到上一级领导岗位之前，要经过党校培训；因特殊情况未训的，必须进行补训。各级党委组织部门要精心组织协调，保证培训轮训任务落实。省委干部教育工作领导小组要加强管理，定期组织对各级党校进行教学质量和办学能力评估。建立健全党校系统业务工作指导制度，每年召开一次全省党校校长会议。

（7）改进办学方式。各级党校要坚持开放办学，合理配置和有效利用党校系统教学资源，积极开展包括部门行业培训在内的干部继续教育和培训，拓展培训渠道，提高培训质量。适应对外开放和我省建设文化强省、旅游大省的需要，加强省内外干部教育培训工作的交流合作，探索多层次、多类型、多形式的干部教育培训途径与方式。党校的主体班次包括进修班、培训班、专题研讨班、研修班和师资培训班等，学制为1至4个月。学制二年以上的干部继续教育，要减少数量、缩小规模，严格管理、提高质量，学员必修课程结束并经考试考核合格者，授予党校学历，在干部任职选拔、公务员考评晋级、评定相关专业技术职务等方面享受国民教育相应学历同等待遇。省委党校的办学规模逐步增至2500人左右，市、县（市、区）委党校的办学规模由同级党委确定。

（8）深化教学改革。突出马克思主义中国化最新成果、建设新基地新山西理论与实践、提高执政能力与领导水平、加强党性修养等重点教学内容，加强优势学科与特色学科建设，形成具有党校特色的学科体系和理论联系实际的教材体系。做好需求调研，把党的要求和干部需求有机结合起来，使党校教育培训贴近中央和省委中心工作、贴近社会实际、贴近学员工作实际，增强教学的针对性和实效性。大力推行研究式教学，综合运用讲授式、案例式、模拟式、体验式等教学方法，充分调动教与学两个方面的积极性。加强教学组织管理，建立健全规章制度，形成职责明确、分工协作、运转协调、高效有序的教学机制。

（9）加强校风学风建设，严格学员管理。坚持理论联系实际，树立良好学习风气。加强学员的思想政治教育和学习管理、组织管理、生活管理，健全管理制度，改进管理方式，提高管理效果。严格校规校纪，学员在校期间违反有关规定和纪律的，视情节轻重，给予批评教育直至纪律处分。各级党委组织部门、学员派出单位和党校要加强协调配合，形成严格管理、严格监督的机制。

三、强化党校作为党的哲学社会科学研究机构的科研职能

（10）加强对中国特色社会主义理论和重大现实问题的研究。各级党校要密切关注国内外省内外形势的发展变化，加强对中国特色社会主义理论体系和重大现实问题的研究，加强对省情特点和发展规律的研究，为推进党的理论创新服务，为社会主义经济建设、政治建设、文化建设、社会建设以及生态文明建设和党的建设服务，为我省转型发展、安全发展、和谐发展服务。特别要紧密联系实际研究和宣传科学发展观，研究和宣传走出“四条路子”、实现“三个跨越”的重大理论和实际问题，组织力量主动承担研究课

题，宣传研究成果，激励全省干部群众自觉贯彻落实科学发展观，推动科学发展、促进社会和谐。

（11）为各级党委和政府提供决策咨询服务。党校要按照科学研究是党校教育基础的要求，确立围绕中心、服务大局的科研意识，结合经济社会发展中全局性、前瞻性和战略性的重大现实问题，深入调查研究，形成具有较高应用价值的对策性调研成果，为各级党委、政府提供决策参考。各级党委、政府要关心和支持党校的科研工作，及时下达调研任务和研究论证课题，支持党校学员和教研人员参加社会调查和社会实践活动，在进行重要决策和重大课题调研、讨论时吸收党校人员参加，发挥好党校在科学决策中的思想库作用。

（12）深化科研体制改革。党校科研工作要面向社会，加强与实际工作部门和政策研究部门、高等学校、科研院所及国(境)外学术界的交流与合作，拓宽对外学术交流渠道，建立开放的科研体制和以科研项目为枢纽的科研管理体制。省委党校负责协调全省党校系统的科研工作，定期组织科研成果评估评奖，推进教学科研一体化改革。

（13）加强图书馆（室）建设，办好党校报刊。完善各级党校图书馆（室）功能，努力提高数字化水平。省委党校图书馆要办成多功能、现代化的综合性文献资料中心。党校报刊要坚持正确导向，活跃学术思想，不断提高质量，为党校教学科研服务，为推进党的理论创新服务。

四、建设适应新时期干部教育培训要求的党校工作人员队伍

（14）加强以教师为重点的党校人才队伍建设。实施人才强校战略，完善学习进修、实践锻炼、激励竞争、考核评价等培养机制，造就一批政治强、业务精、作风正的高素质教学科研人才。重视中青年教研骨干和学术带头人的培养，有计划地安排他们到基层党政机关和企事业单位挂职锻炼，到中央党校、国家行政学院与其他干部院校和高等院校进修深造，到国（境）外考察进修、学术交流和作访问学者。按照专职为主、专兼结合的原则，有计划地选聘理论水平较高、实践经验丰富、胜任干部教育工作的党政领导干部、企业管理人员、专家学者担任兼职教师。把党校干部纳入干部交流工作整体规划，统筹安排，加大党校与其他党政机关干部的交流力度，增强党校干部队伍的活力。

（15）提高党校行政及后勤服务人员整体素质。建立健全党校行政、后勤工作的各项规章制度，按照管理科学化和服务规范化的要求进行必要的改革，加强对行政、后勤服务人员的教育管理和业务培训，提高管理水平、服务质量和后勤保障能力。加强党校机关党的思想建设、组织建设、作风建设、制度建设和反腐倡廉建设，促进教学、科研、行政、后勤等各项工作任务的完成。各级党校根据培训轮训班次的需要，配备相应级别和数量的组织员或班主任。

（16）推进党校组织人事制度改革。健全党校组织人事管理制度，形成民主、公开、竞争、择优的选人用人机制，体现按品德、知识、能力、业绩选人用人标准，鼓励优秀人才脱颖而出。党校教师享受国家规定的有关教师的各种待遇。按照《教师法》和省有关规定，党校教师应享受的津（补）贴项目纳入同级财政预算。按照党校既作为干部教育培训学校、又作为党的哲学社会科学研究机构的双重性质要求，完善职称评审体系和机构，适当增加高级专业技术职务的岗位职数，正高职数按研究机构确定。

五、加强对党校工作的组织领导

（17）把党校工作纳入党委整体工作部署和党的建设总体安排。各级党委要从战略和全局的高度，充分认识党校的地位和作用，切实加强对党校工作的领导，把党校工作列入党委重要议事日程和年度工作考核目标。定期召开党校工作会议，每年至少听取一次党校工作汇报，及时研究解决党校改革发展中的重要问题，协调有关部门形成支持党校工作的合力。建立健全党政领导同志到党校讲课、作报告、与学员座谈的制度。可安排党校常务副校长参加党委中心组学习和一些重要会议。

（18）加强党校领导班子建设。各级党委要从党的事业发展全局出发，选好配强党校领导班子。党校实行校务委员会领导体制。党校校长一般由同级党委书记或副书记兼任，主持日常工作的副校长可按同级党委部门正职领导干部选配并作为同级党委成员提名人选。省委党校校务委员会由校长、副校长、教育长组成，根据工作需要可设置专职委员，委员由省委任命。各市、县（市、区）委党校的常务副校长，按已有规定，分别按副市厅、副县处级领导干部配备。

（19）加大对党校工作的经费投入。党校工作所需经费列入同级财政预算，并随着财政收入的增长逐步增加，确保党校教学科研、学科建设和行政后勤等各方面工作需要。实行“收支两条线”管理，党校办学收入全额上交财政并全部用于党校建设和发展，免收调控费用。党校学历教育停办后的经费缺口，经核算后由各级财政补足。党委用于干部教育的经费和党费，应安排一部分用于党校教育培训。加大对省委党校的投入和支持力度，促进省委党校各项建设取得明显变化。各地要帮助党校全面改善办学条件，将党校基础设施建设列入本地基本建设重点项目规划，按照教学、科研、生活、文体等不同功能的需求，配套完善必要设施。

（20）重视市、县级党校和企业党校建设。按照《条例》规定，各市设立市委党校，并根据实际情况设立县（市、区）委党校。县（市、区）不设党校的，可设立市委党校分校。省委党校可根据布局合理、资源统筹、优势互补的原则，在各系统和大型国有企业等设立分校。县级党校或市委党校分校要推进改革创新，努力提高办学质量和科研水平。国有企业党校要根据《条例》精神和企业实际，办出特色，办出水平。对于经济欠发达及财政困难的县级

党校或市委党校分校，省发展改革委应予以支持，省财政应在转移支付经费中给予适当补助。根据党委的统一部署安排，上级党委党校会同有关部门对下级党委及党校和有关部门贯彻执行《条例》和本意见的情况定期进行检查。对于认真执行《条例》和本意见的，给予鼓励，未按规定执行的，给予批评并提出改进意见。

中共山西省委办公厅 山西省人民政府办公厅 关于印发《山西省煤焦领域惩治和预防腐败制度》的通知

晋办发〔2009〕23号

各市、县委，各市、县人民政府，省委各部委，省直各委、办、厅、局，各人民团体：

省委、省政府同意《山西省煤焦领域惩治和预防腐败制度》，现印发给你们，请认真贯彻执行。

中共山西省委办公厅
山西省人民政府办公厅
2009年6月8日

山西省煤焦领域惩治和预防腐败制度

第一章 总 则

第一条 为进一步加强我省煤焦领域反腐倡廉建设，建立健全煤焦领域反腐倡廉制度体系和权力运行监督机制，规范煤焦领域监管秩序，促进煤焦产业健康发展，根据中央《建立健全惩治和预防腐败体系2008—2012年工作规划》（中发〔2008〕9号）及省委的实施办法和省委、省政府《关于集中开展煤焦领域反腐败专项斗争的意见》（晋发〔2008〕23号）等文件精神，制定本制度。

第二条 按照“改革创新、统筹推进，惩防并举、重在建设”的要求，坚持依法行政、高效行政、廉洁行政和公开、公平、公正的原则，规范权力运行，推动煤焦领域反腐倡廉建设。

第三条 各级政府、相关行政管理部门和事业单位及其工作人员，国有及国有控股煤焦企业及其领导人员，应遵守本制度。法律法规另有规定的，从其规定。

第二章 行政审批

第四条 根据《行政许可法》和有关法律法规，加强审批监管，规范审批行为，提高审批效能。

第五条 严格遵循依法设定、依法审批的原则，凡法律法规设定的许可事项，按照法定权限和程序进行审批，不得随意增加或减少许可条件或内容；凡法律法规没有明确设定的许可事项，一律不得自行设定、违规审批。

第六条 加强对煤炭资源审批、资源价款、资产评估、矿业权转让、安全许可、生产许可、工商登记等事项的监管，防止国有资源和资产流失，严禁权钱交易、以权谋私。

第七条 按照合法、便民、务实、高效的原则，减少审批环节，优化审批流程，明确审批时限，不得互相推诿、无故拖延。

第八条 积极推行煤焦企业生产经营证照统一办理、集中审批办法，加快推进煤焦领域电子政务和电子监察系统建设，建立健全网络审批时限预警提示、超时惩戒机制，加强对审批行为的全程动态监控。

第九条 依法公开行政许可的法律法规和政策依据，及时公开审批过程和结果。

第三章 安全监管

第十条 严格执行《矿产资源法》、《煤炭法》、《安全生产法》、《公司法》等法律法规，明确监管主体和监管职责，强化执法责任，健全执法机制，规范监管秩序。

第十一条 加强对煤炭生产企业的安全监管，对越层越界等非法违法生产的，坚决关闭；对没有安全保障的，一律停产整顿；对证照齐全、具备安全生产条件的，切实加强日常监管，防止发生重审批轻监管、以批代管、管理缺位现象。严厉打击、彻底杜绝私挖滥采行为。

第十二条 改进煤炭生产能力核定、煤炭产量监控等措施，严禁超能力、超强度、超定员组织生产。规范煤炭企业停产整顿及复工复产验收工作，按照“谁验收、谁签字、谁负责”的原则，落实监管责任。

第十三条 落实煤炭项目核准、建设项目设计审批、项目检查验收等环节的监管责任，严禁弄虚作假、徇私舞弊行为。

第十四条 加强对火工品生产、运销、储存、审批等环节的监管，严禁国家机关工作人员利用职权非法参与倒卖火工品。

第十五条 国家机关工作人员和国有企业领导人员不得以任何名义在煤矿参股，不得利用职权为非法煤矿充当

“保护伞”。

第四章 生产经营

第十六条 加强对国有及国有控股煤焦企业重大决策行为的监督，凡重大决策、重大项目安排、重要人事任免、大额度资金使用等必须经过集体讨论、集体决策。

第十七条 充分发挥股东会、董事会、监事会的监督作用，加强对决策及执行过程的监督，完善国有煤焦企业民主监督机制。

第十八条 国有资产监督管理部门要采取有效措施，加强对国有及国有控股煤焦企业重组改制、产权交易、投资合作、设备采购、工程招投标等行为的监督，防止发生侵害国有资产权益的行为。

第十九条 严格执行国有及国有控股企业领导人员任期经济责任审计有关规定，加强责任审计，前移监督关口，从源头上防止腐败行为的发生。

第二十条 国有及国有控股煤焦企业领导人员应自觉遵守廉洁自律有关规定，正确行使经营管理权，不得利用职权为本人及亲属谋取私利、损害国家利益。国有企业领导人员执行廉洁自律“七个不准”规定的情况应当定期公示，接受职工监督。

第二十一条 深化国有及国有控股煤焦企业企务（厂务）公开，按照规定应当公开、公示的事项必须公开、公示，发挥职工群众在民主决策、民主管理、民主监督中的作用。

第五章 购销运输

第二十二条 认真执行省政府有关煤炭销售的宏观管理和调控政策，严格煤焦经营主体的资质审批和准入条件，加大对发煤站、储配煤场项目审批行为的监管，规范煤焦市场秩序，杜绝无序经营。

第二十三条 建立和实行煤炭招投标采购和公示采购相结合的管理办法，加强煤炭采购管理。对采购矿点、价格和质量的确定要严格履行集体研究、公开公示程序，防止发生暗箱操作、损公肥私、权钱交易行为。

第二十四条 加快全省煤炭物流体系建设，使煤炭采购、承运、销售全部进入合法交易体系和流程，实行合同化管理。运用信息化手段，完善网上合同、计划和配额审批制度。

第二十五条 严格铁路煤炭运销计划审批程序，实行集体会审、集体审批制度，增强审批过程的透明度。规范铁路煤炭运销中间代理，维护煤炭合同的严肃性，提高合同兑现率。加强对公路煤焦站点的统一管理，防止和治理公路“三乱”。

第二十六条 严格执行省政府有关煤炭销售票据使用管理规定，加强涉煤涉焦票据使用监管，减少票据种类，明确管理主体，杜绝非法违法煤炭进入流通和销售环节，维护煤炭生产经营秩序。

第二十七条 涉煤涉焦销售票据应统一印制、统一管理，严格票据发放、使用、查验、回收、核销和统计上报管理，严禁违反规定使用票据，严厉打击伪造、变造、倒卖票据等违法行为。

第二十八条 改革煤炭和焦炭出口配额分配制度，加强配额分配行为监管，提高分配透明度。

第六章 税费征管

第二十九条 加强对涉煤涉焦税费、基金、价款征管行为的监管，健全相关制度，完善征管机制。

第三十条 涉煤涉焦税费、基金、价款征管要遵循归口管理、分级负责、收支分离的原则，其种类按照国务院和省政府有关规定增加、变更、取消，各地各部门各单位不得违反规定自行决定。

第三十一条 涉煤涉焦税费、基金、价款征收标准按照国务院和省政府有关规定执行，各地各部门各单位不得自行制定收费标准，坚决取缔涉煤涉焦乱收费行为，规范征收秩序。

第三十二条 涉煤涉焦税费、基金、价款征收要按照规定足额按时征缴，严禁违反规定截留、挪用或擅自减缓免。

第三十三条 有关部门应采取有效措施，加强对本部门本系统涉煤涉焦税费、基金、价款征收、管理、批拨、使用等重点环节、重要岗位的监管，实行资金使用、项目跟踪监督检查制度。

第七章 兼并重组整合

第三十四条 按照我省加快推进煤炭企业兼并重组整合的部署要求，加强领导，明确任务，完善措施，堵塞漏洞，确保兼并重组整合工作健康顺利进行，防止兼并重组整合过程中发生腐败行为。

第三十五条 各级政府要按照省政府推进兼并重组整合的总体思路和工作目标，落实领导责任，支持大型煤炭生产企业作为兼并重组整合主体，实现规模经营。严格兼并重组整合行为标准和要求，不得随意降低标准。对不执行有关规定致使兼并重组整合工作受到影响的，要进行责任追究。

第三十六条 坚持政府主导、市场运作、统筹兼顾、协调协商、依法推进的原则，规范煤炭企业兼并重组整合工作。加强矿业权转让及价款评估等方面的监管，规范转让方式和程序，提高交易透明度和公正性，严禁虚假评估、高价回购低价出卖资源行为，防止国家资源和国有资产流失。

第三十七条 对应予关闭而未按规定关闭资源枯竭矿井的，或者为被列入兼并重组整合的煤炭企业重新换发证照的，按有关规定进行行政问责。

第八章 中介服务

第三十八条 严把涉煤涉焦中介机构市场准入关，加强对中介机构在煤炭价款评估、安全评价、检测检验、环境影响评价等服务行为的监管，提高中介机构服务质量，规范收费行为，严惩违规违法行为。

第三十九条 负责行业、资质管理的政府部门应与所属涉煤涉焦中介机构彻底脱钩。

第四十条 促进社会中介机构行业自律，树立合法守规、敬业守责、诚实守信的良好职业道德，严禁在中介服务过程中弄虚作假、进行商业贿赂。

第四十一条 国家机关工作人员一律不得参与中介机构经营活动，不得在中介机构兼职或领取报酬。党政机关领导干部退休后三年内，不得到原任职务管辖部门和业务范围内的中介机构任职。

第九章 监督与惩处

第四十二条 各级政府、相关职能部门应自觉接受人大、政协以及人民群众和新闻媒体的监督，切实加强对内部权力运行各个环节的监督，完善监督机制，最大程度地减少权力“寻租”的机会。

第四十三条 审计部门要加强对国有及国有控股煤焦企业、煤矿兼并重组整合和涉煤涉焦税费、基金、价款征管等重点事项的审计，促进企业加强和改善经营管理，保障国有资产保值增值。

第四十四条 行政监察机关要严格履行《行政监察法》等法律法规赋予的职责，加强对各级政府及相关职能部门履职行为的执法监察、效能监察、廉政监察，促进廉政勤政，防止国家机关工作人员滥用职权、徇私舞弊、玩忽职守。

第四十五条 加大行政问责力度，对不执行或不正确执行党的政策和国家法律法规以及上级机关依法作出的决定、命令的，对决策失误的，对安全生产领域发生责任事故的，对在行政管理活动中不履行或者不正确履行职责的，对行使职权中办事拖拉、刁难推诿、效率低下造成重大损失和不良影响的，按照有关规定对相关责任人进行行政问责。

第四十六条 进一步加大煤焦领域腐败案件查处力度，重点查处以下突出问题：

（一）违规审批特别是违规审批资源枯竭矿井、设租寻租、暗箱操作以及以不正当手段倒卖国有资源的案件；

（二）国有企业在资源整合、企业重组、煤矿关闭整顿、矿业权出让托管、投资合作、招标投标、大宗设备采购、产品运销等事项中存在的暗箱操作、高价回购低价出卖、损公肥私、侵吞国有资产、违规经营牟利、行贿受贿等案件；

（三）煤炭可持续发展基金（能源基金）、采矿权探矿权价款、煤矿维简费、焦炭生产排污费、水资源补偿费等资金征收、管理、放贷、使用中存在的截留挪用、贪污贿赂等案件；

（四）税费征缴中存在的违规减缓免、截留挪用、权钱交易、失职渎职和企业偷逃税等案件；

（五）社会中介机构违规操作、虚假评估、商业贿赂等案件；

（六）党员干部入股办矿、为非法违法矿点充当“保护伞”，利用职权为配偶、子女、亲属和特定关系人谋取私利等案件；

（七）倒买倒卖票据、制售假票据以及“收黑钱、放黑车”的案件；

（八）煤矿生产安全事故及事故背后的腐败问题。对在上述案件中，涉及国家机关工作人员、国有及国有控股煤焦企业领导人员失职渎职、以权谋私、权钱交易、贪污贿赂等腐败行为的，要严肃查处。构成违纪的，依法依纪给予纪律处分；涉嫌犯罪的，移送司法机关追究法律责任。

第四十七条 各级政府及相关职能部门要建立健全涉煤涉焦违纪违规举报保密、奖励制度，鼓励群众举报，维护举报人合法权益。

第十章 附 则

第四十八条 加强煤焦领域反腐倡廉宣传教育，完善煤焦领域反腐倡廉宣传教育工作格局，健全拒腐防变教育长效机制。

第四十九条 各市政府、省直有关部门和国有及国有控股煤焦企业要按照本制度规定，结合自身实际，制定具体办法和制度，完善煤焦领域惩治和预防腐败制度体系。

第五十条 本制度自发布之日起执行。

中共山西省委　山西省人民政府
关于深化文化体制改革的实施意见

晋发〔2009〕24号

（2009年6月19日）

为了加快推进文化体制改革，实施文化强省战略，促进全省文化事业和文化产业发展，根据中共中央、国务院《关于深化文化体制改革的若干意见》（中发〔2005〕14号）和全国文化体制改革工作会议精神，结合我省实际，制定本实施意见。

一、充分认识深化文化体制改革的重要意义、指导思想和基本原则

（一）重要意义。深化文化体制改革，是贯彻落实党的十七大精神，深入贯彻落实科学发展观，促进文化与经济、政治、社会协调发展的必然要求；是解放和发展文化生产力，推动社会主义文化大发展大繁荣的必由之路；是满足人民群众日益增长的精神文化需求、全面建设小康社会的客观需要；也是推动转型发展、安全发展、和谐发展，实现我省由人文资源大省向文化强省跨越的重要举措。近年来，各级党委和政府高度重视文化体制改革，积极探索，勇于创新，采取一系列措施发展文化产业，鼓励文化创新，全省文化建设在资源整合、精品生产、品牌塑造、基础设施建设等方面取得一定成效。但是，我省文化体制改革任务仍然十分艰巨，影响和制约文化生产力发展的深层次矛盾和问题依然存在。各级党委和政府要从巩固马克思主义在意识形态领域指导地位的高度，从加强党的执政能力建设和构建社会主义和谐社会的高度，充分认识文化体制改革的重要性和紧迫性，把思想认识统一到中央关于深化文化体制改革的部署要求上来，把力量凝聚到推动文化体制改革的实际行动上来，切实把文化体制改革列入重要议事日程，深化改革，促进发展，努力开创全省文化体制改革新局面，为建设社会主义先进文化注入强大动力。

（二）指导思想。以邓小平理论和“三个代表”重要思想为指导，深入贯彻落实科学发展观，围绕中心、服务大局，牢牢把握先进文化的前进方向，遵循社会主义精神文明建设的特点和规律，适应社会主义市场经济发展的要求，全面推进体制机制创新，解放和发展文化生产力，调动广大文化工作者的积极性和创造性，大力繁荣社会主义文化，创作更多反映人民主体地位和现实生活、群众喜闻乐见的优质精神文化产品。

（三）基本原则。深化文化体制改革，要坚持社会主义先进文化的前进方向，解放思想，勇于实践，大胆创新，把发展作为改革的立足点，把社会效益放在首位，努力实现社会效益与经济效益的统一；坚持以人为本，切实维护文化工作者权益，充分调动他们支持、参与改革的积极性；坚持一切从实际出发，分类指导、区别对待，循序渐进、逐步推开，积极稳妥地推进改革。

二、加快推进经营性文化单位转企改制

（一）全面完成出版单位转企改制工作。出版单位要积极探索股份制公司化改造，加快建立现代企业制度，完善法人治理结构和资本运行机制。山西出版集团在原有基础上，要突出重点、深化改革，于2009年底前完成整体转企改制任务，实现跨地区兼并重组，做大做强，并加快推进上市。山西音像出版社、山西教育音像出版社等经营性出版单位，于2009年底前完成转企改制任务。

（二）推进国有电影制片、发行、放映单位转企改制。支持和引导社会资本、非公有资本参与电影制作、发行、放映，建设、改造影院和组建院线。省电影制片厂、省电影公司和试点地区的电影公司、电影院等影视制作、发行、放映单位，2009年底前要完成转企改制任务。非试点地区要积极探索，创造条件，有计划有步骤、分期分批完成转企改制任务。

（三）稳步推进艺术表演团体转企改制。坚持因地制宜、分类指导的原则，加快艺术表演团体改革步伐。按照艺术水平不降、地方特色不丢和有利于出人才、出成果、出效益的思路，制定全省艺术表演团体改革指导意见。各级政府要加大投入，改善艺术表演团体基础设施和设备，提升创作生产实力和市场竞争力，为其转企改制创造条件。鼓励整合资源，组建演艺集团。鼓励社会资本进入，投资演艺产业。鼓励跨地区、跨部门、跨行业联合，进行艺术表演团体股份制改造。省直先行选择山西省歌舞剧院进行改革试点，于2009年底前完成转企改制任务。各试点地区2009年底前至少要有一个艺术表演团体完成转企改制任务。

（四）切实抓好党报党刊经营体制改革。省、市两级党报党刊要按照宣传业务与经营业务分开的原则，将所属广告、印刷、发行等经营业务剥离出来组建经营性公司，转制为企业，进行市场运作，为主业服务，通过扩大市场占有份

额，提高党报党刊主流媒体的影响力。重点推进山西日报报业集团、太原日报社的经营体制改革。

（五）加快广播电视节目制播分离改革。各级广播电台、电视台的文艺、科教、体育类节目以及影视剧的制作与销售，可以吸收社会资本组建节目制作公司，引入市场机制，丰富节目资源，降低节目成本，提高节目质量，为发展壮大宣传主业服务。电台、电视台的新闻及新闻类、社会访谈、调查类节目的策划、采编、制作、审查、播出等环节，均由电台、电视台自行承担，不得委托或外包。支持省级广电资源重组，深化广播电影电视改革，2009年上半年要出台广播影视改革方案，力争2009年底前完成山西电广传媒产业集团组建工作。各试点地区也要在制播分离改革方面有所进展。

（六）积极探索非时政类报刊出版单位和新闻网站转企改制试点工作。根据国家关于确定时政类报刊出版单位的指导原则和基本标准，完成我省报刊出版单位时政类与非时政类的分类确定工作。选择教辅类、文化生活类等市场条件较为成熟的报刊，按照转企改制与以资本业务为纽带整合资源实施集团化建设同步推进的总体思路，推动非时政类报刊出版单位转企改制。2009年重点确定教辅类报刊和山西出版集团内部所属非时政类报刊先行试点，进行转企改制；其他非时政类报刊出版单位，原则上三年内转制为企业；文学艺术类、学术理论类等报刊要区别对待、分类指导，可以实行不同的改革政策。新闻网站的改制，有条件的地方可以选择一两家进行试点。

三、加快推进公共文化服务单位的运行机制创新

（一）科学界定各类文化事业单位的不同性质和功能。各级政府兴办的图书馆、博物馆、文化馆（站）、科技馆、群众艺术馆、美术馆、艺术研究所、艺术类学校等为群众提供公共文化服务的公益性文化事业单位，以政府投入为主，不得企业化或变相企业化，不得以拍卖、租赁等任何形式改变其文化设施的用途。各级党报、党刊、电台、电视台、重点新闻网站和时政类报刊，少数承担政治性、公益性任务的出版单位，重要社会科学研究机构，体现地域特色和代表山西艺术水准的艺术院团，继续实行事业体制，由政府重点扶持。

（二）公益性文化事业单位改革的重点是转换内部机制。根据国家和省关于事业单位改革的总体安排，对现有事业单位实行分类改革，从事公益服务的文化事业单位继续保留在事业单位序列。公益性文化事业单位要强化公益属性，整合文化资源，完善法人治理结构，加强政府监管，特别要推进以聘用制度和岗位管理制度为主要内容的人事管理制度，形成合同用人、公平竞争、绩效评价、分配激励、人员退出和监督管理等新机制，实现固定用人向合同用人的转变，身份管理向岗位管理的转变。

（三）加大政府投入，创新公共文化服务运行机制，构建公共文化服务体系。各级政府要把公共文化服务体系建设纳入经济社会发展总体规划，对公益性文化事业投入增长不低于同级财政收入增长幅度，采取建立基金、项目补贴、定向资助、贷款贴息以及政府采购文化服务等办法，不断提高财政资金使用效益。财政新增文化事业经费和固定资产投资增量主要用于农村。实施全省广播电视村村通工程、文化信息资源共享工程、乡（镇）文化站建设工程、农村电影放映工程、农家书屋等重点文化工程，加强公共文化设施的建设和管理，最大限度地发挥公益性文化事业的社会效益。完善鼓励企业、个人捐助公益性文化事业的各项政策，吸纳更多社会资金以多种方式投入文化公益事业。

四、推动文化市场综合执法改革

（一）加快政府职能转变。认真贯彻中央关于深化行政管理体制改革的意见，理顺文化行政管理部门与所属文化企事业单位、中介组织的关系，做到职能分开、机构分设、财务分离，强化政策调节、市场监管、社会管理和公共服务职能，实现从办文化向管文化转变，以管理直属单位为主向管理全社会文化转变，以行政手段为主向综合运用法律、经济、行政等手段转变。重点推进市、县（市、区）两级文化行政管理部门的机构改革，2009年底前各市、县（市、区）的文化局、广播电视局、新闻出版局实行机构合并、职能合并，统一组建文化广电新闻出版局。各市、县(市、区)文化广电新闻出版局成立后，要按照政事分开、管办分离的原则，将电台、电视台设为独立的事业单位。

（二）建立文化市场综合执法机构。按照中央办公厅、国务院办公厅转发中央宣传部等七部委《关于在文化体制改革综合性试点地区建立文化市场综合执法机构的意见》（中办发〔2004〕24号）要求，各市、县（市）要对现有的文化、广播电视、新闻出版及“扫黄打非”等有关行政执法队伍进行调整归并，各市组建文化市场行政执法大队，县（市）组建文化市场行政执法队，实行统一执法。文化市场综合执法机构为文化广电新闻出版局直属事业单位，人员参照公务员管理，所需经费列入本级政府财政预算。

五、完善政策保障体系

（一）为文化体制改革提供政策保证。认真执行国务院办公厅印发的《文化体制改革中经营性文化事业单位转制为企业和支持文化企业发展两个规定》（国办发〔2008〕114号），有关职能部门要结合实际，进一步研究制定包括财政、税收、投融资、土地、人员分流安置等方面的扶持配套政策，重点解决好改革成本支付、事转企文化单位发展扶持政策制定、分流人员社会保障等重大问题，保证全省文化体制改革顺利进行。

（二）设立省级文化产业发展专项资金。省级财政从2009年起，每年在预算内安排一定数量的资金，建立省级文化产业发展专项资金，同时采取贷款贴息、项目补助、奖励

等方式，积极支持文化产业发展。各市、县（市、区）财政也要建立文化产业发展专项资金，并制定相应的使用和管理办法。省发展改革委从2009年起，每年安排一定数量的资金用于未纳入服务业“1+10”项目扶持的重大文化产业项目建设和文化产业园区的基础设施建设。

（三）拓宽文化产业投融资渠道。认真贯彻落实国务院《关于非公有资本进入文化产业的若干规定》（国发〔2005〕10号）和文化部等五部委印发的《关于文化领域引进外资的若干意见》（文办发〔2005〕19号）精神，鼓励和支持非公有资本以多种形式进入政策许可的文化产业领域。制定《山西省社会资本投资文化产业指导目录》，引导省内民间资本从传统产业进入文化产业。鼓励企业、团体、个人组建各类文化产业投资公司、文化发展基金或中小企业担保基金（公司）。引导支持符合条件的文化企业进入资本市场，发行债券，申请上市或借“壳”上市。鼓励社会资本投资文化设施建设和经营，参与文化产业园区和特色街区开发建设。

（四）着力培育现代文化市场体系。制定相关政策措施，推动资本、人才、技术、品牌、著作权等要素市场建设。通过政策引导和扶持，大力发展市场中介机构和行业组织，为各类文化单位提供专业化社会化服务。建立健全新闻出版、广播影视、文化娱乐业的市场准入和退出机制，文化单位和文化产品的审查和许可制度，文化从业人员的准入进入、资格认定、考核录用、持证上岗等制度。规范文化市场建设和监管，形成依法经营、诚实守信的市场秩序，为全省文化体制改革和文化产业发展创造良好市场环境。

六、加强组织领导

文化体制改革涉及面广、政策性强、工作难度大。各级党委、政府要切实加强领导，始终掌握对重大事项的决策权、对资产配置的控制权、对宣传内容的终审权、对领导干部的任免权，形成“党委统一领导、政府组织实施、党委宣传部门协调指导、行政主管部门具体落实、有关部门密切配合”的文化体制改革和文化产业发展工作格局。省、市、县（市、区）成立文化体制改革和文化产业发展领导组，统一指导、协调文化体制改革和文化产业发展工作。领导组由宣传、文化、财政、发展改革、机构编制、税务、人力资源和社会保障等相关部门组成；正、副组长由党委、政府负责同志担任；办公室设在党委宣传部。各级党委宣传部设立专门工作机构，配备专门工作人员，具体负责日常工作。各地和有关部门要按照中央和省里关于深化文化体制改革的安排部署，加强组织领导，明确改革任务，限定完成时间，扎实稳妥地推进改革；注重协调，加强督查，耐心细致地做好思想政治工作，认真解决改革过程中出现的各种问题，确保社会大局稳定；加强对文化体制改革理论和实践问题的调查研究，认真总结试点地区文化体制改革的成功做法，通过召开座谈会、现场会等形式，探索规律，交流经验，指导工作，推动全省文化体制改革深入推进。

各地和省直宣传文化系统各单位要根据本意见，结合实际制定具体改革方案。重大改革措施和政策调整要按规定报批，重大情况及时请示报告。

中共山西省委办公厅关于转发《海外高层次人才引进计划实施意见》的通知

晋发〔2009〕26号

各市、县委，省委各部委，省直各委、办、厅、局党组（党委），各人民团体党组：

省委人才工作领导组拟定的《海外高层次人才引进计划实施意见》已经省委同意，现转发给你们，请结合实际认真贯彻落实。

中共山西省委办公厅

2009年8月18日

海外高层次人才引进计划实施意见

省委人才工作领导组为了贯彻落实中央办公厅转发的《中央人才工作协调小组关于实施海外高层次人才引进计划的意见》（中办发〔2008〕25号）精神，充分发挥海外高层次人才在我省经济社会发展中的作用，大力实施人才强省战略，提出如下意见。

一、引进海外高层次人才是一项重大而紧迫的战略任务

人才资源是第一资源，在综合国力竞争中具有决定性作用。在当今科技进步日新月异、经济全球化日趋深入的情况

下，站在世界科技前沿和产业高端的海外高层次人才越来越成为我国参与国际竞争、实现经济社会全面协调可持续发展的特需资源。大力引进海外高层次人才，是用较短时间拥有一批世界一流人才的重要途径；是进一步扩大对外开放、提高我省综合实力和竞争力的迫切需要；是深入贯彻落实科学发展观，建设创新型山西，推动转型发展、安全发展、和谐发展的重大举措。改革开放以来，我省出国留学人员达5.3万余人，学成后归国1万余人，回省的有4000余人，还有一大批学成后留在海外工作，其中不少是具有副教授或相当职务以上的高层次人才。这些留学人员虽然长期在海外工作、生活，但其中许多人始终心系祖国、心系家乡，有回国工作和服务家乡的愿望。当前，我省改革开放和社会主义现代化建设各项事业蓬勃发展，为以留学人员为主体的海外高层次人才回省（来晋）工作提供了前所未有的事业平台和发展空间。各级各部门要充分认识引进海外高层次人才的重要性、紧迫性和当前面临的难得机遇，进一步解放思想，完善体制机制，健全政策措施，以更宽广的眼界、更宽广的思路和更宽广的胸襟做好海外高层次人才引进工作。

二、分层次组织实施海外高层次人才引进

计划组织实施海外高层次人才引进计划，要凝聚共识，充分调动各地各部门的积极性，采取有力措施，建立高效工作机制，在省直有关部门和各市分层次、有计划进行。省级层面的海外高层次人才引进计划（以下简称“百人计划”），要围绕我省发展战略目标，从2009年开始，用5—10年时间，在国家和省重点创新项目、重点学科和重点实验室、省属企业和商业金融机构、以高新技术开发区为主的各类创新创业基地等，引进并有重点地支持100名左右能够突破关键技术、发展高新技术产业、带动新兴学科发展的海外高层次人才回省（来晋）创新创业，促进一批具有自主知识产权的重大科技成果转化，孵化一批高成长性的科技型企业，带动一批快速发展、竞争优势明显的高新技术产品和企业，打造一批在核心技术及重大产品自主创新方面进入国内一流或国际先进行列的高新技术企业。在符合条件的省属企业、高等院校、科研机构以及国家级和省级高新技术开发区、国际合作基地，建立10个左右海外高层次人才创新创业基地，推进产学研紧密结合，探索实行国际通行的科学研究和技术开发、创业机制，集聚一批海外高层次创新创业人才和团队。2009年首批确定5个海外高层次人才创新创业基地，力争用2年时间建成。各地各部门要按照中央和省委的要求，结合工作实际，充分发挥各自优势，采取切实有效措施，扎实开展海外高层次人才引进工作。省直有关部门在继续做好做强国家和省“长江学者奖励计划”、“人才集聚工程”等人才引进项目的同时，制定实施专项计划，重点引进本行业本领域急需和紧缺的海外高层次人才。各市也要结合经济社会发展和产业结构调整的需要，制定实施本地海外高层次人才引进计划，有针对性地引进一批海外高层次人才，特别是大力引进在转型发展、安全发展、和谐发展方面急需的海外高层次人才。有条件的地方要依托高新技术开发区、经济技术开发区、国家级大学科技园、留学人员创业园、国际合作基地等，推出一批特色项目，大力吸引海外高层次人才回省（来晋）创新创业。支持、鼓励非公有制企业和民办非企业单位开展引进海外高层次人才工作。

三、分步骤扎实推进海外高层次人才引进工作

（一）明确引进海外高层次人才标准。引进的海外高层次人才，一般应在海外取得博士学位，不超过55岁，特别是45岁以下的中青年高层次人才，包括在国外著名高校、科研院所担任相当于教授职务以上的专家学者，在国际知名企业、金融机构担任高级职务的专业技术人才和经营管理人才，拥有自主知识产权或掌握核心技术、具有海外自主创业经验、熟悉相关产业领域和国际规则的创业人才等。同时，根据我省实际重点引进一批在国际某一学科或技术领域的学术带头人，拥有技术含量高、市场开发前景广的专利发明或专有技术的高级人才，我省支柱产业、新兴产业、重大工程等急需的高级专业技术人才、管理人才以及其他高层次创业人才。海外高层次人才来我省工作时间一般每年累计不少于6个月，连续服务年限不少于3年。

（二）实施海外高层次人才跟踪计划。建立海外人才信息库，及时掌握海外高层次人才相关信息，增强海外高层次人才引进工作的针对性和实效性。通过国家和省有关驻外科技、教育、商贸等机构建立与海外高层次人才联系的有效渠道，充分发挥有关学会、协会等社会团体和组织的作用，加强同海外高层次人才的联系，为他们回省（来晋）工作牵线搭桥。通过海外联络站等对外联系窗口，积极宣传我省引进海外高层次人才的优惠政策和良好环境，为希望回省（来晋）工作的海外高层次人才提供咨询和接洽服务。

（三）制定全省人才引进目录和年度工作计划。人才引进目录主要包括我省各行业各领域今后5—10年的人才需求、重要岗位、重点项目及经费支持计划等。年度工作计划根据人才引进目录制定，主要包括我省各行业各领域每年的人才引进规模、提供的主要岗位和项目以及事业平台建设意见等。全省每年计划引进20—30名海外高层次人才。

（四）完善海外高层次人才引进和服务机制。利用各种信息平台和海外联络站等载体，依托重大项目引才、以才引才等有效途径，积极开展“海外高层次人才山西行”及其他多种形式的招聘活动，吸引海外高层次人才回省（来晋）创新创业，建立引进海外高层次人才“绿色通道”。建立健全海外高层次人才需求预测申报、信息发布、重点推荐、日常联系等服务制度，为海外高层次人才来我省工作提供学位认证、就业指导等相关配套服务。

四、坚持重在使用，切实为海外高层次人才充分发挥作用提供良好条件

进一步解放思想，大胆破除不合时宜的条条框框，完善配套政策措施，为海外高层次人才充分发挥作用提供良好的工作环境和生活条件。充分理解、充分信任、热情关怀、放手使用引进的海外高层次人才，积极营造尊重、关心、支持海外高层次人才的环境和氛围，努力做到待遇招人、事业留人、情谊感人、服务到人，使他们能够全力以赴地进行创新创业活动，为建设创新型山西贡献智慧、做出成绩。充分发挥高等院校、科研机构、企业、商业金融机构等用人单位的主体作用，将海外高层次人才吸纳到能够充分发挥其专业和特长的岗位，为他们提供干事创业的舞台。符合条件的海外高层次人才，可以担任高等院校、科研机构、企业和商业金融机构的领导职务和高级专业技术职务，到省内企事业单位或我省驻海外企业、机构任职或兼职，担任博士生导师和进人博士后流动站从事合作研究工作；可以开展学术交流、科研合作或主持重大科研项目和工程项目，申请政府部门的科技资金和产业发展扶持资金，参与重大项目咨询论证、重大科研计划和国家标准制订、重点工程建设，参加国内学术组织、政府及社会各种奖励；可以通过技术、货币、实物等出资创办或入股各类经济实体特别是高新技术企业，创办、承包、租赁科研机构和经济实体等。根据海外高层次人才的工作领域和工作性质，实行弹性考核制度，避免多头评价、重复评价。对海外高层次人才可以实行协议薪酬制，有条件的用人单位还可以实行期权、股权和企业年薪等中长期激励措施。各地各部门要制定和完善有关政策措施，妥善解决海外高层次人才在落户、医疗、保险、住房、配偶安置、子女入学等方面的困难和问题，在出入境、居留、税收等方面落实国家有关特许和优惠政策，为在我省工作的海外高层次人才提供“全过程、全方位、全天候”服务，努力营造有利于吸引海外高层次人才创业发展的良好环境。对“百人计划”中引进的海外高层次人才，有关部门要研究制定专项政策，采取特殊措施，为他们提供相应工作条件和生活待遇。省直部门和各市目前已引进的海外高层次人才，符合“百人计划”标准的，经有关部门评审后，可纳入“百人计划”。建立特聘专家制度，将中央为我省引进的和“百人计划”引进的海外高层次人才授予省特聘专家，纳入省委联系专家范围，完善联系办法，建立服务机制。主管部门要为其建立档案，制定日常联系和服务办法，建立跟踪服务和沟通反馈机制，及时解决他们在工作和生活中遇到的困难和问题。

五、建立健全海外高层次人才引进工作体制和机制

（一）加强组织领导。各级各部门要高度重视，抓住机遇，把海外高层次人才引进工作摆上重要议事日程，切实加强领导，理顺工作体制，健全工作机制。在省委人才工作领导组指导下，由省委组织部、省教育厅、省科技厅、省人力资源和社会保障厅、省国资委、山西银监局和省委统战部、省发展改革委、省经济和信息化委员会、省财政厅、省卫生厅等部门组成省海外高层次人才引进工作领导小组，负责全省海外高层次人才引进计划的组织领导和统筹协调；办公室设在省委组织部，承担领导小组日常工作，负责“百人计划”的组织实施，指导各市各部门海外高层次人才引进工作。有关部门要各负其责，努力形成工作合力。省发展改革委负责提供我省重点产业发展目录，审查引进海外高层次人才创新项目投资方向；省科技厅负责重点创新项目、重点实验室和其他创新创业载体海外高层次人才引进工作，落实省级各类科技计划对引进人才的配套支持，推荐引进人才承担相关国家科技计划；省教育厅负责重点学科的海外高层次人才引进工作；省国资委、山西银监局负责省属企业和商业金融机构海外高层次人才引进工作；省人力资源和社会保障厅负责制定并落实引进海外高层次人才的相关优惠政策，对引进海外高层次人才的学历、资质等进行审查，为用人单位办理引进海外高层次人才的相关手续；省财政厅负责引进海外高层次人才专项资金的落实和监督管理。非公有制企业和民办非企业单位海外高层次人才引进工作由省经济和信息化委员会、省委统战部牵头负责，省中小企业局、省工商联配合落实。团省委、省科协等群团组织要充分发挥作用，协助做好海外高层次人才引进工作。各地和有关部门要指定专门机构，负责本地本部门海外高层次人才引进工作。

（二）严格工作程序。用人单位根据需求物色拟引进人选，接洽并达成初步意向后，向牵头组织单位推荐，牵头组织单位组织专家对推荐人选进行初审，并经省海外高层次人才引进工作领导小组办公室复审，报省海外高层次人才引进工作领导小组批准；用人单位根据批准意见，依法与引进人才签订工作合同，办理引进手续，并会同有关单位落实相关特殊政策。符合条件的海外高层次人才可以通过自荐方式直接向省海外高层次人才引进工作领导小组办公室申报。通过自荐、其他渠道推荐或需要以特殊方式引进的人才，由省海外高层次人才引进工作领导小组办公室协调有关部门按个案办理。

（三）落实保障措施。加大对海外高层次人才引进工作的投入，省和有条件的市要设立引进海外高层次人才专项资金，有关单位要安排专项配套资金，鼓励社会投入，逐步形成政府、社会和用人单位多渠道，国有、民营和外资等多元化的投入格局。对引进到我省长期工作的海外高层次人才，给予一定生活资助；对承担省重点项目、重点学科、重点实验室、重点院校科研任务的海外高层次人才，提供一定的科研启动经费；对进入各类创新创业基地研究开发高新技术项目的海外高层次人才，资助一定数额的创业资金；对担任省管国有重要骨干企业、省属商业金融机构高级专业技术和经营管理职务的海外高层次人才，用人单位要与其签订协议工资。省海外高层次人才引进工作领

导小组办公室要加强对全省海外高层次人才引进工作的督促检查，每年年底要对各市和有关部门海外高层次人才引进工作进行考评，对工作成绩突出的单位和作出重大贡献的海外高层次人才进行表彰。

中共山西省委办公厅　山西省人民政府办公厅
印发《关于加快和谐发展重点工作的推进机制》的通知

晋发〔2009〕27号

各市、县委，各市、县人民政府，省委各部委，省直各委、办、厅、局，各人民团体：

《关于加快和谐发展重点工作的推进机制》已经省委、省政府同意，现印发给你们，请认真组织实施。

中共山西省委办公厅
山西省人民政府办公厅
2009年8月21日

关于加快和谐发展重点工作的推进机制

加快和谐发展，是省委、省政府深入贯彻落实科学发展观，着眼走出“四条路子”、实现“三个跨越”，加快建设新基地、新山西作出的一项重大战略部署，是转型发展、安全发展的重要保障。围绕重点工作，建立加快和谐发展的推进机制，是深入学习实践科学发展观的重要内容和实际举措，对于推动科学发展、建设和谐山西，进一步改善民生、促进民和、确保民安，具有重要意义。

一、改善民生重点工作目标和推进机制

（一）工作目标。以实施“五大惠民工程”为重点，保障和改善民生。教育协调发展工程2012年的目标是：义务教育成果进一步巩固，城乡、区域之间及校与校之间的差别逐步缩小。小学、初中适龄入学率分别保持在99%、98%以上，辍学率分别控制在1%、3%以内。学前教育和特殊教育得到新的发展。大中城市和经济较发达地区基本普及高中阶段教育，毛入学率达87%以上。中等职业教育招生规模继续扩大，与普通高中教育的招生规模大体相当；高等职业教育招生规模占高等教育招生规模的一半以上。到2012年，全省高等教育毛入学率达到29%以上。农村中小学教师补充机制基本建立，城乡教师队伍结构性矛盾得到有效缓解。教师交流制度和校长交流制度进一步完善，农村教师队伍的教育教学能力和整体素质明显提高。家庭经济困难学生资助体系作用有效发挥，保证每一位考入公办高校的大学生不因家庭经济困难而失学，保证国家对农村中等职业教育学生的资助资金及时发放到学生手中。毕业生就业政策和服务体系逐步完善，毕业生就业率和就业质量稳步提高。招生录取“阳光工程”实现制度化，做到公平公正。2009年的目标是：大力实施中小学校舍危房改造工程，力争到2010年底彻底消除所有危房，构建起中小学校舍危房改造长效机制。创业就业工程2012年的目标是：建立创业指导服务工作平台，健全政策扶持、创业培训和引导服务“三位一体”工作机制。全省创业培训人数年均递增10%以上，创业人数、创业后稳定经营人数和创业带动就业人数相应增加，逐步将就业工作的重心转移到创业带动就业上来。2009年的目标是：实现创业带动就业10万人；组织创业培训3万人，其中30%以上的实现自谋职业、自主创业；城镇新增就业40万人，城镇登记失业率控制在4.6%以内。医疗健康工程2012年的目标是：覆盖城乡的公共卫生服务体系基本建立，公共卫生服务功能不断完善。结核病等重点传染病得到有效控制；孕产妇死亡率降至28.5/10万以下，婴儿死亡率降至11.5‰以下。每千人拥有医生3.5人、病床3.1张；县乡村三级医疗卫生服务机构基础设施进一步改善，服务能力得到提高。中医医疗机构建设水平明显提高。建立比较完善的城市社区卫生服务体系。新型农村合作医疗制度进一步完善，筹资标准和保障水平随着经济发展而不断提高。以公立医院改革为重点深化医药卫生管理体制改革。城乡环境卫生明显改善。2009年的目标是：县级以上医疗机构传染病网络直报覆盖率达100%，直报及时率和审核及时率达95%以上；疾控机构向医疗机构、农村和社区卫生机构派驻传染病防控督查员到位率达95%以上；85%乡（镇）卫生监督站挂牌成立；孕产妇死亡率降至31/10万以下，婴儿死亡率降至12.1‰以下；实现县乡卫生机构达标率80%，80%的村建成卫生室；中医医疗机构基本建设计划启动；完成95%的城市社区卫生服务机构规划建设任务；新型农村合作医疗筹资标准提高到100元；全省三分之二的城市、二分之一的县城卫生达标；启动公立医院改革试点工作。社会保障工程2012年的目标是：城镇基本养老保险参保人数达到674万人，城镇基本医疗保险参保人数达到910万人，失业保险参保人数达到305万人；工伤保险参保人数达到350万人，参保企业的老工伤人员全部纳入统筹管理；生育保险参保人数达到220万人；新型农村社会养老保险试点

县（市、区）达到50%以上，惠及人数600万。城乡低保、农村五保实现应保尽保。被征地农民社会保障制度进一步完善。城乡医疗救助水平明显提高。社会福利事业得到长足发展。2009年的目标是：社会保险覆盖面稳步扩大，城镇职工养老保险参保人数达到545万人，城镇职工基本医疗保险参保人数达到450万人，城镇居民基本医疗保险参保人数达到230万人，失业保险参保人数达到301万人，工伤保险参保人数达到265万人（包括农民工90万人），生育保险参保人数达到150万人，农民工参加社会保险人数达到150万人。新增11个以上新型农村社会养老保险试点县（市、区），覆盖人数达到300万人。按照“先保后征”的要求，建立被征地农民社会保险资金预存款制度。将110万农村特困群众纳入低保范围，14万农村“五保”对象实行应保尽保，解决14万重点优抚对象的就医问题。60%的乡（镇、街道）和30%的村（社区）出台救灾预案。建成16个县级社会福利服务中心，生活无着的流浪乞讨人员救助管理机构发展到70个，改扩建市级儿童福利院3所。住房安居工程2012年的目标是：以实物配租方式保障22.8万户城市低收入居民的住房基本需求；每年新建经济适用住房400万平方米，解决6.7万户城市低收入住房困难家庭的住房问题；基本完成城市居民棚户区和国有重点煤矿棚户区改造任务；开展国有地方煤矿和非煤矿山企业棚户区改造。2009年的目标是：国有重点煤矿棚户区改造新建住宅200万平方米，使3.07万户居民住进新居；城市居民棚户区改造新建住宅200万平方米，使3.07万户群众改善居住条件；新建经济适用住房400万平方米，解决6.7万户城市低收入家庭的住房困难；新建廉租住房250万平方米，使5万户廉租住房保障对象住上新房；启动国有非煤矿山企业棚户区改造。

（二）推进机制。1.科学规划。省发展改革委要在全省“十一五”规划的整体框架和全省社会事业发展的整体布局下，制定与之配套衔接的“五大惠民工程”总体规划。各级各有关部门要在总体规划的基础上，制定相应的单项规划和实施方案。要对重点工程的立项进行充分的论证评审，特别是对涉及基本建设的项目，要履行严格的审批程序，避免盲目建设、重复投资。2.资金保障。各级政府要有效整合用于民生领域的各类资金，集中投向“五大惠民工程”建设，最大限度地发挥资金效益。省、市、县三级发展改革和财政部门要进一步调整支出结构，切实加大对“五大惠民工程”的投入力度，其增幅要高于财政经常性收入的增幅；要按照既定的分担比例，在年度预算中足额安排资金，重点予以保障。各项财政资金要严格按照相关财务管理制度，实行国库集中支付，依进度及时拨付。涉及使用专项资金或基金的，要执行相关专项资金或基金的管理规定。要将煤炭可持续发展基金在国家规定的投向、范围和渠道内，尽可能向“五大惠民工程”倾斜。要引导和鼓励各类民间资本投入公益事业领域，形成对民生工程、社会事业的多元投入格局。各牵头部门要根据年度目标需要，本着厉行节约的原则，管好用好每一笔资金。对各项重点项目资金的使用情况，相关部门要进行专项检查。对不按规定安排资金、影响工作进度的，要追究有关领导的责任；对挤占、挪用相关资金的，要按照财经法律、法规追究责任，情节严重的移交司法部门处理。省财政厅等有关部门要按照财政支出绩效评价办法，对本年度重点项目财政资金的使用情况进行重点抽查，分析资金使用方面存在的问题，研究提高资金使用效益的具体措施。3.政策支撑。严格执行国家土地政策，加强土地开发整理，调整供地结构，优先保证“五大惠民工程”建设用地。全面落实劳动者创业的税费减免、小额担保贷款、资金补贴、场地安排等相关扶持政策，加快清理阻碍创业的各种行业性、地区性、经营性壁垒，精简规范涉及创业的行政审批事项，开辟创业“绿色通道”，改善创业环境。完善人才的培养、激励、选拔、引进和使用机制，为加快和谐发展提供智力支撑和人才保障。对事关全局、影响长远的重点工作，加快地方立法步伐，尽快出台相关条例。4.组织领导。把实施“五大惠民工程”与推进农村“五个全覆盖”紧密结合起来，明确分工，落实责任，切实加强组织领导和工作协调。此项工作由省委和谐山西建设领导组总体负责，各责任部门各负其责、协调配合、共同推进。每项工程由牵头单位“一把手”负总责。各牵头单位要明确每项具体工作的分管领导、责任单位和责任人，并在此基础上制定推进时间表和相应奖惩制度，报省委和谐办备案。省委和谐办根据工作需要，会同省纪委和省委督查室、省政府办公厅督查处，对重点工作情况进行督促检查。各牵头单位要加强对本部门、本系统重点工作的督促检查，落实工作措施，保证工作进度。5.考核评价。建立与《山西省构建和谐社会主要工作及指标考评方案（试行）》相衔接的具体考评方案，把对“五大惠民工程”实施情况的考核与对和谐社会建设情况的考核结合起来，把“五大惠民工程”纳入对各市县以及省直责任部门年度工作目标的考核范围。对市县的考核，由省直责任部门具体组织，结果报省委和谐山西建设领导组；对省直责任部门的考核，由省委统一组织。

二、促进民和重点工作目标和推进机制

（一）工作目标。以做好新形势下的信访工作和群众工作为重点，有效促进民和。今后一个时期的目标是：对信访工作的领导和支持力度进一步加大，信访基层基础工作进一步加强。从源头上预防和解决信访突出问题，及时排查化解各类矛盾纠纷，初信初访案件一次办结率达到80%以上，“钉子案”、“骨头案”的结案率达到90%以上，息诉罢访率达到70%以上，“畅通、有序、务实、高效”的信访工作新秩序进一步形成，确保全国和全省重大活动期间非正常进京“零上访”，进京上访人次在全国排位明显后移。

（二）推进机制。1.抓好源头治理。对推进转型发展、安全发展、和谐发展中的重大决策部署，对教育、就业、医疗、社会保障、住房安居等关系人民群众切身利益的重大工

程项目，决策前要组织信访、维稳等相关部门进行充分评估论证，广泛听取各方意见，努力从源头上避免信访问题的发生。对现有政策尤其是涉及群众切身利益政策的执行情况，各级各有关部门要进一步加大督查力度，确保正确有效执行，避免因政策不落实引发群众上访。各级要按照“市不漏县、县不漏乡、乡不漏村、村不漏组、组不漏户”的原则，进一步加大矛盾纠纷排查力度，努力把矛盾和问题解决在基层、化解在当地、消除在萌芽状态。2. 着力解决问题。实行“事要解决”制度，对已经存在或排查出来的矛盾纠纷，责成相关责任单位及时予以解决。对重点领域的共性问题，要注重在政策层面研究解决；个性问题要因事制宜、区别情况、妥善处理。坚持领导干部信访接待日制度，按照“谁接待、谁负责”和“一包到底、一案一清”的原则，对接访案件进行及时处理。对非正常上访案件尤其是一些“钉子案”、“骨头案”，实行领导包案、部门负责、限时解决。对那些经反复工作、反复协调仍不能化解的案件，要引导进入“处理、复查、复核”三级终结程序。3. 规范信访秩序。大力宣传信访政策法规，教育引导群众依法、理性、有序地表达利益诉求，配合解决问题。严格执行《信访条例》，进一步畅通信访渠道，搭建多种信访平台，保证群众诉求及时表达、及时受理、及时处置。对无理缠访、挑头闹事、煽动组织越级上访的人员尤其是有违法行为的人员，要依法处理。4. 加强信息反馈。建立省、市、县、乡、村、组六级信息网络，进一步做好信息的收集、分析、汇总和反馈工作，增强信访工作的预见性和针对性；市、县、乡要建立排查队伍，一经发现和掌握非正常、群体性上访动态，要及时报告信访等有关部门，并配合做好调处、稳控工作；对迟报、漏报、瞒报信息或对已掌握的信息不作处理、处理迟缓、处置不力，造成严重后果的，要按照有关规定严肃追究责任。5. 强化考核评价及责任追究。省信访局根据信访工作考核办法，将各市、县（市、区）和省管国有企业赴省进京非正常上访、重复上访、信访案件办结、信息报送、数据统计等方面的情况，以月考核计分排序，按年考核评比。在加大考核力度的同时，要严格工作责任，严肃责任追究。对在处理非正常上访和集体上访过程中，因工作不力或工作失误造成一定后果的，要依纪依法追究有关领导和人员的责任。

三、确保民安重点工作目标和推进机制

（一）工作目标。持续引深“平安三晋”建设是确保民安的工作重点。到2012年的目标是：80%的市、85%的县（市、区）、95%的基层单位达到平安建设标准，人民群众的安全感指数保持在90%以上，化解矛盾纠纷的能力、驾驭治安局势的能力、维护国家安全的能力、强化社会管理的能力明显提高。2009年的目标是：开展“综合治理基层基础年”活动，抓基层、打基础取得明显成效。乡（镇、街道）综治中心建设扎实推进；矛盾纠纷排查化解及治安混乱地区和突出治安问题的集中整治进一步深化；流动人口、民爆等危险物品和犯罪高危人群的管理得到切实加强；“打防控”一体化治安防控体系初步形成。

（二）推进机制。1. 加强社会治安隐患排查处置。坚持把隐患排查处置作为“第一道防线”，始终抓好对治安混乱地区和突出治安问题的排查整治、对犯罪高危人群的排查控制。以乡（镇、街道）为单位，组织辖区内的机关、团体、企事业单位、学校和群众自治组织，认真排查治安乱点、突出治安问题和安全隐患。对排查出的问题，要登记造册，并按照问题性质和管辖权限，逐一制定整治方案，明确整治目标及措施，落实牵头部门、责任单位和责任人，限期堵塞漏洞、消除隐患、改变面貌。对“法轮功”等邪教人员、社区矫正人员、吸毒人员、刑释解教人员和社区闲散青少年、流动人口中的高危人员等重点人员，要排查摸底，收集基础信息和案件线索，全部纳入管理视线，及时掌握动向，落实教育防范措施，防止漏管失控，最大限度地预防和减少违法犯罪。2. 加强社会治安防控体系建设。坚持打防结合、预防为主，专群结合、依靠群众，积极构建“打防控”一体化治安防控体系。依法重点打击有组织犯罪、黑恶势力犯罪、严重暴力犯罪、多发性侵财犯罪和严重破坏市场经济秩序犯罪，始终保持对犯罪分子的高压态势。建立和完善以公安机关为骨干、专职治安巡防人员为依托的治安防控网络。重点要害部位、特殊行业、公共场所和机关、学校、企事业单位要落实值班守护制度；县城主要街道、商业繁华区、要害部位、治安复杂场所和重点单位要推行视频监控等技术防范措施；广大农村要采取“互助联防”、“十户联防”、“边界联防”等多种形式落实防范措施，着力构建人防、物防、技防相结合的治安防控体系。进一步抓好以民爆物品、火灾隐患、交通秩序、治安乱点为重点的专项整治。3. 加强突发事件应急管理体系建设。建设统一指挥、结构合理、反应灵敏、运转高效、保障有力的全省突发事件应急管理体系。建立健全省、市、县、乡、村五级应急管理机构，完善“条块结合、分级负责、职能明确”的应急管理体制。加强应急预案管理，规范应急预案的编制、修订和执行工作，增强应急预案的针对性和可操作性，形成“横向到边、纵向到底、相互衔接”的应急预案体系。有计划、有步骤地组织开展跨部门、跨行业、跨区域的应急综合演练，提高各级各部门的应急“实战”能力。4. 加强齐抓共管工作机制建设。认真落实综治委联络员制度、综治委员述职制度、综治工作联系点制度、目标管理责任制度，协调综治委各成员单位、专项工作办公室和社会力量，加强“块块联合”、“条条衔接”、“条块协作”，进一步整合各方面的工作力量。本着“整合资源，整体联动，精干高效，方便群众”的原则，在不改变部门属性和管理体制的前提下，由综治办牵头，整合信访、公安、司法、法庭、矛盾纠纷排查、铁路护路、人民武装、民政、土地等基层维稳力量，统一调配，形成矛盾纠纷“联调”、治安“联防”、警务“联勤”、突出问题“联治”、基层平安“联创”的齐抓共管“大综治”工作模式。

5.加强基层基础建设。加强政法基层组织和队伍建设，重点充实公安派出所、司法所、人民法庭等基层政法单位力量。加强政法部门基础设施、装备建设，加快推进政法综治工作信息化，建成全省政法综治信息网。加强基层综治组织建设，乡（镇、街道）、村（社区）要配备综治专职工作人员并落实报酬，切实做到综治工作有人管、有人抓。完善政法经费保障制度。深入开展“平安家庭”、“平安社区”、“平安乡村”创建活动，形成人人参与治安防范的良好氛围。6.加强考核评价和责任追究。对平安建设的检查考核工作采取分级负责的办法。省综治办每年对各市平安建设情况进行检查考核，并在综合省直有关单位和省综治委各专门领导小组的考评意见后提出考评建议，提交省综治委全会审定。各市对所属县（市、区）及辖区内的单位进行检查考核，考评意见报省综治办复核后，提交省综治委全会审定。考评结果分平安创建工作先进单位、合格单位、不合格单位三个等次。对平安建设先进单位予以表彰奖励；对问题突出的地方和单位实行重点管理；对因工作失职、渎职导致发生重大群体性事件、刑事治安案件和安全责任事故以及其他问题的，严肃追究主要领导、分管领导以及直接责任人的责任。

中共山西省委关于大力学习弘扬“右玉精神”的决定

晋发〔2009〕26号

（2009年8月27日）

右玉县位于晋西北地区，毗邻毛乌素沙漠，历史上生态环境恶劣。新中国成立60年来，右玉县历届县委、县政府团结带领全县党员干部群众，坚持不懈植树造林，坚忍不拔改善生态环境，全县森林覆盖率由不到0.3%提高到52%以上，创造了令人惊叹的奇迹，有力促进了全县经济社会发展，在艰辛的探索实践中铸就了以“执政为民、尊重科学、百折不挠、艰苦奋斗”为核心的“右玉精神”。“右玉精神”是我们党60年来执政为民、践行宗旨的一个缩影，是党的科学发展理念的质朴诠释和成功实践，是太行精神、吕梁精神在新时期的发扬和深化，是我省党的建设特别是作风建设上的一个宝贵典型。为了推动深入学习实践科学发展观活动，进一步加强领导干部作风建设，为推进转型发展、安全发展、和谐发展和新基地新山西建设提供强大精神动力，省委要求全省各级党组织和广大党员干部群众大力学习和弘扬“右玉精神”。

一、学习和弘扬“右玉精神”，就是要切实增强执政为民的宗旨意识

右玉县解放初期土地沙化面积达76.4%，恶劣的生态环境严重制约着经济社会发展和人民生活水平提高。右玉历届县委、县政府坚持人民利益至上，顺应群众的愿望和要求，把植树造林作为全县人民的生命工程和发展工程，带领全县干部群众播撒绿色、阻遏风沙，发展经济、建设家园，全县生态建设和经济社会发展实现了翻天覆地的巨变，人民生活水平不断提高。学习和弘扬“右玉精神”，要更加自觉地坚持全心全意为人民服务的根本宗旨，把群众呼声作为第一信号，把群众需要作为第一选择，把群众满意作为第一标准，真诚倾听群众呼声，真情关心群众疾苦，真心解决群众困难，切实做到权为民所用、情为民所系、利为民所谋；坚持问政于民、问计于民、问需于民，多办顺民意、解民忧、增民利的实事好事，把实现好、维护好、发展好人民群众的根本利益作为一切工作的出发点和落脚点。特别是各级领导干部要始终保持同人民群众的血肉联系，始终保持爱民为民的公仆情怀，任何情况下都要与人民群众同甘苦、共命运、心连心，尽心竭力为群众谋福利，从群众中汲取前进力量，把我们党的执政根基深植于人民心中。

二、学习和弘扬“右玉精神”，就是要牢固树立尊重科学的发展理念

60年来，右玉县广大党员干部群众立足实际、因地制宜，尊重客观规律，科学制定决策，准确把握塞北高寒风沙地区植树造林的特点和规律，正确处理建设生态与发展经济的关系，积极探索人与自然和谐发展之路，逐步形成“绿树转生态、生态变资源、资源促发展”的绿色经济发展模式，在推动科学发展、促进社会和谐上取得突出成绩。学习和弘扬“右玉精神”，要更加自觉地坚持发展是第一要务，认真贯彻落实科学发展观，统筹处理当前利益与长远利益、经济发展与生态建设的关系，把生态文明建设摆在更加突出的位置，推动发展由资源依赖型向创新驱动型转变，富有成效地推进全面协调可持续发展；坚持实事求是，一切从实际出发，把握规律、尊重科学，走生产发展、生活富裕、生态良好的发展道路，加快建设资源节约型和环境友好型社会；坚决反对以牺牲资源、生态环境甚至人民生命财产安全为代价换取经济的一时发展，多做打基础、利长远、强根本、惠民生的事，努力创造经得起实践、人民和历史检验的业绩。

三、学习和弘扬“右玉精神”，就是要大力培养百折不挠的优秀品格

植树对右玉县来说不仅难度很大而且短时期内难以见

效。面对树种少、劳力少、资金少和调苗难、栽种难、成活难等突出困难，右玉县党员干部群众不气馁、不退缩，“咬定青山不放松”，以大无畏的气概和敢于胜利的精神顽强拼搏，在战胜重重困难中绿化了家园、磨炼了意志、增进了团结。特别是历届县委、县政府“一任接着一任干，一张蓝图绘到底”，换届不换方向、换人不换精神，“绿色接力棒”代代相传。学习和弘扬“右玉精神”，要更加自觉地树立强烈的事业心和责任感，始终牢记党和人民的重托，激发迎难而上、攻坚克难的顽强斗志，保持矢志不渝、锲而不舍的工作韧劲，发扬百折不挠、愈挫愈奋的进取精神，积极应对改革发展稳定中面临的困难和挑战，不断开创全省各项事业发展的新局面。

四、学习和弘扬“右玉精神”，就是要继续发扬艰苦奋斗的优良作风

60年来，右玉县党员干部群众克服种种困难，“觉悟加义务、镢头加窝头、苦干加实干”，凭着一股流血流汗、无私奉献、勇于献身的精神，不仅使昔日的不毛之地变成了绿色海洋，而且推动了全县经济社会又好又快发展。右玉的实践充分证明，党以艰苦奋斗而兴，国以艰苦奋斗而强，业以艰苦奋斗而成，艰苦奋斗作为我们党战胜一切困难的传家宝，永远也不能丢。学习和弘扬“右玉精神”，要始终牢记“两个务必”，增强党的意识和群众观念，自觉在艰苦奋斗中加强党性修养和养成良好作风；坚持求真务实、真抓实干，讲实话、办实事、出实招、重实效，坚决反对官僚主义、形式主义和劳民伤财的“形象工程”、“政绩工程”；带头讲党性、重品行、作表率，经得起诱惑、守得住清贫、耐得住寂寞，勤政为民，廉洁奉公，防止为政失德、工作失职、行为失范，永葆共产党人的先进性和政治本色。

学习和弘扬“右玉精神”要与贯彻落实科学发展观、推动“三个发展”紧密结合起来，增强发展信心，凝聚发展力量，认真贯彻落实中央和省委、省政府保增长、保民生、保稳定的各项政策措施，扎实推进经济结构调整，有效促进发展方式转变，坚定不移走科学发展之路，推动能源基地和老工业基地全面创新；要与学习弘扬太行精神、吕梁精神和纪兰精神等紧密结合起来，发扬革命老区讲政治、顾大局、能奉献，不等不靠、艰苦创业的优良传统和作风，发扬山西人民勤劳智慧、淳朴善良、诚实守信的优秀品格，通过苦干实干建设美好家园、创造幸福生活；要与加强干部队伍建设特别是县级领导班子建设紧密结合起来，努力建设科学谋事、团结共事、务实成事、干净干事的坚强领导集体，激发广大党员干部始终保持昂扬向上、奋发有为的精神状态；要与加强作风建设紧密结合起来，加强领导干部党性修养，大力树立和弘扬良好作风，实实在在地为群众解难事、办实事、做好事，始终做到为民、务实、清廉。各级党组织要把学习和弘扬“右玉精神”作为一项重要政治任务来抓，切实加强组织领导，主要负责同志要亲自安排部署，引导广大党员干部群众深刻理解“右玉精神”的丰富内涵和精神实质，牢固树立科学的世界观、人生观、价值观，坚持正确的事业观、工作观、政绩观。宣传部门和新闻单位要大力宣传右玉经验，深刻阐释“右玉精神”，及时报道各地开展学习活动的情况。通过学习和弘扬“右玉精神”，激励和鼓舞全省党员干部群众积极投身转型发展、安全发展、和谐发展，加快建设新型能源和工业基地，为构建充满活力、富裕文明、和谐稳定、山川秀美的新山西而努力奋斗！

中共山西省委办公厅　山西省人民政府办公厅
贯彻落实《关于实行党政领导干部问责的暂行规定》的意见

晋办发〔2009〕30号

（2009年9月25日）

为认真贯彻落实中央办公厅、国务院办公厅印发的《关于实行党政领导干部问责的暂行规定》（中办发〔2009〕25号，以下简称《暂行规定》），进一步加强对各级党政领导干部的管理和监督，促进党政领导干部更好地贯彻落实科学发展观，切实履行好党和人民赋予的职责，提出如下意见。

一、充分认识实行党政领导干部问责制的重要意义，增强贯彻落实《暂行规定》的自觉性

《暂行规定》总结了近年来实行党政领导干部问责的实践经验，为问责工作提供了法规依据。《暂行规定》的颁布实施，是加强反腐倡廉法规制度建设的重要举措，是党政领导干部问责工作走上科学化、规范化、法制化轨道的重要标志，是加强社会主义民主政治建设、推进依法治国进程的重要步骤。实行党政领导干部问责制，有利于增强党政领导干部的责任意识和大局意识，提高党的执政能力和领导水平；有利于完善党政领导干部行为规范，维护党的良好形象；有利于促进各级领导干部严格自律，推进以惩治和预防腐败为重点的反腐倡廉建设。各级党委、政府要充分认识实行党政领导干部问责制的重要意义，把贯

彻落实《暂行规定》融入到经济社会发展和党的建设总体部署中，推进经济社会和党的建设全面协调发展；融入到党委和政府的中心工作中，推进“三保”和“三个发展”全面落实；融入到构建惩防体系总体工作格局中，推进中央惩防体系《2008—2012年工作规划》及我省《实施办法》贯彻落实；融入到当前反腐倡廉各项工作中，推进反腐倡廉建设迈上新台阶。

二、准确把握问责制的精神实质，把《暂行规定》的要求落到实处

（一）正确理解和把握问责的原则。《暂行规定》提出了实行问责要坚持严格要求、实事求是，权责一致、惩教结合，依靠群众、依法有序的原则。坚持严格要求、实事求是，就是既严格教育、严格管理、严格监督，防止失之于宽，又要深入实际，调查研究，以客观实际情况作为判断是非、确定责任的基础；坚持权责一致、惩教结合，就是既使问责对象承担的责任与赋予的权力相对应，又寓教于惩、以惩施教，把惩处与防范、治标与治本有机结合起来，体现“惩前毖后，治病救人”的方针；坚持依靠群众、依法有序，就是既注重倾听人民群众的意见和建议，接受人民群众的监督，又要加强对社会舆论的正确引导，保证问责在党的领导下依法有序进行。

（二）严格把握政策界限。把握好问责与党纪政纪处分的关系，即问责不能代替党纪政纪处分，党纪政纪处分也不能代替问责。党政领导干部受到问责，同时需要追究纪律责任的，依照有关规定给予党纪政纪处分；涉嫌犯罪的，移送司法机关依法处理。同时，注意做好《暂行规定》与《关于实行党风廉政建设责任制的规定》的区分与衔接，凡是在贯彻落实党风廉政建设责任制方面出现问题的，按照《关于实行党风廉政建设责任制的规定》追究党政领导干部的责任。对在问责过程中遇到的疑难复杂问题或难以把握的政策性问题，要按照程序向上级组织请示，确保政策运用准确无误。

（三）准确把握问责的情形和方式。严格按照《暂行规定》规定的问责情形进行问责。同时，结合我省实际，重点加大对安全生产、预防和处置突发公共事件等工作的问责力度，对重大或较大事故、事件、案件也要依照《暂行规定》进行问责。合理运用问责方式，使其与被问责情形的性质和危害程度相适应。要严格按照《暂行规定》中关于从重或从轻问责的规定，对具有相应情节的党政领导干部进行从重或从轻问责。

（四）严格执行问责程序。对党政领导干部实行问责，要严格按照干部管理权限和规定程序进行，确保问责正确及时、规范有序。问责决定机关按照干部管理权限对党政领导干部作出的问责决定，应当经领导班子集体讨论决定；实行问责要按照规定制作《党政领导干部问责决定书》并送达被问责的党政领导干部本人及其所在单位；作出问责决定后，要派专人与被问责的党政领导干部谈话，做好被问责干部的思想工作，督促其做好工作交接等后续工作。问责决定一般应向社会公开，以警示广大党政领导干部引以为戒，真正起到“问责一人，教育一片”的效果。

（五）不断完善问责工作机制。根据《暂行规定》的基本精神，结合我省实际，进一步细化问责工作各项制度，建立符合部门、行业特点的问责制度，强化对重点领域、重点部门、重要岗位干部履职情况的监督与问责，逐步形成科学完善的问责制度体系。按照《暂行规定》关于被问责干部的工作安排和使用要求，研究制定我省相关的具体办法。

三、加强组织领导，为《暂行规定》的贯彻落实提供保证

各级党委、政府要把贯彻落实《暂行规定》列入重要议事日程，搞好任务分解，明确工作责任，研究具体措施，认真组织实施。要把《暂行规定》作为党政领导干部教育培训的重要内容，列入各级党校、行政学院和其他干部培训机构的教学计划，通过党委（党组）中心组学习、集中辅导、个人自学、专题问答、知识考试等形式，使广大干部特别是领导干部全面领会问责制的精神实质，准确理解和把握《暂行规定》的具体要求，以对党和国家高度负责、对人民群众高度负责的精神，切实履行工作职责，努力把改革发展稳定的各项任务落到实处。各级纪检监察机关和组织人事部门要按照管理权限，认真履行职能，及时发现和解决《暂行规定》执行中遇到的新情况新问题，协助党委、政府抓好《暂行规定》的贯彻落实。相关部门要建立沟通协作机制，加强协调配合，形成各司其职、各尽其责、密切配合、相互促进的工作格局和贯彻落实《暂行规定》的整体合力。做好实行党政领导干部问责制的宣传工作，引导广大群众依照《暂行规定》进行社会监督，营造落实《暂行规定》的良好氛围。各级党委、政府要强化对问责执行情况的监督检查，坚决防止走过场、搞形式主义，坚决查处弄虚作假、欺上瞒下行为，做到失职必问、失责必究。对贯彻落实不力甚至不执行《暂行规定》的，要严肃追究有关领导的责任。各市每半年要向省纪委、省委组织部报送被问责党政领导干部的人数和典型案例，每年年底要报送贯彻落实《暂行规定》的情况报告。

中共山西省委贯彻落实《中共中央关于加强和改进新形势下党的建设若干重大问题的决定》的意见

（2009年11月6日中共山西省委九届十次全体会议通过）

晋发〔2009〕28号

（2009年11月11日）

党的十七届四中全会通过的《中共中央关于加强和改进新形势下党的建设若干重大问题的决定》（以下简称《决定》），着眼于推动党的十七大关于党的建设总体部署的贯彻落实，深入分析党的建设面临的新形势新任务，认真总结我们党加强自身建设的基本经验，重点研究当前党的建设中带有战略性、根本性、紧迫性的重大理论问题和实际问题，明确提出了加强和改进党的建设的总体要求、目标任务、重要措施，具有很强的思想性、指导性、针对性，是当前和今后一个时期党的建设的纲领性文献。为贯彻落实好《决定》精神，结合我省实际，提出如下意见。

一、充分认识新形势下加强和改进党的建设的重大意义，明确党的建设的总体要求

（一）新时期我省党的建设面临的形势。加强和改进新形势下党的建设，是党中央适应世情、国情、党情的深刻变化作出的重大战略部署。当今世界正处在大发展大变革大调整时期，国际形势错综复杂，国内发展日新月异，区域之间合作与竞争不断深入，经济社会结构正在发生深刻变化，各种矛盾相互交织，各种思想文化相互激荡，新事物、新情况、新问题层出不穷。省第九次党代表大会以来，省委按照科学发展观要求，提出了走出“四条路子”、实现“三个跨越”、推动转型发展安全发展和谐发展（以下简称“三个发展”）的发展战略，着力破除影响山西科学发展的体制机制性障碍，为建设新基地新山西奠定了良好基础。但我省作为资源型欠发达省份，经济社会发展基础相对薄弱，受国际金融危机影响尤为严重，调整经济结构、转变发展方式、解决民生问题、化解社会矛盾、改善生态环境的任务十分艰巨。我们面临着严峻的挑战，也面临着难得的发展机遇。办好山西的事情，关键在党。各级党组织要适应国内外形势的新发展、改革发展稳定的新要求和省情变化的新特点，进一步提高领导水平和执政水平，团结带领全省人民夺取全面建设小康社会的新胜利，必须以改革创新精神，进一步加强和改进自身建设。

（二）我省党的建设需要解决的主要问题。长期以来，我省各级党组织认真落实党中央各个时期关于加强党的建设的各项要求，紧密结合山西实际，全面推进党的思想、组织、作风、制度和反腐倡廉建设，取得了显著成绩。

总体上看，我省各级党组织的领导水平和执政水平、党的建设状况、党员队伍素质同肩负的历史使命是适应的。同时，也要清醒地看到，中央《决定》指出的问题，在我省都不同程度地存在，主要表现为：一些党员干部忽视理论学习，理想信念动摇，贯彻落实科学发展观的能力不强；一些党组织不能严格坚持民主集中制原则，不习惯用民主方法推动工作，不善于团结共事，严重影响了班子整体功能的发挥和党员干部队伍的活力；一些地方和部门用人导向不够端正，跑官要官、买官卖官、拉票贿选现象时有发生；一些基层党组织缺乏凝聚力和战斗力，有的领域党的组织覆盖面不广；一些党员党员意识不强，先锋模范作用发挥不够；一些领导干部作风不够端正，缺乏群众感情，工作不负责任，精神状态不振，贪图安逸享受，甚至以权谋私，腐败现象严重。这些问题虽然不是主流，但严重削弱党的创造力、凝聚力、战斗力，严重损害党同人民群众的血肉联系，严重影响党的执政地位巩固和执政使命实现，必须引起我们的高度警醒。全省各级党组织和广大党员干部一定要深刻认识到，我们所肩负的任务比过去任何时候都更为艰巨和复杂，落实党要管党、从严治党的任务比过去任何时候都更为繁重和紧迫，必须增强忧患意识，常怀忧党之心，恪尽兴党之责，切实解决党的建设中存在的问题，不断推进党的建设新的伟大工程。

（三）新形势下我省加强和改进党的建设的总体要求。当前和今后一个时期，我们要认真贯彻落实党的十七大和十七届四中全会精神，切实坚持我们党加强自身建设的基本经验，准确把握“四个着眼于”的党建着力点，以科学理论指导党的建设，以科学制度保障党的建设，以科学方法推进党的建设，不断提高党的建设科学化水平，全面加强党的思想、组织、作风、制度和反腐倡廉建设，更好地发挥党委领导核心作用、基层党组织战斗堡垒作用、共产党员先锋模范作用，把党的政治优势和组织优势转化为推动我省经济社会又好又快发展的强大力量，为实现我省转型发展安全发展和谐发展、加快建设新基地新山西提供坚强保障。

二、强化科学理论武装，着力推进学习型党组织建设

（四）坚持理论联系实际，在提高党委（党组）中心组学习成效上下功夫。党委（党组）中心组学习对于建设学习型党组织具有直接的表率和示范作用。各级党委（党组）中心组要坚持理论联系实际的学风，深刻领会中国特色社会主义理论体系，坚定中国特色社会主义信念，模范践行社会主义核心价值体系，做到真学真懂真信真用。把学习理论同研究解决山西“三个发展”中的重大问题、群众最关心的现实利益问题、本地区本部门改革发展稳定的难点问题和党建工作中的突出问题结合起来，进一步解放思想，切实把所学理论和知识转化为科学的思维方式、务实的工作举措和坚定的实际行动，不断增强推动“三个发展”的原则性、系统性、预见性和创造性。积极创新中心组学习的方式方法，实行个人深入研读与集体集中研讨相结合、学习科学理论与实地调查研究相结合、汲取专家智慧与开动自己脑筋相结合，形成积极探索、民主讨论、畅所欲言的学习风气，在相互交流、相互启发中加深理解、升华认识。坚持和完善学习制度，把领导干部述学同述职述廉结合起来，把组织学习同党性分析结合起来，把提高认识同改进作风结合起来，形成促进领导干部自觉学习的长效机制。

（五）加强党员干部培训，在科学理论普及上下功夫。围绕什么是马克思主义、怎样对待马克思主义，什么是社会主义、怎样建设社会主义，建设什么样的党、怎样建设党，实现什么样的发展、怎样发展等重大问题，组织全省党员干部系统学习中国特色社会主义理论体系，自觉运用马克思主义的立场、观点和方法认识现实问题，指导工作实践，不断增强贯彻落实科学发展观的自觉性和坚定性。以学习践行社会主义核心价值体系为重点，加强理想信念和思想道德教育，引导党员干部坚定中国特色社会主义共同理想，带头弘扬民族精神和时代精神，做社会主义荣辱观的模范践行者。加强理论研究和宣讲队伍建设，培养和造就一批中青年理论骨干，加强对山西省情与现代化建设规律的研究，推进马克思主义中国化、时代化、大众化。创新干部教育培训体制机制，深化党校和行政学院教学改革，探索构建开放式大培训格局，大力推进干部自主选学，不断提高干部培训的质量和效益。加强基层党员教育培训工作，编好用好理论学习“乡土教材”，探索适合基层实际的党员教育培训方式，努力使广大基层党员成为中国特色社会主义理论的掌握者、实践者和传播者，增强科学理论教育引导群众的作用。

（六）营造浓厚学习氛围，在创建学习型党组织上下功夫。在全省深入开展创建学习型党组织活动，组织党员干部向书本学习、向实践学习、向群众学习。在着力提高政治理论素养的同时，每个党员干部要结合本职工作，加强业务知识和经济、法律、文化、科技、社会管理等各方面知识的学习，努力掌握和运用科学的新思想、新知识、新经验，自觉做到学以立德、学以增智、学以创业。各级领导干部要以身作则，把学习作为一种政治责任、精神追求和思想境界，养成爱读书、读好书、善读书的好习惯，坚持在读书学习中坚定理想信念、锤炼道德操守、提升思想境界、增强工作能力，带头营造崇尚学习的浓厚氛围，在建设学习型党组织中走在前列。要把学习考核作为干部考核的重要内容，把理论素养、学习能力、学习成果和用理论指导实际工作的情况作为选拔任用领导干部的重要依据，不断增强党员干部的内在学习动力。加强对创建学习型党组织活动的指导服务和舆论引导，在全省各级党组织和广大党员干部中形成重视学习、坚持学习、终身学习的良好风气。

三、积极发展党内民主，着力推进民主集中制建设

（七）保障党员主体地位，切实扩大党内民主。以保障党员民主权利为根本，认真落实《党章》及《党员权利保障条例》等党内规章赋予党员的知情权、参与权、选举权和监督权，进一步提高党员对党内事务的参与度。推进党务公开，切实增强党组织工作的开放性和透明度。凡属《党章》和党内法规要求公开的内容，凡是本地区、本单位党员群众关注的重大事项和热点、难点、重点问题，除涉及党和国家机密外都要公开。规范党务公开程序，建立党内信息公布制度和党委新闻发言人制度。完善党内意见收集办理和反馈制度、党内情况通报制度、信息报送制度，畅通党内信息上下互通渠道。积极营造党内民主讨论、民主监督环境，探索和丰富党员发挥监督作用的途径和形式，办好“学习实践网”等党建网站，拓宽党员意见表达渠道。扩大党员和党代表列席上级会议范围，完善党员向党组织和党员领导干部、党代表询问、质询制度，严格落实党代表监督评议制度，畅通党员监督渠道。推行党员定期评议基层党组织领导班子成员制度，重视评议信息公开和改进结果反馈。加强民主集中制教育，提高党员民主素质，引导党员正确行使民主权利，认真履行义务。

（八）健全党代表大会制度，规范党内选举活动。各级党组织要按时进行换届选举。改善党代表大会代表结构，提高基层一线代表比例，增强代表的广泛性，切实克服把党代表大会开成党的领导干部会议的倾向。抓好党代表任期制暂行条例的贯彻落实，建立健全党代表参与重大决策、参加重要干部推荐和民主评议、列席党委有关会议等制度和办法。建立党代表大会代表提案制度。组织开展好党委委员联系党代表、党代表联系群众、党代表接待日活动，充分发挥党代表的作用。按照我省《关于党的代表大会常任制试点工作方案》，继续选择一些县（市、区）开展试点。完善党内选举制度是党内民主建设的重要工程。逐步改进和完善候选人提名方式，提高党代表在提名推荐候选人中的参与程度，适当扩大差额推荐和差额选举的范围和比

例。规范党内选举程序和投票方式，切实保护选举者的选择权，提高选举的真实性、公开性和透明度。积极稳妥地开展基层党组织领导班子公推直选工作，适时启动乡镇党委领导班子直选试点。严格控制选任制领导干部任期内职务变动，维护选举结果的严肃性。

（九）积极发挥全委会作用，完善党内民主决策机制。各级党委要严格按照集体领导、民主集中、个别酝酿、会议决定的原则决定重大事项。充分发挥全委会对重大问题的决策作用，重大决策、重要干部任免实行全委会票决制。健全党委常委会向全委会定期报告工作并接受监督制度。完善党委常委会议事规则和决策程序，广泛听取党员、群众、基层干部的意见和建议，发挥政策研究和咨询机构、专家学者和社会听证在决策中的作用，提高运用民主方式形成共识、开展工作的本领，确保发展思路和决策部署切合实际，顺乎民意。健全决策失误纠错改正机制，严格责任倒查和责任追究。坚持和完善集体领导与个人分工负责相结合制度，防止个人专断或少数人说了算。

（十）坚持党的领导核心作用，坚决维护党的集中统一。坚持完善地方党委总揽全局、协调各方的领导体制和工作机制。支持人大、政府、政协、司法机关和人民团体依照法律和各自章程独立负责、协调一致地开展工作，注重发挥这些组织中党组的领导核心作用，保证党的路线方针政策和党委决策部署的贯彻落实。坚持和完善人民代表大会制度，支持人大及其常委会依法履行职能。坚持和完善中国共产党领导的多党合作和政治协商制度，完善党同各民主党派的合作共事机制，支持民主党派加强自身建设，更好地履行参政议政、民主监督职能。加强对统一战线的领导，促进政党关系、民族关系、宗教关系、阶层关系、海内外同胞关系更加和谐，把各方面的智慧和力量凝聚到全省经济社会科学发展上来。完善部门党组（党委）工作机制。健全党对国有企事业单位领导的体制机制。严守党的政治纪律，维护党的集中统一，自觉同党中央在思想上政治上行动上保持高度一致。坚决服从中央领导，坚决维护中央权威，坚决执行中央决定，坚决落实中央部署，在重大问题上旗帜鲜明、立场坚定，在关键时刻和重大事件中经得起考验。深入开展党的政治纪律教育，引导党员干部增强政治意识、政权意识、责任意识，坚定政治立场，提高政治敏锐性和政治鉴别力，做到令行禁止，确保政令畅通。加大执行政治纪律的力度，对违反党的政治纪律的，依法依纪严肃处理。

四、深化干部人事制度改革，着力推进高素质干部队伍建设

（十一）坚持干部选任标准，提高选人用人公信度。坚持德才兼备、以德为先的用人标准，从政治品质和道德品行等方面完善干部德的评价标准，重点看是否忠于党、忠于国家、忠于人民，是否确立正确的世界观、权力观、事业观，是否真抓实干、敢于负责、锐意进取，是否作风正派、清正廉洁、情趣健康。注重从履行岗位职责、完成急难险重任务、关键时刻表现、对待个人名利、对待群众态度和调整经济结构、重点工程建设、化解社会矛盾、加强安全生产等方面考察干部的德与才，进一步端正用人导向。加强对干部选拔任用工作的集中检查和重点抽查，开展跑官要官、买官卖官、拉票贿选等问题专项治理，严肃查处违规违纪用人问题。加大典型案件剖析和通报力度，大力匡正选人用人风气，不让老实人吃亏，不让投机钻营者得利。

（十二）完善干部选拔任用机制，提高选人用人科学化水平。坚持民主、公开、竞争、择优的原则，形成充满活力的选人用人机制。扩大选人用人民主，重点规范领导干部特别是主要领导的提名行为，健全主体清晰、程序科学、责任明确的初始提名制度。科学界定参加民主推荐的人员范围，建立民主推荐结果与年度考核、工作实绩印证分析制度，增强民主推荐的真实性，防止简单以票取人。坚持五湖四海，广开举贤荐能之路，拓宽党政干部选拔来源，防止和纠正把选人视野局限于身边的人、自己熟悉的人以及少数人在少数人中选人等问题。扩大公开选拔、竞争上岗等竞争性选拔干部的范围，突出岗位特点，改进选拔方式，注重能力实绩。机关中层以下领导职位除特殊岗位外，逐步做到竞争上岗。建立差额选拔干部制度，推行差额推荐、差额考察、差额酝酿，探索差额表决办法。健全干部考察制度，完善考察标准，落实领导干部任用延伸考察办法，增强考察的准确性。实行各级党委常委会向全委会、各级党政机关和事业单位党组（党委）向干部职工报告干部选任工作并接受评议的制度，健全干部选任监督机制、干部选任责任追究制度、调整不胜任现职干部制度等。扩大干部工作信息公开，继续搞好组织工作满意度民意调查。

（十三）加强县乡党委书记能力建设，增强领导班子整体功能。按照政治坚强、具有领导科学发展能力、能够驾驭全局、善于抓班子带队伍、民主作风好、清正廉洁的要求，选好配强县乡党委书记。加强各级领导班子特别是县乡领导班子思想政治建设，增强班子成员顾全大局、团结协作的自觉性，提高运用科学发展观干事创业的水平。加强县乡党委书记队伍领导能力培养，重点提高推进结构调整、转变发展方式、加强安全生产、保护生态环境的能力，提高做好群众工作、提供公共服务、加强社会管理、解决复杂矛盾、维护和谐稳定的能力，提高依法办事、应急管理、舆论引导、新兴媒体运用、做好民族宗教工作等方面的能力。优化领导班子配备，形成年龄、经历、专长、性格互补的合理结构，增强班子整体功能与合力。严格执行任期制，县乡党委书记无特殊原因任期内一般不得调动，保持县乡党委书记队伍基本稳定。

（十四）突出党性修养与实践锻炼，加大培养选拔优秀年轻干部力度。鼓励和安排年轻干部到基层、艰苦地区、复杂环境、关键岗位砥砺品质、锤炼作风、增长才干。建立来自基层一线党政领导干部培养选拔链，大力选拔经过

艰苦复杂环境磨练、重大斗争考验、实践证明优秀、有培养前途的年轻干部，进一步抓好后备干部队伍建设。注重从基层和生产一线选拔优秀年轻干部充实各级领导班子和党政机关，并逐步形成制度。实行干部资源统一整合、统一调配、综合使用、优化配置。加强妇女干部、党外干部培养选拔。切实解决领导干部任职年龄层层递减问题，按照老中青梯次配备的原则，合理使用各年龄段干部。

（十五）健全干部管理机制，激发干部队伍活力。坚持严格要求与关心爱护相结合，加强干部队伍宏观管理。制定我省贯彻中央《关于进一步从严管理干部的意见》的有效措施，把从严管理干部贯穿到干部工作全过程，切实改变一些地方和部门对干部管理失之于宽、失之于软的问题。认真落实促进科学发展的党政领导班子和领导干部考核评价机制（“一个意见”、“三个办法”），根据不同类型、不同层次干部的特点，建立各有侧重、各具特色的考核内容和指标体系，提高考核质量，强化考核结果运用。深化干部分类管理改革，认真落实《山西省县（市、区）长人选产生暂行办法》，研究制定市县乡党政主要领导管理办法。探索公务员动态管理机制，推进事业单位人事制度改革，切实纠正违反规定超编制进人、超职数配备干部问题，增强干部人事纪律的严肃性。完善干部交流制度，探索机关干部跨系统、跨部门交流轮岗的途径和办法。完善干部退出机制，解决干部能上不能下的问题。加大对懒官庸官的整治力度，解决干好干坏、干多干少一个样的问题。进一步做好离退休干部工作。

（十六）培养和引进高层次人才，优化人才队伍结构。坚持党管人才，统筹推进各类人才队伍建设。以用好用活人才为着力点，建立以岗位需求为导向的人才培养动态调控机制，完善人才发现评价机制。破除体制性障碍，提高人才配置的市场化程度，创新以用人单位为主体的人才使用流动机制，健全多元化的人才开发投入机制。抓紧实施海外高层次人才引进工作的配套政策，建设海外高层次人才创新创业基地，力争用5—10年时间，引进100名左右海外高层次人才。加大对省外高素质人才的引进力度。建立党政领导抓人才目标责任制，健全省、市、县三级党委联系高级专家和优秀人才制度。制定《山西中长期人才发展规划纲要》，完善有利于优秀人才脱颖而出、充分发挥作用的政策措施，努力培养造就一批我省经济社会发展急需的科技领军型人才和创新型人才。

五、以强化功能和发挥作用为重点，着力推进基层党组织建设

（十七）以开展第三批学习实践活动为契机，增强基层党组织的创造力、凝聚力、战斗力。紧紧围绕党员干部受教育、科学发展上水平、人民群众得实惠的总要求，牢牢把握坚持解放思想、突出实践特色、贯彻群众路线、正面教育为主的指导原则，按照提高思想认识、解决突出问题、加强基层组织、促进科学发展的目标，全力推动第三批学习实践活动向广度和深度发展。认真总结学习实践活动取得的成功经验，形成高标准、大力度、全方位加强基层党组织建设的长效机制。创新基层党组织活动内容和方式，普遍开展“星级目标管理”、“帮建升级”活动，不断深化基层党建工作“三级联创”活动。由省委常委带队，深入基层集中研究解决基层党组织建设中的重点难点问题。采取省、市、县三级挂牌督导的办法，抓好重点村、难点村、矛盾突出村和民族宗教聚居村的党建工作。以有一个好班子、一个好思路、一个好规划、一个好章程、一个好阵地为目标，加强农村基层党组织建设，完善村党组织领导下的村民自治制度，带动村级其他组织建设，发挥农村基层党组织在建设社会主义新农村中的领导核心作用。进一步加强乡镇党委自身建设，落实乡镇干部包村驻点责任制，发挥乡镇党委在农村基层党组织建设中的“龙头”作用。坚持并不断完善国有企业领导班子“双向进入、交叉任职”的办法，保证党组织参与决策、带头执行、有效监督，牢固确立、充分发挥企业党组织的政治核心地位和作用。以有人有经费有场所、构建城市区域化党建格局为重点，加强城市街道社区党组织建设，在促进城市发展、优化社区管理、维护社会稳定、建设文明和谐社区中发挥领导核心作用。把服务中心、建设队伍贯穿机关党组织活动始终，发挥党组织在完成本部门各项任务中的协调和监督作用，走在全省基层党组织建设的前头。加强学校、文化、体育、卫生、科研单位党组织建设，下功夫在推动科学发展上增强执行力，在服务群众上增强亲和力，在凝聚人心上增强向心力，在促进和谐上增强感召力。加强非公有经济组织和新社会组织党组织建设，在贯彻党的方针政策、遵守国家法律法规、团结凝聚职工群众、维护各方合法权益、促进健康发展上发挥作用。扩大基层党组织活动的开放性，广泛吸纳群众参与，拓展党组织活动空间。

（十八）构建城乡统筹的基层党建新格局，扩大基层党组织覆盖面。加强城乡党建资源整合，普遍推行城乡基层党组织结对帮扶等做法，努力形成城乡基层党建资源共享、优势互补、双向受益、共同提高的新格局。探索不同类型基层党组织设置形式，实现党的组织和党的工作全社会覆盖。实行城乡基层党组织一方为主、接续培养、两地考察、相互衔接的优秀农民工入党办法。建立城乡一体化党员动态管理机制，建设全省统一的党员信息库，加强流动党员管理。充分利用新兴媒体为基层党建服务。继续抓好村级组织活动场所和现代远程教育网络一体化建设，用一年时间帮助5659个村建设村级组织活动场所，对3232个标准不高的村级组织活动场所进行改造，做到每个村都有一个“好阵地”。构建以街道党组织为核心、社区党组织为基础、驻地单位党组织和社区全体党员共同参与、条块结合、工作联动的社区党建工作新机制。建立由党委、政府有关部门和行业协会等参加的非公有经济组织和新社会组织党建工作协调机制。在实现全省规模以上非公有制企业党组织全覆盖的基础上，逐步从追求覆盖率向提高影响力转变。

加强条管为主和条块共管单位的基层党组织建设。建立稳定规范的基层组织工作经费保障机制。加大对革命老区、贫困地区基层党建工作的支持力度。

（十九）创新基层党组织书记培养选拔机制，抓好带头人队伍建设。按照守信念、讲奉献、有本领、重品行的要求，建设一支政治坚定、创业奉献、作风过硬的高素质基层党组织带头人队伍。拓宽基层党组织干部来源，继续推进选聘高校毕业生到农村、社区任职工作。建立大学生村（社区）干部工作长效机制，确保大学生下得去、待得住、干得好、流得动。鼓励机关干部到农村和社区工作。探索从优秀复退军人党员中培养选拔基层党组织带头人的路子。及时调整软弱涣散基层党组织班子，选好配强农村、街道社区、非公有经济组织、新社会组织等单位的党组织负责人。符合条件的农村、社区、国有企业党组织负责人，可以通过法定程序担任村委会主任、居委会主任、企业董事长。制定《山西省农村党支部书记管理办法》，完善村党支部书记培养选拔、教育培训、管理监督、激励保障机制。全面落实定权责立规范、工作有合理待遇、干好有发展前途、退岗有一定保障的要求，建立健全农村和社区党支部书记基本报酬和基本养老保险制度。

（二十）健全党员管理和服务机制，发挥党员的先锋模范作用。以提高素质为重点，建立健全教育、管理、服务党员长效机制，激发党员增强光荣感和责任感、保持先进性内在动力。抓紧制定并组织实施全省党员教育培训五年规划，建立基层党员轮训制度和培训基地，提高党员教育培训的覆盖面，加强思想上入党教育。坚持注重质量、优化结构，加大在工人、农民中发展党员力度，重视在科研教育领域高知识群体和大学生中发展党员，积极做好在非公有经济组织和新社会组织中发展党员工作。在全省实施村村都有新党员工程、社区入党积极分子队伍扩容工程、生产经营骨干培养工程、非公有经济组织和新社会组织负责人培养工程，全面推行“群众推荐、党委考察、支部票决、全程公示”的经验，改进发展党员工作。探索建立党员在居住地发挥作用的机制，在流动党员中深入开展“在当地争先锋，为家乡做贡献”主题实践活动。以关心帮扶老党员、困难党员和农村基层干部为重点，落实党内激励关怀帮扶机制。以开展党员责任区、党员先锋岗、结对帮扶、无职党员设岗定责等活动为载体，建立党员联系和服务群众的有效平台。严格党内组织生活，坚持民主评议党员制度。健全党员队伍自我纯洁机制，及时处置不合格党员。

六、密切党同人民群众的血肉联系，着力推进党的作风建设

（二十一）加强思想教育，大力弘扬党的优良作风。全省各级党组织和广大党员干部要大兴密切联系群众之风，进一步强化宗旨意识。坚持党的群众路线，深入了解群众疾苦、倾听群众呼声，在执政为民的行动中塑造良好形象。要大兴求真务实之风，进一步强化责任意识。从省委做起，大力整治文风会风，力戒空话套话，减少应酬活动，真正把心思用到干事业上，把精力用到抓落实上。要大兴艰苦奋斗之风，进一步强化忧患意识。始终与人民群众同甘共苦，坚决抵制铺张浪费、奢靡享乐、挥霍公款等不正之风。要大兴批评与自我批评之风，进一步强化原则意识。坚决反对逢迎讨好、相互吹捧、圆滑世故、投机钻营等不良习气，形成坚持原则、敢于直言、敢抓敢管的良好风气。弘扬党的优良作风，要与弘扬山西的革命传统、学习身边的先进典型结合起来，大力发扬太行精神、吕梁精神、纪兰精神、双良精神和以“执政为民、尊重科学、百折不挠、艰苦奋斗”为主要内容的右玉精神，在全省形成鼓励干事、重视基层、创业光荣、崇尚先进的良好导向。不断改进作风教育的方式方法，增强针对性和说服力，使改进作风、弘扬正气成为党员干部的自觉追求。

（二十二）着力改善民生，以作风建设的实际成效取信于民。各级领导干部要把人民利益作为谋划发展的根本依据，以多办顺民意、解民忧、增民利、惠民生的实事体现党的优良作风。继续大力推进教育、就业、医疗、社保、住房等“五大惠民工程”，不断提高群众生活水平。继续大力推进公共服务向广大农村和经济困难地区延伸，按期实现村通水泥（油）路、中小学校舍安全改造、村级卫生室、村通广播电视、农村安全饮水等“五个全覆盖”，不断改善群众生产生活环境。认真解决群众反映强烈的教育医疗、生态环境、安全生产、食品药品安全、企业改制、征地拆迁、涉农利益、涉法涉诉等方面的突出问题，切实维护群众的切身利益。把人民群众的评价作为检验作风建设成效的根本标准，坚持改革的力度、发展的速度与人民群众的可承受程度相统一，坚决纠正形式主义，制止“形象工程”和“政绩工程”，努力把好事办好、实事办实，使各项改革举措和发展成效真正惠及人民群众。在广大党员特别是领导干部中深入开展讲党性、重品行、作表率活动，以科学发展、改善民生的具体行动推进作风建设，以实际成效赢得广大群众的信任和拥护。

（二十三）强化制度约束，形成作风建设的长效机制。坚持领导干部调查研究制度，省市领导干部每年深入基层调查研究不少于两个月，县级领导干部要达到三个月以上。坚持党员领导干部包乡（村）联企制度，省市县领导干部每人至少联系一个贫困县乡（村）或困难企业，解决改革发展中的问题和困难。坚持领导干部信访接待日制度，定期下访和接访。新提拔的年轻干部要到信访部门挂职锻炼。对领导干部接待群众来访和解决问题情况要定期公布，接受群众监督，推动领导干部在实践中密切与人民群众的血肉联系。坚持每月无会周制度。进一步健全工作责任制与政绩考评体系，促进各级领导干部敢于负责、认真履职。深化财政预算改革，依法加强审计监督，逐步推行审计结果公告制度，严格财经纪律，在各级领导机关形成勤俭节约的良好风气。建立党性定期分析制度，把党性分析作为民主生活会的主要内容，开展严肃认真的批评与自我批评，

促使各级领导干部坚持原则、纠正错误、抵制不正之风。进一步加强行政效能建设，减少审批环节，提高工作效率，改善服务态度，优化发展环境。加大对党政机关和领导干部作风方面突出问题的整顿力度，对作风飘浮、敷衍塞责、弄虚作假引发重大事件造成重大损失和恶劣影响的，必须严肃查处，追究责任，促进作风建设长效机制的形成。

七、以煤焦领域反腐败斗争为切入点，着力推进反腐倡廉建设

（二十四）加大煤焦等重点领域案件查办力度，保持惩治腐败的高压态势。深入开展煤焦领域反腐败专项斗争，严肃查处官煤勾结、官商勾结、索贿受贿、入股牟利和纵容庇护非法违法开采等行为，坚决遏制煤焦领域腐败现象易发多发势头，使煤焦领域执法监管秩序明显改善，行业风气明显好转，干部廉洁自律意识明显增强。严肃查处工程建设领域的违法违规行为。严肃查办发生在领导机关和领导干部中滥用职权、贪污贿赂、腐化堕落、失职渎职案件，严肃查办商业贿赂案件和严重侵害群众利益案件，严肃查办群体性事件和重大责任事故背后的腐败案件。加大对涉农违纪违法案件的查办力度，认真解决农民群众反映强烈的突出问题，加强农村党风廉政建设。始终保持惩治腐败的高压态势，决不让任何腐败分子逃脱党纪国法惩处。完善反腐败协调工作机制，形成整体合力。完善反腐倡廉网络举报和受理机制、网络信息收集和处置机制。坚持依纪依法办案，完善举报人和证人保护制度，保障被调查人的合法权益，依法追究诬告陷害行为。完善重大案件剖析和通报制度，发挥查办案件的惩戒功能和治本功能。

（二十五）强化廉洁自律，深入开展党性党风党纪教育。贯彻为民、务实、清廉的要求，狠抓以领导干部为重点的党风廉政教育。有针对性地开展正面典型示范教育和反面典型警示教育，增强廉政教育的说服力，帮助领导干部增强是非面前的辨别能力、诱惑面前的自控能力、警示面前的醒悟能力，做到防微杜渐、奉公守法、廉洁办事。在全社会加强廉政文化建设，努力形成“以廉为荣、以贪为耻”的社会氛围。领导干部要严格遵守廉洁自律各项规定，严格要求自己、亲属和身边工作人员，珍重自己的人格，珍爱自己的声誉，珍惜自己的形象。完善党员领导干部报告个人有关事项制度，把住房、投资、配偶子女从业等情况列入报告内容。进一步规范离退休领导干部在企业和各类学会、协会、基金会任职行为。对领导干部社会交往、休闲娱乐、生活作风方面的不良倾向，要及时提醒，严肃纠正。

（二十六）健全监督制约机制，构建具有山西特色的惩治和预防腐败体系。把反腐倡廉建设放在更加突出的位置，坚持标本兼治、综合治理、惩防并举、注重预防的方针，坚持教育、制度、监督、惩治、纠风、改革并重，从源头上铲除腐败滋生的土壤和条件。加强对权力的制约和监督，建立健全决策权、执行权、监督权既相互制约又相互协调的权力结构和运行机制，推进权力运行程序化。认真贯彻党内监督条例，加强对重要领域和关键环节权力行使情况的监督，不断完善领导干部述职述廉、诫勉谈话等制度。认真落实政务、厂务、村务公开制度，凡涉及人民群众利益的重大决策与实施结果，都要向社会公开，自觉接受群众监督。加强和改进巡视工作，延伸巡视范围，提高巡视质量，用好巡视成果。推行党政领导干部问责制、廉政承诺制、行政执法责任制。各级党委常委会要把廉政勤政、选人用人等方面工作作为向全委会报告的重要内容。完善纪检监察机关派驻机构统一管理，健全对驻在部门领导班子及其成员监督的制度。坚持党内监督与党外监督、专门机关监督与群众监督相结合，发挥好舆论监督作用，增强监督合力。坚持和完善行风评议制度，进一步治理和纠正行业不正之风。深化行政、司法、财政、投资等领域和环节改革，健全权力运作、行业自律、经济运行、企业管理等方面的制度，制定一批约束力强、预见性强的法规制度，最大限度减少体制障碍和制度漏洞，用制度管权、管事、管人。严格执行党风廉政建设责任制，进一步健全各级党委及其主要负责人反腐倡廉的领导责任。加强反腐倡廉制度执行情况的监督检查，增强制度的执行力和约束力，维护制度权威。贯彻落实中央《决定》，加强和改进新形势下党的建设，是全省各级党组织的重大政治责任。各级党组织要增强“抓好党建是本职、不抓党建是失职、抓不好党建是不称职”的理念，认真贯彻《决定》和本意见精神，坚持党要管党、从严治党，全面落实党建工作责任制，健全党委统一领导、部门齐抓共管、一级抓一级、层层抓落实的党建工作格局。各级党组织书记要真正履行党建工作第一责任人的职责，切实加强对党建工作的领导，重视党务工作队伍建设，加强统筹协调，形成工作合力。完善和落实党建工作考核评价体系，加强党建任务完成情况的监督检查，确保党建工作的各项部署落到实处。各级党组织要加强对党建工作的调查研究，分析新情况、解决新问题、总结新经验，不断提高全省党建工作的科学化水平和实际成效，为推进全省转型发展安全发展和谐发展、建设新基地新山西作出更大的贡献！

中共山西省委办公厅　山西省人民政府办公厅
关于贯彻落实《国有企业领导人员廉洁从业若干规定》的意见

晋办发〔2009〕34号

（2009年11月18日）

为认真贯彻党的十七届四中全会和十七届中央纪委四次全会精神，全面落实中央办公厅、国务院办公厅印发的《国有企业领导人员廉洁从业若干规定》（中办发〔2009〕26号，以下简称《若干规定》），深入推进全省国有企业反腐倡廉建设，促进国有企业健康发展，提出如下意见。

一、统一思想，提高认识，切实增强贯彻落实《若干规定》的自觉性

《若干规定》从维护国家和出资人利益、维护国有企业利益、防止可能侵害公共利益和企业利益行为的发生、规范职务消费行为、加强作风建设等五个方面，全面系统地提出了国有企业领导人员廉洁从业的行为要求,是规范国有企业领导人员廉洁从业行为的基础性法规。各级各部门要充分认识贯彻落实《若干规定》的重要意义，以深入推进煤焦领域反腐败专项斗争为突破口，以建设具有山西特点的惩治和预防腐败体系为重点，把教育、制度、监督、改革、纠风、惩治六个方面的要求贯穿于落实《若干规定》的全过程，把《若干规定》列入各级党校、行政学院和其他干部培训机构的教学计划，纳入企业党委中心组学习内容，作为深入学习实践科学发展观活动的重要内容，并与贯彻落实省委《关于加强领导干部党性修养大力树立和弘扬良好作风的意见》、《关于大力学习弘扬“右玉精神”的决定》结合起来，促使国有企业领导人员准确把握《若干规定》的精神实质和具体要求，增强廉洁从业意识,自觉执行相关规定,推动全省国有企业党风建设和反腐倡廉工作，确保国有企业廉洁、安全、高效运行，促进转型发展、安全发展、和谐发展和新基地新山西建设。

二、结合实际，突出重点，切实把《若干规定》的各项要求落到实处

紧密结合我省实际和国有企业特点，针对国有企业领导人员权力运行和生产经营管理中暴露出来的问题，抓住设备及大宗物资采购、基本建设投资、财务管理、重组改制及煤炭资源整合、大额度对外投资、安全生产等方面的薄弱环节，采取集中时间、集中解决突出问题的办法，强力推进《若干规定》的贯彻落实，务求取得实效。

（一）加强制度建设，完善体制机制。把国有企业领导人员廉洁从业各项要求落实到国有资产监管、市场监管以及国有企业权力运行、决策、经营、管理等各个环节，大力推进国有企业反腐倡廉法规制度建设，充分发挥制度建设的根本性、全局性、稳定性、长期性和基础性作用。严格执行“三重一大”集体决策制度，完善集体决策程序，在涉及企业生产经营的重大决策、重要人事任免、重大项目安排以及大额度资金运作等事项上坚持集体决策，规范领导班子决策行为。逐步建立和完善国有企业领导人员报告个人有关事项制度，把住房、投资、配偶子女从业等情况列入报告内容，加强对配偶子女均已移居国（境）外的国有企业领导人员的管理。按照节俭、高效、廉洁的原则，继续推进公务消费和公务接待制度改革。健全决策失误纠错改正机制和责任追究制度。完善国有企业领导人员薪酬管理制度。建立健全廉洁从业承诺、企业内部巡视督查、经济责任审计、重大投资项目审计、厂（企）务公开等制度。建立健全监督制约机制,完善企业董事会、监事会、经理层议事规则，发挥好监事会对企业领导人员的监督作用，建立苗头性问题报告、效能监察、招标投标监督等制度。建立健全公检法机关与企业纪检监察、审计监督工作协调配合机制，创优企业发展环境。完善激励和约束机制，各级组织人事部门和履行国有资产出资人职责的机构，要将廉洁从业情况作为对国有企业领导班子及其成员考察、考核的重要内容和任免的重要依据。严格执行企业领导人员执行《若干规定》情况向企业党组织和上级纪检监察机关报告制度，提高制度执行力，维护制度权威性。

（二）加强监督管理，把握正确方向。各级纪检监察机关要严格对国有企业领导人员的管理和监督，做到预防为先，关口前移。要处理好监督与教育、惩治与保护的关系，把加强监督与建立激励机制结合起来，把处理人与教育人、挽救人结合起来，既要严肃纪律，坚决惩治腐败，又要保护企业领导人员干事创业、改革创新的积极性。国有企业要将贯彻落实《若干规定》情况作为企业领导人员作风建设、民主生活会、绩效考评、选拔任用、述职述廉以及职工代表大会民主评议的重要内容和指标。履行国有资产出资人职责机构的党委和纪委要制定具体办法，加强对《若干规定》贯彻落实情况的监督检查，把《若干规定》执行情况纳入企业党风建设责任制检查考核内容，推动监督检查制度化、经常化。省委巡视组要调整充实巡视力量，加

强对国有企业落实《若干规定》情况的巡视和督查。

（三）加大办案力度，坚决惩治腐败。严肃查办国有企业领导人员滥用职权、贪污贿赂、腐化堕落、失职渎职等违反《若干规定》的案件，坚决遏制国有企业重要岗位、关键环节腐败现象易发多发势头。重点围绕我省煤焦领域反腐败专项斗争中暴露出来的问题、安全生产事故背后的腐败问题、借煤炭资源整合之机收受贿赂造成国有资产流失的问题以及当前企业改制重组、重点工程建设等关键环节和重要部位的突出问题，加大惩治腐败力度，保持惩治腐败的高压态势。综合运用纪律处分、岗位罚、经济罚等惩戒措施，严格禁止自定企业领导人员薪酬、违规公务消费、变相出国（境）旅游、设立“小金库”以及借婚丧喜庆敛财等行为。各级纪检监察机关要认真受理对违反《若干规定》行为的举报，依照管理权限，作出相关处理决定或者提出处理意见。对有违反《若干规定》5个方面39种行为的企业领导人员，要按照有关规定给予警示谈话、调离岗位、降职、免职处理以及相应的纪律处分，涉嫌犯罪的依法移送司法机关处理。

三、加强领导，明确责任，确保《若干规定》顺利实施

各级各部门要把贯彻落实《若干规定》作为当前加强反腐倡廉建设的一项重要政治任务，列入重要议事日程，融入到以完善惩治和预防腐败体系为重点的反腐倡廉建设总体工作中，加强组织领导，认真安排部署，深入调查研究，注重挖掘典型，以点带面、整体推进，抓好《若干规定》的贯彻落实。各级纪检监察机关要充分发挥职能作用，积极协助党委、政府搞好任务分解，推动责任落实。国有企业党委书记、董事长、总经理是贯彻落实《若干规定》的主要责任人，要带头执行规定，搞好组织实施，通过自查自纠及时发现并纠正问题，对带有苗头性、倾向性的问题，要针对性地采取措施，从根本上加以解决。要充分发挥广播、电视、报刊、网络等媒体的作用，做好相关政策规定的宣传工作，提高广大职工群众参与反腐倡廉建设的积极性和主动性，为贯彻落实《若干规定》营造良好舆论氛围。

中共山西省委办公厅　山西省人民政府办公厅印发《关于开展工程建设领域突出问题专项治理工作的实施意见》的通知

晋办发〔2009〕35号

各市、县委，各市、县人民政府，省委各部委，省直各委、办、厅、局，各人民团体：

省委、省政府同意《关于开展工程建设领域突出问题专项治理工作的实施意见》，现印发给你们，请结合实际，认真贯彻落实。

中共山西省委办公厅

山西省人民政府办公厅

2009年11月18日

关于开展工程建设领域突出问题专项治理工作的实施意见

为了认真贯彻落实中央办公厅、国务院办公厅印发的《关于开展工程建设领域突出问题专项治理工作的意见》（中办发〔2009〕27号）精神，规范工程建设领域市场交易行为和领导干部从政行为，维护社会主义市场经济秩序，促进反腐倡廉建设，现就我省开展工程建设领域突出问题专项治理工作提出如下实施意见。

一、充分认识开展工程建设领域突出问题专项治理工作的重要性和紧迫性

近年来，全省各级各部门采取有效措施，认真治理工程建设领域存在的问题，工程建设市场不断健全，监管体制日益完善，权钱交易、商业贿赂等腐败现象滋生蔓延势头得到一定程度的遏制。但要清醒地看到，一些深层次问题还没有从根本上得到解决，市场交易规则不够统一，市场监管行为不够规范，地方保护和部门垄断行为依然存在，违法违纪现象时有发生，特别是一些领导干部利用职权插手干预工程建设，索贿受贿；一些地方和部门违法违规决策上马项目、审批规划，违法违规审批和出让土地使用权、矿业权；一些招标人和投标人规避招标、虚假招标、围标串标、转包和违法分包；一些单位在工程建设中违规征地拆迁、破坏生态环境、忽视质量安全、损害群众利益，存在劳民伤财的“形象工程”、脱离实际的“政绩工程”和威胁人民生命财产安

全的“豆腐渣”工程。这些问题严重影响市场机制的发挥，损害公共利益，影响党群干群关系，妨碍科学发展和社会和谐稳定。特别是当前我省正处于应对国际金融危机、促进经济平稳较快发展的关键时期，中央投资我省的80多亿元资金项目进入全面实施阶段，我省也正在实施总额6500亿元的两年投资计划，这样大规模的资金投入和工程建设，如果缺乏有效的预防和监管措施，就可能出现工程质量和腐败等问题，造成严重的经济损失和恶劣的社会影响。中央决定用2年左右的时间，集中开展工程建设领域突出问题专项治理工作，是维护社会主义市场经济秩序、完善社会主义市场经济体制的必然要求，是推动扩大内需、促进经济平稳较快发展政策措施贯彻落实的迫切需要，是深化重点领域和关键环节改革、扎实推进反腐倡廉建设的重大举措。各级各部门要充分认识开展工程建设领域突出问题专项治理工作的重要意义，切实增强责任感和紧迫感，把思想和行动统一到中央的部署要求上来，加大工作力度，认真完成各项治理任务，促进工程建设高效、安全、廉洁运行，推动以完善惩治和预防腐败体系为重点的反腐倡廉建设深入开展，维护人民群众根本利益，保持社会和谐稳定，促进经济社会又好又快发展。

二、目标要求

进一步规范招标投标活动，突出解决评标不公和招标投标程序不规范问题，促进招标投标市场健康发展；进一步落实经营性土地使用权和矿业权招标拍卖挂牌出让制度，突出解决审批和出让探矿权、采矿权不规范以及公共资源交易平台不统一问题，规范市场交易行为；进一步推进决策和规划管理工作公开透明，突出解决擅自改变用地性质以及在房地产开发中违规调整容积率问题，确保规划和项目审批依法实施；进一步加强监督管理，突出解决招标投标监管体制条块分割、多头管理问题，确保行政行为、市场行为更加规范；进一步深化有关体制机制制度改革，突出解决有形建筑市场体制机制制度不健全、不规范问题，建立规范的工程建设市场体系；进一步落实工程建设质量和安全责任制，突出解决建设工程标后监管薄弱、偷工减料、施工监理不严格和工程超概算问题，确保工程建设安全。通过专项治理，要使工程建设领域市场交易活动依法透明运行，统一规范的工程建设有形市场建立健全，互联互通的诚信体系初步建立，法律法规制度比较完善，相关改革不断深化，工程建设健康有序发展的长效机制基本形成，领导干部违法违规插手干预工程建设的行为受到严肃查处，腐败现象易发多发势头得到进一步遏制。

三、主要任务

（一）抓住关键环节，解决突出问题。对照有关法律法规和政策规定，深入开展自查，认真查找工程建设领域重点部位和关键环节存在的突出问题。在建设项目决策方面，着重查找未批先建、违规审批以及决策失误造成重大损失等问题；在建设项目招标投标方面，着重查找规避招标、虚假招标、围标串标、评标不公、转包和违法分包等问题；在土地使用权、矿业权审批和出让方面，着重查找非法批地、低价出让土地、擅自改变土地用途、违规征地和拆迁以及违法违规审批和出让探矿权、采矿权等问题；在城乡规划管理方面，着重查找违反法定权限和程序擅自改变城乡规划、改变用地性质以及在房地产开发中违规调整容积率等问题；在工程建设实施和工程质量管理方面，着重查找标后监管薄弱、偷工减料、施工监理不严格和安全责任不落实等问题；在物资采购和资金安排使用方面，着重查找资金管理使用混乱以及工程严重超概算等问题。要按照“谁主管、谁负责”的原则，全面进行排查，摸清存在的问题，掌握涉及问题单位和人员的基本情况，分析问题原因，找准问题症结，认真加以解决。

（二）突出监管重点，加大监管力度。着重加强对项目建设程序的监管，严格执行投资项目审批、核准、备案管理程序，规范项目决策，科学确定项目规模、工程造价和标准，认真落实开工报告制度、施工许可证制度和安全生产许可证制度，确保工程项目审批和建设依法合规、公开透明运行。着重加强对招标投标活动的监管，规范招标方式确定、招标文件编制、资格审查、标段划分、评标定标、招标代理等行为，改进和完善评标办法，确保招标投标活动公开、公平、公正。着重加强土地、矿产供应及开发利用情况的监管，完善土地及矿业权审批、供应、使用等管理的综合监管平台。着重加强对控制性详细规划制定和实施的监管，严格控制性详细规划的制定和修改程序。着重加强对项目建设实施过程的监管，严格依法征地拆迁，坚持合理工期、合理标价、合理标段，严格合同订立和履约，规范设计变更，科学组织施工，加强资金管理，控制建设成本，禁止转包和违法分包。着重加强对工程质量与安全的监管，落实工程质量和安全生产领导责任制，进一步完善质量与安全管理法规制度，明确质量标准，细化安全措施，强化施工监理，防止重特大质量与安全事故的发生。创新监管方式，完善行政执法、行业自律、舆论监督、群众参与相结合的市场监管体系，充分发挥招标投标厅（局）联席会议机制作用，健全招标投标行政监督机制。加大工程建设项目行政执法力度，组织实施对政府重大投资项目的跟踪审计。充分发挥新闻媒体的作用，加强对工程建设领域的舆论监督和社会监督。

（三）加强制度建设，完善法规体系。建立健全工程建设领域基本制度，把专项治理工作中形成的有效做法和创新成果转化为法规制度。坚持实体性与程序性制度建设并重、规范市场交易行为与规范领导干部从政行为并重，做好法规制度的配套衔接。对现行工程建设方面的法规制度和规范性文件进行清理，过时的及时废止，有缺陷的尽快完善，需要出台的抓紧制定。要抓紧制定控制性详细规划编制审批管理办法，逐步规范和完善项目法人负责制、工程监理制、重大建设项目风险管理及保险制度、重大项目第三方评估及审计制度，积极推进工程担保。继续做好《标准施工招标资格预审文件》、《标准施工招标文件》的贯彻实施工作，加快编制完成行业标准文件，实现招标投标规则统一。科学编制并严格实施土地利用总体规划，严格土地用途管制，严格土地使用权、矿业权出让审批管理。制定全省统一的评标专家分类标准和专家管理办法，依法加强对工程建设领域中介机构和从业人员的管理，规范招标代理、工程监理、价格评估等中介机构行为。加强对工程建设有关法规制度执行情况的监督检查，切实维护制度的严肃性。

（四）加强市场建设，健全诚信体系。以建立规范的工程建设市场体系为目标，大力推进市场建设，规范市场交易主体行为。按照政府建立、规范管理、公共服务、公平交易的原则，坚持政事分开、政企分开，打破地区封锁和行业垄断，整合和利用好各类有形建筑和建设市场资源，建立健全统一规范的工程建设有形市场。按规定必须招标的工程建设项目要统一进场、集中交易，接受行业监管和行政监察。大力推进土地市场、矿业权市场建设，建立健全统一规范的土地、矿业权等要素市场。建立健全以道德为基础、技术为支撑、制度为保障的诚信体系，完善工程建设领域信誉评价、项目考核、合同履约、“黑名单”等市场信用制度，整合有关部门和行业信用信息资源，逐步形成全省互联互通的工程建设领域诚信体系，实现全行业诚信信息共建共享，并将相关信息纳入全省统一的企业和个人诚信系统。健全失信惩戒制度和守信激励制度，严格市场准入。

（五）集中查办案件，坚决惩治腐败。把查办案件贯穿于专项治理工作的全过程，集中查办一批工程建设领域的违纪违法案件，发现一起，查处一起，绝不姑息。重点查办国家工作人员特别是领导干部利用职权插手干预城乡规划审批、招标投标、土地审批和出让以谋取私利甚至索贿受贿的大案要案。严厉查处违法违规审批立项，规避和虚假招标，非法批地，低价出让土地，擅自变更规划和设计、改变土地用途和提高容积率，严重侵害群众利益等违纪违法案件。坚决查处在工程项目规划、立项审批中因违反决策程序或决策失误而造成重大损失或恶劣影响的案件。依法查处国家工作人员失职渎职等案件。把治理工程建设领域突出问题与治理商业贿赂紧密结合起来，既要坚决惩处受贿行为，又要严厉惩处行贿行为。通过公布专项治理举报电话和举报网站等方式拓宽案源渠道，健全举报投诉处理机制，注重在项目稽查、财政监察、项目审计、执法监察和新闻报道中发现案件线索，深挖工程质量和安全事故背后的腐败问题。各级纪检监察机关、司法机关、审计部门、金融监管部门等要加强协作配合，完善情况通报、案件线索移送、案件协查、信息共享等制度，健全办案协调机制，形成查办案件的工作合力。适时公布重大典型案件查处情况，教育群众，震慑腐败分子。

（六）建立长效机制，有效预防腐败。认真贯彻落实党的十七届四中全会精神和省委九届十次全会精神，按照加快推进惩治和预防腐败体系建设的要求，在坚决惩治腐败的同时加大教育、监督、改革、制度创新力度，更有效地预防腐败。围绕政府投资和使用国有资金的工程项目，针对项目立项、城市规划审批、项目核准、土地审批和出让、环境评价、勘察设计、招标投标、征地拆迁、物资采购、资金拨付和使用、工程建设实施等方面存在的漏洞和薄弱环节，结合专项治理工作中发现的苗头性、倾向性问题，认真分析和查找原因，着力解决深层次矛盾和问题，在体制机制改革创新方面取得新突破和新进展，形成工程建设领域源头治理腐败工作的长效机制。

四、组织领导

开展工程建设领域突出问题专项治理工作，事关我省经济社会发展全局，是一项重大而紧迫的任务。各级各部门要把治理工作列入重要议事日程，切实加强领导，周密安排部署，精心组织实施，主要领导要亲自抓，分管领导要具体抓。省里成立由省纪委、省监察厅牵头，工程建设领域各行政主管部门为成员单位的省工程建设领域突出问题专项治理工作领导组，领导组下设办公室，承担日常工作。各市和有关部门也要成立相应的领导组和办公室，充分发挥组织领导和综合协调作用，调动各方面的积极性，整合各种力量，发挥整体效应，形成条块结合、上下联动、齐抓共管的工作格局。各级纪检监察机关要加强组织协调，会同有关部门作出总体部署，搞好任务分解，推动工作落实。各行政主管部门要充分发挥职能作用，各司其职、各负其责，制定具体工作方案，明确任务，落实责任；要将专项治理工作与深入学习实践科学发展观活动结合起来，与集中开展煤焦领域反腐败专项斗争结合起来，与建立健全惩治和预防腐败体系结合起来，加强调查研究，创新工作思路，总结推广经验，开展分类指导，推动专项治理工作深入进行。充分发挥广播、电视、报刊、网络等媒体的作用，加大对专项治理工作的宣传力度，为依法有序开展专项治理工作创造良好氛围。加大监督检查力度，采取重点项目跟踪检查、派驻督察员及抽查等多种方式，督促工作落实。对那些不抓不管、敷衍应付，责任不落实、措施不得力、治理效果不明显的单位主要领导，要严肃追究责任。

中共山西省委办公厅关于印发《山西省2009—2013年党员教育培训工作实施意见》的通知

晋办发〔2009〕37号

各市、县委，省委各部委，省直各委、办、厅、局党组（党委），各人民团体党组，各高等院校和大型企业党委：

省委同意《山西省2009—2013年党员教育培训工作实施意见》，现印发给你们，请结合实际认真贯彻落实。

中共山西省委办公厅
2009年11月30日

山西省2009—2013年党员教育培训工作实施意见

为了深入贯彻落实党的十七大和十七届四中全会精神，切实做好党员教育培训工作，按照中央办公厅印发的《2009—2013年全国党员教育培训工作规划》（中办发〔2009〕23号，以下简称《规划》），结合我省实际，制定本实施意见。

一、充分认识党员教育培训工作的重要意义

党员教育培训工作是党的建设的一项基础性工程，是党的十七大提出的重要战略任务。加强党员教育培训工作，认真组织实施好《规划》，对于巩固和发展深入学习实践科学发展观活动成果、提高党员素质，对于建设学习型政党、推进党的执政能力建设和先进性建设，对于凝聚力量、加快建设新基地新山西，都具有十分重要的意义。各级党委要以高度的政治责任感，把落实《规划》作为贯彻落实党的十七大和十七届四中全会精神的一项重大举措，作为全面加强党的建设的一项重要任务，作为今后五年党员教育培训工作的重中之重，切实抓紧抓好。广大党员要按照中央部署和省委要求，积极参加教育培训，不断提高自身素质，在推进转型发展、安全发展、和谐发展中更好地发挥先锋模范作用。

二、党员教育培训工作的指导思想、基本原则、工作目标和主要任务

（一）指导思想。高举中国特色社会主义伟大旗帜，以邓小平理论和“三个代表”重要思想为指导，深入贯彻落实科学发展观，按照加强党的执政能力建设和先进性建设的要求，常怀忧党之心，恪尽兴党之责，适应建设学习型政党的需要，以学习贯彻中国特色社会主义理论体系和《党章》为重点，围绕党的中心任务，大规模开展党员教育培训，全方位提高党员队伍素质，为推动科学发展、促进社会和谐、加快推进新基地新山西建设提供坚强的思想政治保证和组织保证。

（二）基本原则。1. 突出增强党性，坚持德与能相统一的原则。坚持不懈地用中国特色社会主义理论体系武装广大党员，引导党员联系实际、学以致用，把增强党性与提高能力统一起来，讲党性、重品行、作表率，始终保持和发展共产党人的先进性。2. 强化以人为本，坚持针对性与实效性相统一的原则。尊重党员主体地位，把握党员需求，按需施教，分类施教，在服务中加强教育培训，在教育培训中体现服务，激发党员参加教育培训的主动性、积极性，使广大党员愿意学、学得懂、用得上、用得好。3. 注重统筹协调，坚持经常性教育与集中培训相统一的原则。面向全体党员，突出重点，采取灵活多样的方式方法抓好经常性教育和集中培训，把党员享有接受教育培训的权利与履行学习的义务落到实处。4. 狠抓改革创新，坚持立足眼前与着眼长远相统一的原则。立足全省党员队伍建设的现状，不断创新培训理念，完善培训内容，改进培训方式，整合培训资源，拓宽培训渠道，探索建立大规模教育培训党员工作新机制，促进党员教育培训工作向科学化、制度化、规范化方向发展。

（三）工作目标。从2009年起至2013年，在加强党员经常性教育的基础上，对未纳入各级党委干部教育培训范围的广大基层党员普遍进行培训。通过教育培训，使广大党员的理想信念进一步坚定、党性观念进一步增强、优良作风进一步养成、工作能力进一步提高、先锋模范作用进一步发挥，不断增强党的创造力、凝聚力、战斗力。

（四）主要任务。在认真开展深入学习实践科学发展观活动和贯彻落实《关于加强党员经常性教育的意见》（中办发〔2006〕21号）及我省实施意见的基础上，根据不同类型、不同层次、不同岗位党员的实际需求，科学拟定计划，有步骤、有重点地组织开展党员教育培训。培训的主要内容是：始终把中国特色社会主义理论体系教育放在

首位，对广大党员进行《党章》和党的基本理论、党的基本知识、党的历史、党的路线方针政策和形势任务、国情省情教育，法律法规和党风党纪教育，业务知识和技术技能培训。近期集中搞好党的十七届四中全会精神的学习培训，切实做到部署及时、覆盖全面、学以致用。广大农村、城市社区党员的教育培训分别由其所在地乡（镇）党委、街道党(工)委负责组织实施，各级各类学校学生党员由学校党组织负责组织实施，非公有制经济组织和新社会组织党员的教育培训由县(市、区)委或其上一级党组织负责组织实施，每年至少进行一次，时间一般不少于16学时，其中党组织领导班子成员及非公有制经济组织和新社会组织党建工作指导员一般不少于24学时。当前，教育培训工作要与正在开展的第三批深入学习实践科学发展观活动紧密衔接进行。党政机关、国有企业和事业单位以及金融机构党员的教育培训，由其所在单位或系统党组织负责组织实施，每年至少进行一次，时间一般不少于24学时，其中党组织领导班子成员一般不少于40学时。其他各类基层党员的教育培训，均按党组织隶属关系由其上一级党组织负责组织实施。纳入各级党委干部教育培训范围的党员领导干部，除认真执行干部教育培训的有关要求外，要带头参加所在单位的党员教育培训。

三、下大力气抓好五项重点工程

（一）农村（社区）党组织书记培训工程。着眼于建设一支守信念、讲奉献、有本领、重品行的农村（社区）党组织带头人队伍，切实抓好农村（社区）党组织书记的培训。省级每年组织示范培训，培训人数不少于300人；市级每年组织重点培训，培训人数不少于本市农村（社区）党组织书记总数的五分之一；县级每年对农村（社区）党组织书记组织一次普遍培训，对新任的农村（社区）党组织书记及时组织进行任职培训。各级组织培训时间一般不少于40学时。

（二）新党员培训工程。着眼于增强党员意识、发挥先锋模范作用，进一步从思想上入党，切实抓好新党员的教育培训。通过集中学习、党课教育、座谈研讨、主题活动等方式，使每名新党员在入党后一年内至少参加一次集中培训，时间一般不少于24学时，按党组织隶属关系由其上一级党组织负责组织实施。

（三）大学生“村官”党员培训工程。着眼于培养善于做群众工作的社会主义新农村建设带头人，切实抓好大学生村干部党员的培训。省级每年举办大学生村干部党员示范培训班，与农村党组织书记培训同步进行。市、县两级采取党校集中培训、到先进村实践培训、请优秀乡村干部传授经验等多种方式，组织大学生村干部党员在上岗前培训一次，签约期内县级每年至少培训一次，时间一般均不少于40学时。

（四）非公有制经济组织和新社会组织党员培训工程。着眼于增强党员“推动科学发展、促进社会和谐”的责任感和使命感，扩大党的工作覆盖面，切实抓好非公有制经济组织和新社会组织党员的培训。省级每年组织举办非公有制经济组织和新社会组织党组织书记和党建工作指导员示范培训班，市级每年组织对非公有制经济组织和新社会组织党组织书记、党建工作指导员、党员骨干进行重点培训，县级每年组织对非公有制经济组织和新社会组织党员进行普遍培训。普通党员培训时间一般不少于16学时，党组织书记和党建工作指导员培训一般不少于24学时。

（五）党员创业就业技能培训工程。着眼于提高党员带头奔小康、带领群众奔小康的本领，切实加强党员的创业就业技能培训。将党员创业就业技能培训纳入新型农民科技培训工程、绿色证书培训工程、农村劳动力转移培训阳光工程、成人继续教育和再就业培训工程等。各级党委组织部门与农业、科技、人力资源和社会保障、工会等部门密切配合，重点抓好农村党员的实用技术培训和流动党员特别是农民工党员、下岗失业职工党员、退伍转业军人党员的创业就业技能培训，努力使他们掌握一门以上技术技能，切实提高创业就业本领。

四、主要工作措施

（一）创新方式方法，激发党员参加教育培训的内在动力。坚持和完善长期以来行之有效的党员教育培训方式方法。适应新形势新任务的要求，积极探索更加务实管用、灵活多样的党员教育培训方法和途径。积极组织党员参加党内集中教育活动。坚持以正面教育、自我教育为主的方针，解放思想、联系实际，解决自身存在的突出问题，使党员普遍受教育、群众长期得实惠。建立健全党员集中轮训制度。加强党员培训需求调研，有针对性地制定培训计划，确定培训内容，分期分批开展党员集中轮训。普遍推行农村党员春训、冬训的培训方式。推广菜单式选学等模式，采取专题辅导、案例分析、交流研讨、知识竞赛、现身说法等方式，增强党员教育培训的吸引力和感染力。完善党员领导干部讲党课制度。组织县处级以上党员领导干部和基层党委负责同志定期为党员、入党积极分子讲党课，围绕党员普遍关注的热点、难点、疑点问题，深入浅出地作出解答，使党员思想上受到启发、理论上得到武装。广泛开设党员“流动课堂”。组织党校教师、讲师团成员、先进典型代表、专家学者、科技人员等，进农村、进社区、进企业、进学校，流动办学、送教上门，力求做到哪里有党员，哪里就有教育课堂。“流动课堂”要紧贴党员实际，从党员最想学到的知识、最想掌握的技术技能教起，帮助党员提高认识、丰富知识、增强能力。开展主题党日教育培训活动。结合党员实际和工作需要，确定特色鲜明的党日主题，组织党员开展学习培训或实践活动。党员领导干部要带头参加主题党日教育培训活动。

（二）开发整合资源，构建富有活力的党员教育培训新格局。开发整合资源，加强阵地建设。完善功能，强化服务，把村（社区）级组织活动场所、党员服务中心（站、点）和农村党员干部现代远程教育站点建设成为农村、街道社区党员教育培训的主阵地。继续加强各级党校、行政学院的软、硬件设施建设，着力改善办学条件。各级党校要突出党的创新理论培训这一办学特色，深化教学改革，强化组织管理，提高党员教育、党性锻炼的实际效果。依托高等学校、职业技术院校和科研院所、社会培训机构、科技示范基地等，开展党员业务技能培训。充分利用爱国主义教育基地、警示教育基地、廉政教育示范基地等，对党员进行党的历史、党的优良传统和作风、党的纪律等教育培训。积极推进军民共建、警民共建党员教育培训基地建设。结合近几年全省基层党建工作创新成果，根据基层党员教育培训的内容和要求，在全省建立一批党员教育培训示范基地，首批建立并命名6个“山西省党员教育培训示范基地”，即：在中共太原支部旧址纪念馆建立山西党组织发展史教育培训示范基地；在长治市武乡县八路军太行纪念馆建立革命传统教育培训示范基地；在朔州市右玉县南山公园建立弘扬“右玉精神”教育培训示范基地；在晋城市阳城县皇城村建立新农村建设教育培训示范基地；在太原钢铁集团有限公司建立企业科学发展教育培训示范基地；在山西农业大学建立农村实用技术教育培训示范基地。各级党委对办学能力和条件较好的培训阵地，要予以重点扶持，并结合实际建立党员教育培训示范基地。建设高素质的党员教育培训师资队伍。按照数量充足、结构合理、素质优良、专兼结合的原则，优化整合党员教育培训师资队伍。省委组织部会同有关部门建立100人左右的全省党员教育培训开放式师资库。市、县（市、区）也要建立开放式党员教育培训师资库。选聘党校干校和大中专院校教师、领导干部、先进模范人物、科技人员、技术骨干、乡土人才、致富能手等担任专兼职教师。采取在职进修、轮训、挂职锻炼、业务交流、竞争上岗、承担重大科研课题等方式，培养一批思想政治素质好、业务能力强的骨干教师。鼓励建立党员教育培训志愿者讲师队伍。按照择优入库、动态管理的原则，完善遴选制度，探索实行师资联聘、动态管理机制，促进师资资源的优化与共享。加强党员教育培训教材建设。省委组织部会同有关部门组织编写具有山西特色的党员教育简明读本。各地可编印符合实际、各具特色、少而精的党员教育培训辅导材料。基层党组织可根据党员多样化、个性化的学习需要，为党员推荐学习书目，提供学习材料。充分发挥图书、报刊在党员教育培训中的作用，倡导创建农村、社区“党员书屋”。

（三）积极运用现代信息传播手段，努力提高党员教育培训的现代化水平。继续加强农村党员干部现代远程教育和党员电化教育。到2010年底，实现全省农村党员干部现代远程教育乡村网络基本覆盖。积极推进党员干部现代远程教育网络进党政机关，入街道社区、企业和高等学校。坚持重在使用，努力拓展党员干部现代远程教育和党员电化教育服务的领域、对象、内容、手段和功能，不断提高教育培训的质量和效果。充分利用电视、广播、报刊、互联网等大众传媒开展党员教育培训工作。在《山西日报》、山西电视台和市县主要新闻媒体开办党员教育栏目。整合党员教育培训网络资源，以“三晋红e”为重要平台，整体推进全省党员教育培训网络建设。倡导建立网上党校，探索运用在线学习、“红色”短信、手机报等手段开展党员教育培训。积极开发党员教育培训信息资源。加强全省党员教育培训信息资源库建设。各市、县（市、区）要建立数量充足、内容丰富、使用方便的党员教育培训信息资源库，加强对电教片、远程教育课件等现代教学资源的开发和应用，满足党员教育培训的需要。

五、加强对党员教育培训工作的组织领导

各级党委（党组）要高度重视党员教育培训工作，“一把手”要亲自抓，将其纳入党建工作责任制，列入重要议事日程，切实加强领导。健全各级党委党员教育培训联系会议制度，在党委统一领导下，由组织部门牵头，纪检机关、宣传部门、党校等为成员单位，负责党员教育培训工作的安排部署和督促检查。联系会议每年至少召开一次，专题研究解决党员教育培训工作中的困难和问题。各级组织部门、纪检机关、宣传部门和党校要健全党员教育培训职能机构，保证足够的人员编制，充实必要的工作力量。基层党委可从实际出发，配备专兼职组织员，负责党员教育培训的组织管理工作。妥善解决、严格落实党员教育培训经费。各级党委（党组）留存的党费主要用于党员教育培训。各级财政在安排培训经费预算时要统筹安排党员教育培训专项经费。对未纳入各级党委干部教育培训范围的广大基层党员，特别是农村（社区）党员，按照每年每名党员不低于30元的标准，由省、市、县三级按40%、30%、30%的比例分担，各级分担的经费由留存党费和财政各承担一半，财政负担的经费要列入财政预算。对省级以上扶贫工作重点县，省市财政要适当给予倾斜。县级安排党员教育培训经费要向农村、街道社区和其他有困难的基层党组织倾斜。国有企业要从按规定提取的职工教育经费中足额安排党员教育培训经费。事业单位要按规定渠道合理安排党员教育培训经费。省委组织部从2009年开始已经提高了市、县两级党委党费留存比例，省管党费将继续加大对革命老区、贫困地区特别是遭受严重自然灾害地区党员教育培训工作的支持力度。加强对党员教育培训工作的督促检查。建立党员教育培训登记制度，承担党员教育培训任务的单位要建立学员管理制度和学籍档案制度，将党员参加培训的情况及时向其所在党组织反馈。各级党委组织部门要切实加强对党员教育培训工作的督促检查，总结经验，解决问题，推动工作。各市各部门要根据本实施意见，结合实际制定具体实施办法和年度工作计划。

中共山西省委　山西省人民政府
关于实施生态兴省战略加快推进林业改革发展的意见

晋发〔2009〕30号

（2009年12月30日）

为进一步加快林业改革发展，改善生态环境，建设生态文明，为全省经济社会全面协调可持续发展提供强大支撑和重要保障，省委、省政府决定实施生态兴省战略，大力推进生态省建设。

一、实施生态兴省战略的重要意义、总体要求和战略目标

（一）重要意义。林业是一项重要的基础产业和具有特殊功能的公益事业。加快林业改革发展是建设生态文明的首要任务，是实现科学发展的重大举措，是解决“三农”问题的重要途径。新中国成立60年来特别是改革开放30年来，经过全省人民的不懈努力，我省林业建设取得了历史性成就，森林资源大幅增加，生态环境有效改善，林业经济稳步发展。但全省生态环境依然十分脆弱，缺林少绿问题仍然十分突出，严重制约了经济社会持续健康协调发展。各级各部门要充分认识在我省这样一个地处黄土高原的资源型地区加强生态建设的重要意义，切实增强责任感和紧迫感，大力弘扬太行精神、纪兰精神、右玉精神和双良精神，树立现代生态观念，以执政为民的理念、求真务实的精神和“咬定青山不放松”的韧劲，真抓实干，奋力拼搏，大力实施生态兴省战略，着力推进生态省建设，不断破解生态建设中遇到的难题，用智慧和力量谱写造林绿化新篇章。

（二）总体要求。坚持以科学发展观为指导，把造林绿化与实现“三个发展”以及推进新型工业化、特色城镇化、农业现代化结合起来，与实施“蓝天碧水工程”、汾河流域和太原西山地区生态环境治理等工程结合起来，与落实我省十大产业调整振兴规划、转变发展方式结合起来，坚持经济建设与生态建设相促进、工程带动与群众参与相统一、增绿与去污并举、建设与管护齐抓，全面提升林业发展的规模和效益，努力走出黄土高原和资源型地区发展现代林业的路子，构建山川秀美、生态宜人的新山西。

（三）战略目标。通过全省上下的共同努力，到2010年，全省森林覆盖率达到18%；到2015年，森林覆盖率达到23%；力争到2020年，森林覆盖率达到26%以上，森林面积达到6000万亩以上，森林蓄积量达到1.5亿立方米，生态省建设取得显著成效，生态环境得到显著改善，人与自然更加和谐。

二、重点任务

（一）以增加森林资源总量为基础推进山上造林与身边增绿。每年完成营造林400万亩以上。围绕提高城镇品位和改善农村面貌推动造林绿化，见缝插绿、拆墙透绿、遇土播绿。积极创建“绿化模范城市”和“绿化模范县”，大力争创“林业生态市”、“林业生态县”、“林业生态乡（镇）”和“林业生态村”。

（二）以做大做强林业产业为重点推进生态建设与林业产业发展。坚持“生态建设产业化、产业发展生态化”，促进二者互促互动、良性循环。坚持以生态建设为主的林业发展战略，加大对林业发展的扶持力度，多元开发林业的经济效益、社会效益、生态效益，实现修复生态与兴林富民同步推进。每年新发展干果经济林70万亩以上，力争到2015年达到1800万亩，基本实现农民人均一亩干果经济林的目标。延伸林业产业，发展森林旅游和生态疗养，使之成为林业发展的增长极。形成一批区域特色明显、竞争力强的林业产业品牌，培育更多的“绿色银行”。

（三）以落实责任、完善机制为保障推进营林造林和管林护林。坚持依法治林，加大森林抚育管理和封山禁牧力度，加强新造林地管护，确保山封得住、牧禁得牢、树种得活。加强省直林区、自然保护区建设和湿地资源、古树名木保护，增强林业资源的功能和效益。实行森林防火“一票否决”制，确保不发生重大森林火灾和重大人员伤亡事故。

（四）以明晰产权为核心推进集体林权制度改革。紧紧围绕农民得实惠、生态受保护这两大目标，不断完善政策，规范林地承包经营权、林木所有权流转，优化林业要素配置，促进林业适度规模经营。依法勘界确权，保证集体经济组织的农民平等享有集体林地、林木的承包经营权，凡是能够承包到户的都要承包到户，做到“按户承包、按人分地、人人有份”。不宜承包到户的集体林地，可依法采取招标、拍卖、公开协商等方式落实经营主体，均股、均利到户。坚持尊重农民意愿和依法办事的原则，发挥农民的主体作用，改革方案必须依法经村民会议同意，做到内容、程序、方法、结果“四公开”。要处理好主体改革与配套改革的关系，在明晰产权、推进主体改革的同时，积极跟进配套改革，做到同步实施、同步推进；处理好放活经营与

加强管理的关系，既放活农民经营林业的自主权，又要在林木采伐、森林防火和病虫害防治等方面加强指导和管理，做到放而有序、管而不死；处理好质量与进度的关系，坚持把质量放在首位，进度服从质量，不赶进度、不留隐患、不走过场；处理好改革与稳定的关系，积极调处林权纠纷，妥善处理历史遗留问题，确保集体林权制度改革顺利推进。

（五）以提升林业发展质量和效益为目标推进林业科技与人才队伍建设。加大科技创新力度，力争在经济林丰产、旱地造林和高寒冷凉地区造林等领域掌握一批核心技术，大幅度提升林业科技自主创新能力，提高资源利用率和林业综合效益。加强林业科技成果和实用技术推广，广泛开展林业科技下乡服务活动，最大限度地将林业科技成果转化为现实生产力。深入开展技术培训和综合素质锻炼，造就一支高素质的林业人才队伍。

三、加大对林业的政策扶持力度

（一）建立健全公共财政支持林业发展机制。各级政府要稳定增加林业投资，每年对林业生态建设投入的增长幅度要高于同级财政经常性收入的增长比例。按照事权划分原则，建立省、市、县三级森林生态效益补偿基金，对重点公益林进行森林生态效益补偿。省直林区、林场的生态公益林，由省级基金进行补偿；市县国有林场的生态公益林由市县基金进行补偿；集体和农民家庭或非公有制经济组织的生态公益林要根据财力状况和集体林权制度改革进展情况由市县基金进行补偿。补偿标准参照国家标准确定。随着省级财力的增长，对造林绿化面积大、任务重、成绩突出的县（市、区），省财政要给予一定支持。对农民发展干果经济林，各级财政要给予一定支持。加大对林业公益事业的支持力度，林业重点生态工程、森林防火、林业有害生物防治、自然保护区建设和湿地保护、林业行政执法等要纳入各级基本建设规划，列入财政预算，由基本建设资金安排解决。继续加大对省直林区的扶持力度，加强林区道路、供水、供电、通信、管护站建设、棚户区改造等基础设施建设。各地要加大对地方国有林场和自然保护区的扶持力度。煤炭可持续发展“跨区域生态治理”资金要继续向林业建设倾斜。集体林权制度改革工作经费，主要由市县财政承担，省财政给予一定支持。

（二）建立健全金融服务林业发展机制。探索建立林权抵押贷款贴息办法，开展林权抵押贷款贴息试点，合理确定各级财政补贴比例。林权抵押贷款、林农信用贷款、林农联保贷款等小额贷款期限最长可为10年，借款人实际利率负担原则上不超过人民银行规定的同期贷款基准利率的1.3倍。加快建立政策性森林保险制度，提高农户抵御自然灾害的能力。

（三）建立健全林木采伐管理制度。简化林木采伐审批程序，开展林木采伐管理试点，实行采伐限额公示制，做到简便易行、公开透明。实行林木采伐分类管理，非林业用地的林木不纳入采伐限额管理,由经营者自主经营、自主采伐；商品林采伐指标5年内可结转使用。探索采伐指标公正合理的分配办法，确保经营者的林木处置权和收益权，进一步激发广大农民造林护林的积极性。

（四）建立健全集体林权流转制度。在不改变林地集体所有性质、不改变林地用途、不损害农民林地承包权益的前提下，农民可以依法自愿有偿流转林地承包经营权和林木所有权，可以转包、出租、转让，可以互换、入股、抵押，也可以作为出资、合资的条件。任何组织和个人不得限制农民自主流转，也不得强迫农民流转林权。健全林权流转市场，加快森林资源资产评估机构建设，依法规范林权流转登记管理。省、市、县三级都要成立林权服务中心，负责林权管理、林地流转评估、纠纷调处及资产抵押等服务工作。进一步加强乡（镇）林业站建设。

四、创新林业发展机制

大力推广“一矿一企绿化一山一沟”、“挖一吨煤栽一棵树”等以煤（矿）补林经验，引导和组织资源型企业特别是煤炭企业增强社会责任感，参与林业建设。煤炭企业要从吨煤10元的生态环境恢复治理保证金中，划出20%—30%用于本企业矿区造林绿化。其他资源型企业以及造成环境污染的企业，要从经营利润中划出一定比例用于造林绿化。鼓励民营企业、外资企业、社会团体投资造林绿化。大力发展碳汇林业。深入开展全民义务植树运动，通过绿色社区、绿色学校、绿色军营、绿色企业、绿色家庭等群众性创建活动，鼓励和引导公众和社会团体参与生态建设。无故不履行植树义务的18岁以上公民和没有完成义务植树任务的单位，要按规定缴纳一定数额的绿化费。鼓励社会各界以股份制、股份合作制、个体承包等形式参与林业建设。鼓励农民建立林业专业合作社、家庭合作林场、股份制林场等林业合作组织，开展自我服务，降低生产和流通成本，提高林业经营效益。支持农民林业专业合作社承担林业建设项目。在推进城乡一体化进程中出现“四荒”资源闲置的地方要积极发展生态庄园经济，推进以造林绿化为主的规模化生态治理，加快以干果经济林为主的市场化产业开发。全面加强农村基层组织建设，提升农村基层干部的生态意识，使基层党组织成为建设绿色家园的坚强战斗堡垒。加快推进种苗、造林、封山育林和森林经营标准化建设。推行林业工程招投标制、监理制和报账制，对工程布局集中、投资有保障的林业工程，按照工程管理办法，全面推行工程招投标，加强全过程监理，确保工程建设质量。充分发挥林业专业队人员素质高、技术力量强、施工设备好、能打硬仗的优势，使之成为林业工程建设的主力军。探索农户参与林业重点工程的管理机制，做到实施有规划、验收有标准、质量有保障。另外，要建立健全生态建设的考核和激励、问责机制。

五、加强组织领导

各级党委、政府要像重视农业生产一样重视林业发展，像关注粮食安全一样关注生态安全，把实施生态兴省战略纳入经济社会发展全局，做到领导力量到位、工作部署到位、责任落实到位、政策保障到位，真正形成党委统一领导、党政齐抓共管、部门密切协作的工作格局。党政主要领导要把实施生态兴省战略作为“一把手”工程，亲自部署、具体组织、实地督导、一线指挥。林业部门要搞好牵头和组织实施，当好党委、政府的参谋助手。发展改革、财政等部门要抓紧完善林业扶持政策。金融部门要细化林业投融资各项措施。宣传部门和新闻单位要大力宣传党的兴林富民政策，宣传我省实施生态兴省战略的重要意义、主要内容和美好前景，发挥好舆论导向作用。充分发挥工会、共青团、妇联等群团组织以及行业组织和社区组织的作用，充分发挥社会生态团体和生态志愿者的积极性，拓宽公众参与渠道，保障公众生态权益，营造全省动员、全民动手、全社会办林业、全面推进生态建设的浓厚氛围。

12 月23日至24日，全省经济工作会议在太原召开。

省委工作部门工作概况

省委办公厅工作概况

省委秘书长　高建民

2009年是全省转型发展、安全发展、和谐发展迈出重要步伐的一年，也是办公厅干部职工团结拼搏、砥砺奋进、务实创新，为建设新基地新山西作出重要贡献的一年。一年来，在省委的坚强领导下，厅领导班子坚持以邓小平理论和“三个代表”重要思想为指导，深入学习实践科学发展观，按照“讲政治、顾大局，保本色、守规矩，搞服务、重细节，强素质、抓创新”的总要求，着力提升“三服务”的层次、质量和水平，较好地完成了省委赋予的职责使命，全厅工作呈现出围绕中心有亮点、服务大局有成效、改革创新有突破的良好态势。

一、着眼全局抓服务，参谋助手的层次进一步提升

强化政治意识、大局意识和使命意识，把中央大政方针、省情实际和领导意图有机统一起来，贯穿于调查研究、文稿起草、信息服务、内刊编发全过程，进一步增强了参谋服务的主动性、创造性和科学性。一是强化调研服务，围绕应对国际金融危机冲击、保持经济平稳较快增长这个首要任务，围绕落实“三保”措施、推进“三个发展”进程，围绕应对危机、确保增长、改善民生、促进和谐、维护稳定等，加强对影响和制约山西发展的深层次矛盾和问题的调查研究，向省委提供了一批有份量、有深度、有见地的对策建议。二是强化文稿服务，全面深化对省情和发展规律的认识和思考，系统阐述省委的工作思路和决策部署，充分反映全省干部群众的意志和愿望，准确到位地服务省委的重要会议和活动，文稿的思想性、针对性和指导性进一步增强，起到了统一思想、指导工作，凝聚人心、鼓舞干劲的重要作用。全年共起草、修改、整理各类文稿400余万字。三是强化信息服务，抓住省委关注的重点问题、群众关心的难点问题、社会反映的热点问题，提高报送时效、完善工作网络、畅通信息渠道、健全处置机制，突出了高层次、前瞻性的信息报送，各级领导对信息的批示进一步增加，信息工作保持在全国先进位次。全年共编发《山西信息》2735期，中办采用391篇，中央领导批示26件（次）。四是强化内刊服务，全年共编发《山西情况》5期、《督查专报》14期、《工作研究与交流》30期、《每日要情》365期、《社情民意动态》56期、《社情民意快报》15期和《网上山西》43期，及时准确地反映全省工作情况，为省委领导科学决策提供了重要依据。同时，切实加大《中办通讯》订阅力度，支部覆盖率、订阅总数分别排全国第2名、第3名，获全国先进单位一等奖。

二、围绕中心抓落实，督促检查的实效进一步增强

坚持把决策督查和专项督查相结合，把主动督查和配合督查相结合，努力完善督查机制、创新督查方法、强化督查实效，为推动中央和省委决策部署的落实发挥了重要作用。在决策督查方面，全年共开展推动“三保”、干部作风、信访工作、惩防体系建设等活动6次，促进了中央和省委扩大内需、保持经济平稳较快增长政策措施的落实，促进了干部作风的明显转变，推动了“信访积案化解年”活动的深入开展。在专项督查方面，全年累计办理专项查办件109件，承办人大议案和政协提案54件，办结率和满意率均达到100%。在创新督查方法和手段方面，建立了督查信息管理平台，连通中办督查专网，建设面向市县的督查

网页，提高了督查工作信息化水平。把解决问题、提高质量、服务民生常态化、制度化的做法得到中办督查室的充分肯定，并在全国党委系统推介。

三、统筹兼顾抓协调，高效运转的机制进一步健全

加强与省几套班子和有关部门的协作配合，完善了办文、办事、办会等方面的制度、方法和程序，确保了省委高效运转。在会务安排上，按照中央关于进一步精简会议和文件的要求规范会议服务，制定了《关于改进省委常委会议服务工作的意见》，完善了省委会议厅视频会议系统，实现了中央、省、市、县四级互通。全年共组织省委常委会议、省委专题会议和省委中心组学习37次。在政务接待上，贯彻中办发（2009）13号文件精神，整合接待资源，精简接待程序和人员，实现年初省委要求的经费下降10%的目标。圆满完成温家宝、习近平、李克强、周永康、刘云山、吴仪等来晋考察重大任务。制定《关于改进省领导到基层调研接待工作的规定》，收到良好效果。在值守应急上，召开全省党委系统值班工作电视电话会议，开通市、县两级值班室“蓝机”保密直通电话，推进“三年培训工程”，规范突发公共事件上报工作，强化应急职能、健全预警机制，增强了协助省委妥善处置突发事件的能力。在发文审核上，坚持精品意识、关口意识和效率意识，严把政治关、政策关和行文关，严格控制文件数量，不断提高行文质量，保证了省委文件的科学性、周密性和权威性。全年共审核处理省委和办公厅文件359件，初审省人大提请省委审定的地方性法规13件。在公文运转上，推行公文办理和传递规范化管理，加大中央和省委重要文件的保密管理力度，机要交换文件、信息、资料等110余万件（份）。启动机要交通安全保障协作工作机制，提高党和国家核心秘密载体传递能力，收投党政军核心密件取得业务竞赛全优“十七连冠”的好成绩，机要交通处集体荣获全国竞赛“优胜单位”荣誉称号。在机要和保密工作上，加强应急密码通信装备建设能力、保障能力和联动能力建设，全省密码装备、密码电报办理和密码安全防护实现了零差错，省委机要局被中办评为先进单位。狠抓党政领导机关、重要领域和涉密计算机信息网络保密工作和军工单位保密资格审查认证管理，保密法制宣传、保密技术防护、保密检查能力有新提高。在防范和处理邪教工作上，以建国60周年和敏感期的防控为重点，加强对情报信息的分析研判，严密防范、坚决打击“法轮功”等邪教组织的敌对活动，破获了一批重要案件，教育转化工作取得新进展。在对台工作上，积极扩大和深化晋台经济文化交流合作，完成了中国国民党荣誉主席连战来我省襄垣寻根祭祖访问团和副主席江丙坤率领的“台湾海基会新闻交流团”重大接待任务；发挥我省传统文化优势，成功举办了“华夏文明看山西—两岸青年黄河行”等交流活动。

四、为民解忧抓实事，服务群众的成效进一步显现

一是创新社情民意工作。完善各级社情民意机构，建成了通达市县的全省党委系统社情民意工作网络。借助人民网、黄河网与网友沟通互动，强化对群众反映问题的规范化办理，提高社情民意动态报送质量，加强对网上舆情的正面引导，全年共办结群众反映的问题1000余件，名列全国前茅。特别是在学习实践活动中，开展网络专题征集活动，汇总群众反映的问题、意见建议近千条，协调解决了一批群众反映强烈的突出问题，在社会上产生积极影响。二是加强信访工作。引深领导干部包案接访、定期下访活动，理顺信访工作体制机制，大力开展信访积案化解年活动，信访形势呈现出来信上升、来访下降，基层访上升、越级访和集体访下降，进京非正常上访明显减少的积极变化。国庆期间实现了进京非正常“零上访”目标，受到中央联席会议的肯定。三是做好机关定点扶贫工作。帮助帮扶点汾西县对竹镇王堤村争取资金75万元，开展了道路硬化、水土保持综合治理、解决人畜饮水困难等工作，为群众脱贫致富奠定了坚实基础。同时，加强与相关部门的协调联系，积极推动蒲县污水处理厂、汾西县垃圾无害化处理场和霍州市廉租住房建设等帮扶工程。

五、完善制度抓管理，后勤保障的能力进一步增强

一方面，加强厅内政务建设基础建设，印鉴管理规范严格，会务接待周密细致，来文办理快捷有序，文印服务实现优质高效；全年共收集、整理文书档案212卷；完善全省党务内网平台，与省纪委纪检专网实现互通，主要办公业务初步实现了数字化、网络化；开展“小金库”专项治理，加强厅直属单位财务监管，健全工程公开招标、专项审计制度和大宗商品公开采购制度。另一方面，坚持管理科学化、服务社会化方向，不断拓宽服务领域，提高服务质量，积极建立适应机关工作需要的新型后勤服务体系。机关保卫工作上，狠抓治安管理、综合治理和消防安全等各项措施的落实，重点做好安全保卫、应对处置突发性事件和治理整顿省委大院车辆秩序工作，组织制定了省委机关及周边地区群体性事件应急处置预案,这是省委机关及周边的第一个规范性应急预案；房管工作上，完成食堂顶层会议室改造等修建任务，省委宿舍区23号楼主体工程通过验收；物业管理上，进一步加强环卫、保安、绿化、美化等工作，营造了文明整洁、平安和谐的生活环境；行政工作上，完善了固定资产管理、办公用品配置、办公楼管理、医疗保健、卫生保洁、安全行驶等措施，对洗理楼重新装修，对综合楼南楼整体出租，对省委加油站加强监管；文印中心通过国家秘密载体印刷定点单位许可证审核检查；招待所坚持树品牌、创特色，抓营销、强管理，文秘中心千方百计提升服务档次，营业额均实现明显提升；机关幼

儿园进一步提高了办园质量和水平。

六、严格程序抓调整，干部队伍的素质进一步提高

认真落实干部选拔任用条例和公务员法，紧密结合办公厅实际，立足提升“三服务”水平选干部、配班子、聚人心、建队伍，集中时间、集中精力，选拔配备了8名处长（主任），新提任13名调研员、8名副处长、11名副调研员、1名正处级秘书，调整7名处级领导干部。机关车队升格为正处级建制后，1名同志提任正处级领导干部，2名同志提任副处级领导干部。在干部调整中，本着对工作和事业负责，对干部成长负责的精神，着重把握了以下四点。一是明确原则。提出了“坚持群众公认和岗位需求相结合、提任和交流相结合、不唯资历和注重阅历相结合、广泛征求意见和民主集中相结合、分层次选用干部”五条原则。二是明确程序。按照民主推荐、组织考察、充分酝酿、研究决定、任职公示的程序进行，在广泛听取干部职工意见的基础上，结合思想素质、工作能力、现实表现和个人意愿，对每位同志作出客观评价和鉴定，确保了调整工作的科学性和严肃性。三是明确要求。高建民秘书长代表厅领导班子，对新调整和提任干部集中进行任前谈话，从加强学习、党性修养、团结协作、严守纪律等方面，提出殷切希望和要求，使大家干有方向、做有规矩、行有准则。四是明确导向。调整工作达到预期目标，营造了一种重品行、重实干、顾大局、讲奉献的健康风气，构建了一种各尽其能、各得其所、人事相宜、责岗相称的工作秩序，形成了一个规范严谨、和谐有序、公道正派、风清气正的选人用人机制，为建设一支结构优化、充满活力、团结奋进、能打硬仗的高素质干部队伍奠定了坚实基础。同时，切实加强干部培训教育和考核工作，选派48名厅、处级干部参加进修培训，认真开展年度考核；积极做好机构编制调整工作，厅机关增设综合二处，台办增设经济处，计算机管理中心划归省委机要局，制定了厅属事业单位清理规范《意见》和分类改革《方案》。

七、立足根本抓党建，思想政治建设的作用进一步彰显

以学习贯彻党的十七届四中全会精神为契机，落实党建工作责任制，提高机关党的建设科学化水平。一是抓好学习实践活动整改落实工作，用中国特色社会主义理论体系武装全厅党员干部头脑，把科学发展观蕴涵的立场、观点和方法贯穿到各项工作中。厅领导班子发挥表率带头作用，创新学习方法、丰富学习内容、完善中心组学习制度，以创建学习型班子带动了学习型支部建设。二是严格执行民主集中制，高质量地召开班子民主生活会，推进基层党组织规范化建设，在全厅试行党总支、党支部书记向党委年度述职制度和定点抽查考评制度。三是开展和谐文明创建活动，组织纪念建党88周年、庆祝新中国成立60周年系列活动和“创先争优”、“两优一先”表彰评选推荐活动，对困难党员和建国前参加工作的老党员进行了慰问。加强“节约型机关建设”和无烟示范机关建设，开展法制宣传教育、扶贫济困、联企帮困、“送温暖、献爱心”等活动，连续13年获得省直文明和谐单位标兵，再次荣膺省级文明和谐单位称号。四是全面落实老同志的政治和生活待遇，组织老同志参加形式多样的文体活动，为老干部发挥余热、老有所为创造了良好条件。五是加强作风建设和反腐倡廉建设。把大力弘扬太行精神、纪兰精神、双良精神、右玉精神与弘扬办公厅优良传统结合起来，与提高“三服务”水平结合起来，健全联系基层、联系群众制度，开展党性党风党纪教育活动，赴平顺县西沟村廉政教育基地开展了党性党风和廉政教育专题培训。把落实党风廉政建设责任制摆上重要位置，纳入工作全局，进一步完善领导干部电子廉政档案，严格执行领导干部重大事项报告制度，深入开展党风廉政教育，坚持和完善诫勉制度，特别是在年度考核、干部任用、评模选优中，严格实行党风廉政建设“一票否决制”，党风廉政建设和反腐败斗争取得新的成效。

（王成禹）

附：省委秘书长、常务副秘书长、副秘书长名单

省委常委、秘书长：高建民

省委副秘书长：李旺明

省委常务副秘书长：姜新文

省委副秘书长：王铁选　张克强　阎根生　张瑞鹏　黄进明　王进喜　李　理　吴保安

省委组织部工作概况

省委组织部部长　汤　涛

2009年，全省各级党委和组织部门深入贯彻落实科学发展观，紧紧围绕“转型发展、安全发展、和谐发展”选干部、配班子，建队伍、聚人才，抓基层、打基础，改革创新，狠抓落实，进一步推进了各项组织工作，为加快新基地新山西建设进程提供了坚强的组织保证。

一、扎实开展深入学习实践科学发展观活动，确保学习实践活动成为群众满意工程

全省各级党委和组织部门根据中央和省委的统一安排部署，统筹谋划，分类指导，善始善终进行了第一批学习

实践活动“回头看”，精心组织开展了第二、第三批学习实践活动，确保活动有序有效地开展。我省参加第二批学习实践活动的领导班子1.3万个，党员90.7万名。第二批学习实践活动期间，我省把应对国际金融危机冲击、保持经济平稳较快发展、维护社会和谐稳定作为学习实践活动最大的实践，着力推进“六个突破”，帮扶企业渡过难关，积极推进重点工程和民生工程建设，增强了各级党组织和广大党员应对困难和危机的信心和决心，为迎接下一轮经济持续快速健康发展打下坚实基础。我省参加第三批学习实践活动的单位4.8万个，参加活动的党员112万多名。第三批学习实践活动于9月份正式启动，进展顺利，成效初显。

一是强化教育培训，推动理论武装向深度延伸、向广度拓展。第三批学习实践活动开始后，对全省1212名乡镇党委书记、198名街道党（工）委书记及主要负责同志进行了为期9天的集中轮训，进一步提高了全省乡镇党委书记领导和推动科学发展的能力和水平。组织编写了适合农村需要的“乡土教材”《与农村党员谈心——说一说农村如何贯彻落实科学发展观》。充分利用农闲时间，运用农村远程教育网等资源，开展了适合基层党员需要的学习培训、宣讲辅导和帮学送学活动。广大农村党员干部普遍对科学发展观的科学内涵、精神实质和根本要求有了更加全面的理解和把握，贯彻落实科学发展观的自觉性和坚定性明显提高。

二是强化分类指导，确保学习实践活动整体推进。全省共向非公有制经济组织和新社会组织选派7800多名党建工作指导员，有力保证了学习实践活动的健康开展。超前谋划，及时出台了《关于在第三批学习实践科学发展观活动中充分发挥大学生村（社区）干部作用的通知》，组织大学生村（社区）干部积极参加学习实践活动，并充分发挥骨干作用，增强科学发展意识，提高领导科学发展的能力。

三是强化包联帮扶，做好重点村、难点村的工作。建立了“四级”包联、逐村帮扶的工作体系，采用“树典型、破难点、带中间”的办法，对确定的58个“难点村”进行挂牌督导和整顿建设，省委挂牌督办的“难点村”问题多数得到解决。各市、县倒切15%列入整顿的3090个农村党支部有半数以上进行了班子调整。农村基层党组织存在的一些突出问题得到有效解决，“两委”班子的创造力、战斗力和凝聚力不断增强。

四是强化统筹兼顾，努力做到“两不误、两促进”。把开展学习实践活动与做好当前工作紧密结合起来，紧紧围绕落实“三保”措施、推动“三个发展”来谋划工作、完善措施，做好服务重点工程、产业工程、民生工程的工作，积极开拓市场，培育新的经济增长点，确保重点工作取得突破性进展。积极应对强降雪灾害，开展“送温暖”和赈灾抚恤、救助慰问活动，让最需要救助的群众得到及时而切实的救助，让农民群众明显地感受到学习实践科学发展观活动带来的显著变化。

二、围绕提高执政能力和领导水平，进一步加强领导班子和干部队伍建设

一是以思想政治建设为重点，着力把各级领导班子建设成善于领导科学发展的坚强领导集体。深入贯彻中央《关于进一步加强和改进领导班子思想政治建设的意见》和领导班子思想政治建设座谈会精神。认真编制《2009年—2020年全省党政领导班子建设规划》。统筹抓好国有企业、高等院校领导班子思想政治建设。由各位省委常委带队，深入到13户国有企业开展党建工作专题调研。召开全省国有企业党建工作会议，不断深化企业“四好”班子创建活动。在认真总结高校领导班子建设经验的基础上，出台了《关于进一步加强高校领导班子建设的若干意见》。以提高执政能力和领导水平为目标，根据干部需求，制定了《山西省推进干部自主选学工作的指导意见》，积极推进干部自主选学，探索构建开放式大培训格局。

二是坚持从严管理，加强干部队伍作风建设。针对干部管理工作失之于宽、失之于软的问题，出台《关于进一步从严管理干部的具体措施》，提出19条从严管理干部具体措施，包括：加强省管领导班子和领导干部年度考核工作的具体意见，规范省管国有企业领导人员薪酬管理的办法，不同类型领导干部轮岗交流的推进措施，挂职干部管理办法，对被问责干部的管理办法；对离任干部车辆和办公设备移交的管理办法等。这些措施把从严管理贯穿干部工作全过程，有效强化了对干部的日常管理和监督，完善了干部管理体制。

三是加强对县委书记等关键岗位干部的管理。根据《关于加强县委书记队伍建设的若干规定》，有针对性地研究制定了我省的实施意见和工作计划，进一步完善了提名、推荐、考察、决定、任用等环节的程序和办法。县（市、区）委书记的任免由原来提交部务会议研究变为提交省委常委会议审议。同时，着眼于把县（市、区）长作为县（市、区）委书记的后备队伍选好配强，从源头上把好县委书记入口关，制定了《山西省县（市、区）长人选产生暂行办法》。对县（市、区）长人选产生的原则、资格条件、提名程序及选拔培养渠道等作出了详细的规定和要求，突出了基层工作经历、强调了年龄结构和性别结构、增加了遴选程序。《办法》出台后，已选拔配备了30名县（市、区）长，社会反响较好。研究起草了《山西省党政领导干部交流实施办法》，在对关键部门和重要岗位的干部进行交流的同时，探索实行新提拔干部跨地区、跨部门进行横向、纵向交流。

四是以面向基层培养选拔锻炼干部为导向，建设高素质干部队伍。制定了《山西省党政领导机关从基层和生产一线逐级遴选干部的规定》。全省招录乡镇和县乡事业单位工作人员1200名，其中大学生村干部996名，占83%，为激励更多优秀的年轻干部主动投身基层、扎根基层、服务基层，为建立来自基层和生产一线党政干部培养链打下坚实

的基础。建立完善了机关年轻干部到基层任职锻炼制度，把基层工作经历作为选拔优秀年轻干部的重要条件。

三、着力提高选人用人公信度，进一步深化干部人事制度改革

一是进一步建立健全体现科学发展观要求的干部科学考核评价体系。以实施《山西省关于市、县（市、区）党政主要领导干部科学考评办法》为重点，进一步完善了干部综合考评办法，制定出台了干部学习考核制度、民意调查制度、民主测评制度、谈话制度、巡视评价干部制度、心理素质测评制度、考评结果运用制度、考评责任追究制度等8项制度。强化了对领导班子和领导干部的日常考核，并注重考核结果的反馈和运用。

二是进一步强化干部任用工作的监督。围绕健全完善干部选拔任用监督机制建设，制定了《山西省组织部门对反映件调查核实暂行规定》、《山西省调整不称职不胜任现职领导干部暂行办法》等五项制度。以治理拉票行为为突破口，深入整治用人上的不正之风，下发了《关于在干部选拔任用工作中认真治理拉票行为的通知》，对拉票行为提出了“十个一律”的查核处理办法。组织开展了《干部任用条例》检查和民意调查，对11个市、14个省管单位进行“六查”（即对贯彻执行《干部任用条例》情况进行检查、执行干部选拔任用政策法规检查、组织工作满意度民意调查、贯彻全国全省干部监督工作会议精神督查、案件办理情况督查、上次检查整改督查），并对10名离任县委书记履行干部选任职责情况和各单位干部档案管理情况进行了检查。

三是进一步扩大干部选拔任用工作中的民主。积极开展了完善干部选拔任用提名权试点工作，探索建立主体清晰、程序科学、责任明确的干部选拔任用提名制度。积极推行地方党委讨论决定重大问题和任用重要干部票决制，完善了全委会闭会期间任用重要干部征求党委委员意见的办法。

四、围绕实施人才强省战略，进一步开展人才工作

一是加强对人才工作的统筹规划和宏观指导。完成了全省中长期人才发展规划纲要的编制工作，面向社会发布《山西人才发展战略蓝皮书》，对全省各市人才规划工作进行部署和指导，努力构建上下衔接、左右协调的全省人才规划体系。制定了《关于构建省市县三级党委联系高级专家和优秀人才新格局的意见》，实现党委联系专家工作向基层延伸，为基层服务。下发了《关于加强农村实用人才队伍建设和人力资源开发的实施意见》，以农村实用人才队伍为重点，统筹推进各类人才队伍建设。

二是大力实施海外高层次人才引进“百人计划”。贯彻落实全国海外高层次人才引进工作会议精神，制定了从2009年开始，用5至10年的时间，引进并有重点地支持100名左右海外高层次人才回省（来晋）创新创业的“百人计划”。成立省海外高层次人才引进工作领导小组，设立5000万元专项资金，出台海外高层次人才引进1个意见、9个办法，择优确定太原理工大学等10个海外高层次人才创新创业基地，为引进海外高层次人才搭建平台，优化环境，夯实基础。全省已有16名海外高层次人才入选第一批“百人计划”。

三是组织各级各类专家投身一线，服务“三农”。利用城市人才资源集中的优势，组织医疗、教育、农业科技机构对口支援农村建设。实施“科技入户直通车”，组织全省农业科技人才进村入户开展技术服务。选拔200多名农业专家，开通了“12316三农服务热线”，帮助农民解决农业生产技术难题，搭建起了服务新农村建设的有效平台。

五、着眼于抓基层、打基础，进一步加强和改进基层党组织建设

一是落实“两项”制度，大力开展了农村“两委”主干岗位报酬和养老保险发放工作。坚持把落实农村党支部书记激励保障措施，作为加强基层组织建设和新农村建设的重要举措，加强沟通协调，狠抓工作落实，形成工作合力。建立农村党支部书记、村委会主任岗位报酬集中统一发放制度，提升农村“两委”主干待遇，我省农村党支部书记、村委会主任报酬水平由原来的4000多元提高到了7000多元。同时，将各行政村党支部书记、村委会主任纳入全省新型农村社会养老保险制度体系，按每人每月30元的标准，直接计入参保人的养老保险个人账户。

二是实施“民心”工程，全面开展了第二轮村级组织活动场所建设工作。在详细摸底调查的基础上，按照“三个一批”的规划（对无活动场所的村，重点安排，优先投入，集中新建一批；对房屋年久失修，设施简陋，不能正常使用的场所，坚持标准，适当补助，改造扩建一批；对产权不明、不能长期使用的场所，统筹协调，采取适当方式转化利用一批），用一年左右时间，在全省实施建制村村级组织活动场所建设工程。为此，成立了由组织部、发改委、财政厅等10个部门参加的全省村级组织活动场所建设工作领导组，实行包片负责制，具体指导村级组织活动场所建设，及时了解掌握工作进展情况，总结推广好的做法和经验，加强督查指导。省发改委、财政厅投资2.5亿元，加上中央投资的6972万元，共3.19亿元，帮助5659个村建设村级组织活动场所，对3232个标准不高的村级组织活动场所进行改造。到2010年年底，将基本实现村级组织活动场所“全覆盖”。

三是扩大基层党组织覆盖面，大力推动了非公有制经济组织和新社会组织党建工作。对全省非公有制企业组建党组织情况进行了摸底和通报，精心安排部署，加强督促检查。以开展学习实践活动为契机，充分发挥乡镇（街道）、非公有制企业工委、新社会组织业务主管单位等各有

关方面的作用，建立健全非公有制经济组织和新社会组织党组织，全省律师事务所共建立党支部160个，11个市的律师协会全部成立了党组织。全省规模以上非公有制企业和律师行业党的建设基本实现了全覆盖。

四是抓住重点环节，建立完善大学生村干部管理长效机制。2009年，我省选聘大学生村干部9011名，全省选聘大学生村（社区）干部数达到28752名，基本实现了“一村一社区配备一名高校毕业生”的目标。成立了由省委组织部、省民政厅、团省委等15个部门组成的大学生村干部工作联席会议，在市、县两级组织部门设立专门工作机构，配备专门工作人员，在80%的乡镇设立了大学生村干部管理办公室。组建专家指导服务团，帮助大学生村干部创业成长。在充分调研，广泛征求意见的基础上，制定出台了《关于建立选聘高校毕业生到村任职工作长效机制的实施意见》、《关于大学生村干部续聘和解聘有关问题的通知》、《关于高校毕业生到农村基层服务项目工作期间参加社会保险有关问题的通知》等，进一步规范了大学生村干部管理工作。

五是以增强党员队伍的生机与活力为着力点，进一步加强了党员教育管理服务工作。按照注重质量、优化结构的要求，实施发展党员“四大工程”（在农村全面实施“村村都有新党员”工程、在城市实施“社区入党积极分子队伍扩容”工程、在企业实施“生产经营骨干培养”工程、在新经济组织和新社会组织实施“‘两新’组织负责人培养工程”），进一步壮大了党员队伍。据党内年报统计，全年新发展党员7.5万多名，其中发展生产、工作一线党员4.9万多名，占发展党员总数的64.86%；发展高中以上文化程度党员6.48万多名，占发展党员总数的86.13%；发展35岁以下青年党员5.63万多名，占发展党员总数的74.82%；发展妇女党员2.59万多名，占发展党员总数的34.45%，党员队伍结构进一步完善，分布更加趋于合理。落实党员教育培训规划，制定了《山西省2009—2013年党员教育培训工作实施意见》，指导和推动全省党员教育培训工作。下发了《关于进一步加强流动党员管理服务工作的通知》，在流动党员中进一步引深“在当地争先锋、为家乡做贡献”活动。据统计，全省近3万名流动党员共引进资金4.47亿元，引进、创办项目600多个，带动就业1.15万人，在当地或帮助家乡办好事、实事2.68万件，有力地促进了全省经济发展和社会和谐稳定。于3月10日开通了全省“12371”党员咨询服务电话，搭建新时期创新组织工作、了解基层情况、倾听党员诉求的载体和平台。以农村离任干部、老党员和生活困难党员为重点，积极创新党内激励关怀帮扶形式，切实解决实际问题，体现党组织的关怀和温暖。

六、以打造党性坚强的模范部门和过硬队伍为目标，进一步加强组织部门自身建设

一是认真学习贯彻四中全会精神，在武装头脑、创新思路上下功夫。各级组织部门将学习贯彻党的十七届四中全会精神作为首要的政治任务，摆上重要日程，迅速安排部署，表现出了强烈的政治责任感和高度的政治敏锐性。省委组织部对部机关120余名干部和全省组织人事部门240名领导干部进行了党的十七届四中全会精神集中培训。在培训中，省委组织部领导登台授课，省委组织部机关各处室负责人与学员进行互动交流研讨，取得了较好的培训效果。在深入学习的同时，各级组织部门深入调研，认真思考，精心谋划，进一步明确了新形势下加强和改进党建工作的思路，制定一批切实可行的制度性措施，形成了一批调研成果和制度性成果。

二是深化拓展“讲党性、重品行、作表率”活动，在提升素质、推动工作上下功夫。按照党的十七届四中全会关于深入开展“讲党性、重品行、作表率”活动的要求，坚持从严律己、从严治部、从严带队伍，在自身建设的规范化、制度化上下功夫、做文章。着力在加强学习、提升素质，锤炼党性、改进作风，健全机制、转化成果，围绕中心、推动工作上深化拓展。省委组织部开展了中层干部竞争上岗、选派年轻干部到基层和信访部门挂职等工作，组织全体人员赴河北狼牙山、白洋淀等地开展了“忆传统、思责任、树形象”主题实践活动。

三是扎实开展“组织部长下基层”活动，在改进作风、破解难题上下功夫。认真学习贯彻党的十七届四中全会关于“弘扬党的优良作风，保持党同人民群众血肉联系”的有关精神，以部务会成员为主体，扎实开展了“组织部长下基层”活动。活动中，全省组织系统开展调研3953次，完善政策规章887项。建立帮扶联系点3407个，解决了一批涉及群众切身利益的具体问题。领导干部与17000余名工作对象进行了谈心谈话，督办解决信访案件642件。真心实意搞好“三服务”，做到“两满意”，进一步树立了组织部门“党员之家、干部之家、人才之家”的良好形象。

（李焱平）

附：省委组织部部长、常务副部长、副部长、部务委员名单

省委常委、组织部部长：任泽民（4月离职）
汤　涛（6月任职）

常务副部长：朱先奇

副　部　长：张高宏　陈跃钢　张　葆

部务委员：陈学东　赵建华

省委宣传部工作概况

省委宣传部部长　胡苏平

2009年，在中宣部的有力指导下，在省委的坚强领导下，全省宣传思想文化战线以科学发展观为统领，紧紧围绕“六个下功夫”的任务和要求，以理论武装为先导，以改革创新为动力，以服务大局为中心，以文化繁荣为目标，开拓进取，改革创新，狠抓落实，圆满完成了全年的各项工作任务，为促进全省经济社会平稳较快发展发挥了积极作用，做出了重要贡献。

一、围绕中心、服务大局，积极应对严峻的经济形势,为推动我省“三个发展”发挥了重要作用

一年来，全省宣传思想文化工作把应对国际金融危机、推动“三个发展”作为围绕中心、服务大局的重中之重，积极出智出力、造势鼓劲，为保增长保民生保稳定、维护我省改革发展稳定的大局做出了突出贡献。

一是为统一思想做出了贡献。把用科学发展观武装全党、教育人民作为首要任务，大力宣传科学发展观的思想内涵、精神实质和重大意义，大力宣传贯彻落实科学发展观的积极成效。坚持以科学发展观统领应对国际金融危机的各项工作，着眼于广大党员干部把学习实践科学发展观与应对国际金融危机的有效措施结合起来，提高认识，统一思想，增强了推动转型发展的坚定性和自觉性。

二是为提振信心做出了贡献。针对金融危机下人们思想情绪波动、心理预期降低、发展信心不足的实际，充分运用各种手段，加大了对中央和省委应对危机决策部署的宣传，加大了对全省各地应对危机的措施、手段的宣传，加大了对应对危机新进展、新成就的宣传，加强正面引导，形成宣传强势，提振了士气、鼓舞了人心。

三是为维护稳定做出了贡献。面对金融危机下各种不稳定因素增多的现实，紧紧抓住庆祝新中国成立60周年这一重大契机，大力宣传60年来省委省政府带领全省人民艰苦奋斗、改革拼搏取得的辉煌成就，积极开展各种庆祝活动，营造了健康向上的氛围，振奋了干事创业的精神。广大人民群众奋发有为的激情进一步高涨，共克时艰的合力进一步凝聚，为形成团结稳定发展的社会环境发挥了积极作用。

二、突出重点，联系实际，理论武装工作的针对性、实效性进一步增强

紧密结合我省改革发展的实际和干部群众的思想实际，精心组织党员干部特别是领导干部的理论学习，为干部群众提升理论素养、培养科学思维、形成发展合力起到了积极作用。

一是突出了学习的针对性。根据广大干部群众思想实际和存在的问题，精心挑选名师辅导，专题解疑释惑。各级党委以中心组学习为龙头，健全机制，狠抓落实，领导干部的理论学习进一步强化。省委中心组全年举行了11次理论学习，先后聘请刘伟、祁斌、王东京、单霁翔等专家做辅导报告，取得良好效果。通过中心组的示范带动，有效推进了理论武装工作。

二是突出了学习的实效性。紧紧围绕我省应对国际金融危机、推动“三个发展”的重大理论和实践问题，组织社科理论工作者深入研究，刊发了一批理论文章，举办了一系列研讨会、座谈会，组织举办了“应对金融危机、推动科学发展”企业高层论坛。精心组织编写了《市县委书记论“转型发展”》、《2010：山西经济社会形势分析与预测》等一批图书，深入研究和探索我省转型发展的特点和规律。结合第三批农村党员深入学习实践科学发展观活动，积极创新科学发展观进村入户的有效载体，组织编写了《与农村党员谈心》等一批通俗读本。太原、长治、晋城、临汾等地的广大理论工作者，认真备课，深入宣讲，特别是深入到基层一线宣讲，为理论创新成果的普及做出了重要贡献。组织了山西省第六次社会科学研究优秀成果评奖，推出了一批有影响、有价值的社科成果。

三、加强管理，创新机制，舆论引导更加主动

着眼于提高舆论引导能力和应对能力，对内凝聚力量，对外提升形象，牢牢把握正确舆论导向，增强新闻宣传的亲和力和吸引力，增强舆论引导的针对性和实效性，形成了舆论引导的新格局。

一是组织战役性宣传和深度报道，形成了正面舆论强势。全省各级各类媒体紧紧围绕经济建设、“三个发展”和深入学习实践科学发展观活动，紧紧围绕中央和省委的重大决策部署，紧紧围绕广大干部群众关心的热点难点问题，紧紧围绕庆祝新中国成立60周年主题活动等，组织开展了一系列战役性宣传和深度报道。特别是在对我省重大决策、十大支柱产业、十大重点工程以及煤炭资源整合、文化体制改革等重点工作的宣传报道中，开设专栏专版，进行系列报道，形成了强大的声势，为推动工作发挥了重要作用，多次受到省委省政府主要领导的肯定和表扬。

二是加强领导、完善机制，增强了突发公共事件的新闻应急能力。出台了《山西省突发公共事件新闻报道应急

预案》《突发公共事件新闻报道工作的实施办法》等重要文件，成立了省市县三级突发公共事件应急新闻处置工作领导组，完善了重大事件新闻发布制度以及互联网新闻宣传管理的相关制度，突发公共事件新闻应急处置能力明显增强。做到了关键时刻不失语，重大问题不缺位，第一时间到达现场，第一时间发布信息。成功组织了山西焦煤集团屯兰矿、阳泉网民联名要求增开石太线客车、洪洞生猪蓝耳病等十余次突发公共事件新闻应急处置工作。注重加强对社会舆情的收集、研判、报送，建立了社会舆情日报制度，为省委、省政府获取敏感信息、及时科学决策起到了重要作用。紧密跟踪社会舆情动态，加强对敏感事件、重点领域、热点话题的及时监控，舆情引导能力显著增强。

三是整合力量，加强管理，保障了新闻宣传的健康运行。主流媒体的主阵地、主渠道作用进一步发挥。加强了黄河新闻网、山西新闻网等重点新闻网站建设和管理，以党报党刊、电台电视台为主，整合多种宣传资源，定位明确、特色鲜明、功能互补、覆盖广泛的舆论引导格局基本形成。进一步加强新闻队伍和阵地建设，继续开展规范全省新闻采访秩序的“百日整治”活动，全年共收缴非法报纸期刊9万余份、假记者证等非法证件1200余个，取缔非法记者站8家，切实加强了对采编人员、特别是对记者站和聘用人员的管理。持续开展“三项学习教育”活动，进一步强化了新闻战线的政治意识、责任意识和阵地意识。加强互联网队伍的建设和管理，组织了近300人的网络评论员队伍，及时引导控制网上敏感和热点舆情。

四是创新载体，拓宽渠道，发挥了外宣工作提升山西形象的作用。积极会同省内、省外媒体，协调中央、海外媒体，充分报道我省经济、政治、文化、社会和生态建设各方面取得的新成就，为山西改革发展营造了良好的外部舆论环境。先后组织参加了沿黄河九省区“黄河万里行”大型采访活动、中部六省一市“放眼中部看发展”巡回采访活动、第四届全国网络媒体山西行活动。积极推动文化“走出去”工程，对外文化影响力不断增强。平遥国际摄影大展精品巡展先后在法国、台湾等地举办。黄河电视台形成了国际卫视、斯科拉台、黄河国际电视孔子学院、北美文艺广播“四轮驱动”的外宣格局，有效覆盖到北美和拉美地区。图书版权对外贸易取得突破，全年输出图书版权25种。一系列文化节庆活动，彰显了我省的文化魅力。成功举办了以“生命·梦想”为主题的平遥国际摄影大展以及“晋商文化艺术周”等文化节庆活动，扩大了我省文化和旅游的对外影响。结合我省对外大型经贸活动呈现系列化、规模化的趋势，积极参与对外经贸活动中的外宣工作，宣传了山西对外开放的良好形象。

四、加大力度，攻坚克难，文化体制改革取得突破性进展

按照中宣部关于文化体制改革工作路线图、时间表和任务书，把文化体制改革作为全年工作的重中之重，攻坚克难，强力推动，两步并作一步走，两年任务一年完。

一是加强领导，形成合力。省委省政府高度重视文化体制改革工作，省委常委会一年中先后4次专题研究这一问题。张宝顺书记、王君省长都对文化体制改革工作作出明确指示，要求按照中央规定的时间表、路线图、任务书和云山同志来晋考察的指示精神，不折不扣地完成改革任务。在省委、省政府的坚强领导和强力支持下，全省上下把文化体制改革摆在了更加突出的位置，省市县三级全部成立了文化体制改革和文化产业发展领导组及其办公室，“党委统一领导、政府组织实施、宣传部门协调指导、文化行政主管部门具体落实、各有关部门密切配合”的领导体制和工作机制全面形成。太原市、长治市由市委书记亲自担任领导组组长，推动改革的力度很大。各级各类媒体积极为改革鼓与呼，大力宣传文化体制改革的重要性、必要性和紧迫性，大力宣传文化体制改革的目标、政策和要求，大力宣传全省文化体制改革的进程和典型经验，营造了支持改革、推动改革、拥护改革、参与改革的强大舆论氛围。

二是完善政策，提供保障。省委省政府围绕文化体制改革和文化产业发展工作，出台了《关于深化文化体制改革的实施意见》《关于在各市县建立文化市场综合执法机构的实施意见》等四个指导性文件。省文化体制改革和文化产业发展领导组还出台了关于改革和产业发展的两个重点任务分解通知，形成了“4＋2”的政策框架。省政府相关部门制定完善扶持政策，出台了《关于山西出版集团等转企改制单位养老保险有关问题的通知》、《关于市、县文化市场行政综合执法机构规格的通知》等政策文件。全省各地在用好用足政策的基础上，因地制宜地提出了更加切合实际、更加优惠的政策，充分体现了“谁改革支持谁”“早改革早受益”的政策导向，有力推动了文化体制改革工作。

三是加强督导，狠抓落实。针对不愿改、不敢改、不会改等问题，我们采取面对面指导，一对一解难的办法，加强了对改革的重点领域和关键环节的指导，逐一解决改革过程中遇到的各种难题。省委宣传部安排部领导带队，组成督查组，对全省改革单位和各市包片蹲点，一周一督查，一周一汇报，一周一通报，加大了督促检查力度。12月份，省委宣传部组织开展了为期5天的全省文化体制改革工作检查验收，一把尺子量到底，保证改革出实效，达到了督促工作、总结经验、发现问题、树立典型的目的。

四是攻坚克难，成效显著。截止2009年12月20日，我省年初确定的文化体制改革任务全面完成。把经营性文化事业单位转企改制作为中心任务，加大力度，积极推进。全省10个出版单位、110个发行单位，按照中央要求，全部转企改制；省和四个试点市的42家电影制作发行放映单位全部顺利转企改制；省、市10家文艺院团改制试点也已基本完成改革任务，一批县级院团，如新绛县蒲剧团、清徐县嫦娥艺术公司和高平市文工团也进行了转企改革的探索，受到中央领导的肯定。我们把推动文化行政管理体制改革

和文化市场综合执法机构改革作为重要环节，积极实施了“以一带三”战略。即以组建文广新局为龙头，同时带动文化市场综合执法机构建设、电台电视台两台合一和电影管理职能划转等工作，实现了一举多赢。目前，全省市县两级文化、广电、新闻出版三局合一、广电局台分离、两台合一，文化市场综合执法机构的组建任务已经完成，工作进度位居全国前列。中央文化体制改革办为此下发专题简报，给予了高度评价，中宣部和云山同志也给予充分肯定。在省委常委会上，宝顺书记多次肯定了我们推进文化体制改革的做法和成效。

五、龙头带动，整体推进，文化强省建设取得了新成效

文化事业以庆祝新中国成立60周年为主题，以文化繁荣发展为目标，展示了山西的文化形象。文化产业在国际金融危机的严峻冲击下逆势上扬，显示出强劲的发展态势，为建设文化强省做出了积极贡献。

一是庆祝新中国成立60周年系列活动产生了广泛的社会影响。我们以庆祝新中国成立60周年庆典活动为契机，充分发挥宣传优势，在全省范围组织开展了纪念新中国成立60周年群众性爱国主义教育八大系列活动。整个庆祝活动有声有色，亮点频出，凝聚了力量，振奋了精神。“辉煌60年成就展”共有400多个部门单位、12万人次前往参观。“双百”评选、“爱国歌曲大家唱”、“祝福祖国歌咏比赛”、“情系三晋书画作品展”、“60年的变迁摄影展”等活动，参与人数多，社会影响大，在全社会唱响了时代主旋律。特别是系列文化活动“向祖国汇报——山西文化艺术精品剧目晋京献礼演出周”，我省12个艺术院团的13台优秀剧（节）目轮番亮相，反响之大全国首屈一指；省市县三级民歌、民乐、民舞调演，集中展示了几十年来我省基层文化艺术创作的优秀成果，为60周年活动营造了喜庆热烈的气氛。系列文化活动的成功举办，进一步打造了山西的文化品牌、展现了山西的文化优势、提升了山西的整体形象，有力地推动了文化强省的建设进程。

二是文艺创作呈现出新亮点。文艺创作继续保持繁荣发展的良好势头。全年共计有631部（个）文化艺术精品获全国各类大奖701项，实现了社会效益经济效益双丰收。电视连续剧《走西口》作为开年大戏在央视一套播出，反响强烈，并荣登近年来央视收视率榜首；大型说唱剧《解放》唱响北京，产生了轰动效应；电视剧《走西口》、电影《夜袭》、晋剧《傅山进京》以及图书出版物《流动的花朵》等四部作品荣获中宣部第十一届精神文明建设“五个一工程”奖；电视剧《喜耕田的故事》获飞天奖；电影《决战太原》获金鸡奖；京剧《晋德裕》获国家舞台艺术精品工程奖。我省确定的一批重点影视剧如《西口长歌》《大河风歌》《天地民心》《老醋房》《杏花魂》《申纪兰》《黄河喜事》《矿长》《矿山人家》等都已制作完成，部分已经播出。黄河电视台推出了118集大型历史纪录片《昭晰神光——三晋文化影像》。

三是公共文化基础设施建设进一步加强。以山西大剧院、山西省图书馆（新馆）等省城十大公共设施建设为龙头，全省公共文化基础设施建设进一步加快，一大批文化设施场馆建成并投付使用。市、县两级博物馆、文化馆、图书馆、影剧院等“三馆一院”建设，乡镇文化站、村级多功能文化活动室等基层公共文化服务体系不断加强。全省公共文化设施少、文化产品数量少和看戏难、看书难、看电影难的“两少”、“三难”问题得到缓解。农村电影放映工程、广播电视村村通工程、文化资源共享工程、农家书屋等基层文化服务网络极大改善，公共文化产品供给能力大幅提高。在省委省政府的正确领导下，在文物局等有关部门的艰苦努力下，五台山申报世界文化遗产获得成功。

四是文化产业的政策环境不断优化。出台了《山西省文化产业发展规划纲要（2009-2015）》《贯彻落实国办发〔2008〕114号文件的补充规定》等文件，确定了我省文化产业的发展目标、主要任务、保障措施和政策条件，明确提出建设“五大文化产业区”的重要任务。结合我省《加快服务业发展的实施意见》等规划，确定了文化产业“1+10”重点项目。省政府已将文化产业纳入重点培育和扶持的十大支柱产业之一。省级和部分市级财政建立了文化产业发展专项资金。太原市出台了《促进文化产业发展条例》，成为全国继深圳之后第二个对文化产业进行立法的城市。全省各市也都制定了文化产业发展的规划。大力发展文化产业已经成为全省各地推动转型发展、提升地区综合实力的最大共识和重要举措。

五是文化产业加速发展。在文化产业发展政策的强力推动下，全省各地都加快实施重大文化产业项目带动战略，加快文化产业基地和区域性特色文化产业集群建设，并取得积极成效。一批产业基础好、发展潜力大、成长性良好的文化产业项目得到有效推动，文化旅游产业、文化创意产业、文博会展产业正在形成。在国际金融危机严峻冲击的不利局面下，我省文化产业逆势上扬，产值比重不断提高。据初步统计，2009年全省文化产业增加值总量达到250亿元，同比增长25%，占GDP的比重由2007年的2.8%上升到3.45%左右。在第五届中国（深圳）国际文化产业博览交易会上，我省文化企业共签约15个项目，引资总额13.85亿。我省文化资源优势正在转化成产业优势、经济优势和发展优势。

六、抓住契机，注重特色，社会主义核心价值体系建设扎实推进

紧紧抓住庆祝新中国成立60周年这个重大机遇，深入开展系列重大节庆宣传活动，并以此作为加强社会主义核心价值体系建设的重要载体，通过庆典活动，群众性文明和谐创建工作不断向广度和深度推进，公民思想道德水平进一步提升，社会文化环境进一步净化。

一是公民思想道德建设水平进一步提升。全省各地各

部门围绕庆祝新中国成立60周年，组织开展了一系列主题鲜明、隆重热烈的主题实践活动，唱响了共产党好、社会主义好、伟大祖国好、改革开放好的主旋律，激发了大家爱祖国、爱山西、爱家乡的热情。举办了新中国成立60周年报告会、网上谈，送文化下乡、送欢乐下基层等慰问演出活动；组织了网上成就展、网上知识竞赛、“我与我的祖国”网上征文、“迎国庆讲文明树新风”活动、文明礼仪宣传普及活动、社会志愿服务活动、城乡环境和公共秩序整治活动。春节和清明期间，分别组织开展了“文明和谐之春”系列活动和“我们的节日——清明节”系列活动，农历七月初七，举办了“中国和顺牛郎织女节”。广泛开展全国道德模范推荐活动和“我推荐、我评议身边好人”活动。

二是群众性精神文明创建活动继续深化。修订了文明和谐城市、村镇、行业、单位等考评指标体系，突出了“三个发展”内容的考核权重，增强了创建工作的针对性和实效性。按照特色城镇化和促进资源型城市转型的要求，深入推动文明和谐城市创建活动。全省各地积极实施城市文化品牌创立工程、市容环境创优工程、市民文明素质提升工程和文明和谐社区创建工程。文明和谐村镇创建活动着眼于建立以城带乡、城乡共建的精神文明建设长效机制，组织了1078个市级文明单位与相应的新农村建设重点推进村结成对子，帮扶共建。“科技、文化、卫生”三下乡活动持续开展。积极开展以“安全、诚信、规范、形象”为主题的文明和谐行业创建活动以及“青年文明号”、“巾帼文明岗”、诚信示范店、“百城万店无假货”等文明和谐单位创建活动，文明和谐行业、单位创建工作稳步推进。

三是未成年人成长的社会文化环境进一步优化。成立了山西省净化社会文化环境领导小组，出台了《关于进一步净化社会文化环境，促进未成年人健康成长的实施意见》。召开了全省净化社会文化环境工作推进会，各地各部门齐抓共管社会文化环境的良好局面初步形成。组织开展了整治互联网低俗之风、网吧集中整治、荧屏声频净化、校园周边环境综合治理等四大专项行动，并对全省净化社会文化环境工作进行了专项督查，成效明显。省新闻出版局持续开展“扫黄打非”行动，连续六次被国家“扫黄打非”领导办公室授予先进集体。开展了“向国旗敬礼，做一个有道德的人”网上签名寄语活动，全省有30多万中小学生参与。选编了《山西省未成年人思想道德建设创新案例》一书，对中央8号文件下发5年来我省未成年人思想道德建设的典型经验进行了总结。 （刘剑锋）

附：省委宣传部部长、常务副部长、副部长名单

省委常委、宣传部部长： 胡苏平

常务副部长： 杨　波

副　部　长： 李福明　郭玉福　李海渊　杜学文

省委政法委工作概况

省委政法委书记　杜玉林

2009年，在山西省委、省政府的正确领导下，省委政法委员会坚持以邓小平理论和“三个代表”重要思想为指导，深入贯彻落实科学发展观，充分发挥组织、领导、协调、监督的职能作用，推动全省政法工作取得了新进展、新成效。2009年12月25日，省委常委会专门听取省委政法委的工作汇报。省委书记、省人大常委会主任张宝顺同志指出，在繁重的维护稳定任务面前，在“护城河”行动中，在推进“三个发展”的进程中，政法战线的同志们做了大量卓有成效的工作，取得了优异成绩，对政法战线在奥运安保、国庆安保中的出色表现给予充分肯定，对全省政法队伍给予充分肯定，对近年来政法工作不断发展进步给予充分肯定。省委副书记、省长王君同志指出，近年来，在我省社会矛盾多、维稳任务重、治安压力大的情况下，政法战线做了大量工作，取得了很大成绩，为全省改革发展创造了良好的社会环境。2009年，全省人民群众对社会治安的满意度同比增长了3.52个百分点。

一、认真贯彻周永康同志在山西考察调研时的重要讲话精神，全力保障经济平稳较快发展

2009年，面对国际金融危机持续蔓延的形势，各级党委政法委紧紧围绕中央“保增长、保民生、保稳定”的总要求和省委“转型发展、安全发展、和谐发展”的工作大局，认真履行第一责任，主动服务第一要务，为经济企稳向好和平稳较快发展提供了有力保障。

1月17日，省委政法委在太原组织召开了全省政法工作会议，张宝顺同志出席并作重要讲话，省委常委、省委政法委书记、省公安厅厅长杜玉林代表省委对2009年全省政法工作作出了部署，要求全省政法机关紧紧围绕促进经济平稳较快发展做好维护国家安全和社会稳定工作，紧紧围绕夯实基层基础推进社会治安综合治理，紧紧围绕保障社会公平正义引深执法规范化建设，紧紧围绕从严治警加强政法队伍建设，为我省实现“三个发展”创造和谐稳定的社会环境和公平正义的法治环境，以优异成绩迎接新中国成立60周年。3月31日至4月4日，中央政治局常委、中央政法委书记周永康同志到山西考察，充分肯定了近年来山西

经济社会发展取得的成绩和为全国做出的贡献，强调要以科学发展观为统领，积极应对国际金融危机，统筹抓好硬道理与硬任务，以稳定促发展、以发展保稳定，努力实现经济社会又好又快发展。4月29日，省委政法委出台《关于认真学习贯彻周永康同志在山西省考察调研时的重要讲话精神的通知》。按照文件精神，各市、县（区）政法委和各级政法机关召开政法委员会全体会议和党组（党委）会议，研究贯彻意见，并传达到全体政法干警，切实抓好落实。各级党委政法委督促指导政法机关出台保障经济平稳较快发展的指导性意见，督促落实维护社会稳定领导责任制，深入排查化解经济领域的不稳定因素，加大对扩内需、保民生、调结构的支持力度。组织政法机关严厉打击经济违法犯罪活动，深入开展关系国计民生的重要产品专项整治和打假行动，维护了良好的市场经济秩序。督促指导政法机关依法慎用强制措施，尽可能采取调解、和解等方式方法处理经济领域纠纷，维护企业的合法权益，为重大工程建设提供优质高效的法律服务，确保了执法办案的法律效果、社会效果和政治效果。

二、围绕新中国成立60周年大庆安保这条主线，全力维护社会大局稳定

按照中央、省委的统一部署，在省委政法委的组织领导、协调督促下，各级政法机关把新中国成立60周年大庆安全保卫工作作为主线，按照“确保不出大事、力争少出小事、坚决不出丑事、有事妥善处置”的要求，坚持下好先手棋、打好主动仗、掌握主动权，深入推进以大排查、大情报、大接访、大整治、大防控为主要内容的“五大行动”，圆满完成国庆安保的各项任务，受到省委、省政府的充分肯定，国务委员、公安部部长孟建柱同志签署嘉奖令予以嘉奖。一是加强维稳安保工作的组织领导。省委、省政府对维护社会稳定特别是国庆安保工作高度重视。张宝顺、王君等省领导同志亲自谋划、具体指导，认真落实维稳研判工作例会制度，多次听取维稳工作汇报，多次作出重要指示和重大决策部署。杜玉林同志多次深入基层重点县市和治安检查站、民航、交通等部门实地调研督导，深入研究国际金融危机给山西稳定工作带来的挑战，及时协调解决维稳安保工作中遇到的困难和问题。8月18日，省委政法委在太原召开全省政法系统迎国庆保稳定工作会议，对国庆安保和涉法涉诉信访工作进行了全面动员部署。各地党委政府、政法机关坚决贯彻落实省委的决策部署，狠抓各项维护社会稳定和国庆安保措施的落实，为做好国庆安保工作提供了坚强的组织保障。二是加强政法维稳工作的调查研究。针对政法工作阶段性特征和复杂的维护社会稳定形势，省委政法委建立了政法理论与应用研究年会制度、调研工作考评制度，组织十项课题调研，完成调研报告300余篇，形成10万余字的《调研报告选》，周永康、周本顺等领导同志对其中《关于充分发挥党委政法委职能作用的调查与思考》一文作了重要批示，《互联网发展对社会稳定的影响及对策研究》一文，先后被中央政法委《调研振告》和省委《工作研究与交流》采用，为领导决策提供了参考。三是督促指导政法机关严密防范、严厉打击境内外敌对势力的捣乱破坏活动，有力维护了国家安全和社会政治稳定。四是持续不断地开展社会治安整治行动。在全省范围内组织开展了打黑除恶、治爆缉枪、打击“两抢一盗”、打击拐卖儿童妇女和组织强迫妇女卖淫犯罪、打击电信诈骗犯罪、打击传销、打击制贩假币假发票以及“黄赌毒”、淫秽色情场所整治等一系列社会治安整治行动，有效地遏制了刑事犯罪活动的高发势头。4月20日至23日，省委政法委、省“打黑”办联合举办“打黑除恶”专题培训班，建立了“打黑除恶”通报制度，提出引深全省“打黑除恶”专项斗争的实施意见。牵头抽调政法机关人员组织工作组，先后3次前往各地督查，对全省119个县（市、区）辖区内的黑恶势力犯罪线索进行彻底排查，从重从快地打击了一批黑恶犯罪活动。五是全面加强社会面控制和重点要害部位安全保卫。在全省大中城市组织开展军警民联合武装巡逻，预防违法犯罪活动的发生。以防恐怖袭击、防冲击、防爆炸、防投毒、防破坏、防事故为重点，进一步加强了对党政军首脑机关、要害部位、重要基础设施、人员密集场所的安全防范，确保了绝对安全。六是狠抓民爆物品安全管理整治。坚持“五个紧紧依靠”和严防、严查、严管、严打、严治相结合的原则，集中开展安全大检查和“地毯式”收缴，强化部门协作，重奖举报有功人员，严打违法犯罪，确保爆炸物品“不流失、不炸响”。国庆前夕省综治办牵头组织高规格的督查组，深入各市进行为期四个月的专项督查，从制造、买卖、运输、储存、使用等环节切实加强了对民爆物品的监管力度，经过不懈努力，取得明显成效，全省爆炸案件事故起数、死亡人数大幅下降，没有发生群死群伤的恶性爆炸案件事故。七是及时启动、全面实施环京“护城河”工程。从9月15日至10月8日，全省23个省级出省治安检查站全面启动，在“保证安全、方便群众”的前提下，对出省车辆和人员进行严格的安全检查，共盘查出省人员98万余人、车辆37.3万辆，劝返人员650余人、车辆350余辆，有效防止了重点人员和危险物品进入北京。

三、以化解涉法涉诉信访积案为切入点，着力促进政法队伍公正廉洁执法

各级党委政法委积极创新思路，努力强化措施，在难点问题上求突破，在勤政廉政上求创新，不断推动执法监督工作上新水平。一是着力解决涉法涉诉信访突出问题。在全省政法机关组织开展了以“争做文明接待窗口、争做文明接待员、争做人民群众贴心人”为主要内容的“三争做”活动，督促指导各级政法机关对涉法涉诉信访案件排查摸底，建立排查网络，实行一案一册台帐式管理，并建立了主要领导负总责、分管领导具体抓、党组成员配合抓，一级抓一级的领导责任机制。加大领导接访、联动接访、

带案巡访力度，对重点案件实行定责任单位、定包案领导、定具体承办人、定处置时限的“四定一包”措施，进一步强化领导包案责任；印发《关于进一步建立涉法涉诉救助资金制度的通知》，督促指导各市、县（市、区）全部建立涉法涉诉救助资金，依法依政策解决上访群众的实际困难；印发《关于加强基层涉法涉诉信访问题联调机制建设工作的意见》，市、县两级全部建立涉法涉诉信访问题联调窗口，坚持调解优先、多调并举，形成处理涉法涉诉信访问题的工作合力。二是推动解决法院“执行难”问题。贯彻落实全国集中清理执行积案活动电视电话会议精神，在全省法院系统组织开展清理执行积案专项行动。党委政法委加强对清理执行积案的组织领导，各级法院发挥主力军的作用，充实执行力量，强化执行措施，加大执行力度，清理执行积案活动取得明显成效，依法维护了涉案群众的合法权益。三是加强案件协调，强化督促检查。对《山西省政法系统执法质量考评方案》进行充实完善，推动建立市、县两级执法质量考核评价体系。多次召开会议，协调了一批案情复杂、影响重大的案件。四是着力推进政法系统党风廉政建设。贯彻中纪委十七届四次、五次全会、省纪委九届四次全会精神，按照省委、省纪委关于党风廉政建设和反腐败工作任务的部署，成立惩防体系建设领导组和办公室，出台了工作规划，召开碰头会议，向省政法各部门进行了责任分解。省政法各部门和各市政法委，结合工作实际，制定实施方案，分解工作任务，层层签订党风廉政建设责任书，狠抓各项部署措施的落实，形成了反腐倡廉上下联动、左右贯通的工作格局。结合我省实际，在全省政法系统组织开展了对“利用职权插手案件办理、谋取私利，参与煤焦、矿山领域生产经营，参与经营娱乐场所或者为非法经营活动提供保护”等八类问题的专项治理，有效预防和惩治司法领域的腐败现象，促进了公正廉洁执法。

四、狠抓矛盾纠纷排查调处工作，维护社会稳定的机制和网络进一步健全

组织全省政法机关广泛开展矛盾纠纷大排查、大调处活动，从源头上缓解社会冲突、减少社会对抗，预防群体性事件的发生。一是做好排查化解工作，结合“大走访”等爱民实践活动，深入重点行业、重点单位和矛盾集中、生活困难的重点群体，认真排查并会同有关部门及时化解矛盾纠纷，协助党委、政府解决了一批群众反映强烈的热点难点问题。2009年，全省民事一审案件的调撤率达到56.54%,比上年提高了9.62个百分点,人民调解的成功率达到了93%,全省矛盾纠纷排查调处机构对各类矛盾纠纷的调处率达到了84%。二是创新综治要情信息报送制度，与国家安全机关联手组建社会治安综合治理信息中心，成立了专门领导组及办事机构，强化组织管理，明确信息报送、研判和评价程序，及时掌握敌情、社情和稳定情况信息，为维护国家安全和社会稳定发挥了重要作用。三是完善人民调解、行政调解、司法调解三位一体的“大调解”工作体系，拓展调解纠纷新领域，完善联调联动工作机制，加强基层调解网络建设，督促指导各行各业建立了一大批调委会，全省大部分县乡两级都建立了矛盾纠纷排查调处中心，实行矛盾纠纷统一接待、统一管理、统一协调、分流办理，推动了调解队伍专业化、职业化发展，实现了专业调解与综合调解的有机互动。

五、引深“平安三晋”建设，社会治安综合治理措施不断深化

多年来，各级党委政法委把社会治安综合治理工作紧紧抓在手上，山西成为全国较早提出建设“平安三晋”、开展“平安县”创建活动的省份之一。一是广泛深入地开展平安创建活动。2009年，继续组织开展以“平安县”为重点、以平安“十创”（平安村镇、平安单位、平安学校、平安企业、平安景区、平安矿山、平安家庭、平安医院、平安文化市场、平安交通）为主要内容的基层平安创建活动，涌现出了一批平安县，受到了中央综治委和省委、省政府的表彰奖励。深入推进社会治安综合治理法制化建设，参与修订《山西省社会治安综合治理条例》。2009年9月24日，山西省十一届人大常委会第十二次会议审议通过了修订后的《山西省社会治安综合治理条例》，并于2010年1月1日起实施。为配合新《条例》的颁布实施，省综治办会同省委宣传部联合举办全省“平安文化”公益广告创意大赛，面向全社会征集平安文化作品，大力宣传社会治安综合治理和平安建设文化，受到社会各界的广泛好评。深入开展综治进矿山活动。2009年4月，省委、省政府转发了省综治委《关于加强矿山综治工作的意见》，对矿山综治责任体系、综治机构设立、矿企矛盾化解、矿山治安管理、平安建设保障等方面作出明确规定。各地以严格实行矿山企业法人、实际控制人的治安责任制为龙头，因地制宜积极创新具体工作办法，加强指导检查，推动了矿山社会治安综合治理各项措施的落实，矿山治安秩序持续好转。二是加强社会治安防控体系建设。在城市街区和县城推动“天眼工程”建设，新建治安视频监控3万多套，实现了对城市街区和县城的全方位覆盖。加强农村平安建设，省综治办与省联通公司加强合作，并于11月4日在大同召开现场推进会，在全省农村推广了“平安互助”系统工程。深入开展对治安混乱地区和突出治安问题的排查整治，出台《工作意见》，建立排查整治十项管理制度，建立社会治安和稳定形势定期分析研判制度，加强“两个排查”督导检查。通过拉网式和地毯式摸底排查，找出找准突出治安问题，对排查出来的突出问题和重点人群，按照“属地管理”和“谁主管谁负责”的原则，采取签定整治责任书、挂牌督办、领导包点整治、纳入综治考核等措施，集中整治，强化督查，严格奖惩。2009年，山西没有因排查整治不力而发生在全国有较大影响的案（事）件、群体性事件和治安灾害事故。三是强力推动综治专项工作。完善流动人口管理服务机制，解决流动人口就业、子女教育、劳动保障等

问题，构建流动人口一体化信息管理服务网络，加强流动人口治安管理，推进流动人口管理信息化和服务社会化。贯彻落实“首要标准”，深入推进刑释解教人员“和谐回归”活动，加大帮教安置基地建设，成立山西省刑释解教人员安置帮教专家组，加强对重点人员的排查摸底和管控帮教，推进了安置帮教工作一体化建设。以预防青少年违法犯罪为重点，加强青少年维权服务体系建设，推进“青少年法制建设计划”，实施“青少年维权关爱计划”，大力开展青年创业行动，开展“为了明天—预防未成年人犯罪”工程，建立完善了“有效推动工作、维护青年权益、预防违法犯罪、构建法制文明”的青少年维权岗创建体系。以国庆60周年铁路安保工作为重点，加强铁路护路联防工作，率先在全国开展平安铁路“双示范”（即争创“平安铁路示范县（市、区）”和“平安铁道示范线”创建活动），加强护路组织建设，强化铁路治安防控体系建设，圆满完成了国庆期间铁路安保任务。按照“清理一批、整治一片、稳定一方”的工作要求，组织召开全省学校及周边治安综合治理工作电视电话会议，对各类各级学校及周边治安工作进行了集中整治，净化了校园及周边环境。集中整治互联网低俗之风和手机涉黄短息，推动各地建立完善企业及其周边铁路、油气田及输油气管道和“三电”设施等治安整治的长效机制，消除了大量治安和安全隐患。四是认真落实社会治安综合治理领导责任制和目标管理责任制。把综治工作纳入省委组织部领导干部科学考评体系以及和谐社会建设的考评体系，对全省11个市的综治责任制落实情况进行了检查考核，其中长治、晋中、大同等6个市被授予“2008年度社会治安综合治理工作先进市”荣誉称号，172个单位被“一票否决”，相关责任人205人被查究责任。五是加强综治基层基础建设。认真贯彻落实中办发[2009]14号文件精神，就加强综治机构建设、基础设施建设、强化组织领导等出台了《实施意见》。在乡镇（街道）普遍建立综治中心，组成协作工作平台，推行矛盾联调、治安联防、工作联管、问题联治、平安联创、突发事件联勤的“六联”工作机制，着力解决乡镇（街道）综治工作力量分散、多头管理、形不成合力的问题。2009年底，我省94.8%的乡镇（街道）组建了综治工作中心。

六、严格管理，强化保障，加强对政法队伍建设的指导力度

2009年，各级党委政法委把加强政法队伍建设作为根本，采取更加有效的措施，努力建设一支过硬的政法队伍。一是大力加强思想政治建设，深入开展中国特色社会主义理论体系教育、社会主义法治理念教育、职业道德教育、纪律作风教育和廉洁从政教育，引深“大学习、大讨论”活动，确保广大政法干警始终坚持“三个至上”，做到“四个在心中”。二是狠抓从优待警各项措施的落实，推广太原市公安局用人机制改革的经验做法，健全维护干警合法权益工作机制，注重人文关怀和心理疏导。组织开展了第四届公正执法先进集体和杰出、优秀政法干警评选表彰活动，弘扬正气，鼓舞士气。2009年，共有65个集体、231名个人受到省部级以上的表彰奖励。三是全面推进政法机关基层基础建设，积极协调解决影响基层工作发展的困难和问题，使基层政法机关在经费保障、基础建设、物质装备等方面有了较大程度的改善。全省基层法庭、检察院“两房”建设基本完成，新建、扩建基层庭所达1101个，全省782个无房、危房派出所建设全部完工。县级政法机关的公用经费按照三类标准全部列入了财政预算，努力确保足额到位。推进政法干警招录体制改革试点工作，协调组织、人事部门为基层政法单位定向招生一批政法干警，在解决基层人才匮乏问题上迈出了较大步伐。四是着力构建和谐警民关系，大力推广忻州市公安机关“十进家”活动的成功经验，改进执法方式和执法态度，加大司法救助力度，推出便民利民措施，获得社会各界和人民群众的广泛好评。忻州市公安局在全国公安机关深化“大走访”爱民实践活动总结大会上作了典型发言，受到孟建柱同志和公安部党委的充分肯定。

七、加强宣传，注重效果，努力营造良好舆论氛围

全省政法综治宣传工作坚持围绕中心、服务大局，宣传发动、舆论引导，以国庆安保舆论宣传为重点，以庆祝新中国成立60周年繁荣政法文化为目标，按照及时、主动、准确、统筹的原则，完善新闻发布制度，健全舆论引导机制，以积极开放的心态做好舆论引导工作，努力营造有利于政法工作的舆论环境。一是组建宣传教育处和信息网络室，专门履行对全省政法综治宣传教育工作的组织领导职责。二是建立健全政法综治宣传工作长效机制。组织召开全省政法综治宣传工作会议，对当前和今后一个时期政法综治宣传工作的方向目标、工作任务、制度措施进行了安排部署。建立政法综治宣传舆论工作联席会议制度，由省委政法委分管副书记作为联席会议召集人，省政法各部门及宣传部门主管领导为联席会议成员，政法内部期刊的主要负责同志为联络员，在组织领导政法宣传工作上见到了新成效。三是组织开展2008年度山西省社会治安综合治理优秀新闻作品评选和综治宣传月活动，大力宣传政法机关贯彻落实党的十七大、十七届四中全会和全国政法工作会议精神、贯彻落实省委九届六次全会和全省政法工作会议精神，保障我省转型发展、安全发展、和谐发展的重要工作、重大活动，大力弘扬政法战线的先进典型，收到了良好的宣传舆论效果。

（侯永霞）

附：省委政法委书记、常务副书记、副书记、综治办主任、副主任、秘书长名单

省委常委、政法委书记： 杜玉林

常务副书记： 高彦斌

综治办主任： 高彦斌

副　书　记： 边晋南　杨有才

秘　书　长：苗　伟
综治办副主任：李曾贵

省委统战部工作概况

省委统战部部长　李政文

2009年是全省上下积极应对全球金融危机，努力促进经济社会平稳较快发展，保增长、保民生、保稳定的关键一年，省委统战部坚持以邓小平理论、“三个代表”重要思想、党的十七大和十七届三中、四中全会精神为指导，认真贯彻落实科学发展观，团结带领全省统一战线成员，服务“三个发展”，致力开拓创新，做好各领域统战工作，圆满完成了各项工作任务，得到省委、省政府和中央统战部的充分肯定。

一、扩大理论武装成果，统一战线思想基础进一步巩固

按照中央和省委部署，各级统战部门开展深入学习实践科学发展观活动，在各民主党派、无党派人士中和全省非公有制经济组织中分别开展学习贯彻科学发展观活动，深化理论学习，建立完善制度，解决突出问题，使全省统一战线工作在服务科学发展和实现自身发展方面都有新的进步，贯彻落实科学发展观的自觉性和坚定性进一步增强，履职能力和水平有新的提高。党的十七届四中全会和省委九届十次全会召开后，积极部署开展学习贯彻活动，采取机关带动基层、统战部门带动统战系统的方法步骤，指导和推动统一战线掀起学习贯彻热潮。围绕纪念新中国成立60周年、多党合作制度确立60周年、新中国山西统一战线60周年，召开座谈会，组织了征文活动、书画摄影展、网络成就展，编辑出版了《山西统一战线——风雨同舟六十年》一书。此前，还组织民主党派负责人赴重庆中国民主党派历史陈列馆参观学习。这一系列活动，受到全省各界的广泛好评，在各民主党派、工商联和无党派人士中产生强烈反响，在全国统一战线产生较大影响。统一战线广大成员拥护中国共产党的领导、坚持走中国特色社会主义道路的共同思想基础更加牢固。

二、积极应对国际金融危机，统一战线优势和作用进一步彰显

把保增长、保民生、保稳定作为今年工作的重中之重，结合省情特点，主动深入开展工作，积极促进科学发展。先后13次召开以应对金融危机、促进“三个发展”为主题的通报会、协商会、座谈会，5次邀请党外人士参加我省重大工程开工仪式，两次组织统一战线成员参观考察全省重点工程和蓝天碧水工程，有效调动了各民主党派、工商联和无党派人士建言献策的积极性。一年来，各民主党派共提交集体提案145件，调研报告12件，意见建议528件。其中在“我为应对金融危机影响献一策”活动中，提出各类意见建议151件，绝大多数意见建议得到省委、省政府及有关部门的重视和采纳。针对非公有制企业在金融危机中遇到前所未有的困难和全省煤炭资源整合的形势，组织工商联等统战系统单位先后撰写4个调研报告，报送省委、省政府；3次召开银企座谈会，为非公有制企业与金融部门有效合作、共同应对危机搭建了合作平台。王君省长亲自主持会议，多位副省长参加，专门听取非公有制企业意见和建议，规格之高近年来还是首次，使广大非公有制经济人士受到很大鼓舞。提出了应对金融危机应重视民间投资作用的建议，参与了省政府《关于促进民间资本进入我省鼓励类投资领域的意见》的制定。《意见》下发后，及时制定贯彻落实的《实施意见》，并召开座谈会务实推动文件精神的落实。

三、强力推进“凝聚力工程”九大活动，统一战线围绕中心、服务大局能力进一步提升

全省统一战线实施“凝聚力工程”开展九大活动三年来，取得了丰硕成果，积累了宝贵经验，得到省委、省政府和中央统战部领导的充分肯定。我省两次在全国性会议上介绍开展“凝聚力工程”的经验。2009年2月，省委、省政府召开山西统一战线“凝聚力工程”暨“优秀中国特色社会主义事业建设者”表彰大会，隆重表彰“凝聚力工程”九大活动中涌现出的172个先进集体、181名先进个人、65件优秀成果和“优秀中国特色社会主义事业建设者”评选表彰活动中涌现出来的49名非公有制经济人士。张宝顺书记等省四套班子主要领导出席大会，省委副书记、省长王君代表省委、省政府作重要讲话。一年来，“凝聚力工程”九大活动的工作领域、工作层次、工作质量都有新的拓展和提高，“晋港澳台企业家金桥行动”成为新亮点。山西省海外联谊会、山西省青联等单位与香港青年才俊访问团，交流座谈了50多项区域性的投资项目，深化了“10+1”活动的具体内涵。香港李兆基基金会关注山西新农村建设，投资150万元人民币在6个贫困县、30个贫困村修建30个海联新农村卫生室。香港华人革新协会投资52.5万元支持左权10个村改善医疗卫生条件，使当地农民群众直接受惠。民建省委在民建中央和省发改委、商务厅的支持下，组织开展两岸三地（山西、香港、台湾）经贸洽谈会，意向引进资金16亿元，现已落实1.7亿元。特别值得肯定的是，在开展“光彩事业两区行”活动的基础上，2008年以来开展了“新晋商万企联万户感恩行动”，组织非公有制企业家与

在乡的建国前老红军、老八路、老党员户结对子。目前已有2000余家非公企业与3513户“三老”户结成对子，每年从现金、物资、致富项目和技术等方面给予无偿扶持，帮助他们发展生产、改善生活、安度晚年。海鑫集团建立的“海仓慈善基金”决定每年拿出120万元资助200户在乡老红军、老八路家庭，每人每年6000元坚持资助10年，并在建国60周年前夕，首批在乡的25户老红军和180户老八路得到资助。“新晋商万企联万户感恩行动”使这些共和国的功臣感受到党和政府的关怀和温暖，享受到我省改革发展的成果，也大大增强了非公有制经济人士致富思源、报效国家、回馈社会的感恩之心，增强了为全省转型发展、安全发展、和谐发展做贡献的社会责任感。

全国政协副主席、中央统战部部长杜青林对我省开展“新晋商万企联万户感恩行动”给予充分肯定和高度评价，指出：“这项活动特别有意义。请研究室派人深入调研，各地也可以学习借鉴。这项活动对于弘扬社会主义风尚，对于经营者进行教育，对于增强统一战线理念，对于促进五大关系和谐，体现社会主义制度优越性，体现大团结大联合，具有多重的意义。这件事抓到了点子上，这大概是我们统战部近年来值得称道的一件事。”“凝聚力工程”和我省的这一做法被写进省委和中央统战部2010年的工作要点。

四、督查落实中央5号文件精神，多党合作进一步加强

省委对贯彻落实中央5号文件精神高度重视，针对这次中央督查，张宝顺书记两次专门作出批示。抓住中央进行督查的契机，深入开展自查和督查，形成了省督查市、市督查县和各级党委认真自查的工作局面，有效推动了中央5号文件在我省的全面贯彻落实。据不完全统计，2009年全省市委书记和市长参加统一战线重大活动80多次，有关统战工作批示80多件，召开各种协商会、座谈会、通报会81次，在政府部门新安排处级以上党外干部56名，各民主党派增加工作经费516万元。特别是在解决民主党派基层组织经费问题上，在张宝顺书记、王君省长的高度重视和大力支持下，省财政部门为省直基层每个总支和支部分别解决活动经费5000元和3000元。太原市委、市政府带头将全市233个民主党派基层支部，按每年2000元活动经费全部列入财政预算。省委统战部积极推广太原市经验，逐市推动落实，至中央督查组到达前夕，全省875个民主党派基层组织活动经费全部解决。

在贯彻中央5号文件过程中，着眼于巩固换届和政治交接学习教育成果，一方面我们加强党外干部培训教育，去年在中央社会主义学院举办了党外代表人士为主体的263人参加的培训班，成为近年来中央社会主义学院规模最大的班次。另一方面，积极探索党外干部教育培养的长效机制。针对近几年来个别民主党派领导班子和一些党外干部出现的问题，研究探索并初步建立了无党派领导干部教育培养“六个一”机制和民主党派成员领导干部教育培养的“四个一”机制。无党派领导干部“六个一”机制，就是成立一个组织，即党外知识分子联谊会；每年召开一次恳谈会；每年召开一次履职情况汇报交流会；每年召开一次参政议政评议会；每年向组织递交一份思想汇报；每年到无党派人士所在单位进行一次考察走访。6月份，召开全省无党派厅级领导干部履职座谈会，收到了很好的效果。张宝顺书记专门批示指出：“此做法很好，对加强对无党派干部的培养、管理很有益处。研究一下，可以适时在民主党派领导干部中推广”。按照要求，省委统战部针对民主党派实际，又研究制定了除建立一个组织和召开一次参政议政评议会之外的“四个一”机制。8月份，省委统战部召开民主党派成员领导干部履职座谈会。两次履职座谈会，邀请省纪委、组织部、监察厅等部门参加，96名党外厅级领导干部登台述职，在全省党外干部中产生了较大反响，产生了较强的激励作用，相互之间形成了争先比优的良好局面。

中央督查组和先后来我省的5个民主党派中央领导周铁农、蒋树声、严隽琪、韩启德、蒋正华副委员长，罗富和、张榕明、厉无畏副主席及中央统战部、全国工商联领导，对山西重视多党合作、党际关系和谐的情况给予充分肯定。

五、全面贯彻民族宗教工作方针政策，团结和谐稳定局面进一步巩固

认真贯彻党的民族宗教工作方针政策，加强民族团结教育，开展“民族团结进步”评比表彰活动，我省7个模范集体和8名模范个人受到国务院表彰。积极支持少数民族经济和社会事业发展，加强少数民族干部和人才的培养。特别是配合开展西藏“3·14”和新疆“7·5”事件的善后处理和警示教育，进一步营造各民族共同团结奋斗、共同繁荣发展的良好氛围。宗教工作方面，坚持宗教工作基本方针，加强对宗教界代表人士的思想教育，全省五大宗教近80名代表人士参加会议接受了培训。完成太原、运城的天主教选圣以及省道教协会届中调整工作，使宗教领导权牢牢掌握在爱国爱教人士手中。广泛开展科技、文化、卫生进寺观教堂等活动，引导宗教与社会主义社会相适应迈出坚实步伐。重视干部培训，240名统战、宗教干部参加了国家宗教局的学习培训，提高了做好宗教工作的素质和能力。围绕国庆安保、维护稳定，当好首都护城河，建立健全了民族宗教突发事件应急处理机制，积极做好应对板寺山朝圣、基督教“三乱”、“藏密东渐”等民族宗教领域的重点工作。特别是在省委、省政府的高度重视和坚强领导下，在中央统战部、公安部、国家宗教局等部门的具体指导和支持帮助下，临汾市委、市政府态度坚决、措施有力，妥善处置了浮山基督教地下势力非法建教堂的突发事件。贾庆林、习近平、周永康、杜青林等中央领导做出重要批示，认为我省措施有力、处置及时、方法得当、效果明显，为打击宗教非法势力，维护社会政治稳定做出了贡献。

六、积极开展对外联系交流活动，港澳台海外统战工作渠道进一步拓宽

适应港澳台海外统战工作形势任务发展变化，组织召开全省港澳台海外统战工作会议，集中学习党的十七大关于港澳台海外统战工作重要论述，加强政策和业务培训，提高了三级统战干部做好港澳台海外统战工作的主动性和自觉性。加强与我省港澳政协委员和海联会理事的联系，鼓励支持他们在维护港澳稳定繁荣、争取人心回归中发挥作用。完成了香港中联办组织的“香港青年工商界人士山西访问团”的接待任务。加大与岛内及海外民间组织联系力度，协助中央统战部接待“台湾新竹县林氏宗亲会访问团”，协助省台联做好“第六届台胞青年千人夏令营山西分营活动”、“台湾师范大学历史系学生史迹考察团”、“台湾教师古文化之旅访问团”的接待工作。以亲情、乡情、友情为纽带，以关公文化、根祖文化、晋商文化、佛教文化等为载体，增强港澳台同胞、海外华人华侨的乡土感情，有效扩大了山西统一战线的亲和力和影响力，为促进改革发展团结凝聚了一批新的力量。协助赵素明女士在澳门成立了澳门山西联谊会，为进一步密切晋澳两地的亲情联谊搭建了平台。协助省侨联完成了“中国侨联港澳地区顾问、委员、名誉委员山西考察团”、“中国侨联副主席林明江先生山西行”接待任务。

按照中央统战部加强代表人士队伍建设、开展“百千工程”活动的要求，对全省统一战线港澳台海外华侨华人代表人士资源进行了普遍摸底，进一步健全了全省港澳台海外代表人士档案库，对其中在全国有影响的32名代表性人士，上报中央统战部，为今后更好地开展港澳台海外统战工作奠定了基础。注重加强省侨联、台联和海联会建设，指导和协助省侨联圆满完成换届。

七、加强教育引导，新的社会阶层人士统战工作进一步深入

把贯彻全国非公有制经济人士思想政治工作会议精神作为重点，转发了中央统战部《关于加强和改进非公有制经济人士思想政治工作的若干意见》，就加强全省非公有制经济人士思想政治工作提出明确要求。6月11日，在长治召开全省非公有制经济人士思想政治工作会议，学习贯彻中央领导同志对非公有制经济人士思想政治工作的重要批示和全国非公有制经济人士思想政治工作会议精神，深入总结经验，部署工作任务。全国工商联党组书记全哲洙出席并讲话。扎实做好优秀中国特色社会主义事业建设者评选表彰工作，韩长安、薛靛民、李海瑕被授予“全国优秀中国特色社会主义事业建设者”称号，49名非公有制经济人士被授予“山西省优秀中国特色社会主义事业建设者”称号。按照全省第三批学习实践活动的安排，加强对非公有制经济组织开展学习实践科学发展观活动的指导，学习实践活动顺利健康发展，受到省委和中央指导组的肯定。加强对工商联工作的指导，充分发挥其党和政府联系非公有制经济人士的桥梁纽带作用。

在深入调研的基础上，积极做好我省中介组织从业人员、自由职业者等群体代表人士的工作，积极筹备成立山西省党外知识分子联谊会和山西省新的社会阶层人士联谊会。指导山西欧美同学会·山西留学人员联谊会开展工作。协同省海外人才服务中心联合举办了“引进海外高层次人才座谈会”，欧美同学会《关于切实发挥我省归国留学人员作用》的提案和卫小春会长“推进制度环境建设，切实发挥归国留学人员在我省经济社会发展中的积极作用”的政协会发言，引起省委、省政府领导的重视，列入省委人才办工作规划，为我省引进海外高层次人才发挥了积极的作用。

八、统战调研、宣传、信息工作取得新进展，提升和促进各领域统战工作的效应进一步强化

坚持把调研、宣传、信息三项工作扭在一起抓的工作思路，三位一体工作机制优势和作用更加明显。紧扣经济社会发展和统战工作中的重大问题，深化理论政策研究，全年各级上报论文近400篇，其中50多篇论文被评为全省优秀成果，3篇论文在中央统战部分别获二等奖、三等奖、优秀奖。围绕统一战线工作重大题材扎实开展宣传工作，围绕60周年系列纪念活动和全省统一战线重大工作，组织中央驻晋和我省的主要媒体进行宣传报道30余次，在中央和省内主流媒体宣传报道260余条，《中国统一战线》发稿量名列全国第三，刊登简讯连续两年排名第一。创新统战宣传形式，探索加强网络宣传，开展统一战线60周年网络成就展，创新了统战宣传形式，增强了宣传工作的时代感和有效性。着眼发挥信息反映情况、交流经验、服务决策、指导工作作用，加强组织领导，创新体制机制，提高队伍素质，信息工作质量进一步提高，省委统战部排全国省级统战部第四名，获全国统战信息二等奖，太原、长治两个直报点同获一等奖，我省在全国统战信息员培训班上介绍了经验。

九、狠抓机关自身建设，统战部门和统战干部的执行力进一步提高

着眼于为全省统战工作上台阶提供保障，机关建设得到进一步加强。坚持把机关党建工作摆上重要日程，逐项推进。组织党员干部深入学习贯彻党的十七大和十七届三中、四中全会精神，提高了思想政治素质和做好新形势下统战工作的责任感。坚持机关党的工作制度，特别是认真执行民主集中制，严格党的组织生活，部领导班子建设进一步加强。调整充实了机关党委、纪委领导班子和基层党支部，吸收3名同志入党，机关党组织充满活力。开展“争创文明处室，争当文明职工”和“树统战干部形象，建党外人士之家”活动，党员干部职工热爱统战事业、发扬“右玉精神”、做好本职工作的热情更加高涨，为扶贫、治

病踊跃捐款事迹感人。认真开展对口扶贫和“三保”工作，夏县“三保”项目落实150余万元，为榆社县扶贫立项筹款合计50余万元，为推动发展、促进和谐做出贡献。认真做好离退休干部工作，落实了有关待遇，搞好服务。部机关连续第九年被授予省直精神文明和谐单位标兵。

（隋欣哲）

附：省委统战部部长、常务副部长、副部长名单

省委常委、统战部部长：李政文

常务副部长：王大高

副部长：边根棠　马天荣　王建新　郭海刚

省委政策研究室工作概况

省委政研室主任　李旺明

一、认真落实党风廉政建设责任制，进一步加强机关党风廉政建设

政研室历来重视党风廉政建设，设立落实党风廉政建设责任制领导组，组长由省委副秘书长、省委政研室主任李旺明同志担任，副组长由省委政研室副主任霍甫安同志担任。领导组下设办公室，办公室主任由机关党委专职副书记贺高明同志担任。同时，明确了责任分工：李旺明同志负总责；霍甫安同志分管党风廉政建设工作；室领导班子其他成员抓好自己分管处室的党风廉政建设工作；各支部书记按照“一岗双责”的原则，抓好自己所在处室的党风廉政建设，领导组办公室具体承办和抓好各项工作的落实。

为了贯彻落实好中央、省委和省直工委有关文件精神。我室专门召开室领导班子成员和机关党委成员会议，认真学习中央、省委和省直工委关于建立健全惩治和预防腐败体系的有关文件精神，认真学习全省党风廉政建设干部大会精神和省委、省政府、省纪委领导在全省电视电话会议上的讲话精神。在吃透精神的基础上，结合政研室的实际，围绕惩防体系和作风建设，提出了针对性的贯彻落实意见，研究制定了《中共山西省委政策研究室关于贯彻落实建立健全惩治和预防腐败体系精神的意见》。《意见》结合政研室的实际，从加强反腐倡廉教育、加强机关作风建设、健全反腐倡廉制度、强化监督制约、建立惩防体系建设责任制六个方面，作出具体规定，并形成正式文件下发各处、室和事业单位执行。机关党委将中央、省委和省直工委有关文件和省委、省政府、省纪委领导在电视电话会议上的讲话复印发给各支部，由各支部认真组织党员学习，自查自纠。建立惩防体系建设责任制。成立了由室主要领导任组长的惩防体系建设领导组，并明确责任，抓好落实。

根据中央和省委关于廉政建设的一系列部署和要求，我室制定了党风廉政规定和《2009年党风廉政建设工作要点》，印发各支部执行。一是坚持从严治党的方针，切实抓好全室的党性、党风、党纪教育，进一步增强党员、干部的党性观念、法纪观念，时刻保持清醒头脑，做到警钟长鸣，防微杜渐，始终保持政治上的坚定性和思想上的纯洁性。二是室领导班子把党风廉政建设纳入重要议事日程，全年两次研究党风廉政建设工作，坚持谁主管、谁负责的原则，制定工作计划，分解目标任务，室主要领导对党风廉政建设和反腐败工作亲自动员、部署，经常听取情况汇报，并提出改进工作的意见，做到有部署、有检查、有落实。三是将党风廉政建设责任制落实情况作为考核室领导班子和厅、处两级干部的重要内容，纳入领导干部述职、民主评议、民主测评等各个环节，并把考核结果作为对干部工作实绩评定、奖惩、选拔任用的重要依据。四是加强对室领导班子和厅、处两级干部的管理、监督，建立健全厅、处两级干部个人重大事项报告制度、诫勉谈话制度。五是严格执行党员领导干部民主生活会制度。六是深化干部人事制度改革，用人上做到公开、公正，按规定程序办理，防止用人上的不正之风。七是进一步加强和规范财务管理制度，严格按照财务法规实行规范管理，日常开支要经过会计、办公室主任和室分管领导三道审批，大额开支项目要经室领导班子集体研究。八是凡涉及全室干部、职工切身利益的事情，都要坚持公开、民主的办事原则，增加工作的透明度，自觉接受群众监督。九是严禁讲排场、摆阔气、铺张浪费。下基层调研不接受宴请，不收受礼物，不得以任何借口向基层索要土特产品。十是认真贯彻执行《中共中央关于加强和改进党的作风建设的决定》，并结合政研室的实际，制定了《中共山西省委政策研究室关于进一步加强作风建设的意见》，要求全室干部职工坚持顾全大局，令行禁止；坚持勤奋好学，学以致用；坚持党的宗旨，密切联系群众；坚持艰苦奋斗，廉洁从政；坚持团结共事，努力构建和谐机关。室领导班子和厅、处两级干部要紧紧围绕中心工作，切实转变工作作风，深入基层调查研究，坚持实事求是，既报喜又报忧。与此同时，还建立了公务接待制度、人事管理制度、财务管理制度、机关党委责任制度、机关纪委工作职责制度。

政研室领导始终注意加强党风廉政教育，做到防微杜渐。组织全体党员干部学习并落实省委警示教育部署，将党风廉政建设纳入民主生活会的重要内容，在日常工作生活中经常提醒每个干部职工廉洁从政。同时利用影像等教材和征集、编辑廉政短信开展警示教育，组织处以上干部进行党风廉政建设知识考试。通过学习教育，大家提高了认识，增强了党性和廉洁自律的自觉性。一年来，领导班子和全体党员、干部，没有发生违法乱纪的问题。大家把精力都放在工作上，形成了讲政治、作表率、比贡献的和谐向上氛围。

2009年，政研室领导班子民主生活会在9月中旬召开。生活会的主题是“加强领导干部党性修养，树立和弘扬良好作风”。为了开好这次民主生活会，我们在会前做了认真充分的准备工作。一是制定了民主生活会实施方案，并按规定向省委、省直工委进行了报批。二是学习文件。室领导班子成员按照生活会的主题，认真学习了科学发展观、党政机关厉行节约等有关文件，特别是认真学习了胡锦涛总书记在党的十七届中纪委三次全会上的重要讲话，为开好本次生活会奠定了思想基础。三是查找问题和征求意见。机关党委以征求意见卡的形式书面征求了各党支部和广大党员干部的意见；班子成员间相互谈心，交流思想，寻找不足。四是党委对征求回来的意见建议进行了书面汇总，并反馈给室领导。五是班子成员都撰写了高质量的发言提纲。在此基础上，方召开民主生活会。生活会上，室领导班子成员对照有关文件规定和要求，围绕加强领导干部党性修养，树立和弘扬良好作风，结合政研工作实际和本人情况，认真进行了反思和对照检查。总体上看，班子成员能够认真贯彻落实科学发展观的有关要求，自觉加强党性修养，严格按照中央和省委有关文件规定办事，作风扎实，团结向上，勤奋工作，各项工作取得了明显成效。

二、以中心组的理论学习带动全室党员干部的学习，不断提高思想理论水平

一年来，我们把政治理论学习作为加强领导班子和机关党的建设、创建学习型机关、学习型党组织的一项重要工作来抓，采取多种形式，组织全体党员、干部特别是处以上领导干部，认真学习科学发展观，学习胡锦涛总书记讲话，学习十七大和十七届四中全会精神，学习中央和省委的方针政策和重大工作部署，并且要求大家记读书笔记，写学习心得，结合实际进行讨论。通过学习，进一步提高了大家的思想觉悟和政治理论水平。

政研室中心组先后8次集中学习。学习内容重点是科学发展观的重要论述，胡锦涛总书记的讲话、中央和省委领导在重要会议上的一系列讲话精神和工作部署。中心组的学习扩大到处级以上干部。为了提高学习质量，每次集中学习，都要列出若干个专题，自学文件，查阅资料，深入思考，写出发言提纲，事先充分准备，然后集中学习，集中讨论。在此基础上，为了进一步拓宽知识领域，增加知识积累，更新知识结构，提高理论政策素养和文字表达水平。2009年，我们还在全室开展了读书学习活动，省委副秘书长、省委政研室主任李旺明同志要求全体党员、干部在搞好理论学习的同时，每年要至少读好两本书，2009年要重点读好《社会主义核心价值体系学习读本》和《领导干部读经典——国史十六讲》。对此，机关党委及时进行安排，并根据情况提出学习计划，购买学习材料。针对政研室党员干部文化水平较高、自学能力强的特点，要求大家按学习计划自学，按列出的思考题写出心得，然后适时组织讨论，把学习引向深入。

总结我室的理论学习，主要有以下几个特点：一是领导重视。室领导对机关的理论学习十分重视，抓得很紧，经常过问，亲自安排，带头学，带头发言，率先垂范。二是健全制度。党委对学习有计划、有安排、有检查。三是改进方法。改变以前一人念、大家听的做法，形成“个人自学—专题辅导—集中讨论—交流心得—开展调研”的五步递进学习方法。四是学以致用。把学到的思想、观点、政策，运用到分析和解决问题中来，运用到调查研究、起草文稿中来。近一年来，我们紧紧围绕省委各个时期的中心工作和重大部署，认真履行职能，开展调查研究，共完成研究报告40多个。这些报告涉及经济建设、社会发展、改革开放、结构调整、生态环境建设、党的建设等各个方面。在报告中，我们既反映情况、揭示问题，又提出推动工作的政策性意见。省委、省政府领导对我们的研究报告高度重视，先后作出多次重要批示，为省委科学决策、指导全省科学发展发挥了重要作用。

三、加强党的思想建设和组织建设，积极创新机关党建工作

室领导班子对机关党委的工作非常重视，室主要领导经常关心、过问、指导机关党的工作。一年来，机关党委根据省委、省直工委的安排和要求，结合政研室的实际，做了大量工作。在思想政治建设上，党委积极协助室领导开展好深入学习实践科学发展观活动。我室作为第一批学习实践科学发展观活动单位，在2009年2月底圆满完成了中央和省委部署的各项学习安排，并且取得了阶段性成果。2009年上半年，又进行了“回头看”，进一步巩固深化了学习成果。同时努力发挥自身职能作用，认真组织并积极承办室中心组和机关党员、干部的理论学习，协助室领导班子抓好党风廉政建设，开展文明和谐创建活动，组织开好民主生活会，有针对性地做好党员干部和群众的思想政治工作，处理并完成好机关党的日常工作。在组织建设上，组建了秘书处和信息中心两个新支部，实现了一个处室一个支部的目标。对要求入党的积极分子加强培养，发展两名新党员。在整个党建工作上，我们以“三强党建”为抓手，创新党建工作。“三强党建”是“强争先、强队伍、强和谐”的简称。具体讲：一是“三争一创”强争先。“三争”是“争做优秀党员，争做优秀党务工作者，争做优秀党支部。”“一创”是创“五好”基层党组织。二是“三创一树”强队伍。“三创”即“创新学习方法，创优工作业绩，创建文明处室”。“一树”指树立党务、业务和服务方面的先进典型。三是“三心一聚”强和谐。“三心”即党组织关心党员，党员关心集体，党务工作者用心做好思想政治工作。“一聚”即凝聚全室党员、职工力量，为围

绕党的中心工作，搞好调查研究营造和谐、良好的内外环境。开展“三强党建”活动的目的意义是：在机关全体党员中，形成“争先创优”、争做时代先锋模范的良好局面，以体现共产党人的精神面貌和时代风范，形成具有我室特色的政治文明、机关文明和精神文明。这项活动开展以来，受到了各方面的肯定和好评，对加强机关党建起到了良好的推动作用。

十七届四中全会以后，室领导要求机关党委要进一步加强自身建设，在提高党建工作科学化水平上多加探索，多下功夫，努力以科学的理论指导党的建设，以科学的制度保障党的建设，以科学的方法推进党的建设，全面加强党的思想、组织、作风、制度和反腐倡廉建设，发挥好服务中心、建设队伍的作用。

另外，在国庆60周年之际，我们认真落实省直工委的部署，积极开展爱国主义教育，为省直工委“国庆60周年成就展”提供我室学习、调研、党建方面的活动照片40多张；组织党员干部参观建国60周年成就展和观看有关影视资料，进一步加强对党员干部的爱国主义教育；国庆期间由室领导带队，对建国前参加工作的离退休老干部进行走访慰问，及时把上级党组织的关怀温暖送给老同志。

一年来，机关党委精心组织，扎实认真，加班加点，圆满地完成了省委、省直工委和室领导部署的各项工作任务。我室机关连续五年被授予省直文明和谐单位标兵称号，机关党委连续五年被评为省直优秀基层党组织。

四、加强机关内部建设，促进文明和谐创建再上新台阶

一是进一步改善工作环境。主要是对电脑、打印机等工作设备，进行了检查、维修和更新配套；保持了宽带网畅通；加强了资料室的管理和信息库建设。二是建立起一套行之有效的环境卫生管理制度。室内定期不定期对各处室的环境卫生、工作秩序进行检查评比，保证室内外卫生整洁。三是加强了安全综治工作。为确保机关安全稳定，我们对安全综治工作十分重视，加强了档案管理，加强了消防设施检查，加强了门窗维修，加强了关系的协调和矛盾的化解。四是积极开展定点扶贫、联企帮困、助残济贫工作。这几年，扶贫工作队紧密联系扶贫点的实际，扎实有效地开展工作，每年都争取各类扶贫资金数十万元。同时，积极开展联企帮困、助残济贫活动，2009年干部职工为困难群众和灾区捐款1万多元，受到有关方面的好评。五是努力构建正派的人际关系、和谐的机关氛围。在坚持原则的基础上，经常教育干部和职工做人要大度、大气、大方，对人要宽厚、宽容、宽松，真正做到多沟通不猜疑、多谦让不争功、多支持不拆台，着力营造一种相互信任、相互谅解、相互帮助、诚实友爱、紧密团结的氛围，真正形成文明和谐的风尚，使我室的文明和谐创建活动持续发展，再上新台阶。

（贺高明）

附：省委政策研究室主任、副主任名单

省委副秘书长、省委政策研究室主任：李旺明

副　主　任：霍甫安　王利波　马文革

省直属机关工作委员会工作概况

省直工委书记　刘传旺

2009年，面对国际金融危机严重冲击，在省委的坚强领导下，经过全省上下的共同努力，全省经济保持了平稳较快发展，机关党的建设也取得了新的成效。一年来，省直工委和省直机关各级党组织，紧紧围绕省委工作大局、围绕“三个发展”，突出重点，全面推进机关党的思想、组织、作风、制度和反腐倡廉建设，保证和促进了省直机关党的事业科学发展和各项任务的圆满完成。

一、在下基层“促三保”工作中充分发挥机关党组织的战斗堡垒作用

2009年，按照省委、省政府召开的省直机关干部深入基层促进“三保”政策措施落实工作动员会和省委办公厅、省政府办公厅印发的《通知》和《实施方案》要求，省直54个部门和单位承担了省重点工程的142个子项目和24户重点企业的帮扶联系任务。省直机关各级党组织围绕促进经济平稳较快发展这个首要任务，组织机关党员干部深入对口单位，开展调查研究、筹资捐赠、结对帮扶，为群众办实事，把学习实践科学发展观活动成果体现到促“三保”工作中，为我省经济的回升向好发挥了重要的推动作用，受到了基层干部群众的一致好评。省直工委围绕加强重点工程党组织建设发出通知，号召参与重点工程建设的党组织和广大党员干部职工，开展以“保质量、保进度、保廉洁、创业绩、创品牌、创先进”为主题的“三保三创”活动，较好地体现了机关党建工作“融入中心、推动发展”的要求，为确保重点工程建设各项任务的顺利完成发挥了积极作用。

二、在加强理论武装工作中不断提高党员干部贯彻落实科学发展观的素质和能力

一年来，省直机关各级党组织坚持把中国特色社会主义理论体系的学习、宣传、教育作为理论武装工作的重点，组织党员干部在深入学习、融会贯通、解决问题、增强用

科学发展观指导实践上下功夫。省直工委加强了对中心组学习的管理服务、考核通报、成果交流，将31个部委厅局中心组学习成果汇编成册，相互交流，并创办了《中心组学习动态》，较好地发挥了中心组学习的引领示范作用。积极推进理论武装工作方式方法创新，通过创办省直机关领导干部思想讲坛，举办领导干部历史文化讲座，运用山西机关党建网、《党的生活》、《省直党建信息》等学习载体，推动不同层次党员干部的理论学习。注重发挥省直党校培训党员干部的主渠道作用，全年共举办省直机关处级干部学习推进“三个发展”培训班20期，培训处级干部2921人，较好地提升了党员干部队伍素质。各部门各单位认真做好学习实践科学发展观活动整改落实后续工作，推动突出问题的解决和制度建设的完善，促进了党员干部推动科学发展能力和水平的提高。2009年，在省直工委的指导下，省直部分大专院校、国有企业、民营企业共11个单位13113名党员，参加了第二批学习实践科学发展观活动，圆满完成了学习实践活动的全部任务。

三、在贯彻党的十七届四中全会和全国机关党建工作会议精神中扎实推进机关党组织建设和党员队伍建设

强化了四个长效机制文件和机关党的工作责任制的贯彻落实。进一步完善了一系列规章制度和考核评价机制，对党的关系隶属省直工委的135个单位2009年度党的工作责任制落实情况进行了考核。强化了机关基层组织建设规范化管理。督促指导18个厅局机关党委进行了换届，考察调整机关党委书记、专职副书记、纪委书记39人次；加强了党员教育管理、民主生活会管理、党费收缴使用、党员统计和发展党员工作；省直党校、省直所属院校共培训入党积极分子4000多名。截至2009年底，省直机关共发展新党员4105名；党的关系隶属省直工委的135个单位共有基层党委543个、党总支411个、党支部6197个、党员107097名。强化了机关党组织的创造力、凝聚力和战斗力。组织开展了纪念建党88周年“创先争优”表彰大会，表彰党建工作先进单位13个、先进基层党组织144个、优秀共产党员213名、优秀党务工作者144名。加强了机关党建研究会自身建设，召开了第三次会员代表大会,圆满完成了第二届理事会换届工作，课题研究成果被全国党建研究会机关专委会评为2009年度机关党建研究优秀成果。强化了党务干部队伍建设。制定了《加强省直机关党务干部队伍建设的意见》，举办了两期省直机关党务干部井冈山培训班，培训党务干部185人。加强了省直企事业单位思想政治工作队伍建设，评审通过初级政工师15名、中级政工师94名，推荐副高级政工师90名、正高级政工师5名。强化了党内激励、关怀、帮扶机制。坚持元旦、春节期间开展送温暖活动。共为45个厅局1400多名困难党员、3001名建国前的老干部、老党员、老劳模发放慰问金190多万元；省直107个单位组成32个帮扶组，深入省属困难企业，送去慰问金、米面油共计200多万元。

四、在开展讲党性、重品行、作表率活动中掀起加强和改进机关作风建设的热潮

各单位认真学习贯彻胡锦涛总书记在十七届中央纪委第三次全体会议上的重要讲话、中央办公厅和中央纪委7个有关作风建设的文件和晋发[2009]11号文件精神，普遍召开了中心组专题学习研讨、专题民主生活会，开展了落实厉行节约八项要求、治理“小金库”、清理调离干部、离退休干部挤占原单位办公室等专项治理工作。省直工委印发了《关于省直机关加强干部党性修养，树立和弘扬良好作风的安排意见》、《关于学习弘扬“右玉精神”、加强机关作风建设的通知》，组织了专题知识测试，省直机关近8000名处以上干部、其中厅级干部777人参加了答卷，掀起了加强党性修养、改进机关作风的热潮。

五、在推进惩治和预防腐败体系建设中认真落实反腐倡廉的各项任务

惩治和预防腐败体系建设扎实推进。各单位结合实际普遍制定了《建立健全惩治和预防腐败体系2008-2012年实施方案》，通过落实党风廉政建设责任制，进一步建立和完善反腐败的领导体制和工作机制。省直纪工委选取了22个重点单位的实施方案汇编成册，印发省直各单位学习交流。廉政文化建设进一步引深。去年，省直机关各单位共有358名领导干部讲廉政党课，组织播放廉政教育片518次，受教育者达9万余人（次）。党内监督不断强化。省直纪工委对省直机关拟提拔副厅级的112名处级干部进行任前党风党纪审核把关，并制定出《省直机关党务公开的试行意见（送审稿）》，明确了党务公开的指导思想、基本原则、内容、形式和保障措施。案件查处工作成效明显。省直纪工委全年共受理信访案件141件，立案查处大要案件28件，处分违纪处级党员13人，移送司法机关追究刑事责任3案3人，为有关单位挽回经济损失5293万元。其中，山西路桥集团权钱交易案件被列为2009年全国工程建筑领域重大典型案件。

六、在庆祝建国60周年系列活动中积极营造文明和谐、奋发向上的良好氛围

深入开展群众性爱国主义主题教育实践活动，广泛宣传新中国成立60年来的光辉历程和伟大成就，激发党员干部的爱国热情，引导党员干部坚定走中国特色社会主义道路的理想信念，立足本职作贡献，争创一流业绩。按照省委统一部署，省直工委成功举办了庆祝建国60周年“祖国在我心中”演讲比赛、“歌唱祖国”歌咏比赛、文明和谐创建巡礼图片展、书画展、征文等十大系列活动，营造了喜迎国庆的热烈氛围。文明和谐单位创建工作进一步深化。

省直文明办从完善制度入手，制定了省直文明委《工作规则》和《省直文明和谐单位考评指标体系》，修订了《省直文明和谐单位创建管理规定》，加强了文明办主任队伍建设，促进了文明和谐单位创建工作常态化。充分发挥统战、工青妇群团组织在文明和谐单位创建活动中的桥梁纽带作用，广泛开展了“凝聚力工程”、“五一”劳动奖状和奖章评选表彰、救助大病致困职工、青年读书会、妇女健康知识讲座、老龄工作服务、防范邪教教育转化等活动，积极营造了和谐发展的氛围和环境。（单福光）

附：省直工委书记、副书记、纪工委书记名单

书　　记：刘传旺

副 书 记：贾明建

纪工委书记：卫建友

副 书 记：郭康锋　冯进成

省委老干部局工作概况

省委老干部局局长　李仁和

2009年，山西省委老干部局坚持以邓小平理论和“三个代表”重要思想为指导，全面贯彻落实科学发展观，深入学习党的十七大和十七届三中、四中全会精神，紧紧围绕省委的发展战略和全省中心工作，以加强党的执政能力建设和先进性建设为主线，以建设务实、高效、清廉的模范部门和讲党性、重品行、作表率的过硬队伍为目标，坚持解放思想，着力改革创新，积极推进党的思想、组织、作风、制度和反腐倡廉建设，党组织的创造力、凝聚力和战斗力得到进一步提高，全局系统党员干部的政治意识、大局意识、责任意识和服务意识显著增强，为推动全省老干部工作又好又快发展提供了坚强的政治保证。6月，被省直工委表彰为“省直机关党建工作先进单位”。

一、强化组织领导，党的工作责任制和党风廉政建设责任制得到进一步落实

局务会始终把全局系统党的工作和党风廉政建设同业务工作同部署，同落实，同检查。2009年，先后两次召开局务会议，研究全局系统党的工作和反腐倡廉工作。李仁和局长带头抓党建工作，认真履行第一责任人的职责，其它副局长根据工作分工，认真抓好分管处室和局属单位的党建工作，做到常过问，勤指导。局机关党委先后召开4次会议，具体研究部署党的工作，及时制定下发了《2009年机关党委工作要点》，对局系统全年理论学习、党建工作、党风廉政建设、群团工作、文明和谐单位创建等工作进行了安排部署。各党总支（党支部）也制定了年度党的工作计划并切实抓好落实，有力地推进了全局系统党建工作的开展。

二、深化拓展“讲党性、重品行、作表率”活动，党员干部的党性修养和作风建设得到进一步加强

一是根据中组部深化拓展“讲党性、重品行、作表率”活动视频会议精神和省委组织部的要求，于3月8日召开了局系统深化拓展“讲党性、重品行、作表率”活动暨自身建设工作会议,对我局8年来的自身建设工作情况进行了全面总结，围绕深化拓展“讲党性、重品行、作表率”活动进行了动员部署。二是为深入学习贯彻省委《关于加强领导干部党性修养，大力弘扬良好作风的意见》，根据省纪委、省委组织部和省直工委的要求，机关党委拟定下发了《关于加强干部党性修养、树立和弘扬良好作风的实施意见》，提出九个方面的贯彻落实意见。局机关、局属各单位通过中心组和党支部，组织传达学习了胡锦涛同志在十七届中纪委三次全会上的重要讲话，并进行了讨论。同时，为副处以上干部和各党支部购买了《加强领导干部党性修养树立和弘扬良好作风》辅导资料，11月份组织44名副处以上干部参加了省直机关专题知识答题活动，巩固和扩大了学习成果。三是召开了局领导班子专题民主生活会。根据省直工委要求，于9月25日召开了局领导班子专题民主生活会，班子成员对照胡锦涛同志提出的“六个着力”和树立“新三观”的要求，认真查找了党性修养和作风养成方面的差距和不足，并提出了切实可行的整改措施，受到省直工委参会领导的好评。四是深入开展创建“节约型机关”活动，按照中办发[2009]11号文件提出的厉行节约八项要求，认真贯彻《公共机构节能条例》，从降低机关（单位）运行成本入手，深入开展节约型机关（单位）创建活动，收到较好效果。五是完成了学习实践科学发展观活动后续工作。针对学习实践活动分析检查阶段查找出来的问题，制定了《整改落实方案》，并将整改落实任务分解到分管领导和有关处室，对整改落实工作进行了认真的“回头看”，集中解决了一些老干部关心的热点问题，推动了整改工作任务的有效落实。

三、加强理论武装，广大党员干部的政治思想素质得到进一步提高

一是精心准备，周密部署。年初，局机关党委根据省直机关党的工作会议精神，下发了《2009年中心组和干部职工理论学习安排意见》，对全年的理论学习作出具体部署。同时，下发了两个通知，就学习贯彻四中全会精神和

学习弘扬“右玉精神”作出具体的安排部署。为了满足干部职工的学习需求，为全体党员购买了《六个“为什么”》等理论书籍。局机关还为干部职工购买了《中国通史》等12本人文历史方面的书籍，供大家个人自学。二是坚持制度，落实学习任务。一年来，我局较好的坚持了中心组和干部职工理论学习制度，局中心组全年集体学习14次，受到省直工委讲师团的通报表扬。组织干部职工学习了党的十七届三中、四中全会，全国两会和全国经济工作会议精神，学习了胡锦涛总书记在十七届四中全会和庆祝新中国成立60周年大会上的重要讲话等，进一步统一了大家的思想认识。特别是通过认真研读《六个“为什么”》，深化了对中国特色社会主义理论体系的理解，进一步坚定了理想信念。三是创新学习形式，改进教育方法。为了进一步增强学习教育工作的针对性和有效性，邀请省委党校高建生教授举办了专题辅导报告。开展了向王瑛、吴大观等同志和弘扬“右玉精神”学习教育活动，邀请省检察院退休干部王艾甫作了革命传统教育报告。组织干部职工观看了《建国大业》等3部爱国影片，局机关和老年大学、杂志社等局属单位分别组织干部职工到北京、井冈山、大寨等地参观学习，接受革命传统教育。按照省直工委的要求，先后组织16名同志参加了处级干部培训班，并受到表扬。四是及时总结经验。通过近几年的探索和实践，我局初步形成了以中心组为龙头、依托党支部抓落实的学习模式，收到较好效果。机关党委对局中心组理论学习进行了回顾总结，撰写的经验材料刊登在《省直机关中心组理论学习动态》上。

四、创新活动形式，扎实推进了局系统各级党组织和党员队伍建设

一是对机关党委进行成功换届。根据《中国共产党党和国家机关基层组织工作条例》有关规定，严格按照组织程序，筹备召开了局机关第五次党员大会，回顾了机关党委换届以来局系统党建工作，总结了机关党建工作的基本经验，对今后一段时期的党建工作作出了部署，通过选举并报省直工委批准产生了第五届机关党的委员会和纪律检查委员会。二是对党务干部进行了培训。机关党委换届后，及时举办了由47名新任党务干部参加的为期五天的培训班，在学习党的基本知识和专业知识的基础上，邀请省委党校范俊彦教授作了专题辅导，并分组进行了座谈讨论，组织部分党务干部赴西柏坡等地接受了党史教育，选送一名同志参加了省直机关党务干部培训班，强化了党务干部队伍建设。三是积极探索党建工作新路子。年初，经局务会同意，机关党委指导局机关第三党支部与平顺县苗庄村党支部签订了支部帮扶共建协定书，双方积极探索开展共建活动的形式和内容，结合实际开展了帮扶活动，“七一”前夕，第三党支部组织支部委员与苗庄村党员座谈党建工作，扶贫工作队为苗庄村捐赠了价值6280元的种、养植方面的图书，使机关党建工作融合到农村经济建设和农民增收致富中。四是按照组织程序发展党员。先后组织4名同志参加了省直机关入党积极分子培训班，吸收3名同志加入了党组织，批准了6名预备党员按期转正。认真落实省委组织部《关于进一步做好党费收缴、使用和管理的意见》，下发《通知》明确了党费收缴的标准和时限，提出了具体要求。五是进一步落实党内激励、关怀、帮扶工作。“七一”前夕，结合“创先争优”活动，向省直工委推荐表彰了2个先进集体和3名优秀个人。坚持重大节日开展送温暖活动，分别走访慰问了省水工局、局系统30户生活困难的职工和党员，发放慰问金1.85万元。国庆前夕，局领导带队走访慰问了局系统14名建国前参加革命的老同志，送去慰问金1.4万元。组织开展了“救灾、帮困、送温暖”捐助活动，向省社会捐助事务管理中心捐款22610元。

五、认真贯彻落实中央《建立健全惩治和预防腐败体系2008—2012年工作规划》，党风廉政建设取得新成效

一是狠抓党风廉政建设责任制的落实。根据局领导分工，制定下发了《2009年党风廉政建设和反腐败工作任务分解意见》，明确了工作职责和具体任务。筹备召开了“局系统党的工作暨党风廉政建设会议”，与机关各处室、局属单位主要负责人签订了《党风廉政建设责任书》，形成了齐抓共管的工作格局。6月份，机关纪委对六个局属单位落实“两个责任制”情况进行了检查考核，促进了工作落实。二是深入开展党性党风党纪教育活动。局机关和局属各单位分别组织广大党员干部传达学习了省纪委四次全会和省直机关党的工作会议精神，明确了反腐倡廉工作的指导思想、主要任务和具体要求；深入开展了《党章》等党纪党规的学习教育活动，结合反面典型案例，进行警示教育，引导广大党员干部筑牢了拒腐防变的思想道德防线。三是加强了党内监督。为了强化党员干部的廉洁自律意识，组织大家认真学习党内监督条例和纪律处分条例，特别是在春节前夕，对局机关、局属单位制止奢侈浪费工作进行了安排部署，并接受了省直工委检查组对我局“改进作风、文明过节”情况的督查指导。四是认真落实述职述廉等各项监督制度。结合年度考核，局领导班子进行了大会述职述廉，并组织了民主测评。此外，对提拔的2名副处级干部进行了任前廉政谈话。同时，通过编发会议纪要，公示干部任职、党费收缴、党员发展和“送温暖、献爱心”捐助情况等，认真落实干部职工对党内事务的知情权、监督权和参与权。五是整顿治理“小金库”。按照省财政厅的工作部署，对局机关、局属各单位的“小金库”进行调查摸底，通过健全完善各项规章制度，进一步规范财务预算和管理。

六、深入开展庆祝新中国成立60周年活动，文明和谐创建工作取得丰硕成果

一是开展庆祝新中国成立60周年系列主题教育活动。

根据省直工委的要求，下发了《意见》，部署了10个方面的具体活动。组织开展了征文比赛活动，为24名获奖者颁发了荣誉证书。在此基础上选送5篇论文参加了省直机关庆祝新中国成立60周年征文大赛，4篇论文分别获一、二、三等奖。举办了“我爱我的祖国”演讲，组织机关干部参观了“山西庆祝新中国成立60周年成就展”和“省直机关文明和谐创建巡礼”启动仪式以及图片展览，进一步激发了大家的爱党爱国情怀。二是强化对工青妇群团组织的指导。去年6月按照工会章程，局机关、局属单位工会成功进行了换届，健全了工会工作机构。局团委根据工作人员变动的实际，对书记进行了届中调整。妇委会根据女职工特点，开展了“女职工特病保险”活动，受到大家的好评。三是提升文明和谐创建工作水平。依据山西省、省直文明和谐单位创建管理规定，局机关和局属各单位积极开展文明和谐创建活动，取得优异成绩。局机关和汾东公寓等四个局属单位分别获得省直机关文明和谐单位标兵称号，同时，局机关还获得山西省文明和谐单位称号，实现了“当年申报、当年命名”的目标。 （高小平）

附：省委老干部局局长、副局长名单

局　长：李仁和

副局长：刘仰良　郭世卿　郑兰珍

省委省政府信访局工作概况

省委省政府信访局局长　阎根生

2009年是我省信访工作取得重大成效的一年。在省委省政府的坚强领导和国家信访局的有力指导下，全局上下全面贯彻落实党的十七大和十七届三中、四中全会精神，紧紧围绕“保增长、保民生、保稳定”和全省“三个发展”的总目标，牢固树立“民本”思想，着力健全信访工作长效机制，努力引深领导干部包案接访、定期下访、矛盾纠纷排查活动，大力开展信访积案化解工作，全力破解新形势下信访难题，全省信访形势呈现出来信上升、来访下降，基层访上升、越级访、集体访下降，进京非正常上访明显减少的良好局面。全年，省局共受理群众来信来访47319件（人）次，同比下降了7.54%。其中，来信14555件，同比上升了13.87%；接待来访7814批次32761人次，同比批次人次分别下降了15.72%和14.18%。其中，个体访6779批次9534人次，同比批次和人次分别下降了15.55%和14.78%；集体访1035批次23227人次，同比批次和人次分别下降了16.8%和13.93%。特别是实现了省委提出的国庆期间进京非正常“零上访”目标。受到了中央联席会议、国家信访局和中央督导组的充分肯定和表扬。

继续引深县委书记大接访活动，搭建了群众反映问题的新平台。去年以来，认真贯彻落实中央《关于领导干部定期接待群众来访的意见》等三个文件精神，继续推进领导干部接访活动。一是制定了省市县三级领导干部定期接待来访群众制度，对各级领导干部定期接待群众来访做出了明确的规定。国庆期间，省联席会议办公室又下发了《关于进一步做好县（市、区）委书记接待群众来访等工作的通知》，要求增加县（市、区）党委、政府主要负责同志及其他党政领导干部接待群众来访的次数，确保县（市、区）委书记、县（市、区）长每周至少用1天时间亲自接待上访群众，每日都要有县级领导干部直接接待来访群众。二是从2009年3月1日起，与省广播电视总台联合举办了县委书记谈信访活动，每周有一位县委书记走进电台直播室畅谈抓信访工作的好经验好做法，现场解答群众通过热线电话反映的问题诉求。通过县委书记满腔热情倾听群众诉求，在群众反映问题的第一时间给予回应，及时疏导群众情绪，引导群众就地就近反映问题。此栏目全年举办了41期，共有38位县委书记走进电台直播室谈信访。三是继社情民意通道、“省长信箱”之后，按照国家信访局要求，实施开通了“网上信访”，全年共受理网上信访1657件（次），其中办理“三农”网上信访件428件次。

大力开展信访积案化解年活动，推进“事要解决”有了新进展。以全国“信访积案化解年”为契机，复查复核处配合省联席会议办公室从近年来群众进京非正常上访和集体上访反映的以及中央联席会议办公室和全国人大办公厅交办的重信重访案件中筛选出2618个信访积案，交办各市及省直有关单位。各责任单位对案情复杂、久拖未决的疑难问题，“三跨”（跨地区、跨部门、跨行业）、“三分离”（人事分离、人户分离、人事户分离）的突出问题，反复缠访闹访的棘手问题，逐案建立台帐，严格落实了领导包案制。省委书记、省人大常委会主任张宝顺带头包案接待处理了企业军转干部问题，省委副书记、省长王君包案接待处理了原六十三军移交企业部分职工遗留问题，省委副书记、省政协主席薛延忠包案接待处理了临汾市襄汾县林业员待遇问题，省委常委、秘书长高建民包案接待处理了“五七”农场人员生活困难问题。其他省委常委、副省长共包案18件。在省委、省政府主要领导的示范带动下，市级领导包案209件，县级领导包案2027件。7月29日至30日，省委召开信访积案化解经验交流长治现场会，总结了我省“信访积案化解年”活动开展情况，交流了开展信访积案化解工作的经验做法，就不断引深“信访积案化解年”活动做出进一步安排部署，有力推动了全省信访积案化解工作深入进行。通过认真扎实工作，我省2618个积案，已确认处理结果的2385件，占91.1%，息诉罢访2173件，占

83%；各市自办的1859件积案，已全部办理完结，其中，息诉罢访1729件，达到93%，圆满实现了中央联席办提出的工作目标。

扎实做好国庆期间工作，为有效发挥首都“护城河”作用做出新贡献。国庆期间，我局狠抓全国、全省两次维护稳定暨信访工作电视电话会议精神和中央、省委关于做好国庆期间信访工作的一系列决策部署的贯彻落实，紧紧围绕省委提出的国庆期间进京非正常“零上访”目标，压实工作责任，强化工作措施：一是注重形势研判，及时应对处置。自8月21日起，整合全局有关处室力量，启动各市、省直单位矛盾纠纷排查化解信息“零报告”制度，先后七次召开“每天一碰头，每周一研判”的“维护稳定暨信访工作形势研判会”，分析形势、研究问题，交代任务、督促落实。二是增派相关领导，充实驻京力量。各市保证工作人员不少于20人，接返车辆不少于4台。为确保把工作做实做细，省委副书记、省政协主席薛延忠，省委常委、省政法委书记杜玉林，省委常委、秘书长高建民，省委副秘书长、省信访局局长阎根生先后专程到北京，就进一步做好国庆期间劝返接回工作进行督促检查和安排部署，并看望慰问了驻京接返工作人员，省信访局副局长梁雨润驻京协调接返达40余天。三是加大问责力度。省联席会议从9月1日起，启动了“日告知、周通报、大排队、好表扬、差问责”机制，根据考核结果约谈了工作力度不够的3个市、12个县和2个企业的主要领导，并通报全省。此外，督查处按照“人次减少、排位后移”的工作要求，整合全省驻京力量，采取思想稳控、依法处置、通报督促等方式，扎实做好平常的驻京接返工作，9月份，我省进京重复非正常上访排位在全国退至第十二位。

着力加强干部下访督查，推动基层信访工作出现新局面。去年，我局按照省委安排集中组织了三次信访督查活动。2月下旬至3月底，组织督查组深入各市和省直骨干企业，着眼于贯彻全国“维护稳定暨信访工作电视电话会议”精神，确保全国“两会”顺利召开，着力推动解决赴省进京非正常上访、集体访、重复访反映的问题；5月份，组成5个信访工作督查组，由厅级领导带队，分赴各市和2个重点企业进行督导检查。督查组通过听取汇报、实地督查、召开座谈会、回访上访人员等方式，对各地信访工作进行了全方位督查；从7月6日起，为了进一步贯彻落实中央《关于领导干部定期接待群众来访的意见》等“三个文件”和我省《信访源头预防和评估工作办法》等9个信访工作长效机制文件精神，由省信访局干部和挂职锻炼干部18人组成的下访督查工作组，分6个小组，由副厅级干部带队赴各市和同煤集团进行了为期半年的干部下访、信访接待和案件督导工作。通过大力加强督促检查，基层信访工作取得较大成效。一是下访干部把下访督导、领导包案、矛盾纠纷排查化解融为一体，切实推动解决了一大批群众反映强烈的热点难点问题，进一步提高了基层解决实际问题的能力；二是有效推进了各地民生政策的落实，有力促进了我省“五大惠民工程”和“五个全覆盖”的顺利实施，从根本上减少了信访问题的发生；三是进一步加强了基层基础工作，配齐配强了信访干部，健全了信访网络，切实做到信访问题有人管，使倒“金字塔”现象得到改变。

强化双向责任追究，进一步规范信访工作新秩序。各级各部门坚持落实信访责任追究制度，严格实行通报制度、谈话制度和责任倒查制度，对侵犯群众利益、漠视群众诉求，对应该解决也能够解决但工作不到位、激化矛盾引发事端的，对教育稳控责任不落实、造成严重后果的，严肃追究相关领导和责任人的责任。一年中，共有259名干部受到党纪、政纪处分和组织处理，其中县处级干部23人。与此同时，各级各部门也加大了对组织煽动、聚集串联上访、重复进京非正常上访、缠访闹访、扰乱社会秩序等行为的追究力度，共依法处理了546人，逐步形成“非正常上访不但无利可图，还要受到追究”的正确导向。

努力健全信访工作长效机制，逐步形成齐抓共管的信访工作新格局。着力实现由日常接访办信向研究信访规律、研判信访形势、建立长效工作机制并重转变。省联席会议办公室和省信访局结合我省信访工作实际，分别从事前防范、事中处理、劝返接回、解决问题、依法处置、责任追究等方面，制订了《信访源头预防和评估工作办法》等九个信访工作长效机制。省委省政府两个办公厅予以转发，有力促进了我省信访工作常态化、规范化、制度化，成为全省信访系统深入学习实践科学发展观活动的重要成果。信访宣传工作实现新的突破，积极适应新时期信访宣传工作的特点，由综合处具体负责将原《山西信访通讯》改版为彩封内部刊物《山西信访》，7月份创刊，全年共出版6期，为全省各级各部门了解支持参与信访工作提供了有效的舆论阵地，成为广大信访干部开展新时期信访工作的良师益友。规范了《信访专报》的文头，做到了对群众赴省集体访的按月准确通报。提高了《山西信访信息》收集编发的质量和水平，突出了篇幅短小、编发及时、内容针对性强的特点，全年编发近60期。综合处和信息中心联合举办了一期全省各市信访数据统计员培训班，大大提高了市县收集填报信访数据的速度和质量，为准确掌握全省信访动态，科学研判信访形势提供了依据。

大力加强信访队伍建设，努力打造一支“特别能吃苦，特别能奉献，特别有思想，特别能作为”的信访干部队伍。一方面加强对有中国特色社会主义理论体系的学习，掌握党的基本理论的科学体系和精神实质，努力运用马克思主义的立场、观点、方法分析问题和解决问题。同时，进一步深入学习《信访条例》、深入学习中央及省领导关于加强新时期信访工作的一系列指示精神，做到学以致用、用以促学、学用相长，不断提高做好工作的能力和水平。另一方面引导干部深入实践，在工作中做到“五个坚持”、提高“五方面的能力”。“五个坚持”，即坚持“为民、惠民、安民”的方向，在办信接访中进一步增强宗旨意识；坚持把信访工作当成事业，在亲历亲为中进一步增强责任意识；

坚持“求真务实，开拓创新”精神，在解决群众的合理诉求中赢得群众信任；坚持象关心自己的事情一样关心上访群众反映的合理诉求，在行动上服务群众；坚持象对待自己的亲人一样对待上访群众，在感情上贴近群众。提高“五个方面的能力”，即提高服务群众的能力，提高协调化解的能力，提高应对突发事件的能力，提高与媒体打交道的能力，提高开拓创新的能力。良好的工作学习氛围促进了干部成长，全年我局有两名正处级干部被提拔为副巡视员，四名副处长被提拔为调研员，五名副调研员被任命为副处长，两名主任科员被提拔为副调研员，极大地调动了广大干部干事创业的积极性。

切实加强机关建设，全局的精神面貌呈现出新气象。我局以胡锦涛总书记提出的把信访部门建设成“工作一流、群众满意”的部门为目标，着力焕发每一个工作人员的精神风貌。以“创学习型机关，建高素质队伍”、“学习潘作良同志先进事迹”为载体等，以“热爱党、热爱祖国”为主题，组织了“纪念建国60周年”主题演讲比赛，开展了“我与改革开放30周年”征文活动，举办了欢庆祖国60周年“祖国颂”歌咏比赛。通过丰富多彩的活动，进一步激发了机关干部“爱党、爱国、爱岗”的内在热情，增强了局机关的内在凝聚力。创新省直干部到省信访局挂职锻炼管理工作实践，坚持做到挂职锻炼干部和局机关干部共同学习、相互促进，既把信访部门作为培养干部的基地，又使全局干部见贤思齐、完善自我，大大提高了自身的整体水平。想方设法优化了办公条件，实施了办公楼大厅、楼道、消防设备的装修更换。（杨卫兵）

附：省委省政府信访局局长、副局长名单

省委副秘书长、局长：阎根生

省政府副秘书长、副局长：郭慧民

副　局　长：李月虎　梁雨润　郭真喜　张福祥

省人大常委会党组工作概况

党组书记　张宝顺

2009年，在中共山西省委的领导下，省人大常委会党组全面贯彻党的十七大和十七届三中、四中全会精神，坚持以邓小平理论和“三个代表”重要思想为指导，深入贯彻落实科学发展观，以加强党的思想组织建设和保持党员先进性为主题，以推动作风建设为重点，紧紧围绕省委中心工作和省人大及其常委会总体工作部署，扎实推进新时期党的建设伟大工程，充分发挥机关各级党组织的政治核心、战斗堡垒作用和广大党员的先锋模范作用，为省人大及其常委会各项工作的顺利完成提供了坚强有力的政治保证和组织保证。

一、圆满完成省人大常委会一年来各项工作

2009年是推进“十一五”规划顺利实施，努力促进我省转型发展、安全发展、和谐发展的重要一年，也是积极应对金融危机、抢抓机遇、克难制胜的关键一年。一年来，在省委的正确领导下，常委会党组充分发挥作用，组织和领导省人大常委会紧紧围绕保持经济平稳较快发展和社会和谐稳定，服务大局，关注民生，依法行使各项职权，圆满完成全年工作任务，切实有效发挥了地方国家权力机关的作用。

一年来，常委会坚持以人为本、立法为民的理念，着力发挥立法在促进经济社会发展中的引导、规范和保障作用，共制定、修改和废止地方性法规10件，并初审2件，二审1件,批准太原、大同两市地方性法规6件,较好地完成了年度立法任务。常委会认真贯彻实施监督法，按照依法监督、突出重点、讲求实效的原则，依法开展各项监督工作，共听取和审议“一府两院”专项工作报告14项，对2件法律的贯彻实施情况进行检查，主任会议听取“一府两院”办理常委会会议审议意见报告11项，各专委、工委对9件法律法规的执行情况开展执法调研，促进依法行政、公正司法，推动法律法规的有效实施。常委会共接待和受理人民群众来信来访6900余件次，使一些久拖未决的案件得到解决，有力维护了人民群众的合法权益。除作出多项程序性决议决定外，面对严峻的经济形势，作出《关于促进“三保”，推动全省经济社会平稳较快发展的决定》，对于动员全省人民在省委、省政府领导下，提振信心、形成合力，推动全省“三保”工作，发挥了重要的鼓舞和保障作用。常委会代表工作进一步推进，省十一届人大二次会议期间收到的7件代表议案、788件建议全部办理完毕并答复代表，组织代表开了10次专题视察和调研，圆满完成了香港特别行政区全国人大代表来山西视察的接待工作。常委会坚持党管干部和人大依法任免的有机统一，共决定任免、任免和批准任免国家机关工作人员84人次，为山西经济社会发展提供了有力的组织保证。常委会适应形势任务需要，自身建设不断加强。继续把提高组成人员依法履职的能力和水平摆在重要位置，常委会会议期间，针对性举办了5次专题讲座。常委会机关以培养一流队伍、推进一流管理、塑造一流形象、创造一流业绩、营造一流环境“五个一”为目标，进一步加强思想、组织、作风、制度建设。按照中央和省委的部署，圆满完成了深入学习实践科学发展观活动的各项任务，干部职工科学发展的思想意识、求真务实的工作作风及党的观念、政治观念、大局观念、群众观念、法治观念进一步加强。扎实推进各项制度的落实，机关工作的制度化、程序化明显改进，工作效能明显提高。1名同志被中组部确定为省级后备干部，选拔6名厅级干部、13名处级干部，7名科级干部晋升职务，接收军转干部3名，常委会及各工作机构班子建设、队伍建设进一步加强，为省人大及其常委会依法履职提供了有力保证。此外，1名同志调任省社科院，1名同志调任全国人大，公务员录用、事业单位改革、干部下乡和挂职锻炼等工作都进展顺利。精神文明建设取得新成果，常委会连续四年被省直文明委授予“文

明和谐单位标兵”。

二、圆满完成深入学习实践科学发展观活动

在2008年工作的基础上，2009年3月上旬，圆满完成常委会机关深入学习实践科学发展观活动。6月份，还开展了学习实践科学发展观活动“回头看”工作，印发《省人大常委会机关学习实践活动整改落实“回头看”工作方案》，对各工作机构的整改落实工作进行督促检查，制作省人大常委会学习实践活动宣传栏，宣传在学习实践活动中好的作法和经验，并汇编了《省人大常委会机关深入学习实践科学发展观资料汇编》和《解放思想大讨论发言汇编》，保证学习实践活动收到实效。在为期6个月的学习实践活动中，党组共组织和安排召开各类动员会34次、座谈会58次、专题生活会17次，组织开展各层次解放思想大讨论19次、各类调研40余次，发放征求意见函（表）500余份。通过扎实有效的活动，实现了党员干部得到教育、履职能力得到提高、人大工作得到推进的预期目标。具体体现在以下几个方面：一是贯彻落实科学发展观的自觉性和坚定性明显增强。党员干部深刻认识到，科学发展观是我国经济社会发展的重要指导方针，是发展中国特色社会主义必须坚持和贯彻的重大战略思想。新时期的人大工作必须坚持以科学发展观为统领，增强各项工作的针对性和实效性。同时，必须不断解放思想，创新思路，使人大工作无论是立法、监督，还是决定重大事项、人事任免，都更加顺应时代要求，符合客观规律，反映人民意愿。二是取得一批促进人大工作的调研成果。活动期间，常委会领导班子成员分别就7个人大工作重大课题进行领题调研，各机构、各部门也选定20多个课题进行专题调研，部分常委会组成人员、机关领导同志、党员群众也独立进行主题调研，形成了40多篇对促进新时期人大工作有较大参考意义的调研成果。三是保障和促进科学发展的体制机制框架初步形成。通过建立健全推动人大工作、促进科学发展的各项制度，努力形成以制度规范行为、用制度管人管事管权的长效机制，是这次学习实践活动的一项重要内容。活动期间，省人大及其常委会从工作实际出发，以制度建设为抓手，针对社会各界及干部职工反映比较集中的问题，结合年初进行的作风建设和制度建设专项工作，对机关所有制度进行了一次全面修订，并将276项制度汇编成册。四是针对影响省人大及其常委会工作水平和质量的一些突出问题提出明确整改措施。在学习调研和检查剖析的基础上，针对梳理出的问题，按照明确整改落实项目、明确整改落实目标和时限、明确整改落实措施、明确整改落实责任并作出公开承诺的“四明确一承诺”要求，反复征求意见，不断修改完善，重点围绕提高立法质量、增强监督实效、加强代表工作，党组制定了常委会领导班子整改落实方案。在此基础上，进一步细化和分解，又制定6大项52条整改落实方案的具体措施，进一步分解任务、落实责任、明确时限、强化要求。以此为依据，各机构、各部门也制定了整改落实方案，提出整改措施300余条，逐一得到落实。并对这些问题的解决情况采取适当方式向群众进行了通报。此外，机关干部队伍建设、后勤服务管理、改善工作条件等干部职工比较关注的一些问题也得到了较好的解决。

三、高度重视班子自身建设

为保证新形势下党的路线、方针、政策和省委决策部署在人大工作中贯彻落实，省人大常委会把高度重视党组和领导班子的自身建设始终摆在重要位置。一是坚持把思想政治建设放在首位，不断增强党的观念、政治观念和大局意识。始终不放松政治理论学习，坚持用马列主义、毛泽东思想、邓小平理论、“三个代表”重要思想和科学发展观指导人大工作。党组和班子成员积极参加省委举办的读书班、学习班。坚持党组理论学习中心组制度，认真贯彻落实省委的决策部署，围绕党组中心工作，制定工作计划，调整工作思路，始终坚持了重大事项向省委请示报告等制度。一年来，常委会中心组共邀请全国人大法律专家、中央文献研究室专家、省委党校教授为中心组讲学9人次，开展研讨交流2次。二是认真贯彻民主集中制，充分发挥领导集体的作用。常委会党组和领导班子把贯彻民主集中制原则作为加强自身建设、发挥集体领导作用的关键环节，坚持重大问题集体研究决定，既分工负责，又互相支持配合。严格落实党内民主生活制度，每年在广泛征求机关干部职工意见的基础上，围绕省委、省纪检委确定的主题，组织召开党组民主生活会，认真开展批评与自我批评，沟通思想，增进团结，提高认识，形成合力。三是注重调查研究，坚持求真务实的工作作风。围绕关系全省改革发展稳定大局和人民群众普遍关注的热点、难点问题，党组和班子成员带头到县、乡和企业调查研究，面向基层，面向群众，轻车简从，明察暗访，了解实情，掌握实况，提高工作实效，坚决克服形式主义和官僚作风。

四、进一步增强各级党组织党建工作合力

为提高党建工作实效，我们进一步明确了党组、机关党委、党支部各级党组织的定位和职能，努力形成“三级”联动、分工配合、共同推进党建工作的格局，取得了较好效果。一是党组中心组充分发挥指导、示范、帮带作用。党组把机关党建作为一项政治任务，列入重要议事日程，与人大业务工作同计划、同部署、同实施，带头开展各项活动，及时分析研究存在的问题。同时要求党组成员、中心组成员在全面系统掌握马克思主义理论特别是中国特色社会主义理论体系上走在前面，在准确理解和把握全省工作大局上走在前面，在学习掌握现代科学知识上走在前面，在弘扬理论联系实际的马克思主义学风上走在前面。倡导和鼓励领导成员讲党课做辅导，帮助党员干部解决思想认识上的困惑、学习实践中的难点、工作生活中的难题。二是机关党委充分发挥谋划、组织、推动作用。在党组领导

下，机关党委合理制定整体活动计划，注重为党员干部搭建多样化的活动平台，积极组织集中培训、专家辅导、讨论交流等活动，努力提供"菜单式"服务，让党员干部在活动内容、方式、时间上有更多的选择。还通过展览、简报、视频及宣传媒体等多种形式，积极宣传党建新思路、新做法、新成效，着力营造人人关心党建、人人参与党建的良好氛围。三是党支部充分发挥落实、创新、实践作用。党支部是党建工作的具体执行者，通过积极发挥积极性、主动性、创造性，从实际出发，因地制宜，采取生动活泼的方式，党支部动员广大党员投身到党建工作中，明确各项党建活动的主要内容和具体实施办法，建立并严格执行活动考勤、活动档案、交流考核等制度，确保各项任务落到了实处。四是进一步建立健全党建工作制度。根据党的十七届四中全会精神和全国机关党建工作会议精神，进一步建立健全了党员学习、党内组织生活、党员联系群众、党建工作责任、党风廉政建设、党支部考核等11项工作制度和管理办法。在日常党务工作中，做到了五个坚持，即坚持民主集中制原则，党建年度工作计划、党员发展、党内表彰、文明创建、经费开支等重大事项都经集体讨论研究；坚持执行党建工作分级负责制和"一岗双责"制，将党建工作与机关工作同时安排部署，同时检查考核，做到党建和业务工作两促进；坚持党务公开，凡党员发展、评先推优、党费收支等重要事项都以不同方式向全体党员公示；坚持调查研究，凡重要的规章制度、工作方案的出台，都预先召开座谈会或书面征求意见，善纳群言，集思广益；坚持民主推荐，支部成员调整，向上级组织推荐党代表、优秀党员，都实行由党员提名、支部推荐、机关党委研究后报上级党组织审定的程序，努力反映党员心声，体现集体意愿。

五、继续加强机关党员思想建设

思想建设是党的建设的基础。一年来，常委会党组以纪念新中国成立60周年和地方人大设立常委会30周年为契机，始终把加强思想政治建设放在党建各项工作的首要位置，按照武装头脑、指导实践、推动工作的要求，认真开展多种形式的学习活动，不断提高党员的思想政治素质。突出抓了中国特色社会主义理论体系的学习教育，重点组织党员干部学习党的十七届四中全会和省委九届十次全会精神、六个"为什么"等重大理论问题，引导广大党员干部深刻理解中国特色社会主义理论体系的精神实质、科学内涵和本质要求，完整准确地把握马克思主义中国化的最新理论成果，把解放思想、转变观念作为理论武装工作的着力点，增强了党员干部的发展意识、机遇意识和开拓创新意识。为增强学习实效，进一步改进了学习方法。通过修订常委会中心组学习制度，加强中心组学习示范引导作用，带动了全机关的学习教育活动。机关坚持系统学习与组织专题讲座辅导相结合，组织讨论交流与开展专题研讨、学习考察相结合。选派42名处级干部参加省直工委组织的"三个发展"培训班，组织机关党员干部赴河南兰考开展了"学习焦裕禄，做人民好公仆活动"，部分党支部自发赴右玉学习右玉精神，机关党委还在新中国成立60周年之际开展了慰问建国前参加工作的"老工人、老干部、老党员"活动。并全面提供服务保障，给中心组成员、机关党委、纪委委员、支部书记购买了学习笔记本，为每个支部订购《党的生活》、《先锋队》，给每个党员下发党的十七届四中全会《辅导读本》和《单行本》，《六个"为什么"——对几个重大问题的回答》，处以上干部发放了《加强党性修养树立和弘扬良好作风》等理论学习书籍，有力地保障了理论学习的需要，促进了理论学习的正常开展。

六、不断推进机关党风廉政建设

一年来，常委会党组认真贯彻"标本兼治、综合治理、惩防并举、注重预防"的方针，以构建教育、制度、监督并重的惩治和预防腐败体系为手段，认真学习贯彻落实胡锦涛总书记在十七届中央纪委第三次全会重要讲话，扎实推进中央《建立健全惩治和预防腐败体系2008—2012年工作规划》和省委《实施办法》的落实，狠抓党风廉政建设，取得了新的成效。尤其是在班子成员和党的领导干部中，积极开展廉洁自律教育活动，坚决贯彻执行"八个坚持、八个反对"等中央和省委关于廉洁自律的各项规定，不断提高拒腐防变的意识和能力。积极推进反腐倡廉制度建设，严格执行党风廉政建设责任制，重点抓好领导干部廉政档案制度、述职述廉制度、廉政承诺制度和诫勉谈话制度的落实。健全了常委会党组负总责，办公厅牵头，各专委、工委、研究室、信访局具体负责，机关党委、纪委组织协调的党风廉政建设工作责任制，党组和各部门签定了党风廉政建设责任书，并从设区的市和省人大代表中聘请了21名同志为省人大机关作风建设和反腐倡廉建设监督员。同时，高度重视普通党员的党风廉政工作，重点以党性、党风、党纪教育为抓手，在机关广大党员干部中集中开展了多种形式的以案施教、明法守纪的典型教育和警示教育活动，增强广大党员干部立党为公、执政为民和廉洁从政、遵纪守法的意识，提高拒腐防变的自觉性。注重加强对薄弱环节的防范和控制，在经常化、制度化的监督下，常委会作为地方国家权力机关的良好形象得到了很好的维护。

一年来，常委会机关基层党组织和党员队伍建设也得到了长足发展，共组织2名入党积极分子参加培训，培养发展预备党员2名，转正4名，为党组织输入了新鲜血液，党支部的战斗堡垒作用和党员的先锋模范作用得到进一步增强。 （张 健）

附：省人大常委会党组书记、副书记、成员名单

书　记：张宝顺

副书记：杨安和　靳善忠

成　员：安焕晓　郭海亮　王雅安　朱　明

省政协党组工作概况

党组书记　薛延忠

2009年，省政协党组按照中央和省委的决策部署，坚持以邓小平理论和“三个代表”重要思想为指导，全面贯彻落实科学发展观，认真学习党的十七大和十七届三中、四中全会精神，紧紧围绕党的各项工作、省委工作大局和中心任务，以改革创新精神全面推进党的建设，以加强党的执政能力建设和先进性建设为重点，大力加强基层党组织建设，为省政协围绕中心、服务大局、履行职能提供了坚强的政治和组织保证。截至2009年底，省政协各级党组织共有11个，其中，机关党委1个、基层支部10个，现有党员208名，其中2009年新发展4名。

一、加强学习型组织建设，努力提高党员干部和广大职工的政治素质和业务素质

建设马克思主义学习型政党，基础在各级党组织，目标是提高党的执政能力，保持和发展党的先进性，巩固党的执政地位。基层党组织是党的全部工作和战斗力的基础，也是党联系群众的桥梁和纽带。建设学习型政党，就要求党的基层组织把加强和改进学习摆在更加突出的位置，大力营造重视学习、崇尚学习的浓厚氛围，不断提高基层党员干部的思想政治水平。

认真组织学习实践科学发展观活动。在省政协党组的正确领导下，在省委指导组的有力指导下，省政协各级党组织和全体党员，紧紧抓住学习实践科学发展观这条主线，认真贯彻中共中央和省委提出的指导思想、目标要求和指导原则，牢牢把握服务我省经济社会又好又快发展这个大局，始终围绕党员干部受教育、科学发展上水平、人民群众得实惠这个要求，坚持以提高履职能力、加强自身建设为着眼点，严格按照“学习提高、调查研究，分析检查、找准问题，整改落实、完善机制”三个阶段十七个环节的规定动作，着力从继续解放思想、激发内在活力，突出实践特色、增强发展能力，解决突出问题、明确整改方向，开展民主评议、改进工作作风，创新体制机制、推进各项工作等几个方面入手，高标准，严要求，扎扎实实地开展了学习实践科学发展观活动，机关党员干部素质有了进一步提高，工作作风得到进一步改进，各项工作取得了良好成效。

一是深化了思想认识，增强了贯彻落实科学发展观的自觉性和坚定性。学习是实践的基础。贯彻落实科学发展观的自觉性和坚定性，源于对科学发展观的深刻理解和准確把握。通过学习，机关全体党员干部深刻认识到：科学发展观顺应民心民意，符合时代发展潮流，是马克思主义关于社会主义发展的最新理论创新成果，是我国经济社会发展的重要指导方针，是发展中国特色社会主义必须坚持和贯彻的重大战略思想。开展学习实践活动，对于我们找准影响和制约人民政协事业科学发展的突出问题，找准在履行职能中实践科学发展观的切入点和着力点，推动广大党员干部新一轮的思想大解放、观念大更新，激发谋划发展、干事创业的热情，具有重大而深远的意义。我们既注重深入学习领会科学发展观的科学内涵和精神实质，把握科学发展观对人民政协工作提出的新要求，更注重把学习与实践紧密结合，贯彻落实中央和省委的重大决策部署，进一步增强推进人民政协事业科学发展的责任感、使命感和紧迫感。通过学习实践活动，广大干部职工思想进一步解放，作风进一步转变，大局意识、服务意识、创新意识进一步增强，整个机关团结和谐、拼搏进取、健康向上的氛围进一步浓厚。

二是明确了工作思路，提升了服务“三个发展”的能力和水平。经过认真分析检查，清醒地认识到在落实科学发展观方面存在的理解力、执行力、操作力和创造力不到位的问题。在全面查找、认真剖析问题的同时，按照科学发展观的要求，省政协党组初步完善了服务全省大局、推

动“三个发展”的基本思路，提出了深化理论学习、认真履行职能、创新工作机制、加强自身建设等方面14条具体措施。省政协领导班子分析检查报告中服务“三个发展”的方向和思路更加明确，措施和办法更具针对性与可行性，得到了干部职工的普遍认可，评议满意率达95%以上。在开展学习实践活动的基础上，省政协十届二次会议，全面部署了省政协围绕我省保持经济平稳较快发展这一首要任务和“八项重点工作”，围绕“转型发展、安全发展、和谐发展”，切实履行政治协商、民主监督、参政议政职能，充分发挥协调关系、凝聚力量、建言献策、服务大局作用的工作思路和具体任务，得到社会各界和全体政协委员的一致认可。

三是解决了突出问题，推进了人民政协事业科学发展的体制机制创新。在学习实践活动中，注重边学边查边改，着力解决一些学习实践活动期间能够解决的问题，确保取得看得见、摸得着的成效。如对人民群众反映强烈的医疗、交通、就业等急需解决的难点问题，组织政协委员开展了针对性的视察和重点提案督办工作，取得一定成效。如对社会各界和基层政协组织反映的“如何进一步发挥民主党派作用”、“加强委员队伍管理”等问题，制定或完善了相应的工作机制和管理制度等等。整改落实方案中明确的整改方向和具体任务，绝大多数已经体现在常委会2009年工作要点和工作责任制之中，转化为今年的重点工作。目前，已经出台了《山西省政协委员履行职责管理办法（试行）》、《关于改革完善社情民意信息编报体制的意见》、《全省政协系统信息工作考评办法》、《山西省政协委员参加会议（活动）考勤管理办法》等16项新的工作制度。根据整改方案的要求，十届省政协常委会将2009年的工作重心放在了创新体制机制上，着重推进履行职能的“三化”建设、发挥委员主体作用、发挥界别和专委会作用、政协系统工作指导、政协工作新闻宣传、政协机关自身建设等6个方面的工作机制创新，进一步提升履行职能的层次和水平。

坚持理论学习，增强党性修养。建设学习型党组织，一个重要任务就是对广大党员干部加强理想信念教育，引导广大党员干部模范学习实践社会主义核心价值体系，做共产主义远大理想和中国特色社会主义共同理想的坚定信仰者。省政协党组紧密结合政协工作实际，督促机关党委和各基层支部一是通过加强理论学习增强党性修养。认真组织学习科学发展观理论、党的十七届三中、四中全会精神，学习胡锦涛总书记在改革开放30周年纪念大会上和庆祝人民政协成立60周年大会上的重要讲话精神，学习省委九届十次全会和全省经济工作会议精神，教育广大党员干部要用科学发展观武装头脑，树立正确的世界观、人生观和价值观，牢记全心全意为人民服务的宗旨；要增强党的意识、宗旨意识、执政意识、大局意识和责任意识；要增强政治敏锐性和鉴别力，筑牢思想防线；要加强思想道德建设和党的优良传统教育，弘扬以爱国主义为核心的民族精神和以改革创新为核心的时代精神，自觉践行社会主义荣辱观。二是通过党内生活增强党性修养。通过开展“党的基本理论知识学习”、“缅怀革命先烈、传承革命精神”等活动，教育引导广大基层党员把爱国主义、集体主义落实到坚定社会主义道路、坚决拥护党的路线方针政策、坚持为人民服务上来。三是通过加强法制学习增强党性修养。通过法制知识学习和警示教育，教育广大基层党员带头遵守党的政治纪律，带头遵守国家法律法规，带头遵守社会公德和家庭美德。

二、加强党的建设，保持和发扬党的先进性

完善党的工作责任制。按照十七大关于“落实党建工作责任制”的要求，省政协逐级健全党的建设工作责任体系，明确和落实领导责任。省政协党组书记、机关党委和各基层支部书记是抓基层党建的第一责任人，在此基础上建立了定期研究分析基层组织建设的工作制度。同时，把基层党建工作纳入各级领导班子和领导干部实绩考核，把考核结果作为领导班子及其成员工作实绩评定的重要内容。

积极开展创先争优活动。在党的基层组织和党员中深入开展创先争优活动，是党的十七大作出的重大部署，是巩固和拓展全党深入学习实践科学发展观活动成果的重要举措，是党的建设一项重要的经常性工作。省政协开展创先争优活动以来，各级党组织、各单位认真贯彻落实中央和省委的安排部署，根据政协工作实际，认真谋划，精心组织，扎实推进，取得了较好的效果。由于工作成绩突出，省政协办公厅二支部获得“省直机关先进基层党组织”、张建忠获得“省直机关优秀党务工作者”、尚琳获得“省直机关优秀共产党员”荣誉称号。

认真开展党的组织生活。建设学习型党组织就要使广大党员更加注重依靠集体智慧和力量解决问题，强化党员及其他干部群众的团队意识，增强基层党组织的创造力、凝聚力和战斗力。为此，省政协各级党组织积极开展组织活动，进一步增强基层党组织的核心作用，通过组织民主生活会等形式，积极开展批评与自我批评，不断强化责任意识，把广大党员干部群众的注意力凝聚到干事创业、加快发展上来，增强了基层党组织的创造力、凝聚力和战斗力。

组织召开纪念中国共产党成立88周年座谈会。7月1日，省政协机关召开纪念中国共产党成立88周年座谈会。省政协党组副书记、常务副主席郭良孝代表政协党组作重要讲话。机关党委书记、秘书长阎沁生主持会议。座谈会认真学习了胡锦涛同志在中共中央政治局第十四次集体学习时的重要讲话精神和《人民日报》“七一”社论，对2008—2009年度先进党支部、优秀共产党员和优秀党务工作者进行了表彰。

三、着力推进党风廉政建设

认真贯彻落实中共中央《建立健全惩治和预防腐败体系2008—2012年工作规划》及省委《实施办法》。在省政协

党组的领导下，省政协机关成立了惩治和预防腐败体系领导组和办公室，出台了省政协贯彻落实《中共中央<建立健全惩治和预防腐败体系2008-2012年工作规划>及省委<实施办法>的实施方案》，完善了省政协惩治和预防腐败体系的长效机制。省政协机关惩治和预防腐败体系建设取得显著成绩。2009年6月，省政协办公厅第三党支部被评为省直机关廉政建设先进集体。

积极组织“两个务必”学习，牢固树立正确的人生观、价值观。毛泽东同志在党的七届二中全会上要求全党在胜利面前要保持清醒的头脑，在夺取全国政权后要经受住执政的考验，务必使同志们继续地保持谦虚、谨慎、不骄、不躁的作风，务必使同志们继续地保持艰苦奋斗的作风。能不能牢记“两个务必”直接影响到党员干部的价值观、人生观，继而影响到党员干部的权力观、地位观以及利益观，最终关系到科学发展观的贯彻落实，关系到科学发展、社会和谐，关系到全面建设小康社会奋斗目标的推进。为此，在薛延忠主席的带领下，省政协机关组织全体干部职工赴西柏坡参观学习，瞻仰中共七届二中全会旧址，重温“两个务必”，重温西柏坡精神，并在《山西政协报》和省政协机关工作信息网开辟专栏，交流学习心得和体会，通过此次参观学习活动，使大家牢固树立了正确的人生观、价值观。

进一步改进工作作风，确保各项工作的完成。省政协机关在省政协党组的领导下，积极组织全体党员认真学习贯彻胡锦涛总书记在中纪委三次全会上的重要讲话精神，加强党性修养和党性锻炼，树立正确的事业观、工作观、政绩观，大力弘扬公正之风、敬业之风、求实之风、创新之风、和谐之风、严格之风，以良好的作风保证各项工作任务的完成。

四、大力推进文明和谐机关建设

为增强机关的凝聚力和战斗力，省政协机关积极开展集体活动和爱心捐助活动，激发干部职工的团队精神和创新精神，努力营造和谐团结的工作氛围，机关精神文明建设取得了显著成绩。

积极组织集体活动。一是以纪念建国60周年和纪念人民政协成立60周年为契机，开展热爱共产党、热爱祖国、热爱政协、热爱本职工作教育活动，使大家的工作责任心得到进一步加强。二是组织纪念人民政协成立60周年文艺晚会。为纪念人民政协成立60周年，省政协办公厅在省文化厅的大力支持下，成功举办了《一同走过》文艺晚会，歌颂了人民政协走过的60年光辉历程，展现了人民政协履行职能的丰硕成果，受到领导、委员和各界人士的好评。三是积极参加省直工委组织开展的文体活动。省政协机关响应省直工委的号召，积极参加文体活动，在省直庆祝中华人民共和国成立60周年合唱比赛中省政协合唱团荣获一等奖；在我省庆祝“三·八”国际劳动妇女节“完美杯”休闲体育比赛中省政协机关女子竞走队荣获健步走接力赛第二名；在“全民健身日”省直机关妇女全健排舞展示活动中省政协全健排舞队获优秀组织奖。

坚持做好“双拥”工作，搞好军民团结。拥军爱民是我们的一项光荣传统。在省政协党组的支持下，机关充分利用节庆之机，由省政协领导带队对驻地武警官兵和困难群众进行走访慰问，帮助他们解决工作和生活中的实际困难，并主动与驻地军民开展文体活动。通过上述活动的开展，融洽了关系，活跃了气氛，增强了团结。

积极开展扶贫赈灾工作。扶贫赈灾工作是一项惠及贫困群众、灾区群众的民心工程、德政工程，是密切党群、干群关系，切实为广大困难群众排忧解难的有效载体。因此，省政协机关积极开展扶贫赈灾工作，切实帮助灾区和困难群众解决实际困难。一是加大定点扶贫工作力度。在省政协党组的关怀下，省政协机关克服困难，多方筹措，为省政协扶贫点偏关县新关镇筹措落实扶贫资金30万元，发放农业致富光盘价值1.5万元和慰问金1万元，促进了当地的经济发展。二是主动协调，联合省财监办、联通公司、出版局向山西涤纶厂的贫困职工发放慰问金4万元。三是积极开展献爱心活动。在省政协党组、主席班子和秘书长班子的带领下，省政协机关组织开展了为灾区和困难群众奉献爱心活动，全体干部职工积极参加，踊跃捐款，奉献爱心。

由于成绩突出，省政协机关连续七年被评为省直“文明和谐单位标兵”。

（高绍柱）

附：省政协党组书记、副书记、成员名单

书　记：薛延忠

副书记：郭良孝

成　员：李雁红　李潭生　令政策　阎沁生

省纪委（监察厅）工作概况

省纪委书记　金道铭

2009年，全省各级党委、政府和纪检监察机关在省委、省政府的坚强领导下，按照中央纪委、监察部的工作部署，坚决贯彻中央关于反腐倡廉建设的各项要求，在积极推进经济社会事业发展的同时，更加突出地把反腐倡廉建设放在重要位置，紧密联系山西实际，坚持以深入开展煤焦领域反腐败专项斗争为切入点，努力加快推进具有山西特色的惩治和预防腐败体系建设。坚持标本兼治、综合治理、惩防并举、注重预防的方针，严格执行党风廉政建设责任制。全省各级纪检监察机关紧紧围绕党的工作中心，主动服务大局，认真履行职责，坚持以惩防体系建设为工作主线；以保障扩大内需促进经济平稳较快发展政策措施落实、深入开展煤焦领域反腐败专项斗争、深化农村党风廉政建设、加强领导干部作风建设为工作重点；努力把教育、制度、监督、改革、纠风、惩治六项要求贯穿到各项重点工作任务之中，纪检监察工作融入全局更加自觉、服务大局更加主动、推进发展更加积极、维护稳定更加有效，自身建设更加有力。全省党风廉政建设和反腐败斗争方向明确、措施有力、特色鲜明，取得了积极进展和新的成效，为推进改革发展稳定大局提供了重要保证。

一、加大监督检查力度，有效促进扩大内需等重大决策部署的贯彻落实

全省各级纪检监察机关认真贯彻落实省委、省政府的重要决策部署，紧紧围绕保持经济平稳较快发展这一首要任务，切实加强对中央扩大内需促进经济增长政策措施落实和省重点工程建设的监督检查。全省先后组织215个专项督查组，检查了5457个项目，帮助项目单位解决实际问题1058个。重点对中央新增投资项目和省重点工程项目的投资落实情况加强监督检查，突出推进开工率，推进配套资金落实。中央扩大内需投资项目开工率为94.7%；省级重点工程建设项目开工率为88.8%。及时纠正检查中发现的问题，严肃查处了21件违纪违法案件，给予党纪政纪处分33人，移送司法机关2人；对14人进行了行政问责。省市两级共发出督查建议书447份，进行提醒诫勉谈话80余人。通过开展专项监督检查，以严肃的纪律有效推进了项目开工和工程进度，解决了一批突出问题，促进了项目质量安全、资金安全和干部安全，为全省经济在克服困难中实现较快发展做出了积极贡献。

二、煤焦领域反腐败专项斗争不断深入，取得重要阶段性成果

在巩固自查自纠工作成果的基础上，围绕为积极推进煤炭资源整合、煤矿兼并重组创造良好政治环境这个重点任务，针对已经暴露出来的和人民群众反映强烈的突出问题，着力推进集中整治，取得“六个一批”的明显成效。一是教育和挽救了一批党员干部。通过思想教育、集中培训、组织引导、政策推动、法纪宣传、个别谈话等方式，促使近1000个单位和4000多名党员干部主动申报了违规违纪违法问题。二是清理和收缴了一批煤炭基金、资源价款、偷逃欠税等资金。重点检查煤焦和非煤矿山企业单位4817个，重点解剖典型626个。已清理上缴各类违规资金145.8亿元。三是揭露和查处了一批典型案件。受理群众信访举报1887件次，初核994件，立查869件，结案777件，处分违纪党员干部1217人。严肃查处了灵石县公安局原副局长史双生案、繁峙县检察院原副检察长穆新成案、蒲县煤炭工业局原局长郝鹏俊案、临汾经济开发区公安分局原局长郝强案等一批典型案件。四是发现和整治了一批突出问题。重点对违规审批资源、非法倒卖国有资源，漏缴、欠缴、挪用、私吞煤炭资金，不按规定收取资源价款等突出问题进行了整治，取得了初步成效。五是建立和完善了一批规章制度。制定出台了《山西省煤焦领域惩治和预防腐败制

度》，省级建立煤焦领域相关制度262项。六是积极推进并实施了一批改革措施。大力推进煤炭资源整合、煤矿兼并重组，有针对性地及时制定出台了《关于在煤矿企业兼并重组整合工作中加强纪律约束，防止发生违纪问题的若干规定》，提出并有效落实了"十个严禁"；积极推进证照集中办理，增强工作透明度；积极推进资源审批、票据管理等重点环节的改革，着力从源头上防治腐败。通过深入开展专项斗争，有效地遏制了煤焦领域腐败现象易发高发势头，为煤焦产业健康发展特别是为煤炭资源整合、煤矿兼并重组工作顺利进行创造了比较好的外部环境。

三、领导干部党性修养和作风建设进一步加强

认真贯彻落实中央关于加强党员干部作风建设的一系列要求和省委《关于加强领导干部党性修养，大力树立和弘扬良好作风的意见》、《关于大力学习弘扬"右玉精神"的决定》。省纪委监察厅在全省建立了13个作风建设教育基地。深入开展"改进作风、文明过节"和两次较大规模的作风建设专项督查，有针对性地解决领导干部在职不在岗、在岗不尽责等突出问题。切实改进领导干部到基层考察调研接待工作。全省查办作风方面的违纪案件830件，处理有关责任人900余人。严肃查办了晋中市公安局原纪委书记赵命文警车开道葬母案、交口县人大组织公款出国旅游案等一批典型案件。严格执行党政领导干部问责有关规定，对455名领导干部进行了问责。各级领导干部高度重视、切实改进接待群众来访工作，取得积极成果，集中解决了一些群众反映的问题。省纪委监察厅领导班子成员定期接待上访群众。对12个上访重点县的主要领导同志进行了告诫性约谈，督促改进作风、切实解决问题。

认真贯彻中央和省委关于厉行节约的一系列规定，全省车辆购置及运行费用支出比近三年平均数下降了15%，公务接待费用支出比上年下降了23%。制止公款出国（境）旅游工作成效显著，全省因公出国（境）团组和人数比近三年平均数下降了39.9%和63.3%，党政机关因公出国（境）经费支出比近三年平均数下降了80%，对4万余名登记备案的国家工作人员持有的因私出国（境）证件进行了集中管理。

四、农村党风廉政建设不断深化

认真落实中央强农惠农政策，向全省588.8万户农民家庭发放了《山西省强农惠农政策明白卡》；全省共组织专项监督检查904次，纠正违纪违规问题1018个，涉及资金2.5亿元。注重分类指导，在深入落实城中村、矿产资源型农村党风廉政建设指导意见的同时，制定出台了《关于加强矛盾突出村党风廉政建设的指导意见》，针对突出问题，建立台账、明确责任、动态管理、强化督办，并结合学习实践科学发展观活动，加大工作力度，集中解决了一批陈年积案。全省年初共排查突出问题7905件，已解决7078件，矛盾突出村的数量由2228个减少到551个。农村基层党务政务村务公开制度得到较好落实，集体资金资产资源管理进一步规范，普遍推行了村级会计委托代理制，全省已统一规范使用"农村集体经济组织财务支出审批单"。制定下发了《关于加强涉农违纪违法案件查办工作的意见》，查处侵害农民利益的违纪违法案件2160件，给予党纪政纪处分2174人，组织处理109人，移送司法机关62人。严肃查处了朔州市平鲁区凤凰城镇抵扣粮食直补款、大同市阳高县古城镇截留国家专项补贴等一批典型案件，维护了农民群众的合法权益。

五、严肃查处违纪违法案件，惩治腐败力度进一步加大

积极配合中央纪委专案组深入调查襄汾"9·8"事故背后的腐败问题，对113名事故责任人实施问责，51人被移送司法机关依法追究刑事责任，62名事故责任人受到党纪政纪处分。特别是严肃查处了为非法生产提供保护、收受贿赂的运城市公安局原局长段波、临汾市原副市长周杰、吉县原县委书记张金凤等人的严重违纪违法问题。全省各级纪检监察机关共受理群众举报26306件（次），初核案件线索6458件，同比增长2.2%；立查案件7002件，结案6970件，处分党员干部8112人，为国家挽回直接经济损失3.4亿元。严肃查处了省委原副秘书长冯其福、省水利厅原副厅长孙廷容、省粮食局原局长高志信、省国资委监事会原主席王义堂等一批严重违纪违法案件。深入开展治理商业贿赂工作，立查案件450件，结案339件。纪检监察机关开通了举报网站，改建了一批信访接待场所，提升了12388电话举报功能，进一步畅通了群众的信访渠道。注重发挥案件查处协调机制的作用，强化了办案工作的组织协调、力量整合和指导监督，案件审理业务水平和依纪依法办案水平进一步提高。

六、着力解决群众反映强烈和损害群众利益的突出问题，以实际成效取信于民

加强执法监察和效能监察，认真开展对国有土地使用权出让、工程建设项目招标投标、淘汰落后产能奖励资金等政策落实情况的监督检查，开展执法监察项目750项，立查案件1524件，处理有关责任人员1912人。受理各类行政效能投诉1429件（次），立查案件506件，责任追究2654人。查处各类安全生产责任事故158起，责任追究612人。按照中央和省委、省政府的要求，积极部署、认真开展了工程建设领域突出问题专项治理工作。

纠正损害群众利益的不正之风工作取得新进展。进一步完善药品集中网上竞价采购制度，挂网药品平均降价幅度达31.57%。查处医疗服务中突出问题253起，医务人员上交回扣、"红包"3824人次。清理教育违规收费项目87项，查处各级各类学校乱收费问题涉及金额900余万元。政府性还贷的二级公路收费站全部撤销，得到了广大群众的高度

评价。公路超限超载治理成果得到进一步巩固，超限超载率由8%—11%下降到0.2%。查处公路“三乱”问题263件。对社保基金、住房公积金和扶贫、救灾专项资金的监管进一步加强。集中清理整顿评比达标表彰活动取得积极成效。依靠人民群众民主评议政风行风工作持续深入。

七、预防腐败工作进一步加强，源头治理工作深入推进

集中开展重点领域、关键环节监督对象的岗位廉政教育，省纪委监察厅举办7期学习班，直接对1907名省直和市县掌握行政审批、执法和管理权的领导干部集中进行廉政教育，增强了反腐倡廉教育的实效性。全省各级纪检监察机关共对29746名党员干部进行了廉政教育培训。对全省县级纪委书记普遍轮训了一遍。推广运城市廉政教育基地建设经验，全省已建立廉政教育基地 78个。

进一步加强对领导干部的监督和管理。着力匡正选人用人风气，制定下发了《关于在干部选拔任用工作中认真治理拉票行为的通知》；对60余件违规用人问题进行了调查，纠正了21名处级干部的任用。全省83964名领导干部进行了述职述廉述学，7146名领导干部按规定报告了个人有关事项，各级纪委负责人同下级党政主要领导谈话3858人次，领导干部任前廉政谈话5914人次，诫勉谈话1161人次，进行函询1439人次。对985名党政领导干部和国有企业领导人员进行了经济责任审计。“小金库”专项治理取得阶段性成果，发现和处理1565个单位的1665个“小金库”，涉及金额4.07亿元。进一步深化政务公开、厂务公开、村务公开和公共企事业单位办事公开。纪检监察机关派驻机构对驻在部门领导干部的监督作用逐步加强。认真贯彻《巡视工作条例（试行）》，巡视工作得到进一步加强，巡视范围不断扩大，工作成效更加明显。按照中央和省委的安排，开展了党委委员、纪委委员提出罢免或撤换要求处理办法试点工作。积极推进党的基层组织党务公开试点。

各项改革和制度建设深入推进。取消行政审批项目20项，调整50项。行政审批电子监察系统建设取得积极进展。财税、投资、人事、国有资产管理体制改革继续深化。对省级行政机关规范性文件进行了清理。制定出台了《关于贯彻落实〈关于实行党政领导干部问责的暂行规定〉的意见》、《贯彻〈中国共产党巡视工作条例（试行）〉的意见》、《关于贯彻落实<国有企业领导人员廉洁从业若干规定>的意见》及《关于对被问责党政领导干部工作安排的暂行办法》等一批反腐倡廉法规制度。党风廉政建设责任制得到进一步完善和落实，在考核中引入社情民意调查，使考核工作不断完善，更加科学规范。

八、坚持从严要求、从严管理，纪检监察机关自身建设得到加强

扎实开展深入学习实践科学发展观活动、“做党的忠诚卫士、当群众的贴心人”主题实践活动和向王瑛同志学习活动，着力推进“学习型、责任型、廉洁型”机关建设。进一步加大纪检监察干部调整交流力度。认真落实中央纪委9号、10号文件精神，大力加强县级纪检监察机关建设，努力提高队伍素质。积极探索和推进了纪检监察派驻机构统一管理工作。对5个巡视组的领导干部和工作力量进行了调整和加强。

2009年，全省各级纪检监察机关坚持围绕中心、服务大局，正确处理反腐倡廉与改革发展稳定的关系，正确处理严肃惩处腐败分子与维护党的形象、创造良好环境的关系，努力准确把握好工作节奏和工作力度，积极稳妥地推进反腐倡廉建设。坚持“体系反腐”理念，立足省情实际，把握工作规律，确立了“一条主线、四项重点”的工作思路，以重点突破带动整体推进。坚持求真务实、改革创新，适应新形势，解决新问题，积极探索纪检监察工作的科学化和规范化。坚持加强纪检监察机关自身建设，不断提升队伍的政治素质和业务水平。（牛彦方）

附：一、省纪委书记、副书记、常委名单

书　记：金道铭

副书记：刘　巩　李正印　杨森林　张晓亚

常　委：弓　跃（10月离职）　邢顺喜　贾毓杰　荀志坚　张秀萍（女）

二、省监察厅厅长、副厅长名单

厅　长：杨森林

副厅长：邢顺喜（兼）　刘蓉华（女）　张效彪（5月离职）

省高级人民法院党组工作概况

党组书记　左世忠

山西省高级人民法院现有党员448名，党支部33个。2009年，全院坚持用社会主义核心价值体系和科学发展观武装广大党员干警，不断提高理论素养和运用理论解决实际问题的能力。通过开展庆祝建国60周年系列活动，建立革命传统、廉政教育基地、警示教育基地，开展“人民法官为人民”主题实践活动和落实“五个严禁”、八项治理等专项活动，狠抓理想信念政治教育，进一步增强了全院干警的为民意识、荣辱意识、廉政意识和法纪意识，保持了共产党员的先进性。

一、以支部建设为基础，不断提高司法能力

加强党支部全面建设，不仅是保持共产党员先进性长效机制的重要环节，也是抓好司法能力建设的根本途径。我们根据《党章》和《中国共产党党和国家机关基层组织工作条例》的要求，结合我院工作特点，充分发挥基层党组织推动工作、服务群众、凝聚人心、汇聚力量、促进和谐的作用，着力提高党支部的学习能力、教育能力、管理能力、创新能力和服务能力。一是加强组织建设。针对我院的工作性质、特点和党组织建设的情况，及时建立和调整了4个支部，及时选齐配强支部班子成员，并进一步明确了各党支部书记、副书记和支部委员的具体职责，严格落实机关党的工作责任制，做到既分工具体，职责明确，责任到人，又互相支持、互相配合、分工不分家，形成了合力，提高了战斗力。我们还专门为各业务庭和部分司法政务部门党支部聘任了廉政监察员，监察员受纪检部门和所在党支部双重领导，专门负责各项工作制度的监督落实和纪检工作的督查配合，并在年度考核中对履职情况进行专门考核，使党支部的凝聚力、战斗力得到进一步加强，切实发挥好战斗堡垒作用。二是坚持理论学习。2009年以来，我们扎实开展了“人民法官为人民”主题实践活动和“三争创”活动。院领导班子坚持中心组学习制度，做到了集体学习与自觉学习、把握原理与解决问题、理论武装与指导实践的“三个结合”，切实把学习成果转化为工作指南；机关党委精心安排学习计划，通过学读本、看录像、记笔记、写心得体会、理论考试等，坚持用马克思主义中国化的最新成果武装干警头脑，进一步坚定了高举中国特色社会主义伟大旗帜、学习实践科学发展观的自觉性，进一步坚定了“党的事业至上、人民利益至上、宪法法律至上”的指导思想，始终坚持了法院工作正确的政治方向。继续深入学习实践科学发展观，进一步深刻领会科学发展观的科学内涵、精神实质和根本要求，增强用科学发展观指导工作、指导实践的自觉性，增强充分发挥审判职能服务科学发展大局的主动性、自觉性、有效性。以建国60周年庆祝活动为契机，积极开展爱国主义教育，组织干警到徐向前元帅故居进行革命传统教育，引导广大干警时刻牢记党的宗旨和国家政权的性质，立党为公、司法为民，做到权为民所用，情为民所系，利为民所谋，对党忠诚，对人民负责。三是积极创造条件倡导各种形式的学习，全面提升干警的法律文化素养。不断加大培训力度，有计划地选送法官到国家法官学院进修学习；举办全省法院司法考试强化培训班，先后组织形式多样的学术研究、理论研讨、中外司法合作交流、庭审观摩、案件评查、裁判文书评比、精品案例评选等活动，引导法官认真钻研业务。四是积极探索推行干警绩效管理，合理整合现有人才资源，为业务能力强、工作好、有实绩的同志搭建了施展才华的舞台。通过这些措施，干警学习热情空前高涨，也有力地促进了审判工作的开展，为我省“三个发展”提供了良好的司法保障。为积极应对国际金融危机的影响，我们制定出台了有关保障经济平稳较快发展、服务金融安全和农村改革等一系列指导性意见，受到省委领导的充分肯定；为有效解决信访突出问题，对越级上访案和重信重访案进行自我评查、相互评查、社会评议和带案下访（两案三评一访），省

院领导人人包案督办，深入基层和信访人家中，一案一案做工作，逐案落实息诉罢访方案，确保了建国60周年活动期间我省的“三不发生”。

二、以创建文明和谐单位为载体，精心打造法院文化

2009年以来，我们不断引深群众性创建活动，扩大创建成果，通过全院干警的共同努力，经省直文明委严格考核验收，被省直文明委表彰为“省直文明和谐单位标兵”。展现了人民法院人民法官积极进取、健康向上的良好精神风貌。在文明、和谐单位创建活动中，我们注重激活机关干警的主体活力，积极创造条件让各庭、处、室支部唱主角，广泛开展丰富多彩的创建活动。一是积极开展文明处室评比活动，形成风清气正、制度严格、管理规范、工作热情高、办事效率好的服务型机关；二是开展“人人都是软环境，公仆先是好公民”活动，形成知荣辱、讲正气、重业绩、促和谐的良好风气；三是大力开展“社会公德、职业道德、家庭美德、个人品德”建设活动，营造讲诚信、重品行、树威信、做贡献的良好氛围；四是认真开展创建节约型机关活动，使每个干警从我做起、从点滴做起，节水、节电、节能、节材告别不文明浪费行为；五是加强活动室、阅览室等文体设施器材建设，开展丰富多彩的文体活动，丰富干警业余文化生活；六是进一步加强对机关大院及宿舍区的建设和管理，真正达到净化、美化、绿化、亮化、硬化的标准，营造安全、舒适、文明、和谐的生存环境，以一流的创建工作，一流的创建成果，通过了省直文明委对我院文明和谐单位标兵的考核与验收。在完成好以审判执行为中心工作的各项工作任务的同时，我们广泛开展丰富多彩的文化体育活动，丰富干警文化生活，精心打造别具特色的法院文化。9月底，围绕建国、建院60周年，举办了第三届全省法院系统书画展、全省法院文艺汇演和全院升旗仪式。先后举办了机关春季运动会、全省法院乒乓球比赛、健步走等文体活动，丰富了干警业余文化生活，激发了广大干警争先创优的积极性。同时通过慰问救济老同志和贫困干警、组织老干部春游、为干警定期体检、改进职工食堂等活动，解除了干警的后顾之忧。

三、以制度建设为龙头，狠抓职业道德和纪律作风建设

按照省委《关于严格党的组织生活实施办法》和《关于进一步提高领导干部民主生活会质量的意见》要求，我们针对各党支部人员现状和所肩负工作任务特点等，先后制订和健全了党的《组织生活会制度》、《理论学习制度》、《领导干部双重生活会制度》、《民主生活会制度》、《民主评议党员制度》、《思想汇报制度》、《党员大会制度》、《党风廉政建设责任制》、《领导干部述职述廉制度》、《廉政考评制度》、《每月纪检日制度》等一系列制度。各党支部每季度对本支部人员的思想、工作和各项制度的落实情况进行一次分析，并将分析情况及时反馈相关人员，有的放矢地做好改进落实工作。并将分析改进情况列入支部会议记录，作为年终党组织对党支部工作考核的内容。坚持用制度管权、管案、管人、管事，做到制度健全、工作落实、效果显著。认真落实《法官职业道德规范》，从一言一行、一举一动、一点一滴入手，教育引导广大干警要做一名好法官首先要当一个好公民，明确自己的岗位责任、社会责任和政治责任。我们还结合“人民法官为人民”主题实践活动，在院机关大力整顿作风纪律，制定完善了“加强纪律作风建设的若干规定”等管理制度，集中解决机关人员在思想作风、学习工作作风、领导作风、生活作风等方面存在的突出问题，努力创造人人“想干事、能干事、会干事、不出事”的良好工作环境，加强了司法作风纪律建设，有效地增强了广大干警的自律意识，收到很好的效果。一年来，又涌现出一批新的先进典型，先后有11个集体24 名个人受到了省级以上表彰。

四、以廉政建设为保障，确保公正廉洁司法

院党组把加强反腐倡廉建设作为队伍建设的重中之重，摆到重要位置，贯穿到各项工作中，不断强化对司法公权力的监督。一是狠抓廉洁自律教育。组织干警认真学习了《加强领导干部党性修养树立和弘扬良好作风》读本，组织全院400多名干部进行廉政知识考试。在太原市第一监狱建立省院的“廉政警示教育基地”，组织100多名处级以上干部现场听取两名正在服刑的职务犯罪人员的现身说法教育。同时，新任职的领导干部还进行了廉政承诺书集体签字仪式，新任职干部表态发言。召开警示教育大会进行廉政宣誓，教育广大干警时刻牢记我们手中的权力是党和人民赋予的；提醒广大干警时刻要筑牢拒腐防变的思想道德防线，自觉加强党性修养。二是加强廉政制度建设。把廉政建设确定为“一把手”工程，坚持“一把手”亲自抓，重要工作亲自部署，重大问题亲自过问，重大环节亲自协调，重要案件亲自督办。开展院领导同分管部门领导的“廉政谈话”活动，谈问题、提要求。按照职责和岗位目标责任，年初逐级签订《党风廉政建设目标责任书》，逐项分解到人，年中逐级检查落实，年终逐级考评责任制落实，形成了“一把手”亲自抓、“一班人”合力抓、职能部门全力抓、各庭室领导主动抓和各中院、基层法院积极抓，一级抓一级、层层抓落实的上下联动运行机制。党组重视研究新情况、解决新问题，下功夫构建反腐倡廉相关规范标准制度体系，逐步建立了自律机制、规范机制、监督机制、震慑机制、效能机制、责任机制等“六个机制”，增强了改革推动力、教育说服力、制度制约力、监督制衡力、惩处威慑力的综合质效。三是以公开促廉政。8月份，我们在右玉县召开了“学习右玉精神，推进反腐倡廉”现场工作会议，集中部署开展了“影响司法公正突出问题专项治理”活动，明确了五个方面的重点专项治理内容。严格执行最高法院“五个严禁”规定，向每名干警制作发放了“五个

严禁”警示卡，同时广泛开展宣传活动，主动接受社会监督。院党组分别向全省法院和全社会做出了公正廉洁司法“十项承诺”、加强监督“十项承诺”，并在审判执行等相关部门任命设立18名廉政监察员，实行“双岗双责”，做到“两个岗位两手抓，两手都要硬”。面向社会各界聘任了79名廉政监督员，通过他们及时反馈人民群众对司法审判工作关注的热点、难点问题，切实维护司法廉洁。

总之，一年来，我院在省委的正确领导和最高人民法院的有效监督指导下，以科学发展观为统领，进一步加大党建工作力度，积极开拓工作思路，扎扎实实地开展了各项工作，法院机关党的建设取得了新的进步，为保证审判工作的顺利进行，从而为服务我省转型发展、安全发展、和谐发展做出了积极的贡献。（马云跃）

附：省高级人民法院党组书记、副书记、成员名单

书　记：左世忠

副书记：梁　权

成　员：刘冀民　李建忠　吴秋霞　赵有珍　张学俊

省人民检察院党组工作概况

党组书记　王建明

山西省人民检察院共有正式党员506名，其中，2009年新发展党员4名，在职党员400名，离退休党员106名。机关内设党委1个，总支5个，支部38个。

2009年，在院党组和省直工委的领导下，全面贯彻落实党的十七大和十七届四中全会精神，以科学发展观为指导，认真贯彻《中国共产党和国家机关基层组织工作条例》，全面落实《省直机关党的工作责任制暂行规定》，坚持围绕检察工作大局，注重机关党建工作与队伍建设、业务建设、作风建设相结合，坚持求真务实、真抓实干，以改革创新精神进一步推动院机关党的思想建设、组织建设、作风建设、制度建设和反腐倡廉建设，发挥了机关党委推动工作、服务群众、凝聚人心、促进和谐的作用，为促进检察事业的科学发展提供了坚强的保证。省检察院机关被省直工委评为2009年度文明和谐单位标兵，省直机关党的工作责任制考核领导组对我院2009年度党建工作进行了检查考核，给予了较高评价。

一、全面搞好机关思想政治学习和纪律作风建设，着重塑造一支过硬的党员队伍

紧紧围绕省直工委和院党组的总体思路，结合省院机关的实际，着眼全局抓大事，继承发展和创新思路，站在时代和全局的高度，去谋划机关党的工作。按照中共中央办公厅《2009—2013全国党员教育培训工作规划》以及省委和党组部署，把组织全体党员干部学习贯彻党的十七大和十七届四中全会《关于加强新形势下党的建设若干重大问题的决定》、全国政法工作会议和检察工作会议精神作为学习教育重点内容，把处以上领导干部开展的“加强领导干部党性修养，树立和弘扬优良作风”活动作为学习教育重点，认真抓紧抓好。为了提高学习的针对性和学习效果，制定并及时下发了《省院机关2009年度政治业务学习计划》；采取自学和集中学习、请专家辅导、在机关内网上刊登学习资料等方法予以辅导和指导；坚持中心组学习制度，用中心组学习成果引深机关党课教育。一年来，组织采编了50余万字的学习资料供机关党员学习，共组织省院机关集中讲党课、形势教育等讲座5次，省院机关的学习情况被省直机关党建刊物采用6篇。组织84名处级干部参加省直机关理论培训，圆满完成了省直党校的培训任务，用先进的理论武装全体党员的头脑，确保在政治上与党中央保持高度一致。始终把加强和改进党的作风建设放在突出位置，组织开展了学习英模、廉洁从检教育、警示教育、观看警示教育展版、预防职务犯罪知识竞答等活动。加强了对机关纪律作风和机关相关事项的检查监督，及时处理来信来访，无积案、压案。廉政建设责任制能层层分解落实，各级党组织坚持自查自纠，一年来院机关未发生违法违纪问题。全体党员充分认识到加强和改进党的作风建设极端重要性和紧迫性，增强了党员意识和时代责任意识，以优良作风推动了各项检察工作的开展。

二、大力加强机关党的组织建设，党组织的战斗堡垒作用得到进一步发挥

按照党的十七大和十七届四中全会对党建工作提出的新要求，紧密结合省院实际，进一步创新活动方式，激发组织活力，机关党组织建设和党员队伍建设全面加强。一是坚持党委会制度。根据工作需要召开了四次党委会，会议事先有议题，较好的发挥了党委委员集体领导作用。二是组织了党总支、支部的换届改选工作。2009年处级干部轮岗后，我们及时对40个党总支（党支部）委员会进行了改选和调整并做了党委换届的相关准备工作，坚持一岗双责，处长任支部书记，业务骨干任支部委员。三是坚持民主生活会制度。按照工委要求，党员领导干部和班子成员召开了以“加强领导干部党性修养，树立和弘扬优良作风”为主题的民主生活会，按照党组要求，在职干警35个党支

部也集中组织召开了组织生活会。党员领导干部参加了所在支部的组织生活会。积极推进党内民主建设，进一步营造了党内民主氛围，党员干警的党性党员意识和责任心全面增强。四是加强了“三会一课”制度等党的组织生活制度的落实。各党支部重视党员队伍的思想政治建设，加强党建制度的落实，落实监督和协助职能，围绕业务抓党建，抓好党建促业务，党支部的战斗堡垒作用得到进一步发挥。2009年的党委工作还完成了党员管理、党费收缴、党内统计、入党积极分子培训和发展等工作。组织工、青、妇等群团组织按照各自章程积极开展工作，开展计划生育工作，落实基本国策。

三、机关党建工作制度得到进一步规范，推进机关党建工作的长远化、规范化建设

在抓好党建制度落实的同时，也注重了制度创新。为进一步健全和完善机关党的工作责任制，推进《省直机关党的工作责任制的暂行规定》和《山西省人民检察院党组关于落实党的工作责任制的实施办法》的贯彻落实，严格落实机关党的组织及生活制度。加强对党员的教育、管理和监督，建立“党要管党，从严治党”的长效机制，经过调研制定了《省检察院机关加强党员经常性教育的实施办法》、《省检察院机关严格党的组织生活制度的实施办法》、《省检察院机关加强党内监督的实施办法》和《省检察院机关党支部工作目标考评体系》。要求各支部也建立了相关党建制度，运用机制、制度规范机关党建工作，强化机关党的建设。使机关党建工作步入规范化、科学化、制度化的轨道。通过抓机关党建制度落实，通过对党员队伍的严格管理，使党员队伍的整体素质有了很大的提高，广大党员干部忠于职守、顽强拼搏、开拓进取，为检察事业的新发展做出了贡献。

四、利用有效活动载体开展党建工作，使机关党的建设充满生机和活力

一年来，创设和利用各种行之有效的载体，并注入新内容，让全院干警在参与中受教育，激发党的工作活力。一是把创建文明和谐单位活动作为一项重要任务来抓。按照创建工作要求，文明创建有方案有计划，有部署有组织，有检查有验收。广大干警参与度高，我院机关连续五年获得省直机关文明和谐单位标兵称号。通过文明和谐单位创建活动进一步提升了机关形象，促进了文明公正执法和机关全面建设。二是开展“创先争优”活动。在纪念中国共产党成立88周年之际，组织了优秀共产党员评比表彰活动，对机关54名优秀共产党员进行了表彰，积极推荐省院机关基层组织参加省直机关评选表彰活动，共有1个支部、5名个人受到省直工委表彰。组织大家学习纪检干部王瑛等模范人物的先进事迹，在学习、树立典型的同时大力宣传典型，通过《机关党建动态》、《检察内部网站》、在大厅制作展版展示优秀共产党员形象等活动载体以及重要的节日宣传典型、表彰先进、弘扬正气。在院机关营造了奋勇争先、拼搏进取、争创一流工作业绩的浓厚氛围。三是开展了新中国成立60周年系列庆祝活动。结合省院机关实际，组织开展了以“歌颂祖国”为党日主题的演讲活动，我院推荐的优秀选手参加省直机关演讲比赛并获得一等奖。组织征文比赛、院机关庆祝新中国成立60周年健身运动会、参加省委庆祝新中国成立60周年图片展。四是组织开展系列活动，进一步增强机关党建工作活力。组织机关干部职工积极参加省直机关组织的乒乓球比赛等文体活动，组织“献爱心”捐款等公益活动，举办了省院机关迎新春茶话会和灯展，组织机关妇女体检，参加省直机关“庆三八”妇女健身等活动，活跃了机关文体生活。通过一系列的活动，提升了省院机关形象和品位，陶冶了干部职工的情操，激发了干部职工爱岗敬业、无私奉献的工作热情。

五、注重加强党委自身建设，服务检察工作大局，充分发挥了机关党委的职能和参谋助手作用

机关党委始终主动当好参谋助手，协助党组搞好机关党建工作，及时向党组提出涉及党建工作和队伍建设的合理化建议，保证机关党建工作健康有序开展。一年来，自觉加强机关党委工作人员的政治理论和检察业务知识的学习，坚持用“三个代表”重要思想和科学发展观武装头脑、指导工作。注重自身素质提升，注重工作经验的积累和业务水平的提高；一班人识大体顾大局，扎实做事，协作共事，抓好工作落实；党委干部能认真遵守检察官职业道德规范，认真遵守机关工作纪律和党员干部廉洁自律的有关规定，用党员干部标准严格要求自己，用党的纪律和职业道德约束自己，自觉抵制不正之风，做到了廉政勤政。

（焦　铭）

附：省人民检察院党组书记、副书记、成员名单

书　记：柯汉民（6月离职）　王建明（6月任职）

副书记：王满春

成　员：文晓平　荣　彰　李　勃　严奴国　秦文峰　李喜春

省政府各厅局党组(委)工作概况

省政府办公厅党组工作概况

党组书记　王清宪

2009年，面对国际金融危机的严重冲击和多年累积形成的结构性矛盾，办公厅党组坚持以科学发展观为指导，注重党风廉政建设和党组织作用的充分发挥，紧紧围绕省委、省政府的中心工作，以开拓创新、求真务实的作风，带领全厅干部职工创造性地开展工作，全方位履行了参谋助手、督促检查、综合协调、应急管理、日常服务职能，全过程参与了省政府一系列决策部署的制定实施，全身心投入到以保持经济平稳较快发展为重点的各项工作中。为省委、省政府有效应对国际金融危机、千方百计促进“三保”、努力实现“三个发展”提供了高效服务。

一、认真履行参谋助手、综合协调、督促检查、应急管理职能，全力以赴服务好省政府重点工作

（一）围绕省政府有效应对金融危机的重大部署，充分发挥参谋助手作用。一是加强对经济运行的分析研究，为省政府及时制定出台各项应对措施搞好服务。在组织协调服务过程中，秘书长班子带领办公厅同志及早介入掌握汇总情况，组织各有关部门提前进行行业分析，最后组织综合形成分析报告，提出分析、预测和建议，提交省政府常务会议决策，为省政府各项应对措施的科学决策，做了扎实的基础性工作。二是加大对重点工程建设推进、重点企业经营扶持和困难群众帮扶力度。围绕国家鼓励支持的六大领域，省政府安排两年投资6500亿元以拉动我省经济增长。为此，办公厅做了大量细致的协调工作，确保公路、铁路、机场、水利、省城“十大建筑”、保障性住房和商品房建设、农村“五个全覆盖”等重点领域工程项目全部按计划完成年度任务。与此同时，办公厅还承担了省委、省政府组织机关干部深入基层促进“三保”政策措施落实活动的组织协调工作。组织54个省直部门帮扶156项重点项目和24户重点企业。增强了全省人民战胜困难的信心和勇气，形成了全省上下共克时艰的精神力量。三是加强调查研究，为省政府不断丰富完善促进经济平稳较快发展的政策措施建言献策。根据省政府的安排部署，与有关厅局一起组织开展了煤炭工业可持续发展政策措施试点、农村“五个全覆盖”、重点工程建设、煤炭资源整合和煤矿兼并重组、改善民生等一系列事关山西发展全局的重要调研活动。全力以赴配合中财办和国家发改委组织的专题调研，争取将我省设立为“国家资源型经济转型发展综合配套改革试验区”工作取得重大进展。四是加强综合协调，积极推动解决事关山西“三个发展”的重要问题。协助省政府制定实施了煤炭、焦炭、煤化工和文化旅游产业等十大产业调整振兴规划。特别是在煤炭资源整合、煤矿兼并重组工作中，从规划制定到政策配套，从方案审批到具体实施，组织各市、各部门参加的大小协调会议近30次，确保了整合重组工作健康有序推进，取得了阶段性重大成果。认真协调组织了国庆60周年的安全维稳工作，受到有关部门的表彰。

（二）围绕提高行政效率，办文、办会、服务水平有新提高。在日常政务工作中坚持质量求高、节奏求快、环节求细，保证机关各项工作规范有序、高效运转。在承办全国性的治超现场会、植树造林现场会、中国特色农产品交易博览会等大型会议和配合组织温家宝总理等中央领导来晋视察和中部论坛合肥会议中，充分发挥和体现了办公厅的综合协调服务能力，展示了山西推动“三个发展”的新

形象。着力提高公文运行效率，压缩发文数量，规范办文程序，提高文件质量。按照王君省长对提高办文质量的要求，强化了处室和秘书长层次的办文意见，使办文质量效率大大提高。对25次常务会确定的69项工作进行了督办。按照省领导批示，就清理拖欠农民工工资、暴雪后省城天然气供应、防控甲型H1N1流感、病险水库加固、煤炭资源整合和安全生产等，办公厅组织开展了十几次专项督查，使存在的问题得到有效解决。围绕搞好服务、提高满意度，联系人大、政协工作有了新提高。政务信息工作方面，始终坚持抓典型、抓选题、抓提炼，紧紧围绕全省重点工作和省领导关注的热点问题，及时搜集、整理、编辑全国各大媒体报道评论和我省重大事件信息，为省政府领导提供了万余条决策信息。

（三）围绕完善应急管理机制，在突发事件处置、抢险救援、应急预案制定等方面取得重要突破。妥善应对和处置各类突发性事件，是政府履行社会管理和公共服务职能的重要内容。2009年，共处置涉及社情民生、社会反响强烈的突发事件296起。尤其在保障国庆60周年安全、处置屯兰矿难、成功应对暴雪灾害等方面发挥了重要作用。11月中旬，特大暴雪灾害造成我省高速公路和国省干道交通严重堵塞，5560辆车辆滞留，13360名司乘人员被困。按照省政府要求，及时发出预警信息，连续三天组织相关会议，对全省的抗暴雪天气、防止事故发生、保障人民群众生产生活秩序进行部署和调度。正是由于制定了以地市为责任主体、条块结合、部队配合支援的科学方案，确保了被困群众无一受冻、挨饿，无一伤亡，受阻车辆和人员得以在规定时间内快速疏通，得到省领导和国家有关方面的充分肯定。与此同时，狠抓应急管理队伍建设、预案编制和演练培训等基础工作，取得了明显成效。目前，省、市、县三级应急管理办事机构全部建立，初步形成了专职、兼职和志愿者队伍相结合的突发事件应急救援队伍体系；全省已制定各类应急预案59190件，应急预案体系框架基本形成。

（四）高度重视加强省政府工作的舆论引导，为省政府重大决策部署的落实营造良好氛围。建立了省政府向驻晋中央媒体和省主要媒体的每周新闻通气会制度，全年组织省政府重点工作新闻通气会34次，使省政府关于煤矿兼并重组、重点工程建设、“五个全覆盖”、“三保”等重大决策部署及时准确全面地得到宣传报道，对提升全省广大干部群众积极应对金融危机的信心、凝聚落实省委省政府决策部署的力量发挥了重要作用。特别是在煤炭资源整合方面，按照省政府领导要求，办公厅加强宣传策划，在工作推进的不同阶段，适时组织深度报道。整个舆论引导工作把握了“主流媒体打头，网络媒体跟进；中央媒体打头，地方媒体跟进；内参与公开报道同步并进；用事实说话，依法依据说理，心平气和，避免争吵”的原则。在北京组织了国家发改委、国家能源局和山西省政府共同召开的新闻通气会，向国内外媒体通报山西煤矿兼并重组有关情况，充分肯定山西的经验和做法，认为山西的方向正确，山西的做法在全国都有借鉴价值，引起了强烈的社会反响。

二、着力提高行政效率、创新落实机制、增强服务能力，机关自身建设迈上新台阶

（一）进一步引深全员抓落实机制，省政府重点工作落实情况网络动态电子反馈系统正式运行。在出台《山西省人民政府办公厅机关全员抓落实机制试行办法》、《山西省人民政府办公厅关于加强政务督查切实抓好工作落实的意见》和建立政务督查、行政监察、舆论监督三方联动抓落实机制的基础上，2009年，办公厅自主设计开发的重点工作网络动态电子反馈系统正式运行。这一系统将省政府工作报告中涉及的246项重点工作、72个责任单位全部纳入其中，实现了网络动态跟踪，收到了良好效果。国家电子政务办公室专门派人来办公厅调研考察，认为，这是把信息技术应用于现代行政管理的一项创新，给予了高度评价，并在全国电子政务工作会议上向全国兄弟省市进行推广。

（二）修订完善办公厅机关规章制度，机关运转更加规范、快捷、高效。在充分调查研究、借鉴兄弟省市经验基础上，对办公厅涉及党务、文秘、会议、督查、信息、人事、电子政务、应急管理、后勤保卫等91项规章制度进行了清理修订完善，形成了《省政府办公厅制度建设汇编》，有效推动和带动了机关和全省政府系统的规范、快捷、高效运行。

（三）认真贯彻执行《党政领导干部选拔任用工作条例》，切实加强办公厅干部队伍建设。在机构改革过程中，积极协调省编办等相关部门，对办公厅职责进行了优化，明确细化了主要职责及人员编制，形成了更加合理的三定方案，为提高办公厅工作效率、规范职能管理奠定了基础。在此基础上，厅党组认真贯彻执行《条例》，严格遵守省委下发的《三个规定》，健全完善公开公平公正的选人用人机制，严把推荐关、考察关、讨论决定关、监督检查关，2009年，我厅共调整干部5批、15人次，其中提任正处级干部9人，副处级干部4人，平调副处长2人，均严格履行民主推荐、组织考察、党组决定、任前公示等，维护了党风、政风的纯洁。

（四）扎实做好机关后勤服务保障工作。牢固树立为机关服务、为干部职工服务的思想，进一步加强后勤管理，积极改善机关办公条件和福利待遇，特别是对群众反映强烈的住房问题进行了认真研究，严肃对待，尝试了多个解决方案。为了既解决大家的眼下住房之需，又对大家有一定的实惠，经过多方比较多次协商，初步形成了团购住房的意向。努力搞好机关环境整治和安全保卫，创造良好的工作环境。积极开展矛盾纠纷排查工作，配合省信访、公安部门协调处理了大量信访案件，尤其是对非正常上访事件的妥善处置和一些恶性事件的有效遏制，维护了人民群众的正当权益，维护了省政府机关正常办公秩序和社会稳定。在精细服务上下功夫，认真落实老干部的政治待遇和

生活待遇，组织老干部赴秦皇岛、北京进行旅游疗养等一系列活动，坚持定期向老干部通报全省经济运行情况和办公厅主要工作，受到了老干部欢迎。

三、以落实党建工作责任制和严格执行党风廉政建设责任制为重点，加强机关党的建设，全面提高服务全省科学发展的能力水平

（一）认真落实党建工作责任制，为服务全省科学发展提供有力保障。党的建设是搞好各方面工作的重要前提和根本保证，办公厅党组始终高度重视，把机关党建工作、党风廉政建设工作与政务工作一同部署、一同考核。一是加强领导，进一步健全了机关党的工作责任制。重视听取机关党委对全厅重大活动、年度计划、机构调整、人事变动以及关系职工切身利益等事项的意见建议，2009年厅党组共听取机关党建工作汇报4次、精神文明创建工作汇报2次，讨论机关党的工作5次，并提出指导意见。形成了“党组负总责、党组书记带头抓、分管领导具体抓、机关党委抓落实”的机关党建工作格局。二是加强学习，机关党员干部的政治素养和业务水平不断有新的提高。2009年，办公厅继续引深学习实践科学发展观活动，进一步明确了办公厅党组、机关党委、党总支和党支部的学习要求，形成了比较浓厚的学习氛围。结合办公厅的业务工作，制定了创建学习型机关方案，办公厅党组研究建立了全员学习制度，并确定由一位副秘书长具体负责。办公厅党组认真坚持了中心组学习制度，机关党员干部的政治素养和业务水平不断有新的提高。三是机关党建工作充满活力，文明和谐机关创建工作取得重要突破。省政府办公厅在连续6年被省直文明委评为省直文明和谐单位标兵的基础上，2009年申请创建省级文明和谐单位获得成功。按照新《党章》、《基层组织工作条例》等有关规定，认真做好换届选举、三会一课、民主生活会、发展党员等基础性工作。组织了建党88周年、建国60周年庆祝活动、“七一”表彰等一系列活动，机关党建工作充满活力。办公厅机关党委被省直工委评为先进基层党组织，督查处被省劳动竞赛委员会授予“山西省五一劳动奖状”，还有一批同志被省直工委评为优秀共产党员、党风廉政建设先进工作者。

（二）以建立健全惩防体系为重点，严格执行党风廉政建设责任制，切实加强反腐倡廉工作。按照十七届中央纪委三次、四次全会精神、全省党风廉政建设干部大会和省纪委九届四次全会的总体部署，办公厅坚持标本兼治、综合治理、惩防并举、注重预防的方针，大力加强了机关干部作风建设，全面落实党风廉政建设责任制，扎实进行办公厅机关反腐倡廉工作和惩防体系建设。以建立健全惩防体系为重点，坚持教育、制度、监督、改革、纠风、惩处整体推进，形成了惩治和预防腐败体系6个方面良性互动的合力。一年来，办公厅党组多次研究和部署党风廉政建设工作，下发文件规定3个。圆满完成“小金库”治理工作，没有发现机关处室、所属事业单位有违反规定的人和事，全厅没有发现一起干部违法违纪案件。重点做了4个方面的工作：

一抓任务分工落实。按照省政府办公厅2009年党风廉政建设和反腐败工作任务责任分解意见，结合办公厅工作实际，做到了“四个明确”：一是明确新形势下加强党风廉政建设推进惩治和预防腐败体系建设的重要性，把反腐倡廉建设和预防腐败放在更加突出的位置，与办公厅整体工作同计划、同安排、同落实；二是明确惩防体系建设的指导思想、基本要求和主要任务，把反腐倡廉建设贯穿到办公厅各项工作中，体现在党的思想、组织、作风、制度建设的各个方面；三是明确厅党组在反腐倡廉建设中的政治责任，以更加扎实的工作、更加有力的措施推进惩防体系建设；四是明确“一岗双责”的要求，党组书记切实履行廉政建设第一责任人的职责，其他党组成员按照各自职责分工，抓好分管范围内的反腐倡廉工作。将10项工作任务以表格的形式分解到每个厅党组成员、细化到分管处室，每项任务的牵头处室、工作内容、工作要求、责任分工一目了然，增强了透明度和操作性，形成了较为健全的责任落实体系。

二抓警示宣传教育。厅党组中心组集中三次进行中央《工作规划》和省委《实施办法》的再学习和再提高。组织学习了中纪委十届三次、四次全会精神、《关于党政机关厉行节约若干问题的通知》、《关于实行党政领导干部问责的暂行规定》等一系列文件。组织安排进行以“加强党性修养、树立和弘扬优良作风，营造风清气正、和谐共事、勤奋工作、团结干事的良好氛围”为主题的民主生活会、廉政答题、廉政谈话、廉政版面、廉政短信等活动，警示常在，警钟常鸣。机关干部的政治意识、责任意识、廉洁自律意识不断增强和提高。

三抓制度建设。办公厅党组高度重视党风廉政制度建设。在建立健全办公厅党员干部个人廉政档案规定、处级党员干部谈话和诫勉制度等12项廉政制度的基础上，2009年又制定印发了《省政府办公厅关于对机关工作人员在国内交往中收受礼品实行登记制度的规定》，基本形成了系统完整、具有办公厅特色的党风廉政建设和反腐败制度框架，党风廉政建设、惩治预防腐败体系建设更加制度化、规范化、经常化。

四抓工作考核。实行“一岗双责”、同步考核，把党风廉政建设与领导干部的工作目标考核结合起来，列入党员干部政绩考核的重要内容，实行一票否决。重视和支持机关纪委履行职责，督导机关纪委及时有效办结来信来访和送批信件，努力营造良好风尚。将驻外办事处的党风廉政建设纳入年度考核，对班子和处以上干部进行考核和测评，各驻外办事处党员干部反腐倡廉的意识得到提高。圆满完成了2009年省政府办公厅牵头和参加的反腐倡廉工作任务。

（王安禄）

附：省政府办公厅党组书记、成员名单

书　记：王清宪

成　员：郭慧民　巨宪华　韩和平　崔国红　陈永奇　王　成　孙跃进　王　纯

省发展和改革委员会党组工作概况

党组书记　李宝卿

2009年，省发改委始终坚持以邓小平理论和“三个代表”重要思想为指导，用科学发展观统揽全局，贯彻落实党的十七大和十七届四中全会精神，围绕“转型发展、安全发展、和谐发展”，紧扣“保增长、保民生、保稳定”主题，坚持“三个千方百计”、“三个坚定不移”，举全委之力，集全委之智，坚定信心，攻坚克难，各项工作取得了明显成效，为全省经济持续回升向好发展、主要经济指标好于预期做出了积极贡献。

一、全力抓好整改落实，巩固扩大活动成果

按照中央和省委的部署，2009年初，省发改委学习实践科学发展观活动进入整改落实、建章立制阶段。按照省委对此阶段的部署和要求，坚持重在联系实际、重在讲求质量、重在取得实效的原则，紧密结合发展改革工作的实际，以制定整改方案为重点，以集中解决问题为关键，以完善体制机制为保障，做了四个方面的工作。一是制定整改落实方案。以委领导班子分析检查报告为依据，坚持突出针对性、可操作性和整改内容、整改目标、整改措施、整改时限、整改责任“五明确”的原则，在对各类突出问题全面认真分析和归类梳理的基础上，研究制定了整改落实方案，提出了31项整改内容，并把责任细化、分解到分管领导和具体处室及下属单位。二是认真开展“四好”活动。为推动全委思想建设、作风建设、效能建设，充分体现共产党员的先进性，创新学习实践活动内容，组织开展了全体党员“学好一本科学发展观读本，为民办一件好事实事，提好一个工作意见，创造一个好的工作业绩”为主题的“四好”实践活动。三是集中解决突出问题。紧紧抓住事关全局并经过努力能够尽快解决的突出问题，积极采取切实可行的措施，认真整改、全力落实，迅速解决了强化首问负责制和限时办结制等制度的执行力度、组织对机关办公楼进行节能维修改造等6类26个问题。四是推进体制机制创新。为保障发展改革工作科学、高效、规范运行，重新修订了《关于进一步加强和改进党组中心组学习的实施意见》等21项规章制度，制定了《服务基层服务项目办事制度》等18项规章制度，建立了《创新投资管理机制》等9项新的体制机制，承担并完成了省委9项创新体制机制中的《建立加快转型发展的推进机制》等3项机制的研究工作。

通过学习实践活动，形成了贯彻落实科学发展观的共识，找准了存在的突出问题，明确了贯彻科学发展观的主要方向，提出了发展改革工作的总体思路，完善了加强委领导班子自身建设的具体措施，制定了一系列规章制度，建立了一套机关建设的长效机制。广大党员干部精神面貌发生了显著变化，全委呈现出领导班子团结奋进、求真务实，干部职工争先创优、积极向上，机关政通人和、充满活力的良好氛围。2月中旬，代表省直机关接受中央检查组检查指导，受到孟宪来部长等领导的充分肯定。全委学习实践活动满意度测评显示，满意率达到100%。3至6月，组织委属企业扎实开展了第二批学习实践科学发展观活动。

二、抓好全系统党的建设，不断增强党组织的战斗堡垒作用

委党组把全系统党的建设摆在突出位置，认真推进“一岗双责”，坚持不懈地抓党的各项建设，深入落实工作责任制，取得了明显成效。2009年，省直工委授予“党建工作先进单位”。一是着重加强领导班子建设。首先，抓思想建设，强化党性意识。坚持每月一次党组中心组理论学习，深入学习政治理论，在学习中坚持理论联系实际，学以致用，认真撰写、交流学习体会，使班子成员的党性修养进一步提高，领导水平明显提升，领导班子的凝聚力和号召力显著增强。其次，抓政治建设，强化大局意识。坚定不移地贯彻落实省委的要求，自觉把中央的大政方针与我省实际结合起来，增强工作的主动性、预见性和前瞻性。特别是面对国际金融危机，认真贯彻中央和省委、省政府的部署和要求，积极采取应对措施，为全省经济逐步走出困境、开始企稳回升做出了积极贡献。其三，抓组织建设，强化民主意识。出台了《关于进一步完善党组工作机制的意见》，按照集体领导、个别酝酿、民主集中、会议决定的原则，对重大议题、重要工作、干部调整任免、党组内部工作协调等，严格实行集体领导。二是着力抓好干部队伍建设。在干部选拔任用方面，从干部选拔任用、教育培训、管理监督各环节入手，完善制度和工作机制，逐步形成了“靠制度管人、按制度办事、用制度规范行为”的干部管理机制。8月份，省委常委、组织部长汤涛带队来发改委调研，对干部队伍建设给予了高度评价。在干部教育培训方面，健全了机关公务员的委属单位领导干部教育培训制度，坚持了任职培训制度。在组织监督干部方面，实行了处级干部年度述职述廉述学、民主评议考核制度，把平时考核

与年终考核有机结合，并将年度考核结果作为干部提拔任用的重要依据。在民主监督干部方面，建立年度自查和干部大会报告以及干部管理信息公开制度，同时多渠道、多方式征求群众意见和开展民意调查。三是加强党的组织和作风建设。认真贯彻中央和省委关于加强领导干部党性修养，大力树立和弘扬良好作风的要求，于6月5日组织召开了全委干部作风建设大会，对作风建设工作进行了全面部署，明确提出了强化学习、建章立制、深入调研、服务基层等要求；结合工作实际，把改进作风与贯彻落实中央和省委扩大内需的战略部署紧密结合起来；建立班子成员争取国家项目和资金责任制，要求班子成员身先士卒，靠前指挥，积极主动争取国家对我省项目和资金给予更多的支持。以“加强党性修养，树立和弘扬良好作风”为主题，于11月18日召开了党员领导干部民主生活会，12月2日对机关副处级以上干部进行了专题知识测试。建立快捷高效的政务大厅，严格落实首办负责制和限时办结制，简化和规范全省固定资产投资管理程序，行政效能明显提高，受到了各方面好评。“七一”前夕，按照严格标准、慎重发展的原则，机关及下属单位发展了5名预备党员，转正了12名预备党员。积极开展“争先创优”活动，对15个“先进基层党组织”、46名“优秀共产党员”、17名“优秀党务工作者”进行了表彰，并为1名老同志颁发了“老有所为、无私奉献”特别奖。同时，1名党员和1个处室被授予省“五一劳动奖”，1个处室被授予省直“先进基层党组织”、3名党员授予省直“五一劳动奖”、2名党员授予省直机关“优秀共产党员”。四是积极组织开展机关精神文明单位创建活动。首先，不断组织干部职工开展各种文体活动，陶冶情操、增进团结，营造文明、健康、进取、活泼的和谐机关；其次，以“送温暖、献爱心”为主题，多次组织干部职工参加扶贫、济困、救灾、助残等捐赠活动，弘扬奉献精神；其三，稳步开展定点扶贫工作，帮扶临县碛口镇兴水利、造梯田、建学校、修道路，加快了该镇脱贫致富步伐；其四，扎实开展联企帮困工作，深入对口帮扶的太原化工集团有机化工厂调查研究，谋划发展办法，为该企业延伸化工产品产业链，尽快走出困境发挥了重要作用。其五，积极开展“三保”帮扶工作，对由发改委负责帮扶的太化集团、采煤沉陷治理区和永和、沁源两县，认真研究帮扶方案，并全力落实，取得了阶段性成效；其六，有序开展联村共建活动，与忻州原平市茹岳村共建文明和谐村，已研究制定了创建文明和谐村方案，正积极推进。

三、加强党风廉政建设和反腐败工作，确保各项事业健康发展

委党组始终把党风廉政建设摆在突出位置，并作为创建文明和谐单位一项十分重要的工作来抓，取得了阶段性成果。6月份，省委常委、纪检委书记金道铭带队来发改委检查指导，对党风廉政建设和发展改革工作给予了高度肯定。一是加强政治思想和反腐倡廉教育，筑牢拒腐防变的思想基础。组织全委干部认真学习《建立健全惩治和预防腐败体系2008-2012年工作规划》，紧密结合发改工作的特点和实际，积极开展各类革命传统教育和警示教育，引导大家防微杜渐，抵制诱惑。通过一系列教育活动，全委广大党员干部进一步坚定了理想信念，增强了廉洁从政的自觉性。二是落实党风廉政建设责任制，完善创新各项廉政制度。认真研究制定了2009年党风廉政建设和反腐败工作任务分解意见，切实将省委、省政府安排发改委党风廉政建设和反腐败工作的任务落到实处。不断完善了投资管理制度和招投标制度，进一步规范了行政审批和工程建设招投标工作。三是加大监督检查力度，建立权力正确运行的有效机制。结合发展改革工作实际，党组进一步加强了项目决策、行政效能、权力运行和扩大内需新增投资的监督检查力度。加强事前监督，完善项目决策。党组明确要求凡涉及重大工程和重要项目安排等重大问题，必须报经党组会议集体讨论决定，同时积极推动了重大项目公众意见征询机制试行工作。加强过程监督，提高行政效能。实施了核准项目效能跟踪管理、基本建设投资项目回访制度，实行限时办结制和一次性告知制，有效地加强了过程监督。围绕权力运行开展监督。项目审批实行三级审签制、会签制，切实加强了事前、事中、事后以及对整个权力运行过程的监督。四是认真落实《工作规划》，全面提升反腐倡廉工作水平。制定了《省发改委贯彻落实〈建立健全惩治和预防腐败体系2008—2012年工作规划〉的实施办法》，并把《实施办法》融入日常工作，纳入重点考核范围，做到《实施办法》与处室业务工作同研究、同部署、同落实、同考核，切实增强了实施办法的针对性和操作性。同时，按照省委、省政府的部署，认真开展了煤焦领域反腐败专项斗争和工程建设领域突出问题专项治理工作。

四、积极应对国际金融危机，实现我省经济向好发展

针对国际金融危机对我省经济社会发展的严重影响，发改委以科学发展观为指导，认真研究，积极采取了一系列措施，努力实现我省经济持续回升向好发展、主要经济指标好于预期。

一是强化经济形势分析，及时提出政策建议。按照省政府的安排，将季度经济形势分析制度改为月度经济形势分析。作为负责经济形势分析的牵头部门，首先，深入开展调查研究，及时掌握全省经济社会运行中出现的新情况、新问题；其次，定期与重点企业和有关部门座谈，从深层次挖掘金融危机对各重点企业和各行业的影响情况；其三，统筹面上和点上的情况，综合分析，认真研究，提出政策建议，及时上报省委、省政府，得到省委、省政府领导的高度肯定，所提出的政策建议和工作措施都被采纳作为指导全省经济社会发展的意见。

二是重点抓投资项目，千方百计拉动经济增长。认真贯彻落实中央扩内需、保增长的一系列政策措施，认真落

实到2010年全省投资6500亿元的项目盘子，并把此作为我省落实中央扩大内需十项措施的重点，全力推进；狠抓中央扩大内需新增投资项目的组织实施，与省有关部门联合成立了协调推进工作组，积极推进项目开工、工程质量、资金管理、计划执行、项目储备、督促检查等各项工作；紧扣扩大内需重点领域，确定了2009年度152项、总投资5920亿元的省级重点工程，其中2009年计划完成投资1500亿元。通过设立重点工程项目审批“绿色通道”、实行部门集中受理制度、搭建银企合作平台等措施，强化项目服务，有力地促进了全省重点工程建设，圆满完成全年投资计划。特别是公路、铁路等重大基础设施项目进展快、效果好。

三是深化经济结构调整，积极推动转型发展。面对国际金融危机影响我省经济下滑的压力，发改委紧紧抓住市场形成的“倒逼机制”，积极推进循环经济、节能减排、生态建设，大力扶持一产、三产和高新技术产业、社会事业发展等重点工作，统筹推进全省转型发展。首先，扎实推进循环经济发展和节能减排。扎实推进企业、园区、社区、市和县四个层面69个省级循环经济试点单位试点工作。切实加强节能减排工作，全年全省二氧化硫、化学需氧量减排量均完成或超额完成了年度计划。其次，大力实施生态环境综合整治工程。省级煤炭可持续发展基金投入19.33亿元，支持“2+10”生态环境治理工程建设。汾河流域生态环境治理修复与保护工程扎实有序推进并取得阶段性成效，太原西山地区综合治理工程各项前期工作扎实推进，10个市生态环境综合治理工程前期工作基本完成，并全部启动。其三，加大扶持“三农”力度。省级煤炭可持续发展基金安排32.24亿元、中央新增投资安排34.1亿元用于“三农”，全年农业增加值增长4.5%。其四，进一步加快服务业发展。从市场准入、税收、土地、资金、价格等九个方面，扶持服务业18个重点领域的“1+10”工程建设。2009年，全省服务业投资增长70%，投资额首次超过第二产业，拉动全省投资增长30个百分点以上。其五，积极推进高新技术和信息产业发展。省级煤炭可持续发展资金安排2.5亿元，支持高新技术、信息产业化和自主创新平台项目建设。新组建1个省级重点实验室，新培育3个省级工程技术研究中心，新认定35个高新技术企业、69个民营科技企业、3个国家级科技合作基地，组建了山西省镁产业自主创新战略联盟。11个项目获得国家级科技进步奖，专利授权量增长40%。牵头主办的第四届高新技术产业成果展示暨合作洽谈会，集中展示了全省高新技术产业的最新成就。其六，千方百计保障和改善民生。支持107所农村初中校舍改造和21所国家及省级示范中等职业学校改善办学条件，推进教育协调发展；支持县乡村三级医疗卫生服务体系以及省级医院基础设施建设和扶持县、乡、社区医疗机构和市中医院改善基础条件，进一步完善了全省卫生服务体系；与有关部门联合出台了《关于实施社会保障工程的意见》以及特困职工和退休人员参加医疗保险办法、农民工参加工伤保险办法等政策性文件，加快了社会保障体系建设步伐。国有重点煤矿采煤沉陷治理、中央下放煤矿棚户区改造工程、保障性安居工程，农村公共事业“五个全覆盖”工程、以工代赈扶贫开发工程、支援茂县灾后重建工程等项目顺利推进，成效明显。

四是抓规划研编，引领经济社会科学发展。按照科学发展观的要求，认真履行规划职能，在不断创新规划理念和健全规划机制的基础上，着手研究和编制发展规划，对指导发展改革工作，引领经济社会科学发展发挥了重要作用。首先，科学编制产业调整和振兴规划。利用市场回调所提供的“倒逼”机制，省政府部署了十大产业调整和振兴规划编制工作。发改委高质量地完成了所承担的煤炭、电力、冶金、新型材料四个规划的编制任务，召开了动员大会，并在广播、电视、网络媒体上对规划作了宣传和解读，以规划引领该四个产业科学发展。其次，组织编制专项发展规划。牵头编制的物流业发展规划、新农村流通发展规划、煤层气天然气等四气一体化产业发展规划、晋电外送规划已上报省政府；新能源发展规划正在编制。其三，“十二五”规划前期研究工作已启动。建立了省政府“十二五”规划组织领导体系；“十二五”规划确定的重大课题公开征选，已经专家组评审，明确到了牵头人；全省“十二五”国民经济和社会发展规划已研究提出初步思路；各区域、各专项规划立项工作已启动。（栗　兵）

附：省发改委党组书记、成员名单

书　记：李宝卿

成　员：王　赋　李永平　段进存　程泽业
王晓胜　徐安崇　刘　锋　牛镇耀
胡景善（3月任职）　王野彬（3月任职）

省经济和信息化委员会党组工作概况

党组书记　洪发科

2009年，省经信委党组团结带领全委同志，与工业和信息化战线的广大干部职工一起，在省委、省政府的正确领导下，坚持以科学发展观统领工作全局，紧紧围绕省委、省政府提出的“转型发展、安全发展、和谐发展”的决策部署，凝聚全系统的资源和力量，恪尽职守，履职尽责，全力应对国际金融危机冲击，全面加强经济运行调节，积极推进工业结构调整、节能降耗、淘汰落后、技术创新等重点工作，全省工业经济实现了健康平稳发展，圆满地完成了全年各项工作任务。

一、积极应对挑战，全力调整结构，圆满完成2009年各项工作任务

2009年是工业战线经受严峻考验并取得明显成绩的一年。受国际金融危机影响，我省工业经济经历了“冰火两重天”，由2007年和2008年上半年的高速增长逐步演变为持续性深幅回落，从2008年10月到2009年5月，我省工业经济增幅连续8个月呈负增长，为全国降幅最大的省份。面对严峻的经济形势，我们全面贯彻中央和省委、省政府关于“保增长、扩内需、调结构、促转型”的一系列政策措施，坚定信心，迎难而上，竭尽全力促进工业经济沿着平稳健康态势运行。

（一）应对危机保增长，确保工业经济平稳健康发展。面对深幅回落的工业经济形势，我们创新工作方式，强化运行调节，与企业和衷共济、共度难关。一是及时出台指导性文件，提出了一系列应对危机的政策措施。按照省委、省政府的决策部署，牵头起草了《关于促进工业经济平稳较快发展的意见》，省政府以晋政发[2009]2号文件印发全省实施，《意见》从八个方面提出了28条应对危机的政策措施，在应对危机中起到了积极有效的指导性作用。二是组建企业帮扶工作组，全力帮助企业解决经营困难。根据2号文件精神，制定了《省直部门和单位对口帮扶联系重点企业工作方案》，确定了24户重点联系企业名单，协调省直24个部门的帮扶组发挥各自的职能优势，及时解决企业面临的资金、土地、环保、煤炭供应及煤电合作、铁路运输、供电和供热、税费优惠及减免、企业兼并重组、企业负担等方面的52个问题，有效保障了企业对各种生产要素的需求。三是千方百计缓解企业资金紧张局面，确保企业正常生产经营。按照2号文件的要求，会同财政部门设立运行调节专项资金，给予80户企业2.945亿元贴息和补助支持。采取有效措施，多渠道减免政府基金和收费项目。牵头制定《关于减轻我省焦化企业负担有关事项的通知》，对全省135户符合产业支持条件的焦化企业减免相关收费15亿元。会同财政、物价部门出台了《关于电解铝企业缓缴政府性基金的通知》，对全省80KA以上的电解铝企业缓缴随电量征收的电源建设基金和引黄水资源补偿费两项政府性基金。起草了《山西省大用户直购电试点方案》，初步选定了我省五个单机容量在30万千瓦以上的发电企业和冶金行业的三户用电企业进行大用户直购电试点。四是加强煤、电、运的综合协调，准确把握经济运行走势。积极完善电煤供应定期通报制度，协调解决重点焦化企业原料煤供应短缺问题，确保重点发电企业和焦化企业用煤落实到位；在采暖季节，为热电联供电厂解决取暖用煤1100万吨，有效保障了群众取暖问题；在铁路运力比较宽松的情况下，鼓励省内大宗产品运输优先采取铁路运输方式，最大程度降低企业运费。加强电力调度，圆满完成了保障全省电力迎峰度夏和国庆60周年庆典用电任务。建立了主要产品价格月报制度和铁路运输、电力运行日报月报制度，坚持按月、按季召开企业经济运行分析会，掌握企业和行业基本状况和存在问题，了解目标进度情况，为省委、省政府决策提供科学的依据。

（二）谋划长远调结构，全面推进工业经济转型发展。2009年，我们把保增长与调结构紧密结合起来，围绕建立新型多元稳固的产业体系，狠抓项目的开工建设、投产运行，有效拉动了工业经济的增长。一是制定实施了八大产业调整振兴规划及实施方案。会同发改部门制定了煤炭、冶金、焦化、电力、装备制造、煤化工、新型材料、食品等八大重点产业调整和振兴规划。5月中旬，召开了全省工业振兴大会和为期四天的专题培训，增强了各级各部门落实规划的自觉性和主动性。9月份，组织召开了全省煤炭企业转产、煤炭城市转型晋城现场会，全面总结了试点工作开展以来我省转产转型工作取得的成绩，推进煤炭企业和城市大力发展接续替代产业，促进转型发展。12月初，又组织召开全省重点产业调整和振兴推进大会，出台了28个工业行业调整振兴实施方案，明确了行业发展的目标、方向、重点及相关政策措施，推出了一批促进转型发展的重点项目，规划重点项目838个，总投资达2360亿元。形成了我省应对危机、调整结构的8·28推进计划。二是以重点技改项目为依托，全力改造提升传统产业，培育壮大新兴产业。一年来，在党组的正确领导下，我委重点实施了钢种结构优化及镁铝合金深加工、载重汽车及配套零部件、煤矿机械成套设备、轨道交通设备、煤化工产业链延伸及煤气化装置升级、食品百项、晋药振兴、重点新产品培育等八大技改工程，优选一批技术水平高、市场潜力大、辐射带动性强的优势项目，给予资金的支持。同时，为解决项目资金瓶颈，先后举办了金融推介会，落实银行贷款50多亿元；与工商银行山西省分行签署了总金额达490亿元的《金融战略合作协议》；与晋商银行签署《战略合作协议》，目前已有38户重点企业获得32亿元资金授信。先后向国家申报了26个钢铁、有色、装备制造等行业的技术改造项目和91个国家中小企业技术改造专项资金项目，累计落实中央财政专项资金4.16亿元。截至目前，全省已有161个重大技改项目建成投产或部分投产，重点项目完成固定资产投资1100亿元，投产或部分投产项目新增销售收入400亿元。三是积极推动工业项目入园工程，扶持优势企业做大做强。按照布局集中、用地集约、产业集聚、管理集成、良性发展的要求，以大型焦化循环经济工业园、特色煤化工工业园和资源型城市转产工业园为重点，采取综合措施，大力实施新建项目入园工程，建设了一批有特色、有影响的工业园区，工业园区走上了优势明显、特色突出、集聚辐射能力强的科学发展之路，工业布局不断优化。以工业园区为基础，启动实施了新型工业化产业基地建设工作，目前，我省申报的太原装备制造（能源装备）和太原钢铁（特殊

钢）产业基地已经进入工信部国家新型工业化产业示范基地（第一批）公示名单。

同时，紧紧抓住经济低迷时期推进产业整合的有利时机，重点在资金、服务、项目、兼并重组等四个层面对大企业、大集团倾斜支持，着力打造促进转型发展的新引擎。支持电力、焦化、冶金、化工等行业企业以资源为基础，以资产为纽带，采用多种方式并购重组或与煤矿企业联合重组，形成了一批主业突出、核心竞争力强、辐射带动作用大的大企业、大集团。如，首钢对长钢的兼并重组已经完成；太钢与焦煤联合组建山西煤钢联能源开发公司，振东集团完成了对大同泰盛制药的收购，石药集团入驻银湖制药，等等。目前，全省大中型企业已达987户，有11户工业企业入围2009年中国企业500强。

通过一系列强有力政策措施的推动，我省工业投资增幅逐步回升，2009年1-11月，全省累计完成工业投资1601.2亿元，同比增长13.2%。其中，机械工业、建材工业、食品工业、医药工业、纺织工业投资同比分别增长14.6%、78.8%、31%、82.3%、183.9%。新兴产业投资势头强劲，投资结构逐步优化。

（三）狠抓节能转方式，全力推进工业经济的可持续发展。2009年，把节约能源、循环经济、资源综合利用、淘汰落后作为转型发展的重要抓手，狠抓落实，全力突破，取得了积极成效。一是全面加大节能降耗工作力度。对全省11个市和双百家重点耗能企业年度节能目标责任进行了考核评价；完成了“双百企业”的能源审计和节能规划审核工作，建立了重点耗能企业能耗直报制度；开展企业节能对标活动，对重点用能单位的能管人员进行了节能知识的培训；严格节能评估审查，积极推广合同能源管理模式；开展大规模节能宣传周活动，增强全社会节能意识；确定了年耗能在1万吨标煤以上的996户企业为我省重点耗能企业（简称为“省千家”），规划“省千家”重点耗能企业2009年、2010年重点节能改造项目1043个，预计节能量1768万吨标准煤。为推动节能项目的实施，举办了全省重点节能项目银企洽谈会，152户节能重点企业与16家国内知名节能服务机构以及省内22家金融机构就226个重点节能项目达成合作协议，协议金额达到184.72亿元。结构节能、技术节能、管理节能、社会节能齐抓并举，节能工作成效显著。据初步统计，2009年上半年，全省万元GDP能耗2.34吨标准煤/万元，同比下降5.63%；万元工业增加值能耗为4.81吨标准煤/万元，同比下降7.92%。从目前节能进展情况看，2009年可以完成万元GDP综合能耗下降5.6%的目标。二是扎实推进循环经济和资源综合利用工作。按照《山西省循环经济发展总体规划》要求，大力实施煤炭、冶金、焦化、电力、化工、建材六大行业循环经济推进计划，在重点企业、工业园区实施了一批循环经济项目，发挥循环经济先进典型的示范和辐射作用。2009年，会同税务、环保、质检等部门认定了85家资源综合利用企业，利用固废1300多万吨，企业资源综合利用能力进一步提高。三是坚决淘汰落后生产能力。严格按照国家《产业结构调整指导目录》和行业准入标准的要求，加大淘汰落后产能力度，加强对已淘汰企业的“后管理”，有效防止了落后产能死灰复燃。2009年，全省关停淘汰落后钢铁676万吨、小火电107.61万千瓦、水泥210万吨、电石23万吨、铁合金产能6.1万吨，特别是小火电和水泥行业已提前完成国家“十一五”下达给我省的淘汰任务。

此外，深入开展了工业系统的“五五”普法教育，积极推进行政审批制度改革，不断提高依法行政能力；全面贯彻落实《山西省企业权益保护条例》和《山西省企业负担监督办法》，维护企业合法权益，减轻企业负担。电子口岸建设取得积极进展，山西方略保税物流中心正式通过国家验收并封关运行，结束了山西没有海关特殊监管区域的历史。

二、加强党性修养，强化作风建设，党风廉政建设工作成效显著

一年来，经信委党组认真贯彻全省党风廉政建设干部大会精神，坚持在履行工作职责中加强政风行风和行政效能建设，认真落实党风廉政建设责任制，带头执行领导干部廉洁自律的一系列规定，党风廉政建设和反腐败工作取得新的成效。

（一）强化思想认识，不断增强廉洁从政的自觉性。以领导干部为重点，认真学习中纪委省纪委全会和全省党风廉政建设干部大会精神，组织党员干部认真学习《新时期领导干部反腐倡廉教育读本》和国家、省里出台的反腐倡廉、廉洁自律方面的政策法规，不断提高遵纪守法的自觉性。强化思想认识，把反腐倡廉工作作为一项重大政治任务来抓；强化责任意识，要求各级领导干部在实际工作中抓落实；加强警示教育，使广大党员干部真正从思想深处受到教育，进一步增强了党员干部廉洁从政的自觉性。

（二）强化组织领导，认真落实党风廉政建设责任制。全省党风廉政建设干部大会后，立即召开了全委党风廉政建设工作会议，全面传达学习会议精神，对全委系统强化廉政责任、源头预防腐败等工作做了具体的安排部署；把2009年党风廉政建设的各项任务细化分解到党组成员和有关处室，明确分管委领导的责任。加大督促检查力度，坚持阶段工作牵头处室联席会议制度和定期检查、通报制度，促进党风廉政建设责任制的落实。

（三）强化政风行风，不断提高行政效率和服务质量。制定了《2009年度省经委开展政风行风评议工作实施意见》，成立了组织机构，提出了工作措施。发放《政风行风评议征求意见表》700份，征求各市经委、服务企业和群众的意见，了解存在的重点行风问题。开展了明查暗访活动，对机关、行办的工作纪律、办事效率等情况进行了明查暗访，对存在的问题进行了纠正。接受山西广播电视总台《政风行风热线》栏目专访，向社会公开承诺，接受社会各界监督。加强省煤焦领域反腐败专项工作，及时进行了

"回头看"，并制定了集中整治阶段的安排意见。通过一系列活动，使全系统从服务态度、工作效率、廉洁自律、为企业排忧解难等方面得到了改善和提高。

（四）强化排查落实，群众信访举报工作得到认真落实。今年，纪检组和各行业办纪委收到各类信件23件。其中委纪检组重点调查核实7件，各行业办调查核实16件，办结率为100%。对各类来访信件，委纪检组和各行业办能够严格按照有关规定及时作出处理，各类信访举报基本上做到了件件有着落，事事有交待。

三、加强素质建设，服务"三个发展"，建设"学习型、服务型、责任型、创新型、廉洁型"的和谐机关

一年来，委党组、机关党委全面履行职责，认真开展学习实践活动整改落实工作，不断强化党的思想建设、组织建设和作风建设，深入开展"创建五型机关，服务三个发展"活动，机关党建及精神文明创建工作取得了显著成绩。

（一）深入开展学习实践活动的整改落实，用科学发展的理念指导工作。着力解决科学发展观活动中群众反映的突出问题，整改落实后续工作取得积极成果。制定了《省经委深入学习实践科学发展观活动整改落实方案》，针对大家提出的工业经济发展中存在的9个方面的重大问题，联系工作实际进行了认真的研究剖析，提出了45条解决办法和措施。针对机关建设方面存在的机构改革、干部任用、职工就餐食堂、住房、下属企业改制等方面的问题，千方百计沟通、协调，积极争取，能办快办、早办，基本做到了件件有落实。

（二）加强系统党建工作，提高党组织的战斗力和凝聚力。一年来，把基层组织和党员队伍建设作为党建工作的中心任务全力推进。从各支部选择优秀青年作为入党积极分子进行重点培养，将30名培养成熟的发展对象送到省直党校参加了入党积极分子培训，按照党员标准接收预备党员40人，预备党员转正31人。6月下旬，召开了二届三十八次党委会，表彰了先进党组织38个，优秀共产党员236名，优秀党务工作者37名，党风廉政建设先进集体10个，党风廉政建设先进工作者14名。同时，认真落实《关于省直机关党的工作责任制的暂行规定》和《省直机关党的工作责任制考核暂行办法》，制定了《经信委党的工作目标责任制实施方案》和《经信委党的工作目标责任制考核细则》，各级党委、支部积极开展工作，努力注重实效，提高执政能力。

（三）开展各种群众性活动，机关精神文明建设成效显著。2009年，委党组高度重视机关精神文明建设，围绕中心抓创建，丰富多彩促提升，精神文明建设形成了齐抓共管的良好局面，委机关连续五年被评为省级精神文明单位。组织开展了多种形式的群众性文体活动，丰富了干部职工的精神生活，使大家既接受了教育，又陶冶了情操。上半年举办了扑克"拱猪"大赛、拔河比赛；7月下旬，组织党员干部赴右玉县学习考察培训，亲身感受"百折不挠、艰苦奋斗"的"右玉精神"；8月26日，在山西省演艺中心举办了纪念建党88周年和建国60周年大型歌咏比赛，有30多个单位的11支合唱队、1000多人参加；9月下旬，举办了省经信委庆祝建国60周年书画展，展出干部职工的书画作品60余幅。通过一系列的活动，展示了干部职工团结拼搏的精神风貌，培养了干部职工的集体荣誉感，营造了健康、文明、向上的生活情趣和氛围，进一步增强了全委干部职工的凝聚力。同时，按照省委省政府的统一安排，开展联企帮困送温暖活动，与省安监局、省信访局等单位在2009年春节、国庆期间慰问太原橡胶四厂特困户76户，送去慰问金2万余元。11月底，开展了"送温暖、献爱心"社会捐助活动，全委干部职工踊跃捐款，共捐款达52137元，受到社会各界好评。

（四）认真落实"三定"方案，在机构改革中进一步加强了干部职工队伍建设。根据省委、省政府机构改革的总体要求，按照吃透精神、理清思路、调查研究、梳理职能、征求意见、主动协调的工作方法，科学合理地制定了省经信委"三定"方案，并获得省编办的批准，于8月18日正式挂牌，圆满完成了机构改革的任务。按照《公务员法》的规定，严格组织申报、审核、社调、体检、报批等重要环节，招聘了5名新公务员，接收了2名军队转业干部，完成了年初选拔和调整的43名干部的任职履新工作，按"三定"方案组建了3个新增的业务处室，完成了5个事业单位21个岗位专业测试和面试工作，圆满完成了委系统的高级工程师和高级经济师任职资格评审工作。委党组全年共选拔任用和调整干部41人，其中，提拔干部16人，由非领导职务转任领导职务10人，平级调整干部13人。

（五）着力办实事办好事，为干部职工创造良好的工作和生活环境。进一步完善配套设施，改善干部职工居住条件。对汇锦花园小区、27号院干部职工10万平方米的宿舍楼进行了节能改造。为汇锦小区整修了围墙、覆盖了排水沟、铺设了油路、绿化了草坪、改造了锅炉，基本达到了设施齐全、环境优美。解决了东缉虎营拆迁楼近20年无取暖设施的问题，实现了集中供热。通过多方协调，落实了汇锦花园住宅小区的产权和干部职工的住房货币化补贴问题。努力改善机关工作环境，新建了机关干部职工食堂及配套设施，近期将开业投入使用，整顿机关办公楼秩序，规范人员往来登记管理制度。

（六）强化服务意识，全力为离退休老干部做好保障工作。一年来，在政治上尊重老干部，思想上关心老干部，生活上照顾老干部，努力做到"四个坚持"不动摇：坚持家中走访和重大节日慰问制度；坚持不定期向老干部征求意见制度；坚持住院探望制度；坚持为70岁以上的老同志送生日蛋糕。全年共为47位70岁以上的老同志送上生日蛋糕，走访慰问达180多人次，为老干部更换了2辆用车。每月15日召集全体老同志集中学习，及时向他们传达中央和

省委、省政府以及机关的文件精神，使他们既掌握国家大事，又了解经济工作动态。国庆前夕，委领导率机关党委、人事处、离退处，对建国前参加革命的14名老干部进行慰问。9月下旬组织老干部赴阳泉参观百团大战纪念馆，游览藏山、娘子关等景区，考察核桃露等企业。国庆期间，举办了歌咏比赛和书画展。机关老干部工作取得了明显的成绩。（张占祥　闫　林）

附：省经信委党组书记、副书记、成员名单

书　记：洪发科

副书记：郭树峰

成　员：周明定（5月任职，10月离职）
刘银才（5月任职）　刘致远（12月任职）
孙玉仁　王克建　陈官虎　温元伟　胡荣华

省教育厅党组工作概况

党组书记　李东福

2009年，省教育厅党组、省高校工委坚持党的教育方针，在省委、省政府的正确领导下，以邓小平理论和“三个代表”重要思想为指导，全面贯彻落实科学发展观，认真学习贯彻十七大和十七届三中、四中全会精神，统筹全省各级各类教育协调发展，进一步加强新形势下高校党的建设工作。全省高校认真贯彻落实省委、省政府的决策部署，以高度的使命感和责任感，深入开展学习实践科学发展观活动，创造性地开展工作，取得显著成绩。

一、精心组织，周密安排，全省高校开展深入学习实践科学发展观活动成效显著

根据中央和省委的统一部署和要求，省高校工委3月5日召开了全省高校深入学习实践科学发展观活动动员会，全面启动了高校学习实践科学发展观活动。全省共有54所高校及4所省教育厅直属中专学校参加了第二批学习实践活动，包括135个党委、440个党总支、2171个党支部、5.8万名党员。省高校学习实践活动领导小组和各参学高校认真贯彻中央和省委精神，牢牢把握“党员干部受教育、科学发展上水平、人民群众得实惠”这个总要求，紧紧围绕推动全省高等教育又好又快发展这个主题，立足推动高校科学发展上水平这个核心，将学习实践活动作为高校破解发展难题，转变发展方式，提高发展质量的难得机遇，坚持高起点开局，高标准要求，高质量推进，力求规定动作不走样，自选动作有创新，基本达到了预期目标，取得了显著成果。创新和完善了促进高校科学发展的体制机制。各高校通过积极稳妥地推进工作机制和规章制度的“废、改、立”，取得了新的成果，高校领导班子能力和作风建设取得显著成效。在学习实践活动中，各高校做到了以党员干部的坚强党性和良好作风带动校风、教风、学风建设，推进了学习实践活动和学校各项工作任务的完成，为促进全省社会经济发展做出了积极贡献。各高校认真贯彻落实省委服务“三保”和转型发展、安全发展、和谐发展的决策部署，突出实践特色，主动服务社会，取得明显成效。中北大学建立国家大学科技园，为高等学校科技成果转化、高新技术企业孵化、创新创业人才培养、产学研结合提供支撑的平台和服务的机构。在学习实践活动中，各高校坚持统筹兼顾，“两促进，两不误”，把全力做好大学生就业工作、高校招生考试、资助家庭贫困学生、维护高校安全稳定等各项重点工作作为学习实践活动的重要实践环节，以学习实践活动推动各项重点工作的扎实开展。

二、认真贯彻落实第十八次全国高校党建工作会议精神，高校党的建设工作得到进一步加强和改进

2月2日，经省委批准，省委组织部、省委宣传部、省高校工委联合召开了全省高校党建工作会议，认真贯彻落实第十八次全国高校党建工作会议精神，对进一步加强和改进我省高校党的建设工作进行全面部署。省委副书记、省政协主席薛延忠出席会议并讲话，省委常委、宣传部长胡苏平主持会议，省委常委、组织部长汤涛，副省长张平等领导出席会议。会上，山西农业大学、山西财经大学、运城学院等三所高校的党委书记在会上作了经验交流。

省委副书记、省政协主席薛延忠就加强和改进高校党的建设提出了三点意见：一是强化责任，进一步增强做好新形势下高校党建工作的自觉性和使命感。要不断推进我省高校党建工作的新发展、实现山西高等教育事业的新跨越，必须深入贯彻党的十七大和十七届四中全会精神，进一步深化做好新形势下高校党建工作的重大现实意义和长远战略意义的认识。一定要站在讲政治、讲大局的高度，充分认识新形势下加强高校党建工作的重要性和紧迫性，进一步把思想认识统一到中央部署和省委要求上来，增强责任感和使命感，以改革创新精神全面推进高校党建工作，努力开创全省高校党的建设新局面，为我省高等教育事业科学发展提供更加有力的政治、思想和组织保证。二是把握重点，全面加强我省高校党的建设工作。当前和今后一个时期我省高校党建工作的总体要求是：全面贯彻党的十七大和十七届四中全会精神，高举中国特色社会主义伟大旗帜，以邓小平理论和“三个代表”重要思想为指导，深

入贯彻落实科学发展观，以思想理论建设为根本，以领导班子建设为重点，以基层组织建设为基础，全面落实高校党的建设各项任务，着力提高党员干部的党性修养，着力增强党组织的凝聚力、创造力、战斗力，着力提高高校党的建设科学化水平，为促进全省高等教育事业又好又快发展，培养造就中国特色社会主义建设者和接班人提供坚强政治保证、思想保证和组织保证。

会后各高校认真贯彻落实会议精神，对工作进行了详细的安排部署，提出了工作要求，明确了目标任务，把会议精神落实到党建工作的各个方面，高校班子建设、制度建设、思想政治建设和作风建设进一步加强，基层党组织建设进一步加强。

省高校工委严格执行《党政领导干部选拔任用工作条例》，认真抓好高校干部的选拔和教育工作。协助省委组织部，对全省高校的领导班子进行了考察，及时调整配备了高校领导班子。指导民办高校认真开展了贯彻落实省委组织部关于加强民办高校党的建设工作的意见，民办高校党的建设工作正在走上规范化的轨道。

根据中组部和省委组织部关于对党费收缴、使用和管理情况进行检查的通知要求，省高校工委专门下发文件并迅速召开会议，对检查工作进行了安排部署。首先，要求各学校党委组织部门对本学校近三年来党费收缴、使用和管理情况进行全面自查，并上交自查报告。又组织了5个党费检查指导组，每组3人，其中有两名财务或审计人员，于2009年3月中下旬对党组织关系隶属于省高校工委的37所学校的党费收缴、使用和管理情况进行了专项检查。检查结束后，专门听取了各检查组对党费检查情况的汇报，并将检查结果及时向各学校进行了通报，要求各高校切实加强党费收缴、使用和管理工作，通过检查，高校党费收缴工作得到了进一步规范。

根据省委组织部《关于建立和完善全省党员信息库的实施方案》和《关于检查全省党员信息库建设进展情况的通知》要求，对高校党员信息库建设工作进行了安排和部署，要求高校进行自查和逐级检查工作，认真总结建库过程中的经验和存在的问题，不断完善我省高校党员信息库。进一步加强高校各级党组织和党员队伍管理，加快了高校组织系统信息化步伐。加强高校流动党员管理。进一步对高校的流动党员进行了认真细致的摸底，并要求高校完善流动党员管理台帐、信息库和党员基本情况信息管理系统，夯实党员管理基础工作。认真做好高校党员发展工作。本着确保质量，优化结构的精神，按照我省“十一五”期间发展党员规划的要求和省高校工委的年度发展计划，加大了对青年知识分子的培养力度，重点进行了在青年教师和优秀大学生中发展党员的工作，努力把高学历、高职称的青年骨干教师和学科带头人吸收到党员队伍中来。

省高校工委结合“七一”表彰向高校印发了《关于评选先进基层党组织、优秀基层党组织书记和优秀共产党员的通知》。各单位严格按照通知精神，认真做好评选工作。在层层推荐、好中选优、学校党委推荐的基础上，经过认真组织评选，省高校工委对在学习实践活动中涌现出的太原理工大学党委等93个先进基层党组织、山西大学环境与资源学院党委书记林建亚等100名优秀基层党组织书记和山西大学文学院韩志强等100名优秀党员进行了表彰。

三、认真做好高校统战工作

2009年，省高校工委在省委统战部的指导下，切实加强统战工作，认真落实党的“长期共存、互相监督、肝胆相照、荣辱与共”统战方针，全面落实党的知识分子政策，统战工作取得新成效。根据中央统战部《关于协助民主党派进一步做好组织发展工作若干问题的意见》要求，省高校工委及时作出安排，各高校认真学习领会并贯彻执行，协助民主党派做好组织发展工作，确保了我省高校民主党派组织发展工作的平稳有序。同时，协助省内各高校加强民主党派基层组织的后备干部队伍建设。根据省委统战部要求，对高校的党外处级干部进行了年度统计汇总，为高校统战工作的顺利开展打下了基础。组织高校举办了统一战线庆祝新中国成立60周年征文活动，要求高校认真做好这次征文活动的组织、动员和推荐报送工作，确保了征文活动广泛深入地开展，取得了良好的效果。配合省委统战部在高校举办了“纪念新中国山西统一战线60周年书画、摄影作品展”，展现了高校统一战线走过的60年光辉历程，也展示了统一战线在我国社会主义革命、建设和改革中的重要作用和丰硕成果。

四、扎实推进大学生思想政治教育工作

作为教育部确定的实测省份，积极做好高校思想政治理论课督查试测工作。确定山西大学、太原科技大学、山西建筑职业技术学院为试测学校，组织专家开展试测工作。同时广泛征求督查指标体系的修改意见，汇总报告教育部。认真贯彻《中共中央、国务院关于进一步加强和改进大学生思想政治教育的意见》和我省实施意见精神，落实全国和全省思想政治理论课工作会议精神，于6月17—18日在长治医学院召开全省高校思想政治理论课实践教学推进会。通过推进思想政治理论课实践教学工作，努力提高思想政治理论课的针对性和实效性，进一步巩固思想政治理论课在大学生思想政治教育中的主渠道地位。在山西师范大学召开第九届思政部主任论坛，评选表彰全省高校思想政治理论课“精彩多媒体课件”、“优秀教学案例”和“精彩教案”。继续做好教育部《思想政治理论课教学参考资料》和我省《形势与政策》参考资料的免费发放工作。

进一步加强大学生思想政治教育工作队伍和阵地建设。组织2期共13名辅导员骨干参加教育部辅导员班主任骨干研修，鼓励辅导员在职攻读博士学位研究生。继续做好高校“学生心理健康教育与咨询中心”和“思想政治教育主题网站”建设工作。2009年，省教育厅、省高校工委划拨专项经费62万元，在高校扶持建设了12个“大学生心理健康教

育与咨询中心”和8个“高校思想政治教育主题网站”。截至目前，全省已有近40家高校建立了规范的心理健康教育与咨询中心；15所高校建立了高校思想政治教育主题网站，多数高校有了思想政治教育主题网页。

进一步加强高校精神文明建设。2009年上半年完成了高校文明委所属单位的文明单位申报、验收和推荐工作。向省文明办推荐11家省级文明和谐单位，5家省级文明和谐单位标兵。确定9家省高校文明委文明单位和16家省高校文明委文明单位标兵。各单位积极开展精神文明创建工作，有力地促进了学校各项工作的开展。

积极组织做好庆祝新中国成立60周年系列活动。按照中央和省委要求，先后下发了《转发<中共教育部党组关于围绕庆祝新中国成立60周年在各级各类学校深入开展“我爱我的祖国”主题教育活动的通知>的通知》、《关于围绕庆祝新中国成立60周年在各级各类学校深入开展群众性爱国主义主题教育活动的实施方案》，对全省教育系统做好群众性爱国主义教育活动作出了详细安排。与有关部门举办“迎国庆、讲文明、树新风”礼仪知识竞赛活动，并组团代表省高校工委参赛，取得了优异成绩。选队参加山西省“爱国歌曲大家唱”歌咏比赛，获得最优成绩。广泛开展“100位为新中国成立作出突出贡献的英雄模范人物和100位新中国成立以来感动中国人物”评选活动。与机关党委一起组织开展了庆祝新中国成立60周年教育系统书画作品征集活动。组织高校师生参观山西省“辉煌六十年成就展”。

五、稳步推进各级各类教育事业协调发展

《山西省实施<中华人民共和国义务教育法>办法》正式颁布实施，《义务教育阶段中小学办学标准》等配套政策文件相继出台，为促进义务教育发展提供了法制和政策保障。农村义务教育经费保障水平进一步提高，小学、初中学生人均公用经费分别达到329元和530元。素质教育深入推进，课程改革不断深化，优质高中分配到薄弱初中招生指标比例超过30%。青少年校外活动中心建设项目达到106个。远程教育应用年活动取得明显成效。“阳光体育”活动广泛开展。普通高中教育和幼儿教育取得新进展，又有5个县基本普及学前三年教育。新建和改扩建8所特殊教育学校。开展了县级职教中心督导检查工作，有22个县达到合格标准。全年完成中职招生任务27.2万人，与普通高中教育招生规模大体相当。高中阶段毛入学率达到85%。服务煤炭企业兼并重组、安全生产和新农村建设，推进工学结合，开展对煤矿“五长”（矿长、总工程师及生产、机电、安全副矿长）、关键岗位从业人员和农村青年的职业教育和成人教育。加强中职学生实践能力和就业创业能力培养，举办了全省职业院校技能大赛，参加全国技能大赛取得好成绩。实施科教兴乡兴县工程和创建学习型乡镇工作深入开展。对我省20年农村教育综合改革经验进行全面总结，接受了民进中央考察，受到全国人大和全国政协领导高度评价。

全省普通高校本专科在校生达到54.7万人、研究生2.2万人，高等教育毛入学率达到26.5%。教学工作得到加强，质量监测体系进一步健全。又有一批教学名师、优秀创新团队、科研项目入选国家支持计划，一批教学科研成果获得国家奖励。高校新增博士后科研流动站12个，承担国家自然科学基金项目126项、国家社科基金项目14项，占全省总数的90%以上。太原理工大学许并社教授的研究成果“抗菌纤维材料功能化过程的界面物理与化学研究”获国家技术发明二等奖，山西大学王海教授承担的国家重大科学研究计划项目“基于光场量子态的量子信息研究”经费达到2400万元。山西中北大学科技园成为国家级大学科技园区。高等职业学校办学水平和人才培养质量显著提升，山西工程职业技术学院获得全国大学生数学建模竞赛高职组第一名。新建2所海外孔子学院，高校对外交流进一步扩大。

义务教育学校绩效工资改革平稳推进。实施了“农村义务教育学校教师特设岗位计划”和“农村中学教师硕士师资计划”，公开招聘一批大学生到贫困县800余所农村学校任教，受到广泛欢迎。扎实开展教师继续教育工作，通过创新考核机制、实行“一票否决”制等办法强化了师德师风建设。在教育系统开展了庆祝新中国成立60周年成就展、书画展、歌咏比赛和庆祝教师节等活动，评选表彰了一批模范教师，在社会各界产生了积极影响。

在全省教育系统开展了普法考试，增强了依法行政、依法治教意识。扎实开展学校安全专项整治，化解了一批矛盾隐患。在中小学全面推行校方责任险，完善了安全事故风险管理机制。群防群控甲型流感，在维护师生健康和正常教学秩序方面取得了积极成效。（张湘滔）

附：省教育厅党组书记、成员名单

书　记：李东福

成　员：刘惠民　贾坚毅　畅日宝　史富泉　张卓玉　王李金　陈学东　赵　晶　马世豹

省科技厅党组工作概况

党组书记　廉毅敏

2009年是我省深入贯彻科学发展观，全面推进三个发展”，积极应对国际金融危机的冲击，大力实施“十大产业”振兴规划的重要一年。按照省委、省政府的战略部署和要求，省科技厅党组深刻领会“三个发展”的本质要求，全力发挥科技创新在应对国际金融危机冲击、实施“十大产业”振兴规划和促进转型发展中不可替代的支撑作用，确立了清晰的工作思路，进行了全面的组织部署，切实引领、支撑全省转型发展，全省各项科技事业得到快速发展，自主创新能力得到明显提高，为积极应对国际金融危机的冲击和促进全省经济企稳向好做出了一定的贡献。圆满地完成了省政府工作目标责任分解规定的各项工作任务。特别是围绕“十大产业”振兴规划的科技重大项目，取得了重要突破，体现出了科技创新在努力应对国际金融危机冲击，实现保增长、扩内需、调结构、重民生的支撑效应。

一、不断加强科技基础能力建设，科技创新水平进一步提高，引导全社会科技投入进一步增长

围绕“打基础，谋长远”的科技工作思路，把公共科技服务的重点放在激活资源和重组创新载体上。新组建省级重点实验室1家，企业国家重点实验室1家；新培育省级工程技术研究中心3家、农业工程技术研究中心14家；新认定高新技术企业69家，民营科技企业151家，创新型企业26家；新建2个国家级可持续发展试验区，可持续发展试验区建设走在了全国前列，在2010年全国科技工作会上被表彰授牌。

围绕促进转型发展，发展新兴产业，构建重点产业链和产业集群，中药现代化、煤化工产品深加工等创新平台、创新基地建设发展迅速。其中，以9个省级中医药研发机构、18个企业研发中心为骨干的创新平台和基地快速发展，研发能力步入一流行列。2009年，科技部认定我省为“中医药现代化科技产业基地省”，标志着我省中药现代化工作迈上了一个新台阶。重点支持的潞安集团煤化工产业创新基地16万吨合成油项目今年成功出油、稳定运行，在国内首次实现自主知识产权的产业化示范。总投资25亿元的煤化工技术研发基地一期工程全面开工，已聚集相关企业39家，研发中心10余个，研发成果显著。山西省科技成果转化综合服务平台硬件部分建设基本完成。

为有效破解山西存量科技资源相对不足与我省转型发展科技创新需求旺盛，企业难以在短期内调集配置资源的矛盾，我省积极加强国际科技合作和争取国家科技资源。通过省国际科技合作计划引导大学、科研院所和企业深入参与国家科技交流与合作，争取新认定了太原高新技术开发区等3家国家级国际科技合作基地，太原重型机械集团等9家省级国际科技合作基地，解决了我省许多重点领域的关键技术难题，南非瓦斯主动抑爆设备等一批产品正式投产，“中美合作二氧化碳地质封存项目”备忘录和合作协议于2009年12月7日正式签署，并列入了国家能源局“亚太清洁发展和伙伴关系计划”。2009年，争取到位国家各类科技计划资金约1.9亿元，新立项资金额度达到2.2亿元。

二、努力创造科技应对国际金融危机冲击的发展环境，多管齐下，帮扶企业，科技金融结合取得新进展。

在应对金融危机中，充分重视发挥科技与金融的联合功能，科技与金融携手为中小企业应对危机，提升能力，雪中送炭。省科技厅与浦发银行太原分行签署战略合作框架协议。科技担保业务也有新进展，拟由省创业风险投资引导资金内设担保资金，国开行投入5亿元以上的硬贷款，定向投向科技型中小企业。国开行高科技创业贷款平台授信额度在去年1.2亿元基础上又增加了2400万元。初步统计，2009年，中信、浦发、交通三家银行已为我省科技型中小企业提供贷款9.5亿元。

为帮助我省科技型企业渡难解困，增强科技创新能力，联合有关厅局开展了“科技人员服务企业行动”，动员广大科技人员深入基层，服务企业。第一批择优确定的科研院所、大专院校90名专家已奔赴全省各地深入企业开展为期一年的科技服务，积极组织机关干部深入企业搞调研，联合提出50项对企业技术升级、自主创新产品开发和重大科技成果产业化具有较大带动和辐射作用的项目，得到科技部的支持和资助，帮助企业解决难题，极大地鼓舞了企业迎难而上的决心。积极组织企业加入国家振兴经济的一揽子计划，争取到国家新能源领域的“金太阳工程”，获得国家资助1.5亿元，年底已开工建设，开创了我省太阳能新兴产业发展的新纪元。

扎实推进科技金融创新工作，积极探索科技与金融结合的新机制，把金融资本与科技资源的嫁接作为突破口，我省与国开行共同发起组建的“山西省创业风险投资引导基金”已与国内外4家创投机构确定合作建立13亿子基金意向，与中国人大金融学院风险投资研究所签订全面合作协议。

三、面向“十大”产业重大关键技术求突破，为全省转型发展奠定坚实的基础

2009年，“十一五”科技发展规划19个专项已经全部启动，同时按照省委、省政府提出的全省经济由资源依赖型向创新驱动型转变和“十大产业”振兴规划的形势和要求，2009年，面向产业关键技术环节，又组织实施了若干重大科技项目的攻关。通过项目实施，产生了一批重大成果，一批产业关键技术的突破打破了国际社会对我国的垄断和封锁，为我省产业振兴奠定了良好的技术基础，为国防和经济建设作出了重要贡献。我省煤炭产业、焦化产业、煤化工产业、不锈钢产业、电力产业技术水平走在了全国前列。特别是装备制造业，国际先进水平的重大成果不断涌现。新材料、新能源领域的镁合金、光伏产业、LED半导体照明和风电能源等领域2009年更是一个丰收年，已经形成了较完整的产业链技术，这些未来极具市场规模的产业，必将成为我省实现经济平稳较快增长的新的增长点。如装备制造业领域，太重研制的三峡1200吨桥机举世瞩目，480吨铸造起重机、神舟六号航天发射塔架等具有当代世界先进水平的产品展示了“山西创造”的良好形象。20M3、27M3、35M3、55M3大型矿用机械挖掘机系列产品打破了美国公司垄断，已创产值20亿元以上，利税3亿多元。山西澳瑞特健康产业股份有限公司成功实施“神州八号”宇航员自行车功量计项目，摆脱了我国在此领域对美国、俄罗斯等国家的依赖，填补航天领域在此方面的空白。煤化工领域，潞安集团16万吨合成油项目成功出油，在国内首次实现产业化。新材料领域，恒天公司的高性能PAN基碳纤维原丝工程化技术站在全国前列。不锈钢领域，太钢产品和技术综合开发能力已达到国际水平，在全国国家级技术中心评价中位居全国第三。电力产业领域，2009年1月7日，我省建成国内首条商业运行特高压输电线路，晋东南—南阳—荆门特高压交流试验示范工程通电试运行。新能源领域，风电产业的1.5兆瓦异步风力发电机实现了风电技术国产化，形成年产200台的生产能力，新增产值7000万元。光伏产业的太阳能电池多晶硅片制造关键设备（铸锭炉），突破了国外在该行业尖端领域的技术垄断。乐百利特公司成为世界首家实现130流明/瓦高亮度LED光源量产的企业，并在人民大会堂照明改造工程中得到应用。其光源已在“嫦娥二号”成功使用，并在为“嫦娥三号”研制新光源。还有以临汾光宇为代表的大功率器件封装和LED显示屏、路灯、景观照明等应用产品产业、以中国电子集团二所为代表的封装设备产业，我省已形成了从生产设备、芯片制备、器件封装到集成应用的比较完整的产业链。

2009年的科技项目还充分重视了节能减排和民生科技，节能减排和循环经济技术成为我省实现转型发展的重要依托。通过在能源、化工、冶金等重点行业、重点领域实施“环境保护、节能减排”专项，支持了“皮江法炼镁工艺与环境污染治理技术开发及产业化”、“镁合金制备过程中节能减排关键技术研究”、“矿井瓦斯抽放及瓦斯高效利用技术研究”等77个项目，全省万元生产总值综合能耗下降5.6%，化学需氧量、二氧化硫排放量分别下降2.7%和3.6%。

四、充分发挥国家重大科技项目的带动作用，推动转型发展再上新台阶

作为国家重要的煤炭能源基地，与煤相关产业占据全省经济半壁江山，煤炭经济、煤炭生产安全关系到全省经济的总命脉。为了让山西煤炭产业实现真正的安全生产，提高煤炭产业的综合效益和科技水平，在科技部的大力支持下，我省承担了大型煤炭基地高效集约化开采关键装备与技术、全矿井数字化安全生产监测监控及重大灾害预警系统的研究、煤矿采空区固体充填综合机械化采煤技术研究、典型煤化工产业集聚区重大环境污染事件应急技术开发与应用示范等一批国家重大科技支撑计划项目和国家863项目。通过创新组织形式，认真组织实施，项目研发在2009年取得了极大的成功，不仅为山西煤炭产业的发展做出了巨大的贡献，而且为山西装备制造业开辟了一片新的天地，为把山西建设成为煤机强省做出了突出的贡献。

全矿井数字化安全生产监测监控及重大灾害预警系统的研究围绕新型矿井环境的创建，开发出相应的传感器、采集风机与通讯分站等监测仪器设备，已在井下开展工业性试验，为煤矿安全提供了坚实的技术保障。

煤炭开发利用副产物利用关键技术开发项目通过对粉煤、煤泥、煤矸石等废弃物的深入开发，为“吃干榨尽”煤炭资源和恢复矿区生态环境提供了大量的实用技术成果。通过项目支撑，已完成800余台锅炉的改造，建成一套8万吨环保型焦化苯精制生产示范装置。

大型煤炭基地高效集约化开采关键装备与技术项目是我省承担的最大的国家项目，“年产千万吨级矿井大采高综采成套装备及关键技术”是其中的重点。参加承担的单位包括太原重型机械集团煤机有限公司、山西焦煤西山煤电集团、平阳重工集团、煤科总院开采分院、太原理工大学等9家。为了确保项目成功，我们在项目的管理中，成立了省直多部门和企业联合组成的课题领导组、协调组、技术专家组和财务专家组，加强横向统筹协调；在项目实施中，以应用示范单位为抓手，直接吸引设备承接使用单位加入，打通了产学研用合作链条，形成了技术经济一体化的科技创新组织模式，项目研发成功之时，就直接形成了生产力。在新中国成立60周年前夕，被誉为“中国综采巨无霸”的综采成套设备在太重煤机成功下线，为我国煤炭产业素质提升作出了贡献，标志着我国千万吨级综采成套设备结束了国内无法批量生产的历史，达到了国际先进水平。

五、扎实推进科技创新体系建设，发展技术联盟，产学研渐入高层次合作

产学研结合是科技成果转化为现实生产力的有效机制和模式，促进产学研的深层次结合，特别是在多个企业间，组

成产学研结合的战略联盟，对科技创新具有极为重要的作用。经过我厅连年持续推动,我省的产学研合作日趋活跃,目前正进入合作形式多样，层次深入到战略合作的有利阶段。

2009年，加大各类科技计划中产学研合作项目的比重，突出引导作用，并积极牵线搭桥，推动建立了一批以企业为主体的产学研技术联盟。如山西大学和山维签订了长期战略合作协议，山维提供主要资金的支持，在山大共建研究所，利用山大的人才技术优势，由山大为其进行产业发展所需所有技术的开发，并为其培养自身的科研人员。在“年产千万吨级矿井大采高综采成套装备及关键技术”项目的牵动下，我省太重矿机、太原理工大学等9个单位结成了煤机装备制造产学研联盟。各市产业技术联盟的推进也迈出了新步子。如晋中市规划形成五大技术创新联盟，集中五个主要行业的优势企业，以一个龙头企业为核心，联合省内高校，共同进行行业技术的研发，同时集中市、县财政科技投入保障支持五大联盟的运作。

同时帮助一些政府主导的区域科技合作继续巩固深化。如省政府与中科院的省院合作，双方在以往运城、晋中等市的基础上，又开辟了长治市、晋城市等新的合作点，中科院多次组织专家点对点地分赴我省航天工业、军工、生物制药、特色农业等企业考察对接，实际解决许多困扰企业多年的技术瓶颈问题。此外，政府主导的合作还有省科技厅与中关村的合作、吕梁市与北京理工大学的市校合作、大同市与北京市的合作等都取得了新进展。

六、加快农业技术攻关和农村科技服务创新，支撑现代农业发展和社会主义新农村建设

2009年，继续实施了“主要农作物优种创新工程”、“优势小杂粮产业化创新工程”等农业重大专项工程。“主要农作物优种创新工程”注重培育优质专用小麦、玉米新品种选育、杂交棉花新品种选育等。专项的实施，极大地促进了小麦、玉米等作物新品种创新，2009年，通过省审的专项培育出的玉米新品种有12个、大豆新品种2个、棉花新品种4个，占我省同期育成同类作物品种的60%。目前，我省小麦生产种植面积中85%以上为本省自育品种。2009年，推荐的山西省农业主导品种，小麦、玉米、棉花、大豆33个品种中有22个品种得到科技攻关项目的支持。“优势小杂粮产业化创新工程”加强谷子、荞麦、燕麦、高粱等杂粮高产、优质新品种选育与种质资源创新及杂粮加工利用工程化技术集成和成果转化应用，带动杂粮产业化水平和农业综合效益的全面提高。

在全面加强农业科技创新的同时，把科技抗旱作为一项重点工作。在年初旱情初现之时，我厅迅速召开科技抗旱专题研讨会，随即启动应急预案，在网站开通科技抗旱专题，组织专家组实地指导农民抗旱。依靠开展5年的旱作节水高效农业科技工程技术积累，在全省建设了4个研究示范基地，推广示范7套较成熟节水模式26万亩，1200亩的核心示范地玉米增产40%，杂豆增产46.3%。大旱之年，优质、高产、抗旱农作物新品种显示出卓越特性。6月6日，万亩“临丰3号”测产亩产达351.3公斤，实现了旱地小麦大面积丰产。“强盛51号”玉米新品种平均亩产1224.9公斤，创下我省旱地玉米单产最高记录。

我省新型农村科技服务体系已形成以农村技术承包为主，农业科技园区、农村星火学校、科技特派员、科技合作社、专家大院、农业科技信息“110”、“村村通”多种形式共存的良好格局。我们又启动开通了12396信息服务平台，整合了我省多年来在星火科技工作所形成的资源，建立省级服务平台和服务网络，农民不管在什么地方，只要拨通12396，就可以得到便捷的专家咨询服务，对需要现场服务的可以依托服务体系示范单位服务到村到户，大大提高了科技服务的有效性。我省主持研究的国家863计划“智能化农业信息技术示范与应用推广”累计示范面积210万亩，培训农民10.9万人次，农民总增加效益3.3亿元。示范推广过程中创造了“政府+学校+农户”的模式，得到了科技部的认可和推广。

七、基础研究和前沿创新能力显著增强，团队项目双双实现零突破

全省连续四年承担国家自然科学基金突破百项，连续四年获得国家杰出青年基金资助。量子光学与光量子器件、动态测试技术、煤转化技术等学科领域在全国占有了一定优势。山西大学量子光学与光量子器件国家重点实验室张靖团队获得国家自然科学基金创新团队资助，量子调控研究项目就获得国家重大科学研究计划资助经费2400万元，均实现我省零的突破，标志着我省基础研究能力日益提高。2007年SCI、EI、ISTP共收录山西省科技人员发表的科技论文1600 篇，比2006年净增212篇，增长15%。2009年承担国家973 前期研究专项3项，获得国家杰出青年基金1项（累计10 人）。重点学科领域的基础研究取得了重大进展，纠缠态光场及连续变量量子通信研究利用量子纠缠，实现了在经典物理环境下不可能实现的超标准极限微弱信号检测、量子态离物传送、量子密集编码、量子保密通信等，为实现量子信息网络开辟了可能，标志着我国在未来信息科技的基础研究方面已达到世界先进水平。煤高效洁净综合利用中的关键核心科技问题得到解决。

八、着力提升知识产权服务能力，推进知识产权战略建设成效显著

作为科技创新体系建设的重要内容，在知识产权保护、专利管理、专利执法、宣传培训、专利技术实施等各个方面大力建设，知识产权保护和管理体系初步形成，我省专利申请、授权量连年持续保持高速增长态势。2009年与有关厅局联合举行全省知识产权宣传周活动，举办远程培训、讲座、大型知识产权宣传咨询活动；与新闻媒体联合开展“知识产权三晋行”活动，深入基层进行知识产权知识宣传；开展“雷雨”、“天网”专项执法活动；成立了山西省

专利保护协会，开通了12330知识产权维权公益电话，成立了中国（山西）知识产权维权援助中心；开展知识产权纲要制定工作；开展了“知识产权十强县培育工程”、“知识产权百强企业培育工程”和“企业知识产权年”活动，有力地推动了县域、企业知识产权战略的实施；组织实施专利推广计划。

九、以能力建设为主题，统筹协调夯实科技创新工作基础

各项基础工作全面加强。全面启动了市、县科技局长的轮训工作，加强了全省科技系统公务员培训教育和能力培养，以队伍建设促科技创新，取得很好效果。围绕科技计划管理，开展了计划管理办法修订工作，首次开展了计划项目绩效外聘审计工作。完成了科技奖励的各项工作，科技统计方面完成了年度统计和省政府社会经济目标考核指标调查任务，第二次全国R&D资源清查工作全面开展。开始了“十二五”规划的编制工作和“十一五”规划检查评估工作。开展了“改革开放三十年”、“建国六十周年”我省科技工作的宣传和展示。积极组织开展我省引进海外高层次人才及其创新创业基地建设工作。完成了科技援藏、支疆工作、支援茂县灾区工作。组织帮扶工作组积极落实了“三保”工作。把科普工作作为科技创新的“一体两翼”，印发了《2009—2010年科普工作规划纲要》、《山西省科普基地认定管理办法》，并开展了历时3个月的科普普查统计工作，对全省科普人员、科普场地、科普经费、科普传媒和科普活动全面进行了摸底调查。5月16日至22日，在全省上下开展了声势浩大的2009年山西省科技活动周活动。

十、坚持科学服务依法行政，全面打造服务型政府

坚持把科学服务、依法行政作为服务型政府建设的核心，保证工作的有序高效透明运行。建立了公众参与、专家论证和政府决策相结合的科学民主决策机制。实行厅领导调研联系点制度，特别是自金融危机发生以来，组织了对全省各地重要行业、企业的考察调研，召开各类座谈研讨会，了解实际困难和问题，提高决策的针对性、科学性。在工作开展中，建立了系统完整的专家评审机制，比如从年度计划申报指南的编写、论证、发布，到计划项目的网络受理、评审等工作，已形成了一整套系统的、完善的管理程序，专家论证评审全程参与其中。整个计划管理的全过程都阳光运行，公众可随时参与和监督。严格执行《政府信息公开条例》，在全省建立“网上政务大厅”和“政府信息公开专栏”，省科技厅及各处室的岗位职责、所有32项业务办事流程、工作时限、法律依据等政务内容一目了然，各计划管理的每一步骤都有明确的时间、方式要求，省科技厅所有审批事项和全省科技计划项目全部实现网上申报和电子监督。通过这些职责、业务流程的规定和公布以及计算机软件固化，严格了首办负责制、限时办结制和行政首长问责制等，减少了工作的随意性，提高了工作的规范程变和时效。此外，注重从细微处做起，树立服务型机关的形象。坚持开展以“树立行业新风，优化发展环境”为主题的政风行风评议活动，在机关倡导笑脸迎客，对来访的同志一定要主动让座，递上一杯水，坚决杜绝“门难进、脸难看、事难办”的现象。努力做到“三少”，实现“三全”，即让群众少跑趟路、少跨道槛、少走道程序，政策引导全覆盖、政策流程全透明、政策落实全方位，使所有科技创新企业和科研人员享受到便捷的政务服务。2009年4月，省政府组织对全省所有厅局和地市网站的第三方考核中，省科技厅政务网站名列全省第一，政府信息公开工作突出。

在依法行政方面，进一步深化了科技系统行政审批制度改革工作，对网上行政审批业务系统和行政审批电子监察系统继续完善，建立健全了规范运行机制，全年共办理6项试验动物生产许可证及使用许可证的发放工作，做到了审批程序严密、审批环节减少、审批效率显著提高。为促进领导干部学法活动的规范化、制度化，自编了1000多万字的《科技法律法规政策汇编》，是领导干部和工作人员学法和工作的重要实用工具书。规范性文件制定方面，2009年，严格按照立项规划、起草调研、征求意见、协调分歧、论证听证、备案审查、签署公布等程序制定了《山西省国际科技合作基地认定与管理办法》等三个规范性文件，均做到了依法报送前置审查并备案。（余　旭）

附：省科技厅党组书记、成员名单

书　记：廉毅敏

成　员：王　宏　郭春林　常建忠

省公安厅党委工作概况

党委书记　杜玉林

一、圆满完成国庆60周年安保任务

全省公安机关和广大民警紧紧围绕厅党委提出的“确保不出大事，力争少出小事，坚决不出丑事，有事妥善处置”的总要求和“五个坚决防止”、“八个确保”的工作目标，扎实开展“大情报、大排查、大接访、大整治、大防控”行动，充分发挥环京护城河作用，以山西的稳定策应了首都北京的安保工作，圆满完成了各项安保

任务。国庆期间，全省社会政治稳定，治安秩序良好，人民群众满意，国务委员、公安部长孟建柱专门签署嘉奖令对我省公安机关圆满完成首都国庆60周年安全保卫任务予以嘉奖。省委书记、省人大常委会主任张宝顺，省委副书记、省长王君，省委副书记、省政协主席薛延忠，副省长张建欣等领导也专门作出批示，对全省公安机关圆满完成国庆安保任务给予充分肯定，并拨出专项奖金200万元奖励公安民警。

二、维护社会治安大局稳定

引深“六大战役”，扎实推进打黑除恶、命案侦破、打击“两抢一盗”等多发性侵财犯罪、打击拐卖儿童妇女犯罪专项斗争、打击电信诈骗犯罪、打击制贩假币犯罪、打击涉枪涉爆犯罪专项行动、开展禁毒人民战争，始终保持对严重刑事犯罪活动的高压态势。全省公安机关共破获各类刑事案件48781起，其中破获危害严重的八类案件7609起，抓获刑事犯罪成员3.1万人，其中打掉黑社会性质犯罪组织、恶势力团伙174个。破获各类命案564起，破案率达到95.75%。全省危害严重的八类案件同比下降22.2%，没有发生在全国有影响的严重暴力犯罪案件。深入开展“打击拐卖儿童妇女犯罪”专项斗争，破案441起，打掉重大犯罪团伙3个，抓获拐卖妇女儿童犯罪嫌疑人495人，解救被拐卖儿童133人、妇女615人。组织开展打击假币犯罪、发票犯罪、传销犯罪等专项行动，严厉打击各类经济犯罪活动，共破获各类经济犯罪案件2372起。深入开展禁毒人民战争，共破获毒品违法犯罪案件1542起。大力加强治安管理和防范工作，坚持军警民联合巡逻常态化，强化对社会面的巡逻控制，进一步预防和减少了违法犯罪活动的发生。全省公安机关共查处各类治安案件25万余起，查处治安违法人员25万余人。深入开展治理非法制贩爆炸物品违法犯罪专项行动，坚持打源头、端窝点、摧网络，开展大规模的排查收缴行动，不断加大民爆物品专项整治行动力度，没有发生影响较大的爆炸案件、事故。加强监管场所安全检查，大力整顿监管秩序，确保了监所安全。

三、积极服务经济社会发展

认真做好换发“二代证”工作，共制证254万件，并全面完成了军人换发第二代居民身份证工作。实行按需申领护照，共批准公民因私出国出境19万余人次。实施了出入境证照就近领取。开展了对重点地区、场所、涉外单位和机构以及重点外国人的排查整治工作，进一步深化外国人实有人口管理工作。扎实开展消防安全大检查，努力消除火灾隐患，有效遏制了重特大火灾尤其是群死群伤火灾事故的发生。全省共发生火灾4617起，死7人，伤14人，直接财产损失2699万余元，与上年同期相比，起数上升12%，死亡人数下降88%，受伤人数下降57%，直接财产损失上升8%。强力推进道路交通事故预防机制建设，以压事故、保安全为重点，不断加强道路交通秩序整治，确保了全省道路交通安全畅通。全省共发生交通事故7464起，死亡2579人，受伤8633人，造成经济损失3378万余元，同比分别下降5.28%、11.53%、3.54%、2.79%。深化重点工程建设、煤炭资源整合的安保工作，全力服务山西经济建设。

四、强力推进“三项建设”

在公安信息化建设方面，完成了省厅信息中心数据省厅边界安全接入平台，实现了与旅店业信息系统、山西民航信息、移动查询等业务系统的数据接入。建成推广了新版警务信息综合应用平台和动态管控平台，规范了执法行为，有效提升了信息化条件下公安机关维护社会治安的动态管控能力。开展了信息化基本操作技能考核，增强了全警学习信息化、应用信息化的意识和能力。在执法规范化建设方面，深入开展民警职业道德教育、社会主义法治理念教育和执法反面典型教育，进一步打牢了执法为民的思想基础。制定了民警执法执勤行为规范，不断完善执法监督考评机制，强化执法监督，严格追究执法过错责任。组织开展了执法规范化建设示范单位创建活动，进一步提高了全省公安机关执法规范化水平。在和谐警民关系建设方面，深入开展了全警“大走访”爱民实践活动，赢得了社会各界的广泛好评和人民群众的一致拥护。忻州市公安局以“大走访”为契机深入推进“十进家”活动，受到了公安部党委的充分肯定。

五、加强警务保障工作

在财政部门的支持下，中央财政和省财政共安排公安机关转移支付资金12.1亿元，并全部落实到位。省厅重点加强了指挥系统、刑侦技术、信息通信等项建设；保障了“金盾工程”二期项目建设的顺利进行；为各市公安局配发了毒品探测仪，为所有县级公安机关配发了夜视侦察取证仪；新建了厅机关视频指挥系统。为全省刑警配发了2204台警用移动查询终端，为全省县级公安机关和派出所配发了1580余辆警车，为全省看守所各配发一辆囚车。编报了我省公安机关业务技术用房和监管场所建设规划，并与省发展改革委等五厅委联合发出文件，对涉及公安机关基础设施建设的土地征用、规划、立项等相关问题提出了明确要求。深入开展公安内部审计监督，严肃了公安财经纪律，把有限的资金用在了“刀刃”上。

六、切实加强公安队伍建设

大力加强领导班子建设，全省除偏关县之外，11个市、118个县公安局长已全部进入同级政府班子或实现了高配。强化“一岗双责”和绩效考核，各级领导班子的凝聚力、战斗力进一步增强。积极推进派出所、监管场所、交警、刑警等警种的规范设置工作，切实提高基层民警的职级待遇。省厅制定出台了《关于在全省公安机关开展“机关服务基层”活动的意见》，积极主动地为基层公安机关和公安民警提供优质高效服务，有效调动了广大民警的工作积极性。组织开展了2009年省级统一招考工作，共为长治等6市公安机关录用401人。加强教育培训工作，严格落实“三个必训”，组织开展“轮值轮训”和岗位练兵活动，举办了全省市、县公安机关领导干部轮训班，参训学员达900余人，受到了公安部充分肯定。加大从严治警力度，针对群众反映强烈的执法不作为、乱作为问题，省厅与人事厅、监察厅联合制定出台了《山西省公安厅六条警规》，各地公安机关深入开展现场督察和明察暗访，认真核查落实群众举报，不折不扣地执行“六条警规”，收到了良好效果。坚持正面宣传和舆论引导，把握和引导涉警舆情的能力逐步提高。狠抓党风廉政建设和反腐败工作。深入推进精神文明创建活动，省厅机关连续4年被评为省直文明单位标兵。

七、组织开展“万名民警进万家”爱民实践活动

2009年，省公安厅在全省部署开展了“万名民警进万家”爱民实践大走访活动，元旦期间，全省公安民警下基层走访4.35余万人次，深入企业7375家，入户走访21.75万户，收集各种违法线索1972条，征求各种意见、建议和问题47600余条，大办好事实事53760件等，努力把工作做到老百姓的心坎上，受到广大人民群众的一致赞扬。省委常委、政法委书记、公安厅厅长杜玉林等厅领导及主要业务处室一把手亲自率队分赴全省11个市，扎扎实实地开展“大走访”活动。省厅11个走访慰问组150多名干警共走访大中型企业24个、特困家庭、帮教对象等127户，召开座谈会27次等。全省11个市、119个县（市、区）级公安机关领导干部共深入大中小型企业3792个、入户走访16657户。同时，基层“三所三队”和社区每名民警都按照省厅的统一部署和要求，进行了统一入户走访。通过面对面交流、沟通，共听取和征求广大人民群众和社会各界对公安工作和公安队伍建设的意见、建议和问题47600余条。

八、全省严打整治“六大战役”战果显著

2008年12月2日，省委政法委、省公安厅在全省部署开展维护今冬明春社会稳定的严打整治“六大战役”后，各级政法公安机关高度重视，按照省委政法委、省公安厅会议的要求，加强领导，精心组织，严密部署，严厉打击各类重特大刑事犯罪，不断加大整治力度，认真开展矛盾纠纷调处，取得了阶段性重大战果。据初步统计，一个月来，全省共破获刑事案件6845起，打掉犯罪团伙385个，抓获逃犯1701名，整治治安乱点1639个，收缴炸药50.5吨，雷管11万余枚，整治火灾隐患场所8105个，治理交通事故多发路段890处，有力地维护了全省社会政治稳定和治安稳定。

九、省公安信访部门扎实推进“大走访”爱民实践活动

“全国公安民警大走访”爱民实践活动开展以来，山西省公安信访部门按照公安部及省厅党委的统一部署，将“大走访”活动与构建和谐警民关系、维护社会稳定有机结合起来，通过“进村入户访民意、帮贫解困排民忧”，积极排查化解矛盾纠纷，着力解决群众反映强烈的突出信访问题，帮助特困户解决生产生活中遇到的实际问题，有力地推动了一批信访问题的解决，维护了人民群众的合法权益。“大走访”活动中，切实转变工作作风，变群众上访为干部下访，将开门接访、带案下访、预约来访、上门回访有机结合，坚持做到初访人员必访、重访人员必访、已结未息诉案件必访、初信未访人员必访等“四个必访”；针对当前执法活动容易引发信访问题的环节，走访人大代表、政协委员、公安机关执法监督员，进一步征求社会各界和辖区群众意见，及时发现公安工作和队伍建设方面存在的突出问题，规范执法环节，切实避免执法的随意性；大力推行便民利民措施，在接待场所公开有关制度规定，设立了意见簿，公布厅局长接待时间和咨询电话，设置供群众使用的桌椅、纸张、笔墨等服务设施及必要的卫生消毒设备。信访窗口的民警在接待期间按照规定着装上岗，做到警容严整，态度热情，语言文明，认真接待，及时化解上访人的抵触和对立情绪，积极构筑和谐的警民关系。

十、省公安厅、省人事厅、省监察厅联合制定出台《山西省公安厅六条警规》

为切实加强全省公安机关纪律作风建设，规范公安民警执法行为，树立公安队伍亲民爱民形象，构建和谐警民关系，根据《中华人民共和国人民警察法》、《中华人民共和国公务员法》、《公安机关人民警察辞退办法》等法律、法规，省公安厅、省人事厅、省监察厅联合制定了《山西省公安厅六条警规》，在全社会上下形成了人事、纪检、监察等政府部门监督，社会各界监督，新闻舆论监督，人民群众监督的齐抓共管、全力配合的从严治警新格局。“六条警规”一是严禁对群众的报警报案不履行法定职责、不及时出警处置，违者予以纪律处分；造成严重后果的，予以辞退。二是严禁乱收费、乱罚款、收“黑钱”，违者予以纪律处分；情节严重的，予以辞退。三是严禁违反规定办证办照，违者予以纪律处分；造成严重后果的，予以辞退。四是严禁参与经营或变相经营娱乐场所和煤焦企业、非煤矿山，违者予以纪律处分；造成恶劣影响的，予以辞退或开除。五是严禁收受当事人和代理人财物或违法违规执法办案，违者予以纪律处分；情节严重的，予以辞退。六是严禁向违法人员通风报信或为违法活动提供保护，违者予以辞退；造成严重后果的，予以开除。公安民警违反上述规定构成犯罪的，依法追究刑事责任。公安民警违反“五条禁令”等其他违法违纪行为，按现行有关规定处理。

（杨志文　王瑞成）

附：省公安厅党委书记、副书记、委员名单

书　记：杜玉林

副书记：李连琪

委　员：李富林　廉兴有　成振林　燕和平
　　　　苏　浩　任鸿太

省民政厅党组工作概况

党组书记　马景龙

2009年，省民政厅党组坚持以邓小平理论、“三个代表”重要思想和科学发展观为指导，紧紧围绕“保障民生、发展民主、服务社会”的基本任务，以创建学习型机关为抓手，以文明和谐单位创建活动为载体，以组织开展庆祝建国60周年系列活动为主线，全面推进党的思想、组织、作风和制度建设，圆满完成了年初确定的各项工作任务。

一、坚持理论学习，不断加强厅直机关党的思想建设

坚持学习，用科学的理论武装广大党员头脑，是加强机关党的思想建设的有效途径。一年来，按照省委和省直工委的要求，省民政厅党组坚持把理论武装摆在机关党建工作的突出位置，把加强理论学习、提高党员干部的政治素质作为头等大事来抓。一是认真抓党员领导干部的理论学习。根据中央和省委的要求，紧紧围绕“提高和加强执政能力”这个重点，以学习党的十七大精神为主线，不断健全和完善学习制度，充分发挥党组中心组学习的带动和辐射作用，以撰写心得体会、参加党校培训、厅领导带头讲党课等形式，通过一级抓一级，层层抓落实，有效推动了整个机关的学习。二是深入开展学习实践科学发展观活动。2008年下半年，省民政厅作为我省第一批深入学习实践科学发展观活动单位，坚决贯彻落实中央关于开展深入学习实践科学发展观活动的战略决策和省委关于搞好学习实践活动的一系列重要部署，围绕学习实践活动的目标要求，坚持学习实践活动的指导思想，贯彻五条主要原则，着力解决五方面重点问题，加强领导，狠抓落实，学习实践活动取得了明显成效。通过广泛深入的学习教育活动，全厅党员干部的政治意识、大局意识和责任意识进一步加强，思想水平和政治素养不断提高。

二、引深文明创建活动，不断提高党建工作服务中心和大局的水平

以“迎奥运、讲文明、树新风”活动为契机，积极开展“文明和谐单位”创建和“创先争优”活动，引导厅直机关干部养成良好的职业道德、社会公德、家庭美德和个人品德。以深入开展学习实践科学发展观活动为龙头，通过加强领导干部作风建设，下大力解决影响和制约科学发展和群众反映强烈的突出问题，带动机关作风建设进一步改善。通过组织丰富多彩的创建活动，加强了党和人民群众的联系，有效改善了民生，促进了社会和谐，真正实现了“围绕中心、服务大局”开展党建工作，全面提升了党建工作服务中心和大局的水平。

三、加强组织建设，不断提高党组织的创造力、凝聚力和战斗力

党的基层组织建设是我们党全部工作和战斗力的基础。厅党组以各级党委、支部换届为契机，全面加强基层党组织建设。一是精心组织了各级党组织换届改选工作。根据党章和有关规定，16个厅直属事业单位的党支部、党委需要换届。对此，厅党组和机关党委专门开会进行了研究，制定了换届改行方案，提出了工作要求，对换届选举工作进行了具体安排。通过换届选举工作，厅直属事业单位共调整改选了14个党支部，新成立了2个基层党委。二是狠抓了党员培养发展工作。按照“坚持标准、保证质量、改善结构、慎重发展”的方针，认真做好入党积极分子的培养和教育工作，并依照程序，完成了党员发展和转正工作。全年共培训入党积极分子14名，吸收新党员10名。三是健全完善了各项制度。进一步完善和落实了民主生活会、民主评议党员、党员领导干部讲党课等制度，党的组织生活进一步规范化、制度化，党组织的创造力、凝聚力和战斗力进一步增强。

四、狠抓党风廉政建设，不断提升民政部门廉洁为民的良好形象

制定了《民政厅党组关于贯彻落实〈山西省建立健全惩治和预防腐败体系2008—2012年实施办法〉的意见》，从教育、制度、监督、改革、纠风、惩处等六个方面提出了五年反腐倡廉建设的目标要求和保障措施，并排出了2009年度落实惩防体系建设任务分工计划进度表，惩防体系建设稳步推进。坚持“两手抓，两手都要硬”的方针和“一岗双责”的要求，一手抓民政业务，一手抓反腐倡廉建设，切实把党风廉政建设任务贯穿民政工作始终。紧紧抓住科学发展观教育活动这一契机，深入开展反腐倡廉教育。下发了《山西省民政厅关于进一步改进干部作风，严肃工作纪律的规定》，对领导干部严格依法行政、严肃工作纪律、发挥表率作用提出了明确要求。岗位责任体系初步建立，重点业务处室A、B角承办制度、处务会制度、公务卡制度、对厅直属事业单位财务年度审计制度、集中采购制度等项制度扎实推进。积极参加政风行风热线节目，加强对民政专项资金管理使用情况的监督检查，民政系统行风得到进一步好转。不断深化行政许可（审批）制度改革，严

格执行行政过错追究制，继续推行政务公开，民政部门行政工作效能全面提高。 （王文广）

附：省民政厅党组书记、成员名单

书　记：马景龙（12月离职）　周明定（12月任职）

成　员：王卫东（女）　何耀光　何子义　游　炜　许富昌

省司法厅党委工作概况

党委书记　王水成

2009年，在省委、省直工委的领导下，司法厅党委以邓小平理论和“三个代表”重要思想为指导，深入贯彻落实科学发展观和党的十七届四中全会精神，以迎接新中国60华诞和司法行政机关恢复重建30周年为契机，围绕开创司法行政工作新局面的奋斗目标，全面履行职责，充分发挥作用，认真落实党的工作责任制，以加强党的建设推进全省司法行政工作整体发展。

一、开展学习实践活动，提高工作效能

自2008年10月中旬以来，省厅启动了深入学习实践科学发展观活动。厅党委紧紧围绕省委确定的“三个发展”的主题和我厅确定的“全面履行职责，充分发挥作用，在贯彻落实科学发展观的伟大实践中开创司法行政工作新局面”的主题和载体，认真谋划、精心组织、狠抓落实，扎实地完成了3个阶段、17个环节的规定动作，较圆满地完成了学习实践活动的各个阶段任务。在活动中我们把学习调研贯穿始终，把边学边改、边查边改贯穿始终，认真学习调研，深入分析检查，全力整改落实，推动了科学发展观的深入贯彻落实，促进了各项司法行政工作的全面发展。通过学习实践科学发展观活动，解决影响和制约本部门本系统科学发展的突出问题17个，解决机关自身建设中存在的突出问题10个。在对本部门本系统现有各类政策措施、意见办法、规章制度进行系统清理的基础上，共废止1项，修改完善60项。

二、明确党建任务，落实工作责任

坚持党建工作与业务工作两手抓、两促进。厅党委在2009年年初的第一次厅务会、第一次厅长办公会和全系统工作会议上，都把党的思想政治建设、组织建设、作风建设，与业务工作同时进行部署，并在年中、年末与业务工作一同检查、一同考核。根据司法厅机关党的建设的实际情况，厅党委还每年召开专题会，研究解决党建工作中存在的问题。实行党委成员对党建工作的分工负责制。厅党委书记对机关党的工作负总责，领导班子成员根据分工，对分管工作及分管部门、单位的党建工作负直接责任。推进党的工作制度化、规范化。结合司法行政工作新任务，坚持“党要管党，从严治党”的方针，先后修订了《关于进一步加强和改进党委（党组）中心组学习的实施意见》、《山西省司法厅党委中心组学习制度》、《司法厅党委民主生活会制度》、《山西省司法行政系统党员领导干部报告个人有关事项的规定》、《山西省司法厅群众监督制度》、《关于进一步加强机关作风建设切实提高机关效能的意见》等制度和意见，使党员教育、管理工作逐步纳入制度化、规范化、程序化的轨道。

三、加强队伍建设，提高组织保障能力

确立科学的队伍建设思路。厅党委按照“围绕中心、服务大局，履行职责、发挥优势，坚守法治、维护公正，推进和谐、促进发展”的全省司法行政工作指导思想，明确要求全省司法行政工作者必须树立“三个意识”，即必须树立全系统一盘棋的政治意识，必须树立全系统共荣辱的大局意识，必须树立全系统争上游的责任意识；对领导干部提出了“四做”标准要求，即司法行政领导干部要做清醒坚定、清正廉洁、勤政实干、合格优秀的领导者。围绕“三个意识”和“四做”要求，着力加强一把手建设，大力加强领导班子建设和队伍建设，把十七届四中全会提出的各项要求，特别是加强领导班子建设要求落到实处，不断为推动全省司法行政工作实现又好又快发展提供坚强有力的组织保障。

推进干部队伍政治理论学习。坚持党委中心组学习制度，努力提高各级党委成员的政治理论水平。厅党委制订下发《2009年度党委中心组和干部理论学习安排意见》，详尽安排了学习时间、内容、形式、方法，对学习提出了具体要求，全年中心组共学习6次13天，并召开了以“加强党性修养，树立和弘扬优良传统”为主题的党委民主生活会。在纪念建党88周年之际，厅党委书记、厅长王水成为厅直系统党员干部上了以“切实加强司法行政系统党的建设，努力打造高素质司法行政队伍”为主题的廉政党课。根据王厅长提出的“爱读书、读好书、善读书”的精神，开展了机关干部职工“读书月”等活动，全年共办理图书借阅600余人次。在机关及直属单位安排部署了开展学习贯彻党的十七届四中全会精神和省委九届十次全会精神活动，厅领导为全体干部职工学习十七届四中全会进行专题辅导，对机关干部职工学习党的十七届四中全会精神和省委九届十次全会精神的心得体会进行了展示。机关全体干部全部完成年度学习任务，个人学习笔记超过5000字。

深化干部人事制度改革。认真贯彻《党政领导干部选拔任用工作条例》，加大公开选拔、竞争上岗的力度，把群众公认、实绩突出的干部选拔到领导岗位，对于不符合规定的，坚决做到不上会、不上报、不审批。为规范和推进司法行政系统干部交流工作，进一步优化领导班子结构，全面锻炼和培养干部，提高司法行政系统干部管理水平，下发了《司法行政系统加强领导班子建设的意见》、《山西省司法厅关于司法行政系统领导干部交流轮岗实施办法》、《关于建立司法行政系统后备干部制度的实施意见》、《关于组织厅机关优秀年轻干部到基层单位挂职锻炼的规定》、《山西省司法厅厅管干部选拔任用规则》等意见。省厅还高度重视妇女干部的培养和任用，把推荐培养选拔妇女干部工作纳入干部工作的整体规划，切实加强妇女后备干部队伍建设，注重加大妇女干部的培养和选拔任用力度。对女干部的任用选拔工作走在省直机关前列，全厅15个处室有5位女处长、6位女副处长。

四、加强基层党组织建设，发挥主力军作用

大力加强律师党组织建设。认真贯彻中组部、司法部党组《关于进一步加强和改进律师行业党的建设工作的通知》精神，采取有力措施，狠抓律师基层党组织建设。一是努力扩大律师行业基层党组织的覆盖面。针对律师执业流动性、独立性、分散性强和律师工作关系与党组织关系不一致的情况，厅机关党委要求各省直律师事务所尽快建立党支部，党员人数不足以建立党支部的，尽快成立联合党支部，并在没有党员的律师事务所设立了政治联络员，从而使党建工作覆盖到每一个律师事务所。二是切实加强党员律师的思想政治教育。以提高素质为重点开展对党员律师的思想政治教育活动。坚持做到“三个结合”，即政治理论学习同职业道德和执业纪律教育相结合；政治理论学习同业务知识学习相结合；组织党员集中学习教育与党员自学相结合。同时按照部委精神并结合我省律师队伍实际，在全省律师队伍中建立党员律师统一佩戴共产党员徽章上岗服务制度，增强了党员律师的责任感、正义感，充分发挥了党员律师的先锋模范作用。省佳镜律师事务所的党务工作先后得到了中央政治局常委、中央政法委书记周永康，司法部部长吴爱英，山西省委书记张宝顺，山西省省长王君，司法部纪检组长韩亨林等领导的充分肯定。

认真组织培训，确保发展党员质量。全年组织安排厅直属单位20名处级干部、80名入党积极分子和125名优秀学生团员参加培训，全年共发展新党员182名。在“七一”前夕，厅机关党委对34个先进基层党组织、6个党风廉政建设先进集体、91名优秀共产党员、11名优秀党务工作者、12名党风廉政建设先进工作者、20名文明职工、20个文明和谐家庭进行了表彰。厅机关党委被省直工委评为先进基层党组织。

五、加强党风廉政建设，推进反腐败工作

强化对全体干部职工的廉政教育。通过组织观看警示教育片、专题报告会等形式，切实让党员干部筑牢思想防线，树立廉政观念。在全系统开展了“做党的忠诚卫士、当人民群众的贴心人”主题实践活动和向王瑛同志学习活动，要求全系统纪检监察干部做党的忠诚卫士、当人民群众的贴心人，认真学习王瑛同志的先进事迹，深入实践科学发展观，做一名优秀的共产党员、一名优秀的纪检监察干部、一名合格的司法行政工作者。

完善相关制度。厅党委坚持标本兼治、综合治理、惩防并举、注重预防的战略方针，狠抓制度建设。今年厅机关制定出台了《关于进一步规范法官和律师相互关系维护司法公正的暂行规定》、《山西省司法鉴定人回避制度》等一系列规章制度，全面规范了干部的选拔任用和推进领导干部廉洁自律、违法违纪案件查处，进一步纠正了部门和行业不正之风，深入推进了反腐倡廉工作。

做好全省司法行政系统政风行风评议工作。2008年开展的全省行风政风评议活动中，省司法厅在11个社会监督执法部门中，从2007年的第九名上升到第四名，取得了历史性的突破，2009年3月受到省政府的表彰。全系统认真贯彻落实省委省政府关于开展民主评议政风行风工作的实施意见和省领导的讲话精神及省厅的具体安排部署和要求，始终坚持把安排部署落到实处，把领导责任明确到人，把工作效果惠及群众，从而使全系统的政风行风评议工作在原来的基础上取得了长足的发展，为如期实现厅党委确定的政风行风评议工作三年目标奠定了良好的基础。

解决党风廉政建设中的突出问题。围绕监狱、劳教系统党风廉政建设存在的突出问题，抓住重点，加大治理力度，对监狱、劳教所人民警察在减刑（期）、假释、暂予监（所）外执行等执法环节进行监督，使广大警察在执法工作中真正做到严格、公正、文明执法。针对目前对法律服务人员违法违纪行为监督不力的状况，组织专门力量，在深入调查研究的基础上，健全和完善法律服务行业行风监督办法。加强对各级领导班子、领导干部的监督。

六、推进精神文明创建，营造和谐文明工作氛围

开展文明和谐单位创建活动。认真落实“抓机关，抓细节，抓规范，抓队伍，抓考核”的“五抓”要求，把机关干部职工的思想统一到厅党委的要求上来，制定厅机关争创省级文明和谐单位标兵的长期目标和具体细化措施，对原有创建档案和创建材料进行了细化、分类、整理、完善归档工作，确保创建工作质量。按照“四新”要求对《2009年司法厅机关创建文明和谐单位目标任务分解表》及机关党委原有的创建工作制度进行调整、补充、完善，明确工作职责，深挖创建内涵，提高机关文化软实力。全年共有9个单位被评为“省直文明和谐单位标兵”。

坚持开展社会捐助活动。省厅积极响应省委、省政府号召，为进一步加强社会互助、支持慈善事业发展，促进和谐社会建设，开展了与扶贫点“结对子”、扶助贫困学生

上学、“扶贫济困送温暖”等活动，全年捐款捐物总价值约10万元。 （李晓红 张 霏）

附：省司法厅党委书记、委员名单

书 记：王水成

委 员：樊计宽 王华善 郭殿生 李满胜 冯 征 周培斌

省财政厅党组工作概况

党组书记 郑建国

2009年，财政厅党组团结带领所属各基层党组织和广大党员，坚持以邓小平理论和“三个代表”重要思想为指导，认真学习实践科学发展观，以学习贯彻党的十七大和十七届四中全会精神为重点，以加强领导干部党性修养、大力弘扬和树立良好作风为主线，坚持党要管党、从严治党的方针，贯彻为民、务实、清廉的要求，围绕中心服务大局，不断推进机关党的思想、组织、作风、制度和反腐倡廉建设，为推动财政事业科学发展提供了坚强的思想、政治和组织保证。

一、抓好理论武装，夯实思想基础

年初，厅机关党委结合厅工作实际，下发了《关于2009年党组中心组暨干部理论学习安排意见》，对全年的政治理论学习进行了安排部署，始终坚持把政治理论学习放在党建工作首位。根据厅党组和上级党委的要求，一是抓好集中培训学习。全年共组织66名处以上干部参加了省直分校举办的推进“三个发展”培训班，深入学习和全面领会“三个发展”的丰富内涵和精神实质。二是认真学习贯彻十一届全国人大二次会议精神，组织干部职工系统地学习了温家宝总理在十一届全国人民代表大会第二次会议上所作的政府工作报告。通过学习，进一步把思想统一到中央对当前形势的正确判断上来，把行动统一到中央作出的决策部署上来，把会议精神转化为应对国际金融危机、促进全省经济平稳较快发展的精神力量。三是继续引深科学发展观学习实践活动。坚持把实践放在首位，进一步把思想统一到了中央、省委和厅党组关于开展学习实践活动的安排部署和具体要求上来，加深了对科学发展观科学内涵、精神实质和根本要求的理解，增强了贯彻科学发展观的自觉性和坚定性。抓好中心组学习制度落实，认真制定厅党组中心组年度学习计划。同时，为党组成员订阅《理论学习内参》和《党的生活》等刊物作为学习的基本读物，做好每次学习前的各项准备工作。全年共安排集体学习6次。学习内容为全省党风廉政建设干部大会暨省纪委四次全会精神、省委依法治省领导组关于“法治山西”建设的有关精神、省委常委关于分析当前经济形势，安排部署下半年全省经济工作的会议精神、十七届四中全会精神、省委弘扬“右玉精神”，加强作风建设电视电话会议精神等。认真组织实施“五五”普法规划，扎实开展法制宣传教育。及时制定下发了《山西省财政厅2009年法制宣传教育工作要点》，对全厅干部系统学习《干部法律知识读本》、《“五五”普法干部读本》等法律法规内容提出具体要求，开展“12·4”法制宣传、组织干部年度法律知识考试。利用多种媒体，加强党的宣传工作。充分发挥机关党建网站和门厅电子屏的作用，大力宣传党的路线、方针、政策及我厅党建工作动态和好人好事，对党建和群团以及精神文明建设等方面的先进经验和工作情况进行宣传报道。

二、加强基层组织建设，发挥战斗堡垒作用

进一步落实党支部建在处室（单位），领导干部“一岗双责”制度，根据厅办公室等3个党支部支委会选举结果，及时召开机关党委会议进行了研究批复；根据处室设置和部分处室（单位）党员调整的情况，新增设了2个党总支、8个党支部。坚持“一课三会”制度。6月份，根据上级党委的文件要求，机关党委下发了《关于开好2009年度党员领导干部民主生活会暨党支部民主生活会的通知》，对领导干部和各基层党支部开好民主生活会做出安排部署。7月份，全厅48个党支部组织召开了支部民主生活会；11月份，召开了党员领导干部民主生活会。认真做好党员发展工作。严格程序，认真落实发展党员公示制度，加强入口管理，确保党员质量。按照上级党委要求并结合我厅实际，印发了《关于报送2009年度党员发展计划的通知》，同时，召开机关党委会议，研究确定了2009年度党员发展计划。全年共选派18名入党积极分子参加省直分校培训，对10名发展对象进行了公示，发展新党员10名，进一步严格了发展程序，增强了公开性和透明度。在严把质量关的同时，继续适度向青年倾斜，通过厅团委“推优”程序，选派了3名优秀青年在省直党校进行了入党培训，使共青团“推优”工作进一步落到了实处。同时，还为9名预备党员办理了转正手续。6月30日，机关党委组织12名新党员和入党积极分子到太原解放纪念馆进行集体入党宣誓，使新党员和入党积极分子接受了党旗和入党誓词的洗礼，受到了革命传统和爱国主义教育。为了庆祝建国60周年，根据省委的统一安排和省直工委的具体部署，结合厅实际情况，从6月下旬开始，组织开展了“庆祝建国60周年”系列活动。组织百人合唱团，参加了省直机关庆祝新中国成立60周年歌咏比赛和全省“爱国歌曲大家唱”比赛，并分别获得了省直机关金奖第一名和全省一等奖的好成绩；9月份，成功举办了第

三届职工运动会，全厅580名干部职工和70余名离退休老同志参加了42个项目的比赛，集中展示了广大干部职工昂扬向上的精神风貌和全民健身活动的积极成效。

三、加强制度建设，确保工作落实

建立健全各项规章制度。严格执行《山西省财政厅关于加强和改进干部理论学习和考核的实施意见》、《山西省财政厅党组中心组学习制度》和《山西省财政厅关于党费收缴、使用和管理的具体规定》等党建工作制度，使机关党建工作向科学化、规范化和制度化迈出了新的步伐。及时下发了《山西省财政厅机关党委2009年工作要点》，按照《省直机关党的工作责任制暂行规定》的要求，将有关工作纳入我厅年度工作目标责任制考核内容。实行了党的工作与财政业务工作一起部署、一起检查、一起考核、一起奖惩，以党建促业务的工作定位。同时，充分调动党支部抓党建工作的积极性和主动性，厅办公室、预算处、法规税政处、国库处、国库支付中心等多个基层党支部都开展了各具特色的党日教育和党员学习活动。

四、加强作风建设，提升服务水平

为认真贯彻落实十七届中央纪委三次全会精神和省纪委九届四次全会精神，切实加强领导干部党性修养，大力树立和弘扬良好作风，认真解决党员干部队伍特别是领导干部在党性党风党纪方面存在的突出问题，印发了《山西省财政厅关于贯彻省委〈关于加强领导干部党性修养大力树立和弘扬良好作风的意见〉的意见》，通过完善保障制度，进一步加强了组织领导，强化了监督检查，把全心全意为人民服务的宗旨更好地体现在了工作实践中。

结合财政工作实际，深入开展“人人都是软环境，公仆先是好公民”文明和谐单位创建活动，为推动财政改革又好又快发展，提供了精神动力和思想保证。一是加强日常管理。坚持以《山西省财政厅文明和谐单位创建管理办法》作为创建工作的指导性文件，加强了文明和谐单位的日常管理。二是加大创建工作力度。厅机关扎实开展创建省级文明和谐单位活动；厅属14个单位继续深化省直文明和谐单位创建工作。截至目前，全厅共有省级文明和谐单位1个，省直文明和谐单位标兵12个，省直文明单位2个，全厅创建工作朝着努力实现共建共享的目标迈进。

深入开展“结对共建”活动。根据山西省文明办《关于开展“文明和谐单位”和“社会主义新农村建设重点推进村”结对帮扶共建文明和谐村活动的实施意见》精神和省直文明办的统一部署，组织开展了与社会主义新农村建设重点推进村结对帮扶共建文明和谐村活动。2009年6月、7月，厅机关党委两次赴共建村——晋中市榆次区东赵乡石羊坂村进行了认真的调研，通过现场查看、走访座谈及与共建村领导班子交流协商，拟定了结对共建实施方案。主要包括两项内容：一是完成该村解决人畜饮水及大棚灌溉的深井配套工程；二是完成蔬菜生产园区1公里道路硬化。两个项目共提供帮扶资金30万元。

深入开展联企帮困工作。根据省直工委安排，牵头完成了联企帮困工作。春节、中秋节前，联合省社科院等单位到永明无线电厂慰问困难职工，送去慰问金4.6万元，为66户困难职工送去了党和政府的关怀与温暖。

（王鹏程）

附：省财政厅党组书记、副书记、成员名单

书　记：郑建国

副书记：石常明

成　员：胡双明　潘贤掌　张五胜　张　韬　武　涛　高向新　黄　庙

省人力资源和社会保障厅党组工作概况

党组书记　张　健

2009年，在省委、省政府的正确领导下，全省上下坚决贯彻中央“保增长、保民生、保稳定”的决策部署，同心同德，齐心协力，战胜了金融危机对我省的严重冲击，实现了经济社会的平稳较快发展。各级人力资源社会保障部门以“帮企业、保就业、促稳定”为工作主线，统筹社保体系建设、人事分配制度改革、人才队伍建设、构建和谐劳动关系等工作，圆满完成了各项目标任务。

一、应对危机，全力以赴打赢保就业攻坚战

2009年，我省就业工作经受了前所未有的巨大压力。在严重危机和严峻考验面前，各级人力资源社会保障部门把稳定和扩大就业作为全系统的中心工作和首要任务，坚定信心，迎难而上，强化措施，沉着应对，全力以赴抓好这项关系民生、关系稳定的大事，以卓有成效的工作确保了我省就业形势的总体稳定。全省城镇新增就业42.2万人，完成全年任务的105.5%；下岗失业人员再就业17.7万人，完成全年任务的118%。全省城镇登记失业率为3.86%，低于4.2%的年度控制目标。

一是及时出台一系列保就业政策措施。面对金融危机的冲击，省政府运筹帷幄、果断决策，在制定经济领域保增长一揽子政策措施的同时，把保就业作为保民生的基础，

连续制定下发了关于加强全省就业工作、关于促进高校毕业生就业、关于做好农民工就业工作和关于促进创业带动就业的4个综合性文件。我厅会同有关部门迅速出台了14个配套文件，各市也制定了具体的落实措施，形成了应对危机，稳定和扩大就业的一整套政策体系。这些政策措施针对性强、含金量高，为稳定和扩大就业提供了重要政策保障。

二是全力帮扶困难企业稳定现有岗位。坚决贯彻省政府的决策部署，在全国率先制定出台帮扶困难企业的社会保险“五缓四降三补贴”政策，面向困难企业，简化办事程序，提高办事效率，大力推进政策落实。实实在在为4153户企业缓缴五项社会保险费21.8亿元，降低四项保险费率，减轻企业负担28亿元，为480户企业发放培训补助资金1.3亿元，总金额达51.1亿元，在全国名列前茅，惠及企业职工80余万，产生了良好的社会效果，广大企业纷纷承诺不裁员、不欠薪，共同为稳定就业岗位作出重要贡献。

三是积极扶持创业，以创业带动就业。合理布局培训网点，加强师资队伍建设，提高培训补贴标准，扩大培训对象范围，放宽小额担保贷款额度，指导成立省创业就业促进会、创业就业基金会，首批募集基金1000万元，推广“基金+导师”的公益性创业扶持模式，开展创业型城市创建活动，太原、阳泉、晋城被推荐为国家级试点，建立起省、市、县三级创业服务网络体系，建立了创业培训、政策扶持、创业服务“三位一体”的工作机制。全年组织创业培训34651人，投入培训补贴1亿余元，发放小额担保贷款2.1亿元，减免税费2423万元，有效激发了全社会的创业活力，全年新增个体工商户76066户，带动就业近14万人。

四是突出抓好重点群体就业。把高校毕业生作为城镇新增就业的重点放在首位，出台7项政策、10项措施，实施教师特岗、三支一扶、就业见习、科研项目助理等专项计划，增加有效岗位供给8万余个，鼓励大学生到农村、到基层、到中小企业就业，解决落户、社保、职称等相关问题，形成了政策倾斜、跟踪服务的长效机制。经过努力，高校毕业生就业率达到了81.1%，高于上年度10个百分点。认真落实农民工进城务工和返乡创业的扶持政策，结合我省重点项目建设、家电下乡、农业产业化、发展农村便利店以及三产服务业的发展等对劳动用工的需求，大规模、有组织地开展针对性职业技能培训，有效提升就业能力，50多万名返乡农民工有95%以上重新找到了工作。建立台帐，对就业困难群体实行“一对一”的帮扶办法，确保零就业家庭动态“消零”，通过各种有效途径，共援助就业困难人员就业5.1万人，这是省政府为群众办的“十件实事”之一。

五是加强公共就业服务，促进市场主渠道就业。为适应金融危机下，市场倒逼机制带来的经济结构、产业结构调整对劳动用工的新需求，组织开展了为期两年的大规模特别职业培训计划，加强就业资金投入，提供免费公共服务和相关补贴，全年发放专项资金13亿元，全省组织各类培训79.6万人，完成年度任务的110.5%，其中困难企业职工转岗培训16.3万人，农村劳动力实用技能培训20.5万人，城镇失业人员技能就业培训27.8万人，新成长劳动力技能储备培训15万人。全省各级公共就业服务机构共举办招聘会3000余场，参加招聘的用人单位6.4万家，提供就业岗位99.6万个，参加求职142万人次，达成就业意向55万人。同时，完成了四川茂县对口就业援助任务。

二、统筹城乡，全方位推进社会保障体系建设

越是在经济困难的时候，越要高度关注民生。省委省政府把加快社保体系建设作为保障民生的重要着力点，强化政府责任，加大财政投入，全系统积极研究政策措施，不断深化社保领域各项改革，取得了一系列重大进展。全省参加城镇基本养老、基本医疗、失业、工伤和生育保险的人数分别达到564.1万人、879.3万人、293.3万人、280.3万人和185.6万人，新农保参保人数达378.2万人，全部超额完成年度目标任务。

一是养老保险制度进一步完善。实现了企业养老保险省级统筹，提高了调剂保障能力，为社保关系的跨省转移创造了条件；出台并落实养老保险费补缴续缴办法，企业改革、改制中因分流中断参保和未参保人员的养老问题得到解决；统一规范了个体工商户和灵活就业人员补缴、续缴政策，优化了劳动力市场流动政策环境；增设了个体工商户和灵活就业人员缴费档次，满足了这部分人的参保愿望；出台了“五七”工厂家属工参保政策，妥善解决了这一历史遗留问题。仅补缴接续政策出台不到两个月时间，就有6.4万人补缴保险费11.3亿元，社会效应非常好。

二是在全国率先开展新农保试点。新农保是社会保障体系建设中具有里程碑意义的大事。我们在22个县（市、区）率先开展试点，各级加大政策宣传力度，严密组织实施，全力做好这一得民心、顺民意的大事，也是省政府为群众办的“十件实事”之一，提前完成任务，参保农民达到378万，60万老人按月领到基础养老金，这一举措使我省养老保险迈出了由城镇向农村覆盖的重要步伐，走在了全国前列。

三是医疗保障制度实现城乡全覆盖。全省11个市全部启动了城镇居民基本医疗保险，提前一年实现了城镇居民基本医疗保险制度的全覆盖；出台了大学生参保实施办法；争取到中央财政专项补助资金8亿元，加大地方财政补助资金配套力度，将国有关闭破产企业退休人员纳入城镇职工医疗保障范围，通过协调财政，采取由同级财政补助50%的办法，将国有困难企业职工和退休人员纳入城镇职工医保范围，解决了这两个群体70万人的医保问题。此外，工伤、生育保险覆盖到各类企事业单位。可以讲，由城镇职工医保、城镇居民医保、农村的新农合以及城乡医疗救助制度构成的多层次、多形式的医疗保障体系，覆盖了全省城乡，我省跨入了“全民医保”时代。

四是五项社保待遇水平稳步提高。把提高保障水平作为应对危机的重要措施，连续第5年提高企业退休人员养老金，月人均由2005年底的627元提高到现在的1263元；提高大病报销额度，城镇职工医保统筹最高支付限额达到17万元；提高一般住院费用报销比例，职工和居民分别达到70%、50%以上；提高失业保险金待遇，同比增加了9%；提高工伤伤残津贴、生活护理费、工亡职工供养亲属抚恤金标准，同比增长超过30%；对符合政策规定的生育医疗费用，参保职工基本实现零负担。

五是狠抓扩面征缴，强化管理与监督，确保基金运行安全。随着各项制度的逐步健全完善，我省社会保障不仅覆盖到了广大城镇职工，而且将私营企业、灵活就业人员和城镇非从业居民、农民工、被征地农民以及新农保试点县农民，纳入到制度范围。非公经济组织参保比例提高到55%以上。去年在实施“五缓四降三补贴”减收保费达51.1亿元的前提下，社保基金扩面征缴仍然实现了稳中有升，五项社保基金收入达447.1亿元，同比增长21%，积极争取中央转移支付51.4亿元，总支出307.5亿元，收支相抵，累计结余达450亿元，切实发挥了经济运行“减震器”和社会“稳定器”的作用。同时，完善了社保基金内部控制、审计监督、社会监督的办法，层层建立健全责任制体系，严格实行一把手负责制，严格实行收支两条线管理制度，加强内部和外部的审计监督，确保了社保基金的安全。

三、改革创新，全面加强人事人才管理与服务

一年来，全省各级人社部门坚持以完善制度和深化改革为抓手，以提升能力素质为目的，以服务各类人才为手段，扎实推进人事人才工作。

一是着力完善公务员制度。出台《山西省轮训培训行政机关公务员意见》，大力实施公务员轮训培训工程，组织培训行政机关公务员8万余名，公务员初任培训率达100%。改革完善公务员考录方式，坚持公开、平等、竞争、择优原则，圆满完成行政机关公务员“四级联考”、成品油税费改革分流人员接收、司法公安部门从高校毕业生和退役士兵中招考工作人员等考录任务，报名参考人员达6.9万人，录用1927人。加强事业单位参照公务员管理工作，整体比例控制在全省行政机关编制数的13%以内。深入开展争当“人民满意公务员”活动，左权县委书记孙光堂、长治市林业局分别获得国家“人民满意的公务员”和“人民满意的公务员集体”荣誉。公务员队伍依法办事、依法行政、服务群众、促进和谐的意识和能力得到明显提高。

二是稳妥推进事业单位人事制度改革。全面推行事业单位新进人员公开招聘制度，引入竞争机制，规范进人行为，强化监督管理，全省各级事业单位共公开招聘9107人，报考人数超过19万余名，公开招聘制度深入人心；着力推进岗位设置管理工作，省、市、县三级事业单位岗位设置管理工作正式启动，全面铺开；扎实做好事业单位收入分配制度改革。加强政策宣传、组织实施和监督检查，全省实施义务教育学校绩效工资制度，月人均增资460元，收入水平与当地公务员拉平。

三是专业技术人才队伍建设进一步加强。选拔新世纪学术技术带头人国家级人选10名，确定“333”人才工程省级人选80人；山西大学光电研究所所长彭堃墀院士、太原理工大学煤科学与技术实验室获得全国杰出专业技术人才和先进集体荣誉称号；积极开展各类继续教育活动，深入实施知识更新工程，培训各类专业技术人员3.1万人次；加强创新载体建设，新设立博士后科研工作（流动）站12个，为历年之最；深化职称制度改革，圆满完成51类（次）职称、职（执）业资格考试，7187人取得高级专业技术职务任职资格。

四是技能人才队伍建设稳步推进。指导各级各类技工学校拓展办学规模和培训领域，积极开展职业技能竞赛，完善技能人才多元评价体系，规范职业技能鉴定管理。全年共组织40万职工参加各类岗位练兵和技能大赛，24.1万人参加职业技能鉴定，新增技师、高级技师6241人。

五是引进海外人才智力工作取得新突破。以“聚海外人才智力，促山西转型发展”为主题，成功举办2009海外人才山西服务周活动，邀请海外人才88名，对接项目48项，引进高层次海外人才12名，协议利用资金5200万元。加大引进国外智力工作力度，实施重点项目引智计划，积极推广农村引智成果。

六是军转工作有力有序。隆重召开全省军转表彰大会，116名“全省模范军转干部”、68个“军转安置先进单位”和57名“先进军转工作者”受到表彰。强化政治责任，不折不扣地落实安置计划，加大工作力度，655名转业干部得到妥善安置。积极推进军转干部教育培训，不断强化自主择业军转干部管理服务工作。认真做好部分企业军转干部解困和稳定工作，中央和省委、省政府关于企业军转干部的各项政策和配套措施得到全面落实，思想疏导和“重点工作对象”稳控工作得到加强，为维护全省和谐稳定的大局做出了贡献。

四、维护权益，深入开展和谐劳动关系创建活动

从完善工作制度和机制入手，充分发挥协调劳动关系三方机制的作用，积极稳定劳动关系，维护劳动者合法权益。

一是积极推进《山西省劳动合同条例》颁布实施。突出从源头上保护劳动者合法权益，在企业劳动用工管理、企业工资宏观调控、承认双重劳动关系、特殊人群劳动保护等方面具有创新和突破，针对性、可操作性强，具有鲜明的山西特色，得到国家人社部肯定，在全国产生了较大影响。

二是深入推进和谐劳动关系企业创建工程。太钢等9家企业和太原高新区分别被评为“全国模范劳动关系和谐企

业”和“全国模范劳动关系和谐工业园区”。在去年六七月份保就业的关键时刻，省政府召开了全省和谐劳动关系创建工程推进会，表彰全省稳定就业岗位先进企业43户。

三是进一步加强工资宏观调控。提高最低工资标准，健全解决企业工资拖欠问题的应急工作机制，督促企业普遍建立欠薪报告制度，认真落实工资保证金制度，累计存储工资保证金1.17亿元，企业工资拖欠问题得到比较及时的解决；建立企业效益与职工工资挂钩并同步增长的机制，完善企业工资支付保障机制，做实工资指导线。据快报统计，2009 年全省城镇单位在岗职工平均工资28559元，同比增长10.6%。

四是不断加大劳动保障监察力度。强化监察服务企业的措施，规范企业用工行为。以劳动保障监察“两网化”监管工作为重点，持续开展农民工工资支付、人力资源市场、劳动用工执法大检查等专项行动，共主动检查用人单位6.92万户，涉及职工234.3万人。责令补签劳动合同33.7万份，督促4337户用人单位职工补缴社会保险1.5亿元，为13.99万名劳动者追讨工资2.67亿元。检查职业中介机构236户，吊销许可证件9户，有力地维护了劳动者合法权益。

五是积极化解和处理劳动争议纠纷。加强12333信息咨询服务平台建设，解答群众电话咨询52435个。深入排查化解矛盾纠纷，积极预防和妥善处理群体性事件，全年共受理上访44533件，涉及55852人。仲裁立案7909件，结案7195件，结案率91%，有效维护了当事人权益和社会稳定。

与此同时，按照省政府机构改革的部署和要求，新的人力资源和社会保障厅于6月份挂牌组建。在新部门的组建过程中，围绕提高行政效能的目标，以转变职能为核心，通过科学界定职责，优化机构设置，妥善安排人员，形成了高效顺畅的运行机制和新的工作格局，基本实现了原人事、劳动保障两厅职能的有机统一和高效整合。通过深入开展以“八讲”为主题的教育活动，有力凝聚了人心，增进了团结，促进了融合，达到了“思想上形成共识、工作上形成合力、制度上形成统一、文化上形成风格”的目标要求，为各项工作的顺利开展奠定了良好的基础。此外，人力资源社会保障法制建设、规划统计、新闻宣传、机关党建、党风廉政建设、离退休干部管理服务、干疗事业、管理职业学院建设等各项工作也都顺利向前推进，取得新的进展。

（王俊杰）

附：省人力资源和社会保障厅党组书记、成员名单

书　记：张　健

成　员：杨培岳　李文慧　李建刚　王云龙　王建文

省国土资源厅党组工作概况

党组书记　李建功

2009年，国土资源厅党组和全系统广大干部职工振奋精神，迎难而上，积极主动服务，严格规范管理，较好地完成了全年各项工作任务，为我省重点工程建设和经济企稳向好做出了贡献。

一、力克时艰，各项工作取得明显成效

2009年，面对国际金融风暴的严重冲击，面对经济结构深层次矛盾的重重困扰，面对保增长、保民生、保稳定的繁重任务，厅党组一班人冷静思考，沉着应对，科学决策，坚持以科学发展观为指导，坚持业务工作和党风廉政建设同部署、同推进、同检查、同考核，坚决贯彻执行民主集中制和党风廉政建设责任制，同心同德，齐心协力，带领全系统广大干部职工，通过重点实施“全员业务提升、法规制度建设、提振干部精神”等“三大工程”，科学研判找对策，多措并举保用地，坚定不移守红线，积极主动配资源，依法规范快换证，努力防灾保民生，建章立制促廉洁，提振精神建队伍，着力破解难题，努力化危为机，较好地完成了各项工作任务，保障了重点工程用地，为省属大企业配置了资源，为煤矿企业兼并重组整合做出了重大贡献，切实维护了群众的合法权益和生命财产安全，班子的战斗力和凝聚力进一步增强，全系统廉洁、务实、为民的形象进一步巩固。煤矿企业兼并重组换证工作受到了张宝顺书记、王君省长的高度评价，各项工作得到省领导的充分肯定。

一年来，各项工作指标完成情况如下：耕地保有量保持在6080万亩，基本农田面积保持在5166.9万亩。争取国家下达我省年度用地计划14.04万亩，其中：农用地10.35万亩（含耕地7.96万亩），未利用地3.69万亩。除未利用地外，全部执行完毕。全省供应土地1740宗、7.04万亩，成交总价款160.2亿元。安排了土地开发整理项目51个，总投资6亿元，新增耕地7.5万亩，改造中低产田42.9万亩。初步确定了79个地质找矿项目，安排资金4.7亿元。已完成的2008年度找矿项目初步探明资源/储量煤炭254亿吨、铝土矿3.4亿吨、铁矿1.04亿吨（矿石量）。全省立案查处土地违法案件1360 件、矿产违法案件263件；拆除构建物25万平方米，没收构建物62万平方米，收回土地900亩，罚没款4946.56

万元；给予党纪政纪处分74人，移送司法机关10人。全省国土资源收益达到252.14亿元，其中：土地出让金160.2亿元，新增建设用地有偿使用费14.89亿元，矿业权价款60.18亿元，矿产资源补偿费16.87亿元。

二、服务大局，进一步提高土地和矿产资源保障力

厅党组紧紧围绕省委、省政府的中心工作，注重从改革中出业绩，从提速中见成效，努力为全省经济企稳回升提供可靠的土地和矿产资源保障。

(一) 围绕“保增长”目标，全面保障重点工程用地报批和资源配置。积极开展“保增长保红线行动”，以152个重点项目为主要服务对象，按照“新增指标保重点，一般项目靠挖潜，统筹灵活保开工，严格规范保红线”的原则，采取年度计划指标切块保障、厅领导带队到重点用地部门对接、及时跟踪项目建设情况、开通用地报批绿色通道、适时调整用地计划、专项专题研究等措施，强化上下联动，提高审批效率，取得较好成效。同时，为解决好省属国有大集团资源接替问题，促进其立足本省实现平稳、快速、可持续发展，根据省政府主要领导同志指示和省政府安排，紧急启动了为省内大集团定向配置矿产资源工作，省厅先后分三批集中研究了69宗资源配置意见，涉及煤炭资源/储量250 亿吨、其它矿产资源/储量2亿吨。通过提高土地、矿产资源的保障力，进一步提升了国土资源部门的快速应对能力。

(二) 严守“保红线”目标，严保耕地与加大执法双管齐下。认真落实耕地保护目标责任制，层层签订责任书，完善了考核奖惩机制，进一步明确了各级政府的保护责任。加强基本农田保护，严禁各种非农建设擅自占用基本农田、擅自改变基本农田区位。继续开展大规模中低产田改造，提高高标准农田比重。坚持建设占用耕地“占一补一”、“先补后占”的原则，保持全省耕地总量动态平衡。依法维护被征地农民的合法权益，提高征地补偿标准，被征地农民社会保障方案未经有关部门审核同意的，不予受理征地报批材料。开展了第九次土地执法检查，针对一些地方项目建设用地片面求快而出现的苗头性和倾向性问题，积极采取有效措施，持续加大执法监察力度，查处了一批借拉动内需之名集中违法占地行为。

(三) 突出“促改革”主题，全力推进煤矿企业兼并重组换发采矿许可证工作。煤矿企业兼并重组整合工作开展以来，省厅积极参与各市整合方案的审查，完成保留矿区的坐标审核。进入换证阶段后，按照“弄清底数、作出安排，先易后难、分类指导，坚持条件、从快从简，人随件走、立等办妥，政府协调、部门联动”五句话、40个字的换证工作总要求，变“等待批”为“主动要”，高效换证、优质换证、廉洁换证。一是抓快办。召开全系统视频会议立下军令状，为“5+3”煤炭集团“量身定做”换证资料和程序要求，省厅领导包市催报资料，采取一站式快捷办理、一条龙优质服务，设立三个换证大厅，省、市、县三级国土资源部门在省厅集中办公、流水作业。二是抓质量。根据国家有关法律法规和省政府有关要求，明确政策界限，规范资料要求和审核标准，制定换证程序，确保换证质量。三是抓廉洁。制定了换证工作“五要五不准”，并将省纪委的“十严禁”和我厅的换证流程、“五要五不准”张贴在换证大厅，接受公开监督。截至年底，在全省资源整合保留煤矿1053个中有986个已拿到采矿许可证，占保留企业数的93.6%；全省整合后产能保留12亿吨，已换证形成产能11.3亿吨，占94%，为全省煤矿企业兼并重组整合工作作出了决定性贡献。

(四) 立足“保秩序”大局，着力保持打击非法违法采矿高压态势。适应去年矿产开发秩序的新形势、新特点和新动向，全系统以严厉打击、有效遏制兼并重组整合环境下的无证非法采矿、超层越界违法采矿为重点，按照“及时发现、有效制止、依法查处”的总要求，通过开通12336统一举报电话，畅通检举途径；实施制度化、常态化巡查、突查，确保非法违法采矿露头就打；全面开展无人机空中监测，提高执法科技含量；实施联席会议和联合执法制度，形成打击合力等措施，进一步加大了矿产执法监察力度，保持了打击非法违法采矿的高压态势，实现了全省矿产开发秩序的空前好转。

(五) 实践“重民生”要求，切实加强地质灾害防治工作。坚持“预防为主、防治结合”的原则，进一步建立健全地质灾害群测群防体系，开展了汛期地质灾害防治检查和地质灾害气象预警工作。建立了全省地质灾害防治管理信息系统，纳入全省群测群防体系的地质灾害隐患点达到9251个。组织12578人次参加地质灾害防治检查，发现问题及时与当地政府沟通，提出了具体防治整改措施。2009年，我省地质灾害伤亡人数和财产损失较上年显著下降。“11·16”中阳黄土崩塌灾害发生后，厅领导带领有关专家第一时间赶赴现场，开展应急调查，协助地方政府指导抢险救援，迅速完成被埋人员的搜救工作，并及时部署开展了全省范围的隐患排查。由于各级国土资源部门工作到位，无一人被问责。

(六) 实施“强基础”项目，整体推进土地调查、规划修编、地质找矿和矿产核查。第二次土地调查工作进展顺利，按要求向国家上报了调查成果。省级土地利用总体规划成果已经国务院批准。广泛发动全省国土资源系统和地勘单位，开展了“地质找矿改革发展大讨论”，有力促进了地质勘查工作。开展了矿产资源储量利用现状调查、矿产资源潜力评价和矿业权实地核查工作，为进一步摸清我省矿产资源家底打下了扎实基础。

(七) 教育、监督、交流并举，用制度保证干部认真履职。本着“切实规范行政行为、保障干部充分做事、筑牢职务犯罪防线”的目的，把制度建设提上重要议事日程。召开了推进制度建设动员大会，成立了制度建设领导组和高级专家咨询委员会，认真梳理我厅在行政审批、案件查

处、党风廉政建设等方面存在的问题，及时提出改进意见和整改措施，通过制定修改规章制度，不断推进惩防体系建设，堵住工作漏洞，规范权力运行。按照“理清关系、加强综合、推进年轻化、注重组织建设”的原则，对厅领导分工和干部岗位进行了调整。明确由四位副厅长和纪检组长分别统筹管理机关综合事务、土地业务、矿产资源业务、地质环境业务和党风廉政建设工作；新提任的4个市局的主要领导，全部实现了系统内部产生、异地进行交流；厅机关进行了较大范围轮岗，有效解决了长期以来机关、事业单位混岗、干部个人待遇不到位的问题，调动和发挥了干部职工的主动性、积极性。

三、源头治理，进一步加强党风廉政建设和反腐倡廉工作

厅党组紧紧依托“三大工程”，积极构建惩防体系建设，落实源头治理，防范腐败行为，党风廉政建设和反腐败工作取得新的成效。

(一) 切实加强各级领导班子建设，全面落实党风廉政建设责任制。一是加强组织领导，强化责任观念。坚持标本兼治、综合治理、惩防并举、预防为主的方针，按照“一岗双责”和“谁主管、谁负责”的原则，认真执行党风廉政建设责任制，及时制订下发了《关于2009年国土资源系统党风廉政建设和反腐败工作任务分工的通知》，细化目标责任和制度措施，进一步完善和健全党组统一领导、党政齐抓共管、主要领导亲自抓、分管领导分工抓、业务部门参与抓的党风廉政建设工作格局。党组成员对分管部门和单位的反腐倡廉落实情况进行经常性督查，厅纪检组协助党组抓好组织协调，做到早发现、早提醒，防患于未然。承担任务的各单位、部门密切配合，狠抓落实，形成了各司其职、合力推进的良好局面。二是加强理论学习，增强拒腐防变意识。坚持党组中心组带头，处级干部为重点，党支部为单位，引导各级领导班子把学习宣传《建立健全教育、制度、监督并重的惩治和预防腐败体系实施纲要》与深入贯彻落实十七届四中全会精神结合起来，不断提高学习的自觉性、主动性，打牢思想基础，筑严思想防线，切实做到勤政为民、廉洁从政。三是认真贯彻民主集中制原则，充分发挥各级领导班子的整体功能。按照集体领导、民主集中、个别酝酿、会议决定的原则，增强集体领导意识，进一步完善党组内部的议事规则和决策程序，提高了决策的科学化、民主化水平。坚持集体领导下的个人分工负责制，把充分民主和正确集中结合起来，形成各司其职、相互协调、配合默契、共同推进全局工作的整体合力。

(二) 切实加强干部队伍建设，有效防范不正之风和腐败现象。一是切实加强制度建设，用制度管理人、规范事、抓廉政。本着“切实规范行政行为、保障干部充分做事、筑牢职务犯罪防线”的目的，把制度建设提上重要议事日程。召开了推进制度建设动员大会，成立了制度建设领导组和高级专家咨询委员会，积极引导大家认真梳理我厅在行政审批、案件查处、党风廉政建设等方面存在的问题，及时提出改进意见和整改措施，通过制定修改规章制度，不断推进惩防体系建设，堵住工作漏洞，规范权力运行。二是开展廉政教育，增强自律意识。始终把加强党风廉政教育作为源头治理和提高干部综合素质的重要内容之一，常抓不懈。按照省纪委的要求，先后派出2名厅级干部和4名处级干部参加了全省重点领域、关键环节领导干部廉政教育培训班。2名厅领导先后三次为培训班的人员讲授矿产资源管理业务知识，受到了一致好评。邀请省检察院机关党委书记孙初民同志，讲授预防职务犯罪警示教育课，收效良好。组织国土资源系统先进人物事迹巡回报告会，宣讲郭云、郭瑞忠、温正等系统内部涌现出的先进人物和先进事迹，进一步鼓舞了士气，弘扬了正气。三是强化监督制约，规范权力运行。推进政务公开，加强监督检查，强化对土地和矿业权审批、重大项目管理、资金使用及工程招投标等重点领域、重点环节、重点岗位的监督，从源头上防治腐败现象。比如在煤矿企业兼并重组整合换证过程中，主动邀请检察、纪检全程参与监督；明确了换证必备资料要求和审核标准，坚持用一个标准审核、一把尺子衡量，防止了自由裁量权；通过阳光作业，一站式服务，防止了暗箱操作；环环明确标准，层层落实责任，分工负责，各把一关，避免了少数人拿意见、定盘子。四是严肃查办案件，开展专项工作。全系统各级纪检监察部门，认真履行职责，敢于动真碰硬，在有关部门的配合下，查处违纪违规人员37名，其中：党纪处分5人，行政处分11人，免职1人，诫勉谈话2人，通报批评18人，有效维护了党纪政纪的严肃性。

(三) 切实改进全系统工作作风，树立国土资源部门的良好形象。一是召开党组民主生活会和党员组织生活会。紧密联系学习实践科学发展观活动查找出的突出问题，认真开展了以“六查六看”为主要内容的作风纪律教育整顿，即查思想认识，看责任意识强不强；查工作作风，看有无办事拖拉、推诿扯皮现象；查组织纪律，看纪律观念强不强；查依法行政，看执纪执法严不严；查为民理念，看宗旨意识牢不牢；查廉洁自律，看廉政意识强不强。通过召开民主生活会和组织生活会，党组成员和党员干部主动带头，对照自身工作和党风廉政建设情况，积极开展了批评与自我批评，形成了勤政廉洁的良好风气。二是推进政风行风建设。通过建立“政风行风热线”、召开政风行风对话会、发放问卷调查、积极参与当地民主评议等工作，推动各级国土资源部门在提高效率、改善服务、努力维护国土资源队伍的良好形象上下功夫，促进了全系统政风行风的转变，行政效能、执法水平和服务质量有了明显提高。三是开展了精神文明创建活动和扶困救助行动。先后开展了“文明和谐过节日”、“廉政文化进机关”活动，组织干部到大同、朔州重点工程项目一线学习调研，开展学习“井冈山精神、长征精神、西柏坡精神、新时期64字创业精神、抗震救灾精神和右玉精神”为主要内容的主题教育实践活

动，阅读《社会主义核心价值体系学习读本》活动，组织了“联企帮困送温暖”、“扶贫助残献爱心”、“博爱一日捐”、“帮雪灾群众渡难关”等救助活动，为扶贫点学生送去电脑和学习用具，努力建设具有国土资源特色的行业文明，树立了爱岗敬业、廉洁奉公、锐意进取、廉洁高效的部门形象。（宋　涛）

附：省国土资源厅党组书记、副书记、成员名单

书　记：杜创业（4月离职）　李建功（4月任职）

副书记：康有全

成　员：高　博　岳盛林　牛来有　彭东晓　杨志强

省住房和城乡建设厅党组工作概况

党组书记　王国正

2009年是全省上下积极应对国际金融危机冲击、努力保持经济平稳较快发展的特殊之年，也是省住房城乡建设厅和住房城乡建设系统经受严峻考验并取得较大成绩的一年。一年来，厅党组自觉在政治上、行动上与党中央保持高度一致，紧紧围绕推动科学发展、建设和谐山西这个大局，按照省委、省政府“保增长、保民生、保稳定”和推动转型发展、安全发展、和谐发展的一系列决策部署，在加强重点工程建设，促进经济平稳较快发展，加快保障性安居工程建设，切实改善民生，扎实推进节能减排，促进转型发展等方面取得了新的成果。

一、坚决贯彻落实省委、省政府决策部署，千方百计完成各项重点任务，为“保增长、保民生、保稳定”做出了应有贡献

（一）全力推进重点工程建设，充分发挥重点工程拉动投资、促进经济平稳较快增长的“火车头”作用。在省委、省政府和省重点工程建设领导小组的领导下，厅党组认真贯彻落实全省重点工程建设动员大会精神，坚持把重点工程建设作为全厅和全系统各项工作的重中之重，采取层层动员部署，实行集中审批，建立会议制度，强化督促检查，实施考核排名，建立约谈机制，集中进行攻坚等措施，举全力予以推进。省级重点工程12大类152个项目，开工建设135项，其中，当年新开工48项，是近年来开工率最高的一年。重点工程完成投资总额、完成投资率、完成投资增长率均创历史最好水平。据统计，省级重点工程累计完成投资1533.68亿元，同比增长3.1倍；市级重点工程累计完成投资2808.08亿元，超出年初计划63个百分点；省、市两级合计完成投资4041.76亿元，带动全省全社会固定资产投资完成5000 亿元，重点工程完成投资占到全省城镇固定资产投资总额的87.9%。“省城十大建筑”建设快速推进，为全省重点工程建设发挥了示范和带头作用。由省工务局承担的山西省科技馆、山西省图书馆、山西大剧院、山西体育中心建设工期紧、任务重、速度快、质量高，为省城十大建筑建设发挥了非常好的表率作用。受到了省委、省政府主要领导的充分肯定，得到了社会各界的广泛认可。

（二）切实加快保障性安居工程建设和房地产业发展，有力促进了民生改善和和谐山西建设。保障性安居工程建设是省政府向全省人民承诺办好的“十件实事”之一，也是12 大类省级重点工程之一。厅党组坚持把这项民生工程和民心工程作为一项重要工作紧紧抓在手上，出台了《关于贯彻国务院全国保障性安居工程工作会议精神加快保障性安居工程建设的通知》，明确了保障建设用地、廉租住房建设省级财政补助标准和创新住房保障机制等方面的政策措施，并采取层层落实目标任务、多渠道筹措建设资金、大力度开展督促检查等措施，确保了工程建设快速推进。2009年，全省共落实国家和省保障性安居工程补助资金15.82亿元，累计开工建设保障性住房2119万平方米，解决了35.9万户（其中，农村危房户1.2万户）城乡低收入困难群众住房问题，超出计划30个百分点；以货币补贴方式解决保障对象17.4万户，超额完成了“十件实事”确定的目标任务，城镇居民人均住宅建筑面积达到29平方米，农村居民人均住宅面积达到26.47平方米，同比分别增加1和0.51平方米，兑现了省政府向全省人民作出的承诺。国务院于12月下旬，在大同市召开了全国城市和国有工矿棚户区改造工作会议，中共政治局常委、国务院副总理李克强亲临会议并做了重要讲话，会议对我省棚户区改造工作给予了充分肯定。充分发挥房地产拉动消费、促进经济增长的作用，报请省政府出台了《关于鼓励和培育住房消费促进房地产市场健康发展的若干意见》，出台了税费减免、加大土地供应、合理利用企事业单位存量住房用地等方面的优惠政策和措施，促进了房地产市场健康发展。全年完成房地产开发投资477.3亿元，同比增长45.5个百分点，比全国平均增幅高29.4个百分点，居第一位，是历年来增幅最高的一年。房地产开发完成投资占到全省城镇固定资产投资的比例同比提高0.5个百分点。全年新增住房公积金缴存额106.87亿元，为2.63万户职工发放住房公积金个人贷款21.9亿元。

（三）扎实推进节能减排工作，为城镇可持续发展创造良好人居环境。厅党组始终把建设领域节能减排作为促进转型发展的重要内容，出台了《关于对既有居住建筑节能改造实行目标责任管理的通知》和《关于加快城镇污水处

理设施建设和保障运行的通知》等政策，从资金筹措、监督管理、宣传引导等方面加大了推进的力度，取得突破性的进展。在建筑节能方面，新建成节能建筑约2000万平方米，县级城市新建建筑节能标准执行率同比提高7.6个百分点；开工既有居住建筑节能改造项目78个、332万平方米，超出计划开工面积61个百分点；新建成可再生能源规模化应用建筑363.86万平方米，占新建建筑面积的比例同比提高8个百分点。据测算，三项合计每年可新增节能量37.25万吨标煤。按热计量收费面积达到67.5万平方米。在城镇减排方面，续建的43座城镇污水处理厂全部建成，计划新建的28座全部开工，全省城镇污水处理率达到69%，同比提高5.41个百分点；经国家环保部核定，完成新增生活COD减排量2.511万吨，同比提高17个百分点；续建的21座城镇垃圾无害化处理场全部建成，计划新建的28座全部开工，全省城镇垃圾无害化处理率达到37%，同比提高10个百分点。

(四) 坚持统筹城乡发展，城镇综合承载能力进一步提升。厅党组深入贯彻省委、省政府关于加快特色城镇化的战略部署，着力加强城乡规划工作，切实加快城市基础设施建设，不断提高城市管理水平，推动全省特色城镇化取得了新的进展。一是加强城乡规划工作。报请省人大颁布了《山西省城乡规划条例》，2010年1月1日正式实施；编制完成了《太原经济圈规划》、《介孝汾城镇组群规划纲要》；完成了太原、晋城、临汾、运城4市的城市总体规划修编，《晋城市城市总体规划》已经省政府批复。编制完成县域村镇体系规划18个，小城镇总体规划65个，历史文化名镇名村保护规划10个，村庄规划2000个。二是加快城市基础设施建设。全省共完成城镇市政公用设施建设固定资产投资285亿元，同比增长75.3%，是“十五”期间市政基础设施总投资207亿元的近1.4倍，也是历史上投入最多的一年，全省城市市政公用基础设施总体水平上了一个新的台阶。三是不断创优城市管理。介休、长子、襄垣、左权、古县等5县(市)被省政府命名为省级园林城市(县城)，太原、侯马、潞城、武乡、怀仁被住房城乡建设部命名为“国家园林城市(县城)”；新绛县古代园林公园被列为国家重点公园。太原“数字化城市管理”通过了住房城乡建设部的验收，被增补为全国试点城市。四是加快小城镇建设。全省100个重点镇完成基础设施建设投资129.4亿元，同比提高32%；建制镇绿化覆盖率同比增加1.1个百分点，12个镇被省政府命名为省级历史文化名镇和园林城镇。

(五) 建筑业持续快速发展，工程质量和安全生产工作稳步推进。全省建筑企业积极参加基础设施和民生工程建设，建筑业保持了持续快速发展的良好态势。全年累计完成建筑业总产值1773亿元，同比增长38.3%；实现建筑业增加值469亿元，同比增长35.9%，增加值占到全省GDP的6.5%；从业人员达到85万人，同比增长9.1%；劳动生产率20.85万元/人，同比增长15.1%。切实加强建筑业市场监管，深入开展建设系统安全生产专项整治和“质量安全年”活动，认真组织实施“三项行动”(安全生产执法、治理和宣传教育行动)和“三项建设”(安全生产法制体制机制、保障能力和监管队伍建设)，狠抓建筑安全生产隐患排查治理工作，工程质量水平稳中有升，安全生产保持平稳态势，未发生一起死亡6人以上的生产安全事故。

(六) 五台山申遗圆满成功，促进了生态文化保护和旅游业发展。五台山申遗工作经过5年艰苦细致的组织申报工作，于2009年6月正式以文化景观列入世界文化遗产名录。五台山申遗成功，不仅有效促进了生态文化保护，而且大大提高了在国内外的知名度，促进了旅游业的发展，同时，也为下一步恒山申报世界遗产提供了可资借鉴的经验。与此同时，统筹兼顾、协调推进建设立法执法、公积金监管、勘察设计、标准定额、建设稽查、招标投标、劳保统筹、城建档案、风景名胜区管理等各项工作，取得了新的成绩。

(七) 圆满完成厅机关机构改革任务。根据住房和城乡建设事业新的发展形势要求，按照省委、省政府关于省级政府机构改革的统一部署和《山西省人民政府机构改革方案》要求，结合住房和城乡建设部“三定”规定，组织专门力量在广泛深入调查研究和反复比较论证的基础上，提出了我厅主要职责、内设机构和人员编制方案，并经省编委批准，由省政府印发实施。机构改革之后，新设立的住房和城乡建设厅，在职能定位上，由专业经济管理部门转向了民生和社会保障部门；在管理方式上，由过去直接管理房地产业、建筑业、市政公用事业转向了通过监管市场进行行业管理；在管理体制机制上，明确了机关和事业单位的职责划分原则，为开展事业单位分类改革，进一步明确事权，奠定了很好的基础。与原省建设厅相比，新的住房和城乡建设厅主要职责更为明确，内设机构更为合理，人员编制较多增加，完全符合国家和我省机构改革的要求，更加适应政府管理方式的转变，更加适应新形势下住房和城乡建设事业又好又快发展的要求。

二、全面推进党的建设，为住房城乡建设事业健康发展提供有力保证

(一) 认真落实党的工作责任制。党的工作责任制是一项管根本、管长远的工作制度，对于促进机关党建工作落实至关重要。厅党组坚持把贯彻落实党的工作责任制作为关键抓手，不断建立健全机关党建工作长效机制，为加强机关党的执政能力建设提供了可靠保证。厅党组按照《2009年党组中心组理论学习安排意见》，以中心组学习、厅党组(扩大)会议和形势报告、专题讲座辅导等形式，组织中心组成员和机关处以上干部及直属单位主要负责人，重点学习邓小平理论、“三个代表”重要思想和科学发展观，学习党的十七大和十七届三中、四中全会精神，学习中央关于扩大内需、促进经济增长的一系列政策，学习全省经济工作、组织工作、机构改革工作、安全生产工作、重点工程建设等工作会议精神。通过学习，厅党组成员和广大党员干部在促进思想解放和观念更新、提升政治素质

和政策水平、解决突出问题和推动工作开展等方面取得了长足的进步。针对一些同志对加强重点工程建设在促进全省经济社会发展全局中的地位和作用认识不足、重视不够，认为重点工程建设是全省各部门、各行业的事，从厅里来讲是重点办的事，存在与己无关，漠不关心的心理，多次召开党组会和干部大会，对全体干部职工进行形势教育，使大家认识到：积极应对金融危机冲击，加强重点工程建设，努力保持经济平稳较快增长，不仅是一个单纯的经济问题，也是一个严肃的政治问题；不仅是各级政府部门的事，也是全党和全社会的事，全厅各处室、各直属单位和每一位干部职工责无旁贷，责任重大，实现了思想和行动的高度统一。为加强党对四项工程建设的领导，报请省委组织部设立了工务局党组。根据工作需要，对机关和厅属事业单位部分党总支、党支部委员进行了调整选配，进一步健全了基层党组织。加强党员队伍建设，全年共发展党员190名。“七一”前夕，对厅直系统在“创先争优”活动中涌现出来的21个先进党组织、158名优秀共产党员和18名优秀党务工作者进行了表彰，弘扬了先进，鼓舞了干劲。

（二）切实加强干部队伍建设。一是认真贯彻《党政干部选拔任用条例》和省委组织部“三个规定”，严格处级干部选任程序。积极探索程序科学、决策民主的干部选拔任用机制，制定了《选拔任用处级干部工作程序》和《处级干部推荐条件》，对处级干部选拔任用民主推荐、组织考察、讨论决定、公示、任职谈话、任免等程序进行了进一步规范和完善。二是坚持德才兼备、以德为先原则，进一步端正用人导向。在干部调整和选拔任用过程中，注重从德、能、勤、绩、廉、学等方面全面考察干部。着眼优化处级干部的年龄、文化和知识结构，针对全厅处级干部年龄偏大、第一学历偏低和知识结构不尽合理的状况，着力加大了对年轻优秀、文化程度较高干部的选拔力度。特别是对那些政治素质高、工作能力强、关键时候表现突出、能够承担和完成急难险重工作任务的干部进行了选拔重用，一批在抗震救灾和重点工程建设中表现突出的优秀同志走上了领导岗位。同时，注重发挥各类人才的积极性，将部分文化基础好、积累了一定机关工作经验的军队转业干部调整充实到了业务处室，进一步调动了方方面面的工作积极性。三是健全干部任用监督机制，防止用人上的不正之风。切实加强对干部选拔任用的监督，坚持严把推荐关、考察关、讨论决定关、公示关、试用关，有效防止拉票等不正之风。2009年共提拔正处级干部7名，副处级干部3名，经过干部队伍调整，机关正处实职干部年龄结构更优、学历层次更高。

（三）大力弘扬良好作风。一是大兴调查研究之风。厅党组坚持把调查研究作为成事之基、谋事之道，在对重要工作决策之前，都要进行深入调查研究。一年来，厅党组成员和有关处室的同志一道，在充分调查研究和广泛征求意见的基础上，制定出台了《关于鼓励和培育住房消费促进房地产市场健康发展的若干意见》等9个重要政策性文件，涉及保障性住房、重点工程、房地产业、污水处理、建筑节能等5个方面，切实加强了对行业的指导，有力推进了各项工作。二是带头真抓实干。为确保年初确定的各项目标任务圆满完成，各位党组成员带队会同省直有关部门，抽调各市、县专业人员在全省范围内组织开展了6次较大规模的督促检查活动，重点对各市、县重点工程建设，特别是由我厅具体承担的保障性安居工程，农村困难群众危房改造，污水、垃圾处理设施建设等工作进行了督促、检查和指导，促进了工作落实。三是勇于承担急难险重任务。面对受国际金融危机影响、经济增速放缓的严峻形势和省委、省政府交付给我们的繁重工作任务，厅党组多次利用晚上和双休日时间召开会议研究落实“保增长、保民生、保稳定”的具体措施。在厅党组的带动下，全厅干部不辞劳苦、不计报酬、不讲代价，经常加班加点、通宵达旦、连续作战，确保了各项任务圆满完成。为了快速推进省城四项建筑建设，省工务局全体干部职工吃在工地，住在工地，干在工地，掀起了全省重点工程建设新高潮。

（四）着力推进反腐倡廉建设。针对建筑领域的特殊性和2009年扩大内需、政府投资工程增多的新情况，厅党组认真落实党风廉政建设责任制，将党风廉政建设与业务工作同部署，同检查，同落实。分解细化党风廉政建设任务，下发了《中共山西省住房和城乡建设厅党组2009年党风廉政建设和反腐败工作主要任务》，对厅领导班子9名成员、18个处室、46项主要任务进行了明确。加强制度建设，出台了一系列规范性的规章制度，规范了廉洁从政行为。特别是按照中央和省委的统一部署，结合住房城乡建设行业实际，开展了工程建设领域突出问题专项治理，目前这项工作正在有序推进之中。

（五）充分发挥工青妇组织作用。以庆祝中华人民共和国成立60周年为契机，充分发挥工会、妇女、青年等群团组织的作用，举办了喜迎新中国60华诞山西省住房和城乡建设成就展活动，开展了歌咏比赛、演讲比赛、爱党爱国主题教育等系列庆祝活动，充分展示了厅机关和厅直单位广大干部职工奋发向上、锐意进取、求实创新的精神面貌。

（杜临学　张钢军　樊保平）

附：省住房和城乡建设厅党组书记、成员名单

书　记：王国正

成　员：张立光　任在刚　闫晨曦　郝耀平　郝培亮
李锦生　赵建宏　赵友亭（12月任职）

省交通运输厅党组工作概况

党组书记　段建国

2009年，省交通运输厅党组认真学习贯彻党的十七大、十七届四中全会和省委九届十次全会精神，紧紧围绕交通运输工作大局，坚持抓党建、促发展、保稳定，用党的创新理论武装党员干部职工，扎实推进党的建设，并大力加强行业精神文明建设和党风廉政建设，为全省交通运输事业科学快速安全协调发展提供了坚强的政治保证。截至2009年底，山西省交通运输厅党组共辖基层党组织452个，党委41个，党总支24个，党支部387个，有党员5234名。

一、坚持理论武装，强化学习培训，党员干部队伍的政治理论素质明显提高

认真学习贯彻党的十七大、十七届四中全会和省委九届十次全会精神，是2009年重要的政治任务和理论学习的重点。重点抓了中心组的理论学习，全年，厅党组组织了4次中心组集中学习讨论，共12天。主要学习了党的十七大、十七届三中、四中全会和省委九届十次全会精神；胡锦涛总书记和张宝顺书记关于加强领导干部党性修养和作风的重要讲话；《六个“为什么”——对几个重大问题的回答》、《加强领导干部党性修养树立和弘扬良好作风》等。各级党组织也通过中心组理论学习、支部学习会、每周每月的学习制度等，组织党员干部进行了政治理论学习。厅直机关党委还采取专家辅导讲座的形式，组织全厅党员干部职工学习了十七届四中全会精神，全系统逐渐形成“领导带头学、专家辅导学、突出重点学、创新载体学、结合实践学”的生动局面。

各级党组织坚持中心组理论学习和干部职工集中学习，在时间上基本做到了雷打不动，形成了经常化；在学习质量上，坚持做好集中学习记录不放松，坚持个人学习笔记不放松。特别是厅领导干部带头学习，带头宣讲，带头调研，在“真”字上下功夫、作表率，自觉做到真学、真懂、真信、真用，带动了各级领导干部的学习风气，进一步推动了全系统“学习型”党组织的建设。

按照中央和省委统一部署，全系统25个单位、5200名党员参加了第一、二批深入学习实践科学发展观活动。活动期间，紧密结合交通运输实际，确立了“坚持科学快速安全协调发展，提升交通运输服务保障能力”的活动主题和载体，集中解决了一批与科学发展不符合、不适应以及涉及群众切身利益的突出问题，较好地实现了“党员干部受教育、科学发展上水平、人民群众得实惠”的预期目标。集中活动基本结束后，认真开展了“回头看”，深化整改，兑现承诺。此外，认真组织8个新社会组织共82名党员参加了第三批学习实践活动。为确保学习实践科学发展观活动有效开展，要求具备成立条件的7个协会成立了临时党支部。

二、坚持党要管党，强化“三基”工作，通过加强党的建设保证了行业健康发展

厅党组坚定不移地贯彻“集体领导、民主集中、个别酝酿、会议决定”的议事决策制度。严格执行党的民主生活会制度，按时召开民主生活会，厅领导班子成员之间开展了严肃认真的批评与自我批评，并对照群众意见和批评意见，狠抓问题整改，加强自身建设。厅领导班子认真贯彻执行群众路线，深入基层、深入群众，开展调查研究，听取各方面的意见和建议，切实解决群众普遍关心的热点、难点问题。建立了专家咨询、社会听证和行业、政府领导联系制度等，最大限度地把来自基层、来自群众、来自社会的合理的、可行的意见吸收到决策中。在厅领导班子的带动下，全系统各级领导班子的自身建设得到了加强，执政能力和领导水平有了明显提升，执行力、创新力、凝聚力得到进一步增强。

针对近年来全省交通发展较快、新增单位较多的实际，及时健全了所有新成立单位的党组织。重点加强了在建工程项目党组织工作，参建单位在进驻工地的同时都健全了党组织，把党的基层组织建到了工队、班组，保证了厅党组的决策及时贯彻落实到基层，保证了党的政治优势的充分发挥。全年，厅直系统新组建党委8个，及时调整和完成了3个党组织换届选举工作。为了确保全年任务的落实，推动全系统党的工作制度化、经常化，按照《厅直党的工作目标责任制考核办法》，厅直机关党委对厅直单位党的工作进行了全面检查。各级党组织认真落实“一课三会”制度、党日活动制度、民主评议党员制度，完成了全系统41个党委、24个党总支、387个党支部、5000多名党员基础信息采集、录入与审核等工作，完成了党组织及党员的信息库建设，严密了党的组织体系。并加大创先争优表彰力度，七一前夕，对40个“先进基层党组织”、204名“优秀共产党员”、50名“优秀党务工作者”进行了表彰。继续贯彻“坚持标准、保证质量、改善结构、慎重发展”的方针，严把“入口关”，并将发展党员计划向建设、生产、教育、科研一线倾斜，共发展党员260余人。此外，还通过党员先锋岗、党员突击队、劳动竞赛等形式，为党员服务群众、加强党性锻炼搭建了平台，有效提高了党员队伍的整体素质。党员队伍已经成为交通运输行业的中坚力量和业务骨干队伍。

厅党组始终把党风廉政建设放在突出位置，坚持教育、制度、监督并重，深入开展了正反两方面的典型教育和权力观、价值观、荣辱观教育，组织重点领域、重点岗位上的300多名党员领导干部参加了省纪委举办的廉政教育培训班，营造了反腐倡廉的良好氛围。并及时制订下发了建立健全惩治和预防腐败体系2008-2012年实施方案，出台了《山西省交通厅党组巡视工作办法》，修订完善了公路建设领域领导干部廉洁自律有关规定，并按照中央和省委、省政府要求，深入开展了工程建设领域突出问题专项治理工作，较好地遏制了腐败特别是商业贿赂的发生。

认真学习中纪委十七届三次全会精神特别是胡锦涛总书记的重要讲话，深入贯彻省委《关于加强领导干部党性修养大力树立和弘扬良好作风的意见》等一系列加强作风建设的文件精神。省纪委、省委组织部《关于领导干部进一步改进工作作风严肃工作纪律的若干规定》下发后，党组专题进行了学习，并要求全系统所有领导干部严肃工作纪律，规范从政行为，加强作风建设。同时还结合年度考核，组成16个考核组对厅属单位领导班子和领导干部的作风建设进行了检查。特别在加强行业作风建设方面，厅党组不断提升行政效能，认真落实首办责任制和限时办结制，对重大项目审批、建设开工、招标中标、干部任免等工作，坚持进行公示，接受各方面的监督；切实维护群众合法权益，为因公路建设占地而失去土地的农民缴纳了保险，并认真落实了承诺为民办的六件实事。

一年来，厅党组高度重视机关党建工作，把它作为总体工作的重要组成部分，列入工作议程。省厅每年召开工作会，都要将党建、精神文明建设、党风廉政建设作为重要内容，与行政工作同部署、同动员，并层层签订工作目标责任书，与行政工作同考核、同奖罚，做到了任务、目标、责任三明确。机关党委书记列席党组重要会议，省厅重要的干部任免、奖罚事项，事先都要听取机关党组织的意见和建议。厅直机关党委按照省直工委的要求和厅党组的安排部署，细化目标责任内容，及时下发了2009年工作要点，指导直属单位全年的工作。定期分析研究厅机关及直属单位党建情况，并在年初集体研究制定全年的工作计划，年底对全年厅直党建工作进行认真的总结，重大事项都要召开委员会议集体研究决定。协助厅党组认真坚持每月一次的集中学习，同时利用每周一的例会进行重点学习。

三、坚持以人为本，推动共建共享，行业文明和谐程度和职工队伍素质显著提升

针对交通运输行业的特点和实际，围绕庆祝新中国成立60周年，结合群众性精神文明创建活动，深入开展“迎国庆、讲文明、树新风”活动，坚持以党建工作推动行业文明和谐建设，通过文明和谐创建活动的蓬勃开展，优化发展环境，增强行业合力。积极配合省文明委组织实施了千里大运文明长廊推进计划，继续挖掘大运“千里文明高速路”的创建内涵，丰富创建形式，提升创建品位，完善长效机制，推动了全行业文明创建向纵深发展；不断引深文明路、文明车、文明和谐示范窗口、文明和谐单位（行业）、文明职工“五个文明”创建活动，通过道路、站所、码头、服务区等窗口，让每一位旅客切切实实享受到方便快捷、安全舒适、整洁优美的交通运输服务。通过开展“创建五型机关、促进四个发展”主题活动、庆祝建国60周年歌咏比赛、书画摄影展、“百题万人”知识竞赛等，在全系统营造了团结进取、共建和谐的良好氛围。结合国庆60周年庆祝活动，认真组织开展了新中国成立60年来100位为新中国建立做出突出贡献的英雄模范人物和100位新中国成立以来感动中国人物，以及60位新中国成立以来感动交通人物的评选宣传活动。原交通厅厅长廉平当选由国家交通运输部在全行业组织开展的“60位新中国成立以来感动交通人物”。太旧高速公路和大运二级路入选新中国60项公路交通勘察设计经典工程。并对全省交通运输系统内新中国成立前参加工作的老战士、老同志，革命烈士遗属、伤残军人、全国劳动模范和被中央授予其他荣誉称号的先进模范人物以及全国道德模范进行了走访慰问。

按照省文明办的安排部署，厅机关、省公路局、省运管局、省高管局分别与晓义村、上戈村、丰泽村、夏店村开展了结对帮扶共建文明和谐村活动。确定的15项帮扶项目已全部完成，共投入431.2万元，结对帮扶共建文明和谐村活动取得了明显效果。同时，厅机关作为牵头单位，会同省政府法制办、团省委、国信投资公司定点联系太原制药厂，每年中秋、春节等重大节日进行慰问，把党的温暖送到广大困难职工心里。开展了“送温暖、献爱心”活动，为因暴雪而受灾的群众捐款90余万元。

四、坚持强化功能，发挥“四个作用”，机关党建工作有力促进了交通运输事业科学快速安全协调发展

一年来，厅党组牢牢抓住发挥党员先锋模范作用这个根本，抓住发挥党员领导干部带头表率作用这个关键，抓住发挥党支部战斗堡垒作用这个基础，抓住发挥党委政治核心作用这个保证，以“四个作用”的发挥，推动全省交通运输事业又好又快发展。山西交通跨入了全国公路交通先进行列。2009年，全省公路建设完成投资563亿元，为2008年的2.8倍，在全国排名第三。其中高速公路建设完成投资392亿元，为2008年的近10倍，在全国排名第二，新开工27个项目，在建里程2086公里，项目总投资1267亿元；国省干线公路开工85个项目1905公里，竣工1284公里。农村公路开工20713公里，完工19866公里。村通水泥（油）路“全覆盖”工程完成1.52万公里，超额完成计划，新增通水泥（油）路的建制村2240个，全省96%的建制村通了水泥（油）路，阳泉、太原、大同、运城在全省率先实现了“全覆盖”。公路建设成为拉动全省经济增长最重要的力量之一。截至2009年底，全省公路建设总里程达12.6万公

里，其中高速公路1965公里，国省干线公路1.22万公里，农村公路11.2万公里。

继续加强公路养护。高速公路安排资金12亿元，完成了太原东环高速公路桥梁防撞护栏安全加固改造和晋阳、运三高速、夏汾3条高速公路大修及一批养护专项工程、绿化提档工程，认真开展了精细化管理，大大提升了服务能力，全年通行费收入69.2亿元，日通行费收入由最低时的1400万元回升到2500万元。为期三年的第一轮国省干线公路明显隐患和危桥集中整治圆满完成，累计完成安保工程2904公里，危桥改造555座，标志标线、安全防护设施得到完善，路容路貌发生了根本改观，并实现了消灭差等路的目标。农村公路养护做到了投入不减、补助标准不降，积极协调地方政府落实了养护经费，指导地方交通部门创新养护机制，全省基本建立起了县、乡、村三级公路养护机构，养护经费都列入了政府财政预算，基本上做到了有路必养。不断加强治理车辆超限超载工作。全省车辆超限超载率下降到0.1%，高速公路杜绝了车货总重55吨以上的非法超限超载车辆，长途运输中的非法超限超载车辆基本消除，交通事故明显减少，道路畅通率明显提高，公路桥梁得到有效保护。

大力推进交通体制改革。实施国家成品油价格和税费改革，1月1日起取消了养路费等六项交通规费，5月31日起，取消政府还贷二级公路收费站155个，涉及收费里程6551公里。完成了省交通运输厅的组建与内设机构设置，完成了城市客运管理职能和机构、人员移交。积极推进高速公路建设体制改革、交通运输执法体制改革、城乡一体化交通管理体制改革，启动了省交通建设开发投资总公司改制工作。抓好维护稳定工作。针对路桥企业、养路协议工、交通征费改税人员等突出问题，积极采取措施，维护行业稳定。支持路桥企业承揽高速公路建设养护工程，同时加快特困企业破产重组。千方百计争取地方政府支持，近万名养路协议工的养老保险问题得到基本解决。认真落实成品油价格和税费改革后3.6万交通收费与征稽人员的待遇落实和分流安置，严格执行国家政策，保证职工待遇不变，并组织制定了分流安置方案，已开始付诸实施。由于预防在先，工作到位，建国60周年期间没有发生赴省进京上访，全行业保持稳定。（师国梁　梁锦华）

附：省交通运输厅党组书记、副书记、成员名单

书　记：段建国

副书记：张　润

成　员：王志民　韩日裕　张志川　郜玉兰　张德仪　赵振田

省水利厅党组工作概况

党组书记　潘军峰

2009年，省水利厅党组紧紧围绕党的十七大提出的“以改革创新精神全面加强党的建设”的要求，以加强各级党组织的先进性建设和执政能力建设为主线，以深入学习实践科学发展观活动为契机，紧紧围绕兴水战略，全面加强了厅直机关党的思想、组织、作风、制度和反腐倡廉建设，较好地完成了年度各项工作任务。

一、理论学习与廉政教育广泛深入

2009年，省水利厅认真开展了科学发展观学习活动，连续组织了3次关于科学发展观的理论学习。同时，水利厅把各单位领导班子学习科学发展观理论列为党建考核的重要内容给予高度重视，增强了各级领导干部学习科学发展观的自觉性和紧迫性。为了进一步巩固和扩大深入学习实践科学发展观的成果，水利厅围绕加强基层党建工作，制定下发了《厅直机关党委贯彻落实科学发展观长效机制的通知》，结合2009年厅直机关党的会议，采取以会代训的形式对厅直机关党务干部进行了全员培训。此外，水利厅组织党组中心组进行党课教育，按时召开各级党的民主生活会，并组织参加了省直工委处级干部“三个发展”培训，培训厅直属处级干部60人。同时，省水利厅认真学习了党的十七届四中全会精神，为干部职工配发了学习资料，对厅直系统处级干部进行了民主集中制培训，强化了学习效果，提高了党员领导干部的素质和工作能力。

深入开展反腐倡廉教育。针对孙廷容案，省水利厅多次召开大会，在全系统开展警示教育活动，要求领导干部一要严格自律，时刻牢记党的宗旨；二要遵守纪律，增强自我保护意识；三要守住底线，自觉抵御各种利益诱惑。为推进兴水战略提供坚强保证，省水利厅还开展了多种形式的廉政宣传教育活动：多次组织领导干部观看典型案件；每周在厅机关大型电子屏上出一期专栏；不定期向水利系统各级领导干部发送手机廉政短信；在山西水利网上开设专栏，宣传纪检监察部门的重要活动，营造廉洁从政的良好氛围。

二、基层党组织建设和党建工作全面推进

根据省委下发的《省直机关党组（党委）抓党建工作责任制的通知》，制定下发了《厅直单位抓党建工作责任制的通知》等文件，进一步规范了厅直单位抓基层党建工作责任制的主体、内容、责任、目标和考核内容。对厅直基层党组织本着“围绕中心、服务大局、便于工作”和有利于加强厅直机关党的建设的原则，紧紧围绕兴水战略大局创新基层党建工作。为精减机构，提高效能，对厅直党组织进行了整合，由原来的52个缩减为47个，并组织了厅直单位8个基层党组织的换届选举工作。经过全体党员的共同努力，在省直工委组织的“创先争优”评比表彰活动中，省水利厅直属单位省漳泽水库管理局党委、省张峰水库管理局党委被评为省直机关优秀基层党组织，省水利水电勘测设计研究院纪委、省汾河水库管理局纪委被评为省直机关党风廉政建设先进集体；水利系统3名同志被评为省直机关优秀共产党员，2名同志被评为省直机关优秀党务工作者，2 名同志被评为省直机关党风廉政建设先进工作者。

三、政风行风及干部作风明显转变

一是积极参加《政风行风热线》节目并落实解决听众提出的问题。5月4日和11月2日，厅领导带领业务处室负责人参加了省广播电台的《政风行风热线》直播节目，现场解决听众提出的问题，节目结束后，对现场未能解决的问题进行分解，责成有关处室尽快实地调查落实。到反馈前，听众提出的问题已全部落实解决，并在《政风行风热线反馈》节目中向群众进行了反馈。2009年，省直经济管理类13个参评部门参加行评考核，省水利厅排名第五，11个地市的水利部门在当地参加考核，排前五名的有7家，其中晋城免评，晋中第一，大同第二，临汾、运城第三，吕梁、长治第四。

二是开展了为期一个月的千名干部下基层调研活动。9月8 日，水利系统进行基层调研，对农村饮水安全和农业灌溉进行了普查。从厅机关和厅直系统抽调了100余名处级干部，省市两级水利部门共抽调1000多名干部，加上协助普查的人员，总计超过万人的普查队伍对全省1323个乡镇、48530个自然村逐村、逐工程进行了普查登记。通过普查，不仅为安排下一年水利投资提供了基础依据，也为制定“十二五”水利发展规划提供了依据，更重要的是励炼了干部的意志，密切了水利部门与群众的关系。

三是大力加强职业道德建设。加强了对《公民道德建设实施纲要》的学习贯彻力度，通过抓好职业道德教育、规范化服务和行风评议三个环节，使领导干部树立了正确的权力观和政绩观，机关作风得到进一步改善。在厅机关深入开展了“五比五看、做人民满意的公务员”活动，取得了良好效果。同时，进一步完善了工作目标责任制、服务承诺制、首办负责制、限时办结制、责任倒查制等制度，进一步优化了发展环境，提高了工作效能。

四是大力开展建设“节约型机关”活动。成立了建设节约型机关领导组办公室，发出了建设节约型机关倡议书，倡导广大干部职工牢固树立勤俭节约、勤俭办水利、勤俭办一切事的精神，更重要的是形成了反对铺张浪费、奢侈腐化之风，避免了因决策失误而造成极大浪费的良好风气，使各级机关成为真正意义上的节约型机关。

四、健全规章制度，形成了较完备的制度体系

按照中央《建立健全惩治和预防腐败体系2008-2012年工作规划》、省委《山西省建立健全惩治和预防腐败体系2008—2012 年工作规划实施办法》，省水利厅制订了具体的《山西省水利厅建立健全惩治和预防腐败体系2008-2012年工作规划实施办法》，在加快构建惩防体系的同时，强化了以下几方面工作：

一是严格执行项目申报制度。在财政水利项目申报上实行“两上两下”制度；省级项目的确定依据市县上报的计划，市县项目申报依据全省水利发展规划；没有市水利局申报文件的，省厅一律不予安排项目。通过采取这些办法，有效杜绝了拉关系、走后门，随意安排项目的现象，避免了干部不廉洁行为的发生。

二是严格执行水利基本建设程序及有关规定。对投资较大的水利基本建设项目，按照水利部规定，重点加强了基本建设程序中的项目法人责任制、招标投标制、工程监理制几项基本制度执行情况的监督。2009年2月底出台了《山西省水利建筑市场各方主体信用管理暂行办法》、《关于进一步明确全省水利工程招投标监督管理工作的通知》、《关于进一步完善水利工程建设项目法人责任制的意见》，对招投标作了进一步规范。

三是严格执行财务管理和项目验收制度。组建了财务核算中心，中、小型单位财务由核算中心统一管理;较大单位财务实行独立核算审核，财务管理人员一律在财经处备案;厅直事业单位年度收支计划实行报批制。针对存在的重计划、轻管理的状况，为严格把好项目验收关，确保工程建成后发挥效益和国有资产规范管理，于2009年7月对2007年出台的《山西省财政水利专项资金重点工程验收办法》进行了修订完善，并由财经处牵头，对2007、2008两年财政补助资金50万元以上的非基建项目进行了全面验收。

四是进一步规范行政许可。在进一步规范厅行政审批窗口行政许可行为的同时，为更好地服务扩大内需和重点工程项目，全面推行“一个窗口对外、一站式服务、一站式办结”制度，专门设立了重点工程审批窗口，结合自身工作特点，将原来7项审批事项精简为4项，极大地方便了涉及省重点工程项目的行政审批。2009年共审批开发建设项目水土保持方案133件，其中省重点工程项目40件。

五、扎实开展文明和谐创建工作

5月份，圆满完成了水利部文明办对厅机关全国水利文明单位的复审。同时受水利部文明办的委托，抽调人员对

省漳泽水库管理局和省水利水电勘测设计研究院全国水利文明单位进行了复审。对困难企业进行了调查摸底，区分层次，掌握了第一手资料，特别是摸清了特困职工的底数。水利厅各级党组织多方筹集资金15万元，组织全体机关干部开展“送温暖”捐款活动，共筹集“送温暖”资金近21万元，对困难企业和困难职工进行了入户慰问，真正把科学发展观落到了实处。同时，在厅直系统开展了“共同约定行动”，通过活动切实维护了职工权益，维护了厅直机关、特别是困难企业的稳定。

省水利厅组织厅直属省直文明单位参加省直文明办组织的培训，完成了省直文明委对文明单位的复审工作，加大了文明和谐单位的创建力度，规范了文明和谐单位的管理。

六、大力加强群团工作

开展了以创建“工人先锋号”和开展劳动竞赛活动为载体的“服务兴水战略，投身六大工程”的群众性建功立业活动。省水工局坪上引水工程项目部及和川引水工程项目部被省总工会命名为“工人先锋号班组”。和川引水工程管理局获省“五一劳动奖状”，坪上引水工程管理局局长尹荔生获省“五一劳动奖章”。厅农村水利处获省直机关“五一劳动奖状”，厅办公室主任胡坚，厅农水处处长武福玉分别获省直机关“五一”劳动奖章。加强了工会组织建设，指导全系统工会组织进行了换届。加强了信访接待工作，对重点信访单位进行了调研，加大了排查力度，全年共接待信访案件25起，接待上访人员230人次，来信来访问题基本得到解决。同时，对2009年争创省级青年文明号集体进行了验收。

七、学习实践科学发展观活动整改落实工作成效显著

在科学发展观整改落实工作中，省水利厅党组认真落实中央和省委《关于做好第一批学习实践活动整改落实后续工作的通知》，按照“着力转变不适应、不符合科学发展要求的思想观念；着力解决影响和制约科学发展的突出问题；着力构建有利于科学发展的体制机制”的总要求，在确定山西治水方向和思路、加强制度建设、完善体制机制、加强干部队伍和作风建设等方面进一步加大整改力度，紧紧围绕以水资源的可持续利用保障山西经济社会可持续发展这一目标，全力实施以应急水源、农田灌溉、饮水安全、水保淤地坝、城乡节水和地下水及水源地保护等为主的六大工程建设，切实增强了全系统干部推进兴水战略、落实科学发展观的自觉性和坚定性。

八、组织并参加庆祝新中国成立60周年系列活动

在迎接新中国成立60周年期间，省水利厅成功组织并参与了多项庆祝活动：在省直机关工委举办的“庆祝新中国成立60周年歌咏比赛”中，水利厅代表队获得了二等奖的优异成绩。在水利系统内部，省水利厅举行了庆祝新中国成立60周年歌咏比赛，各单位踊跃参加，气氛热烈。激发了广大水利干部职工的爱国主义情怀，增强了实施兴水战略的责任感和使命感。在省直工委举办的演讲比赛中，发展研究中心蔡媛媛获二等奖。在省直工委举办的庆祝新中国成立60周年征文活动中，水职院卫文龙、张希分别获得二等奖和三等奖，张峰水库杜秀敏获得二等奖。组织了庆祝新中国成立60周年图片、书画、摄影展，各单位及个人踊跃参加，生动展示了60年来山西水利建设的成就及水利系统职工的爱国情怀。组织了庆祝新中国成立60周年乒乓球比赛。比赛分太原、运城、长治三个赛区，145人参赛。省水利技工学校选手刘敏哲获男子组第一名，省水利建筑工程局选手丁聪获女子组第一名。

国庆期间，对新中国成立前参加革命和参加工作的老战士、老同志、伤残军人、烈士遗属进行了慰问，对困难企业困难户进行了结对帮扶。省直工委慰问金9.45万元，厅直各单位慰问金5.72万元。厅直系统24个单位在联企帮困活动中对省水利建筑工程局结对帮扶慰问金额和慰问品折合人民币共3.29万元。（渠性英　王秀芳）

附：省水利厅党组书记、成员名单

书　记：潘军峰

成　员：奥雨迎　裴　群　郭正义　张　健　李　力

省农业厅党组工作概况

党组书记　孙连珠

2009年是新世纪以来我省农业农村经济发展极为困难的一年，也是取得较好成绩和较大进展的一年。一年来，在省委、省政府的领导下，各级农业部门面对严重干旱、强降雪灾害、粮食和畜产品价格下跌、农产品加工企业运行困难、农民工大批返乡等诸多困难，沉着应对，开拓创新，加快建设山西特色现代农业，千方百计增加农民收入，圆满完成了年初确定的各项工作任务，一些对山西农业具有重大影响的工作取得了较大进展和突破。

一、全面推进机关党的建设

巩固和扩大学习实践科学发展观活动取得的成果，不

断加强思想理论建设。按照省委的统一部署，进一步巩固和扩大学习实践科学发展观活动取得的成果，先后下发6个文件，对实践科学发展观活动后续工作和整改落实工作进行了系统的安排，对已经整改落实的项目及时进行了通报，促进了整改落实工作的推进。继续加强思想理论建设，按照省委要求，认真组织100名处级干部分20批到省直党校参加实现“三个发展”专题脱产轮训班的学习，进一步提高了大家的思想觉悟和工作能力。

抓好先进性长效机制建设，认真落实党的工作责任制，加强基层党组织和党员队伍建设。在全厅开展了“创先争优”活动，开展了一系列建党88周年纪念活动，召开了“七一”表彰大会，对先进基层党组织、优秀共产党员、优秀党务工作者进行了表彰。加强服务党员工作，关心生活困难党员。做好组织发展工作，今年新发展党员4名。组织部分党员赴延安、西柏坡、黄崖洞等地参观学习，接受革命传统教育。在省直机关建党88周年纪念暨“创先争优”表彰大会上，厅机关党委被评为先进基层党组织，张藕珠、白剑、邵栓锁同志被评为优秀共产党员，常晋生、李天才同志被评为优秀党务工作者，遥感中心党支部被评为党风廉政建设先进单位。

加强机关作风建设和反腐倡廉建设。组织开展了2009年度领导干部民主生活会，制定了党组民主生活会工作方案，下发了处级干部民主生活会安排意见。继续搞好警示教育和反腐倡廉宣传，重点搞好廉政文化进处室活动，在迎泽办公区悬挂了警示教育宣传图片。

积极推进思想道德建设和群众性精神文明创建活动。围绕建国60周年大庆，以厅机关创建省级文明和谐单位为重点，组织开展了各种庆祝活动和文化体育活动。对建国前参加工作的老同志进行了慰问，开展了建国60周年大型歌咏比赛活动，全厅800多人参加，使大家普遍受到一次深刻的爱国主义教育。同时开展了迎国庆征文活动并参加了省直机关组织的征文活动。继续举办了“元宵节灯谜游艺活动”以及羽毛球、乒乓球专项比赛活动。按照省文明办的要求，我厅同平遥县岳壁乡高林村开展了共建扶持活动。

积极开展劳动竞赛和推优评先活动，树立先进典型。开展了第二届农村沼气建设劳动竞赛活动，对50个先进个人进行了记功表彰。继续开展推优评先工作，张藕珠同志被授予省直五一劳动奖章，赵治萍同志被授予全省五一劳动奖章。继续关心困难群体，积极开展送温暖献爱心活动，进一步完善了困难职工档案，开展了献爱心捐款活动。关心妇女干部，积极开展妇女健康讲座，为妇女同志进行了健康检查。

二、农业农村经济保持平稳较快发展势头

坚持抗灾夺丰收，大灾之年农业农村经济保持稳定发展。2009年，金融危机导致的农民工大量返乡和农产品出口受阻，市场价格波动带来的阶段性卖粮难和养殖业效益下滑，特别是50年一遇的特大旱灾和历史罕见暴雪灾害，对农业农村经济发展造成极大困难。面对严重灾情，各级农业部门沉着应对，第一时间核查灾情，制定落实抗灾措施，广泛开展技术培训，积极争取救灾资金，认真落实贷款贴息和补贴政策，最大限度减轻灾害损失，实现了农业农村经济稳定发展。全省粮食总产完成94.2亿公斤，达到中等年景水平。“菜篮子”产品产量全面增长，效益明显提高。菜、果、肉、蛋、奶总产量预计分别比上年增长4.9%、5.8%、7.5%、9%和0.6%；农民人均纯收入预计增长3.6%。

强化措施抓落实，农业农村各项重点工作取得较大进展和突破。一是农业结构调整取得新进展。在继续抓好雁门关生态畜牧经济区、33个优势农产品示范基地县建设的同时，启动了晋中、大同、运城三个现代农业示范区建设，着力实施了粮食高产创建、高效园艺建设、规模健康养殖、农产品加工增值“四大工程”。全省建设玉米、小麦丰产方500万亩，新发展设施蔬菜13万亩，建立无公害标准化果园10万亩，新建标准化规模养殖小区800个，加工企业新上技改和新建骨干项目140个，产业发展水平明显提升。二是农业基础设施和服务体系建设进一步加强。完成中低产田改造203 万亩，农业生产条件进一步改善。动物疫病防控、农产品质量安全、农业信息服务、农技推广体系建设迈出较大步伐，服务能力明显增强。畜牧兽医体制改革基本完成：8个市和18个县的农产品质检中心进入实质性建设阶段；启动实施“金农工程”，开通“12316”服务热线；20个县列入全国首批农技推广改革建设示范县。三是动物疫病防控和农产品质量安全水平稳步提高。开展以“三查三强化”为重点的重大动物疫病防控专项整治行动，取得了明显成效。大力推进农业标准化，新制订、引用和推广农业生产标准70项，新认证无公害产地面积130万亩、“三品”150 个。开展农产品质量安全专项整治活动，强化食用农产品和农业投入品监管，蔬菜农药残留抽检合格率达到96.5%，畜产品抽检合格率达到99%。全年没有发生重大动物疫情和农产品质量安全事件。四是返乡农民工培训再就业取得明显成效。针对农民工大量回流的严峻形势，狠抓以返乡农民工为重点的技能培训、转移输出和返乡创业，全省98万返乡农民工有94万实现再就业，其中71万重新外出务工。全省农村劳动力转移累计达到445万人，对大灾之年农民收入稳定增长起到了重要作用。五是农村改革进一步深化。积极开展土地流转试点工作，建立了14个土地流转规模经营试点，全省土地流转总面积达到150万亩，合同签订率达到80%以上。推广“三社联动”经验，加大部门帮扶力度，新发展农民专业合作社1.1万个，连续三年保持全国领先，农业部在我省召开示范社会议，并在全国农村改革会议上交流了经验。全面推行农村会计委托代理制，加强了农村集体资金、资产和资源管理。积极探索“以煤补农”机制的建立，在引导煤焦资本参与农业和新农村建设上取得显著成效。六是新农村建设扎实推进。认真开展新农村建设三年评估总结和县域新农村建设规划编制工作，中农办印发通报介绍我省经验。大力组织资源型企业结对

帮建新农村。2000个重点推进村规划编制、“四化四改”和“五个一工程”完成率达到95%以上。新建以沼气为主的农村可再生能源用户15万户。配合有关部门全力抓好“五个全覆盖”，农村村容村貌和农民生活条件发生了明显变化。

抓住机遇谋发展，采取了一系列牵动全局的重大举措。一是争取出台了多项群众期盼、覆盖面广的强农惠农政策。在认真落实中央惠农政策的同时，建议省政府出台了玉米保护性差价补贴、生猪大县奖补、新建奶站补助、增加农机具购置补贴、黄河水价补贴、畜禽死亡补贴等政策，补贴资金达6亿多元，对稳定农牧业生产起到了至关重要的作用。玉米保护性差价补贴政策在全国是首例。二是启动运城、晋中、大同三个现代农业示范区建设。晋中率先启动，运城、大同迅速跟进，三个示范区规划总投资300亿元，已完成投资25.06亿元，开工项目315个。三是启动实施农产品加工“513”工程。省政府出台了《关于做大做强农产品加工龙头企业的意见》，在财政、金融、税收、土地供应以及用电、通路、办证、收费等方面制定含金量较高的政策，集中力量推动52家省级、100家市级、300家县级农业产业化龙头企业尽快做大做强。四是成功举办中国（山西）特色农产品博览会。农博会是建国以来我省首次举办的大型、高规格农业展会。农博会贸易成交额242亿元，引资198亿元，极大地提升了我省农业对外开放水平，受到农业部和省委、省政府的充分肯定。（徐　健）

附：省农业厅党组书记、成员名单

书　记：孙连珠

成　员：董希德　左义河　王高勇（11月任职）　关建勋　雷郭堂　陈国荣　贾明进（11月任职）　穆锦清（11月任职）

省林业厅党组工作概况

党组书记　耿怀英

2009年，在省直工委和厅党组的正确领导下，省林业厅始终坚持以邓小平理论和“三个代表”重要思想为指导，深入贯彻落实科学发展观，以加强厅机关和直属单位党的建设和文明和谐建设为着力点，切实发挥基层党组织推动发展、服务群众、凝聚人心、促进和谐的作用，以深化学习实践科学发展观活动为重点，巩固成果抓落实，围绕“三个发展”以改革创新精神全面加强厅直单位党的建设，努力为推进生态建设上新水平做贡献，为创优工作环境而努力，较好地完成了既定的工作任务。

一、以改革创新精神全面加强基层党组织的思想、组织、作风、制度和廉政建设

按照中央和省委的统一部署，在厅党组的领导下，经过全厅各级党组织和广大党员干部的共同努力，从2008年10月17日召开动员大会到2009年2月24日召开总结大会，历时4个多月的时间，圆满地完成了学习实践科学发展观活动各项任务，达到了党员干部受教育、科学发展上水平、人民群众得实惠的总体要求。林业厅开展学习实践科学发展观活动的做法、效果得到了省委指导组的充分肯定。学习实践活动结束后，还有大量的后续工作，重点是“回头看”的工作和活动整改落实情况的跟踪了解及督促工作。根据中央、省委、省直工委的安排部署，厅党组两次印发文件，对全厅“回头看”的工作做出安排，提出明确要求。对厅党组分析检查报告中提出要着力解决的7个方面的突出问题，需要建立和完善19个机制的整改落实情况进行了摸底汇总，按要求及时向省直领导小组进行了汇报。

坚持和完善学习制度，健全党员经常受教育、永葆先进性的长效机制。为了全面贯彻党的十七大和十七届三中、四中全会精神，巩固深化学习实践科学发展观活动成果，按照省直工委要求，印发了《2009年厅直系统党委（总支、支部）中心组和干部理论学习安排意见》明确了总体要求、学习内容、学习方法和要求以及2009年厅直系统党委（总支、支部）中心组和干部理论学习考核主要内容。根据中共中央《干部教育培训工作条例》的精神和中共山西省委晋发[2007]8号文件关于“县（处）级以上党政领导干部在任职期间内，每5年应当参加党校、行政学院一次性或分阶段完成累计3个月以上的脱产培训，培训情况纳入干部任职资格考核范围；干部提拔担任县（处）级以上领导职务前后，应当参加3个月以上的脱产培训”的要求，以及省直工委下达的《党员处级干部培训计划》。先后印发了《2009年省林业厅处级干部轮训及中青年干部培训安排的通知》、《关于省林业厅处级干部参加实现“转型发展、安全发展、和谐发展”培训班的通知》、对省林业厅2009年处级干部轮训、培训及中青年干部培训进行安排。截至12月底有160名处级干部、3名中青年干部参加了省直党校的培训、轮训。

按照中央《关于进一步提高党员领导干部民主生活会质量的意见》，切实抓好厅直单位党员领导干部民主生活会，提高基层党组织解决自身问题的能力。转发了省直工委《关于开好2009年度省直机关党员领导干部民主生活会的通知》，并对厅直各单位开好年度党员领导干部民主生活会提出了要求。截至12月底厅领导班子及厅直各单位党组织，均已按要求召开了民主生活会。

抓好基层党组织建设，落实党建目标责任制。按照党建目标责任制要求和厅党组、厅直党委的工作安排，对厅直单位党建目标责任制的情况提出考核办法并进行了考核，

使党建目标责任制得到了较好的落实。对厅直系统党建工作进行了认真总结，积极配合完成了省直工委对林业厅2008年度党建目标责任制的考核。林业厅的党建工作得到了省直工委的认可。

加强党员干部队伍作风建设，推动生态建设上新水平。转发了《中共山西省委关于加强领导干部党性修养大力树立和弘扬良好作风的意见》，对贯彻落实《省委关于加强领导干部党性修养大力树立和弘扬良好作风的意见》做出了安排。厅直各党组织将省委意见作为中心组学习的重要内容，组织专题学习和讨论。按照《意见》要求，把学习贯彻落实《意见》精神作为学习实践科学发展观活动“回头看”的重要工作。贯彻落实《意见》要和林业厅党组提出的建设四型队伍、大兴五种作风的要求相结合，进一步强化党员干部队伍建设。落实《意见》，重点要解决好党员干部队伍特别是领导干部在党性、党风、党纪方面存在的突出问题，按照科学发展观的要求，以坚强的党性、良好的作风和昂扬向上、奋发有为的精神状态把全面推进我省生态文明建设上新水平的各项工作任务做的更扎实。

根据省委、省直工委关于开展学习右玉精神的决定，结合林业厅实际印发了《山西省林业厅党组关于学习弘扬右玉精神加强干部作风建设的通知》在厅直系统广大干部职工中广泛开展了学习活动，收到了明显效果。

抓好党员发展工作。按照“坚持标准、保证质量、改善结构、慎重发展”的方针，做好新党员的培养、考察和发展工作，优化党员队伍结构，把发展党员的重点放在了林业生产第一线，并开展了团员推优发展党员的工作，全面落实了发展党员公示制度，党员发展更加透明。印发了《关于2009年度厅直系统入党积极分子培训安排的通知》，190名入党积极分子的培训工作顺利完成。新发展党员161人。

继续抓好厅直党组织的换届工作，推进换届选举工作制度化、规范化。除林职院因领导班子配备问题暂时不具备换届条件外，管涔林局党委已于4月份换届，杨树林局党委的换届选举准备工作已基本完成，拟于2010年1月底前召开党代会。

二、进一步加强厅机关和厅属单位精神文明建设工作

围绕厅党组提出的“建设四型队伍”、大兴“五种作风”的要求，把精神文明创建活动与开展机关作风建设、效能建设紧密地结合起来，把文明和谐建设活动引向深入。一是组织驻并6个省直文明单位标兵、11个文明单位分管领导参加了省文明办组织的新《文明单位管理办法》的培训。二是规划院新申报了省级文明单位。三是2009年度林业厅机关及厅属驻并单位“文明和谐单位”创建工作开展顺利。林业厅机关等7个省直“文明和谐单位标兵”、种苗站等11个省直“文明和谐单位”年度创建、验收合格；林干校整改力度大，被取消警告处分；森林公安局局长李更被评为“2009年度省直机关文明和谐创建先进工作者”，受到省直文明委表彰。

三、加强对统战、群团工作的领导，充分发挥他们在构建和谐社会和林业建设中的重要作用

加强机关工会、共青团、妇委会等群众组织的建设，根据各自的任务和特点，围绕省厅中心工作开展活动。组织机关和直属单位从事党务、工、青、妇工作的专（兼）职干部参加培训和考察学习。开展了推荐表彰工作：三道川袁云海获省“五一劳动奖章”，下里林场石窑管护站被省总工会授予“工人先锋号”称号，太岳林局孙清元等9位护林员被国家林业局和全国农林水工会评为“优秀护林员”，规划院白金萍被省妇联评为“巾帼建功先进个人”。

切实加强统战工作，落实党的统战政策，加强与党外民主人士的团结和谐，充分发挥民主党派和党外高级知识分子建言献策和民主监督的作用，在民主党派和无党派人士中继续开展“献良策比贡献”“强素质树形象”等活动。

积极开展“进万户门、解万家难、暖万人心”及扶贫助残、济困助学等社会公益性活动。一是春节期间从省总工会争取到慰问金9.1万元、省厅配套9.1万元。从省直工委争取困难党员慰问金4.64万元，共计22.84万元，组织对省直林区、15个困难企业、286户、384名困难职工、232名困难党员进行了慰问。二是省厅从办公经费中拿出2000元对我厅“联企帮困”企业太化橡胶三厂困难职工进行了慰问。三是对厅直系统新中国成立前参加工作的老党员、老工人、老军人、老干部进行了慰问，慰问老同志136人，慰问金6.8万元。四是积极组织厅机关和驻并单位参加省委、省政府办公厅发起的“送温暖、献爱心”、省红十字会发起的“博爱一日捐”、太原市政府发起的“慈善一日捐”活动，共捐款4.85万元。同时，建立健全了九大林局1300名困难职工帮扶电子管理档案，并进入“全国工会帮扶管理系统”。

为了提高广大职工综合素质，丰富职工的精神文化生活，2009年，在中条林局开展了“职工书屋”创建试点工作，省总农林水工委和厅工会各扶持1万元，购各类书籍3000余册，并为边远林场、保护站做了18个流动图书箱，每月相互流动一次。于2009年11月18日举行了“职工书屋”授牌仪式。

四、积极开展群众性健康有益的职工文体活动

根据中共山西省委、山西省人民政府《关于建国60周年庆祝活动的安排意见》和山西省庆祝建国60周年活动领导组《关于庆祝建国60周年重点活动的实施意见》及省直工委《关于省直机关庆祝建国60周年重点活动的安排意见》文件精神，为了切实搞好林业厅建国60周年庆祝活动，印发了《关于庆祝建国60周年重点活动的安排意见》，开展了10项重点活动：一是于6月26日举办了林业厅“我爱我的祖

国‘绿色之歌’”为主题的朗诵比赛。厅直系统25个单位33组选手67名同志参加了比赛。二是于9月27日举办了“省林业厅庆祝新中国成立60周年文艺汇演”，厅直系统27个单位577人参加了演出。三是“七一”前在太原市举办了林业厅“发挥基层党组织和党员作用，为生态建设做贡献”报告会。四是在广大干部职工中学唱、传唱和演唱由中宣部遴选出的100首新中国成立以来的优秀歌曲。由省林业职业技术学院组成100人的合唱团，代表省林业厅参加由省直工委举办的“歌唱祖国--省直机关庆祝建国60周年歌咏比赛”并获得优秀奖。五是参加了7月下旬由省直工委举办的省直机关庆祝建国60周年演讲比赛。六是组织参加了省直机关庆祝建国60周年征文大赛。七是积极参与省直机关庆祝建国60周年文明和谐创建巡礼活动，林业厅有8幅图片入选参展。八是组织厅直单位干部职工参观“山西省庆祝建国60周年成就展”。九是广泛开展了走访慰问活动。十是广泛开展了国庆悬挂国旗活动。8月30日至9月2日，组织举办了“省林业厅第六届乒乓球暨第五届羽毛球友谊赛”。

（张金保）

附：省林业厅党组书记、成员名单

书　记：耿怀英

成　员：霍转业　马双柱　周　洪　谢占杰　任建中

省商务厅党组工作概况

党组书记　王淑珍

2009年，省商务厅党组全面贯彻落实党的十七届三中、四中全会和省委九届十次全会精神，坚持以邓小平理论和“三个代表”重要思想为指导，深入贯彻落实科学发展观，以加强党的执政能力建设和先进性建设为主线，以深化学习实践科学发展观活动为重点，巩固成果抓落实，紧紧围绕“商务事业科学发展”，积极探索，努力实践，履行职责，狠抓基层党的思想、组织、作风、制度和反腐倡廉建设，充分发挥基层党组织的战斗堡垒作用和党员的先锋模范作用，为推动全省商务各项工作的顺利开展提供坚强的思想和组织保证。

一、深入学习实践科学发展观，坚持用马克思主义中国化最新成果武装党员干部

坚持用马克思主义中国化最新成果武装头脑、指导工作、推动实践。在深化学习实践科学发展观中，按照中央和省委的统一部署，厅机关和直属系统149个党组织、2234名党员参加了学习实践活动。在精心组织、严格程序的基础上，集中解决了一些与科学发展观不符合、不适应的突出问题，广大党员干部对科学发展的思路和方向进一步理清和明确，学习实践活动达到了“党员干部受教育、科学发展上水平、人民群众得实惠”的预期目的。涉及商务事业科学发展的突出问题得到了解决，机关作风明显转变，有力地促进了各项工作任务的落实和应对金融危机的能力。一年来，始终把督促整改方案的落实放在突出位置，认真抓好《山西省商务厅学习实践科学发展观整改落实方案》各项任务的落实，10个方面的问题中，有6项为2009年应全部或部分完成项目，均已按规定时限得到了落实。其余各项工作正在稳步推进中。

在厅直系统掀起深入学习贯彻党的十七届四中全会精神的热潮。下发了《关于学习贯彻党的十七届四中全会精神的安排意见》。要求把学习贯彻十七届四中全会精神，作为当前重要政治任务来抓；全面领会十七届四中全会精神，准确把握学习重点；用十七届四中全会精神，推动工作落实；加强对学习贯彻的组织领导，确保四中全会精神落到实处。各级党组织都把学习贯彻十七届四中全会精神列入重要日程，制定周密计划，健全学习制度，充分发挥党员领导干部的带头作用，把集中学习与个人自学结合起来，把握精髓，领会实质，以自己的表率作用带动广大党员干部的学习，做到学习时间、内容、人员、措施和效果“五落实”。

认真贯彻落实《2009年省直机关党组（党委）中心组和干部理论学习安排意见》，坚持理论学习制度。通过中心组理论学习、支部组织学习会进行理论研讨或专题讨论等形式提高学习效果。重点抓好处级以上党员干部的学习，制定学习计划，给每个党员购买了《中国特色社会主义理论体系学习读本》、《社会主义核心价值体系学习读本》、《党的十七届四中全会决定学习辅导百问》、《加强领导干部党性修养树立和弘扬良好作风》，给中心组成员购买了《党委中心组学习参考2009》。坚持学习考勤和定期审读处级干部读书笔记制度，强化管理。在学习党的十七届四中全会精神过程中，组织中心组成员进行集中学习研讨；对如何理解六个“为什么”重大理论问题进行专题讨论，积极组织党员干部听取《全球金融危机及中国的应对》、《科学发展与环境保护》、《政府创新与科学发展》、《领导干部的素质、能力、规范、心态》等专题报告，引导党员干部职工把思想认识和行动统一到中央和省委对当前工作的指导原则和政策措施上来，把智慧和力量凝聚到商务经济科学发展上来。

二、认真抓好基层党组织经常性工作，扎实推进机关基层党组织建设

深入贯彻落实中央四个长效机制文件和机关党的工作

责任制的贯彻落实。着力构建覆盖全体、服务到位、保障有力的党员经常性教育机制。认真抓好“一岗双责”的落实，着力提高党支部书记的履职能力。进一步发挥机关党委和各基层党组织在党建工作中的职能作用，努力形成相互支持、相互配合，一级抓一级、层层抓落实的工作合力。强化基层党组织工作目标考核，督促各基层党组织认真落实支部会、支部生活会、民主评议党员等制度，规范民主生活会，创新工作内容和工作方法，不断提高基层党组织的工作水平。机关党委努力在围绕中心工作任务，加强基层组织建设，在提高党员素质上下功夫，激发党员干部为商务事业科学发展做贡献的积极性，在实现“保增长、保民生、保稳定”的目标过程中，开展创建学习型、服务型、责任型、创新型、廉洁型活动。开展“创先争优”活动。“七一”期间对厅直属单位和厅机关近三年来“创先争优”活动中，涌现出的11个先进集体，69名先进个人进行了表彰。努力使典型的先进经验转化为党员的普遍实践，使模范人物的先进事迹转化为大家的共同行动，努力引导广大党员干部在“创建五型机关，促进商务事业又好又快科学发展”的实践中，立足本职，创先争优，积极奉献。按时报送党内统计年报表，收缴2009年度党费。强化各基层党组织抓发展党员工作的责任意识。把发展党员与开展“创建五型机关、促进三个发展”主题实践活动相结合，教育引导和激发广大党员和入党积极分子争做“五型”表率，即：率先学习、带头实践的学习型表率，勤政为民、心系群众的服务型表率，履职尽责、恪尽职守的责任型表率，勇于开拓、与时俱进的创新型表率，廉洁自律、遵纪守法的廉洁型表率。注重从生产经营骨干、工作一线和青年学生、高知识群体中发展党员。2009年共发展党员43名，为基层党组织增添了新鲜血液和活力。

为了更好地在机关深入开展学习贯彻党的十七届四中全会精神，加强党性修养，弘扬右玉精神，树立良好作风。认真组织机关党员干部组织生活会，有效落实党员领导干部过双重组织生活制度。党员干部组织生活会的主题是“加强党员干部党性修养，弘扬右玉精神，树立良好作风”。要求每个党员干部都要联系思想和工作实际，重点对照检查科学发展观的思想树的牢不牢、理想信念是否坚定；对照检查自身在加强党性修养和作风养成方面存在的突出问题；对照检查在学习右玉精神上的差距。

根据省委组织部《关于认真做好全省基层党组织按期换届选举工作的通知》和省直工委组织部《关于转发中共山西省委组织部<关于认真做好全省基层党组织按期换届选举工作的通知>的通知》文件精神，直属机关党委决定2010年2月底前直属单位党组织换届选举完毕；3月底前机关党委换届选举完毕。厅直系统共有基层党组织19个，任期内有5个，超任期的有12个，临时党组织1个，未建立党组织的1个。在摸清底数的情况下，机关党委正在积极做着筹备工作。转发了上级文件，召开了厅直属基层党组织换届选举工作部署会，给党组做了专题汇报，召开了机关党委全委会，成立了省商务厅直属机关党组织换届选举筹备工作领导组，下发了《关于认真做好基层党组织换届选举工作的实施意见》，为了保证换届选举工作的顺利进行，机关党委组织对直属单位的党组织书记、党办主任及负责党务工作的同志进行一次培训。

三、加强干部党性修养，树立和弘扬良好作风，认真落实党风廉政建设责任制

商务厅党组把加强领导干部党性修养，树立和弘扬良好作风，作为今年加强机关党风建设的重点，制定了《关于加强干部党性修养树立和弘扬良好作风的实施意见》，购买了学习资料，对各单位的“小金库”进行了彻底的清理整顿。机关的作风建设有了显著成效。在思想作风方面，做到了“解放思想、实事求是、与时俱进、开拓创新”，在为我省商务事业又好又快的发展上有所突破；在学风建设、落实党组中心组理论学习制度、把学习和实践科学发展观转化为观察分析认识问题的方法、在解决我省商务事业科学发展能力上有所突破；在工作作风方面，做到了立党为公、执政为民，关注民生、为民解忧，始终保持同人民群众的血肉联系；在领导作风上，认真落实党组民主生活会制度；在生活作风方面，坚决按照党章的要求严格自律、做到自警自律。机关党员的党性有了明显的增强。

积极开展廉政勤政教育主题宣传月活动，结合实际进行思想道德教育。充分利用警示教育基地—山西太原第一监狱，组织了一次厅机关“党员干部廉政警示教育活动”。参观服刑人员生活、学习、教育等场所，由服刑人员进行现身说法。活动后，机关各总支、支部又结合本次教育活动，利用组织生活会进行了“增强党性修养，廉洁从政”的讨论。

四、把社会主义核心价值体系融入文明和谐建设之中，干部职工的能力素质普遍增强，机关文明和谐氛围良好

商务厅党组把机关文明和谐创建工作作为重中之重，始终坚持以科学发展观为指导，以建设社会主义核心价值体系和机关党的建设为主线，以“庆祝建国60周年”为载体，把为“商务事业科学发展”服务作为文明和谐创建工作的目标。着力提高厅机关党员干部职工的思想道德素质、科学文化素质和遵纪守法意识，积极推进“学习型、服务型、责任型、创新型、廉洁型”机关建设，紧紧围绕商务工作科学发展和应对国际金融危机带来的影响，提供文明和谐保障。形成组织健全、制度完善，以党建促创建，党政工青妇齐抓共管，人人立足岗位为文明和谐创建做贡献的局面。

商务厅党组始终把机关文明和谐创建工作当成一件大事来抓，与业务工作一道安排部署，把构建社会主义核心价值体系与机关党建工作一起抓。把全面提高机关广大干

部职工的思想道德素质、科学文化素质、健康素质、依法行政能力、遵纪守法意识，当成机关文明和谐创建的关键来抓。坚持"在共建中共享、在共享中共建"的原则，把物质文明精神文明相统一，激发广大干部职工创建文明和谐机关的积极性。

五、把机关文化建设作为文明和谐创建的载体，努力搞好"庆祝建国60周年"各项活动

商务厅党组把庆祝建国60周年活动，作为机关文化建设的大事来抓，制定了《商务厅庆祝建国60周年活动实施方案》。充分发挥党政工青妇组织的桥梁纽带作用，举办了各种内容丰富、形式多样、各具特色的庆祝活动，唱响了共产党好、社会主义好、改革开放好、伟大祖国好的时代主旋律。充分展示60年来特别是改革开放30年商务厅所取得的成就，充分展示厅机关广大干部职工奋发向上、锐意进取、求实创新、团结奋进的精神，激励大家继续解放思想，坚持改革开放，推进我省商务事业科学发展。

在庆祝建国60周年活动中，一是举办了厅直系统庆祝建国60周年"歌唱祖国"歌咏比赛。各直属企事业单位、厅机关都派出参赛队参加比赛。共有8个单位参加了歌咏比赛，厅机关组成了厅领导全体参加的100人合唱队，9月份，参加省直工委组织的庆祝建国60周年歌咏比赛，取得二等奖。二是组织了厅直系统庆祝建国60周年演讲选拔赛。共有18名同志参加，山西国际商务职业学院孙昱娟代表商务厅参加省直工委组织的庆祝建国60周年演讲比赛。演讲稿《波澜壮阔六十载三晋开放扬帆行》，被2009年《党的生活》第9期选用，刊登在《纪念中华人民共和国成立60周年》栏目上。三是组织了厅直系统庆祝建国60周年征文选拔赛。以生动的事实、丰富的史料、翔实的数据和真实有趣的内容，通过论文、散文、故事、回忆录、调查报告等形式，将建国60年来特别是改革开放30年来厅直系统取得的成就、成功经验和欣欣向荣的发展前景以及群众生活水平、群众精神面貌发生的巨大变化撰写成文章上报。评选出的优秀作品参加了省直工委举办的庆祝建国60周年征文大奖赛。四是积极参加庆祝建国60周年文明和谐创建巡礼活动和"山西省庆祝建国60周年成就展"。向省直有关单位积极报送反映我厅建国60年来特别是改革开放30年来，在文明和谐创建方面所取得的成就和辉煌历程照片40幅，先后组织机关和直属单位的党员干部群众参观了全省庆祝建国60周年文明和谐创建巡礼活动和"山西省庆祝建国60周年成就展"。五是广泛开展爱党爱国主题教育活动。充分利用爱国主义教育示范基地，利用"七一"、"八一"、"十一"、中秋节等，围绕建设社会主义核心价值体系，着力深化和拓展思想教育内容，深入进行党的历史和传统教育、爱国主义教育、社会主义理想信念教育。通过学习参观、重温入党誓词、摄影展等多种形式，共话祖国成就，共唱祖国赞歌，共论锦绣发展，增强广大干部职工对党、对祖国的深厚感情。厅机关"七一"期间，参加了"八路军太行纪念馆"爱国主义教育示范基地，组织"红色革命和太行精神"教育活动。"八一"建军节时，厅机关组织了"在传承中学习，在学习中融入"为主题的座谈活动，激发了转业干部积极投身商务事业科学发展的决心和信心。六是开展"迎国庆、讲文明、树新风"活动。广泛开展了普及文明礼仪知识，创造良好公共秩序，努力改善单位环境，不断提高社会服务水平，大力推进文明单位等群众性文明和谐创建活动。七是广泛开展走访慰问活动。国庆前，厅机关和直属各单位组织对本单位新中国成立前参加工作的老战士、老同志，革命烈士遗属、伤残军人，全国劳动模范和被中央授予其他荣誉称号的先进模范人物以及全国道德模范进行走访慰问。

六、充分发挥工青妇等群团组织的桥梁纽带作用

一年来，机关党委加强了对群众工作的领导，指导机关工会、青年团、妇委会等群团组织，按照各自的章程，认真履行职责，开展各种形式的活动。工会在春节、国庆中秋送温暖活动中共投入7500元，直属单位投入68000元；参加省财贸趣味运动会，组织了厅机关摄影展，扎实开展青年文明号创建、青年志愿者等活动。（张建伟）

附：省商务厅党组书记、成员名单

书　记：王淑珍（女）

成　员：史贵章　乔亮生　孙兆岚（8月任职）
杨来栓　高文平　刘　进（8月任职）
马　珩

省文化厅党组工作概况

党组书记　张明亮

2009年，山西省文化厅党组以巩固和深化学习实践科学发展观活动成果为着力点，紧紧围绕省政府2009年工作目标责任分解要求，准确把握经济社会发展形势，认真实施文化建设"七大工程"，积极引深文化体制改革，全力搞好建国60周年庆典活动，积极开展三大攻坚，扎实做好十件大事，努力推进全省文化转型、创新、跨越发展，各项工作取得重大进展，文化事业和文化产业出

现了可喜的繁荣局面，有力地配合了党和政府的工作大局。

一、高扬时代旗帜，铺展壮美画卷，国庆系列文化活动营造欢乐祥和的气氛

庆祝新中国成立60周年，是2009年党和国家政治生活中的一件大事。围绕这一中心，我们集中人才、集中力量，创作加工了一大批优秀文艺作品，以丰富多彩的艺术形式，在首都北京和三晋大地唱响了共产党好、社会主义好、改革开放好和伟大祖国好的时代主旋律。

（一）文化艺术精品晋京献礼展演展示充分显现文艺晋军的风采。8月29日至9月9日，我省组织13个院团在首都7个剧场演出近30余场。其中专为国庆60周年献礼演出量身打造的新编大型说唱剧《解放》，立意高远、主题鲜明、题材新、视角新、体裁新、运作方式新，引起强烈反响，受到广泛好评；全新阵容的梅花版晋剧《打金枝》、京剧《走西口》、歌舞剧《九曲黄河》等剧目在展演中均获得成功。李长春、刘云山、刘延东等党和国家领导人和近5万余名各界群众观看了演出。7月在北京举办“向祖国汇报——新基地、新山西、新成就”大型画展，60多位国内省内知名画家共创作反映当代山西经济社会发展与山水人文风情的作品120幅，贾庆林等领导同志参观画展并给予好评。晋京展演展示的成功举办，展现了我省悠久的历史和灿烂的文化，展示了我省改革开放取得的伟大成就和近年来我省转型发展与文化强省建设取得的巨大成果，进一步扩大了我省的对外影响。

（二）“魅力山西”彩车展示引起强烈反响。由省文化厅组织百余人，历时7个月，精心设计制作的“魅力山西”彩车，在国庆日进行了精彩表演，10月2日至11日又在天安门广场进行了为期10天的展示，观展群众逾1500万人次，并以独特创意与精美工艺的完美结合获得北京指挥部颁发的“群众游行彩车设计制作创新成果奖”、“群众游行彩车优秀设计制作奖”等五个单项奖。

（三）同享繁荣，共证发展，“向祖国汇报”系列主题活动唱响三晋。以“向祖国汇报，请百姓看戏”为主题，6月份成功举办了第三届全国地方戏优秀剧目（北方片）展演。来自北方13个省市的22个戏剧表演团体演出46场，包括10个剧种，汇聚20余位文华奖、梅花奖演员，观众近5万人。山西文艺精品进京献礼演出周之后，省文化厅与省委宣传部密切配合，组织部分献礼精品，同时抽调我省各院团优秀剧目，在省城太原开展了历时40天的“展演月”活动，采取政府采购与市场营销相结合的方式，实行低票价制度，为近10万观众提供了又一次华美的艺术享受。《盛世华章》山西省庆祝中华人民共和国成立60周年文艺晚会、《为祖国喝彩》大型歌会、激情广场大家唱、民歌民乐民舞调演等一连串的文艺庆祝活动让广大群众共同分享祖国繁荣发展的成果，共同见证祖国富强的历程，把建国60周年庆典活动推向高潮，在全省乃至全国引起了强烈反响。年终，成功举办第十二届山西省“杏花奖”评比演出，历时39天，演出剧（节）目58台，涵盖8大艺术门类、9个戏曲剧种；入围决赛的参评人员近300人，其中演员171人。本届“杏花奖”是我省近年来艺术创作与生产成果的集中汇报和展示，是我省各级优秀文艺院团和中青年艺术创作、表演人才的精彩亮相，也是对我省文化体制改革成果的全面检阅，更是一项让百姓共享文化成果的民心工程。

二、立足文化惠民，着眼繁荣发展，文化建设“七大工程”结出累累硕果

积极落实科学发展观学习成果，加强文化工作科学规划与统筹安排，以改革创新为动力，以艺术繁荣为核心，以产业振兴为抓手，以项目建设为着力点，以传承与发展为目标，以重大文化活动和对外文化交流为平台，以人才培养为支撑，围绕年初工作思路，实行工程化布局、项目式指导，文化建设七大工程取得了阶段性成果。

一是艺术繁荣工程取得重要进展。着力推进繁荣艺术创作生产“2241430系列文化项目”计划，创作了一批优秀剧目如说唱剧《解放》、晋剧《麦穗黄了》和《常家戏楼》、歌舞剧《九曲黄河》、新版晋剧《打金枝》、京剧《五台圣境》、《赵昌惊驾》等，形成了山西舞台艺术创作生产的新高潮。

二是文化产业发展工程步伐加快。进一步确立了“培育三大支柱、构建八大方阵、打造三张名片”的文化产业发展思路，提出了“十百千”战略带动项目（打造10个龙头项目、100个示范项目、1000个带动项目），形成了以重点项目建设为龙头引领推进全省文化产业全面发展的新格局；配合省委宣传部完成了《山西省文化产业发展规划纲要（2009—2015年）》的起草和制定，由省政府办公厅下发了《山西省文化产业示范基地评选命名管理办法》，起草了《关于加快全省文化产业发展的若干意见》并已报请省政府审议，为文化产业发展营造了有利的政策环境；组织参加了第五届中国（深圳）国际文化产业博览会、第四届中国中部贸易投资博览会·国际动漫展、首届中国宁夏国际文化艺术旅游博览会，为全省文化企业搭建了展示交易平台，签约项目融资总额8亿元人民币，现场交易额5亿余元。

三是基础设施建设工程势头良好。实施“万村千乡文化设施建设工程”，省、市、县、乡、村五级公共文化服务设施建设稳步推进。一批县级文化设施相继建成，山西大剧院、山西省图书馆新馆两大重点工程进展顺利，山西戏剧职业学院迁址新建、山西省歌舞剧院改扩建、山西省晋剧院改扩建、山西省曲艺团合作建设、五台山演艺中心、山西文化创意示范园等八项省直文化设施重点建设项目争取列入省政府重点工程建设项目已完成报批工作，有关省领导已作出批示。全省在建的县级文化设施达到30个，建筑面积5万平米；乡镇综合文化站按照“五个统一”稳步推进，截至2009年11月，我省已累计下达乡镇综合文化站补助计划1505个，涉及108个县（市、区）的877个乡镇，达到乡镇区划总数的73.3%，全省乡镇综合文化站开工项目累

计达到692个，建成项目401个，完工面积12.1万平米，累计完成投资2.69亿元。

四是文化惠民工程扎实有效。从维护好、实现好、发展好人民群众基本文化权益出发，通过改善和提升基层公共文化服务条件、服务能力和服务水平，深入开展送书、送电影、送戏下乡活动，着力解决“两少”、“三难”：公共文化设施少、文化产品数量少，看戏难、看书难、看电影难的问题，努力满足人民群众多层次、多方面、多样化的文化需求。今年以来，争取文化信息资源共享工程资金3758万元、乡镇文化站建设资金8100万元、乡镇综合文化站及村文化活动室设备购置资金6024万元，先后完成了72个县级支中心和1.5万多个资源共享村级站点的建设工作，为500 多个已建成完工的乡镇文化站配备了资源共享及文化活动器材设备，配送了10万册总价达210多万元的图书，完成了9968个村图书和书柜的配送。

五是非物质文化遗产保护工程顺利推进。组织开展了10万余人次参加的全省非物质文化遗产普查，获取线索20余万条，重大发现135项；完成了第三批国家级非物质文化遗产代表作和代表性传承人申报工作，公布了山西省第二批非物质文化遗产项目和第二批代表性传承人；成功举办了山西省非物质文化遗产传统技艺大展，展出实物8000余件，接待观众7万余人次，现场销售500多万元，达成经济合作协议12项1.6亿元；创新“公司+农户”的非物质文化遗产生产性保护模式，受到李长春同志的肯定；晋中文化生态保护试验区申报成功。目前我省国家级非物质文化遗产项目96个，省级项目301个，国家级项目传承人72人，省级项目传承人228名，初步建立了国家、省、市、县四级非物质文化遗产保护名录体系。

六是形象提升工程有声有色。借助新中国成立60周年这一平台，积极组织策划、精心推动实施了系列文化庆祝活动，把国庆60周年庆典变成了宣传山西文化、展示山西形象的舞台。充分展现我省文化工作的丰硕成果，展示我省改革开放取得的伟大成就，全面提升了山西对外形象。积极实施山西文化“走出去”战略，组派舞剧《一把酸枣》、京剧《走西口》、太原市杂技团及绛州鼓乐等优秀剧目和演艺团体赴国外进行文化交流。努力开拓国际演出市场，加大对外商业演出比例，推动山西文化项目入港台、进欧美，形成政府、民间并举和多元发展的对外文化交流新格局。全年完成24个对外文化交流项目，足迹遍及欧、亚、非和北美三大洲的15个国家和地区。

七是人才培养工程稳步实施。山西戏剧职业学院和中国戏曲学院联合办学方案确定，年底开始招生；山西艺术职业学院和山西广播电视干部学院合作提升办学层次，取得重要进展，以省艺术职业学院和省戏剧职业学院为重点的人才基地建设初具规模。采取“走出去、请进来”的方式举办了各种形式的专题培训班，从5月中下旬起先后举办了全省文化系统人事干部培训班、县（市、区）文化局长培训班、全省文化系统办公室主任培训班，山西省文化厅还与文化部人事司共同举办了文化部全国文化干部培训山西省文化站长第一届培训班，对提高我省文化干部的政治、业务素质和开拓创新的能力，进一步促进全省文化建设起到了积极的推动作用。

三、把握政策原则，坚持分类指导，文化体制改革攻坚克难打破坚冰

一年来，认真学习贯彻党中央、国务院、文化部以及省委省政府有关文件与会议精神，成立了厅文化体制改革领导组，对全省各级各类文化事业单位进行了调查摸底，采取分类指导、积极推动、大胆探索、稳步推进的原则，积极稳健地推进文化体制改革。

一是厅机关三定方案顺利完成。根据山西省政府办公厅下达的《山西省文化厅主要职责、内设机构和人员编制规定》，重新调整、规范了厅机关和各处室的工作职责。划入动漫管理（不含影视动漫和网络视听中的动漫节目）、网络游戏管理（不含网络游戏的网上出版前置审批），及相关产业规划、产业基地、项目建设、会展交易和市场监管的职责；增加指导文化市场综合执法、保护非物质文化遗产的职责，对从事演艺活动的民办机构进行监督、管理，对文化类民办非企业单位、社团、基金会进行登记前审查和日常管理、监督，以及对工艺美术进行行业管理的职责。增设了对外文化联络处和非物质文化遗产处两个机构，实现了山西省文化厅机关主要职责、内设机构与文化部机关基本对应，进一步加强了厅机关的管理职能。

二是艺术院团转企改制取得突破。对全省的文化事业单位进行了分类排序，根据实际情况选择适宜的试点地区与单位，按照中央和省里确定的时间表、路线图、任务书，结合行业实际，提出了改革的基本思路，起草了《关于深化全省国有文艺演出院团体制改革的实施意见》，制定了《山西省歌舞剧院转企改制实施方案》，并报经省文化体制改革领导组批复同意，于2009年12月18日为山西省歌舞剧院集团有限责任公司正式挂牌，以此为标志，省直改革试点院团（山西省歌舞剧院）与太原、阳泉、晋城、晋中4个试点市、10个试点文艺院团的改革任务基本完成。

三是公益性事业单位内部机制改革继续深化。对以图书馆、文化馆为主的公益性文化事业单位，根据人事部、文化部《关于文化事业单位岗位设置管理的指导意见》和《山西省事业单位岗位设置管理实施意见》，结合全省文化人才队伍现状，起草制定了《山西省文化事业单位岗位设置管理指导意见》，并报省人事厅批转。同时为事业单位绩效工资制度改革和养老保险改革做好前期准备工作。根据《中共山西省委办公厅、山西省人民政府办公厅印发<关于对省直事业单位机构编制进行清理规范的意见>的通知》要求，对厅属24个事业单位的机构名称、职责任务、机构规格、人员编制、经费形式、领导职数、内设机构等方面进行了重新确定。

四是文化市场综合执法改革迈开步伐。按照中央关于

文化市场综合执法机构改革的有关精神和省政府办公厅《关于在各市县建立综合执法机构的实施意见》，在市县三局合一的行政体制改革基础上，整合文化、广电、新闻出版文化市场稽查及扫黄打非执法队伍，进行了三队合一的改革，并先后在晋城和忻州两次举办了执法人员培训，提高执法队伍依法行政水平。与此同时，开展星级网吧评选活动，积极引导网吧文明经营、守法经营，构建和谐娱乐环境；积极推进全省网吧市场监管平台建设，不断提高监管水平，逐步建立网吧退出机制；在全省开展整治互联网低俗之风专项行动，查处网吧340多家；开展净化社会文化环境专项行动，取缔黑网吧441个，网吧低俗内容接入与未成年人进入网吧现象得到了有效遏止；充分动员全社会力量，从老干部、老战士、老专家、老教师、老模范等五老人员中选聘了5341名社会监督员，初步建立起社会监督机制，文化市场管理监督制度不断完善。

四、完善规章制度，改进工作作风，机关建设催生积极向上的全新面貌

一是以建设学习型机关为龙头，带动省直文化系统的思想建设。认真贯彻党的十七届四中全会精神，以建设学习型机关为抓手，切实加强厅直属机关党的建设，结合整改方案，认真进行了学习实践科学发展观“回头看”，“七一”隆重表彰了先进基层党组织和优秀共产党员，加强了对厅直单位民主生活会的指导，成功组织了厅直属机关工会和17个基层工会换届工作。根据省委、省政府要求，结合文化工作实际，大力开展党风廉政建设与工作作风建设，整体推进文化系统惩治和预防腐败体系建设，加强对“三重一大”等重要工作的监督检查，与省发改委、省财政厅组成联合检查组，对全省11个市100个县的680个乡镇综合文化站建设情况进行了联合检查，厅机关及全省文化系统党风廉政建设与工作作风建设取得了较大成绩，受到文化部领导的高度评价。2009年11月25日，《中国纪检监察报》头版文章《为社会主义文化大发展大繁荣提供坚强保证》充分肯定了山西省文化厅积极推进廉政文化建设和坚持以人为本、认真开展政风行风建设工作的做法，并且两次在文化部召开的专题会议上作了大会交流发言。

二是以作风建设为重点，大力加强机关政风行风建设。先后向全省各级文化部门下发了《关于加强领导干部党性修养大力树立和弘扬良好作风的意见》、《关于做好2009年政风行风民主评议工作的实施意见》和《关于在全省文化系统进一步加强政风行风建设的意见》，对加大力度改善机关工作作风、推进政务公开、深化行政审批制度改革、建立健康和谐的舞台演艺行业作风以及加强艺术考级与文艺评奖活动的监督等本行业容易产生问题的环节提出了明确要求。同时面向社会公布了监督电话和五项公开承诺，落实聘请政风行风监督员、举行政风行风民主评议听证会以及暗访检查、公开评议和组织考评等具体措施，坚持全面接受广大人民群众的监督，做到边评边改、评改结合，进一步促进了政风行风建设工作的顺利开展。在年中督查和年终考核中，均受到省政风行风督查考核组的肯定和高度评价。

三是以建设法治政府和服务型政府为目标，着手推进机关科学化、规范化建设。重点以制度建设为着力点，不断加强机关科学化、规范化管理，努力实现由办文化向管文化为主转变、由管微观向管宏观为主转变、由主要面向直属单位向面向全社会转变，先后组织起草、制定了《中共山西省文化厅党组工作规则》、《山西省文化厅工作规则》等58项规章制度，规范了厅机关工作行为，明确了文化行政部门职责义务、办事程序，进一步完善了文化工作制度体系。在规范办公程序、完善监督管理制度、加强内部管理的同时，积极争取经费，并通过严格的招投标程序，对厅机关办公楼从建筑保温、供暖、供电、供水设施改造等多方面进行了节能改造。机关办公环境从里到外旧貌换新颜，条件得到了极大的改善。（杨　渊）

附：省文化厅党组书记、副书记、成员名单

书　记： 张明亮

副书记： 赵晋蓉

成　员： 张建军　李春荣　贾新田　郭　立　窦明生　李　力　赵银邦　贾茂盛

省卫生厅党组工作概况

党组书记　高国顺

2009年，省卫生厅党组坚持以邓小平理论和“三个代表”重要思想为指导，深入贯彻落实党的十七大和十七届四中全会精神，继续深入开展学习实践科学发展观活动，按照省委九届十次全会的部署，紧扣省委“转型发展、安全发展、和谐发展”的工作主线，紧紧围绕实现卫生事业又好又快发展这个中心和厅党组工作大局，结合厅直系统实际，全面加强基层党组织的思想、组织、作风和制度建设，各项工作呈现了良好的发展势头，为推进我省卫生改革与发展各项工作的顺利进行发挥了重要作用。

一、认真抓好理论学习，加强党的思想建设

2009年，厅直机关党委始终把抓好各级党组织和党员的学习作为一项重要的工作内容，结合厅直系统实际，制定了《2009年厅直系统理论学习安排意见》，对厅机关和厅

直各单位的理论学习提出了明确的要求。重点就党的十七大精神和《中共中央、国务院关于深化医药卫生体制改革的实施意见》的学习进行了安排和部署。厅党组、厅机关各党支部和厅直各单位党组织按照安排意见及时开展了形式多样的学习活动，采取了集中学习与个人学习相结合，聘请专家辅导与专题研讨相结合的方式加强学习。为搞好中心组的理论学习，厅直机关党委起草了《厅直系统党组（委）中心学习组学习制度》，制定了厅党组中心组学习计划，理论学习安排意见等，并及时将学习资料购回发放到中心组的每一位成员手中，为提高中心组学习质量奠定了基础。党的十七届四中全会召开后，厅直机关党委及时下发了认真学习贯彻《中共中央关于加强和改进新形势下党的建设若干重大问题的决定》等通知，组织厅直系统广大党员干部认真学习贯彻党的十七届四中全会精神，让广大党员干部明白，加强基层党组织建设的重要性。厅直各单位基层党组织也采取了举办培训班、报告会、征文等多种形式组织党员干部深入学习，深化了对党的十七大和十七届四中全会精神的认识和理解。组织厅直系统党务干部和处以上党员干部参加省直分校、省委党校的学习培训，全年共培训111人次。

二、加强党的组织建设，提高党组织的战斗力

在开展深入学习实践科学发展观活动中，厅党组始终坚持以党员为主体，以处级以上党员领导干部为重点，精心组织、周密部署，有针对性地做好学习实践活动的后续工作。在分析检查阶段，深入进行分析评议，力求查找问题更准确。厅直机关党委通过多种形式、最大限度征求各方面的意见，并对分析报告进行民主评议。同时，认真制定整改方案，力求方案落到实处。根据整改落实方案“四明确一公开”的要求，厅直机关党委把分析检查报告整改思路和措施具体化，分别从整改落实项目、整改落实措施、需要建立和完善的制度、加强厅机关建设等6个方面，分门别类列出整改落实的20条具体措施，并把责任具体分解到责任领导和责任处室单位，做到每个问题都有整改措施，每个措施都具有可操作性。2009年2月，召开了厅直系统学习实践活动总结和群众满意度测评大会，经测评满意率达99.7%，整个学习实践活动得到党员和群众的高度肯定。之后，厅机关各处室（局）对照“整改落实方案”，研究提出了深化学习实践活动的工作思路与措施，并加大兑现力度，增添新的举措，继续深化拓展学习实践活动，确保促进科学发展的各项措施继续落到实处。

按照省委和卫生部的统一部署和要求，我省基层医疗卫生单位学习实践活动采取了“党委领导，行业指导”的组织形式。厅直机关党委协助厅党组认真组织实施了行业指导工作。9月11日，厅党组召开了党组扩大会议，全面研究部署了我省基层医疗卫生单位的学习实践活动。成立了以厅党组书记、厅长高国顺为组长的基层医疗卫生单位学习实践活动指导小组；设立了由综合组、简报组组成的指导小组办公室；组成了由厅级干部任组长、4名处级干部参加的4个巡回检查指导组；制定了《山西省基层医疗卫生单位开展深入学习实践科学发展观活动的指导意见》，确定了学习实践活动的主题、目标和实践载体；编写了《山西省基层医疗卫生单位深入学习实践科学发展观活动知识问答》学习资料。

全省11个市119个县的卫生行政部门相继成立了基层医疗卫生单位学习实践活动指导小组及其办事机构。各市、县卫生行政部门党组（委）书记、局长作为第一责任人，加强对指导工作的组织领导。

我省基层医疗卫生单位坚持把加强理论学习作为开展学习实践活动的基础环节来抓。在学习内容上，既完成了中央和省委规定的学习篇目，又增加了与医疗卫生改革有关的文献资料。在学习形式上，坚持了学习实践科学发展观活动与学习贯彻十七届四中全会精神相结合；与学习贯彻医改精神相结合；与学习医药卫生法规和业务知识相结合；与本职工作职责和要求相结合。在学习方法上，做到学习和工作相结合，边工作边学习；个人自学和集体辅导相结合，以个人自学为主，确保学习、工作两不误。坚持领导干部带头，以身作则，率先示范。在学习效果上，做到了“两有三所”，即：人人有笔记、个个有心得。学有所思、思有所悟、悟有所得。在基层医疗卫生单位学习实践活动中，注重总结经验，推广先进，努力营造学习实践活动氛围。与新闻媒体建立了沟通渠道，对学习实践活动进行全面宣传报导和舆论监督。厅指导小组办公室还在《健康生活报》组织举办了“全省基层医疗卫生单位学习实践科学发展观知识竞赛”活动，树立了29个基层医疗卫生单位学习实践活动先进单位。通过宣传、学习身边的先进典型，增强了学习实践活动的具体化、形象化。大力宣传科学发展观的科学内涵、精神实质和根本要求以及学习实践活动中涌现出的先进典型。大力宣传开展学习实践活动的重要意义、指导思想、目标要求和主要原则；大力宣传医药卫生体制改革的方针政策。为学习实践活动的顺利开展营造了良好的氛围。

按照上级党组织的要求，厅直机关党组把加强基层党组织建设，特别是基层党支部建设作为工作的重中之重，为进一步夯实党的工作基础，主要抓了以下几项工作：一是指导厅直单位基层党支部换届选举工作。二是认真督促指导参加了厅直各单位的党委民主生活会，了解情况，听取意见，提出建设性的意见和要求。三是抓党务干部培养教育。厅直机关党委每季度召开一次或二次厅直单位党办主任、组织部长会议，一方面就工作进行布署和安排，一方面对党务干部的业务知识进行培训，提高其做好新时期党建工作的水平和能力。四是积极培养和吸收优秀干部职工入党，全年共选送156名入党积极分子参加了省直分校举办的专门培训，并按照“坚持标准，保证质量，改善结构，谨慎发展”的要求，发展新党员139名。五是认真贯彻落实

党风廉政建设的各项规定，积极配合厅纪检组开展反腐倡廉工作，制定下发了《中共山西省卫生厅直属机关党委关于加强厅直系统领导干部作风建设的实施意见》，加强廉洁自律建设。六是按照省直工委的有关部署和要求，认真组织、一丝不苟地做好厅直系统党内年报统计工作。七是进一步完善党内生活制度，加强党的制度建设。先后制定了《山西省卫生厅直属机关党组织会议制度》、《山西省卫生厅直属机关党组织党课教育制度》、《山西省卫生厅直属机关党组织报告工作制度》、《山西省卫生厅直属机关党组织民主生活会制度》、《山西省卫生厅直属机关党组织党员汇报思想制度》、《山西省卫生厅直属机关党组织党员评议制度》、《山西省卫生厅直属机关党组织党员交纳党费和党费管理制度》、《山西省卫生厅直属机关党组织评比表彰制度》、《山西省卫生厅厅级党员领导干部参加所在党支部（小组）组织生活管理规定》、《山西省卫生厅直属单位党委（总支、支部）中心组理论学习制度》、《山西省卫生厅机关处级干部理论学习制度》、《山西省卫生厅党员目标管理的若干规定》、《山西省卫生厅机关加强作风建设的若干规定》等13项制度，为逐步规范厅直系统党的建设奠定了基础。八是于"七一"前组织召开了厅直系统庆"七一"表彰大会，5个先进基层党组织、4个党风廉政建设先进集体、18个"五好"党支部、71名优秀共产党员、31名优秀党务工作者和12名党风廉政建设先进工作者进行了表彰奖励。九是积极认真完成省委常委民主生活会意见征求工作，及时将我厅对省委的建议进行综合整理并上报。

三、以庆祝新中国成立60周年为契机，大力开展社会主义核心价值体系教育

一是举办厅直系统"我与卫生事业"征文大赛。通过论文、散文、故事、回忆录、调查报告等形式，将建国60年、改革开放30年来医疗卫生事业取得的伟大成就、成功经验和欣欣向荣的发展前景以及医疗卫生工作者的生活水平和精神面貌发生的巨大变化撰写成征文进行展评。

二是积极组织广大干部职工学唱、传唱和演唱由中宣部遴选出的100首新中国成立以来的优秀歌曲，通过歌咏比赛的方式广泛吸引广大干部职工参与到国庆活动中来。

三是组织举办了以"庆国庆、树新风、展风采"为主题的书法绘画摄影展。通过书法绘画摄影的形式展现厅直系统党的建设和60年来我省卫生事业发展中所取得的成果。

四是举办群众性体育比赛。认真做好第一个"全民健身日"活动的组织协调工作，组织了200余人的方队，参加山西省"全民健身日"活动启动仪式。起草下发了《山西省卫生厅直属机关工会关于开展白衣战士健康行动的意见》。为丰富干部职工的文化体育生活，创造良好条件，积极营造浓郁的氛围。厅直机关工会、团委先后举办了全省卫生系统首届"健康杯"乒乓球比赛、厅直系统首届"健康杯"游泳比赛和第四届"健康杯"保龄球比赛，丰富职工文体生活，推动全民健身运动的进一步开展。

五是广泛开展"迎国庆、讲文明、树新风"活动。厅直各单位围绕庆祝新中国成立60周年，广泛开展普及文明礼仪知识，创造良好医疗秩序，努力改善单位环境，不断提高医疗卫生服务水平，大力宣传道德模范事迹，积极开展思想道德建设活动，大力推进文明和谐单位创建活动。

六是厅直机关党委按照省委庆祝建国60周年活动领导小组办公室的要求，组织收集制作了"山西省辉煌60年成就展"卫生事业部分的图片并组织厅机关和厅直各单位干部职工参观山西省庆祝建国60周年成就展。

七是积极开展扶贫帮困活动。先后组织了"博爱一日捐"、"送温暖 献爱心"等捐款活动，共捐款28万余元。积极做好与太化橡胶二厂的联企帮困工作。每逢重大节日对困难职工进行慰问，送去机关干部职工对困难企业干部群众的一片深情厚意。在元旦春节和中秋国庆等节日期间，厅直系统各级工会组织对家庭困难职工、身患重病职工、去世职工遗孀进行走访慰问，送去党和政府的关怀和温暖。据不完全统计，全年共走访慰问98余户，慰问金额达11万余元人民币。9月下旬，厅直系统各级工会组织对29名老战士、老党员、老同志进行了逐门逐户的走访慰问，给他们送去慰问金共计76390元。

四、精神文明建设再上新台阶

厅直机关党委重视和加强精神文明建设，把创建文明和谐单位作为机关党委的重要工作之一常抓不懈，在厅机关继续组织开展了"五型机关"创建活动。厅机关在连续9年荣获省直机关"文明和谐单位标兵"的基础上，荣膺省级"文明和谐单位"殊荣，并被省文明委授予"精神文明建设特别贡献奖"。

一是建立系统化的管理机制。建立了文明和谐机关创建工作档案，对厅机关各处（室、局）的创建活动实行动态跟踪管理，积极探索设立创建平台、监督平台等，从而逐步使创建管理工作系统化、规范化。

二是建立科学化的考评奖惩机制。依据省直机关文明和谐单位管理办法，坚持年中对文明和谐机关创建工作进行自评，年底对文明和谐机关创建工作进行考评，对创建工作中好的单位和个人进行表彰奖励。

三是建立规范化的监督机制。注重文明和谐机关创建的日常监督和社会监督，在驻厅纪检组监察室设立了监督举报电话，并通过媒体和卫生网站等形式向社会公布。在全省建立了近800人的民主评议政风行风社会监督员库，聘请人大、政协、新闻媒体、社区工作人员等社会各界人士担任卫生系统政风行风监督员。定期召开政风行风听证对话会，当面听取群众的意见建议。

四是开展主题实践活动，不断丰富拓展创建内容。根据厅机关实际，确立了"遵循规律、更新观念、改革创新、依法行政、强化服务、建好队伍"的24字工作理念，并把24字工作理念融入到创建工作全过程，确立了"建设社会主义核心价值体系、强化服务、建好队伍"的创建主线，

在厅机关广泛开展了创建“学习型、廉政型、高效型、优美型、节约型机关”活动，取得扎实成效，形成了浓厚的文明和谐氛围。引导机关干部职工牢固树立“学习是生存发展的第一需要”、“学习工作化，工作学习化”的理念，进一步完善了党组中心组和干部理论学习制度、业务专题讲座制度，把提高干部职工的政治素质、理论水平、岗位技能、职业道德、人格修养作为学习的重点内容，及时组织干部职工学习党中央的重要会议和重大决策精神，学习国家的法律法规，学习卫生工作业务知识，先后组织了深化医药卫生体制改革、国家公务员法、食品安全法、社会主义荣辱观等专题学习教育。厅党组制定落实了党风廉政建设责任制，坚持做到党风廉政建设与业务工作同安排、同落实、同检查、同考核。制订了贯彻落实《建立健全惩治和预防腐败体系2008—2012年工作规划》和卫生部、山西省委实施办法的实施方案，着力探索建立健全教育、制度、监督、改革、纠风、惩处并重的反腐倡廉长效工作机制，进一步完善了源头治理的各项措施和工作机制。认真贯彻落实中办、国办《关于党政机关厉行节约若干问题的通知》、《关于坚决制止公款出国（境）旅游的通知》、《关于深入开展“小金库”治理工作的意见》，有效促进了机关的廉政建设，厅机关风清气正，无严重违法违纪问题。从建立落实规章制度入手，严格机关管理。先后制订了《中共山西省卫生厅党组关于加强领导干部党性修养大力树立和弘扬良好作风的实施意见》、《关于加强厅直系统领导干部作风建设的实施意见》、《山西省卫生厅直属机关党组织会议制度》等加强党组织建设的13项制度规定以及行政审批、行政执法、行政责任追究等行政管理方面的26项工作制度。下发了《关于进一步严肃机关纪律的通知》，重新修订了《山西省卫生厅机关工作人员请销假制度》，规范审批权限及程序，建立职工请假事宜档案，严格执行考勤制度。开展了查工作纪律、查履职尽责、查行政效能、查工作作风、查服务态度的“五查五看”活动。机关干部职工自觉遵守各项工作纪律，未发生无故旷工和超假等违纪行为。大力开展以“和谐、环境、健康”为主题的爱国卫生运动，进行环境卫生综合整治，推进地面绿化、道路硬化、环境美化、办公自动化和楼区管理智能化，楼寓监控和消防监控室设专人值守，24小时值班巡查，为机关干部职工创造了舒心、安全、便捷的工作环境。

五是推进“六大工程”，实现抓精神文明与抓业务工作的有机统一。在全省大力实施了“健康教育与促进工程、医院内涵建设工程、中医药振兴工程、人才强卫工程、食品与医药安全工程、医德医风建设工程”，以创建促工作，把创建成果转化为推进卫生改革与发展的工作成果，转化为缓解群众看病难、看病贵问题的具体举措，努力为群众办实事，让群众得实惠。

开展文明和谐单位创建活动，极大地促进了厅直系统各项工作的开展，也营造了和谐的氛围，净化了人的心灵，体现出了人与人的关心和爱护。省人民医院继续荣获国家级“文明单位”称号；省中医院、省儿童医院、省眼科医院继续荣获省级“文明和谐单位”称号；省肿瘤医院、省心血管病医院、山西职工医学院、省疾病预防控制中心继续荣获省直机关“文明和谐单位标兵”称号；省卫生监督所、省针灸研究所继续荣获省直机关“文明和谐单位”称号。

五、有效发挥群团组织作用，推动各项工作全面开展

厅直机关党委认真组织并指导厅直机关工青妇等群众组织紧紧围绕党的工作大局，根据各自章程开展多种多样各具特色的活动。

厅直机关工会采取多种形式，认真学习党的十七大和中国工会十五大精神，深入学习实践科学发展观，把职工群众的思想统一到党的十七大和中国工会十五大精神上，把职工群众的智慧和力量凝聚到卫生改革与发展的中心工作上。组织举办了厅直系统工会主席学习贯彻中国工会十五大精神专题培训班。在厅直系统干部职工中认真开展了《劳动合同法》、《工会法》、《劳动争议仲裁法》知识学习活动，增强以法用工能力和维护职工合法权益。组织职工群众深入学习《关于深化医药卫生体制改革的意见》，明确医药卫生体制改革的指导思想、基本原则、总体目标以及各项政策，加强了政策理论引导，提高了职工群众的大局意识、责任意识。以庆祝新中国成立60周年为契机，开展了丰富多彩、形式多样的社会主义核心价值体系教育，激发了职工群众的爱国热情。充分发挥工会组织作为党联系群众的桥梁和纽带作用，协助各级党组织深入开展了思想政治工作，广泛动员和组织广大医务工作者深化改革、自主创新、为我省卫生事业的科学发展做出了贡献。结合厅直系统实际，进一步完善职工代表大会制度，全面落实职代会各项职权，充分发挥广大职工通过职代会民主管理、民主监督和维护自身合法权益的作用。

厅团委把加强厅直系统团组织建设放在重要的议事日程，及时指导厅直各团组织的建设，积极向上级团组织推荐先进团组织和个人，充分调动基层团组织工作的积极性。厅妇工委继续做好妇女的维权工作，组织了“三八妇女节”座谈会，开展了一些有益身心健康的活动。

2009年，厅直机关党委的工作得到了省直工委的充分肯定，被省直工委评为“2009年度省直机关先进基层党组织”。

（丁高元）

附：省卫生厅党组书记、副书记、成员名单

书　记：高国顺

副书记：郝光亮

成　员：李书凯　李双才　王　峻　韩　敬　刘　星

省人口和计划生育委员会党组工作概况

党组书记　杨增武

2009年，省人口和计划生育委员会党组继续坚持不懈地抓好人口计生工作，牢固树立统筹解决人口问题的发展理念，着眼于提高计划生育基本国策的执行力和公信力，站在推动全省科学发展的战略高度，进一步增强贯彻计划生育基本国策的自觉性和紧迫感，各项工作都取得了一定的成绩。

一、加强党建工作，严格落实党风廉政建设责任制

加强思想建设，增强党员干部理论水平。制定下发《关于2009年党组中心组和党员干部理论学习安排意见》和《省人口计生委机关党委2009年工作要点》，对学习的内容、时间、形式和要求做了具体的安排，并制表分解细化到每月的学习内容。坚持中心组理论学习制度，做到了人员、时间和学习内容三落实。每一位成员都能按照学习计划的要求，通读理论文章，写好心得体会，认真负责地向党组汇报学习情况及其收获。组织全委30名处级干部参加省直分校举办的“推进三个发展”培训班，每个处级干部都撰写了学习心得体会。各支部以报告会、理论辅导课、党课、党日活动等多种形式，加强理论武装，加深对党的十七大、十七届四中全会和省委九届十次会议精神的理解，增强学习实践科学发展观的自觉性和坚定性。

加强组织建设，构筑坚强的战斗堡垒。一是组织召开了专题民主生活会。会前给各支部下发了对委党组及其成员征求意见的通知，征求到群众意见和建议15条并向党组作了反馈。生活会上，大家从有利于工作、有利于完善自我、有利于增强团结的目的出发，相互之间开展了严肃认真的批评与自我批评，并查找了存在的不足，分析了原因，分别制定了切实可行的整改措施，并及时向省直工委报送了生活会情况的报告。二是认真做好党员发展工作。按照“坚持标准，保证质量，改善结构，慎重发展”的方针，认真做好入党积极分子的培训和发展工作，严格落实发展党员公示制度，保证党员发展的质量。一年来，有3名同志参加了省直分校的培训学习并光荣地加入了党组织。三是组织了支部换届选举。按照《党章》和《中国共产党党和国家机关基层组织工作条例》的有关规定，根据委员会人员调整情况，本着有利于党员的教育管理和开展组织活动，对机关和直属单位所有支部进行换届选举，促进了基层党组织的组织建设。

加强党风廉政建设，提高党员干部廉洁自律意识。严格落实党风廉政建设责任制。制定了《山西省人口计生委2009年党风廉政建设和反腐败工作任务分解表》，对2009年反腐倡廉任务进行逐项分解，明确了牵头处室（单位）、配合处室（单位），并签定责任书，将责任落实到人头，做到了职责明确，任务到人。二是切实加强党风廉政建设宣传教育。组织全委干部职工观看了省纪委电教中心制作的关于王月喜、苗元礼及大典公司宋建平严重违法违纪案件的典型案例教育片；根据国家人口计生委“群众工作纪律”、“检查考评工作纪律”要求，在广大干部职工中认真开展了“两项纪律”教育；以加强社会公德、职业道德、家庭美德为主要内容，组织开展了“争做新时期最可爱的人”教育活动。积极参加山西人民广播电台的《政风行风热线》和《关心热线》节目直播，及时解决群众疑难问题。三是加强领导班子内部监督，搞好民主制度建设。凡属政策性、全局性的重大问题，干部的推荐、任免，重要建设项目的安排和资金的使用，我们都按照规定程序，在充分发扬民主的基础上，坚持民主决策、集体决策、科学决策。四是大力推进党务政务公开。利用全省人口计生系统全员人口信息网络平台和省政府网站，及时将群众关注的计生政策规定、奖励扶助办法、社会抚养费征收程序、再生育审批条件、计划生育服务机构的服务项目、免费技术服务政策等内容公布出来，接受群众监督。在全省49个部门开展的政风行风评议中，综合排名从2003年的第26位跃居到第5位、社会管理部门的第1位，并连续三年受到省政府表彰。

抓好精神文明建设，营造健康向上的文化氛围。将精神文明创建纳入经常性工作部署，与人口计生工作同部署、同考核、同兑现。围绕“讲政治、树正气、塑形象、迎国庆”这一主题，组织开展“我与我的祖国”演讲比赛、举办山西省人口计生事业发展图片展览、读书月活动、爱国歌曲演唱会、观看国庆献礼电影、开展群众性体育比赛等一系列活动，激发了大家参与创建文明和谐单位的热情。加强对精神文明创建工作的督促检查和指导，推进各项创建措施的落实，委机关连续4年被评为省直文明和谐标兵单位；7个直属单位被评为省直文明和谐单位。

二、坚持综合施治，促进人口问题的统筹解决

坚持综合施治，低生育水平继续保持稳定。山西省始终把稳定现行生育政策和低生育水平作为首要任务，抓紧抓实。坚持分类指导，重点抓好农村、流动人口和人口大

县的生育管理。强化孕前服务管理，坚持不懈地抓好长效节育措施落实，严格社会抚养费征收。在全省深入开展党员干部和国家工作人员计划生育情况专项检查，共清理违法生育5830人。各地坚持在评先评优、干部提拔过程中审核计划生育情况，共审核单位4504个，否决41个，审核个人12470人，否决93人。2009年底，全省人口出生率为10.87‰，比上年下降了0.45‰，人口死亡率为5.98‰，比上年下降了0.03‰，人口自然增长率为4.89‰，比上年下降了0.42‰，全省常住人口为3427.36万人，比上年增加了16.72万人。全省人口自然增长率首次低于5‰，低生育水平继续保持稳定。

加强组织协调，促进人口问题的统筹解决。2009年12月24日，全省经济工作会议之后紧接着召开了人口计生工作会议，做到经济发展与人口发展综合决策。2009年7月，召开山西省人口计生领导组扩大会议，专题研究人口计生工作，解决重点、难点问题，进一步强化了对人口计生工作的统筹协调。对省人口计生领导小组成员单位职责重新进行疏理、分解和细化，确保了责任落实。开展军民共建计划生育信息联通、管理联接、服务联动的“三联”机制，太原、大同的经验做法受到国家人口计生委的肯定。深化人口计生工作目标管理责任制改革，突出重点工作指标，创新考核方式方法，做到公开、公平、公正，树立了正确的工作导向。加强人口发展战略研究，启动山西省“十二五”人口发展规划编制工作，为经济社会发展决策提供支撑和参考。

注重利益导向，计划生育家庭得到更多实惠。落实国家和省法定的计生“2+4”奖励项目（国家奖扶、特扶，省领证独生子女父母奖励、退二孩指标奖励、双女绝育奖励、独生子女死亡伤残家庭补助），2009年，全省各级财政投入奖扶资金3.36亿元，奖励计生家庭67.33万人（户）。按照普惠优先的原则，整合社会资源，在城乡低保、扶贫开发、升学加分、合作医疗、林权改革等方面，积极探索和落实对计划生育家庭的优先优惠政策。广泛开展“生育关怀行动”，发放救助金942万元，救助计生困难家庭和基层计生工作者近4万人。实施“保险保障行动”，投入177.2万元为4.8万人（户）计生困难家庭和基层计生工作者办理了意外伤害保险。人口和计划生育利益导向机制逐步完善，2009年，全省独生子女领证人数比2008年增加了136976人，增长29.14%。

着眼群众需求，深入推进计划生育优质服务。以争创“十旗百佳”活动为载体，深入推动优质服务先进单位创建活动，2009年，有7个县市被评为国家和省级先进，全省评选出12个县级红旗服务中心、11个乡级红旗服务站和123名村级服务标兵。积极推进生殖健康家庭保健服务，免费为育龄妇女开展查环查孕和生殖健康检查累计180余万人次。广泛开展宣传倡导、优生咨询和出生缺陷一级预防工作，扎实推进健苗（出生缺陷干预）工程、免费增补叶酸以及接种风疹疫苗干预出生缺陷项目，取得良好效果。忻州市投入200万元，将免费增补叶酸干预工程列入市政府为群众办的20件实事加以落实；吕梁市中阳、交口两县营养面粉干预效果明显，出生缺陷发生率明显下降。各地利用广播电视、报刊杂志、墙报专栏、图文宣传品、培训讲座、文艺演出、群众活动、互联网等多种形式，宣传人口计生方针政策，倡导科学、文明、进步的婚育观念，使少生优生、男女平等、少生快富等文明新风蔚然成风，促进了群众身体素质、思想文化水平的全面提高。

夯实基层基础，切实提高服务体系和信息化建设水平。推进服务网络建设国债项目，全省规划的20个县级计生服务中心、180个乡级服务站项目进展顺利。全员人口信息网络版正式运行，全省人口计生系统视频会议系统全面开通。启动了人口信息直报终端系统，实现了基层信息报送与反馈指导服务的双向互动，建成了省级集中和动态更新的大型人口信息数据库，将为省委省政府及社会相关部门决策、提高公共服务水平提供重要的人口信息支持。

强化服务管理，推动流动人口计划生育“一盘棋”工作。全面贯彻落实国务院《流动人口计划生育工作条例》，召开了全省流动人口计划生育“一盘棋”工作会议。重点抓好非公有制经济组织、城市社区和城乡结合部的流动人口计生工作，全省共成立流动人口计生协会1.37万个。各级综治、公安、工商、卫生、劳动保障、人口计生等部门协调配合，齐抓共管，加快建立“统筹管理、服务均等、信息共享、区域协作、双向考核”的流动人口计划生育服务管理新机制。坚持开展每季度第一个月流动人口集中服务月活动，免费为流动人口提供计划生育、优生优育、生殖健康方面的咨询和服务，维护其合法权益。重视抓好流动人口统计信息的管理，搭建了省内、省际流动人口信息共享协作平台，实现网上查询、异地迁移流动人口150万人。

（王天定）

附：省人口和计划生育委员会党组书记、成员名单

书　　记： 杨增武（3月任职）

成　　员： 梁明虎　王祥瑞　杨建勇　任建平

省审计厅党组工作概况

党组书记　郝志远

2009年，山西省审计厅党组团结带领厅机关各级党组织和全体党员干部，认真贯彻党的十七大、十七届四中全会精神，落实省委、省政府、省直工委的工作部署，深入开展学习实践科学发展观活动，紧紧围绕审计中心工作，以创新精神加强和推进机关党的建设，各项工作取得新的进展。在2009年的政府工作考核中，审计厅被省政府授予2008年度"全省工作目标完成先进单位"。机关党委、纪委分别被省直工委授予省直机关"先进基层党组织"、"党风廉政建设先进集体"荣誉称号。

一、围绕大局抓党建，履行职责，加强领导

一是围绕大局抓党建。厅党组思路措施明确，坚持做到"三个始终"：始终把加强和改进机关党的建设放到中央、省委的中心工作大局中，准确把握形势与政策，全面抓好贯彻落实；始终注重围绕审计工作为科学发展服务的大局，把党建工作、党风廉政建设和文明和谐创建工作融为一体，和审计业务工作统筹部署，一起落实、一起检查，整体推进，形成合力；始终坚持注重"抓教育、打基础"工作，以加强党性党风党纪和社会主义核心价值体系教育为主线，不断加强领导班子自身建设和基层党组织、党员干部队伍的思想、组织和作风建设。通过围绕大局抓党建、服务经济促发展，充分发挥审计服务经济社会发展的"免疫系统"功能，发挥好党组织和党员的作用，为圆满、高效地完成省委、省政府安排部署的各项重大任务提供思想组织保证。

二是主要领导亲自抓。厅党组书记、厅长郝志远一贯重视支持机关党建工作，一年来，多次听取机关党委关于开展学习实践活动、党建工作和文明和谐创建工作的情况汇报，加强具体指导。以自身的实际行动起带头、作表率，树立和维护机关党建工作的地位和形象，极大地支持、激励和影响了机关基层党务干部和广大党员。党组在党员干部学习培训、宣传教育、组织机关内部和参加上级举办的集体活动、机关合唱团日常排练演出活动等各项工作中，均从时间、人员和经费上给予充分保障。各位党组成员和其他厅级党员干部都能够按照分工认真履行"一岗双责"，自觉参加党员领导干部和支部双重民主生活会，认真抓好所分管支部、处室的党建工作。

三是制定机关党建工作目标管理责任制，强化工作措施，逐级抓好落实。厅党组按照省委关于党建责任制规定，着眼于机关党建工作实际，制定了《山西省审计厅关于落实机关党的工作目标责任制的实施方案》，明确了从党组到党小组五级党组织的工作职责，各级党组织的负责人为第一责任人，形成责任体系和工作落实机制。将责任制纳入厅机关整体工作规划统筹安排，纳入审计机关工作目标责任制统一考核评比。2009年，主要党建工作目标得到全面落实。开展了纪念建党88周年暨创先争优评比表彰活动、纪念新中国成立60周年活动；落实了厅党组主要领导讲党课、作形势辅导报告、学习贯彻党的十七届四中全会精神、机关党委纪委换届和党员领导干部民主生活会等项重要工作。厅党组在制定方案、征求反馈群众意见建议基础上，以"加强党员领导干部党性修养、树立和弘扬良好作风"为主题，召开了党组民主生活会，在认真对照检查的基础上提出五条整改措施。

二、深入贯彻落实党的十七届四中全会精神，以改革创新精神推进机关党的建设取得新的成效

厅党组高度重视，把学习贯彻四中全会精神和省委九届十次全会精神作为首要政治任务，及时有效地抓好会议精神的传达学习和有关贯彻落实工作，迅速掀起学习贯彻四中全会精神的热潮。9月22日，厅党组召开有各处室、事业单位负责人参加的党组扩大会议，集中传达学习党的十七届四中全会精神。会议传达了胡锦涛总书记在四中全会上的重要讲话、省委书记张宝顺在省委传达学习四中全会精神会议上的讲话。厅党组提出厅机关学习贯彻四中全会精神的具体实施意见，做出安排部署。厅党组书记、厅长郝志远对厅机关贯彻落实四中全会精神提出了紧密结合审计机关和审计工作实际，认真研究加强审计机关自身建设的措施，在保增长、保民生、保稳定中发挥审计工作的重要作用，立即组织全厅广大党员和干部职工开展多种方式的学习活动、进一步加强和改进厅机关党的建设等四点要求。同时，党组按照四中全会和全国党建工作会提出的"服务大局、建设队伍"的要求，认真研究贯彻落实的具体思路和措施，提出不仅要以改革创新的精神、更要以改革创新的实际行动切实加强和推进机关党的建设。在这方面，主要抓了六项创新性工作。

一是组织开展领导班子和审计队伍建设专题"大调研"活动。为贯彻落实全国审计工作座谈会议精神和省政府关于开展"大调研"活动的统一要求，厅党组以党的十七届四中全会精神为指导，以进一步加强全省审计机关领导班子及审计队伍建设为目的，专门召开党组会议研究并做出安排部署，在全省审计机关深入开展了加强班子队伍建设专题"大调研"活动。11月中旬至12月中旬用一个月时间，省厅组成8个调研小组，由厅领导分别带队，对全省市县两级审计机关领导班子及审计队伍建设状况进行了调查研究。通过调研

活动，了解和掌握了全省审计机关班子队伍建设现状，为研究和解决审计队伍存在的问题，获取了第一手资料。

二是利用机关党委、纪委换届的时机，配好配强“两委”班子，进一步加强了机关基层党组织专兼职党务干部队伍建设。召开了厅机关全体党员大会，经选举产生新一届机关党委会委员9名、机关纪委会委员5名。厅党组全程指导，郝志远厅长继在党员大会上讲话提出六条希望后，又亲自参加“两委”第一次会议，并再次对“两委”今后工作提出六条要求，体现了党组重视抓党建的决心。为加强机关党委力量，打破常规，配备两名厅级领导干部进党委班子。

三是加强基层党支部建设。创新党组织设置形式，采取把党支部设在各处室、事业单位的形式对支部进行换届改选，由原来的11个支部扩大覆盖成31个支部，夯实基层党的组织基础。这是厅党组为进一步加强厅机关基层党组织建设所采取的又一项重要举措。此种设置与审计、教育、管理、服务等行政组织的设置与功能相对应、相适应，融为一体，为党组织充分发挥服务和保障作用奠定坚实基础，营造良好氛围。

四是在审计组设立临时党小组，为审计提供组织保证。针对审计工作任务以审计小组为单位、战线长、人员分散的特点改进机关党建工作，将党建关口前移、制定实行了在审计组设立临时党小组的工作制度，为高效、廉洁完成审计提供有力的政治和组织保证。

五是加强干部队伍建设，积极探索干部人事制度改革。在干部选拔任用工作中扩大民主，实行了差额票决，用委托省人事厅公开考试招聘的方式录用事业单位工作人员，公开透明，阳光作业，广泛挖掘和选拔专业人才，为有效缓解审计任务重与审计力量不足的矛盾作了积极探索。

六是严格实行审计纪律“八不准”制度，实现审计经费自理，积极探索审计机关加强党风廉政建设的新途径。从2008年下半年以来，针对个别审计人员不廉洁行为，加大源头治理力度，制定并严格实行了“八不准”审计纪律，专门配备了审计业务用车，完全实现审计外勤经费自理，从源头上彻底切断和被审计单位的经济联系。加强党风廉政建设的措施得到进一步落实。通过领导干部专题学习、专题报告、廉政知识答题活动、给每个党员干部编发廉政短信、记廉政日记等形式，开展经常性的党风廉政教育。制定了审计厅贯彻中央、省委建立健全惩防体系工作规划和实施办法的《实施方案》、《责任分解意见》，党风廉政建设责任制和审计廉政体系进一步得到完善。明察暗访、“双举报箱”等制度得到较好落实，开展了对审计纪律执行情况的专项督查工作。

三、围绕省委、省政府中心工作，自觉把党的建设融入到审计为山西科学发展服务的工作实践

2009年，审计机关各级党组织发挥围绕中心、服务大局的保证作用，深入贯彻落实科学发展观，紧紧围绕全省“转型发展、安全发展、和谐发展”的战略目标和省委、省政府的工作部署，履行了审计监督职责，各项工作取得了明显成效。全省审计机关共审计和审计调查单位4468个，查出违法违规金额530.69亿元，损失浪费金额0.68亿元，为各级财政增加收入38.4亿元。移交司法、纪检监察机关及主管部门查处256件，涉及212人、金额1.24亿元。审计建议被各级政府和有关部门采纳2627条，审计专题、综合性报告和信息简报被批示采用1899次，其中省领导批示51条。为维护财政经济秩序，推进依法行政，促进廉政建设，推动全省经济社会又好又快发展发挥了重要作用。

预算执行审计继续创新，不断深化。审计结果得到省委、省人大、省政府高度重视。7月29日，郝志远厅长受省政府委托向省人大常委会做了《关于2008年度省本级预算执行和其他财政收支的审计工作报告》，省人大常委会对审计工作报告予以充分肯定。王君省长、张宝顺书记分别做出重要批示，有力地促进了审计整改工作的落实。针对制度和体制方面存在的缺陷提出审计建议，向省政府提出7个方面建议，全部得到了省政府采纳，为我省经济平稳较快发展发挥了积极作用。

积极开展中央扩大内需新增建设项目和重点建设项目跟踪审计和审计调查。2009年，省市两级审计机关抽调70余人先后25次对中央扩大内需新增建设项目进行了监督检查。共检查项目1245个，涉及项目资金42.42亿元。此外，全省11个市级审计机关还对40个重点建设项目进行了跟踪审计。审查投资总额35.69亿元，通过审计共核减项目投资2.38亿元。

进一步加强和改进经济责任审计工作。在2009年的经济责任审计中注重搞好两个结合，一是任中审计与离任审计相结合，逐步建立以任中审计为主的经济责任审计工作机制；二是市级财政决算审计与市长经济责任审计相结合，积极探索和构建体现科学发展观要求的地方党政领导干部经济责任考核评价指标和体系。把促进科学发展作为审计工作的主要目标。2009年，全省开展了对429名领导干部（人员）任期经济责任审计。

四、加强理论武装，积极开展创建学习型机关、学习型党组织活动

一是党组重视，提出创建目标和措施。结合实际认真贯彻党的十七届四中全会精神，贯彻落实省委、省直工委关于进一步加强和改进党委（党组）中心组学习的实施意见，深入开展学习实践科学发展观活动，把理论武装工作不断引向深入。在创建的思路方面，继续以厅党组提出的创建“和谐文明学习型”机关为目标，进一步健全完善创建学习型机关、学习型党组织的具体办法。加强学习制度建设，厅党组结合实际制定印发了《山西省审计厅党组关于进一步加强和改进党组中心组学习的实施意见》，把领导班子和党员干部理论学习规范化、常态化。着眼于理论联

系实践，不断提高领导干部指导实践和工作水平的能力。要把理论学习同工作实际和调查研究相结合，把理论学习成果转化为工作实践成果，真正做到端正学风，学以致用，防止形式主义。适应审计工作需要，不断改进学习方法，提高学习效率。针对审计工作特点，把自学与集中学习研讨相结合，以自学为主。形式上要灵活多样，采取和利用网络进行学习培训。鼓励干部职工在职学习和学历教育，制定并落实了鼓励措施和办法。继续总结和坚持机关党务干部和党员集中学习培训的做法，进一步采取适当集中和以会代训的措施落实学习培训。党组主要领导亲自抓，领导班子成员发挥带头示范作用。通过开展群众性文化活动改善审计人员身心健康，培养格调高雅、情趣健康的业余生活等举措，在工作实践中取得明显成果。

二是深入开展学习实践科学发展观活动。在活动中，厅党组一班人通过选准活动载体、突出实践特色，集中学习培训、深入基层调研，广泛征集意见建议、召开专题民主生活会进行分析检查，针对问题落实整改等措施，形成党组分析检查报告和一批质量较高的专题调研报告，找准和集中解决一批存在的突出问题，健全完善一批切实管用的规章制度，进一步解放思想、转变作风、开拓创新，有效形成领导班子按照科学发展观要求推动审计创新发展的思想共识、发展思路、工作举措和长效机制，取得明显效果，得到省委指导组、厅机关干部职工、基层审计机关和被审计单位的充分肯定。

三是以纪念建党88周年和庆祝新中国成立60周年为契机，深入开展加强党性修养和社会主义核心价值体系系列教育活动。举办了“五星红旗我为你骄傲”主题演讲活动。广泛开展了“爱国歌曲大家唱—审计厅庆祝建国60周年群众性歌咏活动”。厅机关“审计之声”合唱团参加了省直工委举办的“歌唱祖国—省直机关庆祝建国60周年歌咏比赛”，获得三等奖。“七一”前夕隆重召开纪念建党88周年暨创先争优活动表彰大会，表彰奖励9个先进基层党组织和52名先进个人，并在大会上举行新党员入党宣誓和全体党员重温入党誓词，领导上党课活动。结合实际广泛开展学习英雄模范和先进典型的活动。组织开展评选“100位为新中国成立作出突出贡献的英雄模范人物和100位新中国成立以来感动中国人物”的“双百”评选活动，269名机关党员和干部职工踊跃参加了投票评选；在党员干部中广泛开展了“学习吴大观，我为审计做贡献”的主题学习活动。组织干部职工积极参加省直工委开展的庆祝中华人民共和国成立60周年征文活动，郝志远厅长的文章《架起一座永恒的桥》荣获一等奖。积极参加“全省庆祝新中国成立60周年成就展”的文字图片报道工作并参展，于国庆前夕组织200名干部职工参观了成就展。参加“省直机关庆祝建国60周年文明和谐创建巡礼展览”工作，以图片形式充分反映宣传了厅机关干部职工开展文明和谐创建活动的精神风貌，于“十一”期间组织200名干部职工参观了巡礼展。开展“迎国庆、讲文明、树新风”活动，在厅机关办公区、住宅区开展国庆悬挂国旗活动；国庆前夕在厅机关开展了“迎国庆爱国卫生活动”，营造干净整洁的节日环境；通过“山西审计”网站、电子大屏幕、宣传展版等形式广泛宣传庆祝新中国成立60周年口号和机关庆祝活动。开展“送温暖”活动。厅领导班子成员分别带队对机关老同志、扶贫联系乡村、联企帮困对象和机关困难职工进行了慰问和救助，组织开展了两次“送温暖、献爱心”募捐活动，干部职工和离退休老同志“博爱一日捐”捐款33414元，帮困救灾捐款20150元；走访慰问了建国前参加工作的老干部、老职工和伤残军人。

（孙　翔　宁红伟）

附：省审计厅党组书记、成员名单

书　记：郝志远

成　员：郝素珍（女）　高爱平　杨光照

任建平（10月任职）

省国资委党委工作概况

党委书记　张崇慧

2009年是新世纪以来山西国有经济发展最为困难的一年，省属国有企业经受了国际金融危机的严峻考验。在省委、省政府的正确领导下，省国资委党委以科学发展观为指导，紧紧围绕“三个发展”，狠抓党建促经济，充分发挥各级党组织的战斗堡垒作用，迎难而上，共克时艰，实现了“保增长、保民生、保稳定”的总体目标，经济运行总体保持了平稳健康的发展势头，为我省经济社会发展作出了积极贡献。截至2009年底，省监管企业资产总额达到7396亿元，同比增长24%；所有者权益（净资产）达到2487亿元，同比增长23.4%。全年监管企业累计完成增加值1300亿元，同比增长12.3%；累计实现营业收入5224亿元，同比增长1.5%；累计实现利润225亿元，上缴税金415亿元，在全国省级国资委中位居前列，资产总额、所有者权益、营业收入和实现利润四项指标分别是2003年省国资委成立前的3.7倍、3.4倍、6倍和9.5倍。上述四项指标在全国31个省（区、市）排名由2003年的第十七位跃居到第二至第五位。

一、深入开展全省国有企业学习实践科学发展观活动

省国资委机关及直属单位的学习实践科学发展观活动

在2009年3月进行了总结，较好地完成了“学习调研、分析检查、整改落实”三个阶段的17项规定动作，并通过深入整改和“回头看”，切实解决了影响和制约国资监管工作的突出问题，较好地应对了金融危机复杂局面，确保了国有经济的持续增长，基本实现了“党员干部受教育、科学发展上水平、人民群众得实惠”的总体目标，为参加第二批学习实践活动的全省国有企业提供了宝贵的经验，奠定了扎实的基础。

2009年3月2日，省国资委召开了第一批学习实践活动总结暨第二批省属企业学习实践活动的动员部署大会。省国资委监管的30户省属企业的9221个基层党组织（其中党委415个、党总支740个、党支部8066个），201947名党员（其中7975名处级以上党员领导干部）参加了第二批学习实践活动。从安排上，努力促进两批学习实践活动实现“无缝对接”，即用第一批学习实践活动取得的经验指导第二批活动的开展，用第一批学习活动的成果促进第二批活动取得新的更大收获。省国资委派出了六个指导小组，由一批有丰富经验的老同志带队赴各企业指导工作，把帮助企业“实现三保”和科学发展的任务进一步深化到基层，把国资委机关深化整改的各项举措落实到一线，同时，也把企业正在取得的好的经验和当前经济工作的信息带回到机关，促进和提高了机关整改工作的全面开展，形成了良好的互动局面。4月14日根据省委学习实践活动领导小组要求，省属企业学习实践活动领导小组正式更名为全省国有企业学习实践活动领导小组，全省1342户国有企业统一开展学习实践活动。4月16日召开“全省国有企业学习实践科学发展观活动研讨会”，省委常委、省委组织部部长、省委学习实践活动领导小组副组长任泽民同志作了重要讲话。会议学习贯彻中央关于开展深入学习实践科学发展观活动的一系列指示精神，研究、部署、解决全省国有企业学习实践活动中的问题，太钢、太重、晋煤三户企业分别介绍学习实践活动的做法和经验。五个多月时间，全省国有企业按照省委的统一部署，严格程序，精心组织，扎实推进，确保学习实践活动进展顺利，有力地促进了省属企业改革发展稳定，切实做到了学习实践活动与生产经营及各项工作“两不误、两促进”。学习实践科学发展观活动进一步解放了全省国有企业党员干部的思想，加深了对科学发展观和“三个发展”的理解，提高了对搞好国有企业的认识，坚定了深化改革、强化管理，攻坚克难、推动省属企业平稳较快发展的信心和决心，在应对金融危机、保增长和促进省属企业又好又快发展等重大问题上取得了实效。省属企业先后明确整改项目1036个（其中，应对金融危机推动三个发展的项目480个、事关群众利益维护社会稳定的项目230个、其他项目320个），作出公开承诺事项461件。解决影响和制约企业科学发展方面的突出问题268个，解决应对金融危机确保经济稳定增长方面的突出问题241个，解决改善民生、维护群众切身利益和社会稳定方面的突出问题221个，解决本单位本部门存在的突出问题149个，为职工群众办实事办好事482件。

二、加强国有企业党建研究工作，积极推广潞安党建工作先进经验

2009年，省国资委党委结合深入学习实践科学发展观活动的开展，就进一步加强和改进省属企业党的建设，深入企业进行了广泛深入的调研，形成了《国有企业党组织政治优势转化为企业竞争优势和发展优势研究》等五篇有价值的调研成果。省国资委党委以《国企党建通讯》为载体，及时宣传中央和省委关于党的建设的指示精神，广泛交流、推广各单位的研究成果，全年收集领导讲话、文件决定、工作动态以及理论研究等100余篇，对推动基层党组织开展党建工作研究，深化对党建理论的认识起到了积极作用。同时，高质量办好“山西国企党建网”，充分利用网络优势，构建工作服务平台，实现了党建工作信息交流、资源共享的快捷方便。省属企业党建研究着眼于多出成果，推广并应用成果，为企业开展党建工作，创新党建工作创造条件。特别是在深入调研和实践中，总结推广潞安集团党建工作经验，引起社会各界的广泛注目。

潞安集团积极探索在现代企业制度条件下，进一步加强和改进党建工作的新思路和新方法，形成了以“抓班子、带队伍、创环境、促发展”为核心内容的党建工作模式，把绩效管理引入基层党的建设。这一做法得到了中央领导的重视。5月7日，《人民日报》以《国有企业党建工作的有益探索》为题刊发中央党建工作调研组赴潞安的调研报告。省委书记张宝顺同志作出了“研究推广潞安经验，推进企业党建工作不断发展”的重要批示。省国资委党委高度重视，决定在省属企业中学习推广潞安党建工作经验，切实加强国有企业党的建设，为实践省委、省政府提出的“转型发展、安全发展、和谐发展”提供强有力的政治保证。6月18日，省国资委召开了“省属企业推广潞安党建工作经验交流会”。省委、省政府领导出席并作了重要讲话。会议介绍了潞安党建工作绩效管理的成功经验。这些宝贵的经验是我省国有企业努力探索现代企业制度下党建工作方法、机制的生动体现，是我省国有企业长期与时俱进、创新拼搏、开展党建工作的重要成果，为进一步建立和完善国有企业党建工作长效机制具有十分重要的意义，为我省、乃至全国国有企业开展党建工作提供了有益的借鉴和参考。

三、加强组织工作，大力开展“争先创优”活动

为夯实党建工作组织基础，省国资委党委和企业党委按照《中国共产党基层党组织选举工作暂行条例》的要求，把省属企业党组织换届选举工作作为加强和改进企业党组织建设的抓手，认真组织实施。在企业换届选举工作中严把“三个关”：一是把好组织领导关。高度重视组织换届选举工作，将其纳入重要议事日程，认真研究和部署。党委

主要领导定期听取企业组织换届选举工作情况汇报，深入开展调查研究，帮助解决实际问题。二是把好思想教育关。各级党委把思想政治工作的关键放在班子成员和干部的思想统一上，主要领导深入基层，与群众和党员干部接触，了解思想情况，掌握思想动态，把握工作中的重点对象，抓住苗头性的问题，提前做好深入细致的思想工作。特别是对那些有不同意见的党员和群众，分别同他们谈心，通报有关情况，认真听取他们的意见，加强思想沟通，解除他们的思想顾虑。在选举中，党组织注意及时了解群众和党员的思想情况，做好工作，化解矛盾，较好地把好了党员和群众的思想政治稳定关。三是把好工作程序关。选举按照规定程序严格进行，没有任何更改和疏漏，充分体现换届选举的严肃性和科学性。经过各级党委的努力，省国资委监管的28户省属企业已有16户企业圆满完成了换届选举工作。

为加强基层党建工作，从生产一线中大力发展生产技术骨干加入组织，进一步提高入党积极分子的综合素质，保证其尽快在思想上入党，在能力上入党，使其更具一名新时期共产党员的标准，国资委党委从教育培训入手，加强积极分子培训工作。党员培训工作在内容上坚持与时俱进，因人设课、因需施教，在《党章》、党史、国情、国史等理论的基础上，结合当今形势发展，学习科学发展观、十七届四中全会精神。在方式上突出一个“新”字。坚持创新教育方式，打破常规，采取学习讨论相结合模式，转变观念，变“要我学”为“我要学”，努力增强培训实效。2009年开展集中培训2期、共培训400多人次，有效提高了入党积极分子的素质能力。为在广大员工中营造崇尚先进、学习先进、争当先进的良好氛围，更好地发挥基层党组织的政治核心作用、党支部的战斗堡垒作用和党员的先锋模范作用，省国资委党委坚持深化“争先创优”工作，扎实推进省属企业深入开展创建先进基层党组织，争当优秀共产党员、优秀党务工作者活动，在中国共产党诞辰88周年之际，省国资委党委对省属企业102个先进基层党组织、155名优秀共产党员和33名优秀党务工作者进行表彰。省国资委党委在“十一”国庆节到来之际，为庆祝新中国诞辰60周年，进一步增强省属企业党组织的凝聚力和战斗力，激发广大共产党员的爱国热情，巩固和扩大深入学习实践科学发展观活动成果，在省属企业中组织开展了一次以党史国史、国情国力、时事政治为主要内容的“先锋杯”百题知识竞赛活动。此次“先锋杯”百题知识竞赛活动，省属企业参赛人数达174622人，党员参赛率达74.9％，平均分数为97.4。在这次知识竞赛活动中，涌现出一批表现突出的省属企业，这些企业不仅按照活动的要求认真完成了“三个阶段”的规定动作，而且还要求本企业入党积极分子、中层以上非党员领导干部也参加了知识竞赛活动。

为深入贯彻落实党的十七大精神，以改革创新的精神加强组织部门自身建设，提高组织工作的整体水平，推进党的建设新的伟大工程，省国资委党委按照省委组织部的统一安排，积极在省属国有企业组织系统中开展“讲党性、重品行、作表率，树组工干部新形象”活动，省国资委党委针对省属企业自身的特点，制定下发了《关于在省属企业组织系统开展“讲党性、重品行、作表率，树组工干部新形象”活动的实施方案》，对活动的开展提出了新的要求，在活动动员部署工作中，活动领导组经过周密细致地研究，制定了《省属企业组织系统“讲党性、重品行、作表率，树组工干部新形象”活动流程》和《省属企业组织系统“讲党性、重品行、作表率，树组工干部新形象”活动重点学习内容》，确保省属企业认识统一，步调一致，各省属企业组织部门认真组织实施，使活动得以扎实有效地开展。

四、加强机关干部队伍建设和全面推进人才工程

省国资委党委认真学习贯彻《党政干部选拔任用条例》，全面加强机关干部队伍建设，在具备基本资格条件的人员范围内进行相应职务的民主推荐，在选拔任用干部过程中，始终坚持原则，严格按照党政领导干部应当具备的基本条件和任职资格选用干部，并注重优化干部队伍结构，共提任调整处级干部29人，真正把有能力、工作业绩突出、口碑好的干部任用起来。根据工作需要以及国资委编制空缺情况，在省人事厅统一组织安排下，通过公开招考，按照笔试、面试、体检、考察等规定的程序，从800多名报考人员中择优录取6名公务员。

在人才工作方面，根据省委人才工作领导组和省委组织部《山西省2009－2020年人才队伍建设规划纲要编制工作方案》，牵头完成了《加强企业经营管理人才队伍建设课题研究》。根据省委人才办和省委组织部的安排，制定了《山西省省属企业引进海外高层次人才工作暂行办法》。2009年9月，组织有关企业参加了落实全省海外高层次人才引进工作会和人才工作座谈会。省属企业积极参加我省海外高层次人才引进计划（“百人计划”）的组织实施，太钢和太重成为第一批“山西省海外高层次人才创新创业基地”。2009 年11月28日至12月1日，组织省属有关企业参加“山西省2009年海外高层次人才服务周”活动。

在人才培训方面，为促进我省上市公司控股股东及董事、监事和高管人员增强法制观念，依法合规履行职权，进一步强化风险意识，提高公司规范运作水平，8月20日至21日，国资委和山西证监局在太原联合举办了山西省上市公司规范运作培训班，来自山西省内24家省属企业、27家上市公司及部分拟上市公司的主要领导和高管人员157人参加了培训班。2009年10月17日，国资委与北京科技大学联合举办的工商管理硕士（MBA）班开班，该班是国资委与北京科技大学经济管理学院为培养具有较高学历层次和领导管理能力的经营管理人才联合举办的。2009年3月27日至2009年4月9日，组织了省属有关企业的相关人员共14人，赴香港进行企业项目、投资及风险管理的培训学习。

五、不断增强精神文明创建工作的活力，提升创建活动水平

省属企业精神文明创建通过狠抓落实和持续推进，逐步实现创建活动精细化、长效化和常态化。省属企业普遍以文明和谐单位、文明和谐社区、文明和谐家庭、文明和谐班组等创建活动为载体，深入开展道德模范评选、“倡和谐、树新风、争作文明人”等针对性强的主题实践活动，使活动过程成为灌输正确思想、加强道德教育、弘扬社会新风的过程，充分调动单位、家庭、个人等各个方面的积极性，形成全员参与的良好创建氛围，使文明和谐建设成为省属企业干部、职工的自觉行动。2009年省国资委党委对省属企业精神文明建设先进单位和优秀个人进行了命名表彰，共命名表彰省属企业文明单位标兵132个，文明单位140个，文明社区25个，优秀工作者55名。省属企业文明办在表彰的基础上，向省文明办推荐了2008—2009年度省级文明和谐单位标兵27个，文明和谐单位46个，文明和谐社区13 个，优秀领导干部6名，优秀工作者7名，精神文明创建特别贡献奖3个。根据省文明办安排，省属企业49个省级文明和谐单位参加了“文明和谐单位”和“社会主义新农村建设重点推进村”结对帮扶共建文明和谐村活动。各帮扶单位立足实际、携手共建，取得了较好成绩，主要做法是：送信息，帮助进一步理清新农村建设的发展思路；送经验，帮助进一步提升乡风文明程度；送资金，帮助进一步改善文化设施和村容村貌；送服务，帮助进一步提高村民医疗卫生、子女教育和业余文化生活；送爱心，帮助进一步解决困难学生、弱势群体和困难家庭。

省国资委党委在建国60周年重大契机，认真贯彻省委宣传部、省文明办《关于庆祝新中国成立60周年重点活动的意见》精神，在省属企业开展了“爱国歌曲大家唱”群众性歌咏活动，在各企业开展活动的基础上，组织了省属企业庆祝新中国成立60周年“赞美祖国”歌咏比赛，省属企业25个代表队和省国资委机关全体干部参加了比赛。同时，选派3个队参加了全省爱国歌曲大家唱“祝福祖国”歌咏比赛，取得了两个“一等奖”和两个“二等奖”的好成绩。在迎接新中国成立60周年之际，组织了省属企业职工开展了“100位为新中国成立作出突出贡献的英雄模范人物和100 位新中国成立以来感动中国人物”评选活动，省属企业30余万职工参加了书面投票，使省属企业广大干部职工受到深刻的爱国主义教育。（刘忠兵）

附：省国资委党委书记、副书记、委员名单

书　记：张崇慧

副书记：郭玉才　李天太（10月任职）　王靖凯　渠性轩

委　员：王晓勇　李宝文　朱成基　崔联会　李东洪　王敬民（11月离职）

省地方税务局党组工作概况

党组书记　卢晓中

2009年，省地税局党组紧紧围绕全省地方税务工作会议提出的总要求，认真落实年初党建工作会上所确定的各项任务和省直工委的年度工作部署，突出抓好国庆60周年系列活动，努力巩固和扩大学习实践科学发展观活动成果，深入贯彻和落实党的十七届四中全会精神，主动服务税收中心工作，积极为落实“三保”措施、促进“三个发展”服务，全面推进省局机关和全系统党建工作。

一、加强学习教育，扎实开展工作，努力推动省局机关党的建设迈上新台阶

2009年初，根据上级党委安排，结合当前形势，以“创建学习型机关、争当学习型税干”为载体，及时制定下发了《2009年党组中心组和机关干部职工政治理论学习计划》，逐月安排了学习内容并适时调整，提出学习要求，以推动省局机关党员干部扎实搞好政治理论学习。同时，积极为党组中心组理论学习服务，召开中心组理论学习（扩大）会议六次，先后邀请国务院发展研究中心宏观经济部部长余斌、山西大学经济管理学院教授容和平、北京大学教授经济学院院长刘伟作了专题辅导报告。下发关于深入学习十七届四中全会精神的通知，向各支部提出了学习要求。按照省直工委安排，在机关处级以上干部中进行了“加强领导干部党性修养树立和弘扬良好作风”专题知识测试。为了配合学习，购买了《六个“为什么”》、《加强领导干部党性修养树立和弘扬良好作风》等书籍资料，及时发放给全局党员干部。根据省直工委的要求，安排机关41名处级干部分11批参加了省直党校组织的“转型发展、安全发展、和谐发展”培训班，安排机关3名处级干部和2名中青干部分别参加了省直党校举办的处级干部轮训班和中青年干部培训班，进行了系统的理论学习。

2009年6月，在机关全体党员中以支部为单位，组织开展了一次民主评议党员活动，全体党员在学习讨论的基础上，对照评议内容，认真总结了个人在思想、工作、学习等方面的情况，特别围绕完成组织收入任务、拓展创新四项建设、抓好科学发展五项重点，认真查找了自身在党性、

党风、党纪等方面存在的问题，进一步明确了努力方向；七一之际，组织机关党员干部赴对口扶贫点壶关县集店乡慰问了14名老党员，向辛村中学10名贫困学生捐赠了补助金；6月30日，召开了省局机关纪念建党88周年及七一表彰会，会上对4个先进基层党组织、46名优秀共产党员、24名优秀党务工作者进行了表彰；按照上级安排，在机关党员干部中开展了向吴大观同志学习的活动，紧密联系实际，采取有效措施，用吴大观同志的感人事迹、光辉形象和崇高精神引领广大党员做时代先锋，为党旗添彩；进一步规范党员发展工作，认真做好党员发展工作，先后安排6名培养对象参加了省直党校组织的入党培训班；10月，认真总结全年各级党组织在落实“三保”要求、促进“三个发展”方面的经验做法，撰写了以《紧紧依托各级党的组织，全力攻克组织税收难关》为题的书面材料，参加了省委组织部的征文活动。

在2008年全系统取得省级文明和谐行业、省局机关取得省局文明和谐单位标兵的基础上，我们认真研究制定了《2009年省局机关文明和谐创建活动工作计划》。年初，组织省局机关、稽查局、直属一分局、直属二分局、高新分局、经济分局、税务大厦、和利印刷厂等单位及时向省文明委和省直文明委进行文明和谐单位申报，其中直属二分局、高新分局、经济分局为首次申报文明单位，11月17日，这三家单位已经过了省直文明委的初步验收。在创建过程中，积极组织开展文体活动，在元旦、春节期间组织举办了省局机关迎新春文艺晚会；五一劳动节之际，组织机关干部职工观看了具有教育意义的电影《南京南京》；“六一”之际，为省局机关干部职工子弟购买了读书卡。“八一”之际，组织省局干部职工对太原卫星发射中心技术部官兵进行了节日慰问，送去了慰问品，并与该单位签署了“双拥共建”协议。8月，为了深入开展爱国主义教育，迎接新中国成立60周年，按照上级要求，在全局干部职工中组织开展了评选“100位为新中国成立做出突出贡献的英雄模范人物和100位新中国成立以来感动中国人物”活动。根据省文明委的统一部署，与石楼县留村开展“文明和谐单位”和“社会主义新农村建设重点推进村”结对帮扶共建文明和谐村活动，先后两次到该村调研，了解情况，从该村实际出发，共同研究制定文明创建计划，并且针对该村基础设施薄弱的情况，及时向省财政厅等单位递交了专项资金申请报告。在2009年1月召开的全国精神文明建设大会上，局机关被中央文明委授予“全国精神文明建设工作先进单位”。2009年12月9日，省局机关组织接受了省文明委的检查验收。

为迎接新中国60华诞，由机关党委牵头，专门组建了山西地税合唱团，掀起“爱国歌曲大家唱”的热潮。为了使合唱团能够办出水平，打造出一批艺术精品，特邀著名作曲家、指挥家、中国广播艺术团金巍先生编配演唱曲目，中国合唱协会副理事长来团指导，中央民族乐团倪丹霞担任指挥，在慰问交城污水处理厂建设者、慰问“双拥共建”单位太原卫星发射中心技术部官兵等演出中，都取得了很好的演出效果，在省直工委举办的“歌唱祖国——省直机关庆祝建国60周年歌咏比赛”中获得二等奖。国庆之际，在机关举行建国60周年成就图片展，组织举办了庆祝建国60周年书法摄影展，全局200多名干部职工参加了活动。另外，在省直工委组织的庆祝新中国成立60周年演讲和征文活动中，有三位同志分别获得演讲比赛优秀奖和征文比赛三等奖，局机关获得优秀组织奖。

为进一步发挥机关工会在活跃干部职工文化生活中的作用，制作了成立各类专业文体协会的调查表，在机关党员干部中进行了调查摸底，在完成其它筹备工作后即将成立。“三八”节，局机关财务处被全国妇联授予“巾帼文明岗”荣誉；“五四”之际，机关团委组织团员青年与太原市局和忻州市局的团员青年进行了联谊活动，加强了相互之间的沟通联系；7月14日，组织机关干部职工赴吕梁市交城县，对省重点工程交城污水处理厂工程项目的建设者进行了慰问，送去了价值1500元的药品、饮料；10月，积极响应省红十字会的号召开展了“博爱一日捐”活动，省局机关及直属单位全体干部职工共捐款34151元。

二、深入调研，组织多项活动，继续引深全省地税系统党组抓党建工作

年初，研究确定本年度全系统党建工作的中心任务和主要工作，组织召开了全省地税系统党建工作会议，与各市局签订了目标责任书，并对前一年度各市局的党建目标责任制的完成情况进行了通报，表彰了24个五好党支部、24名优秀共产党员和24名党组抓党建先进个人。

为推动基层各级党组织扎实开展工作，6月初，组织督导调研小组，先后到临汾、运城、晋中、忻州、河曲、五寨、安泽、霍州、平陆等市、县地税局进行调研督导，对于检查中发现的一些先进做法，进行了认真总结，对基层党建工作及时进行了督查指导。在全系统组织开展了以“加强党的建设、促进科学发展”为专题的党建工作调研，各级党建办通过深入调研，完成了调研报告。

2009年，紧紧围绕“三保”和“三个发展”中心积极开展党建工作。结合全系统开展学习实践科学发展观活动，层层组织了党建专题大讨论，就党建工作如何为科学发展服务以及目前党建工作中存在的与科学发展不相适应的问题进行了深入分析，提出了相应的措施办法。基层党组织围绕完成组织收入任务、破解税收难题，纷纷组织开展了“支部手牵手、党员心连心”、“金点子互动”等活动，基层党组织的战斗堡垒作用和广大党员的先锋模范作用得到了充分发挥，有力地服务了税收中心工作，为落实“三保”要求、促进“三个发展”做出了积极的贡献。此外，还配合法规处深入到促“三保”对口帮扶单位——芮城县污水处理场开展了帮扶工作。同时，在全系统组织开展了以“为党旗增辉、为地税添彩”为主题的征文活动，系统上下层层发动推荐上报征文60余篇。11月3日至8日，在国家税务总局党校组织举办了2009年度全系统党务干部培训班，

全省地税系统各级党组织的113名党务干部参加了培训，深入学习了党建方面的新理论、新精神。 （邸　龙）

附：省地方税务局党组书记、成员名单

书　记：卢晓中

成　员：张跃建　郭英杰　刘建光　张澎涌　马爱锋　薛延孝

省工商局党组工作概况

党组书记　王虎胜

2009年，省工商局党组认真学习党的十七大和十七届四中全会精神，以邓小平理论和“三个代表”重要思想为指导，深入贯彻落实科学发展观，以加强党组织和党员的执政能力建设和先进性建设为重点，以党建促进服务工作上水平和带动机关各项建设新发展为着力点，全面推进党的思想、组织、作风、廉政和制度建设，广泛深入地开展了党建工作目标责任制的具体落实，圆满地完成了各项责任制工作任务。

一、突出一条主线，狠抓关键举措，促进服务工作到位

2009年，全省工商系统党建工作紧紧围绕“以促进经济发展为目的，以发挥工商职能为手段，以服务企业为核心，把促进经济平稳较快发展作为当前的重大政治任务，把促进企业发展和为企业搞好服务摆在更加突出的位置”这条主线，采取切实有效的措施，始终把党建工作的立足点放在企业注册登记、品牌兴企战略、合法权益保护、合同文本规范、信用自律建设、解决融资困难、规范经营行为等方面开展帮扶行动，开展了一系列活动。

一是深入开展“万名工商干部进十万家企业”帮扶大行动。在帮扶大行动中，全系统广大党员干部以饱满的热情、优质的服务、务实的作风、严明的纪律，实实在在帮助企业解决困难，扎扎实实服务企业健康发展。据统计，全系统共出动41292人次，走访企业112009户，帮助企业解决实际困难6047件。特别是采取多种形式，帮助企业贷款融资362.11亿元；股权出质出资融资19.22亿元；知识产权出资融资7.36亿元；利用信用信息搭建银企桥梁，中小企业和个体工商户获得信用贷款2.2亿元。使企业在金融危机的寒流中感受到了真情和温暖，也赢得了各级党委、政府的充分肯定和高度评价，运城、吕梁、朔州等市委市政府主要领导作出批示或大会讲话，要求各部门学习工商做法、推广工商经验。新闻媒体对帮扶大行动给予高度关注，仅中央和省级媒体报道达300多条，树立了工商部门的良好形象。

二是深入开展“信息化推广应用年”活动。省局出台了《信用信息锁定管理办法》，晋城、晋中市局综合业务系统应用广泛，朔州、大同市局做到信息数据实时入库，阳泉市局完成了省局交办的异地信用信息数据库备份建设任务。举办了“山西省首届百家信用示范企业”发布暨应对金融危机高端讲座，成立了“山西市场信用共建联盟”，省局被中国信用联盟授予“中国信用共建特别贡献奖”。省局在总结晋城、晋中做法和经验基础上，于11月19日召开全省工商系统信用建设晋城现场会，并于12月29日举行启动仪式，与中国邮储银行山西省分行联合开展“认定信用商户、创建信用市场”活动，已认定信用商户、信用市场4913个。加大了信用信息归集力度，归集发布了全省各类市场主体152.9万户的登记信息以及环保、税务、质监、海关、食药监等部门发布的企业业绩信息和警示信息共900余万条。

三是深入开展“品牌战略与农村发展、农业增效、农民增收”主题活动。成功举办第三届“山西品牌节”，进一步营造了“品牌兴省”、“品牌兴企”、“品牌兴农”的良好氛围。“太钢”、“大寨”等7件商标被国家工商总局认定为中国驰名商标，我省驰名商标达到39件，超额完成了“十一五”规划目标；新认定山西省著名商标171件，著名商标总量达到764件。引导企业和农户注册商标3400件，我省注册商标总量达到2.81万件，地理标志商标11件，有效国际商标40件。

四是深入开展“三服务”、“三促进”活动。去年党建工作按照“上级党组织要服务于下级党组织，党组织要服务于党员，各级党组织和党员都要服务于人民群众”的工作思路，在全系统各级党组织和广大党员中深入开展“三服务，三促进”（服务基层，促进基层组织建设；服务党员，促进党内和谐稳定；服务群众，促进经济社会发展）主题党建活动，积极探索基层党组织互帮互助机制的办法和措施，推行基层党组织结对帮扶制度；建立和落实上级党组织指导下级党组织抓党建工作责任制，夯实上级党组织的指导责任，强化指导职能；着力探索建立党内激励、关怀、帮扶机制，增强党组织的凝聚力，促进党内和谐；切实抓好党组织和党员联系服务群众工作，不断创新基层组织服务方式；完善党员联系普通群众制度，教育引导党员积极为帮扶对象提供技术、信息、资金等方面的帮助，协调解决群众生产生活中遇到的困难，从而为推动我省经济社会又好又快发展做出积极的贡献。

二、紧扣两大主题，紧跟时代脉搏，创新党的建设活动

2009年，全系统紧紧围绕国庆60周年大庆和学习科学发展观实践活动这两大主题，结合上级党组织其他活动安

排，开展了丰富多彩的活动。

一是积极组织全省工商系统“爱祖国、爱工商”征文活动和“迎国庆、讲文明、构和谐”书画摄影作品展。这次活动全省工商系统领导重视，精心组织；广大干部职工以书言志，以画传情，以景写真，用炽热的情怀，独特的视角，丰富的艺术手法诠释了对祖国的热爱之情，讴歌了60年来山西经济社会取得的伟大成就，展示了全省工商系统团结拼搏、奋发有为的精神风貌。征文活动共收到312名作者选送的276篇，书画摄影作品展共收到402名作者选送的468 幅，经过相关人员评审，其中65篇征文和63幅书画摄影作品分别获奖。

二是举办了全省工商系统“汾矿杯”第二届乒乓球比赛。参赛的15支代表队、103名运动员既有长期战斗在一线的基层职工，也有单位领导和主要负责人。他们全力以赴、奋力拼搏，赛出了水平，赛出了风格，展现了风采。交流了感情，增强了团结，增进了友谊。

三是广泛开展走访慰问活动。国庆前，各单位组织对本单位新中国成立前参加工作的老战士、老同志，革命烈士遗属、伤残军人，全国劳动模范和被中央授予其他荣誉称号的先进模范人物以及全国道德模范进行走访慰问，帮助他们解决实际困难。

四是开展了爱党爱国主题教育活动。结合学习实践科学发展观活动，基层党组织机关党员干部开展“弘扬爱国主义，共建和谐社会”、“牢记使命，重温誓词，歌颂祖国，勤奋工作”为主题的教育活动，激励机关工作人员增强使命感、责任感、紧迫感，积极投身开放型经济建设主战场。如大同市局组织机关干部职工观看了《南京、南京》、《建国大业》、《解放太原》、《云冈》等献礼影片和大型话剧。此外，运城、临汾、吕梁、阳泉、太原、忻州、长治等地还组织了“迎国庆·颂祖国·唱工商”歌咏比赛活动、“爱祖国·爱工商”主题演讲比赛、“迎国庆·讲文明·树新风”活动、悬挂国旗活动等，这些活动都极大地调动了党员干部队伍的热情，唱响爱党、爱国、爱人民、爱社会主义的时代主旋律。

五是认真组织机关党员学习实践科学发展观重要理论。采取个人自学、集中培训、集中讨论、专题讲座、参加组织学习等多种方式，组织党员干部学习《科学发展观重要论述摘编》、《毛泽东邓小平江泽民论科学发展》、《扩大内需促进经济增长政策文件汇编》、《温家宝总理2009年政府工作报告》、《当前国内外经济形势报告》等；学习中央、省、市、县各级领导关于开展学习实践活动的一系列重要讲话精神及应对当前国际金融危机、促进经济平稳较快发展的有关文件和政策措施。通过学习，使党员干部对科学发展观的含义有了更深刻的认识。

六是精心组织党员干部进行业务培训。3月份以来，全系统结合自身工作实际，坚持把学习实践活动与帮扶企业应对国际金融危机、落实“三保”的重要任务结合起来，与转变工作作风结合起来，推动各项日常工作的落实。举办专题业务讲座，全系统党员、干部均参加了培训学习；各级领导授课，进一步提高知识培训力度；发展对象参加当地党组织举办的培训班学习；组织开展政策宣讲培训班，定期召集相关负责同志参加培训学习，研究各级政府最新出台的相关优惠政策，力促企业用足用活各类政策。

七是组织机关党员领导干部开展有针对性调研活动。学习调研阶段，省局领导带领党员干部着重围绕促进科学发展、强化市场监管、加强队伍建设，到各市、县（区）、基层所、企业开展了有针对性的调研活动，开展了加强班子建设，搞好“四个服务”；加强队伍建设，做到“三个过硬”；加强基层建设，提升监管能力；推进“品牌兴省”，促进转型发展；严格市场监管，促进安全发展；加强信用建设，促进和谐发展；放宽准入条件，推动全民创业；实施“五农工程”，促进农村发展等8个专题调研。各市县领导也都进行了专题调研，全系统共形成领导调研报告1346个，在有关新闻媒体刊发429个。

八是开展“解放思想大讨论”活动。结合工作实际，认真扎实地组织开展了以“党员干部思想工作作风”为主题的解放思想大讨论活动。通过大讨论活动，找准了问题、更新了观念、理清了思路、明确了目标、激发了干劲，形成了“人人崇尚创新、个个善于创新，事事成于创新”的良好氛围。

九是开展“向吴大观同志学习”活动。按照中组部有关通知精神，结合实际，重点学习吴大观同志信念坚定、对党忠诚、无私奉献、淡泊名利的政治品质；学习他牢记宗旨、心系群众、服务人民、奉献社会的高尚情怀；学习他刻苦钻研、严谨务实的科学精神和勇于探索、锐意进取的创新精神，始终保持高尚的精神追求和道德情操，不断提高教书育人、管理育人、服务育人的水平和能力，为建设创新型国家建功立业，为党的教育事业作出新贡献。

三、强化三个文明，构建和谐工商，提高文明创建力度

一年来，省工商系统的群众性文明和谐创建活动，紧紧围绕我省“转型发展、安全发展、和谐发展”的任务要求，牢牢把握“四个只有”，做到“四个统一”，引深“五增五创”，以建设社会主义核心价值体系为根本，广泛开展创建文明和谐行业、文明和谐单位等活动，努力建设高素质的队伍，运用高科技的手段，实现高效能的监管，达到高质量的服务，有力地促进了全系统文明程度和干部职工文明素质的提高，使各项工作不断取得实效，“三个文明”建设结出了丰硕成果。为我省实现“三个发展”，有效应对国际金融危机的挑战，促进经济社会又好又快发展提供了强大的精神动力和优质的服务保障，全系统涌现出了一大批工作扎实、成效显著、具有典型示范作用的先进集体和先进个人。据统计，全系统获得2008—2009年度山西省文明和谐行业称号，省局与预备役83师、阳泉市局与预备役步兵248团被授予“军民共建社会主义精神文明先进单位”，

平遥县工商局古陶工商所、泽州县工商局、运城市工商局盐湖分局获得山西省文明和谐单位标兵称号，省局机关、太原市局、大同市工商局南郊分局、朔州市局等36个单位获得山西省文明和谐单位称号。此外还涌现出全国工商系统先进集体6个，先进工作者3名，先进工商所13个，优秀工商管理人员17人；6个单位被授予省级“青年文明号”。

四、狠抓四个着眼，落实目标责任，把握党的建设重点

党的十七届四中全会以“加强和改进新形势下党的建设”为主题，对推进党的建设新的伟大工程进行了全面研究部署，提出了四个“着眼于”的要求，即“着眼于继续解放思想、坚持改革开放、推动科学发展、促进社会和谐；着眼于提高党的执政能力、保持和发展党的先进性；着眼于增强全党为党和人民事业不懈奋斗的使命感和责任感；着眼于保持党同人民群众的血肉联系”。对此全系统强化学习，深刻理解，上下联动，齐抓共管。在着眼于继续解放思想、促进社会和谐方面，普遍开展了党员干部思想工作作风大讨论活动。如吕梁市工商系统以开展“十个深刻反思为主要内容”，着力解决意识不强、状态不振、形象不佳、服务不优、落实不力、成效不实等突出问题，实现了“用学习提高人、用谈心教育人、用工作带动人、用制度监管人、用公平凝聚人、用竞争鼓励人”的良好局面；在着眼于提高党的执政能力、保持和发展党的先进性方面，全系统百花齐放，开展了各具特色的系列活动，如晋中工商系统积极利用各种现代科技手段，以“四上”即廉政警示上桌面、廉政典型上版面、廉政案例上页面、廉政节目上台面等丰富多彩的形式，确保廉政文化建设入眼、入脑、入心，做到网上有廉政信息、墙上有廉政警示、纸上有廉政宣传、嘴里有廉政提醒、心里有廉政信念。所辖的介休工商局通过建廉政灶、创廉政室、立廉政镜、标廉政尺、树廉政风等五项制度的开展，在基层增强廉政文化建设的感染力，打造廉政文化教育平台，营造浓厚的廉政文化氛围，全面提高党的执政能力，保持党的先进性；在着眼于增强为党和人民事业不懈奋斗的使命感和责任感方面，朔州市工商系统开展了牢记“两个务必”、时刻不忘“群众利益无小事”活动，立足工商工作，发挥工商职能，要求全体工商干部特别是党员干部一定要做到不让领导布置的事情在我手里延误，不让急需签批的文件在我手里积压，不让各种差错在我手里发生，不让找我办事的同志在我这里受到冷落，不让单位的形象在我手里受损。摒弃门难进、脸难看、话难听、事难办、以权代法、粗暴执法的衙门作风，摒弃在其位不谋其政，当一天和尚撞一天钟的敷衍作风，摒弃你好我好大家都好一团和气的“好人”作风。特别是通过组织开展“党员示范岗”和“党员活动日”等措施，全系统党员干部的思想发生了很大变化，出现了四多四少的好现象，即文明执法的多了，粗暴管理的少了；勤奋学习的多了，不求上进的少了；照章办事的多了，违规违纪的少了；认真负责的多了，敷衍塞责的少了；在着眼于保持党同人民群众的血肉联系方面，全系统积极开展各种社会公益活动。省局与平顺东寺头乡连续定点扶贫多年，开展了“三送三帮三助”活动（即送技术、送政策、送物资，帮规划、帮人才培养、帮资金，助教、助学、助困），累计投入扶贫物资250余万元，引进资金200余万元，启动项目投入1100余万元。帮建希望学校5所，配置中小学课桌椅2000套，学生图书5000册，学生文具1万余件，救助特困生30名，捐献衣物2万余件等。积极开展“联企帮困”、“博爱一日捐”、“助残献爱心”、“救灾、帮困、送温暖”、“慈善一日捐”活动，为残疾人、家庭困难的大学生、老区困难户、困难企业及灾区等捐款8.65万余元，慰问金2.61万余元，捐衣物2078件。2009年与五台县台城镇古城村开展“文明和谐单位”和“社会主义新农村建设重点推进村”结对帮扶共建文明和谐村活动，购置学生用具1500本、体育用品66件套、图书杂志1000册、卫星地面接收器6套、电视机6台、投影仪1台、DVD 机1台、VCD光盘100盘、家用小电器44台、衣物300件套以及2个特困学生助学金1000元和困难群众救济金，总价值达6万余元。各市工商系统也开展了丰富多彩的访贫问苦送温暖活动。（郭明生）

附：省工商局党组书记、副书记、成员名单

书　记：王虎胜
副书记：李秀英
成　员：涂国强　马联社　薛维栋

省质监局党组工作概况

党组书记　王正喜

2009年是新世纪以来我国经济社会发展最为困难的一年，也是省质监局全面贯彻落实科学发展观，充分发挥职能作用，服务全省经济社会转型发展、安全发展、和谐发展和保增长、保民生、保稳定大局取得明显成效的一年。一年来，面对严峻复杂的国际、国内形势，全省质监系统在省局党组的正确领导下，以党建工作为龙头，以贯彻落实科学发展观为主线，以开展“质量和安全年”活动为抓手，不断解放思想、转变观念，创新机制、完善制度，深入推进“质量立省、名牌兴晋”战略，大力加强质量安全监管，努力完善质监保障能力，全面提升服务发展水平，为促进全省经济社会又好又快发展发挥了重要的支撑保障作用。

一、以开展深入学习实践科学发展观活动为契机，着力提升广大党员干部履职尽责的能力和水平

按照中央和省委的统一部署，全系统把学习实践科学发展观活动作为加强和改进质监工作的重大机遇和强大动力，以认真负责的态度、改革创新的精神和求真务实的作风，紧密结合质监工作实际，全面系统地学习科学发展观理论，广泛深入地开展解放思想大讨论，认真细致地查找不适应、不符合科学发展观的突出问题，深刻剖析原因，认真撰写分析检查报告，科学制定整改目标措施。通过学习实践活动，广大党员干部思想认识进一步统一，对存在的突出问题形成了共识，对当前质监工作存在的不适应、不符合科学发展观的突出问题有了清醒的认识，对充分发挥职能作用、全力服务“三个发展”有了更加清晰的思路和明确的方向。通过学习大家普遍感到，只有继续加强学习，把“党员干部受教育”作为一项长期任务抓紧抓好，才能更好地做到“立党为公”；只有不断完善体制机制，把“科学发展上水平”体现在质监工作服务“三个发展”之中才能更好地做到“执政为民”；只有确实落实整改措施，通过解决突出问题切实让“人民群众得实惠”，才能更好地诠释我党“为人民服务”的宗旨。

2009年3月份以来，为搞好学习实践活动“回头看”工作，省局党组按照省委学习实践科学发展观活动领导小组的部署要求，多次召开专题会议，研究部署学习实践活动整改落实工作的各项内容。省局机关党委根据局党组的安排部署，切实加大整改力度，努力扩大活动成果，先后三次召开会议，逐条逐项研究整改内容，上下联动落实整改措施，对“六个方面、三十八条整改重点”，进行了责任分解，明确了整改落实的具体目标、要求和任务，保证了整改工作按时间、按进度、分阶段有序进行。截至2009年底，共制定服务“三个发展”的意见和办法51项，落实“服务三个发展”的措施42条，包括：为贯彻落实省委、省政府出台的一系列“保增长、保民生、保稳定”的政策措施，制定出台了《关于充分发挥职能作用，服务“三保”政策措施落实的意见》；为推进全省农业标准化工作，启动了15项省级农业标准化示范区项目；为切实改进全省质监系统的工作作风，制定出台了16项制度、意见，有效加强了作风建设和制度建设；为强化以食品质量和特种设备为重点的安全监管工作，先后制定了18项意见和方案，并开展了一系列卓有成效的专项整治和整顿活动，为推动全省安全发展提供了有力的保障。

二、以加强思想政治建设、组织建设和作风建设为重点，着力推动党建工作迈上新台阶

2009年，省局党组始终坚持以提高领导干部水平和增强领导能力为核心，不断加大各级领导班子建设力度，增强了各级领导班子贯彻执行党的路线方针政策的自觉性和坚定性，增强了领导质监事业科学发展的能力和水平，增强了班子的凝聚力和战斗力。一方面，省局制定出台了《山西省质监系统处级领导班子和处级领导干部年度考核办法》，认真组织对11个市局、15个省局直属单位处级领导班子和班子成员进行年度考核，省局各处（室）主要负责人在全局干部职工大会上进行述职述廉和民主测评，极大地促进了领导班子和领导干部队伍建设。另一方面，不断加大教育培训力度，创新培训思路方法，与省人事厅联合在清华大学和浙江大学举办了处级干部和业务骨干培训班，促进了干部队伍素质的提高。省局党组积极要求各基层党组织按照党建工作任务切实加强基层党的建设，严格“三会一课”制度，并坚持一把手上党课制度。今年“七一”，我局隆重召开了“省质监局纪念建党88周年暨‘七一’表彰大会”，对“先进基层党组织、党风廉政建设先进集体，优秀党员、优秀党务工作者和党风廉政建设先进个人”分别进行了表彰。

以中心组理论学习为龙头，狠抓党员干部理论学习思想政治教育工作，制定下发了《山西省质监局2009年党建和思想政治工作要点》和每个季度的《党员干部理论学习计划》，并将深入学习实践科学发展观和学习贯彻十七届三中、四中全会，十七届中纪委三次、四次会议精神作为党组中心组理论学习重点。在学习中，我们注重坚持做到“三个结合”，即：坚持集中学习和个人自学相结合，坚持学习理论和撰写学习笔记相结合，坚持学习讨论和集中交流相结合，有效地增强了学习的效果。2009年共组织党组中心组及党员干部理论学习8次，组织机关及直属单位80名同志参加了省直分校组织的处级干部学习“三个发展”培训班和处级干部轮训，组织召开了以“加强领导干部党性修养、弘扬党的良好作风”为主题的省局领导班子民主生活会，并由机关党委牵头，抽调人事、纪检等部门人员组成两个督导组，对省局各直属事业单位的民主生活会的召开情况进行了检查指导，有效推动了民主生活会制度的贯彻执行。此外，还订购了由中央党校出版的《党委中心组学习专题报告》系列光盘和《廉政中国》系列教育光盘和近千套学习书籍，为深入开展党员干部教育、全面推动思想政治工作提供了有力保障。

以推进领导干部作风建设为重点，制定出台了10余项制度规定。深入开展党性党风党纪教育，围绕“三重一大”制度的落实，制定了《质监系统贯彻“三重一大”制度的规定》，对重大决策、重要干部任免、重大项目安排和大额度资金使用等事项做出了明确规定，有效规范了各级领导班子主要负责人的行政行为。按照中央和我省的部署，认真组织开展“小金库”专项治理，全系统198个党政机关和事业单位全部进行了自查自纠，并接受了省治理“小金库”领导小组的重点检查，通过专项治理，进一步规范了全系统财务管理，杜绝了违规违纪违法行为发生。积极推进政风行风建设，各市局在行风评议中均取得了较好的成绩，塑造了良好的行业形象。

围绕庆祝新中国成立60周年，开展了一系列丰富多彩的群众性创建活动，真正做到“全员参与、共建共享”。6月份举办了“全省质监系统纪念建党88周年、庆祝建国60周年书画、摄影展”，分别评选出一、二、三等及优秀奖若干名，并选送了部分作品参加国家质检总局“质量和安全年”摄影、书法比赛和庆祝建国60周年书画展，其中两幅书画作品被评为三等奖。9月份举办了“我与我的祖国”演讲比赛和“祖国颂”大型歌咏比赛，充分展示质监系统广大干部职工奋发有为、锐意进取的良好精神风貌，为进一步激励广大干部职工奉献质监事业科学发展提供了坚实的精神动力。10月份组织参加了省直工委开展的“庆祝新中国成立60周年征文”活动，我局上报的作品中，五篇获得三等奖，省局机关获得“组织奖”。

三、以服务全省经济社会科学发展为目的，全面发挥质监职能作用

按照国家质检总局和省政府的部署要求，全系统把开展“质量和安全年”活动作为提升质监工作成效的重要抓手，紧紧围绕“质量宣传年、质量提升年、质量服务年、质量整治年、质量建设年”的主题，周密部署，严密组织，全力以赴，扎实推进。全省共有500多家规模以上企业积极踊跃参与活动。省局还精心组织开展了19项重要活动来扩大影响。《中国质量报》汪发楷总编带领采访组专程来我省进行采访调研。国家质检总局督查组两次来我省进行督导检查，均给予了充分肯定和高度评价。

质量立省、名牌兴晋战略深入推进。9月份，省政府在我局召开了全省质量立省领导组工作会议，张建欣副省长代表省政府与省发改委等22个厅局签订了《质量立省工作责任书》，领导组各成员单位充分讨论了《山西省质量立省工作目标责任制考评办法》。全省共有116个市、县（区）开展了质量兴市（县、区）活动，1400余家企业获得A级以上质量信誉等级。培育形成了由16个中国名牌产品、9个国家地理标志保护产品和358个山西名牌产品组成的名优企业和产品队伍，在促进结构调整、打响“山西制造”、提高经济增长的质量和效益方面发挥了良好的示范带动作用。全年共检查食品生产加工企业4300多家，发现并督促排除隐患1200余个，立案查处生产加工环节案件659起，注销食品生产许可证87个，查获违法生产食品货值1600余万元。坚持把巡查监管向重点产品和重点区域延伸，着力解决“行业潜规则”问题，有效提高了区域性食品生产企业整体质量水平。严格督促企业落实食品安全第一责任人的法定义务，获证企业全部构建和完善了质量监管链条和出厂检验制度，质量保证能力明显增强。全省没有发生大的食品质量安全事件。按照省政府的统一部署和要求，扎实开展了全省特种设备安全生产专项整治和执法、治理、宣传教育“三项行动”。全省共排查特种设备生产企业789家、使用单位特种设备82506台（套），查出并督促整改消除隐患988项。同时还开展了特种设备宣传进校园活动，收到了良好效果。通过扎实开展专项整治，全省特种设备安全形势得到进一步巩固，各项指标均在省政府的控制指标之内。圆满完成了国家质检总局部署的新一轮重点产品质量专项整治任务。认真开展产品质量监督检查，完成7000余个企业生产销售的1.1万余批次产品质量的定期监督检查，合格率达到96.56%。以关系安全产品、重大基础设施建设原辅材料等为重点，对19类930批次产品进行了监督抽查，合格率为89.5%。配合家电下乡和甲型H1N1流感防控，及时对6类下乡家电产品和3类防控物资进行专项监督抽查，有效发挥了监督检查引导消费、服务企业、服务社会的作用。全系统全年共出动执法人员14.87万人（次），查处各类制假售假违法案件7290余起，查获假冒伪劣产品货值7800余万元，捣毁制假售假黑窝点1000余个。

按照省委、省政府和国家质检总局的部署，全系统把服务“三保”作为义不容辞的职责，省局制定了《关于充分发挥职能作用服务“三保”政策措施落实的意见》，各级各单位认真落实省局《意见》要求，普遍采取了向企业免费提供技术信息服务、帮助企业提升检验检测能力、简化行政许可程序、减免部分行政事业性收费、实行首违不罚等措施，为促进“三保”发挥了积极作用。按照省政府确定我局帮扶一个重点企业（侯马普天电缆厂）和两项重点工程（灵石县廉租房、旧城改造工程经济适用住房和灵石县农村困难群众危房改造）任务，研究制定了《实施方案》，局领导多次带队深入帮扶，并资助了12万元的款物。全系统在服务“三保”中共出动10余万人（次），减免各类行政事业性收费近千万元。

（崔爱斌）

附：省质量技术监督局党组书记、成员名单

书　记：王正喜

成　员：刘　军　盛佃清　武　强　邢文奇　张岐云

省环保厅党组工作概况

党组书记　刘向东

2009年，省环保厅党组以邓小平理论和“三个代表”重要思想为指导，认真贯彻党的十七大和十七届四中全会精神，继续深入开展学习实践科学发展观活动，切实加强领导班子和干部队伍建设，推进党组织的整体建设，为促进环保工作任务的完成提供了坚强的思想政治保证。

一、继续深入开展学习实践科学发展观活动

环保厅作为全省第一批深入开展学习实践科学发展观活动单位和省委学习实践活动领导组成员单位，在省委学习实践活动领导组和第九指导检查组的正确领导和精心指导下，认真贯彻落实《中共山西省委深入学习实践科学发展观活动领导小组关于第一批学习实践科学发展观活动的实施方案》，精心组织实施学习实践活动。着力在武装头脑、指导实践、推动工作上下功夫，从强化学习培训、开展调查研究、推动解放思想大讨论、认真查找问题、制定整改方案、集中解决问题入手。从2008年10月14日开始，到2009年2月下旬结束，厅党组先后召开两次扩大会议和三次领导组办公室会议，认真学习中央和省委的文件精神，结合山西环保工作实际，反复酝酿，几经推敲，将我厅学习实践活动的主题载体确定为：全面推进环境保护“三个历史性转变”，积极实施污染减排、蓝天碧水工程，努力建设环境友好型社会，让人民群众喝上干净的水，呼吸清洁的空气，吃上放心的食品，在良好的环境中生产生活。这一主题载体充分体现了科学发展观“以人为本”的要求，把省委确定的“转型发展、安全发展、和谐发展，建设新基地新山西”主题载体具体化、形象化，同时还生动形象地指明了环保工作的目标和任务。

为了找准工作中存在的突出问题，厅党组坚持开门搞活动，广泛征求社会各界的意见建议，共发放意见表252份，召开座谈会13次，走访群众100余人次，拜访老同志、老党员38人次，共收集意见建议97项。带着这些意见建议，党组成员和领导班子成员共深入各自的联系点32次，并分别领题带队，到85个基层单位调研60余次，就环保资金使用效率、建设项目环境管理、环保执法、生态保护、重点区域环境综合整治、污染减排等重点工作开展调研，形成了6份高质量的专题调研报告，提出实现环保工作科学发展的思路对策22条。先后通过召开领导班子民主生活会、各界代表座谈会、设置意见箱等形式，广泛征求全厅干部职工和社会各界的意见建议，结合征求到的意见和建议，厅党组召开专题民主生活会，5名班子成员先后发言，认真开展批评与自我批评。13个党支部也分别召开了专题组织生活会，通过召开民主生活会，沟通了思想，加强了组织建设，增强了党组织的凝聚力。

在深入学习实践科学发展观活动中，严格按照中央和省委的安排部署，扎扎实实做好每个规定工作，积极创新学习实践活动的形式。较好地完成了各阶段工作任务，全体党员干部的思想认识和理论水平普遍提高，贯彻落实科学发展观的主动性和自觉性明显增强，用科学发展观统领环保工作的意识和水平大幅提升，为提前超额完成年度污染减排任务和环境质量改善目标奠定了坚实基础，真正实现了党员干部受教育，科学发展上水平，人民群众得实惠的目标。

二、全面加强党的组织、思想、作风建设

加强理论学习，党员干部的政治理论素质不断提高。年初下发文件，对全年的政治理论学习作出全面安排和具体部署。为便于学习，机关党委为全厅干部职工定购了大量的学习材料和理论辅导光盘，经常性地组织党组中心组学习。有计划地安排处级干部到省直机关党校脱产学习，先后安排60余名处级干部参加了省直机关党校举办的“三个发展”培训。3月份，在清华大学举办了一期高级环保管理培训班，确保全厅处级干部每人至少参加了一次以上培训。在学习实践中，为了增强学习效果，不断改革创新，突出了“两个层面、三个重点”的学习主体，即厅领导、处级干部两个层面，中心组、处级干部和各支部三个重点。运用集体学习、专题辅导、思想交流、研究讨论、知识测试、外出参观等活动载体，提高了班子成员的理论素养，带动了全厅干部职工的学习，有效提高了学习效果。在抓好经常性理论学习教育的基础上，坚持理论联系实际，把学习与研究解决问题紧密结合起来，与推动全省环保工作结合起来，组织不同层面的党员干部进行解放思想大讨论，在转变不适应、不符合科学发展观要求的思想理念、工作作风和事关全局发展的重大问题上形成了高度共识，理清了工作思路，更加明确了责任要求和努力方向。

加强党的组织建设，党组织的凝聚力、战斗力不断加强。领导班子建设是加强党的组织建设的关键，厅党组按照《中国共产党章程》等有关党内法规、文件要求，严格落实党建工作任务。年底对各党支部进行了年度考核，有力的促进了支部建设。加强对党员队伍管理，规范党建工作制度，使党组织和党员的组织生活制度化、规范化、经常化。工作中积极推行“一岗双责”工作机制。把好党员入口关，严格按照“坚持标准、保证质量、改善结构、慎重发展”的方针，做好入党积极分子的培养、教育、考察、培训和预备党员的教育、考察、入党前公示、审批、跟踪教育和转正工作，始终坚持“成熟一个发展一个”的原则，不搞突击发展，全年新发展党员10名，预备期满转正3名，全厅共有党员295名，党支部16个。大力开展“争先创优”活动，“七一”受省直工委表彰的先进集体1个，优秀共产党员和优秀党务工作者各1名，党风廉政建设先进个人2名。

进一步改进作风，严肃工作纪律，提高行政效能。加强领导干部作风建设，是全面贯彻落实科学发展观的必然要求，是构建社会主义和谐社会的必然要求，是提高党的执政能力、保持和发展党的先进性的必然要求。作为我们环保系统，要把作风建设与行风整顿不断推向深入，使各级环保干部职工的服务意识不断增强，工作作风明显转变，工作责任感进一步增强，真正形成上下协调、密切配合、高效运作、运转顺畅的工作格局，为应对国际金融危机、推动全省经济社会发展、构建和谐社会做出新的贡献。为严肃工作纪律，对机关全体人员及直属单位班子成员实行严格的考勤制度，并不定期进行抽查、通报，提高了工作

效率，改进了工作作风。在省纪委、省委组织部《关于领导干部进一步改进工作作风严肃工作纪律的若干规定》印发后，厅党组进行了专题学习，同时结合环保工作实际，在年初召开的全省环保系统党风廉政建设和反腐败工作会议上进行了传达，形成了全省环保系统干部作风建设必须遵守的“八项规定”。严格落实了首办负责制、限时办结制、政务公开制、完善信访举报制和行政过错追究制等五项制度。启用了山西省环保厅行政审批及电子监察系统，行政许可实行网上审批，规范了流程，明确了时限，提高了效率，并主动接受社会监督。

三、大力加强党风廉政建设

坚持党要管党，从严治党，加强党风廉政建设，做到警钟长鸣，是党建工作的重要内容。通过抓学习、抓教育、抓监督来实现对党员干部、特别是党员领导干部的严格要求、严格教育、严格管理、严格监督，从而促进了反腐倡廉建设，也使环保厅在转变工作职能、转变工作作风、提高工作效率方面有了明显的变化，保证了队伍的纯洁性，有力地促进了各项工作的顺利开展。厅机关、直属单位没有任何同志违犯廉政规定，廉洁奉公、勤政为民的风气在环保厅已经基本形成。

认真学习贯彻中央、省委党风廉政建设重要会议精神，落实党风廉政建设责任制。严格执行中央、省委有关会议精神，不断加强对全厅党风廉政建设工作的监督检查，坚持组织党员学习三代领导人关于反腐倡廉的论述、胡锦涛同志关于党风廉政建设和反腐败斗争的重要讲话。学习中纪委、省纪委会议精神，扎实开展了加强干部党性修养，树立和弘扬良好作风活动。健全权力运行制约和监督机制。在涉及群众切身利益的问题上，如机构改革，发展党员，表彰先进等都坚持公示制度，接受群众监督，并将此项工作经常化、规范化。通过完善各项监督机制，筑牢了拒腐防变的制度防线。

坚持抓好廉政教育，积极开展理想信念和反腐倡廉宣传教育活动。贯彻“为民、务实、清廉”的要求，在全厅开展了党风党纪教育，把廉政教育的内容纳入干部教育培训计划，有针对性地开展了警示教育、示范教育、岗位廉政教育等。通过学习《建立健全教育、制度、监督并重的惩治和预防腐败体系实施纲要》、《建立健全惩治和预防腐败体系2008—2012年工作规划》并进行任务分解，观看《廉政中国》、《赌之害》等警示教育活动，使廉政建设深入人心。针对节日特点，重视抓好重大节日廉政教育、开展文明过节自查，认真开展“讲党性、重品行、作表率”活动，全厅党员干部廉洁自律意识不断增强。

扎实细致地开展治理“小金库”工作。根据两办《关于深入开展“小金库”治理工作的意见》和省纪委、省监察厅、省财政厅、省审计厅《关于印发<关于在全省党政机关和事业单位开展“小金库”专项治理工作的实施意见>的通知》精神，召开党组会进行了专题研究，成立了省环保厅“小金库”治理工作领导组，由厅党组书记、厅长刘向东任组长，厅党组成员、纪检组长阎安虹任副组长，有关处室和直属单位主要负责人为领导组成员，并设领导组办公室，负责“小金库”治理的日常组织协调工作。同时结合实际情况，制定下发了《省环保厅“小金库”专项治理工作实施方案》，对专项治理的范围和内容、实施方法、步骤和时间安排、组织领导、政策规定和工作要求等内容进行了明确。在治理“小金库”工作中，派驻纪检组、监察室、机关纪委都积极参与，从方案制定、自查、重点检查全过程参与。确保治理“小金库”工作有序、有效开展。

四、积极开展群众性的精神文明建设活动

扎实开展“文明和谐单位”创建活动。社会主义精神文明建设是社会主义建设的重要组成部分，与党的建设息息相关。环保厅开展了以“领导班子坚强、整体队伍团结、思想道德优秀、创建工作机制健全、工作制度完善、群众广泛参与、创建活动丰富、管理规范先进、环境面貌整洁、工作成绩突出、社会形象良好”为目标的“文明和谐单位”创建活动，做到年初有安排，年中有检查，年底有总结。厅党组对此高度重视，成立了精神文明建设领导机构，开展了扎实有效的文明单位创建工作。2009年底，厅机关及直属单位中已有6个被省直文明委命名为“文明和谐单位”。

大力开展各种文体活动，丰富职工业余文化生活，推进精神文明建设。为庆祝建国60周年，省厅系统组织了“红歌颂祖国”专场文艺演出。建党88周年前夕组织干部职工开展了迎“七一”健步走活动。另外还因地制宜地开展了参观展览、学习考察等多种形式的活动，活跃了机关气氛，增强了干部职工的集体观念和凝聚力。

积极组织职工参与社会公益活动，开展了“博爱一日捐”、“送温暖、献爱心”等社会捐助活动，共捐款55650元。对“联企帮困”对象—太化橡胶三厂开展了持续的帮扶、节日慰问活动，厅党组派人多次到扶贫点—宁武怀道乡进行帮扶慰问。重视对工青妇群团组织的指导和协调，通过群团组织密切联系群众，及时了解职工的意见和建议。厅工会对职工生病住院、直系亲属去世、生活困难的职工都要进行慰问，为大病职工向省直机关工会、省红十字会申请了困难救助。

五、促进环境质量持续改善

污染减排成效显著。全年二氧化硫量排放量126.84万吨，较2008年下降3.06%，提前一年超额完成了“十一五”减排目标；化学需氧量排放量34.44万吨，较2008年下降4%，如期完成了省政府下达的工作任务。“蓝天碧水工程”进展顺利。“蓝天碧水工程”确定的36项建设指标中，环境空气质量、焦炉煤气利用和工业固废综合利用等32项指标已提前完成“十一五”目标任务，全省80%以上的县(市)实施了集中供热，在全国处于领先水平。重点城市大气环境质量持续改善，重点流域水环境质量稳定好转。11

个地市环境空气质量持续改善，二级以上天数超额完成了省政府确定的平均达273天的目标任务；全省地表水水质总体有所好转，全省地表水监测的102个断面，劣Ⅴ类水质断面同比减少4.4%，水质优良断面同比增长13.9%，30个断面水质有不同程度的好转。重点区域环境集中整治取得实效。2009年将“四河一路”（汾河、滹沱河、涑水河、丹河流域和全省高速公路两侧）的52个县（市）作为集中整治重点，共取缔关停659户违法企业或设施，对1617户企业实施限期整改或停产治理，汾河流域3公里范围内490户企业全部完成了分类处置，区域内违法排污、违法建设、环境监管不到位等问题得到有效控制。（葛仲虎）

附：省环保厅党组书记、成员名单

书　记：刘向东

成　员：阎安虹　刘四龙　张广勇

刘大山（10月任职）

省广播电影电视局党组工作概况

党组书记　梁志祥

省广播电影电视局共设有6个党委、3个总支、1个支部，100个基层党支部，共有党员1527名。2009年度发展新党员29名。

2009年，省广电局全面贯彻党的十七大、十七届四中全会精神，高举中国特色社会主义伟大旗帜，认真落实科学发展观和省委九届十次会议的工作部署，围绕全局工作大局，着力加强党的思想、组织、作风、制度和反腐倡廉建设，不断引深“创建学习型机关”活动，大力开展精神文明创建活动，进一步提高了干部职工的思想道德、科学文化素质和健康素质，各项工作取得了显著成绩。

一、以党的十七大精神为指导，努力加强党的建设

年初，局党组班子制定了工作计划，并制定工作目标责任制，确立了由局党组统一领导，统一部署，党组书记总负责，党组成员分工负责，局属单位党委、总支主要负责人分级管理、责权明确的目标责任考核机制。坚持以局党组和各党委中心组为龙头，以处级干部为重点，推进理论学习制度化、规范化。除了年初进一步深入开展科学发展观学习实践活动外，下半年对学习贯彻党的十七届三中、四中全会精神也作了部署和安排，各单位党委、总支、支部都制定了学习计划，完善了学习措施，逐级明确了责任，强化了工作措施。有效杜绝了对新时期机关党建工作的重要性认识不够，把党建工作当成软任务和“说起来重要、做起来次要、忙起来不要”的一手硬一手软的现象，形成了一级抓一级、层层抓落实的的良好局面。

2009年，省广电局自下而上进行了党组织换届工作。一是组织机关完成了换届选举工作。8月份，根据省政府新核定下发的“三定方案”，省广电局更名为省广播电影电视局，处室增加为12个，局机关党委及时对机关党建组织健全工作进行了安排部署，要求局机关各处（室）认真学习《党章》和《中国共产党基层组织选举工作暂行条例》，并根据有关规定，进行换届选举。二是组织老干部总支完成了换届选举工作。老干部总支由原有5个支部，合并为4个支部，并进行了换届选举，有力地加强了老干部工作的力量。三是积极筹备召开党代会，完成了局机关党委换届选举工作。省广电局本届机关党委是1995年12月经山西省广播电视厅第六次党员大会选举产生的。由于客观原因，一直未进行换届选举。11月，局党组在多次听取局机关党委专题汇报后，研究决定召开省广播电影电视局第七次党员代表大会，进行换届。目前各项准备工作已经就绪，将于2010年年初召开党代会进行换届选举。

根据《关于山西省电影公司划转省广电局管理的通知》要求，省电影公司于2009年年初从省文化厅整体划转到省广播电影电视局。经多次协调，省文化厅于2009年11月发来《关于省电影公司党总支划转省广电局党委的函》，将省电影公司总支划转到省广电局。机关党委研究后，按照相关要求组织省电影公司及时成立党总支并进行选举，及时完成了基层党组织的建设。

二、以增强党员政治素质为目标，认真开展各项学习培训活动

年初，研究制定了党组中心组学习计划，坚决贯彻省直工委提出的要加强学风建设的要求，认真落实党组中心组的学习制度。局党组中心组除了深入开展学习实践科学发展观活动外，全年共进行了12次集中学习讨论。主要包括胡锦涛总书记在纪念党的十一届三中全会召开30周年大会上的讲话、张宝顺书记在山西省纪念改革开放30周年大会上的讲话、刘云山在山西省调研座谈会上的讲话、习近平视察山西时的讲话、李长春在全国宣传部长会上的讲话、国务院《文化产业振兴规划》、中央文化体制改革领导小组南京会议精神等，既有领导讲话，又有产业改革发展中涉及到的政策、面临的形势。除此之外，局党组中心组特邀请财经大学匡教授（博士生导师）讲授金融危机以及对山西的影响和当前山西的发展形势；邀请中国传媒大学副校长、教授、博导胡正荣就《媒介融合时代的广电业转型》辅导讲座，使党员干部进一步了解了金融危机的相关知识、提高了对广播电视发展的基础、广播电视发展的未来、结

构调整与战略转型，广播电视等媒介发展的过程与趋势等方面的认识。

根据省直工委安排，局组织党员干部特别是副处以上干部认真学习《加强领导干部党性修养树立和弘扬良好作风》一书，并组织全局256名副处以上干部进行考试，将学习引向深入。10月初，就2009年党组民主生活会进行了安排，对直属单位的组织生活会进行了部署。10月28日下午，局党组召开了以“加强领导干部党性修养，树立和弘扬良好作风”为主题的局党组民主生活会。会前，局机关党委、人事处和监察室联合给局机关11个支部和设党委、总支、支部的8个局属单位下发通知，要求他们在所有党员群众中广泛征求对局党组和党组成员的意见和建议。对收集上来的意见和建议进行了认真细致的梳理汇总，对党组共提出了17 条意见和建议，对8名党组成员提出了28条意见和建议。这些意见和建议涉及到广电事业的改革发展、宣传和事业建设、党的建设、产业发展、干部职工办公和生活条件的改善等。对所提出的意见和建议及时向党组成员进行了反馈。党组成员针对意见和建议结合自身实际情况，认真准备了发言提纲。会上梁志祥局长首先代表局党组就党的建设、作风修养、厉行节约、科学发展、廉洁自律等方面进行了回顾和总结。既有成绩也存在不足，针对不足，进行了认真分析和反思，并制定了相应的整改措施。副局长董育中、梁丽山、刘英魁，总工程师梁如成等同志也就党性修养、弘扬作风等方面结合分工，进行了批评与自我批评，查找了不足，理清了思路，针对不足提出了相应的改进措施。局党组成员、总台常务副台长李光明及局党组成员、黄河电视台常务副台长张敬民在发言中，除了对自身进行深刻剖析外，还着重对两台在宣传管理方面存在的问题，进行了认真的分析，并提出了解决问题的思路。会后，局党组连续召开了3次党组会，就干部职工提出的关于老军营、地球站、528的开发、东山征地、广电中心建设、老干部工作，房产证的办理、大院停车难、堵车的问题、后勤工作、保卫工作等意见和建议进行专门的研究，将民主生活会引向深入。

以吸收优秀分子充实党员结构为主旨，大力搞好组织发展工作。局机关党委经常分析研究全局发展党员情况，及时分配调整发展指标，并有计划地组织全局入党积极分子参加省直分校举办的为期半个月的培训。全年发展新党员29 名。加强了干部培训工作。根据省直工委的安排，全年共选派50余名处级干部分15期参加了“转型发展、安全发展、和谐发展”培训班、2名处级干部参加中青年干部培训班、4名处级干部参加轮训，基本保证了每一名处级干部都要参加集中培训的要求落到实处。通过各种培训，使处级干部的理论水平得到明显的提升。

三、以弘扬和谐文明新风为载体，深入开展文明和谐单位创建工作

2009年，省广电局在精神文明建设方面，围绕建立社会主义核心价值体系，围绕推进文化软实力建设，围绕社会良好风气的树立，围绕各级政府加大投入大力改善人居环境等，进行了一系列的报道。大力宣传全省精神文明建设的新举措、新思路，加大《公民道德建设实施纲要》的报道力度，推出了一批好的典型，展示了新时期广大群众的崭新的精神风貌。为全省扎实推进精神文明建设工作营造了良好的舆论氛围。一是围绕中央及省委、省政府经济工作的主要措施，围绕实现转型发展、安全发展、和谐发展及“三保”目标，围绕全省应对金融危机工作的进展和成效，启动了“三个发展在山西”等采访活动，为全省经济社会发展营造了良好的舆论氛围，受到了省委、省政府主要领导的表彰。二是推出了“中国风·民歌会——中国原生民歌展演”、“为祖国喝彩”山西省庆祝新中国成立60周年大型文艺晚会等一系列大型文艺活动，营造了喜庆热烈的节日气氛。中国文联名誉主席周巍峙、胡苏平部长、张平副省长、专家胡小伟等社会各界对“中国风·民歌会”活动给予好评。三是组织了全省重点工程建设、安全生产三晋行、“黄河万里行”等重大宣传采访活动。认真履行媒体社会责任，积极举办公益活动，3月，黄河台文艺广播推出《让爱点亮生命——救助白血病少女小馨月爱心大行动》，在省城太原掀起爱心热潮，共募捐到善款70万元，为白血病患者小馨月点亮了生命的希望。太原慈善总会以此为契机，建立了白血病患儿基金。截至目前，又有10名白血病患儿接受救助。四是专题文艺节目宣传有声有色。举办了2009年第四届全省“劳动保障杯”新春对联有奖征集活动；举办第四届《春之声》春节大联播特别节目；四川汶川大地震一周年之际，山西综合广播将长篇报告文学《晋人援蜀记》由央视著名主持人任志宏录制成长篇广播小说联播，于5月12日在山西、四川及全国广播电台播出，把山西人在这次抗震救灾斗争中表现出来的义字当头、义薄云天的崇高品质展现给广大听众。

为了切实加强省广电局社会主义物质文明、政治文明、精神文明建设，推动全省广播电视事业的改革发展，根据省直工委的部署，全面指导局机关和局属单位（含总局直属725 台）的文明和谐创建活动。年初，局机关党委就制定了直属机关精神文明创建规划，细化了创建方案，将领导班子建设、思想道德建设、党风廉政和机关作风建设、机关环境建设做为2009年精神文明创建工作的重中之中，并通过举办培训班、参加报告会、利用重要节日组织竞赛等多种形式对干部职工积极进行爱国主义、集体主义、社会主义、民主与法制、公民道德、形势政策、科学技术、专业知识的教育培训，提高干部职工的思想及科学文化素质。一是积极搞好群众组织活动，丰富群众生活。在中国共产党成立88周年之际，由局机关党委牵头的纪念建党88周年表彰活动暨“爱国歌曲大家唱”歌咏活动在总台大演播厅举办，这一活动不但展示了新时期共产党员的良好形象，还进一步增强了组织创造力和凝聚力、战斗力。为庆祝建国60周年，局行政后勤服务中心也举行了“爱国歌曲

大家唱”歌咏比赛，大家以唱爱国歌曲的形式，表达着每一位职工的拳拳爱国之心，展示了广电后勤人的风采。另外，为庆祝建国60周年，局机关党委还组织广大干部职工，参加省直工委演讲比赛和征文活动，用散文、故事、调查报告等形式，讴歌和赞颂60年来党和新中国取得的伟大成就以及人民群众生活水平和精神面貌发生的巨大变化。除此之外，通过组织开展职工拔河赛、庆祝全国“全民健身日”启动仪式山西主会场暨省城万人健步行等等丰富多彩的群众文体活动，形成健康昂扬的气氛。二是积极开展建设节约型机关活动。积极开展资源消耗调查，推进设施设备的节能改造，开展节能培训，制订了水、电、油、办公用品、会议支出等方面的节能指标。于6月15日至6月21日举办了“节能减排宣传周”活动，开展了“无空调周”、“无车日”活动。除了大的活动，还从日常工作的小事抓起，做到节能减排人人有责，办公楼4层以下电梯全部停运，跑冒滴漏得到彻底解决，办公纸张力求节约，正反使用成为常态，在机关所有处室更换节能灯，这些举措降低了开支、节约了成本，三是促进全省“三保”工作，改进机关的作风建设。根据省委省政府的安排，省广电局“三保”工作的定点是长治潞城市农业局棚户区改造工程，为此省广电局成立专门机构，研究部署，根据棚户区改造项目实际，领导组多次亲临现场，帮助解决实际困难。同时，充分发挥广播电影电视的优势，自筹60余万元，开展“一安三送”工程，免费为困难职工安装有线电视、送彩电、送收音机、为潞城市送三套农村数字电影放映设备，极大地丰富了群众的业余文化生活。开展了“送千场电影进百项重点工程工地活动”，省电影公司深入全省150个重点工程工地，为农民工兄弟放映电影1500场。四是建立帮扶困难职工制度，开展“颂党恩，献真情”活动。9月30日、10月1日，局领导分四路，带领机关党委、办公室、人事处、老干处等有关处室的同志，对局机关26位建国前参加工作的老干部、老工人、老党员家中进行走访慰问，并代表局党组向他们表示节日的问候。开展了中秋、国庆联企帮困送温暖活动，为太化集团公司有机化工厂的职工送去了党组织的关怀和温暖。看望慰问因病致困的职工，为9名困难职工解决了实际困难。全年省广电局在“送温暖献爱心捐助”活动中共捐款69370元，在“慈善一日捐”活动中共捐款10820元，在“博爱一日捐”活动中共捐款85750元。五是充分发挥共青团的政治优势，积极开展精神文明创建活动。2009年，在全省广电系统继续开展了“弘扬高度职业文明、创造一流工作业绩”的青年文明号创建活动。各创建单位的团员青年努力学习业务，钻研技术，在工作中体现出高度的文明素养和牢固的大局意识、责任意识、服务意识，截至目前，全省广电系统已有阳泉广电总台社教中心等3个集体获得国家级“青年文明号”和山西广播电视台都市110栏目、农村广播频道等19个集体获得了省级“青年文明号”的光荣称号。

四、以增强堡垒作用、提高组织凝聚力为主线，严格落实党风廉政建设

对2009年全局党风廉政建设和反腐败工作进行了分解，认真实施省委制定的“惩防体系实施意见”。各级领导班子、各单位（部门）党组织认真按照“谁主管、谁负责”的原则，进一步完善预防腐败体系建设，加强领导干部的廉洁自律，强化党内监督和执法监察，抓好从源头上有效预防和治理腐败。全面加强领导干部的机关作风建设，省总台《政风行风热线》栏目荣获省政府“政风行风评议先进单位”荣誉称号。局政风行风工作受到省政府表彰。

举行了纪念建党88周年暨“创先争优”表彰大会，表彰了近两年来在党的建设、“创先争优”工作中涌现出的17个先进基层党组织、76名优秀共产党员、29名优秀党务工作者。号召各级党组织和广大党员学习先进，继续发挥基层党组织的战斗堡垒作用和广大共产党员的先锋模范作用，真正形成“一名党员就是一面旗帜”。广播电视记者队伍中涌现出了一大批先进集体和先进个人，共有3个集体、29名个人受到省总工会和省直工会的表彰。（王　珽）

附：省广播电影电视局党组书记、成员名单

书　记：梁志祥

成　员：董育中（9月离职）　朱世林（5月离职）　梁丽山　李光明　王建中　刘英魁　董晓林（11月任职）　梁如成　张敬民

省新闻出版局党组工作概况

党组书记　李锐锋

省新闻出版局设有机关党委1个，党支部8个，共有党员118名。

2009年，省新闻出版局党组坚持以科学发展观为统领，紧密围绕省委、省政府工作大局，全面落实党风廉政建设责任制，带领全省广大新闻出版工作者积极面对复杂的舆论宣传环境和严峻的经济形势，全力服务于“保增长、保民生、保稳定”的工作大局，继续深化改革、加快发展、完善服务、强化监管，全省新闻出版业呈现了态势稳定、繁荣发展的良好局面，为推动全省“转型发展、安全发展、和谐发展”作出了积极贡献。

一、全面加强自身建设，为推动全省新闻出版业又好又快发展提供了坚实保障

作为第一批参加深入学习实践科学发展观活动的单位，在完成好各阶段任务的基础上，继续认真开展整改落实后续工作及“回头看”工作，着力将学习实践活动中的有益经验制度化、规范化、常态化，理论学习、调研分析、检查评议、整改落实等党建工作机制进一步完善，学习实践活动成果正转化成为推动全行业科学发展的不竭动力。

严格执行民主集中制的各项制度，坚持党组集体领导下的分工负责制，明确了重大事项决策中“集体领导、民主集中、个别酝酿、会议决定”的四项基本议事原则，“调查研究、科学论证、沟通酝酿、召集会议、民主表决、印发纪要”的六个“规定动作”。局领导班子形成了科学合理、公开透明、统筹兼顾、高效务实的决策集体，有力推进了全省新闻出版工作的又好又快发展。

认真落实新闻出版行业职业准入和岗位准入制度，积极做好教育培训、职业考试、技能鉴定、职称评审等人才工作，全年共开展各类培训、调训活动近30期，参加培训人员近5000人（次），新闻出版从业人员的思想素质和业务水平得以提升。

深入学习贯彻中纪委十七届三次、四次全会，省纪委四次全会以及全国新闻出版系统党风廉政建设会议精神，认真落实党风廉政建设责任制，切实做到了党风廉政建设工作与各项业务工作同研究、同部署、同检查。通过抓教育、促学习、严制度、强监督，将党风廉政建设与科学发展观学习教育、行业诚信体系建设、行政效能建设、反商业贿赂、“小金库”专项治理整顿等工作紧密结合，有力推进了反腐倡廉的各项工作。全局党风廉政建设、领导干部作风建设、政风行风建设持续得到增强。

二、围绕中心、服务大局，“保安全、维稳定”取得新成效

严格落实书（报、刊、版）号调控、选题审批、重大选题备案和调审等管理手段，对涉及热点、敏感问题的选题和出版物进行严格把关，全年审批的2600余种选题、出版的3000余种出版物，没有一种出现导向问题。引导出版单位立足国情、省情、民情，出版了一批应对国际金融危机、防控甲型H1N1流感、弘扬三晋历史文化的主题出版物和面向“三农”、面向未成年人、面向大众的群众喜闻乐见的优秀出版物，以及适应山西经济结构转型调整的有关矿山管理、安全生产、战略研究的出版物，确定年度重点出版物选题92种。围绕庆祝新中国成立60周年，策划出版了一批献礼图书和音像电子出版物，组织开展了山西省高校艺术设计暨建国60周年主题设计优秀作品展等一系列丰富多彩的庆祝活动，广泛利用广播、电视、报纸、网络等媒体平台对我省新闻出版业60年来的发展成就进行重点报道，社会反响良好。

以打击“四假”（假记者、假记者站、假新闻、假报刊）为重点，引深开展规范新闻采编秩序“百日整治”活动，全年共取缔非法记者站8家、非法报摊116个，收缴非法报刊11532份、假记者证310个，有效维护了新闻媒体的公信力。大力查处报刊及其从业人员违法违规行为，注销《中国老年报》、《中华新闻报》等中央驻晋记者站6家，缓验报刊6种；建立违纪违规新闻从业人员档案，纳入已查实的违纪违规人员档案人员46人、纳入举报未查实档案人员179人，切实规范了新闻记者的采编行为。

在2009年的“扫黄打非”工作中，全省各级执法部门共出动执法人员62385人次，收缴各类非法出版物1319315件，查办“扫黄打非”案件439起，查办行政处罚案件350起，另外关闭各类非法网站227家，删除和屏蔽有害信息117266条，全面净化了我省出版物市场和社会文化环境。特别是在打击政治性非法出版物的6次全省统一专项检查行动中，紧抓关键环节、敏感问题、重点场所，部门联合，大力查缴政治性非法出版物，有效保障了“6·4”、“7·5”、国庆等敏感时间节点的社会稳定。在全国的“扫黄打非”工作评比中，我省再次名列前茅，省“扫黄打非”办公室连续6年获得全国先进集体。

三、深化改革、加快发展，“促转型、保增长”作出新贡献

省内10家图书、音像电子出版单位和14家报刊社一次性转企到位，英语周报社、语文报社两家报刊改革试点单位已完成清产核资和资产评估工作，为推进后续改革积累了经验；市县两级文化、广电、新闻出版“三合一”机构改革和文化市场综合执法改革基本完成，新闻出版行政职能在基层得到明确，初步形成了省市县三级新闻出版行政管理网络。

积极组织我省优秀出版物参加全国各大评选推介活动，全年共有30余种出版物荣获省级以上出版奖项。其中，《流动的花朵》一书荣获第十一届全国“五个一工程”奖，《资治通鉴校补》荣获全国优秀古籍图书奖，《蒙学六种》、《讲给孩子的中国大自然》、《讲给孩子的世界大自然》3种图书入选2009年向全国青少年推荐百种优秀图书目录，《中国佛学史》、《中国当代教育学术文库》等6种图书入选“十一五”国家重点图书出版规划增补项目；《小学语文教学》、《中华风湿病学杂志》等20种期刊在中国北方优秀期刊评选活动中被评为十佳期刊和优秀期刊；《小学生拼音报》入选2009年全国优秀少儿报刊推荐名单；《山西舞台新经典》列入国家庆祝新中国成立60周年重点音像电子出版物选题目录，大型3D网络游戏《苍穹》入选全国20个“民族网络游戏出版工程”名单。

截至2009年底，全省新闻出版行业共有集团组织3家，图书出版社8家，电子音像出版社3家，报纸77种，期刊200种，连续性内部资料性出版物534种，中央新闻单位驻晋记

者站81家，省内报刊记者站77家，印刷复制单位3607家，发行企业1887家，从业人员6.4万人，基本形成了较为完整的产业体系。2009年，全省新闻出版业实现主营业务收入80.27亿元，年利税总额6.69亿元，资产总额88.94亿元，较上年度同比增幅达15%左右。全年输出图书版权25种，连续3年实现版贸顺差。全省新闻出版产业实力进一步增强，展示了良好的经济基础和发展后劲。

四、以人为本、完善服务，“保民生、促和谐”迎来新局面

省、市、县三级已建立了较为顺畅的工作体制和运行机制，并正式出台了一系列建、管、用等办法。上年度全省2100家“农家书屋”的中央补助经费2100万元和省级配套经费957.4万元全部到位，第一期“农家书屋”工程采购招标及出版物配送工作圆满完成，并顺利通过总署的检查验收。本年度全省建设5000家“农家书屋”的国家级和省级配套资金全部落实到位，各项工作顺利推进。

积极引导各地各部门开展“读书日”、“读书月”、“读书节”等各类主题阅读活动，激发全民阅读兴趣、培养全民阅读习惯，营造了“书香社会”的良好氛围。在2009年全国全民阅读活动评比中，山西新华书店集团、山西省阳泉市教育局被评为全国先进单位。积极引导和扶持少儿出版物出版，经过认真论证筛选，确定了《流动的花朵》、《尧舜禹演义》、《士者长歌》等15种有利于未成年人健康成长的重点选题，并于年内相继出版，较好地发挥了对未成年人的教育和引导作用。关注危害青少年身心健康的不良印刷品动向，加大对校园周边出版物市场、摊点的查处力度，针对市场上销售“少儿版人民币”、“少儿八卦玩具”、微型卡通画册的情况，在第一时间向全国“扫黄打非”办进行了报告，紧急下发查缴通知，遏制了其蔓延的势头。全年，共收缴相关印刷品8162张（份），在全社会引起好的反响。

五、履职尽责、依法行政，“强管理、增效能”又上新水平

围绕迎接新中国成立60周年，扎实推进各类专项质量检查和日常产品质量检测工作，晋版出版物整体质量大幅提高。创新行政管理手段，大力推进书号实名制改革，已完成网上实名核发书号1500个，办理追加书号630个，信息化办公大大提高了出版管理效率。统一省内报刊、广播、电视等媒体的新闻记者证管理，现已核发新版记者证2637个。推进互联网出版网站备案审批工作，现已有3家网站通过总署审批核准。结合“4·26”知识产权宣传周活动，推进版权宣传与服务进企业、进校园、进社区，全社会版权保护意识进一步增强。作品自愿登记率显著提升，全年共办理各类作品著作权登记139件，计算机软件代理登记21件。企业软件正版化工作有序推进，已完成正版化验收企业124家，其中全省各大银行、各保险公司、各烟草单位的软件正版化率达100%。打击侵权盗版工作力度持续加大，全年收缴侵权盗版出版物413254件，受理著作权侵权投诉43件，成功调节著作权纠纷38件。重点查证了部分企事业单位侵权使用Coreldraw计算机软件、侵权使用微软软件以及“听酒吧音乐”网站侵权等犯罪事实，有力保护了知识产权。

完善行政审批工作的制度建设，规范行政审批窗口管理，形成了“挂牌上岗、文明上岗、定期学习、举报投诉、违规责任追究”相结合的办事机制。对梳理出来的33个行政许可项目进行规范化操作，确保了行政审批工作的规范、透明、高效运转，行政审批“一站式”服务平台搭建形成。全年共受理行政审批项目256件，全部按规定的程序和时限办结，办结率达100%。及时、妥善地受理群众举报投诉、来信来访，全年受理各类投诉98件、信访事项6项，办结率达到98%以上。

按照“公开是原则、不公开是例外，公开不涉密、涉密不公开”的工作要求，依法做好信息主动公开和依申请公开的相关工作。全年更新上传目录信息434条，并通过新闻出版局政务网站、省政府门户网站以及省图书馆、省档案馆等载体对外公开，为公众提供了及时便捷的查询和检索服务。注重利用文件、新闻发布会、公示牌、信息专刊、报纸、广播、电视等多种渠道予以发布，确保了群众的知情权和监督权。（潘　焱）

附：省新闻出版局党组书记、成员名单

书　记：李锐锋（10月离职）　林玉平（12月任职）

成　员：张明旺　梁宝印　王吉敏　田奇越　吴体刚

省体育局党组工作概况

党组书记　苏亚君

2009年是北京奥运会后体育事业发展承前启后、继往开来的重要一年，也是第十一届全国运动会的举办年。一年来，山西省体育局领导班子紧密团结带领全省体育系统广大干部群众，以邓小平理论和“三个代表”重要思想为指导，以科学发展观为统领，认真贯彻落实党的十七大和十七届三中、四中全会精神，在省委、省政府的正确领导下，全面推进山西体育事业又好又快发展，不断加强自身建设和廉政建

设，较好地完成了省政府目标责任制确定的各项工作任务，为促进新基地新山西建设做出了应有的贡献。

一、以围绕中心、服务大局为基本方向，积极推进局系统党的建设和党风廉政建设

按照省委总体部署，山西省体育局分三个阶段扎实开展了学习实践科学发展观活动，取得了实实在在的活动效果，梳理整改项目11类22项，制定了切实可行的整改方案，逐条狠抓落实，其中确定为2009年解决的问题共计6大类17项，基本得到解决。广大党员干部对科学发展观的科学内涵、精神实质和根本要求有了更深刻的认识，对用科学发展观指导体育事业发展的重大意义有了更深刻的体会，为促进山西体育事业又好又快发展奠定了重要的思想基础。

狠抓作风建设，努力创建体育系统新气象。牢牢坚持“抓党建、带队伍、促发展”的工作思路，把建设和培养一支人民满意的干部队伍作为基础工程，贯穿到局系统党建工作的全过程，落实到建设一流队伍、培育一流作风、创造一流业绩的实践中，努力提高各级领导班子和党员领导干部队伍综合素质和能力，切实发挥共产党员的先锋模范作用。局党组始终把抓好理论学习作为提高班子思想水平的重要方式，精心准备，认真组织，狠抓党员思想教育，深入开展创建学习型机关、学习型党组织主题活动，努力倡导全系统的理论学习风气。全年共召开13次党组会、10次局长办公会、12次局长例会、4次党组中心组学习会和2次民主生活会，深入学习了党的十七大和十七届三中、四中全会、中央经济工作会议以及中央、省委关于党的建设、党风廉政建设和反腐败斗争的有关文件精神，推动了全系统理论学习不断引向深入。在全系统努力加强党风、政风、行风和干部队伍建设，严肃工作纪律，规范从政行为，努力营造和谐的工作氛围。大兴求真务实之风，领导干部带头深入基层、深入群众，调查研究，务求实效。牢固树立群众观点和公仆意识，积极解决事关干部群众切身利益的热点、难点问题，进行了工作责任分解，明确了进展时限要求，加大了督办力度，多次召开专题推进会狠抓各项工作落实，取得了积极进展，密切了干群关系。省体育局网站专设的局长信箱已成为群众反映问题、沟通情况、提出建议的重要渠道。

坚持科学决策、民主决策，推进依法行政和管理创新。局党组认真执行民主集中制，坚持重大问题集体讨论、集体决定，保证了各项决策、部署的科学性和民主性。严格按照《干部任用条例》等干部选拔任用各项规定，全面贯彻干部队伍“四化”方针和德才兼备的原则，坚持标准、严格程序、健全机制、扩大民主，严把素质关、推荐关、考察关、酝酿关、决定关，坚持民主集中制原则，把相关政策法规精神贯穿到干部选任工作全过程，确保了干部选拔任用的公开、透明、民主。把制度建设作为科学管理和惩治、预防腐败的根本性举措，进一步建立和完善各项规章制度，研究制定了《山西省体育竞赛督察员管理办法》、《山西省裁判员管理办法》、《山西省社会体育指导员管理办法》、《山西省体育局预算外资金管理办法》、《山西省体育局运动员文化教育工作评估办法》、《科研课题管理制度》、《山西省体育局进一步加强干部队伍管理意见》、《山西省体育局法律顾问工作规则》等一系列规章制度，起草了《山西省体育局全面推进依法行政规划》，体育系统管理工作制度化、规范化、科学化水平得到提高。

加强廉政建设，树立体育系统良好形象。局领导班子成员带头认真落实中央《建立健全惩治和预防腐败体系2008—2012年工作规划》、山西省实施办法及体育局实施意见，严格执行中央、中纪委和省委、省纪委关于廉洁自律各项规定，强化党风廉政建设责任制，积极履行“一岗双责”，坚持标本兼治、综合治理、惩防并举、注重预防的方针，着力完善反腐败工作机制，努力构建惩治和预防腐败体系，形成了预防和惩治腐败的合力，有力推动了局系统反腐倡廉工作的深入开展。大力弘扬艰苦奋斗的优良作风，牢固树立过紧日子的观念，勤俭办事，厉行节约。领导干部监督管理工作进一步加强，“小金库”专项治理工作取得阶段性成果。

二、以科学发展观为统领，努力开创各项工作新局面

圆满完成第十一届全运会参赛任务目标。山西省体育局把备战参加第十一届全运会作为全年工作的重中之重，周密部署，精心安排，狠抓训练，严格管理，全力以赴做好各项工作，在第十一届全运会上共获得金牌9枚、银牌7枚、铜牌12枚以及4个第四名、8个第五名、10个第六名、8个第七名、6个第八名，奖牌总数28枚，总分567分，奖牌数和总分数均超过上届全运会，在全国46个代表团中，金牌和奖牌排位均为第17位，总分排位第18位。这是继北京奥运会山西完成“两个之最”任务目标（与山西省参加历届奥运会相比参赛人数最多、单项成绩最好）之后，取得的又一优异成绩。山西省体育代表团同时荣获了本届全运会组委会颁发的体育道德风尚奖，圆满完成了“两个确保”的任务目标（确保金牌数、奖牌数、总分数有一项超过上届全运会，确保不出现任何赛风赛纪和兴奋剂问题），为全省人民争得了荣誉。

切实抓好高水平后备人才队伍建设。积极发挥竞赛杠杆作用，认真组织开展省级体育竞赛，圆满完成了第十三届省运会18个项目资格赛和全省重点县级体校分龄赛4个项目的竞赛组织工作，调动了市县体育后备人才培养的积极性。进一步加大对国家级、省级高水平体育后备人才基地的指导、扶持力度，加强二三线业余训练，在训人数有所增加，训练质量不断提高。努力加强基层教练员、裁判员队伍建设，扎实开展培训工作，不断提高实践能力，3人晋升国际级裁判，8人晋升国家级裁判。

积极承办国际国内高水平体育赛事。圆满完成了女子摔跤世界杯、第十一届全运会古典跤预赛、全国小轮车锦

标赛、全国蹦床锦标赛、华北区射箭邀请赛、CBA男子篮球职业联赛、中国乒乓球俱乐部超级联赛等一系列国际国内大赛，极大提高了山西大型体育赛事组织管理能力，有力促进了竞技体育整体实力的提高，也为宣传改革开放新形象发挥了积极作用。

以庆祝建国60周年和“全民健身日”为契机，广泛开展群众体育活动。积极探索北京奥运会后全民健身活动长效机制，努力为广大群众提供优质的健身服务。立足于不断做大做强地方体育品牌，进一步挖掘打造新的品牌项目，因地制宜，广泛深入开展形式多样、群众喜闻乐见的群众体育活动。举办了山西省体育“三下乡”、全省第三届农民篮球赛、全省“健身大拜年”系列活动、全省社区运动会、山西省青少年象棋、围棋、国际象棋、足球、篮球、排球、门球、乒乓球、游泳、武术、健身操锦标赛等全省性群众体育赛事和活动；特别是为迎接国务院批准设立的全国首个“全民健身日”和庆祝建国60周年而举办的全民健身系列活动，历时近6个月，全省联动，群体活动层出不穷、精彩纷呈；连续多年举办的元旦、春节登山、长跑、冬泳、秧歌、篮球、棋牌等系列赛事，内容丰富、形式多样，全省参与群众达到230万人次；第二届山西跤王争霸赛历时100多天，全省3000多人参赛，观众累计达30多万人次，电视台共计播出1170分钟，不仅极大地丰富了群众业余文化生活，也为山西摔跤项目后备人才培养打造了良好的平台；第十一届全运会火炬传递活动山西省传递仪式成功举办，点燃了人们的体育激情，充分表达全省人民对祖国繁荣昌盛的美好祝愿。各市县、各行业普遍开展的群众体育品牌活动如永济五老峰登山节、忻州摔跤节、晋中形意拳搏击赛以及传统武术、摔跤挠羊赛、健身秧歌赛、风筝节等，各具特色，亮点纷呈，全省大中型企业CBO篮球赛全年进行了4543场比赛，观众达400万人次。全民健身活动的蓬勃开展，极大丰富了群众文化生活，提升了广大群众健身热情、健身理念、健身知识，有力推动了各地和谐社会建设和精神文明建设。

以农民体育健身工程为重点，继续推进场地设施建设。群众体育健身工程是体育部门履行政府职责、为民办好实事的有力抓手。山西省体育局认真总结了近年来的建设经验，更加注重因地制宜、分类指导的原则，积极推进以农民体育健身工程为重点的全民健身场地设施建设，研究制定了农村场地建设实施方案，年内共建成农民体育健身工程6056个（其中“两区”4966个，国家“三部委”资助兴建990个，阳泉市100个），全民健身路径95条。加强“全民健身活动中心”、“雪炭工程”等国家援建项目申报创建工作，屯留县全民健身活动中心获得国家体育总局命名资助，万荣、神池、交城获国家体育总局批准成为2009年中国体育彩票“雪炭工程”受援单位。

以壮大群众体育骨干队伍为抓手，进一步加强组织建设。按照“县级体育组织网络化，农村乡镇、城市社区体育组织普及化”的目标要求，加大扶持力度，完善激励措施，继续推进传统项目学校、先进体育社区、青少年体育俱乐部创建工作，新创建国家级体育传统项目学校2所、体育先进社区2个、青少年体育俱乐部8所，创建省级体育传统项目学校50所、体育先进社区11个。进一步加大基层社区、农村全民健身指导站（点）的建设力度，研究出台了《山西省三级社会体育指导员培训三年规划》并着手实施，力争三年内使全省每个村配备一名等级社会体育指导员，2009年新增国家级社会体育指导员13名，一级社会体育指导员514名，三级社会体育指导员9075名。第十一届全运会期间，山西70个先进集体、60名先进个人、3个农民体育健身工程先进县和2所青少年体育俱乐部受到国家体育总局表彰。

组队参加全国群众体育赛事和活动，取得较好成绩。参加全国首届智力运动会，取得1金23分，在51个代表队中金牌和总分排位均位列第14位；与省教育厅组队参加全国中学生运动会，取得2银、2铜，总分107分，团体总分列13名；组队参加全国第二届山地运动会，获得1金、1铜、1个第六名的好成绩。

创新工作机制，推动产业发展。积极鼓励扶持竞赛表演业、健身服务业、体育用品业健康发展，加大体育产业政策研究，完善政策链条，优化发展环境。成立了山西省体育产业协会，对于完善全省体育产业发展机制，规范行业行为，促进行业内部及行业间的交流与合作产生了积极的推动作用。

加强体育彩票销售工作。加大改革创新力度，努力调动各方面工作积极性，进一步理顺管理体制，完善工作机制，强化管理，合理布局，努力使体彩工作形成健康、安全、可持续发展的局面。狠抓增机扩容，年内完成增机450余台，彻底消除了17个体彩空白县，实现了全省各县市区体彩网点全覆盖。全省全年体育彩票实现销售额8.07亿元，超额完成了6.5亿元的基本销售任务。

大力发展航空服务业。充分发挥航空资源优势，努力做大做强山西通用航空事业，不断满足经济社会发展需要和人民群众日益增长的航空体育需求，在完成各项飞行训练任务的同时，山西省体育局航空运动学校完成人工增雨、抗旱救灾、火情勘察、西气东输、南北同蒲铁路选线、高压输电线航摄、张家口至唐山航测等飞行任务1000余小时。特别是全力参与2009年春季的抗旱救灾任务，为缓解严重旱情发挥了重要作用，8名同志被山西省劳动竞赛委员会记功。国庆期间，太原、大同两航校参与了建国60周年阅兵会场飞机人工消云减雨工作，圆满完成了任务，保证了北京天气的晴朗，以实际行动为祖国60周年庆典做出贡献。

（李俊温　王宏德）

附：省体育局党组书记、成员名单

书　记：苏亚君

成　员：杨凤楼　李振生　郝晓峰　李世杰　王　荣

省统计局党组工作概况

党组书记 杨文章

2009年，省统计局认真贯彻落实党的十七大精神和十七届四中全会精神，全面落实科学发展观，以党的工作目标责任制为抓手，突出保持党组织和党员先进性这个重点，坚持围绕中心工作搞党建、抓好党建促发展，扎实推进了机关党的工作，促进了统计科学发展，为全省经济社会又好又快发展做出了重要贡献，受到省委、省政府和国家统计局的充分肯定。国务院授予全国经济普查省级先进集体；全国妇联授予“全国巾帼文明岗”称号；荣获省级文明和谐单位称号；省直工委授予省直党建先进单位等。

一、认真履行职责，切实把机关党建摆在重要位置

把机关党的建设作为局党组整体工作的一个重要组成部分，列入重要议事日程。局党组经常听取机关党委的工作汇报，征求机关党委对全局性工作的意见和建议；把理论学习、机关党建等列入局领导干部、干部述职的重要内容；局党组多次专题研究机关党建，认真研究机关党的思想、组织、作风建设等重要问题，提出了具体要求，及时研究和帮助解决了许多工作中的困难和问题。大力支持机关党委履行职能。指导机关党委不断创新思路、拓宽领域，充分发挥其党组织的战斗堡垒作用和政治保障作用。协助局党组加强机关及直属单位领导班子、领导干部的思想政治建设，加强对党员领导干部的管理；协助党组召开民主生活会、组织中心组理论学习、推进党员和干部职工的思想政治工作；参与推进全局性重大工作。比如重大会议材料、汇报材料等的起草与重大工作的调研等都有机关党委的同志参与；安排机关党委专职书记列席局党组会议、局党组民主生活会，参加或列席局党组研究贯彻落实党的路线、方针、政策，安排部署重要的统计行政、业务工作，讨论机关干部队伍建设等问题的重要会议；局党组讨论干部任免、考核和奖惩等问题，不仅事先注意听取机关党委的意见和建议，而且安排机关党委参与对干部考察和干部年度考核、民主评议、民主推荐等具体工作。与此同时，积极为机关党委开展活动提供宽松环境和必要条件，专门配备车辆，凡组织重大活动都拨付专项经费，给予全力支持、保障。

切实抓好机关党委领导班子建设。机关党委共有5名同志专门从事党务工作，是一个党性强、作风硬，组织领导能力高，特别能吃苦、特别能战斗、特别能奉献的班子，正是有这样团结务实的班子，使局机关党建和文明和谐创建有声有色。认真履行“一岗双责”，做到了“两手抓、两促进”。始终坚持一手抓机关党建工作，一手抓统计业务工作，把机关党建工作与统计业务同部署、同检查、同落实。党支部书记、党小组组长都由各处室、单位主要负责人兼任。在推进机关党的建设中，局领导班子成员都能够率先垂范，积极参与并支持全局性的或所在支部、分管单位的党建工作，在机关党建工作中发挥了表率作用，推动了机关党的工作。与此同时，不断加大力度，强化责任，认真落实机关党的工作目标责任制。局党组与机关党委签订了目标管理责任书，用责任制的方式和手段督促检查机关党建工作，指导机关党建围绕中心工作开展，并将机关党建列入各处室（单位）工作目标责任制中。

二、坚持民主集中制原则，切实加强领导班子建设

局党组始终把民主集中制作为思想政治建设的重要内容，以科学发展观为指导，切实按照民主集中制的要求，着力加强领导班子思想政治建设，为全省统计科学发展奠定了良好的思想基础，提供了有力的组织保证。

一是局领导班子积极适应时代发展和统计科学发展的需要，坚持把学习中央的路线、方针、政策和省委、省政府的重大决策、部署放在突出位置，把学习政治理论、统计理论、统计业务和经济理论放在重要位置。认真组织局党组理论学习中心组学习研讨和处级以上干部集中学习，分别达到12次和14次，积极创建“学习型”领导班子，与此同时，紧密联系全省“三个发展”和统计发展的实际，认真研究全省经济社会发展的大政方针，切实找准统计工作服务大局、服务发展的切入点。特别是通过局日常工作、重大活动、制度实施、领导带头、党内民主生活等实践锻炼，努力培养贯彻民主集中制的良好氛围，把讲政治、讲大局和围绕中心开展工作摆在首要位置，自觉地用民主集中制规范自己的行为，提高了班子成员的综合素质和政策水平。

二是着眼团结协作，注重用民主集中制原则促进班子成员“讲团结、讲奉献、顾大局、识大体”，提高了领导班子的凝聚力和战斗力。在处理集体领导和个人分工负责制两者关系中，始终注意把发挥集体智慧与发挥个人才干有机结合起来，凡是涉及工作中的重大事项，必须由领导班子集体按程序讨论决定，同时要求每名班子成员尽职尽责地把分管的工作做好，做到在其位、谋其政、负其责，真正实现集体领导与个人分工负责相结合，使班子成为领导核心。班子成员之间经常互相交流思想，统一认识。班子成员都能站在全局的高度思考和谋划分管的工作，敢于直言，敢于讲真话，做到了服从不盲从，补台不拆台，从而使班子形成一个团结的集体。在遇到工作分歧时，从工作

大局、党性高度和团结的愿望出发，互相坦诚相见，剖析分歧根源所在。通过相互交流，及时化解分歧，统一思想，促进班子成员之间思想上合心，组织上合力，工作上合拍，增进了班子的团结。

三是着眼科学决策，坚持把充分发扬民主、集中大家智慧作为推进决策科学化的关键环节来抓，努力促进统计工作又好又快发展。局领导“一班人”都能够坚持求真务实的作风，及时到基层进行工作调研，找机关同志谈心，倾听各方意见和建议，充分掌握第一手资料，通过深入细致的调查研究，努力找准统计工作的着力点，确保金融危机背景下的经济走势、数据质量、基层基础验收等各项工作与实际相符，经得起实践的检验，提高了行政决策水平。按照“集体领导、民主决策、个别酝酿、会议决定”的原则，进一步完善了局领导班子对重大事项决策的程序制度，完善了局党组议事和决策机制，形成了系统的局党组会、局长办公会、局长碰头会、专题工作会等会议规则，重大决策、重大事项坚持事前通气、会前商量、个别酝酿、集体决定的决策程序，切实发挥新机制在促进班子和谐中的保证作用，确保各项工作协调高效运转。局领导班子在加强自身建设的同时，注意提高干部对部署、决策的执行力。对经过局领导班子研究确定的事项，实行严格的领导责任制、目标管理制和责任追究制。对全局的工作目标任务进行分解，签订层级目标责任书，用责任制的方式推动工作的落实。班子成员对分管的部门和重点工作加强督查，跟踪落实，及时了解掌握决策实施情况，适时对决策进行充实完善，增强决策的针对性、有效性和严肃性，保证局领导班子的重大决策部署在全局以及全系统得以全面贯彻落实。

四是严格要求，严格规定程序，按时召开局领导班子民主生活会。12月11日召开了以“增强党性修养，弘扬良好作风，为山西科学发展提供有力统计保障”为主题的局领导班子民主生活会。通过召开民主生活会，达到了找准问题、解决问题与形成共识、增进了解、促进团结的效果，进一步增强了局领导班子的战斗力。此外，各支部、各单位也按照局党组的要求分别召开了组织生活会和民主生活会。

三、致力改进作风，进一步加强党员和干部队伍建设

在作风建设上，扎实开展了统计能力建设年活动，以提升统计能力为抓手指导工作、推动发展；响亮地提出了“争创全国一流”的目标，倡导有标必夺、有旗必抗，形成了奋发向上、创先争优的局面；针对金融危机背景下的经济走势、统计改革等热点难点，局领导亲自带队深入基层作了多次专题调研；以作风建设为主题，召开了局领导班子民主生活会，体现了局领导班子及成员在改进作风方面的坚定决心和良好形象；扎实、有序地开展了“从我做起，改进作风，为文明和谐增光彩”大讨论大实践主题教育活动，全局上下积极参与，围绕主题认真查找存在的问题和差距，有针对性地制定整改措施，使主题实践教育活动达到了预期的效果，为进一步改进作风、完善制度、规范行为起到了导向和推动作用，为形成文明和谐创建人人有责、文明和谐荣誉人人珍视、文明和谐成果人人共享的生动局面发挥了积极作用，为引导和激励干部职工在推动统计科学发展中争创一流提供了强大动力。

在党风廉政建设方面，坚持以建立健全突出统计工作特点的惩治和预防腐败体系为重点，围绕统计工作中心、服务统计发展大局，积极推进各项工作。一是以统计科学发展为主线，大力推进统计特色的惩防体系建设。按照惩防体系建设要求，结合统计工作实际，制定工作要点，进行工作任务分解，将反腐倡廉工作任务列入机关工作目标责任制，局领导和各处室签订了责任制，把党风廉政建设与机关党建、文明和谐建设、统计建设和业务工作同部署，同落实，同检查，同考核。二是完善机制，不断提高监督工作的制度化水平。进一步完善了服务承诺制、首办责任制、政务公开、行政执法、岗位责任制、首长问责制、行政过错追究制、招投标制度、统计巡查等一系列规章制度，进一步规范了各项工作流程，明确了职责和任务，强化了制度的约束力；三是严格执行领导干部民主生活会制度、述职述廉制度、新任处级领导干部上岗前廉政谈话制度，进一步强化了对党员领导干部的监督工作；四是按照国家统计局和省纪委的部署，有效开展了“小金库”治理工作，严格了财经纪律。

在制度建设上，立足于架构长效机制，从建章立制入手，抓住开展“从我做起，改进作风，为文明和谐增光彩”大讨论大实践主题教育活动的契机，比较系统地修订和完善了机关规章制度，纳入《机关工作手册》，做到人手一册，使干部职工做到了有章可循、有据可依，规范了统计行政行为，进一步建立起按制度办事、按纪律管人、按程序做事的良性机制，有效地保证了机关工作的高效、和谐和有序运转。

加强学习型机关的创新性建设，致力提升干部职工的统计能力。坚持集体组织学习与个人自学结合起来，在每星期二、五下午常规集中学习的基础上，建立了每月处级以上干部集中学习制度，共组织处级以上干部集中学习13次；2009年，共举办了8次专题讲座或报告会；坚持把脱产学习与在岗学习结合起来，学历继续教育与非学历学习培训结合起来，联合办学、集中培训与岗位轮训结合起来，形成了多层次、多渠道、全方位的人才培训新格局；先后与省电大、山西财大联合举办了开放式学历教育本科、大专班和在职研究生班；开展了“多读书、读好书”活动，并邀请山西著名作家张石山做了读书讲座;在省委党校连续三年举办省、市、县三级统计局长培训研究班；在中央党校、北大、厦大等名校举办全省统计骨干培训，近500人在高等学府接受了最前沿的理论，感知了最高端的思想，拓展了视野，更新了理念，开阔了思维，提高了素质。

创新干部培养和人才成长机制，为肯干事、能干事、能干成事的人搭建发展平台。2009年，局党组以不断提高

统计服务科学发展的保障能力为目标，把队伍建设和人才培养作为机关建设的关键，不遗余力地创优人才成长的政策环境、工作环境和生活环境，努力营造充满生机与活力的发展氛围。一是先后选派三批12人赴国家统计局学习锻炼，开阔了视野，提高了能力。二是首创“统计专家”评选表彰机制，今年在授予18名同志“山西省统计专家”称号的同时，还联合省工会、省妇联对男、女专家分别进行记功表彰、授予“三八红旗手”。经过几年的努力，一批专家型统计骨干脱颖而出，成为统计发展的中坚和脊梁，成为统计服务经济发展的主力军，成为引领统计发展的排头兵。三是局、处两级领导干部注重了解和掌握每个人的特点和渴望成才的需求，努力做到合理设置岗位，把干部放在最适宜发挥作用的岗位。2009年，调整和提拔了40名处级干部，赢得了全局干部职工的认可，形成了更加科学公正、导向鲜明的干部选任机制。扎实推进党员发展，加强党员管理。严格发展程序，加强培养考察，注重发展质量，严把入口关，在发展党员中充分体现了党组织和党员的先进性。2009年，发展了5名预备党员，有4名同志转为正式党员，坚持自我评价与集体评议相结合的原则，认真组织进行了党员民主评议，扎实开展了党员争先创优活动。同时能够严格标准收缴党费，严格要求支出党费，确保收支有据。

四、突出主题，优化载体，不断提升文明和谐创建工作水平

把创建省级文明和谐单位作为思想作风建设的标志性工程，作为机关形象建设的导向性工程来抓，作为推动统计科学发展的不竭动力来抓，为推进统计科学发展起到了积极有效的作用。牢固树立统计部门核心价值观，建设和谐、发展、创新、富有时代精神的统计文化。确立了具有统计特色的核心价值观。其内涵是：实事求是、不出假数，求实创新、争创一流。与此相配套，不断深化和加强统计文化建设，树立符合时代特色的统计文化理念，即：内强基础，外树形象，求真务实，努力提高统计数据的准确性、及时性、科学性和权威性；努力提高统计科技含量，打造更多统计精品，使干部成为统计专家，经济学家，进一步提高统计分析研究的能力；认真贯彻落实科学发展观，唱响统计服务科学发展的主旋律，改革统计制度方法，创新统计手段，完善统计法规，充分发挥经济气象局、社会化验室、领导参谋部、统计信息中心的作用，努力提高服务社会经济发展的能力。

高度重视对干部职工的法制宣传教育，利用12月8日统计法律宣传日、12月统计法律宣传月，大力宣传和普及统计法律知识，利用新修订《统计法》和《统计违法违纪行为处分规定》的有利契机，利用统计内外网和其它新闻媒体等多形式、多途径，开展了学习贯彻和宣传教育工作，使大家做到学法、知法、懂法、守法、执法，通过法律维护统计尊严，约束、规范道德行为，树立和维护遵纪守法的良好形象。在此基础上，坚持依法统计，建立了统计数据质量控制办法和审核评估机制，把统计工作纳入法制化、规范化轨道；严厉查处重大统计违法案件，今年向社会曝光了3起统计违法案件；加大全省统计工作管理力度，强化了统计巡查，连续两年对各市及有关县的统计工作进行了巡查，确保了统计求真务实。

积极开展扶贫济困活动，勇担社会责任。多次组织发动全体干部职工为扶贫点捐款捐物，为扶贫点学校捐赠了30多台计算机，着力为扶贫点立项引资；积极组织开展“送温暖，献爱心”活动，全局干部主动献爱心、捐衣捐款；积极开展联企帮困工作，深入到太化集团硫酸厂了解情况、寻求帮扶办法。在每年的国庆、春节前，各支部都向所联系的特困职工上门慰问。

创新文化载体，开展了丰富多彩的文体活动。每逢重大节日和纪念日都要举办寓教于乐、陶冶情操的庆祝或纪念活动和系列传统教育活动。与此同时，开展了一系列形式多样的文体活动。连续两年与太原市统计局联合举办了省城统计界新年联欢会，体现了统计一家亲的浓厚情谊；举办了“作风建设在行动”征文活动与登山摄影作品展；举办了以“知识与人生”为主题的演讲比赛；在全系统举办了“经济普查杯”摄影大赛，陶冶了统计人的情操；参加了省直机关庆祝建国60周年歌咏比赛，展示了统计人的风采；举办了2009年元旦联欢会，与太原市统计局联合参加国家统计局组织的2010年1月文艺汇演，目前正在加紧排练之中。特别是每年组织的登山健身活动，比如，“社情民意杯”迎奥运登山比赛活动，“教育杯”登山健身活动，“经济普查杯”登山活动，“共青杯”登山健身活动等，通过组织一系列寓教寓乐的文体活动，为构建和谐统计、活力统计发挥了重要作用。

五、以进一步引深学习实践科学发展观活动为动力，转变统计发展理念，促进统计科学发展

把学习贯彻科学发展观活动作为重大的政治任务，紧扣发展，注重实践，突出特色，把进一步引深科学发展观活动作为加快转变统计发展理念、推动统计科学发展的强大动力。坚持把深入贯彻落实科学发展观作为推进统计改革发展的不竭动力，进一步转变不适应、不符合科学发展的思想观念，破解影响和制约统计科学发展的突出问题。进一步修订完善地区经济社会发展考核评价指标体系，加强节能减排、全面建设小康社会和社会发展综合评价统计监测，科学监测社会科学发展；强化“动车组”发展理念，激发省、市、县的层级活力，凝聚省、市、县三级合力，进一步强化了统计发展动力；建立了7个统计发展攻关组，对发展中难点问题集中攻关研究，一批制约统计科学发展的“瓶颈”问题得到初步解决。坚持用科学发展的理念推进统计发展。针对经济社会发展的格局、管理体制的变化、制度方法的变革，坚持以科学发展指导科学统计、以科学统计促进科学发展的理念，深入贯彻“构建大统计，服务

大发展，建设新山西”的统计发展战略，落实“省委、省政府有决策，统计服务就要有行动”的发展理念，进一步加快了统计科学发展。

一是着力在提高统计数据质量上下功夫，确保了统计数据的真实可信。协助省政府办公厅建立了主要统计数据完成情况通报制度。建立了提供数据使用“专笺”的制度，强化了数据整理和提供的责任；进一步强化与部门合作，与省发改委等部门联合下发《关于建立固定资产投资项目管理信息定期报送制度的通知》，与省人行等金融部门开展联合调研，完成了《金融支持山西省国民经济实现“三保”目标问卷调查》等。强化对市县和基层统计工作的指导，出台了《2009年市级GDP季度核算联审办法》，进一步规范了数据产生的“流程”，发布了《全省三级以上房地产企业开发统计报表报送情况公告》。加大了对主要数据的审核评估，加大了各专业数据匹配性、配套性方面的核实力度。强化了主要数据质量的监测分析把握，及时对社会质疑数据进行解读，增强了统计公信力。

二是着力在及时准确把脉经济发展趋势上下功夫，确保了统计服务的优质高效。进一步强化了经济运行监测工作，在原有按月向省委、省政府报送经济运行情况监测报告的基础上，加大了《省长专报》力度，增加了按月向省、市主要领导反映各市发展主要指标的通报；加大了热点问题和重点问题的统计调查分析研究，先后组织3次全局性大调研和10多次专业性的调研活动，提供了一批有深度的调研分析材料；与新华网山西频道等省内权威网站建立了四网联盟，搭建了统计服务科学发展的新平台；增加了统计新闻发布会频率，由原来主要发布统计局数据信息向发布全面的经济信息转变；努力做到省委、省政府重大决策过程有统计局参与，全省重大活动中有统计局的成果，经济分析会议有统计局的声音，使重要信息和研究成果在决策中得到吸纳，在应对挑战、破解难题、科学决策中发挥了不可替代的作用。

三是着力在统计方法创新上下功夫，努力提高统计适应新形势、新变化、新要求的能力。紧密跟进省委、省政府发展要求，启动了“五个全覆盖”进度监测统计，建立了6500亿投资项目跟踪监测制度和重点工程项目投资跟踪监测制度；积极改进分析方法，在进行动态分析时，在按传统方法进行同比分析的基础上，加大了月度环比分析的应用；在进行深层次分析中，不仅关注总量，更加关注结构。与此同时，更加注重了部门资料及行政记录的应用，更加注重了与财政、金融、劳动部门数据的匹配性分析的应用;在先行先试上做表率，争取到国家“企业一套表”在我省晋城、晋中两市进行试点，成为全国唯一有两个试点市的省区。

四是以拓展服务推进统计发展，充分发挥统计整体功能。致力于统计服务提速、提效、提质，在服务全省科学发展中有大作为。扎实推动经济社会发展考核评价工作，不断深化节能减排、全面小康社会、新型工业化监测、“五个全覆盖”等系列统计监测制度，积极参与《山西省构建和谐社会主要工作及指标考评》、《山西省安全生产工作考核评价》等考核评价工作，有效发挥了统计对经济社会发展的引导作用和树立正确的政绩观、发展观的导向作用。在服务社会中丰富统计产品。优化了《山西省国民经济和社会发展统计公报》、《山西统计信息》等拳头产品。主打产品《山西统计年鉴》成为省图书馆馆藏书籍，并组织11个市局再次编辑出版地市统计年鉴。编辑整理《山西经济社会发展报告》、《数据山西》和《新基地新山西》、《破浪前行》等资料，并编印统计公报及其解读资料，及时全面反映山西发展取得的成就；与省委宣传部联合编辑了《辉煌山西60年》，宣传了新中国成立以来我省经济社会发展取得的辉煌成就。在拓展服务领域中求新求进，把服务对象由党委、政府向社会大众拓展，服务方式由报告等传统媒介向网络等新兴媒介拓展，服务内容由分析总结向积极引导舆论拓展。以社情民意调查中心为调查平台，完成中宣部等国家部委和省纪检委等部门委托的党政领导信任度、廉政认可度、公众服务认可度等重大课题调查，充分展示了统计的多元化、多层次的整体功能。

五是重点工作顺利推进，统计公信力有效提升。第二次全国经济普查收获重要成果，保持全国领先水平。第六次人口普查前期准备工作进展顺利，第二次全国R&D科技普查工作正在扎实推进之中。全国“一套表”试点工作顺利进行。承担试点的晋城、晋中两市成为全国8个省12个试点市中工作推进最快、效果最好的试点市，得到了国家局的好评。基层基础建设达标验收工作取得阶段性成果。对35个县市统计局进行了基层基础建设达标验收，有效推动了统计基层基础建设工作的开展，进一步夯实了统计发展的基础；统计法制建设和统计巡查工作取得新成效。配合国家新《统计法》和《统计违法违纪行为处分规定》宣传，围绕各项普查和GDP、工业增加值、固定资产项目投资、万元GDP能耗等重要数据，进行经常性统计执法检查和统计工作巡查，夯实了数据质量的基础。高质量完成了多项考核评价工作。牵头承担了2009年省政府地区经济社会发展考核评价工作，参与了省委“构建和谐社会工作考核评价”工作，配合省委组织部完成了组织部干部满意度调查任务，配合省政法委完成群众安全感调查工作，配合省纪检委完成了党风廉政建设满意度调查，参与了省政府《山西省安全生产工作考核评价体系》工作。有效地发挥了统计的监督职能，起到了统计引领全省经济社会科学发展的作用。

（程建平）

附：省统计局党组书记、副书记、成员名单

书　记：杨文章

副书记：翟振新

成　员：卢建明　赵占明　朱小琪　荆红社

省食品药品监督管理局党组工作概况

党组书记　赵光国

2009年，食品药品监管体制和职能发生了重大调整。一年来，山西省食品药品监管局一手抓住机构改革积极推进，一手抓住目标责任落实毫不放松，在顺利完成省级机构改革、推进市级机构改革的同时，按照全国食品药品监督管理工作会议精神和省委、省政府工作部署，进一步加强食品药品监管，大力整顿和规范食品药品市场秩序，努力推进医药经济健康发展，圆满完成了各项目标任务。

一、贯彻落实省委、省政府决策部署，食品药品监管体制改革稳步推进

这次机构改革，省食品药品监管局由省政府直属机构改为部门管理机构，归卫生厅管理；取消省以下垂直管理体制，市县机构由市县政府管理；将食品综合协调职能划归卫生厅，将卫生厅原来承担的餐饮服务、保健食品、化妆品监管职能划归食品药品监督管理局。面对体制职能的重大调整和全系统干部队伍的思想实际，重点从三个方面推进改革。

一是认真做好队伍稳定工作，保持良好的工作秩序。为顺利推进系统机构改革工作，及时在全系统组织开展了大部制改革精神和重大意义的大学习、大讨论，重点加强干部职工教育，引导大家认识大部门体制改革的重大意义，把思想统一到省委、省政府的要求上来，把精力集中到推进改革、抓好监管上来，保证了队伍不散、思想不乱、工作不断。

二是开展学习调研活动，为履行新职能做好准备。用两个月时间，组织全系统开展了以“学习新知识、掌握新情况、迎接新挑战”为主题的大学习、大调研活动。先后举办专题讲座18场，邀请省内外知名专家作了专题辅导，为履行新职能做了较充分的知识和队伍准备。同时，就餐饮服务、保健食品、化妆品市场及监管现状，深入开展调研，摸清了基本情况，理清了工作思路，明确了工作重点，为履行新职能奠定了基础。

三是合理划分事权，建立工作运行新机制。发挥省局对基层机构的监督和指导作用，在征求市县意见的基础上，拟定市县食品药品监管机构设置及职能指导意见；制定出台了省、市、县三级食品药品监管机构事权划分的意见，进一步规范层级管理，理顺职责关系，及时建立职责明确、上下衔接、运行顺畅的系统工作机制，实现省、市、县三级工作衔接，高效统一。

二、认真履行食品药品监管职责，公众饮食用药安全得到切实保障

一年来，省食品药品监管局认真践行“依法监管保安全，科学监管促发展”的监管理念，正确把握和处理安全与发展的关系，把监管作为促进产业发展的有效手段，把发展作为解决安全深层次问题的根本途径，努力实现安全与发展的有机统一。

（一）以贯彻落实《食品安全法》为契机，组织开展食品安全集中整治。一是组织开展打击违法添加非食用物质和滥用食品添加剂专项整治，开展学校食堂专项整治，协调全省各级各有关部门分步骤、分阶段、有计划地开展专项整治工作，巩固整治成果，取得显著成效，得到国家检查组的充分肯定。二是扎实开展全省食品安全整顿工作。协调各有关部门积极履行各自监管职责，强化责任落实和协作配合，重视和解决分段监管中的空隙和漏洞，及时总结各地、各有关部门好的工作经验，对推进全省整顿工作深入开展发挥了积极作用。职能调整后，省食品药品监管局切实履行餐饮服务业、食堂等消费环节食品安全监管和保健食品、化妆品监管职责，及时研究制定食品消费环节和保健食品、化妆品监管工作机制，制定了《山西省餐饮服务食品安全事故应急处理预案》，保证了监管职能的顺利衔接和工作的连续性，食品安全整顿取得阶段性成效。三是认真贯彻实施《食品安全法》。为保证监管不缺位，防止出现监管空档，及时与卫生厅联合下发《关于做好餐饮服务许可和监管有关工作的通知》，就餐饮服务监管衔接及事故处置等工作，作出了明确规定。针对餐饮许可事权划分模糊的现状，依据《食品安全法》，草拟了《山西省餐饮服务业分级管理办法》，明确省、市、县三级机构餐饮服务监管职责，重点强化落实安全责任机制，严防食品安全问题发生。四是开展国庆、中秋节期间全省食品安全大检查。组织召开全省电视电话会议，集中部署两节期间食品安全工作，并强化综合监督，加大督查力度，抽调专人对各市整顿工作和大检查活动进行督查，有力推进了食品安全整顿工作的深入开展，确保全省没有发生重大食品安全事件，切实起到首都国庆安保“护城河”的作用。全国人大副委员长陈昌智带领的执法检查组检查我省后，对全省食品安全监管工作给予高度评价：“山西省贯彻实施《食品安全法》力度大、效果好，监管体制调整平稳顺利，安全监管责任落实到位，监管工作稳步推进，取得了阶段性成果，为全国提供了有益的经验。”

（二）抓住重点环节，扎实开展药品安全综合治理。一

是抓日常监管，夯实药品安全基础。在药品注册环节，严格做好批准文号清查和药品再注册工作，制定了《药品注册现场核查工作规范》，强化现场核查，共受理药品再注册品种6542个，对文号来源不真实、生产条件不具备、质量不能保证的25个品种予以注销。建立药品批准文号信息库，实现了药品信息数据的共享。在药品生产环节，进一步加大药品GMP认证和跟踪检查力度，共完成药品GMP现场检查34 家，其中1家不予通过认证，下达限期整改通知书3家。通过对认证企业全部采取飞行检查的方式，提高了跟踪检查的有效性。加强疫苗、血液制品、注射剂等高风险药品监管，积极推进药品质量受权人制度，开展注射剂以外其它药品生产工艺和处方核查工作，建立健全了药品监管信息档案。为消除特殊药品管理的安全隐患，防止特殊药品流入非法渠道，共对全省48家特殊药品生产经营企业以及蛋白同化制剂和肽类激素、含麻黄碱制剂定点企业进行了检查。在药品流通环节，以换证为契机，重点加强批发企业仓储管理，规范流通秩序，切实解决好基础质量管理差、购销记录不完整、不真实，可追溯差等问题，严厉打击过票销售、非法代理、挂靠经营等违法行为。对18家药品批发、353家药品零售企业的质量体运行情况进行了跟踪，对15家药品批发企业进行了飞行检查，责令2家药品批发企业、42家药品零售企业限期整改，5家企业停业整顿，收回GSP认证证书1张、药品经营许可证3张。进一步加强药品、保健食品广告监管，发布违法药品广告公告6期，对24个严重违法广告药品采取了暂停销售的行政强制措施。在全国广告监管工作会议上，山西省局作为先进省市之一做了经验介绍。在医疗器械方面，坚持属地管理原则，重点加强高风险医疗器械监管，加大日常监督频次，对生产经营企业监督检查率达到100%。严格按照医疗器械产品和企业审批程序、承诺时限的有关规定，对每个产品和企业的各个环节严格把关、严格审查。完成国家局三类医疗器械注册核查2家。要求各市局制定日常监督检查计划，开展对医疗器械生产企业的日常监管。全省监督检查医疗器械生产企业72家次，其中责令整改8家，责令停产1家。加强对经营高风险医疗器械企业的监管，明确监督检查重点，严格规范企业购进、销售等各项记录，确保此类医疗器械的可追溯性。二是抓专项整治，解决影响安全的突出问题。为切实解决药品生产经营环节的突出问题，严厉打击制售假劣药品行为，省食品药品监管局积极与工商、公安、邮政等部门协作，建立打假联合行动信息通报制度，组织开展了利用互联网等媒体发布虚假广告、邮寄等渠道销售假药专项整治。在广泛调查的基础上，大力开展了非药品冒充药品专项整治。特别是针对药品领域存在的深层次矛盾没有根本解决，影响药品安全的因素依然存在，药品安全尚未完全可控的问题，以影响安全的主要环节为重点，以开展安全隐患大排查为基础，在全省开展了“药品安全整治百日行动”，坚持责任到人，不留空档，不留死角，排查过程严格实行痕迹管理，检查有记录，整改有措施，事后有反馈，做到了影响质量的主要环节不检查不放过，发现的安全隐患不消除不放过，整改措施不到位不放过，违规行为得不到查处不放过。2009年，共受理举报投诉600件，办理各类药品、医疗器械违法违规案件1587起，罚没款604.66万元。其中5000元以上案件27起，警告534家，限期整改496家，取缔无证经营97户。共完成药品监督抽验8683批次，完成医疗器械监督抽验280批次；发布药品质量公告4期，医疗器械质量公告1期。药品、医疗器械违法违规案件举报查处率达100%。通过依法查处一批大要案件，形成了新一轮震慑违法违规行为的高压态势，促进了药品市场的进一步规范。三是抓应急管理，妥善处置突发事件。针对大连人用狂犬病疫苗、广西糖脂宁胶囊、黑龙江双黄连注射液等波及全国市场的9起药品不良事件，省食品药品监管局在第一时间采取查封、扣押、暂停销售、责令召回等措施，及时控制事态发展，避免了药害事件的发生。甲型H1N1流感发生后，开展了甲流防控药械专项监督检查，开辟绿色通道，启动快速审批程序，及时审查批准了省中医院金荞除瘟颗粒、省中医学院第二医院预防流感1号、2号三个中药制剂，取得良好效果。亚宝药业研制的“忍冬感冒颗粒”获得国家批准，有效提高了我省防控甲流的能力。

（三）充分发挥职能作用，推动医药产业转型发展。一是引导企业加大产品投入，建立研发平台。山西亚宝药业、振东药业、康宝药业、瑞福莱药业等一批优势企业分别在北京、上海等地建立研发机构，仅亚宝药业投入8000万元，建立了高标准的药物研发中心，吸引了高素质的海内外人才，为全省医药经济发展提供了强劲动力。二是推动产业结构调整，提高医药经济核心竞争力。一方面，严格产品准入，对缺乏安全性、有效性、质量可控性的25个品种实行淘汰；另一方面，严格企业准入，坚持“只做减法，不做加法”的原则，通过新一轮的认证换证，淘汰了一批管理水平差、不符合规范要求的药品企业。三是鼓励强强联合，促进产业重组。银湖制药与石药集团共同出资3.5亿元，组建石药银湖制药有限公司；振东制药兼并大同泰盛、长治开元，企业规模扩大，竞争力提升，目前正筹备上市；大同市政府拟整合全市医药资源，组建同药集团，打造集生产、流通为一体的规模化、集约化医药企业，全省医药产业正步入良性发展轨道。全省医药工业销售收入完成72亿元，同比增长17%；全省医药商业销售收入78亿元，同比增长20%。双鹤、国药等5家批发企业年销售达43.2亿元，占总量的一半以上。

三、全面推进行政效能建设，依法行政水平进一步提高

一是进一步深化行政审批制度改革。不断加强行政许可项目动态管理，及时清理行政许可项目，全年共取消1项许可项目，调整1项行政许可项目，新增1项行政许可项目，经过清理，现依法实施的行政许可项目共55项。认真推行首问责任制、一次告知制、限时办结制、服务承诺制和审

批监督制度，促进行政审批服务大厅规范化。全年政务大厅共受理行政许可事项1071项，办结1027项，尚未办结的44项全部在法定时限内。为推进行政审批制度改革，建立相互衔接、有效制约的权力运行机制，省局党组作出了“实行行政受理、审评、审批工作分开办理的决定”，并专门成立专家委员会，提高决策审批的科学性。

二是进一步加强执法监督工作。制定了《行政执法案卷评查办法》，明确了评查目标、范围、重点、方法、标准、时间、步骤，组织专人对省局和部分市局的行政执法案卷进行了抽查。加强重大行政处罚决定备案工作，组织干部系统、深入地学习《重大行政处罚决定备案办法》，全面、准确地掌握了重大行政处罚决定备案范围、内容、时限、程序和有关要求，全年省局没有一项重大行政处罚决定。坚持“有件必备，有备必审，有错必纠”的原则，对拟出台的规范性文件《药品质量受权人管理办法》进行了论证，报主管部门予以进一步审查。

三是加强层级监督，积极开展行政复议工作。制作完善了16种行政复议法律文书示范文本，进一步规范行政复议文书；加强行政复议人员培训，进一步提升办理行政复议的能力；建立并公示行政复议工作流程，畅通行政复议渠道，依法受理行政复议案件；积极开展行政复议案件信息报送工作，使用行政复议统计报备系统及时报备行政复议和应诉情况，省局全年没有一起行政复议案件和应诉案件。

四是建立健全领导干部学法制度。联系监管实际，省食品药品监管局认真执行中心组学法和干部学法制度，深入学习《行政许可法》、《行政处罚法》、《行政复议法》、《行政诉讼法》、《国家赔偿法》、《公务员法》等法律法规，围绕群众反映强烈的突出问题，深入学习贯彻《药品管理法》、《药品管理法实施条例》、《医疗器械监督管理条例》、《食品安全法》等食品药品法律法规，不断提高领导干部的宪法和法律意识，提升依法行政的观念和能力。

五是进一步完善民主决策程序。对涉及公共利益的、影响全局的五类重大行政许可事项和行政处罚事项都需省局领导班子集体研究决定。对10万元以上的支出项目，统一由局务会议讨论通过。

六是强化信息报送，依法公开政府信息。省局组织编制政府信息公开指南、政府信息公开目录，制定《政府信息公开工作制度》，建立信息公开申请受理机制，制定依申请公开政府信息的工作规程。建立信息发布保密审查制度，明确保密审查程序和责任追究办法。将省政府门户网站和省局政务网站作为政府信息公开的第一平台，开设了政府信息公开专栏，统一发布政府信息。共主动公开政府信息350余条，全文电子化达100%。（高　翔）

附：省食品药品监督管理局党组书记、成员名单

书　记：赵光国

成　员：杨恩建　武树和（9月离职）　任晋斌　刘广德　贠亚明

省宗教局党组工作概况

党组书记　边根棠

2009年，省宗教局（省民委）党组紧紧围绕省委、省政府的中心工作，坚持以构建和谐社会的总要求，以学习贯彻十七大、十七届四中全会精神和深入贯彻落实科学发展观活动为主线，进一步加强学习型、服务型机关建设；以开展文明和谐单位活动为抓手，提升机关作风建设和制度建设水平，建设高素质党员干部队伍；以围绕国庆60周年纪念为契机，不断加强基层党支部和党员队伍建设，促进党组织政治核心作用和党员的先锋模范作用，努力建立团结、平等、互助、和谐的新型民族关系，发挥宗教在构建社会主义和谐社会中的积极作用，为促进我省“三个发展”做出了新的贡献。

一、我省民族宗教工作的基本情况

我省是少数民族散、杂居省份，有回、满、朝鲜、蒙古、壮、苗、藏等54个少数民族成分，10万余人，占全省总人口的3‰。我省没有少数民族自治地方，只有58个回民聚居村和50个回民聚居街道居委会。

我省是全国宗教工作重点省之一，有佛教、道教、伊斯兰教、天主教、基督教，信教群众175万余人，占全省总人口的5.5%。其中，佛教72万多人，道教4.8万多人，伊斯兰教11万多人，天主教23.5万多人，基督教64万多人。全省有宗教教职人员1.1万余人，依法登记的宗教活动场所2514处。全省11个市119个县（市、区）基本上都有宗教工作任务，其中40个县（市、区）为民族宗教工作重点县，信众在万人以上县（区）46个。

我省有7个宗教团体，分别是：山西省佛教协会、山西省伊斯兰教协会、山西省道教协会、山西省天主教爱国会、山西省天主教教务委员会、山西省基督教“三自爱国运动委员会”、山西省基督教协会。

二、推进学习型机关建设，建设高素质党员干部队伍

认真贯彻省委《关于进一步加强和改进党委（党组）中心组学习的实施意见》，下发《2009年局（委）党组中心组和干部理论学习安排意见》和《关于进一步推进学习型

机关建设的实施意见》，采取一系列措施，全面贯彻落实中央和省委建设学习型机关的要求，初步形成了“内有动力、外有压力”的学习机制，努力创建“学习型组织”、“学习型领导班子”、“学习型干部”。一是坚持学习日制度。确定每周四为“学习日”，组织机关干部开展学习教育活动。二是建立领导干部述学制度。领导干部将述职述廉和述学结合起来，把学习和工作一同部署、一同检查、一同落实。三是开展干部学习讲评活动。科级以上干部分期分批进行学习心得、重要业务专题等方面的演讲、交流，促进学习，锻炼才干。四是强化学习考核制度和档案制度。把机关干部的学习情况作为年度考核、评先评优、提拔使用等的重要内容。五是丰富学习形式。采取自学与集中学习研讨、辅导相结合的方法进行，通过报告会、专题辅导、研讨会、学习考察，观看电影电视等形式不断提高学习能力和学习质量，促进学习的深化。

局（委）党组领导高度重视学习教育，亲自安排部署学习内容，积极参与学习活动，形成了领导干部先学一步、多学一些、深学一些的良好氛围，影响和带动了民族宗教系统全体干部的学习劲头。在新疆7·5事件、国庆维稳、学习贯彻十七届四中全会精神、贯彻落实国务院民族团结表彰会等重要时期，及时向全省民族宗教系统和局（委）全体党员干部传达有关精神，切实把思想和行动统一到中央的决策上来，筑牢了民族宗教工作干部的思想政治基础。按照局（委）党组要求，机关党委年初召开党委委员会议，专题研究局（委）理论学习年度计划，制定了5个学习专题，确保学习活动有计划、有目的、有安排、有重点。在此基础上，进一步完善学习制度，机关党委按照年初制定的理论学习计划对各支部学习情况进行督促检查。通过学习笔记、学习记录、学习考勤等检查，落实和掌握党员干部学习情况，保证学习制度和计划的落实。2009年，全体党员干部围绕科学发展观、构建社会主义和谐社会、加强党的执政能力建设和党的先进性建设的要求，紧密联系民族宗教工作实际，开展时事政治、党的基本知识和民族宗教知识的学习教育，加强了对党员干部权力观、利益观、地位观、政绩观的教育。全年党组中心组开展专题学习12次，组织机关和省级宗教团体集中学习近30次，3次邀请专家学者作专题辅导报告，集中组织收看电视2次，组织观看爱国主义电影2次。终身学习、全员学习的理念深入人心，形成了多层次、全方位的学习网络，建设相对完善的学习保障体系，机关干部的整体素质明显提高。

三、加强机关效能建设，强化作风建设和廉政建设

按照“学习兴局、调研强局、制度建局”的工作思路，切实加强机关班子建设，促进机关效能建设、作风建设和党的建设。认真扎实开展学习实践科学发展观活动。按照活动的部署和安排，完成了第二、三阶段和全面总结阶段以及学习实践活动回头看等工作，完成了整个活动的档案收集、整理、归档工作。认真总结局（委）党组2008年度党建工作责任制完成情况，组织了党建责任制考核测评工作，取得较好的测评成绩。按照省纪委、省委组织部、省直工委部署，组织召开了“加强领导干部党性修养，树立和弘扬良好作风”为主题的领导班子民主生活会，开展了充分的批评与自我批评，进一步强化了党性修养。在群众满意度测评中，群众满意率100%。加强党风廉政建设工作。形成了党组领导，党组书记负总责，纪检监察协调，局领导和有关职能处室各负其责、齐抓共管的局面。采取有效措施不断加大从源头上预防和治理腐败工作的力度，在党政班子成员、机关干部中开展定期学习教育活动，全年全局（委）未发生任何违纪问题。

四、以创建文明和谐单位标兵活动为抓手，努力营造团结、和谐、奋进的机关工作新面貌

切实加强机关班子建设，促进机关效能建设、作风建设和党的建设，努力营造充满人情关怀、和谐文明、创先争优的工作氛围。按照《山西省直文明和谐单位管理办法》，落实创建工作各项责任制，夯实基础、巩固成果、引深发展，保持文明和谐单位称号，创建工作基本走上了制度化、规范化，在省直工委的检查验收中获得较高评价。制定了《精神文明委员会工作规则》，调整了局（委）精神文明委工作机构，完善了创建文明和谐单位标兵的申报和材料准备工作。搜集整理了大量的文字、图片资料，反映单位的创建工作。参加了省直工委组织的纪念建国60周年文明和谐单位巡礼活动，以丰富的图片内容展示了我局（委）文明和谐创建活动。2009年，荣获省直“文明和谐单位标兵”称号。

五、围绕中心，推动全省民族团结、宗教和睦，维护民族宗教领域的稳定

2009年，在省委、省政府的正确领导下，局（委）党组紧紧围绕省委、省政府的中心工作，坚持以构建和谐社会的总要求，采取得力措施，在民族宗教重点、难点工作上取得了实实在在的突破和成效，完成了省政府下达的工作目标责任制各项任务，有效发挥了民族宗教工作在构建社会主义和谐社会中的积极作用。

认真贯彻落实《国务院办公厅关于严格执行党和国家民族政策有关问题的通知》和《党和国家民族政策宣传教育提纲》精神，切实保障少数民族合法权益，维护民族团结。在全省范围内大张旗鼓地开展民族团结宣传教育活动，在《山西日报》全文刊登《提纲》。全省各地纷纷采用专栏、广播等多种形式，加大宣传力度。推动各地各部门全面贯彻落实通知精神，督促各地进行民族平等政策贯彻执行情况检查，切实维护少数民族群众的合法权益，发现问题，及时纠正，妥善处理，在全社会弘扬民族团结进步的

主旋律。

加大民族经济帮扶力度，促进少数民族和民族聚居地区经济社会又好又快发展。加大了对目前人均收入处于温饱线以下的3个及刚达低收入线的14个少数民族聚居村的扶持力度，积极帮助他们改善吃水、交通等基础设施建设。认真做好2009年少数民族发展资金扶持项目的确定工作，督促各市抓紧落实今年的扶持项目，提出计划。同时，对去年下拨的少数民族发展资金的使用情况进行严格检查。深入贯彻落实《山西省清真食品监督管理条例》，加强对清真食品企业的监督管理和扶持力度。加强对少数民族特需商品定点生产企业的指导工作，针对实际情况，调整增补了少数民族特需商品定点生产企业。

全面推动我省少数民族教育、文化、体育、卫生等文化社会事业发展。认真贯彻全国中小学民族团结教育工作会议精神，会同省教委共同部署我省中小学民族团结教育工作，提出具体要求和工作安排。继续积极支持山西大学附属中学办好“西藏班”，注重了解藏族学生的思想动态，及时反映办学中遇到的困难和问题。举办了全省民族宗教界书画展；与省文化厅共同确定了我省30个“民族文化活动基地”，积极筹备我省参加全国少数民族文艺会演的选送工作；抓好11个“少数民族体育训练基地”的工作，推动全省民族体育事业的发展。

认真组织我省参加国务院民族团结进步模范集体和模范个人的评选工作。7个单位和8名个人荣膺“全国民族团结进步模范集体”称号和“全国民族团结进步模范个人”称号。认真组织了民族团结进步个人参加国庆观礼活动。11月，召开了表彰大会，代国务院对上述集体和个人进行表彰奖励，以此为契机，进一步在全社会营造民族团结的浓厚氛围，使民族团结进步工作再上新台阶。

及时做好7·5事件后我省维护民族团结和社会稳定工作。乌鲁木齐打砸抢烧严重暴力事件发生后，召开各市民族宗教局长专题工作会议，安排部署工作。认真摸底排查，全面掌握山西省流动维族人员情况，密切关注动态。教育引导民族宗教界人士、少数民族群众和信教群众认清事实真相，谴责暴力犯罪行为。由于反应及时，措施得力，7·5事件后，我省民族宗教领域局势平稳，维持了和谐稳定的局面。

积极稳妥推进天主教主教选圣工作，运城教区、太原教区选举大会先后如期举行，分别选出新一任主教、助理主教，我省选圣工作取得了重大突破；积极协调天主教省外房产政策落实工作，取得一定进展；加强了对省天主教修道院的规范管理，对其领导班子进行调整；出台了我省伊斯兰教教职人员的认定备案办法，成立了认定领导小组。指导省伊协召开了朝觐总结会，总结了我省朝觐工作的成功经验，认真做好今后的朝觐工作；针对基督教存在的“三乱”现象，继续在全省开展治理基督教“三乱”专项工作，指导临汾、大同、太原等市成功制止多起在学校或学校周边举办宗教培训班的非法活动；积极指导佛道教界加强以提高素质为重点的道风建设。积极推动各宗教团体进一步加强自身建设。调整了省道教协会的领导班子。指导、帮助省佛教协会做好召开山西省佛教第八次代表会议的筹备工作，做好换届准备工作。制定《关于加强省级宗教团体建设的实施意见》，健全完善宗教团体机构设置和职能，加强宗教团体自身建设。积极组织开展创建“和谐寺观教堂”活动。结合我省实际情况，制定基本创建标准，五大宗教依照各自特点制定了细化标准，出台了具体的实施方案，各地认真总结“双五好”活动的经验成果，积极做好与国家宗教局开展的“创建和谐寺观教堂”活动的对接工作。召开山西省宗教界创建和谐寺观教堂动员会，力争在5年内，使全省多数宗教活动场所达到或基本达到创建标准，增强宗教界自我教育、自我管理、自我约束的能力，促进宗教事务管理工作的规范化、法制化。

围绕建国60周年，妥善化解矛盾，全力维护宗教领域稳定。按照省委、省政府的安排部署和省领导要求“主动调研、主动排查”的指示精神，多次召开专门会议部署安排维稳工作，在全省民族宗教系统开展了不稳定因素排查活动。对一些突出问题和隐患认真解剖，深入分析，提出对策建议，指导当地开展工作，着力解决一些热点、难点问题。与统战、公安、安全等部门协作配合，依法行政，有效防范处理了多起影响社会稳定的事件，按照“保护合法、制止非法、抵御渗透，打击犯罪”的原则，积极应对处置宗教领域的重要活动和突发事件。特别是在积极稳妥依法处置临汾“杨王”打着基督教旗号非法组织工作中，按照张宝顺书记的指示，在中央“两部一局”的有力支持指导下，精心部署，讲究策略，坚决稳妥依法解决了长期困扰省内长达17年之久的“杨王”非法组织，维护了全省宗教界和社会的稳定。2009年，被省综治委评选为“全省社会治安综合治理先进集体”

开展民族宗教工作“三支队伍”大培训。在民族宗教界强化教育，凝聚人心，“三支队伍”建设取得新进展。举办了全省党政分管宗教工作领导干部培训班，全省各市县240余名党政领导干部参加了培训；宗教界参加国家、省、市、县各级培训的中青年骨干300多人。

（茅立新）

附：省宗教局党组书记、成员名单

书　记：边根棠

成　员：郝中树　卫望军　李广禄

省旅游局党组工作概况

党组书记　籍振芳

2009年，山西省旅游局共有基层党组织24个，其中党委2个，党支部22个。全局系统共有党员388名。一年来，党组带领全体党员干部深入学习实践科学发展观，坚持用中国特色社会主义理论指导、推动机关党建和旅游经济工作，不断加强思想、组织、作风、制度和反腐倡廉建设，充分发挥党组织的战斗堡垒作用和党员的先锋模范作用，积极投身于应对国际金融危机的严重影响，科学抵御甲型H1N1流感的不断冲击，在逆境中大力推动了全省旅游产业的持续快速发展。全年实现接待海外旅游者106.78万人次，旅游创汇3.78亿美元，分别比去年同期增长13.69%和25.71%；接待国内旅游者1.06亿人次，旅游收入865.85亿元，分别比去年同期增长13.07%和20.05%；旅游总收入892.53亿元，比去年同期增长20.72%，提前14个月实现了我省“十一五”旅游发展规划确定的主要任务目标。

一、注重建设学习型党组织，不断提高党员队伍的综合素质

始终把建设学习型党组织放在首位，通过开展深入学习实践科学发展观活动，开展系统学习与务实培训相结合的理论教育活动，明显提高了党员队伍的理论水平和思想政治素质。根据上级部署制定实施了深入学习实践科学发展观和党的十七大、十七届四中全会精神等学习计划。进一步修订完善了《党组中心组学习制度》、《机关干部理论学习制度》，对学习的主要内容、方式方法、集中学习时间都作了安排和规定。按照中心组、党委和支部、机关全体干部职工和个人自学的四个层次组织学习。认真学习了胡锦涛总书记在十七届中纪委历次会议上的讲话精神，深入学习实践科学发展观、党的十七大、十七届四中全会精神和省委九届十次全会精神，不断加强党性修养，坚持提高理论水平，大力弘扬和树立优良作风，坚持用科学理论指导工作实践，不断深入旅游重点市、县和旅游企业进行基层调研，帮助基层解决困难，指导基层开展工作，有力推动了全省旅游经济的持续发展。

结合旅游工作的特点和要求，特别注重和强调学习内容的针对性。先后购买了十七届四中全会学习资料、《六个“为什么”》、《加强领导干部党性修养树立和弘扬良好作风》以及各种学习辅导读本和光盘，集册印发胡锦涛、温家宝、李长春等中央领导关于发展旅游业和红色旅游的重要讲话和《国务院关于加快发展旅游业的意见》，邀请专家学者和党组成员自办学习论坛、专题讲座，组织中心组和各党委、支部进行了广泛深入的学习讨论。在《中国文化报》、《旅游市场导报》、《新旅游报》、《酒店文化报》、《山西旅游》和《山西旅游数码港》上开辟专栏，普遍开展了学习、研讨和交流。结合理论学习，组织观看各种革命传统教育、爱国主义教育、英模先进典型教育和反面典型警示教育录像片、电影片。先后组织赴长治潞城、右玉党员干部教育基地和南京大屠杀纪念馆、太平天国纪念馆、雨花台、华西新村、沙家浜、上海及嘉兴南湖党的一大旧址以及东方明珠等地参观学习，实地接受党性党风党纪教育、岗位廉洁从政教育，有针对性地开展示范教育、廉政警示教育，增强了干部职工的历史使命感和社会责任感。

坚持开展系统的政治理论学习和业务学习，做到了布置专题自学与集中研讨交流相结合，中心发言与学习辅导相结合，理论学习与调查研究相结合，政治思想理论与旅游经济理论相结合，采取了报告会、理论学习务虚会、分组学习日等多种形式和提前布置学习内容、适时组织学习讨论、随机检查学习笔记等措施，确保了理论学习落到实处。全年有组织、有计划地选送所有党员干部参加省委党校、省直分校举办的各种学习培训，鼓励支持3名青年干部坚持在职深造学习，组织中心组集体学习10次14天，在树立科学发展理念、增强科学发展信心、凝聚科学发展共识上取得了新的进步。

系统学习与务实培训相结合的理论武装格局初步形成。突出时代特点，采取多种形式，结合发展旅游支柱产业、建设旅游经济强省的工作实际，有计划、有步骤地组织全体党员系统学习中国特色社会主义理论的一系列创新成果，做到了“五个坚持”：即，坚持以学习贯彻党的十七大和历届全会精神为主线，有的放矢地组织处以上党员干部和青年党员干部进行培训教育；坚持以中心组学习制度、检查落实制度、指导督导制度和集中学习制度保障了学习进度；坚持以组织观看革命传统、爱国主义教育和正反面典型教育录像、电影，有针对性地开展廉政警示教育；坚持以有组织地到革命圣地、教育基地参观学习，实地接受党性党风示范教育、岗位廉洁从政教育；坚持把系统的理论学习作为提高领导班子和党员干部的理论素养、思想政治素质的重要途径，用马克思主义中国化的最新理论成果武装头脑、指导实践、推动工作，增强了党员干部的改革创新意识。一个以中心组学习为龙头、处级干部为重点、从战略高度加强青年干部教育、党支部抓落实的理论武装格局初步形成。

二、围绕中心抓党建，党组织的凝聚力、战斗力进一步增强

坚持围绕中心，服务大局，始终把基层党建作为工作

的着力点，切实加强直属党委、支部的领导班子建设和党组织建设，充分发挥党组织的政治核心作用和监督保证作用，保证了中心工作的顺利进行。

认真贯彻落实党的十七大、十七届四中全会、省委九届十次会议精神和省委《关于加强领导干部党性修养大力树立和弘扬良好作风的意见》，全面实施了《党员经常性教育制度》、《党员管理监督制度》、《流动党员管理制度》、《党员联系和服务群众制度》、《党支部组织生活会制度》和《山西省旅游局直属机关党的工作责任制实施办法》、《山西省旅游局建立健全惩治和预防腐败体系2008年～2012年工作方案》、《山西省旅游局党员领导干部任职廉政勤政诫勉谈话制度》、《山西省旅游局处级以上党员领导干部签订廉政勤政责任承诺书制度》，使得党组织的战斗堡垒作用更加坚强，党员的先锋模范作用更加明显。

进一步加深对科学发展观和省委、省政府关于"三个发展"的总体要求的全面深刻理解。在搞好自学和深入基层进行调研的基础上，全年有组织、有计划地选送了党员处级干部37人、入党积极分子8人参加了省委党校、省直分校举办的各种学习培训班，提高了学习践行中国特色社会主义理论和运用科学发展观推进旅游中心工作的自觉性。党组书记带头、各党组成员和处级以上党员领导干部分别在局机关、旅游企业、旅游院校上党课、搞培训、辅导讲课、做报告40多场次，为认真践行党的创新理论、时刻保持党的先进性、学习实践科学发展观、不断提高执政能力做出了表率。

认真坚持了"一课三会"制度和各种理论学习制度，坚持了党员评议和党组民主生活会制度。按照党章党规，结合企业改制，组织进行党委、支部换届工作，调整归并了1个企业党委、6个党支部，组建了2个党支部，筹备了直属机关党委换届选举的前期工作。坚持了部门、单位主要负责人兼任党委、支部书记的"一岗双责"制度，书记"两手抓，两手都要硬"的意识进一步增强，通过坚持组织生活制度，加强了党员的经常性教育、管理和监督。坚持机关党委例会制度，对阶段性的工作进行安排和小结。及时讨论组织发展事项，公示发展了8名经过长期培养教育的入党积极分子为新党员，按期转正了10名预备党员。同时，在健全和完善加强执政能力建设的长效发展机制上下功夫，增强了党员干部立党为公、执政为民的公仆意识，执政兴国的发展意识，科学执政、民主执政、依法执政的意识，与时俱进、科学发展和改革创新的意识，带领全体党员和群众在逆境中大力推动旅游产业实现了持续快速发展。

三、坚持树立和弘扬良好作风，不断提高工作效能和服务水平

按照内强素质、外树形象的要求，着力提高局机关全体人员的工作效能和服务水平，为推动我省旅游产业发展特别是实现"三个发展"发挥了作用。

切实转变政风行风和加强机关内部制度建设。修订了关于差旅、车辆、上行公文、新闻发布、上网信息保密及信息员管理办法等管理规定，促进了机关工作的制度化、规范化、程序化发展。修订完善了《山西省旅游局机关党的工作责任制实施办法》，建立了机关党的工作责任体系，强化了各级党组织和党员干部的工作职责与奖惩制度。大力推进机关党风廉政建设和政风行风工作，开展了全省旅游行业治理商业贿赂专项工作。积极与山西人民广播电台合作，办好《政风行风热点》旅游专栏。进一步组织社会各界人员担任政风行风监督员，经常吸取合理化建议和意见，从而增强了领导干部的党性修养，树立和弘扬了良好作风。

党员领导干部带头，大力推进效能建设和作风建设。党组围绕新时期、新形势下全省旅游产业发展、旅游人才队伍建设、旅游信息平台建设等重大问题，开展专题调研，主动谋划联系，与省工商银行、移动公司等分别签订了银旅合作、旅游信息化合作框架协议，开通了山西旅游数码港政务网、咨询网和体验网，初步实现了与旅游服务对象的互动交流。通过组织开展"诚信旅游百千万创建活动"、"旅游安全月"活动、整治"零负团费"等旅游市场整顿规范专项行动，进一步规范了旅游市场，全年查封"黑社"14家，查处违规旅行社118家（次），查处违规导游52人次，受理各类旅游投诉201件并全部结案，快速有效地维护了旅游经营者和旅游消费者的合法权益。根据抽样调查，2009年国内外游客对山西旅游环境满意度达到95%以上。

增强党员干部职工的责任意识和服务意识，开展"讲奉献、献爱心"活动。机关党委、人事教育、纪检监察等各部门密切配合，对部分导游资格考试培训教材组织了认真修订，对口试方式及笔试科目进行了有利于降低考生成本的调整。上门举办各种旅游专业培训班23期、4663人受训；输送10名贫困生赴中国旅游管理干部学院西部助学班学习深造；建成70座旅游星级厕所，在旅游交通干线新增202块旅游交通标识牌，新增珏山、蟒河、舜帝陵3个4A级旅游区，指导皇城相府、平遥古城、绵山积极创建5A级旅游区。为太化新元分公司生活特困职工办实事、送温暖，为我省遭受特大旱灾、雪灾的部分地区困难群众捐款35970元，为壶关县桥上乡100多户老党员、老干部、特困户慰问发放救济款、米、面、油共值6万元，捐赠医用救护车1辆、台式电脑15台、教育培训资金2万元、旅游专业书籍、中小学生交通规则教材及其书架1批，全新女裤2000条，总计价值约50万元。

创新思路攻坚克难，积极应对国际金融危机的冲击。危中寻机，打好组合拳，认真组织制定和实施了《山西省旅游产业发展规划（2009～2011年）》，及时推出十大举措，精心策划、实施和推进扩大旅游消费暖春行动、金秋行动，指导全省部分旅游区（点）实行了半价门票优惠，27个重点旅游区向社会免费赠送10万张门票，极大地刺激了旅游消费，为保障暖春行动和金秋行动收到了很好的效果。据统计，仅扩大旅游消费暖春行动期间，接待国内外游客2554.29万人次，实现旅游收入195.32亿元；金秋行动期间

接待国内外游客2328.97亿人次，实现旅游收入212.41亿元。

四、坚持营造和谐发展环境，积极开展文明和谐创建活动

始终坚持以人为本，贴近群众，贴紧基层，注重实效，积极探索新时期思想政治工作和精神文明建设的新路子。高度重视统战和反邪教工作，加强对工青妇组织的领导。群团组织在调动积极因素、构建和谐氛围、促进产业发展等方面充分发挥了作用。

一年来，文明和谐创建活动贴近群众，贴近生活，多种多样，喜闻乐见，颇具生机、活力和成效。把文明和谐创建与学习型机关、学习型党组织创建结合起来持续抓，形成了党组统一领导、机关党委牵头组织、党政群团齐抓共管、相关部门分工协作、干部职工广泛参与的创建工作格局。文明和谐创建领导机构、人员健全到位，创建经费落实，采取措施得力。局党组会、局长办公会和局务会，每次都能专门研究讨论机关建设问题，坚持抓文明和谐创建与学习型机关、学习型党组织创建工作。全局按照文明和谐创建长远规划和年度计划，各项工作分解到处室，责任到人，层层落实，按月推进，基本实现了机关各项工作、学习和教育的制度化、规范化和程序化。

积极组织开展旅游行业文明和谐创建活动。各级党组织深入开展了“人人都是软环境，公仆先是好公民”为主题的公民道德教育实践、开展节能减排创建节约型单位、丰富多彩的群众性文体活动、“平安三晋”、“文明上网”、“反对赌博、远离毒品”、“社区是我家、卫生靠大家”、“保护生态环境、共建美好家园”等干部群众喜闻乐见、参与广泛的主题实践活动。特别是配合省文明委开展了“全省旅游行业树新风、创建文明单位网上行”重大活动，形成了文明和谐创建活动的热潮。指导五台山、应县木塔和皇城相府被评为全国文明风景旅游区创建工作先进单位，山西商务国旅、山西大酒店被评为全省旅游行业文明和谐创建示范点。

广泛深入地开展了丰富多彩的群众性文明创建活动。机关工、青、妇组织，结合“三八”、“五一”、“七一”、“八一”、“十一”纪念日，购置必要的文体健身娱乐器材和服装，组织举办的新年茶话会、春节团拜会、歌咏、演讲、汇演、长跑、拔河、乒乓球、羽毛球、定点投篮、踢毽子、跳绳、健排舞比赛和全民健身日健步行等活动，既丰富了职工精神生活，密切了党群关系，调动了工作热情，激发了团队精神，又推进了机关精神文明建设的健康发展。

加强与民主党派人士和无党派知识分子的联系，重视发挥党外人士建言献策和民主监督的作用。坚持听取民主党派及党外知识分子的意见，并将意见和建议整理后提请相关部门和单位研究处理，其中不少好的建议对促进机关党建工作和旅游产业的持续快速发展产生了积极作用。党组高度重视维护稳定工作，多次召开会议，及时传达文件精神，责成机关党委认真贯彻落实中央关于同“法轮功”邪教组织斗争的方针政策和各项部署，积极配合有关部门落实稳定工作责任制，协同一致开展反邪教斗争，坚决维护稳定大局，全局连续七年未发现一起“法轮功”邪教组织活动事件和人员。

五、坚持从严治党，狠抓责任制落实，深入开展反腐倡廉工作

认真贯彻落实中纪委、省纪委历次全会精神，加强反腐倡廉建设和作风建设，着力推进制度建设，着力构建教育、制度、监督并重的惩治和预防腐败体系，党风廉政建设和反腐败工作取得成效。

贯彻落实中央和省委关于党风廉政建设的各项规定，依据《建立健全惩治和预防腐败体系2008～2012年工作规划》、中纪委《关于严格禁止利用职务上的便利谋取不正当利益的若干规定》的“八条禁令”和省委、省纪委的实施办法，十七届四中全会精神和省委《关于加强领导干部党性修养大力树立和弘扬良好作风的意见》，修订实施了《山西省旅游局党风廉政建设责任制实施办法》、《山西省旅游局党组廉政自律公约》。按照目标责任制，一级抓一级，层层抓落实，形成了党组统一领导、党政齐抓共管、纪检监察组织协调、部门各负其责、依靠群众支持和参与的反腐败领导体制和工作机制。

把党风廉政建设作为提高党的执政能力、巩固党的执政地位的一项重大政治任务抓紧抓实。召开全省旅游纪检监察暨政风行风建设和党风廉政建设干部大会，贯彻落实省纪委、省委组织部《关于领导干部进一步改进工作作风严肃工作纪律的若干规定》，制定下发《关于采取有力措施认真贯彻落实厉行节约八项要求的通知》，逐级开展了政风行风评议面对面、机关作风纪律教育、处级干部廉政承诺、廉政宣誓、廉政警示、廉政诫勉谈话、廉政警句短信等活动。对职能处室的依法行政建立了事前防范、事中提醒、事后跟踪的执纪督察“三卡制度”，全过程监控，全时段跟踪，及时防止和纠正执行公务活动中的不良行政行为。

坚持公开、公正、公平行政，坚持按民主集中制原则办事。各级党组织始终坚持集体领导与个人分工负责相结合的制度，明确职责，坚持原则，既大胆负责，又密切配合。对旅行社审批和饭店星级、旅游区A级、工农业旅游示范点评定和导游等级考试，运用现代科技和管理制度，增加了评审考试工作的公正度、公开度、透明度，承办人员的选用管理实行了制度化、程序化，有力地从源头上制止了不正之风，特别是严格参照全国高考标准和要求进行严密组织，严格程序，确保了全社会最为关注的导游人员资格考试的公平、公正、公开。

坚持从严治党，严肃查处违纪案件。高度重视信访举报和群众监督，凡是信访反映、群众举报的一些问题和线索，都能够通过认真分析，按照干部管理权限，分别进行调查核实或转送有关单位进行处理。对群众反映的党员干部中的一些苗头性、倾向性问题，及时进行了谈话提醒和

诚勉。配合上级纪律检查机关查处了旅游系统过去几年发生的两起党员干部违纪案件，区别不同情况对8名违纪党员给予了开除党籍、留党察看、严重警告等党纪处分，其中3名移交司法部门处理，并对涉及两案的一般职工建议其所在单位给予行政处分，并在全局系统深入开展了党规党纪警示教育和遵纪守法教育，以“身边的事教育身边的人”，对全局党员干部教育很大。（悦克伶）

附：省旅游局党组书记、成员名单

书　记：籍振芳

成　员：李太阳　王炳武　赵庆华　王文保

省国防科技工业办公室党委工作概况

党委书记　刘银才

2009年，省国防科技工业办公室党委坚持以邓小平理论和“三个代表”重要思想为指导，深入贯彻落实科学发展观，紧紧围绕推进军工改革发展、构建和谐军工，以建设高效的党建工作运行机制、高标准的基层党组织和高素质的党员队伍为目标，全力推进党的思想建设、组织建设、作风建设和制度建设，党组织的创造力、凝聚力和战斗力得到进一步提高，广大党员的先锋模范作用发挥更加明显，为推动全省国防科技工业的平稳较快发展提供了有力的政治保证。

一、坚持围绕中心、服务大局，党的基层组织建设全面加强

全省军工各级党组织按照党的十七大精神的要求，努力创新工作思路，改进活动方式，建立健全了党员队伍建设工作长效机制、党组织建设工作机制、领导班子建设工作机制和党建工作督导检查机制，继续深入开展创先争优活动，落实党建工作制度，基层党建工作健康发展，基层党组织推动发展、服务群众、凝聚人心、促进和谐的作用得到进一步发挥。指导18个基层党委参加全省第二批深入学习实践科学发展观活动，各企事业党委按照集团公司和国防科技工业党委的要求，着力在解放思想、更新观念、创新发展思路上下功夫，着力解决发展中的突出问题和关系职工的重大民生问题，不断把政治优势转化为经济优势。认真学习贯彻党的十七届四中全会精神，结合军工实际，起草下发了《关于认真学习贯彻党的十七届四中全会精神的通知》，对学习的重点内容、方式方法、联系实际等方面作了明确要求，举办专题培训班3期，培训企事业单位领导干部、党支部书记、组工干部239名，全系统中层以上干部年内参加培训率达到120%。在应对金融危机、促进科学发展中，各军工单位党委发挥组织动员、组织保障和服务带动作用，保增长、保民生、保稳定。其中在全省组织系统服务“三个发展”、“十大创新项目”评选中，山西北方惠丰机电有限公司“1+5”党员教育方式经过全省组织系统层层差额评选，最终作为“十大创新项目”之一受到省委组织部向全省推介；山西平阳重工机械有限责任公司探索建立党建质量管理体系和山西北方兴安化工有限责任公司积极做好新形势下发展党员工作也受到省委组织部的推荐参评。根据《党章》规定，按照省委组织部的要求，重点抓好对基层组织换届选举工作，进一步规范基层换届选举程序，健全组织监督制度，保证了党内民主有序发展。全年共有中核新能公司、长治清华机械厂、太原航空仪表有限公司、山西淮海机电有限公司等4个党委顺利实现了换届选举。与此同时，全系统二级党委按期换届率达94.1%，党支部按期换届率达76.1%。两级组织的按期换届选举工作全面展开。为推动党建工作责任制的落实，在下发《进一步加强和改进山西军工企业党建工作的意见》的基础上，加强考核管理。各军工单位党委认真贯彻落实，通过年终检查全系统40个党委有现任党委书记39名，任职在三个月以上的34名党委书记全部向省国防科技工业党委作了抓党建工作专项述职。以党委书记的专项述职为带动、以落实《进一步加强和改进山西军工企业党建工作的意见》为载体的党建工作责任制体系在我省国防科技工业初步建立运行，并取得了初步成效。

二、坚持抓住关键、突出重点，领导班子和干部队伍建设不断推进

进一步推进全省军工企事业单位党委领导班子思想政治建设，积极探索建立加强军工企业领导班子思想作风建设的长效机制，坚持和完善党委中心组学习制度，贯彻落实中央《关于进一步加强和改进党委（党组）中心组学习的意见》，结合我省国防科技工业实际，起草下发了《关于进一步加强和改进党委中心组学习的意见》。把学习党的十七届四中全会精神作为全年中心组学习的重要内容之一，通过集中学习加深各级中心组成员贯彻十七届四中全会精神的自觉性，转化为推动科学发展、促进军工和谐的具体措施和自觉行动。坚持以提高发展能力和领导水平为重点，继续开展创建“四好”领导班子活动，一年来，由于两级班子围绕“四好”要求，努力开展创建活动，讲政治素质、谋经营业绩、求团结协作、树作风形象已成为各级班子和全体领导干部的共识与行动。2009年，全系统共调整公司（厂、所、院）级领导干部40名。进一步加强人才工作，积极组织实施《2006-2010年国防科技高层次人才队伍建设规

划》，2009年，全系统新接收大中专学生856名，其中硕士研究生以上学历124名，在新接收大中专学生中党员占到23%。同时组织5名省级专家参加省委人才办组织的疗养，加强了军工与地方人才之间的交流，增强了军工人才的责任感和荣誉感。

三、坚持惩防并举、求真务实，党风廉政建设稳步推进

2009年，以落实《工作规划》、完善惩治和预防腐败体系为重点，以落实党风廉政建设责任制为抓手，以加强领导干部作风建设为切入点，以积极应对金融危机推动科学发展和经济平稳较快增长为落脚点，着力解决党员干部党性党风党纪方面存在的突出问题，党风廉政建设和反腐败斗争取得了积极进展。

一是突出抓分解、考核、奖惩，党风廉政建设责任制得到落实。始终把落实党风廉政建设责任制摆在重要位置，完善反腐败领导体制和工作机制，做到了“三个强化”：强化分解，按照“谁主管谁负责”的原则，建立了分工负责制，制定下发了《2009年反腐倡廉建设工作任务分解意见》，并把18项任务分解到有关领导和有关职能部门。强化责任，按照“一级抓一级”的原则，建立了分级负责制，在年初召开的全系统党风廉政建设干部大会上，与各企事业党政一把手签订了《党风廉政建设责任书》，明确了各企事业党政班子抓党风廉政建设的责任。强化考核，由党委委员带队对各单位落实党风廉政建设责任制情况进行了全面考核。

二是突出抓重点，认真查处违法违纪案件。根据查办案件工作的重点，全系统通过三个环节，加大了工作力度。首先是强化审计监督。重点开展了离任审计、经济责任审计、专项审计工作，对从中发现的问题和线索分别提出了审计建议或进行了核查。其次是高度重视信访举报工作。按照省纪委下发的《关于在全省纪检监察系统开展“信访积案化解年”活动的安排意见》和《关于认真做好纪检监察系统信访干部“双百下访”活动的通知》要求，各单位认真排查近年来信访积案情况，确定专人，制定方案，列出清单，深入排查化解矛盾纠纷，多措并举解决信访突出问题。全系统共受理群众信访举报58件，其中省国防科技工业纪委直接受理27件。第三是认真排查案件线索。全系统重点排查了因干部失职渎职、违法违纪和侵害群众切身利益行为引发的矛盾问题，深挖案源，严查违纪行为。全系统共排查案件线索7起，核结7起；构成违纪立案查处6起，结案6起，处分党员5人。

三是突出抓教育，营造反腐倡廉氛围。按照中央《工作规划》和省国防科技工业党委《实施意见》的要求，把党风廉政教育作为一项经常性的工作来抓，强化组织协调，整合宣教资源，丰富教育内容，创新教育方式，增强教育效果。首先是抓好中层以上领导干部的廉洁从业教育，增强教育的有效性。以开展深入学习实践科学发展观活动为契机，认真组织学习《国有企业领导人员廉洁从业若干规定》和《新时期领导干部反腐倡廉教程》、《中国共产党纪律处分条例》等党纪条规，引导党员干部着力解决党性党风党纪方面存在的突出问题。其次是广泛开展示范教育、警示教育，增强教育的针对性。以中层以上领导干部为重点，通过观看警示教育片、座谈讨论、撰写心得体会等形式，使大家从中吸取教训，树立正确的世界观。再次是创建廉洁文化，增强教育的实效性。以“弘扬廉洁文化，促进廉洁自律”为主题，7月份全系统开展了反腐倡廉教育宣传月活动，通过播放专题教育片、举办专题讲座、书画展、演唱廉政歌曲、撰写学习心得等多种形式，营造了“以廉为荣、以贪为耻”的浓厚氛围，增强干部职工的廉洁从业意识。

四是突出抓制度落实，促进领导干部廉洁自律。坚持“三谈两述”制度，全系统对500多名新任中层以上领导干部进行了廉政谈话，对80多名存在一般性问题的领导干部进行了诫勉谈话，与企事业党政主要领导谈话20多人(次)，两级班子成员都围绕当年的工作认真进行了述职述廉。开展廉政承诺活动。全系统厂级干部、中层干部均在年初针对职工群众关心的热点、难点问题和岗位特点，做出了廉洁经营、廉洁自律承诺，并制定了落实承诺的具体措施，做到了“有诺必践”，避免了流于形式。

四、坚持舆论创新、文明创建，和谐军工建设成效显著

2009年，全省军工企业紧紧抓住庆祝新中国成立60周年等有利契机，围绕“保增长、保民生、保稳定”的总体要求，以加强宣传思想政治工作为保障，积极开展“宣传创新、创新宣传”主题活动，加强了对广大职工的经济形势教育、增强信心教育、克服困难教育、凝聚力量教育，指导和要求基层党委宣传部门的电视台、广播站、报纸、局域网等宣传舆论工具，开辟宣传专题、宣传专栏、宣传版面，加大“顶住压力、应对危机和苦练内功、捕捉机遇”的宣传，为全系统的经济平稳健康发展、职工队伍稳定和谐提供了正确的舆论导向和有力的思想文化保障。

推进山西军工进一步解放思想、转变观念，在全系统着力营造保稳定、促和谐、谋发展的良好氛围，通过卓有成效的宣传思想政治工作，为实现山西国防科技工业平稳较快发展提供了坚强的思想基础。大力推动社会主义核心价值体系的宣传普及，不断提升社会主义核心价值体系的践行能力。全系统宣传思想战线紧紧抓住群众性文明和谐创建活动这一载体，坚持把社会主义核心价值体系融入文明和谐创建的全过程，广泛开展形式多样的主题实践活动，使社会主义核心价值体系成为职工群众普遍认同、共同遵守奉行的自觉行动。充分发挥宣传思想工作的优势，坚持用军工优良传统、时代精神武装和激励广大职工，大力弘扬“两弹一星”和“载人航天”精神，推动军工企业文化建设。发挥军工文化在构建山西和谐军工中的促进作用。

精心组织了全系统庆祝建国60周年活动。全系统群众性精神文明创建力度不断加强。为进一步完善我省军工文明和谐创建机制，研究制定了《山西省国防科技工业创建文明和谐单位考评指标体系（试行)》，使全系统文明创建工作更加规范化、制度化。加强文明和谐单位创建管理和指导工作，长治清华机械厂、北方自动控制技术研究所、北方发动机研究所等三个单位保持山西省文明和谐单位标兵称号；山西北方惠丰机电有限公司、中国电子科技集团第二研究所、中国航天科技集团五院五一八研究所、晋西机器工业集团有限责任公司、山西柴油机工业有限责任公司等五个单位被评为山西省文明和谐单位；长治清华机械厂继续保持全国文明单位荣誉称号，北方自动控制技术研究所继续保持全国精神文明建设工作先进单位称号。与此同时，各级工会、共青团等群众组织围绕中心开展了富有成效的精神文明创建活动，有力地促进了全省国防科技工业的改革、发展和稳定。

全系统各级党组织始终坚持把实现好、维护好、发展好职工群众的根本利益作为工作的出发点和落脚点，全力维护企业和社会政治稳定，努力构建和谐军工。切实加强领导，进一步完善工作机制，畅通信访渠道，规范信访行为。坚持不稳定因素每月两次排查制度、信访突出问题领导包案制度、领导包重点企业制度、多人反映共性问题跟踪督办制度、全国重大节日重要会议期间信访值班等制度，集中解决职工反映的共性问题，使大规模集体上访得到有效遏制。坚持以人为本，着力落实政策、解决问题、改善民生，加强信访稳定工作，特别是紧紧围绕全力做好建国60周年庆祝活动期间维护稳定这个重大政治任务，加强防控，保持军工队伍的稳定，下发了《关于做好建国60周年庆祝活动期间维护稳定工作的通知》，召开了驻并16个企事业单位党委书记会议作出部署，提出要求，各单位领导重视，采取措施，保证了建国60周年庆祝活动期间的稳定。加强离退休党组织建设，继续抓好组织、制度、经费、活动场地、重要活动“五个落实”，充分发挥离退休职工党员在和谐军工建设中的积极作用。国庆前夕，筹集194万元资金对3881名老党员、老战士、伤残军人、烈士遗属等进行了慰问；我省遭受暴雪袭击后，积极组织全系统广大职工为支持灾区群众生产生活捐款，据不完全统计共有19个单位捐款67万余元。年终省国防科工办筹集资金80万元，在全系统困难党员和职工中开展“两节”送温暖、献爱心活动，调动了广大职工构建山西和谐军工的积极性。坚持以人为本，着力落实政策，解决问题，改善民生，加强信访稳定工作，和谐军工建设不断推进。

五、坚持党建促进、强化保证，全省军工经济持续发展

2009年，认真贯彻落实省委、省政府的各项工作部署，积极应对国际金融危机的严峻挑战，按照保增长、保民生、保稳定的要求，着力推进军工核心能力建设，确保军品科研生产任务的全面完成；着力推进军民结合，大力发展民品；着力创新工作思路，全面加强党的建设与和谐军工建设，努力实现军工经济平稳较快发展，各项工作取得了较好成绩。

一是军工经济保持平稳增长。全系统以高度的责任感应对国际金融危机的挑战，千方百计确保军工经济持续增长。全年完成工业增加值40.1亿元，同比增长8.52%；完成销售收入218亿元，同比增长5.2%；盈利企业实现利润6.26亿元，同比增长15.63%；亏损企业11个，亏损3.45亿元，比去年增亏0.36亿元；职工年平均工资增长11.19%，达到26738元。

二是武器装备科研生产取得新突破。全系统承担的军品科研生产项目全部按计划节点完成。大力推进科技进步，企业自主创新能力不断增强。在举世瞩目的庆祝新中国成立60周年盛大阅兵仪式上，受阅的30个地面装备方队和12个空中梯队中，我省国防科技工业参加了受阅装备的总体或配套任务，为山西人民争了光，受到上级的高度评价。

三是军民结合产业取得新进展。坚持军民结合、寓军于民方针，全力推进大项目建设，高端液压支架、风力发电机、电缆带、铁路产品等一批民品扩产项目进展顺利。我省军工有10个单位的14个民品列入省工业振兴和结构调整重点项目，总投资29.9亿元。军民结合战略合作取得重要进展。争取中船重工集团公司与省政府签署了战略合作框架协议，在高端液压支架、风力发电设备等民品项目的规划、布局、投资等方面加强协作。

四是质量管理、安全生产和安全保密工作全面加强。坚持军工产品质量第一，强化计量考核认证，企业质量管理进一步规范化、法制化，全行业未发生重大质量问题。安全生产继续保持平稳势头。全年发生死亡事故2起，死亡2人，没有发生重伤事故，没有发生重大爆炸事故，连续四年高标准完成了省政府下达的安全生产责任目标。认真落实反奸防谍和保密责任制，以保密资格认证为抓手，加大安全保密工作监督检查力度，全员保密意识不断增强，全行业未发生重大失泄密案件。

五是民爆行业保持平稳发展。2009年，全省民爆行业完成工业产值14.78亿元，实现销售产值14.4亿元，工业炸药产量23.7万吨，工业雷管1亿发。全行业保持了安全生产无事故，民爆企业整合重组成果进一步巩固发展。

（赵登斌）

附：省国防科技工业办公室党委书记、副书记、委员名单

书　记： 刘银才

副书记： 武永刚（5月离职）　冯鲁生　田国仁　安雅文

委　员： 张继庆　温国贵　潘爱玲（女，10月离职）

省文物局党组工作概况

党组书记　施联秀

2009年，在省委、省政府的正确领导和国家文物局的大力支持下，省文物局党组带领全省文博系统广大干部职工，坚持以邓小平理论和“三个代表”重要思想为指导，深入学习实践科学发展观，紧紧围绕省委、省政府“转型发展、安全发展、和谐发展”的中心任务，按照年初部署，狠抓工作落实，全省文博工作的各个方面都取得了可喜的进展。第三次全国文物普查野外实地调查工作圆满完成，全省重点工程建设文物保护工作高效推进，五台山文化遗产申报成功，南部早期建筑保护工程成效显著，博物馆建设形势喜人，文博产业发展方兴未艾，文物安全工作得到加强，文化遗产宣传工作扎实有效。

一、扎实开展理论学习，切实加强制度建设

按照中央建设学习型社会、学习型政府的要求，2009年我局党组在抓理论学习方面，确定了“紧抓一个重点，做到两个结合，突出三个着眼于”的学习目标。“紧抓一个重点”就是始终把学习贯彻落实科学发展观、党的十七大、十七届三中、四中全会精神，以及省委、省政府的各项政策和国家文物局各项重要部署，作为理论学习的重点，在认真学习、深刻理解上下功夫；“做到两个结合”就是把改造主观世界与改造客观世界相结合，学习理论与指导实践相结合；“突出三个着眼于”就是着眼于马克思主义理论的运用，着眼于对实际问题的理性思考，着眼于我省文化遗产事业新的实践和新的发展。努力营造解放思想、实事求是、与时俱进的良好氛围，营造心无旁骛抓落实、齐心协力谋发展的良好氛围，营造密切党群关系、构建和谐社会的良好氛围。年初，局党组中心组即责成局机关党委将党组中心组的学习作出安排，将参加学习人员扩大到局机关的正副处长，并为机关干部购买了《学习胡锦涛重要讲话精神加强领导干部党性修养弘扬良好作风》、《从政提醒——党员干部不能做的150件事》、《六个“为什么”》等学习资料。采用局处两级干部集中学习的形式，教育党员干部严格遵守中央和省里关于廉洁自律的各项规定，增强党员领导干部纪律观念和廉洁自律意识。同时，结合各位处长的工作岗位和工作实际，开展针对性的预防教育，引导他们正确看待和运用手中的权力，自觉履行党员领导干部的义务，发挥党员领导干部的先锋模范作用。去年，局党组中心组集中学习14次，集中时间超过6天。一年中，共安排了39名处级干部和2名中青年干部参加了省直分校组织的理论培训，有效提高了参训干部的政治素质。

2009年，结合局党建工作的实际，在原来制定的《省文物局机关党的工作目标责任制》、《省文物局机关党风廉政建设和反腐败工作任务责任分解意见》、《省文物局机关党的工作目标责任制考核细则》的基础上，进一步完善了党员目标管理、党员思想政治工作、党内监督、发展党员、“三会一课”、领导干部双重组织生活会等制度，健全了党员管理、学习、教育、考核评估、激励和监督等党内生活制度。在深入学习实践科学发展观教育活动“回头看”中，根据党建工作调研报告和局党组《学习实践科学发展观活动整改方案》的要求，出台了《省文物局机关党委工作制度》，包括会议制度、思想政治工作制度、民主生活会制度、民主评议党员制度、定期征求意见制度、党员定期汇报思想和工作制度、党员学习教育制度、“三会一课”制度、党员发展工作制度、党费收缴、管理和使用制度、党内监督制度、“创先争优”评比表彰制度、文体活动制度等13项基本制度。机关党委两次对基层党支部抓党建工作抓制度落实的情况进行了检查，对落实不到位的支部实施了面对面的指导和帮助，有效促进了基层党建工作的规范化、制度化建设。

二、加强领导干部作风建设，认真落实党风廉政建设责任制

省文物局党组始终坚持团结出生产力、团结出战斗力、团结保稳定的理念，始终奉行公开、公正、透明的办事原则，在研究重大问题如人事、经费、重大事项时，坚持民主集中制的原则，形成了个别酝酿、事前沟通、会议决定、既有民主、又有集中的工作机制。局党组会、局长办公会、局务会等，都要以会议纪要的形式，印发直属各单位、局机关各处室，抄报分管省领导，使每一件大事都做到了公开透明，清清楚楚，明明白白。我局的班子会议都是在愉悦的气氛中开始，在欢快的笑声中结束。班子成员之间形成了多沟通、多交流、多提意见的“三多”机制，增加了相互之间的了解和信任，做到了相互配合、真诚相待。为基层党组织做出了榜样。

加强作风建设一直是各级党组织抓好干部队伍建设的重中之重。2009年，根据省直工委《关于省直机关加强干部党性修养树立和弘扬良好作风的安排意见》，制定了《山西省文物局关于落实加强干部党性修养树立和弘扬良好作风的责任措施》，对广大党员特别是领导干部自觉加强党性修养和良好作风的养成起了积极作用，同时，还注意抓了以下四点。一是坚持预防为主，教育为先。把作风建设同职业道德、社会公德、家庭美德和个人品德教育结合起来，促使广大干部真正做到“讲党性、重品行、做表率”。二是坚持把作风建设贯穿于领导干部的培养、选拔、管理、使

用等各个环节，有效解决了个别领导干部存在的不敏锐、不干事、不踏实、不负责的问题。三是改进会风和文风，精简会议和文件，做到开短会、办实事、求实效。四是努力提高领导干部特别是班子成员贯彻民主集中制原则的自觉性。对重大决策、干部任免、重大项目安排和资金使用，严格按照规定和程序，扩大了集体决策、民主决策、专家论证科学决策的权力，保障了干部职工和社会群众知情权、参与权和监督权，加强了对行政审批、行政执法、人事管理、财务运行、文物保护工程项目的监督检查。

在加强局机关和直属系统党风廉政建设工作的基础上，进一步加大了对全系统、全行业的管理力度，做到了党风廉政建设与全省文物保护工作同部署、同落实、同检查。2009年2月24日，召开了全省文博系统反腐倡廉工作会议，总结了近年来文博系统党风廉政建设和反腐败工作基本情况，安排部署了2009年反腐倡廉工作任务。这次会议是我省文博系统第一次召开的反腐倡廉大会。3月18日，又召开省直文博系统落实党风廉政建设责任制《责任书》签定大会，局党组书记、局长、局党风廉政建设责任制领导组组长施联秀与局机关10个处室的处长、局直属14个单位的主要负责人，签定了2009年度党风廉政建设责任制责任书。为认真贯彻落实中央《建立健全惩治和预防腐败体系2008—2012年工作规划》和省委的实施办法，制定了《山西省文物局建立健全惩治和预防腐败体系2008—2012年工作任务分解意见》。《分解意见》将惩治和预防腐败工作从6个方面细化为30项具体工作，并明确了承办部门和配合部门的具体职责。同时，局党组还依据《中共山西省委办公厅关于认真落实建立健全惩治和预防腐败体系八项任务的通知》，就本部门如何完善惩防体系工作机制的组织领导、考评考核、监督检查等八项任务，进行了分解落实。

2009年，局党组十分注重发挥省纪委、省监察厅驻局纪检监察机构的监督职能。凡重大工作事项，都请他们参与。在我省南部早期古建筑保护工程招投标、山西博物院人员招聘、省重点文物保护工程、局直属系统财会人员考核、全省文博系统职称评审和“三普”等项工作中，局纪检组监察室都进行了认真监察，对党风廉政责任制的贯彻落实发挥了重要作用。

三、认真开展“小金库”专项治理和借款清理工作

为落实我省《关于在党政机关和事业单位开展“小金库”专项治理工作的实施意见》和省电视电话会议精神，成立了山西省文物局治理“小金库”工作领导小组及办公室，召开了“小金库”专项治理动员部署会议，确保了治理活动顺利完成。为了落实举报制度，我们统一印制公告，公布省里和文物局有关举报电话、电子信箱、举报邮箱等，广泛接受群众的监督。通过自查自纠，纠正查处“小金库”2个，涉及金额51.67万元。

省监察厅驻文物局监察室和文物局规划财务处联合开展了清理个人借款和规范财务收支情况检查工作。通过检查，及时清理个人借用公款300余万元，保障了各项事业经费健康运行。对部分直属单位在会计核算方面存在原始凭证不完整不合规、收支核算不完整或确认收入不及时等问题，及时发了检查情况通报，分析了产生问题的原因，提出了加强会计与财务管理的意见和整改要求。

四、认真贯彻执行《干部任用条例》，坚持正确的用人导向

认真贯彻执行《干部任用条例》和有关政策法规，积极倡导正确的用人导向，严把选人用人质量关。在选拔任用干部中做到了“三个坚持”：即坚持原则，坚持标准，坚持程序，坚持用好的作风选人，选作风好的人。在文物系统中树立起了正确的用人导向。

一是不断抓好《干部任用条例》和省委“三个规定”的学习。局党组历来把学习文件、把握政策作为重中之重。文件下发后，领导班子中心组认真学习。传达贯彻时，不只是在会上泛泛地读一下，也不是领导干部简单地传阅一下，而是印发局处两级干部人手一份，要求摆在案头，随时学习翻阅。要求人事干部学深学透。“三个规定”颁布后，党组要求人事处集中时间学习，首先人事干部自己要明白，要精通，人事干部自己弄通了、弄懂了，才能够保证很好地贯彻落实。

二是不断创新干部选拔机制。新的《干部任用条例》颁布后，紧紧抓住贯彻《条例》这个大好时机，结合本单位实际，完善了县（处）级干部的选拔任用制度。制定了《关于加强干部管理工作的若干规定》。明确了人员调配、县（处）级干部选拔任用的原则、条件和程序，规定机关副处以上干部的选拔任用，必须严格贯彻《条例》规定的原则和条件，按照民主推荐、组织考察、党组酝酿、讨论决定、上级审批等程序。事业单位干部的选拔任用，根据干部人事管理权限和有关政策规定，行政正职的选拔任用按照民主推荐、组织考察、党组决定、上级审批等程序进行；副职和正科级的选拔聘用在民主推荐、群众公认的基础上，由行政正职提名，报局党组批准。这些举措，对创新用人机制，匡正用人风气，优化干部结构，规范干部行为起到了良好的促进作用。局党组始终把省政府省编办核准的“三定”作为干部管理的一件要事来抓，坚持凡是在决定人员增减或人员的身份、职务变化之前，都认真按照规定的程序进行研究、审核、报批。在公务员的录用、直属系统内调配干部均采取了竞争上岗，山西博物院、民俗博物馆、艺术博物馆、省考古所、省古建所、省文物总店等单位空缺岗位都实行了竞争上岗。操作中，坚持严把“六关”，即公开报名关、条件审查关、综合考试关、民主推荐关、组织考察关、党组决定关。在民主推荐环节上，严格程序，坚持标准，严格执行会议推荐和个别谈话推荐并举的方法，既注重公论，又不绝对以票取人。在考察环

节上，党组每次都专门组成考察组，深入到用人单位，采取大会测评和单独谈话的方式，为了最大限度地全面掌握每一位竞争人选的情况，从不同侧面进行全面深入的考察了解。考察岗位需不需要，群众满不满意；深入到本人单位，了解考察对象平时表现、工作业绩、群众基础等情况，既要看才，更要看德。

三是不断完善监督机制。局党组特别注重发挥纪检监察的作用，驻局纪检组、监察室全程参与了干部选拔任用的全过程。每一轮干部选任，都有纪检、监察人员组成考察组。干部考察中，还专门扩大视野，加大监督分量，把干部廉洁自律的了解作为重要内容。在博物院处级干部选拔中，谈话考察后，考察组专门与博物院党组织中分管纪检工作的领导同志沟通，了解当事人在遵守党风党纪、廉洁自律等方面的情况，有效地防止了“带病上岗”。

一年来，全省文物保护工作的社会环境明显改善，社会地位明显提高，社会作用明显发挥，社会影响明显扩大，社会贡献率明显增强，社会化进程明显加快。我省的南部工程、长城调查、“三普”工作、博物馆建设、古建、考古、宣传等项工作都不同程度得到国家文物局的表扬，翼城、榆社被评为全国文物保护工作先进县。全省文物工作继续保持富有生机活力、强劲发展的好势头。

（谢宾顺）

附：省文物局党组书记、副书记、成员名单

书　记：施联秀

副书记：高　可

成　员：刘正辉　宋文斌

省粮食局党组工作概况

党组书记　姚高宽

2009年是新中国成立60周年，是全省深入学习实践科学发展观、积极应对国内外严峻经济形势、保持经济平稳较快发展的一年，也是我省粮食部门应对国际金融和粮食危机、推动粮食经济科学发展、维护粮食市场和价格稳定、确保粮食安全的重要一年。一年来，省粮食局党组全面贯彻党的十七届三中、四中全会精神，以科学发展观理论为指导，以加强党的执政能力建设和先进性建设为主线，以迎接建党88周年、新中国成立60周年为动力，以巩固深化科学发展观活动为重点，围绕全省粮食工作中心，全面加强机关党的思想、组织、作风建设，为粮食工作任务的完成提供了有力的思想、政治和组织保证。

一、深化和巩固学习实践科学发展观活动成果，推动粮食经济科学发展

按照省委的部署，省粮食局从2008年10月17日开始学习实践科学发展观活动，2009年1月9日进入了第三阶段，也是整个活动的关键阶段，即整改落实阶段。1月9日，我局召开了第二阶段总结暨第三阶段动员大会，对整改工作做了安排部署。之后，组织有关人员起草了《省粮食局学习实践科学发展观活动整改落实方案》，并广泛征求各方面意见，进一步修改完善。《整改落实方案》确定后，局党组明确提出要求，按照分工抓好落实。到2月25日，学习实践科学发展观活动基本结束，对学习实践活动进行了测评，群众满意率和比较满意率达到100%。集中学习实践活动结束后，按照省委的要求，重点是抓整改落实方案的落实和回头看的工作。学习实践活动办公室不间断召开会议，督促落实和回头看工作，并几次向局领导和党组报告进展情况，局党组也几次召开会议听取汇报，提出要求。截至目前，整改落实方案确定的对干部体检、机关信息化建设和节能改造、理顺与集团公司的关系、增加老干部活动经费、完善工作制度、加强学习型机关建设等十件实事大部分已经得到落实，还有几件正在落实。在抓好局机关整改方案落实的同时，也对局直各单位的整改落实工作进行了督促检查。总体看，学习实践科学发展观活动善始善终，取得了初步成效。

二、开展庆祝新中国成立60周年系列活动，进行爱国主义、社会主义和改革开放教育

庆祝新中国成立60周年是2009年的一项重要政治活动，也是推进粮食工作任务完成的重要动力。按照省委和省直工委的部署，结合省粮食局实际，开展了庆祝新中国成立60周年一系列活动。一是举办了赞美中国——省粮食局庆祝建国60周年征文大赛。共收到各单位征文40篇。有散文，诗歌、记叙文、论文、回忆录等，形式多样。尽管形式不同，但都表达了一个共同的心声，赞美祖国、歌颂祖国，祝福祖国，感情真挚。所有征文，都紧密结合家乡、个人、单位和祖国几十年来发生的巨大变化，发自肺腑的赞美伟大祖国好、共产党好、改革开放好。通过征文的撰写，使广大干部职工受到了一次深刻的爱国主义、社会主义和改革开放教育。二是组织机关干部和离退休老干部观看了影片《建国大业》，使广大干部职工受到了一次深刻的爱国主义和光荣传统教育。三是召开了庆祝新中国成立60周年歌咏会，干部职工用合唱、独唱、诗歌朗诵、腰鼓、扇舞等多种形式歌唱和赞美党的领导、赞美改革开放、赞美伟大的社会主义祖国。四是组织局机关、局直各单位和粮油集

团公司的党员干部职工到山西省展览馆参观了山西省庆祝建国60周年成就展。使广大党员干部职工受到一次深刻的社会主义、爱国主义和改革开放教育。山西60年来的经济发展、社会进步、环境改善和人民群众生活水平提高的事实，充分说明共产党好、改革开放好、社会主义好、伟大祖国好，更加坚定了大家跟着共产党坚定不移地推进改革开放，坚定不移地走建设有中国特色社会主义道路的信心和决心。五是在建国60周年前夕，对局机关及局直属单位、粮油集团公司56名建国前参加工作的老战士、老同志、革命烈士遗属、伤残军人、全国劳动模范和被中央授予其他荣誉称号的先进模范人物，进行了走访慰问，并为每人送去了500元慰问金。并召开了庆祝新中国成立60周年离退休老干部座谈会。

三、加强精神文明建设，创建文明和谐机关

针对省粮食局近年来发生的问题和当前形势对精神文明建设提出的新要求，把抓好精神文明建设、创建文明和谐机关作为一项重要工作，采取多种措施，狠抓落实。一是为了改变机关落后、简陋的办公条件，加强了硬件建设。积极争取有关部门的支持，投资800多万元，对机关办公楼进行了大规模的节能改造和信息化网络建设，整个面貌焕然一新。不仅大大改善了办公条件，人手一台电脑，全部用电脑办公，极大地提高了工作效率。二是制定了《关于加强学习型机关建设系统培训干部的实施意见》，确定了全年学习政治理论、经济理论、金融、期货知识、历史文化、计算机应用技术和粮食业务知识等内容。把自学与集体组织学习有机地结合起来，形成了浓厚的信息氛围。3月份，组织收看了北京大学刘伟教授《金融危机下的中国经济增长》录像报告；5月6日，邀请山西资深营养专家李思汉教授为局机关和局属单位全体人员作了“科学消费食用油”的专题讲座。6月10日，邀请国家粮食局研究员、中国农经学会常务理事、北京工商大学研究生导师、国家食物咨询委员会委员丁声俊教授作了《贯彻落实科学发展观，咬定粮食安全不放松》的专题报告。9月17日、24日邀请山西财经大学金融学院李锁云教授做了两次金融知识专题讲座。三是制定了机关干部10条80字的行为规范，从政治、品行、敬业、作风、执法、学习、廉洁、纪律、团结、奋斗、情趣、卫生等方面做了明确规范，使大家有章可循，提高了文明素质。四是在机关各处室开展了创建文明和谐处室的活动。制定了在省粮食局机关开展创建文明和谐处室的意见，在理论学习、工作行为、工作成绩、工作作风、内外关系、反腐倡廉等6个方面提出了明确的要求，各处室同志之间开展了创建文明和谐处室竞赛，激发了机关干部的工作热情。五是在年初就积极进行了机关和局直有关单位文明和谐单位的申报工作，提出了具体的创建措施，为创建和验收及早做了准备，局机关被省文明委评为文明和谐单位。

四、认真抓好党风廉政建设和反腐败工作，不断提高党员队伍的拒腐防变能力

配合驻局纪检组和监察室及时地传达和贯彻中纪委和省纪委的会议精神，召开了全系统纪检监察工作会议，并制定了党风廉政建设和反腐败的实施意见以及责任制分解意见，使廉政建设的各项工作渗透到党员工作和生活的各个方面，做到事事有人抓，件件有人管。组织党员干部认真学习胡锦涛总书记在中纪委十七届三次全会上的讲话和张宝顺书记在全省党风廉政建设大会及省纪委九届四次全会上的讲话以及刚刚下发的几个规范性文件，结合社会上和省粮食局个别干部违规违纪的问题进行案列教育。为了对照省纪委、省监察厅给予高志信开除党籍和行政撤职的处分决定，分析检查，吸取教训，提出改进意见，加强全系统的反腐倡廉建设，局党组召开了专题民主生活会，吸取教训，深刻反思，提出加强局机关和全系统反腐倡廉建设的措施。根据上级的要求，结合局直单位干部的实际，党组研究决定从第四季度开始，对局直单位进行党风廉政建设巡视工作，每年三分之一，用3年时间全部巡视一遍，促进局直各单位的党风廉政建设工作。对因违规违纪受到法律处罚的干部按规定提出了党纪和政纪的具体处理意见，用反面的教训教育干部职工遵纪守法。

五、加强党的全面建设，提高机关党建工作的新水平

局党组对全年机关党的工作做了安排，下发了《2009年机关党的工作要点》，并于7月1日召开了党建工作会议，对全年机关党的工作进行了安排部署。一是抓好思想建设，用科学发展观武装党员的头脑。抓了党组中心组学习制度和干部理论学习日的落实，制定了全年的理论学习计划。按照省委的要求和省直工委的安排，全年安排了40名处级干部参加省直分校“三个发展”处级干部培训班学习。二是抓好作风建设，改进工作作风。根据省委的要求和省粮食局的实际，制定了《关于加强党性修养弘扬优良作风的实施意见》，就思想作风、工作作风、生活作风、文风、会风提出了要求，并组织整顿治理小金库和清理整顿调离干部、离退休干部挤占原单位办公室和公车等问题，没有发现问题。党员领导干部带头深入基层调查研究，解决问题。局党组成员一年平均下乡40多天，深入到市县检查放心粮油工程建设情况和组织验收，检查清仓查库工作、夏粮收购等工作，受到各方面的好评。三是抓好组织建设，健全和完善党的基层组织。对省粮油集团公司成立党委和纪委的请示做了上报和批复，为健全粮油集团公司党的组织提供了基础。提出了全年党员发展的计划，做了初步安排，已有20多名入党积极分子在省直分校进行了培训。严格按照党费收缴管理规定，及时收缴党费，增强了党员的党性观念。7月1日上午，在省贸易学校召开纪念建党88周年暨党建工作会议。省局领导、机关和局直属单位以及粮油集团公司机关全体党员和入党积极分子、

副厅级以上离退休老领导和老干部支部书记约140多人参加了大会。姚高宽局长作了重要讲话，对机关党建工作提出了三点明确要求。吕苛青副局长回顾总结了2008年机关党的工作，对2009年机关党的工作做了安排部署，并以《加强党性修养弘扬优良作风》为题讲了党课。2009年6月25日，省直工委召开庆祝建党88周年暨"创先争优"表彰大会。省粮食局直属机关党委被评为省直系统先进基层党组织。

六、做好工会、共青团、妇联和统战等工作，调动各方面的工作积极性

积极举办并参加各项社会活动。举办了2009年春节团拜会，开展了迎春节献歌、猜谜语等娱乐活动，省粮食局男子乒乓球队在省体育局组织的2009年山西省乒乓球联赛中获得了"男子团体超级队"荣誉称号。八一前夕，与省军粮供应中心组牵头，组织局机关、局直单位和全省军粮供应系统的干部职工开展了建军82周年书法展，先后收到55幅作品，干部职工和部队官兵通过书法、国画、水彩画、剪纸等多种艺术形式抒发了对人民军队、对伟大祖国、对中国共产党的真挚感情。

为了加快放心粮油工程建设步伐，牵头起草了山西省总工会、山西省粮食局《关于在全省开展放心粮油工程建设劳动竞赛活动的意见》，组织全省工会和粮食系统职工开展劳动竞赛，通过劳动竞赛，激发工作热情，进一步促进了放心粮油工程建设。（李瑞平）

附：省粮食局党组书记、成员名单

书　记：姚高宽

成　员：姚允民　牛银虎　张　文　吕　苛　梁　政

省政府外事侨务办公室党组工作概况

党组书记　韩和平

2009年，山西省人民政府外事侨务办公室在省委、省政府的领导下，以学习贯彻党的十七届四中全会精神和贯彻落实科学发展观为重点，紧紧围绕服务改革发展稳定大局和外事侨务工作，全面加强思想、组织、作风和制度建设，全面推进学习型、节约型、廉洁型机关建设，充分发挥各级党组织的战斗堡垒作用和党员的先锋模范作用，促进了各项工作任务的圆满完成。一年来，先后荣获外交部"对外新闻及公共外交奖"；国务院侨办"先进单位"和"先进个人"三个奖项，全国友协"人民友谊贡献奖"等国家性奖项。

一、以学习贯彻科学发展观为重点，全面加强党的建设

学习贯彻科学发展观是一项长期的战略任务。按照省委、省直工委关于理论学习的指导意见，省外侨办以贯彻落实科学发展观为重点，以推进思想、组织、作风和制度建设为目标，全面加强党的工作。

一是以贯彻落实科学发展观为重点，大力加强思想建设。认真抓好中心组学习。中心组成员按照中心组理论学习计划，紧密结合我省外事侨务工作的实践，紧密结合加强和改进党的建设的实践，把学习的重点放在学习科学发展观和党的十七届四中全会精神，按照武装头脑、指导实践、推动工作的要求，着力在树立正确的政绩观、人才观上下功夫，在提高执政能力和领导水平上下功夫，在联系实际解决问题上下功夫。制定了中心组年度学习计划，并在学习内容和方式方法上有突破，提前把学习内容告知中心组学习成员，确定学习发言人，使讨论研究的问题有深度。全年共进行理论中心组集中学习15次，重点围绕应对金融危机、党的十七届四中全会精神和反腐倡廉工作等9个方面的内容进行了学习。严格考勤制度，定期通报中心组成员的考勤情况和处以上领导干部参加政治学习的情况，使学习制度化、规范化。扎实提高办领导班子运用科学理论分析和解决问题的能力，并发挥其学习的带头表率作用。结合省外侨办管理境外记者、媒体来晋采访的职能，认真分析了新形势下舆论环境的变化和形势的变化，学习借鉴了西方政治家面对媒体的知识、经验，形成了有自己特色的管理办法，在应对外媒对我省重点敏感问题工作上取得了实效。办党组大力弘扬马列主义学风，运用理论联系实际的方法，积极撰写研讨文章，全年形成多篇调研文章。通过对以科学发展观和十七届四中全会精神为主要内容的政治理论学习，极大地提高了办党组成员的政治理论素质，深化了对共产党执政规律和社会主义建设规律的认识，进一步理清了工作思路。通过学习，党组成员的整体素质得到了全面提高，班子的凝聚力、决策力得到进一步增强。

大力加强党员干部理论学习，积极创建学习型党组织。办党组成员在理论学习上起到了模范和带动作用，对推动全办的政治理论学习产生了积极的影响。对处级干部以省直党校"三个发展"培训为契机，全年共组织29名处级干部轮训，有力地促进了全办党员干部的政治理论学习。坚持每周二理论学习制度，保证了政治理论学习在时间、人员、内容、效果上的"四落实"。全年，党员干部共落实了20多个学习日，分期分批参加人员达1200多人次。在学习十七届四中全会精神过程中，办党组成员深入到各支部和党员之中，仔细了解学习中的难点、疑点，认真研究，逐

一解答。在学习结束时，组织座谈会，交流学习经验。座谈会上，党组成员与同志们面对面交流，带头发言，给同志们树立了很好的榜样。全年共组织一次外出学习培训，三次请专家、教授进行专题讲座，多次观看各类教学录像。在重要的政治理论学习活动前，充分发挥墙报、电视、网络等多种媒体宣传工具的作用，通过张贴宣传标语、创建学习园地、展示学习成果，大力营造学习氛围，有力地推动了理论学习活动的开展。为同志们始终保持蓬勃向上、开拓进取的精神状态，打下了坚实的基础。

二是以科学发展观为统揽，大力加强组织建设。按照省纪委、省委组织部关于开好2009年度民主生活会的通知精神和省直工委《关于开好2009年度省直机关党员领导干部民主生活会的通知》精神。在省直工委组织部的指导下，办党组成员认真学习上级关于民主生活会的文件精神，在会前广泛征求意见建议，相互之间开展谈心活动，对照《党章》和胡锦涛总书记在十七届中央纪委第三次全会重要讲话中提出的“六个着力、六个切实”要求，深入查找存在的问题，剖析原因。外侨办党组通过设立意见箱等多种形式广泛征求处室、基层单位、群众对办党组成员的意见，并对意见和建议认真加以梳理。在8月31日召开了办党组民主生活会。办党组民主生活会以“加强领导干部党性修养，树立和弘扬良好作风”为主题，重点对照检查了办党组成员在加强党性修养和作风养成、贯彻落实胡锦涛总书记在十七届中央纪委第三次全会重要讲话中提出的“六个着力、六个切实”要求方面存在的突出问题；在落实中央关于党政机关厉行节约有关规定方面存在的突出问题；在贯彻落实科学发展观、遵守十七届中央纪委第三次全会提出的廉洁自律五条规定和落实党风廉政建设责任制方面存在的突出问题。会上各位党组成员全面总结了在思想、工作、学习以及廉洁自律等方面的情况，联系思想和工作实际重点检查在理想信念、宗旨观念、工作作风、廉洁自律等方面存在的问题，深入进行分析。会后召开了干部职工和下属单位负责人大会，听取了干部职工对民主生活会的意见，并组织民主生活会质量测评，满意度在98%以上。

为了进一步加强党的组织建设，省外侨办在8月19日召开第三次党员大会进行换届选举。省直工委书记刘传旺同志出席大会并做了重要讲话。省直工委组织部副部长韩波同志出席大会，全办134名党员参加了大会。第三次党员大会听取和审议了上届机关党委、纪委的工作报告以及党费收缴、使用和管理情况报告，选举产生了以高玉厚同志为书记的新一届机关党委和以张兴业同志为书记的新一届机关纪委。机关党委换届选举之后，根据《中国共产党党和国家机关基层组织工作条例》和我办基层党组织建设的实际情况，进行了党支部委员会的改选，对支部人员、设置进行调整。全办9个支部分别召开了支委会和党员大会，进行了党内民主选举，产生了新的支部班子。同时，按照党员发展计划，认真做好入党积极分子的选拔和培养工作；坚持发展党员公示制度，坚持“坚持标准，保证质量，改善结构，慎重发展”的方针，按照组织程序，积极做好党员的发展工作。全年共发展了2名党员，7名入党积极分子参加了省直分校入党积极分子培训班，13名同志向党组织递交了入党申请书。加强党员的管理教育，充分发挥广大党员的先锋模范作用，积极推进党内民主建设。尊重党员主体地位，保障党员民主权利，推进党务公开，不断拓宽党员了解党内事务的渠道，建立和完善党内情况通报、重大决策征求意见制度，保障党员在党内生活中的知情权、参与权、选择权和监督权。“七一”前夕，举行纪念中国共产党成立88周年暨“创先争优”表彰大会。通报表彰了省外侨办近年来在“创先争优”工作中涌现出来的先进基层党组织、优秀共产党员、优秀党务工作者。对外交流中心党支部、韩泰凡同志和武志明同志分别被省直工委评为优秀基层党组织、优秀共产党员、优秀党务工作者。

加强党务干部培训。对2009年新任党支部委员进行党的业务知识培训，努力提高党务干部的业务素质，认真做好党务工作。采取集中授课与分组讨论相结合的方式，请从事多年党务工作的同志给大家上课；课余时间组织大家分组讨论，交流经验，学习做法，掌握方法，进一步增强做好党务工作的信心，取得了良好效果。参加省直工委组织的党务干部培训，选送机关党委专职副书记张兴业同志赴井冈山参加专职党务干部培训。注重外事侨务干部的业务培训工作，年初制订学习培训计划，年终进行学习检查，重点针对对外业务工作展开培训。全年共培训、轮训外事干部300余人次。同时积极利用上级培训对全办、全系统进行外事知识培训。2009年11月13日，外交部地方外事工作巡回培训班在山西运城举行。这次培训由外交部外管司陈曦参赞带队，外管司、政策司、新闻司、礼宾司、领事司的6位司处级领导组成，省外侨办副主任贾雪峰、武绍忠、田亦军、运城市直单位负责人和来自全省外侨系统、省直机关、大型企事业、高等院校等60家单位以及运城市有关单位200余名外事干部参加了培训。通过培训，外事侨务干部拓展了视野、更新了观念、丰富了知识，对全省的对外开放工作起到积极的推动作用。

三是以推进惩防体系建设为主线，大力加强廉政建设。根据省直纪工委年度工作计划，机关纪委继续积极协同纪检监察部门认真落实中央纪委、省纪委会议精神和全省党风廉政建设大会精神，以落实党风廉政建设责任制为中心，努力落实牵头单位职责，坚决制止公款出国（境）旅游；以思想建设、组织建设、作风建设为重点，着力夯实反腐倡廉的组织基础；以惩防体系建设为推动，大力加强廉政建设。2009年，全办共调整、提拔干部、接收军转干部30多名，始终坚持做到事前、事后都要听取纪委的意见和建议，并通过纪委及时了解机关和直属企事业单位对重要决策和领导干部廉洁自律等方面的反映和意见。在做好机关纪委、纪检监察室日常工作的基础上，认真学习贯彻《中国共产党党内监督条例（试行)》和《中国共产党纪律处分条例》，进一步完善党员领导干部的监督机制，严格执行廉洁自律规定，机关党员干部特别是党员领导干部接受监督的意识不断增强。联合省纪委等七部门印发《关于严格禁止党政干部持普通护照、通行证出国（境）执行公务活动的通知》，开展全省治理公款出国（境）旅游专项工作。通过严格出访审批标准、实行经费联动审核，加强出境前教育和执行任务后的监督等一系列措施，进一步形成了党政领导干部出国（境）管理的长效机制。2009年，全省审批办理因公出访2900人次，同前三年平均数相比人次下降62.66%。制止无实质性出访团组24批103人。将党风廉政建设责任制纳入目标管理中，实行动态管理，全面推动省外侨办反腐倡廉各项任务的落实。

二、全面加强外事侨务工作

一是加强对外交流，积极服务国家总体外交和我省经济社会发展。大力开展公共外交，在服务国家总体外交和地方发展上作出了新贡献。为落实胡锦涛主席对晋非经济贸易合作区的指示，李小鹏副省长率领山西省政府代表团访问毛里求斯，组织协调了包括开工奠基仪式在内的18项签约调研考察活动，取得丰硕成果，出访报告入选外交部《2009年省部级代表团出访报告选》，受到了毛方和外交部的高度评价。组织了加勒比国家青年外交官、非洲青年外交官山西行活动。省、市外事部门参与举办了国庆60周年招待会、"国际小额贷款研讨会"、"晋城棋子山国际围棋文化节"、"2009山西省招商引资项目签约仪式"、"2009平遥国际摄影大展"、太原市"2009年女子摔跤世界杯赛"、"2009太原国际青少年乒乓球公开赛暨国际乒联青少年世界巡回赛"和"长治太行山大峡谷国际攀岩节"等相关外事活动，均取得了良好效果。

紧密围绕我省产业转型，开展务实交往，在服务经济建设上取得了新成绩。加强对外合作交流，推进务实交流。省市外事部门组织或参与组织了"中美清洁煤高效技术研讨会"、晋城市"中美新能源科技论坛暨煤层气回收利用"会议、"国际镁协2009年太原国际镁业大会暨展览会"、运城市"中韩金属镁合作与交流洽谈会"，扩大了山西知名度，在引进先进技术的研发、标准制定和利用方面加强了国际合作。服务产业转型发展。积极争取中国前外交官联谊会支持，邀请斯里兰卡、尼泊尔、越南等国大使参加"第二届中国清明绵山文化节"等活动，晋城市在阿联酋迪拜、美国纽约、日本高知县举办了经济合作洽谈和文化旅游推介活动，有力促进了山西和有关国家政治、经济、文化、旅游等领域的交流合作。充分发挥外事优势，服务五台山申遗工作。2009年5月12日，在第33届世界遗产大会对五台山作出决议前，省外侨办主动寻求外交部和驻外使馆的支持，发挥外事部门不可替代的作用，取得了申遗成功。促进山西省与港澳地区交流合作。组织港澳事务工作者赴香港考察交流，增进我省人民对港澳的了解。接待了来我省考察投资合作项目的香港华润集团董事长和香港中华总商会会长。在中博会上安排王君省长会见香港特首曾荫权。接待了澳门特区驻京办考察团、内地高校澳门优秀大学生访晋团。组织省青联志愿者与澳门大学生座谈。

巩固拓展全省友城交往，在拓宽对外交往渠道上取得了新突破。进一步深化友城务实交流合作，组织实施了日本埼玉县知事、议长率领的友好代表团访晋系列活动。两省县共同举办了"山西—埼玉经济论坛"、第17次"埼玉县·山西省经济合作共同促进委员会会议"，并签署了《两省县促进经济交流协议书》、《推进在环境方面技术交流协议书》，促成山西医科大学与埼玉县立大学签署了学术交流协议书。省友协与埼玉县日中友协联合成功申请日本政府"小渊基金"2009–2014年每年无偿援助600万日元绿化项目，并实施了方山县植树造林绿化和资助建设日中友好小学等。加强友城间政府高层的交往和多领域互利合作。通过外交外事渠道，恢复发展了与罗马尼亚穆列什县、美国爱达荷州、田纳西州、意大利阿布鲁佐大区等省级友城的联系。同时利用各种平台和渠道，深化友城合作交流。太原市与日本姬路市开展青少年家庭住访友好交流活动，与俄罗斯科米共和国瑟克特夫卡尔市举办了以对方城市为主题的"我们眼中的世界"幼儿绘画展览，与澳大利亚朗塞斯顿市就联合办学、学生交流、科研项目交流达成了合作意向。稳步增加友城数量，搭建友城交流合作平台。2009年，外交部、全国对外友协批准我省与匈牙利索尔诺克州、晋中市与索尔诺克市、晋城市与南非卡卡杜市缔结友好城市关系。晋中市与越南会安市、老挝琅勃拉邦市，晋城市与美国罗马市签署了友好交流合作意向书。长治市积极推进与日本山形市的结好工作。我省与匈牙利索尔诺克州、晋中市与匈牙利索尔诺克市正式签署了缔结友城关系协议书。加强对友城工作的管理。报请省政府审批印发了《山西省友好城市工作管理办法》和《山西省建立友好城市关系工作流程》，编印了《山西省国际友好城市概览》，为友城工作的深入开展奠定了基础。积极发挥对外友好协会等民间组织作用，加大友协的工作力度，开展多领域、多层次的对外交往。

二是服务国内发展大局，严格因公出国（境）管理。2009年，全省外事系统认真贯彻落实党中央、国务院、外交部和省委、省政府关于加强因公出国（境）管理的有关要求，进一步规范因公出访管理。召开因公出国（境）管理座谈会、外事专办员培训会、全省治理公款出国（境）旅游工作任务分解等会议。加强护照管理。坚持统一管理、分级负责、层层把关的原则，实行首办负责、限时办结、服务承诺制度，使因公护照、通行证的审批、制作、颁发、收缴、注销等工作逐步走向科学化、规范化。保持因公护照、通行证的收缴率达100%，受到外交部表扬。增强外事服务能力，创优因公出访政务环境。在加强管理的同时，积极为我省重点出访团组开辟绿色通道，提供高效服务，努力促成经贸、教育、科技、文化、体育和大型企业履约、签约、设备中检等团组从快出访。主动向外国签证官介绍我省办理出国审批严格把关等情况，取得他们的信任，提高签证率，为促进我省开展多层次、多渠道的对外交流与合作，实施“走出去”战略，营造了良好的政务环境。

三是转变工作思路，不断加强涉外管理。坚持“外事无小事”的原则，强化外事综合管理。经外交部、省政府同意，省外侨办制定印发了《关于进一步改进和规范我省外事礼宾工作的意见》，加快由传统“办外事”向规范化“管外事”转变。加强涉外应急体系建设。在我省对外交往日益增多的情况下，报请省政府印发了《山西省涉外突发事件应急预案》，省外侨办积极推进市级涉外应急预案的起草制定工作。成立了由外事、商务等15个部门组成的涉外应急领导组，基本形成了我省省级涉外应急体系。

四是坚持科学发展，不断创新侨务工作。进一步宣传侨法。为切实做好依法维权、依法护侨工作，采取法律知识宣传与案例宣传、日常宣传与集中宣传相结合的方式，充分利用新闻媒体、报刊杂志进行宣传，增强了侨法宣传工作的针对性和实效性。进一步拓展国外侨务工作，邀请美、加、澳等8个国家50余名海外侨商举办“2009海外侨商投资考察山西行”活动。在晋中、大同、太原先后举行了三场洽谈会，就润滑油生产和特色农产品建设项目签订了2.8亿元人民币的合作意向。通过与南京、厦门等市进行侨务合作，增加了我省侨务工作对外窗口，为我省侨务工作趟出了一条新路。与海内外侨团侨社侨领侨胞开展多方面的联谊与交流。广交朋友，拓展渠道。参加了第九届世界王氏恳亲联谊大会，接待了美国、德国、新西兰、澳大利亚等国侨领侨胞。加强与香港、台湾、美国、加拿大侨团侨社和慈善机构联系，为我省贫困地区捐资助学、兴修公路、援建学校、义诊和捐赠医疗器材等。

三、积极推进精神文明建设

2009年是中华人民共和国成立60周年，隆重庆祝建国60周年是党和国家政治生活中的一件大事。根据省直工委关于庆祝建国60周年重点活动的文件精神，结合我办实际，强化“开放、创新、服务、安全”四个意识，以宣传建国60年来、省外侨办成立50年来特别是改革开放30年来我省取得的伟大成就和发展前景以及省外侨办职工生活、工作发生的巨大变化为主题，以推进文明创建为目标，以庆祝建国60周年系列活动为牵引，重点开展了以下6项活动：一是组队参加“《歌唱祖国》省直机关庆祝建国60周年歌咏比赛”活动。在全体干部职工学唱、传唱和演唱的基础上，9月上旬参加了省直工委举办的省直机关庆祝建国60周年歌咏比赛。二是参加省直机关庆祝建国60周年演讲比赛。通过主题鲜明、情感真挚的演讲，充分展示广大干部职工奋发向上、锐意进取的良好精神风貌，进一步激励全办广大干部职工为实现“三个发展”而努力奋斗。三是举办省外侨办庆祝建国60周年征文活动。广大干部职工以生动的事实、丰富的史料、翔实的数据和真实有趣的内容，通过论文、散文、故事、回忆录、调查报告等形式，集中反映了建国60年来、建办50年来特别是改革开放30年来我省和省外侨办取得的成就。四是组织参观“山西省庆祝建国60周年成就展”。使广大干部职工充分了解建国60年来我省取得的巨大成就。五是开展爱党爱国主题教育活动。召开“八一”座谈会。在嘹亮的军歌声中，全办组织34名复转军人围绕自身工作学习实际，围绕建设社会主义核心价值体系，深入进行党的历史和传统教育、爱国主义教育、社会主义理想信念教育。六是广泛开展走访慰问和捐助活动。国庆前，办领导和离退休干部管理处的同志对新中国成立前参加工作的老战士李龙翔、卫兰芳等同志进行了走访慰问，给他们送去了慰问金和纪念品。利用外事侨务优势，积极联系华人华侨和海外友人为原平、宁武两地援建学校、捐赠2 万元医疗器械、药品和文体用品，并举行义诊咨询。发动全办同志为原平、宁武两地捐款捐物，捐赠党建和学习类书籍2000余册，捐款7860元，捐赠200余套棉衣被，文体器材若干，共慰问了5个村100户特困户。在今年冬季的雪灾中，发动全办人员捐款8090元并按时交付省民政厅。中秋节前，到联企帮困联系点太化有机化工厂慰问了6户特困户，给他们送去了慰问金和组织的关怀。

通过这些活动的开展，有力地促进了文明创建工作的开展。在省直文明委的帮助和指导下，以省直文明和谐单位的六条标准为依据，以形式多样的创建活动为载体，按照“抓班子、强队伍，抓学习、强素质，抓思想、强作风，抓基础、上台阶”的工作思路，深入扎实地开展群众性的文明单位创建活动，全办干部职工政治理论、思想觉悟、文化素质显著提高，外事为民、团结奉献的精神得到充分发扬，机关服务意识得到明显增强，办机关已连续5年被评为和谐文明单位，下属企事业单位中对外交流中心、国际文化交流中心、五洲公司多年被评为和谐文明单位，省外侨办出国管理处被省直工委团工委评为“青年文明号”。

2009年是全省外事侨务工作的队伍建设年、深化管理年和提升服务年，省外侨办认真落实科学发展观，切实加强组织建设、廉政建设和基础设施建设。认真落实中央外事工作会议精神和省委、省政府的决策部署，重点围绕扩大对外交往、加强外事管理、加强国内国外侨务工作，在全办各级党组织和广大共产党员的努力下，全省对外交往健康发展，外事侨务管理规范有序，呈现出全方位开放、多层次交流、宽领域合作的良好局面，为国家总体外交和山西经济社会发展作出了重要贡献。（武志明）

附：省政府外事侨务办公室党组书记、成员名单

书　记：韩和平

成　员：贾雪峰（12月离职）　张志仁　武绍忠　高玉厚　田亦军

省政府机关事务管理局党委工作概况

党委书记　任云峰

山西省人民政府机关事务管理局共有基层党组织42个，其中：7个党总支、35个党支部。共有党员946名。

2009年，在省委、省政府的坚强领导和亲切关怀下，局党委带领全局广大干部职工，以邓小平理论和“三个代表”重要思想为指导，深入贯彻落实科学发展观和党的十七大和十七届三中、四中全会精神，紧紧围绕全省“三个发展”目标，始终坚持“管理事务、服务政务、经营市场”这一根本职能，积极发挥窗口、形象、保障作用，团结一心，拼博进取，机构改革取得重大突破，自身建设和全局经济工作取得新的发展成就。

一、把握发展大局，科学谋划工作，努力提高管理、保障、服务水平，机关事务工作迈上新台阶，走向崭新的再创业之路

2009年，五年发展规划扎实推进，“一年打基础、两年上台阶、三年见效益、四年翻一番”四个奋斗目标提前实现，有效提升了管理局作为省直机关后勤主管部门的职能作用，推动管理局在新一轮政府机构改革中机构建制升格。以此为契机，一年来，机关各处室和局属各单位，围绕中心，服务大局，在房地产管理、公共机构节能、政务接待、省行政办公中心保障，特别是对省级领导的保障和服务方面，较好地完成了各项工作任务。2009年3月，经省政府研究，中编办批准，管理局仍然作为省政府直属机构，由副厅级升格为正厅级建制，局党委班子成员整体提任。

积极推进省直单位房地产遗留权证的收缴管理，推动省直机关办公用房管理协议的签订工作。一是收回办公厅、建设厅、商务厅等58个单位的383本房产证，建筑面积323215平方米。其中已完成24个单位的186本房产证名称变更工作，建筑面积28953平方米。收回山西省国家安全厅、省总工会、省煤田地质局、山西财大、省招考中心、山西中医学院等31个省直单位的58本土地证，面积为1342084平方米（2012亩），完成了18个单位的34宗土地初始登记和名称变更工作，面积约821077平方米（1231亩）。二是对省四大班子及省发改委、省财政厅、省国土厅、省建设厅等86个省直厅局及所属541个单位签订了办公用房使用管理协议，为今后房地产调配整合、审批、监督打下良好基础。三是调处了相关产权纠纷。协调省检察院南办公楼房产纠纷、省纺织厅供销公司房产抵押贷款纠纷，协调了省冶金行办、省卫生厅与各自所属劳动服务公司的房产纠纷，及时有效地防止了省直国有资产的流失。四是积极做好省直单位公房出售和住房维修管理。完成了省直58个单位的公房出售1126套，调购661套、补差619套的审批工作。对25个单位的88个维修项目和预算进行了审核，核拔维修资金262万元。

以改善办公环境、提高餐饮水平、拓展服务内容为重点，不断完善服务机制，提高对省行政办公中心的服务保障能力。一是积极改善办公环境，按照“完善施工尾项，实行自主管理，改善品种结构，着力提档升级”的工作思路，在去年行政办公中心改扩建的基础上，对大院的园林绿化布局进行调整、补植、扩绿，使大院绿化在整体性、完整性上有了新变化。全年新种植大树160余棵，移植、补种草坪1300平方米，种养各类花卉2万余株。大院被列为太原市创建国家级园林绿化城市唯一的行政办公示范点，得到了省、市有关领导的好评。同时，定期对大院办公大楼进行消防安全检查，对大楼各类设施设备功能进行补充完善，确保办公大楼的安全和水电暖的正常运行。二是努力提高餐饮服务水平。全年保障驻院厅局15万余人次就餐。为保证饮食安全，对食堂厨师长和班组长实行饮食安全问责制；为尽可能满足更多人的餐饮要求，不断增加花样品种，早餐不少于20个、午餐不少于40个。坚持公开透明的食堂运行机制，邀请驻院厅局成立了机关食堂管理委员会，不定期对机关食堂的运行进行监督、考核，使机关食堂真正成为干部职工的生活之家，解决了大家的后顾之忧。三是拓展服务内容。2月18日，启用了会议、康体、接待、健身、洗衣、洗浴等设施，为机关办公和职工生活提供了更多更好、方便快捷的公务和生活保障服务。全年接待来院办事住宿2000余人次，为驻院厅局提供会议场地，进行会务保障82次，康体6000余人次，提供洗浴6105人次，理发1580人次。同时，我们在改善软环境上狠下功夫，积极开展系列联欢活动，丰富干部职工文化生活。今年元宵节，我局与驻院厅局联合举办了元宵灯展、文艺晚会、戏剧表演、焰火晚会和民俗表演等活动，并邀请省领导和职工家属参加。9月份，举办了重阳戏曲晚会，受到了离退休老干部及广大省直干部职工家属的好评。温馨的服务和有力的保障，促进了大院的和谐团结，有效提升了行政办公中心的品位。

全局接待工作着眼于全省改革开放和经济社会发展的新实践、新要求，站在服务我省经济发展和服务改革开放的高度，充分发挥接待部门的职能作用，积极挖掘接待工作的政策效应、信息效应、广告效应、投资效应和感情效应，真正使接待工作成为服务政治、服务经济、服务改革开放的重要窗口。一年来，共接待三级以上等级任务40余

批次，其中一级警卫任务3批，二级警卫任务30批，三级警卫任务7批。接待省部级、厅局级领导及随员5500余人次，各类检查、考察团组30余批次，6000余人，来宾人数与去年同期相比增长208%。配合省委接待了党和国家领导人温家宝、习近平、周永康、刘云山、吴仪等重大政治接待任务。先后完成了全国治超会、全国造林绿化现场会、香港人大代表考察团、山西农博会等重大会议接待。参加接待的迎泽宾馆、晋祠宾馆、丽华大酒店、山西饭店、汽车中心共同配合，努力做到热情服务，充分体现地方特色，各项工作周密安排，没有发生任务事故，得到了各级领导的表扬和肯定。

公共机构节能取得新突破。一是督促全省各市县成立了公共机构节能工作领导机构，在省直各厅局也设立了相应的机构，配备了节能统计员和节能监督员，具体负责本单位的节能管理工作。建立了全省公共机构节能联席会议制度和联络员制度。二是印发了《关于做好我省公共机构能耗统计工作的通知》，对全省行政事业单位2005年至2008年的能耗进行统计，初步建立起能耗统计数据库，为今后的节能数据分析、判断和比对，提供了新的技术平台。三是严把节能审核关，积极进行节能技术改造。对省粮食局、省行政办公中心、省文化厅、省环保局等单位的节能改造进行了节能审核。配合省发改委完成了改造单位的节能改造方案评审。完成了省人大、省纪检委办公建筑的节能改造。完成了迎泽宾馆节能改造方案评审，申请改造资金900万元。会同省建设厅共同申请能源监管体系建设资金600万元，其中省直机关能源监管平台建设资金130万元，在省行政办公中心建立能源监管试点，现已投入使用，运行良好，各项数据采集准确，达到了预期的效果。

做大做强是管理局“五年发展规划”的最终目标，为此，局党委坚定信心，把握机遇，集全局之智，举全局之力，积极推进七项重点工程建设。截至2009年底，七大工程已全部启动并取得实质性进展。青年路九号院危旧房改造工程完成全部拆迁任务，丽华东景苑合作代建工程完成桩基，迎泽宾馆东楼重建、省一招原址重建、山西饭店装修改造已完成规划设计和可行性论证。大吴村经济适用房和廉租房建设的前期准备工作正在有序推进。

2009年以来，管理局积极培育以“提升素质，强化地位，维护形象，形成品牌”为主要内容的精神文化建设，形成了一批品味高、有价值、可传承的精神文化。与省工会、团省委、省妇联联合筹备了全省机关后勤系统表彰大会，组织策划与省文联联合举办“全省机关后勤系统‘后勤风采杯’书画摄影大赛”。这两项工作的开展，有效提升了管理局在全省机关后勤系统的作用地位和影响力。同时，在局属单位的改革发展进程中，逐步培育形成了具有本单位特色的品牌文化。如迎泽宾馆“迎难而上、勇于挑战”的迎泽精神；晋祠宾馆的“国际标准、山西一流”的国宾馆精神；住宅中心“艰苦创业、顽强拼搏”的丽华精神等等。这些精神文化已成为各个单位品牌战略与文化脉络的历史传承。

民生问题有了新改善。全局全年投入152.76万元用于落实“十件实事”，与2008年相比增长28%。其中：养老补助金及赡养老人费88.85万元；特困家庭补助276829元；重病救助73420元；鼓励子女成长奖励5.45万元；职工健康体检234392 元。实实在在地让广大干部职工享受到了改革发展的成果。一是干部职工年均增资4300元，较去年增长28%；二是干部职工年度“五险一金”足额缴纳；三是投入资金234392元对1717人次在职、离退休人员进行了健康体检。四是全局全年投入88.85万元，为在职职工高龄父母及退休职工发放赡养老人费和养老补助金；五是积极鼓励和奖励职工子女求学成才，发放鼓励子女成才奖励5.45万元；六是投入350249元关心帮助困难家庭和弱势群体，千方百计地为他们排忧解难；七是积极鼓励本单位职工子女报名参加本系统招工，全年共有25人被录用；八是努力创造良好的工作环境和提高职工的生活质量。迎泽宾馆完成了新办公楼、公寓楼、员工餐厅、活动室、澡堂的建设并投入使用；晋祠宾馆投入190万元改善饭菜质量；住宅中心职工住房和子女就业问题全部得到解决；山西饭店投资6万余元对员工宿舍、员工餐厅进行了装修；企事业人员管理中心为32名职工办理了提前退休，230名职工比照公益性岗位政策提高了基本生活费；投资20余万元为每个科室配备了笔记本电脑。极大地改善了员工的办公条件和生活水平。

2009年，局党委圆满解决了部分局属单位在改革发展中遇到的困难。一是在省政府有关领导的关心支持下，局党委果断决策，倾力支持，全力帮助迎泽宾馆解决迎泽海航纠纷。历经三年多时间的曲折艰辛，以“迎泽宾馆在2009年1月20日前支付海航公司迎泽西楼改造装修款9800万元，双方解除合作，清盘分手。”为协议。解决了迎泽海航合作纠纷，不仅避免了国有资产的流失，保全了迎泽宾馆干部职工赖以生存的家园，而且为迎泽宾馆东楼重建五星级酒店、不断发展壮大排除了外围干扰，创造了良好的发展环境。二是圆满解决了迎泽大街196号院与省外办存在了18年的土地纠纷，为省一招原址重建打好了基础。三是积极与省农科院协商启用了原63集团军加油站，利用加油站附近18亩土地，作为省级机关汽车服务中心汽车维修、检测等第二产业链的开发基地，使汽车中心搬出青年路九号院，走出去发展，拓展了空间，增加了新的经济增长点。

二、深入开展学习实践科学发展观活动，全面推进党的思想、组织、作风和制度建设，为全局改革发展提供强有力支撑

一年来，管理局党的建设工作，认真贯彻落实中央、省委和省直工委的工作部署，深刻领会党的十七届四中全会精神，紧紧围绕省委、省政府提出的“转型发展、安全发展、和谐发展”，把加强党的建设作为推进工作的动力，把班子和干部队伍建设作为做好工作的保证，严格落实党建工作责任制，坚持用科学发展观统领党的思想、组织、作风、制度

建设，始终坚持“党要管党、从严治党”方针，各项工作齐抓共管，全局党的建设呈现出新的生机和活力，为全局全面、协调、可持续发展提供了强有力的思想政治保障。

一是以提高贯彻落实科学发展观的素质和能力为重点，加强党员干部的理论武装工作。继续深化学习实践科学发展观活动，按照党中央和省委的要求，结合全局工作实际，落实整改措施，适时对学习实践科学发展观进行了“回头看”。通过组织学习党的十七届四中全会精神、胡锦涛总书记在纪念党的十一届三中全会召开30周年大会和第十七届中央纪律检查委员会第三次全体会议上的重要讲话、省委九届十次会议精神等，集中组织大型党课4次、组织全局处级以上党员干部参加“三个发展”培训班21期，还为全局各支部订购相关书籍，以总支、支部为单位组织全体党员学习，并组织全局党员干部进行了加强领导干部党性修养、树立和弘扬良好作风的学习及专题知识测试。

二是以促进全局经济跨越式发展为中心，扎实推进基层党组织建设和党员队伍建设，发挥党建工作服务和保障作用。通过传达学习胡锦涛总书记关于应对金融危机的重要讲话和中央经济工作会议精神，组织收看《世界金融危机发展趋势及对策》等专题讲座等，把党员干部的思想和行动迅速统一到中央和省委对当前经济形势的正确分析判断和重大决策部署上来，努力发挥机关后勤管理工作的优势和积极作用，为局属单位的经营发展保驾护航。按照“一岗双责”的要求，坚持和完善党委总负责、党委书记带头抓、分管领导具体抓，机关党委抓落实的机关党建工作格局。严格执行做好三会一课、领导干部上党课制度、民主评议制度、严格党员发展程序和发展条件等制度。全局共发展新党员29人，转正27人，确定入党积极分子32人。

三是以开展“迎国庆、讲文明、树新风”活动为载体，推进了文明和谐机关建设。建国60周年之际，组织开展了“我与我的祖国”群众性主题教育活动，在省直工委举办的“祖国在我心中”讲演比赛、征文比赛和省直工委组织的“庆祝建国60周年文明和谐巡礼图片展”、省委宣传部组织的“庆祝建国60周年成就展”上，管理局选派的选手和选送的作品都获得了优秀的成绩。通过深入开展各种形式的文明和谐创建活动，促进了机关工作作风的转变和工作效率的提高，文明和谐创建活动在各单位的改革和发展中发挥着重要作用，呈现出了人人想和谐、人人为和谐、人人参与和谐创建的喜人局面，极大提高了创建工作的整体合力。晋祠宾馆被评为省直文明单位。迎泽宾馆、住宅中心、局幼儿园连续多年被评为省直文明标兵单位，局机关、局资金中心、省一招被评为省直文明单位。在元宵节、重阳节组织了全局以及省行政办公中心大院的群众性文化生活，通过举行灯展、焰火表演、戏曲晚会、文艺汇演等形式，增强了全局上下的凝聚力和向心力，展示了干部职工良好的精神风貌，得到全局干部职工和大院各厅局的好评和赞扬。国庆前夕，对全局43名建国前参加工作的老同志老战士、3名被中央授予先进称号的模范人物和3名伤残军人进行了走访慰问，发放慰问金2.45万元。积极参加“博爱一日捐”活动，并筹集了64445元捐款，展示了管理局干部职工的良好形象和精神风貌。

三、加强制度建设，形成长效机制，积极推进党风廉政建设和反腐败工作

一年来，在省纪委、监察厅的领导下，深入贯彻落实中央制定的惩防体系《工作规划》和省委下发的《实施办法》，紧紧围绕“一条主线”、“四项重点”，不断拓展从源头上防治腐败工作领域，推进全局惩治预防腐败体系建设，为全局科学发展提供了有力的政治保证。

局党委认真贯彻全省党风廉政建设干部大会暨省纪委九届四次全会精神，专题研究了全年的党风廉政建设工作，起草和制定了《管理局2009年党风廉政建设和反腐败工作要点》、《关于2009年党风廉政建设和反腐败工作任务分解的意见》和《2009年全局党风廉政建设责任制目标及考评细则》，召开了党风廉政建设干部大会，与局属各单位和机关各处室签订了党风廉政建设目标责任书。通过扎实有效的工作，在全局形成了党员干部自觉执行政治纪律，讲党性，讲廉洁，重品行，乐奉献的良好氛围。

一年来，坚持以监督促教育，按照反腐倡廉大宣教的格局，抓教育、强基础，充分利用各种会议、各种宣教资源，把提高全局广大党员干部预防腐败能力的工作常抓不懈，初步形成了上下联动、左右协调、齐抓共教的工作局面。一是适时进行节日教育。每逢重大节日都以发文或开会的形式对全局进行党风廉政建设教育，有效地预防了节日腐败的发生。二是大力开展了以思想道德教育为主要内容的廉政警示教育。组织全局党员干部，集中学习了《国有企业领导人员廉洁从业若干规定》、《关于开展工程建设领域突出问题专项治理工作的意见》以及廉政教育典型案例教育片，收到良好的效果。

局党委坚持把省委《关于加强党性修养，大力树立和弘扬良好作风的意见》作为管理好事务、服务好政务、经营好市场的重要政治保障认真贯彻落实，努力做到了“六个下功夫”：一是在增强宗旨观念上下功夫，做到立党为公，执政为民。二是在提高实践能力上下功夫，用党的创新理论指导工作。三是在强化责任意识上下功夫，履行党和人民赋予的职责。四是在树立正确的政绩观上下功夫，局属两级领导班子都能根据本单位的实际，科学谋划和推进发展。五是在树立正确的利益观上下功夫，把人民利益放在了首位。六是在增强纪律观念上下功夫，维护党的团结统一。全局各级领导干部都能按此要求，把全部精力用在了推动工作又好又快发展上，用在了保障和改善民生上，用在了增强服务意识、提高服务水平上。

在全局人事任免过程中，严格执行《党政领导干部选拔任用工作条例》，对任免处以上干部的全过程进行了监督。全年，对全局新提的2名处级干部、试用期已满一年的15名处级干部转正考察的全过程进行了监督。在资金的使

用和监督管理上，坚持大额资金实行集体研究讨论、联审、联签和财务收支公示制度以及内部审计制度。6月份进行了“小金库”专项治理的自查工作，12月份结合年终考核对局属单位财务进行了内部审计，进一步强化了对资金使用的监督和管理。继续实施阳光工程、阳光作业制度。对全局新建工程、大宗物品的采购工作，进一步完善了招投标中的监督程序。印发了《管理局工程建设项目招标投标规定》，全年对25次招标投标活动进行了全过程监督。

2009年，扶贫工作较好地完成了各项任务，被省委下乡办评为定点扶贫工作先进单位。全年共为扶贫点落实扶贫项目资金及设施设备计255万元，协调省农业厅为扶贫点争取蔬菜大棚建设资金110万元，建成80亩20栋蔬菜大棚。为当地贫困户和五保户筹措了价值40万元的救灾物资，较好地完成了年度扶贫工作计划。老干部工作得到进一步加强，各单位积极落实好老干部各项政治、生活待遇，组织老同志外出参观、体检，开展科学、文明、健康的活动，丰富他们的精神文化生活。全局老龄工作扎实有效，已连续8年被省委、省政府授予全省老干部工作先进集体。局党委和各总支（支部）十分重视工青妇工作，与党的工作同安排、同部署，充分调动各方面积极性，形成了党政工团齐抓共管、合力同心的工作局面。

（郭守俊　范丁忠）

附：省政府机关事务管理局党委书记、常委名单

书　记：任云峰

常　委：谢德才　王东春　谢　璞（6月离职）
孙富忠　逯哲峰（6月任职）
牛柱珍（6月任职）

省政府法制办公室党组工作概况

党组书记　崔国红

2009年，省政府法制办党组在省委和省直工委的正确领导下，全面贯彻落实党的十七大和十七届三中、四中全会精神和省委、省政府的重要战略部署，以邓小平理论和“三个代表”重要思想为指导，继续深入贯彻落实科学发展观，以加强党的执政能力建设和先进性建设为主线，以深化学习实践科学发展观活动为重点，巩固成果，狠抓落实，围绕“转型发展、安全发展、和谐发展”，全面推进机关党的思想、组织、作风、制度和反腐倡廉建设，进一步加大了机关创建文明和谐单位标兵活动力度，全年各项工作任务顺利完成，政府法制事业成效明显。

一、继续深入学习实践科学发展观，坚持用马克思主义中国化最新成果武装党员干部

法制办党组、机关党委和各党支部继续认真组织全体党员深入学习党的十七大和十七届三中、四中全会精神，进一步深刻理解贯彻落实科学发展观的重大意义，增强了贯彻落实科学发展观的自觉性和坚定性。深化中国特色社会主义理论体系特别是科学发展观的学习，坚持用马克思主义中国化最新成果武装全办党员干部头脑、指导全省政府法制工作、推动政府法制事业科学发展。

认真组织全体党员干部学习党的十七届四中全会精神，重点学习领会胡锦涛总书记重要讲话和《中共中央关于加强和改进新形势下党的建设若干重大问题的决定》，全面理解和准确把握其精神实质。深刻理解加强和改进新形势下党的建设的重要性和紧迫性，增强贯彻全会精神的自觉性和坚定性；深刻理解加强和改进新形势下党的建设的总体要求和目标任务，全面把握提高党的建设科学化水平这个重大命题和重大任务；深刻理解做好当前经济社会发展工作的部署要求，切实增强在应对挑战中创造新的发展机遇、取得新的发展成就的信心和决心。认真贯彻落实省委《关于进一步加强和改进党委（党组）中心组学习的实施意见》和省直工委的《实施意见》，把述学与述职、述廉一起纳入了领导干部年度考核范围。在强调个人自学的前提下，党组中心组共组织集中学习20次、16天。党组中心组理论学习特点表现为，学习形式灵活多样，学习内容丰富全面，学习目的具体明确。按照《干部教育培训工作条例（试行）》和《山西省“十一五”干部教育培训规划》要求，组织我办20名处级干部参加了省直机关实现“转型发展、安全发展、和谐发展”培训班学习，1名同志参加了处级干部轮训班学习。

二、加强领导干部党性修养，大力树立和弘扬良好作风

为深入贯彻落实中纪委十七届三次全会精神和晋发[2009]11号文件精神，进一步加强和改进领导干部作风建设，法制办党组决定开展“加强领导干部党性修养，大力树立和弘扬良好作风”活动。一是办党组下发了《关于加强领导干部党性修养树立和弘扬良好作风的安排意见》。二是强化了对领导干部的学习教育。组织全办领导干部深入学习领会中纪委十七届三次全会精神，认真学习胡锦涛同志、贺国强同志的重要讲话；深入学习领会省纪委九届四次会议精神，认真学习张宝顺同志在全省党风廉政建设干部大会上的重要讲话；安排两个多月的时间认真研读中纪

委编发的《加强领导干部党性修养树立和弘扬良好作风》一书，并购买书籍，坚持了集体学习与自学相结合方法。三是组织全办党员领导干部参加了省直工委开展的加强领导干部党性修养树立和弘扬良好作风专题知识测试，38位副处级以上党员领导干部参加了测试，进一步检验和巩固了学习成效。四是党组中心组组织了专题研讨。12月9日，党组中心组以“如何增强党性修养，如何树立和弘扬良好作风”为题，开展了一次专题研讨。大家深刻认识到增强领导干部党性修养、树立和弘扬良好作风的重要性和必要性，共同研究探讨进一步加强机关作风建设的新思路。五是召开专题组织生活会。按照省直工委晋直发[2009]14号文件要求，召开了以“加强党性修养，树立和弘扬良好作风”为主题的领导干部专题民主生活会和党员干部专题组织生活会。六是省政府副秘书长、法制办党组书记、主任崔国红同志围绕如何进一步加强我省政府法制系统党员领导干部作风建设这一主题，为全办党员干部职工讲了一堂党课。党课内容既紧扣了作风建设的主题，又结合政府法制工作实际，观点新、思路明、效果好。七是认真落实严格执行中办发[2009]11号文件提出的厉行节约八项要求。八是对“小金库”积极进行清理和自查自纠，规范财务预算和管理，进一步完善制定财务制度，确保从根本上杜绝“小金库”的产生。九是开展了对离任人员的办公设施、办公设备的清理工作。

三、以党风廉政建设和反腐败工作目标任务为重点，认真落实党风廉政建设责任制，机关廉政建设工作全面落实

2009年，省政府法制办党组认真贯彻落实中纪委十七届三次全会、省委九届六次全会、省纪委九届四次全会和全省党风廉政建设干部大会精神，印发了《省政府法制办2009年党风廉政建设和反腐败工作任务责任分解意见》，将2009年党风廉政建设和反腐败斗争40项工作任务逐项分解到办党组成员和各处室，与各处室负责人签定了党风廉政建设责任书，责任明确，任务具体，要求严格。年终对省政府法制办落实2009年党风廉政建设、反腐败工作责任分解和贯彻落实惩防体系2008-2012年实施办法分工任务情况进行了检查。落实责任制工作做到了有安排、有检查、有总结，从而确保了各项工作任务的完成。

四、进一步推进文明和谐单位标兵创建活动

2009年，继续大力开展创建文明和谐单位标兵活动。按照党组统一领导，机关党委具体实施协调，党政领导齐抓共管，各部门分工负责，责任落实到人，广大干部职工广泛参与的创建精神文明单位标兵的良好机制，成立了由省政府副秘书长、法制办党组书记、主任崔国红同志任主任，各党政领导同志为成员的省政府法制办精神文明建设委员会。

深入开展社会主义核心价值观教育。围绕学习贯彻《公民道德建设实施纲要》，在干部职工中开展了“人人都是软环境，公仆先是好公民”为主题的公民道德教育活动。把爱国主义、集体主义教育，把社会公德、职业道德、家庭美德教育贯穿始终。通过组织形势分析及反腐倡廉警示教育报告、参观革命传统教育基地、观看警示教育片和爱国主义教育影片等活动形式，让广大干部职工不断接受社会主义核心价值观的熏陶和教育。

群团工作是党联系群众的纽带和桥梁。机关党委十分重视对机关工会、妇工委团体组织的指导和协调，并通过群团组织密切联系群众，及时了解职工意见和建议。工会对生活困难、患病职工及时组织救济慰问；妇工委积极参与机关党委组织的各项活动，发挥主力军作用。利用节日和各种纪念日，精心组织开展了丰富多彩的庆祝活动。为响应省委省政府的号召，2009年，向贫困企业太原制药厂捐款5000元，向灾区和贫困群众“送温暖、献爱心”捐款5700元整。丰富多彩健康向上的庆祝活动和送温暖献爱心社会捐助活动，培养了办机关领导干部和全体干部职工健康向上的生活情趣和高尚的爱心情操，进一步促进了精神文明、和谐团结和良好工作作风的建设。

五、党的工作责任制的深入落实，有力地推动了政府法制工作目标责任制圆满完成

以贯彻落实国务院《全面推进依法行政实施纲要》为主线，我省依法行政、建设法治政府取得新进展。根据《纲要》、《决定》和《山西省人民政府办公厅关于进一步加强市县政府依法行政的意见》等，在认真调查研究、广泛征求意见的基础上，代省人民政府起草，以省人民政府晋政发[2009]4号文件印发了《山西省全面推进依法行政规划（2008—2012)》，从战略层面上确立了今后五年我省建设法治政府的总体思路、工作重点与保障措施，为全省进一步贯彻落实《纲要》和《决定》，全面推进依法行政，加快建设法治政府提供了积极指导。牢牢把握科学发展，努力改进工作方法，促进立法工作科学化、民主化进程。省人民政府下发了《省政府常务会议审议地方性法规草案和政府规章草案的若干规定》（晋政办发[2009]69号），从程序上推进了立法工作的规范化，提高了省政府常务会议审议地方性法规草案和政府规章草案的效率。2009年，省人民政府共向省人大常委会提请审议地方性法规4件。

强化监督职能，创新监督方法，促进行政执法行为规范化成效明显。一是深入推行行政执法责任制。在全省交通系统治理超载超限工作领域和安监系统就推行和落实行政执法责任制开展了抽查检查；二是建立完善行政执法案卷评查制度，进一步强化行政执法监督手段。代省政府起草了《山西省行政执法案卷评查规定（草案)》，省政府以晋政发[2009]23号文件印发各地各部门执行；三是加强行政执法人员资格管理，严格行政执法证件发放工作。认真贯彻实施《山西省行政执法证件管理办法》，积极推进执法人

员资格管理严格化，证件日常管理规范化；四是积极推进重大行政处罚决定备案审查工作，加强对重大行政处罚决定的监督。畅通行政复议渠道，加大对具体行政行为的监督力度，行政复议化解行政争议的重要作用进一步发挥。以提高行政复议能力和办案质量为重点，加强行政复议工作。省人民政府下发了《山西省人民政府关于进一步加强行政复议工作的意见》、《山西省行政复议调解和解制度》；在全省开展了行政复议法律知识竞赛；启动了全省复议工作检查。

规范性文件前置审查工作取得阶段性成效，顺利转入规范有序的轨道。省政府190号令确立的主要制度得到进一步落实，五道关口审查把关基本实现。规范性文件审查职能在新的“三定”规定中顺利转化为四个法制处的职能，为进一步加强前置审查工作，提升审查质量和效率，扩大法制机构影响，形成良好机制和工作平台。2009年，审查省政府制定的规范性文件60多件，审查省直部门制定的规范性文件61件。审查备案规章和规范性文件88件。

认真做好法律顾问工作，充分发挥法律顾问的研究咨询作用，为省政府领导依法决策、科学决策、民主决策提供优质高效服务。组织法律顾问研究论证法律事务4次，办理重要涉法事务15件。同时，积极完善法律顾问工作制度，着力规范法律顾问工作程序，推动法律顾问工作切实发挥应有作用。积极推进理论研究和编纂译审工作，切实加大政府法制宣传和培训教育力度。全年撰写、发表政府法制研究文章10余篇，组织、推荐办领导和有关同志撰写的4篇论文参加了“山西省第六次社会科学研究优秀成果评奖”活动。认真做好法规规章编纂工作，2008年度山西省法规规章汇编任务较往年提前完成。政府规章译审工作顺利起步，取得成效。2009年组织翻译的10件省政府规章和往年翻译的19件规章在省政府法制办网站上公布。我省首部以中英文两种文字对照的政府规章汇编文本面世。同时，建立了译审工作配套制度和专家库，为今后译审工作的顺利推进打下良好基础。

重视抓好法制教育培训工作，不断提高政府法制工作人员综合素质。2009年，进一步加大了法制教育培训工作力度和经费投入，采取“请进来，走出去”的办法，强化法制培训教育，建设“学习型机关”。全年先后有20多名业务骨干赴外省市进行了学习考察，选派军队转业干部到湖南省政府法制办跟班学习一个多月。适时举办了地方立法培训班和规范性文件起草、审查培训班。邀请国内专家教授来并作专题法制讲座，分期分批培训全省政府法制系统干部。（史宇建 秦莺莺）

附：省政府法制办公室党组书记、党组成员名单

书　记：崔国红

成　员：王卫星　吕连连　刘钢柱　傅　平

省物价局党组工作概况

党组书记　李福龙

2009年，物价局党组坚持以邓小平理论和“三个代表”重要思想为指导，全面贯彻落实科学发展观，紧紧围绕全省价格工作大局，努力加强政治建设、组织建设、反腐倡廉建设、文明和谐建设、作风建设，党组织的创造力、凝聚力和战斗力得到了进一步增强，理论水平和领导决策能力得到了进一步的提高，核心领导作用得到了进一步发挥，形成了团结一心、同舟共济、开拓创新、奋发有为干事业的良好风气。经过各级党组织和全体党员干部的共同努力，我省价格工作取得了显著成绩，努力保持价格稳定，积极推进价格改革，大力整顿价格秩序，全力服务经济建设，物价部门的职能作用得到了较好发挥，为全省经济社会又好又快发展做出了重要贡献。

一、加强领导班子建设，不断增强局党组的凝聚力、向心力和感召力

2009年，省物价局以科学发展观为指导，始终把班子建设工作放在突出位置，始终坚持正确的政治方向，党组班子的决策水平和领导水平不断提高。

局党组中心组以学习研究如何通过充分发挥价格管理职能为促进山西经济社会“三个发展”服务为主要内容，认真组织了七个专题的学习教育，组织班子成员带头参加学习实践科学发展观活动，认真学习中国特色社会主义理论，学习党的路线、方针和政策，特别是深入学习贯彻了党的十七届三中、四中全会精神，不断加强自身党性修养、树立良好作风，在思想上和行动上始终与上级保持高度一致。同时，每个班子成员能够结合自身分管的工作，有针对性地开展业务学习，班子成员的法律素质和领导水平得到了明显提高，为做好各项价格工作奠定了坚实的素质基础。严格按照集体领导、民主集中、个别酝酿、会议决定的原则，认真落实各项民主制度，始终站在全局的角度分析和决策问题，注重发挥班子整体优势。对于人事安排、大额度资金使用和重要价费调定等，都能做到事先征求每位班子成员、相关业务处室意见，然后由党组会研究决定，确保做到科学决策、民主决策和依法决策，使局党组提高了决策水平，增强了凝聚力和号召力。为大量地掌握准确

的第一手材料，增强价格调控、管理、决策的科学性，结合深入学习实践科学发展观活动，重点围绕如何运用价格杠杆服务科学发展，如何发挥价格职能促进节能减排，如何运用价管职能促进和谐社会建设，如何强化市场价格监管促进山西经济社会和谐发展等问题，由四名班子成员分别领题带队，下移工作重心，深入基层单位，深入工作一线，深入服务对象，开展了深入细致的调查研究工作，注意倾听意见建议，在调研中理清思路，破解难题，总结经验，科学决策。

认真落实党风廉政建设责任制，局领导与各处室、直属各单位负责人层层签订了党风廉政建设责任书，进一步明确了任务和责任。在日常工作中，班子成员时刻绷紧党风廉政建设这根弦，认真落实胡锦涛总书记“六个着力、六个切实”的要求和中央纪委提出的廉洁自律五条规定，带头遵守《党员领导干部廉洁从政若干准则》以及中央、省委关于领导干部廉洁自律各项规定，不搞特殊化，不以权谋私，始终做到严于律己、清正廉洁，努力为全局同志做好表率。

二、充分发挥价格职能，全面完成2009年工作任务

2009年，局党组坚持以科学发展观为指导，以服务转型发展、和谐发展、安全发展为主线，全面完成了各项工作任务。

建立健全价格调控机制，居民消费价格保持了基本稳定。在2009年全省物价工作会议上，确定我省2009年居民消费价格总水平涨幅预期调控目标为4%左右。为实现这一调控目标，我们在价格监测、价调基金使用、价格监督检查等方面进行了安排部署。尽管国际金融危机影响巨大，国际、国内经济形势变化剧烈，而我省的价格在较低的水平上平稳运行，居民消费价格指数比2008年降低了0.4 %，大大低于预期目标，保持了基本稳定。除1月、11月和12月略高于上年同期外，其它月份都低于上年同期。与消费品价格相比，由于产业结构和产品特点，我省工业品价格受国际、国内市场影响更大，工业品出厂价格指数为92%，下降8%，为多年来少见。其中，前8个月逐步走低，8月份最低。在行业价格指数中，煤炭开采业为101.3%，炼焦业为83.2%，电力、热力为106.7%，其它行业有升有降。

大力开展清费治乱减负工作，促进经济平稳较快发展。为减轻企业负担，全系统积极开展清理整顿行政事业性收费工作。落实了国家100项行政事业性收费项目的取消和停止工作，注销和变更25个部门相关收费许可证。取消了省定的34项行政事业性收费项目。减免了涉及焦炭企业的6项行政事业收费以及经营服务收费。取消了155个政府还贷二级公路收费站点。降低了部分涉企经营服务性收费标准。以上政策措施的实施，可减轻企业负担22亿多元。

积极实施惠民价格政策，努力改善和保障民生。在医药价格方面，降低、核定并公布了1.5万多个药品价格，平均降低幅度16%，可减轻消费者负担4.5亿元以上。同时对800余家制药企业近1.3万个品种进行了价格公示，提高了药品价格的透明度。在规范房地产价格方面，严格按规定程序审批经济适用住房销售价格和廉租住房租金标准，努力减轻消费者负担。在成本监审方面，核减不应计入定价成本的费用78亿元。

推进资源等重要商品价格改革，促进经济结构调整和转型发展。继续落实差别电价和脱硫加价政策，适度提高了电价水平。在去年基础上，又对380家高耗能企业进行甄别核实，累计甄别明确执行差别电价的高耗能企业1261家，促进883家高耗能企业关停、转产、关小上大或技术改造，对优化产业结构起到了推动作用。在实施脱硫电价政策方面，近三年来累计执行脱硫电价的装机容量达到2214.6万千瓦，实现了老机组全部脱硫的目标，为改善我省环境质量发挥了重要作用。去年11月，根据国家发改委的部署，我省电网销售电价每千瓦时提高了3.88分，火力发电企业上网电价提高了1分钱，大大缓解了煤电价格矛盾和电力企业的困难。完善成品油价格形成机制。按照国家的统一部署，今年先后8次调整了成品油价格，其中5次上调，3次下调，以93号汽油为例，由年初的每升4.98元提高到年底的6.30元，提高幅度为26.5%，成品油价格形成机制不断完善。积极推进化肥价格形成机制改革。我省将化肥出厂价格由政府指导价改为市场调节价，并取消对已放开的化肥出厂价格的临时价格干预措施。保留了化肥生产用电、用气、铁路运输的价格和税收优惠政策。

实施积极的价格政策，扩大内需和促进消费。根据省政府扩大旅游消费春季行动方案和金秋行动方案，对云冈石窟、五台山、平遥古城等72个知名度较高的旅游景区门票价格实行了优惠，免费开放了爱国主义教育示范基地景点。这项政策有力地刺激了我省旅游业的发展，全省旅游总收入增长20%以上。降低部分电信资费标准，固定电话通话费下调了50%，其它资费标准也有不同程度的下降。认真落实电视机、电冰箱等家电产品价格促销政策，农村消费明显增加。

积极开展价格检查工作，着力规范价格秩序。2009年，各级监督检查部门围绕促进农民增收减负、减轻企业负担、保障价格改革顺利实施等工作重点，先后组织开展了涉农收费、涉企收费、电力价格、煤焦领域收费、药品和医疗价格、脱硫加价、教育收费等专项检查和节日检查、日常检查。全省查处价格违法案件2971件，查出价格违法金额13646.46万元，实施经济制裁8653.15万元。其中，退还用户2711.23万元，没收违法所得4563.25万元，罚款1378.67万元，上缴财政5581.92万元。全省共受理各种投诉举报18641件，办结18336件，办结率98.35%。在煤炭企业兼并、煤炭资源整合的形势下，强化煤炭价格稽查管理，追缴水资源补偿费和稽查管理费1.27亿元。

三、以创建"三个一流"、实现"三个突破"为目标，全面提高各项建设的水平

按照"创建三个一流、实现三个突破"（抓队伍建设，建一流机关，在提高干部队伍整体素质实现新突破；创新价格工作，创一流业绩，在服务我省经济和社会发展上要实现新突破；加强廉政建设，树一流形象，在提高机关效能和依法治价方面要实现新突破）的工作目标，全面贯彻落实科学发展观，努力提高局机关全面建设的水平。

2009年，在继续加强各级党组织建设的基础上，重点抓了工青妇等组织的建设。为加强管理，进一步修订完善了各项机关党建的工作制度，在工作中，严格按照制度逐条逐项落实。党组、机关党委、党支部三级党组织能够切实履行好各自的职责，认真组织党员落实会议制度、党员汇报思想制度、民主评议党员制度、报告工作制度、党课制度、民主生活会制度等。工、青、妇组织在机关党委的领导下，积极开展各项活动，如工会多次组织了有奖征文、征集廉政短信拱猪比赛等文体活动，组织参加了友好工会第三协作组的新年联谊会，进一步增强了团结、增进了友谊；团委组织全局团员、青年到汾河二库、八路军纪念馆等地开展了青年拓展活动，锻炼了团员青年团结互助、奋发向上、勇于攀登的品质；妇工委组织了保龄球比赛、组织参加了"全民健身日"省直单位女干部千人全健排舞展示及健步走活动。组织开展了"省市物价局迎新春联欢会"、"八一建军节联欢会"等丰富多彩的文体活动，进一步丰富了全体干部职工的文化生活。

以开展深入学习实践科学发展观活动为契机，狠抓思想政治建设。为每位同志发放了《科学发展观重要论述摘编》和《毛泽东邓小平江泽民论科学发展》学习读本，要求大家认真学习、深刻领会，并以撰写心得体会、组织有奖征文活动的形式加深理解，使干部职工的科学发展理念、以人为本理念、关注民生理念得到了明显增强。以学习贯彻十七届三中全会为契机，狠抓作风建设。在认真组织学习十七届三中全会精神的基础上，由局党组与各处室、单位领导，各单位领导与工作人员层层签定了工作纪律承诺书，并成立了督查组，由正处级干部轮流带班，每天进行巡查，监察室不定期进行明查暗访，有效杜绝了在位不在岗、在岗不尽责等问题，使物价系统的工作秩序进一步正规、工作作风进一步转变。三是以各处室负责人轮岗为契机，激发了干部职工的工作热情。针对十多年来干部没有交流的实际，局党组对各处室负责人进行了一次大调整，大大增强了工作活力，激发了工作热情，干部职工给予高度评价，为今后的工作再上新台阶打下了良好的基础。

2009年，根据新形势、新任务和新要求，制定了涉及工作纪律、价格执法、监督监察等三个方面的十项制度，如工作纪律督查制度、省级价格调节基金使用制度、煤焦领域收费监管工作制度、监察室履行监督职责暂行办法等，使责任更加细化，任务更加明确，措施更加科学，形成了用制度管权、用制度管事、用制度管人的科学机制，取得明显成效。

2009年，局党组与所属各处室负责人逐一签订了党风廉政建设目标分解责任书，把党风廉政建设责任细化、分解到每名党组成员和各个处室，对全局每一个单位、每位领导成员、每名工作人员继续实施了"一岗双责"，使党风廉政建设责任制的各项目标内容都落到实处。并根据省委省政府的部署，狠抓了煤焦领域反腐败专项斗争等党风廉政建设任务的落实，组织全省物价系统对全省涉煤领域乱收费现象进行了清理整顿，与省财政厅联合下发了《关于全面清理整顿涉及煤炭生产销售收费基金的通知》，取消了煤炭生产许可工本费、职业矿山安全卫生检验费、公路运输管理费等3项收费，并积极开展煤炭价格专项稽查，追缴煤焦企业应缴未缴基金，组织开展煤焦领域乱收费专项检查，有力地打击了煤焦领域乱收费行为。同时加强了对涉农价费、医疗、教育等"民生"价格问题的监管，进一步减轻了人民群众的负担，促进了农村基层党风廉政建设。

不断巩固行政效能建设的成果，严格落实首办负责、限时办结、服务承诺等各项制度，价格行政审批事项一律实行政务大厅"一站式"服务制度，行政审批事项"内转外不转"，做到"大厅之外无审批"，从收文到发文，从受理到办理，从来局办事人员到本局公文流转，实现"一个窗口对外，一条龙服务"，减少办事的环节，使整个办事时限较法定时限平均缩短了约三分之一，在很大程度上提高了工作效能，使物价机关能够更高效、有序地为办事人提供优质服务，为全面优化价格政务环境迈出了坚实的一步。

（崔海兵）

附：省物价局党组书记、成员名单

书　记：李福龙

成　员：张存登　王克信　庞金龙

省煤炭工业厅党组工作概况

党组书记　王守祯

2009年，省煤炭工业厅党组以邓小平理论和"三个代表"重要思想为指导，深入开展学习实践科学发展观活动，全面推进局机关、直属单位党的思想、组织、作风建设和反腐倡廉建设，为推动全省煤炭工业健康可持续发展提供了有力保证。

一、扎实开展深入学习实践科学发展观活动，巩固和深化学习实践活动成果

严格按照中央和省委的统一部署和要求，高度重视，认真组织，周密部署，扎实推进，较好地完成了学习实践活动各项规定动作。极大地提高了全局广大党员干部贯彻落实科学发展观的执行力和创新力，切实解决了一些全省煤炭工业发展和局属单位改革发展稳定的实际问题，建立健全了煤炭工业科学发展的体制机制，基本实现了党员干部受教育、煤炭工业科学发展上水平的目标。一是注重把理论学习贯彻始终，着力打好学习实践活动的思想基础。始终把理论学习放在重要位置，紧紧围绕思想发动和理论武装两项重点，坚持理论学习与学习实践活动的各个阶段有机结合，努力把握科学发展观的精神实质。二是注重广泛征求意见，着力找准存在的突出问题。坚持走群众路线，吸收群众参与，组织好群众评议，并多形式、多途径征求了社会各界的意见和建议。三是注重突出实践特色，着力创新学习实践活动形式。紧紧围绕煤炭工作实际，着力在突出实践特色上下功夫，把开展学习实践科学发展观活动与推动煤炭工业科学发展上水平相结合，把学习实践活动与做好当前各项工作紧密结合起来，大胆创新活动载体。四是注重边查边改，着力解决影响煤炭工业科学发展的突出问题。始终把解决好影响和制约煤炭工业科学发展的突出问题作为学习实践科学发展观的出发点和落脚点，切实转变不适应、不符合科学发展的思想观念。

在进一步巩固和深化学习实践活动成果方面，一是坚持不懈用科学发展武装头脑。把加强学习作为政治责任和不懈追求，深入学习中国特色社会主义理论体系，增强贯彻落实科学发展观的自觉性和坚定性，建立完善学习实践科学发展观的长效机制，坚持用科学发展观武装头脑，把学习成果转化为推动煤炭工作的实际行动，努力开创我省煤炭工业科学发展的新局面。二是扎扎实实抓好整改方案落实。按照规定的整改任务、时限进度和工作要求，从工作实际出发，加强对整改落实情况的督促检查，切实落实整改督查机制，集中力量解决影响和制约科学发展的突出问题。三是认认真真做好当前各项工作。在抓煤炭安全生产上下功夫，在应对金融危机上下功夫，抓好各项重点工作落实，全面推进煤炭工业科学发展上水平。四是老老实实改进工作作风。以求真务实的作风，真正扑下身子，下功夫解决煤炭工业发展中迫切需要解决的突出问题，真抓实干，不走过场，不走样；围绕加强党员干部科学执政能力建设，全面推进党员干部作风建设和党风廉政建设，着力提高广大党员干部的廉洁自律意识，不断提升全厅干部综合素质和贯彻落实科学发展观的能力。

二、深入贯彻十七大精神和十七届四中全会《决定》，加强理论学习，强化理想信念教育，努力为煤炭工业“三个发展”服务

始终把加强政治理论学习作为机关和直属单位思想建设的重要任务来抓。坚持以党组（党委）中心组学习推动各级党组织和党员干部的理论学习，进一步提高了大家自觉运用特色社会主义理论和科学发展观思考问题、指导工作的能力，进一步推动机关、直属单位理论学习经常化、制度化、规范化，进一步推进“学习型党组织”、“学习型机关”建设，促进各项工作开展。组织安排系统学习党的十七大报告、十七届三中全会精神和四中全会《决定》，用党的最新理论成果武装党员干部头脑，强调精读原文深刻理解入脑入心，注重结合各部门业务工作理论联系实际，着力增强责任感和使命感，提高素质转变作风，力求在工作中取得实效。认真做好厅党组理论中心组学习的辐射带动作用，结合业务工作随时学，联系实际专题学，重要精神及时学。为领导干部和机关全体党员及时提供《加强领导干部党性修养树立和弘扬良好作风》、《六个“为什么”——几个重大问题的回答》、《中共中央国务院〈关于实行党政领导干部问责的暂行规定〉等四个重要文件资料汇编》、《党的十七届四中全会〈决定〉学习辅导百问》等学习资料。

三、切实把思想建设放在首位，把组织建设落到实处，努力改进工作作风

2009年，省煤炭工业厅机关共有7个党支部，1个党总支，党员162名，其中在职党员70名；直属党委13个，8个党总支，18个党支部，3043名党员，其中在职党员1979名。一是充分发挥社会主义核心价值体系对党员干部思想、行为的导向作用，通过各种党员教育、干部培训以及组织开展活动，使大家在活动中感受责任、领悟崇高、体验光荣，培养高尚道德情操和健康生活情趣，自觉践行社会主义荣辱观。二是认真落实党的民主生活会制度，加强对各单位党员领导干部民主生活会的指导和管理，认真做好相关程序的准备工作，很好地坚持了党员领导干部参加双重组织生活制度。三是强化组织培训，圆满完成任务。组织副处以上160名领导干部参加省直机关处级干部学习实践“转型发展、安全发展、和谐发展”培训班，超额完成学习计划，受到了省直工委和省直机关党校的好评。四是继续做好发展党员工作，按照党员发展工作的“十六字”方针，严格党员发展条件和程序，切实把政治素质好，业务能力强，作风正派的同志吸收到党组织中来，全年发展新党员320人，预备党员转正160人。组织安排了290名入党积极分子在省直机关党校培训班学习。五是积极开展“创先争优”活动。3个先进基层党组织、4名优秀共产党员、3名优秀党务工作者、2个省直机关党风廉政建设先进集体、2名党风廉政建设先进工作者受到省直表彰。在厅直属机关党委组织召开的纪念中国共产党成立88周年暨党建工作“创先争优”表彰大会上，对13个先进基层党组织、127名优秀共产党员、21名优秀党务工作者和1个党风廉政建设先进集体、5名党风廉政建设先进工作者进行了表彰。

四、扎实推进惩治和预防腐败体系建设，认真开展煤焦领域反腐败专项斗争

一是贯彻落实中央《建立健全惩治和预防腐败体系2008—2012年工作规划》和省委《山西省建立健全惩治和预防腐败实施办法》，按照《山西省煤炭工业局建立健全惩治和预防腐败体系2008－2012年实施方案任务分解意见》的要求，狠抓了各项工作的实施。二是结合中心工作，制定了党风廉政建设和反腐败工作任务分解意见，将工作进行层层分解，责任到人，并实行责任追究制度。三是建立健全测评和考核机制，开展了推进惩治和预防腐败体系建设自查工作。四是加大行政审批电子监察系统建设力度，积极推行电子政务、网上审批，落实行政执法责任制的配套制度，提高工作效率。五是按照省煤焦领域反腐败专项斗争领导组《关于煤焦领域反腐败专项斗争集中整治阶段工作安排意见》的要求，进一步明确了开展集中整治工作的方法和重点任务，扎实推进煤焦领域惩治和预防反腐败制度建设工作。出台了《山西省煤炭工业厅集中整治阶段改革推进工作的主要任务和责任分解方案》，制定了煤炭厅制度建设规划，明确了制度建设的责任人、制度建设方向和制度出台时间。坚持公开、公平、公正的原则和依法高效廉洁的标准，共制定出台了32项制度，对行政许可、行政执法工作进行了规范。六是在煤矿企业兼并重组整合工作中，认真贯彻落实省纪委《关于在煤矿企业兼并重组整合工作中加强纪律约束防止发生违纪问题的若干规定》，厅纪检组全程参与了兼并重组整合规划编制、方案审批等工作，针对重点环节的监督提出了合理化建议，有效强化了对“风险点”的控制。在实际工作中，始终坚持原则政策、目标任务、条件程序、审批结果“四公开”，实行阳光操作。同时坚持联合集中依法按流程快审快批，高效办理，有效地防止了违纪违法行为和腐败现象的发生，推动了煤矿企业兼并重组整合工作的顺利进行。

五、继续抓好机关和直属单位文明和谐创建活动

一是继续贯彻落实《公民道德建设实施纲要》，继续引申“人人都是软环境，公仆先是好公民”为主题的公民道德教育实践活动，以提高党员素质，加强基层组织，服务人民群众，促进各项工作为目标，采取灵活多样的教育方式，开展了一系列主题教育活动，进一步促进了我厅三个文明建设。在巩固已经取得的创建成果的基础上，不断延伸创建触角，拓宽创建领域，完善创建机制，创新创建理念。经过省直文明委考核验收，2009年有5个单位荣获省直文明标兵单位称号，5个单位荣获省直文明和谐单位称号。二是积极开展丰富多彩的政治和文体宣传活动。以建国60周年为契机，组织开展了丰富多彩的文体活动，丰富职工业余文化生活，营造健康文明、生动活泼、和谐奋进的良好氛围。完成了省直工委组织部关于庆祝建国60周年走访慰问对象摸底上报工作，并为48名老同志发放慰问金2.4万元；组织厅机关妇女同志参加省“全民建身日”健排舞活动和省直妇女干部健步走活动并获优秀组织奖；举办了“歌颂祖国演讲会”，参加省直工委举办的庆祝建国60周年“祖国在我心中”演讲赛活动，获个人三等奖和优秀组织奖；组织参加省直机关庆祝建国60周年“歌唱祖国——中国移动杯”歌咏比赛，获一等奖；组织参加全省领导干部乒乓球比赛获组织奖;根据省直工委安排由煤炭厅牵头组织了两次联企帮困送温暖活动，为贫困企业金阳器材厂捐资7000元；组织直属单位和机关职工参加省直机关“庆祝建国60周年、建党88周年征文活动”，共收到征文37篇。向省直工委推选了7篇优秀征文。三是圆满完成定点扶贫和新农村建设任务。累计投资600万元，主要实施了长治市壶关县树掌村新农村建设四化工程、吃水解困大井改造工程、农村客运站建设、卫生院建设工程、寄宿制中小学校和街心公园建设工程、移民搬迁、环境治理及种养增收项目等，扶贫工作受到当地政府和群众的充分肯定。

六、以科学发展观为指引，强力推进“三个发展”，煤炭工业发展水平明显提升

一是煤矿企业兼并重组整合取得重大阶段性成果。煤矿重组整合正式协议签订率达到98.6%，兼并重组主体到位率达到96%，采矿许可证换发已达90%以上；全省矿井数由2600座减少到1053座，30万吨/年以下的煤矿全部淘汰，70%的矿井规模达到年产90万吨以上，平均单井规模由30万吨/年提高到100万吨/年以上；办矿主体由2200多家减少到130家，形成了4个年生产能力亿吨级的特大型煤炭集团、3个年生产能力5000万吨级以上的大型煤炭集团。

二是有效实施运行调控，实现了煤炭市场化和煤炭经济的稳定增长，全省煤炭行业在应对国际金融危机中取得了明显成绩：煤炭产销量逐季增长，煤炭产量结构明显优化；全年完成原煤产量6.15亿吨，同比增长8.77 %；全行业完成销售收入3766亿元，同比增加266亿元；全省煤炭工业增加值比上年增长6.2%，拉动全省工业增长5.1个百分点；全行业上缴税费592亿元，同比增长43%；全省重点煤炭企业合同煤价与市场煤价理顺并轨上调了80元／吨，基本实现了煤炭市场化。

三是煤矿安全生产形势趋稳向好。80座矿井被中国煤炭工业协会命名为安全高效矿井，220座矿井安全质量标准化建设达标；创建安全文化示范企业86家，诚信企业129家，安全社区123个，营造了“关爱生命、关注安全”的社会氛围；全省煤矿事故起数、死亡人数分别下降了39.32%和26.55%，全省煤炭生产百万吨死亡率为0.3283，同比下降22.39%，比全国的0.892低0.5637。

四是结构调整扎实推进。全省14个煤炭循环经济园区已有89个项目建成投产，31个项目在建，成为煤炭工业转型发展的样板和新的经济增长点；47座机械化、信息化、现代化和安全保障程度较高的资源整合矿井通过竣工验收，

正式投产；全年实际完成瓦斯抽采量32.31亿m3，利用量12.18亿m3，分别提高31.34%和65%；全行业实现非煤销售收入1281亿元，同比增加269亿元，增长26.58%。

五是和谐矿区创建取得成效。省属国有重点煤炭企业在岗职工年人均收入4.8万多元，同比增长10%；国有重点煤炭企业52.4万人参加了工伤保险，同比增加1.24万人，全省煤矿全部为井下职工建立了意外伤害保险；全省4个尘肺病治疗中心对230名患者进行了肺灌洗临床治疗；先后有2000余名煤矿工亡职工子女享受了就学救助，费用支出共计约1000余万元;全行业完成造林8万亩,绿化面积1374万m²。

六是科技创新能力不断增强。省属五大煤炭企业集团技术中心全部建立，科技创新体系日臻完善，已有的3个博士后工作站全部投运；共取得煤矿开采、装备制造、煤化工、瓦斯防治、应急救援等100多项科技创新成果，其中获省部级科技进步一等奖2项，获省部级科学技术奖6项，获国家实用新型专利5项。（杨震宇）

附：省煤炭工业厅党组书记、成员名单

书　记：王守祯

成　员：王文全（3月离职）　牛建明

于若洁（12月离职）　武建森　胡万升

王学军（8月任职）　李成先

贺天才（8月任职）

省监狱管理局党委工作概况

党委书记　冯　征

2009年是新世纪以来我国经济发展最为困难的一年，也是维护社会稳定任务极为繁重的一年。一年来，全省监狱系统以科学发展观为统领，认真落实上级各项工作部署，围绕国庆安保保稳定，调整经济结构保增长，加快改革发展保民生，为确保社会和谐稳定，促进全省“三个发展”做出了应有的贡献。

一、始终抓住安全稳定尤其是国庆安保这个重点不放松，全年全系统实现“四无”工作目标

着眼于国庆安保的阶段性与全年安全稳定工作的连续性，把贯彻落实张宝顺书记“四个坚决防止”、杜玉林书记“四个必须”、王水成厅长“五个确保”的指示精神同实现我省监狱工作“四无”工作目标结合起来，对安全稳定工作做出了全面和有重点的部署，从年初到岁尾，陆续开展了“整顿监管秩序，促进公正执法”、“清查事故隐患、促进安全监管”和安全稳定隐患专项排查整治三项重要活动，始终保持维稳高压态势。强化组织领导，落实局狱两级领导责任制和包点、包监区督查制度，所有涉安领导及部门的同志全部深入一线，对所有涉安行业和重点部位进行了全方位的检查。国庆前后，全面启动戒备期管理，实行了“四个暂时停止、四个严格控制”、煤矿停产、零报告、领导双值班等一系列特殊措施。结合实际完善各项应急预案，认真开展应急处突演练，绝大部分监狱抽调精干力量组成了处突分队。戒备期间，广大民警恪尽职守，坚守岗位，严密防范，认真落实各项安保措施，胜利完成国庆安保任务。围绕安全稳定，我们进一步加强基础管理工作。监管安全方面，继续突出抓好基础管理、规范管理和科学管理三个重点，形成有效的防范合力，确保了“四无”工作目标的顺利实现。安全生产方面，扎实开展安全生产“三项行动”和“三项建设”，加强安全生产全员、全过程、全方位管理，促进“安全生产年”目标任务的落实。前三季度没有发生生产死亡事故，创历史同期最好水平。信访工作方面，以“信访积案化解年”和“三争做”活动为载体，持续加大源头预防、案结事了、息诉罢访力度，有效化解一批“钉子案”、“骨头案”，成功破解三起长期以来在全国全省挂号的涉法涉诉案件，实现国庆期间进京非正常“零上访”目标，我局被省联席会议办评为国庆期间信访工作先进集体。

二、始终抓住执法这个社会关注的焦点不分心，教育改造质量和执法公信力进一步提升

加强罪犯思想教育，首次组织了全省罪犯法制教育、道德教育统考。继续扩大罪犯职业技能培训规模，对5300多名罪犯进行了培训和鉴定，预计获证人数将达到5000余人，此项工作位居全国监狱系统前列。在多数监狱实施罪犯“5+1+1”改造模式，已初见成效。加强心理矫治工作。对部分顽危罪犯、重点罪犯进行了心理转化攻坚。组织近300名民警参加了国家心理咨询师资格培训及考试，预计心理咨询师人数可达占押犯比例1%的要求。丰富监区文化活动，开展了“辉煌的历程”文艺汇演、第五届“时光杯”篮球赛、“亲人在呼唤”帮教演讲等大型活动。创新帮教内容，联合中国安置帮教网为1000名家庭困难罪犯学生子女免费赠送意外人身伤害保险。制定了《教育改造罪犯工作目标考评办法》，初步建立了比较完善的教育改造工作目标考核机制。严格执行刑罚执行工作各项法律法规，同时加大力度，攻坚克难，在与公检法协调配合工作方面取得重大突破。与公、检、法机关建立了联席会议制度，决定

从开展老病残罪犯假释入手，依法积极稳妥推进假释工作；确定太原市中级人民法院向太原市各监所派驻驻监法官制度；确定建立病残罪犯收监协调机制，执法工作进一步规范。依法保障罪犯生活卫生权益，积极推进标准化食堂建设，保障罪犯实物量供应；初步建立三级卫生防疫网络，甲型H1N1流感疫情得到有效防控，全年实现“无重大疫情”工作目标。

三、始终抓住应对金融危机这个难点不放弃，监狱经济企稳回升

面对金融危机的严重冲击，全系统立足保罪犯劳动岗位、保职工队伍稳定、保监所安全，深入研判形势，努力化危为机，科学决策应对，着力破解难题。在做好煤炭生产工作的同时，及时明确优先电煤发运，优先重点用户供应，优先重点合同兑现的应对策略，及时出台了加强狱内加工业的“八项措施”。各单位按照省局部署，加强对产、销、存、价变化情况及发展趋势的分析研究，及时调整工作思路，着力稳定煤炭生产和优势加工项目，努力将各种不利因素的影响降到最低。目前，全局经济运行良好，实现由下滑到增长的重大转折，回升向好基础不断巩固。着眼监狱经济持续健康长远发展，制定了《监狱煤矿2009—2011年技术改造指导意见》、《劳务加工业创建标准化车间实施办法》及考评细则、《监狱农场生产发展五年规划》等促进发展的若干文件。积极化解制约经济发展的若干重大问题。积极实施技改项目。继续加大农场经济基础投入，农业基础设施建设取得新的进展。质量管理小组活动不断引深，质量管理进一步加强。

四、在抓好重点难点工作的同时，统筹全局，扎实推进监狱各项工作

一是以学习贯彻党的十七届四中全会精神、深化学习实践科学发展观活动为抓手，大力推进民警队伍特别是领导班子建设。深化优秀领导班子创建活动，认真落实党委议事决策工作程序、民主生活会制度、领导干部分工制度、请销假制度和重大事项报告制度，规范领导班子运行，加强对领导干部的监督。深入宣传党的十七大、十七届四中全会精神，深入推进学习实践科学发展观活动，开展了学习实践科学发展观整改落实“回头看”。全系统共组织2050人参加了科学发展观各类专题培训；8000多民警参加了党的十七届四中全会精神专题培训和轮训。加强和改进干部作风建设。开展了“确保严格、公正、文明、廉洁执法”专题教育活动，大力学习弘扬“右玉精神”，引导广大民警职工积极投身转型发展、安全发展、和谐发展和新基地新山西建设。围绕新中国成立60周年和司法行政机关恢复重建30周年，成功举办了演讲比赛、专场汇报演出、岗位练兵汇报表演等一系列活动，活跃了氛围，锻炼了队伍，取得了实效。狠抓党风廉政建设和反腐败工作，严格领导干部廉洁自律，持续加大监督监察和案件查处力度，扎实抓好煤焦领域反腐败集中整治，认真清理“小金库”，规范账务管理。认真贯彻落实厉行节约精神，压缩经费支出达375万元，通过审计直接增加经济效益1603万元。全系统创建和谐文明单位等活动阶梯式跟进，形成良好氛围。监狱局机关被评为第四届“全国精神文明建设工作先进单位”。

二是监狱体制改革和布局调整工作迈出新步伐。山西正华实业集团有限责任公司正式挂牌，制定了集团公司章程，成立了董事会、监事会，委派了董事、监事，聘任了总经理。工作重心向组建子公司转移。目前，基层单位改革实施方案的上报工作已经启动，进入审核批复阶段。改革的相关政策、措施进一步落实。按照《监狱基本支出经费标准》，基本实现经费全额保障；组织实施了“三定”工作。监狱布局调整工作进展顺利，曲沃监狱、原平监狱、沁水监狱、新康监狱四个监狱的布局调整项目通过了局竣工预验收；沁水监狱和太原一监被国家发改委和司法部列为国家重点投资项目进行建设；根据押犯情况变化，及时调整布局调整方案，保留原方案批复撤并的太原三监、忻州监狱和永济监狱进行改扩建，全省押犯规模由3.6万调整到4.3万。加大资金保障力度，省政府新安排布局调整建设项目资金4000万元，创历史之最；省局也自筹6800万元用于因材料涨价、人工费调增等引起的工程费。积极推进信息化建设，局信息监控指挥中心筹建步伐进一步加快；阳泉一监信息化示范监狱工程项目初步建设方案得到司法部的支持和国家发改委专家的高度认可，阳泉一监有望成为全国第一批国家级电子政务示范监狱，目前可研方案已上报省发改委。

三是坚持以人为本，加大民生保障力度。坚持待遇向基层倾斜，资金向基层投入，想方设法为基层办实事、解难事，保障民生力度进一步加大。改善民警办公条件，全局上下办公条件、硬件设施水平大幅提高。省局继续为5600多名一线民警投保特殊岗位人身意外伤害保险。着力推进工人“五险一金”广覆盖工作。职工养老金按时足额发放率达100%；医疗保险参保单位扩大到17个；工伤保险参保单位扩大到14个；生育保险参保单位扩大到10个；住房公积金参加单位扩大到19个；失业保险面也在继续扩大。积极研究制定沁城煤矿定岗、定员方案和劳力调配意见，启动了沁城煤矿、荫营煤矿企业岗位工资试点工作。着力解决困难群众生产生活问题。考虑到经济危机造成的企业经济困难，想方设法保就业岗位，确保了工人岗位不减少。为确保部分单位“两节”期间工人队伍的民生需要，省局对七个单位给予一次性经济困难补贴，并解决了部分单位因经济原因无力支付的离退休人员死亡抚恤金、集中供热入网补贴、霍州监狱职工的住房补贴等。　　（李青林）

附：省监狱管理局党委书记、副书记、委员名单

书　记：冯　征

副书记：句轶旺

委　员：赵雪英（11月离职）　李扁顿　王　伟

省公安厅交通管理局党委工作概况

党委书记　边智慧

2009年，省公安厅交通管理局在省委、省政府、公安部、省公安厅党委和地方各级党委、政府、公安机关的正确领导下，紧紧围绕省委、省政府“转型发展、安全发展、和谐发展”“保民生、保增长、保稳定”总体要求，大力加强公安交警队伍建设，着力提升公安交通管理能力水平，有力维护了全省道路交通的安全畅通，为我省社会经济发展提供坚实交通保障，特别是圆满完成了国庆60周年安全保卫的各项任务，取得了抗雪灾、保畅通的重大胜利，赢得了党委、政府的充分肯定和社会各界的广泛称赞。

一、大力加强党建工作，为公安交通管理工作健康发展提供坚实保障

加强基层组织建设，夯实党建工作基础。基层党支部是党的工作基础所在。近年来，省公安厅交管局大力加强党组织建设，至2009年底，全局共有党委1个，党总支5个，党支部44个，党员650人。为充分发挥基层党组织的战斗堡垒作用，在完善党组织的同时，局党委选任政治素质好，责任心强的同志做支部书记，使党建工作从组织上得到了保证。其次，狠抓制度建设，建立健全和完善了四个系列的规章制度，通过制度形成工作规范，提高了组织工作水平。再次，抓规范管理，把规范化管理作为抓好基层组织建设的治本之策，坚持了四个统一，即统一布置、统一要求、统一检查、统一评比标准，规范管理。局党委为各支部统一规定学习内容、统一支部会议记录本、党员活动记录本、民主生活会记录本；建立“二册”：党员花名册、积极分子花名册；“二档”：党员档案、积极分子考察档案，使组织管理工作从起步开始，逐步走上规范。

加强政治理论学习，提高整体素质，增强整体合力。首先抓好党员的学习，进一步提高党员民警的理论素质，提高工作能力。其次，抓好党员教育管理。针对党员教育中出现的新情况、新问题，利用“三会一课”，重点对党员进行党的基本理论、基本路线、基本纲领、市场经济、政策法规、时事政治等5个方面的学习培训。局党委先后派出50多名同志参加省委党校省直分校的党的基础知识培训，局机关还组织全体党员民警参加了法律法规知识考试。

加强党风廉政建设，树立良好形象。积极开展反腐倡廉宣传教育，组织党员、干部学习《准则》、党纪政纪条规。有组织、有步骤地开展了警示教育活动，增强了党员干部特别是领导干部的反腐倡廉意识和自律意识。同时，强化制度约束机制，加大监督力度，重点健全和完善了以党风廉政建设责任制为主要内容的领导干部监督、谈话、诫勉、定期评议等相关制度，强化了制度约束。

二、深入开展学习实践科学发展观活动，做到了工作学习两不误、两促进

按照中央、省委和省公安厅党委关于学习实践科学发展观活动的统一部署，在省委学习实践活动领导小组办公室指导下，从2008年10月开始，省公安厅交管局党委紧紧围绕“党员干部受教育、科学发展上水平、人民群众得实惠”的总体要求和“公安机关规范执法、构建和谐警民关系，在预防重特大道路交通事故方面下功夫”这一主题，组织局机关全体党员民警广泛深入开展了深入学习实践科学发展观活动。活动中，局党委始终坚持把学习实践活动与交管工作有机结合，做到统筹兼顾，整体推进，“两手抓、两手硬”，“两不误、两促进”，圆满完成了学习实践活动各个阶段的工作任务，达到了“提高思想认识、解决突出问题、创新体制机制、促进科学发展”的目标要求。

省公安厅交通管理局作为第一批开展深入学习实践科学发展观活动的单位之一，局党委高度重视，按照省委学习实践活动指导检查组和省公安厅党委的要求，及时召开专题会议安排部署。活动中，加强学习培训，深入开展调研，把解放思想大讨论与公安交管工作有机结合。同时，广泛征求意见，深刻分析检查，切实找准公安交管工作存在的问题，对照“八查八看”要求，认真召开领导班子专题民主生活会和党支部组织生活会，撰写领导班子分析检查报告，通报分析检查情况，组织群众评议，认真制定整改方案，确保了整改工作重点突出、责任明确、措施到位、整改有力。局党委成员率先垂范，按照各自分工，认真开展工作。主动汇报，及时沟通，努力解决制约公安交管工作发展的机制体制问题。局属各单位充分发挥职能作用，大力加强各项公安交管工作。同时，加强制度建设，科学规范管理。表现在：党员民警综合素质明显提高，机关作风明显改进，党组织的凝聚力、战斗力明显增强，党员的先锋模范作用充分发挥，全局人员服务意识增强，警民关系和谐，受到人民群众的拥护和好评。

三、以党建带队建，大力推进公安交警队伍建设和公安交管工作上新台阶

省公安厅交管局党委团结一致，锐意进取，提出了

"一年理顺见成效，二年巩固有提高，三年发展达目标"的发展目标，2009年，全省公安交管工作以国庆60周年交通安保和预防重特大道路交通事故为重点，以推进公安机关"三项建设"为主线，以深入贯彻全国公安交通管理会议精神为契机，进一步理顺公安交管工作体制、机制，接连开展酒后驾驶、涉牌涉证、客运交通安全等专项整治，不断加大国、省道路疏堵保畅工作力度，努力营造交通安全宣传社会氛围，强力推进队伍建设和各项公安交管工作，取得显著成效。

一是全警动员、全力以赴、超常工作，国庆60周年交通安全保卫工作任务圆满完成。由于国庆安全保卫工作成绩突出，省政府授予省公安厅交通管理局集体一等功，局机关及所属的高速4个支队、26个大队的20名个人记功受奖。

二是领导重视、决策正确、指挥得力，抗雪灾、保畅通任务圆满完成。11月9日至12日，我省出现大范围强降雪。全省各级公安交通管理部门按照省公安厅交通管理局统一部署和要求，立即启动应急预案，不畏艰难、冲锋在前，救助被困人员，打通积雪结冰道路，分流疏导滞留车辆，有力地保障了道路的畅通，省委书记张宝顺专门批示表扬。

三是科学研判，管防并举，狠抓全省道路交通安全专项整治，深入开展道路交通安全隐患排查，全省道路交通安全形势稳中有降。

四是找准症结，多方协调，及时快速处置道路拥堵突发事件，加强调研，积极探索建立全省疏堵保畅工作长效机制，全省道路交通疏堵保畅工作效果明显。

五是突出重点，周密部署，强化措施，严厉整治酒后驾驶违法行为，涉牌涉证专项整治行动扎实有效，公路客运车辆、旅游车辆治理初见成效，深入开展预防特大道路交通事故集中行动等，为全省创造了畅通、有序的道路交通环境。

六是创新模式，注重实效，整体推进，加大教育培训力度，完善执法制度建设，加强执法监督检查，执法形象明显提升，全省公安交警执法规范化建设工作取得重大进步。

七是转变理念，服务群众，全面推行交通违法罚款异地处理自动对帐系统，确定轻微违法行为口头警告16种违法行为，试行财损交通事故快处快赔机制，积极推进车管业务下放等便民利民措施，促进了和谐警民关系的建立。

八是深化信息平台应用，完善全省公安网络，强化科技信息手段，提升服务保障水平，信息化建设稳步推进。

九是狠抓宣传阵地建设，强化社会舆论引导，交通安全宣传教育影响力得到提升。

十是全力加强党风廉政和队伍基础建设，公安交警队伍正规化水平明显提升。

十一是抢抓重要战略机遇，推动省政府出台了《关于进一步加强道路交通安全工作的决定》等，在解决制约公安交管工作发展的体制、机制、保障性问题上取得了重大突破。

(张利荣)

附：省公安厅交通管理局党委书记、副书记、委员名单

书　记： 边智慧

副书记： 马玉川

委　员： 李新生　刘　敏　李文全　张顺喜　王丕谟　杨有才

省人防办党组工作概况

党组书记　常高才

2009年，省人防办党组认真学习十七大以及十七届四中全会和省委九届十次全会精神，着力贯彻落实中央和省委加强党的建设的要求，坚持把党建工作作为提高班子执政能力、促进人防事业发展的重点工作，全力推进人防办党的组织、思想、作风、纪律建设和制度建设，为人防事业各项任务的完成提供了坚强的思想、政治和组织保证。

一、坚持不懈地实行对机关党建工作的指导

办党组根据省委和省直工委党建工作要求，对我办党建工作实施了有效的指导。一是制定下发了《省人防办2009年党的工作安排》、《省人防办2009年加强党风廉政建设和反腐败工作意见》，对全年党的工作进行了全面部署和安排。二是为强化党建责任制落实，办党组制定下发了《省人防办实行党的工作责任制暂行规定》，科学划分了党组、机关党委、各党支部在党建工作中的责任，形成了集体领导和个人分工相结合，一级抓一级、层层抓落实的工作布局。为确保党建责任制落到实处，制订了《省人防办党组党建责任制考核标准》、《省人防办机关党委党建责任制考核标准》、《省人防办党支部党建责任制考核标准》，构建了完整的党建责任制考核体系。三是为全面落实党风廉政建设和反腐败工作的要求，制订了《省人防办2009年党风廉政建设和反腐败工作任务分解》，对党组成员、党委成员、各处室负责人划分了目标任务，促进了"一岗双责"要求的落实。四是建立了党组成员党建工作联系点，每位班子成员分别按照各自分工联系一个党支部，并参加支部活动和组织生活，较好的落实了领导干部双重组织生活制度。五是根据省委要求，6月上旬，召开了以"加强领导干部党性修养，树立和弘扬良好作风"为主题的党组领导班子民主生活会。六是为保证机关党委开展好工作，办党组

能定期听取机关党委的工作汇报，研究干部问题时重视机关党委的意见和建议，安排党务干部参加业务培训，充分保证活动经费，为党建工作的顺利开展提供了强有力的保障。办党组坚持把党务工作和行政工作一起布置、一起督查、一起考核、一起总结，形成了抓党建工作的常态化。

二、着力改革创新党员教育培训工作

中共中央办公厅于2009年7月印发了《2009—2013年全国党员教育培训工作规划》，这是加强和改进党的思想建设的一项重要措施。根据省直工委通知要求，党组认真组织了学习贯彻。一是组织党员对《2009—2013年全国党员教育培训规划》、人民日报评论员文章进行了学习，使党员领导干部深刻理解了党员培训的重要意义。二是明确了办党组、机关党委、纪检、监察、各党支部抓《规划》落实的责任。办党组将《培训规划》纳入党建工作责任制，列入重要议事日程，切实加强领导。机关党委制定人防办党员培训的具体《计划》；纪检监察依据上级要求实施相应的培训课程；各党支部按照党组安排，认真抓好各项工作的落实。切实形成抓《规划》落实的合力。三是规定了党员培训的重点形式。每年要集中全办党员上一次党课，进行一周时间的廉政警示教育，认真落实每周半天的组织生活制度。同时，每年要结合中央的重大政治事件，搞好全体党员的集中学习。四是搞好培训资料保障。购买中央组织部会同有关部门组织编写党的基本知识简明读本、党史简明读本，及时订购省直工委编写制作的党员教育培训辅导材料，举办办公室党员书屋，充分发挥图书、报刊在党员教育培训中的作用，各党支部根据党员多样化、个性化的学习需要，为党员推荐学习书目，提供学习材料。五是加强培训经费投人。办党组对每年组织的集中培训、外出培训、建立党员学习屋、购置重点学习资料等项目，将单独列出预算给予重点保障。机关党委每年留存的党费主要用于党员教育培训。六是加强培训的管理和督导督查。建立党员教育培训登记制度，要将党员参加学习培训的具体情况进行详细登记，确保每个党员都能接受必需的教育培训。建立教育培训工作检查制度，对于安排布置的教育培训内容，机关党委定期对各支部进行检查，确保教育培训不流于形式。建立定期考核制度。根据教育培训计划，每半年对所属党员进行一次集中考核，检查教育内容是否被党员掌握，不达标的党员要进行培训补课，确保教育培训的效果落实到每个党员的身上。

三、充分发挥党组织的服务保障作用

一是加强理论知识武装。各党支部根据《人防办党建工作安排》，重点对党员组织了马克思主义、邓小平理论、“三个代表”重要思想和科学发展观的学习教育，坚定了党员干部建设中国特色社会主义的理想信念。结合形势变化，党组、机关党委、各党支部，及时组织党员干部学习中纪委十七届三四次会议、党的十七届四中全会、省纪委九届十次会议精神，加深了党员干部对党的路线方针政策的理解，把党员干部的思想统一到了中央和省委的精神上来。为圆满完成年度工作任务，各支部认真学习国家人防和北京军区的文件精神，正确把握2009年的工作要求，形成了高度统一的思想认识，创造性地完成了2009年的工作任务。二是开展争先创优活动。为加快山西人防事业发展，形成大干快上，奋力争先的工作局面。办党组于2009年1月，作出了《关于在全省人防系统开展向王立宾学习的决定》，要求全省人防战线的党员干部，要学习王立宾坚定地党性、忠于事业的政治品质；学习王立宾脚踏实地、忘我工作、无私奉献的敬业精神；学习王立宾自加压力、攻坚克难、敢于负责的工作精神。在王立宾精神的感召下，各市人防办奋发努力，形成了你追我赶的工作局面。2009年，全省结建工程、异地费收取、指挥所建设等工作都出现了突破性的跨越。三是持续开展创建工作。2009年，我们以提高干部职工思想道德为重点，开展了文明和谐单位创建工作。通过学习宣传《公民基本道德规范》、《社会公德规范》、《职业道德规范》、《家庭美德规范》、《社会主义荣辱观》、《太原人十条标准》、《太原市民十条要求》等内容，使干部职工加深了对文明公民标准的理解和认识。在抓好学习宣传的基础上，各党支部积极开展献爱心、送温暖活动，组织干部职工参加“太原市慈善一日捐”、“2009年春节送温暖”、“2009年中秋节联企帮困慰问”等主题活动。目前，党员干部自觉践行公民道德的行为已蔚然成风。同志之间、家庭关系、邻里之间已形成相互关怀、宽容相待、和睦融洽的良好氛围。四是积极组织建国60周年庆祝活动。在庆祝建国60周年活动中，组织干部职工开展了全国“双百”评选活动，参加了省直工委组织的征文比赛（我办有1篇论文获得二等奖），组织干部职工参观“山西省建国60周年成就展”，安排企业军转干部观看了“建国大业”电影，广泛开展了慰问老战士、老同志、老党员、革命烈士遗属、伤残军人，悬挂国旗等活动。通过这些活动的开展，进一步增强了广大职工爱党、爱国和爱社会主义的情感，增强了干部职工的民族自尊心、自信心和自豪感。

四、倾心打造“学习型”党组织

党的十七届四中全会对新形势下党的建设若干重大问题作出了部署，尤其提出要把建设马克思主义学习型政党、建设学习型党组织，作为重大而紧迫的战略任务抓紧抓好。根据中央和省委建设学习型机关和学习型党组织的要求，着力开展了以下几点工作。一是营造浓厚的学习氛围。办党组坚持把学习放在推进人防事业发展的重要战略地位，着力营造人人关心学习、人人参与学习、时时处处学习的良好氛围。办党组利用各种场合向干部职工发出要读书、读好书、善读书的号召，提醒党员干部要不断更新知识，再造能力，重塑自我。引导干部职工把优化知识结构、提高综合素质、增强创新能力作为学习的最大动力。2009年，党组中心组共安排学习19次。在学习内容上，不仅涉及党的路线方针政策，而且涉及到法律法规、金融财会、制度标准等范畴。党组成员的模范表率作用有效引领全办形成了崇尚知识、热爱读书的良好风气。党组先后安排37名同志分别参加了中纪委、监察部、中央党校（省直分校）、清华大学、国防大学、解放军武汉通信指挥学院、南京陆军指挥学院、总参61研究所等院校的学习，2名干部考入中央党校经济管理专业的研究生班学习。外出培训的形式增强了干部职工的学习兴趣，提高了参与学习的积极性和自觉性。二是制定科学的学习制度。加强对基层党组织学习活动的服务和指导，建立长效学习机制。首先，完善党委中心组学习机制，制定修改了《党组中心组学习制度》和《党组中心组理论学习检查考评制度》，完善了抓理论学习的长效机制。规范了党组中心组理论学习，做到了有学习计划、有学习记录、有学习笔记、有考勤档案、有学习秘书、有学习经费、有学习成果、有学习检查、有学习通报。其次，坚持了党员干部个人自学制度。在组织集中学习的同时，鼓励党员干部开展自主学习，争做学习型干部。积极通过办公室提供干部函授费用，安排干部中、长、短期进修，为干部自主学习创造条件。再次，建立学习激励约束制度。通过对学习成果给予物质奖励、把参加学习情况与选拔任用挂钩等措施，激发了干部职工的学习热情。三是丰富学习教育载体。首先，是向书本学习。要求党员干部要沉下心来，专心致志，精心研读所需的基本理论和知识。安排党员领导干部必须完成《科学发展观党员干部读本》、《党的十七届四中全会<决定>学习辅导百问》、《加强干部党性修养树立和弘扬良好作风》等书籍的通读。其次，是向实践学习。要求党员干部要发扬理论联系实际的马克思主义学风，大兴调查研究之风，大兴求真务实之风，把书本学习、理论研究同实践相结合，同解决现实问题相结合。2009年，积极开展了撰写论文比赛活动，全办共撰写论文50余篇。其中有2篇论文获得了国家人防论文评比二等奖，1篇获得省直工委建国60周年征文比赛2等奖。再次，是向社会学习。通过鼓励党员干部参加政治理论、形势政策、党的知识、法律知识等竞赛活动，培养党员干部读书、知书、爱书、品书的学习兴趣。通过组织党员干部开展岗位技术练兵、技术比武，激发党员干部刻苦钻研业务的敬业热情。通过开展创建学习型处室、学习型支部、学习型党小组等途径，不断拓宽学习途径和覆盖面。四是提供必须的教材保障。为了保证干部职工的学习需要，办公室为干部职工征订了多种报刊杂志。政治方面的有：《求是杂志》、《人民日报》、《纪检监察报》、《山西日报》、《半月谈》、《先锋队》、《中共中央关于加强新形势下党的建设若干重大问题的决定》、《党的十七届四中全会<决定>学习辅导百问》、《2001-2007 党内法规选编》等；业务方面的有：征订了《中国人民防空》、《华北人民防空》、《电子网络技术》、《人防工程建筑设计》、《电磁频谱管理》等书籍，为干部职工开展学习提供了可靠的保证。

（赵二江）

附：省人防办党组书记、成员名单

书　记：常高才

成　员：裴洪涛　孙　群　刘　涛　张　铭

省中小企业局党组工作概况

党组书记　周明定

2009年，省中小企业局党组认真贯彻落实党的十七届四中全会精神，坚持以科学发展观统领工作全局，把党建工作与学习实践科学发展观活动紧密结合、与学习贯彻十七届四中全会精神紧密结合、与全省中小企业工作实际紧密结合，全面加强党的思想、组织、作风、制度和反腐倡廉建设，充分发挥基层党组织的战斗堡垒作用和党员的先锋模范作用，推动了各项工作的完成。

一、深入开展学习实践科学发展观活动，提高党员干部贯彻落实科学发展观的自觉性和坚定性

省中小企业局被确定为我省第一批开展深入学习实践科学发展观活动单位之一。局党组紧紧围绕“学习”和“实践”两条主线，紧密结合党建工作和业务工作实际，深入开展了学习实践科学发展观的活动。在整个学习实践活动中，局党组班子成员高度重视，以身作则，带头学习、带头实践，全体党员和干部职工积极参与，使活动扎实有效地开展。通过学习实践活动，使党员干部深化了对科学发展的理解，深化了对现实问题的思考，提高了领导干部运用科学发展理论解决实际问题的能力和贯彻落实科学发展观的本领，提高了广大党员和干部贯彻落实科学发展观的自觉性和坚定性，使党员干部思想认识有新提高、科学发展有新举措、体制机制有新突破、机关作风有新转变、各项工作有新发展，取得实实在在的成效。

二、深入学习贯彻十七届四中全会精神，努力建设学习型党组织

党的十七届四中全会强调坚持把党的思想理论建设放在首位，把建设马克思主义学习型政党作为首要任务。省中小企业局按照科学理论武装、具有世界眼光、善于把握

规律、富有创新精神的要求，把建设学习型党组织作为重要任务来抓，把学习四中全会精神与政治理论学习、业务知识学习和政策法规学习相结合，以中心理论组学习、干部学习交流会、专题辅导课、参加上级的学习培训、主题党日活动等多种形式，组织党员干部学习，激发党员干部的学习热情和学习积极性、主动性。注重学习教育的针对性和实效性，加强党员干部对科学发展观的学习教育，深刻领会科学发展观的精神实质、科学内涵，着力在坚定信念、转变作风、提高能力上下功夫，切实做到真学真懂真信真用；学习党的路线方针政策和党的历史，增强党的意识、宗旨意识、执政意识、大局意识、责任意识；学习中华民族的优秀文化，培养高尚情操和健康生活情趣；学习现代化建设所需要的经济、政治、文化、社会、科技、法律等各方面知识，不断拓宽知识面，提高执政能力。局党组为各直属基层党组织下发了《加强领导干部党性修养树立和弘扬良好作风》、《六个“为什么”》、《新时期党员干部党性党风党纪教育十五讲》、《从政提醒》以及《党的十七届四中全会<决定>学习辅导百问》、《中共中央关于加强和改进新形势下党的建设若干重大问题的决定》等一批理论书籍，丰富了学习内容，取得了良好效果。

三、加强党风廉政建设，筑牢拒腐防变的思想道德防线

为了加强全局系统的党风廉政建设工作，按照中纪委十七届三次全会和全省党风廉政建设干部大会暨第九届省纪委四次全会要求，下发了《关于2009年全局系统党风廉政建设责任制及任务分解意见》，党风廉政建设责任制的分解，为系统推进从源头防治腐败工作、推动全省中小企业、民营经济和乡镇企业的又好又快发展、为促进全局各项任务的圆满完成提供强有力的政治保证。认真贯彻中央《实施纲要》和省委《实施意见》，提高反腐倡廉的思想认识。继续抓了《建立健全教育、制度、监督并重的惩治和预防腐败体系实施纲要》的学习贯彻，建立健全和狠抓落实反腐倡廉各项工作制度，构筑惩防腐败体系，并重点帮助党员干部提高反腐倡廉的思想认识和提高领导水平、执政水平及依法行政水平，不断增强拒腐防变和抵御风险能力，并结合我局党员队伍的实际，对预防和惩治腐败提出了具体措施。认真落实党风廉政建设责任制。严格按照“谁主管、谁负责”的原则，把党风廉政建设责任落实到人。各级领导干部特别是主要领导按照“一岗双责”的要求，切实承担领导责任。局与各处室层级签订党风廉政建设责任书，明确职责，实行谁主管谁负责，做到一级抓一级，级级有人抓。同时，制订了落实责任追究制度，加大责任追究力度。深入开展商业贿赂专项治理及煤焦领域反腐败工作。根据上级有关部门和局党组的部署，紧扣省中小企业局的职能，深入开展了商业贿赂专项治理工作及煤焦领域反腐败工作。开展经常性党风廉政教育。制定了局党风廉政工作意见，把廉政教育作为干部教育培训的一个重要内容来抓。一是坚持每月在干部学习日上，进行党纪国法学习和时事政策教育，及时将上级文件和有关重要会议精神进行传达，并形成制度。二是对新提拔的干部进行警示教育。通过开展经常性的教育，使每个党员增强了党纪政纪观念和勤政廉政意识，提高了廉洁自律、依法行政、依法办事的自觉性，筑牢了拒腐防变的思想防线。

四、努力创造良好发展环境，文明和谐单位创建工作迈上新台阶

创建文明和谐单位是提升我局形象，提高干部职工素质、加强精神文明建设的一项重要举措。局党组以创建文明和谐单位为龙头加强系统自身建设，提出“内强素质，创文明和谐单位，外树形象，建一流行政机关”的口号。全系统上下同心同德、齐心协力于2004年创建了省直文明和谐单位。四年来，在保持文明和谐单位的称号上毫不松劲，不懈努力，以落实科学发展观、构建和谐社会为重点，以创建“学习型机关”、“学习型单位”、“学习型社会”为手段，以创建省直文明和谐标兵单位为目标，继续扎扎实实开展工作，使得每年的创建工作得到了省直文明委的认可。今年创建工作的重点是在抓好局机关精神文明和谐建设，为创建省直文明和谐标兵单位打下坚实基础的同时，指导直属单位创建省直文明和谐单位的工作。省焦炭供销公司、省中小企业培训中心、省乡镇企业基金发展公司分别已于2005年、2006年和2007年被命名为省直文明和谐单位。大力开展群众性文体活动和全民健身活动，按照省直工委的安排部署，在“七一”表彰大会等庆“七一”系列活动之后，紧接着举办了全局系统文体月活动，并成立了局系统合唱团，为庆祝国庆60周年系列活动拉开了序幕。文体月活动举办了乒乓球、羽毛球、保龄球、游泳、棋牌、书画等六项比赛。这次活动增强了广大干部职工的身体素质，加强了全局系统的凝聚力，丰富了大家的业余生活，取得了很好的效果，受到大家好评。参加了全省省直机关庆祝国庆60周年大合唱比赛，荣获三等奖。“树立中小企业局形象，创文明和谐单位”已成为全局系统创建工作的强有力口号，创建工作已逐渐在全局系统全面展开。

五、以党建促业务建设，有力推动了全省中小企业的发展

按照省委、省政府提出的“保增长、扩内需、调结构、促转型”的战略部署，全系统在局党组的领导下，科学决策应对，着力破解难题，努力化危为机，较快扭转了全省中小企业经济大幅下滑的局面，呈现出止跌回升、企稳向好的态势。2009年，全省中小企业累计完成增加值2427亿元，占到全省国内生产总值的1/3。上缴税金占到全省财政收入的1/3。提供了57%以上的城镇就业岗位，吸纳了大量的农村转移劳动力。中小企业在繁荣经济、增加就业、推动创新、改善民生等方面，发挥着越来越重要的作用，为我省经济回升向好平稳较快发展做出了重要贡献。

一是加大政策支持力度。《国务院关于进一步促进中小企业发展的若干意见》出台后，按照省政府领导的批示，省局拟定了我省贯彻落实的《实施意见》。省局与山西银监局联合制定并报请省政府办公厅下发了《山西银行业小企业金融服务工作指引》，探索建立小企业金融服务长效机制，为增加中小企业贷款提供了制度保障。省局决定暂缓回收2.4亿元乡镇企业发展基金，延期14个月，帮助中小企业克服资金短缺困难，渡过难关。

二是加大资金支持力度。省乡镇企业焦化技改资金9800万元，重点支持26个技术改造项目，拉动投资57.57亿元；省煤炭可持续发展资金5500万元，重点支持了中小企业接替产业和新兴产业项目162个，拉动投资60.96亿元；省中小企业发展资金1亿元，重点支持了265个科技型、就业型、成长型中小企业和中小企业公共服务平台等项目；国家扶持中小企业专项资金3010万元，重点支持了125个中小企业发展项目。去年国家和省级用于扶持中小企业发展资金达到了2.831亿元。

三是加大服务工作力度。围绕难点搞服务，努力缓解中小企业融资困难。与省财政厅、省银监局、省人行等部门协同配合，积极推进中小企业融资担保体系建设。目前，全省各市县普遍成立了中小企业担保机构，有三分之一的县（市）设立了小额贷款公司。加强中小企业信用征集和评级工作，搭建银企合作平台，更好地为中小企业提供融资服务。围绕重点搞服务，大力实施中小企业成长工程。2009年，全省新创办小企业5000多个，有近百个具有发展潜力的成长性企业进入亿元企业行列。围绕发展搞服务，加快中小企业服务体系建设。2009年，全省中小企业服务体系专项资金共安排1850万元，主要用于支持市县100多个服务体系建设项目，累计完成4万多人次的“银河培训”和“蓝色证书培训”，多次组织企业参加中博会等一系列招商引资活动，有力推动了项目建设。在创业辅导、科技创新、市场开拓、管理咨询、法律维权等方面为中小企业提供了全方位、普惠式的服务。

（杜红伟）

附：省中小企业局党组书记、成员名单

书　记：周明定

成　员：潘中赋　陈晓东　赵志杰　赵新民

省直属事业单位党组（委）工作概况

省委党校、山西行政学院工作概况

校 长 薛延忠

2009年是全面贯彻落实《中国共产党党校工作条例》和全国党校工作会议精神的第一年。我们坚持以科学发展观为指导，认真贯彻落实《党校工作条例》和全国党校工作会议精神，坚持党校姓党、把握办学方向，坚持围绕中心、服务大局，坚持改革创新、突出质量效益，坚持从严治校、加强学风建设，坚持以人为本，实现科学发展，努力打造新优势，实现新发展，善始善终开展了深入学习实践科学发展观活动，取得了预期效果，加深了对科学发展观的认识和理解，提高了用科学发展观指导校院工作的自觉性，各项工作都取得了新的成绩。

一、精心组织起草了省委关于贯彻落实《党校工作条例》的《实施意见》，成功举办了全省党校工作会议和省委党校建校60周年庆祝大会

《党校工作条例》文字简练，内涵丰富，政策性强，在现有条件下最大限度地表达了党委政府对党校政治上政策上工作上的重视、关心和支持，是规范和指导全省党校工作的法规性文件，为进一步做好党校工作、充分发挥党校作用提供了法规依据和保障，得到了全省党校系统的普遍好评，认为是中央精神和山西党校工作实际相结合的产物，针对性、指导性和操作性都比较强。

在省委的重视关心下，全省党校工作会议暨省委党校建校60周年庆祝大会于10月29日隆重举行。这是继2001年全省党校工作会议之后省委召开的又一次关于党校工作的重要会议。张宝顺书记、王君省长和大部分省委常委、省人大、政协常务副主任、副主席、部分原省级老领导和省直有关厅局领导、各市有关领导、部分校友代表出席会议。张宝顺书记、薛延忠副书记分别作了重要讲话。中央党校、国家行政学院和部分省级党校代表到会祝贺。张宝顺书记在讲话中提出省委党校作为全省党校的龙头，要以提高科学化水平为着力点开创全省党校工作新局面，要瞄准全国同级党校的先进水平，努力建成有特色、高水平的省级党校。这是省委对党校工作提出的新期待和新要求。会议还对全省26所先进党校进行了表彰，向谢克昌、申纪兰等10位客座教授颁发了聘书，向援助党校建设的7家单位赠送了锦旗。会议期间，还就贯彻落实全省党校工作会议精神、开创全省党校工作新局面召开了校级老领导座谈会和各市常务副校长座谈会。11月9日，校院委又召开了传达全省党校工作会议精神暨校庆活动总结表彰大会，对会议精神作了传达，并且对在建校60年来做出较大贡献的王增谦、王双玺等老同志和校庆先进个人进行了表彰。这两项活动影响很大，展示了党校人的风采，宣传了党校，也推动了党校工作，起到了总结经验、继往开来、动员鼓劲、开拓创新的作用。

二、几项重要的基础设施建设顺利完成

晋昇苑大楼顺利建成并投入使用。晋昇苑是校院的标志性建筑，也是建校以来投资最大的项目，历时三年多于2009年9月完工投入运营。通过10月29日在晋昇苑成功举办全省党校工作会议和校庆60周年活动，很好地展示了校院的新形象。在晋昇苑试运行期间，张宝顺书记、王君省长、薛延忠副书记、申联彬常务副省长以及其他省领导前往大

楼进行视察，对工程建设给予了充分肯定。省质监总站在年底验收时认为晋昇苑的工程质量和管理都堪称“上品”。按照“新大楼、新管理、新水平”的思路，以公开招标方式选择山西国际贸易中心有限公司为晋昇苑经营管理责任承包单位，目前晋昇苑运行良好，成为校院一景，标志着校院办学条件有了根本性改善。

与此同时，2009年，完成了几项重要的基础设施建设。一是校园电网增容改造和校园西侧地下排水管和体育西路排污管道对接。这两项工程彻底解决了校院供电不足和排水不畅问题，满足了长远发展的需求。二是经过积极争取，校院宿舍区列入全省节能改造试点，经过施工改造，冬天保暖夏季隔热，外观也呈现新貌。三是学员公寓和职工住宅危房改造作为一项利校利民的教育工程和民心工程得到了教职工的高度赞同，在省市领导和有关部门的支持下，经过大量艰苦工作，由酝酿谋划进入具体操作阶段。目前省财政厅批准了项目用地的土地使用权出让手续，项目建设规划等各项法定手续正在积极协调办理当中。

三、校院委领导班子得到了充实加强，各项重点工作保持良好发展势头

省委高度重视校院班子建设，根据工作需要，在校院内部调整补充了一名正厅级巡视员和两名副校院长。近年来，校院领导班子的工作得到了广大教职员工的认可，年度考核的满意度逐年上升，经过这次调整补充之后，校院委团结带领全体教职员工开拓创新、努力工作，开创了校院工作新局面。

教学改革进一步深化。一是改革班次设置，实行分类培训。主体班逐步调整规范为进修班、培训班和乡镇书记班；各种短期班逐步调整规范为按专题或按系统办班；对外培训立足山西面向全国，按需办班。全年培训班次和人数均有新的突破，共办各种班次42个，培训干部8000余人次。二是改革教学内容，服务干部素质能力的提升。基本上形成了理论武装、山西省情与发展、领导能力、党性修养四大模块，较好地解决了“上下一般粗”的问题。三是改革教学方法，发挥学员主体作用。大力推行研究式教学，综合运用讲授式、案例式、现场体验式、情景模拟式等新的教学方法，把推行“2+X”课堂互动教学和案例教学作为重点，使研究式教学成为党校教学的基本方法和教学常态。在主体班学员中开展了读一本好书活动和“学员课题组教学活动”。加强了应急管理培训，建立了领导干部能力训练中心。四是整合教学资源，实行开放办学。聘请了10位兼职教授，邀请国家统计局总经济师姚景源等4位国家级著名专家学者和28位省内领导干部专家学者来校院讲课作报告，在省内省外建立了多个教学基地，组织主体班学员到中央党校、井冈山干部学院进行延伸培训。与省统计局、省卫生厅确定互为调研和培训基地，和山西焦煤集团共同举办专题培训和高层论坛。五是加大了教学管理的力度，完善了“三位一体”教学考评机制和教师教学档案。六是学历教育按照“减少数量、缩小规模、加强管理、提高质量”的要求稳妥地进入转型期。函授学院被中央党校函授学院授予“在职研究生教学管理先进单位”和“教材管理先进单位”荣誉称号。国民教育本科部加强了招生、管理和教学工作，2009届毕业生在中央国家机关公务员考试中达线率95.4%，在全国硕士研究生招生考试中达线率接近100%。

科研精品战略成果丰富。一是连续发表有影响、高层次的科研成果，进一步扩大了校院的影响。理论研究中心全年发表了11篇文章，其中2篇发表在《人民日报》和《理论前沿》。《决策建议报告》编印了7期，4期被省委办公厅转发。张宝顺书记和王君省长对校院报送的《关于加强我省应急管理和培训工作的建议》作了重要批示，并且进入了决策程序。《关于城中村改造问题的建议》省委领导批转太原市政府及有关部门研究。二是申报国家和全省社科领域重点课题26项，有2项国家课题和1项国家社科基金重大课题子课题以及1项中国博士后基金课题立项。三是获得一批高层次奖项。在第二届全国行政学院系统优秀科研成果评奖中，获一、二等奖各1项，实现了一等奖零的突破。在省社科联组织的第六次社科研究优秀成果评奖活动中，获一等奖1项。四是组织开展了高水平的学术活动，与中央党校合办“中国特色社会主义论坛”，与国家行政学院合办“全国法学教学科研联席会议”，与中央党校亚太研究中心合办“中美两国政府运行体制比较”国际研讨会。其中“中国特色社会主义论坛”产生了很大的影响，《人民日报》、《光明日报》都对这次论坛的情况进行了报道，这在我校院的科研活动中尚属首次，标志着校院的科研交流协作上了新台阶。五是“一报两刊”继续提高质量。《理论探索》首次被评为CSSCI扩展版来源期刊第一名，在全国党校系统排第七名，连续6年被评为山西省一级期刊。《中共山西省委党校学报》连续5年被评为山西省一级期刊。《山西党校报》连续9年被评为山西省一级报纸。信息网络教研部研发的校院内网办公平台运行稳定。图书馆与省城18所高校图书馆签署了馆际借阅协议，数字化水平有新的提高。

四、机关党建、队伍建设和管理工作得到加强

一是加强学习，干部队伍素质有了新提高。校院委中心组全年集中学习14次，制定下发了《关于进一步加强学习 建设学习型校院的意见》，成立了建设学习型校院指导委员会，各党支部也采取多种形式开展学习。机关党委撰写的理论学习经验材料被省直工委《理论学习动态》转发。二是党建、反腐倡廉工作取得新成效。召开了校院直属机关第四次党员代表大会，顺利完成了机关党委和纪委换届选举工作。组织了党支部（总支）的改选换届。组织培训70名入党积极分子，发展党员33名、审批预备党员转正27名。制定了《2009年校院党风廉政建设和反腐败工作责任分解意见》。以“加强领导干部党性修养、树立和弘扬良好

作风”为主题，召开了校院委民主生活会和党支部组织生活会。机关党委、纪委参与了校院的工程建设、干部人事等重要事项的监督检查，预防了违纪违规问题的发生。三是积极开展文明和谐创建活动。继续重视开展反邪教理论研究工作。开展了丰富多彩的文化体育活动。组织了“送温暖、献爱心”活动，干部职工捐款83850元，为“联企帮困”单位太原油漆厂困难职工捐款5000元。继续保持了“省直机关文明和谐单位”荣誉称号。四是从严治校，管理工作取得新的成效。按照中央和省委关于严格对干部的管理、治懒治庸的精神，校院委及时提出抓学习提高素质、抓工作创造业绩、抓管理从严治校的要求，加大了队伍建设和管理工作的力度。加强学员管理的情况在全国会议上作了介绍。五是加强队伍建设。采取竞聘、考聘方式，选拔任用了7名正处级干部。对行政管理部门16名科级干部进行了提拔调整。努力做好职称评聘工作，聘任中高级专业技术职务28人。鼓励教研人员进行多种形式的学历进修。选送20名教师到国家级校院学习培训。选派10名中青年教师到基层挂职锻炼。选拔推荐新世纪学术技术带头人333人才工程省级人选1人，引进博士研究生1人。按上级要求开展了事业单位岗位设置管理工作的前期准备工作，同时严格执行人事政策法规，各项劳资工作顺利完成。

此外，对外培训工作拓领域树品牌，取得较大进展。全年承办各类班次33个，培训各类学员6500余人。特别是为江苏无锡、广东肇庆、陕西西安举办了3期赴山西学习考察班，并且与井冈山干部学院、上海市委党校和甘肃省委党校苏州培训基地开展联合办学，扩大了校院的影响。这是具有突破性意义的重大进展和良好开端，开启了省外干部特别是东南沿海干部来山西党校行政学院办班学习的新局面。（张大庆）

附：省委党校校长、常务副校长、副校长名单

校　　长：薛延忠

常务副校长：李高山

副 校 长：刘生义（11月离职）　高健生　王联辉

郭成文　王永翔（11月任职）

潘　峰（11月任职）

山西行政学院院长、常务副院长、副院长名单

院　　长：申联彬

常务副院长：李高山

副 院 长：刘生义（11月离职）　高健生　王联辉

郭成文　王永翔（11月任职）

潘　峰（11月任职）

山西日报报业集团党委工作概况

党委书记　袁升德

2009年是全省上下应对国际金融危机、确保经济平稳较快发展的关键一年。在这一年里，山西日报报业集团党委认真贯彻落实科学发展观，进一步加强党的建设工作，落实党的工作责任制，不断推动新闻宣传工作迈上新台阶，使集团各项工作取得新成就，出现新局面。

一、进一步加强党的建设，落实党的工作责任制

报业集团党委认真学习贯彻党的十七大、十七届四中全会精神，充分认识加强和改进新形势下党的建设的重要性和紧迫性，不断向书本学习、向实践学习、向群众学习，优化知识结构，提高综合素质，增强创新能力，提高领导水平和执政水平，努力实现建设学习型党组织的目标。不断加强对领导班子和广大党员理论学习的指导，下发《2009年集团党委中心组和党员干部理论学习安排》，集团党委中心组和党员干部理论学习的重点为：学习马克思主义理论，学习党的路线方针政策和国家法律法规，学习党的历史，同时广泛学习有利于提高舆论引导能力所需要的经济、政治、文化、科技、社会和国际等各方面知识。广大党员学习理论的重点篇目为：《高举中国特色社会主义伟大旗帜，为夺取全面建设小康社会新胜利而奋斗》、《科学发展观重要论述摘编》、《加强领导干部党性修养树立和弘扬良好作风》等，同时结合庆祝新中国成立60周年，学习中共党史方面的知识。

机关党委先后下发了《关于加强党员干部党性修养树立和弘扬良好作风的意见》、《关于开展向吴大观同志学习活动的通知》、《关于认真学习贯彻十七届四中全会精神的通知》、《关于学习弘扬右玉精神加强机关作风建设的通知》等文件，对指导党员干部理论学习进行了具体安排部署。为党员干部下发了《当前党员干部应当树立的10个新观念》、《六个“为什么”——对几个重大问题的回答》、《加强领导干部党性修养树立和弘扬良好作风》、《党的十七届四中全会<决定>学习辅导百问》等学习资料近千册，指导各党支部认真组织党员干部学习。基层党支部坚持每

周的理论学习制度，保证“一课三会”制度的落实,党员干部认真制定好学习计划，在集中学习的基础上，认真坚持自学，确保党员理论学习的覆盖面达到全体党员。

8月14日，集团党委组织广大党员干部和新闻采编人员，听取了《山西日报》原老领导、老报人郭寅祥同志所做的题为《做让党和人民放心满意的新闻工作者》的专题学习辅导。郭寅祥同志联系自己从事新闻工作的经验体会和感悟，嘱咐年轻的新闻工作者，作为党报的工作人员，要把听党的话做为基本的原则，始终同党中央保持高度一致。要坚持新闻的真实性，这既是对新闻工作者党性的考验，也是对新闻工作者人格与道德的考验，求真不仅仅是一种压力，更重要的是一种动力和责任。新闻工作者要严于律己，要用国家法律、社会道德、党纪党规约束自己，新闻工作者不是自由职业者，而是忠诚于党和人民的新闻战士。整场辅导报告让党员干部和新闻采编人员受到深刻的教育和启示。

8月21日，集团党委组织部分党员干部和年轻编辑记者，奔赴延安，参加学习培训，追忆光荣传统，接受圣地洗礼。在延安新闻纪念馆门前广场，面对宝塔山，背倚清凉山，参加培训的党员和编辑记者们庄严宣誓：“继承和发扬党的新闻工作优良传统，努力做让党和人民放心满意的新闻工作者。”这一刻，让许多党员干部和编辑记者们终生难忘，新闻工作者的荣誉感和使命感油然而生。这次赴延安学习采访活动是集团党委贯彻落实全国新闻战线进一步深入开展“三项学习教育”活动的一项重要举措，是推进“三贴近”原则与弘扬党的优良传统作风紧密结合的一次有益尝试，是紧密联系新闻工作的实践，不断丰富党员教育培训工作形式和载体的一次创新。

集团党委结合贯彻落实《工作规划》和《实施办法》，组织了学习讨论。大家一致认为,《工作规划》和《实施办法》是中央和省委为促进落实党风廉政建设各项任务，推进惩治和预防腐败体系建设采取的一项重要措施，集团各级党组织必须抓好这两个文件的学习和贯彻落实。要把惩防腐败体系建设任务同报纸宣传工作、经营创收工作同研究、同部署、同落实。集团党委研究制定了《贯彻落实<工作规划>和<实施办法>的实施方案》，扎实推进集团惩治和预防腐败体系建设，充分发挥《山西日报》等主流媒体的优势，为贯彻落实《工作规划》和《实施办法》提供有力的舆论支持，营造党风廉政建设的良好舆论氛围。

在加强学习的基础上，集团党委组织副处级以上党员干部参加省直机关组织的“加强党员干部党性修养树立和弘扬良好作风”知识答题活动。包括集团领导在内的厅、处级党员干部162人积极参与答题，把答题活动做为加强党员干部党性修养、树立和弘扬良好作风、推动集团党风廉政建设深入开展的重要抓手。

二、坚持正确的舆论导向，努力提高宣传水平

2009年，集团党委牢牢把握正确舆论导向，大力宣传省委、省政府的重大决策部署，不断提高舆论引导能力和办报水平，为推进全省“转型发展、安全发展、和谐发展”提供了有力的舆论支持，营造了良好的舆论环境。

围绕中心，服务大局，充分发挥党报新闻宣传主渠道、主阵地作用。2009年大事要事多、重大活动多。集团党委以高度的政治敏感，强烈的责任意识，紧跟中央和省委，服务工作大局，部署各主流媒体以充分的版面、丰富的内容和创新的形式组织报道，力抓大事、要事、重要活动、重大工作的宣传报道，充分发挥了党报新闻宣传的主渠道主阵地作用。

2009年《山西日报》推出的重点报道主要有：贯彻落实科学发展观、推动“三个发展”的报道；应对金融危机，“强信心、稳增长、促转型、保民生”的报道；全省重点工程建设系列报道；全省十大产业振兴系列报道；五个全覆盖系列报道；煤炭产业转型重组系列报道；文化产业改革报道；庆祝新中国成立60周年系列报道等等。这些报道多次受到省委书记张宝顺、省长王君的称赞，先后6次受到中宣部《新闻阅评》的专题介绍和充分肯定。

为了全力营造有利于应对金融危机、推进“三个发展”的舆论环境，《山西日报》五六月份相继推出“推进八大产业、加快三个发展”专栏；“着力改善民生、推进‘五个全覆盖’”专栏；“落实‘三个千方百计’、‘三个坚定不移’系列评论”，推进转型发展“时事观察”和“重点工程大扫描”专栏等。省委书记张宝顺6月26日作出批示：“《山西日报》近期报道主题鲜明，重点突出，服务大局，应予肯定”。

2009年2月28日，《山西日报》头版头条刊发长篇通讯《高天寒流急　大地春风吹——山西应对金融危机全记录》，省长王君当天作出批示：这篇文章“基本反映了省委、省政府应对金融危机所采取的措施和工作，对于增强信心，保持我省经济平稳健康发展有一定的促进作用。”

为了出色完成庆祝新中国成立60周年宣传报道任务，《山西日报》从7月下旬开始，在一版开设“巨变60年”专栏，在二版开设“我与我的祖国”专栏，并以“见证60年”为主题，推出彩色系列专版，全方位、多角度、大气势地宣传报道60年来三晋大地翻天覆地的变化与成就。9月16日，中宣部《新闻阅评》以《事实说话、新旧对比、点面结合，山西日报<巨变60年>专栏有可读性》为题予以高度评价。

坚持改革，勇于创新，进一步提高舆论引导能力和办报水平。自2009年元月1日起，《山西日报》在充分征求各方面意见的基础上进行了新一轮改版。同时，创新、完善了激励机制，重新修订了《山西日报编辑部考核办法》。改版之后，报纸指导性、思想性、新闻性、可读性进一步增强，出现了“今日视点”、“时事观察”、“新闻纵深”、“财经新闻”等亮点栏目和亮点专版。同时，编采人员工作积极性进一步提高，出现了比策划、比稿件、比版面、比贡献的工作氛围，保障了报纸质量的稳定提高。

重视社会各界对集团各媒体和新闻采编人员的监督，严格执行新闻宣传纪律。集团党委加强正反两方面的教育，树立和宣传新闻工作者中的先进典型，并针对不良倾向开展警示教育。坚决查处有偿新闻、“有偿不闻”和以稿谋私等行为，坚持抵制虚假报道、低俗之风和不良广告。对群众举报的违规违纪案件，发现一起、查处一起，决不姑息。同时，集团各媒体进一步建立、健全、完善、规范了各项规章制度。山西日报集团党委重新审定了《采编工作管理制度》、《新闻稿件审签制度》、《重大突发事件报道制度》、《舆论监督报道制度》、《重大失误责任追究制度》、《接受社会监督制度》等“六项制度”。这些制度的特点是：涵盖新闻工作的方方面面，具有全面性；密切联系实际，解决突出问题，具有针对性；详细具体，切实可行，具有可操作性。

三、开展一系列活动，推动文明和谐单位建设

集团党委对建设文明和谐单位极为重视，集团党委书记、社长袁升德同志对集团开展文明和谐单位创建工作的情况进行了专题调研，撰写了《对构建文明和谐集团的思考》的调研报告，对推进集团文明和谐单位的创建工作起到了推动作用，该调研报告获得全省宣传系统调研成果特别奖。

落实刘云山同志关于推进文化体制改革的意见，谋划集团科学发展。2009年4月20日，中共中央政治局委员、中央书记处书记、中宣部部长刘云山同志来到《山西日报》报业集团考察工作。省委书记张宝顺以及省领导申维辰、胡苏平、高建民等陪同刘云山同志考察工作。此时，正值纪念《山西日报》创刊60周年的前夕，刘云山对《山西日报》创刊60周年表示热烈祝贺，并向全省新闻宣传战线的同志们致以崇高的敬意。刘云山观看了《山西日报》创刊60年图片展和书画展，他对《山西日报》60年来取得的成绩，对报社一代又一代人为党的新闻宣传事业作出的贡献，给予充分肯定。他称赞说：“《山西日报》在省级党报中是好的，尤其是评论和典型报道见长、有优势。”刘云山还专程看望了正在工作岗位上的《山西日报》编辑记者。刘云山勉励大家：“希望你们继续发挥好优良传统，坚持正确的舆论导向，努力办出山西特色，把《山西日报》办成一流省级党报。”

在迎来《山西日报》60华诞的喜庆日子，刘云山部长来到《山西日报》考察工作，是对报业集团广大职工亲切的关怀、巨大的鼓舞。集团党委召开会议，集中传达学习刘云山同志在山西考察调研及在报业集团视察时的重要讲话精神，落实刘云山同志对推进文化事业、文化产业改革的意见；研究进一步提高舆论引导能力，努力推进报业集团文化体制改革，激励《山西日报》广大新闻工作者更加奋发地工作，努力实现办成一流省级党报的目标。

2009年4月26日，《山西日报》创刊60周年暨山西日报报业集团成立5周年纪念大会隆重举行。纪念大会上，省委书记张宝顺、省长王君分别发来贺信；省委副书记、省政协主席薛延忠代表省四套班子领导讲话；省委常委、宣传部长胡苏平代表省委宣传部和全省宣传战线讲话；省人大常委会常务副主任杨安和、副省长张平、省政协常务副主席郭良孝出席大会；中国记协书记处书记顾勇华到会祝贺并讲话。中宣部、国家新闻出版总署、中华全国新闻工作者协会、中国报业协会发来了贺信、贺电；中央媒体、兄弟省市区党报也发来贺信、贺电表示祝贺。集团党委书记、社长袁升德在纪念大会上致辞，新老报人代表作了发言。纪念大会还特别为山西日报从业30年以上的老职工代表颁发了荣誉证书。

为纪念《山西日报》创刊60周年，集团还举办了《山西日报》60年摄影展、书画作品展等一系列活动，并编印了《庆祝山西日报创刊60周年特刊》和纪念画册。通过这次纪念活动，报业集团广大干部职工将以“办全国第一流省级党报”为激励，以“做大做强报业集团”为动力，迎接更加灿烂辉煌的明天。

6月，集团举办庆祝新中国成立60周年——“五星红旗我为你自豪”主题演讲比赛。经过比赛，有14名选手获一、二、三等奖；14名选手获优秀奖。集团领导和全体职工观看演讲比赛。集团党委书记、社长袁升德对开展系列庆祝活动十分关心和支持，他要求把演讲比赛获奖选手的演讲稿编成一本画册，发到全体职工手中。袁社长还亲自为演讲画册撰写了题为《让爱国情怀在平凡的岗位上闪光》的卷首语，激励集团广大职工弘扬爱国主义精神，把高昂的爱国主义激情，引导到做好本职岗位工作上来，凝聚到促进集团科学发展上来。

7月23日，集团举行庆祝新中国成立60周年职工全健排舞表演赛，来自集团19个单位和部门的14支代表队参加了比赛。参赛职工身着靓丽时尚的舞衣，踏着动感明快的节拍，面带笑容，精神抖擞，活力四射。欢快的舞蹈，跳出了集团职工的士气和信心，跳出了对祖国的祝福和对幸福生活的赞美，展示了新闻工作者热爱生活、充满激情的精神面貌。

9月25日，集团举行庆祝新中国成立60周年“歌唱伟大的祖国”职工合唱比赛。由集团各单位、各部门组成的16支代表队倾情放歌，向祖国母亲献上最真挚的祝福。集团领导积极参与，和广大干部职工们一起登台演唱，鼓舞了士气，展示了集团上下一心、团结奋进的良好精神风貌，嘹亮的歌声唱出了对祖国的深深热爱和最美好的祝福。

2009年，集团广大党员干部职工继续积极参与社会公益活动。每逢节日，集团都参加省直工委组织的联企帮扶活动，对困难企业职工进行慰问，送去集团广大职工对困难企业职工的一片爱心。6月和12月，集团党委响应省委、省政府的号召，分别组织了“博爱一日捐”和向灾区贫困群众“送温暖，献爱心”社会捐助活动。集团领导带头捐款，广大职工积极参与，两次捐助活动共筹得善款83371

元，由省红十字会和省民政厅送往受灾群众手中。

四、积极开展争先创优活动，各项工作成绩显著

“五一”前夕，报业集团获得省劳动竞赛委员会表彰的有：李伟荣获“省五一劳动奖章”；孙荣祥、秦洋、齐作权、边治国在支援抗震救灾工作中成绩显著，荣获“省五一劳动奖章”；获得省直机关劳动竞赛委员会表彰的有：山西日报、山西晚报、闻兴印务总公司荣获“省直五一劳动奖状”；于彦军、桂小纯、冯印谱、来惠平荣获“省直五一劳动奖章”。

6月25日，省直机关纪念建党88周年暨“创先争优”表彰大会上表彰了先进基层党组织、优秀共产党员、优秀党务工作者。其中，山西晚报党总支获得“先进基层党组织”称号；李伟、郝枢波获得“优秀共产党员”称号；于彦军、王兵获得“优秀党务工作者”称号；集团机关党委获得“党风廉政建设先进集体”称号；闫刚、初晓琴获得“党风廉政建设先进工作者”称号。

报业集团财务管理中心主任侯忠泉被全国创争活动领导小组授予“全国知识型职工先进个人”称号。报业集团良友周报社被全国妇联、全国妇女巾帼建功活动领导小组授予“全国巾帼文明示范岗”。山西农民报、良友周报等单位获得省级“青年文明号”。

10月，在全国企业文化建设工作年会上，山西日报报业集团被授予企业文化建设先进单位荣誉称号，于彦军被评为企业文化建设先进工作者。

12月，省直文明委表彰2009年度文明和谐单位,报业集团再获省直文明和谐单位称号，郝枢波被评为文明和谐创建先进工作者。

山西新闻界庆祝第十个“中国记者节”暨表彰大会上，山西日报席殿晋、山西晚报尹长虹获得全国优秀新闻工作者荣誉称号；集团各媒体中有13人获得山西省第五届百佳新闻工作者荣誉称号；集团选手郭风情、康娜分别获得“做新时代优秀新闻工作者”演讲比赛一等奖、三等奖；集团各媒体中，有1篇作品荣获第19届中国新闻奖三等奖；有3篇作品获得第18届山西新闻奖特别奖；有67篇作品分别获得山西新闻奖一、二、三等奖；有7篇作品分别获得山西省新闻奖副刊一、二、三等奖；有7个报纸版面分别获得山西省新闻奖版面一、二、三等奖；有5幅摄影作品分别获得山西省新闻奖摄影一、二、三等奖；有2幅漫画作品分别获得山西省新闻奖漫画三等奖；有1篇论文获得山西省新闻奖论文三等奖；有2篇作品获得山西省新闻奖网络新闻三等奖；有2个专栏分别获得山西省新闻奖新闻专栏一、三等奖；有4篇文章分别获得庆祝新中国成立60周年征文比赛一、二等奖。 （于彦军）

附：山西日报报业集团党委书记、副书记、委员名单

书　记：袁升德

副书记：王建武

委　员：杜天威　李蜀昌　张　宁　冯爱民　兰炎平　胡　果　杨小宁　李志刚

省委党史办公室工作概况

省委党史办公室主任　张铁锁

2009年，省委党史办公室全体人员认真学习贯彻党的十七大和十七届三中、四中全会精神，贯彻落实年初召开的全国党史研究室主任会议精神，运用在开展学习实践科学发展观活动中取得的开阔思路、谋划发展的认识成果，努力推动党史工作科学发展，围绕中心，服务大局，统筹各项党史工作，扎实做好编研宣传业务，使党史工作在新的起点上展现出新的局面，取得明显的成绩。

一、认真贯彻落实全国党史研究室主任会议精神

2009年3月，召开了全省党史研究室主任会议，全省11个市分管党史工作的领导和党史研究室主任等70多人参加会议。会议传达了习近平同志对党史工作的重要讲话精神和全国党史研究室主任会议精神。省委常委、秘书长高建民出席会议并作了重要讲话，对认真贯彻落实全国党史研究室主任会议精神，推动我省党史工作科学发展，开拓进取，服务大局，提出明确的要求。全省党史部门扎实开展各项党史工作，统筹推动党史工作的新发展。

二、大力开展庆祝新中国成立60周年活动

与省委宣传部共同承办了由省委、省政府主办的《辉煌60年——山西省庆祝新中国成立60周年成就展》。展览充分展示了山西60年来，特别是改革开放30多年来在经济、政治、文化、社会和生态文明建设以及党的建设方面所取得的辉煌成就。展览于9月28日正式展出，省四大班子领导出席开展仪式，省城干部群众代表2500人参加。

与省委宣传部、省广电局联合摄制了电视专题片《回望60年——山西省庆祝新中国成立60周年特别节目》，参与了该片选题、策划、撰稿、访谈、监制等工作。该专题片共9集，较为系统全面地记录和反映了60年来山西发展进步的光辉历程和取得的伟大成就。9月29日至10月8日，专题片在山西卫视黄金时段播出后，在社会上引起很大反响。

与省委宣传部等单位组织开展了山西“双百”人物评选活动。为完成这项工作，于6月11日专门召开各市党史研究室主任会议，对工作进行了安排和部署。还主要承担了对全省群众提名推荐的“100位为新中国成立做出突出贡献的英雄模范人物”进行评审，并撰写和修改了候选人物的事迹材料。7月20日，在全国公布的150名“为新中国成立做出突出贡献的英雄模范人物”候选人中，山西籍和在山西牺牲的人物达30名，占全国的1/5。9月10日，在最后通过全国评选公布的“100位为新中国成立作出突出贡献的英雄模范人物”中，有7位是山西籍和在山西牺牲的人物，分别是刘胡兰、王若飞、叶挺、叶成焕、左权、刘志丹、李林。

举办了《开国领袖将帅在山西大型图片展》。山西是著名的革命老区，为中国新民主主义革命的胜利和建立新中国，做出了巨大的贡献。在革命战争年代，山西是开国领袖、开国将帅留下光辉足迹最多的省份之一，老一辈革命家在山西工作和战斗，为夺取新民主主义革命的胜利和新中国的诞生建立了丰功伟绩。围绕这一主题，省委党史办公室举办了《开国领袖将帅在山西大型图片展》。整个展览由六部分组成，共展出380多幅珍贵历史图片，其中一些还是首次展出。展览于9月24日开展，省委常委、秘书长高建民出席开展仪式并作重要讲话，原省委书记李立功、原省政协主席郭裕怀等出席，新华社、山西日报、山西电视台等各大媒体作了宣传报道。图片展出后，参观者络绎不绝，短时间内达3万多人。

为纪念新中国新山西建立60周年，组织撰写了题为《与共和国一起走过——新山西60年革命、建设、改革历程回顾》的专文。该文分为“在战火硝烟中新生”、“在艰苦创业中前进”、“在改革开放中腾飞”三部分，以山西为中国革命的胜利和新中国的成立做出了巨大贡献为切入点，阐述了新山西的由来，记述了新中国成立60年来党领导山西人民走过的光辉历程和取得的伟大成就。9月26日，该文在《山西日报》整版发表，在社会上产生了较大反响。

编写了《新山西60年大事记（1949年10月——2009年9月）》，共5万余字，供省级领导参阅。

三、党史研究取得新成绩

按照中央党史研究室的统一部署和要求，完成了《执政中国》（山西篇）4个专题。4个专题分别是《山西对农业社会主义改造道路的探索和实践》、《农村家庭联产承包责任制在山西确立的历史考察》、《山西吕梁地区在全国率先拍卖“四荒”使用权概述》、《改革开放以来山西加强农村基层党组织建设的探索》，共7.4万余字。

修订再版了《赵树理传》，该书被列入《当代中国人物传记》丛书之一。出版了《陈永贵传》。编写出版了反映曾在太行、太岳革命根据地担任新闻战线领导的金沙同志业绩的《金沙纪念文集》。编写出版了反映原省委领导赵雨亭同志业绩的《赵雨亭纪念文集》。参与征集资料、撰稿、编辑和编审，与薄一波著作编写组征编出版了《薄一波论新军》、《薄一波书信集》、《薄一波百年诞辰纪念文集》。编写出版了《中共山西年鉴》（2007年）。在完成送审稿方面，继续开展山西社会主义革命、建设、改革历程和成就的重大课题研究，完成《执政山西史稿》12卷本中3卷的送审稿，共120余万字。完成华北五省市区党史协作研究课题《华北解放战争实录》（山西卷）送审稿并送出版社，40万字。完成《当代山西重要文献选编》（第4卷）送审稿，100万字。完成反映晋绥革命根据地著名人士刘少白业绩的《刘少白传》送审稿，30万字。完成反映著名戏剧表演艺术家贾桂林经历和事迹的《贾桂林传》送审稿，20万字。完成曾任中共山西省委书记的陶鲁笳同志的《陶鲁笳文集》送审稿，120万字。总计460万字。

对新民主主义革命时期山西党史的一些重大问题展开集中攻关研究，进一步深化了对新民主主义革命时期山西党史特点的认识，并形成了重要研究成果，发挥其资政作用。主要有：撰写了《三晋热土铸辉煌，太行丰碑铭千秋——山西在中国新民主主义革命时期的地位、作用和贡献》专题资政报告，撰写了专题《巍巍太行铸丰碑——山西在华北敌后抗战中的重要地位、作用和贡献》、《太行精神：中华民族抗战精神的伟大象征》，为在新形势下大力弘扬太行精神提供研究成果。为服务全省各级领导工作中需要了解有关山西党史，撰写了《中共山西党史要览（新民主主义革命时期）》。

四、党史资料征编取得新进展

继续推进“抗战时期山西人口伤亡和财产损失”课题调研，征集整理了档案资料、文献资料4687卷，13万多页，编纂完成全省抗战损失大事记25万字，省级调研报告55万字，基本完成省、市、县三级调研报告和相关资料的整理工作。

围绕编写《执政山西史稿》和《当代山西文献选编》，征集了社会主义时期前17年200多万字的档案资料，征集了改革开放新时期100多万字的档案资料。

与薄一波著作编写组征编出版《薄一波论新军》、《薄一波书信集》、《薄一波百年诞辰纪念文集》，从中央档案馆、解放军档案馆、山西省档案馆征集了100多万字的档案资料，报送薄一波著作编写组，供研究和选编。

五、党史宣传教育成效明显

2009年，在开展党史宣传教育方面，除围绕新中国成立60周年开展的一系列活动外，积极发挥了中共太原支部旧址纪念馆的宣传教育功能。省纪委在纪念馆坚持开展了新任副厅级领导干部“廉政谈话”活动。纪念馆积极发挥了革命传统教育、党的优良作风教育作用。《党史文汇》杂志开辟“共和国的脊梁”、“纪念新中国成立60周年”等专栏，组织编发了一系列宣传纪念文章。2009年9月，承办了“中部地区党史期刊第四届年会”，山西、河南、湖北、江西、安徽等中部六省及广西党史部门的领导和期刊负责人共60多人出席论坛，中央党史研究室副主任张启华、中央文献研究室副主任陈晋向论坛发来贺信，省委常委、秘书长高建民出席论坛并作重要讲话。论坛的成功举办，促进了党史刊物的宣传教育工作。

六、业务指导取得新成效

在2009年3月初召开全省11个市党史研究室主任会议，传达贯彻全国党史研究室主任会议精神，部署安排党史工作之后，7月，召开了各市党史研究室主任会议，对市县党史工作作了研究和部署。围绕“抗战时期山西人口伤亡和财产损失”课题调研，多次派出人员到市县督促、指导工作，推动了该项课题工作的有效开展。根据中央党史研究室在全国开展党史调研活动的安排意见，制定了《关于对全省党史工作开展调研的工作方案》，并报省委分管领导同意后，由省委党史办公室牵头，会同省委组织部、省委宣传部，组成多个调研组，分头通过召开座谈会、实地考察等形式对全省党史工作开展了一次全面的、有重点的、有针对性的调研活动。通过调研指导，进一步掌握和了解了市县党史工作的状况，积极协调有关部门解决了一些问题，推进了市县的党史工作。撰写了《中共山西省委党史办公室关于全省党史工作的调研报告》，报送中央党史研究室。

七、机关自身建设成绩显著

2009年，原山西省史志研究院分设为中共山西省委党史办公室和山西省地方志办公室。在《中共山西省委党史办公室职能配置、内设机构和人员编制方案》中，对省委党史办公室的职能作出了符合党史工作实际和特点的定位，这就是“省委党史办公室是山西省中国共产党党史研究部门，也是中共山西省委主管党史业务的工作部门”。“三定方案”规定：省委党史办公室内设12个处级机构，分别是综合处、人事处（含机关党委）、科研管理处、宣传教育处、资料征集处、第一研究处、第二研究处、第三研究处、第四研究处、第五研究处、《中共山西年鉴》编辑部、《党史文汇》编辑部，编制70人。省委党史办公室的第一、二、三研究处分别对应中央党史研究室第一、二、三研究部，第四研究处对应当代中国研究所，第五研究处对应中央文献研究室。11月，中央党史研究室对山西省重新设置和加强党史机构的情况给予充分肯定，科研管理部将“三定方案”转发全国党史部门。

2009年，继续推进和提升机关文明和谐标兵单位的创建工作，被省直文明委评为“文明和谐标兵单位”。

（杨玉堂）

附：省委党史办公室主任、副主任名单

主　任： 张铁锁（3月任职）

副主任： 栗金凤（3月任职）　卢海明（3月任职）　牛崇辉（8月任职）

省社会科学院党组工作概况

党组书记　李中元

山西省社会科学院是中共山西省委、山西省人民政府直属的综合性哲学社会科学研究机构，全额拨款的事业单位。设有院党组1个，机关党委1个，党总支1个，党支部20个，现有党员233名，在职148名，离退休85名。

2009年，院党组在省委、省政府的正确领导和省委宣传部的直接领导指导下，带领全体科研人员和干部职工认真学习贯彻党的十七大和十七届三中、四中全会精神，坚持以马克思列宁主义、毛泽东思想、邓小平理论和“三个代表”重要思想为指导，深入学习贯彻科学发展观，紧紧围绕落实省第九次党代会精神和全省“十一五”规划，围绕省委省政府的中心工作，积极发挥思想库、智囊团作用，创新发展理念，积极探索我院建设和发展的新思路、新途径、新方法，全面推进党的思想建设、组织建设、作风建设、制度建设和反腐倡廉工作，为完成各项工作任务提供了重要的组织保证和思想保证。

一、坚持马克思主义的指导地位，班子建设合力明显增强

坚持马克思主义的办院方向，突出马克思主义的指导地位。年初我们结合学习实践科学发展观活动积极开展了学习党章和中国特色社会主义理论体系教育活动，举办了系列报告会、座谈会、研讨会，组织全院职工深刻理解、把握马克思主义中国化最新成果的科学内涵和精神实质。党组班子多次研究并在各种场合反复强调，要坚持以马克思主义为指导，坚持正确的政治方向。要求各级党组织和全体干部职工，在方向问题上必须旗帜鲜明、立场坚定，同以胡锦涛同志为总书记的党中央保持高度一致。在院工作会议上，重点就各学科加强马克思主义指导地位问题进行了检查和交流。各单位注重把握理论和学术动态，加强对社会思潮的跟踪分析，将坚持正确的政治方向、理论方向和科研方向努力落实到实处。

坚持高标准，加强班子思想、作风、制度建设。2009年是全面贯彻落实科学发展观，扎实开展学习实践活动的一年。党组成员和党员干部只有努力提高贯彻落实科学发展观的本领，把党组建设成贯彻落实科学发展观的坚强指

挥部，把党员领导干部培养成贯彻落实科学发展观的骨干力量，才能使我们真正成为马克思主义的坚定信仰者、模范实践者和贯彻落实的有力推动者。

一是重视理论学习，注重政治素养和理论水平的培养，提高开拓创新能力。深刻领会和准确把握科学发展观的理论精髓，用科学发展观统领工作。坚持党组中心组学习制度，定期开展理论学习和业务知识学习，撰写学习心得，交流学习体会，采取个人学习和集中学习，理论学习和实践调研相结合的方式，加强领导班子的思想建设，保持了领导班子积极向上、不断进取的工作热情。年初对党组中心组、干部职工理论教育做了计划安排；对中央、省委有关重要会议精神和省直工委不同阶段安排的重要学习内容及时下发了学习通知。安排20名处级干部参加了省直党校“三个发展”培训班的学习。组织处级干部参加了省直系统“加强领导干部党性修养，树立和弘扬良好作风”的知识测试，参考率达100%。

二是认真贯彻民主集中制，进一步增强决策的民主性和科学性。建立健全了院党组会、院长办公会、院务会等领导工作制度，明确各项会议的职权范围和议事规则，规范议事程序和决策程序；搞好分工协作，提高领导班子的凝聚力和战斗力；把“尊重人、理解人、关心人、激励人”作为建立内部人际关系的准则，班子成员相互尊重、相互信任、相互配合、沟通合作，坚持重大问题事前协商，日常工作及时交流，努力营造团结协作的工作环境；建立意见交换制度，充分重视班子成员的意见，坚持民主生活会制度，开展批评与自我批评。达到了互相了解、增强团结、促进工作的目的。

三是加强作风建设，做到廉洁奉公。全面加强领导班子成员的思想、学风、作风建设，严于律己，拒腐防变，做党风廉政建设的模范。带头抓好自身的廉政建设，严格遵守党纪国法，带头执行廉洁自律各项规章制度，不断加强自身修养，巩固思想防线，认真落实党风廉政建设责任制，进一步完善党内监督机制，以高度的政治觉悟，严明工作纪律，维护领导班子的整体形象。

四是坚持原则，做好表率。做到令行禁止，率先垂范，领导班子成员带头遵守院财务、人事、资产等方面管理规定和制度，自觉接受群众监督，认真对待群众意见，及时妥善做好各方面工作。设立意见箱，及时接受群众意见，建立群众意见反馈制度。

五是明确办院理念，推进科学发展。在办院理念中，增加了“服务发展”，形成了“党的领导、专家治院、民主管理、服务发展”的办院方针，在党组的集中统一领导下，充分发挥基层党组织的作用，团结带领全院职工，依靠专家学者和广大科研人员，提升科研水平，加强科研管理，围绕中心，服务大局，努力使我院成为省委省政府和全省经济社会发展的思想库、智囊团，进一步推进了我院又好又快发展。

践行马克思主义，学习实践科学发展观活动取得阶段性成果。按照中央和省委的部署，学习实践活动从2008年10月份开始，召开了深入学习实践科学发展观活动动员大会，院党组就充分认识开展学习实践活动的重大意义，全面把握深入学习实践活动的指导思想、基本原则和目标任务，以及深入学习实践活动的步骤、方法、加强领导等方面进行了动员部署。成立了院学习实践活动领导小组及办公室，制定并下发了《开展深入学习实践科学发展观活动实施方案》，从实际出发确定了“发展繁荣哲学社会科学，努力提高科研水平，服务全省经济社会科学发展，推进社会主义新型思想库建设”这一学习实践活动的主题和载体，并通过简报等形式进行宣传。按照省委领导组和第十一指导检查组的要求，制定了《学习实践活动各个阶段工作计划》和《山西省社会科学院学习实践活动整改落实方案》。学习实践活动历时5个月，实际工作时间720小时，在提高思想认识、增强发展能力、解决突出问题、创新体制机制、促进科学发展五个方面，重点抓好了3个阶段17个环节各项工作。做到了“规定动作”不走样，“自选动作”有创新。高质量地完成了全部工作，达到了预期的目的。

二、突出特点，发挥优势，组织开展多种形式的调研活动，以纪念建党88周年和新中国成立60周年为契机，增强全体干部职工的凝聚力和向心力

2009年，院党组调整充实了院邓小平理论和“三个代表”重要思想研究中心组成人员，进一步加强了对马克思主义、毛泽东思想、邓小平理论、“三个代表”重要思想和中国特色社会主义理论的研究力量，采取多种形式，以唱响“共产党好、社会主义好、改革开放好、伟大祖国好”的时代主旋律，展示党领导下的社科人研究经济社会情况、服务经济社会发展的雄厚实力，展示新中国成立60年以来我省在政治、经济、文化等各方面所取得的伟大成就，展示我院广大干部职工奋发向上、锐意进取、求实创新的精神面貌，从而壮大了骨干队伍，提升了整体形象。

一是“三八”期间组织女职工到万荣调研考察，领略独特的地域文化造就的独特的“敢想、敢干、能干、会干”万荣精神，从而激发了广大干部职工潜心科研、服务社会的工作热情。二是“七一”前夕组织支部书记、各部门负责人赴右玉县学习考察，在领会右玉精神的同时，深刻反思世界范围文化交流交融交锋日益频繁，国内社会思想多元多样多变特征给意识形态工作领域带来的“面临现实环境的变化如在经济转型中一些人的主导信仰发生变化，有所削弱；改革带来的利益多元化导致的人们思想观念的多样化；经济全球化和社会信息化激化了意识形态的竞争；发达资本主义国家的经济、政治实力带来意识形态的强势”等等诸多新情况、新问题。从而正确树立社会主义核心价值观，牢牢把握社科研究的正确方向，为实现“安全发展、转型发展、和谐发展”提供精神动力和理论支撑。三是

"七一"前夕召开了隆重的表彰大会。6月26日在充分发扬民主的基础上，召开党委扩大会，采用无计名投票方式，确定了我院受省直工委表彰的先进基层党组织、廉政建设先进集体和优秀共产党员、优秀党务工作者、廉政建设先进个人推荐议案。确定了我院在"创先争优"活动中涌现出的先进基层党组织、优秀共产党员、优秀党务工作者并进行了表彰。在此基础上，安排部署了庆祝"七一"和新中国成立60周年系列活动。

三、围绕中心，服务大局，积极主动做好决策咨询

按照省第九次党代会提出的走出"四条路子"实现"三个跨越"的奋斗目标和省政府工作报告提出的任务，院党组科学筹划，站在战略的高度，着眼于影响全省经济社会发展的重大问题，积极地组织力量紧紧围绕"三个千方百计"、"三个坚定不移"，参与了"保增长、扩内需、调结构、重民生"的调研和论证，提出了如何应对世界金融危机和国内经济下行，在区域经济发展的路径选择，如何扩大投资拉动内需保持经济平稳较快增长等方面有价值的建议。一是由社科院主持、能源所和发改委合作完成的《山西中南部铁路货运专线建设》调研报告，有力地支持了省政府的决策。二是持续参与煤炭工业可持续发展试点工作，完成了《走能源基地与老工业基地创新发展的路子》、《山西省工业循环经济发展研究》、《山西省替代能源发展研究》等相关课题。三是年初提出的《山西投资增长分析》，该项目研究具有一定的前瞻性，为应对世界金融危机和国内经济下行，在区域经济发展的路径选择，如何扩大投资拉动内需，保持经济平稳较快增长方面形成了决策建议，被省政府所重视和采纳。四是更加关注山西经济社会发展中的热点难点问题，先后组织出版了《2009年山西经济社会形势分析与预测》（蓝皮书）、《2009年山西煤炭工业发展报告》（绿皮书）、《山西资本市场发展报告》（黄皮书），《大太原经济圈发展研究》、《新晋商案例研究》等，都为全省经济社会发展提供了有价值的建议。据初步统计，全年共完成专著15部，发表论文200余篇，完成研究报告50余份。

四、加强合作，拓展渠道，传统优势学科的活力得到进一步彰显

7月23日，在郑州就"如何应对国际金融危机实现经济平稳较快发展"这个主题召开了中部六省两市社科院高层论坛。会上，围绕国际金融危机背景下保持经济平稳较快发展的理论与政策，中部地区保增长的做法、经验和问题，中部地区如何利用倒逼机制实现"弯道超车"等议题，副院长潘云作了题为《从"三大需求"看山西经济运行》的学术报告。在第十三届明史国际学术研讨会上，副院长孙丽萍研究员提交论文《明代官商一体化研究》、历史所副所长高春平研究员提交论文《晋商与古代粮食产销及其期货贸易》产生较大的影响。在全国党建研讨会上，副院长孟艾芳作为山西代表就《加强领导干部党性修养牢牢把握反腐倡廉建设的主动权》作了大会发言。社科院与温州大学和商务印书馆联合主办了第二届汉语语汇学学术研讨会。通过强强合作，拓展了创新渠道，传统优势学科的活力得到进一步彰显。

五、深化改革，完善机制，管理水平进一步提高

坚持党的领导，专家治院，民主管理、服务发展的办院理念，在创新体制机制上进步明显。人事制度改革理顺体制编制基本完成，岗位设置已形成初步方案；建立和完善科研考核激励机制，逐步提高科研管理水平取得实效；加强行政管理，提高工作效能，为出成果、出人才提供有力的后勤保障有了进步；围绕中心，突出重点，进一步提高服务发展的能力；科研工作取得了新成效。

（罗惊澜）

附：省社会科学院党组书记、成员名单

书　记：李中元

成　员：贯桂梓　潘　云　孙丽萍

省农业科学院党委工作概况

党委副书记　刘惠民

2009年，院党委在省委的正确领导下，坚持以邓小平理论和"三个代表"重要思想为指导，以科学发展观为统领，认真贯彻落实党的十七大和十七届三中、四中全会精神，全面落实党的工作责任制，站在新高度，谋求新发展，实现新跨越，齐心协力，攻坚克难，开拓进取，扎实工作，为推动全院各项事业全面快速发展提供了有力的政治保障。

一、认真落实党的工作责任制

一年来，院党委坚持党要管党、从严治党的方针，全面落实《省直工委党的工作责任制暂行规定》，根据党委成员的分工，对党的工作责任制进行了任务分解，切实做到任务到人、职责明确。院党委成员在年度述职和民主生活会中都把党的工作责任制的落实情况作为主要内容。制定了《2009年党委工作要点》，在年初的院工作会议上，对党

的工作、党风廉政建设和科研工作一起部署，做到了年初有计划，年终有总结。院党委十分重视党委各部门的工作，能认真听取他们的工作汇报，让他们参加和列席党委会、党政联席会、党委中心组的学习。2009年党委有关部门负责人参加和列席党委会、党政联席会11次。院党委将党建工作经费纳入预算，重大活动拨给专项经费。全年党委各部门的办公经费总额为12.6万元，党建专项活动经费11.6万元，为保证党的各项工作的顺利开展提供了保障。全院形成了院党委统一领导，党委书记负全责，分管领导具体抓，各单位党委（总支、支部）书记对本单位负责，一级抓一级、层层抓落实责任制的工作格局。

二、坚持党委中心组学习制度

院党委紧密结合本院的实际，坚持党委中心组学习制度。下发了《2009年党委（总支、支部）中心组理论学习安排意见》，党委中心组全年集中学习6次，举办专题讲座2次，做到了时间、人员、内容的“三落实”。通过理论学习，全院各级党的组织和党员领导干部进一步加深了对落实科学发展观、构建和谐社会重要性的认识，进一步统一了思想，明确了目标，理清了思路，增强了团结，提高了党的凝聚力、创新力和廉洁自律的能力。

为使干部职工理论学习经常化、规范化、制度化，制定了《2009年干部职工理论学习安排意见》，对全院党委（总支、支部）中心组和干部理论学习进行了统一安排，确保全院理论学习落到实处。重点学习了《关于加强和改进新形势下党的建设的若干重大问题决定》，组织党员领导干部学习了中央1号文件和全省农村工作会议精神。并根据农业科研单位的特点，采取集中学习与个人自学相结合，通过报告会、专题辅导、知识竞赛、学习专栏等多种形式，保证了学习效果。

三、加强党的基层组织建设

院党委以提高素质、改进作风、提高领导水平和执政能力为核心内容，继续加强领导班子建设。重点开展了以下几方面的工作：一是加强理论学习培训，全年共有46位处级领导干部参加了省委和省直工委组织的各种培训和轮训学习。二是调整充实所处级领导班子，对两个所级单位的领导班子负责人进行了充实调整。三是加强对民主生活会的指导，院所两级领导班子都以“加强领导干部党性修养，树立和弘扬良好作风”为主题召开了专题民主生活会。四是加强党的民主集中制建设，努力完善党委和领导班子的议事决策机制，坚持重大决策、重要干部任用要经过院党政联席会议集体研究决定，对专业性、技术性较强的重要议题，例如重大项目的立项推荐、发展规划等，都要充分听取专家和职工的意见。五是搞好干部年度考核工作，院属各单位坚持述职述廉和年度考核制度，通过考核，领导干部的责任意识和自律意识进一步增强。

院党委以建设高素质党员队伍为重点，全面推进基层党组织建设。各级基层党组织在坚持“三会一课”的基础上普遍开展了主题鲜明、有针对性的党员教育活动。通过邀请优秀党员做先进事迹报告，组织党员参观学习等活动，进行党的革命传统教育，对部分不健全的党组织进行了改选和补选。重点在科研一线的知识分子中发展党员，全年有23名入党积极分子参加了集中培训，有18人加入共产党，17名预备党员转为正式党员。

四、加强党的作风建设，深入开展反腐倡廉工作

院党委坚持标本兼治、综合治理、惩防并举、注重预防的方针，按照中纪委十七届三次全会和全省党风廉政建设干部大会的部署和要求，召开了全院纪检监察工作会议，全面安排和部署了党风廉政建设和反腐败工作。

一是全面落实党风廉政建设责任制。制定了《2009年全院党风廉政建设和反腐败工作任务分解意见》，把反腐倡廉工作任务分解到每一位党委成员和院级领导，并按牵头与配合单位分解落实到各职能部门，界定责任主体，明晰责任内容，努力形成党政齐抓共管、部门各负其责的反腐倡廉的工作格局。

二是加强思想道德教育和党纪国法教育。组织广大党员干部认真学习胡锦涛总书记在中央纪委十七届三次全会上的重要讲话精神，深入开展加强党性修养、弘扬优良作风的教育。要求各级党员领导干部加强党性修养，密切联系群众，严格执行党的纪律，深入推进廉政文化建设，筑牢拒腐防变的思想道德防线，切实做到政治坚定，作风优良，纪律严明，勤政为民，恪尽职守，清正廉洁。

三是加强反腐倡廉的制度建设。结合学习实践科学发展观回头看活动，出台了有关班子建设、资产管理、审计监察等方面的规章制度10余个，有力地推动了党风廉政建设的制度化和规范化。

四是强化监督检查。责成各级纪检、监察部门对基建项目的招标采购、重要工程验收进行监督检查，确保各项建设资金的科学使用；对年度论文、优秀论文评审、省级和国家级科研课题申报工作进行监督检查，确保科研立项和奖励的公平、公正、公开；继续加强对重大项目收支的监管力度，对公开招聘录用人员的笔试面试进行督查，确保与群众利益密切相关的事项公正、公开、透明。

五是加强违规违纪行为的查处。认真开展“小金库”专项治理工作，在各单位自查的基础上，组织检查小组对下属14个单位进行了抽查。配合省纪委和财政厅对职工群众反映的有关单位的违纪问题进行了调查核实。

六是大力加强信访接待工作。对群众来信来访及时进行调查核实，予以澄清，视不同情况进行了纠正和处理。同时，对一些苗头性、倾向性问题，及时打招呼、敲警钟，力争做到早发现、早提醒、早预防，使问题消除在萌芽状态，防患于未然。

七是加强纪检监察干部队伍建设。举办了纪检监察干

部培训班，共培训50人次，为提高纪检干部的整体素质奠定了基础。

五、做好精神文明建设和统战群团工作，促进和谐院、所协调发展

院党委不断拓展党建工作的覆盖面，加大对群团和统战工作的领导和支持力度，以“庆祝新中国成立60周年”活动为载体，营造积极向上的文明氛围，促进了全院精神文明建设和和谐院所的协调发展。

组织开展了职工群众喜闻乐见、丰富多彩的群众性文化体育活动。新建了老干部活动中心，增添了文体活动、健身器材等设备，改善了职工文化生活条件，组织职工参观学习考察。通过这些丰富多彩的文化活动，丰富了职工的文化生活，陶冶了职工情操，增强了全院职工的凝聚力，营造了团结务实、勇于创新、乐于奉献的良好政治氛围。

一年来，院党委认真贯彻落实《中央统战部关于进一步加强科研院所统一战线工作的意见》，积极开展党外知识分子、民主党派、无党派人士和归国留学人员的工作。一是支持民主党派基层组织开展工作，协助民盟总支开展了学习实践科学发展观活动；二是加强对党外知识分子和党外干部的教育引导，选送3名党外干部参加了中央社会主义学院举办的党外干部培训班；三是加强对党外人士的宣传，积极参加省委统战部举办的新中国山西统战60年成就展，展示了我院12位党外知识分子的工作成绩及风采；五是采取倾斜政策，支持和鼓励归国留学人员开展科研创新工作，为我省农业科技和农业发展做贡献。

加强对工、青、妇组织的领导，积极发挥群团组织的作用，使他们成为党的工作的得力助手。全院有28个单位成立和完善了职代会，为保障职工的民主权益提供了机制保障。在全院深入开展以建功“十一五”科技大比拼为主要内容的劳动竞赛活动。营造尊重知识、尊重人才、尊重劳动的良好氛围。2009年，有3名同志荣获山西省五一劳动奖章。深入开展“劳动关系和谐单位”和“工人先锋号”创建活动，有4个单位获省农林水工委“劳动关系和谐单位”称号，3个课题组获“工人先锋号”称号。注重发挥女科技人员在科研创新中的作用，激励和支持他们在各自的岗位上展示才华，为社会做贡献。有1名女职工荣获省“三八”红旗手称号，1名女职工荣获“山西省五一巾帼奖”。

院党委积极开展了“送温暖、献爱心”社会捐助活动。院工会继续开展“联企帮困”活动，对太化橡胶一厂进行联企帮困。积极开展扶贫济困活动，对院所两级困难党员和职工救济60余人，发放救济金近3万元。

六、坚持民主、公开、竞争、择优的原则，引进高素质人才

坚持党管干部、党管人才原则，坚持民主、公开、竞争、择优的干部选拔任用机制，着力抓好以高层次人才为重点的各类人才队伍建设。2009年通过公开招聘，录用科研人员和管理人员72人，其中博士1人，硕士52人。

七、坚持党的工作和科研工作两手抓

科研创新有了新成就。全院共承担各级各类研究课题1C20个，新上国家863计划课题1个，国家成果转化项目6个，农业部公益行业课题4个，转基因专项课题10个。全年共鉴定科研成果29项，其中有1项达到国际领先水平，10项达到国际先进水平。2项合作成果获国家科技进步二等奖。审报山西省科学技术奖32项。全院有76个农作物新品种通过审定，其中11个通过国家级审定。全院有9项专利获国家授权，12个农作物品种获国家品种权。

科技示范推广服务有了新突破。2009年，实施“新农村建设农业科技推广示范工程”并在全省启动农业技术推广示范行动，同时推出农业网络推广平台、免费专家咨询热线、举办农民科技日、农民科技培训等五大科技服务新举措。继续实施新农村建设农业科技推广示范工程，在全省55 个县建立150个新农村示范村，示范推广农作物、畜禽优良品种206个，组装推广配套新技术76项，新增经济效益3.4亿元，示范村农民人均增收350元。山西省农业技术示范推广行动项目在全省60个县实施20个农技推广示范项目，示范推广农作物新品种165个，成套技术85项，总示范面积6.8万亩，推广70万亩，增加农业效益3.06亿元。

科技成果转化有了新提升。种子苗木、农药微肥、饲料兽药、保鲜加工、科技市场等五大科技产业的规模进一步扩大，技术水平进一步提升。全院科技企业总数达到60个，全院种子生产总面积12万亩,总产量约3500万公斤，总产值约2亿元。其中玉米、高粱两杂种子生产面积约8万亩，总产量约2000万公斤；小麦、马铃薯、棉花、蔬菜种子生产面积约4万亩，总产量约1500万公斤。农药微肥产业年销售收入6000万元，较去年有较大幅度的增长。饲料产业年销售饲料（折合全价料）12万吨。果品保鲜贮藏产业的技术服务和产品开发能力又有新的提升。科技市场经营规模进一步扩大，总规模达到1.8万平方米，年销售额达到7亿元。

科研基础设施和学科建设有了新进展。一是启动实施国家杂粮加工技术研发分中心和国家种子工程中心建设项目。二是立项新建综合性试验站6个，总规模达到21个。三是制定了北营和大吴科研基地拆迁重建规划，并被列为省重点工程，到位资金5.1亿元。四是启动海南育种基地建设项目，预算投资1200万元。（赵玉莲）

附：省农业科学院党委书记、副书记、委员名单

书　记：（空缺）

副书记：刘惠民　戴文斌　邢亚静（女）

委　员：陈明昌

省政府发展研究中心党组工作概况

党组书记　孟原生

山西省政府发展研究中心的主要职责是：紧紧围绕省委、省政府的工作部署,着重研究经济和社会发展的重大问题,突出宏观性、战略性、政策性和预见性,直接为省委、省政府决策服务。2009年是全省经济发展面临较大困难和严峻挑战的一年，也是对研究中心工作和自身建设提出新的更高要求的一年。在省委省政府的正确领导和牛仁亮副省长的直接指导下，深入贯彻落实科学发展观，紧紧围绕省委省政府的中心工作，以“三个发展”为主线，深入调研，准确把脉，为省委省政府提供了一系列卓有成效的决策咨询建议，创办《省长专阅》，开辟了新的服务途径，在省委、省政府决策民主化科学化进程中的作用更加明显。与此同时，大力改善研究条件，推进体制机制创新，开展文明和谐活动，机关自身建设进一步加强。

一、围绕省委省政府战略部署，着力破解重点、难点、热点问题，研究工作取得新进展

一是集中力量，全方位、多层次组织转型发展调查研究，为山西争取成为全国资源型经济转型发展综合配套改革实验区发挥了积极的重要的促进作用。省委提出“三个发展”后，结合多年来的研究基础和优势，以转型发展为重点，领导亲自挂帅，组织全部研究力量，先后赴全省11个市开展了为期2个月的专题调研，形成了由33个专题报告支撑的调研总报告，为全省转型发展提供了最新情况、典型案例和新鲜经验。在此基础上，根据张宝顺书记、王君省长等领导安排，进一步起草了《山西资源型经济转型发展情况汇报》、《山西转型发展的探索与启示》、张宝顺书记在中财办调研组在晋调研活动动员会上的讲话、牛仁亮副省长代表省政府向中财办调研组汇报文稿等材料，并陪同中财办调研组赴晋中、临汾、运城、晋城、长治进行了实地考察，代中财办调研组撰写了《关于山西转型发展情况的调研报告》，这些围绕山西发展的战略重点的研究与努力，为山西争取成为全国资源型经济转型发展综合配套改革实验区发挥了重要的作用，受到省委、省政府主要领导的充分肯定。目前，“中心”承担参与《国家资源型经济转型发展综合配套改革试验区政策方案》的起草工作。同时，为在全省形成转型发展的浓厚氛围，根据省领导的安排，同山西电视台合作，摄制了专题片《转型之路》。

二是及时组织开展煤炭资源整合研究，为山西推进资源整合和在全国进行经验推广发挥了积极的重要的支持作用。山西实施煤炭资源整合过程中，省内外社会上出现了“国进民退”、“行政干预取代市场调节”等片面观点，质疑山西省政府，给资源整合带来了一定的舆论压力。“中心”面对这样一种局势，认定山西进行煤炭资源整合借鉴了国内外经验，贯彻了中央精神，符合山西自身发展的需要，符合煤炭产业的发展规律和世界趋势，煤炭资源整合是山西转型发展的一个转机，必须全力推进。一方面，关注国内外媒体的有关舆情，及时向省领导专题汇报。另一方面，形成了一批有分量的研究成果和文章，在《山西日报》、《中国经济时报》等媒体公开发表并被新华网、人民网等20多家媒体转载，有效地配合支持了整合工作。决策咨询委召开山西煤炭资源整合与中国煤炭产业升级咨询座谈会，提出了以生产力为标准的重要观点，省委、省政府主要领导完全赞成。中央电视台、山西电视台全程录像，中央驻晋媒体、省内媒体以纪要为依托，作了集中性、大规模宣传，对于正面引导舆论、推动煤炭资源整合后续工作发挥了重要支持作用。同时按照省领导的安排，“中心”代省政府起草了《关于山西省煤矿企业兼并重组整合进展情况的报告》、《山西煤炭企业兼并重组的情况、启示与建议》，报国务院、国务院研究室。这些围绕山西发展热点的研究，对山西煤炭资源整合获得中央肯定和各界支持，发挥了积极的重要的作用，得到了省委、省政府领导的表扬。

三是从战略上、宏观上多角度进行应对危机策略研究，取得了一系列研究成果，并在社会上产生了积极的影响。应对金融危机对山西经济的影响，是2009年全省工作的难点。“中心”自觉贯彻“保增长、保民生、保稳定”方针，不等不靠，组织力量，认真分析形势，相关处室分行业分领域，主动开展研究，取得了一系列研究成果。主要有《金融危机对山西实体经济的影响》、《美国金融危机及主要经济体走势》、《从先行指标看我省经济运行趋势》、《关于调控我省经济运行的几点思考》等10多篇研究报告。这些围绕山西难点的研究，在山西对内进行资源整合、对外面对金融危机的双重压力下，中心从不同角度努力探索对策，为全省经济和具体行业领域走出困境提供了一些重要的途径和方法，得到了省领导的肯定。《焦煤集团融合产业资本与金融资本 打造世界级焦煤旗舰集团》调研报告送省领导后，王君省长做了重要批示；《相互学习，借鉴经验，进一步强化我省应对金融危机政策》报省政府主要领导审阅，得到了肯定；在省政府召开的“金融危机对我省‘三农’的主要影响”座谈会上作了《金融危机对我省“三农”的主要影响》专题发言；在全省“保秋粮、保增

长”专题会议上进行了《上半年农村经济形势分析与政策建议》专题汇报；《关于促进民间资本进入我省鼓励投资领域的意见》于2009年8月以晋政办发98号文件正式印发。

四是倾力办好《省长专阅》，创建直接为省领导决策咨询服务新平台。为了提高决策的科学性，借鉴河南等地经验，按照省领导的要求，“中心”成立了《省长专阅》编辑部，定期向省主要领导提供有关专题的国内外信息和研究建议。目前已编发17期，王君省长先后6次做出批示，副省长先后批示4次，给予高度肯定，为省政府领导工作决策起到了重要的参谋作用。

五是积极推进中长期战略性问题的探索研究，为“十二五”重点领域的工作开展进行了前期准备。“中心”全年开展和参与的课题研究21项，其中承担国家级课题1项；参与国家级课题4项。“中心”承担了国家发改委“十二五”规划前期研究课题，参与了国务院发展研究中心开展的中国特色农村信息化建设战略研究，参与了煤炭工作可持续发展相关政策研究，参与了民建中央环境资源委员会煤电价格改革和煤炭期货课题研究，承担了全省“十二五”规划的前期思路研究，参与了省人才办《山西省中长期人才发展规划》研究，省科技厅《全省知识产权纲要》研究，完成了《山西“四气”产业发展推进意见》。

六是自主性研究和合作研究课题多点开花，研究课题的深度和广度明显增强。“中心”同省发改委、省科技厅、省统计局、省扶贫办等单位合作，完成了《山西工业节能政策效应评估》、《山西省提高城乡居民收入研究可行性研究报告》、《山西社会领域节能工作推进手册》、《山西承接产业转移研究》、《关于对“山西晋中现代农业示范区建设规划”的几点建议》、《山西省“两区”开发现状与区域经济发展的调查研究》、《山西省农村居民消费研究》、《低碳经济及其对我省发展的挑战与对策》、《山西省治理超越超限长效机制研究》、《山西重大决策咨询机制研究》、《山西省生育意愿调查研究》、《贫困山区卫生服务缺失问题研究》、《关于加快我省高速公路建设的几点建议》、《山西农电管理体制改革研究》等等。同时，组织部分处长赴英国、德国进行了资源型城市转型发展调研；同中国社会科学院合作进行了“平遥小额贷款公司金融创新”调研活动，编撰调研背景资料17万余字和其他资料8万余字；参与了全省职业教育攻坚调研及调研报告撰写等等。此外，“中心”研究人员全年公开发表文章50余篇，发表在《中国社会科学》杂志、《中国经济发展战略》和《山西日报》、《前进》等省内外一流刊物上。

七是积极开展学术交流活动，意见建议的针对性、建设性、可操作性明显增强。决策咨询委员全年开展咨询论证会6次，大型研讨会及培训会2次；“中心”专家参与课题评审20余次，接受省内外媒体参访30余次。开展了2009年《政府工作报告》征询修改意见和建议工作，形成了省内委员专家和特聘委员两份《修改建议》提交起草组。举办了山西“十二五”经济社会发展重大战略问题及战略思路咨询会、山西转型发展区域政策专题咨询会、上半年经济运行形势分析与对策专题咨询座谈会、后危机时代山西发展思路与对策咨询座谈会、“中外资源型经济转型模式与政策比较”大型研讨会、“资源型经济转型发展思路与方法”培训会等。“中心”5人3项研究成果分别获得山西科技进步奖、省社科优秀成果奖和中国发展研究奖。此外，“中心”专家参与了《山西社科优秀成果》、《山西省土地利用总体规划大纲》（2006—2020年）专题论证会、新农村规划评审会议、《旅游产业振兴规划》的评审会、“世界银行技术援助CC5培训会”、“中德合作项目专家座谈会”、“山西省现代农业发展战略论坛”等课题评审及会议。山西电视台、《山西日报》、《中国社会科学报》、《山西经济日报》、《中国经济时报》等主流媒体对活动作了专题报道和采访。

八是按质按量完成了省委、省政府交办的重大政策研究和文件起草工作。2009年，省委、省政府交办的重大政策研究主要有8项，涉及转型发展、环保、县级财政、煤炭资源整合、民间资本、新农村等。根据牛仁亮副省长的具体安排，“中心”承担了全省环境保护六年成效总结，先期完成了4个分报告，最终形成了调研总报告《山西生态环境质量实现历史性跨越》、决策建议《山西生态环境工作主要进展和建议》和政府常务会的起草说明。该报告起草工作得到了省政府领导的高度重视，王君省长于7月7日和7月20日两次做出重要批示。根据省政府安排，“中心”还参与起草了《山西省县域新农村规划指导意见》，由省新农村办公室以文件形式下发全省各市县；代政府草拟了“关于缓解中小企业困难的若干政策意见”和“促进房地产发展的政策意见”等等。此外，“中心”参与起草了省领导讲话10余项。

二、围绕创建文明单位目标，以落实科学发展观整改措施为抓手，创新体制机制，机关各项建设取得新进展

一是适应党政主要领导分设的新要求，在实践中形成团结协作的领导集体。“中心”实行党政主要领导分设体例后，为建设统一、有序、协调、高效的党政领导体制，在实践中做到了“四个坚持”：坚持依据党章、中央相关文件和原订的有关规章制度，进行分工合作，自觉维护党组领导，积极支持行政工作；坚持以团结为前提，积极探索事权细化及程序设置规范，重大事项提前沟通，集体研究做出决定；坚持思想建设为先，通过民主生活会、交流谈心等方式方法，提高觉悟，认识和包容新体例运行中的差异；坚持以大局为重，为推动对外研究和内部建设创造宽松环境。党政领导分设体例实践中的积极探索，是领导体制创新的重要内容，在实践中逐步形成团结协作的领导集体，一方面保证前后体例平稳衔接过渡，另一方面保证研究工作的正常有效运转。同时为进一步出台有关领导分设

体例的文本文件，推进领导体例走向明晰、统一、有序、协调、高效，奠定了重要基础。

二是以制度建设为重点，进一步规范“中心”的内部管理。抓好制度建设是一项根本性、全局性、长期性的任务，制度建设是提升内部管理水平的根本途径。“中心”按照科学发展观整改落实方案，在执行现行参公管理体制的前提下，建立健全“中心”各项工作制度，充分发挥制度建设在全局工作中的规范性作用。《干部年度考核办法》、《干部选拔任用条例》、《离退休干部管理规定》、《信息报送考核办法》、《关于进一步加强领导班子和领导干部集体学习交流活动的意见》、《关于推进廉政建设的意见》等文件制定或修订完成已下发。《党组职责与会议规则》、《主任职责及会议规则》、《改进领导班子作风建设的意见》、《推进党务政务公开的意见》等文件草案已经完成。建立健全岗位职责，正在进行汇总、征求意见。

三是突出学习培训，提高党员干部的思想和业务水平。为贯彻十七届四中全会精神提出的建设学习型党、学习型机关，去年，中心党组把开展科学发展观培训作为党的建设的一项重要内容，先后组织中心组学习9次，听取领导干部历史文化讲座6次，专题辅导4次，内部业务培训2次，4名领导和1名处长参加了省委党校组织的培训班，组织了20名处级干部参加了省直机关党校举办的“三个发展”培训班学习。通过学习，进一步提高了党员干部的思想理论水平，为今后的发展提供了强大的精神动力和思想保证。

四是加大党建工作力度，为各项工作开展提供组织保证。制定完善了机关党委工作职责，党员管理向制度化、规范化迈进，增强基层党组织的战斗力和凝聚力。加大对入党积极分子的培养、教育、发展工作，有2名同志发展为中共预备党员，4名同志转为中共正式党员，3名同志列为发展对象，壮大了党员队伍。召开“中心”2009年度党员领导干部民主生活会，推进了党内民主。认真开展党员领导干部警示教育活动，规范推进党风廉政建设责任制落实，做到了廉洁自律。

五是积极争取经费，改善办公生活条件，为研究工作提供坚强有力的后勤保障。行政后勤围绕研究，服务研究，全力配合研究工作的开展。在上下协调、部门联络、公文传送、车辆保障及安全等方面做了大量工作，特别是积极争取支持，增加了300多万元的专项经费，精心组织施工和购置，进行了新增办公区装修、网络信息建设、电脑购置、更新办公设施和宿舍院整修等，“中心”职工的办公环境和生活条件得到了很大改善。通过积极协调协商，解决了下属杂志社的办公用房。认真组织开展了清理“小金库”专项治理活动，着力规范财务管理。加强综合治理，确保安全稳定。

六是加强文明和谐机关建设，营造团结和谐氛围。一年来，认真贯彻落实省委和省直工委的有关精神，高度重视群众性精神文明创建活动，不断加大精神文明建设工作力度。先后组织中心职工开展社会主义核心价值观教育，参加省直工委组织的“爱心一日捐”、“送温暖，献爱心”捐助、组织迎春联欢、赴西柏坡学习考察、进行“七一”表彰、参加“和谐书韵”硬笔书法大赛等一系列的创建活动。离退休干部管理工作有序推进，对离退休活动中心进行了装修，配备了活动设施，组织了考察活动、身体检查，活跃了老同志的文化生活。积极组织参加劳动竞赛创先评优活动，决策咨询委综合处获得“山西省五一劳动奖”，一支部获得“党风廉政建设先进集体”。按照省委扶贫工作的有关要求，积极争取资金项目20万元，较好地完成了扶贫工作任务。按照省委帮困安排，筹资5000元慰问了太原困难企业金阳器材厂。通过精神文明创建活动，增强了党性，凝聚了人心，聚集了人气，陶冶了情操，丰富了生活，进一步激发了大家的工作热情，为搞好业务工作营造了一种团结和谐的氛围。广大党员的先锋模范作用得到了进一步发挥，有力地保证了各项业务工作的开展。

（王展波）

附：省政府发展研究中心党组书记、成员名单

书　记：孟原生

成　员：董宇明（9月任职）　李劲民　王亦兵

省万家寨引黄工程管理局党委工作概况

党委书记　菅二拴

2009年是北干线工程正式开工建设的起步之年，也是南干线供水运营效益稳中有升的健康发展之年。一年来，在省委、省政府的正确领导下，在省直有关部门、工程沿线各级政府的大力支持下，引黄局党委紧紧围绕全省“三个发展”，以科学发展观引领党建工作，以党建促中心，以党建促发展，各项工作取得了新进展新成效。连续8年被命名为省直文明和谐单位标兵，连续3年获得省级文明和谐单位称号。

一、着力加强领导班子建设，充分发挥引领示范作用

坚持民主集中制组织原则。凡涉及全局的重大事项，都要集体研究、讨论决定，全年共召开党委会、党委扩大会议22次，办公会议31次，研究内容涉及年度工作计划、

项目招投标、干部任免、表彰奖励、重大费用支出以及工程建设等重大事项，并且每次都要安排党办、局办、人事、纪检等部门的负责同志列席会议，听取意见和建议，推进民主决策、科学决策和依法决策。

干部选拔任用工作的制度和机制日趋完善。2009年，按照《党政领导干部选拔任用工作条例》及相关规定，大胆探索处级干部选拔任用的途径与方式，积极推进干部选任工作制度化、规范化和科学化，努力做到严守程序一步不偏，执行程序一步不缺，履行程序一步不错。在干部选拔任用过程中，一是坚持严把“三关”。即，首先严把民主推荐关，所有提拔任用的处级干部，均充分吸收方方面面的意见，群众的认可度都比较高；其次严把组织考察关，严格考察程序，注重群众参与的广泛性和考察的针对性，全面、客观、公正地了解考察对象的真实情况；再次严把党委集体讨论决定关，每一名拟提拔任用的处级干部均由党委会集体研究、集体表决，集体讨论决定。二是公开竞争，择优选拔。10月，我局根据副处级干部队伍现状和工程建设与运营实际，充分吸收借鉴省委组织部处级干部公选的成功经验，在全局范围内以公开竞争方式选拔20名副处级干部，岗位涉及综合管理、工程（生产）、机电、环资、财会等专业。120名符合条件的同志参加了公开竞选，通过严格的资格审查、笔试、竞职演讲、群众公认度评价、民主推荐、差额考察、党委研究等程序，选拔任用了20名副处级干部，在全局起到了良好的示范导向作用，激发了广大干部职工拼搏进取，干事创业的热情，凝聚了人心和力量。三是加强监督。坚持领导干部任免谈话、领导干部离任审计和任期审计、干部任前把关、领导集体决策以及领导干部述职述廉制度，干部选拔任用监督机制不断完善。

不断提高班子党性修养。在以“加强领导干部党性修养，树立和弘扬良好作风”为主题的民主生活会上，班子成员对照自己，结合工程建设和生产运营实际，对自己的思想、工作进行了深刻剖析，充分发扬民主，开展批评与自我批评。做到了成绩面前不争功，问题面前不诿过，大事讲原则，小事讲风格，相互支持、相互信任、相互补台，确保了民主生活会的质量，提高了党性修养，增强了班子的凝聚力和战斗力。

党风廉政建设继续深化。局党委始终坚持一手抓工程建设不放松，一手抓党风廉政不动摇，坚持用制度规范行为、按制度办事、靠制度管人。通过完善计划财务、资金管理等规定，严格执行招标采购管理办法、招标采购监督管理规定、工程变更管理实施办法等制度，对可能滋生腐败的领域和环节强化监管，不断提高制度的执行力和有效性。专门成立了北干线工程建设监督检查组，实行关口前移、全程跟进，对隧洞及地下泵站、四座调蓄水库、管道生产与安装等重点项目；对招标采购、资金使用等重点环节、敏感部位加大监督检查的力度。严格按照“标本兼治、综合治理、惩防并举、注重预防”的方针，狠抓党风廉政建设责任制落实，积极开展工程建设领域突出问题专项治理。为进一步引深党风廉政建设，我们适时提出了“北干工程党风廉政建设十不准”的要求，自觉接受各方面的监督。即：①不准接受工程建设业务关系单位或个人赠送的礼金、回扣、有价证券、支付凭证、贵重物品、住房装修；②不准在工程建设业务关系单位报销应由个人或其他特定关系人支付的费用；③不准参与有碍工程建设的宴请、外出旅游及高消费娱乐活动；④不准介绍或指定设计、工程、劳务等分包队伍；⑤不准利用自己的影响介绍家属亲友及特定关系人参与或从事与工程建设有关的一切商务活动；⑥不准以任何方式违规干预工程招投标、变更、索赔、计量支付、资金拨付、工程验收等事项；⑦不准以任何方式违规介绍或指定工程建设材料、设备供应商或干预工程材料、设备采购活动；⑧不准利用职务之便刁难、拖欠工程款，借机谋取不正当利益；⑨不准擅自挤占、截留、挪用工程建设资金或私设“小金库”；⑩不准泄露与工程建设有关的商业机密。通过教育、监督、纠风、惩治多措并举，扎实推进党风廉政建设。一年来，全局未出现违规违纪案件。

二、牢牢把握工作重点，圆满完成年度目标任务

一是北干线年度建设任务全面超额完成。2009年2月27日，省委书记、省人大主任张宝顺，省委副书记、省长王君以及省委、省人大、省政府、省政协四大班子的有关领导莅临北干线开工现场，亲自为北干线奠基，王君省长向全省发布了北干线建设开工令，整个活动规格高、震动大，在全省产生了很大影响。工程全面开工后，张宝顺书记亲赴PCCP管厂视察指导，王君省长多次到工地现场办公，省领导薛延忠、杜玉林、金道铭、李小鹏、胡苏平、高建民、汤涛、刘维佳等同志多次亲临工程建设一线具体指导，及时研究解决施工过程中遇到的困难和问题。一年来，我们认真贯彻省委、省政府扩内需、保增长的部署和要求，坚定不移地把北干线建设放在全省经济社会发展的大局中加以谋划，统筹施工设计、招评标、土（林）地征用以及水、电、路等各项前期工作，组织各参建单位加大资源投入、组织协调和作风建设的力度，6月下旬北干线掀起建设热潮。经过全体建设者奋力拼搏，艰苦奋战，全年完成投资13.5亿元，较与省重点办签订的目标责任状超额50%，全面超额完成了年度建设任务。省委、省政府应对金融危机的决策部署在我局得到了有效贯彻。其中：1号输水隧洞掘进完成10.375km，为年度计划的103.75%；PCCP输水压力管道生产成品管25km、超额9km；管道安装完成13km，超额5km；大梁、耿庄、尚希庄、墙框堡四座调节水库土石方开挖回填完成739万m^3，超额557万m^3；平鲁地下泵站机电设备、总干线泵站扩机工程的招标采购按计划有序展开。在全力推进工程建设的过程中，我们始终坚持“百年大计，质量第一”的方针，把质量放在突出位置。截至2009年11月，共完成单元工程质量评定1877个，其中优良1609个，优良率达85.7%，未发生任何重大安全责任事故。

二是北干线土（林）地征用工作扎实推进。北干线工程征用土（林）地多达23000亩，涉及两市、五县（区）几十个乡村，还有北京军区政治部农副业基地，涉及国家、集体和个人的具体利益，土地类别不同，补偿标准各异，加之政策性强、程序复杂，办理周期长，而且不同土地使用权主体的利益诉求也有很大差异，工作难度极大。我局从2008年就开始着手，通过向北京军区、国土资源部、国家林业局陈情汇报，与省直厅局和沿线市（县、区）政府协调沟通，与乡（镇）村两级和失地农民反复协商，北干线征地工作取得实质性进展。一是与工程沿线的两市、五县（区）人民政府签订《征地拆迁及创优建设环境协议书》，确定了永久征地补偿标准；二是在保证施工单位进场用地的前提下，适时完成了征地范围内所有附着物清点工作；三是与工程沿线五个县（区）政府以及北京军区政治部相继签订了土地征用协议，拨付土地补偿资金5.5亿元；四是完成了地质灾害评估、压覆矿产评估、文物保护、勘测定界等工作；五是征占林地得到国家林业局核审批复。

三是南干线供水运营效益稳中有升。继续完善生产运行体制机制，进一步加大维修改造力度，加强水质管控，生产管理水平明显提高。去年泵站安全稳定运行126天（其中双机104天），冬季供水经受住了持续严寒冰冻的考验，在运行天数大幅增加的情况下，主设备完好率达100%。期间，成功实施了南一泵站6号机组大修，建立了从方案编制到组织实施、完工验收等一整套详尽完备的维修资料。全年向汾河水库输水1.23亿m^3，向太原市不间断供水8846万m^3（累计4.28亿m^3）。日供水水量在2008年24万m^3的基础上，2009年7月1日起提高到25万m^3。单方水用电量比计划降低9%，供水成本较上一年度又有所下降，水费收入继2008年首次突破亿元大关后，2009年达到了1.6亿元。既实现了稳定供水和安全生产无重大责任事故的目标，也取得了供水运营效益稳中有升的好成绩。

三、不断夯实党建工作基础，落实党建工作管理责任制

一是在年度工作会上，不仅对中心工作进行安排部署，而且把党的工作作为年度任务的重要组成部分，明确了党建和精神文明建设的考核内容，真正做到了党的工作与中心工作同部署、同考核、同奖惩。二是明确了党委班子成员落实党的工作责任制的职责分工，细化了党委办、各支部落实党的工作责任制的职能，使党的工作责任制落实到了实处。三是根据工作、人员调整情况，将原来的22个党支部调整为26个党支部，实现了党的组织和党的工作全覆盖。四是严格党内组织生活，坚持“三会一课”制度，进一步规范党员管理，完善了支部各项制度，形成了教育、管理、服务党员的长效机制。五是严格遵守发展党员工作七项制度，始终把握发展党员十六字方针，全年安排19名入党积极分子参加入党前培训，发展党员8名，党员转正10名，党员队伍不断优化。

四、努力建设“学习型”党组织，全面提升文明和谐单位创建水平

一是强化中心组理论学习。健全完善了中心组理论学习制度，印发了《2009年党委中心组和干部理论学习安排意见》，对总体要求、学习内容、学习形式、学习方法和具体措施都予以明确规定。全年召开中心组学习会议6次，学习了科学发展观、中央四个廉政文件、省委提出的“三个发展”、党的十七届四中全会和省委九届十次全会精神。在学习方法上，采取个人深入研读与集中研讨相结合、学习科学理论与调查研究相结合、汲取专家意见与深入思考相结合，在相互交流、相互启发中加深理解、升华认识。

二是组织全方位学习培训。组织支部理论学习，重点学习了科学发展观、党的十七大、十七届三中、四中全会和省委九届十次全会精神。分14期安排34名处级干部参加了省直机关处级干部学习推进“三个发展”培训班学习。组织职工岗位技能学习和业务培训，主要有新进职工生产一线上岗前集中培训，建设管理单位进行了质量、监理、变更等业务培训，生产系统安排了安全生产、运行检修规程、计算机监控、登高作业、电力进网证等的持证上岗培训，后勤服务单位组织了园林绿化、电工等岗位技能培训。加强党风廉政教育，组织干部职工观看廉政教育电教片，编发警示教育宣传材料，引导干部职工树立正确的世界观、人生观和价值观。有步骤地开展“五五”普法教育，加大《万家寨引黄工程保护条例》的宣传力度，依法开展工程执法保护工作。

三是推进社会主义核心价值体系教育。利用重大节假日和纪念日，开展了群众性的、寓教于乐的文体活动和纪念活动，掀起了社会主义核心价值体系教育热潮。围绕庆祝新中国成立60周年，组织开展了一系列主题活动，有“爱岗敬业、献计献策”演讲比赛，“青春、活力、发展”主题征文比赛，选送的4件作品分获省直机关演讲和征文比赛一、二、三等奖，获得“歌唱祖国——省直机关庆祝建国60周年歌咏比赛”优秀奖。在纪念建党88周年活动中，组织开展了先进党支部和优秀党员、优秀党务工作者评比表彰活动。开展帮扶助困活动。为忻州定襄县大南邢村送去价值5万元的户外体育健身器材，出资10万元帮助村里修建学校师生宿舍和食堂；由省委宣传部牵头，帮扶太原市染料厂的15名困难职工；在向受灾和贫困群众“送温暖、献爱心”等多次捐助活动中累计捐款5.3万元。组织离退休干部疗养，组织参加省委老干局和老年体协组织的门球赛、麻将赛等活动，丰富了离退休人员的生活。组织开展了爱国主义教育和社会主义核心价值体系教育，引导职工树立共同的理想信念，弘扬时代精神和民族精神，形成知荣明耻的良好氛围，提升了文明和谐单位创建工作水平。

（温　捷）

附：省万家寨引黄工程管理局党委书记、副书记、委员名单

书　记：菅二拴

副书记：卫亚林（11月离职）　朱春耀（12月任职）

委　员：崔富春（12月任职）　张俊杰　樊安顺　贯伟智（12月任职）　苏连元（12月任职）　雷天才　呼运平

山西社会主义学院党委工作概况

党委书记　王大高

2009年，山西社会主义学院党委以邓小平理论和“三个代表”重要思想为指导，深入开展学习实践科学发展观活动，积极做好整改落实工作，巩固扩大学习实践活动成果。认真贯彻落实第五次全国社会主义学院院长会议精神，牢牢把握统一战线教育培训工作的主题和重点，全面推进学院党的思想、组织、作风和制度建设，努力发挥社会主义学院统一战线“三个基地”的作用，以党建为红线，使各项工作都取得了明显进展。

一、认真搞好学习实践活动，不断巩固和扩大学习实践活动的成果

根据省委学习实践活动领导小组安排，我院学习实践科学发展观活动在2008年搞好学习培训和分析检查两个阶段工作的基础上，于2009年年初转入整改落实阶段。在省委指导检查组的指导帮助下，院党委以分析检查报告为依据制定了《山西社会主义学院深入学习实践科学发展观活动整改落实方案》，从理论武装、队伍建设、教学改革、学院建设、解决遗留问题、加强制度建设等六个方面进行了责任分解并提出了具体措施。在整改落实阶段，我院按照整改落实工作的总体要求，突出实践特色，加大工作力度，取得了以下成效：党员干部对科学发展观的认识、理解有了新进步，加深了对科学发展观深刻内涵、精神实质、根本要求的理解和掌握，增强了贯彻落实科学发展观的自觉性和坚定性。干部职工的工作作风和精神面貌明显转变，不适应、不符合科学发展观要求的思想观念、工作作风逐步摒弃，正确的思想观念、良好的工作作风逐步养成，精神面貌发生了较大变化。进一步明确了山西社院的职能定位和今后一个时期以科学发展观统领学院各项工作的总体思路和具体举措，在办学方向、教学改革、管理水平、队伍建设上形成了切实可行的工作思路。切实解决了一些影响制约我院科学发展的突出问题。参照公务员登记工作有序推进，解决困扰学院多年的基本建设工程遗留问题取得了重大进展，学院异地重建问题引起重视。学习实践活动达到了预期目标，受到了省委指导检查组的充分肯定。在群众满意度测评中，满意率和比较满意率达96%。学习实践活动基本结束后，院党委把整改落实的后续工作作为一项重要政治任务，摆到党委全年工作的突出位置。一年来，学院党委按照整改落实后续工作确定的目标任务、工作要求和时间安排，紧密联系统一战线工作的实际，紧密联系学院教育培训工作的实际，以落实胡锦涛总书记贺信精神、党外人士培训和文明和谐社院建设为工作重点，以解决制约学院发展的难点问题、瓶颈问题为突破口，引导广大党员干部坚定信心，转变作风，振奋精神、迎难而上，团结协作，在解决遗留问题中求发展，在发展中解决遗留问题。

二、从学院实际出发，认真开展社会主义核心价值体系的学习教育主题活动

2009年以来，院党委中心组把中国特色社会主义理论体系特别是科学发展观、社会主义核心价值体系作为学习践行的重要内容。在学习科学发展观的深刻内涵、精神实质和根本要求时，对在统一战线教育培训工作中如何践行科学发展观、如何运用科学发展观指导学院工作进行了深入研讨和积极实践，同时在科学发展观进课堂，进教材、进学员头脑方面进行了卓有成效的工作。学习党的十七届四中全会精神，深刻把握全会提出的“提高党的建设科学化水平”这一重大命题和重大任务的精神实质和实践要求，深刻领会全会提出的一系列新思想、新要求、新举措，更加富有成效地推进学院党的建设工作。认真组织学习《六个“为什么”》，紧密联系统一战线工作的实际，联系干部职工的思想实际，深入把握社会主义核心价值体系的六个重大问题，进一步提高我院干部的理论认识水平。学习《加强领导干部党性修养，树立和弘扬良好作风》，深刻领会胡锦涛总书记在中央纪委第三次全会上的重要讲话精神，从理论和实践、历史与现实的结合上，深入理解胡锦涛总书记重要讲话的重大意义、主要内容和基本精神，深入推进党风廉政建设和反腐败斗争。在此基础上，我院坚持不懈地深入开展社会主义核心价值体系和理想信念教育，着重开展了四项主题教育活动：一是围绕庆祝建国60周年开展爱国主义教育活动。在各类培训班上宣讲，按照党外人士教育培训的特点，每期培训班安排1–2次爱国主义课程；各党支部利用党的生日、国庆日开展以爱党、爱国、爱社会主义为重要内容的座谈交流，深入了解我党的光辉业绩和优良传统，增强民族自尊心和自豪感；组织参观全省庆祝建国60周年成就展和省直机关精神文明建设巡礼展，积极开展“迎国庆、讲文明、树新风”和“送温暖、献爱心”以及“慈善一日捐”活动，深入联企帮困点、学院定点扶贫村落，慰问工厂、农村贫困户，把党和政府的温暖送到

群众心上。二是开展学习先进典型活动。2009年，国家集中推出一批共和国先进典型，全院积极参加“双百”英雄人物的评选活动。特别是胡锦涛总书记指示要求学习吴大观同志先进事迹后，我院掀起了学习吴大观同志先进事迹的热潮。后半年，根据省委号召和省直工委安排，我院还开展了学习“右玉精神”的活动。三是在作风建设中突出了正确利益观的教育。针对我院工作资源、干部交流等个人诉求问题，在今年加强领导干部党性修养，树立和弘扬良好作风活动中，通过认真细致的思想政治工作，处以上干部淡泊名利、勤奋工作、艰苦奋斗、克己奉公。四是继续大力开展公民道德建设，深入进行社会主义荣辱观教育。学院收集整理了大量历史照片，布置了历史荣誉陈列室，通过对学院重大事件、突出成果、发展前景的主题展览，激发全院干部职工的荣誉感、责任感和使命感，有力地推动了全院创建文明和谐单位的工作。

三、加强政治培训的力度，以创建保培训，以培训促创建，使学院各项工作得到全面落实

院党委在近几年努力创建文明和谐单位的基础上，开始正式做出了申报文明和谐单位的决定。党委认为，申报文明和谐单位的目的，主要是为了全面提升学院各项工作水平。学院党委把精神文明创建工作摆在日常工作的重要位置，列入领导班子的重要议事日程，多次专题研究文明和谐创建工作。以建立学习型院校、节约型院校、服务统战、树立形象、注重实效的工作目标和“爱国、团结、民主、求实”八字要求，积极营造“重学习、树正气，讲团结、比贡献，谋发展、干事业”的良好氛围，努力形成党委统一领导、党委行政共同负责、各有关职能部门分工协作、教职工积极参与创建的良好局面。在党的工作责任制中，根据社会主义学院的职能定位，坚持社院姓社，突出党委及各党支部在教学培训工作中为党外人士服务这一理念的养成，把党的工作特别是文明和谐创建工作渗透到统一战线教育培训工作中去。在党风廉政建设责任制中，认真贯彻落实惩防体系《工作规划》和《实施办法》，根据我院办学单位的实际情况，采取集中学习、贯彻法规、警示教育等形式，不断加强对处以上干部的思想教育。在教育培训工作中，院党委从“围绕中心、服务大局”的思路出发，适应国家大规模培训干部的要求，按照省委和省委统战部关于全省统一战线教育培训工作的部署安排，以坚定不移走中国特色政治发展道路为主题，构建社会主义和谐政党关系、民族关系、阶层关系、海内外同胞关系为重点，紧密围绕山西统一战线新老交替和各民主党派的政治交接，努力贴近山西统一战线工作实际，不断创新教学培训内容，改进培训方式，拓宽渠道，提高质量，圆满地完成了培训任务。在教学培训工作的组织方面，结合文明和谐单位的创建活动，不断强化“三个服务”，为教学服务，就是各职能部门在办班中，一切工作围绕教学培训展开；为学员服务，就是在教学组织中，以人为本，让来院学习学员学有所成、生活有序；为统一战线工作服务，就是学院的教学培训工作要紧跟全国全省统一战线的发展形势，为党的统一战线工作添砖加瓦。由“三个服务”衍化出来的工作事项、干部职工的点滴行动汇聚成我院创建文明和谐单位工作的群众性活动。去年，我院首次荣获省直机关文明和谐单位。在全省统一战线工作会议上受到省委表彰，荣获“统一战线工作先进单位”。今年，在全省统一战线凝聚力工程九大活动中，我院教学部门被评为“党外代表人士后备队伍建设工程”活动先进单位。在学院行政后勤工作方面，我院以创建文明和谐单位为契机，在去年搞好报告厅装修、学员楼粉刷的基础上，今年新装修一个能容纳300余学员学习的会议室，并铺设了学员宿舍的地面，使校容校貌有了进一步的改观，特别是在省财政大力支持下，困扰学院近十年的基本建设工程款基本清结，收回了被施工单位封堵了10年的综合楼，使我院步入了又一个新的发展阶段。我们还根据省委组织部的安排，严格按照有关政策落实了参照公务员的登记工作，并兑现了工资。这些重点难点问题的解决，一定程度上突破了学院科学发展的瓶颈，极大地调动了广大干部职工搞好统一战线教育培训工作的积极性，为教学培训工作和创建文明和谐单位创造了一个较好的条件。

（冯进军）

附：山西社会主义学院党委书记、副书记、委员名单

书　记：王大高

副书记：王宝生

委　员：李祥熙　王解峰　王绍青

省民航机场集团公司（管理局）党委工作概况

党委书记　李战志

2009年，在省委、省政府以及民航上级主管部门的正确领导下，在省委组织部的亲切关怀下，集团公司（管理局）领导班子团结和带领广大干部职工，全面贯彻党的路线方针政策，紧紧围绕“三个发展”，开拓进取、扎实工作，较好地完成了全年的各项任务和目标。

一、不断强化班子的政治理论学习和教育，以邓小平理论和“三个代表”重要思想为指导，深入贯彻落实科学发展观，坚定政治方向，促进全省机场业又好又快发展

2009年，在省直工委的具体指导下，集团公司（管理局）班子一以贯之地用“武装头脑、指导实践、推动工作”的方针，加强政治理论学习，着眼于最新理论成果的学习和班子整体素质的不断提升，努力做到学以致用，求真务实。

2009年1至3月，集团公司（管理局）开展了学习实践科学发展观活动的调查研究和落实整改两个阶段的工作。集团公司（管理局）领导提交了8份调研报告，共对安全生产、硬件投入、人员调配、福利待遇、机制体制等五方面的97项问题，提出了整改措施和时限。累计投资3000余万元，对涉及安全生产的硬件设施进行了更新改造；根据发展实际，逐步开展了机制、体制的创新，如干部公开竞聘、绩效与工作量挂钩等；完成了薪酬改革的前期调研工作。在第十一指导小组的指导下，完成了学习实践活动的总结和民意测验，群众满意率为97％。

坚持党委中心组学习制度。学习内容上，以科学发展观、十七届四中全会精神以及大讲堂（中央国家机关工委宣传部和中共北京市委讲师团主办）为重点，同时强化对国家、省及民航有关路线方针政策的学习；学习方式上，坚持每月一次的集中学习，积极倡导各级领导干部的自觉学习，同时还辅以观看录像、辅导报告等方式，拓宽学习途径、增强学习效果。10名二级党委书记参加了省直工委组织的党务干部十七大精神培训班；组织党员领导干部观看了《居安思危—前苏联亡党的历史教训》、《加快推进党内民主的进程》等教育片。深入开展了“学习实践活动知识竞赛”活动，参加了省直工委举办的“党风廉政建设知识竞赛”活动，集团班子成员以普通党员的身份参加了答题竞赛。对外不断强化服务意识，积极为航空公司、旅客、货主、口岸联检单位及驻场单位提供优质、高效的服务，争创外围环境的和谐融洽；对内，以改善和提高广大干部职工的工作、学习、生活条件为出发点和落脚点，密切联系群众，倡导领导班子深入基层、深入一线，关注、关心员工的思想动态，及时发现并妥善解决职工遇到的困难和问题，确保内部环境的和谐稳定。集团班子坚持民主集中制，在重大问题决策、重要干部任免、重大项目投资决策、大额资金使用上，集思广益、民主集中、集体讨论、会议决策；坚持民主生活会制度和谈心制度，广泛开展批评和自我批评，加强工作交流和沟通，争创团结、奋进的领导班子。

在社会捐助、联企帮困、定点扶贫活动中，集团公司（管理局）勇担责任。针对2009年罕见大雪，集团领导班子带头向受灾地区捐款，带动全体员工捐款合计6万元；参加了联企帮困点—太原宏声器材厂的帮困工作，分管副书记每年带队两次赴该厂进行慰问，送去慰问金、米面油等；安排三名党员干部进驻宁武县凤凰乡刘家堡村，两年资助5万元，在机场招工中优先考虑当地村民，同时为农民脱贫致富出主意、想办法，赢得当地群众的称赞。

二、以科学发展观统领全局，突出航空安全、运输生产、经营管理、基本建设等工作重点，克服各种困难，认真履行职责，确保了各项任务的完成

2009年，集团公司（管理局）按照国家、省、民航关于安全生产的系列文件精神，狠抓安全责任和安全措施的落实，将安全生产专项整治、三项行动、安康杯竞赛活动、安全生产月活动与全年工作相结合，圆满完成了各项工作，保证了全年飞行安全、空防安全和航空地面安全，杜绝了责任原因造成的航空严重差错以上事故，实现了全年安全生产目标。圆满完成了国庆60周年山西民用机场的安保任务；太原机场以98.47分的优异成绩顺利通过国家民航局的安全审计，长治机场顺利通过民航局安全审计的后续审计。对运城机场、大同机场的航空安全工作，进行了有效的指导、检查和监督，确保了两个机场的航空安全。

进一步加强航空市场的开发力度。在积极争取国家民航局、地区管理局政策支持的同时，主动拜访了国航、南航和幸福航等多家航空公司，就进一步拓展山西航空运输市场，进行了有效沟通与交流。在巩固原有航线的基础上，全省机场增开了10余条新航线。至2009年底，省内四个机场共完成旅客吞吐量559.23万人次，完成货邮吞吐量3.65万吨，同比分别增长了11.96％、11.63％。

按照《2009年度经营目标责任书》确定的指标，严格预算管理，逐月落实绩效考核；按照新的机场收费标准，与11家航空公司重新签订了《航空地面服务代理协议》，有效保障了运输生产和收入结算工作的顺利开展；继续加强经济合同的审核、报批程序，维护了集团公司的利益；非航业务管理进一步加强。集团公司全年实现总收入3.02亿元，同比增长了20%。其中航空性收入1.54亿元，同比增长12%，非航空性收入1.47亿元（按照新的收费标准定性内容核定），同比增长29%。

制定并实施了《集团公司航空地面服务质量标准》。针对并京高铁的开通，联合多家航空公司，打造了“并--京快线”服务品牌。结合太原机场新建2号航站楼部分功能的调整，进一步完善了楼内标识系统，加强楼内各信息系统和设施设备的监管力度，有效提升了服务保障工作；添置6部豪华大巴，提升服务品质，旅客出入机场更加便捷。在生产一线施行《岗位工作检查单制度》，减少和杜绝了人为差错的发生。重点加强了航班不正常情况下的服务工作，妥善应对了11月9日罕见大雪对机场造成的不利影响。认真落实流感疫苗接种及防控工作，杜绝了甲型H1N1流感疫情通过空港的传播和蔓延。

根据集团公司（管理局）发展情况，对重点岗位、要

害部门和空缺岗位进行了人员调整和补充；进一步规范了短期合同工的劳动用工管理工作；修订、评审了各二级单位的有关规章制度；进一步整顿了机关工作作风。聘请专业咨询公司，理顺了企业组织机构、完善了企业文化手册，改进了绩效考核体系，启动了薪酬改革的前期调研工作。办公自动化建设、运行工作顺利实施。按照省委、省政府的指示精神，就整合省内民用机场资源，实现一体化管理，进行了基础调研和初步探讨。进一步加强了教育培训工作。153名员工通过行业统一认证考核，467名员工取得集团公司颁发的上岗证书，446名员工取得航空危险品运输培训合格证。

按照省政府年初确定的目标，省内机场积极响应国家扩内需的号召，加快机场建设和前期准备工作。太原机场改扩建工程收尾工作有序推进：消防总站项目已全部完工并交付使用；货运楼工程主体全部完工，室内装修及设备安装已完成90%；1号航站楼改造工程、北连廊工程正在紧张施工；对2号航站楼部分功能进行了完善。收尾工程共完成投资1.74亿元。11月，太原机场2号航站楼工程荣获“鲁班奖”。运城机场改扩建工程已完成站坪、消防灯光、高架桥、航站楼主体桩基等项目，完成投资1.8亿元；大同机场飞行区改扩建工程全部完成，完成投资8000万元；吕梁机场新建工程已完成土方试验工程、征地拆迁等，共完成投资1.8亿元；五台山机场改扩建、临汾机场复航改造、长治机场迁建等三个项目，正在开展前期准备工作。

加强了领导班子建设和干部队伍建设，干部教育培训工作进一步规范。切实加强了党风廉政建设，积极推进党风廉政建设责任制的落实，强化责任意识、严格责任追究、惩处违纪行为。重点强化了建设领域的反腐倡廉工作，安排3 名分管干部，参加了省纪检委组织的“全省建筑领域重点行业廉政建设第三批培训班”；开展了“小金库”清理工作；深入开展了政风行风评议和政务公开活动，有效促进了服务质量的提高；积极开展了精神文明创建活动，强化了道德教育，教育广大职工树立爱岗敬业、顽强拼搏的作风；弘扬了在艰苦奋斗中凝聚成的企业精神；努力建设具有鲜明时代特征和集团公司特色的企业文化；深入开展了“青年文明号”、“青年岗位能手”等活动，倡导青年爱岗敬业；多方面关注了离退休人员的学习和生活，进一步提升了离退休人员的文化生活品质。

三、以提升用人公信度为主线，修订和完善干部管理办法，促进干部选拔任用工作的规范化、科学化和民主化

2009年度，集团公司（管理局）按照《山西省民航机场集团公司（管理局）干部管理规定》的要求和标准，共选拔任用县处级干部25名，科级干部139名。

集团公司（管理局）在科级干部岗位，首开公开选拔、择优上岗的先河。按照确定干部职数—公开报名—资格预审-- 民主推荐—演讲答辩—党委研究—择优任用的程序，选拔任用三级干部。干部职数，由专业咨询公司根据部门职责、安全风险的大小、工作量的多少、工作的难易程度、人员的多少等综合因素确定，组织人事部门严格把关，不得突破；民主推荐环节，要求所在部门全员参加，全员无计名投票，当场唱票，以得票率排序，按1：2的比例，差额推荐候选人；演讲答辩环节，侧重于候选人语言表达能力、随机应变能力、管理思路、业务技能的考察；党委研究阶段，重点从德、能、勤、绩、学、廉等六个方面，由各二级党委对候选人进行综合考察，并结合岗位职责要求，提出任用意见，报集团公司（管理局）审核同意后，正式任用。

在操作过程中，集团公司（管理局）成立了相应的工作领导小组，分管副书记全程指导，组织、人事部门全程参与，纪检监察部门全程监督，并设立举报电话。

在选拔任用干部工作中，一是注重德才兼备、以德为先的原则选拔任用干部，对于品行差、群众反映强烈的候选人，坚决拒之门外，并给予相应的谈心教育。二是破除人才使用论资排辈观念，坚持以能力论高低、以实绩论英雄。此次选拔干部，突破了“年龄”、“资历”框框，树立能力意识、业绩意识、时机意识，敢于破格用人，不拘一格用人。三是变“伯乐相马”为“赛场选马”，避免了“由少数人选人，在少数人中选人”的现象。为有才华的员工的成长和发展，提供了“快车道”。四是扩大干部工作的民主，落实了群众在选人用人上的知情权、参与权、选择权和监督权。选用了群众公认的优秀人才，确保了选人用人的准确性、可靠性。五是坚持公开、平等、竞争、择优的原则，扩大选人用人视野，杜绝行政干预，杜绝“暗箱操作”，杜绝不正之风，确保了能者上、平者让、庸者下。

整体看，科级干部竞聘工作得到了广大干部职工的积极拥护和一致好评。

民航是一个高风险的行业。为减少和避免处级干部因思想波动、进而危及安全生产的影响，处级干部暂未采取竞聘上岗的办法。但集团公司党委班子已形成共识，待条件成熟时，对空缺的处级岗位实行公开选拔和竞聘。2009年度处级干部的选拔任用，主要基于安全生产、服务质量、经营管理等方面的需要，重点调整和充实了原航空安全护卫中心、原地勤服务保障公司、原资源管理办公室、原物业管理中心的干部。整个选拔任用过程，坚持了德才兼备、以德为先的原则和“集体领导、民主集中、个别酝酿、会议决定”的十六字方针。

2009年，集团公司党委在省委、省政府和民航上级主管部门的正确领导下，在全体干部职工的共同努力下，坚定必胜信心，勇敢面对挑战，解放思想、锐意进取、团结奋进、扎实工作，开创了山西民航机场事业的新局面！

（乔学政）

附：省民航机场集团公司（管理局）党委书记、副书记、委员名单

书　记：李战志（8月离职）　郝孝义（8月任职）

副书记：施兆昌　樊　颖（女）

委　员：段同良　赵庆斌　梁洪逵　张希亮
马　升（4月离职）

省档案局党组工作概况

党组书记　阎默彧

2009年,山西省档案局党组坚持以邓小平理论和“三个代表”重要思想为指导，深入贯彻落实党的十七大和十七届四中全会精神，以开展深入学习实践科学发展观活动为抓手，以加强党的先进性建设和执政能力建设为重点，全面推进机关党的思想、组织、作风和制度建设，在提高党员素质、加强基层组织、服务人民群众、促进各项工作等方面取得了明显成效。

一、继续开展深入学习实践科学发展观活动，充分发挥机关党组织的教育、监督职责

2009年是继续深入开展学习实践科学发展观活动之年。局党组严格按照省委学习实践活动领导小组的要求和阶段工作安排，以支部为单位，分阶段、分步骤开展学习实践科学发展观活动。在省委学习实践指导组的正确指导下，局党组切实加强组织领导，严格程序，扎实推进，把学习实践活动与加强局机关效能建设相结合、与做好档案工作相结合，取得了阶段性成果，制定了符合山西省档案工作实际、体现科学发展的整改落实方案，集中解决了一批突出问题，不断完善机制体制，实现了“四提升”,即提升了围绕中心、服务服从大局的能力；提升了统筹兼顾、综合协调的能力；提升了运用战略思维、发展眼光谋划长远的能力；提升了依法治档、开拓创新、奋发有为的能力。通过学习实践活动，局领导班子和全体党员干部系统理解把握了科学发展观的实质内涵，以科学发展观指导推动档案事业的发展，思想更加统一，行动更加自觉，机制更加完善，发展更加协调，实现了党员干部受教育、科学发展上水平、人民群众得实惠的目标。深入学习实践科学发展观活动中群众满意度测评满意为92%、基本满意度为8%。

二、加强思想理论武装，提高党员队伍的思想政治素质

加强干部职工的形势教育，是创建学习型机关的重要载体和主要内容。2009年，局党组中心组和全局干部理论学习以邓小平理论和“三个代表”重要思想为指导，认真贯彻落实党的十七大和十七届三中、四中全会精神，用科学发展观武装头脑、指导实践、推动工作，在真学、真懂、真信、真用上下功夫,为档案事业的发展提供强有力的理论支持。

机关党委认真贯彻落实《关于进一步加强和改进县级以上党组(党委)中心组学习的意见》，制定学习计划，安排学习内容，作到人员、时间、内容、效果四落实。党组中心组集中学习了《关于加强领导干部党性修养弘扬良好作风的意见》、全省党风廉政会议精神及省直工委2009年党的工作会议精神；集中学习了习近平同志考察山西重要讲话精神及张宝顺同志在传达贯彻习近平同志考察山西重要讲话电视电话会议上的讲话精神，党组书记、局长阎默彧强调，弘扬太行精神对档案工作有着极其重要的促进作用；传达学习了全省纪委书记会议精神，阎默彧同志就贯彻落实会议精神提出认真学习、制定制度、作好表率、履行职责等四点要求；组织全体职工观看了吴大观同志的先进事迹；传达学习了张宝顺同志在省委九届十次全会上的重要讲话精神及贯彻落实《中共中央关于加强和改进新形势下党的建设若干重大问题的决定》的意见；观看了中宣部、解放军总参谋部、总政治部、国家档案局《刘义权同志先进事迹报告会》的录像。通过学习，领导干部提高了贯彻科学发展观的能力，提高了构建和谐社会的能力，强化了发展意识、大局意识、责任意识、忧患意识。

为进一步加强局机关党员队伍的思想政治教育，机关党委下发了《关于2009年党组中心组及全局干部理论学习的安排意见》和《2009年山西省档案局机关党的工作要点》，指导局机关干部职工的理论学习。按照武装头脑、指导实践、推动工作的要求，组织党员干部学习了党的十七届四中全会和省委十次全会精神。今年，还先后选派了17名处级干部参加省直党校推进“转型发展、安全发展、和谐发展”培训班的学习，党员干部的政治理论素质有了新的提高。

三、加强组织建设，提高党组织的凝聚力和战斗力

局党组高度重视机关党组织的建设，始终把机关党建作为一项政治任务对待，纳入机关整体规划，统筹安排，与档案工作同步部署、检查和考核。一是党组同机关党委签订了《党建责任书》督促抓好落实；二是把机关党建工作作为局党组总体工作的重要组成部分，列入党组工作议事日程，定期研究、指导、帮助和支持机关党委开展工作。三是阎默彧同志十分重视机关党建工作，亲自组织指导机关党委的各项工作，认真听取机关党委的工作汇报，机关党委专职副书记列席局党组重要会议，在机关党委组织的重大活动上，拨付专项经费支持机关党委工作。

为进一步发挥好机关党委和支部在机关党建工作中的职能作用，努力形成相互支持、相互配合，一级抓一级、

层层抓落实的工作合力，机关党委分别与各党支部签订了党建责任书，强化党支部工作目标考核，督促各党支部认真落实支部会、支部生活会、民主评议党员等制度，规范工作记录，创新工作内容和工作方法，不断提高支部工作水平，认真抓好“一岗双责”的落实，着力提高党支部书记的履职能力。

根据中共中央组织部《关于进一步做好新形势下发展党员工作的意见》要求，我们坚持按照“坚持标准，保证质量，改善结构，慎重发展”的方针，严格发展程序，2009年按期转正新党员2名，党员队伍结构进一步优化。此外，对2009年党费的收缴情况进行了自查，重新核定了2009年应缴党费。认真做好党员信息管理工作，按时报送党内统计年报表，完成了党组织和党员信息库建设。

根据省直工委《关于同意省档案局召开2009年度党员领导干部民主生活会的批复》，我局于2009年12月1日召开了党员领导干部民主生活会。为开好这次民主生活会，班子成员7月份以普通党员身份参加了所在支部的组织生活会并结合工作实际各自广泛征求意见，认真查找问题，撰写了发言提纲。民主生活会上，局党组成员紧紧围绕“加强领导干部修养、树立和弘扬良好作风”的主题，结合贯彻胡锦涛总书记“希望全国档案工作者学习刘义权同志先进事迹和崇高精神”的重要指示，本着对全省档案事业高度负责的精神和求真务实的态度，回顾了2009年学习实践科学发展观需要整改的问题落实情况和已解决的问题，剖析了本人在理想信念、思想作风、组织纪律、廉政建设等方面存在的问题，从世界观、人生观、价值观等方面，剖析根源，总结经验，对自己的问题提出改进措施，明确努力方向。通过民主生活会的方式，进一步提高了党组成员和全体党员的政治意识、大局意识、责任意识、档案工作服务构建和谐社会建设的意识。

四、加强精神文明建设，开展形式多样的党建活动，提高党员干部整体素质

努力构建和谐机关，把党建工作寓于各项活动之中，不断丰富机关党建工作的内容，调动党员干部广泛参与的积极性，使机关党建工作充满活力和吸引力，这是新形势下开展党建工作的有效途径。

机关党委下发了《关于山西省档案局庆祝建国60周年重点活动的安排意见》，对局机关庆祝建国60周年重点活动提出具体安排意见，在广大党员干部中唱响共产党好、社会主义好、改革开放好、伟大祖国好的时代主旋律。6月份以来，开展一系列活动，掀起庆祝建国60周年活动热潮。一是举办了纪念建党88周年暨庆祝建国60周年演讲会,老中青三代档案人用不同形式讴歌了中国共产党的丰功伟绩以及新中国成立后档案事业翻天覆地的变化，充分展示了我局干部职工奋发向上、锐意进取的良好精神风貌;二是举办了展示局机关建国60年来特别是改革开放30年来所取得的成就图片展,在征集资料的过程中，得到广大职工的热情支持。展览通过丰富的题材，多样的版面，用一幅幅真实、生动的图片，从我省档案事业发展历程这一侧面来歌颂伟大祖国60年来翻天覆地的变化及在政治、经济、文化领域取得的辉煌成就，推动局机关的精神文明建设；三是组织局机关全体干部职工学唱由中宣部遴选出的100首新中国成立以来的优秀歌曲，参加了“歌唱祖国——省直机关庆祝建国60周年歌咏比赛”活动，获三等奖。通过爱国歌曲大家唱，集中展示局机关广大干部职工精神面貌和欢庆新中国成立60周年的豪迈心情、奋进气概。

局机关还将以上这些活动与向先进人物学习结合起来，先后下发了《关于向吴大观同志学习活动的通知》、《关于转发国家档案局中央档案馆<向刘义权同志学习的决定>的通知》等文件，组织全局党员干部，认真学习先进人物的模范事迹，激励干部职工锐意进取，发奋图强，促进档案事业的全面发展。机关党委还向全省档案系统发出通知，号召全省档案战线同志向刘义权同志学习，掀起向刘义权同志学习的热潮，全局党员干部都写了学习心得，大家一致表示，要以先进人物为楷模，以更大的干劲、更实的作风、更严的要求，力争在平凡的岗位上做出不平凡的业绩。

五、加强机关作风和反腐倡廉建设，机关面貌明显改观

局党组以抓好工作落实为重点，加强机关作风建设。机关党委以“抓作风建设，促工作落实”主题实践活动为抓手，强化措施，狠抓机关作风建设。

机关党委在全局干部中继续开展“内强素质、外树形象”的宣传教育活动。狠抓机关党员干部队伍建设，全面提升档案队伍综合素质，努力使机关作风建设取得实效，为促进档案事业的发展提供了坚强保障。

一年来，进一步加强调查研究，改进工作作风。通过有的放矢，创造有利于党员干部干事创业的良好环境，更好地围绕中心工作，形成前瞻性和操作性强的政策建议。

按照档案局制定的贯彻落实中央《建立健全惩治和预防腐败体系2008—2012年工作规划》和党风廉政建设责任制的要求，实行主要领导负总责，分管领导各负其责，相关处室抓工作落实的工作机制，年初纪检组与副处级以上干部签订了《廉政承诺书》。

机关纪委对全体干部进行经常性廉政教育，传达上级有关党风廉政教育工作有关精神，用党费给每个处级以上党员购买了《加强党性修养　树立和弘扬良好作风》一书，并于11月24日组织处级以上干部进行“加强党性修养，树立和弘扬良好作风”专题测试。提高了机关党员干部廉洁从政意识，切实增强了全体党员干部特别是党员领导干部的自律意识和拒腐防变能力。

六、开展联企帮困和扶贫活动

按照省委组织部、省直工委、省委下乡办等部门要求，发动和带领全局广大党员群众，完成了定点扶贫、联企帮

困、扶弱助残、社会募捐等公益性工作，弘扬了社会主义互助友爱的道德风尚，增强了我局广大党员、干部职工扶弱助残的公德意识，收到了良好的社会效益。

定点扶贫工作是我局协调完成的重要工作之一。宁武县余庄乡是我局目前的定点扶贫点，工作队以增加扶贫点农民收入为目标，以调整产业结构为主线，以开发式扶贫为主要途径，突出推广实用科学技术，加大基础设施建设力度。引进资金57.4万元、局直接投入资金1万元、新电脑二台。此项资金主要用于修建道路，新增改善校舍、解决人畜吃水问题，乡卫生所房屋改造等部分工程，有效地改善了帮扶村民的生产和生活条件。在扶贫工作中，发动了广大党员群众捐款捐物，帮助扶贫点和困难户进行生产自救，解决生活中的实际困难，受到当地党委、政府以及群众的称赞和好评。今年7月，全局职工在阎默彧局长的带领下，到宁武县扶贫点，到暖泉沟、东庄村看了农户的渔塘、养猪厂、养鹿厂、“农家乐”等扶贫产业，与当地村民实地交流建国60年农村的变化。我局今年被评为扶贫工作先进单位，受到了省委扶贫领导小组的表彰。

按照省委关于在全省机关党组织和党员干部中开展联企帮困的精神，我局重点帮扶山西省水工机械厂，帮助企业解决了不少实际困难。多次与帮困单位的领导进行座谈，了解他们的实际情况和困难所在，为他们出谋划策，帮他们排扰解难。今年，在中秋、国庆、元旦、春节期间组织了“送温暖”活动，向10个困难户捐赠了救济金共计2000元。积极响应省委办公厅、省政府办公厅《关于开展向受灾和贫困群众“送温暖、献爱心”社会捐助活动的通知》精神，于12月4日上午举行募捐仪式，全体职工及离退休老干部共捐款7580元。

(韩文慧)

附：省档案局党组书记、成员名单

书　记：阎默彧（4月任职）

成　员：张彦杰（女）　王保国　胡谷平（女）　邢利民

省地质勘查局党委工作概况

党委书记　安俊生

2009年，山西省地勘局党委在省委、省政府的正确领导下，全局上下认真贯彻落实党的十七大和十七届三中、四中全会精神，深入学习实践科学发展观，用中国特色社会主义理论体系武装党员干部。局队党委坚持中心组理论学习制度，抓好党员干部的理论武装工作，认真组织开展学习实践活动，促进局各项工作和全省“三个发展”。根据国土资源部统一部署和要求，组织开展了为期半年的地质找矿改革发展大讨论活动，通过讨论进一步增强了全局职工的责任感和荣誉感。以创建文明和谐单位为重点，以国庆60周年庆祝活动为契机，全面加强地勘文化建设，党的建设和精神文明建设取得了新的显著成就。认真执行党风廉政建设责任制，不断加强党风廉政教育和警示教育，筑牢反腐倡廉思想道德防线，强化监督检查，以点带面，深入探索效能监察，为推进构建和谐地勘单位提供了强有力的组织保障。

一、局队两级党委成员认真履行党内工作职责，积极创造条件保证党建工作的正常开展

注重领导干部的思想建设，重点抓好局队两级党委中心组的学习。下发了《关于加强局队党委中心组学习制度》文件，局、队两级班子重新制订了党委中心组学习计划，明确了学习的内容、时间安排和具体要求，不断改进学习方法，突出学习效果。坚持集中专题学习研讨，达到了6次12天的规定要求。局党委中心组能够带头深入学习，并且注重学习内容的时效性和针对性。以社会主义核心价值体系为重点，继续深入学习了邓小平理论、“三个代表”重要思想、科学发展观和构建社会主义和谐社会等中央重大战略思想，认真学习了胡锦涛同志在十七届中纪委三次会议上的讲话精神以及在中央政治局第九次集体学习时的讲话精神。各基层中心组坚持理论学习与落实局经济工作会议精神相结合，与做好本职岗位的工作相结合，以自学和集中交流相结合，以聘请专家举办讲座和参加政工研讨会等形式，在理论指导实践上下功夫，提高了学习效果，带动了党员干部和职工的理论学习，有力地推动了各项工作的开展。

认真听取基层党组织情况和意见，专题研究基层组织建设工作。局队两级党组织领导成员职责明确，分工负责，

较好地发挥了政治核心作用。在局《党的工作责任制实施细则》中，明确规定了各级党组织的责任主体及相关责任内容。党委书记对本单位党的工作负总责，党委副书记具体全面抓好党的工作，党委成员对分管工作及分管部门、具体联系的地勘单位的党建工作直接负责。对所联系单位的重要党建活动，局党委成员一般都参加。在7月大同召开的年中地勘经济工作会议上，还专门听取了基层党委关于上半年的工作汇报，对下半年的重点工作做了安排。

在年度考核和民主生活会上，把党建工作列为考核和查摆内容。近年来，局属各单位逐步完善了领导干部述职与民主测评制度，使民主测评更加公正、客观，各单位的中层以上干部均参加了民主测评。在2009年年度考核述职大会上，局、队两级党委成员都能把落实党的工作责任制情况列为内容之一。135名处级干部，通过各级党组织评定、审核，其中32名被评为优秀，103名被评为称职。根据上级组织要求和年中党建工作会议安排，在10月和12月，局、队两级党委领导班子认真召开了"加强领导干部党性修养，树立和弘扬良好作风"专题民主生活会。会前广泛征求了职工群众意见和建议，其中局党委征求的意见和建议，经汇总梳理共计271条，向每个成员进行了反馈。会上各级班子成员围绕生活会主题认真开展了批评与自我批评，并对产生问题的根源进行了深层次的剖析，并把党建工作列为考核和查摆内容。局领导和相关部门领导分别深入各自联系点参加了局属单位党委班子的专题民主生活会，起到了积极的促进作用。许多基层单位还特别邀请退居二线的院级领导参会查摆问题，扩大了民主监督的渠道和范围。

党委对重要工作和干部任免、奖惩事项，通过不同方式在一定范围征求意见。广泛听取广大党员和群众的意见和建议。2009 年以来，我们对217队等3个单位进行了深入考察，之后又对3个基层班子的干部进行了适当缩减和补充。凡涉及提任和免职的干部，能够严格按照领导干部选拔任用程序，经局党委会议集体研究决定。局党委和基层党委能够安排非党委委员的党务部门负责人参加有关会议，使他们及时了解全局相关工作，并听取他们的意见和建议。根据工委的要求，我们坚持党员干部个人事项报告制度，并且督促各基层单位党委负责人每年向党员大会或党员代表大会报告个人思想、工作、作风及分管工作的情况，接受党员民主评议，积极营造党内民主环境，落实党员民主监督的权利。

主动听取上级组织部门指导意见，积极报告本单位党建工作情况。为了取得上级党组织的支持和帮助指导，反映党建工作动态和沟通任务执行情况，局党委向省直工委党建责任制考核组书面报告全局本年度党建工作情况。尤其是基层党委的组建，都要经过上级审批，党务干部的工作变动都征求上级党组织的意见。

党建工作活动经费纳入经费预算，能够得到充分保证。全局各级党建工作经费的来源有两个渠道，一是行政管理费，二是各级党组织的党费留成。机关党委和各基层党委开展党建活动的经费都能得到保证。其中包括"三会一课"的党员教育的开支、"七一"表彰的开支、学习培训的开支和党员慰问的开支等。近年组织党员到革命纪念地参观学习，费用一般由行政经费拨付。党委工作部门的硬件建设问题，近年也有了明显改善。许多单位都配备了性能较好的电脑、打印机和传真机，电化教育必需的电视机和DVD以及摄像、照相和扫描器材等，提高了办公的现代化程度和工作效率。

二、以贯彻落实科学发展观为统领，全面加强基层党组织建设和党员队伍建设

认真组织开展学习实践活动，促进我局各项工作，为全省"三个发展"做出贡献。按照中央的部署和省委的安排，我局学习实践活动到2009年初进入第三阶段。至2月底，进行了全面总结。4月中旬，又开展了学习实践活动的"回头看"工作。通过学习实践活动的整改落实，取得了初步成效：一是党员干部特别是党员领导干部的理想信念更加坚定，推进科学发展的决心更加明确。二是局党委明确了今后一段时期内，全局发展的总体思路，即进一步做强做大地质勘查主业及延伸产业；发挥优势，拓展国外市场，因地制宜，积极推进基地开发，创新思维，论证培育高新项目。三是努力发挥地质主力军作用，积极组织实施基础性、公益性地质调查和战略性矿产勘查工作，为山西提高矿产资源保障能力作出了积极贡献。四是拓展服务领域，努力为全省"三个发展"提供基础性服务。围绕省委提出的"三个发展"，局党委确定了三个服务。重点做好洁净能源勘查，将资源勘查延伸到对矿山生产安全的服务领域，为解决矿山开采过程中出现的安全隐患发挥地质技术作用；地质工作要在解决资源开发与自然、人与自然的和谐共处的问题方面多做工作。五是为进一步构建贯彻落实科学发展观的长效机制，形成了一批推动工作的制度措施。据统计，全局在学习实践活动中，共形成调研报告60份，废止规章制度12项，修改完善76项，新出台44项，新成立7个领导组和指导组。六是对于活动中征求到的群众意见，已经初步解决一些具体问题，特别是民生问题。五是通过开展学习实践活动，进一步转变了局、队机关作风。在学习调研阶段，局、队领导带头广泛收集党内外意见，先后多次深入基层单位召开座谈会，走访职工群众，赴野外一线施工现场与钻机工人交流，并就作风建设的改进措施提出了建议。

认真组织地质找矿改革发展大讨论活动，推动地质工作长远发展。根据国土资源部统一部署和要求，自4月初，在职工中广泛开展了地质找矿改革发展大讨论活动。在前后5 个月的时间里，完成了4个阶段的主要任务。活动期间，为确保地质找矿大讨论活动的扎实进行，取得实效，按照《地质找矿改革发展大讨论工作方案》，局领导积极带头，广大干部职工踊跃参与，在局系统营造了地质找矿改革发展大讨论的舆论氛围，收到了积极的效果。在广泛讨论的基础上，围绕局提出的20个参考专题，重点深化了地

质工作结构和布局研究，着重对统筹地质工作部署、延长工作链、开拓新领域、深化地质找矿技术体系研究、地质科技创新机制建设和地质人才培养以及我省地质资源开发管理等方面，查找了影响和制约地质找矿的突出问题，形成《山西省地质找矿工作部署建议》等19篇专题调研成果，提交了八个方面加强地质找矿工作的建议，包括将地质工作纳入全省国民经济和社会发展规划、制定稳定持续的地质勘查资金投入政策、明确重点工程基础设施建设必须由国有地勘单位开展地质勘查和灾害性评估工作、整合全省地质勘查队伍资源并由省地勘局统一组织实施公益性地质勘查工作等。通过开展地质找矿大讨论活动，进一步增强了全局职工的责任感和荣誉感，增强了地质找矿工作对经济社会发展的保障能力和服务功能，更好地发挥国有地质勘查队伍的主力军作用。

继续巩固先进性教育的成果，使党员教育管理规范化、经常化。不断完善党员教育制度，结合不同岗位党员的实际情况，采取灵活多样的学习形式。各单位党委书记结合单位实际，结合身边的人和事，用自己的深切感受，在不同的场合为党员进行教育和引导。局、队机关的党员参加党组织集体学习达到12天，野外作业党员每月参加党组织学习不少于4小时。根据学习主题精心选择学习内容，做到因材施教，寓教于乐。各单位对于野外实体支部因地制宜，把学习的课堂搬到了野外生产一线，并把学习内容融于娱乐活动，保证学习内容的实用性和多样性。结合纪念建党88周年，我局各级党组织开展了丰富多彩的纪念活动和“创先争优”评比表彰活动。局党委对全局在“创先争优”活动中评选出的19个先进基层党组织、63名优秀共产党员、20名优秀党务工作者、2个党风廉政建设先进集体和6名党风廉政建设先进个人进行了表彰奖励。

在党员管理方面，针对新形势下的党员构成特点，实行分类管理，及时做好党员思想状况的动态了解。对于承担工作职责的在岗党员，严格党内生活，实施经常性管理。对于离退休职工党员群体，给予高度重视，在保证两个待遇的基础上，注重政策教育，经常开展活动。对于困难党员、老党员、老模范，每年都由各基层党组织进行认真的摸底调查、组织上报，并给以帮扶和慰问。

在做好党员联系和服务群众方面，局领导经常深入基层，调查研究，广泛听取群众的意见。在春节、中秋节，到野外一线看望职工。同时要求各单位尽可能拓展党员联系群众的途径，丰富党员联系群众的内容，畅通群众表达意愿的渠道。要求实行队务公开，凡涉及多数群众切身利益的大事，都广泛征求群众意见，并及时反馈群众的意见。做好接待群众的工作。机关党委通过开展了解基层、学习基层的教育活动，增进了对基层的感情和服务意识。有关职能部门对来信来访反映的问题，认真调查落实，努力协调解决，对暂时不能解决的问题做好解释工作。按照规划和制度要求做好发展党员工作。年初局党委按照省直工委下达的发展计划，综合平衡各基层党委的情况，对发展计划进行合理分解，同时根据基层反映对发展计划进行适当的调整。为保证高标准地做好发展党员工作，各级党组织能够加强入党积极分子队伍建设，按照《发展党员工作细则》，有重点地做好新党员的发展工作。全年共发展党员55名，其中一线人员占72.1%，35岁以下的占55.8%。认真做好和女党员的工作，使女党员发展比例占18.6%。全局的组织发展工作，基本做到了有计划、有重点发展，党员队伍结构有所改善，质量得到保证。

认真做好党费的收缴、管理和使用工作。从2008年4月开始，严格执行中组部颁发的《党费收缴、使用和管理的规定》标准。党员上缴党费按新的比例标准进行了调整。同时加强了野外作业、流动分散党员和离退休党员的党费收缴工作，把党费收缴作为对党员进行党性教育、认真履行党员义务的一项具体内容。设立党费专账，确定专人管理，党费支出由党委书记审批，党委工作机构办理，未发现挪用和乱用现象。

三、以创建文明和谐单位为重点，全面加强地勘职工队伍的文化建设

为进一步提高民主决策、民主管理和民主监督的工作水平，修订下发了《关于进一步推行队务公开加强民主管理的实施意见》。通过会议通报、专栏、简报、网络等形式，沟通工作情况，随时做好群众工作。按照尊重人、关心人、理解人和帮助人的原则，加强和改进思想政治工作。局党委非常重视6000余名离退休职工的管理工作。经常向老同志通报工作情况，认真落实他们的政治待遇和生活待遇。在此基础上抓好活动场所建设，组织开展以关注全局、发挥余热为内容的各项活动。局坚持开展创建“文明单位”、“文明机台”、“文明职工”、“文明家庭”、“青年文明号”等活动，积极推进群众性精神文明建设。截至2009年底，局机关连续保持了13年省直机关文明和谐单位标兵称号，局属基层地勘单位全部被评为文明和谐单位。此外，还积极组织开展“慈善一日捐”、“送温暖、献爱心”社会捐助活动，全年共捐款近16.3万元，其中217地质队分2次向大同市、省民政厅捐款3.2万元和3万元。这些都体现了地质职工良好素质和高尚的品德。

抓好普法教育和专业技术培训，努力提高职工文化素质。按照我局的普法规划要求，指导和督促局属各单位的普法宣传和普法教育，开展了一系列的法制教育和法制宣传活动。通过学习，广大职工的法制意识和法制观念有所增强，在生产工作中提高了运用法律维护合法利益的自觉性。继续推行人才强局的战略措施。实施了骨干人才培养计划，建立以局出资为主培养高层次专业技术人才和经营管理人才机制，有计划、按专业、分层次的开展职工短期培训教育工作。与中国地质大学合作，组织了“矿产勘查技术与方法培训班”，全局地质技术人员120余人参加了培训。

以国庆60周年庆祝活动为契机，全面加强地勘文化建设。一是走访慰问了100余位老同志、老劳模和烈士遗属。

先后对新中国成立前参加工作的老同志以及革命烈士遗属、劳动模范上门慰问，对一些居住在外地的同志以信函、电话等方式进行了慰问。二是组织开展了"我和我的祖国"征文活动。共收到各地勘单位260名职工的诗歌、散文、小说等各类题材征文400余篇。同时，在省直工委"迎国庆好征文"活动中，局属212地质队李红梅作品《从地质大院的变迁看祖国60年辉煌》等五篇作品全部获奖，局荣获组织奖。三是组织进行了"地质情"摄影比赛。共收到主题类、风光类、生活类摄影作品300余幅，120余幅照片进行了展览。在山西省庆祝建国60周年成就图片展中，我局以"地勘工作渗透社会建设各个领域"为主题，反映了积极参与西气东输、引黄入晋、太旧高速等国家和省重点项目建设情况和贡献。在"省直机关六十年文明和谐巡礼"图片展中，反映了我局创建文明和谐单位等方面的成绩。四是组织开展了迎国庆演讲赛。34位来自地勘单位的选手参加了比赛，10名同志为机关的同志作了报告，三勘院蔡文燕代表我局参加了省直工委"祖国在我心中"演讲比赛，荣获三等奖，局机关荣获优秀组织奖。五是全局举办了"地质杯"羽毛球、乒乓球比赛，大大活跃了国庆节日气氛。六是局机关及基层单位以"祝福祖国"为主题开展了歌咏比赛和文艺汇演，职工广泛参与，场面壮观感人。七是在局门户网站设立"庆祝建国60周年"活动专栏，围绕建国60周年活动以及我局取得的成就展开宣传。全年加大了对重点媒体以及地方主要媒体的投稿力度，提高了用稿率，全年共计对外宣传报道1000余篇。在外树形象的同时，继承和发扬过去的好传统和好做法，大力倡导健康文明、积极向上的地勘文化。随着文明创建活动的开展，机关和基层单位的工作环境和生活条件都得到较大的改善，职工精神面貌焕然一新，活动载体丰富多彩，精神文化生活得到了提升，塑造了地勘单位和职工在社会上的新形象，创造了让职工满意的和谐氛围。

充分发挥工会、共青团群众组织的作用，加强地勘职工队伍建设。局属10个单位如期召开了职代会，并在会上对中层以上干部进行了民主评议。通过在地勘单位开展职代会星级竞赛活动，努力提升职代会质量和实效。积极协调解决职工群众最关心、最现实的利益问题，建立了逐步实现职工健康体检制度，深化劳动保护工作，关心职工业余文化生活等。在平时的工作中，各基层工会组织坚持及时探望患病住院的职工。元旦春节期间继续开展送温暖活动，春节前，由局领导带队工会人员参加的送温暖小组，将筹措的50万元送温暖资金，送到了全局423户贫特困职工手中，另外为40户特困家庭发救助金5.73万元。共青团通过纪念五四运动90周年，在广大青年中进一步弘扬"五四"精神。组织广大团员深入基层，采取下工地、上机台的形式，倡导团员青年在各自的岗位上开拓创新、建功立业。

四、切实抓好党风廉政建设和反腐败工作，为地勘经济又好又快发展服务

2009年，以落实党风廉政建设责任制工作为抓手，印发了《全局纪检监察工作要点》，安排部署了全局党风廉政建设和反腐败工作，有效的开展了全局纪检监察工作。制定了《全局党风廉政建设责任制分解意见》，根据领导分工调整，把责任任务分解为25项，落实到人，层层抓落实，明确目标责任和奖惩。

加强制度建设，强化监督检查。局纪委下发了《全局突发事件报告制度》。坚持队务公开和民主评议制度，加强职工群众监督。各单位在职代会上公开的内容注重紧贴工作实际，会上公开全年的生产经营情况和财务预结算报告，公开职工关心的热点问题。参加了基层单位职代会，听取干部述职述廉，进行民意测评。认真开展督促检查工作，对基层单位加强制止奢侈浪费工作落实情况进行了抽查，对全局党风廉正建设责任制工作进行了考核，对部分地勘单位的小金库问题进行了彻底清查纠正。

以点带面，探索效能监察。把效能监察的着眼点和落脚点放在解决妨碍或影响单位效益提高和职工有反映的突出问题上。重点围绕规范采购行为、重要项目和本单位改革和生产经营中的其它重大事项开展监督检查。从加强管理、节约增效入手，全面推进依法经营、科学程序管理，以促进各级领导干部，包括经营实体负责人廉洁、勤政务实、高效地履行职责。（李耿为）

附：省地质勘查局党委书记、副书记、委员名单

书　记：安俊生

副书记：靳援军

委　员：翁金明　李日彪　韩晋生　武　胜　赵得权

煤炭工业太原设计研究院党委工作概况

党委书记　马建华

煤炭工业太原设计研究院成立于1959年，是原煤炭工业部部属大型甲级设计研究院。1998年归属地方管理，成为山西省直属事业单位，实行企业化运作。拥有工程勘察、工程设计、工程咨询、建筑工程设计、建筑智能化、环境评价、环境工程、工程监理、工程总承包、工程造价等十项国家甲级资质和市政、电力、建材、焦化等四项乙级资质，并拥有对外合作经营权。太原院现有矿井、选煤、建筑、环评、经济、综合6个专业所，工程、监理、岩土3个子公司，在册人员

487名。其中：国家级勘察设计大师4名、教授级高工36名、高工240多名，各类注册职业资格人员168名。建院50年来，先后完成了国内外大中型勘察设计项目800多项，工程总承包10余项，荣获国家优秀勘察设计金奖5项、银奖5项、铜奖8项、国家优秀咨询成果奖7项，省部级优秀勘察、设计、咨询成果奖100余项。1993年被评为“中国勘察设计单位综合实力百强”。在大型矿井、选煤厂、环境评价、污水处理、瓦斯发电、特种结构等设计技术和各种复杂场地的工程勘察、地基处理方面处于国内领先水平或达到国际先进水平。

院党委下设1个党总支、15个党支部，共有党员235名。

2009年是建院50周年，一年来，院党委坚持以邓小平理论和“三个代表”重要思想为指导，深入学习实践科学发展观，认真贯彻落实党的十七大、十七届三中、四中全会精神，按照省委、省政府的指示精神和工作部署，围绕“转型发展、安全发展、和谐发展”的主题，坚持两个一切(一切为了设计院的发展，一切为了全体员工的利益)，狠抓三个归位（思想归位、管理归位、业务归位），强化五个建设（思想建设、组织建设、作风建设、制度建设、党风廉政建设），充分发挥各级党组织的战斗堡垒作用和共产党员的先锋模范作用，在危机中抢抓机遇，在困境中寻求突破，在竞争中赢得主动，为建设具有竞争实力、充满发展活力、富有人文魅力的现代化设计院提供了强有力的思想动力和政治组织保障。

一、坚持抓好政治理论及专业知识学习，不断加强思想建设

作为一个知识服务型单位，面对当今知识日新月异的时代，面对不断发展变化的设计市场形势，只有勤于学习、不断学习、善于学习，才能不断提高队伍素质和技术水平，在激烈的市场竞争中占据一席之地。为此，本着武装头脑、指导实践、推进工作的要求，院党委以建设学习型设计院为抓手，以提高队伍素质和技术水平为目的，不断丰富学习内容，创新学习方式，规范学习管理，提高学习效果。一是认真组织党委中心组学习，特别是注重联系设计院的实际情况，以科学发展观为指导，对影响和制约设计院科学发展的深层次矛盾和问题进行了深入思考，提出了“一个中心、两个一切、三个归位、五个建设”的工作思路和具体措施。二是健全和落实常态化、多样化的党员干部学习培训制度，加强日常学习、脱产学习、短期集中培训和技术交流。院实行六天工作制，每周六为学习日。邀请省委党校老师作“学习贯彻十七届四中全会精神”专题辅导。先后举办了阎氏开采法、热泵技术在煤矿中的应用、煤矿井下水仓移动清理系统、选煤厂煤泥脱水工艺研究、高浓度粘稠物料管道输送研究与应用等新技术交流会，着力引进、消化、吸收先进实用技术，进一步提高职工队伍素质和技术水平。

二、坚持抓好领导班子建设和党员队伍建设，不断加强组织建设

一是省委、省政府在认真调查研究、广泛听取各方面意见的基础上，从我院领导班子建设的实际出发，对我院的党政主要领导进行了调整，有力地加强了我院的领导班子建设。二是院党委根据我院工作的实际，本着“精简、效能”的原则，对组织机构进行了调整。党委办公室和行政办公室、党委组织部和人力资源部实行合署办公，新设立总工程师办公室，对矿井所进行了分设，优化了内部管理，理顺了管理机制。三是认真落实党政领导干部选拔任用工作条例，严格按照程序，选拔和调整了部分中层干部，促进了干部队伍的建设管理，有力地促进了各项工作的有序开展。四是组织支部书记赴右玉进行学习考察。认真组织开展了纪念中国共产党成立88周年、建国60周年活动。组织广大党员和职工积极开展“100位为新中国成立作出突出贡献的英雄模范人物和100位新中国成立以来感动中国人物”学习评选活动。五是严格按照发展党员工作的“十六字”方针，认真做好2009年发展党员工作，坚持发展党员向生产一线技术人员倾斜的工作重点，不断优化党员队伍结构。

三、坚持开展反腐倡廉教育，不断加强党的作风建设

院新一届领导班子组建以来，高度重视纪检监察工作，并纳入党委工作的议事日程，摆在各项工作的首位。党委一班人把党员树立廉洁自律、遵纪守法的良好形象，作为党风廉政建设大事来抓，保证工程建设和党员队伍不出问题。一是认真开展“讲党性修养、树良好作风、促科学发展”教育活动。学习贯彻中纪委四次全会和胡锦涛同志重要讲话精神，贯彻落实省纪委重要会议精神，集中开展“讲党性修养、树良好作风、促科学发展”教育活动，着力解决好党员干部党性修养发展存在的突出问题，切实增强党性观念，树立和弘扬优良作风。二是以煤焦领域反腐败斗争为契机，深入开展反腐倡廉教育。以党员干部和重要岗位人员为重点，加强党性党风教育、廉洁从政教育，开展示范教育、警示教育和岗位廉政教育，增强党员干部拒腐防变的意识和能力。认真落实党员领导干部廉洁自律各项规定，严格禁止领导干部利用职务上的便利谋取不正当的利益。

四、以庆祝新中国成立60周年和建院50周年为契机，不断加强思想政治工作

一是加强思想教育工作，严肃了劳动纪律，重树了良好的企业文化。引导全院职工自觉践行实践社会主义荣辱观，为构建和谐设计院多做贡献，特别是围绕“我对设计院有什么样的感情？为了设计院的发展，我们应该怎么做？

在本职岗位上，我能做些什么?”等问题，在全院深入开展爱院教育大讨论，取得了显著成效。二是加强典型示范教育。坚持用身边事教育身边人，发现和培养先进典型，充分发挥了示范带动作用。2009年表彰了5个先进集体、3个精神文明先进单位、4名劳动模范、7名优秀管理工作者、10名优秀设计工作者、6名精神文明先进个人、17名先进工作者。三是加强了维稳防邪工作。全面落实安全稳定责任制，认真落实院信息公开管理工作规定，坚决防止了影响稳定和安全的重大事件、事故发生，营造了安全、文明、稳定、和谐的设计环境。四是加强了精神文明建设。认真做好新中国成立60周年和建院50周年宣传工作，精心组织开展了庆祝建国60周年歌唱会，开展了“博爱一日捐”和“救灾、帮困、送温暖”活动，全院379人捐款43620元，捐物40件。开通了设计院网站，编写了工作信息，加强了精神文明宣传工作。

五、充分支持和发挥群团和离退休职工组织的作用，党的建设不断加强，各方面工作都取得了显著成绩

一是在重大纪念日和节假日，开展了形式多样内容丰富的文化体育活动，充分调动了职工群众的创造性和积极性，为院的生存发展、和谐稳定创造了良好氛围。二是切实关心离退休职工生活。落实有关政策，为离休职工补发工资补贴32万元，为离退休职工发放养老统筹项目外工资补贴168万元，慰问和走访了困难职工。三是大幅度提高了员工的收入水平。四是硬化了办公楼前场地，方便了职工停放车辆，维修了东米市家属楼采暖管道。五是为设计人员统一定制了服装，改善了企业对外形象。

2009年，以党建工作为龙头，院各方面工作都取得了显著成绩，全年实现营业收入1.18亿元，同比增长50%，创造了历史最好水平。同时，院荣获国家优秀工程设计铜奖一项；全国优秀工程勘察三等奖一项；国家优秀咨询成果三等奖一项；煤炭行业（部级）优秀工程设计二等奖三项、三等奖一项；煤炭行业（部级）优秀咨询成果一等奖一项、二等奖三项、三等奖二项。还被评为全国工程勘察设计行业建国60年“国产CAD软件应用先进单位”、“山西省煤炭综合利用科技创新十佳企业”。（徐德峰）

附：煤炭工业太原设计研究院党委书记、副书记、委员名单

书　记：马建华（9月离职）　贺天才（9月任职）
副书记：李宏达（9月离职）
委　员：耿建平　谢步林

省公路局党委工作概况

党委书记　赵振田

2009年，省公路局党委坚持以中国特色社会主义理论为指导，深入学习实践科学发展观，认真贯彻落实党的十七届四中全会精神，按照年度工作目标要求，围绕中心工作，以基层党建工作、公路文化推进年活动、争创省直文明和谐单位标兵为重点，扎实认真地开展工作，积极推进工作创新，各项工作按计划和目标如期实施，年度工作目标任务全部完成，取得了良好的成效。

一、全面加强领导班子建设，着力推进公路事业科学发展

省局党委不断巩固扩大学习实践科学发展观的成果，认真贯彻落实胡锦涛总书记在中纪委十七届三次全会上的讲话精神和十七届四中全会精神，紧紧围绕“着力增强宗旨意识、着力提高实践能力、着力强化责任意识、着力树立正确政绩观、着力树立正确利益观、着力增强纪律观念”，进一步加强领导班子建设，不断提高各级领导班子和领导干部的理论素养、学习能力和解决实际问题的能力。

加强思想建设，打造学习型领导班子。省局领导班子坚持每周一学习制度，做到集体学习和自学相结合，把握原理和解决问题相结合，理论武装和指导实践相结合；坚持用中国特色社会主义理论武装头脑，用社会主义核心价值体系指导行动，用公路事业发展所需的经济、技术、管理、法律等知识提升素质；不断提高运用马克思主义的观点、立场和方法分析问题、解决问题的能力，积极把学习成果转化为工作指南，在转变观念中破解难题，在解放思想中开拓进取。一是不断强化科学发展意识。通过认真学习科学发展观，深入分析我省干线公路总量不足，路网结构不合理、路况标准低，与经济社会发展需求矛盾日益突出的现实情况，深刻认识到科学发展是解决行业内外矛盾的“总钥匙”，是壮大公路行业的必由之路，必须坚持把发展摆在第一要务的位置，一心一意谋发展。省局党委本着对公路事业高度负责的敬业精神，在发展理念上彻底实现了从被动发展到主动发展的转变，不等不靠、迎难而上，创造条件求发展，连续抢抓县际路网建设、路面大修工程、

运煤通道建设、沿黄干线建设等重大机遇，开创了山西干线公路科学发展的良好局面。二是不断提高科学发展能力。针对我省经济社会快速发展造成的部分国省干线等级路况不适应，通行能力不足，成为新的交通“瓶颈”的现实情况，省局党委在理论学习中不断更新观念、更新知识，积极研究当地经济发展的需要，研究广大群众的需要，努力增强处理复杂矛盾的本领。积极抢抓国家新一轮基础设施建设高潮的发展机遇，针对干线路网，做出突出抓好“升级改造、延伸加密”两大重点的决定，加大发展力度，加快发展速度，着力抓好一级路建设，大力增强有效供给能力，努力打破新一轮干线公路“瓶颈”制约。三是不断提升科学发展理念。在决策和决策执行过程中，进一步做好统筹兼顾。在筹资、建设、养护和管理等方面，摒弃过去“单打一”的思路和做法，充分整合社会资源，积极借政府之力、社会之力、市场之力，共同促进公路事业发展。

加强组织建设，打造负责任领导班子。针对公路行业发展进程中，领导干部队伍中不同程度存在的本位主义色彩，着力解决“发展是为了什么”的问题，一再重申公路行业现代服务业的定位，明确为新山西新基地建设、社会主义新农村建设、人民安全便捷出行服务好是我们最大的责任，行业利益要服从服务于社会公众利益。针对路桥企业去年回归时干部队伍中不同程度存在的思想混乱、不思进取，甚至个别人以权谋私等问题，从体制、思想、制度、监督方面入手，着力对路桥干部队伍进行整顿，出台了《山西省公路局路桥企业领导人员管理暂行办法》，理顺了干部管理体制，适时开展了“转变思想，树立正气”的思想教育，通过省直纪工委查办案件加强对企业干部的法律、法规和党风廉政教育。针对提高领导干部工作能力，着力加强工作实践中的指导，通过实践—总结—再实践，努力提高领导干部科学决策统筹发展的能力、化解矛盾破解难题的能力、善于学习开拓创新的能力、依法办事促进和谐的能力，努力引导领导干部抓发展有思路、有点子，促和谐有举措、有成效，干工作有魄力、有办法。坚持把德能勤绩廉作为领导干部绩能考核的重点，坚持公平、公正、公开选拔使用干部，省局机关中层干部完全实现竞争上岗，普通工作人员逢进必考。

加强作风建设，打造创和谐领导班子。坚持树立正确的政绩观，面对发展进程中出现的新问题、新矛盾，不回避、不推诿，敢于直面困难，积极应对复杂棘手的难题。一是下大力气发扬坚韧务实的工作精神，抓好路桥企业的稳定与发展。坚定不移地贯彻省政府决定，顶着压力，接收了管理混乱、经营不善、发展艰难、上访频繁、亏损23.79亿元的路桥集团。立足于路桥企业的现实问题和未来发展，省局党委提出“振兴路桥，致富职工”的目标和扭亏、积累、发展的实施步骤，想方设法，克服重重困难，尽最大努力把省政府和省厅的优惠政策变为现实。抽调75人组成15个稳控工作组进驻路桥企业开展工作，对问题突出的吕梁路桥和中北路桥，书记、局长亲自包点，与职工面对面谈心，讲解政策，解决职工生产生活困难，稳定了民心，稳控了局面，确保了路桥企业平稳过渡；借资3.62亿元用以彻底解决拖欠职工工资和“三险一金”问题；为企业发展积极争取条件，累计为路桥企业落实了112个亿的施工任务；加大力度解决历史遗留问题，分类提出23.79亿元亏损的解决办法，完成三个破产企业的破产重组方案报批，替代3个破产企业的4个新公司顺利投入运营；突出人、财两个重点，提出“包公式管理、保姆式服务”的理念，从制度层面强化对路桥企业的监管和指导。正是靠着对党的忠诚、对路桥企业负责的精神，才使得路桥企业逐步走出困境，为和谐交通、和谐山西的建设做出了应有的贡献。二是想方设法解决原养路协议工问题。对事业单位的养路协议工养老保险在国家和省都暂未明确相关政策的情况下，我们从稳定大局出发，主动想办法，积极争取各市、县的支持，参照当地市、县标准为原协议工交纳养老保险，截至目前，9个分局80多个公路段为5200多名养路工交纳了养老保险。三是高度重视收费队伍稳定，根据国家撤销二级路收费站的决定，我局共有99个收费站被撤销，针对5000多名待岗收费员，明确了人员待安置期间的待遇，制订待岗期间的管理办法，根据省厅安排，提出了向高速公路分流转岗的实施意见。四是专门成立信访办，抽调优秀中青年干部担任接访任务，关注上访人员的现实困难，努力解决合理诉求，维护合法权益。五是突出抓好安全工作。围绕公路运营安全、建养工程施工安全、企业生产安全“三个重点”，深入开展安全生产隐患专项整治，先后建立完善了公路建养安全生产联席会议、安全生产事故隐患排查治理、安全生产隐患和事故举报、安全生产专项督查等8项制度，继续加大道路安保工程实施力度，集中改造加固危桥673座，做到发现一座处治一座。为208国道雁门关、省道台忻线等3870公里急弯陡坡、傍水临崖路段建设的安保工程，被群众誉为“救命工程”、“民心工程”。2009年11月中旬，我省突降大到暴雪，全系统于深夜启动应急预案，省局领导亲自率领机关干部职工到208国道扫雪打冰，组成了由局领导带队的8个工作组分赴全省各地市指挥督导冰雪灾害处置工作，保证了我省干线公路交通迅速恢复正常运转。

加强制度建设，打造讲政治领导班子。为将省委省政府扩内需保增长的部署落到实处，全局上下大力发扬讲政治、顾大局的优良传统和迎难而上、顽强拼搏的进取精神，把加快全省干线公路建设作为首要任务来抓，为全省经济企稳回升发挥积极作用。一是根据省政府和省交通厅下达的年度目标，逐级签订目标责任制，一级向一级负责，一级向一级交帐。二是千方百计多上项目、快上项目。在抓好续建工程和路面改造工程的同时，下大力气抓了新改建工程和拉动内需一级公路项目的前期准备工作。三是千方百计解决建设资金问题。在经过无数次沟通协调，终于与国家开发银行正式签订四期贷款合同，同时通过省厅借资、拆借贷款、向地方政府借资等多种途径，想方设法落实建设资金。四是狠抓组织落实。实现局领导分片定期督导，每半月开展一次检查督导、每旬通报一次工作、每周研究一次前期工作进展情况，建立责任制度和限时办结制度。2009年，全省完成公路建养投资81个亿，竣工里程1245公里，创出我局历史新高，为拉动内需做出了应有的贡献。按照省政府和省厅部署，于6月1日0时全部撤销100个政府还贷二级公路收费站，并按期完成收费设施拆除、路面恢复等工作。进一步完善党委会议制度和局长办公会制度，坚持开好民主生活会，重大人事变动、重要工作决策都坚持广泛征求意见、上会集体研究，实现民主决策、科学决策。

加强廉政建设，打造党性强领导班子。一是认真落实中纪委二次、三次全会精神。中央关于《建立健全惩治和预防腐败体系2008—2012年工作规划》的通知和省委《实施办法》下发后，我局高度重视，把学习贯彻《工作规划》和《实施办法》作为加强反腐倡廉建设的重要政治任务，列入议事日程，深入学习宣传，认真组织实施，成立惩治和预防腐败体系建设领导组，制定落实《工作规划》和《实施办法》的具体意见，扎扎实实推进我局惩治和预防腐败体系建设。二是认真落实党风廉政建设责任制，局党政“一把手”对全局党风廉政建设负总责，承担第一责任人的职责和任务，做到了重要工作亲自部署，重大问题亲自过问，重点环节亲自协调，重要案件亲自督办，今年局办公会议共研究党风廉政建设和反腐败工作10次，协调上访案件5 次，对党风廉政建设和反腐败工作进行专项检查2次。领导班子其他成员做到了“一岗双责”，认真抓好职责范围内的反腐倡廉工作，对分管的部门和处（室）人员进行管理、教育和监督，各部门制定廉政工作措施，将党风廉政建设和反腐败工作溶入到各项业务工作中，一起部署、一起落实、一起检查、一起考核，形成了党政齐抓共管、部门各负其责、纪委组织协调、群众积极参与的良好局面。三是注重培训，2009年6月22日至25日，由各分局局长、路桥各公司董事长及工程和财务科负责人共55人参加了全省建筑领域、重点工程管理干部廉政教育培训班。12月2日，以加强施工项目部廉政建设为重点，召开全省路桥企业党风廉政会议，以会代训，要求施工单位负责人在公路建设大高潮中，要认清形势、认清责任、认清后果，切实绷紧廉政建设的弦。12 月8日至12日，以加强党风廉政建设、公路管理及突发事件应对、领导艺术及预防性公路养护知识为主要内容，举办有全省公路段长和在建工程项目负责人共计140人参加的冬季集中培训。四是狠抓领导干部廉洁自律工作，组织填写了领导干部个人信息采集表，对领导干部进行任前廉政谈话，领导班子成员进行了述职述廉；认真落实收入申报、礼品登记、重大事项报告制度；广泛开展廉政承诺、廉政宣誓、廉政展览、廉政短信、廉政文化等形式多样的教育活动，努力使领导干部做到自重、自省、自警、自励。

二、狠抓职工队伍建设，着力提升行业发展质量

立足于公路事业发展的现实和未来需求，突出抓好职工队伍的思想道德教育、科学文化教育和公民意识教育。

加强思想道德教育。突出抓好社会主义核心价值理念教育。在体现社会主义核心价值理念思想的前题下结合山西公路特色，征集提炼形成山西公路核心价值理念作为公路精神文化建设的首要任务已经取得阶段性成果。紧扣“服务和奉献”主题，传承艰苦奋斗精神，兼具山西特色的“德厚路长”等一批征集成果已交有关专家评审。“公路核心价值理念”的征集、提炼、形成过程，成为一个增强广大干部职工归属感和荣誉感，增强凝聚力和向心力的教育过程。通过开展专题培训、以会代训、举办演讲赛、座谈会、征文比赛、文艺表演、诗歌朗诵，因地制宜开展“三个半小时”（即:每天听半小时广播新闻，看半小时书刊、报纸，看半小时电视新闻）学习等活动，通过悬挂标语、出板报、电子屏滚动等形式，坚持用中国特色社会主义共同理想激励干部职工，坚持以爱国主义为核心的民族精神和以改革创新为核心的时代精神教育干部职工。认真落实党的工作责任制，健全党委统一领导、部门齐抓共管、一级抓一级、层层抓落实的党建工作格局。加强对基层党建的调研、指导和帮扶；严格党员发展程序，做好党员培养、教育、发展工作；抓好基层党建制度落实，强化党员队伍管理；坚持开展“一先两优”争创活动，以开展“讲党性、重品行、作表率”活动为载体，在各级党组织和广大党员中开展争当“五好党组织”、“五好党员”活动，不断加强党的先进性建设；每年“七一”对“先进基层党组织”、“优秀党员”和“优秀党务工作者”进行表彰，全系统广大党员先锋模范作用、党员领导干部带头表率作用、党支部战斗堡垒作用和党委政治核心作用在公路养建管生产活动中得到了充分发挥。利用重要节日开展教育活动，先后组织局机关干部职工赴西柏坡、延安、武乡革命老区参观学习，每逢“五一”、“七一”、“十一”摆放花坛、悬挂庆祝标语，每年局机关职工自编自演举办新春团拜会。结合建国60周年，举办了全系统18支队伍参加的“歌唱祖国”歌咏比赛，承办山西干线公路和农村公路60年成就展，推荐反映公路养建管工作的优秀摄影作品参加了今年的平遥国际摄影节。

坚持开展职业道德教育。建立和完善了与社会主义荣辱观相结合，体现“服务人民、奉献社会”行业宗旨的公路职业道德守则，根据职业道德守则，结合各类岗位的工作特点，分别制定机关干部、工程技术人员、养路工等各类人员行为准则。为了把外在的职业道德要求，转化成广大干部职工内在的职业道德情感、职业道德信念，不断提高职业道德境界，一是抓公路发展形势教育，引导干部职工充分认识在以公路为主要运输方式的能源输出大省，公路发展在我省经济社会发展中的重要地位，增强爱路护路的责任感和路兴我荣、路衰我耻的使命感；二是积极开展“远学振超纪兰精神，近学身边典型”活动，引领全体职工敬业爱岗、争创一流。在全省公路系统选树出雁门关道班、营里收费站两个先进集体和张建忠、梁荣和谢金武三个先

进个人，省局党委予以隆重表彰，组成先进事迹报告团在全省巡回演讲；三是强化制度约束，全面推行竞争上岗、末位待岗；严格考核，奖优罚劣，形成遵守职业道德的制度氛围。

注重关心职工生活。做到职工收入每年有增加，男职工两年体检一次、女职工每年一次，积极落实独生子女政策，定期慰问离退休老同志、困难职工，及时看望患病职工，购置新通勤车，方便路远职工上下班，积极组织为机关职工团购住房，经过近一年时间的运作、实施，圆满完成局机关集中供热工程。

加强科学文化教育。为提高干部职工队伍业务技能素质，积极开展了学习型机关、学习型行业建设活动，做到职工技能培训有计划、有落实、有考核。制定出台了《山西省公路局职工教育“十一五”规划》，建立在职职工成人教育奖励机制。山西电大公路系统分校不断提高办学质量，现在校生达3000人、毕业生达4200余人、培训在职干部职工上万人次。目前，98%的机关工作人员取得了大专以上学历，干部职工的科学文化水平、专业技能不断提高。2009年11月，参加全国“厦工杯”养护机械职业技能大赛，我局取得团体第二名、挖掘机手李车取得全国第三的好成绩。

坚持依靠科技创新求发展，不断提高公路发展中的科技含量。集中开展技术研究和科研攻关，“普通沥青路面柔性基层实用技术研究”等成果达到国际先进水平，白改黑典型路面结构、铣刨回收利用、车辆电子静态监测等一批新技术、新工艺、新设备在公路建设、养护、管理各个方面都得到推广应用。粉煤灰、煤矸石筑路技术推广顺利，材料节约与循环利用收到积极成效。技术合作迈出重要步伐，与同济大学、长安大学、东南大学、交通部公路科学研究院等高等院校和科研单位建立起良好合作关系。全局上下对科技在公路发展中的引领和支撑作用，从认识到实践都进入一个新的更高层面。

三、积极引深文明和谐创建活动，致力提升行业社会形象

在创建文明和谐单位的实践中，我们始终把加强全面管理作为重中之重来抓，不断健全完善公路养护、建设、管理和收费等各项工作制度，制订出台《山西省公路局管理办法汇编》，尤其是通过学习实践科学发展观活动，对工程建设质量、公路养护质量、桥梁安全管理等重点问题，进一步充实完善专项管理办法，全局各项工作纳入了科学管理范畴。以争创省级文明和谐单位标兵为契机，在精神文明建设上重点健全和完善“五项机制”，即：领导机制、目标机制、管理机制、监督机制和共建机制上下功夫，形成了党委统一领导，主要领导亲自抓，班子成员分工抓，责任部门具体抓，党政工团齐抓共管的组织领导体制和条块结合、分级管理、分类指导、责权明确的目标责任体系，做到了两个文明统一部署、统一实施、统一检查、统一考核、统一奖惩。

着力树立干线公路新形象，深入开展“文明路”、“文化公路”建设活动。着力改善路域环境，启动实施了以解决沿线环境脏乱差、违章建筑多、标志标牌杂乱、平交道口行车安全隐患较大等问题为主要内容的路域环境综合治理。按照交通部规定，在干线公路中继续大力实施以GBM工程（公路标准化、美化）为主要内容的文明路建设。2009年，新建文明路500公里，累计建成文明路5052公里，实施公路标准化美化工程4700公里，完成通道绿化9400公里。“文化公路”是文明路建设活动的升级，是建立在“畅、洁、绿、美、安”文明样板路基础上，体现先进的建养管理念、地域历史文化特征、生态文明和人文理念的现代公路。文化公路建设在全国来讲是新生事物，开展“文化公路”建设可以说是自加压力、自我挑战，目的就是要进一步提高全行业的服务水平，努力为社会公众提供一流的服务质量。本着高起点、高标准的原则，通过精心谋划，确定建设路段；紧密结合地域特色，进行文化定位；加大公路养护管理力度，夯实文化公路基础；强化公路服务能力，提升文化公路整体功能等举措，文化公路建设实践活动在全局推开，每个分局至少抓了一条“文化公路”，晋中、大同、长治的建设工作已显雏形。“文化公路”在全国没有范例可循，今后我们将遵循实践—认识—再实践—再认识的规律，在探究中逐步实现对“文化公路”内涵与形式的准确理解与把握。文明路、文化公路的开展有力地推进了养护质量的提升，全省干线公路优良路率达80%。

着力提高全行业服务水平，继续深化“文明和谐示范窗口”创建工作。“文明和谐示范窗口”为文明和谐单位创建、为文明行业建设发挥着导向引领作用。每年召开创建工作现场会，推广先进经验和好做法，每年对创建工作进行复查验收，对照示范窗口创建标准，对原示范窗口和新申报的示范窗口进行统一的打分排队，在保持示范窗口总名额不变前提下，实行优进劣出。严格规范的管理使“文明和谐示范窗口”创建工作与时俱进，不断呈现载体求新、标准求高、质量求好的新亮点，并在处理主业服务和延伸服务、纪律约束和温馨关怀、创建规模和细节服务、创建实践和资料积累等关系上更趋成熟。全局共创建局级文明和谐示范窗口26个，其中标兵4个，厅级文明和谐示范窗口28个，其中标兵3个，雁门关道班被评为交通部文明示范窗口。

着力提升机关工作效率和服务水平，积极开展“文明处室”创建活动。以开展“五型”机关创建活动为抓手，积极开展“文明处室”创建活动。一是打造“学习型”机关。局机关工作人员认真学习政治理论、业务技能、现代管理知识等，使学习形成风气，成为一种常态。二是打造“制度型”机关。根据《关于加强省直机关领导干部作风建设的实施意见》精神，进一步细化了学习、工作、财务管理等制度，做到按制度办事，用制度管人。三是打造“服务型”机关。推行首问负责制、限时办结制、责任追究制、督查落实制，公开办事流程，提高办事效率。四是打造“实绩型”机关。定岗定责，将各项工作分解到各处室和个

人，严格考核，兑现奖惩，激励干部职工创实绩、求实效。五是打造“廉洁型”机关。深入开展反腐倡廉教育，健全各项规章制度，强化干部廉洁自律意识。使机关办事行为进一步规范，工作效率、服务质量进一步提升，职工素质进一步提高，工作作风进一步改进。

着力提升公路职工的综合素质和文明程度，积极开展争当“文明职工”活动。通过不断深化争当“优秀养路工”、“优秀收费员”、“优秀路政员”、“优秀科技工作者”、“优秀党务工作者”、“精神文明先进个人”、“机关工作先进个人”等活动，不断把争当“文明职工”活动推向高潮，以干部职工文明程度、服务水平和综合素质的提高，营造高效、廉洁、务实的工作环境，公正、公平、公开的竞争环境，鼓励创新、支持发展的人文环境。在着力加强思想建设、道德建设的同时，突出加强能力建设。有计划、有重点地开展人才培训、技能培训和岗位培训，不断提高广大职工的业务水平和工作能力。充分利用“五一”、“五四”、“七一”和年终工作会，开展各类先进人物的评比表彰活动，大力宣传先进人物的光荣事迹，树立正确的用人导向和舆论导向，营造学先进、赶先进、争当先进的浓郁氛围，为公路事业发展奠定坚实的人才基础。

着力加强施工管理，积极开展“文明项目部”创建活动。创建文明项目部主要从两方面着力：一是抓项目部标准化建设，硬件方面，项目部基本统一为彩钢房建筑，做到硬化、美化、绿化、亮化和功能划分，配备空调、体育器材、文娱设备，建设高标准食堂、浴室等设施，着力改善职工的工作环境和生活条件。软件方面，项目部全面推行公路企业文化建设，从统一施工企业标识标志到开展职工学习、教育、培训，着力提高广大干部职工的凝聚力和创造力。二是抓现场文明施工，坚持“三洁”原则，即：施工场地整洁、施工环境清洁、施工产品美观洁净。制定了桥梁、隧道、路基、路面、涵洞等分类施工现场及砼拌和站、预制场、沥青砼拌和站等重要作业场所的标准要求。为促进创建活动落到实处，一是加大检查力度，除半年和年终的定期检查考核外，还进行不定期专项检查；二是在各项目部间开展流动红旗赛，充分调动参赛项目部的积极性，优胜者年终予以表彰、奖励。闻垣项目部荣获“全国工人先锋号”、阳翼项目部荣获“山西省工人先锋号”。

着力塑造公路青年良好职业道德形象，不断引深“青年文明号”创建活动。作为全省最早开展青年文明号创建工作的行业之一，山西公路系统的青年文明号创建工作的规范化制度化建设对全省的创建工作做出了积极贡献，我局也因此荣获全省十年青年文明号创建工作成就奖。近年来，我局的创建工作主要在三个方面着力：一是加强青工的思想教育和职业技能培训；二是强化服务意识、提升服务质量；三是积极开展内外和谐建设，对内团结协作、友爱相助；对外扶危济困。截至目前，全省公路系统共创建省级青年文明号24个，国家级青年文明号5个。

着力创优发展环境，积极开展路地共建活动。积极与社会相关行业和部门协作，开展路地共建、军民共建等活动。积极依靠当地政府，贯彻依法治路方针，在路政管理上，形成与当地公安机关协同办案的机制。坚决治理超限运输，面对超限严重反弹、桥梁被超限车辆压塌的严峻形势，顶住多方压力，严格执行“谁放车、谁签字、谁负责”，得到交通部李盛霖部长的充分肯定，涌现出司徒洼检测点乔建宁、圈马坪检测点张宇等先进典型，2009年，全省干线公路共检测车辆7636150辆，查处超限车辆704辆，超限超载率控制在0.01%。各公路分局、养护段发挥行业优势，低价或无偿积极参与当地市、县道路建设，各收费站在农忙季节成了驻地村依靠的有生力量，在突发事件处置上形成互相支援的机制。顺应全社会服务要求提高的形势，省局统一安排，在具备条件的道班和养护中心，修建便民服务站、点，包括停车休息区、小超市、厕所等，在收费站提供修车、指路、天气预报、开水等服务。积极贯彻扶贫政策不打折扣，局工会主席张卫民长年坚持在对口扶贫的石楼县同当地村民生活工作在一起，援建的希望小学已经竣工。按省文明委的统一部署，与晋中市榆次区东赵乡上戈村开展共建活动，实施了“三项工程”，一是“便民村通工程”：为上戈村大修一条约2公里的村通公路；二是“希望助学工程”：为上戈村中心小学校修建100米塑胶跑道，修建4个永久性室外水泥面乒乓球台和室外水泥黑板墙报栏，并配备文体器材；三是“文化帮扶工程”：完善上戈村文化大院建设，重点对旧戏台进行改扩建。落实“六个一”帮扶任务，一是组织一次科普讲座；二是组织一次单位职工和共建村村民联欢活动和送戏、送电影下乡活动；三是与上戈村召开一次群众性文明和谐创建座谈会；四是组织一次对上戈村老弱病残孤等特殊困难村民“送温暖献爱心”活动；五是帮助上戈村建设农民书屋，组织一次赠书活动；六是为上戈村老年活动中心赠送一套健身器材。这一切深得村民拥护。共投资69.2万元的帮扶工作保质按时完成全部任务。

以创造“一流的队伍、一流的管理、一流的效益、一流的服务、一流的形象”为目标，覆盖到公路养护、建设、管理、收费各个领域、各个层面的七大文明创建载体活动深入持久的开展，提高了干部队伍素质，强化了科学管理水平，拓宽了优质服务领域，有力地提升了行业形象，全系统呈现出团结和谐、开拓创新、奋勇争先求发展的良好局面。2009年度，荣获了“省级文明和谐单位标兵”荣誉，在省政府组织的行风评议中，荣获先进单位，名列交通系统第一。（段晓燕）

附：省公路局党委书记、副书记、委员名单

书　记：赵振田

副书记：戴　飞　李铁山

委　员：蒋　品　陈运生　胡志勇　惠高峰　周文全

中国煤炭博物馆党委工作概况

党委书记 康明章

2009年是中国煤炭博物馆实施第二个五年发展规划的第四年，也是深入学习贯彻科学发展观，全面应对金融危机，努力推进煤博馆各项工作稳步发展的重要一年。一年来，馆党委在上级党组织的正确领导下，坚持以邓小平理论和“三个代表”重要思想为指导，深入贯彻落实党的十七大和十七届三中、四中全会精神，继续深入开展学习实践科学发展观活动，紧紧围绕煤博馆的中心工作，全面推进党的思想、组织、队伍、作风、制度、精神文明及反腐倡廉建设，为煤博馆各项工作稳步发展提供了强有力的思想政治保证。

一、以整改落实为中心，继续做好深入学习实践科学发展观活动

2008年10月份以来，按照省委的统一部署和省煤炭工业厅的要求，围绕馆党委提出的“创新工作思路、推动科学发展、为促进文博主业和多种经营又好又快发展而努力奋斗”的主题，煤博馆较好地完成了学习实践科学发展观活动第一阶段的学习提高、调查研究及第二阶段的分析检查、找准问题的全部工作。2009年按照学习科学发展观活动要求和省委的决策部署，从1月8日开始至2月25日结束，历时50天，着重抓了制定整改落实方案、集中解决突出问题、向群众公布解决问题情况、创新体制机制四个环节。在整改落实阶段，馆党委结合实际，按照“四明确一承诺”的要求，制定了切实可行的整改落实方案，提出了近期、中期、长期的整改落实目标和措施，突出整改重点，保证整改质量。为了真正实现人民群众得实惠的总要求，馆党委把广大职工最希望办和当前能够办好的事情，作为整改落实阶段的工作重点。并从促进科学发展的需要出发，积极稳妥地推进体制机制创新和制度建设，在全面清理的基础上，共废止管理制度2项，修改完善了《厉行节约、防止浪费工作实施办法》等6大类32项，新出台了《学习实践科学发展观长效机制建设》等3大类7项制度，牢固确立了科学发展观的指导地位。整改落实结束后，组织召开了群众满意度测评大会，满意率达98.8%。

二、以科学发展观为统领，大力加强党的思想建设

一是加强领导班子中心组理论学习，努力提升领导班子的执政能力。馆党委紧密结合学习实践科学发展观活动，紧密结合纪念建党88周年、建国60周年，紧密结合煤博馆建馆20周年等一系列活动，坚持每月一次中心组学习，重点学习了《胡锦涛同志在中共十七届四中全会上的讲话》、《习近平同志在中央深入学习实践科学发展观活动领导小组第四次会议上的讲话》、《胡锦涛在中央经济工作会议上的讲话》、《科学发展观重要论述摘编》、《毛泽东 邓小平 江泽民论科学发展》、《六个“为什么”——对几个重大问题的回答》及党的十七届中央纪委四次全会精神等内容。通过学习，大大提高了班子成员对党建理论的科学体系和基本观点的理解，增强了党性意识，提高了管理水平。

二是加强中层干部的政治理论学习，努力提升中层干部的政治素养。除按照年初馆党委下发的理论学习安排进行学习外，馆党委还安排班子成员，对中层以上干部及各支部的支部委员宣讲《六个“为什么”——对几个重大问题的回答》。班子成员在认真学习的基础上，从2009年7月起每人一个专题，举办了六期学习辅导讲座，包括班子成员、中层干部和基层支部委员在内200余人参加了辅导。通过学习，广大中层干部对关系到我们党、我们国家坚持什么样的指导思想、坚持走什么样的道路、坚持什么样的政治制度和政党制度，坚持什么样的基本经济制度以及是否继续坚持改革开放不动摇、不懈怠、不折腾等重大问题有了更加全面而深刻的认识，为推动煤博馆各项工作顺利进行起到了积极作用。

三是加强全馆职工的政治理论学习，努力提升基层职工的积极性和创造力。按照有计划、分层次、突出重点、注重实效的要求，制定年度职工学习教育安排，有针对性地开展教育活动。以支部为单位，为每个支部发放了学习笔记本，为每位支部委员发放《六个“为什么”——对几个重大问题的回答》，要求党员按照党章规定的共产党员的权利和义务，认真履行自己的职责，要求广大干部职工深刻领会年初召开的思想政治工作会议的精神及馆党委提出的一系列的工作目标实质。

四是多种形式加大思想宣传力度。充分利用《政工简报》、煤博网站、板报、图片、条幅、临时展览等各种载体，宣传党的十七大、十七届三中、四中全会精神；宣传煤博馆重大决策与部署；宣传文明和谐单位创建工作取得的成绩；宣传发生在身边的典型事件和好人好事以及生产经营动态和煤博主业信息。全年共编发简报41期。

三、以提高党组织的凝聚力为核心，努力抓好党的组织建设

一是召开了党委专题民主生活会。召开了以“加强领导干部党性修养、树立和弘扬良好作风”为主题的民主生

活会。班子成员之间开展了积极健康的批评与自我批评，肯定成绩，指出不足，明确努力方向，达到了相互监督、相互勉励、团结合作、共同提高的目的。

二是认真贯彻民主集中制原则。2009年，煤博馆在固定资产、新上项目、基建工程、干部任用、重大资金使用上都充分发扬了民主，每项重点工作都能按照《党章》规定和《馆（总公司）议事规则》，召开馆党委扩大会议，馆（总公司）党政联席会议、馆长办公会、总经理办公会，发挥集体智慧，研究解决问题。一年来，比较圆满地完成了全年的各项目标任务，文博主业得到健康发展，经营工作中，实现了10年来所有公司第一次全部盈利。

三是注重入党积极分子的培养发展工作。2009年，馆党委遵循“坚持标准、保证质量、改善结构、慎重发展”的方针，积极培养入党积极分子，使他们不断提高对党的认识，进一步端正入党动机。全年有5名入党积极分子参加了省委党校省直分校的学习培训，发展预备党员6名,转正新党员6名。

四是开展“争先创优”活动。“争先创优”活动是我馆多年来一直坚持的一项传统活动，每年“七一”要评选出优秀共产党员、优秀党务工作者和先进党支部；年终要评选出先进集体和先进个人；五四青年节要评选出优秀团干、优秀共青团员和青年岗位能手；每次大型活动结束后，都要评选出在此次活动中表现突出的职工，并进行相应的奖励，形成了争当先进的良好氛围。

四、以预防腐败为重点，大力加强党风廉政建设

2009年，煤博馆的纪检监察工作按照中纪委十七届三次全会精神，认真落实《建立健全惩治和预防腐败体系2008—2012年工作规划》和山西省《实施办法》，认真学习《关于实行党政领导干部问责的暂行规定》、《国有企业领导人员廉洁从业若干规定》和《中国共产党巡视工作条例（试行)》等三个重要规定，扎实开展反腐倡廉工作和煤焦领域反腐败专项斗争，按照年初下发的馆（总公司）2009年纪委工作要点，进一步加强了对中层以上干部的教育和监督，有力推进了煤博馆党风廉政建设和反腐败工作的开展。

一是加强党风廉政宣传教育，抓好领导干部廉洁自律工作。通过学习十七届中纪委第三次会议精神和有关文件，学习牛玉儒、任长霞、王瑛等优秀共产党员的先进事迹，使中层以上干部树立了遵纪守法、廉洁从政意识和立党为公、执政为民的理念，有力推动了煤博馆各项工作协调发展。

二是加强效能监察，搞好专项治理。对全馆基建项目、维修工程等的招投标、施工、验收、审计进行了全方位的监督，对有关公司的清算、整顿以及各公司新上项目进行了审核把关。尤其对20年馆庆主展厅亮化美化工程议标、煤博精品馆项目、西院变电所改造工程项目招标及办公楼装修改造工程监理公司招标进行了重点监督，从制度上保证了各项工作的公平、公正。

三是搞好法律咨询，加大法律诉讼案件的处理力度。对所属公司在经营工作中的重要问题、重大举措以及各公司的经营合同、经营协议进行了认真审核，严格把关，2009年纪委监察室共审核各类合同协议20余件（次)，研究相关经营项目的法律问题9件（次)，提出整改建议90余条，对维护煤博馆合法权益起到了重要作用。

四是加大债权债务清理力度，为煤博馆的经营工作保驾护航。年初制定了《清理债权债务管理办法》，成立了以党委委员、副馆长张奎元为组长，纪监、经营、财务、审计等处室为成员的债权债务清理办公室，以纪委牵头，对下属多家公司的债权债务进行了清理。先后召开了六次专门会议，明确责任和清欠目标，对未完成清欠任务的责任人，按照《清理债权债务管理办法》进行了严肃处理，使这项工作有始有终，取得了较好的效果。

五、以“总结经验，继往开来，开拓创新，科学发展”为主题，圆满完成建馆20周年庆典活动

2009年是煤博馆建馆20周年的特殊年份。为了总结历史经验，推进煤博馆各项事业科学发展，在2009年9月开展了庆祝“中国煤炭博物馆成立20周年系列活动”，这次活动以“总结经验，继往开来，开拓创新，科学发展”为主题，圆满完成了各项工作。此次庆典活动不仅理清了煤博馆20年发展的脉络，更激发了同志们集体主义的情感，进一步提升了煤博馆的对外形象，锻炼了一支精明强干的职工队伍。

六、以创建和谐煤博馆为支点，扎实开展丰富多彩的精神文明创建活动

2009年，煤博馆的文明和谐创建工作，围绕建党88周年、建国60周年、建馆20周年等重大活动，将文化建设和精神文明创建与弘扬主旋律相结合，与文博主业和经营工作相结合，广泛发动，积极参与，获得较好效果。

一是将文明创建与各项工作有机结合，齐头并进，和谐发展。馆党委始终把文明和谐创建工作纳入到年度工作目标管理之中，每年年初在与各公司、各处室签订《经济目标责任书》时，都要融入精神文明建设的具体目标，把精神文明建设与文博主业、经济工作、党风廉政建设一起布置、一起安排、一起落实、一起考核，形成了相互促进，相互依托的良好机制。同时建立监督和考核机制，落实了文明和谐创建活动工作第一责任人制度和分管领导分片责任制度，把精神文明建设工作纳入年度工作目标考核之中，做到考评结果与经济奖罚直接挂钩，有效推动了文明创建工作。

二是深入群众、关心群众，真正为群众办实事。2009

年，馆党委进一步把维护和实现职工群众的根本利益做为想问题、做决策、办事情的出发点和归宿点。年初对全馆职工进行摸底调查，元旦、春节期间，给20位困难职工发放了3.8万元救济款，馆领导还带领处室负责人在两节期间分别上门到困难职工家庭进行慰问。组织女职工及离退休人员进行了健康体检。这些措施，极大地稳定了民心，提高了职工的工作积极性。

三是编写和出版了《中国煤炭博物馆志》，真实再现了建馆20年的辉煌成就。煤博馆从筹备到现在已有20多年的历史，为了准确记录20年来的各个重大事件，馆党委组织编写了《中国煤炭博物馆志》。编写工作从2008年11月份开始，专门成立了编委会。2009年 9月初，《中国煤炭博物馆志》正式出版。该志书共包括11篇33章83节，内容包括了方方面面，可以说，这是煤博馆20年来第一次全面、准确记录各个历史事件的精典之作，使广大职工重温了建馆20年来创业的艰辛和成功的喜悦，极大地增强了职工队伍的凝聚力。

四是积极组织“献爱心、送温暖”活动，引领职工为构建和谐社会奉献爱心。2009年11月，根据《中共山西省委办公厅山西省人民政府办公厅关于进一步做好应对强降雪工作开展“救灾、帮困、送温暖”活动的通知》和《太原市委市政府办公厅关于在全市开展“慈善一日捐”活动的通知》要求，馆领导积极带头，职工踊跃参加，278名职工捐得爱心款16350元，另外，还购买了崭新的军用棉衣裤200件，并将钱物及时送至指定地点。中国残疾人艺术团来太原演出期间，馆工会从原本紧张的工会经费中挤出1300元，为名仕床垫厂的残疾职工购买演出票。一年来，馆党委尽最大的努力，用各种方式表达了对灾区人民、残疾人及困难职工的关怀。

五是广泛开展各种科普宣传活动，提高职工科学文化素质。不断加强科普宣传力度，连续多年参加中国科协、省、市科协举办的各种形式的科普宣传活动，收到了较好的社会效应和经济效益。2009年，为有效预防甲型H1N1流感疫情的发生，在办公区悬挂了《防控人感染甲型H1N1流感》科普挂图，并向职工发放了《甲型H1N1流感防控40问》宣传手册，有效提高了职工自我保护意识和防病能力。在5月16日--22日的科普活动周期间，利用科普挂图、发放科普宣传资料等形式，积极向广大职工宣传防灾减灾、节能减排等科普知识。在省市科协组织的多项活动中获得荣誉称号。

六是举办形式多样的文体活动，丰富职工精神文化生活。党工部、工会和团委等部门在馆党委的指导下，开展了一系列群众性文化体育活动。年初举办了“元宵职工联欢会”、“焰火晚会”。为庆祝中华人民共和国成立60周年，组织职工参加山西省书法家协会、山西省美术家协会、山西省摄影家协会、山西省煤矿文化体育协会、山西东方文化艺术研究院、山西煤炭系统书法美术摄影家协会举办的一系列活动。为纪念太原市解放60周年，馆老干处组织离退休人员在馆区北广场，启动了“煤炭博物馆健步走仪式”,参加启动仪式的同志们以高涨的热情缅怀在解放太原战役中牺牲的先烈们的丰功伟绩，激发了广大群众热爱太原、热爱煤博馆，建设太原、建设煤博馆的信心和决心。为提高广大职工的身体素质，在馆党委的直接关怀下，由老干处牵头，举办了10多期太极训练班，并坚持每周至少活动一次，大大丰富了大家的业余生活。为庆祝煤博馆建馆20周年，开展了以“中国煤炭博物馆20年”为主题的征文活动，职工们优美的文字抒发了对博物馆的热爱之情。组织职工积极参加了山西省直工委、山西省煤炭工业厅直属机关党委举办的“歌颂祖国演讲比赛”及“建国60周年征文比赛”活动,分别获得特等奖、一等奖和二等奖。

七是继续加大投入，进一步美化馆区环境。为了给广大职工创造良好的环境和氛围，从2009年6月初到9月初，先后完成了陈列大厅加固、大门卧碑施工，馆区磁砖美化、轮廓灯更换、陈列厅外廊吊顶、陈列厅外廊花岗岩柱美化及有关地面平整等十几项工作。还对馆区环境进行了大规模的整洁，对馆区道路进行了局部硬化，对馆区东西大门进行了改造，对陈列大厅周围的20组路灯进行了更换。另外，还对馆区所有草坪、绿篱进行了修整，并补栽了大量花卉和树木，使煤博馆环境面貌焕然一新。

八是加强综合治理工作，努力营造文明舒适环境。首先，加强安全保卫工作。继在东西两个宿舍院分别安装了电视监控系统，增设了消防设施，增添了红外报警系统、巡跟系统、消防检测系统后，2009年，保卫处及时维修了灭火器350具，并对其它消防设施进行保养，在关键岗位增设值班人员，对关键环节进行重点防范，24小时值班，一年来没有发生一件治安案件、盗窃事件和火灾事故，为职工创造了一个安全有序的工作生活居住环境。其次加强晚婚晚育的教育宣传工作，使职工计划生育晚婚、晚育率达到100%。2009年，煤博馆的社会治安综合治理成效明显，被省委、省政府、市委、市政府评为“省级社会治安先进单位”和“市消防工作先进单位”等荣誉称号。

（张晓玲）

附：中国煤炭博物馆党委书记、委员名单

书　记：康明章

委　员：张奎元　陈胜军　王　晋

省城镇集体工业联合社党组工作概况

党组书记　李荣钢

2009年，山西省城镇集体工业联合社党组在省委的领导下，坚持以邓小平和“三个代表”重要思想为指导，深入贯彻落实科学发展观，以学习贯彻党的十七大、十七届三中、四中全会精神为主线，以加强党的执政能力建设和先进性建设为重点，全面贯彻落实省委第九次党代会和九届四次全会精神，紧紧围绕省城联社中心工作，服务应对国际金融危机，落实“三保”政策措施，努力营造求真务实、锐意进取、奋发有为的工作氛围和发展环境，各项工作取得了积极的进展，为城联社的改革和发展提供了有力的保障。全省城联系统成员单位811户，工业总产值93.08亿元，完成年计划的103.42%；工业增加值43.17亿元，完成年计划的113.61%；上缴利税23.46亿元，完成年计划的117.28%；出口交货值达到2.89亿元；资产总额156亿元。

一、始终坚持贯彻党要管党、从严治党的方针

党组对党的工作作出了总体部署，在2008至2012年工作规划中要求全面加强党组织建设，培养和建设高素质干部队伍，认真抓好机关和企业党的思想、组织、作风和制度建设。在2009年工作安排中分别对党建工作和文明和谐创建工作作出了具体安排，每年都将党建工作与经济业务工作同安排、同落实、同考核。

党组书记切实履行党建工作第一责任人职责，一是党组书记和党组成员自觉参加双重组织生活会。二是党组两次听取机关党建工作情况汇报，研究分析、安排部署直属机关党的建设。三是党组书记于3月和10月为党员干部讲党课，进行警示教育。四是党组成员对分管部门和单位党建工作进行督查、指导。建立了党员干部党建工作联系点，并经常深入联系点进行调研指导工作。

组织全体党员干部开展了深入学习实践科学发展观活动。经过学习调研、分析检查、整改落实三个阶段，进一步理清了发展思路，解决了一批职工群众最关心最直接最现实的问题和党员干部党性党风党纪方面的突出问题，基本达到了党员干部受教育、科学发展上水平、人民群众得实惠的总要求，职工群众满意率达95.12%。在学习实践活动结束后，我们继续引深学习实践活动，完善各项制度，巩固和扩大学习实践活动成果，至6月底基本完成了整改落实方案确定的各项工作任务，并不断把学习实践活动的好做法制度化、常态化。

党的十七届四中全会后尤其是省委九届四次全会之后，党组认真学习、深入贯彻十七届四中全会精神，根据省委《贯彻四中全会决定的意见》，结合实际，经过反复征求各方面意见，以2010年党组一号文件印发了《省城联社贯彻落实中共中央关于加强和改进新形势下党的建设若干重大问题的决定的实施意见》，对加强党建工作作出了全面部署，

认真贯彻《党和国家机关基层组织工作条例》和省委《实施办法》的规定以及《省直机关党组织监督工作意见》。多年来，党组坚持安排机关党委专职副书记列席党组会议，尤其是在研究经济业务工作、讨论干部任免奖惩等重要事项时都要听取机关党委的意见，并参与推荐、考察等重要环节的具体工作。

重视和加强与长治市委、临汾市委及有关部门的联系，坚持不懈地加强对两个属地管理的党组织建设工作的管理和指导，使这两个直属单位的党建工作成为当地先进党组织。特困企业太行锯条厂由于维护稳定工作做的好，受到长治市委政府的表扬，临汾会校是市直单位先进党组织、文明和谐单位，2007年被评为全国轻工单位先进集体。

二、全面贯彻落实工作责任制

省城联社机关党委下设21个基层党组织，其中：党委4个，党总支4个，党支部13个；党员总数469名，其中：在职党员162名，离退休党员222名，其他党员85名。

2009年，机关党委坚持落实党要管党、从严治党的方针措施，围绕中心工作，贯彻落实党的工作责任制，在党的思想、组织、作风、制度建设、文明和谐创建等方面取得了一定的成效。

为全面贯彻落实党的工作责任制的各项规定，机关党委根据省直工委和城联社党组的要求，在一季度对2009年直属机关党建工作进行了部署，下发了《2009年机关党委工作要点》和重新修订下发了《关于贯彻落实〈关于省直机关党的工作责任制暂行规定〉的实施办法》；三季度在对工作进展情况进行检查的基础上，下发了《关于进一步做好落实党的工作责任制各项规定的通知》；12月初要求各级基层党组织对落实党的工作责任制情况进行自查总结，12月中旬机关党委在集中听取汇报后对部分党组织进行了抽查考核。结合平时掌握的情况和抽查考核结果，认为：一是组织健全、各级领导班子具有较强的凝聚力和战斗力，党支部的作用得到了较好发挥；二是经过深入开展学习实践科学发展观活动，党员的理想信念，组织观念进一步增强，党员先进性和先锋模范作用进一步发挥；三是各级党组织围绕中心工作抓党建，联系实际促发展的职能作用进

一步加强；四是各级党组织紧密结合实际，创造性地开展各具特色的主题实践活动，把党员联系服务群众工作具体化，促进了使党员受教育，永葆先进性的深入发展；五是扩大党内民主，保障党员权利，完善监督机制，有力地促进了党风廉政建设和反腐败工作措施的落实，保持和弘扬了党的良好作风，发展了风清气正的良好环境。

坚持理论武装工作，学习贯彻党的十七大和十七届四中全会精神。一年来，机关党委坚持用马克思主义中国化最新理论成果武装头脑、指导实践。一是坚持落实党组中心组学习制度。2009年中心组集体学习7次12天，并且根据党组成员较少的实际，把中心组学习人员扩大到机关各处室和各直属单位主要负责人，并按照中央和省委的要求，重新修订了《关于进一步加强和改进省城联社党组中心组学习的实施意见》。二是组织20名处级干部参加了省直机关“三个发展”培训班；领导班子两名成员分别参加了省管干部第一、三期培训。三是机关党委按照省直工委的部署对党组中心组和干部理论学习进行安排部署，并认真组织实施。四是各级基层党组织按照党员经常性教育的规定，坚持日常理论学习。通过扎实有效的理论武装工作，使党员干部的思想觉悟得到了提高，在推进改革开放，促进科学发展上迈出新步伐。

认真落实学习实践科学发展观活动期间形成的制度措施，基层党组织和党员队伍建设得到了加强。一是根据学习实践科学发展观活动整改落实方案的承诺，结合实际修改完善了《关于贯彻落实党的工作责任制暂行规定的实施办法》、《机关党委、纪委工作制度》、《文明和谐单位管理办法》等配套制度和措施。二是组织开展了民主评议党员。在民主评议的基础上，于建党88周年前夕对8个先进基层党组织、3个党风廉政建设先进集体、23名优秀党员和6名党风廉政建设先进工作者进行了表彰奖励。同时，省城联社机关党委被省直工委授予“先进基层党组织”荣誉称号，直属单位省二轻文教事业发展中心被省工委授予“党风廉政建设先进集体”荣誉称号。三是健全党的基层组织。根据工作需要建立了物业公司党支部；指导宏艺党委等4个基层党组织进行了换届选举；按党组要求，充实了物流公司党委班子成员。四是严把党员入口关。坚持对入党积极分子的教育培训，坚持实行发展党员公示制。全年培训入党积极分子8名，发展新党员5名，批准5名预备党员按期转正。五是认真贯彻落实中组部新颁布的《党费收缴、使用和管理规定》，认真执行调整后的党费标准。严格执行使用党费集体研究、分级审批、财务支付的规定，并对党费收缴使用情况进行公示。在国庆节前对老党员和困难党员进行了慰问，用党费发慰问金2000元。六是根据党组的安排，加强对由长治和临汾市属地管理的直属单位党建日常工作的联系与指导，重点是督导其领导班子坚持民主生活会和中心组学习工作。

加强反腐倡廉教育，树立和弘扬良好作风。机关纪委根据中纪委十七届三次全会、全省党风廉政建设干部大会暨省纪委九届四次全会和城联党组部署的反腐倡廉建设工作任务，结合党员干部的实际抓落实。一是开展对党员干部廉政教育，中心组进行了专题学习，党组书记和各级党组织负责人开展讲廉政党课。二是机关党委、纪委会同人事、纪检部门对4名新任干部进行任前廉政谈话。三是对“收支两条线”执行情况进行督查，开展了“小金库”清理整顿工作，清理整顿情况及时向有关部门作了专题报告。四是转发了《加强省直机关党员干部作风建设的实施意见》，并组织了督查落实。五是组织机关和直属单位处级以上干部参加了“省直机关加强领导干部党性修养、树立和弘扬良好作风专题知识测试”，一名厅级干部和34名处级以上干部参加了答题。六是在2009年春节期间按照省直工委安排组织开展了“改进作风、文明过节”活动。七是开展了学习和弘扬“右玉精神”活动。近年来，没有接到群众举报和来信来访，也没有接到省直纪工委的批办事项。

三、创新工作载体，文明和谐单位创建工作取得新成效

2009年，文明和谐单位创建工作稳步推进，文教中心和城联社机关继续保持了省直标兵和省直文明和谐单位称号。

调整健全了创建工作领导机构。一是按照省直文明委新颁布的《山西省直机关文明和谐单位管理规定》的要求，将原来的省城联社精神文明建设领导组变更为省城联社精神文明建设委员会。二是根据省城联社领导班子成员调动的实际，调整了领导机构的组成人员。同时，要求各基层单位对领导机构作出相应调整和变更，实现了机构设置上下一致，为加强管理创造了条件。

加强管理、规范创建工作。一是按照省直文明委新的管理规定和考评指标体系，对原有的管理制度进行了修改完善，为进一步规范创建工作奠定了基础。二是针对山西宏艺股份公司发生超计划生育的问题，进行了调查处理，并及时上报省直文明办。

围绕庆祝建国60周年这一主题，开展了一系列教育活动。一是组织广大党员参加了“双百”评选活动，通过参加评选活动，使大家又一次接受了爱党、爱国、爱社会主义的教育，激发了爱国热情，振奋了民族精神。二是组织参加了省直工委举办的“纪念建国六十周年，祖国在我心中”演讲比赛，获得三等奖。三是结合省直工委在庆祝建国60 周年走访慰问建国前参加工作的54名老同志，同时，给每位老同志购买了国庆阅兵光盘。四是利用机关宣传栏，进行纪念建国六十周年图片展。五是开展了“迎国庆、讲文明、树新风”主题教育活动。

坚持开展社会主义核心价值体系教育。在教育活动中，坚持主线永恒性、主题多样性和载体创新性相结合原则。坚持构建社会主义核心价值体系这条主线不动摇，以先进文化建设为载体，以中国特色社会主义共同理想为目标，持之以恒地开展教育活动。

组织开展了以“关爱弱势群体”为主题的扶贫济困活动。一是组织机关干部职工开展了“慈善一日捐”活动，共计捐款7400元。二是响应省委和省政府号召，组织直属机关广大干部职工开展了“向受灾和贫困群众送温暖、献爱心”活动，共捐款22560余元。三是坚持开展“联企帮困”活动，在积极推进困难企业改革解困计划的同时，多方筹集经费5万余元，在元旦、春节、中秋、国庆等重大节日之际，对困难职工进行慰问和救助。四是开展关怀党员和困难党员活动，2009年先后两次对76人次老党员和生活困难党员进行慰问和救济。五是为特困企业和困难职工争取政府解困资金2500万元，使10余户困难企业和3000余名困难职工受益。

改善生活、工作环境，不断提高职工生活质量和工作效率。一是对老干部活动室装修改造，住宅区、办公区硬化、绿化、亮化。二是积极开展增收节支，努力提高职工收入。三是加强综合治理工作，为职工营造了安全稳定的生活、工作环境。首先是加强硬件建设，投资10万元安装电子监控系统，共安装40多个监视器；其次是加强值班和巡查，建立健全了各级值班制度和应急制度，做到了防患于未然，营造了安全稳定和谐的环境。由于职工生活、工作环境的改善，提高了职工生活质量，工作效率明显提高。

四、加强对群团工作领导，充分发挥群团组织积极作用

共青团组织在直属机关团组织中开展了“迎国庆、讲文明、创建文明号”主题活动。一是宏艺珠宝楼和文教中心继续保持了省直机关“青年文明号”、省级“青年文明号”的称号。二是与团省委、省青联共同开展了“山西城联系统十大杰出青年”评选活动，经过自下而上的推荐和组委会的评选，评出了“十大杰出青年”和“十大杰出青年提名”人选。三是组织召开了“纪念五四运动”90周年城联社直属机关青年干部座谈会。四是扎实开展“推荐优秀团员加入党组织工作”。五是根据山西省工艺美术馆的特点，经积极申报，被团省委确定为“山西省青少年特色文化教育基地”。

妇女工作。一是组织召开了机关和直属单位妇女干部及女职工代表“迎三八”座谈会。二是为育龄妇女进行了体检。三是落实计划生育政策，开展宣传教育活动，与老军营街道办签订了“人口与计划生育工作目标责任书”。计生工作经老军营街道办事处验收，评为合格单位。

工会工作。一是建立健全了困难职工档案。二是加大了困难职工救助力度，向省总工会申请救助资金4.9万元，对2 名老劳模和23名特困职工进行了救助。三是向省劳动竞赛委员会推荐一名同志并荣获山西省“五一”劳动奖章。

统战工作。按照省直工委统战部安排，派一名民主党派成员参加了省委统战部组织的民主党派基层主委培训班，二是向省直工委统战部推荐了两名民主党派中青年后备干部。

（贾爱珍）

附：省城镇集体工业联合社党组书记、成员名单

书　记：李荣钢

成　员：姚海平（5月离职）　杨晋才（10月任职）

省农机局党组工作概况

党组书记　王立伟

山西省农机局共有基层党组织49个，其中党委4个，党总支部5个，党支部40个，共有党员586名。

一年来，在省委、省政府的正确领导下，局党组按照中央和省委的部署要求，坚持“凝聚力量、营造环境、改进作风、提升素质”的指导思想，紧紧围绕省委提出的“三个发展”的战略，以推进全省农机化改革发展为中心，认真学习实践科学发展观，全面贯彻落实党的工作责任制，不断加强思想、组织、作风、制度和党风廉政建设，推进党风廉政建设和反腐败工作深入开展，确保年度各项工作任务顺利完成，有力推动了全省农机化事业健康发展。

一、以实施农机购置补贴政策为抓手，全面推进农机化事业实现跨越式发展

2009年，在省委、省政府的正确领导下，全省各级农机部门紧紧围绕现代农业和新农村建设，以实施农机购置补贴政策为总抓手，全力推进现代农机装备提升、机械化保护性耕作、劳动过程机械化覆盖和农机操作手培训“四大工程”建设，进一步建立健全新型农机社会化服务、农机化技术推广、农机科技创新、农机安全生产监督管理、农机化质量监督管理“五大体系”，全省农机化事业呈现出了全面推进、跨越式发展的良好态势。主要表现在：全省农机装备总量大幅增长。全省农业机械原值达到了153亿元，比上年增长10.7%；农机总动力达到了2655万千瓦，比上年增长5.8%。全省农机化作业水平稳步提升。全省机耕、机播、机收面积分别达到了3551万亩、2985万亩、1291万亩，机耕、机播、机收水平分别达到了62.4%、51.6%、22.3%。全省主要作物机械化综合水平达到了47.1%，比上年提高3.4个百分点。农机化服务领域进一步拓展。在种植业机械大量增加，机械化农田作业面积大幅提升的同时，畜牧、设施农业、林果及农产品加工等机械全面发展，全省共新增1.9万台件，特别是设施农业机械在

抗灾中发挥了重要作用。全省农机化经营效益明显增加。全省农机化经营总收入达到了87.6亿元，比上年增加8.7亿元，增幅11%。其中农机户经营纯收入达到43.7亿元，比上年增加6.6亿元，增幅17.7%；农机户人均收入4557元，比上年增加589元，增幅14.8%。农机安全生产形势呈现良好局面。2009年，全省发生了1起死亡1人、伤3人的农机事故，完成了与省政府签定的农机安全生产事故起数、死亡人数“双降低”目标任务，农机安全生产形势保持稳定。

改革补贴程序，创新工作机制，农机购置补贴工作名列全国前茅。全省全年共落实农机购置补贴资金4.45亿元，其中中央财政分两批安排了3.8亿元，比上年增加了2.8倍，省财政投入3500万元，比上年增加1.3倍，市县配套3000万元，比上年增加了1000万元。共补贴6.7万户农民购买各类机具7.6万台件，提前、超额完成了省政府下达的补贴4万农户购买5万台农机具的工作任务，实现了农机购置补贴工作“三个百分百”，即：补贴资金100%用于农民购机、资金结算率达到100%、完成补贴任务100%。在落实资金、补贴进度和结算进度等方面均列全国前茅，受到农业部5次通报表扬，先后在全国农业厅局长会议、全国农业工作会议和农机专业会上作了典型经验交流。农机购置补贴政策的实施，引导农民投入11.3亿元发展农业机械；拉动农机工业产值达到了13亿元，比上年增长了近30%，农机销售总额达到了15.8亿元，比上年增加了2倍多，取得了“农民得实惠、企业得效益、政府得民心”的良好效果。

加大资金投入，扩大实施范围，机械化保护性耕作继续“领跑”全国。全省共新增保护性耕作实施面积103.9万亩，创历史之最；累计实施面积达到858.7万亩，受益农民达到1012万人。保护性耕作的实施为全省全年增产粮食4.3亿公斤，为农民节省支出2.9亿元，总节本增效10亿元。去年的保护性耕作发展主要呈现以下四个特点：一是项目资金投入大，示范区每亩投入首次突破120元。二是技术培训力度大，受训人数首次突破6万人。三是综合利用资源，首次与其它农业项目实行整合。孝义、潞城等10个项目县将保护性耕作与农业综合开发、农业耕地生产能力建设和玉米丰产方等项目进行了有效整合，提高了保护性耕作技术实施水平。四是加快了机具创新，狠抓了“多用途少免耕播种机”研发和推广，使机具系统向多用途、复合型作业演进迈出了扎实步伐。通过全省各级农机部门的努力，我省已形成了较为成熟的保护性耕作技术体系和机具系统，实施规模占到全国实施总面积的近六分之一，在发展速度、发展质量、发展规模和资金投入上继续“领跑”全国。

认真谋划，精心组织，农机化生产在保增产、保增收中发挥了重要作用。一是狠抓了春季抗旱保春耕春播生产。针对2008年二、三月份我省部分地区遭遇严重旱情，我局及时出台了农机抗旱工作措施，提前在部分市县补贴农民购买了4594台提水灌溉机械，组织了20万余台（件）农机具投入抗旱作业，扩大抗旱灌溉200万亩、耙耱保墒200万亩、抗旱播种120万亩。二是狠抓了“三夏”机收跨区作业和复播生产。全省共组建跨区机收服务队403个，成立跨区机收接待服务站85个，投入各类农业机械42.3万台件，其中联合收割机1.1万台，共完成小麦机收面积938万亩，机收率达到86.7%，作业进度较往年提前4天；争时间、抢积温，完成复播面积609万亩，比上年增加了150万亩。三是狠抓了“三秋”玉米、马铃薯等作物机械化生产。全省共组织各类农业机械21.9万台，完成各类作业面积3233万亩，玉米、马铃薯机收水平分别达到了10%和17%，分别比上年提高了3和6个百分点。

加快普及应用，强化科技攻关，全省农机科技创新工作迈上新台阶。一是我省特色农业机械在国家级农博会得到展示，且受到市场青睐。2008年，我局承办了中国（山西）特色农博会农业机械展区，展示了一大批适合我省农业生产需要的特色农机产品，受到了各级领导干部、广大群众、社会各界和新闻媒体的广泛关注。省委书记张宝顺、省长王君、省委副书记薛延忠、副省长刘维佳等省级领导分别来到农机展区进行视察指导，山西电视台、山西电台、《山西日报》和《农机化导报》等主流媒体都做了详细报道。此次展会吸引8万人观摩，实现现场交易额2.68亿元，协议贸易额达到7.78亿元，取得了显著成效。我局还先后举办了第四届北方现代农业装备展示会、全省马铃薯机械化作业现场培训会和秋季农机化生产现场会，市县农机部门结合当地实际，举办了各类农机展示、演示会183场次，组织技术培训221期，向广大农民群众推介了一大批农业生产急需的作业机具。二是“十大”农机化新技术覆盖面积突破了6500万亩次。全省共新增各类新机具5.2万台件，其中新增卷帘机12825台，有效增强了温室大棚抵御暴雪灾害能力；新增粮棉油蔬加工机械1951台，改善了农产品加工技术落后的状况；小杂粮、牧草、中药材、棉花、柠条等机械化生产机具都有较大幅度增长。三是农机科研开发取得重大突破。有10项农机科研成果通过了省级科技成果鉴定，其中“下吸式井用潜水电泵”、“不对行轻型玉米收割机”两项成果达到了国际先进水平，其余八项达到了国内领先水平。

创新发展模式，培育示范典型，农机社会化服务体系建设亮点纷呈。全省共投入农机社会化服务体系建设资金4500万元，其中省级投入1700万元，新发展农机专业合作社200个，累计达到525个，各类农机服务组织达到4100个；新增农机大户1112个，农机户和农机专业户达到80余万个，其中固定资产50万元以上农机大户达到360个。在广泛调查研究的基础上，我局印发了《关于进一步加快全省农机专业合作社建设实施意见》，为进一步推动全省农机社会化服务体系建设提供了政策依据。举办了全省农机专业合作社和农机综合服务站负责人培训班，邀请有关专家、领导进行了系统辅导授课，有效提高了基层农机服务组织的管理服务能力。探索了农机社会化服务体系新模式，成立了集农机销售、维修、零配件供应和技术培训为一体的农机服务“4S”店，为全省农机服务组织建设树立了样板，并在全国产生了较大反响，国内多家新闻媒体和网站进行了报道。

强化安全监管，加强质量监督，农业机械安全监督管理开创了新局面。在农机安全监理方面，按照省政府的统一部署，在全省开展了为期一年的农机安全生产专项整治活动，开展农机执法检查21万余台次，排查各类农机安全生产隐患7.3万项，纠正各类违章2万余人次；发放安全宣传资料35.2万份，组织安全培训9.9万人次；检验各类农业机械4.4万台，比上年提高了135.7%；新上户各类机车3.8万台，比上年增长了35.3%；新训新考驾驶员2.35人，比上年增长了32.3%，实现了应上户机车注册率100%、所有登记机车100%配有正式驾驶员、所有登记车辆应检率100%的整治工作目标。《农业机械安全监督管理条例》颁布施行后，各地按照我局的部署，积极采取多种形式宣传《条例》，在全社会产生了广泛影响。在农机质量监管方面，组织了全省“3·15”农机质量维权宣传咨询活动，共散发宣传资料31万余份，接受群众咨询2.9万余人次，现场受理投诉13起；对列入我省农机补贴目录的22家微耕机、12家小型拖拉机生产企业的生产条件、质量保障能力及产品质量进行了现场督导，对全省94家补贴机具定点经销企业销售的6大类5560台（件）农机产品质量及售后服务进行了检查督导，对补贴购买的156台玉米联合收割机进行了质量调查和使用情况摸底，及时公布了调查结果，并对相关企业提出了整改意见；组织了重要农时季节农机打假活动，查处假冒伪劣农机产品及零配件4685台件；受理并处理农机质量投诉48起。

二、认真落实党的工作责任制，全面加强党的建设

按照中央和省委的部署要求，围绕全省农机化发展大局和中心任务，认真学习实践科学发展观，全面贯彻落实党的工作责任制和党风廉政建设责任制，不断加强党员干部思想、组织、作风和制度建设，推进党风廉政建设和反腐败工作深入开展，确保年度各项工作任务顺利完成。

一是认真落实了党建和党风廉政建设责任制。进一步建立健全了“党组书记负全责，分管领导具体抓，党委纪检抓落实”的工作机制，细化了工作责任制实施细则，制定下发了《山西省农机局2009年党风廉政建设和反腐败工作责任分解意见》，把党建和党风廉政建设及反腐败全过程落实到机关和基层各级党组织、对广大党员和干部进行教育、管理、监督的各个环节上。按照“一岗双责”和“谁主管谁负责”的原则，把全年27项党风廉政建设和反腐败工作任务分解到每个党组成员和职能部门。在每个党组成员和职能部门的共同努力下，落实党建和党风廉政建设责任制做到了领导到位、措施到位、工作到位，保障了各项业务工作的顺利开展。

二是狠抓了理论学习和宣传教育。从提高党员干部分析新形势、研究新情况、解决新问题三个能力入手，坚持把理论学习摆在突出位置。印发了中心组及党员干部理论学习计划和《关于加强和改进中心组理论学习的实施办法》，全年局党组集中学习7次，组织机关和局直单位45名处级干部、25名党务干部参加了省直工委组织的专题培训，4名处级干部参加了省委党校短期轮训。围绕落实党风廉政建设责任制，认真开展了宣传教育活动，重点组织学习了胡锦涛总书记、温家宝总理和张宝顺书记的重要讲话及有关会议精神，组织处级干部观看了系列反腐教育片，对局机关和直属单位新提拔的20多名处级干部进行了廉政戒勉谈话。

三是全面加强了基层组织建设。重新调整了局机关在职党员支部，改选了老干部党总支，指导省农机校党委进行了换届改选，对省农机总公司党委主要负责同志做了调整，改善了基层组织结构，增强了党组织战斗力。组织改选了局机关工会和妇女委员会，指导局直单位完成了工、青、妇等组织换届改选工作。“五四”表彰了红旗团支部、优秀团干部和优秀团员，“七一”表彰了优秀党员、优秀党务工作者、先进基层党组织和党风廉政建设先进集体及个人。按照“坚持标准、改善结构、保证质量、慎重发展”的十六字方针和《党章》规定，通过组织培养和严格审查，全年新发展党员6名，另有9名同志转为正式党员。

四是积极开展了主题教育活动和关爱行动。坚持把精神文明建设作为党建工作的重要组成部分来抓，积极组织丰富多彩的主题教育和文体活动，大力开展关爱行动。我们组织了“三八”妇女节机关女职工保龄球健身竞赛活动、“五一”机关干部职工爱国主义教育、“七一”干部职工拔河比赛和庆祝新中国成立60周年纪念大会，举办了全省农机系统乒乓球比赛、农机化征文、农机化技术比武等活动，还安排职工参加了省直工委举办的书画展和“祖国在我心中”演讲比赛。我们把落实关怀、激励、帮抚机制，作为密切党群、干群关系，提高组织向心力的重要举措来抓，对老干部、困难职工、退伍军人和帮扶企业进行了慰问，全年发放慰问金7.09万元；组织职工参加“送温暖、献爱心”活动，为灾区和困难群众累计捐款3.48万元。

五是不断巩固和扩大学习实践科学发展观成果。在学习实践科学发展观活动中，我局共征求各类意见建议70余条，区别轻重缓急，按照先易后难的原则，年内将其中19个大项、22个小项列入整改范围。为确保整改工作落在实处，我们制定了整改工作方案，明确了整改任务、目标、措施、时间，把责任逐项分解到各个处室和单位负责落实。期间，局党组成员带队深入各单位进行督促和检查。总的来看，具备解决条件的问题都得到解决，尚不具备条件的正在积极想办法，创造条件努力解决。对需要长期整改的问题，如农机操作手的培训、农机推广体系的建设、农机安全监理基础设施的建设等，也都在按步骤、有计划、有条不紊地向前推进。

六是认真做好监督监察和信访工作。制订了《山西省农机局行政审批管理制度》，进一步完善了农机安全监理审

批窗口的审批授权，明确了工作人员在项目审批中的权力、责任和义务。根据省行政审批办的规定和要求，对照有关法律和条例对我局的行政审批项目进行了认真核对，其中变更项目1项，修改项目设定依据1项，取消1项。我们还加强了来信来访办理工作，共处理群众来电10人次、来信2件，并对反映的情况进行了核实，及时督促有关单位纠正和落实。在全省农机购置补贴机具选型、“小金库”专项治理、直属单位处级干部推荐考察等工作中，安排纪检干部全程参与，认真履行监督职能，圆满完成了监督工作任务。

（赵忠伟）

附：省农机局党组书记、副书记、成员名单

书　记：王立伟

副书记：戴建功

成　员：姚建忠　许继光　郭廷荣　张培增

省煤炭地质局党委工作概况

党委书记　白秀平

2009年，全局共开动钻机164台，完成钻探进尺44万米，三维地震58279个物理点，测量4437平方公里。新发现煤炭资源量70亿吨，提高储量级别47亿吨；竣工水井30多眼，日出水量3.5万立方米，可满足10万人生活用水。全局共完成货币收入9.3亿元。局党政经过深入研究、论证，提出了三年实现“10350”的奋斗目标，即从2009年开始到2011年，用三年时间，努力实现全局对外创收10亿元，其中延伸产业达到3亿元；在职职工年工资水平达到5万元；重大伤亡事故为“0”。

局党委按照省委、省直工委有关党建工作的指示，围绕年初局工作会议提出的“10350”经济工作奋斗目标和党建暨党风廉政建设工作会议上提出的“1136”党建工作思路，即：贯彻一条主线，以学习十七大精神为主线；把握一个主题，以促进煤炭地质经济又好又快发展为主题；遵循三个原则：以围绕中心、强化核心、凝聚人心为原则；推进六项工作：理论武装工作、基层组织建设、反腐倡廉建设、文明和谐局院建设、党的群众工作和政工队伍建设。经过局党委、各级基层党组织和广大党员的共同努力，全局党建工作取得了新的成绩，为构建和谐局院提供了强有力的思想和组织保障，为山西新能源基地建设和全省经济建设作出了应有的贡献。在全年党建工作中，着重抓了以下五项工作：

一、加强理论武装工作，党员干部实践科学发展观能力有了新的提高

2009年，局党委及所辖各级党组织坚持把中国特色社会主义理论体系的学习、宣传、教育作为重点，组织党员干部在深入学习、融会贯通、解决问题、增强用科学发展观指导实践上下功夫。在学习内容上更加贴近思想、贴近实际、贴近工作，在学习方式上更加注重改进、注重创新、注重效果，在学习制度上坚持完善、坚持落实、坚持考核，促进党员干部理论武装工作取得了新的成效。

一是坚持用中国特色社会主义理论体系武装指导实践。按照省委关于“发展理论实际的学风，紧密结合改革发展的实际、党的建设的实际和党员干部的思想实际，不断引深理论学习”的要求，认真组织了局院两级党委中心组和广大党员干部深入学习党的十七届四中全会、胡锦涛总书记在中央纪委十七届四次全会上的重要讲话精神、温家宝总理的《政府工作报告》、省委贯彻党的十七届四中全会实施意见及庆祝建国60周年文献资料，进一步促进党员干部加深了党的理论成果精神实质的理解和把握，提高了理论修养和党性修养意识及战略思维能力。在2009年度省直工委组织的党的工作责任制考核中获得充分肯定。

二是坚持理论联系实际，着眼于为全局工作大局服务。以局、院两级党委（支部）中心组学习为龙头，以处级、科级中层以上领导干部为重点，辐射、带动两级机关的学习，做到了领导带头、请人辅导、重点培训、征订资料、集中培训等多种形式相结合，积极营造理论学习的良好氛围，弘扬理论联系实际的良好学风，努力把学习成果体现在坚持政治立场、提高政治素质上；体现在开拓创新、推动工作上；体现在落实科学发展观，推动煤炭地质经济又好又快发展上。2月底圆满结束了历时5个月的全局学习实践科学发展观教育活动，出台了全局《贯彻落实科学发展观的实施意见》和全局《推动转型发展的意见》，测评满意度达98.5%，得到了省委巡视组的高度评价。

三是坚持加大党员干部的教育培训力度，着眼于政治素质和业务能力提升。局党委以创建学习型党组织为目标，制定学习规划，创新学习方式，完善学习制度。利用知识讲座、党课活动、举办演讲、征文活动、开展读书活动、知识竞赛等生动活泼的形式进行党的十七大精神和庆祝建国60周年教育引导。1名厅级领导参加了国家行政学院的境外培训，2名厅级领导参加了省委党校厅局级干部进修班。2名正处级领导干部和48名副处级领导干部分别参加省委党校和省直分校培训班学习，干部培训工作受到了有关部门的肯定。

二、加强基层组织建设，各级党组织的战斗堡垒作用有了新的增强

在加强基层组织建设中，局党委努力把基层党组织建

设成为“三个代表”重要思想和科学发展观理论的学习者、实践者、推动者。

一是认真实施了党建工作责任制考核。根据省直工委有关文件精神和要求，由局领导亲自带队，政工处牵头组织，在2009年1月中下旬对9个基层单位党组织进行2009年度党建工作考核，同时，将全局的精神文明建设工作纳入考核体系，把党建及精神文明建设考核结果作为领导班子成员及各实体经营承包考核、干部选拔考核、评先评优的重要依据。按照听取汇报、个别谈话、查阅资料、群众测评、廉政建设等5个步骤进行了年度考核，并把党建考核结果作为领导班子经营承包考核、干部选拔任用、评先评优的重要依据。以114院、水勘院、物测院为代表的基层党组织在基本制度、活动、阵地、资料、素质五大基础性工作方面有了新的明显进步，有力提升了党建工作规范化、制度化、科学化水平。

二是严格落实了局院领导班子民主生活会制度。按照《省直机关党员领导干部民主生活会管理工作暂行规定》和省直工委关于2009年领导班子民主生活会“加强党性修养和作风建设，着力抓好学习实践科学发展观教育活动整改落实”的主题要求，本着会前准备、会议进行、会后报告等程序，局院两级党委领导班子分别在11月和10月底召开了年度民主生活会，认真开展了批评和自我批评，集中时间和精力解决了领导班子和领导干部思想作风建设中存在的突出问题，民主生活会的质量不断提高，使各级班子的整体凝聚力有了新的增强，领导干部的党性修养意识有了新的加强。

三是不断加强了党员队伍教育管理发展工作。在做好党费收缴、党员活动、党员教育等各项常规工作基础上，按照党员发展工作“坚持标准、保证质量、改进结构、慎重发展”的原则要求，先后有38名预备党员转正，有38名入党积极分子成为预备党员，现已有120余名同志递交了入党申请书，有80余名同志被列为入党积极分子。尤其是2009年12月为认真落实党的十七届四中全会和省委九届十次全会精神，根据《党章》、《中国共产党基层组织选举工作暂行规定》和省委组织部、省直工委《关于认真做好全省基层党组织按期换届选举工作的通知》等相关规定和要求，局党委全面制定了所属基层党组织换届选举工作的实施方案。

三、加强工作作风建设，密切了党群、干群关系

加强领导班子和领导干部作风建设，出发点和落脚点都要归结到始终代表干部职工利益上来，归结到立党为公、执政为民上来，归结到关心职工生产困难、全心全意为人民服务上来。通过党性修养教育和干部作风教育，各级领导班子和各级领导干部服务基层发展，工作求真务实，作风进一步转变，有效促进了经济工作。

一是深入基层，大兴调查研究之风。在学习实践科学发展观教育活动中和全局经济运行分析会前夕，围绕积极解放思想、理清发展思路、创新体制机制、切实关注民生四大突出问题和年度经济运行中的情况、问题、措施，由局党委班子成员带队，组织相关处室开展了两次大型调研活动，去年院处级以上领导干部共撰写调研报告35篇，全局党员、中层干部共撰写心得体会700余篇。

二是深入一线，关注一线职工生产生活。坚持每年中秋节慰问一线职工，了解他们的生产生活状况，帮助他们解决各种实际困难已成为局院两级领导的共识和行动，这一活动充分发挥了党员思想政治工作的优势，是践行科学发展观以人为本的生动体现，对密切党群、干群关系，调动职工生产积极性具有重要意义。去年中秋节，局领导带队分别对六个院的部分野外作业职工进行了慰问，六个院对所有野外作业职工进行了慰问。加之例行的安全生产一线检查，解决隐患问题，这些都有效地促进了各级领导干部作风的转变。

三是深入实际，注重为职工办实事。领导工作作风的成效要体现在为职工多办力所能及的实事好事上。一年来，各基层单位领导以标准化钻机为载体，分别为一线钻机职工配备了厨柜、冰箱、洗衣机、消毒柜等生活用品，配置了电视接收器、影碟机、象棋、扑克、书籍等文化用品，有效改善了他们的文化生活条件。局级各院、所根据本部基地建设的实际情况，注重从环境改善、局容院貌、集中供暖、文体设施等方面，分别轻重急缓，根据各自财力条件，都集中精力、财力为职工兴办了许多实事、好事，受到职工的普遍好评。

四、加强精神文明建设，和谐局院建设取得了新的成效

坚持在经济持续健康发展的基础上不断满足职工群众的精神文化生活需要，让干部职工分享到改革发展的成果，在一年的工作中，我们本着“强化核心、服务中心、凝聚人心”的原则，注意营造良好的发展环境，为和谐局院建设不断注入了新的活力。

一是以庆祝建国60周年为契机，开展了系列庆祝活动。在连续四年成功举办春节团拜会的基础上，在建国60周年举国共庆的日子里，我局也组织了丰富多彩的文体活动。组织由下属10个基层单位共同参加的“大型红歌会”，组织了演讲、征文、知识竞赛、绘画、书法、摄影、扑克、象棋、乒乓球等活动，水勘院代表局参加了省直工委组织的歌咏比赛，并获得银奖。同时召开了属地化管理以来规模规格最高的“五一”表彰大会，各基层党组织普遍进行了“七一”表彰。通过以上一系列活动，达到了凝聚人心、鼓舞干劲的作用，受到职工群众的一致好评。

二是大力开展创建“文明和谐单位”活动。2009年，经过全局上下多年的努力，文明建设成绩斐然。物探测绘院已通过“省直文明和谐单位”验收，首家率先跨入省级文明单位的行列，资环院首次进省直工委“文明和谐单位”

序列，局机关和水勘院继续保持省直文明和谐单位标兵称号，下属6个院所多年保持了所在市、县“文明和谐单位”的称号。这些成绩的取得使我局的文明和谐建设实现了提档升级的目标。

三是坚持职代会制度，开展帮贫助困等各种送温暖活动。坚持以职工（代表）大会为主要形式的职工民主管理制度，是实现科学决策、科学发展的基本途径。2009年3月上旬至下旬，按照局工作会议要求，六院一所的职工（代表）大会比较规范的相继召开。以职代会为载体的职工参政议政、行使民主监督的机制不断完善，基层工会组织职代会的能力不断提高。与此同时，春节前夕，由局领导带队筹集11.18万元分别对六个院和局机关的416户生活较为困难的职工家庭、77名离退休职工、14名烈军属和7位劳模进行了慰问。局院两级逐步建立党内关怀激励帮扶机制，国庆前夕用款15万元，对建国前100余名老党员、老干部、老战士进行了慰问。春节前夕，对生活困难的80余名党员家庭进行了走访慰问，对25名离休干部、原厅级老领导进行了节前慰问。

四是新闻宣传工作取得新的成绩。在宣传思想工作中，紧紧围绕党的中心工作和全局经济工作“10350”奋斗目标。2009 年，在《中国煤炭地质报》、《中国国土资源报》、《中国工人报》、《山西日报》、《山西经济日报》、山西电视台、山西黄河电视台、山西广播电台、《晋中日报》、《长治日报》、《大同日报》、人民网、新华网和中国煤炭网等主流媒体发表新闻稿件130余篇。构建了以电视、报纸为主，以网络为延伸的多形式宣传平台，为我局树立形象、打造品牌、提高知名度、构建和谐局院，营造了良好的舆论氛围。

五、加强党风廉政建设，认真落实党风廉政建设工作责任制

一年来，局纪委在党委领导下，认真履行职责，全面贯彻落实胡锦涛在中央纪委会议上的讲话精神，坚持“标本兼治、综合治理、惩防并举、注重预防”的方针，从源头上加大惩治和预防腐败工作力度，为全局经济建设又好又快发展提供了坚强保障，各项工作取得了新的成绩。

一是认真开展党性党风党纪和反腐倡廉教育。学习贯彻十七届四中全会精神、中央纪委十七届四次全会精神和加强党的政治纪律教育是我们全年工作的首要任务。一年来，组织全局党员干部认真学习党的十七届四中全会精神、中央纪委十七届四次全会精神和胡锦涛总书记在中央纪委三次全会上的重要讲话。局党委中心组把学习十七届四中全会精神和党风廉政建设有关的会议精神列为重要的学习内容，及时进行学习贯彻。中央纪委四次全会召开后，局纪委组织全局纪检监察干部认真学习，把全会精神及时传达贯彻给每一个干部。通过各种形式的学习，提高了广大党员干部的政治敏锐性和政治觉悟，全年编发《廉政宣传》15期，播放《蜕变的权利》、《国门惩腐》等五部警示教育片。全年全局没有发生一例违规违纪的党员。

二是认真贯彻落实《建立健全惩治和预防腐败体系2008-2012年工作规划》和《山西省煤炭地质局建立健全惩治和预防腐败体系2008-2012年工作规划实施办法》。一年来，在学习贯彻落实《工作规划》的工作中，按照《实施办法》，分解任务，细化措施，对各项工作任务的落实开展监督检查。工作中，坚持以领导干部为重点，以宣传、教育为载体，以制度为防线的教育格局，起到监督作用，达到干部不出问题的目的。局纪委监察室新编了《廉洁自律手册》印发给院处级以上干部。局院两级纪委干部在廉洁自律方面严格要求、自律意识不断提高。

三是认真落实党风廉政建设责任制。局党风廉政建设责任制的贯彻落实，按照谁主管谁负责，一级抓一级、一级带一级、层层抓落实的原则，明确了党委、行政领导各自年内党风廉政建设责任制的范围，按照领导各自的分工制定印发了《山西省煤炭地质局党风廉政建设和反腐败工作任务分解意见》。《意见》中明确要求，一要抓好党风廉政建设责任制的贯彻落实；二要把责任制落实到实处，抓住关键环节，强化措施；三是紧紧围绕责任分解、督促检查、责任考核、责任追究四个环节，建章立制、规范工作程序。在年终的党风廉政建设责任制考核中，通过考核、打分评比，得出了较为准确的考核结果，9个单位党风廉政建设责任制的考核结果达到了优秀。

四是认真履行纪检监察职责。按照全国党政机关和事业单位开展“小金库”专项治理要求，我局“小金库”专项治理工作成立了领导小组，用40天时间对下属9个单位进行了检查；按照落实厉行节约八项规定的要求，对全局2006年至2008年三年内因公出国（境）实际成行情况进行了摸底统计。从2006年到2008年三年我局因公出国（境）实际成行的人数、费用都呈下降趋势；按照省工程建设领域突出问题专项治理工作领导组要求，我们对局属各单位的建设工程进行了排查摸底，全局有四个单位六项建设工程按照专项治理工作实施方案进行检查，未发现六项建设工程存在突出问题。与此同时，局院两级纪委、监察室开展了卓有成效的效能监察工作。（杨志勇）

附：省煤炭地质局党委书记、副书记、委员名单

书　记：白秀平

副书记：任拴登　何吉祥

委　员：潘增武　郑全发　黄岑丽

省供销社党组工作概况

党组书记　王俊辰

2009年是新世纪以来我省经济社会发展面临严峻挑战并取得显著成效的一年，也是全省供销合作社整体工作经受考验、经济指标逆势而上的一年。全系统服从和服务于中央和省委、省政府工作大局，按照年初省社七届六次理事扩大会议确定的工作目标，认真落实国务院关于拉动内需、促进农村消费的各项措施，有力推动了各项工作的开展。参与新农村建设全面推进，拉动农村经济增长成效明显，“新网工程”建设速度加快、发展向好，促进农民消费和助农增收效果突出，经营服务方式开始实现转型发展，现代流通业态得到强势推进，改革发展环境进一步优化，整体经济实力有所提高。全系统面对金融危机、自然灾害和市场波动等不利影响，迎难而上，奋力拼搏，真抓实干，充分发挥了农村流通主导作用，为拉动消费、促进经济增长做出了应有的贡献。

一、紧紧围绕促进农村消费狠抓经营，全系统经济运行实现了逆势而上持续增长

一是经营业务指标逐月保持两位数增长。购进总额完成128.8亿元，同比增长17.4%；销售总额完成147.3亿元，同比增长18.8%。二是农业生产资料销售额持续走旺。销售完成34.5亿元，同比增长25.8%，其中，各种化肥销售205.2万吨，同比增长39.9 %。三是农村市场消费品零售增速加快。消费品零售额完成77.2亿元，同比增长30.6%，其中，市级完成12.1亿元，同比增长23.6%，县以下完成31.8亿元，同比增长34%。四是农副产品购进开始由低转高。购进额完成16亿元，同比增长14.6%，扭转了上年大幅下降的局面。五是经营效益和资产状况进一步优化。全系统利润完成5764 万元，同比增长15.16%。其中，基层社实现利润649万元，同比增长26.26%；市直和县直实现利润3151万元，同比增长43.1%。截至12月底，全系统资产负债率为84.72%，比同期降低0.65个百分点；资产总额106.7亿元，同比增长1.71%，所有者权益16.3亿元，同比增长6.2%。

一年来，全系统以积极进取的态度面对金融危机，在战略上争取了主动。中央和我省作出应对国际金融危机的决定后，省社及时研究部署了贯彻落实意见，按照中央关于扩大内需、促进经济增长的措施，以及我省保增长、保民生、保稳定“三保”要求，制定了2009年拉动内需、促进农村消费的六项措施。各市县社认真落实省社的工作举措，未雨绸缪，及早动手，有效化解和降低了风险。省社变过去半年一次经济形势分析会为每季度召开一次，及时发现和掌握工作中存在的困难和问题，适时调整工作思路，明确阶段性工作重心，修订和完善工作举措，细化经营目标，促进了各项经营业务的开展。各地大力开拓城乡市场，在发挥传统经营优势的同时，积极拓展新的经营领域，增加商品销售的花色品种和规模，在县域经济较好和实力较强的市县还狠抓经营结构调整，推进骨干企业和优势产业的发展，培育新的经济增长点，不断巩固经济回升势头。省社积极应对化肥经营全面放开后市场竞争加剧的挑战，落实化肥淡季储备和调运，做好供应工作，在全省范围开辟了化肥绿色通道。省农资公司和各市县社通过组织充足货源、严把质量关、让利于农等，满足了农资供应，稳定了市场秩序。不少市县公司还开拓了“家电下乡”经营业务，实现了商家扩市场、农民得实惠的社会效果。阳泉市天元家电公司积极与商务和财政部门协商，实行了家电购买直接补贴，吸引了农民购买热情。全系统各企业和基层社抓住节日供应的销售良机，繁荣城乡市场，扩大商品销售。晋城市果品公司发挥总代理、总经销优势，实现了假日经济购销两旺。为了帮助农民增收和解决农副产品卖难问题，我们倾系统之力积极参与我省“特色农博会”，还先后参加了海南农产品交易会和广东、临沂等各种展会，大力促进了农副产品推销。其中在“特色农博会”上，我们邀请到11家全国年销售百亿元以上的大型超市和全国供销社系统的40多个单位的客户参展，还特别邀请了台湾农产品流通经纪人协会一行23人前来参展，进行农超对接，贸易扩张，全省供销合作社签约和零售总额达31.36亿元。在搞好经营的同时，我们还充分发挥了项目带动和引导作用，重点扶持“龙头企业”和为农服务特色项目建设。一年来共建设“新网工程”项目218个。长治市全系统确定的46个项目，目前已有70%投资见效。介休、盐湖、河津、高平、襄垣、榆次、武乡、左权、昔阳、灵丘等县（市、区），建设了一批规模在几千平米以上的综合购物商场，极大地改善了购物环境，明显发挥了拉动消费作用。

二、大力发展适合农民生产生活需要的现代流通方式，“新网工程”在保增长中全面发力

为进一步开拓农村市场，全系统把提高“新网工程”建设水平、全面转变经营方式作为刺激农村消费需求的重中之重来抓，针对农村经济发展和农民生产生活需要，抓住工程建设和运转中的关键问题及薄弱环节，努力使“新网工程”在原有的基础上提高服务功能质量。七月份我们把在晋城召开的经济运行形势分析会与“新网工程”建设现场会合二为一，通过总结推广“三级网络、二级配送”

的新模式，使“一店多能、一网多用”和“四网并进、双向流通”经验模式得到进一步创新发展，促进了农村消费需求的有效实现。在“新网工程”建设中，一是加强新农村便民店建设和管理，为农民提供了更加便捷、舒适的消费环境。全系统新建便民店2957个，其中重点推进村便民店1810个，非重点推进村便民店1147个，累计建设便民店达13353个，超额完成了省政府交给的任务。同时各级社针对便民店建设中存在的突出问题，按照省社制定出台的便民店两个《规范管理办法》，对连锁和加盟店进行规范提升，引导便民店逐步建立健全诚信承诺、质量追溯、进货准入和店长店员培训等内部管理制度。与此同时还狠抓环境整治，使店容店貌有了明显改观。全省年初提出的改造提升1000家的任务基本完成。二是加强连锁配送中心建设，为农民提供了保质保量和实惠安全的商品。全系统新建和规范农资配送中心40个，超额完成了省政府下达的30个目标责任制指标，农业生产资料连锁配送企业已达153个，市县级重点农资龙头企业30个,农资便民店、农家店4000余个，农资配送中心覆盖面达到80%以上，为有效克服化肥价格大幅波动的困难奠定了坚实的基础。同时，日用消费品配送覆盖面也在不断扩大，目前全系统已建成日用消费品配送中心132个。晋中、忻州、晋城、长治、运城、吕梁等地根据实际情况，按照“边发展边规范”的原则，认真实施规范化建设，切实加强了商品质量和食品安全管理。三是加强农副产品购销和再生资源回收利用两个“上行”网络以及电子信息网络建设，在帮助农民提高消费能力上开始有效发挥作用。全系统积极争取土地使用优惠政策，在项目资金上予以倾斜，加大了农副产品批发市场建设力度，同时建立外埠销售窗口，在便民店增加农副产品购销业务，促进了农副产品经营。已建和在建农副产品批发市场104个，年帮助农民销售农副产品16亿元。新绛“绛州绿”蔬菜销售集团，继1个精品菜配送中心和4个产地交易市场后，又投资500万元，新建了占地总面积为60余亩的“绛州绿”有机蔬菜产地市场。全系统已建和在建再生资源回收利用集散市场59个，回收网点达1454个。朔州、大同、忻州、阳泉、太原、临汾等市社在制定再生资源建设规划、争取政府支持等方面取得了积极效果。以山西农信通信息技术服务有限公司为龙头的农村市场信息服务网络建设省级平台已经建立，在阳泉、长治、晋城进行的商务平台建设试点工作初见成效，农民上网发布信息20余万条。

三、努力探索增收惠民生的多种实现形式，在提高农业生产经营组织化程度上充分发挥作用

全系统采取领办、合办、参办等多种形式，发展各类农民专业合作社累计达1050个，各类行业协会累计达262个，不仅带动了农村主导产业的形成，而且推动了农业产业化经营，助农增收效果明显。一是专业合作社+生产基地+农户的产业经营模式。沁县欣鑫草鸡养殖专业合作社通过农产品的加工转化增值，让农户分享到农产品加工和流通环节的增值效益。尧都区彩虹果蔬专业合作社按照合作制原则建立社员优惠和利润返还制度，让农民享受到了二次分配的收益。二是公司+专业合作社+农户+基地的产业经营模式。垣曲县“山里红”食品有限公司积极实施定单农业，通过专业合作社与本县的7个乡镇35个自然村3000余户农民签订了种植合同，发展山楂、红果、番茄等基地8000余亩，年提供产品9000吨。繁峙县玉米专业合作社与农村种植大户和农产品加工企业对接，每年可帮助农民增加收入40多万元。三是协会+龙头企业+基地+农户的产业经营模式。五寨县围绕当地主导产业发展了马铃薯和中药材两个协会，促进了马铃薯和中药材产业发展。原平市、忻府区、五台县等地的农产品流通经纪人协会通过加强信息、技术等服务，功能显著增强。尧都区从聘请专家授课和传技做起，提高了农产品经纪人技能和助农增收效果。四是专业合作社+协会+公司+农户的产业经营模式。沁县依托基层社建立小米专业合作社，同时成立专业协会，连接农户生产；依托县联社成立专业合作社联合社，同山西沁州黄小米（集团）有限公司对接，实现了农户、企业、合作社“三赢”。

四、持续加大改革发展力度，促进农村经济发展的实力和活力明显增强

不断积累和放大骨干县社的经营能量。一年来我们重点抓了30个经营业务骨干县社，总结和推广这些县的先进做法及成功经验，通过抓典型带全局，促进全省供销社全面协调发展。有效推进网络空白县和薄弱县建设。省社出台了《薄弱与空白县经营服务网络振兴工作实施方案》，各市县社结合实际，运用行政推动、项目带动与市场化运作相结合的办法，帮助和引导网络空白县和薄弱县通过自主发展、开放办社、联合发展等多种途径，加强配送中心和网络终端建设，创建和发展农民合作经济组织，服务基础开始夯实，经营活力开始增强。始终把推进社有企业改革作为全年工作重要内容。我们把社企改革牢牢抓在手中，采取有效措施加大力度。目前全系统改革企业数达586个，占到总数的55%，为促进经济增长注入新的活力和动力。省属大型企业改革开始破题，其中省农资公司的改革已经完成，新的公司已经注册，新的体制机制已经开始运行，为做大做强龙头企业奠定了基础，也为全省社企改革提供了可借鉴的宝贵经验。充分依靠和主动争取各级党政领导的支持，加大了政府推进力度和资金投入。各级社及时主动向党委政府请示汇报“三保”工作和主动承担服务“三农”等社会责任，得到了各级党委政府的高度重视和大力支持，把供销合作社拉动农村消费作为扩大内需的重要举措来抓。一年间，全系统共得到国家及省级财政支持1亿多元。

五、以学习实践科学发展观活动为统领，党的建设和精神文明建设健康发展

一年来，各级社坚持把思想、组织、作风和制度建设同业务工作紧密结合，一起部署，同步推进。联系实际扎实开展学习实践科学发展观活动。落实党的工作责任制和党风廉政建设工作力度进一步加大，在建设惩治和预防腐败体系中坚持标本兼治、综合治理、惩防结合、注重预防的方针，收到了较好成效。重视人才培养，加强干部和职工队伍的培训，全系统组织县社主任培训及各级各类培训共576 期、60950人次，培训中不仅坚持理论水平的提高，更注重实际考察，加深感性认识，提高了大家的综合素质。全系统更加注重依法经营、依法管理，省社被评为全国“五五”普法中期先进单位。审计工作坚持了依法、真实、廉洁和高效，推动了企业管理水平和经济效益的提高。监事会工作在参与民主管理、民主监督，加快民主化进程中发挥了重要作用。各级工会认真做好为困难企业职工送温暖和帮扶工作，共青团积极组织开展“青春与祖国同行”等系列活动取得明显效果。省社的扶贫工作开局良好，新建的希望小学工程进展顺利，得到有关部门的好评。各级社十分重视老干部工作，有力落实各项政策规定，使老干部做到了老有所养、老有所为。省社合作经济学会完成了《山西供销合作社改革发展30年》社志编撰任务。全系统以迎接国庆、社庆60周年为契机，精心准备和严密策划了丰富多彩的系列活动，充分展示了供销合作社广大干部职工积极参与新农村建设、热情服务“三农”、与祖国共创辉煌的精神风貌，进一步增强了爱国兴社观念，构建了和谐发展氛围，推动了企业文化建设。（张　明）

附：省供销社党组书记、成员名单

书　记：王俊辰

成　员：齐玉梅　齐润阁　李亚明　李俊德　王义升

群团组织党组工作概况

省总工会党组工作概况

党组书记　郭海亮

2009年是全省各级工会应对国际金融危机冲击，促进经济平稳较快发展，各项工作取得新进展新成效的一年。在省委和全总的正确领导下，省总工会党组认真贯彻党的十七大、十七届三中、四中全会、中国工会十五大和省委九届六次全会精神，以科学发展观为指导，紧紧围绕转型发展、安全发展、和谐发展，突出服务"保增长、保民生、保稳定"这一工作大局，全力推进"八大工程"，即：建功立业工程、职工素质工程、安康工程、劳动关系和谐工程、困难职工帮扶工程、理论武装工程、夯基工程、实力强会工程。广泛开展"咱们工人有力量，咱们工会有作为"活动，努力建设中国特色社会主义工会，团结动员全省广大职工发挥工人阶级主力军作用，为新基地新山西建设作出新的贡献。

一、紧紧围绕转型发展，以应对国际金融危机冲击、促进经济平稳较快发展为主线，深入实施建功立业工程和职工素质工程，在保增长促发展中发挥作用

把保持经济平稳较快发展作为首要任务，突出抓了五项工作：

一是凝聚共识唱响时代主旋律。金融危机爆发后，省总组织了"千企万人大调研"活动，各级工会深入煤炭、冶金、电力、机械、轻工、餐饮、服务等不同行业的1668户企业开展调查研究，涉及职工1209505人，摸清了企业和职工遇到的困难情况，针对性做好工作；举办了"咱们工人有力量，咱们工会有作为"主题论坛，各级工会开展各种形式的思想教育文娱活动，统一思想，提振信心；组织县以上工会开展"心系重点工程、情暖一线职工"巡回慰问演出活动，省总组织了10场重点工程工地慰问演出，全省市以上工会共组织慰问演出130余场。庆祝新中国成立60周年，组织全省职工大型歌咏演唱会、承办全国职工摄影展等活动，开展"共铸理想信念、共促科学发展"感言征集活动，深入进行爱国主义教育，唱响共产党好、社会主义好、改革开放好、伟大祖国好、各族人民好的时代主旋律，凝聚起共克时艰、共谋发展的强大合力。

二是广泛开展"同舟共济保增长，建功立业促发展"劳动竞赛和创建"工人先锋号"活动。各级工会把138项已开工的省重点工程和市、县确定的重点项目作为劳动竞赛的重点领域，广泛开展竞赛活动，做到哪里有重点工程、哪里就有劳动竞赛的生动局面，哪里就有"工人先锋号"的旗帜高高飘扬。省总命名了123个"山西省工人先锋号"，各市总工会命名了808个市级"工人先锋号"。同时，以促进企业技术进步、促进经济发展方式转变为重点，深化群众性经济技术活动，全省13283户企业、3436006名职工积极投身"我为节能减排作贡献"竞赛活动、"五小"竞赛活动和"金点子"合理化建议活动，实现技术创新、成果发明3739项，提出合理化建议50余万条，创造经济效益11亿元。

三是广泛开展技术培训、技术比武、技术创新活动，不断提高职工队伍整体素质。各级工会把提高职工队伍整体素质作为应对国际金融危机、提高企业抗风险能力、促进企业调整产品结构的重要举措，抓住企业开工不足、职工部分歇业的时机，广泛开展技术培训、技术比武、技术创新活动。省总组织了全省8个工种第三届职工职业技能大赛、第二届女职工职业技能大赛，组团参加第三届全国职工职业技能大赛，夺得全国钳工决赛单项团体第一和个人

第一、团体总分全国第二的好成绩。引深“创建学习型组织，争做知识型职工”活动，以农民工和一线职工为主要对象，新建“职工书屋”539个。加强职工培训，全省企事业单位培训职工67万人次，70万名职工参加了岗位练兵、技术比武活动，初步形成培训、比武、晋级“三位一体”的职工技能提升机制，为企业发展、产品升级提供了智力支持和技能保障。

四是发挥劳动模范示范引领作用。把评选、表彰先进作为引领职工应对国际金融危机冲击、促进经济发展、维护社会稳定的重要举措，大张旗鼓开展“劳模宣传月”活动，大造声势进行“五一”表彰，省“五一表彰”大会命名10名“山西省职工技术创新能手”，表彰996个先进集体和先进个人。全省动员鼓励478个劳模单位提供岗位24972个。我省著名劳模马六孩、申纪兰、李双良、郭凤莲荣获全总组织评选的“时代领跑者——新中国成立以来最具影响的劳动模范”光荣称号。

五是在煤矿企业兼并重组中主动作为。煤炭资源整合和煤矿企业兼并重组是省委、省政府作出的重大战略部署。省总旗帜鲜明地支持这一重大决策。各级工会组织统一思想，提高认识，吃透政策，深入调研，全面掌握煤矿企业职工思想和生活情况，引导教育职工为维护大局作出积极贡献。提前到位，积极作为，维护职工合法权益，帮扶救助困难职工，保证兼并重组煤矿企业职工活动场所、文化阵地正常运行，保证工会组织健全，站在全局的高度抓维权、促转型。

二、紧紧围绕安全发展，以强化群监工作基础、完善职工参与长效机制为抓手，深入实施安康工程，在推动实现全面安全、持久安全、本质安全上发挥作用

2009年4月，省总召开了有县工会主席、大型企业工会主席参加的全省工会群众安全生产工作会议，进一步落实省委领导指示和省政府《关于在全省安全生产工作中进一步发挥工会组织作用的意见》，总结交流工会群众安全生产工作经验，部署工会群众安全生产工作，大打安全生产“人民战争”。

一是固本强基，进一步建立健全劳动保护机构和群监网络。全省已有6个市和11个重点产煤县的工会设立了劳动保护部，其它各市和大多数产煤县工会已配备专职劳动保护干部。省总提出，以非公有制企业和高危行业为重点，用2年左右时间实现全省生产企业群监网络全覆盖。目前，全省新增劳动保护监督检查委员会6000个，其中非公有制企业建立4600个，劳动保护小组检查员2.8万人，特聘群众安全监督员1.1万名。同时，配合全省煤矿兼并重组，启动保留矿井劳动保护三级网络重建工作。

二是源头参与，进一步完善依法监督检查机制。省总参与《山西省非金属矿山建设项目安全管理暂行规定》、《山西省尾矿库安全管理规定》等12个安全生产法规、政策的制定，提出修改意见33条。配合有关部门制定煤矿、非煤矿山、危险化学品等专项治理活动方案，加强新建、扩建、改建工程项目“三同时”现场监督检查。通过职代会、集体合同等形式，督促企业加大安全生产投入，改善职工劳动安全卫生条件，全省高危行业中，60%规模以上企业将安全生产和职业病防治列为职代会审议内容，1863家企业签订安全卫生专项集体合同1360份，覆盖职工67.56万人。

三是加强培训，进一步提升职工安全生产素质。各级工会开展多种类、多层次的安全培训活动，全年培训劳动保护干部和群监网员1.6万余名，企业一线职工28万名。全省职工立足岗位，广泛参与“安全隐患围剿行动”、“人人都是安全员”等活动，报告各类安全隐患1.8万余条，提出安全管理建议1600余条，有力促进了企业安全生产。

四是关口前移，进一步加强安全班组建设。2009年是创建“安全班组”活动攻坚之年。各级工会把班组建设作为加强劳动安全卫生工作的切入点，坚持关口前移，重心下移，落实班组长、职工岗位安全责任制，充分发挥安全生产第一道防线的作用。目前，全省规模以上企业生产班组中已有81.6%达到“安全班组”标准。

五是拓展领域，进一步深化“安康杯”竞赛活动。经过各级工会认真组织，“安康杯”竞赛活动参赛企业达4380个，班组11万个，职工381万人。竞赛活动实现四个转变，即由提高职工的安全意识向提高职工的安全素质转变，由营造企业的安全生产氛围向培育企业的安全文化转变，由完善企业安全规章制度向提升安全管理水平转变，由提高企业装备水平向建设本质型安全企业转变。到目前，我省共有6家“安康杯”竞赛优胜企业荣获“全国五一劳动奖状”，是全国获得这一荣誉企业较多的省份。

三、紧紧围绕和谐发展，以协助党政解决好涉及职工的民生问题为重点，深入实施帮扶工程和劳动关系和谐工程，维护职工合法权益，在保民生保稳定中发挥作用

各级工会牢牢抓住保工资、促就业、帮困送温暖和建设和谐劳动关系等重点工作，加大推进力度，努力做到惠民生、保稳定、促和谐。

一是广泛开展“共同约定行动”。2009年年初，省总工会联合省工商业联合会、山西省企业家联合会、企业家协会，在全省企业中广泛开展“共同约定行动”，倡导工会、企业、职工携手应对金融危机影响。省委书记张宝顺同志就此作出重要批示，强调要开展好这项活动，为全省克服金融危机影响、实现“三保”作贡献。省总工会认真落实张宝顺书记指示精神，对“共同约定行动”进行再动员再部署，各级工会组织按照部署要求，以受金融危机冲击生产经营困难企业、中小型非公企业和建筑、餐饮等农民工

集中的行业为重点，以保岗位、保工资、实现“稳员增效”为核心，以协商签订共同约定倡议书、承诺书、协议书等为手段，加强领导，积极行动，最大限度动员、组织企业、职工参加到“共同约定行动”中来。目前，全省开展“共同约定行动”的企业已达19623家，覆盖职工3464497人，开发新岗位27557个，原计划裁员的4871个企业减少裁员74251人。

二是努力建设和谐劳动关系。各级工会认真落实省委省政府《关于进一步推进创建劳动关系和谐企业活动的意见》，扎实推进创建工作，全省企业创建活动覆盖面达到75.3%，大型国有企业及国有控股企业全部达到创建标准，五年工作目标有序推进。进一步加强劳动争议调解组织建设，全省工会劳动争议调解组织达到11205个，专兼职调解员3.79万人，兼职劳动争议仲裁员219人。充分发挥职工代表大会和平等协商集体合同两大机制作用，全面开展星级职工（代表）大会竞赛活动，全省职代会建制5.24万户，建制率94.1%；推动厂务公开民主管理工作纳入各地和谐社会建设考核指标体系，全省厂务公开建制47712户，建制率86.4%，职工董事、职工监事制度建设得到进一步加强；严格实行职代会票决制，有效维护了改制重组关闭破产国有企业职工的合法权益。加大集体协商“要约行动”工作力度，聘用集体协商指导员3667名，全省签订综合性集体合同14981份，行业性、区域性集体合同1080份，覆盖企业29885家，覆盖职工3336006人；签订工资专项集体协议11724份；签订女职工专项集体合同11738份，覆盖女职工109.8万人，促进了劳动关系的和谐稳定。全总在吕梁召开全国工会推进行业集体协商工作现场会，推广我省经验。

三是努力做好援助农民工10件实事。针对金融危机冲击、农民工下岗返乡情况，省总要求全省各级工会2009年要在就业、培训、帮扶等10个方面为农民工办10件实事。一年来，各级工会投入培训资金2489万元，建立（包括挂靠）农民工培训基地255个，其中，3所培训机构被全总命名为“全国工会培训基地”，培训农民工176831人，安置就业85107人；培育创业带头人400名，举办用工招聘会221场，发布就业信息21万余条，6.3万人与企业签订就业意向；协助政府有关部门帮助3528名职工追讨欠薪915万余元，帮助2993名农民工追讨欠薪1171万余元；“关爱农民工、盛夏送清凉”活动历时两个月，组织大型文艺演出37场，看望慰问农民工20余万人。

四是加大帮扶困难职工力度。各级工会积极推动工会帮扶工作与“五大惠民工程”相衔接，扶危济困，救急解难，努力降低金融危机对职工特别是困难职工、农民工的负面影响。扎实推进困难职工帮扶中心建设，全省县以上工会全部建立了困难职工帮扶中心，乡镇（街道）、社区、大中型企业全部建立了帮扶工作站；建立起161022份困难职工动态管理档案和临时救助档案；推动帮扶“送温暖活动、职工大病医疗互助活动、金秋助学”活动深入发展，努力做到不让一名职工因经济形势的变化而生活不下去，不让一名困难职工及农民工子女因家庭困难而失学。2009年两节“送温暖”活动共筹措资金10241.82万元，慰问困难企业2707个、困难职工304964人、困难劳模1815人、农民工26583人，实现全覆盖。职工大病医疗互助活动已在8个市铺开，共补助大病职工14161人、7462万元；“金秋助学”帮助13998名困难职工子女及农民工子女入学，为620人次高校毕业生提供就业服务。

按照省委、省政府通知要求，2009年12月初，省总领导班子成员带队，深入11个市开展“救灾、帮困、送温暖”活动，并以“九送”为内容，启动2010年工会“两节”送温暖活动。“九送”内容是：为生活困难特别是遭受雪灾的困难职工群众送去急需的生活必需品；为重点工程建设一线的职工送温暖；为患大病职工送去医疗救助；为困难职工子女送助学帮扶；为就业困难人员提供技能培训、送去岗位；为合法权益受到侵害的职工送法律援助；为困难劳模送去党和政府的关怀；为返乡返程农民工送平安；为生活困难的基层工会干部送去关爱。

五是维护职工队伍稳定工作。各级工会建立维稳责任制，坚持职工队伍稳定状况日报告、零报告制度，对劳动关系矛盾尽早发现、快速反应、及时介入，协助党政妥善处理。积极参与企业改制政策和方案的制订，畅通职工利益诉求表达渠道，发挥职代会作用，保证改制企业职工队伍基本稳定。

四、深入贯彻党的十七大、十七届四中全会精神，以提素质、强基层、转作风为核心，大力实施理论武装工程、夯基工程和实力强会工程，增强服务职工群众的能力和本领

省总坚持人往基层走、劲往基层使、钱往基层花、事往基层办的原则，强基层，打基础，以改革创新精神加强自身建设，努力提高工会工作科学化水平。

一是实施理论武装工程。坚持用马克思主义中国化最新理论成果和各种现代知识武装广大工会干部和职工群众的头脑，坚持走中国特色社会主义工会发展道路。省总党组中心组坚持带头学习，省人大常委会副主任、省总工会主席郭海亮亲自作表率，就传达贯彻党的十七届四中全会精神专门给省总机关干部职工讲党课。省总机关建立每月一次集中学习制度，目前已举行20次集中学习，组织3次考试。各级工会大规模培训工会干部，省市两级对工会干部进行任职培训1128人次，适应性岗位培训1074人次，培训企业和乡镇（街道）工会干部500多名。

二是实施夯基工程。努力把广大职工包括农民工组织到工会中来，团结在党的周围。目前，我省基层工会达到5.63万个，覆盖法人单位13.1万个；全省1406家乡镇（街道）全部建立工会组织，建立行业性、区域性基层工会联合会3121个；全省工会会员达到712.5万人，占到职工总数90%以上，其中，2009年发展农民工会员25.9万人，总数达

到164万人。各级工会加大对基层工会人、财、物支持力度，全省配备乡镇（街道）工会干部11159人，省、市、县三级工会每年拿出3000余万元，用于乡镇（街道）工会和基层工会联合会工作，2009年10月召开全省乡镇（街道）工会工作会议，对337个乡镇（街道）工会标兵和基层工会联合会（联合基层工会）标兵，每个单位奖励一辆摩托车或电动车。我省加强基层工会组织建设的做法得到全总肯定，2009年3月，全总在阳泉召开全国工会基层组织建设暨县级工会工作会议，推广省总和阳泉市“双措并举、二次覆盖”的经验。认真落实“一改三策”，大力加强工会经费收缴工作，努力实现“微机管理、税费同步、应收尽收、任务保底”各项目标任务，2009年在国际金融危机冲击影响的情况下，纳费户入机率由18%提高到72%，许多市达到100%，工会经费收缴稳中有增。健全工会资产监管机构，完善监管制度，依法廓清资产产权，有效防止了工会资产流失，夯实了工会资产管理基础。

三是改进工作作风。贯彻省委决定，大力弘扬“右玉”精神，坚持密切联系群众，求真务实，真抓实干。建立了省总机关每月一次集体下基层劳动制度，目前已组织15次集体劳动；建立了省总领导联系市总工会和处级干部联系县总工会及联系企业制度，一年来，省总处级以上干部深入54个县级工会联系点、85个乡镇（街道）工会、48个村（社区）工会和109家企业，召开座谈会84场次，撰写调研报告40余篇；建立工会工作目标责任分解和考核评价体系，层层签订责任状，推动工会工作规范化、系统化、科学化，此项工作被省委组织部评为全省组织工作服务“三个发展”十大创新项目之一。2009年6月和10月，组织了两次全省工会工作大观摩活动，省总领导班子全体成员和11个市总工会的主席、常务副主席，深入11个市 27个县（市、区）、16个乡镇（街道）、12个村（社区）、22家企业，检查观摩工作落实情况，促进全省各级工会奋勇争先、你追我赶，完成各项任务目标，提升工会工作科学化水平。

四是提高选人用人公信度。省总党组严格执行《党政领导干部选拔任用工作条例》及省委有关规定，按照“四化”方针和德才兼备的原则，坚持“凭实绩、重德才、看民意”选用干部，真正把品行高尚、能力突出、德才兼备、群众信任的干部选拔到领导岗位，形成正确用人导向；坚持严把推荐提名、考察考核、酝酿人选、讨论决定、公示任职等环节，规范操作，实现干部选用规范化和科学化；坚持按照处级领导干部职数配备干部，根据岗位职责和个人特长合理调配干部，使干部的能力得到充分发挥；坚持深化干部人事制度改革，创新干部选拔方式，提高选人用人公信度。2009年11月，在选拔副处级领导干部时，省总机关采用公开竞职的方式，按照笔试、演讲与民主测评、平时考核的总成绩排定名次，再由党组考察、决定拟任职务，进行公示，体现公开、公平、公正的原则，在机关、直属事业单位及全省各市、各产业工会产生良好影响。

五、切实加强党组自身建设

省总领导班子高度重视自身建设，自觉同党中央保持高度一致，认真落实省委、省政府和全总的各项决策部署，努力在团结、务实、廉洁上为全省工会干部作出表率。一是加强理论学习，提高实践能力。带头参加深入学习实践科学发展观活动，召开专题民主生活会，结合省总工作和自己的思想、工作实际，重点查找不适应、不符合科学发展观的突出问题，提出进一步贯彻落实科学发展观的措施和努力方向。坚持中心组集体学习制度，发挥率先学习、自觉学习、主动学习的带头示范作用，2009年共进行8次12天集中学习，领导班子成员分别就学习体会作了发言，提高了理论指导实践的能力。二是增强民主意识，形成工作合力。坚持党组民主生活会制度，认真执行民主集中制，自觉坚持在领导活动中实行集体领导与个人分工负责相结合的制度，做到重大事情集体讨论决定，集思广益，民主决策，形成团结协作、融洽干事的良好氛围。三是坚持廉洁自律，树立良好形象。省总领导班子成员带头落实党风廉政建设责任制，严格遵守廉洁自律各项规定，坚持述职述廉制度，带头倡导省总机关大兴密切联系群众之风、求真务实之风、艰苦奋斗之风、批评和自我批评之风，树立工会领导机关的良好形象。

在抓好以上工作的同时，工会其他各项工作都取得新实效。省总新成立直属基层工会工作委员会、金融工会工作委员会、电业工会联合会、信息业工会联合会、建筑业工会联合会、机械冶金建材工会联合会六个驻会产业工会，产业工会组织体系进一步健全，协调产业劳动关系、维护产业职工合法权益等各项工作进一步活跃。工运理论研究针对金融危机对职工生产生活产生的影响，展开多层次、多领域调查研究，掌握大量一手资料，为省总决策提供准确依据。工会女职工组织在动员女职工参与建功立业竞赛活动、提升女职工素质、维护女职工特殊权益方面取得新成效。工会经审工作加强规范化建设，不断提高审计审查质量，保证工会各项资金的规范管理和使用。省总机关大力推进群众性精神文明创建工作，积极营造健康向上、文明和谐的工作氛围，文明和谐单位创建活动呈现良性发展的生动局面，连续七年被评为省直文明单位标兵。机关党建、纪检、工会对外交流、职工物价监督、后勤服务管理、信息督查、网站建设等工作得到进一步加强，省总工会干部学校、山西工人报社、省职工活动中心、山西工人晋祠疗养院、山西奇村 工人疗养院等直属事业单位的各项工作都取得新成效，省总干部学校连续四年被评为省直文明单位标兵，山西工人报社、省职工活动中心被评为省直文明单位。

（宋海兵）

附：省总工会党组书记、副书记、成员名单

书　记：郭海亮

副书记：高凤平

成　员：郭争荣　梁若洁　王兴旺　梁克昌
安　娜（女）　王　珍

共青团山西省委党组工作概况

党组书记　刘润民

共青团山西省委机关及直属单位共有基层党组织13个，其中党委2个，党支部11个，共有党员256名。

2009年，团省委党组在山西省委、省政府和团中央的正确领导下，以基层组织建设为主线，以促进青年创业就业和维护青少年合法权益为重点，充分履行“组织青年、引导青年、服务青年和维护青少年合法权益”的职责，团结带领全省团员青年在山西全力保增长保民生保稳定，着力推进全省转型发展安全发展和谐发展中，发挥了生力军和突击队作用，各项工作都取得了明显成效。

一、强化学习，从大力加强机关党的建设和干部队伍建设入手，完善自身建设

一年来，坚持以统一思想、凝聚力量、培养干部、服务大局为党建工作的中心任务，着力“建设学习型组织，培养研究型干部”。在开展好中心组学习、青年理论学习小组学习的基础上，团省委机关大力开展“青年讲坛”活动，全年举办“青年讲坛”20次，有10名部长和30名年轻干部登台主讲，全体机关干部参与，每周两个晚上集中学习，增进交流，提高素质。围绕共青团和青年工作的一些热点问题，机关干部分别领题组成调研组，分赴各地深入调研，撰写了《山西大学生思想状况调研报告》、《关于我省高校毕业生就业创业工作的建议》等专题报告。有3名厅级干部参加了中央党校和省委党校的集中培训，2名处级干部参加省委党校中青年干部班学习，20名处级干部参加省直机关“三个发展”专题培训班学习，8名干部参加省直分校中青年干部班集中培训。与此同时，持续抓好组织建设。进一步调整和充实各直属单位党建工作力量，省编办正式批准成立山西青少年报刊社党委，青创中心和维权中心联合党总支正在积极筹建，机关和各直属单位党支部年度民主生活会进一步规范。进一步严把党员入口关，安排所有入党发展对象到省直分校参加入党积极分子培训。七一前夕，隆重召开纪念大会，对党建工作进行总结表彰和安排部署。有3名先进个人和1个先进集体受到上级党组织表彰，省直机关年度党建工作责任制考核组对我委党的建设工作给予了高度评价。和谐机关创建活动丰富多彩。以活跃机关氛围、推动和谐机关创建、凝聚力量为目标，开展了丰富多彩的活动。全年共举办包括联欢会、植树活动、踢毽子比赛、羽毛球、乒乓球比赛、书法大赛、健步走在内的集中活动10次，为机关干部职工增进感情、加强交流创造了条件，受到了广大干部职工的好评。

在干部培养选拔任用工作中，坚持注重培养、强化锻炼、严格程序、扩大民主，树立了正确的用人导向。一是注重培养。选派2名处级干部到县区挂职锻炼，1名处级干部到团中央挂职锻炼，2名干部参加援川工作，对6名机关年轻干部和5名直属单位年轻干部进行轮岗。二是严格程序。一年来，我们提拔使用了1名正处级干部9名副处级干部，所有干部选拔任用都严格按照《党政领导干部选拔任用条例》和省委组织部关于干部选拔任用的相关规定进行了民主推荐、党组会议研究确定人选、考察、公示等程序，进一步提高了干部选任工作的公信度，所有干部的会议投票推荐和谈话推荐得票率均为100%。坚持团要管团，从严治团，对干部出现的苗头性问题和不良作风及时加以纠正。党组成员经常与所分管部门干部交流谈心，严格要求，严格管理，不断推动作风转变。全体人员坚持每天早上做早操，经常进行党性观念和廉洁自律教育。坚持进行年度财务审计，努力形成团结向上、朝气蓬勃、奋发有为的良好风气。

二、突出主题，分类引导，增强青少年思想政治教育的针对性和实效性

抓住重大契机，深入推进“我与祖国共奋进，我与山西同发展”主题教育活动。以建国60周年、五四运动90周年、少先队建队60周年等重大节日为契机，广泛开展爱国主义教育活动，500多万青少年参与了“青年月”和“青春与祖国同行”等系列活动。山西省纪念五四运动暨青年服务“三个发展”促进大会，表彰了第十届“山西青年五四奖章”等优秀青年代表，对第四批“青年就业创业基地”、“山西青年安全生产示范岗”授牌，发放了“弘扬五四精神，服务三个发展”的画册。

充分利用新媒体，集中开展“红色传递”爱国主义教育活动。采取实物传送、网络传送、手机传送等多载体互补的形式，在全省11个市、119个县(市区)普遍开展了党旗、国旗、团旗、队旗传递活动，630多万青少年通过参与活动，普遍增强了全省青少年的爱国热情和对党、团、队一脉相承的组织认同感和归属感。中央电视台《新闻联播》、《人民日报》、《中国青年报》等对此进行了宣传报道。

扎实推进分类引导青年试点工作。在大学生、企业青年、进城务工青年和农村青年四类青年群体中选取52个试点，发放问卷1.3万份，开展访谈460人次，按要求报送2000份调研问卷和访谈记录后，对9334份问卷、317份访谈记录作了梳理分析，形成了6类29份，计达38万余字的研究成果，编印了22万余字的《山西分类引导青年试点工作研

究资料》，为做好青年分类教育引导积累了第一手资料。

以深化“青马工程”为抓手，引导青年加强理论学习。面向全省选拔出11名在理论研究、工作实践方面比较突出的青年骨干组成宣讲团，在各市、县（区）、学校、企业、机关开展宣讲活动。完善了《山西省“青年马克思主义培养工程”学生骨干培养的实施办法》，健全了青马工程“种子库”，并在18所高校开设“青年马克思主义者”培训班200余期，培训人数达48028人，有效地提高了大学生骨干、团干部、青年知识分子等青年群体的思想政治素质、政策理论水平。

分别不同对象，以具体活动促进青少年的健康成长。大学以社会实践和青年志愿者为载体，引导广大青年学生在实践中受锻炼、长才干、做贡献。按照团中央和省委的要求，充分发挥团学干部的骨干作用，确保高校学生敏感期的思想稳定。中学以入团教育为抓手，重点开展团员意识教育。少先队以“雏鹰争章”主题实践为依托，广泛开展争做“四好少年”活动。机关和企事业单位以“青年文明号”、“青工技能大比武”、“青年岗位能手”等为载体，引导职业青年立足本职、建功立业。

三、围绕经济社会发展，竭诚服务青年，重点促进青年创业就业

按照山西省委要求和团中央的安排部署，围绕山西经济社会“三个发展”，全省各级团组织大力开展促进青年创业就业工作。

劳务输出大篷车活动开展了21场，参与青年达8400余人，达成用工意向19412人，实现就业6999人。各级团组织举办招聘会31场，参与青年6.5万人，达成用工意向21451人，实现就业12425人。在全省11市113县区举办金融知识培训318期，培训农村青年23243人，联合省农信社帮助12614名农村青年、外出务工返乡青年和大学生村官获得创业小额贷款6.24亿元。

团省委举办了以创业教育为主要内容的“山西青年大讲堂”162场，联合山西电视台举办了四个赛季32场真人秀电视节目“我要创业”。在《山西青年报》开辟了“找工作”专版，免费为省城大学生发放报纸100万份，积极引导大学生树立正确的就业观念。建立大学生就业见习实习基地983 个，提供岗位25384个，共有10643人在岗见习实习，见习实习后直接聘用达4842人。全年共为6万余名青年提供创业就业培训。全年共举办了31场青年就业招聘会，帮助4.1万名农村青年达成用工意向，近2万人实现转移就业。

组织10名创业成功青年企业家每人出资1000万元建立了注册资金1亿元的山西青年创业投资担保公司，可为青年创业提供5—10个亿的资金担保，第一笔资金支持40名大学生实现创业,该模式已成为国家开发银行银企政模式经典案例。同时，要求有条件的市县注册成立青年创业投资担保公司，太原市已筹资5500万元成立了青创小额贷款担保公司。建立了青年创业孵化基地，目前已有21个大学生创业团队在省青创基地孵化。目前已建立了10个市级、42个县(市区)级青年创业就业服务中心。

服务安全发展。在全省开展群众性“青年安全生产示范岗”竞赛活动。重点工程项目建设中开展“青年突击队”竞赛活动。围绕生态建省,组织百万青年志愿者积极投身“保护母亲河行动”。

四、以服务青少年健康成长为主线,深化维护青少年合法权益工作

以《山西省未成年人保护条例》正式颁布为契机，不断推进青少年法制建设。在山西团组织的推动下，《山西省未成年人保护条例》于2009年6月4日获山西省人大第十一届常委会第十次会议通过，并于2009年9月1日起正式实施。以《条例》的实施为契机，山西各级团组织深入社区、农村、务工青年聚集地开展宣教活动200余场次，为青少年提供咨询1.8万余人次。加大了12355青少年公共服务平台的建设力度。省级12355青少年公共服务平台不断创新服务手段，在原有热线电话的基础上，又投资完成了室内监控系统、短信服务平台和网络视频平台，对12355网站进行了改版升级。全年为青少年提供法律援助、心理疏导、应急救助和困难帮扶等各类服务5000余人次，受理侵权案件700余起，解决个案405起。

强化转移就业服务，联合劳动、司法、执法等部门开通了16800885外出务工青年维权热线，并通过发放联系卡、聘任法律顾问等形式，会同各地司法和行政执法等部门组建了12个外出务工青年法律援助团。青少年维权工作队伍逐渐壮大，工作手段不断创新。根据青少年维权工作需要，积极动员社会力量，组建扩充了由心理咨询师和律师组成的专家志愿者队伍。不断健全完善青少年利益诉求表达机制，着力探索“共青团与人大代表、政协委员面对面”长效工作机制建设。已开展“面对面”活动20余次，向各级人大、政协呈报10个建议和提案。聘请58名人大代表、政协委员担任了青少年事务顾问，为引导青少年理性表达诉求、有序政治参与和更好地维护自身权益起到了积极作用。

五、眼睛向下，重心下移，加强基层组织建设和基层工作

坚持把工作资源向基层倾斜、工作力量向基层集中、工作载体向基层转移，努力增强基层组织的活力。

邀请中央政策研究室、中科院、国家发改委的专家学者为全省200多名专职团干部进行专题培训。150多名县级以上团委书记分别在北京、上海两地进行了为期一周的学习培训。抽调63名省市两级团干部到县级团委驻点半年，指导工作。选派119名青年志愿者到县级团委帮助工作，推动大学生村官普遍兼任村团支部书记或副书记。确定11个县(区)团委，作为团的基层组织建设试点，开展组织格局创新，着力为全省基层团组织建设和基层工作探索总结具有普遍意义的经验。晋城城区流动团员团支部建设、晋中团

市委青年信息管理平台、小店区青年自组织建团等做法已初见成效。11个基层组织建设试点县（区）党建带团建工作初见成效。晋中团市委青年（团员）基本信息统计系统、临汾团市委运用网络开展工作、阳泉团市委机关文化建设、晋城城区团委流动团员注册管理、芮城团县委乡镇团的组织格局创新、交城团县委基层组织建设规范化和代县团县委团员青年状况调研等，为全省基层团建探索了很好的经验。

在团中央的支持下，多方筹措，为县乡两级团委划拨经费600余万元。在上年为全省所有县乡两级团委免费配备电脑、数码相机的基础上，联合中国电信山西分公司为全省所有专职团干部和大学生村官免费配备工作手机一部，启动了全省共青团组织和大学生村(社区)干部通信信息平台建设。

继续加强对基层组织的指导督察力度。对班子不团结的个别团市委，团省委主导召开民主生活会，开展批评与自我批评，并全省通报，取消评优资格。一级抓一级，一级带一级，11个市团委班子年中向团省委述职，和团省委班子成员面对面交流思想、研究工作、分析问题、明确方向，年底组织各团市委和团省委机关部长进行集中观摩，一家一家看工作、比成效，综合排队，奖励先进，激励后进。

六、健全机制，夯实基础，以志愿服务为主渠道积极参与当地社会建设

着力构建志愿服务的便利化参与机制，建立健全志愿服务专门工作机构和领导协调机制。推行志愿者注册制度，在注册和服务、接受服务和提供服务两个便利化上下功夫，新开通了网络注册、山西省青年志愿者服务QQ群注册、969009999和12580山西青年志愿者报名专线及项目注册服务站点等通道，全年全省经过规范注册的志愿者达6万余人。在全省各级团组织逐步建立志愿者服务专门工作机构，目前已建立11个市级志愿者协会，58个县级志愿者协会。实施了大学生志愿服务西部计划和扶贫开发领域重点项目。西部计划招募了291名大学毕业生到甘肃、灾后地区和全省119个县级团组织开展为期1至3年的志愿服务。招募600名大学生到53县开展支医、支教、支农和扶贫工作。

城市青年工作通过建立社区和驻区机关事业单位、国有大型企业、非公企业、学校等团组织的联系协调机制，形成了以街道团工委为核心，以驻地单位团组织为纽带，以社区团支部、街道企业、新经济组织团组织为工作基础的“资源共享、文明共创、活动共建”的城市共青团工作新格局。

统战部门在巩固爱国统一战线、加强海外交流的同时，还重点组织青联委员围绕青年就业创业和社会公益事业开展服务。聘请38名青联委员担任创业指导师，在青创中心建立青年创业授课资源库，为青年就业创业提供咨询、授课、评审、项目指导等公益性服务。邀请知名专家学者开设“山西青年大讲堂”系列活动14场，参与青年达5000余人。为刑释人员帮教基地和春节留校困难大学生等捐赠30余万元的救助资金和物资。邀请中央国家机关青联委员“青春同行”志愿者艺术团赴重点工程一线慰问演出，并捐赠价值12万元的生活用品。（张　瑜）

附：共青团山西省委党组书记、副书记、成员名单

书　记：刘润民

副书记：高　键

成　员：雷健坤（女）　安　华　任　忠

李云峰（10月任职）

省妇女联合会党组工作概况

党组书记　李悦娥

2009年，在省委、省政府的正确领导下，省妇联党组坚持以邓小平理论和“三个代表”重要思想为指导，以科学发展观为统领，全面贯彻党的十七大、十七届三中、四中全会精神和中国妇女十大精神，充分发挥妇联组织、引导、服务和维护妇女儿童合法权益的作用，深入实施巾帼创业就业、妇女普法维权、女性素质提升、和谐家园共创四大行动，努力开创工作新局面，创造工作新业绩，为推进“三个发展”贡献力量。

一、组织妇女，在保增长、促转型中充分发挥了“半边天”的重要作用

一是多渠道促进妇女创业就业。以帮扶失业失地妇女、返乡女农民工、女大学生为重点，广泛开展了春风送岗位、就业援助、组织专场招聘会等系列活动和“女大学生创业导师行动”，大力发展“妇”字号手工编织、来料加工等产业。组建了数十支由优秀女企业家组成的女大学生创业导师队伍，建立女大学生创业实践基地148个，提供实习岗位3957多个，全年帮助10多万城乡妇女创业就业；争取绿色洗衣、阳光大棚蔬菜种植和玫琳凯妇女创业等项目资金73.8万元，组织女企业家在环渤海区域女性创业成果展示暨合作交流会上对接项目47个，资金总额45.49亿元。联合有关单位开展了妇女小额担保贷款工作，加大财政贴息力度，有效地帮助城乡妇女解决创业就业中的资金短缺等问题，为妇女开辟了广阔的就业再就业空间。

二是引领各行各业妇女建功立业。以“巾帼示范村”创建为载体，组织农村妇女积极参与现代农业生产，发展

“妇”字号龙头企业和专业合作社，帮助农村妇女加快增收致富步伐；先后与省工会、省银联、司法部门、省教育厅等单位联合，举办女职工技能大赛、法律知识大赛、巾帼建功标兵评选等活动，引导女职工积极参与科技创新、技术革新、岗位练兵和劳动竞赛，增强竞争意识、提高业务技能、争创一流业绩；推动“巾帼文明岗”创建进行业、进社区、进村镇，开展“姐妹牵手、岗村结对”等特色活动，全省涌现出一大批巾帼文明岗，2009年，新增全国巾帼文明岗60个、省级巾帼文明岗195个。

三是加强妇女教育培训工作。积极推动将妇女教育培训纳入政府职能部门的相关培训计划，联合有关部门开展新型女农民培训、城镇妇女技能培训，着力实施“双百万”培训计划，完善实用新技术、绿色证书等教育培训机制。全年分级分类培训城乡妇女100多万人次。

二、服务妇女，在保民生、促发展中充分发挥了妇联组织的桥梁纽带作用

一是着力推动两纲两规重点难点问题的解决。以省政府妇儿工委办公室为工作平台，积极推动妇女儿童发展重点项目的实施和规划目标的实现。开展了“一法”、两纲、两规督导检查，女职工劳动权益保护、农村妇女土地权益、母婴安全健康、未成年人犯罪等调查，向社会发布了有事实、有数据、有分析、有对策建议的妇女发展状况报告。积极开展劳动用工执法检查、妇女儿童用品质量抽查和妇幼保健、卫生安全检查，查处一批有关农村妇女土地承包权益的侵权案件，坚决打击了各种侵害妇女儿童的违法犯罪行为。组织开展“十一五”妇女儿童发展规划中期督导检查工作，整合各成员单位力量，不断强化目标责任落实，通过结对帮扶、示范带动、督促检查、监测评估，增强了实施工作的科学性、实效性，为新一轮编制工作奠定了良好基础。

二是着力加强维护妇女儿童权益工作。配合省人大开展了《妇女权益保障法》执法调研和视察，在全省组织开展“亿万妇女学法律、家庭平安促和谐”法律知识竞赛活动，开展大型宣传咨询活动500余场次，掀起了新的法制宣传教育高潮；省妇联在佳境法律事务所挂牌建立了首个法律援助工作站，维权工作阵地化建设迈出新的步伐。完善妇联信访工作制度，畅通了妇女诉求渠道，省妇联系统全年共接待来信来访6580件，接待人次达5000余人次，有效地维护了妇女儿童的合法权益，促进了社会的和谐稳定。

三是着力开展为妇女儿童做实事、办好事活动。与省卫生厅联合启动妇幼卫生三大项目，筛查乳腺癌患者14096人，宫颈癌患者21356人，为全省项目实施县育龄妇女免费发放叶酸片，在全省40个出生缺陷高发县进行了200场出生缺陷防治知识宣讲活动；申请母亲水窖项目款264万元，母亲健康快车5辆；深入开展“共享蓝天、关爱农村留守流动儿童行动”、未成年人法律援助等活动，“春蕾桥—智海爱心”捐资助学活动资助孤儿1000名，资助总额近160万元。

三、引导妇女，在保稳定、促和谐中充分发挥了妇女和家庭不可替代的重要作用

一是开展新中国成立60周年庆祝活动。以“热爱共产党、热爱社会主义、热爱伟大祖国、热爱美丽三晋、热爱和谐家园”为主题，在全省广大妇女中开展新中国成立60周年歌咏比赛、知识竞赛、诗歌朗诵、征文演讲等系列宣传庆祝活动。举办了庆祝新中国成立60周年联谊会，组织参与了全省的爱国主义教育成就展，在山西妇女报开设专栏组织“我和我的祖国”征文活动，宣传展示了建国以来妇女事业、妇女运动和妇女工作的辉煌成就。

二是开展文明和谐家庭创建活动。学习型家庭、节约型家庭、绿色家庭、平安家庭等特色家庭创建工作向系列化、规模化发展，廉政文化进家庭、节能减排进家庭、安全知识进家庭紧扣时代主题和中心工作，形成了各具特色、整体推进的生动格局；家庭志愿服务工作成效显著，全省组建了10万余人的家庭志愿者队伍，深入城乡开展扶弱助困、普法宣传、化解矛盾、心理疏导、美化环境等公益活动，山西所创造的工作经验在全国家庭志愿者工作上交流推广；开展有声势、有规模、有影响的群众性文化体育活动，组团参加第四届全国亿万妇女健身大赛并取得优异成绩，展示了我省妇女昂扬向上、积极进取的时代风采。

三是开展“双合格”和小公民道德建设实践活动。以省图书馆“文源讲坛”为新的宣传平台，邀请家教专家举办讲座，使家庭教育知识进入社会大讲堂。广泛开展“祖国伴我成长”、“净化网络、护卫孩子”等特色实践活动，推动未成年人道德阵地建设走向社会化、实事化和品牌化。省妇联建立首批小公民道德建设实践基地12个，在全省建立省级优秀家长学校217所。

四是开展评先进树典型活动。一年来，全省涌现出一大批为“三保”做出突出贡献的杰出妇女典型和妇女集体，各级妇联开展了三八红旗手（集体）、巾帼建功标兵、巾帼文明岗等特色鲜明的评选表彰活动，尤其大张旗鼓地表彰“巾帼创业标兵”、“女大学生创业之星”、“巾帼创业促发展杰出女性”等创业典型，通过对这些先进典型事迹的宣传，激发广大妇女勇于创业和投身现代化建设的高涨热情和巨大活力。

四、夯实组织，在扩大党的执政基础、巩固党的执政地位中充分发挥了妇联的重要社会支柱作用

一是组织建设进一步加强。山西省第十次妇女代表大会成功召开。会议选举产生了新一届省妇联领导机构，增加了6位兼职副主席，实现了妇联领导体制的改革创新。一年来，省妇联坚持“党建带妇建”工作机制，在抓组织、抓队伍、抓制度、抓阵地、创经费上下功夫，基层组织建设得到加强，全省在两新组织中建立妇女组织760个，太原小

店区、大同南郊区2个区首批跨入全国基层组织示范县行列。

二是干部队伍建设进一步加强。省妇联在清华大学举办山西省妇女干部理论培训班，市县妇联依托各级党校和妇联活动阵地组织培训，全省有15万人次妇女干部接受了各类教育培训。省妇联对机关人事进行大规模调整，提拔任用了一批年轻干部，部门领导全部轮岗，激发了机关的工作活力。

三是妇女理论研究体系进一步完善。在山西大学、太原理工大学、太原师范大学等高校设立了女性学课程，妇女/性别研究培训基地、妇女研究中心力量不断加强，初步形成了党校、社科院、高校、妇联四位一体的妇女理论研究力量，形成了一批高质量的女性理论研究成果。

（李　敏）

附：省妇联党组书记、成员名单

书　记：李悦娥（女）

成　员：张烈珍（女）　郑　红（女）　顾青圻（女）　韩　红（女）

省作家协会党组工作概况

党组书记　翁小绵

2009年，省作家协会党组在邓小平理论和“三个代表”重要思想指导下，继续深入开展学习实践科学发展观活动。在省委、省政府和省委宣传部的领导下，不断提高党风廉政建设和反腐败工作水平，不断加强各级党组织思想、组织、作风建设，努力探索党建、思想政治工作新路子，使党的建设提高到一个新水平；努力以科学理论引导作家，以繁荣发展山西文学事业为主旨，围绕出作品、出人才，顺利完成了年初制订的工作计划。主要工作情况如下：

一、忠实践行“三个代表”重要思想，确保文学事业沿着正确的政治方向前进

2009年，作协系统各级党组织紧紧抓住学习实践“三个代表”重要思想这条主线，继续抓好先进性“回头看”和建立健全长效机制等项工作，始终围绕胡锦涛总书记所要求的“关键是要取得实效”的要求，着力实现“提高党员素质，加强基层组织，服务广大作家，促进各项工作”的总目标，扎实做好各项工作，取得了良好效果。

一是党员政治素质明显提高，领导班子执政能力得到加强，党建工作提高到一个新水平。首先是加强学习，努力提高广大党员特别是党员领导干部的思想政治素质。根据省委、省政府和省直工委的要求，对党组、党委中心组学习进行了细致安排，做到年初有计划，中间有落实，年终有总结。及时购买了《六个“为什么”》、《十七届四中全会重要文件学习资料汇编》、《领导干部岗位廉政教育300题》和《加强领导干部党性修养树立和弘扬良好作风》等书籍和学习文件分发给党员领导干部，便于大家学习。其次，按照省直工委的要求及时召开了党组民主生活会。在会上党组成员认真开展了批评与自我批评，交流了思想认识和工作意见，进一步统一了思想，加强了团结，更增强了做好作协工作的信心和决心。通过学习，党员普遍受到了一次全方位的理论武装；通过严格的民主生活会和组织生活会，党员普遍受到了一次深刻的党性教育，党员的党性观念、组织观念切实得到了加强；通过反面典型警示教育，消除了党员思想中存在的各种非马克思主义的东西，增强了拒腐防变的意识。各级领导班子带头大力弘扬理论联系实际的学风，学理论、议大事、转观念、出思路、建班子，在注重提高领导和决策水平上下功夫，在运用马克思主义立场、观点、方法上下功夫，在培养班子凝聚力和战斗力上下功夫，各级党委中心组把工作的难点作为学习的重点，把调查研究作为增强学习的重要环节，广大党员干部特别是领导干部的政治素质和理论素养得到了进一步提升。党委的政治核心作用、党支部的战斗堡垒作用、党员领导干部的带头表率作用、党员的先锋模范作用等“四个作用”得到了较好的发挥，基层党建工作水平有了新的提高。

二是切实解决党组织、党员自身建设中存在的突出问题和影响改革发展稳定的突出问题，营造了良好的发展环境。在党建工作方面，认真研究基层党建工作的薄弱环节，探索组织建设和党员队伍管理的科学机制；认真研究党员队伍中存在的突出问题，探索党员发挥先锋模范作用的实现形式；认真研究解决党员教育管理问题，重点探索如何准确、认真和严肃处置不合格党员；认真研究新时期党建工作如何围绕中心、服务大局问题，探索党建工作与中心工作有机结合的更有效的方法和途径。提出体现科学发展观的新的奋斗目标和工作思路，对群众提出的具体问题和实际困难认真地、负责地给予解决，密切了党群、干群关系。在建国60周年、建党88周年之际，举行了新党员入党宣誓仪式，在仪式上全体党员重温了入党誓词，增强了大家为共产主义事业奋斗的决心。党建工作为文学事业又快又好发展创造了稳定的局面，确保了各项工作圆满完成。

二、不断提高党风廉政建设和反腐败工作水平，为文学事业发展起到保驾护航作用

各级党组织以“三个代表”重要思想和科学发展观为指导，坚持标本兼治、综合治理、惩防并举、注重预防的方针，积极构建与文学事业相适应的教育、制度、监督并重的自律和防腐体系，营造了廉洁高效的发展局面。

一是认真落实党风廉政建设责任制。首先是完善制度，努力强化保持党的先进性的长效机制。主要是结合作协实际，认真贯彻了中央和省委关于建立长效机制的相关要求，同时，进一步强化了民主集中制和民主生活会制度，作协重要事项、重要支出，都经班子集体研究决定，在议事和决策中做到了民主集中、个别酝酿、会议决定。无论党组会还是民主生活会，事先广泛听取意见，包括听取机关党委的意见和建议，会上开诚布公，充分讨论。认真落实党建工作目标责任制，逐级明确责任，强化工作措施，保证了党的活动的正常开展。其次，根据上级的有关要求，各级党组织在年初都及时召开了领导班子专题会议，研究落实党风廉政建设责任制，把责任内容进行了分解、细化，目标到人，责任到人，各级干部都做到职责明确。建立健全了党风廉政建设责任制考核制度，将考核结果作为干部选拔任用和评优选先的重要依据，有效地促进了党风廉政建设责任制的落实，形成了党政齐抓共管、部门各负其责的良好局面。

二是认真落实廉洁从政各项规定。首先努力落实党风廉政建设的有关规定，把学习贯彻《实施纲要》当作一项重要任务，并结合实际有重点地制定了具体措施。主要是要求各位党组成员和各部门、各单位的领导要高度重视各自分管部门、单位的党的工作和党风廉政建设。特别是对党风廉政建设工作，各单位一把手要负总责，亲自抓，与业务工作一起部署、落实、督察，如果发生问题，严肃追究领导责任。同时，对一些单位加强了财务监管，进行了财务审计，并对机关重大项目实行了预决算审计。通过以上措施，加强了对权力运行的制约、资金使用的监管和干部选拔任用的监督。我们把学习党章、遵守党章、贯彻党章、维护党章作为一项重大任务，促进了党性锻炼，提高了党员素质。领导干部普遍做到自觉遵守“四大纪律、八项要求”和廉洁从政“五项规定”。同时，强化监督的有效手段，做到有访必接、有案必查。依纪依法办案，维护了党纪政纪的严肃性。

三、不断探索党建、思想政治工作新路子，努力构建和谐、稳定的内部环境

首先，认真落实党建工作责任制。按照省直工委要求，认真落实党建工作责任制，把党建工作摆在重要位置，纳入工作整体规划，明确了责任体系，责任内容和考核与奖惩标准，层层落实责任制，统筹安排，做到与行政工作一起部署、检查、考核、奖惩。把党建工作责任制执行情况的考核结果，作为干部业绩评定、奖惩、选拔任用的重要依据，同时作为民主评议党员、领导班子民主生活会和干部述职的重要内容。把党要管党、从严治党方针贯穿于党建工作整个过程中，体现到对各级党组织和广大党员干部的严格管理、严格教育、严格监督的各个环节中，提高了党建工作水平。

其次，与时俱进调整思想政治工作的方式方法。做好思想政治工作和群众工作，是构建和谐部门的基础。一年来，各级党组织和领导干部发挥密切联系群众的优良作风，努力把握新形势下思想政治工作的特点和规律，通过说服教育、示范引导、强化服务、提高收入、解决困难等途径，深入细致地做好职工群众的思想政治工作，倡导人与人之间和谐共处，形成人心思进、人心思稳的良好氛围。同时高度重视那些影响改革稳定的因素，做到早预防、早发现、早报告、早控制、早解决。一是按照科学发展观的要求，强化民主决策、科学决策、依法决策，结合行风评议工作，狠抓了机关作风建设，努力做到防患于未然；二是通过超前联动排查调处机制，变上访为下访，及早发现和掌握可能影响各部门稳定的重大矛盾和突出问题，尽量将各类矛盾和问题解决在基层，化解在萌芽状态，最大可能地维护文学部门同人民群众之间的感情，降低信访问题处理的行政成本，避免小事拖成大事、甚至拖成群体性事件的可能。

2009年，作协党的工作和党风廉政建设工作得到了新加强，党组织的凝聚力、战斗力、号召力和党组的政治核心作用、党支部的战斗堡垒作用、广大党员的先锋模范作用没有弱化，各级领导干部和党员中也没有发生违纪违规的人和事。成绩的取得，是省委、省政府正确领导的结果，是各级党组织与时俱进、锐意进取的结果，是全体党员干部齐心协力、无私奉献的结果。建设负责任的和谐发展部门，为文化大省建设提供支撑和保障，是作家协会各级党组织神圣而艰巨的任务,我们将继续在省委、省政府的正确领导下，努力把作家协会党的工作提高到一个更高的水平，为文学事业全面、协调、可持续发展，做出新的更大的贡献！

（李全山）

附：省作家协会党组书记、副书记、成员名单

书　记：翁小绵

副书记：李　歆　杨占平

成　员：秦　溱　张锐锋

省科技工作者协会党组工作概况

党组书记　韩裕峰

山西省科协是全省80万科技工作者的群众组织，是中共山西省委领导下的人民团体，是党和政府联系科技工作者的桥梁和纽带，是发展科学技术事业的重要力量。科协的宗旨和任务，就是团结和动员全省广大科技工作者,为经济社会发展服务，为提高全民科学素质服务，为科技工作者服务，促进科学技术的繁荣和发展，促进科学技术的普及和推广，促进

科学技术人才的成长和提高，促进科学技术与经济的结合，为社会主义物质文明、政治文明和精神文明建设做贡献。

一年来，省科协深入贯彻落实省委、省政府对科协工作的一系列指示精神，按照“三个代表”重要思想，认真实践科学发展观，落实党的工作责任制，加强党的建设工作，有力地促进了科协各项工作和事业的全面科学发展。特别是，省科协党组着力加强思想建设、组织建设、作风建设和能力建设，深入开展理想信念教育和党风廉政教育，进一步激发了省科协全体党员干部团结奋斗、开拓进取、勇于创新的斗志，进一步发挥了党组织的凝聚力及战斗堡垒作用和党员的先锋模范作用，保证了省科协“三三发展战略”的贯彻落实，为科协事业的发展和工作任务的完成提供了坚实的保障，有力推动了科协工作的全面创新和科学发展。

一、加强科协党建工作

2009年，根据新的形势和任务，省科协党组把机关党的建设工作、落实党的工作责任制摆到了更加突出的位置。根据《关于建立健全地方党委、部门党组（党委）抓基层党建工作责任制的意见》和《中共山西省委办公厅转发〈关于省直机关党的工作责任制的暂行规定〉的通知》要求，省科协党组切实加强领导，党组书记负总责，领导班子成员按照分工各负其责，进一步明确了工作职责和主要任务，加强了对党的建设和落实党的工作责任制的领导。今年以来，每次党组会和主席办公会议，我们都要研究和强调党建工作在科协各项业务工作中的指导作用和推动促进作用。

为推动省科协党建工作，省科协先后发出了关于加强机关党的建设工作、加强党风廉政建设、制止奢侈浪费行为、加强科协文明和谐单位建设、加强政治理论学习和认真学习省委《关于加强领导干部党性修养大力树立和弘扬良好作风的意见》的通知、《关于深入学习贯彻落实科学发展观进一步加强和改进机关工作作风建设的意见》等多个文件。年初召开了党的建设工作专题会议，对省科协党建工作进行了部署，并安排专项经费，加强党的建设和文明和谐单位的创建工作。年中，听取各位分管领导及单位党建工作的情况汇报。年终，按照科学化、规范化、制度化管理的要求，统一安排，对科协机关及各直属单位党建工作、落实党的工作责任制、文明和谐单位建设、党员队伍建设、工青妇组织建设和开展活动情况以及科协各类政治理论学习、教育、培训等情况进行考核检查，党组听取全面汇报和提出要求。由于省科协对党的建设工作的高度重视，常抓不懈，始终作为科协的中心工作来抓，并贯穿于省科协的日常工作中，开创了省科协党建工作的新局面。

二、坚持用“三个代表”重要思想和科学发展观武装党员、干部和群众的头脑

为做好2009年的理论学习工作，用科学的理论武装科协的干部群众，根据省直工委的指示精神，按照省科协创建学习型组织的要求，制定学习计划，运用多种形式，分层次、有重点、重实效地开展理论学习，取得了良好效果。

一是继续开展深入学习实践科学发展观活动，并在此基础上，扎实进行了整改落实情况和“回头看”工作，全面提高了科协事业的科学发展水平。科协党组要求各单位、各处室充分认识到做好“回头看”和整改落实工作的重要意义，以高度负责的精神，通过深入扎实的整改落实工作，把学习实践活动开展以来积累的学习成果、调研成果、解放思想讨论的成果、分析检查的成果转化为业务工作成果、制度建设成果和群众能得到的实惠。各单位、各部处按照省科协学习实践活动领导小组关于做好“回头看”和整改落实工作的要求，对照省科协整改落实方案，逐项自查整改落实内容、时限、目标、措施是否得到落实。各责任单位、责任人通过多种方式，广泛征求群众对整改落实情况的意见，认真听取群众对整改落实工作的评价。各责任单位、主要责任人依据整改落实方案，全面对照、逐条分析、逐项落实，确保了整改落实工作的深入开展。

二是党组中心组成员在理论学习中率先垂范，带头学习。严格按照省委和省直工委的要求，制定学习计划，安排学习内容，做到人员、时间、内容、效果四落实。科协党组书记、常务副主席韩裕峰同志经常对中心组的学习作出指示和安排；坚持集中学习与自学相结合，基本上做到了每月集中一次学习讨论或收看专家学者专题辅导，2009年7月31日，省科协中心组利用一天的时间，学习讨论了《六个“为什么”----对几个重大问题的回答》。在学习讨论过程中，中心组的每一个成员认真准备，形成书面发言材料，重点就一个大问题集中发言，收到了很好的学习效果。

三是重点抓好处级干部和机关干部的学习。在深入学习实践科学发展观活动的基础上，省科协把加强处级以上干部的政治理论学习，作为理论学习工作中的重点。坚持每周五下午的学习日制度，利用每周五下午半天的时间，组织直属单位处级以上干部和机关全体党员干部集中学习。2009年还先后选派近30名处级以上干部参加省党校、省直分校的理论培训班，收到了好的效果。在抓好处级干部学习的同时，继续做好一般党员和干部职工的学习工作。先后下发了《山西省科协2009年干部理论学习安排》、《山西省科学技术协会深入学习实践科学发展观活动领导小组关于学习实践科学发展观活动的实施方案》等文件，较好地指导了直属各单位、广大干部职工的理论学习。

三、加强党的组织建设，充分发挥广大党员的先锋模范作用和党组织的战斗堡垒作用

认真做好省科协机关党委的换届选举工作。省科协机关党委第六届委员会到2009年12月已满5年，根据党的章程和省直工委的要求，我们按时进行了换届选举工作。为做好省科协机关党委会的换届选举工作，省科协党组高度重

视，党组书记韩裕峰同志对这次换届选举工作提出了明确的要求：严格按照组织程序，选举产生新一届省科协机关党委和机关纪检委，认真总结过去五年来科协党委的工作，研究提出今后的工作意见。按照党的章程和省直工委的要求，我们认真做好选举前、选举中和选举后的各项工作。一是做好选举前的各项准备工作，提出新一届省科协机关党委委员、纪检委委员候选人名单报省直工委并接受考察。二是于2009年12月9日召开了省科协机关党委第七次党员大会，省直工委副巡视员张婵萍同志、省直工委副处长薛建明同志出席了大会。大会差额选举产生了新的省科协机关党委、省科协机关纪委。大会结束后，我们及时将选举结果报省直工委，并得到了省直工委的批准。

认真执行“一岗双责”制度，不断加强基层党组织建设。省科协现有一个基层党委、一个基层党总支和九个基层党支部，其中只有一个基层单位是行政领导和党支部书记分开任职的，其余的基层单位党的书记都兼任行政一把手。他们在做好本单位行政管理工作的同时，高度重视和加强党务工作，做到了业务工作与党务工作一起抓。为加强党的工作，省科协机关党委不定期的组织省科协直属各事业单位的党务干部和机关党员学习党的基本知识，有力地促进了各单位的党建工作。2009年，根据党的章程和工作需要，成立了中共山西省软件评测服务中心党支部。一年来，省科协各级党组织，都能很好地贯彻执行上级党组织的指示、精神，保证了党的方针政策在基层得到了有力的落实。

认真落实《关于省直机关党的工作责任制的暂行规定》。一是科协党组定期组织党组成员、党的基层党委、党总支及党支部书记学习《关于落实省直机关党的工作责任制的暂行规定》；二是按要求进行了自查和考核。在自查党组、机关党委落实责任制情况的同时，专门召开了党的书记会议，听取各党支部落实党的工作责任制自查情况的汇报，检查了“三会一课”记录等。总体执行情况都很好。

严格党组织生活，强化党员管理。一是开展了党支部目标管理。二是认真执行“三会一课”制度和民主生活会制度。2009年，省科协党组能严格按照省委、省直工委的要求和组织程序，除按规定召开了一年一次的党组成员参加的民主生活会外，还在深入学习实践科学发展观活动后续整改回头看工作中，召开了专题民主生活会。会上各党组成员畅所欲言，达到了增强团结和提高领导能力的目的。省科协党组的模范作用，有力地促进了省科协各级党组织的工作，所有党的基层组织都能较好地坚持了“三会一课”制度和民主生活会制度。

认真做好发展党员工作。2009年初，科协机关党委下发了《2009年度党员发展工作的通知》，一年来，根据党员发展计划，按照党员标准和发展程序，本着成熟一个发展一个的原则，积极把先进分子吸纳到党组织中来，不断为党的肌体注入新的活力。2009年省科协共发展党员5人，预备党员转正2人，党员总数达到了223人。

认真做好党费收缴和党内年报统计工作。2009年，按照新的党费收缴标准，组织各级党组织做好对每个党员按新标准交纳党费的宣讲工作，全年上交党费共计15478.92元。

开展争先创优活动。2009年，科协机关党委根据省直工委的要求，在各级党组织和广大党员中深入开展了争先创优活动，“七一”前夕，通过自下而上的评选，通报表彰了4个先进基层党组织和27名优秀共产党员。有力地促进了广大党员的先锋模范作用和党组织战斗堡垒作用的充分发挥。

四、加强思想政治工作和精神文明建设

思想政治工作常抓不懈。经常通过党组织、工会组织了解机关、直属单位党员干部职工的思想状况；通过座谈会与党员干部谈心，了解他们的思想状况，并有针对性地开展思想政治工作。

开展党风廉政和反腐警示教育。在机关、直属单位开展了“廉洁自律”为主题的教育活动，组织广大党员干部职工观看反腐警示教育片，并进行了机关和直属单位党风廉政建设责任制贯彻落实情况的检查工作。为深入贯彻中央《建立健全惩治和预防腐败体系2008—2012年工作规划》及《山西省建立健全惩治和预防腐败体系2008—2012年实施办法》，一年来,我们把落实好《山西省科协建立健全惩治和预防腐败体系2008—2012年工作实施意见》作为党风廉政工作中的重点，抓紧抓好，通过党风廉政教育，健全反腐倡廉基本制度，落实党风廉政建设责任制，狠抓监督检查和责任考核，扎实有效地推进山西省科协系统惩治和预防腐败体系建设，促进山西科协事业健康发展，

开展积极向上的文体活动。2009年，省科协组织了“2009年省科协羽毛球比赛”、科协全体党员干部赴左权麻田八路军总部、寿阳尹灵芝烈士纪念馆参观学习等一系列活动。通过灵活多样、寓教于乐的活动，既丰富了职工文化生活，又增强了党组织、工会组织的吸引力和感召力。

开展群众性的精神文明创建活动，精神文明建设再创好成绩。2009年，省科协按照新时期科协事业创新发展的总体要求，与时俱进，不断提高文明和谐单位建设的水平。根据《山西省科协“十一五”期间发展战略纲要》，作为“十一五”发展战略纲要和“三三三”发展战略的一个重要方面，2009年，省科协把“树文明和谐形象、建科技工作者之家，努力创建高标准文明和谐单位”，作为科协全年的重点工作来抓。通过科协上下全体同志的共同努力，2009年获山西省“省级文明和谐单位标兵”单位。

发挥文明和谐单位作用，结对帮扶共建文明和谐村。根据《关于印发〈山西省“文明和谐单位”和“社会主义新农村建设重点推进村”结对帮扶共建文明和谐村活动名单〉的通知》精神，省科协党组高度重视，与孝义市封家峪村开展了结对帮扶共建文明和谐村活动，经共同研讨交流，确定了帮扶工作的7项重点：一是改变村民的农民意识

为经商意识；二是加强对村民的技能培训、文明礼貌等教育；三是强化村民法制建设观念；四是改进村容面貌，加强卫生、环境建设；五是增强村民科学发展和可持续发展意识；六是开展科技、卫生、文化、法治四进村宣传服务；七是加强村级企业化管理。

一年来，科协围绕这七项重点开展了一系列工作，并安排省科协农村致富函授大学为该村主办三个培训班，开设家政、社区保安和园林三个专业，学费、书本费用全免。

针对甲型H1N1流感的预防工作，省科协向封家峪村发放了《科学认知甲型H1N1流感》光碟、《预防甲型H1N1流感60问》图书500多套，保证每家每户一本预防“甲流”图书。以甲型H1N1流感科学防治为主的各类科普挂图10套，在封家峪村大街小巷、科普宣传栏、重点活动场所等宣传预防甲型H1N1流感防控的基本科学常识，受到群众的广泛欢迎和好评。

五、以加强党建工作为突破口，省科协各方面工作取得了新成绩

随着科协党的工作的不断深入和提高，不仅保证了科协工作的政治方向，为科协工作和事业的创新发展奠定了坚实的基础，而且确确实实全面推动和促进了科协各项工作和事业的大发展。近年来，省科协的工作取得了显著成绩，科协组织不断发展壮大，科协资源实力有了显著提高；创建科普示范基地为推动农村的产业化发展产生了重要作用；举办一系列科普活动，为提高公民科学素质做出了贡献，青少年科技创新活动为加强青少年科技教育发挥了重要作用；科协举办的各类学术活动为经济社会发展产生了积极影响；科技传媒建设取得了重大进展；科技工作者之家建设及为科技工作者服务工作受到了科技界的广泛赞誉，特别是省科协近年来创新实施的“科普惠农行动计划”，切实为社会主义新农村建设做出了积极的新贡献。

2009年4月13日，正在山西考察农村工作的中共中央政治局委员、国务院副总理回良玉来到太谷县山西正林农资超市，对山西在各地建起科普惠农服务站、开通“农科110”的做法给予充分肯定。9月16日至18日，全国人大副委员长、中国科协主席韩启德在山西考察期间，高度评价“山西省科协近年来的工作站的高、看的远，科普惠农计划、科普资源整合、科技传媒建设等多项工作开展得有声有色，卓有成效。”

（李朝胜）

附：省科技工作者协会党组书记、成员名单

书　记：韩裕峰

成　员：关原成　郭振德　王德贵

省文学艺术界联合会党组工作概况

党组书记　宋新柱

2009年，山西省文联及各团体会员在山西省委的坚强领导和省委宣传部的正确指导下，坚持以邓小平理论和“三个代表”重要思想为指导，坚持用科学发展观统领文艺工作和文联工作，以服务全省中心工作为重点，以满足人民群众精神文化需求为根本，以加强文联党的思想建设、政治建设、组织建设、作风建设为途径，以推动文艺大发展大繁荣为目标，认真履行联络协调指导服务的基本职能，充分发挥组织引导服务维权的重要作用，各项工作成效显著，使文艺工作和文联工作迈上了一个新台阶,为推动我省转型发展、安全发展、和谐发展做出了新的贡献。

一、深入开展学习实践科学发展观活动，推动文联各项工作取得实效

深入开展学习实践科学发展观，是党的十七大做出的重大战略决策。省文联作为第一批开展深入学习实践科学发展观活动的单位，从2008年10月开始至2009年3月结束，在省委学习实践科学发展观活动领导组的统一部署下，文联党组高度重视、精心组织、周密部署、扎实推进，严格按照省委的要求，紧密结合文联实际，围绕省文联确定的“坚持以人为本，尊重艺术规律，推动文艺繁荣，服务科学发展”这一主题，着力转变不适应、不符合文联科学发展的思想观念，着力探索文艺繁荣发展的新思路、新途径，着力解决影响和制约文联发展的突出问题，着力完善促进文联科学发展的文化体制和创新机制。通过举办“解放思想、科学发展”学习培训班、深入考察调研、召开民主生活会、广泛征求意见、认真对照检查、撰写分析报告、制定整改措施、听取民意测评等，学习实践活动开展的顺利、有效，真正做到学有所思、思有所行、行有所获。党组成员撰写学习心得8篇，党员干部撰写学习体会78篇，撰写调研报告7篇，共印发《简报》22期。省文联在整改阶段从六个方面、十三项工作确定责任人和承担落实责任的处室，进一步明确整改重点，确定整改时限，落实整改责任，按照中央“四明确一承诺”的要求，文联党组将落实整改措

施的责任分解以展板形式进行了公示，群众满意度测评结果为96.5%，圆满完成了学习实践科学发展观活动三个阶段“十七”个环节的各项工作任务，达到了中央提出的“党员干部受教育、科学发展上水平、人民群众得实惠”的目标要求。通过这次学习实践活动，文联进一步明确了科学发展的新思路、新举措、新目标，为省文联的科学发展奠定了坚实的思想基础。

在学习实践科学发展观活动中，文联党组把开展学习实践活动与推进当前各项工作有机结合起来，坚持边学边实践，立学立行，正确处理工作与学习关系，做到学习、工作两不误、两促进。重点做了以下几项工作：一是为掀起社会主义文化建设新高潮，提高我省文化软实力，文联及各团体会员紧紧围绕省委、省政府的中心工作，充分发挥文艺独特的优势，开展了一系列丰富多彩的文艺活动，如纪念改革开放30周年、迎接中华人民共和国成立60周年·放歌山西歌曲大赛、“竹叶青杯”全国书画大赛等；二是坚持“三贴近”，与人民群众心连心，开展了一系列惠民文化活动；三是向省委宣传部报告，申请规范建立我省文艺评奖机制；四是筹备成立山西省文艺理论评论家协会，为加强我省文艺理论评论工作奠定组织基础；五是展开了山西省美术馆挂牌的筹备工作；六是以山西省文联发展文化产业协会的名义和中国黄河电视台、山西炎黄书画艺术中心合作，在黄河电视台开办一档书画类栏目；七是修缮装饰了办公大楼外墙及大厅，东西展厅二层全部贯通；八是安装改造了办公楼消防设施，解决了存在13年之久的重大消防安全隐患问题；九是完善了电子监控和报警系统，为促进安全发展、和谐发展奠定了硬件基础；十是举办接待了十余个省内外展览。

学习贯彻落实科学发展观是一项长期的战略任务，巩固和扩大学习实践活动成果，探索文联科学发展的新路子，任重道远。文联进一步巩固学习实践活动成果：一是建立了长效机制，把学习实践科学发展观活动作为一项长期工程，继续抓紧抓实抓好。二是继续加强了制度建设，全力推进了文联工作的“规范化、制度化、专业化”建设进程。三是认真抓好中长期的整改工作，想法设法协调方方面面的工作，形成合力，切实解决实际问题。

二、学习贯彻十七届四中全会精神，落实党风廉政建设责任制

党的十七届四中全会《关于加强和改进新形势下党的建设若干重大问题的决定》提出了加强和改进新形势下党的建设的总体要求、目标任务和重要举措，是指导党的建设的纲领性文件。贯彻十七大和十七届四中全会精神，是当前党建工作的重要任务。我们按照省委和省直工委的部署,在十七届四中全会召开后，及时传达学习，制定并下发了省文联关于学习贯彻十七届四中全会精神的通知和安排意见,对各处室、各协会、各地、市文联学习十七届四中全会精神进行了认真部署。机关党委为全体干部职工下发了学习资料，认真组织全体党员干部职工学习贯彻十七届四中全会精神，在全省文联系统掀起了学习贯彻十七届四中全会精神的高潮。同时，党组中心组集中学习，并积极参加中央党校和省委党校举办的学习十七届四中全会精神培训班的辅导，机关党委还选派各支部书记和各处室负责人、各协会秘书长及处级干部分批参加了省直机关党校的学习，做到了党员干部先学一步。通过学习，广大干部职工进一步加深了对新形势下加强和改进党的建设的重要性和紧迫性的理解，明确了党员干部和党组织肩负的重大责任，中心组和处级干部的表率作用，带动了文联全体干部职工的理论学习热情。

三、加强党性修养，树立和弘扬良好作风

2009年，省文联按照省委和省直工委的部署，认真开展了以加强领导干部党性修养、树立和弘扬良好作风为主题的教育活动，我们结合落实党风廉政建设责任制和党的工作目标责任制，对党员干部开展了树立政治意识、责任意识、转变作风的教育。组织进行了“加强党性修养，树立良好作风”的书面考试，文联全体处以上干部参加。

加强自身建设，不断提高理论素质。文联党组把加强自身建设，树立良好形象作为转变作风的重点，一是加强领导班子整体素质建设，通过中心组成员参加中央党校、省委党校的理论培训，不断提高领导班子的理论水平和把握全局的工作能力。按照直省工委组织部的文件要求，机关党委继续选派处级干部参加“全省省直机关处级干部“三个发展”理论培训班”的学习。二是把党风廉政建设纳入文联的整体工作中，党组成员按照各自的分工制定了《2009年党风廉政建设责任制分解》，进一步贯彻落实中央和省委的《实施方案》。三是坚持民主生活会制度，党组分别召开了“学习实践科学发展观为主题和以加强党性修养、树立良好作风为专题的党员领导民主生活会”，党组书记带头发言，班子成员积极开展批评与自我批评，与会成员认真交流学习体会，查找各自存在的主要问题，分析存在问题的主客观原因，明确今后的努力方向，生活会开出了实效，班子的向心力和凝聚力进一步加强。

切实转变作风，不断提高党性修养。在全省开展的加强党性修养、树立和弘扬良好作风的主题教育活动中，文联党组以转变工作作风为契机，创新工作机制，落实各项规定。一是在活动中，文联人事处按照晋直组字[2009]54号文件精神，对机关及所属11个协会的处以上干部的护照进行了摸底排查，并根据要求对持有护照的处以上干部进行了登记、造册、归档、规范管理。二是根据晋纪发[2009]9号文件和全省党政机关、事业单位开展“小金库”专项治理工作会议精神，财务处从9月至10月对文联直属各协会、各单位进行了“小金库”的自查。在自查中，文联党组高度重视，成立了以党组副书记为组长的专项治理工作领导组，多次组织学习，同时，按照工作程序、逐级逐项检查，及时将检查情况报告省财政厅和省直纪工委。通过清理检查

“小金库”工作，进一步严肃了财政纪律，加强了法制教育，强化了财务管理，确保了资金的合理使用，加强了从源头防治腐败的力度，完善了预防腐败的工作体系。三是机关党委对离退休干部占用办公室及办公用品情况进行了排查，对下属单位发放调查表，在进行自查的基础上，机关党委将自查情况汇总并上报省直工委纪工委。四是进一步加强了《机关党的工作责任制暂行规定》的落实，按照四中全会精神，坚持党要管党、从严治党的方针，认真履行党的工作职责，已经形成了党组书记总负责、党组副书记兼机关党委书记直接负责、机关党委抓日常工作的党建工作机制，使机关党建工作开展的健康、有序。党组坚持定期听取机关党委的工作汇报，切实把党建工作和业务工作结合起来，同业务活动一起部署，一起检查，一起落实，形成了抓党建促学习，抓党建促工作，抓党建促精神文明和谐单位创建的良好氛围，促进了文联工作的整体推进。

切实落实责任制，不断加强廉政建设。2009年，党组始终把加强党风廉政建设落实责任制作为党建工作的重要内容。一是采取多种学习形式组织广大党员干部学习领会《规定》的内容和省纪委的《实施意见》，认真组织学习胡锦涛总书记在中纪委十七届三次会议上的重要讲话和全省党风廉政建设干部大会精神，把贯彻落实中央《建立健全惩治和预防腐败体系2008—2012年工作规划》作为落实党风廉政建设工作的重点，教育党员干部严格按照《规定》提出的“八项禁令”规范行为，不断完善落实党风廉政建设责任制考核中的各项制度。二是坚持处以上干部的述职述廉制度，对党组成员落实党建工作责任制和党风廉政建设责任分解工作进行考核。三是坚持民主集中制，严格执行重大决策和重大事项、重大开支党组集体决定和通报制度。2009 年，我们顺利完成了庆祝建国60周年和文联成立60周年的各项大型活动。这些重大活动的支出项目，均由相关业务部门根据财务制度提出方案，党组在充分讨论的基础上决策，按财务制度加以实施,切实保证了财政专款专用，把廉政工作的根基打牢。

四、不断加强文联机关建设和组织作风建设

一是“文明和谐单位”创建工作连获殊荣。省文联在省直工委文明办的领导下，按照晋直文明委下发的《山西省直文明和谐单位管理办法》,积极开展创建活动，文联制定了本年度精神文明建设规划，在全体干部职工的共同努力下，经省直文明委检查验收，文联荣获2009年度“省直机关文明和谐单位”称号。

二是开展向吴大观同志学习活动。文联党组把学习吴大观先进事迹作为当前的一项重要工作，作为一项重大政治任务抓紧抓好抓实。机关党委下发了《省文联关于开展向吴大观同志学习的通知》，党组书记做为省文联党组的负责人坚持负总责，直接抓，抓好制定本单位学习活动的具体方案和详细的学习计划，抓好各阶段学习任务和监督检查，党员干部职工还撰写了学习心得体会。

三是积极开展“争先创优”表彰活动。机关党委按照自下而上的原则，下发了《省文联关于七·一推荐表彰的通知》，经过各支部推荐，党委会集体讨论并报党组审定。在建国60周年、建党88周年之际，开展了“创先争优”表彰活动，共表彰优秀共产党员29人，优秀党务工作者7人，党风廉政建设先进工作者2人，先进党支部3个，充分调动了党员干部的积极性和创造性。

四是积极组织“送温暖、献爱心”活动。国庆、中秋两节，省文联到太原化肥厂进行“联企帮困”慰问；还慰问了建国前“老同志、老党员、老战士”。按照省委、省政府《关于开展向受灾和贫困群众“送温暖、献爱心”社会捐劫活动的通知》精神,文联集中开展了捐款救助活动，捐款6290 元，送至“山西省社会捐助事务管理中心”。

五是扶贫工作成效显著。2009年春节前，省文联党组副书记带队赴榆社县北寨沟乡青峪村进行慰问，送去200余幅春联，为100户村民送去米、面、油等，还专程到烈军属、老红军、老党员、特困户等家中看望并送去慰问品。省文联2009年为该村争取到水利灌溉工程资金8万元，并送去图书和文化用品，提高了农民的文化水平，这些扶贫工作为推动青峪村的发展和建设起到了积极的作用。

五、牢固树立大局意识，积极开展围绕中心的大型主题文艺活动

庆祝新中国成立60周年是党和国家政治生活中的一件大事，省文联及各团体会员开展了歌颂党、歌颂祖国的一系列文艺活动，推出了一大批优秀文艺作品，为庆祝新中国成立60周年营造了良好的文化氛围。主要活动有：一是举办了“庆祝新中国成立60周年‘情系三晋’海内外山西儿女书画作品展”，共收到海内外书画作品1000余件；二是省产业（企业）文联承办了“庆祝新中国成立60周年全国产业（行业）系统曲艺小品展演（太原)”；三是会同省委宣传部、省文化厅联合举办了“山西省第十五届美术作品展”；四是主办了“全国第二届农村电影题材研讨会”和“黄土地、黑土情中国画名家作品展”；五是各团体会员举办了一系列活动：省书协举办了“山西省第八届书法篆刻作品展”、“中日书法交流埼玉展”；省摄协举办了“山西五台山国际摄影展”、“聚焦山西摄影大赛”；省舞协举办了“山西省首届‘山西舞蹈杯’青少年舞蹈大赛”；省音协举办了“中韩作曲家新音乐作品交流音乐会”；省视协举办了“山西省第十七届电视艺术评奖活动”；省剧协会同文化部艺术司、省文化厅举办了“第三届中国地方戏优秀剧目展演（太原)”、省文联发展文化产业协会举办了著名画家“李夜冰个人画展”等。省文联被山西省庆祝新中国成立60周年领导组授予“优秀组织奖”。

2009年，在太原市工人文化宫隆重召开了“纪念山西省文联成立60周年大会”，同时举办的还有“纪念山西省文联成立60周年全国名家书画摄影展”、“山西60年版画展”、“山西省第二届书法精品展”、“山西省首届书坛新人展”、

"纪念山西省文联成立60周年'汾水吟'文艺晚会"。编印了《山西文联60年》大型画册。省委书记、省人大常委会主任张宝顺为纪念大会发来贺信，贺信中充分肯定了山西文联60年来特别是改革开放和七次文代会以来所取得的辉煌成就，并希望全省广大文学艺术工作者继续为时代放歌，为人民抒情，再立新功。杨志今同志、胡苏平同志分别代表中国文联和省委、省人大、省政府、省政协发表了重要讲话，对山西省文联的工作给予了充分的肯定和高度的评价。大会还隆重表彰了"从事新中国文艺工作60年的文艺工作者"，并为他们颁发荣誉证书、证章，老中青三代文艺工作者代表先后发言。纪念大会既为山西文联60年的历程标注了一个圆满的句号，又为山西文联在新的历史时期、新的征程上吹响了嘹亮的奋进号角。

六、牢固树立敬业意识，德艺双馨，努力攀登艺术高峰

2009年，我省文艺界出人才、出作品、出效益，捷报频传，获得国际级、国家级及省部级奖项达几十项。据不完全统计，获全国性奖项的有12项，37人次。太原市实验晋剧院青年团演员谢涛荣获"中国戏剧梅花奖二度梅"荣誉称号；临汾眉户剧团潘国涛等荣获"中国戏剧梅花奖"；省书协推荐撰写的论文荣获"全国第八届书学研讨会一、二等奖"和"中国书法兰亭奖理论三等奖"、"中国书法兰亭奖教育三等奖"；省曲艺家柴京云、柴京海表演的大同数来宝《防不胜防》荣获"全国产业（行业）系统曲艺小品展演金奖"；省剧协推荐的《九品官上树》、《路遇》荣获"第三届中国戏剧小戏小品大赛特等奖"；省美协推荐的《亘古放歌》荣获"第七届中国体育美术作品展优秀奖"；在"中国戏曲小梅花荟萃展演"中，我省有11名小选手荣获"小梅花金奖"；在"第七届中国舞蹈荷花奖民族民间舞蹈大赛"中，我省参演的舞蹈《核桃熟了》荣获"十佳作品奖"；在"第五届小荷之秀风采全国少儿舞蹈展演"中，我省舞蹈《晋韵》等10个节目分别荣获"小荷之星"、"小荷之秀"大奖；山西大学合唱团在"第七届中国音乐金钟奖合唱比赛"中荣获优秀奖等等。

七、牢固树立服务意识，坚持"三贴近"原则

不断满足人民群众的精神文化需求，丰富人民群众的精神文化生活，与人民群众保持血肉关系，是我们广大文学艺术工作者的庄严使命。2009年，省文联"送欢乐、下基层"等多种形式的文化惠民活动红红火火，主要有：省文联组织我省著名艺术家赴榆社县扶贫点、赴联企帮困点进行慰问演出。省曲协组织曲艺工作者赴我省重点工程建设工地进行慰问演出，并为战斗在公安第一线的交警、特警、民警、巡警、保安进行慰问演出。省书协组织书法家深入到煤矿为广大矿工书写春联。省杂协组织太原杂技团、长治杂技团分别开展了"文艺下乡"活动。

在为基层、为人民群众送文化的同时，还十分注重为基层、为人民群众"种文化"，积极参与基层的文化建设，努力为基层培养文艺人才。为发现、培养基层文艺骨干，提高他们的专业知识和艺术修养，省摄协举办了"山西摄影研讨会"，省书协举办了"第五期书法培训班"。2009年工作的另一个亮点是努力打造"朝霞工程"，文艺从少儿抓起。小学生习字报主办了"山西省第五届少儿书画新人新作展"。省曲协在榆社县创办了"山西少儿曲艺创作基地"。省舞协举办了"新农村少儿舞蹈美育工程乡镇教师舞蹈培训班"。赵树理故居积极打造青少年革命传统教育基地。

八、牢固树立建设意识，推动规范化进程

一是继续加强思想建设。党组对干部职工的思想建设常抓不懈，2009年文联组织采风团一行47人前往革命圣地延安学习，通过参观杨家岭、王家坪等革命旧址，使大家受到了一次深刻的革命传统教育和爱国主义教育，更加激发了蓬勃向上的工作激情。二是继续加强自身建设。国际金融危机对我国经济发展造成了严重的影响，在这种严峻的经济大背景下，文联文化企业晋宝斋认真分析市场信息，敏锐把握拓展方向，经过艰苦创业，全年收入达1000多万元，完成了全年经营计划。《民间传奇故事》、《中外故事》是文联最早在市场经济体制下实行自主经营、自负盈亏、自我发展的老牌刊物，他们不断贴近读者、贴近市场，推出新栏目，进一步拓宽了刊物的销售渠道。三是继续加强组织建设。2009年理顺了文联参照公务员管理序列，完成了公务员登记和新增人员的工资规范和调整工作。对文联所属社团的整顿作出了新的部署，对规范社团管理提出了新的要求。四是继续加强制度建设。周一各处室、各协会负责人例会制度化，通过例会、编印简报，使各项工作有计划、有落实、有检查、有成效；大楼管理处工作量化、责任到人，精神面貌有了很大改观。五是继续加强老干部工作。去年组织老干部进行了全面体检。解决了部分老干部的副省级医疗待遇。妥善照顾好遗属，力所能及地帮助他们解除后顾之忧。使老干部心情舒畅安度晚年，老有所为发挥余热。

一年来，省文联在党的文艺方针政策正确指引下，在省委的正确领导下，在广大文艺工作者辛勤耕耘和社会各界的大力支持下，我省文艺事业蓬勃发展，取得了前所未有的历史性进步，呈现出大团结大繁荣大发展的生动局面，为山西经济、社会的发展提供了良好文化条件，为满足人民群众精神文化需求、保障人民基本文化权益、丰富社会文化生活发挥了积极作用，为有力地推动我省文化强省战略的实施作出了新贡献！（樊丽红）

附：省文联党组书记、副书记、成员名单

书　记：宋新柱

副书记：高国俊（11月离职）　石跃峰

成　员：刘廷明　李和平　靳　忠　李剑斌

省工商联党组工作概况

党组书记　马天荣

2009年，省工商联在省委、省政府的正确领导下，在全国工商联和省委统战部的具体指导下，坚持以邓小平理论和“三个代表”重要思想为指导，深入学习实践科学发展观，全面贯彻落实党的十七大、十七届四中全会精神和省委九届九次、九届十次全会精神。按照省委、省政府确立的“转型发展、安全发展、和谐发展”战略部署，紧紧围绕应对国际金融危机、帮助非公企业渡过难关、促进非公经济平稳健康发展的中心任务，积极履行职能，努力发挥作用，非公有制经济人士思想政治工作和工商联工作取得新进展，做出了新成绩。

一、紧紧围绕省委、省政府的决策部署开展工作，努力推动非公有制经济调整结构转型发展

受国际金融危机和国内市场变化的冲击，我省民营经济受到严重影响，面对严峻的形势，我们紧紧围绕省委、省政府“保增长、保民生、保稳定”和“三个发展”的战略部署，采取了一系列措施。

一是深入基层和企业，加大调查研究、建言献策的力度。先后组织了六次大型调研活动，集中主要力量深入11市82个县180多家企业，对全省非公企业在国际金融危机影响下的生产经营情况和涉煤企业参与煤炭资源整合情况进行了广泛而深入的调查研究，取得良好成效。特别是在会主要领导的带领下，13次参加了省委、政府、政协组织的议政会、情况通报会和专题调研、视察重点工程等重要会议和活动，进一步提高了对全省大局的了解掌握程度和调查研究、建言献策的针对性、时效性。向省委、省政府领导和省政协及全国工商联报送调研报告、提案、社情民意、意见建议26篇（条），编发《非公经济动态》26期30条，撰写调研报告13份。编印《工商联信息》85期296条，媒体发稿98篇（条），做到了工商联和非公经济工作“报纸有文、电视有影、电台有声、网络有评”。整理编辑了安泰集团、振东集团、沁新煤焦集团、华青活性炭公司、大华玻璃公司、中德型材公司、长雷工艺绣品公司等7家企业的典型案例，报送全国工商联和有关部门参考。

二是协调推动意见和建议转化。我们提出的意见建议得到省委、省政府领导和有关部门的高度重视，省政府召开“激活民间资本、促进民间投资座谈会”和“应对金融危机，加快转型发展，促进经济增长”等民营企业家座谈会时特别吸收工商联参与组织协调，研究制定《关于促进民间资本进入我省鼓励类投资领域的意见》(以下简称《意见》)充分听取工商联的意见和建议，使出台的政策更符合全省民营企业转型发展的特点。为了进一步推动《意见》的贯彻落实，与省委统战部组织召开了贯彻落实《意见》座谈会，下发了《关于推动落实<关于促进民间资本进入我省鼓励类投资领域的意见>实施意见》，对全省非公有制经济企业和非公经济人士提出了转型发展的要求，鼓励引导广大非公企业响应省政府号召，加大向我省鼓励类领域投资力度，加快实现转型发展。

三是关注煤炭资源整合，发挥导向作用。在煤炭资源整合、煤炭企业兼并重组中，及时学习传达政策，密切关注工作进展，深入企业调研座谈，收集各方情况反映，10月份写出《关于山西省煤炭资源整合情况及对民营企业影响的调查》，报送全国工商联和省主要领导，发送给媒体记者，诠释煤炭资源整合重组的战略意义和政策措施，介绍民营企业的参与情况和民营企业负责人的反映等。较早地向中央有关部门和省外媒体乃至研究机构的学者们提供了真实的信息，在影响舆论中发挥了积极作用。

二、加大经济服务力度，帮助非公有制企业走出困境，实现平稳健康发展

针对国际金融危机带给全省非公经济的冲击和宏观政策调整带来的压力等实际情况，通过搭建信息、融资、人才、维权、招商等服务平台，切实帮助非公有制经济走出困境实现平稳健康发展。一是组织近百家会员企业参加了第十届世界华商大会和第四届中博会、第十一届环洽会、2009年“齐鲁行”、2009全国对口支援三峡库区考察等重大区域经济合作活动，签订了总计16亿元投资合作项目。举办了“山西民营企业科学发展论坛”、“经济危机与投资时机主题论坛”和“中小企业融投资峰会”等管理培训活动。与辽宁、湖北等省市合作召开了8次大中型招商引资项目推介会。与省人力资源和社会保障厅、省总工会、省林业厅等部门联合开展了“暖春”就业服务系列活动暨第五届“民营企业招聘周”和“高校毕业生到非公企业见习”活动，表彰了山西省第二届“关爱员工，实现双赢”活动先进单位和先进个人；组织“光彩事业国土绿化贡献奖”评选活动。参与了地方立法的调研和国务院《劳动合同法实施条例》、《山西省劳动合同法实施条例》的修改工作，在会员企业中进行了法律诉求问卷调查。二是举办了2次银企座谈会，促进我省中小企业融资难问题的改善，据中国人民银行太原中心支行提供情况表明，全省七成以上中小企业受金融机构贷款支持。2009年9月末，1267个成长型中小企业，有1067个获得金融机构信贷支持，贷款本覆盖面为

84.2%，贷款余额104.08亿元。三是重点加强了与兄弟省市工商联及异地晋商会的联络交往，努力拓展工商联对外交流空间，为会员企业“走出去、引进来”提供支持帮助。9月份，组织全国24家外地晋商会和6家海外山西商会负责人在太原进行了座谈交流，加强了与省外晋商组织的联络，对搭建晋商交流合作平台产生了积极作用。

三、深入开展非公有制经济人士思想政治工作，引导非公经济人士主动承担社会责任

做好非公有制经济代表人士思想政治工作是党赋予工商联的主要职能。一年来，以促进“两个健康”为目标，以引导非公有制经济人士主动承担社会责任为抓手，全面推动非公有制经济人士思想政治工作深入开展。6月11日，省委统战部、省工商联在长治市召开了全省非公有制经济人士思想政治工作暨工商联组织工作会议。中央统战部副部长、全国工商联党组书记、第一副主席全哲洙同志，省委常委、统战部长李政文同志出席会议并作了重要讲话。会议对加强和改进新形势下全省非公有制经济人士思想政治工作进行了安排部署。会后，又到重点市县就这次会议和两个《若干意见》的贯彻落实进行指导，推动市县两级工商联全面深入开展非公经济人士思想政治工作。广大非公企业家在增加财富和知识的同时，思想境界和情怀不断得到升华，他们自觉地把履行和承担社会责任当作与企业发展同样重要的目标。在金融危机来临时，非公企业响应省委、省政府号召，坚持不裁员、不减薪；在与省劳动保障厅等部门联合开展山西省“暖春”就业服务系列活动暨省城大型招聘会和第五届“民营企业招聘周”活动中，250多家企业参加，提供近1.7万个就业岗位；10月份在并的省工商联副主席、常委、执委、直属会员和商会，为受暴雪影响的地区“送温暖、献爱心”，共捐赠87.6万元。广大非公企业为全省保增长保民生保稳定做出了贡献，非公代表人士的良好行为也得到党和人民的认可和肯定。3名非公经济代表人士被中央统战部等五部委授予“优秀中国特色社会主义事业建设者”；1名非公经济代表人士被中国光彩事业促进会授予“光彩事业突出贡献奖”；7家民营企业被劳动和社会保障部等三部委授予“全国就业与社会保障先进单位”；3名非公经济人士被授予“光彩事业国土绿化贡献奖”；49名非公经济代表人士被省委、省政府授予“山西省优秀中国特色社会主义事业建设者”；47家民营企业被省政府授予“省稳定就业先进企业”。

四、大力推动新晋商“万企联万户”感恩行动，在省内外树立非公有制经济人士健康新形象

新晋商“万企联万户”感恩行动是省委统战部和省工商联为了引深“凝聚力工程”、“新晋商、新形象”活动，于2008年8月组织发起的，活动内容是组织非公有制经济人士与在乡的老红军、老八路和建国前的老党员户结对子，从现金、物资、致富项目和技术等方面给予无偿扶持，帮助他们发展生产、改善生活、安度晚年。省委统战部、省工商联启动实施新晋商“万企联万户”感恩行动以来，省市县工商联积极推动，在省工商联30位企业家副主席、副会长赴吕梁老区的兴县和太行老区的武乡县开展“两区行”，结对帮扶60户“三老”之后，2009年8月28日，海鑫集团启动了“海仓慈善基金帮扶资助老红军、老八路、老党员”活动，每年出资120万元，在运城市五县帮扶205位革命老人，每人每年资助6000元，计划三年后帮扶对象扩大到全省范围，整个资助计划持续10年。孝义市组织了100名非公经济人士与该市100位革命老人结成帮扶对子。截止目前，新晋商“万企联万户”感恩行动已在11个市启动，全省已有2000多家非公企业与3513名“三老”结成帮扶对子。这一活动赢得社会的承认和大家的尊重，全国政协副主席、中央统战部部长杜青林作出重要批示，高度评价这项活动。他说，这项工作抓到了点子上，是近年来统战工作值得称道的一件事，对于弘扬社会主义风尚，对于增强统一战线理念，对于经营者进行教育，对于促进“五大关系”和谐，体现社会主义制度的优越性，体现大团结大联合，具有多重意义。省委书记张宝顺对统战部和省工商联组织开展这项活动所做的工作给予充分肯定。全国工商联把我省的这项工作作为2009年工商联工作优秀案例在《中华工商时报》上刊登，被评为全国工商联“十大亮点工作”之一，进一步树立了新晋商健康的社会形象。

五、加强自身建设，提高履职能力，保障各项工作取得实效

按照“提高能力，规范程序，严格管理，争创文明和谐单位”的目标要求，全面加强机关建设，保障各项工作落到实处，取得实效。

扎实开展学习实践科学发展观活动，按照省委关于做好学习实践科学发展观活动整改落实“回头看”工作的部署。在前期抓整改的基础上，进一步明确责任，细化整改落实方案。修改完善了《省工商联主席会议制度》等七项制度，新制定出台了《中心组学习制度》等三项制度，初步建立了一批推动工商联服务科学发展和实现自身科学发展的长效机制。第三批学习实践科学发展观活动开展以来，在省委学习指导组的领导下，扎实有序地推进全省非公有制经济组织学习实践活动的开展，受到了中央指导组和省委领导的肯定和好评。全国非公有制经济组织学习实践科学发展观活动指导组组长全哲洙同志亲临我省调研指导工作。按照中组部下发的《关于在深入学习实践科学发展观活动中进一步推动建立健全非公有制经济组织党组织的意见》要求，通过各种形式积极推动非公企业加强党建工作。省联机关党委帮助山西福建商会正式成立了党支部。

全面加强组织建设，认真贯彻全国工商联《关于加强县

级工商联组织建设的若干意见》。在召开省工商联执委会议时，再一次把参会范围扩大到县级工商联主要负责人，使全省各级工商联能够了解全局、把握大局。新发展会员1629个，新发展行业商会10个，截止去年底，会员总数达76087个、行业商会375个。会同省人事厅表彰了16个工商联组织先进集体和25名工商联系统先进工作者，完成了省联执常委和会员数据库企业信息录入工作。向省政府报送了《关于授权省工商联作为全省性社会团体业务主管单位的请示》。

充分发挥机关党委作用，狠抓干部管理教育，狠抓党风廉政建设。一是切实把党风廉政建设摆上重要议事日程。在年初部署工作时，党政领导集体对党风廉政建设进行了专题研究，将其纳入机关整体工作中，贯穿于机关工作的各个方面，同部署、同落实、同检查。坚持经常强调廉洁从政的有关规定，提出明确要求，年终，结合干部考核进行专项教育；坚持经常组织政治理论学习，认真学习胡锦涛总书记在中纪委三次、四次全会上讲话，努力践行“六个着力、六个切实”要求，全面落实党员干部廉洁自律五项规定，从思想上强化党员干部反腐倡廉意识；坚持经常督促检查党风廉政建设责任制落实情况，充分利用座谈会、组织问卷、征求意见卡等形式和渠道，接受党内党外群众监督。经济活动和社会交往中，每位领导干部都能做到把握分寸，做到公私分明，确保党员干部洁身自好、廉洁勤政，始终保持奋发向上的精神状态和良好风气。二是认真落实党风廉政建设责任制。按照《建立健全惩治和预防腐败体系2008～2012年工作规划》和《山西省建立健全惩治和预防腐败体系2008～2012年实施办法》的要求，结合工作实际，下发了中心组及党员干部专题学习安排，有重点、有针对性地做好教育引导工作，共进行了12次中心组学习。完善了党建工作目标管理责任制，对2009年度党风廉政建设和反腐败工作任务进行了分解，强化工作举措，一级抓一级，层层抓落实。根据《关于省直机关加强干部修养树立和弘扬良好作风的安排意见》和《关于开好2009年度省直机关党员领导干部民主生活会的通知》的要求，会党组认真召开领导干部民主生活会，认真开展批评与自我批评，对干部群众提出的意见和建议认真研究，提出整改意见并积极落实，我会党员干部无一人违反廉洁从政的规定。三是坚持民主集中制。认真贯彻执行民主集中制原则，健全和完善了领导班子议事规则，特别是党组会议讨论决定干部任免等重大事项时，坚决按照民主集中制原则办事，坚持少数服从多数，班子成员充分发表意见，体现民主与集中的科学结合，做到公开、公平、公正地提拔使用干部。同时，经常开展班子之间的交流，通过民主座谈会、谈心会等方式，加强沟通，增进了解，始终保持班子团结向上、奋发有为的精神面貌，努力提升凝聚力、战斗力和执行力。

六、狠抓干部队伍建设，着力提升机关干部的理论水平和办文、办事、办会能力

省工商联党组高度重视干部队伍建设，始终把机关干部队伍建设放在重要位置。一是切实关心干部的进步成长，坚持正确的用人导向。根据每位干部的性格、能力和特点量才使用，较好地调动了干部队伍的整体积极性，特别是对年轻干部充分信任，积极培养。一方面，为他们提供较多的学习培训机会，机关处以上干部都参加了党校培训和相关业务学习，培养发展3名党员，并到牛驼寨解放太原革命纪念馆举行宣誓仪式，组织开展了建党88周年和建国60周年系列庆祝活动。在工作中给他们压担子，放手使用、大胆使用，使他们得到了较快的锻炼与成长；另一方面，不断完善选拔任用干部的科学机制，按照《公务员职务任免与职务升降规定》精神，坚持群众路线，广泛地听取各方面意见，做到客观、公正、全面地评价干部。严谨、严密、有条不紊地对4名优秀科级干部进行了职务调整，在机关形成了人人干工作，人人比实绩、人人讲正气的良好风气。全体机关干部的大局意识、责任意识、服务意识进一步增强，求实创新、团结和谐氛围逐步形成。省工商联机关连续三年被省直工委授予“文明和谐单位”称号，《引导非公有制企业积极应对金融危机影响》、《增强信心，应对挑战，支持帮助非公企业实现转型发展》两篇调研报告分获全国工商联调研成果二、三等奖，新晋商、新形象系列活动被全联表彰为优秀工作案例，上规模调研获全联二等奖，光彩事业统计获全联三等奖，省工商联机关获省政府“爱心捐助组织奖”。（冯学亮）

附：省工商联党组书记、成员名单

书　记：马天荣（12月离职）　郭海刚（12月任职）

成　员：樊秀清　王建华　郎宝山　赵淑芊

省残疾人联合会党组工作概况

党组书记　郭贵仁

山西省残联共有基层党组织9个，其中机关党委1个、党支部8个、党员131名。

2009年是新中国成立60周年，是深入学习实践科学发展观、积极应对国内外严峻经济形势影响、保持经济平稳较快发展的关键一年。省残联党组全面贯彻党的十七大和十七届三中、四中全会精神，以邓小平理论和“三个代表”重要思想为指导，深入贯彻落实科学发展观，以加强党的执政能力建设和先进性建设为主线，以深入学习实践科学发展观活动和巩固成果抓落实为重点，紧

紧围绕全省“转型发展、安全发展、和谐发展”的大局，以改革创新精神全面推进机关党的建设，为有效应对国际金融危机、保持经济平稳较快发展、全面推进“康馨工程”提供坚强的思想、政治和组织保证，不断开创残疾人事业的新局面，进一步加快新基地新山西的建设步伐。

一、深入学习实践科学发展观，不断加强执政能力建设和先进性建设

省残联党组深入学习实践科学发展观，高度重视党建工作。认真贯彻落实党的路线、方针和政策，坚持党要管党，从严治党的方针。始终把党建工作摆在突出位置，明确责任，强化措施，一级抓一级，层层抓落实。

一是认真履行职责，不断提高领导班子推动科学发展、促进社会和谐的能力。党组始终以高举旗帜、坚定信念、践行宗旨为根本，努力加强领导班子的思想政治建设，不断增强班子成员顾全大局、团结协作的自觉性，提高运用科学发展观干事创业的水平。党组书记、理事长郭贵仁作为一把手，认真履行岗位职责，努力抓好发展残疾人事业这个第一要务，认真践行维护稳定这个第一职责。班子成员积极配合，着力抓好分管的各项工作，推进了残疾人事业在新的起点上又好又快发展。

二是加强民主集中制建设，坚持民主决策、依法决策、科学决策。省残联党组、理事会坚定不移地贯彻执行民主集中制这个根本的组织制度和领导制度，不断加强和改善党的领导，坚持“集体领导、民主集中、个别酝酿、会议决定”的原则，坚持用坚强的党性、良好的作风、规范的制度和人格的魅力，带头执行民主集中制。凡是重大事情，都要广泛调查，集思广益，召开会议，集体决策。2008年选拔任用了22名处级领导干部，2009年对试用期满的22名处级领导干部进行了考核，采用谈话和实地查看，大家一致认为，22名处级领导干部完全符合领导干部选拔任用的标准，考核合格，正式任职。

三是积极推进党内民主建设，尊重党员主体地位。认真落实《中国共产党章程》及党员权利保障条例等党内规章赋予党员的知情权、参与权、选举权、被选举权和监督权等各项民主权利。在评选先进、推荐代表、各项重大活动中，广泛征求党员干部意见，做到集思广益、发扬民主。深入开展“讲党性、重品行、作表率”活动。2009年，经过层层推荐、党组研究、上级党组织决定，机关党委荣获了省直工委表彰的先进基层党组织称号，齐莉同志荣获了优秀共产党员称号，向英同志荣获了优秀党务工作者称号。机关党委组织推荐、党组研究决定上报了省直机关“五一”表彰评选工作。省残疾人康复中心、省脑瘫康复医院荣获省直机关劳动竞赛委员会表彰的先进集体称号，郭占文同志荣获省直机关劳动竞赛委员会表彰的先进个人称号。

四是继续抓好保持党员先进性长效机制建设，为残疾人提供优质和优惠服务。认真落实中央四个长效机制文件，全面巩固和发展先进性教育活动成果。坚持以党的执政能力建设和先进性建设为主线，加强长效机制建设，进一步提高党员素质，激活党组织活力。党组、理事会领导密切联系群众，经常深入基层调查研究，指导基层残疾人工作，出台了发展残疾人事业的政策规定，切实解决残疾人的生活和生产问题。2009年1月11日至13日，省残联在长治召开了基层组织建设长治现场会等4个会议，省委常委、常务副省长申联彬作了重要讲话，提出了建设性的意见和要求。各党支部继续发扬在基层党建工作中“走在前、作表率”的优良作风，多次深入基层调查研究，了解残疾人的心声，帮助和解决广大残疾人最关心、最直接、最现实的利益问题。

五是通盘安排工作经费，保证党建活动扎实开展。党组把党建活动经费列入行政预算，重大活动拨给专项费用。2009年划拨给机关党委经费35．3万元，为扎实开展党建工作奠定了良好的基础。

二、加强理论武装工作，切实提高政治理论素质

坚持把思想理论建设放在首位，深入贯彻落实科学发展观，切实抓好学习型党组织建设，不断提高运用科学理论改造主观世界和客观世界的能力。

一是坚持政治理论学习，努力创建学习型机关。坚持用马克思主义中国化最新成果武装头脑、指导实践、推动工作。党组高度重视政治理论学习，省残联党组书记、理事长郭贵仁同志积极倡导向书本学习、向实践学习、向群众学习。2009年，他结合国际国内形势和任务，联系工作实际，专题讲党课2次，广大党员干部受到了深刻的教育，增长了各方面的知识。2月20日，省残联深入学习实践科学发展观活动圆满结束，基本达到了“党员干部受教育、科学发展上水平、人民群众得实惠”的目的，取得了阶段性成果。学习实践活动满意度测评结果为：满意率98．6%，比较满意率为1．4%。省残联中心组集中学习12次，组织参加山西省领导干部历史文化讲座活动“文源讲坛”6次，组织参加山西省直领导思想讲坛4次，充分发挥了中心组在学习理论和武装头脑工作中的示范带动作用。机关党委牵头聘请专家、教授5次讲述党的知识，加强政治理论学习。各党支部按照政治理论学习的要求，利用各种形式组织学习，提高党员干部素质。

二是积极组织参加培训党员干部工作。省残联党组高度重视党员干部培训工作。按照中央颁布的《干部教育培训工作条例(试行)》和《山西省“十一五”干部教育培训规划》的要求，机关党委和各支部采取了灵活多样的方式，组织广大党员干部学习培训。4月21日至26日，机关党委牵头举办了省残联首次党务干部培训班，有23名党务干部参加了培训，取得了良好的学习效果。各支部采取多种形式抓好干部职工的集中学习，积极组织党员干部到外地参观学习，开阔眼界，增长知识，提高能力。按照省直工委要求，机关党委组织27名处级干部参加了省直工委举办的省直机关处级干部学习实践“转型发展、安全发展、和谐发

展”培训班，超额完成了任务。组织4名处级干部参加了省直机关处级干部轮训和中青年干部培训工作。

三、围绕党建工作责任制的要求，明确职责，狠抓落实

按照党的十七大报告提出的“充分发挥基层党组织推动发展、服务群众、凝聚人心、促进和谐”这一新要求，认真贯彻落实党建工作目标责任制，进一步加强对党员的教育、管理和监督，扩大党内民主，创新活动方式，激发组织活力。

一是加强形势政策教育，树立坚定信念。为了统一思想，认清形势，坚定应对国际金融危机冲击、保持经济平稳较快发展的信心，组织复印理论资料，提供中心组和各支部组织集中学习。机关党委2009年组织编排了6期板报，宣传党的政策，坚定信心，战胜困难，服务广大残疾人。组织全系统在并干部职工200多人到山西展览馆参观新中国成立60周年山西省成就展。

二是按照党建工作要求，开好民主生活会。各党支部严格组织生活，认真落实“三会一课”制度和党员领导干部双重组织生活制度。省残联领导班子于11月9日召开了民主生活会。各支部相继召开了组织生活会，广泛开展批评和自我批评，进一步沟通了思想、增强了团结、激发了热情、凝聚了力量，更好地推进残疾人事业“加快发展、和谐发展、特色发展”。

三是加强社会主义核心价值体系教育和实践。积极把社会主义核心价值体系融入思想道德教育和文明和谐创建全过程，大力倡导和践行社会主义荣辱观，深入开展政治品德、社会公德、职业道德和家庭美德教育。组织了加强领导干部党性修养，树立和弘扬良好作风测试，机关全体党员干部和直属单位处级干部参加了测试。组织参加了省直工委文明办举办的首届省直机关文明办主任培训班，全员参与文明和谐单位标兵创建工作扎实开展。组织机关和直属单位党员干部观看了《学习实践科学发展观专题讲座》光盘和电影《铁人》。组织了山西省残联2009迎新春联欢会。

四是积极做好维护稳定工作。省残联党组高度重视社会稳定工作，明确任务，责任到人。认真贯彻落实中央关于维护稳定的重大决策部署，仔细排查不稳定因素，有针对性地做好思想工作，加强对维护稳定工作的督促检查。切实采取有效措施，加强和防范错误思想、不良信息和社会不稳定因素以及邪教组织活动对干部职工产生的负面影响，维护社会稳定。广大干部职工自觉从自己做起，从身边的人做起，从身边的事做起，努力维护和谐稳定的良好局面。

五是认真做好发展党员工作。按照发展党员的“十六”字方针，提高发展党员质量。制定了发展党员计划，依照程序进行了培养、考察、公示等相关工作。2009年，有3名中共预备党员转为正式党员，接收6名发展对象为中共预备党员，吸收4名入党积极分子为发展对象。

六是组织好工青妇等各项工作，防范邪教组织和敌对势力的破坏活动。工会组织继续建立健全困难职工帮扶长效机制，做好送温暖工作。统战工作继续抓好“凝聚力工程’，做好党外代表人士的培养工作。工青妇组织在党组织的领导下，继续加强各自联系群众的教育引导工作。坚决维护社会稳定，继续抓好同“法轮功”等邪教组织和敌对势力作斗争。

四、深入贯彻落实党的工作的有关政策和要求，增强责任感和使命感

充分调动党的基层组织和广大党员干部的积极性、主动性和创造性，建设高素质的干部队伍，弘扬良好作风，热心公益事业。

按照《中国共产党和国家机关基层组织工作条例》和省委《实施办法》规定，调动各方面的积极因素，切实加强党建工作。

按照深化干部人事制度的要求，坚持“德才兼备，以德为先”的标准，培养造就高素质的干部队伍。能够“拓宽视野选拔干部，广辟途径培养干部，满腔热情爱护干部，严格要求管理干部”。2009年提拔任用了1名处级干部，得到干部群众的称赞。大力弘扬求真务实精神，切实转变工作作风，积极组织公益活动。继续深入开展“进万户门、解万家难、暖万人心”和联企帮困送温暖活动。1月5日和9月26日，省残联向联企帮困企业太化集团太原溶剂厂2次送去慰问金1.2万元，看望困难群众；1月8日，省残联前往方山县焦家峪乡焦家峪村看望13户困难群众，共发放慰问金2900元；1月12日，省残联对困难党员和老党员进行了慰问，送去慰问金2000元。积极组织参加“博爱一日捐”活动，共捐款11280元。组织了向受灾和贫困群众“送温暖、献爱心”社会捐助活动，共捐款12910元。

五、以开展“迎国庆、讲文明、树新风”活动为载体，推进文明和谐机关建设

以庆祝新中国成立60周年为契机，深入贯彻落实党的十七届三中、四中全会和省委九届十次全会精神，组织丰富多彩的活动，加强交流，汇聚力量，开创党建工作的新局面。

一是积极组织参与省直机关纪念建国60周年庆祝活动。按照省委的要求，广泛开展“我与我的祖国”群众性主题教育活动。积极参加省直机关组织的征文大赛、照片征集等系列宣传活动。2009年，机关党委给省直工委选送了5篇征文，党组书记、理事长郭贵仁同志撰写的《坚持以人为本，围绕和谐山西建设，科学发展残疾人事业》获得一等奖、王美荣的《残疾人事业，我不曾错过》获得二等奖、郭洁的《爱是教师最美的语言》获得三等奖。9月22日，机关党委参加了省直工委举办的“庆祝新中国60周年山西省

直机关文明和谐创建巡礼”开展仪式，观看了图片展览，其中省残联推荐的文明和谐创建摄影作品有5幅被选用。

二是开展丰富多彩的活动，唱响主旋律。按照庆祝新中国成立60周年的要求，结合残联实际，机关党委牵头组织了形式多样的活动，增进了友谊，凝聚了力量，发展了事业。举办了山西省残联“庆七一，迎国庆”演讲比赛暨“博爱一日捐”活动；组织了省残联“迎国庆，庆八一”复转军人登山健身活动；举办了“山西省残联迎国庆书画摄影展”；举办了“2009年庆祝新中国成立60周年征文活动”；残联系统干部职工和残疾人代表组成方队参加了我国首个全民健身日活动；组织了机关党员干部和直属单位党支部书记到韶山、武乡等地接受革命传统教育。唱响了共产党好、社会主义好、改革开放好、伟大祖国好的主旋律。

三是深入开展创建文明和谐单位活动。组织学习了《山西省精神文明和谐创建活动考评实施办法》。积极倡导文明和谐思想，发扬互敬、互爱、互帮精神，不断深化文明和谐单位创建活动。经过机关和直属单位干部职工的不懈努力，圆满完成了2009年省直文明和谐单位和文明和谐单位标兵的申报、验收工作。机关再次荣获省直文明委授予的文明和谐单位标兵称号、省残疾人康复中心继续荣获省直文明委授予的文明和谐单位标兵称号、省残疾人用品用具供应服务指导中心继续荣获省直文明委授予的文明和谐单位称号、省脑瘫康复医院继续荣获省直文明委授予的文明和谐单位标兵称号、省聋儿康复教育中心首次荣获省直文明委授予的文明和谐单位称号。

六、以建立健全惩治和预防腐败体系为重点，推进反腐倡廉建设

认真贯彻落实中纪委和全省党风廉政建设会议精神，坚持标本兼治、综合治理、惩防并举、注重预防的方针，切实加强对领导干部的教育、监督和廉洁自律工作，严格执行党风廉政建设责任制，努力形成拒腐防变的长效机制，不断拓展从源头上防治腐败工作。

一是加强领导，责任到人，深入开展党性党风党纪和反腐倡廉教育。认真学习贯彻胡锦涛同志在中央纪委十七届三次全会上的重要讲话和省委、省纪委、省直工委的有关文件精神，加强领导，落实责任。制定了《中共山西省残疾人联合会党组关于2009年党风廉政建设和反腐败工作任务分解意见》，党组书记、理事长负总责，党组成员和理事会领导按照各自分工，对分管部室和单位的党风廉政建设和反腐败工作负全面领导责任，并明确了各部室、各单位的责任。党组专题研究党风廉政建设和反腐败工作，同其他工作同安排、同落实、同检查。

二是以贯彻落实《建立健全惩治和预防腐败体系2008—2012年工作规划》为重点，扎实推进惩治和预防腐败体系建设。制定了《山西省残联建立健全惩治和预防腐败体系2008——2012年实施意见》。严格执行党内监督各项制度，做到清正廉洁。党组按照“从政要有品格，用权要讲原则，做人要重形象”的要求，有针对性地开展示范教育、警示教育和岗位廉政教育。党组书记、理事长郭贵仁，多次强调党员干部要经得起多种考验，守得住精神家园，把人民赋予的权力真正用于为人民谋利益，把个人价值的实现蕴藏在为人民谋福祉的事业之中。2009年1月20日下午，省直工委专项督查第五组组长、省直工委副书记冯进成带队对省残联“改进作风、文明过节”工作进行督查，听取汇报和实地考察后，没有发现任何问题，给予了充分的肯定。

三是领导干部带头，党员干部严格要求自己。按照“抓班子、带队伍、建制度、正风气”的要求，落实“六个着力”、树立“新三观”、做到“八个有”，抓好党员干部廉洁自律工作。党组、理事会高度重视领导班子自身建设。班子成员能够严格执行廉洁自律的各项规定，围绕省委、省政府的工作大局，在“保增长、保民生、保稳定”和促进“转型发展、安全发展、和谐发展”中，组织带领党员干部职工，团结一心干事业，齐心协力谋发展，群策群力促和谐，做到严于律己，奉公守法，全年没有发生任何违法违纪案件。继续加强廉政文化建设，开展编发廉政文化短信活动。

七、围绕中心、服务大局，动员和组织党员干部职工爱岗敬业做贡献

面对国际金融危机的挑战，积极引导党员干部把工作岗位作为发展残疾人事业的平台，把残疾人事业融入建设新基地新山西的大局，发挥党组织的战斗堡垒和党员的先锋模范作用，全面实施“康馨工程”，努力实现残疾人事业“加快发展、协调发展、特色发展”，为我省新时期转型、跨越、崛起做出积极的贡献。

党组、机关党委、各支部狠抓党建工作，推进了各项业务工作。认真落实中央7号文件和省委18号文件的各项部署，实施“康馨工程”，大力推进残疾人社会保障体系和服务体系建设，着力解决事关残疾人切身利益的康复、教育、就业、社会保障、维权信访、扶贫开发等问题，全省残疾人事业保持了又好又快的发展势头。

一是制定完善政策法规，为残疾人事业又好又快发展提供制度保障。省政府残工委召开全体会议，就贯彻落实省委18号文件及今后一个时期我省的残疾人工作作了部署。省十一届人大常委会第九次会议将“残疾人康复服务覆盖率年增长15%”纳入了我省“十一五”经济社会发展指标体系。省残联同民政厅、财政厅、人社厅联合制定下发了《关于进一步加强和规范我省基层残疾人组织建设的实施意见》。

二是深入开展自强模范与助残先进评选表彰活动，大力倡导扶残助残的良好风尚。12月11日，山西省第四次自强模范暨扶残助残先进集体和个人表彰大会在太原举行。省委书记、省人大常委会主任张宝顺，省委副书记、省长王君，省委副书记、省政协主席薛延忠等省四大班子领导亲切接见全体受表彰代表。省委常委、常务副省长、省政

府残工委主任申联彬出席会议并讲话。申联彬在讲话中高度评价自强模范与助残先进的高尚品质和模范行为，要求全省各级党委、政府，要全面贯彻落实我省加快残疾人事业发展的《实施意见》，社会各界要大力弘扬以人道主义为核心的慈善文化，积极开展扶残助残活动，为开创残疾人事业发展新局面，加快新基地新山西建设作出新的更大贡献。

三是政府为残疾人办实事项目全面完成，一大批贫困残疾人得到救助。省政府将“对3万名贫困残疾人实施康复救助，为200个社区配备残疾人康复器材，解决2400户农村残疾人的住房困难”列入2009年承诺为民办的十件实事之中。省财政全年投入资金2400万元。各级残联高度重视，精心组织，认真实施，全面完成了康复工作的各项任务指标。农村贫困残疾人危房改造任务在10个市46个县（市、区）实施，实际完成2529户。

四是实施“康馨工程”，推进残疾人社会保障体系和服务体系建设。加强残疾人社会保障体系建设，进一步改善残疾人生活状况：落实优惠政策，保障残疾人基本生活；推进残疾人参加社会保险；扎实做好残疾人托养服务工作。加强残疾人服务体系建设，不断改进对残疾人的服务：推动实现人人享有康复服务，提高残疾人的医疗健康水平；落实扶残助学制度，保障残疾人接受教育的权利；采取有效措施，努力扩大残疾人就业规模；实施财政扶贫和康复扶贫项目，加快扶贫基地建设。

五是以新中国成立60周年为契机，加大残疾人事业宣传力度，积极开展残疾人文体活动。开展了第十九次“全国助残日”活动；组织开展了《我爱我的祖国》征文活动、“中国新闻奖”推荐和“2008年度山西省残疾人事业好新闻奖”评选工作；成功举办山西省第三届特殊奥林匹克运动会；在第七届全国残疾人艺术汇演中我省选送的6件参赛作品全部获奖；我省选手孙昊、陈思在“2009年国际轮椅舞蹈大赛”上获得拉丁舞三项比赛的第一名。省盲人柔道队、残疾人游泳队在全国锦标赛上分别取得2金1银1铜、2金2银的好成绩。

六是构建行之有效的法律维权体系，维护残疾人合法权益。会同省建设、民政、老龄等部门，对太原、大同、长治、晋城、运城等五市创建全国无障碍建设城市的工作情况进行检查，为1200户贫困残疾人家庭住宅进行了无障碍改造。在第四次全国残疾人信访工作会议上，省残联和太原市残联维权部、王德强等四位同志分别被国家信访局和中国残联授予“先进集体”、“先进个人”称号，我省作了经验介绍。

七是做好第二代残疾人证换发工作，为各项业务工作提供基础数据。

八是继续做好残疾人状况监测和课题研究工作，为制定并完善相关政策提供依据。

九是稳步推进全省残联信息化和统计工作，为残疾人事业各项业务工作的顺利开展提供技术保障。

（尹惠民）

附：省残疾人联合会党组书记、成员名单

书　记：郭贵仁

成　员：郝保平　温万一

省社会科学界联合会党组工作概况

党组书记　侯秀娟

2009年，在省委及省委宣传部的领导下，在省直工委的具体指导下，省社科联机关党建工作紧紧围绕“以科学发展观为统领，以创建文明和谐单位为抓手，推进机关党的工作，促进省社科联工作全面发展”的工作思路，深入贯彻落实科学发展观，认真落实党的十七大、十七届三中、四中全会精神及胡锦涛总书记关于繁荣发展哲学社会科学的重要指示精神，努力使社科联成为推进马克思主义中国化、时代化、大众化的有影响力的平台，成为为广大社科理论工作者提供服务的平台，充分发挥了社科理论研究的助推器作用和联系全省社科理论工作者的纽带作用。

一、领导重视，明确责任，不断建立和完善党建工作一体化领导机制和工作机制

坚持把机关党建工作摆到突出位置，与其它中心工作同部署、同落实、同考核，做到了相互促进，相得益彰。为了提高党建工作的科学化、规范化和制度化，我们制定了《山西省社科联机关党的工作责任制实施方案》，强化了“党组统一领导，党组书记亲自抓，机关党总支全面抓，各党支部具体抓，党员干部积极参与”的一体化领导机制和工作机制。对机关党的工作的各项责任进行了层层分解，并细化融入到了机关各部室的各项工作之中，为机关党建工作的开展创造了良好的条件。

坚持落实党建工作责任制。一年来，社科联党组多次召开专题会议，研究机关党建工作，落实责任，督促指导。党组班子成员，分工明确，各负其责，都能把党建工作当做做好全面工作的重要抓手。党组成员对自己所在部室工作负责，科研、学会管理、科普工作三个成员各把一摊，既是部室的业务领导，又是本支部本小组党的工作的具体

负责人。机关总支对机关党工作起总协调和总服务的作用，根据《中国共产党章程》、《中国共产党和国家机关基层组织工作条例》，结合省社科联的实际，明确社科联机关党建工作要在省直机关工委和党组的领导下实施，并对机关党总支、党支部、党小组的工作责任作出了具体的规定，上下一盘棋，形成一个拳头，为机关党建工作的顺利开展提供了有力的组织保障。

坚持督促检查制度，在不断完善党的工作责任制的同时，进一步加大对制度执行、落实情况的督促检查力度，党组每年专门听取机关党总支的工作汇报，专题研究机关党建工作，解决了许多工作中的具体困难和问题，将机关业务工作与机关党建工作有机地结合起来，形成了人人有责任，层层有压力，工作有目标，评优奖惩有依据的格局。正是由于社科联党组思想上高度重视，组织上大力支持，经费上切实保障，机制上创造条件，措施上确保到位，从而有效推动了机关党建工作扎实深入开展。

二、围绕中心，服务大局，以机关党建工作推动社科工作的科学发展

科学发展观的第一要义是发展。我们牢固树立围绕中心抓党建、抓好党建促发展的工作理念，始终坚持把推动社科联全面科学发展作为机关党建工作的出发点和落脚点，不断调整发展思路，转变发展方式，加快发展质量,促进了社科事业沿着科学发展的轨道稳步前行。

认真组织机关开展了第一批学习实践科学发展观活动。在学习实践活动中，按照省委的要求，明确提出了“高举旗帜，围绕中心，服务大局，为山西实现转型发展、安全发展、和谐发展，发挥思想库的作用”的主题和载体，开展了“继续解放思想、推进科学发展”的大讨论，及时组织社科界专家学者进行了“社科专家谈‘三个发展’”专题论坛，为我省应对金融危机，实现转型发展、安全发展、和谐发展，提供了有益的思路和学理支撑，引起社会各界的强烈反响。面对全球金融危机，经济社会发展处于破冰攻尖的关键时期，哲学社会科学的功能和作用愈来愈突显出来，同时对哲学社会科学的繁荣发展带来了新的机遇和挑战。党组书记侯秀娟同志撰写的《继续解放思想，为山西实现“三个发展”发挥社科界的思想库的作用》、《山西社科界要努力为推动科学发展发挥思想库作用》、《建立完善的评审机制，为社会科学繁荣发展搭建良好平台》等文章，分别在省委宣传部《宣传工作》2009年第1期、第12期、第22期上发表，在党校、社科院、高校、党政机关等社科界引起高度重视。

认真组织学会研究会进行第三批新社会组织学习实践活动。在搞好机关学习实践活动的基础上，从9月份开始，又按照中央、省委关于开展好在新社会组织中学习实践活动的要求，认真组织指导省属136个学会、研究会参加了第三批学习实践活动。在学习实践活动中，认真开展了机关学习实践科学发展观“回头看”，并将学习的成果向学会、研究会等新社会组织第三批学习实践活动进行延伸。一是对基础好、班子配备强的学会，要求立即建立党的基层组织，如政治学会、三晋文化研究会等已成立了临时党支部；二是对学会组织机构不太紧密，只是在开展活动中发挥作用的学会领导机构，要求及时进行整改，做好党员摸底统计工作，在掌握基本底数的情况下，再进一步建立党的基层组织；三是对学会组织松散、机构不健全、到期不换届，既不开展活动，又不进行年检的学会，建议省民管局在这次学习实践活动结束后予以注销处理。

完善规章制度，加强对学会、研究会的科学化、规范化管理。研究制定了《省社科联学会管理办法》，对全省社科类社会团体进行严格规范化管理；制定《学会学术活动申报制度》，对社科学会研究会开展重大学术活动进行严格地审核，并明确规定未经审批不得开展活动；制定《学会联系人制度》，机关处级干部每人负责13-15个学会，随时掌握学会动态，了解学会情况，指导学会工作；制定《新社会组织建立党的基层组织工作程序》，要求各学会研究会建立健全党建工作机构，规范学会党建工作；制定《学会工作绩效考核制度》，要求其按照科学发展观的要求开展各项工作。通过一系列规章制度的建立，来确保全省社科类社会组织在科学发展观的指导下，既积极工作，又规范活动，进一步加大了对学会、研究会等新社会组织的科学指导和管理，引导它们沿着科学的方向发展。

围绕省委工作中心，开展好课题研究。2009年，根据省委的总体战略部署，坚持围绕中心，服务大局，不断推动理论创新，取得了丰硕成果。一是社科联重点课题研究取得了重大突破。围绕我省“走出四条路子”，实现“三个跨越”，加快“三个发展”和推进“五大惠民工程”的总体目标和要求，组织开展了一系列重点课题的研究。年初，下达了省社科联重点课题指南，组织有关人员进行立项评审，《山西可再生能源发展研究》等135项研究课题被确立为重点课题。在课题研究中，增加了党的建设的研究比重，如《新形势下机关文明和谐创建研究》、《党内民主科学化研究》等也被列为重点课题。同时，还确定了关于《山西煤炭资源整合》、《资源性城市转型发展》、《加强新形势下党的建设》等十大重点课题，组织研究力量，整合学术资源，进行联合攻关。通过课题研究这一平台，较好地引导支持广大社科工作者关注、研究重大理论和现实问题，加强对基础理论和学术前沿问题的研究，搭建起了理论与实践结合的平台，进一步促进了学术繁荣发展，推进社科学科建设和社科人才队伍建设。二是加大参与实际部门的课题研究工作力度。积极组织社科研究资源，整合社科研究力量，先后完成了《全球背景下山西文化产业竞争力研究》、《山西提升文化软实力的对策研究》等软科学项目的研究，《山西矿业安全发展的长效机制研究》、《山西中小企业集群特征分析》等课题申报并立项。组织完成了省委组织部、省委人才领导小组下达，省委宣传部委托的2009—2020年人才发展规划课题“加强人才队伍社会环境

研究”。该研究报告为我省人才发展规划的制定提供了重要的决策参考，受到省委宣传部、省委组织部的一致好评。该报告已被省委组织部编撰的《山西人才发展战略蓝皮书》全文收录并在主报告中部分引用，对于我省人才工作的发展具有重要的作用。

科学公正评审，严把评审政治关。开展全省社会科学优秀研究成果的评奖工作，是省委省政府“尊重知识，尊重人才”的具体体现，是对广大社科工作者劳动成果和知识价值的社会评判，是繁荣发展全省哲学社会科学的重要措施。省社科联承担这一重要任务，必须坚持正确的政治方向，做到科学公正。一是科学筹划，改革创新。首先，改革了成果申报程序，实行成果网上申报、网上审查，使成果申报更加科学化、规范化，同时也为社科工作者提供了方便快捷的申报条件。其次，改革了申报的条件，从时限、作者、申报数量等方面作出了明确的规定，尤其在成果申报的时限上，采取了“2+2”滚动申报的办法即主要是评近两年的成果，同时对有重大社会反响、重大创新、重大应用价值的成果可向前延申两年。这样既体现了严格的申报时限，又考虑到了社会科学研究成果转化周期的客观规律性，深受全省广大社科工作者的欢迎。二是坚持三个注重，严把三道关口。在一年一度的“百部篇工程”评审工作和两年一次的社科大评奖工作中，始终做到注重导向，严把政治关；注重实践，严把质量关；注重创新，严把学术关。并制定了“五不准”评审工作纪律，即不准变通评审标准，不准徇私情，不准吃请，不准收受贿赂，不准泄露评委及评审情况。有效避免了评审过程中托人情找关系干预评审的现象。三是加大监督力度，做到公平公正。采取了严格的评委回避制度，各级评委个人成果不得参与评审，从规则上保障了评奖的客观公正性，克服了“既是运动员，又是裁判员”的现象。实行了评委实名评审制，各级评委及工作人员在评审表上签字，这既是对评委和工作人员的有效监督，也是评奖工作客观公正的保障措施。采取了严格的三级评委相对割断制度、评审结果公示制度，省纪检委全过程监督制度。为推出精品力作，保证评审的公平公开公正提供了制度保障。从2月开始，历时10个月，完成了评奖方案、细则和指标体系的制订、文件下达、动员部署、申报审查、三级评审工作，共评出256项社科研究优秀成果。

加强阵地建设，充分发挥社科宣传普及功能。《学术论丛》、《山西社科联》、山西社科网是面对全省社科理论工作者的三大主要阵地。长期以来，我们坚持“学术研究无禁区，宣传舆论有导向”的办刊原则，严格执行主编负责制，严把办刊的政治关。《学术论丛》是山西省重要的学术性刊物，同时也是一个重要的社会科学宣传普及阵地。今年，我们配合建国60周年纪念活动，设立了学习十七大精神、纪念改革开放30周年、纪念新中国成立60周年、新农村建设、“三个发展”与山西、山西地方经济等专栏，共出版完成了6期120万字，受到全省广大社科专家学者的好评。山西社科网作为全省专业性社科网站和现代媒体，在充分利用它宣传党的方针政策的同时，还有效地把办公链延伸，使评奖工作的申报、课题的申报立项等通过网上进行，极大地方便了工作。使相隔万里，远在异国他乡的专家学者，通过网络就能参与到评奖工作中，节省了时间，节约了经费，提高了工作效率。目前，山西社科网已经成为我省社科界信息传播快捷和权威的网络平台，为广大社科工作者提供信息、交流服务发挥了积极的作用。《山西社科联》作为一个工作刊物，在为广大社科青年人才提供服务平台的同时，不断加大社科舆情信息量，及时反映国内外社科学术前沿问题和省内外社科界的动态，为全省社科界提供有价值的参考信息。

三、不断加强理论武装，夯实组织基础

抓好中心组和党支部的学习，加强班子建设。一年来坚持每月至少集中学习一次，目前共集中学习了14次，学习总天数不少于12天。社科联中心组多次组织学习讨论，特别是专题学习了胡锦涛总书记所作的十七大、十七届三中、四中全会报告，传达了省委重要会议精神，重点围绕党的新理论、新提法、新观点、新亮点进行了讨论交流，各支部、各部室党小组也组织了专题讨论，同时以学会、研究会活动为载体，与学会、研究会整体联动，进行了深入的研讨。

抓好处以上干部的学习，加强队伍建设。在中心组学习中，经常吸收处以上干部参加，并把系统的学习与组织专题讲座、报告会相结合，积极组织参加省直工委组织领导干部历史文化讲座，坚持每讲必须有人参加，回来必须向机关传达汇报。全年共组织机关8名副处以上党员干部参加省直党校的学习培训，通过学习拓宽了机关干部职工的视野和思路，进一步引深了机关作风建设。另外，我们还分批安排机关各部室参加华北地区社科联工作交流会、重庆全国社科联社科普及工作交流会、哈尔滨全国社科联学会工作交流会、西安全国社科联工作会、深圳世界文化产业博览会等全国性的会议及省直工委组织的井冈山省直机关党务干部培训和忻州奇村省直机关文明办主任培训。使机关干部职工进一步增长了知识，增长了见识，增长了才干。

抓好业务培训，加强学会建设。社科联的基础在学会，学会的人员辐射到高校、社科科研院所、党政机关等方方面面的社科研究队伍。自2008年开始我们就形成了每年对学会的会长、副会长、秘书长等主要骨干进行一次业务培训的工作机制。同时，在培训中要求社科联机关工作人员全员参与，全程参加培训，全程服务保障。使机关工作人员与学会零距离接触，亲身感受体验。进一步增强了机关为学会服务的意识，增强了学习和工作的自觉性和实效性。

抓好道德教育，加强作风建设。根据省直工委《关于省直机关加强干部党性修养，树立和弘扬良好作风的安排意见》，以及省委常委、省委秘书长高建民同志在省直机关

纪念建党88周年暨“创先争优”表彰大会上指出的省直机关要在四个方面“走在前头、作为表率”的精神，开展“加强党性修养、树立和弘扬良好作风”的教育，通过教育使机关干部党员确立正确的指导思想，牢记宗旨意识和群众路线，发扬求真务实、真抓实干的扎实作风，履行岗位职责，虚心接受群众的监督、批评和意见。注重调查研究，充分发挥学会联系人的作用，深入学会研究会，摸情况，查问题，摆实情，为学会管理和学术活动开展，掌握第一手材料。同时，把“创建五型机关、服务三个发展”作为推进机关作风建设改革创新的重要载体，并与深入学习实践科学发展观活动结合起来，与开展“讲党性、重品行、作表率”活动结合起来，不断赋予机关党建工作新的内涵和新的特色。组织开展学习右玉精神、向吴大观同志学习等活动，广泛深入地开展社会主义核心价值体系教育。下半年，组织召开了以作风建设为主题的党组民主生活会，对工作中存在的学风、文风、作风不严的问题进行了认真地分析，开展批评与自我批评，达到相互帮助，相互促进，共同提高的效果。各支部、各部室党小组也进行层层发动，召开了不同层次的民主生活会。

建立健全组织，加强组织建设。2009年，在两个支部的基础上，进一步完善党小组建设，以部室为基础成立了4个党小组，并将老干部和班子成员归到每个支部和党小组的活动中。在七一期间，我们共表彰了4名优秀党员和两名优秀党务工作者，其中1人还获得了省直机关优秀党务工作者的表彰。在第三批学习实践活动中，我们不断创新党建工作的新思路，下发了筹备成立党支部和临时党支部的文件，及时地在省属学会、研究会中推进建立党的基层组织工作。

建章立制，加强制度建设。立足于架构长效机制，从建章立制入手，从确保工作规划和目标的落实入手，进一步加强了制度建设。认真贯彻落实《中国共产党党和国家机关基层组织工作条例》和省委《实施办法》规定，凡机关重要工作和大的事项，都能及时吸收机关党总支参与，并认真听取机关党组织意见和建议。建立和完善了党组会议制度、中心组学习制度、民主生活会制度、党支部工作制度等党的生活制度和学会联系人制度、学会管理制度、学会活动申报制度、重点课题管理制度、财务经费管理制度等十多项日常工作管理制度。从机制上保证了各项工作的扎实推进。

四、以文明和谐创建为载体，全面推进新形势下机关党建工作

开展机关文明和谐部室创建活动。把“对内凝聚力量、对外提升形象”，全面提高素质，树立良好风气，建设一支积极向上、团结和谐的机关，作为创建活动的突破口，形成了机关创建文明和谐单位，部室创建文明和谐部室，职工人人做文明和谐职工。扎实开展文明创建活动，制订了机关文明和谐部室创建标准，进一步完善了具体标准、验收方案和激励机制。根据活动特点，注重发挥党支部和部室党小组的作用，以部室党小组为单位开展活动，根据各部室的业务职能，确定目标明确的活动内容和方式，增强了可操作性和实效性。机关党总支作为文明创建办公室，认真做好阶段性的检查督促，及时发现问题，不断加以改进和完善。年底，组织力量，对各部室的党建工作和文明创建工作逐一进行听取汇报，实地查看，考评验收，评出文明和谐部室。2009年度顺利通过省直文明委的考核验收，授予省直文明和谐单位称号。

开展积极向上、健康文明的文体活动。努力营造“我们工作着，我们快乐着”的良好氛围，每年春节都要组织春节团拜会，机关总支和机关工会周密组织，全员参加，领导带头参加，与大家共娱同乐。三八节、国庆节，都要组织健康有益的文体活动，参加省直工委和省妇联组织的活动。组织机关副处以上干部参加“加强领导干部党性修养，树立和弘扬优良作风”的教育，并100%参与答题活动，成绩优异。七一期间，我们还组织机关党员干部赴革命圣地延安进行了“弘扬延安精神，坚定理想信念”的教育，在宝塔山下举行了新党员入党宣誓和老党员重温入党誓词的活动。积极参加省直工委组织的建国60年党建图片展览，“迎七一、话改革”演讲会、参观大寨与全国劳模座谈会、社科大评奖领导组会等多幅活动照片参与展出。通过以上各种活动进一步提振了机关的精神风貌和团结向上的风气。

开展扶贫济困和节日慰问活动。在社会捐助、联企帮困、定点扶贫等活动中，社科联党员干部表现出了较高的思想觉悟和政治热情。2009年，省社科联根据省直工委安排与太化染料厂建立了联企帮困点，在中秋节与省委宣传部、农业厅、省妇联等单位一起，到该单位进行走访慰问。在对学会建设和各市社科联的建设中，党组班子也高度重视，多次深入到全省各市和省属重点学会研究会调查研究，并在机关有限的工作经费中，拿出部分资金对个别市社科联和学会进行资助。在机关干部职工遇到大病、家里亲人病故时，机关工会代表组织及时伸出援助之手，帮助解决实际问题。重要节日，对离退休老同志、社科老专家进行走访慰问，送去温暖。

完善活动场所，改善办公条件。建立了机关党总支活动影册和电子影册档案，将工会活动、党建工作、机关建设、学会发展、成果展示等分门别类汇集整理，公开展示，进一步优化了共享成果、展示发展的平台，彰显了社科联文明和谐形象的窗口。利用办公有限的空间，在公共楼道构置了乒乓球桌案，每个部室配置了球拍、球网、跳绳等健身器材，为干部职工开展文体活动提供了较为便利的条件。在改善机关办公条件方面，为每个工作人员配备了电脑，及时与大厦协商，整合装修办公场所，邀请专业人员整理文书档案，绿化美化办公区域，为文明和谐创建活动提供了良好的硬件基础。

（王纪山）

附：省社会科学界联合会党组书记、成员名单

书　记：侯秀娟（女）

成　员：王崇德　王纪山　王志超

省归国华侨联合会党组工作概况

党组书记　温福亮

2009年是中华人民共和国成立60周年，是推进“十一五”规划顺利实施，努力促进我省转型发展、安全发展、和谐发展的重要一年，是积极应对金融危机、抢抓机遇、克难制胜的关键一年，也是中国侨联和省侨联的换届之年。一年来，省侨联党组在中共山西省委的正确领导下，在中国侨联和省委统战部的具体指导下，高举中国特色社会主义伟大旗帜，以邓小平理论和“三个代表”重要思想为指导，认真学习贯彻党的十七大和十七届三中、四中全会精神，全面贯彻落实胡锦涛总书记“三个最大限度”、“发挥四个作用”的重要讲话精神，紧紧围绕党和政府的工作大局，以开展“深入学习实践科学发展观”活动和学习贯彻第八次全国侨代会精神及筹备召开省第九次侨代会为契机，认真履行职能，充分发挥作用，创造性地开展工作，圆满完成了全年各项工作任务。得到了省委和中国侨联及广大归侨侨眷的一致好评。

一、学习实践科学发展观活动成效明显

省侨联党组高度重视理论武装、完善学习制度，不断用马克思主义中国化最新成果武装头脑，指导实践，使侨联的工作方向更加明确。具体措施如下：一是进一步健全了政治学习制度，组织班子成员和机关全体人员参加，并严格考勤和补课制度。二是学习内容涉及方方面面，一年来先后认真学习了党的十七大和十七届四中全会精神；进一步学习了胡锦涛总书记“三个最大限度”、充分“发挥四个作用”的重要讲话精神；认真学习和贯彻第八次全国归侨侨眷代表大会精神；深入开展了学习实践科学发展观活动。三是班子成员定期进行形势分析，认真查找领导班子和机关人员在工作、学习尤其是政治敏锐性和政治鉴别力、对新形势和新侨情的分析能力等方面存在的薄弱环节，从而制定措施、对症下药。

在学习实践科学发展观活动中，省侨联党组把学习实践活动作为推动全省侨联科学发展的重要机遇和强大动力，按照省委学习实践活动领导组和省委统战部的要求，成立了以党组书记为组长的学习实践活动领导小组，围绕“实践科学发展、创新侨联机制、更好为侨服务”的主题，制定了切实可行的学习实践活动方案，严格活动的环节步骤、认真学习相关资料，广泛征求意见建议、认真查找存在问题，并召开支部生活会和领导班子专题民主生活会，形成了高质量的领导班子检查分析报告，制定了行之有效的整改措施，学习实践活动的群众满意度达到了100%。并按照省委学习实践活动领导组的要求，认真组织开展了学习实践科学发展观的“回头看”活动。

二、山西省第九次侨代会圆满成功

按照省委和中国侨联的要求，省侨联成立了以党组书记李体柱为组长的换届工作领导组，结合侨情变化的实际和侨联工作的需要，按照科学发展的要求，制定了详细的换届工作方案，对山西省第九次归侨侨眷代表大会的规模和省侨联第九届委员会组成情况进行了部署。经过近一年的筹备，省第九次归侨侨眷代表大会于2009年12月在太原胜利召开，大会审议通过了省侨联第八届委员会的工作报告，选举产生了省侨联新一届领导班子，聘请了省侨联第八届名誉主席、副主席、顾问和名誉委员，表彰了全省侨界先进集体和先进个人，顺利实现了省侨联领导班子的新老交替，认真谋划了全省侨联未来五年的工作。中共山西省委书记、省人大常委会主任张宝顺，省委副书记、省政协主席薛延忠，省委常委、统战部长李政文等省领导和中国侨联副主席王永乐，原联合国副秘书长、中国侨联顾问冀朝铸出席大会开幕式，为受表彰的全省侨界先进集体、先进个人颁奖，并与全体代表合影。大会于12月20日圆满闭幕。省委提名的新一届省侨联领导班子候选人全部高票当选。大会闭幕后，省侨联立即召开党组、主席会议和机关全体会议，进行班子成员分工，机关人员定岗定责，制定工作目标，理清工作思路，增强了大家做好侨联工作的责任感和使命感。

本次大会首次聘请了名誉主席和副主席，德高望重的冀朝铸老先生应邀出席本次大会并欣然应聘为省侨联名誉主席，百度老总李彦宏、欧美同乡会副会长兼秘书长阎长明和山西通江集团董事局主席王明健三人应聘为名誉副主席；大会在兼职主席、常务委员和委员中进一步增加了“新侨”代表特别是企业界代表名额，将一些具有归侨侨眷身份、具有一定政治实力或经济实力、热心侨联事业的人士吸纳到侨联队伍中来，既扩大了侨联组织的影响力，又扩大了侨联组织对侨界群众的覆盖面。

三、适应侨联工作新形势，理清工作思路，突出工作重点

全国第八次归侨侨眷代表大会上，中国侨联根据国内外侨情的新变化，适时提出了“把为党和国家工作大局服

务同为侨服务更好地统一起来，坚持国内、海外工作并重，老侨、新侨工作并重”的指导思想。围绕这一指导思想，省侨联党组认真分析了我省侨情的新变化及面临的新形势、新任务，认为：当前的归侨侨眷和海外侨胞群体呈现出教育文化程度高、经济科技实力强、参政议政意识强、报效桑梓愿望强等特点。工作对象数量上的增多、质量上的提高，给我们提供了更加丰富的资源，展现出更加广阔的舞台；工作对象的多样性和复杂性，对侨联的组织体制、工作机制和活动方式提出了新要求，我们既要面对解放初期归国的老归侨、历次“排华”中回国的难侨，又要面对改革开放后回国的新归侨；既要面对高学历、高层次的知识分子，又要面对有实力、有影响的实业家；既要面对成就辉煌的归侨侨眷和海外侨胞，又要面对数量更多的普通的侨界群众。因此，省侨联明确提出了适应世情、国情、省情、侨情的新变化，“坚持继承创新和提高，实现侨联工作可持续发展”，紧紧围绕党委政府工作大局，发挥侨联组织优势，为全省经济社会发展贡献力量的工作思路。在认真研究新情况、新变化的同时，立足侨联的特点和优势，开创新的组织模式、探索新的工作机制、开辟新的服务渠道，坚持在继承中发展、在创新中提高，通过开展广泛联谊增强群众性、立足乡情亲情突出民间性、统筹内外大局把握涉外性、凝聚积极力量体现统战性，紧紧围绕科学发展和构建和谐社会的战略要求，进一步发挥侨联的独特优势。并分别在工作思路和工作重点、工作布局、工作机制、工作平台等方面提出了具体的措施和要求，指出要立足“侨”的特色，逐步建立完善青年委员会、华侨商会、海外人员亲属联谊会、法律顾问委员会等社团组织，不断强化服务意识，创新工作手段，增强组织活力；通过整合资源，统筹各方面工作，集中力量打造诸如华侨城、华侨科技创业园区、华侨农场、“侨之声”艺术团等社会效益和经济效益明显、影响广泛，归侨侨眷和海外侨胞积极参与的知名品牌。

四、为山西经济社会发展服务作用明显

一年来，省侨联党组按照年初制定的“在服务经济发展中抓好结合点，为发展增光彩；在维护稳定中找准着力点，为稳定做贡献”的工作目标，紧紧围绕党和政府的中心工作，充分发挥“群众性、民间性、涉外性、统战性”优势，积极参政议政、建言献策，不断加大海外联谊力度，积极探索侨联为经济建设服务的有效途径，并取得了可喜的成绩。

一是加大对外联谊力度。省侨联进一步加大与港澳人士和山西海外同乡的联络和交流力度，取得了良好的效果。5月，省侨联和临汾、晋中、太原、忻州等市侨联成功接待了中国侨联港澳地区顾问、委员、名誉委员考察团，使港澳地区顾问、委员、名誉委员增进了对山西的了解，加强了港澳地区侨界社团与山西省各级侨联的沟通与联系，加深了晋港澳三地的友谊，对山西扩大对外开放起到了积极推动作用；9月，在太原新晋商会议期间，省侨联与来并参会的原联合国副秘书长冀朝铸先生一行及海外晋商代表欢聚一堂、进行座谈交流。经过一年多的紧张工作，海外山西人亲属联谊会的筹备工作已经就绪，将于2010年召开成立大会；为适应国情、省情、侨情发展的需要，加强与国内外华商和全国各地侨商会、华商会及海外侨商社团的联系，满足广大海内外华商及其社团来我省发展的愿望，团结和带领海内外华商共同为我省经济社会服务，经过半年的筹备，山西华侨商会于2009年12月正式成立。

二是积极探索为经济建设服务的新渠道。充分发挥国内国外“两个平台”和财力智力“两大资源”优势，为山西经济建设服务是新时期赋予侨联的一项新的任务。一年来，省侨联在充分发挥侨界群众尤其是“新侨”在经济建设中的积极作用的同时，积极探索为经济建设服务的新渠道。在分析研究侨情变化特点、吸取兄弟省市侨联为经济建设服务好的经验的基础上，省侨联党组提出了创建“华侨科技创业园”和“山西华侨城”，“以园区引项目，以项目引人才，以人才促项目，以项目促园区”，为吸引侨资侨智搭建平台的思路。这一思路得到了中国侨联和省委、省政府及有关部门的充分肯定和大力支持，省侨联就这一思路与有关市委、市政府和省直部门深入交换了意见，达成了共识，提出了进一步合作的意向。

三是以关注民生问题为重点，切实做好为侨服务工作。为进一步落实科学发展观“以人为本”的核心和省委张宝顺书记“要把保障和改善民生摆在突出位置，切实解决好广大群众特别是困难群众的生产生活问题”的重要指示精神，省侨联对全省困难归侨侨眷基本情况进行了一次摸底调查，与中国侨联、省侨办一道对重点侨户和特困户进行慰问，并对省政府下拨的25.05万元扶贫经费的使用情况进行跟踪落实，确保专款专用，将扶贫经费发放到贫困侨户手中。据不完全统计，2009年我省各级侨联通过各种渠道共筹措“扶贫帮困”经费40多万元，接待来信来访60余人次，帮助侨界群众解决涉法案件2起。各级侨界人大代表、政协委员共撰写议案、提案180余件，社情民意百余条，许多议案、提案还引起了党委、政府和有关部门的高度重视。如晋中市侨联副主席李德增撰写的《大力扶持和发展有机农业的建议》引起市政协主要领导的重视，被列为2009年01号重点提案；阳泉市侨联提交的《关于把阳泉市建设为生态旅游城市的建议》获得了优秀提案奖；运城市侨联副主席朱建中题为《弘扬河东佛教文化，进一步开发利用寿圣寺旅游资源》的调研报告在市政协二届四次会议上做了大会发言，引起了强烈共鸣，朱建中同志还被市委、市政府评选为“信访工作先进个人”。在2009年换届之际，吕梁市政协增设了“侨界”界别，为侨联发挥参政议政职能提供了平台。针对国企改革和全球性金融危机给归侨侨眷就业造成的影响，晋中市侨联于2009年4月成功组织了“帮助困难侨户再就业对接活动”，为39名归侨侨眷找到了合适的工作岗位。

五、组织开展了庆祝新中国成立60周年系列活动

庆祝中华人民共和国成立60周年是广大归侨侨眷和海外侨胞政治生活中的一件大事。全省各级侨联分别开展了丰富多彩、富有特色的庆祝活动。

省侨联先后开展了为中国侨联开展的华人华侨与共和国图片展活动征集图片、组织侨界人士参加山西省委统战部纪念新中国成立60周年征文活动、为山西省委统战部开展的“纪念新中国统一战线60周年书画、摄影展”和“成果展电子网络展”征集报送作品和制作版面等活动，并组织举办了“省城侨界群众喜迎新中国60华诞专场演出”。太原市侨联创作了《太原侨联之歌》，并将太原古老文化与侨联工作花絮精心选拍了电视MV加以体现；朔州市侨联组织开展了“庆祝建国60周年和建市20周年，侨界群众照片故事”征集展评活动、“侨界人士纪念建国60周年和建市20周年座谈会”及“庆祝建国60周年和建市20周年演讲比赛”等活动；长治市侨联举办了“爱我中华”演讲比赛和“中国心·侨之情”联欢活动；大同市侨联“侨之声”艺术团联合大同市晋剧院以戏曲的形式将侨女李林的英雄事迹，经艺术加工并取名为《侨女英雄》作为献礼作品搬上舞台，并成功参加了多次汇演，得到了有关部门和侨界群众的好评。

六、侨联基层组织建设取得新进展

一年来，全省各级侨联按照中央书记处关于做好新时期侨联工作的意见和中国侨联“组织起来、活跃起来”的总要求以及省侨联“在着力做好重点县（市、区）侨联组织建设的基础上，加强与新侨、‘两新’组织人员的联系，大力推进新归侨侨眷集中的机关、科研院所、大专院校、创业园区、大中企业和城市社区的侨联组织建设工作”的工作目标，不断加强侨联基层组织建设，而且取得了明显的成绩，侨联基层组织建设取得了新进展。

2009年4月，太原市侨联圆满完成换届工作，在新一届侨联领导班子的带领下，太原市侨联采取积极措施，在较短的时间内取得了骄人的成绩。晋城、忻州市侨联顺利完成了换届工作。同时，在县级侨联组织建设方面也取得了新的突破：晋中市榆次区、太谷县、平遥县、介休市，长治市城区、郊区和长治县等县（市、区）分别召开第一次归侨侨眷代表大会，正式成立了侨联组织。12月，省第九次归侨侨眷代表大会胜利召开，选举产生了新一届侨联委员会和领导班子，为开创全省侨联工作新局面打下了坚实的组织基础。

（张志龙）

附：省侨联党组书记、成员名单

书　记： 温福亮（5月离职）　李体柱（5月任职）

成　员： 许并社

省红十字会党组工作概况

党组书记　郭慧民

山西省红十字会党组成立于2004年，共有基层党组织3个，其中党总支1个，党支部2个，共有党员14人。

2009年，省红十字会党组以党的十七大、十七届四中全会、省委九届十次全会精神以及科学发展观为指导，认真贯彻落实省红十字会五届五次理事会议工作部署，全面加强全会机关党建工作，坚持围绕全省红十字事业改革与发展工作大局，坚持党建工作与业务工作相结合，突出重点，狠抓落实，勇于创新，注重成效，全面提高了全会各级党组织的凝聚力和广大党员干部职工的整体素质，我省红十字事业得到健康、快速发展，在协助政府开展人道救助工作方面做了大量工作，为构建和谐山西发挥了积极作用，在党的思想、组织、作风、制度建设上取得了可喜成效。以抓文明建设促工作，抓文明建设促发展为目的，在人道、博爱、奉献的红十字精神指引下，我会在创建省直机关精神文明单位的活动中，高质量、高标准地通过了省直文明委验收，连续四年被省直文明委评为“省直机关文明和谐单位”称号。山西省红十字会备灾救护中心被省直劳动竞赛委员会授予“五一劳动奖状”称号。

一、围绕中心，服务大局，全省红十字事业全面发展

2009年，在会党组的领导下，继续深入推进理顺县级红十字会管理体制工作，多渠道解决红十字会在人员、机构、编制方面的问题。在全省11个市级红十字会全部理顺管理体制的基础上，已有45个县级红十字会理顺了管理体制；广泛开展“博爱一日捐”公益募捐救助活动，全年共募集公益资金1260余万元；2009年“两节”期间开展了“红十字博爱送万家活动”，对全省城乡因各种原因致贫的一万余户特困家庭给予人道救助，发放了价值150万元的面粉、食用油、棉衣等慰问品；与省直工委联合开展对省直单位大病致困职工的救助活动，共救助86人，投入公益资金18.7万元；对晋中、阳泉、吕梁和长治等遭受暴雪灾害的地区进行灾害救助，向灾民提供了价值130余万元的棉被、棉衣、药品和大米等；开展2009年“红十字博爱救心工程”公益救助项目，为50名贫困先天性心脏病患儿实施

救治手术。在“红十字光明救助行”活动中，为526名贫困白内障患者实施复明手术。“红十字微笑工程”公益救助活动为176名唇腭裂患者实施了修复手术，共计投入医疗救助金800余万元；专项慰问了临汾传染病医院“绿色港湾”的艾滋病人，向他们提供了20万元的救治费；3名捐献角膜志愿者实现了捐献角膜的遗愿；全年审核批准4个红十字冠名医疗机构，新捐建“红十字博爱卫生（院）站”10所；充分发挥媒体的作用，于“5·8”世界红十字日、“防灾减灾日”、世界急救日、“12·1”世界艾滋病宣传日等开展形式多样的宣传活动，全年电视媒体报道红十字会工作1200余次，各类报纸、网站报道红十字会工作的通讯和消息共计135 篇次，在省内主要电视和报纸媒体以公益广告和飘字幕的形式登载了“博爱一日捐”和救援“莫拉克”台风灾区的公益广告和募捐呼吁，广泛宣传了红十字会；组建了“山西红十字安全应急培训中心”，成立了山西省现场救护培训领导小组及办公室，继续与民航、煤矿、铁路、运管等部门进行合作，开展行业人员救护培训，共计培训救护员3720名；继续深入推进造血干细胞捐献工作，新入库志愿者数据5000人份，8名志愿者捐献了造血干细胞。截止目前，山西省分库已累计向总库传输志愿者HLA分型数据5.1万人份，已有35名志愿者捐献了造血干细胞，为挽救血液病患者生命、医学科研、社会效能发挥了积极作用；加强对外友好交流与合作，积极进行引资和争取援建项目工作，先后完成了中国红十字会总会和美国、挪威红十字会在我省大同县、长治市开展的改水、改厕项目。组织友好访问团赴日本琦玉县进行访问交流，选派2名研修生赴日进行交流学习；举办了以“凝聚人道力量，放飞青春梦想”为主题的2009年山西省红十字青少年夏令营活动，来自各高校的红十字志愿者、全国红十字模范校的红十字青少年会员参加了夏令营，对培养青少年学生公益理念具有重要意义。组织红十字青少年参加了“全国红十字青少年防灾避险知识竞赛”并获得总会表彰；在山西大学、中北大学等9 所高校设置红十字会公益画框200余块；进一步贯彻落实《山西省红十字志愿服务实施办法》，加强了对红十字志愿者的规范管理，完成了注册红十字志愿者电子档案的建立与管理；建立了5支社区红十字志愿者救援服务队，并对志愿服务队的红十字志愿者进行了培训和急救演练；全年共有150余名红十字志愿者参与志愿服务活动，累计服务时间达500多小时；与省文明办联合开展“迎国庆讲文明树新风”红十字志愿服务活动。

二、坚持以提高领导班子能力建设为重点，全面推进党的建设

2009年，我会把加强组织建设的重点放在了干部队伍思想政治建设和组织日常活动方面。严格了党员学习制度，及时学习和传达党的方针政策。同时，充分发挥党组织和工会作用，开展了丰富多彩、寓教于乐的体育比赛等活动，丰富了大家的业余生活，增强了团队意识。

积极开展创建学习型机关活动，政治理论和业务学习有制度、有计划、有检查、有考核，坚持政治理论学习、思想政治教育和红十字精神的技能培训相结合，经常性地把“人道、博爱、奉献”的红十字精神融入于部职工的思想、工作、生活当中，联系实际，富有成效。在2009年党的工作要点中，会党组始终把学习贯彻党的十七大、十七届四中全会、省委九届十次全会精神作为年度的理论学习重点进行了安排部署，作为全会政治生活中的一件大事来抓，党组理论学习中心组率先垂范，带头学习。按照省直工委的要求，认真制定了学习计划，在会党组书记的主持下，坚持集中与自学相结合，党组理论学习中心组全年集中学习达6次12天。先后组织学习了胡锦涛总书记在十七届中纪委三次全会上的重要讲话、《关于党政机关厉行节约若干问题的通知》、《关于切实改进中央领导同志到地方考察调研接待工作的规定》以及中共中央十七届四中全会工作报告、《加强领导干部党性修养，树立和弘扬良好作风》读本等，学习内容丰富，记录翔实，体现了中心组学以致用、务求实效的学习态度。

会党组抓机关党总支和各支部党建工作的主要原则：一是坚持党要管党、从严治党，始终把基层党建工作摆在突出位置，逐级明确责任，强化工作措施，切实加强领导和指导，党组成员亲自抓，一级抓一级，层层抓落实；二是坚持围绕中心、服务大局，把基层党建工作放到山西省红十字会大局工作中去谋划，紧紧围绕党执政兴国的第一要务来开展，促进各项工作共同发展；三是坚持与时俱进、开拓创新，以改革的精神研究新情况、解决新问题、总结新经验，创新工作机制、拓展工作领域、改进工作方法，使全会各级党组织和党员队伍始终充满生机与活力。

坚持民主集中制，切实加强党风廉政建设。坚持履行民主集中制原则，认真贯彻落实《中国共产党党和国家机关基层组织工作条例》规定，在重要工作和干部任免、奖惩等事项，始终能够做到事前听取机关党总支、各支部的意见和建议并广泛征求群众意见，做到大事讲原则，小事讲团结，重大事项由会党组集体研究决定，不搞个人说了算。广泛听取党内外群众的意见和建议，切实解决好自身在思想作风、工作作风、领导作风和干部生活作风方面存在的突出问题，把思想统一到立党为公、执政为民上来。

10月23日，召开了以“加强领导干部党性修养、树立和弘扬良好作风”为主题的党员领导干部民主生活会。党组成员紧紧围绕“加强领导干部党性修养、树立和弘扬良好作风”这一主题，结合思想和工作实际，重点对照检查自身在加强党性修养和作风养成、贯彻落实胡锦涛总书记在十七届中纪委三次全会重要讲话中提出的“六个着力、六个切实”要求方面存在的突出问题；对照检查在落实厉行节约有关规定方面存在的突出问题；对照检查在廉洁自律和落实科学发展观活动整改方面存在的突出问题。党组一班人从讲政治、讲大局、讲发展的高度，以对事业、对同志高度负责的态度，积极开展了批评与自我批评并提出

了整改意见。

坚持以科学发展观为指导，全面贯彻落实胡锦涛同志提出的“为民、务实、清廉”的要求，紧紧围绕省红十字会的中心工作，认真落实党风廉政建设责任制，切实做到密切联系群众，团结协作，公道正派，廉洁勤政，政绩突出。通过加强党风廉政教育，领导班子带头做好廉洁自律，增强自重、自省、自警、自律的能力，贯彻落实好反腐倡廉的各项要求，结合省红十字会的实际工作，明确责任，规范自身行为，增强拒腐防变的自觉性。全面贯彻落实中纪委三次全会、全省党风廉政建设干部大会和省纪委提出的领导干部廉洁从政各项规定，以求真务实的精神，始终把职责范围的党风廉政建设工作抓实抓好，确实加强我会的党风廉政建设工作。

树立正确用人导向，认真做好干部选拔任用工作。2009年提拔4名副处级干部为正处级职务。选拔任用过程中，认真贯彻执行《党政领导干部选拔任用工作条例》等党的干部路线、方针、政策，认真落实群众对干部选拔任用工作的知情权、参与权、选择权和监督权，建立健全了干部选拔任用工作的民主监督制度，坚持党管干部、任人唯贤、德才兼备、群众公认、注重实绩、公开平等、竞争择优、民主集中制的原则，逐步建立了科学规范的干部选拔任用制度，形成了富有生机与活力、有利于优秀人才脱颖而出的选人用人机制。

会党组通过加强各项工作和理论学习，理论联系实际，运用科学理论指导红十字会各项业务工作，2009年取得了很大的收获与成绩：一是提高了党组成员的政治理论素质。通过学习，在全面理解、准确把握上有了新的突破，运用马克思主义的立场、观点、方法思考和解决实际问题的能力得到进一步提高，增强了执行党的路线、方针、政策的坚定性和自觉性，与时俱进、开拓创新的思想理论得到牢固树立，为我省红十字事业的发展打下了坚实的思想基础。二是增进了团结，振奋了精神，增强了凝聚力。每次集中学习研讨都是交流思想、增进团结、共同提高的大好时机，中心组成员彼此坦诚相见，相互取长补短，交流心得体会。在学习中形成了求真务实，健康向上的好风尚，养成了讲实话、办实事、求实效的好作风，营造出浓厚的党内民主氛围，凝聚了人心。党组成员处处身先士卒，做出表率，在“5·8”世界红十字日纪念活动、“红十字博爱送万家”、“博爱一日捐”募捐活动等，都积极带头捐款献爱心，看望慰问贫困群众。三是通过加强领导干部反腐倡廉教育、加强党风党纪教育、加强廉政文化建设等措施推进惩治和预防腐败体系建设，为红十字事业发展提供政治保证。

（侯晓俊）

附：省红十字会党组书记、成员名单

书　记：郭慧民

成　员：冯晋生　白　冰

省管国有企业党委工作概况

山西焦煤集团党委工作概况

党委书记　白培中

2009年，公司党委不断强化把党的政治优势转化为企业科学发展优势的党建工作要求，带领各级党组织和广大干部职工，在围绕企业中心、融入企业管理、应对困难和压力、促进企业全面完成既定目标任务过程中，始终保持了良好的进取态势，为企业较快发展提供了坚强保证，使各级党组织的引领水平有效提升，保障能力明显增强，核心作用充分发挥。

一、学习实践成果全面彰显

围绕“大打安全生产翻身仗，切实把山西焦煤转到安全发展轨道上来”的主题，认真开展深入学习实践科学发展观活动，科学发展观在山西焦煤得到了全面体现。“安全全面反思、理念根本转变、瓦斯彻底整治”活动取得实际效果。在着力补齐安全生产短板、着力做大做强煤炭主业、着力推进产业结构调整、着力实施企业改革转型、着力深化科学民主决策管理、着力加强领导班子和干部职工队伍建设、着力完善党建长效机制等方面的工作得到进一步强化。全公司举办各类专题辅导讲座161场次，组织专题讨论390场次，撰写调研报告189 篇。“科学发展观在山西焦煤的实践”课题研究取得明显进展，《旗帜引领方向》一书出版发行。“坚定不移地走安全发展、转型发展、和谐发展相协调统一的山西焦煤发展之路”的思想共识进一步形成，全力打造亿吨级现代型国际化能源大集团的信念更加坚定，为推进企业科学发展奠定了思想基础，提供了有力保证。

二、党建工作水平得到提升

坚持开展“创先争优”活动，使基层党组织在工作方法、活动方式和具体内容等方面与企业改革发展步伐相适应，党建工作的实效性得到进一步增强。坚持把“党员责任区”、“党员先锋岗”等多种形式的主题实践活动贯穿到安全生产、重点工程、资源整合等工作的全过程，使党的先进性要求岗位化、长效化。坚持抓好党组织活动制度的落实，突出集中教育培训，提高了党员政治素质。坚持把新设立和新整合单位的党组织建设放在重要位置，使得“哪里有企业那里就有党组织”的要求得以落实。各级党组织和广大党员在面对“四大压力”、完成各项工作任务中，激发出强大的活力，有力地促进了党建工作水平的进一步提升。

三、队伍作风塑造成效显著

从加强党委中心组学习入手，在加大领导班子思想政治建设力度、加大领导班子成员交流力度、加大领导班子考核评价监督管理力度、加大领导班子整体作用发挥力度等四个方面下功夫，有力地推进了“四好班子”建设。从认真落实干部选任工作的“一报告两评议”制度出发，调整补充各级领导班子成员33人，班子成员的结构更趋合理。从提高机关干部队伍总体素质出发，公开选拔13名机关职能部室副职岗位干部和32名机关工作人员，使公开、平等、竞争、择优的用人导向进一步明确。从优化干部队伍结构出发，重点实施“213”工程，加大初级、中级、高级后备干部的培养选树力度，后备干部的管理工作得到进一步强化。从提高职工队伍技术技能出发，认真组织开展第五届职工技能运动会，职工学技术、练本领、钻业务的热情和信心进一步提高。从形成良好的风气出发，大力倡导“认则准、动则真、抓则实、干则胜”的作风，深入开展“现代型、服务型、高效型”机关创建活动，干部职工队伍精神风貌发生很大变化，“紧严细实廉”的风气进一步形成。

四、思想文化引领深入开展

组织开展党的十七届四中全会精神、应对金融危机策略、现代企业管理等方面的专题学习，提升认知的工作得到加强。组织开展形势任务教育，及时宣传企业面临的形势、阶段目标和重点工作，增强了干部职工对企业发展的关注度和使命感。组织开展事故抢险救灾、重点工程建设、煤炭资源整合等重大事项的对外新闻宣传报道100余篇，反响大、效果好，树立了大集团的良好形象。组织开展以改革改制、企业管理、安全生产、企业文化、干部作风、职工生活为主要内容的“万人问卷、千人座谈”职工思想状况调研活动，共征集职工各类意见7200余条，既增强了广大干部职工的主人翁意识和工作积极性，又为集团公司决策提供了可靠依据。组织开展庆祝建国60周年系列活动，高歌爱国歌曲，大唱“焦煤之歌”，“颂祖国、爱焦煤”氛围更加浓厚。组织开展以大集团总体发展战略为重点的焦煤文化建设，对9个焦煤文化建设示范单位进行了命名奖励，焦煤文化的引领作用进一步显现。

五、反腐促廉势头日益强劲

坚持“大安全”工作理念，巩固“一十百千”活动载体，开展“党风廉政宣传教育月”活动，举办领导干部廉政教育培训班，在强化领导干部廉洁自律上有了新提高。坚持落实党风廉政责任制，对包括7名子分公司班子成员在内的41名矿处级以上领导干部实行了责任追究。严格规范“三重一大”决策行为，对152项监督管理制度进行了修订完善。坚持资源整合的“十条严禁”、“七条纪律”和“九条特别规定”，在规范煤炭资源整合工作中有了新举措。坚持集中整治重点工程建设和大宗物资采购中的权力监管和效能监察工作，清收违纪款项98.6万元，节约采购资金1.41亿元，实现效能监察成果2.94亿元，效能监察有了新收获。坚持拓宽信访举报渠道，加大案件查处力度，立结案40件，给予党纪政纪处分186人，在发挥案件查办治本作用上有了新成效。坚持实施“调研巡视督察工作制度”，在完善监督监察体制机制上有了新突破。集团公司党委被省国资委评为党风廉政建设先进单位，反腐促廉工作经验被省纪委推广交流。企业反腐促廉的势头日益强劲。

六、和谐稳定环境不断巩固

强化文明和谐创建与其它工作的协同推进，对两年来集团公司涌现出的27个文明和谐单位、21个文明和谐小区、40名道德模范和3名特别道德模范进行了命名表彰。按照矿区城市化建设要求，加快矿区环境整治、城市化建设，职工生活环境进一步改善。组织开展大规模“工资改革回头看”，倾听职工群众呼声，工资分配改革工作得到深化。推进棚户区改造工程，新开工33.92万平方米，新建住房4210户，在注重民意、改善民生方面取得实际成效。实施扶贫解困“送温暖”活动，走访慰问职工91153人次，发放慰问金2581.68万元；对1601名困难职工子女上学进行资助，资助金额165.88万元，体现了党组织的关怀和企业的温暖。完善集体领导、分工负责、齐抓共管的信访工作格局，强化“疏、堵、防、责”的信访工作要领，实现了信访稳定工作由被动向主动的转变。特别是在庆祝国庆六十周年的安保工作中，召开专题会议研究部署，开展“大接访”活动，坚持“零报告”制度，实行“24小时”值班，取得了赴省进京、非正常上访为“零”的好效果，和谐稳定的环境得到进一步巩固。

截至2009年底，山西焦煤共设党委95个。其中集团公司党委1个、子分公司党委9个、机关党委1个、三级党委84个。下设党总支253个，党支部2290个。共有党员43389人。其中正式党员41416人、预备党员1973人；在职党员32096人、离退休党员10809人，其他484人；女党员6775人，少数民族党员229人。

（曹大军）

附：山西焦煤集团公司党委书记、副书记、常委名单

书　记：白培中

副书记：高斌旗　李堂锁

常　委：高玉斌　潘得国　李建胜　邓保平
杨根贵　游　浩　武华太

大同煤矿集团有限责任公司党委工作概况

党委书记　吴永平

大同煤矿集团有限责任公司是一个集煤炭为主，电力、化工、钢铁生产、机械制修、工程建设、建材、物业、旅游等多业并举的特大型综合能源集团。集团党委下设89个基层党委，219个党总支、2135个党支部，4410个党小组，共有47023名党员。

2009年，同煤集团党委深入学习实践科学发展观，紧紧围绕省委、省政府“走出四条路子，实现三个跨越、三个发展”和同煤集团“三新”发展战略，把握方向，驾驭全局，选好干部，带好队伍，服从服务于改革发展稳定大局，牢固树立科学发展观的新思想，加快推进“81620”发展方略，全面建设和谐美好、强势竞争、充满活力、殷实小康新同煤，把党的工作渗透到安全、生产、经营、管理的方方面面，与经济工作融为一体，基础工作有创新，重点工作有特色，创建工作有影响，各项工作取得明显实效。有力地推动企业经济稳定发展，安全稳定生产，干部稳定工作，矿区稳定秩序，营造了充满活力的民主政治环境和健康文明的人文环境。为企业科学发展、和谐共进提供了有力的思想保证、组织保证和精神动力。

一、党建工作引领企业正确发展方向

同煤集团公司八届二次全会胜利召开，明确提出了当前和今后一个时期集团公司改革发展和党建工作的指导思想、奋斗目标及主要任务，引领了企业正确的发展方向。各级党组织和广大党员紧紧围绕“三新”工作思路，抓班子、强能力，谋全局、把方向，定思路、管大事，抓基层、打基础，重人才、靠职工，充分发挥了政治核心作用、战斗堡垒作用和先锋模范作用，保证了党的路线、方针、政策的贯彻落实，推动了企业的持续、稳定、健康发展。

二、科学发展观学习实践渗透深、效果实

在去年开展“科学发展观在同煤”主题实践活动的基础上，按照省委、省国资委党委的统一部署，从今年3月份开始，以树立新思想为基础，以实施新战略为载体，以建设新同煤为目标，利用3个多月的时间，全面开展了深入学习实践科学发展观活动，做到了组织领导、学习调研、分析检查、整改落实、舆论宣传“五到位”，顺利完成了3个阶段、12个环节的全部规定动作和自选动作。通过集中活动，找准了制约科学发展的症结，抓住了影响科学发展的突出问题，进一步明确了集团公司科学发展的方向，达到了思想上高度统一、行动上高度一致、氛围上高度和谐。

三、精神文明创建覆盖广、成果丰

以人为本强素质，优化环境塑形象，凝心聚力保发展，快乐工作促和谐。精心组织筹划了集团公司60周年庆典系列活动，展示了同煤深厚的文化底蕴，彰显了企业良好的精神风貌，极大地提升了企业的知名度和社会影响力。因地制宜，科学规划，企地共建，增加覆盖面，扩大参与度，涌现出了11个省级和谐单位、4个文明和谐社区。提高道德水准，倡导爱企敬业，推行快乐工作，营造了内外和谐、心齐劲足、共谋发展的浓厚氛围。欧学联荣获“第二届全国道德模范——助人为乐模范”。

四、舆论宣传作用显、影响大

舆论宣传紧扣发展主题，集团三家媒体以企业大事、喜事、要事为载体，以提高企业知名度、影响力为重点，成功组织了60多家新闻媒体百名记者采访团，对塔山循环经济进行了集中报道。一年来，在85家媒体发表各类稿件687篇。建立了大同煤业股份公司网站、集团公司英文网站，总访问量突破200万次，发挥了对内鼓舞士气，对外塑造形象的积极作用。

五、反腐倡廉建设打造廉洁净地

以煤焦领域反腐败专项斗争为契机，以抓源头预防为重点，坚持自省自律，筑牢思想防线，建立了党委中心组学习廉政内容、党政主要领导讲廉政课等十项党风廉政教育制度，形成了教育长效机制。立足勤政务实，促进作风转变，建立健全了领导人员廉洁从业和责任问责实施细则等一系列规章制度，不断增强领导人员党性修养，切实转变领导人员作风，营造了想干事、能干事、能干成事的浓厚氛围。着眼环节把关，规范招标行为，突出重点监察，实行阳光运作，推行了《廉政合同》，对17起不符合规定的招标程序进行了纠正，对8起违反招投标法有关规定的招标作出废标处理；核查各类案件和问题38件，其中立结案19件，处分违纪人员61人。营造了风清气正的良好环境。

六、企业文化塑造共同愿景

坚持制度管企，文化管人，扎实推进企业精细管理向精准管理、精确管理、精益管理、精美管理的“五精”管理方向延伸发展，探索构建“快乐工作法”长效机制，企业的向心力、凝聚力不断增强，员工对企业的认同感和归属感不断提升。承办了第二届中国企业文化百人学术论坛暨全国企业文化（同煤）现场会，集团公司被授予“全国企业文化建设示范基地”。

七、民主管理激发创造活力

坚持重大事项广泛征求员工群众意见，充分考虑员工的承受能力，集体研究决定。始终坚持全心全意依靠员工群众办企业的方针，不断拓宽以职代会为主的民主渠道，二届三次职代会征集提案的落实率达到100%。各群众团体广泛开展了“爱企业、献才智、促和谐”主题活动，调动了方方面面的积极性。

八、维稳创建保持安定有序

细化内稳措施，加大外控力度，严格考核奖惩，强化源头治理，开展了“领导干部大接访”和“治安整治”百日活动。坚持开展严打整治和专项治理，全年无重大恶性案件、重大治安灾害事故，有力维护了企业正常的生产生活秩序。特别是在国庆60周年之际，实现了进京赴并“零”上访，受到省委省政府的重点表彰。为企业安全发展、科学发展、和谐发展提供了良好的环境。（樊卫斌）

附：大同煤矿集团有限责任公司党委书记、副书记、常委名单

书　记：吴永平

副书记：王保玉

常　委：金智新　靳　华(4月任职)

王　宏（4月任职）　刘纯贵　张润锁

山西能源产业集团有限责任公司

党委书记　刘　波

山西能源产业集团有限责任公司党委始终坚持以马克思主义中国化最新理论成果为指导，全面贯彻落实科学发展观，按照省委、省政府“转型发展、跨越发展”的战略部署，坚持把党建工作与企业生产经营管理工作有机融合，积极参与企业生产经营管理等重大问题决策，着力解决集团公司在改革发展和生产经营管理中面临的突出问题，充分发挥企业党组织的政治核心作用，党组织的监督保证职能得以彰显。特别是集团公司党委以开展深入学习实践科学发展观活动和创先争优暨推进学习型党组织建设活动为契机，在集团公司各级党组织中开展了“135”党建工作，(“1”是指围绕一个中心开展党建工作。即：紧紧围绕集团公司生产经营管理这个中心开展党建工作。“3”是指突出抓好三项工作。即：以党章为根本，深入学习，严格执行，整风整纪，坚持党要管党、从严治党。以民主集中制建设为核心，创新制度建设，从制度上确定党内民主政治。以“四好班子”建设为抓手，把集团公司各级班子建设成“政治素质好、经营业绩好、团结协作好、作风形象好”的“四好”领导班子。“5”是指在集团公司基层党组织中全面开展党建“五项指标考核”工作：基层党建工作考核，“三重一大”民主决策工作考核，基层党员参政议政工作考核，企务公开工作考核，信访稳定工作考核。)可以说是集团公司党委推动企业党建工作在创新中发展，在创新中完善的一次有益尝试。

总之，山西能源产业集团有限责任公司党委通过开展“135”党建工作，构建了一种全新的党建工作模式，使集团公司基层党建工作逐步走上了程序化、规范化的轨道，有效地提高了企业党建工作质量和水平。

集团公司召开深入学习实践科学发展观动员大会

集团公司召开学习实践科学发展观活动总结大会

集团公司党员大会

山西煤炭进出口集团有限公司

山煤集团党委书记、董事长杜建华（左一）陪同省委书记袁纯清、省长王君在智奇公司调研。

集团党委书记、董事长杜建华等公司领导在基层单位开展调研工作。

2010年6月29日，中共山西煤炭进出口集团有限公司委员会胜利召开第一次党员代表大会。

中共山西煤炭进出口集团有限公司第一届委员会全体委员合影。

中共山西煤炭进出口集团有限公司委员会第一次党员代表大会上代表们举手通过各项会议议程。

山西煤炭进出口集团有限公司党委成立于1994年11月10日，发展至今，基层党组织共48个，党员1284名，其中基层党委3个，党总支7个，党支部38个。山煤集团党委在省委、省政府和省国资委的领导下，始终坚持以邓小平理论、“三个代表”重要思想和科学发展观为指导，认真贯彻落实党的路线、方针、政策，在企业确定发展战略、转变经济发展方式、调整产业结构、稳步推进企业改革与创新等方面充分发挥党组织的政治核心作用，坚持深入开展“创先争优”活动，充分发挥各基层党组织的战斗堡垒作用和党员的先锋模范作用，不断凝聚广大职工群众的力量，从而推动山煤集团走出了一条独具特色的适合自身特点的发展之路。

目前，山煤集团已形成煤炭产销、高铁轮对制造和金融投资三大板块，年销售收入位居山西省省属国有企业前十位，历年来在山西省国资委省管A类企业经营业绩考核中均位列前三。自1991年起，山煤集团跻身于中国进出口额最大的500家企业；2002年起，步入全国最大500家企业集团行列。2009年，在金融危机的不利形势下，山煤集团经营业绩连创新高，各项主要指标屡刷纪录，共完成煤炭贸易量4300万吨，实现销售收入230.29亿元，实现利润10.56亿元，资产总额263.71亿元，当年列居全国企业500强第254名。

山煤集团与德国凯宾斯基合作开发太原凯宾斯基五星级酒店项目签字仪式。

山煤集团高铁轮对项目落地投产，顺利实现产业转型，图为智奇公司车间工作人员。

山煤集团高铁轮对项目落地投产，顺利实现产业转型，图为智波办公大楼外景。

作为山西省第一支船队——山煤集团太行海运有限公司的船队正向着振兴山煤、奉献山煤的目标扬帆起航、乘风破浪。

太原钢铁(集团)有限公司

党委书记杨海贵在焦化厂调研

董事长李晓波(右四)在东山石灰石矿调研

太原钢铁(集团)有限公司(简称太钢)始建于1934年,目前已经形成1000万吨钢(其中300万吨不锈钢)的生产能力,是我国特大型钢铁联合企业和全球规模最大、工艺装备最先进、品种规格最齐全的不锈钢企业。2009年实现销售收入1013.3亿元,在中国企业500强中列第62位、中国制造业500强中列第22位。

太钢集铁矿山采掘、钢铁生产、加工、配送和贸易为一体,拥有国际先进水平的冶炼—精炼—连铸—热轧—冷轧全流程不锈钢生产线,拥有国际一流水平的电炉、转炉、热轧和冷轧机组等全套装备。主要产品有不锈钢、冷轧硅钢、碳钢热轧板(卷)、火车轮轴钢、合金模具钢、军工钢等。其中,不锈钢、不锈复合板、铁路行业用钢、双相钢、耐热钢、造币钢、高牌号硅钢、车轴钢、纯铁、石油储罐用钢等21个品种市场占有率国内第一,产品远销30多个国家和地区。

太钢党委下属38个党委,12个直属党总支、支部;共有基层党支部562个,党员22976人,其中在岗党员10298人。近年来,太钢以学习实践科学发展观活动为契机,全面落实党建工作的指导思想和工作方针,深化创先争优活动,打造学习型党组织,扎实推进党的各项建设,党组织的政治核心作用、战斗堡垒作用和党员的先锋模范作用得到了充分发挥,企业呈现出奋发向上、和谐稳定的生动局面。太钢先后获得"全国质量奖"、"中国最诚信企业"、"中国不锈钢最具影响力第一品牌"、"全国企业文化建设优秀单位"、"全国模范劳动关系和谐企业"、"全国绿化模范单位"、"山西省模范企业"、"山西省五一劳动奖状"、"山西省节能突出贡献企业"等荣誉,被中宣部和国务院国资委选树为全国九家国有企业改革发展典型之一。太钢新建150万吨不锈钢工程荣获"2009年度国家优质工程金奖",并成功入选新中国成立60周年"百项经典暨精品工程",新建150万吨不锈钢炼钢工程荣获2009年度中国建设工程"鲁班奖"。

"十二五"期间,太钢将坚持以科学发展观为统领,坚持做强主业,多元发展,延伸发展,到"十二五"末,投资规模达到1000亿元,营业收入在现有基础上再翻一番,达到2000亿元以上,成为国内一流、世界著名的大型企业集团,成为推动全省转型发展的先锋队、跨越发展的排头兵。

太钢党委召开深入开展创先争优活动动员大会

太钢召开2010年—2013年党员教育集中轮训工程动员大会

不锈冷轧 1 号热线

太钢喷泉广场

2009 年 8 月 8 日，太钢隆重举行“全民健身日”启动仪式。

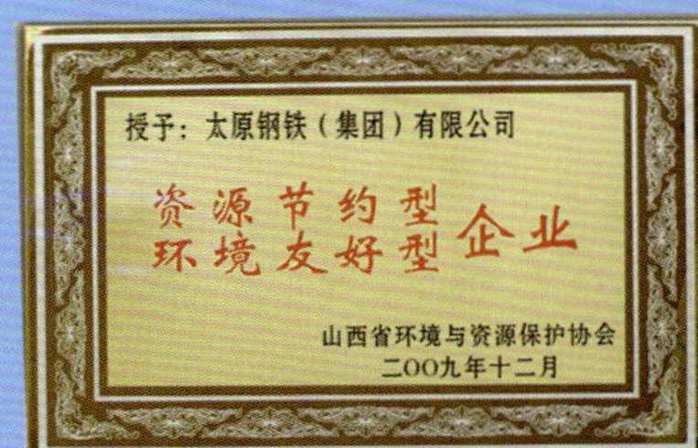

授予：太原钢铁（集团）有限公司

资源节约型
环境友好型 企业

山西省环境与资源保护协会
二OO九年十二月

太原钢铁（集团）有限公司

2009年度中国最诚信企业

中国诚信企业评选委员会

中国不锈钢最具影响力第一品牌

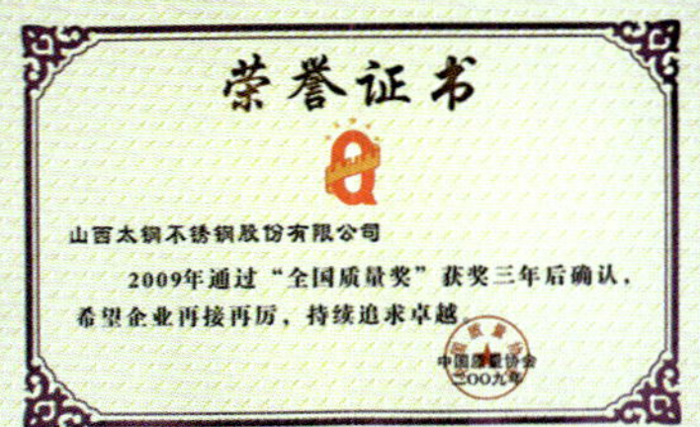

荣誉证书

山西太钢不锈钢股份有限公司

2009年通过“全国质量奖”获奖三年后确认，希望企业再接再厉，持续追求卓越。

中国质量协会
二OO九年

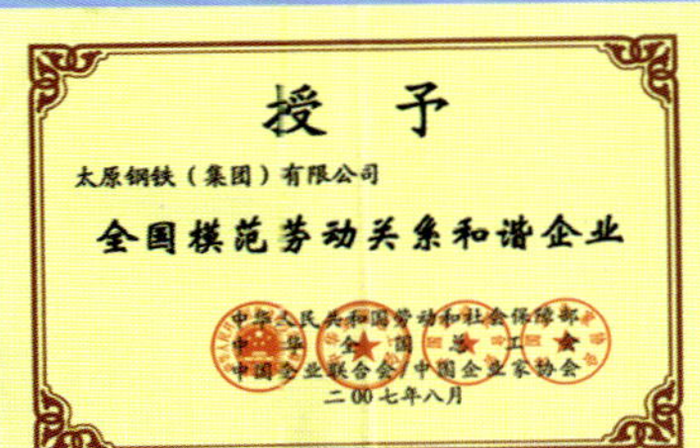

授 予

太原钢铁（集团）有限公司

全国模范劳动关系和谐企业

中华人民共和国劳动和社会保障部
中华全国总工会
中国企业联合会/中国企业家协会
二00七年八月

山西焦煤集团

省委书记袁纯清在山西焦煤集团井口看望职工

山西焦煤集团公司是国务院规划的全国13个大型煤炭基地之一，是全国最大的炼焦煤生产企业和炼焦煤市场的主供应商。公司下设西山煤电、汾西矿业、霍州煤电、华晋焦煤、山西焦化、煤炭销售、国际发展、国际贸易、投资公司、财务公司、公共事业公司等11个子分公司，拥有西山煤电股份和山西焦化股份两个A股上市企业。2009年，公司原煤产量8079万吨，精煤产量3476万吨，销售收入774.78亿元，利润41.48亿元。

公司党组织按照“三级管理、三个中心”的管理体制和职能定位，实行三级党委管理，下属96个党委，253个党总支，2290个党支部，43389名党员。

2009年，公司党委在省委省政府、省国资委党委的正确领导下，以科学发展观和党的十七届四中全会精神为指导，坚持党对企业的政治领导不动摇，坚持围绕中心服务大局、服务企业经济建设，着眼建成亿吨级现代型国际化能源化工大集团战略目标，致力于把党的政治优势转化为科学发展优势，致力于创造惠及80万职工家属的幸福生活，充分发挥了政治核心作用。

省委副书记、省长王君在山西焦煤集团调研党建工作。

集团董事长、党委书记白培中（右二）在井下现场办公。

集团副董事长、常委、总经理金智新（中）为60万吨焦化改扩建项目烘炉点火。

古交电厂

高标准矿井建设，推动集团转型跨越发展

汾西矿业集团公司井下一线党员创先争优庄严承诺

霍州煤电党风廉政宣传教育活动月党纪条规咨询日

西山煤电 2010 年职工文艺精品展演

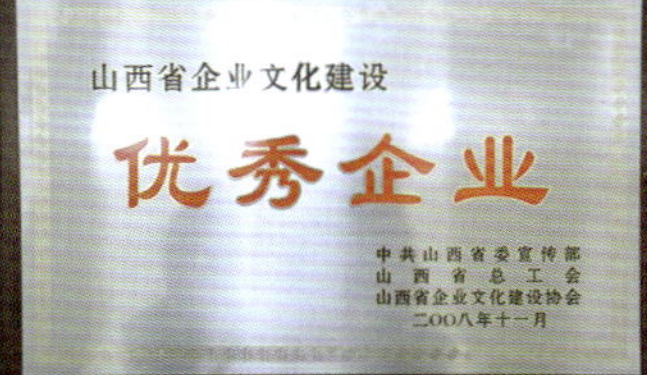

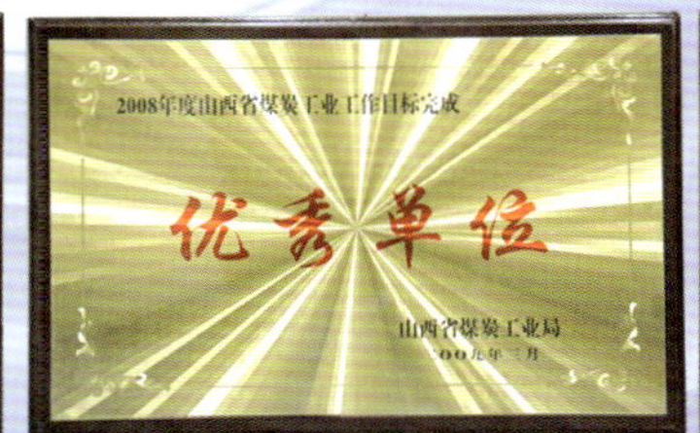

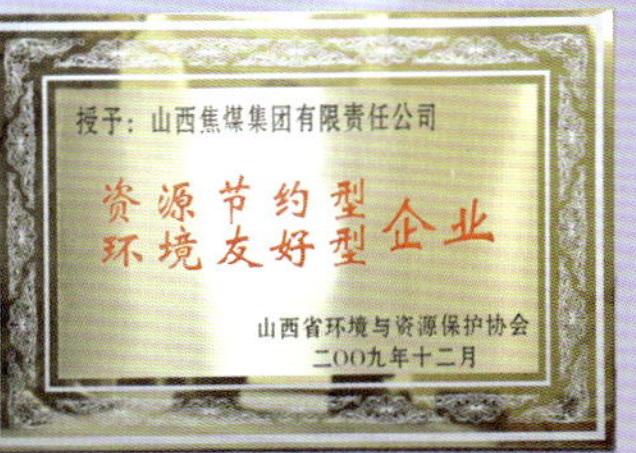

山西煤炭运销集团有限公司

省委常委、纪委书记金道铭对“三权制衡”给予高度评价

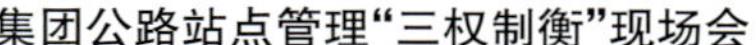

集团公路站点管理“三权制衡”现场会

董事长、党委副书记刘建中（前右二）在煤矿井下现场指导工作

集团党委书记赵进明（右三）在煤矿井下调研

集团机关党员代表会议会场

山西煤炭运销集团有限公司是集煤炭生产、运销和多元化经营于一体的特大型国有企业。2007年7月，由省国资委和11个地市国资委共同出资组建，注册资本101.56亿元。集团公司下设11个市级子公司，98个县级子公司，25个控股企业，1家上市公司（太工天成，控股20%）。截至2009年底，集团资产总额为662亿元。集团现有33个党委、73个党总支、576个党支部，员工8万多名，其中党员11067名。

在山西省委、省政府和省国资委的正确领导下，集团党委认真贯彻党的十七大、十七届四中全会精神，全面落实科学发展观，始终坚持围绕中心抓党建，融入管理促发展，充分发挥各级党组织的政治核心作用、战斗堡垒作用和党员的先锋模范作用，以提高企业经济效益和员工生活质量为根本出发点，着力加强领导班子的能力建设、党员队伍的先进性建设和人才队伍的素质建设，带领广大干部职工求实进取，资源整合稳步推进，“三大产业”全面发展，综合实力明显增强。2009年，集团实现销售收入702亿元，利润33.2亿元。在中国企业500强中位列第85位，并入选世界著名品牌500强。

2009年以来，集团党委以“学习实践科学发展观活动”为契机，开展大学习、大讨论、大调研活动，集思广益，统一思想，在涉及企业发展的重大问题上形成高度共识；针对存在的思想观念、工作作风、体制机制等方面的问题，坚持把“标本兼治、综合治理、惩防并举、注重预防”的方针落到实处，注重教育、制度、监督并重的惩防体系建设，探索出了公路站点管理“三权制衡”的新模式，形成了公路站点源头治理的长效机制。

面对未来，山西煤销集团将继续以科学发展观为指导，围绕省委“转型、跨越、发展”目标，按照“12345”发展思路和“三步走”战略，以实现企业转型跨越为主线，立足煤、延伸煤、超越煤，力争到“十二五”末期，将集团建设成现代化亿吨级特大型煤炭产业集团。

◀ 煤矿女工读报学习

山西煤炭运销集团有限公司：

在经济建设事业中成绩突出，被评为2009年“中国经济建设——全国煤炭系统先进单位”。

特发此证 以资鼓励

中国经济发展促进会 中国经济建设杂志社

二00九年十二月

山西煤炭运销集团有限公司：

山西省“司马杯”百期《政研信息》

特等奖

中共山西省委政策研究室

二00九年十一月十一日

文明和谐单位

(2008-2009)

山西省精神文明建设指导委员会

二0一0年一月

荣誉证书

经山西省百强企业排序专家委员会审定，山西煤炭运销集团有限公司荣获2009山西省百强企业称号。

打造中国煤炭精深加工多联产最具竞争力企业集团

太原煤炭气化（集团）有限责任公司

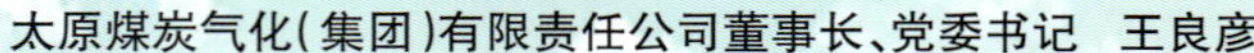

太原煤炭气化（集团）有限责任公司董事长、党委书记　王良彦

太原煤炭气化（集团）有限责任公司成立于 1981 年，是由原煤炭部和山西省发起设立的国内首家煤炭综合利用大型联合企业。公司现有子分公司 18 家，深交所挂牌上市的太原煤气化股份有限公司是公司的控股子公司。截至 2009 年末，公司总资产 77.5 亿元，在岗职工 16000 多人。

30 年来，太原煤气化始终坚持“建成煤炭综合利用示范性企业和实现太原城市煤气化”的办企宗旨，致力于发展煤炭综合利用和城市燃气事业，经过不懈努力，现已形成集煤炭开采、洗选、炼焦、制气、煤化工产品生产、煤矸石发电供热、煤气表灶管制造和城市煤气输配、服务、管理为一体的产业链条，煤—焦—气—化—电煤炭综合加工利用产业格局初具规模，为我国煤炭资源实现清洁高效利用走出了一条示范之路。同时城市燃气事业得到长足发展，太原城市气化率近 90%，位居全国大中型城市前列，为省城太原改善民生、实施“蓝天碧水”工程做出了历史性贡献。近年来，太原煤气化秉承“知时求进，事在人为”的企业核心理念，积极推行内部改革，不断创新管理模式，突出煤焦业主业发展，着力推进产业结构优化升级，企业生产经营保持了快速增长势头，经济运行质量大幅度提升，经济实力和可持续发展能力显著增强。2003 年以来营业收入年均增长 24%，利润总额以年均 29%的速度递增，2009 年实现营业收入 43 亿元。企业以良好的经济效益和社会效益跻身全国 520 家重点企业和 500 家最具竞争力企业行列，被评为全国资源综合利用先进企业，并荣获全国文明单位称号。

“十二五”期间，太原煤气化将以科学发展观为指导，以转型跨越发展为核心，继续坚持减量化、再利用、再循环的发展方向，努力于发展煤炭综合利用事业，努力形成煤炭资源的清洁、高效利用；致力于发展城市燃气事业，全力构架焦炉煤气、煤层气、过境天然气、煤制天然气“四气并存、合理利用”的燃气供应新格局，为建设“气化山西”做出新的贡献。力争到 2015 年末，建成龙泉、阳曲、修文三大工业基地，形成煤炭生产、煤化工、燃气输配“三个板块”协调发展的格局，实现主要产品产量、营业收入、利润总额三个翻两番的目标，全力打造中国煤炭精深加工多联产最具竞争力企业集团。

生产厂区

煤炭开采

选煤生产系统

焦化生产系统

化工生产系统

矸石发电供热系统

煤气输配系统

山西省科技基金发展总公司

总经理　郭江明

2010年度，山西省科技基金发展总公司以科学发展观统领文明和谐创建工作，以创先争优活动为契机，结合创建“四强”先进基层党组织和争做“四优”优秀共产党员活动扎实开展各项工作。

一、工作机制不断完善，和谐共建氛围浓。1、领导挂帅抓机构，长效机制任务明。今年以来，基金公司进一步加强了党政建设工作，文明委主任由党政一把手统领，领导班子成员和公司骨干均为成员，分工明确，每半年召集一次文明委和文明办会议，专题研究公司文明和谐创建工作，领导干部和文明办专兼职成员将创建工作与业务工作统筹兼顾，协调推进，一并落实。公司大会小会都穿插讲文明和谐共建工作，文明办成员身体力行，做出表率，形成制度化的领导体系、系统化的管理体系、规范化的监督体系、科学化的考评体系、社会化的共建体系。2、文明宣传促创建，拓展活动载主体。公司充分利用党、团、工、青、妇等长效活动机制和各项政治学习活动载体，公司领导带头做主题宣讲使全体职工主动参与，大力营造“说文明话、办文明事、做文明人”的良好风气。公司搬到新办公楼后，专门开辟文明和谐活动室，重新布置活动展板和场所器材，使大家文明活动有场地，文明创建有宣传，推进文明和谐创标兵目标深入人心。3、强化监督责任制，围绕主线抓创建。公司各部门和员工都落实了文明创建责任书，聘任了文明监督员，在各项活动中紧密联系文明创建，大事小事讲文明，尤其是在新的办公环境中讲低碳、讲整洁、讲行为、讲力行。从我做起，从小做起，为推进系统创建工作圆满到位，公司努力做好各项保障措施，确保经费到位、责任到位和落实到位，汇聚一切群众力量，力争把文明和谐创标兵单位活动推向新高度、新水平。

二、主题文化创新发展，文明创建上台阶。今年是总公司创建17周年，围绕这一企业文化主题，公司专门成立了公司宣传片专题组，拟订了拍摄大纲，集中反映公司成立以来坚持不懈地促进山西科技成果转化，推动创业风险投资体系建立，培养造就山西卓有影响的创投队伍建设风貌，着力描述近年来公司围绕文明和谐单位创建提升团队建设、打造行业特色的创业精神和企业灵魂，为公司可持续化和谐发展奠定基础。专题宣传片反复征求大家意见，不断修改编辑，渗透文明和谐创建成果，总结提高了公司内外形象，进一步激发了大家文明创建的团队精神。

三、自身建设不断规范，工作生活气象新。面对新址办公环境，公司从硬件设施上配备多功能活动厅，每周末组织文体活动。每年安排职工高科技医学体检，建立职工健康档案并每年发放季节性流感疫苗。置办了职业套装，对60岁以上退休职工生日送花送蛋糕，对在职职工生日送鲜花庆贺。公司新修订了《退休职工管理办法》和《计划生育优奖办法》，贴近群众办实事，深入群众做好事，从文明和谐单位的基本任务做起，不断规范文明和谐共建体系。公司十分注重治安防范，绿化美化办公和生活区环境，因地制宜落实“六化”“四无”要求，杜绝“黄、赌、毒”危害，杜绝不良事故发生。全体员工遵纪守法，无一起重大事故和案件发生，公司职工严格遵守“五不准”规定，转变工作作风，无一票否决情况出现。公司全面落实《公民道德建设实施纲要》要求，遵守公司员工文明守则，构建社会主义核心价值体系建设，大力开展“人人都是软环境、公仆先是好公民”等各项主题活动，不断激发大家文明和谐创建的团队精神。

四、基层建设常抓不懈，创先争优掀高潮。按照省委和省国资委部署，公司积极投入基层党组织创先争优活动，多次召开党员大会和职工大会，领导带头，班子成员分别进行宣讲，请群众参与评议监督。公司活动领导组制订了《计划安排》和《实施方案》及党支部承诺书，每名党员也制定出个人承诺书，党员和群众互促互动，使创先争优活动和文明和谐创建工作有机结合。世博会期间，组织全体职工分批赴世博会参观学习，七一期间组织全体党员和职工赴遵义、息烽集中营进行党的传统教育，现场举行党员重温入党誓词活动。八一期间组织建军83周年纪念活动，感染和带动了广大职工的参与热情。舟曲泥石流灾害发生后，45名职工人人主动捐款献爱心，获得省民政厅的表彰。

创先争优活动求真务实，成为党员队伍的自觉行动，不断增强了党支部的凝聚力和战斗力，促进了公司各项工作的全面推进。

投资经理团队

公司党员召开民主生活会

公司队形展示VC(风险投资的缩写)

阳泉煤业（集团）有限责任公司党委工作概况

党委书记　任福耀

2009年，阳泉煤业（集团）有限责任公司发展的突出特点：一是成功地化解了世界金融和经济危机的冲击，再次实现了经营业绩百亿级增长。二是成功地抓住了经济危机中蕴藏的机遇，完成了亿吨千亿目标所需要的产业布局和体制基础。三是成功地化解了跨越发展带来的人才、资金、安全、管控能力等各种矛盾，保证了企业大局稳定，充满活力。

在应对世界金融和经济危机，促进业绩高速增长和企业跨越发展过程中，阳煤集团各级党组织紧紧围绕生产经营和改革发展中心，积极服务于安全稳定大局，全面贯彻落实科学发展观和省委、省政府提出的三个发展战略，抓班子，带队伍，正风气，培养人才，促进安全,维护稳定，在错综复杂的矛盾中主动出击，探索创新，做了大量富有成效的工作；各级工会、青年团、女工等群众组织在党委领导下围绕中心工作，独立自主地开展活动，为业绩高速增长和企业跨越发展作出了积极贡献。

一、坚持舆论引导、思想先行的工作原则，认真开展四大教育活动

一是普遍深入地开展了经济形势教育活动，使广大干部职工对世界金融和经济危机给我国经济带来的巨大冲击有了比较充分的思想准备，为集团公司顺利实施反危机措施，动员全体职工共同应对危机奠定了思想基础。二是深入扎实地开展学习实践科学发展观活动，在转变发展方式，落实安全发展、转型发展、和谐发展，搞好新基地、新山西建设上统一了思想认识，并结合实际正式推出了企业经营和发展战略，明确了五年亿吨千亿的奋斗目标和实现路径。三是坚持不懈地开展“安全第一，瓦斯为天”的思想教育，为深入持久地开展安全治理整顿，强化瓦斯抽采，推进通风系统三年改造计划，深入开展质量标准化活动，加强现场管理开辟了道路。四是深入扎实地开展企业发展战略宣传教育，为加快扩大煤炭资源占有，高速推进煤矿兼并重组，继续加快煤炭化工产业发展，带动其他产业加快发展提供了强大的思想动力。

二、高度重视稳定工作，完善健全了治安综合治理责任体系

各级党委坚持深入开展“平安阳煤”创建活动，切实加强治安隐患排查和矛盾纠纷调处工作，在社会治安形势比较严峻的大环境下，实现了年度无八类恶性案件,无治安类灾害事故，治安案件下降14.5%的成绩，保证了矿区基本稳定。尤其是国庆60周年期间，两级综治信访部门、武保部门、西城分局，严密组织，严防死守，圆满实现了五个平稳和五不发生的目标，被省委综治委授予“全省综合治理工作先进集体”称号。

三、在规范各级领导班子行为和体制改革方面进行了有效的探索

各级党委坚决贯彻落实民主集中制原则和三重一大事项集体决策原则，按照“统一领导、集体决策、分工负责、分级管理”的基本要求，在领导班子议事规则建设和思想建设方面做了大量工作。对部分领导班子和矿处级干部进行了民主评议考察，基本上消除了一把手拍脑袋决策，个人批条子上项目，少数人决定大额资金调动甚至决定干部任免等不良现象的发生，促进了领导班子团结，提高了决策质量，理顺了安全、经营和稳定责任体系，基本上保证了各级领导班子成员各负其责、互相配合、心情舒畅地开展工作。特别是以开元为代表的大批分子公司，基本上形成了完善的集体领导和民主决策体系，形成了比较健全的安全、经营和稳定三大责任体系。同时，适应新的需要，理顺了大部分分子公司党委的隶属关系，为分子公司理顺党政关系，发挥政治核心作用提供了体制条件。

四、贯彻落实党管干部原则和德才兼备的标准，为集团公司的跨越发展提供了强有力的支持

随着集团公司煤炭产业的跨越发展和煤炭化工产业的高逗发展，人才需求空前增加。2009年集团党委对后备干部进行了全面培训，对现任矿处级干部进行了全面考核和民意测验，动员全部煤矿班子成员和区域公司党组进行了优秀年轻干部推荐：1061名干部走上科室区队领导岗位，271名干部走上副处级以上领导岗位，19名中层领导干部进入集团公司高管行列。这个数量大致上是2008年初集团科室区队和处级二部总数的1/3，这是对干部人事工作的严峻挑战。应对这一挑战，各级党委坚持“质量第一，保证需要”的原则，紧紧依靠广大职工群众,通过调查研究，业绩考核，民意测验，层层推荐，反复征求意见，很好地完成了干部选拔和各级领导班子配备任务，保证了集团公司跨越发展的紧迫需要。

五、完善强化安全、经营责任体系，促进了企业正常运行

一是按照“谁分管，谁负责；谁管理，谁负责”的原

则，完善了安全责任体系，并按照履职问责的规定，严肃安全问责，落实诫勉谈话，出示黄牌警告，在业绩高速增长和企业跨越发展过程中保证了煤矿安全状况基本稳定，地面生产单位安全状况明显好转；二是建立了应对经济危机、确保业绩增长的集团领导保增长责任体系并不断督促落实，推动集团公司在经济危机的严重冲击下，再次实现了销售收入年度百亿级增长；三是支持督促各级经理班子，教育各级干部认真落实集团公司反危机十项措施，为有效克服经济危机冲击提供了有力的政治支持。

六、深入开展党风廉政建设和反腐败斗争，促进矿区风气稳定好转

各级党委坚持深入进行艰苦奋斗、勤俭办事、反对奢侈浪费教育并出台制度进行了规范，果断停止了危机期间领导干部出国考察,大幅度减少了庆典活动，坚决制止了内部会议外部开的做法,明确了业务招待费用下降目标，业务招待费多年来第一次出现下降；积极稳妥地降低了领导干部配车标准和配车数量，取消了职工群众反映较多的部分领导干部车改制度；针对群众反映强烈的招工和住房发售问题，改革了招工和住宅发售制度，把招工和住宅分配的权力下放到基层，扩大了民主，促进了公平；中秋节期间，集团公司党委针对中秋节期间的特殊情况采取特殊措施，要求各级领导干净过节，收到了良好效果；学习贯彻国有企业廉洁从业的规定,出台了实施细则。针对群众反映较多的个别领导干部尸位素餐、不负责任和为政不廉现象，集团公司纪检监察系统立案86件，结案81件，对182人进行了党政纪处分，党纪处分51人，政纪处分145人，党纪政纪双重处分14人，其中处级干部23人，科级干部53人，收缴违纪款304万元，18次举行案例警示大会，有效地遏制了干部队伍中的失职渎职和贪污腐败现象，各级领导班子在群众中的形象明显改善。

七、持续加强党的基层组织建设，很好地发挥了党支部的战斗堡垒作用和党员的先锋模范作用

各级党委高度重视党的基层组织建设，在党支部书记的选拔培养考核，开展党员创先争优活动方面做了大量工作，涌现出开元、一矿等一批党的基层建设先进单位，2700余名党员受到本级党委、集团公司党委和省国资委党委的表彰和奖励；850名优秀干部职工加入中国共产党，党员队伍年轻化取得进展，一线党员数量有所增加。（颜建华）

附：阳泉煤业（集团）有限责任公司党委书记、副书记、常委名单

书　记：石盛奎（4月离职）　任福耀（4月任职）

副书记：任福耀（4月离职）　白　英　李彦璧　裴西平

常　委：赵石平　王炳俊　张巨海　余建全

潞安矿业集团公司党委工作概况

党委书记　王安民

潞安集团是一个以煤为主，煤、电、油、化、硅多元产业并举的现代能化集团，总资产536亿元，员工5.5万人，位居全国500强第137位。潞安集团党委下设32个基层党委（含党总支和直属党支部），458个基层党支部，共有9979名党员。

2009年，潞安集团党委面对国际金融危机的不利影响，坚持科学发展观，大力推行党建工作绩效管理，以党建工作的新成绩为企业又好又快发展提供了坚强保证。2009年，集团完成煤炭产量5509万吨，实现销售收入450亿元，利润35亿元，主要指标创历史最好水平。

一、党建工作绩效管理取得历史性成就

经过十年探索总结、三年运行实践，党建工作绩效管理推进了党委工作方式方法的变革，把党的政治优势转化为企业的发展优势，为推进企业战略发展提供了坚强政治保证。中央党校超越之路课题组，经过三年跟踪调研，认为潞安“探索出一条超越西方工业文明的中国企业发展新道路和新模式”，形成的调研课题《中国特色的企业发展——山西潞安集团党委工作新模式》，被列为改革开放30年《超越之路：中国特色社会主义研究系列》。2009年3月9日，中央政治局常委、书记处书记、国家副主席习近平批示：“山西潞安集团党委的实践，为探索现代企业制度下国有企业党的建设规律提供了有益参考。”同时，安排中央党建工作调研组进行实地调查研究。5月7日，《人民日报》刊登了中央政策研究室党建局、国务院国资委党建局联合调查组撰写的《国有企业党建工作的有益探索——山西潞安矿业（集团）公司党委开展党建工作绩效管理调查》调研报告。同日，山西省委书记张宝顺批示，“研究推广潞安经验，推进企业党建工作不断发展。”6月19日，山西省国资委党委作出了在全省学习推广潞安党建工作经验的决定；8月17日，集团应邀参加全国国有企业党的建设工作会议，并作为唯一的地方国有企业在大会发言。党建工作绩效管理得到了社会各界的广泛关注和赞誉。中石化等60多家省内外大企业、各级地方党政机关，专门到潞安考察、学习党建工作绩效管理。《人民日报》、《山西日报》、中国党建网等多家媒体，推介了集团党委党建工作绩效管理

经验，进一步提高了企业的知名度和影响力。

绩效管理有力地促进了潞安集团党建工作创新，各级党组织一年来申报创新成果123项，最终评选出原创性成果11项、突破性成果4项、带动性成果3项。潞安党建工作绩效管理“一四三二一”工作法，被评为全省组织工作服务“三个发展”十大创新项目之一。

二、开展学习实践活动与主题活动

按照中央、省委、省国资委要求，集团党委开展了为期四个多月的学习实践科学发展观活动。活动中，集团党委把学习实践活动与“我为大集团建设做什么”主题活动相结合，确立了“实践科学发展观，促进潞安大发展”的活动主题。通过实践活动，集团班子和广大党员干部进一步确立了科学发展观，集中解决了影响科学发展的72个突出问题，修订完善了441项制度，特别是解决了一批职工群众关注的问题，有力促进了既强又大国际化新潞安战略的顺利实施，真正达到了“党员干部受教育、科学发展上水平、职工群众得实惠”的目的。

三、加强反腐倡廉工作

扎实开展煤炭资源整合纪律监督，重点对省有关政策规定、整合程序的执行情况进行监督，共参与谈判300多次，保证了阳光操作、廉洁整合。持续推进内部市场化改革，集团供应系统开启阳光采购，实行阳光式流水线作业，业务管理公开透明。深入推行“双报告”制度，各单位纪委书记共参与重大决策提出意见175条，采纳172条。“双报告”制度得到省纪委、省国资委纪委推广。不断加大办案力度，全年立案21件，涉及矿处级干部12人，科（队）级干部38人。积极探寻推进源头防腐新突破，在漳村矿、司马煤业公司试点推行了廉洁从业风险防范管理机制。不断深化效能监察和招投标工作，全年通过效能监察挽回和避免经济损失2606.7万元，增加和创造经济效益3264.05万元；通过招投标，节约采购资金1.62亿元。全年有10个方面的典型经验在省国资委《国企党风廉政建设》上刊发，引起省纪委金道铭书记的重视，作出“系统总结潞安集团反腐倡廉的创新性举措，对潞安集团的整体做法搞系统调研”的批示。

四、推进精神文明建设

2009年，集团启动了建设全国一流文明矿区“9+1”工程，研究制定了《全国一流文明矿区建设指导意见》、《考核评价体系》，建立了十大推进组和办公室主任例会制度，理顺和落实了十个推进组的工作职责，制定下发了一流文明矿区年度计划书、季度任务书，扎实推进了文明矿区建设。其中，科技组、生态组和战略组的工作起步较快、进展较好。

以文明矿区建设为载体，开展了首届寻找“感动潞安”人物评选活动，在集团范围内营造了良好的道德风尚。加强了思想政治研究工作，开展了石圪节精神课题研究，编印了《实践与探索》会刊，石圪节煤业公司再度被评为“全国文明单位”。以建国60周年和潞安成立50周年为契机，开展了征文、书法、合唱等系列“唱祖国、颂潞安”活动，激发了广大党员干部和职工家属热爱祖国、热爱矿山的情怀。其中，以潞安50年发展为主线，撰写的大型纪实文学《美丽的神话》获得中国煤炭工业改革开放30年文学作品征文一等奖；余吾煤业公司获全国煤矿“与祖国同庆、健康同行”活动先进单位。

五、注重企业文化建设

在理念文化方面，开展了形式多样的理念宣传渗透活动，编印了企业文化《小案例》、《小故事》系列丛书，开展新闻宣传、知识问答，进一步强化了理念渗透。根据战略发展形势需要，修改、出台了新的潞安员工誓词、潞安之歌。在行为文化方面，建立企业文化互动检查制度，42个6S管理点实现了动态转换，逐步形成了集团文化办不定期突击检查、二级文化办每月动态自查、每季互动检查相结合的管理机制。研究创新了待岗员工培训的方式方法，对待岗员工进行了系统培训。团委、女工等共建部门到队组、井口送安全理念，发安全资料、讲安全案例，营造了浓厚的安全文化氛围。在物质文化方面，召开了形象文化推广交流会，进一步加大了10个大项、130多个小项的推行力度，各类标志、标识更加规范，多数单位实现了全面覆盖，展示了潞安的整体形象。

六、完善社区和安全社区建设

一年来，坚持高起点起步、高标准突破，社区和安全社区建设再创佳绩。以党建工作绩效管理“三书两评价一通报”为平台，不断完善“4523”工作模式，社区建设得到新加强。集团社区荣获“全国文明社区”、“全国和谐社区建设示范街道”称号，集团下属王庄、侯堡、五阳、常村四个社区分别被评为“全国和谐社区建设示范社区”，山西共有17个街道社区确定为示范单位，其中集团占了5家。近年来，先后有北京、上海等地160多家单位来集团学习、考察社区建设经验。

在安全社区建设方面，坚持大安全观念、构建大安全格局，以《危险源辨识及风险评价办法》为规范，以做好甲型H1N1流感预防为重点，整体推动了九个专业组、十大促进项目的工作进程。全面启动了“集团突发事故、事件地面应急预案”，提高了应急处置能力。运用新型统计软件，建立了伤害数据库，伤害监测动态管理实现规范运行。在第五届亚洲安全社区网络会议上集团做了经验介绍，三篇论文被列入会议论文集。

七、创新群团工作

创新职代会形式，集团职代会通过省五星级标准验收。大力开展劳动竞赛和技术比武活动，集团被评为“全国创新学习型企业示范基地”，五阳矿获得“全国学习型组织杰出贡献单位”称号，王庄矿综采二队获得“全国工人先锋号”。加大群监工作力度，工程公司连续五年荣获“全国安康杯竞赛优胜企业”称号。建立了动态关怀扶贫机制，矿区弱势群体得到更多关爱、更多实惠。报社、电视台、广播电台围绕集团工作重点，加大内外宣传力度，塑造了良好的企业形象。团委、女工、武装、公安、老干、信访、保密等工作，都取得了新成绩，为企业发展做出了新贡献。

（平晓明）

附：潞安矿业集团公司党委书记、副书记、常委名单

书　记：王安民

副书记：任润厚　曹晨明

常　委：李晋平

太原化学工业集团有限公司党委工作概况

党委书记　狄重阳

2009年，公司党委坚持以邓小平理论和“三个代表”重要思想为指导，认真开展学习实践科学发展观活动，团结带领全体干部职工，围绕中心，服务大局，深化改革，转型跨越，充分发挥了各级党委的政治核心作用、党支部的战斗堡垒作用和广大党员的先锋模范作用，促进了公司改革、发展、稳定和生产经营任务的完成。

一、以提高政治素质为前提，加强领导班子和干部队伍建设

公司党委坚持以思想政治建设为抓手，围绕建设“学习型团队”目标，以党委中心组学习为重点，以提升能力为目的，按照学习计划安排，采取集中学、个人学、结合实际学、带着问题学的形式，认真抓好两级班子和领导干部的思想教育和理论研讨。通过学习，坚定了各级领导班子及领导干部的理想信念，提高了政治理论水平，开拓了思路，增强了能力。

认真开好领导班子专题民主生活会，严肃开展批评与自我批评，班子成员增进了团结，统一了思想，发现了不足，明确了方向。

深入开展“政治素质好、经营业绩好、团结协作好、作风形象好”的“四好”班子创建活动。按照公司党委《关于开展“四好”领导班子创建活动的实施意见》及《关于创建“四好”领导班子的考核办法及标准》，加强对领导班子及成员的考核验收，切实增强了各级班子的责任感和使命感。

坚持党管干部原则，加强和改进干部队伍管理，发挥党委在用人把关上的主导作用。认真做好干部档案管理工作，为科学规范管理干部创造条件；积极开展干部培养教育工作，建好后备干部人才库，保证干部队伍的生机与活力；按照公司党委关于干部考核管理实施意见要求，不断加大对领导班子和领导干部的考核考察力度，积极推行干部交流任职制；大胆提拔使用年轻干部，实现了干部队伍的“四化”。

二、以开展主题活动为载体，发挥党组织示范带动作用

公司党委坚持将主题实践活动主线贯穿党建工作始终，为各级党组织和广大党员在企业达产达标、节能降耗和安全稳定工作中发挥作用提供了广阔的平台。一年来，公司党委不断深化拓展“保持党员先进性、三次跨越当先锋”主题活动，面对金融危机肆虐，认真贯彻落实科学发展观要求，统筹安排，科学决策，针对形势及时提出开好“经济车、优化车、安全车、绿色车、管理车”的号召，各级党员干部认真贯彻公司党委的决策，提振信心、团结协作、共克时艰，以自身的实际行动推动了公司各项工作的深入进行。

在历时5个月的学习实践科学发展观活动中，公司党委按照“两不误、两促进”的要求，周密筹划、精心组织、认真实施，通过三个阶段十五个环节的工作，基本上达到了“党员干部受教育、科学发展上水平、职工群众得实惠”的预期目标，活动突出了实践特色，取得了明显成效，成为公司党建工作的亮点之一。活动中，整改突出问题24项，完成制度废改立29项。通过活动，各级组织积极为职工做好事、办实事，工作作风明显改善，切实发挥了示范带头作用；体制机制更加健全，党建及生产经营管理进一步科学规范，危机之下企业的安全生产经营工作平稳发展，党员的党性意识和整体素质得到明显提升，党员群众团结协作，企业更加和谐稳定。

深入开展“讲党性、重品行、作表率，树组工干部新形象”活动，做到有方案，有措施，有检查，有落实。积极开展“我在岗位当先锋”、“党员一面旗”、“党员奉献日”和“双培双带双考”等“创先争优”活动，选树“百名标兵十杆旗”在七一进行表彰，充分发挥了党组织的先进带动作用。

加强党员教育管理工作。认真建好党员信息库，实现党员管理信息化；按照教育培训方案要求，抓好党员学习培训，不断提高党员综合素质；搞好发展党员工作，严格落实“十六字”方针，按照十三个环节要求，认真把好“五道关”，注重在优秀青年干部和生产一线职工中发展党

员，全年培养入党积极分子230名，发展党员146名，为党组织补充了新鲜血液；加强和改进流动党员管理工作，适应形势和任务需要，结合实际、突出特色，采取发放流动党员证、送书送学上门、节假日家访的形式，积极引导流动党员发挥作用。

三、以改善经营业绩为目标，保持经济总量快速增长

（一）坚持滚动技改，本部装置日趋完善。按照省委经济结构调整战略和“转型发展、安全发展、和谐发展”要求，集团始终贯彻科学发展观，坚持滚动技改，走内涵发展和外延扩张之路，改造完善本部装置推动节能减排，优化产业结构增强核心竞争能力。聚氯乙烯形成24万吨/年能力，6万吨/年离子膜扩建工程将于2010年2月份正式投运；合成氨装置吹风余热回收、变压吸附和灰熔聚炉的投运，使化肥工业园区焕发了勃勃生机；30万吨/年焦油加工一期15万吨运行良好；新1#、2#焦炉投产后形成了100万吨/年高品质冶金焦的能力；20万吨/年苯加氢工程已成为国内产能最大的粗苯加氢精制装置；南堰污水处理厂技改扩容及回用水提质工程解决了公司大发展中污水和生产用水量增加的难题，实现了“污水全处理、回用水全利用、新鲜水少使用”的目标。

（二）确保四个目标，积极应对金融危机。受金融危机及国际国内经济下滑的影响，集团占主导地位的四大支柱企业均受到了不同程度的冲击。面对严峻形势，全公司牢固树立“统一思想和解放思想同等重要，信心比黄金更重要”的理念，攻坚破难，积极应对，确保经济总量平稳增长，确保生产装置安全运行，确保资金不断链，确保职工队伍稳定。一是在生产运行管理方面，按照“经济开车、优化开车、安全开车、绿色开车、管理开车”的目标，在降低产品成本、狠抓节能减排和增加企业效益上下功夫，确保全公司经济运行的基本稳定。二是时刻坚守生产管理的“三个不动摇”（即生产的基础地位不能动摇，成本、效益的中心地位不能动摇，安全的核心地位不能动摇）地位，紧紧抓住降低产品成本、提高产品市场竞争力这条主线开展工作，不断加快重点节能改造项目的实施进度，充分发挥产业集群和园区经济效益。三是全力实施“五大工程”（即环境大整治、安全大检查、资源大整合、产量大提高、效益大增长）和“两大转变”（即思想大解放、作风大转变），实施精细化管理，严格规范化操作，保持了整体经济总量稳中有升的良好态势。

（三）狠抓安全环保，构建良好发展环境。认真贯彻“安全第一、预防为主、综合治理”的方针，始终坚持安全生产的“主权观”、“生存观”和“效益观”，严格落实安全生产责任制，深入开展“查隐患、反违章、堵漏洞”专项整治行动，做到不留死角、不留隐患、不留尾巴、不留情面，狠抓企业的本质安全管理，切实筑牢了安全生产大堤；率先制定下发了安全事故行政问责制度，对事故调查严格按照“四不放过”的原则，从制度、组织、管理、责任、落实等深层次查找原因，建立了一整套行之有效的安全管理机制，保证了全公司安全生产形势的健康平稳。连续六年消灭了重大火灾事故、重大操作事故、重大爆炸事故、重大设备事故和多人中毒事故，杜绝了社会性灾害事故。

始终坚持“循环、清洁、持续、高效”的原则，把节能减排作为企业生存和发展的生命线工程，积极调整产业结构，实施清洁生产，走循环经济之路。实现了环保工作的“三变”，即变末端治理为源头治理，变达标排放为综合治理，变粗放经营为集约经营。通过狠抓环保治理和节能减排工作，集团的“三股水”（合成氨造气废水，焦化生产废水，氯碱、硫酸的酸碱废水）、“两股烟”（合成氨造气黑烟和硝酸尾气黄烟）得到综合治理，“两座山”（电石渣山和造气渣山）正在积极消化。2009年被评为山西省第一批环境行为蓝色等级企业、太原市“整治违法排污企业，保障群众健康”环保专项行动先进单位。

（四）做强非化产业，促进转型跨越发展。在不断改造和完善本部化工生产装置、努力实现达产达标的同时，大力实施老生活区改造和商品化开发工作，形成集团公司新的经济增长点，2009年房地产开发实现收入达8亿元，2010年将完成15亿元的目标。物业管理理顺职能，对化工、化肥两大区及其它松散物业进行了有效整合，市场化运作步伐得以实质推进，实现了由“等、靠、要”向“创、增、改”的平稳过渡。工程建设装备制造整合后在保障本部装置稳定运行过程中发挥了重要作用。水厂积极实施中水采暖工程替代燃煤锅炉，实现了由生产供水向服务供热的转型。在推进新基地建设方面，对项目选址进行了考察，对产品链不断完善和补充，组织省内外专家对新基地的规划项目进行了反复论证。

四、以强化团结协作为基础，完善民主科学决策机制

按照省委、省国资委党委的要求，着眼构建现代企业制度，从领导体制入手，继续探索完善党委参与决策的有效机制，不断夯实党委发挥政治核心作用的基础。一是通过“双向进入，交叉任职”的方式，使党委成员进入董事会和经理层。二是从制度建设入手，规范了决策程序，保证了党委履行职能，发挥监督保证作用。三是从提高执行力入手，坚持建立党政领导干部分工制度。年初对全年工作进行分解细化，下发《重点工作目标分解表》，每季度进行一次经济活动分析会，每个月召开一次党委书记办公会和总经理办公会议，研究解决问题，安排部署工作，在检查考核的基础上，通报一次工作进展情况，年底进行全面考核，兑现奖惩，做到了议事有规则、办事有规章、凡事有落实。四是进一步加强民主集中制建设，建立健全了“三重一大”议事规则，做到了重大事项会议联签。在重大事项的决策上，做到充分听取班子成员的意见，调动了班子成员的积极性和主动性，集思广益，科学决策，慎重决

策。特别是对涉及职工切身利益的重大事项，坚持做到党委研究、职代会讨论通过后执行。

五、以树立良好形象为保证，打造清廉高效干部队伍

公司党委把建立健全教育、制度、监督并重的惩治和预防腐败体系作为党风廉政建设的有效措施，狠抓干部队伍的作风建设。一是年初与二级单位签订《党风廉政责任书》，认真落实党风廉政责任制，加大对领导干部的全面考核、检查、通报，促进了责任制的落实。二是严格遵守廉洁自律有关规定，坚持把专项治理与开展树廉政形象教育紧密结合，采取图片展、现场参观，邀请检察院、法院同志讲座等形式，教育领导干部自觉抵制歪风邪气。同时发动党员职工积极参与监督，使各级干部的党风廉政建设进一步加强。三是进一步加大对领导干部不作为、乱作为的监督管理力度，在安全环保、生产经营、党风廉政等方面实行了问责制。四是积极推行厂务公开制度，党委牵头，行政配合，定期向职工公开厂情、厂务，扩大了干部职工的知情权、参与权。特别是在干部考核、公开招聘、干部调整使用等方面，积极吸纳纪委、工会、人事等部门共同参与，发扬了民主，保持了公正，匡正了风气，极大地调动了干部职工的干劲，理顺了情绪，增强了团结，推动了工作。五是进一步加大对领导干部违法违纪案件的查办力度。在清偿化解历史债务、解决经济往来纠纷、规范企业依法管理等方面狠下功夫，实行了重要岗位、重点部位人员的定期轮换，加强了对门岗、仓库等部位的监管监控，对领导干部涉及经济问题的坚决予以组织处理，有力地净化了经济环境，树立了干部良好形象，推进了党风廉政建设的发展。

六、以建设企业文化为依托，构建和谐稳定新局面

公司党委始终秉承“发展依靠职工、发展为了职工、发展成果职工共享”的原则，强化企业管理，注重企业文化建设。坚持将党建工作深入到群众工作之中，积极发挥团结、鼓劲、引领作用，为企业的和谐建设做出了努力。

一是积极培育企业文化理念。提出了以“一盘棋、一家人、一股劲”为主的团结协作理念，以打造“百亿太化、百年太化、绿色太化、和谐太化”为内容的发展理念，以“主权观、生存观、效益观”为主的“三观”安全文化理念为主要内容，极大地激发了干部职工争先向上的工作热情。二是积极推进企业破产改制工作，完成了对五户企业的职工安置。三是积极推进资源整合后的规范运行工作。四是时刻把职工的切身利益放在与经济发展同等重要的地位，优先安排下岗职工重新返岗，严格落实“四不欠”措施，尽最大可能为职工增加收入，切实改善职工居住条件，积极开展“送温暖”和“金秋助学”工程。五是认真抓好稳定工作。针对职工的诉求，公司党委坚持开门搞接访，主要领导每月定期与职工群众见面谈心，倾听呼声，每月召开党委书记例会，就稳定工作进行专题研究，坚持谁主管谁负责原则，认真落实责任，形成制度，赢得了职工的理解和尊重，树立了领导干部的良好形象。六是各级工会和共青团组织，紧紧围绕发展这个中心，深入开展劳动竞赛和“工人先锋号”、“青年文明号”、“岗位能手”等号手创建活动，涌现出一大批各具特点、个性鲜明的先进典型。坚持举办职工篮球、羽毛球比赛以及元宵、消夏晚会等群众文化活动，吸引广大职工积极参与，展现了太化新形象，构建了和谐稳定新局面。

国庆60周年前夕，公司党委组织举办了书法摄影图片展、健身体育及文艺晚会等一系列庆祝活动，特别是“祖国颂、太化情”大型文艺晚会在南文化宫的成功演出，极大地增强了全公司干部职工的信心，鼓舞了士气，凝聚了力量，激发了干劲。 （果满红）

附：太原化学工业集团有限公司党委书记、副书记、常委名单

书　记：狄重阳

副书记：王新兴（3月离职）　胡向前

常　委：武晋生　郑建宏　王桂芝

山西晋城煤业集团有限责任公司党委工作概况

党委书记　朱晓明

截至2009年底，晋城煤业集团党委下设21个二级党委、15个直属党总支、21个直属党支部，共有党员7730人，占职工总数的12.3%。

2009年，晋城煤业集团党委广泛开展深入学习实践科学发展观活动和建国60周年系列教育活动，积极构建党群工作运行体系，推动党群工作管理转型，不断在企业党的建设、宣传思想工作、和谐企业建设等方面求突破，企业党组织的政治核心作用、战斗堡垒作用和广大党员的先锋模范作用得到充分发挥。

一、认真开展深入学习实践科学发展观活动，实现了党员干部受教育、科学发展上水平、职工群众得实惠

按照中央决定和省委、省国资委党委的统一部署，从3

月份至7月份，集团党委及直属33个党委、总支、支部，494个基层党支部、7255名党员按要求参加了第二批学习实践科学发展观活动。活动中，集团党委以加快打造“亿吨基地、千亿规模、百年企业、能源旗舰”为主题，以“围绕三个发展，推进六大工程”为载体，较好地完成了5个阶段15个环节的规定动作，职工群众对学习实践活动的满意率达到99.6%，达到了预期目的。同时，还多次在全省、省国资委系统交流经验做法，获得中央、省委、省国资委等上级领导的肯定和赞誉。

二、扎实推进党建“四五六”系列创建活动，党组织的凝聚力、战斗力和创造力进一步增强

集团党委紧紧抓住党建“四五六”系列创建这个载体，不断加强领导班子、基层党支部和党员队伍建设。在“四好”领导班子创建方面,以强化学习为抓手，不断提高领导班子的思想政治素质以及驾驭全局和推动发展的能力；以注重选配为抓手，不断优化班子结构，一批年轻干部充实到领导班子中，班子活力明显增强；以严格考核为抓手，强化各级领导班子干事创业意识。在“五星”支部创建方面，适应企业改制和发展的需要，新组建了两个党总支、三个党支部，并配备补充党组织成员，完善了党组织机构；指导新组建的党组织加大软硬件投入，强化了“三室八有”阵地建设和党建信息网建设；坚持把创先争优同“五星”支部建设相结合，不断加强和完善基层组织建设。在“六好”党员竞赛方面，一是学理论重修养，通过学习党的十七大和十七届三中、四中全会精神，开展深入学习实践科学发展观活动，广大党员的理论修养有了明显改善，综合素质明显提高；二是选模范树标杆，注重典型的引导及激励作用，通过开展“党员安全包保”、“党员责任区”等活动，充分彰显广大党员在安全生产中的先锋模范作用。

三、继续引深“5321”工作和“干事干净”管理法，企业惩治和预防腐败体系进一步完善

提炼形成“5321”党风廉政建设工作思路。即：努力实现思想道德教育防线前移、审计监督防线前移、法律监督防线前移、制度监督防线前移、职工监督防线前移等“五个前移”，着力做好源头治理工作；注重抓好参与重大事项决策、参与招投标工作、参与生产经营管理“三个关键”，着力加强程序监督工作；矢志不移地抓好监督管理和查处违纪案件“两个重点”，着力强化领导干部与管理人员的自律意识；紧紧抓住党风廉政建设责任制这“一条主线”，传递压力，强化责任。深入推行具有晋煤特色的“干事干净”管理法。2009年7月底，召开推进“干事干净”管理法现场会，提出“管业务必须管廉政、管结果必须管过程、管行为必须管思想”的六管要求。省纪委、省国资委纪委多次到集团就“干事干净”管理法进行调研，并形成调研报告在《中国纪检监察报》刊登。认真开展煤焦领域反腐败专项斗争，在组织进行“回头看”的基础上，对资源整合工作中资源储量核定、资源价款、安全评价、决策和谈判等重点环节和中介机构的行为进行了监督检查，保证了企业煤炭资源整合工作的顺利开展。推进工程建设领域突出问题专项治理工作于2009年底正式启动。

四、加强舆论引导和形势任务教育，不断深化“五位一体工作法”，宣传思想工作成效显著

一是加强舆论引导，做好典型宣传和重大事件新闻宣传工作。围绕宣传贯彻集团三届二次职代会精神、安全一号文件精神、学习实践科学发展观活动、应对金融危机、管理转型、纪念建国60周年系列活动等各方面工作进行全面深入采访报道，其中《晋城煤业集团转型发展成效显著》和《习近平副主席视察晋城煤业集团》两条新闻，被中央媒体报道。全年在省级以上媒体发表新闻稿件近80篇。二是扎实推进“五位一体工作法”，增强思想政治工作活力。以‘转型发展、共建和谐”为主题，认真抓好政研课题立项工作。采取召开座谈会、无记名问卷调查、个别谈访等方式，对不同层次职工的思想状况和各单位思想政治工作情况进行调研，完成3份《当前职工思想状况报告》。同时，坚持开展形势任务教育，为企业改革发展提供了和谐稳定的良好环境。

五、认真落实“366”综治工作机制，确保了企业的政治治安稳定

以落实维护稳定工作责任制为主线，不断完善综治六大工作机制。所属各级党组织以建立领导抓综治工作实绩档案制度为契机，进一步落实综治领导责任制，健全完善各项综治制度，及时研究解决综治工作遇到的问题和困难，进一步增强了综治工作的系统性、原则性、预见性和创造性。国庆期间，突出民爆物品管理、反邪教和信访三大重点工作，组织召开三次专业会议，对国庆期间维稳和信访工作进行安排和动员，并根据晋城市国庆维稳信访工作十项督查内容，进行了任务分解，确保了“六个不发生”目标的实现。各级党组织坚持24小时值班制度，加强值班备勤工作；开展民爆专项整治宣传行动，张贴宣传资料1500份，签订责任状、保证书2万余份，集中清查了全公司137个要害部位、63个危险物品使用单位、19926户住户；全面启动各级610办、公安保卫、居委、单元长、楼长、门岗“六大员”监控措施，对出入小区的陌生人、重点人员的活动情况及时掌握动态；着力化解矛盾纠纷，对排查梳理出的23件疑难复杂信访案件，逐一进行了落实，集中解决了一批群众最关心、最直接、最现实的利益问题。

六、加强母子文化融合和企业年鉴编撰工作，努力塑造企业良好的社会形象

起草下发了《关于深化企业文化建设，推进母子文化融合，提升企业软实力的实施意见》，提出了“高举旗帜、战略驱动、主动融合、打造特色”的总体要求，明确了企业文化建设的重点工作。企歌《阳光地带》获得山西省庆祝新中国成立60周年“放歌山西”歌曲创作大赛二等奖。加大企业文化骨干队伍建设力度，举办了“企业文化建设与思想政治工作研修班”，为企业文化建设的顺利推进提供了人才支撑。注重发挥典型示范作用，于2009年10月召开了企业文化建设推进会，汇编完成《母子文化融合的实践与探索》一书，集中展示了晋城煤业集团近年来各基层单位在打造职业化团队方面的特色做法。同时，组织编纂完成企业历史上第一部企业年鉴，为各界朋友了解晋城煤业集团开辟了新的窗口；组织参加了鄂尔多斯煤炭及能源工业博览会、全省煤炭企业转产煤炭城市转型现场会转产转型成果展、“三个发展在山西”主题巡展、省煤炭工业局庆祝建国60周年成就展等展览，以声光电等多种手段展示了企业转型发展、安全发展、和谐发展取得的突出成果。

七、广泛开展群众性精神文明创建活动，和谐企业建设进一步加强

下发了《关于创建和谐企业的实施意见》，以深入学习实践科学发展观活动为契机，把和谐企业创建提出的“六大工程”纳入到学习实践活动的载体设计当中，并及时进行任务分解，保证了这项工作的顺利推进。积极开展文明单位和文明社区创建工作，凤凰山矿荣获全国精神文明创建领域最高奖---“全国文明单位”称号，古书院矿等十一家单位荣获“山西省省属企业文明和谐单位及文明和谐单位标兵”称号，古书院矿、成庄矿、机关物业三家社区荣获“全煤系统文明和谐社区”称号；成庄矿员工牛文兵荣获第十三届“中国青年五四奖章”，并以全煤系统唯一代表的身份受邀参加了国庆阅兵观礼。

八、推进党群工作管理转型，积极探索党群工作新模式，独具晋煤特色的党群工作运行体系品牌效应开始显现

适应企业“机关管理转型、矿井自主管理”的要求，组织党群部门人员赴淮南调研，机关党群各部门按照“指导帮助、监督考核、协调服务”的定位要求，界定职责范围，制定业务流程，修订考核标准，提出服务承诺，及时下发了《2009年党群工作管理考核评价办法》。对各基层单位实施了“半年一评价，年底一考核”，减少了检查次数，缩减了检查人员，提高了检查质量，并及时分析评价，反馈意见，既减轻了基层单位负担，调动了基层单位自主管理、自我创新的积极性，又增强了基层单位的荣誉感，激发了各单位之间比学赶超的工作热情。同时，在实践中探索形成以“目标清晰化、管控战略化、管理自主化、系统互动化”为主要特征的党群工作运行体系。该体系包括七大模块，每个模块具化为一个载体。党建工作模块的载体为党建“四五六”创建活动；党风廉政建设模块的载体为“干事干净”管理法；思想政治工作模块的载体为“五位一体工作法”；综治工作模块的载体为“366”机制；企业文化建设的载体为文化落地和母子文化融合；精神文明创建模块的载体为“三大创建活动”；群众组织建设模块的载体为“五型”工会和“六为”团组织建设。该体系的推行，进一步增强了党群各部门的使命意识、责任意识和作为意识，解决了长期以来党群各部门工作载体不突出、工作量不平衡、工作目标不明确的问题。集团党群工作运行体系受到了省国资委领导的充分肯定，中国党建网对这一体系进行了报道。

（张永林）

附：山西晋城煤业集团有限责任公司党委书记、副书记、常委名单

书　记：朱晓明

副书记：贾国华　张虎龙　郝新建

常　委：杨茂林（3月任职）　郭爱堂　文士华　苏清政　贺天才（10月离职）　李鸿双

太原重型机械集团有限公司党委工作概况

党委书记　岳普煜

2009年，太重集团公司党委以开展深入学习实践科学发展观活动和组织两级党委换届为重点，带领全体党员积极应对全球金融危机带来的严重不利影响，为集团公司持续、稳定、健康发展提供了坚强的政治保证、组织保证、舆论支持和精神动力。

一、以“坚持科学发展、创建世界太重”为主题，以“提高四种能力、实现四个转变”为载体，扎实开展深入学习实践科学发展观活动

根据省委、省国资委党委的统一部署，集团公司党委所属17个党委、21个党总支、225个党支部，共7641名党员认真扎实地开展了深入学习实践科学发展观活动。学习实践活动按照“党员干部受教育、科学发展上水平、人民群

众得实惠”的总体要求和“提高思想认识，解决突出问题，创新体制机制，促进科学发展”的目标要求，以“坚持科学发展、创建世界太重”为主题，以“提高四种能力、实现四个转变”为载体，牢牢把握“坚持解放思想，突出实践特色，贯彻群众路线，正面教育为主”的原则，在省国资委领导小组和指导检查组的直接领导和具体指导下，从3月8日开始到7月7日基本结束，圆满完成了三个阶段11个环节的工作任务，取得了实实在在的学习实践效果，群众满意度测评满意和基本满意率达到100%。太重的学习实践活动得到了省委、省国资委党委的充分肯定。

二、高举中国特色社会主义伟大旗帜，深入贯彻落实科学发展观，胜利召开了太重集团公司第三次党代会

按照《中共山西省国资委委员会关于认真做好省属企业党委换届工作的实施意见》文件精神，在太原重工、太矿集团以及其下属单位党组织先后换届的基础上，集团公司党委于11月1日隆重举行了第三次党代会，出席会议的代表共273名，会期一天半。会议选举产生了新一届中共太重集团有限公司委员会和纪律检查委员会。会议审议通过了岳普煜同志代表二届委员会所作的《深入贯彻落实科学发展观，为建设和谐美好、充满活力、具有国际竞争力的世界太重而努力奋斗》的工作报告，审议通过了何青同志代表纪委所作的《坚持科学发展，创造良好环境，为太重集团平稳较快发展提供政治和纪律保证》的工作报告。省国资委常务书记郭玉才等到会祝贺，并发表讲话。

中共太重第三次党代会高举中国特色社会主义伟大旗帜，认真贯彻落实党的十七大和十七届四中全会精神，深入学习实践科学发展观，全面回顾总结了二届党委的工作，形成了加强和改进党建工作的五条基本经验，提出了下一步工作的主要任务。会议提出今后四年集团公司党建工作的主要任务是“实现三个转化，达到一个融合”，即努力把党的政治优势转化为企业的发展优势，把党的组织资源转化为企业的发展资源，把党建工作的成果转化为企业的核心竞争力，实现党建工作与中心工作的高度有机融合。同时提出了太重党建工作要达到“五个新目标”（坚持理想信念教育和理论武装工作再上新水平；推动企业改革发展和生产经营中心工作取得新进展；开辟新形势下国有企业党组织发挥作用的新途径；营造创建世界太重良好发展环境的新局面；促进和谐企业建设取得新成效）。

中共太重第三次党代会是在集团公司迈上百亿太重新台阶，全力应对国际金融危机挑战，着力提高四种能力、加快实现四个转变，向着世界太重迈进的关键时期召开的一次重要会议，为集团公司在百亿平台上开创科学发展新局面奠定了坚强的政治基础、思想基础和组织保证。

三、根据新形势、新任务的要求，进一步加强各级领导班子和干部队伍建设

以创建“四好”领导班子为载体，按照科学发展观和创建世界太重宏伟目标的要求，进一步加强了各级领导班子和干部队伍建设。一是进一步规范两级领导班子经常性检讨工作会议、民主生活会的程序和内容，并严格考核，有效提高了两级领导班子和领导干部的领导能力、管理能力和执行力。聘请了省内知名教授、专家就政治理论、政策法规、应对金融危机和6S管理等方面组织专题讲座。集团公司主要领导就当前太重所面临的形势任务、下一步的发展思路及加强反腐倡廉工作做了党课辅导。二是创新后备干部选拔和培训方式，从推荐的94名35岁以下青年干部中选拔出28名后备干部，举办了集团公司第七期青年后备干部培训班。聘请8名省内知名学者教授和16名公司领导及部门领导就科学发展观、战略思维能力、品德修养、生产经营管理、营销战略、财务管理、企业文化、团队协作以及交流沟通能力等相关知识进行了为期十天的集中培训。三是加强日常考核，完善年终考核，对集团公司管理的35个领导班子、147名领导干部、21名二线干部和81名40岁以下后备干部进行了全面考核，为调整干部提供了重要的依据。四是积极推进人才工作，引进海外高层次人才有新进展，集团公司高级人才库及时更新。2009年太重先后被确定为“中组部人才工作联系点”、“山西省海外高层次人才创新创业基地”。

四、强化管理、严格标准，认真抓好党的基层组织建设和党员队伍建设

一是认真抓好基层党组织建设。组织完成了太原重工党委、太矿集团党委、兴业公司党委等55个基层党组织换届选举工作，新组建了太重（天津）滨海机械有限公司党支部，为集团公司召开第三次党代会奠定了组织基础。二是加强党员教育管理。坚持“三会一课”制度，完善党费收缴、管理、使用制度，对基层党组织发展党员工作及党费收缴工作进行了专项检查，进一步加强了党员信息库的建设和维护。三是深入开展“创先争优”活动。对“两创”活动的各类先进评选条件进行修订，七一前对活动开展情况进行了检查、总结、评比，并对评出的先进党组织、优秀领导班子、红旗党支部、共产党员标兵、优秀共产党员、优秀党务工作者和勤政廉洁优秀领导干部进行了表彰。四是认真做好发展党员工作。完成了119名入党积极分子和139名预备党员的培训工作。按照“双职能”运行的格局，及时调整了党委组织员队伍。全年共发展新党员116名，减少空白班组9个，新发展党员的知识结构、年龄结构比上年度更趋于合理。五是探索建立困难党员帮扶机制，及时更新困难党员数据库，发放慰问款2.1万元，对生活困难的党员进行了慰问。

五、加强舆论引导，唱响主旋律，强化太重在国际国内的影响力

宣传思想工作紧紧围绕集团公司“两会”精神和党建工作会议精神，为公司克服金融危机所带来的不利影响，继续保持经济平稳较快发展营造了良好的宣传舆论环境和氛围。内宣全年播发广播新闻1612条、专题354期，电视新闻1188条、专题95期，《太重新闻》共出版59期，外宣稿件800余篇。一是全过程跟踪报道了学习实践活动的开展情况及取得的成效。推出系列言论10余篇次，开辟专题专栏50余期，编发简报35期，更换宣传橱窗两期，制作宣传栏5个。山西电视台《记者调查》播出的《扩大内需、推动发展、提升素质、加快转型》的系列报道、《经济日报》刊发的《340余项第一是如何创造的》、《山西日报》刊发的《咬定发展不放松》、太原电视台播出的《科学发展在太重》等连续报道，对太重学习实践活动的成果进行了重点关注。二是为集团公司党委换届工作进行了集中宣传报道。分别组织了《大干四季度，以实际行动迎接党代会召开》、《贯彻落实党代会精神，实现全年方针目标》、《新起点，新使命——党代会精神在基层》的系列报道活动，组织了对基层党代表的采访活动，推出了四篇贯彻党代会精神系列言论，开辟了党代会精神重点摘编，举办了党代会专题图片展，编发党代会精神学习资料，营造了浓厚的宣传氛围。三是集中对集团公司“两会”精神和干部大会精神进行了宣传报道，有效地统一了广大干部职工的思想认识，明确了奋斗目标，提振了应对金融危机不利影响的信心，促进了全年生产经营任务的完成。对重点产品、重要活动进行及时的宣传报道，充分发挥了新闻媒体舆论引导作用。

六、引深文明创建，促进和谐发展，提升太重企业和员工的综合素质

一是坚持在全公司开展文明和谐单位创建活动，集团公司文明和谐单位达到85%以上，起重机分公司和山西煤机被评为省级文明单位。二是按集团公司要求，进一步规范了企业文化视觉识别系统，统一了全公司职工的工作服，配合完成了《6S推进手册》的设计工作，对新进厂大学生、复转军人进行了企业文化知识培训。加强了太重展览馆的管理工作，全年展览馆共接待参观人员近5000人次，受到了参观者的一致好评。三是在统战人士中开展了“献良策、比贡献”征集合理化建议活动；参加了中央统战部组织的专题调研活动，定期对统战人士通报了公司改革发展情况和党代会精神。四是以庆祝新中国成立60周年为契机，大力开展爱国、爱厂教育活动。组织了“祖国在我心中”演讲、朗诵比赛和太重职工摄影展和征文比赛活动；在广播电视和报纸开办了历史事件回顾和人物专访等栏目，组织了太重集团庆祝新中国成立60周年文艺汇演；参加了省委举办的新中国成立60周年摄影展和太原解放60周年专题片拍摄工作，激发了广大职工爱国、爱厂的热情。

七、纪检监察工作取得好成绩

严格执行了党风廉政建设责任制，集团公司被省国资委党委评为“党风廉政建设先进单位”。开展多种形式的廉政文化建设，党性党风党纪教育深入发展，形成了尊廉、崇廉、守廉的浓厚氛围。加大对领导干部的行政和业余生活的监督力度，促进了领导干部廉洁自律。扎实推进惩防体系建设，治本抓源头工作进一步得到加强。围绕中心，效能监察深入推进，为公司增加和创造效益1544万元，避免和挽回损失823万元。全年接受举报和投诉24件，全部结案。

（徐永健）

附：太原重型机械集团有限公司党委书记、副书记、常委名单

书　记：岳普煜（1月任职）

副书记：何　青　丁永平

常　委：王创民　王春明　张克斌　林　经

山西煤炭运销集团有限公司党委工作概况

党委书记　赵进明

2009年，集团公司各级党组织紧紧围绕“1234”发展思路和“581”战略目标，以学习实践科学发展观为动力，继续推进党的各项建设和各项工作，为煤销集团转型发展、安全发展、和谐发展提供了坚强的政治保障。

一、学习实践科学发展观活动成效显著

在学习实践科学发展观活动中，集团公司党委以“全面贯彻落实科学发展观，全力推进集团公司科学转型，促进企业健康快速发展”为主题，以“完善集团体制、突出资源掌控，做实两路销售、强化基础管理，确保安全生产、促进和谐发展”为主要载体和最终目标，本着“广泛动员、深入发动、把握重点、突出实践、重在落实”的原则，坚持规定动作高标准、严要求，自选动作讲质量、求实效，圆满完成了学习调研、分析检查、整改落实3个阶段11个环节的各项工作，达到了预期目的，较好地实现了活动目标。在15191人参加的学习实践活动群众满意度测评中满意率

达到100%。通过开展学习实践活动，集团公司理清了发展思路，明确了战略目标，企业转型发展的思路上有了新的共识，科学发展观的认识上有了新的提高，思想观念的解放上有了新的进步，体制机制建设上有了新的进展，三大支柱产业迈出了新步伐，重点工作的推进实现了新突破，群众关心关注的热点工作有了新的推进，干部职工对企业转型发展的信心更加坚定，工作作风上有了较大改进，精神面貌有了较大改观。

二、领导班子建设和干部队伍建设不断加强

一是集团党委重点抓班子学习，认真落实党委中心组学习制度；抓制度建设，健全和完善了班子议事规则和决策程序、班子内部情况通报、班子成员谈心交心等制度；抓民主生活会质量，确定了整改目标和整改措施；抓班子团结，坚持党政领导通气制度和“三重一大”集体决策制度，遇事及时沟通，日常加强交流。通过这些有力措施的施行，提高了领导班子的凝聚力、执行力和战斗力。二是继续推进干部人才队伍建设。在干部的选用上，坚持和完善公开选拔、竞争上岗制度，建立健全民主推荐、民主测评、组织考察、任前公示等干部选拔任用机制，着手研究制定高技能人才的选拔和管理制度；在干部的培养上，大力推进人才强企工程，加大培训力度，加强对后备干部的培养锻炼，纪委举办了100余人参加的纪检监察干部培训班；在干部的管理上，加大对干部的考核力度，逐步推行干部交流，进一步增强了干部队伍的生机和活力。三是继续加强作风建设。集团党委出台了《关于进一步加强领导干部作风纪律建设的决定》和《关于严明纪律，严格管理，扎实推进集团公司转型发展的通知》。通过加强作风建设，实现了“抓班子，带队伍，促发展”的目的，切实推进了干部队伍作风的根本转变，重点解决了在执行工作过程中“不愿负责、不敢负责、不会负责”的问题，在日常工作中做“官样文章、表面文章、粉饰文章”的问题；在精神状态上“不谋事、随心所欲、作风飘浮”的问题。

三、基层党组织和党员作用进一步发挥

一是基层党组织的战斗堡垒作用不断强化。坚持对新建经济实体的党员队伍状况进行摸底统计，健全基层党组织，对各级党组织班子成员及时充实调整，特别是对各单位的纪检机构和人员进一步配强；加强党员信息管理工作，对党员实行了党员信息入库管理；坚持落实保持共产党员先进性四个长效机制文件精神，党务管理制度化进一步推进；集团公司党委下发了《关于在集团公司学习推广潞安党建工作经验的决定》，推广学习潞安集团党建工作经验，使党建创新有了新的进展。二是通过开展“党员示范岗”、“党员责任区”、创建“红旗党支部”、窗口单位党员挂牌上岗活动，党员先锋模范作用进一步发挥，涌现出一批先进基层党组织、优秀共产党员。其中有6个先进基层党组织、7名优秀党务工作者和优秀共产党员受到省国资委党委表彰。

四、党风廉政建设和反腐倡廉工作卓有成效

一是集团党委制定出台了关于规范资源整合工作程序、工作纪律、监督检查、招投标管理的有关规定，制定了关于违反“三重一大”规定、公路、财务、对外投资管理及产权交易和安全生产方面违规违纪等7个方面的问责制度，使企业的经营管理活动做到了有规可依、有章可循。二是坚持贯彻中央《国有企业领导人员廉洁从业若干规定》和国企领导人员“七不准”，全面落实党风廉政建设责任制，加大集团“六项纪律”检查落实，确保政令畅通，执行有力。三是加强对重点工作落实情况的监督检查，将万景苑职工住宅项目、王家岭煤矿、东大煤矿等重大项目列入年度效能监察项目进行跟踪监督，年内各级纪检监察部门参与各类招投标活动共60余次涉及金额20多亿元；加强对企业经营、管理和决策关键环节的监督检查，开展了公路站点“百日整治”行动，全面规范和整治公路站点。四是严肃查处已暴露出的违纪违法案件。在煤焦领域反腐败专项斗争集中整治阶段，狠抓“八项集中整治”、构建“九类防控制度”，在工作重点上突出两个主要方向、三个前沿阵地和五个敏感环节，严肃查处了吕梁君渡站手黑放黑案等一大批腐败案件。年内各级纪委初核案件53件，立案查处27件，对101名干部职工给予了党纪政纪处分。坚持查处案件与开展警示教育相结合，对吕梁、晋城、运城、长子县等18个单位下达了纪检监察整改建议书，对4个企业领导班子集体和10余名企业主要领导人进行了诫勉谈话或提醒告诫。在全系统总结推广了泽州、高平、阳城公司在公路站点推行“三权分离”的做法，取得了良好的经济效益、社会效益和管理效益。

五、思想政治工作、新闻宣传工作、企业文化建设不断深化

一是利用《简报》、《集团报》、集团网站，通过举办专题讲座、“解放思想、科学转型”论坛、网上论坛等形式，使干部职工思想观念更加适应集团转型发展；充分发挥思想政治工作服务安全生产的作用，开展了安全生产专项形势宣传教育，制作了长治王庄煤矿事故警示教育片，形成了浓厚的安全宣传教育氛围。二是针对集团新的战略定位和任务要求，对集团公司企业文化视觉、理念、行为识别系统进行评估、修改和完善。三是制定下发了《集团公司新闻宣传管理办法》，并修订完善了集团新闻宣传报道工作考核奖励办法和通讯员队伍建设等有关制度，新闻宣传制度建设不断完善；全新改版了集团报和网站，利用省内外媒体加强企业对外宣传，在山西省建国60周年成就展上承制了《晋煤外运》沙盘模型，进一步展示了企业形象。四是继续推进文明和谐单位创建，进一步修改完善了考核办法及标准，实现了创建的科学化、制度化、规范化，继续深入开展了“劳动关系和谐企业”、“工人先锋号”、“青年文明号”、“和谐家庭”等创建活动，文明和谐单位

创建取得了丰硕成果。集团公司有3个单位被中央文明委授予“全国精神文明建设工作先进单位”称号，有45个单位被评为省属企业文明单位标兵和文明单位，3名同志被评为省属企业精神文明创建先进工作者。

六、企业民主管理建设扎实推进

一是坚持和完善以职代会为基本形式的民主管理制度，进一步完善了职代会制度，全系统建会率达到95%以上；维护员工合法权益，建立稳定和谐的劳动关系，各基层工会的《集体合同》、《劳动合同》及《女工专项合同》签订率均达95%以上；深化企务公开工作，公开内容进一步延伸，民主管理和民主监督渠道进一步拓宽。二是组织开展了群众性安全生产和节能减排活动、“安康杯”知识竞赛、“创建学习型企业，争做知识型员工”、“保障煤矿安全生产、维护农民工合法权益”和“青年安全示范岗”等活动，增强了职工的安全意识；三是高度重视维稳工作，下发了《社会治安综合治理及稳定工作信息管理办法（试行）》，成立安全保卫部，制订了24小时应急值班制度，确保了企业安全稳定；开展了“信访积案化解年”活动，共受理信访案件29起，其中已息诉或结案15起。四是开展劳动竞赛、技术比武等活动，全面提升职工队伍的业务水平；建立职工培训基地和“职工书屋”，掀起学习新知识、掌握新技术、为企业建功立业的热潮；五是开展丰富多彩的群众性文体活动，先后组织开展了庆“三八”主题征文、篮球赛，第四届职工书法、美术、摄影、手工艺品展览等系列活动和庆祝建国60周年系列活动，营造了团结和谐的工作生活氛围，群众性文体活动成绩斐然。集团公司先后荣获省国资委举办的省属企业“赞美祖国”大型歌咏比赛一等奖，山西省第三届“中国移动杯”职工职业技能大赛速录师工种团体第八名，“福建商会杯”乒乓球联赛“超级队”荣誉称号，全国煤矿男子第20届“乌金杯”篮球比赛亚军和女子第18届“乌金杯”篮球比赛季军。六是开展“送温暖”活动，节日慰问困难职工、离退休人员、因工受伤和大病职工，使职工感受到了企业的关怀和温暖；热心参与公益事业，积极承担社会责任，集团公司荣获山西省“抗震救灾功勋奖”。（张世权）

附：山西煤炭运销集团有限公司党委书记、副书记、委员名单

书　记：赵进明

副书记：刘建中（1月任职）　王建设
张泽田(12月任职)

委　员：石魁英　荣海涛　王利君（女）
龙孝忠　张银元　徐忠和　张　树(12月任职)
韩振贵(12月任职)　郑　涛(12月任职)
于喜东(12月任职)　郭润喜

省国信投资（集团）公司党委工作概况

2009年，（集团）公司党委以深入开展学习实践科学发展观活动为统领，牢牢把握“围绕中心，服务大局，以党建工作促经营工作”的工作思路，紧密结合公司实际，进一步强化工作措施，狠抓落实，以改革创新的精神全面推进党的建设，有力地促进了公司各项工作的开展，取得了良好的成绩。

（一）深入开展学习实践活动，推动公司科学发展

根据省委和省直工委的安排部署，（集团）公司参加了第二批学习实践科学发展观活动。在近半年的时间里，（集团）公司党委紧紧围绕中央提出的“党员干部受教育、科学发展上水平、人民群众得实惠”的总体要求，紧密联系公司实际，精心组织，稳步推进，带领全体党员干部，圆满完成了各项工作，学习实践活动达到了预期目的，取得了良好成效。

1.学习实践活动的收效

通过学习实践活动的开展，一是广大党员干部加深了对科学发展观的科学内涵、精神实质、基本要求和根本方法的了解和掌握，思想进一步解放，观念进一步更新。二是制定了学习实践活动整改落实方案，编写了每个阶段的资料汇编，明确了公司的发展思路和发展方向，为在工作中深入贯彻落实科学发展观提供了指导。三是正确应对金融危机，推动经营管理水平的进一步提高，截至2009年底，（集团）公司资产总额达425亿元，净资产为53亿元，（集团）公司实现总收入17.95亿元，实现利润总额9.45亿元。四是促进了体制机制的进一步健全，（集团）公司制定了《关于加强思想作风建设的意见》、《党委中心组学习制度》、《关于加强对共青团工作的领导和入党积极分子队伍建设的意见》、《文明和谐单位创建管理办法》、《考勤管理办法（试行）》、《交通补贴及车辆管理办法》、《山西省国信投资（集团）公司控股子公司综合评价试行办法》等7项管理制度和办法。五是职工利益得到进一步保障，集团系统各公司均已按照国家政策要求，为职工办理了各项社会保险，按时足额缴付保险费用，调整了交通补助办法，完善了通讯补贴制度。城坊街住宅项目可基本解决（集团）公司和信托公司，部分解决证券、光信和国贸的职工住房问题。

在学习实践活动基本结束的时候，（集团）公司组织集团系统党员干部对整个学习实践活动进行了满意度测评，经统计，满意率达到98%以上。评议结果表明，此次深入

学习实践科学发展观活动圆满成功，被广大干部职工广泛认可，基本达到了中央提出的“党员干部受教育，科学发展上水平，人民群众得实惠”的总体要求。

2.学习实践活动的体会

科学发展观是指导企业破解发展难题、创新发展思路，推动企业走可持续稳定发展道路的重要指导方针，这就要求学习实践活动必须强调真学、真用。集团系统近半年的学习实践活动取得了较好的成效，关键就是把握住了这一点，具体来说主要有以下四个方面：

（1）党委重视是搞好学习实践活动的关键。（集团）公司党委把学习实践活动作为今年的头等大事来抓，一是多次召开专题会议研究实施方案、制定活动流程等，确保了整个学习实践活动以及各环节的有序进行；二是在每个阶段都有一名党委成员做专题讲座，从而带动广大党员干部深入学习，深入思考，学以致用；三是根据分工深入基层开展调研工作，真实掌握公司发展过程中存在的问题，从而有针对性的制定整改措施。党委重视并积极带头，率先垂范，确保了学习实践活动圆满完成。

（2）统筹安排是搞好学习实践活动的保证。开展好学习实践活动，统筹安排好各项工作对于搞好学习实践活动至关重要。基于这方面的认识，集团系统各公司都成立了学习实践活动领导小组及其工作机构，形成了党委书记负总责，一级抓一级，层层抓落实的工作格局；学习实践活动领导小组办公室认真制定了活动实施方案、总流程图、各阶段流程，确保了各公司可以按图索骥，同步实施，同步完成各项工作；学习实践活动办公室充分利用办公系统、网站、标语、展板、橱窗和简报等有效载体营造浓厚的氛围，在集团系统掀起了学习实践活动的热潮；党委领导班子实行了联系点工作制度和检查指导制度，对各公司的学习实践活动督促检查，确保各项工作得以顺利完成。统筹安排，合理配置，严密组织，为集团系统学习实践活动的圆满完成提供了保证。

（3）理论学习是搞好学习实践活动的基础。开展好学习实践活动，要先抓好理论武装。在学习内容上，全体党员干部认真学习了规定书目、中央和省委领导重要讲话、中央和省委重要会议精神；在学习方式上，广泛采取自学、集中学习、专家辅导、座谈会、大讨论等；在学习手段上，充分利用办公系统、网站、视频等；在学习效果上，（集团）公司全体党员包括离退休老党员每人都撰写了5000字以上的读书笔记，并撰写了学习心得体会。通过高标准、严要求的学习，为学习实践活动的扎实进行打下了牢固的理论基础。

（4）突出实践是搞好学习实践活动的根本。搞好学习实践活动，必须在突出实践特色、坚持学以致用上下功夫。

2009年11月，（集团）公司党委主动对学习实践活动进行了“回头看”。总的来看，各公司党组织能够认真贯彻（集团）公司党委的要求，以高度负责的态度和求真务实的精神，根据整改落实方案积极进行整改，切实巩固和扩大学习实践活动的成果。目前，大部分整改措施已经完成，一些需要长期整改的项目正在积极有序的进行中。

（二）坚持中心组学习制度，促进学习型组织建设

（集团）公司党委认真落实中心组学习制度，充分发挥党委学习的带头作用，不断加强理论知识学习，提高党员干部素质，促进学习型组织建设。2009年，中心组共学习8次，除认真学习科学发展观相关重要讲话、指定教材、会议精神外，还认真学习了年初中纪委全会精神，党的十七大和十七届三中、四中全会精神，中央《关于进一步加强和改进党委（党组）中心组学习的意见》，《关于深入整治用人上不正之风工作有关任务的通知》，《党政领导干部选拔任用条例》，中组部《关于进一步加强和改进领导班子思想政治建设的意见》，《中共中央关于加强和改进新形势下党的建设若干重大问题的决定》以及中央和省经济工作会议精神。各公司党委（总支）中心组在（集团）公司党委的带动下，也积极开展相关内容的学习。

（三）认真召开民主生活会，促进党委领导班子民主建设

根据中央、省委及省直工委的要求，（集团）公司党委在学习实践活动第二阶段召开了主题为“深入贯彻落实科学发展观，进一步解放思想，加大改革创新力度，建立健全符合科学发展要求的体制机制，增强竞争实力，推动公司健康持续发展”的专题民主生活会。为开好此次民主生活会，会前，党委领导班子成员相互谈心，交流思想，达成共识；会上，党委领导班子成员本着对党、对事业、对同志高度负责的精神，紧密联系思想和工作实际，开展了积极的批评和自我批评，深入查找问题，深刻剖析原因并提出了整改措施。

（四）加强党建工作调研，督促党建长效机制落实

为进一步落实党建工作长效机制，督促学习实践活动的整改落实取得成效。根据（集团）公司党委安排，党工部于2009年11月24日和25日对信托、证券、光信、国贸党组织开展党建工作情况进行了调研。从调查了解到的情况来看，各公司党组织党建工作总体情况较好，一是能够开展形式多样的活动，丰富党建工作内涵；二是能够认真组织，加强领导，使学习实践活动取得成效；三是能够联系实际开展理论学习，推动了学习型组织的建设；四是能够开展多种文体活动，活跃职工业余文化生活，推动公司企业文化建设。

（五）加强党员队伍建设，做好发展党员工作

党员发展和党员教育工作是党员队伍建设的两个重点。党员发展方面，各公司党组织严格执行党员发展制度，认真把好党员发展中的培养、政审、考察、审批、转正等各个环节，不断建立和完善发展党员工作的民主机制，2009年共发展新党员21人，预备党员转正12人。党员教育方面，各基层党支部充分利用视频、网络等多种手段，采取问答、知识竞赛等形式，寓教于乐，学习党的基本理论知识等内容，不断扩大学习范围，提高学习效果；同时，根据年初

计划，推选了25名入党积极分子参加省直工委组织的入党培训。

（六）开展创先争优表彰活动，激发广大党员干部的工作积极性

2009年8月份，（集团）公司党委对近两年在党建工作和学习实践活动中表现突出的10个先进党支部、5名优秀党务工作者、28名优秀共产党员进行了表彰。通过表彰活动，一方面对（集团）公司两年来党建工作进行全面总结，对今后加强党的建设提出要求，明确方向。另一方面，通过表彰活动的开展，进一步促进广大党员干部弘扬正气，振奋精神，充分发挥党组织的战斗堡垒和党员的先锋模范作用，为推动公司的科学发展作出积极的贡献。

（七）积极开展各种活动，提高广大党员干部的道德素养

1.认真组织学雷锋活动，培养良好的道德情操

雷锋精神是中华民族的传统美德和无产阶级的高尚品格在社会主义时期的继承和发展。为弘扬雷锋精神，培养良好的道德情操，2009年3月5日，在毛泽东等老一辈无产阶级革命家为雷锋同志题词发表46周年之际，（集团）公司党委召开了纪念大会，并结合深入学习实践科学发展观活动，在集团系统开展了学雷锋活动。集团系统各公司党组织和广大党员干部积极响应，认真组织，广泛开展了义务献血、爱心捐款、敬老院帮扶等活动。学雷锋活动的开展，有助于广大党员职工进一步提升道德素养，坚定共产主义理想信念，树立正确的世界观、人生观和价值观，培养爱岗敬业、无私奉献、勤俭节约、诚实守信的优良品格。

2.设立爱心帮困救助基金，提高社会责任感

为切实救助社会危困群体，担负企业社会责任，继承发扬中华民族的传统美德，（集团）公司党委设立了“爱心帮困救助基金”，并制定了《爱心帮困救助基金管理办法》，号召广大党员干部职工踊跃捐款。经统计，“爱心帮困救助基金”共收到集团系统广大职工捐款55667.6元。

2009年8月份，国贸中心物业部员工李龙凤的女儿被医院确诊为白血病，急需救助。集团党委号召全体党员干部职工共捐款27.5万元，挽救了一个鲜活的生命，这充分体现了党组织的关心、集体的温暖、全体干部职工的爱心和责任心。

3.组织开展爱国主义教育活动，培养爱国主义情操

在纪念建党88周年暨建国60周年之际，（集团）公司党委积极响应中央和省委的号召，广泛开展了群众性爱国主义教育活动。一是举办了主题为“唱享和谐，科学发展”的庆祝建党88周年暨建国60周年文艺汇演，集团系统共有4支代表队参加了大合唱比赛，并推出了13个节目进行表演。经现场评比，国贸中心代表队获得大合唱比赛第一名，证券公司代表队获得第二名，集团、信托联队和光信、博爱联队获得第三名。国贸中心还代表（集团）公司参加了省直工委举办的歌咏比赛，荣获三等奖，为（集团）公司赢得了荣誉。二是组织先进党支部书记、优秀党务工作者和优秀共产党员赴井冈山参观学习，学习和发扬“坚定信念、艰苦奋斗，实事求是、敢闯新路，依靠群众、勇于胜利”的井冈山精神，推动公司更好发展。三是组织新老党员，重温誓词，党旗下宣誓，进一步坚定理想信念，牢记宗旨。这些活动的开展，弘扬了爱国主义和民族精神，丰富了广大党员的业余文化生活，进一步提高了思想认识，激发了爱国热情和工作激情，从而推动了各项工作的开展。

（八）全面安排部署和谐文明单位争创活动

为了全面落实科学发展观，进一步推进（集团）公司和谐文明建设，为公司的科学发展提供强大精神动力，创造良好发展环境。根据《山西省文明和谐单位创建管理规定》和《山西省直文明和谐单位管理办法》，（集团）公司党委制定了《山西省国信投资（集团）公司文明和谐单位创建管理办法》，强化领导，明确内容，严格程序，全面安排部署和谐文明单位争创活动，促进了文明和谐创建工作的制度化、规范化和科学化。

（九）不断加强党风廉政建设，提高党员干部廉政意识

认真落实中纪委“教育、制度、监督”并重的精神，坚持“重在事先教育，重在制度防范，重在监督管理”的指导思想，扎实推进党风廉政建设。

一是坚持党纪政纪条规的学习，认真组织学习《中国共产党党内监督条例（试行）》、《中国共产党纪律处分条例》、中纪委全会精神等，从思想认识上增强党员领导干部廉洁自律意识。

二是做好廉政谈话和《廉洁从业承诺书》签订工作。这一做法我们坚持了多年，已形成（集团）公司党员领导干部党风廉政建设的长效机制。根据（集团）公司党委的安排，今年，在干部竞争上岗工作结束后，继续做好这项工作。

三是制定《干部廉洁从业考核办法》，进一步完善党内监督体系。目前，考核办法的初稿已经完成，正在多方征求意见和修改完善中，将尽快出台。（马光泉）

附：省国信投资（集团）公司党委书记、副书记、委员名单

书　记：杨小勇

副书记：张广慧

委　员：袁东生　郭晋普

山西中条山有色金属集团有限公司党委工作概况

党委书记　王树琪

2009年，在国际金融危机和集团主体单位停产整顿的双重压力下，中条山集团党委以科学发展观为统领，坚持保发展、保民生、保稳定的工作思路，充分发挥党组织的政治核心作用，较好地实现了中条山集团各项工作目标。

一、发挥核心作用，推进中条山集团平稳发展

2009年，在金融危机和企业停产整顿的严峻挑战面前，各级党组织发挥政治优势，参与决策，营造氛围，提供保证，确保了各项工作的顺利推进。

深化改革，结构调整取得可喜进步。优化了企业资源配置，理顺组织构架，注销了集体企业，成立了自强公司，撤销了铜材分公司，关闭了热电厂1、2号机组。根据省政府要求，完成了学校移交工作。进行了取暖费改革，促进了企业管理。

关注民生，解决热点焦点问题。完成了3.43万平方米新建住房并交付使用。八栋在建职工住宅楼房即将交工。还有14栋住房也完成了报建和前期准备工作。与政府部门协调，为低收入户办理了低保户，及时提高了低保标准。在改善生活环境、办公环境、公共设施、生活福利、资助困难职工和爱心助学等方面做了大量工作，受到了职工群众的好评。

科学安排，停产复产安全有序。受2008年襄汾“9.8”溃坝事故影响，根据省政府指示，集团主要生产单位从2008年11月到2009年6月停产进行安全治理。集团党委高度重视，按照“六个确保”要求，坚持“减薪不减员、停产不放假”，落实稳定责任，加强职工培训，开展文体活动，帮扶弱势群体，同时做好设备维护、安全整治、看厂护矿等工作，并科学有序地组织了复产工作，做到了停产稳定，复产顺利。全年基本完成了国资委下达的各项工作任务及主要年度考核指标。

二、认真筹备规划，扎实开展了学习实践科学发展观活动

集团党委按照“党员干部受教育、科学发展上水平、人民群众得实惠”的总体要求，认真把握学习调研、查找问题、整改落实三个环节，实践科学发展观活动取得了实实在在的效果。全公司20个直属党组织、243个党支部、4861名党员参加了学习实践活动。共举办培训活动171次，参加培训党员15956人次。集团领导班子成员确定了15个联系点，确立了《中条山集团可持续发展研究》等7个研究课题。二级单位班子建立联系点147个，确定研究议题138个，形成了具有长期指导意义的调研报告。查找了中条山集团五个方面存在的突出问题与不足，提出了推进集团科学发展的六大措施，确定了10个方面29项整改措施，解决人才、管理、技术、设备、物资、住房、工资待遇、社区服务等具体问题294个，有力地促进了企业科学发展。

三、夯实基础工作，提高党组织的创造力、凝聚力和战斗力

以中心组学习带动党员职工学习，对在岗党员采取集中辅导、开展培训、引导自学等方式组织学习，收到较好效果。举办了四次较大规模的专题辅导培训。年末，又对学习贯彻落实十七届四中全会精神做出了具体安排，组织专人深入基层进行辅导。开展了学习宣传吴大观同志先进事迹的活动。参加了“先锋杯”知识竞赛答题活动。

以干部队伍建设为重点，提高干部队伍整体素质。制定完善了集团中层、基层管理人员选拔任用工作暂行规定，集团中层、基层管理人员管理办法，集团退居二线正副处级干部管理的有关规定，强化了干部的职责，建立了干部的培训学习制度。完善了干部考核工作，首次实行干部诫勉谈话。坚持每年一次的中层管理人员重大事项报告制度。召开了两级班子民主生活会，形成了高质量的班子分析检查报告。进一步抓了干部作风建设，转发了中共中央办公厅《关于进一步从严管理干部的意见》、《中共山西省委关于加强领导干部党性修养大力树立和弘扬良好作风的意见》，制定了《中条山集团党政关于改进中条山集团领导考察调研接待工作的规定》。对七名中层管理人员进行了调整。

以党委目标责任制为抓手，推进党建工作的精细化。出台了《中条山集团党委工作目标责任制考核办法》，将党群工作考核内容细化为8个方面44大项157小项，将软指标硬化量化，在加强和改进党建工作方面做出了新的探索，进一步提升了党建工作的水平和质量。

2009年共发展新党员163名。建立了流动党员档案和全公司党员信息库，实现了党组织和党员队伍的动态管理。开展了党员帮扶工作。春节前对建国前老党员63人和困难党员51人进行了走访慰问，共发放慰问金22800元。

四、坚持标本兼治，推进党风建设和反腐倡廉工作

中条山集团各级党政和纪检监察机关，坚持标本兼治、综合治理、惩防并举、注重预防的方针，全面推进反腐倡廉建设。开展了党性党风党纪教育月活动，共组织教育培

训40余次，在电视台和各单位共播放《用生命铸就忠诚》、《永不凋零的巴山红叶》等十多部电教片近百场次，在办公场所悬挂摆放廉洁从业警示标语牌300余块，收到了明显的教育成效。对3名党政班子成员和4名不严格履行工作职责的基层管理人员进行了责任追究。完成了效能监察目标工作任务。2009年度全公司共立效能监察项目26个，结项26个，创造效益217.02万元，挽回经济损失113.49万元，堵塞管理漏洞82个，修订建立制度43条，强化了企业管理，为实现平稳发展提供了有力保证。2009年中条山集团被省国资委授予省属企业党风廉政建设先进单位。

五、出台系列政策，实施人才强企战略

制定和出台了《中条山有色金属集团有限公司加强和改进人才工作的意见》等16个具有长远指导意义的人才工作文件，于7月30日，召开了中条山集团人才工作会议。在人才的薪酬待遇、职称评审、工作环境、文化生活等方面出台政策，给予最大限度的改善，全年招聘大专毕业学生72人。大力开展了职工培训工作，共培训职工33388人次，提高了职工队伍整体素质。

六、庆祝建国60周年，大力加强企业文化和精神文明建设

根据党中央、省委、省政府和省国资委的要求和安排，中条山集团党委把庆祝建国60周年活动作为一项重点工作。一年来，集团举办了大量的歌咏比赛、知识竞赛、征文比赛、诗歌朗诵、演讲比赛、艺术展览、健身操比赛、广场文化月等活动。特别是“辉煌60年赞美祖国”歌咏大赛的成功举办，不仅讴歌了伟大祖国的辉煌成就，同时极大地振奋了广大职工的士气，集中展现了集团职工队伍的精神风貌。9月11日，由篦子沟矿业公司组成120人的合唱队，代表集团参加省国资委举办的全省省属企业歌咏比赛，荣获了大赛一等奖，受到省国资委领导的一致好评。

开展了“双百”评选活动，继续推进了“知荣辱、树新风、促和谐，争当文明中条人”和“五文明”创建活动。集团文明委推荐申报的6个省属企业文明单位标兵、6个省属企业文明单位、1个文明和谐社区、2名文明个人，全部通过验收，受到了省属企业文明委的命名和表彰。

加大企业文化建设的力度。重点是加强了制度整合工作。继续推进了文明“三区”建设，制定下发的《关于遏制私搭乱建行为的规定》和转发国家建设部《住宅室内装饰装修管理办法》的通知，对新建住房的装修做出了严格规定。注重抓好“塑形象工程”、“处处都是服务窗口”、“处处都是形象”、“人人都是品牌”等主题教育活动，提升了中条品牌形象和企业软实力。

七、强化舆论引导，营造健康向上的氛围

宣传思想工作紧密围绕十七大和十七届四中全会精神、学习实践活动、建国六十周年、中条山集团“两会”、生产经营、停产复产等重大事项开展宣传。在报刊、电视、网站等媒体开辟“安全伴我行”、“文明监督台”、“我为党旗添光彩”、“迎国庆展风采”、“重点工程巡礼”、“中条之声”、“职工论坛”、“学习实践科学发展观活动在中条”、“特殊时期政策问答”和“复产在即”等栏目。印发《中条山集团停产期间有关政策问题解答》2000本，发行《研讨》刊物三期。

加大对外宣传工作力度。全年各单位向《中国有色金属报》、《山西日报》等8家省市级报纸及山西国资网站、企业文明网站等投稿刊发宣传稿件60余篇。

八、重视稳定工作，营造和谐的矿区社会环境

高度重视群众来信来访，完善信访工作机制，在为期半年多的停产整顿期间没有出现因停产整顿而上访的事件发生。全年接访总量91批次、387人次，信访总量与2008年相比明显下降。

在庆祝建国60周年系列活动期间，各单位建立领导值守、24小时值班和零报告制度，以及加强社会治安综合治理、矛盾排查和职工的法制教育，开展了疑难案件专项治理活动，确保了集团大局稳定。 （吴少鸿）

附：山西中条山有色金属集团有限公司党委书记、副书记、委员名单

书　记： 王树琪

副书记： 刘正国

委　员： 刘广耀　张新乐　何小青

省物资产业集团有限责任公司党委工作概况

党委书记　郝瑞珍

2009年，面对席卷全球的金融危机给集团三大主业发展造成的巨大困难，省物产集团公司党委及直属各基层党组织以深入学习实践科学发展观活动和建国60周年庆祝活动为契机，以构建和谐物产为主线，紧紧围绕加快推进集团“12335”和“2323”发展战略，努力实现“两个确保”工作目标这个中心，不断加强和改进集团党

建工作，带领广大党员群众团结一心，共渡难关，为促进集团改革发展平稳健康运行，维护企业和职工队伍和谐稳定做了大量积极有效的工作，较好地发挥了战斗堡垒作用。至2009年底，集团公司资产总额22.05亿元，拥有企业21户，在册员工1083人,集团直属基层党组织18个，党员总数892名。

（一）以开展深入学习实践科学发展观活动为推手，加强党的思想政治建设，党员干部队伍的思想政治素质进一步提高

1. 学习实践科学发展观活动扎实开展，取得实效。从2009年3月6日开始，集团公司党委紧紧围绕“党员干部受教育、科学发展上水平、人民群众得实惠”的总体要求，以“坚持科学发展，全面推进集团‘12335’和‘2323’工程，努力实现集团整体跨越式发展”为载体开展了深入学习实践科学发展观活动，集团直属各基层党组织近900名党员干部参加了活动，党员和党组织受教育覆盖面达到98%以上。活动中，集团公司党委和各基层党组织准备充分，组织严密，程序规范，注重实效。在学风上，坚持把学习十七大、科学发展观精神与落实全年各项任务结合起来，加大形势任务教育，统一思想、凝聚力量，提出了全年“两个确保”的奋斗目标。在效果上，注重提高广大党员干部对科学发展观指导作用的认识，不断把学习实践的成果转化成谋划科学发展的正确思路、推进转型发展的坚强意志、做好本职工作的实际能力。围绕转型谋发展、围绕主业谋发展、围绕项目谋发展成为广大党员干部的共识。集团发展类企业想方设法积极应对金融危机给企业造成的不利局面，加大转型发展力度，大力开拓主营业务。贸易业务在稳步构建供应链管理营销模式上实现突破，确保经营不出现大的滑坡。物流业务通过紧紧抓住国务院出台《物流业调整和振兴规划》和山西省加快扶持物流业发展的机遇，不断调整经营结构，开拓物流市场，争取项目资金，实现了初步转型。房地产业务在整合资源，创新开发模式上实现新发展，为集团的可持续发展奠定了坚实基础。总体上，集团发展类企业实现了危机面前职工不下岗，收入不减少的既定目标。集团转制搞活和关闭破产类企业一手抓规范操作改制破产，层层推进，一手抓干部职工的思想政治教育，以理服人，以情感人，做到了“两不误、两促进”，保持了企业和谐稳定。集团7户破产企业破产安置费用已全部争取到账，破产企业职工得到了妥善分流和安置，其中驻并6户企业已于2009年12月18日由太原市中院裁定破产终结。通过学习实践活动，集团各级党组织和广大党员干部的政治素质明显提高，党群干群关系明显改善，党员干部搞好企业的信心和决心明显增强，企业改革发展势头良好，达到了学习教育活动的基本要求，在职工群众总体满意度测评中，满意率达到99.5%。

2. 学习型党组织建设稳步推进，党员干部政治素质不断提高。一是在学习形式上，坚持中心组学与党小组学、集中学和自学、理论学和实践学、内训学和考察学的“四结合”原则，不断完善党委中心组学习和党建例会制度。集团先后组织召开了建党88周年座谈会，进一步加深了对“6个为什么”的深刻理解；学习贯彻胡锦涛总书记在十七届中央纪委三次全会上的重要讲话精神，在集团组织部门开展了深化拓展“讲党性、重品行、作表率”活动，使集团组工干部的党性观念得到了进一步加强，政治素养得到了进一步提高；就潞安党建工作绩效管理经验进行了学习动员，集团各基层党组织围绕加强基层党建工作掀起了学习热潮，集团党委还结合学习十七届四中全会精神组织开展了课题调研和问卷调查，为研究部署进一步加强集团党建工作做了充分准备。二是在学习内容上，坚持因企制宜、学用结合的原则，不断丰富学习内容，以专题报告、专家讲座、网络视频、交流座谈、问卷答题等多种形式，先后组织广大党员干部学习了党的十七大、十七届四中全会精神等党的政治理论，以及《物流业调整和振兴规划》等国家政策法规。集团公司党委先后组织报告会、专题讲座7次、理论测试3次。三是在学习方法上，注重充分利用宣传栏、报纸、网络、板报、简报、答题等多种媒介载体，不断巩固党的思想教育阵地。集团创办的《山西物流》报长期开辟学习专栏，及时宣传党的创新理论，集团公司局域网站定期发布有关理论学习信息，转载刊登重要理论文章，党委工作宣传栏随时将集团党委的重要活动、典型事迹等进行宣传报道，有效提高了学习效果和质量。全年集团办公室共编写简报69期，党办制作宣传栏10块。四是通过开展各种主题实践活动，进一步发挥党的思想导向作用，对广大党员干部开展革命传统教育和爱国主义教育。建国60周年期间，集团党委组织了“迎国庆，促发展”主题演讲比赛，举办了“科学发展新物产”论坛，开展了“弘扬爱国主义，共建和谐物产”主题宣传活动，组织广大党员干部参观“山西省建国60周年成就展”。

（二）以巩固和扩大党的战斗基础为支点，加强党的组织建设，党组织的凝聚力、战斗力、创造力进一步增强

1. 结合“四好”领导班子创建活动继续加强企业领导班子建设。一是根据十七大报告提出的“提高领导干部执政本领”的新要求，开展“六比六看”活动，进一步引深“四好”领导班子创建工作，并对所属企业班子进行了考察。二是以深入学习实践科学发展观，推动集团三个发展，实现“两个确保”为主题认真开好集团公司和成员企业领导班子民主生活会。三是组织参加省国资委党委“创先争优”活动，长风物流党委和民丰党委被评为省属企业先进基层党组织，4名同志被评为省属企业优秀党员。

2. 党员队伍得到了充实加强。集团党委按照“成熟一个发展一个”的原则和发展党员“十六字”方针，努力把符合条件的经营管理骨干培养成党员，把党员培养成经营管理骨干，使党员成为企业优秀的人力资源。集团公司全年共发展党员16名，预备党员转正11名，有13人参加了省国资委组织的入党积极分子培训。同时，集团党委注重加强党员组织关系管理，积极探索、有效解答新形势下党员

队伍管理中出现的新情况、新问题。如针对不在岗党员较多、管理困难的情况，制定了《流动党员管理制度》，把党建工作重心放到基层，使党组织影响力延伸到每个角落。物产金属党支部针对自身流动党员较多情况，开展专题调研，并在实践中设立了党建联络组，进一步加强了对流动党员的管理。

3. 群团组织得到较快发展，发挥了参谋助手作用。一是上半年，组织召开了集团公司一届二次职工代表大会，制定下发了《山西省物资产业集团有限责任公司贯彻<山西省企业民主管理条例>实施细则》，加快了集团公司民主管理的进程。各企业工会组织认真宣传贯彻《山西省基层工会工作规范》和《山西省企业民主管理条例》，通过加强企务公开、增加透明度，最大限度地调动了职工参与企业经营管理的积极性。二是集团公司第一届团代会顺利召开，选举产生了集团新一届团委。按照加强基层团组织的工作要求，集团各所属企业也结合实际建立了团的组织，截至目前，集团已成立14个基层团组织。同时，集团各级团组织积极发挥党的后备军和突击队作用，一年来组织开展了“我为集团科学发展献计策”、评比表彰了集团第四届“十佳青年”、坚持开展了青年文明号创建和青年文明号“优质服务月”活动，组织东联公司选派三名团员青年代表我省参加了全国汽车维修岗位技能大赛。集团团委“五四”期间被评为省属企业五四红旗团委，上汽公司团支部被评为省属企业特色团支部，两名同志被评为省属企业优秀共青团干部，两名同志被评为省属企业优秀共青团员，两名同志被评为省属企业青年岗位能手。三是“三八”妇女节组织召开了“庆三八、提素质、促和谐”知识讲座，请专家讲授职业礼仪，提升了女职工的职业素养。

（三）以贯彻落实《党风廉政建设目标责任制》为重点，加强党的作风和反腐倡廉建设，党员领导干部的思想和作风得到进一步锤炼和转变

1. 以保持党同职工群众的血肉联系为重点加强班子的作风建设，大力弘扬求真务实的作风，切实改进文风、会风和工作作风，使各级领导班子把主要精力放在抓落实上，放在研究破解企业发展的工作难题上。集团公司领导率先转变工作作风，制定了《集团公司本部厉行节约的规定》，从用车、招待、用电等日常费用管理方面进行了规范，严格控制费用。根据国务院有关规定集团各企业开展了自查自纠“小金库”工作，8月份集团财务部又组织专人进行检查验收，进一步规范了集团各企业的财务管理制度，堵塞了漏洞。

2. 以制度建设为重点加强党风廉政建设。年初集团公司党委与16个基层党组织签订了党风廉政建设目标责任书。在具体落实中，集团公司党委认真贯彻省委《关于加强领导干部党性修养大力树立和弘扬良好作风的意见》，深化理想信念教育，充分利用各种会议、局域网、《山西物流》报、中心组学习、定期公开公示等机会，加大对预防腐败的宣传力度。完善机制，严格执行“三重一大”事项集体决策的规定，加强对管事、管人、管财、管物等部门的监督。为控制风险，制定了《货物质押监督管理办法》，要求物流企业每月向集团风险管理小组报告一次监管情况，有效地遏制了个人说了算和程序不规范的问题。按照省国资委《进一步加强和规范招投标工作的通知》和集团《招投标管理办法》，进一步规范企业基础管理及招投标工作,利用信息和技术手段，提高从源头上预防和治理腐败的能力。

3. 以重大投资和工程项目为重点加强效能监察。2009年集团效能监察立项4个，即：现代物流有限公司《综合性区域物流配送中心》、新纪元大酒店《楼层改造工程》、民丰有限公司《仓库新建库房》和物产再生利用有限公司《报废汽车拆解循环利用中心》等，重点对现代物流1.8万平方米库房的建造进行了跟踪，坚持由总经理带队，纪检、发改、产权等部门参与，每周至少半天进行现场办公。一年来，通过效能监察，在工程项目招投标中压缩费用180万元，逐步形成了党内监督、职工群众监督和职能部门监督的强大合力。

（四）以关注民生维护稳定为抓手，加强平安企业建设，安全发展的理念进一步巩固

1. 做好深入细致的思想政治工作，推动集团改革改制和关闭破产工作平稳有序进行。一方面，从政策上加强正面引导。集团公司针对机电、化轻、建材、储运等公司职工反映改制破产有关问题多次进行政策解释，并在政策允许范围内最大程度帮助解决企业问题，稳定了职工队伍。另一方面，在工作方法上体现人文关怀。集团为维护困难企业特别是破产企业的稳定，克服自身困难，通过多种渠道筹集资金33.54万元，用以解决在职职工生活费、退休人员统筹外养老金等，还自筹资金100余万元用于代垫破产企业清算期间的各种费用，维护了企业的和谐稳定。

2. 强化责任制管理，进一步完善了责任制体系。2009年除了层层签订经营管理目标责任书外，还与20家二级法人企业签订了《综合治理目标责任书》和《安全生产目标责任书》，健全完善了综合治理目标责任制和安全生产目标责任制。制定实施了《集团综治信息报送制度》，聘任了15名企业综治信息员专门负责综治信息工作。在《应急预防方案》的基础上，又针对集团主要工作状况成立了三个工作小组，集团领导分工负责，部室和企业负责人具体承办负责，有效应对各种突发事件。国庆前夕，集团本部和各企业配合驻地派出所对出租房人员情况进行了摸底登记。尤其在节假日期间，领导带头深入企业进行重点检查和抽查，堵塞漏洞，消除隐患，随时掌握所属企业的安全工作情况，及时解决存在的问题。由于各级党组织的高度重视和认真组织实施，使得集团的安全工作得到了省综治信息中心和坞城派出所的高度评价，集团有1人被省国资委授予2009年度省属企业安全生产先进个人称号。

3. 做好来信来访工作。全年集团共接待集体访32批次502人次，个人访120余人次，一定程度上化解了矛盾，确保了企业稳定。各基层党组织高度重视维稳工作，始终做

到了既坚持原则，又人性化处理，不激化矛盾，通过做大量耐心细致的思想工作，维护了集团整体和谐稳定。

4. 关注民生，积极为职工办实事好事。集团利用宝佳丽景回迁楼房屋资源，解决了111户回迁户和集团的住房问题，通过采取现房调购和货币化补贴彻底解决了集团本部及从未进行福利分房公司职工的住房问题。部分企业还克服各种困难，分别为职工增长了工资收入，上调了职工养老保险和公积金缴费基数。全年集团共筹措资金7.7万元先后组织慰问了建国前工作的老同志、特困职工、困难军转干部、困难老党员和老红军共计138人，让职工感受到了组织的温暖。

（五）以庆祝建国60周年活动为契机，加强精神文明建设和企业文化建设，科学发展新物产的良好形象进一步树立

1. 年初，集团党委举办了老干部座谈会、迎春团拜会。利用国庆60周年良好契机，集团党委开展了“喜迎祖国六十华诞，推动集团科学发展”系列活动，先后举办了长风物流杯乒乓球比赛、集团公司歌咏比赛，参加了省国资委组织的建国60周年大型歌咏比赛，并取得了二等奖的好成绩。各基层党组织精心组织，广大职工积极参与，各项活动都收到了好的效果。长风物流公司被授予2007-2008年度省属企业文明单位标兵，民丰公司、上汽公司分别被授予2007—2008年度省属企业文明单位，集团有一人被授予2007—2008年度省属企业文明单位先进工作者。各种丰富多彩文化体育活动的广泛开展，极大地活跃了职工的业余生活，培育了职工的团队精神，增强了集体荣誉感。

2. 组织开展各种“送温暖，献爱心”活动。先后组织党员干部参加太原市“慈善一日捐”活动和“送温暖，献爱心”活动，为我省受灾群众和弱势群体捐款28872元，以实际行动再次展现了物产人“情系百姓，乐于助人”的良好风尚和社会责任感。

截至2009年底，集团公司列入省国资委考核企业实现营业收入14亿元，实现利润1276万元，净资产收益率2.75%。整个集团公司经营规模达到26.5亿元。

——年销售煤炭52.4万吨，钢材7.46万吨，塑料原料1.2万吨，化工产品2.5万吨，汽车23604辆，年回收拆解报废旧机动车1556辆，年物流综合收入达到2.45亿元。

（周海波）

附：省物资产业集团有限责任公司党委书记、副书记、委员名单

书　记：郝瑞珍（女）

副书记：苏建民

委　员：荣建民　常建军　赵铁贵　陆生满　傅健敏　郭进科　刘照国

太　钢　新　貌

中央部属单位党组（委）工作概况

山西煤矿安全监察局党组工作概况

党组书记　杜建荣

2009年是煤矿安全监察工作取得新的进展，安全生产形势取得重大突破的一年。一年来，局党组坚持以科学发展观为指导，认真贯彻落实党中央、国务院关于安全生产工作的一系列重要指示，坚决贯彻落实国家局和山西省委省政府关于安全生产的重大决策部署，明确目标、突出重点，强化责任、狠抓落实，深入开展煤矿安全生产“三项行动”、“三项建设”，全力推进煤矿企业兼并重组整合，有力地促进了全省煤矿安全生产状况的明显好转。全省各类煤矿累计发生伤亡事故72起，死亡206人，下降32.01%。煤矿百万吨位死亡率为0.328，同比减少0.0947，下降22.4%，均创历史最好水平。

2009年，我们主要抓了以下七个方面的工作：

（一）落实监察执法责任制，做实做细“三项监察”。围绕全局全年中心工作，制定了目标考核制度，将主要工作任务逐项逐级分解，层层建立监察执法工作责任制，将监察职责具体化，日常考核分值化，处罚裁量刚性化，实行“逐月通报、每季滚动、半年考核、全年综评、奖罚挂钩”，保证各项工作责任到人、落实到位。

为了全面落实目标责任、做实做细“三项监察”，我们组织开展了对国有重点煤矿“一通三防”、煤矿在用机电设备、建设项目、矿井负责人和生产经营管理人员下井带班情况、煤与瓦斯突出矿井、职业危害防治等专项监察和重点监察，组织开展了“两节”、“两会”等重点时段生产建设矿井的定期监察等。各监察分局、站结合辖区煤矿安全实际，严格执法计划，合理确定监察周期，科学安排监察力量，采取专家监察、解剖监察、示范监察等方式，不断创新监察执法手段方法，提高了监察效能。吕梁分局开展了对煤矿安全培训机构资质和“三项岗位人员”持证上岗的专项监察，促进煤矿规范了职工安全行为；太原分局现场检查“十必查十必看”，着眼于做实做细安全监察。2009年全系统共实施监察4321矿次，实施行政处罚713矿次，制作各类执法文书12223份，责令停产整顿矿井60个，暂扣安全生产许可证131个，吊销安全生产许可证71个，上缴财政行政罚款8333万元。

（二）深入开展“三项行动”，着力解决突出问题。一是广泛开展煤矿安全宣传教育行动。利用信息简报、动态清样、新闻媒体等形式，不断加大宣传力度，及时宣传煤矿安全法律法规和监察工作；以“安全生产月”活动为抓手，组织开展了重特大事故案例警示教育、监察访谈、三晋安全行、安全生产超千天矿井公开承诺等活动，积极营造了安全发展的良好氛围；圆满完成了国家煤矿安全监察工作十周年画册和大事记相关文字图片资料的征集工作；组织对18571名煤矿安全生产管理人员进行了初培、复训、再培和考核发证。二是扎实开展煤矿安全生产执法行动。对大同、朔州、忻州、太原、阳泉五市，由省局领导带队开展了为期一年的煤矿安全生产专项整治三级联动督查，积极参加煤矿安全生产联席会议和联合执法活动。各监察分局、站突出执法工作重点，严厉打击非法违法生产建设行为，促进辖区煤矿安全形势的稳定好转。晋城分局会同公安部门采取零点行动、实行夜间突查；临汾分局与临汾市有关部门开展联合执法，查处辖区重大安全生产隐患。三是持续开展煤矿安全生产治理行动。根据辖区内煤矿安全生产现状实行分类监察、动态监控，有针对性地开展工作，促进及时治理安全隐患。朔州站实行定期通报、安全协管、跟踪治理、促进整改；忻州站通过集中执法、处罚述职、示范监察、整改巡查、七步监察等方法促进煤矿加快隐患整改进程。全年全系统共查处各类煤矿安全隐患15208条，督促整改隐患14760条。

（三）全面加强“三项建设”，着力构建监察执法长效机制。一是完善监察执法体制机构。修订完善了省局工作规则、行政许可、效能监察、执法监督、中介监管、应急管理等制度，制定了“六个办法”(煤矿安全网络式监控监察办法、煤矿安全程度动态评估办法、煤矿集团公司安全状况评估办法、辖区煤矿安全状况评估办法、监察人员综合考核办法、监察分局(站)年度工作目标责任分解及考核办法)，对全省煤矿安全实行网络式监控监察，实时掌握煤矿安全生产动态和现状。大同分局对“六个办法”实施分类细化、加大绩效考核，进一步提升了监察执法效能。二是加强煤矿安全保障能力建设。严格煤矿建设项目安全设施设计审查和竣工验收，严格煤矿安全生产许可工作；加强应急救援工作协调和指导，修订救护队资质认定办法，加强煤矿应急救援队伍建设，对1038名矿山救护指战员进行培训考核；完善煤矿安全评价检测等中介机构监管制度，积极推广煤矿安全新技术、新成果，促进支撑体系建设。三是加强煤矿安全监察队伍建设。制定下发了《山西煤矿安全监察局干部选拔任用办法》，坚决贯彻德才兼备、以德为先的选人用人原则，全年共选拔、交流、轮岗、任免处级干部32人。加强监察队伍思想政治建设，加强基层党组织建设，组织监察员法律知识考试、试行公务员综合考核，不断加强业务建设，提高队伍执法能力。长治分局发扬“四特四不四变”精神，加强队伍建设。

（四）积极推进煤矿企业兼并重组整合，提高产业安全发展水平。为了认真贯彻落实张宝顺书记提出的“坚定不移地推进煤炭资源整合”、王君省长提出的“资源整合是为山西打基础立长远的大事，也是为山西百姓做的好事、实事”的指示要求，确保全省煤矿兼并重组整合工作有序推进。我们相继召开了三次煤矿安全监察工作座谈会和国有重点煤矿安全生产工作座谈会，针对煤矿企业兼并重组期间煤矿安全监察执法工作的多项措施，组织了对五个市推进煤矿企业兼并重组整合工作为期一个月的检查验收。省局积极参与审查煤矿企业兼并重组整合工作方案，成立了兼并重组整合煤矿安全生产许可办公室，由专人负责煤矿安全生产许可审查工作，在严把兼并重组整合矿井安全生产条件审查关的同时，做到了快捷高效办理。

（五）持续加大瓦斯治理监察力度，有效遏制煤矿重特大事故发生。认真贯彻“9·3”全国煤矿瓦斯治理工作会精神，坚持围绕“先抽后采、监测监控、以风定产”的瓦斯治理方针和“通风可靠、抽采达标、监控有效、管理到位”的瓦斯综合治理工作体系要求，制定了瓦斯治理现场监察办法，明确了5项15条重点监察内容，不断加大监察执法力度，有效防范和预防重特大事故的发生。制定了推进煤矿瓦斯综合治理体系建设“双百工程”监察指导意见，提出监察要求，强化监督检查。各监察分局、站对辖区高瓦斯矿井、煤与瓦斯突出矿井制定了监察方案，开展专项监察。阳泉分局按照《煤矿瓦斯抽采基本指标》(AQl026—2006)要求，制定了专项监察办法，对辖区煤矿进行瓦斯抽采达标专项监察，有力地促进煤矿瓦斯综合治理体系建设。

（六）严肃查处煤矿事故，严格实行责任追究。依法履行组织事故查处的职责，坚持按照“三项基本要求”和“四不放过”的原则，加大事故查处和责任追究力度；加强与有关部门的沟通协调，加强对事故原因的分析和防范措施的研究，用事故教训推动工作。全年共组织、参与查处煤矿事故77起(含重大涉险事故和瞒报事故6起)，已结案64起，处理责任人751人，其中移交司法机关追究刑事责任的33人，给予党纪和政纪处分的491人，会同有关部门对事故处理落实情况进行了跟踪监督，确保了责任追究、防范措施落实到位。对举报45起煤矿隐瞒事故按照有关规定进行核查落实，已核查反馈36起，正在核查9起。

（七）加强党风廉政建设，注重完善制度落实责任。认真贯彻惩防体系建设工作规划和总局实施意见，层层签订了党风廉政建设责任状和廉洁自律承诺书，把党风廉政建设和反腐败工作责任落到了实处。深入开展了“廉政教育月”活动，认真开展了以“读好两本书”等七项内容为主的反腐倡廉教育活动。扎实开展煤焦领域反腐败专项斗争集中整治工作，围绕推进改革、权力运行、资产管理、规范煤矿安全监察执法权力运行等方面研究制定了一批廉政制度。完善八小时外监督制度和行政效能监察办法，坚持廉政谈心谈话制度，做到关口前移、提前预防，廉政监督得到进一步加强。

一年来我们还在党的建设、财务管理、电子政务建设、信息高度、应急管理、档案管理、政务公开、老干部工作、后勤保障等方面也取得新的成绩，全系统涌现出一批先进集体和优秀个人。经省局党组研究决定，授予阳泉监察分局等4个单位“2009年度工作先进单位”称号，授予朔州安全监察站“2009年度创新执法工作先进单位“称号，授予43名同志”优秀公务员”称号，授予20名同志“2009年度先进工作者”称号。

在回顾工作、肯定成绩、总结经验的同时，我们还必须清醒地认识到，我们的工作与国家安监总局、省委省政府的要求和人民群众的期望相比仍然存在差距，煤矿安全生产各项指标与兄弟省市(山东、内蒙古)相比差距还较大，全省煤矿重特大事故还未能有效遏制。煤矿安全监察工作还存在一些不足和问题，突出表现在：一是安全监察机制还有待于完善。二是在推动两个主体责任落实上还有差距。三是在执法方式上还有待进一步创新。四是在杜绝重特大事故上防范力还显得不足。五是班子队伍建设有待进一步加强。以上问题我们必须认真研究，采取措施，在今后的工作中逐步加强和完善。（谭海南）

附：山西煤矿安全监察局党组书记、党组成员名单

书　记：杜建荣

成　员：杜建荣　梁云祥　徐占成　祁建华　薛勇军　赵文才

中国人民财产保险股份有限公司山西省分公司党委工作概况

党委书记　董清秀

2009年是新世纪以来我国经济发展最为困难的一年，也是人保财险山西省分公司发展史上非常不平凡的一年。一年来，我们坚持以邓小平理论和“三个代表”重要思想为指导，以科学发展观为统领，认真贯彻党的十七届四中全会精神，加强党员干部思想政治建设，强化领导班子建设，广泛开展“创先争优”主题实践活动，全面推进党的组织建设和党员队伍建设，积极探索新形势、新任务下加强党建工作的新方法、新途径。我们咬定发展不放松、紧抓效益不动摇，带领全辖员工同心同德、共克时艰，积极应对金融危机的不利影响。坚持围绕发展抓党建，抓好党建促发展，核心经营指标趋于稳健，服务山西，保障民生，化解风险的能力进一步增强，公司发展步入良性轨道，取得了党建与业务发展同步推进的优异成绩。

一、认真学习贯彻十七届四中全会精神，不断加强党的思想政治建设

党的十七届四中全会认真总结我党执政以来加强自身建设的宝贵经验，深入分析党的建设面临的新情况、新问题，进一步研究和部署以改革创新精神推进党的建设新的伟大工程，具有很强的思想性、政治性和指导性，是当前和今后一个时期指导党的建设的纲领性文件。我们及时转发有关重要文件，组织全辖各级党组织，认真学习领会《中共中央关于加强和改进新形势下党的建设若干重大问题的决定》，并结合本公司实际积极贯彻落实。一是全面深入扎实地学习《中共中央关于加强和改进新形势下党的建设若干重大问题的决定》。公司各级党组织认真学习十七届四中全会精神，切实把思想统一到全会精神上来，紧紧围绕公司“促发展、保效益、防风险”的工作主基调，以党建促发展，把力量凝聚到推动公司科学发展的各项目标任务上来。二是坚持理论与实践相结合，用理论指导解决党的建设面临的新情况新问题。把全会精神与公司实际紧密结合起来，紧紧围绕党的执政能力建设和先进性建设这条主线，把公司的发展纳入经济社会发展全局来运筹，确立“想全局、干本行，干好本行、服务全局”的大局观；用发展的办法解决公司改革发展稳定中的问题，确立短期有效、长期有利、又好又快、科学发展的工作思路。

二、以改革创新精神全面推进党的组织建设

党的组织建设是党的工作和战斗力的基础，也是提高党的执政能力、巩固党的执政地位的基础，国有控股企业核心竞争力的一个重要方面就是党的建设。因此，需要我们坚定不移推进党的组织建设。

1. 加强领导班子建设，增强公司的领导力

一是加强理论学习，确保公司正确发展方向。一年来，公司党委坚持了党委中心组学习制度，采取集中学习和自学相结合、理论学习和调查研究相结合的方式，通过理论联系实际、深入研讨，对公司新的发展思路和目标定位有了统一的认识，对坚持效益为先，又好又快发展战略重要性和紧迫性的认识进一步提高，对公司改革发展全局的把握能力进一步增强，对服务地方经济建设保障民生更加自觉，确保了公司改革发展的正确方向。二是强化民主集中制。一年来，公司党委认真贯彻党的民主集中制原则，坚持党委集体领导下的行政分工负责制，严格执行《党委会议议事规则》，严格按照规则议事、按照程序决策。对于干部的推荐、任免、奖惩和经营管理等方面的重大决策事项，党委严格按照“集体领导、民主集中、个别酝酿、会议决定”的方针，由党委会集体讨论决定；认真召开领导班子民主生活会，深入查找了班子及其成员在党性观念、思想作风和工作中的突出问题，开展了积极的批评与自我批评，成员之间加强了思想交流，增进了理解，班子的凝聚力、战斗力得到了进一步的加强。

2. 加强党员队伍建设，增强公司的战斗力

一是全辖各级党组织在坚持“三会一课”基本制度的基础上，与公司思想政治和企业文化建设融为一体，采取“演讲会”、“读书会”、“共享课堂”、开办学习专栏、重大节日座谈会、联欢会、参观学习、组织文体活动等多种形式，开展丰富多彩的党的思想政治和党员教育活动，丰富组织活动的方式和内容，增强了组织活动的吸引力和党组织的凝聚力。二是注重在公司业务发展和经营管理的实践中发现和培养入党积极分子，对于那些思想素质好、专业技能强、爱岗敬业、表现优秀、业绩突出的非党员员工，党组织主动与他们交心沟通，鼓励他们积极向组织靠拢，高标准、严要求，有意识地给他们压担子，在实践中培养锻炼。三是按照“坚持标准，保证质量，改善机构，慎重发展”的方针，注重在专业技术骨干和优秀销售人员中发展党员，增添新鲜血液，真正体现“把业务骨干培养成党员，把党员培养成业务骨干”。2009年，各级基层党组织培养入党积极分子148名，发展预备党员66名，其中业务一线发展党员63人（营销员党员8名），占发展党员人数的95%，较往年有了明显的增长。

3.广泛开展“争先创优”主题实践活动，发挥党员模范带头作用。

全辖各级党组织围绕公司中心工作，坚持从实际出发，坚持党建工作与业务发展的良性互动，广泛开展党员先锋岗、党员突击队、我为党旗争光彩、创建学习型组织等主题活动和竞赛活动，使广大党员群众团结在党组织的周围，有力地促进了公司各项工作的顺利开展。

2009年，在公司业务发展遇到特殊困难的情况下，省公司机关党委自5月5日–8月31日，组织机关5个支部开展了“众志成城，共克难关、与基层同在”的百日业务竞赛活动，经过机关党委、各支部层层动员，党员带群众、个个争先锋，上至总经理，下至新进人员，群策群力，超额完成竞赛目标，发挥了四两拨千斤的作用。阳泉市分公司作为公司“科学实践、攻坚克难”主题实践活动试点单位，积极扩大和巩固“深入开展科学发展观实践活动”成果，面对金融危机给当地市场带来的特殊困境，公司市县两级党组织充分发挥基层党组织的战斗堡垒作用，团结带领广大党员和员工迎难而上。6月至7月，阳泉市分公司开展了“攻坚克难，为党旗增辉、为公司添彩——团队业务争先赛”主题实践活动。在此项主题活动中，阳泉市分公司七百余名党员干部积极投身其中，形成了比、学、赶、超的竞赛氛围，有力推动了业务发展。

围绕纪念建党88周年，公司召开了“七一”双先表彰大会，全省系统有41个先进党支部、180名优秀共产党员和56名优秀党务工作者受到表彰，在全辖树立了典型，进一步营造了崇尚先进、学习先进、争当先进的浓厚氛围，激发了广大党员干部投身公司改革和发展的热情。

三、强化责任意识，加强党的作风建设

作风建设是一项长期的重点工程，优良的作风是在工作实践中逐步形成，并在实践中不断保持和发展的。结合公司实际，我们将作风建设贯穿于公司的经营管理和全面建设中，落实在每个员工的自觉行动和日常工作中。我们坚持办公会、司务会制度，定期召开由各部门负责人参加的工作会，听取工作汇报，定期点评督导各部门重点工作开展。省公司改变过去仅仅依赖文件布置工作的做法，弘扬求真务实精神、大兴调查研究之风，多次深入基层一线，与基层同志探讨研究改进工作的方式方法，积极帮助解决实际困难。

认真贯彻执行《建立健全惩治和预防腐败体系2008—2012年工作规划》，健全教育、制度、监督并重的惩治和预防腐败体系。坚持标本兼治、综合治理、惩防并举、注重预防的方针，严格执行党风廉政建设责任制，实行“谁主管、谁负责”，“一岗双责”，逐级签订党风廉政责任状，落实责任追究制和问责制。

公司优异的业绩和不断提升的社会形象赢得了社会各界的普遍认同。2009年，公司被省政府评为文明和谐单位标兵单位；顺利通过了省行评办组织的行风验收，受到省行评办的充分肯定。

（胡彦鑫）

附：中国人民财产保险股份有限公司山西省分公司党委书记、委员名单

书　记：董清秀（3月离职）　王力峰（4月任职）

委　员：陈海平（女）　陈英豪　刘瑞祥　张小平

山西省烟草专卖局（公司）党组工作概况

党组书记　李泽华

2009年，山西省烟草专卖局（公司）党组紧密结合国家局党组的安排部署，联系工作实际，认真学习贯彻党的十七届四中全会精神，深入开展学习实践科学发展观活动，围绕“三个发展”，开展“四要”作风建设，创建“五型”机关，内强素质，外树形象，发挥党的思想政治优势、组织优势和群众工作优势，不断引深机关党的工作责任制的落实，进一步提高了各级党组织和全体党员的创造力、凝聚力和战斗力，为确保山西烟草各项工作的圆满完成提供了坚强有力的思想、政治和组织保证，确保了2009年全省烟草行业经济运行总体走势的平稳增长。2009年全省销售卷烟140.66万箱，同比增长3.63%。全省行业实现税利41.34亿元，同比增长13.54%，其中实现利润26.8亿元，同比下降6.91%；实现税金14.55亿元，同比增长90.72%。省直工委也对我们的党建工作给予厚爱和肯定，分别授予我们“党建工作先进单位”和“优秀基层党组织”称号。

一、以深入开展学习实践科学发展观活动为主线，在党建思路上实现新突破

按照国家烟草专卖局党组的统一部署并经报告工委组织部同意，2009年3月至9月，全省烟草行业深入开展了学习实践科学发展观活动。

我们紧紧围绕“党员干部受教育、科学发展上水平、人民群众得实惠”的总要求，以全面落实“烟叶防过热，卷烟上水平，税利保增长”为主要任务，严格程序，创新思路，突出特色，精心组织，扎实推进，在全体干部职工的共同努力下，实现了两手抓、两不误、两促进，学习实践活动和各项工作取得明显成效。

首先，注重了内容上的“有的放矢”。我们将学习实践活动作为山西烟草查找突出问题、推动可持续发展的重要契机，视为实现山西烟草科学发展再上新水平的“及时

雨”，从前期准备、方案制定、组织领导、舆论宣传等方面周密安排。为使学习实践活动更具针对性，在全省行业开展了“千人问卷调研”活动，共收集各类意见和建议110余条，及时掌握广大干部职工最关注、最期待的问题，确立了学习实践活动联系基层、联系实际、联系群众的基调。在此基础上，我们先后召开15次领导小组和办公室会议进行专题研究部署，努力做到学习实践活动环环有安排、项项有落实。各直属单位也根据省局（公司）《实施方案》的要求，认真安排每一阶段的工作任务，全省行业学习实践活动实现了同步骤、一盘棋。

第二，注重了方式上的灵活多样。我们对领导班子、处级干部、党员群众、离退休人员分类指导，采取不同层次、不同深度、不同要求的学习方法，安排了集中学习、座谈研讨、专题辅导和个人自学。如对机关副调研员以上干部进行了为期4天的集中培训，对达不到学习要求和时间要求的专门进行补课。组织观看《解放思想的重大问题》录像片、邀请专家授课进行专题辅导。省局（公司）以党组中心组理论学习扩大会的形式，加强理论学习与专题调研相结合，增强了学习的实效性。为检验学习效果，省局（公司）组织开展了学习实践活动“千人理论知识答题”，全省行业149个党支部的2000余名党员进行了学习实践活动理论知识考试，全省行业党员参考率达到97%，优秀率达到93%。同时，各下属单位分别结合实际开展了多种形式的教育培训和基层调研活动。忻州市局（公司）班子成员与基层单位建立联系点工作制度，班子成员每月调研时间保证在3天以上，督促指导基层单位的学习实践活动，及时征求基层和客户对市局（公司）学习实践活动的意见和建议；晋中市局（公司）开展了百场学习、百题辅导、百篇心得、百卷调研、百课攻坚的“五个一百”学习调研活动，促进了各项工作上水平；临汾市局（公司）在全体干部职工中开展了生动的“算账教育”，引导大家正确看待行业、正确看待岗位、正确看待自己，进一步增强员工的使命感和归属感。

第三，注重了思想上的深挖细查。首先是省局（公司）党组成员认真开展“六查”活动，即查思想观念是否解放、查工作思路是否清晰、查发展举措是否有力、查体制机制是否科学、查工作作风是否扎实、查廉洁自律是否严格，从思想深处进行剖析。党组成员之间开诚布公，加强交流，实事求是地开展批评与自我批评。省市两级领导班子成员之间共进行135次谈心活动，召开民主生活会共15次，形成有价值、有质量、有内容的个人发言材料60篇。各党支部也认真开展了“四查四看”活动，即：查思想观念是否解放、看贯彻落实科学发展观的意识强不强；查工作职责落实是否到位、看责任意识强不强；查对服务对象的态度、看服务意识强不强；查工作绩效是否明显、看开拓创新意识强不强。通过召开专题民主生活会和专题组织生活会，进一步深化了对科学发展观的认识，认真查找了影响和制约山西烟草科学发展的突出问题，深入剖析主客观原因，统一了思想，达成了共识，明确了今后整改的方向。

第四，注重效果上的实践特色。始终坚持了学习实践活动与推动中心工作相结合，一是确定了山西烟草科学发展上水平的目标和途径。根据中央经济工作会议精神，按照省委和国家局的工作部署，理性应对金融危机，不断提升自身发展水平，及时调整宏观目标和措施，形成了山西烟草“补课打基础、追赶上水平”的基本判断。并按照国家局党组确定的“卷烟上水平”的主要任务要求，确定了当前和今后一个时期在“品牌培育、卷烟营销、经济运行、‘两基’工作、严格规范、队伍建设”六个方面上水平的工作思路和具体措施。二是全面开展质量管理体系建设。6月，召开全省行业整体启动ISO9000质量管理体系建设暨高管培训会议，全省行业质量体系建设由试点阶段转入全面实施阶段。三是开展对标工作。出台了《山西省烟草行业对标工作实施方案（试行）》，明确了对标工作的指导思想和目标、重点、分工、步骤、制度和措施，对启动对标工作进行了全面安排。四是大力提升现代物流管理水平，继续深入开展物流贯标，加强全省物流的标准管理、统一管理、效率管理、成本管理、服务管理，并在长治市公司召开全省行业物流贯标工作现场会，推广长治市公司物流贯标工作经验。五是加快信息化建设步伐。以“全员流程化”管理体系为主线，启动了全省专卖信息系统和绩效考评系统，进一步完善了全省行业数据中心及决策分析系统。六是解决职工群众的实际问题。通过加强职工宿舍、食堂、子女就业等工作，让大家真正得到了实惠。经测评，各单位干部职工满意度均在99%以上。

二、以坚持中心组学习为表率，在党的理论武装上取得新收获

首先是围绕十七大精神和科学发展观的要求，省局党组认真贯彻党要管党从严治党的方针，联系思想实际，提高学习能力。经常组织机关各党支部、各处室负责人和机关全体党员进行学习，提高认识，统一思想，形成共识，形成党建工作的良好氛围。

其次是切实发挥基层党组织的战斗堡垒作用和广大党员的先锋模范作用。不断探索研究新形势下党员教育的新思路、新方法、新规律。采取有力措施保障党建工作的经费使用。通过民主评议党员，使广大党员加强了理想信念，按照胡锦涛总书记提出的“新三观”要求，树立了正确的事业观、工作观和政绩观。把机关党建工作列为机关整体建设的重要组成部分，同部署、同检查、同考核、同奖罚。

三是坚持中心组理论学习。以“学习—讨论—发言—报告”的学习模式，形成了分散自学、集中讨论、重点发言、辅导报告“四位一体”的学习方式。同时，在党组中心组成员集中学习和讨论的每一个阶段，都安排省局有关处室和市局领导列席参加；每次聘请专家授课，或是在深化中心组学习成果举办讲座报告会阶段，都集中行业副处以上干部和省局全体职工听讲，有效扩大了学习成果，保证了中心组学习的时间、内容、效果、要求的“四落实”。

四是推进教育培训工作。采取的主要措施：（1）编印、购置资料鼓励学。购买了《科学发展观重要论述摘编》、《深入学习实践科学发展观活动领导干部学习文件选编》、《毛泽东、邓小平、江泽民论科学发展》、《领导干部岗位廉政教育300题》、《加强领导干部党性修养树立和弘扬良好作风》等书籍。编印了《山西烟草企业文化建设理论读本》、《山西烟草学习实践科学发展观活动资料汇编》等资料，购买了相关录像资料，为搞好学习充实了内容，创造了条件。（2）联系实际灵活学。在规定学习内容、提供讨论题目的前提下，灵活掌握学习时间、学习方式。并组织机关部分党员干部赴西柏坡革命老区进行了传统爱国主义教育。（3）创造条件重点学。我们以处级干部为重点积极参加国家局党校和省直机关党校的各类培训，42名处级干部按要求参加了省直工委“三个发展”、“十七届四中全会精神”的培训。（4）聘请教师帮助学。我们积极发挥山西烟草培训中心作用，聘请省直党校等教师学者授课。共举办各类培训30期，培训人员共3300人次，极大地提高了各级领导干部和职工的理论水平和综合素质，促进了学习贯彻十七届四中全会精神、科学发展观和各项工作的落实。

五是坚持各项党建制度。如“三会一课”制度、党员发展公示制度、争先创优制度、党务公开制度等，有效地保证了机关党建工作的正常运转。党委、支部、小组都能按部就班、有条不紊地开展工作。“七·一”期间，党组书记李泽华同志为机关全体党员作了题为《加强“四要”建设，展示党员形象，推动山西烟草科学发展再上新水平》党课辅导，并向全体党员提出了“三个必须、三个力戒”的要求。通过党员教育的经常化，努力提高党员思想政治素质，增强党员工作能力，提高了党员发挥先锋模范作用的本领。使大家在深化对党的路线方针政策的理解和认识上有了新提高，在坚定共产主义信念、树立远大理想、实践党的宗旨、做合格共产党员的自觉性上有了新提高，在坚持“三个发展”的认识上有了新提高。

六是切实加强党风廉政建设教育。认真履行领导干部“一岗双责”制度，加强对机关党员干部的严格要求，严格教育，严格管理，严格监督，健全和完善教育制度监督并重的惩治和预防腐败体系，开展了对贯彻《建立健全惩治和预防腐败体系2008—2012年工作规划》的专项检查；制定出台了《关于加强全省行业领导干部党性修养，大力树立和弘扬良好作风的意见》，明确了当前和今后一个时期，加强全省行业领导干部党性修养、树立良好作风的总体要求和目标；认真贯彻《中共中央办公厅、国务院办公厅关于党政机关厉行节约若干问题的通知》，要求各单位做到厉行节约，坚决制止奢侈浪费；中央《国有企业领导人员廉洁从业若干规定》下发后，我们组织了认真系统的学习，并研究制定了《贯彻落实国有企业领导人员廉洁从业若干规定的实施意见》，将廉洁从业要求贯穿和落实到企业决策、管理、生产经营的全过程；健全“三重一大”的提出、表决、执行和检查反馈程序，做到用制度管权、用制度管人、用制度管事；组织了12个检查组对各市局（公司）和省局机关各部门“小金库”专项检查；围绕行业特点，结合我省行业实际，积极探索以强化监督制约为重点的惩防体系建设，强化对各级领导班子和从业人员管理，撰写了《强化监督制约，规范权力运行》经验材料，被省直纪工委按“推优促廉”典型经验予以推广。开发了纪检监察工作流程化管理，进一步提高了信息化水平。

三、以“两个至上”为行业共同价值观，在建立党建工作及思想政治工作长效机制上开创新局面

“两个至上”（国家利益至上、消费者利益至上）是全国烟草行业的共同价值观。去年以来，我们以承担国家局“两个至上”试点为契机，在以人为本的思想指导下，坚持创新载体、创新机制，将党建工作和“两个至上”有机结合，寻找节点、搭建平台，不断提高党建工作和思想政治工作的针对性，使机关党建工作更加具体、更加扎实、更加有效。

一是充分进行调研论证。从“两个至上”的岗位诠释、长效机制、评价体系三个方面进行分析研讨，结合山西烟草近几年来的改革发展实际，以及开展“两个至上”主题实践活动中的经验，从影响“两个至上”主题实践活动的六大因素入手，分别进行了逻辑分析、体系结构分解，实地调研、权重测评等工作。

二是认真组织优秀基层单位创建活动。2009年，我们深入开展创建优秀基层县级局、优秀县级营销部、优秀烟叶收购站工作，通过制定方案、设立标准、选定试点，进一步激发基层活力，夯实行业发展基础。12月份分别在太原、临汾召开了全省行业创建优秀县级局和县级营销部现场会。

三是开展“四要”作风建设活动。结合省直工委组织开展的创建“五型”机关活动，我们建立了学习宣传专栏，领导干部带头写学习体会，并进行交流；开办了以基本素质和技能、效能与效率、执行力与有效沟通、法律法规及公文写作等为专题的系列讲座，并把“四要”作风建设作为领导干部民主生活会的重要内容进行自查自纠。

四是形成了党员教育制度化。认真贯彻落实《开展党员经常性教育的意见》等保持共产党员先进性的四个长效机制文件，结合《干部教育培训工作条例》，组织党员深入学习了党的十七届四中全会精神和省委九届十次会议精神，采取多种形式，运用网络通讯、电化教育等现代化教育手段，强化党员教育，全面提高党员素质。

五是体现了党员管理规范化。加强了基础工作，促进了党内生活经常化、制度化。做到活动有安排，有记录，有学习笔记，有体会文章。认真开展各支部民主评议党员工作，接受组织监督和教育。

六是开展了“争先创优”活动。通过狠抓机关作风建设，在机关中树立了谋全局、干事业、讲正气和埋头苦干

的先进典型；通过学党章、明荣辱、“两个至上”在岗位等“争先创优”活动，转变作风，狠抓工作落实，进一步调动了广大党员干部的工作积极性，增强爱国、爱党、爱单位、爱岗敬业的主人翁精神。“七一”期间，对2个先进党支部、3名优秀党务工作者、18名优秀共产党员进行了表彰奖励。

七是切实加强发展党员工作。严格按照中央提出的“坚持标准、保证质量、改善结构、慎重发展”的十六字方针，以及新时期保持共产党员先进性的基本要求，规范程序，严把入口关，坚持发展党员公示制和预先审查制，及时把符合党员标准的入党积极分子吸收到党内来。2009年，3名重点培养对象都按要求到省直机关党校进行了入党前的培训并按程序发展。

八是召开民主生活会。每年召开党组民主生活会之前，我们都严格按照程序，通过发函、电话、发放意见表、设立意见箱等方式，让群众广泛评价，提出建议。经多层次征求意见，为开好民主生活会打下良好基础。并针对意见和建议，逐条对照制定解决方案，使领导干部随时能听到员工的心声，为领导干部与员工之间搭建了良好的交流通道。

四、以加强企业文化建设为途径，在激发党员模范作用及其内在活力上获得新动力

一是起草《烟草行业行为规范》。我们结合工作实际，从日常工作规范、企业礼仪规范等四个方面进行了提炼归纳整理，把党员的先锋模范作用具体化。此项工作在被国家局确定为试点单位后，我们又在14个省级工商试点单位中，第一家交出了高质量的答卷，受到国家局和专家组的好评。

二是圆满完成企业文化建设三年规划工作任务。指导各市局（公司）全部成功举办企业文化成果发布会，对全省行业的内训师进行了以提高表达能力为主的拓展训练，VI标志使用逐步规范。各项工作都逐步内化于心、外化于形、固化于制。

三是指导各市局（公司）建立企业文化室。省局每次大型活动都进行图版展示，成为员工文化园地，从而用文化教化、用文化“化人”，增强了党建工作的可操作性和思想政治工作潜移默化的感染力。

四是以开展“迎国庆、贺搬迁”为载体，组织大型歌咏比赛活动和员工联谊活动，开展读书、征文、演讲、岗位竞技、书画摄影等活动，使行业共同价值观和山西烟草“思想源”深入人心，发挥了党建工作和政治工作的保障和引领作用。

五是通过创立服务品牌，树立各级党组织和共产党员新形象。在开展创建服务品牌活动中，各市局都有了各具特色的服务品牌。如太原市局形成了“缘、源、园”服务品牌，晋中市局形成了“精诚号服务头等舱”服务品牌，大同市局形成了“同心服务”服务品牌。共产党员树立形象亮牌服务，使企业更具活力和生命力。

六是开展了全国、全省烟草行业劳动模范和先进集体的评比、上报、表彰工作，极大的激发了干部员工努力工作、热爱企业、奉献社会的内在激情。受到国家局表彰的2名同志都是共产党员，受到省局表彰的21名同志中党员18名，占到了86%。

五、以加强机关作风建设为基础，在文明和谐创建活动中取得新进展

我们在开展文明和谐单位创建活动中，连续三年被工委文明委授予“文明和谐单位标兵”称号，近年来先后有40余个厅局来我局观摩指导。

一是抓好“人人都是软环境、公仆先是好公民”道德教育。结合烟草行业深化“两个至上”和“四要”作风建设活动，开展了领导干部“讲责任、讲效率、讲诚信、讲奉献”活动，充分发挥了领导干部的表率作用和先进典型的示范引领作用。

二是注重营造和谐氛围。我局始终坚持以人为本的指导思想，以构建和谐促发展为目标，坚持数年开展了领导干部接待日工作，特别是党组成员和行政领导都建立了联系点，经常到一线与员工面对面接触，有效地解决了历史矛盾和问题，将不稳定情绪转化为工作动力。今年，开展了三次领导接待日活动，共接待来访人员19批、53人次。积极组织有关部门化解矛盾，做好了上级信访件的落实督办。国庆六十周年前夕，全省行业各级领导干部带头接访、带头解决历史遗留问题，在化解矛盾上下功夫，促进了行业的稳定发展。

三是突出普法工作。首先是结合全省行业工作实际，进行了《劳动法》、《烟草专卖法》、《合同法》学习辅导，引导干部职工进一步增强法制观念，全面推进依法行政，提高决策的科学化、民主化水平。其次是认真贯彻国家局《进一步加强领导干部学法用法工作实施意见》，建立健全了领导干部法制讲座、法律培训等多项制度，完善了领导干部学法用法的学习途径和方法。再次是充分利用“3·15”、“6·29”、“12·4”等法制宣传日，以宣传《烟草专卖法》、指导鉴别真假烟等形式进行了内容丰富的活动。与此同时，还根据国家局统一安排，组织了全省行业内企业生产经营管理人员法律知识统一培训考试。调整充实了“610”领导小组成员，依法开展了对“法轮功”等邪教组织的斗争工作，我局机关从未发生任何修炼和参与“法轮功”等邪教组织的人和事。

四是充分发挥工、青、妇作用。省局机关工会在做好机关工会工作的同时，一直还承担着行业工会工作的重任。一年来，为配合各市局进行人事制度改革，督促和协调各市局（公司）调整了工会组织，对患病职工和家属上门慰问，帮助职工子女的婚嫁事宜，解决职工的后顾之忧。开展劳动竞赛、阳光采购、招投标、机关办公楼的新建、乔迁、装修等工作。曾先后获得省劳动竞赛委员会“集体一等功”和省财贸工会“创建服务品牌优秀单位”称号。

六、以扶贫捐助联企帮困为社会责任，在树立烟草党建形象上凸显新成果

我局作为省直工委指定的联企帮困牵头单位，积极协调有关单位，会同困难企业山西建筑机械厂，利用春节、国庆、中秋等节日，同该厂领导召开座谈会、同贫困户结对子，为企业特困户送去生活用品和慰问金。

为支持烟农发展生产、增加收益，我们在全省开展了烟水配套工程。2006—2009年烟草行业已无偿投资7560.89万元，其中省局投资2976万元，国家局投资4584万元，免费为广大烟农修水窖、建烤房，实实在在的为烟农着想，实实在在的提高了烟农的收益。

多年来，我局对扶贫点永和县阁底乡投入了大量的资金和物资。我们始终坚持省局党组书记、局长、总经理李泽华同志提出的："三不忘记、三不减少"的出发点，即：不忘记农民、不忘记农村、不忘记扶贫点；扶贫力度不减、扶贫人员不减、扶贫基金不减。以建设万亩枣园、改变生态环境为工作重点，以壮大农村集体经济、增加农民收入为目标，以发展当地特色产业、提高素质培训为中心，以解决群众生活问题作为扶贫工作突破口，扎实开展好扶贫工作。2009年，共投入扶贫资金50万元。赠送白面1600袋，军大衣100件，慰问金5万元，合计价值25万元。近年来，我局（公司）党组书记、局长、总经理李泽华同志每年春节或"中秋"前，都要带领党组成员和有关部门负责人，为扶贫点送去慰问金和慰问品。用实际行动有力地诠释了山西烟草扶贫帮困的坚定决心和回馈社会的责任感，受到了省委干部下乡办及临汾市委、永和县委和当地群众的高度评价。

2009年12月，我省部分地区遭受严重雪灾，我局积极响应省委、省政府和省直工委的号召，省局领导带头捐助，机关干部职工踊跃响应，共捐助人民币127400元。其中，省局机关集体捐助10万元，职工捐助27400元。多年来，山西烟草以回报社会为己任，积极奉献真情，在每年的救灾、扶贫济困等方面，都受到省文明办、省委干部下乡领导组、省民政厅等单位的表彰。

新的一年里，我们将进一步在省委、省政府和省直工委的正确领导下，深入贯彻落实科学发展观，切实加强和改进新形势下机关党建工作，不断研究和把握机关党建工作的规律性，切实将机关各级党组织作为党建工作与经济工作的有力结合点，以党建责任制作为党建工作各项任务的抓手，进一步激发广大党员的内在活力，团结一致，奋力拼搏，深化改革，与时俱进，以党建工作的优异成绩，为提高中国烟草整体竞争实力，为提升"卷烟上水平"能力，为全省的"转型发展、安全发展、和谐发展"作出新贡献！

（周润生　刘　刚）

附：山西省烟草专卖局（公司）党组书记、党组成员名单

书　记：李泽华（女）

成　员：王志毅　程高峰　杜毓志

山西省国家税务局党组工作概况

党组书记　许月刚

2009年，全省国税系统按照省委、省政府和国家税务总局的决策部署，深入贯彻落实科学发展观，积极应对国际金融危机对我省经济税收造成的巨大挑战，坚持以组织收入和政策服务为重点，切实加强征管，全力堵漏增收，为促进我省"三个发展"和全国"三保"任务的落实作出了应有贡献。

一、加强领导，精心部署，全省国税系统深入学习实践科学发展观活动取得积极成效

根据省委部署和总局要求，2009年2月份，我省第一批学习实践科学发展观活动结束，各市、县（市、区）国税局作为第二批参加单位，深入开展了学习实践活动。各级国税部门按照当地党委统一部署和省局党组要求，围绕"推动科学发展、促进山西崛起、服务改善民生、共建和谐税收"的主题，坚持解放思想，突出实践特色，贯彻群众路线，正面教育为主，着力解决各级国税机关领导班子和党员干部在贯彻落实科学发展观方面以及党性党风党纪方面存在的突出问题，致力于把科学发展观贯彻落实到国税工作的各个方面，努力谋划推动国税事业科学发展的正确思路，提高运用科学发展观破解难题的本领能力，形成促进科学发展的工作举措。到2009年年底，全省市、县两级国税机关圆满结束了深入学习实践科学发展观活动，并毫不松懈地抓好整改落实的后续工作，认真做好整改落实"回头看"的工作，积极巩固和扩大学习实践活动成果，切实抓好学习实践活动成果的运用转化，确保向广大纳税人和干部职工承诺的事项得以兑现，以整改落实的实际效果取信于民，确保学习实践活动真正实现"党员干部受教育、人民群众得实惠、科学发展上水平"的目标。同时，全省各级国税部门认真抓好政治理论学习，积极组织广大干部特别是各级领导干部认真学习了中央下发的《关于实行党政领导干部问责的暂行规定》、《中国共产党巡视工作条例（试行）》等四个文件精神，高度重视贯彻落实文件精神的各项工作，并以此为契机，进一步完善本单位惩治和预防腐败体系，大力加强党风廉政建设和干部队伍建设，为完成各项税收工作任务提供了坚强的政治保障。党的十七届四中

全会召开之后，全省各级国税机关对学习贯彻活动进行了精心安排，及时组织召开党组会、中心组理论学习扩大会以及全体干部职工大会深入学习、全面领会、认真贯彻。

二、积极应对挑战，全力以赴打好组织收入攻坚战

2009年以来，受国际金融危机的影响，我省主导行业税源严重萎缩，国税收入持续下降，全省国税系统大力加强征管、堵漏增收，全力以赴抓好组织收入工作，最大限度地缩小了税收收入差距。2009年，全省国税系统共完成税收收入884.46亿元，与地方财力挂钩收入完成830.62亿元，实现了省委、省政府确定的收入目标。一是加强组织领导，把握组织收入主动权。2009年，省局有针对性地拟定和下发了我省关于堵漏增收的两个意见，对强化征管堵漏增收工作任务进行了分解，并多次召开组织收入工作会议，对组织收入工作进行了安排部署。各级国税部门认真贯彻省局部署，行动快、力度大、抓得紧，多次召开会议，积极研究对策，狠抓工作落实，收到明显成效。二是加强收入督查，通过调查指导促增收。年初，省局就制定出台了《关于完善省局基层联系点制度进一步加强调查研究的意见》，明确省局每位局领导和各处室、单位都要确定一个县（市、区）国税局作为基层联系点。省局在全系统组织成立了2个调研组、2个调查组，深入开展经济税源调查工作。2个调研组，即组织开展全省范围的煤焦行业税源专题调研和税收政策效应专题调研；2个调查组，即固定资产抵扣情况调查组和企业所得税总分支机构纳税情况调查组。通过深入调研，发现突出问题，强化税源管理，堵塞征管漏洞。各级国税部门都相应建立健全了基层联系点制度，坚持领导干部挂点联系、蹲点调研、包点指导，省、市、县局领导班子成员多次带队深入基层调研了解税源、收入情况和存在困难，切实帮助基层解决了一些工作中遇到的困难和问题，有力地促进了组织收入工作。三是加强税收分析，及时把握经济税源走势。全省国税系统坚持每月召开收入形势分析会，密切关注经济税源变化情况，及时研究解决组织收入工作中出现的困难和问题，充分发挥税收分析对组织收入工作的指导作用。四是加强纳税评估，有效防范税收风险。重点对煤炭、电力、金融、烟酒销售等重点行业和领域进行专项评估。把连续三年以上亏损、长期微利微亏、跳跃性盈亏、减免税期满后由盈转亏或应纳税所得额异常变动等情况的企业，作为企业所得税重点评估对象，收到良好效果。五是切实强化税务稽查，堵漏增收效果明显。省局确定了大型超市、建筑安装、办理出口货物退（免）税业务的重点企业、3年以上未实施稽查的重点税源企业、非居民企业、煤焦企业及非煤矿山企业等6类企业作为检查重点，开展了专项检查；对吕梁孝义市的煤炭加工和运销企业进行了税收区域专项整治。全年共计查补入库24.03亿元，同比增收13.97亿元。六是开展所得税专项检查，成效显著。从7月起在全省开展了为期三个月的大规模的企业所得税专项检查，共查补收入3.7亿元。七是加强欠税管理，大力清缴欠税。不折不扣地落实清欠、防欠措施，实行清欠问责制，严格责任追究。全年全系统共清缴往年陈欠4.5亿元，新欠和陈欠余额均降至历史最低水平。

三、突出政策服务，全面加强和优化纳税服务工作

尽管2009年是进入新世纪以来我国经济发展最困难的一年，也是我省经济税收形势最严峻、组织收入工作压力最大的一年，但我们在年初仍然提出“把组织收入和政策服务摆在突出重要的地位，坚持一手抓组织收入，一手抓政策服务，两手抓、两手都要硬”的工作思路和安排部署。从讲政治、讲法治、讲纪律的高度出发，牢固树立不落实税收优惠政策就是收过头税的理念，积极落实增值税转型改革、消费税调整、新企业所得税法及其实施条例、矿产品增值税税率提高、小规模纳税人增值税征收率调低、居民储蓄存款利息个人所得税免征、1.6升及以下排量汽车车购税降率等一系列税收政策。把落实优惠政策置于依法治税的大原则下严格考核，不折不扣地做好即征即退、先征后退、税前扣除、税收减免等工作，确保每一项政策都落实到位。深入开展“税收服务年”活动，大力服务经济、服务民生、服务纳税人。积极做好新税收政策宣传、咨询、辅导等服务，加快出口退税审核审批，保证应退尽退、快退，应抵尽抵、快抵。进一步加快构建省级纳税服务平台，积极推进网上办税、自助办税等方式，优化办税流程，简并涉税资料，减轻纳税人负担。在办税服务厅为困难企业和享受优惠企业开设了“绿色办税通道”，逐步扩大财税库银税收收入电子缴库横向联网系统推行范围，最大程度地方便了企业办税，降低了纳税成本。制定出台了《优化纳税服务十条规定》，为纳税人提供更为便捷的服务。省局成立了专门的纳税服务机构，召开全省国税系统纳税服务工作会议对纳税服务工作进行研究部署，认真研究制定了关于加强和改进纳税服务工作的三个制度办法。根据总局的部署积极研究制定全省的纳税服务规划，开创了全省纳税服务工作新局面。深入调研，完善措施，加强对政策落实的跟踪问效，提高政策落实效率。2009年，全省落实结构性减税政策、出口退税和其它各项减免政策共计减税159亿元，有力地促进了我省经济复苏和社会发展。

四、规范税收执法，进一步推进依法治税

一是将严明的纪律贯穿于组织收入工作全过程。根据省局的安排部署，各级国税部门不折不扣地执行“依法征税，应收尽收，坚决不收过头税，坚决防止和制止越权减免税”的组织收入纪律，无法定的特殊困难，一律不开批缓口子，一律不得延期申报。二是大力开展征管基础检查和税收执法检查。省局对大同、阳泉、晋城、吕梁市国税系统开展了税收执法重点检查，对各市的一个县局进行了征管基础重点检查。市、县两级国税部门也结合实际精心

安排部署了征管基础和税收执法“两大检查”。通过检查严格内部管理，规范执法行为，提升执法水平。三是加强税收征管状况分析。按照总局要求，提出了具体的工作措施，着重对漏征漏管、非正常、零负申报、低税负和申报不实等五个方面进行了数据的逐项比对、逐户核查和逐笔分析。四是大力开展打击发票违法犯罪专项行动。按照总局要求，与公安、地税、通信等15个部门在全省范围内联合开展了打击发票违法犯罪专项行动。协同配合公安、地税、通信等部门成功查获制售假发票、假证件的犯罪团伙15个，捣毁制售假发票窝点5个，抓获犯罪嫌疑人33名，缴获假发票46万余份，关闭登载制售假发票、非法代开发票相关信息的违法网站8个。五是加大税收执法工作考核力度。各级国税机关进一步加大了对征管质量和稽查指标的综合考核力度，全面加强对申报率、处罚率、欠税增减率、滞纳金加收率以及稽查工作检查面、入库率、入库额等主要指标的考核，定期通报考核结果，严格实施奖惩和责任追究。对征管和稽查指标连续异常的单位进行重点剖析，发现问题，健全制度，整改提高。六是加强和改进税收宣传。深入开展了第18个“税收宣传月”活动，加强了对税收法律法规以及一系列税收新政策的日常宣传，促进了广大纳税人依法诚信纳税，营造了公正和谐的税收环境。

五、提升基本素质，大力加强国税干部队伍建设

深入开展“抓班子、带队伍、强素质、树形象”主题活动，切实加强了国税干部队伍建设。一是大力加强领导班子建设。重点对各市国税局领导班子进行调整配备，对四个市局的“一把手”进行了任用或调整，对涉及九个市局的20名领导班子成员进行了调整，切实增强了市局领导班子的凝聚力、战斗力和创造力。二是切实加强对领导班子和领导干部的监督管理。认真整治用人上不正之风，进一步提高选人用人公信度，严格执行领导干部报告个人有关事项、述职述廉、收入申报等制度。对四个市局领导班子及其成员进行了巡视，对两个市局进行了巡视回访，各市局也普遍对县级局开展了巡视检查。三是坚持不懈地狠抓党风廉政建设。完善惩治和预防腐败体系，落实党风廉政建设责任制。积极开展煤焦领域反腐败专项斗争各项工作，加大违纪违法案件查处力度，加强信访举报工作，不断拓宽信访渠道，对群众反映的违纪违法和不廉洁问题加大了直接查办、初核和督办力度。进一步加强政风行风建设，坚决纠正损害纳税人利益的不正之风。加强内控机制建设，初步构建了全省国税系统权力运行内部监控的总体框架。四是积极开展机构改革。按照国家税务总局统一部署，全省国税系统陆续开展了新一轮机构改革。截至2009年5月底，省局机构改革已基本到位。总局已批复市、县两级国税部门机构改革方案。机构改革的开展，为转变职能、理顺机制、激发活力、强化服务奠定了坚实基础和组织保障。五是开展了新一轮大规模培训干部工作。结合当前形势和工作实际，有针对性地加大了对基层征管一线干部业务培训工作力度，大力实施“六员”培训，提升业务能力。继续深化专门业务培训，重点抓好所得税、稽查人才库业务骨干培训。组织了全省国税系统稽查人员业务考试，检验了稽查人员业务水平和工作能力，同时为打好组织收入攻坚战和做好新形势下国税工作锻炼了队伍。六是广泛开展税务文化建设。围绕庆祝建国60周年，全系统深入开展了演讲比赛、征文比赛、书画摄影展览、爱国歌曲大家唱等一系列丰富多彩的庆祝活动，充分展示了国税干部队伍热爱祖国、奉献国税、朝气蓬勃的精神风貌，营造了学典型、当先进、创一流的良好氛围。七是全面开展税风税纪整顿活动。整顿分四个阶段进行，重点解决四个方面的问题。通过大整顿，切实弘扬了正气，端正了作风，为加强征管、堵漏增收提供了强有力的作风纪律保证。

2009年，在省委、省政府和国家税务总局的正确领导下，通过系统上下共同努力，全省国税系统有4个单位获“全国文明单位”称号，6个单位获“全国精神文明建设工作先进单位”称号，4个基层单位的办税服务厅获“全国巾帼文明岗”称号。在省政府组织的政风行风评议工作中我省国税部门名列前茅。省局机关还被评为2008—2009年度“山西省文明和谐单位标兵”和“省直文明和谐单位标兵”。

（牛军栋）

附：省国家税务局党组书记、党组成员名单

书　记：许月刚

成　员：王德平　高建文　王学农　皮本固　贾志坚　乔占平　张有乾

国家统计局山西调查总队党组工作概况

党组书记　杨润广

2009年，在国家统计局和省委省政府的正确领导下，山西调查总队党组，坚持以党的十七大、十七届三中、四中全会精神为指导，围绕总队确定的工作思路，积极开展建国60周年系列主题教育活动，精心组织党性修养教育活动，扎实推进机关党的各项建设，着力提高文明和谐机关创建水平，各项工作取得新成绩。

一、以加强党性修养教育活动为抓手，大力推进调查系统各级党组织建设

为了学习贯彻十七届三中、四中全会精神、中纪委全

会精神和胡锦涛总书记的重要讲话，落实山西省委《关于加强领导干部党性修养、大力树立和弘扬良好作风的意见》，切实加强广大党员的党性修养，总队党组决定，从2009年8月中旬至年底在总队机关开展“加强党员干部党性修养”教育活动。党的十七届四中全会召开以后，党组将这一活动延伸到全省调查系统，并将活动主题转到党的组织建设和引深党性教育活动。在为期4个多月的活动期间，党组高度重视，精心组织，周密部署，全省各级调查队的广大干部职工积极响应，扎实有效地组织开展了理论学习、思想讨论、查找问题、整改提高等各个阶段的工作。一是加强对活动的组织领导。总队成立了党性教育活动领导组及办公室，制定了《山西调查总队开展党性修养教育活动工作方案》。党的十七届四中全会召开后，总队的党性教育活动转到以加强党的组织建设为主要内容上来，制定了《山西调查总队开展党的组织建设和引深党性修养教育活动方案》。着眼于解决各级调查队履行国家职责中存在的突出问题，总队将党性教育活动向市县调查队延伸。11月6日召开全省调查系统党性教育动员会，印发了《全省调查系统党性教育活动工作方案》。二是认真组织学习讨论。编印了党性修养教育活动学习资料，供全省各级调查队干部职工学习。组织了党支部、党小组多轮次的学习座谈讨论会，党员干部人人撰写学习体会和总结，并请专门人员进行评审。三是把学习十七届四中全会精神和加强党性教育密切结合。总队召开了学习四中全会精神党员干部会议，主要领导作了讲话；在全省调查系统下发了认真学习党的十七届四中全会精神的通知；举办了学习贯彻四中全会精神培训班，邀请省委党校和省直党校教授讲党课。四是严肃认真地召开了专题民主生活会。着眼于加强调查队伍理想信念激励，触动人的内心世界，升华干部思想境界，扎实开展了各级调查队的民主生活会。总队党组民主生活会以“加强领导干部党性修养、树立和弘扬良好作风”为主题，广泛征求了各方面对党组班子和党组成员的意见建议，严肃认真地对待群众意见，研究制定了整改方案，每个党组成员都认真总结和深刻剖析了自己在党性修养、思想和工作作风等方面取得的成绩和存在的问题，进行了坦诚客观的批评和自我批评。党员领导干部的政治理论水平得到了提高，党性观念得到了增强，宗旨意识得到了强化，对于进一步振奋精神，集中力量，努力开创统计调查工作的新局面，起到了积极的推动作用。总队各党支部、党小组、各市县调查队，都严格按照确定主题、制定方案、征求意见、梳理反馈、撰写分析材料、批评与自我批评、制定整改方案等程序，务实推进了组织生活会。总队领导分别参加了所在党小组和党支部的组织生活会。总队派出工作组参加了部分市县级调查队的领导班子党性修养组织生活会。通过扎实有效的党性修养教育活动，使党员干部的思想境界得到提升，心灵受到了洗礼，更加坚定了中国特色社会主义理想信念，切实解决了机关干部党性、作风和组织纪律性方面的问题，推动了思想建设和作风建设，学习教育活动取得了积极成效。

二、以加强学习为重点，提高党员干部的思想政治素质

一是强化中心组学习，发挥政治理论学习的引领作用。总队党组以建设学习型机关为目标，认真落实《中心组理论学习制度》，继续强化政治理论学习，丰富学习内容，改进学习方法。一年来，党组中心组紧密围绕党的路线方针政策，结合调查工作实际，进行了卓有成效的学习，认真组织了科学发展观、全国“两会”精神、党的十七届四中全会精神、加强党性修养和树立良好作风等10余次集中理论学习，撰写了大量的学习体会和调研文章，有效地引领了总队和全系统的政治理论学习。通过学习，领导班子成员提高了思想政治素质，增强了责任感和使命感，增强了贯彻党的路线方针政策的自觉性和主动性，为加强领导班子自身建设，提高领导干部素质奠定了思想基础。二是认真组织机关干部政治理论学习，提高党员干部的思想政治素质。2009年，总队加强干部职工的思想政治理论学习和教育力度，坚持每周二、五下午理论学习，坚持以集中学习为主，切实把学习中央的路线方针政策、学习国家统计局“提高统计能力、提高数据质量、提高统计公信力”、学习山西“三个发展”战略与提高统计调查工作水平，增强“三个服务”的能力有机地结合起来，着重在联系实际学习上下功夫。一年中，组织干部职工学习了党的路线方针政策、科学发展观理论、中国特色社会主义理论、加强党性修养弘扬优良作风、党的十七届四中全会精神等，提高了干部职工的思想政治水平。组织了20名处级干部到省直党校进行“三个发展”学习培训，5名新提拔的处级干部到省直党校进行为期两个月和四个月的培训。三是继续强化系列理论学习。2009年总队系列马克思主义理论学习完成了《马克思主义政治经济学》的学习，结合新中国成立60周年，进行爱国主义教育，开展了《中国革命史》的系统学习。自行编印教材，下发总队及各市县队学习。通过马克思主义系列理论教育，干部职工坚定了理想信念，提升了运用马克思主义立场、观点、方法分析和解决实际问题的能力。

三、以主题教育活动为载体，提升干部职工的思想道德水平

2009年，总队党组继续坚持对干部职工的思想道德和理想信念教育，激发干部职工的工作热情，着力建设“崇德尚学团结奉献”的统计调查队伍。机关党的组织以丰富的主题教育活动为载体，开展爱国主义、集体主义、社会主义教育，引导职工树立建设有中国特色的社会主义的共同理想和正确的世界观、人生观、价值观，组织了一系列的主题教育活动。一是组织机关干部赴革命圣地延安学习考察；二是召开了纪念5·12地震一周年座谈会；三是以庆祝建国60周年为契机，进行系列主题教育活动。人人撰写

了建国60周年纪念文章，支部举办建国60周年演讲会，隆重召开总队七一表彰会暨“祖国在我心中”的主题演讲会，进行建国60周年征文比赛，各支部主办了庆祝建国60周年主题宣传专栏，参加了省直机关庆祝建国60周年演唱会，举办了庆祝建国60周年演唱会、书画摄影展、诗歌朗诵会；四是组织党务干部和业务骨干赴井冈山进行党性教育培训和革命传统教育。内容丰富、形式多样的庆祝活动，唱响了共产党好、社会主义好、改革开放好、伟大祖国好的时代主旋律，激发了干部职工极大的工作热情，提高了职业的崇高感，为党建和文明创建活动增添了鲜活的内容，干部职工以工作事业为重，在各自的岗位上高标准高质量为做好本职工作尽职尽责。

四、以生动活泼的机关文化建设为依托，推动文明和谐机关建设上水平

总队高度重视文明和谐单位创建工作，将机关文化建设作为提升机关文明创建水平的有效措施，形成了党组统一领导下的党委、工会、妇联、青年团、各党支部、党小组多管齐下的文明创建工作齐抓共管格局。大型会议和重要节日举办联欢会、演唱会，积极参加省有关部门组织的文体活动，组织干部职工开展社会实践活动等，一系列生动活泼、形式多样的文体活动，增进了团结、激发了斗志、凝聚了力量、促进了和谐，形成了山西调查的团队文化和团队精神。2009年，举办的较大规模的机关文化活动有：隆重举办了迎新年联欢会；“三八”节组织女职工外出考察学习并参加省直女职工竞走比赛；两次组织了全省调查工作会议期间的联欢活动；“五四”青年节机关团委组织青年参观太原解放纪念馆；组织职工进行健身登山活动；奥运会一周年纪念日，举办机关运动会，倡导全民健身；全国运动会火炬传递活动太原传递期间，总队女干部参加了省妇女体协组织的“全健排舞”表演；八一建军节，组织复员转业军人进行打靶活动；中秋节期间组织农村社会实践活动等等。2009年度，总队再获省直文明和谐单位标兵，受到省直工委的表彰。

五、以服务工作大局为目标，积极推进党风廉政建设工作

2009年，总队的党风廉政建设工作紧紧围绕国家统计局和总队的中心工作和发展思路，强化教育、制度、监督，推进了全省调查事业的健康发展。一是党组高度重视党风廉政建设工作。党组多次召开专题会议研究党风廉政建设工作，中心组多次组织学习中央有关党风廉政建设和反腐败斗争的文件精神。党组书记认真履行第一责任人职责，对重要工作亲自部署、重大问题亲自过问、重点环节亲自协调、重要案件亲自督办，领导班子其他成员做到严格廉洁自律，身体力行抓廉政工作。二是组织开展了形式多样的党风廉政宣传教育和文化活动。在元旦、春节期间向机关干部、各市县级调查队队长送去廉政手机短信。向全省调查队系统转发了省委办公厅、省政府办公厅《关于党政机关带头厉行节约的通知》。编印了中共中央《关于实行党政领导干部问责的暂行规定》、《国有企业领导人员廉洁从业若干规定》和《中国共产党巡视工作条例（试行）》学习资料等。三是完善监督制度机制，强化监督措施。总队与市县调查队签订《党风廉政建设承诺书》，下发了《国家统计局山西调查总队党组关于加强全省调查队系统党风廉政建设责任制的实施意见》、《关于进一步明确县级调查队主要负责人党风廉政建设工作责任的通知》和《国家统计局山西调查总队2009年党风廉政建设和反腐败工作任务分解方案》，明确了责任考核和责任追究的具体办法。结合基层调查队的工作实际，印发了《国家统计局山西调查总队巡查工作制度》，对部分市县调查队开展了巡查工作。四是履行职责，大力推进了调查队系统党风廉政建设和反腐败工作。努力做好“三重一大”等重点领域的监督工作，对年度考核、干部选拔考察、大额资金采购、向市县级调查队拨款等工作进行监督。下发了《国家统计局山西调查总队系统统计调查数据质量工作行政过错责任追究制度（试行）》。严肃查处违纪行为，及时妥善处理信访举报。组织落实、领导落实、责任落实的党风廉政建设和反腐败斗争工作，使全省调查队系统党风廉政建设工作取得了明显成效，党员干部廉政勤政意识、服务意识进一步增强，领导干部的示范带头作用和党员的先锋模范作用更加突出，工作作风、思想作风有了明显转变，讲正气、讲廉洁、讲奉献的风气更浓，党风廉政建设的成效日益显现。

六、以党的建设为动力，全面推进统计调查“三个提高”

总队党组始终把党的建设作为促进统计调查科学发展的强大动力，作为落实国家统计局提高统计能力、数据质量、统计公信力“三个提高”的重要保障，围绕业务抓党建，抓好党建促业务，切实提高了统计调查工作为党政领导和社会公众服务的能力和水平。2009年统计调查工作取得新进展。一是推进了数据质量的提高。以“构建科学调查体系、落实调查实务制度、规范提升专业工作、夯实调查工作基础和提高调查服务能力”为重点，加强数据质量管理，推进统计调查基础工作，提升了调查工作和数据质量保障。圆满完成了各种调查报表，履行了国家调查数据准确可信的重大职责；二是加强了调查社会服务职能的履行。根据省政府安排，开展了全省经济大调研活动，撰写了《全省经济形势调研报告》，为国家统计局、省委省政府应对经济困难提供了基础数据和真实情况。组织开展了全省重点企业专项监测工作，及时、准确反映山西企业运行质量和效益情况，为经济企稳向好发挥了积极作用。针对社会经济发展中的热点开展调研，推出了大量有价值的信息报告，取得了显著效果。2009年总队机关共撰写《统计调查报告》、《统计调查快报》、《信息报告》等510余篇，有309 篇次被国家和省委、省政府采用，中办国办采用11

条，国家统计局内外网采用145条，均比上年同期有明显增加。信息工作进入全国排名第4的行列；省“两办信息”考核中分别排第一和第二。三是推进了自身统计调查能力的提升。从实现统计调查制度化、专业化、标准化和效能化出发，努力构建基层基础工作长效机制。调查信息化建设取得了新进展，贯彻新《统计法》和《处分规定》法制建设得到了加强，强化业务培训教育，统计调查能力进一步提升。（焦茂莲）

附：国家统计局山西调查总队党组书记、党组成员名单

书　记：杨润广

成　员：王续孔　陈并生　毛　峰　徐秀安

太原海关党组工作概况

党组书记　周　斌

2009年，在国际金融危机对山西进出口造成严重冲击的情况下，面对综合治税、打击走私、整合创新的繁重任务，在海关总署党组和山西省委、省政府的正确领导下，太原海关党组深入学习实践科学发展观，紧紧抓住班子建设、队伍建设和廉政建设这个关键，以“构建和谐海关”为主线，以“业务整合”为抓手，以“建设内陆强关”为目标，较好地完成了全年各项任务。

一、加强党组班子建设，打造坚强团结的领导核心

一是坚持抓思想建设。坚持党组中心组理论学习制度不动摇，以党的最新理论创新成果为重点，学习建设中国特色社会主义的各种基础理论。2009年共组织党组中心组学习23次，每季度都根据中央精神和海关工作热点安排相应的学习内容，涉及学习实践科学发展观、综合治税、党风廉政、机关党建等内容。二是坚持抓规范化建设。2009年党组研究通过了《太原海关工作规则》，完善了班子建设的各项制度，将班子及其成员的活动纳入规范化管理，提出了建设“团结、民主、高效、廉洁”的党组班子的目标。三是坚持抓作风建设。树立党的宗旨意识和群众观念，各位党组成员深入基层、企业调查研究，建立了关长接待日制度，畅通群众和企业诉求渠道，并及时予以解决。四是围绕“加强领导干部党性修养、树立和弘扬良好风气”的主题召开党组民主生活会，广泛征求群众意见，严肃开展批评与自我批评，提高班子成员的党性修养，不断增强党组班子的凝聚力。

二、贯彻落实中央决策部署，服务地方经济取得新成效

太原海关党组把促进山西外向型经济平稳较快发展，作为贯穿全年工作的一条主线，推出多项新举措，积极服务山西经济发展。集中一个月的时间，宣传海关总署十项措施和太原海关的十二项具体措施，扩大了海关的社会影响。严格建设标准，加强业务指导，促进方略保税物流中心设立并顺利通过国家四部委组织的正式验收。与深圳海关、石家庄海关签订区域通关合作备忘录，拓展区域通关范围，降低企业通关成本。与山西出入境检验检疫局、人民银行太原中心支行签订合作备忘录，为进出口企业提供一站式通关便利服务，提高了打击走私工作合力。设立侯马海关驻运城监管组，为当地企业就近办理通关手续提供便捷服务。加快电子口岸建设，为企业提供便捷服务平台。根据山西外贸进出口降幅较大的实际，提出了加强预警监测分析、进一步提高通关效率、推进特殊监管场所建设、促进加工贸易转型升级等5项重点工作，支持山西外贸尽快走出低谷。太原海关积极服务地方经济发展的做法，受到山西省委张宝顺书记、王君省长、李小鹏副省长及各市党委、政府的充分肯定和新闻媒体、进出口企业的广泛好评。

三、夯实基础、强化征管，税收创历史新高

太原海关党组把抓好综合治税、完成税收计划作为政治任务来抓。成立了综合治税工作领导组，建立例会制度，及时研究解决税收工作中遇到的问题。强化职能部门、各业务现场和二线部门的税收责任，举全关之力保税收。加强职能部门监控、现场监管、中期核查、后续监管，确保监管到位。坚持以打促税，加大打击走私力度。加大业务基础建设，建立了“日监控、月复核、季检查、年总评”制度，强化审单、审价、归类等各环节的审批和监督检查，组织开展了减免税、加工贸易、通关管理、稽查业务的常规督察、执法检查以及隶属海关关长的任期经济责任和管理审计。2009年全关业务工作呈现出质量和数量齐头并进的良好局面，完成税收32.24亿元，同比增长39.3%，达到计划数的137.2%，创历史新高；监管货运量1153万吨，同比增长1.2倍；监管进出境飞机285架次，同比增长11.8%；监管出入境人员2.8万人次，同比增长12.5%；稽查部门查获问题企业24家，稽查有效率为40%，稽查补税919.9万元；风险布控率10.8%，布控有效率为40.7%；一般贸易、重点大宗商品、加工贸易货物价格水平、同名商品归类差错率保持在优区；统计预警监测和预警分析文章被《海关要情》采用12篇，被中办采用1篇、国办采用1篇，获国务院领导批示1篇，较好地发挥了海关统计为国家宏观经济决

策服务的作用。

四、“10·10”专案成功侦破，打击走私取得重大战果

太原海关党组高度重视打私工作，坚持“以打促税”，全关始终保持打击走私的高压态势。缉私局全体警员和参战关员不畏艰险、敢打硬仗，成功侦破了“10.10”走私汽车专案，案值9200余万元，涉嫌偷逃税款2000多万元，被海关总署缉私局确定为一级挂牌督办案件。抓获犯罪嫌疑人41 人，批准逮捕11人，查扣涉案汽车74辆，查获了一大批涉案书证材料和假印章、假牌照。该案的侦办，有力震慑了关区走私违法行为，开创了太原海关打击走私的新局面，为全国海关打击汽车走私专项行动提供了有力支持，受到国务院和海关总署党组的重视和表扬。国务院副总理王岐山以及海关总署署长盛光祖、副署长王松鹤、纪检组长胡玉敏都对该案作出批示。同时，缉私局还办结行政违法案件8起，追缴税款581.5万元，罚没收入184.1万元，各项业务指标均大幅增长。关警融合工作进一步深化，太原海关的典型经验在全国海关关警融合工作会议上作了书面交流。

五、“两个中心”投入运行，构建海关大监管体系工作取得初步成效

太原海关党组把组建集中审核中心和风险分析防控中心作为构建海关大监管体系、优化海关监管和服务、破解制约全关发展的薄弱环节的突破口，取得了实质性进展。组织课题调研组，深入基层开展调研，多次研究讨论，反复征求意见，最终形成了太原海关构建大监管体系“三步走”的实施方案。第一步以设立集中审核中心和风险分析防控中心为突破口，优化整合通关监管运行模式已经实际运行。同时，开设了大监管专题网站，搭建了信息沟通平台，指导整合工作。由于准备充分，宣传培训到位，整合期间业务实现平稳过渡。“两个中心”的设立，进一步提高了风险管理的效能，促进了关区执法尺度的统一，提高了工作效率，加大了两大风险防控力度，优化了人力资源配置，取得了积极成效。

六、强化准军事化纪律部队建设，队伍管理取得新成果

坚持海关队伍建设12字要求，着力提高人员素质，努力营造和谐氛围。按照总署统一部署，组建了太原海关政治部，提升了队伍建设整体水平。开展了200人次的处科长集中培训，组织各部门青年业务骨干39人到秦皇岛关校学习，全年参加各类培训达到2000余人次，大规模的教育培训有力提升了关员的思想素质和业务技能。开展纪律作风整顿，进一步巩固了准军事化纪律队伍建设成果。开展关区思想状况的调研，摸清了队伍思想脉搏。组织第一届妇委会和第一届机关团委的选举工作，进一步推动了妇女工作和青年工作。围绕建国60周年，开展了“我与祖国共奋进，我为祖国做贡献”等一系列活动，组织了演讲比赛，召开了青年、妇女、军转干部座谈会，进行了革命传统教育，提高了队伍的凝聚力、向心力和战斗力。积极营造和谐奋进的机关氛围，增加投入，创造条件，支持兴趣小组开展各类文体活动，进一步活跃了机关文化生活。2009年全关精神文明建设取得丰硕成果，涌现出一大批先进集体和先进个人。其中，太原海关机关连续第8年被省直工委评为“文明和谐单位标兵”，机场海关连续5年被评为全国海关“青年文明号”，指挥中心被评为山西省“三八红旗集体”，机关工会被评为省直单位先进集体并授予“五一劳动奖状”。

七、狠抓党风廉政建设，确保关区一方平安

太原海关深入推进党风廉政建设责任制和反腐倡廉工作，努力强化权力的监督制约，全关反腐倡廉建设的质量和水平得到不断提高。认真贯彻落实全国海关反腐倡廉工作会议精神，及时部署反腐倡廉任务。组织关处科三个层面签订党风廉政建设责任书，突出领导干部“一岗双责”意识。建立季度党风廉政工作例会制度，及时掌握关区廉政动态。党组一班人严格执行三项谈话制度，按照“勤、实、严、廉”的要求，同各部门主要负责人谈话81人次，开展领导干部任职前廉政谈话36人次。组织开展“严格执行六项禁令专项教育和检查活动”，突出抓好“以廉促税”各项工作。常规督察、专项督察、随案督查等监控手段充分引用。“海关廉政预警处置系统”的推广应用工作取得阶段性成果，有力配合了关区党风廉政建设的深入开展。经过全关上下的共同努力，各级领导抓廉政的主动性不断增强，全体干部职工的廉洁自律意识不断提高，反腐倡廉的手段措施不断完善，保持了廉政工作的平稳态势，全年未发现不廉洁情事。

八、认真落实学习实践科学发展观活动整改措施，综合保障工作成效明显

在政策允许的范围内转变思路、主动作为，积极解决涉及群众切身利益的问题。改善食堂就餐环境，增加饭菜花色品种，实行了统一餐具、集中消毒。认真做好甲型H1N1流感防控工作，为干部职工接种疫苗、发放防护用品和药品，完善了各业务现场的防护措施，建立了应急预案。对建关以来的全部20余万页文书档案进行数字化加工，解决了档案工作基础薄弱的问题。积极宣传海关总署支持经济平稳较快发展十项措施和本关具体的十二项措施，以及“10·10”专案的侦办工作，在中央电视台、人民日报、法制日报等中央级主流媒体，开展了全方位报道，积极树立海关良好形象，努力提高海关社会影响。政务信息化建设扎实推进，内外网全面改版。积极争取财政支持，关务保障成绩卓越，积极做好各项关务保障，完成了“小金库”

清理、财政票据检查、资产检查等工作。后勤服务中心全面提升服务水平，为改善办公、生活条件做了大量工作，付出了大量心血和劳动。海关各类技术保障有效开展，保持全年信息系统安全运行零故障，圆满完成了现有系统的升级维护和新系统的推广应用。电子口岸建设取得突破，数据交换、信息发布、办事应用平台建设、物流管理系统规划开发、通关状态查询系统建设全面展开，特殊监管场所海关监管系统运营保障成果显著。海关学会工作取得新的进步，征文、交流等活动有声有色。大同海关产权移交的工程验收、土地使用、消防验收等历史遗留问题得到解决。（宋　雷　张新年）

附：太原海关党组书记、党组成员名单

书　记：周　斌

成　员：韩　渡　鲁　皓　高志凯　许广安

山西出入境检验检疫局党组工作概况

党组书记　支毅隆

2009年，我局党组深入贯彻党的十七大、十七届三中、四中全会和中央经济工作会议精神，以科学发展观统领全局工作，围绕党中央、国务院“保增长、保民生、保稳定”的要求，按照国家质检总局、山西省委省政府的部署，以深入开展“质量和安全年”活动为主线，着力提高把关和服务水平；以严密防控甲型H1N1流感为己任，着力提高应对突发事件的能力；以学习贯彻《食品安全法》为重点，着力提高依法行政水平；以学习实践科学发展观活动的整改落实为契机，着力推进各项事业发展。在全局共同努力下，各项工作取得了新成效，山西检验检疫事业取得了新发展，为山西经济社会发展做出了新贡献。

一、检验检疫业务稳步开展

2009年，全局共检验检疫进出境货物1.4万批次、货值16.8亿美元，签发各类原产地证书1.1万份，签证金额5.4亿美元；检疫查验出入境人员2.7万人次、健康检查4542人次；完成检验检疫规费收入1182.09万元。因金融危机影响，山西省出口贸易大幅下降，我局检验检疫进出境货物的批次、货值，与去年同比分别下降31.8%、54.8%；检验检疫规费收入同比下降了52.8%。

全局从出境货物中检验出不合格商品36批、货值73万美元，从进境货物中检验出不合格商品48批、货值889万美元；在出入境人员健康体检中，检出梅毒、肝炎等传染病157例；在进口货物中8次截获有害生物共31种，其中禁止进境的检疫性有害生物4种，监测到检疫性实蝇5种；截获入境旅客携带的禁止进境动植物产品98批次。

二、“质量和安全年”活动成效显著

按照国家质检总局和省政府的部署，我们以开展“质量和安全年”活动“五个年”（质量宣传年、质量提升年、质量整治年、质量建设年、质量服务年）为目标，按照“四抓”（抓深入、抓企业、抓联动、抓长效）要求，扎实推进，做到了“六个到位”（动员部署到位、目标任务到位、方案措施到位、责任落实到位、督促检查到位和舆论宣传到位）。

围绕质量建设年，抓动员部署，提高全员质量和安全责任意识。局党组对开展“质量和安全年”活动高度重视，成立了专门组织机构，将20项重要活动和70项重点工作分解细化，明确了责任部门、进度要求和目标任务，实行动态跟进督查，确保落实。全局各单位积极行动，自我加压，确保了全年各项工作的完成。

围绕质量提升年，推进合作联动，努力构建质量安全综合管理体系。按照总局和山西省政府签署的合作备忘录要求，我局积极加强与地方政府以及有关部门的联系与合作，不断深化合作内容、拓宽合作领域。承办了辽宁、内蒙、河北等6省区加强植物及其产品检验检疫合作会议；与省农业厅、运城市政府联合召开了三方合作联席会议，就建立出口食品农产品精品示范区等合作事宜深入研讨、达成共识；与太原海关签署了《共同促进山西外向型经济发展合作备忘录》、与商务厅签署了《加强协作共同促进山西外向型经济发展合作备忘录》。各分支局也积极与驻地政府、所辖大型企业建立合作机制，极大改善了检验检疫把关服务环境。

围绕质量整治年，集中力量，大力开展专项整治行动。在进出口食品专项整顿中，我局按照“四查、四建、四落实”的总体要求，制定了整顿方案，突出对重点国家和地区、重点商品、重点企业、重点项目的清查，特别是加强了对山西出口量大的供港鲜鸡蛋、活牛活猪、冻肉、蔬菜水果等高风险食品农产品的检验检疫监管，确保了产品的质量安全。在重点工业产品专项整治工作中，对进口原料固体废物、进口旧机电产品、出口煤炭、陶瓷、家具、油漆涂料等敏感、大宗商品及新纳入法检目录商品进行了重点排查，完成了12类进口儿童用品、31类新调入法检目录的进出口商品、12类目录外商品的摸排监管工作，对涉及安全、卫生、健康、环保的项目进行了重点检测。

围绕质量服务年，多措并举，提高服务能力和水平。我局按照总局“服务外贸、稳定发展”和山西省委省政府“三个发展”的部署和要求，采取多项有力措施服务全省外贸经济发展。

一是从自身着手，增强服务本领。对现行的检验检疫业务规章制度进行了全面清理，制（修）订了9个应急预案，出台了《业务流程时限管理办法》、《对外委托检测工作管理规定》等系列规定，进一步规范了检验检疫业务行为；加强对工作人员的行风教育、纪律教育和技能培训，不断提高依法行政能力；借助信息化手段启动了《标准与技术法规信息快车》查询系统，为全局业务工作提供内容全面、快捷准确的一站式标准检索平台；加强对基层检测实验室的指导和检查，加大检测设备设施投入，提升区域实验室的检测水平，检验检测技术保障能力得到增强。

二是改善通关环境，便利快进快出。我们启用了进出口企业诚信系统，规范了对外经济发展秩序与环境，增强了检验检疫监管有效性。我们坚决执行出口食品农产品、纺织服装等减免和降低检验检疫收费政策，努力减轻企业负担。在继续推行“5+2”、“24小时工作制”、“预约服务、电话报验”等服务举措的同时，积极推进分类管理，引导企业申请“绿色通道”、直通放行等待遇。

三是发挥部门优势，丰富服务手段。在帮助出口企业应对技术贸易壁垒、健全质量管理体系、提高自检能力、获得原产地认证、地理标志保护、食品农产品认证以及对国外注册等方面，发挥检验检疫部门信息、技术优势，采取了一系列措施。先后为全省40余家出口企业义务培训检测人员近百人，帮助企业提高检测能力；扶持左云苦荞获得“地理标志产品保护”；帮助山西水果主产区—运城市、晋中市顺利通过了水果检疫要求严、准入门槛高的澳大利亚、美国和加拿大等国官方评估检查，为山西水果向高端市场出口赢得机遇。

四是主动服务，为重点工程和项目保驾护航。对山西省重点工程——太钢集团350万吨特种钢项目、晋北铝业有限公司100万吨氧化铝二期项目、晋城至济源高速公路建设工程进口设备等重点项目采取跟踪和贴身服务，保障了重点工程和项目进度。

围绕质量宣传年，广泛发动企业，营造良好氛围。我局专门制定了宣传方案，通过组织开展有奖问答、“质量安全年”征文活动，积极向进出口企业开展宣传。利用报刊、电视、网络等媒体，开展了形式多样、内容丰富的宣传活动。

三、服务经济平稳发展措施得力

随着国内经济的企稳回升，我局按照总局部署，围绕保持经济平稳较快发展及时推出多项服务举措，积极为“保增长、保民生、保稳定”做贡献。

在深入学习实践科学发展观活动中推出6条服务举措的基础上，我局按照总局“服务外贸、稳定发展”的要求，又制定了7个方面的服务实施意见；10月份，全局系统深入开展了“征求企业意见、帮扶企业渡难关”的大走访调研活动，积极主动地为企业排忧解难。认真开展了进出口产品质量分析工作，结合山西外贸及业务工作实际情况，向省政府报告了全省主要进出口产品、重点敏感商品的综合质量分析情况，为政府决策提供有力依据。

我局积极探索服务新模式，求真务实开展服务。经努力，太原航空口岸被总局批准成为进境种苗指定口岸，为山西外贸行业和进口农产品企业带来商机；在有效监管的前提下，开展了实施区域直通放行的可行性研究；总局修订《出口工业产品生产企业分类管理办法》后，我局及时出台了贯彻实施细则，着手建立和完善出口企业分类管理机制，确定了对全省85家企业实施分类管理，对首批确定的6 家I类管理出口企业进行了评估检查；着手在食品出口企业中实施分类管理的试点。针对不同产品的特点、不同企业的质量和安全管理状况，全局各单位各部门相继创新组合出17种行之有效的检验监管模式，极大地提高了检验监管效率，在监管的1370批，重量841万吨出口煤炭中，清除雷管4752枚，铁器106吨，木屑94吨，其他杂物3004吨，确保了山西出口煤炭的质量和安全。

我们的服务为地方经济平稳发展作出了贡献，外贸出口亮点频现：蓄电池、防爆三轮车、锯片、液压泵等新产品纷纷打入国际市场，轮胎、哑铃、日用陶瓷等产品以及杂粮杂豆等农产品出口逆势增长、价量齐增。山西陈醋时隔五年再次出口韩国，备受关注的宠物饲料也成功进入欧盟市场，全省出口苹果、鲜梨等水果247批、5414吨、货值348.7万美元，同比增加26%、31%、35%；供港鲜蛋出口1.41亿枚、货值1056万美元，同比去年货值增加12.7%，带动农民增收近200万元。

四、深入学习实践科学发展观活动整改取得实效

按照总局和省委省政府的部署，我局深入开展了学习实践科学发展观活动以及整改落实“回头看”工作。从去年9月到今年2月，我局以“提升把关服务水平，有效服务科学发展”为载体，扎实开展了深入学习实践科学发展观活动。围绕作风建设、企事业改革、检验检疫业务建设和民生民意四个方面，查找出制约和影响山西检验检疫事业科学发展的59个突出问题，理清了检验检疫事业科学发展的思路和目标。我们针对查找出的问题积极主动地进行整改，将整改工作纳入局绩效管理考核范围，采取动态跟进的方法对整改落实情况进行督促检查。在全局共同努力下，整改工作实效显现：一些具体的、实实在在的涉及职工切身利益和检验检疫事业发展的事情得到了解决，例如给企事业单位扩大法人决策权、下放财务审批权、对41项规章制度开展“废、改、立”工作、制定全局未来五年的发展规划、落实全局文明和谐单位的相关规定、改善基层办公条件、提高职工医药费报销比例等问题，让每位职工切实感受到了工作环境的变化、生活待遇的提高。到现在，59个问题已经解决了51个，王勇局长在全国质检工作会议上专门表扬了我局。剩余的8个需要长期解决的问题也正在按

程序、有计划、分步骤地积极予以解决，有些已经初见成效。

通过开展学习实践活动和整改落实，全局党员、党员领导干部受到了教育，工作的积极性、主动性得到增强，责任意识得到提高，开拓意识、创新意识得到提升，“质量和安全年”活动、食品安全专项整顿等工作得到了有力推进；通过抓整改落实，全局作风建设、企事业单位改革、机关内部管理、基层基础建设等方面明显改善，自身建设取得了明显成效。省委检查组认为我局的学习实践活动，切实体现了“党员干部受教育、科学发展上水平、人民群众得实惠”的宗旨，整改工作扎实、有效，突出了山西检验检疫工作实际。

五、队伍建设、作风建设、和谐文明建设和党风廉政建设呈现新风貌

局党组突出“以人为本”的指导思想，坚持把班子和队伍建设摆在全局发展的首要位置，通过调配各级领导班子、加强干部队伍思想作风建设、提高干部职工素质，不断增强全局干部职工的凝聚力和战斗力。根据工作需要，在全系统交流和轮岗11名处级领导干部，对13名试用期满的处级领导干部予以转正。为增强干部队伍的政治素质和业务水平，举办各种培训班、专题讲座14期，培训人员931人次；选派局机关各处室、各直属单位22名处级领导干部参加了省直机关政治理论学习集中轮训，举办了16名新任处级干部培训班。为加强干部队伍的作风建设、增强领导干部的责任意识，在全局印发了关于加强作风建设、实施问责制度以及从严管理干部的一系列意见，组织开展行风教育、纪律教育月等活动，召开了全局处级以上领导干部“加强作风建设”专题民主生活会。通过大力加强干部职工的政治思想和作风建设，全局在责任意识、服务意识、工作纪律、工作效率等方面明显改进，各级班子的工作能力和水平得到提升，干部队伍的凝聚力、战斗力得到增强，为做好各项工作提供了有力的组织保障。

党组带头加强对党的方针政策和理论的学习，修订了中心组学习制度，先后开展了7次中心组（扩大）学习；为将理论学习成果运用到实践当中，局领导亲自带队，到基层、到一线、到进出口企业，开展了广泛深入的调研工作。积极开展文明和谐单位创建工作，举办了以党建、机关文明创建、党风廉政建设等内容为主题的纪念建党88周年及廉政文化图片展；围绕建国60周年举办了一系列文艺宣传和体育活动，在连续7年获得省级文明和谐单位后，被省文明委授予和谐文明单位标兵；按照省文明委关于“共建文明和谐村”活动的要求，对定襄县河边四村开展了富有特色、卓有成效的共建帮扶工作。继续开展了争创（当）“青年文明号、手”活动；继续加强工青妇和离退休干部工作，全局文明和谐单位创建呈现出新的气象。

按照中纪委、国务院、质检系统党风廉政建设工作会议要求，开展了行风教育、纪律教育和党风廉政教育等活动。结合“质量和安全年”活动、食品安全专项整顿，狠抓了监管责任的落实，进一步规范检验检疫人员的行政执法行为，坚决杜绝损害企业和群众利益的行为。在教育引导、制度落实、监督有效等方面继续推进党风廉政建设和反腐倡廉工作，为贯彻落实科学发展观、提升把关服务能力提供坚强保证。

（郭耀平）

附：山西出入境检验检疫局党组书记、党组成员名单

书　　记：支毅隆

成　　员：毛春清　任传永　崇冬立　谢书升

驻晋部队党委工作概况

省军区党委工作概况

党委书记　张少华

2009年，全区部队在北京军区党委和省委、省政府的正确领导下，按照省军区党委年度工作部署要求，坚持打基础、练内功，重心下移、固基强本，圆满完成了以军事斗争准备为龙头的各项工作任务，部队全面建设得到明显加强，省军区地位、作用和形象得到新的提升。

——针对特殊年份的复杂形势抓根本，思想政治建设扎实有效。围绕“三个确保”时代课题，毫不放松地加强思想政治建设。突出中国特色社会主义理论体系武装这个重点，采取统一专题、课题研讨、纪要指导等办法，上下同步、互动交流，党委中心组带机关带部队学习形成了浓厚氛围。扎实开展当代革命军人核心价值观主题教育，坚持区分层次抓试点抓普及，把思想教育、舆论引导、文化熏陶、典型示范、实践养成、制度保障融为一体，注重在结合工作、融入实践、推动经常上下功夫，使广大官兵深扎了践行当代革命军人核心价值观的思想根子。广泛开展新中国成立60周年系列庆祝活动，适时组织特殊敏感期形势教育，不断深化四项重大教育成果，官兵理想信念更加坚定，思想道德更加纯洁。

——突出主线抓大事，学习实践科学发展观活动强势推进。坚持把学习实践活动作为贯穿全年的重大政治任务，统一部署、批次展开、压茬推进，实施强有力的组织领导。第一批突出整改兑现，第二批强调解决问题、务求实效，第三批采取“融入地方、突出‘军’字”的方法，把民兵预备役基层单位纳入活动范畴，着力破解基层发展难题。整个学习实践活动过程中，注重宣传造势和扎实工作相结合，省军区常委带工作组先后5个波次包片进行调研检查，各单位普遍采取联系点帮带、巡视督导、通报讲评等办法全程搞好指导，取得了一批认识成果、实践成果和制度机制成果，得到军区充分肯定。全区共修订完善各类制度机制84项，为官兵办实事235件，清理涉军积案16起，广大党员贯彻落实科学发展观的自觉性明显增强，部队建设存在的突出问题得到有效解决，履行使命任务的能力不断提高。

——扭住关键抓班子，党委班子和干部队伍建设明显加强。下大功夫总结吕梁军分区和高平市人武部党委班子建设经验，召开三级党委书记座谈会宣扬推广两个先进典型，专题研究师旅级党委班子建设问题，形成规范性意见。北京军区党委作出开展向吕梁军分区党委学习活动的决定，军内外各大媒体突出报道了它们的事迹。吕梁军分区党委成为北京军区党的建设的一面旗帜，对推动部队建设起到了积极作用，为省军区赢得了荣誉。着力搞好班子帮带工作，省军区重点帮助指导4个师级班子，年底由常委带队，采取大会述职、征求地方意见、民主测评等方法，对13个师旅级党委班子进行全面考核讲评。严格按照德才兼备、以德为先的标准选干部、配班子，全年调整任用267名团以上干部，为高标准建设班子奠定了组织基础。

——着眼应对多种安全威胁抓中心，军事斗争准备不断深化拓展。围绕担负的核心使命任务，持续推进军事斗争准备。狠抓经常性战备落实，加强各级战备值班，专题研究应对“费太因”式恐怖袭击、“7·5”事件等问题，及时调整6支省级应急专业力量，高标准组织省地震灾害紧急救援二队针对性培训，全省144支应急（值班）分队和专业应急队伍训练有素、装备配套，并在执行国庆安保、抗旱救灾、森林灭火、抗击暴雪等任务中得到了实践性检验。着眼熟悉战场环境、理解作战任务、深化作战问题研究，组织首长机关及地方相关部门，对全省9类重点目标进行了战役勘察，有效提高了战役素养和组织指挥能力。积极推进军事训练转变，狠抓按纲施训、重难点课目试训，加大训练教学责任制落实力度，首长机关、参谋人员、重点分队训练和“五小”练兵活动抓得扎实，组织83师参加军区“北剑-0909（YS）”指挥所检验性演习得到上级充分肯定，参加军区“铸盾-2009”战役演习圆满出色，三项队比武竞赛取得6金7银3铜、军区第一名的好成绩。以“庆八一、迎国庆、保稳定”为主题，举全省之力，组织“联动-2009”民兵预备役部队应对多种安全威胁实兵演练，动用兵力3000余人，车辆装备200余台，演练4种行动19个科目，全面检验了部队的军事素质，提高了部队完成多样化军事任务能力，凝聚了军政军民和衷共济、共克时艰的坚定信心。军区首长亲临现场指导并检阅部队，给予高度评价。

——坚持重心下移抓基层，部队基础建设水平得到新的提升。认真贯彻落实新修订的《军队基层建设纲要》，以主要精力抓基层打基础练内功。狠抓以部团主官队伍为重点的“一线指挥部”建设，军师两级普遍建立联系点抓先帮后、解决问题、规范秩序，组织55名新任职部团主官集训和任职后跟踪考察，大力推行向地方推荐优秀部团主官优先安置政策，总结宣扬先进典型，部团建设水平有了新的发展进步。贯彻落实〔2009〕17号文件，与省政府联合出台《关于进一步规范我省国防后备力量队伍组建工作的意见》，制定系统配套的《标准细则》，加强规范化建设，基层组织动员质量明显提升。积极探索国有大中型企业、行业系统和非公有制企业国防动员力量成系统成建制动员编组的新路子，基层组织结构得到进一步优化。狠抓小散远直单位重点帮建，全区投入资金500余万元、油料200余吨用于帮助解决实际困难，受到基层官兵普遍欢迎。直属队建设全面加强，完成阅兵训练、拉动演练、文艺汇演等任务圆满出色。

——突出热点敏感问题抓整顿，加强部队风气建设成效明显。坚持把纯正部队风气作为党委工程，作为推动部队建设的重要切入点，紧紧围绕官兵关心、社会关注和部队建设中存在的倾向性问题，以狠刹“四股风”为重点，开展集中治理，部队呈现出正气上扬、奋发作为的良好风尚。狠刹跑官要官风，深入开展端正人生价值追求教育，建立健全机制，匡正用人导向，坚决抵制拉关系、走门子等现象，较好地形成了相信组织、靠素质立身、凭实绩进步的氛围。狠刹征兵工作中的不正之风，以党委名义下发廉洁征兵措施，采取常委分片包干、派工作组督导巡查、发动群众监督等办法，确保公开公正公平，使征兵工作中的不正之风得到有效遏制。狠刹领导干部插手工程建设风，严格落实上级工程建设有关规定，加大管控力度，全面推行公开招投标，坚持把监督检查与案件调查、政务公开等工作结合起来，最大限度地减少了领导干部插手工程建设的现象。

——采取超常措施抓管理，确保了部队高度安全稳定。始终把安全稳定作为事关全局、贯穿全年的硬任务，从严管控、严防死守。坚持层层落实安全责任制，紧紧抓住特殊敏感期、任务转换期和重大节日等关键节点，狠抓重大问题安全防范和“四反”工作，不间断地开展督导检查。狠抓部队正规化建设，突出对人车枪弹密等重要部位和目标的安全管控，重点完善制定武器装备仓库管理、士官队伍管理、保密工作等制度，规范了部队秩序。全面落实军区党委4号文件，省军区党委专门研究贯彻落实措施，每季度召开至少一次安全管理工作会议直呼其名点评问题，三次组织作风纪律教育整顿，广泛开展“百日安全评比竞赛”活动，及时搞好专项整治，最大限度减少不安全不稳定因素，全年全区未发生行政责任事故和案件。

——围绕双重领导体制特点抓创新，探索走开军民融合式发展路子取得新进展。深入贯彻胡锦涛关于军民融合式发展的重大战略思想，紧贴省情实际，探索实践军民融合式发展的新领域新途径。普遍组织党管武装“双述职”和军事日活动，协调省委召开议军会专题研究国防后备力量建设重大问题，“八一”组织军分区（警备区）党委第一书记述职，党管武装各项基本制度得到较好落实。围绕推进军民融合式发展问题，军地联手研究探索，形成了党管武装深度融合、民兵基层建设“九位一体”模式、“一训双促”等创新成果。继续扩大国防教育规模效应，举办国防教育基地授牌仪式、省城辉煌60年国防教育成就展，组织巡回宣讲和国防教育宣传日活动，营造了全社会关心支持国防的浓厚氛围。高标准承办总部赋予的全国国防教育刊授经验交流会，较好地展示了我省形象和部队风貌，受到总部领导机关和来自全军师以上单位代表的高度评价。巩固拓展“双服务”活动成果，实现了“援建百所希望小学、资助万名贫困生”的阶段性目标，组织民兵预备役人员植树造林21万亩，重点帮扶新农村示范点152个，执行急难险重任务650余次，仅组织抗旱、抗暴雪和国庆安保等任务就出动兵力20余万人次，受到军地领导和人民群众的广泛赞誉。

——注重质量效益抓保障，后勤装备工作全面落实。深入贯彻《全面建设现代后勤纲要》，积极深化后勤保障改革，军人保障卡扩试、油料和医疗保障、资产管理、住房制度、社会化保障等工作进展顺利。坚持围绕中心跟进服务，“联动-2009”、抗旱救灾、应对暴雪灾害和流感疫情防控等后勤保障工作及时有力。加强营区综合规划和整治，7个师旅级单位新营区规划建设、干休所住房改造、空余房地产租赁和住房清理等工作稳步推进。坚持为部队办好“十件实事”，解决官兵实际问题。制定出台财务、营房、审计等管理制度，召开全区后勤工作会议，研究出台后勤建设管理标准，后勤建设水平不断提高。围绕提高完成多样化军事任务装备保障能力，狠抓“两成两力”、应急保障分队和野战化保障，申请配备武器7200件套、弹药107万发，大项军事活动装备保障任务完成出色。加强民兵武器装备安全管理，广泛开展武器装备管理评比表彰活动，实现了连续20年安全无事故。（杜占甫）

附：山西省军区党委第一书记、书记、副书记、常委名单

第一书记：张宝顺

书　记：张少华

副书记：方文平

常　委：何永才　谢玉久　姬亚夫　黄献军　马彦和（12月离职）　谢新宁（12月任职）

武警山西省总队党委工作概况

党委书记　刘建华

2009年，山西省总队各级组织坚持以科学发展观为统领，认真贯彻武警党委决策部署，紧紧围绕建设全面过硬部队目标，同心合力、锐意进取、狠抓落实，确保了部队安全稳定和中心任务圆满完成，部队建设呈现出稳步发展的良好势头。

一、着力固根本，思想政治建设富有成效

坚持把学习实践科学发展观活动作为重大政治任务，大事大抓，持续有力地推进三个批次学习实践活动。把理论武装作为学习实践活动的基础性工作和中心环节贯穿始终，原原本本抓了规定篇目的学习，分层分批培训理论骨干537 名，两级班子成员带头作辅导报告200余场，促进了学习的深入。突出实践特色，狠抓整改落实，新建公寓房153套、经济适用房48套，清理不合理住房467套，缓解了干部住房难问题；各级积极筹措资金，提高福利待遇，促进了干部队伍稳定；20名长期滞留部队的伤病残人员顺利移交16名，2起涉军积案圆满解决，破解制约部队发展的老大难问题取得明显成效。深入开展培育当代革命军人核心价值观主题教育，坚持试点先行，编发《主题教育辅导读本》、《英模故事集》和《格言警句集》，召开典型事迹报告会，广泛开展读书演讲、歌咏比赛等系列配合活动，促进了教育成果转化。高标准承办武警部队心理服务工作和十佳“四会”优秀政治教员表彰会议。“深知兵、真爱兵”和“五个过一遍”活动经常，个别人转化工作深入细致，经常性思想工作成效明显。广大官兵理想信念坚定，思想道德纯洁，自觉经受住了腐朽思想文化的侵蚀和繁重艰巨任务的考验，始终保持了党和人民忠诚卫士的政治本色。

二、着力保中心，遂行多样化任务能力明显提高

认真贯彻武警部队执勤、反恐维稳工作会议精神，深入开展正规化执勤等级评定和“三共”、“三优”评比活动，严格落实制度，加强分类指导，勤务质量不断提升；推行“三员一兵一组”组勤模式，落实哨兵和营区防袭击措施，一线执勤力量有效加强；完成专网电话到哨位、通播对讲、电子围栏、联动报警和监控“扫盲”等五大工程，建成总队卫星通信网系统，执勤信息化建设迈出新步伐。全年，根除执勤隐患21处，成功处置目标险情22起，执勤违规现象同比下降37.5%。狠抓《人民武装警察法》、《军事训练与考核大纲》学习贯彻，扎实开展“五小练兵”、勤训轮换和专勤专训，积极推广执勤岗位训练、环节训练，严密组织各类专业集训，特战队员和通信专业等训练成效明显，在总部比武竞赛中取得较好成绩。圆满完成“长城6号”、“卫士—09”参演任务，严密组织平定野外备勤驻训，锻炼了机关、锤炼了部队。协调召开省反恐怖工作会议，争取专项经费500万元，促进了处突反恐力量和装备建设。围绕驻地维稳、拱卫首都，担负了省内主要城市联勤巡逻、入京检查站协勤等4类21项国庆安保任务，充分发挥了“护城河”作用，实现了“三个确保、一个展示”目标。全年累计出动兵力77587人次，圆满完成了温家宝、习近平等中央首长视察警卫，重要会议、重大活动安保和抢险救灾等各类临时任务511起，多次受到总部首长表扬和地方党委、政府及人民群众广泛赞誉。

三、着力促稳定，安全发展的基础不断巩固

认真贯彻“辽宁会议”精神，全面落实总部“两个规定”，日常管理中突出的“八个问题”得到有效纠治，部队正规化建设水平全面提升。扎实开展“安全宣传月”、“条令学习月”和安全隐患排查治理活动，制定《严禁非车勤干部驾驶机动车辆实施意见》、《严格规范兵员管理措施》、《手机管理使用实施细则》等规章制度，不间断实施督导检查，促进了部队安全稳定。大力开展“五项清理”、“五个重点问题”治理，影响部队安全稳定的重难点问题解决成效明显。国庆安保期间，制定“十条特别措施”，组织两级机关76个工作组深入基层蹲点指导，实现了“前方打胜仗，后方保平安”。深化士官制度改革，加大教育管理力度，士官队伍建设得到新加强。协调召开警备工作联席会议，加强涉牌涉证人员和车辆纠察检查，维护了部队良好形象。

四、着力打基础，基层全面建设持续进步

紧紧扭住质量建设、能力建设和规范化建设不放松，突出“三个一线”、“四个基本”，始终在经常性基础性工作落实上聚焦用力。以新《纲要》颁发为契机，严密组织两级机关网上培训，“规范按纲抓建秩序”、“提升经常性基础性工作质量”成为新一轮抓建主题。指导各单位搞好基层主官培训，扎实开展“大练六项基本功”活动，制定下发《实施意见》，加强经常性传帮带，有效提高了基层干部履职尽责的实际本领。严格落实“三治”和“三个一遍”要求，按照“帮建支部、帮带干部、帮解难题”思路，加强面对面帮带，各级领导和机关干部蹲点指导经常，连续

多年未进入先进的重点帮建单位进步幅度明显，8个中队跨入先进行列。认真贯彻武警部队基层建设座谈会议精神，在大同召开现场观摩会，研究破解难题，交流抓建经验，制定规范基层建设“双十条”和《基层经常性基础性工作实用手册》，为优化工作指导确立了标准、提供了遵循。大同支队“三帮”经验做法被总政和总部转发。

五、着力强保障，后勤整体建设进一步加强

积极适应遂行多样化任务需要，大力加强后勤战备建设，修订完善各类保障预案，及时配备战备物资、装备，为圆满完成各项任务提供了有力保障。坚持把基层作为保障重心，持续抓好“四配套”建设和管理维护工作，基本配套率达到95%，完全配套率达到90%。严格落实经费管理规定，不断完善防范经济风险措施。资产管理与预算管理相结合成果进一步巩固，最大限度地减少和避免了资产闲置浪费，全总队资产达到13亿元。积极推进后勤各项改革，大宗物资采购、四种医疗模式、后勤保障社会化等改革成效明显。农副业生产总收益113万元，补助伙食40万元。严密防控甲型H1N1流感，部队实现“无传入”、“零感染”。开展加油站、军械库、毒麻药品库等重险点目标管理和整治活动，科技防范体系建设取得新进展。代表武警部队接受全军打击发票违法犯罪检查中受到好评，总队被国务院经济普查领导小组评为“经济普查先进单位”，晋中支队、指挥学院被总部评为“园林化单位”。

六、着力抓龙头，领导核心作用发挥明显

认真落实党委中心组学习制度，扎实抓好中国特色社会主义理论体系武装，班子成员思想观念进一步更新，综合素质普遍增强，领导部队科学发展能力有了新提高。在两级党委机关集中开展“加强党性修养、振奋革命精神”和“戒骄防满，保持清醒头脑”学习教育活动，较好地解决了忧患意识、责任意识和安全意识不强等突出问题。狠抓民主集中制学习教育，党委科学决策、民主决策、依法决策水平逐步提高，团结协作和遵章守纪意识不断增强。加大考察帮建力度，在三次普遍帮带的基础上，对4个支队实施重点帮建，提高了班子整体建设水平。认真贯彻军委6号文件精神，指导支队级单位围绕“加强作风建设”召开专题民主生活会，持续开展“读书思廉”活动，结合实际制定改进措施，大力纠治不良风气，树立了党委班子和领导干部的良好形象，官兵满意度比较高。

（吴　鹏）

附：武警山西省总队党委第一书记、书记、副书记、常委名单

第一书记：杜玉林

书　　记：刘建华

副 书 记：叶景亮(5月退休)　仲　轩（5月任职）

常　　委：(按姓氏笔画排序)

吕明录　刘德友　杨建国　张承聘　周旭光　郭洛泰　詹海观

省公安消防总队党委工作概况

党委书记　陈子浩

山西省公安消防总队党委所属1个机关党委、2个直属党委；下属11个支队党委，62个党总支，185个党支部；现有正式党员1739名，预备党员287名，共有2026名。2009年受表彰的先进基层党组织38个，优秀党务工作者34人，优秀共产党员174人。

2009年，山西省公安消防总队紧紧围绕我省“转型发展、安全发展、和谐发展”的大局，认真贯彻落实全省安全生产工作会议精神，积极履行《消防法》赋予的职责，以改善公共消防安全环境、保护人民群众生命财产安全为目标，大力推进防火、灭火和应急救援全面建设，圆满完成了建国60周年“护城河”消防安全保卫和各项灭火抢险救援任务。全年，全省共发生火灾4777起，死亡7人，受伤14人，直接财产损失3608.7万元，火灾伤亡人数比去年分别下降57.6%和88%，为建国以来最低，有力地维护了我省火灾形势持续稳定的局面。

一、加强思想政治教育，践行胡锦涛总书记“三句话”总要求

为深入学习贯彻胡锦涛总书记关于“努力建设一支‘忠诚可靠、服务人民、竭诚奉献’的消防队伍”的重要批示精神，迅速把全省消防部队的思想认识统一到胡锦涛总书记重要批示上来，根据部消防局党委工作安排部署，在全省消防部队部署开展了胡锦涛总书记“三句话”总要求的集中学习活动。总队组织军地专家学者编写了20万字的学习辅导读本和宣讲提纲。在全省消防部队部署开展了为期6个月的“弘扬公安消防精神，忠诚履行职责使命”主题教育活动以及配合主题教育活动开展的以“看红色书籍、听红色故事、赏红色电影、唱红色歌曲”为主要内容的群众性爱国主义教育活动。期间共组织各类学习班52批次，读书班44批次，制作多媒体课件78件套，开展主题教育授课比赛11场，邀请地方专家92人，部队专家18人，举行专题讲座160余批次，创作主题文艺作品80余件，组织开展各类主题活动40余项，广大官兵通过撰写心得、体会，撰写论文，召开座谈会等形式，广泛交流学习成果，切实推动了集中学习活动的深入扎实开展。积极开展“大走访”爱

民实践活动，建立了消防执法执勤活动无缝式监督机制，先后组织1989名官兵开展爱民实践“大走访”，走访涉法上访家庭38户，息诉罢访率达100%；排查各类矛盾89个，全部予以解决。

二、落实消防安全责任制，消防工作社会化进程取得了新进展

全省各级消防部队紧紧抓住贯彻落实《消防法》和全国消防工作会议精神的有利时机，积极当好参谋助手，推动政府和有关行业、部门逐级落实消防安全责任制。省政府下发了《2009—2011年山西消防工作规划》，出台了《消防工作厅级联席会议制度》、《消防安全联合执法制度》、《消防安全重点督察制度》等八项制度，进一步加强了对消防工作的领导。各地市对消防工作实行责任倒查和一票否决，市长办公会议专题研究解决消防工作，政府主要领导对消防安全问题亲自过问、亲自检查，对公共消防基础建设亲自督促。全省新建消防站9个，新增消防车18辆，建成综合调度指挥中心2个、消防科普教育基地6个，消防部队6个基建项目在政府的大力支持下顺利开工建设。各职能部门积极完善消防联合执法制度，各单位开展了单位消防标准化管理，多数农村和社区组建了消防组织，社会消防工作的基础更加扎实，社会化消防工作的格局基本形成。

三、加强消防监督管理，有效预防和遏制了重特大火灾

总队牵头组成了山西省消防安全专项整治工作组，以省政府名义召开专项整治季度例会，组织全省消防部队大力推进高层地下建筑和公众聚集场所等专项整治，连续开展了“天网二号”、“三晋平安”等专项检查、督察行动，严厉打击消防违法行为。国庆消防安全保卫攻坚战打响以后，全省各地全力以赴，连续作战，狠抓专项整治“回头看”，狠抓人员密集场所、文物建筑重点单位消防监督检查，严格落实“三条铁规”，积极构筑“三道防线”，采取行政、法律手段，创新错时检查等工作机制，对整改难度大的重大隐患进行攻坚，圆满完成了“迎国庆、保安全、促和谐”消防安全专项整治任务。进入冬季，及时提请省政府于11月在全国率先召开了全省冬季防火工作会议，策划、组织开展了全省消防部队冬季防火“个十百千万”大行动，有力地推动了全省的冬季防火工作，维护了冬季火灾形势的稳定，也为新的一年消防工作的开展和“两个稳定”奠定了良好的基础。2009年，全省共对1.5万多个单位进行了消防安全排查，查处火灾隐患2.15万处，427个单位被依法责令停业整改，613人被依法予以行政拘留，35处政府挂牌督办的重大火灾隐患全部整改销案。在强力整治火灾隐患的同时，对公共交通载客车辆、社会福利机构、中小学校舍等消防安全弱势群体实施重点防控，对重点工程严格进行消防审核、验收，对易燃可燃装修材料、消防产品、自动消防设施、消防控制室等重点环节加大监督执法力度，全年共开展3次消防产品专项整治，查处消防产品违法案件504件，检验建筑装修材料9234批次，检验消防产品1558批次，查访核实火灾隐患投诉162起，7起造成人员伤亡的火灾原因全部查清。在依法实施消防监督管理中，总队及时组织了4期《消防法》培训班，对455人进行了集中培训，各级消防部队严格落实执法质量考评和消防执法例会制度，切实提高消防监督执法的质量和水平，及时解决执法中的难点问题，有力地促进了执法规范化建设。

四、攻坚克难谋突破，全力打造“三晋”消防铁军

为了确保国家和人民群众的生命财产安全，全省公安消防部队时刻都处于紧张的备战状态。一年来，全省消防官兵深入开展执勤岗位练兵和业务比武，努力提高体能、技能和技战术水平，深入推进执勤岗位练兵和勤务实战化建设；全面推行“防消联勤”工作机制，实行参谋长联席会议制；积极开展重大危险源灾害评估，完善基础数据库，加强信息化建设，共修订“六熟悉”手册3000余份，完善灭火救援预案9000余份，建立重点单位信息库209个，创新了10 多种训练操法，研发了6类专业训练器材，组织跨区域集中演练4次，开展灭火救援实战演练4300余次，组织战例研讨9次；全省投资600多万元，配备“消防通”终端860余台，配备车载动态管理终端130余台，灾害现场图像传输系统建设覆盖率提高到90%以上，使科学灭火、科学救援的能力不断提升，真正做到了“战前有预案、实战有保障，平时有训练、战时冲得上”。在此基础上，精选360名官兵组成攻坚战斗小组，重点加强处置复杂灾害事故的能力，在全省应急救援资源分散、机制不健全的情况下，消防部队依托自身特勤力量，积极为政府分忧，承担各种灾害事故应急救援任务，组建了34支应急救援专业队伍，在高层建筑、地下工程、危险化学品泄露等特殊灾害事故处置任务面前，主动作战，冲锋在前。在国庆安全保卫关键时刻，全省消防指战员枕戈待旦，竭诚奉献，切实做到了第一时间出动、第一时间抢救、第一时间控制和稳定局面，在人民群众生命财产受到侵害时，广大消防官兵披肝沥胆，无私无畏，哪里有危险，哪里就有他们的身影。2009年，全省消防部队出动1.13万次，出动人员12.9万人次，出动消防车2万多辆次，抢救群众2380 人，抢救保护财产3.2亿多元，用鲜血和生命实践了“人民消防为人民”的忠诚誓言，涌现出了王兆鹏等新时期青年楷模，在人民群众心目中树立了一座“丰碑”，无愧为一支关键时刻拉得出、危难关头靠得住、党委政府和人民群众信得过、攻无不克、战无不胜的消防“铁军”。

深化教育促和谐，有力地提升了全民消防安全素质。全省消防部队始终坚持“宣传先行”的工作原则，通过开展有奖知识竞赛和有奖征文活动，举办“共筑平安”消防文艺巡演，全面开放消防站，加强与新闻媒体的信息合作，积极建设消防教育馆和科普教育基地，推动消防宣传教育纳入社会治安综合治理目标考核和学校教学等形式，广泛

宣传《消防法》，普及消防安全知识，将消防安全送进千家万户。一年来，共组织开展消防宣传活动1000余次，开放消防站1500余次，接待参观群众90万人次，发送宣传资料70余万份。尤其是创造性地启动了“消防志愿者行动”，发动10万余名消防志愿者和2000多个志愿者家庭，将消防宣传教育、消防安全救助和发现整改火灾隐患行动推进到机关、团体、企事业单位以及社区、街道、村寨，在全国树立了典范，有力地推动了《消防法》的贯彻落实，提高了公民的消防安全素质与自防自救能力，为全省消防安全环境的持续好转奠定了扎实的基础。

（张静琼）

附：省公安消防总队党委书记、副书记、委员名单

书　记：陈子浩（6月任职）

副书记：朱志发

委　员：赵　鹏　任珠善（7月任职）　薄成效　刘孟龙　戴芝荣　刘振山　郭益民（9月离职）　张五生（7月离职）　赵江畔　王　政

高等院校党委工作概况

山西大学党委工作概况

党委书记　秦良玉

2009年，校党委高举中国特色社会主义伟大旗帜，以科学发展观为统领，充分发挥政治核心作用，准确把握高等教育规律，坚持社会主义办学方向，不断加强内涵，提升水平，为营造稳定、健康、和谐的发展环境，进一步提高学校的核心竞争力提供了强大的精神动力和政治保障。

一、贯彻落实党的十七大和十七届四中全会精神，加强党的理论建设和思想建设

校党委高度重视党的十七大和十七届四中全会精神在理论学习和思想建设中的指导作用，下发了《关于认真学习贯彻党的十七届四中全会精神的通知》，要求学校各级党组织和全体党员以学习胡锦涛同志的重要讲话和《中共中央关于加强和改进新形势下党的建设若干重大问题的决定》为重点，全面领会、准确把握四中全会精神。依托校院两级中心组理论学习制度和党员培训制度，采取集中学习、个人学习和讨论交流等多种形式开展学习活动。中心组成员带头积极撰写读书笔记和学习心得，大大提高了党员干部的思想水平和理论素养。

校党委紧紧抓住马克思主义理论在意识形态方面的主动权，充分发挥思想政治教育理论课主渠道作用，利用课堂教学、网络引导、广播宣传等教育形式，用中国特色社会主义理论占领思想阵地，大力提倡“真学、真懂、真信、真用”的学风，研究高等教育发展新特点，辩证分析和妥善解决与学校发展息息相关的新矛盾和新问题，极大地提升了干部教师的政治素养和思想认识。充分发挥马克思主义思想政治教育课主渠道作用，着力推进科学发展观和社会主义核心价值观“进教材、进课堂、进头脑”工程，大力开展“青年马克思主义者”教育工程，积极拓展学生思想政治教育的空间和渠道，保证了马克思主义在思想建设阵地的主导地位，增强了广大师生员工的社会主义信念。

二、认真进行学习实践科学发展观活动，扎实开展整改落实后续工作

校党委按照省委和省高校工委的要求，认真组织开展深入学习实践科学发展观活动，先后召开了体制机制和整改落实后续工作专题会议，就制定、完善各项制度和整改落实后续工作进行安排部署。出台了《关于做好我校深入学习实践科学发展观活动整改落实后续工作的通知》，对做好整改落实后续工作提出了具体要求。各分党委结合学校整改方案以及工作计划会议部署的重点工作任务，对整改落实情况进行了一次“回头看”。通过“回头看”工作，我校各分党委按照整改落实阶段制定的整改措施，分解整改落实责任；按照整改通报反馈和督察问责制度，对已经整改落实的工作进行了全面总结；对正在整改落实的工作进行了责任制强化；对尚未整改或目前难以整改的项目明确了责任人，确定了整改期限，制定了可行措施。

三、加强党员干部和人才队伍建设，为学校科学发展、和谐发展提供坚强的组织保障和智力支持

校党委始终重视党的组织建设，着力建设一支高素质的党员干部队伍。坚持把民主集中制建设作为加强领导班

子建设的重要内容，以民主决策促进学校和谐发展。出台了《关于加强校级领导班子民主集中制的若干意见》，进一步规范了党委议事决策程序，完善了重大问题决策机制。建立了教代会制度，依托一年一度的两级教代会，广泛征求师生员工的合理化建议和意见；建立了校领导联系学院、联系民主党派人士和深入基层调查研究工作制度，以不断完善的民主制度推进学校的改革发展。

校党委高度重视基层党组织和党员队伍建设，本着“哪里有党员，哪里需要，就在哪里建党组织”的工作思路，坚持“支部建在学科”、“支部建在年级（班）”的原则，制定并实施《山西大学学生社团推优入党实施办法（试行）》。目前，全校党支部数量达到207个，其中学生支部100个，另设置了3个流动党员支部，支部设置趋于合理。按照“四高四强”的标准，精心选配党支部书记；按照政治素质高、党性原则强、业务能力硬的标准，将高学历、高职称、高素质的普通教师干部选拔到领导岗位，充实党员干部队伍。加强在优秀大学生和教师拔尖人才中发展党员的工作力度，保持党员发展的数量和高质量、高水准，全年共举办入党积极分子培训班4期，培训入党积极分子2600多人，发展党员1237人；按照《山西大学民主评议党员制度实施方案》的要求，在全校开展了2008-2009学年度民主评议党员和评选优秀党员、优秀党支部书记活动，达到了检查工作、总结经验、树立典型的目的；开展了党性党风集中培训、省内外调研、理论研讨、文艺演出等多种形式的组织活动。党支部成为凝聚党员和联系群众的核心和纽带。

校党委坚持“科学化管理、专业化培养、多样化发展”的思路，打造了一支专兼结合、以青年专家教授为主体、以研究生辅导员为补充的工作队伍，博士化比例已超过33%。组织各学院分党委副书记和专职辅导员参加心理咨询师培训，为学生心理健康教育工作提供优质、专业的服务。

四、以廉政文化建设为核心，开创高校党风廉政建设工作新局面

校党委认真贯彻落实中纪委十七届四次全会和山西省教育系统党风廉政建设干部大会暨纪检监察工作会议精神，召开了2009年纪检监察工作会议，周密部署了党风廉政建设和反腐败工作。制定了《山西大学廉政谈话制度（试行）》和《关于加强领导干部作风建设的实施意见》等相关制度，有效推进了学校的党风廉政建设。印发了《关于贯彻落实<建立健全惩治和预防腐败体系2008-2012年工作规划>方案》，制定了《2009年党风廉政建设和反腐败工作责任分解实施意见》，坚持集体领导与个人分工负责相结合，确保反腐倡廉各项任务落到实处，取得实效。

学校建立健全了党风廉政建设责任制考核与监督检查制度和考核评价机制，实行校级领导班子干部年度工作考核和述职述廉制度，并召开了全校范围内的党风廉政建设责任制考核民主测评大会；就“高校纪检监察部门如何协助党委抓好领导干部作风建设”进行了调研，形成了《抓重点环节、促作风建设》的调研文章，教育部纪检组、监察局主办的《教育纪检监察》予以刊登，进行了经验推广；组织学校党员干部和支部书记先后赴山西省右玉县和陕西延安学习考察，加强党性和革命传统教育；校党委中心组举办了反腐倡廉警示学习教育活动；有序进行“小金库”专项治理工作，下发了《山西大学关于开展“小金库”专项治理工作实施方案》；重点开展治理商业贿赂专项工作和行风评议工作，出台了《山西大学工程类项目招标投标管理细则》和《山西大学仪器设备招标投标管理实施细则》等制度；规范办学行为，实施“阳光招生”工程，严格执行教育收费政策，严肃考纪考风、师德师风；承办了2009年教育部直属高校纪检监察工作第六片组会议，同南京大学、北京交通大学等11所高校进行了交流。

五、紧抓大学生思想政治教育，推动校园文化建设和精神文明建设

校党委认真贯彻落实中央16号文件精神，始终把大学生思想政治教育摆在育人工作的首要位置，以创新精神开展思想政治理论课研究，在全省高校思想政治理论课评选中获得“优秀组织奖”；将研究性理念引入思想政治教育工作中，以青年马克思主义者培养工程为抓手，出台了《山西大学青年马克思主义者培养工程实施方案》，制订了具体《实施细则》，提升了思想育人工作的质量和实效。

坚持以学生为本的工作理念，引导大学生实现全面健康成才。建立了学生信息员制度，出台了《山西大学“初民”试验班实施方案》；引入研究性理念，深化本科生三学期制教学改革。完善以奖、勤、助、贷等形式为主体的多元化扶困助学体系，开辟入学和奖助“绿色通道”，评审发放各类奖学金648万余元，发放各类助学金112万元，勤工助学补助140万元，设立勤工助学岗位2700多个。以培养研究生创新能力为目标，出台了《山西大学博士研究生创新计划》和《山西大学进一步加强研究生培养质量的若干意见》。学校进一步加强就业指导服务体系建设，引导学生树立健康、成熟、积极、乐观的就业观念，增强就业择业能力。出台了《山西大学“青年就业创业见习基地”工作实施方案》，深化与企业的联系合作，搭建大学生与社会“零距离”对接平台；大力宣传“西部计划”和“三支一扶计划”，组织实践队深入开展社会实践活动，培养大学生扎根基层、服务基层、献身基层的奉献精神；召开毕业生入伍预征工作会议，保证了毕业生入伍预征工作的顺利进行；开展大小型招聘会十余次，召开省女大学生就业创业报告会，组织开展“人生规划和职业导航”系列活动，激发大学生创业意识和创业潜能。与太钢、中国移动山西公司等企业合作建立了近百个大学生就业见习基地，与“我爱我村”门户网站成功合作，建立了网络化就业创业见习基地，探索以网络形式促进学生就业创业的新途径，得到了团中

央的肯定，并在《中国共青团》杂志及中国共青团网站作为经验向全国推广。今年我校本科生考研率达30.3%，毕业生就业率达到73.4%，继续位居省内院校前列。

精神文明建设成果丰硕，顺利通过了省级文明和谐标兵单位创建工作验收。学校以国家素质教育基地为依托，将大学文化育人和思想政治教育有机结合，形成了“六大文化特色”，打造了以“两论坛”、“两节”、“两活动”为主体的校园文化育人精品工程；以校园科技文化节、校园文化艺术节为平台，不断提高大学生的综合素质和社会竞争力；广泛开展“三先、三优”评选表彰活动和第二届“感动山西大学”十大杰出青年评选活动；举办了山西大学第十四届“创新挑战杯”大学生课外学术科技作品竞赛，并组织学生参加了第十一届“挑战杯”全国大学生课外学术科技作品竞赛，喜获两个二等奖、四个三等奖，并再次获得“校级优秀组织奖”荣誉称号；以繁荣农村文化、培育文明乡风为抓手，坚持文明和谐结对帮扶工作，有力提升了帮扶单位的精神境界和文化素质；以新中国成立60周年为契机，开展了“我爱我的祖国”主题教育活动，以丰富的大学文化建设和文化育人工作，加强和改进大学生思想政治教育，升华青年学子的爱校荣校情结和爱党、爱国、爱社会主义的理想信念，推动精神文明建设不断提升。

六、强化稳定安全意识，突出卫生防疫工作，努力创建和谐文明校园

校党委牢固树立“稳定压到一切”的意识，明确提出“以科学发展观统领学校安全稳定工作全局”的工作思想，按照“明确职责，加强防范，强化措施，追究责任”的基本工作方针，扎实开展校园安全稳定工作。坚持以构建平安校园的大安全观为统领，将传统政治、治安、消防安全与就业安全、心理健康安全、网络安全、防恐和反恐安全有机统一起来，研究出台了《关于加强综合治理建设和谐文明校园的实施意见》；成立了山西大学和谐文明校园创建活动领导组，切实加强了安全稳定工作的组织领导；重新与校内各单位签订了《山西大学安全稳定工作目标责任书》；严防境内外敌对势力、非法宗教势力、民族分裂势力和邪教组织的破坏；以“安全教育周”为契机，提高广大师生的法制观念和自我防范意识；完善了食品安全、心理健康安全和消防安全的管理；不断加强学生工作队伍的职业化建设，进一步巩固和强化了四级危机防护网络，严格落实“三排查”工作；加强了校内媒体网络舆情的监控力度，防止通过网络渗透危害大学生思想心理健康；设立了机动车智能管理系统，规范了学校交通秩序。面对甲型H1N1流感疫情，学校第一时间成立了甲流防控领导组，及时分析疫情，把握情况，按照“沉着应对、积极防控、确保稳定、避免死亡”的原则，及时建立了分层分类阻断的防御体系，建立了疫情四级防控网络，出台了《甲型H1N1流感防控工作方案》，严格执行“晨检”和疫情“零报告”制度，形成了制度化、长效化、日常化的防控工作机制，有效遏制了疫情的蔓延，抗击甲流工作取得了阶段性胜利。

七、以提升学校核心竞争力为工作重点，推动学校各项事业又好又快发展

学校将统战工作列入党委重要议事日程，出台了《关于加强和改进统战工作的实施意见》，继续加强同各民主党派的联系与合作，充分发挥民主党派和无党派人士的重要作用。成功进行了民盟山西大学委员会换届，选举产生了民盟山西大学第六届委员会；与民盟山西大学委员会首次联合申报了中央统战部2009年重大招标项目；举办了省城民三党派运动会，进一步加强了与民主党派的联系，实现了统一战线自身的科学发展，荣获山西统一战线“凝聚力工程”奖。

充分发挥工会组织联系党和群众的桥梁纽带作用和推动学校改革发展、民主政治建设、精神文明建设的积极作用，修订了《关于加强和改进工会工作的实施意见》，进一步健全和完善了二级教代会工作机制，强化了教代会民主管理、决策、监督的重要职能；采取“走出去，请进来”的方式，与20多个兄弟院校进行了经验交流，有效提升了校工会在全国高校的知名度和影响力；组织教职工积极参加“送温暖、献爱心”募捐活动；大力开展理论研究，《在构建和谐社会新时期下实现工会工作创新》论文被中国高校工会第十三次宣传思想工作研讨会收录。

校党委高度重视离退休老干部工作在推动学校科学发展、构建和谐校园建设中的重要作用。切实贯彻落实涉老政策，确保老同志“两个待遇”的落实；召开了庆祝老年节暨“双先”表彰大会；举办了首届老干部趣味运动会；召开了山西高校老龄工作经验交流会，有效推进了我校老龄事业发展。

认真贯彻落实中央和省委保密工作会议精神，承办了省直单位保密工作第十一协作组2009年保密工作会议；继续完善各项保密安全制度，逐步建立保密工作自查的长效机制；组织开展了保密承诺书签订工作，进一步提高了涉密人员的保密意识，落实了保密责任。

（山西大学党委办）

附：山西大学党委书记、副书记、委员名单

书　记：秦良玉

副书记：郭贵春　张汉静　李忠人

委　员：赵怀洲　贾锁堂

山西医科大学党委工作概况

党委书记　王茂林

中共山西医科大学委员会下设7个二级党委，14个党总支，3个直属党支部和223个党支部，共有党员5282名。

2009年，学校坚持以邓小平理论和“三个代表”重要思想为指导，深入学习实践科学发展观，全面落实全国医学教育工作会议和全省教育工作会议精神，在加强党的建设、提高人才培养质量、提升教学科研水平、促进管理、服务质量提高等各方面做了大量的工作，取得了新的成绩。

一、深入学习实践科学发展观活动取得实效

根据中央、省委统一部署和省高校工委的具体安排，从2009年3月起，在全校24个基层党委（总支、直属党支部）、223个党支部、4871名党员干部中深入开展了学习实践科学发展观活动。经过全校各级党组织、全体党员领导干部的共同努力，历时5个多月，圆满完成了三个阶段九个环节的各项任务，取得了明显成效。通过学习实践活动，全校党员特别是校、院两级领导班子和处级以上党员干部普遍接受了一次系统全面的科学发展观教育，思想认识得到了明显提高；围绕学校的“六项建设”深入查找问题，客观分析原因，全力进行整改，一些影响和制约学校科学发展的突出问题得到了有效解决，体制机制有了新突破，切实有力地推动了学校的科学发展。活动结束时，6个基层党组织被省高校工委授予“先进基层党组织”荣誉称号，7名基层党组织书记被省高校工委授予“优秀基层党组织书记”荣誉称号，6名党员被省高校工委授予“优秀共产党员”荣誉称号。同时校党委对19个先进基层党组织、22名优秀基层党组织书记和145名优秀共产党员进行了表彰。

二、党的思想政治建设进一步加强

切实加强各级领导班子理论学习，将《山西医科大学党委和各院系中心组理论学习制度》落到了实处。坚持用马克思主义中国化最新理论成果武装头脑，重点学习了党章、十七大、十七届四中全会、科学发展观等有关重要文件和中央领导同志有关讲话。各级领导班子坚持理论学习与工作实践相结合，深入研究和解决学校改革发展建设中的重大问题，使理论学习成为提高领导班子思想理论水平、推动学校发展的强大动力。通过积极探索思想政治工作的新途径，强化思想政治工作在素质教育中的积极作用，大力推进思想政治工作进网络、进公寓、进社团，进一步加强了全校党员师生的思想政治建设。

三、党的组织建设进一步加强

进一步规范了基层党组织设置，完成了部分基层党委（党总支、直属党支部）、党支部设置的调整及2个党总支、38个基层党支部的换届选举工作；认真开展了基层党建目标责任制管理考核工作，进一步提升基层党建工作的质量和水平，推进了学校党建工作的改革创新，使基层党委（党总支、直属党支部）在各项工作中的政治核心和战斗堡垒作用得到充分发挥；进一步规范了党员培养、发展、教育和管理各环节，完善了分党校培训制，强化了党支部、基层党委（党总支）、校党委组织部三级预审制度，积极探索发展党员工作评估机制、责任追究机制，确保了党员发展质量。全年共培训积极分子929名，发展党员610名，审批预备党员转正777人；制定了《中共山西医科大学委员会关于党费收缴、使用和管理的规定》，对全校党费收缴、使用和管理工作进行了检查，进一步规范了党费收缴、使用和管理工作；积极拓展党员教育培训方式，探索建立网络在线辅导模式，开通了网上党校，开展了一系列网上学习培训活动。

四、干部队伍建设进一步加强

进一步加强了干部队伍的选拔任用和培养教育等工作。全年共调整、选拔处级干部163人、科级干部343人，进一步改善了干部队伍结构。深入开展干部培训工作，组织了干部理论培训和处级干部任前培训，选派了2名省管干部、1名处级干部参加了省委党校第6期、7期省管领导干部进修班和第47期中青年领导干部培训班，选派了18名处级干部利用日元贷款赴日本立命馆大学参加“中国大学管理运营干部特别进修”培训，切实提高了干部队伍整体素质。

五、党的作风建设和反腐倡廉建设进一步加强

采取有效措施，认真落实党风廉政责任制，取得明显成效，全年未发生党风廉政建设及责任追究案件、领导干部廉洁自律问题。制定、下发了《党风廉政建设责任制分解意见》，分解了责任，明确了责任主体。结合学校年度工作要点，分级、分项细化了党风廉政建设和反腐败工作的各项任务，建立了一级抓一级、层层抓落实的责任体系，做到了党风廉政建设、反腐败工作与其它工作同部署、同落实、同检查、同考核。积极开展廉政制度创新，建立完善了50项反腐倡廉制度，为惩治和预防腐败体系的构建奠定了坚实基础。进一步加大了对干部选拔任用、人员的招聘、大型装修项目、教学仪器设备、图书教材、大宗物资采购的监督力度，不断增强领导干部廉洁自律的自觉性。成立了“小金库”专项治理工作领导小组，建立健全了防治“小金库”的有效机制，实行了单位或部门党政领导干

部清理“小金库”承诺制，认真开展自查自纠，对发现的有“小金库”部门进行了认真治理，实行了规范管理。不断加大纠风治乱力度，重点解决发生在教风、学风、医德医风及学术不端行为等方面存在的行业歪风问题，切实关注和解决师生反映的热点难点问题，有效推进了医德医风建设，维护了师生与群众的合法权益，营造了风清气正的育人环境和氛围。（成星亮）

附：山西医科大学党委书记、副书记、委员名单

书　记：王茂林

副书记：郭　政（11月离职）　段志光（11月任职）　郭巍伟　吴　刚

委　员：顾昭明　王　斌（女）　李汝德　景　雅　吴毓秀（女）　张晋兴（12月离职）

山西农业大学党委工作概况

党委书记　石扬令

中共山西农业大学委员会下设17个分党委、3个直属党支部和105个党支部，共有党员2938名。一年来，学校党委全面贯彻党的十七大、十七届三中、四中全会精神，高举中国特色社会主义伟大旗帜，以邓小平理论和“三个代表”重要思想为指导，深入开展学习实践科学发展观活动，全面贯彻落实党的教育方针，切实把提高教育教学质量摆在了更加突出的位置，强化了服务新农村和现代特色农业的自觉性与主动性，多层次探索做好新形势下师生员工思想政治工作的新途径和新方法，千方百计为师生员工排忧解难，基层党组织凝聚力和战斗力进一步增强，有力地推动了学校的内涵发展、特色发展、和谐发展。学校先后被省委、省政府授予老干部工作先进单位，被省高校工委、省教育厅等授予全省高校思政网主题达标单位、08–09年度文明单位、09年平安校园先进单位、毕业生就业工作先进单位、学生军训工作先进单位等荣誉称号。

一、始终按照中央和省委的统一部署，不断深化学习实践科学发展观活动

1. 紧紧围绕“培养什么样的人，怎样培养人”、“办什么样的大学，怎样办大学”这两个根本性问题，先后邀请教育部、省委党校等有关专家为全校党员干部作了6场专题辅导，深入开展解放思想大讨论和专题调研活动，先后召开了五个专题研讨会，进一步明确了学校服务地方经济社会的发展定位。

2. 紧紧围绕“坚持以人为本，强化内涵发展，突出学科优势，增强服务能力，努力为新农村建设和现代农业发展做贡献”的主题和载体，明确提出了“坚持两个贴近，抓住八个重点”的工作要求，深入开展了“百名教师下十县进百村”学习、考察、服务活动，成立了“三农”服务中心，新成立和调整12个研究所（中心），积极参与县域经济规划、村镇建设规划和重大社会课题研究。

3. 出台了《深入学习实践科学发展观活动整改落实方案》，根据岗位职责落实到了校领导和责任单位。全校共废止制度26项，修改制度206项，新定制度83项。针对长期以来难以解决、广大师生反映比较强烈的问题，在全校开展了以校园环境、住房秩序、经营秩序、资产管理为主要内容的专项治理活动。

二、始终以改革创新精神，着力提高党的建设科学化水平

1. 坚持每月一次的中心组学习制度，在全校专职党政干部中继续开展“五个一”学习活动，先后举办了新任处级干部、科级干部专题培训班。

2. 适应学生规模扩大、学生党员人数增加的需要，在各学院普遍成立了分党委。坚持校、院两级党校培训制度，二级党校年培训入党积极分子3600余人。

3. 继续推进学校15个基层分党委与驻地太谷县15个社会主义新农村建设示范点党支部合作共建工作，先后有300余人次的专家教授深入农业生产第一线，开展专题讲座30多次，培训农民2000多人，各学院就近就便参与新农村建设和现代特色农业发展已成为一项常抓常新的亮点工作。

4. 认真落实党风廉政建设责任制，多层次开展党风廉政宣传教育活动，修订了学校《招标采购管理办法》、《公务接待办法》、《关于对领导干部进行廉政谈话和诫勉的暂行办法》等，积极开展治理“小金库”专项工作，大力实施“阳光工程”。

三、始终坚持社会主义核心价值体系，切实加强大学生思想政治教育

1. 在部分学院开展“思想政治理论课教学与学生日常思想政治工作以及入党积极分子培养”三结合育人模式试点工作。加大了对大学生思想政治教育“沃土网站”软硬件建设的力度。校、院、班三级心理健康教育格局已初步形成。重点开展了以校园文明、餐厅文明、宿舍文明创建为主要内容的大学生文明养成和公民道德教育。

2. 以建党88周年、新中国成立60周年、纪念五四运动90周年为契机，积极开展红色经典大家听、爱国歌曲大家唱、辉煌成就大家讲等主题教育活动，在山西省庆祝2009年教师节暨高校“祖国万岁”歌咏比赛决赛中荣获业余组第二名，同时还获得了全国教育系统祖国万岁歌咏活动优秀组织奖。

3. 坚持推进“成功者之路——校友导航”教育工程，重点邀请优秀大学生村干部、在基层自主创业的优秀大学生回校作报告，教育效果明显。在“大学生志愿服务西部计划”中，我校有200余名学生报名，37名同学录取，居全省高校之首；在大学生村干部选聘工作中，我校有2041名毕业生报名，占到全校毕业生总数的50%左右，最终录取156人，人民网、《中国教育报》、中国教育电视台等媒体多次报道我校的经验和做法。

4. 不断拓展大学生“三下乡”社会化运作、规模化服务、基层化活动的有效途径，与省科协共同组织了“践行科学发展观，推进农村信息化”主题实践活动，全校400余名师生分赴晋中市、吕梁市、朔州市12个县的每个行政村，共培训农村信息员3000多名。

5. 启动了“青年企业家进校园”大学生创业论坛，创立了大学生农业创业园区；学校拿出100万元作为底金，成立了“金银焕创新创业基金”，鼓励和引导在校大学生依托专业边学习、边实践、边创业，目前有创业团队33个，《山西日报》、《山西经济日报》等新闻媒体已多次从不同角度报道了我校学生的创业事迹。

四、始终以科学发展观统领全局，全面提高办学质量和办学水平

1. 修订了高层次人才聘用办法，积极争取，2位海外博士正作为山西省百人计划引进我校；“晋农学者计划”获得省教育厅批准并启动，给予项目经费100万元；博士点由10个增加到了15个，博士后科研流动站由2个增加到了5个，进站博士后达到了20人。

2. 积极推进本科教学质量与改革工程，新入选省级教改项目25项、国家级特色专业建设点1个、省级精品课程2门、省级教学团队1个、省级教学名师4人、省级人才培养模式创新实验区1个；新增省级本科高校示范实验室1个。

3. 全年组织申报各类科技项目241项，其中国家级、部级22 项，合同经费2270万元；先后鉴定成果11项，匀达国际领先和先进水平；先后获省部科学技术奖5项、山西省高校科学技术奖7项；获准国家专利6项；小麦、大豆等作物12个新品系参加了山西省区域试验。先后组织专家教授主持十多个县域新农村建设和近100个村的农村建设规划。在校内开展专题培训班5次，培训各类人员1500人次。

4. 组织参加了中国（山西）特色农业博览会，展出动植物新品种13种26个、新产品18种68个、新技术13项，签订购销合同840万元。2个项目分获最佳科技创新产品奖和最佳科技产品奖，2个项目获得优秀科技产品奖，6个项目获得畅销产品金奖，学校荣获优秀组织策划奖和优秀设计造型奖。

五、始终坚持立党为公、执政为民，努力加快和谐校园建设步伐

1. 积极开展安全消防知识教育、安全隐患排查和安全专项整治活动；投入资金310万元，在全校建成了电子监控系统，极大地提高了安全技术防范水平。

2. 在学校出现甲型流感疫情之后，立即启动应急预案，果断采取“两隔离、三封闭”的措施，实行“学校领导包学院，学院领导包系、包专业，专任教师、辅导员一人包一班”的管理制度，在学校出现5例确诊病人的情况下没有发生大面积传染事件，有力地维护了全校师生的身体健康、生命安全和社会稳定。

3. 为全校学生办理了城镇居民基本医疗保险，为全校所有副处级干部和副高职称以上人员进行了健康体检。不断完善减、免、奖、贷、缓、助、补等学生资助和勤工助学体系建设，做到了没有一名学生因家庭贫困而无法入学。

4. 在各学院成立了大学生就业指导中心，出台了学校《关于进一步做好毕业生就业工作的实施意见》；多层次开展就业创业教育；在校内开展“天天招聘会”活动，全年举办70余场中小型招聘会，为学生提供各类就业岗位8000多个。

5. 深入开展文明校园创建活动，对校内健身场地器材、自行车棚、标语牌进行了维修和更换，为40多个教室悬挂了名人画像、格言警句，在校报开辟了文明礼仪知识专栏，开展了文明实验室、文明办公室、文明宿舍创建表彰和家庭美德模范、社会公德模范、职业道德模范评选表彰活动。

（赵水民）

附：山西农业大学党委书记、副书记、委员名单

书　记：石扬令

副书记：董常生　岳文斌　崔富春

委　员：滑云龙　崔克勇　邢保荣　姚考文

山西师范大学党委工作概况

党委书记　倪生唐

2009年，山西师范大学党委高举中国特色社会主义伟大旗帜，深入贯彻落实科学发展观，按照新时期党的建设的总体要求，紧紧围绕培养中国特色社会主义合格建设者和可靠接班人这个根本任务，全面贯彻党的教育方针，加强和改进党的建设，为学校发展提供了坚强的思想、政治和组织保障。

一、以科学发展观统领学校发展全局，科学合理谋划学校发展

师大党委从学校长远大局出发，审时度势，抓住机遇，

在充分吸纳全校民智基础上，找准优势，合理定位，科学谋划“十一五”发展战略，并在实践中不断深化发展认识，理清发展思路，创新发展举措，引领学校改革发展不断前进。

一是明确战略思想。提出要高举中国特色社会主义伟大旗帜，坚持科学发展观，坚持社会主义办学方向，坚持育人为本、崇尚学术的办学理念，全面贯彻国家的教育方针，遵循高等教育发展的规律，采取“非均衡发展，分层次建设”策略，优化资源配置，转变发展方式，注重内涵，优化结构，强化特色，全面提高教育质量、办学水平和办学效益，实现学校内涵发展、特色发展、和谐发展。

二是明确发展目标。提出“十一五”期间要着力实现“三大转变”，即规模发展向质量提升转变、师范教育向教师教育转变、教学型大学向教学研究型大学转变，凸显教师教育和地方文化两大特色，把学校建设成特色鲜明的教学研究型大学，实现规模、结构、质量、效益的相互协调和可持续发展。

三是明确发展重点。提出“十一五”期间重点要加强重点学科建设，加强学位授权点建设，实施教育教学改革，实施人才强校战略，最终要打造一批高水平的学科，产出一批高水平标志性成果，建设一支高水平的人才队伍。

四是理清发展思路。在“十一五”框架下，提出了更加清晰的发展思路，即“围绕一个中心，实施两大战略，走出三条路子，凸显四个特色”。一个中心就是围绕创新型人才培养这个中心，两大战略就是要着力推进人才强校和开放办学，三条路子就是要走出教学改革、学科交叉、科技创新三条路子，四个特色就是要在办学中努力体现学校在教师教育、地方文化、基础研究和服务区域发展等方面的特色。

五是以开展学习实践科学发展观活动为契机，对目前学校的发展是否科学，如何实现科学发展等问题进行了系统思考，找出了影响和制约师大科学发展的9个方面矛盾和问题，形成了内涵发展、特色发展、和谐发展的发展战略，对此《中国教育报》科学发展观专栏选用发表了党委书记署名文章，并细化为48个整改措施，进一步明确了办学定位和发展思路，凝聚了发展共识。

山西师大发展战略清晰，发展定位合理，奋斗目标明确，工作重点突出，工作思路清晰，宣传到位，组织到位，使得全校上下努力方向明确，工作基础扎实，形成了全校教职员工齐心协力、共谋发展的良好局面。各项工作得到长足进展：实现博士点和省重点学科零突破，教师教育特色更加凸显，顶岗支教和本科教学质量工程成效显著，教育教学质量稳步提升，国家级课题和高水平科研成果数量逐年增加，师资队伍整体素质显著提升，学术创新氛围日益浓厚，开放办学步伐逐步加快，服务社会能力明显增强，党的各级组织建设成效显著，各级班子执政能力显著增强，干部队伍管理和服务水平明显提升，平安和谐校园建设深入推进，学校综合实力显著增强，社会知名度和影响力日益提高。进入“十一五”冲刺阶段，全校上下聚精会神，斗志昂扬，努力工作，朝着建设特色鲜明的教学研究型大学的目标阔步前进。

二、以党的十六大以来重大理论学习为重点，扎实做好理论武装工作

师大将理论学习作为政治任务，坚持学习、工作研讨的例会制度，紧密结合改革开放和现代化建设的生动实践，着力加强邓小平理论、“三个代表”重要思想、科学发展观等重大理论成果的学习。十七大召开以来，学校把学习贯彻十七大精神作为首要政治任务来抓，在全校掀起了学习十七大、十七届三中全会精神和胡锦涛同志在纪念改革开放三十周年大会上的讲话精神、十七届四中全会精神的热潮。为确保学习收到实效，学习过程中坚持理论联系实际，学以致用、用以促学，坚持武装头脑、指导实践、推进工作三结合，把理论武装同落实科学发展观、促进党的先进性长效机制建设和推动学校改革发展紧密结合起来，同广大干部教师的岗位职责联系起来，开展大学理念、二级管理改革、教师教育改革、干部作风、节约型校园、和谐校园等一系列专题培训，为教育教学理念的更新、学习型和创新型政党建设、学校各项事业的发展提供了强大的理论支撑。

此外，学校围绕社会主义核心价值体系，还加强了新时期马克思主义哲学理论、价值观、利益观、和谐校园、大学生德育工作等方面的研究，取得了一批新的理论成果，在《中国教育报》理论版、《人民日报》理论版、《中国软科学》、《理论月刊》、《中国德育》、《思想教育》等刊物发表论文10余篇，获得省级以上奖项9项。部分论文还在韩国召开的第22届世界哲学大会和在台湾召开的第16届中国哲学大会上交流。

三、把领导班子建设作为党建工作的关键，不断提高各级班子的科学执政能力

在校级领导班子建设方面，校党委采用集中学习，聘请专家主题宣讲，班子成员联系实际研讨以及形式多样的教育实践活动，学理论、议大事、把方向、出思路、讲团结、求发展,进一步提高了校级领导班子的思想政治水平和办学治校的能力。2008年，学校还新任命了两位副校长，校级领导班子力量得到加强，结构进一步优化。中层干部建设方面，按照争当“三心”（敬业心、责任心、事业心）干部，树立“四实”（学习扎实、工作务实、生活朴实、研究求实）作风，建设“五型”（学习型、事业型、责任型、服务型、廉政型）班子要求，不断深化干部人事制度改革，强化干部教育、选拔、任用、评价、监督等各个环节管理。每年坚持举办干部培训班，对干部进行政治理论、管理理念、勤政廉政等方面的培训，实行年终和任期考核制度，广大干部作风明显改进，管理水平和创新能力进一步提高，各级领导班子视野进一步开阔，理论素养、创新

意识、责任意识明显增强，领导学校科学发展的能力进一步提高。

四、加强基层党组织建设，努力提高基层党组织的战斗力

为了加强学校党的建设，党委专门成立党建研究会，一方面进行理论探讨和创新，另一方面进行学校党建工作研究和实践。通过研究引导指导学校党建工作，取得了明显成效。学校加强了以学生党支部为重点的基层党组织建设，建立健全基层党组织建设各项制度，形成了校党委、基层党委（总支）和党支部三级层层落实建设责任的体制。在全校党的基层组织合理覆盖的基础上，开展了“红旗党支部”创建活动，在全校掀起了“达标准，创先进，争红旗”热潮，并涌现出“党员服务站”、“党员责任区”、“爱心小组”等全新的党支部建设模式，《中国教育报》对此作了专题报道。随着研究生人数的不断增加，为加强研究生的培养教育，逐步建立健全研究生党支部，在招收研究生的15个学院中，已有13个党委成立了研究生党支部。在不断完善提高学生党支部建设的同时，通过党支部换届、丰富支部生活内容、创新支部生活形式等措施，进一步加强了教工党支部的建设，较好地发挥了教工党支部在团结和带领广大教职员工改革创新、共谋发展过程中的战斗堡垒作用，和教工党员的先锋模范作用。例如，5·12汶川地震全校3233名共产党员积极主动缴纳“特殊党费”70余万元，体现了新时期广大党员的先进性以及对灾区人民的大爱真情。以党建带团建，2008年完成了新一届共青团委员会集中换届工作，从“985”院校公开选拔十名优秀硕士毕业生充实到团干队伍，基层团组织的凝聚力和战斗力进一步增强。

五、加强和改进大学生思想政治教育，大力加强校园精神文明建设

学校不断加强和改进大学生思想政治教育工作，把思想政治工作贯穿于育人各个环节，逐步形成了全方位、多层次、立体式大学生思想政治教育网络。加强大学生政治理论课教学，积极探索教学内容和教学方法改革，充分调动教与学互动，真正做到党的重大理论精神进教材、进课堂、进学生大脑。通过强化学生政治辅导员队伍和学生干部队伍的选拔和培养工作，提高校院两级学生工作的质量和水平，着力加强学风、班风和校风建设，确保了人才培养质量。

不断完善经济困难学生资助体系，拓展资助渠道，加大资助力度，扩大资助范围，帮助学生解决实际问题。四年来共发放各类奖助学金5600余万元，获奖和受助学生达8.5万余人次，对地震灾区学生还实行了特殊资助政策，切实解决了广大学生所面临的实际困难，没有一个学生因经济困难而辍学。发挥“七位一体”的学生心理健康教育指导体系的积极作用，调动大学生自我教育、朋辈教育的能动性，加强大学生心理健康教育，促进学生健康成长、全面发展。四年全校共1.2万余名师生在各项心理健康教育活动中受益。构建和完善招生就业工作体系，千方百计地促进毕业生充分就业。近年来学生就业率一直保持在全省前列，受到省教育厅的表彰。

以社会主义核心价值观教育为主要内容，大力加强校园精神文明建设。发挥党、团和学生组织的优势，以校园文化活动为载体，以促进校园和谐为核心内容，以帮助青年成长成才为根本目的，发挥大学生社团作用，通过开展励志文化、学术文化、艺术文化、体育文化等多姿多彩的文化活动，努力提高青年大学生的文化品位、艺术修养和审美情趣，形成了独具我校特色的校园文化发展模式。例如，开展未来教师素质大赛、挑战杯、“三下乡”、志愿服务等系列校园文化和社会实践活动，有力地促进了学生成长成才。其中大学生服务社会实践活动成效尤为明显，全校青年志愿者注册率为98%，连续多年受到中宣部、教育部和团中央的表彰。举办学术论坛、科技论坛、文化论坛等，校园创新氛围日益浓厚。通过常规教育和集中教育，加强师德师风和工作作风建设，广大干部教职工精神风貌明显改观。学校也连续多年荣获山西省文明和谐单位，并先后荣获全国师德师风建设先进单位、山西省“五一”劳动奖状和文明单位等荣誉称号。

六、全面推进依法治校、民主治校进程，努力构建平安和谐校园

学校先后出台了《山西师范大学依法治校规划（2006—2010）》，制定了《山西师范大学章程》。制定了落实保持共产党员先进性长效机制工作中形成的35个制度文件。在制度完善年中，对照省高校工委确定的党风廉政建设制度目录列出的33个制度，对学校的现有制度进行了系统梳理，尚未建立的及时建立，已经建立的进一步修订、补充和完善。在学习实践科学发展观活动中，又对学校的制度体系进行了比较系统的修订，加强了制度宣传，狠抓制度落实，使学校各项工作都做到了有章可循，有章必循。同时，不断加强普法宣传和教育工作，严格按照国家法律法规办事，不仅形成了依法办学、依法治校、依法办事的良好育人环境，还顺利解决多起法律纠纷，有效地维护了学校和师生的合法权益。

学校党委始终把推进民主治校作为学校的一项基础性工作来抓，始终把师生员工看作学校发展的力量之泉和执政之基，坚持依靠师生员工办学和治校，充分尊重广大师生员工的首创精神，发挥广大师生员工在学校改革发展中的主体作用，加快学校发展。

一是在完善校级教代会基础上，全面实施二级教代会，将其作为二级学院民主管理重要形式，充分调动二级学院积极性，保障了广大教职工民主参与、民主管理、民主监督的权利。严格按照民主集中制原则，执行党委议事规则、校长办公会议事规则、“三重一大”等制度，实行民主决

策。

二是全面实行校务公开，利用校园网、校报、公告栏等载体和媒介，从办事制度、办事程序、办事结果等多个环节实行全方位的校务公开，实行校领导接待日制度，广开言路，广泛听取意见和建议，充分保证了广大师生的参与权、知情权、表达权和监督权。围绕招生、收费、工作作风、师德师风等群众普遍关心的热点问题，深入开展行风评议活动，营造了良好的育人环境。

三是通过实行校党委联系专家、向民主党派及老干部通报工作等制度，调动各方面积极性，发挥高级专家、老干部、各界人士在学校改革发展中的作用。做好老干部工作，帮助困难教职工排忧解难，并通过发展的办法不断改善师生学习、工作、生活条件，使广大师生切实共享到发展成果，形成了建设和谐校园人人有责、和谐校园人人共享的生动局面。

四是不断加强安全稳定工作，重点加强了技术防范工作。投资100万元，在校园内安装了视频监控系统。并通过建立健全利益协调机制、诉求表达机制、突发事件预警处置机制，进一步理顺情绪，把矛盾化解在基层、解决在萌芽状态，确保了学校的安定团结、平安稳定。

我校依法治校、民主治校、和谐校园建设等工作取得了显著成效，为学校的改革和发展营造了一个民意顺畅、充满活力、和谐有序、团结协作、共谋发展的良好氛围，被授予全省“文明和谐标兵”、“平安和谐校园”等荣誉称号。

七、推进党风廉政建设和反腐败斗争，为学校发展提供坚强保障

学校高度重视党风廉政建设和反腐败斗争，把它作为学校的一项重要工作常抓不懈。认真落实廉风责任制，形成了“党委统一领导，党政齐抓共管，纪委组织协调，部门各负其责，依靠群众的支持和参与”的工作格局。通过加强廉政文化建设、廉政制度建设、堵塞管理漏洞、构筑监督制约机制、加大违法违纪案件查处力度等措施，有力地促进了党风廉政建设，为学校发展提供了坚强保障。

此外，还注重以党风带校风，加强校风建设。学校不断加强师德师风建设、工作作风建设和学风考风建设，重点发挥党员的先锋模范和党组织战斗堡垒作用，影响和带动普通师生，有力地促进了优良校风的形成。

（钱　成）

附：山西师范大学党委书记、副书记、委员名单

书　记：倪生唐

副书记：武海顺　刘子学　王心平

委　员：杜立明（12月离职）　李德龙（12月任职）　畅伟杰

中北大学党委工作概况

党委书记　师　谦

2009年，中北大学坚持以邓小平理论和“三个代表“重要思想为指导，以深入学习实践科学发展观活动为契机，全面推进党的思想、组织、作风和制度建设，有力地推动了学校的各项事业发展。

一、深入学习实践科学发展观活动成效显著

深入开展学习实践科学发展观活动是学校2009年的头等大事，是学校发展过程中凝聚人心、鼓舞干劲、推进学校事业向前发展的又一良好机遇。按照省委和省高校工委的统一部署，学校深入学习实践科学发展观活动自3月13日正式启动，至8月底基本结束，全校25个党总支和直属党支部、4609名党员积极参加了学习实践活动。学校紧紧围绕“改革创新求突破，求真务实促发展，加快高水平教学研究型大学建设步伐”这一主题，紧扣“党员干部受教育、科学发展上水平、人民群众得实惠”的目标要求，精心组织，周密部署，扎实推进，突出特色，圆满完成了学习实践活动三个阶段、十一个环节的各项工作，取得了明显成效，群众满意度达到了99.16%，基本实现了预期目标，为学校科学发展、和谐发展打下了良好基础。校党委被省高校工委评为“先进基层党组织”。

二、党的建设和思想政治工作进一步强化

1. 筹备召开中北大学第一次党代会。此次党代会是学校站在新起点、谋划新发展、开创新局面的一次重要会议，是学校政治生活中的一件大事。党委对此高度重视，严格按照《党章》和有关组织工作条例的规定，认真筹划，周密部署，精心组织，扎实推进宣传、组织和动员等各项筹备工作。

2. 高度重视校级领导班子的思想政治建设，把班子建设成为团结奋进、开拓创新的坚强领导集体。一是抓好理论武装工作。一年来，班子成员自觉坚持中心组学习制度，坚持用中国特色社会主义理论体系武装头脑、指导实践、推动工作。班子成员增强了贯彻落实科学发展观和党的教育方针的自觉性，思想政治素质和办学治校能力有了明显提高，形成了谋事和人、开拓创新、潜心办学、敬业奉献

的良好风气。二是出台了《中北大学党委领导下的校长负责制实施办法》，修订、完善党委会、校长办公会议事规则，规范了议事决策程序，逐步理顺了领导班子决策机制。学校的重大问题和重要事项都要经过集体讨论决定。

3. 干部队伍能力得到增强。一是坚持公开竞聘、组织考察、集体决定的原则和程序，对空缺的处级、科级岗位进行了补充。全年共提拔任用处级干部7名，同时完成了科级干部考核工作。二是修订了《中北大学处级干部年度考核办法》，强化干部考核、监督的制度化、科学化。三是出台了《中北大学干部教育培训计划》，正式启用了“中北大学干部在线学习中心”，并在全校处级干部中组织开展了学习贯彻党的十七大和十七届四中全会精神培训班，进一步增强了干部教育培训的针对性和实效性，提高了干部队伍的整体素质。

4. 基层党组织建设的根基进一步夯实。一是进一步完善了党支部设置，实现了“研究生班班有党支部、本专科学生一二年级有党员、三四年级有党支部”的目标。截止目前，学校共有25个基层党总支（直属党支部），下设150个党支部，其中学生党支部77个。二是积极开展入党积极分子培训，做好优秀中青年教师和青年学生中的党员发展工作，全年共发展新党员1831名。此外，还完成了“七一”表彰、学习实践科学发展观活动表彰等工作。

5. 宣传工作得到切实加强。学校坚持“围绕中心，服务大局，内聚人心，外树形象”的思路，充分利用校内各种宣传媒体，宣传典型，凝心聚力，营造了良好的发展氛围。加强校园文化建设，通过了《以“太行精神”为核心的品牌校园文化建设方案》，教风、学风、工作作风、校风进一步好转。加大对外宣传力度，拓展宣传范围，提高宣传层次，全年社会各种媒体宣传学校100多次，提高了学校的声誉，扩大了学校的影响。

6. 思想政治教育工作全面推进。以开展深入学习实践科学发展观活动为契机，进一步加强大学生理论学习。完善主题班会制度，本年度共开展主题班会1200余场。积极开展新生入学教育和毕业生离校教育等形式多样的教育活动，利用国庆60周年等各种节日、纪念日，通过丰富多彩的内容吸引学生主动参与思政教育活动。进一步加强思想政治理论课的课堂教学改革，加强形势政策教育和党的民族政策教育。启动了思想政治教育进公寓工作和德育答辩工作。依托网络阵地，推进思想政治教育工作开展。进一步加强红色太行网站建设，2009年，“从太行山走来”频道成为“中国大学生在线”全国48个优秀共建频道之一。通过开设“辅导员博客”，进一步加强了学生和辅导员之间的沟通和联系，目前，博客已成为师生之间沟通的桥梁，也成为学校思想政治教育的又一重要平台。

三、党风廉政建设和反腐败工作得到加强

一是根据中纪委三次全会、全国教育系统纪检监察工作会议、省教育系统纪检监察工作会议精神，及时召开2009年党风廉政建设暨反腐败工作会议，对全年工作进行了部署。二是通过会议、校园网、校报、简报等途径，明确教育主题，改进教育形式，认真开展廉洁从政、廉洁从教教育。认真开展党员的反腐倡廉和宣传教育工作，举办廉政党课23次、反腐倡廉形势报告会2次，观看警示教育片16次。三是严格推行各单位部门党政领导的“一岗双责”制，强化了领导干部的责任追究。深入开展“小金库”专项治理工作，与各单位负责人、主管（联系校领导）签订承诺书，进一步落实了责任。四是加强监督，完成设备验收30次，审核设备采购合同25件，涉及金额1450余万元。重点完成了干部选拔任用、先进个人评选、职称评定和各类重大考试等监督工作。五是严肃查处8起案件和信访件，及时有效地解决了问题，进一步规范了管理，促进了学校的稳步发展。

四、学校群团统战工作稳步推进

1. 工会工作积极开展。组织召开一届四次教代会。开展了多种形式、寓教于乐的文体活动。注重教职工的队伍建设，积极开展先进集体和先进个人的评选工作，1个集体荣获“山西省五一劳动奖状”。代表广大教职工的利益，积极参与学校相关工作。校工会荣获“2009年度山西省教科文卫体系统工会工作先进集体”。

2. 共青团工作有新的亮点。召开了中北大学第一次团代会，理清了发展思路。以创建具有中北特色校园文化为统领，积极组织学生开展各项文体活动。积极构建大学生科技创新工作体系，在全国“挑战杯”等大赛中，获奖249项。加强大学生就业创业见习基地建设，组织全校8793名大学生参加了志愿者社区服务和暑期“三下乡”社会实践活动。校团委被团中央评为“全国五四红旗团委”。

3. 统战工作逐步深化。充分发挥民主监督职能、参政议政的作用，组织召开民主党派和无党派人士各类型座谈会多次。九三学社中北大学支社成立，5名民主党派、无党派人士到社会主义学院培训。

五、积极创建平安、和谐校园

一是全面落实安全稳定责任制和责任追究制，实行安全例会约谈，督促工作落实。二是加强安全宣传教育，增强师生安全意识。完善各类应急预案，加强应急队伍建设，提高了处置突发事件的能力。三是建立了全校安全隐患排查整治台帐，出台《安全隐患举报制度》，开展了安全专项集中整治行动，投入170余万元，实施分步治理，督促隐患整改。四是加强校园治安管理，投资近400万元建成“安防视频监控系统”，全面提高了预防和控制各类突发事件、事故的能力。五是高度重视民生，不断提高教职工待遇，改善工作、生活条件。关注关心青年教师、困难学生、低收入教职工、离退休老同志的学习、工作和生活，做好帮扶工作，引导师生员工共建和谐、共享和谐。

此外，学校各个方面的工作均取得了新的进展，并先

后获得“山西省高校科技工作先进集体”、“山西省普通高等学校毕业生就业工作先进集体”、“全省知识产权工作先进单位”、“山西省海外高层次人才创新创业基地”、“全国高校伙食工作先进单位”“山西省保密工作先进集体”、“山西省科技情报工作先进集体”、“山西省绿化先进单位”、“驻地企业人口与计划生育工作先进集体”、“山西省健康教育与控烟先进单位”等荣誉称号。

（胡向明）

附：中北大学党委书记、副书记、委员名单

书　记：师　谦

副书记：张文栋　张惠选　常晓宝

委　员：王宝儒　肖忠良　刘有智　赵晋生　徐继开

山西中医学院党委工作概况

党委书记　陶功定

山西中医学院是山西省唯一一所培养高级中医、针推、中药、中西医结合临床及中医护理人才的高等院校，是山西省中医药教学、科研、医疗中心。目前，学院有64个基层党组织，其中基层党委1个，党总支9个，党支部54个（包括直属支部6个），其中在职教工党支部34个，离退休人员党支部6人，学生党支部14个。共有党员1571名。

2009年，学院党委深入学习贯彻党的十七大和十七届四中全会精神，深入开展学习实践科学发展观活动，不断加强思想、组织、作风、制度和反腐倡廉建设，以改革创新精神全面加强党的建设。

（一）学习实践科学发展观活动。2009年3月—8月，我院按照省委和省高校工委的统一安排，深入开展了学习实践科学发展观活动。学院党委高度重视，周密部署，成立了深入学习实践科学发展观活动领导小组，制定并出台了具体的实施方案，制作了深入学习实践科学发展观专题网页，全院1个基层党委，9个党总支，53个党支部，共计1661名党员参加了学习实践活动。学院各级党组织紧紧围绕“党员干部受教育、科学发展上水平、人民群众得实惠”的总体要求，以“学习实践科学发展观，积极创建山西中医药科技大学”为主题和载体，精心组织，突出重点，圆满完成了前期筹备、学习调研阶段、分析检查阶段、前两个阶段“回头看”、整改落实阶段等各个环节的工作。

通过开展学习实践活动，学院进一步确立了科学发展的新思路，集中力量解决了涉及群众切身利益的突出问题，破解了科学发展面临的新矛盾，理顺并解决了实验室归口管理、学生按专业系部归口管理等制约学院发展和关乎教职工切身利益的6个问题，进一步增强了党员干部领导科学发展的能力，推动了学院各项工作又好又快发展。

（二）加强党的思想建设。坚持党委中心组学习和理论学习制度，掀起学习实践科学发展观的新高潮，切实有效地提高了广大干部和教职工的思想理论素质。制定出台了《山西中医学院关于开展创建学习型组织活动的决定》，充分调动学院广大教职工的学习、教学和科研的积极性，全面提高教职工的综合素质。制定了《山西中医学院深入开展庆祝新中国成立60周年群众性爱国主义主题教育活动的实施方案》，在广大师生员工中深入开展了主题教育活动。全面做好学习实践科学发展观、20年校庆、“五五”普法、甲流防控等校内外宣传工作，新华网、中新网、《中国中医药报》、山西新闻网、山西电视台、《山西日报》、《山西青年报》等各级各类媒体对我院新闻事件的关注度不断提升，学院的社会知名度和美誉度大幅上升。

认真学习贯彻全国、全省统战工作会议精神，积极组织民主党派人士和无党派人士参加学习实践科学发展观活动，及时召开了动员会，提出了学习要求，鼓励他们为学校发展建言献策，并热心解决他们的一些具体困难和问题。全心全意为民主党派和无党派人士服务，勤沟通，勤交流，创造民主、和谐、团结的氛围。中秋国庆前夕，组织召开了迎国庆统战工作座谈会，极大地增强了统一战线的凝聚力。

（三）加强党的组织建设。认真做好预备党员的教育、考察和转正工作，落实《山西中医学院民主评议党员制度》、《关于对流动党员管理的规定》文件要求，严格发展党员工作程序，严把发展党员入口关。举办了第二十五期、二十六期入党积极分子理论培训班，共有656名学员参加了培训，结业率达90%以上，为党员发展工作打下良好基础。加强对流动党员管理，实行流动党员登记、颁发流动证、联系制度，设立流动党员服务咨询专用电话。

加强干部教育管理，全面贯彻落实中央《关于干部教育培训工作条例》的精神，制定了我院干部培训计划，举行了2009年暑期处级干部培训班。在干部的选拔任用过程中，严格按照《条例》和省委“三个规定”的要求，坚持《条例》规定的“党管干部，任人唯贤、德才兼备，群众公认、注重实绩，公开、平等、竞争、择优，民主集中制，依法办事”等原则，组织完成了院级领导干部和处级干部年度考核工作。积极配合省委组织部第五综合考核组，圆满完成了副校职考察对象的推荐工作。

（四）加强党的反腐倡廉建设。认真学习贯彻第十七届中央纪委第三次、四次全会精神，着力提高我院党员干部党性修养，不断树立弘扬良好作风，有效促进了我院领导干部作风建设。认真学习贯彻省纪委《关于认真贯彻落实省委弘扬右玉精神加强作风建设电视电话会议精神的通知》精神，继续开展“党风廉政宣传月”活动，组织党员领导干部学习胡锦涛总书记“加强领导干部党性修养，树立弘扬良好作风”的重要讲话精神，提倡“八个方面良好风气”。针对出台的《中共山西中医学院委员会贯彻落实建立健全惩治与预防腐败体系2008-2012年工作规划的落实方案》，制定了具体工作目标，健全了组织领导，明确了责任。认真开展推进惩治与预防腐败体系建设自查自纠工作。以反腐倡廉大宣教、干部作风建设、领导干部职务消费监督检查三项重要工作为契机，认真查找存在的问题，及时进行整改，有效促进了我院的惩治与预防腐败体系建设。

严格落实党风廉政建设责任制，制定了《山西中医学院2009年党风廉政建设和反腐败工作任务责任分解意见》，认真落实责任制，完善党政领导班子“一把手负总责，分管领导各负其责”的领导体制，促进领导班子廉洁自律。继续贯彻落实《关于严格禁止利用职务上的便利谋取不正当利益的若干规定》，组织中心组学习廉洁自律相关规定，并严格执行廉洁自律各项规定。

认真履行各项监督检查职能，工作中力求实效，促进了我院各项事业的顺利进行。坚持“在参与中服务，在服务中监督，在监督中保障”的原则，切实履行监督职能，积极开展教育收费监督检查，全程监督了研究生和本专科招生、大型仪器设备招投标和大宗物资设备采购、处级干部考核、博士生专场招聘、职工住房分配、职称评审等工作，确保我院各项工作“公平、公正、公开”进行，切实维护了教职工权益。（郭宏鹏）

附：山西中医学院党委书记、副书记、委员名单

书　记：陶功定

副书记：贾学萍（女）

委　员：张俊龙　冯前进　孙　玮

长治医学院党委工作概况

党委书记　王杰敏

长治医学院共有基层党组织79个，其中党委4个，党总支8个，党支部67个。共有党员1937名。

2009年，全院师生员工以邓小平理论和“三个代表”重要思想为指导，以科学发展观为统领，以教学、医疗、科研为中心，以加强和改进党建和思想政治工作为保证，以深入开展学习实践活动为载体，进一步解放思想，更新观念，凝心聚智，紧紧围绕建设“省内一流，国内知名”高水平医学院校的发展目标，努力搭建教学、医疗、科研、管理四个平台，各项工作跃上了新的台阶。

一、教学质量和教学水平稳步提高

（一）强校工程取得丰硕成果。《药理学》和《人体解剖学》被评为省级精品课程；临床检验实践教学示范中心被确立为山西省实践教学示范中心；第一临床学院内科学教学团队在获得省级优秀教学团队称号的基础上又被评为国家级教学团队，魏武教授获得国家教学名师奖，实现了我院国家级教学团队和国家级教学名师零的突破；又有两名教授获得省级“教学名师”称号。

（二）教改成果取得重大突破。继续深化对地方医学院校临床医学专业人才培养模式创新实验的研究，积极推广医学教育国际标准试点班的成功经验。有两项成果分别获得山西省教学成果一、二等奖；王庸晋教授主持的《以急救医学为平台，开展系统化教学改革，培养多层次实用型医学人才》的教学成果，荣获第六届高等教育国家级教学成果二等奖，标志着我院在教育教学改革方面又取得了重大进展。

（三）课程建设迈出新步伐。组织专家对各门课程进行评估，对遴选出的校级优秀课程和重点建设课程划拨专项经费进行重点建设。《药理学》和《人体解剖学》被确立为省级精品课程，我院省级精品课程达到了四门。积极参与国家级教材编写，出版学术著作34部。

（四）师资队伍建设取得新成绩。进一步加大师资培训和引进力度，鼓励和支持教师报考硕士、博士研究生，与中南大学联合举办硕士研究生课程班。选拔聘用10名优秀毕业生充实到教学和科研岗位。又有3位知名专家被聘为我院的“客座教授”。1名教授获得“山西省第二届高等院校科技创新标兵”称号和山西省“五一劳动奖章”；1名教授荣获“全国教学名师奖”和“全国三八红旗手”称号；第一临床学院获得山西省第十届“育人杯”先进集体称号。

（五）“三维”结构素质教育成果显著。组织全院大学生广泛开展以新中国成立60周年成就宣讲、红色和平之旅、支医支教、文化宣传等为主要内容的暑期社会实践活动。组织大学生艺术团继续深入武乡、屯留、长治县、高平市，举办“普及高雅艺术”名歌名曲演唱会多场。举办以“庆祝新中国成立60周年”为主题的系列校园文化活动。如：“五月的鲜花”健美操大赛、“中国风”专场晚会、爱国歌曲大家唱、“中华颂”经典朗诵，“书香校园”第三届读书节、“精英杯”辩论赛等。尤其是在盛夏举行的“青春之歌，祖国万岁”万人大合唱，形式新颖，规模空前，反响热烈，既弘扬了主旋律，又展示了师生风采，在我院校园文化史上留下了浓墨重彩的一笔。在“兴晋挑战杯”大学生创业计划竞赛中，我院学生分获银奖和铜奖；在全国大学生电子设计竞赛中，我院取得山西省赛区1个一等奖，5个二等奖和6个三等奖的优异成绩；在我省庆祝教师节暨

高校“祖国万岁”歌咏比赛上，我院荣获业余组一等奖。

二、医疗工作取得新成绩

附属和平、和济两所直属附属医院以为病人提供“优质、高效、安全、便捷”的医疗服务为目标，以深入开展医院管理年、医疗质量万里行和百姓放心示范医院动态管理活动为载体，强化管理创新，狠抓“三基”培训，规范医疗行为，加强内涵建设，进一步提高医疗质量和服务水平。继续推进医疗惠民工程，积极应对突发事件，在对口支援乡镇医院、救治手足口病患儿和防控甲型H1N1流感工作中，赢得了广大患者及各级政府的赞誉。和平医院荣获山西省“五一”劳动奖状、山西省第十届“育人杯”先进集体、长治市卫生系统先进集体、长治市卫生支农先进单位等荣誉称号。和济医院被山西省劳动竞赛委员会荣记集体二等功。

三、科研工作取得新进展

隆重召开长治医学院第三届科技工作会议，对五年来在科技工作中涌现出的先进集体和先进个人进行了表彰奖励，并制定出台《长治医学院科学技术工作奖励办法》、《长治医学院关于加强科技队伍建设的实施办法》，进一步调动了广大师生参与科研工作的积极性，加大了科技兴院的力度。内科心血管病学、血液病学两个省级重点扶持学科，被确立为山西省重点建设学科，药理学与药物化学被评为省级重点扶持学科，学科建设取得突破进展。获各级各类科研立项20项，获各类科技成果奖励7项。全年发表学术论文217篇，“中华牌”论文32篇，SCI收录6篇。

四、党建和思想政治工作扎实开展

（一）深入开展学习实践科学发展观活动。按照省委、省高校工委的统一部署，我院于3月19日至9月17日，在全院79个基层组织，48个二级单位，1918名党员中深入开展学习实践科学发展观活动。学院党委精心组织，周密部署，扎实推进，在省高校学习实践活动指导检查组的悉心指导下，在全体党员和广大师生员工的积极参与和大力支持下，顺利完成了学习调研、分析检查和整改落实三个阶段的任务。通过扎实开展学习实践活动，进一步解放思想，凝聚共识，增强了全院师生贯彻落实科学发展观的自觉性和坚定性，提高了广大党员干部推动学校科学发展的能力和水平，找准了制约影响学校科学发展的突出问题，明确了学院发展的思路和举措。在全省高校学习实践活动专题研讨会上，院长王庸晋就如何“解放思想推进科学发展”做了经验交流，得到与会代表的高度关注；我院的领导班子分析检查报告得到了省厅领导的表扬；在群众满意度测评中，师生代表对我院学习实践活动表示基本“满意”和“比较满意”的占98.8%，学习实践活动取得了扎实明显的成效。

（二）思想政治工作进一步深化。建立学习实践科学发展观专题网站，在校园广播和院报开辟专栏，对科学发展观的内涵和学习实践活动进行全方位、多角度、深层次的宣传报道。组织全院性专题论坛2次、辅导报告6次，组织外出参观考察2次，集中培训党员干部1300余人次，组织召开各类座谈会、大讨论会96次，深入学习中国特色社会主义理论体系和社会主义核心价值体系。2009年6月，由省委宣传部和省教育厅主办、我院承办的山西省高校思想政治理论课实践教学推进会在我院召开，我院加强思想政治理论课实践教学的做法得到与会领导和代表的充分肯定。

（三）组织建设进一步加强。认真开展“54321凝聚工程”，为党支部加强自身建设、开展争优创先活动提供了有效载体，推进了党支部的规范化、制度化建设。隆重召开纪念建党88周年暨表彰大会，对评选出的13个先进基层组织、128名优秀共产党员、19名优秀党务工作者进行了表彰奖励，为全院的党员和基层党组织树立了榜样。按照“坚持标准、保证质量、改善结构、慎重发展”十六字方针，积极稳妥地做好组织发展工作，全年培训入党积极分子700余人，发展新党员465名，预备党员转正228名。

（四）加强和改进作风建设。发放加强和改进机关作风征求意见表1500份，收回1320份，征集各类意见建议110条。召开了“加强和改进机关作风暨教风学风大会”，针对群众反映的机关工作中存在的“六个不够”现象，提出要树立“六种职业道德观念”，下好“三个功夫”的改进意见，制定了“切实加强和改进机关作风，全力服务学校中心工作”的实施方案，建立了加强作风建设的长效机制，机关作风有了根本的转变。

（五）加强群团、统战、老干工作。加强团学组织的自身建设，支持共青团、学生会依托组织优势独立开展活动，帮助团委先后建立“青年就业创业见习基地”4家，为青年学生提供就业创业见习岗位170个，先后有百余名学生到岗见习就业。定期召开各民主党派负责人座谈会，通报工作情况。重视党外干部的培养，积极推荐无党派人士担任各级领导职务。积极开展扶贫帮困送温暖活动，走访慰问患病和生活困难职工11家，送达慰问金8000元；关注离退休老同志的健康，为116名离退休老同志进行了全面体检；国庆节期间，对1949年前参加工作的老职工进行了走访慰问，并为每位老职工送去慰问金，表达了党组织对老党员、老同志的亲切关怀。

（邢育宏）

附：长治医学院党委书记、副书记、委员名单

书　　记：王杰敏（4月离职）

副 书 记：王庸晋　李富德（12月任职）

委　　员：冯向先　赵中夫（12月任职）

太原师范学院党委工作概况

党委书记　田润华

2009年，院党委带领全院教职员工，高举中国特色社会主义伟大旗帜，深入贯彻落实科学发展观，进一步完善学院发展思路，加强党建和思想政治工作，加大学科建设工作力度，深化教育教学和人事干部制度改革，不断提高教学质量，切实加强干部队伍建设，充分调动全院师生员工的积极性，谋划大事创特色，艰苦奋斗促发展，为提升学院办学层次做了积极的努力。

一、深入开展学习实践科学发展观活动

3月份到9月份，根据省委的统一部署和省高校工委的统一安排，学院党委精心组织了学习实践科学发展观活动，全院27个党总支、99个党支部、2586名党员参加了学习实践活动。学院紧紧围绕"党员干部受教育、科学发展上水平、师生员工得实惠"的总要求，研究确定了"四重四促"的工作思路，周密安排部署各阶段任务，共召开不同层次的座谈会72个，征求群众意见2200余人次，形成了《校级领导班子分析检查报告》，明确了学院中长期发展规划、发展的战略目标和发展思路，制定了《整改落实方案》，全力推进63项整改工作，切实推动了学院的科学发展，群众满意和比较满意率达到95.55%，学习实践活动取得了明显成效。

二、围绕中心抓党建，抓好党建促全局

深入学习贯彻党的十七届四中全会精神，出台我院《关于加强和改进党的建设的实施意见》，确定了19名院党委联系的高级专家，培训科级干部131人、入党积极分子1275名，发展党员676名，表彰了14个先进集体和120名先进个人。

加强了干部队伍建设。修订了《中层干部管理办法》，进行了中层正职的轮岗交流、任期和调整工作,共轮岗交流中层干部26名，重新聘任教学系部主任15名，新提任中层正职6名、副职10名，选任了2名院团委副书记，开展了各级分团委书记选任和年龄偏大团干部转岗的工作。

三、加强和改进思想政治工作

始终坚持育人为本、德育为先。修订了我院《关于进一步加强和改进大学生思想政治教育的实施方案》，以庆祝建国60周年为契机开展教育活动，承办了山西省高校庆祝建国60周年书画展、"我爱我的祖国"主题系列活动、"放歌师院，祝福祖国"歌咏比赛、知识竞赛和讲红色故事等活动。

制定并出台了我院《师德先进个人评选办法》，对各教学单位师德师风建设情况进行检查。

四、学团工作强基固本

为1466名学生办理了636万余元助学贷款；为2118名家庭经济困难学生给予每人200元临时伙食补助，补助总金额42.36万元；为四川籍重灾区学生减免学费5.534万元；为10名家庭经济特别困难的学生争取到1.6万元社会企业爱心人士捐款；为189名学生争取到勤工助学岗位。举办心理健康教育知识讲座16场，心理健康教育影片展播17场，进行了为期半月的心理健康教育宣传板报展览比赛，建立心理健康档案3380份，为3383名学生办理了城镇居民基本医疗保险。

坚持把德育摆在培养人才的首位。有11个班集体被评为山西省先进班集体，12名同学荣获山西省三好学生、12名同学荣获山西省优秀学生干部。确定山西省五四红旗团委创建单位2个、五四红旗团支部3个，推荐表彰省级优秀团干部4名、优秀团员2名。建立15个大学生就业创业见习基地，提供260个以上就业创业见习岗位。

五、统筹协调，整体推进

统战工作"人心工程"、"人才工程"见成效。完善了制定重大政策征求民主党派意见制度、重大活动邀请民主党派负责人出席制度、重大事件及时通报制度和集体通报学院工作制度。民主党派成员开展了"扶贫示教"活动。进一步强化服务理念，全面落实离退休人员的政治和生活待遇。建立了离退休人员的健康信息档案592份，组织了老干部旅游和健康疗养等多项活动，庆祝新中国成立60周年之际，慰问建国前参加工作的老同志35名。开展了"职工之家"活动，对基层分工会两年一度的"职工之家"建设进行了检查验收。表彰了15个"三育人"先进集体和49名先进个人。

六、建设平安校园

开展安全专项整治工作，对63处安全隐患进行了整改，已整改了46处，其余17处正在整改中。下半年，制定了《甲型H1N1流感防控工作实施办法》，安排部署了防控甲流的有关工作，采取果断措施，积极防控甲流，取得了阶段性成果。

七、党风廉政建设稳步推进

认真学习贯彻十七届四中全会和中纪委四次全会精神，出台了《关于进一步加强领导干部作风建设的实施意见》，

制定了《廉洁文化进校园活动实施方案》，弘扬“右玉精神”，在教材征订、设备采购、基建工程等招标活动和重大事项中严格按照科学、规范、公平、公正的原则开展。

八、申硕建设取得阶段性突破

在对全院学科和专业建设情况进行分析和论证的基础上，学院确定地理学、中国语言文学、数学三个省重点扶持学科为授权学科，确定应用经济学、艺术学、计算机科学与技术三个学科为支撑学科，并按照申硕要求进行了精心准备。2009年2月19日，山西省人民政府学位委员会召开第九次全体会议，全体委员无记名投票表决，当场公布结果，我院获得硕士学位授予单位立项建设资格。2月24日，以山西师范大学校长武海顺教授为组长的13位专家，赴我院进行实地考察和现场论证。3月17日，相关材料在国务院、省政府学位办指定的网站同时公示1个月。5月，正式呈报教育部。至此，我院申硕工作获得阶段性胜利，正式进入申硕建设期。

九、教育教学改革成效显著

获批国家级特色专业建设点1个，省级教学名师3人，省级精品课程2门，省级大学生创新性实验项目2项，省级人才培养模式创新实验区1个，省级实验教学示范中心1个。

评选出校级教学名师3人、教学能手6人、优秀教学团队3个、大学生创新性实验4项、人才培养模式创新试验区2个、精品课程9门、校级教改立项41项、校级教改结题32项。组织教学指导委员会专家对我院2003-2008年省级质量工程项目建设情况进行了中期检查。

组织申报建设3个新专业，1个专业方向。

十、科研建设不断加强

组织全院教科研人员申报各类项目200项，获批（签订）各类科研项目89项，纵向科研经费42.4万元；组织各种奖项的申报工作，获批54项科研奖励。

年度“312”目标拟完成科研项目49项，实际完成95项，超额93%；拟完成论文563篇，实际完成697篇，超额24%；拟出版论著31部，实际完成77部，超额148%。

项目中，获批国家社科基金教育学项目1项，教育部哲学社会科学项目2项。论文中，完成国家1A级论文6篇、国家1B级论文17篇，被相关检索系统、期刊收录论文25篇。

举办了全国高校行知文化研讨会等多场重大学术会议，开设90场高层次、高水平的科研讲座。

（侯学文）

附：太原师范学院党委书记、副书记名单

书　记：田润华（女）

副书记：王尚义　王敬泽（12月任职）　王亦农
张瑞芳（12月离职）

运城学院党委工作概况

党委书记　师　帅

运城学院党委下辖23个党总支，53个党支部,共有党员1641名。2009年，学院党委全面贯彻落实科学发展观，坚持以学院的发展为重任，锐意进取，扎实工作，顺利完成了各项工作任务，党建工作取得了明显的成绩，为学院事业又好又快发展提供了坚实的政治、思想和组织保证！

一、深入开展学习实践科学发展观活动，推动学院事业又好又快发展

按照省委、省高校工委的统一部署，结合学院实际，院党委以“提高教育教学质量为主线，加强应用性人才培养，着力推进‘三件大事’，努力建设有特色的教学型地方本科院校”为主题和载体，紧紧围绕办学指导思想与定位、应用性人才培养和实践教学、管理体制机制、党建工作等方面的主要问题，认真学习调研，广泛征求意见和建议,认真落实整改，征求原始性意见和建议399条，梳理出32个学院近期需要解决的突出问题，其中30个已经得到解决，未完成的两个问题已责成专人抓紧解决。各党总支共解决涉及本单位教学、科研、学生管理和党建工作等方面突出问题78个，有力地促进了学院事业的科学发展。在省高校工委专题网站发表活动报道206篇；经过群众满意度测评，满意和基本满意率达100%。

二、贯彻落实十七届四中全会和第十七次全国高校党建工作会议精神，扎实推进党建工作

（一）加强思想政治建设和组织建设，为学院健康发展提供坚强的思想政治保证。坚持党委领导下的院长负责制，进一步完善院领导班子议事决策规则。坚持理论联系实际，积极推进理论学习和干部培训教育制度化、规范化，着力提高各级领导班子的领导能力和水平。全年院党委中心组集中学习8次，包括科学发展观、十七届四中全会精神、金融危机下的国际格局等内容。组织处级干部培训17次，科级干部培训7次。以“科学发展观与大学生全面发展”为主题，举办了第五期书记论坛。举办入党积极分子和预备党员集中培训班两期，培训发展对象和预备党员1755名，发

展党员544名，按期转正预备党员464名。任用、调整处级干部19名、科级干部26名，对科技产业处科级干部进行了全院公开选拔。

（二）加强党风廉政建设和监察审计工作，从源头上预防和治理腐败。组织党员领导干部集中观看了《学习贯彻十七届中纪委三次全会精神辅导专题》和《永不凋零的巴山红叶——王瑛》教育片。出台了运城学院《关于转变领导干部生活作风的若干具体规定》，提出了领导干部生活作风"十不准"要求。加大监察力度，对学院基建、招生、图书、设备、校服等招标或邀标的过程进行监督。开展了清理"小金库"工作，对资金规范化管理情况进行严格的自查和清查。完成维修工程审计复核31项、财务收支及决算审计5项、教材校内供应价格审核5份，审签项目7个，参与大宗物资和设备采购招标、设备验收20次，进一步规范了校内经济行为，提高了资金使用效益。

（三）大力推进大学文化建设，提升文化软实力。继续抓好教师、学生、管理、教辅、工勤等各类人员的人文素质教育，加强师德师风先进人物的宣传，营造良好的师德建设氛围。围绕应用性人才培养方案，全面实施学生素质拓展计划。积极开展各种校园文化活动，以"走进河东文化殿堂"、"走进传统文化系列殿堂"、"走进科学殿堂"和"走进大学殿堂"为主要内容，举办学术报告51场次，直接参与学生近万人。以纪念五四运动90周年暨建国60周年为契机，开展了大学生篮球、健美操、演讲、歌咏、校园歌手等比赛，组织学生参加了"兴晋挑战杯"课外学术科技作品竞赛、暑期社会实践、青年志愿者服务以及各种社团活动。深入推进"五个一"和谐文化活动的开展，开展优秀校园文化建设成果评选活动，促进了文化成果交流。

（四）强化安全稳定工作，创建平安校园。院党委、行政先后召开20多次专题会议研究安全稳定工作，采取扎实有效的措施，着力做好学院的安全稳定工作。一是全力做好甲型H1N1流感防控工作。实行校园封闭式管理，坚持晨、午、晚检制度，全面落实"早发现、早报告、早治疗、早隔离"的要求，联防联控，保证了正常的教学和工作秩序。二是加强安全教育和安全隐患排查整改工作。开展安全知识进课堂、进网络活动，防灾减灾宣传周活动，组织学生及重点防火部位工作人员进行灭火培训，组织学生公寓突发事件应急疏散演练。开展了学生宿舍安全卫生专项整治活动，切实加强重点部位、重点环节的安全隐患排查整改工作，加强教工住宅区安全管理和学院周边治安综合治理工作。三是进一步完善安全防范设施和安全工作应急救援体系建设。在校本部重点防范区域和家属区安装电子巡更系统，增设专业摄像机等设备，进一步增强了技术防范力量。完成了运城学院地震应急避难场所设计规划，坚持每月校园安全稳定形势的研判和报告制度。认真做好新中国成立60周年、节假日等敏感时段的安全稳定工作，进一步对信教教师、学生进行摸底、排查，抓好重点人员的帮教工作，确保学院的和谐稳定。

（五）认真做好了群团、离退休干部服务和统战工作。召开了一届二次教代会，审议通过了事关教职工切身利益的盐湖校区"安居乐业"工程、院长工作报告和财务工作报告。开展了"送温暖，献爱心"社会捐助活动，向受灾和贫困群众捐款39884.4元。召开了第一届"团代会"，进一步完善了团组织自身建设；启动了"青年马克思主义者培养工程"，积极用马克思主义中国化的最新成果武装青年学生。积极落实老干部生活待遇，丰富老同志的精神文化生活。召开民主党派人士座谈会，组织党外高级知识分子到省社会主义学院参加培训，增强其接受中国共产党领导的自觉性和坚定性。

三、以教学工作为中心，以评建工作为契机，深化教育教学改革，全面提高教育教学质量

一是教学改革不断深化。认真贯彻《运城学院关于应用性人才培养方案制定的原则意见》精神，完成了25个专业应用性人才培养方案的制订、修订和完善工作，并在2009级学生中实施。召开了加强系部建设工作会议，进一步明确了院系两级管理职责，简化了办事程序，逐步理顺了院系两级管理体制。

二是专项评估扎实开展。对各教学系部的实践教学水平进行了全面、客观地检查和评估，进一步理清了工作思路，完善了我院的实践教学体系建设。

三是专业建设不断加强。积极推进汉语言文学、数学与应用数学、旅游管理等3个院级重点建设专业的建设。法学等5个专业通过了学士学位评审。组织申报了"地方本科院校机械设计制造及其自动化专业人才培养模式"省普通高校人才培养模式创新实验项目和应用化学、印刷工程、财务管理、园林等4个本科专业。

四是课程建设成效显著。积极完善实验、实习、实训教学大纲，加大实践课程的建设。评选出20门院级优质课程，14门院级建设通识选修课程。《复变函数与积分变换》获得2009年省级精品课程。

五是实践教学深入推进。购置设备总价值600余万元，设立开放性实验室20个，开放实验项目7个，新建专业实习基地4个，完善教育实习基地40个。机电工程实验教学示范中心被评为省普通高校实验教学示范中心。生命科学系杜丽莎等同学的"苹果生长素结合蛋白基因克隆研究"和机电工程系逯博等同学的"家用电器安全监控器"两个项目获得省大学生创新实验项目立项。学生在全国大学生电子设计竞赛、数学建模竞赛、数学竞赛以及山西省体育大赛、"兴晋挑战杯"大学生科技作品大赛等活动中，获奖30余项，尤其是在全国大学生电子设计竞赛中获得国家级一等奖1项，全省仅有中北大学和我院两所高校获此殊荣，全国以学院命名的仅有三所高校获奖。

六是招生工作再创佳绩。招生覆盖24个省、自治区，计划招生3300人，报到3128人，报到率为94.8%。与日本青

森中央学院大学合作办学项目取得实质性进展，开始招收学生。

四、切实加强学科建设，进一步搭建科研平台，积极推进科学研究和科技创新

一是学科建设取得新突破。“管理科学与工程”学科被评为省级重点扶持学科，发表专业论文18篇，其中核心期刊以上8篇。应用数学学科主持国家级教研项目1项，省级科研项目3项，省级教研项目8项，省级大学生创新性实验计划项目1项，发表论文60篇，其中一级论文36篇。筹建了“河东文化研究文献数据中心”，聘请了8名校外专家参与河东文化研究，申请到省重点基地研究项目1个。

二是科研成果稳步提升。申报各级各类纵向项目116项，立项53项。发表学术论文468篇，其中中文核心及以上94篇，CSSCI论文8篇，三大检索论文12篇（SCIE论文4篇、EI论文2篇，ISTP论文6篇），出版学术著作25部。专利申报4项，已受理3项。

三是科研氛围日益浓厚。125人次获得82.45万元的科研奖励或补助，奖励人数和金额均创历年新高。组织学术报告会172场次，80余名教师外出参加学术交流，教职工投身科研的积极性进一步提高。

五、不断加强师资和管理干部队伍建设，夯实学院发展根基

一是继续引进和培养高层次人才。共引进博士1人，硕士21人。有37名教师外出进修，其中13人攻读博士，21人攻读硕士，3人做访问学者。职称评审教授3人，副教授12人，其他系列高级职称3人。

二是积极加强师资培训力度。17名教师参加了由省教育厅师资培训中心组织的国家级精品课程培训；组织数学与应用数学等专业的《课程教学论》教师到山西师范大学参加教材研讨与编写工作。开展了新教师岗前培训和中青年教师教学能力竞赛活动，组织114名青年教师参加了学院课堂教学能力考核，开展示范教学、公开教学活动238场次。物理与电子工程系的物理与电子实验实践教学团队获得“2009年山西省普通高校优秀教学团队”，实现了我院在这一项目上零的突破。机电工程系曲尔光教授被评为“2009年山西省普通高校教学名师”。

三是充分发挥“运城籍北京高层次人才联谊会”的资源优势。邀请了20所“211”工程院校领导为我院把脉、指导工作，与北京理工大学物理与电子工程系建立了对口联系，教务处副处长和3名新任科长赴北京交通大学进行了为期两周的顶岗学习。

四是努力解决教师人事手续问题。解决了2007年引进的27名省外硕士生的人事调配和128名引进、调入人员的工资报批手续，安排了10名引进人员配偶的工作。

六、全方位推进学风建设，努力提高人才培养质量

一是切实加强大学生思想政治教育。组织形势政策课256场次，受教育学生上万人次。对辅导员进行业务知识专题培训，在东校区开设心理咨询室，积极做好大学生心理健康服务工作。

二是坚持不懈地抓好学风建设。通过开展新生入学、考风考纪、职业规划、就业、考研等系列教育和各种社团活动，不断深化学风建设。图书馆年接待读者68万人次，书刊年借还量达到80万册次，电子资源点击率由去年的120万人次，跃升到今年的170万人次以上。2009届学生毕业率为98.3%，学士学位授予率为93.8%，外语四级通过率为71%，考取硕士研究生339人，比去年增加了90人，大学生体质健康测试合格率为96.3%。

三是努力完善困难生资助体系。完善《运城学院勤工助学管理条例》，优化勤工助学岗位，发放勤工助学补助26万余元，资助学生300余人。发放国家奖学金20.8万元，励志奖学金224.5万元，国家助学金320.25万元，学院各类奖学金142万余元。

四是积极做好大学生就业工作。截至12月25日，2009届毕业生平均就业率90.4%，其中本科就业率94.3%；专科就业率84.4%。

七、全力做好盐湖校区建设工作，确保工程质量和进度

完成了1#—5#学生公寓楼主体建设及部分装修工程、综合教学楼地基处理工程、后勤服务楼地基处理工程、主体工程及部分装修工程。完成了一期市政工程的三通一平、锅炉房、操场看台、侧校门的地质勘察、建筑设计和图纸审查以及施工图预算编制工作。配合运城市、盐湖区国土资源局完成了盐湖校区2009年第一批次507.06亩和第二批次220.41亩的征地资料。完成了1#—2#学生食堂工程地基处理工程、主体工程、砌体工程的引资建设；落实了工商银行1亿元授信贷款工作，已到位5000万元。

八、统筹推进其他各项工作，努力构建和谐校园

积极做好卫生防疫、饮食、住宿、水暖电等服务工作，抓好节能减排，力求节约增效。加强货币资金管理，提高资金使用效益，千方百计协调落实盐湖校区建设资金，并积极做好盐湖校区搬迁的准备工作。（张伟峰）

附：运城学院党委书记、副书记、委员名单

书　记： 师　帅

副书记： 姚纪欢　赵小狮　安建平（12月任职）

委　员： 李德龙（12月离职）

长治学院党委工作概况

党委书记　张富明

长治学院党委下设13个党总支和32个党支部，共有党员1203名。2009年，院党委坚持以邓小平理论和“三个代表”重要思想为指导，深入开展学习实践科学发展观活动，全面贯彻党的教育方针，坚持社会主义办学方向，坚持“以教学为中心，以学生为主体，以专业建设为龙头，以师资队伍建设为重点，增强全体教职工服务意识，促进教学质量全面提高”的办学理念；坚持“以改革增活力，以质量求生存，以科研提水平，以特色强优势，以创新促发展”的发展思路，学校各项工作都取得了一定成效。生化系党总支、行政党支部被评为山西省高校系统先进基层党组织，受到省高校工委的表彰。

一、深入开展学习实践科学发展观活动，提高了党员干部的科学发展能力

根据省委和省高校工委的统一部署安排，院党委紧紧围绕“党员干部受教育、科学发展上水平、人民群众得实惠”的总体目标，以“学习实践科学发展观，加强特色和优势专业学科建设，努力把学校建设成为地方特色鲜明、水平较高的教学型本科院校”为主题和载体，从3月份到9月份，在全院范围内有计划、分步骤地组织开展了为期半年的深入学习实践科学发展观活动。通过学习实践活动，主要取得了以下几个方面的成果：

1. 党员干部系统地经受了一次中国化马克思主义理论再教育。科学发展观是中国特色社会主义理论体系的重要组成部分，是当代中国马克思主义的最新成果，是建设中国特色社会主义事业必须坚持和贯彻的科学理论。通过开展学习实践科学发展观活动，在党员干部中消除了一些模糊认识，马克思主义理论素养普遍得到了提高。

2. 进一步理清了学校的办学定位、办学理念和发展思路。我院是一所新升格的本科院校，通过学习实践活动，使大家进一步明确了长治学院的办学定位就是：“以科学发展观为指导，加强特色和优势专业、学科建设，努力把学校建设成为地方特色鲜明，水平较高的教学型本科院校”。办学理念就是：“坚持以教学为中心，以学生为主体，以专业建设为龙头，以师资队伍建设为重点，增强全体教职工的服务意识，促进教学质量的全面提高”。实现这两个目标的工作思路就是：“以改革增活力，以质量求生存，以科研提水平，以特色强优势，以创新促发展”。

3. 写出了班子分析检查报告，制定并实施了整改方案。在学习实践活动中，校、系两级班子，广泛征求基层意见，写出了班子的分析检查报告，找出了班子存在的问题，分析了原因，定出了整改措施并加以落实。目前，大部分整改项目已落实，包括兑现欠教工2009年前的津贴等。还有20多项需要在今后的工作中加以落实。

二、认真学习贯彻中央和省委两个“十六号”文件精神，积极开展大学生思想政治教育工作

认真开展思想政治教育工作，坚持正确的思想导向，努力提高大学生的思想政治素质，是坚持社会主义办学方向，提高人才培养质量的重要保证。

1. 修改完善了《关于进一步加强大学生思想政治教育工作队伍建设的实施办法》并下发执行。对辅导员（班主任）开展培训提高，在青年教师中开展师德师风教育等。通过采取一系列措施，进一步完善了工作机制，充实壮大了工作队伍，提高了工作待遇，促进了工作扎实开展。

2. 认真搞好“两课”教学，充分发挥“两课”主渠道教育作用，不断提高教学效果。将“形势与政策”课排入课程表，校领导带头授课。马克思主义基本理论教育强化实践环节，“两课”教师走出校园开展实践活动。

3. 举办校园文化艺术节，提高校园文化品位。在校园文化艺术节期间，通过大型歌咏比赛、演讲辩论、学术报告等活动，使学生们的情操得到陶冶、境界得到升华、能力得到提高、视野得到开阔。

4. 积极开展各种活动，寓教于各项活动之中。通过组织大学生开展“三下乡”社会实践活动、新中国成立60周年庆祝活动等，锻炼了学生能力，增长了他们的才干，激发和提高了大学生的爱国热情和团结友爱精神。

三、努力加强和改进党的思想、作风和组织建设

1. 积极抓好领导班子和干部队伍建设。搞好领导班子和干部队伍建设，是党建工作的重要组成部分。一年来，我院主要做了以下几方面的工作：

一是加强领导班子和干部队伍的理论建设，切实提高干部队伍的理论水平。通过党委中心组学习和各党总支中心组学习、举办专题干部理论培训班、请专家学者做报告、看录像等形式，提高干部队伍的理论素养和理论水平，加深各级干部对党和国家的各项重大决定和方针政策的理解并自觉贯彻落实，在思想上、政治上和组织路线上与党中央自觉地保持一致。每个学期，宣传部、组织部都要下发理论学习安排，对各级党组织理论学习提出具体要求。

二是认真落实党风廉政建设责任制，从多方面加强廉

政建设。抓好党风廉政建设是保证学校各项工作正常开展，促进学校健康发展的重要保证。为此，我院一是加强制度建设，制定了《关于干部廉政谈话的规定》、《处级领导干部重大事项报告实施细则》及院领导每年的廉政建设责任制方案等制度规定，根据领导分工情况，将责任落实到人；二是加强对党员领导干部进行廉政教育和革命传统教育，使大家从思想源头上构筑起反腐倡廉的防线；三是加大监督审计力度，凡基建项目和购置数额较大的物品都要招标，凡涉及群众切身利益的事项都要公示。通过这些努力，保证了各项工作的顺利进行。

三是加强干部队伍组织建设，努力提高干部队伍的综合素质。根据上级有关干部编制的要求和学校发展的需要，在深入调研的基础上，2009年，我院调整处级干部5人，选拔处级干部7人，逐步理顺了干部队伍关系，基本建立起一支适应工作需要的干部队伍。在选拔任用干部的过程中，严格执行中组部和省委组织部有关规定，严格推荐选拔程序和条件，使一批高学历、高职称的中青年骨干教师进入干部队伍。目前，我院处级干部92人，其中硕士37人，博士10 人，副教授以上职称的43人，平均年龄44.5岁，干部队伍的学历、职称、年龄结构等得到明显优化。

2. 进一步加强基层党组织建设和党员队伍建设，提高党组织的凝聚力、战斗力。根据工作需要，2009年，我院新建党总支1 个，教工党支部1个。目前全院共有13个党总支、32 个党支部。基层党组织的建立和完善，为贯彻落实党的各项路线方针政策，充分发挥党对高校的领导核心作用，加强党员教育，发展大学生入党提供了组织保障。在党员队伍建设上，我院特别注重在高学历、高职称、中青年骨干教师中发展新党员，在优秀大学生中发展党员。一年来，院各级党组织严格按照“坚持标准、保证质量、改善结构、慎重发展”的16字方针，共发展党员415人。目前，学生党员人数占学生比例由原来的不到3%增加到现在的8.8%。与此同时，党员思想教育工作不断得到加强，每年都要举办学校层面的党员教育培训班，各总支、支部也开展多种形式的教育培训，使党员素质不断得到提高。

四、认真贯彻科学发展观，进一步夯实学校发展的基础

1. 继续加强校园基础设施建设。根据学生规模不断扩大和教工不断增加的情况，对南校区广场进行了规划建设，校园内道路框架基本建成，并进行了初步绿化。南校区餐厅、体育馆建成投入使用，并接通了自来水和煤气。北校区实验楼加层扩建基本完成并投入使用。这些工程项目的建成使师生员工的教学、科研、生活条件得到了较大改善，为提高教学和科研水平提供了良好的条件。

2. 积极搞好专业建设。针对我院是新升本科院校的情况，专业建设就成为近年来的重点工作之一。2009年我院的“中学物理教学法”、“现代汉语”被评为“山西省精品课程”。部分课程的教学改革成果被评为“山西省优秀教学成果”，学校的重点建设专业——历史学，经过多年的不断完善，被评为“山西省高校人才培养新试验区”。

3. 认真抓好师资队伍建设。根据我院规模不断扩大，办学层次提高的需求，继续把师资建设作为学校的重点工作，积极引进高学历、高层次人才充实师资队伍。2009年共补充教师13名，全部为硕士研究生以上学历。学校现有专任教师450名，其中博士18名，在读博士16名。教师中具有硕士以上学位的占到55%以上，教师的学缘结构和学历结构明显优化。

4. 不断强化科研工作。开展科研工作，是提高教学质量必不可少的重要手段与途径，针对我院原来办学层次较低，科研工作比较薄弱的情况，我们通过申报省级科研和教学研究课题提高了科研水平。2009年，全院教师共申报省级科研课题45项，发表论文205篇，其中SCI 7篇，国家级13 篇，核心期刊25篇，论著13部。

通过以上努力，我院的教育教学质量得到了明显提高，主要表现在这样几个方面。一是学生的考研录取率逐年提高，今年本科生的考研录取率达33.7%，生物科学与技术系达54.1%，化学系达70.08%；二是音乐舞蹈系学生应邀参加了2008年、2009年北京电视台春晚的舞蹈及伴舞演出，获得了2009年山西省第四届“三晋之春”合唱比赛音乐会“春花奖”。体育系健美操队去年经过层层竞选被选拔确定为北京奥运会奥运啦啦操表演队，在首都展示了我院学生的风采，今年又获得全国大学生“浩沙杯”万人大学生健美操比赛一等奖。 （孙志刚　霍笑波）

附：长治学院党委书记、副书记、委员名单

书　记：张富明

副书记：李忠康　成洪才（3月任职）　郭爱民

委　员：茹文明　赵水琛（12月任职）

晋中学院党委工作概况

党委书记　解根法

2009年，学院党委团结带领广大师生员工，以建设合格本科院校为目标，同心同德，艰苦创业，真抓实干，开拓创新，学院各项工作上了一个大台阶。

一、认真开展深入学习实践科学发展观活动，切实提高学院全体党员的政治理论素质和领导干部的执政能力

2009年，根据中央“党员干部受教育、科学发展上水平、人民群众得实惠”的总要求，学院党委围绕“培养什么人，怎样培养人”，“办什么样的大学，怎样办好大学”这两个根本性问题，充分结合学院改革发展实际，以“深入推进‘四个转变’，建设合格本科院校”为活动主题和实践载体，在全院党员特别是处级以上领导干部中认真开展了深入学习实践科学发展观活动。活动从2009年3月19日正式启动，至9月10日基本完成，分学习调研、分析检查和整改落实3个阶段12个环节。全院23个党总支，62个党支部的1305名党员参加了此次学习实践活动，学习教育覆盖面达100%。活动中，我们用科学发展观武装头脑，坚持把学习理论提高认识贯穿始终；找准问题理清思路，坚持把依靠群众发扬民主贯穿始终；联系实际边学边改，坚持把突出实践特色贯穿始终；以培养中国特色社会主义合格建设者为目标，坚持把教育学生党员贯穿始终，先后召开155次座谈会，班子成员深入基层单位调研65次，走访群众1185次，拜访老党员、老同志66人次，发放了征求意见表1878份，院级领导班子、18个教学学院党总支、机关22个党支部都先后召开了民主生活会，形成高水平的分析检查报告，开展了高质量的群众评议，并本着“边学边改”原则，筹措资金800多万元，解决了一些群众普遍关心的实际问题，取得了一些惠民成果。通过学习实践活动，学院确立了“建设合格本科院校”的发展目标，形成了“四个转变”的发展思路，找到了制约学院科学发展的六个方面的突出问题，进一步增强了党员干部领导科学发展的能力，促进了学院各项事业的健康稳定持续发展。

二、加强基层党组织建设，提高基层党组织的战斗力

党的基层组织是党的全部工作和战斗力的基础。加强党的基层组织建设，创新基层组织活动方式，是发挥党组织作用的基础。升本以后，特别是二级教学管理单位由系改为学院以后，为适应学院办学层次提升、办学规模扩大和管理重心的逐步下移，我院根据党章和《中国共产党普通高等学校基层组织条例》等有关规定，按照“扩大覆盖面，增强凝聚力”的要求和“哪里有党员，哪里需要支部，就在哪里设党支部”的原则，及时调整和完善了学院的基层党组织结构，将原来的32个党支部发展为23个党总支、62个党支部。完成了基层党总支和党支部的换届选举，着力加强青年教职工党支部和学生党支部建设，注重吸收高学历青年教师和优秀学生加入党组织。2009年，我院共发展预备党员480余名，青年教师14名。党员覆盖面涵括教学、科研、管理、服务、学生、离退休人员和流动人员，切实做到不留死角、不留空白。加强组织机构建设的同时，我院不断完善党的建设和党内民主生活的各项制度，及时制定、修订、完善了《中共晋中学院委员会基层组织工作条例》、《中共晋中学院委员会发展党员工作失误责任追究制度》、《关于加强和改进基层党组织建设的实施意见》、《晋中学院流动党员管理的有关规定》、《中共晋中学院委员会发展党员工作实施细则》、《中共晋中学院委员会党校章程》等一系列规章制度，有效地促进了学院党员队伍和基层组织的规范化建设，为基层党组织和党员更好地开展工作，充分发挥战斗堡垒作用和先锋模范作用提供了制度保证。采取参观革命胜地、参加专题讲座、观看先进人物影片等丰富多彩的形式激发广大党员学习理论、应用理论的积极性和创造性，使他们通过切身感受增强对马克思主义的信仰、对社会主义的信念、对改革开放和现代化建设的信心、对党和政府的信任，进一步增强基层党组织的战斗力和凝聚力。

三、增进班子团结，优化干部结构，不断加强干部队伍建设

一个学校能否搞好工作，关键是看领导班子能否团结。搞好两级班子建设是我们学院长期以来的一个法宝，也是实现“专升本”的重要保障。我院始终把贯彻民主集中制原则作为做好各项工作的根本保证。党委始终坚持议大事、谋全局、把方向，大胆放手支持院长依法独立开展工作。行政工作也能贯彻执行党委决议，工作开展得有声有色。同时，通过对中层干部培训、年度考核、诫勉谈话等形式，切实加强了中层领导班子建设。中层班子成员之间通过民主生活会、座谈会、个别谈心等形式沟通思想、交流感情、团结批评、达成共识，使大家真正做到“既共事，又共心”，心往一处想，劲往一处使，形成了高度团结的民主集中氛围。在两级班子的带领下，全院上下形成了奋发有为、昂扬向上的良好精神状态，弘扬了正气，凝聚了人心。

为适应建设合格本科院校中心任务的需要，进一步优化干部结构，提升干部队伍管理服务水平，学院领导班子组建初期，就对全院100多名中层干部实行了跨部门轮岗交流。打破了“一次分配定终身、一个岗位奔到头、一个处室到退休”的干部任用固有模式，破除许多干部“守摊子、保位子”的陈腐观念和惰性心理，形成了“多岗位锻炼”的干部新生态，不仅有利于干部开阔视野、勇于创新，在不同岗位实践中锻炼提高，而且有利于干部换位思考、相互理解，在工作中转变观念、善于合作，不断增强大局意识和全局观念。我院还毫无顾虑，大胆起用一批年纪轻、学历高、有志向的青年干部，优化了中层干部队伍的年龄、学历结构和知识结构。2009年，我院2名博士、8名硕士被选拔到教学学院教学、科研副院长等领导岗位上，占高学历教师总数的33%，极大地激发了他们干事创业的热情，加强了教学、科研管理的干部力量，有力地推动了学科专业建设、教育教学改革和科学研究水平的提升。2009年，

我院围绕建设合格本科院校的中心，根据工作需要，成功举办了第三期和第四期两期干部培训班。通过邀请省人大、省委党校、山西财经大学等单位的党政领导、专家学者作专题讲座，采取了集中辅导与自学相结合、专题讲座与分组讨论及大会交流相结合的方式，对新提拔的处科级干部进行了培训，并进行了专门考核和总结，极大地提高了处科级干部的政治理论素养、业务知识水平和实际工作能力。

四、转变传统办学理念，强化科学研究意识，推动学院科研工作上水平

科学研究是本科院校的重要功能，是高校育人的重要方式，也是学校自身发展的主要动力和源泉。

2009年，学院突出晋中地方文化特色，以晋商大院文化研究为依托，积极筹备“山西省人文社科研究基地”，并以此为平台，聘用地方研究人才，聚集科研团队，对晋商、左权开花调、祁太秧歌、形意拳等展开研究，出大作品、出精品，丰富晋商大院旅游的内容。由我院与晋中市委宣传部、山西古籍出版社共同打造的“天下晋商”系列丛书已正式出版。2009年10月7日晚，由我院承办的“‘烂漫开花调’—献给新中国成立60周年山西左权民歌演唱会”在北京中山公园音乐堂成功举行，受到了著名歌唱家王昆，著名音乐学家乔建中、钱茸、姚艺君等艺术家的一致好评。这是山西人为新中国奉献的第14台表演艺术，也是晋中市唯一的一台。

2009年6月，我院生物科学与技术工程学院教师赵宇博士的一项高新技术项目，在山西省第四届高新技术产业成果展览会上得到推广，受到了省委书记张宝顺的好评。山西省教育厅专门拨付专项经费30万元。

2009年，我院科研经费达45.6万元，是升本初期2005年的20多倍。

2009年教师节，学院大力表彰了教学科研成绩突出的优秀教学团队10个、优秀个人109名。目前，我院以中青年教师为主体的教学科研团队已形成。

五、以落实党风廉政建设责任制为重点，加强班子的廉政建设

多年来的实践告诉我们，群众看领导干部，一是看是不是办实事，二是看是不是廉洁自律。我院始终严格执行中央和省委有关廉政建设的一系列规定，把班子的廉洁从政作为推动各项工作的重要保证，在抓学习、抓组织、抓落实、抓制度建设上狠下功夫，努力营造了廉洁清明的政务环境。一是提高认识，狠抓班子廉政教育和学习，从思想上筑牢思想道德和党纪国法两道防线。组织班子成员观看警示教育片，从正反两方面典型事例进行警示教育，提高了班子的廉洁自律、拒腐防变的能力。二是强化责任，确保党风廉政建设责任制落实。从强化责任意识入手，紧紧抓住责任分解、责任考核、责任追究三个关键环节，全面贯彻党风廉政建设责任制，真正形成了一把手负总责，一级抓一级，层层抓落实，下级对上级负责的目标责任管理体系。同时把党风廉政建设责任制与其它工作一起纳入目标管理，一起安排、一起检查、一起考核。三是健全了预防腐败保持班子廉洁的长效机制。四是建立和完善了领导干部的廉政档案，对班子成员落实廉洁自律规定、重大事项报告、述职、述廉等情况一并装入档案，起到监督检查的作用。五是实行阳光工程，在招生工作、图书教材采购、各项工程招标中，做到公开、公正、透明，严防了职务和商业贿赂犯罪的发生，保证班子的清正廉洁，从源头上杜绝了以权谋私等腐败现象的发生，在群众中树立了廉洁从政的良好形象。2009年，按照省委、省政府要求，学院先后深入开展了“三项治理”、清查“小金库”等整治工作，做到了思想重视，制度落实，措施到位，在学院领导班子及中层干部中没有出现违规多占、多购住房和超标准超编制配备和使用小汽车的现象，学院各单位部门没有“小金库”存在，受到了上级部门的好评。

（王　栋）

附：晋中学院党委书记、副书记、常委名单

书　记：解根法

副书记：孙建中　马建华　史忠新

常　委：刘润生

太原大学党委工作概况

太原大学党委设有党委办公室、组织部、宣传部、纪检室、工会、离退休管理处、团委7个部门和基层17个党支部，共有党员397名。

2009年，校党委坚持以邓小平理论、“三个代表”重要思想和党的十七大精神为指导，深入学习实践科学发展观，全面贯彻党的教育方针，以加强党的执政能力建设为保障，以提高教育教学质量为核心，以推进党的建设为基础，全力推进了新校区建设、学科专业建设和师资队伍建设、为实现全校跨越式发展奠定了坚实基础。

一、以党的执政能力建设为重点，切实加强领导班子建设，不断提高班子成员的政治素质和理论水平

校党委班子精诚团结，努力建设学习型，创新型，奋斗型班子，不断推进事业向前发展。

（一）围绕坚定理想信念，抓学习，抓作风，着力加强领导班子思想政治建设

——坚持不懈地抓好政治理论和业务学习，建设学习研究型领导班子。校党委坚持用科学理论武装头脑，不断健全学习制度、优化学习内容、改进学习方法，采取学原

著、看资料、走出去请进来、主题发言、会议讨论等方式，坚持每月中心组学习，认真学习党的十七届四中、五中全会精神和中央领导一系列重要讲话，用学到的新思想解决工作中遇到的实际问题。坚持利用党委扩大会、民主生活会、中层干部专题研讨会，就国家政策、高教发展形势和学校发展重大问题深入学习研讨，破解发展难题，探讨党建、思想政治教育、学生管理工作遇到的新问题，形成齐抓共管师生思想政治工作的良好局面。

——认真贯彻民主集中制原则，注重发挥班子的整体合力。坚持"党委领导下的校长负责制"。按照"集体领导、民主集中、个别酝酿、会议决定"的原则，规范党委议事规则，完善重大问题决策机制，把方向、抓大事、出思路、揽全局。坚持做到会前充分沟通，会上畅所欲言，会后抓好落实。凡属新校区建设、干部选拔任用、大额资金使用及大宗物品采购等重大事项都要提交党委会议集体讨论决定。校行政在党委领导下，依法行使职权，全面负责教学科研和行政工作。党政协调一致，高效运作。不揽功，不诿过，讲大局，讲配合。

——不断加强和改进领导班子作风建设。校党委以学习实践科学发展观活动为契机，不断改进班子作风建设，先后实施了校领导深入基层调研制度、联系系部制度、听课制度。深入教学一线调研，掌握教学动态，倾听师生呼声，关心群众利益，努力为师生员工办好事、办实事、解难题。

（二）深入学习实践科学发展观，着力加强班子领导能力建设和基层组织建设

——努力提高科学判断形势的能力。党委坚持把学校发展放在全国、全省、全市和行业发展的大背景中，融入高等职业教育的国际化趋势、太原市经济发展和社会进步中，认清形势、把握机遇。在市领导牵头的加快太原大学发展领导组和专升本领导组的领导下，加快落实市委市政府〔2006〕39号文件的精神。

——努力提高均衡协调的能力。校领导班子及时掌握各种具体情况和发展趋势，理顺了学校的中心与重点、横向与纵向、内部环境和外部环境建设、上级和下级等各种关系，在实践中不断增强领导班子驾驭局势统筹全局和解决问题的能力，集中力量破解学校发展中的难题，带领全校师生干一件事成一件事。通过合理利用社会资源，加强东南西校区的联系与管理，学校办学水平和效益得到不断提高。

——坚持高标准严要求抓好基层组织建设。在实践探索中，校党委围绕中心，服务大局，细化工作任务，完善目标责任制，坚持"三会一课"，规范党员日常管理，提高了基层党支部的战斗堡垒作用。组织发展坚持三级培训和无记名票决制，保证了党员队伍建设的纯洁性和先进性。全校递交入党申请书的学生达90%以上。

（三）加强党风廉政建设，坚持不懈地推进反腐败工作

——注重加强党风廉政建设教育工作。坚持"立足教育，着眼防范"的方针，通过党委中心组学习、专题民主生活会、廉政网站建设，不断坚定班子成员的理想信念，完善人格品德修养，打牢拒腐防变的思想根基。组织中层党员领导干部学习廉洁自律的有关规定，观看警示教育片，对新任干部进行党风廉政谈话，时刻敲响廉政警钟。印发《关于在全校开展"小金库"专项治理工作的实施办法》，安排部署治理工作，认真开展自查自纠，接受组织和群众的监督。

——注重加强廉政制度建设，加大源头治理力度。完善教职工代表大会制度、干部选拔任用制度、领导干部诫免谈话制度、领导干部廉政档案制度。加大了源头治理力度。对基建、修缮、大宗物资采购、招生和收费等工作的全程监督审计，不断规范校内经济行为。

二、以全面协调可持续发展为目标，推动学校改革、发展与建设取得新进步

全面客观地判断太原大学的发展态势和水平，自觉反思和审视学校能否在激烈竞争中实现全面协调可持续发展，是党委经常思考的大问题。进一步明确了"坚持科学发展，加快新校区、学科（专业）和大学精神建设，努力把太原大学建成具有三晋文化特色的应用型大学"的办学方向。

（一）实施"人才强校"战略，不断加强师资和干部队伍建设

——坚持党管人才原则，着力加强师资队伍。坚持引进、培养、使用并举的方针，不断加大人才引进力度。教师中硕士、博士和高级职务比例不断上升，教师队伍职称、学历、学缘和年龄结构明显改善。坚持加强教师岗位培训和新教师岗前培训，深入开展以评促教，提高了中青年教师的教学水平。

——严格按照"四强四高"要求，加强干部队伍建设。对中层干部进行提高执行力的专题培训，提升中层干部的执行力和学校的整体管理能力。坚持德才兼备、注重实绩、群众公认、公开公正的原则，对中层干部进行了任期述职考核，通过民主测评和组织考察，激励干部求真务实、真抓实干、创一流业绩。

（二）强力推进新校区建设，为学校长远发展打下坚实的根基

新校区建设是学校发展的重要硬件支撑。在太原市委、市政府的高度重视和大力支持下，我校新校区由太原市经济区负责资金筹措和建设工作。随着去年新校区隆重奠基。今年首期工程已全面启动，二期工程单体设计和教师公寓设计的招标已完成。

（三）逐步规范教代会工作，充分发挥教职工依法参与民主管理、民主监督的重要作用

积极落实《太原大学教职工代表大会条例》，定期召开教代会，审议校长工作报告、财务工作报告。对关乎群众利益的议题在教代会上深入讨论、形成决议，较好地表达了教职工的意愿。同时，召开师生代表意见征询会和座谈会，及时了解群众意愿；校园设立校务公开专栏和意见箱，

校园网开辟校长信箱，广泛听取师生的意见和建议，接受大家和社会的监督。把依法办学、专家治校、民主治校的理念落实在行动中。

（四）深入开展大学文化建设，进一步提升和谐发展软实力

注重大学文化建设对学校发展的能动作用，通过举办三晋文化专题讲座、人文素质教育培训，前往省博物院、中共太原支部旧址参观，组织“祖国万岁”歌咏赛、书法、摄影、绘画大赛和传统文化节日专题宣传月等文化活动和学生社团、书法协会和校园文化艺术节等系列活动，形成了我校独特的文化氛围。

三、坚持以社会主义核心价值体系为统领，加强和改进大学生思想政治工作

坚持以社会主义核心价值体系为统领，加强和改进大学生思想政治工作,是时代的要求、历史的重托、人民的期望，更是校党委义不容辞的责任。

（一）突出主题，创新方式，把社会主义核心价值体系教育落到实处

——坚持把社会主义核心价值体系教育与课堂教学相结合。充分发挥思想政治理论课教学在核心价值体系教育中的主渠道作用，加强学科和师资队伍建设，创新实践教学环节，新课程体系教学效果逐渐提升。通过形势政策教育课、专题讲座和以社会主义荣辱观、爱国主义精神、革命传统教育为主要内容的学教活动，引导广大学生关心国家大事，提高民族自信心和自豪感，努力使社会主义核心价值体系入耳、入脑、入心。

——坚持把社会主义核心价值体系教育与师德建设相结合。出台以社会主义核心价值体系为主要内容的《师德师风建设工作条例》，使广大教师始终以优良的学术水平、治学态度、道德品质和言行举止，潜移默化地影响和教育学生，成为学生的楷模。为红十字会、慈善总会捐款35540元。

——坚持把社会主义核心价值体系教育与校园文化建设相结合。实施《德育工作细则》，积极推进思想政治工作进公寓、进网络、进社团工作。通过思想教育主题网站、广播等平台与学生交流，近距离掌握学生思想、学习、生活状态，发现问题，及时解决。

（二）加强团学工作，有力地促进了学风建设和大学生素质拓展

校团委以“服务党政中心工作、服务青年成长成才”为基本思路，带动学生会和学生社团健康发展，各项工作都取得长足的进展。先后荣获山西省大学生暑期“三下乡”社会实践活动优秀组织单位、山西省先进团委、太原市“五四红旗团委”、“五四红旗团委标兵”、太原市纪念建国60周年大合唱二等奖及最佳组织单位奖。

学生工作以“规范管理”为目标，实施了加强学风建设的一系列制度，通过精心组织的建国60周年爱国主义教育主题系列活动，增强了大学生的使命感和责任感。通过开展诚信教育、感恩教育、清明节孝文化教育、宿舍文化建设、学风建设教育等系列活动，创建文明和谐校园。实施“心灵导航”心理健康教育月，提高学生心理健康水平。认真完善勤工助学评价体系，奖助学金管理工作规范有序。鼓励学生参加全国各类素质拓展大赛，激发学生的创新意识和能力。数学建模竞赛多次荣获省级等次奖。

（三）创新就业机制，拓宽就业渠道，着力提高就业率

积极引导学生树立正确的就业观，构建全过程、分阶段、多方位的工作机制和指导服务体系，科学引导学生制定职业发展规划，提高就业创业能力。组织各类就业洽谈会，鼓励学生参加支援西部和晋西北志愿者计划。各专业毕业生就业率稳步提升。

四、强化安全稳定工作，积极创建平安校园，为和谐发展提供强劲有力的保障

发展是硬道理，安全稳定是底线，和谐发展是硬任务。校党委始终把安全稳定与和谐发展紧密结合起来，警钟长鸣，周密部署，常抓不懈。

（一）高度重视，强化措施，确保校园安全稳定

近年，我国大事要事喜事多，敌对势力对高校的渗透和疫情、灾害侵袭，加大了校园安全稳定工作的难度和强度。校党委高度重视，及时部署，强化安保工作责任制和稳定信息报送制度，积极开展安全稳定隐患排查，在敏感期加强对重点部位和人员的帮教监控，创建了平安稳定的校园环境。

（二）贴近生活，方便师生，努力营造和谐的工作氛围

校党委通过各种形式，情暖职工，服务一线。为全校400余名教职工进行健康体检；对教学设施、家属院、校外学生公寓进行整修、粉刷；开设教工供餐窗口，增加饭菜品种；更换办公设备；调整工作量计酬办法，提高教师代课费和职工工作量计酬。稳定了教职工队伍，调动了广大教职工的工作积极性和创造性。

（三）众志成城，沉着应对，成功阻击甲型H1N1流感

面对快速发展的“甲流”疫情，校党委沉着应对，积极防控。成立防控甲型H1N1流感工作领导组，以“积极应对，科学处置，最大限度地保障全校师生的身体健康和生命安全”为目标，明确责任，分解任务，精心组织，加强防控措施，保障防控设备和条件。通过严格出入管理，严防死守，昼夜值班，严密监控疫情变化，及时处置各类突发情况，有效地避免了疫情在校内的暴发和扩散，保持了校园的和谐稳定和广大师生的身体健康和生命安全。

（姬　民）

附：太原大学党委书记、副书记、委员名单

书　记：姜根龙

副书记：任玉平　张清涛

委　员：张正书　邢金龙

领导与专家论坛

在解放思想中推进转型、安全与和谐发展

张宝顺

在新的历史起点上继续解放思想，关键是摒弃妨碍科学发展的思想观念与作法，革除体制机制性障碍，不断开创改革开放和平稳较快发展的新局面。

山西省委紧紧抓住制约全省科学发展的突出矛盾和问题，将转型发展、安全发展、和谐发展作为学习实践科学发展观活动的重要载体和战略支点，进一步深化认识、统一思想、凝聚力量，为山西的科学发展夯实社会基础。

一、富有成效地推进转型发展

山西是典型的资源型经济大省，一直存在着产业结构单一化、重型化、初级化，高耗能、高污染、难持续等问题。实现转型发展任务艰巨：一是产业结构要向新型多元的现代产业体系转变；二是增长方式要向内涵集约式转变；三是发展动力要向自主创新驱动型转变；四是经济环境要向全方位开放转变；五是体制机制要向完善的社会主义市场经济体制转变；六是经济社会要向全面协调可持续发展转变。要完成这些转变，首要的是解放思想。

要在对待资源问题上解放思想。山西是自然人文资源大省，发展条件得天独厚，但这也很容易导致资源依赖型增长模式的固化，成为制约科学发展的瓶颈。一是经济增长过度依赖煤炭资源，在一定程度上抑制了创新和创造，致使粗放增长严重超过自然生态系统自我修复能力；二是资源观念狭隘，对矿产资源比较重视，对人才、人文等资源重视不够、开发不力；三是资源依赖型增长方式带来了一系列社会问题，环境污染、生态退化、收入差距拉大等都与特殊的产业结构紧紧联系在一起，加大了经济社会协调发展的难度；四是在煤炭价格看好时，容易陶醉于资源优势带来的利益，使各种生产要素过多地向资源型产业集中，从而加剧产业发展的不平衡性。为此，要把愚公移山的精神与改革创新的精神结合起来，一方面要继续做好煤炭这篇大文章，另一方面要真正将资源优势变成创新的依托，让创新成为发展的主要原动力。

要在增创发展新优势上解放思想。全面转型是对传统优势进行扬弃和增创新优势的过程。山西要赢得未来的发展，必须着力培育新兴产业、体制机制、生态文明三个新优势。增创新兴产业优势，就是不断提高新兴产业在经济总量中的比重，创新山西产业形态；增创体制机制优势，就是构建充满活力、富有效率、更加开放、有利于科学发展的体制机制，以更富生机的制度体系和发展环境，弥补我省在其他方面的差距；增创生态文明优势，就是倾心倾力打造蓝天、碧水、青山、绿地，建设具有山西特点的资源节约型、环境友好型社会。从历史上看，同样是山西这块土地，明清时期，晋商贸易远达欧洲，山西票号开中国现代金融业之先河；从当代世界范围看，内陆地区在扩大开放中取得骄人成绩的例子不乏其数。我们要有信心、有决心在开放中把握机遇，在竞争中推动创新，跟上时代前进的步伐。

要在发挥后发优势上解放思想。后发地区发挥自身优势、抓好机遇，选择一些领域实现突破性发展，缩短与发达地区在正常时序下的发展距离，是经济社会发展的一个重要规律。韩国上世纪60年代，发展基础不如我国，通过近30年的工业化和新村运动，步入了新兴发达国家行列。内蒙古自治区的能源产业与我省相比，起步要晚、规模要小，但近年来呈现高起点、大跨度发展态势，煤炭产量居全国第二，发电量高于我省，经济增长幅度连续七年居全国第一。近年我省在一些领域的改革发展上取得突破，一

些重要经济指标在全国的位次明显前移，这都充分证明后发是可以大有作为的。因此，我们既要有负重前行的韧性，又要有敢于跨越的勇气，抓住国家促进中部崛起、在山西开展煤炭工业可持续发展政策措施试点等重大机遇，在战略上找准突破口，敢于在一些重点领域实现高起点、跨越式、突破性发展。

要在创业、创新、创造上解放思想。山西人勤劳、淳朴名闻天下，但封闭、保守也是外界的普遍印象。在不少地方和领域创新空气还不够浓，敢想敢为、破解难题不够，有广泛影响的改革典型较少；企业创新意识和能力不强，创新主体作用还未充分发挥，对经济发展具有支撑性、引领性的成果不多，具有自主知识产权的科技成果比较少；不少领导干部墨守陈规，小进则满，工作飘浮，脱离实际。尤其是我省创业观念陈旧、动力不足、环境不佳。2008年以来全省城镇新增就业者中，创业就业的仅占16%左右。这就要求我们必须大力弘扬改革创新的时代精神，真正把创新精神体现在经济社会发展的方方面面。

要在处理“好”和“快”的关系上解放思想。山西是经济欠发达地区，解决发展不够的问题始终是我们的第一要务。但当前经济环境中的不确定不稳定因素明显增多，使我省发展面临新的挑战和考验。在困难面前，一些地区的领导干部产生畏难情绪，自觉不自觉地把“好”与“快”割裂开来，认为好了快不了、快了好不了。我们要站在提高执政能力的高度，下功夫破解这一难题，既要保持较快的发展速度，又要高度重视发展质量，不断增加人民群众收入，提高群众生活幸福指数。

二、富有成效地推进安全发展

安全生产是重要的软环境。一个地区生产事故频发，必然会影响各种生产要素的集聚与配置，影响整个对外开放。同时，事故的频发，必然导致干部的频换，不仅影响工作的有序推进，给干部群众带来心理上的阴影和压力，而且会牵扯中央领导的许多精力。一个重特大事故造成的恶劣影响，会抵消我们多年的工作，特别是要挽回恶劣影响需要付出的成本更高。对此，我们必须痛定思痛，保持清醒认识。

要千方百计实现安全发展。由于我省特殊的产业背景，实现安全发展不仅仅是要把安全生产的任务落实到地区、落实到部门、落实到企业，从而减少生产事故发生，更重要的是从经济社会发展全局和战略层面，建立健全保障安全发展的体制机制，为发展构建安全屏障，把全省发展建立在安全保障能力不断增强、安全生产状况持续改善、劳动者生命安全和身体健康得到切实保障的基础上，使安全发展与经济社会又好又快发展融为一体，真正步入科学发展的轨道。

要从以人为本的高度认识安全发展。山西省有近万座煤矿、非煤矿山和尾矿库，还有为数不少的化工企业。无论从发展阶段来说，还是从产业结构来说，无论从技术装备、员工素质来说，还是从管理水平来说，全省发展的安全基础都较为脆弱。如果没有安全保障，就谈不上维护人民群众的根本利益，“以人为本”这个核心和宗旨就难以落到实处。我们必须以对人民高度负责的态度，须臾不放松安全生产工作，坚决扭转安全生产的被动局面，决不能让事故频发成为山西负面形象的标签，更不能让矿难成为山西人民心中挥之不去的阴影。

安全发展要建立长效机制。当前全省安全生产工作被动的主要原因就是没有形成坚实的工作基础和完善的长效机制，被动应付多，事后处理多。安全发展是一项系统工程，涉及到政府、部门、企业、职工等不同主体，涉及到安全立法、安全执法、安全措施、安全设施等不同层面，必须集中全省人民的智慧和力量，健全安全发展的制度体系，形成安全发展的良好氛围，不仅要依靠投入、设施、科技，还要依靠管理、制度、干部负责、群众和社会舆论监督。

以安全发展促进科学发展。不能实现安全发展，就不可能实现全面协调可持续发展。纵观近代世界经济演进历程，工业化中期是安全事故多发、高发、易发的阶段。但只要思路、政策对头，完全可以少走弯路。实践证明，只有安全不受重视的产业，没有不安全的产业。我们要认真借鉴一些国家和地区的经验，如美国安全生产的“成功三角’（执法、培训与技术支持）、澳大利亚在安全生产方面健全的法律体系和明确的法律责任等，更要全面地把握全省安全发展的内在规律性，有针对性地制定安全发展战略和安全生产事故防控措施，实现经济社会又好又快发展。

三、富有成效地推进和谐发展

我们要科学把握经济发展与社会和谐的辩证关系，在不断推动经济又好又快发展的基础上，深刻把握建设和谐社会的规律，把提升经济发展水平与提升社会和谐程度有机统一起来，扎扎实实地走出一条经济欠发达地区构建和谐社会的路子。

必须下功夫破解协调发展这个难点。山西农业基础差，粮食单产比全国低20%，农业增加值占GDP比重不足5%，农民收入长期低于全国平均水平，有35个国家级、17个省级扶贫开发重点县，未解决温饱和低收入人口占总农业人口的11.5%，城乡在居民收入、社会事业以及公共服务方面差距较大。协调好村矿关系、城矿关系、城乡关系，是建设和谐山西的重要内容。我们必须在促进经济社会协调发展的同时，更加注重促进农村、城镇、矿区的协调发展。发挥煤的优势和城镇的辐射力，支持和带动新农村建设，形成以煤补农、以城带乡的长效机制；城镇转型与矿区发展要有机结合起来；农村要为企业发展提供人力资源和良好环境。

必须强化领导责任，改进干部作风。有了责任心，再危险的工作也能减少风险；没有责任心，再安全的岗位也会出现险情。少数领导干部缺乏宗旨意识、忧患意识、责任意识，对群众呼声和疾苦置若罔闻，甚至对群众生命安全这样的重大问题也麻木不仁。因此，必须健全领导干部责任追究制。只有干部难当，群众才能好过。谁不让群众过好，群众也不会让他好过。要始终把困难群众放在心上。要采取多种措施，提高低收入者收入水平，多做雪中送炭的事情，使确实需要扶持的得到及时扶持，确实需要救助的得到有效救助，确实需要关照的得到充分关照，在全力缩小贫困面的同时，要千方百计地提高保障和救助标准。

必须不断提高处理危机的能力。要深刻认识和准确把握新形势下人民内部矛盾的特点和规律，既要积极主动深入群众开展面对面的工作，又要建立科学有效的利益协调机制、诉求表达机制、矛盾调处机制、权益保障机制，妥善处理各方面的利益关系，理顺群众情绪，把矛盾和纠纷化解在萌芽状态。在信息技术高度发展的今天，及时妥善处置突发公共事件、群体性事件、重大事故等，是领导干部的必备素质与本领。各级领导干部必须始终保持政治上的清醒和坚定，一旦发生这类事件和事故，要有准确的判断力，能够及时决策，科学组织各种资源，正确把握相关政策，最大限度地维护人民生命财产安全，维护改革发展稳定大局。

山西正站在一个新的起点上。我们要充分运用解放思想这一法宝，致力开拓创新，深化改革开放，不断取得转型发展、安全发展、和谐发展的明显成效，早日建成充满活力、富裕文明、和谐稳定、山川秀美的新山西！

（作者系中共山西省委书记）

深入研究和探索山西转型发展的客观规律

胡苏平

省第九次党代表大会以来，山西经济社会发展的战略越来越科学，越来越完善。省委在提出走出“四条路子”、实现“三个跨越”的战略思路的基础上，又与时俱进地提出了转型发展、安全发展、和谐发展的战略重点，并把它作为深入学习实践科学发展观活动的主题和载体。其中转型发展在“三个发展”中具有决定性、基础性、根本性作用。能不能实现转型发展，关系着安全发展、和谐发展的顺利推进，关系着走出“四条路子”、实现“三个跨越”战略思路的贯彻落实，关系着建设新基地新山西战略目标的最终实现。

就当前来看，能否做好转型发展的各项工作，同样关系着能否有效地应对国际金融危机对我省经济发展带来的不利影响，能否巩固和发展我省企稳向好的经济形势，能否实现中央和省委提出的保增长、保民生、保稳定的目标任务。可见，无论从当前看还是从长远看，转型发展在我省现代化建设的战略全局中有着十分重要的地位和作用。全省的理论工作者和实际工作者，都应当把研究和解决我省转型发展中的重大理论问题和实践问题作为主攻方向，正确处理好我省经济发展中当前与长远、保增长与促转型、投资与消费的关系，认真总结转型发展的新鲜经验，不断完善转型发展的思路措施，深入研究和探索转型发展的客观规律，努力为我省加快转型发展提供智力支持、理论指导、典型示范和决策参考。当前，要突出研究和解决好以下六个方面的问题。

第一，深入研究和解决转型发展的理念问题，努力开拓经济发展的崭新视野

理念问题至关重要。理念就是思想，理念就是意识，理念就是方向。理念科学与否、先进与否，是转型发展能否成功的基本前提和思想基础。如果我们的转型发展没有适应时代潮流的科学思想、先进理念的指引，转型发展就必然归于失败。那么转型发展需要的理念是怎样的呢？我认为，最重要的是认真把握两个层面的理念：

从思想层面讲，就是要牢固树立以人为本、全面协调可持续发展的理念，也就是科学发展观所要求的理念。深入学习实践科学发展观活动以来，这样的理念正在我省党员干部中广泛确立，而且已经转化成许多重要的实践成果。但是也要看到，科学理念的深入确立绝不是一朝一夕的事情，我们取得的实践成果还是初步的。因此，如何卓有成效地用科学发展观武装全党、教育人民，扎实深入地推进马克思主义大众化，让科学发展观入耳入脑入心，成为我省广大干部群众推进转型发展的科学理念；如何把科学发展观所要求的理念转化为实施转型发展的自觉行动、转化为推进转型发展的坚强意志、转化为谋划转型发展的正确思路、转化为领导转型发展的实际能力、转化为促进转型发展的政策措施、转化为落实转型发展的实际成效，不断让广大人民群众得到实实在在的利益，这些都需要我们紧密联系省情实际，下功夫去研究探索。

从具体层面讲，就是要正确认识我省的资源优势，牢固确立文化资源是我省最具优势资源的理念。大家常说，我省有两大资源优势，一个是以煤炭为主的矿产资源优势，另一个是历史文化资源优势。但这两大资源优势都还没有真正转化为我省的产业优势、经济优势和发展优势。有的同志在这两大资源优势的认识上还存在误区。我们必须以历史的、发展的、辩证的眼光来审视和看待这两大资源优

势。就煤炭为主的矿产资源来看，长期以来，我们片面发展以煤炭资源为依托的煤炭、焦炭、电力、冶金等产业，形成了典型的资源型经济。这种资源型经济，一方面给全国的发展做出了重大贡献，给我省创造了巨额的财富，支撑了我省经济社会的发展；另一方面也严重制约了我省的科学发展。过去我们仅仅看到资源型经济对经济发展和生态环境的危害，诸如它造成了我省产业结构的单一化、初级化、重型化，造成了资源的浪费、环境的污染、生态的破坏，造成了经济发展的不可持续，造成了对新兴产业的挤压，阻碍了经济结构调整的进程，等等。存在决定意识，经济基础决定上层建筑。过分倚重资源型经济的危害，远远超出了经济领域和生态环境领域，可以说它的危害涉及到政治、文化、社会等各个领域，因此资源型经济必须转型。

我们所说的转型发展包含的内容十分丰富，但最核心、最关键的是资源型经济的转型。就历史文化资源来看，五千年绵延不绝的华夏文明，给我们留下了众多享誉全国、闻名世界的物质文化遗产和非物质文化遗产。文化资源是越“挖”越多，从长远来看，这是我省最具优势的资源。由文化资源开发而形成的文化产业，是需求潜力巨大、市场前景广阔的朝阳产业，是低消耗、低污染、最具有可持续发展属性的产业，是以内容为核心、强调创新创意的产业，是进入门槛低、劳动力吸纳能力强的产业，是内容可多次复制、反复使用的精神消费品的产业，是投入少、回报高的产业，是具有反经济周期、逆势而上的产业。但是长期以来却没有引起我们足够的重视，对文化资源的开发和利用还处在很初级的水平。造成这种情况的原因是多方面的，最根本的是没有认识到我省文化资源巨大的潜在价值，没有看到国内外文化产业蓬勃发展的强劲势头，没有看到文化产业在山西转型发展中的重要地位和作用。我们要在科学发展观指导下，加强山西资源优势的分析研究，用世界眼光、战略思维研究和思考山西在世界格局中、在全国格局中的优势和劣势、长处和短处，研究和思考山西在全国生产力布局和产业分工中应当扮演的角色，拿出客观、科学、具有说服力的研究成果，引导人们正确认识山西的资源优势，帮助人们走出资源型经济的思维定势和路径依赖，以对文化资源和文化产业的新认识新理念，积极推动山西文化的大发展大繁荣。

第二，深入研究和解决转型发展的主线问题，努力优化经济发展的内在结构

转型发展的主线和核心，是经济结构的转型。经济结构不转型，其他方面的转型就无法实现。改革开放以来，经济结构不合理成为制约我省经济发展的最大障碍。历届省委、省政府在经济结构调整方面都做了大量的工作，付出了很大的努力，取得了比较大的成效，但这个问题依然没有得到根本性解决。

经济结构包括所有制结构、分配结构、产业结构、需求结构等。从所有制结构看，民营经济虽然有了很大的发展，形成了公有制为主体、多种所有制经济共同发展的格局，但同发达省市相比，国有经济的比重还很大，调整所有制结构的任务依然很重；从分配结构看，按劳分配为主、多种分配方式并存的分配格局已经形成，但政府、企业、个人的分配比例还不协调，收入分配差距拉大的问题还需要下功夫解决；从需求结构来看，消费、投资、出口拉动经济的三驾马车过多地依赖投资，过多地依赖资源型初级产品的贸易和出口，消费需求不足。从产业结构来看，一产不强、二产不优、三产不大，产业结构层次低，演变速度慢，以资源密集型为主的采矿工业和初级产品加工为主的资源消耗型工业投资比重大，第二产业内部轻重工业比例失衡，科技含量高的产业少，以服务业为主的第三产业发展滞后。以上四个方面的结构问题，相互联系、相互影响，成为我省经济实现科学发展的主要制约因素。我们要用战略眼光、系统思维、超前意识、科学方法研究结构转型的问题，既从整体上给以全面性的研究，又分门别类给以专门性的研究。要深入研究我省结构转型的现状问题、重点难点、战略策略、政策法规、思路途径、方法措施等，切实把握我省经济结构调整的内在特点和内在规律，增强结构转型的科学性、全面性和针对性，为我省经济结构的调整和转型提供理论支持和决策参考。

当前，经济结构转型的重中之重是产业结构的转型。我们要下功夫研究我省这些年来产业结构调整的进程、总结产业结构调整的经验、探索产业结构调整的规律，尤其要加大对“八大产业”的研究，加大对文化产业和旅游产业的研究，深入研究如何从创新传统优势产业与提高新兴产业比重两个方面推进产业结构优化升级，如何通过节能减排和生态文明建设两项举措推动集约绿色发展，如何以产业集群和园区经济两个载体为重点大力发展循环经济，为实现省委提出的传统产业新型化、新兴产业规模化、支柱产业多元化的产业结构调整的目标贡献力量。

第三，深入研究和解决转型发展的模式问题，努力改变经济发展的落后方式

我省实现转型发展，最根本的是要实现发展方式的转变。由于长期受国家计划控制，我省形成了依赖投资推动的粗放发展模式，经济自我发展能力较弱。这种发展模式直接导致工业增加值占地区生产总值的比重逐年攀升，高资源消耗、高能源消耗、高污染排放行业比重增加。近年来，我省虽然加大了经济发展模式的转型，在经济保持快速增长的同时，质量和效益进一步提高，但是增长方式粗放的问题依然突出，资源环境面临的压力依然严峻。

因此，转变经济发展方式内在地要求我们必须促进经济增长由主要依靠投资、出口拉动向依靠消费、投资、出口协调拉动转变，由主要依靠第二产业带动向依靠第一、第二、第三产业协同带动转变，由主要依靠增加物质资源消耗向主要依靠科技进步、劳动者素质提高、管理创新转

变。那么体现在经济发展模式上，主要是从粗放经营模式向集约经营模式转变、从外延发展模式向内涵发展模式转变、从资源依赖模式向创新驱动模式转变、从依赖出口和投资模式向扩大消费模式转变、从单向直线的传统经济模式向循环经济模式转变。经济发展模式转型，是经济发展方式转变的内在要求、重要方面和具体途径。各级领导同志和理论工作者要深入实际、深入基层、深入企业，认真调查研究，及时发现典型，深入总结经验，特别是对实践中倾向性、苗头性问题及时给以指导和解决，确保我省发展模式的转型沿着正确的方向运行，为改变传统的发展模式，实现经济发展方式的根本转变贡献力量。

第四，深入研究和解决转型发展的动力问题，努力增强经济发展的内在活力

转型发展的动力问题，主要有两个方面：一是科技创新问题。我省要实现转型发展，最根本的要依靠科技创新，使山西的经济发展由资源驱动型向创新驱动型转变。长期以来，科技发展不足，科技创新滞后，成为制约我省发展的短板。为此，我们必须在煤炭转化、装备制造、新型材料、节能降耗、污染治理等方面的核心技术和关键技术上实现突破，必须在加快科研成果向现实生产力的转化上实现突破，必须在高新技术产业发展上实现突破，着力依靠科技进步和提高劳动者素质推动发展。因此，我们要通过深入调查研究，弄清山西科技创新滞后的问题和原因，提出解决问题的思路和办法，为推进科技创新提供理论支持和政策建议。

二是改革开放问题。改革就是要进一步破除束缚转型发展的体制性障碍，为转型发展开拓更为广阔的空间，创造更为优良的环境，形成促进转型发展的强大动力。为什么近年来我们一直强调转型发展，但收效不大，原因固然十分复杂，但改革开放滞后是一个很重要的原因。改革开放已经30多年了，我们面对的经济环境、文化环境、体制环境、政策环境等都发生了巨大的变化，改革开放进入了新的阶段，难度加大，矛盾问题增多。特别是在国际金融危机的背景下，改革的复杂性、艰巨性前所未有。因此，我们一定要以新的理念、新的思维研究改革开放、深化改革开放，把改革开放作为推进转型发展的强大动力。我们的理论工作者和实际工作者，要不断深化对我省农村改革、财税体制改革、投融资体制改革、国有企业改革、行政管理体制改革、社会领域改革的研究，总结新经验，发现新典型，探索新规律，努力拿出一套符合山西实际、符合客观规律的改革的思想理论、政策建议、方案措施，确保改革的针对性、科学性、协调性和实效性，为转型发展开掘不竭的动力源泉。

这里，我要特别强调对文化体制改革的研究。今年是我省文化体制改革的关键年。我们要集中优势力量，加大对文化体制改革重点问题、难点问题的研究，加大对文化体制改革实践进程的研究，加大对文化体制改革中职工思想状况的研究，加大对文化体制改革中典型经验的研究，为积极健康平稳地推进文化体制改革提供智力支持和理论指导，通过体制改革进一步增强我省文化产业发展的活力、实力和竞争力。

第五，深入研究和解决转型发展的环境问题，努力营造经济发展的良好氛围

发展环境从大的方面讲，可分为硬环境和软环境。硬环境是指物质环境，软环境主要是指精神环境、制度环境和政策环境。推进转型发展，离不开优良的硬环境和软环境。改革开放30年来，山西的硬环境和软环境都发生了历史性的巨变。但就转型发展的要求看，无论在硬环境上还是在软环境上都远远不能适应。因此，我们要加大对硬环境建设和软环境建设的研究，着力解决不适应转型发展的环境问题，尤其要注重研究和解决软环境问题。当前，我省发展中的软环境问题比较突出，尤其是思想观念落后问题成为转型发展的重要制约因素。

大家知道，由于历史和政策的原因，我省受自然经济和计划经济的影响比较深，陈旧的思想观念至今影响着我省的发展。特别是这种陈旧的思想观念同产生于资源型经济基础上的思想观念相结合，对我省发展的软环境产生了极为不利的影响。比如人们思想观念上封闭、保守、依附的特点还比较明显，改革意识、开放意识、竞争意识、创新意识、市场意识还不够强，固步自封、因循守旧、不思进取的思想依然存在，唯上唯书、教条刻板的思维方式还比较盛行，节约资源、保护生态、爱护环境、珍视生命的观念还没有牢固确立，转型发展、安全发展、和谐发展和集约发展、绿色发展、诚信发展的理念还没有完全形成。这种软环境的现状，深刻地影响和制约着我省的转型发展。我们要加强这方面的研究和宣传，紧密联系我省实际，解放思想、更新观念，加强理论宣传、加大文化渗透、强化舆论引导，努力营造有利于转型发展的环境和氛围。

第六，深入研究和解决转型发展的主体问题，努力调动经济发展的全部力量

明确转型发展的主体，对推进转型发展至关重要。总的看，转型发展的主体首先是政府，其职责是制定政策、确定目标、明确思路等，是转型发展的号召主体和启动、监督、评判主体；其次是企业，包括国有企业和民营企业、外资企业、中外合资企业等，它们是转型发展的具体组织主体和实施主体；第三个主体是工人、农民、知识分子，他们是基本的主体。同时随着社会分层的加剧，又出现了许多新的社会阶层，比如说个体工商户、私营企业主、职业经理人，比如说煤老板、种粮大户、房地产开发商，等等。

现在存在的问题，是我们比较注重对前两个主体的研究，而忽视了对第三个主体的研究。我们要加强这方面的研究，对他们的思想状况、生活状况、工作状况、思维方

式、行为方式、利益诉求、价值追求分门别类地进行研究，从而化解矛盾、理顺情绪、促进和谐、凝聚力量，充分调动各个阶层、各个方面的积极性、主动性和创造性，形成建设山西、发展山西的强大合力。在研究过程中，要始终坚持以人为本，把实现好、维护好、发展好最广大人民的根本利益作为我们研究的出发点和落脚点，努力研究和探索让改革发展成果由全省人民共享的体制和机制，努力研究和探索各个阶层和睦相处、流动顺畅的体制和机制，努力研究和总结各个阶层的创造性实践，通过分析、总结、提炼、归纳，上升到理论高度，上升到规律高度，为党委、政府和有关部门的科学决策提供依据，为推进转型发展提供理论支持。

总之，山西转型发展任务艰巨，责任重大。我们必须下大功夫研究探索，把握规律，以高度的理论自觉和实践自觉，确保转型发展各项任务的落实。

（作者系中共山西省委常委、宣传部部长）

中国农业的盛会　山西农民的节日

刘维佳

金秋10月，硕果飘香，中国（山西）首届特色农产品交易博览会隆重举行。这次展会由国家农业部、山西省政府、中国贸促会共同举办，参展单位和采购商相当踊跃，展馆内外人流涌动，省内外媒体反响热烈，火爆的“农博会现象”出乎预料，组委会不得不两次延长展期。农博会闭幕已有时日，但喝彩声仍持续不断，其成功举办之奥妙值得回眸思索。

一、我省转型发展的一次盛大亮相和精彩转身

这次特色农博会，是山西奉献给全国并让山西自豪的农业盛会，是我省特色农业发展一个新的里程碑。展会涉及23个省市区、14个国家和地区，1429家企业参展供货，660家采购商参会订购，10大博览交易板块，13个系列节庆活动，留下了许多令人感动的场景。在展会高峰时段，近处来自清徐、榆次，远处来自长治、运城、大同，仅晋中、忻州的乡村干部和农民就超过万人，数百人排成长龙购票参观，原有两个固定售票室不够用，就又临时启用两部售票车，太原街头巷尾人们都在热议农博会。全国政协副主席罗富和在开幕式后巡视各展区时说，“这些年我参加了许多全国性农业展会，山西的农博会办得最好最有特色，办出了一流水平”。展会的第二天，我省26位省级老领导集体参观了农博会，老领导们说，“这次农博会搞对了、搞准了、搞好了，我们的特色农业在全国可是打响了，山西农业就是要这样抓”。临汾市秦壁蔬菜合作社的120位农民兴致勃勃参观了农博会，他们激动地说，“这场面真火爆，产品真丰富，看了真过瘾”。台湾农产品流通经纪人协会会长林先生和台湾资深农业专家扬教授，都高度称赞农博会办得太好了，没有想到山西有这么多好东西，真是不简单。许多参观者的共同感觉是，这次农博会为山西增了光、添了彩。

农博会引起轰动效应后，有记者问我，山西是个农业小省，为什么要下这么大工夫办农博会？我告诉记者，山西农业占GDP的比重虽然只有5%左右，但我们有地域广大的农村和2000多万农民，有独特的农业资源和特色农产品。山西不是农业大省，但是特色农产品大省，解决好“三农”问题仍是各项工作的重中之重。省委书记张宝顺、省长王君之所以这样高度重视农博会，实际上这是省委、省政府贯彻落实党的十七届三中全会精神的具体行动，是实施以城带乡、以煤补农战略的充分体现，是推进“三个发展”的重要举措，也是培育会展经济的有益尝试。引导煤焦铁等资源型企业投资现代农业，是本届农博会的一个着力点。展会开幕的当天，阳泉的华通集团就与平定县签订了投资30亿元建设高标准现代农业示范园区的项目协议。农博会提供的平台，有力地强化了我省产业结构由“地下转地上，黑色变绿色”的导向。

农博会的成功实践表明，推进转型发展要向特色农业转身，特色农业要在国家级展会上亮相。抓特色农业不但要发展生产，更要搞活流通。举办农博会就是“反弹琵琶”，以此来促进优势基地建设，扶持龙头企业，打造特色品牌。需求旺了，流通活了，订单多了，品牌响了，特色农业就会更好更快发展。

二、展销两旺，人财两旺，树立形象的特色农产品盛宴

与其他全国性农博会不同，起初策划特色农博会的时候，组委会主任王君省长就要求我们，既要重视展，又要重视销；既要人气足，又要财气旺；既要博览交易，又要招商引资；既要推销农副产品，又要树立山西良好形象。为此，我们确定了“特色、创新、合作、共赢”的展会主

题，并不断强化以特色和创新取胜的办展思路，努力推动全面合作与共赢。这次农博会以特色冠名，以特色办展，主打特色牌。展会创意是特色的，展销产品是特色的，颁奖晚会也是特色的，整个农博会就是特色组合。农博会上展销的，都是我省特色农业精品，其他地方没有的山西独有、特有，其他地方有的山西更优、更精、更好。展会上琳琅满目的特色农产品很受市场欢迎，许多参展商始料不及，展品和存货很快销售一空。

我们以展促销，以销促展，展销互动，展出了品牌，销出了效益，各展团和参展商成果丰硕。

贸易成交额、现场批零额、招商引资额，是本次农博会重点考核的三项指标。7天展会下来，贸易成交总额242亿元，山西旭美与美国百事签订了5.5亿元的马铃薯加工贸易订单，寿阳县与上海虹桥批发市场签订了20万吨4亿元蔬菜供货协议，广灵县与香港公司签订了800万元的农民剪纸销售合同。特别值得一提的是，展会现场批零销售总额达7489.3万元，相当一部分是现金交易，这样大的批零额为国内同类展会所罕见。招商引资项目签约总额262亿元，大同与南京雨润签订的农副产品物流中心建设项目投资额达38亿元。此外，我省与北京签订了为期3年的农产品产销合作框架协议。山西将成为首都北京主要农产品供应省份。

为凝聚人气，本次农博会采取了一些务实举措，获得了比预期更好的效果。仅国外和港台地区参展企业就有39家，外省企业92家，采购商包括德国CRP食品公司、沃尔玛、家乐福、华联等国内外大型超市。展会期间，有22万人次参观，最多的一天达4万人，有时不得不停止售票疏导观众。

这次农博会精心设计了系列活动，放大了农博会效应，展现了山西良好形象。展会前，我们不仅在中国（长春）农产品国际交易会上举行了务实的推介活动，而且提前启动了汾州核桃节和清徐葡萄节；展会中，有节奏地开展了晋中祁县酥梨节、忻州神池月饼美食节等系列节庆活动；展会后，总结表彰评选出618个奖项，举办了“信合杯”大型颁奖晚会。这次农博会把山西特色农业的发展强势表现得淋漓尽致。同时，还打开了一扇山西对外开放的窗口，成为境内外参展采购商了解山西，认识山西，宣传山西的舞台。

三、文化品位与科技含量对接，现代农业与传统农业耦合，魅力独具的展会

山西的农牧文明源远流长，特色农博会是三晋农牧文明长河中的一朵浪花。这次展会恰逢新中国成立60周年，人们走进农博会首先看到的是“山西农业60年”成就展。抚今追昔，我省农业走过了艰辛也创造了辉煌，参观者从中可以为农博会找到清晰的时空脉络。温故知新，我们是站在前人的肩膀上取得了今天的骄人业绩。办展过程中我体会到，特色农博会展示的虽然是一个季节的收获，接续的则是一段历史精髓，进而传承的无疑是一种文化渊源。我们对这次展会有一个较高的定位，就是不搞简单的“展”和一般化的“销”，而是要用深厚的文化内涵来展示我省的特色农业。于是，山西老陈醋有了文化，杏花村汾酒有了文化，传统民间工艺品有了文化，吉县的苹果、万荣的馍馍也都有了文化，山西面食表演和乡村农业旅游的文化味更浓。尤其是农博会上各市开展的系列活动，不是摆摊叫卖生硬推销，而是在准确的定位上热卖具有文化符号的特色农业精品。

对于农博会，我们不但要求特色农产品有丰富的品种，靠多品种感染参观者；而且更要求具有较高的科技含量，靠高科技吸引采购商。山西农业大学和山西省农科院是农博会上的科技先锋。山西农业大学引进改良的“中华羊驼”在展会一露面就被围得水泄不通。农机装备也在农博会上热展，我省制造的玉米收割机、马铃薯收获机等各类农机具应有尽有，引起许多农民购买农机的兴趣。农村新能源建设的沼气装置、生物质能设备等让城里人也开了眼界。

农博会受到各方面的追捧，引起了人们对如何推动传统农业向现代农业转变的关注和思考。其实，现代农业与传统农业并不是水火不相容的，两者没有严格的界限，可以我中有你，你中有我。本次农博会显示，山西特色农业充满了现代要素，现代农业与传统农业以特色为桥梁正在进行着多形式的耦合。

农博会上，我发现人们在为现代农业欣喜的同时，更热衷于无污染纯天然的传统食品和传统工艺，大家最喜欢的还是绿色、健康、有机的特色农产品。那些不上化肥、不打农药的园艺产品，传统的石磨米面，不喂添加饲料的畜禽产品，还有传统手工剪纸和民间工艺品，价格很高，销路很好，不少展位出现了抢购脱销场面。可见，现代农业并不排斥传统农业，用现代理念、现代科技、现代经营来改造传统农业，发扬光大传统农业，则更能体现现代农业的真谛。这次农博会给我们的启示是，山西未来的现代农业必须走弘扬传统之路，特色发展之路，耦合创新之路。

农博会还有一项主题活动，我们举办了现代农业发展论坛。这个论坛是对特色现代农业进行理性思考的一次探索，也是农博会上的一道亮丽风景。

四、首届农博会告诉我们，政府应该为农业和农民做些什么

农博会的成功使我们深入思考了一些问题，焦点集中在市场经济条件下，政府应该为农业和农民做些什么？大家的切身感受是，千家万户的小生产面对千变万化的大市场，农民和企业以及中介组织都难以适应。那么，政府就要管市场管不了的事，农民做不好的事，企业不愿意做的事。农民能做好的政府不包办，市场能调节的政府不干涉，企业有作为的政府不代替。对于农民渴望、市场失灵、企业力所不及的事情，政府的作用就是给三者搭建沟通的平台，编织三者对接的纽带。构建平台，编织纽带，举办这次特色农博会就是政府应该做的一件实事好事。

在筹备展会过程中，我们一直注重把农博会办成农民

的节日，市民的节日，老百姓的节日。设定这个目标，就是要预防以往有些活动政府陷入自娱自乐的误区，官员用力折腾，百姓无动于衷。我们所追求的效果是，农业受益、农民增收、百姓高兴，全省上下与农民兄弟同乐，共享丰收喜悦。这次农博会以农民节日的形式出现，在展会平台上实现了工农融合城乡互动。农民的产品有了好销路，卖了好价钱，拉着产品来，带着钞票走，心满意足。这是农民最高兴的事情。农博会上，农民的腰包鼓了，市民的菜篮子满了，这个“双赢”是政府最希望的。

农博会的实践使我们认识到，关系到“三农”的事情，只要带着责任往实里做，带着感情往深处做，遵循规律用科学的态度去做，用真心实劲做到纯真精细，那就一定能够卓有成效。作为本次展会的具体组织和参与者，我的最大收获是，更加深信了国以农为本，民以食为天这个朴素的道理；更加强化了执政为民，做好“三农”工作这个崇高的责任；更加坚定了加快特色农业发展，实现强农富民兴省目标的信心和决心。

（作者系山西省副省长）

关于山西发展生存型创业的思考

李雁红

实施扩大就业，以创业带动就业是党的十七大作出的重大战略部署，也是我省提出的推进和谐山西建设的“五大惠民工程”之一。如何通过创业尤其是生存型创业带动我省就业的增长，从而实现经济与社会的和谐发展，这是现阶段解决我省就业矛盾必须研究和解决的一个重大民生问题。

一、发展生存型创业是解决我省就业问题的重要措施

就业问题是一个世界性的难题。各国政府解决就业政策的核心是鼓励和推动创业，因创业动机不同，现代创业虽然又分为机会型创业和生存型创业两类，然而生存型创业已成为经济欠发达地区解决就业问题公认的重要手段。顾名思义，所谓生存型创业是指那些对工作不满，甚至找不到工作被迫从事的创业活动。它对创业者的年龄、受教育的水平、选择的行业都比较宽松。生存型创业与机会型创业的不同就在于这两种不同就业群体之间的学识素质存在重大差别。以往认可的与技术、风险伴生的追求商业机会的机会型创业企业往往集中在发达地区的大中城市，而生存型创业企业则广泛存在于各类地区，尤其是经济不发达地区。例如，美国主要以机会型创业为主，中国则以生存型创业为主。山西地处内陆欠发达地区，大多是从事传统制造、商品流通以及农业相关行业的中小型企业，一方面生产技术和科技水平比较低。表现在农业受自然力控制的成分大，作业方式原始，产业素质低下，基本靠天吃饭；第二产业内部重工业、原材料工业比例过大，轻工业、加工业的比例过小，其工业结构呈现出明显的结构重型化、产品初级化的特点。享受着资源带来的红利，技术创新和制度创新不够；第三产业发展缓慢，层次偏低。生活性服务业长期占主导，生产性服务业发展滞后，较高层次上代表第三产业可持续发展能力的科技开发、金融保险、文化教育、法律、物流、信息咨询服务业等行业的GDP占第三产业产值较低，而较低层次的传统第三产业，即批发和零售、交通仓储、餐饮住宿和劳动服务业的GDP占第三产业产值的比重较高。因此，生存型创业事实上已成为我省创业活动的主导模式。虽然我省着力转型发展，努力追求机会型创业的发展，但面对方方面面不利因素的制约，需要一个过程，在目前短期内很难改变这种创业模式。另一方面，产业结构总体上呈现一产冷，二产热，三产慢的格局。2008年我省各产业增加值占全省生产总值的比重分别为：第一产业占4.3%，第二产业占到61.5%，第三产业占34.2%。低于全国40.1%的三产平均水平。正是由于产业结构不合理，三产发展缓慢和国际金融危机的影响，就业的结构性矛盾十分突出。

为解决我省当前创业就业面临的现实困难和存在的突出问题，我省坚持以科学发展观为指导，把保持企业健康发展作为经济工作的重要内容，提出了“三个千方百计”。今年上半年全省城镇新增就业24.1万人，完成全年指标的52.7%。大学生就业9.6万人，就业率达到60%,下岗失业人员再就业9.6万人，就业困难人员就业2.6万人，74%的返乡农民工重新就业。在解决就业方面取得了好的成效。从解决的办法来看主要是三条：一是由劳动者自主创业，二是由企业单位吸纳就业，三是由政府开发公益性岗位就业。但这对庞大的待业群体来说只是权宜之策。加上我省经济的增长和城镇化进程对我省就业的促进作用明显不足，今后我省还将面临大量农民离开土地进入城市的问题。在这样的经济社会环境下，贯彻党的十七大提出扩大就业以创业带动就业的战略，强调要使更多的劳动者成为创业者，特别是发展生存型创业，无疑是现阶段我省解决就业矛盾的重要措施。

二、生存型创业现状与存在的问题

现代创业概念的提出始于国外。虽然一个机会型创业企业比一个生存型创业企业能够带动更多人就业，但是在我省由于数量还较少，在目前能够有效解决就业问题的还是生存型创业企业。我省现在的问题是对生存型创业认识程度不高，对生存型创业扶持不够。主要表现在：

1. 生存型创业能力的培训投资不足。机会型创业者的创业精神、创业能力、受教育程度等相对较好，能够通过市场磨练、自主学习不断提高创业能力。而生存型创业者多数都是迫于生存压力从事创业活动，无论是创业精神还是能力都存在很大的不足。据统计我省初中以下文化程度和无任何技术特长的农民工分别占71.5%和69.6%，未经过劳动技能培训的占82.6%。尤其是那些城镇化过程中数量庞大的离开土地进入城镇的人口，由于自身素质的原因，绝大多数从事的都是生存型创业活动，缺少通过培训增强创业能力的机会。从2006年到2008年我省农村劳动力和城镇下岗失业人员培训人数为89.7万人，支出资金15124万元，按规定人均补贴350元，而现在实际补贴169元，补贴标准到位率不到50%。

2. 在生存型创业的金融支持、技术服务方面滞后。从我省创业就业政策的执行情况来看，政府扶持的创业项目标准较高，生存型创业活动获得金融支持较小。虽然，我省的创业环境在近几年得到较大的改善，2006年至2008年，全省组织创业培训4.5万人，发放创业培训补贴8000万元，有1.3万人实现创业，带动6.5万人就业，创业活动较为活跃。但目前这些由企业推动及政府推动的创业促进模式，对发达地区和大中城市的高科技机会型创业活动的扶持较多，而对那些处于不发达地区，占我省创业90%以上的个体户等生存型创业支持力度不大。我省现在担保基金为4.9亿元，按规定银行可放贷24.5亿元。2003年以来，全省累计贷款3亿元，生存型创业仅占到可贷额的12.3%。其中，企业贷款占到80%，个人贷款仅占到20%。

3. 推动生存型创业工作的政策落实、宣传、服务不到位。信息平台建设落后，不少创业者对政府有关创业带动就业的扶持政策知之甚少，不了解相关税收优惠，小额担保贷款、资金补贴、场地安排、“培训券”的领取与使用办法等，政策效应难以发挥，创业氛围还不浓，存在被动应付现象。

三、促进生存型创业的建议

生存型创业是一个艰辛的历程，它充满着风险、机遇和挑战，也是一项庞大的社会系统工程。现在生存型创业已成为我国创业活动的主要类型，也是目前最能够促进我国解决就业问题的创业类型。我省各级政府需要进一步提高对生存型创业的认识，坚持政府促进、社会支持、市场导向、自主创业的基本原则，加强统筹协调，充分调动好、发挥好各个方面的积极性、主动性和创造性。要像重视招商引资那样重视扶持创业，像大力改善投资环境那样促进中小企业的创业环境的形成。例如，我省的大寨、锡崖沟、右玉都是通过艰苦的生存型创业改变了当地的生存和投资环境，带动了经济和社会的全面发展，缓解了就业压力，改善了民生。因此，目前迫切需要解决的问题是：

1. 要改变就业观念，着力营造生存型创业氛围。长期以来，传统的就业观念在青年特别是大学生的头脑中根深蒂固，能实现在机关、事业单位和国有企业就业是其唯一选择。当不能实现目的，就采取考研、读博等方式来实现就业最佳方案。即使现有的创业者也往往由于市场经验、社会经验和创业综合能力不足，导致创业人数比例较低，创业的职业行业面狭小，成功率偏低。据调查，全国大学生创业的成功率大致在2—4%之间，我省的比例甚至更低些。转变就业观念就是要将被动的就业转变为主动的创业观。树立正确的人才观念，养成创业的意识与意志品质，积极应对时代变革。

2. 加强生存型创业教育与培训工作。有关部门要在政策、资金、师资等方面加大对职业教育的倾斜，改变社会对职业教育的轻视，提高职业教育质量。在继续教育中进行创业培训。青年中创业的比例较低主要是受我国现阶段基础教育、应试教育的影响，缺乏关于就业创业内容的教育，缺乏基本的职业认识、职业向往和从业创业激情，不善于为未来职业生涯做好学业准备，在就业问题上依赖性过强。创业教育就是要把大学生创业教育作为大学教育功能的延伸，作为一种新的人才培养模式纳入到整个大学教育体系中。明确“弘扬创业精神，打造创新素质，培养创造能力，推动创业实践”的创业教育内涵，形成一条富有成效的创业教育体系。在青年进入劳动力市场之前或刚刚进入劳动力市场就接受培训，内容就是鼓励青年自己当老板，教给青年们开设小型企业或是做一些小本经营所必须的知识和技能。特别是生存型创业者的素质一般较低，自主学习能力较弱，只有通过培训才能帮助他们提高创业能力和创业企业的生存能力。

3. 完善生存型创业的金融支持政策。小型企业的创业融资问题是创业企业的瓶颈，全世界的小企业几乎都面临融资困难的问题。在我省，由于创业投资等金融业务欠发达，这一问题尤为突出。目前我省就业专项资金的使用中，涉及到了创业培训和对创业者的小额担保贷款贴息等一些鼓励创业的项目，但由于没有设立单独的创业专项资金和创业指导服务机构，初步估算用于创业方面的资金投入仅占5%左右。此外各地财政盈余差别较大，不同地方政府的金融扶持政策也不同。我认为，政府的金融扶持主要体现在建立一种公共基金制度，对创业进行扶持，鼓励符合条件的企事业法人和民间资本出资成立商业担保机构和互助信用担保机构，开展各类融资担保业务。建议政府设立中小企业信用担保基金和风险补偿金，加大金融创新的工作力度，为创业融资提供更多的帮助。

4. 提高认识，加强领导，发挥政府的主导作用。大力发展生存型创业是一项事关人民群众切身利益的民生工程，也是一项事关社会稳定的重大政治任务，是各级政府的一项重要职责，必须统一思想认识，明确生存型创业对扩大就业作用的重要性和紧迫性，加大对政策宣传、环境优化、典型培养的宣传和工作力度。电视、报刊等主流媒体，也要把宣传生存型创业作为保民生的一项重要任务，着力营造全民创业的舆论氛围。要充分发挥政府创业服务机构的主导作用，努力形成劳动保障，发改、财政、工商、税务、银行等部门共同参与分工负责的协作机制。要认真贯彻落实好《就业促进法》、《劳动合同法》、《劳动争议仲裁法》等一系列劳动法律法规，要强化政府在促进生存型创业中的职责，完善市场导向创业机制，建立统一的劳动力市场及和谐稳定的劳动关系，全面实行劳动合同制度和集体协商制度，创造规范有序的创业环境。

（作者系山西省政协副主席）

加强服务管理工作
让离退休干部老有所养、老有所乐、老有所为

李仁和

做好离退休干部工作，是加强党的建设的一项重要内容，也是促进社会和谐的一项重要任务。近年来，我们认真落实中央和省委关于做好离退休干部工作的一系列决策部署，紧紧围绕省委书记张宝顺提出的“要真情关爱照顾，为老同志搞好服务，让老同志共享改革发展成果”的要求，以强化服务管理为重点，不断拓展离退休干部工作，更好地服务于经济社会发展与进步。

一、加强服务和管理是新形势下做好离退休干部工作的重要课题

一是全省上下加快实现转型发展、安全发展、和谐发展的新形势，对加强离退休干部服务和管理工作提出了新要求。作为革命老区，我省有40多万名离退休干部，他们在长期的革命、建设和改革进程中为党和人民的事业作出了重要贡献，是兴晋富民的宝贵资源，他们政治立场坚定、实践经验丰富、群众威信较高，具有继续为党、为国家、为社会、为人民发挥余热的真诚愿望和满腔热情，有别人不可替代的独特优势和重要作用，许多离退休干部老有所为，已经在各个方面发挥了很好的作用，成为新基地新山西建设一支不可或缺的重要力量。当前，全省上下正在加快推进“三个发展”，努力实现“三保”目标，促进经济平稳较快发展。面对繁重艰巨的任务，必须进一步加强离退休干部服务管理工作，让广大离退休干部与全省人民同心同德、共克时艰的积极作用得到充分发挥，让广大离退休干部的自身优势在推进“三个发展”中得到更好的体现。

二是离退休干部的思想和健康状况发生新变化，对加强服务和管理工作提出了新要求。一方面随着经济社会的快速发展和财政收入的不断增加，广大离退休干部对提高生活质量、体现自身价值、共享发展成果的愿望和期待更加强烈，对他们的服务和管理水平亟待进一步提高；另一方面，目前离休干部已整体进入高龄期和高发病期，退休干部人数在以每年5%的速度增加。随着离退休干部的身体状况、思想状况和人员结构都发生新的变化，服务和管理离退休干部的任务越来越重、难度越来越大。

三是离退休干部居住生活日益呈现社区化新格局，对加强服务和管理工作提出了新要求。随着改革的深化特别是住房、养老制度改革的深入推进，越来越多的离退休干部分散到各个社区居住，由“单位人”成为了“社区人”，这就要求我们充分整合和利用各种社区资源，为离退休干部就近学习、就近医疗、就近开展活动、就近发挥作用提供方便，真正让社区成为离退休干部居住、生活的温馨家园。

二、以落实政治待遇、生活待遇为重点，全面加强离退休干部服务管理工作

近年来，我们按照中央和省委关于加强新形势下离退休干部工作的部署和要求，围绕“让老干部满意、让省委放心”的总目标，抓住落实政治待遇、生活待遇两个重点，积极探索服务管理的新途径，努力拓展服务管理新内容，建立健全服务管理新机制，有力地推动了离退休干部服务管理工作的深化拓展。

一是全面落实离休干部生活待遇。始终把确保离休干部“两费”(离休费、医药费)落实作为重点工作紧紧抓在手上，及时研究解决离休干部“三个机制”(离休费保障机制、医药费保障机制和财政支持机制)运转中存在的问题，保障离休干部的“两费”落实。积极协调有关部门较大幅度提高了离休干部护理费、无工作遗属生活困难补助费和

退休干部活动经费标准，并建立了全省特殊困难离退休干部帮扶机制。扎实推进离休干部医药费移交劳动保障部门管理工作，医药费统筹水平大幅提高，各级财政对离休干部“两费”的支持力度逐年增大。全面加强改制和破产企业离休干部服务管理工作，全省破产企业和改制为非国有控股企业的离休干部全部上收主管部门(企业集团)管理，部分地区在离退休干部工作部门或国资委成立管理中心。近年来，省财政累计投入1.1亿元补助省属改制破产和特困企业离休干部的医药费和生活补贴。各市县将企业离休干部“两费”转财政负担后，又把生活补贴、取暖费、特需费等经费转由财政负担，确保了企业离休干部生活待遇的落实。特别是在庆祝新中国成立60周年之际，出台了进一步加强新形势下离退休干部工作的《实施意见》，审批了148名离休干部享受副省级医疗待遇、5724名离休干部享受副厅级医疗待遇，走访慰问了46108名新中国成立前参加革命工作的离休干部，全面落实离退休干部的生活待遇，并对部分生活困难的离退休干部进行了具体帮扶。

二是不断提高离退休干部政治待遇。准确把握老干部工作面临的新形势与老同志的新期待和新要求，在落实生活待遇成为一项常规工作之后，积极落实离退休干部的政治待遇和提高党建工作水平，推动老干部工作步入制度化、规范化、科学化的轨道。专门成立了政治待遇处，制定出台了进一步落实离退休干部政治待遇和在离退休干部党组织中开展“争创先进”活动、在离退休干部中开展为“三个发展”做贡献活动等一系列意见，对加强政治待遇落实工作进行规范指导。先后召开了全省离退休干部党建工作等业务性会议，对加强离退休干部政治待遇工作进行了全面部署。形成了离退休干部党建工作新思路、新格局，探索出离退休干部党建工作的成功经验，受到了中组部的充分肯定，全国在我省召开了加强和改进离退休干部党支部建设工作座谈会。目前，全省离退休干部单独党支部达到80%，有6个市、86个县成立了离退休干部党(工)委或党总支，在全国先进离退休干部党支部和离退休干部先进个人表彰大会上我省有3个离退休干部党支部和12名离退休干部先进个人受到表彰。

三是统筹推进离退休干部服务管理各项工作。通过加强老干部工作部门文化建设，开展创建学习型机关活动，营造部门文化氛围，制定老干部工作者职业道德规范，提出老干部工作部门建设标准，进一步提升了老干部工作部门的文化内涵。通过引深老干部活动中心(室)“达标创优”活动、“管理服务年”活动和创建老年大学“示范校”活动，各级老干部活动中心和老年大学的软硬件建设水平不断提升，主阵地作用日益明显。在全国老干部活动中心、老年大学工作昆明座谈会上我省交流了经验。通过建立领导责任制，明确信访工作“责任田”，建立科学规范督导机制，形成信访工作“安全网”，建立标本兼治的调处机制，筑牢信访工作的“防火墙”，进一步加强了离退休干部信访工作。自2001年以来离退休干部信访案件从1220件(次)下降到今年的176件(次)，平均每年降幅达14%，连续8年没有发生集体上访和群体越级上访，受到了中组部和省委的高度评价。通过建立离退休干部工作督查考核机制，推动上下联动督查指导机制的形成，对全省离退休干部服务管理工作起到了积极的推动作用。通过加强宣传、信息、网络工作，构建“大宣传”工作格局，特别是成功举办全省首届老干部艺术节、全国中老年歌手电视大赛、首届老年服务用品博览会等活动，有力地营造了全社会齐抓共管离退休干部服务管理工作的浓厚氛围。

三、深化离退休干部服务管理工作的几点思考

几年来的实践和摸索，使我们深刻认识到，只有适应新形势和新任务的要求，不断建立健全离休干部“三个机制”，进一步规范退休干部的服务管理工作，充分依托社区为离退休干部提供就近服务，切实解决好特困离退休干部的生活困难，不断加强老干部工作部门自身建设，才能确保离退休干部政治待遇、生活待遇得到很好落实，才能确保老同志们老有所养、老有所医、老有所教、老有所学、老有所乐、老有所为，更好地分享改革发展成果。

（一）促进“三个机制”有效运转是落实离休干部生活待遇的重要基础。为了从根本上解决离休干部“两费”拖欠的问题，中央提出了建立离休干部“三个机制”。我们不断健全完善医药费统筹标准正常增长机制，认真做好市、县离休干部医药费移交劳动保障部门和省属企业离休干部医药费属地统筹工作，进一步健全完善医药费保障机制，适应了离休干部日益增长的医疗保健需求。积极发挥财政支持机制的重要作用，协调有关部门把应该由财政负担的费用足额列入预算，并切实加大对困难地区、困难企事业单位离休干部离休费、医药费的资金支持力度，有效保障了离休干部“两费”的落实。

（二）重视和规范退休干部服务管理工作是适应离退休干部队伍新变化的现实要求。面对退休干部越来越多的新趋势，中央要求在加强离休干部服务管理的同时，要把退休干部服务管理工作纳入各级老干部工作部门的职责范围，省委也作出相应部署。我省从1992年开始就对离退休干部实行了统管，目前已基本形成了老干部工作部门宏观指导、原单位具体服务的管理服务模式。为此，我们着力抓好退休干部服务管理的规范工作，进一步建立健全退休干部服务管理制度，全面落实退休干部服务管理经费，不断加强党组织建设、引导发挥作用等方面工作，积极协调政府部门落实退休干部待遇方面相关政策，有力地维护了老同志们的切身利益。

（三）依托社区就近提供服务是提升离退休干部服务管理水平的重要途径。针对越来越多的离退休干部进入社区居住生活的新情况，我们坚持以人为本、服务为先的理念，把为社区离退休干部就近提供多样化、个性化、亲情式服务作为工作的首要任务，通过提供家政服务、医疗保健服务、学习活动服务、精神慰藉服务和帮困服务，让老同志

们就近学习、就近活动、就近得到关心照顾、就近发挥作用，为加强离退休干部服务管理开辟了一条崭新的途径。下一步，还将从工作力量、工作经费、工作机制等方面入手，研究制定相应的制度和措施，使社区离退休干部工作做到有机构负责、有资金办事、有人员服务，从而搭建起就近服务管理的良好平台。

（四）完善帮扶机制和信访工作机制是落实离退休干部政治、生活待遇的重要手段。在强化服务管理的同时，必须对鳏寡孤独、疾病缠身、生活不能自理等有特殊困难的离退休干部，按照“精神慰藉、适当照顾、单位尽责、财政支持”的原则，建立帮扶专项资金，采取“一对一”、“多对一”等形式进行帮扶。特别是对一些困难企业的离退休干部，更要雪中送炭，给予特殊的关爱。认真做好离退休干部信访工作，一方面坚持首问首办制、领导包案制等，努力解决离退休干部反映的实际问题，另一方面深入到离退休干部中间走访慰问，随时了解掌握他们的所需所盼、所忧所怨，及时沟通思想、化解矛盾，有效保证离退休干部队伍的和谐稳定。

（五）加强队伍建设是做好离退休干部服务管理工作的根本保证。加强离退休干部服务管理工作离不开一支过硬的工作队伍。要坚持不懈地加强老干部工作队伍建设，在思想上，不断增强政治意识、大局意识、责任意识，真正把本职工作当作一项政治性很强的工作而不是一般性的事务工作来处理和对待；在工作中，坚持虚心学习离退休干部身上的优良品德和优秀经验，认真学习老干部工作有关政策、法规，广泛学习做好老干部工作所需要的各种知识，特别是把学用有机结合起来，努力增强服务和管理离退休干部方面抓落实的能力、协调沟通的能力、处理复杂问题的能力；在作风上，不断加强党性修养，大力树立和弘扬优良作风，主动为离退休干部提供服务，主动听取离退休干部的意见和建议，主动研究新情况、解决新问题、总结新经验，使离退休干部服务管理工作真正做到离退休干部满意、各级党委放心。

（作者系中共山西省委老干部局局长）

加强学习是领导干部第一位的任务

李高山

领导干部担负的工作很多，面对的事情很多，就各种工作各种事情的地位和作用来讲，第一位的任务是加强学习。个人加强学习对提高领导干部的素质和能力具有先导性、基础性、战略性的作用，全党加强学习对于加强党的执政能力建设和先进性建设同样具有先导性、基础性、战略性的作用。一般规律是，通过学习掌握知识，知识转化为素质，素质转化为能力，能力转化为工作的业绩。“三讲”的时候，“讲学习、讲政治、讲正气”，把学习放在最前面。江泽民同志当总书记的时候要求全党学习学习再学习，实践实践再实践。十六大以后胡锦涛同志又提出学习学习再学习，实践实践再实践，创新创新再创新。他们在大的提法总的提法上都是把学习放在前面，这不是随意的，这是由学习的地位决定的，是一种规律的反映。当前我们党和国家的事业正处在新的历史起点上，一方面，改革开放取得了巨大的成就，积累了丰富的经验；另一方面，世情国情党情也发生了深刻的变化，出现了许多新的情况，十七大说机遇前所未有，挑战也前所未有。去年以来又遇到了国际金融危机。在这样一种形势下，领导干部加强学习、提高素质、做好工作，就比以往任何时候都更加重要，更加紧迫。

首先，加强学习是顺应时代发展大势的客观需要。我们现在正处在一个“知识爆炸”的时代，也是一个社会变革的时代。科技进步和社会发展日新月异，令人眼花缭乱，应接不暇，常常感到既精彩又无奈。一方面，知识总量在迅速增长，有人说呈几何级数增长，有人说几何级数还不够，是“知识裂变”。同时，知识更新也迅速加快。另一方面，知识的作用越来越大。经济社会的发展、人的进步，越来越依赖于科学技术。有关资料显示，人类知识总量，19世纪时50年增加一倍，20世纪初30年增加一倍，20世纪80年代以来，3到5年就增加一倍。知识更新的速度，18世纪前80-90年为一个周期；20世纪时是30年，近半个多世纪以来5-10年。科技转化为生产力的速度，20世纪初是20-30年，到了20世纪六七十年代，比如说激光与半导体，从发现到应用只有2-3年时间。现在的信息产品更新换代只有几个月。比如手机的更新、电脑的更新都是几个月。在全球生产总值的增长中，知识份额在20世纪初占5%左右，现在占到80%-90%。我们就处在这样一个知识爆炸的时代，知识呈几何级数增长，把每个人都推向了无知的边缘。一个大学生，毕业之后五年不学习，知识就折旧得差不多了。在农耕时代，一个人念上几年书，够用一辈子。在工业经济时代，念十几年书，够一辈子用。现在知识经济时代，就不是念几年或十几年书，而是要抓紧学习，终身学习，才能把一辈子顺顺当当走下来。在这样一个时代条件下，每个人资历的深浅、知识的多少、学历的高低，虽有区别，但都无老本可吃，光有这些是靠不住的。唯一能靠住的就是不断地学习，不断地用人类文明的成果，用现代科技文化知识来充实自己、丰富自己、提高自己。毛主席曾经讲过一个“球籍”的问题，说如果我们不抓紧发展，有被开除球籍的可能。现在有一个被时代淘汰的问题，时代发展到今天，学习成为一种生存方式。如果不加强学习，就跟不上时代的步伐，要被时代淘汰。个人、政党、民族、国家，都是这样。

第二，加强学习是做好领导工作的现实需要。作为领导干部，都在自己的岗位上负责着一个方面的工作，肩负着一定的领导责任。我们凭什么当领导？凭什么做好领导工作？每个人的条件、情况、做法，可能都不一样。但有几条是一样的。按照领导科学研究，领导者实施领导行为靠得是三个方面的权力：一是职务权，这个权力是组织授予的，大家都一样。二是专长权，也就是专业知识和业务能力。这个是不一样的，专业知识、业务能力强，工作就会做得好一些，反之就会差一些。三是个人影响权，也就是人格的权力。这个就更不一样了，就像古人说的，“其身正，不令而行；其身不正，虽令不从。”要做一个好的领导干部，应该是三权并用，重在后两权。职务权是组织授予的，后两个权力就是个人努力、个人加强学习、加强修养积累起来的。学习得越好，提高得越好，修养得越好，履行领导职责才能履行得越好。一般情况下，大家都想职务高一些，干得好一些。当大当小看机会，干好干坏看水平。水平就和学习有关系了。党中央一直强调“靠得住、有本事、作风好”。怎么才能做到“靠得住、有本事、作风好”？学习和修养是基础，是前提。有一位省委书记说，“业有所成，必是学有所成”。我们现在生活、工作中确确实实有很多不适应的感觉，毛主席曾经说过要有本领的恐慌。我们现在有没有知识的恐慌、本领的恐慌？就是感到日常生活中工作中不懂的东西太多了，不会应对的事情太多了。比如在经济工作中，统计数据从GNP到GDP，有的领导干部就分不清了；还有基尼系数、恩格尔系数、CPI、股市指数、世贸规则，还有最近的国际金融危机，等等，我们是否都能清楚这些问题？恐怕不少都是若明若暗，似懂非懂。在这样一种情况下做领导工作，这就是毛主席说的“以其昏昏，使人昭昭”，自己都弄不明白说不清楚，可能给下面讲清楚吗？可能把工作做好吗？群众可能买账吗？习近平同志在浙江工作时指出，一些干部离开稿子不会说话，和新闻媒体对话说不上去，和困难群体对话说不下去，和青年学生对话说不进去，和老干部对话被顶了回去。这样一种失语状态，怎么能取得群众信任呢？所以领导干部随着职务的提升，责任的加大，应该自觉地给自己提出加强学习的任务。权力有个特点，就是能缩小一个人的优点，放大一个人的缺点。比如你的素质和能力在下一级岗位上够用了，干起工作来得心应手，大家认为你是个有水平的干部；当你担任了上一级领导职务后，素质和能力并不一定随之提高，原来的那点本事就显得不够用了，在下面干时大家认为你很有水平，到了上一级岗位就很一般了。权力同时能放大一个人的缺点。人都有缺点。同样的一个缺点，在较低的职位上干产生的影响要小些，人们就能谅解；在较高的职位上产生的影响就大，人们就不能谅解。领导干部要把这个问题想清楚。权力是个好东西，能用来办好事；权力也是个坏东西，能用来干坏事，让人犯错误；权力还是个很古怪的东西，能放大一个人的缺点，缩小一个人的优点。把这些问题想清楚，在什么岗位上就按岗位职责的要求不断地提高自己的素质，不断地加强自己的修养。新形势下，要做“学习型”、“思想型”干部，不要把重学习和书生气划等号，不要把重实干和不学习划等号，不要以“学习不够”为荣。这是做好领导工作的现实需要。

第三，加强学习是个人成长进步的内在要求。每个人都想进步。进步包括素质的提高，作用的重要，价值的增大，对干部来说也包括职位的提升。这都是对的，是应该肯定的。怎么样才能不断进步？学习是最基本的途径。学习是与智者的交流，是与人类文明成果的对话。学习指向外部，可以让人聪明起来；指向内心，可以使人高尚起来。这样人就变得重要起来。从古到今，有的人是生得重要，有的人是变得重要，有的人是既生得重要又变得重要。总体上说，生得重要的是少数，而且也不能选择。既生得重要又变得重要的，更是少数。就多数来说，是变得重要起来。变得重要起来的条件、路径很多。比如说战争年代，打仗勇敢不怕牺牲立了战功，成了英雄；比如遇上突发事件抢险救灾，挺身而出见义勇为，变成英雄模范，大家向你学习，等等；这些是机遇性的。还有一技之长的，比如体育明星、文艺明星，等等。总体来说，这些也是少数。更多的情况是通过学习，通过平时一点一滴的积累，让自己丰富起来，涌现出来，变得重要起来。古人说读书使庶人变为贵人，不读书使贵人变为庶人。士不厌学固能成其圣，士必学然后成君子。圣人是肯做工夫的庸人，庸人是不肯做工夫的圣人。工夫就是指的学习。我们大家在自己的成长过程中，在自己的阅历、视野范围内，应该都有这样的观察和体会：人与人的差距是由学习拉开的。首先是在学校学习时拉开的，有的人考上重点大学、名牌大学，读硕士、博士，到国外留学成了海归。有的人连大学也没考上。这就拉开了。工作以后，决定一个人进步的东西多元了，这个多元性掩盖了学习的重要性，实际上都还是对学习的考核。年轻干部平时处理的每一项具体工作，开座谈会的一次发言，起草一个文件，给领导写一个讲话，这都是考试。你每一件都做得比较好，那么积累到一定时候，你这个考试就通过了。你积累下了势能，机遇来了就会优先找你。如果是相反的情况，平时每一件事情都做得不好，慢慢就边缘化、出局了。学习让人变得重要的例子太多了。毛主席学历并不高，但是毛主席酷爱学习，一生手不离书。严酷的战争年代搬家一定要带着他的书籍。我参观过中南海毛主席住的地方，床铺大约两米宽，靠墙的那一半堆的全是书。厕所里也是放的书，在任何一个地方都能随手拿到他想看的书。胡锦涛总书记、温家宝总理在各种公众场合，不看稿子，引经据典、出口成章。不勤奋学习能做到吗？网上资料说温家宝总理上大学时30多门课程都是优秀，而且大体上用一半的精力学规定的课程，一半的精力在阅读课外书籍。李瑞环同志学历不高，他说自己凭什么走到党和国家领导人的位置？与学习有关。他当木匠时在工棚里打着手电筒看书，后来怕影响别人睡觉，就跑到街上路灯下面看书。当了政治局常委以后，有时为了讲清一个问题，要从马克思、恩格斯一直查到毛主席，查阅五六十万字的资料。李瑞环同志讲，人的成长进步有三条是不可代替的，就是上进心、求知欲、责任感。一个人要成长进步，变成有用的人重要的人，最基本最主要的途径是加强学习。重视学习的人不一定能成为优秀杰出的人，优秀杰出的人一定是重视学习的人。古人说学而优则仕，我们现在反过来说仕而优则学。你要想当一个好官，要想把工作做好，必须重视学习。

（作者系中共山西省委党校常务副校长）

“三个发展”是山西贯彻落实科学发展观的突破口和切入点

高健生

今年3月10日，中共中央政治局常委、中央书记处书记、国家副主席习近平在参加山西代表团审议中，认为把实现转型发展、安全发展、和谐发展确定为山西深入学习实践科学发展观活动的主题，“找到了深入贯彻落实科学发展观的突破口和切入点”。习近平同志的这一认识，既是对山西省委结合本省实际确定贯彻落实科学发展观战略重点的充分肯定，同时也要求我们更加深入、全面地理解“三个发展”对推进山西经济社会又好又快发展具有的重大意义。

一、“三个发展”是贯彻落实科学发展观，促进山西经济社会全面、协调、可持续发展的有效实现方式

科学发展观是以胡锦涛为总书记的党中央立足社会主义的初级阶段基本国情，总结我国发展实践，借鉴国外发展经验，适应新的发展要求提出的重大战略思想，是我国经济社会发展的重要指导方针，是发展中国特色社会主义必须坚持和贯彻的重大战略思想。同时，我国地域辽阔，人口众多，情况千差万别，发展很不平衡，怎么样在经济社会发展中切实体现科学发展观的要求，使科学发展观能够在经济社会发展的实践中得到贯彻落实，是保证科学发展观产生效用的根本所在。

这就是说，科学发展观的贯彻落实，有一个与不同地区经济社会发展实际的结合问题，必须积极探索科学发展观在具体实践中的实现方式。党的十七大后在全党开展的学习实践科学发展观活动，从一开始就明确提出的结合不同地区、部门具体工作实际、确定活动主题的要求，也是出于这样的考虑。

从山西的实际情况分析，经历30年改革开放，全省经济社会发展发生了翻天覆地的变化，特别是近年来，经济社会呈现平稳较快发展、健康协调推进的良好局面。至2008年，生产总值连续6年保持两位数增长，财政收入在全国排第12位，特别是外运煤炭、外送电力居全国首位，粮食总产量102亿公斤，是历史上第6个突破百亿公斤的年份，全省基础设施建设明显改善，人民群众生活水平显著提高，经济社会发展站在了新的历史起点上。同时，从保证经济社会又好又快发展的目标上看，我们在发展中确实还存在着与科学发展观要求不适应、不符合的突出问题。这些问题固然表现在各个不同的方面，但从总体上看，根本性的问题还在于经济社会发展中存在的产业结构过于单一，产业结构的初期化严重的矛盾与问题；生态环境污染严重，资源浪费，安全事故时有发生，特别是重特大事故突出的矛盾与问题；全面协调可持续发展和维护社会和谐的制约因素依然明显的矛盾与问题。这些问题的存在，直接影响着科学发展观的贯彻落实。

“三个发展”深入把握了山西经济社会发展中的上述问题，紧扣科学发展的主题，围绕第一要义是发展，核心是以人为本，基本要求是全面协调可持续，根本方法是统筹兼顾的根本要求，一方面，通过转型发展、安全发展、和谐发展三方面的推进，全面突出了发展这个第一要义的战略地位,揭示了发展对于山西破解多重性矛盾与问题、推动社会进步具有决定意义的根本要求。另一方面，通过转型发展对实现全面协调可持续发展的深度推进，安全发展对坚持以人为本的深刻体现，和谐发展对全面协调可持续发展和统筹兼顾的深层把握，使科学发展观的基本要求得

到了充分的体现。可以说，“三个发展”充分体现了科学发展观的科学内涵、精神实质和根本要求，很好地回答了“山西走科学发展之路，具体途径是什么，战略重点是什么”等重大问题，构成了山西实践科学发展观的具体实现方式，是把科学发展观转化为促进山西科学发展政策措施的具体体现。转型发展、安全发展、和谐发展真正实现了，影响转型发展、安全发展、和谐发展的突出矛盾与问题得到了解决，科学发展观就能够在山西经济社会发展中得到贯彻落实。

二、“三个发展”是着眼山西发展大局，积极应对当前国际金融危机，保证经济平稳较快发展的必然反映

在对外开放的条件下，山西与全国一样，经济社会发展必须紧密联系国际国内两个大局来谋划。而从去年9月起，由美国次贷危机引发的世界金融危机对山西的影响愈益明显，经济增长放缓的特点十分突出。到2008年底，山西主要工业品中钢铁、原煤、焦炭价格比年中普遍下跌50%以上，全省8000家中小企业停产半停产，11个市经济增速低于上半年，8个市出现负增长（《山西日报》2009年2月28日）。这样的发展情况，既使我们对经济全球化背景下世界金融危机的影响度有了更为深刻的认识，同时也促使我们对经济结构和经济增长方式作深层次思考，对如何从国际和国内大局出发，调整产业结构和发展方式，推动经济平稳较快发展作战略性决断。

山西作为国家重要的能源基地、老工业基地，能源原材料产业是山西的优势，山西的经济发展因煤而兴，但经济社会发展中的问题也因煤而生。近年来，特别是省委九次党代会以来，按照走出“四条路子”、实现“三个跨越”的发展思路，山西改造提升传统产业，大力发展新兴产业，已经取得初步成效。电力焦炭传统产业实现了优化升级，冶金行业产品结构明显优化，山西的装备制造、煤化工、旅游这些新兴产业朝着规模化方向发展，2008年服务业增幅首次超过地区生产总值和第二产业的增幅。同时，从整体上看，山西的产业结构重型化、单一化、初级化的问题没有得到根本的解决，由此衍生的安全生产问题和民生问题也还比较突出。特别是襄汾“9·8”溃坝特大事故和2009年发生的西山煤电集团屯兰矿瓦斯爆炸事故，一次次提醒我们必须把人的生命安全放在高于一切的位置；又比如，产业结构重型化、单一化、初级化状况的长时期延续，直接造成作为民生之本的就业问题呈现结构单一、渠道狭窄、吸纳量小等问题。这样一些问题，在国际金融危机导致我们整体性经济增长速度放缓的情况下表现得尤其突出，而我们受国际金融危机影响出现的经济增长速度下滑明显、部分企业开工不足，以及由此造成的就业压力加大等问题，很大程度上恰恰是把我们长期形成的产业结构重型化、单一化、初级化的弊端更为充分地暴露了出来。换言之，国际金融危机的“倒逼机制”，增强了我们调整产业结构、转变发展方式的紧迫感，不实现经济结构的转型，就难以应对市场的挑战和风险，也难于保持经济平稳较快发展。

“三个发展”就是基于这样的认识与分析，把山西经济社会发展与其所面对的挑战与风险联系起来确定的科学应对思路。它从努力保持经济平稳较快发展的现实出发，要求转变发展理念，从创新传统优势产业与提高新兴产业比重两个方面推进产业结构优化升级，通过节能减排和生态文明建设两项举措推动节约集约绿色发展，以产业集群和园区经济两个载体为重点大力发展循环经济，以自主创新和全民创业两个抓手增强发展的活力，努力形成具有山西特点的节约能源资源、保护生态环境的产业结构增长方式、消费模式，增强可持续发展的活力。在此基础上，围绕国家鼓励支持的领域加大投资力度，帮助企业解决困难和问题，加大政策扶持力度，促进服务业发展，大力发展吸纳就业能力强的产业，充分发挥重大项目带动就业的作用，积极开发公益性岗位，千方百计稳定和扩大就业，由此在努力保持经济平稳较快发展的前提下，最大限度地降低金融风险造成的损失，增强抗击各种风险的能力。从这样的意义上说，在山西现实的发展条件和环境中，“三个发展”就是我们应对国际金融风险和推动全省经济平稳较快发展的利器。

三、“三个发展”是贴近山西发展实际，积极推进新基地新山西建设的基本要求

在深入分析山西改革发展实际、总结经济社会发展基本经验的基础上，省九次党代会上提出了走出“四条路子”、实现“三个跨越”，建设新基地新山西的发展思路与目标。

按照这样的思路与目标，深入分析影响山西经济社会发展的深层次矛盾与问题不难看出，山西解决这些矛盾与问题的关键，就是推进“三个发展”：在转型发展上，结合山西产业结构、经济结构的现状，通过产业结构调整，实现由初级的单一的传统的产业为主的结构向新型、多元的产业支柱方向发展，从粗放型向内涵式、集约式的绿色方式转变，从过度依赖资源，向提高自主创新能力转变，就能够推动老工业基地、能源基地走出新型化、创新发展、可持续发展的路子，改变经济发展中资源消耗过高、环境付出过大、产业效益不高的状况；在安全发展上，结合山西安全生产的状况，通过把以人为本的理念贯穿到经济社会的各方面工作和管理中，使安全生产的责任链条延伸到每一个人和每一个工作流程中，把安全作为生产、发展的基础和前提，高度重视对人的生命的关爱和保护，狠抓各项安全措施的贯彻落实，打好煤矿整顿关闭、瓦斯治理两个攻坚战，加强安全生产领域的反腐倡廉工作，严肃查处各类矿难事故背后的官商勾结、权钱交易等腐败行为，就能够有效预防和遏制重特大事故发生，改变安全生产上的被动局面；在和谐发展上，结合山西经济社会发展实际，

通过贯彻落实全面、协调可持续发展的要求，实现在经济不断增长的同时，教育、卫生、文化、体育、生态、社会保障等方面也不断进步，特别是通过实施省委、省政府确定的五大惠民工程，使城乡群众的生活水平不断改善，困难、弱势群体的生活能够有所保障，就能够有效化解改革发展中不断出现的新的矛盾与问题，保证越来越多的社会成员在更大程度上共享改革发展的成果，推动社会和谐的实现，推进人与自然的和谐。

显而易见，建设充满活力、富裕文明、和谐稳定、山川秀美的新山西，既是宏伟的的发展目标，更是艰巨的发展任务，“三个发展”从根本上反映了完成这一任务的基本要求。

四、“三个发展”是体现山西广大人民群众意愿，推进全省全面小康社会建设的实现途径

“三个发展”作为贯彻落实科学发展观在山西实践中的具体要求与体现，不仅仅是经济发展或生产安全意义上的要求，它反映的是山西经济社会发展的总定位，是一个关系全面建设小康社会和全省总体发展的全方位的目标。

在山西这样一个经济社会发展总体水平与发达地区还存在明显差距的省份推进全面建设小康社会的实践，涉及的因素方方面面，关联性工作波及各个领域，但从根本上要解决的问题，就是抓住影响山西经济社会发展的主要矛盾，按照统筹兼顾原则更加全面、更加协调和更具有可持续性地推进全省各项事业的发展。“三个发展”从根本上体现了这样的要求。

一方面，“三个发展”抓住了山西全面建设小康社会实践中还存在或面临的突出问题和薄弱环节。经历30年改革开放的发展，对山西经济社会发展现状稍做分析与考察就可以看出，改革发展在带动山西经济社会发生历史性变化的同时，制约山西进一步发展的深层次矛盾与问题也日渐明显，这就是：单一和初始化的产业结构未能从根本上实现转型，长期一煤独大，煤兴则兴，煤衰则衰，吃祖宗饭的状况，使发展缺乏可持续性；安全生产未能从制度机制上获得根本性保障，时有发生的生产事故在造成严重生命和经济损失、凸显出我们在工作和管理中以人为本理念并没有牢固树立的同时，对山西发展总体环境与形象也产生了严重的负面影响；经济社会发展未能真正走向全面协调和可持续道路的现实，致使经济、政治、文化、社会和生态的发展还多有不平衡之处，官、商、民之间，村矿、城矿、城乡发展之间的不协调，以及诸如就业、医疗、教育、住房、养老、社会治安等民生问题不时影响着全省的总体发展。毫无疑问，全面建设小康社会实践中的这些矛盾与问题，成为影响山西总体发展的突出的薄弱环节。“三个发展”的发展思路准确地抓住了这一主要矛盾，具有很强的针对性和指导性，按照省委、省政府的部署，推进“三个发展”的贯彻落实，山西全面建设小康社会的实践就能够实现历史性的跨越。

另一方面，“三个发展”坚持统筹兼顾的科学方法，体现了促进山西城乡、工农、经济社会、自然与人的全面、和谐发展的要求。从山西当前正在进行的全面建设小康社会实践而言，怎么样推进全省经济平稳较快发展，逐步提升山西在全国经济发展中的排位，增强山西发展的总体实力，是全省上上下下共同思虑、谋划和解决的课题。同时，怎么样在推动经济发展的过程中，切实保证这样的发展与政治、文化、社会以及生态环境的协调性，保证发展能力的持续性和发展成果享用的公正性，保证最大多数人民群众把他们的聪明才智最大程度地运用于促进经济社会发展中去，同样是全省上上下下不断探索的实践课题。近年来，在省委、省政府的领导下，这种探索取得了显著的成就，比如走出“四条路子”、实现“三个跨越”、实施“五大惠民工程”的发展思路与任务，比如近年来全省经济总量、财政收入、城乡居民收入的大幅度提升，比如产业结构调整升级，装备制造、煤化工、文化、旅游等产业的异军突起，比如协调城乡发展、加快新农村建设步伐，比如大规模基础设施建设、城市建设、民生工程取得的成就等。但从全面建设小康社会发展目标上看，怎么样更加全面、更加协调和更具有可持续性地推进全省各项事业的发展，还需要更进一步的探索与实践。而“三个发展”着眼于对这些课题的破解，其主题是发展，出发点和落脚点是以人为本，在这样的大前提下，它从山西经济、政治、文化、社会和生态建设等方面的全面发展着眼，在涉及城乡、工农、经济社会、自然与人的发展等一系列关系山西全面建设小康社会实践的重大问题上，既针对解决突出的矛盾与问题，又注重长远性发展的要求；既考虑发展目标的实现，又关注实现发展目标必须具备的条件与基础；既要求发展的科学性，又着眼于探索保证这种科学性的具体方式，体现了统筹兼顾、综合平衡、全面和谐发展的科学方法，为山西全面建设小康社会实践提供了科学的思想方法和基本的行动准则。

同时，“三个发展”一经提出，就迅速在全省上下引起强烈的共鸣，获得了山西人民的广泛支持，这就无论从其具有的精神动力上讲，还是从其必然产生的感召力而言，都会转化为广大干部群众推进经济社会发展的行动。全面建设小康社会是全省干部群众的伟大实践，有了他们的积极参与，全面建设小康社会的进程就一定会大大加快，这同样是认识“三个发展”重要意义所不能忽略的。

（作者系山西省委党校副校长、教授）

认真落实党的十七届四中全会精神 把农村党风廉政建设工作提升到一个新水平

李正印

2006年10月，中央作出关于加强农村基层党风廉政建设的重大战略决策后，我省认真落实“县委是关键、乡镇是基础、农民群众是主体”的要求，紧密结合实际，以城中村、矿产资源型农村、矛盾突出村为切入点，坚持分类指导，持续整体推进全省农村党风廉政建设工作，为农村改革发展稳定提供了有力保障。党的十七届四中全会强调：“做好抓基层打基础工作，夯实党执政的组织基础”、“加快推进惩治和预防腐败体系建设，深入开展反腐败斗争”。在当前的形势下，如何贯彻落实十七届四中全会精神，研究新情况、解决新问题、拓宽新领域，加快推进农村惩治和预防腐败体系建设，是摆在我们面前的重大课题。

一、健全领导体制和工作机制，始终将农村党风廉政建设摆在更加突出的位置

农业、农村、农民问题关系党和国家事业发展全局。在当前改革发展的关键阶段，加强农村党风廉政建设对于落实中央“三保”决策部署、保证农村改革发展顺利进行，对于维护广大农民的根本利益、促进农村社会和谐稳定，对于加强农村党的建设和基层政权建设，具有十分重要的意义。我省各级党委、政府高度重视农村党风廉政建设工作，始终将其摆在服务农村改革发展稳定、推进社会主义新农村建设的高度着力推进，实施强有力的领导。省、市、县、乡四级全部建立了由纪委书记和政府分管农业的负责同志为双召集人的农村党风廉政建设联席会议制度，设立了联席会议办公室，做到了有专职工作人员、专项工作经费和专门办公场所；省纪委、11个市和46个县（市、区）纪委内部专门成立了农村党风廉政建设室，为农廉工作顺利开展提供了重要组织保证。

党的十七届四中会强调，要“做好抓基层打基础工作，夯实党执政的组织基础”。农村党风廉政建设工作要按照这个要求深入谋划、着力推进。在工作思路上，认真落实“县委是关键、乡镇是基础、农民群众是主体”的要求，充分发挥县委、乡镇以及农民群众在加强农廉工作中的重要作用。深入贯彻落实中央《建立健全惩治和预防腐败体系2008—2012年工作规划》，坚持把教育、制度、监督、改革、纠风、惩治贯穿到农廉工作的各个方面，努力构建具有山西特色的农村惩治和预防腐败体系。在工作部署上，各级农村党风廉政建设工作联席会议每年都要召开会议对农廉工作进行专题部署，对重点课题进行专题研究；每年都要有针对性地出台相关制度规定，并针对工作中存在的问题组织开展专项检查。在工作落实上，要将农村党风廉政建设工作列入全省反腐倡廉重点工作之中，做到年初有安排、年中有检查、年底有考核；坚持把农村党风廉政建设列为县、乡党委、政府党风廉政建设责任制考核的重要内容，对那些组织领导不得力、工作任务不落实，或发生重大问题的，实施严格的责任追究。在组织建设上，要重视农村基层纪检体制和工作机制创新，大力加强乡镇纪检组织建设，适当增加人员编制，着力解决人员力量不足的问题；探索在村级党组织中设立纪检委员，充分发挥其监督作用。

二、大力加强思想教育，筑牢基层党员干部拒腐防变的思想道德防线

加强反腐倡廉建设，教育是基础。近年来，我省坚持把加强农村基层党员干部的思想教育作为一项基础性工程来抓，强化了对敏感部位、关键环节、重要岗位人员的教育培训。全省共对所有119个县（市、区）纪委分管农廉工作的副书记、1372个乡镇（街道）纪委书记、5000多名农村基层党支部书记和新农村建设带头人以及第八届农村换届选举中新当选的村委会主任进行了大规模的系统培训。注重先进典型的选树，在学习宣传申纪兰、右玉精神的同时，在全省广泛开展了“双十双百”评选活动，选树了农村基层党风廉政建设16个先进县、112个先进乡镇和11名农村红旗勤廉干部、114名农村明星勤廉干部，并以省委、省政府文件进行了通报表彰。同时，根据城中村、资源型农村、矛盾突出村的不同实际，大力宣传长治市潞城市贾村、晋城市阳城县岳庄等一批由乱到治的先进典型，起到了很好的示范和带动作用。目前，全省已形成了一批不同类型、不同层次的先进典型群体，很好地发挥了示范和带动作用。

党的十七届四中全会强调，要加强廉洁从政教育，有针对性地开展示范教育、警示教育、岗位廉政教育。当前，要把反腐倡廉教育融入第三批学习实践科学发展观活动之

中，切实增强农村基层党员干部科学发展意识，不断提高贯彻落实科学发展观的能力和水平。针对农村基层党员干部队伍的思想和素质状况，抓住群众普遍关心、干部普遍关注的热点问题，重点加强对乡村领导班子成员和基层站所负责人的教育，丰富教育内容，改进教育方式，创新教育载体。坚持正面教育、自我教育、示范教育为主，大力宣传廉洁自律、勤政为民的先进典型，激发农村基层党员干部自我改进、自我提高的内在动力。加强警示教育，以案说法，以案明纪，警钟长鸣。加强岗位教育，强化宗旨意识，强化遵纪守法意识，强化服务群众和自觉接受群众监督的意识。要加强农村廉政文化建设，创新廉政文化内容和形式，营造以廉为荣、以贪为耻的良好社会风尚。

三、注重制度体系建设，着力构建农村党风廉政建设的长效机制

完善的制度是农廉工作取得实际成效的重要保证。农廉工作开展以来，我省始终将制度建设摆在更加突出的位置常抓不懈。早在2006年12月，省委、省政府就专门下发了《关于加强农村基层党风廉政建设的实施意见》。在认真总结全省农廉工作实践的基础上，省委、省政府又及时出台了《关于建立农村基层党风廉政建设工作长效机制的意见》，明确提出要建立“六大机制”，即农村基层拒腐防变教育长效机制、用制度管权管人管事的权力运行监控机制、贯彻执行党的农村政策情况的监督检查机制、对损害农民利益突出问题的排查解决机制、农村党风廉政建设工作科学考核评价机制、农村党风廉政建设领导和工作机制，扎实推进农村惩防体系建设。党的十七届三中全会召开以后，我省又紧紧围绕推动农村改革发展稳定，制定出台了《关于学习贯彻党的十七届三中全会精神进一步深化农村党风廉政建设工作的意见》。同时，我省还结合省情实际配套出台了关于加强城中村、矿产资源型农村、矛盾突出村党风廉政建设的指导意见，基本形成了比较完整的农村党风廉政建设制度体系。三年来，我省相继建立健全了“三资”管理、“三务”公开、民主决策和监督、农村综合改革等4个方面的36类制度；11个市的115个涉农县（区）中有100个县（区）做到主要制度、常用制度进村入户，普及率达87%；全省专门编印了农廉工作《制度汇编》，下发到全省所有市、县、乡。

党的十七届四中全会强调，要“推进反腐倡廉制度创新”。要按照这个要求，坚持把制度建设贯穿于农村基层党风廉政建设的各个环节，特别是要紧紧围绕农村基层党风廉政建设的关键性、深层次问题，抓住广大农民群众反映的突出问题，着力健全农村基层财务管理制度、集体资产资源管理制度、干部监督制度，做到用制度管权、管事、管人。在规范农村基层党员干部行为方面，要有针对性地制定适用于乡镇、村党员干部和基层站所工作人员的廉洁自律具体规定，及时提出相应的配套办法和措施。在加强农村集体“三资”管理方面，要大力推行村级会计委托代理服务制度、农村集体经济组织财务支出审批单制度、农村集体资产处置公开竞价和招标投标制度。在民主监督方面，深入推进述职述廉、民主评议、询问质询、廉政谈话、诫勉谈话以及基层党务公开、乡镇政务公开、农村村务公开等方面的制度。

四、深入开展督促检查，保证中央强农惠农政策得到有效落实

确保党的农村政策落实到村、惠及到农民，是农村党风廉政建设的首要任务。针对农廉工作的薄弱环节和查办涉农案件中暴露出的突出问题，我省连续三年从相关涉农部门抽调专业人员组成8个督查组，深入到全省11个市的部分县（市）区、乡镇和农村（社区），重点对征地补偿费分配使用、移民救灾、退耕还林补助资金、粮食直补资金、农村新型合作医疗资金、教育“两免一补”资金、农村项目建设招投标、集体资金管理情况进行了专项督查；针对《山西省强农惠农政策明白卡》发放和落实中暴露出来的突出问题，抽调专门人员组成3个组赴全省6个市的22个县（市、区）、51个乡镇和110个行政村进行了明察暗访和突击检查，及时对检查中发现的问题进行了纠正和处理。据统计，三年来，全省各级各部门共组织开展涉农专项检查28381次，发现违纪违规问题54615件，已纠正48044件。

当前，全省农村改革发展正处于关键阶段。各级纪检监察机关要围绕中央关于推进农村改革发展重要政策措施的落实情况开展监督检查，坚决纠正有令不行、有禁不止的行为，维护中央权威，确保政令畅通。继续加强对中央强农惠农政策措施落实情况的监督检查，检查农民直接补贴政策落实情况，规范对补贴对象的评议、审核等程序，完善“一卡通”等发放形式，加强对补贴发放的跟踪监督，确保补贴资金足额、及时发放到农民手中。要对资金投入多的重点项目、容易发生问题的关键环节以及中央和省扩大内需过程中实施的新政策、新项目进行重点监督，坚决纠正虚报冒领、挤占挪用、贪污私分、低效浪费等问题。要加强对林权制度改革工作的监督检查。要注重监督检查成果的运用，及时对监督检查中发现的问题做深入剖析，有针对性地提出解决问题的对策和建议，为省委、省政府和有关部门科学决策提供重要依据。

五、严肃查办涉农案件，坚决维护广大农民群众的切身利益

严肃查办涉农违纪违法案件，是贯彻从严治党方针、推进农村党风廉政建设的重要任务，是建立农村惩治和预防腐败体系的客观需要。我省各级党委、政府、纪检监察机关以及涉农部门高度重视涉农违纪违法案件的查办工作，严肃查办了一批涉农违纪违法案件，及时解决了一批损害群众利益的突出问题，取得了明显成效。今年全省共查处农村基层党员干部违纪违法案件2160件，给予党政纪处分2174人，组织处理109人，移送司法机关62人。特别是严肃

查处了朔州市平鲁区凤凰镇克扣粮食直补款、大同市阳高县古城镇截留国家专项补贴、吕梁市方山县圪洞镇挪用农民征地补偿款三起典型案件，对相关责任人员进行了严肃处理，并通报全省。

党的十七届四中全会强调，要加大查办违纪违法案件工作力度，严肃查办严重侵害群众利益的案件。要紧紧围绕农村改革发展和强农惠农政策的落实、维护农民物质利益、保障农民群众民主政治权利、解决群众反映强烈的突出问题、加强农村基层党员干部作风建设等方面，严肃查办各类涉农违纪违法案件。建立健全案件查办的督办机制，上级纪检监察机关要加强对下级纪检监察机关案件查处工作的领导、指导和督促检查，对于上级督办、领导批办的重点案件以及群众反映强烈的典型案件，上一级纪检监察机关要及时督办、参办，必要时可以直接查办。要加大案件查办工作的考核和责任追究力度，对于长期没有查办案件的地方和部门，要加强督促指导，实行重点督办，帮助改进工作；对有案不查、瞒案不报、压案不批或不认真处理上级批转信访件的，要严肃追究有关地方和部门的责任。切实完善重要案件剖析制度和通报制度，深入查找案发规律，进一步总结教训，堵塞漏洞，充分发挥查办案件的惩戒功能和治本功能。加强对案件查办情况的经常性分析研究，找准薄弱环节，采取有力措施，着力解决工作中存在的问题，及时研究并制定《关于加强涉农违纪违法案件查办工作的意见》。进一步增强基层办案力量，通过交办线索、派员指导、参办督办、协作办案等措施，解决基层办案力量比较薄弱的问题。

六、着力解决突出问题，全力促进民生改善和农村社会稳定

实现好、维护好、发展好农民群众的根本利益，是农村党风廉政建设工作的出发点和落脚点。今年年初，我省对全省所有矛盾突出村的问题进行了深入摸底。群众反映比较强烈的主要是土地问题、历史遗留问题、民事纠纷问题、党组织和村委组织软弱涣散问题、家族宗派问题、“三资”管理和“三务公开”问题等。为了解决这些问题，我省于4月份在长治县召开了全省加强矛盾突出村党风廉政建设工作座谈会，对解决农村改革发展稳定进程中出现的突出矛盾和问题作出全面安排部署，并采取有力措施积极推进。几个月来，全省共排查出农民群众反映强烈的突出问题7905件，已解决7078件；全省119个县（市、区）的3500余名县处级干部积极参与大接访活动，县级领导共接待群众27513批次、100638人次，解决信访事项18452件（个）；全省矛盾突出村的数量已由原来的2228个减少到现在的778个；2009年前三季度与2008年同期相比，农村赴京、赴省集体访批次分别下降24.2%和22.5%，为全省农村改革发展稳定提供了有力保证，为新农村建设营造了良好环境。长子县过去曾是信访大县，由于种种原因，一些长期积累下来的矛盾和问题得不到及时解决，严重影响了当地经济发展和社会稳定。长子县委、县政府领导班子积极采取措施，全力化解矛盾，着力解决存在的突出问题。县委书记、县长以及四大班子领导率先垂范，知难而上，带头深入到矛盾最突出的地方集中解决疑难案件，为全县干部树立了榜样。对摸排出的300余个农村各类突出问题，集中解决278个，较典型的有群体案9起，10年以上积案10起，停尸案11起，失地农民补偿和拖欠农民工工资案5起。其中，2起中央交办案、5起省交办案和14起市重信重访挂牌督办案全部解决。潞城市贾村原是一个先进的农业村，由于村干部腐败成了落后村。1999年以来，该村连续三次换届选举失败，没有人愿意当干部，村上一片混乱。针对这种情况，市委主要领导亲自蹲点包联该村，下大力气集中解决了一批群众反映强烈的突出问题。去年换届选举一次成功，该村各项工作走上了正轨，成为了由乱到治的典型。

党的十七届四中全会强调，要下大气力解决突出问题，以优良党风促政风带民风。全省各级党委、政府和纪检监察机关要高度重视矛盾突出村问题的解决，畅通排查渠道，健全排查机制，通过定期排查、分类登记、建立台账、设立信访接待大厅等有效措施，着力解决农民群众反映强烈的突出问题、对于一些疑难问题、长期得不到解决的问题、经常进行集体访和越级访的问题，实行党政领导包案集中解决、纪检监察机关督办推动解决的有效机制。对于所有矛盾突出村，要建立台账，列出明细，包括矛盾的表现形式、产生矛盾的原因、拟采取的措施、解决问题的时限、县乡包点领导及责任人，并实行动态监测和管理。要坚持多措并举，自觉把解决突出问题与学习实践科学发展观活动结合起来，与开展“信访积案化解年活动”结合起来，与村务公开、民主监督“难点村”专项治理结合起来，及时解决群众反映强烈、影响农村稳定的突出问题。

七、继续坚持分类指导，不断增强农廉工作的针对性和实效性

农村的自然条件、经济条件和基础条件千差万别，加强农廉工作制度建设必须体现针对性和实效性。我省是欠发达地区、农业省份和矿产资源大省。全省共有28536个行政村，其中城中村有1210个，矿产资源型农村有5266个，还有一部分矛盾突出村。针对我省实际情况和特点，我省制定出台了《关于加强城中村党风廉政建设的指导意见》，并在小店区召开了全省加强城中村党风廉政建设工作座谈会；制定出台了《关于加强矿产资源型农村党风廉政建设的指导意见》，并在盂县召开了加强矿产资源型农村党风廉政建设工作座谈会；制定出台了《关于加强矛盾突出村党风廉政建设的指导意见》，并在长治县召开了加强矛盾突出村党风廉政建设工作座谈会。这些分类指导措施的实施，使我省农村党风廉政建设有了针对性的具体抓手，已经收到了明显成效。

省委明确提出，加强农村党风廉政建设，必须坚持因地制宜、分类指导，突出重点、整体推进，善于破解矛盾、

注重解决问题。在推进农村党风廉政建设的过程中，要始终坚持实事求是、一切从实际出发，根据不同农村的实际情况有针对性地开展工作，不搞一个模式、不搞形式主义。城中村要着力解决拆迁改造、土地征用补偿费管理使用中存在的问题；矿产资源型农村要着力解决矿产资源型农村村矿矛盾、企业经营管理等方面的问题；矛盾突出村要着力在深入查找原因、解决突出问题上下功夫，充分发挥农廉工作在维护农村社会和谐稳定方面的重要作用；地处偏远、经济基础薄弱的农村，要着力解决强农惠农政策落实、扶贫救济款物发放等方面的问题。

总之，要认真贯彻落实党的十七届四中全会精神，按照“做好抓基层打基础工作”的要求，进一步加强农村基层组织建设和党员干部作风建设，不断增强农村基层组织的生机和活力；按照“加快推进惩治和预防腐败体系建设”的要求，加快推进农村惩治和预防腐败体系建设，积极探索建立全省农村党风廉政建设长效机制，努力为全省农村改革发展稳定和新农村建设提供有力保障。

（作者系中共山西省纪委副书记）

推进和发展党内民主的若干思考

田喜荣

党内民主是党的生命。党的十七届四中全会通过的《决定》，用较大篇幅对发展党内民主进行了阐释，提出要坚持以党内民主带动人民民主，为基层各级党组织在民主制度建设上指明了方向。如何切实推进党内民主，广泛凝聚全体党员的意愿和主张，充分发挥各级党组织和广大党员的积极性、主动性、创造性，为我市尽快实现转型发展、安全发展、和谐发展、全面发展和早日建成塞外最宜居、最宜发展的城市提供强大动力，是摆在各级党组织和全体党员干部面前的一个重大而紧迫的课题。

一、基层党内民主的现状

朔州建市以来，历届市委高度重视党内民主建设，并在加强和改进党内民主建设方面进行了一些有益的探索和尝试。特别是2000年以来，通过开展“三讲”、“三个代表”重要思想学习教育、保持共产党员先进性教育和深入学习实践科学发展观教育等一系列活动，党内民主建设取得较大成效，批评与自我批评的空气进一步浓厚，党内民主生活走向正常化；党员教育培训活动进一步加强，党员的民主素质有了较大的提高；党内民主制度建设进一步完善，党员的民主权利和主体地位得到有效保障。去年以来，我们在调整市直机关500多名处级干部的过程中，坚持走好决策发扬民主、程序体现民主、方式保障民主“三步棋”，以干部工作民主化带动党内民主建设，取得了组织满意、社会满意、广大党员干部满意的良好效果。

党内民主建设的实践使我们认识到，民主只有起点没有终点，民主建设必须与时俱进，不断完善和发展。据调查，当前我市在推进党内民主方面存在的主要问题是党员主体作用发挥得不够好，党员行使民主权利的能力不够强，突出表现在以下五个方面：

一是“不知”党员的主体地位和民主权利。特别是农民党员和流动党员，由于文化素质低，入党后又缺乏系统和经常的教育培训，他们根本就不知道或不完全知道自己的民主权利，不理解或不完全理解党员的主体地位。认为一切行动听指挥，党叫干啥就干啥。一些机关、企事业单位的党员也由于事务性工作多，经常性学习教育不够，对这些问题也知之甚少。前一段时期，我们采取抽样和问卷两种形式，对党员发挥主体作用和行使民主权利进行了调查，17.9%的党员不知道拥有对党务活动的知情权、受培训权和拥有参加党的有关会议、阅读党的有关文件、接受党的教育的权利；只有48.7%的党员知道拥有对党的政策的讨论权、建议权、批评权和检举权、申辩权和辩护权、保留意见权、申诉权和控告权，有10%左右的人行使了这些权利，约半数的党员则不知道或没有行使这些民主权利。

二是“不愿”发挥主体作用、行使民主权利。一些党员民主观念和民主意识不强，认为民主集中就是先民主后集中，最后集中权在领导那里，普通党员说得再多也没用；一些党员个人崇拜、组织崇拜意识比较强，认为领导的水平就是高，领导说得没错，组织决定就对；一些党员认为胳膊拧不过大腿，党员再对也推翻不了组织的决定；一些基层组织中好人甚行；一些党员宗旨意识淡化，开会讨论做决策你好我好大家都好，反正现在是市场经济，建设和谐社会，只要不影响自己的利益，犯不着与别人脸红脖子粗地争高论低影响和气。

三是“不会”发挥主体作用、行使民主权利。一些党员综合素质差，虽然本人也有发挥主体作用、行使民主权利的愿望，但不知道该如何做；一些党员对党组织形成的个别决议有疑异，却不知道正常的讨论、建议、批评和检举渠道；一些党员明知组织的处理不合理，但不会行使自己的申辩权、辩护权、申诉权和控告权。

四是“不敢”发挥主体作用、行使民主权利。一些党员领导干部民主作风差，讨论问题听不得不同意见和建议，做决定办事独断专行，认为持有不同声音是对自己的冒犯、是对自己的不尊重，会后打击报复或变相打击报复持不同意见者的现象时有发生。因此，不少党员对组织或党员领导干部作出的一些错误决策明知不对，却少说为佳，或者知而不言、任其发展；或者言而不尽，遮遮掩掩，犹抱琵琶半遮面。

五是“不能”发挥主体作用、行使民主权利。一些党内的制度、法规不很完善，党员发挥主体作用、行使民主权利没有平台，制约着党员主体作用的发挥和民主权利的行使。调查中，有超过半数的党员认为发挥党员主体作用、行使党员民主权利靠提高党员的民主素质是会有一定作用，但周期太长，不可能在短时间内见效，要从根本上解决这个问题，必须靠机制靠制度，依靠制度的力量来约束少数人的权力、调动多数人的积极性。

二、党员发挥主体作用、提高行使民主权利能力方面存在的障碍和原因

第一，观念性障碍。表现在：一是部分领导干部凌驾于组织之上，高度集权，个人说了算，不允许出现甚至存在不同声音；二是个别地方民主不民主要看领导点头不点头，领导让你民主你就可以民主，领导不让你民主你就没有民主；三是片面强调组织大于一切、组织说了算，一切行动听从组织安排，组织意见是唯一的意见、最后的意见；四是个别单位只有组织要求，没有党员权利，等等。在对待领导与被领导上，只强调领导享有的权力，忽视了领导也是普通党员中的一员，也应履行尊重党员民主的义务；在对待党员权利、义务上，片面强调党员“应尽义务”，而忽视党员“应有权利”；在党内监督上，片面强调党员是被监督对象，忽视党员是监督的主体，忽视党员监督党员干部的权利；在党内管理上，片面把党员作为被管理对象，而忽视党员在党内管理中的主人翁地位；在党内决策上，片面强调党员无条件贯彻执行组织决定，奉行“我决定你执行”、“党让干啥就干啥”的习惯方式，忽视党员参与民主决策的权利；在党务管理上，党员对党务工作、党内事务不知情、不了解、不参与，导致党员主体地位得不到充分体现，民主权利得不到正确行使。

第二，制度性障碍。1995年，中央颁布了《中国共产党党员权利保障条例（试行)》，明确了党员正确行使权利的原则和保障党员行使权利的措施，但这些原则和措施没有得到很好的落实。一是党员行使权利的机制不完善，操作不规范，对党员民主权利的保障停留在原则的规定上，并没有形成有效的保障机制，导致实际效果大打折扣。二是党内的许多制度规定有明显缺陷，党内工作制度、议事制度、表决制度还没有制度化、规范化，过去制定的一些制度与现实要求脱节。许多单位尽管制定了不少党内民主生活制度，但在实践中很难有效执行。三是配套保障制度滞后，对普通党员行使民主权利的保护措施不够。导致在实际生活中，普通党员往往需要拿出很大的勇气，有时甚至需要付出很大的代价才能行使自己的权利。党员对党内事务的知情权受到人为限制、党员提不同意见受到压制、党员检举揭发违纪违法行为受到报复等现象屡见不鲜。

第三，素质性障碍。一方面，尽管广大党员的民主意识不断提高、参与党内事务的愿望不断增强，但仍有不少党员习惯于领导说了算，一切由上级决定，不珍惜党章赋予自己的权利，自觉不自觉地将自身权利授予少数人行使，不敢、甚至不愿理直气壮地行使自己的民主权利，保护自己的合法权益，对本单位领导干部滥用手中的权力侵害党员民主权利的行为也缺少举报和提出意见的勇气。另一方面，相当一部分党员的素质还不能适应时代发展的要求，文化理论水平不高，民主意识不强，缺乏党内民主修养，行使党员权力的能力不够，这都制约着党员主体作用的充分发挥和民主权利的有效行使。此外，一些党员领导干部民主素质低下、民主意识淡化，害怕民主、不想发扬民主，不给基层党员提供发扬民主的平台，这也是制约增强党员发挥主体作用、行使民主权利的重要因素。

第四，环境性障碍。部分基层组织民主政治的生态不好，缺乏应有的民主气氛。一些基层党组织负责人一贯奉行领导代表组织，领导说了算，党员用力干。一些党员提出不同意见，不仅得不到组织的接受和采纳，得不到党内同志的支持和理解，而且还会遭到其他党员的非议，认为是出风头，制造不和谐不团结，从而受到排斥、孤立甚至对立。从内部环境上看，党内民主渠道不畅通，一些党的领导干部下基层喜欢听恭维话，听成绩如何如何大，不喜欢听逆耳的话和什么地方存在问题；一些领导干部主观上想听听基层党员的真实意见和建议，却被一道人为的壁垒与党员群众隔离开来，很难见上一些有思想有素质党员的面，更不用说听他们的声音了。从外部环境上看，市场经济的逐步发展壮大，使每个人在守法的基础上享有了自由的民主空间，人民民主得到了充分尊重，但在事关集体、事关公益等事业中，往往又因为种种利益关系和市场“潜规则”，使某些决策难以在充分发扬民主的前提下制定和执行。

三、推进和发展党内民主的途径和方法

（一）坚持不懈加强党内民主教育

要不断深化马克思主义民主观教育。通过学习增强马克思主义理论修养，把握马克思主义民主观的精神实质。要把学习马克思主义民主观作为一项长期的任务，纳入日常学习教育之中，做到制度化、经常化，使广大党员每学一次就有一次思想境界的升华，就有一次民主素养的提高。同时，要联系世情、国情、党情的发展变化，紧跟党的理论创新步伐，结合党内民主建设的形势，不断探索加强马克思主义民主观学习教育的新路子、新举措，创新学习的形式和载体，切实增强学习的质量和效果。

要不断运用民主规章进行制度熏陶。一是进一步提高

民主集中制的质量。严格按照“十六字”原则规定的程序、方法和方式议大事作决策，不论决策环境多么特殊，“集体领导”的观念不能淡化；不论决策内容多么繁多，“民主集中”的过程不能虚化；不论决策时的意见是否一致，“个别酝酿”的环节不能变味；不论决策中遇到的情况如何复杂，“会议决定”这一形式不能变通。通过认真贯彻落实这一原则规定，不断强化党员干部的民主作风。二是进一步完善民主规章制度。党的十七大报告指出：“完善党的代表大会制度，实行党的代表大会代表任期制，选择一些县（市、区）试行党代表大会常任制。完善党的地方各级全委会、常委会工作机制，发挥全委会对重大问题的决策作用。”这一基本思想和总体要求具有丰富的内涵，我们要准确把握、全面贯彻，积极研究探索体现民主原则的相应规章制度，不断疏通和拓宽党内民主渠道，实现党员对党内事务的广泛参与、有效管理和切实监督。三是严守党的组织纪律。个人服从组织，少数服从多数，下级组织服从上级组织，全党服从党的代表大会和中央委员会，这是党的最高组织纪律，每一名党员都必须坚持执行。“四个服从”的实质是少数服从多数，核心是全党服从中央。在党内，无论职务高低、资历深浅、年龄大小，人人都有一票权、人人只有一票权，任何人都不能有超越其他党员的特殊权利，更不能凌驾于党组织之上。广大党员应严格执行党的决议，自觉在思想上、行动上与党中央保持高度一致，坚决维护中央权威。

要不断加强民主素质的自我养成。首先，要强化宗旨意识。立党为公、执政为民是全党的宗旨，每一个党员都要时刻以此规范言行。要常修为政之德，常思贪欲之害，常怀律己之心，牢固树立马克思主义的世界观、人生观、价值观和正确的权力观、地位观、利益观，全心全意为人民服务。党的领导干部更要在坚持权为民所用、情为民所系、利为民所谋上做出表率。其次，要强化主体意识。要把民主素质的提高融入到工作和学习中，在现实生活中不断强化主体意识。对领导干部而言，要积极为广大党员创造知无不言、言无不尽的良好环境；对广大党员来说，要自觉关心和参与党内事务，充分发挥自身的积极性、主动性和创造性。再次，要强化民主意识。领导干部和广大党员都要把行使党员民主权利作为光荣的责任、神圣的使命来对待，强化民主意识，提高民主素养，为发展党内民主扫清思想障碍。

（二）坚持不懈完善党内民主制度

一是要建立能够保障党员人权的机制。首先，要保障党员的生存权，建立党员基本生活保障制度。十七大报告就提到要格外关注长期在条件艰苦、工作困难地方努力工作的干部，要建立健全党内激励、关怀、帮扶机制，关心和爱护基层干部、老党员、生活困难党员。其次，要保障党员的学习权和发展权，建立党员定期培训制度和平等的党内晋升交流制度。坚持正确的用人导向，营造公正公平环境，规范选人用人程序，提高选人用人质量，真正把那些政治上靠得住、工作上有本事、作风上过得硬、人民群众信得过、善于领导科学发展的党员选拔到领导岗位上来，适当注重从基层组织和在艰苦环境工作的党员中提拔选用符合上述条件的年轻党员。

二是要建立具体保障党员民主权利的机制。要严格按照党章关于党员权利和义务的规定和《中国共产党党员权利保障条例》的要求抓好落实。要建立保障党员知情权的长效机制。知情权是党员行使其他权利的前提，具体办法就是进一步推进党务公开制度建设，增强党的工作透明度。要建立保障党员表达权和参与权的长效机制。畅通党员发表意见的渠道，可以采取在媒体上开办党员心声专栏等办法，原生态地反映广大党员真实的声音。引导党员参与研究和讨论党的政策的制定，对党的工作提出建议。同时，我们还应当按照四中全会的要求，建立健全各级党代表大会代表提案制和提案的处理、回复机制，对党员代表所提意见和建议及时做出回馈。建立党员代表和干部联系群众的长效机制，进一步推进党员代表任期制，使其真正做到被党员群众所了解，对党员群众负责，受党员群众监督。要建立保障党员选择权和监督权的长效机制。对权力的监督制约必须从授权开始，最科学的方法是让党员群众通过选举选择自己能够信得过的人掌权，也就是说，权力要来源于党员群众。从这个意义上说，保障党员的选择权是保障党员监督权的先决条件。因此，我们必须拓宽党员自主选择的范围，在党代表和领导干部选举上，要在积极稳妥的前提下逐步扩大差额选举的比例和直接选举的范围。在对权力的监督制约上，要努力探索建立对用权目的、方式、程序和权力行使后果全程有效监督的机制。建立健全决策咨询制度、党内听证制度、落实重大决策报告制度、纠错改正制度和责任追究制度等等。

（三）坚持不懈培植良好的党内民主政治生态

净化党内民主空气。一是开展积极健康的批评与自我批评。要通过开好民主生活会等形式，引导广大党员开展健康的批评与自我批评，帮助广大党员坚持真理、修正错误。二是形成党内民主监督的浓厚氛围。要严格落实党内民主监督的有关制度规定，努力消除那些不利于广大党员行使民主权利的因素，形成党内民主监督的浓厚氛围，使广大党员在关心和监督党内事务中养成良好的民主作风和民主习惯。三是坚持平等议事。只有坚持发扬民主，集体讨论决定重大问题，才能博采众长、集思广益，保证决策的科学化。要坚持党内同志间相互平等的政治生活习惯，坚持重大问题民主讨论决定，坚决防止和克服“家长制”、“一言堂”，使广大党员在平等参与党内事务的过程中提高民主素养。

营造党内民主环境。党员主体作用的发挥必然要有一个良好的外部氛围，而这个良好的外部氛围就是要在充分尊重人民民主的基础上，通过弘扬正气、抑制歪风来营造。十七大报告提出要建立党员定期党性分析制度，就是要对那些表现突出、切实能起到先进模范作用的党员，大力表彰和宣传，建立稳定规范的奖励机制，增强其政治荣誉感；就是要对那些思想信念不坚定、行为涣散的党员进行批评教育并限期改正；就是要对那些经过批评教育仍不思进取的党员采取一定的组织措施。营造党内民主环境必须与开展反腐倡廉结合起来，继续深入持久地开展反腐倡廉建设，对任何腐败分子，都必须依法严惩，决不姑息。

维护党的团结统一。团结出生产力、出战斗力，团结出民主。党的团结统一，根本的是在政治上团结统一。党的各项路线、方针、政策，是在充分发扬党内民主基础上形成的，是党内民主的直接产物，各级党组织和全体党员必须在政治原则、政治立场、政治观点和政治方向上与党中央保持高度一致。维护党的团结统一，就基层而言，关键是维护地方各级党委的权威。地方各级党委的决策，是中央政策的具体化，同样是发扬民主的产物。这就要求全体党员正确处理全局和局部的关系，正确处理人民利益与个人利益的关系，牢固确立全局意识、大局意识，自觉在维护大局的前提下行动，绝不能阳奉阴违。

（作者系中共朔州市委书记）

“三个发展”是山西走科学发展之路的具体途径

杨企玉　崔建周

科学发展观是我国经济社会发展的重要指导方针，是发展中国特色社会主义必须坚持和贯彻的重大战略思想。要把科学发展观真正落到实处，推动经济社会发展切实转入科学发展的轨道，必须坚持理论和实际相结合，深入探索发展的普遍规律在本地区、本部门实际情况中运用的具体途径，在学习实践科学发展观活动中，中共山西省委提出把“三个发展”（转型发展、安全发展、和谐发展）作为学习实践活动的重要载体，明确了山西实践科学发展观的具体途径。习近平同志在前不久视察山西时指出“三个发展”找到了“深入贯彻落实科学发展观的突破口和切入点”，找到了“山西走科学发展之路的具体途径和战略重点”。

一、“三个发展”找准了制约山西实现科学发展的突出问题

改革开放以来，山西省从国家发展需要和自身优势出发，牢牢抓住发展这个第一要务，经济社会发展取得了显著成就。尤其是近几年来，山西省牢固树立和贯彻落实科学发展观，以新基地、新山西建设为抓手，坚持走出“四条路子”、实现“三个跨越”的发展思路，经济发展迅速，社会事业明显进步，民生日益改善，环境较大好转，成为历史上经济社会发展最快最好的时期之一，成为本省历史上人民群众得到实惠最多的时期之一。

但从根本上看，各种制约山西科学发展的难题还没有完全破解，还存在一些深层次的矛盾问题。在各种影响制约山西科学发展的因素中，最突出的主要有以下三个方面：一是虽然高度重视产业结构调整，传统产业素质不断增强，新兴产业规模不断扩大，但经济发展方式粗放，单一化、重型化的产业结构没有发生根本改变，高污染、高耗能、资源性产业依然在全省产业构成中占有绝对地位，环境污染比较严重，节能减排、改善环境任务艰巨；二是虽然高度重视安全生产工作，煤矿百万吨死亡率不断下降，但由于煤炭资源开采强度大，有煤矿、非煤矿山和尾矿库近万座，还有大量化工企业，导致安全生产压力比较大，安全生产的被动局面没有彻底扭转，安全生产长效机制没有完全建立，重特大安全事故依然频繁发生；三是虽然高度重视社会和谐，特色城镇化和新农村建设扎实推进，但城镇仍以资源型工矿城镇为主，城市化建设滞后，城乡发展不均衡，新农村建设、沉陷区治理、矿区改造依然任重道远，利益协调机制还没有完全建立，各种影响社会和谐稳定的因素依然存在，社会和谐的基础并不牢固，“两型”社会建设刚刚起步。这三大矛盾和问题相互交织、相互影响、成为影响山西科学发展最突出的因素。尤其是在全球金融危机的影响下，这些发展中沉积的问题更加凸显。只有妥善处理、积极应对这三大矛盾和问题，才能夯实山西科学发展的基础，才能满足人民群众求公平、盼和谐、促发展的迫切愿望。“三个发展”从解决突出问题、推进科学发展的目标出发，对照科学发展观的要求和山西的实际，找准了山西存在的突出问题，抓住了影响山西长远发展的短板和软肋，指出了山西科学发展的方向和路径。

二、“三个发展”是山西走科学发展之路的具体途径

对于山西这样的资源型地区而言，实现科学发展观的要求，最关键的就是要进一步夯实经济发展基础，实现安全形势全面根本好转，营造和谐发展氛围。打牢山西经济发展基础，必须始终坚持转型发展，从煤、焦、冶金、电力等传统产业独占天下向支柱产业多元化转型，从高污染、高排放、低效益粗放、落后的发展方式向节约集约绿色的

发展方式转变，从资源、投资依赖型向创新、内需驱动型转变，从安全形势严峻区域向本质安全型区域转型。实现山西的转型发展必须在三个方面下功夫：一是要大力推进企业转型。企业是经济活动的主体，是产业转型的载体，是安全发展的基础。必须通过转变企业经营战略、改善产权结构、提升产业层次、延伸产业链条、优化产品结构、加强品牌建设等途径苦练内功，提高企业核心竞争力。二是要大力推进产业转型，必须改造创新传统优势产业，推进煤焦冶金电力等产业实现规模发展、内涵发展、可持续发展、安全发展和多元化发展；要进一步提高新兴产业规模和比重，着力发展煤化工、装备制造、旅游文化、高新技术、现代服务业等新兴产业，构建新型、多元、稳固的支柱产业体系。三是要大力推进资源工矿型城镇转型，通过完善城镇功能、调整空间布局，修复、治理与建设生态环境，推动主导产业转换等途径建设现代宜居型城市。

保证人民群众的生命财产安全是科学发展观的基本要求。以人为本首先要以人的生命为本，坚持科学发展首先要实现安全发展。实现山西的安全发展，必须深刻汲取安全事故的惨痛教训，高度重视安全工作，把安全生产放在第一位置。要坚决取缔和关闭违法煤矿和非煤矿山、加强产业整合提高产业集中度，夯实安全发展的产业基础。要坚持深入排查安全生产隐患，要对食品药品、道路交通、学校企业等安全事故易发多发领域开展经常性安全检查，开展煤炭、化工等重点行业的安全专项整治，切实提高安全生产水平。要完善安全生产考核评价体系，进一步加大官员问责，建立安全发展长效机制，确保安全形势有根本好转。

社会和谐是社会主义的本质属性，必须处理好发展与和谐的关系，最大限度地增加和谐因素，最大限度地减少不和谐因素，把促进社会和谐寓于科学发展当中，为发展营造和谐稳定的社会环境。推进和谐发展，必须坚持共建共享原则协调好各方面利益关系，要调整收入分配格局提高农民、城市贫困人口等低收入者的收入水平，下大力气做好”三农”工作，进一步探索以煤补农、以城带乡长效机制，促进城乡和谐。建立完善矛盾纠纷表达调处机制，总结奥运会期间“零上访”成功经验，加强信访工作，及时准确地处理各种社会矛盾。要优化财政投资结构加强社会建设，切实消除经济社会发展“一条腿长一条腿短”的问题，实现经济与社会发展相协调。必须坚持正确舆论导向，推进社会主义核心价值体系建设，营造和谐发展氛围。

三、山西探索科学发展观具体途径的深刻启示

胡锦涛同志指出：“科学发展观揭示的是发展的普遍规律，对全国都有重要的指导意义，各地区各部门都要认真贯彻落实。同时，又要充分考虑地区之间、部门之间的发展差异和不同情况……关键是要结合自己的实际情况来落实科学发展观，注重解决自身发展中存在的突出矛盾和问题，更快更好地推动各项事业发展。”山西提出“三个发展”的发展思路，切合山西发展实际，指明了山西科学发展的具体途径，获得了人民群众的高度认同。这一战略思路的提出为全国其他同类地区更好地贯彻落实科学发展观提供了几点重要启示。

启示之一：欠发达地区必须更加注重探索实践科学发展观的具体途径。相对于发达地区而言，欠发达地区科学发展的要求更为迫切，任务更为艰巨。但由于自身的欠发达，欠发达地区往往不能正确处理好与快、“人本”与“物本”、资源与环境、增长与发展、公平与效率、积累与分配等关系，更容易陷入发展的误区，更容易忽视对自身发展模式的探索。欠发达地区要加快发展，必须对科学发展的迫切要求有深刻认识，更加注重发展的全面性、协调性、可持续性；更应该深入探索贯彻落实科学发展观的具体途径，避免照搬照抄其他地区的经验和做法，切实使科学发展观这一理论创新成果在欠发达地区开花结果。

启示之二：探索实践科学发展观的具体途径必须“吃透理论与实践两头”；理论学习的深化与实践活动的深入是相辅相成、辨证统一的过程。理论学不深、吃不准就如同盲人骑瞎马，只能东碰西撞，不能科学有效地指导鲜活的实践。准确把握科学发展观的重大意义、科学内涵、精神实质和根本要求，是探索科学发展观实现形式的首要条件。只有深入学习、真正吃透，才能拓展贯彻落实科学发展观的思路和对策。各地的情况不尽相同，贯彻落实科学发展观的侧重点和具体途径也不一样。不了解本地的实际情况，不可能实现理论向实际的有效转化。必须坚持求真务实作风，深入调查研究，才能找到实现科学发展的具体突破口和着力点。

启示之三：探索科学发展观的具体途径必须紧紧抓住影响和制约本地区、本部门科学发展的主要矛盾和突出问题。科学发展观的要求是多方面的，实现科学发展的要求需要破解各种各样的困难和问题。主要矛盾的解决是促进科学发展的关键，必须分清主次，通过抓主要矛盾的方法带动其他问题的解决。只有在全面了解本地区、本部门实际情况的基础上准确把握本地区影响和制约科学发展的突出问题和主要矛盾，并有针对性地提出对策措施，才能把科学发展普遍规律与本地区、本部门实际工作创造性地结合起来。

启示之四：探索科学发展观的具体途径必须不断深化、勇于创新。认识真理是一个不断深化的过程。将理论应用于实践并在实践中完善真理是一个不断探索、不断创新的过程。探索科学发展观的具体途径必须不断深化对理论和实践的认识，在不断探索中总结，在不断总结中创新。山西“三个发展”提出的过程就是一次不断深化认识、勇于创新实践的过程。自科学发展观提出以来，山西就把科学发展作为山西各项工作的总体要求之一，坚持以科学发展观的要求检查对照审视指引自身发展。为了探索科学发展观在山西具体实现途径，山西省积极引导广大党员干部依据科学发展观的要求解放思想，按照经济社会发展的规律

和趋势更新观念，按照群众的期望和山西发展的实际创新思路，不断深化对中国特色社会主义理论体系特别是科学发展观的认识，不断深化对省情特点的认识，不断总结实践成果，不断创新发展思路，逐步明确了山西实现科学发展的战略重点，明确了山西走科学发展之路的具体途径。

探索实践科学发展观的具体途径是一个长期工程，必须着力破除干部群众不适应科学发展观要求的陈旧思想观念，在探索发展新路上解放思想，形成鼓励创新、勇于开拓的思想氛围；必须进一步提高各级领导干部的政治素质、发展能力和作风修养，建设一支真正懂得和理解科学发展观、自觉贯彻和实践科学发展观、能常思发展之策的干部队伍；必须不断在体制改革与制度创新上下功夫，着力建构推进科学发展的决策体制、执行体制和监督体制，从制度上确保决策科学民主、执行有力有效、监督全面到位，形成有利于科学发展的体制机制保障。

（作者单位：中共山西省委党校理论研究中心）

用文化产业的发展来推动转型发展

杜学文

目前，我们正面临着来自国际金融危机的严峻影响。特别是我省这样的资源型地区和欠发达地区受到的冲击更加严重。为更好地贯彻落实科学发展观，应对金融危机的挑战，省委、省政府提出要坚持以人为本，努力实现我省的转型发展、安全发展、和谐发展，加快建设新基地新山西的历史进程。实现“三个发展”，转型发展是关键，是我省应对国际金融危机的冲击，保持经济平稳较快发展的根本。要推动我省的转型发展，一个十分重要的方面，就是要以文化产业的健康快速发展来推动我省经济结构的转型和发展方式的转型。

一、我省发展文化产业的比较优势和现实针对性

就山西而言，发展文化产业有着得天独厚的条件和现实针对性。具体表现在以下几个方面。

文化产业是资源再生型产业。我省文化资源十分丰富，是经济社会发展的重要优势。但是，在长期的发展中，我们对文化资源的重要作用缺乏科学的认识。把文化资源优势转化为经济增长的优势和推动发展的优势，是我们在转型发展中需要很好解决的问题。自然资源是一次性消耗的资源，它不能再生，不可重复使用，只会越用越少。同时，其负面效应比较突出，对环境的破坏比较明显。而文化资源则不同。它可重复使用，且越用影响越大，越用附加值越高。其正面的外部性特征比较突出。如“晋商”，不同的人们在不同的时间、空间都可以使用，可以转化为各种类型的产品，不会因为使用得多就枯竭，反而会因为使用得多形成文化品牌，扩大其社会影响，提高产品的市场占有率。实现转型发展，必须做好发挥文化资源重要作用的大文章，把资源转化为产业，转化为经济增长点。

文化产业是科技创新型产业。文化产业与现代传播技术联系最为密切。一方面，互联网等现代传播手段需要有更多更好的文化内容产品以供其传输。游戏、动漫、数字出版物等现代文化产业都需要通过新兴科技手段来制作。另一方面，现代科技手段将大大丰富同一文化资源的表现形式，从而给人们提供内容相近但感受不同的文化产品。文化产业对现代科技的依赖，将大大提高产业的科技创新能力，提升区域经济发展的科技含量。同时，文化产业也是创新型产业。它的发展主要依靠人的思想、智慧来整合、改造、创新文化资源，或者推出新的创意来形成新的产品。它不是对既有资源的简单重复生产，而是通过创新以形成新的产品。因而文化产业将带动整个经济的创新发展。这将更好地解决我省发展中科技含量低、创新能力差的问题。

文化产业是安全和谐型产业。近年来，我省安全事故多发，对经济社会发展产生了消极的影响。除了管理方面的原因外，出现这种现象的最重要的原因是经济结构的问题。由于经济的增长过多地依靠自然资源，煤、焦企业不仅数量多，而且在管理方面也形成了很多隐患。相反，文化产业是安全型产业。它的生产主要靠人的智慧，加工制造的技术含量高而生产规模相对简单，不可能造成大的生产事故。文化产业将有效缓解我省就业压力，为更多的人们提供就业岗位。文化产品主要用来满足人们的心理和精神需求。特别是在社会压力比较大的情况下，它将有效疏导社会情绪，化解精神压力，给人们以精神慰藉。发展文化产业，将在创造新的经济增长点的同时，很好地解决安全、就业、稳定等我省面临的重大社会问题。

文化产业是消费拉动型产业。近年来，我省经济增长速度空前。主要原因是投入的拉动。与此同时，人们的消费水平没有得到明显增长。消费增长不理想的原因主要是，城市人口的现实消费能力基本饱和。低收入人群和农村人口的消费能力不旺。为应对金融危机，政府采取了拉动内需的一系列措施，并且产生了初步效应，但是，我们也要清醒地认识到，拉动内需，除了投资建设大型基础项目外，

还需要培养能够满足人们日常生活需求的消费。日常消费难以拉动，在基础设施建设项目完成后，就会出现新的消费疲软状态。因此，要保持经济的平稳较快增长，就必须一方面通过加大基础设施的投入拉动消费，另一方面要通过提供和创造新的日常生活消费产品和消费需求来拉动消费。但是，人们对物质产品的消费是有限的，对精神产品的消费却是无限的，在这一领域将有巨大的需求空间。特别是在经济形势严峻的情况下，人们对大宗消费品的需求或者处于观望和持币待购的状态，或者没有消费能力实现消费。但对精神产品的消费却仍然保持了比较积极的态度。资料显示，尽管陷入严重的金融危机，2008年美国电影票房收入比上年同期猛增17%，创历史新高。由于文化产业受原材料等价格的影响较小，生产成本相对较低，因而出现了“反经济周期”的现象，在经济低迷的情况下仍然能够保持较高的增长率。可以说，大力发展文化产业十分有利于应对仍然没有见底的金融危机，能够有效拉动内需，培养新的消费方式，使生产领域继续保持比较活跃的状态。总之，文化产业是具有非常突出的可持续发展能力的产业，是适应国际发展新的趋势，依靠知识来取得增长的朝阳产业。它的发展对我省来说，具有非常突出的针对性，能有效提升我省经济发展的创新能力和可持续发展能力，有效解决目前经济社会发展中存在的突出问题。

二、我省发展文化产业面临着难得的重大机遇

在金融危机仍然没有见底的情况下，发展文化产业面临着十分难得的机遇。具体来说，有以下几个方面。

一是传统支柱产业受到严重冲击，为调整经济结构创造了有效的客观条件。多年来，我省经济结构调整成效不够理想，除了政策等方面的原因外，一个不可忽视的因素就是以自然资源为主的传统产业利润十分丰厚，投资者的收益比其它产业要高出很多。这种状况不仅对社会资本的回报非常乐观，对政府取得较高的财政收益也具有很强的吸引力。因此，出于加快发展步伐的需要，许多地方不愿意对这些产业的发展进行限制，而宁愿采取鼓励的办法。虽然从省政府的决策来看，下大力气关闭了数量不少的小煤窑、非法煤矿，但死灰复燃、非法开采的现象还比较严重。在金融危机的严重冲击下，煤、焦、电等产业严重供大于求，价格下跌十分严重，致使企业开工不足，货款难以回收，甚至停产或半停产。在收入大大小于投入、企业无利可图的情况下，不论政府还是社会资本投入的积极性大大降低，有利于政府采取更加得力的措施限制依靠自然资源生产的传统产业。目前，省政府已经决定，到2010年底，在煤炭产能不增加的情况下，全省矿井个数将由3000余个压减50%以上，控制在1500座以下。这种外在的力量加政府限制的力量比单纯依靠政策的力量要强大得多、有效得多。政府将很好利用这一机遇，对这些企业进行有力的调整，关闭生产规模小、资源破坏大、管理经营方式落后的企业，整合现代化程度低的企业，使之向大型国有企业集中，提高其管理水平和现代化水平，使依靠自然资源为主的传统产业在整体规模上缩小，在国民经济的比重中减少。

二是国家拉动内需将有大量的投入，它们可能进入文化领域。这将为文化产业的发展提供机遇。目前，中央政府已经向基础设施投入了4万亿人民币，我省也投入了6500亿人民币。这些新增的投入虽然没有大批地投向文化领域，但仍然有相当一部分进入了文化领域。在全国人大十一届二次会议上，政府工作报告明确要支持十个产业。其中，除生物制药等与文化产业关系不大外，软件和创意产业、文化娱乐是典型的文化产业；节能环保、现代物流、体育健身与文化产业有非常密切的关系；第三代移动通讯、三网融合、信息咨询等是文化产业发展的重要环节。可以看出来，国家在转变发展方式方面，将有新的适应时代发展要求的思路和政策。在下一步的应对措施中，必然给文化产业的发展提供更好的环境、更多的支持。特别是在投入、政策等方面的支持力度将更大。我们必须清醒认识到国家发展战略的调整，抓住这一关键机遇。

三是社会资本的投向将发生转移，有进入文化领域的较大的积极性。近年来，我省依靠自然资源的传统产业发展迅猛，投资者积累了大量的资金。据测算，民间仅从事煤炭行业的投资者就有50亿的闲散资金。这些社会资本将寻求新的投入方向。由于依靠自然资源的传统产业不可能，至少是暂时不可能获取较好的回报，同时，随着政府对传统产业发展的限制，资本进入的门槛将进一步提高，难度加大。这些社会资本进入文化领域的可能性将大大提高。从省外，包括境外资本的投向来看，也不可能再热衷于向传统产业投入，将寻求具有发展新兴产业优势的地区进行投入。我省文化资源丰富，成为突出的比较优势。我省在文化产品的创作生产、文化品牌的打造等方面积累了成功的经验，训练了大批适用的人才，因而将使文化资源的比较优势更加明显突出。这将对省外，包括境外资本产生比较大的吸引力。我们应该认识到这一变化，采取得力的措施，更加有效地引导、吸引各类资本来我省投资，解决文化产业发展中资本短缺的问题。

四是解决就业等社会问题，要求发展包括文化产业在内的相关产业。近年来我国经济成长较快。其主要原因是投入的增加。这些投入中有相当一部分用在了有出口能力的行业中。由于金融危机的影响，对外贸易萎缩严重，出口行业发展困难，外向型经济受到考验。要进一步应对危机，激活经济，必须把投入的重点放在内需上面。目前我们扩大内需的投入主要在基础设施领域。但是，基础设施的建设不能稳定地解决越来越大的就业压力，必须同时注重发展那些既能增加投入，拉动消费，又能创造比较好的就业机会的产业，使更多的待业、失业者和返乡农民工能够得到工作。资料显示，今年我省仅大学毕业生就有23.2万人，城镇登记失业人员年底将超过20万人。在有关部门

关于实施特别职业培训的计划中，就提出在2009年至2010年对农村应届初高中毕业未能继续升学的人员、失业人员、农村进城务工人员等六类人员约175万余人进行培训。发展文化产业将有效推动这些问题的解决。一般来说，文化产业对从业者的素质要求相对较低。除那些进行创意、设计等需要掌握核心“知识”的人要求要有较高的专业水平外，对其他从业人员的要求并不高。如文化产品的发行销售人员、文化场所的服务人员，只要有基本的劳动技能即可就业。同时，文化产业将会带动相关产业的发展。如旅游景点、文化场所均需要有餐饮、旅店、交通、购物等相关的配套服务，它们的发展也将解决就业的压力。资料显示，解决就业问题，90%依靠中小企业。在文化产业中，有相当一部分行业适宜于小投入、小规模的自主就业。如图书、音像、工艺品销售点，手机服务、网络服务、创意服务等，都属于中小企业，可以解决很多人的就业问题。就业压力的化解，将相应地帮助其他社会问题的解决。因此，在目前许多企业处于停产半停产状况，开工不足，下岗失业人员和待业人员大量增加的情况下，通过发展文化产业来化解社会压力是一个非常好的选择。

三、目前我省发展文化产业的着力点

省委、省政府明确提出，要加快实施文化强省战略。抓住重要机遇，加大文化强省战略的实施步伐，推动文化产业的发展，是我们实现转型发展的关键。目前，特别要做好以下几个方面的工作。

首先要转变发展观念。山西是国家重要的能源和化工基地。在发展方向上，省委、省政府提出要加快建设新基地新山西的进程。这一思路既是发挥山西自然资源丰富的优势的必然选择，也是山西从全国一盘棋出发，体现全局观念、大局意识的责任。但是，建设新基地新山西，不能走老路。许多同志出于习惯的思路，认为要把煤炭的文章做好，这应该说是对的。问题是，山西的发展不能只有这一手。还必须放开眼界，把握世界经济发展的大趋势，追踪历史进步的新潮流，适应现代化发展的新要求，在做好煤炭等自然资源的文章的同时，在高新技术、文化创意、现代服务等方面多思考、多研究，多下功夫。自然资源是我省发展的比较优势，文化资源则是新的发展条件下更加突出、更加重要的比较优势。自然资源的优势发挥得不好，就可能使优势转换为劣势。这一点在我省已经显现。文化资源的优势发挥不出来，就可能失去发展的机遇，这已经成为一个非常突出的现实问题。转变发展观念，首先要解决的就是，山西的发展不能只靠煤炭等自然资源，而要发挥文化资源、技术资源、创意资源、交通信息资源等与现代经济相适应的资源的优势。其次要解决好的是必须把发展文化产业作为全省调整经济结构，推动转型发展的重要任务来抓，而不能简单地认为是宣传文化部门的事，是部门工作。抓文化产业不仅仅是对某一部门的支持，而是全省能不能实现转型发展的关键。我们有很好的基础、条件，以及资源优势。我省文化产业近年来增长较快，据统计，近年来增幅平均超过25%，远高于GDP的增幅。所以，文化产业大有可为，发展前途十分可观。

其次要加大推动力度。一是在工作摆位上，要把文化产业作为实现我省转型发展的关键内容，从全省发展的整体战略来推动文化产业的发展。要制定发展规划，根据我省实际，明确文化产业发展的步骤、主要任务，以及将要采取的措施。二是要出台扶持发展的相关政策，落实好中央为推动文化体制改革和文化发展制定的政策。当前，要制定我省落实中央相关政策的具体细则，特别要在税收、土地、社会保障，以及投融资、资本准入等方面提出具体明确的鼓励措施，调动社会各界参与文化建设的积极性，发挥好宏观调控的作用。三是要加大政府投入力度。在我省拉动内需的重点项目、推动经济结构调整的项目安排、新农村建设、特色城镇建设等方面都要考虑文化及其产业的投入。要建立政府投入文化及其产业发展的稳定增长的机制，设立专项发展资金，保证政府投入逐年增加，通过政府投入带动社会资本的进入。四是要发挥政策和市场配置资源的积极作用，吸引更多的社会资本投入到文化及其产业的发展当中。

第三要推进文化体制改革。要通过文化体制改革进一步解放文化生产力，激发文化活力，增强创新发展能力。我省文化体制改革取得了明显进展，但与文化发展的要求相比，与应对金融危机的需要相比，还存在许多差距。文化体制改革的成效制约着文化发展的速度和质量，对我省转型发展意义重大。我们必须按照中央要求，加大力度，加快进度，在关键环节和关键领域取得突破性进展。一是要加快推进国有经营性文化单位的转企改制。在这方面我省已经做了许多工作。目前急需解决的是改制成本的支付和完善落实好社会保障的问题。二是要改善政府管理体系，进一步完善政府对文化发展的宏观调控功能。要按照中央批准的方案，做好政府机构改革中涉及文化职能部门的改革，并在地级市整合文化、广播电视、新闻出版执法机构，组建文化综合执法队伍，实行综合执法。三是改革文化事业单位内部的经营管理机制，特别是要从劳动人事、收入分配、社会保障等方面入手，进一步激发事业单位的活力，提升经营管理水平。四是建立适应市场经济要求的现代市场体系，打破行业、地区、所有制壁垒，形成统一的文化市场。

第四要实施重大项目带动战略。要规划建设一批有山西特色，能发挥我省优势，有较强市场竞争力的文化产业园区基地，聚集优势的资本、技术、人才、信息，形成产业集群。采用并购、连锁经营、参股等形式，形成具有较大规模、较强竞争实力的文化企业，拉长产业链，开发延伸产品，扩大企业的生产规模，提高产品的市场占有率。要推动文化产业与旅游、信息、科技、教育、体育等相关行业的联动发展，通过增加文化含量来提升相关产业的发展活力和竞争实力。总之，在面对国际金融危机严峻影响的条件下，我们必须清醒理性地分析形势，既要看到面临的问题，也要抓住重大的机遇，通过大力发展文化产业来推动我省经济结构的调整，实现转型发展。

(作者系中共山西省委宣传部副部长)

推进转型发展　加快建设山西现代产业体系

潘　云

在开展深入学习实践科学发展观的活动中，省委将转型发展、安全发展、和谐发展作为学习实践科学发展观活动的重要载体和战略重点，抓住了当前影响和制约我省科学发展最为突出的矛盾和问题，是运用科学发展观的世界观、方法论思考我省发展问题的结果，也是运用科学发展观所提示的规律来指导我省实际工作的体现。下面仅就如何推进转型发展和建设现代产业体系，谈几点看法。

一、现代产业体系：转型发展的目标指向

根据省委的精神，实现转型发展，就是要以企业、产业、矿城转型为重点，优化产业结构、推进节能减排、提高经济效益，推进经济社会协调发展和能源基地全面转型。具体讲：一要从创新传统优势产业与提高新兴产业比重两个方面推进产业结构优化升级。二要通过节能减排和生态文明建设两项举措推动节约、集约和绿色发展。三要以产业集群和园区经济两个载体为重点大力发展循环经济，把循环经济理念和技术渗透到各个行业、各类企业，使循环经济成为山西的主导型经济。四要以自主创新和全民创业两个抓手增强发展的活力，推进创新型省份建设，鼓励和支持民营经济实现大发展，推进自主创业、知识创业、资本创业。由此可以看出，实现转型发展就是要解决我省目前产业发展中技术水平低、对资源过度依赖、高投入低产出、环境污染严重等一系列问题，促进结构优化、体制优化和效率优化，提升我省经济的竞争力和可持续发展能力，而这正是现代产业体系的应有之义。

回顾我省产业演进和结构调整的历程，应当说新中国成立以来，特别是改革开放以来，我省的产业发展和结构调整取得了很大成效。但由于历史的原因，还存在着与科学发展、与现代产业体系建设要求不相适应的思维。主要表现在：其一，“有什么发展什么”，在制定区域和产业发展战略时，主要关注自己有什么，并以此为基点来谋划和发展产业。其二，“熟悉什么发展什么”，原来做过什么、熟悉什么产业就发展什么。其三，“别人发展什么我就发展什么”，看其他地区发展的产业有了明显的效益，便考察学习其经验，复制其做法，跟在别人后边亦步亦趋。在上述思维的影响下，我省的产业体系在发展过程中形成了以下的特征。一是煤炭产业“一业独大”，制约了其它产业的发展；二是在发展的过程中虽然也形成一些特色产业、特色产品，如海棠洗衣机、华杰电子表等，但由于发展思维的固化，没有进行及时的升级和转换，大多在经历了一段辉煌之后很快消失；三是确定的新兴产业没有发展壮大起来，多年来一直处在培育阶段；四是高新技术产业发展不快，直接影响全省产业竞争力，等等。由以上的分析可以看出，在当时这些发展理念并没有根本性错误，缺乏的只是对当今产业发展趋势的关注，但就因为这一点造成了我们今天产业发展中存在的种种问题。原因很简单，因为全球化对我省的影响越来越深入，我们的产业发展也越来越必须置于全球产业链和产业分工体系中考虑。因此，我们的转型发展必须以建设现代产业体系为指向。

二、现代产业体系：提升区域竞争力和可持续发展能力的根本途径

当今世界，随着科学技术的不断发展和全球一体化的不断演进，国际产业分工格局和国际产业链出现了新变化。突出表现在：一是现代服务业和知识产业成为价值链的高端产业，左右着全球经济态势，主宰着一国或一个地区的竞争力；二是信息化推动先进制造业走向“微笑曲线”两端，掌控先进制造业的国家、地区和跨国企业拥有强大的核心竞争力，在国际产业链中处于支配地位。在此背景下，现代产业体系不仅已成为区域经济融入全球经济和全球环境的基础，而且也成为一国或一个地区有无竞争力和可持续发展能力的标志。因此，加快经济转型升级、构建现代产业体系已成为各国或各地区参与全球高端竞争、增强产业可持续发展能力的重要基础，是国际产业发展的普遍规律。

那么什么是现代产业体系呢？从目前发达国家的情况看，尚没有统一的目标模式。但仔细分析这些国家产业体系演进过程和现实状况，我们看到以它们为代表的现代产业体系有以下特征：一是产业结构高级化。表现在第三产业、特别是现代服务业在经济中占有越来越重要的地位，出现了所谓“经济服务化”趋势，信息、服务、技术和知识等“软要素”在经济中的作用越来越高，是一种以高端产业为主体的产业体系。二是产业技术高新化。一方面表现在高新技术产业迅速发展，在经济中的比重越来越高；

另一方面表现在随着现代技术的集成化和模块化，传统产业和高新技术产业嫁接，开始了由低技术向高技术的上移，出现了工业新型化的趋势。三是产业联系密切化。一方面表现在由于现代信息业、物流业等的发展，各个产业间的联系日益密切，在一国或一个地区内形成了一个网状的产业体系；另一方面表现在国与国之间的产业联系也日益密切，形成了世界产业结构大系统，出现了全球结构互动这一新的重要经济现象。四是产业竞争规模化、品牌化。一方面表现在各个产业内规模型企业、特别是大型跨国企业的作用越来越大，成为产业发展的重要支撑；另一方面表现在品牌的作用越来越大，成为提高产业附加价值的重要载体。五是产业发展的可持续化。表现在产业的发展日益重视与自然和环境的关系，产业结构的绿色化趋势越来越明显，是一种可持续发展的产业体系。从上述特征可以看出，现代产业体系是建立在现代信息技术和全球化背景下的一种新型的产业体系形态，是以创新竞争为核心，以外部协作为特征，以信息、资金、物流网络为基础的一种新型产业体系模式，它的标志是竞争力强、投入产出效率高、环境友好可持续发展能力强。因此，概括地讲，现代产业体系是以高科技含量、高附加值、低能耗、低污染、自主创新能力强的有机产业群为核心，以技术、人才、资本、信息等高效运转的产业辅助系统为支撑，以环境优美、基础设施完备、社会保障有力、市场秩序良好的产业发展环境为依托，并具有创新性、开放性、融合性、集聚性和可持续性特征的新型产业体系。

由上述分析可知，现代产业体系高端产业比重高、技术水平高、产品附加值高，因此最有竞争力；同时，其产业发展对资源依赖小，对环境影响小，具有明显的可持续发展能力。因此，我省要实现转型发展，增强创新优势，发挥后发优势，实现又好又快发展，就必须要把构建现代产业体系作为目标指向和战略重点，加快推动产业结构的优化升级，提升产业的市场竞争力和可持续发展能力。

第一，加快构建现代产业体系，是解决当前经济发展突出问题，增强山西科学发展后劲的必由之路。经过50多年的大规模建设，山西能源基地和老工业基地建设取得了长足发展。然而，长期以来受计划经济体制束缚、市场供求关系变化、国家产业政策调整以及资源、环境价值外溢等多重因素的影响和制约，山西经济发展中结构性、体制性、资源枯竭和生态环境恶化等矛盾和问题十分突出，影响全省产业转型发展步伐。当前，国内外环境发生了深刻变化，世界经济进入新一轮调整期，全球经济增长放缓，国内经济下行压力加大，山西经济发展积累的结构性、素质性矛盾和资源环境压力也日益增大。面对新形势新问题，唯有以现代产业体系建设为目标指向，全面推进产业转型升级，才能破解发展困局，进一步提升发展的能力、活力和竞争力。

第二，加快构建现代产业体系，是应对国内外产业转移新趋势和国内产业政策新导向的现实要求。随着经济全球化深入发展，国内外产业转移规模不断扩大，层次不断向高端演进，出现产业链整体转移趋势。近年来，国家加快调整产业结构，在财税、投融资、土地、环保等方面出台了一系列政策措施，为山西加快经济转型升级、建设现代产业体系提供了良好环境。我们必须顺势而为，紧紧把握经济转型规律，用足用好各项政策，变压力为动力，化危机为机遇，加快山西产业转型升级步伐，加快山西现代产业体系的建设。

第三，加快构建现代产业体系，是增强山西产业竞争力，推进矿业城市转型的迫切需要。经济转型是世界上很多城市曾经面临或者即将面临的共同课题，也是一个国家、地区迈向现代化的必由之路。从国际国内经验看，不论是发达国家还是新兴工业化国家或地区，无一不是在不断转型升级中实现持续快速发展的。我们必须顺应城市发展规律，借鉴先进发达地区经济发展的成功经验，大力推动发展方式转变，全力推进产业转型升级，建设现代产业体系，抢占国际国内产业竞争制高点。

三、现代产业体系：山西建设的路径和措施

山西要实现转型发展，构建现代产业体系，就必须以科学发展观为指导，以提高山西产业竞争力为目标，以增强自主创新能力为主要驱动，以体制机制完善为根本保障，强化产业政策导向，优化产业发展环境，积极提升改造传统产业，大力发展和培育新兴产业，不断优化产业结构，提高产业间的关联度和融合度，从而形成具有山西特色的新型现代产业体系。

那么如何在转型发展中，加快现代产业体系的建设呢?我认为，首先要研究当今世界产业发展的新趋势。现代产业的生成与发展突破了原有的思维定势，降低了对自然资源的依赖程度，许多新兴产业既可以基本不消耗自然资源(如软件业)，也可以“无中生有”（即不需要原有基础)，如文化产业、游戏产业等。所以，要改变产业发展中的资源论、区位论、基础论等传统思维方式，研究新兴产业生成壮大的规律，以此来加快我省现代产业的发展。其次要研究产业演进的新规律。要改变传统的一讲产业升级就是从农业到轻工业到重工业到高新技术产业再到服务业的单一路径的思维模式,要认识到产业升级也包含了产业价值链的整合、微笑曲线的提升、商业模式的创新等其他内容，要认识到传统产业也有高附加值环节，高新技术产业也有劳动密集的加工环节，只有这样来看待产业演进和产业优化，在具体工作实践中才不会走弯路。

按照上述要求，山西发展现代产业体系的正确思路应是：(1）发展以高新技术和先进适用技术改造、优化、提升、延伸的煤炭、焦化、冶金、电力等传统优势产业，大力推进煤炭工业集约、高效、清洁和安全发展，着力在优化产业、产品结构，提高质量效益上下功夫，延伸产业链，提高附加值，提升传统产业的技术水平和档次。(2) 发展以装备制造业为主体的先进制造业。主要包括装备制造、重载卡车、铁路机车、矿山设备、钢铁等产业。重点建设

大型设备成套制造产业基地；发展有自己特色的汽车、铁路机车、矿山设备等制造基地；发展以特种钢为主的现代钢铁基地。（3）发展以生产性服务业为重心的现代服务业。主要包括金融业、物流业、信息服务业、科技服务业、商务会展业、文化、旅游、创意等产业。

在此基础上，按照现代产业体系发展的要求：一是要大力推进自主创新，鼓励原始创新、集成创新，突出抓好引进消化吸收再创新，以创新推动产业提升优化。二是要强化产业优势集聚，吸引、整合、集聚省内外优势资源和要素，促进产业链上下游相互配套、专业分工合理高效，推动产业走上价值链的高端。三是要促进可持续发展，统筹产业优化升级与城市发展转型、环境再造，实现速度和结构、质量效益相统一、经济发展与人口资源环境相协调。四是要坚持市场导向与政府推动相结合，遵循产业发展规律，发挥市场在资源配置中的基础性作用，加强规划引导和政策扶持，发挥政府在产业发展中的统筹协调作用。五是要把对外开放与对内搞活统一起来，以世界眼光、战略思维谋划未来发展，积极参与国际分工、合作与竞争，通过深化改革来完善要素市场，破除发展障碍，优化发展环境。六是要坚持因地制宜与分类指导相结合的原则，根据各板块产业发展的基础和优势，突出区域特色，遵循产业发展规律，确定发展重点，提高产业区域竞争力。

（作者系山西省社科院副院长）

对“三个发展”的再认识

孟艾芳

转型发展、安全发展、和谐发展作为山西省深入学习实践科学发展观活动的主题和载体，既切合山西的省情，又符合科学发展观的内在要求，是当前和今后一段时期我省经济社会发展的重要指导方针。而实现转型发展、安全发展、和谐发展，事关全省人民的福祉，事关山西能否走出“四条路子”，完成“三个跨越”，是对全省各级党委和政府执政能力与领导水平的重大考验。

长期以来，山西以煤独尊，吃祖宗饭，断子孙路，毁自然貌；重大事故频发，害百姓命，摘官员帽，经济损失惨重，社会影响恶劣；官、商、民矛盾激化，村矿、城矿、城乡发展不协调，民生问题突出，社会关系紧张，腐败案件不断。究其原因，就是在发展什么、怎样发展的问题上走不出历史的怪圈。使我们的决策始终处于“动不得”和“舍不得”的两难境地。山西的有识之士，早在计划经济时代就预感到了我们这种产业结构的弊端，积极建言献策要求注意煤炭的适度开采与合理利用，保护自然与生态的平衡。但作为国家“统配”的政策性、指令性极强的煤炭，能源重化工基地这一历史定位谁也撼动不得，能不能确保全国能源方面的需求，纯粹成为一项政治任务。实行改革开放以后，我国的经济体制一度出现了计划经济与市场经济的双轨期，我省的经济研究界提出了改变那种“黑大粗”产业结构，走资源节约型、产品环保型、生产安全型的路子。但是由改革开放焕发出的生产热情、片面追求速度和经济指标的指导思想占了绝对上风，加上“有水快流”、各种经济成分一哄而上，煤炭不仅没有达到适度开采，反而形成了过度开采的势头，其结果是以牺牲环境、无视安全换取着“带血的GDP”。尽管“调产”的思路与呼声多有起落，但“雷声大，雨点小”，说得多，做的少，没有从指导思想上来正视和解决这个问题。近年来，金融危机给山西上了深刻的一课，其生动程度要超过以往的所有红头文件和专家的讲座，几次金融风暴的影响，重特大事故的教训以及可持续发展的理念再次把转变增长方式的话题提上了议程。于是，变输煤为输煤输电并举、大力实施碧水蓝天工程、积极引进非煤产业、提高煤炭延伸产品科技含量也都由案头走向了实际操作层面，对各级政府的考核指标体系也更趋客观与人性化。不过，“犹抱琵琶半遮面”，“皇帝女儿不愁嫁”的思想至今在山西相当浓重，似乎离开了煤焦铁电就一无是处了，就什么也不会了。

山西能源原材料工业长期占主导地位，其优势在此，劣势也在此。山西是能源大省，也是耗能大省。单位GDP能耗、单位工业增加值能耗和单位GDP电耗高居全国的第4、第3和第4位，能源消耗占全国的比重远远大于GDP占全国的比重。当能源紧缺的时候，“萝卜快了不洗泥”。怀里抱着“金娃娃”，顾不上也舍不得拿出巨额资金去搞产业结构调整，各级政府与企业实际上也有抵触情绪。当能源相对过剩的时候，银根紧缩，资金流转迟缓，拉动内需乏力，“从众心理”效应使得谁也不愿意出钱去买调产转型的单。企业宁可守株待兔，也不会慷慨解囊，何况相当一大批国企本身就囊中羞涩。山西要科学发展，必须痛定思痛，以“壮士断臂”的决心和魄力抓住机遇、迎接挑战、谋划未来。否则，实现科学发展就是一句空话。正是在这个意义上，省委确定了“三个发展”的指导方针。因此，“三个发展”是运用了辩证唯物主义和历史唯物主义的基本观点，总结了山西发展的实践，符合山西的基本省情，代表了山西人民的愿望和要求，抓住了长期以来制约山西发展的主要矛盾和突出问题，是对山西经济社会发展规律认识上的深化，是科学发展观联系山西实际的重要创新。

山西要实现科学发展，最关键的是要做到转型发展、安全发展、和谐发展。实现转型发展，就是要以企业、产业、矿城转型为重点，优化产业结构、推进节能减排、提高经济效益，推进经济社会协调发展和能源基地全面转型。实现安全发展，就是要以坚强决心和过硬举措，全面加强安全生产工作，尽快扭转安全生产被动局面，建立安全生产长效机制，走出一条符合科学发展、切合山西实际的安全生产、安全发展的路子。实现和谐发展，就是要把握好科学发展与社会和谐的内在统一性，正确处理各种社会矛盾，及时协调各方面利益关系，理顺群众思想情绪，积极为群众排忧解难，实现各方面事业有机统一、社会成员团结和谐。

在实现转型发展上，要做到资源优势不能丢，科技支撑不可少，保障机制要跟上，文化产业是新径。这与中央提出的环境友好型、资源节约型的“两型社会”建设是一致的。既然资源优势不能丢，那么就应用高新科技提升和改造资源产业，使其符合新型工业化的发展方向。充分发挥山西本地的科研院所作用，既激活本地的科研成果，还应导入国内外的科技成果，在推进产学研一体化的基础上，构建公共科技中介服务平台。实现转型发展，必然涉及企业的利益。而转型则需要很长时间和很大投入，肯定会耽误挖煤、炼焦赚钱。利益得失一掂量，企业往往不愿意马上转型。但企业是转型的主体，它不转型，政府光号召是没有用的。解决企业转型难题，政府需要制定和出台一些导向性的政策，刺激和激励企业自觉转型、主动转型。没有一种道义担当的心态和勇气，转型发展就有可能半途而废。山西既是资源大省，也是文化大省。文化旅游是山西的天然优势，是祖宗留给山西人的宝贵财富。把文化优势转化为产业优势，最大的问题是能否做出盈利模式。山西的旅游要打文化牌，提高人文内涵，这样的话，旅游的含金量就大、附加值就高。山西的文化和旅游两个优势是天然的，只要投入、整合就行。促进文化产业和旅游产业发展、繁荣，政府既要介入文化产业和旅游产业的基础设施建设，以创造良好的招商引资环境，还要介入文化产品和旅游产品的创意和开发，以增强产品人文内涵的权威性。这样一来，定会大大提升山西文化产业和旅游产业的竞争力，迎来山西文化产业和旅游产业的大发展、大繁荣。

在实现安全发展上，要做到牢固树立以人为本的理念和大安全观，严格落实企业安全生产和政府安全监管两个主体责任，在加强安全生产专项整治上下功夫，在全面提升安全管理水平上下功夫，在健全安全发展长效机制上下功夫，切实加强本质安全建设，进一步提升科学发展的保护力和人文关怀。安全发展的问题，与山西的产业结构紧密相联。资源性企业多，安全隐患就多。解决安全生产的问题，从根本上是要推进和实现发展方式的转型，设施、技术、装备的先进固然能起到重要的作用，却也难以避免安全生产事故。由此可见，转型发展是安全发展的前提，它能够从源头上切实保证安全发展。转型发展应该与收购兼并相结合，要发挥国有大矿、大企业的作用，凡是符合安全生产的就重组并购，凡是不符合安全生产的就强行关闭。绝不能心存怜悯，更不能心存侥幸。推进和实现安全发展，关键在两个方面：一是加快发展转型的步伐，从源头上减少安全生产的隐患；二是加大政府监管的力度，对企业进行更有效的法律和经济约束。对于安全事故要敢用重典，要让政府和企业主都认识到出了事故得不偿失，变安全生产为自觉行为。

在实现和谐发展上，要围绕保障和改善民生，实施更加积极的就业政策，开展创业型城市创建活动，完善社会保障体系，解决好困难群众的生产生活问题。和谐发展，一方面是人与自然的和谐，另一方面，是人与人的和谐。作为欠发达地区，山西已经经历了一个时期的粗放型发展，有了一定的工业基础，也有了一定的财富积累，那就应该坚定不移地考虑环境问题，即人与自然的和谐。推进和实现和谐发展，政府一定要在调节收入分配方面有所作为。既要通过一些扶贫措施、社会保障，在民生方面进行大的投入，又要在调节城乡收入差距、各阶层收入差距方面多谋划。比如我们目前正在实施的“五个全覆盖”工程就深得民心。和谐发展，是发展的更高阶段，是发展的更高层次。和谐发展，是我们的目标，也是我们的目的。建设和谐社会，是我们的最高境界，也是我们的美好愿望。在发展过程中，要最大限度地减少老百姓的损失，绝不能损害人民群众的切身利益。

总之，转型发展是安全发展、和谐发展的前提；安全发展是转型发展、和谐发展的保证；和谐发展是转型发展、安全发展的目标。山西用沉痛的教训、历史的经验、百姓的企盼和严峻的现实换来的“三个发展”来之不易，把“三个发展”放在建国60周年、放在对未来山西发展的意义上进行比较、审视和再认识，给我们最大的启示就是：无论今后以煤炭为主导产业的能源市场是紧俏还是疲软，无论今后以中部欠发达内陆地区为典型特征的软、硬环境的改善是优是劣，无论今后以科技为支撑的产业链与贡献率是高是低，无论今后以文化产业为品牌的后发优势是强是弱，都不为特殊的价格因素所扰，都不为片面的增长速度所惑，都不为人为的环境牺牲所累，都不为虚假的“繁荣”所动。也就是说，在任何情况下，都要“咬定青山不动摇”，一心一意谋发展。

（作者系山西省社科院副院长）

对推进我省中小企业信用担保体系建设的思考

郑建国

中小企业是国民经济的重要组成部分，是推动经济社会发展的重要力量。大力支持中小企业发展，对于促进经济繁荣、改善人民生活具有十分重要的意义。多年来，融资难、贷款难一直是制约中小企业快速发展的最大瓶颈。为切实解决这一问题，进一步提升对中小企业的金融服务水平，在省委、省政府的高度重视下，我省自1999年以来逐步建立并不断完善了以省级中小企业信用担保机构为龙头、市级中小企业信用担保机构为骨干、县（市、区）级中小企业信用担保机构为基础、其他中小企业信用担保机构为补充的中小企业信用担保体系。经过10年实践与探索，在各级党委、政府和相关部门的支持与配合下，我省中小企业信用担保体系建设取得了明显成效，在促进中小企业发展、增加地方财政收入和扩大社会就业等方面发挥了积极的作用。据不完全统计，截至2008年底，全省各类中小企业信用担保机构累计为上万户（次）中小企业提供担保318亿元，杠杆撬动（放大）率达到11倍；累计为受保中小企业新增产值或销售收入636亿元，新增利税95.4亿元；维护和创造社会就业再就业岗位53万个。在看到成绩的同时，我们也清醒地看到目前我省中小企业信用担保体系建设中存在的一些不足和问题。如，信用担保机构数量依然偏少，部分县市信用担保体系建设严重滞后，影响了担保业务量的不断扩大；担保机构布局不尽合理，总体呈现“南多北少”的特点，担保业务分布不均衡；担保机构资本金规模小、风险补偿机制不健全、银保合作不到位，总体担保实力不强，无法满足广大中小企业日益增长的贷款担保需要，等等。这些问题，制约了我省中小企业信用担保体系的发展壮大，也成为影响我省全面解决中小企业融资贷款难题的关键因素。

从我省中小企业信用担保体系建设和担保工作开展的情况及存在的问题来看，当前应重点做好以下几方面工作，以加快推进中小企业信用担保体系建设。

一、进一步提高对中小企业信用担保体系建设的思想认识

中小企业是最具有活力和潜力的经济发展载体。社会主义市场经济体制发展到今天，中小企业已经成为区域经济不可或缺的重要组成部分，其发展状况直接影响着整体经济的繁荣程度。因此，各级政府和部门特别是政府的主要领导，要把加快中小企业信用担保体系建设，提高到营造信用氛围、培植地方财源、推动经济发展、促进社会和谐的高度上来认识。具体来讲，政府大力推动中小企业信用担保体系建设的积极作用主要体现在：一是公共财政职能的重要延伸，直接关系到公共财政目标的实现和财政税源的培养，对于增强地方财政收入持续增长后劲具有重要的作用；二是政府经济政策意图的充分体现，有利于引导社会资源优化配置，影响金融资金的产业流向，对于优化产业结构、转变发展方式具有直接的现实意义；三是构建和谐社会的现实需要，可以稳定和扩大就业，维护人民群众切身利益；四是加强信用建设的必要手段，对于改进和完善中小企业经营管理，提升企业信用，营造诚信氛围具有积极的推动作用。同时，需要强调的是，信用担保在我国是一件新生事物，也是一项具有“跨行业、跨部门、多功能、多环节”特点的系统工程，应该成为各级政府科学执政、为民执政的新内容、新任务。

为此，各级政府要进一步加强对中小企业信用担保机构工作的宏观指导和组织协调，从“扩内需、保增长、调结构、重民生”的政治高度来抓好中小企业信用担保工作，切实增强忧患意识、使命意识和责任意识，充分发挥信用担保工具的积极作用，帮助中小企业渡过难关、发展壮大，从而实现调控经济、促进和谐、推动发展的调控目标。

二、进一步强化各级各部门的联动与协调

针对信用担保工作涉及部门和单位较多的特点，各级政府应当积极督促和指导各部门各单位进一步健全工作联动和沟通协商机制，各司其职，各负其责，强化协作，密切配合，定期交流和通报工作情况，努力形成推动信用担保业务开展的工作合力，切实为中小企业信用担保事业的发展创造良好的政务环境。目前，省政府已建立由分管领导负责，由省发改委、省财政厅等九部门参加的省中小企业信用担保工作协调机制，协调、指导和推进全省中小企业信用担保体系建设工作。各市也应当尽快建立相应的协调机制，进一步加强对本地区中小企业信用担保体系建设工作的指导和协调。在政府的统一领导下，各有关部门要结合各自职责，制定相应措施，为符合要求的担保机构提供及时、高效的服务，从制度上、政策上、工作上帮助中小企业担保机构尽快做大做强。财政部门作为政策性担保

机构的主管部门，既要加大对信用担保体系建设的资金支持力度，又要切实负起监管职责，加强对担保机构的日常监管，引导融资性担保机构建立风险预警和应急机制，有效防范担保风险。信用与担保协会应当发挥好行业自律组织的桥梁、平台和纽带作用，通过统一行业技术规范、开展政策及业务培训，帮助担保机构加强经营管理、防范担保风险，推动我省信用担保行业的整体健康发展。此外，我省还应尽快研究制定《山西省信用担保机构管理办法》，按照政府引导、市场运作的原则，建立市场准入和退出机制，为信用担保的发展创造良好的环境。

三、进一步加大中小企业信用担保体系建设力度

按照省政府已经确定的中小企业信用担保体系建设的指导思想和目标。当前应着重针对县级担保机构建立缓慢、覆盖面不全等问题，加大机构建立的推动力度，尽快完善我省中小企业信用担保体系。首先，各级政府应当对所辖区内至今尚未建立中小企业信用担保机构（政策性机构）的县（市、区）做出整体规划、制定组建方案，力争2009年底前在我省所有县（市、区）全面建立政策性担保机构。对于确实不具备独立组建担保机构的县（市、区），可以选择联合建立区域性担保机构、或选择入股上一级担保机构、或选择设立担保基金分担担保业务风险（担保基金规模应至少在300万元以上），最终形成以省级中小企业担保机构为龙头、市级机构为骨干、县级机构为基础的政策性中小企业信用担保体系。其次，要按照市场经济规律，鼓励并支持发展以法人资本、社会资本或民间资本为主设立的商业性或者互助性担保机构，作为政策性担保机构的补充，弥补政策性担保机构的缺失，从而不断完善中小企业信用担保体系。第三，适时引导相关担保机构，特别是政策性担保机构进行资源整合，向规模化、集团化发展，积极支持、鼓励建立为担保机构服务的再担保机构，最终形成政策性担保机构为主导、社会资金广泛参与投资的中小企业信用担保体系，实现我省建立完善的中小企业信用担保体系、促进中小企业发展的目标任务。

四、进一步增加政府资金投入规模

按照《山西省人民政府关于进一步做好中小企业贷款信用担保工作的意见》与《山西省人民政府办公厅关于加强中小企业信用担保体系建设的意见》的有关要求，各级政府应进一步加大对中小企业信用担保机构的资金投入，有效增强担保机构的担保能力。一是要加大对信用担保机构资本金投入力度。根据财力情况，可以直接对政策性担保机构注入资本金，也可运用转移支付资金、整合中小企业发展专项基金等形式来增加担保机构的资本金投入，加紧建立政策性担保机构的资本金扩充机制。二是要建立健全风险补偿金制度，加大对信用担保机构的风险准备金投入。这种方式是对于担保机构确定发生的代偿损失的制度性补偿，既有利于加强担保机构的抗风险能力，也有利于吸引社会资金向担保行业的投资。各市县政府应加快建立风险准备金的拨补机制，按照省政府明确的风险准备金拨补比例对政策性担保机构拨付风险准备金。对非政策性担保机构，要按其当年新增对中小企业信用担保贷款额予以一定比例的风险补偿，提高其风险防范能力，增强其担保信用，间接地起到吸引社会资金投资担保行业的效果。三是要向政策性担保机构提供担保费补贴。各地可根据经济发展的情况，对政策性担保机构在向中小企业提供贷款担保时下浮的担保费率予以保费补贴，维护担保机构利益，调动其开展业务的积极性。

五、进一步推动信用担保机构与金融机构的双向合作

在经济发达国家，金融机构已经成为中小企业信用担保体系的积极推动者和中坚力量。从我省的发展情况来看，金融机构对于中小企业信用担保业务的积极性还不高，协作和参与力度还不大。因此，各级政府应该把调动银行积极性作为重要手段，在担保资金协议信用放大倍数、担保业务审批程序、担保市场开辟、风险分担和风险控制等方面，推动银行加强与担保机构的协作。各级信用担保机构要按照平等、自愿、诚实信用的原则，进一步创新与金融机构的合作方式，不断加强双向互利合作。要发挥各自优势，加强沟通协调，根据双方的风险控制能力合理确定担保放大倍数，本着风险共担、利益共享的原则积极签订风险分担和风险控制的相关合作协议，不断完善协作机制，规范工作程序，提升信用担保服务能力。要对中小企业信用担保机构开展资信评级，进行担保机构资信等级划分，有效推进担保机构的信用建设。运作规范、信用良好、资本实力和风险控制能力较强的担保机构要积极向金融机构争取对其承保的优质项目简化审贷程序、给予利率优惠。要进一步加强双方的信息交流与共享，重点提升企业信用信息共享度，有效防范和化解中小企业信贷融资风险。

（作者系山西省财政厅党组书记、厅长）

加快实现全省安全生产形势的根本好转

张根虎

我省作为能源基地和老工业基地，处于工业化加速推进时期，安全生产事故多发易发，特别是2008年“9·8”特别重大尾矿库溃坝事故，276人遇难，损失巨大，影响恶劣，教训十分深刻。

事故再次使我省的安全问题成为焦点，也将安全工作推到全省各级党委、政府工作的首位。以此为契机，全省上下对照科学发展观的要求，对近年来发生的事故，深入剖析原因，深刻反思教训，采取得力措施，坚决遏制重特大事故发生，加快扭转全省安全生产被动局面。省委书记张宝顺深刻指出：“对山西这样能源资源型省份来说，做不到安全发展就谈不上科学发展，也谈不上以人为本，发展的再快也没有意义”。省长王君强调：“要坚决走出头痛医头、脚痛医脚的怪圈，加快构建安全生产长效机制”。省委、省政府将“安全发展”作为全省推进科学发展的战略重点和解决的最突出的问题，确立为去年10月初全省开展的学习实践科学发展观活动“三个发展”（转型发展、安全发展、和谐发展）的主题和载体之一，从组织、制度、执法、科技、纪律等全方位入手，深入推进、切实加强全省安全生产工作。全省各级、各部门按照省委、省政府的安排部署，把治理重大隐患、遏制重特大事故作为首要目标，从战略高度、以非常力度、用治本之策，扎实开展为期一年的专项整治，全力以赴推进矿山资源整合，着力加强体制机制制度建设，狠抓两个主体责任落实，全省形成了前所未有重视安全生产、齐心协力推进安全发展的良好氛围，取得了安全生产形势明显稳定好转的成绩。今年1–9月份，全省各类安全生产事故死亡1939人，同比减少867人，下降30.90%，为国家下达年度控制指标的56.53%，比控制进度指标少634人；煤矿、非煤矿山、道路交通等重点行业和11个市死亡人数都在国家控制进度指标之内；较大以上事故起数和死亡人数同比分别下降20.78%和58.84%；重大以上事故起数和死亡人数同比分别下降66.67%和77.71%；特别重大事故起数和死亡人数同比分别下降66.67%和78.21%。

总结“9·8”事故教训，回顾一年来的工作，我们对山西推进安全发展、加快实现安全生产由明显稳定好转向根本好转的历史性跨越有了更坚定的信心和更深刻的把握。

一、安全第一、党政共抓是做好安全生产工作的思想和组织保证

今年温家宝总理在我省考察工作时反复强调：“必须正确处理保增长与安全生产的关系，任何时候安全生产都是第一位的，在安全生产中实现经济平稳较快增长。”安全发展是科学发展观的基本要求，是以人为本的基本要义，是社会主义制度的本质要求，同时，也是经济发展的重要前提、社会和谐的关键因素。“9·8”事故使全省上下进一步加深了对科学发展观的理解，推动了全省各级各部门和广大干部群众科学的安全观和安全第一的政绩观的树立。各级党委、政府将安全发展摆上全局和战略高度，作为第一位的中心工作来抓。省委常委会举行中心组（扩大）安全发展专题学习会，研究战略定位、统一全省思想、作出工作部署；省政府召开全体成员参加的规模空前的安全生产工作会议，部署专项整治、签订监管责任书。之后，省委、省政府高密度、快节奏出台了一系列推进措施，实行了各级党委、政府主要负责人负总责，分管安全的副职协助主要领导具体抓，其他副职抓好各自分管行业领域安全工作的领导体制，并将省安委会成员调整加强为部门“一把手”，初步形成了党委政府统一领导、部门依法监管、企业全面负责、群众参与监督、全社会广泛支持的安全生产工作格局。实践证明，没有安全第一的思想认识和工作摆位，没有党政齐抓共管、部门积极参与、社会各方支持的工作合力，安全生产工作仅靠个别部门的力量是无论如何抓不好的。今后巩固安全生产形势明显好转的成果，加快实现全省安全生产形势的根本好转，必须进一步在各级各部门和广大干部群众中牢固树立安全发展的战略思想，坚定不移地将安全发展摆上各级党委、政府全局工作的战略位置，作为第一位的任务，下最大的决心、做最大的努力将其抓好。

二、适时开展专项整治是破解安全难题、推进安全发展的战略抓手

针对一个时期存在的突出问题和薄弱环节，集中组织开展专项整治，是整合各方面资源、破解安全生产难题、全面提升安全发展水平的得力抓手和基本方法，也是在目前环境条件下经常保持安全生产“高压态势”，大力营造有利于加强安全生产的环境氛围的客观需要。今年，我们着眼于治大隐患、防大事故和深入扎实推进“三项行动”（执法、治理、宣教）、“三项建设”（法制体制机制、安监队伍、保障能力），在全省范围内组织开展了为期一年的安全生产专项整治。这次活动规模空前，涉及省、市、县、

乡各级、各有关部门。覆盖面宽，涵盖了全省各行业、各领域、各级、各类生产经营单位。重点突出，主要是对煤矿、非煤矿山、尾矿库、化工、道路交通等高危行业的17个领域进行整治。针对性强，实行分类整治，对非法违法生产经营的坚决关闭取缔，对安全没有保证的一律停产整顿，对证照齐全、具备安全生产条件的，加强日常监管。组织严密，按照“宣传发动，企业自查、县级政府全面排查整治（按照分级属地原则和无一遗漏的要求，对全部企业进行全面排查，分类登记造册，由当地政府分管领导签字上报），省市县三级联动检查，省、市联合检查工作组交叉“回头看”检查四个阶段分步推进。第一阶段在宣传发动的基础上对各级工作人员和专家进行了培训，第二阶段组织了18个检查整治组对全省的重点行业进行了无一漏网的检查整治，目前正处于第三个阶段的关键时期，对排查的“三类企业”（关闭取缔的、停产停业整顿的、日常监管的）进行了公示，建立了数据库，对“三类企业”整治、重大隐患排查治理销号和重大危险源监控等情况实行动态监管，并且按照分级属地监管原则对每个企业的监管责任实行“三落实”（落实到各级各部门各单位、落实到分管领导、落实到具体监管人员），落实率达到97%以上。成效显著，截止9月底，全省共关闭取缔无证无照企业1.4万个，停产整顿证照不全和存在重大安全隐患的企业1.6万个，并对证照齐全的28.7万个企业加强了安全监管。可以说，今年全省安全生产形势实现明显稳定好转，专项整治在其中发挥了巨大作用。当前，全省的专项整治仍在深入推进，为确保顺利实施、取得实效，要防止松劲厌战情绪，特别要在深化上下功夫、见实效。深化专项整治责任，切实将每个企业的监管责任、每项重大安全隐患的治理责任和重大危险源的监控责任落实到分管领导和部门及具体责任人头上；深化对企业的监管措施，通过完善专项整治数据库、建立安全生产信息网络，对“三类企业”的具体变化情况、监管责任“三落实”情况和重大隐患排查治理、销号以及重大危险源监控等情况实行实时监控；深化检查督促，采取巡检、抽检、互检等方式掌握情况、发现问题、督促整改、跟踪落实，并对检查结果进行通报，对工作差的进行约谈、问责。同时，要着眼于继续引深专项整治，及早谋划明年的主题、重点，研究方法、措施，及时作出安排部署，以保持工作的连续性和有效性。

三、优化产业结构、夯实安全基础是实现安全生产持续稳定好转的治本之策

安全生产事故表现在生产环节，基础却系于产业结构、科技支撑、物质装备。我省作为能源资源型省份，重大安全隐患主要集中在能源资源开采型企业。不改变这种畸重的产业形态，不改变这些企业多、小、散、乱的产业格局和粗放经营模式，我省在安全生产上永无宁日。今年以来，着眼于从源头上、根本上解决安全生产基础不牢、事故多发的问题，按照省委、省政府统一部署，全省上下将加快推进煤炭、非煤矿山资源整合和企业兼并重组，提高煤炭和非煤矿山产业集中度和产业水平，作为实现全省安全发展的基础工程来抓。煤炭资源整合、兼并重组工作，主体全部到位，10月底可基本完成。通过整合，全省矿井数将由2600处压减到1053处，平均单井规模提高到110万吨以上/年，并全部实现机械化开采。与此同时，加大非煤矿山、尾矿库整顿关闭力度，从省长专项基金中支出1亿元用于关闭尾矿库，年内使非煤矿山企业总数从4257个减少到3200个以下，尾矿库总数从1735座压减到900座以下；全省烟花爆竹企业已在3月底全部退出了生产领域。实践证明，这些措施抓住了根本，抓住了关键，要坚定不移、坚持不懈地抓下去。要向结构要安全，继续按照建立多元、稳固、新兴的现代产业体系的要求，深化产业结构调整，对不符合安全生产条件的坚决关闭，对规模较小的生产企业实行兼并重组，对新上项目特别是能源资源型项目要严格准入标准；要向科技要安全，大力加强安全生产技术开发和产品研制，特别要加强信息化实时监控设施建设，把安全生产建立在科技保障的坚实基础上；要向装备要安全，加快更新企业安全生产装备和设施，提高企业机械化水平和资本有机构成，有效减少高危行业作业人员，控制重特大事故发生。

四、健全体制机制、实行依法治安是确保安全生产的根本出路

健全体制机制、实行依法治安是对过去安全生产工作成功经验的借鉴，顺应了安全生产综合治理、标本兼治的客观规律，反映了构建安全生产依法科学监管长效机制的内在要求。今年，我们按照这一要求，在省委、省政府的大力支持下，积极理顺监管体制，在全省政府机构改革中，将省安监局分设独立运行，配齐了领导班子，增设了内设机构，增加了人员编制，配备了执法用车，解决了多年无固定办公场所的问题，同时，进一步完善了市县安监机构，实现了市、县安监机构全覆盖，并在全省重点产煤和工矿企业发达的乡镇设置了安监站；切实加强制度建设，从进一步强化组织、制度、技术、人才、管理、措施、纪律、体制“八个保证”着手，省委省政府出台了《关于进一步加强安全生产工作推进安全发展的意见》、《安全生产工作考核评价体系》和《山西省人民政府关于2009年安全生产工作的意见》及安全生产委员会会议、厅（局）际联席会议、联合执法等十项安全生产制度，地方各级政府及省直有关部门出台了一系列贯彻安全生产十项制度的实施细则，省政府安委办正在加紧制定全省加强安全生产“三项建设”实施方案；不断强化监管力量，从大型煤矿和地方骨干煤矿的干部中选拔98名专业技术人员，担任重点产煤和非煤矿山市、县的市、县长安全助理，将安监执法人员培训首次纳入全省干部培训范围，加快构建专家治矿山和行家抓安全的管理模式。尽管如此，全省安全生产体制机制建设仍存在不少差距，安全生产制度体系不够完善、贯彻执行不够有力，安全监管机构和队伍不够健全，安监系统装备

水平低（仅相当于国家基本配置标准的30%），严重制约着安全监管职能作用的发挥。今后，要继续下功夫推进安全监管体制机制建设，把健全法制体制机制与依法治安紧密结合起来，在认真执行已经出台的各项法规制度的同时，着眼于构建长效机制，加快各项制度建设，尽快完善分级属地监管体制和行政执法制度，将安全生产全面纳入法制轨道；把强化政府的安全保障能力与发挥企业的安全保障能力紧密结合起来，加快建立覆盖各个重点行业（领域）和全省各地的安全生产应急救援体系，加快推进安全生产科技进步，加快改善高危行业和企业安全生产条件，进一步提升防范处置各类事故灾害能力；把提高安监队伍的政治素质和业务素质紧密结合起来，加强理论武装，加强业务学习和专门培训，加强作风建设和宗旨意识教育，严把安全监管人员“入口关”，努力打造一支政治可靠、业务过硬、作风优良、清正廉洁的安监队伍，以更好地履行职责、承担使命。

五、强化两个责任主体是落实安全措施、推进安全发展的主体力量

政府是安全生产的监管主体，企业是安全生产的责任主体。全部的安全生产工作最终要落实到这两个主体上，各种力量发挥作用也最终要通过两个主体来体现。因此，必须把最终的功夫、最大的力量下在落实两个主体责任上。今年，我们在落实政府安全监管主体责任方面：按照省领导“责任落实要在‘包’字上下功夫，把安全生产监管整治责任层层包到位”的指示要求，进一步完善全省安全生产考核指标和奖惩办法，把安全专项整治、煤矿兼并重组和烟花爆竹3月底前退出生产领域等工作列为约束性考核指标，同时增加了安全培训、宣传教育、安全文化建设，以及对煤矿、非煤矿山、道路交通等重点行业发生10人以上，危化、建筑施工等其他行业发生6人以上事故的，实行“一票否决”等硬性考评指标。在此基础上，层层分解和落实安全生产目标责任，将全省安全生产指标以目标责任书的形式，分解落实到市县政府、安监部门和有关单位，将我局承担的工作目标层层分解到局领导班子成员和相关处室及工作人员；全面推进对“三类企业”监管责任的“三落实，认真实行各级政府领导及安监部门负责人定期巡查尾矿库安全工作制度和安委会成员单位领导联片包市等制度。严格实行责任追究，变事故追究为隐患、事故追究并重。“9·8”事故以来，全省共查处各类安全生产事故2265起、结案2249起，对1473人进行了责任追究，对231名安全责任不落实、打击非法违法生产经营不得力的国家工作人员进行了问责，一些县（市）的党政主要负责人受到党纪、政纪处分。在落实企业安全生产主体责任方面：对国有煤矿实行了通风区长兼任矿长助理制度，对煤矿、非煤矿山实行了《配齐“六长”（矿长、安全副矿长、生产副矿长、机电副矿长、总工程师、通风区长）规定》和《企业安全生产标准化管理办法》等制度措施，有力推进了企业全员、全过程、全方位的安全管理。但从现实情况看，从近期发生的一些事故原因看，两个主体责任不到位的问题依然存在，特别是企业安全生产主体责任不落实的问题尤为突出。面对繁重艰巨的安全生产监管任务，今后最为根本的措施还是落实两个主体责任。要继续下大力气贯彻执行党政领导干部“一岗双责”规定和对“三类企业”安全监管的“三落实”制度，进一步强化安全生产考核奖惩工作，对完不成任务的要约谈、问责，实行评优评先“一票否决”，以不断强化各级各部门和领导干部、监管人员的主体责任；要下大大气全面推进《企业法人代表安全生产承诺制》，加紧制定实施金属非金属矿山《井下作业人员管理规定》、《地下矿山通风安全管理规定》和《露天矿山深孔爆破管理规定》，严格实行违法生产经营和发生事故企业“黑名单”制度，积极实施有利于调动企业安全生产积极性的政策措施，切实搞好对企业主要负责人、安全管理人员和高危企业全员培训，全面加强企业安全生产的各项工作，以不断强化企业的主体责任。只要不断强化两个主体责任落实，严格实行行政问责，坚信再经过一段时间的艰苦努力，全省安全生产形势一定会实现由明显稳定好转向根本性好转的跨越。

（作者系山西省安全生产监督管理局局长）

在不断解放思想中加快建设综合能源大集团

吴永平

伴随着共和国前进的步伐，大同煤矿集团走过了60年光辉历程。当前，在企业立足新起点，再踏新征程之际，同煤集团要进一步把握发展机遇，在解放思想上再有新突破，以思想的大解放、观念的大提升，推动企业发展的大提速、大跨越。

一、解放思想，是应对前进道路上各种新情况、新问题，不断开创事业新局面的根本要求

党的十七届四中全会在加强和改进新形势下党的建设

上提出的四个着眼于，首先就是“着眼于继续解放思想、坚持改革开放、推动科学发展、促进社会和谐”，把解放思想作为推动党的各项事业的前提和基础。综观我国60年发展历程，正是解放思想推动了社会发展、经济繁荣和人民生活水平大幅提升。

从同煤集团60年发展，特别是改制重组以来的发展历程来看，企业规模不断壮大、经济实力显著增强、产业结构走向多元、员工生活明显改善，每一次发展迈上新台阶、取得新突破，都离不开观念的提升、思想的解放、思路的创新。今天，同煤集团建成了全煤第一个循环经济工业园区——塔山园区，建成了由煤炭企业控股建设的最大的坑口电厂，特别是过去一年在党中央、国务院的深切关怀下，在山西省委、省政府的正确领导下，取得了企业发展史上的“十个历史之最”。这些辉煌业绩，无不绽放着解放思想、改革创新的光芒。

在同煤集团第八次党代会上，我们总结企业发展经验，吸收历届班子发展思想的精髓，进一步确定了“树立新思想、实施新战略、建设新同煤”总体发展思路。树立新思想，就是用科学发展观统一思想，指导工作，以科学发展观保证解放思想的正确方向。实施新战略，就是实施“81620”新战略，即“做强同煤，造福员工”8字工作总纲；“心齐人和，重建扩源，创新提升，共同富裕”16字发展方略；“尽心履职责，主动抓工作，提高执行力，落实全过程”20字行为要求。建设新同煤，就是建设“和谐美好、强势竞争、充满活力、殷实小康”的新同煤。

“三新”总体发展思路，从思想、行动、目标上形成了统一的整体，是同煤集团建设现代化综合能源大集团最根本的战略指导思想。在“三新”总体发展思路的指导下，同煤集团必将掀开新一轮解放思想、跨越发展的序幕，必将推动和实现同煤集团新的腾飞。

二、解放思想，就是要正视自我，敢于剖析和直面阻碍同煤集团加快发展的深层矛盾和问题

通过学习实践科学发展观活动，同煤集团广大干部员工深刻认识到，企业发展中仍存在着一系列制约科学发展的矛盾和问题。产业结构优势不明显，煤炭主业负担沉重；新老单位差距大，整体发展不平衡；人才矛盾制约，非煤技术薄弱；资金压力大，积累相对较少；安全责任大，基础不平衡；文化渗透不实，融合效果不强等等。解决这些矛盾和问题，就要在今后工作中进一步开拓创新，在新一轮解放思想中寻求出路。

要瞄准“三新”目标，特别是围绕实施“81620”新战略，坚持用科学理论武装头脑，用世界眼光审视发展，善于把握规律，富于创新精神，超前谋划，快速行动，抢占先机。要改变怕失误而不怕丧失机遇、怕负责而不怕发展慢的错误的精神状态，勇于变革、勇于创新、永不僵化、永不停滞，人人树立强烈的责任意识、危机意识和发展意识，激发动力，推陈出新，让每项工作呈现出活力迸发的局面。

三、解放思想，才能进一步构建充满活力、富有效率、更加开放、有利于科学发展的体制机制

今天的同煤集团，人心思上、人心思进、人心思干、民心可用、民意可依、民气可成。我们就是要充分利用这种心齐人和的大好时机，进一步推动解放思想，促进观念转变，努力创新体制机制，不断深化企业各项改革，为推进“三新”总体发展思路，建设具有国际竞争力的现代化综合能源大集团，激发各个层面的动力，营造良好的环境条件。

各级领导人员要围绕本单位、本部门中制约和阻碍发展的体制机制，着眼现实，正视差距，努力寻找症结，坚决摒弃陈旧的思想观念，坚决革除低效率的做法习惯，在每项工作中力求变革，力求突破，在解放思想中开拓前进。特别是在事关企业长远发展的重点项目建设和资源扩充中，既要善于接受新思想、树立新观念，善于引进优秀管理经验和先进科学技术，又要提高消化、积累、吸收和再创新能力；既要把握当前，满足现实发展的要求，又要着眼未来，奠定长远发展的基础。

四、解放思想，必须强化学习，提高抢抓机遇和应对各种挑战的能力

当前，世界在变化，形势在发展，建设中国特色社会主义的实践在深入。特别是在历史罕见的世界金融危机中，随着我国宏观调控各项政策措施的落实，国民经济运行继续保持了企稳回升的势头。种种迹象表明，新一轮的大发展正在酝酿，新的机遇正等着我们去抢抓。

党的十七届四中全会强调要建设马克思主义学习型政党。同煤集团作为国有特大型企业，要在新一轮的发展中继续抢占先机，赢得主动，必须把建设学习型党组织、学习型企业作为重大而紧迫的战略任务。只有不断学习、善于学习，努力掌握和运用一切科学的新思想、新知识、新经验，才能不断促进观念更新，推动思想解放，开拓工作新局面，始终走在时代前列，当好发展排头兵。

五、解放思想，就是要求真务实、艰苦奋斗、付诸行动，让美好的蓝图成为现实

回首党的奋斗历程，我们党正是在解放思想和求真务实中，在一代代人的艰苦奋斗中，把事业不断推向前进。

实现建设新同煤的目标，就是要按照十七届四中全会的要求，建设立党为公、执政为民、求真务实、改革创新、艰苦奋斗、清正廉洁、富有活力、团结和谐的领导班子和党员干部队伍；就是要在“三新”总体发展思路的指导下，

进一步细化目标，分解任务，明确责任，把工作细化到每个环节，落实到每个步骤。要深入践行20字行为要求，打造执行力文化，培育优良工作作风，使人人头上有目标、人人身上有担子，形成人人抓落实、主动抓落实、创新抓落实的良好工作局面。靠求真务实、发奋进取的工作，实现建设现代化综合能源大集团的目标。

（作者系大同煤矿集团公司董事长、党委书记）

实现山西省扶贫开发工作科学发展的思考

刘昆明

在深入学习实践科学发展观活动中，我们采取原原本本学习、专家辅导、座谈讨论、调查研究、大会交流等方式，紧密结合我省贫困地区经济社会发展的实际，深化认识，解决问题。我们深切感到，当前和今后一个时期，有效推进我省扶贫开发工作科学发展，要着力把握好四个方面的工作：

一、坚持用科学理论武装头脑，牢固确立科学发展观在扶贫开发工作中的指导地位、指导作用

党的十七大指出：科学发展观是我国经济社会发展的重要指导方针，是发展中国特色社会主义必须坚持和贯彻的重大战略思想。胡锦涛总书记指出：扶贫开发是建设中国特色社会主义事业的一项历史任务，也是构建社会主义和谐社会的重要内容。这使我们更加明确科学发展观与扶贫开发工作的渊源关系；更加坚定科学发展观是我国扶贫开发工作必须坚持和贯彻的重大战略思想；更加自觉在实践中发挥科学发展观的指导作用。

牢固确立科学发展观的指导地位、指导作用是用科学理论武装头脑的现实需要。科学发展观是与马克思列宁主义、毛泽东思想、邓小平理论和“三个代表”重要思想一脉相承、与时俱进的科学理论；是马克思主义中国化的最新理论成果；是我党科学理论探索又一次质的飞跃。科学发展观站在新世纪新阶段和新的历史起点上，运用马克思主义世界观和方法论，科学回答了“实现什么样的发展、怎样发展”的问题，深刻揭示了我国现代化建设的发展目标、发展内容、发展战略、发展模式、发展道路等，集中体现了与时俱进的马克思主义关于发展的世界观和方法论。当前，我国扶贫开发正处于一个发展的重要历史关口，摆在我们面前的一个紧迫而重要的课题，就是用科学发展观这一马克思主义中国化的最新理论成果武装头脑。只有全面系统地把握科学发展观的重大意义、科学内涵、精神实质和根本要求，努力掌握观察事物、判断形势、破解难题、推动工作的科学世界观和方法论，我们才能更加自觉地用发展着的马克思主义指导客观世界和主观世界的改造，才能不断提高运用科学理论分析和解决实际问题的能力，进而指导新的实践、推进新的扶贫开发工作。

牢固确立科学发展观的指导地位、指导作用是坚持理论联系实际优良作风的具体体现。理论联系实际是我党的优良作风，实践性是科学发展观的本质特性。为此，学习实践科学发展观一定要从客观实际出发，坚持理论联系实际，解决实际问题；坚持解放思想、实事求是、与时俱进，用实践检验一切；坚持把中央的精神和下面的实情研究透、结合好，进而对本地区和扶贫部门的经济社会发展的实际做出科学准确判断，因地制宜、因时制宜地把科学发展观的要求贯穿于扶贫开发工作。当前，在加快贫困地区发展、构建和谐社会过程中，我们会遇到许多新情况、新问题，要解决这些问题，就必须从我省和本部门的实际出发，下功夫研究如何把科学发展观的立场、观点和方法贯穿在对实际问题的分析和解决之中，将学习实践科学发展观活动激发出来的强大动力转化为谋划贫困地区科学发展的正确思路、推动贫困地区科学发展的坚强意志、领导贫困地区科学发展的实际能力、促进贫困地区科学发展的有力举措。切实解决学归学、用归用“两张皮”问题，达到理论和实际的有机统一。

牢固确立科学发展观的指导地位、指导作用是统筹推进扶贫开发工作的必然要求。我省是一个贫困面积大、贫困人口多、贫困程度深的欠发达内陆省份。贫困群众生存发展条件差，抗灾能力脆弱，返贫现象严重；经济社会发展不全面，城乡二元结构局面急待改变，地区发展很不平衡，经济增长对资源、环境的压力日益加剧。我们在贯彻落实科学发展观过程中，存在“五个不够”的突出问题，即：实现贫困地区科学发展的思想基础还不够扎实；保障贫困地区科学发展的物质基础还不够充足；推动贫困地区科学发展的体制机制还不够完善；加快贫困地区科学发展的工作力度还不够有力；促进贫困地区科学发展的能力素质还不够高。十七届三中全会《关于推进农村改革发展若干重大问题的决定》指出，我国已进入着力破除城乡二元结构、形成城乡经济社会发展一体化新格局的重要时期。

为此，我们要把思想统一到科学发展观上来，统一到中央的决策和要求上来，自觉地用科学发展观指导扶贫开发工作，实现经济社会又好又快地发展；我们要牢牢把握我省贫困地区的基本情况和当前工作现状，适应贫区改革发展新形势，顺应贫民过上美好生活新期待，抓住机遇，开创局面；我们要坚持按照科学发展观的要求想问题、办事情、作决策，更加注重统筹兼顾，做到区域协调发展、经济社会协调发展、人与生态和谐发展，妥善处理当前各方面突出矛盾，协调好各种利益关系。凡是符合科学发展观的事情就全力以赴地去做，不符合的就毫不迟疑地去改，真正使促进贫困地区发展的各项工作都经得起历史和人民的检验，实现全面、协调、可持续的发展，以不断提高人民生活水平，保证贫困群众共享改革发展成果。

二、积极适应形势任务要求，实现新阶段扶贫开发工作的科学发展、战略转变

党的十七届三中全会从中国特色社会主义事业总体布局和全面建设小康社会战略全局出发，描绘了我国农村全面小康建设的宏伟蓝图，制定了新形势下推进农村改革发展的行动纲领。扶贫开发既赢得加快步伐的机遇，也面临拉大差距的挑战。我们要认真学习、深刻领会全会和2009年中央1号文件精神，贯彻落实科学发展观，进一步认清形势任务；进一步认清扶贫开发所处历史方位；进一步认清国情省情民情尤其是贫情，积极适应，把握主动，结合实际，努力找准贯彻落实科学发展观的切入点和突破口，在扶贫思路和政策体系上实现战略转变，探讨调整和完善治贫方略设想。

总体思路：围绕一个中心；实现三个转变；推进一个战略；实施五项工程；强化五大支撑，推动贫困地区科学发展、和谐发展。（一个中心：减贫增收；三个转变：由低的扶贫标准到新的扶贫标准的转变、由扶持部分农村低收入人口到扶持农村低收入人口全覆盖转变、由解决贫困人口的温饱问题到提高贫困人口的自我发展能力转变；一个战略：“两区”开发；五项工程：整村推进、移民搬迁、产业开发、劳动力培训转移、教育扶贫；五大支撑：干部队伍、政策法规、机制体制、措施办法、社会力量。）

总体目标：减贫、增收、强素质、打基础，促进和谐发展，共享改革成果。

坚持”三个基本原则”：

(1) 坚持革命老区优先扶持原则。值此建国60周年之际，使我们更加铭记革命老区卓越的历史性贡献。我省革命老区始创于抗日战争时期，由中共中央、中央军委、八路军总部、北方局作为重要战略部署直接领导创建，是八路军总部和三大主力师所在地，是抗日战争的主战场之一。八路军总部在武乡、左权等地坚持8年之久；领导和指挥了华北敌后的抗日战争。在长达12年的抗日战争和解放战争中，晋西北和太行山革命根据地始终发挥着华北抗战中心和战略后方作用。革命老区还进行了政治、经济、文化等各方面的建设，成为新民主主义社会的雏形，为新民主主义社会制度建设积累了丰富经验。优先扶持老区发展，使老区人民与发达地区人民一道共享改革开放的伟大成果，具有重要的现实意义和深远的历史意义。

(2) 坚持重点贫困区域强力扶持原则。落实科学发展观，构建和谐社会，是一个重大的发展战略和发展政策。在激烈的市场经济竞争中贫困地区人民处于不利地位，与发达地区的差距日益扩大，享受不到经济发展带来的足够利益和好处，特别是地区发展差距派生了巨大的利益差距，带来了区域间的利益不公平，利益摩擦在加大，容易引发更多的社会矛盾。2006年省委、省政府《关于加快晋西北太行山革命老区开发的决定》，启动实施了“两区”开发战略，着力解决区域经济社会发展不平衡、不协调问题。

(3) 坚持生态环境修复保护原则。从贫困现状看，主因是生态贫困。山西的贫困县主要分布在吕梁山黄土丘陵沟壑区、太行山干石山区、晋北高寒冷凉区。东部太行山区和西部吕梁山区是全国十八片集中连片贫困地区中的两个；吕梁山、晋西北地区土地沙质荒漠化发展迅速。这些地区水土流失严重，土地瘠薄，干旱、洪涝、冰雹、霜冻等自然灾害频繁，自然条件很差。要着眼开发与保护、当前与永续，注重保护、修复生存发展环境，加强生态文明建设。

突出“四个工作重点”：目前工作重点形成整村推进、移民搬迁、产业开发、劳动力培训转移、教育扶贫五项工程和“两区”开发的基本格局。辩证唯物主义重点论告诉我们，在研究复杂事物的发展进程时，要着重把握它的主要矛盾；在研究任何一种具体的矛盾时，要着重把握它的主要方面，我们认为，坚持科学发展观以人为本的核心，着眼实际效益，用重点和一般相结合的工作方法，需要进一步强化“四个工作重点”：

(1) 整村推进。我省35个国家扶贫开发工作重点县全部属于革命老区，共有5321个贫困村需要实施整村推进，占全国的20%，是完成“三个确保”任务最重的省份。面对任务重、难度大、资金缺口多的压力，我们作为三年攻坚工程，确保圆满完成。逐步向连片开发转变，通过政策统筹、机制创新、有效整合财政扶贫资金和其他涉农资金，实施集开发优势产业、改善基础设施、发展社会事业和提高农民素质为一体的综合开发，促进区域贫困面貌得到明显改善，自我发展能力得到较大提升。

(2) 移民搬迁。移民搬迁从根本上解决了人的生存环境。我省10多年来，按照“搬得出、稳得住、能致富”的工作思路，将分散居住在山庄窝铺的贫困户，整村搬迁，聚集安置，整合资源，设施配套。我们还将按照城乡经济社会发展一体化要求，逐步向城镇化目标迈进，向城郊、中心镇、中心村和工业功能区聚集，在统一制定土地利用总体规划的基础上，明确功能区定位，统一规划基本农田保护区、移民生活区、工业园区、商贸物流区、文教休闲区、畜牧养殖区、高效种植区、旅游服务区、生态涵养区

等，使移民新村提档升级、城乡发展能够互相衔接、互相促进。我省“左权模式”提出“1+34”的发展目标，即以县城为核心，选定基础条件好、发展潜力大、人口相对集中的34个村为中心村，进行高标准规划，鼓励偏僻、贫困山村人口有计划、有步骤地移民搬迁，计划到“十三五”末，实现全县人口全部进入县城和中心村的目标。

(3) 产业开发。产业开发从根本上解决了人的发展条件。产业开发是培育贫困人口造血功能、解决增收发展条件问题的有效途径，创建贫困地区大产业、大项目的产业集群是大效益、大带动的根本出路。目前，我省32个产业扶贫国家级龙头企业发挥了积极的带动作用。“两区”开发战略以增加地方财政收入和农民收入为主要目标，按照“三年打基础、五年上台阶、十年大翻身”的战略部署，以产业发展为龙头，以交通基础设施建设为重点，带动改善生态，促进社会事业全面发展。实施3年来，402个产业项目全部开工建设，建成投产项目319个占79%、达产达效项目184 个占46%，综合效益较大显现。2009年将启动第二轮产业项目。

(4) 教育扶贫。教育扶贫从根本上解决了人的素质能力。把教育扶贫作为治本之策，关系到人的全面发展的根本性长期性问题。要牢固树立“治愚就是治穷”的观念，在“治愚扶智”上下功夫，打破祖祖辈辈、子子孙孙延续贫困的链条。积极扶持贫困地区教育发展；积极扶持贫困家庭学生完成小学、中学、大中专学业；积极扶持贫困家庭职业教育学生；积极扶持、联合农民工技能培训学校，由短期培训向中长期培训转变、由劳力型培训向技能型培训转变、由低标准培训向高标准培训转变、由基地培训向职业院校培训转变，为培养脱贫致富人才和较高素质的劳动力奠定基础。

注重“三个结合”：

(1) 与新农村建设相结合。我们认为，山庄窝铺、移民新村、新农村是全面建设小康社会道路上不同发展阶段的表现形式，每个阶段都经历了螺旋式上升、曲折中前进。为此，贫困村和移民村的后续发展、可持续发展需要与新农村建设融合，接受“输血”，强筋壮骨。目前，我省多数移民新村已经成为社会主义新农村建设的示范村，实现稳定脱贫。

(2) 与城镇化建设相结合。进入新世纪，城镇化进程明显加速，城市产业发展对劳动力需求明显增加，农村劳动力也越来越多进入城镇就业，城镇人口正在发生快速而深刻的变化。我们认为，实施以解决低收入人口为主的扶贫开发必须将扶贫开发融入到城镇化的进程之中，使贫困群众共享现代文明，提高生活质量。

(3) 与农村最低生活保障相结合。扶贫开发对象主要是瞄准有发展能力的贫困群众；农村最低生活保障制度，将符合条件的农村贫困人口纳入保障范围，重点保障病残、年老体弱，丧失劳动能力等生活常年困难的农村居民。低保与扶贫开发扶持对象虽有区别，但工作具有互补性，为此，要与农村最低生活保障制度对接，形成无缝隙扶持贫困。

明确“三项基本要求”：坚持开发式扶贫的方针不动摇；坚持扶贫攻坚的力度不减弱；坚持探索创新工作模式的劲头不松懈。

三、着眼提高扶贫开发效益，建立和创新长效机制、工作制度

提高扶贫开发效益，必须以实事求是的态度、改革创新的精神和与时俱进的勇气，深入思考和正确把握形势变化给扶贫工作带来的影响，勇于摒弃束缚科学发展的思维模式和陈旧观念；勇于创新符合科学发展的扶贫模式和组织形式；勇于探索适应科学发展的体制机制，破解难题，使我省扶贫开发工作始终充满生机活力，促进和谐山西建设。

财政扶贫资全稳定增长机制。国家、省、市、县都应建立财政扶贫资金稳定增长机制。特别是要求财政收入状况好的市、县要切实加大扶贫投入力度，根据财力增长情况．明确扶贫投入增长比例，做到财政扶贫资金增长幅度高于财政收入增长幅度，促进贫困地区加快发展。

金融机构支持运行机制。充分利用国家加大金融对经济增长支持力度的政策机遇，扶持发展小额信贷、村级互助资金、专业合作社、农村银行等融资渠道。总结推广国家开发银行在长治市实行开发性金融支持产业扶贫的经验做法。通过政府、银行、企业多方合作，建立长效稳定和可持续发展的金融机构支持扶贫开发运行机制，帮助贫困地区中小企业和贫困群众解决生产生活困难。

资金监督管理机制。将扶贫专项资金的安全运作、有效管理、严格监督作为监管重点，涉及扶贫资金项目的评估、论证、计划、执行情况等实行全程监督。每年都要对市、县扶贫资金管理使用情况进行定期检查和不定期抽查，及时发现并纠正在扶贫资金管理使用中不规范的行为，加大对严重违规违纪情况的查处力度。进一步完善扶贫资金管理办法，有针对性地出台相关制度，强化领导，落实责任，不断完善扶贫资金管理使用机制，提高资金使用效益。

社会力量参与扶贫动员机制。我们要挖掘社会资源潜力，加快建立和完善社会力量参与扶贫开发的长效机制，拟以省政府名义出台《关于我省社会力量参与扶贫开发工作的意见》，在机关单位定点扶贫的基础上，明确鼓励和动员企业、院校、部队、团体等各界社会力量参与扶贫的政策措施，特别是要充分利用我省煤炭企业不断发展壮大的优势条件，实施以煤扶贫战略，加快扶贫开发进程。

专家咨询科学决策机制。对涉及扶贫开发长远规划和改革发展等方面的重大问题，要组织专家和精干力量，深入基层认真调查研究，进行工作评估，广泛征求意见，分析论证，科学决策。

扶贫开发科学发展工作绩效考评机制。合理设置扶贫工作的绩效考评指标，研究设计促进我省贫困人口科学发

展的贫困地区农民人均纯收入增长幅度等指标内容，纳入相应的绩效考评体系，把增加收入、提高素质、打牢基础、和谐发展摆在扶贫开发的突出位置。

四、围绕减贫增收的中心任务，突出经常性工作的重点环节、能力建设

经常性工作是重点工作的保障，搞好经常性工作有利于重点工作的有效推进，两者互为促进，相得益彰，为此，要在重点环节、能力建设上下功夫。

要大兴调查研究之风，高度重视扶贫开发理论建设。德国著名诗人歌德有一句名言："理论是灰色的，而生活之树是常青的。"列宁在《怎样组织竞赛》一文中，为了强调"理论由实践赋予活力，由实践来修正，由实践来检验"，曾引用过歌德的这句名言。这样引用恰到好处，形象生动，也很有说服力。因为实践之树始终蓬蓬勃勃，充满生机，总是不断抽出新的枝条，发出新的叶芽，当然是常青的。而那些在特定历史条件下产生的具体理论，一旦实践发展变化了，具体理论的真理性就会大打折扣，甚至完全丧失，变成灰色。理论来源于实践、指导实践，只有与实践相结合才会有生命力。我办连续两年组织机关和事业单位全体干部，结合各自工作实际，深入基层开展了为期一个月的大调研活动。全体干部切实转变作风，改进工作方法，深入贫困地区，集中群众智慧，反映群众心愿；求真务实，细调深研，形成调研成果进行大会交流，为开展工作、决策提供了基本依据，发挥了重要的指导作用。这次学习实践活动，党组成员分别带队，进行了7个课题调研，进行较为系统的思考，提出了一系列前瞻性意见。当前，扶贫开发理论滞后，扶贫实践迫切需要前沿性理论指导，迫切需要开展专门研究活动。我们相信，通过努力，扶贫开发的理论之树一定常青。

要大幅度提高干部素质，高度重视干部队伍能力建设。毛泽东同志说过，政治路线确定之后，干部是决定因素。加强和改进干部教育培训工作是一个重要举措，对于培养和造就高素质的干部队伍，推动学习型机关建设，加强扶贫开发建设，具有十分重要的意义。近年来，我们联系实际创新路，加强培训求实效，不断探索干部教育培训工作的新方法、新途径；不断增强教育培训工作的针对性和实效性，推进干部教育培训工作的科学化、制度化、规范化。形成处级、科级、科员多层次，政治理论、政策法规、业务知识、文化素养多内容，党校培训、专家讲座、专题交流、社会调查、参观见学、挂职锻炼多形式的教育培训工作，着力提高干部科学指导能力、调查研究能力、解决问题能力、文字写作能力、语言表达能力、协调落实能力，将大幅度提高干部素质的战略任务落到实处，努力建设和打造一支政治坚定、业务过硬、作风优良、工作高效的干部队伍，为加快推进扶贫开发工作提供了思想政治保证、人才保证和智力支持。但是，我省扶贫系统2002年机构改革后，市县扶贫办编制机构没有完全理顺，参差不齐，多数单位编制少、干部缺、办公经费严重不足。由于工作任务繁重，一些单位长期借用人员，使扶贫干部队伍建设受到影响，需要进一步加强。

要大力气培养和推广先进典型，高度重视典型的示范带动效应。典型引路是我们党的重要工作方法，一个典型就是一面旗帜。面对加强贫困地区建设的新形势、新任务，培养什么样的典型、怎样选树典型、如何用好典型，需要创新思路、创新方法。多年来，涌现出一大批扶贫工作和服务扶贫的先进典型，也有一些好的经验做法。为此，我们要更加重视先进典型单位和优秀个人的培养推广工作，重视工作经验的总结推广工作，学习先进典型，紧密联系实际，我省扶贫部门各级党组织要把开展学习先进典型的活动融入学习实践科学发展观活动中，表彰先进典型，宣传优秀事迹，传播先进经验，树立学习目标，激发广大党员干部扎根贫区艰苦创业、开拓创新、争先创优的热情，以点带面促进工作。

要大范围加强贫困村基层组织建设，高度重视一线战斗堡垒作用。坚强的基层战斗堡垒是扶贫开发、维护群众根本利益、致富奔小康的有力组织保证。为此，要着力解决重建项目轻建班子的问题，全面实施村级组织规范化建设工程，把加强村支部班子建设作为扶贫开发的头等大事，通过乡镇干部下派、充实大学生"村官"、"三支一扶"大学生志愿等办法，进一步优化支部班子结构，提高党员队伍和干部队伍能力素质，切实形成凝聚力、战斗力，以充分调动贫困群众积极性、创造性，密切干群关系，营造和谐发展氛围。

要大力度持久推进学习实践活动，高度重视巩固扩大成果。科学发展观是建设中国特色社会主义理论的重大创新和发展，对我们进一步做好扶贫开发工作具有非常重要的指导意义。我们这次集中学习实践活动，不可能解决所有的问题，科学发展观的学习实践，是一个需要长期坚持努力、不断深化提高的过程。因此，在今后的扶贫开发实践中，要进一步建立完善学习实践活动制度，通过认真落实好中心组学习、干部培训、党员轮训、自学等制度，坚持不懈地学习改造，做学习实践科学发展观的坚定信仰者和模范执行者，推动我省贫困地区科学发展。

（作者系山西省扶贫开发领导组办公室主任）

理论工作为“三个发展”服务应重点解决的几个重大问题

尹天五

山西省委在提出“走出四条路子”、“实现三个跨越”这一战略思路后，又与时俱进地提出了转型发展、安全发展、和谐发展这一战略重点，并把它作为学习实践科学发展观的主题和载体。“三个发展”高屋建瓴、总揽全局，揭示了山西经济社会发展的特点和规律，抓住了山西崛起的关键和要害。那么理论工作如何为“三个发展”服务呢？我认为，当前应当针对各种前所未有的机遇和挑战，着力研究和解决山西发展方面的六个重大问题。

第一，针对价值多元化的机遇和挑战，着力研究和解决山西发展的灵魂问题

灵魂问题至关重要，灵魂就是旗帜，灵魂就是精神，灵魂就是形象，灵魂就是导向。一个人没有灵魂，就是一具僵尸，一个国家、一个民族、一个省、一个地区没有灵魂，就没有生机和活力，就没有前途和希望。在思想多元化、观念多元化、价值追求多元化的当今时代，对我们铸造发展的灵魂来说，既是机遇又是挑战。说它是机遇，是因为它为我们每个人充分地展示自我，超越自我，实现人的自由全面发展开辟了广阔的道路，使我们每个人都充满着无限的可能和希望。说它是挑战，是因为一些颓废、腐朽的价值观念和思想正在侵蚀和消解着我们的主流意识形态，侵蚀和消解着我们民族的凝聚力，坚持和巩固马克思主义在意识形态领域的指导地位、强化我们民族的凝聚力面临着严峻的挑战。因此，如何卓有成效地用马克思主义一元化的指导思想引领、统领、整合多样化的社会思想，如何卓有成效地构建社会主义核心价值体系，形成科学正确的价值导向和价值追求，打牢全党全国人民团结奋斗的共同思想基础，铸造我们的国魂、铸造我们的民族魂、铸造我们的省魂，需要社科理论工作者下大功夫，深入研究。

诚然，山西有自己的省情，如何铸造我们的省魂，如何铸造我们山西发展的灵魂，绝然不能照抄照搬，必须把马克思主义的基本原理、把中国特色社会主义理论体系、把社会主义核心价值体系同山西的实际紧密结合起来，把国外的经验、省外的经验同山西的省情紧密结合起来，把山西传统的优秀文化同先进的现代文化结合起来。

众所周知，山西的精神资源博大精深，十分丰富。震古烁今的晋商精神，光耀千秋的太行精神，名满华夏的大寨精神，魅力四射的申纪兰精神、李双良精神，气吞霄汉的太旧精神、大运精神，等等，树立了一座座金碧辉煌的精神丰碑，为我们构筑山西的发展灵魂提供了取之不尽、用之不竭的宝贵财富。社科理论工作者应当通过多方面、多领域、多学科的深入研究，努力探索和铸造能够体现山西特色、代表山西精神、展示山西形象、凝聚山西人心、引领山西走向的发展灵魂，力求用简明扼要、生动朴实、好懂易记的语言把它表述出来，大力宣传，持久宣传，让它深入人的心灵，融入人的血液，渗透于人们的日常生活之中。如果我们能够把铸造山西发展灵魂这件事做好，那么山西就能经受住包括金融危机在内的任何风险的考验。毫无疑义，这是社科理论工作对山西转型发展、安全发展、和谐发展最大最根本的贡献。

第二，针对经济全球化的机遇和挑战，着力研究和解决山西发展的定位问题

经济全球化是一把双刃剑，对此，我们过去理解不深。由美国次贷危机引发的金融危机、经济危机，给我们上了生动而深刻的一课。去年9月以来，我省煤炭市场变化神速，顷刻之间，由供不应求变为供大于求，由异常繁荣转为快速衰退，戏剧性的变化，使许多煤企老板惊恐万分，措手不及，煤炭市场长盛不衰的梦想，一夜之间，灰飞烟灭。无情的事实使人们深切地感受到全球化有春天也有冬天，有暖流也有寒流。就连我省农村也深深感受到金融危机的影响，比如，运城市的产棉县，许多人家的棉花堆积如山，卖不出去。就是因为美国发生了金融危机，全球的消费萎缩，影响了我国棉纺织品的出口，导致我国出口企业产品积压，开工不足，许多企业纷纷倒闭，棉花需求下降，价格下滑，棉农惜售。这就是经济全球化背景下我们遇到的问题。所以经济全球化既有它正面的影响，也有它副面的影响，我们应当趋利避害，正确应对它带来的机遇和挑战。特别是我省以煤炭为主的传统产业占很大比例，应对金融危机回旋余地极小，灵活性严重不足。因此，金融危机背景下，如何解决山西发展的定位问题被十分突出地提了出来。山西的社科理论工作者在研究山西发展定位

问题上承担着重要的使命。

要用世界眼光、战略思维研究和思考山西在世界格局中、在全国格局中的优势和劣势、长处和短处，研究和思考山西在全国生产力布局和产业分工中应当扮演的角色。虽然这几年这方面的研究成果不少，但远远不够。真正做到客观、科学、准确、清晰地定位，还有诸多问题需要研究，众多难题需要破解，只有做到了准确定位，才能为“三个发展”特别是经济的转型发展提供科学的依据和重要的前提。

我们常说山西有两大资源优势，一个是以煤炭为主的矿产资源优势，另一个是历史文化资源优势，但这两大资源优势都没有真正转化为我省的产业优势、经济优势和发展优势。煤炭越挖越少，而且污染环境，破坏生态，成本递增，效益递减，安全事故频发，不可持续发展。多年来以煤炭为主的重型产业，一方面给我省创造了巨额的财富，另一方面为我省带来了无穷的祸患。因此，可以说煤炭资源既是我省的优势，也是我省的包袱。所以资源型经济必须转型，不转型山西只能是死路一条。文化资源是越挖越多，而且不污染环境，不破坏生态，成本递减，效益递增，运行安全，可持续发展。但是我们对文化资源的研究和探索，还处在很初级的水平。因此，我们必须通过深入的研究，弄清山西文化的家底，对它的种类、分布、功能、地位、作用和价值有一个全面准确、科学、客观的认识和定位。当然对文化的定位只是总定位的一个方面，我们还需要对山西经济社会各个领域的情况进行研究，为山西发展的定位提供坚实的学理支撑，为推动“三个发展”提供正确方向和思想理论基础。

第三，针对经济格局新变化的机遇和挑战，着力研究和解决山西发展的道路问题

在省九次党代会上，张宝顺书记在报告中提出了走出“四条路子”、实现“三个跨越”的发展思路，这个发展思路，符合科学发展观的要求、符合山西的省情实际，符合山西人民群众的意愿，符合时代发展的潮流，是一个实事求是、与时俱进的战略思路。它一经提出，就引起了社会各界的强烈反响和高度赞誉，取得了广泛的社会共识。去年，省委宣传部组织编写的五本《科学发展观在山西的实践系列丛书》，对这个发展思路进行了比较深入的研究和阐释。在学习实践科学发展观的活动中，省委提出转型发展、安全发展、和谐发展的战略重点，并将这“三个发展”作为学习实践活动的的主题和载体。战略思路、战略重点的科学和明晰，使我们对山西发展道路的认识进一步深化。

但是，研究山西是一个无穷无尽的动态过程，不可能毕其功于一役。国际国内形势风云变幻，发展中遇到的矛盾、困难和问题错综复杂，研究和探索真理是一个永恒的过程，我们只能不断地迫近真理，不可能穷尽对真理的探索。在金融危机肆虐全球，国际国内的经济格局不断发生重大变化的情况下，必须站在新的起点上，以超前的眼光、系统的思维，辩证的逻辑来重新审视山西发展的道路问题。为此，我们必须继续高度重视我省发展战略的研究，要深化对经济结构调整的研究，使我们传统产业新型化、新兴产业规模化、支柱产业多元化的结构调整目标切实得以实现；要深化对经济发展方式的研究，使我们资源消耗低、环境污染少、经济效益好的新型工业化目标切实得以实现，要深化对我省战略重点的研究，使我们农业现代化、新型工业化、特色城镇化的目标切实得以实现。

第四，针对深化改革的机遇和挑战，着力研究和解决山西发展的动力问题

动力问题就是改革问题，就是通过体制机制的改革，进一步破除束缚生产力发展的体制性障碍，为生产力的解放和发展开拓更为广阔的空间，创造更为优良的软环境。以十七届三中全会为标志，农村的新一轮改革正式拉开了帷幕，其他方面的改革，比如文化体制改革、财税体制改革、投融资体制改革、国有企业改革、行政管理体制改革、社会领域里的改革，等等，都在进一步深化。改革进入了攻坚阶段，进入了深水区。实事求是地讲，30年来，我省的改革开放事业取得了巨大成就，为山西的发展创造了前所未有的体制环境，但也不能不看到，同全国发达地区和同类地区相比，山西的改革总体滞后。我们知道，煤炭行业是计划经济的最后一座堡垒，国家在价格上放开的比较晚，客观上影响了我省的改革进程和市场化进程。但从主观上看，我们对山西以煤炭、焦炭、电力、冶金、建材等重型产业占主导地位的这样一个结构，如何进行改革，还没有拿出一套完全符合山西实际、符合客观规律的改革的思想理论、政策建议、方案措施。

因此，在新一轮的深化改革中，社科理论工作者要及早介入，超前研究。要知道，过去改革落下的步子很难补回来，因为市场化已经30年，人们的思想观念、思维方式、行为方式已经发生了巨大的变化，体制环境、政策环境也发生了巨大的变化。比如，改革初人们凭借政治热情、道德力量，在推进改革中，能够牺牲自我的利益，这一点现在就不容易做到了。比如，过去地方政府对土地有着相当大的支配权，可以经营城市，经营土地，现在就没那么大权力了。因此，我们一定要以新的思维研究山西的改革开放，为新一轮的深化改革提供理论支持和决策参考，不仅不能使山西的改革再落下步子，而且要努力使山西的改革勇立潮头，用卓有成效的改革推进山西的“三个发展”，努力赶上发达地区。

这里需要特别强调的是，要高度重视对文化体制改革的研究。近年来，中央出台了一系列文化体制改革的政策措施，一些先进的省份，通过加快文化体制改革，大大解放了文化生产力，文化事业和文化产业发展出现了强劲的势头。我省虽然也做了大量的工作，但是体制改革十分滞后，文化发展的动力和后劲严重不足。我认为，总的看，全国的文化体制改革刚刚开始，我省绝不能在这方面落下

步子。当前要重点研究和解决这样四个问题：一是领导体制问题。文化体制改革是涉及全局的改革，光靠宣传部门推动是不行的，各级党委政府特别是一把手必须亲抓亲为。要认真研究解决现行体制职能交叉，职责不清，推诿扯皮，影响效率的问题。二是改革重点问题。改革一定要抓重点、抓关键、抓要害，对哪些是重点的部门、哪些是重点的领域、哪些是重点的环节、哪些是重点的问题，一定要深入研究，这样才能拿出科学的思路、方法、对策、措施，保证改革的科学性和正确性，保证公平和效率的统一，保证改革的针对性和实效性。三是民营企业问题。文化体制改革的重点当然是国有文化领域，但是如果没有民营文化企业的参与、没有推动民营文化企业发展的好政策，没有民营文化企业的活跃和繁荣，国有文化企业的改革就不可能取得成功。我们要通过深入的研究探索，努力走出一条山西国有、民营文化企业相互交融、相互促进的科学发展道路。四是资金融通问题。改革和发展紧密相关，不改革，发展就没有动力；不发展，改革就失去支撑。但改革和发展都离不开钱。当前，我们一方面要争取财政资金，支付改革成本，充实发展资金。另一方面要通过政策措施，融通社会资本。特别是金融危机给我省煤炭产业造成了强烈的冲击，但对我们发展文化产业却是天赐的良机。现在，许多私企老板手握重金，找不到好的投资项目，我们应当利用这难得的机遇，把诸如此类的社会资本吸引到文化产业上来。现在关键是要研究出一套好的政策和措施来。因此，只有科学有效地推动文化体制改革，形成公有制文化企业为主体、多种所有制文化企业共同发展的新格局，才能为山西文化大发展大繁荣提供不竭的动力源泉。

第五，针对社会分层的机遇和挑战，着力研究和解决山西发展的主体问题

山西的发展主体是什么，基本的主体，当然是工人、农民、知识分子。同时随着社会分层的加剧，又出现了许多新的社会阶层，可以说社会阶层在日益多元化，比如说个体工商户、私营企业主、职业经理人，比如说煤老板、种粮大户、房地产开发商，比如说富人、穷人、中等收入阶层，比如说党员、干部、群众，等等，可以有各种各样的分法。而且这种多元化的趋势还在深入发展。这种多元的阶层都是山西发展的主体，他们的思想状况、生活状况、工作状况、思维方式、行为方式、利益诉求，他们的失败和成功、他们的欢乐和痛苦、他们的梦想和追求，等等，都需要我们分门别类的进行研究，从而化解矛盾，理顺情绪，促进和谐，充分调动各个阶层，各个方面的积极性、主动性和创造性，形成建设山西、发展山西的强大合力。比如说，我们山西煤老板的形象不太好，到底山西的煤老板是一种什么样的状况，他们的年龄结构、知识结构、道德水准，他们的所思所想、价值趋向、行为模式，到底怎么样？都需要我们做深入细致的研究和分析。

当然，总体研究要始终坚持以人为本，要把实现好、维护好、发展好最广大人民的根本利益作为我们研究的出发点和落脚点，努力研究和探索让改革发展的成果由全省人民共享的体制和机制，努力研究和探索各个阶层和睦相处、流动顺畅的体制和机制，努力研究和总结各个阶层的创造性实践，通过分析、总结、提炼、归纳，上升到理论高度，上升到规律高度，为党委政府和有关部门的科学决策提供依据，为“三个发展”提供理论支持。

第六，针对可持续发展的机遇和挑战，着力研究和解决山西发展的信心问题

山西资源浪费多、环境污染大、生态破坏重，可持续发展能力差，已经深深地印在许多人的脑海中。山西要改变这种形象，难度很大。但是不改变这种形象，对山西的发展十分不利，危害极大。众所周知，山西的市场要素流出十分严重。在资金方面，一方面我们要扩大开放，以很高的优惠条件和成本引进外资，但另一方面我们自有的资金却大量外流。银行存款往外省流，煤老板在山西赚的钱，拿到北京和沿海发达省市去买房子、去投资新产业。在人才方面，一方面我们出台优惠政策高成本吸引人才，另一方面山西的各类优秀人才大量外流。原因固然很多，但一个深层的原因是对山西发展的信心不足，对山西发展的前景看淡。所以，信心不足是造成山西各种稀缺资源和生产要素大量外流的非常重要的原因。

因此，重塑对山西的发展信心非常重要、非常紧迫。社科理论工作者一个重要而紧迫的任务，就是要用有针对性、吸引力、感染力、说服力的研究成果，切实有效地回答山西未来经济社会发展的美好前景，告诉人们省委、省政府的科学发展战略，告诉人们省委、省政府实现“三个发展”的坚强决心和政策措施，告诉人们山西经济社会发展一定能够实现转型，一个富裕文明、和谐稳定、充满活力、山川秀美的新山西一定能够实现。从而改变人才、资金、技术等市场要素流出的状况，并努力实现市场要素的流入。

总之，社科理论工作如果能切实研究和解决好了山西发展的灵魂问题、定位问题、道路问题、动力问题、主体问题、信心问题，就是做好了服务“三个发展”的工作，就是为山西经济社会全面协调可持续发展做出了重大贡献。

（作者系山西省委宣传部理论处处长）

山西煤炭产业战略调整具有重大意义

崔满红

山西煤炭产业领域的战略重组是遵照《山西省煤炭产业调整和振兴规划》的基本精神逐步展开的，随着调整战略的逐步深化，触及到了一些企业的利益和发展未来，在国内引起了强烈的震动和反响。学界推波助浪提出了“国进民退”的概念来曲解山西煤炭产业调整的基本原则和发展方向，在理论界、企业界引起了混乱，这些曲解和不公正的评说是需要校正的。

山西煤炭产业战略调整不是“国进民退”

山西省的煤炭产业战略调整是按照生产力标准和转型发展、安全发展、和谐发展的需求进行的产业发展战略的调整，并不是煤炭产业所有制结构的调整，更不是所谓的“国进民退”。

山西省推进煤炭产业的调整，被许多人误读为“国进民退”，斥之为否定市场经济的行为，称为中国构建社会主义市场经济的倒退，是极不严肃甚至是极端错误的。它严重地曲解了山西省煤炭产业战略重组的政策内涵，不符合山西的实际和现实。

山西省政府出台煤炭产业新政，旨在战略调整，而没有任何所有制结构调整之意。在山西省政府历次出台的各种文件中，根本没有“国进民退”的任何战略意图。深究山西省政府出台煤炭业改革新政的本意，是在于对全省的煤炭资源进行战略重组，通过集约化、规模化的重组，强化关系国计民生的煤炭产业的综合开发能力，提高产业规模效益、降低环境代价、补偿生态成本、遏制安全事故，促进企业做大做强。山西省委、省政府并没有在煤炭领域实施“国进民退”的设想和打算，资源重组并不是为了调整煤炭产业领域内的所有制结构。国内一些没有认真研究和分析这次山西新政的学者武断地提出“国进民退，有问题”的结论，是极不负责任的。

以“国进民退”为基点讨论煤炭产业的战略重组，是判断问题的立足点出了问题，一些学者以“上纲上线”的视角，指出“是在走改革开放的回头路”，甚至认为“是思想方面的问题”。他们把经济领域内产业发展问题的争论引向了中国改革的“路线之争”。这些错误的推导和结论不仅误导舆论和公众，而且有可能影响国家及各级政府和相关企业决策者对问题的判断。山西煤炭产业的改革新政，不应该也不能被曲解拔高到涉及是否属于改革倒退、是否否定市场经济地位的高度。

在山西，任何一个产业中都不存在政府有意引导、行政干预国企挤压民营的现象。在这次煤炭产业的重组中，符合条件的民营资本并没有受到来自政府或国企的任何挤压。山西省煤炭工业厅提供的最新数据显示，在整合后保留的1053处矿井中，国有企业办矿198处，比例约为19%，民营企业办矿294处，约占扩井总数的28%，以股份制为主要形式的混合所有制企业办矿561处，约占保留矿井总数的53%。加上民资入股成分，民营资本在山西煤炭产业三分天下有其一的格局并未改变。

打破资源型地区的“资源诅咒”

山西乃至所有资源依赖型地区不仅依靠中小型民间资本难以达到做大做强资源类产业的目的，更无法依靠他们打破资源诅咒的怪圈。

有关山西煤老板在外省买房的报道时时出现在媒体的报道中，甚至有媒体采访发现，在山西居然遍布着来自东南沿海的楼市广告。来自沿海的煤老板们在山西攫取利益之后转而跑到外省投资和消费，早已不是秘密。而目前普遍质疑山西煤炭改革新政的沿海煤老板们，更加不会把家安在山西，当他们从山西的煤炭中赚钱之后，是不会留在山西境内谋划发展的。据说，这次战略重组，沿海煤老板们会带走500亿左右的资金。但是，他们在山西发展的这3—5年间，留给山西的资源环境恶化国家和山西花500亿能治理得好吗?资源诅咒的怪圈仍将套在山西老百姓的头上——这是教训，值得所有资源依赖型地区记取。从全球经济历史的视角考察，资源依赖型的地区经济往往会陷入资源诅咒的怪圈，资源充足时该地区表面的经济繁荣会在资源枯竭时荡然无存。而就总体而言，资源依赖型地区的经济发展总体上是落后于其他地区的——这种趋势，全世界都没有改变过。

在我国改革开发30年来的经济高速发展中，以山西为代表的内陆资源充足的省份，为沿海地区的经济持续高速增长，提供了低于国际定价水平的能源，在这一点上，山西等内陆省份的贡献不可忽视。

因而，能够打破资源诅咒怪圈的，促进区域经济协调、和谐、可持续发展，不可能是炒煤团等极具投机性的煤老板们。只能依靠中央和本地政府及经过战略调整——身兼社会、经济责任的大企业大集团的努力。

在对山西省煤炭改革新政的质疑声中，有质疑认为此新政难以遏制山西层出不穷的安全事故。简单地说，煤炭领域内的安全事故分为两大类：责任事故与技术事故。通过深入调研，我们发现在大型企业由于制度健全、设备先进、安全意识强、技术水平高，因而事故发生率大大低于中小型煤企。因此，通过做大做强煤炭产业，自然可以遏制煤炭领域中发生的各类事故。

战略资源领域国有经济的主导地位不能削弱

公有制为主体，多种所有制经济共同发展是我国社会主义初级阶段的基本经济制度。山西省政府此次出台的煤炭产业改革新政，始终坚持了这一基本国策。为了国家更加强大，民族振兴的长远未来，发挥战略资源的作用，山西的煤炭产业做大做强，做出规模效益。就像山西的朔州市，重组以后，煤矿减少了，产量和效益上去了。这样的改革有何不对?而且，在这个过程中并没有强制民资只出卖出售。相反民资除了独资办矿，还可以选择入股的形式，继续留在资源类产业，与合作者共谋发展。在走向全球化的过程中，企业兼并重组本身就是市场经济发展的必然之路。股份制是市场经济体制下企业的基本存在形式，为什么一些民营资本宁可小本经营，也不愿意入股与资本雄厚的投资者合作而携钱出走?这个问题值得深思。针对这样的问题，山西省政府需要加大产业政策设计和改革力度，加大引导民营资本的引导力度，在山西的其他产业发展中给民营资本开出一片真正的蓝海来。

改革开放30多年来，国外学者自不必说，国内一些学者对国有经济同样存在偏见，只要国家出台有关国有经济或国有企业发展的政策就认为是“倒退”，是“复辟”，这些先生应该知道市场经济并不等于民营经济，西方任何一个发达资本主义国家在长期发展过程中都没有消灭和取缔国有企业，没有否定国有企业的地位和在重要领域、非常时期的特殊社会作用——我们正在经历的这次全球金融危机较快地得以遏制和摆脱，国有经济居功至伟。

尤其一些学者把国有企业看成是计划经济的产物，否定国有企业在我国社会主义市场经济建设进程中的特殊社会地位或作用的言论更是极端错误的。改革开放30多年来，很多学者对民营企业在很多领域重组兼并、生生死死的现象视而不见，对国有企业参与资产重组则大加抨击。这些学者显然是他们的“思想深处有问题”。因为这些学者始终淡忘了一条——社会主义市场经济的本质特征。

类似煤炭这样的国家战略资源在国家经济的整体格局中占有举足轻重的战略地位，作为关系国计民生的战略性资源领域，国有经济的主导地位绝对不能放弃。在包括取得国际能源定价权方面，我国也更加需要做大做强的煤炭企业。无论是为了山西的未来，还是为了我国下一个30年的经济高速发展，都要求在类似煤炭这样的战略资源领域由国有和股份制、民营企业等具备更强竞争力的大企业大集团把握。这也正是山西省政府出台煤炭产业战略重组新政的真正目的之一。

战略调整的技术层面应该纠偏

我们并不讳言此次新政操作中出现了技术层面的问题。

针对民资提出的入股和兼并收购中的定价评估问题，应该引入市场化的第三方进行评估作价，建立科学、公平的评估体系，强化政府的监管职能，既不能压低股价，损害民资利益，也不能抬高价造成国有资产流失和损害国家利益。

而对于小型民营煤企在以往经营过程中与当地居民产生的利益纠葛及利益分配问题，需要政府在新政的实施过程中建立一套科学合理的长效机制，这本身也是政府的责任所在。在煤炭产业做大做强的同时，如何治理环境，如何保障原先依赖当地煤矿生存的村民的利益和生活水平，都应该尽早提到日程上来，一揽子解决。

山西煤炭产业战略重组的深远意义

改革开放30多年来，我们一直在探索社会主义市场经济的发展之路，特区战略、沿海战略、老工业基地战略、西部大开发战略、中部崛起战略等较好地解决了区域发展的问题。所以有了中国30年来飞速发展的成就。然而，资源诅咒——这个困扰全世界的发展难题，理论上说不清，实践中不成功。30年后的今天，以山西为代表的资源依赖型地区有增长没有发展的问题越来越严重，我们受困于资源咀咒的怪圈。而经济学家们又提供不了资源依赖型地区资源沮咒的解决方案。资源依赖型地区保护了环境和开采了资源都无法走向富裕的悖论又无法破解，怎么办?中国30年来的成就告诉我们一个事实，只有改革才有出路，只有转型发展才有出路山西选择了改革和转型之路，选择了对山西整体发展和长远发展具有举足轻重的煤炭产业进行战略调整。山西省委、省政府明白，山西老百姓明白，全国人民都明白，留在煤炭产业或退出煤炭产业的企业家们更应该明白。在全球化背景下，担当这样的历史使命，就得走集约化之路，做大做强。山西的煤炭产业别无选择。山西别无选择。

所以，山西省煤炭产业的这次战略调整，具有重要的历史意义和前瞻性，它在努力破解“资源诅咒”怪圈，寻找资源依赖型地区转型发展之路。这个转型之路正是省九届党代会提出“走出四条路子、实现三个跨越”战略的继承和发展，是实践和推动。这样的探索，山西省委、省政府担当了“第一个吃螃蟹”风险，社会各界应该给予充分的理解和支持。山西煤炭产业战略调整的思路和实践，对我国资源依赖型地区的可持续发展也有巨大的借鉴意义。

（作者系山西财经大学教授、经济学博士）

煤炭与山西

张复明

山西是“乌金墨玉”之乡，煤炭资源得天独厚。大自然情有独钟的造化和劳动地域分工的任务要求，使山西成为国家重要的煤炭能源基地。籍此，煤炭成了山西的表征物，资源型经济成了山西经济的本质特征。

山西的经济，兴于煤炭。山西的问题，生于煤炭。煤炭支撑和成就了山西，也影响甚至拖累了山西。山西享受着巨额的煤炭红利，同时也付出了沉重的发展代价。

谈论山西，煤炭是挡不住的诱惑，躲不掉的问题，放不下的选择,绕不开的话题。评判山西，煤炭承载着特殊的历史使命，主导着区域形象与利益。问道山西，爱恨与毁誉集于煤炭，功过与是非归于煤炭。

一

“黑色石头出太行”，山西与煤炭的渊源可谓久矣。在北魏时期，大同一带就开始采掘煤炭，用于取暖和煮饭。隋唐时期，煤炭成为上党（今长治）地区不可缺少的生活物资。进入宋朝，山西成为国内重要的煤炭产地。到清代，山西煤炭已远销周边地区。1907年保晋矿务有限总公司的创办，揭开了近代民族资本机器采煤业的序幕。20世纪20、30年代，煤炭成为近代工业的重要支柱。抗日战争期间，日寇相继侵占了大同、轩岗、富家滩、潞安等煤矿，对山西煤炭进行肆意掠夺。可以说，近代山西建构和孕育了煤炭能源基地的历史基因。

新中国成立以后，基于资源禀赋优势，山西被确立为国家重要的煤炭生产基地，走上了一条大规模开发煤炭资源的道路。上世纪50年代中后期，大同、阳泉等老矿区进一步扩大生产，西山、汾西等新矿区相继开发，原煤产量占到全国的1/5以上，资源型经济体系雏形初具。以此为逻辑起点，煤炭在山西开始扮演越来越重要的角色，山西被绑到煤炭基地的“战车”上，山西的经济史也在很大程度上被煤炭所改写。

“六五”时期，为缓解能源瓶颈，在“尽快把山西建成国家强大的煤炭能源基地”目标号召下，受国家“有水快流”政策的强力驱动，国有、地方、乡镇煤矿（甚至还有军矿）纷纷上马，开发规模急剧攀升，山西煤炭的群体化开发格局基本形成。80年代初产量达到1亿吨，80年代后期产量超过两亿吨。自此，煤炭与山西，结下不解之缘，还有难解之怨。

新中国成立60年来，山西累计生产原煤超过百亿吨，为全国经济发展提供了强大的能源支撑，为保障国家能源安全作出了巨大贡献。作为支柱产业，煤炭工业提供的税收约占全省可用财力的一半以上，有力地推动了区域经济的较快发展。然而，煤炭资源的大规模、高强度开发与利用，也使山西逐步滑入“资源优势陷阱”之中。在日复一日地向外输送能源的同时，产业单一、环境恶化、后续发展能力匮乏等资源型经济痼疾也日益显现。

煤炭资源的大规模、高强度开发，重塑了山西的经济，异化了山西的文化，改变了山西的发展轨迹。煤炭与山西，好似形影相随的一对伴侣，又好似难离难弃的一对冤家。煤炭，带给山西滚滚的资源财富，也留给山西无法承受之重。煤炭，辉煌与沉寂系于一身，是山西引以为荣的骄傲，也是山西挥之不去的阴影。

放眼全球，曾经点燃英国产业革命的煤炭产业，在过去两个多世纪的岁月中经历了角色地位的沧桑巨变和历史兴衰。从被誉为“黑色金子”的能源产业主宰者，到被石油、天然气所庖代，再到“能源多极化”时代的严峻挑战。从现代工业“粮仓”和“血站”的勃兴繁荣，到“煤焦之乡”的衰退沉沦，再到传统产煤地域凤凰涅磐般的重生与复兴。过去的历史，带给我们太多的思考和启迪。置身在日益激烈的竞争和挑战之中，必须承载起煤炭打包给我们的一切，用勇气和智慧走出一条自己的路来。

二

“成也煤炭、败也煤炭”的表象背后，是根深蒂固的传统资源观。它潜移默化、异常深刻地影响着社会生活的方方面面。

煤炭资源，既是诱人的“资源馅饼”，也是可怕的“资源陷阱”。那么，到底应该怎样认识资源，资源是不是潘多拉盒子中的魔鬼，资源型地区是不是注定要走上发展的反面？这是难以回避的现实诘问。事实上，资源本身并没有与生俱来的“原罪”，也不是从天而降的“麻烦制造者”。众多的资源丰裕地区，之所以前后相继、不约而同地落入资源型经济的怪圈，其原因在于发展观的扭曲、资源制度的缺失与开发方式的失当。

金匠从来不靠口袋里的金币过日子，工具袋里那几把不起眼的家什，才是他安身立命之本。对于资源丰裕地区而言，资源开发利用的能力远比资源赋存的多寡重要得多。如何科学地认识资源优势，如何恰当地把握资源优势，如何合理分配和有效使用滚滚而来的资源财富，是能否走出资源型经济怪圈的决定变量。

科学地认识资源优势，是解开资源型经济死结的前提和要害。优势是一把“双刃剑”。煤炭资源优势并不总是经济发展的福音,有时候也会成为发展的诅咒。如果只盯着煤炭资源优势，任由资源优势肆虐，就会妨碍或抑制其他优势的正常发挥，阻断工业化的正常推进。如果放弃煤炭资源优势，就会妨碍或抑制资本积累和财力增长，削弱在国家宏观层面的影响力和话语权，迟滞工业化的发展步伐。

观念创新昭示着科学发展的未来。树立现代发展理念，是资源型经济转型发展的首要前提。如果抱守“靠山吃山”的陈旧观念，沉湎于资源优势之中，必然会锁定于资源依赖的发展路径，沦落到“坐吃山空”的境地，最终走向“矿竭城衰”的历史宿命。

传统发展观曾经主宰着山西的煤炭开发乃至经济开发。依赖资源的观念、保守封闭的观念、增长优先的观念、单纯物质增长的观念、生产至上的观念、注重外延扩张和短期利益的观念，都是传统观念的突出表现。强调全面协调可持续的科学发展观，正在成为发展的主旋律，鲜明地表现为创新的观念、开放的观念、可持续发展的观念、现代财富的观念、绿色集约发展的观念、合作竞争的观念、质量与效能优先的观念。摒弃传统的发展观，树立科学的发展观和正确的政绩观，是引导区域经济转型发展的当务之急。

从可持续财富观来分析，一个国家或区域的总财富是由自然财富、物质财富、人力财富和社会财富组成的。不同的资源开发路径，必然产生截然不同的发展结果。好的发展路径是，自然财富的适度减少，应当以物质财富、社会财富和人力财富相应或更多的增加为前提。否则，就会造成总财富的衰减。人类社会已经进入了新的发展阶段，技术、信息、智力、制度乃至品牌、创意、专利等都已成为更加重要的战略资源，财富越来越无形化和非物质化。

观念决定着事业的成败乃至发展的命运。观念超前，就能够敏锐地发现潜在的发展机会，占据新的发展高地。山西的未来取决于观念的更新和嬗变。对于转型中的山西来说，革故鼎新，扬弃传统，从物质财富观走向文化财富观、知识财富观、技术财富观，必将引领和推动区域经济的崛起和辉煌。

三

资源浪费和矿难事故一度是山西煤炭产业最为醒目的标签。曾几何时，山西煤矿数量上万家，小煤矿遍地开花，导致资源大量浪费，生态严重破坏，安全事故频发，煤炭产业竞争力大幅下降。此后，经过多次整顿改造，煤炭产业素质明显提升，但煤矿安全生产形势仍很严峻，“多、小、散、乱”的发展格局并未彻底改变。

一般认为，煤炭产业是夕阳产业。但事实上，衰退和没落的只是不适应时代要求的那些部分。瞩目世界，煤炭产业发展的脚步并没有停滞。在经济全球化的浪潮中，在能源结构不断调整的今天，变革、升级和技术进步成为煤炭产业保持竞争力的不二选择，大型化、集团化、洁净化、多元化、现代化、国际化成为煤炭企业发展的共同趋势，绿色、集约、安全、高效生产成为煤炭开发的必然要求。

美国经济学家迈克尔·波特认为：在一个相对统一的市场中，如果生产相同产品的前4位企业的市场占有率（集中度）总和达到40%以上，竞争秩序才可能趋于正常。如果市场集中度低于40%，就会出现无序竞争的现象。目前，美国年产煤10亿吨左右，前4家公司占70%。澳大利亚年产煤近4亿吨，前5家公司占71%；印度年产煤4.5亿吨，1家公司占90%。

资源行业的分散开发和过度竞争必然自毁前程，适度垄断是市场经济的客观选择，也早已被规模经济原理所揭示。山西煤炭工业可持续发展的核心问题不是挖不挖煤，也不是挖多少煤，而是怎样以更安全、更集约、更高效的方式去开发煤炭。汲取历史教训，适应世界煤炭产业发展潮流，建立跨行业、跨区域、跨所有制的特大型煤炭企业集团，提升矿井开采规模和产业集中度，是科学发展的必然选择和本质要求。

山西是国内最为重要的煤炭能源基地，最有条件建成全国最现代化的煤炭产业体系。重拳出击，铁腕治煤，煤炭资源整合和煤矿兼并重组的“历史大戏”正在上演，煤炭集约化发展步伐不断加快。规划到2010年将境内2598座矿井整合至1000座左右，煤炭生产主体压减到130个左右，煤矿单井生产规模不低于90万吨，煤炭生产企业规模不低于300万吨，所有煤炭企业全部实行机械化开采。形成4个亿吨级和3个五千万吨级煤炭集团，煤炭总产能达到12亿吨，建成国内最为先进的现代煤炭产业体系和最为重要的煤炭能源生产基地。

煤炭资源整合和重组，是经济利益的重大调整，也是各种力量的战略博弈。关小上大，让被社会多有诟病的“煤老板”退出历史舞台，是煤炭集约开发的历史必然。资源整合，可以根本改变长期形成的煤炭经济格局，大幅度降低生产成本，有效增强抵御市场变化的能力。可以斩断各方与煤矿的利益联系，净化科学发展的土壤与环境。同时，有助于提升“晋煤”的议价能力和市场话语权，有助于维护山西煤炭产业的整体利益，有助于保障国家能源安全。

“不要带血的GDP”。挖煤不是赌命，煤炭产业的发展决不能以生命为代价。美国煤炭行业的百万吨死亡率只有中国的1%，煤炭开采业的安全性和事故率甚至比商品零售业还要低。尽管中美之间开采条件、开采方式存在明显差异，但煤矿规模与安全生产能力密切相关是被事实证明的客观规律。上世纪70年代美国煤矿死亡率大幅下降的基本经验就是，执法、培训与技术支持所构筑的安全生产“成功三角”。

在山西，大、中、小煤矿之间的安全生产水平差距极大。生产等量的煤炭，小煤矿往往要付出十倍于大矿的生命代价，大约90%的煤矿事故都发生在地方小煤矿。毋庸置疑，实行煤炭资源整合，推广先进开采工艺，普及机械化开采，强化员工培训和安全监管，是切实提高煤矿安全生产能力的关键路径。

以人为本，尊重生命。不安全，不生产，是煤炭产业的铁律。不生产，保安全，是科学发展的反例。以不断增强安全保障能力为前提，推进煤炭产业发展，是山西发展的理性选择。结合煤炭行业的生产实际和发展趋势，强化企业的安全生产主体责任和政府的安全监管主体责任，完善现代安全管理体系，打造安全生产的长效机制，让为安全祈祥保驾的“金丝雀”常驻，让安全生产的达摩克利斯之剑高悬，是山西煤炭行业可持续发展题中之意。

四

得益于煤炭能源的供给和价格优势，炼焦、冶金、电力等煤系家族企业快速崛起，形成了山西以煤为基础的资源型产业经济体系。有专家指出，80年代经历的两个增长波，一个是由煤炭产业自身的繁荣带来的，另一个是焦化、冶金、电力等煤系资源型产业的繁荣带来的，这两个增长波使得经济要素的配置方式、结构和效率，乃至于整个产业生态都发生了彻底变化。其原因可以归结为吸纳和挤出两种效应。

一是吸纳效应。改革开放以来，在短缺经济的胁迫下，在增长至上目标的催生下，在资源红利的诱导下，包括资金、技术、人才、装备等各种经济要素汇聚到了煤炭及其相关产业领域。以资源的大规模、高强度开发为代价，以煤焦产业的快速繁荣为代表，从资源优势到产品优势一直到竞争优势，支撑着煤系产业家族大规模扩张，使山西经济深陷于资源优势的陷阱之中。吸纳效应，就像生长在干旱贫瘠土地上的一棵枝繁叶茂的参天大树，它十分发达的水平根系犹如一部马力十足的“抽水机”和“大吸盘”，把周围土壤中本来十分稀缺的水分和养分悉数吸纳到自已的躯干，在保障着自身生长和繁荣的同时，却使周边生态更加劣化。

二是挤出效应，也即资源繁荣对管理、技术、人力资本的挤出作用。一方面表现为，资源产业的资产专用性强，沉淀成本高，前后向关联效应和正外部性效应低，导致所在区域的其他产业发育不良以及教育、人力资本、R&D投资不足。另一方面表现为，资源繁荣带来大量溢价收入，使得经济活动更加依赖于资源开发，抑制了技术创新活动。由此，形成了“资源挤压技术、挤压资本、挤压管理”的特殊发展路径，妨碍了工业化的正常推进，给区域经济发展带来负面影响。这种挤出效应，就像树木被掐去了顶叶，使其生长点和成长性严重受损。事实上，在资源型产业的挤压下，山西业已成型的纺织、机械、轻工、制药等行业长期处于贫血和失氧的窘境，一批饮誉全国、耳熟能详的名牌从人们的视野里逐渐消失。

边际收益规律支配着经济要素的流动趋向和配置格局。90年代后期，国内市场供需格局发生重大变化，山西单一产业结构弊端暴露无遗。重污染、高能耗、低附加值的资源型产业畸形发展，富有创新活力和较高附加价值的新兴产业与现代服务业的发展空间受到挤压，发展步伐缓慢。由此，山西产业生态严重失衡，整体经济的抗风险程度降低，进而导致资源递减、环境污染与生态恶化，区域可持续发展能力孱弱。

资产专用性、沉淀成本、功能锁定是资源型经济的重要特征，也是转型发展的主要难题。进入21世纪以来，山西大力实施“调整产业结构”战略，资源型产业的内部结构和产业素质得到了明显改善。但是，在各类规划和政策持续发力的同时，由于国内资源类产品需求猛增，煤焦铁市场价格一路走高，受“无形之手”的强力驱使，传统支柱产业比重不降反增，资源型经济特征更趋明显，区域经济表现出强大的结构惯性和超稳态特征。

显然，消除吸纳效应与挤出效应、打破功能锁定和路径依赖、改变结构惯性和超稳态特征，是走出资源优势陷阱的必然选择和实现资源型经济科学发展的根本出路。发挥资源优势但不过分依赖资源优势，发展煤炭经济体系但不局限于单纯开采煤炭，做强煤炭产业但不让煤炭主宰区域经济发展，这不是故弄玄虚的“绕口令”，而是资源型区域发展的“金刚经”。

延伸拓展产业链，上下游产业一体化，支柱产业多元化，是煤炭产业转型的常规路径。摆脱资源环境与技术经济的双重约束，发挥煤炭能源优势，按照循环经济原则和产业链延伸原则，做精做强煤焦、煤电、煤钢、煤化工、煤建材及煤机制造产业，提升产业层次，优化产业结构，改善产业素质，构建现代多元支柱产业体系，是破解资源型经济转型发展难题的正解。

成之于煤而不困之于煤，依靠资源更要超越资源。煤炭不是山西的全部，不挖煤不行，光挖煤也不行。现实的难点不是放弃煤炭的支柱地位，不是压缩能源产业的发展空间，而在于如何依托、借力、升华、蜕变煤炭产业优势，使之成为工业化资本的主要来源和工业化发展的主要动力。

煤炭产业的转型不应局限于资源的禀赋优势、生产优势和贸易优势，而应不失时机地上升到品牌优势、技术优势、竞争优势的层面，不断拓展和延伸新的优势。通过金融资本与产业资本的融合，现代服务业与传统产业的对接，重新整合煤炭产业链，占据产业价值链的高端。打造煤炭交易中心、煤炭期货市场、煤炭金融中心、煤炭技术研发中心、煤炭产业标准制订中心等，打造产业核心竞争力，使煤炭升华为一种与资源有关的元素、符号或品牌，实现产业的高级化和质态跃迁，推动山西资源型经济脱胎换骨、走向新生。

五

山西是典型的“煤炭经济”，煤炭价格波动直接导致经济的整体波动。改革开放30年来，随着煤炭市场的动荡起伏，山西经济也三起三落，差不多每10年一个周期。在每一个周期的期初和期末，煤炭价格都出现了相对低迷的情况，山西经济也随之进入经济周期的收缩下行阶段。而在每个周期的期中，随着煤炭价格的一涨再涨，山西经济一路高歌猛进，步入扩张繁荣阶段。历史总是惊人的相似，繁荣与衰退往往就在刹那之间完成交接和更替。价格攀升中经济高涨，价格回落中经济走低，“冰火两重天”的命运轮回成了无法摆脱的梦魇。

经济的周期性波动是市场经济的常态，但过于剧烈的周期波动则会对区域经济造成严重损害。经济波动幅度越大，经济调整需要付出的代价也就越大，经济复苏的过程也就越长。显然，合理掌控资源开采的力度与节奏，避免区域经济的大起大落，是资源型经济亟待破解的难题。

“资源诅咒”不是耸人听闻的谶语，而是发展经济学中一个耐人寻味的命题。资源丰裕经济体的增长速度明显慢于资源贫乏经济体。自然资源丰裕的非洲过度依赖简单的“采掘式”增长模式，使其套上了资源型经济的“紧箍咒”，被自我锁定，无力自拔。而资源贫乏的日本，则依靠技术创新和制度创新，创造了经济发展的奇迹。环顾国内，那些自然资源丰富的地区，经济发展水平始终排在国内的下游；而自然资源贫乏的地区，经济发展水平却占据国内前列。尽管，两类地区的发展差异也有区位、文化、制度等方面的差异，但是资源丰裕与经济绩效的巨大反差却是不争的事实。

依附性和边缘化是资源型经济的致命弱点。有人说，山西的一切问题都是煤炭“惹得祸”，跟煤倒霉，煤炭是“不散的阴魂”。如果没有煤炭，山西也许还在续演晋商的辉煌。也有人说，如果没有煤炭的支撑，山西就不会有国家能源基地的光环和地位，也将失去工业化资本积累的便捷路径，陷入更加边缘化的尴尬境地。可惜，历史不容那样假设，现实也不容如此推论。

国内有学者把山西称作“资源诅咒的样本”。上世纪最后20年，随着煤炭开采规模的逐年攀升，山西成为全国能源的“顶梁柱”和“保障器”。但区域经济地位却一路滑落，从第16位降到第26位，平均两年下滑一位。不仅如此，高度依附煤炭资源的发展模式还产生了诸如资本外流、制度弱化、资源浪费、贫富差距扩大、人力资本积累不足和创新能力下降等一系列问题与矛盾，严重制约了山西的经济社会发展。

然而，“资源诅咒”并非资源型经济天生的“宿命”。一些资源丰裕的国家和地区，通过建立“稳定基金”取得了良好的效果。美国的阿拉斯加把至少25%的矿产资源租金、矿区使用费、矿区出让收益、联邦矿产收入分成以及州级红利注入永久基金。基金分为用于长期投资的本金和投资收益两大部分，由政府机构来筹集并向人民公平地分配资源租金。挪威则把因油价上涨形成的“额外”石油收入及预算盈余计提出来，成立了具有储蓄型基金和稳定型基金双重特点的国家石油基金。资金用于短期的弥补预算收入下降，或者随着石油产量下降和社会支出上升，用于长期的代际预算收入平衡。德国的鲁尔、法国的洛林等资源型地区，大力实施制度创新与技术创新，努力转变发展方式，坚持不懈推进产业结构调整升级，成功地实现了转型发展。

钟情于自然资产，热衷于资源开发，依赖于资源收益，是资源型地区发展的通病。骤然的资源繁荣掩盖了经济增长内动力缺乏的问题，抑制了创新活动，恶化了创新环境。国际工业化发展的经验证明：最能保持持久发展的地区，正是那些拥有创新企业、最具创新能力的地区。资源型经济的转型发展，难点和要点在于塑造区域创新环境，增强区域创新能力，培育创新型企业，推进包括产业转型、增长方式转型、技术转型、金融及经济制度转型在内的综合变革。

实现资源型经济的规避或转型，最为重要的是制度创新，比如资源产权制度、资源收益分配制度、资源财富管理制度、与外部不经济相关的制度、与资源开发行为相关的制度等。坚持不懈地推进制度创新，同时强化制度执行力，必然会化“诅咒”为“福音”。

著名经济学家萨缪尔森说过，经济增长的发动机安装在四个相同的轮子上，无论穷国还是富国。这四个轮子就是“人力资源”、“自然资源”、“资本”和“技术”。加快人力资本积累，提升科技创新能力，推进制度创新，建立工业化资本的积累与转化机制，是根治资源依赖症的良药，是驱逐“资源诅咒”幽灵的法宝。

放眼世界，经济危机和气候变化问题成为人类社会共同面临的严峻挑战，低碳经济为我们提供了一个变革经济、社会与环境关系的最新解决方案。低碳经济是一种全新的技术和产业发展模式，强调以更少的资源消耗和更少的环境污染，实现绿色、持续、稳健的经济发展。建立“碳基金”，实施“碳交易”，大规模发展煤炭清洁利用，加快推进太阳能、风能等可再生能源产业，促进低碳经济发展，是资源型经济转型的重要方向。

六

城市的特质可以用三个词来概括，第一个词是集聚，城市就像一块巨大的磁铁，将人口、资金，技术等各种生产要素吸纳在自己周围。第二个词是流动，城市促使各种经济要素在城市内部、城市之间、城市与区域之间不断流动。第三个词是创新，城市是人才、知识、资金各种创新要素的汇集地，城市促进创新，创新推动城市发展。

加拿大地理学家布莱德伯里认为，资源型地区或城镇的人力资源、自然资源和资本统统流向中心城市，不仅使资源型地区或城镇本身欠发达，经济结构扭曲，在空间、部门、时间上都表现为极度的不平衡。资源开采多为初级产品，附加值低，资源型城镇也没有创造更全面、更广泛的经济增长能力。这样，资源型城镇和地区表现出对不稳定和危险的经济活动的高度依赖，但又无法减少这种依赖性。

煤炭开发是山西城镇化发展的重要推手，山西的城市体系具有鲜明的资源型经济特征。在22个设市城市中，有一半以上属于资源型城市，大同、阳泉、晋城、朔州、吕梁及古交、孝义、霍州、高平等都是煤炭城市。新中国成立以来，新兴的煤炭城市为国家建设提供了强大的能源支撑，但也在很大程度上改变了山西的区域经济格局。

特定资源赋存条件所决定的区位布局指向、强烈的产业功能锁定和特殊历史条件下的能源政策背景，形成了一宗奇特的煤炭城市景观。产业结构趋同、城市职能不完善、人居环境不良等，阻挡着资源城市的转型发展。无论是依托于远离原有城市基础上建立起来的，还是半依托于原有城市的，乃至在原有城市基础上发展起来的，多数资源型城市不具备集聚、流动、创新三个城市特质。推进深度城市化成为资源型城市转型的战略方向。

煤炭城市因煤而立、因煤而兴，继之因煤而困，甚至因煤而衰。以煤炭为主导的产业结构决定了城市功能的单一性。一旦遇到市场风险，煤炭企业的剧烈波动极易形成“多米诺骨牌效应”，给城市经济造成重大打击。一俟煤炭资源枯竭，整个资源产业家族就会遭到灭顶之灾，进而摧毁城市的经济基础乃至城市的生存空间。

城市是区域发展的集核，也是现代人居环境中心。城市化不仅是人口与产业向城市不断迁移和集中的过程，也是景观、生活方式、文明模式的转化和进化过程。然而，受重工业倾斜发展政策的强烈影响，资源型城市过于强调生产性功能和基本经济职能，长期扮演着“小伙计”和“锅炉房”的角色。作为嵌入式的经济“飞地”，城市与所在区域缺乏必要的经济技术联系，辐射、服务功能严重缺失，难以真正发挥区域发展的枢纽和战略引领作用。

一个没有“根”的城市，必然是“其兴也勃焉，其亡也忽焉”。文化是城市之“根”，是城市的灵魂与活力，是市民的归属感与认同感。文化缺失、文化迷失，就会阉割城市的生命力。然而，煤炭城市除了强大的矿业开发功能外，大多缺乏深厚的历史积淀与文化传承，无法形成特有的城市文化、城市精神乃至城市的凝聚力。

资源型城市转型是一个世界性难题。德国鲁尔的多特蒙德、美国的休斯敦、日本的北九州等，成功的范例屈指可数。苏联的“巴库悲剧”，却俯拾皆是。纵观世界，资源型城市的发展大致有三大结局，一种是矿竭城衰，居民迁往它处，另谋生路；第二种是植入外来产业，形成新的发展动力；再一种就是开发其他产业，向综合城市和现代人居中心转型。

一些国家矿业迹地的综合整治和旅游开发，为资源型城市转型发展提供了可资借鉴的经验。希腊把废弃的大理石矿坑改造成地质公园。法国洛林把矿区改造成湿地和高尔夫球场。德国鲁尔，不是简单地拆毁老旧工厂、回填枯竭矿井，而是将其改造成风格独特的工业博物馆，变成了当地靓丽的风景线、甚至世界文化遗产。城市转型各有选择。借鉴经验，找准路径，就可以点石成金，化腐朽为神奇。

城市转型往往是与城市衰退治理同时进行的，是一个比较漫长而痛苦的蜕变过程，需要外界援助与外力推动。大学与科技园区是资源型城市转型发展的产业孵化器，引入外部企业（或机构）与人才，可以有效而迅速地促进资源型城市的转型发展。

实现经济基础多元化，提升城市聚集功能，健全城市职能体系，是城市转型的主攻方向。山西资源型城市转型的急所和要点是：健全城市综合职能体系，改造城市地域景观，推进城市与所在区域的融合发展，强化城市创新能力，完善科教文化功能，重塑城市文化之根，实行城市生态再造。唯此，才能走上创新发展的可持续之路。

七

美国经济学家格鲁斯曼和克鲁格发现了环境库兹涅茨曲线，即随着经济增长和经济实力的积累，一个国家的整体环境质量或污染水平会呈“先恶化、后改善”的倒U形趋势。

众所周知，煤炭开发对自然环境具有明显的负面影响，一方面造成地表沉陷，损害地表植被，加剧水土流失。另一方面煤炭利用产生大量的粉尘和有害气体，污染大气环境，危及矿区生态。

有关研究表明：山西每采一吨煤炭，损耗2.48吨水资源，损耗8吨共生和伴生矿产资源，全省累计堆存矸石山10多亿吨，矿山采空区超过5000平方公里。半个多世纪以来，伴随着煤炭开发，山西也经历了从污染空前严重到环境有所改善的曲折发展历程。

由国家发改委能源研究所、美国能源基金会、世界自然基金会等单位联合发布的《煤炭的真实成本》指出，中国每使用一吨煤所带来的环境损失相当于150元人民币，主要包括空气污染、水污染、生态退化以及对人体健康的影响。此外，煤炭的消耗越多，二氧化碳的排放量就越大，对气候的影响也就越严重。著名学者茅于轼认为，只有通过将煤炭外部成本内部化，更加准确地体现煤炭的真实成本和价格，才能有效减少煤炭带来的环境等各方面问题，使全社会受益。

日本在回顾工业化历程时，认为“先污染后治理”给社会和公众造成的损害是惨痛的，所付出的代价比事前污染防治投资高10倍以上。考虑到生态环境的脆弱性和承载力，无论从污染现状和趋势、公众健康需求看，还是从发展成本和国际社会约束来分析，山西都不能重蹈发达国家“先污染后治理”的覆辙，只能走“在保护中开发，在开发中保护”的矿业发展之路。

在自然生态系统中，资源开发与环境保护是同一事物的两个方面。资源开发所引起的环境问题，往往是资源不合理利用的结果。而环境污染问题的最终解决，也必须从资源开发的源头控制开始。因此，要研究煤炭开采的环境效应，尽可能将生态破坏降到最低限度，实行矿业开发与生态环境一体化，达到自然与社会的协调发展。

发展生态矿业、实施绿色开采有着广阔的前景。国外的经验是实施保水开采与绿色开采，推行矿区土地复垦、尾矿综合利用和生态恢复。例如，在废弃矿坑的复垦和植被恢复方面，矿业大国澳大利亚走在了前面，堪称生态再造的典范。许多开采过的矿山，如今都成为靓丽的国家公园。

山西也不乏成功的先例。作为亚洲最大的露天煤矿，中煤平朔煤业公司开创了我国矿山土地复垦工作的先河，形成了采矿、排土、复垦、种植一条龙生产作业方式，建立了草、灌、乔、木复垦种植的立体模式，矿区土地复垦率达到40%以上，水土流失逐年减轻，土壤肥力和植被状况明显改善。许多产煤地区在“以煤补绿”机制和生态补偿方面进行了积极探索，左云县开发地下“黑色宝库”建设地上“绿色银行”，柳林县“一矿一企治理一山一水”等，昔日的荒山荒坡和矿山迹地正变得绿意盎然。“右玉精神”和“太行精神”更是彪炳华夏，成为北方半干旱地区生态环境建设的典范。

“事前防范重于事后补偿”，根治采煤造成的资源环境破坏问题，关键在于建立“事前防范、事中控制和事后补偿”三位一体的矿产开发行为规范制度与服务付费制度。包括：科学地预期矿业开采中可能出现的生态环境损害问题和后果；通过立法，强制性提出相应的防范措施，禁止可能导致生态功能不可恢复性破坏的各类矿业开发行为；改革完善会计核算制度，将“外部不经济”内部化并计入企业生产成本，激励开采者更多地采取防范性措施；严格审议开采者的开发申请报告，对预期损害、防范措施以及开采后的恢复计划进行全面评估和有效监督；及时出台矿产资源综合开发与补偿制度、矿产开发前的行为规范与服务付费制度、矿产开发中的即时修复与补偿制度、矿产开发后的矿区生态恢复制度、矿区转型支持制度，构建矿产开发中资源生态环境补偿的制度体系。

借助煤炭工业可持续发展政策措施试点的历史机遇，煤炭资源整合、“2+10”生态环境整治等重大工程已经启动，环境补偿、生态建设、资源保护的制度建设和政策创新正在成为工作的主流方向。

进入新世纪以来，针对严峻的环境问题，在全省范围内掀起了一场巨大的环保风暴。摧枯拉朽治污，铺天盖地植树，全民动员治水。从关闭小煤矿、加快矿井水回用、治理矿山地质灾害，到实施蓝天碧水工程。全省严重污染趋势得到遏制，环境质量大幅改善。汾河流域生态系统生机初现，蓝天白云的日子在增多，星星又清晰地闪烁在夜空。然而，自觉调整人与自然的关系，从破解生态危机到构建生态文明，作别污染的GDP，把资源开发、经济发展保持在生态环境可承载的范围之内，建立矿业开发的生态环境补偿制度和机制，山西还有很长的路要走。

八

被誉为“三晋文化名片”的《魂系山西》称：在中国数千年的历史进程中，山西以其特定的地理位置，深厚的文化积淀，丰富的物质基础，扮演了极为重要的角色。正如大唐帝王李世民所言，山西乃王业所基，国之根本。又如清人顾祖禹所云：天下形势，必有取于山西。

高耸的群山如屏障拔地而起，怀抱着广袤的山西大地。奔腾的黄河似琼浆从天而下，孕育了古老的三晋文明。从丁村文化到尧都夏地，从春秋五霸有其一到战国七雄居其三，山西古文化辉煌灿烂、博大精深。京畿重地的区位、民族交融的历史，彰显出兼容并蓄、开拓进取的三晋文化精神。

然而，煤炭的大规模开发和国家能源基地的定格，异化了三晋文化特质，形成山西特有的“煤文化”。这种文化与源远流长的传统文化截然不同，成为当今山西人特有的一种价值取向，一种思维模式，一种行为习惯。

山西人普遍具有“煤”的情结，老百姓的职业选择或多或少与煤炭有着某种联系。许多人从煤炭或相关产业领域中掘得“第一桶金”，煤炭成为发财致富的捷径。在山西的“无煤县”、“无煤村”，常听到的一句感叹话就是“没煤啊！”这一声长叹不仅是“穷”的注脚，更有“穷”乃理所当然的余音。

“煤文化”集中反映了山西人因循守旧、创新不足的一面。曾经沧海难为水，除却巫山不是云。资源“横财”和“红利”，蒙蔽了人们的眼睛，束缚了人们的手脚，阻碍了发展的步伐，压制了发展的创造力。这是众多资源型地区发展的悲哀，也是山西持续发展的致命隐患。

著名制度经济学家诺斯有句名言：“人们过去作出的选择决定了他们现在可能的选择”。山西的产业结构锁定、发展路径依赖莫不由此而来。一些地方政府想到最多的是煤，调产要靠煤，转型要靠煤。他们只看到挖煤带来的眼前利益，沉溺于能源价格上涨带来的暂时繁荣之中，而对煤炭带来的种种负效应缺乏关注或应对不力。

在经济全球化的浪潮中，文化本土化显得更为重要。文化的力量深深熔铸在民族的生命力、创造力和凝聚力之中。产品可以复制，技术可以引进，而文化却始终无法拷贝。文化与经济相互交融，在国家或地区竞争中的地位和作用越来越突出。

现代管理学之父德鲁克指出：今天真正占主导地位的资源以及具有决定意义的生产要素，既不是资本，也不是土地和劳动，而是文化。文化是一国一地区的软实力与核心竞争力所在。上世纪末，亚洲金融危机爆发。韩国提出“文化立国”的发展方略，此后“韩流”涌动，韩国的国家形象和国际地位得到了很大的提升，在亚洲四小龙中最早走出了经济危机的阴影。

作为典型的资源型地区，山西经济相对落后的根源是文化的相对衰落。山西并不缺乏矿产、资金、土地等传统生产要素，所缺乏的是对要素的拓展和创新能力，而这些需要创新文化环境的强有力支撑。明智的选择是，走文化创新之路，用文化创新来重组各类资源。创新文化环境是一种非正式的约束引导机制，深刻地影响着人们创新价值观和企业创新行为，最终决定着要素组合状况与区域发展水平。

“金碗碎了，可份量还在”。尽管受到“煤文化”的冲击和变异，但三晋文化的根基尚存。山西文化遗存丰富，地域文化特色鲜明，国家文物保护单位数量居全国第一，与煤炭资源的可耗竭性与稀缺性形成了鲜明对比。山西的文化与旅游资源是一个取之不尽的“富矿”，是区域经济新的增长点。从“挖煤炭”到“挖文化”，如今的山西人正致力于发掘三晋历史文化的深厚底蕴，跟踪现代主流文化的发展方向，促进文化与旅游的融合与互动，提升文化产业层次，建设大型文化产业基地，培育文化旅游精品，倾力打造文化旅游强省。

文化是发展的灵魂，创新是文化的本质。在山西，构建创新型文化不仅要保护文物古迹和发展文化产业，更重要的是转变因循守旧、封闭保守的文化特质，倡导敢于创新的精神风尚，营造乐于创新的文化氛围，形成勇于创新的价值取向。文化创新是起点，而创新文化则是方向，是资源型地区转型发展的引擎。

“文化兴则山西兴”，文化复兴甚于经济转型。重振三晋雄风，就是要重建煤炭文化生态，就是要强调文化创新，就是要创新文化环境，就是要营造更加适宜于转型和创新发展的文化氛围和发展环境。

从“文化迷失”到“文化觉醒”。聚焦三晋，文化复兴昭示着山西发展的未来，“华丽转身”不再是预期和梦想。

九

煤炭与山西，是一个不容回避的话题，也是一个正在求解的课题。

从历练中走来，从教训中成长。资源整合掀开了山西煤炭开发的新篇章，集约、安全、高效已经成为煤炭开发的主旋律。

而今迈步从头越，经济转型已经踏上正路。观念更新、产业转型、结构升级、城市再造、生态重建、文化复兴、创新发展、体制改革，正在演绎山西资源型经济转型发展的现代童话。

要么在制度和技术创新中浴火重生，要么在资源陷阱和产业锁定中走向消亡。转型发展的号角已经吹响，营造创新文化，创新发展环境，建立创新机制，搭建创新平台，必将引领资源依赖型经济走向创新驱动型经济。

（作者系山西省政府发展研究中心主任）

艰苦创业铸造右玉精神　开拓创新推动科学发展

陈小洪

右玉县位于山西省西北端，地处长城沿线潜在的沙漠化地带，属晋西北高寒干旱区，是全省35个国定贫困县之一，也是朔州市唯一的贫困县。全县辖4镇6乡1个旅游区，10.8万人。解放前，森林覆盖率不足0.3%，风沙干旱、水土流失、冰雹霜冻等自然灾害频繁发生，粮食难收，草木难生，人民生活十分艰难。“一年一场风，从春刮到冬。白天点油灯，黑夜土堵门。风起黄沙飞，雨落洪成灾。男人走口外，女人挖野菜。”就是当时真实的写照。新中国成立以来，右玉人民在历届县委、县政府的团结带领下，一张铁锹两只手，坚持不懈抓造林，一任接着一任干，一张蓝图绘到底，坚忍不拔，矢志不渝，硬是将一块地理气候条件恶劣、生态环境脆弱的“不毛之地”，建设成了今天生态良好、宜居宜发展的“塞上绿洲”。目前，全县森林覆盖率达到50%，高出全国平均水平30多个百分点。先后被评为“三北防护林建设先进县”、“全国治沙先进单位”、“山西省生态建设红旗县”、“全国绿化模范县”，成为国家级生态示范区。

近60年的艰苦创业，改变了山河，染绿了大地，改善了人民的生活水平，同时也凝练造就出了一种难能可贵的右玉精神。靠着这种精神力量，我们完成了一个又一个艰巨任务，打胜了一场又一场大仗、硬仗，实现了经济社会的科学发展。近60年的实践使我们深深体会到，右玉能取得今天的变化，主要得益于这种强大的精神支柱。这种精神集中体现在四个方面：

一、异常恶劣的自然环境，造就形成了艰苦奋斗、无私奉献的优良作风

艰苦奋斗是右玉人民坚持了近60年的一面大旗。不论是在与恶劣自然环境作艰苦卓绝抗争的历程中，还是为加

快发展、改善民生进行不懈努力的实践中，这面大旗始终在全县干部群众当中高高飘扬。面对气候寒冷、干旱少雨、风沙侵害的状况，全县上下领导率先干，干部带头干，群众同心干，不讲条件，不计代价，坚持苦干加实干、觉悟加义务、镢头加窝头的优良传统，靠着一张铁锹两只手，大打了一场旷日持久、艰苦卓绝的造林绿化“人民战争”。为了使树苗在黄沙地和碎石山头成活，人们常常是挖开黄沙找新土，秸秆打捆堵流沙，刨出碎石换土层，栽不活树不罢休。全县干部群众就这样一棵一棵、一年一年把树种活，营造出一片人工绿洲。右玉的实践表明，艰苦奋斗的创业精神，任何时期都不能丢。艰苦奋斗是精神，也是方法。特别是在条件不充分、环境不利的情况下，通过艰苦奋斗往往可以弥补不足，干成事，干成大事。

二、长期不屈的顽强抗争，牢固树立了坚持不懈、矢志不渝的坚定信念

特殊的自然环境状况和人民的生存发展需求，决定了必须把植树造林、改善生态作为“立县之本、强县之基”，长久不懈地抓住不放。右玉的植树造林、改善生态，起始于解放初与“沙进人退”的恶劣环境展开的艰苦抗争，其初衷就是为了防风治沙、改善生存条件，它不仅没有直接的经济效益、而且每年还要投入大量的人力财力。右玉又是一个国定贫困县，可用财力十分有限，经常是有心栽树，无钱买苗。但是不管千难万难，右玉干部群众认准了一个理：怕难没有出路，穷熬不如苦干。近60年的艰苦创业，右玉能够把一块“不毛之地”建设成今天的“塞上绿洲”，靠的就是坚持不懈、矢志不渝的坚定信念。在这场特殊的绿化“接力赛”中，虽然不同年代有着不同的特点，但主题只有一个，那就是“换届不换方向，换人不换精神，一任接着一任干，一张蓝图绘到底”。正因为如此，右玉17任县委书记集体荣获“2007山西记忆十大新闻人物”。

三、争先跨越的竞争氛围，更加增强了开拓创新、负重赶超的发展意识

与周边兄弟县区相比，右玉在经济实力上还存在很大差距。我们深知，面对周边快速发展的形势，如果四平八稳、按部就班，差距会越拉越大。在这种态势下要实现赶超，就必须解放思想，开拓创新，自加压力，勇于争先，别人快步走，我们强行军。近年来，我们在全省率先提出和实施了移民并村撤乡、退耕还林还牧、村村通水泥路建设等工程，同时，扬长避短，巧打生态牌，依托良好的生态环境，大力发展生态能源、生态农业、生态旅游、生态畜牧等产业，把生态优势转化成经济优势，使生态大县真正变为经济强县。同时，为了增强全县干部群众加快发展的紧迫感，我们每年都要引导各级算好三笔账：一是算好发展账，看自己的工作比上年进步了多少；二是算好赶超账，看自己在全县同类单位和全市同行业中进位多少；三是算好差距账，看全县与周边县区及全省、全国县区差距有多大。通过算账对比，在找准差距的基础上，我们着力从三个方面自加压力，推动各项工作的超常规、跨越式发展。一是在目标上加压。在制定全县经济社会发展目标时，既量力而行又尽力而为，实现跳起来摘到桃子；二是在速度上加压。每年年初，我们都要按照年度工作目标，细化工作任务，提出时限要求，明确责任领导，推进工作落实。三是在干部肩头加压。我们把工作一线作为培养和选拔干部的基地，坚持给任务、压担子，磨练干部不轻言困难、不甘心落后的意志，形成了一种一线工作法，即“领导在一线指挥，力量在一线凝聚；干部在一线工作，组织在一线考察；问题在一线解决，经验在一线总结”。正是靠着这种工作劲头，全县干部变压力为动力，办成了许多别人认为不可能办到的事情，从而凝聚了力量，推动了发展。

四、科学发展的时代特征，不断深化了以人为本、实事求是的执政理念

对一个地区来说，领导干部都想干出点政绩。特别是贫困地区，面对经济排名的压力，更想干出点政绩。面对竞争的压力和排名的诱惑，右玉历届县委、县政府不为所动，始终坚持把改变环境、推动发展、改善民生这些关系群众利益最直接、最现实的事情当作最大的政绩。新中国成立初，每年春天人缺粮、畜缺草是当时老百姓最需要解决的现实问题。县委、县政府班子抓住这一主要矛盾，毫不犹豫地把植树造林、改善环境作为工作的出发点和落脚点。改革开放后特别是这些年来，受“有水快流”影响,各地争相开采资源，周边县区靠挖煤也富了起来。尽管右玉探明煤炭储量有34亿吨，但县委、县政府没有跟风盲从，而是把环保放在首位，坚持科学规划、合理有序的开发原则，理智地选择了与同煤集团、北京能源集团等大公司、大企业合作，不仅有效地保护了环境，而且也提高了资源的利用率。

生态畜牧成为农村经济的支柱产业。目前，全县初步形成了五条农产品产业链，即以马铃薯良种繁育为龙头的薯业产业链，以玉羊市场为龙头的畜产品产业链，以北京汇源集团沙棘深加工为龙头的沙棘产业链，以六味斋农副产品加工为龙头的杂粮食品产业链，以中大科技公司均衡营养油为龙头的亚麻深加工产业链，建起了李达窑优质燕麦、右卫镇土豆、威远镇蔬菜等一批绿色食品生产基地。

“塞上绿洲”成为名声响亮的品牌。如今的右玉，被誉为“夏天的绿翡翠、冬天的白玉石”，成为北京、太原、呼和浩特等大城市的“后花园”。从2005年以来，我们成功地举办了四届生态健身旅游节，先后承办了全国汽车短道拉力赛、全国摩托车锦标赛等多项国家级一级体育赛事。龙须沟赛车场被国家体育总局命名为“全国越野摩托车赛车基地”、“全国汽车短道拉力赛专用场地”。右玉的人气越来越旺，右玉的知名度越来越高，右玉的发展越来越好、越来越快。借着旅游形成的品牌和环境、政策优势，招商引资硕果累累。到去年底，全县共引进各类项目22个，计

划投资额达118亿元。目前，已有7个项目建成投产。今年在第三届“中博会”上，我县又签约6个项目，总投资约12亿元。

右玉近60年的奋斗史，是我们党执政为民的一个实践缩影，是对科学发展观的一个有力印证和诠释。近60年来，右玉人民前赴后继、艰苦奋斗，凝练形成了可贵的右玉精神。这种精神，植根于右玉人民自强不息、勤俭质朴的地域性格土壤中，生成于植树造林、改善环境的艰苦历程中，升华于今天执政为民、科学发展的生动实践中。靠着它，我们改造了山河、优化了人居、推动了发展；同样，靠着它，我们也历练了干部、改进了作风、推进了事业。60年前，右玉人不懂得什么是“生态”，植树造林只是出于生存的需要；60年后，在科学发展的道路上，右玉人正全力诠释着“生态”，把造林绿化、改善环境与以人为本、改善民生相联系，创造着人与自然相和谐的新的生态文明。

（作者系中共右玉县委书记）

论“右玉精神”的内涵与价值

中共山西省委党校理论研究中心

山西省右玉县位于晋西北塞上一角，毗连毛乌素沙漠边缘，地处潜在沙漠化高寒地带，国土面积1964平方公里，山地丘陵占89.5%，年平均气温3.6摄氏度，无霜期不到100天，总人口10.6万。就是这样一个偏僻的小县、穷县，新中国成立60年来干了一件了不起的大事，就是植树造林改善生态，把一片“不毛之地”变成“塞上绿洲”，进而奔向富裕和文明。右玉县作为生态文明建设的典型和宣传我省形象的“名片”，其业绩和特点十分突出：这是一个坚持60年如一日植树造林、改善环境的先进县，奋斗历史与共和国同龄，认定目标后始终坚持如一、百折不挠；这是一个被“沙进人退”逼出来的人间奇迹和壮举，为了求生存和保家园走上与风沙抗争及生态建设之路，硬是在“不毛之地”建成了“塞上绿洲”，成为生态文明建设的耀眼明星；这是一个动员了全县人民挑战恶劣环境的持久战，每一片绿色都凝结着18届班子和几代干部群众的心血、汗水与智慧，他们是创造右玉典型的历史主体；这是一个实干苦干多于宣传论证、奉献付出大于收益回报的业绩，整个花甲轮回都在默默无闻但又脚踏实地点滴积累，甘做“前人栽树，后人乘凉”的创业者；这是一个经历了共和国历史风雨和政治风云的“绿色接力”，在历史的曲折、挫折、失误和偏差中排除干扰、坚定信心、负重前行。简单说“执着”二字就是右玉典型的特点，即认定目标后矢志不渝、殚精竭虑、绝不动摇，一心一意建设“塞上绿洲”和“富而美新右玉”。

在右玉典型中富含的“右玉精神”，是右玉干部群众创造历史的主体精神，是支撑右玉改天换地、可持续发展的深层动力源。这种精神准确而丰富地诠释了从“不毛之地”到“塞上绿洲”再到致力于“富而美新右玉”的历史巨变及美好前景，也诠释了我们这个时代正在拓展的科学发展之路和必须坚守的社会主义核心价值。深入理解和发掘这一珍贵精神，我们应把握如下几个方面：

——执政为民、造福于民的宗旨追求。右玉挑战风沙、改善生态的壮举，最直接的初衷就是改变“男人走口外，女人挖野菜”的悲苦命运，为人民争得生存条件和走向富裕，造福子孙后代。在当时右玉特殊的自然条件下，风沙侵袭剥蚀着人民的根本利益，而植树造林、改造环境即是人民的根本利益所在，也是秉持党的宗旨的共产党人尤其是一把手及领导班子必须面对的。正是从这一宗旨追求出发，县委县政府班子从第一任书记就痛下决心向高寒、风沙和荒漠化挑战，带领群众构筑绿色屏障，开始了60年的植树造林和生态建设之路。在这一奋斗中，历届班子都牢记使命、敢于担当，殚精竭虑、倾心付出，都把“绿色接力”推进到一个高度，扩展开一片绿色，留下了更多福祉；县乡村干部队伍率先垂范、身先士卒，带头做到“一把铁锹两只手，觉悟加义务，苦干加实干”，许多人物和故事被群众传诵，被子孙后代记忆。至今，仍有退休的县级老干部远居山村，继续着执着一生的植树造林。更为可贵的是，在改革开放和发展市场经济的条件下，这种“觉悟加义务，苦干加实干”的追求仍未褪色，县级机关义务造林区遍布山坡，人工湖的挖掘和南山公园的建设也主要靠机关干部的义务投工。应当说，右玉挑战风沙、改善生态的历史，也就是践行执政为民、造福于民宗旨的历史。

——着眼长远、脚踏实地的鲜明理性。干事业、谋发展，既要明白“干什么”，又要一步一个脚印落在实处，其中特别需要一种自觉理念，即要遵循党的思想路线。右玉特殊的自然环境状况和人民的生存发展需求，决定了植树造林、改善生态是“立县之本、强县之基”，必须长久不懈地抓住不放。然而这又是典型的“打基础、利长远的事”，是“前人栽树后人乘凉”，必须摈弃急功近利、立见成效的短期行为，要有为整体、为后人牺牲奉献的精神。右玉的历届班子和干部群众具备了这种思维和眼光，做到了“一张蓝图绘到底，一任接着一任干”，年复一年、一代一代，留下了扎实创业的足迹：从上世纪50年代的“哪里能栽哪里栽，先让局部绿起来”到60年代的“哪里有风哪里栽，再把风沙锁起来”；从70年代的“哪里有空哪里栽，再把窟窿补起来”，到80年代的“适地适树合理栽，再把三松引进来”；从90年代的“乔灌混交立体栽，绿色屏障建起来”，再到本世纪的“退耕还林连片栽，山川遍地靓起来”。这一堪称前无古人、旁无外人的“绿色接力”、“绿色长征”，真正创造了经得起历史、人民和实践检验的业绩，改变了右玉1967平方公里的面貌和10.6万人民的命运。在这一平凡而伟大的业绩中，每一届班子和每一名干部群众的作用可能都不那么卓著，也没有独特的“政绩”，但正是他们一届届、一代代的不懈努力、积累奉献，才描绘出今日右玉的神韵风采，他们的精力和汗水化作“塞上绿洲”的一片林、一片草而显示着真正的价值。在迈向“富而美新右玉”的过程中，右玉干部群众的这一自觉理念进一步升华，从县委书记到普通群众都十分清醒，哪一届班子、哪一代人都不能再放松生态建设，必须沿着科学发展的道路继续开拓。

——坚韧不拔、负重拼搏的优秀品格。旧右玉的自然环境已经到了废弃家园、全县搬迁的边缘，旧县城3.6丈的城墙已被黄沙吞没；而气温高寒、无霜期短的地理条件，又决定了只能是“几十年树木”而不是“十年树木”。历届县委县政府和几代干部群众肩扛起历史和恶劣环境的沉重负担，以“愚公移山”的精神展开了全民性、历史性的“绿色长征”，其中不知经历过多少艰难困苦和挫折失败，也不知迎来过多少点滴成功和阶段性大捷。至今，“三战黄沙窝”的经历仍在干部群众中流传，参加者以此为豪，后来者以此为勉。正是那场上千人动员、历时数年、屡败屡战的“绿色战役”，锁住了每年都要东进十几米的黄沙，取得了一次“决定性胜利”，写下了右玉绿化史的重要一页。更为可贵的是，右玉的生态建设经历了历史风雨和政治风云的磨难：“大跃进”中的“大炼钢铁”，之后的“阶级斗争”、“以粮为纲”和“十年浩劫”，以及改革开放后局部出现的“GDP至上”等。这些失误、挫折和偏差在右玉留下了一定痕迹，但右玉生态建设的大事业、总方向没有改变，并在排除干扰中不断积累、拓展和提升。在右玉县委1958年的工作计划中，明确写有“在运动中保证不发生人畜伤亡事故”，植树造林要防止“发生影响质量，造成劳民伤财现象”；右玉县政府1986年发出通报，决定对超采林木7.2立方米的某村支书、主任处以100元和70元罚款。正是这种坚忍不拔、负重拼搏的优秀品格，成就了右玉60年改善生态、可持续发展的伟业。那一片片郁郁葱葱的“民兵林”、“青年林”、“巾帼林”、“工友林”、“情侣林”，一串串造林英雄余晓兰、王占峰、韩祥、赵枝等闪光的名字，《右玉绿化志》上一届届领导班子植树造林的决策和事迹，就是这一优秀品格的最好写照。

——与时俱进、创新开拓的时代理性。要说与时俱进、创新开拓，右玉的干部群众最为超前，因为今天凸显的“人与自然和谐”、“可持续发展”和“保护生态”的时代主题，他们60年前就已深切地懂得，并以“右玉要想富，必须风沙住，要想风沙住，必须多栽树”的最朴素、最直观的语言表达出来。这甚至比美国科学家发表《寂静的春天》和法国经济学家发表《新发展观》，比罗马俱乐部发表《增长的极限》、联合国通过《人类环境宣言》、《我们共同的未来》和《里约环境和发展宣言》等，也要早上40年到10年。半个多世纪以来，右玉干部群众的时代理性随着“绿色接力”不断升华，主要表现在：实施科学造林，形成了“通道绿树阴坡松，沟底河岸播沙棘，缓坡柠条混牧草，适宜地区间药材”的独特模式;创新管理机制，在义务植树、“四荒”治理、项目造林和林木保护中，完善了制度，强化了责任,加重了激励,硬化了法治；推动生态升级，在搞好绿化的基础上实施生态畜牧、生态旅游两大基地建设，使绿色生态向生态经济转变。当今的右玉已对外敞开了胸怀，一大批本省、外省和国家的有关项目落地建设和投产，全国性的生态健身节、独轮车锦标赛、短道汽车拉力赛、越野摩托车锦标赛等在此举行，边塞文化旅游方兴未艾。时代理性引导着右玉干部群众，在又好又快地奔向“富而美新右玉”的宏大目标。

——同心同德、和谐奋进的价值取向。在右玉，干部常说“右玉的老百姓不容易”，群众常说“干部为我们担当了许多”；前任干部说“我佩服后任几届，他们奔得更快、更欢、更远”，后任干部说“忘记过去就意味着背叛，右玉50多年的绿化创业史，启迪我们艰苦奋斗、与时俱进、开拓创新”；干部队伍中“当面互勉、背后夸人”，已成为一贯的浓厚风气。一位县级老干部说；我们是古代戍边将士的后代，在抗日战争和解放战争中甘做牺牲，特别重集体、能凝聚、讲奉献。的确，在这片凝结了中华传统和“太行精神”的土地上，在向恶劣环境挑战和全民持久的“绿色长征”中，右玉干部群众同心同德、和谐奋进的价值取向提升到了极致，创造了令世人惊叹的塞上奇迹。右玉的这一“精神生态”比自然生态更具吸引力、凝聚力，使离开家乡的企业家能重返故土创新业，使来自云南的媳妇最终扎根右玉并成为党的十六大、十七大代表。其中的理由很简单：“这个地方人好”，“太让人感动、太给人面子、太给人撑腰了。”右玉既是生态建设、可持续发展的典型，又是珍视和谐、构建和谐的典型。这种良好的“软环境”，是干事创业、缔造业绩的必备前提。

当前，我们正在科学发展观的指导下致力于“转型发展、安全发展、和谐发展”，振兴“八大产业”，全力“保增长、保民生、保稳定”，把国际金融危机的影响降低到最低限度，推进“新山西、新基地”建设，造福三晋人民。在此形势下，我们特别需要学习和弘扬“右玉精神”。学习和弘扬“右玉精神”，就是要牢记党的根本宗旨，把实现好、发展好、维护好人民群众利益作为一切工作的出发点和落脚点，为了人民的利益殚精竭虑、鞠躬尽瘁、奋斗不息；就是要一切从实际出发，尊重客观规律，统筹处理当前利益与长远利益、经济发展与生态文明和社会进步的关系，多做打基础、利长远、强根本、惠民生的事；就是要牢记人民的期待和历史赋予的责任，艰苦奋斗、锲而不舍，迎难而上、百折不挠，努力排除各种制约生产力发展的思想观念、体制机制、不良作风等障碍，坚定战胜改革发展过程中遇到的各种挑战和困难的信心；就是要不断进取和创新，勇于干事业、闯新路，凭借科学决策和求实精神开创新局面，创造经得起实践、人民和历史检验的新业绩；就是要着力构建社会和谐，凝聚干部群众，营造改革发展、创业进取的良好环境，在推进“三个发展”中谱写新的篇章。全省各市县、各行业首先是各级领导干部都这样做到了，省委作出的各项战略部署就能够完全落在实处，生产发展、生活富裕、生态良好的新山西目标就会早日实现。

深入学习贯彻十七届四中全会精神
不断提高基层党的建设的科学化水平

吕昌政

党的十七届四中全会以科学发展观为指导，顺应时代要求和人民期待，提出了“提高党的建设科学化水平”这一重大命题和历史任务，标志着我们党对建设什么样的党、怎样建设党这个重大问题的认识达到新高度，打开了以改革创新精神推进党的建设的新境界。作为一级地方党委，我们要深入学习贯彻十七届四中全会精神，结合自身实际，不断提高基层党的建设的科学化水平。

一、提高基层党的建设的科学化水平，必须不断创新理念，坚持以科学理论指导

加强和改进新时期党的建设，必须深入贯彻落实科学发展观，以先进的思维理念引领和指导全县党建工作。

一要树立党建工作科学发展理念。遵循党建工作规律，坚持用全面协调可持续发展的要求来谋划党建工作，把思想、组织、作风、制度、反腐倡廉“五大建设”放在同等重要的位置，一起部署，一起落实；把保持和发展党员先进性、发挥领导班子的示范表率作用、强化党组织的功能“三大基本要素”协调起来，相互促进，共同提高；把抓好当前工作与规划长远发展有机结合起来，持续提高党建工作水平。坚持把促进人的全面发展作为党建工作的出发点和落脚点，突出党员主体地位，尊重党员个性差异，充分调动他们的积极性、主动性和创造性。坚持统筹推进城乡党建工作，围绕城乡经济社会发展一体化实践，以增强基层党组织的凝聚力、战斗力为目标，做到城乡党建在指导思想上相一致、工作目标上相协调、工作部署上相呼应、工作成效上相促进，形成城乡联动、功能互补、双向受益、共同提高的党的基层组织建设新格局。

二要树立党建工作齐抓共管理念。破除单纯依靠党委抓党建、组织部门抓党建的狭隘观念，把加强和改进党的建设作为各级各部门的政治责任，齐抓共管、全面提高，形成大党建工作格局。一方面，在组织领导上，强化党委的领导核心作用，加强党建工作领导小组，建立纵向一级抓一级，横向贯穿党委所有部门，涵盖人大、政府、政协主要党建责任部门，包括群团组织的党建工作领导体系。另一方面，在运行机制上，建立党建工作领导小组对区域内党建工作定期研究的决策机制、履行职责的责任机制、相互配合的协调机制、推动落实的督查机制、目标管理的考评机制、奖优罚劣的奖惩机制，确保党建工作顺畅运行。

三要树立党建工作绩效为主理念。党的建设必须防止片面追求形式创新、追求轰动效应，导致形式与内容脱节的现象。要在形式服从内容的前提下，坚持从现实需要和客观实际出发，推进工作方式和载体的创新。要把绩效理念引入党建工作之中，合理配置人力、物力和财力，评价经济效益，看党的建设在促进经济发展中起到的作用；评价政治效益，看各级组织的凝聚力、影响力和执政能力；评价社会效益，看是否有效推动了和谐社会建设；评价预期效益，看发展态势和后续效应。

二、提高基层党的建设的科学化水平，必须不断创新机制，坚持以科学制度保障

制度建设带有根本性、全局性、稳定性和长期性。提高党的建设科学化水平，必须抓住制度创新这个关键，突出重点，突破难点，进一步完善体制机制，推进党建工作科学化、制度化、规范化。

一要积极探索党员干部教育培训的新机制，全面加强学习型党组织建设。建立人人向学的组织引导机制，充分发挥党员领导干部的带头作用，在坚持和完善党委理论学习中心组制度的基础上，通过开展领导干部“读书月”、组织重大专题调研、邀请专家集体辅导、安排外出学习考察等多种形式，在全县上下营造浓厚的学习氛围。建立人人

参学的教育轮训机制，大力实施基层党员干部培训工程，拓展县内与县外相结合的党员教育培训基地，力争用三年时间对全县党员干部轮训一遍。建立人人勤学的考核推动机制，把党员干部的学习情况与工作考核和选拔任用紧密结合起来，促使学习任务和要求落到实处并长期坚持下去。通过开展多形式、多层次的学习培训活动，重点加强广大党员社会主义核心价值体系教育，着力用中国特色社会主义理论体系武装头脑，努力把全县各级党组织打造成科学理论武装、具有长远眼光、善于把握规律、富有创新精神的优秀团队。

二要积极探索扩大党内民主的新途径，大力推进民主政治建设。围绕切实尊重党员主体地位，继续深入推进党务公开，建立党内情况通报制度，完善党内民主讨论、民主决策、民主选举、民主领导、民主监督制度，拓宽党员参与党内事务的渠道，丰富党员发挥主体作用的方式，创新党员行使民主权利的载体，进一步激发广大党员的积极性、主动性和创造性。围绕坚持和完善党的领导制度，建立健全集体领导与个人分工负责相结合的运行机制，充分发挥党委“总揽全局、协调各方”的作用，支持人大、政府、政协和法检两院及群团组织依法履行职责，广泛凝聚党的意愿和主张，坚决维护党的集中统一。

三要积极探索干部人事制度改革的新办法，切实提高选人用人公信度。坚持选人用人标准，按照德才兼备、注重实绩、群众公认的原则，围绕发展选人，围绕发展用人，真正把广大党员干部的注意力凝聚到推动盂县科学发展上来。完善选人用人机制，认真贯彻执行《干部任用条例》，建立完善的公推公选机制、轮岗交流机制、培养锻炼机制和考核评价机制，不断推进干部工作科学化、民主化、制度化。创新选人用人形式，坚持走群众路线，在干部选拔任用的推荐、考察、酝酿、讨论和决定等各个环节充分发扬民主，做到为人民群众选人用人与依靠人民群众选人用人相统一。规范选人用人程序，健全完善党委议事决策规则，严格执行干部任用基本程序，自始至终把好选用关口，以科学的程序规范用人行为。强化选人用人监督，突出抓好过程监督、舆论监督和责任追究等工作，形成科学缜密的监督体系，切实把严格监督贯穿始终、严肃纪律贯穿始终、严明奖惩贯穿始终，真正做到拓宽视野选拔干部，广辟途径培养干部，满腔热情爱护干部，严格要求管理干部。

三、提高基层党的建设的科学化水平，必须不断创新实践，坚持以科学方法推进

在新的历史时期，只有发扬改革创新精神，不断创新工作方式方法，使党建工作始终紧跟时代步伐，才能永葆党组织的生机与活力。

一要紧扣第一要务抓党建。坚决克服就党建抓党建、党建和经济发展“两张皮”现象，使党建工作始终服从服务于经济建设这个中心，党建目的始终着眼于改革发展稳定这个大局，努力把党建优势转化为发展优势，把党建资源转化为发展资源，把党建成果转化为发展成果。在实践中，要按照省委提出的“转型发展、安全发展、和谐发展”的总体要求和市委提出的“紧紧围绕‘统筹城乡、率先转型、全面崛起、富民强市’主题，着力走好转型、统筹、和谐、创新、绿色发展之路，加快建设新型能源基地、新型材料及装备制造业基地和现代服务业基地，为把阳泉建设成为生态文明、平安和谐的宜居家园和具有较强竞争力的现代化区域中心城市”的战略目标，更加坚定不移地实施“开放、转型、突破、跨越”四大战略，进一步推进新型工业化、农业产业化、城乡一体化、科教现代化、农民知识化“五化”进程，突出“富民、强县”两大主题，着力抓好重点工程、重点项目、重点实事，保增长、扩内需、惠民生，调结构、提质量、增活力，全面加强经济建设、政治建设、文化建设、生态建设，全面推进党的建设新的伟大工程，使党建工作始终与全县重点工作相适应，与具体业务工作相衔接。

二要突出第一资源抓党建。强化人才第一资源的理念，充分发挥党组织凝聚人才、培养人才、使用人才的作用，大力实施“人才强县”战略，加大人才培养、引进、选拔和使用力度，努力把各级各类人才凝聚到党的建设伟大工程中来。党组织要为人才培养搭建坚实平台，以“五支人才队伍”建设为重点，抓好“拔尖创新人才”选拔培养，推进“新农村建设人才保障工程”、“农业科技人才队伍建设和人才智力援助工程”，全方位培养造就高素质人才。党组织要为人才引进铺设便捷通道，制定完善招才引智的政策措施，多渠道引进全县发展中紧缺的各类高级人才。党组织要为人才创业提供宽广舞台，坚持唯才是举，打破学历、资历、身份、年龄等限制，优化干事创业环境，支持人才创造创新，为全县经济社会又好又快发展提供有力的人才保证和智力支持。

三要落实第一责任人抓党建。各级党委书记作为党建工作“第一责任人”的职责，应该牢固树立“不抓党建是失职、抓不好党建就是不称职”的思想，严格落实党建工作责任制和“一岗双责”制度，像抓经济工作一样，亲自抓、负总责，把党建工作牢牢抓在手上，定期听取汇报，研究部署任务，协调解决实际困难和问题。党建工作领导小组要充分发挥牵头抓总作用，研究党建工作规律，整合党建工作资源，创新党建工作方式，丰富党建工作载体，推动党的建设各项部署和任务全面落实。

（作者系中共盂县县委书记）

人事变动

省委

4月30日　任泽民同志不再担任省委常委、委员职务
6月4日　汤涛同志任省委委员、常委

省委工作部门

3月25日　郑东涛同志任省委办公厅副厅级秘书
3月25日　郭宏魁同志任省委巡视组副厅级巡视专员（试用期一年）
3月25日　省委办公厅李淳同志退休
3月25日　朱先奇同志任省委组织部常务副部长
3月25日　陈学东同志任省委组织部部务委员
3月25日　免去刘维佳同志省委组织部常务副部长职务
3月25日　免去左淑萍同志省委人才工作领导组办公室主任职务
3月25日　孙建军同志任省委统战部副巡视员
3月25日　高彦斌同志兼任省社会治安综合治理委员会办公室主任
3月25日　杨有才同志任省委政法委副书记
3月25日　苗伟同志任省委政法委秘书长（试用期一年）
3月25日　李曾贵同志任省社会治安综合治理委员会办公室副主任（试用期一年）
3月25日　免去高彦斌同志省委政法委秘书长职务
3月25日　免去秦文峰同志省社会治安综合治理委员会办公室副主任职务
3月25日　免去秦文峰同志省委政法委委员职务
3月25日　马文革同志任省委政策研究室副主任（试用期一年）
3月25日　张婵萍同志任省直属机关工作委员会副巡视员
3月25日　王学泽同志任省机构编制委员会办公室巡视员
3月25日　免去王学泽同志省机构编制委员会办公室副主任职务
3月25日　免去陈仲英同志省机构编制委员会办公室副主任职务（退休）
5月5日　根据中央组织部干任字[2009]158号文件，免去任泽民同志省委组织部部长职务
5月22日　张高宏同志任省机构编制委员会办公室主任
5月22日　免去何令祚同志省机构编制委员会办公室主任职务
6月15日　根据中央组织部干任字[2009]237号文件，汤涛同志任省委组织部部长
6月24日　王建明同志任省委政法委员会委员
6月24日　免去柯汉民同志省委政法委员会委员职务
7月21日　省委组织部马友同志退休
7月21日　省委政法委郑根堂同志退休
7月21日　省委宣传部周振义同志退休
7月21日　省委宣传部田惠爱同志退休
7月21日　省委宣传部申存良同志退休
7月21日　省编办申桂英同志退休
7月21日　免去武先龙同志省委政法委员会委员职务
8月10日　苗伟、李曾贵同志任省委政法委员会委员
8月14日　省委办公厅柴甫鼎同志退休
8月14日　省委政法委武先龙同志退休
8月14日　郭康锋同志任省直属机关工作委员会副书记（正式任职）
8月14日　杜学文同志任省委宣传部副部长（正式任职）
8月14日　王利波同志任省委政策研究室副主任（正式任职）
8月14日　郭晋明同志任省机构编制委员会办公室副主任（正式任职）
8月14日　赵建华同志任省委组织部部务委员（正式任职）
8月14日　李吉山同志任省委巡视组副厅级巡视专员（正式任职）
8月14日　王建新、郭海刚同志任省委统战部副部长（正式任职）

8月14日 尚平安同志任省委办公厅巡视员
10月29日 李富林、周明定同志任省委政法委员会委员
10月29日 免去李连琪、马景龙同志省委政法委员会委员职务
10月30日 李斌同志任省委办公厅副厅级督查专员（试用期一年）
10月30日 何其山同志任省委办公厅副巡视员
10月30日 免去尚平安同志省委办公厅巡视员职务（退休）
10月30日 郭玉福同志任省委宣传部副部长
10月30日 尹天五、胡励耘同志任省委宣传部副巡视员
10月30日 免去王拉英同志省委宣传部助理巡视员职务
10月30日 张耀仁同志任省委政法委副巡视员
10月30日 免去毛廷文同志省委政法委副巡视员职务（退休）
10月30日 省委政法委段志全同志退休
10月30日 马景龙、李锐锋、曹燎原、石正民、陈森同志任省委巡视组组长
10月30日 李努生、李吉山同志任省委巡视组副组长
10月30日 李定武、董赤凡同志任省委巡视组副厅级巡视专员（试用期一年）
10月30日 免去刘焕升、段志全、白纯洲同志省委巡视组组长职务
10月30日 免去李吉山同志省委巡视组副厅级巡视专员职务
10月30日 刘香兰同志任省委巡视组副厅级巡视专员（正式任职）
10月30日 免去王学泽同志省编办巡视员职务（退休）
10月30日 马天荣同志任省委统战部常务副部长
10月30日 免去王大高同志省委统战部常务副部长职务
10月30日 杨有才同志任省委政法委副书记
12月18日 冯云龙同志任省委人才工作领导组办公室主任（试用期一年）
12月18日 李云平同志任省委统战部副部长（试用期一年），免去其省委统战部助理巡视员职务
12月18日 贾文儒同志任省委巡视组副厅级巡视专员（试用期一年）
12月18日 免去郭能义同志省直属机关工作委员会副巡视员职务（退休）

省委部门管理机构

3月25日 省委“610”办公室王林同志退休
8月14日 关龙江同志任省委“610”办公室副主任（正式任职）
8月14日 梁淑娟、刘可宏同志任省委台湾工作（省政府台湾事务）办公室副主任（正式任职）
10月29日 李东强同志任省委机要局局长（正式任职）
10月30日 王拉英同志任省外宣办主任
10月30日 张全喜、魏晓勤同志任省委省政府信访局副巡视员
10月30日 郭真喜、张福祥同志任省委省政府信访局副局长（正式任职）
10月30日 高国俊同志任省委“610”办公室副主任
10月30日 汪炳元同志任省委“610”办公室副巡视员
10月30日 免去郭玉福同志省委“610”办公室副主任职务
10月30日 张华同志任省委保密办（省国家保密局）主任（局长）（试用期一年）
10月30日 免去李国华同志省委保密办（省国家保密局）主任（局长）职务（退休）
12月18日 武俊平同志任省委“610”办公室副主任（试用期一年）

省人大

6月4日 根据中共中央组织部干任字[2007]29号文件，曹馨仪同志退休
6月4日 根据中共中央组织部干任字[2009]202号文件，纪馨芳、薛军、杜五安、王昕、姚新章、张铭、赵劲夫、李玉臻同志退休
11月26日 李渊同志任省人大常委会副秘书长
11月26日 免去李中元同志省人大常委会副秘书长职务

省人大专门委员会、工作机构

3月25日 免去左凤山同志省人大常委会办公厅副巡视员职务（退休）
3月26日 武锦福同志任省人大常委会内务司法委员会副主任委员
3月26日 免去武锦福同志省人大常委会内务司法委员会委员职务
7月21日 省人大阎逸民、魏留庆、张云溥同志退休
8月14日 冯睿同志任省人大常委会教育科学文化卫生工作委员会副主任（正式任职）
8月14日 祁玉林同志任省人大常委会农村工作委员会副主任（正式任职）
8月14日 汤俊权同志任省人大常委会城乡建设环境保护委员会副主任（正式任职）
8月14日 李洪同志任省人大常委会民族宗教侨务外事委员会副主任（正式任职）
8月14日 蔡汾湘同志任省人大常委会研究室副主任（正式任职）
10月30日 李生茂同志任省人大常委会城乡环境保护工作

委员会巡视员
10月30日 张作峰同志任省人大常委会研究室巡视员
10月30日 免去杨义成同志省人大常委会研究室巡视员职务（退休）
11月26日 免去李生茂同志省人大常委会城乡建设环境保护工作委员会副主任职务
11月26日 免去张作峰同志省人大常委会研究室副主任职务
12月18日 王志青同志任省人大常委会法制委员会副巡视员
12月18日 刘爱华同志任省人大常委会办公厅副巡视员

省政府

1月6日 免去胡苏平同志山西省副省长职务
1月15日 王君同志当选山西省省长
1月15日 刘维佳同志当选山西省副省长
1月15日 张建欣同志当选山西省副省长
3月25日 刘维佳、张建欣同志任省政府党组成员
3月25日 免去胡苏平同志省政府党组成员职务
4月15日 杜创业同志任省政府副秘书长
4月15日 免去李建功同志省政府副秘书长职务
4月15日 陈永奇同志任省政府副秘书长、研究室主任
9月7日 免去杜创业同志省政府副秘书长职务

省政府组成部门

3月25日 杜创业同志任省政府办公厅党组副书记
3月25日 免去李建功同志省政府办公厅党组副书记职务
3月25日 陈永奇同志任省政府办公厅党组成员
3月25日 胡景善同志任省发展和改革委员会党组成员
3月25日 王野彬同志任省发展和改革委员会党组成员
3月25日 省经委王纪仁同志退休
3月25日 免去陈学东同志省高等院校工作委员会副书记职务
3月25日 李太平同志任省公安厅政治部主任
3月25日 免去成振林同志兼任的省公安厅政治部主任职务
3月25日 省公安厅宋建华同志退休
3月25日 李太平同志任省公安厅党委委员
3月25日 左淑萍同志任省国家安全厅政治部主任（兼）
3月25日 左淑萍同志任省国家安全厅党委委员
3月25日 黄保国同志任省国家安全厅党委委员
3月25日 免去樊计宽同志省司法厅党委委员职务
3月25日 省财政厅原崇信同志退休
3月25日 免去王学泽同志省人事厅党组成员职务
3月25日 李建功同志任省国土资源厅党组书记
3月25日 免去杜创业同志省国土资源厅党组书记职务
3月25日 免去谢占杰同志省纪委派驻林业厅纪检组组长职务（退休）
3月25日 免去谢占杰同志省林业厅党组成员职务
3月25日 省卫生厅韩敬同志退休
3月25日 省人口和计划生育委员会朱明媚同志退休
3月25日 免去朱明媚同志省人口和计划生育委员会党组成员职务
3月25日 免去李万定同志省高速公路管理局党委书记职务(退休)
4月15日 胡景善同志任省发展和改革委员会总经济师(试用期一年)
4月15日 王野彬同志任省发展和改革委员会总工程师(试用期一年)
4月15日 张引强同志任省经济委员会巡视员
4月15日 免去朱明媚同志省人口和计划生育委员会巡视员职务
4月15日 李富林同志任省公安厅副厅长
4月15日 免去宋建华同志省公安厅巡视员职务
4月15日 免去李太平同志省公安厅副巡视员职务
4月15日 免去权志高同志省公安厅刑事侦察总队总队长职务
4月15日 左淑萍同志任省国家安全厅副厅长
4月15日 黄保国同志任省国家安全厅副厅长（试用期一年）
4月15日 樊计宽同志任省司法厅巡视员
4月15日 免去樊计宽同志省司法厅副厅长职务
4月15日 免去王学泽同志省人事厅副厅长职务
4月15日 免去韩敬同志省卫生厅巡视员职务
5月22日 洪发科同志任省经济和信息化委员会党组书记
5月22日 郭树峰同志任省经济和信息化委员会党组副书记
5月22日 孙玉仁同志任省纪委派驻经济和信息化委员会纪检组组长
5月22日 周明定、刘银才、孙玉仁、王克建、陈官虎、温元伟、胡荣华同志任省经济和信息化委员会党组成员
5月22日 张健同志任省人力资源和社会保障厅党组书记
5月22日 李文惠同志任省纪委派驻人力资源和社会保障厅纪检组组长
5月22日 杨培岳、李文惠、李建刚、王云龙、王建文同志任省人力资源和社会保障厅党组成员
5月22日 刘向东同志任省环境保护厅党组书记
5月22日 阎安虹同志任省纪委派驻环境保护厅纪检组组长
5月22日 阎安虹、刘四龙、张广勇同志任省环境保护厅党组成员
5月22日 王国正同志任省住房和城乡建设厅党组书记

5月22日 郝耀平同志任省纪委派驻住房和城乡建设厅纪检组组长（试用期截止2009年8月）

5月22日 张立光、任在刚、闫晨曦、郝培亮、李锦生、赵建宏、郝耀平同志任省住房和城乡建设厅党组成员

5月22日 段建国同志任省交通运输厅党组书记

5月22日 张润同志任省交通运输厅党组副书记

5月22日 韩日裕同志任省纪委派驻交通运输厅纪检组组长

5月22日 韩日裕、王志民、张志川、郜玉兰、张德仪、赵振田同志任省交通运输厅党组成员

5月22日 王守祯同志任省煤炭工业厅党组书记

5月22日 于若洁同志任省纪委派驻煤炭工业厅纪检组组长

5月22日 牛建明、于若洁、武建森、胡万升、李成先同志任省煤炭工业厅党组成员

5月22日 韩和平同志任省政府外事侨务办公室党组书记

5月22日 高玉厚同志任省纪委派驻政府外事侨务办公室纪检组组长（试用期截止2009年8月）

5月22日 贾雪峰、张志仁、武绍忠、高玉厚、田亦军同志任省政府外事侨务办公室党组成员

5月22日 李书凯同志任省卫生厅党组副书记

5月22日 赵光国同志任省卫生厅党组成员

5月22日 段绪忠、贾继武同志任省公安厅党委委员

5月22日 谢璞同志任省纪委派驻林业厅纪检组组长（试用期一年）

5月22日 常光明、谢璞同志任省林业厅党组成员

5月22日 免去马双柱同志省林业厅党组成员职务

5月27日 郭树峰同志任省经济和信息化委员会副主任

5月27日 周明定、刘银才同志任省经济和信息化委员会副主任（兼）

5月27日 申瑞涛同志任省经济和信息化委员会副主任

5月27日 王克建、陈官虎同志任省经济和信息化委员会副主任

5月27日 温元伟同志任省经济和信息化委员会总经济师（试用期截止2009年8月）

5月27日 胡荣华同志任省经济和信息化委员会总工程师（试用期截止2009年8月）

5月27日 张引强同志任省经济和信息化委员会巡视员

5月27日 阎乃云、王元山同志任省经济和信息化委员会副巡视员

5月27日 杨培岳、李建刚、王云龙、王建文同志任省人力资源和社会保障厅副厅长

5月27日 曹慧昌、李学柱、王泽、康继峰、赵贵同志任省人力资源和社会保障厅副巡视员

5月27日 张立光、任在刚同志任省住房和城乡建设厅副厅长

5月27日 闫晨曦同志任省住房和城乡建设厅副厅长（试用期截止2009年7月）

5月27日 郝培亮同志任省住房和城乡建设厅总工程师

5月27日 李锦生同志任省住房和城乡建设厅总规划师

5月27日 张润、王志民、张志川同志任省交通运输厅副厅长

5月27日 郜玉兰同志任省交通运输厅总工程师

5月27日 张德仪同志任省交通运输厅总会计师

5月27日 曹爎原同志任省交通运输厅巡视员

5月27日 郭贵平同志任省交通运输厅副巡视员

5月27日 贾雪峰、张志仁同志任省政府外事侨务办公室副主任

5月27日 武绍忠同志任省政府外事侨务办公室副主任（试用期截止2009年7月）

5月27日 田亦军同志任省政府外事侨务办公室副主任（试用期截止2009年8月）

5月27日 牛建明、武建森同志任省煤炭工业厅副厅长

5月27日 胡万升同志任省煤炭工业厅副厅长（试用期截止2009 年7月）

5月27日 李成先同志任省煤炭工业厅总工程师

5月27日 韩世敏、侯文锦同志任省煤炭工业厅副巡视员

5月27日 段绪忠同志任省公安厅刑侦总队总队长

5月27日 免去段绪忠同志省公安厅副巡视员职务

5月27日 免去张效彪同志省监察厅副厅长职务

5月27日 刘四龙同志任省环境保护厅副厅长

5月27日 张广勇同志任省环境保护厅副厅长（试用期截止2009 年7月）

6月4日 洪发科同志任省经济和信息化委员会主任

6月4日 张健同志任省人力资源和社会保障厅厅长

6月4日 李建功同志任省国土资源厅厅长

6月4日 刘向东同志任省环境保护厅厅长

6月4日 王国正同志任省住房和城乡建设厅厅长

6月4日 段建国同志任省交通运输厅厅长

6月4日 韩和平同志任省政府外事侨务办公室主任

6月4日 王守祯同志任省煤炭工业厅厅长

6月4日 免去杜创业同志省国土资源厅厅长职务

6月9日 常光明同志任省林业厅副厅长（试用期一年）

6月9日 马双柱同志任省林业厅巡视员

6月9日 免去马双柱同志省林业厅副厅长职务

7月21日 省民政厅郭有勤同志退休

7月21日 省水利厅李英明同志退休

7月21日 省发展和改革委员会侯殿龙同志退休

7月21日 省交通运输厅杨金泉同志退休

7月21日 省经济和信息化委员会张诚、张鸿顺同志退休

7月21日 省政府办公厅纪友伟同志退休

7月21日 省农业厅王福水同志退休

7月21日 省林业厅王银娥同志退休

7月21日 省科学技术厅温泽先同志退休

7月21日 省住房和城乡建设厅吴建昌同志退休

7月21日　省文化厅成葆德同志退休
7月21日　省公安厅聂海舟同志退休
7月21日　省审计厅魏德卿同志退休
8月10日　张玉良同志任省司法厅党委委员
8月13日　王学军、贺天才同志任省煤炭工业厅党组成员
8月13日　免去王维荣同志省审计厅党组成员职务
8月13日　免去高文平同志省商务厅党组成员职务
8月14日　免去杜创业同志省政府办公厅党组副书记职务
8月14日　免去赵晋蓉同志省文化厅党组副书记职务
8月14日　免去王维荣同志省纪委派驻审计厅纪检组组长职务
8月14日　省发改委张义权同志退休
8月14日　省民政厅梁志青同志退休
8月14日　省政府办公厅李振喜同志退休
8月14日　刘进同志任省商务厅副厅长（正式任职）
8月14日　刘锋同志任省发展和改革委员会副主任（正式任职）
8月14日　张韬同志任省财政厅副厅长（正式任职）
8月14日　彭东晓同志任省国土资源厅总经济师（正式任职）
8月14日　杨志强同志任省国土资源厅总规划师（正式任职）
8月14日　闫晨曦同志任省住房和城乡建设厅副厅长（正式任职）
8月14日　郝耀平同志任省纪委派驻住房和城乡建设厅纪检组组长（正式任职）
8月14日　刘星同志任省卫生厅副厅长（正式任职）
8月14日　武绍忠、田亦军同志任省政府外事侨务办公室副主任（正式任职）
8月14日　高玉厚同志任省纪委派驻政府外事侨务办公室纪检组组长（正式任职）
8月14日　张广勇同志任省环境保护厅副厅长（正式任职）
8月14日　胡万升同志任省煤炭工业厅副厅长（正式任职）
8月14日　温元伟同志任省经济和信息化委员会总经济师（正式任职）
8月14日　胡荣华同志任省经济和信息化委员会总工程师（正式任职）
8月14日　李力同志任省水利厅总工程师（正式任职）
8月14日　陈国荣同志任省纪委派驻农业厅纪检组组长（正式任职）
9月7日　王学军同志任省煤炭工业厅副厅长
9月7日　杜创业同志任省林业厅巡视员
9月7日　赵晋蓉同志任省文化厅巡视员
9月7日　王维荣同志任省审计厅巡视员
9月7日　张涵同志任省审计厅副巡视员
9月7日　免去高文平同志省商务厅副厅长职务
9月7日　免去赵晋蓉同志省文化厅副厅长职务
9月7日　免去梁志青同志省民政厅副巡视员职务
9月7日　黄庙同志任省财政厅煤炭基金稽查局局长
10月29日　免去周明定同志省经济和信息化委员会党组成员职务
10月29日　刘大山同志任省环境保护厅党组成员
10月29日　贾明进、穆锦清同志任省农业厅党组成员
10月29日　赵新民同志任省人口和计划生育委员会党组成员
10月29日　免去任建平同志省人口和计划生育委员会党组成员职务
10月29日　任建平同志任省审计厅党组成员
10月30日　省教育厅白纯洲同志退休
10月30日　李富林同志任省公安厅党委副书记
10月30日　免去李连琪同志省公安厅党委副书记职务
10月30日　周明定同志任省民政厅党组书记
10月30日　免去马景龙同志省民政厅党组书记职务
10月30日　赵新民同志任省纪委派驻人口和计划生育委员会纪检组组长
10月30日　免去任建平同志省纪委派驻人口和计划生育委员会纪检组组长职务
10月30日　任建平同志任省纪委派驻审计厅纪检组组长
10月30日　省经济和信息化委员会张引强同志退休
10月30日　省林业厅马双柱同志退休
10月30日　省交通运输厅史荣和同志退休
11月20日　潘爱玲、潘中赋同志任省经济和信息化委员会巡视员
11月20日　李富林同志任省公安厅常务副厅长
11月20日　王高勇同志任省农业厅副厅长
11月20日　贾明进同志任省农业厅总农艺师（试用期一年）
11月20日　穆锦清同志任省农业厅总畜牧师（试用期一年）
11月20日　田伟、吴志宏同志任省农业厅副巡视员
11月20日　郭立同志任省文化厅副厅长（试用期一年）
11月20日　贾茂盛同志任省文化厅副巡视员
11月20日　免去张引强同志省经济和信息化委员会巡视员职务
11月20日　免去李连琪同志省公安厅常务副厅长职务
11月20日　免去崔长胜同志省公安厅副巡视员职务
11月20日　免去曹燎原同志省交通运输厅巡视员职务
11月20日　免去王高勇同志省农业厅总农艺师职务
11月20日　免去贾明进同志省农业厅助理巡视员职务
11月20日　免去马双柱同志省林业厅巡视员职务
11月20日　免去郭立同志省文化厅助理巡视员职务
11月20日　刘大山同志任省环境保护厅总工程师（试用期一年）
11月20日　刘西丹、吕步云同志任省环境保护厅副巡视员

11月20日 免去史荣和同志省交通战备办公室专职副主任职务
11月20日 张晋鹏同志任省交通运输执法局局长
11月20日 免去张晋鹏同志省交通征费稽查局局长职务
11月26日 周明定同志任省民政厅厅长
11月26日 免去马景龙同志省民政厅厅长职务
12月17日 余瑞卿同志任省政府办公厅党组成员
12月17日 刘致远同志任省经济和信息化委员会党组成员
12月17日 黄庙同志任省财政厅党组成员
12月17日 赵友亭同志任省住房和城乡建设厅党组成员
12月17日 李更同志任省林业厅党组成员
12月17日 张华龙同志任省商务厅党组成员
12月17日 免去于若洁同志省煤炭工业厅党组成员职务
12月17日 免去贾雪峰同志省政府外事侨务办公室党组成员职务
12月18日 王赋同志任省发展和改革委员会党组副书记
12月18日 石常明同志任省财政厅党组副书记
12月18日 免去于若洁同志省纪委派驻煤炭工业厅纪检组组长职务
12月18日 省司法厅樊计宽同志退休
12月18日 省文化厅张建军同志退休

省政府直属特设机构

3月25日 省国有资产监督管理委员会王体轩同志退休
4月15日 免去王体轩同志省国有资产监督管理委员会巡视员职务
8月14日 李东洪同志任省国有资产监督管理委员会副主任（正式任职）
10月29日 免去王敬民同志省国有资产监督管理委员会委员职务
10月30日 李天太同志任省国有资产监督管理委员会副书记
11月20日 免去王敬民同志省国有资产监督管理委员会助理巡视员职务

省政府直属机构

3月25日 省新闻出版（版权）局谢洪涛同志退休
3月25日 省环保局李广信、王景龙同志退休
4月15日 免去李广信同志省环境保护局巡视员职务
4月15日 免去王景龙同志省环境保护局助理巡视员职务
5月22日 王玉成同志任省纪委派驻安全生产监督管理局纪检组组长
5月22日 免去杜建荣同志省安全生产监督管理局党组副书记职务
5月22日 免去梁云祥同志省纪委派驻安全生产监督管理局纪检组组长职务
5月22日 王玉成同志任省安全生产监督管理局党组成员
5月22日 免去梁云祥同志省安全生产监督管理局党组成员职务
5月22日 梁志祥同志任省广播电影电视局党组书记
5月22日 王建中同志任省纪委派驻广播电影电视局纪检组组长
5月22日 省广播电影电视局朱世林同志退休
5月22日 任云峰同志任省政府机关事务管理局党委书记
5月22日 逄哲峰同志任省政府机关事务管理局纪委书记
5月22日 逄哲峰、王东春、孙富忠、牛杜珍同志任省政府机关事务管理局党委委员
5月22日 省粮食局冀保国同志退休
5月27日 梁志祥同志任省广播电影电视局局长
5月27日 董育中、梁丽山同志任省广播电影电视局副局长
5月27日 刘英魁同志任省广播电影电视局副局长（试用期截止2009年7月）
5月27日 梁如成同志任省广播电影电视局总工程师
5月27日 免去冀保国同志省粮食局副巡视员职务
5月27日 免去杜建荣同志省安全生产监督管理局副局长职务
6月9日 任云峰同志任省政府机关事务管理局局长
6月9日 王东春、孙富忠、牛杜珍同志任省政府机关事务管理局副局长（试用期一年）
7月21日 省质量技术监督局孙桂芳同志退休
7月21日 省体育局王春元同志退休
7月21日 省新闻出版局（版权局）董晓阳同志退休
7月21日 省工商局李鹏同志退休
7月21日 省地税局宋德晋同志退休
8月13日 免去吕莲莲同志省政府法制办公室党组成员职务
8月13日 霍红义同志任省安全生产监督管理局党组成员
8月14日 免去吕莲莲同志省纪委派驻政府法制办公室纪检组组长职务（退休）
8月14日 刘英魁同志任省广播电影电视局副局长（正式任职）
8月14日 王文保同志任省旅游局副局长（正式任职）
8月14日 薛延孝同志任省地方税务局总会计师（正式任职）
8月14日 田奇越同志任省纪委派驻新闻出版局（版权局）纪检组组长（正式任职）
8月14日 王荣同志任省纪委派驻体育局纪检组组长（正式任职）
8月14日 宋文斌同志任省纪委派驻文物局纪检组组长（正式任职）
8月14日 邢文奇同志任省纪委派驻质量技术监督局纪检组组长（正式任职）

9月7日　霍红义同志任省安全生产监督管理局副局长
9月7日　董育中同志任省广播电影电视局巡视员
9月7日　免去董育中同志省广播电影电视局副局长职务
10月29日　免去石清礼同志省工商行政管理局党组成员职务
10月30日　免去李锐锋同志省新闻出版局（版权局）党组书记职务
10月30日　张铭同志任省人民防空委员会办公室副主任（正式任职）
10月30日　翟振新同志任省统计局党组副书记
10月30日　省人民防空委员会办公室张万明同志退休
10月30日　省政府机关事务管理局谢德才同志退休
11月20日　石清礼同志任省工商行政管理局巡视员
11月20日　董晓林同志任省广播电影电视局副局长（试用期一年）
11月20日　免去石清礼同志省工商行政管理局副局长职务
11月20日　免去李锐锋同志省新闻出版局（版权局）局长职务
11月20日　免去张万明同志省人民防空委员会办公室副巡视员职务
11月20日　免去谢德才同志省政府机关事务管理局副巡视员职务
12月17日　荆红社同志任省统计局党组成员
12月18日　林玉平同志任省新闻出版局（版权局）党组书记
12月18日　免去高可同志省文物局党组副书记职务（退休）
12月18日　省广播电影电视局梁如成同志退休

省政府部门管理机构

3月25日　省物价局张吉兆同志退休
3月25日　省煤炭工业局王文全同志退休
3月25日　免去王文全同志省煤炭工业局党组成员职务
4月15日　免去王文全同志省煤炭工业局副局长职务
5月22日　李福龙同志任省物价局党组书记
5月22日　王克信同志任省纪委派驻物价局纪检组组长
5月22日　张存登、王克信、庞金龙同志任省物价局党组成员
5月22日　刘银才同志任省国防科技工业党委书记
5月22日　冯鲁生、田国仁、安雅文同志任省国防科技工业党委副书记
5月22日　田国仁同志任省国防科技工业纪委书记
5月22日　潘爱玲同志任省国防科技工业工会主席
5月22日　省国防科技工业办公室武永刚同志退休
5月22日　张继庆、温国贵、潘爱玲同志任省国防科技工业党委委员
5月22日　周明定同志任省中小企业局党组书记
5月22日　赵新民同志任省纪委派驻中小企业局纪检组组长（试用期截止2009年8月）
5月22日　潘中赋、陈晓东、赵志杰、赵新民同志任省中小企业局党组成员
5月22日　赵光国同志任省食品药品监督管理局党组书记
5月22日　刘广德同志任省纪委派驻食品药品监督管理局纪检组组长
5月22日　杨恩健、武树和、刘广德、任晋斌、贠亚明同志任省食品药品监督管理局党组成员
5月22日　刘昆明同志任省扶贫开发办公室党组书记
5月22日　张晓红同志任省扶贫开发办公室纪检组组长
5月22日　吕占川、郎作仕、王汉有、张晓红同志任省扶贫开发办公室党组成员
5月27日　李福龙同志任省物价局局长
5月27日　张存登、庞金龙同志任省物价局副局长
5月27日　刘银才同志任省国防科学技术工业办公室主任
5月27日　张继庆、温国贵同志任省国防科学技术工业办公室副主任
5月27日　周明定同志任省中小企业局局长
5月27日　潘中赋、陈晓东、赵志杰、王怀荣同志任省中小企业局副局长
5月27日　刘昆明同志任省扶贫开发办公室主任
5月27日　赵光国同志任省食品药品监督管理局局长、省卫生厅副厅长（兼）
5月27日　杨恩健、武树和、任晋斌、谢红同志任省食品药品监督管理局副局长
5月27日　贠亚明同志任省食品药品监督管理局总检验师
5月27日　吕占川、郎作仕、王汉有同志任省扶贫开发办公室副主任
7月21日　省国防科学技术工业办公室李金鳌同志退休
7月21日　省食品药品监督管理局王芷芳同志退休
8月13日　免去武树和同志省食品药品监督管理局党组成员职务
8月13日　邢亮喜、王忠泽、王俊飏同志任省农村信用社联合社党委委员
8月13日　免去董宇明同志省农村信用社联合社党委委员职务
8月14日　省食品药品监督管理局武树和同志退休
8月14日　省食品药品监督管理局刘铁城同志退休
8月14日　安雅文同志任省国防科技工业党委副书记（正式任职）
8月14日　赵新民同志任省纪委派驻中小企业局纪检组组长（正式任职）
8月14日　王忠泽同志任省农村信用社联合社纪委书记
9月7日　邢亮喜、王俊飏同志任省农村信用社联合社副主任
9月7日　免去董宇明同志省农村信用社联合社副理事长

职务

9月7日 免去武树和同志省食品药品监督管理局副局长职务

9月7日 免去李振喜、刘铁城、柴甫鼎、王亦农同志省政府参事室（文史馆）参事职务

9月7日 免去张义权同志省政府重大项目稽查特派员职务

10月29日 免去潘爱玲同志省国防科技工业党委委员职务

10月29日 免去潘中赋、赵新民同志省中小企业局党组成员职务

10月29日 免去赵雪英同志省监狱管理局纪委书记、党委委员职务

10月30日 免去周明定同志省中小企业局党组书记职务

10月30日 免去赵新民同志省纪委派驻中小企业局纪检组组长职务

10月30日 省公安厅交通管理局（省交通警察总队）李文全同志退休

11月20日 赵雪英同志任省监狱管理局副巡视员

11月20日 免去潘中赋同志省中小企业局副局长职务

11月20日 免去周明定同志省中小企业局局长、省经济和信息化委员会副主任（兼）职务

11月20日 免去李文全同志省公安厅交通管理局（省交通警察总队）副巡视员职务

12月17日 高奇、石玉泉、吴峻山同志任省监狱管理局党委委员

12月18日 王克建同志任省中小企业局党组书记

省政协

1月15日 薛延忠同志当选省政协主席

4月23日 薛延忠同志任省政协党组书记

6月4日 根据中共中央组织部干任字[2009]202号文件，薛荣哲、宋绍华、吴锦文、聂向庭、张正明、吕日周、阎爱英、吴博威同志退休

6月4日 根据中共中央组织部干任字[2009]198号文件，郑社奎同志退休

7月21日 赵政民同志退休

省政协专门委员会、工作机构

8月14日 李润玺同志任省政协经济和人口资源环境委员会副主任（正式任职）

8月14日 王阳华同志任省政协港澳台侨和外事委员会副主任（正式任职）

12月18日 刘万彪同志任省政协办公厅副巡视员

12月18日 齐雨生同志任省政协港澳台侨和外事委员会副巡视员

12月18日 刘秀同志任省政协民族和宗教委员会副巡视员

12月18日 赵茂林同志退休

省纪委

7月21日 张陆绪同志退休

10月30日 免去弓跃同志省纪委常委职务

10月30日 刘焕升同志退休

省纪委工作机构

3月25日 孔玉林同志任省纪委副厅级室主任（试用期一年）

3月25日 孙锡平同志任省纪委副厅级室主任（试用期一年）

3月25日 孟萧同志任省纪委副厅级室主任（试用期一年）

3月25日 卫洪平同志任省纪委副厅级室主任（试用期一年）

3月25日 免去李庆同志省纪委副厅级检查员职务（退休）

3月25日 免去刘改英同志省纪委副厅级检查员职务（退休）

8月14日 石正民同志任省纪委正厅级检查员

10月30日 孙兴武、周礼仁同志任省纪委副厅级室主任（试用期一年）

10月30日 陈晓敏、周小林同志任省纪委副厅级检查员

10月30日 免去石正民同志省纪委正厅级检查员职务

10月30日 免去李努生同志省纪委副厅级室主任职务

12月18日 免去刘国庆同志省纪委副厅级室主任职务

省高级人民法院

3月25日 王冀波同志任省高级人民法院正厅级审判员

5月22日 免去张俊杰同志省高级人民法院副厅级审判员职务

6月4日 王冀波同志任省高级人民法院审判委员会委员、审判员

6月4日 王虎荣、何炳武、王啸虎、周建文、王永励、高峰、仲俊光同志任省高级人民法院审判员

7月21日 曹文龙同志退休

7月30日 仇拉锁、张继荣同志任省高级人民法院审判委员会委员

7月30日 免去曹文龙同志省高级人民法院审判委员会委员职务

7月30日　免去张俊杰、王保全、刘存旺、赵江同志省高级人民法院审判员职务
10月30日　李德荣、吴晓弘、徐矿生同志任省高级人民法院副巡视员
12月18日　免去梁贡华同志省高级人民法院副厅级审判员职务（退休）

省人民检察院

3月25日　秦文峰同志任省纪委派驻人民检察院纪检组组长
3月25日　李喜春同志任省人民检察院政治部主任
3月25日　平新科同志任省人民检察院副厅级检察员
3月25日　郭成江同志任省人民检察院副厅级检察员
3月25日　免去杨有才同志省纪委派驻人民检察院纪检组组长职务
3月25日　免去严奴国同志省人民检察院政治部主任职务
3月25日　免去李喜春同志省人民检察院反贪污贿赂局局长职务
3月25日　秦文峰同志任省人民检察院党组成员
3月25日　李喜春同志任省人民检察院党组成员
3月25日　免去杨有才同志省人民检察院党组成员职务
6月4日　严奴国同志任省人民检察院副检察长
6月4日　郭全新、梅树丽、贺锡平、焦军丽、马倩如、梁高峰、马秀卿、宋晋民、王凯峰、王芳、苏春华、宁风、张晓丽、蔺春、胡茜筠、姜晓蓉、杨洁、宁志宏、孔繁荣、尹桂珍、常天林、裴木同志任省人民检察院检察员
6月4日　免去杨有才同志省人民检察院检察委员会委员职务
6月4日　免去姚成重同志省人民检察院检察委员会委员、检察员职务
6月24日　王建明同志任省人民检察院党组书记
6月24日　免去柯汉民同志省人民检察院党组书记职务
7月21日　省人民检察院郭建华同志退休
7月30日　王建明同志任省人民检察院副检察长、检察委员会委员
7月30日　王建明同志代理省人民检察院检察长

省直属事业单位

3月25日　免去任栓登同志省煤炭地质局党委副书记兼纪委书记职务
3月25日　阎默彧同志任省档案局（馆）党组书记
3月25日　免去李留澜同志省社会科学院党组书记职务
3月25日　省社会科学院艾斐同志退休
3月25日　省社会科学院董继斌同志退休
3月25日　免去马升同志省民航机场集团公司(管理局)党委委员职务
3月25日　免去王升云同志省公路局党委委员职务
3月25日　省农科院李振吾同志退休
3月25日　省农科院卜万锁同志退休
3月25日　省农科院任继海同志退休
3月25日　省农科院薛春生同志退休
3月25日　张铁锁同志任省委党史办公室主任
3月25日　栗金凤同志任省委党史办公室副主任
3月25日　卢海明同志任省委党史办公室副主任
3月25日　省委党史办公室郭维明同志退休
3月25日　李茂盛同志任省地方志办公室党组书记
4月15日　阎默彧同志任省档案局（馆）局长（馆长）
4月15日　任拴登同志任省煤炭地质局巡视员
4月15日　免去李留澜同志省社会科学院院长职务
4月15日　免去马升同志省民航机场集团公司（管理局）副总经理（副局长）职务
4月24日　免去王升云同志省公路局副局长职务
5月22日　免去姚海平同志省城镇集体工业联合社党组成员职务
5月27日　李茂盛同志任省地方志办公室主任
6月7日　免去姚海平同志省城镇集体工业联合社副主任职务
7月21日　省农科院周运宁同志退休
7月21日　山西日报报业集团赵文斌同志退休
7月21日　省档案局（馆）石浒泷同志退休
7月21日　省委党校冯国发同志退休
7月21日　省社科院张成德同志退休
8月14日　郝孝义同志任省民航机场集团公司（管理局）党委书记
8月14日　免去李战志同志省民航机场集团公司（管理局）党委书记职务
8月14日　贺天才同志任煤炭工业太原设计研究院党委书记
8月14日　免去马建华同志煤炭工业太原设计研究院党委书记职务
8月14日　免去李宏达同志煤炭工业太原设计研究院党委副书记职务
8月14日　董宇明同志任省政府发展研究中心党组成员
8月14日　牛崇辉同志任省委党史办公室副主任
8月14日　王拥军同志任省机械设备成套局副局长、党组成员（正式任职）
8月14日　黄岑丽同志任省煤炭地质局副局长、党委委员（正式任职）
8月27日　免去王栓柱同志山西省招生考试管理中心调研员职务
9月7日　郝孝义同志任省民航机场集团公司（管理局）总经理（局长）

9月7日　免去李战志同志省民航机场集团公司（管理局）总经理（局长）职务
9月7日　董宇明同志任省政府发展研究中心副主任
9月7日　免去任拴登同志省煤炭地质局巡视员职务
9月7日　贺天才同志任煤炭工业太原设计研究院院长
9月7日　免去李宏达同志煤炭工业太原设计研究院院长职务
9月7日　免去马建华同志煤炭工业太原设计研究院副院长职务
10月29日　赵群虎、刘益龄、郑小豹同志任省地方志办公室党组成员
10月29日　王绍青同志任山西社会主义学院党委委员
10月29日　杨晋才同志任省城镇集体工业联合社党组成员
10月30日　刘生义同志任省委党校巡视员
10月30日　王永翔、潘峰同志任省委党校副校长、校委委员
10月30日　免去刘生义同志省委党校副校长、校委委员职务
10月30日　免去王永翔同志省委党校副巡视员职务
10月30日　郑小豹同志任省地方志办公室纪检组长
10月30日　李中元同志任省社科院党组书记
10月30日　王绍青同志任山西社会主义学院纪委书记
10月30日　免去王大高同志山西社会主义学院党委书记（兼）职务
10月30日　免去卫亚林同志省万家寨引黄工程总公司（管理局）党委副书记职务
11月20日　刘生义同志任山西行政学院巡视员
11月20日　王永翔、潘峰同志任山西行政学院副院长
11月20日　免去刘生义同志山西行政学院副院长职务
11月20日　免去王永翔同志山西行政学院副巡视员职务
11月20日　李中元同志任山西省社会科学院院长
11月20日　赵群虎、刘益龄同志任省地方志办公室副主任
11月20日　免去卫亚林同志山西省万家寨引黄工程总公司（管理局）副经理（副局长）职务
12月2日　杨晋才同志任省城镇集体工业联合社副主任
12月17日　吕安峥、吴俊福、项仲昆同志任省政府工程建设事务管理局党组成员
12月17日　张晓光同志任省地方志办公室党组成员
12月17日　崔富春、贾伟智、苏连元同志任省万家寨引黄工程总公司（管理局）党委委员
12月17日　免去陈川生同志省机械设备成套局党组成员职务
12月18日　尹桂郁同志任省直机关党校校长
12月18日　赵凯同志任省直机关党校副巡视员
12月18日　免去赵凯同志省直机关党校副校长职务
12月18日　赵友亭同志任省政府工程建设事务管理局党组书记
12月18日　朱春耀同志任省万家寨引黄工程总公司（管理局）党委副书记
12月18日　崔富春同志任省万家寨引黄工程总公司（管理局）纪委书记
12月18日　免去雷天才同志省万家寨引黄工程总公司（管理局）纪委书记职务

群团组织

3月25日　李太生同志任省总工会副巡视员
3月25日　盖贵良同志任省总工会副巡视员
3月25日　赵沂旸同志任省总工会党组成员
3月25日　张莉清同志任省妇女联合会副巡视员
3月25日　张苏丽同志任省妇女联合会副巡视员
5月22日　李体柱同志任省归国华侨联合会党组书记
5月22日　免去温福亮同志省归国华侨联合会党组书记职务
5月22日　白冰同志任省红十字会党组成员
7月21日　省贸促会王茂全同志退休
7月21日　省残联苏高文同志退休
7月21日　省妇联梁豫秦同志退休
8月14日　省文联李才旺同志退休
8月14日　免去武先龙同志省法学会党组书记职务
8月14日　温万一同志任省残疾人联合会副理事长（正式任职）
8月14日　梁克昌同志任省总工会副主席（正式任职）
8月14日　韩红同志任省妇女联合会副主席（正式任职）
8月14日　赵淑芊同志任省工商业联合会副主席（正式任职）
10月29日　李云峰同志任团省委党组成员
10月29日　免去郭振德同志省科协党组成员职务
10月30日　李云峰同志任省少工委主任（正式任职）
10月30日　免去高国俊同志省文联党组副书记职务
10月30日　郭振德同志任省科协巡视员
12月18日　贾雪峰同志任中国国际贸易促进会山西省分会（中国国际商会山西商会）党组书记
12月18日　免去刘致远同志中国国际贸易促进会山西省分会（中国国际商会山西商会）党组书记职务
12月18日　郭海刚同志任省工商业联合会（民间商会）党组书记
12月18日　免去马天荣同志省工商业联合会（民间商会）党组书记职务
12月18日　高彦斌同志任省法学会党组书记

省管国有企业

1月6日　岳普煜同志任太原重型机械集团有限公司党委书记

1月6日 免去高志俊同志太原重型机械集团有限公司党委书记职务
1月8日 岳普煜同志任太原重型机械集团有限公司董事长
1月8日 免去高志俊同志太原重型机械集团有限公司董事长职务
3月25日 任福耀同志任阳泉煤业（集团）有限责任公司党委书记
3月25日 免去石盛奎同志阳泉煤业（集团）有限责任公司党委书记职务
5月22日 白小丹同志任山西水务投资有限公司党委书记
5月22日 姚海平同志任山西水务投资有限公司党委副书记、纪委书记
5月22日 王琳、张根锁、范世平、凌来文同志任山西水务投资有限公司党委委员
6月28日 白小丹同志任山西水务投资有限公司董事长
6月28日 王琳同志任山西水务投资有限公司副董事长
6月28日 姚海平、张根锁、范世平、凌来文同志任山西水务投资有限公司董事
8月13日 阳泉煤业(集团)有限责任公司王亦农同志退休
12月17日 李文芳同志任山西出版集团党委委员
12月18日 李文芳同志任山西出版集团纪委书记
12月18日 免去邓国帅同志山西出版集团纪委书记职务

高等院校

3月25日 成洪才同志任长治学院党委副书记
3月25日 王杰敏同志任山西经济管理干部学院党委书记
3月25日 免去王杰敏同志长治医学院党委书记职务
3月25日 免去杨科元同志山西职工医学院党委副书记、纪委书记职务（退休）
3月25日 免去范文昭同志山西建筑职业技术学院党委委员职务
3月25日 中北大学刘汉云同志退休
3月25日 山西中医学院白兆芝同志退休
4月15日 免去张国泰同志长治学院副院长职务
4月24日 免去范文昭同志山西建筑职业技术学院副院长职务
4月24日 免去杨增果同志山西建筑职业技术学院副院级调研员职务
4月24日 免去王孝斌同志山西体育职业学院副院级调研员职务
8月13日 李宏达同志任山西煤炭管理干部学院党委委员
8月14日 马建华同志任晋中学院党委副书记
8月14日 杨军同志任山西大学副校长（正式任职）
8月14日 张兔元同志任山西财经大学副校长（正式任职）
8月14日 王卫平同志任太原师范学院副院长（正式任职）
8月14日 武有祯同志任长治学院副院长（正式任职）
9月7日 李宏达同志任山西煤炭管理干部学院副院长
10月30日 段志光同志任山西医科大学党委副书记
10月30日 免去郭政同志山西医科大学党委副书记职务
10月30日 免去李建中同志山西经济管理干部学院党委副书记职务（退休）
11月20日 段志光同志任山西医科大学校长
11月20日 郭政同志任山西医科大学正校级调研员
11月20日 免去郭政同志山西医科大学校长职务
12月17日 免去马福昌同志太原理工大学党委常委职务
12月17日 李德龙同志任山西师范大学党委委员
12月17日 免去杜立明同志山西师范大学党委委员职务
12月17日 孙玮同志任太原工业学院党委委员
12月17日 周富国同志任山西农业大学党委委员
12月17日 赵中夫同志任长治医学院党委委员
12月17日 冯海同志任山西中医学院党委委员
12月17日 赵水琛同志任长治学院党委委员
12月17日 王勇强同志任山西经济管理干部学院党委委员
12月18日 李富德同志任长治医学院党委副书记
12月18日 孙玮同志任太原工业学院纪委书记
12月18日 安建平同志任运城学院党委副书记
12月18日 免去李德龙同志运城学院纪委书记职务
12月18日 张文栋同志任太原理工大学党委副书记
12月18日 免去谢克昌同志太原理工大学党委副书记职务
12月18日 张俊龙同志任山西中医学院党委副书记
12月18日 冯海同志任山西中医学院纪委书记
12月18日 李德龙同志任山西师范大学纪委书记
12月18日 免去杜立明同志山西师范大学纪委书记职务（退休）
12月18日 滑云龙同志任山西农业大学党委副书记，免去其山西农业大学纪委书记职务
12月18日 周富国同志任山西农业大学纪委书记
12月18日 免去崔富春同志山西农业大学党委副书记职务
12月18日 免去张文栋同志中北大学党委副书记职务
12月18日 赵水琛同志任长治学院纪委书记
12月18日 免去郭爱民同志长治学院纪委书记职务
12月18日 王敬泽同志任太原师范学院党委副书记
12月18日 免去张瑞芳同志太原师范学院党委副书记职务
12月18日 史德源同志任山西经济管理干部学院党委副书记，免去其山西经济管理干部学院纪委书记职务
12月18日 王勇强同志任山西经济管理干部学院纪委书记

各　市

太原市

3月25日　贠自博同志任太原市委委员、常委
3月25日　免去李怀民同志太原市委常委、委员职务
7月21日　平淑华、李瑞瑜同志退休
8月10日　梁永明同志任太原市纪委副书记
8月14日　张春根同志任太原市委常委
8月14日　免去范世康同志太原市委常委、委员职务（退休）
8月14日　陈河才同志任太原不锈钢产业园区管委会主任
8月14日　王新明同志任太原市民营经济开发区党工委书记
10月30日　李永林同志任太原市委副书记，免去其市纪委书记职务
10月30日　李志江同志任太原市委委员、常委
10月30日　弓跃同志任太原市委委员、常委、市纪委书记
10月30日　免去郭振中同志太原市委副书记、常委职务
10月30日　免去陈森同志太原市委常委、委员职务

大同市

7月21日　来玉龙、孙辅智、王建国、徐世立、陈金宝、于秀兰同志退休
8月14日　柴树彬同志任大同市委副书记
8月14日　侯立智同志任大同市委委员、常委
8月14日　免去高印同志大同市委副书记、常委、委员职务（退休）
8月14日　免去董其高同志大同市委常委、委员职务

朔州市

3月25日　免去李栋梁同志朔州市委常委、委员职务
5月22日　郭健、张耀生同志任朔州市委常委
5月22日　免去靳瑞林同志朔州市委常委职务
8月14日　梁敬华同志任朔州经济技术开发区管委会主任（正式任职）
12月18日　刘国庆同志任朔州市委委员、常委、市纪委书记
12月18日　马彦平同志任朔州市委委员、常委
12月18日　免去牛社威同志朔州市委常委、委员职务
12月18日　免去高建国同志朔州市委常委、委员、市纪委书记职务

忻州市

3月25日　免去张建欣同志忻州市委书记、常委、委员职务
4月7日　董洪运同志任忻州市委委员、常委、书记
8月10日　崔建新、李彦斌同志任忻州市纪委副书记
8月10日　谷明同志任忻州市纪委副书记（挂职，为期一年）
8月10日　免去杜秀峰同志忻州市纪委副书记职务
8月14日　王学英同志任忻州市委常委
8月14日　郝钧藩同志任忻州市委常委
8月14日　邱维邦同志任忻州市委党校常务副校长
8月14日　免去张存寿同志忻州市委党校常务副校长职务
9月2日　免去张明成同志忻州市委常委职务

吕梁市

3月25日　免去董洪运同志吕梁市委副书记、常委、委员职务
5月22日　张中生同志任吕梁市委常委
5月22日　张效彪同志任吕梁市委委员、常委、纪委书记
5月22日　免去王琦同志吕梁市委常委、委员、纪委书记职务
5月22日　丁雪峰同志任吕梁市委副书记
5月22日　李良森同志任吕梁市委常委
5月22日　免去朱锦平、刘明勇同志吕梁市委常委职务
5月22日　免去李良森同志孝义市委书记职务
10月30日　免去李志江同志吕梁市委常委、委员职务
12月18日　牛社威同志任吕梁市委委员、常委

晋中市

3月25日　郭雄飞同志任晋中市委委员、常委
3月25日　免去叶青同志晋中市委常委、委员职务
3月25日　王建林同志任榆次工业园区管委会主任
3月25日　张煌珠同志任榆次工业园区党工委书记
4月23日　免去张文科同志晋中市委副书记、常委、纪委书记职务
5月22日　王琦同志任晋中市委委员、常委、纪委书记
12月18日　免去马彦平同志晋中市委常委、委员职务

阳泉市

3月25日　李栋梁同志任阳泉市委委员、常委、副书记
3月25日　免去谢海同志阳泉市委书记、常委、委员职务
4月7日　白云同志任阳泉市委书记
7月21日　程步云、王七孩、朱纯国、陈保京同志退休

12月17日　免去齐志华同志阳泉市纪委副书记职务（退休）

长治市

3月25日　乔解民同志任长治市委委员、常委
3月25日　免去张创虎同志长治市委常委、委员职务
7月21日　秦来英同志退休
12月18日　高建国同志任长治市委委员、常委、市纪委书记
12月18日　免去林玉平同志长治市委副书记、常委、委员、市纪委书记职务
12月18日　免去范丽霞同志长治市委常委、委员职务

晋城市

7月21日　贺锐、李光明同志退休
9月2日　免去孟福贵同志晋城市委副书记、常委职务
12月18日　于若洁同志任晋城市委委员、常委、市纪委书记
12月18日　范丽霞同志任晋城市委委员、常委
12月26日　免去石正民同志晋城市委副书记、常委、委员、市纪委书记职务

临汾市

3月25日　葛中兴同志任临汾市委委员、常委
3月25日　免去成洪才、邓健康同志临汾市委常委、委员职务
3月25日　谢海同志任临汾市委委员、常委、书记
3月25日　李政文同志不再主持临汾市委全面工作
5月22日　赵建民同志任临汾市委常委
5月22日　丁文禄同志任临汾市委委员、常委
7月21日　樊纪亨同志退休

运城市

3月25日　刘哲凝同志任运城市委委员、常委
3月25日　免去孟庆发同志运城市委常委、委员职务
4月23日　免去张建合、柴林山同志运城市委常委职务
8月14日　王宏伟同志任风陵渡经济技术开发区管委会主任（正式任职）
8月14日　魏爱军同志任绛县经济技术开发区管委会主任（正式任职）
8月14日　董鹏翔同志任运城市委副书记
8月14日　张建喜同志任运城市委常委
8月14日　董一兵同志任运城市委常委
8月14日　崔克信、于波同志任运城市委常委
8月14日　免去尚平安同志运城市委副书记、常委、委员职务
8月14日　免去马东波同志运城市委常委、委员职务（退休）

4月8日，2009年全省人事考试工作会议在山西省奇村干部疗养院召开。

奋进中的平顺县

省委书记袁纯清在平顺调研

县委书记　陈鹏飞　　　　县　长　吴小华

平顺县位于太行山南端，山西省东南部，晋、冀、豫三省交界处，总面积 1550 平方公里，辖 5 镇 7 乡、262 个行政村，人口 6.7 万人，是全国著名劳模、唯一的一至十一届全国人大代表申纪兰的家乡。

近年来，平顺县以科学发展观为指引，按照省委实现“转型发展、安全发展、和谐发展”和长治市委“四位一体”的发展战略，坚定不移弘扬纪兰精神，走特色路，打绿色牌，实施“双五”战略，主攻“五大”目标，依托“高扬旅游龙头，主攻绿色生态”两大转型支点，着力推进结构调整和发展方式转变，全县人民充分发扬特别能吃苦，特别能战斗，特别讲奉献，特别重情义，从不叫苦、从不喊累、从不畏难、从不言败，能把不可能变成可能，能把不现实变成现实，能把办不到变成办得好的优秀品质，咬定目标不放松，千难万难不动摇，不达目的不罢休，经济社会各项事业取得了骄人的成绩。2009 年经济社会发展水平在全省排名第 57 位，比 2006 年的第 93 位前进了 36 个位次；经济社会发展指数在全省排名第 40 位，比 2006 年的第 103 位前进了 63 个位次。先后荣膺“中国最具影响力旅游名县”、“中国最具特色旅游胜地”、“中国低碳旅游示范区”、“中国绿色名县”、“全国生态文明先进县”、“国家级卫生县城”等称号和十多个国字号品牌。

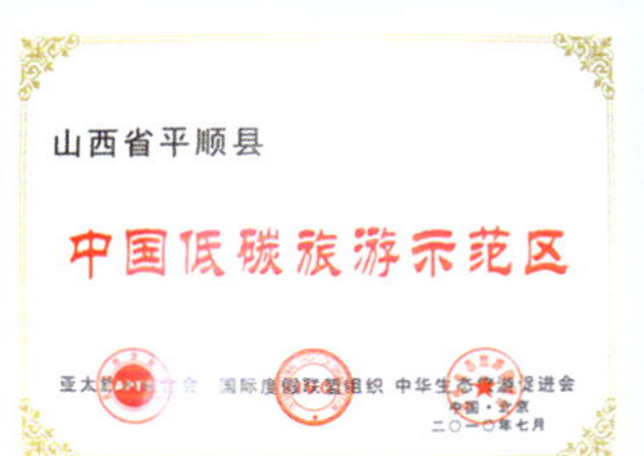

平顺全景

登高望远跨越 再造“两个忻州”

省委书记袁纯清在忻阜高速公路建设工地调研

省委副书记、省长王君在原平基层党支部调研

2010年7月29日，全省领导干部大会发出“以转型发展为主线，为实现山西经济社会跨越发展奋斗”的动员令之后，忻州市委、市政府认真贯彻会议精神，组织开展了以“山西大发展、忻州怎么办”为主题的思想解放大讨论活动，提出了“十二五”期间发展的初步思路和战略定位是：瞄准转型跨越，扭住“五个发展”（转型发展、安全发展、和谐发展、创新发展、跨越发展），走出“五条路子”（走出开放引进、开发拉长、多元做大的可持续发展的路子，走出用金融资本手段推动市域经济快速发展的路子，走出优化布局、循环利用的新型工业园区化发展的路子，走出能够充分发挥本地光、热、土地、水资源潜力的农业产业化路子，走出具有忻州文化特色的文化与旅游产业化发展的路子），打好“五个攻坚战”（项目建设、扶贫开发、安全生产、信访稳定、环境保护），发展“八大产业”（煤炭、电力、新型材料、新型煤化工、装备制造业、绿色农牧产品加工、旅游文化服务、现代物流），建设“六大基地”（综合能源、新型材料、新型煤化工、装备制造、绿色农牧产品加工、全国著名的旅游文化服务基地），确保主要经济指标增长两倍，实现大跨越，把忻州建设成为富裕文明、开放和谐、充满活力的新型工业旅游城市。

完成目标任务需要以强劲的项目建设为支撑，以增量带存量促进转型发展，以大上项目、快建项目推动跨越发展。在2010年考核项目总数1086个、总投资达到2115.79亿元的基础上，“十二五”期间重点抓好规划的总投资6766亿元的1254个项目（421个亿元以上项目，总投资6556亿元；833个亿元以下项目，总投资210亿元），保证五年完成5000亿元以上的投资。同时规划建设忻州煤化工循环经济园区、忻州蓝天节能环保产业园区、鲁能晋北铝工业循环经济园区等10个较大的工业产业园区，力争“十二五”末10个园区的工业增加值占到全市的80%以上。

完成目标任务需要以过硬的干部队伍作保障。市县各级领导带头，进一步做好“五个表率”，加强“20字”素能建设，弘扬九种新风正气，团结带领全市人民群众创新苦干，奋力争先，向省委、省政府交一份满意的答卷。

同德化工上市成功

山西省五台山——忻州高速公路通车仪式

山西省冶金工业行业管理办公室

——加强党的建设,促进山西冶金工业健康发展

山西省冶金工业行业管理办公室履行对全省冶金工业实施宏观管理的职能,隶属于山西省经济和信息化委员会,现有11个企事业单位。2009年,省冶金行业办在山西省经信委的正确领导下,全面贯彻党的十七大和十七届三中、四中全会精神,以邓小平理论和“三个代表”重要思想为指导,响应省委号召,以转型发展为主线、深入学习实践科学发展观活动为动力,大力推进机关党的建设、组织建设和作风建设,认真贯彻落实“三保”政策措施,全力保障冶金工业平稳运行,努力促进山西省冶金工业转型发展、和谐发展、安全发展。

2009年,全省粗钢完成2648.49万吨,同比增长12.94%;生铁完成3166.84万吨,同比增长13.85%;钢材完成2288.99万吨,同比增长15.81%;铁合金完成94.44万吨,同比降低1.27%。十种有色金属完成105.85万吨,同比降低24.84%,其中:铜完成6.71吨,同比降低26.52%;铝完成76.40万吨,同比降低21.47%;镁完成22.69万吨,同比降低30.36%;氧化铝完成259.80万吨,同比降低23.79%。全省规模以上冶金企业完成主营业务收入1896.6亿元,同比降低20.49%;实现利税53.69亿元,同比降低57.94%;实现利润-14.09亿元,同比降低157.37%。

冶金行业办党委围绕山西冶金工业如何转型发展、安全发展、和谐发展,回顾了山西冶金工业改革开放30年来,在邓小平理论、“三个代表”重要思想和科学发展观指导下取得的辉煌成就,深入分析了山西冶金工业现状及目前存在的主要问题,根据影响和制约冶金工业科学发展的突出矛盾和问题,提出了要在8个方面狠下功夫。一是要在进一步解放思想、转变观念上下功夫。二是在加快技术创新、提升产业整体素质上下功夫。三是在优化产品结构、产业链延伸、深加工上下功夫。要立足于优化钢种结构,培育国内乃至国际不锈钢产业化基地,发展氧化铝,推进煤电铝联合,加快铝镁深加工产品集群发展,把我省不锈钢和铝镁合金培育为最具竞争力的产业,把冶金高、新、尖、特产品做大做强。四是在加快企业重组、产业集聚、集群、实施大公司、大集团战略上下功夫。通过企业重组形成几个产能在500万吨以上产品优特,形成在国际国内市场具有较强竞争力的大企业、大集团,发展规模优势、集群优势。五是在推动循环经济,清洁文明生产上下功夫。重点是大力推广先进技术工艺,促进生产过程节能降耗;大力推进生产过程中各种二次能源的回收利用;大力推进对冶金炉渣、粉尘、废水等物料的回收利用;大力推广发展短流程冶金生产工艺,扩大废旧金属的回收利用。力争在3—5年内,使企业在节能降耗、减排减污、资源综合利用方面取得明显成效。六是在促进人与自然和谐发展,加强环境保护上下功夫。七是在加强矿山资源开发保护,提升可持续发展能力上下功夫。关键是抓好勘探开发和资源保护,为冶金工业发展提供充足的资源和发展后劲。八是在加强宏观管理和关注民生上下功夫,落实山西省重点产业调整和振兴规划方案,抓好冶金试验厂改制和山西省冶金建设公司破产工作,搞好机关老干部管理服务和后勤服务中心管理工作。

市、县（市、区）委工作概况

中共太原市委工作概况

市委书记　申维辰

全市有党工委52个、党委381个、党总支428个、党支部7903个、党员191304名。2009年，在省委、省政府的正确领导下，市委坚持以邓小平理论和“三个代表”重要思想为指导，深入贯彻落实科学发展观，围绕建设新型工业基地、特色文化名城和现代宜居城市的目标，坚持把“八个功能区”建设作为积极应对危机、努力化危为机的抓手，全面加强经济建设、政治建设、文化建设、社会建设、生态文明建设和党的建设，新太原建设迈出坚实步伐。

一、加快工农业发展

进一步加大城乡统筹发展力度，注意做好县、乡、村三级规划的对接，加大政策引导力度，努力推动城中村改造。积极调整农业产业结构，加快农业产业化步伐，有机蔬菜、标准化养殖、优质粮三大绿色产业基地建设进展顺利。水塔老陈醋、蒙牛乳业等农业产业化龙头企业的带动力明显增强。进一步推进农村循环经济发展，资源利用节约化、生产过程无害化、产业链条生态化的农业发展模式取得新进展。坚持不锈钢、装备制造业、镁合金三大基地建设不动摇，着力优化工业经济结构。形成长安重汽、双喜轮胎二期、清徐汽车配件产业园为重点的汽车产业集群，太重、中国煤科院太原分院为重点的煤机成套设备产业集群，太钢、不锈钢生态工业园区为重点的不锈钢深加工产业集群，北车集团、太钢、智奇、晋机、太重和汾机为主体的铁路装备产业集群。新凯6万锭纱厂、汾机风力发电装备、纳克太阳能电站、中国电子科技集团太阳能电池硅片及成套设备等重大项目积极推进。富士康科技工业园、同翔金属镁等镁产业重点企业逐步克服金融危机影响，生产走出低谷，向更高目标迈进。不断加大西山地区综合整治力度，努力加快区内企业“退城入区”步伐。狮头水泥、太原锅炉集团等企业的搬迁重建工作进展顺利。进一步完善自主创新联席会议制度，出台了《关于加强自主创新，振兴装备制造业的若干意见》、《关于加强创新型城市建设的意见》。努力加快改革开放步伐，继续全力推进国企改革，加大全市煤矿企业兼并重组整合力度，东山煤矿兼并重组地方煤矿工作有序推进；太原变压器厂等11户市属企业政策性破产全面展开；市属企业历史性债务彻底解决；采取市场化运作方式，积极筹措国企改革专项资金17亿元，有力地保障了国企改革的深入推进。引入多元化投资主体，搭建“大金融”平台。加大对全市重点工程、支柱产业和中小企业发展的金融扶持力度。进一步提升对外开放和招商引资水平，成功举办2009年世界镁业大会和新晋商大会，有效提升了全市的知名度和影响力。积极组团参加“中博会”、“津洽会”、“渝洽会”等大型经贸洽谈活动，全力抓好签约项目履约工作。

全年完成地区生产总值（GDP）1545.24亿元，增长2.6%；全年工业增加值达501.04亿元，规模以上工业增加值470.14亿元。在规模以上工业中：中央企业增加值74.13亿元，省属企业增加值263.64亿元，市属企业增加值19.30亿元，县属及以下企业（含无主管企业）增加值113.07亿元。全年重工业实现增加值429.72亿元，轻工业实现增加值40.42亿元。财政总收入279.57亿元，下降8.9 %；一般预算收入117.54亿元，增长0.5%；全社会固定资产投资额782.02亿元，增长11.3%；社会消费品零售总额721.70亿元，增长16.4%；城市居民人均可支配收入15607元，增长2.5%；农民人均纯收入6828元，增长7.4%。全年农村经济总收入591亿元，增长7%。农林牧渔业总产值达50.30亿元，比上年增长3.1%。全年农作物总播种面积11.52万公顷，粮食播种面积8.55万公顷，比上年增加0.04万公顷。年末大牲畜存栏6.40万头，猪出栏46.75万头。肉类产量4.64万吨，增长5.8%。禽蛋产量3.86万吨，增长0.8%。牛奶产量9.75万吨，增长1.1%。水产品养殖面积0.24万公顷，水产品产量2410吨，与上年持平。全年造林面积1.95万公顷。2009年末全市拥有农业机械总动力119.41万千瓦。全年农用化肥施用量（折纯）27274吨。新发展沼气用户5768户。

二、加快特色文化和现代宜居城市建设

坚持把创建全国文明城市作为推进“三城联动”发展的重要内容，进一步健全完善对文明城市创建工作的组织领导和任务考核，顺利通过了国家城市公共文明指数测评，组织开展了“辉煌60年”主题教育等一系列群众性文明创建活动。坚持办好“文明市民学校”，选树了一批“孝老爱亲模范”。深入开展净化社会文化环境专项整治工作，未成年人思想道德建设进一步推进。全面加强对外宣传和新闻出版工作，努力为新太原建设营造良好的社会环境和舆论氛围。深化文化体制改革，形成了文广、报业、电影、创意、新晋商文化传播等五大文化产业集团为主导、各类民营文化企业蓬勃发展的新格局。进一步加大文艺精品创作力度，新编晋剧《傅山进京》荣获“五个一工程”奖，大型文献电影《决战太原》荣获金鸡奖最佳纪录片奖，晋剧《龙兴晋阳》荣获第十一届中国戏剧节最佳剧目奖。清徐胡嫦娥艺术公司的改革发展经验得到中宣部肯定，并在全国推广。成功举办2009中国太原晋商文化艺术周，进一步落实文化惠民举措，促进了省城文化市场的发展，荣获第二届节庆中华奖“最佳文化传承奖”。

进一步提高城市规划质量和水平，编制完成了《太原市城市总体规划（2008—2020）纲要》和《国土利用总体规划大纲》，基本完成了《太原市西山地区综合整治规划阶段性成果》，规划设计了长风文化商务区、南客站片区、双塔景区、北齐许显秀壁画博物馆等重点片区项目。全力推进城市重点工程建设，开工建设重点项目97项，完成政府投资117.3亿元。积极配合服务太中银铁路、山西大剧院、山西大医院等中央和省在全市的48项重点工程，完成了一批城市道桥建设改造项目和76条小街小巷改造工程；实施了南中环街、南内环东延、府东街东延等几条断头路打通工程，拓展了城市东扩空间；长风西大街打通工程进展顺利。积极推进集中供热、垃圾污水处理、城市供水、供气等配套工程。加快东南部加压站建设和城市老旧管网更新改造，新建改建热力站76座，启动了丈子头垃圾中转站和河西北中部污水处理厂建设等项目。加大棚户区改造力度，完成城市居民棚户区改造29.3万平方米。加快推进经济适用房和廉租房建设，政府组织建设的经济适用房和廉租房新建开工27.25万平方米。完成天然气置换10.3万户，城市综合承载能力显著增强。着力加强生态环境建设，全面实施公园、游园建设和道路绿化工程；创建国家园林城市工作通过国家验收。全力推进西山地区生态环境建设，启动西山生态综合整治工程，新增绿地295公顷，西山万亩生态园二期建设圆满完成。全面加强对城中村的燃煤污染控制，积极实施煤改气工程，全市累计拆除城中村锅炉7915台，超额完成省定任务。全年全市建成区绿化覆盖率增加1.03个百分点、绿化面积增加243.54公顷。以节能减排和自主创新为重点，积极实施循环经济示范样板工程，107个污染企业及设施被取缔，53个建设项目被否决，二氧化硫排放量、化学需氧量分别同比下降0.3%和2.7%，万元GDP能耗降至2.08吨标煤，市区空气质量二级以上天数达到296天。

三、加快和谐太原建设

坚持把教育放在优先发展的战略地位，扎实推进“百校兴学”工程，新建、改扩建和抗震加固学校133所，完成投资10.02亿元，校舍安全工程“太原模式”在全国进行推广。成功举办全国2009年“全民终身学习活动周”开幕式，有力推进了学习型城市建设。进一步加快医疗卫生事业发展，稳步推进医疗卫生体制改革，不断加大公共卫生体系建设和监督管理力度，新型农村合作医疗参合率达到98%。扎实推进就业和社会保障工作，制定和落实了一系列促进就业和再就业扶持政策，全年新增就业人数11万人，下岗失业人员再就业4.4万人，就业困难人员就业1.2万人，城镇登记失业率控制在4%以内。认真落实各项社会保障措施，市属企业职工全部进入医保，非公经济单位参保扩面工作进展迅速，省城大学生被纳入到城镇居民基本医疗保险范围。在全省率先启动了农村新型养老保险工作，6.4万农村特困群众被列入低保范围。围绕纪念国庆60周年安保工作重点，大力整合社会管理资源，全面推进平安省城建设。认真抓好信访工作，深入开展领导干部包案下访和大接访活动，进一步加大重信重访处置力度。高度重视安全生产，严格落实安全生产责任制和问责制，有效杜绝了重特大事故的发生。

四、推进“法治太原”建设

支持人民代表大会及其常委会依法履行职能，强化立法和监督工作，制定和通过了《太原市科技风险投资促进条例》等一批关系经济社会长远发展和人民群众切身利益的地方性法规；加强和改进对“一府两院”的法律监督、工作监督，听取和审议一系列专项工作报告，严格检查法律法规贯彻实施情况，促进了“一府两院”的依法行政，科学执政；支持市人大组织人大代表围绕新太原建设开展专题视察，高质量办理代表议案和建议；支持人民政协履行职能，加强统一战线建设，就推进八大功能区建设、加快城乡统筹发展等重点工作，组织政协委员开展视察调研活动，加强对重点提案的督办和反馈工作；高度重视统战

工作，坚持“双月座谈会”、交友谈心等制度，帮助民主党派解决实际困难；大力支持非公经济发展，注重调动和发挥广大统一战线成员在推进新太原建设中的重要作用；认真做好民族、宗教、侨务、对台及海外统战工作；坚持依法治市，认真贯彻落实《“十一五”时期依法治市工作纲要》，制定出台了关于进一步加快“法治太原”建设的意见，紧紧围绕立法、执法、守法三个关键环节，统筹城乡法治建设、强化法治文化建设，法治太原建设迈出了坚实步伐；继续推进政法创新课题，完成了“未成年人法律援助”、“车管服务户籍化”等五项创新课题并积极推进实施；深入开展社会主义法治理念教育和“五五普法”活动，全社会学法、用法和守法意识不断增强。

五、深入开展学习实践科学发展观活动，全面加强党的建设

紧密联系全市实际，科学确定学习实践活动的主题和载体，组织动员各参学单位和党员干部深入学习调研，形成了经济社会发展考核评价机制、加快创新型城市建设推进机制等10项长效机制。开展创建学习型机关、学习型党员领导干部活动，进一步健全完善学习制度，形成了学习长效机制。继续办好全市领导干部历史文化讲座，全年共组织举办讲座10次。不断完善领导干部学习和考核机制，严格落实“一述两考”制度。进一步加强领导班子和干部队伍建设，积极创新干部教育培训模式，选派部分市管县处级领导干部和优秀中青年干部赴国外学习培训，组织百名优秀青年干部赴广东、浙江学习锻炼，进一步完善体现科学发展观要求的干部考核评价体系。全面落实党建工作责任制，以农村（社区）党组织换届为契机，全面推行“两推一选”，农村（社区）党组织书记和村委会主任（居委会主任）“一人兼”比例大幅提升。通过公开选聘大学生村（社区）干部，强化新农村建设特别助理考核与管理。全力构建街道社区“三有一化”党建工作新格局，着力开展国有企业领导班子“四好”创建活动。积极研究解决“两新”组织中党组织建设出现的新情况、新问题，逐步扩大“两新”组织中党组织的覆盖面。强化流动党员的管理和服务。切实加强和改进党的作风建设，制定出台了《关于进一步加强领导干部作风建设的意见》，深入开展学习弘扬“右玉精神”活动。切实加强领导干部廉洁自律工作，制定出台了《关于厉行节约压缩经费开支的若干要求》，“868制度”得到进一步贯彻落实。加大违法违纪案件查处力度，处分党员干部202人，其中县处级干部16人，切实维护了党纪政纪的严肃性。

（谢　洋）

附：中共太原市委书记、副书记、常委名单

书　记：申维辰

副书记：张兵生　郭振中（10月离职）　李永林

常　委：陈　森（10月离职）　范世康（8月离职）
张贵元　李俊明　荣　彤
李志江（10月任职）　弓　跃（10月任职）
张春根（8月任职）　柳遂记　刘海芸（女）
李怀民（3月离职）　贠自博（3月任职）

中共小店区委工作概况

2009年，区委在市委、市政府的正确领导下，深入学习实践科学发展观，认真落实党的十七大和十七届三中、四中全会精神，团结带领全区干部群众，沉着应对国际金融危机挑战，坚持“统一规划、三区联动、协调发展”战略，加快推进汾东高新产业、现代服务业区建设，全区经济建设、政治建设、文化建设、社会建设、生态文明建设和党的建设取得了新的成效。全区荣获国家级荣誉20项、省级荣誉52项、市级荣誉122项。

一、加强党的建设

一是扎实有效地开展了深入学习实践科学发展观活动。按照中央、省、市的安排部署，围绕党员干部受教育、科学发展上水平、人民群众得实惠目标，紧抓“突出实践特色、实施三区联动、建设汾东新区”主题，创新“三个载体”，组织全区456个党组织、11232名党员，开展了深入学习实践科学发展观活动，学习实践活动富有成效。二是强化了思想政治理论建设。以深入学习实践科学发展观活动为契机，坚持区委中心组学习制度不动摇，坚持区委书记、区长带头讲党课不动摇，坚持领导干部理论学习“一述两考”制度不动摇，认真落实《干部教育培训工作条例（试行）》，建立起统一规范的科级干部培训学习电子档案和文书档案，完善了领导干部培训学习考核工作机制，全年培训各级干部8356人次，提高了各级干部运用科学理论指导工作实践的能力和水平。三是提升了基层党组织的凝聚力和战斗力。建立健全了定期研究基层党建工作制度、领导包点联系制度等工作制度。以“一定三有”机制为目标，通过“两推一选”、“公推直选”等模式，把一批政治素质好、“双带”能力强的党员群众选进了两委班子。以“双联双建”活动为载体，整合区域化党建资源，拓展了社区党组织建设和服务功能。继续推进“百点示范”创建工程，引深“三级联创”活动，3个街道达到全市党的基层建设先进街道水平，全区街道、乡（镇）党建达先率达到67%，名列全市前茅。四是进一步推进了党风廉政建设。大力学习和弘扬“右玉精神”，改进会风、文风，率先在全市实行“十会合一”。认真落实市委“868”制度及区委12项补充制度，全面推行农村工作九项制度和六廉制度，98%以上的村实行村“两委”班子成员轮流坐班制度，92%以上的村

通过两委联席会议讨论决定重大事项，86%的村实行财务审批“两笔会签”。进一步完善了惩治和预防腐败体系和干部选拔任用、评先选模中的廉政审查制度，反腐倡廉建设取得新成效。

二、推进经济社会各项事业发展

一是抓项目，保增长，推进了汾东高新产业、现代服务业区建设。按照汾东新区159平方公里总体规划和“五大功能区、十大重点片区”功能布局，加快推进了以汾东新区23个现代服务业重大重点项目、小店城镇五项重点工程、太原南客站、山西大医院等重点项目为主的现代服务业、城市基础设施、社会公共服务、国家省市重点工程、龙城新区开发、东峰片区开发等项目群建设。2009年，全区GDP完成285.69亿元，增长8%；财政总收入完成30.39亿元，增长2.7%；农民人均纯收入达到9234元，增长7%。全区财政总收入和一般预算收入首次双双名列全市十县（市、区）首位。二是抓建设，强管理，加快了省城南部新区建设步伐。加快推进了城镇五项重点工程建设，昌盛街改造工程全线完工，迎宾公园、人民公园建成开园，真武路建设工程第四标段建成通车。全面推行了数字化城管系统，数字化城管考核综合指标、城乡清洁工程和市容环卫绩效考核总评三项工作均名列全市第一，被市委、市政府评为全市唯一的标兵城区。大力实施新农村建设“十覆盖”工程，涌现出贾家寨等一批新农村建设典型。进一步加强了生态建设，城市公园、道路绿化养管工作居全市首位。三是抓实事，保民生，全区人民更加幸福。继续推进和谐标准化社区建设，全区63%的社区达到和谐标准化社区标准。全力实施了教育均衡、创业就业、医疗健康、社会保障、住房安居“五大惠民”工程，圆满完成了市委、市政府交办的十件实事和为全区人民办的十件实事。双拥、民族宗教、对台、人防、地震、档案、史志、审计、粮食、物价、气象等各项工作也取得了明显成效。四是抓基础，保稳定，促进了和谐平安小店建设。创新信访稳定工作机制，建立健全并严格落实信访工作八项制度，率先在全市实行了区级领导大接访，启动了项目工程信访评估机制。创新基层综治工作机制，组建成立了街道、乡（镇）综治工作中心，统一受理解决基层不稳定因素和信访矛盾，被称为“小店模式”，得到中央和省、市有关领导的充分肯定，并在全省推广。

三、探索创新体制机制

一是创新学习实践科学发展观活动，在科级以上干部中开展了“双包三联”活动（双包三联：即科级以上领导干部要包一个农村、包一个社区或企业，联系一个贫困农民、联系一个新农村建设带头人、联系一个困难市民或下岗职工）。全区506名科级以上领导干部与62个农村、89个社区、37个企业联系，建立联系点1012个，结成帮扶对子1518个，投资帮扶资金600余万元，解决难题、化解矛盾1900多件次。二是创新干部考核机制，形成了小店特色的干部文化。认真执行《干部选拔任用工作条例》和省委“四个规定”，坚持德才兼备、以德为先的选人用人标准，严格规范选人程序，严格选人纪律，严格执行考察程序，积极探索推行干部选拔任用初始提名制，加大了差额选任和干部交流力度，激发了干部队伍的整体活力。坚持平时考核、量化考核、实绩考核相结合，加大对考核结果的运用力度，一批想干事、干成事的优秀干部走上领导岗位，在全区建立起科学、规范、具有小店特色的干部考评体系，形成了比工作、重业绩、讲成绩的良好干部文化。三是创新农廉工作，构建新型农廉模式。依托党校教育平台、农村党员活动室平台和农村廉政文化教育基地平台“三个平台”，构筑了适宜农村基层特色的宣教新机制。从农村制度建设入手，加强农村基层党风廉政建设，建立起了以农村工作九项制度、农村六廉制度和村级会计委托代理制度为核心的农村党风廉政建设制度新体系。从构建农村矛盾纠纷排查解决新平台入手，成立了街道、乡（镇）综治中心,深入开展了农村矛盾大排查、“两级书记大接访”活动，畅通了群众利益诉求渠道，维护了农村和谐稳定。以“走进基层、破解难题”和“双包三联”活动为载体，搭建了联系群众的新桥梁。按照“区委是关键、乡（镇）是基础、农民群众是主体”的原则，实行“三个联动”（农廉、案件、党风、信访联动，组织部、新农办、民政局等部门联动，区、乡、村三级联动），健全完善农廉建设责任制，构建农廉责任落实新体系。四是创新信访工作机制，建立农村九项工作制度。针对全区近年来农村信访案件居高不下的实际，认真分析深层次原因，根据实际，对农村工作原有制度进行了修订完善，出台了《农村“两委”班子规范运行制度》、《农村财务审计制度》、《信访稳定工作制度》等新的农村工作九项制度，从根源上解决了因民主决策、村务公开等不到位、不执行以及缺少责任追究依据所引发的农村信访问题，取得了良好效果。五是创新综治工作，形成综治“小店模式”在全省推广。小店区在加快建设“平安小店、和谐汾东”中，强力推进社会治安综合治理，成立了街道、乡（镇）综治工作中心，在全区140个社区（村）成立了综治工作站，完善了区、街道（乡镇）、社区（村）三级综治工作网络。同时建立了长效化的区、街道（乡镇）两级领导接访、部门联调机制，构建了维护社会和谐稳定、促进经济快速发展的大综治格局，被称为“小店模式”在省、市推广。

（高筱燕）

附：一、中共小店区委书记、副书记、常委名单

书　记：张金旺

副书记：常　青　连金会　孙锁刚

常　委：韩培方（6月离职）　王　健　陈其武　宋晓丽（女）　李树忠　高筱燕（女）　崔宏伟　董晋林（挂职，1月任职）　边军红（6月任职）

二、乡镇(街道)党委(党工委)书记、副书记名单

坞城街道

书　记：王建民(3月离职)　马　明(3月任职)

副书记：许国平(3月离职)　李素梅(3月任职)
刘亚峰(3月任职)　邢　炜(3月任职)
李勇彪　郭改琴

营盘街道

书　记：白振江

副书记：靳贤亮　任宝中　李凤山　王定国

北营街道

书　记：马　明(3月离职)　高彤燕(3月任职)

副书记：侯继保　权利民　许文阁
解四平(3月离职)

平阳路街道

书　记：王建文

副书记：雍志斌　张志杰　任贵贵　郭国权

黄陵街道

书　记：王成周

副书记：许国平(3月离职)
张　军(女，3月任职)　王保文　吴德胜
李　健

小店街道

书　记：任效杰

副书记：张志中　郝江寿　王晋武(3月离职)
张惠梅　高云斌(3月任职)

西温庄乡

书　记：陈明德(3月离职)　陈晨明(3月任职)

副书记：李太平　邢　炜(3月离职)
任朝华(女，3月任职)　任润兰(女)

刘家堡乡

书　记：刘小根(3月离职)　李天亮(3月任职)

副书记：张　军(女，3月离职)　荣杰峰(3月任职)
郭晋明　郑德勇

北格镇

书　记：樊胜利

副书记：魏志刚　程建强(3月离职)　尚红宝

中共迎泽区委工作概况

全区有党(工)委14个，党总支3个，党支部488个，党员10299名。2009年,区委认真贯彻党的十七大和十七届三中、四中全会精神，以科学发展观统领经济社会发展全局，大力加强党的执政能力和先进性建设，全面推进经济、政治、文化、社会建设，各项工作取得新成效。

一、全面加强党的建设

深入开展学习实践科学发展观活动，加强党的建设，提升党的执政能力。高起点谋划，精心组织实施，圆满完成第二批学习实践活动任务，扎实推进第三批学习实践活动，受到省、市领导的充分肯定。结合学习实践活动的开展，对全区中心组学习情况进行了督导，在全区党员干部中分层次进行了集中教育培训，广大党员干部落实科学发展观的自觉性和坚定性进一步增强。加大干部选拔任用力度，严格执行《干部任用条例》，坚持德才兼备、以德为先的用人标准，提高选人用人的公信度，突出注重基层和培养选拔年轻干部两个重点，形成了干部到基层锻炼、人才从一线选拔的良性机制，一批人品好、素质高、能力强的干部走上领导岗位。加大干部考核力度，健全了以工作实绩为主要内容的考核指标体系和考核评价标准。在第三批学习实践活动中，突出基层党建这一主题和重点，继续引深“三级联创”活动，落实“一定三有”，开展党建示范社区创建活动，完善非公有制经济组织和新社会组织党建工作制度，扎实推进党员领导干部“下基层、解难题、办实事、做表率”主题实践活动，狠抓师德师风和医德医风，全区农村、社区、非公有制经济和新社会组织、机关、学校、医疗卫生等各领域基层党建都取得了突破性进展。对全区党组织和党员实施信息化管理，完善了“流动党员之家”网站和党员干部现代远程教育站点建设，党员管理更加规范。优化党员队伍结构，进一步提高发展党员质量，全年共发展党员257名。加强党风廉政建设和反腐败斗争，加大对落实“三保”任务的监督检查，确保了“三保”任务的健康推进。加大案件查处力度，拓展线索来源，查处了一批较有影响的案件，立案13件，结案13件，处理党员12人，非党干部1人。进一步推进政风行风评议向基层延伸，实现了参评部门的上下联动和区、街(镇)、社区三级评议工作的整体联动。对“两免一补”教育收费情况、医疗市场进行专项检查，纠正了教育、医药购销和医疗服务中的不正之风。进一步完善反腐倡廉“大宣教”格局，以廉政文化“六进”为基础，面向基层，积极开展“做党的忠诚卫士、当群众的贴心人”等主题宣传教育活动，对新任干部进行廉政谈话，全区各级领导干部的廉政意识进一步增强。完善了一批反腐倡廉的工作制度，在制度落实方面取得一定成效。

二、经济保持平稳较快发展

坚持把保增长作为应对危机最直接、最有效的关键举措，加快支柱产业结构的优化升级，充分发挥产业优势，实施项目带动，狠抓在全区建设的市八大功能区重点项目，经济社会保持了良好的发展势头。全区生产总值完成286.6

亿元，增长9.3%；社会消费品零售总额完成169.2亿元，增长15.1%；财政总收入完成14.4亿元，增长8.1%，其中一般预算收入完成6.6亿元，增长14.6 %；农民人均纯收入完成8589元，增长8.3%。

三、宜居城区建设迈出新步伐

按照科学发展观的要求，将以人为本、生态优先的理念注入城市建设和管理的各个方面，努力打造宜居城区。抓住全市大范围道路拓宽改造的有利时机，不断引深城乡清洁工程，着力出精品、抓亮点、攻难点，大力度拆迁，高质量建设，圆满完成了全市重点道路建设工程在全区的拆迁整治和21条小街小巷的拓宽改造。高标准管理，对柳巷商业街区实行了精细化、规范化管理，下功夫彻底治理了一批城市顽症。高水平建绿，建成一批花卉盆景街和休闲小游园，城市宜居度得到新提升。高效能执法，不间断打击私挖滥采，严厉查处违法建设。加大城中村燃煤污染整治力度，拆除了一批燃煤锅炉，区域环境质量进一步改善。

四、特色文化建设取得新成果

将特色文化建设做为推进科学发展、促进社会和谐的重要内容，不断加强宣传思想文化工作，引深精神文明创建，为实现“三保”目标提供了强大动力和良好的舆论环境。在全区广泛开展了以科学发展观和党的十七大、十七届三中、四中全会精神为主题的宣讲和辅导，在统一思想、营造发展氛围上下功夫，进一步坚定了全区人民不畏困难、科学发展的必胜信心。加大对外宣传，省城重要媒体刊发了一批反映全区落实“三保”任务的深度报道。围绕建党88周年、建军81周年、建国60周年和太原市解放60周年,举办了图片史料展、诗歌朗颂赛等系列主题宣传教育活动，开展了“我们的节日”主题文化活动、“祖国在我心中”中华魂读书及“老少携手唱红歌”等活动。积极稳妥地推进文化体制改革，全区公共文化服务体系建设有了新进展。大力度开展文化市场检查和清理整顿行动，社会文化环境得到净化。组织一批文化精品参加了全市晋商文化艺术周活动，被市委、市政府评为“新中国成立60周年活动和2009中国太原晋商文化艺术周活动”先进集体。

五、各项民生事业扎实推进

区委把改善民生作为保增长的出发点和落脚点，坚持不懈地为群众办好事，不折不扣地落实民生政策。努力促进和扩大就业，“暖春就业服务”系列活动成效明显。将农村低保标准提高到全省最高，在全省率先启动低保边缘户救助，成立区慈善协会，广泛开展了“慈善一日捐”活动，社会救助体系不断完善。积极创建和谐社区和清洁宜居社区，老军营街道荣获“全国和谐社区示范街道”称号。大力促进教育均衡发展，招聘了一批优秀教师到农村学校任教，特殊教育跨入全国先进行列。在全市首家开展了学校“三个标准化”建设，启动了一批学校改造工程。加大对民生科技项目的支持，实施了一批食品安全、老字号品牌、新农村建设等民生科技项目。创新科普宣传方式，启动社区科普文化广场，科普宣传更加贴近实际。在全市率先建立了农村卫生监督站，初步实现村卫生室全覆盖，全区城乡公共卫生服务水平不断提高。解决了4个村3000多人的饮水安全问题，农民生活条件有了新的改善。开展计生优质服务和“五到家”活动，流动人口计生服务更加人性化。在全市率先试点“居家养老”工作。各项民生社会事业的扎实推进，有力促进了全区的社会和谐，被评为“全省和谐社会建设先进区”。

六、和谐稳定局面更加巩固

牢固树立维稳是第一责任的理念，把稳定工作摆在更加突出的位置抓紧抓好。从国庆60周年对中心城区的特殊稳控要求出发，充分发挥街办、镇和社区的作用，通过采取“四包一”责任制、领导定期接访、领导包处信访案件和加强矛盾纠纷排查调处等强有力措施，较好地完成了稳控任务。加大“严打”整治力度，完善“天眼”工程，坚决遏制刑事犯罪高发势头。实施刑事审判量刑规范化试点，减少了社会对抗因素。创新办案模式，反贪工作走在全市前列。各街镇成立矛盾纠纷联调中心，社区（村）全部成立综治中心和司法调解机构，开展多种形式的平安创建活动，综治基层基础进一步夯实。全面启动法治全区建设，大力推进“五五”普法和“法律六进”活动，全民法制观念进一步增强。深入开展民爆物品、火险隐患和大型商厦等人员密集场所和重点部位的安全整治，有效预防了重特大安全事故的发生。全区应急管理体系逐步完善，应急管理水平不断提高。

（秦　琦）

附：一、中共迎泽区委书记、副书记、常委名单

书　记：卫　国

副书记：阴国平　田　宁

常　委：阎生华　王　晋　刘文华　侯富田
詹玉梅（女）　孟永宁　秦　琦
郝文杰（女）　甘占荣（12月离职）

二、乡镇（街道）党委（党工委）书记、副书记名单

迎泽街道

书　记：王国栋

副书记：张健康　张立春（6月离职）
王舰英（女，6月任职）　黄耀增
秦建平（6月离职）　杨红梅（女，6月任职）
于丽华（女，6月任职）

桥东街道

书　记：高庆元

副书记：秦宇星　赵淑艳（女）　田　华（女）
王亚生（6月离职）　丁永爱（女，6月离职）

赵喜梅（女，6月任职）
张利宏（女，6月任职）

文庙街道

书 记：白 霞（女）

副书记：王文潇 王银功（6月离职）
马东明（6月任职） 任文英（女） 石林全
王爱香（女，6月任职）

庙前街道

书 记：贾永明

副书记：姚丽蓉（女） 韩淑芳（女） 骆耀红（女）
王亚生（6月任职） 史秀萍（女，6月任职）

柳巷街道

书 记：李 威

副书记：侯 森 于以江 吉根秀（女）
王安文（6月离职） 郭晓军（女，6月任职）
郑慧霞（女，6月任职）

老军营街道

书 记：王文生

副书记：胡伟明 梁丽鸿 李青枝（女）
秦建平（6月任职） 钱桂萍（女，6月任职）

郝庄镇

书 记：何吉铮

副书记：畅耀宗 魏 欣（6月离职）
陈祚斌（6月任职）

中共杏花岭区委工作概况

2009年，在市委的正确领导下，区委认真贯彻落实科学发展观，团结带领全区广大干部群众，开拓进取、务实创新，全区经济保持平稳增长，各项改革稳步推进，社会事业健康发展，人民生活水平不断提高，物质文明、政治文明和精神文明建设协调推进，较为圆满地完成了各项工作任务。

一、以学习实践科学发展观活动为契机，不断筑牢党的执政基础

区委始终坚持以提高执政能力为主线，不断加强思想建设、组织建设和作风建设，使党组织的创造力、凝聚力和战斗力得到进一步提高。一是深入开展学习实践科学发展观活动。把深入学习实践科学发展观活动作为重要政治任务，以“党员干部受教育、科学发展上水平、人民群众得实惠”为目标，坚持边学边改、边查边改、边整边改，共解决改善民生、维护群众利益和社会稳定方面的突出问题98个，为人民群众办实事好事483件，圆满完成了第二批学习实践活动。扎实开展了第三批学习实践活动。在第三批学习实践活动中，把开展“访贫问寒送温暖，排查矛盾大接访”活动作为有效载体，强化组织领导，精心安排部署，组织千名机关干部深入基层，深入群众，倾听群众呼声，了解群众疾苦，千方百计为人民群众办实事办好事，认真解决困难群众的生产生活问题。累计走访慰问困难群众2407人次，办实事好事1625件，捐款捐物30余万元，活动取得初步成效。二是不断加强领导班子和干部队伍建设。坚决贯彻民主集中制原则，严格规范决策程序，注重发挥领导班子整体效能，努力增强决策的科学性、准确性、可靠性和可操作性。强化干部培训工作。以中青年干部和新提拔的科级干部培训为重点，通过区委党校集中培训与延伸教学等形式，培训党员干部196人，提高了党员干部贯彻落实科学发展观的能力。严格贯彻执行《干部任用条例》，对177名干部进行了调整，进一步优化了领导班子结构。加强干部业绩考核。注重考核干部的工作实绩，建立业绩档案，并作为干部选拔任用的重要依据。三是扎实推进基层组织建设。在全市率先推行“党务公开”，把“三级联创”活动引深到全区各基层党组织。不断加强农村基层政权建设，对矛盾问题较多、群众意见较大、班子软弱涣散的村“两委”班子进行了集中整顿。不断强化社区党建工作。围绕和谐社区建设，以服务群众为重点，形成了以街道党工委为核心，社区党组织为基础，社区党员为主体，社区居民广泛参与的社区党建工作格局，进一步增强了基层党组织的创造力、凝聚力和战斗力，全区先进、达标基层党组织达到90%以上。四是切实强化作风建设。开展了机关干部职工作风集中整顿。通过开展“五查五看”活动（查思想作风，看党性观念、大局意识强不强；查工作作风，看机关效能、干部形象好不好；查领导作风，看深入群众、真抓实干勤不勤；查生活作风，看自律意识、品行情趣高不高；查组织纪律，看组织观念、纪律要求严不严），查纠问题，加强整改，出台了《全区机关事业单位工作人员日常管理制度》和《全区机关事业单位工作人员请销假管理办法》，清理长期不上班、在编不在岗人员18名。同时实行“机关无会周”制度，确保机关干部深入基层服务群众，有效促进了干部作风的转变。五是积极推进党风廉政建设。严格落实党风廉政建设责任制，深入推动惩防体系建设。按照中央、省、市纪委的要求，将全年党风廉政建设和反腐败工作任务进行量化分解。认真落实党内监督的各项规定，对调整、提拔、调出干部执行“五不准”规定的情况开展了专项检查。不断加大查办和治理力度，扎实推进反腐败专项斗争。健全完善“四位一体”信访举报工作机制，全年共受理各类信访件41件，全区信访举报工作经验在全国信访举报座谈会上进行了交流。加大查办案件力度，全年共立案查处46件，查结46件。扎实推进煤焦领域反腐败专项斗争，自查出的问题全部纠正，各种欠缴税费全部追缴入库。认真履行监督职责，切实保障全区

经济社会平稳较快发展。对信访稳控不力造成进京上访的10名责任人、违法占地的13名责任人和发生安全事故的9名责任人进行了问责。对城乡居民低保资金的申报、审批和发放情况进行了全面检查，对4个村居的低保违纪问题进行了调查和处理，为全区改革发展稳定创造了良好的环境。

二、立足科学发展，努力推进经济社会平稳较快发展

2009年，区委坚持深入贯彻落实科学发展观，结合区情实际和形势变化，不断调整完善发展思路，强化工作措施，有力促进了经济社会平稳较快发展。全区生产总值完成234.4亿元，同比增长7%；财政总收入完成13.06亿元，同比增长18%。其中:一般预算收入完成6.44亿元，同比增长23%。

一是积极推进重点项目建设。积极应对金融危机的影响，确定了一批由绿色工业、现代服务业、宜居城市建设和社会事业等38个项目组成的项目群，总投资130亿元，当年投资70亿元，已有15个项目完工，其余项目正在实施中。同时，严格按照市委对我区建设城东民营现代物流区的定位，确定了10大重点项目，其中4个项目已完工。二是扎实推进新农村建设。落实各项惠农政策，安排农业产业发展扶持资金500万元，支持农村全面发展。因地制宜发展绿色农业，建成10个种植基地，培育3个规范养殖基地，有效带动农民增收。大力进行生态建设。对东山地区进行整体高标准规划，重点推进东山植物园、环城林带和交通沿线等绿化工程。积极推进农村“四化”工程，完成8个村的绿化、硬化和净化，农村生态环境明显改善。三是不断提高城市建设管理水平。在城市道路建设方面，府东街东延打通工程开工建设，已完成总拆迁量的95%；胜利街东延打通工程除太铁职工中专以东路段未完工外，其余路段已通车；对鱼池街西巷、新建路西巷、新开南巷等9条小街巷进行了维修改造。在城市绿化方面，建成三墙路、胜利街、新建路、府东府西街等4条花卉街，新建改建4个小游园。在城市管理方面，深入开展“城乡清洁工程”进社区、进农村、进市场、进单位、进庭院活动，有效巩固清洁成果。处理数字城管中心热线1038起，处理率达到100%。四是全力推进社会各项事业发展。优先发展教育事业。大力实施“校舍安全”工程和“百校兴学”工程，完成9所学校校舍改造。积极推进医疗卫生工作。新建改造2个社区卫生服务中心，为各乡卫生院配备了医疗设备，有效提高了城乡公共服务质量和水平。不断加大公共文化服务设施建设力度，建立街、乡文化信息资源服务中心4个，社区（村）的服务点132个。切实提高社区建设水平。深入开展“创宜居环境、建和谐社区”活动，制定出台了《实施方案》和《评估标准》，明确了各街道的任务和创建标准，有效促进了和谐社区建设。五是努力完善社会保障体系。全年城镇新增就业人数21742人，下岗失业人员再就业人数8783人，全区城镇登记失业率控制在2.45%以内；安排就业困难人员就业196名，确保零就业家庭动态清零。城镇居民基本医疗保险共参保106324人，位列全市十县（区）之首。巩固和完善城乡居民最低生活保障制度，为22267人发放城市和农村低保金4760万元。普及大病救助，对371名救助对象实施大病救助金额199万元，有效缓解了低保对象和特困家庭“看病难”的问题。（张振国）

附：一、中共杏花岭区委书记、副书记、常委名单

书　记：魏　民（10月任职）　毋青松（8月离职）
副书记：韦和平　姜二爱（女）　王建堂（4月任职）
常　委：白建生　王晋章　李恩星　张振国
李　颖（女）　刘绍信（6月任职）
罗　华（6月离职）　赵　敏（女）

二、乡镇（街道）党委（党工委）书记、副书记名单

三桥街道
书　记：续奇才（6月任职）　李景旺（3月离职）
副书记：连会银　徐卫丽（女）　焦　斌
李瑞萍（女）

敦化坊街道
书　记：樊永德
副书记：赵联庆　李建香（女）　吴　敏（女）
韩雪梅（女）

巨轮街道
书　记：任文忠（6月任职）　续奇才（6月离职）
副书记：张　汾（女）　梁计恭　陈海林

涧河街道
书　记：张雪松
副书记：张荣义（女，12月离职）　窦丕郁　张　钢

鼓楼街道
书　记：李步云
副书记：李洁亮　贾汝萍（女）　刘洪亮
王金华（女）

杏花岭街道
书　记：郭亚君（女）
副书记：苏常青（6月任职）　岳志强（6月离职）
张秀芝（女，6月任职）　李秋生（6月离职）
史芝茹（女）

坝陵桥街道
书　记：赵　林
副书记：陈向琰（女）　刘庆生　张卫华（女）
王启元

大东关街道
书　记：周慧卿（女）
副书记：姚静忠　王守明　王文新（女）
赵小萍（女）

职工新街街道
书　记：张荣义（12月任职）　梅　进（12月离职）
副书记：胡长青（12月离职）　李高峰　孟庆林

杨建华(女)

杨家峪街道

书　记：杜小灵

副书记：尹　骏(6月任职)　苏常青(6月离职)　宋永柱　郭志宏(女)　冯存栓　贺　驹

中涧河乡

书　记：杨根武

副书记：田　景(6月任职)　尹　骏(6月离职)　刘　根

小返乡

书　记：刘玉辉

副书记：李秋生(6月任职)　田　景(6月离职)　张雁冰

中共尖草坪区委工作概况

2009年，区委面对国际国内宏观经济遇到严重困难的新形势、新任务，按照省、市委总体要求和全区当前的中心工作，坚持以学习实践科学发展观为统领，坚定不移抓党建、谋发展、保稳定、促和谐，坚定信心，迎难而上，实现了经济社会平稳发展，全区呈现出经济发展、文化繁荣、政治稳定、社会和谐的良好态势。

一、坚持正风固本抓党建，为贯彻落实科学发展观提供坚实的政治保证

一年来，区委充分发挥党的领导核心作用，狠抓加强党的执政能力建设和先进性建设这个根本，全面推进党的思想建设、组织建设、作风建设、制度建设和反腐倡廉建设，为贯彻落实科学发展观提供了强有力的政治保证。

突出抓好思想政治建设。扎实开展第二批、第三批学习实践科学发展观活动，广大党员干部科学发展的信心更加坚定，科学发展的思路更加清晰。认真做好党员干部教育培训，积极推进党员电化教育工作和农村党员现代远程教育工作，加强“一述两考”和理论学习制度建设，党员干部队伍思想政治素质进一步提高。

切实加强领导班子和干部队伍建设。严格按照《条例》和“四个规定”精神，坚持充分酝酿，公开平等、竞争择优的原则，配齐配强了各乡(镇)、街道和区直各有关部门的领导班子，切实增强了各级领导班子及干部队伍的凝聚力和战斗力。协助省、市从优秀村干部中考录乡镇公务员和县乡事业单位工作人员等项工作。

着力规范基层组织建设。深入开展“三级联创”活动，积极做好大学生村干部的教育、管理和服务工作，继续完善“社区党建联席会制度”，坚持推行党建联络员、指导员制度，党的工作覆盖面和影响力得到进一步拓展。扎实推进村级“四议两公开”工作法、“一定三有”等工作的落实。加大非公有制企业党组织的组建工作，认真做好村级组织场所建设，为全区“三个年”建设提供坚强的组织保证。

不断完善党员队伍管理工作。继续落实“一课三会制度、党员目标管理考核制度、党员联系群众制度、民主评议党员制度”等，针对农村、社区无职党员开展“设岗定责”活动。充分发挥12371党员服务电话热线、各级党员服务中心和党员服务站作用，积极落实流动党员管理台帐和月报制度，强化对流动党员的规范化管理工作，做到管理有序、服务到位。

深入开展党风廉政建设和反腐败斗争。认真落实党风廉政建设责任制，加强反腐倡廉教育，对换届后新当选的村“两委”主要干部进行集中专题培训。与新提拔领导干部进行集中廉政教育谈话。深入推进信访举报和查办案件工作。加大查处力度，处分违纪人员34人，为国家挽回经济损失63万元。深入开展纠风工作，认真进行专项治理，为基层为群众办实事175件，便民服务500人次。强化执法监察和效能监察，构建三级效能监察网络。深入推进源头治腐工作，继续对“小金库”、帐外帐、乱发奖金补贴等进行专项清理，涉及金额27.3万元，财政收缴1.9万元。进一步贯彻落实《尖草坪区关于建立农村基层党风廉政建设长效机制的要则》，把农村事务管理纳入制度化轨道，形成了联动互通，环环相扣的长效管理新机制，受到省、市纪委的高度评价。全年案件检查名列全市第一；政风行风评议评为市优秀单位；纠风、执法监察、宣传教育、综合监察工作名列全市前茅。

二、坚持着眼长远做决策，为贯彻落实科学发展观确立清晰的工作思路

针对处于太原市“上风头、水源地”的区情实际，区委着眼于人与自然的和谐相处，坚定不移地走可持续发展道路，充分发挥区内国有大中型企业聚集、工业基础雄厚、人才技术优势突出的有利条件，有力地推动了全区上下对于科学发展观的深入实践。

(一)转变发展方式，推进绿色转型，区域经济实现平稳发展

按照大项目推动大发展的工作思路，大力推进传统产业新型化和新兴产业规模化，经济发展的质量和效益得到进一步提高。太原不锈钢工业园区从无到有，发展壮大，已基本形成了年加工转化30万吨不锈钢的能力，被国家工信部命名为国家第一批新型工业化产业示范基地。投资16亿元的太原锅炉集团搬迁项目成为西山地区综合治理的头号重点工程；山机新富升机械制造项目、北方风雷集团投资建设石油钻杆项目、德中工业园、矩园不锈钢精密制造等一批新建项目正在进行前期准备工作。滨西商务中心项

目总投资约53亿元，一期建设工程已全面展开，红星美凯龙等国内外知名企业顺利入驻，打造华北地区最具影响力的一站式采购中心和现代物流商贸城。尖草坪小商品市场和恒山路小食品市场运行良好，传统优势地位得到进一步巩固。兴华街建材装饰市场提档升级力度不断加大，钢材市场的战略转移成效明显，兴业、万天红等钢材市场运行质量进一步提升，和平北路沿线已形成太原市最大的钢材市场集群。龙聚、广汇能两大标准化储煤场顺利运营，对地区财政的贡献日益显现。积极整合文物旅游资源，打造“傅山故里”文化品牌，积极兴建中华傅山园，切实做好景区建设规划和前期准备工作，为发展旅游文化支柱产业培育了新的平台。

（二）提升建设品质，完善城市功能，区域环境面貌实现质的飞跃

坚持高起点规划、高标准建设、高水平管理的原则，加快基础设施建设。在省市大力支持下，滨河东路和滨河公园北延及绿化工程顺利推进，和平北路改造工程以及钢园路、三给街的建设基本完成，特别是金桥路和柴村大桥的改造，彻底打开了柴村地区开放的窗口，使区域环境面貌有了根本性改善。城中村改造稳步推进。累计开工兴建住宅11.5万平方米，对大东流、赵庄、新城等村实施了城中村改造。加快保障性住房建设，启动了新村安居房建设工程。柴村地区实施了集中供热，新建了3个小游园。城市管理进一步提升。加大环境保护力度，扎实开展城中村燃煤小锅炉改造工作。深入推进西山综合整治生态绿化工程和园林城区创建工作，绿地率、绿化覆盖率、人均公共绿地分别达到36.31%、42.87%和12.96平方米，为顺利通过国家专家组对全市国家级园林城市创建验收做出积极贡献。

（三）坚持以人为本，突出全面协调，社会各项事业实现全面进步

区委把解决好人民群众最关心、最直接、最现实的问题作为工作的落脚点，力求使发展成果惠及民众。高度重视“三农”工作，全力推进新农村建设，累计确定省、市、区重点村48个，占全区总数的53%。目前所有重点村的“五个一”工程和“四化四改”任务已基本完成，80%以上的村实现了主街道硬化和亮化。突出抓好“两个确保”，农村养老保险工作先后成为省级和国家级试点，城镇登记失业率控制在3.3%，新型农村合作医疗参合率达99.3%。卫生医疗完善三级网络建设，实现了全区村卫生室覆盖率100%。被国家中医药局命名为“全国中医药社区卫生服务示范区”。巩固低生育水平，人口自然增长率控制在0.98‰。科教兴区工作通过省级验收，被评为全国科技进步先进县（区）。校舍安全工程全面推进，义务教育普及程度不断提高。职业中学被教育部评为国家级重点中等职业学校，职教中心通过省级考评。文体工作蓬勃开展。区文化活动中心主体完工，5个乡（镇）文化站、10个村科技文化活动室和50个文化广场建设全面完成，培塑亮点村20个。

（杨俊栓）

附：一、中共尖草坪区委书记、副书记、常委名单

书　记：陈河才
副书记：白玉明　王国卿
常　委：李增锁　王承江　王琳玉　袁尔铭　杨天玉
　　　　李文权　杨小平　路　虎（6月离职）
　　　　蔚　来（6月任职）

二、乡镇（街道）党委（党工委）书记、副书记名单

马头水乡
书　记：孙晋成（11月离职）　刘永成（11月任职）
副书记：王玉贵（11月离职）　白建新（11月离职）
　　　　郝晓中（11月任职）　卢素琴（11月任职）

柏板乡
书　记：刘　智（11月离职）　李风义（11月任职）
副书记：史海俊（11月离职）　王　鹏（11月任职）
　　　　赵玉龙

西焉乡
书　记：刘富生
副书记：李福贵（11月离职）　王为民（11月任职）
　　　　温瑞芬（女）

向阳镇
书　记：赵劲钧（11月离职）　魏新红（11月任职）
副书记：宋国旺（11月离职）　焦　勇（11月任职）
　　　　赵海平（11月任职）
　　　　杜秋梅（女，11月离职）

阳曲镇
书　记：姚连顺（11月离职）　李　蓉（11月任职）
副书记：古秀娥（女，11月离职）
　　　　张玉和（11月任职）　袁美兰（女）

柴村街道
书　记：马高明
副书记：魏新红（11月离职）　姚新顺（11月任职）
　　　　赵　杰（11月离职）　孙　艳（11月任职）
　　　　魏贵宝（11月离职）　张宇波（12月任职）

上兰街道
书　记：许宝贵（11月离职）　史瑞泉（11月任职）
副书记：田永胜（11月离职）　江志军（11月任职）
　　　　乔荣槐　宋建生（11月离职）
　　　　武海峰（12月任职）

新城街道
书　记：李　汇
副书记：史瑞泉（11月离职）　宋国旺（11月任职）
　　　　段晓燕（女，11月离职）刘素珍（12月任职）
　　　　张满惠（12月离职）

南寨街道
书　记：姚保如（11月离职）　阴建中（11月任职）
副书记：李风义（11月离职）

古秀娥(11月任职) 史宝儒
卢素琴(女,11月离职)
张满惠(12月任职)

尖草坪街道
书 记:贾永安(11月离职)
田 娟(女,11月任职)
副书记:田 娟(女,11月离职)
王玉贵(11月任职)
王 丽(女) 高晋平

迎新街街道
书 记:阴建中(11月离职) 孙晋成(11月任职)
副书记:刘永诚(11月离职) 史海俊(11月任职)
李春录 王 彤

光社街道
书 记:宰福瑞(11月离职) 刘 智(11月任职)
副书记:芦德荣(11月离职) 赵 杰(11月任职)
王保东(11月离职) 吕建新(11月任职)
孙 艳(女,11月离职)
王建法(12月任职)

古城街道
书 记:张富明(11月离职) 赵晓红(11月任职)
副书记:范秀红(11月离职) 田永胜(11月任职)
吕建新(11月离职) 王保东(11月任职)
史瑞卿(女)

汇丰街道
书 记:马晋达(11月离职) 李福贵(11月任职)
副书记:石 慧(女,11月离职)
侯 岳(11月任职) 张进芳(女)
李瑞清(11月离职) 梁炳龙(12月任职)

中共万柏林区委工作概况

2009年是受国际金融危机影响、经济社会发展较为困难的一年,也是推进"十一五"规划顺利实施、建设富裕和谐优美开放现代化强区的关键之年。一年来,区委坚持以邓小平理论和"三个代表"重要思想为指导,深入贯彻落实科学发展观,坚定信心,共度时艰,做好保增长、保民生、保稳定的各项工作,有效遏止了经济增长明显下滑态势,不断推动全区党的建设向前发展。

一、加强思想政治建设

按照中央和省、市委的部署,区委以开展学习实践科学发展观活动为契机,坚持把务求实效作为开展学习实践活动的出发点和落脚点。通过抓思想强素质、抓班子带队伍、抓基层打基础,不断提高各级领导干部的执政能力和领导水平,使之真正成为团结带领全区人民建设现代化强区的中坚力量。组织广大党员特别是各级领导班子和党员领导干部,深入开展第二批、第三批学习实践科学发展观活动。经群众测评,全区第二批学习实践活动满意率为99.4%;第三批学习实践活动进入分析检查阶段,共征求到意见、建议4068条,查找到突出问题1346个。区委中心组集中学习18次,对基层中心组理论学习开展旁听指导,举办科学发展观大型主题辅导报告会6场,区直部门、单位举办和收听、收看各类讲座、报告累计超过200次,参加党员9500人次。

二、加强干部队伍建设

2009年,区委对122名农村"两委"主干进行了培训,举办了第四期农村(社区)干部大专进修班。继续抓好大学生村干部的培养、管理工作。积极推进干部人事制度改革,健全完善民主公开、竞争择优的用人机制。积极推进公开选拔领导干部工作,圆满完成区政府机构改革工作,分批调整干部242名。其中:提拔77名,岗位交流106名,解决非领导职务16名,机构改革单位更名重新任职14名,兼职6名,免职23名。坚持用人导向、发展导向、作风导向相统一,健全完善体现科学发展观要求的党政领导班子和领导干部综合考核评价办法,改进和完善干部考核与民主评议评价工作。加大干部监督工作力度,加强后备干部队伍建设,抽调23名干部参加移民搬迁、重点工程拆迁等。选派5名同志参加市委青年干部培训班和外地挂职锻炼,选调13名新提拔副科级干部到区信访局锻炼,选聘30名优秀大学生到农村、社区任职,在实践中培养干部。

三、加强基层党组织和党员队伍建设

全面落实党建工作责任制,重点抓了乡(街)党(工)委、区直机关党(工)委、总支,特别是正职履行抓基层党建工作责任制的考核评价工作。进一步引深"三级联创",继续抓好乡、村两级领导班子建设。建立党员党性定期分析制度,健全党员联系和服务群众工作机制,拓宽党员服务群众渠道。构建城市社区党建工作新格局,加强非公有制企业党建工作,新成立非公有制企业党组织5个。加强流动党员管理。健全完善老干部管理服务机制,制定出台了农村党组织书记和村委会主任岗位补贴集中统一发放暂行办法,落实保障措施。对生活困难党员、老党员进行了走访慰问。

四、加强宣传思想工作

坚持用马克思主义中国化最新成果武装党员干部、教育人民群众。改进宣传教育的方式方法,扩大教育覆盖面。深入开展以社会主义荣辱观为核心内容的思想道德建设,加强理想信念、国情、省情和形势政策教育。以太原市创建全国文明城市为抓手，开展了主题鲜明、形式多样的文明和谐创建活动和群众文化展示，全区200余支文体活动队伍，日常活动累计2000余次，表演文艺节目100余场。大力弘扬“晋商精神”，积极推进“诚信建设”。实施公民道德建设工程，加强和改进思想政治工作。精心组织实施庆祝国庆60周年、太原解放60周年、五四运动90周年和晋商文化艺术周系列活动，各新闻媒体宣传报道达800条，充分发挥理论的支持与服务作用。

五、加强作风建设和反腐倡廉建设

切实通过强化教育筑牢思想防线。继续创新机制、创新方法、创新内容，大力弘扬廉政文化，不断增强反腐倡廉宣传教育的整体效应。开展了以“深入学习实践科学发展观、扎实推进惩治和预防腐败体系建设”为主题的论文征集活动；对全区新提拔干部和新当选农村“两委”干部进行了廉政谈话，举办了社区干部廉政教育培训班；开展了向王瑛、李彬、王海潮等先进人物学习活动，用先进典型的事迹教育、感召和鼓舞干部群众，收到了良好的效果。切实通过改革创新完善体制机制和制度建设。认真执行党内监督条例，将“868工程”纳入全区工作目标管理的范畴，建立了职务消费和会议接待报告制度，完善了领导干部个人重大事项报告制度和纪委负责人同乡（科）级主要领导廉政谈话和诫勉谈话制度，对有轻微违纪行为的党员干部进行告诫和教育。认真落实省委《关于加强领导干部党性修养，大力树立和弘扬良好作风的意见》，全面实施了作风建设与廉政管理“611工程”。对照中央及省委“八项要求”和22项制度，对各单位厉行节约、制止奢侈浪费情况进行全面查纠。制定了加强农村党员干部作风建设与廉政管理的11项制度，完善了《农村党风廉政监督员聘任办法和管理办法》，对加强农村党风廉政建设的新模式、新方法进行了积极探索，广大农村特别是城中村的党风廉政建设进一步深化。

切实通过有效监督规范权利运行。充分发挥行政监察作用，开展对中央扩大内需项目等执法监察30余项。认真落实纠风工作责任制，狠抓教育、医疗、减轻农民负担等群众反映强烈问题的解决。进一步引深民主评议评价政风行风工作，对208个单位的968件群众投诉举报问题在规定的时限内得到解决。深入推进财政管理制度改革，“收支两条线”规定得到进一步落实；进一步完善了“三务公开”有关规定。领导干部经济责任审计得到全面加强。全区125个行政事业单位开展了“小金库”专项治理，对涉煤涉焦违法违规问题进行了集中清理。充分发挥信访举报主渠道作用，共受理来信来访123件（次），立结案14件，处理党员干部16人（次）。

切实通过落实党风廉政建设责任制强化组织保证。研究制定了《关于2009年全区党风廉政建设和反腐败工作任务的分解意见》，把61项重要工作分解到区委、区政府的15名领导班子成员和37个区直部门、单位。进一步完善了《万柏林区落实党风廉政建设责任制考核办法》，健全、完善了落实责任制的相关工作制度和考核评价体系。两次组织落实党风廉政建设责任制督查组，对有关部门党风廉政建设责任制落实情况进行督导检查，有力地推动了全区党风廉政建设和反腐败工作的健康发展。

2009年是极不平凡的一年。在应对国际金融危机冲击、保持经济平稳较快发展这场重大考验中，区委带领全区各级党组织和人民群众，齐心协力、科学应对，认真贯彻落实中央和省、市委的决策部署，有力地推进了加快科学发展、构建和谐社会的进程。（孔一龙）

附：一、中共万柏林区委书记、副书记、常委名单

书　记：赵伟东

副书记：张齐山　高屹城

常　委：张奇峰　侯　安　张宝军　王静恩　冯润春　李晓玉（女）　牛选奎　张　霞（女）　李晓沛　常福元　岳元春

二、乡镇（街道）党委（党工委）书记、副书记名单

小井峪街道

书　记：翟永清

副书记：梁红根

西铭街道

书　记：乔俊刚

副书记：马保平

王封乡

书　记：王志勇

副书记：闫晋宏

东社街道

书　记：张　杰

副书记：李润敖

化客头街道

书　记：王建明

副书记：冯建军

下元街道

书　记：李智勇

副书记：康爱国

千峰街道

书　记：王俊仙（女）

副书记：刘志刚

长风西街街道

书　记：高建军

副书记：王在峰

和平街道

书　记：田晋明

副书记：杨　威

万柏林街道

书　记：宋国强

副书记：张　莹（女）
兴华街道
书　记：王少强
副书记：王丽芬（女）
南寒街道
书　记：王建中
副书记：陈永哲
白家庄街道
书　记：刘炤宇
副书记：柳丽辉
杜儿坪街道
书　记：王晓燕（女）
副书记：张文会
神堂沟街道
书　记：赵丽生
副书记：张保忠

中共晋源区委工作概况

2009年，在省、市委的正确领导下，区委坚持以邓小平理论和“三个代表”重要思想为指导，全面落实科学发展观，认真学习贯彻党的十七大和十七届三中、四中全会精神，锐意进取，积极探索，与时俱进，全力推动全区党建工作迈上新台阶，在思想政治建设、组织建设、作风建设等方面取得了新进展。

一、加强思想政治建设

一年来，全区深入学习贯彻中央、省、市宣传思想文化工作会议精神，立足大局，开拓创新，紧紧围绕全区文化生态旅游宜居区建设目标，围绕“西山创意产业、文化旅游功能区”建设，围绕推进转型发展，加快经济发展方式转变，坚持理论武装与实践锻炼相结合,着力抓好全区党员、干部思想建设，为全区各项事业发展提供了有力的思想保证、舆论支持，精神动力和文化条件。

根据中央、省市要求和统一部署，下发了《关于2009年晋源区党工委理论学习中心组暨干部理论学习的安排意见》、《区委中心组2009年理论学习日程安排》。认真安排中心组学习，用马克思主义中国化最新成果武装领导干部特别是党员领导干部的思想。以各级党校为主阵地，分层次、分期、分批搞好干部培训。以干部大培训，促进思想大解放，实现工作大进步。以学习实践科学发展观活动为契机，组织广大党员、干部认真学习《深入学习实践科学发展观活动领导干部学习文件选编》、《六个“为什么”》等重要内容。在系统学习科学发展观相关理论知识的的基础上，组织全区党员干部深入基层调研，了解社情民意，广泛开展讨论，明确了全区正处于转型关键期，创业决战期，财政窘困期的发展现状。使广大党员干部贯彻党的路线、方针、政策，推进转型发展的决心和信心进一步增强，运用科学理论分析和解决问题的能力进一步提高，为晋源文化生态旅游宜居区建设奠定坚实的思想理论基础。

二、加强组织建设

（一）深入开展学习实践科学发展观活动，着力抓好各级领导班子和干部队伍建设

按照“党员干部受教育、科学发展上水平、人民群众得实惠”的总体要求，围绕“转变思想观念、推进科学发展、打造宜居晋源”的主题，以“找一题、献一策、出一力、进一步”为载体，深入开展学习实践科学发展观活动。在学习实践中，区委、区政府高度重视，精心部署，结合实际情况，采取行之有效的方法，确保取得实效。一是建立充实了领导和工作机构。调整充实了区学习实践活动领导小组和办公室工作人员，组建了4个指导检查组。二是加强组织指导，检查督促各参学单位按时开展各阶段学习实践活动。及时掌握第二批66家参学单位、第三批205家参学单位开展活动动态，组织指导、检查督促各参学单位保质保量按时完成各阶段规定动作和学习任务。三是建立了区级党员领导干部包联制度。在第二批、第三批学习实践活动中全区23名区级党员领导干部全部与基层单位建立了包联关系，确保了学习实践活动的健康顺利开展。四是加大宣传力度，促进活动深入开展。共编发简报63期，在省市媒体、简报等刊发信息17篇，有力促进了活动的深入开展。在整个活动中，以“3211”为目标，即：提高“三个认识”，达成“两个共识”，解决“一批问题”，完善“一批机制”，从夯基础、建机制、抓落实等三方面入手，坚持把领导带头、学习调研和整改落实贯穿始终，边学边找、边找边改，基本做到了“四充分、四到位”，达到了“三个深化”、“两个统一”和“两个落实”。

同时，区委、区政府把抓好各级领导班子和干部队伍建设作为落实科学发展观的一项重要举措，以科学选拔为切入点，以严格管理为支撑，以经常性教育为抓手，完善工作制度，形成有效联动机制，全年共任免平调区直机关和镇、街乡科级职务干部52人，提拔31人，免职3人，平调18人。

（二）深入开展“三级联创”活动，继续推进基层党组织建设

全区认真贯彻落实省、市精神，结合自身实际，创新思路，完善机制，多管齐下，着力在“联”、“创”上下功夫。一是积极推进33个支部的场所建设，撤销党支部1个，新成立党支部1个，变更党支部2个，支部管理得到进一步规范。二是积极开展“一帮一”、“党员包片包区”、“党员干部联困难户”等活动。三是在区、镇（街）两级党委

完善了抓党建工作责任制。分别建立了区、镇（街道）基层组织建设领导小组，明确了领导小组的工作职责和各级党委书记是基层党建工作的第一责任人。四是充分发挥下派驻村干部、大学生村官在党的基层组织建设方面的优势和作用，为88个村配备了大学生村官，进一步加强农村基层组织建设。

同时，继续推行“一定三有”制度，通过推行村党支部书记、村委会主任“一肩挑”和两委班子交叉任职的村干部“一人多岗制”，全区在第八届农村两委换届选举中有6个村实现了书记主任“一肩挑”，13名同志实现了交叉任职。进一步完善以“围绕目标压担子，量化考核促管理”的村级目标管理责任制，切实让村干部有岗有责有为，农村基层组织建设得到加强。

（三）坚持“管、帮、带”相结合，不断加强党员队伍建设

以贯彻落实十七届四中全会精神为契机，全面推进党员队伍建设。一是精心组织，统筹安排，分阶段、分步骤完成党组织和党员信息库的建设。二是把发展党员工作作为加强基层党组织执政能力建设的一项重要工作稳步推进，按照《2009年发展党员工作计划》精神，严格执行标准和程序，层层把好“入口关”，全年共发展党员166名，其中30岁以下的年轻党员53名，占发展总数的31.9%，高中以上文化党员124名，占发展总数的74.7%，女党员61名,占发展总数的36.7%,党员结构进一步优化。三是注重提高党员综合素质，采取多种形式开展党员学习培训。利用党报党刊这个党员学习教育平台,充分发挥远程教育网络的学习教育主阵地作用,加强农村党员的教育培训工作。从2007年3月启动了远程教育工作以来，已顺利完成了区级平台建设，安装了覆盖全区4个镇（街）和89%的社区以及72.6%以上行政村（社区）共92个终端接收站点的党员干部现代远程教育网络，确保党员教育工作落到实处。四是党员管理工作有条不紊,认真贯彻落实中组部关于组织关系转接的要求,不断对全区的组织关系转接工作进行规范,同时,对全区流动党员进行了一次摸底调查,完善了一系列管理制度,开通了流动党员服务咨询电话和12371党员咨询电话。五是认真做好建国前和抗战前入党老党员补贴发放及慰问老党员和生活困难党员工作。

三、加强作风建设

按照胡锦涛总书记提出的树立八个方面的良好风气要求，认真开展了领导干部廉政承诺工作。按照“八个坚持、八个反对”的要求，大力弘扬求真务实的精神，坚决克服形式主义、官僚主义，改进会风和文风，精简会议和文件。提倡勤俭节约的风气，认真执行有关厉行节约、反对铺张浪费的规定，坚决纠正以学习考察、招商引资等名义公款旅游特别是出国（境）旅游的不正之风。严格规范领导干部廉洁依法从政行为，始终把党风廉政建设和反腐败工作摆在突出位置，严格执行党风廉政建设责任制和“868”制度，认真贯彻落实中纪委“八条禁令”精神，严肃政纪，改进政风。完善教育、制度、监督并重的惩治和预防腐败体系，加大案件查处力度，深入开展党风党纪教育和警示教育，扎实推进农村基层党风廉政建设，全区党风廉政建设和反腐败斗争取得新成效

（薛运中）

附：一、中共晋源区委书记、副书记、常委名单

书　记：张新伟
副书记：冯　霞（女）　阴海锁（3月任职）
　　　　计建中（3月离职）
常　委：芮辰文　董云飞　施国立（3月任职）
　　　　李并敏（3月离职）　梁宏宇　薛运中
　　　　朴铁权（6月任职）　秦天浒（6月离职）
　　　　候天慧（女）

二、乡镇（街道）党委（党工委）书记、副书记名单

义井街道
书　记：李良宝
副书记：张　仕　赵宏保

金胜镇
书　记：张兴旺
副书记：李国亮

罗城街道
书　记：江金魁
副书记：范永生　郝润川

晋源街道
书　记：姜保牛（9月任职）　张杰卿（9月离职）
副书记：温志勇（9月任职）　李晓俊（9月离职）
　　　　乔玉斌

晋祠镇
书　记：计建中
副书记：李茂生　成练明

姚村镇
书　记：王吉康
副书记：钮宝林　路国萍

中共古交市委工作概况

全市有党（工）委26个，党总支20个，党支部504个，党员9574名。2009年，市委在太原市委的正确领导下，认真贯彻党的十七大和十七届三中、四中全会精神，深入开展学习实践科学发展观活动，紧紧围绕建设新型煤化工和以工补农示范区这一目标，积极应对金融危机，攻坚克难，

开拓进取，促进了经济建设、政治建设、文化建设、社会建设协调发展。

一、深入开展学习实践科学发展观活动，全面推进党的建设

（一）学习实践活动卓有成效

紧紧围绕“党员干部受教育，科学发展上水平，人民群众得实惠”的目标要求，坚持高标准、严要求，精心组织，扎实推进，圆满完成了第二批、第三批学习实践活动各个阶段的工作任务，取得了良好成效。通过开展学习实践活动，全市上下贯彻落实科学发展观的自觉性明显增强，党员素质进一步提高，机关作风进一步改进，干群关系进一步密切，广大群众切身感受到了学习实践活动带来的新变化，真正成为群众满意工程。

（二）党员干部教育培训常态化

坚持把理论学习摆在首位，狠抓全市党员干部和农村“两委”干部的教育培训工作。市乡两级中心组通过专家讲座、观看录相、讨论交流等形式，对“科学发展观”、“循环经济”、“六个为什么”等专题进行认真细致的学习，并坚持学以致用，积极撰写理论文章，指导工作实践，市委中心组成员共发表理论文章44篇。同时，选派4名县处级干部和11名科级干部参加了省、太原市举办的学习培训和实践锻炼，组织146个村、37个社区的党支部书记和村（居）委会主任进行了为期3天的集中培训，全面提升了领导干部的整体素质和解决实际问题的能力。

（三）组织基础进一步夯实

市财政投入200万元专项党建经费，加强基层组织阵地建设、制度建设及基础设施建设，并通过开展“百名干部包百村”主题实践活动，不断引深“五好党（工）委”、“五好党支部”创建工作，全面推进了农村、社区、机关、学校、企事业单位等基层组织的党建工作，基层党组织的创造力、凝聚力和战斗力进一步提高。按照《干部选拔任用工作条例》和省委“四个规定”的要求，对科级干部进行了适当调整，并按照省、太原市的统一部署，招录公务员20人、县乡事业人员5人、大学生村官41人，有力保障和促进了党建工作和经济社会建设的同步发展。

（四）作风建设得到强化

深入开展了学习“右玉精神”、加强作风建设活动，解决干部队伍思想作风、工作作风、领导作风和生活作风方面存在的突出问题，以领导干部作风的改进，带动和促进了党风、政风、行风、社会风气的进一步好转。狠抓“八六八制度”的落实，抓好煤焦领域、建设工程领域和农村党风廉政建设工作。加大违纪违法案件的查处力度，严厉打击官煤勾结、商业贿赂和为“一乱四超”（私挖乱采、超层越界、超定员下井、超能力开采、车辆超载）充当“保护伞”的行为。深入开展政风行风评议和专项治理，认真抓好公路“三乱”、坑农害农等涉及人民群众切身利益的行业不正之风的治理，大力推行党务、政务、企务、村（居）务“四公开”，预防和治理腐败取得新成效。

二、建设新型煤化工和以工补农示范区，全力推进经济社会协调健康发展

（一）新型煤化工示范区建设全面启动

围绕建设新型煤化工示范区，提出了打造华润、省煤运、西山煤电、民营经济、科技工业园“五大经济板块”的战略任务。调整实施了兴能公司2×60万千瓦发电、一一公司热电联产及5亿块蒸压粉煤灰砖等重点工业项目，概算总投资77.8亿元，完成投资44.9亿元。这些项目既有传统产业提升改造项目，也有新型能源、新型材料建设项目，还有循环经济发展项目。力争通过这些项目建设，逐步实现生产规模上由小转大，生产方式上由污转净，生产工艺上由粗转精，产业结构上由黑转绿“四种转型”，努力走出资源型城市可持续发展的路子。

（二）煤炭资源整合顺利推进

按照省、太原市的要求，紧密结合实际，精心制定了煤炭资源整合方案。通过整合重组，全市煤矿由62座采矿点压减到25个采矿点，总产能由1365万吨提升到1665万吨。目前各整合煤矿已经与整合主体签订协议，重组工作正在顺利进行。

（三）转型转产工作初见成效

采取制定优惠政策、鼓励扶持等行之有效的办法，积极引导退出煤炭行业的煤老板向绿色产业投入。民营企业家投资开发了福福山踏青、狩猎生态旅游区，转向发展房地产、客运服务、餐饮住宿等服务业，有效促进了全市经济结构由单纯注重二产发展向一、二、三产协调发展的转型。

（四）坚持以工补农建设新农村

建立了统一协调的财政支农体制，将各类涉农项目资金统筹安排、集中投放、“捆绑式”使用，使资金使用效益达到了最大化。采取“三帮一”措施（领导包点、部门包联、企业帮建），加大了新农村建设力度，在巩固“一片三点”的基础上，通过“增点、扩片、提质”，建设了永树曲、大济沟、河下等35个新农村，以点带面、整体推进了全市新农村建设。

（五）生态环境保护力度加大

按照“一线一环四周四出口”的绿化思路，狠抓东大门景区、环城北山绿化和汾河景区绿化等工程，绿化面积达2.4万亩。强化环境保护工作，全面实施了工业企业污染源治理、汾河流域治理、中心区域污染治理、生态治理和促进绿色转型“四治一转型工程”，市区二级以上天数达到336天，同比增加了39天，城乡环境面貌大为改善。

（六）安全工作得到加强

2009年，尽管因资源整合，全市煤矿停产整顿，但丝毫没有放松安全工作。坚持把打击私挖滥采摆在更加突出的位置，共查处非法采矿案件7宗，爆破取缔26处，封闭64处、填埋26处，有效遏制了非法采矿频发势头。全面强化

非煤矿山、交通、森林防火、消防、防汛和民爆物品以及危险化学品等各个领域的安全工作，及时消除各类安全隐患，全年未发生重特大安全事故。

（七）着力保障和改善民生

坚持把投入重心和工作重心进一步向民生倾斜，尽管财政收入有所下滑，但在城乡科技、教育、文化、卫生、社会保障等方面的财政支出没有下降，增幅分别达到了21%、11.7%、12.3%、14.1%、37.9%，使人民群众在困难之年仍得到了较多实惠。

（八）信访维稳工作取得新成效

制定出台了《关于加强和改进信访工作的实施意见》，创造性地采取了书记市长联手接访、领导干部带访、“信访一卡通”办结、“五包一”等稳控措施，全年共解决信访案件185件，占上访总量的77%，实现了赴省进京“零”上访目标。全市的信访工作经验在全省进行了多次交流，特别是领导带访制在全省得到了推广。在2009年太原市信访工作考核中，排名第一，成为唯一被太原市委、市政府表彰的县（市）。

（九）精神文明和民主法制建设取得新进展

深入推进文明和谐单位“百强帮百村”共建活动和“反对铺张浪费、倡导文明和谐新风尚”活动，广泛开展了文化、科技、卫生“三下乡”和文化、卫生、法律、科普、体育“五进社区”活动。强化社会治安综合治理，狠抓矛盾纠纷化解工作，扎实推进以安装“平安互助网”加“神眼”为主的平安创建活动，特别是以“晋阳风暴”专项行动为契机，严厉打击黑恶势力、暴力犯罪、“两抢一盗”等各种违法犯罪行为，为推进科学发展营造了和谐稳定的社会环境。

（程顺安）

附：一、中共古交市委书记、副书记、常委名单

书　记：郭建发

副书记：李文清（7月离职）　韩良会（7月任职）
王建堂（4月离职）　李并敏（4月任职）

常　委：阎亮娥（女）　李　浓（女）　刘爱林
程顺旺（4月离职）　孙　泉（4月任职）
高保民　郝淑贞（女）　程顺安　牛全英
任志启（挂职）

二、乡镇（街道）党委（党工委）书记、副书记名单

河口镇

书　记：张吉明

副书记：姜　玉　左　铭　武爱平（10月离职）
阎月亮（挂职，10月离职）

镇城底镇

书　记：吕四虎

副书记：弓梅梅(女) 李开明 王二娃(挂职)

马兰镇

书　记：阎文平

副书记：阎　伟　张所元

加乐泉乡

书　记：李宏刚

副书记：续福明　郝根师　张书清（6月离职）
阴才顺（挂职）

梭峪乡

书　记：张宏印

副书记：程兴旺　冀树林　郑惠平（10月离职）
徐国昌（挂职）

岔口乡

书　记：张维维

副书记：武卫伟　刘爱军（6月离职）
程明芳（10月任职）

常安乡

书　记：杨爱爱

副书记：张全荣　郝学忠　王志斌（10月离职）

原相乡

书　记：武　让

副书记：张拉明　武三小

邢家社乡

书　记：刘爱民

副书记：周保平　邢树明　吴才义（10月离职）
张耀清（10月任职）

阁上乡

书　记：卢俊鹏

副书记：康通明　李秀忠　张耀清（10月离职）

东曲街道

书　记：阎新义

副书记：王志刚　任永刚　李兰英（女）

西曲街道

书　记：牛春明

副书记：高　鹏　阎存旺　李丽光

桃园街道

书　记：赵文梁

副书记：贾维龙　高福英（女）　冀学贵
武平则（10月离职）

屯兰街道

书　记：张明旺

副书记：周爱勇　阎亮平　刘俊武

中共清徐县委工作概况

全县有党（工）委16个，党总支43个，党支部537个，党员14150名。一年来，县委坚持以邓小平理论和“三个代表”重要思想为指导，全面落实科学发展观，按照加强党的执政能力建设和先进性建设的要求来抓党建各项工作，全面推进党的思想建设、组织建设和作风建设。

一、思想建设

县委坚持把解放思想、转变观念作为科学发展的先导，努力把全县干部群众的思想认识统一到科学发展观上来。坚持中心组集中学习与邀请专家学者作专题讲座相结合，坚持集中学习与个人自学相结合，认真学习了“三个读本”、十七大报告、十七届三中全会决议、习近平在全国“两会”期间参加山西代表团审议时的讲话、张宝顺在传达贯彻全国“两会”精神大会上的讲话，学习相关会议、文件精神，对科学发展观的认识进一步深化。抽调县委党校、农业、科技等部门骨干，采用集中宣讲、送学下乡等形式，深入乡村宣讲60余场次。各参学的县直单位共举办各类培训讲座110余次，培训人数达1.6万余人次；赠送种植、养殖、科技等各类图书2万余册，价值15万元。各乡镇也利用农村两室广泛开展对党员和干部群众的科技知识、市场经济知识和各种实用技术培训，进一步提高了农民的素质，增强了致富本领。充分发挥远程教育网的作用，为基层广大党员开展学习活动提供了丰富的教学资源和灵活的教学手段，为全县推进新农村建设、产业结构调整、城乡清洁工程、节能减排、绿色转型及和谐发展中起到了积极作用。

二、组织建设

开展了创建党建先进县活动，提出了“一年完成市达标、两年争创省先进”的目标要求，加大基层党（工）委创建工作的指导力度，严格检查落实，明确考核标准，层层狠抓落实，促进了创建工作的深入开展，创建活动初见成效。开展了基层组织集中整顿，全年共撤销7个党支部、1个党总支，新成立4个党组织，党组织更名15个。开展了难点村、重点村和矛盾突出村整治，有效化解基层矛盾，促进了农村工作开展。从建立长效机制入手，制定了《进一步加强村级组织活动场所建设和规范化管理的意见》，规范和促进了全县基层组织建设。开展了“建设新清徐、党员争先锋，向建国60周年献厚礼”系列活动，把6月份定为“全县党建活动月”，先后组织开展了评比表彰、歌咏宣传、上党课等“十个一”系列主题实践活动，引深了创建活动。创新党员教育管理机制，出台了《关于进一步规范和激励全县共产党员发挥先锋模范作用的工作意见》，为党员充分发挥先锋模范作用明确了岗位标准和行为准则，促进了全县党员队伍建设。强化对大学生村干部管理考核，落实了相关待遇。充分发挥大学生优势，使他们在工作和实践中得到锻炼和提高。在全县农村“两委”换届中，符合条件的65 名大学生村干部全部通过选举进入村“两委”班子，其中5名当选为村党支部书记，3名实现了支部书记和村委主任“一肩挑”。

三、作风建设

为解决干部作风中推拖等问题，研究完善了《县管领导班子和领导干部综合考核评价办法》，把作风建设纳入考核内容。把县、乡、村三级干部纳入考核管理体系，依据考核结果末位淘汰。坚持“谁分管、谁负责，谁包案、谁解决”，完善了县领导包乡镇、包村、包企工作制度。领导包案处理、带案下访制度，重大工作任务责任分解制度、跟踪督查制度等。动态开展矛盾排查，加强干部问责，旗帜鲜明地处理了一批典型案例，干部队伍作风明显转变。积极应对旱灾、暴雪自然灾害，开展了“救灾帮困送温暖”活动。组织县直部门、乡村企业深入开展“送温暖、献爱心、促和谐”活动，解决好十类困难群众的生产生活问题。深入开展“五个一”活动（副科级以上党员干部深入农村、社区、企业、学校、医院，开一次座谈会、吃一顿饭、住一晚上、办一件实事、写一份调研报告，宣讲政策，帮助解决实际问题），县乡各级干部累计帮助农村和基层单位解决硬化道路、铺设管网等具体问题400余件。

四、学习实践科学发展观活动取得预期成效

按照县委统一部署，先后组织了495个单位、585个基层党组织、1.35万余名党员参加了第二批、第三批学习实践活动。活动开展以来，全县各级党组织按照“党员干部受教育、科学发展上水平、人民群众得实惠”的总体要求，紧紧围绕县委确定的“四个定位”、“六个重点”的主题和“一项活动”、“八县联创”的实践载体，加强组织领导，突出实践特色，各级领导干部亲力亲为，广大党员积极参与，人民群众大力支持，做到了“规定动作不走样、自选动作有创新”，圆满完成了学习实践活动的各个批次、各个阶段、各个环节的目标任务，达到了预期目标。全县各部门、各单位共解决影响和制约科学发展方面的突出问题276个，解决党员干部党性党风党纪方面的突出问题52个，解决涉及群众切实利益方面的突出问题77个，解决基层党组织建设方面的突出问题45个，出台“保增长、保民生、保稳定”政策措施28项，为群众办实事、好事1240余件，有力推进全县经济、政治、文化、社会建设协调发展。

五、“三级联创”工作有了新做法

县委制定了专门的实施方案，建立了治理包联责任制，

由23名县级领导、10个乡镇街道和36个县直部门分别进行包点联系，明确了治理目标和主要任务。各乡镇召开了专题会议对此项工作进行研究部署，组建工作队帮助“难点村”解决实际问题，抽调工作能力强、政治素质高的人员作为包村乡镇领导和驻村支部指导员，实行了县乡领导干部包村、工作组驻村的办法，增强了村两委班子的工作能力，缓和了干群矛盾，为学习实践活动的顺利开展提供了保证。

六、干部选拔、考评有了新办法

一是干部选拔迈出新步伐。采取“两推一述”、“两考一评”（单位推荐、公开推荐、公开述职；考试、考察、专家评价）的办法，从62名副科以上领导干部中公开遴选了10名乡镇党委书记、乡镇长。在遴选的民主推荐环节，引入了专家评价机制，聘请专家学者组成评委团，采取竞职人员公开述职，专家评委现场评价的办法，通过分析竞职人员的述职，考察干部的综合知识水平、思维能力、决策能力、应变能力和表达能力，真正使那些素质全面、本领过硬的优秀人才脱颖而出，提升了选人用人公信度。

二是干部综合考核评价形成新机制。认真贯彻科学发展观要求，在健全机制、完善制度、创新办法上下功夫，结合实际完善了县管领导班子和领导干部综合考核评价办法，在考核评价对象、内容、指标、标准、方法上进行了修订和完善，增加了对垂管部门党组织的考核，突出了“八县联创”、“项目推进”等重点工作、中心工作的考核，强化结果运用，严格奖惩激励，首次提出了“一年末位调整岗位、两年末位降职使用”的新标准，把考核结果作为县管党政领导班子调整和领导干部选拔任用、职务升降、轮岗交流、培养教育、奖励惩戒的重要依据，进一步形成了领导班子争先争上、领导干部务实高效的工作格局，有力推动了全县各项工作的落实和深入开展。（邢蕴武）

附：一、中共清徐县委书记、副书记、常委名单

书　记：车建华
副书记：张　强　萧芬芬
常　委：张启亮　马金安　王贵德（7月离职）
冯原平（7月任职）　裴耀军　刘振华
刘永华　曹　立（5月离职）
杨登科（5月任职）　张红谱（女）

二、乡镇（街道）党委（党工委）书记、副书记名单

清源镇
书　记：史建华（5月离职）　李晓辉（5月任职）
副书记：岳建强（7月任职）　李建国

马峪乡
书　记：武威飚
副书记：李　杰（7月任职）　布存江　王国庆
阎清德

东于镇
书　记：左喜维
副书记：王建功（7月离职）　岳兔立（7月任职）
贾效文　王东海　常继武　赵润生

柳杜乡
书　记：李晓辉（5月离职）　陈晓勇（5月任职）
副书记：陈晓勇（5月离职）　连利强（7月任职）
丁保平　王振刚

西谷乡
书　记：魏春雷（5月离职）　靳秀发（5月任职）
副书记：岳建强（7月离职）　陈　晋（7月任职）
庞晓东　张建新

孟封镇
书　记：郭　彬（5月任职）
副书记：张晓斌（7月离职）　贾宏俊（7月任职）
张永健（7月离职）　郭建平

王答乡
书　记：李凤梅
副书记：牛志来　李八一　罗学功（7月离职）
乔晓燕（女）

徐沟镇
书　记：李德祥
副书记：贾　环（女，7月任职）　赵四顺
陈　晋（7月离职）

集义乡
书　记：（空）
副书记：陈俊峰　董隽杰（7月任职）　王卫民
潘巨发

东湖街道
书　记：杜钢毅
副书记：靳秀发（5月离职）　罗学功（7月任职）
王玉和　王贵河

中共阳曲县委工作概况

2009年，在省、市委的正确领导下，县委坚持以邓小平理论和“三个代表”重要思想为指导，深入贯彻落实科学发展观，牢牢把握发展主动权，创造性地开展各项工作，党的建设、经济建设和社会各项事业取得新成效。

一、党的建设工作

县委高度重视党建工作，认真开展学习实践科学发展观活动，基本达到党员干部受教育、科学发展上水平、人民群众得实惠的要求。认真学习贯彻党中央《关于加强和改进新形势下党的建设若干重大问题的决定》，着眼于建设学习型党组织和学习型领导班子，完善了县乡中心组学习、考核、考评制度。对第八届村委换届选举新任村干部进行了集中培训、轮训。加强县乡领导班子和干部队伍建设，完善了体现科学发展观要求的考核评价制度。按照省市要求，积极推进政府机构改革。认真落实基层党建责任制，进一步引深“三级联创”活动。全面落实农村党组织“一定三有”制度，建立健全村党支部书记、村委会主任岗位目标责任制，实行岗位报酬集中发放和养老保险补助制度，对任职20年的村“两委”主干离任后每月给予120元固定生活补贴。加强基层组织整顿工作，对15个重点难点村进行集中整顿建设。加强大学生村干部创业培训和帮带，完善教育管理制度，提高大学生村官工作水平。

县委始终坚持标本兼治、综合治理、惩防并举、注重预防的方针，严格落实党风廉政建设责任制，加强惩防体系建设。以干部作风建设为重点，大力学习弘扬“右玉精神”，全县党政机关带头厉行节约，把有限的资金放在发展经济和保障民生上。全面推行农村财务委托代理，构建农村党风廉政建设的长效机制。进一步引深行风“双评”工作，不断把党风廉政建设和反腐败斗争引向深入。

二、经济建设和社会各项事业取得新成效

一是以扎实开展“民生保障年”活动为重点，大力提升县域综合实力。组织开展“民生保障年”活动，确定实施了5大类27项重点工程。列入市考核的10个项目中，4项民生工程如期完成：108国道县城段拓宽改造项目顺利完成，标志着县城扩容提质取得重大突破；阳曲一中搬迁新校址，标志着我县学校建设正在向全市一流水平迈进；全民健身文化广场项目的竣工和投入使用，满足了县城居民健身休闲的需要，进一步提升了县城的品位和档次；县医院门诊楼建设项目主体工程基本完工，今年即可投入使用，为从根本上改变全县人民的就医环境奠定了坚实的基础。6个工业项目取得重要进展：金圆水泥、新型炉业一期工程已点火试运行；锦威混凝土搅拌站已建成投产；东铝铝业电解铝节能技改项目已全部完工；锦宏电力铁塔项目进入后期施工阶段；龙辉煤炭气化铁路专用线项目土方工程基本完工。除以上市考核的10个重点工程之外，“民生保障年”确定的新建、续建项目都取得积极进展和明显成效。横店集团太原工业园已入驻工业新区；新农村建设项目和农业重点工程基本完成；县乡公路建设项目、县城集中供热续建工程、石太高速铁路通道绿化工程、大运路综合整治工程、县城小游园建设项目全面完成；县城中小学建设项目、天然气置换工程、大运路县城北段拆迁改造工程、青龙古镇续建项目完成年度目标任务；污水处理厂、县城中环路、黄河引水等项目前期准备正在积极展开。

二是坚持以新农村建设统揽农村工作全局，“三农”工作得到新的加强。认真落实各项支农惠农政策，积极推进种植、养殖规模化发展，组织实施玉米丰产方、中低产田改造、测土配方工程等一批农业重点工程。扶持新农村试点村、推进村开展“四化四改”和“五个一工程”,扶持农民专业合作社健康发展，一批乡镇文化站、农村文化大院、农民体育健身场地、便民连锁店陆续投入使用。

三是以城乡基础设施建设为重点，奠定新型工业承接区的框架和基础。围绕建设“卫生园林县城”目标，在县城建设管理上，继续完善集中供热等一批重点工程，大力实施城乡清洁工程，县城以垃圾清运、便道车辆停放、主次干道经营摊点整治为重点，各乡镇以美化、亮化为重点，以乡镇所在地、新农村试点村、推进村为带动，组织“垃圾清除大行动”。抓好道路整治、立面粉刷和日常保洁，塑造了整洁文明的新形象。县乡公路建设进展顺利，通达通畅工程完成目标任务。

四是以发展各项社会事业为重点，着力构建和谐社会。实施“百校兴学”工程，中小学办学条件进一步改善，义务教育学校绩效工资改革稳步推进，教育质量不断提高。积极促进重点科技项目的普及，提高工农业科技含量。全面推进“五大惠民工程”和“五个全覆盖”。进一步加强社会保障体系建设，积极做好就业和再就业工作，重点扶持零就业家庭、下岗失业人员等困难群体就业。企业养老、医疗、失业等社会保障覆盖面逐步加大。规范城乡低保管理，基本实现应保尽保。加强和规范新型农村合作医疗，实现了市、县、乡镇和部分村网上结算报销。加快农村公共卫生和疾病防控体系建设，县医院、县中医院和7个乡镇卫生院的升级改造正在进行。积极发展社会慈善事业，落实国家扩大内需的一系列惠民政策，农村消费市场稳中趋旺。

加强宣传思想文化工作，围绕庆祝新中国成立60周年，广泛开展以爱党、爱国、爱社会主义为主要内容的群众性文化活动。按照省市要求，加大文化体制改革力度，大力发展文化产业，城乡公共文化服务体系日益完善，在全社会营造了团结和谐、积极向上的浓厚氛围。

高度重视安全稳定工作。积极推进依法治县，“五五”普法全面推进。加强社会治安综合治理，把专项行动和群防群治结合起来，城乡防控体系进一步完善。依法做好信访稳定工作，有效解决了一批群众反映的问题，化解了基层矛盾。支持工会、共青团、妇联等人民团体依照法律和章程独立自主开展工作。高度重视安全生产、护林防火工作，确保了全县政治社会持续稳定，人民群众安居乐业。

三、创新与经验

一是坚持以科学发展观为统领。县委组织开展了“民生保障年”活动。县四大班子领导牵头，分包重点工程，联系重点项目，强化工作措施，确保各项工程扎实推进。二是扎实开展学习实践科学发展观活动。县委把深入学习实践科学发展观活动作为重要政治任务，县委主要领导带头抓学习、带头抓运用、带头抓联系点，深入调查研究，

积极探索全县科学发展的新路子。三是切实抓好维稳工作。县委高度重视一段时间以来信访问题比较集中的情况，对重点信访案件进行专题研究，完善信访联席会议制度、县级领导包案制度、带案下访等制度，强化责任追究，有效解决基层矛盾，维护群众利益。四是认真执行民主集中制。坚持重大问题集体讨论、集体决定，工作中互相配合、密切协作，努力做到以马克思主义中国化的最新成果武装头脑，以与时俱进的精神推进各项工作的落实，使常委班子成为目标明确、团结协调、求真务实、率先垂范的班子。同时，不断健全和完善县四大班子联系乡镇和下基层调研制度。支持人大、政府、政协独立负责、协调一致地开展工作，坚持党管武装工作，逐步完善体现科学发展观要求的工作机制、责任机制和落实机制。（李建国）

附：一、中共阳曲县委书记、副书记、常委名单

书　记：冯晋生

副书记：薛东晓　阴海锁（3月离职）

王素红（3月任职）

常　委：马金安（3月离职）　刘国伟　何爱萍（女）

李贵增　李建国　田文浩（3月任职）

田保平（3月离职）　乔文清（5月任职）

赵　洪

二、乡镇党委书记、副书记名单

黄寨镇

书　记：路宇明

副书记：王志勇　张俏元　陈卯寿

泥屯镇

书　记：王凯明

副书记：李保明　张载修　王永生（6月离职）

李育明（12月任职）

东黄水镇

书　记：金润全

副书记：侯爱英（女）　李和平

侯村乡

书　记：张明生

副书记：王茂林　陈亮明　王丽琴（12月任职）

马有利（6月离职）

大盂镇

书　记：王　涛

副书记：康国奇　杨爱根　康曜东

高村乡

书　记：王黄林

副书记：刘爱卿　李全平　张保生

凌井店乡

书　记：王国兴

副书记：孙国锋　袁文魁　李旭升（6月离职）

杨兴乡

书　记：岳　波

副书记：陈永胜　贾宝玉（6月离职）

张新文（12月任职）

西凌井乡

书　记：于文成

副书记：赵东明　祁建军　白天宏（6月离职）

徐新华（12月任职）

北小店乡

书　记：李贵龙

副书记：闫文革　王秀文（6月离职）

裴　瑜（12月任职）　王喜庆

中共娄烦县委工作概况

2009年，县委坚持以科学发展观为指导，以开展学习实践活动为重点，深入贯彻落实党的十七大和十七届三中、四中全会精神，带领全县干部群众，积极应对金融危机带来的挑战，攻坚克难，扎实苦干，着力推进转型发展，全县经济、政治、文化、社会、生态文明建设和党的建设取得了新的成效。

一、深入开展学习实践科学发展观活动，加强党的建设

2009年，按照中央、省委、市委的要求，在全县深入开展了学习实践科学发展观活动。通过学习实践活动，加强了党的建设。

一是着力加强思想政治建设。以开展学习实践活动为契机，深入贯彻党的十七大、十七届三中、四中全会、省委九届十次全会、市委九届六次全会精神，以建设生态旅游经济功能区为目标，进一步完善了全县的发展思路，统一了全县干部思想认识。

二是着力加强组织建设。从制度建设入手，加强了机关党组织建设。坚持常规考核与年终考核相结合，定期督查与不定期督查相结合，加大考核力度，把考核结果作为干部使用的依据。强化“三级联创”工作，在农村基层组织坚持党建工作联系点制度和联席会议制度，集中力量抓好难点村的治理整顿和基层组织建设。

三是着力加强作风建设。县委常委会规定，县委班子成员在不增加基层负担的前提下，一年不少于三分之一的时间深入基层调研，与基层干部群众同吃、同住、同劳动，切实帮助解决群众生产生活、工作学习中遇到的实际困难问题。县纪委、县委组织部联合制定了民情日记制度。在县四大班子领导的带动下，各级各部门领导干部坚持深入

基层，不断强化党与群众的血肉联系，密切了党群、干群关系。

四是着力加强反腐倡廉建设。健全责任落实体系，坚持把党风廉政建设和反腐败工作列入县委的重要议事日程，纳入全局工作一起部署、一起检查、一起考核。制定了《关于2009年全县反腐倡廉建设和反腐败工作任务的分解意见》。推行领导干部“三必谈”制度，对82名新任领导干部进了集体廉政谈话，签订了《廉政承诺书》，教育广大党员干部主动上交非法所得资金。深入开展农村廉政文化进广场、进支部、进学校、进书屋“四进”活动，完善了农村党风廉政联系会议领导体制，建立了20项农廉工作制度。进一步完善了作风建设档案，创新工作日志、民情日记管理方法。深入开展了煤焦领域和重点工程建设领域反腐败工作，着力查处违规违纪案件。查处煤焦领域腐败案件6件，处分党员干部8人。查处药品违法案件4起，纠正公路“三乱”问题4个。对全县103个单位进行小金库专项治理，受理来信来访37件（次），处分违纪党员干部17人。深入开展全县58个部门行业政风行风评议工作，促进了机关服务效能的提高。

通过加强党的思想、组织、作风和反腐倡廉建设，党的执政能力进一步提高，充分调动了武装、统战，以及工会、共青团、妇联等人民团体组织等方面的力量，为全县经济和社会建设发挥了积极作用。

二、坚持发展第一要务，全面建设生态旅游经济功能区

一是进一步加强生态建设。完成了2007年、2008年度实施的两河三路景观防护林带、太克线坡面绿化等重点工程。启动了汾河干流万亩生态绿化工程。完成了三北防护林工程3.2万亩，完成了交通沿线荒山造林1000亩，旅游公路环山造林4000亩。全面完成了县城北山采摘园一期工程建设。

二是积极推进工业企业优化整合和绿色转型。以尾矿库安全整治为契机，开展了选矿企业优化重组，取缔关闭尾矿库96个，对有合法矿石资源证的8个矿山企业所属选矿企业，按程序和规定实施了复工复产。以省煤运公司为兼并主体并已签约，对全县13座煤矿进行兼并重组，整合为8个大的煤炭企业，产能得到大幅提升。实施了利民焦化余热发电项目、万光焦化二期余热发电项目，加快了资源的循环利用。全年全县二级以上天数达到337天，同比增加52天，污染指数同期下降了29.6%。

三是积极发展现代特色农业。按照一村一策、一村一品的要求，扶持发展中药材专业村26个、有机绿色蔬菜专业村12个，种植中药材6000亩、有机绿色蔬菜1.5万亩。实施了1万亩优质小杂粮产业化工程，建成了2000亩小杂粮种植示范基地4个。新建1个5000平方米养殖基地，全县规模养殖户达到50户。积极推进农村金融服务体系改革，成立了中小企业信用担保机构，在建立农村资金互助社和小额贷款担保组织上实现突破。在此基础上新发展各类农业专业合作社103个。组织实施农业科技就业培训2000户1万多人次，增强农民抵御市场风险和发展现代农业的能力。

四是全面推进新农村建设。坚持抓好新农村建设规划编制工作，重点抓了20个重点推进村的“五个一工程”和“四化”建设。完成了杜交曲镇2500亩农田水利基本建设工程。实施了大型秸秆气化及沼气站建设工程。引深了“城乡清洁工程”，不断改善农村基础设施。

五是积极开发旅游资源。依托特色旅游资源和生态环境优势，以“一山、一水、一名人”为支点，积极发展生态休闲旅游产业。被中宣部命名为全国第四批爱国主义教育基地的高君宇故居，作为红色旅游景区建设的一个重要项目，已启动并完成了拆迁动迁任务。与山西煤运总公司太原分公司初步达成开发合作意向，总投资5亿元，开发云顶山景区生态旅游。全面完成了太佳高速公路娄烦段拆迁任务，为今后旅游服务业的发展创造了良好的条件。

六是大力优化投资发展环境。以加快发展为目标，成立了优化发展环境领导组，出台了《优化发展投资环境的意见》，制定了《关于对重点企业实行挂牌保护的意见》，为尖山铁矿进行了重点保护企业挂牌，为全县企业发展优化了服务环境。

三、高度关注民生，促进全县社会和谐稳定

一是全面推进社会事业发展。继续推进“百校兴学”工程和校舍安全工程。公开招聘特岗教师87名，教师队伍建设进一步加强。加快改善乡村医疗卫生条件，完成了县医院和部分乡镇中心卫生院基础设施项目建设。开展了村卫生室全覆盖工作，为全县143个行政村每村选聘了1名乡村医生。深入开展了妇女关爱工程。

二是全面加强社会保障工作。积极做好就业再就业工作，转移农村剩余劳动力1.27万人。积极实施农村低保扩面工程，覆盖率提高到8%。加强城市低保管理，为3222户、6100人发放低保金131万元。加快建立覆盖城乡的养老保险体系，按时足额为企业离退休职工及事业单位离退休职工发放养老金。实施了新增116名五保人员集中供养。实施全县农合作医疗全覆盖全免费。解决全县8000多户农村困难户、农村小学、五保老人供暖问题。

三是深入开展安全生产综合整治。着力夯实安全生产监管基础，建立了县、乡、村三级监控网络。按照“县领导带队包片、部门分工负责、县乡村三级联动”的工作机制和“依法闭库、科学闭库、绿色闭库、和谐闭库”四原则和“排水、削坡、覆土、修渠、植树、立碑”六环节，对全县106座尾矿库分三个阶段进行了整治关闭，共关闭了尾矿库96座。

四是全力维护全县社会稳定。加强社会治安综合治理，在原有“268”机制基础上，覆盖了全县，组建了巡逻队伍。实行领导干部定期接待群众来访制度，规范了信访秩序，为群众反映问题提供便利条件，促进了问题的解决，

实现了全县进京非正常零上访的目标，维护了全县社会的稳定。（冯永魁）

附：一、中共娄烦县委书记、副书记、常委名单

书　记：魏　民（11月离职）

副书记：张秀武（11月主持工作）　张　磊

常　委：施国立（3月离职）　李发平（3月任职）

武润生　王剑峰　尹洪志

王富强（6月离职）　杨宏林（6月任职）

尹海斌　赵　炜（6月任职）

二、乡镇党委书记、副书记名单

娄烦镇

书　记：董叶青（女）

副书记：王永灵　张爱平

静游镇

书　记：梁俊杰（12月离职）　赵生魁（12月任职）

副书记：刘爱林（12月离职）　刘志生

杜交曲镇

书　记：赵生魁（12月离职）

副书记：雷爱婵（女）　马建玉（8月离职）

天池店乡

书　记：段润义

副书记：高　林　段代军（8月离职）

马家庄乡

书　记：李贵军

副书记：郭建生　郝爱国

盖家庄乡

书　记：侯尚德

副书记：孙晋生（12月离职）　段文奎

米峪镇乡

书　记：王珠峰

副书记：李永强　冯代生

庙湾乡

书　记：王秀峰（12月离职）

副书记：贾进涛（12月离职）　李永秀（8月离职）

中共大同市委工作概况

市委书记　丰立祥

2009年，大同市委在中央和省委的正确领导下，以贯彻落实科学发展观活动为契机，紧紧围绕“转型发展，绿色崛起”的全市中心工作任务，坚持以重点工作带动整体工作的深化，以整体工作推动重点工作的落实，立足自身，服务大局，党的建设取得了新成绩。

一、以开展深入学习实践科学发展观活动为契机，着力破解科学发展难题

一是深入学习实践科学发展观活动扎实推进。按照中央和省、市委的安排部署，从3月份开始，全市1万多个基层党组织、20多万名党员先后分两批开展了学习实践活动。围绕“全面落实科学发展观，解放思想，改革创新，加快宜居魅力现代化区域中心城市建设步伐”的活动主题，突出实践特色，坚持解放思想，贯彻群众路线，正面教育为主，抓住县级以上领导班子和党员领导干部这个重点，着力开展好“学习调研、分析检查、整改落实”三个阶段工作，做到规定动作求规范，自选动作有创新，活动工作两不误，促进了全市经济社会又好又快发展。全市各参学单位紧扣“党员干部受教育、科学发展观上水平、人民群众得实惠”的总要求，突出实践特色，先后在不同层面党员中开展了“办实事、作表率”、“深入基层、深入群众、深入人心”、“争先锋、树形象”三项主题实践活动，市委常委、县处级党员领导干部以及全市广大共产党员深入基层访贫问苦，靠前服务，解决各类热点难点问题5827个。各级领导班子和广大党员干部对科学发展观的理解进一步深化，贯彻落实科学发展观的自觉性和坚定性进一步增强，领导城乡经济社会统筹发展的能力进一步提高。

二是组织部门牵头抓总的作用充分发挥。组织部作为牵头主抓部门，认真履行职责，充分发挥组织、指导和协调作用，扎实推进，力求实效，整个活动启动有力、组织有序、持续有劲、特色鲜明，取得了较为丰硕的理论成果、制度成果和实践成果，受到了中央和省学习实践活动领导

组及巡视检查组的好评。为保障整个学习实践活动的顺利开展，建立了“五有五落实”、市委指导检查组、领导联系点等制度，形成了比较完整的工作制度体系。组织县级以上单位理论中心组学习1221次，撰写分析检查报告1311篇、专题民主生活会发言材料8087篇、心得体会63135篇；邀请各级领导干部和专家学者讲党课和作专题学习报告6226场，举办专题论坛1150次。为确保活动成果向实践转化，抓住中央应对国际金融危机扩大内需的利好政策，出台了《关于应对危机、保障和服务经济发展的实施意见》，积极申报、争取和推进了一批“三保”重大建设项目，真正使人民群众得到了实惠，有力推动了全市的科学发展。第三批学习实践活动针对点多、线长、面广的特点，按照市委确定的“高起点谋划、高标准定位、高质量推进”的目标要求，围绕“实践科学发展，建设美好家园”这一主题，分类指导全市农村、街道、社区党组织，有章有序地向前推进。

二、以提高领导水平和执政能力为核心，着力加强领导班子和干部队伍建设

一是认真做好领导班子配备和干部调整工作。对市政府组成部门和其它市直单位主要领导干部及部分县区领导干部进行了调整，涉及调整县区领导干部61人，市直机关领导干部125人。加大选拔专家型干部力度，不少领导干部在大学所学的专业，长期从事的工作，与现任岗位非常吻合，做到了才岗相适、能位匹配，市政府组成部门正职专业对口率达到29.6%，长期从事相关业务工作的占到66.7%，干部队伍知识化、专业化水平得到明显提高，结构得到明显改善。对企事业单位领导干部进行了调整，涉及领导干部74人，在组建市高级技校、市卫生学校、市财会学校、市二医院和选配市商业银行领导班子中，选用的全部是专业对口的优秀干部，实现了各类资源的优化配置。顺利完成了8家市管企业合并重组后新班子领导干部的选配工作。

二是大力加强领导班子思想作风建设。积极研究加强领导班子思想作风建设的有效措施，进一步贯彻民主集中制原则，明确议事规则、决策程序和运行机制。在县区进一步引深“树四观创真绩”活动，在市直机关进一步引深“四看四比”活动，在国有企业、教育系统、医疗系统继续深化开展“四好三比”、“四建两创”、“五建一创”活动，都取得了明显成效。在市直机关坚持领导干部思想政治建设动态月报制度，在企事业单位坚持领导干部定期谈话制度，为实现领导干部的动态管理奠定了基础。通过大力加强各个层次领导班子的思想作风建设，领导班子的凝聚力、战斗力、创造力进一步增强，全市领导干部思想政治建设工作水平得到提升。

三是精心组织实施年度目标考核工作。年初组织考核组对11个县区、开发区的371名县处级领导干部和70个市直机关的809名县处级领导干部进行了2008年度目标考核。不断完善考核目标体系和考核办法，把城市建设、拆迁改造等重大工程，列入县区重点项目目标予以重点考核。积极探索符合市情的干部实绩考核评价办法，制定了《关于加强对领导班子和领导干部年度考核的意见(讨论稿)》，力求改进后的考核办法更加简便易行、奖惩分明。把领导干部在落实中央和省市委重要工作部署中的政治态度、思想作风、现实表现等纳入日常考核的重要内容，全市干部的事业心、责任感明显增强，工作效能得到提高。

四是切实加强干部宏观管理工作。加强后备干部队伍建设，组织34名县级后备干部在市委党校举办了中青年干部培训班。抓好公务员管理工作，为全市党委、人大、政协、法院、检察院、工商联及民主党派机关2004年6月30日前进入机关且占编在岗人员320人办理了登记审批手续，完成了全市8家群团机关和66家事业单位参照公务员法实施管理的申报工作。完成了从优秀村干部中考录乡镇公务员和县乡事业单位工作人员工作，为11个县区招录56名乡镇公务员和55名县乡事业单位工作人员。进一步加强档案管理工作，完善和制定了《大同市干部人事档案管理工作规定》等一系列工作制度，干部档案管理工作更加标准化、规范化。

三、以推动发展、服务群众、凝聚人心、促进和谐为目标，全面提升基层党建工作水平

一是建立健全制度，完善基层党建工作运行机制。认真落实《市、县、乡党委党建工作例会制度》、《市、县、乡党委党建工作目标管理制度》和《市、县、乡党委党建工作联系点制度》，从议事决策、执行落实、方式方法层面，强化了各级党委抓党建工作的责任意识。一年来，市、县、乡党委召开党建工作例会132次，研究讨论基层组织建设问题270多个，提出针对性措施110多项。各级党员领导干部建立联系点1026个，为联系点解决实际问题2674件，推进联系点成为加强基层党建工作的示范点，取得了以点上经验推动面上工作的效果。

二是认真贯彻四中全会精神，制定加强基层组织建设的有效措施。按照“加强基层组织建设”的目标要求，制定了四个指导性文件。制定了《关于落实各级党委(党组)抓基层党建工作责任制的实施意见》，细化了考核内容和办法，加大责任追究力度。制定了《关于加强农村党支部书记队伍建设的实施意见》，明确提出力争三年内把全市80%以上的村党支部书记建设成为“小康领路人、产业带头人、科技推广人、市场经纪人、群众贴心人”的目标，明确了县、乡党委对农村党支部书记的培养、选拔和待遇保障的责任。制定了《关于加强村级组织活动场所建设的实施意见》，坚持规划新建一批、修缮改建一批、规范提高一批的思路，用1年时间全面完成全市1015个村级组织活动场所的建设任务。制定了《关于进一步加强流动党员管理服务工作的通知》，积极组织流动党员参加学习实践活动，构建城乡一体的流动党员动态管理机制。

三是采取有效措施，落实农村干部保障激励机制。规

范报酬标准，以县区为单位、以本县区农民人均年收入2倍为基数，参考村子人口多少、经济条件、“一肩挑”情况等合理确定标准。统一发放程序，基础工资由县财政局按月统一发放到个人工资卡，绩效工资依据年度考核结果发放。严格了考核管理，各县区委组织部制定农村党支部书记和村委会主任工作实绩考核办法，建立工作实绩档案。考核结果作为发放绩效工资的主要依据。探索离任村干部生活补贴办法。总结推广大同县对农村离任“两委”主要干部实行生活补贴的做法，对连续担任农村党支部书记或村委会主任10年以上或累计任职15年以上，正常离任的，在男年满60周岁，女年满55周岁后，给予每月60—80元的生活补贴。

四是以扩大覆盖面为重点，着力推进“两新”组织党建工作。摸清了“两新”组织底数，我市共有新经济组织86207个，党员2813人；新社会组织842个，党员2826人。按照“重点培养、先易后难、有序推进、全面覆盖”的思路，加快“两新”组织党组织的组建步伐。凡党员达3名以上的，坚持“成熟一个、组建一个”的原则，单独建立党组织；国有（集体）企业改制的，同步改建或新建党组织，确保企业党组织工作不断，人员不散；对暂不具备单独组建党组织条件的，按照区域相近、企业相似、行业相同的原则建立联合党支部，加大组建党组织工作力度。全市非公企业新组建党组织4个，新社会组织新组建党组织26个。成立了新经济组织党工委和新社会组织党工委，不断加强“两新”组织党建工作。

四、以适应形势、锤炼党性、提升素质、发挥作用为目标，大力提升党员队伍的整体素质

一是认真做好新形势下的发展党员工作。全面推行“群众推荐、党委考察、支部票决、全程公示”农村发展党员新机制，实行了发展农民党员专项计划，加大了在优秀青年农民、优秀非党村委会成员和大学生村干部中发展党员力度。全市共发展党员4259名，其中35岁以下的青年党员2869名，占发展党员总数的67.4%；大专以上文化程度的党员2135名，占50.1%；生产、工作一线党员3479名，占81.7%；发展农民党员1082名,占25.4%，各项比例均达到了年初制定的发展党员计划要求。认真做好党员信息库建设工作，目前各县区和大部分的市委直属党委（工委）基本完成了建库工作。

二是大力加强流动党员管理工作。出台了《关于进一步加强流动党员管理服务工作的通知》，转发了中组部《关于印发〈地方各级党委组织部门“12371”党员咨询服务电话受理工作暂行办法〉的通知》，采取一系列措施进行跟踪管理教育和服务，成立党员服务中心12个，党员服务站139个，党员服务点2170个，开设流动党员示范岗10个，实行了一人一档登记、一人一证身份证明、一人一联结对联系、一季一访走访慰问、一年一训培训制度、一年一会通报的“六个一”制度，初步构建起城乡一体、全面覆盖、协同配合、运转有序的流动党员动态管理体系。开通了党员咨询服务电话“12371”，深入开展了“永葆先进性，我为家乡做贡献”、“为新农村发展献计策、做贡献”等形式多样的流动党员管理服务主题活动，通过流动党员引进资金1.54亿元，带动就业2225人。

三是着力构建激励、关怀、帮扶困难党员机制。将全市两万多名困难党员全部纳入困难党员信息库管理，下拨45万元党费（其中市管党费20万元），用于慰问老干部、老党员、老劳模及困难党员。同时为2449名农村建国前老党员和城镇未享受离退休待遇的老党员发放生活补贴495万元。转发了《关于在中华人民共和国成立六十周年之际开展走访慰问老干部、老工人、老党员活动的通知》，制定了慰问实施方案，市四套班子领导，上门入户对老干部、老工人和老党员进行了慰问。全市共慰问老干部2653名，老工人486名，老党员2896名，发放慰问金83万元。

四是强化党员社会主义理想信念教育。结合国庆60周年系列庆祝活动，在全市广大党员中深入开展了评选“100位为新中国成立作出突出贡献的英雄模范人物和100位新中国成立以来感动中国人物”活动，组织参加“双百”评选投票的党员达136075人，占党员总数的67%，基层党组织达8719个，占基层党组织总数的86%，组织党员学习英雄模范先进事迹183249人次。集中一个月时间，组织广大党员认真开展了学习吴大观同志活动，通过召开中心组学习会、民主生活会、观看电视专题片、召开座谈会、撰写心得体会“五个一”活动，迅速在广大党员中掀起学习吴大观同志的热潮，党员的时代荣誉感和历史使命感进一步增强。

（袁腾虎）

附：中共大同市委书记、副书记、常委名单

书　记：丰立祥

副书记：耿彦波　高　玮　高　印（8月离职）
柴树彬（8月任职）

常　委：范　吉　李世杰　阎文照　姚生平
李俊敏　王雁峰　董其高（8月离职）
侯立智（8月任职）

中共大同市城区区委工作概况

全区有党（工）委23个，党总支12个，党支部433个，党员8807名。2009年，区委以党的十七大和十七届三中、四中全会精神为指导，深入贯彻落实科学发展观，以“保增长、保民生、保稳定”为主线，以实现“三个发展”为

主题，以建设“五大强区”为目标，凝聚合力，攻坚克难，扎实做好各项工作。城市管理、民生保障、城市拆迁、社区建设、教育卫生等各项工作取得前所未有的辉煌成果。

一、坚持把掌舵定向作为第一职责，科学论证作决策，“三个发展”、“五大强区”的发展新定位奏响科学发展的号角

通过在全区开展“‘继续解放思想、推动科学发展’——我为城区发展献良策”大讨论活动和“问计于民、问政于民、问需于民”三问活动，区委审时度势，围绕省委“三个发展”和市委“转型发展、绿色崛起”的发展目标，集思广益，科学决策，对全区经济社会发展思路作出重新定位，明确提出了今后一个时期全区经济社会发展的总体思路，就是立足“中心区域”和“历史名城”两大优势，牢牢把握“转型发展、和谐发展、率先发展”这一主题，积极构建核心商务区、制造工业区、文化旅游区、魅力宜居区、文明和谐区“五大强区”，率先把城区打造成最具文化魅力、产业活力、环境引力、社会合力的现代化中心魅力新城区。新的发展定位，为全区科学发展指明了方向，吹响了科学发展的响亮号角。

二、坚持把经济增长作为第一要务，沉着应对，政企携手，打胜应对金融危机的抗击战

面对金融危机的不断冲击，区委与企业共商良策，共渡难关。以调整产业结构为主线，既保增长，又促转变，全力驱动招商引资、项目建设、全民创业、优化环境四个轮子，企业联手、携手政企开展了应对金融危机抗击战。借大同打造文化旅游古城的东风，着手制定《大同城区文化产业发展五年规划》和筹备建立文化创意产业招商引资项目库，推动全区文化创意产业率先起步。瞄准现代物流经济、商务休闲经济、城市楼宇经济、文化产业经济、制造工业经济“五大经济”加大招商引资，积极参加第四届中博会等一批招商引资洽谈会，全区引进各类企业15家，引进华联超市综合项目、东方家园等项目24个，项目总投资19.23亿元。其中，完成投资5.3亿元。2009年全区完成地区生产总值76.3亿元；规模以上工业总产值预计完成54亿元；规模以上工业增加值预计完成16.5亿元；社会消费品零售总额预计完成100亿元；财政总收入完成20.05亿元。民营经济发展突飞猛进，全年非公经济税收完成4.2亿元，占地方本级税收比例由70%上升到83.3%。

三、坚持把以人为本作为执政理念，坚定不移促进社会事业的顺利发展，提升居民群众满意度

区委把2009年确定为“城市管理提升年”，坚持数字城管、科技城管、法制城管、人文城管的理念，一手抓硬件，一手抓软件，大力加强城市管理工作。现代化、数字化、科技化、精细化的城市管理作业新模式在城区舞台精彩亮相，城市管理水平实现质的飞跃。投资9000万元购置扫尘车、洒水车、挤压车等专业车辆300多辆，成立大同市历史上第一个机扫公司；把街道、市容、环卫、综合执法大队、园林等城市管理的主体单位有效整合，变粗放管理为精细管理，城市管理作业效率较过去提升10倍。引深“爱我美丽家园争做文明市民”主题实践活动，建立28个便民市场，配齐配强市容监察管理处领导班子，市容、环卫、园林装备水平明显改善，城市环境面貌焕然一新。构建街道办事处、公安派出所、社区、楼院社会治安“四级联防”网络，开展了区、街、社区三级联动综治例会制度。深化“平安城区”建设，引深“社会治安整治百日攻坚战”行动，强化严打整治，先后组织开展了“云安”系列专项行动、“打防控一体化”社会治安整治行动等专项行动，有力地威慑了犯罪分子的嚣张气焰，全区社会治安状况明显好转，居民安全感明显增强。全年共排查各类矛盾纠纷2000多起，调处1950多起,调处率达98%以上，影响社会稳定的突出隐患得到有效消除。抓信访维稳，实行了信访接待日制度、包联重点信访案件制度，并在全区成立“信访维稳中心”，充实信访工作力量，积极排摸矛盾隐患，化解信访积案，使一大批信访案件得到妥善化解。尤其是在国庆60周年信访维稳期间，全区上下不讲条件，不讲代价，亲力亲为，圆满实现进京非正常上访“零”目标，信访总体形势明显好转。

坚持把拆迁作为改善居民群众的阳光工程。一年来，全区动员，全力以赴，坚持阳光拆迁、和谐拆迁、依法拆迁，发扬“十个不”拆迁精神（执行政策不动摇，保证时间不拖延，和谐拆迁不出事，敢于碰硬不妥协，严格程序不走样，正视困难不泄气，反复上门不厌烦，加班加点不叫苦，细致严谨不粗心，决战到底不收兵），圆满完成市区内“20条主干道”和“10处重要文物景点”周边拆迁任务。2009年，共拆迁6331户，拆除建筑面积905374.9㎡。保证了城市道路建设、城市棚户区改造和历史文化名城保护修复工程的顺利推进。拆迁工作铸就的“拆迁精神”成为城区叫得响的品牌，拆迁工作得到中央和省、市领导的高度评价。特别是在元旦前夕，中央政治局常委、国务院副总理李克强在出席全国城市和国有工矿棚户区改造会议视察城市棚户区改造和安置小区时，给予表扬。在同召开的全国城市和国有工矿棚户区改造会议与会代表现场观摩了我区的拆迁安置小区，并予以高度评价。

四、坚持把构建和谐作为第一追求，社区建设创品牌，民生资金翻一翻，民生事业实现新发展

牢牢扭住“硬件、队伍、服务”三大重点，在全区启

动“星级社区”创建活动，开展“创建示范社区、打造精品社区、培育特色社区、消灭空白社区”的和谐社区建设活动。累计投资近1000多万元，先后完成大庆路文化西街社区、南关社区服务中心等40个社区活动阵地建设，建设力度空前，实现了和谐社区建设的突破和跨越。我区荣膺“全国和谐社区建设示范区”称号，向阳里街道被授予“全国和谐社区建设示范街道”称号。

坚持困有所助、学有所教、老有所养、医有所保、住有所居的原则，大力实施“五个全覆盖”工程。全年用于教育、医疗卫生、计生、社会保障等民生事业的资金累计达7亿多元，较上年翻了一番。为全区27537户73499人提供最低生活保障，发放低保金和补贴1.13亿元；为454人实施了大病救助；推行城镇居民医疗保险，为14.2万居民办理了基本医疗保险，有4218名居民得到医疗费报销；争取到省、市养老金调剂补助金1500万元，极大缓解了我区按时足额发放养老金的压力，并对五家区营煤矿到龄退休的127人给予了退休生活保障，对不到龄的94名职工及11名遗属正常发放生活费；为3万户居民发放廉租房补贴；广辟渠道，新增就业岗位2.18万个，帮助1.9万名失业人员实现再就业。教育上，确立“打造教育品牌、建设教育强区”的思路，去年投资7000多万元，对11校、26校、36校进行搬迁新建，新建了实验小学分校、14校分校，改扩建了35校，缓解了小学就学压力，推动了全区教育水平上档升级。全区呈现出民有、民安、民生、民和、民乐的良好局面。

（常占库　王晓霞）

附：一、中共大同市城区区委书记、副书记、常委名单

书　记：雷雪峰

副书记：祁学峰　来　彦　王建江（挂职）

常　委：王建成　王丽萍（女）　杨立新　董建中　张进宝

二、街道党工委书记名单

东街

书　记：刘巨平

副书记：韩　杰

西街

书　记：郝连志

副书记：刘翰龙

南街

书　记：王　强

副书记：刘　顺

北街

书　记：田培山

副书记：郭进宝

南关街

书　记：安志刚

副书记：樊　菁

北关街

书　记：杨云鹏

副书记：王殿武

新建南路

书　记：王立中

副书记：孙雪彬

新建北路

书　记：白静玲（女）

副书记：田德禹

新华街

书　记：刘鹏飞

副书记：曹利兵

振华南街

书　记：解宏元

副书记：魏　军

向阳里

书　记：王　巨

副书记：王建军

大庆路

书　记：周　雁（女）

副书记：杨根旺

老平旺街

书　记：王红峰

副书记：姚　斌

西花园街

书　记：巩文利

副书记：王鸿宾

中共大同市矿区区委工作概况

全区有党委8个，党总支18个，党支部346个，党员9258名。2009年，区委坚持以邓小平理论和“三个代表”重要思想为指导，以科学发展观为统领，全面贯彻党的十七大和十七届四中全会精神，紧紧围绕区委八届四次会议确定的经济工作主要奋斗目标，团结带领广大群众锐意进取，攻坚克难，在经济、政治、文化和社会建设方面取得了突破性进展，全区呈现出经济发展、政治稳定、社会和谐、人民安居乐业的良好局面。

一、紧抓经济建设，壮大产业规模，促进经济平稳较快发展

一年来，区委坚持以科学发展观为指导，妥善应对国际金融危机带来的不利影响，按照省委“转型发展、安全

发展、和谐发展”的战略要求，认真实施市委“转型发展，绿色崛起”的发展战略，加大“三保”政策措施贯彻落实力度，全区经济保持了平稳较快的发展态势。按照省市部署，把“保增长、保民生、保稳定”工作作为头等大事抓紧抓好，制定下发了促进“三保”政策措施落实的实施方案，并组织力量认真落实，2009年协调推进重点工程16项，帮扶重点企业27家，为群众解决重点问题27项，有效带动了全区各项工作的深入开展。认真做好煤矿重组整合工作，将原来单独保留的7座煤矿整合为5座，生产规模由年产114万吨提高到195万吨，有效改变了煤炭产业“多、小、散、乱”的粗放发展格局。进一步壮大民营经济，全年实现税收11920万元，占全区财政税收的68%。着力发展商贸服务业，遵循“开发大市场，形成大产业”的思路，加快改造提升传统服务业，大力发展新兴服务业和现代服务业，着力培育服务型经济，引资8500万元，4个商贸服务业项目取得了重大进展。稳步提升煤机制造业，2009年同大防爆电器公司、支护设备厂、虹云煤机公司、华能煤机公司4家煤机修造企业共实现产值8630万元，销售额8330万元，上缴国地税439万元。全区生产总值完成108639万元，完成年计划的106.66%，按可比价同比增长7%；财政总收入完成142817万元，完成年计划的119.49%，同比增长31.34%，一般预算收入完成9256万元，完成年计划的119.51%，同比增长22.34%。

二、提升管理水平，落实保障措施，扎实推进和谐矿区建设

（一）切实维护社会稳定。切实加强社会治安综合治理，深入开展严打整治专项斗争，社会治安形势明显好转。全年破获各类刑事案件606起，打掉犯罪团伙22个，打击处理刑事作案人员6540人，抓捕逃犯113人。高度重视信访工作，严格落实维稳工作部署，着力加强对重点信访人员的稳控，深入开展矛盾纠纷排查调处工作，努力消除一切不稳定因素，实现了国庆等重大节日期间进京零上访的目标。把书记大接访作为一项长期性工作抓紧抓好，认真执行区长接待日制度，全区信访形势明显好转。全年共受理群众来访71件1385人次。

（二）着力改善民生。扎实做好就业再就业工作。通过各种途径开辟就业岗位11673个，帮助6500人实现了就业再就业。进一步加强社会保障体系建设。全年共征缴各类保险金7737万元，支出8066万元，切实做到了应收尽收、应发尽发。切实加强低保工作。全区26643户64822人享受了最低生活保障待遇，发放低保金9452万元。加大扶持救助力度。对1024人进行了大病医疗救助、教育救助和贫困人口临时性救助，发放资金208.73万元，为13354户低收入家庭发放了廉租房租赁补贴1200余万元。深入贯彻落实国家优待抚恤政策，对304名重点优抚对象发放抚恤事业费194万元。认真做好退役士兵接收安置工作，接收复员退伍兵862名，安置966人。始终坚持把教育优先发展战略，在恒安新区新建了4所小学和1所中学，解决了搬迁家庭8900余名学生上学难问题。投资2000余万元为5所学校新建了校舍，对全区中小学校舍进行了维修加固，消除了安全隐患，改善了办学条件。拿出200万元重奖成绩突出的教师和教学单位，进一步提高了教师工作积极性，激发了学校的办学热情。圆满完成了教师绩效工资改革工作，累计为全区教师发放绩效工资4770万元。

（三）推进社会事业建设。扎实推进城市环境综合整治工作。按照市委、市政府的安排部署，圆满完成了校南街路段的拆迁工作，实现了“零成本、零违法、零上访”的拆迁目标。举全区之力开展环境卫生整治大会战，投入100余万元，出动1.4万余人次，3000余车次，清除了2万余吨垃圾，矿区市容环境得到显著改善。积极推进政府机构改革和事业单位分类改革工作，为建设服务型政府奠定了坚实基础。继续实施政府“提速工程”，全年共受理各类行政审批服务项目43183件，办结42713件，办结率达99%。大力发展文化事业，全区26个街道全部成立了文体活动站，组建文体活动队伍100余支，极大丰富了人民群众文化生活。大力发展社区卫生服务事业，投资600万元，新建社区卫生服务中心3个，完善了“六位一体”服务功能，社区卫生事业又向前迈出了一大步。全省城市社区卫生工作现场会在矿区召开，同家梁社区卫生服务中心被授予全省首批示范社区卫生服务中心称号，进一步推动了矿区社区卫生事业向前发展。全力应对甲型H1N1流感，制定了八项预防措施，为1.5万人进行了疫苗接种，有效遏制了疫情蔓延。积极开展文明示范社区创建活动，全区有6个社区被评为省级文明社区，6个被评为市级文明社区。

三、强化组织建设，促进队伍发展，确保党建工作再上新台阶

深入开展学习实践科学发展观活动。把学习实践科学发展观活动作为提高党员干部素质的抓手，加强领导，精心组织，科学安排，层层推进，活动取得实实在在的成效，广大党员领导干部综合素质有了很大提升。切实加强领导班子建设。在班子内部，坚持集体领导下的分工负责制，凡重大问题，形成共识，统一步调，最大限度地发挥了班子的整体效能。努力协调与人大、政府、政协班子的关系，做到“区委总揽全局、人大有效监督、政府依法行政、政协积极参政”，确保了全区四套班子高效有序运转。全面推进干部队伍建设和人才队伍建设。认真贯彻执行党的有关干部工作政策，干部选拔任用工作更加科学化、民主化、制度化。全年共提拔任用干部46名，配合市委考察推荐县级、副县级干部3名。积极落实党管人才政策，制定了人才建设规划，预计用两年时间分批次对全区党员干部进行系统培训，已培训4期160人。面向社会公开招考选聘街道公务员、事业单位工作人员和社区干部51名，为矿区经济社会建设积累了宝贵的人才资源。不断强化基层组织建设。扎实开展社区党建工作，社区党组织的战斗力、凝聚力显

著增强，全年共建立社区党员阵地10个。切实加强国有企业党建工作，企业党组织在企业改制、维护稳定等方面的政治核心充分显现。努力抓好学校党建工作，学校党组织在推进教学改革、搞好教书育人、加强教师队伍建设方面发挥了越来越重要的作用。稳步推进非公有制经济组织党建工作，全区规模以上非公企业党组织组建率达到100%。认真做好发展党员工作，全年共发展党员133名。加强党风廉政建设。严格执行党风廉政建设责任制，逐步形成了一整套促进干部廉洁自律的制度体系。大力支持纪检监察机关案件查处工作，全年共立案调查违法违纪案件21件，处理违纪党员干部21人。 （贯利生）

附：一、中共大同市矿区区委书记、副书记、常委名单

书　记：门开发

副书记：刘勇军　邢　斌　车清太

常　委：刘川楠（12月离职）　石　忠(12月任职)

姚夏冬（12月任职）　幸学武　戴　陶

孟永胜　王　吉　苏　海

二、街道党工委书记、副书记名单

煤峪口街道

书　记：张蕴杰

副书记：刘　建　张建新

永定庄街道

书　记：范爱君

副书记：张　伟　付　胜

同家梁街道

书　记：王有成

副书记：丁丽英（女）　邓改梅（女）

四老沟街道

书　记：王　权

副书记：许治堂

忻州窑街道

书　记：李延军

副书记：孙有贵　刘宝玉

白洞街道

书　记：张万祥

副书记：孟　括

雁崖街道

书　记：于亚铭

副书记：李建宏　张吉瑞(女)

挖金湾街道

书　记：董占成

副书记：梁田盛

晋华宫街道

书　记：姜玉玺

副书记：冯玲奇　王俊佳（女）

马脊梁街道

书　记：陶　飞

副书记：曹元宝　麻丽秀（女）

大斗沟街道

书　记：付　启

副书记：郑　富　张秀英（女）

王村街道

书　记：郭　金

副书记：李晓东　郭全慧

姜家湾街道

书　记：王　俊

副书记：卢永平　张德民(11月任职)

四台沟街道

书　记：孙海生（5月任职）

副书记：杨圣河（6月任职）　郭　壁

燕子山街道

书　记：幺红利

副书记：田海平　王先英（女，6月离职）

青磁窑街道

书　记：张　毅

副书记：宋　河　王　进　次建清（6月任职）

马口街道

书　记：汪玺印

副书记：程小平

杏沟街道

书　记：董　青

副书记：黄进贤

口泉街道

书　记：李　刚

副书记：乔　江　王春江（11月任职）

新泉街道

书　记：裴艳华（女）

副书记：李松吾（6月任职）

平泉街道

书　记：孟青峰

副书记：陈桂英（女）　丁新华（女）

新平旺街道

书　记：赵晓周

副书记：王丽娟（女）　席志祥　郭照宇（11月任职）

新胜街道

书　记：彭国斌

副书记：赵　耀

民胜街道

书　记：力日才

副书记：白继明　米俊琴（女）

和顺街道

书　记：杨琼圣

副书记：魏　广

和瑞街道

书　记：李长春
副书记：樊海龙　武晓云（女，6月离职）

中共大同市南郊区区委工作概况

全区共有乡镇党委10个，区直党委（总支）15个，区直机关工委1个，党支部510个，党员总数12030名。2009年，区委认真贯彻落实党的十七大和十七届三中、四中全会精神，以加强党的执政能力建设和先进性建设为主线，紧紧围绕推动“艰苦创业、转型跨越、和谐发展、再铸辉煌”战略目标选干部、配班子，建队伍、聚人才，抓基层、打基础，不断推进组织工作改革创新，全面提高组织工作服务水平，为推动全区经济社会平稳较快发展提供了坚强的组织保证。

一、以开展深入学习实践科学发展观活动为重点，坚持用中国特色社会主义理论体系武装党员干部

按照中央和省、市的统一部署，从3月9日开始，分两个批次，在全区510个党组织和1.16万多名党员中开展了学习实践科学发展观活动。全区各级党组织认真落实“六个贯穿始终”（学习提高贯穿始终，领导表率贯穿始终，建章立制贯穿始终，边整边改贯穿始终，创新实践贯穿始终，改善民生贯穿始终）要求，精心设计活动主题和载体，突出实践特色，加强督促检查，抓好边学边改，取得重要阶段性成效，达到了“提高思想认识、解决突出问题、加强基层组织、促进科学发展”的目标。全区共进行集中学习427场次，邀请专家进行理论辅导66场次，共撰写心得体会7560多篇，广泛开展了以“推动科学发展，建设和谐南郊”为主题的解放思想大讨论活动，共形成论文102篇。先后开展了问计于民调研周、项目建设服务周、民生问题解决周等“三个专题周”活动，共发放征求意见表82314份，发放调查问卷8790份，累计召开座谈会400多个，参加人员2万余人，查找出制约和影响科学发展的各类问题1200多个。各级党组织坚持把边学边改贯穿始终，开展了推进农村“五个全覆盖”攻坚活动，共为群众办好事、办实事1.6万件。通过开展活动，使广大党员干部进一步增强了永葆党的先进性的目标信念，形成了推动科学发展的新共识，初步建立了科学发展的工作机制和体制。期间，先后接受了中央巡回检查组及省、市学习实践活动领导小组的检查，得到各级领导的肯定和好评。

二、以加强党的执政能力建设和先进性建设为重点，加强领导班子建设和干部队伍建设

紧紧抓住深入学习实践科学发展观活动这一难得机遇，进一步加强了领导干部理想信念、宗旨意识、党风廉政教育，引导和督促各级领导干部带头讲党性、重品行、作表率。树立重基层、重实绩的用人导向，坚持培养、选拔、锻炼相结合，先后从区直各部门和各乡镇抽调了117名后备干部选派到信访工作一线、国庆期间维护社会稳定工作、“五个全覆盖”攻坚活动、学习科学发展观活动等重点工作中接受锻炼，加大跨部门交流、跨岗位使用干部力度，继续配齐配强了区直机关和企事业单位领导班子，并积极向上级机关推荐特别优秀干部予以提拔重用。全区各级领导班子得民心、顺民意，真正成为带领干部群众实现“转型跨越、和谐发展”的主心骨和领导核心。同时，以实施人才强区战略为重点，进一步抓好人才队伍建设。结合区域特点全力推进农村实用人才工作，建成了南郊区农村实用人才库，汇编了《南郊区农村实用人才录》，登记经营管理、科学种植、畜牧养殖、煤矿生产等各类人才520余人，储备大学本科毕业生158人，专科毕业216名，中专生1721名。其中190人被授予“南郊区拔尖实用人才”称号，12人先后被评为省级拔尖实用人才，建成2个省级农业技术推广示范基地，8个“一村一品”示范基地。

三、以实施“四大工程”为重点，抓基层打基础，充分发挥党组织凝聚人心、推动发展、促进和谐的作用

区委紧紧围绕构建社会主义和谐社会这个主题，实施“四大工程”，切实加强农村基层党组织建设。一是实施了能力提升工程。紧紧抓住村级组织换届之后，“两委”关系协调、新任干部工作能力提升、农村经济转型带来的风险和挑战等特点，分级负责分层次实施，铺开了村级组织带头人队伍培训工程，对新一届的农村“两委”干部进行了为期一周的集中培训。二是实施了样板示范工程。面对金融危机冲击、煤矿兼并重组、城市建设拆迁、采煤沉陷区治理等严峻形势，区委确立了从基层抓起、从先进抓起的工作思路，选树样板标兵，弘扬先进典型，力求乡乡有样板、村村有标兵，着力打造干事创业、争创一流的先进群体。三是实施了联建升级工程。紧密结合农村党建工作现状，以“联建升级、科学发展”为主题，开展了村村联建、村机联建、村校联建活动。四是实施了保障激励工程。以落实“一定三有”要求为重点，完成了村党支部书记和村委会主任岗位报酬统一发放工作，出台了农村干部加入养老保险和离任干部生活补贴具体措施。同时，以争创“五型机关”为重点，加强规范化建设，实现工作制度、工作目标、工作程序、干部教育、基础建设等五项任务经常

化、规范化，推动机关党建工作实现了“四个有”，即每月有党员活动日，每个单位有党员之家或活动室，每次活动有具体内容，每个党组织有活动经费。区委还出台了《关于学习弘扬“右玉精神”加强干部作风建设的实施意见》，提出了学习弘扬“右玉精神”加强干部作风建设的“五新”目标（工作效能要有新提升、落实能力要有新增强、推动发展要有新举措、维护稳定要有新成效、改善民生要有新进展），健全和完善了干部工作岗位职责、廉政建设制度、新上项目审批制度、定期报告制度，认真进行落实，用制度管人管事，加强干部作风建设，促进各项工作落实。全区基层党建工作两次接受省委组织部调研督查，在选配农村领头人、增强党员荣誉感、发展农村集体经济等方面的做法得到调研督查组以及市委组织部领导的较高评价。

四、以服务科学发展、创新工作载体为重点，推动全区经济社会平稳较快发展

区委始终把推动经济发展、提高综合实力作为农村基层组织建设工作的一项主要内容，不断创新载体，努力拓展党建工作内涵，活跃基层党建内容，创造性地开展了各具特色的党建活动，扎实推进全区科学发展进程。按照省委部署，全区各级党组织深入开展了组织工作为实现“三保”、推进“三个发展”提供坚强组织保障大调研活动，在各级领导干部、普通党员中先后开展“深入基层、深入群众、深入人心”，“争先锋、做表率”主题实践活动，极大地调动了基层党组织和党员干部在经济主战场上建功立业的积极性和主动性。各级党组织形成了“围绕经济抓创建，党委支部搞服务，党员干部作示范，科学发展促和谐”的良好局面，促进了经济社会大发展。2009年，全区财政总收入突破50亿元大关，达到53.81亿元，同比增长8.7%，其中区本级财政总收入完成26.4亿元,同比增长22%；一般预算收入完成4.58亿元，同比增长23.78%；农民人均纯收入达到5960元，同比增长7%。

（张　虎）

附：一、中共大同市南郊区区委书记、副书记、常委名单

书　记：张建平
副书记：赵志坚　李　杰　张　团
　　　　支　军（2月挂职）
常　委：奎廷云　魏建新　王　玺
　　　　常国文　王义萍（女）　刘少忠

二、乡镇党委书记、副书记名单

新旺乡
书　记：刘中文
副书记：高彦东　任　明　高　煜
马军营乡
书　记：梁翼龙
副书记：李　徽　刘翰启　王　升
水泊寺乡
书　记：王　伟
副书记：魏毓思　李英霞（女）　齐卫东
平旺乡
书　记：李继忠
副书记：杜　军　翟小平　李秉军
口泉乡
书　记：李　银
副书记：苗泽田　韩光华
西韩岭乡
书　记：赵世彪
副书记：杨建中　杜　安
鸦儿崖乡
书　记：张一多
副书记：庞有文　梁　春
云冈镇
书　记：李鹏飞
副书记：韩志杰　李　武
古店镇
书　记：乔正南
副书记：刘　熹　孟善高
高山镇
书　记：王海军
副书记：李森林　董　平　孙　毅

中共新荣区委工作概况

2009年，新荣区委以深入学习实践科学发展观活动为契机和动力，紧紧围绕实现“三保”、推进“三个发展”这个首要任务，以科学的态度，积极的探索，大胆的实践，全面加强基层党组织建设，为实现“凝心聚力、转型创业，建设活力、开放、生态、法制新荣”目标，保持全区经济社会平稳较快发展提供了坚强有力的组织保证。

一、精心组织、周密部署，深入开展学习实践科学发展观活动

按照中央和省、市委的统一安排部署，全区有270个单位、345个基层党组织、6087名党员参加了第二批和第三批深入学习实践科学发展观活动。通过开展深入学习实践科学发展观活动，党员干部对科学发展观的认知水平得到进一步提升，贯彻落实科学发展观的自觉性和坚定性明显增强，基层党组织领导科学发展的能力进一步提高，一些群众关心的热点难点问题得到了解决。在学习实践活动中，

围绕“凝心聚力、转型创业”的主题，创造性地开展“百村千户、十访一联”主题实践活动，坚持边学边改、边查边改、边整边改，学习活动群众满意度达100%。区委常委带头参加学习实践活动，围绕解放思想，“凝心聚力、转型创业”等进行学习研讨，深入联系点了解情况，指导工作，召开专题民主生活会，形成了高质量的分析检查报告，抓好整改落实各项工作，完善了促进和保障科学发展的体制机制。通过学习实践活动，在科学发展重大理论和实践问题特别是“转型创业”上形成了新的共识，增强了推进转型、跨越、崛起的信心，解决了一批事关新荣发展大局和群众切身利益的突出问题。第二批学习实践活动各单位解决了168个影响和制约科学发展方面的问题，解决了186个涉及群众切身利益的问题，为群众办实事、好事517件。第三批学习活动已转入整改落实阶段，区委正在着力加强对第三批学习实践活动的领导和指导。

二、突出重点、整体推进，全面加强基层组织建设

区委严格按照年初确定的工作要点，抓基层、夯基础、建制度，狠抓基层党组织建设和农村党员队伍建设，着力解决基层组织建设的重点难点问题，已取得了显著成效。一是落实“一定三有”，做好农村“两委”主干待遇落实和考核管理工作。按照省、市有关文件要求，结合全区实际，制定了《新荣区农村党支部书记、村委会主任考核（暂行）办法》、《关于认真做好村干部档案管理工作的通知》和《村干部岗位报酬集中统一发放办法》，进一步明确了农村“两委”主干的工作职责、报酬待遇、考核评价、监督管理，极大地调动了农村干部的工作积极性。农村党支部书记和村委会主任岗位报酬全部通过农业银行进行集中发放，其他村干部的报酬通过乡镇集中发放，为村“两委”主干办理了养老保险，给离任村干部发放生活补贴，提高了农村干部薪酬待遇。二是创新活动内容，深入开展“三级联创”活动。把开展“五个好”乡镇党委和村党组织创建活动列入党建目标责任状，对乡村党组织开展活动情况进行严格考核。积极开展与农村基层组织结对共建、对口帮带、帮建升级活动，为农村送信息、送技术、送资金，为农村基层提供服务、培训人才，促进农村经济社会全面发展。通过结对帮扶，提升了基层党组织的工作能力和基层党建工作水平。三是立足服务全局，切实加强机关党建工作。全区集中开展了“机关作风整顿”活动,从精神状态、日常工作、机关面貌、服务态度、制度建设、工作纪律、档案资料、班子建设和走访群众等九个方面进行了整改。在机关党员中深入开展“联户帮困”活动，区级党员干部和科级干部带头建立了联村包户扶贫点，帮助群众解决了一些生产生活中的问题和困难，树立了新时期共产党员良好形象。四是加强组织引导，企业党建工作扎实有效。加大非公企业党建工作力度，全区规模以上非公有制经济党组织组建率达到了100%。在企业中开展了“党员先锋岗”活动，做到关键工作有党员、困难岗位有党员，充分发挥党员在经营生产上的带头作用、安全管理上的监督作用、素质提高上的帮带作用、职工思想上的疏导作用、服务职工上的模范作用，充分调动了党员在生产经营中的积极性，有效地促进了企业发展。

三、完善机制、规范管理，切实抓好党员队伍建设

区委始终把基层党员队伍建设作为重中之重，常抓不懈。认真做好发展党员工作，严把党员入口关，不断加强党员教育培训，逐步加强党员服务管理工作，全面加强党员队伍建设。

（一）完善基本制度，认真做好发展党员工作。健全完善了发展党员预审制、培训制、谈话回复、责任追究、公示等制度，从源头上保证了党员队伍的纯洁性。全年共发展党员147名，高中以上文化程度、35岁以下同志所占比例均达到了71%以上，妇女比率占到了27%。实行倾斜制度，优先吸收农村和基层一线优秀青年入党，全年共有71名优秀农民光荣地加入了党组织，共有140名复转军人、回乡青年列为入党积极分子。各基层党委利用党校、电化教育阵地培训入党积极分子300余人次。

（二）落实规划要求，扎实开展党员教育培训。按照《2009-2013年全国党员教育培训规划》要求，坚持重点工程与普遍培训相结合，大规模开展党员培训，全方位提高党员队伍素质。一是着眼于建设一支守信念、讲奉献、有本领、重品行的农村党组织带头人队伍，切实抓好农村党组织书记的培训。在区委党校举办了两期农村两委主干和大学生村干部培训班，培训新一届农村党支部书记、村委会主任和大学生村干部255人，重点培训了党的十七届三中、四中全会精神、农村政策法规和实用技术等内容。二是着眼于培训善于做群众工作的社会主义新农村建设带头人，切实抓好大学生“村官”党员培训。对新选聘的59名大学生“村官”，进行了岗前集中培训。培训期间，组织大学生“村官”参观了阳高县大学生“村官”创业项目，新荣镇脱毒马铃薯繁育基地、郭家窑乡新农村建设，还请优秀大学生“村官”和优秀村干部介绍农村工作经验。三是着眼于增强党员意识、发挥先锋模范作用，切实抓好新党员的教育培训。今年共培训新党员150名，重点学习了《党章》、《纪律处分条例》等党的基本理论和优秀党员事迹。四是着眼于提高党员带头奔小康、带领群众奔小康的本领，切实加强党员的创业就业技能培训。今年共完成科技培训、阳光培训、劳动力转移引导培训2.2万余人，其中培训党员1100余人。在抓好党员培训重点工程的同时，积极开展党员冬季轮训和日常培训。

（三）完善工作机制，加强党员服务管理工作。不断完善党员管理服务体系，健立了全面覆盖、协同配合、运转有序的党员管理服务机制。一是健全了党员服务网络。建立了1个区党员服务中心、7个乡镇党员服务站和140个农村

党员服务点，区乡两级共设立流动党员服务专线电话8部，基本形成了覆盖区乡村三级的党员服务网络。二是建成了党员信息系统。完成了区乡两级党员信息管理系统，党员管理基本实现信息化。三是创新流动党员管理形式。对流动党员实行动态管理，建立了流动党员台帐和数据库，由专人负责流动党员信息更新。全区355名流动党员全部确定了联系人，90%以上流动党员能积极向党组织汇报思想工作情况。四是健全党内关怀帮扶机制。全年共下拨建国前入党老党员生活补贴2888元，在“七一”、国庆、春节期间慰问老党员和困难党员349人次，发放慰问金4.19万元。

（沈文红）

附：一、中共新荣区委书记、副书记、常委名单

书　记：董志刚

副书记：王东升　解先文　刘　俊

滕德刚（2月挂职）

常　委：王益民　李立平　郝守农　李有清　王建平

王玉璟（12月离职）　田永明（12月任职）

二、乡镇党委书记、副书记名单

新荣镇

书　记：兰　敏

副书记：王志清　徐建国　武　权

郭家窑乡

书　记：田永明

副书记：安　杰　陈贵章　王　东

花园屯乡

书　记：郭钰晶

副书记：王利军　赵越雄（2月任职）　张　军

破鲁乡

书　记：冀　勇

副书记：王晓媛（女）　王永刚

堡子湾乡

书　记：张颖龙

副书记：高　泽　王文辉　张永宏

西村乡

书　记：王永军

副书记：周　品　徐恩军　刘文国（4月任职）

上深涧乡

书　记：张志军

副书记：康春强　秦　勇　王占春

中共大同市开发区工委工作概况

2009年，在市委的正确领导下，区党工委、管委会坚持以党的十七大精神为指导，深入开展学习实践科学发展观活动，围绕全区中心，团结一致、扎实工作，使全区经济建设、党的建设、精神文明建设及其他各项社会事业都有了新的进展。

一、深入开展学习实践科学发展观活动

按照市委的统一要求和部署，开发区先后分两批参加了学习实践科学发展观活动，在活动中，牢牢把握“坚持解放思想，突出实践特色，贯彻群众路线，坚持正面教育”的原则，紧紧围绕“党员干部受教育，科学发展上水平，人民群众得实惠”的总体要求，始终盯住“提高思想认识，解决突出问题，创新体制机制，促进科学发展”的目标，重点抓了三个方面工作：

（一）抓组织实施。按照市里的统一要求，及时召开了党政联席会议和动员会议，成立了领导组和活动工作机构。始终坚持领导带头，从动员、学习调研到分析检查、整改落实都发挥带头作用，积极组织实施，确保活动取得实效。

（二）抓督促指导。首先是指导出台相关意见和方案；其次是指导建立相关制度。指导建立了学习制度、检查制度、三簿一本制度；建立了领导联系点制度。要求参加活动的各基层党支部和单位也要结合各自实际，成立相应的领导和工作机构，建立相应制度，开设学习园地，使全区形成了一把手负总责，一级抓一级，层层抓落实的工作格局。第三，多次深入基层进行检查指导。针对机关和非公有制企业的实际，因地制宜进行指导，保证了活动的有效开展。

（三）抓整改实效。一是认真抓了五大惠民措施。第一，实行最低生活保障制度。全区50岁以上的农民每人每月发放生活补助200元，至今已累计发放241万余元。区内享受城市低保的600多人，涉及220多户，最高领取246元，最低领取150元。第二，推行基本养老保险制度。这项工作正在摸底。第三，推行医疗保险制度。今年区财政已经拿出24万元，专门用于医疗保险补助资金。第四，积极拓宽就业渠道。采取建立人力资源信息网络，组织技能培训，拓展区内公益性岗位等措施拓宽就业渠道。入区企业累计已经安置失地农民800多名，技能培训1000多人次，区内公益性岗位100多名，劳务输出600多名。第五，实施安居工程。全区农村相继建起了住宅楼。在居民迁居的过程中，专门规定优先保证失地农民有房住，并且每人可获得一定

数额的入住补助。二是工业经济稳步增长。克服金融危机的影响，全力促进经济发展。全年全区生产总值实现28.26亿元，同比增长6.24%；工业总产值实现79.93亿元，同比增长15.0%；技工贸总收入实现157.19亿元，同比增长10.0%。全年财政总收入完成3.4亿元，突破3亿元大关，同比增长17.32%。三是积极帮助企业应对金融危机。对企业医疗、失业、工伤等社会保险分别调低了缴费比例，直接减轻企业负担近70万元，区财政安排1600万元资金用于企业新项目开发和技术改造。针对企业反映在水、电、汽、暖等方面存在的价格、服务问题，研究形成了开发区基础生产条件协调改进方案，减少企业损失。四是积极拓展发展空间。协调医药园区建设，目前有2家企业正在建设当中。五是不断完善体制机制。重点建立完善了招商引资、学习型机关建设、干部综合考评、扶持服务企业发展、改善民生、转型就业、社会保障等12个方面机制30多项制度，形成了一系列保障科学发展的制度性文件，巩固了学习实践活动成果。六是党员干部作风得到加强。开展“四个一”主题实践活动，包联一个在建重点项目、帮扶一个生产企业、解决一个突出问题、帮扶一个困难家庭。开展“办好事、办实事、解难事”主题实践活动。共办好事、实事130多件。

二、不断优化软环境建设，全力打造优质服务平台

服务是开发区提高投资吸引力的一大品牌。一年来，全区领导认真落实领导分包制，经常下基层，进企业调研，帮助协调解决供水、供电以及企业发展中遇到的问题。积极推行“一站式”服务，公开服务承诺，公开办事程序，公开进行监督，实行限时办结和责任追究制度，努力提升服务水平，受到了投资者的一致好评。去年，全区共审批核准备案项目18个，总投资5.5亿元。2个企业已正式投产，一个企业试生产，五个企业正在建设中，七个企业正在办理相关手续。

三、深入开展学习型机关创建

为进一步加强机关干部的理论学习，在第二批学习实践科学发展观活动基本结束时，在全区推行学习型机关创建活动，出台创建方案，研究制定学习制度、检查制度，出台考评标准，专门成立学习检查组，每月进行交叉检查，排名公示，列入考核范围，收到了较好的学习效果。

四、大力加强干部队伍建设

在全区深入开展干部教育培训，完善了分级负责的培训机制，出台了《干部培训制度》，还多次邀请专家教授对中层以上干部和党员进行培训。进一步改进和完善干部实绩考核体系和考核评价标准，实行了考核工作公示制和责任制。对考核前三名的单位进行奖励，对最后两名的单位进行通报批评，戒免谈话。制定了《体现科学发展观要求的干部考评试行办法》等制度，促进干部工作规范化、科学化。逐步完善干部选拔任用以及干部监督各项工作制度。完善党风廉政建设责任制，坚持一岗双责，增强党员干部防腐拒变的能力，为全区经济和社会发展奠定了扎实的基础。

五、稳步推进党建、精神文明建设和社会各项事业发展

一年来，认真落实党建责任制，充实责任制内容，完善党员领导干部基层党建工作联系点制度，健全党建工作的督导检查机制。加强机关党建工作，促进机关干部作风的转变；深化“三级联创”和“双培双带”活动，规范管理农村党务工作，围绕壮大集体经济，增加农民收入，开展农村（社区）党建工作；在非公有制企业党建方面，坚持因企制宜，建管并重，建立健全非公企业党组织工作制度，重点拓展党组织覆盖面，去年，新组建2家非公企业党组织。发展新党员43名;组建工会联合会5家，新组建企业工会10家，新增工会会员达1067人。签订劳动合同163份，集体合同29家。全区进京赴省到市零上访。计划生育、综合治理、共青团、妇联等工作同步前进，实现了区风文明、社会和谐、大局稳定的良好局面。

六、加强监督检查，从源头上治理腐败

加强行政审批制度、财政体制、政府集中采购“采管分离”制度的落实监督。积极推动建筑市场建立统一进场、有效监管的建设工程交易中心建设，切实规范建设工程交易行为，共对8项建设工程进行了招投标现场监督，工程投资7913.51万元，建筑面积80958.54平方米。对土地使用政策规定执行情况监督检查。对南三环道路拓宽开发区段道路建设拆迁工作进行监督检查。加强对重点排污企业的监督检查。督促环保部门依法对阿拉宾度生物等5家违法违规企业进行处罚。加强对社会保险基金的专项监督检查。健全和完善了规章制度和内部管理，切实解决了工作中的突出问题，更好地维护了基金的安全，确保了社会保障功能真正惠及人民群众。

（李　伟）

附：一、中共大同市开发区工委书记、副书记、委员名单

书　记：李元宏

副书记：张正奎　穆希法　朱广明

委　员：王　汉　陈巨有　李守林　解廷权（9月离职）

二、街道党工委书记、副书记名单

城南街道

书　记：胡少振

副书记：柴树生　陈治郡　魏建中

中共阳高县委工作概况

2009年，县委、县政府在市委、市政府的正确领导下，团结带领全县广大干部群众，以科学发展观为统领，认真贯彻落实党的十七大及十七届三中、四中全会精神，积极应对国际金融危机带来的不利影响，着力破解制约经济社会科学发展的深层次矛盾，围绕“富民强县、和谐安康”工作总目标，突出“打造新优势、建设新阳高、实现新跨越”这一实践主题，准确把握自身发展优势，不断创新发展理念，全力保增长、保民生、保稳定，实现了县域经济社会平稳较快发展。在党建方面，进一步加强领导班子建设、干部队伍建设、人才队伍建设，基层组织建设和党员队伍建设，努力提高干部群众对党建工作的满意度，为全县实现“双脱”目标，构建和谐社会提供了坚强的组织保证和人才支持。

一、以提高领导水平为核心，深入开展学习实践科学发展观活动

一年来，县委按照中央和省、市委的安排部署，把学习实践活动作为首要的中心工作，在全县范围内扎实推开了第二批和第三批学习实践活动。一是学习培训。组织了全县领导干部和党员进行了以十七大、十七届三中全会精神，科学发展观为主要内容的学习培训。全县先后举办各类讲座10场、培训党员干部7100人次，组织各乡镇党委书记和县直有关部门负责人到山东寿光、内蒙古和林格尔、朔州右玉等地参观学习，开展了“解放思想找差距、科学发展见行动”大讨论活动，推动了全县党员干部思想大解放，观念大更新。二是树立发展新理念。坚持把学习实践活动与推动工作、解决实际问题结合起来，创新发展理念。推动全县科学发展，要着力解决富民强县的问题，富民的关键是发展现代农业，重点是发展以设施蔬菜为主的现代高效农业，强县的关键是发展工业经济，重点是依据工业园区，发展循环经济。三是推动了工作新进展。活动开展以来，紧密结合实际，制定切实可行措施破解发展难题，加快富民强县步伐。把保发展、保增长和保民生摆在突出地位，扎扎实实为群众办实事。通过学习实践，全县广大党员干部的宗旨意识和服务观念明显增强，一批群众关注的民生问题得到了较好的解决。

二、以重点项目为突破口，振兴工业经济

工业经济是县域经济的脊梁，没有工业经济的振兴就没有县域经济崛起。全县经济总量小、小在工业上，经济发展速度慢、慢在重点项目的突破上。项目是经济活动的实现载体，抓项目就是抓住了发展的根本。以项目积聚扩张县域经济总量，以项目推进实现县域经济整体拉动。

2009年，全县在建项目9个，总投资26亿元。一是进一步改善工业园区的基础设施，提高园区的承载力。县委、县政府成立了园区基础设施建设指挥部，与园区管委会合署办公，按照园区的总体规划，投资1亿元，实施道路建设、管网铺设，绿化三大基础设施建设工程。现已铺设供水管网等29325米，主干道两侧绿化1136亩，已完成投资5900万元。二是加快入园在建项目的建设进度。推进氯丁项目、云华药业，甲苯回收，片碱、编织袋五大工业结构调整转型项目的建设及进程。总投资13亿元的3万吨氯丁橡胶项目，建设工程全部完成，预计2010年1月份正式投产。三是招商引资成效显著。全国第二大水泥集团公司山东山水水泥集团计划投资3.3亿元，在园区新建日产2500吨干法水泥生产线及配套余热发电和建设年产100万吨水泥磨粉生产线，可消化山纳橡胶产生的全部工业废渣。

三、依据特色农业优势，着力建设农业基础设施

加强农业基础设施建设，着力实现农业增效、农民增收。全县农作物总播种面积82万亩，粮食总产2.6亿斤，蔬菜总产6.3亿斤，全县农村经济总收入16.1亿元，农民人均纯收入3020元，分别比去年同期增长了11%和12%，2009年，按照“高产、优质、高效、生态、安全”的现代农业要求，重点发展设施蔬菜种植。投资26160万元，建日光温室2100栋1680亩，投资23601万元，建移动大棚3105栋4522亩，设施蔬菜总面积达到1.31万亩。全县杏树面积达到12.8万亩，年产杏果4万吨。全县投资7538万元，新建了26个养殖小区。全县生猪、羊、牛饲养量分别达到63.2万头，38.1万只和4.8万头，分别比去年同期增长19%、14%、15%，农民人均畜牧业收入达到740元。

四、实施惠民工程，促进民生改善

（一）实施“人才兴县”工程。一是着力推进教育资源的均衡配置，促进教育公平。按照“县城办高中、围城办初中、区域集中办小学”的思路，全年共撤并学校15所，其中小学13所，初中2所。寄宿制学校的数量和规模不断扩大。二是加大教育基础设施建设力度。投资1亿元的阳高一中整体搬迁项目，完成年度投资7000万元，11栋教学建筑主体框架已完工。投资617万元，新建了阳高五中宿舍楼、图书楼。投资530万元新建了大白登中学教学楼。三是强化教研教改工作。开展了教学精细化管理。

（二）实施社会保障工程。坚持“广覆盖、保基本、多层次、可持续”的方针，巩固完善养老、医疗、失业、工伤、最低生活保障等基本社会保障制度。

（三）实施“人文阳高”建设工程。深入挖掘阳高深厚的人文底蕴，传承和发展具有地方特色的传统历史文化，

展示县域内在的文化内涵，塑造县域文化品牌，着力建设“人文阳高”。一是唱响“二人台”品牌。做好“二人台”传统人文资源的整合与重组工作。二是完善文化基础设施。全县13个乡镇综合文化站建设工程已建成9个，年内 开工建设4个。三是积极申遗。阳高的晋北鼓乐、恒山道乐已被列入国家第二批非物质文化遗产保护名录，年内成功申报“二人台”为省级非物质文化遗产。

五、发挥组织优势，提升党建科学化水平

要把党的政治优势和组织优势化为推动经济社会平稳较快发展的强大力量，把各级党组织建设成贯彻科学发展观的坚强堡垒，把干部队伍建设成贯彻科学发展观的骨干力量。

（一）贯彻民主集中制原则，加强县委班子自身建设。进一步完善《县委全委会议事规则》、《县委常委会议事规则》，各乡镇党委健全和规范了议事规则和决策秩序，开展党内民主，实现党委决策的民主化和科学化。定期召开民主生活会、专题民主生活会，把县委中心组学习和研究解决实际问题结合起来，围绕县委的中心工作，增强学习的针对性、实效性、战略性，提高用科学发展观指导工作，推动工作的自觉性和主动性。加强干部队伍建设。始终把干部队伍建设成为党建工作的重中之重，严格按照“德才兼备、以德为先”的要求选人用人，进一步增强了选人用人的公信度。

（二）密切干群关系，加强基层党组织建设。严格党建目标管理，以创建先进基层党组织“五个好”和争做农村优秀党员、干部“五带头”为标准，继续深入开展创先争优和三级连创活动。积极推行乡镇党委抓基层党建工作“一报告一评议”制度，探索县乡党委抓基层党建工作述职制度，开展“乡镇干部主动与农村干部群众交朋友”活动，进一步密切了干群关系，大力整顿软弱涣散支部，大力发展一线党员，新党员的年龄、文化结构进一步趋于合理。

（三）以党风促政风，加强党风廉政建设。一年来，在党员干部中深入开展了党风党纪，廉洁从政和艰苦奋斗教育，形成了争做勤政为民表率，争做廉洁奉公表率的良好氛围。推进农村基层党风廉政建设，切实纠正损害群众利益的不正之风。加强非煤矿山领域内的反腐败专项斗争，坚决查处党员干部违纪违法行为。实现以党风促政风带民风。树立党员干部的良好形象，推动全县各项工作的顺利开展。

（路福忠）

附：一、中共阳高县委书记、副书记、常委名单

书　记：曹世平

副书记：姚振华　王建儒（12月离职）
李晓红（12月任职）　寇福明

常　委：张　江　史　波（12月离职）
宋建明（12月离职）　姚崇元　周　灏
袁润德（12月任职）　马　翔
项振武（12月离职）　张进才（12月任职）

二、乡镇党委书记、副书记名单

龙泉镇

书　记：张进才（12月离职）　解秀成（12月任职）

副书记：闫志文（12月离职）　吕福军（12月任职）
马　宝

罗文皂

书　记：张　匀

副书记：张智文　任　利

古城镇

书　记：李建新（8月离职）　白志友（8月任职）

副书记：孙昌新（8月离职）　孙　福（8月任职）
谢　彪

友宰镇

书　记：王　龙

副书记：田占国　盛守军　赵俊根

王官屯镇

书　记：祁金林

副书记：白志友（8月离职）　余天东（12月任职）
兰　孝（12月离职）

大白登镇

书　记：高　飞

副书记：孟永泉　郝秉亚　许晓明

东小村镇

书　记：解秀成（12月离职）　徐碧洋（12月任职）

副书记：王　镇　袁　江

长城乡

书　记：兰学欣

副书记：孙　福（8月离职）　张　广（8月任职）
何广清　曹　文

鳌石乡

书　记：高　文

副书记：李建军（12月离职）　闫进德（12月任职）
睢日明

北徐屯乡

书　记：陈　仲

副书记：余天东（12月离职）　李建军（12月任职）
许　林

下深井乡

书　记：孙富纯

副书记：王德军　赵占海（12月离职）

狮子屯乡

书　记：徐碧洋（12月离职）　闫志文（12月任职）

副书记：何昌利　钱存彪　周永珍

马家皂乡

书　记：李　光

副书记：李焕福（12月离职）　荆建林（12月任职）

中共天镇县委工作概况

李渤义　王茂忠

全县有党委13个，党总支16个，党支部436个，党员8734名。2009年，县委以科学发展观为指导，认真贯彻党的十七大和十七届三中、四中全会精神，加强领导班子、干部队伍、基层组织、党员队伍建设，全县经济建设取得了成效。

一、坚持以注重实效为根本，学习实践科学发展观活动扎实推进

全县参加了全国第二批和第三批学习实践活动。活动开展以来，严格按照县委提出的建设“生态绿色、平安和谐、思变创业、便民廉洁、宜居优雅”新天镇这一主题，坚持把强化学习、提升素质贯穿始终，把解放思想、转变观念贯穿始终，把以人为本、改善民生贯穿始终，把改善环境、标本兼治贯穿始终，建立完善了项目建设、干部考核、信访维稳、“三农”服务等10个方面工作机制，解决群众关心、影响制约科学发展的突出问题1364个，广大党员干部贯彻落实科学发展观的自觉性明显增强，推动科学发展、构建和谐社会的能力得到进一步提高。在民生方面，启动了廿里铺工业园区、慈云寺修缮、新平堡旅游综合开发、洋河综合治理等12项重点民生项目。组织实施了城市、农村民生“双十”工程和农村“五个全覆盖”工程。争取到了国家级新型农村养老保险试点县，惠及全县18万农民。在项目方面，华能集团公司5亿元风电项目正式开工建设。与华润电力公司达成投资10亿元的风电开发意向，与大唐集团公司达到1.5亿元的环翠山光伏发电意向；争取到了投资26 亿元的天大高速公路和投资17亿元的天走线天镇段升级改造项目。在财税方面，2009年，财政总收入完成7666万元、一般预算收入完成3420万元，同比分别增长3.2%和18.1%。

二、坚持以健全奖惩机制为导向，切实加强干部目标绩效考核工作

2009 年，经过外出学习，举办讲座，深入调查，多次研究，初步形成了一套符合天镇县情、便于操作的绩效考核指标体系。围绕中央出台“一意见”“三办法”，制定了《关于县直机关部门、乡镇目标绩效考核工作的意见》、《关于县直机关部门、乡镇目标绩效考核工作的实施方案》和《关于县直机关部门、乡镇目标绩效考核加、扣分办法》。采取工作目标绩效考核、社会满意度调查、部门与乡镇互相测评、县领导评价“四位一体”评价办法，把考核结果分为优秀、良好、一般、较差四个等次。完善了考核结果运用机制，重点从三方面加大力度。一是加大物质奖励力度。2009年县财政在十分困难的情况下，拿出300万元资金用于考核奖励。二是加大晋级提拔力度。对考核评为优秀的单位，单位负责人作为重点培养对象，单位成员在使用时优先考虑。对年度考核排名后两位的单位，给予通报批评，连续两年排名倒数第一的，对单位一把手进行组织调整。三是加大精神激励力度。对工作突出、表现优秀的干部给予表彰，对特别优秀的要大张旗鼓地进行宣传。考核调动了干部工作的积极性，推进了经济社会发展。2009年全县完成向上争取各类资金达73345万元，比年处下达任务增加71.23%，比2008年增加了25424万元。招商引资完成137958.2万元，超年度下达任务2.49倍。

三、坚持以干部选拔任用工作为重点，加强党员干部培养管理监督工作

严格按照《干部任用条例》的有关规定，结合有关职位空缺和结构要求，合理配置干部资源，对各乡镇、部分县直机关领导班子进行了调整充实。共调整科级干部73人，其中提拔5人，平调41人，免职27人。根据领导班子建设需要，建立起一支类型多样、结构合理的后备干部队伍，其中，正科级后备干部71人,副科级后备干部60人，妇女干部24名，非党干部37名。规范了“六建六保”工作机制，注重在农村四类带头人、复转退伍军人、非党村委会主任和大学生村干部中发展党员，有效地解决了生产一线党员少、农村党员队伍年龄老化、妇女党员少等问题，全县新发展党员203名。制定了《关于加强对党政正职领导干部监督的实施意见》，健全和完善了党员领导干部诫勉谈话、回复组织函询、述职述廉等制度，坚持干部监督联席会议制度，加强与纪检、计生、综治等部门联系，防止干部“带病上岗”和“带病提拔”，提高了干部监督工作水平。

四、坚持以抓基层打基础为核心，全面加强基层党组织建设

一是加强村干部绩效管理。制定了《天镇县农村党支部书记、村委会主任年度考核办法》，对村干部年度目标管理执行情况和履行职责情况进行考核，考核结果作为村干部任用重要依据，并与村干部报酬直接挂钩。

二是健全农村干部激励保障机制。按照“定工作目标，收入有合理待遇、干好有发展前途、退岗有一定保障”的要求，制定下发了《关于全县农村党支部书记和村委会主任岗位报酬实行集中统一发放制度的实施意见（试行)》，实现了农村党支部书记、村委会主任岗位报酬和养老保险“双覆盖”。

三是抓好后进村整顿。制定出台了《关于进一步加强农村基层党组织建设的实施意见》，实行县级领导党员干部联系、乡镇党委负责、县直部门帮扶、组织部门指导“四

位一体”转化工作机制，切实解决了村级组织软弱涣散、“两委”关系不协调、群众关注的热点问题长期得不到解决、村集体经济发展落后等问题。通过整顿，有10个村新发展党员15名，有21个无活动场所村已落实了场所建设规划，有2个村“两委”关系不协调的村理顺了关系。

四是加大农村干部的培训力度。对269名农村党支部书记、村委会主任和127名大学生村官，进行了以十七届三中、四中全会精神、农村政策法规、农业实用技术、新农村建设等为主要内容的集中培训。五是加强大学生村干部的管理和使用工作。按照《天镇县大学生村干部日常管理办法》的要求，成立了大学生村干部学习调研小组，引导大学生村官开展创业示范活动，形成了“留得住、干得好、用得上”长效工作机制。新选聘66名优秀大学生担任村干部工作。

五、坚持以构建惩治和预防腐败体系为取向,大力加强反腐倡廉工作

一是狠抓政务公开，营造务实透明的政务环境。借鉴河北成安县政务公开的经验，制定出台了《关于进一步深化政务公开工作的实施意见》，在民政、科教、劳动、城建、工商等五家单位推行政务公开试点工作。目前，五家单位全部推行了“一证”（工作人员戴证上岗）、“两图”（设置办事导示图、办事流程图）、“两卡”（主要领导办公室门上和办公桌上职务明白卡）制度；协调53家职能局局长通过电视媒体进行了公开承诺，全面接受群众和社会监督。

二是狠抓非煤领域反腐工作。及时出台下发自查自纠阶段“回头看”实施意见和集中整治阶段工作安排意见等文件，与全县副科级以上领导干部938人签订了自查申报“回头看”保证书。专门成立打击偷逃税费领导组及办公室，深入安监、国土、国税、地税等9个执法单位和各乡镇进行检查，摸清了税费清缴底数。制定完善了非煤矿山领域联合执法、行政过错责任追究、重大危险源监控、一费制征缴办法、执法单位案件移送等12项制度，切实保障了全县安全生产。

三是加大违纪违法案件查处力度。进一步加强信访举报工作，强化办案措施，深挖案件线索。2009年，初查核实案件66件66人，立查案件63件63人，给予党内警告处分36件36人，给予党内严重警告处分18件18人，给予撤销党内职务处分1件1人，给予开除党籍处分1件1人，给予行政警告处分2件2人，行政记过处分5件5人，起到了良好的威慑和警示作用。

（冯　宁）

附：一、中共天镇县委书记、副书记、常委名单

书　记：徐尚红（女）

副书记：赵惠民　马敦民（挂职）
解廷师（12月任职）

常　委：王普生（12月离职）　赵　亮　张　田
曹中林　王继武（12月离职）
季广贤（挂职）　方　旭（12月任职）
吕广权（12月任职）　王　伟（12月任职）

二、乡镇党委书记、副书记名单

玉泉镇

书　记：杨　智

副书记：杨宝英（4月离职）　郑佃文（4月任职）
安志宏

谷前堡镇

书　记：宋　奕（4月离职）　高　莹（4月任职）

副书记：郑佃文（4月离职）　宋君太（4月任职）
吴福和

卅里铺乡

书　记：高　莹（4月离职）　田　炯（4月任职）

副书记：刘振云　宋君太（4月离职）

南河堡乡

书　记：安和仁

副书记：张　策（4月离职）　吴志峰（4月任职）
张　河

米薪关镇

书　记：王　鹏（4月离职）

副书记：郝世国（4月离职）　郝　平（4月任职）
马国辉

贾家屯乡

书　记：杨景利（女）

副书记：郝　平（4月离职）　杨　忠（4月任职）
刘瑞林

赵家沟乡

书　记：张　杰（4月离职）　张　策（4月任职）

副书记：吴志峰（4月离职）　姜　高（4月任职）
范　忠

南高崖乡

书　记：田　炯（4月离职）　杨宝英（4月任职）

副书记：王　林　韩永泰　赵金柱

张西河乡

书　记：李凤军（4月离职）　张　杰（4月任职）

副书记：王崇虎（4月离职）　高　顺（4月任职）
曹　权

逯家湾镇

书　记：郝　军（4月离职）　郝世国（4月任职）

副书记：姜　高（4月离职）　高平福（4月任职）
郝秀芹（女）　罗光宪

新平镇

书　记：张建明

副书记：原存柱　孙　亮

中共大同县委工作概况

全县有党委19个，党总支10个，党支部355个，党员7494名。2009年，县委团结带领全县干部群众，紧紧围绕省委“三个发展”和市委“转型发展、绿色崛起”战略部署，以学习实践科学发展观活动为动力，解放思想，改革创新，顽强拼搏，迎难而上，有力地推进了“产业发展、平安和谐、生态宜居、文化繁荣”四大目标，全县经济社会各项事业取得了新成效。

一、围绕结构调整，不断加快产业发展进程

县委始终把结构调整作为化解金融危机、推进经济社会实现科学发展的根本举措。提出并大力实施了以新能源新材料、煤炭商埠物流、特色农业三大基地和装备制造业、医药工业、食品工业、生态旅游休闲、农业科技示范五大园区为重点的“三地五区”产业发展战略，努力构建多元产业支撑的、多极化增长的产业发展新格局。全县共确立重点项目31个，总投资158亿元，其中产业发展项目18个。投资70亿元的国电大同湖东2×1000MW项目通过专家评审；分别投资28亿、26亿元的大唐、大热两个2×300MW项目已报国家发改委审批；投资12亿元的中国重汽集团大齿新厂区项目奠基开工；投资12亿元的沈阳北方交通重工集团特种机械制造项目已签订协议；投资2.1亿元的庞大集团大同汽贸城项目即将开工；投资6000万元的北京建工新兴科贸公司水泥添加剂项目建成投产。在工业产业结构实现重大调整的同时，生态休闲旅游业健康起步。以大张、大塘、大涞三条生态带和大同火山群、采凉山、册田湖、土林四大旅游区为重点的“三带四区”建设扎实推进，投资3000万元，实施了造林绿化八大工程，全县林地面积达到84万亩，森林覆盖率达到23.6%，连续两年被评为“全省造林绿化先进县”。特别是大同火山群成功申报了国家级地质公园，为建设“生态园林县、大同后花园”创造了一个重要条件。大力调整农业内部结构，积极推进设施农业快速发展。新建日光温室大棚891栋、移动大棚950栋，新栽黄花4755亩，总面积达到5万亩；投资6230万元铺开各类农建工程726处，农业发展后劲进一步夯实，有效促进了农业增效、农民增收。2009年，农民人均纯收入达到3579元，城镇居民人均可支配收入8758元，分别比上年增长7.5%、26.9%。

二、围绕改善民生，全力推进社会各项事业

县委始终把改善民生作为一切工作的出发点和落脚点，精心组织实施了一大批民生工程、民心工程，有力推进社会事业的快速发展。投资1.2亿元、占地212亩的新建县一中项目一期工程完成投资5000万元；投资1.36亿元县城集中供热项目一期工程已完成投资8500万元，实现供热67万平米；投资1.2亿元、建筑面积7.81万平米的永业西街改造安居工程已完成投资3600万元；投资1.2亿元、建筑面积6.2万平米的黄矿棚户区改造安居工程已完成投资6140万元；投资4708万元、总长3153米、红线宽度40米的县城北环西路和西街延伸路工程建成通车；投资2367万元的县二中、三小安全工程进展顺利；投资1018万元、建筑面积7500平方米的廉租房已完成主体工程；投资1600万元的县医院改扩建工程主体完工；投资8000万元的恒岳煤机液压支架项目即将投产；投资1.5亿元的荣泰生态农业科技示范园完成投资3000万元。不断健全社会保障体系，扎实推进全省农村养老保险试点工作。为18623名60周岁以上老人发放保险金657万元；为3210户6390名城镇人口和7667户11880名农村人口发放低保金2388万元；为9493户、23117名受灾群众发放救灾款315万元、救灾粮67万斤，为2650户低收入家庭发放房屋租赁补贴308.1万元。大力改善农村医疗卫生条件，投资507万元建成2个乡镇卫生院，71个农村卫生室，配套了医疗设备；全县农村参加合作医疗人数逐年增长，2009年达到117943人，全年共补偿1139万元。不断加快城市建设步伐，以城市建设投资公司为平台，采取企业垫资、政府分期偿还的办法搞建设。全年，城建总投资7.35亿元，开工项目13个，特别是投资1.36亿元的县城集中供热工程和投资5000万元的天然气工程的投入使用，极大地改善了人居环境。

三、围绕干事创业，全面加强执政能力建设

按照学习实践科学发展观活动的总体要求，县委从提高执政能力入手，认真开展了第二批、第三批学习实践活动，不断加强党的基层组织建设和干部队伍建设，为全县经济社会健康快速发展提供了坚强的组织保证。一是注重理论武装，提升决策力。一年来，全县各级党委中心组集中学习345次，其中县委中心组学习16次，举行十七届三中、四中全会精神、科学发展观等专题辅导146期，培训党员干部、农村“两委”班子成员8240人次。县委十分重视学习借鉴先进地区的经验，先后组织县、乡、村主要领导分四次赴6省市24个县区考察学习，开阔了视野，找到了差距，明确了目标，使基层干部的思想水平和领导能力有了新的提高。二是优化队伍结构，提升战斗力。按照“德才兼备”和“四化”标准，县委下大气力优化干部队伍结构。一年来，先后分11次共调整干部248人，并在吉家庄和聚乐两个乡率先推行了书记、乡长一肩挑试点。调整后，正科级干部平均年龄由47.6岁下降到42.2岁；副科级干部平均年龄由41.8岁下降到37.4岁。大学以上学历达到202人，比调整前提高31.3%。在整个调整过程中，县委始终坚持公开、公平、公正的原则，匡正选人用人风气，提高干部选拔任

用的准确度和公信度。特别是对关键岗位干部的选拔，县委更加注重公论，讲实绩、靠实干，让那些敢干事、能干事、干成事的干部有舞台，让那些说大话、讲空话、不干事的干部没市场。通过调整，全县上下人心思上、人心思干、人心思变氛围增强，干事创业的格局初步形成。三是着力作风转变，提升执行力。县委在第二批学习实践活动中，认真组织开展了“双学双比双服务”活动，在推动科学发展中比责任、比贡献。从县乡机关选派200名干部，深入100个企业、100个农村，服务企业树信心、拓市场、解难题，服务农村促发展、保稳定、解民忧。活动中，各级领导始终发挥模范带头作用，带头深入基层调研，带头解决实际问题。县委、县政府主要领导先后5次率县直有关部门负责人，与省直14个厅局对接，争取项目71个，争取中央、省市投资1.141亿元；23名县级领导、29名科级干部带头帮扶了31个重点项目；每位县委委员联系了1–2户困难群众。据统计，全县党员干部走访慰问群众1.2万多人次，解决问题1086个，让广大群众切实看到了干部作风转变带来的实际成效。四是坚持惩防并举，提升免疫力。县委始终注重从源头上预防和治理腐败，认真开展了党员干部警示教育，提高了各级领导干部的廉洁从政意识；开展了农村党风廉政、煤焦和非煤矿山等重点领域的专项整治，实现了监督控管常态化；开展了案件查处工作，全年共立案44件，结案44件，党政纪处分46人。通过抓党风、促政风、带民风，有力地促进了社会风气进一步好转。

（程叶生）

附：一、中共大同县委书记、副书记、常委名单

书　记：杨人毅

副书记：孙永胜　王占福（1月离职）

薛丽娟（女，12月任职）

任向东（2月挂职）

常　委：李　钢　杨近源　刘红斌

吴　全（6月离职）

赵　雄（12月离职）　冯学中

任向东（2月离职）　乔江华（6月任职）

赫　瑞（12月任职）

二、乡镇（街道）党委（党工委）书记、副书记名单

倍加造镇

书　记：闫合山

副书记：庞有军（3月离职）　刘海平（3月任职）

肖英俊（4月离职）　李　海

党留庄乡

书　记：赵廷柱（3月离职）　曹　亮（3月任职）

大同县黄土坡棚户区安居改造工程

副书记：曹　亮（3月离职）　朱　华（3月任职）
　　　　张一鑫（4月离职）　赵广华（4月离职）
　　　　张君祥（12月任职）

周士庄镇

书　记：谢志海

副书记：徐　军（3月离职）　张建忠（3月任职）
　　　　朱　华（3月离职）　薛志军（3月离职）
　　　　郭利兵（12月任职）

杜庄乡

书　记：宋晋利（3月离职）　徐　军（3月任职）

副书记：杨近滋（3月离职）　赵建宝（3月任职）
　　　　岳守国（3月离职）　张玉龙（4月离职）
　　　　吴　佃（12月任职）

许堡乡

书　记：赫　瑞（3月离职）　常　强（3月任职）

副书记：常　强（3月离职）　门开应（3月任职）
　　　　白寿安（4月离职）　穆成志（3月离职）
　　　　张　毅（12月任职）

西坪镇

书　记：薛彦斌

副书记：马　斌（3月离职）　郭进忠
　　　　郑有才（12月离职）　陈　涛（12月任职）

瓜园乡

书　记：赵有财（3月离职）　李一忠（3月任职）

副书记：张润梅（女，3月离职）　薛志军（3月任职）
　　　　李月英（女，4月离职）　李　满（4月离职）
　　　　王　华（12月任职）

峰峪乡

书　记：贺　忠（3月离职）　张文娟（女，3月任职）

副书记：张文娟（3月离职）　张胜仕（4月离职）
　　　　闫　红　张海全（12月任职）

吉家庄乡

书　记：刘日新（3月离职）　马　斌（3月任职）

副书记：王汉斌（3月离职）　李海江（3月任职）
　　　　刘应斌（4月离职）　马　俊（4月任职）
　　　　贺　武（7月离职）　陈志平（12月任职）

巨乐乡

书　记：刘志泽（3月离职）　刘喜斌（3月任职）

副书记：刘喜斌（3月离职）　吴志明（3月任职）
　　　　常　金（4月离职）　胡　存（4月任职）
　　　　赵　祥（4月离职）　李天龙（12月任职）

东街

书　记：郝日祥（3月离职）　王　强（3月任职）

副书记：梁振权（12月任职）

西街

书　记：徐汉文（3月离职）　孙　革（3月任职）

副书记：王权山

湖东

书　记：刘富河（3月离职）　孙　政（3月任职）

副书记：冯　启（12月任职）

中共浑源县委工作概况

2009年，县委、县政府以开展深入学习实践科学发展观活动为主线，全力实施“北拓东进，特色崛起”攻坚战略，圆满完成了市委、市政府年初下达的各项年度考核指标，全县经济、政治、社会、文化和党的建设均取得了新的明显成效。

一、项目建设推进有力

年内，全县共编制、争取和推进项目83个，投资总额187.5亿元。其中，在四批中央新增3800亿元投资中，全县共争取到新增中央投资项目15类61个，总投资24842万元，项目数和投资额均位居全市第一。全县列入全市战略层面的17个推进项目、7个前期项目和12个为民办实事项目，完成投资15.39亿元，占年计划投资额的102%；四批中央新增投资中，已形成实物工程量9740.1万元。境内总投资50多亿元的荣乌、大浑、浑广三条高速公路建设项目推进顺利，目前，荣乌高速公路过境项目已完成投资10.2亿元，正加紧建设路基、桥涵等工程；总投资53亿元的大唐风力发电一期100MW密马鬃梁风电场项目已全面铺开；日处理200吨垃圾处理项目已经开工建设；热电联产、油母页岩综合利用等一批重大项目也正在有序推进。

二、工业经济迸发活力

《浑源县煤矿兼并重组实施方案》首批通过省政府审查批复，组建了以国有控股为形式的山西浑源煤业集团公司，全县煤矿由原来的8座整合压减为5座，核定产能为每年600万吨，实现了全县煤矿产能和省级露天开采历史性突破。全年共生产原煤360万吨，实现税费1.2亿元。坚持集聚发展、做优做强的发展战略，全力打造特色鲜明、技术水平高、配套能力强、产业集聚的花岗岩工业园区。全年花岗岩产业完成现价工业总产值9.91亿元，税费收入实现3000万元。同时，全面实施了工业升级改造战略，新型工业经济发展后劲显著增强。年内，加快推进了万生黄芪、丽珠芪源、北岳仁用杏、膨润土、高岭土等加工企业成长，以医药、食品、化工等为模式的新型企业逐年增多。

三、农业农村工作特色显明

2009年，完成蔬菜播种面积2.32万亩，建设温棚452栋，新建奶牛养殖园区2个和肉羊养殖园区5个；黄芪标准化种植面积达到18万亩，黄芪种植基地被评为“国家优质道地药材示范基地”。投资7000万元，扎实推进以“四化四改”、“五个一工程”和“五个全覆盖工程”为主要内容的新农村建设。完成“村村通”水泥路104.8公里，客运线路覆盖率达到95%；解决了16个乡镇38个村4.1万人7692头大牲畜的饮水安全问题；全县累计投资2.9亿元，全面铺开了以土地开发整理、京津风沙源治理、沼气建设、农业综合开发等为重点的农业基础设施建设。全县外出务工人数达到45230 人，劳务收入达到3.3亿元，占农民人均纯收入的37%。全县共落实玉米保护性差价补贴、农资综合补贴、农机补贴、玉米良种补贴、地膜补贴等各类补贴3295万元，全县农民人均减轻负担111元。

四、城市建设彰显魅力

一年来，全县共计投资1.5亿元，实施了8项市政建设工程和9项城市改造工程，加大了市政基础设施建设和城市改造建设力度，完善了城市休闲健身广场、街道拓宽整治、防洪管网和物流市场等建设；投资6018万元完成了建筑面积 5.3万平米的2个廉租房小区建设工程，投资2200万元完成了1618户农村危房解困工程，投资4800万元招商开发了5个住宅小区建设工程。县城绿化覆盖面达到210.43万平方米，绿化覆盖率达到21.92%，新增绿地面积57.97万平方米，人均公共绿地达到13.8平方米。取缔占道经营的各类马路作坊、店外店105家；关停了污染严重的3家石材加工厂和1家高岭土加工厂，取缔了4家水源地保护区内违法煤场，淘汰燃煤锅炉4台，淘汰取缔38座土小石灰窑，浑源县连续6年荣膺“省级卫生模范城市”的称号。

五、旅游产业吸附力增强

抢抓国家拉动内需的政策机遇，全面加快核心景区建设。2009 年，投资5290多万元完成了岳门湾综合服务区建设工程土建基础，恒山景区人行步游道改造，旅游专线公路和停车场改造，环卫设施以及绿化等工程，大景区建设的配套服务功能日趋提升。按照恒山大景区的整体规划，对县城历史文化街区及神溪湿地进行整体包装开发。投资1.5亿元的历史文化街区建设已完成总工程量的近60%，神溪湿地开发工程已完成投资345万元的律吕神祠等古迹恢复，恒山后山白龙王堂修复工程已经全面完成，特色文化旅游发展框架已经拉开。同时，进一步加大宣传促销力度，扩大全县旅游知名度。全年共计接待国内外游客84万人次，完成旅游直接收入2800万元，综合收入突破1.96亿元。

六、民生社会事业和谐发展

2009 年，全县共完成城乡新增就业人员就业5903人，扶持安置下岗失业人员再就业266人，帮助就业困难群体创业就业226人；发放城市低保、农村低保、五保户供养金、救灾款和廉租住房补贴共计3141.37万元，1.2万名贫困残疾人享受了最低生活保障。城镇居民医疗保险参保人数2.7万人，农村合作医疗参合率达到94.13%，补偿农民医药费4956余万元。年内，投资533万元实施了5个乡镇卫生院的改扩建工程，投资3817万元对25所中小学校校舍进行了安全改造，投资404万元实施了4所中小学的配套设施建设；投资400万元建设完成了13个乡镇综合文化站，投资40万元新建农家书屋20所。

七、党的建设不断加强

2009 年，县委坚持以开展深入学习实践科学发展观活动为主线，全面推进思想政治建设、领导班子和党员干部队伍建设、基层党组织建设和党风廉政建设。

一是学习实践活动取得明显成效。组织了第二批和第三批全县党员学习实践活动。通过学习实践活动，进一步明确了打造全省一流、国内知名的新型能源基地、旅游度假中心和历史文化名县，努力建设特色彰显、实力雄厚、生态魅力、文明和谐的现代化新浑源的奋斗目标。通过学习实践活动，着力解决了一些群众反映强烈的突出问题，切实让群众感受到学习实践活动带来的新变化、新气象。通过学习实践活动，有力促进了保增长、保民生、保稳定各项政策措施的贯彻落实，全县经济在逆境中保持平稳较快发展，社会各项事业扎实推进。

二是领导班子和干部队伍建设显著加强。进一步加强干部年度目标考核，制定出台了《全县各乡镇和县直部门2008年度目标考核方案》，对全县80个单位的领导班子及成员进行了考核；进一步深化干部人事制度改革，建立健全干部选拔任用和监督机制，坚持“德才兼备，以德为先”的用人标准，提高选人用人公信度，优化了领导班子的结构。

三是基层党组织的凝聚力不断提升。积极开展“双培双带”活动，不断完善“六建六保”机制，全面加强农村党员队伍建设。全年共举办各类专题培训班、实用技术培训班36期，培训农村党员基层干部1000多人次，新建、改建村级组织活动场所233个，全县184名大学生村干部在村级组织换届选举期间，全部兼任了村“两委”成员，新选聘93 名大学生村干部充实到农村基层，新发展党员200名。四是党风廉政建设不断引向深入。坚持“标本兼治、综合治理、惩防并举、注重预防”的方针，着重抓好以廉政教育、重点项目监督检查和“三项治理”、“四项基金监管”为主要内容的常规工作，以农村党风廉政建设、机关效能建设、查办案件为主要内容的重点工作，以煤焦领域反腐败专项斗争、“小金库”专项治理为主要内容的专项工作，全力推进党风廉政和防惩体系建设，营造勤政为民、廉洁公正的执政环境。全年共立查案件55起，共有53名党员干部受到党纪政纪处分，其中乡科干部10人；煤焦领域反腐败专项斗争共计追缴税费476万多元，立查煤焦领域案件8起9 人，挽回经济损失925.29万元。 （姚振华）

附：一、中共浑源县委书记、副书记、常委名单

书　记：李根田
副书记：张秉善　白永珍（1月离职）
康晓剑（1月任职）　贺玉才（2月挂职）
常　委：王维平　赵春义（12月离职）
姚志强（12月任职）　李凤冉　张振虎
周聚德（12月离职）　郭普跃（12月任职）
姚文章　李国军

二、乡镇党委书记、副书记名单

永安镇
书　记：张权军
副书记：雷迎春　左　玉
东坊城乡
书　记：张丰年
副书记：顾国峰　王　飞
裴村乡
书　记：李启忠（6月离职）　于海滨（6月任职）
副书记：张　军　李子君
西坊城镇
书　记：李　涛
副书记：陈利军　郝兴东
驼峰乡
书　记：杨　庆
副书记：陈晓琳　顾必武
西留乡
书　记：姜成吉
副书记：郝希涛　范　文
下韩村乡
书　记：屈永亮
副书记：曹启龙　李建圣
蔡村镇
书　记：熊开明
副书记：武建文　郭　松
沙圪坨镇
书　记：文晓东（6月离职）　李启忠（6月任职）
副书记：段治国　刘　飚
南榆林乡
书　记：裴雁巍
副书记：韩飞鹏　刘　达
吴城乡
书　记：李兴宇
副书记：宋桂珍　张志丹
黄花滩乡
书　记：尚桂明
副书记：白　献（7月离职）　杨永安（7月任职）
白成林（7月离职）　侯文权（7月任职）
大仁庄乡
书　记：翟宝龙
副书记：郭　华　晋举科
千佛岭乡
书　记：梁　军
副书记：任志强　王　杲
王庄堡镇
书　记：杨振仁
副书记：许建国　李　荣
官儿乡
书　记：左世明
副书记：贺韶东　赵志远
大磁窑镇
书　记：张　斌
副书记：张国华　刘　峥
青磁窑乡
书　记：顾建华
副书记：付元进　李文学

中共灵丘县委工作概况

全县有党委22个，党总支26个，党支部544个，党员13366名。2009年，在市委、市政府的正确领导下，县委深入贯彻党的十七大和十七届三中、四中全会精神，以邓小平理论和“三个代表”重要思想为指导，全面落实科学发展观，团结和带领全县人民从容应对金融危机，攻坚克难，顽强拼搏，全县经济、社会各项事业和党的建设取得了新成效。

一、深入开展学习实践科学发展观活动，党的建设卓有成效

思想建设成效显著。从2009年3月开始，全县紧紧围绕“党员干部受教育、科学发展上水平、人民群众得实惠”的总体目标，组织420个单位的党员先后分两批参加了学习实践科学发展观活动，达到了统一思想、提高党员素质、加强组织建设、解决实际问题，促进各项工作的目的。采取多种形式对全县320名村党支部书记、村委会主任和143名大学生村干部进行了以十七大精神为主要内容的为期6天的集中培训。

组织建设稳步推进。全面加强全县各级领导班子和领导干部队伍建设，围绕科学发展选干部，凭实绩用干部，年内调整干部58人，其中提拔32人，平调26人。大力倡导“两推一选”，全年调整村党支部书记14名。积极推进其他领域党组织建设，新组建非公企业党组织1个，全县非公企业党组织达到18个，其中党总支5个，支部13个。大力推进

"人才强基"工程，组织选聘了大学生村干部102名。高度重视发展党员工作，年内发展党员296名。开通了"12371"党员咨询服务电话，受理咨询服务电话240多人次。

作风建设进一步加强。实行四套班子党员领导干部"五包"责任制，即包乡、包村、包企业、包项目、包党建工作联系点。四套班子在作风转变上的率先垂范，带动全县党员干部的工作作风发生了明显转变。同时引入社会群众监督机制，51个参评部门"一把手"和50名关键岗位工作人员就自己履行职责进行公开承诺，并且组织召开政风听证对话会，广泛接受各界监督，促进了广大干部工作作风上升到一个新水平。

党风廉政建设不断深入。共检查建设工程项目43项，下达《停工核查通知书》43家，下达《责令改正通知书》26家，依法拆除非法占地选矿厂76座；年内立案农廉案件9件，查处9人；开展集体廉政谈话3批次，涉及科级干部26人；受理群众来信来访23件（次），初查核实案件52件，立案48件，结案48件，处分48人。

二、积极应对金融危机，经济运行企稳回升

积极推进重点工程项目建设。全年共确定省、市、县新建、续建重点项目16个，计划总投资5.26亿元，年内全部完成。此外，年内争取到四批中央新增投资7392万元，年底已全部到位，直接拉动地方资金11720.8万元，涉及十二类78个项目，年内开工建设项目74个，完成63个。

加大项目招商引资力度。全年共参加"首届海外华侨来同投资贸易洽谈会"、"第四届中博会"、"第十二届渝洽会"、"厦洽会"和"天津国际地矿大会"五次洽谈会，成功签约白银冶炼及深加工和年产1.2亿块煤矸石矿渣生产线项目两个，签约资金1.747亿元，拟引资1.622亿元。同时，与雨润集团、国电山西洁能有限公司成功签订两个投资项目，总投资达31亿元。

全力帮扶重点企业渡难关。全年，帮助困难企业申报减免企业所得税621.7万元、资源税130万元。按照国家政策对停产半年以上各类企业减免房产税、土地使用税等150万元。从金融危机影响显现以来到年底，共三次下调巍山锰矿资源税费，幅度从每吨150元下降至每吨80元。全县金融机构向28户中小企业累计发放贷款2.25亿元。到年底有16家停产企业恢复生产。

三、认真落实支农惠农政策，农业农村工作有序推进

全年通过财政支农、金融支持、民间注资、以工补农等多种渠道用于农业和农村发展的各项资金达4亿元。在全年财政收入同比下降4.97%的同时，农村经济总收入同比增长8.6%，农民人均纯收入同比增长7%。

新农村建设进展顺利。以"干果、蔬菜、畜牧、杂粮"为主的农业四大产业扎实有效推进。南山区核桃年内新增种植面积7000亩，丘陵区仁用杏新增1万亩；年内新建日光温室大棚230栋，全县总量达到1100多栋，由团中央引进的朝天椒种植项目完成3100亩；高标准建成养殖小区18处。年为围绕"一村一品"、"四化四改"和"五个一"工程，大力实施了20个重点推进村的新农村建设，开展了20个重点准进村的规划编制，完成了各村的道路硬化、休闲建设、文化建设等各类配套设施。

生态农业再上新台阶。投资3000多万元实施了通道绿化、村庄绿化、县级造林三项工程，共完成造林50800亩。年内总投资1.2亿元，重点实施了土地开发整理、农田水利灌溉、防洪保安减灾、水保生态建设、农业综合开发等8大类188项工程，生态效益显著提高。生态绿化建设成果年内受到上级肯定，被授予"2009年全省造林绿化工作先进县""全省2008—2009年度农建红旗县"称号。

农业基础设施建设进一步加强。投资1590万元完成农村饮水安全工程59处，解决了12个乡镇、66个自然村、3万人、7419头大牲畜的饮水安全问题。完成15条通村水泥路43.7公里，6个通达工程项目30公里，实施了20个村的新农村建设街道硬化工程33.3公里。全县基本实现了行政村水泥路"全覆盖"的目标。

四、全力创建维稳体系，和谐社会建设不断推进

健全完善"县委书记大接访"机制。每周四由县四套班子领导分组接待来访群众，全年受理信访总量295批1191人次，有效化解了信访矛盾。健全三级综治例会制度。在全县254个行政村实行政法综治特派员制度，全年共排查各类矛盾纠纷1658起，调处1520起，督办突出矛盾纠纷33件，调处27件。同时通过加大社会治安综合治理力度，2009年，灵丘被评为全省平安建设标兵县。进一步完善社会保障体系。全年增资320万元确保了企业离退休人员养老金的按时足额发放；年内为649名患者报销医疗费530万元；城镇居民医疗保险参保10511人，为207名住院参保居民报销医药费94.9万元；工伤保险参保单位65家5680人，年赔付59起371万元；失业保险参保单位达到56家5650人；农村养老保险参保人数达到2.62万人。加大社会救助力度。年内发放大病救助、教育资助、特困救助等救助金额250万元。积极应对冰雹自然灾害，为26200名农村灾民发放了132万元的救灾款、3000床棉被和价值130万元的救灾粮，确保灾区社会稳定。为3700户住房困难家庭发放廉租房住房补贴444万元。全面推进新型农村合作医疗。2009年全县参加新型农村合作医疗的农民共有18.46万人，参合率达90.91%，全年支付住院和门诊医药费补偿金额1720万元，占筹资总额的91.7%。教育事业再上台阶。大力推进科教兴县，优化中小学布局，投资470万元为基层中小学校补充更新教学设施，撤并了15所规模小、学生少的教学点。灵丘一中顺利通过省级示范高中验收。中小学校舍安全工程进展良好，全年总投资达到937万元。卫生事业健康发展。年内完成了中医院、妇幼保健院建设收尾工程，灵丘县第二人民医院项目

已动工建设。县人民医院顺利通过“二级乙等”医院的评审和复审，成为大同市唯一一个通过复审的县级医院。其它人口计生、环保、文物等各项社会事业年内均取得新进展。 （李文鑫）

附：一、中共灵丘县委书记、副书记、常委名单

书　记：张小立

副书记：赵亚雄　冀连成　罗永山（12月任职）
曹　池（挂职，2月任职）

常　委：李建平　贯成功　索根生（12月任职）
连满仓　宋建明（12月任职）
黄大伟（挂职，12月任职）
罗永山（12月离职）　王瑞春（12月离职）
宁　潋（挂职，12月离职）

二、乡镇党委书记、副书记名单

武灵镇

书　记：王爱民

副书记：支　玺　马元贵　郑　霞

东河南镇

书　记：孙　团

副书记：燕　飞　李荣辉（挂职，7月任职）
赵　贇（挂职，7月离职）

上寨镇

书　记：赵拴堂

副书记：王东伟　王志胜　薛元杰

落水河乡

书　记：白　洁

副书记：杜金贵　周兴起

赵北乡

书　记：徐振宇

副书记：王永绘　刘志田

独峪乡

书　记：吕海明

副书记：王　峰　徐华昌　李　华

下关乡

书　记：孟德昌

副书记：张海英

白崖台乡

书　记：勾海德

副书记：李灵杰　王　杰　武兴春

石家田乡

书　记：曹全先

副书记：李　春　王　霞　张书文

柳科乡

书　记：李守明

副书记：刘忠良　马伟山

史庄乡

书　记：李青春

副书记：张进明　李　悦

红石塄乡

书　记：胡桂森

副书记：张秀丽　张胜利

灵丘县平型关大捷纪念馆

中共广灵县委工作概况

全县有党（工）委17个，党总支16个，党支部420个，党员9692名。2009年，县委以邓小平理论和“三个代表”重要思想为指导，深入贯彻党的十七大和十七届四中全会精神，以科学发展观统领经济社会发展全局，紧紧围绕建设富裕民主文明和谐新广灵的奋斗目标，突出保增长、保稳定、保民生，团结带领全县人民应对危机，抵御灾害，攻坚克难，创新进取，全县经济社会发展和党的建设取得新跨越。

一、强基固本，整体推进，党建工作取得新成效

一是加强培训教育，干部素质得到进一步提高。以提高领导干部的综合素质、理论水平和执政能力为重点，抓实抓好干部教育培训工作。先后6次邀请中央党校教授、国务院发展研究中心、国家人事部人事科学院、知名专家学者来广灵作专题讲座。选派12名县处级干部和125名科级干部参加国家行政学院以及省、市各类培训班。组织6批次190名干部到太原、右玉、河南兰考、黑龙江东宁、河北保定等地外出参加学习，组织17批次3700人参加学习实践科学发展观专题辅导、食用菌技术培训等各类干部培训班。同时，还在年初组织党员领导干部到大同劳改监狱接受警示教育，清明节到广灵县玉福山烈士陵园缅怀革命先烈，第二批科学发展活动期间组织县乡领导干部赴河南兰考县焦裕禄同志烈士陵园召开特殊的民主生活会，认真开展了学习弘扬“右玉精神”活动。这些大批次、高水平、多门类的干部培训和活动，不仅使党员干部增长了知识，开阔了思路，而且加强了党性修养、转变了工作作风，提高了综合素质和理论水平。

二是大胆创新实践，干部队伍得到进一步优化。坚持德才兼备、以德为先的用人原则，拓宽用人渠道，创新选拔方式。先后进行了乡(镇)长正职、湿地管理局、副科级后备干部、乡镇人武部长、专武干事等公开选拔工作。6名优秀年轻干部走上了乡镇长领导岗位，6名优秀年轻干部公选到湿地管理局副科领导岗位，83名企事业干部通过公选成为副科级后备干部，4名乡镇专武干事公选成为乡镇武装部长，4 名人武学校毕业生公选成为乡镇专武干事。同时，选好配齐配强乡镇领导班子。共调整乡镇科级干部89人，乡镇副科以上干部的调整面达65.44%。其中提拔67人（新提拔副科级干部36人，新提拔正科级干部31人，平级调整干部22人）。调整后的乡镇班子干部平均年龄由调整前的41.2岁下降到36.4岁，平均下降了4.8岁，进一步优化干部年龄结构，形成了朝气蓬勃的乡镇领导班子。

三是继续夯实基础，基层党组织建设得到进一步加强。认真贯彻落实中央和省、市委的要求，把村级组织活动场所建设作为农村基层组织建设的一项重要内容抓紧抓好。在涉及9个乡镇26个村级活动场所建设项目中实际投资242.29万元,比中央、省、市规定的45.639万元超出197.051万元, 超幅达31.76%。狠抓薄弱村、后进村阵地建设,采取“租用民房建阵地、短期培训见成效、年轻干部强后劲”三项措施对薄弱村、后进村进行了整改，村级活动阵地得到改善，两委班子得到健全，基层党组织的凝聚力和战斗力进一步增强。针对去年完成的村级组织换届工作，通过“四抓”（即抓资料归档、抓落选人员思想、抓新干部培训、抓农村后备干部培养)，进一步做好后续工作。通过一系列建设，农村基层组织得到进一步夯实。

二、抓住关键，统筹兼顾，经济社会建设又上新台阶

2009 年，是全县上下积极应对金融危机、全力抗击自然灾害，攻坚克难、团结拼搏的一年，也是全县深入贯彻落实科学发展观，努力实现“建设富裕民主文明和谐新广灵’战略目标、各项工作取得重要进展的一年。特别是全县作为中央学习实践科学发展观领导组成员单位的联系点，以开展学习实践活动为契机，认真落实中央和省市的决策部署，坚持保增长、保民生、保稳定，有力地促进了全县经济的稳步回升。全县生产总值完成105529万元，同比增长1.8%；全社会固定资产投资完成71632万元，同比增长109.57%；社会消费品零售总额完成45424.5万元，同比增长16.5%；财政总收入完成9548.4万元，同比增长18.8%；一般预算收入完成3479.1万元，同比增长24.73%；农民人均纯收入2857元，同比增长7.12%。

一是立足特色，现代农业扎实推进。积极调整种植业结构，大力发展绿色蔬菜、优质小杂粮、食用菌、绿色农畜产品四大主导产业。“东方亮”小米成为全国两会专供米，在国际农产品交易会上又夺金奖。食用菌产业快速崛起，成为推进县域经济发展的特色富民农业产业。东方物华、荞宝生物科技公司等一批农副产品加工企业异军兴起，成了全县新的经济增长点。

二是加快转型，环保工业健康发展。加大工业经济调整力度，加快构建环保工业体系。关闭淘汰生产工艺落后、高耗能、高污染的小企业。总投资22亿元的润广风力发电一期工程已经开工建设，投资4.3亿元新上的4000T/D熟料新型干法水泥生产线已完成土建工程，聚源银业、广通建材等项目正在积极筹划落实中。罗疃、板塔寺两座煤矿与山西能源产业集团成功实现资源整合、企业兼并重组，县域工业转型在质上发生飞跃。

三是引领发展，招商引资再创佳绩。举办首届中国?广灵画眉驴文化节暨招商引资洽谈会上,促成各类签约项目24

个,签约资金10.5亿元。全县在建和新建项目均已顺利完成全年目标任务，项目库得到进一步充实,项目总数达到120多个,总投资近114亿元。积极争取国家产业政策各类资金3201万元，大大增强了县域经济发展实力。

四是创优环境，基础设施明显改善。加快城乡基础设施建设步伐，实现了农村水泥路全覆盖。广浑高速公路奠基开工，为县域经济的快速发展奠定了基础,完成了县城总体规划修编工作，实施了县城供水、供热管网新铺、改造工程，加大了县城绿化,亮化,美化,净化力度，全市首家生活垃圾卫生填埋处理工程竣工并投入使用,大大提升了县城档次和服务功能。

五是挖掘优势，文化产业蓬勃发展。广灵剪纸成功入选《人类非物质文化遗产代表作名录》，根据张海迪长篇小说《轮椅上的梦》改编的励志影片《我的少女时代》在我县拍摄完成，成功举办了首届中国?广灵画眉驴文化节，并利用水神堂自然山水打造出华北第一部实景表演剧《水神梦幻》，大大提升了广灵的知名度。

六是以人为本，社会事业全面进步。农村寄宿制学校建设全部竣工并投入使用。公开招聘初、高中校长和教师工作顺利完成。新型农村合作医疗参合率达90.66%。人口和计划生育工作得到加强，综合节育率90.59%，符合政策生育率94.71%。发放低保、大病救助等各项资金3358万元。组织启动了县级领导、正科级单位与全县142名孤儿结对帮扶工程。积极落实“五缓四降三补贴”政策，稳步推进就业和再就业工作。认真实行县、乡、村综治例会制度，深入开展“六创”平安活动和平安广灵“万人大巡逻”活动，大力开展矛盾纠纷排查调处工作，全县治安形势持续良好。（韩文泉　田广源）

附：一、中共广灵县委书记、副书记、常委名单

书　记：刘振国

副书记：郭占宝　张宏东（12月任职）

池宏洲（挂职）

常　委：刘宝贵　任建碧　牛志刚（12月任职）

石　忠（12月离职）　郭云峰（12月任职）

吕广权（12月离职）　杜　福（12月任职）

二、乡镇党委书记、副书记名单

壶泉镇

书　记：李贵峰

副书记：张志新　李雁军

南村镇

书　记：刘玉清（女）

副书记：仝志华　常广友

作疃乡

书　记：亢继军

副书记：符　强（2月离职）　孟玉香（2月任职）

刘一川（11月离职）　梁仁杰（11月任职）

加斗乡

书　记：张好公（2月离职）　李尚吉（2月任职）

副书记：李尚吉（2月离职）　阎熙福（2月任职）

刘宗源

蕉山乡

书　记：田森林（2月离职）　王岳峰（2月任职）

副书记：仝在福（2月离职）　刘鹏飞（2月任职）

李元明（11月离职）　张胜国（11月任职）

宜兴乡

书　记：王光胜（2月离职）　王俊军（2月任职）

副书记：王俊军（2月离职）　陶　恒（2月任职）

许　峰（12月离职）　杜　霞（12月任职）

梁庄乡

书　记：王成海（2月离职）　符　强（2月任职）

副书记：仝志华（2月离职）　苑在勇（2月任职）

梁仁友

望狐乡

书　记：任慧田（2月离职）　魏向军（2月任职）

副书记：魏向军（2月离职）　高志华（2月任职）

班林军

斗泉乡

书　记：王岳峰（2月离职）　仝在福（2月任职）

副书记：孟玉香（女，2月离职）　李贵新（2月任职）

阎熙福（2月离职）　张保国（11月任职）

中共左云县委工作概况

全县有党委16个，党总支26个，党支部476个，党员7476名。2009年，县委认真贯彻落实党的十七大和十七届三中、四中全会精神，坚持以“落实科学发展观，建设和谐新左云”为总目标，以各级党组织的建设和先进性建设为主线，深入实施安全立县、项目强县、环境兴县、依法治县四大战略，总体工作取得了可喜成绩。

一、认真贯彻党的十七大精神，党的建设再创新局面

（一）精心组织，深入学习实践科学发展观活动有序推进。全县参加全国第二批学习实践活动从去年3月份开始全面启动。以“抓转型保增长，抓统筹保民生，抓整治保安全，抓法制保稳定，努力建设全省先进、全市一流新左云”为载体，超前谋划、精心部署。成立了学习实践活动领导小组，设立了办公室和检查指导小组，营造活动氛围，发挥领导干部表率作用，强化学习提高认识，严格管理加强

指导，拓展范围全面覆盖，分析检查形成共识，丰富载体创新实践，认真抓好第二批学习实践活动三个阶段九个环节的工作，圆满结束了第二批学习实践科学发展观活动，取得了明显成效。全县党员干部的思想认识和科学发展水平有了新提高，一批涉及群众生产生活的治水、修路、入学、就医、社会保障等热点难点问题得到了解决，较好地实现了“党员干部受教育、科学发展上水平、人民群众得实惠”的目标。深入有效开展了第三批学习实践活动。

（二）严格管理，各级领导班子和干部队伍建设进一步加强。按照《党政领导干部选拔任用工作条例》的有关规定，通过民主评议、个别谈话、调查核实等形式，对全县9个乡镇、46个党政机关、39个企事业单位领导班子和科级领导干部的德、能、勤、绩、廉等方面进行了全面考评考核，奖优罚劣，提高各级领导谋事创业的自觉性和积极性。按照德才兼备、以德为先，注重实绩、群众公认的原则，结合实际，对县公安局的科级干部进行了调整，调优配强了领导班子和干部队伍。强化科级后备干部队伍建设，为民主科学选任干部提供依据。

（三）注重教育培训，干部队伍和人才队伍的素质进一步提高。科学设置培训内容，采用专题辅导、座谈讨论、调研考察、学习观摩等多种培训模式，有重点、有针对性地加强对干部及各类人才的教育培训，各级干部的整体素质明显提高。认真做好大学生村干部选聘、培养和管理工作，公开选聘了84名大学生村干部，全部就职上岗。同时，加大在岗大学生村干部的培养和管理力度，大学生村干部队伍的活力和能力不断增强。

（四）加强规范化建设，党的基层组织的凝聚力和战斗力进一步增强。结合深入学习实践科学发展观活动，充实提高农村党组织活力，比较客观地掌握了农村基层组织建设工作的实际情况和村级组织活动场所情况，农村基层组织的规范化建设进一步推进。加强农村党支部的考核考评，评选出先进支部25个，后进拟整顿支部22个。在企业党组织和党员中开展“党员责任区”、“我为企业献一计”等主题实践活动；在全县机关中开展了“争先锋、树形象”主题实践活动，增强了广大党员的责任意识和服务意识，改进了工作作风，树立了良好形象。创新党员教育管理，采取现代远程教育、电化教育、组团宣讲、学习交流等多种形式对全县党员进行了十七大和十七届三中、四中全会精神普遍轮训。开通了流动党员服务热线——12371，方便了流动党员与党组织之间的联系。为80名建国前农村老党员发放生活补贴1.6万元，向376名困难党员发放慰问款40460元，体现了党的关怀和温暖。

（五）突出重点领域治理，党风廉政和反腐倡廉建设进一步加强。坚持标本兼治、综合治理、惩防并举、注重预防的方针，以党风廉政建设责任制为龙头，以构建惩治和预防腐败体系为主线，突出重点领域，狠抓任务落实，进一步解决领导干部廉洁从政方面存在的突出问题，切实纠正损害群众利益的不正之风，继续保持惩处腐败的高压态势，深入推进源头防治腐败工作，使全县党风廉政建设和反腐败工作取得了新成效。着眼于强力推进煤矿企业兼并重组，关口前移，提前介入，靠前监督，保障了兼并重组工作的顺利推进。有效开展民主评议政风行风，加强效能建设；扎实开展煤焦领域反腐败专项斗争，农村基层党风廉政建设取得明显成效。

二、发挥党组织的政治优势，引领事业取得新成绩

（一）煤矿企业兼并重组取得阶段性成果，煤炭工业进入全新发展阶段。县委、县政府把煤矿企业兼并重组作为转变经济发展方式，促进煤炭工业安全发展、可持续发展的重大举措来抓，坚持协调指导与发挥市场作用相结合、合理开发资源与淘汰落后产能相结合的原则，列为关闭对象的48座矿井关闭到位，规划由三大主体五个单位整合建设的25座现代化矿井，已全部实现兼并主体接管。特别是山煤集团铺龙湾煤业公司120万吨现代化矿井，在去年底前实现了生产系统试运转，成为全市首家完成兼并重组整合任务的矿井，标志着煤炭工业正向着规模化、现代化的方向快速迈进。

（二）重点项目建设顺利推进，固定资产投资大幅增加。全县开工建设重点项目20项，总投资77.29亿元，当年完工12项，完成投资15.65亿元。大唐国际左云风电二期项目并网发电投入运行，三期工程正在筹备中，同发东周窑千万吨大矿、大呼高速公路左云段、同煤铁丰铁路等项目进展顺利，达到了预期的建设进度，同煤马道头千万吨大矿、京能集团4×1000兆瓦坑口电厂等一批大型新项目正在推进中。全县固定资产投资达到22.27亿元，同比增长43.56%，不仅有效拉动了当前经济增长，也为经济社会的长远发展打下了坚实基础。

（三）传统农业加快向现代农业迈进，农村生产生活条件持续改善。总投资2000万元的小京庄白灵菇项目建成试产。总投资5000万元的京奥脱毒马铃薯现代化繁育基地建设项目，当年完成投资2700万元；蓬勃公司开展特色蔬菜、水果种植，效益明显，带动全县新建大棚210座。畜牧经济持续发展，丰泰畜牧专业合作社万头猪场建成投产，全县新建棚圈2.5万平方米，建成标准化养殖小区11个，畜牧业成为农民增收的新亮点。新农村建设力度加大，全县175个村建起了村级卫生室；100个村建起了“农村书屋”和文化信息资源共享基层服务点；22个行政村、10428口人和1935头大牲畜的饮水安全问题得到解决。完成农村公路通畅工程建设任务13条（段）65.09公里，全县主线通水泥（油）路的村达到了214个，符合通车条件的村庄客运班车通达率达到100%；9个新农村建设重点推进村全部实现了主要街巷硬化绿化净化，6个村庄建成了农村休闲娱乐广场。继续深化农村改革，全面完成了集体林权制度改革试点工作任务，同时，积极引导推动农村土地承包经营权流转，为发展现代农业创造有利条件。

(四) 社会各项事业全面发展，民生进一步改善。文化事业空前繁荣，全省第二批历史文化名城和全省第一批古城历史文化街区申报成功。积极促进就业，全年城镇新增就业1780人。更加关注民生，以各项社会保险，城乡最低生活保障、“五保”供养为重点的社会保障体系进一步完善，以扶老、助残、救孤、赈灾为主要内容的社会福利和慈善事业进一步加强。心系群众冷暖，筹资6200万元为全县农村人口和城市低保户每户发放取暖补贴900元，确保了群众温暖过冬。围绕解决群众住房困难问题，开工建设廉租房109套5450平方米、经济适用住房3.5万平方米，解决农村困难群众住房170户。狠抓资源节约型与环境美好型社会建设，节能减排工作扎实推进，生态建设取得新成绩。高度重视民主法制建设，切实加强社会治安综合治理，深入开展市场经济秩序治理整顿，创建了繁荣、稳定、和谐的发展环境。 (赵忠和)

附：一、中共左云县委书记、副书记、常委名单

书　记：王伟国

副书记：王凤瑞　王　璞　田忠宝

常　委：李广林　赵　宇　马少杰　袁润德　侯振春

二、乡镇党委书记、副书记名单

管家堡乡

书　记：张　华

副书记：史长华　贾文斌

鹊儿山镇

书　记：李　林

副书记：苏日海　张兴礼

张家场乡

书　记：宋德君

副书记：张生贵　郭　殿

三屯乡

书　记：李国魁

副书记：崔　发　王生文

云兴镇

书　记：刘　耀

副书记：王　瑾　孔庆禄

马道头乡

书　记：白金义

副书记：冀文富　郭忠森

小京庄乡

书　记：马　杰

副书记：王振业　张宏龙

店湾镇

书　记：宋　海

副书记：马玉泉　韩月儒

水窑乡

书　记：李　宏

副书记：潘志廷　王树俊

中共朔州市委工作概况

市委书记　田喜荣

2009年，朔州市委在省委的正确领导下，坚持以邓小平理论和“三个代表”重要思想为指导，深入学习实践科学发展观，全面落实党的十七大和十七届三中、四中全会精神，积极应对金融危机冲击，扎实推进转型发展、安全发展、和谐发展、全面发展，取得显著成就。

一、积极应对金融危机冲击，努力确保全市经济平稳协调较快增长

2009年，全市地区生产总值完成561亿元，比上年增长10.6%；人均GDP3.6万元。工业增加值完成273亿元，比上年增长18%。财政总收入完成110亿元，比上年增长7.8%；一般预算收入完成46.2亿元，增长22.3%。社会消费品零售总额128.59亿元，增长23.1%，增幅全省第一。城镇居民人均可支配收入15508元，增长10.8%；农民人均纯收入达到5123.9元，增长8.28%。

第一，坚定不移推进煤炭资源整合和企业兼并重组，提高煤炭产业素质。全市兼并重组工作走在了全省前列。地方煤矿由135座缩减到67座，平均单井生产规模由年产45万吨提高到131万吨，数量减少一半、单井规模增长两倍，产能增长了43%；全市得到正式批复方案的煤矿62座，占保留矿的92.5%。30家企业兼并重组主体，应签订正式协议87份，已签订82份，完成95%。在主体进驻接管方面，65座配齐“六长”接管到位，接管率为97%。56座煤矿取得新采矿许可证，占全市保留矿井的90%。

第二，坚定不移推进结构调整，增强经济发展后劲。一是电力行业快速壮大。平朔2×30万千瓦煤矸石发电厂等风力发电厂投产，新增电力装机容量近70万千瓦。右玉2×30万千瓦等风力发电厂陆续开工建设。神头发电公司2×60万千瓦关小上大坑口发电项目即将开工。与国际能源集团等大公司合作，签订了一批超临界和超超临界、太阳能光伏、垃圾焚烧、秸秆发电项目。二是新兴产业加速发展。年内，全

市有30多个投资亿元以上的非煤电生产经营性开工建设，基本形成以煤电产业为主导，冶金、化工、装备制造、新型材料、农副产品加工共同发展，新型、多元、稳固的工业产业体系，加快了全市转型发展的步伐。三是以旅游业、现代机电维修业和现代物流业为主的服务业迅速崛起。完善了山阴广武边塞文化旅游区等十大景区的项目建设。启动实施了一批服务业等重点工程建设。市科技创业园区、城市综合信息服务体系建设启动。传统服务业改造扎实推进，社区各类便民服务设施建设步伐加快。

第三，坚定不移推进重点工程和重点项目建设，打造经济发展引擎。在国家分四批下达的新增中央投资项目中，我市争取到18大类225个项目，落实中央投资41624万元，全部到位。有125个项目竣工，100个项目正在建设，项目开工率达100%。实施和启动省市重点工程项目162个，静态投资1304亿元。开工157个，开工率达97%。

第四，坚定不移推进发展方式转变，提升经济发展质量。切实抓好蓝天碧水工程，大力发展循环经济。加大水泥、电石、小火电等落后产能淘汰的力度。积极开展污染减排，提前一年完成了“十一五”省政府下达我市的二氧化硫和化学需氧量减排任务。饮用水源地保护工作受到省政府检查组的表扬和肯定。市区环境空气质量首次达到国家二级标准。

第五，坚定不移推进改革开放和科技创新，激活经济发展动力。努力搭建融资平台，市财政向市中小企业担保中心增补资本金3000万元，批准成立了36家小额贷款公司，有效解决了中小企业融资难题。继续加快招商引资步伐。新批准外资企业4个，合同利用外资1841万美元，增幅3991.1%，位居全省第一。全年共有140个招商引资项目在投资和建设中，外来投资到位59.32亿元人民币，在今年保增长中作出突出贡献。全年实施高新技术项目26项，9家企业被认定为省级区外高新技术企业。开发高新技术产品12项，高新技术产品产值达3.5亿元。专利申请量达到119件，首次在历史上突破100件，完成省下达全年任务的140%。

二、统筹城乡区域协调发展，稳步推进新农村和城镇化建设进程

社会主义新农村建设扎实推进。新增120个新农村重点推进村，全市新农村建设重点推进村累计达到420个。加快了清洁能源推广速度，3万多户农民用上了沼气，占全市农户总数的十分之一以上。市、县、乡三级农民培训网络初步形成，完成引导性培训和职业技能培训5.17万人，科技培训5.15万人，新转移农民3.11万人。

生态畜牧经济区建设成效显著。向农民发放粮食直补、农资综合补贴、良种补贴以及玉米保护性差价补贴总计1.65亿元。出台11项措施扶持农业生产政策。在遭受50多年不遇特大旱灾的严峻形势下，粮食作物播种面积达到487.5万亩，粮食总产14.43亿斤，为正常年景水平。设施农业快速发展，应县被农业部列为全国蔬菜重点区域发展规划基地县。与此同时，坚持把发展畜牧业作为调整农业产业结构和增加农民收入的重要途径，在政策上倾斜，在资金上扶持。此外，积极研究制定奶牛长效补贴政策，开设了奶牛保险业务，构建奶业发展的长效机制。到年底，全市奶牛存栏15.5万头，增长7.64%；羊饲养量210万只，增长2%。肉、蛋、奶类总产分别比上年增长3.59%、3.35%和4.1%。

农村“五个全覆盖”进展顺利。全市1675个行政村，有1574个村通了水泥（油）路，覆盖率达到94%。新、改、扩建学校142所，完成维护、加固和改造中小学校舍27.85万平方米。完工127所，正在施工建设的8所，正在办理规划、设计、招投标手续的学校7所。682个空白村卫生室全部建成，提前一年完成任务。1010个行政村通达有线电视信号，农村有线电视入户2.27万户，完成年初计划2万户的113.5%。165处饮水解困工程全部完成，总投资6381万元，191个自然村13万人的饮水困难问题得到解决。

城镇化建设步伐加快。向建市20周年庆典献礼的20项重点城市建设工程开展顺利，市区南北差距基本消除。国家园林城市创建工作有序开展，城市园林绿化重点工程建设顺利推进。城市管理逐步实现粗放式管理向科学化管理的转变。积极开展市容市貌集中整治活动，严格规范客运市场经营秩序，城市对外形象明显提升。12319城建服务热线顺利开通，为解决群众日常生活中的热点难点问题提供了一个便捷高效的窗口。各县区旧城改造推进有力，中心镇、重点镇的带动辐射能力不断提高，县城供热、供水等公共服务事业得到加强和改善。

三、实施三大优先发展战略，逐步夯实塞外最宜居最宜发展城市建设基础

优先发展教育。高等教育实现了新跨越。职业技术学院按计划招生，步入正轨运行；高等师范专科学校新校区主体工程全部结束，做好了教育部验收的各项前期准备工作；山西能源学院开工建设。高中教育实现了新发展。高考二本达线人数超过5000人，怀仁一中、城区二中、李林中学通过省级示范中学验收，市一中、应县一中通过初评，中考高分学生逐年回流。义务教育取得了新成绩。每个县城边都新建了一所寄宿制初中。乡镇农村寄宿制学校建设基本完成。特色学校建设迈出新步伐，加大了市聋哑学校建设力度。职业技术教育、高等教育、成人继续教育实现了同步推进和均衡发展。

优先发展生态。全市生态建设保持了快速健康发展的良好势头。完成营造林33万亩，占计划任务的100%；完成造林抚育13.6万亩，占任务的12.6亩的108%；完成新育苗0.93万亩，占任务的0.8万亩的116%；新建和完善通道绿化1000公里；村庄绿化100个；义务植树200万株。5月份，我市被省政府授予“全省造林绿化先进市”；11月份，又被省委、省政府表彰为“全省林业建设先进市”。

优先发展安全。在全省第一家出台安全生产八项制度，第一家彻底关闭了烟花爆竹生产企业。全面开展安全生产执法、安全生产治理和安全生产宣传教育行动，切实加强机制体制、保障能力和监管队伍建设，进一步夯实了安全生产的基础，被省政府评为安全生产专项整治先进市。1—11月份，全市地方企业共发生各类安全事故553起，死亡95人，同比分别下降5.79%和32.14%。

四、致力改善民生强化管理，着力维护全市社会大局和谐稳定

一是扎实推进就业和社会保障工作。到11月底，全市累计实现城镇新增就业岗位2.25万个，完成省定目标任务的146%；下岗失业人员再就业7390人，完成省下达任务的114%。以确保发放、扩面征缴和完善制度为重点，扩大非公经济参保扩面，进一步完善社会保障体系。坚持维护职工权益和服务企业发展并重，进一步加强劳动合同管理，加大劳动监察力度，健全劳动争议调处机制，促进劳动关系的和谐稳定。全市企业劳动合同签订率总体水平达到98%。

二是加快发展卫生、计生、体育等社会事业。公共卫生、医疗卫生体系不断完善，疾病预防控制能力得到明显提升。甲型H1N1流感防控救治和宣传教育工作扎实有效，新型农村合作医疗制度参合率达到92.5%，较上年提高6.11个百分点。社区卫生服务体系正在建立，建成机构26个，占规划任务的92.86%。启动县级医药卫生体制改革试点，平鲁公立医院改革试点工作进展顺利。食品药品安全监管效果明显。人口和计划生育工作扎实推进，在11月省政府考核验收中，我市党政领导重视、奖励扶助力度、生殖健康全免费优质服务、国债项目建设四个项目名列全省第一。

三是认真解决困难群众生产生活问题。进一步完善城乡居民社会救助体系，不断扩大覆盖面和保障标准。城乡低保、五保对象应保尽保，人均补助水平在全省同级城市排名靠前。救灾减灾救助和城乡大病医疗救助工作扎实有效开展。市、县区出台了优抚对象医疗保障实施细则，优抚对象医疗难问题得到进一步解决。廉租住房、经济适用住房、棚户区改造和农村困难群体住房解困建设扎实推进，全市800户农村住房解困任务全部完成。高度重视残疾人事业，残疾人生活状况明显改善。社会福利和慈善事业持续发展。农村偏远山区贫困群众生活生产中的一系列实际难题得到进一步解决。

四是全面加强社会管理和维护稳定工作。建立了全方位、动态化维护社会稳定预警机制，动员全市力量，圆满完成了国庆、市庆各项安保任务，受到省委、省政府和公安部表扬。从重从快打击严重暴力犯罪、黑恶势力犯罪、多发性犯罪“三类”重点犯罪，进一步巩固和扩大“严打整治”斗争成果，取得辉煌战绩。命案侦破、命积案侦破在全省名列前茅。打击经济犯罪和扫除“黄、赌、毒”等社会丑恶现象取得重大成果。广泛开展平安创建活动，不断深化平安朔州建设，继续完善综治领导责任制。健全基层社会管理体制，加强和改进对流动人口、出租屋、民间组织和非政府组织的管理。深入开展民爆物品专项整治行动，成效显著。

五是认真解决信访问题，努力化解矛盾纠纷。拓宽社情民意反映通道，积极开展“信访积案化解年”活动，集中解决了一批群众反映强烈的问题。扎实推进市、县领导定期接防和领导干部下访活动，把大量的矛盾纠纷化解在基层、解决在当地、消除在萌芽状态。全年赴省集体上访大幅下降，全国“两会”、国庆和其他敏感时期，我市实现了非正常进京“零上访”，较好地发挥了首都“护城河”的作用。

五、抓好党的建设伟大工程，全面提升各级党委领导和推动科学发展的能力

一是深入开展学习实践科学发展观活动，不断加强思想政治建设。第二批学习实践活动做到了主题突出有特色、谋划发展有思路、结合实际有亮点、当前工作有实效，得到了上级和群众的认可。在5月份召开的全省经验交流会议上，我市作为全省两个先进市之一，第一个作了典型发言。同时重视抓好第二批学习实践活动和第三批学习实践活动的有序衔接，使第三批学习实践活动更贴近基层实际，更加注重实效。通过开展学习实践活动，全市党员干部在事关科学发展的重大问题上形成了共识，理清了思路，推动科学发展、促进社会和谐的能力不断增强，团结向上、干事创业的氛围更加浓厚。

二是圆满完成市人大、市政府、市政协换届工作，不断加强全市领导班子和干部队伍建设。通过换届，使市级领导班子的年龄结构、专业结构、素质结构得到进一步优化，赢得了全市上下的拥护和认可。全年共研究干部7次，调整交流干部319名。在调整中，特别重视培养选拔妇女、党外和年轻干部，共提拔22名妇女干部，占6.9%；提拔8名非党干部，占2.5%；提拔40岁以下的年轻干部45名，占14.1%，使干部队伍的结构更趋科学、更加合理。坚持公开、平等、竞争、择优的原则，公开考录60名乡镇公务员及县乡事业单位工作人员，社会反响良好。实行了市县两级干部选任工作“一报告两评议”制度。建立了党委会接受全委会监督的操作性规定。强化了干部日常监督管理和人才引进工作。

三是全面提升基层执政能力和战斗力，不断加强基层党组织建设。实行了市、县两级党委常委会向全委会报告基层党建工作并接受委员评议制度。确立了“系统化创新、整体化建设、科学化发展”的基层组织建设工作思路。建立了市、县、乡三级领导联系基层工作制度。完善了基层党建工作百分考核制度，每月例会制度，推动县、乡党组织自觉主动落实党建工作责任和目标任务。加强农村党支部书记队伍建设，对连续任职10年或累计任职20年，年满

60周岁正常离任的村支书、村主任，每年给予一定的生活补贴。在健全农村村级组织活动场所的基础上，把工作重心转向抓好管理、使用上，建立起县、乡两级保障村级活动场所经费的长效机制。加强大学生村干部选聘、使用、管理，新录用347名大学生村干部，基本实现一村一名大学生村官的目标。开展了创建“基层党建精品示范带”、“双十双百评选命名”和“五个争创”活动，激发出基层党组织的内在活力。加强非公有制企业党建工作，195个规模以上非公有制企业全部建立党组织。在有条件的新社会组织中，建立党组织101个，构建了城乡一体流动党员动态管理和关怀帮扶机制，从而使流动党员离乡不离党、流动不流失。

四是认真落实党风廉政责任制，不断加强反腐倡廉建设。坚持标本兼治、综合治理、惩防并举、注重预防的方针，认真落实中央《建立健全惩治和预防腐败体系2008—2012年工作规划》、反腐倡廉建设四个重要文件精神和省市相关要求，积极开展岗位廉政教育，培训教育县处级干部2000多人次、乡科级干部220人次、农村干部和大学生村官630多人次；认真执行廉政谈话制度，对新任职的212名处级干部进行了廉政谈话；建立完善6项重点15个方面预防腐败和权力监督制度，从党政机关、社会各行各业聘请109名党风廉政监督员和监察员，对领导干部履职情况全过程、全天候监督；扎实开展党风廉政建设责任制和惩防体系建设考核，对88名领导干部进行了责任追究，党风廉政建设责任制和惩防体系建设各项任务得到有效落实。严肃查处了一批严重违纪违法案件。扎实推进国有企业反腐倡廉和农村基层党风廉政建设，坚决纠风损害群众利益的不正之风。认真开展中央和省市扩大内需、促进经济增长政策措施落实情况的监督检查。深入贯彻省委、省政府在煤炭企业兼并重组整合工作中加强纪律约束、防止发生违纪问题的规定，扎实开展煤焦领域反腐败专项斗争，立查煤焦领域腐败案件56件，收缴各类资金15亿元。狠刹党政干部酗酒、赌博、敛财三股歪风，对一些典型案例进行了查处，并在全市通报。党政机关带头厉行节约，年内全市车辆购置及运行费用支出比去年下降14%、公务接待费用支出下降25%、因公出国（境）支出下降80%。申报补报的38个“小金库”484.3万元，全部按规定进行了整改。

五是扎实开展学习和弘扬“右玉精神”活动，不断加强干部队伍作风建设。认真贯彻落实省委《大力学习弘杨“右玉精神”的决定》，在全市范围内开展了“全省学右玉、右玉在朔州、朔州怎么办”大讨论。将“右玉精神”相关资料编印成册，作为学习实践活动的教材，印发全市，用身边典型教育党员群众。组织了“右玉精神”先进事迹报告团，在全市巡回报告。举办了学习“右玉精神”、深化作风建设主题演讲比赛。广大党员干部特别是各级领导干部通过学习“右玉精神”，普遍受到了一次思想上的洗礼和认

朔州市区鸟瞰图

识上的升华，勤廉意识、奉献意识、节俭意识、创业意识明显增强。

六是始终重视加强常委会自身建设。一年来，召开常委会17次，研究、决定、部署重点工作。组织了6次集体学习。尤其是面对严峻的经济形势和繁重的工作任务，努力在为民、务实、清廉上为全市党员干部做出表率。始终坚持把握以下几点：一是坚持用科学的理论统领发展。二是坚持用为民的情怀推动工作。三是坚持用务实的作风狠抓落实。四是坚持用清廉的本色影响群众。五是坚持用团结的力量成就事业。常委各司其职、各负其责，创造性地开展工作，极大地增强了常委班子的整体战斗力。

（李建平　刘　宇）

附：中共朔州市委书记、副书记、常委名单

书　记：田喜荣

副书记：冯改枭（女）　杨伟民

常　委：韩忠荣　李栋梁（4月离职）　陈法印　牛社威（12月离职）　刘国庆（12月任职）　雷建国　靳瑞林（6月离职）　马彦平（12月任职）　赵向东　高建国（12月离职）　李　锦　郭　健（6月任职）　张耀生（6月任职）

中共朔城区委工作概况

朔城区共有基层党组织622个，其中党委21个，党总支20个，党支部581个，党员10836名。

2009年，在市委的正确领导下，朔城区委认真贯彻落实党的十七大和十七届三中、四中全会精神，坚持以科学发展观统领经济社会发展全局，按照省委“三个发展”和市委“两宜”城市建设的总体部署，围绕建设实力城区、宜居城区、和谐城区、魅力城区的奋斗目标，全区上下与时俱进，开拓创新，转变作风，真抓实干，着力从更深层次、更广领域谋划和推动发展，经济运行势头强劲，三农工作成绩喜人，城市面貌日新月异，“三个衔接”全面兑现，“十件实事”基本完成，社会事业亮点频现，党风廉政建设深入开展，基层组织建设稳步推进，各项工作取得突破性进展，走在了全市乃至全省前列。荣获全省和谐社会建设先进区、全国粮食生产先进县（区）、全省十大文化强区、全省林业建设先进区、山西省园林城市、全省农机化工作先进区、全省义务教育学校标准化建设先进区等荣誉。

一、经济社会发展情况

2009年，全区地区生产总值达到111亿元，同比增长11%；财政总收入完成12.62亿元，同比增长18.14%；一般预算收入完成6.3亿元，同比增长49.82%；固定资产投资总额突破100亿元，同比增长41.3%；社会消费品零售总额突破36.5亿元，同比增长21.7%；城镇居民人均可支配收入达到15100元，同比增长16.1%；农民人均纯收入达到6050元，同比增长15.7%。概括地说，可以总结为“三大、三多”：

一是城市建设力度大。全面铺开了老城改造、政府大院改造、迎宾路棚户区改造、怡家苑保障性住房建设、马邑花园小区建设、文体活动中心建设、劳动力大市场、城西供热站等60多项城市改造与建设工程，概算总投资近80亿元，拆迁总面积150多万平方米，在建面积220万平方米，投资规模之大，铺开工程之多，建设速度之快、标准之高为历年之最。特别是老城改造项目，荣获“2009年中国城市化进程十大影响力工程”，是全省唯一获此大奖的工程。同时，以美化、亮化、绿化为重点，推进了城市管理，开展了沿街建筑物、商铺牌匾、户外广告、马路市场清理等专项整治行动，清扫保洁面积扩大到116万平方米，垃圾处理做到了日产日清，清运率达93%，城市管理逐步规范。

二是生态治理规模大。全面铺开了国家、省、市、区20多处生态绿化工程,总投资8亿多元。重点实施了西山森林公园、西环路绿化、恢河公园、金沙植物园、南环路新一中段环境整治等工程。其中，西山森林公园已完成投资3.8亿元，栽植各类苗木700多万株，修建名亭52座、生态通道58公里，治理总面积达到14.5万亩。省委书记张宝顺称这项工程“把绿色留在朔州、把清风送往首都”。还开工建设了占地2520亩，投资1.1亿元，水面75亩的金沙植物园，将成为全省规模最大、植物群落最丰富、最具特色的城市植物园。目前，全区生态治理面积达到120万亩，林草覆盖率达到42%，人均绿地面积达10.6平方米，居全国领先水平。

三是土地整顿声势大。针对私采滥挖、乱搭乱建、非法抢占倒卖土地、河道违法采砂等行为日益严峻的形势，区委、区政府主要领导亲自挂帅，组织公、检、法以及城建、国土等有关单位，集中行动，重拳出击，排除各种干扰，开展了5次“集中整治土地市场秩序、严厉打击违法占地和非法建筑”行动，共拆除违法、违章建筑19.3万平方米，清理非法占地1430亩，立案查处土地、矿产资源违法案件111宗，取缔砂场45家，有力地震慑了土地违法行为，规范了土地市场秩序。

四是招商引资项目多。全年共实施非煤工业项目39个，其中投产项目9个、在建项目17个、筹建项目13个，总投资约650亿元，这些项目涉及化工、冶金、建材、物流等多个领域。特别是积极争取引进的太化集团搬迁、天脊100万吨肥料生产、蓝星集团年产10-18万吨TDI异地搬迁项目，如果落户我区，达产达效后，年可实现税收60多亿元。积极推进煤炭资源整合，引进中煤、同煤、山煤运三大集团，将全区原来的20座煤矿整合重组为9座，年生产能力由不足500万吨可提升为1500万吨，煤炭主导产业进一步做大做强。同时，加快第三产业的发展，重点推进了豪德光彩贸易广场建设。一期工程建成22万平方米1700多个商铺，已投入运营。二期工程总拆迁面积25万平方米，总投资6亿元，已开工建设，占地500亩的豪德工业加工园区即将落户富甲工业园。服务业增加值占GDP的比重超过40%。全区产业结构更趋合理，发展后劲显著增强。

五是农民增收渠道多。经受住了50年不遇的严重干旱，全区总播种面积达到92.6万亩，机械化耕种面积完成70万亩，耕、播、收机械化综合作业水平达到44%。粮食产量达4.77亿斤，连续六年保持稳定增长。全区设施蔬菜发展到1万亩，走在了全市乃至全省前列。完成无公害农产品生产基地认证35万亩、无公害农产品认证23个，均居全市第一。人畜分离小区发展到31个，新建青贮窖7.5万立方米，购置饲草料加工机械750台，改良草场5000亩，设施蔬菜和规模养殖成为农民增收的重要渠道。同时，多渠道转移农村剩余劳力5000多人，成为农民增收致富的新亮点。

六是惠民实事办得多。投资2.6亿多元建成了一中新校区、完成了24所农村学校改扩建、启动了四中改造工程。区一中高考达二本以上人数超过1300人，特别是应届高中毕业生升学率创历史新高。投资450万元完成了20所乡镇卫生院标准化建设，解决了643名乡镇卫生计生集体人员工资待遇。投资1.2亿元、新建了4.1万平方米的区一、二医院住院楼，有效解决了群众上学难、看病难的问题。解决了41个村、26033人、6922头大牲畜的饮水安全问题。村村通工程顺利推进，全区公路通车里程达到1351公里。全区城镇居民基本医疗保险参保人数达到12.5万人，基金滚存结余达1.9亿元。全区有4088户14321名农村特困群众纳入了低保范围，城市居民最低生活保障、农村65岁以上老人生活补贴、3275名农村“五保”对象等均实现了应保尽保。

二、党的建设情况

一是加强思想政治建设。围绕贯彻党的十七大、十七届三中、四中全会精神，以中心组、科级干部、基层单位三个环节为基础，强化了全区干部的理论学习。区委中心组先后进行了24次专题学习，全年举办科级干部、机关干部、农村干部、大学生村官培训班10期。圆满完成了第二批学习科学发展观活动，推动了第三批学习活动顺利开展，使全体党员干部受到了一次深刻的党性教育。

二是加强基层组织建设。在建成的224个村级组织活动场所的基础上，重点抓了配套建设和管理使用，达到市委要求，农村党支部阵地得到了彻底改变。对全区275名大学生村官采取“一日一记录、一月一会、一季一总结、半年一汇报、年终一考核”的“五个一”模式进行管理，全面落实了大学生村官各项工资福利待遇，真正实现了大学生村官“下得去、稳得住、干得好、流得动”。为全区389名符合条件的农村主干落实了岗位报酬集中统一发放制度和养老保险补贴制度，为21名曾担任过乡镇领导的农村干部落实了生活补贴待遇，即将为950名离任支书兑现生活补贴待遇。全年发展党员328名，其中农村党员256名。认真贯彻《干部任用条例》，全年先后两批调整补充了部分干部，区委坚持德才兼备的用人原则和标准，严格按照选任程序选用干部。选优配强了部分乡镇、机关领导班子，使一批能吃苦、肯干事、会干事、敢干事的干部走上领导岗位，激发了广大干部干事创业的热情。

三是加强干部作风建设。结合深入学习实践科学发展观活动和学习“右玉精神”活动，在全区开展了声势浩大的思想作风纪律整顿，切实查找全区机关干部在思想作风纪律方面存在的各类问题，有效改进了广大干部的作风。全面贯彻落实党风廉政建设责任制，明确了责任分工，强化了责任制考核，严格进行了责任追究。切实纠正损害群众利益的教育、医疗、建设等方面的乱收费和公路“三乱”等不正之风，全年共清退各类违规资金114万多元，推进了反腐败斗争的深入开展。

四是加强党风廉政建设。区委紧紧围绕中央、省、市纪委有关会议精神，认真贯彻落实党风廉政建设责任制，年初区委与各乡镇办事处、各部门、各单位签定党风廉政建设工作目标责任状，列入全区年度考核范围。并结合全区工作，把任务分解落实到区委常委、副区长头上，进一步明确了责任主体，细化了责任内容，形成了一级抓一级，层层抓落实的格局。围绕中央扩内需促增长政策落实和重点工程项目，我们实行了区委常委、副区长联系服务重点工程项目责任制，对重点领域、重点项目的资金到位和进展情况进行跟踪督查，确保了我区35个中央预算投资项目资金按要求落到实处。围绕煤焦领域反腐败专项斗争，对全区88家单位4000多人进行了申报审查，处分干部职工26人，追缴违规资金450多万元。同时，加大纠风力度，查处纠风案件3件，清退违规资金110多万元。区委制定出台了《朔城区建立健全惩治和预防腐败体系2009年工作要点》和《朔城区惩防体系建设实施方案》，建立了农村党风廉政建设责任制追究体系，推进了农村基层惩防体系建设，反腐倡廉工作取得明显成效。

（蔚新义 王志东）

附：一、中共朔城区委书记、副书记、常委名单

书　记：张耀生（6月离职）　郭连厚（6月任职）

副书记：郭连厚（6月离职）　南志中　郝曙光　宋　军

常　委：高富国　于太明　智杰山　李　杰　乔九明　白力军

二、乡镇党委书记、副书记名单

北旺庄

书　记：陈　钊
副书记：杜　超　陈少卿　姜　楠（女）
南城
书　记：高　承
副书记：周庆山　张　斌
北城
书　记：雷在祯
副书记：王　栋　孟进文
神电
书　记：张　亮
副书记：常武权　年永登
下团堡乡
书　记：丁连信
副书记：高　峰　要恩义
神头镇
书　记：孙　义
副书记：刘　峰　周新华
小平易乡
书　记：王生旺
副书记：牛　亮　蔚秀娥（女）
贾庄乡
书　记：唐　明
副书记：王万宇　宿建军　聂继玲（女）
滋润乡
书　记：齐宏业
副书记：谭　雄　梁双存
南榆林乡
书　记：林　实
副书记：齐宏亮　陈　先
福善庄乡
书　记：李　敏
副书记：霍永生　刘志华
沙塄河乡
书　记：谭存元
副书记：尚志新　刘　波
窑子头乡
书　记：徐生荣
副书记：刘晓东　李培祎　高建军
张蔡庄乡
书　记：郭向东
副书记：梁耀文　宁巨文　蔚　丽（女）
利民镇
书　记：赵子平
副书记：李　林　张剑峰

中共平鲁区委工作概况

平鲁区现有基层党委19个，党总支18个、党支部548个，党员8947人，占总人口的4.5%。2009年，面对宏观经济环境的重大变化，特别是国际金融危机带来的严重冲击和不利影响，面对一系列大事、要事、喜事、难事带来的诸多机遇和考验，在市委、市政府的正确领导下，区委、区政府团结带领全区人民，砥砺奋进，共克时艰，全区经济社会发展取得令人鼓舞的新成就，各项重大工作走在了全市乃至全省前列，得到国家有关部委，省委、省政府，市委、市政府的充分肯定，先后荣获全国推进义务教育均衡发展工作先进地区、全省新农村建设先进区、全市人口和计生工作责任制考核综合先进区等多项荣誉称号。中央电视台、新华网、人民网、新华月报、人民代表报、山西电视台、山西日报、山西经济日报等多家新闻媒体聚焦我区，大力宣传我区的做法和经验。

一、国民经济平稳较快增长，各项主要经济指标增幅位居全市前列

2009年，全区地区生产总值达到150亿元，同比增长16.4%；财政总收入达到14.52亿元，增长42.67%；一般预算收入达到6.34亿元，增长48.28%；城镇居民人均可支配收入达到11414元，增长11.66%；农民人均纯收入达到3890元，增长13.42%；固定资产投资达到74.6亿元，增长58.66%；社会商品零售总额达到17亿元，增长23.9%。各项主要经济指标增幅位居全市前列。

二、煤矿兼并重组和升级改造取得新突破，煤炭产业整体素质显著提升

在2006年—2007年完成第一轮煤炭资源整合，2008年累计投资20多亿元，对具备条件的矿井先行实施综采改造的基础上，2009年按照国家产业政策和省市关于煤矿兼并重组工作的一系列安排部署，以中煤、阳煤、同煤等8家大型煤炭企业集团和华美奥、西易2家地方骨干煤矿集团为主体，对原来的48座煤矿和3座市直煤矿再行进行整合重组，一步到位淘汰了年产90万吨以下的矿井26座，保留矿井25座，平均单井规模由15万吨提高到120万吨，增长7倍；产能由1200万吨提高到3000万吨，增长1.5倍；资源回收率由20%左右提高到75%以上，所有保留矿井全部实现综采，取消了炮采，煤炭工业集约化、规模化、机械化开采水平和安全保障能力将有一个大的提升。通过坚持不懈地推进

煤矿兼并重组和升级改造，我区成功走出一条靠生产力进步实现煤炭本质安全和可持续发展的道路。在全球金融危机面前，我区的煤炭资源整合和煤矿兼并重组、机械化升级改造凸显出超强的先发效应，得到省委、省政府主要领导的充分肯定。

三、“一城十镇百村”建设取得重大突破，城乡统筹发展能力得到有效提高

按照城乡统筹发展的思路，以城乡布局，基础设施、产业发展、社会保障和社会事业“五个一体化”为抓手，全面启动实施了“一城十镇百村”发展战略。截至目前，城区旧城改造一期工程基本结束，完成投资20多亿元，拆迁100多万平方米，新建在建200多万平方米，城市人口由4.5万增加到近10万。二期工程全面启动，计划拆迁40万平方米，新建续建100多万平方米，城市面积将由20万平方公里扩展到28万平方公里，届时主要指标接近全国平均水平，位居全市前列。“十镇”建设基本完成，人口由1万增加到2万。“百村”建设初具规模，移民搬迁137个村、3642户、18648人，村庄总数由442个缩减到286个，建成36个村128公里通村公路，解决了55个村人畜安全饮水问题，道路、饮水、学校、广电、医疗“五个全覆盖”在“一城十镇百村”基本实现。深入开展家电、汽车下乡活动，补贴农民50多万元。无矾粉丝、荞麦系列产品加工项目等6个“两区”项目建成投产。按照区域化布局、规模化生产、特色化发展思路，小杂粮、马铃薯、油料等五大基地建设初步形成。全年发放粮食直补、农资综合补贴和农机补贴共1720多万元。围绕“一城十镇百村”建设，大搞生态建设，近年来，每年大约投资1个亿，对城乡周边、公路沿线、荒山荒坡等进行绿化，林草覆盖率由原来的18%提高到30%。养殖业发展规模不断壮大，4个标准化养殖小区开工建设，10个标准化养殖小区配套完善，5个股份制牧场初具规模，梅花鹿、野猪、山鸡等特种养殖业迅速发展。全区养羊总量达到47万只，牛饲养量达到3万头，畜牧业收入占农业总收入的60%以上。

本区的统筹城乡、整体联动的成功实践得到了各级领导的充分肯定。去年8月份，全市在我区召开了新农村建设现场会，刘维佳副省长对平鲁模式给予高度评价。9月份，国家有关部委在我区举办了新中国成立60周年暨新农村建设研讨会，与会官员、学者认为：平鲁是一个能够反映新中国成立60年、改革开放30年里中国农业经济飞速发展及新农村建设成果的典型，“平鲁模式”值得推广。

四、各项重点工程强势推进，产业发展后劲进一步增强

2008年以来，在本区境内开工建设的总投资238亿元的引黄北干，东露矿，准朔铁路，荣乌、平朔高速公路和神电关小上大六个国家重点工程项目陆续开工建设，26项中央扩大内需投资项目进展顺利，14项省、市重点工程稳步推进，高岭土扩能、化肥厂四期、大型汽车修配城等项目开工建设，乌龙洞、北固山、明海湖等生态旅游景区开发一期工程全部结束，矸石电厂二期、败虎风电、新型建材和特色农副产品加工等项目全部建成投产。随着这些新型产业的逐步壮大，本区产业结构正在发生历史性变革，多业并举、多元支撑的产业格局正在形成。

五、各项社会事业全面进步，民生问题得到很大改善

教育方面，投资7000万元的城区寄宿制小学启明学校建成启用；投资3000万元的二小改造工程主体完工；投资1000万元的机关幼儿园改造工程交付使用；投资7000万元的12所高标准农村寄宿制学校全部投入使用，城乡教育均衡发展的架构基本形成；2009年李林中学本科达线379人，增长32.6%，增幅全市第一，被评为省级示范高中，我区被教育部表彰为推进义务教育均衡发展工作先进地区。医疗卫生方面，投资1.2亿元的区综合医院主体竣工，被省人民医院接管为分院，现正紧锣密鼓按二甲医院标准进行装备建设；投资1000万元的11个乡镇卫生院、212个村卫生室改造全部完工。人口计生工作方面，基层基础建设扎实推进，服务体系进一步完善，奖扶政策全面落实，优质服务再创佳绩，综合考核位居全市前列。文化事业方面，文化体制改革积极推进，城乡公共文化服务体系日趋完善，优秀文艺作品不断涌现，体现民族精神的电视连续剧《李林的故事》拍摄完成，由央视执导的新中国成立60周年特别节目《我们的新农村—和谐平鲁》，在国庆期间与全国观众见面。社会保障方面，进一步健全完善了养老、失业、医疗、工伤和生育等社会保障制度，全面推进城镇居民医疗保险、灵活就业人员养老保险、65岁以上农民生活补助等保障制度，扩大了城乡居民最低生活保障覆盖面，建立了统筹城乡的劳动力市场体系，劳务输出2634人，开发公益性岗位安置236人，安置零就业家庭590人，安置贫困大学生72名到乡镇寄宿制小学任教，安置旧城拆迁企业29名干部到乡镇事务所工作，初步形成覆盖全区的社会保障网络，社保工作全省领先。

六、信访维稳安全工作成效显著，平安平鲁建设又上新水平

实行区委书记和四大班子领导大接访制度，开展了信访案件化解年活动和矛盾隐患大排查行动，健全和完善了“属地管理、分级负责，谁分管、谁负责”的信访领导负责制和信访责任制。坚持接待上访与干部下访相结合，开通社情民意通道，及时受理答复群众来信来访，有效解决了一批群众反映的历史遗留问题，信访总量明显下降。组建了保安公司和维稳反恐应急分队，开展了严打整治行动，全年刑事立案496起，破获471起，破案率94.9%，有力地维护了全区社会稳定。

七、党的建设全面加强，执政能力显著提高

进一步加强理论武装，深入开展了深入学习实践科学发展观活动，扎实开展了学习党的十七届四中全会和“右玉精神”活动。深入开展了“三级联创”活动，实施基层党建工作精品示范带动工程，建起40多个党建精品示范点。建起了困难党员帮扶基金。建立并开通了12个乡镇60个农村远程教育接收点。完善了大学生村干部帮扶和管理机制，设立了大学生村干部创业基金。进一步加强干部队伍建设，扎实推进党风廉政建设和惩防体系建设。加大煤炭领域反腐败斗争力度，共查缴“三违”资金33517万元。加大案件查办力度，全年立案调查71件，处理违纪党员干部71人。严格制止学校乱收费，对全区10所小学、3所初中、13所乡镇寄宿制小学进行了收费检查，查实违规金额39.2万元，责令退还学生，对6名相关负责人在全区通报。检查督促区医院参加全省网上公开采购药品，总标值320万元，让利社会16.2万元。严格治理公路“三乱”，组织公安、交通等相关单位，深入开展明查暗访，共查处执法不规范案件5起，涉及人员9人，全区通报4人，经济处罚5人。严肃治理“小金库”，涉及12个单位，自查申报违规资金210万元，取消违规帐户5个。充分发挥党委统揽全局、协调各方的领导核心作用，积极支持人大、政协依法履行职能，大力推进依法治区，营造出了团结和谐、干事创业的良好氛围。

（杨　斌　石　海）

附：一、中共平鲁区委书记、副书记、常委名单

书　记：郭　健（8月离职）　李　俊（8月任职）

副书记：李　俊　刘　彪　孟　占　呼运平（2月挂职）

常　委：赵保良　边润文　刘　旺　董晋生　丁　裕　吕慧勤

二、乡镇党委书记、副书记名单

井坪镇

书　记：孟福荣（2月离职）　高　翔（2月任职）

副书记：张万军　刘文斌

白堂乡

书　记：武　军（10月离职）　贯丕福（10月任职）

副书记：张颖生（3月离职）　王　波（3月任职）　解志远（9月任职）　贺永兴

陶村乡

书　记：武卫东

副书记：孟　泽　朱步升

下面高乡

书　记：马金永

副书记：落常春　刘卫平　梁志强

向阳堡乡

书　记：王武魁（11月离职）　李玉兰（女，11月任职）

副书记：王志平（11月离职）　赵占祥（11月任职）　刘贞鑫

凤凰城镇

书　记：雷慧儒

副书记：计瑞芝（女）　赵建新

榆岭乡

书　记：高成富

副书记：孟廷忠　武尚荣

西水界乡

书　记：寇志坚

副书记：王占斌　徐　海

双碾乡

书　记：张秀珍（女）

副书记：石国玮　康巨荣　郭重阳（6月离职）

阻虎乡

书　记：高　翔（2月离职）　王　军（2月任职）

副书记：张晓青　苏玉芳（女）

下水头乡

书　记：袁　耀

副书记：解志远（9月离职）　王　波（9月任职）　王香莲（女）

高石庄乡

书　记：李和有

副书记：李久祺　侯彦春

下木角乡

书　记：杜　耀

副书记：刘志仁　韩　章

中共怀仁县委工作概况

怀仁县现有基层党委21个，党总支35个，党支部519个，全县党员共12274名，占总人口的4.09%。其中，2009年发展党员389名，占全县党员总数的3.17%。

2009年是新世纪以来怀仁县经济社会发展最为困难的一年。一年来，中共怀仁县委坚持以邓小平理论和“三个代表”重要思想为指导，深入贯彻落实科学发展观，全面贯彻党的十七大和十七届三中、四中全会精神，团结带领全县广大党员干部群众，以深入学习实践科学发展观活动为契机和动力，积极应对国际金融危机冲击，全力保增长、保民生、保稳定，深入推进转型发展、安全发展、和谐发展、全面发展，切实加强党的领导，全县经济回升向好的趋势不断巩固，各项工作取得了新进展、新成效。

一、有效应对国际金融危机冲击，全县经济保持平稳运行态势

2009年完成地区生产总值92.8亿元，财政总收入13.04亿元，一般预算收入4.1亿元，城镇居民人均可支配收入15772元，农民人均纯收入6380元，社会消费品零售总额31亿元，全社会固定资产投资41亿元。全县经济运行平稳，县域经济综合实力连续三年进入中国中部百强县行列。

二、加大调整产业结构力度，经济增长的内生力明显提高

坚持把应对危机与调整结构有机结合，着力提升传统产业，大力发展新兴产业，经济发展的后劲进一步增强。2009年共实施调产项目34个，其中新建16个、续建15个，累计完成投资25.49亿元。煤矿兼并重组工作在全省领先。县属14座煤矿整合重组为7座年产90万吨以上的综合机械化大矿，加上驻怀的4座煤矿，全县煤炭年产量将达到2000万吨。规划建设了金沙滩煤炭洗选配送园区，签订协议入驻园区年洗选能力120万吨以上的企业达20家，工程全部完工达产后，年洗选发运能力将达到2000万吨，加上原有的18座发煤站，全县煤炭发运能力将达到8000多万吨。重点工程扎实推进。共铺开重点工程38项，完成投资31.86亿元，其中已完工14项。中央扩内需项目顺利实施。我们争取到的四批29个项目全部开工，其中19项完工。招商引资工作成效明显。全年共签订招商引资项目合同48项，签约金额194.3亿元。城市基础设施建设稳步推进。实施了城市道路改造等10项城建重点工程，加大了市容整治力度，基础设施日臻完善。同时大力实施“蓝天碧水”工程，提前完成了市政府下达的“十一五”减排任务，在全省32个蓝天碧水工程县市中排名第五。完成了热源厂二期工程，铺开了垃圾处理厂工程，城市集中供热普及率达到83%，城市污水处理率95%。大气质量二级以上天数达到340天，比2008年增加了16天，招商引资和人居环境更为优越。

三、加快农业产业化进程，统筹城乡发展取得新进展

认真落实各项强农惠农政策，共兑现粮食补贴3000多万元，县财政安排“三农”资金达9000万元。进一步调整农业产业结构，“三项建设”取得明显成效。新建各类日光节能温室大棚1156个、人畜分离小区7个，完成京津风沙源棚圈建设2.5万平方米。建设户用沼气池1829户，大型沼气站3座、大型秸秆气化站1座，建成农村沼气服务网点32个。建设城乡公路总里程225.5公里。全年完成造林面积3.5万亩，并启动实施了西山12万亩生态建设区工程。在大旱之年，农业和农村经济减产不减收，全县粮食总产量1. 5亿斤，农村经济总收入达到60亿元。大力发展农业产业化经营。新发展专业合作社42个，全县登记注册的农民专业合作社达到252个。农村“五个全覆盖”顺利实施，完成了市委、市政府确定的“两年任务一年完”的目标任务。农村公共事业长足发展，城乡差距逐步减小。

四、着力改善和保障民生，和谐怀仁建设迈出新步伐

认真实施了“五大惠民工程”，向人民群众承诺的“十件实事”基本兑现，被省委表彰为“全省和谐社会建设先进县”，被科技部评为“全国科技进步先进县”。就业和社会保障工作扎实有效。新增城镇就业岗位3600个，开辟公益性岗位721个，城镇登记失业率控制在2.4%以内。加大农村劳务输出力度。全年完成引导性培训1.5万人，转移性培训900 人。城市低保覆盖11877人，农村低保覆盖13324人。各类社会保险基金滚存结余1.6亿元。建成了县中心敬老院和何家堡乡敬老院。教育事业快速发展。2009年全县高考二本以上达线人数2374人，达线人数连续18年保持全市第一。医疗健康工作不断强化。实施了县人民医院和4个乡镇卫生院改扩建工程，新建村级卫生室103个，甲型H1N1流感防控工作富有成效。新型农村合作医疗参合农民达到16.2万人，参合率达到91.56%。人口自然增长率为4.6‰。获得了“全省计生优质服务县”和“全省卫生城市县”称号。全市人口计生基层基础建设现场会在我县召开。安全形势明显好转。投入1.4亿元改善安全生产设施，安全生产水平进一步提高，全县未发生一起重特大安全恶性事故。

五、加强民主法制建设，安定和谐的局面进一步巩固发展

积极支持人大、政协依法履行职能，继续加强同民主党派、工商联、无党派人士、非公有制经济人士的合作共事，充分发挥工会、共青团、妇联等人民团体的桥梁纽带作用，基层民主活力进一步增强。加快推进依法治县进程，不断加强社会治安综合治理，全面引深“平安怀仁”创建活动，新建了10个乡镇综治中心，公安监控系统实现了对全县36平方公里的全覆盖，全县治安防控水平进一步提高。引深“县委书记大接访”活动，及时化解了一批矛盾，为国庆60周年和市庆20周年营造了良好的社会环境。被评为“全国城市报警与监控建设先进县”和“全省社会治安综合治理先进县”。不断强化国防后备力量建设，深入开展了“双拥共建”活动。严密监控和打击邪教组织，有力地维护了全县改革、发展、稳定的大好局面。

六、大力繁荣发展文化事业，城乡整体文明水平不断提升

广泛开展了文明和谐创建活动，获得了全国文明县城荣誉称号。成功举办了元宵节晚会、消夏晚会和山西·怀仁仁义经典美文诵读等文化活动。深入开展科技、文化、卫生“三下乡”等活动，城乡群众文化日益繁荣兴旺。怀仁旺火习俗被列入省级非物质文化遗产。我县被命名为全省民族传统节日保护示范地。大力发展文化事业，推出了一

批文艺新人，创作了一批优秀作品，完成了电影《大学生、小村官》拍摄工作和后期制作。未成年人思想道德建设继续加强。城乡整体文明水平明显提升。全县涌现出省级文明和谐创建单位16个，市级文明和谐创建单位35个。

七、加强党的建设，为撤县设市提供了坚强组织保证

深入学习实践科学发展观活动取得明显成效，先后解决各类突出问题620多个，废止各类制度32项，修订完善246项，新建114项，广大干部群众贯彻落实科学发展观的自觉性和坚定性进一步增强。加强领导班子和干部队伍建设，共调整干部309名，其中提拔118名，公开招考聘用大学生村官52名，进一步优化了干部结构。扎实开展“三级联创”和“党建先进县”创建活动，实施了村村发展党员工程，建立了大学生村干部创业基金和创业基地，落实了农村干部岗位报酬和养老保险，基层党组织的创造力、凝聚力和战斗力得到增强。非公有制企业党建工作迈出了新步伐。党风廉政建设和反腐败工作深入推进，全年纪检监察系统共立案查处案件52件，结案50件，其中大要案25件，处分违纪人员55名，其中科级干部10人。在全县营造出了风清气正的良好环境。（张旭东）

附：一、中共怀仁县委书记、副书记、常委名单

书　记：牛志忠

副书记：王智杰　郭文新　李恒仁

常　委：孟新平　司永恒　李启军　曹步清　何勇儒　赵　玺　梁　锋

二、乡镇党委书记、副书记名单

云中镇

书　记：王万波

副书记：边彦明（2月离职）　张致荣（2月任职）　刘　鹏（2月离职）　曹国强（7月任职）

何家堡乡

书　记：连文忠（2月离职）　王克非（2月任职）

副书记：郭俸铨　刘保祥

吴家窑镇

书　记：陈志刚（2月离职）　刘宏武（2月任职）

副书记：刘宏武（2月离职）　刘　鹏（2月任职）　王建荣

金沙滩镇

书　记：武春兰（女，2月离职）　陈志刚（2月任职）

副书记：张致荣（2月离职）　刘建文（2月任职）　佘治山

新家园镇

书　记：王克非（2月离职）　武春兰（女，2月任职）

副书记：马　宏（7月离职）　王　福（7月任职）

怀仁县金沙滩生态旅游区

贾培贵

亲和乡

书　记：聂秉臻

副书记：王进军（2月离职）　姜世广（2月任职）
王廷志

海北头乡

书　记：潘玉峰（2月离职）　仝晨宇（2月任职）

副书记：刘建文（2月离职）　王秀东（2月任职）
陈丽芬（女）

河头乡

书　记：宁军霞（女）

副书记：仝晨宇（2月离职）　石　晶（2月任职）
魏建营

马辛庄乡

书　记：王云中（2月离职）　张启荣（2月任职）

副书记：张启荣（2月离职）　刘兴中（2月任职）
杨雨锋

毛皂镇

书　记：王　俊

副书记：武　季（7月离职）　李剑星（7月任职）
刘兴中（2月离职）　田　龙（7月任职）

中共应县县委工作概况

应县现有6个党组，14个基层党委，33个党总支，561个支部，517个党小组，12371名党员，党员总数占全县总人口的4.12%。2009年，县委认真贯彻党的十七大和十七届三中、四中全会精神，紧紧围绕“三保”主题，在招商引资、项目建设、财政增收、现代农业建设、新农村建设、旅游产业开发等方面实现了新的历史性突破，开创了全县经济社会转型跨越、科学发展、蓄势赶超的新局面。

一、以招商引资和项目建设为重点，经济实力取得新突破

2009年引进五大地面工业项目：一是总投资1.07亿元的加拿大独资企业药用植物空心胶囊及软胶囊生产建设项目；二是总投资1.7亿元的年加工600万张绵羊皮项目；三是投资1.1亿元的年产6000吨橡塑助剂项目；四是总投资15亿元的山西晶都太阳能用单晶硅电池项目；五是总投资2.5亿元的2×12兆瓦热电联供项目。投资总额突破了20亿元，达产达效后可实现税收四至五亿元。全县工业总产值完成161390万元，同比增30.86%；完成增加值63829万元，同比增17.37%；工业企业利税总额11896万元，同比增19.01%；上缴税金5450万元，同比增33%，均创历史新高。财政总收入完成18460万元，增长14.9%，增收2394万元；全县一般预算收入完成8144万元，增长22.48%，增收1495万元。

二、以“三项建设”为抓手，农业转型和新农村建设创出新优势

一是以温室大棚为主的设施农业建设强势推进。围绕培育设施菜、鲜切花、食用菌、特色果四大新兴特色产业，开工建设了百棚以上温室示范园区16个，千棚以上园区1个，完成园区土建工程9个，完成投资5700万元。

二是以奶牛、肉羊养殖为主的标准化小区建设规模空前。全县规划建设畜牧棚圈5万平方米，新建养殖小区45个。重点是投资6000多万元，新建奶牛养殖小区25个，完成17个，入驻奶牛1万头；围绕肉羊产业化发展，投资1600万元，新建养羊小区20个，年育肥100万只，完成投资1000多万元，建成小区12个。

三是以经济林、观光旅游为主的生态建设凸显特色。全年完成绿化造林8.045万亩，重点开工建设了投资1200万元的南泉、下马峪、金城、大临河四个乡镇万亩干果经济林建设工程，开工建设了投资1500万元、面积0.7万亩的塔北生态公园建设工程。

四是以改善生产生活条件为重点的新农村建设扎实推进。连续实施了5万亩玉米丰产方建设项目；完成了投资300万元1.5万亩高效节水工程；完成了投资2760万元的茹越峪和龙首山140平方公里生态水保工程；实施了投资790万元的风沙源治理工程；完成了投资320万元的大石口水库除险加固工程；完成了投资160万元巩固退耕还林成果项目工程；完成了投资931万元小南头片1.23万亩中低产田改造工程；完成了投资308万元的众鑫种猪繁育产业化经营项目扩建工程；完成了投资90万元的1400亩农综开发土地治理奖励项目；完成了投资40万元的精准农业灌溉信息化系统项目；铺开了杏寨片1.5万亩农业中低产田改造工程；深入实施了投资3697万元的义井乡3万亩国土整理项目。投资1596万元，完成了76个村通有线电视工程，投资198万元，完成了178个村广播电视无线覆盖工程；投资280万元完成了南河种镇示范卫生院建设工程，启动了杏寨中心乡镇卫生院改造工程，完成了70个村卫生室建设工程；投资2300万元完成了115公里的农村道路通畅通达工程；完成了25个村3.22万人的饮水安全覆盖工程；投资882万元，完成了三所农村校舍安全改造工程；投资近1200万元，完成村庄街巷硬化28公里，铺筑人行道8万平方米，安装路灯300盏，绿化美化空地1500平方米，完成街道和环村植树3.8万株。完成了大临河乡留义村秸秆气化项目的完善配套工程，完成了1500个沼气池的完善利用工程和1000个沼气池新建工程，完成了200户生物质能炉和200户吊炕示范工程。全县10个省级试点村、68个重点推进村、90个“三化村”，按照标准要求都有新的提高。同时，全县发放粮食、良种、农

机、畜牧补贴3319万元，向91个村发放"一事一议"小型公益事业补贴资金561万元，补贴家电汽车摩托车下乡资金319万元。2009年全县农村经济总收入238200万元，同比增12.32%；农民人均纯收入4110元，同比增8.04%；粮食总产20.0666万吨，同比增8.97%；蔬菜总产量11亿公斤，同比增10%；甜菜总产量3.10万吨；奶牛养殖总量3万头，肉羊16万只；全县林地面积达到73.6万亩，其中经济林2.2万亩；花卉、食用菌等新兴特色产业呈现出方兴未艾的发展势头。被省委、省政府授予全省粮食生产先进县。

三、以"文物资源"为依托，旅游开发再谱新篇章

2009年，启动了应县旅游发展总体规划、木塔景区和石柱山景区修建性详规及控制性规划、龙首山景区和跑马梁景区控制性规划的编制工作。投资1180万元，完成了石柱山旅游专线和停车场建设工程；启动了投资2500万元的木塔周边环境整治项目；投资100多万元，完成了木塔院内硬化改造工程；完成了木塔景区视频观景台安装工程，全天侯记录景区风景；启动了投资1500万元的塔北万亩生态公园建设工程；开工建设了投资1200万元的南泉、下马峪等四乡镇万亩干果经济林建设工程；启动了现代农业千棚园区建设工程，以发展自然山水风光游和现代观光农业游为努力方向，赋予旅游业发展以新的内涵。

四、以"百年大计"为己任，教育振兴拉开新帷幕

县委、县政府积极探索党委"议教"的有效途径和"工作组助教机制"，以及分级负责的责任主体管理办法和"教育包干"的内部管理办法，强势展开教育秩序整顿，对长期外流、限期没有返岗的4名教师予以除名处理。投资882万元，完成了3所农村校舍安全改造工程，改造面积64061平方米；完成了县二中公寓楼配套、县城公办中小学多媒体教室装配工程；投资6000万元，开工建设了占地81亩、建筑面积34528平方米的县职教中心建设工程，主体工程已完成三分之一。

五、以和谐发展为主题，各项事业迈出新步伐

道路交通事业，完成了总投资3490万元、全长174.5公里的农村道路通达通畅工程；完成了总投资1050万元长17.5公里2条县级公路改造工程；开工建设了3条80公里全覆盖项目山区主干线路基工程；招商引资启动了应繁路及梨树坪隧道建设工程；城乡安全饮水，完成25个村、3.22万人的人畜饮水安全覆盖工程，超额完成了年度任务；完成了8700多户城镇居民自来水入户管网改造工程，实现了县城全天供水。住房和城乡建设，完成了总投资3600万元、面积3万平方米的廉租房建设A、C区主体工程和B区基础工程；完成了总投资2970万元、建筑面积3万平方米的经济适用房主体工程；完成了总投资3900万元的县城生活垃圾处理厂主体工程。园林绿化和市政服务，投资500万元，完成了以城市道路、公园广场为主的城市绿化美化工程，新增绿地64万平方米；投资200多万元，完成县城主街道、人行道硬化37230平方米，维修道路1100平方米。环保工作，全年县城二级以上天气达到340天，被中华环保联合会等四家单位评为"中国绿色名县"，被省政府表彰奖励为对环境改善有突出贡献的前10个县之一，并夺得了全省"蓝天碧水成就展铜奖"。文体广电事业，投资318万元，建成10个高标准乡镇文化站、24个全民健身广场；投资1596万元，完成了76个村通有线电视工程；投资198万元，完成了178个村广播电视无线覆盖工程；新发展数字电视用户800多户。医疗卫生事业，投资280万元，完成了70个空白村4600平方米卫生室建设；投资120万元，完成了3所乡镇卫生院的基建完善工程；投资180万元，完成了12个乡镇卫生院医疗设备配备工作，投资500万元，开通了山西远程医疗网应县示范点；完成了总投资1800万元的县医院改造项目立项工作；参合农民达到232129人，参合率为93.5%；同时还招录了22名乡级卫生监督员。计生工作，共落实各类计划生育奖励1272人，完成社会抚养费征收107.4万元，落实长效节育措施3585例，特别是投资370万元，完成了7个乡镇计生服务站建设；人口出生率和自然增长率分别控制在7.37‰和4.16‰。社会保障事业，全县企业养老、工伤、城镇职工医疗、失业、城镇居民医疗、机关事业养老、农村养老等各类保险参保人数达到77772人，征缴基金5486万元，各项基金历年累计结余7627万元；就业再就业1833人；参加职工大病医疗互助7220人，参保资金36.1万元；享受农村低保、五保、65岁以上的农村居民生活补贴和城市低保53171人，共发放保障补助资金和各类救助金4236万元，发放优抚对象生活补助421万元，发放救灾款117万元。深入开展矛盾排查调处工作，坚持实行主要领导信访接待日和领导包案责任制，变群众上访为干部下访，从源头上化解各类不稳定苗头；认真落实各项综治措施，实行资源优势整合，组建了维稳信访综治中心，形成了横向到边、纵向到底的综治网络，实现了群防群治，县委被市委、市政府评为"国庆信访工作先进集体"。深入开展严打整治斗争，建设"平安应县"，全年破获各类刑事案件252起，打掉各类刑事犯罪团伙13个，破案率达86%，查处治安案件875起，抓获违法犯罪人员974名，抓获网上逃犯85名，完成了100多个村庄的平安互助网络安装工程。

六、以深入学习实践科学发展观活动为统领，党的建设不断加强

从3月份开始，分两批组织开展了学习实践活动，共有489个单位党组织、12192名党员参加。认真贯彻执行《干部任用条例》，年内调整干部4次59名；落实了农村支部书记、村委主任岗位报酬和养老保险制度；新建活动场所4

个，配套129个；新建党组织70个；全年发展新党员215名。实行了党政“一把手”负总责和“谁主管，谁负责”及“一岗双责”制；认真开展了清查“小金库”工作；对5家单位的纪律作风问题进行了公开暴光，把工作不在状态、服务态度蛮横的3名政务大厅工作人员退回原单位；查处各类违纪案件42件，给予党纪处分31人、政纪处分8人；清缴各类资金26.17万元，查处违纪案件2件，处分2人；监督发放各类救灾救助资金2500多万元。同时，加强宣传思想工作。全年在各级报刊刊发稿件500多篇；举办了纪念新中国成立60周年系列活动；制定出台了《深入文化体制改革的实施意见》，完成了《神秘的释迦塔》电影剧本创作；申报成功了28个国家、省、市级文明和谐乡村单位，申报了市级文明和谐城市，表彰了全县“十大文明标兵”；开展了网吧、校园周边环境、荧屏声频、网络环境、有线电视传输接受秩序五项专治整顿行动，净化了社会文化环境。

（席　瑛）

附：一、中共应县县委书记、副书记、常委名单

书　记：王守林（8月任职）

副书记：王守林（8月离职）　石海碧　李日明　张春生（2月挂职）

常　委：赵　杰　王维国　唐学仕　杜子有　石生华　白玉堂

二、乡镇党委书记、副书记名单

金城镇

书　记：郭志文

副书记：张宝峰　张巨生

南河种镇

书　记：王　文

副书记：王振兴　赵　生

下社镇

书　记：窦海章

副书记：李　宁　杨生礼

义井乡

书　记：李培银

副书记：杨永忠　唐怀仕

大临河乡

书　记：李有平

副书记：王东风　刘佃明

臧寨乡

书　记：张应生

副书记：刘　竹　曹保骥

杏寨乡

书　记：王　禅

副书记：高建光　张　仁　米宗泽

下马峪乡

书　记：段树瑞

副书记：程利民　王生云

南泉乡

书　记：张佩儒

副书记：李尚宝　杨乃文

白马石乡

书　记：张子官

副书记：赵利勋　安喜栋

镇子梁乡

书　记：张　美

副书记：寇永芳　赵耀峰　张晓东

大黄巍乡

书　记：段青章

副书记：胡文彬　赵喜权

中共右玉县委工作概况

右玉县现有基层党委12个，党总支9个，党支部340个，党员7443名，占总人口的6.6%。

2009年是右玉县经济社会发展历史上极不寻常、极不平凡的一年。既经历了金融危机愈演愈烈、加重影响实体经济的严重时期和我省煤炭资源整合对经济发展的阶段性影响，又面临了新中国成立60周年、朔州建市20周年庆典和国内外各种反华势力挑衅滋事带来的社会安全稳定压力。一年来，全县深入贯彻落实科学发展观，全力保增长、保民生、保稳定，较好地完成了年初确定的目标任务，各项经济指标平稳较快增长，经济社会呈现出又好又快的发展态势。完成地区生产总值21.63亿元，同比增长15.9%；财政收入完成2.79亿元，同比增长16.8%；城镇居民人均可支配收入达到10345元，同比增长12.5%；农民人均纯收入达到2802元，同比增长11.3%。荣获了多项国家和省级荣誉，被国家旅游局评为4A级旅游景区，成为目前全省唯一以整个县命名的国家4A级旅游景区；在全国50家小城角逐中脱颖而出，获得“中国首批魅力小城”荣誉称号；通过国家科技部、发改委等17个部委评审，成为国家可持续发展实验区；在建国以来全省首次林业工作会议上，被授予“全省林业建设突出贡献奖”；荣获首届“山西环境保护奖”；被省委、省政府授予“2009年度扶贫开发工作先进集体”，被省农田水利基本建设领导组评为2008–2009年度农田水利基本建设红旗县，被省政府授予“2009年度中小学校舍安全工程先进集体”等。特别是省委作出大力学习弘扬“右玉精神”的决定，“右玉精神”得到省、市各级和社会各界广泛关注，右玉的对外知名度和影响力显著提升。

（一）项目建设在千方百计落实资金和协调处理各方

利益的艰难进程中快速推进。县委坚持把项目建设作为拉动投资、加快发展的重要动力，坚定不移打基础增后劲，实现了项目建设新突破。一是扩内需项目全力推进。全年共报批实施4批34个扩内需项目。完工18个，完成投资5988.88万元。二是重大项目实现历史性突破。大呼高速公路右玉段路基工程全部完工；2×30万千瓦煤矸石电厂完成基础建设工程；海子湾水库工程奠基，正在进行前期工作；同煤铁丰铁路开始铺轨。三是调产转型项目快速壮大。全省首家完成煤矿兼并重组工作；福光风电厂33台机组投入运营，国电山西洁能公司4.95万千瓦风电项目已安装部分风电机组，业家村22万伏变电站土建和输变电塔架线路工程完工；全盛乳化炸药生产线项目投入试运营，泉鑫公司新上单晶莫来石项目煅烧窑土建工程完工，神固干法水泥熟料生产线项目正在安装设备，朔玉建材公司年产120万吨水泥粉磨站一期项目已订购设备；臣丰食业公司苦荞保健食品和茶叶加工项目土建工程完工。四是招商引资工作成效显著。在第四届"中博会"、"农博会"和十一届"高交会"上签约8个项目，总投资18多亿元。

（二）"三农"工作在积极应对自然灾害和农产品市场低迷的形势下成效明显。我们紧抓农业调产不放手，多措并举促增收，有效保障了农村繁荣、农业增效、农民增收。一是现代农业发展成效明显。大力实施"双新"工程，"两高一优"农作物种植面积大幅增加。积极开展农业结构调整"622"模式试点工作，建立马铃薯种薯繁育基地，培育壮大了杂粮、高产土豆和玉米种植等主导产业。继续推进标准化养殖小区建设和优种繁育改良工程。积极发挥龙头企业和农民专业合作组织作用，产业化水平进一步提高。二是基础建设全面夯实。实施了11个重点推进村和30个整治村的环境整治，新增2个省级环境优美乡镇和8个省级生态文明村。"五个全覆盖"工程扎实推进，完成通村水泥路183公里、校舍安全改造6所、村级卫生室211个、广播电视"村村通"42个、人口饮水工程17个村。大力实施整村推进项目，新建100套移民住房。与此同时，共落实发放家电下乡、粮食直补等涉农补贴3246.5万元。继续加大县财政对农业农村的资金投入，城乡统筹发展机制进一步形成。

（三）生态旅游在良好的政策支撑引导和强势外宣推动下持续升温。进一步夯实生态基础，加大旅游投入，完善配套设施，有力地推进了全县生态旅游产业发展。一是生态建设再掀新高潮。全年完成大片造林12.5万亩、通道绿化和补植103公里、城市绿化18万株、环城绿化2500亩、村庄绿化25个。二是旅游基础建设更趋完善。《右玉县生态旅游发展总体规划》通过省专家组评审。编制了《杀虎口古堡沿街及西口古道景区规划》。完成了右卫镇西城门修复工程，启动实施平集堡仿古建设工程，建成右卫城环城、杀虎口至小五台风电厂两条旅游观光道路。配套完善了南山公园、苍头河等景区景点建设。三是节会经济再显新气象。成功举办了第五届生态健身旅游节，承办了全省第三届农民篮球赛、全国传统武术精英邀请赛、全国部分省市民歌及原生民歌展演、中国右玉剪纸艺术大赛、第二届右玉风光摄影大赛、第三届西口文化论坛等一系列文体赛事活动。四是旅游带动作用明显增强。在生态旅游的辐射带动下，服务业不断得到发展。玉龙四星级商务酒店投入运营。多处景区景点建起了住宿、餐饮配套设施，推出了颇具地方特色的旅游商品。积极推进商业零售体系和商贸流通体系建设，玉林商贸中心主体工程完工。大力发展交通运输、物流仓储等基础服务业。全年共接待各地来宾游客60多万人次。

（四）城市面貌在新区建设的牵引拉动和基础设施项目配套完善下显著改观。按照改造旧城、建设新区、扩容提质的总体思路，加快城市建设，提升城市功能。一是城市建设坚持规划先行。编制了《县城新区建设规划》、《县城绿地系统规划》，并着手编制《县城旧区拆迁改造规划》。编写了《县城规划展览馆初设方案》和《生态县建设规划》。二是住房建设有序推进。廉租住房和经济适用型住房先后开工建设，续建了玉龙苑、玉馨园等住宅小区。三是城市基础设施建设不断夯实。垃圾和污水处理厂正在加紧建设，完成了环城排污管网工程，县城供水系统改造工程获得省开行贷款项目支持。完成了新区主干道路绿化、文化体育广场建设工程，拓宽改造了县城南出口。新建玉龙供热站，全县集中供热面积达到70多万平米。四是城市管理水平大为提升。深入开展城乡环境综合整治活动，进一步明确了城建、园林、城管执法、社区等单位在县城管理方面的职责，县城环境秩序进一步好转。

（五）和谐建设在各项惠民实事的有效落实和强有力维稳措施的保障下卓有成效。认真落实"十件惠民实事"，致力改善民生，广大群众得到更多实惠。一是社会各项事业全面进步。举全县之力办人民满意教育，全年用于教育的各类投入达1.5亿元，新建了右玉一中、新城镇中学宿舍楼、餐厅，一完小新教学楼，元堡子镇董半川学校。续建和改造了牛心甘泉庄寄小，机关幼儿园等学校。完成了四小和中巴两所民办小学改制。录用各科优秀教师54名和特岗教师86名，进一步充实了教师队伍。采取请进来、走出去相结合的办法，不断提升教师素质和能力，教育教学水平明显改观。通过新建、改建，乡镇卫生院全部恢复正常运行。社区医疗服务中心建成投入使用。新农合参合率达91%。甲型H1N1流感防控工作取得阶段性成果。计生长效节育措施和奖励扶助政策落到实处，人口计生主要指标圆满完成。全县非物质文化遗产大普查成果已通过省有关部门审查，抢修、维修了右卫镇宝宁寺、水府殿和杀虎口堡门。右卫镇荣获省级历史文化名镇，我县第三次文物普查工作荣获全省第一名，新农村"两区"文化、体育阵地建设工作名列全市第一。二是社会保障水平不断提高。全面落实城乡救助、救济政策。启动了城镇个体工商户和灵活就业人员养老保险制度，完善了城乡65岁以上居民生活补贴制度。加大各类社会保险覆盖面，全年征缴各类社会保险费4300多万元。按时足额发放了企业退休人员养老金和失业人员救济金。培训下岗失业人员、煤炭企业职工、农民工达3000人次。三是社会安定局面不断巩固。坚持实行县委常委、副县长每月定期接访制度，妥善协调各方利益，积极预防和化解社会矛盾。切实加强平安右玉建设，严厉打击各类犯罪活动，圆满完成新中国成立60周年和建市20周年庆典安全维稳工作。严格落实安全生产制度，安全生产形势平稳。

（六）党的建设在全省弘扬右玉精神的热潮和学习实践科学发展观活动中全面加强。以全省大力学习弘扬右玉精神为动力，把学习弘扬“右玉精神”与学习贯彻十七届四中全会精神和深入学习实践科学发展观活动结合起来，全面加强党的建设。积极探索新形势下开展党建工作的新方法，努力扩大党建覆盖面，增强党的基层组织战斗力。55名大学生村干部进入村两委班子，154名大学生村官兼任所在村团支部书记，村级组织活力进一步增强。全面加强干部培训，对全县科级干部进行了十七届四中全会精神专题培训，先后选派110名干部赴发达地区培训学习。全面推进绩效考核工作，干部队伍建设逐步强化。坚持惩防并举，煤焦领域反腐败专项治理成效明显，党风廉政建设深入推进。深入开展“全省学右玉，我们怎么办”大讨论活动，大力加强干部作风建设，全县上下形成了干事创业的浓厚氛围。

（王军芳　李振贤）

附：一、中共右玉县委书记、副书记、常委名单

书　记：陈小洪

副书记：苏连根　李月明　解志强　陈　琦

常　委：董建军　张　祥　马占文　董　达
高　才（5月任职）

二、乡镇党委书记、副书记名单

新城镇

书　记：魏　斌

副书记：韩志强　张毓新　王玉良

右卫镇

书　记：杨永文

副书记：杨　成　高玉明　韩晓辉（女）

威远镇

书　记：韩日华

副书记：蔚　瀚　程　军　王栓有

元堡子镇

书　记：卢太平

副书记：李永平　田和平

李达窑乡

书　记：贺　仲

副书记：蔡灵和　王日勋

高家堡乡

书　记：刘占彪（8月离职）　王建忠（8月任职）

副书记：王建忠（8月离职）　田兴世（8月任职）
刘永旺

牛心乡

书　记：郭书礼

副书记：王志文　傅生瑞

杨千河乡

书　记：王志平

副书记：李鹏泉　陈福明　降　君

丁家窑乡

书　记：门进孝

副书记：赵一虎　王志军　王　飞

白头里乡

书　记：李国斌

副书记：武振东　许志刚　韩　强

杀虎口旅游区

书　记：王　宇

副书记：吴红岩

中共山阴县委工作概况

山阴县共辖3镇10乡，县直党委1个，党组8个，基层党委21个，党总支28个，党小组1524个，党员总数10192名，占全县总人口的4.47%。

2009年，山阴县委全面贯彻落实党的十七大和十七届三中、四中全会精神，审时度势，沉着应战，同舟共济，克难攻坚，全县经济实现困境逆转，社会事业全面进步，民主政治扎实推进，党的建设不断加强。全年地区生产总值完成99.44亿元,同比增长15.34%；财政总收入完成18.18亿元，同比增长0.45%。财政总收入和一般预算收入总量、新型农村合作医疗参合率和累计资金使用率、煤炭发运能力和销量、环保综合考核等均位居全市第一。荣获省、市增加农民收入先进县、计生工作先进县、全市社会治安综合治理先进县等称号，跨入了国家中部百强县行列。

一、以转型发展为主线，拉动经济平稳增长

全县把保增长、促转型作为工作的重中之重，牢牢地掌握经济发展的主动权。

在推进煤矿兼并重组方面：按照“总量适度、优化布局、改善结构、提升水平”和“关小上大、产能置换、有序建设”的原则，加快煤炭资源整合和企业兼并重组步伐。经过整合重组，全县煤矿数量由39座整合为21座，平均单井生产规模由年产32万吨提高到126万吨，产能由1245万吨提高到2640万吨。

在实施结构调整战略方面：积极推进传统产业新型化、新型产业规模化、支柱产业多元化，坚持煤电一体化发展战略，促进了能源结构提档升级。合资31亿元建设的中煤金海洋昱光一期2×300MW发电项目，已完成投资6亿元。投资31亿元的2×350MW煤矸石综合利用发电供热项目二期工程已列入省“十二五”规划。玉龙土特产公司荣获省首届农博会“畅销农产品”金奖。天鹏肉制品加工厂成为全省规模最大的熟肉制品加工企业。广武边塞文化旅游区建设累计完成投资8060万元，建成了汉墓博物馆等七项重点工程，去年接待游客1万人次。全省首批十大循环经济试点园区之一的北周庄循环经济工业园区落地项目10个，已建成投产7个，年可实现销售收入18亿元，上缴税金5.3亿元，形成了煤—电—冶—新型建材—煤化工循环发展产业链条。

在加快转变发展方式方面：加大落后产能的淘汰力度，稳步推进蓝天碧水工程，投入资金6705万元，下大力气对地面工业企业进行环保治理、节能减排技术改造，有效地促进了企业的环保达标和转型发展。全县工业企业废水、烟尘、粉尘和二氧化硫排放稳定达标率均达到了95%以上。县城二级以上天数达到340天。

二、以改善民生为重点，推动城乡协调发展

在社会事业方面：

一是着力扭转教育落后局势。投资2316万元，建成薛圐圙、古城等8所农村寄宿制学校，新建高标准校舍2.6万平米。倍受全县人民关注的山阴一中建设工程即将开工，2010年完成主体工程，山阴高中教育正走出低谷，趋向看好。二是加快推进城镇化建设步伐。全面铺开天然气建设工程，当年完成投资7258万元，铺设了43公里供气主管网。新增供热面积近15万平方米，县城供热覆盖率达到74%。三是全面提高卫生、计生水平。21所乡镇卫生院国债项目全部竣工，新建和改扩建面积8157.76平方米。全县共有145335位农民参加了新型农村合作医疗，参合率达93.62%，高出全省平均水平1.62个百分点。积极开展“婚育新风进万家”活动，人口出生率和自然增长率都比前年有所下降，低于全省平均水平，跻身全省人口计生目标责任制考核先进县行列。四是不断加大安居工程投入力度。年内完成廉租住房投资1490万元，完成了336套、1.68万平方米的主体工程。五是继续完善社会保障体系。截止目前，全县养老、失业、医疗等八项保险参保人数达124526人，同比增长26%，征缴基金1.35亿元，比上年同期增长了22%，保障率达100%。农村养老保险工作列入全国新型农村养老保险试点县，走在全省前列。认真落实城市居民最低生活保障制度，城乡低保对象纳入29107人，发放低保金3668万元，基本实现了应保尽保。

在强农惠农方面：

采取“政府补、贷款扶、农民筹”的投资方式，县财政一次性提供财政担保资金2000万元，撬动银行首期融资5000万元，目前建成示范性温室大棚450座。预计到今年6月底，全县将建成设施蔬菜大棚近3000余座。积极推进人畜分离健康养殖小区建设，新建高标准奶牛养殖小区30个，全县奶站由278座整合为178座，奶牛存栏7.2万头，奶牛养殖实现了由量的扩张到质的飞跃，达到全省领先水平。加快推进生态建设。全年总计投资5500万元，造林10万亩，得到了国家和省市林业部门的充分肯定。认真实施并完成了农村“五个全覆盖”工程。共新建、改建公路42条334.5公里；改造中小学校舍28599平方米；新建改建村卫生室41个；解决了46个村2.46万口人1.07万头大牲畜的饮水安全问题以及1.5万户、6万多农民收听收看广播电视的问题。

三、以安全发展为保障，维护社会和谐稳定

一是切实提升安全生产水平。加大安全生产投入，要求整合后的煤矿配套综采设备。建立安全生产十项制度，层层落实安全生产责任。派出各类驻矿监管人员96名，对复工复产和重点煤矿,实行驻矿监管，做到严格监控。建立健全危化安全监管长效机制，对存在安全隐患的企业依法实施了彻底关闭。通过专项整治，未发生一起安全死亡事故。

二是认真开展社会治安综合治理。继续引深“平安山阴”创建活动，建成覆盖全县城乡的“五防五治”社会治安综合治理防控网络。开展“打击侵财犯罪”、“夏季严打”等一系列专项行动，案件发案率同比下降4.35%，侦破率提高27.2%，社会治安综合治理全部达标，社会平稳，人心安定。

三是着力化解涉访矛盾纠纷。拓宽社情民意反映渠道，及时化解矛盾纠纷，努力构建“大信访”格局。省市联席办交办我县的13 件积案全部办结，本县排查的11件积案已办结10件，全年赴省到市集体上访大幅下降，全国“两会”、国庆和其它敏感时期，实现了非正常进京“零上访”。

四、以提高执政能力为核心，全面加强党的建设

一是深入开展学习实践科学发展观活动。提出了鲜明的主题载体，把边学边改、边查边改、边整边改贯穿于学习实践活动的始终，正确处理工学矛盾，确保学习实践活动成为群众的聚心工作、满意工程。呈现出主题突出有特色、谋化发展有思路、结合实际有亮点、当前工作有实效的特点，广大党员干部思想认识水平得到提升，发展思路形成共识。

二是扎实开展思想纪律作风整顿。集中开展了“六要六不要”，弘扬“八种良好风气”的学习讨论，做到了靠制度理顺关系，靠制度管人、管权、管事，形成了坚持规矩、照章办事的工作格局。建立了监督落实机制，开展了“万人评议”，全县机关面貌大为改观，干部管理机制全面创新，干部作风明显转变，团结奋进的氛围初步形成。

三是大力加强精神文明建设。精心策划了“朔州建市20周年山阴图片展”，开展了“双百评选活动”,举办了

"爱国歌曲大家唱"、"迎国庆"歌舞晚会等活动。扎实开展"文明县城、文明乡村、文明单位"创建活动和"和谐家庭"申报创评活动，为全县的精神文明建设注入了新的活力。有3个单位顺利通过省精神文明单位的验收。培养了一批文化产业骨干品牌。健全了全县"文化信息资源共享工程"县乡两级网络，完善了18个农家书屋工程，完成50个村基层文化站建设,被国家体育总局评为"全民健身活动先进单位"。

四是不断加强基层组织队伍建设。对村"两委"主干全部兑现了财政补贴工资报酬、养老保险，加强了村级组织活动场所建设。建立起大学生村官待遇保障、教育培训、考核评价、创业推动、合理流动"五大机制"。新录用53名大学生村干部。开展了"四比一争"活动。重新修订实绩考评办法，完善了农村党员、干部"双考双亮"目标管理机制。充分体现考评结果的公正性、真实性、权威性。

五是积极探索和完善加强党风廉政建设的措施和办法。多角度、深层次开展反腐败斗争，收缴涉煤企业、非煤矿山企业和部分职能单位的各种税费、基金、价款和违纪违法资金累计5.98亿元，在全市总量排名第一。严格实行责任追究，切实搞好行风评议。全县各级领导和机关的勤廉意识、奉献意识、节俭意识、创业意识明显增强，人心思上、团结奋进、干事创业的局面正在形成。

（王景龙　马跃斌）

附：一、中共山阴县委书记、副书记、常委名单

书　记：陈晋才（9月离职）

副书记：侯　元　赵文君　苑　德
　　　　穆晓彤（2月挂职）

常　委：苏斌如（11月任职）　刘培平　程育胜
　　　　贺志功　钟启宇　毕治中　张凯瑞

二、乡镇党委书记、副书记名单

玉井镇

书　记：郭志平

副书记：陶占友　李志宏

马营乡

书　记：段国强（3月离职）　王嘉平（3月任职）

副书记：王碧邦（3月离职）　王尚龙（3月任职）

吴马营乡

书　记：苑　曙

副书记：张凤清　赵学春

下喇叭乡

书　记：王登峰

副书记：薛拉格（女）　肖玉林

北周庄镇

书　记：李可进（2月离职）

副书记：李志文（2月离职）　王碧邦（3月任职）
　　　　郑建平

合盛堡乡

书　记：杨晓明

副书记：吴玉梅（女）　兰彩云（女）

岱岳乡

书　记：靖文勇

副书记：何兴斌　邱建中

安荣乡

书　记：刘世泉

副书记：王尚龙（3月离职）　朱志斌（3月任职）
　　　　王志明

薛圐圙乡

书　记：秦汉文

副书记：赵生富　李玉恒

古城镇

书　记：李日宏

副书记：刘德义　薛有华（女）

后所乡

书　记：张志兴

副书记：乔新文　高贵林

张家庄乡

书　记：李建文

副书记：刘文斌　张跃谦

马营庄乡

书　记：郭兆文

副书记：郭金业　张志斌

中共忻州市委工作概况

市委书记　董洪运

忻州市现有基层党组织9910个，其中党委334个，党总支320个，党支部9256个。在党中央和山西省委的正确领导下，市委坚持以中国特色社会主义理论为指导，以科学发展观为统领，深入学习贯彻党的十七大和十七届三中、四中全会精神，认真落实市委二届四次全会的总体部署，以加强党的执政能力建设和先进性建设为主线，以开展深入学习实践科学发展观活动为重点，紧紧围绕"抓住五个发展、走出五条路子、打好五个攻坚战”的“三五”工作总要求和领导干部做好“五个表率”的要求，围绕中心，服务大局，统筹推进，锐意进取抓班子、选人才、带队伍、强基础、固基层，为有效应对国际金融危机，冲击确保全年经济社会发展各项任务的顺利完成提供了坚强的思想、政治和组织保证，各项工作均取得了明显成效。

一、深入学习实践科学发展观活动

2009年，市委把在全党开展深入学习实践科学发展观活动作为一项重大政治任务，按照中央和省委的统一部署，思想上高度重视、工作中精心组织，指导上严格把关；并做到了科学统筹，主动谋划、积极筹备、提早介入，启动及时，使整个活动平稳有序地进行。自3月初启动全市第二批学习实践活动以来，到2010年2月底，在两个批次的深入学习实践科学发展观活动中，共有16.3万名党员参加了活动。

一是创新活动载体，突出实践特色，始终做到了“五个更加注重”。在组织指导学习实践活动中，坚持分类指导的原则，根据两批参学单位的特点，在设计好总的活动主题、活动载体基础上，以实现第二批和第三批学习实践活动的有机衔接为着眼点，围绕全市“三农”工作和干部队伍作风建设等重点，分别组织开展了“服务三农十进村”和“城乡结对共建、帮学帮扶”和干部争做“五个表率”等主题实践活动，活动启动以来，各县（市、区）组织部门100 名领导干部（含部务会成员），与干部谈心达5528人次，接待上访282人次，征求到干部群众的意见建议1262条，建立帮扶联系点262个，结成帮扶对子974个，解决实际问题219个，解决信访问题154个。通过开展丰富多彩的主题实践活动，进一步创新活动载体，丰富活动内涵，提高了活动的效果。

二是统筹推进，整改提高，促进了市委“三五”工作总要求的全面落实。市直各单位有效应对金融危机冲击，落实“三保”措施，努力解决影响和制约我市科学发展的突出问题，结合本职工作边学边改，统筹推进整改落实在深化理论武装、解决突出问题、创新体制机制等方面均取得了丰硕的成果，实现了党员干部受教育、科学发展上水平、人民群众得实惠的基本目标，得到了中央巡回检查组、省委指导检查组的多次肯定，具体表现在：一是强化了全党理论武装，广大党员干部高举中国特色社会主义伟大旗帜，深入贯彻落实科学发展观的坚定性、自觉性、主动性明显增强；二是各单位进一步明确了科学发展的新思路，提振了推进科学发展、落实市委“三五”工作总要求的信心和决心；三是解决了一大批影响和制约本地单位科学发展的思想束缚和体制性障碍，建立健全了促进科学发展的体制机制和制度规章；四是通过边学边改解决了一大批人民群众反映强烈和实际问题，加强了干部队伍作风建设，有力地促进了“五大民生工程”的落实；五是有力地促进了当前各项工作，落实“三保”措施，巩固经济平稳发展，为全力推进了全市“三五”工作总要求的落实提供了强大动力。

二、围绕落实“三五”工作总要求选人才、建班子，领导班子和干部队伍建设取得了新成效

大力加强领导班子思想政治建设。认真贯彻落实中央《关于进一步加强和改进领导班子思想政治建设的意见》和领导思想政治建设座谈会精神，深入开展“讲党性、重品行、作表率”活动。在开展领导班子思想政治建设专题调研活动基础上，制定出台了《关于加强领导班子思想政治建设的意见》、《关于改进干部作风、做好“五个表率”的意见》、《关于在全市干部中开展争做“五个表率”活动的决定》三个文件，明确加强各级领导班子思想政治建设的七个重点，提出了符合市情的干部做好“五个表率”的具体要求，努力为落实市委提出的“三五”工作总要求提供坚强有力的保障。

进一步配强各级领导班子。针对集中换届以来各级领导班子建设的实际，特别是新一轮政府机构改革的需要，制定了“一个意见”和“一个规划”，即《市直机关09年度领导班子配备和干部调整意见》，初步拟定了2011年领导班子换届的各级领导班子建设规划，严格按照《干部任用条例》和省委“四个规定”，坚持德才兼备、以德为先的用人标准，把握“六个导向”和“六个注重”。2009年全市共选拔、调整县处级领导干部209人，其中涉及（市、区）32人，市直机关151人，市直企事业单位26人。完成了省管干部及全市市管县处级领导班子及领导干部的年度考核工作，协助省委组织部完成了对我市人大政协领导班子成员的考察工作，组织完成了人大新任领导成员的选举工作。选派新提拔的8名县（处）级干部和科级干部到市级信访部门、信访岗位培养锻炼，选派市直机关32名年轻科级干部下派到基层挂职锻炼。

不断强化对干部选任工作的监督。以“规范选人用人、匡正用人风气、建设高素质干部队伍”为目标，全面实行干部选任工作“一报告两评议”制度，市委组织专人参加了14 个县（市、区）的全委会。并上报了干部选任工作民主评议结果。严把干部选任中的征求意见和公示关，加强对本级党委干部选任工作全过程监督。草拟了《关于在全市开展科学规范和有效监督县（市、区）委书记用人行为工作通知》，规范“一把手”在干部调动、提名、酝酿、讨论决定等环节的行为。加强举报网络建设，充分发挥12380举报电话的监督作用。受理举报的问题均按干部管理权限进行了认真审核。

加强对干部队伍的宏观管理。认真贯彻落实中央关于干部考核“一个意见、三个办法”和省委“八个文件”精神，结合实际，在调查研究基础上，积极探索建立促进科学发展的干部综合考核评价机制，开展了对各级班子和领导干部的年度考核、日常考核工作，加大了考核结果的运用，发挥了导向作用。按照省委组织部的安排，认真组织了党群系统四级联考，从优秀村干部中招录乡镇公务员和

县乡事业单位工作人员工作，从全市优秀村干部中招录72名乡镇公务员和69名乡镇事业人员，拓宽公务员选录渠道，打开了基层一线优秀人才进入公务员队伍的通道。严格把握政策，对参照公务员法管理单位和市县直属事业单位参照公务员法管理的公务员登记、备案工作进行了认真落实。严把科级干部职数审批关，加强干部档案审核管理，提高了管理规范化水平。进一步加强新形势下的老干部工作，加大对离退休党员队伍的管理，老干部活动阵地建设有了新的进展，老干部党建工作进一步加强，老干部作用得到进一步发挥。

三、注重创新提高，基层组织和党员队伍建设取得了新突破

以第三批深入学习实践科学发展观活动为契机，全面贯彻落实党的十七届四中全会精神，突出改革创新，不断加强党的基层组织建设和党员队伍建设。

一是不断加强农村党支部书记队伍建设。认真贯彻落实中央《加强农村党支部书记队伍建设意见》，结合忻州实际，研究起草了《忻州市加强农村党支部书记管理实施意见》，对农村党支部书记的工作职责、选拔培养、岗位责任和监督、教育培训、激励保障、组织，领导等方面做了进一步明确，组织农村党支部书记专题轮训。并选派28名乡镇党政主要领导赴山东、江苏两省挂职锻炼，被当地干部群众誉为“三心”干部取真经。认真落实中央、省委关于“一定三有”政策要求，组织各县（市、区）在全市重点范围内开展了一次以村党支部书记、村委主任岗位报酬和养老保险工作为重点的基层组织建设专题调研活动。针对本市农村人口比例、贫困面比较大的实际，结合岗位履职考核等确定了不同的补贴等次，落实养老保险，进一步调动农村“两委”干部的积极性。目前，全市已为3131名村“两委”主干建立了个人养老保险帐户，占应参保总人数的52%；完成个人缴纳部分的88个乡镇，2222个村的2671名村“两委”主干，占应参保总人数的44.3%。

二是进一步整顿加强了农村基层组织。实施“一村一策”，加强对换届“难点村”的整顿建设。通过集中排查，全市共确定了18个换届“难点村”。下发了《关于开展村“两委”换届“难点村”排查工作，为学习实践科学发展观活动做好准备的通知》，村建立了“难点村”整顿建设台账，由市委领导包县、县乡领导包村、市委巡回检查组挂职督办。涉及“难点村”问题的6个县（市、区）都成立了换届“难点村”专项整治领导小组，制定了详细的工作方案，派出工作组进村入户，找准症结，集中时间、集中精力解决问题。对在全市排查出147个矛盾突出村和村务公开民主管理“难点村”，全部纳入“后进村”村范围，与18个换届“难点村”的整顿建设统一部署，同步推进，由县乡党委政府领导包村挂牌督办，有针对性地派出由2——5名业务骨干组成的指导小组分赴所有“后进村”进行督办解决，确保了第三批学习实践活动的顺利有序推进。

三是创新组织设置，基层组织全覆盖取得新突破。全面加强非公有制企业和社区党建工作，全市136户规模以上非公有制企业和72个社区全部建立了党组织，6个街道办事处党委全部改设为党工委。同时根据农业产业化、城镇化发展的新形势，全市建立联片党总支40个，村村联建党支部213个，村企联建10个，企企联建8个，在产业链上建立党组织34个，有效地整合了组织资源，优化了基层党组织设置方式，进一步扩大了基层组织和党的工作覆盖面。在此基础上，围绕促进科学发展、构建和谐社会、落实三人措施、通过设岗定责、公开承诺等积极创新组织活动载体，充分发挥基层组织的战斗堡垒作用。结合庆祝新中国成立60周年和中国共产党88周年，开展丰富多样的主题纪念和庆祝活动，组织全市9800个基层党组织、11万名党员参加了“100位新中国成立作出突出贡献的英雄模范人物和100位新中国成立以来感动中国人物”的“双百”评选活动，进一步激发了党员爱党爱国的政治热情。

四是大学生村干部选聘和管理工作更加规范。在圆满完成2009年1806名大学生村干部选聘工作基础上，将大学生村干部工作重心转移到管理和发挥作用上来。全市普遍健全了大学生村干部管理机构，落实编制41个，配备了专职工作人员。全面落实待遇，完善大学生村干部的工作和生活补贴。为引导、鼓励、扶持全市大学生村干部在农村干事创业，坚定他们扎根农村、服务基层的信心和决心，忻州市委、市政府建立了大学生村干部创业基金，出台了《忻州市大学生村干部创业基金管理办法》，为大学生村干部提供了32000万元的创业基金。积极鼓励、引导大学生村干部创建一批具有带动示范作用的项目，全市申报基金的大学生村干部人数达到280多人，项目涉及到农、林、畜牧以及特色养殖等各个方面，市、县设立的创业基金、创业园区为大学生村干部的快速成长构建了新平台。

（赵 芳）

附：中共忻州市委书记、副书记、常委名单

书　记：张建欣（女，3月离职）　董洪运（4月任职）
副书记：李平社　郑连生
常　委：张晓峰　杨绪全　辛旭光
张明成（5月离职）　秦新年
王学英（女，8月任职）　周如壁　高　山
王士桦　郝均藩（8月任职）

中共忻府区委工作概况

忻府区现有38个基层党委，下设26个党总支，794个支部（机关党委所辖297个），其中农村基层党组织358个（有

7个总支)；社区居委18个，两新组织19个，国有企业65个，全区共有党员18188名，其中农村党员13327名，机关党员4861名。参与第三批学习实践科学发展观活动人数14659人。忻府区委按照中央、省、市要求，结合忻府区工作实际，认真研究分析新形势下基层党建工作中出现的新情况、新问题，围绕发展抓党建，抓好党建促发展，逐步形成了以抓好“三大工程”为抓手，强化“三支队伍”建设为基础，引深“三级联创”活动为载体、以“五个并抓”为保障的基层党建工作新机制，有效地提高了基层组织建设水平，推动了全区经济社会的发展。

一、以抓好“三大工程”为抓手，全面提升党员干部的理论素养和解决实际问题的能力

一是实施“朝阳工程”。主要教育对象为机关在职中青年党员干部，由各机关党委和机关党支部负责组织实施。采取举办党员干部理论培训班、业务短训班、外出参观取经、开展读书研讨、举办知识竞赛、业务技能比武等方法多渠道多形式地开展教育培训。重点对他们进行马克思主义理论，党的路线方针政策和国家法律法规，党的历史，以及经济、政治、文化、科技、社会和国际等各方面知识的培训。通过“朝阳工程”的组织实施，全区机关党员干部的政治素质、业务能力和办事效率明显提高，精神面貌大为改观，学习气氛浓了，工作积极性高了，全区涌现出一大批能力强、热情高、干事创业的中青年干部，活跃在全区经济建设的主战场上。在全区第二批学习实践活动组织实施的“三服务三促进”和“服务三农十进村活动”以及第三批学习实践活动组织实施的“千名干部下基层，帮学帮扶见实效”主题实践活动中，他们主动请缨到一线，下基层招商引资跑项目，见缝插针搞宣传，真心实意帮生产，成为项目建设的排头兵、下乡工作队的主力军。

二是实施“希望工程”。主要教育对象为农村、社区和两新经济组织以及大学生村干部中的党员干部，由各乡、镇、办事处党委、经贸局党委、村级党组织、社区党支部、两新组织中的党组织负责实施。采取“少量集中、分散办班”的方式，通过巡回辅导、上门指导、基地示范、发放实用技术资料、举办适用技术讲座、开展致富项目研讨、远程教育培训、有线广播宣讲等方式，重点对他们进行马克思主义理论，党的路线方针政策和国家法律法规，党的历史，市场经济知识，农业科技知识及实用技术等方面的培训。2009年，我们还专门组织了一批科技致富带头人赴西北农林科技大学进行为期7天的培训，组织了大学生村干部创业培训班，创办了《大学生村官报》，作为宣传政策、交流思想、推广典型、共享经验、指导创业、促进成才的平台。

三是实施“夕阳工程”。主要教育对象为老党员、老干部。由区委老干局、基层老干部支部和社区及农村文化大院负责实施，采取“分片设点、集中培训、流动指导、上门服务”的方式，通过形势报告会、现场观摩、外出参观、开展文体活动、举办健康讲座、发放医疗保健知识手册等手段，重点对他们进行政策形势教育、医疗保健教育，让他们感受到党的温暖。

在全员再教育“三大工程”的实施过程中，区委、区政府不断加大教育培训投入力度，近年来，先后拔出300多万元用于全员再教育培训。建设远程教育站点258个。按照“因地制宜，因人施教”的原则，以获得最大培训效能为目标，统筹谋划，整合各类教育培训资源。在充分发挥区乡党校主阵地的同时，建立全社会抓党员干部教育的联动机制，由区委组织部牵头，按计划、分组、分时段进行定点授课和巡回授课。培训过程中采取先发放征求意见表的形式，掌握不同对象的培训需求，然后统一制定培训计划，制定培训内容和培训时间，由组织部整体统筹协调，充分发挥各部门的职能作用，使“三大工程”做到分层展开，全面推进。

二、以强化“三支队伍”建设为基础，进一步巩固党在基层的执政地位

一是加强乡、镇、办事处党委书记队伍建设。

为了进一步落实党委书记抓党建工作的责任，提高“一把手”思想理论水平和执政能力，推动全区党建工作创新，我们从2007年开始创办了“党委书记论坛”，组织全区37位党委书记围绕加强和创新基层党的建设，促进科学发展，和谐发展等议题定期分片展开讨论，成为平行党委之间和城乡党委之间相互交流、相互学习、相互促进、良性竞争的平台，直接起到了以讲促学，学用结合、经验共享的积极作用。

二是加强村级党组织书记队伍建设。

在工作实践中，坚持把好四关：一把选拔关。首先坚持德才兼备的标准选拔那些政治素质高、公道正派、热心公益事业、带富能力强的优秀党员进入班子，二把培训关。重点对新当选的党组织书记进行岗前任职培训，主要对他们进行市场经济知识、新农村建设、农村法律法规以及领导能力和艺术的培训，通过培训使他们尽快进入角色。同时，每年年底我们利用冬闲时间以区集中进行不少于一周的综合培训，及时为他们充电，不断提高他们的素质和能力。按照“定岗位目标、工作有待遇、干好有前途、离任有保障”的“一定三有”政策，为现任村干部落实了岗位报酬，办理了养老保险，同时对退下来的农村离任干部给予一定生活补贴，三年来通过考试招录了14名农村干部为乡镇公务员和事业人员，极大地调动了他们工作的积极性，激发了他们干事创业的活力，使村党组织书记普遍感到有干头、有盼头，不用扬鞭自奋蹄。

三是加强基层党员队伍建设。

近年来，区委率先在全省、全市完成了党员信息库的建设，开通了12371党员咨询服务热线，在全区20个基层党委和20个社区建起了党员服务中心、站、点，在做好基础

性工作的同时，着重在发展党员工作、流动党员管理工作上寻求突破。实行区乡党员领导干部发展党员工作“联乡包村定人”责任制。22名区领导包乡，乡镇办领导联片包村，237名乡村党组织领导定人培养入党积极分子责任制，做到职责明确、责任到人。2008年以来共培养入党积极分子1032名，共发展党员767名。2008年区委对全区党员队伍和发展党员状况进行深入调查摸底，针对调查中发现的突出问题，就新发展党员的结构进行统一规划，有计划地进行培养和发展，在2008年发展291名的基础上，2009年共发展476名。

三、以引深“三级联创”为载体，进一步激发基层党建的内在活力

以创建党建先进区为目标，认真做好各级党委抓党建工作责任制的落实，组织开展了党建“六五”系列活动，进一步丰富了“三级联创”活动的内涵。

一是乡镇党委做到“五个一”：每年至少组织一次对乡村两级干部和农民党员的政治理论和农村实用技术培训；每年组织一次乡镇机关党员干部的政治理论、业务学习考试；按照规范管理的要求，每年对乡村干部进行一次目标考核；开展党员“设岗定责”活动，每年组织一次民主评议党员活动，对党员履岗尽责进行评比；开展党员结对帮扶活动，每个党员干部联系、帮扶一个困难户。

二是农村党支部做到“五个一”：培育一个适合村情的产业；帮助党员掌握一种（门）带头致富达小康的科技知识；培养每职一名以上支村委后备干部；年终进行工作通报，并组织全体党员和村民代表对班子成员进行一次民主测评；解决一些群众迫切需要解决的难事急事。

三是农村党员要做到“五个一”：向支部村委提一条富民强村达小康的合理化建议；带头掌握一门实用技术；带头发展一个致富项目；联系帮扶一个贫困户；没有一次违规违纪事例。并结合全员再教育工程，开展“政策进家—家家明，法律进家—家家安，科技进家—家家富，文化进家—家家乐，道德进家—家家和”的农村农户“五进家”活动。

四是机关、企事业党委要做到“五个一”：每年集中组织一次不少于10天的党员干部理论培训；每年组织一次政治理论、业务学习考试；结合实际，开展一次以“三个代表”重要思想、落实科学发展观、党章和党的基本知识为主要内容的演讲竞赛活动；每年进行一次党员示范岗位评比活动；每年组织一次党员年度公开评议活动。

五是机关、企事业党支部做到“五个一”：每个党员都要制定党员岗位示范责任卡，并每年进行一次党员履行岗位职责检查评比活动；每年组织党员深入基层集中调研一次；开展一次用身边事教育身边人的弘扬正气演讲学习活动；结合城乡互动抓党建活动的开展，组织联系帮扶一个农村党组织；每年年终向全体党员报告一次全年工作情况，并对支部全体成员进行民主测评。

六是机关、企事业党员干部要做到“五个一”：每个党员干部要结合本职工作实际，自觉开展调查研究，撰写一份调研报告；提一条合理化建议；带头学习、掌握、运用一项业务新技能；带头抵制各种歪风邪气，不发生一次违规违纪事例；联系帮扶一个困难户（困难职工、困难农民、困难学生），结对子、找路子、出点子，帮助他们解决存在的切身问题。

通过“六五”系列活动的开展，进一步丰富了党建工作的内涵，引深了“三级联创”活动，各级党组织和党员干部队伍积极争先创优，涌现出了庄磨镇党委、逯家庄村党总支、禹王焦化有限公司党委等一大批党建先进典型。近年来，共有12个乡、镇、办事处党委被评为党建先进乡（镇、办事处），有60个村被评为党建先进村。

四、以“五个并抓”为保障，积极推进党风廉政建设责任制落实和惩防体系建设

（一）坚持强化监督与建立机制并抓，推动惩防体系建设不断完善。2007年，忻府区实施了“一岗双责”，构建了宣教、制约、监督、绩效、责任、奖惩等“勤政廉政六大机制”，成为全区落实科学发展、构建和谐社会、抓党风廉政建设的“总抓手”;2008年，我区紧紧按照中央、省、市惩防体系五年规划的要求，具体细化了中央六大机制要求，形成的新的“六大机制”，纳入了全区经济社会发展总体规划，一起部署、一起检查、一起考核、一起落实，确保惩防体系建设不断取得成效。

（二）坚持安排部署与推动落实并抓，推动党风廉政建设责任制不断深入。一是抓责任的分解。把全区党风廉政建设和反腐败工作的49项任务分解到了区委、区政府领导和各相关工作部门，明确了主管领导、牵头部门和责任单位，做到了责任有主体，工作有抓手，考核有标准。二是抓监督检查。一年来，全区围绕扩大内需促进经济增长政策措施、耕地保护和节约集约用地政策、经营性用地招标拍卖挂牌出让制度等六项重点强化监督检查，推动了中央、省、市重大决策部署的贯彻落实。三是抓年终考核。2009年12月，区委组织党风廉政建设考核组，深入全区各乡镇办事处和区直各部门各单位，进行了党风廉政建设责任制落实情况的考核。目前，考核工作已经进入了汇总阶段。根据考核结果，区委将对优胜单位进行专项表彰。四是主要领导亲自过问。特别是在保障中央、省、市重大决策部署的监督检查中、在推进惩治腐败的大案要案查办中、在推动煤焦领域反腐败专项斗争中、在机关作风集中整顿中和纪检干部队伍建设中，坚持和纪检部门、各乡、镇、办以及区直单位的主要负责同志一起研究情况、分析问题、落实责任、解决难题、督办案件，及时组织开展反腐倡廉的警示教育和制度建设。五是加强充实纪检工作力量。2009年，区委常委会研究调整区纪委、监察局干部14名，机关内部10名干部解决了副科级待遇，配齐配强了区纪委监察局领导班子。

（三）坚持创新载体与分类指导并抓，推出“五创载体”。我区结合党员干部作风建设，推出了“五创载体”。一是在农村开展“创星树旗”活动。就是乡镇政务公开创红星，农村村务公开树红旗。二是在区直机关开展“创优塑形”活动。就是按照“坚持勤政务实、建设效能机关，严守党纪政纪、建设廉洁机关，严格依法行政、建设法治机关，推进政务公开、建设阳光机关”的总要求，各机关单位把反腐倡廉建设摆上重要议事日程，与其他工作一起部署、一起落实、一起检查、一起考核。严格执行服务承诺、政务公开等制度，建立健全重大项目跟踪服务制、目标管理责任制、责任倒查制等制度，规范管理，长效运作，不断优化发展环境。三是在各级领导干部中开展“创优争先”活动。“创优争先”活动就是全区各级领导干部，以“讲党性、重品行、作表率”为主要内容，执行公开承诺、勤廉双述、报告个人重大事项、包点联系、基层调研等制度，转变作风、提高效率、廉洁勤政，在干部群众中树立务实、清廉、为民的良好形象。四是在国有企业中开展“创业保和”活动。“创业保和”活动是针对我区国有企业反腐倡廉建设提出的活动载体。对那些经营不景气，职工下岗、濒临破产的国有企业开展“创业保和”活动，就是采取政策扶持和发挥个人能力相结合的办法，鼓励二次创业，使下岗职工再上岗，有生活保障，目标是保稳定、保和谐、保证国有资产不流失。五是在重点企业中开展“创牌保廉”活动。出台了《创牌保廉企业生产（经营）标准》，制订了《对企业优化管理的行政执法备案制度》，为企业正常生产经营营造了了一个相对宽松的执法环境。

（四）坚持整体推进与重点突出并抓，推动领导干部廉洁自律不断加强。为了增强全区干部的自律意识，区委积极引导全区干部妥善处理好“生活圈、朋友圈、娱乐圈”，切实增强“约束力、克制力、免疫力”，真正做到不滥用权力，不以权谋私。同时继续加大查办案件工作力度，坚决纠正损害群众利益的不正之风，扎实推进农村党风廉政建设：一是在案件查处方面，突破了年度查处经济案件数量的历史纪录，案件审理工作2009年6月受到省纪委表彰。二是在煤焦领域反腐败专项斗争方面，我区按照上级统一部署，加大工作力度，截止目前，税务部门共清欠5831万元，区煤焦专项办共收缴欠费30.69万元。三是在纠风工作方面，首先继续深化纠正医药购销和医疗服务中的不正之风。其次，深入治理中小学乱收费。再次是进一步巩固治理公路“三乱”和治超工作成果。第三是坚决纠正损害农民利益的突出问题。四是在农廉工作取得较大突破。在全区20个乡镇办全面建立和完善了便民服务中心、财政核算中心、信访接待中心，全面部署了农村“三资”委托代理制度的实施工作，全年查处涉农案件18起，查结并给予处分的6起；强农惠农政策明白卡在发放到户的同时，制作成大型版面380块，悬挂各村。2008年3月忻府区被授予“山西省农村基层党风廉政建设先进区”。2009年8月，我区的农廉工作经验在全省农廉工作会上进行了交流。

（五）坚持党性教育与作风整顿并抓，推动经济发展环境不断优化。通过明查暗访等多种形式，加强机关纪律检查，对5名违纪干部进行了通报批评。这些措施，有力地推动了我区经济发展环境的不断优化，加大了对重点工程和困难企业的帮扶力度，破解了制约忻府区发展的难题，激发了广大党员干部的工作热情，营造了浓厚的建功立业氛围。

（齐雨春　杨　斌）

附：一、中共忻府区委书记、副书记、常委名单

书　记：王志刚

副书记：霍富荣（11月离职）　张志哲（11月任职）　杨培文　李晋华　王慧霖（女，2月挂职）

常　委：白　炜　刘卫东　张亮田　宁云楼　王　源（11月离职）　王贵明（5月离职）　白治平（5月任职）　王慧霖（女，挂职，2月离职）

二、乡镇（街道）党委（党工委）书记、副书记名单

秀容街道

书　记：张俊峰

副书记：王　强　张富荣　董计田　李庆明

新建路街道

书　记：赵志浩

副书记：张清亮　石志勇　张有根

长征街道

书　记：安亮东

副书记：田卫中　冯建新（5月离职）　张和平　张晋平（女）　李茂田（5月离职）　贾旭珍（女，5月离职）

董村镇

书　记：高泽坚

副书记：于永青　刘顺昌

紫岩乡

书　记：周少勇

副书记：韩瑞强　赵建平　张智慧

西张乡

书　记：张爱民

副书记：丁国仓　宋雪平

兰村乡

书　记：刘明祥

副书记：戎清元　杨培生　高贵田

豆罗镇

书　记：连虎林

副书记：王　坤　张会元

庄磨镇

书　记：李秀文

副书记：谢利荣　张国清

东楼乡

书　记：白　蕾(女)
副书记：白先明　邢志强
义井乡
书　记：赵剑勘
副书记：蔚念军　付俊敏(女)
播明镇
书　记：张艾文
副书记：王成和　王双良
高城乡
书　记：史万中
副书记：石培银　秦少东
曹张乡
书　记：孙晓磊
副书记：范建斌　罗海田
秦城乡
书　记：郭新和
副书记：刘　岗　卢建荣　陈宝生
奇村镇
书　记：何天宝
副书记：卢红卫　张银顺
合索乡
书　记：栗晓敏
副书记：任明生　武培明
解原乡
书　记：陈彦龙
副书记：李　勇　董海平
三交镇
书　记：安全明
副书记：常清华　降秀亭
阳坡乡
书　记：周越宏
副书记：宗　德　王万荣

中共原平市委工作概况

2009年以来，在省委和忻州市委的正确领导下，在上级组织部门的亲切指导下，原平市各级党组织认真履行职责，扎扎实实开展工作，较好地完成了各项工作任务。

一、精心组织,扎实推进深入学习实践科学发展观活动

坚持把学习实践活动作为工作的重中之重来抓，高起点谋划、高标准要求、高质量运作、高效能推进，认真抓好每个阶段、每个环节的工作。创新活动载体，以“坚持科学发展，打造忻州第一，跻身全省十强，建设大而强富而美新原平”为主题，深入开展了以“十个一”、“十个日”和“十进村”为主要内容的“三个十”具体实践活动，积极为群众办实事办好事，进一步促进了“保增长、保稳定、保安全、保民生”任务的落实。坚持把学习贯彻党的十七届四中全会精神同学习实践活动紧密结合起来，向基层发放党的十七届四中全会《决定》辅导百问950册，做到了参学党组织每家一本。严格程序标准，搞好学习调研、分析检查和整改落实工作，广大党员干部的科学发展理念和党性修养进一步增强，素质有了明显提高。全市学习实践活动得到省委巡视组和忻州市委组织部部长张晓峰同志的充分肯定。

二、以提高领导科学发展的能力为重点，不断加强领导班子和干部队伍建设

严格按照《干部任用条例》和省委“四个规定”办事，坚持“三注重”，风清气正选干部，公平合理配班子，一批年轻干部走上了领导岗位，班子的结构和功能得到新的增强。建立了“一报告两评议”制度，在市委常委会向全委会报告工作时，就本年度干部选拔任用工作情况，加强基层党组织建设、发挥基层党组织作用、服务新农村建设的情况作出专题报告，并在全委会委员中对干部选拔任用工作和抓基层党建工作进行民主评议，还对当年新提拔的党政主要领导干部进行民主测评。按照省市要求，组织开展了从优秀村干部和大学生村官中考录乡镇公务员和事业人员工作，共录用8名乡镇公务员和8名乡镇事业人员，其中从优秀村干部中录用4名，从大学生村官中录用12名。通过与人事、劳动、财政等部门协商，把到退休年龄人员的工资及时转入机关事业保险所，做到了一到便退，进一步规范了干部退休工作。认真抓好干部档案目标管理达标升级工作，按照省市要求对干部档案进行了集中整理，进一步提高了我市干部人事档案管理工作的整体水平。

三、强化措施，创新工作，切实抓好基层党组织建设

一是进一步加强村级组织规范化建设。制定下发《关于进一步加强村干部规范化管理的意见》和《关于加强农村党支部书记队伍建设的实施意见》，进一步严格了村级事务“三公开”制度、“村财民管乡审”制度、村“两支笔”审批制度等，有效加强了对村干部的管理考核，规范了村干部的行为。严格落实农村“两委”主要干部的岗位报酬和养老保险的政策，建立市级统筹、专户管理的村干部激励保障机制，提高了农村干部干事创业的积极性和主动性。同时，积极推进村级组织活动场所的标准化、规范化建设，从党建经费中划拨30多万元，为29个村级活动场所添置了内部设施，各乡镇、村自筹资金修缮、新建村级活动场所36个。对全市所有的村级组织活动场所进行了分类排查，

对明年新建和改建的115个村级组织活动场所进行了全面规划。

二是不断深化和拓展“三级联创”活动。认真落实党建工作责任制，继续实施了“三级联创”、“三优五化”、“结对共建”活动，全市共有169个机关事业单位与村结成了对子，采取多种形式开展了共建活动。积极探索和创新基层党组织设置方式，推行了“支部+协会”的工作机制，全市现已建立农村行业协会党支部18个，采取强村带弱村、村企联建等形式，成立联合支部27个。针对农村换届过程中出现的难点村、重点村、矛盾突出村、上访村的问题，采取市乡两级联动、市领导包点、乡镇党委负责、工作组进驻的办法，加大工作力度，一村一策，对症下药，先后帮助换届难点村闫庄镇闫庄村和段家堡乡官地村整建了班子。

三是实施“四型”村官培养工程。突出抓住建设企业家型、科技型、管理型、知识型“四型”村官队伍这条主线，将建设新型村干部队伍作为“头雁”工程，加大培养力度，卓有成效地打造农村基层组织带头人队伍。对第八届村民委员会换届后新当选的全体村党支部书记和村委会主任，分5批进行了为期32天的集中培训，取得了良好效果。扎实抓好大学生村干部选聘和管理工作，今年共聘任大学生村干部195名，全市百人以上的村现已全部聘用了大学生村干部。

四是抓组建，求实效，进一步强化两新组织党建工作。坚持“成熟一个，组建一个”的原则，充分调动街道办事处、工商局等单位党组织的作用，实行了“谁组建、谁管理”。学习实践科学发展观活动期间，边学习、边组建，在大众商贸公司、泰安建筑工程公司建立了党组织，全市共建立“两新”组织党组织19个，实现了规模以上新经济组织党组织的全覆盖。“两新”组织在抓党建、促发展方面，取得了明显成效，泰宝密封有限公司和崇实中学的党建工作得到了省市学习实践活动巡回指导组的充分肯定。

四、以提高素质为重点，抓紧抓好党员队伍建设

进一步改进了发展党员工作，全面推行了晋城市发展党员的新经验，实行了群众推荐、党委考察、支部票决、全程公示的办法。进一步加强党员网络培训工作，于7月底前全部开通中国浦东干部学院学习在线网，共举办培训6期，培训党员7100人次。新建30个农村党员远程教育终端接收站点，全市现已达到189个，为忻州各县市之首。加强对老党员、生活困难党员的关怀帮扶，为424名建国前党员发放补贴676080元。七一期间，对417名困难党员和老党员进行了慰问，慰问金总计5.13万元。自下而上积极推进党员信息库建设，目前已基本建成，开通了党员咨询服务专线（12371），为加强党员队伍建设提供了优质高效的信息服务。对流动党员实行了“双向三级五个一”动态跟踪管理办法，为284名流动党员建立了管理档案，全部发放了《流动党员活动证》，有效提高了流动党员管理水平。

五、以建设“模范部门”和打造“过硬队伍”为目标，不断提升组织部门自身建设水平

以开展深入学习实践科学发展观活动和组工干部“讲党性、重品行、作表率”深化拓展活动这“两项活动”为载体，进一步提高了自身建设水平。按政策妥善解决了“四清”借干的待遇问题，先后接待选干、补干和倒蹲点干部7次72人，做了大量认真细致的思想工作，有效地稳定了情绪，控制了上访。原平党建工作中的学习实践科学发展观活动、村支书培训、“四型”村官队伍建设等亮点工作多次在《忻州日报》、《支部建设》等报刊登载，《人民日报》、省学习实践科学发展观活动《简报》和《忻州日报》，对我市的打造头雁工程、发挥大学生村干部作用的做法进行了报道，取得了良好的社会反响。

（邢三强）

附：一、中共原平市委书记、副书记、常委名单

书　记：梁　洁

副书记：张志哲（11月离职）　薛根生（11月任职）
高　毅　王润才　史国兵（2月任职）

常　委：尚茂生　牛凤荣（女）　马根泉　白亚军
高秀亭　周树春　陈耳东　郭殿生

二、乡镇（街道）党委（党工委）书记、副书记名单

南白乡

书　记：张新所

副书记：韩飞龙　邢建勇

东社镇

书　记：赵永进

副书记：郝树平　张景鹏（1月任职，5月离职）
续艳峰（5月任职）

子干乡

书　记：张青林

副书记：陈振田　冀礼云

中阳乡

书　记：王和平

副书记：张建中　郭世英

苏龙口镇

书　记：索应应

副书记：申国华　任登科

沿沟乡

书　记：谢所军

副书记：张军胜　卢春明

崞阳镇

书　记：郭景田

副书记：张海亮　贺利荣

大林乡

书　记：丁佐华

副书记：郝治国 赵世军

西镇乡

书 记：庞晋源

副书记：韩美智 赵水泉

新原乡

书 记：王卫东

副书记：赵一初 张泽峰

王家庄乡

书 记：贺所明

副书记：潘 颖（女） 刘冠星

闫庄镇

书 记：郝永伟

副书记：刘海生 石慧敏

楼板寨乡

书 记：闫秀斌

副书记：朱清云 常国华

解村乡

书 记：党福泉

副书记：刘永顺 邸俊峰

大牛店镇

书 记：蔡 勇

副书记：李永生 岳 畛

长梁沟镇

书 记：李立军

副书记：侯培生 康利军

轩岗镇

书 记：李志坚

副书记：王 彤 杨利昌

段家堡乡

书 记：张国强

副书记：张高中 赵国斌

南城街道

书 记：贺 毅

副书记：王卫东 郝晓华（女）

北城街道

书 记：张三元

副书记：高文平

轩煤矿区街道

书 记：赵明虎

副书记：任艳萍（女） 孙军前

中共五台县委工作概况

2009年，五台县委紧紧围绕省委“三个发展”和市委“三五”工作总要求，精心实施“三五”发展战略，全县经济社会发展取得了明显成效。

一、坚持以申遗为龙头，以项目为载体，不断壮大强县富民产业，县域经济保持平稳较快发展

2009年，全县地区生产总值完成18.8亿元，与去年持平；财政总收入2.68亿元，同比增长13.14%；城镇居民人均可支配收入11126元，同比增长10.07%；农民人均纯收入2609元，同比增长8%；可用财力达到10.02亿元，顺利完成全年目标任务，全县经济保持了持续、稳健发展的良好势头。

五台山申遗圆满成功，大旅游格局构建进展顺利。在近10年艰苦卓绝的努力的基础上，2009年，五台县委进一步加大环境资源保护、市场秩序规范和宣传促销力度，切实加强与世遗组织及21个缔约国的联系与沟通。通过多方努力，五台山终于在6月26日成功列入世界遗产地名录，荣获世界文化景观遗产桂冠，全年共接待游客318.6万人次，同比增长14.6%。同时积极打造佛教文化、红色旅游、自然生态、工业景观“四位一体”的旅游新框架，构建全县大旅游格局，目前全县旅游总体规划于6月份在太原通过专家评审，待修改完善经人代会通过后，即可成为指导全县旅游业发展的纲领。

项目建设强势推进，产业结构不断优化。2009年，是五台近年来项目建设力度最强、规模最大、成效最好的一年。县委把引资上项作为应对金融危机、调整经济结构、转变发展方式的重要举措，有效推进国家省市总投资150多亿元的西龙池电站、高速路、坪上应急引水、五台山申遗等八大重点工程建设；争取到中央投资14534万元、项目93个；引入同煤、省煤运集团整合了窑头、天和矿区；新上县乡骨干项目362个，总投资60.64亿元，完成投资20.58亿元；镁、铁、铝、煤、水、电、游等七大优势产业进展顺利。以上工程项目达产达效后，财政总收入将会翻两番达到10亿元。农业产业化项目整体推进，阳白乡种养加产业化项目，形成了“生产白酒、加工小杂粮、牛猪养殖”产业链，茹村乡毛家村利用荒沟新建了千头肉牛养殖基地，阳白乡、高洪口乡分别建成1.5万亩、2000亩核桃基地，台城镇种植大杏1万余亩，门限石乡建成矿泉水加工厂，年产矿泉水900万瓶，全县新建蔬菜大棚、温室179个。生态旅游和红色景点开发效果明显，南梁沟自然风景区旅游公路基本完工，驼梁景区索道、停车场工程已完工，南茹村八路军总部旧址已完成修复布展，纪念碑、广场建设工程接近尾声，徐帅纪念馆建设工程进展顺利。转型发展已见成效，抢抓省政府煤炭资源整合的机遇，于10月25日公开竞价，窑头煤矿以1.1亿元、天和煤矿以5500万元分别转让给同煤集团、省煤运公司，豆村镇鸿瑞等企业采用国内先进工艺生产球团，形成矿石—精铁粉—球团产业链，西坡村

综合养猪模式在全市首屈一指，蒋坊乡环保免烧砖厂，新上了矿渣综合利用免烧砖生产线，是典型的节能环保、循环经济模式。

农民增收渠道拓宽，“三农”工作成效凸显。紧紧围绕稳粮增收的目标，狠抓玉米丰产方、高产高效农业、沼气富民工程建设，大力发展农副产品加工业，取得了突出成效。一是粮食生产持续保持稳定。通过实施6万亩地膜补贴，玉米秸秆还田、机深耕、增施有机肥3项技术和大力推广优良品种等措施。今年粮食总产可稳定在1亿公斤左右，实现了受灾不减产目标。二是特色农业进展形势喜人。共建新型温室和大棚250栋，设施农业面积突破4000亩，初步建成无公害蔬菜基地1万亩，水稻莲菜基地5000亩，优质高粱基地5000亩，大葱基地5000亩，清水河沿线中药材基地6000亩，两杂制种基地5000亩，葵花基地5000亩，小杂粮基地6万亩，马铃薯基地9万亩。三是农副产品加工业发展态势良好。近年来，新建农副产品加工企业16个，投资总额达5300万元，主要有阳白大南头小杂粮加工厂、阳白百日参加工厂、灵境莜麦加工厂、高洪口金丝面加工厂等。大力发展农民专业合作社，全县注册登记的专业合作社258个，合作社成员总数达到2019人。四是新农村建设扎实推进。“四化四改”方面，年初列入规划的19个试点村硬化街巷80.8公里，植树1.2万株，亮化5公里，安装路灯140盏，村容村貌大力改善。“五个一”工程方面，18个村修建和完善了村级卫生所、便民服务店、村级小学。19个村都明确了主导产业，“一村一品”已具雏形。全年共建沼气池50个，吊炕500个，东冶奶牛养殖厂大型沼气主体工程已完工，豆村西坡村大型沼气池也在筹建中。

二、坚持以人为本，致力改善民生，推进平安创建，和谐社会建设取得明显成效

稳步实施了“五大惠民工程”和“十件实事”（其中包括“五个全覆盖”）工程，全力维护社会和谐稳定。

五大惠民工程成果丰硕。教育均衡发展工程。扎实推进新课程改革、学校布局调整、农村中小学现代远程教育，标准化学校建设，教育均衡效应逐步显现。2009年高考全县二本以上达线人数336人，再创历史新高，中考成绩也位居全市第三。创业就业工程。至目前，已建成6个劳动保障平台，安排城镇就业2694人，扶持劳动者创业就业430人，帮助下岗失业人员再就业740人，政府出资购买公益性岗位512个，培育新型农民1780人，实现劳务输出2.7万人。医疗健康工程。今年由政府出资将3347户农村五保户全部纳入新农合医疗范围，新农合参合人数达到22.24万人,参合率达90.36%。全县城镇职工医疗参保人数1.6万人，参保率达到98%，并为319名残疾人实施了康复救助。进一步完善了19所乡镇卫生院的改扩建工程，总面积9850㎡，并配套了总价值285万元的医疗设备，大部分已投入使用，县乡两级医疗卫生机构基础设施已经基本达标，新增村级定点医疗机构24个。社会保障工程。积极向上级争取资金，将原金海利大酒店改造为县级社会福利服务中心。在神西乡、东冶镇、豆村镇采取民办和村办、乡办等多种投资形式，兴办敬老院，实现农村五保户集中供养的目标。农村低保覆盖达1.3万人,城镇低保达到9026人。住房安居工程。努力解决城镇中低收入群众住房困难问题，在锦绣苑小区新建了总面积28000㎡的普通商品住房，在实验小学、八一厂等7处新建面积38000㎡的经济适用住房。积极组织实施廉租房建设，目前，7500㎡廉租房已经完成4500㎡，总投资1012万元。

十件实事一一兑现。14所寄宿制学校暖气化工程，今冬全部投入使用，中小学危房改造纳入校安工程，已完成投资1326万元。饮水安全工程，已解决2.4万人61个村庄饮水安全。村级卫生室改造工程，271个空白村全部完成房屋、人员、设备配套。发展农业生产资料服务网点12个，农村便民店40家，放心粮油店26个。广播电视村村通工程，已完成第一批9村140户，五台电视台已传播到除灵境外的18个乡镇。农村道路通畅工程，涉及道路320.2公里，已全部完成，完成了87%的行政村通水泥（油）路的任务。由建设局承办的70套经济适用住房主体结构完工。台中路660米已经通车；天眼工程，安装55个监控设备，并全部投入运行。外环路工程已完成黄土坡-王家庄-古城两段的占地、迁坟、砍树等清表工程。

平安创建成效突出。严格落实信访安全稳定责任制，全力维护社会稳定，县级领导全年共接待群众来访388批1946人次，批阅来信366件，查办疑难案件178起，实现了进京赴省非正常零上访。处置了省市关注的五台山乱修乱建、天和村矿矛盾、白家庄私采滥挖等群体性突发事件，维护了社会和谐稳定。加强了交通运输、工业生产、护林防火、寺庙防火防盗、食品药品、旅游景点、公共场所的安全防范工作。严厉打击私采乱挖，严格防控甲型流感的传播，安全生产形势进一步好转。深入开展“和谐平安五台”创建活动、打黑除恶专项行动，对重点区域、场所进行了集中整治，有力震慑了犯罪行为。新建的110指挥中心、天眼工程、18个派出所大楼、11个司法所办公用房全部投入使用，全县社会治安秩序进一步好转，群众的安全感和满意度进一步上升。

三、坚持以文化创新为主线，深挖文化底蕴，繁荣文化事业，宣传思想文化工作得到全面加强

坚持文化强县战略，积极推进文化创新，强化理论武装，加强舆论监管，大力推出精品文化，全力打造文化名县。

强势推出精品文化，倾力打造文化名县，县域形象得到进一步提升。创作了一批具有时代气息、地方特色的文化产品。编辑出版了大型文化旅游摄影画册《世界遗产·五台圣境》，举办了“实施三五战略·践行科学发展”大型图

片展，举办了以“魅力神西”为主题的首届西龙池杯摄影大赛。北路梆子戏剧《徐向前回家》正加紧排练。与中国旅游文化资源保护委员会、中国旅游文化资源开发促进会达成20亿元的投资协议，拟建五台山佛教文化艺术团、中国传统文化教育学校、五星级大酒店、休闲娱乐度假城等文化旅游项目。开展了市县级文明单位与新农村试点村结对帮扶共建文明和谐村活动，共有19个新农村试点村与20个文明单位结对，19个新农村试点村和重点推进村列入“文明村镇”行列。成功举办了五台山第二十届国际旅游月暨第六届佛教文化节活动。

加强文化阵地建设，激发文化资源活力，群众性文化活动不断丰富。举办了“牛五台”2009迎新春文艺联欢会和元宵节群众文艺活动，为庆祝建国60周年，举办了“实验中学”杯红歌民歌大奖赛，“七一”前夕举办了“实施三五战略·践行科学发展”演讲赛。在青少年中开展了以“祖国在我心中”为主题的“中华魂”读书征文、演讲赛等活动，在全县中小学校中广泛开展了“做一个有道德的人”主题实践活动。成立了五台县文化展示中心，集中展示了五台文化建设风采与文化旅游产品。新建建筑面积300平方米以上乡镇文化站15个，其中10个文化站已基本完工，5个正在兴建中，全县建设村级文化室、图书室168个。

四、坚持以学习实践科学发展观活动为契机，全面加强党的建设，执政能力和执政水平进一步提高

一年来，县委紧抓学习实践科学发展观活动契机，围绕怎样保障五台发展，着力加强和改进党的建设，为实施“三五”战略、推进跨越赶超奠定了坚实的政治基础。

思想政治建设进一步加强。一是在全县党员中深入开展了第二、三批学习实践科学发展观活动，先后邀请省委党校郭彩教授和外交学院吴建民院长作了学习实践科学发展观活动专题报告。二是组织召开全县学习贯彻十七届四中全会精神动员大会，派出4个宣讲组深入乡镇进行宣讲。三是加强和改进县委中心组学习实践活动，强化理论武装、理想信念教育和思想道德建设，推动建设学习型党组织和学习型领导班子。

基层组织建设进一步加强。一是调整优化班子。对群众反映强烈、问题比较严重的班子坚决调整，该免则免，该调则调。主要领导联系帮扶、挂牌督促，及时解决换届以来的遗留问题，巩固扩大农村两委换届成果。石咀等3个村配齐了支部班子，东建安等4个村调整了支部书记。二是落实提高待遇。全面落实“一定三有”，出台了《五台县农村党支部书记管理暂行办法》和《五台县关于对农村党支部书记和村委会主任岗位报酬实行集中统一发放办法的通知》。为748名农村两委主职干部足额发放了工资180万元，所有农村两委主职干部办理了养老保险，2名德才兼备、群众拥戴的村党支部书记上挂乡镇副书记职务。三是培养后备力量。出台了《关于进一步加强发展党员工作的意见》，着重解决党员队伍结构和发展党员中存在的“一高、一低、一少、一弱”和不公开、不规范等问题，实现了每村每年至少发展1名新党员的工作目标。今年招考230名大学生村干部，大学生村干部总数达到了504名，实现“一村一名高校毕业生”的目标。出台了《五台县大学生村干部管理暂行办法》，建立并完善了考勤、激励、帮扶、督导等大学生村干部管理长效机制。

领导班子和干部队伍建设进一步加强。一是全面实行干部选拔任用工作“一报告两评议制度”，把做好“五个表率”、抓好“十讲”和推进引资上项作为县区乡级领导班子及其成员年度考核的重要内容，考核结果作为选拔任用干部的重要依据。建立选人用人群众满意度民意调查制度，开展选人用人满意度民意调查工作，建立12380电话举报、信访举报和网上举报“三位一体”的举报网络。二是对全县700多名基层党员干部进行了集中培训。分期分批组织乡镇干部参加了省、市委党校举办的科学发展观短训班，对482名农村党支部书记进行了集中培训和分片培训，并将农村党支部书记纳入干部培训计划。

反腐倡廉建设进一步加强。制定出台了《关于2009年全县党风廉政建设和反腐败工作任务的实施意见》，严格落实党风廉政建设责任制，健全党内监督和责任追究制度，完善领导干部行为规范。深入开展煤焦领域反腐败斗争，大力治理小金库，健全防治不正之风的长效机制。加大对“三机关一部门”违纪违法案件查处力度，确保优良党风促政风带民风。截至目前，全县纪检监察机关共立案查处各类违纪案件65件，共处分党员干部15人，涉及乡（科）级干部12人。坚持和完善“四项教育、五项联动”廉政教育机制，加大以“责任分解为基础，责任考核为动力，责任追究为保证”的责任考核力度。

民主政治建设进一步加强。坚持和完善人民代表大会这一根本的政治制度，继续推进民主政治制度化、规范化、程序化。2009年，县人大常委会经过严格程序，作出关于批准《五台县新区控制性详细规划》和《五台县城乡公路项目建设资金有关问题》的决定，听取并审议“一府两院”和五台山风景区政府专题工作报告3项，提出审议意见3件。继续推进人民政协履行政治协商、民主监督、参政议政三项职能，广泛凝聚社会各界力量，深入了解民情，准确反映民意，全年共提出各类提案150件，有效地促进了各类民生问题的解决。政协委员积极反映社情民意，共向省、市政协反映30余条。进一步做好统战工作，加强和改进新形势下工会、共青团、妇联和工商联工作的领导和支持。

附：一、中共五台县委书记、副书记、常委名单

书　记：李永胜

副书记：任建华（11月离职）　梁有升（11月离职）　栗良才　张立新

常　委：白占全　刘炳龙　刘建坤　温建军

张树成　刘　亮　刘建全

二、乡镇（街道）党委（党工委）书记、副书记名单

东冶镇

书　记：胡建华

副书记：徐大伟

建安乡

书　记：赵耀伟

副书记：白建伟　刘俊杰

阳白乡

书　记：王根伟

副书记：张文荣　刘俊伟　田丙文

神西乡

书　记：张建伟

副书记：师泽喜　李夏云(女)

白家庄镇

书　记：戎立春

副书记：闫玉光　郝宪文

台城镇

书　记：张树荣

副书记：刘会平　王建平　杨晋平

沟南乡

书　记：孙芝荣

副书记：陕爱华

东雷乡

书　记：白海龙

副书记：姚云平（女）　闫志华

茹村乡

书　记：刘新宇

副书记：郅建康　张俊林

陈家庄乡

书　记：张建荣

副书记：白俊清　赵俊伟

豆村镇

书　记：韩秀峰

副书记：赵补文　闫俊理　丁引根

蒋坊乡

书　记：张林平(女)

副书记：闫海龙　张　云

灵境乡

书　记：白　冰

副书记：韩世愚　卢瑞欣

耿镇

书　记：沈志宇

副书记：王开伟

高洪口乡

书　记：罗恩波

副书记：毛小平　安荣华

门限石乡

书　记：刘志勇

副书记：边俊根　潘荣康

石咀乡

书　记：白建康

副书记：左拴生　白　旭

金岗库乡

书　记：刘文伟

副书记：边利军　白建堂

台怀镇

书　记：赵全洲

副书记：戎智信　高存旺

居民街道

书　记：武降伟

主　任：张晋峰

中共定襄县委工作概况

2009年，定襄县党委在上级党委的正确领导和悉心指导下，以邓小平理论和“三个代表”重要思想为指导，认真组织学习贯彻党的十七大、十七届三中全会精神，以学习实践科学发展观活动试点工作为契机，以提高机关党组织构建“和谐机关”的能力为抓手，进一步加强和改进机关党的思想、组织、作风、制度和廉政建设，创新工作思路，充分发挥党组织的战斗堡垒作用和党员的先锋模范作用，为圆满完成全县各项任务提供了强有力的思想、政治和组织保证。

一、认真组织开展学习实践科学发展观活动

根据中央和省委、市委统一部署，我县参加第二批学习实践科学发展观活动，全县共划分100个参学单位，其中条管单位15个，涉及11个党委，207个党支部。3129名党员参加了学习实践活动（其中处级41人，科级548人，一般干部1850人，离退休690人）。同时为了第三批学习实践活动提供示范，县委确定晋昌镇、北关村、城内村“一镇两村”为试点，也全过程参加了第二批学习实践活动。学习实践活动开展以来，在市委的领导和第十三指导检查组的指导下，县委精心组织，周密部署，坚持按照“党员干部受教育、科学发展上水平、人民群众得实惠”的总要求，确立“三保五促”（即保民生，保增长，保稳定）为活动主题。“百村千企万户”为实践载体，抢抓新机遇，增创新优势，谋划新发展，着力查找、分析、解决问题，使学习实践活动显特色，见成效，取得了较好成效，促进了各项工作的

开展。目前，第三批学习实践活动已完成学习调研和分析检查阶段任务，正在转入整改落实阶段。

二、强化组织建设，基层政权建设得以有效巩固

党的基层组织是党执政的组织基础。县委利用全县深入学习实践科学发展观活动的契机，紧抓基层党组织建设，较好地发挥了基层党组织推动发展、服务群众、凝聚人心、促进和谐的作用。

1. 扩大组织覆盖面。坚持以"围绕中心、服务大局、改革创新、增强功能"为目标，在全县26个非公有制企业建立党支部，倡导开展了小型、灵活的"党员工作岗、党员挂牌工作、党员责任区"等创建活动，充分发挥了党员在企业生产经营中的参与、监督、规范和服务功能，架起了党组织和企业交流的桥梁。

2. 规范基层组织运行。制定出台《农村党支部书记管理暂行办法》，在全县农村推行了"三重一大"事项集体讨论和村级财务联签制度，有效地维护了农村党支部的领导核心地位，调动了村支书执行农村政策、引领经济发展、服务农民群众、化解矛盾纠纷和加强村党组织自身建设的积极性。

3. 实施"三关工程"。围绕建立健全党内激励、关怀、帮扶机制，对农村党支部书记实施以"政治上关心、经济上关爱、保障上关怀"为内容的"三关工程"。出台了《定襄县农村党支部书记、村委会主任岗位报酬发放办法》，实行村干部报酬集中统一发放制度，并全面推行村党支部书记基本养老制度，提高了农村党支部书记的政治地位，对理顺农村基层政权中的领导体制和工作机制进行了有益的探索，有效激发了农村党员参与基层民主政治建设的热情。

三、以思想政治建设为重点，努力提高干部队伍整体素质

一是注重以理论武装头脑。换届后，全县各级领导班子构成比例变化大，新进班子成员多、年轻干部多，而且都来自不同的岗位，因此，加强各级干部的理论学习势必成为各级党组织面临的首要任务。县委从适应新的工作大局，形成凝聚力和向心力的高度出发，对全县各级领导班子和干部队伍的学习作了统一安排，建立了领导干部学习督查制和学习笔记调阅制度，制定了严密的学习计划，坚持自学与集中学习相结合的方式，坚持用科学发展观等党的最新理论武装头脑、指导实践、推动发展，进一步增强了谋发展、促和谐的政治责任感和历史使命感。

二是注重以培训提高素质，实施了"干部素能提升工程"和"请进来"培训和"走出去"培训。扎实推进了新一轮大规模培训干部工作的战略任务。充分利用"两个网络平台"，即：中国浦东干部学院学习在线网和山西省农村党员干部远程教育网,大规模开展了干部网络教育培训工作,通过培训全面提高了我县领导班子和干部队伍的"四种素质"和"六个能力"即：全面提高广大干部的思想政治素质、科学文化素质、业务素质和健康素质。全面提高领导干部统筹兼顾的能力、开拓创新的能力、知人善任的能力、应对风险的能力、维护稳定的能力和同媒体打交道的能力。形成全体干部普遍接受教育培训的良好局面，促进干部教育培训工作迈上新台阶。

四、深入开展党风廉政建设和反腐败斗争

一年来，定襄县委坚持"标本兼治、综合治理、惩防并举、注重预防"的战略方针，加强组织领导，强化监督检查，围绕中心，服务大局，突出重点，注重实效，以改革创新精神狠抓反腐倡廉建设。一是加强对重点工程建设监督检查。组织专人成立了定襄县基建项目资金监审组，负责对投资在100万元以上各种基建工程、重点工程、国债项目实施全过程监督审核。并对对全县林业、环保、救灾救济、住房建设、城乡规划和住房公积金等专项资金管理使用情况进行了执法监察，确保了专项资金规范管理，合理使用，充分发挥资金效益。二是强化案件查处，突出查办重点。我县始终将案件查办重点聚焦于乡科级干部案件、重处分案件、经济案件和问责案件。并进一步健全领导包案、联合办案、全员办案、案件移送、错案追究和责任考核等一系列制度。2009年全县纪检监察系统共立查案件82件，处分82人，结案率100%。其中科级干部案17件，占20%；经济案件43件，占52%；万元以上大案16件，占19.5%；重处分案7件，占8.5%。

（巩向东）

附：一、中共定襄县委书记、副书记、常委名单

书　记：邱维邦（9月离职）
　　　　刘婷芳（女，11月任职）
副书记：贾玉文　李旭清
常　委：周子卿　刘新明　于文兵　董晓林
　　　　赵志伟　智志林
　　　　王庆华（女，挂职，3月离职）
　　　　游云旺（挂职）

二、乡镇党委书记、副书记名单

晋昌镇
书　记：曲建成
副书记：崔利伟　王志强
杨芳乡
书　记：刘俊良
副书记：赵泽青　郭会军
南王乡
书　记：樊慧全
副书记：安志宏　王文伟
神山乡
书　记：白秀平
副书记：吴建功　徐久伟

蒋村乡

书　记：池计伟

副书记：续国强　张政生

河边镇

书　记：梁建义

副书记：曾一平　郑晓春

宏道镇

书　记：郅向宁

副书记：郭小凤　班英龙

季庄乡

书　记：闫志峰

副书记：郭彦平　徐树人

受禄乡

书　记：殷雪梅

副书记：马国伟　武永星

中共代县县委工作概况

2009年是代县发展历史上最为困难的一年，也是全面应对金融危机，抢抓机遇，全面遏制经济下滑局面的一年。一年来，代县县委以党的十七大、十七届三中、四中全会精神为指导，全面贯彻落实科学发展观，按照县委十二届四次全委会工作部署，紧密团结人大、政府、政协各套班子，带领全县干部群众，解放思想，奋力拼搏，扎实工作，全力推进经济、政治、文化、社会和党的建设，全面完成了年初确定的各项工作任务，取得了经济较快发展、社会和谐进步、干部团结作为、民生显著改善、群众比较满意的新成绩。

一、推进产业结构调整，实现经济转型发展新突破

2009年以来，县委紧紧抓住中央扩内需及全省大力实施“五个全覆盖工程”的大好机遇，积极争取实施落实项目。全年共争取中央新增投资项目四批18个，总投资1.1亿元，落实中央投资5669万元。省市重点工程共4项，有4项基本完工。32项县级重点工程，完成投资5.7亿元。通过项目建设，有效拉动了投资，促进了经济增长，遏制了县域经济不断下滑的局面。全年完成生产总值14.98亿元，按可比价计算下降7.1%；财政总收入4.92亿元，同比下降25.36%；工业增加值5.24亿元，同比下降63.88%；全社会固定资产投资8.95亿元，同比增长91.62%；社会消费品零售总额6.08亿元，同比增长19.5%；城镇居民人均可支配收入11133元，同比增长7.55%；农民人均纯收入2048元，同比下降19.25%。以上各项指标完成都好于预期。

大力发展高效农业，农业产业化水平得到进一步提升。一是大力发展特色农业。着力推进特色种植业、优质林果业和生态畜牧业三大区域农业产业化基地建设。全县特色种植面积发展到8万亩；粮食总产量达到6040万公斤；“双十万亩”干果基地和“十万亩”鲜果基地建设初具规模；各类舍饲养殖小区发展到60个，规模养殖户达到864户，獭兔饲养量达到25万只；日光温室大棚发展到700多座；新发展农业专业合作社132个。二是积极扶持农产品龙头企业建设。重点抓了辣椒、獭兔、黄酒、果蔬、小杂粮五个农产品加工龙头项目，完成投资1.75亿元，全县农业产业化水平明显提高。三是新农村建设有序推进。今年，我县在完善原有47个试点村、重点推进村的同时，对新确定的19个重点推进村继续实施了“四改四化”、“五个一工程”，而且大部分建设任务已基本完成，“一村一品”的村新增10个，累计达到50个，农村面貌及农民的生产生活条件得到较大改善。四是推进农村可再生能源工程。2009年完成农村沼气150户，炕连灶500户，生物质炉200户，沼气村级服务网点11个。

优化升级矿冶工业，培育壮大新型产业，多元化支柱产业体系初步形成。今年，代县按照安全发展、转型发展的要求，突出抓了以下几方面的工作：一是全力组织企业复产运行。全县成立了企业复工复产领导组，全面协调解决企业实际问题，70座尾矿库完成设计审查，并实施建设；成立了三家担保贷款公司，促进银企对接，解决了企业融资难的问题；引进推广尾矿砂压滤干排技术，解决企业尾矿库审批难的问题，全县已有19家企业实施尾矿砂压滤干排技术改造，12家企业通过安装使用压滤干排设备而启动生产。二是加快矿产资源整合步伐。全县矿山企业由37家整合为25家，并已全部完成储量核查及产权明晰工作，目前已有23家上报。三是优化升级矿冶工业。狠抓球团、铸造等深加工项目，积极筹划实施15万吨二步煤基熔融还原炼铁铸造等项目。四是大力发展新型产业。扶持发展新型建材、洗煤化工、现代物流、清洁能源等新型产业，加快发展循环经济。上马了混凝土及混凝土管材项目、原煤精洗项目、风力发电项目等一批新型产业项目。

依托丰富的旅游资源，扎实推进全县旅游文化产业。代县把发展旅游产业作为推动经济转型的战略重点，紧紧抓住市委、市政府举全市之力支持雁门关旅游开发的历史机遇，强力推进旅游产业开发步伐。一是加强组织领导。召开了旅游产业发展动员大会，成立了旅游产业发展建设指挥部，并作出了《关于举全县之力加快旅游产业发展的决定》，出台了《代县雁门关景区、古城景区开发项目筹资办法》。二是科学制定旅游产业发展规划。按照规划先行的原则，先后编制完成了《雁门关文化旅游产业发展总体规划》、《代州历史文化名城保护规划》等一系列文物保护和旅游开发规划。三是强势推进旅游产业开发。县委号召全社会为发展代县旅游产业出资出力，采取多种方式拓宽融

资渠道，积极筹措发展资金，使旅游产业开发得以顺利推进。雁门关景区铺开了绿化治理、天险门、地利门、瓮城等22项工程，已完工11项，完成投资7000多万元；代州古城景区完成了西门城楼复建工程，新建牌楼2座，铺开了南门楼、角楼的拆迁及土地征用等工程，完成投资1500多万元。今年9月，雁门关风景区被评为全省十佳旅游风景区。三是狠抓旅游业服务体系建设。围绕旅游六大要素，完成了旅游公路、旅行社、旅游定点宾馆和商点建设，铺开了雁门关前后腰铺旅游服务区建设工程。

强力推进城乡基础设施建设，群众生产生活条件大大改善。今年以来，代县把新城建设和基础设施建设作为改善城乡居民生产生活条件的突破口，着重抓了以下几个方面的工作。在新城建设方面，新城二期征地工程涉及的大部分被征地户已签订征地合同，发放土地补偿款工作正在进行；县医院新建工程已完成门诊楼地基建设，预计明年竣工交付使用。在基础设施建设方面，完成了国道大街改造一期工程，有效拉大了县城框架，拓宽了城市规模，提升了城市形象；同心路拆迁改造工程和新城东城大街与旧城北环路连接工程，前期拆迁任务按步骤正在顺利推进；生活垃圾填埋厂第三期工程已完工；改造县乡公路3条22.6公里；208国道拓宽改造工程已开工；高速公路连接线复线工程已经省高管局批准立项，预计明年开工建设。

二、发展社会主义民主政治，加快依法治县进程

坚持和完善人民代表大会制度，提高人大工作水平。一年来，代县县委大力支持人大工作，充分加强人大法律监督和工作监督，组织人大代表围绕项目建设、实事落实情况进行专题视察，高质量办理代表议案和建议。

坚持和完善政治协商制度，加强统一战线建设。支持人民政协围绕团结和民主两大主题履行职能，把政治协商纳入决策程序。完善民主监督机制，提高参政议政实效。扎实开展经济统战工作，重点实施争当“光彩之星”和“新晋商万企联万户感恩”行动，全县济困助学、扶贫帮困等工作走在了全市的前列。认真贯彻党的民族宗教和侨务政策，维护了全县团结稳定的大局。积极开展对台工作，利用杨忠武祠的窗口作用，加大宣传力度，积极扩大与台湾同胞的交流交往，促进了代台关系的双向互动和良性发展。

扎实推进法治代县建设。全面实施“五五”普法工作，深入开展法律“六进”活动和依法治理示范单位创建活动。完善基层群众自治制度，全面实行政务公开、村务公开制度。支持工会、共青团、妇联等人民团体依照法律和章程独立自主开展工作，充分发挥其联系、服务、教育、维护群众权益的作用。

坚持党管武装原则，积极支持国防和驻代部队建设。县委把强化国防教育作为党管武装工作的重要内容，严格落实县、乡（镇）、村三级教育责任制，把武装工作作为对县直单位、各乡镇年度综合考核的重要内容，保证了全县武装工作各项任务的顺利完成。在全县范围内开展了“以营带乡、以连带村、一村一品”经济创业活动，组织发动全县民兵参加新农村建设，促进军地协调发展、和谐发展。

三、正确把握舆论导向，全面建设社会主义核心价值体系，推动全县宣传文化事业大发展、大繁荣

把握正确舆论导向，营造良好舆论氛围。县委始终正确把握舆论导向，加大对社会舆论的引导，加强新闻宣传管理，加大对外宣传力度，充分发挥主流媒体宣传作用，展示全县改革发展的新成就、新形象，为全县的经济社会建设提供了强大的舆论支持。

建设社会主义核心价值体系，加强道德实践和文明创建。全面加强未成年人思想道德建设，大力开展综合治理专项行动，创造健康向上的社会文化环境。深入开展了一系列群众性精神文明创建活动，继续推进“文化科技卫生”三下乡活动，开展省、市级文明单位与新农村结对帮扶，共建文明和谐活动，全县6个省市级文明单位分别与6个新农村结对帮扶，收到了良好效果。

满足人民群众精神文化需求，繁荣文化事业。围绕纪念建国60周年这一主题，组织开展了“红歌会”、民间文化艺术作品展览等一系列庆祝活动。实施文化基础建设工程，一大批高标准、高质量的村级文化活动中心相继建成并投入使用，极大地提高了公共服务能力。依托乡镇文化站和农村文化活动中心，积极开展公益文化活动。全面开展农村公益电影放映工程，放映覆盖面达100%。积极扶持发展农村文化经营组织和公益文化组织，推动杨氏古建木工技艺等“一县一品”区域文化产业品牌建设。圆满完成全县“非遗”普查工作，积极开展全县第三次全国文物普查工作，完成了《全国重点文保单位代县长城--雁门关段文物保护规划》申报及评审工作，各项文化事业蓬勃发展。

四、关注民生，各项社会事业顺利推进

今年，我县把社会事业当作“保民生”的主要工作来抓，克服种种困难，积极筹措资金，市政府20件实事和县政府10件实事全面落实，全县人民普遍得到了实惠。

教育、卫生、社会保障等民生工程扎实推进。校舍安全改造工程已完成39所，50所学校实施了“一颗鸡蛋”工程，受惠学生达8056人；完成3个卫生院维修工程，建成222个村级卫生室；解决了35个行政村1.8万人的饮水安全问题；重点实施了城区有线电视网数字化平移工程；新建通村水泥路59个村202.2公里，提前一年实现水泥路全覆盖；城镇居民医疗保险参保人数达到10321人；农村社会养老保险参保人数达到13620人；失地农民养老保险工作全面启动，1125名弱势群体得到积极救助；全县低保对象达到17331人；城镇登记失业率3.2%，控制在年度目标4.2%以

内；城镇新增就业岗位2600个，转移农村富余劳动力3099人；新建廉租房100套，经济适用房114套，解决农村困难群众住房困难80户，对2100户城市低收入家庭住房困难户发放补贴资金420万元；发放移民补助136万元，实施移民搬迁137户400人，实施整村推进57个村，受益人口1.6万人；新增供暖面积10万㎡，集中供暖总面积达到62.9万㎡，覆盖率达到65%。

安全水平全面提高。扎实开展安全生产专项整治，58个一类企业已全部关停，1098个二类企业已全部实施停产整顿，1854个三类企业加强监管，关闭取缔不符合安全生产条件的尾矿库81座，全县安全生产形势持续稳定。

维稳工作得到切实加强。认真搞好信访工作，继续深入开展各级领导“大接访”活动，加大矛盾纠纷排查调处力度，深入开展信访积案化解年活动，实现进京、赴省“零上访”的目标；抓好社会治安综合治理，深入排查和整治社会治安突出问题，加大对两抢一盗、伤人杀人等恶性案件的打击力度，保持对各类违法犯罪活动的强大威慑力，全力推进平安代县建设，确保了全县社会大局的和谐稳定。

五、夯实基础，党的建设全面加强

深入开展学习实践科学发展观活动，党员干部思想作风建设全面加强。第二批学习实践科学发展观活动，共有84个单位、218个党组织、3271名学员干部参加。县委在活动开展过程中，坚持高标准，严要求，圆满完成了各个阶段的工作，基本上达到了学习培训有提高、调查研究有深度、分析检查有收获、整改落实有成效的预期目标。全县学习实践活动学习形式灵活多样，学习氛围浓厚热烈；调查研究广泛深入，主题活动富有实效；分析检查深刻到位，查摆问题认真准确；解决问题立说立行，实践特色突出鲜明。通过学习实践活动的深入开展，全县各级领导班子和广大党员干部在推动科学发展上有了新认识，干部作风有了新改善，应对金融危机有了新起色，转型发展迈出新步伐，经济发展总体上保持了企稳向好的态势。9月份又全面启动了第三批深入学习实践科学发展观活动，目前已进入分析检查阶段。整个活动组织有力、平稳有序、发展健康，突出了“早、抓、引、严、实”五个字，即及早准备，超前谋划；加强领导，健全制度；舆论引导，集中思想；严密程序，把握环节；创新方法，学用结合。

加强和改进领导班子和干部队伍建设。认真组织学习十七大、十七届四中全会精神，深刻领会科学发展观内涵，继续抓好《干部教育条例》的贯彻落实。组织从事干部教育培训工作人员赴北京、上海等地考察学习，为全县干部培训工作打好坚实的基础。加强干部队伍管理，扎实做好2009年度科级领导班子和领导干部年度考核工作、配合市委考核组做好了2009年县处级领导班子和领导干部年度考核工作。年内共调整干部11人，其中提拔3人，平调8人，县乡两级妇联换届工作顺利完成，配齐了纪检、监察局领导班子。严格落实干部选任工作“一报告、两评议”制度。加强人才队伍建设，完善人才培养和人才选拔机制，推进人才工作机制创新；不断加强农村新型实用人才的培养工作，并将乡科级干部及农村干部的人才培养工作作为重中之重。

扎实推进基层党组织建设，不断夯实党的执政基础。大力改造升级村级组织活动场所，创新基层组织设置，建立健全城乡党的基层组织互帮互助机制，构建城乡统筹的基层党建新格局；加强农村党支部书记队伍建设，全面落实农村“两委”干部待遇，建立了农村“两委”主干岗位报酬集中统一发放和养老保险两项制度。全面加强机关党组织建设，认真落实大学生村干部工作生活待遇；加大青年农民入党力度，做好党员服务工作，开通“12371”党员服务咨询专线，组织开展“四个一”活动，全面启动实施县乡村三级农村党员干部现代远程教育网络，逐步完善基层党建工作长效机制。

狠抓党风廉政建设和反腐败工作。严格执行党风廉政建设责任制和“一把手”负责制，实行领导包案制度，加大了案件查处和监督力度。全年共立案67件，已查结67件，共有67名党员干部受到党纪、政纪处分。全面落实党的强农惠农政策，稳步推进农村“三资”管理委托代理制度，进一步加大涉农信访案件查办力度，全县农村基层党风廉政建设工作扎实推进。（李润玖）

附：一、中共代县县委书记、副书记、常委名单

书　记：霍富荣（11月任职）

副书记：郝江陵（女）　孙志远　土卫东（2月任职）

常　委：赵继先（女）　薛凤林　牛俊和　张　翼　陈月峰　杨开忠

二、乡镇党委书记、副书记名单

上馆镇

书　记：程晓明

副书记：蔚利平　张国文

阳明堡镇

书　记：李俊才

副书记：张英瑞　乔玉波

峨口镇

书　记：李敢峰

副书记：陈文秀　尹耀忠

枣林镇

书　记：李印文

副书记：杨建勇　刘国平

聂营镇

书　记：李　蔚

副书记：王玉海　齐俊峰

滩上镇

书　记：郝眉根

副书记：李　诺　牛文华

新高乡

书　记：王继红
副书记：李继东　白耀平
峪口乡
书　记：赵瑞德
副书记：石高岚（女）　王　平
磨坊乡
书　记：张东家
副书记：宋太平　李海东
胡峪乡
书　记：田靖程
副书记：高步峰　韩　权
雁门关乡
书　记：孙振华
副书记：杨建东　孙润民

中共繁峙县委工作概况

2009年，繁峙县委着眼于新情况、新形势、新任务、新挑战和新要求，认真贯彻党的十七大和十七届四中全会精神，以开展深入学习实践科学发展观活动为抓手，把思想理论建设放在首位，全面加强党的思想、组织、作风和反腐倡廉建设，不断提高管党治党水平，执政能力和领导水平不断提高，为全县经济社会发展提供了坚强的政治保证。

一、认真组织开展学习实践科学发展观活动

在全党开展学习实践科学发展观活动是党的十七大作出的重大战略部署。县委按照中央和省、市的部署，认真组织全县各级党员干部分两批参加了深入学习实践科学发展观活动。从3月以来，在市委的正确领导和市委检查指导组的精心指导下，县委紧紧围绕“开阔科学发展新视野、推动繁峙发展新跨越”的活动主题，以“力抓三保三促、造福繁峙人民”为活动载体，高起点起步、高标准要求，高质量运作，动员和组织第二批119个单位2269名党员，扎实开展了学习调研、分析检查、整改落实3个阶段共21个环节的工作，圆满完成了第二批学习实践活动各项任务，初步实现了“提高思想认识、解决突出问题、创新体制机制、促进科学发展”的目标，达到了“党员干部受教育、科学发展上水平、人民群众得实惠”的目标。9月份第二批学习实践活动结束后，第三批学习实践活动全面展开，全县各乡镇、村、社区、学校、医院、非公有制经济组织和新社会组织共513个单位8299名党员在县委的统一领导下，认真开展各阶段各环节的工作，加强理论学习，深入调研走访，积极为群众办实事、办好事，受到了群众的肯定和好评。目前，第三批学习实践活动已完成学习调研和分析检查阶段任务，正在转入整改落实阶段。

二、切实加强领导班子和人才队伍建设

县委常委班子高度重视自身建设，坚持中心组学习制度，认真贯彻民主集中制原则和常委会议事制度，带头执行市委提出的“五个表率”，不断提高以科学发展观统领经济社会发展的能力。县委在搞好自身建设的同时，高度重视干部队伍建设，不断加强对干部的教育、管理和使用。结合干部队伍的思想实际和作风状况，在各级干部中深入开展了学习贯彻党的十七大、十七届三中、四中全会精神和学习实践科学发展观活动，激发了各级领导干部谋划工作、扎实工作的热情，有效提高了各级干部的思想政治素质。严格按照上级的安排，做好县处级领导干部的调训工作，组织11名县处级干部分三期参加了市委组织部举办的县处级领导干部任职培训班，先后组织4名县处级干部赴上海浦东干部学院、中央党校等地参加了培训。建立健全科级领导班子和领导干部考评体系，从任前、任中、离任等各个环节，加强了对领导干部的考核监督管理，年内对28名试用期满的领导干部进行了考核、考察并按期转正，对2名离任领导干部进行了任期责任审计。大力加强人才队伍建设，认真落实县委联系优秀人才制度，选拔任命了11名县委联系的优秀专家。继续以贯彻落实《干部任用条例》和深化干部人事制度改革为重点，健全和完善了“三推、四看、五酝酿、一测试”以及“两个公示”和“一个表决”的科学化选人用人机制，进一步端正了用人导向，匡正了用人风气。全年共调整干部7次110人，真正选出了一批“有本事、靠得住、作风好”的干部，达到了组织满意、群众满意、干部满意。县委还非常注重后备干部的选拔培养，在民主测评和民主推荐的基础上，通过组织考察和分管县领导同意，从各乡镇和机关、事业单位共选拔出415名后备干部，全县干部队伍后备力量明显增强。

三、全面加强基层组织和党员队伍建设

县委从农村经济社会发展的实际需要出发，狠抓农村基层组织建设和农村党员队伍建设。一是继续筑牢基层党组织战斗堡垒。坚持以《基层党建工作责任制》为总抓手，深入开展“三级联创”和“三优五化”活动，使基层组织建设常抓不懈的格局进一步形成。对全县10个“难点村”和6个“矛盾突出村”进行了集中整顿，增强了基层组织的凝聚力。大力推进第二轮村级组织活动场所建设工程，已完成新建或改建209个村级组织活动场所的立项、申报、预算等工作。二是对大学生村干部加强了管理，按政策落实了工资和医疗、养老保险、住房公积金等待遇，支持6名大学生村干部申请了创业基金，创办起小杂粮种植等特色项目，新选拔157名大学生村干部充实到了农村“两委”班子中，进一步增强了村级组织力量。三是扎实抓好党员队伍建设。严格坚持发展党员的“十六字”方针，切实做到

“成熟一个，发展一个”，按照规定程序和标准，培养入党积极分子565名，发展党员308名。至2009年底，全县党员达到10565人，其中女党员1610人，农村党员6300人。同时，狠抓党员教育管理，充分利用乡（镇）党校、村党员活动室、现代远程教育网，对党员进行多种形式的培训。共组织农村党员干部和群众集中学习2000余场，培训20000多人次，培训农村党员“土专家”120名，农村科技致富能手500余名。全县17个党委党员信息库全部建成，进一步延伸了党员管理链。四是全面提升机关、非公有制企业和新社会组织党建工作水平。在县直机关工委监督和指导下，任期届满的机关、事业单位党支部严格按程序进行了换届选举；组织10个已建立党支部的非公有制企业和新社会组织参加了第三批学习实践活动，大力推进党的工作全覆盖。五是建立健全党内关怀、激励和服务机制。制定出台了《繁峙县农村党支部书记和村委主任岗位报酬和养老保险发放办法》，427名农村“两委”主要干部领到了相应的岗位报酬，78名60周岁以上现任农村“两委”主要干部的养老补助得到了落实；349名农村“两委”主要干部应保尽保；816名离任农村“两委”主要干部享受了相应的生活补助；重大节日走访慰问生活困难党员和老党员4次138名；开通了“流动党员服务专线12371”，加强了对流动党员的服务工作。

四、深入开展党风廉政建设和反腐败斗争

一年来，县委严格坚持从严治党的方针和标本兼治的原则，认真贯彻中央、省、市纪委全会精神，进一步加大了党风廉政建设和反腐败工作力度。一是落实责任促廉政。在年初，县委对党风廉政建设和反腐败工作进行了认真的研究和安排部署，出台了《任务分解意见》，将党风廉政建设的各项目标任务逐一分解到县委班子成员、政府班子成员和县直职能部门。在具体工作中，我们狠抓“责任分解、责任考核、责任追究”三个环节，使党风廉政建设责任制落到了实处。二是强化教育促廉政。7月份选派5个组到13个乡镇对全县农村干部开展了警示教育活动。对新任领导干部进行了廉政培训和廉政谈话，增强了廉政意识。三是严肃惩处促廉政。全年共立查各类案件101件，结案101件，处分党员干部101人，特别是严肃查处了社会影响恶劣的乡镇干部柴四清吸毒、嫖娼案，配合上级纪委查办了穆新成司法腐败案，取得了较好的政治、法纪和社会效果。四是完善制度促廉政。继续深化了行政审批制度改革，彻底清理了无法律、法规依据的审批事项20项，优化审批程序50个。坚持政府集中采购和集中核算制度，全年节约资金230万元，纠正、退回不合规定的票据700余笔，拒付不合理开支450余万元。五是重点整治促廉政。深入开展煤焦领域反腐败专项斗争，共纳入清理范围的企业149家，共查核企业欠缴、漏缴各项规费2141.91万元，已清缴1231.4282万元。6月份，对全县粮食直补、退耕还林、农合医疗、转移支付、水利资金、教育经费投入、农机购置补贴等惠农资金落实情况进行督查，未发现违规违法现象。加强了对建设用地和国有土地使用权出让情况的执法监察，查处违法占地案件7件党政纪处分党员干部7人，拆除违法建筑18间。全县党风廉政建设和反腐败斗争取得了明显成效。

（王富强）

附：一、中共繁峙县委书记、副书记、常委名单

书　记：武宪堂

副书记：曹爱民（11月任职）　王黎明（11月离职）　尚建军（3月任职）

常　委：丁文福　李宝山　王利民　崔永江　姚力山　杨有成　杨晓宏（女，6月离职）　刘燕萍（女，6月任职）

二、乡镇党委书记、副书记名单

繁城镇

书　记：张龙恩

副书记：王　政　马培文　赵振兴（兼）

砂河镇

书　记：刘国兵（6月离职）　左百胜（6月任职）

副书记：刘秀德（6月离职）　张爱中（7月任职）　沙保红　侯福国

大营镇

书　记：梁占海

副书记：何卫锋　刘　海

杏园乡

书　记：刘爱中

副书记：韩　敏　王治国

光裕堡乡

书　记：张占羽（6月离职）　张世龙（6月任职）

副书记：张世龙（6月离职）　刘秀德（6月任职）　郝路彦

下茹越乡

书　记：陈朝旭（6月离职）　王兆平（6月任职）

副书记：郭建军　席应平

集义庄乡

书　记：辛　岗

副书记：张利尧　韩　铭

东山乡

书　记：韩宏恩

副书记：乔　哲　段玉成

金山铺乡

书　记：王兆平（6月离任）　陈朝旭（6月任职）

副书记：李　勇　张利军

横涧乡

书　记：师天阳

副书记：杨远忠（4月离任）　李云山（7月任职）　姚金明

神堂堡乡

书　记：刘平牢
副书记：王志胜　韩海亮
岩头乡
书　记：左百胜（6月离任）　张占羽（6月任职）
副书记：韩宏英（女）　刘剑跃

中共宁武县委工作概况

宁武县现有党委15个，县直党组8个，党总支51个，党支部636个（包括农村支部354个）。共有党员9464名，其中农村党员4167名，预备党员435名。在职干部共有3779人，其中科级干部534人，行政干部856人，事业干部2823人，企业干部100人。

2009年，全县各级党组织和广大党员干部坚持以邓小平理论和“三个代表”重要思想为指导，全面贯彻党的十七大和十七届三中、四中全会精神，紧紧围绕加强党的执政能力建设和先进性建设这条主线，突出抓好深入学习实践科学发展观活动这个重点，切实加强领导班子、干部队伍、基层党组织和党员队伍建设，为有效应对国际金融危机、确保全年经济和社会各项事业的发展提供了坚强有力的组织保证。

一、以群众满意为落脚点，深入开展学习实践科学发展观活动

在全党深入开展学习实践科学发展观活动，是党的十七大作出的重大战略部署，抓好学习实践活动是全县党建工作的首要任务。按照中央和省委、市委的部署要求，我们坚持把深入学习实践科学发展观活动办成群众满意的工程，加强领导，精心组织，严格程序，确保学习实践活动有序开展、扎实推进。在整个活动中，着眼于突出实践特色，坚持把解决问题贯穿始终，严格遵照“规定动作不走样，自选动作有特色”的原则，紧密结合宁武县情，研究制定了“立足科学发展，推动转型发展，保证安全发展，促进和谐发展”的活动主题和“两破三转七围绕”的实践载体，引导广大党员干部进一部深化对县情特点和发展思路的认识，在应对宏观经济环境变化和解决自身结构性矛盾结合点上强化转型发展措施，在应对复杂局面的实践中增长见识、提高本领，推动产业结构从单一化向多元化转变，发展方式从粗放型向节约型转变，发展动力从资源依赖型向创新驱动型转变，把全县上下的思想和行动统一到了努力建设科学发展、社会和谐的新宁武上来。

各参学单位狠抓各个阶段工作的落实，以领导班子成员领题调研、召开民主座谈会、发放征求意见表等形式，找准影响和制约科学发展的主要症结，理清推动科学发展的正确思路，制定切实可行的整改方案和整改措施，提高了各级党组织和党员干部贯彻落实科学发展观的能力，努力实现了三个方面的目标要求。即：党员干部受教育，就是使全县干部队伍在原有的基础上，以更加奋发有为的精神状态，带领群众干事创业；科学发展上水平，就是使全县的发展思路不断完善，发展合力更加凝聚，发展后劲显著增强，发展速度大大加快，发展成果惠及广大人民群众；人民群众得实惠，就是切实解决群众反映强烈的突出问题，使人民群众的生活水平不断地得到提高。

二、以加强党的执政能力建设为出发点，全面加强领导班子和干部队伍建设

进一步加强领导班子思想政治建设。认真贯彻落实中央《关于进一步加强和改进领导班子思想政治建设的意见》精神要求，县委出台了《关于切实做好“五个表率”，进一步加强领导干部党性修养和作风建设的若干意见》（宁发[2009]5号），明确提出全县各级党组织要以市委董书记强调的做好“五个表率”统领党的作风建设，要求全县党员干部特别是领导干部必须不断加强党性修养，大力弘扬八个方面的良好风气。同时，设立了政务公开栏，自觉接受群众监督，有力地推进了县、乡领导班子规范化、制度化运作；强化了对乡科级领导班子民主生活会的指导和监督，有效地提高了民主生活会的质量，引导和督促各级领导干部带头讲党性、重品行、作表率。

全面贯彻落实新一轮大规模培训干部工作任务。县委坚持把干部教育培训工作作为一项严肃的政治任务来抓，研究制定了《宁武县2009年—2014年干部教育培训五年规划》，按照“重点干部重点培训、优秀干部优先培训、紧缺干部加紧培训、年轻干部全面培训”的工作思路，规范各级党委中心组学习制度，依托县、乡党校，继续在“走出去”、“请进来”培训干部上做文章，进一步强化了培训教育效果。一方面认真抓好集中培训。结合学习实践活动的深入开展，分6批组织全县党员领导干部观看了科学发展观专题讲座；组织全县495名农村党支部书记、村委会主任分4批次参加了省委党校顿村分校举办的“学习贯彻党的十七届三中全会精神”集中轮训；县委组织部、县委党校对165名新选聘的高校毕业生村干部和121名新任科级干部进行了政治理论、专业知识、领导管理能等方面的学习培训。另一方面积极开展了外派培训。选派7名县处级干部参加了清华大学举办的“领导能力建设专题研习班”；组织各乡镇党委书记、乡镇长参加了市委组织部、市国土资源局举办的国土资源知识专题培训；选派4名农村党支部书记和4名高校毕业生村干部参加了由市委组织部组织的西北农林科级大学农村致富带头人培训。

加大对干部选拔任用工作的监督力度。全面实行干部选拔任用工作“一报告两评议制度”，切实加强了对全县党

员、干部学习贯彻执行《党内监督条例》、《干部任用条例》和有关法律法规情况的督促检查；加强了对干部任用工作全过程的监督，改变了以往机械划定考察范围的监督工作方式，主动深入到所有“知情”群众中，对干部进行立体开放式考察，在更广泛的社会空间内“透视”考察对象，使干部接受群众的有效监督；进一步建立和完善了干部选拔任用工作责任制和用人失察失误追究制，全面防范和治理用人上的不正之风。

加强对后备干部的培养、选拔和使用管理。按照省委和市委建立健全乡科级后备干部队伍数据库的要求，通过多元推荐、民主测评、实绩量化、全面考察的方式，共有372名优秀干部进入后备干部队伍库，其中非党后备干部63人，妇女后备干部64人，初步建立起了一支结构合理、分布广泛、门类齐全的科级后备干部队伍，同时，县委组织部建立了后备干部工作实绩档案，开展定期考核评价和跟踪管理。

扎实有效地开展县直机关干部作风集中整顿活动。根据市委《关于改进干部作风，做好“五个表率”的意见》精神，县委决定从9月25日起到年底，集中100天时间，对县直机关单位进行一次认真过硬的作风整顿，教育和动员全县干部统一思想、振奋精神，加强纪律、改进作风，努力打造一支作风优良的干部队伍。一是解决好政令不畅的问题，大力倡导政令畅通、令行禁止，上下协调、步调一致的良好作风，强化大局意识。二是解决在编不在岗、脱岗不上班的问题，对财政供养人员进行一次核查清理，彻底根除“吃空饷”这一顽疾，强化岗位意识。三是解决一些干部不作为、乱作为、胡作为的问题，坚决反对丧失原则的好人主义，强化责任意识。四是解决铺张浪费和奢侈享乐的问题，牢固树立过紧日子的思想，强化节俭意识。五是解决门难进、脸难看、事难办的衙门习气，继续深化行政审批制度改革，减少审批事项，简化审批环节，提高审批的质量和效率，强化服务意识。

三、以增强凝聚力和提高战斗力为着力点，全面加强和创新基层党组织建设

完善基层党建工作领导责任制。全面推行基层党建工作“一报告一评议”制度。认真贯彻落实省委《各级党委（党组）抓基层党建工作责任制》文件精神，建立健全了基层党建工作领导机构，强化了乡镇党委书记抓基层党建第一责任人的责任，建立了乡镇党委书记向县委报告农村基层党建工作制度，把抓基层党建工作情况列入乡镇党委领导班子和党委书记年度工作实绩考核的重要内容。

全力抓好农村基层组织建设。一是认真落实农村“两委”主干待遇。为522名在职“两委”主干办理了岗位报酬，最高每人每月362元；为527名在职“两委”主干办理了养老保险，并全部建立了个人账户；为970名离任“两委”主干办理了生活补贴，累计发放27.37万元。二是加强农村党员教育阵地建设，新建现代农村党员干部教育站点123个，为各乡镇党委和47个村级组织活动场所购置60套学习实践活动光盘，订购700套学习十七届四中全会读本。三是继续抓好优秀高校毕业生村干部选聘管理工作。坚持公开、平等、竞争、择优和依法办事的原则，从1759名报名考生中，择优选聘165名品学兼优的高校毕业生到农村基层任职。同时，加强大学生村干部在村管理工作，不定期对他们的在岗情况进行督查，并通过调阅《大学生村干部工作日记》，掌握他们的工作和生活情况。

切实加强党员队伍建设。全面推行发展党员工作“五项制度”（全员推荐、组织预审、支部票决、全程公示、责任追究），认真贯彻落实《宁武县关于实施县乡党员领导干部“联乡包村定人”加强发展青年农村入党工作的具体意见》，扎实抓好市委组织部“发展千名青年农民党员工程”，加大在优秀青年农民、优秀非党村委会成员、优秀农村妇女干部和大学生村干部中发展党员的工作力度。全县共确定了339名党员发展对象，农村党员“三化一乏”的问题得到了有效解决。同时，县委组织部开通了“12371”党员服务咨询电话和流动党员咨询电话，加强对流动党员的管理，在流动党员集中的煤矿企业开展了“在当地争当先锋，为家乡做贡献”争先评比活动。

继续做好机关、社区和非公有制党建工作。在健全党组织的基础上，积极了发挥非公有制企业党组织的作用，整体推进非公有制经济党建工作新格局。以深化“四好”国企领导班子创建活动为重点，扎实抓好国有企业党组织建设。以强化功能、服务群众为重点，建立了以社区党组织为核心的组织体系，健全了社区党建工作协调机制。

四、以服务全县经济社会发展大局为目标，全面加强党风廉政建设

强化监督，严格执行廉洁从政规定。认真执行中纪委《关于严格禁止利用职务上的便利谋取不正当利益的若干规定》，加强监督检查和专项治理，切实解决领导干部廉洁从政方面存在的突出问题。扎实推进规范津贴补贴工作，开展“小金库”专项治理，规范党政机关经营性资产管理。纠正超标准超编制配备使用小汽车、违规装修办公用房等行为。巩固“三项治理”成果，积极推进治理商业贿赂专项工作。

加大力度，狠抓案件查处工作。我们始终把查办违纪违法案件作为反腐败工作的主要突破口，紧紧围绕案件查处工作重点，健全案件查处工作制度，实行了基层办案督查制、纪委常委包查案件制、全员办案制、办案奖惩制。全县各级纪检监察机关共立案查处各类违纪违法案件86件，其中经济案件8件，大要案件28件；结案86件，给予党纪政纪处分86人，重处分13人，涉及乡科级干部26人。

突出重点，扎实推进农村基层党风廉政建设。结合党支部“三会一课”和农村党员干部现代远程教育，大力加强农村基层党员干部廉政教育，在农村建立健全了“三廉”教育管理、勤廉双述、一事一议、职务消费限额、经济责

任审计等各项制度，不断深化和完善依法治村、民主管理制度，促进了政务、村务的规范化运作。各乡镇都印制下发了“便民服务卡”，群众可向“便民服务卡”上所列的有关领导反映问题。实行村财民管乡审制度，对农村资产、资源、资金实施规范化管理，乡镇纪委对农村“两委”负责人实行“届期财务轮审制”。

严格考核，有序推进反腐败重点工作。县委、县政府把贯彻落实党风廉政建设责任制作为深入开展党风廉政建设和反腐败工作的龙头，强化领导，量化指标，认真督查考核，严格责任追究。研究制定了《关于2009年党风廉政建设和反腐败工作任务责任分解的意见》，将40项反腐败重点工作，分解落实到16名县级领导和30个牵头单位。县委、政府主要领导负总责，分管领导各负其责，牵头单位对分工任务认真落实，各项工作有序推进。年终对各乡镇和牵头单位党风廉政建设责任制落实情况进行了严格细致的考核验收，客观评价工作实绩，确保各项指标任务落到实处。狠抓责任追究制度落实，对67案67人进行了责任追究，涉及乡科级干部23人，一般干部44人。

(李　栋)

附：一、中共宁武县委书记、副书记、常委名单

书　记：李树东（6月离职）　任宁虎（9月任职）

副书记：郭宝厚（9月离职）　边东圣（11月任职）
张建平

常　委：马在岐　杜莹海　张玉柱
张双全（5月离职）　帅学华（5月任职）
郑建国　薛军良　张永信（挂职,5月离职）
郭文平（挂职）

二、乡镇党委书记、副书记名单

薛家洼乡

书　记：郭士忠(2月离职)　张宏皋(2月任职)

副书记：弓春祥　贾小平

阳方口镇

书　记：冀海亮

副书记：胡增海　周晓东

凤凰镇

书　记：田贺玉

副书记：武　强　陈志贵

余庄乡

书　记：段秀程

副书记：徐鹏飞　胡良生

东寨镇

书　记：张　军

副书记：郑志峰　张成刚

迭台寺乡

书　记：丁新生

副书记：闫凯亮　吴建国

涔山乡

书　记：郭建毅（2月离职）　吴雁臻（2月任职）

副书记：王继宁　吕满亮

化北屯乡党

书　记：张宏皋（2月离职）　郭建毅（2月任职）

副书记：陈玉峰　邓五小

西马坊乡

书　记：姚汾宁（2月离职）　郭士忠（2月任职）

副书记：杨永旺　任卯星

石家庄镇

书　记：谷茂华

副书记：李树文　周好俊

新堡乡

书　记：宫治平

副书记：周晓峰　吴拴龙

怀道乡

书　记：王东升

副书记：王　智　王喜柱

圪谬乡

书　记：白云龙

副书记：李志效　闫永铎

东马坊乡

书　记：马国贞

副书记：杨建堂　韩文梓（女）

中共静乐县委工作概况

截至2009年12月底，静乐县共有工委11个，党委16个，总支24个，党支部472个，其中农村支部347个，机关支部125个，党小组1053个，共有党员8879人，其中农民党员5375人，女党员1262人名。

一年来，县委认真贯彻落实省委转型发展、和谐发展、安全发展的战略规划和市委二届四次全会及经济工作会议精神，在中央及省、市工作队的帮助下，全县上下齐心协力，拼搏进取，开创了政治建设、经济建设、文化建设、社会建设和党的建设新局面。

(一) 以党的建设为核心，提升了基层党组织的执政能力

加强党的建设，是我们党取得改革和发展胜利的法宝。一年来，县委以党建为中心，着力把组织优势转化为发展优势、把组织活力转化为发展活力，有效提升了各级党组织执政能力和执政水平，树立了党在人民群众中的良好形象。

1. 深入学习实践科学发展观活动进展顺利。首批学习

实践科学发展观活动，共有97个单位、2208名党员参加。在学习实践活动中，我们坚持以破解“五大瓶颈”、鼓励全民创业、建设“五新静乐”为载体，紧贴实际、创新做法，扎实有效地推进这项工作的开展。在县、乡、村三级党组织中广泛开展“双帮扶双促进”活动。全县110个单位和14个乡镇的110个农村全部结成对子，全县党员干部垫付金额达40万元，分别开展獭兔、肉兔、蛋鸡、奶牛等养殖和大棚蔬菜、核桃和仁用杏种植项目。党员干部受教育、科学发展上水平、人民群众得实惠的活动主旨得到了落实。

参加第三批学习实践活动的单位涉及到全县13个乡镇党委、381个行政村、398个参学单位，共有党员4473名。目前，第三批参学单位已全部转入整改落实阶段，学习实践活动工作扎实，进展顺利。

2. 党建基础工作有效推进。年初，我们坚持“联系实际，大胆探索，制度先行，稳步推进”的原则，完成了党代表常任制的试点工作。为加强农村支部队伍建设，相继出台了《关于加强和改进基层组织建设的意见》和《关于建立农村党支部书记和村委会主任岗位报酬发放办法》，目前，全县农村支部书记、村委主任的报酬全部发放到位，养老保险参保率达到100%。对百名农村党支部书记进行了集中培训，发展“三高两强”（思想觉悟高、文化程度高、致富本领高，致富能力强、带动能力强）青年农民党员240名，新选拔大学生村官126名，目前全县大学生村官总数为260人，大学生村官在新农村建设中作用得到了很好发挥。

3. 干部作风转变成效显著。按照科学发展观要求，加大督查、考核、问责力度，倡导干部“一线工作法”（领导在一线指挥，干部在一线创业，措施在一线落实，办法在一线研究，问题在一线解决，作风在一线转变，经验在一线总结，典型在一线推广，矛盾在一线化解，实绩在一线检验），着力打造学习型、创新型、务实型、服务型、廉洁型的“五型团队”，教育广大党员干部要牢固树立正确的发展观、政绩观、群众观，常修为官之德、常思惠民之策、常记学习之益、常怀感恩之心、常惧法纪之威、常树勤勉之志，有效遏制了乡镇干部的走读风，增强了各级领导班子和党员干部队伍抓落实的能力和水平。

（二）以项目建设为抓手，推动了县域经济的转型发展

县穷民困，是静乐最大的县情，加快发展，是全县人民的迫切愿望。为此，我们把2009年确定为实施项目年和全民创业年。在三大产业的发展中，重点围绕十大农业项目、十大工业项目和十大服务项目，扩张经济总量，优化产业结构，为县域经济的转型发展奠定了坚实的基础。

1. 特色农业破题上路。一年来，我们坚持把“三农”工作作为全县工作的重中之重，围绕“小杂粮种植基地、农产品加工基地、蔬菜输出基地、舍饲养殖基地”等四大基地建设，注重发挥政策驱动、示范带动、科技推动、产业拉动的整体功能，采取单位包村、干部包户、以奖代补、结对共建等方式，以期实现“土地增值、农业增效、农民增收”的目标。扶头会流域综合开发以工代赈项目，走出了一条以开发促治理，由治理促致富，人与自然和谐相处，生态与生产有机统一，经济与生态科学发展的新路子，其集中式投放、立体式开发的崭新模式，得到了省发改委的充分肯定，将在全省推广。09年10月，全省汾河干流植被建设项目推进会在静乐召开，省林业厅把我县确定为生态林业重点县。从2010年开始，一批造林绿化、植被恢复、湿地保护项目将在我县实施，静乐的生态文明建设迎来了千载难逢的历史机遇。涉及杜家村镇、丰润镇、神峪沟乡共204户的扶贫移民项目，总投资3000万元，计划移民1300人，现城区移民主体大楼已经完工，今年8月，移民户即可入住。去年，县财政拿出200万元，重点扶持的獭兔肉兔养殖和蔬菜大棚种植两大项目，獭兔养殖户已经发展到1300余户，其中规模养殖户达到120户，全县养殖总量年底已达到4.5万只；预计今年可发展到10万只，仅此一项农民可增收400万元以上。蔬菜大棚发展到360余座，全部投产后，年可产蔬菜800余万斤，吸引剩余劳动力860人，增加农民收入460万元以上。静丰园生态农业综合开发项目，是一个集种、养、加、产、学、研、温室、沼气为一体的现代农业产业化基地，该基地立足我县特色杂粮优势，以科技为支撑，采取“公司+基地+合作社+农户”的生产方式，建设有机杂粮基地1.7万亩，生产出了莜麦、胡麻、绿豆、赤小豆、大豆、豇豆等六种优质、高效、生态、安全的有机产品。预计全部达产达效后，有机原粮生产基地达到5万亩，涉及8个乡镇123村6674个农户，直接经济收入增收500万元。今年试种1000亩黄芩中医药适宜技术项目，预计亩产可达800—1000斤计算，按每斤价格1.5元计算，1000亩可收入120万元，纯收入可达90万元，200万只蛋鸡养殖项目，通过“公司＋农户”的方式，已由一个点扩展辐射到5个乡镇的1000余户养鸡户。十大农业项目的顺利实施，加速了我县农业产业化的进程，进而引领我县传统的小杂粮加工、油料加工也开始由散兵游勇向集团化、品牌化的方向迈进。值得向老乡们一提的还有界桥输电线路农民工，300余人组成了15个输变电工程队，有项目经理15名，工程监理30余名，测量工8名，常年奔波于北京、山西、河北、内蒙、浙江等地，年人均收入3万元以上，最高的超过100万元，在输变电线路工程行业有口皆碑。静乐农业已经按照“一村一品，一乡一业”的模式，逐步纳入了市场化、规模化、产业化的现代农业发展轨道。

2. 工业经济强势推进。我们严格执行煤炭资源整合政策，全县煤矿由18座整合到9座，产能由357万吨提高到1230万吨，目前山东大远煤业、霍州煤电集团、潞安煤电集团、阳煤集团已经全部进驻。大远煤业有限公司120万吨采煤工艺改造项目，其大倾角综采放顶煤技术，填补了国内空白，目前正进行试生产，2010年6月可望正式投产。霍州煤电集团、潞安煤电集团、阳煤集团8个计一千多万吨矿井项目，也将分别在今后三年内达产达效。三年之后，静乐将成为名副其实的千万吨煤基地。40万千瓦风电项目，一期5万千瓦，已完成一年测风工作，预计年内开工建设，

2011年正式运行。“1830”化工项目，是全市建设项目完成额度最大的企业，主体基本完工，今年7月试生产。220千伏变电站项目，零干扰、净地化的建设环境，受到了项目单位的好评，设备安装基本结束，即将投入运行，为工业经济的健康发展提供电力保障。按照循环经济理念新上的粉煤灰蒸压砖项目，联合试车已经基本完成。去年6月，我县与国电集团签订4×100万千瓦煤电一体化项目合作协议，一期2×100万千瓦的初可研，省发改委已经评审通过。可以说，这些工业项目的上马，将真正形成符合循环经济的煤焦电化产业链，并由此带动交通、餐饮等相关产业的发展，3-5年后，静乐将彻底实现转型发展、跨越发展，成为全市的新型煤化工基地。

3. 第三产业潜力巨大。全县商贸、粮食企业改制全面启动，改制后的糖酒公司引进陕西金德隆集团，引入资金2千万元，县城最大的超市——金德隆购物广场已开业运营，鹅城商场改制的前期工作也基本就绪，今年可望完成。我们全面启动了滨河新区生态休闲安居综合项目，目前控制性详规已编制完成，滨河西路40米宽的景观绿化带和28米宽的道路基本成形，沿汾河两岸的汉白玉栏杆，如一条白色的玉带，极大地提升了县城品位。文化综合大楼、文化广场、体育馆、天柱山化工有限公司住宅小区、四星级宾馆的前期准备工作基本完成，利民大桥和城杜线引道工程也进入设计阶段，滨河新区的综合开发必将拉大城市框架，带动商贸、餐饮、住宿等第三产业的上档升级。总投资1.2亿元的静乐天和市场建设项目，占地面积136亩，建筑面积26400平方米，是县城集农副产品、水果、蔬菜、住宿于一体的现代化物流市场，已完成投资7200万元，土建完成80%，商铺正在招商。县城热电联产集中供热项目，实现供热面积94.81万平方米，供热率达到了95%。城市煤气工程全部完工，并已向县城6400余户居民正式供气。县城二期供水工程，已完成投资370万元。可以说，如今的静乐天更蓝、水更清、景更美。去年我们发扬民主，集中民智，确立了以“静乐八景”为依托的全县旅游开发总框架。天柱山景区山门的落成，标志着该景区的开发基本完成；岑山景区开发项目，已维修了文庙、明伦堂、大成殿，翻修了岑山书院、养心斋、存心斋，新修了高君宇纪念馆、敬业堂，新砌围墙69米，并对坡面进行了加固，修筑了护墙和台阶，在岑山山顶绿化5000亩，“金鹅之首”已经被人们妆扮的靓丽夺目；风神山开发项目，新建风佰塔一座，硬化旅游路5公里，栽种核桃树1800亩，人工造林1000亩；此外，万花山景区、巾字山景区、黄花山景区、净居寺景区的开发均已启动，民间集资捐款热情高涨。伴随着横跨县境南北的忻保高速、太佳高速在年底的竣工通车，静乐的区位优势更加凸显，也从真正意义上纳入忻州、太原1小时经济圈和北京400公里旅游圈，由此带动生态旅游成为静乐一项新型的朝阳产业。十大服务业项目的实施，必将拉动商贸、餐饮、宾馆、旅游、物业、房地产、市政公用、信息中介等第三产业的迅猛发展，使之逐步成为我县国民经济中的重要产业和经济增长的重要推动力量。

（三）以制度建设为总揽，确保了全县各项事业的和谐发展

实践证明，有了好制度，才能有好班子、好队伍、好作风，才能创造出好业绩。一年来，我们坚持把制度建设与落实贯穿于全县各项事业发展全过程，相继出台了《静乐县领导干部及工作人员有错无为问责暂行办法》、《静乐县领导班子及领导干部岗位目标责任制考核办法》等一系列规章制度，以制度强管理，以管理促工作，以工作出实绩，以实绩论干部，由此推动了各项工作的落实。

1. 维稳工作成效显著。紧紧围绕市委、市政府打好信访稳定攻坚战的部署，积极组织开展了县委书记大接访、“信访维稳千人百案大行动”等活动，有力地提升了信访办结效率，促进了信访工作的制度化、规范化、科学化。坚持把安全生产作为最大的和谐工程、稳定工程、发展工程来抓，以严格的责任体系、严明的制度纪律、严谨的工作机制，组织开展了安全生产专项整治，严格责任追究和行政问责，加大事前责任排查力度，确保了人民群众生命财产的安全。适时开展了打击“两抢一盗”、打击毒品犯罪、打击赌博和经济领域犯罪等一系列专项行动，社会治安状况进一步好转，有力地维护了全县大局的稳定。

2. 社会事业协调推进。坚持把教育摆在优先发展的位置，进一步扩大“两免一补”覆盖面，为农村学校选聘了68名新教师和145名特岗教师，县财政配套194万元，农村学校危房改造工程已基本完成；高考成绩再创历史新高，达线132名，全县教育呈现出良好的发展态势。隆重举办了庆祝中华人民共和国成立60周年系列活动，静乐剪纸荣列省级非物质文化遗产名录。计生工作清还历史欠账，并一举跃入全市前列。新型农村合作医疗全面推进，初步形成了县乡村三级疾病预防控制体系、监督体系和医疗急救体系，解决了农民群众看病难、看病贵的问题。

3. 惠民工程信守承诺。今年以来，我们把省、市确定的20件实事作为最大的民心工程，全力推进，认真落实，全部兑现。年初县委、县政府承诺为民兴办的10件实事，也基本逐一落实。此外，社会保障体系不断健全，城镇低保应保尽保，“两金”足额发放率达100%，农村低保覆盖面不断扩大，保障标准逐步提高。全面落实国家对农民的粮食直补、农资综合直补、农机具购置补贴、家电下乡补贴等各类惠民政策，广大人民得到了更多实惠。

（李修安）

附：一、中共静乐县委书记、副书记、常委名单

书　记： 杨存虎

副书记： 张　春（11月离职）　张文斌（11月任职）
陆　坦　张　波（2月任职）

常　委： 白凤山　刘光宇　王　润　杜建业　秦文明
赵亚峰　王剑锋（1月离职）

二、乡镇党委书记、副书记名单

鹅城镇

书　记：马海龙

副书记：郝彦峰　王亮瞒

杜家村镇

书　记：武卫东

副书记：张玉堂　孙继中

康家会镇

书　记：胡海俊（5月离职）　李炳秀（5月任职）

副书记：郝丽军（5月离职）　李宝炎（5月任职）
　　　　吕旭峰

丰润镇

书　记：梁志平

副书记：郝丽军（5月任职）　李永栋

堂尔上乡

书　记：边四厚（4月离职）　张志宇（4月任职）

副书记：吕志强　吕金虎

中庄乡

书　记：吕晓敏（9月离职）　李俊宏（9月任职）

副书记：李文平（4月离职）　张志宇（4月任职）
　　　　赵兰俊

双路乡

书　记：吴星亮

副书记：杜雪峰　李劲宣

段家寨乡

书　记：吴剑珍（4月离职）　刘惠波（4月任职）

副书记：张啸梅（女）　王文惠

辛村乡

书　记：李绪清（9月离职）　段惠卿（9月任职）

副书记：曹拴珍　宋海生

王村乡

书　记：李炳秀（5月离职）　胡海俊（5月任职）

副书记：黄海君　李建峰

神峪沟乡

书　记：任文俊

副书记：张志宇（4月离职）　段拴荣

娘子神乡

书　记：刘惠波（4月离职）　边四厚（4月任职）

副书记：李俊宏（9月离职）　李俊清（9月任职）
　　　　高变荣（女）

娑婆乡

书　记：尹新凤（女）

副书记：刘怀祖　李富亮

赤泥洼乡

书　记：段惠卿（9月离职）　吕晓敏（9月任职）

副书记：李宝炎（5月离职）　韩志宏（6月任职）
　　　　梁耀武

中共神池县委工作概况

2009年，在市委、市政府的正确领导和大力支持下，神池县委按照市委、市政府提出的“三五”工作总要求，团结带领全县人民以邓小平理论和“三个代表”重要思想为指导，深入贯彻落实科学发展观，牢牢把握“讲正气、知荣辱、谋发展，促和谐”这一主题，主攻“特色农业、新型工业、现代物流业、生态旅游业”四大产业，着力构建“民营经济、引资上项、科技创新、人才机制、创优环境、解困保稳”六大支撑体系，凝神聚力抓发展，激情满怀干事业，争创一流树形象，倾心尽力促和谐，全县国民经济快速健康发展、结构调整取得明显成效、项目建设取得重大突破、基础设施迈上新的台阶、人民生活水平不断提高、各项社会事业全面进步、党的建设得到全面加强，呈现出前所未有的良好发展态势。全年国内生产总值完成62000万元，增长6.8%；工业增加值完成1127万元，增长1.4%；社会商品零售总额43975万元，增长18.6%；固定资产投资90729万元，增长3.8倍；城镇居民可支配收入9621元，增长12.4%；农民人均纯收入2643元，增长9.98%；财政总收入13425万元，增长1.5%；一般预算收入6383万元，增长11.7%。

一、深化理论学习，打牢思想政治建设的基础

县委坚持把学习邓小平理论、“三个代表”重要思想、党的十七大和十七届四中全会精神作为加强思想政治建设的根本，紧抓不放，在内容上，按照市委要求，组织四套班子成员精读《毛泽东邓小平江泽民论科学发展》、《科学发展观重要论述摘编》和《中共中央关于加强和改进新形势下党的建设若干重大问题的决定》，系统学习党的十七届四中全会精神，进行了十二个专题的学习教育。在措施上，坚持了四项制度：一是计划安排制度，做到了年度有总体计划，每月有具体安排；二是党委机关同步学习制度，起到了党委带机关，互相促进的作用；三是领导辅导报告制度，每进行一个学习专题，都由一名常委做一次辅导报告；四是检查交流制度，检查到课人员情况，检查学习笔记，检查基本观点的掌握情况，结合每个专题学习进行专题交流，保证理论学习的规范化、经常化。通过学习，使大家进一步掌握中国特色社会主义理论的思想内涵和理论体系，政治上更加坚定，运用特色理论指导工作、改造思想更加自觉。县委“一班人”撰写的《从适应性到战略性调整的成功实践》等60多篇立足神池发展的学术文章，为神池的

经济建设、政治建设、文化建设、社会建设和党的建设提供了有力的依据。为把理论学习与指导实际工作更好地结合起来，县委要求四套班子成员带着问题去学，结合实践去学，注重在实践中加以应用。《中共神池县委关于进一步推进干部选任工作民主化、制度化的意见》、《神池县人民政府工作规则》中的许多具体操作办法，都是理论与实践相结合的产物，在指导工作、解决实际问题上收到了成效。

二、加强班子建设，形成坚强的党委领导核心

县委坚持把加强党委班子建设放在突出位置，认真贯彻“集体领导，民主集中，个别酝酿，会议决定”的方针，加强民主集中制建设，不断提高班子的战斗力。一是突出讲正气，提高了党委“一班人”的政治洞察力。党委成员带头抓自身的理论学习，加强政治修养，提高政治敏锐性和分辨力。同时，还紧密联系个人思想和神池建设的实际，认真解决工作指导思想和工作作风、工作方法问题，不断提高政策水平和驾驭全局的能力。二是突出民主集中制建设，健全了党内生活制度。书记、副书记和县委常委自觉接受党组织的教育、管理和监督，用党章和党内政治生活准则严格规范自己的言行，使党委班子真正成为了带领全县干部群众团结战斗的核心。三是突出廉政建设，提高了党委“一班人”的良好形象。县委重新制订和完善了廉政建设措施，通过抓经常性的党性、党风、党纪教育，增强了“一班人”的“公仆”意识和党纪法规意识，使党委成员在反腐倡廉上做到了警钟长鸣。四是突出专题教育，着力解决现实问题。按照市委、市政府的安排部署，我们从解决现实问题入手，扎扎实实地开展了作风纪律整顿教育，首先是抓“三整”（整思想、整作风、整纪律）。针对班子成员和机关干部靠字作祟、混字压阵、纪律涣散等不良影响，重点抓思想、作风、纪律整顿。其次是抓“三治”（治散、治软、治腐）。针对部分班子成员和机关干部作风散慢、法律意识淡化的问题，从点滴抓起，从生活小事抓起。第三是抓“三讲”（讲学习、讲政治、讲正气）。要求班子成员和机关干部要坚持正确的政治方向，树立鲜明的政治观点，严守党的政治纪律，用新姿态、新面貌、新精神开创工作新局面。

三、创新用人机制，规范干部选任工作行为

神池县是被中组部确定的全国“科学规范和有效监督县（市）委书记用人行为”试点县，为了扎实搞好试点工作，进一步推进干部选任工作民主化、制度化，县委专门成立了试点工作领导组和课题研究小组，以《党政领导干部选拔任用工作条例》和省委“三个规定”为指导，分宣传动员、学习教育、解决问题、落实制度、整改提高五个阶段进行了试点，使县委在选任干部工作中形成了为发展选配干部、为构建和谐社会选配干部、为全面建设小康社会选配干部的正确导向，实现了由少数人从少数人中选人向多数人从多数人中选人的转变、由人选人向制度选人的转变，初步形成了适合神池县情的干部选任规程。一是规范民主推荐考核行为，在民意积累中筛人。将后备干部推荐、领导干部推荐和干部年度考核三项工作融为一体，一次性完成，每年一次，长期积累，妥善保存。综合连年的后备干部推荐、领导干部推荐和干部年度考核情况，从中筛选出政治上靠得住、工作上有本事、作风上过得硬、群众中威望高的干部作为拟任人选进行考核。二是规范动议行为，在动议过程中定岗不定人。在动议过程中根据岗位空缺情况，只定方向原则，不定具体职位；只定选任标准，不提具体人选；只定选拔要求，不限选拔范围。三是规范提名推荐行为，在提名过程中选人。干部任用提名推荐原则上由组织部进行组织推荐提名。属县委、政府工作部门和乡镇党政正职的，应提交全委（扩大）会进行实名制提名推荐，非县委、政府工作部门和乡镇党政正职的，由组织部资格审查、征求意见、综合分析后，按程序提出提名推荐意见。四是规范考察行为，在考察过程中认人。进行干部考察时，考察前都要制订考察方案，审查个人档案，并在规定的范围进行考察预告。预告期间没有反映或虽有反映，经调查不属实的，才能进入组织考察程序。五是规范酝酿行为，在酝酿过程中挑人。拟任人选在讨论决定前，组织部要在听取考察组汇报的基础上，与纪检、计生、综治等机关和部门进行沟通，了解情况，征求意见。非党干部还要征求统战部门意见，妇女干部还要征求妇联的意见。六是规范讨论决定行为，在票决过程中定人。对拟任免人选采取无记名投票的方式逐个进行表决，当场公布表决结果，形成任免意见。县委、政府工作部门和乡镇党政正职拟任人选和推荐人选由县委全委会票决。其他拟任干部人选由县委常委会票决，县人大主任、政协主席、统战部长列席常委会。七是规范任职行为，按照规定程序任人。县委常委会（全委会）形成的任免意见，报市委组织部职数审批后，还要对拟提拔干部进行任前公示，公开接受社会监督。公示期间无不良反映或有反映经调查不影响任职的，经组织谈话后再按规定程序办理任职手续。八是规范监督行为，在评议过程中验人。加强干部监督联席会议制度、任期经济责任审计、离任审计、谈话诫勉等监督工作，每年都要对被任用干部的履岗尽职情况进行测评。在此基础上，我们还制定出台了《中共神池县委推荐领导干部规定》等十六项规章制度。通过规范干部选任工作程序，认真实施各项规章制度，我们在用人问题上没有出现任何问题，受到了社会各界和广大干部群众的一致好评和赞誉。其《树立正确用人导向，必须规范选人行为》的经验被全国中文核心期刊《领导科学》刊发；《如何防止干部推荐中的民意失真》一稿被选入《县委书记论坛》一书，由中共中央党校出版社向全国出版发行。

四、主攻四大产业，推进经济社会跨越发展

坚持以科学发展观为统领，按照抓改革、抓重点、抓

质量、抓落实的工作思路，全力主攻“特色农业、新型工业、现代物流业、生态旅游业”四大产业，着力构建“民营经济、引资上项、科技创新、人才机制、创优环境、解困保稳”六大支撑体系，开创了全县经济社会实现又好又快发展的崭新局面。

（一）扬长避短，打造特色农业品牌

坚持用办工业的理念抓农业，充分发挥特色种植和规模养殖的传统优势，努力走区域化布局、科技化提升、社会化扶持的路子，打造绿色品牌，提升传统产业，促进农业增效、农民增收。

坚持因地制宜，大力发展特色种植。在积极引导农民自愿的基础上，全县规划建成了15万亩马铃薯、8万亩小杂粮、10万亩油料、3万亩南瓜、20万亩玉米、8万亩莜麦六大特色基地和贺职农业综合技术、烈堡杂粮油料、长畛、八角覆盖避灾种植、义井有机旱作四个千亩科技示范园区。全县粮食总产达到9.72万吨，油料总产达到0.74万吨，瓜菜达到1.56万吨。这样既顺应了国家增粮计划和直补政策，又确保了我县生态畜牧、马铃薯淀粉、油料、杂粮加工等龙头企业的原料供给，也顺应了消费者对绿色食品的需求。

坚持种草养畜，大力发展生态畜牧。把畜牧业作为农业结构调整和农民致富的重点产业来抓，大力发展耕地种草、舍饲养殖。今年我们采取了四项措施，全面推广舍饲养殖，推进全县农业结构的优化升级和农村经济的增长转型。一是整村推进。对全县2009年省扶贫办批复的40个整村推进村，依托扶贫资金培育为舍饲养殖示范村，发展3321户舍饲养殖示范户。对示范户每户建围栏、羊舍补助300元，青贮窖补助300元，种草补助150元，买种羊补助1600元，买小型铡草机补助1000元，共计每户补助3350元。二是信贷资金扶持。农村信用社采取提升信贷额度(小额信贷资金在原授信基础上提高1万元)，延长贷款期限(小额信贷期限由1年最多可延长至3年)，贷款利率优惠(小额信贷一年期月利率由8.91‰降到6.9‰；三年期月利率由9.3‰降到7.5‰)等办法，帮扶有愿望、无资金实施“五个一”标准的养殖户。三是单位帮扶。采取四大班子领导包乡、单位包村的形式扶持养殖重点村、典型户。四大班子包乡领导每人扶持1户重点典型户。全县10个乡镇和100个科级单位对口帮扶110个行政村，副科以上领导干部每3人扶持1户重点典型户，一般干部每5人扶持1户重点典型户，大学生村官每人包1户。各乡镇、各单位组织本单位所有财政供养人员，与所包村的养殖户自愿结对，本着尊重干部职工自愿的原则，采取现金扶持、实物支助、担保贷款、技术指导、信息服务等多种形式，确定帮扶对象，帮助他们解决生产经营中的实际困难。通过帮扶要求达到两个目标：一个是要达到“三个一”标准：即：帮扶户有一片草(10亩以上)，有一个经济适用的圈舍、栅栏，有基础母羊10只左右；一个是舍饲养羊数量在50只以上。四是政府补助。县政府拿出500万元资金采取以奖代赈的办法，对达到“五个一”标准的示范户（一个适用的饲养圈舍和围栏；一部小型铡草机；10只基础优种或改良后的适龄母羊；种10亩优质牧草；建一个可贮存30m3的青贮窖），给予买种公羊(1只约1250元)、种草(10亩约125元)的补贴。并从今明两年开始，财政部门下达的种植直补款侧重补贴玉米等秸秆利用率高的农作物，促进舍饲养羊的发展。扩大标准化养殖小区建设范围，在巩固提高现有养殖小区的基础上，积极组织引导各乡镇的规模养殖户，按照统一规划建设，统一技术规程，统一防疫程序，统一饲料配方，统一粪便处理和分户饲养的原则兴建人畜分离的养殖小区，凡今年动工新建的养殖小区竣工入住后，经健康养殖领导组验收合格，每个小区县政府补贴10万元。今年，全县完成人工种草30万亩，新建标准化养殖示范小区16个，使全县的规模养殖小区达到20个。新增存栏肉牛10头以上饲养户254户，100只以上羔羊养殖户1016户，50头以上生猪养殖户127户，1000只以上蛋鸡养殖户54户，全县规模养殖户达到7000户。全县羊发展到52万只,肉蛋总产0.92万吨。畜牧业占农业产值的比重逐年提高，“过腹经济”已成为促进农民增收致富的主导产业。

坚持加工增值，大力培植产业化龙头企业。全县农产品龙头加工企业发展到16户，农业专业合作社发展到154个，农民经纪人发展到316人。我们坚持积极引导民众创业，通过政策扶持，政府搭台，商家唱戏等多种办法，激发了全民创业的热情，搅热了县域经济。到目前，全县境内外月饼加工、销售企业发展到600余户，员工1万余人。今年全县月饼销售量达到1亿个，销售额达到1.2亿元。全县有22个月饼加工企业获得QS认证，有17个企业获得山西名点称号，有2个品牌获得山西省著名商标，有3个企业被中华全国烘焙公会评为“中华老字号”品牌，有1个企业被中华全国烘焙公会吸收为理事单位，有25个企业被中华全国烘焙公会吸收为会员。月饼产业的迅猛发展，直接带动了胡麻种植与深加工，全县胡麻种植面积达到10万亩，胡麻油加工企业发展到150余个，直接和间接从事月饼产业的从业人员达到3万余人，形成了以月饼为龙头的产业链条。

坚持扶贫攻坚，大力推进新农村建设。5个村、78户、360口人的移民搬迁工程已完成总工程量的80%。太平庄乡窝铺沟村地质灾害治理任务已完成。全年共转移农村劳动力1850人。全面亮化绿化了34个新农村试点村和重点推进村；全面落实了国家惠农政策，兑现了各项直补资金；进一步推进干部帮扶工程，全县29名副处以上干部、535名副科以上干部、2721名一般干部共帮扶养殖户751户，支助现金、实物（折款）150万元，协调贷款180万元，为规模养殖注入了新的活力。

（二）因地制宜，增强经济发展后劲

立足自身实际，以传统产业为依托引进项目，扶植项目，以项目建设带动结构调整，转变发展方式，壮大经济实力，大力开展“项目年”活动，积极打造新型清洁能源示范基地。一批群众高度关注、事关全县经济社会发展全局的重大项目取得了历史性突破。初步构建起了以南装煤站、贺职货场、庄儿上煤台及几个现有煤矿为主的煤炭产销方阵；以风力发电、100万吨干法水泥为主的新型能源建材方阵；以月饼、羔羊肉、马铃薯、小杂粮、油料深加工为主的农副产品加工方阵等三大工业方阵。目前，建成并投产运行的有南装煤站、永红肉业、凯祥淀粉、华珍食品4个项目。南装煤站已累计发运煤炭81万吨,上交各项税费5110余万元，为财政做出了突出贡献；永红肉业已加工屠宰肉羊15万只，实现产值4500万元，实现利润20万元，带动了我县羔羊产业的快速发展；凯祥淀粉、华珍食品两大土豆加工企业的投产直接带动了全县及周边农民扩大土豆种植面积的积极性。从投产大项的发展情况看，运转正常，经济和社会效益凸显，拉动作用已非常明显。建成即可投产的有绿宇肉羊品种繁育基地、精炼亚麻油2个项目。总投资2.5亿元的100万吨干法水泥厂项目、总投资5600万元与神华集团合建的贺职货场项目已开工在建。斗沟煤矿改扩建项目正加紧完善项目开工前期准备。此外，于2009年5月，在中博会上与保德德能煤业有限公司签订了庄儿上万吨煤运装车线项目，总投资11000万元；6月与同煤集团签订了塘涧煤炭集运站项目，总投资9265万元；7月，与国电山西洁能公司签订了磨石山、王家山风电场开发协议，总投资20亿元；8月，与国电山西分公司签订了2×30MW煤矸石热电厂、总投资30亿元，与山西中恒基业房地产开发公司签订了学府苑住宅小区开发协议，总投资12000万元。截止10月底，由山西国际能源集团有限公司组织筹备和投资建设的山西神池风电场工程，一期工程总投资55957万元，建设规模为安装2000KW风电机组24台及配套输电线路，新建110KV变电站，达产达效后年发电量可达1.1亿度，实现税收900万元。该项目于2007年9月开工，目前24台风机全部吊装完成，升压站基本具备反送电，正在架设输电线路，预计到今年年底投产发电。山西神池风电场项目二期工程总投资43994万元，建设规模为安装750KW风电机组66台及配套输电线路，达产达效后年发电量可达1.2亿度，实现税收900万元。该项目于今年3月开工，目前已完成投资31326万元，占总投资的71.2%，工程进度达到70%。完成浇铸风机基础60个，吊装发电机组24台，预计到年底所有机组全部吊装完毕，争取如期发电。同时，上海成瑞投资有限公司畔庄沟、南桦山、继阳山风电场项目，山西东盛风电装备制造有限公司柳沟、石窝沟两地风电场项目，国电山西右玉风电筹建处磨石山风电场项目、王家山风电场项目，华能新能源产业控股有限公司南辛庄、温家山两地风电场项目，也都取得了实质性进展。全县7大风电项目，总投资85亿元,总装机容量103.5万KW。

（三）创新思维，培育生态旅游产业

在积极发展传统产业的同时，我们通过解放思想，创新思维，在劣势中寻找优势，把过去认为是短处的东西积极转化成现在的长处。我们提出利用多年退耕还林形成的大面积草地、即将形成的大规模的风力景观、以及原有的一些森林景观文物古迹发展生态旅游并做了大量基础性的工作，绿化环城山9000余亩、西海子森林公园1100亩；完成了太平庄-管涔山、万年冰洞11公里旅游公路和西海子公园-小沟儿界环北山12公里旅游公路的建设，进一步缩短了周边旅客通往管涔山旅游经济区的距离。

（四）再造优势，构建“一区两带”物流格局

充分发挥我县“旱码头”的区位优势，依托铁路搞发运，借助公路建市场。以神骅和宁岢铁路沿线扩建新建在建的庄儿上煤站、南装煤站、贺职货场等煤炭运销企业为依托，初步构筑起了具有一定规模的煤炭集运经济带。以阳韩过境公路沿线新建的汽修市场、畜牧市场、食品加工市场等专业市场为依托，初步构筑起了公路商品流通经济带，同时还规划了占地1.5万亩的循环经济工业园区，初步构建起“一区两带”的物流框架。

（五）关注民生，竭力推进惠民工程

今年以来，我们坚持工作从群众不满意的地方做起，从群众关注的热点问题抓起，努力改善人民群众的生产生活条件，以此履行执政为民的职责。提出了在三年内建成国家级文明卫生县城、五年内建成国家级环保县城的目标。

顺利通过省级卫生县城的验收。自开展创建文明卫生县城活动以来，全县共出动人力3.5万人次，清运陈年垃圾3万余吨，粉刷墙壁6万多平方米，修建文化墙600余米，清除小广告1万余条，整理下水管口158个，硬化道路1700余米，新铺人行道1400平米，新建小广场3个，更新广告牌匾300余块，高标准新修绿化带和人行道6000平米。经过全县上下的努力，已顺利通过省级卫生县城的验收，为在三年内创建国家级文明卫生县城的目标开了一个好头。

基础设施建设取得了新的进展。亮化对泉路、市场路、广场路，高标准维修龙泉路；整修炸药库到污水厂下水管道1500米；清理北城东街下水管网950米；投资60万元，采用彩砖、绿篱、馒头柳相间的方法，高标准维修绿化带和人行道，使城市建成区绿化覆盖率达9%；继续改造县城主街道空中蜘蛛网。投资427万元，解决了13030口人和4254头大畜的饮水困难，同时有5个村实现了自来水入户，全县农村人畜饮水问题普遍得到改善和提高。总投资437.5万元人工造林3.5万亩，总投资26.6万元封山育林0.38万亩。今年我县村村通水泥（油）路全覆盖项目27条115.8公里，涉及到全县10个乡镇27个村，于10月底全部竣工，截至目前全县建制村通水泥油路率89.8%。完成八角—梨树洼县乡公路改造工程16.9公里。集中供热今年增设20吨锅炉一台，铺设主体供热管道1000余米，新增20万平方米供热面积，使城区供热面积达到46.6万平方米，全县新城区集中供热率达到40%。启用了污水处理厂，使城市配套功能不断完善。

（六）注重安全，全力维护社会稳定

落实科学发展观，安全发展是基础。我们以增强安全意识、提升人员素质、强化安全管理为重点，进一步强化了安全教育培训制、领导干部安全生产责任制、安全监督检查制、隐患整改督查制、暗访抽查制、事故责任追究制

等多项机制，做到责任落实到位、防范措施到位、监督检查到位、隐患排查到位。今年按照中央、省、市要求，狠抓了严打整治、矛盾纠纷大排查大调解、民爆物品专项整治、重点人员清查、治安防控体系建设、情报信息工作。开展了声势浩大的严厉打击非法违法采矿行动，全县没有发生一起大的安全事故。

坚持以法治访、高效处访，不断强化机制措施，始终把信访工作作为维护社会和谐稳定的大事来抓，结合开展县委书记大接访活动，重点强化了县级领导信访工作责任制，并采取抽调优秀后备干部到信访部门挂职锻炼等措施，进一步完善下访排查制、重点疑难案件领导包案制、信访工作定期通报制、涉法信访案件源头追究制等多项机制，使信访咨询答复率、信访举报查处率、群众对问题解决的满意率都达到99%以上。1—10月份，共受理来信14件，接待个体访776人次(主要是过去缠访老户反复来访)、集体访11批次123人次，其中初访15件39人次，现已办结息诉8件；进京赴省到市非正常上访、集体上访与去年同期相比，分别下降了65%、22%、20%；特别是国庆庆典期间我们多措并举，综合施治，合力攻坚，扎实工作，顺利实现了进京非正常“零上访”目标，为国庆庆典成功举办和稳定作出了积极贡献，受到市委、市政府的表彰。同时，进一步完善预警体系和应急处理机制，加强了社会治安综合治理，营造了和谐稳定局面。

五、坚持标本兼治，扎实开展反腐倡廉工作

今年以来，县委坚持“标本兼治、综合治理、惩防并举、注重预防”的战略方针，以“执纪为人民、监督促发展、清廉建和谐”为主线，党风廉政建设和反腐败各项工作有力、有序、有效推进，为全县经济社会又好又快发展提供了强有力的保障。

（一）反腐败工作领导体制和工作机制得到不断完善

县委、县政府高度重视反腐倡廉工作，坚持和完善反腐败领导体制和工作机制，把反腐倡廉建设与全县重点工作一起研究部署、一起检查落实，进一步增强了反腐倡廉工作合力。抓好全方位检查、年中督查、重点抽查，不断总结落实党风廉政建设责任制的新途径、新方法。年初，制定了《2009年党风廉政建设责任制分工》，把42项任务分解到14名县级领导和35个牵头部门，层层签订党风廉政建设责任状，完善了党风廉政建设责任制网络体系。围绕检查考核办法、检查考核程序、检查考核结果运用三个环节，不断完善检查考核评价机制，进一步把责任追究工作落到实处。

（二）围绕加快发展建设目标，突出重点，切实加强监督检查

一是加强了对扩大内需中央新增投资项目建设情况和“两区”重点建设项目年度计划的监督检查。按照全县新增中央投资项目建设工作推进会议精神，会同发改局、财政局等部门对27个工程项目就项目开工、资金投向、建设程序、建设内容、资料收集、资金使用、建设管理及建设质量安全等20项内容进行了有针对性的4次专项检查，提出整改意见和建议163条，确保项目顺利实施。并迎接了省、市拉动内需检查组对神池工程建设进度的检查。会同发改局、督查办等部门对4个“两区”重点建设项目实施进展情况、未开工原因、需要协调解决的问题、倒排期情况和规范管理的有关情况进行督查，切实推进了2009年重点项目建设进程。二是加强了对H1NI甲型流感防控工作的监督检查力度。对全县重点防控部门和单位进行了3次督查，重点监督检查了甲型H1N1流感防控的预案制定、队伍组建、预检分诊、发热门诊、疫情报告、物资储备、医疗废物管理、消毒隔离、宣传培训等防控措施落实情况。三是加强对安全生产和打击私采滥挖工作的监督检查。在重要节假日和国庆安保期间，对全县安全生产状况和打击私采滥挖情况进行了7次督查，出动车辆87台次，人员400余人次，发现安全隐患90多处，下达了整改通知书责令限期整改，并责任追究2人，诫勉谈话8人。四是开展了煤焦领域与非煤矿山领域反腐败专项斗争。采取“从上到下、从下到上”的排查方式，对全县矿产资源情况进行了一次“横向到边，纵向到底”的集中排查。

（三）注重四个结合，抓好四个工程，有序推进农村基层党风廉政建设

一是与新农村建设相结合，实施民心工程。依托新农村建设的平台，加强了勤廉节约宣传教育。按照新农村建设的要求，强化了便民服务。乡镇便民服务中心挂牌办公，为群众提供了更加方便的说事、办事平台。据不完全统计，2009年以来，全县10个便民服务中心为群众办实事好事2600多件（次）。二是与农村社会稳定相结合，打造阳光工程。通过“以公开栏示权、以点题公开放权、以解决群众合理诉求维权”，把民主监督的权利交给广大农民群众。乡镇信访接待中心主动了解和解决农民群众的合理诉求，认真办理农村群众信访举报，把上访问题解决在了基层。据统计，全县信访接待中心2009年以来受理群众来访80多件（次），根据群众举报立案查处乡、村党员干部62人，全部给予了纪律处分。三是与密切党群、干群关系相结合，构筑和谐工程。通过制定和落实“农村基层党员干部行为规范”，实行农村干部勤廉双述制度，把农村基层干部的勤与廉捆在一起进行考核，村干部面对面接受群众质询和评议。促进了干群关系的融洽，引导和带动了农村社会的和谐。四是与农村经济建设相结合，谋划发展工程。通过实施民心工程、打造阳光工程、构筑和谐工程，将民主、公开与富裕、文明有机地结合在一起，相互促进，共同发展。

（四）强化效能建设，规范从政行为，着力提升服务水平

坚持服务基层、服务企业、服务群众，以深化落实“三项制度”为突破口，继续探索完善机关行政效能建设制度体系，形成机关行政效能建设的长效激励约束机制。建立健全了机关行政效能评估机制，广泛开展行政效能满意

度测评。进一步强化县政务服务中心的建设管理。政务大厅共进驻部门、单位22个，设立分厅9个，按时办结率达100%。开展了城乡环境综合治理、经济发展环境、机关工作作风、政务公开工作和效能投诉受理工作专项督查。对个别单位在办公电脑上安装炒股、QQ游戏、网络电视等与办公无关的软件未删除的情况进行了效能问责。对群众反映的5件涉及效能的投诉问题进行了调查，实施问责1人。对全县12家重点企业进行了挂牌保护，对涉企检查实行准入制、预约制。加强对违纪违规行为的查处，纠正和查处涉企乱检查、乱罚款、乱收费、吃拿卡要等影响投资发展环境的行为，杜绝行政不作为、行政乱作为等损害企业合法权益的行为。继续坚持和完善项目审批备案集体签字、监督部门联席会议、重点工程委派特约监督员、中介机构过错惩诫、完善监督委托等制度，进一步规范了招投标行为。

（五）努力探索创新，严格执纪办案，严肃处理违法违纪行为

加大对领导干部违纪、损害群众利益、国有资产流失、破坏发展环境等案件的查办力度，重点查处发生在领导机关和领导干部中滥用职权、贪污贿赂、腐化堕落、失职渎职的案件。今年以来，共初核案件66件，立案66件，审结案件66件，处分党员干部和监察对象66人。其中，大要案2件，乡科级干部的案件4件，涉及政府机关的案件1件，政法机关的案件2件，事业单位的案件1件。为国家和集体避免和挽回经济损失近6万元。受党纪处分的64人，其中警告55人，严重警告2人，撤销党内职务2人，留党察看1人，开除党籍4人；受政纪处分的2人，其中警告1人，记过1人。

（张雁冰）

附：一、中共神池县委书记、副书记、常委名单

书　记：范波涛

副书记：刘婷芳（女，11月离职）
李德新（11月任职）　边东圣（11月离职）
王新淮（挂职，3月任职）

常　委：郭新生　薛明智　崔向松　罗文才　马志强
陈建忠

二、乡镇党委书记、副书记名单

龙泉镇

书　记：李时亮

副书记：曹建斌　宫建荣

义井镇

书　记：张玉成

副书记：田　旺　侯联斌

八角镇

书　记：詹海洋

副书记：冯建华　张俊林

东湖乡

书　记：乔吉晓

副书记：许福才　张永春

太平庄乡

书　记：王茂录

副书记：肖　云　赵子清

贺职乡

书　记：张永才

副书记：李德强　胡俊才

大严备乡

书　记：王玉珍（女）

副书记：刘　荣　王爱香（女）

虎北乡

书　记：任建国

副书记：崔永成　郭晋磊

长畛乡

书　记：刘志文

副书记：陶　琛　周　强

烈堡乡

书　记：党　勇

副书记：刘福林　郝平小

中共五寨县委工作概况

2009年，在省委、市委的正确领导下，五寨县委团结和带领全县干部群众，以邓小平理论和“三个代表”重要思想为指导，认真贯彻党的十七大以及十七届三中、四中全会精神，以深入开展学习实践科学发展观活动为契机，按照市委提出的“三五”发展总要求，积极应对国际金融危机，创造性地开展工作，全县经济保持良好的发展态势，各项社会事业稳步发展。

一、抓党建、促发展，全面提高党的执政能力

一年来，县委认真组织开展深入学习实践科学发展观活动，按照《干部任用条例》不断改进完善干部选拔任用工作，以“三级联创”大力加强基层组织建设，逐步完善人才工作的体制机制，为全县经济社会平稳较快发展提供了思想、政治和组织保证。

（一）注重实效，分类指导，深入学习实践科学发展观活动落到实处

第二批学习实践活动中，以“落实科学发展观，促进思想大解放，推动五寨又好又快发展”为主题，以“服务发展、服务基层、关注民生”的“六个一”主题实践活动为实践载体，认真开展活动，通过深入学习，广泛调研，分析检查，把解决11个方面问题的68项整改工作全部列入

有整改责任人、整改牵头单位、整改参与配合落实单位及整改时限的整改台帐。限期完成的57项整改工作得到落实，对一时完不成的11项整改任务向群众做了解释说明并进行了部署规划。第三批学习实践活动中，针对参学党员多、参学单位多、情况复杂的实际，加强分类指导。一是对企业党员，学校、医院党员，流动党员及大学生村干部分类提出了不同的活动要求。二是把开展城乡“结对共建、帮学帮扶”活动作为主要实践载体，三是加强督导检查，县委派出巡回检查组和乡镇下派指导员加强双向督查，县委学科办领导小组成员深入农村、企业实地调研促学，大学生村干部对农村老党员或读写能力差的党员帮学上门，确保了活动扎实开展，不断深入。

（二）完善机制，规范程序，干部选任工作取得新进展

在总结以往经验的基础上，积极探索干部选任工作的科学途径，不断改进完善科学考察领导班子和领导干部的内容和方法，逐步形成了落实五个坚持，严把五个关口，推行五项制度的干部选任工作机制。一是落实五个坚持。县委坚持选任干部必须经过民主推荐提出考察对象；坚持组织部部务会议集体研究确定考察对象；坚持对考察对象严格考察；坚持征求各方面的意见并充分酝酿；坚持由组织部部务会及县委常委会议集体研究进行任免。二是严把五个关口。严把推荐关、考察关、酝酿关、讨论决定关、职数审批关，做到了规定的基本程序不逾越，坚持的程序不缺少，履行的程序不颠倒。三是推行五项制度。推行了领导谈话制，把谈话细化为工作谈话、任免谈话、提醒谈话和勤政、廉政谈话；推行了联席会议制，对拟提拔干部由纪检、综治、计生等部门进行审查；推行了离任审计制，对管钱管物的离任干部、免职干部进行离任审计；推行了任职公示制，每次干部调整后，都要及时向社会公示拟任人选基本情况，接受社会监督；推行了试用期制，对新提拔任用的领导干部进行一年的试用期，试用期满后进行全面考核，按考核结果任职。落实五个坚持，严把五个关口，推行五项制度的干部选任工作机制，有效防止了用人上的失察失误，确立了风清气正的用人导向。

（三）三级联创，改革创新，基层党的建设取得新成效

一是认真落实县、乡、村三级《农村基层党建工作目标责任状》，做到奖惩兑现，措施到位。“七一”期间，对12个乡镇进行了考核，评选表彰先进乡镇党委6个，先进农村党支部14个，优秀党员78名。二是认真开展“三优五化”活动，登记建册农村实用人才380余名，吸收36名“双强”型人才和7名非党村委会主任入党，对农村干部队伍档案进行了完善，出台《五寨县村级组织规范化管理的实施意见》，进一步提高了村级组织规范化管理水平。三是县乡联动，对“难点村”派驻县乡工作组进行整顿，配强了班子。四是分类实施建立党内关怀激励机制。认真落实了农村“两委”主干岗位报酬和养老保险补助；将建国前入党的农村老党员和连续在村工作20年以上的“两委”主干纳入农村特困人口救助范围；下拨党费9万余元，对农村困难党员进行救助；为党龄为5的倍数的党员发放政治生日贺卡。五是创新举措加强党员管理教育。对流动党员采取了“七个一”的管理措施，保证离乡不离组织；畅通了“12371”党员服务咨询电话；完善了“规划指导、群众推荐、党委预审、支部票决、全程公示”，从农村优秀村民中发展党员的新办法。六是搭建载体丰富党内活动。在机关党组织，开展党员挂牌上岗活动；在无职党员中开展“设岗定责”活动，在流动党员中开展“在当地争先锋，为家乡做贡献”活动，在农村党员中开展“党员示范经费田”活动，党员先锋模范作用得到进一步彰显。七是搭建教育平台，全县建成农村远教网络站点112个，站点使用率达到90%以上，进一步拓宽了农村党员干部学习教育的途径和方式。八是着眼全覆盖扎实推进了社区和两新组织党建工作。全县6个社区全部达到“三有一化”标准，15个非公有制企业全部组建了党组织，通过“内选”、“外聘”配强了班子，企业党组织的覆盖率达到100%。

（四）健全机制，保障经费，扎实推进人才工作

针对人事调整，县委对人才工作领导组成员进行了重新调整充实；把人才工作经费纳入了县财政年度预算，用于各类人才的学历提升、培训和杰出人才的奖励；实行县委联系优秀专家工程，选拔了8位优秀高层次专家做为县委联系的对象；建立了人才工作目标责任制，进一步调动了各类人才干事创业的积极性；认真开展了各类人才的调研摸底，对全县各类人才进行了摸底统计上报，为建立健全五寨县人才信息库打下了基础。

二、抓项目、保民生，促进县域经济科学发展

着眼于调整和优化结构、转变发展方式，充分发挥五寨良好的生态环境、交通区位、基础设施等优势，有效对接国家投资导向和产业政策，以生态农业为主攻、以项目建设为引擎、以环保工业为取向、以城乡协调发展为重点、以改善民生为目标，较好地完成了年初确定的各项任务，全县经济社会呈现出较好的发展态势，各项主要经济指标总体实现平稳增长。全县地区生产总值完成75943万元，财政总收入完成1.8亿元，城镇居民人均可支配收入达到1.03万元，金融机构各项存款余额达到23.4亿元。在经济社会的全面发展上我们主要抓了以下几方面的工作：狠抓农业六项建设，积极推进新农村建设和农业产业化发展。优先安排了一批与乡镇关联度大、辐射性强的基础设施项目，沿韩家楼、三岔、小河头、砚城镇、孙家坪、梁家坪这一条线上进行适度的集中，共建起大小煤台10个，兴办规模以上农副产品加工企业11个，移民搬迁44个村3600口人，并在沿线村全面实施“五个全覆盖”工程，“城乡经济走廊”建设顺利推进。在上级补贴251万元的基础上，县财政拿出160万元共补贴各类农机具260台（套），农业机械化发展步伐进一步加快。投资3800万元，建设水库除险加固、淤地坝建设和人畜饮水三大块8项工程，以蓄水灌溉为重点

的水利建设不断加强，水资源利用率进一步提高。突出常青树种的栽种，投资1671多万元，把国家重点工程、省级造林工程和县级绿化工程有机结合起来，绿化面积8.57万亩，生态建设不断完善。适应全面禁牧的政策，加大畜牧产业的结构调整步伐，增加养殖品种，提高养殖效益，继续实施“百村千人万只羊，千农联营搞改良”的发展计划，不断加大土种羊和传统饲养方式改良的力度，生态畜牧产业蓬勃发展，人均畜牧业纯收入达1220元。通过精心组织，培育起农民经纪人354人、农业科技推广人369人、农业专业合作社145个，农业生产组织化程度得到进一步提高，为实现小农经济和工业化生产的有效对接打下了基础。

狠抓项目带动工程，大力度推进工业强县步伐。工业化水平低是制约五寨经济进一步发展的瓶颈，为此，我们坚持围绕农业办工业的思路，把推进工业化作为全县经济工作的重点，按照国家产业政策和新型工业化的要求，致力于保护和优化发展环境，积极引进、培育新型环保工业和优势企业，优化服务平台，实施项目推动，工业重点项目取得不同程度的进展，全县共筛选确定了131个重点工程项目，总投资40亿元。包括中央新增投资项目30个、省重点项目5个、市重点项目24个，县重点项目72个。经过一年的努力，共完成投资15亿元，多半工程项目已经投入运营。佳宇、双喜、雪龙、富民四个土豆加工企业，在原来加工精淀粉和全粉的基础上，又分别新上了水晶粉丝、饲草饲料、玉米加工、脱水蔬菜等新的生产线。同业公司15万吨中温煤焦油技改项目，试生产结束，投入正常生产。投资2亿元的石材工业园区项目已经开工建设。通过这些项目的建设，进一步激发了全县干部群众干事创业的热情，增强了加快脱贫的信心和争投资、上项目的紧迫感。全县上下通过全民自主创业，充分挖掘民间资本，发展本土经济，民营经济蜂拥发展，各类大小不等的民营经济组织从04年的1518户增加到目前的1800户，极大地拉动了县域经济的快速增长，全面增强了发展后劲，工业强县步伐大幅度迈进。

狠抓基础设施建设，不断改善发展环境。在前两年投入2亿元，实施县城集中供热工程、清荷公园建设和天然气入户工程的基础上，今年投资3000多万元，完成16项市政建设工程，对县城六条主要街道进行路面踏铺及人行道铺设，并相应进行强电平移、弱电入地、街道绿化、门店美化，对县城13条小街小巷进行硬化。公路建设再掀高潮，实施了国道、省道、县乡公路和通村公路建设11项工程，国道209线、省道岞五线过境公路改线工程已经竣工通车，南环路工程完成了路基建设等前期工作，这两条公路建成之后，在县城外围将形成一个完整的外循环线，交通压力得到缓减，县城框架进一步拉大。

狠抓以改善民生为重点的社会建设，努力构建和谐五寨。一年来，坚持统筹兼顾的原则，积极解决涉及人民群众切身利益的问题，各项社会事业取得不同程度的进展。教育基础设施建设进一步完善，中小学校舍安全工程顺利实施，总投资2000万元，新建、改造、维修学校20所。在农村寄宿制学校全面推行“一颗鸡蛋”工程，投入资金15万元，惠及全县1630名农村学生、教师。教育教学质量稳步攀升，高考取得历史最好成绩。公共卫生和疾病防控体系进一步健全，卫生基础设施建设总投资873万元，甲型流感防控工作扎实有效，职工医疗保险、大病保险、城镇居民医疗保险全面实施，农村合作医疗保险稳步推进，参合率达到92%，群众看病难、看病贵的问题得到有效缓解。社会保障体系进一步完善，企业退休人员养老金按时足额发放，城乡低保实行动态管理，弱势群体得到了及时救助。就业和再就业工作迈上新台阶，全县城镇新增就业1228人，创业就业356人，下岗失业人员再就业811 人，转移农村劳动力5725人。加强环保治理，全面开展城区大气环境监测，总投资650万元的机动车尾气检测站建成验收，对全县21家企业的锅炉、茶浴炉和县城158个经营场所的燃煤进行了全面整治，城区空气质量进一步提高，全年削减化学需氧量48吨、二氧化硫130吨，市政府下达的年度污染物削减任务全面完成，全年二级以上天数达到365天。

三、抓稳定、促和谐，充分发挥党委总揽全局的作用

一是思想政治工作取得新成效。一年来，县委班子坚定不移地以科学发展观、党的十七大、十七届三中、四中全会精神统揽全局，切实加强自身建设，与党中央保持高度一致，坚持中心组理论学习制度，认真搞好专题学习。强化整体功能，集思广益作决策。班子成员做到分工不分家，相互补台，形成合力，把主要精力放在研究和解决影响发展的全局性、战略性和前瞻性的重大问题上，集中精力抓方向、议大事、管全局，努力寻求上级精神与本县实际相结合的最佳切入点，作出新决策，提出新措施。坚持民主集中制，大力推进工作制度化、规范化建设。为全县“三个文明”建设发挥了坚强的领导核心作用。尽管今年遭遇了年初严重干旱、金融危机冲击和“甲流”等不利因素的影响，但县委领导班子和全县党员干部率先垂范，以身作则，靠前指挥，全县上下人心齐、干劲足、风气正，经济社会仍保持了平稳较快发展的良好态势。

二是精神文明建设进一步加强。以建设社会主义核心价值体系为主题抓文明创建，结合落实市委提出的做好“三个表率”要求，在全县开展了讲学习、讲政治、讲文明，创优美环境、优良秩序、优质服务的“三讲三优”群众性文明创建活动。在青少年中开展了以爱党、爱国、爱家乡等为主题的爱国主义教育活动。抓文化繁荣工作，全面启动文化“三下乡”活动，为50个农村送书1.5万多册，为偏远乡村送戏36场，组织10支农村电影放影队，为群众送电影3000余场。成功举办了忻州市第二届县处级领导干部门球赛暨五寨县第四届农民运动会，展示了当代农民新风采。抓广播电视全覆盖工程，完成了56个偏远山村的覆盖任务，投资45万元为912户贫困农民免费安装了广播电视地面接收设备。以爱国主义教育为主线，抓纪念建国60周

年活动，先后组织了庆“七一”红色歌曲大家唱、国庆大型歌咏比赛等活动，凝聚了人心，鼓舞了士气。积极推进文化体制改革，加快文化产业发展，出台了深化文化体制改革的实施意见和促进文化产业发展的意见。

三是民主法制建设进一步完善和加强。充分发扬党内民主，确保决策的科学化、民主化。发挥县委总揽全局、协调各方的领导核心作用，积极支持人大、政府、政协各负其责、协调一致地开展工作。工会、共青团、妇联等群团组织引导和团结全县广大青年、妇女、知识分子、非公有经济人士为全县经济社会发展贡献力量，真正发挥了联系群众的桥梁和纽带作用。坚持依法治县和依法行政，强化执法责任制，行政执法行为进一步规范。全面实施“五五”普法教育，大力提高干部群众的法制观念和法律意识。全面实行党务、政务、村务公开。

四是社会稳定工作卓有成效。牢固树立稳定压倒一切的思想，引深“省级平安县”建设，开展了社会治安整治、禁毒、民爆物品安全管理等一系列专项行动。深化基层平安创建工作，建立了多种形式的群防群治组织，提高对社会面的控制能力，社会持续稳定，人民群众安全感有了新的提升。始终重视安全生产，开展了安全生产专项整治工作，建立健全了安全生产各项制度，加强日常监管，有效杜绝了各类重特大安全事故的发生。切实加强城区防汛和护林防火工作，加强食品、药品的监督管理，不断加强应急工作管理，进一步完善了重特大灾害及突发公共事件应急预案，有效保障了广大群众的生命财产安全。依法、及时、合理地处理群众反映的热点、难点问题，加强信访问题源头治理，努力拓宽社情民意反映渠道，积极推进矛盾纠纷排查化解工作，引深县委书记大接访活动，深入开展“万人千案大行动”，实现了国庆期间进京零上访的目标任务，全县信访稳定工作呈现趋稳向好的局面。

四、抓教育、强监督，党风廉政建设工作扎实有效

积极开展党风廉政建设宣传教育工作，采用多种渠道，广泛宣传中央、省、市反腐倡廉方针政策、任务、形势和成效，切实加强对广大党员干部的廉洁自律教育，有效增强反腐倡廉宣传的辐射力和感染力。认真落实党风廉政建设责任制，将党风廉政建设责任制内容分解成68项具体工作，层层分解落实到30个牵头单位和30个责任单位，构建了“横向到边、纵向到底、一级抓一级、层层抓落实”的党风廉政建设责任制工作网络。农村基层党风廉政建设不断深化，全县12个乡镇，2个办事处全部成立了“三资”代理服务中心，规范了农村资产、资金、资源的管理。逐步拓宽源头治理，规范行政审批行为，全面落实“收支两条线管理”规定，扎实开展了煤焦领域反腐败专项斗争，共查缴各类资金260多万元。对中央扩大内需、促进经济增长的13个项目进行了专项检查。大力查办违反党纪政纪和侵害群众利益的案件，立案51件，全部查结，涉案51人，47人受党纪处分，7人受政纪处分，涉及科级领导干部6人，上级要结果的5个案件已全部办结上报，案件审理工作受到了省纪委、监察厅的表彰。

2010年，我们将继续按照市委“三五”发展总要求，着力抓好八个方面的工作：一是以组织建设、干部队伍建设和反腐倡廉为重点的党建工作；二是以思想道德教育和文化产业发展为重点的精神文明创建工作；三是以国家、省、市、县重点工程为主的项目建设工作；四是以优质、高产、高效农业为重点的新农村建设工作；五是以节能、环保为准入门槛的工业化推进工作；六是以产业内部优化转型为主的财源建设工作；七是以教育、卫生、社会保障为重点的民生改善工作；八是以信访稳定为重点的社会稳定工作；九是转变作风、提高效率推进各项工作的落实。

（于文华）

附：一、中共五寨县委书记、副书记、常委名单

书　记：刘祁杰

副书记：郭泽兵　李映明　彭春龙（挂职）
关　超（挂职，2月任职）

常　委：吕志明　刘东云　靳海珍　常志强　杜新荣
付光政　关　超（挂职，2月离职）

二、乡镇党委书记、副书记名单

砚城镇

书　记：张广建

副书记：徐效国　刘　灏

三岔镇

书　记：宋　杰

副书记：彭原峰　李　斌

小河头镇

书　记：张海峰

副书记：齐天平　胡建斌

前所乡

书　记：牛　瑛

副书记：王　斌　高　峰

李家坪乡

书　记：李永林

副书记：范　波　崔永明

胡会乡

书　记：于文德

副书记：张鹏珍　贾　杰

新寨乡

书　记：贯建国

副书记：张银业　张贵虎

韩家楼乡

书　记：周晋堂

副书记：郝　伟　张占荣

孙家坪乡

书　记： 苏国平
副书记： 刘　维　苗丽霞（女）

梁家坪乡

书　记： 刘舜尧
副书记： 郳云竹　管振强

东秀庄乡

书　记： 贾贵良
副书记： 周德华（女）　秦建新

杏岭子乡

书　记： 徐　瑛
副书记： 李秀歧　温兰生

中共岢岚县委工作概况

岢岚县现有党总支9个，党委14个，党支部312个，党员5902名。县委坚持以邓小平理论、科学发展观重要思想统领全县各项工作，全面贯彻党的十七大和十七届四中全会精神，按照“选干部、配班子、建队伍、聚人才、抓基层、打基础”的工作思路，切实加强党建工作，促进了各项工作全面发展。

一、深入开展学习实践科学发展观活动

按照中央和省市委的部署和要求，全县306个党组5435名党员分两批参加了学习实践活动。县委以做好“五个表率”、扭住“五个发展”、打好“五个攻坚战”为目标，以“理思路、解难题、求突破、促发展”为实践载体，真正把学习和实践结合起来，把解决问题和促进发展结合起来，县委先后两次组织大型专题报告会，动员各单位各部门组织各类学习培训224场次，撰写调研报告261篇，召开领导班子民主生活会112次，梳理重点问题189个，废止文件52个，修改和完善相关制度226个，建立新制度128项，出台新措施59项，圆满完成了第二批学习实践任务，正在紧张有序地开展第三批学习实践活动，使广大党员干部的思想政治修养得到全面加强，应用科学发展理论解决实际问题的能力逐步提升，基本达到了“党员干部受教育，科学发展上水平，人民群众得实惠”的活动要求。

二、狠抓领导班子的思想政治素质建设

县委以学习实践科学发展观活动为契机，努力在领导班子思想政治建设上取得新突破。一是不断提高领导班子思想政治水平。我们在认真贯彻落实中央《关于进一步加强和改进领导班子思想政治建设的意见》和领导班子思想政治建设座谈会精神的基础上，把领导班子思想政治建设与深入学习实践科学发展观、学习贯彻胡锦涛总书记在中央纪委三次全会上的重要讲话精神结合起来，在各级领导班子成员中扎实开展了以“加强党性修养、坚定理想信念、保持优良作风”为重点内容的思想作风建设，引导和督促各级领导干部带头讲党性、重品行、作表率。并深入开展了领导班子思想政治建设专题调研活动。积极准备制定出台《中共岢岚县委关于加强领导班子思想政治建设的意见》，适时召开全县领导班子思想政治建设经验交流会。加大日常管理监督力度，完善领导班子成员问责制，强化对乡镇党委民主生活会的指导和监督。二是以优化结构、提升功能为目标，抓好领导班子的调整补充工作。着眼于政府机构改革和2011年各级领导班子换届的需要，我们对各级领导班子干部配备需求作出预测，研究制定领导班子配备建设规划。三是进一步加强民主集中制建设。我们在认真贯彻落实《中国共产党全国代表大会和地方各级代表大会代表任期制暂行条例》和省委出台的《实施办法》的基础上，开展了以党委委员联系党代表、党代表联系群众、设立党代表接待日为主要内容的“两联一日”活动,同时继续做好党代表大会常任制试点工作。

三、继续深化干部人事制度改革

一是进一步完善了科级领导班子和干部队伍管理考核机制。09年调整提拔了25名干部，其中提拔干部16名；出台了《关于加强科级领导班子和科级干部目标管理的意见》，完善了《党政领导班子及成员考核工作的意见》、《干部考察规则》、《干部考察预告的规定》等制度。二是进一步加强了干部监督工作。严格执行《干部任用条例》，积极做好《条例》的各项自查工作，对自查中发现的问题及时进行了整改。同时，密切与执纪执法部门的沟通联系，加强干部信息的收集整理，加大对群众来访问题的调查处理力度。三是进一步强化对干部任用工作的监督。全面实行党政机关和事业单位党组（党委）向机关单位干部群众报告干部选拔任用工作并接受评议的“一报告两评议制度”。畅通了12380电话举报、信访举报、网上举报等监督渠道。四是认真做好干部教育培训工作。在培训方式上,采取理论中心组学习、举办专题辅导班、培训班、研讨班等形式对党员干部进行教育培训；在培训内容上突出科学发展观，重点开展十七大和十七届三中、四中全会精神的辅导；在培训渠道上以“请进来讲，走出去学”为主，进一步拓展培训空间，大规模干部培训工作稳步推进。分期分批组织80名优秀科级干部，参加省市组织的理论培训班学习。同时，结合“双培双带”活动，分部门分系统举办业务培训班，大力开展对农村适用人才的培训，先后安排各乡镇举办各类专题培训班24次，培训各类业务技能人才300多人次。

四、进一步加强基层组织建设和党员队伍建设

一是进一步完善农村基层组织建设责任体系。按照“抓中间、促两头”的创建思路，县、乡、村三级党组织逐级签订农村基层党建工作目标责任制。全县12个乡镇分期

分批列入创建规划，确定了两个重点创建乡镇，采取县、乡两级机关党组织和农村党支部结对帮扶的形式，建立了城乡互动抓党建工作的新机制。二是进一步规范农村两委班子运作体系。我们在全县建立健全农村“两委”联席会议制度、党员和村民代表议事会制度、村干部年度述职考核测评和村务党务公开等民主管理制度，进一步规范村级班子运转和村干部管理工作。三是进一步抓好“三地建设”。在有形阵地建设上，按照抓点示范的要求，我们确定24个村作为农村基层组织综合示范点，明确建设的标准和要求，层层落实了工作责任，加强了检查指导和督促。在无形阵地建设上，创新基层组织设置方式，通过村村联建、村企联建、企企联建、城乡联建，以片建立党总支、在农村行业协会和产业链上建立党组织等多种方式，扩大党的工作的覆盖面。同时，我们在全县大力推行“支部+协会”模式，把党支部的政治优势与协会的经济优势有机地结合起来。四是在制定出台关于加强村党支部书记队伍建设的实施意见的基础上，对村党支部书记的选拔培养、管理监督、激励保障作出了相应措施。3月份县委组织部利用3天时间，对全县的60余名农村支部书记、村委主任、大学生村干部集中在县委党校进行了一次轮训。在去年支持13名农村干部参加党校学历教育的基础上，今年又增加14名村干部通过县委党校函授，接受学历教育。进一步巩固我县第八届村委换届“一肩挑”高比例的工作成果，确实加大对两委班子成员的培训工作。在省委党校忻州分校对90余名农村支部书记、大学生村干部进行了为期一周的培训。同时组织了宣讲团分四个片对农村两委班子成员进行了6期培训，受训人员800余人次。选派9名农村干部到西北农林大学进行了为期一周的参观学习。全面推行村党支部书记基本养老保险制度，并按规定标准享受政府的专项缴费补助。抓住中央继续支持村级组织活动场所建设的机遇，多方筹措配套资金，在已建成61个村级组织活动场所的基础上，今年继续新建12个村级组织活动场所。同时，整合党的组织资源，创新党组织设置和活动方式，继续推行了“村村联建”、“村企联建”以及在农村专业合作组织和产业链上建立党组织，逐步构建城乡统筹的基层党建的新格局。五是在继续实施县四套班子党员领导干部“联乡包村定人”和乡镇副科以上党员领导干部“驻村定人包发展对象”的基础上，全面推行“群众推荐、党委考察、支部票决、全程公示”发展党员的新机制，加大在优秀青年农民、优秀非党村委会成员、优秀农村妇女干部和大学生村干部中发展党员的工作力度。积极探索在农民工中开展党的工作的方法，通过组织途径，多渠道为返乡农民工党员创造就业岗位，并加大对他们创业的引导和帮扶工作。

五、着力抓好党风廉政建设

一是切实加强干部作风建设。在全县开展打击领导干部和机关工作人员参与赌博，党员干部“争做五个表率”，禁止领导干部婚丧事宜大操大办和治理教育乱收费的“四个专项行动”，同时强化机关效能建设，整顿了机关工作作风。先后对6名作风浮漂，无故脱岗机关工作人员（包括3名正科级干部）予以行政警告处分，对110指挥中心进行责任追究一次，通报批评2名中小学校长，收缴个别学校违规收费1.07万元，其中退还学生2138元。年终组织700多名社会各界人士，聘请16名人大、政协、信访、工、青、妇等人士组成行风评议督查组，对全县42个单位进行了集中测评，发现问题要求限时整改落实。通过努力建设，使干部作风明显转变，工作效率明显提高，社会风气明显好转。二是继续开展反腐专项行动。认真开展项目执法监察，加大项目招标、劳务用工和资金管理等方面的监察力度，没收违纪资金3.9万元；开展煤焦领域反腐行动，排查了11户排污费的征收情况，发现5户企业欠缴排污费32.8万元，督促1户企业重新申报欠缴税金、能源基金、水资源补偿费，共计759.56万元；认真治理征地拆迁中损害群众利益问题，共受理群众信件25件，办结率达100%。同时开展“小金库”专项治理行动，加强耕地保护和节约用地政策的落实检查，收到良好效果。三是进一步加强反腐体系建设。将案件查处作为教育、制度、监督的驱动轴，以案说法，以案代训，有效促进了惩防体系建设。今年，办结市纪委转办的“两要”案件4件；县乡两级纪检监察机关立案调查案件43起，现已全部查结，处分违纪人员43人，其中乡级干部2人，机关工作人员3人，农村党员38人，严厉打击了腐败现象和违纪行为。

附：一、中共岢岚县委书记、副书记、常委名单

书　记：陈义青（女）

副书记：薛根生（11月离职）　张钰祥（11月任职）　赵雁宾　郭晋伟（3月任职）

常　委：鲁三成　武砚斌　王建光　赵辰隆　岳海滨　赵　伟

二、乡镇党委书记、副书记名单

岚漪镇

书　记：杨建刚

副书记：冀向萍（女）　侯计荣

三井镇

书　记：赵　玺

副书记：周在田　李树雄

神堂坪乡

书　记：贯吉明

副书记：刘　霞（女）　王治国

宋家沟乡

书　记：岳保和

副书记：张文生

阳坪乡

书　记：李智勤

副书记：武砚君　薛利军

大涧乡

书　记：王建评
副书记：刘鹏德　马建国
高家会乡
书　记：胡少平
副书记：王贵林　李恩龙
李家沟乡
书　记：窦　琦
副书记：刘玉欢　王海波　吴晓东
水峪贯乡
书　记：姜大田
副书记：高志远　刘建新
王家岔乡
书　记：李艾珅
副书记：吕少东
温泉乡
书　记：闫莉芸（女）
副书记：白茂生　贯培林
西豹峪乡
书　记：赵新怀
副书记：程贵平　郭希堂

中共河曲县委工作概况

2009年，河曲县的党建工作主要围绕三个规定动作和三个自选动作来展开，三个规定动作是指全市统一要求开展的深入学习实践科学发展观活动、农村两委主干岗位报酬和养老保险制度的落实、村级组织活动场所建设等工作，三个自选动作是指大学生村官管理上用小日记破解大课题，推行民情日记的管理模式，老干部管理上用小设计构筑大舞台，通过科学的人生设计、工作设计和目标设计，构筑老干部快乐人生的大舞台，干部教育培训上用小讲堂开拓大视野，通过清华网讲堂、鸣三省讲堂、浦东网讲堂、农党网讲堂、不断提高干部教育培训工作的总体水平。经过一年的努力，几项重点工作都取得了可喜的成绩。全县第二批深入学习实践科学发展观活动开展情况得到市委学科办的高度评价，被评为先进单位，第三批深入学习实践科学发展观活动现已进入第三阶段，河曲的做法被省委学科办转发；农村“两委”主干岗位报酬和养老保险制度得到了全部落实；村级组织活动场所已有164个村列入2010年建设规划；大学生村官民情日记管理办法得到省委组织部、市委组织部的充分肯定，《山西日报》、《忻州日报》分别以《小日记破解大课题》为题刊发了这一做法，河曲的经验在全省大学生村官经验交流会上进行了书面交流；老干部工作和干部培训工作也受到了全县干部的一致好评。

一、开展第三批深入学习实践科学发展观活动和引深“三级联创”

河曲县在第三批深入学习实践科学发展观活动中，坚持“围绕发展抓创建、抓好创建促发展”的总体思路，深入实施“特色党建工程”，不断深化农村“三级联创”活动，全面提升农村党建工作整体水平，增强了农村基层党组织的凝聚力和战斗力，为推动“二次创业”和农村经济社会又好又快发展提供了坚强的组织保证。

以“联”为主线，着力构建上下联动抓农村党建责任机制。一是构建纵向联动领导责任主线。二是构建横向联动工作责任网络。三是构建规范运行的工作机制。目前，全县已建立村党组织书记管理方面的制度81项。

以“创”为核心，着力构建争先创优的良好工作格局。一是典型带动促提高。二是强化整顿强功能。三是加强培训提素质。组织50名乡镇主要领导和村党支部书记外出进行学习培训，科学发展意识和科学发展能力得到增强。

以“管”为手段，着力构建“三级联创”的保障机制。一是建立党员管理服务机制。二是建立城乡互帮互助机制。活动开展以来，先后为农户解决实际困难1330余件，引进致富项目400余个，提供实用信息500余条，结成帮扶对子510对，达到了“为群众出力、让群众满意”的效果。

二、落实农村“两委”主干两项制度

按照市委组织部的通知要求，河曲县认真学习了全省基层党组织建设工作调研座谈会议精神传达提纲，并对全县农村干部的有关情况进行了调研。

（一）贯彻落实《关于建立农村党支部书记村委会主任岗位报酬集中统一发放制度的通知》情况。岗位报酬从2009年1月份开始发放，现已将2009年度的报酬分季度进行了集中统一发放，全部发放到村干部手中。为了做好此项工作，河曲县在乡村两级干部中进行了充分调研，在听取各方意见的基础上，制定了比较科学的发放办法，并争取到了财政、统计、银行等部门的全力配合。

（二）建立农村党支部书记养老保险的情况。今年2月份，省委组织部、省劳动和社会保障厅、省财政厅联合下发《关于村干部参加农村社会养老保险有关问题的通知》后，河曲县立即行动，精心组织，认真做好协调和准备工作，目前，已为299名符合条件的60岁以下的农村两委主干建立了养老保险账户，60岁以上的村两委主干有49名，正根据会议精神落实相关工作，保证了这项惠及广大农村党支部书记和村委会主任的政策得以全面落实。

三、建设村级组织活动场所

河曲县于2007年兴建了35个活动场所，今年对全县农村的村级组织活动场所进行了认真的摸底调研，将164个农村纳入2010年建设规划，其中新建项目124个，改扩建项目

40个，县委积极拓展筹资渠道，加大工作推进力度，提高村级组织活动场所建设、管理、使用水平。采取向上争取、财政投入、社会力量捐助、党费投入及乡村自筹等方式，稳步推进村级组织活动场所建设。

四、落实四大重点工程和流动党员工作机制

为贯彻落实中共中央办公厅7月份印发的《2009-2013年全国党员教育培训工作规划》，河曲县结合干部教育工作开展实际情况，依托“四个讲堂”实施农村党组织书记培训工程、新党员培训工程、大学生“村官”党员培训工程、和党员创业就业技能培训工程：

（一）依托“清华网讲堂”实施新党员培训工程。（二）依托“浦东在线网讲堂”实施农村党组织书记培训工程。（三）依托“农党网讲堂”开展大学生“村官”党员培训工程。（四）依托“鸣三省讲堂”实施党员创业就业技能培训工程。河曲县现有7467名党员，男6746名，女721名。其中农村党员4559名，机关党员2908名。截至2009年11月6日，全县共有流动党员218名，其中流出党员212名，流入党员6名。流动党员中男195名，女23名。近几年，河曲县主要通过落实“五项制度”，强化教育管理对流动党员进行了管理。一是建立了流动党员专人联系制度。二是建立了流动党员困难帮扶制度。三是建立了流动党员约时培训制度。四是建立了流动党员学习评比制度。五是建立了流动党员定期警示制度。

五、现代远程教育站点的建设和使用

截至11月底，河曲县共建成现代远程教育站点115个。其中建在农村党支部80个、县老干部活动中心1个、文笔社区1个、机关支部13个、家户2个。这97个站点传播流畅，接收效果很好。其余18个受县网通公司光缆设备的制约，正在逐步解决完善中。在建设过程中，河曲县本着“节约、高效”的原则，把村级组织活动场所、文化大院、大学生村官三块资源有机结合，因地制宜地实现资源的优化组合。97个接收站点都达到了“五有标准”即：有一个安全规范的电教活动室、有一批功能完备运行正常的远教器材、有一名操作熟练的管理人员、有一批规范健全的制度卡册、有一份切实可行的教学计划，保障了站点工作的正常运行。在站点的使用中，河曲县主要在“学”、“用”两方面下功夫，始终注意结合农村经济，突出农业科技知识培训，切紧农村实际需求，力求学有所用以增强远教工作的实用性、实效性，受到广大党员干部和群众的欢迎。（许玉林）

附：一、中共河曲县委书记、副书记、常委名单

书　记：王书东

副书记：杜永进　程兴利

常　委：侯忻嵘　王志荣　刘耿富　田尚麒　高建文　马文波

二、乡镇党委书记、副书记名单

文笔镇

书　记：金熙义

副书记：许德君

楼子营镇

书　记：李步成

副书记：王　军　王伯文

刘家塔镇

书　记：刘淦银

副书记：许美颖（女）　张国珍

巡镇镇

书　记：周占荣

副书记：李向忠　白云飞（10月免职）

鹿固乡

书　记：门永红

河曲县西口古渡广场

副书记：赵国兴　王拥政

旧县乡

书　记：张建元

副书记：贾怀毅　柳军民

沙坪乡

书　记：金瑞明

副书记：王存贵　周永厚

社梁乡

书　记：张宝林

副书记：贾建忠　常永强

土沟乡

书　记：韩　昌（11月任职）

副书记：李裕民　管向群

单寨乡

书　记：王　印

副书记：管劲春　赵振光

前川乡

书　记：闫慧军

副书记：郭永胜　秦志忠

沙泉乡

书　记：李晓峰

副书记：张秀文　柳远文

赵家沟乡

书　记：李志福

副书记：郇志明　赵全占

中共保德县委工作概况

2009年，在忻州市委、市政府的正确领导下，中共保德县委坚持以科学发展观为指导，全面贯彻落实党的十七大、十七届四中全会精神，紧紧围绕建设富裕、文明、和谐新保德的目标，团结带领全县各级党组织和广大干部群众，真抓实干，开拓创新，全面完成了各项工作任务。

一、坚持以科学发展观统领全局，促进各项工作的创新与突破

县委始终坚持用科学的理论武装头脑、指导实践、推动工作。一年来，全面系统地学习党的十七大、十七届四中全会精神，以及中央、省、市一系列重要文件和领导的重要讲话，认真参加学习实践科学发展观活动，把握党的路线方针政策的能力进一步提高，政治敏锐性和政治辨别力进一步增强，对科学发展观的精神实质、科学内涵和根本要求有了更准确的把握，用科学发展观谋划思路、制定措施和领导发展的能力得到进一步提高。县委坚决维护中央、省委、市委权威，坚定不移地落实上级党委的各项决策部署，在政治、思想、行动上始终与中央和上级党委保持高度一致。坚持把主要精力放在研究和解决影响发展的全局性、战略性和前瞻性的重大问题上，集中精力抓方向、议大事、管全局、用干部，努力寻求上级精神与保德实际相结合的最佳切入点，作出新决策，提出新措施。同时，努力向实践学习、向人民群众学习，对事关保德发展的重大问题进行专题研究，明确了“三晋西大门、沿黄风景带、新型工业城、物流集散地”的发展定位，持续实施了“开放引进、创优环境、大项带动、富民强县”的发展战略，这些发展定位和发展战略，通过实践检验，既体现了赶超奋进、加快发展、统筹协调的理念，又符合保德县情和人民群众的愿望，有力地推动了经济社会发展。

二、坚持把发展作为第一要务，扎实推进县域经济社会各项事业又好又快发展

县委充分发挥领导核心作用，紧紧抓住经济建设这个中心不动摇，把发展作为第一要务，督促各级各部门和各级领导干部抓好措施落实，全县经济社会得到了又好又快发展。全年完成地区生产总值38.95亿元，同比增长15.2%；财政收入14.2亿元，提前四个月完成了全年任务，同比增长56%；固定资产投资11.5亿元，同比增长68%;社会消费品零售总额7.6亿元，同比增长18.8%；城镇居民人均可支配收入13145元，农民人均纯收入2807元，分别同比增长13.6%和16.8%。各项指导性指标和约束性指标均超进度完成，创造了逆势经济持续增长奇迹。同时，各项事业长足进步，社会大局持续稳定，对外形象全面提升，为新一轮快速高效发展构筑了高位平台。

一是抓项目建设蓄后劲。县委领导班子坚持把项目建设作为破解各种难题的首要工作，积极筹划了一批符合产业政策、科技含量高、市场前景好的项目，重点项目建设实现了历史最好水平。王家岭500万吨矿井、山西吉港冠宇200万吨水泥、王家寨600万吨煤炭集运站、东局110千伏输变电、临县--保德--原平煤层气利用等5大项目已开工建设，完成投资5.5亿元。此外，总投资55亿元的同德百万吨氧化铝项目，前期工作已全部完成，进入国家发改委核准批复阶段；国电保德6×100万千瓦煤电一体化项目，初可研已由省发改委组织评审通过。

在上级投资考核项目方面，50个中央新增投资项目已完成26个，其余24个完成总工程量的80%。6个省市确定的重点工程稳步推进。37个市考核项目完成投资11.5亿元。

与此同时，按照省市要求，按期完成了煤炭资源整合和兼并重组，将21座地方煤矿压减为10座，产能由整合前的1274 万吨提升为1520万吨。冠宇水泥等72家传统企业通过节能降耗技改，变成了大水泥、大焦化。

二是抓“三农”工作促民富。县委牢牢把握增加农民收入这个核心，全面实施了“猪、牛、羊、棚、特、劳、

草、林”八字战略和“111”工程。大力发展以旱地大棚为主的设施农业，以特色种植为主的高效农业，以舍饲圈养为主的养殖业，以奖代补1172万元累计建成新型节能日光蔬菜温室大棚977座，投资600万元改造坡耕地1万亩，筹资100万元继续实施了优种工程，投资50万元新建高产高效科技示范区10个，投资112万元新发展农村户用沼气300个，封山禁牧后新增规模养殖户62个，新建、完善乡镇畜牧兽医站10个。同时积极加快新农村建设，在巩固提高原有32个试点村和重点推进村的基础上，突出抓了以“四化四改”和“五个一工程”为主的13个新增重点推进村的建设。全面实施了移民搬迁、整村推进、产业开发、劳动力转移和培训教育5大扶贫工程，移民搬迁500人，整村推进92个村。培训新型农民1.5万人，转移农村劳动力7000人。

三是抓民营经济激活力。县委始终把加快民营经济发展作为进一步优化经济体制结构、扩大社会就业、致富城乡人民、增加财政收入、提高综合竞争力的重要途径来抓。按照“政治平等、政策公平、法律保障、放手发展”的方针，改革和完善民营经济市场准入制度，认真解决民营企业设立难、扩张难、保障难的问题，坚持以工业园区和小城镇为载体，以优惠政策、优质服务为保障，积极引导民营企业做大做强，努力营造有利于民营经济发展的良好氛围。出资200万元成立了中小企业信用担保中心。目前，全县民营企业发展到460个，从业人员5133人。

四是抓环境优化促发展。县委坚持优化发展环境不放松，积极推广诚信教育，建立健全社会信用体系，进一步强化了广大干部群众优化发展环境的思想意识。学习借鉴先进经验，制定出台一系列优化发展环境的政策性文件。深入开展行政效能监察,不断加强政务创新，全力向勤政务实型、廉洁效能型、法制创新型政府转变，全面提高政府公信力和执行力。严肃查处干扰和破坏经济环境的行为，有力地规范了市场秩序，净化了市场环境。从多方面营造了服务周到、政策优惠、诚实守信、亲商安商、舒适优美的发展环境。

五是抓民生工程保民安。县委坚持把全心全意为人民服务的宗旨摆在工作的首位，真心实意为群众办实事、解难题。按照省、市要求，扎实推进“五个全覆盖”，投资6504万元新建86个村水泥（油）路240.9公里；投资1亿元的新高中已投用，投资2179万元实施了中小学校舍安全改造工程，新建、改扩建学校20所；投资8000万元的新县医院已开工建设，投资210万元新建、改扩建乡镇卫生院5个、村卫生室288个；投资204万元的村通广播电视工程，完成69个村；投资1390万元完成了53个村2.3万人的安全饮水工程。养老、失业、医疗等各类保险制度相继建立和完善，城镇居民低保、农村特困救助、救灾救济等工作扎实有效开展。就业和再就业政策得到贯彻落实，3250人实现就业。投资636万元5000平米的廉租住房已基本完工；投资3600万元3 万平米的经济适用住房，已完成投资900万元；投资101万元解决农村住房困难99户；投资2400万元改造城市危旧房2.4万平米。

六是抓市政建设创名片。县委始终把市政建设放在基础设施建设的重要位置，持续不断地强基础，蓄后劲，不断完善城市功能，努力提升城市品位。一是完成了县城总体规划的修编报批，加大了黄河1号大桥西侧等违法违章建筑的查处、拆迁力度；二是完成了府前二道街和供热公司东路建设，实施了投资1081万元的府前街东延工程；三是投资1.26亿元的县城沿黄大道改造工程已完成总工程量的80%；四是投资200万元改造了旧城区供排水管道，继续实施了集中供热三期工程；五是完善了神华路休闲广场；六是完成了投资9000万元的黄河堤防工程。

七是抓维稳工作促和谐。县委牢固树立稳定压倒一切的思想，认真落实维护稳定工作领导责任制，组织实施了以“千人百案大行动”为主要载体的信访稳定攻坚战，彻底扭转了被动局面。圆满解决了轰动一时、影响较大的冀家沟村民集体越级进京上访事件。始终把安全生产作为全局工作的重中之重，落实各项制度，切实遏制安全生产事故的发生，全年未发生重大安全生产事故。坚持“严打”方针不动摇，加强社会治安综合治理，开展了声势浩大的“四打四整治”专项行动，有力地促进了社会稳定，增强了人民群众安全感。

八是抓学习活动促提高。按照市委的统一部署，全县深入开展了第二批、第三批学习实践科学发展观活动，目前，第二批学习实践活动已圆满结束，第三批学习实践活动已完成学习调研、分析检查两个阶段的工作，正在转入整改落实阶段。县委紧跟市委的部署，紧紧围绕“党员干部受教育、科学发展上水平、人民群众得实惠”这个总要求，突出“两保两促一服务”这一主题，紧密结合实际，加强领导，精心组织，突出重点，着力创新，扎实推进，使广大党员干部对科学发展观的认识进一步深化，科学发展能力明显提高，科学发展的体制机制得到进一步完善，科学发展的实践取得重大突破。

三、坚持推进党的组织建设，进一步加强党的凝聚力、战斗力和创造力

县委弘扬“树正气、讲团结、求发展”主旋律，进一步加强了党的凝聚力、战斗力和创造力，营造了“风清、气正、劲足”的良好政治局面。

一是坚持和完善党的民主集中制。县委高举大团结的旗帜，加强四大班子之间的协商与沟通。坚持“集体领导、民主集中、个别酝酿、会议决定”的原则，对重大问题、重大项目安排、干部任免和大额资金使用，都按照原则共同研究决定，做到决策的规范化、民主化、科学化。同时，充分发挥“总揽全局、协调各方”的领导核心作用，坚持依法治县，切实保障人大、政府依法行使职权，支持政协履行职能。重视统一战线和民族宗教工作，充分发挥工会、共青团、妇联、科协等人民团体的桥梁纽带作用，加强对人民武装工作的领导，巩固和发展了安定团结的政治局面。

二是加强党的思想政治建设。以加强理论武装为突破口，加大干部培训教育力度。坚持学习与树立科学的发展观、人才观及正确的政绩观、群众观相结合，与弘扬求真务实的工作作风相结合，与倡导开拓创新的精神相结合，着力提高了领导干部的理论素养和贯彻科学发展观的实践能力。全县党员干部的作风建设也得到了进一步加强，干群一心、共促发展的氛围进一步浓厚。

三是加强基层党组织建设。积极探索加强机关、社区、学校和社团党建工作的新路子，着力加大非公有制经济组织党建工作，积极拓宽党组织的覆盖面，努力构建新时期党建工作新格局。进一步加强农村基层党组织建设，深入开展了“三级联创”、“三地建设”等活动，切实加强了乡村两级领导班子的建设。

四是坚持和完善干部选拔任用制度。严格按照《党政领导干部选拔任用工作条例》的规定，始终坚持“四化”方针和德才兼备原则，突出以政绩取人，注重群众公认，突出公平公正，注重任人唯贤，切实提高了选人用人公信度。同时不断深化干部人事制度改革，强化干部监督管理，选拔任用干部工作进一步科学化、民主化、制度化、规范化。全年共调整干部5批44人次，其中提拔和平调到重要岗位18 人（新任乡镇书记2人，乡镇长5人）；平调26人（含非领导职务专任领导职务4人）；提拔女性干部5人，民主党派人士1名（民建会员）。创建了后备干部动态管理模式，对后备干部动态选拔、动态培养、动态考核和动态使用，形成了充满活力的后备干部管理机制，为干部队伍建设打下了坚实的基础。

四、坚持廉洁自律，全面推进党风廉政建设和反腐倡廉工作

县委深入贯彻中纪委三次会议、省、市纪委四次全会精神，结合本县实际，以求真务实的精神认真落实党风廉政建设责任制和反腐倡廉各项工作任务，引导和教育广大党员干部自觉筑牢思想道德防线和党的纪律防线。县委班子成员带头做到“坚决抵制跑官要官，坚决禁止收受钱物，坚决杜绝以权谋私”，为全县班子和干部群众树立了表率，始终保持着堂堂正正做人、清清白白做官、踏踏实实办事的原则。在班子内部大力弘扬甘于清贫、淡泊名利的精神，追求高尚的道德情操，树立敢抓敢管的正气，促进了廉洁型班子的建设。并能够严格要求家属和身边工作人员，切实做到手不乱伸、嘴不乱吃、违反原则的事不做、违反纪律的口子不开，增强了班子的免疫力。在强化自我约束的同时，加强制度建设，建立健全各项规章制度，逐步形成与新形势新要求相适应的监督管理制度和防范机制，从源头上最大限度地堵住了产生腐败的漏洞，在全县营造了廉洁自律、务实创新、民主文明的正气环境。

附：一、中共保德县委书记、副书记、常委名单

书　记：王继明

副书记：曹爱民（11月离职）　王黎明（11月任职）　刘福荣　南春林

常　委：丁开义　侯俊生　周书泉　张宇光　杜乃蝉　沈俊明（5月离职）　赵林胜（5月任职）

二、乡镇（街道）党委（党工委）书记、副书记名单

东关镇

书　记：李新生

副书记：张文升（6月任职）　霍培荣　陈培光

桥头镇

书　记：马玉泉

副书记：张尉会（6月离任）　高彦林（6月任职）　张俊星　韩赛昌

义门镇

书　记：贾志荣（3月离任）　李明清（5月任职）

副书记：陈俊泽（3月离任）　郭兴田（6月任职）　杨晋清　可英义

杨家湾镇

书　记：康晓钟

副书记：张智才　高际东　冯新波

腰庄乡

书　记：刘竞才

副书记：康智新（6月任职）　姜永清

窑洼乡

书　记：张　洁

副书记：高彦林（6月离任）　高彩文（女，6月任职）　杨旭春

尧圪台乡

书　记：菅混宽

副书记：张埃平　吴高宇

孙家沟乡

书　记：张建军（10月开除党籍、开除公职）

副书记：张文升（6月离职）　李保权（6月任职）　张　健

南河沟乡

书　记：李明清（5月离职）　康志忠（6月任职）

副书记：韩爱乐　梁　栋

冯家川乡

书　记：白计平（6月任职）

副书记：李保权（6月离职）　王耀光（6月任职）　白佩玉

林遮峪乡

书　记：赵震宇

副书记：康智新（6月离职）　闫　俊（6月任职）　郭海召

韩家川乡

书　记：康志忠（6月离职）　张尉会（6月任职）

副书记：郭兴田（6月离职）　张振清（6月任职）

武荣科　翟小平

土崖塔乡

书　记：白计平（6月离职）　张志峰（6月任职）

副书记：张志峰（6月离职）　白候平（6月任职）

张奋宇

街道办

书　记：王福全

中共偏关县委工作概况

2009年，在市委、市政府的正确领导下，偏关县委深入学习贯彻科学发展观，瞄准“三保”总目标，按照“三五”总要求，坚持以中央、省、市重点工程以及市政府确定的二十件惠民实事为载体，着力抓好“八个建设”、努力实现“八个推进”，全面落实年初经济工作会议和人代会部署的各项目标任务。在国际金融危机冲击影响、工业企业大面积停产减产的不利形势下，抢抓各种发展机遇，调动一切积极因素，加快项目攻坚，依靠建设推动，全县各项工作均取得了明显进步，经济社会发展呈现出稳定良好的局面。

2009年，全县完成地区生产总值12.95亿元，同比减少4.9%；财政收入完成2.21亿元，同比减少17%；一般预算收入完成0.94亿元，同比增长20%；工业增加值完成4.46亿元，同比减少29.2%；固定资产投资完成5.53亿元，同比增长2.1倍；社会消费品零售总额完成4.83亿元，同比增长16.19%；城镇居民人均可支配收入9777元，同比增长7.73%；农民人均现金收入2585元，同比增长7.35%。

一、注重党的建设，推进科学发展观的落实

以深入学习实践科学发展观活动为统领，促进党建各项工作的开展。目前，第二批学习实践科学发展观活动已经结束，第三批正在进行。第二批共有101个部门、4个党委、5个党组、80个党支部、1509名党员参加了活动。其中县级党员领导干部23名，科级党员领导干部384名、离退休党员干部395名、下岗职工214名。第三批共有9个乡镇、22所中小学校、9个医院、236个村、3个经济组织共4581名党员参加。偏关县按照“党员干部受教育、科学发展上水平、人民群众得实惠”的总要求，坚持做到“强化学习武装头脑、专家报告解放思想、深入基层搞好调研、边学边改解决问题、征求意见分析检查、严格把关统一验收”，达到了县委提出的思想大发动、认识大提高、问题大调研、作风大转变、工作大落实的预期目的。

二、注重提高素质，加强各级领导班子建设

制定了《进一步加强干部党员教育培训意见》、《2009年干部教育培训计划》、《进一步深化干部人事制度改革的实施意见》和《2009年科级领导班子和领导干部实绩考核方案》；选派74名各级干部参加组织的培训班次；组织190多名乡镇干部和农村支部书记赴寿光、大寨等地进行参观学习；组织全县238名农村支部书记参加全县十七届三中、四中全会精神培训班，10名乡镇党委书记参加全市党委书记培训班，选派2名乡镇长到山东挂职学习。

加强与执法执纪、信访、计生等部门的联系，及时掌握和了解干部违法违纪情况；严格执行领导干部经济责任审计、诫勉谈话和函询、述职述廉、个人重大事项报告制度；进一步规范县委管理干部的职责任务、考察干部任免和备案工作；加强干部人事管理，防止违规进人；对党群系统参照公务员管理单位公务员变更情况进行登记。加强人才储备工作，公开选聘了89名大学生村干部，基本实现“一村一名大学生”的目标；加强对生产能手、经营能人、农技专家、能工巧匠等农村适用人才的开发。

三、注重增强活力，巩固基层党组织堡垒作用

2008年村级组织换届后，及时对村党支部书记进行登记造册加强管理。出台《关于建立健全村干部激励保障机制的意见》，落实村主要岗位报酬和养老保险两项制度，保护和调动村级干部的工作积极性。认真做好大学生村官的培养管理和服务工作，引导和支持其创业创新。切实做好已建好村级组织活动场所的管理和使用工作，对无活动场所村的情况进行摸底排查，做好总体规划，加快村级活动场所建设步伐。建立党内信息库，并建立了“流动党员信息库”和“老党员信息库”，实现党员管理信息化。为124名流动党员发放《流动党员活动证》，全县有入党积极分子572名，发展新党员152名，5家规模以上企业全部建立党组织。

四、注重标本兼治，开展党风廉政建设和反腐败斗争

坚持“标本兼治、综合治理，惩防并举、注重预防”的方针，坚定不移地加强党风廉政建设。认真落实党风廉政建设责任制，将党风廉政建设和反腐败工作任务具体分解到政府班子成员和各单位、各乡镇“一把手”身上；大力加强效能监察，建立和完善了“高位推动、靠制度管人管事、监督、快速办结、责任追究”“五个机制”；深入推进农村党风廉政建设，健全了两委班子“双述双评”和集体议事民主管理制度，实行党务、政务、村务公开，推行乡财县审乡用和村财民管乡审，完善支农惠农政策监督检查机制，开展乡村矛盾大排查活动，解决了群众反映强烈的50多个突出问题；切实纠正损害群众利益的不正之风，

以教育、卫生、公路整治为重点，清退没收教育违规收费，推行集中招标采购药品，加大公路治超力度，形成了纠风治乱的长效机制；扎实开展煤焦领域反腐败专项斗争，共收缴欠税欠费3415.62万元，查办案件3件，处分5人；继续深化行政审批、会计集中核算、非税收入集中管理和政府集中采购制度改革，推进了源头治理，纯洁了干部队伍。同时，进一步加强自身建设。坚持以科学发展观为指导，强化以人为本理念，始终把为人民服务作为政府的根本职责，把维护好、实现好人民群众的根本利益作为政府工作的出发点和落脚点，把造福全县人民作为政府的最大追求，切实做到权为民所用，情为民所系，利为民所谋。进一步明确政府的职能定位，切实加强应急管理和行政执法工作，建立健全各项管理制度，特别是完善政府决策、重大事件公开制度，进一步拓展政务公开的领域和内容，确保政府各项工作高效便民，努力做到依法行政，极大地增强了政府的公信力和执行力。

五、注重引导，创建文明和谐新偏关

紧紧围绕全县“二三五六”发展战略，以科学发展观统领全县宣传思想工作。组织理论宣讲队伍，深入基层，开展理论宣讲，举办了全县副科以上领导干部理论集中培训。新闻机构年内共在省级以上报刊发稿20篇，市级以上媒体发稿300篇，并创办了每周一期的《今日偏关》四开小报。继续推进“卫生偏关、平安偏关、诚信偏关、优美偏关、和谐偏关”创建活动。创建窑头乡为省级文明乡，老牛湾村、老营村为省级文明村。元宵节举办了“灯展灯谜灯游会”，在“二月二”传统古会期间举办了大型街头文艺表演活动，在国庆期间组织了庆祝建国60周年书画展和图片展，由山西人民出版社出版了《偏关民俗文化》一书。

六、注重落实，积极营造干事创业氛围

为圆满完成年度目标任务，重点采取了四条措施：一是强化责任，奖惩并举，全力以赴狠抓任务落实。县委、县政府将重点任务细化量化，建立了县四大班子领导包项目、各部门各单位包工程、包指标的责任机制，层层分解任务、层层承担责任，形成了“一个项目一名领导，一套班子一抓到底”的工作格局。出台了《2009年经济社会发展“双千分”目标责任制考核办法》，县委专门组成督查考评领导组，对考核前三名的单位和个人予以表彰奖励，对考核后三名的单位和个人诫免谈话，连续三年考核最后的实行末位淘汰。二是放活政策，资金整合，积极扶持特色产业发展。出台了《关于2009年促进农业稳定发展农民持续增收的实施意见》，在稳定粮食生产、发展高效农业、加强基础建设、着力改善民生四个方面制定了11条优惠政策。对新建一座日光节能温室大棚以奖代补提高到9000元，新建一座移动式塑料大棚以奖代补提高到4000元，并对集中连片发展、具有一定规模的大棚给予水利设施配套和卷帘机械补贴；对舍饲养殖达到“六配套”以奖代补4000元、奖励优种羊1只；还在科技示范园区建设、优势农产品品牌开发、新品种新技术引进、龙头企业建设、劳动力转移培训、水利工程建设等方面给予资金扶持。三是创优环境，服务提质，千方百计扩大招商引资。提出只要诚心合作、主动投资的客商一律欢迎，只要有利于强县富民、增强偏关长远发展后劲的项目一律支持。县政府规划了方城、杨家营、水草湾和大阳湾四个工业园区，这四个园区县政府已收购、储备土地1200多亩，还变更建设用地3000多亩，着力破解项目用地的难题。为了促进项目建设，县财政注资1000万元启动了资产经营公司贷款担保业务，建立了银企对接的平台。积极协调发改、经贸、国土、环保、电力等部门和单位，创建绿色通道，提供优质服务，千方百计帮助项目企业解决立项、用地、环评、用电等问题。同时，对重点企业实施挂牌保护，杜绝一切干扰和破坏企业正常生产经营的现象。四是转变作风，重心下移，凝心聚力夯实工作基础。县委、县政府出台了《关于加强和改进干部作风建设的决定》，由纪委牵头，重点解决在执政理念中存在的“不愿负责、不敢负责、不会负责”问题，在执政行为上的存在的“官样文章、表面文章、粉饰文章”问题，在执政精神状态上存在的“无所事事、随心所欲、萎靡不振”问题，切实提升干部队伍的执行力。同时，发挥全县207名大学生村官联系群众、精力充沛的优势，建立了大学生村官担任农村安全和信访联络员的工作机制。还首次出台了农村支部书记重点工作考核办法，明确两条规定：对涉及煤矿和非煤矿山等安全生产重点区域的村，如果全年不发生私采滥挖，一次性奖励村干部3000元；如果因监管不力、上报不及时，出现私采滥挖的，给予党政纪处分，并扣除村干部年度津贴。对涉及重点信访对象的村，如果全年不发生越级上访和群体上访的，一次性奖励村干部5000元；如果稳控不及时、工作不到位，发生越级上访和群体上访的，给予严肃处分，并扣除村干部当年津贴。

七、注重平安建设，推进安全稳定

主要是抓好三项重点治理。一是安全生产专项整治。关停取缔了一类非法生产企业42家，停产治理了二类证照不全违法生产企业46家，使其全部升为了三类企业，并对符合生产条件的381家企业实施严格监管，所有隐患都明确责任，落实责任人，实现了全年“两下降、三杜绝”的目标。二是信访综合整治。建立和完善了信访工作八项制度，推行了办公经费与信访挂钩制度、大学生村官到信访部门挂职锻炼制度和重点村支书信访奖惩制度。目前，市交办的信访突出问题处结率100%，全县信访案件总量、越级访、重复访同比分别下降了23%、68%和13%，没有发生集体访。三是社会治安综合治理。坚持严打方针不动摇，始终对各类刑事犯罪保持高压态势，投资100万元建设的“天眼”工程，已投入使用。

八、注重实效，落实20件惠民实事

按照省市的统一安排部署，以“五个全覆盖”为突破，狠抓20件实事办理，着力破解各类民生难题，取得了明显成效。一是中小学校舍改造全覆盖。投资1742万元，完成20所24414平方米的中小学校舍加固改造，其中D级危房全部拆除，C级危房全部实施维修改造。二是农村卫生室全覆盖工程。投资370万元，新建79所，改扩建135所，全县规划村卫生室229所，现已全部通过检查验收并投入使用。三是城镇居民医疗保险试点、农村社会养老保险覆盖工程。城镇居民医疗保险覆盖率达到85%，参保人数达到8400人；农村社会养老保险参保人数达到3600人。四是解决优抚对象就医和残疾人救助。投资20多万元，为670名重点优扶对象办理了医疗卡，累计救助残疾人240名，有95名残疾人得到康复救助。五是扩大城乡就业工程。筹资242.7万元安置以“零就业”家庭为主的下岗失业人员311名，扶持劳动者创业就业484名；培训农民6150人次，转移农村富余劳动力6320人。六是村通水泥路全覆盖。投资2226万元，完成了24个村122.6公里的通畅工程建设任务。七是农村安全饮水全覆盖。投资319万元，完成提水工程7处，蓄水工程26处，解决了33个村6300口人、732头大畜的饮用水安全问题。八是农村便民店和放心粮油店建设工程。投资18.2万元，建成便民店16个、放心粮油店3个。九是城区大气环境综合治理工程。积极推进城区大气环境综合治理，城区大气二级以上天数达到330天。十是农村困难群众住房维修改造工程。投资68万元，解决了50户农村困难群众安全住房问题。十一是廉租房、经济适用房建设工程。规划新建的经济适用房和廉租房正在建设当中；落实2008年廉租房补贴1274户，发放补贴资金72万元；目前正在调查落实2009年补贴户。十二是城区集中供热工程。投资5100万元，完成热源厂2×14MW热水锅炉土建及配套工程，铺设一次管网5400m，二次管网26000m，建设8座换热站,一期供热工程已于今年10月底竣工，实现城区塔梁街集中供热42.6万平方米。十三是“一颗鸡蛋”工程。投资57万元，对全县22所寄宿制学校全面实施住校生生活费全额补助，全县1045名学生得到实惠。十四是扶贫开发工程。整村推进新建大棚153座，完成整村推进41个村的以舍饲养殖为主的扶贫项目建设和100口人以下的18个自然村、1400口人的移民搬迁。十五是计划生育出生缺陷干预工程。投资30万元，向1189名确认干预对象免费提供叶酸片和福又多复合营养素。十六是以沼气为主的农村可在生能源工程。投资8万元，完成沼气池建设50户；投资25万元，完成省柴节煤炕连灶500户；投资1.75万元正在农村推广太阳灶。十七是农村低保工作。对4000户6000人落实农村低保，使1530名“五保”对象实现应保尽保。十八是广播电视村村通全覆盖。已安装第一批村通直播卫星接收设备2222套，广播电视“村村通”覆盖率达到95%，年内完成全覆盖。十九是农村现代物流工程。建成了八柳树物流市场,组建了县城日用品配送中心、农资配送中心各一个。二十是开展城郊建森林公园、机关建生态花园、百姓建绿色庭院活动。总投资565万元，新增环城生态景观林3000亩；投资380万元，完成7个机关单位绿色花园建设，绿色庭院建设率达到80%。

（马国锋）

附：一、中共偏关县委书记、副书记、常委名单

书　记：任建华（9月任职）

副书记：任宁虎（9月离职）　王　源（11月任职）
郝和平　何永户（挂职）

常　委：孔保宝　张文斌　崔峥岭　左　峰
谢元喜　乔建华

二、乡镇党委书记、副书记名单

新关镇

书　记：陈安乐

副书记：郭秀鸿　贺宪文

陈家营乡

书　记：薛平智

副书记：张翠莲　王为民

万家寨镇

书　记：董二万

副书记：郭建忠　王　华

天峰坪镇

书　记：贾贵如

副书记：武秀贵　杨晋华

楼沟乡

书　记：刘文斐

副书记：秦庆元　王卫兵　范彩琴

老营镇

书　记：赵雨田

副书记：李　瑞　高吉生

水泉乡

书　记：胡高峰

副书记：马　富　王安荣

尚峪乡

书　记：梁晓光

副书记：闫志忠　李志强

南堡子乡

书　记：杨占录

副书记：王在英　卢　鑫

窑头乡

书　记：任清泉

副书记：李　毅　王吉荣

中共吕梁市委工作概况

市委书记 聂春玉

2009年，在省委、省政府的正确领导下，吕梁市委高举中国特色社会主义伟大旗帜，以深入学习实践科学发展观活动为契机，坚决贯彻落实中央和省一系列战略决策，团结带领全市各级党组织和广大党员干部群众，积极应对国际金融危机的严重冲击，突出经济增长、大项目建设和安全生产“三件大事”，坚持扩内需、保增长与调结构、促转型相结合，与保民生、促和谐相结合，与抓安全、保稳定相结合，与抓改革、增活力相结合，全面推进经济、政治、文化、社会建设和党的建设，圆满完成了全年各项目标任务。

一、经济建设

主要经济指标完成情况。全市地区生产总值完成611.3亿元，增长2.5%；工业增加值完成350亿元，增长-2%；全社会固定资产投资完成380亿元，增长1.3%；财政总收入和一般预算收入分别完成165.42亿元、59.72亿元，增长0.64%、8.37%；社会消费品零售总额完成193亿元，增长20%；城镇居民可支配收入13809.6元，增长8%，农民人均纯收入3424元，增长7%;万元地区生产总值综合能耗下降5.6%；二氧化硫和化学需氧量分别减排8.1%和6.8%；大气综合污染指数控制在1.8以内；城镇登记失业率控制在2%以内。纳入经济社会考核评价体系的约束性指标全部完成或超额完成。

大项目建设情况。坚持把拉动内需项目作为我市落实国家保增长、扩内需政策的主要抓手，进一步完善项目推进、部门协同、督查考核、责任倒查等机制和措施，项目建设顺利推进。2008年第四季度与2009年全年，我市共争取到新增中央投资项目四批667项，总投资208680.3万元。目前，前三批575个项目已全部开工，累计完成投资66735.88万元，第四批开工71项，完成投资12947.16万元。认真落实家电下乡、农机补贴、车辆购置税减免、以旧换新等政策，市场销售始终保持活跃。

重点工程项目推进情况。确定省级重点工程25项，总投资556.35亿元，市级重点工程23项，总投资180.17亿元。交通方面，国、省道干线公路改造和“通达工程”、“通畅工程”顺利推进，吕梁民用机场经国家发改委核准后已开工建设，中南部出海大通道于12月23日正式开工；太中银铁路（吕梁段）与汾平、太佳两条高速公路建设大力推进，预计2010年建成。水利方面，交城柏叶口水库（龙门渠项目）、石楼坪底水库正式开工，离石千年水库大坝主体工程已经完工，横泉水库供水工程竣工通水，提黄灌溉工程正在规划实施。电力方面，布局在9县（市、区）的11个重大电源项目的前期工作均有较大进展；中阳500KV输变电工程顺利建成，兴县500KV输变电工程已完成选址，一批220KV输变电工程相继建成投运。城市建设方面，相继铺开一批市区基础设施完善和综合整治工程，城市功能与品位进一步提升。“市民素质提升行动”、“城乡卫生清洁工程”深入开展，城市管理能力和市民共建意识明显提高。各县（市）城市规划、建设、管理等工作进一步加强，特色城镇化建设迈出了坚实步伐。服务业方面，积极推进“1-10”项目建设，省、市两级166个项目已开工143个，完成投资58亿元。

煤炭资源整合重组推进情况。坚持把煤炭资源整合和矿井兼并重组作为经济工作的重中之重，明确任务，细化责任，强化措施，全面推进。在深入调研、科学制定方案的基础上，将全市矿井总数由355处整合为111处，年生产能力由8557万吨提高为10380万吨。经过全市上下共同努力，111个矿井已全部签订协议，109个正式签约的主体企业已进驻并接管到位，93个煤矿企业已申领到新的采矿许可证，全市煤炭资源整合和矿井兼并重组工作已经取得重大阶段性成果，为我市工业经济可持续发展打下了坚实基础。

节能减排和生态建设情况。坚持以“工业节能、源头治污”为重点，持续实施环境保护和节能降耗工程，扎实推进环保攻坚第五战役、造林绿化工程以及汾河流域生态环境修复治理，人居环境不断改善，今年全省造林绿化现场会在我市召开，吕梁荣获“全省生态建设突出贡献奖”。预计全年万元GDP能耗下降5.6%，万元工业增加值能耗下降10%；综合污染指数下降到1.86，同比下降8.82%。2009年,市区环境空气质量二级以上天数完成359天，排名全省第一，同比增加5天，其中一级天气增加到76天，比2008年增加27天。

社会主义新农村建设和扶贫开发推进情况。全面落实强农惠农政策，粮食直补等四项补贴及时兑现到户。加快现代农业发展，设施蔬菜和农业标准化生产深入实施，粮食产量达到8.94亿公斤，连续5年增产。不断加大“三农”投入，市、县两级新增财力75%以上投入“三农”领域，全年捆绑使用项目资金20.5亿元，整合支农资金15.5亿元，有限资金发挥出较大综合效应。新农村建设稳步推进，试点村和重点推进村各项工程进展顺利。大力开展“阳光工程”和“消零工程”，完成引导性培训14.67万人,新转移农村劳动力5.12万个，消零任务全面完成。深入实施“三大经济林覆盖”工程，新栽植干果经济林40万亩。

二、民主法制建设

市人大、市政府、市政协换届工作情况。一是制定出台了《关于认真做好市人大、政府、政协换届工作有关问题的通知》和《关于在市人大、政府、政协换届期间进一步严肃组织人事纪律的通知》两个文件。二是配合省委完成市级领导班子成员的推荐考察工作。三是完成了市人大代表选举和市政协委员的协商工作。四是按时召开了“两会”，圆满完成了换届选举任务。6月27日至7月4日，召开了市二届人大一次会议和市二届政协一次会议。大会充分发扬民主，严格依法办事，选举产生了新一届市人大、市政府、市政协领导班子成员。党委提名的候选人全部以全票或高票当选，圆满完成了换届工作。

坚持和完善人民代表大会制度。认真落实中央、省委《关于加强和改进人大工作的意见》，支持人大依法行使监督权、重大事项决定权和人事任免权，综合运用听取和审议专项工作报告、执法检查等形式，加强了对关系改革发展稳定大局和群众切身利益重大问题的监督。保障人大代表依法行使职权，认真办理代表议案和建议，支持人大代表在闭会期间开展活动。

坚持和完善中国共产党领导的多党合作和政治协商制度。认真落实中央《关于进一步加强人民政协工作的意见》和《实施意见》，推进人民政协履行职能的制度建设，规范政治协商程序，完善民主监督机制。结合换届，严把委员质量关，政协自身建设得到进一步加强，委员履职能力得到进一步提高。组织开展了纪念人民政协成立60周年活动。

深入推进依法治市进程。全面启动“法治吕梁”建设，规范司法行为，强化执法监督，司法公信力和政法队伍形象有新提升。“五五”普法全面推进，法律服务和法律援助不断加强。认真贯彻《行政许可法》，行政执法行为进一步规范，执法监督进一步强化，法治政府建设成效显著。坚持党管武装原则，积极支持国防和驻吕部队建设，党政军联合指挥演练和军警民联合实兵演习活动圆满成功，军地“双服务”和双拥共建水平有新提高。

三、文化建设

切实加强宣传舆论工作。扎实开展党的理论创新成果进机关、企业、农村、社区、学校活动，把社会主义核心价值体系建设融入国民教育和精神文明建设全过程。加强了经济形势宣传教育，大力宣传我市转型发展、安全发展、和谐发展的重要性、紧迫性和取得的成效，全市干部群众解放思想、改革创新、科学发展的信心和决心进一步增强。精心组织庆祝新中国成立60周年“百名记者走基层”、“三三战略”理论研讨等系列活动。建设和谐文化，培育文明风尚，推进城乡、区域文化协调发展，“三下乡”活动扎实开展，科普工作不断加强。加大对外宣传力度，成功举办“吕梁红枣颂美术展”、“汾阳核桃文化节”等活动，展示了我市改革发展的新成就、新形象。

全面推进思想道建设。加强社会公德、职业道德、家庭美德和个人品德建设，构建学校、家庭、社会相结合的未成年人思想道德建设体系，成功举办了首届道德模范评选。深入开展文明城市、文明村镇、文明行业、文明家庭等群众性精神文明创建活动，广泛开展以爱党、爱国、爱社会主义为主要内容的“百首红歌万人唱”、“爱国歌曲周周唱”等群众性活动，着力提高公民文明素质和社会文明程度。切实加强企业、学校和社区思想政治工作，加强未成年人思想教育。加强社会诚信建设。深入实施全民科学素质行动计划纲要，弘扬科学精神，普及科学知识。

加快发展文化事业和文化产业。切实加大文化基础设施建设投入，启动建设市图书馆、新闻大厦、文化大厦、青少年宫等重点文化项目。加快了广播电视、电话村村通工程。稳步推进文化体制改革，公益性文化单位改革成效明显，经营性文化单位转企步伐加快。大力实施精品战略，创作生产更多积极健康的文化产品，打造具有吕梁特色的文化品牌。促进各类文化产品和文化服务参与国内外文化交流和市场竞争。加快历史文化名镇、名村开发利用，加强文物和非物质文化遗产保护，推进资源优势向产业优势转变。加强爱国主义教育基地建设，积极发展红色旅游。

四、社会建设

落实“五个全覆盖”和“十件实事”情况。校舍安全工程有序推进，全年消除危房面积76.4万平方米；完成522个空白村卫生所建设任务，提前一年实现“村卫生所全覆盖”目标；完成697个行政村、4624.5公里的村村通工程新建任务；农村饮水安全工程建设任务全面完成，新增覆盖人口37.9万人。市二届人大一次会议上承诺的“十件实事”全面兑现，广大农村村容村貌和生活条件发生了明显变化。

社会保障建设情况。城镇居民医疗保险全面启动，新型农村养老保险试点工作扎实开展，“五大保险”综合覆盖率达到82%。社会救助工作深入开展，农村和城市低保基本实现了动态管理下的应保尽保。市级财政投入780万元，及时启动抗击雨雪冰冻自然灾害救助工作，市内滞留车辆、司乘人员和受灾群众得到有力救助。新增城镇就业3.4万人，城镇登记失业率控制在了3%以下。

社会事业建设情况。义务教育经费保障机制不断完善，标准化建设和“双百”示范校建设稳步推进；普通高中办学水平整体提升，中职教育稳步发展，新建吕梁学院主体工程完工，升本评估顺利结束。公共卫生体系进一步完善，县乡医疗机构新建改扩建任务全面完成，医疗卫生机构达标率达到91.1%；新型农村合作医疗深入推进，参合农民262万人。基层文化建设明显加强，地方文艺日益繁荣。

安全生产情况。以煤矿、非煤矿山及尾矿库、危险化学品等为重点，在全市各行业、各领域持续开展安全生产专项整治，再次启动打击非法违法采矿“百日大行动”，重特大事故得到有效遏制。深刻汲取中阳县黄土崩塌灾害教训，进一步强化地质灾害特别是雨雪之后的次生灾害隐患的排查治理工作，明确了县、乡各级在地质灾害隐患排查治理中的责任，努力保障群众的生命安全。全年共发生各类安全生产事故1180起，死亡352人，同比减少61人。

维护社会稳定情况。围绕做好庆祝新中国成立60周年安全保卫工作，加强社会治安防控体系和公共安全保障体系建设，深入开展社会治安综合治理，社会环境安定有序，人民群众安全感进一步增强。信访工作长效机制进一步健全，通过扎实开展“信访积案化解年”活动，集中解决了一批群众反映强烈的问题，到市赴省进京非正常上访继续下降，特别是国庆期间实现了非正常进京“零上访”，信访秩序持续好转。狠抓以煤矿生产为重点的安全生产，进一步引深安全生产专项整治和打击私挖滥采“百日行动”，切实加大技术改造、隐患排查、瓦斯治理、生产秩序整治和问责力度，安全生产形势稳定好转。非煤矿山、危险化学品、民爆物品、建筑施工、道路交通运输、公众聚集场所消防等行业和领域的安全工作得到加强。

五、加强新时期党的建设

学习实践科学发展观活动情况。坚持把深入学习实践科学发展观活动作为首要的政治任务，按照中央和省委的统一部署，明确提出“三三战略”（紧紧围绕转型发展、安全发展、和谐发展，着力抓好以绿色、循环、低碳为主要特征的大项目建设，以产业、民生、民富为主要特征的扶贫开发和以班子、基层、作风为重心的新时期党的建设，举全市之力打造富裕新吕梁、宜居新吕梁、特色新吕梁）这一学习实践活动的主题载体，加强组织领导，严格程序环节，突出实践特色，坚持边学边改，务求取得实效。市委常委带头参加学习实践活动，围绕“三保”、“三三战略”、“三件大事”广泛开展学习研讨，深入“五个一”包联点调查研究、现场指导，召开专题民主生活会剖析问题、寻找差距、确立整改落实方案，适时采取措施解决面上存在问题。通过全市上下的积极努力，第二批学习实践活动各项任务圆满完成，共有13个县市区、141个市直单位、1100个县属单位、14个第三批试点单位，49045名党员参加；第三批活动扎实推进，共有146个乡镇、3106个农村、11个街道、1个社区、318所农村中小学校、136个乡镇卫生院、33 个“两新”组织和244个其它单位，114223名党员参加。全市各级党组织和广大党员干部对科学发展观的认识进一步深化，贯彻落实科学发展观的自觉性和坚定性进一步增强，推动科学发展的思路进一步明确，市委中心工作进一步推进，事关群众切身利益的问题进一步得到解决，干部作风进一步转变，特别是建立完善了促进科学发展十二个方面的长效机制，得到了中央和省委学习实践活动领导小组的充分肯定，在全国全省引起较大反响。

思想政治建设情况。认真贯彻落实党的十七大和十七届三中、四中全会精神，深入贯彻“三个意见、一个规定”及全省领导班子思想政治建设座谈会精神，进一步加强领导干部理想信念、宗旨意识和党性党风教育，强化理论武装和思想道德建设。制定市委《关于贯彻落实党的十七届四中全会精神进一步加强和改进新形势下党的建设的实施意见》，即将下发全市。着力建设学习型党组织和学习型领导班子，加强和改进党委（党组）中心组学习，完善干部培训制度，创新干部学习培训方式，“吕梁大讲坛”被干部群众誉为身边的“百家讲坛”。严格执行民主集中制各项制度，进一步创新和完善领导班子议事规则和决策程序、党委全委会和常委会工作机制、党委讨论重大问题和重要干部票决制。

干部选拔任用管理情况。认真贯彻执行党的干部路线和干部政策，坚持德才兼备、以德为先，坚持民主公开、竞争择优，深化干部人事制度改革，创新干部选拔任用方式，严格干部任用工作纪律，强化干部管理考核监督。2009年市委常委会讨论干部任免事项6次，调整干部78人（提拔任职20人，平调48人，免职10人）。工作中坚持了以下几点：一是加强领导班子和干部队伍建设。结合市人大、政府、政协换届和机构改革，推进班子调整配备和干部交流。进一步完善体现科学发展观要求的领导干部考核评价体系，研究制定了《加强县级党政领导班子建设的意见》，全面实行干部选拔任用“一报告两评议”制度。注重面向基层培养选拔锻炼干部，新配备县市区长要求具备两年以上县级党政班子工作经历，继续实施新提拔县级干部到信访部门挂职锻炼，完成公选县级后备干部双向挂职锻炼。加大年轻干部选拔任用力度。二是扩大干部选拔任用工作中的民主。按照十七届四中全会“扩大选人用人民主，建立健全主题清晰、程序科学、责任明确的干部选拔任用提名制度”的要求，坚持把民主、公开、竞争、择优作为干部人事制度改革的基本方向，在确定8名县市区长人选时，采取了“民主推荐确定初始人选、二轮遴选推荐确定面试人选、综合素质面试确定考察人选、常务会议差额表决确定建议人选、全委会议表决确定推荐人选”的方式，大大提高了选人用人公信度。市直单位科级干部调整全部实行竞争上岗，从农村优秀干部中公开考录乡镇公务员和县乡事业单位工作人员130名。三是加强干部任用工作监督。严格执行民主推荐、组织考察、常委会决定、任前公示、任前谈话等程序。健全电话举报制度，建立部长接待日制度，开通网上举报。强化了干部任前、任中、离任监督。换届期间规定并严格执行“十严禁”纪律。认真落实省委组织部和省纪委联合下发的《关于在干部选拔任用工作中认真治理拉票行为的通知》，要求广大领导干部自觉坚持党性原则，严格遵守组织人事纪律，坚决抵制拉票行为。

基层党组织建设情况。实行了市、县两级党委常委会向全委会专题报告抓基层党建工作情况并接受委员评议制度及党建工作联席会议制度。引深农村党支部星级目标管理，新命名表彰五星级农村党支部300个，对连续五年保持五星级称号的村党支部书记予以奖励。建立健全农村干部激励保障机制，为全市4164名农村“两委”主干发放了岗位报酬，为4089名办理了农村社会养老保险。启动了全市第二轮村级组织活动场所建设工作，超额完成省定项目。新选聘了972名优秀大学生到农村任职，实现了一村一社区选配一名大学生干部的目标。继续推进农村党员干部现代远程教育工作，积极开展党代会代表任期制工作。扎实推进非公有制企业党建工作，符合条件的771户企业全部建立党组织。大力实施“村村都有新党员”、“社区入党积极分子队伍扩容”、“生产经营骨干培养”和“在新经济组织和新社会组织实施‘两新’组织负责人培养”党员队伍建设四大工程。

六、党风廉政建设及反腐败工作

以纪检工作服务保障“三个发展”。围绕转型发展，对中央、省、市715个重点工程项目进行四次监督检查，对淘汰落后产能、生态建设、环保攻坚第五战役等重点工作组织了执法监察。围绕安全发展，强化对煤炭资源整合、企业兼并重组工作的监督检查。强化对安全生产和安全责任事故的查处力度，全年查处各类安全责任事故16起，党政纪处分77人。围绕和谐发展，狠抓规范集体“三资”管理、推行村级会计委托代理及电算化管理和规范村务管理三方面工作，化解了一批村务矛盾。加强对土地政策规定执行情况执法监察，加大对涉农惠农政策资金的监管力度，纠正损害农民利益的问题9起，为农民工讨薪4.6万元。组织召开“全国（部分）革命老区反腐倡廉理论研究交流会”，形成《资源型发展中地区群体性事件的预防与处置》课题报告。

大力开展“三项治理”、“两项清理”。以治庸、治奢、治散为重点，大兴“实践、实干、实效”之风。下发《严格控制公务购车、会议经费、公务接待费用及党政机关出国（境）经费支出的通知》，狠刹奢侈浪费现象。全年全市公款出国（境）支出、车辆购置及运行费用、公务接待费用分别比去年减少58.4%、13%、10%。集中开展国家公职人员出国出境证件和单位“小金库”专项清理整治，对全市3001名公职人员持有护照和通行证的情况进行了清理，对2995个机关事业单位进行了“小金库”清查治理，收缴“小金库”资金665万元。

扎实开展纠风治乱和政风行风建设。大力治理公路“三乱”，群众举报比去年下降了47%；查处教育乱收费案件8起，清退乱收费资金45万元。对17所县级以上医疗单位网上集中招标采购工作进行了监督检查，全市药品降价幅度为21%，让利患者7581万元。积极创新政风行风评议工作，在媒体开办了《政风行风热线》、《政风行风面对面》节目和《政风行风监督》栏目，有关做法受到了国纠办、省纠办、行评办的充分肯定。对煤焦领域、涉路执法部门、工程建设领域、教育系统、医疗卫生系统五大领域的党员领导干部举办了7期廉政教育专题培训。

进一步引深农村基层党风廉政建设。按照“引深、发展、提升”的要求，工作思路上突出涉农资金监督检查、矛盾问题突出村治理、农村村务财务民主管理、村级“民主活动周”、乡村干部教育培训五个重点。工作机制上着力强化县委县政府抓农廉工作责任，完善了县委县政府半年专题研究一次农廉工作、党政领导班子成员联系农廉工作等五项制度。工作措施上坚持乡镇农廉工作定期排队通报、乡村解决突出问题情况专报、乡镇党政主要领导及纪委书记逐月工作情况公示和站所评议末位淘汰制度。下半年全市统一开展“农村民主活动周和村官述廉日”活动，21万名党员和群众参加活动，4211名村主干、2621名基层站所负责人进行述职述廉并接受了群众评议和质询，融洽了农村党群干群关系，及时化解了一批苗头性和趋势性矛盾纠纷。针对我市部分农村存在的村务财务不公开、村矿矛盾等“八个方面”问题，下发了《关于认真解决“八个方面”突出问题，进一步加强农村基层党风廉政建设的通知》及相关配套文件，使八个方面的问题不同程度得到解决，促进了农村和谐稳定。

不断引深源头治腐工作。进一步规范行政审批行为,全面清理并公布了现有441项审批项目，完善了《取消和调整行政审批项目的后续监督办法》；狠抓基层政务公开，全市148个乡镇、13个街道办事处的3112个村民委员会全部实行了政务公开与村务公开。进一步强化财务监督，规范政府采购行为。

着力加大煤焦、工程建设、商业贿赂、涉农等重点领域案查力度。全市各级纪检监察机关共受理群众来信、来访、电话举报1124件（次）；立案876件，全部结案，处分违纪党员干部1066人，为国家挽回经济损失1070万元。

（薛　斌）

附：中共吕梁市委书记、副书记、常委名单

书　记：聂春玉

副书记：董洪运（3月离职）　张九萍（女）
丁雪峰（5月任职）

常　委：朱锦平（5月离职）　丁雪峰
李志江（11月离职）　刘明勇（5月离职）
吴志国　王　琦（6月离职）
牛社威（12月任职）　张中生（5月任职）
刘保明　吕政莲（女）张效彪（6月任职）
曾广超　李良森（7月任职）
刘云晨（8月任职）

中共交城县委工作概况

2009年是交城县经济发展面临较大困难和严峻挑战的一年。一年来，县委、政府以科学发展观为指导，紧紧围绕“保增长、保民生、保稳定”工作主线，深入贯彻落实市委二届五次全会及县委工作会议精神，审时度势，迎难而进，科学应对，化危为机，各项工作取得积极进展。全年全县生产总值完成39.56亿元，同比下降21.35%；财政总收入完成11.76亿元，同比下降39.9%；城镇居民人均可支配收入10393元，农民人均纯收入达到3608元，分别比去年增长2.8%、3.8%；规模以上企业万元生产总值能耗下降7.8%。概括来讲，主要抓了以下七方面的工作：

一、深入开展学习实践活动，全面加强党的建设

按照省委、市委统一安排部署，在全县245个单位、10819名党员中相继开展了第二、第三批学习实践活动。活动坚持理论学习贯穿始终，注重突出实践特色，始终注重二三批联动推进，着力解决发展中存在的突出问题，共查找出影响和制约科学发展的问题1705项，为基层解决实际问题302项、办实事好事265件，建立健全各类长效机制24项，全县各项事业不断迈入科学发展的新轨道。以学习实践活动为统领，切实加强基层组织建设，涌现出五星级农村党支部15个，四星级农村党支部21个，规模以上非公有制企业全部建立了党组织。在全县党员干部中深入开展了“六问”、“五整治”大讨论大整改活动，干部作风明显改进。严格落实党风廉政建设责任制，扎实推进惩防体系建设，围绕中心工作加强行政效能监察、执法监察、纠风工作，扎实开展治理商业贿赂和源头治腐工作，特别是农村党风廉政建设深入推进，促进了社会和谐稳定。

二、积极应对危机，着力保持经济平稳较快增长态势

（一）扎实推进项目建设，积蓄发展后劲。今年以来，县委紧紧围绕“双百双千”项目、全市服务业重点项目和中央新增扩大内需项目建设，深入落实推进项目落实的“八项制度”，千方百计推进项目投产达效。全县24个“双百双千”项目中已有18个全部或部分投产，完成投资39.6亿元。总投资3.7亿元的10个市级服务业重点项目有5个完工或部分完工，完成投资1.2亿元。

（二）倾力帮扶企业，推动转型发展。进一步强化县级领导帮扶机制，建立了“1+2”帮扶新模式，即每一名县级领导包联一户规模以上企业和一户有发展潜力的成长型企业，帮助企业解决发展问题；组织召开了中小企业融资对接会，先后为广厦建材、宇清环保等企业争取资金5000万元；组建了中小企业担保中心，努力缓解中小企业融资难问题；严格落实税费减免政策，认真执行企业封闭管理制度，未经纪检委批准，任何单位不准进入企业检查；加快调结构、促转型，切实加大对新兴产业和优势项目的扶持力度，转型发展步伐进一步加快。

（三）加快推进发展方式转变，发展质量稳步提升。扎实开展了煤矿企业整合重组工作，全县16座煤矿整合为7座，矿井生产能力达到600万吨/年；大力推进环保攻坚和节能减排，加大淘汰落后产能力度，全年共削减化学需氧量排放200多吨、二氧化硫排放500多吨，规模以上企业万元生产总值能耗下降7.8%，城区二级以上天数达到348天，比2008 年增加24天；全面加强安全监管,坚持落实责任细化到人、隐患排查关口前移、专项治理标准从严，19座尾矿库全部按标准完成了闭库治理工作，危化行业完成安全隐患整改368处，安全生产基础进一步夯实。

三、扎实推进新农村建设，农业农村工作取得新进展

县委深入贯彻落实中央、省、市农村工作会议精神，以社会主义新农村建设为总抓手，扎实推进农业农村发展。一是做好新农村建设规划。编制完成了全县新农村建设总体规划，为统筹推进新农村建设奠定了基础。平川农村住宅楼房化进程明显加快，洪相乡广兴村、天宁镇西街、岭底乡后火山村、圪洞村住宅楼相继竣工。二是扎实推进特色产业发展。新发展核桃经济林9000亩，全县核桃种植面积达到2万亩。以万圣源有机蔬菜开发和宏基源食用菌生产为龙头，全县蔬菜种植面积达到2.8万亩，食用菌大棚达到380个。新兴种猪厂良种种猪项目、宏盛虫草养殖公司项目进展顺利，庞泉沟镇山水村等四个养牛小区全部建设完成。三是巩固“四化四改”、“五个一”工程建设成果。投资3224万元，完成了15个村56公里的道路硬化和64个村的路灯亮化任务，栽植各类绿化树种80余万株。两座500m³沼气池正在加紧建设，建成后可满足1000户农村居民用气需要。投入2230万元，新建和改扩建农村科技文化活动室20个、农民休闲健身广场17个、便民连锁店16个、农村校舍1.3万m²、村级卫生所52个，农村公共服务设施进一步完善。

四、加强县城和基础设施建设，城乡面貌进一步改观

以打造和谐宜居新交城为目标，继续加大城市公共服务体系建设。投资1.45亿元的迎宾路建设工程全线贯通；投资1400多万元，高标准完成了龙山大街、却波西街、县城广场的绿化、亮化工程，新增绿化面积2.6万平方米；总投资7674万元的污水处理厂建设工程进入设备安装阶段。加大城乡环境综合整治，完成了磁窑河、瓦窑河、白石南

河等河道整治工程，拆除违章建筑7000多平方米，环境卫生综合整治取得明显成效。

继续推进以路、电、水为主的基础设施建设。道路建设方面，投资253万元的白石南河大桥建设工程顺利竣工；总投资1794万元的18个通畅项目工程全部竣工通车，全县行政村通达率达到96.6%。电力建设方面，总投资3647万元的城西110KV变电站基本完工；总投资1.5亿元的开发区220KV变电站开工建设。水利方面，龙门渠引水工程前期准备工作扎实推进，柏叶口水库开工建设，瓦窑水库除险加固工程主体完工；总投资1195万元的73处安全饮水工程全部完工，2.5万人、2900头大畜的饮水安全问题得到解决。

五、加强社会建设，着力保障改善民生

县委始终坚持民生优先，特别是在金融危机的特殊形势下，更加注重保障和改善民生。教育方面，总投资2103万元的段村初中改扩建、成村初中迁建等14项工程已完工11项；交城二中新教学楼建设工程、交中体育场建设工程全部完工并投入使用。医疗卫生方面，中医院综合楼建设工程正式动工；总投资955.2万元的10个乡镇卫生院新建、改扩建工程基本完工；39个空白村卫生所建设工程全部完工，村卫生室覆盖率达到100%。就业方面，县政府开发70个公益性岗位，全年城镇新增就业人员1947人，下岗失业人员再就业873人。社会保障方面，养老、工伤、生育保险覆盖面进一步扩大；全面启动了城镇居民医保，全县医疗保险参保人数达到30559人；投资3000万元、面积2万平方米的保障性住房建设工程开工。此外，概算投资1600万元的华老骨灰安放工程已完成工程量的60%；投资2000万元的老干部活动中心主体完工；总投资2200万元的人武部办公、训练、防空指挥一体化基地建设项目全部竣工，人武部实现整体搬迁。

六、加强舆论宣传和精神文化建设，营造和谐发展的浓厚氛围

围绕“保增长、保民生、保稳定”工作主线及学习实践科学发展观活动、城乡环境卫生清洁工程等重点工作，加大舆论宣传力度，促进了各项工作的开展。扎实开展了市级文明和谐县城申报工作，在全县范围内开展了文明和谐村镇、文明和谐单位创建及“全国道德模范”、诚信示范店评选等精神文明创建活动，弘扬了文明和谐新风。县图书馆电子阅览室建成并投入使用，总投资1508万元的县体育馆奠基开工。加快乡村文体设施建设，10个乡镇综合文化站全部建成，新建了120个农村流动书屋和10个农民书屋，农民体育健身工程50个篮球场的建设任务顺利完成，新增体育场地3万m^2。广播电视村村通“全覆盖”工程有力推进，非物质文化遗产申报工作进展顺利。《玄中寺鸠鸽二仙传说》、《卦山庙会》、《卫生馆五香料面》入选省级非物质文化遗产名录。

七、坚持稳定压倒一切，促进社会安定和谐

县委把保稳定、促和谐放在各项工作的首要位置，强化责任，强化落实，促进全县和谐稳定。一是全面加强社会治安综合治理。认真开展了民爆物品安全整治、流动人口管理、平安交城创建等专项活动，圆满完成了国庆安全保卫任务。全年破获各类刑事案件286起，逮捕173人，始终保持了对违法犯罪活动的高压态势。深入开展了对“法轮功”等邪教组织人员的调查摸底和打击监管工作，全年未发生邪教人员进京赴省聚集滋事事件。二是突出抓好信访稳定工作。认真落实矛盾纠纷排查调处机制，全年共排查出各类信访矛盾1163件，全部明确了包案领导和责任单位。上级交办的106件信访案件中，95件已由县委、政府领导包案办结并息诉罢访。认真落实“双向”责任追究制度，对30名领导干部进行了党政纪处分，对88名严重违反信访秩序的上访人员进行了依法处置，信访秩序明显好转。

附：一、中共交城县委书记、副书记、常委名单

书　记：李志安

副书记：孙善文　刘文海

常　委：桑小平　武兴华　吕文平　康采霞　郭　强　王红叶　郑仰强

二、乡镇党委书记、副书记名单

天宁镇

书　记：权扣维

副书记：吴红清　张建和　韩向说

夏家营镇

书　记：田秀云

副书记：张五宁　牛永巨

西营镇

书　记：权　斌

副书记：任勤林　张　玮

洪相乡

书　记：牛建平

副书记：张联国　田永明　侯天双

西社镇

书　记：韩　说

副书记：薛耀刚　王永明

水峪贯镇

书　记：褚兆雄

副书记：程通彦　王建国

岭底乡

书　记：李翠文

副书记：程学武　任　勇

会立乡

书　记：双然兴

副书记：连志刚　李建忠

东坡底乡

书　记：武　伟

副书记：李华斌　卞三宁

庞泉沟镇

书　记：杨　辉

副书记：刘建国　曹仙刚

中共文水县委工作概况

2009年，在上级党委、政府的正确领导下，在“弘扬胡兰精神、建设三新文水”的发展主题指导下，县委、县政府团结带领全县人民，大力弘扬“坚定信念、迎难而上、团结奋斗、勇于奉献”的新时期胡兰精神，全面推进经济发展“413”工程（建设四大经济园区、组建十大产业集群、打造三大旅游品牌），重塑文水新形象，打造文水新环境，推进文水新跨越，全面开创了社会大局和谐稳定、县域经济较快发展、各项事业全面进步的良好局面。2009年，全县GDP实现33.4亿元，财政收入完成46156万元，粮食总产量达到2.3亿公斤，农民人均纯收入达到4028元，城镇居民可支配收入达到10252元。

（一）四大园区有了新发展。经济开发区，调整充实管委会班子及内设机构，完善管理服务职能。全面推进煤电、化工、机械加工产业集群建设，金地公司煤焦电化建循环经济产业链项目，年产300万吨煤矿于2009年12月份全面开工建设，年产450万吨选煤投产，2×30万千瓦煤矸石发电项目和年产400万吨水泥项目与山西国际电力公司签定合作协议。另外，振兴、盐桥、立信等化工企业和兴宇、成凯、安泰等机械加工企业顺利度过金融危机带来的困难，生产效益全面恢复。海威循环经济园区，组建园区管委会及内设工作机构。全面推进钢铁、建材、煤焦产业集群建设，海威公司年产60万吨高速线材生产线顺利投产，年产50万吨型钢生产线试车成功；吉港水泥二期日产2500吨熟料生产线建成投产；马西100多户石料生产企业顺利整合；靛头、王家庄两座煤矿资源整合与山西潞安集团顺利签约；益林能源一期30万吨焦化项目建成投产、二期40万吨焦化项目开工建设；陈胜焦化120万吨洗煤项目开工建设。胡兰农业科技园区，组建园区管委会及内设工作机构，编制出台《胡兰农业科技园区初步规划》。全面推进畜禽养殖集团、白酒产业协会、农副产品加工专业合作社、特色种植业专业合作社建设，大象禽业公司第二条肉鸡屠宰生产线建成投产；高车村白酒园区开始着手筹建；贤美、汇丰源、胡兰乡、仙塔、鑫杰等食品加工企业效益明显；南安贡梨、西旧葡萄、孝义蔬菜的外销量增大；鸡、牛、猪的规模养殖持续发展。苍儿会则天故里旅游园区，组建园区管委会及工作机构。全面推进自然生态、历史文化、民俗风情三大资源的挖掘整理，全县首条48公里旅游公路建成通车，全省首家18洞高尔夫球场投入运营，为苍儿会则天故里旅游园区稳步发展奠定基础。

（二）招商引资出台新举措。省编委、市委、市政府批准我县的机构改革方案，同意成立招商引资局。县委决定由一名常委兼任局长，具体负责筹备工作，初步制定《文水县招商引资考核奖励办法》、《文水县招商引资优惠政策措施》等相关文件。四大园区和十二个乡镇的招商引资服务中心加紧筹建。全县招商引资力度加大，服务方式进一步改进，帮助陈胜焦化公司与山西焦煤运销公司牵线搭桥，优化发展环境,启动项目建设。

（三）城市建设步入新轨道。县城按20万人口、经济开发区按5万人口规模的建设规划开始修订。“两街”、“两路”建设全面启动，则天大街（东西大街）、狄青大街（大陵街）延伸段已顺利完成拆迁。县政府专门成立城市建设贷款领导组，县人大出台了利用银行贷款加快城市基础设施建设的相关决定，城建、财政等部门向金融机构申请城建贷款,为“两街”、“两路”开工建设筹备资金。同时，县政府组织有关部门赴孝义市、湖南省宁乡县考察学习城市建设管理经验，初步制定我县城市建设管理办法，推动城市建设管理向规范化、制度化迈进。另外，文峪河城区段整治二期工程启动建设，凤凰森林公园建设初具规模，县城垃圾处理项目、污水处理项目开工建设，城市重点工程建设取得新进展。

（四）新农村建设取得新成就。2009年申报的26个重点推进村的规划编制全部完成，15个试点村、67个重点村的“四化四改”和“五个一工程”取得明显突破；26处人畜饮水工程、188.8公里通畅工程和3.55万亩人工林全部完工，县城西山1200亩环境绿化、凤城边山4000亩干果经济林基本完成，开栅镇、凤城镇私挖乱采现象得到有效遏制，农村生产生活条件得到较大改善；新发展农业合作组织90个，培训农民1.6万人次，转移农村富余劳动力3500余人，新农村建设稳步推进。

（五）社会事业迈向新阶段。新文水中学完成立项、规划、选址、评审等前期工作；改造23所农村中小学危房，改善农村办学条件。新文水医院完成立项、规划、选址、评审等工作，开始着手工程招标；全面完成6个乡镇卫生院的新建扩建工程，顺利建成38个边远山村卫生所，配置到位4个社区卫生服务站，城镇居民医疗保险制度启动，人民群众看病难、看病贵的问题得到缓解。农村基层文化站所建设得到加强，社区文化活动、广场文化活动广泛开展；城镇社会保险的覆盖面不断扩大，农村最低生活保障及其制度建设得到加强，扶贫济困、抗灾救灾等送温暖活动深入进行，受灾群众和城乡特困人口的基本生活得到妥善安置。

（六）党的建设开创新局面。在深入学习实践科学发展观活动中，县委积极推动二批、三批活动联动，巩固和扩大整改落实成果，使广大党员的思想观念有了新提高，民生问题得到新改善。特别是在第三批学习实践活动中，县委结合农村实际，着力创新干部教育方式，精心选调25名治村理事经验丰富的农村党支部书记和优秀村委主任组成巡回报告团，分成三个批次赴全县12个乡镇和36个重点村现身说法、巡回演讲，用身边事教育身边人，使重点村“两委”干部的治村理事能力得到了普遍提高，重点村、难点村的干群关系得到了缓和，一部分“老上访户”息诉罢访，为建设和谐稳定、开放诚信、转型发展的新文水奠定了坚实基础。在信访稳定上，严格落实周一、周三，县四套班子领导和公、检、法三长，每天三位县级领导牵头的信访接待制度，严格落实信访包案责任制，使得一大批信访积案得到解决，绝大部分上访户息诉罢访；深入开展“打黑除恶”专项斗争，进一步加强社会治安综合治理，进一步落实安全生产责任制，有效维护了全县社会和谐稳定大局。在党风廉政建设上，县委结合贯彻党的十七届四中全会精神，深入推进党风廉政建设和反腐败工作，对全县党员领导干部借婚丧喜事大操大办、参与赌博、公款外出考察学习培训进行了专项治理，建立领导干部个人廉政档案，深入推进党风廉政建设和反腐败斗争，不断引深农廉“135”工程，有力地促进党风、政风和干部作风的进一步好转。

附：一、中共文水县委书记、副书记、常委名单

书　记：郭　宝

副书记：李晓娥（女）　张九聪

常　委：朱德明　胡学英（女）　王海蓉　刘晓勤　薛广楼　闫启明　范发宾

二、乡镇党委书记、副书记名单

凤城镇

书　记：贺荣杰

副书记：李志英

开栅镇

书　记：孟颖杰

副书记：曹会成

胡兰镇

书　记：郭　熔

副书记：郗晓娟（女）

南安镇

书　记：周小芸（女）

副书记：赵宪彬

下曲镇

书　记：李晓峰

副书记：段拉银

孝义镇

副书记：苏德环

南庄镇

书　记：闫启明（兼）

副书记：马德高

西城乡

书　记：樊　俊

副书记：张玉和

南武乡

书　记：张志军

副书记：田怀利

北张乡

书　记：续小平

副书记：高建岗

西槽头

书　记：徐建岗

副书记：张国强

马西乡

书　记：郭志刚

中共汾阳市委工作概况

2009年以来，在省委、省政府和吕梁市委、市政府的正确领导下，市委常委会认真贯彻落实中央和省、吕梁市一系列战略决策，团结带领全市各级党组织和广大党员干部群众，以深入学习实践科学发展观活动为契机，紧紧围绕转型发展、安全发展、和谐发展，扎实推进保增长、保民生、保稳定工作，确保了全市政治社会和谐稳定、经济社会平稳健康发展、人民生活水平进一步提高，较好地完成了市委三届八次全体（扩大）会议提出的各项目标任务。2009年，我市被国家残联授予全国白内障无障碍县（市），被国家体育总局授予全国群众体育工作先进市，被省委、省政府授予粮食生产先进市、增加农民收入先进市、农机化工作先进市、计划生育优质服务先进市、文化强市、工会工作“十佳”县（市）等荣誉称号。

重点项目建设扎实推进，经济保持平稳健康发展。我市列入吕梁市的“双百双千”项目和扩大内需项目进展顺利。项目储备和招商引资工作成效明显，全年共储备项目8个，引进项目4个，争取到新增中央预算内投资项目20个。路、水、电等基础设施项目强力推进，市乡公路改造全部完成，村通油路村达到279个，总里程达到2381公里。电力、通讯等基础设施建设取得长足发展。重点项目的顺利实施，对经济恢复增长起到了积极的拉动作用，确保了市域经济的平稳健康发展。2009年，全市地区生产总值完成75.31亿元，同比增长1.1%；财政总收入完成16.89亿元；农民人均纯收入5501元，同比增长12.5%；城镇居民人均可支配收入11166元，同比增长4%。

经济结构调整不断深化，经济增长的质量效益明显提升。煤炭资源整合和煤矿企业兼并重组扎实推进，矿井数量由24座整合为4座，规划原煤产能360万吨/年。加强节能减排，淘汰落后产能，发展循环经济取得新进展。积极鼓励引导企业转型发展，上马了一批符合国家产业政策和环保政策的新型化工、建材项目。三产服务业加快发展，市区餐饮、住宿、交通、购物等传统服务业水平不断提升，货物仓储、物资配送、连锁超市等现代物流业蓬勃发展，中介服务、家政服务等专业化市场发展壮大。特达土畜产有限公司、恒利源实业有限公司纳入全省“双三十市场建设”项目。“万村千乡”市场工程和“新网”工程取得新进展，“家电、农机、汽车下乡”工作成效显著，城乡消费持续旺盛。杏花村汾酒文化旅游景区、文湖景区和太符观景区开发力度进一步加大，文湖景区被列入全省县（市）级森林公园。扎实开展环保攻坚战役，全面推进蓝天碧水工程和造林绿化工程，全市城乡空气质量得到明显改善，市区二级以上天数累计达到344天，同比增加42天。第三产业在全市GDP中的比重达到42.9%。

统筹城乡区域发展，社会主义新农村建设与特色城镇化步伐加快。始终把“三农”工作摆在全市工作的重要位置，市级财政投入逐年加大，各项农业补贴资金全部兑现到户。农业综合生产能力明显提高，粮食总产达到1.7亿公斤，同比增长11.2%。大力发展现代农业，特色农产品和畜产品基地建设取得新进展。农业机械化程度进一步提高，农机安全化管理稳步推进。积极扶持农业产业化龙头企业发展壮大，企业举龙头，基地带农户，农户连市场的产业化经营格局基本形成，裕源土特产有限公司被列入省政府“513”工程项目。新农村建设扎实推进，投入机制不断完善，财政投入和企业、社会帮扶力度加大，重点推进村“四化四改”全面完成，“五个一工程”基本完成。大力实施“阳光工程”、农民素质提升、零务工家庭“消零”和返乡农民工创业“四大工程”，培训农民7.1万人次，新转移农村劳动力5890人，为农村零务工家庭解决就业2600余人。完成农村饮水安全工程30多处，解决了53个村5.26万人的饮水安全问题，全市共累计解决140个村15余万人的饮水安全问题。切实加强城乡土地管理，违法占地势头得到有效遏制。全市农民收入稳步增长，农民生产生活条件明显改善。城市改造和建设力度稳步推进，回迁安置工作有序展开，已铺开的各项重点工程总体进展顺利。城市管理和公共服务水平不断提高，城市综合服务功能不断完善，城市承载能力和辐射带动力不断增强。城区、杏花村镇周边和吕梁三泉焦化工业园区环境集中整治工作成效显著，城市污水处理厂开工建设，生活垃圾焚烧发电厂建设启动，新增城区集中供热面积50万平方米，新增天然气用户1.5万户，新增绿化面积20万平方米。

宣传思想文化工作扎实推进，和谐汾阳建设取得新成果。宣传思想工作和思想道德建设进一步加强，文明创建活动继续推进。城乡公共文化服务体系逐步完善，文化信息资源共享工程进展顺利，非物质文化遗产普查工作圆满完成，“全国文化先进市”复查验收工作再次通过。村村通广播电视任务全面完成。科技创新力度加大。教体工作得到加强，师资队伍素质明显提升，课程改革和校舍安全工程扎实推进，义务教育标准化建设进一步巩固。卫生事业不断发展，新型农村合作医疗参合农民达到28.9583万人，参合率达到88.13%，城市居民和困难企业职工医疗保险工作全面启动，防控甲型H1N1流感和手足口病取得初步成效。社会保障覆盖面不断扩大，全市养老、医疗、失业、工伤、生育保险等参保人数不断增加。就业再就业工作扎实开展，城镇登记失业率控制在3.69%以内。廉租住房建设全面铺开，助残活动深入开展。计生工作成效显著，全市人口自然增长率控制到4.63‰。此外，民族、宗教、史志、对台工作不断发展，气象、地震、档案工作得到加强，老干、老年大学、老年体协、老年学会、老年协会、老龄、慈善、关工委、老促会等各项工作也都取得新成绩。

民主政治建设稳步推进，社会管理工作得到加强。坚持和完善人民代表大会制度、中国共产党领导的多党合作和政治协商制度，支持人大、政协履行职责。加强同民主党派、工商联、无党派人士的团结合作。工会、共青团、妇联等人民团体工作进一步加强。依法治市工作稳步推进，“五五”普法工作深入开展，“法治汾阳”建设全面启动。坚持党管武装原则，国防后备力量建设再上新台阶，民兵训练基地建设、民兵基层建设扎实推进，军事训练任务圆满完成。军地“双服务”活动深入开展，双拥工作得到加强，军政军民关系进一步密切。信访工作基层基础建设扎实推进，长效机制进一步完善，领导接访和干部下访活动深入开展，群众信访渠道进一步畅通，信访案件得到及时妥善处理。安全生产监管力度加大，基层基础工作进一步夯实，安全生产形势明显好转。平安汾阳建设深入推进，社会治安防控体系进一步健全，矛盾纠纷和社会热点问题排查调处工作积极开展，严打整治取得明显成效，有力维护了社会的和谐稳定。

扎实开展深入学习实践科学发展观活动，贯彻落实科学发展观的自觉性和坚定性进一步增强。按照中央、省委和吕梁市委的统一部署，坚持把深入学习实践科学发展观活动作为首要的政治任务，明确提出了“抓好五项重点工作、坚持三个统筹”这一学习实践活动的主题载体，加强组织领导，严格程序环节，突出实践特色，坚持边学边改，取得明显实效。市委常委带头参加学习实践活动，扎实开展学习研讨，及时解决基层存在问题。经过全市上下的积极努力，第二批学习实践活动各项任务圆满完成，第三批活动扎实推进，转入整改落实阶段。通过开展学习实践活动，全市各级党组织和广大党员干部对科学发展观的认识进一步深化，推动科学发展的思路进一步明确，市委中心工作进一步推进，事关群众切身利益的问题进一步得到解决，干部作风进一步转变，特别是建立完善了促进科学发展十个方面的长效机制，得到了省委和吕梁市委学习实践活动领导小组的充分肯定。

全面加强和改进党的建设，为经济社会发展提供了坚强的政治和组织保证。认真贯彻落实党的十七届四中全会精神，坚持以科学理论武装干部，创新干部学习培训方式，规范干部选拔任用程序，完善干部监管机制，全面实行干部选任“报告、评议”制度，严格执行科级领导班子民主生活会“三不开”制度，各级领导班子和干部队伍建设得到加强。基层组织建设扎实推进，星级支部命名工作全面完成，后进支部整顿成效明显，农村“两委”干部待遇得到提高。大学生村干部管理纳入乡镇（街道）年终责任制考核，人才队伍建设力度加大，党员发展管理工作不断规范，非公有制企业和社区党建工作取得新进展。党风廉政建设工作深入推进，煤焦领域、工程建设领域反腐败专项治理工作成效明显，农村党风廉政建设工作不断引深，案件查处和纠风治乱力度不断加大，一批违法违纪案件得到查处。

附：一、中共汾阳市委书记、副书记、常委名单

书　记：徐　德

副书记：刘广龙（8月离职）　王志强（11月任职）
马林巨　赵茂维　方和荣（女）

常　委：马新成　李义祥　徐宇平（11月离职）
李立武（12月任职）　靳学强
姚翠萍（女）　达月亮

二、乡镇（街道）党委（党工委）书记、副书记名单

贾家庄

书　记：韩志刚

副书记：赵　强　张国槐　郭清河

峪道河镇

书　记：杨景保

副书记：申东高　赵丽燕（女）

杏花村镇

书　记：韩学尧

副书记：游陆明　王兆龙　贾文慧（女）

冀村镇

书　记：王　峰

副书记：何　雄　韩海生

肖家庄镇

书　记：宋志江

副书记：渠友林　宁　水

演武镇

书　记：王慧其

副书记：张兴亮　王秉朝　薛开宇

阳城乡

书　记：韩秀山

副书记：吕佩锋　李吉明

三泉镇

书　记：田惠明

副书记：吕宏江　王聪明　赵双龙

石庄镇

书　记：任政平

副书记：秦广生　刘　让

杨家庄镇

书　记：侯晋清

副书记：刘　勇　雷鸣鹤　任光耀

栗家庄乡

书　记：王晓飞

副书记：郭建勋

西河乡

书　记：董士元

副书记：雷成才　马润茂　李晋丽（女）

文峰街道

书　记：郝耀光

副书记：张映楠　郭瑞明　马万金

太和桥街道

书　记：高冬生

副书记：郝彩秀（女）　魏正宏　党玉红（女）

中共孝义市委工作概况

2009年是新世纪以来我市经济社会发展最为困难的一年，也是全市上下迎难而上、砥砺奋进的一年。一年来，在省委、省政府和吕梁市委、市政府的正确领导下，全市上下坚持以科学发展观为指导，紧紧围绕“转型发展、安全发展、和谐发展”的战略要求和“保增长、保民生、保稳定”的工作核心，认真实施并不断丰富完善应对危机的一系列政策措施，全面推进经济、政治、文化、社会建设，切实加强党的建设，各项工作取得新进展。全年GDP完成205亿元，同比增长5%；财政总收入完成42.76亿元,名列全省第三；农民人均纯收入达到6915元，同比增长2.4%；城镇居民人均可支配收入达到14651元，同比增长5.35%。在第九届全国县域经济基本竞争力和科学发展评价中，由全国第88位前移至第71位。我市被中共山西省委授予“和谐社会建设先进市”称号。

一、以项目建设为带动，着力推进资源型城市经济转型

紧紧抓住我市被列为全省唯一的全国资源型城市转型试点县（市）的机遇，实施转型项目建设大会战，筛选确立了概算投资446.8亿元的140项转型重点项目。目前，已

开工81项，完工或部分完工34项，完成投资73.49亿元。实行严格的市级领导包扶责任制和年度考核责任制，出台一系列优惠政策和考核奖惩办法，进一步创新转型发展的体制机制，凝聚转型发展的动力活力。传统产业提档升级引领转型。制定并实施了振兴煤炭、焦化、铝工业等主导产业规划。与国有大集团携手，将39座煤矿兼并重组整合为12座，极大地提升了煤炭产业的水平。以金晖、金岩、金达、楼东俊安等220万吨大型焦化项目建设为核心，拉开了焦化整合升级的序幕。全力推进“一大四小”新型铝工业项目，兴安化工一期、田园化工、泰兴镁铝3个项目建成投产。华庆铝业15万吨氢氧化铝和奥凯达10万吨4A沸石项目即将建成投产。现代服务业蓬勃发展带动转型。完善服务业发展的优惠政策体系，筹措3000万元用于现代服务业重点示范项目补助。大力推行连锁经营、物流配送、电子商务等新型经营方式，鼓励发展金融、保险、信息等中介服务业，全市19个重点项目开工建设，4个建成运营，完成投资12 亿元，全年第三产业增加值完成80.7亿元，同比增长16.8%。推进农业产业化进程拉动转型。强农惠农政策、粮食直补等四项补贴及时兑现到户。重点实施“一园一企”建设，高阳农业园区引进春花园林苗木1000亩育苗基地、山西威尔仓储物流园、盛义酒业白酒酒曲生产3个产业化项目，实现产值1.6亿元，利税1610万元。铭信禽业日加工肉鸭能力2.5万只，带动发展标准化养鸭小区80个，实现产值2.6亿元，已成为华北最大的肉鸭养殖加工基地。

二、以“三城创建”为抓手，着力加快城乡一体化发展步伐

围绕创建“国家园林城市、省级宜居城市、省级环保模范城市”，扎实推进城乡基础设施建设。城乡路网进一步拓展，投资4.8亿元完成11条城乡骨干道路建设，新增改造道路136公里。城市生活垃圾综合处理厂建成运营，污水处理厂二期开工建设，市区居民天然气入户置换完成，城市集中供热率、气化率分别达到90%、95%。坚定不移推进污染减排，完成45个企业的脱硫任务，对173户城市烟控区燃煤单位采取取缔、改造等措施进行治理，全年削减二氧化硫排放量2800吨、化学需氧量950吨、烟尘排放2100吨，烟尘控制区覆盖率达到100%。累计投入6000万元用于城乡造林绿化，造林8.6万亩，植树495万株，城市绿地率达到38%、绿化覆盖率达到43%。全年城市空气质量二级以上天数达到341天，其中一级以上天气81天，比去年同期增加33天。

继续加大公共财政投入力度，“五个全覆盖”目标任务全面完成。投资4600万元新增村通油路107公里，全市村通率达到99.2%；投资1.3亿元，新改扩建学校28所；完成73处乡村卫生机构建设工程，农村医疗设施进一步改善；加快实施农村数字电视工程，全面实现“村村通有线广播电视”目标；建成安全饮水工程92处，新解决99村4.26万人的饮水问题。新农村建设取得新突破，以楼东、楼西、西关为主体的“城市社区”连片示范工程和以封家峪、留义、贾家庄村为代表的“城中村”改造工程初见成效。大孝堡胜溪新村完成总体规划设计，开始启动实施，力争用五年时间打造成为全省一流的新农村。

三、以民生工程为核心，着力提高人民群众幸福指数

认真落实就业再就业扶持政策，全年新增城镇就业岗位5713 个，下岗失业人员再就业1714人。不断扩大社会保险覆盖面，城镇居民医疗保险、失业保险、机关事业养老保险、新型农村养老保险、企业养老保险参保人数分别达到5.4万人、3.17万人、1.59万人、11.25万人、2.08万人。农村低保达到15158人，城市低保达到15163人，新型农村合作医疗参合率达到99.65%。开工建设3万平方米廉租房，发放廉租补贴107万元。市财政拨款1500万元保障农村群众冬季取暖用煤，筹资1500万元开展“救灾、帮困、送温暖”活动，对城乡低保户和农村“五保户”实施了财政专项补贴，困难群众真正享受到了“百强”带来的实惠。同时，文化、教育、卫生等社会各项事业协调发展，积极参与全国“双百人物”和吕梁市首届道德模范推选，坚持送书、送戏、送电影“文化三下乡”，组织实施春节、元宵节系列活动和群众文艺大赛，不断丰富人民群众文化生活。大力弘扬传统文化艺术，电影《酸枣坡》荣获第五届中美电影节“金天使”奖，碗碗腔小戏《人偶情》走进人民大会堂和央视荧屏，孝义剪纸、秧歌、面塑荣列山西省非物质文化遗产名录，孝义旧城、宋家庄村分别被评为省级历史文化名城和历史文化名村，被授予“中国民间艺术之乡”、“中国皮影木偶之乡”。全市高考达线人数突破1300人，中考连续十六年蝉联吕梁第一。市乡村三级医疗体系进一步完善，市计生综合服务大楼和残疾人康复中心主体工程完工。

四、以安全稳定为根本，着力推进和谐社会建设

引深市四大班子领导包安全稳定责任制，明确了各领域安全整治责任人3800余人，形成了横向到边、纵向到底的安全专项整治责任体系。始终保持对各类私挖滥采行为的高压态势，重拳出击，露头就打，全年取缔私开矿12处。组织开展了危化品、民爆物品、道路交通安全整治等一系列安全整治行动，全市安全生产形势持续稳定好转。高度重视信访工作，加强信访基础设施和网络建设，完善领导干部信访接待日、领导包案和信访工作五级调处等制度，一批重点信访矛盾得到有效化解。大力推行科技强警“五大系统”工程建设，扎实开展“打黑除恶”专项斗争，相继打掉了犯罪团伙6个，抓获犯罪嫌疑人60余人，破获刑事案件85起，一批黑恶霸痞受到严惩，有力地维护了全市政治社会的安全稳定和谐。

五、以学习实践科学发展观活动为载体，着力加强和改进党的建设

以“城乡一体、生态立市、深化改革、统筹发展”为活动主题和载体，坚持批次联动，发挥互动效应，认真开展学习实践科学发展观活动，较好实现了“党员干部受教育、科学发展上水平、人民群众得实惠”的目标要求。扎实推进基层组织建设，引深“三级联创”活动，“两委”班子不协调的55个村级组织经整顿取得成效。新成立“两新”党组织6个，在全市社区展开无职党员设岗定责活动，为700名农村退职主干发放生活补助，党内激励、关怀、帮扶机制进一步健全。高度重视大学生村干部的培养和管理，19人考取乡镇公务员和市乡事业单位工作人员。继续引深农廉“135”工程，深入开展煤焦领域和建筑工程领域的反腐败斗争，全年立查党员干部各类违纪案件58件112人，有效发挥了案件查处的教育震慑作用。

2009年，虽然克服重重困难取得一定成绩，但也还存在一些问题和不足，如城乡差别、贫富悬殊等问题仍然突出;受经济形势影响，群众就业特别是西部山区的劳动力就业问题十分严重；党员干部的管理和教育还需进一步加强等等。2010年，我们将认真贯彻落实科学发展观，按照“三年打基础、五年新腾飞”的战略目标和资源型城市经济转型这条主线，强力推进新型工业化、特色城镇化、农业产业化、市域生态化，以更加务实的作风、更加饱满的精神，奋力拼搏，扎实工作，为早日实现建设区域性中心城市的目标而不懈努力！

附：一、中共孝义市委书记、副书记、常委名单

书　记：李良森（5月离职）　张旭光（12月任职）

副书记：张旭光（12月离职）　郭保平

焦张生（12月任职）　牛　牧（3月挂职）

常　委：薛虎平　解俊英（女）　宗云宇　李殿生

田永明　徐国平

二、乡镇（街道）党委（党工委）书记、副书记名单

新义街道

书　记：刘孟升

副书记：李永平（2月离职）　李旭峰（2月任职）

韩继武　张吕瑞

中阳楼街道

书　记：王　勇

副书记：吕治山（2月离职）　马锦忠（2月任职）

靳三东

振兴街道

书　记：赵晓琴（女）

副书记：马瑞生　蔚　丹　马宇峰

大孝堡乡

书　记：郭贵和

副书记：马　胄　宋新生

梧桐镇

书　记：薛厚华

副书记：郭小兵（2月离职）　马世要（2月任职）

任启斌　程晋龙

下栅乡

书　记：武锦平

副书记：梁　洪　王洪森　梁通鹏

驿马乡

书　记：韩光晶

副书记：刘书宏　薛志彪　张云龙

兑镇镇

书　记：张由泉

副书记：李映滨（2月离职）　李永平（2月任职）

阳泉曲镇

书　记：孟武生

副书记：冯芝旭（2月离职）　何一帆（2月任职）

李生广

西辛庄镇

书　记：张启武（8月离职）

副书记：郭海渊（2月离职）

杨　团（2月任职，8月主持全面工作）

马鹏飞

柱濮镇

书　记：庾光祖

副书记：杨　团（2月离职）　吕治山（2月任职）

褚秋生

高阳镇

书　记：霍慧文（2月离职）　李映滨（2月任职）

副书记：何一帆（2月离职）　张武红（2月任职）

张英斌

下堡镇

书　记：冯芝旭（2月任职）

副书记：孟兰生　赵忠胜

南阳乡

书　记：郭德齐

副书记：苏晓明　马志刚　宋满志

杜村乡

书　记：张承红

副书记：王茂同　郭庆渝　李雪峰　左燕娜（女）

东许街道

书　记：曹晓亮（2月离职）　郭海渊（2月任职）

副书记：张再强　梁光伟　侯志刚

崇文街道

书　记：刘　峰

副书记：郭绍辉　张晓东

中共交口县委工作概况

2009年，交口县委以深入学习实践科学发展观活动为契机，按照省委、省政府“三个发展”和市委、市政府“三三战略”部署要求，围绕“七个确保”的总体思路，把保增长、保民生、保稳定做为着力点，加强经济建设、政治建设、文化建设、社会建设和新时期党的建设，社会各项事业总体呈现出良好发展的局面。

一、县域经济运行艰难，发展质量有待提升

受国际金融危机持续蔓延的影响和国家产业政策、环保政策、安全生产政策的约束，全县实体经济遭受了前所未有的巨大冲击，经济运行十分困难。2009年全县地区生产总值完成12.24亿元，工业总产值完成16亿元，第三产业增加值完成3.1亿元，全社会固定资产投资完成5.2亿元；财政总收入完成1.98亿元，城镇居民家庭人均可支配收入完成9249元；农民人均纯收入完成2760元。城镇新增就业人数完成2251人，城镇登记失业率为2.5%；人口自然增长率为6.48‰；主要污染物SO_2、COD排量分别下降3%、4%；万元GDP综合能耗下降5%；城镇基本社会保障率为90%；居民消费价格总指数下降0.1%；城区二级以上天气数实现293天；粮食总产量为2.79万吨。虽然部分主要经济指标均有不同程度的下降，但在经济环境发生重大变化、各种不利因素增多和自身结构性矛盾突出的情况下，取得这样的成绩实属不易。

二、狠抓项目落地生根，着力优化产业结构

全县第一轮12个“双百双千”项目，10个项目相继开工建设，5个项目正式投产，2个项目部分投产，累计完成投资59.37亿元。

第二轮两区项目共7个，目前可研报告等相关资料全部报省两区办，5个项目已审批立项，3个项目一期工程已经投产或部分投产。同时，天马、旺庄、兴荣等7户冶炼高炉的改造配套正在进行，兴荣公司60万吨焦化集中供热第二气源项目正在完善。

三、积极争取投资，省市重点工程项目进展顺利

积极实施了8大类28个“扩大内需”项目，省、市“十件实事”和“五个全覆盖”工程圆满完成。全年共完成村通公路30条151.4公里、农村饮水安全工程55处，新解决55个自热村8404口人的吃水问题；完成3个乡镇卫生院技改和29个村级卫生所新建工程，完成40所中小学校舍安全改造工程，完成天然林保护等5个林业项目建设任务，完成廉租房建设项目主体工程，完成桃红坡、双池2个计生服务所和石口、回龙2处动物防疫体系建设项目，关系民生的社会各项事业在和谐社会建设中得到进一步强化和提升。

四、全力实施强农工程，新农村建设成效明显

一是大力加强涉农项目建设力度。温泉乡等三个农机大院均修建了车库等设施，实施玉米机械化秸秆还田12000亩，免耕播种11000亩，保护性耕作5000亩，腾飞养殖专业合作社等6个绒山羊规模健康养殖小区全部按标准建设舍饲棚圈并购买饲草机械加工设备，龙口湾养殖合作社等5个退耕还林后续产业建设项目全部完成棚圈建设任务。二是着重落实各项农业重点工程。全县粮食播种面积共计19.5万亩，较上年增长0.3821万亩，粮食总产2700万公斤。蔬菜日光温室种植建成73亩，移动大棚种植建成50亩。在全县安排了8个新技术、新品种示范展示工程点，在7月份全市组织观摩会上被评为一类工程。三是新农村建设工作取得积极成效。全县已形成2个万亩、10个千亩以上核桃经济园区，核桃经济林突破24万亩。全年共扶持和培植了100余个农民专业合作社、300余名农民经纪人,全县38个新农村建设试点村和重点推进村的“四化四改”、“五个一工程”基本完成。四是积极实施“万村千乡市场工程”。全年共发展规范农家店14户，新建或改造便民店（超市）建设任务10个，累计建成便民店38个，县级日用消费品配送中心1个，配送率均达到50%以上。

五、大打基础设施建设翻身仗，“瓶颈”制约得到有效缓解

交通方面：全年新增通油（水泥）路行政村24个，增开11条农村公交客运线路，全县通客车村达到77个，行政村通客车率达到74.4%。电力方面：全年共有2个电网建设重点项目。新建康城110KV变电站项目和石口35KV变电站建设项目，35KV线路基础已完成13基。市政方面：保障性住房项目、县城污水处理厂、公检法办公楼地基拓宽工程以及城市垃圾处理场项目进展顺利。农村住房困难群众60户解困任务全部完成，县城集中供热供气工程第二气源工程已完成95%，供热面积达到19万m^2，煤气用户802户。

六、加强节能减排和环境保护，环保攻坚战役成效显著

环保攻坚第五战役确定的县城烟控区建设、集中式饮用水源地保护工作、重点涉水企业排污口整治、县城生活污水处理厂建设、污染源在线监测监控建设、建设项目的整治、核与辐射环境安全监管等7个重点工程项目任务基本完成。全面落实完成县城环境保护目标责任制，县城空气

环境质量二级以上天数达到293天，空气污染综合指数平均值为2.39，提前完成市下达的目标任务。

七、精神文明创建深入开展，和谐文化建设取得新成效

广泛开展以“讲文明、促和谐、树新风”为主题的精神文明创建活动，共申报省市各类文明和谐创建典型20个，评选十星级文明户78户。适时举办了8场文艺汇演和晚会，开办了器乐培训班、舞蹈班、美术班、书法班等，培训学员500余人次；完成了康城文化站建设工作，新建3处文化大院，建立了27个农家书屋，戏剧、歌舞团下乡演出500余场，组织捐赠图书1万余册，送书下乡1.5万册，送电影下乡1088场。建成43个“两区”农民体育健身场地、1个乡镇广场、2个农村体育场、1个国家级青少年体育俱乐部，改造2所学校体育场地；新增社会体育指导站22个、体育协会2个、体彩销售站3个；开展县级体育比赛12次，组团参加市级比赛2次。全年共申报科技专利8项，获授权的4项。开展全国第三次文物普查工作，共普查不可移动文物395处，新发现文物298处，完成电脑录入文本132处。

八、高度重视改善民生，各项社会事业取得长足发展

县委及时调整县一中领导班子，进一步强化学校内部管理，千方百计扭转了教育被动局面。继续实行了中小学“两免一补”政策，落实公用经费1104.08万元，农村远程教育工作走在了全市前列。全面完成了43个“两区”农民体育健身场地建设任务，全民健身活动扎实开展。新型农村合作医疗制度全面推进，农民参合率达到90.1%。完成了两个乡镇综合文化站和20处农村文化大院，精神文明创建活动进一步加强。人口和计生工作超额完成了市下达的各项任务，人口出生素质有效提高。就业和社保制度逐步健全，各项保障待遇按时足额发放，城乡低保、五保、残疾等弱势人群得到应保尽保、及时救助。

九、狠抓安全生产和社会稳定，平安交口建设成效明显

加大了煤矿、非煤矿山及危险化学品等重点行业、重点领域的监管力度，继续保持打击私挖滥采的高压态势，全面查处各种非法违法卖山、卖沟和变相采煤、采矿行为，较好地维护了全县矿业秩序。全县8座矿井的兼并主体已全部落实并签订正式协议，整合方案已获省整合领导组批复，7座煤矿的采矿许可证已办理完毕，7座煤矿进驻接管，6座过渡期生产矿井已有4座批准启封整顿，通过能力核定和换发煤炭生产许可证后有望在春节前后复产，为迎接新一轮经济增长和促进可持续发展奠定了基础。结合省市信访工作“积案化解年”活动，严格落实了县级领导信访接待日制度，一批久拖不决的骨头案、疑难案进入了处理程序，全县案件化解率达92%。依法治县、社会治安综合治理、平安创建工作扎实开展，全年没有发生一起重大安全生产事故，基本保障了人民安居、生产安全、社会安定。

十、以学习实践科学发展观统揽全局，党的基层组织建设得到加强

深入开展了第二批和第三批“学习实践科学发展观活动”，全县各级党组织和广大党员干部对科学发展观的认识进一步深化，加快科学发展的思路进一步明确，一大批事关人民群众切身利益的问题得到了有效解决。县委把建设学习型政党作为首要任务，健全完善干部集中学习等各项制度，党员干部受教育人数达到5600多人次。深入推进党组织星级目标管理全覆盖工作，高度重视领导干部的教育、监督和管理，扎实开展了流动党员的规范化管理和困难党员结对帮扶，全面加强大学生村干部和各类人才的管理，新时期党的建设各项工作得到加强。继续加大党风廉政建设和反腐败斗争的力度，狠抓行政效能监察、纠风治乱和农廉工作，全面推行了农村财务委托代理及电算化管理，有力促进了党风、政风和干部作风的进一步好转。工、青、妇及统战等各项工作有序推进，党管武装和国防后备力量建设得到加强。

附：一、中共交口县委书记、副书记、常委名单

书　记：郑明珠

副书记：王　宁（11月离职）　徐宇平（11月任职）　成文威　郭新安

常　委：王臑平　赵有军　杜月明　张振明　孔建中　李丰丹

二、乡镇党委书记、副书记名单

水头镇

书　记：吴文华

副书记：尹连生

石口乡

书　记：王安前

副书记：韩晓红（女）

康城镇

书　记：郑海生

副书记：武英喆

回龙乡

书　记：朱计喜

副书记：任煜洲　刘兴毅

双池镇

书　记：赵林旺

副书记：李晓钦（女）　陈树清

桃红坡镇

书　记：刘青平

副书记：张晋平　王小红（女）

温泉乡
书　记：张俊平
副书记：刘永强

中共柳林县委工作概况

2009年，柳林县委在市委、市政府的坚强领导下，坚持以科学发展观为指导，努力“保增长、保民生、保安全、保稳定”，经济社会各项事业实现了快速健康发展，圆满完成了各项工作目标任务。全年地区生产总值完成130.1亿元，同比增长4.2%；财政总收入完成44.8亿元，同比增长44.6%，位列吕梁第一、全省第二；城镇居民家庭人均可支配收入达到12663元，同比增长14.6%；农民人均纯收入达到3630 元，同比增长12.5%。经济社会综合指数在全国中部百强县（市）名列53位，继续入选全国最具投资潜力的100个中小城市。

一、工业结构调整成效显著

一年来，面对国际金融危机和煤炭资源整合的双重影响，我们及时调整和完善发展思路，加快工业结构调整，煤炭产业在兼并重组中巩固了优势。原有61对矿井整合重组为8个主体、26对矿井，原煤产能由1840万吨提升到2610万吨。积极推进25对重组矿井规模化、机械化、现代化改造，同德公司、西坡煤业、柳林煤矿、金家庄煤业、寨崖底煤业5个120万吨，王家沟煤业、陈家湾煤业、邓家庄煤业3 个90万吨矿井改扩建项目加速推进；兴家沟煤业、成家庄煤业2个90万吨矿井改扩建项目全面铺开，其余15对重组矿井改扩建工程基本完成前期工作。建材业正在成长为县域经济新的支柱。森泽煤铝5万吨阻燃新材料、润山年产1.2亿块蒸压免烧砖一期投产运营，福龙360万吨干法水泥生产线完成设备安装。万达1.2亿块煤矸石制砖、恒佳6000万块免烧砖及30万立方米粉煤灰砌块项目加快建设进度。磐龙45万吨建筑碎石及150万吨活性石灰、鑫飞100万吨活性石灰、森泽60万吨阻燃新材料项目前期工作顺利推进。电力能源大县的基础日益巩固。以柳电一、二期为骨干的一批电力项目运行趋稳，格盟联盛煤矸石发电项目基本完成审批，柳电三期前期工作积极推进，刘家山110千伏变电站投入运行，高红工业园区、南山、鸦沟三个110千伏变电站和龙花垣220千伏变电站加快建设。深入推进环保攻坚第五战役，对10户省控企业和20户重点企业安装视频监控设备，实行全天候监控。全县工业企业全面达标率达90%，彻底取缔了城区饮用水源地保护区内的一切污染企业及排污口，确保了饮用水源水质安全达标。对所有新改扩建项目，全部办理了环境影响评价，环评制度执行率达95%。将城区39家机关单位燃煤供热改造为燃气供热，改造面积43万平方米。全县二氧化硫和化学需氧量排放分别下降5%和3%，全面完成省市考核指标。

二、城乡统筹发展明显加快

采用廉租房、经济适用房、商品房“三轮驱动”的方式，有效解决城区居民住房难的问题。268套廉租房建成入住，龙泉小区532套经济适用房分房到户，总建筑面积12.93万平方米的五处商品房工程主体完工。污水处理厂基本完工，城市生活垃圾处理场开工。坚持环境保护和基础建设并重，深入推进环保攻坚第五战役，全县二氧化硫和化学需氧量排放分别下降5%和3%。城区39家机关单位燃煤供热改造为燃气供热，大气环境质量明显改善。307国道、340省道、沿黄旅游公路、原离临柳石扶贫攻坚路改造工程全部完成，贺惠公路完成路基工程，吉家塔至孟门二级公路完成前期各项工作，聚财塔至雅沟干线公路正在进行工程可研，全县完成村通水泥（油）路455公里，农村公路通畅率达到86%。经过全力争取，307国道城区段一级公路改线工程可研报告已经省交通厅评审通过。全县10个新农村试点村“七个一工程”全面完成，66个重点推进村“四化四改”全部达标。完成造林绿化7.73万亩，封山育林1.5万亩。华安母枣科技公司被列为山西省农产品加工“513”工程龙头企业，柳林红枣荣获中国（山西）特色农产品交易博览会金奖，“柳林红枣”品牌在农业部成功注册，柳林碗团、芝麻饼荣膺山西省著名商标，列入山西省非物质文化遗产保护名录。

三、各项社会事业全面进步

县委坚持把教育事业、社会保障、就业创业放在突出位置来抓，各项民生事业全面推进。教育基础建设打开新局面。新高中、新职中、联盛教育园区落实了投资建设主体，“三通一平”加快推进，全面完成了规划设计修订、工程招投标、配套设施筹划等工作，为开工建设奠定了坚实基础。新改扩建农村中小学校45所，成家庄镇、留誉镇新中学建成投用。卫生事业有了新提升。乡镇卫生院全部达到省级验收标准，实现了村级卫生所全覆盖。以乡镇综合文化站和村级文化活动室为重点，文化基础设施建设得到加强。社会保障工作取得重大突破。我县被国家人力资源和社会保障部列为吕梁唯一的全国首批新型农村社会养老保险试点县，试点工作全面展开，2.8万名60周岁以上农民的基础养老金实现按月足额发放。城乡低保扩面提标，实现应保尽保。乡镇敬老院全部建成投用。农村合作医疗参合率达94%，城镇居民医疗保险全面启动。稳定低生育水平，人口出生率控制在9.45‰。以创业带动就业取得新进展，城镇登记失业率控制在4%以内。

四、安全稳定工作扎实有效

县委始终把安全稳定作为工作的重中之重来抓，妥善处理各类矛盾纠纷，加强社会治安综合治理，加大安全隐患排查和治理力度，竭力维护社会长治久安。建立健全安全生产长效机制，完善了全县生产安全事故应急救援预案。加大安全生产监管力度，应关闭取缔的一类企业已全部关闭取缔；存在重大安全隐患或者主要证照不全的106户二类企业已整改完毕；对基本符合安全生产条件的4677户三类企业加强安全监管，全县全年没有发生一起重特大安全事故。信访工作突出抓了信访基层基础建设、信访积案化解、国庆期间安保三项工作，解决了一大批影响全县稳定的突出问题，实现了重大活动期间进京“零上访”的目标。全年共收到群众来信123件，接待群众来访685批7685人次，群众信访反映涉及248宗问题,已调处227宗,结案率达91.5%。我县信访工作被省委省政府授予“信访工作先进县”称号，被国家局确定为全国县级信访工作联系点。深入开展打黑除恶专项斗争和社会治安集中整治专项行动，各类违法犯罪活动得到有效遏制，一大批群众深恶痛绝的犯罪分子得到严惩，人民群众的安全感明显提升。

五、党的建设和精神文明建设成效明显

县委在抓好经济社会发展的同时，以加强执政能力建设为核心，全面强化基层组织建设、干部队伍建设、精神文明建设、党风廉政建设和反腐败工作，为全县经济社会实现又好又快发展提供了有力保证。按照市委“全覆盖、高标准、按时完”的要求，组织专门人员深入乡村，模清了农村基层组织活动场所底数，明确了全县163个村级组织活动场所新建、改扩建任务，做好了各项前期准备工作。以农村党支部星级目标管理为重点，深入开展“三级联创”活动，全县三星级以上农村党支部达到89.9%。进一步强化干部队伍监督管理，各级干部民主决策，依法行政、科学执政的能力明显提升。坚持把农廉工作放在重要地位，大力加强基层党风廉政建设。扎实推进农村财务“一摸底、两规范”和会计委托代理及电算化管理工作，大力开展中秋节民主生活周活动。全县15个乡镇全部开展了基层站所评议活动。扎实开展煤焦领域、工程建设领域反腐败工作，对全县36个建设工程项目开展了专项执法检查，节约资金388万元。进一步加大大要案、责任追究案、破坏经济环境案和涉农违纪案件的查处力度。全年共办理案件91件，处分违纪党员干部105人。牢牢把握正确的宣传舆论导向，及时总结推广全县各条战线、各行各业涌现出来的先进典型，全面启动青年志愿者服务行动，开展“我推荐、我评议身边好人”活动。扎实推进文化基础设施建设，全县15个乡镇综合文化站硬件设施建设全面完成，第二批130个村级文化活动室全部建成，建成农家书屋24个，规划申报了88个行政村的共享工程基层服务点。深入开展“申遗”、“申保”工作，礼生唱祭文习俗上报国家文化部参加第三批国家级非物质文化遗产评选。

回顾总结一年的工作，我县经济社会各项事业取得了明显成绩。但是，在快速发展的背后也暴露出了经济结构不合理，城乡发展不均衡，经济社会发展不协调，城乡群众贫富差距逐步扩大等诸多问题。从发展趋势看，国际、国内发展形势给我们提出了加快发展方式转变的新课题；从发展进程看，我县积蓄的基础和已经具备的条件，形成了跨越发展的新态势；从发展思路看，发展中面临的矛盾和问题，使我们明确了今后工作的着力点。为此，我们明确提出用今后三年左右的时间实现柳林整体跨入“三晋一流、全国百强”的奋斗目标，提出了建设实力柳林、活力柳林、魅力柳林、合力柳林的新任务。

附：一、中共柳林县委书记、副书记、常委名单

书　记：李润林（9月离职）　张亥生（9月任职）
副书记：庞鹏峰（9月离职）　王　宁（11月任职）
薛保平　白小勤　姚鸿波
常　委：陈繁昌　王建国（11月离职）　刘建国
贾殿林　王　琴　王军喜

二、乡镇党委书记、副书记名单

李家湾乡
书　记：王　伟
副书记：贯武平　于锦江

柳林镇
书　记：王爱军
副书记：梁志华　李海斌

穆村镇
书　记：张月亮
副书记：白彦萍　白永昌

薛村镇
书　记：贾四勇
副书记：王兴平　康宝柱

贾家垣乡
书　记：任启斌
副书记：贺兴龙　兰成文

陈家湾乡
书　记：姚俊明
副书记：李守勇　杨媛媛

庄上镇
书　记：郭建文
副书记：贾飞平　康　毅

金家庄乡
书　记：王海虎
副书记：王建荣　王吉林

留誉镇
书　记：张青年
副书记：刘继忠　杨兵兵

三交镇
书　记：成保平
副书记：高治安　党锋忠

高家沟乡

书　记：康小平

副书记：杨湖平　白振忠

石西乡

书　记：刘世明

副书记：李彦平　高永平

成家庄镇

书　记：王　亮

副书记：艾永成　李国兵

王家沟乡

书　记：刘旭平

副书记：刘海洪　张国城

孟门镇

书　记：刘喜生

副书记：王志成

中共中阳县委工作概况

2009年，全县地区生产总值完成34亿元，财政总收入完成7.92亿元，城镇居民人均可支配收入10585元，农民人均纯收入2773元，除了地区生产总值和城镇居民可支配收入外，其它均有不同程度下滑。

一、工业经济在煤炭企业关停重组和金融危机冲击下保持了比较平稳的发展

千方百计推进项目建设。切实加大了项目推动和服务力度，审批和建设有了新进展。中钢项目新增200多亩占地获得审批，总投资35亿元的二体系项目第四季度相继建成并正式投产；原建滔项目经华润联盛重组后启动，新增600多亩占地通过审批；荣欣300万吨矿井取得国家发改委核准批复和国土资源部采矿证；全市最大的吴家峁600万吨矿井落户中阳，年底举行了启动仪式。还有财源建设的新亮点——梗阳煤业60万吨矿井建成投产。坚定不移推进资源整合及企业兼并重组工作。目前整合工作基本完成，矿井总数由32对整合为12对，年产能将由940万吨提高到1200万吨，全部实现机械化开采。在特殊的宏观经济形势下，经济过快下滑的势头得到有效遏制，呈现出稳定好转的态势。

二、“三农”工作在遭遇少有的干旱、雨雪等自然灾害和一批企业停工停产下仍呈现出良好态势

大力培植富农产业。核桃业，全年投资600万元新栽1.3万亩，全县达到13万亩、产值近1500万元，预计今年基本实现山地核桃林全覆盖。畜牧业，投资千万元以上的两个养殖场投产运行，5户规模企业、20个标准化养殖小区正在建设，全县畜禽总量达到33万。种植业，全县农作物面积近10年来首次突破15万亩，粮食产量达到4400余万斤，同比增长22.3%。

进一步改善基础条件。在圆满完成市下达“五个全覆盖”工程年度任务的基础上，小城镇建设，金罗、宁乡、武家庄、下枣林四镇，投资2100万元完成了学校、街道等一批重点工程。新村建设，铺开或完善了5乡镇9处移民工程，其中8处已竣工入住或形成主体。特别是努力破解水电路等瓶颈制约，总投资5亿的340省道一级路改造项目开工，路基工程80%基本完工；西山循环二级路除宋家沟1公里路段外全部通车；武家庄110KV、张子山35KV变电站建成投运，金罗110KV变电站11月份奠基开工，城南、下枣林两个110KV变电站完成可研上报；横泉水库引水项目与鼎恒供水公司签订了建设协议，我县承担的70%资金、40%已到位即将开工。

三、民生事业在各方面财力都很紧张的情况下仍取得了一定进展

城市建设上，充分利用民间资本加快安居工程建设，滨河、聚安两个小区进一步扫尾完善，中钢D区高楼、中医院商住楼建成主体。

生态环境改善上，一方面营林增绿，全年投资1600万元实施中央扩大内需项目、六大造林和退耕还林等工程10.3万亩，支持民营林业新栽和补植补造10万亩，被授予全省“造林绿化优秀县委书记”。另一方面减排治污，环保攻坚第五战役对61户企业停产整治或限期整改、对19户小石灰厂依法取缔，新增城区集中供热30万平米，城市污水处理厂试运行，市政府下达的各项减排指标圆满完成。

事业发展上，教育工作取得一定突破，招聘特岗教师充实农村，“走出去、请进来”培训千名教师，高考达线增幅居全市之首；文化工作进一步加强，投资600余万元完善充实了乡村两级阵地，中阳剪纸在德国法兰克福书展进行了主题展览；卫生计生工作进一步推进，县医院住院楼建成投用，出生缺陷干预经验全省推广，甲流疫情得到有效防控，社会生产生活秩序正常稳定。

社会保障上，大力实施市政府“四个全覆盖”工程，城市低保比例全市最高，农村新增低保1000余人，大病救助400余人，资助农村困难对象4400余人参加新型农村合作医疗，资助困难学生453人，城镇居民医疗保险全面启动，医疗保障实现全覆盖，全年发放救灾粮、款300余万元，首期1万平米的廉租房工程年底启动。

群众收入方面，千方百计保就业，严格落实县委出台的使用本地劳动力限定比例，鼓励企业“不裁员、不减薪”，仅中钢二炼钢就一次性招工2500余人；通过实施上级林业项目、动员林业大户植树造林等，吸纳农民工2000余

人短期就业。在城区，全年新增就业岗位3000个，下岗失业人员再就业680人，解决城镇零就业家庭45人，为下岗失业人员减免税费、兑现社保补贴80万元，城镇登记失业率控制在4.2%以内。同时，按政策及时兑现了教师绩效工资和干部晋级增薪。城镇居民人均可支配收入保持了增长。

四、全县大局在国庆安保和农民工返乡面较大的形势下仍保持了和谐稳定

实行安全稳定部门和行业管理责任制。县委政府专门就行政事业单位安全稳定职责予以下文明确，召开专项会议签订责任状，还实行了一票否决制和行政问责制。乡镇成立了安委会、重新组建了安监站，组建了应急救援和培训中心、煤矿的三委派人员管理中心，各级安监机构逐步健全；通过对所有单位、企业摸底排查、分类管理，安全监管的针对性进一步增强。特别是煤炭行业，继续落实县级领导包矿、科级干部驻矿制度，继续与阳煤集团开展技术合作，全年没有发生一起大的责任事故。

稳妥做好煤炭资源整合后续工作。对采空区造成的房屋裂缝、地质塌陷问题，出台《关于煤矿采空区移民搬迁补偿安置的若干意见》，要求由主体煤矿企业出资，采取货币补偿和移民搬迁相结合的形式，一次性补偿治理，这一做法得到市委认可，要求全市面上推广；对县定8%群众利益保障金问题，专门出台会议纪要，就征收使用进行重新规范，并要求作为企业办理相关手续的前提条件。此外，对原来煤矿涉及的群众福利、企业用工、冬季用煤等问题，也都提出了明确要求，逐项予以落实。

积极做好信访工作。继续坚持县委书记带头的领导干部大接访，启动实施信访评估和代理代诉制度，信访秩序进一步规范；深入开展“信访积案化解年”活动，上级交办的16案全部办结，对一些群众反映比较集中和突出的问题，面上出台意见、个案逐一解决。国庆期间实现了进京赴省零上访。

全面加强社会治安。紧紧抓住“综治基层基础建设年”契机，大力提升基层治安防控水平；适时开展了“两抢一盗、国庆安保、打黑除恶”等专项行动，全年未发生一起暴力恐怖事件、重大刑事案件和治安灾害事故。县公安局被评为全省优秀公安局，我县被评为“全省科技强警示范县”。

五、党的建设和民主法制建设在学习实践科学发展观活动的大背景下得到进一步加强

扎实开展学习实践活动。我县第二批学习实践科学发展观活动从3月开始至9月结束，共有74个单位、2253名党员参加；第三批学习实践活动9月23日开始，共有141个基层党组织5493名党员参加。工作中，通过加强组织领导、严格程序环节、突出实践特色、坚持边学边改，取得了明显效果。一些经验做法得到上级肯定，市委在我县召开了交流推进会。

全面加强党的建设。理论武装方面，县乡两级中心组学习制度进一步完善，县委全年组织了8次集中学习，其中3次邀请省市专家教授辅导培训，先后开展了庆祝建国60周年等系列活动，干部群众的思想认识有了提高和统一；组织建设方面，在机关、企业、农村分别确定主题，开展争先创优活动，对五星级支部和主干大力宣传报道、对三星级以上支部分别考核验收、对后进支部集中整顿，全县基层党建水平得到新加强；干部队伍建设方面，机关在进一步健全落实管理、考核制度的基础上，年前集中开展了干部作风纪律整顿活动；在农村，组织“两委”主干集中培训、扩大远程教育站点，全县干部的工作能力和作风逐步改观。特别是11月16日，我县张子山乡发生黄土崩塌自然灾害之后，县四大班子和主要部门领导第一时间赶赴现场，妥善处理事件，处理结果得到上级认可，也检验了中阳干部队伍整体素质，检验了科学发展观教育的成果。

切实加强和改善党对人大、政府、政协等的领导。坚持和完善人民代表大会制度，支持人大及其常委会依法行使职权，充分发挥人大在经济社会发展中的作用；支持人民政协围绕团结和民主两大主题履行职能，积极发挥协调关系、凝心聚力、建言献策、服务大局的作用；县委县政府重大决策都要召开四大班子联席会议，主动征求人大、政协意见；积极给人大、政协出题目、压任务，使人大、政协充分地发挥好作用。积极支持政府依法行政，年初县

吕梁中阳县城

委全会上，县长代表县委常委会作了主报告，通过县委县政府两套班子的团结和表率作用，形成大家都谋事、都干事、都为中阳的未来出力流汗的良好气氛。大力推进依法治县进程，司法公信力和政法队伍形象得到提升；坚持党管武装原则，努力为武装工作开展创造条件、解决实际问题；全面加强工、青、妇、工商联等群团工作，在今年全总召开的“推进和谐劳务关系现场会”上，我县作了经验交流。

附：一、中共中阳县委书记、副书记、常委名单

书　记：刘广龙

副书记：王建国　刘学良　高升平　乔晓峰

常　委：贺兵锁　阴大瑞　王金明

田安平（12月离职）　李文恩

二、乡镇党委书记、副书记名单

宁乡镇

书　记：张　帆

副书记：郭全生　王津平　曹建平　胡玉英

张子山乡

书　记：武爱国

副书记：郭建新　任四虎　张玉泉

金罗镇

书　记：阴艾生

副书记：张海廷　阴小瑞

枝柯镇

书　记：张喜旺

副书记：郭　安　王志宏

下枣林乡

书　记：王根有

副书记：杨春海　王勤海

武家庄镇

书　记：姚文郁

副书记：郝志军　崔世平　车利民

暖泉镇

书　记：高艳星

副书记：张映芝　王子荣　贺凤平

中共离石区委工作概况

2009年是区委领导班子调整、工作承前启后的一年，也是积极应对挑战、协力共克时艰，各项工作再上新台阶的一年。一年来，区委在市委、市政府的坚强领导下，坚持以科学发展观统领经济社会发展全局，团结带领全区干部群众，积极应对金融危机冲击，努力破解发展难题，千方百计保增长、保民生、保稳定，较好地完成了年度目标任务，全区呈现出政治稳定、社会和谐、经济快速发展的良好态势。

一、坚持以学习实践科学发展观活动为主线，大力加强领导班子和干部队伍建设，为推进全局工作提供了坚强的组织保证

根据中央和省、市委的统一部署，我区12个乡镇、街道办，340个单位，462个党组织、9593名共产党员，分两批开展了深入学习实践科学发展观活动。我们紧紧围绕“党员干部受教育、科学发展上水平、人民群众得实惠”的总要求，以“促进四转”为载体，扎实开展主题实践活动，坚持边学边改、边查边改、边整边改，认真搞好两个批次的有序衔接，圆满完成各个阶段的任务，取得了明显成效。通过开展学习实践活动，各级党组织和广大党员干部对科学发展观的认识进一步深化，推动科学发展的思路进一步明确，区委中心工作进一步推进，事关群众切身利益的问题进一步解决。我们抓住学习实践活动这一良好契机，把加强各级领导班子建设作为区委工作的首要大事来抓，取得了明显成效。

在四大班子建设方面，区委总揽全局、协调各方，充分发挥在全区工作中的领导核心作用，坚持重大事项通气协商，注重在领导层面统一思想、凝聚意志，做到了一个声音说话、统一步调做事。区委在把好方向的前提下，放手支持政府一班人有职有权地开展工作，积极采纳人大、政协提出的意见和建议，注重发挥每一位成员的积极性、主动性和创造性，四大班子内部营造了团结统一、和谐融洽、干事创业、共促发展的宽松环境，形成了心齐、气顺、风正、劲足的良好局面。

在乡科级领导班子建设方面，确立了“工作为重，以德为先，量才使用，注重公论”的用人导向，从工作大局需要和区直机关机构改革的实际出发，按照干部选拔任用条例和有关规定，对乡科级领导班子进行了适当调整补充，切实把各级干部的精力和注意力引导到工作上来，在全区上下营造了干事创业的浓烈氛围。

在基层组织建设方面，区委紧紧抓住农村换届刚刚结束的有利时机，切实加大教育培训力度，健全和完善了一系列决策议事规则，促进了两委班子的规范化建设。不断扩大农村后备干部培训班成果，学员总数达到174名，发展党员96名，为农村基层组织注入新鲜血液。高度重视非公企业党建和机关党建工作，战斗堡垒作用得到充分发挥。

二、坚持把保增长、防滑坡作为首要的中心任务，加快转变发展方式，区域经济在困境中实现持续发展

面对国际金融危机冲击和自身结构性矛盾的双重影响，

我们深入研判形势，科学决策应对，努力化危为机，区域经济呈现出企稳向好、克难前行的态势。2009年，全区GDP完成50亿元；财政总收入完成18亿元，其中：一般预算收入完成6.85亿元；城镇居民人均可支配收入达到13975元；农民人均纯收入达到1928元。

一是新型工业化进程步伐加快。煤炭企业兼并重组进展顺利，原有33对矿井整合为8个主体企业、14对矿井，产能将由957万吨提高到1350万吨，为迎接新一轮经济建设高潮奠定了坚实基础。信义工业园建设稳步推进，园区道路、千年水库、输变电工程等基础设施工程按计划实施，200万吨焦化、2×30万千瓦热电联产、100MW太阳能级多晶硅等骨干项目正在加紧运作。全力支持大土河公司渡过难关，新型建材项目投产达效，20万吨甲醇、200万吨洗煤项目进入设备安装阶段。在工业园区建设的带动下，19个“双百双千”项目累计完成投资41.57亿元，占到总投资的47.9%，区域经济发展的后劲不断增强。

二是农业科技示范园区建设初见成效。引进大象禽业有限公司，开工建设年出栏10万头生猪、存栏10万只肉鸡养殖基地，带动全区规模养殖业快速发展。以严村、王营庄为中心，建成移动大棚56亩，开工日光节能温室50个、连栋温室2个，走出了一条城郊农业发展的新路子。

三是现代商贸物流业蓬勃发展。泰化物资城完成主体建筑8万平米，聚富汽贸城建成4S店6个，荣宁商贸城开业运营，千年资源综合开发项目顺利推进，信义、城北两大铁路集运站准备就绪，引领吕梁山、辐射晋西北、连接中西部的人流、物流、信息流中心正在形成。

四是东城新区开发全面启动。委托华南理工大学编制完成控制性详细规划，为科学指导新区建设奠定了坚实基础。坚持基础设施先行，设计完成道路、桥梁、河坝等建设方案，以经济开发投资有限公司为平台融资近9亿元，“一河两坝三路六桥”工程进入正式开工前的最后准备阶段。

三、坚持在发展中高度关注民生，统筹推进社会各项事业，改革发展的成果惠及更多群众

一是全力打造人民满意的一流教育。如期完成一中、五中、城镇中学改扩建工程，全面铺开区实验幼儿园扩建和原七小改建幼儿园工程，城区学校的办学条件进一步提升。着眼于打造离石教育的龙头和品牌，与江阴市合作兴办的离石区“江阴高中”全面启动，设计方案和教师招聘工作已经完成。集中两个月时间选派200名中学教师赴江阴跟班培训，通过切身感觉先进地区的教育理念和教育模式，充分激发广大教师的爱岗敬业精神。面向全市公开选聘一批校长、校长后备人选，切实加大绩效工资兑现力度，全面落实免费体检制度，在全区上下营造了尊师重教的浓厚氛围，形成了“比学赶超、争创一流”的竞争机制。

二是扎实推进特色文化建设。安国寺廉政文化教育基地初见成效，于清端公祠、于成龙读书楼主体完工，设计布展正在紧张进行。成功举办文明之春系列活动和第四届晋陕两省民歌、伞头秧歌大赛，地域特色文化进一步挖掘，人民群众精神文化生活不断丰富。

三是千方百计扩大就业。大力实施就业再就业工程，引导和鼓励企业履行社会责任，积极创造公益性岗位，全年新增城镇就业3205个，转移农村剩余劳动力4645人，下岗失业人员再就业1185人，实现创业就业765人，全区就业率保持稳定。

四是大力发展医疗卫生事业。抓住国家扩大内需投资的机遇，全面启动区人民医院改造提升工程，新建、改扩建乡镇卫生院和社区卫生服务中心8个、农村卫生所169个，基本实现“村覆盖、乡达标、区提高”的目标。

五是扎实推进社会保障扩面工作。城市低保覆盖城区总人口的11%，实现动态管理下的应保尽保；农村低保标准提高到每人每月66元；新型农村合作医疗参合率稳定在90%以上，城镇职工医疗保险覆盖1万余人，城镇居民医疗保险全面启动，公共财政的雨露普滋各类困难群体。

四、坚持“三个文明”协调发展，全力维护社会大局稳定，为经济社会发展创造了良好环境

一是切实加强民主法制建设。大力支持人大及其常委会依法履行职能，充分发挥人民政协的积极作用，切实加强党对统一战线的领导，调动了方方面面的积极因素。全面启动“法治离石”建设，司法公信力得到新的提升。支持工会、妇联、共青团等人民团体独立自主地开展工作，联系群众、服务群众的作用得到充分发挥。

二是全力营造良好舆论氛围。坚持“团结、稳定、鼓劲”的方针，围绕学习实践科学发展观活动、应对国际金融危机冲击、庆祝新中国成立60周年等重大活动，开展了全方位、多角度的宣传报道，激发了全区上下的热情和干劲，推动了各项工作的顺利开展。

三是扎实推进“平安离石”建设。持续开展“打黑除恶”、“两抢一盗”、“百日冲刺”等严打整治专项斗争，刑事案件发案下降3.3%，盗窃案件下降4.5%，两抢案件下降1.3%，人民群众的安全感不断增强。建立健全信访工作长效机制，扎实开展矛盾纠纷排查调处，畅通群众诉求表达渠道，妥善处理涉及群众切身利益的突出问题，信访高发态势得到有效遏制。扎实开展“安全生产基础建设年”活动，持续加大隐患排查整治力度，全年未发生重特大事故。

五、严格落实党风廉政建设责任制，不断完善惩治和预防腐败体系，反腐倡廉建设取得新进展

以党风廉政建设责任制为总抓手，不断完善“党委统一领导，党政齐抓共管，纪委组织协调，部门各负其责，

依靠群众支持和参与”的领导机制和工作机制，党风廉政建设和反腐败斗争取得阶段性成果。一是严格落实党风廉政建设责任制。区委先后召开两次常委会专题研究全市党风廉政建设责任制工作，以文件的形式将反腐倡廉任务分解到区委、区政府领导班子成员和区直有关部门领导头上，做到了责任人明确、牵头部门明确，协办部门明确，落实时限明确，形成了横向到边，纵向到底的责任体系。二是持续开展反腐倡廉教育和廉政监督活动。建立了廉情测报和廉政教育提醒谈话两项廉政教育监督制度，对35名科级干部和29名农村干部进行了提醒谈话。三是不断加大行政执法监察和效能监察力度。认真开展中央扩内需投资落实情况的监督检查，圆满完成煤焦领域反腐败专项斗争集中整治阶段工作，清缴各类价款1亿元。四是深入推进农村基层党风廉政建设。以城中村、资源村、信访村为重点，通过认真开展民主活动周活动，有效化解了一批突出问题，维护了农村稳定大局。五是切实解决损害群众利益的突出问题。对执法车辆管理混乱、教育不正之风、公路“三乱”等热点、焦点问题进行了专项治理，对相关责任人进行了严肃处理；对掌管人、财、物，对全区经济发展有重要影响的单位开展了行风评议活动，带动行业风气整体好转。六是改革创新源头防腐机制。全面推行工程建设资金“三化”管理，进一步完善国有资产处置“3+1”评审体系，有效规避了干部插手工程、权钱交易和招投标过程中的违规操作等问题。七是狠抓典型案件查处。全年立案查处49件，其中大要案件6件，处理违纪干部54人，进一步严肃了党纪政纪。

在新的一年里，区委将在市委、市政府的正确领导下，坚持以科学发展观为统领，贯彻落实“三三战略”总体部署，结合新的形势和新的任务，重新审视离石区情，切实找准发展方位，进一步廓清今后一个时期的发展思路，引领全区广大干部群众，同心同德，群策群力，凝心聚力，奋发进取，共同谱写离石发展史上的新的辉煌篇章！

附：一、中共离石区委书记、副书记、常委名单

书　记：刘云晨（8月离职）　王彤宇（8月任职）
副书记：郭　宝（8月离职）　薄宇新
李溢涛（12月任职）　高来舜（3月任职）
常　委：李　真　曹万新　王香莲（女）　雒永霆
刘俊禄（12月任职）　王根田（女）
武跃飞（11月离职）　李全山

二、乡镇（街道）党委（党工委）书记、副书记名单

滨河街道
书　记：王建新
副书记：郭志成

莲花池街道
书　记：刘瑞平
副书记：李耀星　赵光亮

凤山街道
书　记：张向峰（10月任职）
副书记：王　宇（10月离职）　任利星（12月任职）
李德峰

城北街道
书　记：刘　鹰
副书记：秦　亮　张庆华（女）　雒建勤

交口街道
书　记：杜永红（10月离职）　白志荣（10月任职）
副书记：高文烨　殷再龙

田家会街道
书　记：白志荣（10月离职）　王侯明（10月任职）
副书记：张向峰（10月离职）　刘杏平（12月任职）
马小斌

西属巴街道
书　记：韩跃跃
副书记：薛凤平　郭勤利

吴城镇
书　记：李源春（女）
副书记：薛俊生　王俊斌

信义镇
书　记：王永福（10月离职）　王　宇（10月任职）
副书记：吴　卿　尚赵龙　宋燕青

坪头乡
书　记：王侯明（10月离职）　王永福（10月任职）
副书记：刘杏平（12月离职）　李建国（12月任职）
胡晓辉

枣林乡
书　记：李茂新（12月离职）
副书记：李建红（女）　薛殿伟

红眼川乡
书　记：张兴平
副书记：王凤鸣　甄永强

中共方山县委工作概况

2009年，在市委、市政府的正确领导下，方山县坚持以邓小平理论和“三个代表”重要思想为指导，全面贯彻党的十七大和十七届三中、四中全会精神，深入贯彻落实科学发展观，坚持转型发展、安全发展、和谐发展，继续实施“一体三化”发展战略，开拓创新，真抓实干，全县经济、政治、社会发展保持了稳定和较快发展，实现了省委提出的保增长、保民生、保稳定的“三保”目标，圆满完成了年度目标任务。

一、全力保增长，县域经济平稳较快发展

2009年，全县国内生产总值预计完成15亿元，同比增长25%；工业总产值和增加值分别完成23.6亿元、10.4亿元，比上年同期增长36.5%、36.9%；财政总收入完成41830万元，为市计划数41830万元的100%，同比增长26.6%；农民人均纯收入1856元，同比增长14%；城镇居民人均可支配收入为10015.98元，同比增长14.8%；社会消费品零售总额完成5.7亿元，同比增长30.6%。

（一）狠抓转型发展，工业经济发展活力明显增强

——项目建设稳步推进。坚持大项目牵动，切实把“双百双千”项目作为经济工作的总抓手，大力发展新型工业经济，全力推进转型发展，促进经济发展方式的根本转变。全县18个“双百双千”项目总投资46.87亿元，目前已全部开工建设，累计完成投资28.32亿元。其中13个工业项目中，中盛水泥40万吨矿渣微细粉生产项目，兰花花农林发展有限公司亚麻深加工及10万吨苜蓿饲料生产项目，全顺达煤焦有限公司120万吨洗煤项目，木瓜煤矿、店坪煤矿150万吨技改项目，吕梁山煤电公司2×50MW发电及粉煤灰制砖项目，蓝图煤焦年产90万吨洗煤项目，新星公司裕丰煤矿45万吨技改项目等8个项目已投产或部分投产。2009年，全县规模以上工业企业完成利税3.78亿元，占到全县财政收入的90%以上，工业已成为方山的经济支柱。

——工业集聚效应凸显。通过园区的带动效应，促进大项目的集中和集聚，大武生态工业园区累计投入资金6000余万元，完成了“五通一平”工程建设，入园企业达到15户，建成和在建项目23个，总投资25亿元，初步形成了煤焦电、煤焦铁、建材三条产业链。通过产业的循环发展，提高了产品的附加值和资源的综合利用效率，增加了效益，降低了资源消耗。今年又投资1500余万元，完成园区大道路面铺油及完成提高，新建介沟公路，完成了路基、桥涵、铺油等工程，进一步改善了园区的交通状况

——中央投资项目扎实推进。围绕国家扩大投资的方向、重点和要求，紧密结合我县经济发展实际，积极组织项目申报。目前，已落实中央预算内投资项目38个，项目涉及教育卫生、公路交通、生态建设、城市基础设施等多个领域，项目总投资10808.2万元，其中中央投资5780.4万元，地方投资5027.8万元，22个项目已全部竣工。同时，在我县境内施工建设的吕梁机场、太佳高速公路、太中银铁路等基础设施项目，完成投资近10亿元。

——招商引资力度加大。依托县域优势资源和优势产业，积极推进招商项目的包装策划，进一步强化了对北武当山、南阳沟、于成龙故居、张家塔民居、大武木楼等旅游项目，中盛公司日产万吨水泥熟料生产项目以及铝钒土深加工、煤化工项目的宣传推介，有效促进了招商引资工作的开展。经过考察、洽谈，山东水泥集团投资6亿元，控股中盛水泥有限公司。与台商签约年产20万吨透闪石生产线项目，项目投资2亿元。与中国龙源电力集团公司签订了10万千瓦风力发电项目，总投资10亿元。

——循环经济发展模式初步形成。霍州煤电集团吕梁山公司形成了原煤—选煤—发电—粉煤灰制品产业链，新星冶炼有限公司形成了原煤—洗煤—炼焦--煤气发电—煤化工产业链，有效提高了产品的附加值和资源的综合利用率，增加了效益。其他一大部分企业充分吸收运用新技术、新工艺、新设备改造提升传统产业，有效提高了资源的利用率，降低了单位产出的能耗。

——环境治理成效显著。进一步强化监督管理，加大了对环境违法行为的查处力度，对全县所有102支土石灰窑进行了彻底取缔，对18户重点企业实施了分类整治。2009年，全县二级以上天数完成350天，比上年增加67天，大气污染综合指数1.79，比上年下降0.57。

（二）突出关注民生，农业基础地位得到强化

——积极发展现代农业，促进农民稳定增产增收。积极稳定粮食生产，全县总播种面积达到33万亩，粮食产量4594.18万公斤，油料产量36.55万公斤，蔬菜产量3520万公斤。继续扩大农业园区建设，新建日光温室22个91亩，全县日光节能温室总数达到154个164亩，移动大棚达到54亩，吕梁市“菜篮子”基地建设初具成效。加强农业科技体系建设，强化测土配方施肥、秸秆还田作业、水肥一体化管理等农业技术推广服务，推进传统农业向现代农业转变，全年共搞试验、示范项目19项，涉及8种作物，占地325亩。积极组织参加中国（山西）特色农产品交易博览会，签约项目达12个，涉及资金达1880万元。全面落实农民种粮直补、农机具购置补贴和家电下乡补贴等各项强农惠农政策措施。大力发展畜牧经济，将扶贫开发整村推进与规模健康养殖工程相结合，通过产业发展带动农民增收，新建规模健康养殖小区3个，投资1000万元，铺开标准化肉牛养殖小区5个，购买西门达尔有种母牛520头。

——大力扶持龙头企业，稳步推进农业产业化发展。坚持以发展工业的理念谋划农业发展，积极培育壮大农业产业化龙头企业，支持农副产品加工企业开展技术引进和技术改造，加大了对龙头企业的信贷支持，增加对农业产业化的资金投入。目前，广汇天然色素有限公司订单种植万寿菊4300亩，祥农食品有限公司年产万吨芸豆系列深加工项目订单种植番茄4000亩，吕梁春景生态农林发展有限公司订单种植胡麻3000亩，天玉粮油食品有限公司发展鲜食玉米1000亩，神龙食品有限公司订单种植甜玉米3200亩，双赢粮油购销公司发展红芸豆3000亩。全县订单农业总数达到了1.85万亩，农民的组织化程度大幅提高。

——扎实推进新农村建设，切实改善农村生产生活条件。以农村“四改四化”、“五个一工程”建设为重点，大力实施引水、通电、修路等惠民工程，农村生活环境和村容村貌得到极大改善。完成了街巷硬化74公里，解决了1.8万余口人的饮水安全问题，安装路灯680盏，修建垃圾池285个，新建科技文化活动室19个，新建村级卫生所35所，

完成村通工程321.2公里，实现了146个行政村通油路（水泥路），154个行政村通客车。加快发展农村新型能源，在6个乡镇10个村建立了农村沼气服务网点，完成省柴节能的炕连灶50户。进一步加大扶贫开发力度，投资2650万元完成53 个村的整村推进项目；扶贫移民5个自然村131户400人，目前主体工程已全部完工。

——加快林业生态建设步伐，推进人与自然和谐发展。按照“先易后难、近人近城、山上治本、身边增绿”的原则，完成三北防护林拉动内需造林工程6.7万亩，栽植各类苗木449万余株；退耕还林成果巩固1.1万亩，栽植各类苗木108 万余株；经济林核桃覆盖工程4万亩，栽植苗木132万株。交通沿线荒山绿化1500亩，栽植各类苗木15万余株；209国道至横沟段通道绿化7.2公里，栽植杨柳树1.3万株；核桃科技示范园建设500亩；村庄绿化16个，栽植各类苗木3.2万株；机关、学校、企业绿化28个2000亩；义务植树20万株，新发展育苗基地2000亩。全面推进林权制度，试点任务圆满完成，全县林草覆盖率达到41%。

——积极发展劳务经济，拓展农民增收渠道。坚持以创业带动就业，全方位促进就业再就业。加快发展劳动密集型产业，积极开发公益性岗位，帮助城镇失业人员和困难人员就业。加强职业技能培训，加大对失业人员和农民工的职业培训力度，统筹做好城乡各类群体的就业再就业工作。全年完成富余劳动力培训2700人，创业培训90人，输出劳动力6700人，新增城镇就业岗位8300人，城镇登记失业率控制在3.3%以内。积极落实就业困难人员就业补贴和社会保险补贴优惠政策，发放补贴金215万元。

（三）加快旅游开发，促进第三产业快速发展

充分发挥我县区位独特、旅游资源丰富的优势，紧紧抓住山西省实施旅游“1+10”项目机遇，加快发展旅游产业。按照“规划科学、设计合理、特色明显、亮点突出”的总体发展思路，在认真执行全县旅游总体规划的基础上，编制完成北武当山、张家塔民居等景区的详细规划，促进旅游景区规模开发和深度开发。进一步规范景区和行业经营秩序，加强旅游从业人员素质培训，提高景区服务质量。继续加大投资力度，加快旅游配套设施建设，改善旅游基础设施，培育壮大旅游市场主体，完善旅游服务功能，挖掘旅游文化潜力，打造方山旅游品牌。2009年接待游客11万人次，同比增长9.2%，实现旅游总收入630万元，同比增长6.3%。旅游业的兴起，带动相关产业迅速崛起，成为新的经济增长点，商贸、餐饮、交通运输、邮电通信等产业快速发展。围绕吕梁机场、太佳高速和太中银铁路建设，认真筛选、确定一批具有发展潜力的服务业项目，做好项目申报和可研编制等基础工作。认真落实国家支持服务业发展的各项政策，引导外资和社会资金投入服务业，形成多元化的投融资格局，促进服务业快速发展。

二、尽力保民生，社会各项事业稳步推进

（一）优化人居环境，基础设施建设极大改善

——城市建设方面。投资460万元，全面完成方正街以东5 条巷道改造工程，改造面积2.35万平方米。总投资3328万元，开工建设职业中学教学楼、高级中学教学楼、中医院办公楼、人武部民兵训练基地、福利中心、城镇集体工业联合商住楼等9项工程，建筑面积达47790平方米。

——水利水保方面。投资1380万元，全面完成南阳沟水库病险加固工程；完成投资392万元，新建农村安全饮水工程32处，解决了32个村8035口人1195头大畜的饮水安全问题。大力加强河道治理工作，完成浆砌石河坝3360米，护地坝2360米，排洪渠1520米。完成水保初治面积8.056万亩，占任务的128%。新建淤地坝22座，占任务的200%，新增土地3060亩。

——公路交通方面。投资4267.5万元，完成了店坪—梁家岔10.7公里、南村—介沟12公里、石站头—东胜山10公里公路改建；新建马坊移民新村2#大桥44米、大武北川河大桥78米和郭家沟大桥37米。

——电力电网方面。完成了大武35KV变电站二期工程、圪洞35KV变电三期工程、方山35KV变电站输变电改造工程建设；马坊35KV二期工程变电部分已投入运行；大武工业园区110KV输变电工程，110KV乔沟—大武线路铁塔基础已浇灌达80%。全县电网基本形成结构合理、安全畅通、规范超前的精品网络，有力地推动县域经济快速发展。

（二）切实改善民生，社会各项事业全面协调发展

——继续落实教育优先发展战略。加大教学条件的改善，投资20万元，新建了横泉寄宿制小学餐厅220平方米，投资85万元，为高级中学购置通用技术相关设施。认真落实义务教育阶段学生“两免一补”、城市低保家庭学生上职业学校享受1500元的助学基金政策。84名特岗教师全部充实到基层一线任教，极大地促进了学校教育教学质量的提高。

——社会保障体系和弱势群体救助力度不断加强。以人人享有基本生活保障为目标，加大社会保险基金征管扩面工作，全年共发放企业养老1057人1296万元，机关事业养老626人1320万元，农村养老100人8.8万元，医疗保险343人589万元，失业保险84人18.5万元，工伤保险20人70万元；城乡低保工作实现了动态管理下的应保尽保，全县城市低保达到5453人，农村低保达到8530人，“五保”对象557 名，全县特困群体生活得到全面保障。全年共发放医疗救助资金105.91万元，优抚对象抚恤金230余万元，有效缓解了城乡困难群体就医、生活、住房问题。

——切实加大城乡医疗救助力度。按照“村覆盖、乡达标、县提高”的要求，继续加大三级卫生体系建设力度，投资577万元完成了马坊、峪口、大武中心卫生院住院病房改造和污水处理设施建设工程。对全县25个农村卫生所进行了升级改造，并全部达标验收。进一步规范新型农村合作医疗制度管理，切实提高运行水平，参合率达到90%，享受住院、门诊补偿人数达到16787人次，补助金额达到745.5万元，极大在减轻了农民负担。切实做好重大传染病

防治工作，成功救治了3例H1N1流感病例，有效制止了疫情的蔓延。

——社会各项事业协调发展。基层公共文化设施建设得到加强，投资150万元的新建图书馆顺利竣工，文化大厦完工并投入使用；投资90万元，新建乡镇综合文化站4个；建成农村文化活动室7个，农家书屋11个，配备图书4950册。广播电视村村通工程逐步延伸，数字有线电视覆盖率达到90%，信息资源共享深入推进。全民健身体育活动蓬勃开展。人口增长得到有效控制，2009年人口出生率控制在8.62‰以下，自然增长率控制在5.81‰以下。

三、着力保稳定，平安方山建设取得新成效

全力维护安定团结的政治局面。认真落实社会治安综合治理和维护稳定工作长效机制，组织开展了综合治理“基层基础年”活动，治安防控体系得到进一步健全。深入开展严打整治斗争，社会治安得到进一步优化。2009年，全县共发生刑事案件136起，侦破83起，破案率61%；受理治安案件174起，查处105起332人，查处率60.3%；受理经济案件10起，立案6起，挽回经济损失45余万元；立案侦查贪污贿赂案件5件6人，为国家和集体挽回经济损失20余万元。集中开展了“民爆物品安全管理专项整治”行动，收缴炸药1928公斤，雷管6910枚。全面开展道路交通秩序大整顿和消防安全大检查，极大地消除了事故和火灾隐患。强化了反恐怖工作，举行全县军警民反恐联合演习，切实提高反应、处置能力，力求把恐怖势力摧毁在行动之前。强化了对流动人口和重点人口的管理。共清理流动人口845余人，办理暂住证412个。在全县范围内深入开展了学校及周边治安综合治理专项整治行动，为校园师生创造了良好的环境。

狠抓安全隐患排查及整治。按照安全第一、预防为主、综合治理的方针，扎实开展安全生产专项整治行动，深入开展以煤矿、非煤矿山、道路交通、危险化学品、食品药品安全为重点的涵盖各个行业、各个领域的安全专项整治，切实做到了不留死角、不留空档。全年共关闭、停产整顿企业29户，取缔土石灰窑102支，取缔非法采砂10户。同时，严格事故责任追究和行政问责，对不能全面履行安全生产监督管理职责、对非法违法生产打击不力、安全生产防范措施落实不到位、安全隐患排查治理不彻底的乡镇、部门和不符合安全生产条件、违法组织生产的企业，对其主要负责人视同发生安全生产事故进行行政问责和责任追究。全年共追究安全生产监管不力干部14人，分别给予警告、严重警告、记大过等处分。

全力做好信访稳定工作。积极开展“信访积案化解年”活动，对2008年以来到市以上上访未结的23件信访案件列为“信访积案”，明确了县级包案领导和责任单位，限期办结,对3起赴省、进京集体上访，影响较大的案件由县级领导亲自进行调查处理。目前23件信访积案已结20案，结案率87%。加强制度建设，严格规范信访秩序。进一步健全完善了信访工作联席会议制度，严格实行了矛盾纠纷排查制度、县级领导信访接待包案制度、依法解决涉法涉诉信访问题制度、信访案件三级终结制度、信访拉访教育稳控工作制度、信访工作统计分析和情况报告制度、“双向”责任追究制度，进一步明确了责任，强化考核，严格追究。2009年，全县信访总量为481批3037人次，分别比去年同期增加27.9%、121.2%。

切实加强精神文明建设。牢牢把握正确的舆论导向，运用各种宣传载体，营造积极向上的社会氛围。深入贯彻《公民道德建设实施纲要》，狠抓未成年人思想道德教育工作，充分利用节庆、纪念日活动，积极组织开展宣传活动，为未成年人健康成长营造了良好的社会环境。文艺宣传坚持弘扬和发展先进文化的要求，坚持“二为”方向和“双百”方针，突出特色文化创建，丰富了群众的精神文化生活，营造了良好的文化氛围。群众性精神文明创建活动深入开展并取得明显成效，城乡文明程度和群众的文明素质进一步提高。

四、深入开展学习实践科学发展观活动，党的建设得到全面加强

领导班子思想政治建设取得新进展。今年以来，县委始终把思想政治建设摆在班子建设的首位，坚持用党的十七大、十七届三中、四中全会精神和科学发展观等理论武装头脑、指导实践、推动工作。坚持中心组学习制度，组织中心组成员对十七大精神、十七届三中、四中全会精神、科学发展观论述以及中央、省、市重要文件和会议精神进行了集体学习，在此基础上，班子成员注重加强自学，做到了理论学习与推动工作紧密结合，有效地提高了县委班子驾驭经济建设、把握改革发展稳定大局的能力。建立健全了《县委常委会议议事规则》、《方山县各级党组织民主生活会制度》等一系列规章制度，坚持重大问题由县委常委会集体研究决定，重点问题专门研究，疑难问题反复研究，班子成员之间经常谈心沟通，形成了团结活泼、合力兴县的良好氛围。同时，县委班子成员带头转变作风，经常深入到乡村、部门，就农民增收、新农村建设、社会稳定、工业发展等方面工作进行专题调研，掌握实情，保证了县委决策的科学性，有力推动了工作的深入开展。

党的基层组织建设明显加强。围绕社会主义新农村建设，继续引深“三级联创”活动，建立完善了基层党建工作责任制，建立健全了以农村党支部为核心的村级组织各项工作制度和运行机制。继续实行农村党支部星级目标管理，全县17个党支部被市委命名为五星级农村党支部，26个党支部被县委命名为四星级农村党支部。机关党建工作重点做到抓思想、抓队伍、抓党风，使党员干部工作作风有了明显转变，工作质量和工作效率有了极大提高。对全县九大口系统党委进行了换届选举，对党员居住分散、组织生活难以开展的党支部以就近挂靠的方式进行了兼并，对班子不健全的支部进行了充实，进一步理顺了党组织关

系。积极实施发展党员“四大工程”，即：在农村实施“村村都有新党员”工程，在城镇实施“社区入党积极分子队伍扩容”工程，在企业实施“生产经营骨干培养”工程，在新经济组织和新社会组织实施“两新组织负责人培养”工程。2009年，全县共发展新党员252名，其中35岁以下192名，女党员78名，高中以上文化程度192名，分别占发展党员总数的76%、31%、76%，全县党员队伍结构更趋合理。

干部人事制度改革迈出新步伐。以制度建设为突破口，着力探索干部选拔任用新途径，坚决贯彻执行中央“一法、一纲要、三条例、十一个法规性文件”和省委“四个规定”，不断深化干部人事制度改革。切实加强对干部选拔任用全过程的监督，通过民主推荐、组织考察、常委会讨论、全委会票决、职数报批、任前公示等各个环节，调整乡镇党政正职13名，调整乡镇人大主席、政协联络组长9名，其中平调15名，提拔任职7名，调整后的乡镇四主干平均年龄由原来的39岁，下降到36岁，知识水平显著提高，年龄结构明显优化，最大限度地调动了干部工作的积极性、主动性、创造性。

深入学习实践科学发展观活动稳步推进。根据中央和省、市委的部署，按照“党员干部受教育、科学发展上水平、人民群众得实惠”的总体要求，紧紧围绕省委“三个发展”、市委“三三战略”和县委“1223战略”，把学习实践科学发展观活动作为推动全县经济社会发展的难得机遇和当前各项工作的头等大事来抓，紧密结合实际，坚持高标准定位，高质量推进。目前，第二批89个单位1904名党员学习实践活动已圆满完成，第三批229个单位5811名党员全部转入整改落实阶段。通过学习实践活动，全县广大党员干部的思想作风进一步好转，学习意识、大局意识、民主意识、自律意识、责任意识进一步增强，用心想事、用心谋事、用心干事的工作氛围逐步形成，学习实践活动取得明显实效。

党风廉政建设和反腐败斗争成效显著。坚持从严治党的方针，按照“党委统一领导，党政齐抓共管，纪委组织协调，部门各负其责，依靠群众的支持与参与”的领导体制和工作格局，将全年党风廉政建设和反腐败工作任务按照分工分解到县委、政府领导成员头上，并确定了牵头单位、配合单位和具体责任人，强化了各级领导干部“一岗双责”的责任意识。2009年，全县共立查各类违纪案件7件，涉及党员干部86人,为国家和集体挽回经济损失30余万元。一是认真落实包联企业制度，为企业创造宽松的外部环境，督促涉企部门自觉树立服务企业观念，严格执法，杜绝向企业吃拿卡要，随意集资罚款的现象，保证了企业的正常建设、生产。二是狠抓农村基层党风廉政建设“135”工程，农村基层组织的领导核心地位得到进一步提升，影响农村稳定的突出问题得到有效解决，基层干部执政为民的意识明显提高，基层民主政治建设进一步强化，有力促进了我县社会和谐稳定，今年，对全县村级财务进行了集体清理，涉及金额755.19万元，查出违纪金额3452万元。三是深入开展煤焦领域反腐败专项斗争，进一步加强安全生产执法监察工作，多煤焦企业的资源审批、申报、各种基金、资源价款、税费的收缴、火工品的供应及煤矿的复工复产等环节进行了重点排查。四是进一步强化对中央新增投资项目跟踪督查问效，及时协调解决处理工程建设材料不规范、地方配套资金困难、村企纠纷矛盾突出等30余个问题，确保了工程优质高效、资金投向正确、干部清正廉洁。五是着力解决群众反映强烈的热点难点问题，开展了教育乱收费治理工作，纠正了医药购销领域和医疗服务领域的不正之风，加大了治理公路超载超限工作力度，对全县各种农业补贴发放情况以及涉及农民切实利益的事项进行了督促检查，切实保障了农民群众的知情权、参与权、管理权和监督权。

2009年，县委在任务重、要求高、困难多、压力大的情况下，通过全县人民的共同努力，各方面工作都取得了明显的成绩。但同时还应清醒地认识到，我县经济社会发展和党建工作还存在一些矛盾和问题，主要表现在：农业基础条件脆弱，抵抗自然灾害能力差。三产发展缓慢，农民增收渠道狭窄。龙头支柱产业缺乏，经济总量较小，财政增收空间有限，后劲乏力。发展环境不够宽松，行业不正之风、官僚主义、形式主义等现象仍然不同程度地存在。党的建设还存在薄弱环节，党的优良传统和作风还需进一步发扬。这些问题的客观存在提醒我们，在以后的工作中还需认真研究，切实加以改进和解决。

附：一、中共方山县委书记、副书记、常委名单

书　记：庞鹏峰（9月任职）
副书记：闫孝敏　吴晓东
常　委：任年有　王善厚　孙玉堂　贺新众　王喜祥　杨　军　王建中

二、乡镇党委书记、副书记名单

马坊镇
书　记：高云林
副书记：雒雪梅

积翠乡
书　记：李正峰（2月离职）
副书记：刘大鹏　冯永勤

麻地会
书　记：白开平
副书记：郭小平　薛成保

圪洞镇
书　记：武志刚
副书记：赵林平　王星星

峪口镇
书　记：穆天新
副书记：李文明　薛建国

大武镇
书　记：刘世庆
副书记：高新春　李双平
北武当镇
书　记：高文祥
副书记：刘云杰　王　军

中共临县县委工作概况

2009年是临县经济社会发展面临较大困难和严峻挑战的一年。一年来，在市委、市政府的正确领导下，县委坚持以深入学习实践科学发展观活动为契机，紧紧围绕保增长、保稳定、保安全、保民生目标，深入研判形势，科学决策应对，着力破解难题，着力加强和改善党的领导，各项工作取得了明显成效。

一、主要经济指标实现了新跨越

全年地区生产总值完成21.3亿元，同比增长9.1%；规模以上工业增加值完成7.15亿元，增长14.76%；财政收入完成4.95亿元，增长47.09%；社会固定资产投资完成13.7亿元，增长11.4%；农民人均纯收入1738元，增长15.09%；城镇居民人均可支配收入7693元，增长28.2%；社会消费品零售总额完成17.45亿元，同比增长22.9%，全县经济社会总体上保持了向好提升的运行态势。

二、重点项目建设取得了新成效

全县40个“双百双千”项目开工建设39个，全部或部分建成投产22个，累计完成投资55.6亿元。同时，对照国家重点投资领域，先后争取到4批124个中央扩大内需项目，涉及总投资45104.4万元，其中争取中央预算内投资16260.4万元。目前，123个项目开工建设，其中113个竣工，完成投资约2.4亿元。

三、煤炭资源整合工作迈出了新步伐

2009年，县委将资源整合及煤炭企业兼并重组作为提升全县煤炭产业水平和层次的主抓手，确定了8个主体参与兼并。目前，我县《整合方案》已经省里审核批复，全县共有24个煤矿签订了整合协议，10个主体煤矿变更核准了企业名称，并与县政府签订了整合工作协议；已有2个煤矿变更、领取了新的采矿许可证，其余8个矿的采矿许可证变更、换领工作正在进行中。

四、新农村建设和农村扶贫攻坚实现了新突破

新农村建设方面：一是不断做大做强以红枣为主的经济林产业。全年完成红枣林栽植3万亩，嫁接改良1万亩，红枣产量达3.6亿斤，创历史之最。核桃林栽植9.6万亩，嫁接改良1万亩；仁用杏栽植5000亩，嫁接改良2000亩。二是加快推进农村劳动力转移工作。全年累计培训农民工3万多人，新增转移劳动力7400人，累计输出总人数达14.8万人，实现劳务收入4.2亿元。三是科学发展高效设施农业。全年新建移动大棚200个，铺开了4个红枣烘干加工园区建设；规划建设了两个万头养猪场，新建了5个绒山羊养殖园区；建成以兔坂、雷家碛为主的万亩大豆高产基地和以安家庄乡为主的千亩优质谷子生产示范基地。

农村基础设施建设方面：完成太平沟流域综合治理工程，启动了湫水河北片区流域治理项目建设；完成了白文省级土地开发整理项目，全面铺开4个市级土地开发整理项目，完成19个县级占补平衡项目。同时，完成了太平水库和曹家岭水库除险加固工程，启动了阳坡水库除险加固工程。

扶贫开发方面：完成142村、7.6万人的安全饮水工程；整合各类资金24318万元，全面完成了省市下达的429个村的整村推进任务；规划实施了7乡13村435户1800人的移民工程。

五、基础设施建设跃上了新台阶

2009年，县委抓住国家扩大内需的政策机遇，举全县之力集中抓了交通、电力等骨干基础设施建设工程，取得了明显成效。

一是全力加快重点交通建设项目。太佳高速公路路基、桥梁、涵洞和隧道等工程完成年度建设任务的90%，年内路基工程可全部完成。太中银铁路吕临支线已完成专家评审，太兴铁路正在进行初步设计，西纵高速临县段正组织专家评审，晋中南出海通道已举行开工仪式，太佳高速东柏村到县城连接线工程已完成前期堪测、设计、评审等工作。10.8公里县城东山过境公路路面工程全部完工。

二是加快县乡道路改造建设步伐。完成4批252项1608.9公里村通水泥（油）路工程，新增通水泥（油）路行政村277个，全县行政村通油率由2008年的50.3%提高到94.3%。

三是加快电力电网建设。城北、林家坪110KV输变电工程已全面投运，雷家碛、东胜、南庄、湍水头等4个35KV变电站和太佳高速10KV专线建设全部完成。

六、城市建设取得了新进展

新城开发方面：东岳大街、凤凰路建设工程稳步推进。山西楼俊大厦、地税和烟草办公大楼、青少年活动中心等标志性建筑开工建设，新民供热大楼、文博中心和移动、

电力办公大楼完成前期审批手续。

旧城改造方面：完成了县电影院改造。实施了城区小街小巷硬化工程，完成了城区地下、地上管网设施改造；更换城区主街道商业铺面广告牌匾330块、大型广告1000平米。

市政工程方面：铺开了振兴街滨河西路延伸改造工程；完成了城区集中供气工程管道铺设；供热工程建设进展顺利，年内可基本完成新城区主管道铺设工程；城区污水及再生水利用工程启动建设；垃圾处理场工程进入扫尾阶段。

七、社会事业得到了新发展

教育保障方面：招聘了165名特岗教师；加快中小学校布局调整进程，撤并中小学校45所；完成22.1万平米的中小学校舍安全改造工程；建成南关小学综合楼、东关小学教学楼和一中学生餐厅以及三中学生宿舍楼；完成30轨高中土石方开挖回填和护校河坝工程。

医疗卫生保障方面：人民医院医技综合楼、门诊楼及住院楼开工建设；完成10个乡镇卫生院改造和100所村级卫生室以及95个空白村卫生室建设项目，县乡村三级医疗卫生机构达标率提高到70%以上；启动了城镇居民基本医疗保险全覆盖工作。

住房保障方面：分两批实施了520户农村住房解困任务；投资2425万元在县城东关小区和新城正阳小区、阳光小区铺开廉租房348套，建筑面积18124平方米。

就业保障方面：全年城镇新增就业3000人，下岗失业人员再就业1320人，全县城镇登记失业率为4%；以维护劳动者合法权益为重点，全年共受理职工投诉案件78起，结案78起，追讨拖欠农民工工资140.8万元，维护了企业和职工合法权益。

八、党的基层组织建设得到新加强

（一）学习实践活动取得明显成效。全县80个县直单位，23个乡镇、631个行政村，45所中小学校、22所基层卫生院的23030名党员先后参与了第二、第三批学习实践科学发展观活动。先后组织开展了“百局联百村”共建帮扶“十个一”、流动党员管理以及“进百家门、访百家情、解百家难”等活动，解决了一批事关群众切身利益的突出问题，进一步健全了保障科学发展的体制机制，各级领导班子和领导干部执政能力有了新提高。

（二）基层组织建设得到加强。继续开展星级党支部创建活动，市委命名表彰了63个“五星级农村党支部”，县委命名表彰了111个“四星级农村党支部”。进一步加强“两新”组织党建工作，全县9个规模以下非公有制企业建立了党组织，18个企业派驻了党建指导员，夯实了非公有制企业党建工作的基础。

（三）党员干部队伍管理得到规范。一是出台了公务员队伍管理意见，细化了对公务员的请销假、调配、交流、考核等环节的管理。二是强化各级干部队伍培训。举办各类培训班85期，共培训党员领导干部2200余人次。同时，在白文职业技校挂牌成立了临县农村干部培训学校，共培训农村两委主干、大学生村干部1037名，极大地提高了全县农村干部的综合素质。三是加强农村干部队伍建设。出台了《关于村级党组织书记队伍建设的意见》，进一步规范了农村干部的选拔、任用、监督、考核、管理。落实了农村“两委”主干、大学生村干部岗位报酬统一发放和基本养老保险制度，拓宽了农村离任支部书记生活补助范围。

（四）党风廉政建设深入开展。一是积极营造浓厚的廉政建设氛围。在碛口古镇建立了县级廉政教育基地，共接待参训学员、省市县各级领导、兄弟县市参观学习者900余人次。创办《湫虹》和《颐年集》廉政教育专刊，宣传我县党风廉政建设工作。二是继续引深农村基层党风廉政建设。农村会计委托代理得到进一步规范，农村会计电算化稳步进行。三是强化监督检查优化发展环境。对新增中央投资项目、安全生产、工程建设领域、土地市场和矿业秩序等进行了监督检查；对教育、医疗、专用执法车辆、公路三乱等行业和领域进行纠风之乱。四是加大违纪违法案件查处力度。共立查各类违纪违法案件160件，其中大要案16件。处理违纪党员干部159人，其中科级干部9人，共挽回经济损失97.88万元。

一年来，县委团结带领全县60万人民开拓进取、奋力拼搏，经济建设、社会建设、政治建设都取得了一定成绩，但与市委、市政府的要求以及广大人民群众的期望还有一定差距，经济发展水平还很低，发展速度还不是很快，农民增收步伐缓慢，经济发展中的深层次矛盾突出，维护稳定的任务异常艰巨。在新的一年里，我们将扎实工作，逐步解决这些问题。

附：一、中共临县县委书记、副书记、常委名单

书　记：刘永平

副书记：张建国（11月任职）　李智勇

薛瑞琪（3月任职，挂职）

常　委：王成军　薛全清　薛凤奎　樊爱平（女）

李　琦　赵如宁　刘应刚　雍建华　薛瑞琪

二、乡镇党委书记、副书记名单

白文镇

书　记：赵三宝

副书记：刘新民

城庄镇

书　记：李烽锋

副书记：成小龙　李永旺

木瓜坪乡

书　记：曹来旺

副书记：陈绍文

临泉镇

书　记：张恩富

副书记：薛孝泽　刘元日

安业乡

书　记：郭　原

副书记：刘江海　王炳林　赵仲宏（1月离职）

玉坪乡

书　记：张文全

副书记：高宏亮　郭振飞

大禹乡

书　记：李晓春

副书记：王荣平　郝建明

三交镇

书　记：王犁青

副书记：贺向亮　柳凤鸣

车赶乡

书　记：高　翔

副书记：李有喜　赵生峰

湍水头镇

书　记：郝振杰

副书记：苗焰银　刘毓剑

林家坪镇

书　记：张介军

副书记：薛银贵　薛全山

招贤镇

书　记：曹明明

副书记：刘建平　秦继明

碛口镇

书　记：高恩奎

副书记：陈　顺

青凉寺乡

书　记：雷俊富（1月离职）

副书记：曹　莉（女）　刘秀荣

石白头乡

书　记：贺建平

副书记：王廷海

雷家碛乡

书　记：张向阳

副书记：秦京亮　张玉荣

兔坂镇

书　记：闫福平

副书记：李卫平　贺卫民　刘绳平

八堡乡

书　记：秦小奇

副书记：李桃林　刘旭峰　张开前

克虎镇

书　记：李金峰

副书记：张莹源　武志强

安家庄乡

书　记：任文珍

副书记：闫　平

刘家会镇

书　记：郝有旺

副书记：陈小林

丛罗峪镇

书　记：李正奎

副书记：高翠文　柳长春

曲峪镇

书　记：高文平

副书记：刘玉杰　贺生敏

中共石楼县委工作概况

2009年，在市委、市政府的正确领导下，县委以科学发展观为指导，认真贯彻党的十七大、十七届三中、四中全会精神，紧紧围绕“转型发展、安全发展、和谐发展”，突出项目建设、农民增收、和谐稳定三大工作重点，抢抓机遇、迎难而上，积极应对国际金融危机和国内严峻的安全形势带来的不利影响，千方百计“保增长、保民生、保稳定”，全县经济社会各项事业在攻坚克难中得到有效推进，全县上下呈现出经济企稳向好、农业喜获丰收、社会和谐稳定、人民安居乐业的喜人局面。

一、主要经济指标完成情况

全县地区生产总值预计实现3.7亿元，同比增长10%；财政总收入完成3672万元，同比减少22.9%；全县规模以上工业总产值实现4627万元，同比减少44%；规模以上工业增加值实现1659万元，同比减少64%；社会消费品零售总额实现1.08亿元，同比增长20%；城镇居民人均纯收入实现6806元，同比增长8.5%；农民人均纯收入实现1168元，同比增长14.1%；全社会固定资产投资完成4.3亿元，同比减少8%；全县居民储蓄总额达4.4亿元，同比增长57%；全县环境空气质量二级以上天数实现294天，超目标任务280天14天；人口自然增长率控制在5.63‰,同比降低0.04个千分点。

二、主要工作情况

（一）以重点项目建设为抓手，抢抓机遇、攻坚克难，工业经济稳步推进。2009年，全县各级干部按照“一切为了项目投产达效，一切服务项目投产达效，一切保证项目投产达效”的总体要求，克服重重困难，同心同德服务项目建设，保证了我县所有重点项目的顺利推进。

工业项目上，除2×60万千瓦电厂在等待国家发改委批复外，其余12个项目，已完工8个，在建3个，设备安装1个。坪底水库项目与山西国际电力集团签订了合作建设意向书，得到了联盛集团1.055亿元的投资承诺。赵家沟、原则河两座煤矿整合为山西华润联盛赵家沟煤业公司，介板沟、麦塔两座煤矿整合为山西华润联盛介板沟煤业公司，整合后的两个煤业公司生产能力均提高为60万吨。目前，两个主体企业已对两座煤矿签约接管，兼并重组工作圆满完成，领取到了新的采矿许可证。煜隆煤气化公司经省发改委批复，年生产能力扩建为100万吨，炉型升级为5.5米的单式侧装捣固型焦炉。齐鲁水泥厂由原20万吨产能扩建为40万吨。农业项目上，万亩红枣优种园及4000吨红枣系列产品加工项目、万亩杏林优种园及杏果产品综合利用项目等第一轮申报的6个“双百双千”项目全部顺利投产运营；年产3500吨马铃薯深加工产品技改项目、年产7000吨精炼大豆油与磷脂改扩建项目等第二轮申报的6个项目，2个已投产运营，其余4个正在建设中。

（二）以农民持续增收为抓手，提升产业、夯实基础，三农工作成效明显。2009年，我县认真落实中央1号文件精神，按照省、市有关农业农村工作的要求，继续大力整合“三农”资金，深入实施“五新”战略，以农民持续增收为切入点，三农工作迈上了新台阶。

1. 以“111”核桃（红枣）发展计划为重点的农业产业化结构调整进展顺利，为全县农民持续增收奠定了坚实基础。今年，我县整合“三北”防护林、干果经济林项目资金和部分整村推进、片区开发资金，累计投入2000余万元重点实施了“111”核桃（红枣）发展计划。在核桃产业上，采取乡镇集中搞精品园和动员农户零星栽植相结合的办法，在保证苗木质量，提高苗木成活率的基础上，新发展核桃经济林57180亩，全县核桃产量达150万斤；在红枣产业上,沿黄乡镇和县直有关职能部门，深刻吸取连续两年严重受灾的教训,大力开展红枣抗裂果科研攻关,嫁接改良红枣20000亩，同时认真研究避灾保收措施,全县红枣喜获丰收，产量达5630万斤。与此同时，以小杂粮、糯玉米、黄河沙滩红薯为重点的特色种植业，以家鸡、猪为重点的特色养殖业和劳务输出经济等几项具有我县特色的富民产业也得到迅猛发展。年内小杂粮种植面积达18万亩，产量达3800万斤；糯玉米4000亩，产量达280万斤；黄河沙滩红薯4万亩，产量达960万斤。年内存栏鸡19.6万只，存栏猪1.96万头。全年县乡两级共举办各种形式的农技培训80余次，培训农民1万余人（次），县外转移劳动力6500人（次），劳务输出收入约6000万元。

2. 农村基础环境明显改善，为农民持续增收创造了良好的条件。在扶贫移民开发上，进一步总结我县“整合三农资金”的经验做法，不断规范资金使用程序，充分发挥部门争取资金的主动性，大力维护财政监管资金的严肃性，实现了资金使用效益的最大化。在完善原有35个新农村建设点的基础上，在新铺开的罗村镇东石羊村、小蒜镇田家岔村、和合乡西山村等10个新农村建设重点推进村，完成了农民科技文化活动室10个，计生卫生室10个，标准化小学10所，农民休闲活动广场10个，便民连锁店13个；完成了龙交乡君庄村、辛关乡陈家腰村等11个村、1320口人的移民任务，新建了17000平方米266套移民房。在农田水利基本建设上，完成了43处农村安全饮水工程，解决了7800口人，320头大畜的安全饮水问题；实施了21.74万亩农田测土配方项目；完成了东石羊坝系工程2座骨干坝、4座加固坝和王村水库防洪应急工程；实施了退耕还林补栽补植85800亩。同时，各种面向农村的良种补贴、粮食直补、“家电下乡”等惠农资金全部及时落实到位，切实把国家的各项惠农政策落到了实处。

3. 农村基层组织建设不断加强，为农民持续增收提供了可靠保证。各乡镇和县直有关职能部门高度重视村级班子换届后的交接工作，强化对新班子成员的培训，保证了基层组织的平稳过渡。同时，结合第三批学习实践科学发展观活动的开展，深入推进村级民主法治建设和基层党风廉政建设，继续推行村务公开、财务公开，依法维护了农民的民主权利，充分调动起了农民参与新农村建设的积极性，切实为广大农民持续增收提供了可靠的保证。

（三）以社会和谐稳定发展为抓手，统筹城乡、关注民生，人民群众安居乐业。今年以来，县委按照省委提出的“转型发展、安全发展、和谐发展”的总体要求，站在全局和战略的高度，统筹谋划全县改革、发展、稳定大计，全方位营造出了和谐稳定的社会氛围。

1. 城乡居民生产生活条件得到大力改善。县城建设上，石楼迎宾馆、宣传广电文化大楼、计生服务大楼、社会福利中心等一批重点市政工程，主体建筑全部完工；廉租房建设项目已经完成了地基碾压，今年9月主体即可完工；荣林生态园完成了1200亩绿化任务和8公里上山道路硬化工作；沁园春大街亮化工程全部完工；西门坡路面维修改造和亮化工程顺利完工；月亮湾广场建设工程，完成了场地平整；城区污水处理项目、垃圾处理项目的立项、科研、环评、设计等前期工作全部完成，目前已到位资金650万元；城区供水工程也争取到了300万元的投资；城区绿化面积新增3.5万平方米，绿化覆盖率提高了0.9个百分点；城区环境卫生秩序综合整治工作常抓不懈，县城人居环境日益改善，县城整体面貌日新月异。在交通建设上，黄河大桥建设工程，9根桥墩已浇注完成3根，其余6根也完成基础浇注，预计今年10月竣工；双石线（曹村——南头桥）改造工程全部顺利完工；农村公路通畅工程，共完成20个行政村147.4公里村通水泥路（油路）。同时，山西中南部铁路出海通道过境石楼方案顺利通过铁道部的评审，并于去年12月22日在郑州正式奠基开工。在电力和广播电视建设上，110千伏变电站正式投入运营；城区10千伏线路改造工程顺利推进；县城有线电视数字化改造工程全面完工，完成了中央七台无线信号全覆盖。

2. 各项社会建设得到扎实推进。教育工作上，出台了《促进教育工作再上新台阶的意见》，决定从2009年开始，连续三年每年新增教育投入1000万元，每年补充一线教师100名，保证了教育持续、良性发展。2009年高考达线人数206人，比2008年增长51%，达线率连续两年居吕梁市山区九县（区）之首。石楼中学顺利通过了省级示范学校验收。卫生、计生工作上，完成了县医院门诊大楼扩建工程和30个行政村卫生室建设任务；配齐了9个乡镇卫生院基础性医疗设备；全县儿童“五苗”接种率达98.2%；2名H1N1确诊患者顺利痊愈。同时，完成了小蒜、罗村2个乡镇计生中心服务站和37个新农村计生室建设任务。社会保障工作上，启动了全县干部职工住房公积金制度；全年争取各类救灾资金450万元，救灾物资5000件；纳入城乡低保救助10292人，发放低保金1088万元；救助城乡重大疾病患者520人，发放救助资金171万元，全县弱势群体的生活得到了有效保障。宣传文化和旅游开发工作上，组织开展了庆祝新中国成立60周年“百首爱国歌曲大家唱”系列活动；出版了《风景这边独好》、《红军东征石楼纪实》、《姜太公故里在石楼》、《秋夜随想》、《易渊》5本县情教育读本；完成了9个乡镇文化站建设工程；配合上级部门完成了第三次全国文物普查工作；对社会反响强烈的“黑网吧”进行了专项整治；完成了红军东征纪念馆维修改造工程，红军东征纪念馆被中宣部命名为“国家级爱国主义教育基地”、“全国第二批免费开放博物馆”和“国家二级博物馆”。

3.“平安石楼”建设得到有效夯实。在安全生产工作方面，2009年重点对全县所有的煤矿、非煤矿山、危险化工品等企业进行了安全监管，有效消除了隐患，堵塞了漏洞，全年未发生一起安全生产事故。在安全监管工作方面，大力加强了对食品药品市场的监管，开展了打击酒后驾车等违规违法行为专项治理行动和全县地质灾害隐患实地调查专项活动，共排除地质灾害隐患点151处，有效防止了群死群伤事故的发生。在社会稳定工作方面，进一步深化“平安石楼”创建，全面铺开打黑除恶专项行动，全年共立刑事案件125起，破获89起，破案率71.2%，发案率比去年下降1.57%，全年未发生一起影响政治稳定的重大事件，社会整体治安秩序良好。同时，认真实行县乡领导“信访接待日”制度，注重疏通社情民意，引导群众通过合理渠道反映各类诉求，切实把各种矛盾纠纷消除在基层，化解在萌芽状态。全年共立案61件，结案49件，结案率80%，其余12案正在处理当中。

（四）以学习实践科学发展观活动为抓手，创新载体、突出特色，党的建设全面加强。组织工作上，我县紧紧抓住第二批、第三批学习实践科学发展观活动的开展，组织全县109个县直行政事业企业单位、9个乡镇、134个行政村党支部，共5763名党员参加了学习实践活动。活动中，结合我县实际，在按照活动流程做好“规定动作”的同时，突出实践特色，创造性地实行了“532、531”党员包联制度，开展了“十百千万”大调查活动，举办了各级干部加快石楼发展五大“科学论坛”，全面引深了各级领导班子、干部队伍、基层党组织、党员队伍建设，切实为全县经济社会发展提供了坚强的思想、政治和组织保证。基层党风廉政建设工作上，围绕学习实践科学发展观活动的开展，以“做党的忠诚卫士、当群众的贴心人”主题实践活动为切入点，重点抓了四方面的工作。一是对重点建筑工程领域、国有资产、小金库、专项资金使用情况进行了清理、整顿和规范。二是深入开展了农村基层党风廉政建设“135”工程，全年征集建议和意见700多条，解决各种矛盾纠纷400余起，134个行政村全部实现了农村财务委托代理制，有效促进了农村财务管理规范化运行。三是扎实开展了纠风治乱和案件查处工作，全年共立查违纪案件9件，其中大要案1件，结案9件，受到党纪处分9人。四是继续深入开展煤焦和非煤矿山领域的反腐败斗争，全年共清缴各类欠缴资金330万元。

附：一、中共石楼县委书记、副书记、常委名单

书　记：李少杰

副书记：武跃飞　李子荣　郝钦新（11月任职，挂职）

常　委：乔　云　田文军　潘晓明　闫玉萍（女）　郑世光　薛东升

二、乡镇党委书记、副书记名单

灵泉镇

书　记：解利新

副书记：宁　煦　高世元　候建国

罗村镇

书　记：郭登文

副书记：王小平　刘春平　宁希珍

小蒜镇

书　记：史建平

副书记：王　鹏　任志忠

义牒镇

书　记：郑守祥

副书记：王立国　许彦文

龙交乡

书　记：王延平

副书记：袁红青　高林海　褚计生

裴沟乡

书　记：马晋军

副书记：解利国　许瑞勇

曹家垣乡

书　记：张元永

副书记：贺雨生　呼玉海

辛关乡

书　记：王福平

副书记：田建军　李春生　陈智海

和合乡

书　记：温建宏

副书记：闫瑞平　曹林平

中共岚县县委工作概况

2009年，岚县县委积极应对大环境、小气候，充分发挥领导核心作用，团结带领全县广大干部群众，认真贯彻党的十七大和十七届三中、四中全会精神，按照市委“三三战略”的总体要求，以科学发展观为统领，以“保增长、保民生、保稳定”为工作主线，科学判断形势，主动应对挑战，务实制定政策，全力化解危机，协调推进经济、政治、文化、社会和党的建设，实现了经济平稳发展、社会和谐稳定、各项事业逆势前行的良好态势。

一、突出核心地位，始终坚持抓大事、谋战略

思路决定出路。县委思路是否清晰，主意是否对头，决策是否民主，很大程度上直接影响全县经济社会的发展。因此，今年以来，特别是县级班子调整以后，县委按照用科学发展观指导发展的原则和管大事、谋全局、把方向、出思路、抓关键的职责要求，始终把精力放在抓重大决策、抓战略重点和全面指导上，通过理清思路、明确定位、完善制度、定岗履职，进一步统一了思想、凝聚了人心。在日常工作中，县委按照民主集中制和集体决策的原则，始终坚持总揽而不包揽、协调而不代替，努力创造民主和谐的决策环境，既保证了县委在决策中的核心作用，又充分发挥县人大、县政府、县政协以及每个成员的智慧，增强了决策的科学性、计划性、全局性，最大限度地避免了决策的盲目性、随意性和片面性。

二、咬定第一要务，全力保持县域经济平稳较快发展

一年来，面对宏观经济形势的严峻挑战，县委始终坚持发展为第一要务，着力加强对经济工作的领导，准确把握宏观环境变化趋势，着力破解发展难题，标本兼治、保稳促调，努力保持经济平稳较快发展。全年完成地区生产总值9.5亿元，同比增长6.7%；规模以上工业企业实现增加值2.56亿元，与去年持平；财政总收入达到1.46亿元，同比下降11%；社会消费品零售总额完成4.9亿元，同比增长21.1%；城镇居民人均可支配收入达到9315元，同比增长7%；农民人均纯收入达到1750元，同比增长12.8%。

工业经济运行克服前所未有的压力和挑战，实现最大限度减少损失、平稳运行。面对国际金融危机、太钢资源整合、煤矿兼并重组、安全生产刚性约束等因素的多重影响，面对企业运营成本加大、货物流通渠道受限、营销市场严重疲软、经济效益大幅下滑的困难局面,县委主动应对，积极作为，坚持抓服务、抓提升双轮驱动，取得了明显成效。着力强化服务保障。严格落实重点项目包联责任制，构建了产业、项目、企业、安全生产四位一体分工负责的项目推进格局；积极组织四大班子和相关部门深入企业共谋对策，积极向上级有关部门和领导反映企业生产经营困难问题；按照“规范、完善、整理、提升”的原则，大力推进普明新型工业园区建设，编制完成了园区总体规划，基础设施和综合服务功能继续提高，园区企业全年完成工业增加值1.78亿元，同比增长12.55%，完成工业总产值4.6亿元，同比增长7.7%；充分挖掘信贷潜力，成功举办了投融资项目银企对接会，组织3家金融机构与16户企业签订了7350万元的贷款协议，涉及项目20个，有效缓解了企业资金困难的问题。着力推进产业升级改造。引导和扶持继亨、恒升等铸造企业通过提升技术、改造转产抢占市场先机，实现了传统产业向新型优势产业的转变。我县铸造企业在加快产业升级、应对金融危机、实现转型发展等方面所取得的成绩得到了市政府的充分肯定，承办了全市铸造企业项目建设推进现场会。扎实推进煤矿企业兼并重组整合，引进了山西煤炭运销集团、大同煤矿集团、山西省焦煤集团、安徽皖北煤电集团四大国企对全县9座煤矿进行整合，全县煤矿总产能和井田面积进一步拓展，效益明显提升。经过不懈努力，工业项目建设取得了明显成效，太钢采选、继亨铸造、昌通水泥、丰达焦化等9个骨干项目顺利推进，全年完成投资12亿元，继亨、恒升等铸造企业通过开放引进、提升技术、开拓市场、转产改造，成为全市铸造行业转型发展的成功范例。全县工业经济运行呈现逐月好转态势，主要经济指标在全市的排名位次上升，实现了逆势前行。

农业生产克服价格波动、春旱秋涝等困难，产业化水平有了新提高，新农村建设取得新进展。以马铃薯为主的农业主导产业建设扎实推进。强化种薯基地建设，完成万亩集中连片种薯基地建设，种薯种植面积将扩大到17万亩；强化农产品质量认证，10万吨无公害马铃薯通过产地、产品认证，实现包装上市；强化科技支撑，马铃薯周培实验室即将建成投用；强化龙头企业培育，宜芳食品马铃薯深加工项目基本建成，马铃薯产业规模效益明显提升，产业化经营迈出了实质性步伐。依托雁门关生态畜牧经济区项目和全省绒山羊养殖重点县建设项目，建成岚河畜牧园区绒山羊种羊场和20个规模养殖示范场，全县羊饲养量达到21万只，优种率提高到64%，标准化舍饲规模养殖进一步扩展，养殖效益进一步提高。强化技术培训，新植5560亩，培养仁用杏种苗种植大户50户，仁用杏产业稳步发展。按照“整村推进、连线成片、完善提高、典型示范”的思路，扎实开展新农村建设“五四工程”建设，在继续完善31个试点村、重点推进村的基础上，完成了新一轮12个重点推进村建设任务；核桃、养猪、蔬菜、瓜果等区域特色产业

稳步发展，带动作用明显增强；积极打造文化型、产业型、生态型、集镇型四类发展特色村，特色新农村初见雏形。

城乡基础设施建设破解资金严重短缺等现实难题，人民群众生产生活环境得到很大改善。去年全县城乡基础设施建设克服任务重、筹资难等困难，层层落实建设责任制，突出县城建设重点，城乡基础设施建设取得新进展。县城建设方面，在继续完善原有项目、设施的基础上，全力实施了12项重点市政工程建设。目前，东河公园建成投用，岚州大道路基工程、汽车站主体工程全面完成，新区集中供热、两个菜篮子集贸市场建设等工程已全面铺开，污水处理厂二期工程、垃圾处理厂建设稳步推进，县城功能日趋完善。交通建设方面，太佳高速公路岚县段建设顺利推进，太岚兴铁路岚县段前期工作扎实开展。城乡环境综合整治扎实开展，对薄弱环节、死角死面进行了彻底的清理整治，涌现了28个环境整治亮点村，探索建立行之有效的城乡环境卫生长效管理机制，扫除了陈规陋习，树立了文明新风。

三、着眼协调发展，着力维护和谐稳定大局

县委将保民生、保稳定作为学习实践科学发展观的重大政治任务来对待，着力改善民生，全力维护稳定，营造了和谐稳定的良好局面。一是发展民生事业保和谐。按照省、市关于“五大覆盖”的总体部署，尽力而为加大民生投入，使广大群众共享改革发展的成果。深入实施新一轮教育布局调整，第二高中和职业中学主体建设开始启动；强化经费保障，将义务教育阶段学生公用经费全部纳入财政保障范围；继续深化教育内部改革，中小学教师绩效工资全面推行，轮岗支教和山区任教服务期制度初步建立，进一步激发了教育内部活力。体育事业迅速发展，承办了全省农民体育健身工程现场会；各类体育协会和组织不断涌现，城乡体育活动蓬勃开展。文化事业加快发展，成功举办了第三届面塑艺术节，岚城面塑列入省级非物质文化遗产保护项目，乡村两级文化活动场所设施设备进一步完善。在完善12个乡镇卫生院设施设备的基础上，新建村级卫生所155个；稳步推进新型农村合作医疗制度，农民参合率达到90.2%。积极开展防控甲型H1N1流感工作，确保了甲流在我县不扩散、不蔓延。社会保障体系进一步完善，养老、医疗、失业、工伤参保人数达到1.9万人。严格执行低保标准，做到了应保尽保。此外，计生、妇女、广电、新闻、档案、史志、老干部、关心下一代和残疾人等各项事业取得新成效。二是强化社会安全保稳定。加大信访工作力度，坚持分级负责、归口管理，全面落实县级领导包案、信访接待、稳控责任等各项制度，确保了重点时段和敏感时期的信访安全。严厉打击各类严重刑事犯罪、涉黑涉恶和侵财型犯罪，组织开展了“打黑除恶”、“侦破命案”、打击“两抢一盗”等专项行动，惩治了一批违法犯罪分子，治安形势进一步改善；扎实开展了煤矿、非煤矿山、尾矿库、化工、消防等各行业、各领域安全生产专项整治工作，安全事故主要指标继续下降，全年没有发生重大安全事故。针对重大事故隐患、重大危险源，认真建立健全突发性公共事件的医疗救助应急预案和应急机制，抓好应急人员配备、应急物资储备、应急演练等各项工作，有效化解各种风险，社会保持和谐稳定。

四、强化发展保障，全面加强党的建设

加强党的建设，是各项事业顺利发展的根本保证，是县委始终不容懈怠的政治责任。一年来，县委自觉坚持“党要管党，从严治党”方针，把加强党的建设作为推进各项工作的治本之举，按照“五位一体”党建工作格局，党的建设各项工作扎实推进，发展保障进一步强化。

扎实开展学习实践科学发展观活动，贯彻落实科学发展观的自觉性和坚定性进一步增强。县委严格按照中央和省委、市委的部署和要求，高度重视，精心组织，周密部署，扎实推进，较好地完成了第二批、第三批学习实践活动的各项规定动作，创造性地开展了自选动作。全县党员干部以高度的政治责任感、饱满的工作热情、务实的工作作风、创新的工作精神，积极参加活动。各级党组织和广大党员把学习活动中激发出来的积极性、创造性，转化为服务群众的动力、推动工作的能力，有力地促进了全县经济社会的全面发展。特别是我县创新主题载体、突出实践特色的做法，得到了省委、市委的充分肯定，引起了较大反响。

狠抓制度建设。扎实开展了“强化管理年”活动，出台了《关于开展“强化管理年”活动的实施意见》。从提高工作效能入手，健全和完善了岗位责任制、首问负责制、限时办结制、服务承诺制、过错追究制等工作制度，以严密的制度体系确保机关的有序运转。从确保制度高效执行入手，建立健全各级领导抓落实的责任机制，层层分解责任，使每项工作有人抓、有人管、有人督促，有人考核，形成了集体领导、分工负责、层层管理的良好格局。在全县所有党政机关和干部职工中深入开展了明确职责，定岗履职大讨论活动，建立健全了各项规章制度，进一步明确了岗位职责，实现了不失位、不缺位、不错位。

强化基层组织建设。扎实开展了农村十星级党员评比活动，对农村党员全部实行了十星级目标管理。加强了全县非公有制企业党组织动态数据库建设，扩大了党组织的覆盖面。切实加强了农村党组织阵地建设，在完善提升现有村级活动场所功能的基础上，新建改建活动村级活动场所37个。加强了大学生村干部管理，确保了大学生村官作用的发挥，实现了大学生村官的合理流动。

切实加强党风廉政建设。围绕建设“廉政岚县”的目标，认真落实党风廉政建设责任制，确保了党员领导干部在其所分管部门领域能按照“一岗双责”的要求做好廉政建设工作。继续深入推行“六项制度”，促进了制度防腐的全面深化。加大案件查处力度，全年立查各类违法违纪案

件61案，处分违纪人员72人。坚持“纠建并举，标本兼治”的原则，着力加强了纠风治乱和执法监察工作，对群众反映强烈的教育、医疗、公路、婚丧事务等领域的不正之风进行了专项整治，深入开展了煤焦领域反腐败专项行动，全面展开了工程建设领域反腐败专项行动，促进了发展环境的进一步优化。

附：一、中共岚县县委书记、副书记、常委名单

书　记：阎刚平（11月任职）
副书记：郭长风　张琦锋　成志斌
王震南（3月任职）
常　委：程芝生　牛元生　李宝莲　李丕旺
李清玉（6月任职）

二、乡镇党委书记、副书记名单

普明镇
书　记：王中杰
副书记：王春旺　李晋德
社科乡
书　记：程玉堂
副书记：梁俊山　俎亮平
东村镇
书　记：李铁珍
副书记：牛泉深
梁家庄乡
书　记：李明生
副书记：李中玉　程建生
上明乡
书　记：贾春魁
副书记：程秀全　李志臻　杨永林
王狮乡
书　记：梁瑞莲
副书记：杨亮明　武卫平
岚城镇
书　记：苏永明
副书记：郭俊生　邸拴珍
顺会乡
书　记：焦存珍
副书记：刘珍和　袁春林
界河口镇
书　记：王志平
副书记：刘建军　李兴旺
河口乡
书　记：樊朝生
副书记：郭建民　邸连珍
大蛇头乡
书　记：刘瑞锋
副书记：陈文礼　张国庆
土峪乡
书　记：任海燕
副书记：程智芳　刘润生
城管委
书　记：袁玉珍
副书记：魏兰柱　温军福

中共兴县县委工作概况

2009年，在省委、市委的正确领导下，兴县县委紧紧依靠县人大、县政府、县政协几大班子，团结带领全县广大干部群众，按照转型发展、安全发展、和谐发展的要求，继续深入实施“五五兴县战略”，全力推进大项目和兴县基地建设，全面落实保增长、保民生、保安全、保稳定各项措施，经济社会保持了又好又快的发展势头。

一、党建工作开展情况

县委始终把加强党的建设作为提高执政能力，推动社会事业全面发展的重要举措，抓住关键环节，注重思路创新，解决突出问题，全面夯实党建基础，党的执政能力进一步得到增强。

（一）深入开展学习实践科学发展观活动。按照市委总体部署，坚持“常规动作不走样，自选动作有特色”，扎实有效地开展了第二批、第三批学习实践科学发展观活动，全县128个单位、377个党支部、10617名党员干部参加了学习，共征求社会各界的意见和建议1000多条，梳理总结出发展中存在的17个方面的问题，并确定了17个调研课题，由17位县级领导分赴信访问题重点村、村矿矛盾突出村进行了调研，形成了有价值的调研报告，为县委科学决策提供了依据。

（二）加强领导班子自身思想政治建设。年内县委中心组以科学发展观为主要内容，组织了6次学习；邀请省委党校教授张路、市委讲师团团长闫巨海，分别为全县副科级以上干部做了“解放思想、科学发展”专题讲座，“金融危机下的中国”专题报告。通过深入学习，各级领导班子成员的思想得到进一步解放，政治素质和理论水平明显提高。

（三）打造富有生机和活力的干部队伍。建立了党政人才、高层次专业人才、高技能人才、农村实用人才信息库，首次引进2名山西农大硕士研究生来兴工作。实行了干部选拔任用工作“一报告两评议”制度，对全县干部进行了科学调整，共提拔干部70名，进一步优化了干部的梯次结构，激发了年轻干部干事创业的内在动力。

（四）强化各级党委书记抓党建的职责。县委将党建工作细化为领导责任、基层组织建设、长效机制建设、阵地建设、作风建设、创新工作等7大项19条具体任务。县委书记与各乡镇党委书记，各乡镇党委书记与村党支部书记分别签订了党建工作目标责任状，形成了一级抓一级、层层抓落实的工作格局。

二、保增长、保民生工作开展情况

（一）县域经济平稳运行，主要指标完成情况良好。

全年完成地区生产总值18.2亿元，增长18.1%；财政总收入3.58亿元，增长36.1%;农民人均纯收入1740元，增长10%。

（二）民生事业加快发展，基本完成计划目标或达到进度要求。

1. 农业农村工作。我们把农业农村工作作为最重要的民生事业抓实抓好。农业基础设施。年内新修河坝6500米，新增坝地0.206万亩，新增水地0.05万亩，完成水保初治面积5.3万亩，实施测土配方施肥40万亩；新建农村沼气服务网点43个，沼气用户达到306户。林业生产。完成三北防护林工程2.5万亩；天然林保护工程完成封山育林0.94万亩；退耕还林工程完成封山育林0.35万亩，建设干果经济林9000亩。牧业生产。发展养殖专业村1个、规模养殖大户20个、规模健康养殖示范户300个。全年大畜存栏28972头，其中牛存栏26610头，猪存栏36497头，羊存栏253416只，鸡存栏406128只，实现肉类总产8116吨，禽蛋总产5010吨，畜牧业人均纯收入达到360元，牧业总产值突破1.54亿元。扶贫开发。整村推进，投入资金4130万元，涉及85个自然村；扶贫移民，投入资金578万元，新建4个扶贫移民新村，惠及4个乡镇、19个村的1700口人。

2. 卫生工作。投资160万元对6个乡镇卫生院进行了改扩建，其中5个已投入使用；投资111万元为中医院、妇幼保健院购置了一批先进医疗设备；新型农村合作医疗累计参合人数达到184485人，城镇居民医疗保险正式启动。

3. 劳动和社会保障工作。新型农民科技培训，完成培训28 期、2.4万人次。全年城镇新增就业2264人，完成全年任务的102%；对686名下岗失业人员进行再就业培训，完成全年任务的114%；完成各类职业培训5060人，农村劳动力技能职业培训1701人；劳务输出2759人；城镇登记失业率控制在4.2%以内。全年征缴养老保险费2035万元，为2539名离退休人员按时足额发放养老金，各项增资政策也全部落实。为388名农民工讨要工资255万元，为农民工支付工伤治疗费40.6万元；启动了28个自收自支事业单位1070名职工的养老保险。

4. 社会救助和低保工作。全年共救助患大病的低保对象325 人，发放救助金185万元；累计发放自然灾害救助金92.4万元；将1803名困难群众纳入五保供养范围，救助标准由2008年的1200元/年提高到了1500元/年；城市低保对象达到7918人，保障标准提高到196元/月，基本做到了动态管理下的应保尽保；农村低保对象达到11214人，确保了农村困难群众的基本生活。

三、保安全、保稳定工作开展情况

县委把保安全、保稳定作为开展一切工作的重要基础和前提，作为维护人民群众合法权益，促进整个社会和谐发展的主要抓手。

（一）关于安全生产。今年以来，对全县非煤矿山企业、道路交通、地质灾害、建筑行业、民爆物品和危险化学品经营使用单位等重点行业、重点领域进行了深入细致的安全隐患大排查。在抓好面上工作的同时，县委继续把安全生产的重点放在煤矿和打击私开矿上。在煤矿安全监管方面，我们常年坚持县四大班子领导包矿，县直单位一把手带队蹲矿监守的机制，并由县委办、政府办、县纪委、县委组织部组成督查组，坚持一日一督查，一日一汇报，对煤矿安全监管实行不间断督促检查；同时进一步强化了“三委派”人员的日常监管职责。在打击私开矿方面，继续保持高压态势，坚决禁止铝土矿出入县境，根绝了私挖滥采行为。

（二）关于社会稳定。1、政法综治。一年来，我们以国庆安保为抓手，以平安稳定为目标，始终坚持严打方针，深入开展各种专项整治行动，取得了显著成效。全年共立查刑事案件314起，破获213起，刑拘115人，逮捕126人，抓获各类网上逃犯46人，破获“两抢一盗”案件104起，打掉抢劫犯罪团伙5个，抓获犯罪嫌疑人28名，通过严打，打击了一批违法犯罪分子，在全社会起到了很好的震慑和警示作用。2、信访稳定。坚持“属地管理、分级负责”和“谁主管、谁负责”原则，强化排查摸底、源头防控、领导包案等行之有效的措施，通过开展信访听证、深入调研、“县委书记大接访”、“百名科级干部信访大接待”等活动，共接待群众1000余人次，有69件重大信访事项得到合法合理解决。

四、其他工作开展情况

2009年,我们全力实施“五五兴县战略”，加快推进大项目和山西兴县资源环保型循环经济综合开发示范基地建设，各项工作进展顺利，收效良好。

（一）攻坚克难主抓大项目，基地建设全面推进。1. 煤炭开发项目。斜沟井田1500万吨矿井，累计完成投资33亿元，掘进3819米，近期可形成1300万吨的产能；配套的选煤厂，设备安装已完成；职工生活区1#至6#楼已投入使用。抓住我省煤炭资源整合契机，与山西华润联盛能源投资有限公司、冀中能源山西金地煤焦有限公司签订了煤矿企业兼并重组框架协议，全县12座煤矿整合后保留4座。2. 电力产业项目。兴县电厂一期（2×600MW+1×300MW）项目可研报告已通过中咨公司审查，省发改委已行文上报国家发改委，正在争取补充纳入国家“十一五”电力发展规划。3. 铝镁工业项目。中国铝业公司兴县80万吨氧化铝项目，厂区防洪、进厂桥梁主体工程基本完工；厂区平整完成填方120万立方米；厂区及矿石破碎站的征地工作已完成。4. 煤化工项目。华电锦兴能源有限公司180万吨甲醇深加工120万吨二甲醚项目，省发改委已备案。配套的肖家洼煤矿，场地平整工作已过半，主井掘进302米，副井掘进60米，风井掘进57米，措施井掘进44米。5. 煤层气项目。山西临原煤层气利用工程，总投资近10亿元，2009年12月18日举行了开工典礼。6. 基础设施项目。岢瓦铁路、瓦塘220KV输变电工程投入使用；天古崖水库除险加固工程大坝主体工程已完工；基地水资源勘探工程已完成四孔深井钻探。此外，与基地配套的各项基础性工程也正抓紧实施。

（二）积极稳妥推进大城建，人居环境有所改观。新区开发方面。一所小学、一所初中投入使用，友兰中学一期工程全面铺开；新区1#、2#大桥竣工验收，连城大道路基基本成形。旧城改造方面。重点完成了县城两条主街道的路面硬化工程；改造县城供水工程管网3公里，投资160万元打深井1眼；在蔚汾大桥南侧架设钢结构人行天桥1座；城市建成区新增绿化面积4万平方米。村镇建设方面。新建20个科技文化活动室、32个便民连锁店和休闲健身场所，完成了22个新农村建设推进村的改水和街道硬化任务。

（三）统筹兼顾建设大交通，形成与大项目齐头共进的态势。完成沿黄公路黑峪口——北会段16公里路基改造工程；投资1.18亿元新增水泥（油）路655公里，涉及87个村。配合完成西纵高速兴县段可研编制及论证工作、岢大线一级改造项目可研编制及评审工作、山西中南部铁路通道兴县段可研编制和实地勘察工作、太兴铁路规划设计工作。

（四）继续优先发展大教育，基础教育质量有所提升。撤并中小学38所，进一步优化了教育资源配置；补充193名特岗教师到农村中小学任教，为基础教育注入了活力；对职业中学进行了大面积维修；与华电锦兴公司、徐州矿业学院联合培养100名高中毕业生，拓展了政校企合作的空间。

（五）多措并举改善大环境，初步形成了有利于加快发展的氛围。软环境建设。一是将晋绥边区革命纪念馆作为廉政教育基地，2000余名党员干部接受了廉政教育。二是加大案件查处力度，共立查各类违法违纪案件107件，处分党员干部130人。三是大力纠治了医疗购销的不正之风、教育乱收费、公路“三乱”、公正执法等方面存在的突出问题。四是组织开展农村基层党风廉政建设“135”工程活动，进一步完善了党风廉政建设和反腐败斗争的长效机制。硬环境建设。编制完成《兴县生态县建设规划》，县城污水处理、城区垃圾处理工程陆续启动；继续开展环保攻坚专项行动，共取缔燃煤茶炉8户10座，燃煤炉灶4座，改造茶炉6户，取缔土烧石灰窑74座，对3户企业予以行政处罚。通过大力整治，城区空气质量明显好转，二级以上天数累计达到300天。

在新的一年里，我们将以求真务实的作风、积极进取的精神和科学有效的手段，继续落实好保增长、保民生、保安全、保稳定各项工作，全力推动兴县经济社会实现转型发展、安全发展、和谐发展。

附：一、中共兴县县委书记、副书记、常委名单

书　记：郭　颖

副书记：孙善文　郝继平

常　委：任杰平　李玉林　白鹏昊　成　林　梁志锋　雷跃锋　崔雷廷

二、乡镇党委书记、副书记名单

圪垯上乡

书　记：刘来迎

副书记：赵雪鸿　胡勇军　高　山

贺家会乡

书　记：白宝明（1月任职）

副书记：康瑞斌　王会文　吕富平

赵家坪乡

书　记：白宇宏

副书记：乔文华　王瑞锋　孙国斌

罗峪口镇

书　记：贺相平

副书记：康建华

孟家坪乡

书　记：白卫利

副书记：史怀勇　高　永　刘承江

固贤乡

书　记：白书平

副书记：贾晋文　王卫信

东会乡

书　记：张　欣

副书记：李　茂　高建明　白晋毓

交楼申乡

书　记：孙小建

副书记：范新森　王亚平　关继忠

恶虎滩乡

书　记：宋兴丽（女）

副书记：刘欣渭　白乃兵　刘　利　孙茂荣

奥家湾乡

书　记：刘四迎

副书记：尹新明　刘小明

瓦塘镇

书　记：白继红

副书记：王彬彬　康建平　牛永红

魏家滩镇

书　记：温东迎

副书记：田小荣　贾拖珍（女）　牛永彪

高家村镇

书　记：王慈迎（3月任职）

副书记：刘东海　原科伟　高唤明

蔡家崖乡

第一书记：刘平则（3月任职）

书　记：张建兵（3月任职）

副书记：梁云云（3月任职）　孙建和　张伟中　高永清　王俊杰（3月任职）　刘俊利

康宁镇

书　记：王仲昀

副书记：马喜荣　牛永生　温永明

蔡家会镇

书　记：苏乃林

副书记：王亚荣　马兴勇　陶振兴

蔚汾镇

书　记：刘保平

副书记：王和平　王建平

中共晋中市委工作概况

市委书记　李永宏

中共晋中市委辖11个县（区、市）委，1个开发区党工委。全市基层党组织8972个（党委336个，总支554个，支部8082个），党员202568名，其中农村党员111385名。

2009年，中共晋中市委坚持以邓小平理论和“三个代表”重要思想为指导，深入学习贯彻党的十七大和十七届三中、四中全会精神，按照省委提出的“三个发展”的要求，以科学发展观统领经济社会发展全局，团结带领全市干部群众同心同德、顽强拼搏，克服了国际金融危机冲击带来的困难，取得了抗击特大暴雪灾害的胜利，圆满完成国庆期间的安全维稳工作和煤矿企业兼并重组整合工作，全市经济、政治、文化、社会、民生和党的建设全面快速协调发展。

一、坚持以提高执政能力为核心，全面加强党的建设

（一）扎实开展深入学习实践科学发展观活动。按照中央和省委的统一部署，我市从2009年3月开始，按照“党员干部受教育、科学发展上水平、人民群众得实惠”的总要求，以“加快科学发展、推动跨越赶超”为主题，分两个批次，组织全市8710个基层党组织、19.8万名党员参加了深入学习实践科学发展观活动。市委先后组织召开了“实施赶超战略”、“促进社会和谐”、“加强党的建设”三个专题学习交流会，为推动经济又好又快发展、构建和谐晋中、提高党的执政能力奠定了更为坚实的思想基础。市委把赵丽琴、马怀兰、边旭东等优秀基层干部选树为善于践行科学发展观的先进典型，在全市范围内开展“五学五比五看”和“县官乡官学村官”活动，推动了整个学习实践活动的深入开展。各级党组织和党员干部强化服务意识，为群众办好事解难事，落实惠民利民的政策措施，共解决各类问题1.3万多个，为群众办实事、好事3.8万余件。市委着力解决基层组织建设面临的新问题，组织实施了以巩固党在基层执政地位为主旨的“固本强基”工程。认真总结推广基层“两保一奖”、“村代会”、“双推优”、“凝聚力工程”等先进经验，在基层党建上创出晋中特色，得到中组部和省委组织部的高度评价。在活动中，全市新组建基层党组织200多个，发展党员5000多名。

（二）不断强化思想政治建设。按照建设马克思主义学习型政党的要求，市委常委会带头，以市委理论学习中心组、常委扩大会、市四套班子联席会等形式，开展了多次专题学习。同时，依托邓小平理论学院、晋中网络学院、中国浦东干部教育学院，狠抓各级班子和广大党员干部的理论学习。党的十七届四中全会召开后，市委常委会及时专题研究部署学习贯彻活动，制定活动方案，明确学习重点、形式和进度要求，在中青年和县处级干部培训班中开设学习专题，在各级各类媒体上开辟学习专栏，在干部远程教育网上开办学习课堂，并编发学习教材，组织宣讲队伍，努力使党的十七届四中全会精神深入人心，广大党员干部以中国特色社会主义理论指导和推动工作的能力不断提升。

（三）积极推进领导班子和干部队伍建设。认真贯彻落实中央关于干部工作的“一法、一纲要、三条例、十一个配套性文件”和省委的“四个规定”，积极探索差额考察、差额上会的办法，认真执行考察预告、任前公示等制度，贯彻落实任职回避、轮岗、交流和任期制度等规定，坚持全委会票决制和全委会闭幕期间征求意见制度，不断推进干部选任工作民主化、科学化。配合省委组织部圆满完成了市人大主任、副主任和市政协副主席以及市中级人民法院院长的届中人事调整与选举工作；顺利完成公安系统部分干部的调整配备；分县（区、市）、政府系统、党群系统三块，统筹推进市直单位领导班子和领导干部调整配备工作。全年共调整干部9批292人（次），其中提拔161人（正处26人，副处135人），平调57人，免职56人，其他18人。经过三年的努力，使积累多年的干部问题得到有效化解，人心思进、谋事创业的氛围进一步形成。

（四）持续引深反腐倡廉建设。充分发挥纪检监察机关在服务赶超发展上的推动作用，对中央扩大内需项目、省

市重点工程建设、污染企业治理、城乡环境卫生清洁工程等及时跟进，开展专项督查，强化问责问效。严格用纪律管住作风，继续对机关干部执行工作纪律等情况进行明察暗访，责任追究16人。严格控制一般性财政支出，加大对公务购车用车、公务接待费用和党政机关干部出国(境)等工作的监督检查，全市因公出国（境）团组批次比上年同期下降67%。始终保持对腐败案件的高压态势，全市纪检监察机关共立查案件869件，处分党员、监察对象862人，挽回经济损失4136.3万元。深入推进煤焦领域反腐败专项斗争，查办涉煤涉焦以及非煤矿山领域案件82件。及时研究部署工程建设领域突出问题的专项治理，确保了工程建设进度和质量。国务院纠风办在我市召开民主评议基层站所座谈会。我市被中纪委确定为案件管理工作联系点。农廉工作扎实推进，全省深化农村党风廉政建设工作座谈会在我市召开。认真贯彻中纪委和省纪委关于加强县级纪检监察机关建设的要求，从干部配备、经费保障、装备设施等方面作出了安排部署。

二、坚持把发展作为第一要务，抓项目、调结构、促减排，努力推动全市经济又好又快发展

2009年，全市生产总值完成636.8亿元，同比增长6.7%；固定资产投资完成395.9亿元，同比增长19.5%；城镇居民人均可支配收入和农民人均现金收入分别达到14628元和5194元，同比增长12.2%和8.7%。财政总收入、社会消费品零售总额、农民人均纯收入三项指标提前一年完成“十一五”规划目标。

（一）积极应对国际金融危机冲击，市域经济在经历严重困难后企稳回升。市委实施赶超战略应对国际金融危机挑战，为全市经济止跌回升、企稳向好提供了坚强保证。一是把抓中央扩大内需政策机遇作为保增长的重要任务。全市共争取到4批389个中央扩大内需项目，总投资30.2亿元，项目开工率和基本完工率分别达到91.8%和41.9%。二是把保企业作为保增长的关键环节。出台了帮助工业企业克服困难加快发展的31条减、免、缓、停措施，推进“三个一”对口帮扶，开通“绿色通道”，为企业发展扫清障碍；指导帮助重点工业项目和关及民生的劳动密集型工业企业解决电力、运力不足难题，引导企业在原材料使用、产品销售等方面广泛合作、共同发展。三是把激活农村消费市场作为保增长的有效举措。全面落实家电、农机、汽车下乡政策，大力实施“双三十”、“万村千乡”市场工程和“新网”工程，有效扩大了农村消费需求，全市乡村消费品零售额增幅高出城镇3个百分点。

（二）坚持以转型发展为目标，强力推进项目建设。市委把项目建设作为落实省委“转型发展”要求的重要载体，作为晋中实现赶超发展的主要举措。一是以大决心、好机制强化项目推进力度。通过建立完善项目落实机制、调度机制、倒排机制，全年确定的582项重点工程，开工率达到97%。新增招商引资项目92个，总投资180亿元。二是以大项目、好项目加快经济结构调整。榆化20万吨离子膜烧碱改造、华能左权2×600MW电厂、寿阳90万吨煤层气经甲醇制二甲醚等煤化工、煤电、煤层气项目进展顺利；装备制造业“两园区一基地”建设全面启动，吉利集团20万台汽车制造项目完成商务谈判；六大物流基地建设初具规模，三晋国际商贸物流城、山西金利恒钢材市场等项目一期基本完工。现代农业建设成效明显，全省最大的现代农业示范区一期工程实施顺利，农业在全省的领先优势进一步巩固。榆次乌金山国家森林公园、太谷梅苑生态园等旅游综合开发项目相继完工。第一、三产业产值分别同比增长4.8%和9.5%，其中一产投资高出平均水平63.5个百分点，转型发展初见端倪。三是以硬办法、实措施推进节能减排降耗。坚持环保优先、铁腕治污，淘汰落后产能120.8万吨，超额完成省政府下达的节能降耗目标任务。减排二氧化硫2200吨、化学需氧量900吨，全面完成年度减排任务。市城区二级以上天数达到348天，比上年增加9天，稳定达到国家二级标准。

（三）推进煤矿企业兼并重组整合，提升煤炭产业素质。坚决贯彻落实省委、省政府的决策部署，确立了推进兼并重组整合的“十项原则”，创造性地提出具有晋中特色的签订“双协议”的办法。经过攻坚，取得了“一减”、“一增”、“两升”、“两降”的成效。“一减”，即矿井数由256座压减至122座，办矿主体优化为22个；“一增”，即煤炭总产能由整合前的7326万吨增加到1亿吨以上，进入全省前三位，提前实现“十二五”预期目标；“两升”，即平均单井能力由整合前的29.5万吨提升至86.9万吨，煤炭资源回采率将提升到70%以上；“两降”，即随着煤矿企业的装备水平和管理水平的提高，事故发生率和百万吨死亡率大幅度下降。

三、坚持以改善民生为重点，着力解决人民群众最关心、最直接、最现实的利益问题，全面加快构建和谐晋中建设步伐

（一）突出民生民本理念，坚持三个“第一”，全面加快和谐晋中建设。一是坚持把民生优先作为第一原则，靠前摆位，重点考虑。无论是制定赶超发展目标，还是确立工作重点，都将民生指标置于经济指标之前，将群众的福祉放于首位。在财政收入增速放缓、支出需求持续加大的情况下，全市用于民生领域的支出高达47.2亿元，占一般预算支出六成多。二是坚持把群众需要作为第一选择，突出重点，全力解决。社会保障、农村“五个全覆盖”、城乡基础设施建设等一批关及群众切身利益的工作推进速度加快。三是坚持把群众呼声作为第一信号，完善制度，健全机制。坚持外堵内疏，实行联防联控，全面加强甲型H1N1流感防控工作，全市未发现一起死亡病例；高度重视安全

生产，全市各类安全生产事故起数和死亡人数分别下降18.2%和11.8%；严厉打击“两抢一盗”和重大刑事犯罪，维护了人民群众的生命财产安全；积极推进和谐社会构建工作，在全省率先开展了市对县居民幸福指数等指标的考评，我市被评为全省和谐社会建设先进市，5个县（区、市）排队进入全省前25名，2个受到表彰。

（二）着力解决人民群众最关心、最直接、最现实的利益问题，切实维护了社会的和谐稳定。市委把扩大就业作为维护稳定的首要任务，通盘考虑城镇下岗失业人员、返乡农民工和大中专毕业生就业问题，实施“九个一批就业组合拳”，全市城镇新增就业4.3万人。市委从讲政治的高度，大力实施“护城河”工程，全面加强信访维稳工作，全市信访工作实现了“两降一退”和国庆期间进京非正常“零上访”。在全省率先成立市委舆情工作小组，建立健全了舆情研判、回应、反馈、处置相配套的工作机制，密切关注网络社情民意动态，主动引导网上舆论热点，妥善处置了一批不稳定、不安全因素。妥善应对特大暴雪灾害，采取综合措施全力支持农民生产自救；组织四套班子领导入户进家访寒问暖；加快市城区300万平方米热电联产集中供热工程的建设和调试进度，以实际行动争得了群众的理解与支持。

四、坚持社会主义政治文明建设和精神文明建设两手抓，扎实推进我市民主法制建设和先进文化建设进程

（一）坚定不移地发展社会主义民主政治。积极支持人大及其常委会依法履行职能。积极支持人民政协围绕团结和民主两大主题履行职能。在统一战线成员中大力实施“凝聚力工程”。加强对工会、共青团和妇联等人民团体的领导。不断强化党管武装意识，积极为驻地部队办实事，军民、军政关系更加融洽。

（二）扎实有效地推进依法治市进程。以创建法治城市为重点，深化“法律六进”活动，法制宣传教育工作取得显著成效，本市在全省依法治省考评中名列榜首，荣获“全国五五普法中期先进集体”称号。坚持依法行政，进一步规范政府行为，行政执行力和公信力不断提高。强化司法制度改革，规范司法行为，坚决消除司法腐败现象，司法的权威性和公信力得到有效维护。

（三）毫不松懈地加强党内监督和基层民主。认真贯彻落实党内监督条例，严格执行领导干部个人事项报告、述职述廉、民主评议、诫勉谈话和经济责任审计等制度。完善民主监督机制，充分发挥人大、政协、舆论、群众、社会等多种渠道的监督作用，权力监督得到有效加强。积极推进村务、政务、厂务公开，完善重大事项听证、公示、政务信息和社情民意通道等制度，保障人民的知情权、参与权、表决权和监督权。不断加强基层民主建设，进一步完善基层民主选举制度和基层群众自治制度，努力提高村民、居民的自治水平。

（四）坚持以提升文化软实力为核心，大力促进“文化晋中”建设。一是加快构建社会主义核心价值体系。坚持用中国特色社会主义理论体系武装广大党员干部头脑，启动了中国特色社会主义理论学习实践基地建设，组织开展了社会主义核心价值体系专题理论研讨。以领导干部为重点，以党委中心组制度化建设为基础，全方位推动党的理论创新成果进企业、进农村、进社区，市、县两级共举办各种形式的培训和报告会800多场，受训党员群众达16万人次。二是全面唱响赶超发展社会舆论主旋律。围绕“加快科学发展、推动跨越赶超”主题，开展了多项战役宣传和典型报道，组织了第四届全国网络媒体晋中行活动，成功举办庆祝新中国成立60周年系列活动，有效激发了全市干部群众干事创业、赶超发展的热情。积极开展文明城市创建，高度重视未成年人思想道德教育，净化社会环境专项行动取得阶段性成果；举办了“第二届感动晋中十大道德模范人物”评选表彰活动，进一步在全社会营造了争当道德模范的良好风气。三是不断扩大城市文化品牌影响力。积极建设历史文化传承、先进文化传播、公共文化服务、先进文化教育四大体系，使全市的文化基础建设普遍上了一个新台阶。精心组织传统文化节庆、历史文化研讨、精品文化展演、群众文化娱乐和高端文化讲座等五大系列活动，形成了富有晋中特色的“八个历史文化品牌”。向全社会集中推出了“六张文化名片”，使晋中在国际国内的知名度大为提升，晋中社火节名列全国第二届“节庆中华奖”十佳。文化体制改革按照归并、剥离、转企、搞活的思路扎实推进。文化产业增加值在社会总产值中的比重达到4.6%，高于全省平均水平1.7个百分点。　（李学文）

附：中共晋中市委书记、副书记、常委名单

书　记：李永宏

副书记：张　璞　张文科（4月离职）　张春生

常　委：杨随亭　郭忠实　宋瑞珍（女）　王　琦（5月任职）　郭光明　李苏平　刘志宏　马彦平（12月离职）　叶　青（3月离职）　郭雄飞（3月任职）

中共榆次区委工作概况

2009年，榆次区共有基层党组织1087个，其中党委60个，工委12个，党总支76个，党支部952个。共有党员26708名。

2009年是国内外经济形势发生重大变化、全区经济社会发展最为困难的一年，也是全区上下经受重大考验、应

对重大挑战，取得明显成效的一年。面对历史罕见的金融危机严重冲击和旱灾、雪灾等困难和挑战，全区上下深入学习实践科学发展观，紧紧围绕“全力打造现代晋商中心区”总体战略，坚定必胜信心，奋起迎接挑战，凝聚发展合力，毫不动摇地推进全区科学发展、赶超发展、和谐发展进程，全区经济社会发展呈现出了经济企稳回升、民生持续改善、社会稳定和谐的良好态势：财政总收入、固定资产投资、社会消费品零售总额提前一年完成“十一五”规划目标，全年分别完成16亿元、92.7亿元、65.6亿元，分别增长3.5%、15.8%、19.1%；地区生产总值、规模工业增加值转降为升，分别完成115亿元和30.9亿元，分别增长11%和11%；外贸进出口总额降幅收窄，完成5500万美元，下降57.4%，降幅比年初回落7.8个百分点；城镇居民人均可支配收入、农民人均纯收入完成年初目标，分别达到15720元和6839元，分别增长12%和12%；榆次区被评为“2009年度全市目标责任制考核优秀单位”。

一、经济社会各项事业全面发展

（一）全力以赴“保增长”。把“保增长”作为首要任务，努力化解金融危机的不利影响，坚持多措并举，扎实工作，在被动中赢得主动，在困难中求得突破，推动了经济的企稳回升。坚持政策牵动，出台了帮助工业企业克服困难加快发展，社保基金征收和就业培训“五缓四降一补”等一系列措施，为企业减轻负担近亿元。坚持投资拉动，抢抓机遇不遗余力争投资、抓项目，实施中央扩大内需项目32项，总投资6637万元，开工率100%，完成投资率76.9%，完工率40.6%；实施6大类、总投资172.2亿元的75项重点工程，开工率97.3%，完成投资率107.1%，分别提高3个和8.2个百分点；洽谈项目131项，储备项目44个、总投资421亿元，签约项目7项、总投资16亿元，为经济赶超发展增强了后劲。坚持科技引动，新申请专利155项，实施科技创新项目40项，科技进步指数达到13%，科技对经济增长贡献率达到40.5%，提高2.8个百分点，被国家科技部命名为全市唯一的“科技进步先进区”。坚持帮扶促动，千方百计保企业，落实区领导和各级各部门包企帮扶责任制，积极帮助企业解决资金需求、电力运力供应、市场销售等问题，全力为企业创优发展环境，全区工业总产值、规模工业增加值、销售收入降幅分别回落46.9、59.7和22.6个百分点，企稳回升态势更加明朗。

（二）突出重点“调结构”。把“调结构”作为突出主线，努力实现经济加快发展与优化结构、提质增效相统一。新型工业发展扎实推进。园区工业发展规划得到充实提升、有效实施，确立了“一区三基地”新型工业发展规划，以汽车、液压和纺机制造为主的园区基地规划建设拉开布局、进展明显，入园企业新增12户，园区企业销售收入和税金分别占到规模企业总量的62%和71.2%，占比分别提高4个和5.6个百分点，集聚效应逐步显现；煤炭资源整合、煤矿兼并重组有效推进，全区矿井由21座整合为9座，核定产能由451万吨提升到645万吨，回采率提升到65%，为煤炭业安全持续发展打下了坚实基础；深入落实《加快民营经济发展的意见》，新增民营企业17户、个体工商户610户；工业经济整体素质明显提升。绿色农业上档增效。省级现代农业示范区26个项目首批启动，粮食增产1200万公斤，是历史上第二个高产年；新增设施蔬菜5000亩，总量达到6.4万亩，占全市总量的70%，蔬菜总产全省十七连冠；新建高标准养殖园区15个，肉蛋奶产量达6.6万吨，增长10%；新发展干果、水果8000亩，果品品质大幅提高；新增苗木花卉3000亩，总量突破1万亩；全国水肥一体化工作会议等8个现场会开在我区，回良玉副总理、张宝顺书记、王君省长等领导莅临调研，对我区农业产业发展给予充分肯定，我区被省委、省政府表彰为“增加农民收入先进区”、“粮食生产先进区”、“农机化工作先进集体”。三产服务亮点频现。深入实施“3+7”服务业发展战略，第七届文化旅游节成功举办，乌金山国家森林公园一期对外开放，常家庄园、榆次老城被评为首批“全国影视拍摄基地”，后沟古村被授予“中国景观村落”称号，文化旅游对外影响力明显提升；金融服务、中介服务增速分别增长16%和15%；三产占到经济总量的57.8%，提高5.8个百分点，提供税收占到财政总收入的53.8%，提高1.9个百分点，三产服务优势进一步彰显。

（三）各方百计“保民生”。把“保民生”作为根本目标，摆在战略层面来推进，全区民生支出占到财政一般预算支出的62.6%。大力实施惠民工程，高度关注金融危机下的就业问题，新增就业10449人，转移农村富余劳动力3595人，城镇登记失业率控制在2.8%以内。着力完善社会保障体系，城镇基本社会保障覆盖率达到98%，“新农合”参合率达到93.7%，城乡低保、五保对象应保尽保，改造农村贫困残疾人危房100户，新建农村困难群众住房100套。加快发展社会事业，维护、加固和改造中小学校舍3.9万平米，教育办学条件明显改善；新建乡镇文化站6个，公共文化服务体系达标率100%，被授予“全国文化先进区”和“全省文化十大强县（区）”称号；新改扩建农村卫生室44所，三级医疗卫生机构达标率达100%；当年符合政策生育率达95.3%，人口计生工作考核全市十三连冠。着力完善乡村基础功能，新建农村道路111.5公里、园林村45个，完成农村4.53万人的安全饮水工程。深入推进“蓝天碧水”工程，二级天数达348天，提前两个月完成目标任务；万元GDP综合能耗下降18.76%，超任务13.16个百分点；二氧化硫、化学需氧量分别控制在8755吨和3498吨以内；新增集中供热300万平米，新造林3.5万亩、植树350万株，生态环境进一步优化。平安建设取得新成效，严格落实安全生产“一岗双责”制度，深化安全生产专项治理，煤矿百万吨死亡率为0，安全形势稳定好转；加强社会治安综合治理，破获刑事案件563起，查处行政治安案件2111起；严格落实信访案件包案制，强化矛盾排查调处，越级访、集体访批次和人数大幅下降。街道办事处大力实施“凝聚力工程”，第三届社区居委会换届顺利完成，在社会管理和服务中的作用进一步增强。

二、党的建设取得了新成绩

（一）全区学习实践科学发展观活动取得丰硕成果。按照中央和省委的统一部署，榆次区从2009年3月开始，历时一年，分两个批次，组织全区1055个基层党组织、25886名党员参加了深入学习实践科学发展观活动。在中央和省、市委的正确领导下，在市委第一指导检查组和第一巡回检查组的精心指导下，各级党组织紧紧围绕“党员干部受教育、科学发展上水平、人民群众得实惠”的总要求，以“加快科学发展、推动赶超跨越”为主题，高起点谋划、高标准要求、高质量推进，全区学习实践活动健康顺利、扎实有序、各个环节紧密衔接、各个步骤及时跟进、各个层面分步推进，整个学习实践活动不走过场、不搞形式、不出偏差、实效明显。在群众满意度测评中，区四套班子满意率均为100%，各参学单位（第二批）满意率平均达到98.9%。我区被省、市委确定为第二批学习实践活动典型单位之一，在全省学习实践科学发展观活动视频会议、全市学习实践科学发展观活动经验交流会上进行了发言和交流，山西日报、晋中日报、晋中电视台等新闻媒体先后33次转载报道了我区学习实践活动的经验和做法。我区以“凝聚力工程”建设为抓手推进学习实践活动的做法得到了张宝顺书记的充分肯定，并在全省第三批学习实践活动经验交流会和李源潮山西调研座谈会上作了典型发言。

（二）“凝聚力工程”扎实推进取得了明显成效。在全区引深开展了以“了解人、关心人、凝聚人”为目标，以“进百家门、知百家情、解百家难、暖百家心”为载体的凝聚党员、凝聚群众、凝聚社会的“凝聚力工程”，初步形成了生动活泼、各具特色、富有实效的工作局面，较好地破解了在新的历史条件下党的基层组织如何定位、如何发挥作用、如何凝聚人心、如何促进经济社会发展等现实课题，为基层党组织建设和和谐社会建设增添了新的活力。

（三）领导班子和干部队伍建设进一步加强。一是加大干部培训力度。去年元宵节刚过，我们就组织全区农村支部书记、村委主任、副科以上领导干部举办了一次高质量、高水平的培训班。随后，又在全市率先开通了邓小平理论学院榆次分院视频同步直播系统，组织全区局级领导干部收看了五讲高质量的专题讲座，全区各级干部的思想理念、思维方式、工作方法都有了一定的转变。二是及时做好领导班子日常补充调整工作。全年调整干部41人，其中新提拔非领导职务10人，实职10人，交流11人，免职10人。三是加强领导班子思想政治建设。结合我区实际，制定出台了《榆次区关于进一步加强领导班子思想政治建设的实施意见》。

（四）干部人事制度改革有了新进展。一是强化对领导班子和领导干部的年度考核。对测评的内容进行细化，对参加测评的人员进行分类。从不同方面、不同层面了解领导班子和领导干部发挥职能作用和履行职责的情况。重点了解表现突出的优秀领导干部和表现一般、测评比较差的领导干部情况，以及对其一年的工作作出客观公正的评价。对领导班子的考核结果向领导班子集体进行反馈；对领导干部的考核结果，通过主要领导向本人反馈。同时，就考核中反映的一些问题，督促其进行整改。年度考核的结果作为干部调整和选任的依据。二是结合年度考核，对优秀干部进行民主推荐，作为初始提名的主要依据。在科学考评、民主推荐的基础上，征求分管领导和单位主要领导的意见。三是加强对主要领导干部、人财物管理使用等关键岗位的监督。严格执行党员领导干部报告个人有关事项、述职述廉等制度。认真落实《关于深入整治用人上的不正之风，进一步提高选人用人公信度的意见》，实行区委常委会向全委会报告干部选拔任用工作并接受评议和对新提拔干部进行民主测评的“一报告两评议”制度，强化对干部选任工作的监督。

（五）基层党组织建设在创新中发展。以引深实施“凝聚力工程”为抓手，结合学习实践科学发展观活动，进一步夯实基层基础，激发基层活力。农村以“抓两头带中间”重点，培育出了修文镇中郝村“五朵金花”农家乐发展模式、郭家堡乡大东关村盘活资源城中村改造发展模式、北田镇朱村丘陵山区产业发展模式、北田镇西祁村党员先锋模范村民自治模式、东赵乡石羊坂村全方位新农村建设模式等一批带动力强、影响面广、群众认同的科学发展模式。38个“后进村”采取“领导包、部门帮、典型带”等措施，大力实施整顿转化。共调整村支部书记3名；解决历史遗留问题28件；争取上级支持项目25项，其中9个村被列为2010年村级组织活动场所新建、改扩建项目；38个村全部制订了三年的发展规划，呈现出“后进”争相赶“先进”的良好局面。街道社区以“凝聚力工程”为载体，建立了党建工作协调机制、党内帮扶机制、党员服务群众机制、督查评比机制，建立党建责任网格488个，深入开展“四百”活动，有效提升了街道社区党建工作整体水平。健全完善农村、社区干部保障体系，在提高农村、社区干部工资待遇的同时，还为他们缴纳了养老保险，进一步激发了他们的工作热情。通过思想发动、示范带动、管理推动、理顺关系，新组建“两新”组织党支部18个、党小组147个，派出党建联络员262名，进一步扩大了党的工作的覆盖面。

（六）组织部门自身建设有了新的提高。把开展学习实践活动与深化拓展“讲党性、重品行、作表率”活动结合起来，扎实开展组织部长下基层活动，与科级干部普遍进行了谈话，收集意见建议28条，建立联系点20个，结对帮扶困难党员8名，落实帮扶资金20余万元，为基层党员群众办实事10件，接待群众来访50余人次，组工干部的作风在基层实践中得到了磨砺。（刘卫东）

附：一、中共榆次区委书记、副书记、常委名单

书　记：王建林

副书记：王继堂　王永平　程完忠　刘文慧（2月挂职）
常　委：邢如彪（8月任职）　李国红　张增翔
王琳玉（女）　穆尚政
辛艾艾（8月挂职）

二、乡镇（街道）党委（党工委）书记、副书记名单

郭家堡乡
书　记：石　勇
副书记：梁英俊　郑荣辉

乌金山镇
书　记：魏江峰
副书记：张志峰　俞国栋

修文镇
书　记：刘国华
副书记：范耀明　郝枫筝

张庆乡
书　记：刘春发
副书记：籍永利（女）　郑银明

东阳镇
书　记：贡建勋（2月离职）　常崇健（2月任职）
副书记：田晓宇　李　源

北田镇
书　记：马志宏
副书记：许润生　成俊虎

庄子乡
书　记：赵晓波
副书记：马　宏　张秀珍（女）

长凝镇
书　记：康晓渊
副书记：韩文军　王建宏

什贴镇
书　记：刘学汶
副书记：杜吉平　翟秀国

东赵乡
书　记：魏学强
副书记：张赵明　付海挥

晋华街道
书　记：王建政
副书记：贡爱波

经纬街道
书　记：郭翠枝
副书记：范庆文

锦纶街道
书　记：王建生
副书记：李双喜

北关街道
书　记：常春俊
副书记：李　伟

新建街道
书　记：畅玉光
副书记：王国欣

新华街道
书　记：陈宝贵
副书记：温久生

路西街道
书　记：李转萍
副书记：张守政

安宁街道
书　记：张喜玲
副书记：王拴成

西南街道
书　记：余民山
副书记：刘文枝

中共太谷县委工作概况

太谷县共有基层党组织612个，其中党委21个，党总支33个，党支部558个。共有党员15092名。

2009年，太谷县委带领全县人民，认真贯彻党的十七届三中、四中全会精神，按照县委十一届四次全会确定的“切实增强三种意识，积极推进三个集中，逐步实现四化目标，努力把太谷建成山西中部最富发展活力、最富文化张力、最富和谐魅力的生态经济县和休闲度假区”的发展思路，立足基本县情，着眼跨越赶超，坚持把科学发展观作为根本理念，坚持把统筹城乡发展作为重要方法，坚持把破解关键症结作为用力方向，坚持把解放思想作为动力保障，科学制定发展规划，积极推进基础建设，扎实推进产业发展，统筹推进社会事业，切实加强党的建设，集中精力打基础、扎扎实实作铺垫，使得这一年发展理念全面升华，发展优势更加彰显，发展基础有效改善。全县呈现经济企稳回升、持续向好，社会和谐稳定、民生改善的良好局面。

一、科学制定发展规划，奠定坚实发展基础

2009年是太谷县统筹城乡发展战略的起步之年，县委、政府坚持把制定完善发展规划摆放到首要位置来抓。经过一年的努力，已经编制完成了全县统筹城乡发展规划纲要；在这个大的纲要之下，基本完成了人文居住区、生态农业区和新型工贸区三个总体规划。通过制定这四个发展规划，初步构建了三大经济区域的发展框架，基本明确了三大经济区域的发展方向、功能定位和产业支撑，为加快科学发展奠定了坚实基础。

二、积极推进基础建设，打破制约发展瓶颈

按照三大功能片区的发展规划，县委、政府坚持把加强城乡基础建设作为推动科学发展的重中之重来抓。在县城以北，通过努力争取到了太太路、龙成高速和大西高铁三个项目途经太谷，为彻底解决制约太谷多年的交通瓶颈问题，真正融入省城半小时经济圈、承接中心城市功能辐射创造了条件，为太谷站在全国全省的更宽领域内，积极谋划太谷新型工贸区、晋中经济开发区、太原经济技术开发区“金三角新型产业带”，加快构建大流通大商贸的外向型经济格局夯实了基础。在县城范围内，实施了金谷大道景观建设工程，规划了联结新城区和古城区的金谷广场建设工程，初步形成了“新城区和古城区”的城市框架，为城市发展预留了广阔空间；完成了古城区东西大街硬化和亮化改造工程、东门广场基础工程、城内16条小街小巷改造工程，铺开了南关村城中村改造工程，为早日打造“历史文化名城”和“历史文化街区”作了坚实铺垫。在县城以南，完成了沿南山一线从北汪乡境内的省农科院果树研究所途经侯城、阳邑、小白、任村、范村直到梅苑山庄的旅游公路的规划勘查，通过建设将使之与太太路贯通。在此基础上，积极推进农村道路交通、水利设施、电力通讯等基础设施建设，进一步打破了制约发展的瓶颈，凸显了太谷的独特优势。

三、产业发展呈现蓬勃生机

根据三大经济区域的不同发展功能和区域定位，县委、政府有所侧重地推动三次产业转型发展。

一是积极推进农业生态化进程。在圆满完成农业“四个一工程”（即新发展设施蔬菜1万亩、苗木花卉面积发展到10万亩，猪鸡的饲养量分别达到100万头和1000万只），推动太谷农业向规模化、园区化、标准化迈进的基础上，充分挖掘太谷的生态环境优势和农业产业优势，着力打造全省一流的生态休闲农业区，有效拓展农业发展空间。基本完成了生态农业区的总体规划，在片区划分、功能定位、基础建设等方面做了大量基础性工作，并完成了与之密切相关的农村土地流转中心的组建工作。

二是积极推进工业新型化进程。按照主动融入省委“大太原经济圈”战略和市委“榆太同城化”战略的发展理念，在太原环城高速太谷连接线两侧水秀乡和胡村镇范围内规划建设新型工贸区，一期工程规划占地面积5000余亩，重点摆布高新技术产业、商贸物流产业和职业技术培训产业。目前新型工贸区的总体规划已经拿出，二次土地调整使用规划已经市政府常务会议研究，县委、政府与太原经济技术开发区已就项目转移与项目合作达成初步意向。通过启动建设新型工贸区，将在太谷县城以北形成新型产业隆起带，进一步优化工业布局结构，提升工业整体级次，促进太谷工业经济“成群不壮观、发展无后劲”问题的彻底解决。与此同时，太谷县扭住国家帮扶工业发展的政策机遇，千方百计扩大工业投入，争取中央新增投资项目32个，签约项目8个，引进资金10亿元；产业升级显著突破。政府出资500万元，带动企业投资28.8亿元，实施20个技改项目。铸造上，全力推动“三炉一线”改造，6户企业引进自动化生产线，14户采用新工艺，12户改用天然气，3户深度治理冲天炉。煤焦上，涵盖化工、建材、冶金、电力等行业的恒达循环经济园6个项目全部立项，其中投资9.6亿元的余热发电、高碳铬铁项目开工建设。医药食品上，中远威药业、怡园酒庄等6个技改项目全部启动。企业改制扎实推进，山西医药玻璃瓶厂关闭破产费用已经到位，正在办理职工安置。太谷纺织厂实施依法破产。6户集体企业改制全面启动。全县工业经济整体呈现出蓬勃的生机活力。

三是积极推进新型产业发育。在大力发展生态休闲农业，积极推动农业由一产向二产、三产转化，发展成为既能富县又能富民的新型休闲产业的基础上，充分利用新型工贸区搭建的平台，深入挖掘我县的区位优势和经商传统，大力鼓励扶持新型商贸物流产业发展。投资16亿元、占地3500余亩的山西陆港国际保税物流中心建设项目，一期仓储基地建设工程的农转用地计划已经省政府批准；投资1亿元的双鹤医药物流配送项目正在洽谈之中；投资1亿元的山西金谷农产品综合批发市场一期工程正在建设之中。通过争取这些大型物流企业落地建设，将使新型工贸区成为全省最大的物流集散中心，进而形成人流、物流、资金流、信息流汇聚集散的大流通、大商贸格局。

四、社会事业不断取得新成绩

2009年，政府承诺的“十件实事”全部完成。实施21所中小学改扩建工程，学校布局得到优化。组建城乡一体化的医疗服务集团，“就医难”得到缓解。成功申报为全国十大文化生态保护实验区，举办了全国“飞象杯”农民健身秧歌邀请赛，110个文化信息基层站点、农村书屋投入运行，数字电视整体平移1万户，群众文体活动丰富多彩。五大保险参保人数突破13万，基金征收任务圆满完成，并按时足额发放。13万平方米安置楼、14万平方米商住楼建设顺利，完成了40万平方米集中供热、2800户集中供气，群众生活的幸福感、满意度明显提高。加强对重点领域、重点行业的安全监管，科学有效防控甲型H1N1流感，依法监管食品药品，实现了政府对社会的有序管理。落实了县级领导信访接待日制度，群众反映的热点难点问题得到妥善解决。大力推进“平安太谷”建设，严厉打击各类违法犯罪活动，社会秩序明显好转。国防动员、人民防空、双拥工作进一步加强，妇女、儿童、老年人和残疾人权益得到更好保障，统计、审计、人事、气象、人口计生、民族宗教、外事侨务、档案史志、防震减灾、“五五”普法等各项事业也都取得了新的成绩。同时，县委、政府充分利用太谷城乡差距不大，统筹城乡发展具有较好基础的有利条件，已经启动了城乡医疗、教育、社会保障、居民户口等八项相关社会事业的发展规划，加快建立与三大经济区

域相配套的社会事业发展新格局。

五、切实加强党的建设，不断提高执政能力和执政水平

县委紧紧抓住学习实践科学发展观契机，从思想建设、组织建设、作风建设和党风廉政建设入手，不断提升基层组织和党员干部的执政能力和执政水平。

在思想建设方面，坚持把学习实践科学发展观活动作为重要契机，认真组织党员干部学习必读篇目，准确把握科学发展观深刻内涵，自觉运用先进理论武装头脑，真正树立了与科学发展观相一致的新资源观、新市场观、新产业观。在此基础上，把理论学习的成果转化为推动实践的动力，确定了“加快科学发展、推动城乡统筹”的主题和载体，采取县委中心组集中学习研讨、成立“干部学习大课堂”定期举办副科级以上领导干部专题培训讲座、深入农村开展“百村千户”大调研、派出干部到先进发达地区考察学习等多种形式，帮助各级领导干部拓展思维眼界、提升发展理念，为统筹城乡发展战略提供了强有力的思想支撑。党的十七届四中全会以后，县委立即就学习贯彻全会精神进行了安排部署：订购了400多套辅导读本，分发给四大班子领导和参加学习实践活动的各级党组织；以县委党校组建十七届四中全会精神宣讲团，深入基层进行宣讲；依托太谷县干部学习大课堂，为全县副科级以上领导干部举办了《执政党的基本经验和推进党的建设科学化》专题讲座；以县委学习实践活动领导组下发《关于在全县第三批学习实践活动中认真学习贯彻党的十七届四中全会精神的通知》，在全县迅速掀起了学习贯彻党的十七届四中全会精神高潮。

在组织建设方面，组建成立了农业农村、工商企业和社会事业三大领导组，进一步优化了民主决策机制，强化了执行落实，减少了推诿扯皮，促进了行政资源的优化整合；根据上级要求和工作需要，严格执行《党政领导干部选拔任用工作条例》，对科级领导干部进行了三次小的调整，做到了程序严格、注重实绩、群众公认、公开透明。与此同时，从完善制度、拓宽领域、强化功能入手，规范了对农村、机关、非公有制企业、学校、社区以及社会中介组织党建考核评价体系，全县基层党建工作基本实现了数字化衡量、动态化管理、全过程监督。

在作风建设方面，县委明确要求全县各级领导干部都要切实增强“三种意识”即“争取主动、争创一流的争先意识；敢于突破、善于创造的创新意识；敞开胸怀、海纳百川的开放意识”，着力营造有利于统筹城乡发展的思想环境。明确要求政府各职能部门要加快构建行为规范、运转协调、公正透明、廉洁高效的行政管理体制，不断强化政府在经济调节、市场监管、社会管理和公共服务等方面的职能，使政府工作更加公平高效，更能体现宗旨观念和人文关怀，着力营造有利于城乡统筹发展的政务环境。通过狠抓干部作风建设和行政效能建设，全县范围内“多干少说、先干后说、只干不说”、“率先改革、率先开放、率先发展”和“敢于创新、敢于突破、敢于争取”的良好氛围正在逐步形成。

在党风廉政建设方面，围绕建立健全教育、制度、监督并重的惩治和预防腐败体系，逐层分解落实党风廉政建设责任制，深入开展廉政宣传教育，纠风工作、行政效能监察工作、源头防腐工作逐步走向规范，农村党风廉政建设开始扎实起步，大要案件查处力度不断加大。2009年，全县共初核立案案件28件，其中大案9件，涉案金额435.5万元；已结案22件，给予20人党纪处分，给予6人政纪处分，挽回经济损失93.8万元。 （王少静）

附：一、中共太谷县委书记、副书记、常委名单

书　记：王建忠
副书记：郝向明　邹彩莲（女，3月挂职）
　　　　刘　伟（8月任职）
常　委：邢如彪（4月离职）　张咸雨（5月任职）
　　　　雷秦国　裴治邦（4月离职）
　　　　游大庆（5月离职）　张国平　李军荣（女）
　　　　刘凯宇　李王俊（4月任职）
　　　　王　鹏（8月任职）　潘文忠（8月挂职）

二、乡镇党委书记、副书记名单

明星镇
书　记：孟玉明
副书记：张玉忠　胡巧生
胡村镇
书　记：杜占生（12月离职）
副书记：赵瑞旭　郭世杰
水秀乡
书　记：师尊信
副书记：夏文利　孟宪德
侯城乡
书　记：武晋杰
副书记：刘俊明　吴会迪
北汪乡
书　记：张国文（12月离职）
副书记：王志强　庞瑞宾
阳邑乡
书　记：郭柱生
副书记：郭志强　白建利
小白乡
书　记：党翠花（女）
副书记：郑　炜　韩卫政
任村乡
书　记：武爱忠
副书记：武正梅（女）　贾俊杰
范村镇

书　记：张树平
副书记：程锡威　尚建刚

中共祁县县委工作概况

2009年，祁县共有基层党组织539个，其中党委12个，党总支28个，党支部499个。共有党员13664名。

2009年是改革开放以来甚至是建国以来，我县经济社会发展遇到困难最多、面临压力最大的一年。一年来，面对金融危机的强烈冲击和各种不利因素叠加带来的严峻挑战，县委始终坚持以科学发展观为指导，全面贯彻落实党的十七大、十七届三中、四中全会精神，坚定信心、迎难而上，周密谋划、沉着应对，千方百计保增长、尽心尽力保民生、全力以赴保稳定，在战胜困难中实现了全县经济的企稳向好，在摆脱困境中取得了各项工作新的突破，在加快发展中营造了风清气正、和谐稳定的良好局面。全县地区生产总值完成35.5亿元，增长2.4%；固定资产投资完成17.5亿元，增长21.7%；财政总收入完成3.11亿元，下降12.3%；规模以上工业增加值完成5.98亿元，下降13.8%；社会消费品零售总额完成17.48亿元，增长22.9%；外贸进出口总额完成3700万美元，下降24.7%；城镇居民人均可支配收入达到14704元，增长12.3%；农民人均纯收入达到6302元，增长10.6%。

一、积极应对危机挑战，千方百计保持经济平稳健康发展，县域经济进入了蓄势腾飞的新阶段

一是积极帮助企业度难关，确保企业正常运行。认真落实包企业、包项目责任制，全力帮助企业分析形势、研究对策、解决困难，研究制定了帮扶企业的优惠政策，努力减轻企业负担，为企业发展营造了良好环境。大力拓宽企业融资渠道，积极帮助企业申请工业经济运行调节专项资金、电力需求资金、外经贸区域发展资金等各类扶持资金。不断帮助企业完善管理制度。二是狠抓招商引资和项目建设，努力增强经济发展后劲。争取中央拉动内需投资额达到8467.5万元，位列全市第一。引进项目总投资达到14.1亿元，在谈的3个亿元以上项目，总投资也达到19.5亿元。首次成功引进了世界500强企业之一的中石油公司项目和中国500强企业之一的燕京啤酒项目，引进了投资3亿元的古城商业街及古城东侧城区综合改造项目、2亿元的宇通公司石墨化阴极生产线项目、8600万元的聚源电子材料公司电子级硅微粉项目和6860万元的鑫万联公司重型汽车服务中心项目等6个大项目。加上近几年我们引进并即将投产达效的明昇无缝钢管、安达不锈钢、大华机制玻璃等，全部投产达效后，有望增加产值88.6亿元，增加税收4.3亿元，增加就业岗位2100多个。2009年成为祁县几十年来引资引项数量最多、金额最多、规模最大的一年。三是大力推进产业结构调整，切实转变经济增长方式。全力巩固支柱产业。制定了《祁县玻璃产业振兴规划》，成立了玻璃器皿协会，开工建设了国家级玻璃器皿检测中心，玻璃产业逐步走上研发、生产、检测、销售一体化发展轨道。不断提升产业级次。玻璃产业逐步向机制化、电气化方向转变。碳素业开发出高功率石墨电极等新型材料，成功拓展了美国、印度等国外市场。机械制造业开发出万伏大功率潜水泵，填补了国内空白。大力发展第三产业。不断完善旅游基础设施，乔家大院景区游览面积可增加2倍。“梨花苑”项目一期工程完工。乔家大院荣登“中国最美旅游胜地排行榜”，被中国大学生推选为“中国大学生最欢迎的100个旅游景区”之一。全县累计接待游客150万人次，同比增长25%。大力实施“新网工程”和“万村千乡市场工程”，进一步健全和完善了城乡商贸流通体系。大力实施“家电下乡”工程，严格兑现农机购置补贴政策。

二、扎实开展学习实践科学发展观活动，全县上下贯彻落实科学发展观的自觉性和坚定性进一步增强，推进科学发展的能力明显提高

一是深入推进思想解放，在“要不要科学发展、能不能科学发展、怎么样科学发展”上形成了共识。二是深入开展“五学五比五看”和“县官乡官学村官”活动，全县上下学先进、比先进、赶先进蔚然成风。三是广泛开展了“我为群众办实事”活动，群众得到了更多的实惠。据不完全统计，自活动开展以来，全县各参学单位共集中解决影响和制约科学发展的突出问题288个，为群众办实事、好事8500余件。人民群众切身感受到了学习实践活动带来的显著变化，各级领导班子学习实践活动群众满意度达到了100%。四是注重体制机制的“废、改、立”，努力构建既符合科学发展观要求、又切合祁县实际的长效机制。共废止规章制度23项，修改完善规章制度314项，新建制度164项，为促进我县经济社会又好又快发展提供了强有力的制度保障。

三、果断应对各类突发事件，不断提高快速反应、妥善处置能力，保障了正常的经济社会秩序

一是扎实做好手足口病、甲型H1N1流感的防控，有效遏制了疫情的蔓延。接种甲型H1N1流感疫苗8500份，有效防止了疫情扩散。截至12月底，全县13例甲流确诊病例全部治愈出院，479名密切接触者全部解除医学隔离。二是成功战胜特大暴雪灾害，雪灾损失降到了最低程度。面对暴

雪灾害，县委、县政府迅速反应、果断决策，周密组织、科学调度，紧急启动了应急预案。各单位和各部门主要领导靠前指挥、亲自安排，及时清理道路积雪，疏导交通，平抑物价，积极组织群众开展生产自救，帮助恢复生产，确保了人民群众水、电、气供应。

四、坚定不移地推进改革创新，着力消除各种影响制约经济社会发展的体制机制障碍，发展的活力和动力明显增强

一是工商企业改革工作。印刷厂、冶金机械厂、水泥厂、外贸公司、脱水菜厂等一批老大难企业改制遗留问题得到了妥善解决，职工切身利益得到了有效保障。二是集体林权制度改革试点工作。在全市率先完成了集体林权制度改革任务，受到了国家林业部领导的肯定。全省集体林权制度改革试点工作汇报暨现场推进会在我县圆满召开，并在全省推广我县经验。三是土地经营权流转探索工作。全省第一家以土地承包经营权入股的合作社——祁县西六支农业开发专业合作社挂牌成立并初见成效。四是一事一议财政奖补试点工作。在全市率先出台村级公益事业建设一事一议财政奖补办法，千方百计促进农业增效和农民增收，在全县掀起了农村公益事业建设的高潮。五是行政管理改革和政府机构改革。在全市率先完成了行政审批项目清理工作。以政务中心、乡镇便民服务中心、村级便民服务代理点为平台，构建起了覆盖全县的三级政务服务网络。全面启动政府机构改革暨事业单位分类改革工作，文化管理体制改革基本完成。

五、多措并举改善民生，统筹兼顾发展社会事业，人民群众的幸福感、满意度不断增强

一是城乡面貌大为改观。市政重点工程建设如火如荼。投资2.85亿元，实施新建、续建项目13项。其中，祁方线排水工程、二支退水渠改造、城市污水处理厂、安康路等工程全面完工，森林公园二期、昌源南路立交桥等工程顺利推进。房地产市场健康发展。开发了金世苑、海德曼大厦等高层住宅，不断加大经济适用房、廉租房等保障性住房建设力度，新增住宅面积达到9.3万平方米。村镇建设稳步推进。投资1.06亿元，完成公共建筑、生产建筑11万平方米，新增绿地3200平方米。公路建设投资创历年之最。总投资突破1亿元，丰西线改造和贾令桥、思原桥、苗堡桥建设进展顺利，“梨花苑”道路建设全面竣工，完成农村公路通达通畅工程、新农村道路硬化等工程117公里。民生水利工程惠及城乡百姓。完成子洪水库东线集中供水工程，建成饮水安全工程8处，解决了46个村、5.6万人、8220头大畜的饮水安全问题，子洪水库除险加固工程基本竣工。二是社会保障水平全面提高。稳步推进社保工作。全县养老保险参保12678人，失业保险参保11096人，城镇基本社会保障覆盖率达到96%。不断加大城乡最低生活保障力度，全年累计发放城市低保55320人次，农村低保58581人次。全力做好优抚双拥工作。大幅提高抚恤补助标准，为各类优抚对象发放抚恤款398.3万元；广泛开展对残疾人的“五助”活动。启动了全县副科级以上领导结对帮扶残疾人三年行动计划，对245名残疾人进行了康复救助，补助资金32.78万元。全县城镇登记失业率控制在0.6%，零就业家庭动态消零。积极开展技能培训。实施创业培训360人，阳光工程培训1100人，农村劳动力技能就业培训1730人。三是社会各项事业稳步发展。教育强县建设成果丰硕。义务教育标准化学校建设顺利通过省级复评验收，祁县中学通过省级示范高中复评。高考二本以上达线人数首次突破500人大关，达到546人。“科教兴县”工程通过省政府评估验收，中小学校舍安全工程顺利实施，完成建设面积31831平方米，完工率100%。启动了祁县中学搬迁工程。医疗卫生事业不断进步。祁县人民医院等级医院建设顺利通过市级评审。启动了县中医院搬迁工程。投资341万元，对乡镇卫生院进行了改造扩建和设备更新，全县8个乡镇卫生院、160个卫生所全部达标，提前实现省政府提出的村级卫生所全覆盖目标。积极推行新型农村合作医疗，参合农民达到18.9万人，参合率93.39%。城镇居民医疗保险稳步推进，参保人数达到26750人。文化、广电等其他社会事业全面发展。我县被授予“山西省民族传统节日（春节·元宵节）保护示范地”称号，成为晋中市八大文化品牌之一。祁县民居建筑习俗、祁县小磨香油制作技艺、心意拳成功入选山西省第二批非物质文化遗产名录。精神文明创建活动丰富多彩。人口与计划生育工作扎实推进。广电事业蓬勃发展，数字电视用户累计达到1.24万户。祁县体育馆竣工投入使用。科技、统计、气象、民族宗教等工作都取得了新进展。

六、全力以赴化解各类矛盾纠纷，坚持不懈狠抓安全生产，为加快发展创造了和谐稳定的社会环境

一是引深了县委书记大接访活动，在县电视台和政府电子屏上公布每日接访领导安排。采取了县领导、乡镇一把手、乡镇包村领导、村干部、干警包同一案件的“五包一”措施，妥善解决了45个多年积累、长期难以解决的信访案件，保证了重点敏感时期和改革关键时期的社会稳定，实现了进京非正常零上访的目标。二是加快推进依法治县进程。进一步完善和落实了行政执法责任追究制。全面推进依法行政，进一步规范政府行为，切实维护人民群众的合法权益。深入开展社会主义民主法治理念教育和“五五”普法工作，“法治祁县”建设全面启动。三是扎实推进平安祁县建设，进一步维护了和谐安定的良好局面。高度重视安全生产，深入开展安全专项整治，全年没有一起重特大安全事故发生。

七、不断加强民主政治建设，着力营造团结和谐、干事创业的氛围

积极支持人大依法行使监督权、选举任免权和重大事项决定权，支持人大常委会通过听取审议专项报告、开展执法检查和工作视察等方式进行工作监督和法律监督，促进依法行政、公正执法。积极支持政府全面履行经济调节、市场监管、社会管理和公共服务职能，保证政府充分履行职能。积极支持政协围绕团结和民主两大主题履行职能，努力推进人民政协工作制度化、规范化。支持政协围绕县委中心工作和群众关心的热点、难点问题开展视察调研。充分发挥统一战线人才荟萃、联系广泛的优势，不断加强统战工作。进一步加强对工会、共青团、妇联、老龄等群团组织的领导，支持他们依照法律和各自章程开展工作。坚持党管武装工作，国防动员、民兵预备役建设和双拥工作深入开展。进一步扩大基层民主，全面推行政务、村务、社区事务公开，健全了基层群众自治机制。

八、全面加强党的建设，为建设最具发展潜力的县域经济特色县提供了坚强的政治保证和组织保证

一是加强干部的选任、管理，干部队伍的活力进一步增强。严格执行《党政领导干部选拔任用工作条例》，所有提拔重用的干部，全部是投票和谈话推荐前3名的人选。不断加强干部管理，出台了《县管领导干部实行问责制度暂行规定》、《县管领导干部实行待岗制度暂行规定》、《县委全委会表决任用县委政府工作部门和乡镇党政正职办法》等一系列规定，进一步加大了治庸治懒力度，努力在全县营造"重实干、创实绩、争一流"的竞争氛围。二是大力实施固本强基工程，基层组织的凝聚力、战斗力不断提高。顺利完成了农村两委换届选举工作，农村基层班子和干部队伍得到优化。出台了《关于进一步加强农村基层组织建设的实施意见》，为第三批学习实践活动的开展奠定了良好基础。围绕第三批学习实践活动主题，县级党员领导干部深入联系点，对24个基层组织建设重点难点村进行分类指导帮扶，有力地加强了农村两委班子建设。出台了农村两委主干岗位报酬集中统一发放、社会养老保险两项制度。扎实开展村级组织阵地建设，启动了村级组织活动场所"全覆盖"工程。认真做好发展党员工作，发展新党员380名。三是深入开展党风廉政建设。严格落实党风廉政建设责任制，根据人员调整及工作任务变化情况，及时下发了全县《党风廉政建设和反腐败工作任务责任分解意见》，在全县形成了党政领导、职能部门和纪检监察机关"三位一体"的责任体系。针对2008年民主测评排名靠后的五项工作，重点开展了专项整治。创新廉政教育方式，定期向各级领导干部发送廉政信息，时刻提醒广大党员干部廉洁从政。深入开展政风行风评议活动，现场解答热点焦点问题40余件，受到了群众的一致好评。坚决查处违纪违法案件，全县共初查核实各类违纪问题53件，累计立案50件，挽回经济损失68万元。（马　勇）

附：一、中共祁县县委书记、副书记、常委名单

书　记：尚金华
副书记：李丁夫　王志宏　王秀珍（2月任职）
常　委：张曲波　米立志　郝昭仁　赵果仙
　　　　卢建华　王兆俊　张宝贵

二、乡镇（街道）党委（党工委）书记、副书记名单

昭馀镇
书　记：杨秀龙
副书记：崔　骏（6月离职）　吴保民（6月离职）
　　　　郝德毅

东观镇
书　记：柳扣免
副书记：贾玉川（6月离职）　张俊山（6月离职）
　　　　李福宁（6月任职）　梁利斌（6月任职）

古县镇
书　记：杨　琦
副书记：赵映宝（6月离职）　赵永刚

城赵镇
书　记：武玉龙
副书记：薛瑞刚　白玉刚

贾令镇
书　记：武俊明
副书记：王雪花（女，6月离职）　李福宁（6月离职）
　　　　杨治敏（6月任职）　高鹏飞（6月任职）

西六支乡
书　记：李耀强
副书记：郝　强　董向阳

峪口乡
书　记：杜惠敏
副书记：武宏亮　许威旺

来远镇
书　记：方建安
副书记：师德森　李　刚

昌源城区
书　记：崔　骏（6月任职）
副书记：王雪花（女，6月任职）

丹枫城区
书　记：贾玉川（6月任职）
副书记：温　豪（6月任职）

麓台城区
书　记：赵映宝（6月任职）
副书记：李增耀（6月任职）

中共平遥县委工作概况

2009年，平遥县共有基层党组织834个，其中党委27个（乡镇党委14个、企事业机关党委13个），党总支47个（农村党总支13个），党支部760个（其中农村党支部310个）。下设基层工委12个（县直机关工委1个、县直系统工委7个、社区党工委4个）。党组11个。共有党员22132名，其中女党员3546名，占16.02%，农村党员14722名，占66.52%。抗战期老党员48名，解放战争期老党员222名。

一年来，按照省和市的工作部署和安排，全县以深入学习实践科学发展观为统领，以“实践活动开展年、基层组织加强年、阵地建设攻坚年、远程教育学用年、制度建设规范年”为基层党建工作目标，巩固基础，抓住重点，创新工作，有效地加强了基层党组织建设和党员队伍建设，为全县改革发展稳定提供了坚强的组织保障。

一、以实践活动开展年为目标，深入学习实践科学发展观活动取得成效

全县共有699个单位、819个党组织、21687名党员参加了学习实践活动。其中参加第二批深入学习实践科学发展观活动的单位共有87个，237个党组织，4128名党员；参加第三批学习实践活动的单位有612个，582个基层党组织，17559名党员。学习实践活动开展以来，全县认真贯彻中央和省、市部署，把学习实践活动作为今年一项重大政治任务，作为解决平遥突出问题的重大历史机遇，推动平遥科学发展的历史起点来抓。按照“党员干部受教育、科学发展上水平、人民群众得实惠”这一总体要求，紧密结合平遥实际，深入调查研究，广泛征求意见，凝聚群众智慧，以“转型跨越”为活动主题，以“推动观念转变、突出开放，推动产业转型、突出项目，推动统筹和谐、突出民生，推动组织建设、突出基层和推动作风改进、突出落实”为活动载体，超前谋划，精心组织，扎实推进，通过扎实而有力的组织领导、典型带动、舆论宣传、指导检查、整改落实，圆满完成了学习实践活动各个阶段环节的各项任务，确保了学习实践活动取得预期效果。活动结束期间，组织全县各参学单位就学习实践活动开展了群众满意度测评，群众满意率达98.9%。通过历时一年的学习实践活动，科学发展的思想理念在全县广大党员干部中深深扎根，科学发展观在平遥大地上开花结果，一个拥有千年厚重历史文化的世界名城进一步焕发出新的活力。

二、以阵地建设攻坚年为目标，村级组织活动场所建设又有新改观，取得了新进展

2009年，围绕“阵地建设攻坚年”这一目标，在县和乡镇的共同努力下，在2007年新建了一批活动场所的基础上，又有不少农村破土动工，投入大量的人力物力财力，修建了一批新的村级组织活动场所，农村两委的办公条件得到了极大的改善。据统计，各乡镇今年新建活动场所18个，投入达1216.3万元。在这些新建的村中，现已投入使用的有11个：古陶镇闫壁村和北城村，岳壁乡东郭村和闫良庄村，洪善镇白家庄村，宁固镇净化村、鱼市村、南侯村和梁家堡村，香乐乡北薛靳村，杜家庄乡闫长头村等；正在修建的有7个：岳壁乡高林村，中都乡东达蒲村，东泉镇赵壁村、水磨头村和南湖村，卜宜乡南石渠村，宁固镇魏乐村等。同时，还有以古陶镇西城村为典型的31个村对活动阵地进行了改扩建，共投入约597.5万元。2009年按照中央第二轮村级组织活动场所建设的精神，共上报新建项目村10个，改扩建项目村24个，预计争取省以上项目资金163.9万元。

三、以基层组织加强年为目标，基层干部队伍建设不断推进，制度建设进一步规范

2009年是农村两委刚刚换届后的第一年，我县加强领导，精心组织，现场会推动，在基层班子建设和干部队伍建设上做了大量卓有成效的工作，进一步促进了基层党建工作整体上水平。农村支部班子新调整了1个村（岳壁乡黎基村）。

一是从抓培训强素质入手，着力提高农村两委主干的整体素质。年初，在农村工作会议上，对农村两委主干进行了2天半的集中培训。在第三批学习实践科学发展观活动中，组织了部分乡镇的村支部书记到榆次朱村和中郝村进行了参观学习，效果最为明显的特别是在2月份和10月份，先后组织共100名农村支部书记两次赴苏州农村干部学院进行了异地培训，极大地解放了农村干部的思想，开阔了眼界，拓宽了思路，更为可喜的是通过“走出去”培训，迈出了像横坡村、高林村、洪善村等一批村在建设新农村中的实践之路，为我县新农村建设作出了示范和表率作用。同时深入开展了“远程教育活动年”活动，通过加强对农村远程教育终端接收站点管理，充分发挥农村党员干部现代远程教育系统的作用，加强了党的方针政策和农技知识的培训。还开展了“县官乡官学村官”活动，选树了10名农村支部书记旗帜进行了广泛宣传，使先进典型真正成了农村基层党组织带头人中的“领头羊”，广大县乡村干部精神学习的“新标杆”。

二是从抓建立农村干部激励保障机制入手，农村两委主干岗位报酬发放办法和养老保险制度得到进一步规范。按照中央“一定三有”和省市统一安排，在调研摸底和座

谈讨论的基础上，我们研究出台了农村两委在职主干岗位报酬集中统一发放实施办法，出台了农村在职主干养老保险实施办法，全面规范地建立起了农村干部的激励保障机制，对激励基层干部干事创业，维护农村长期稳定起到了积极有效的推动作用。2009年，农村在职主干岗位报酬集中统一发放有494人（其中支部书记224人，村委主任226人，一肩挑的有44人），全年共发放297.8466万元，其中：基础报酬为88.125万元（包括人口报酬和岗龄报酬），绩效和奖励报酬为209.7216万元。统一纳入农村主干养老保险制度的有494人，共拔付17.784万元。

三是从抓规范农村离任干部生活保障待遇入手，农村离任干部生活保障发放办法进一步完善。2009年，根据县委的统一安排，在以前发放办法的基础上，又研究完善了农村离任干部生活保障待遇的发放办法，根据离任干部的任职年限、行政村人口数和曾获奖情况，在不降低以前发放标准的基础上，又划定了新的发放标准，同时对如何计算任职年限等作了明确的说明，使离任保障制度进一步科学化和规范化。通过逐级上报、查阅档案和电视公示，对今年应发放的人员进行了审查，对每人的待遇进行了测算。据统计，今年共发放人数958人，共发放保障待遇96.2518万元。在完善新的标准后，离任主干平均待遇1198元，最高待遇每年能领到1800元，离任副职及会计平均493元，最高待遇每年能领到600元。在电视统一公示后，共处理来电来访的有25人，其中反映本人情况的有17人，举报他人情况的有8人，经进一步核实后，可以审批的有12人，因本人提供证据不足需要进一步核实情况的还有5人。

四是认真实施“村官”计划，全年选聘了89名大学毕业生到村任职，全县农村形成了以高中以上文化程度为主体、老中青梯次搭配的村党组织班子。

五是统一刻制支部印章，加强了支部的核心领导地位。县委组织部统一刻制、启用了农村党（总）支部印章，配套出台了《关于进一步加强农村两委印章管理的实施意见》，进一步加强和改善以党支部为核心的村级组织建设，有效规范了农村党组织的运行管理，提高了党在农村的执政能力和执政水平。

四、以远程教育学用年和制度建设规范年为目标，以改制企业流动党员管理为重点，强化党员教育，健全管理制度，全县党员队伍建设取得新进展

针对近年来企业改制后党员关系接转困难、农村党员流动较为频繁的现状，平遥县委从健全制度、强化措施入手，想方设法为党员创建“温馨之家”。一是以理顺改制破产企业党组织隶属关系为重点，积极加强企业流动党员管理。在县委组织部成立了党员服务中心党支部，建立了党员联系卡制度，集中解决了125名口袋党员的组织关系接转问题。在广泛征求意见、深入积极讨论的基础上，出台了《中共平遥县委组织部关于进一步理顺企业党组织隶属关系，切实加强党员归属管理的实施意见》，目前，涉及的20户改制企业中，已对11户的党员组织关系进行了理顺。在加强非公有制企业党建工作上，对全县符合单独建立党组织的62户非公有制企业全部建立了党组织，其中规模以上企业建立党组织50个，50人以上非公企业党组织组建率达到100%。二是严把发展党员“入口关”，积极加强发展党员工作。在严格执行发展党员公示制、发展党员票决制等基本制度的基础上，今年又对发展党员的相关制度进行了完善：实行了预备党员转正考察制度，研究出台了发展党员工作责任追究制度。实行入党积极分子和预备党员培训考试制，由组织部统一组织、统一时间、统一考场、统一阅卷、统一发放合格证的形式组织入党积极分子和预备党员进行考试，考核不合格的，不得列为发展对象和转正对象，今年共有138名积极分子因考试不合格被取消了发展资格。三是深入开展纪念建党88周年活动，顺利完成了市委七一表彰推荐等各项工作。根据县委《关于深入开展纪念建党八十八周年活动的通知》要求，全县开展了党旗飘扬大型文艺汇演活动，教育了党员，感染了观众，收到了历史以来最好的效果。同时，按照市委组织部统一安排，坚持好中选优、注重实绩、突出典型、严格审核的原则，并征求了纪检、综治、计生、信访、610办等部门意见后，向市委推荐表彰了先进基层党组织8个，优秀共产党员13个，优秀党务工作者8个，共产党员示范岗1名。

（王德锋）

附：一、中共平遥县委书记、副书记、常委名单

书　记：李定武（10月离职）

副书记：李非忠　张冬明

常　委：郭学礼　曹青平（女）　张秀梅（女）　王润明　王根元　牛起虎（8月离职）　张英杰（8月离职）　封树春　曹　进　刘国宏（8月任职）

二、乡镇党委书记、副书记名单

古陶镇

书　记：刘利平

副书记：梁绍晋　李志强

岳壁乡

书　记：冀致明

副书记：邓继杰　闫晓明

南政乡

书　记：任志峰

副书记：左晓俊　霍跃俊

中都乡

书　记：张　汲

副书记：郑仰信　郭永刚

洪善镇

书　记：靳连斌

副书记：孟　刚　梁胜利

襄垣乡

书　记：刘向东

副书记：乔增利　牛登山

朱坑乡

副书记：王本荣　刘今伟

东泉镇

书　记：郭锦全

副书记：李英伟　张景兆

孟山乡

书　记：许银武

副书记：郝金福　刘德光

卜宜乡

书　记：张锦东

副书记：刘　雄　闫二民

段村镇

书　记：王建仁

副书记：郝笑琼　赵亚柱

宁固镇

书　记：孙有毅

副书记：刘光明　孟广亮

香乐乡

书　记：闫洪泽

副书记：师新坚　冀成柱

杜家庄乡

书　记：李　文

副书记：王忠华　邓学礼

中共介休市委工作概况

2009年，介休市共有基层党组织872 个；其中党委29个，党总支70个，党支部773个，共有党员20274名。

2009年是我市遭遇困难最大、迎接挑战最多的一年。一年来，在省委、晋中市委的坚强领导下，市委以党的十七大和十七届三中、四中全会精神为指导，深入贯彻落实科学发展观，积极应对国际金融危机带来的不利因素，排难而进，化危为机，全力以赴保增长、保稳定、保民生，全市经济社会发展保持了平稳的发展势头。全年完成生产总值134.29亿元，同比增长4.3%，完成固定资产投资59.2亿元，同比增长5.7%；财政收入达到24.26亿元，同比增长3.63%，城市居民可支配收入达到1.54万元，同比增长12.49%，农民人均纯收入达到5732元，同比增长5.19%。城市建设、生态环境治理取得新进展，新农村建设取得新成效，社会各项事业全面进步，精神文明、民主法制和党的建设得到进一步巩固和提高。

一、以项目建设为主题，工业经济提速增效

市委以科学发展观为指导，积极应对金融危机造成的不利因素，始终把项目建设摆在突出位置，将2009年明确为“工业经济推进年”和“项目建设年”，引领全市各级全面引深项目攻坚，重点抓了四个方面的工作。

着力营造赶超发展、争先争上的浓厚氛围。为在新一轮的发展中抢占先机，赢得主动，市委积极运作，通过多种途径，充分调动企业投资上项目的积极性、主动性。先后组织四套班子领导和部分职能部门负责人及企业家代表专程到孝义、河津等地参观学习，提出了“学孝义、比孝义、赶孝义”的口号，着力在全市上下营造出争项目、帮项目、抓项目的浓烈发展氛围。

主动超前服务，为企业搭建发展平台。为使企业在当前不利的经济条件下尽早摆脱困境，新上项目尽快达产达效，市委实施了一系列强力的发展举措，千方百计解决企业在项目实施中遇到的困难。继续开展了党政领导班子成员包扶重点工程项目、全程代理、约束性管理等机制措施；组织机关干部深入基层开展“三个一”帮扶活动；先后召开了四次政银企座谈会，通过社团贷款、担保贷款、争取资金等途径，为企业融资20多亿元；积极与汾西矿业集团协调，优先保证焦炭企业的原煤供应；帮助企业解决了土地、水、电、路、环境容量等一系列制约问题。

抢抓政策机遇，为企业争取资金支持。紧紧抓住中央和省对技术改造重点项目、节能降耗技术项目、淘汰落后项目、经济运行调节资金、重点工业调产项目的资金支持，积极为企业争取资金支持。积极做好项目申报，9个项目列入晋中市重点工业调产项目之中，所申报的4个大型技改项目获得批准，争取中央、省、晋中市支持及奖励资金2880万元。

积聚优势资源，全方位加强招商引资力度。为做大我市招商引资工作数量和容量，市委进一步解放思想，树立开放意识，在融入中求发展，积极在国际和国内两个市场、两种资源寻找发展机遇，力求引入先进的智力、人才、管理，特别是引入资金和技术。研究出台了《招商引资优惠办法》，对引进的招商项目进行全程跟踪服务，建立了招商引资奖励机制，着力在全市营造出开明、开放、促进招商投资的良好环境。参加了港洽会、沪洽会、中博会等大型招商引资活动，引进项目总投资达109亿元，项目的数量和运行质量均位列晋中市前茅。

通过实施一系列帮扶促进措施，我市的项目建设迈出了坚实的步伐，工业经济发展的活力和后劲得到进一步增强。全市45个重点项目开工率达到95%以上，诚宏福得一10万吨苯加氢、益隆100万吨焦炭、三佳6万吨有机硅、安泰80 万吨优质高线等项目相继投产，在焦炭和煤炭产能稳定在1000万吨的基础上，形成了250万吨钢、220万吨铁、

近100万吨化产、6万吨有机硅单体材料的生产能力。

二、以发展高效农业为突破口，新农村建设成效显著

市委始终把做好“三农”工作作为推进城乡协调发展、和谐发展的重中之重。将发展高效农业作为提高农民收入、促进转型发展的突破口，全力以赴推动落实。同时，继续抓好农村环境整治、园林村建设和沼气推广，农业生产和新农村建设迈上新台阶。

致力于农民保收增收，积极推动高效农业发展。为解决企业打工农民返村，务工收入下降的问题，市委对农业发展重新进行定位，将发展高产农业作为应对金融危机，促进农民增收的新渠道，从技术、资金、销售等各个环节提供全方位的支持和保障，积极推动实施。组织乡镇、村干部赴山东寿光等地学习考察，转变干部群众思想，开拓思维；与山西农业大学签订了现代农业综合开发战略协议，专门聘请12名专家、教授作为战略顾问，远聘山东寿光等地的15名农民专家驻介常年指导服务；制定出台了一系列资金扶持措施，以补贴利息、以奖代补的方式扶持高效农业发展，全年新增农业贷款1.5亿元；促进农业龙头企业发展，与江苏雨润集团签订200万头生猪屠宰加工项目，维群集团与莲花味精集团新上了5万吨谷氨酸和6万吨味精项目。全年新发展日光能温室1500个，新发展优质核桃干果经济林1.5万亩，生猪饲养量达30万头，万头养猪厂20个。

继续实施农村环境综合整治、沼气推广工程。继续做好沼气建设和沼气服务网点建设，进一步加大户用沼气和大中型沼气建设覆盖面。建设完成100个沼气服务网点，并投入运行；发展2个大型沼气和4个秸秆气化集中供气工程；全市沼气用户发展达到2.5万户，建设总量继续位居全省第一，先后荣获省委、省政府授予“农村沼气建设先进市”和“新农村建设先进市”称号。继续推进农村环境整治工作，成立了农村环境综合整治办公室，形成乡镇有环卫所，农村有环卫站的工作体制，农村的良好环境得以巩固和优化。

深入推进植树造林和园林村建设。在2008年建成60个园林村的基础上，全年投入500万元，完成西大期、穆家堡、板峪村等5个村的园林村建设，进一步展现了我市新农村建设的良好风貌。全年植树200余万株，在7个乡镇新发展核桃经济林1.3万亩；汾河护岸林建设工程完成植树19.62万株。完成省级村庄绿化17个村、晋中市级村庄绿化4个村。在大抓植树造林的同时，还实施了育苗拉动工程，新育苗2124亩，创历史之最。

三、围绕“四城联创”目标，城市建设日新月异

市委围绕“四城联创”目标，在“三年出形象”目标圆满完成的基础上，继续加大基础设施建设力度，深入推进园林城市建设，扎实做好城乡环境整治和民生工程，城市建设全面提速，城市发展步伐加快，人居环境进一步优化。

积极推进重点工程实施。以城市扩容提质为主题，实施了道路建设带动城市建设的发展战略，紧紧抓住当前市场原材料价格低廉的机遇，全力推进各项重点工程。投资2.8亿元新开工建设“五纵一横二段十二桥”交通工程，投资额度和建设里程占到晋中市的三分之一，城市路网进一步完善，城市框架进一步拉大。

深入推进园林城市建设。全年完成投资6627万元，开展了介中新校区绿化、汾河生态湿地公园建设、城市新建设道路绿化等一系列绿化重点工程，组织动员全市开展花园式单位（小区）创建活动。新增城市绿地面积123.53万平方米，使城区绿地总面积达到752.83万平方米，城市绿化覆盖率达46.49%，绿地率达42.9%，顺利通过省级园林城市验收。

扎实做好民生工程建设。新建经济适用房3.5万平方米、廉租房1万平方米；开展了农村困难群众危房改造工程；完成了12条小街小巷的改造，改造路面1.56万平方米；新增城市集中换热站5个；新建2万立方米气柜及配套设施；新增供水管道1.5公里，改造旧管道1.2公里。

积极开展城市环境整治。将集贸市场与社区对接，进一步规范临时摊点的经营行为；开展了主次干道建筑工地环境整治。实行机械化清扫与人工清扫相结合，全市道路保洁总面积达到420万平方米。顺利通过了省级卫生城市验收。

在加快城市基础设施建设的同时，市委着力推动城市经济发展，房地产业、餐饮住宿业、旅游业和商贸物流业等城市产业得到快速发展，城市就业人员超过4万人，占到城乡劳动力总量的三分之一，实现了城市建设与城市经济发展的对接。旅游业蓬勃发展，全年旅游各景点累计接待游客98.91万人次，实现门票收入3782万元，综合收入达到2.06 亿元。

四、以节能减排为重点，环境质量持续改善

市委坚持以“蓝天碧水”为目标，加大环境保障战略实施力度，以控制污染物总量、节能减排为主线，不断加大环境综合整治力度，全市环境质量持续改善。

做好生态规划编制。聘请晋中市环科所和太原理工大学编制完成《生态市建设规划》、《矿山生态恢复治理规划》、《生态经济区划》、《生态功能区划》、《乡镇饮用水源地保护规划》和《农村环境综合整治规划》等一系列环境保护规划，引领环境管理向“分类指导、分区推进”的方向科学发展。

全方位实施环境综合整治攻坚。开展石灰行业的清理整顿，取缔49个土小石灰窑；开展城区燃煤锅炉、茶浴炉、餐饮炉污染专项整顿，涉及115个单位的147台锅炉；对城区扬尘污染进行了专项治理；实行了机动车环保检测和环保标识制度。一些重点、难点污染源得以控制和解决。

重点抓好节能减排工程建设。通过积极协调，解决了城市污水处理厂工程进展缓慢和进水量不足的问题，保证了污水处理厂正常运行。新建的义安工业园区污水处理厂顺利推进，对投入试运营的垃圾电厂除尘配套设施进行了更换，解决了二次污染的问题。2009年，全市二级以上天数达到346天，其中一级天数达到139天，综合污染指数较2008年下降了30%，环境空气质量首次达到国家三级标准，各项指标均实现了历史性突破。

五、以改善民生为落脚点，社会各项事业取得明显成效

市委把民计民生工程作为工作的出发点和落脚点，将保民生作为学习实践科学发展观，应对金融危机的重要举措，让改革发展的成果更好的惠及全市人民。

教育事业呈现协调持续发展态势。市委紧紧抓住“全面提升教育教学质量”这一主线，围绕“资源整合、机制创新、发展均衡、水平提升”四个重点，积极推进教育事业全面发展。新建介休一中的投入使用，有效盘活了城区教育资源，使城区形成了2所高中、4所初中、10所小学的新格局。义务教育经费保障机制得到进一步完善，教育经费全部及时足额到位。课堂教学效益逐步提升，教育教学质量得到全面提高。

卫生、计生等社会各项事业稳步推进。全市231个行政村全部设置了卫生室，并且配备了价值5000元的基本设备。继续开展乡、村两级达标建设和乡村一体化工作。紧紧围绕“稳定低生育水平、统筹解决人口问题”这一中心任务，以夯实基层基础管理，提高人口计生工作水平为目标，不断创新对基层工作的管理机制，优化对计生对象的服务引导，促进人口问题的综合解决，被省政府评为“全省计划生育目标责任制考核先进市”。

民生工程取得明显成效。市委坚持以“改善民生、服务民众”为宗旨，精心组织、强抓落实，使各项惠民工程取得了明显成效。省政府下达的“五个全覆盖”任务全部完成。城镇新增就业人数3170人，下岗失业人员实现再就业1660人。劳动、公安、交警、教育等单位互相协调，开发公益性岗位500个。为“4050”人员及零就业家庭130余人、农村大学生50余人提供了公益性岗位，分布在城市保洁、治安协勤、交通协管等不同的岗位上。全面推进农村合作医疗，2009年，参合农业人口达257391人，参合率达93.09%，全年共支出合作医疗补偿资金1934万元。完成投资4000万元，新建经济适用房、廉租房820套。地质灾害移民搬迁工程稳步推进。

文化建设蓬勃发展。以加快“文化介休”建设、推动文化大发展、大繁荣为目标，围绕中心，服务大局，突出重点，创新载体，呈现出生机勃发的良好发展态势。成功举办了第二届清明（寒食）文化节，还组织了春节元宵节、第五届广场文化节、中俄女子篮球赛等一系列群众活动。被省政府命名为“清明寒食传统节日保护示范地”，成功入选第二批“山西省历史文化名城”，市内顺城街成为全省第一批历史文化街区。以我市为原地的《清明节》、《文彦博灌水取球》2套邮票入选2010年全国发行邮票。以汾河生态湿地公园为主的一大批文化硬件设施相继开放使用。文峰塔修复一期工程如期完工。投资260万元完成了板峪嵘狮庙的维修保护。政府主导投资230余万元的后土庙600余尊彩塑已维修完毕，玄神楼广场改造顺利进行。协调民间组织开始对张壁古堡和回銮寺进行保护性开发，已完成投资230余万元。

六、狠抓安全稳定工作，着力营造和谐平安的社会环境

市委始终把维护社会稳定摆在突出位置，力求通过不断建立健全体制机制，充分调动全市各级各部门抓安全、保稳定的积极性、主动性，推动各级领导干部知责、履责、尽责，共同维护安全稳定的社会环境。

信访稳定工作得到整体提升。认真贯彻《信访条例》，以化解信访积案为载体，加强自身建设，畅通信访渠道，解决突出问题，预防群体性事件，规范信访秩序，巩固大接访良好成果，建立信访工作长效机制，切实解决人民群众的热点难点问题。拓展民情调研职能，积极履行决策参谋职责；拓展信访救济职能、大力实施帮扶救济活动；拓展纠纷调处职能，创新开展信访调解业务；拓展下访约访职能，深入推进服务民生活动。一年来，我市进京非正常个访人次、批次较去年同期分别下降了53%、73%，无进京集体访。

高度重视安全生产工作。以国家建设“安全生产年”的决策为主线，以“三项行动”、“三项建设”为主要内容，从战略的高度加强对安全生产工作的领导，集中开展重点行业、重点领域的安全生产整治行动，不断健全安全生产目标管理责任制体系，强化安全生产责任机制，全面落实安全生产责任。深入推进煤炭资源重组工作，在晋中市率先完成了双协议签定工作，煤炭、国土换证工作进展顺利，煤矿复工复产稳步推进。

加快推进平安介休建设。以国庆60周年安保工作为主线，打好重点战、主动战，牢牢控制社会治安主动权，努力解决较为突出的治安问题，依法对各类严重违法犯罪活动给予严厉打击。稳步推进“天网”、“天眼”、“天盾”三项工程建设，不断完善社会治安防控网络体系建设。

七、狠抓学习实践科学发展观活动，党的执政能力和领导水平得到极大提高

市委高度重视党的执政能力建设，努力为改革发展稳定提供坚强保证。

深入开展学习实践活动。3月份以来，根据中央、省委、晋中市委的安排部署，精心组织93个参学单位、339个党组织、7050名党员，扎实开展了第二批深入学习实践科

学发展观活动。坚持把深入学习实践科学发展观作为首要政治任务，作为推动介休科学发展的难得机遇，边学边改、边查边改，边整边改，为应对严峻复杂的经济形势和维护全市安全稳定的大局，起到了春风化雨的作用，基本实现了“党员干部受教育、科学发展上水平、人民群众得实惠”的总体要求。目前，正着力加强对第三批学习实践活动的领导和指导，力求通过第三批学习实践活动，进一步加强基层组织建设，营造团结向上、干事创业的浓厚氛围。

重视领导班子和干部队伍建设。坚持抓好领导班子思想政治建设，完善中心组学习制度，提高领导班子的创造力、凝聚力和战斗力，充分调动各部门、各方面的积极性；切实加强领导干部作风建设，提出了“精神要振奋、工作要激情、推进要力度、克难要招数”、“认真就是水平、落实就是能力、实干就是本事、谋事就是人才”、“开启新思想、进入新境界、树立新形象、进入新状态、打造新作风、进入新起点”的要求，在全市党员干部中引发强烈共鸣。

切实加强基层党员队伍建设。坚持“能人”治村思路，在村干部选拔上突出“三个注重”，“四个提倡”，通过“两推一选”等办法，全面推进“两委”干部交叉任职。全市“两委”换届按期完成，“一肩挑”比例比上届有了较大幅度提升。为尽快使新一届“两委”班子合心合力，以“懂规矩、守纪律、做实事”为主题，先后分批分层次对农村党支部书记、村委主任、治保主任进行了培训。镇、村两级也依托乡镇党校和农村党员活动室，利用各种形式对广大农村党员开展经常性教育。同时结合我市基层党建的实际，改变过去单纯帮扶软弱涣散村党组织的做法，实行“扶优助强、扶贫帮困”，抓两头，带中间，深入开展了“百个单位帮百村、百家企业建百村”活动。

切实加强党风廉政建设。坚持标本兼治、综合治理、惩防并举、注重预防的方针，进一步健全完善党风廉政建设责任制，构建齐抓共管的工作格局。从强化管理和监督入手，采取有效措施，加强对重点对象、重点领域、重点部门、重点环节的监督，加大从源头上预防和治理腐败的力度。坚持边自查、边申报、边纠正的原则，深入推进煤焦领域反腐败专项斗争，推进煤焦产业健康发展。深入推进农村基层党风廉政建设工作，促进新农村建设顺利推进。始终保持高压态势，严肃查办大要违纪违法案件，全年共立案31件31人，结案31件，通过办案，为国家挽回经济损失136万元。

(张岩峰)

附：一、中共介休市委书记、副书记、常委名单

书　记：杨建林（9月离职）　秦太明（9月任职）
副书记：秦太明（9月离职）　王怀民（11月任职）
　　　　雷亚伟
常　委：卫继周（挂职，2月任职）　韩海云
　　　　李广文　刘国英（女）　刘士忠　赵　宇
　　　　杜云成　刘　娟（女）　林全胜

二、乡镇党委书记、副书记名单

城关乡
书　记：王宁照（3月离职）　鹿人杰（3月任职）
副书记：李克虎（3月离职）　杨东辉（3月任职）
　　　　赵　辉

宋古乡
书　记：张卫东（3月离职）　任云峰（3月任职）
副书记：董耀宙　郝丕华

义棠镇
书　记：晋和平（3月离职）　孟繁海（3月任职）
副书记：马　军　李增寿

绵山镇
书　记：孟繁海（3月离职）　陈志强（3月任职）
副书记：董建伟（3月离职）　段燕瑞（3月任职）
　　　　韩青泉

龙凤镇
书　记：陈献清（3月离职）　续宏伟（3月任职）
副书记：黄全山　宋建华

洪山镇
书　记：任云峰（3月离职）　荆玲玲（女，3月任职）
副书记：侯建文　闫兰云

连福镇
书　记：乔洪治（3月离职）　晋和平（3月任职）
副书记：刘冠英　郭建武

三佳乡
书　记：陈志强（3月离职）　张卫东（3月任职）
副书记：冀晓军　李俊萍（女）

义安镇
书　记：乔洪治（3月任职）
副书记：续宏伟（3月离职）　李克虎（3月任职）
　　　　冀鹏俊（3月离职）

张兰镇
书　记：鹿人杰（1月任职，3月离职）
　　　　王宁照（3月任职）
副书记：荆玲玲（女，3月离职）
　　　　董建伟（3月任职）　赵建勇

中共灵石县委工作概况

灵石县共有基层党组织868个，其中党委24个，党总支57个，党支部787个。共有党员13963名。

2009年，县委全面贯彻党的十七大和十七届三中、四中全会精神，切实加强经济、政治、文化、社会和党的建

设，致力科学发展、率先跨越，全力化解危机、破解难题，全县呈现经济企稳回升、民生持续改善、社会大局稳定的良好态势。全县生产总值完成109.3亿元，同比增长8.1%；财政总收入完成25.13亿元，总量位居全市第一、全省第七；一般预算收入完成10.14亿元，同比增长36.3%，总量位居全市第一、全省第三；规模以上工业增加值完成65.95亿元，同比增长11.6%；全年固定资产投资完成70.6亿元，同比增长25.5%；社会消费品零售总额完成33.95亿元，同比增长23.1%；城镇居民人均可支配收入和农民人均纯收入分别完成17387元和6775元，同比增长12.1%和9.4%。

一、立足率先跨越，统筹推动县域经济社会又好又快发展

一是狠抓两大关键，进一步巩固夯实发展基础。县委把09年确定为"安全管理提升年"，以健全机构、完善机制为重点，切实加强煤矿用工管理，建立隐患排查治理机制，继续严厉打击非法采矿。09年全县煤炭百万吨死亡率、亿元GDP生产事故死亡率分别为0.47、0.31，均低于上级下达的控制指标，第三个安全生产平稳年目标顺利实现。围绕建设蓝天碧水新灵石目标，紧紧抓住节能减排和生态建设两大举措，加强重点区域环境集中整治，将生态建设的主战场摆在汾河流域，在全省率先启动了汾河流域综合整治工程，高标准完成了汾河流域两渡—县城段综合整治。着力提升城市功能。城区集中供热、供气率均达92%以上。县城垃圾焚烧发电项目一期投入试运行，污水处理厂实现达标运营，污水处理率达90%以上。持续推进生态建设。全年完成新造林6.48万亩，实有林木绿化率提高3.59个百分点，达到47.31%。通过以上综合措施，全年二氧化硫和化学耗氧量分别下降15.1%和24.7%，两项减排指标均完成省、市下达的削减任务。

二是立足转型发展方向，统筹推动项目建设。县委始终扭住项目建设不放松，全力加快项目建设。全年共实施涵盖工业、农业、三产服务业、基础设施、社会事业等各个方面的重点工程50项，总投资74亿元，当年完成投资30.5亿元，30个项目竣工。其中聚源10万吨甲醇项目主体完工，两渡园区的聚义五大循环经济项目扎实推进，引进东方希望集团合作共建的晋中（灵石）铝工业循环经济园即将落户南关工业园区。积极帮扶企业应对危机。县四大班子领导结对联系重点企业，积极搭建煤矿、洗煤、焦化企业之间的产销衔接平台，一些企业经营中遇到的现实问题得到有效解决。县财政对供热、供气等事关民生的企业在资金配套上给予支持2200万元。在不折不扣落实好省市优惠政策的基础上，加码出台县级政策，积极为企业减负解困，"减免缓停"金额达4000多万元。扎实推进煤矿企业兼并整合，全县矿井个数从90座压减到了38座，办矿主体优化为12个；煤炭总产能由原来的2103万吨/年提升至2535万吨/年；煤矿单井平均生产能力由整合前的23.26万吨提升至66.71万吨，煤炭资源回采率将提升到70 %以上。在加快传统产业升级转型的同时，积极引导社会资本转变投向，特别是引导退出煤炭领域的资金向一、三产业转移，部分通过煤焦产业完成原始积累的企业和个人积极投资发展现代农业和以文化旅游为龙头的第三产业，成为引领产业转型发展的生力军。大力加强文化旅游配套设施建设，率先在全省建成了第一家县域五星级酒店。

三是着力三个环节，不断优化发展环境。一是以完善功能、提升品位为着力点，不断加强硬环境建设。完成《静升新区千亩生态湿地修建性详规》等一批事关灵石城市未来发展走向的规划编修；天石新城二期、凤凰新城等一批经济适用房、商品房交付使用；大西高铁在灵石设站，汽车站全面开工建设，文化艺术中心进入装修阶段。以实施城乡清洁工程为抓手，扎实推进"四城联创"，完善交通监控体系，大力度开展环境综合整治。二是以体制解困、机制激活为着力点，不断深化改革发展。继续推进企业二次改制攻坚，建材公司等改制企业在转型中获得新生。作为全省试点之一，顺利完成了全县集体林权制度改革，率先在全省通过了主体改革验收，所取得的成功经验在全省推广。三是以转变职能、提高服务为着力点，不断加强软环境建设。加强政务服务中心建设，进一步清理规范审批事项的同时，对农村便民服务中心、农村"三资"管理系统进行有效整合，在100个中心村设立了电子触摸屏，并与县政务中心实时联网。

四是坚持"二十字"方针，扎实推进新农村建设。按照"生产发展、生活宽裕、乡风文明、村容整洁、管理民主'的要求，统筹推动新农村建设。09年县财政用于"三农'的投入达到1.1亿元，同比增长23.7%。一是强化规划指导。对18个村进行了规划，累计有44个村完成新农村规划，新铺开5个土地开发整理项目，全部完成后可新增耕地6216亩。结合农村地质灾害治理，对采煤沉陷的15个村实施整体搬迁，全年实施移民5485人。同时，加强农民技能培训，完成农村劳动力引导性培训13629人，转移农村富余劳动力4526人。二是夯实产业基础。坚持发展干果经济林和特色养殖两大农业主导产业。核桃林有10万亩挂果见效，09年全县核桃产量达350万公斤，产值达7000余万元，农民人均增收437.5元，两家核桃加工龙头企业建成。全县各类规模养殖户（小区）达243个，佑农牧业、天和农牧等大中型养殖项目建成投运，全县畜牧总收入达到1.2亿元。大力发展农村经济合作组织，各种专业合作组织达368个。以王家大院、石膏山文化旅游资源为依托，大力拓展相关服务业。三是加强农村基础设施建设。加快完善公路交通网络体系，108国道、三双路等一级路改造工程建成通车，夏木路、两孝路改造工程扎实推进。积极推进"万村千乡工程"和"新网工程"。围绕改善生产生活条件，加快以农村饮水安全、农村沼气、村通水泥（油）路、街巷亮化等为重点的基础设施建设，累计有32 个村达到"十有十个一"标准，240 个村达到农村"创三优"标准。

五是注重民生改善，加快推进和谐社会建设。坚持以

人为本，高度关注民生，突出省“五大惠民工程”和“五个全覆盖工程”重点，着力解决人民群众最关心、最直接、最现实的利益问题。以中小学校舍安全改造、扩大高中阶段招生规模、落实并拓展教育免补政策为重点，统筹推动各类教育协调发展，高中阶段升学率达到94%以上，率先基本普及高中阶段教育。以乡镇卫生院、中心村卫生所提标改造和完善新农合为重点，加强医疗卫生保健体系建设，全县县乡两级卫生机构全部达标，新农合参合率达93%，城镇居民医疗保险参保率达78%。。坚持以开发公益岗位和创业带动就业相结合，积极做好就业再就业工作，全年城镇新增或创业带动就业5109人，帮助下岗失业人员和就业困难对象实现再就业1390人。不断完善城乡社会保障体系。新型农村养老保险成为“全国首批试点县”之一，参保率达到94%。全县城镇居民养老保险在2010年启动实施后，将率先在全省实现社会养老保险全覆盖。社会救助体系不断完善，农村五保户、企业困难职工、特困大学生等都得到有效供养或救助。积极推进安居工程，全年共完成经济适用房5.2万平方米、廉租房1.56万平方米、农村解困住房458套。

二、坚持县委总揽全局、协调各方的原则，统筹推动三个文明协调进步

坚持不懈地抓好宣传思想工作和精神文明建设。相继成功举办了庆祝新中国成立60周年图片展、大型歌咏比赛等系列庆祝活动；采取讲座、集中培训等形式深入学习宣传十七届四中全会精神；全方位开展精神塑造和文明创建工作，扎实推动文明和谐“六项创建活动”；加大文化基础设施建设力度，积极支持、引导发展文化活动阵地；积极开展送戏下乡活动和农村电影放映工程；加大扶持文艺创作力度。

坚定不移地发展社会主义民主政治。积极支持人大及其常委会依法履行职能，通过听取和审议专项报告、开展执法检查等，加强对关及全县的重点工作监督。积极支持人民政协围绕团结和民主两大主题履行职能，及时把县政协关于创业带动就业、帮助企业应对危机等方面的调研成果转化为县委决策，提高参政议政实效。进一步巩固和壮大最广泛的爱国统一战线，大力实施“凝聚力”工程，充分发挥各群团组织的桥梁和纽带作用，密切同各民主党派、工商联、无党派人士、各族各界人士的联系，并为他们履行职能、发挥作用创造条件。

扎实有效地推进依法治县进程。以创建“法治灵石”为重点，深入开展平安创建，扎实推进社会治安综合治理，初步构筑起城乡衔接、打防并举的平安建设体系。深化“法律六进”活动，深入开展构建和谐政法文化活动。坚持依法行政，强化司法制度改革，规范司法行为，坚决消除司法腐败现象。高度重视信访工作。坚持跳出信访抓信访，着眼于解决群众实际性问题，强化一岗双责、领导包案等制度，完善排查体系，加大调处力度。

毫不松懈地加强党内监督和基层民主。认真贯彻落实党内监督条例，严格执行领导干部个人事项报告、述职述廉、民主评议、诫勉谈话和经济责任审计等制度。完善民主监督机制，充分发挥人大、政协、舆论、群众、社会等多种渠道的监督作用，权力监督得到有效加强。积极推进村务、政务、厂务公开，完善重大事项听证、公示、政务信息和社情民意通道等制度。不断加强基层民主建设，进一步完善基层民主选举制度和基层群众自治制度，努力提高村民、居民的自治水平。

三、坚持以全面贯彻十七届四中全会精神为契机，深入开展学习实践科学发展观活动，全面加强和改进党的建设

一是不断强化思想政治建设。扎实开展学习实践科学发展观活动，把学习实践活动为应对危机、破解难题、推动发展的重大机遇和强大动力。坚持用党的理论创新成果武装头脑，以中央和省委、市委的重大决策部署统一思想和步调。按照建设马克思主义学习型政党的要求，县委常委会带头，创新形式，开展了多次专题学习。同时，依托省直机关党校、晋中市委党校及县委党校等，狠抓各级班子和广大党员干部的理论学习。党的十七届四中全会召开后，县委常委会及时专题研究部署学习贯彻活动。

二是大力实施“固本强基”工程。坚持党要管党、从严治党，组织实施了以巩固党在基层执政地位为主旨的“固本强基”工程。强化各级党组织尤其是“一把手”抓党建的“主业”意识。加强基层党组织建设，增设15个居委党支部，新建和改建18个村级组织活动场所。扎实开展“千名干部进百村入万户”“万名党员结对帮扶”活动。把后进支部整顿作为“固本强基”工程的重中之重，通过采取“调、包、培、推”等措施，使党在基层的凝集力和战斗力得到进一步增强，难点村、后进村得以迅速转化。所取得的经验受到了中组部的关注。

三是积极推进领导班子和干部队伍建设。注重在实践中锻炼干部队伍，先后选派80多名新任副科级干部、年轻干部及大学生村官到信访局、乡镇打击非法采矿一线、学习实践科学发展观办公室进行实践或挂职锻炼。积极强化干部监督，围绕县上中心工作，对科级领导干部在下乡驻村等工作中实行了跟踪考察，对离任正科级干部进行了经济责任审计。坚持常委会票决制和全委会闭幕期间征求意见制度，不断推进干部选任工作民主化、科学化。按照上级要求，对文化体制改革涉及到的部门和公安系统干部进行了调整。

四是持续引深反腐倡廉建设。充分发挥纪检监察机关服务率先跨越发展的推动作用，对中央扩大内需项目、省市县重点工程建设、城乡环境卫生清洁工程等及时跟进，开展专项督查，强化问责问效。持续引深煤焦领域反腐败专项斗争，全面推进农廉“五三”保障制度建设，继续对

机关干部执行工作纪律等情况进行明察暗访，始终保持对腐败案件的高压态势，认真贯彻中央纪委和省市纪委关于加强县级纪检监察机关建设的要求，从干部配备、经费保障等方面作出了安排部署。（吴存永）

附：一、中共灵石县委书记、副书记、常委名单

书　记：郭燕平

副书记：杨　洪　骞锋兵　刘志国（挂职）

常　委：何发荣　岳　泰　张玉立　王世强　牛宝英　郝世宏　曹治胜

二、乡镇党委书记、副书记名单

翠峰镇

书　记：杨晓隆

副书记：靳亚龙　温德伟

静升镇

书　记：赵俊生

副书记：李文亮　温向阳

南关镇

书　记：武文杰

副书记：张宝忠　王海忠

两渡镇

书　记：南　宏

副书记：弓建勇　王晋萍（女）

段纯镇

书　记：宋春旺

副书记：李宏星　王耀峰

夏门镇

书　记：赵润来

副书记：温耀勤　侯文斌

马和乡

书　记：张晓玲（女，12月离职）

副书记：梁　诚　降永前

英武乡

书　记：成建英（女）

副书记：张金亮　钮　明

坛镇乡

书　记：李亚文

副书记：陶长义　兰再昌

交口乡

书　记：苏晋华

副书记：杨根俊　尹彦强

梁家焉乡

书　记：赵贞平

副书记：赵林旺　燕晓军

王禹乡

书　记：温志英

副书记：赵　裕（女）　古建明

中共榆社县委工作概况

2009年，全县共有基层党组织479个，其中党委18个，党总支12个，党支部462个，党员10340名。

一年来，在省市上级部门的正确领导下，县委、县政府领导班子带领全县广大党员干部认真学习贯彻党的十七大和十七届四中全会精神，深入开展学习实践科学发展观活动。以打造“讲党性、重品行、做表率”的模范部门和过硬队伍为目标，全县基层党组织建设和干部队伍建设取得重大进展。各级党组织凝聚力、战斗力得到进一步加强。全县党员干部上下形成了谋事、干事、创业的工作氛围，为建设“富民强县、和谐榆社”提供了坚强的思想、政治和组织保证。

主要经济指标：本县经济社会发展取得来之不易的成绩，地区生产总值完成18.09亿元，同比下降8.8%，规模以上工业增加值虽然同比下降21.3%，但在困难之年总量仍达到8.79亿元，财政总收入2.85亿元，超额完成了市政府考核目标任务，社会固定资产总额完成5.72亿元，增长21.9%，超目标任务4个百分点，社会零售总额完成5.58亿元，增长21.6%，城镇居民人均收入可支配收入突破万元大关，达到10532元，增长12.1%，农民人均纯收入2296元，增长4.2%，市政府考核的39项主要指标和8项重点工作除GDP、工业增加值两项，其余均完成和超额完成。

工业：着力解决了影响企业运行的突出问题，华能榆社电厂同比减亏2.02亿元，榆化公司实现利税1.25亿元，广生成为全国最大的药用植物胶囊生产基地。美岳、永泰、绿健、箕城酿造等中小企业稳步发展。

农业：农村经济蓬勃发展，农民收入稳步增长，累计发放粮食直补、农资综合补贴等2434万元，全县粮食总产量4590万公斤，笨鸡养殖量达到94.7万只（笨鸡蛋通过省级地方标准），林业建设、造林绿化3.1万亩，全县干水果经济林达到14.86万亩。河峪小米荣获“山西省名牌农产品”称号，北寨小麻油打入北京市场。农村环境综合治理扎实推进了新农村建设。

城市建设：城乡面貌明显改观，投资3.47亿元，启动实施了4大类17项重点工程，城关村迎宾商贸中心开工建设。17层鼎丰大厦新建工程进展顺利，成为榆社标志性建筑，硬化改造9条街巷，汾（汾阳）邢（邢台）高速榆社段开工建设。高考达线突破400人大关，中考成绩全市第二，化石博物馆晋升为国家二级博物馆，文物工作进入“全国先进县”行列。文学创作繁荣活跃。

党组织建设取得重大进展：全县组织工作始终坚持围

绕中心服务大局这一原则，引领致富促进了坚强战斗堡垒作用。按照中央、省、市统一部署，从3月18日——9月22日组织全县121个党支部、2428名党员和1600余名干部职工，参加了第二批学习实践科学发展活动。通过开展“八个一”活动，在整治干部赌博歪风和实施“民生”工作项目上取得明显成效，形成了“全员学习、全程实践、全民评价”的工作特色，得到省、市领导充分肯定。从9月22日以来，组织337个单位、326个基层党组织、7635名党员参加了第三批学习科学发展观活动，以实际成效创新做法，得到省、市领导高度评价。省委学习实践活动简报三期，整篇介绍了榆社的做法和经验。

在两次学习实践活动中，通过抓本县特色产业，促农民增收通过政策调动，典型带动，特色推动等强力措施，榆社初步“以食用菌种植、笨鸡养殖、优质小米、设施蔬菜”为主体的农业产业化发展格局。重点建设了云竹白灵菇、河峪酥梨等一批特色产业基地，培育出笨鸡蛋、蜂蜜等优势农产品，同时，应对全球金融危机，全县经济社会呈现出企稳向好、逆势前行的良好格局。

完善“村代会”村治新模式：近年来，榆社探索构建“党支部领导保障、村代会决策监督、村委会管理实施、村民自治”新模式，得到了中央、省、市领导的国内知名媒体的高度重视。年初，县委组织深入全县9个乡（镇）、56个行政村对“村代会”进行调研，调查研究，广泛征求意见，制定出台了《关于进一步规范“村代会”村治新模式运行机制的意见》，确定了“村代会“地位、职责。中央学习实践活动巡回检查组组长虞云耀在晋中市检查指导学习实践活动时指出：“榆社县村代会村治新模式既巩固了党在农村的执政基础，又保障了村民依法行使知情权、参与权、决策权和监督权，是农村科学决策和民主管理的一种好形式。”

推行“四有一奖”农村干部管理新机制：在全县干部中推行了以“任职有承诺、履职有报酬、离职有保障、尽职有前途、实行党建奖励制”为主要内容的“四有一奖”新机制。“四有”是：一是建立任职承诺制，构建农村干部民主监督管理机制；二是建立履职有报酬制，构建农村干部业绩评价考核机制；三是建立离职保障制，构建农村老干部关心关怀机制；四是建立干好晋升制，构建农村干部激励创业机制。一奖是：实行党建奖励制，构建农村基层党组织建设良性运行机制。“四有一奖”的新机制推行全县275个村，通过村代会决策事项超过5600多（件），为群众办实事2206件。8月14日，山西省基层党组织建设工作调研座谈会在榆社召开，总结推广了榆社县“四有一奖”农村干部管理机制，省委组织部副部长张葆及市委有关领导对“四有一奖”给予了充分肯定和高度评价。《中国人事报》、《山西日报》、《晋中日报》等媒体均在头版头条报道了“四有一奖”的典型作法。

全面推行党建工作月例会制度：本年，榆社县将每月25日确定为全县党建例会日，组织各乡（镇）党委书记、副书记，县直各系统党委书记、党建办主任定期汇报工作、交流经验，对存在问题分析研究，同时还把党建工作例会开到农村基层第一线。以流动观摩会形式推动基层党建工作。一次是由县委副书记、组织部部长张晋平带队，组织县委党务干部利用2天时间，深入9个乡（镇）45个农村党支部、村级活动场所观摩交流。另一次，是在党的十七届四中全会后，组织全体常委、乡镇党委书记，用一天时间深入11个农村社区，进行大范围观摩学习。同时，建立县、乡、村三级党组织定期联系党员，了解民意、解决问题的长效机制，进一步增强了党组织的战斗力。

全面落实党风廉政建设：本县坚持做到两手抓、两手都要硬，把反腐倡廉纳入党的建设的总体格局之中，统一领导部署，严格检查考核，形成党委统一领导，纪委组织协同，党政齐抓共管，有效地推动了党风廉政建设各项工作的全面开展。坚持抓年初责任分解、年中督促检查、年底责任考核作为落实党风廉政建设责任制的关键环节。按照“谁主管、谁负责”的原则，“一岗双责”的要求，县委把全年工作细化为57项，分解到县委常委、副县长和43个职能部门，做到责任到岗、任务到人，建立了“一把手”亲自抓，分管领导重点抓，职能部门具体抓，纪检组织协调抓的工作格局，年终对9个乡（镇）、21个县直单位落实责任制情况进行了重点督查。本年开展检查8次，纠正问题10个。突出了主题教育，引伸廉政文化创建，在机关中开展“党风廉政建设月”主题教育活动。将党风廉政建设责任制机关效能、警示教育、单位党政“一把手”讲廉政党课等内容融入其中。县纪委与县电视台举办了《廉政视点》专题栏目。每月一期，推出三个访谈（谈农廉，谈效能，谈纠风），两个直面（案件查办、以案说教）。县纪委纠风办与电视台联合举办了每月一期政风、行风电话热线直播专场，职能部门与群众面对面，扎实推进了反腐倡廉建设。

（常彩萍）

附：一、中共榆社县委书记、副书记、常委名单

书　记：曹　煜

副书记：卫明喜　连艾青

常　委：任五刚　宁建明　王双寿　张晋平　武晓花（11月离职）　王宏昌（11月任职）　廖　勇　韩丽珍

二、乡镇党委书记、副书记名单

箕城镇

书　记：王宏斌

副书记：马建飞　田新瑞

云竹镇

书　记：冯新民

副书记：张建军　白云仙（女）

郝北镇

书　记：裴俊山

副书记：徐奋江　陈艳花（女）

社城镇

书　记：张耀元

副书记：张　梅（女）　张　童

河峪乡

书　记：郭跃清

副书记：贾旭峰　张永明

西马乡

书　记：贾建生

副书记：闫跃文　王　芳（女）

北寨乡

书　记：岳献斌

副书记：白建勋　王俊飞

兰峪乡

书　记：田志银

副书记：刘晓青（女）　贾旭军

讲堂乡

书　记：王晓峰（女）

副书记：马　俊　赵俊平

中共左权县委工作概况

左权县辖10个乡镇和1个县城社区管委会，总人口16万，总面积2028平方公里，耕地面积24万亩。左权县是“中国核桃之乡”，是“中国民间艺术之乡”，属全国100个重点产煤县之一。全县共有19个基层党委、40个党总支、505个党支部，共有党员1.22万名。

2009年是国际国内经济形势复杂多变的一年，是我县经济社会发展面临较大困难的一年，也是全县上下齐心协力、共克时艰并取得显著成绩的一年，更是为左权未来发展奠定了坚实基础的一年。面对新挑战、新考验，县委始终坚持以科学发展观为指导，坚持谋全局、抓大事、强基础、管长远，团结带领广大党员干部群众，紧紧围绕建设“晋中重要新型能源基地、太行山中段明星城市、特色旅游名胜景区”和创建“国家卫生县城”、“国家园林城市”、“全国文化先进县”的宏伟目标，求真务实，开拓创新，全县经济保持平稳较快发展，各项社会事业实现全面进步，民生持续改善，党的建设更加扎实有效，全县上下呈现出勃勃生机和空前活力。2009年全县完成地区生产总值22.4亿元，同比增长6.5%；财政总收入6亿元，同比增长29.9%；全社会固定资产投资23.3亿元，同比增长27.9%；社会消费品零售总额6.7亿元，同比增长22.9%；城镇居民人均可支配收入11532元，同比增长13.5%；农民人均纯收入2326元，同比增长2.2%。主要工作成效体现在以下几个方面：

一是工业经济保持逆势增长。面对金融危机的严重冲击，紧紧扭住主导产业、重点企业不松手，制定实施了一系列行之有效的扶持政策和产业调整振兴规划，进一步加大了对企服务力度，全县工业经济在震荡徘徊中逐步企稳攀升，经济运行质量和效益逐步提高。按照省委、省政府煤矿企业兼并重组整合政策，行动快、措施硬、效果好，全县煤矿整合为12座，实现了全部由国有大企业集团经营的煤炭生产新格局，全县煤炭产业装备水平和核定产能得到大幅提升。中小企业在金融危机冲击中顽强发展，全县成长型企业增长到50户，为保增长、保就业、保稳定做出了较大贡献。

二是项目建设取得历史突破。2009年是我县项目建设取得历史性突破的一年。借助国家一系列扩大内需的政策措施的有利时机，县委坚持把项目建设作为全年经济工作的主抓手，围绕发展抓项目，抓好项目促发展，项目建设实现了“弯道超车”。全县人民期盼多年的华能左权电厂一期、泽城西安水电站二期、汾邢高速公路三大工程上马建设，总投资106亿元，为全县经济实现新的腾飞奠定了基础。

三是生态庄园经济开发模式全省推广。生态庄园经济持续健康快速发展。全县累计开发162处，经营规模29.9万亩，投资1.26亿元，种植生态林4.57万亩，经济林2.6万亩，养殖畜禽8.67万头（只）。全省生态庄园经济现场会在我县召开，我县的经验和做法在全省59个山区县推广。生态庄园经济引领农业产业化水平不断提升，特色种植业和订单农业发展不断壮大，农产品加工企业发展到38户。在中国（山西）特色农产品交易博览会上，我县参展的农副产品荣获8项金奖、2项银奖，获奖数量高居全市第一。

四是城镇化进程不断加快。坚持实施城镇化战略，按照“一城34个中心村”的发展规划，统筹城乡发展，以城带乡、以工促农，城乡一体化的发展新格局日渐形成。大力推进县城建设，县城的集聚、辐射和带动功能进一步增强。新增供热面积34万平米，累计达到150万平米，集中供热普及率达到81.8%；建成了现代化的汽车站，方便了市民出行；完善了污水处理厂的硬件设施，污水处理率达到94%；大力实施绿化工程，县城绿化覆盖率达到39.2%，人均公共绿地面积达到11.3平米，超出全国平均水平2.4平米。荣获山西省园林县城称号；夺得全省卫生县城五连冠殊荣;荣获“中国优秀生态旅游县”称号；以全省第三的优异成绩顺利通过了省级文明和谐县城验收，我县作为晋中唯一、全省六个县市之一荣获首批省级文明和谐县城称号。大力推进新农村建设，改善基础设施,整治公共环境,提升农村公益事业发展水平，完成新农村建设重点推进村和样板村“四化四改”工程118处，累计投资3亿元。大力推进移民搬迁，全年完成移民搬迁918户、3027口人，累计移民搬迁超过4万人，县城和中心村人口已占到全县人口的70%。

五是各项社会事业全面进步。不断加大公共财政对各项社会事业的投入力度，各项社会事业呈现出齐头并进、蓬勃发展的良好势头。教育事业均衡发展，全面完成了从幼儿园到高中的新一轮改造，教育基础条件极大改善。高考达本科线创历史新高;新建了农村卫生室53所，实现了村级卫生室全覆盖目标。新型农村合作医疗参合率达到93%，较上年度提高了7.15个百分点;传统特色文化影响力不断提升，开花调艺术团赴土耳其参加了国际文化艺术节。为乡镇文化站和中心村文化活动室配齐了图书和站内设备。广播电视总覆盖率达到98.5%；城乡社会救助制度进一步完善，资金投入大幅增长，救助水平进一步提高，实现了城乡居民最低生活保障对象应保尽保；积极解决下岗失业人员、返乡农民工和大中专毕业生就业难题，全年新增就业岗位1848个；全面加强信访工作，创新机制，规范运作，信访总量明显下降，实现国庆期间进京零上访。在全市信访工作考核中名列第一，国庆维稳工作受到省、市通报表彰。

六是人民生活不断改善。城乡居民收入在金融危机形势下实现持续稳定增长。城乡居民储蓄存款余额由年初的25.5亿元增长到30.2亿元，人均达到1.9万元，增长17%。消费市场持续升温，小轿车快速走进寻常百姓家庭，全年上户达到1445辆。人民群众衣、食、住、行水平持续提高。

七是民主法治建设继续加强。县委积极支持县人大常委会紧紧围绕全县经济社会发展大局，在行使重大事项决定权上摸索新路子，在行使监督权上创造新方法，在行使人事任免权上激发新动力。全面、科学、依法履职，推进人大决策民主化，对《行政许可法》、《安全生产法》、《科技进步法》、《药品管理法》、《农民专业合作社法》进行了执法检查，大到煤炭、交通、矿山安全，小到种子改良、百姓用药，常委会深入田间地头、工矿车间，调研督查，推进了依法治县步伐。县政协常委会牢牢把握团结和民主两大主题，认真践行“服务中心、反映民心、凝聚人心”的履职思路，直面危机聚合力，紧贴发展献良策，围绕民生建诤言，发挥优势促和谐，为保持全县经济社会平稳较快发展做出了贡献，使人民政协事业迸发了新的生机与活力。政法机关围绕平安左权建设，着力加强综治基层基础工作，着力加强政法队伍建设，扎实推进普法依法治理，我县被评为全市普法依法治理先进县。

八是党的建设开创新局。认真贯彻落实党的十七届四中全会精神，坚持党要管党、从严治党原则，着力加强党的建设。一是深入开展学习实践科学发展观活动。结合左权实际，科学确定活动主题与载体，把学习实践科学发展观活动与加强党的执政能力建设紧密结合起来，与构建和谐左权紧密结合起来，精心组织，扎实推进，第二批学习实践活动圆满完成，第三批学习实践活动进展良好。学习实践活动使人民群众得到了实实在在的利益，感受到了真真切切的变化。二是扎实推动宣传思想工作。进一步落实县委中心组成员轮流主讲制、中心组理论学习会议扩大制、《基层党委（党组）巡听巡查制度》三项制度，全年县委中心组集中学习12次，邀请学者教授作科学发展观专题讲座3场；首次对全县10个乡镇的思想工作进行量化考核，基层宣传思想工作步入了更加科学、更加规范的发展轨道；以纪念新中国成立60周年活动为契机，通过召开座谈会、理论研讨会等形式向广大人民群众宣传总结了左权经济社会取得的巨大成就，鼓舞了全县上下加快发展、干事创业的干劲。三是切实加强基层组织建设。创造性地开展了县乡村党组织“三级联创”活动，一大批乡村党组织达到“五好乡镇党委”、“五好党支部”标准；在全县农村推行了“一推、两考、三公示、四票决”发展党员实施办法，进一步提高了新发展党员质量、优化了党员队伍结构；推行了“一人一证”、“一季一访”等“七个一”制度，破解了流动党员的管理难题；新改扩建了44个行政村党组织活动场所，党员干部远程教育覆盖到全县148个行政村。10月下旬，省委常委、副省长李小鹏来我县就基层组织建设进行调研，对我县创造的诸多典型经验给予了充分肯定。四是科学严谨推进干部选拔任用工作。树立和坚持正确的用人导向，选拔任用了一批高素质的干部队伍，真正把想干事、会干事、干成事的干部选拔到领导岗位上来，进一步优化了全县各级领导班子的整体结构。建立了后备干部信息库，加大了对优秀年轻干部的培养锻炼力度；制定了《左权县2009—2012年干部教育培训规划》，使干部教育培训工作目标清楚、任务明确、形式多样、针对性强；在北京举办了第五期中青年干部培训班，选调科级干部、后备干部50人参训；组织2批32名农村支部书记参加了全市农村党支部书记苏州培训班培训学习。五是深入推进农村廉政建设。4月22日，晋中市“推进农村管理信息化、加强农村党风廉政建设现场会”在我县召开，左权经验先后在全省运城永济、长治长子、晋中大寨农廉现场会上进行了交流。省委常委、省纪委书记金道铭，省委常委、副省长李小鹏，市委书记李永宏等省市领导对此项工作都给予了高度评价。六是不断加强作风建设。把作风建设与开展深入学习实践科学发展观活动紧密结合起来，干部作风和效能建设不断引向深入。集中力量查办了一批干扰和破坏经济社会发展环境的案件，狠刹婚丧嫁娶大操大办等不良社会风气，受到群众好评。与此同时,县委坚持党管武装原则，民兵预备役工作全面加强，国防动员能力有了新的提高；工会、共青团、妇联会和统一战线等工作也取得了新的成绩。

新的一年里，左权县委将继续以科学发展观为统揽，再接再厉，苦干实干，不懈努力，全面推进“晋中重要新型能源基地、太行山中段明星城市、特色旅游名胜景区”建设，谱写左权又好又快发展的新篇章。（吴志鸿）

附：一、中共左权县委书记、副书记、常委名单

书　记：孙光堂

副书记：王　兵　贾慧生　郝鹏飞

常　委：吴文胜　郑春华　郭午生　韩　军　梁生仁

李左红

二、乡镇(街道)党委(党工委)书记、副书记名单

辽阳镇

书　记：赵宏伟

副书记：王东光　张润明

县城社区

书　记：赵宏伟(兼)

副书记：侯新华　侯军华

石匣乡

书　记：程爱江

副书记：侯秀英　张柱文

寒王乡

书　记：王向东

副书记：常成海　焦耀英

龙泉乡

书　记：甄贵清

副书记：陈建国　朱万文

桐峪镇

书　记：吕爱鸿

副书记：裴丽华　雷建宏

麻田镇

书　记：李雪峰

副书记：范建明　袁庆华(9月离职)

赵淑萍　(9月任职)

粟城乡

书　记：韩叶青

副书记：张彦红　常晋军

芹泉镇

书　记：赵军峰

副书记：张生桥　刘庆林

拐儿镇

书　记：高耀华

副书记：张旭东　王海波

羊角乡

书　记：张文伟

副书记：何剑虹　刘瑞琴

中共和顺县委工作概况

2009年，中共和顺县委下辖10个乡镇党委，4个县直系统党(工)委，1个城区工委，204个机关、企事业单位党支部，312个农村党支部。共有党员9902名。

一、直面危机，统筹全局，保增长、保民生、保稳定的目标全面实现

2009年，全县坚持以科学发展观为指导，认真贯彻省、市决策部署，在认清形势中坚定信心，在应对危机中抢抓机遇，在创新思路中破解难题，坚定不移地推动“保增长、保民生、保稳定”各项政策措施的落实。全县地区生产总值完成19.6亿元，财政总收入完成50088万元，增幅居全市第三，农民人均纯收入达到2600元，全县经济社会保持了又好又快发展的良好态势。

不折不扣落实惠农政策，农村经济稳步发展。一年来，县委全面落实支农惠农政策，各级财政对“三农”的投入达到27836万元，同比增长14%。农业种植结构进一步优化。全县粮食播种面积23.8万亩，经济作物播种面积4.8万亩；新发展温室蔬菜大棚140个，总数达到380个；订单种植7.6万余亩，带动1.8万农户增收800余万元。现代养牛业建设取得新进展。全年新建改建千头育肥牛场6个、标准化养殖小区31个，发展“五头母牛”繁育户 3600户，人均养牛收入达到930元。生态林业建设不断推进。新造林4.3万亩，种植核桃经济林1.1万亩，森林覆盖率达到25.7%。新农村建设成效显著。新增沼气1561户，累计达到1.37万户；新建吊炕9867铺，累计达到2.3万铺。全年培训农村劳动力1.05万人，转移农村劳动力3234人。在肉牛、杂粮、蔬菜、酒醋、中药材、林产品加工等产业龙头的带动下，农民组织化程度进一步提高，新发展农民专业合作社100个。扶贫开发工作扎实有，全年减少未解决温饱人口3000人，减少低收入人口4500人。

多措并举调结构，支柱产业支撑有力。面对金融危机的严重冲击，县委主动适应形势要求，积极转变指导服务经济工作的方式方法，不断优化发展环境，确保了全县经济逐月回升、同比降幅不断缩小，实现了全年经济增速转负为正、回升向好的目标。同时按照省、市部署，紧密结合全县实际，统筹兼顾，攻坚克难，全面完成了煤矿企业兼并重组和资源整合工作。全县矿井数量由31座减少到15座，平均单井产量由年产40.1万吨提高到98万吨，核定产量由1203万吨增加到1470万吨，实现了煤炭企业数量减少、规模壮大、产业集中度和办矿水平明显提高的目标。组建了地方云龙煤炭投资管理公司，省煤销、潞安、汾西等大企业大集团通过兼并重组进入本县投资发展。镍热联产联供项目完成投资1.2亿元，实现金属镍一期项目试生产。银圣化工第二条生产线建成试产，并完成了高新技术企业认定，实现本县高新技术企业零的突破。总投资8.0亿元的阳煤集团百万吨尿素项目正式奠基。国有工业企业和集体二轻企业改制任务基本完成。提前两年完成二氧化硫削减任务，提前一年完成减排任务，万元GDP综合能耗同比下降0.7%。以“三山一带一文化”为主的景区建设力度持续加大，合山、阳曲山、姑崖天险太行龙口等景区完成投资3429万元。开辟了太行风情一日游线路一条，凤台小戏、

和顺刺绣列入省级非物质文化遗产名录。成功举办了第五届“消夏避暑旅游节”暨第三届“中国牛郎织女文化节”。“中国牛郎织女文化”品牌在全国第二届“节庆中华奖”上获得了“最佳文化传承奖”。“农家乐”旅游接待户达到108户，户均收入5万余元，全县旅游综合收入达到1800万元，同比增长16%。此外，还与云南省腾冲县和顺镇缔结为友好县镇，拓宽了文化旅游产业发展的新领域。

二、抢抓机遇积极融资，项目建设再创新高

围绕工业经济发展、特色产业开发、生态环境保护、民生改善和社会事业发展，全县实施了98项重点建设项目，开工率100%，累计完成投资18.45亿元，占当年计划投资的101.8%，竣工项目44个，竣工率44.9%。项目数量、投资规模、开工数和建设速度都是历年来最多、最大、最快的。与此同时把基础设施条件的改善作为项目建设的重中之重，实施和谋划了一大批事关民生和本县长远发展的重大基础设施项目。投资1.17亿元，实施了城区道路改造、供热供水管网改造、保障性住房建设、垃圾处理厂建设为主的城市基础设施项目。投资9690.9万元，实施了二级客运站主体建设工程、51公里农村公路重点工程和102公里通畅及新农村街道硬化工程。总投资15.8亿元的省道董榆线董坪——部家庄段一级路改造工程已经省发改委批复，汾邢高速和顺——榆社段的线路走向已经确定，和顺——邢台铁路线路测设工作已全面铺开。由省、市投资建设的松烟——许村一级路连接线、喂马——平松二级路连接线、207国道过境段改造、界麻线昔和交界石家庄——柳科二级出境公路等工程也将同步实施。投资1.7亿元、总库容1600万立方米、控制流域面积113平方公里的恋思水库工程各项支撑性报批文件全部完成，可研报告已经批复。有效投入显著扩大。争取了18个中央扩大内需项目，获中央补助2113万元，各类金融机构新增贷款5.5亿元，中小企业信用担保公司提供贷款担保700万元。引进产业链长、带动作用强、科技含量高的重大项目4个，总投资23.4亿元。晋中龙旺肉牛育肥屠宰项目和德牧山庄农业循环生态园项目推进顺利，中广核风力资源开发、成都搏丰集中供气项目正在前期准备。此外，全县还涌现出马坊五龙山泉水厂、喂马生物质碳厂、李阳毅仁纯净水厂等一大批全民创业典型。

三、社会事业长足发展，人民生活明显改善

全县集中财力优先用于民生工程，总投资达到3.23亿元，中小学校舍安全改造工程进展顺利，新改扩建中小学校17 所，15所已交付使用。连续四年在财力紧张的情况下每年拨付100万元用于寄宿生生活补助，共有7580人次的寄宿生享受生活补助。安置“4050”人员120人，零就业家庭就业24人，全县零就业家庭实现动态为零目标。全县养老、医疗、工伤、失业、生育五项社会保险参保人数近7.6万人。新型农村合作医疗参合率达到93.4%，大病医疗补助5302人，报销金额1000余万元。城乡低保对象和农村五保对象实现了应保尽保。为200余名80周岁以上老年人发放长寿优待金70余万元；70周岁以上老年人、残疾人凭老年优待证和残疾证在县内免费乘坐公交车、免费旅游。完成了8个乡镇中心敬老院主体建设任务。县医院改扩建工程竣工投用。完成59所标准化村级卫生所建设。建设经济适用房96套8000平方米、廉租住房6500平方米。完成了城区12条背街小巷硬化亮化工程。解决了34个自然村、8107口人、2842头大牲畜的饮水安全问题。城区空气环境质量二级以上天数达到346天，同比增加38天。在大力改善民生的同时，不断加快社会事业发展步伐。努力提升教育水平，高考达线211人，同比增加27人。进一步提升人口和计划生育工作水平，流动人口管理服务工作经验在全市推广。“雪炭工程”和顺健身馆投入使用，196个行政村建起了体育场地。认真开展大接访活动，坚持矛盾纠纷排查等制度，全县信访形势稳定。组织开展多项专项整治行动，严格落实安全生产责任，加大重点行业和领域监管力度，亿元地区生产总值生产安全事故死亡率为0.7，低于市控指标。完善各类应急预案，积极应对突发事件，有效防控甲型H1N1流感，确保人民群众生命健康安全。

四、认真贯彻“党建领县”方略，突出重点，探索创新，组织工作取得了丰硕成果

（一）坚持标准，务求实效，科学发展观活动取得明显成效

按照中央的统一安排部署，2009年3月份开始，全县先后有514个党组织、9902名党员分两批参加了学习实践科学发展观活动。活动中，县委高度重视，按照“党员干部受教育、科学发展上水平、人民群众得实惠”的总体要求，确立了“加强理论武装、促进作风转变、加快科学发展、推进‘三县’建设”的活动主题和“抓党建促发展、抓观念促开放、抓项目促转型、抓民生促和谐、抓基层促稳定、抓作风促落实”的“六抓六促”活动载体。活动中，坚持高标准要求，高质量运行，强化领导，上下联动，分类指导，务实推进，先后组织开展了“千人问卷大调查”、“千名干部听讲座”、“千人百题大调研”等特色活动，创新建立了领导联系制、督查通报制、周会月报制、整改责任制等制度，确保了活动的针对性、严肃性、实效性。全县各级党组织按照领导组要求，通过组织形式多样、富有成效的学习活动，让广大党员干部普遍接受了一次科学发展观教育；开展严肃认真、深入参与的分析检查，增强了党员干部的党性修养，广大党员干部贯彻落实科学发展观的自觉性和坚定性进一步增强；抓住影响改革发展的关键问题和群众关注的热点难点问题，抓落实，办实事，建机制，在推进发展、促进和谐、改善民生上见到了成效。活动中，《关于加强县乡领导班子思想政治建设的意见》、《中共和顺县委关于在基层党组织中开展‘三联五帮’城乡共建活

动的实施意见》、《关于鼓励支持引导非煤产业、非公有制经济发展的实施意见》等长效机制的建立，农村移民搬迁、饮水安全、县城改造、“阳光工程”和“雨露工程”、农村干部养老保险、老年人长寿优待金等“十件实事”的落实，让全民共享了科学发展的成果。据统计，全县各级党组织学习实践活动群众满意度测评满意率均达到95%以上。

（二）围绕大局，创新举措，全县基层党建工作提升到一个新水平

全县基层党建工作紧紧围绕县委工作大局，坚持整体推进、改革创新、突出重点、狠抓落实，进一步提升了基层党建整体水平。

“两保一奖三考核”管理机制更趋完善。1月份，县委组织部以1号文件出台了《关于进一步完善农村干部“两保一奖”管理机制对农村党组织和农村干部全面实行“两保一奖三考核”的通知》，使这一推进农村组织建设、激励关怀农村干部管理机制更趋完善。一方面，对“两保一奖”标准进行了调整。在现任干部年结构补贴上，由原来的基础补贴每人每年1000元，责任补贴调整为每50口人一档100元，工龄补贴每5年一档100元，实绩补贴为以乡镇基础、责任、工龄三项总额的90%计算，更加突出了实绩补贴部分的功效。全县近千名农村“两委”主干的年平均补贴达到了4300元左右。在离任干部“贡献津贴”上，依据任职任职年限，标准由原来的400、500、600元增加为600、800、1000元。在“旗帜示范”奖励金上，奖励标准调整为800—1200、1000—1400、1200—1800三个标准。另一方面对农村干部和农村党支部实行了“三考核”。考核现任干部工作实绩，将考核结果与其年结构补贴挂钩；考核离任干部考核政治表现，考核结果作为发放“贡献津贴”的重要依据；考核农村党组织的基层组织建设工作，依据考核结果发放“旗帜示范”奖励金。“两保一奖三考核”突出了考核与激励，进一步加强了对农村干部的管理，促进了新农村建设。与此同时，制定下发了《关于农村两委“主干”参加新型农村社会养老保险的通知》，将未满60周岁，在任的农村党支部书记和村委会主任全部纳入参保范围，为解决农村干部老有所养、激发工作积极性上发挥了调动作用。

基层党组织“三联五帮”城乡共建活动深入开展。3月份，县委在学习实践科学发展观活动中，针对我县城乡二元结构突出，经济社会发展不平衡的现状，以构建统筹城乡的基层党组织建设新格局为目标，创造性地在城乡党组织中开展了“三联五帮”城乡共建活动，并建立起了长效机制。活动以县科级党员领导干部联系基层，机关、企事业单位党组织联系农村支部，党员干部联系基层群众为组织形式，以“制定发展规划、兴办富民产业、解决实际困难、培养新型农民、加强基层组织建设”为主要内容。活动开展以来，在城乡党组织的共同努力下，取得了初步成效。活动中，组织召开“两委”、支部和党员会议200余次，开展农村党员干部教育培训60余次，新建或维修村级组织活动场所17个，新发展党员288名；兴办富民产业，涉及种植、养殖、农产品加工、农家乐等15个方面120余项富民产业，已落实资金2000余万元；共解决涉及街道硬化、饮水安全、物资捐助、学生上学、疾病诊治、土地整修、困难救助等方面实际困难150余件，投入资金1000余万元。活动的开展，使党的组织优势、组织资源、组织活力转化为了农村发展的优势、发展资源和发展动力，统筹城乡党建、推进城乡协调发展的新格局初步形成。

农村干部教育培训效果明显。县委采取“总体规划、两级组织、分步实施、分类培训”的方式进行，邀请了省委政研室、省民政厅和市农业局三位专家，就十七届三中全会精神、基层政权建设和农村经济发展、农业产业化对全县327名农村党支部书记及涉农部门负责人进行了集中培训。在此基础上，又把村情相近的农村干部分别集中在四个乡镇，分结构调整、特色产业、旅游发展、村镇建设等类别，邀请山西农大等大学、科研机构、农业、畜牧、城建、旅游、科技等方面的专家、技术人员，采取集中授课、现场观摩指导、大会交流等方式，对农村干部及产业带头人、技术骨干开展内涵丰富的订单式培训。两级培训累计15天时间，共计培训1000余人次，投入经费共计12万元。通过培训，提高了农村干部服务经济社会发展的能力。

党建基础性工作不断加强。一是党员实现了信息化管理。投资16万元为全县各党（工）委配置了电脑、打印机、党员信息系统，建起了党员信息库。二是阵地建设标准进一步提高。今年以来，乡村两级党组织把优化组织阵地、提高建设标准紧紧抓在手上，筹资金、搞建设，购置硬件设备，注重资料整理，使全县85%的农村党部活动阵地达到了有房子、有牌子、有党旗、有制度、有办公设施、有版面、有资料、有电教设备的“八有”标准，成为了设备齐全、规范优良的党员议事场所和群众理事中心。三是发展党员工作不断优化。2009年，全县共发展党员401名，全部为工作一线人员。特别是农村党员的数量和质量，呈现出逐年递增、逐年提高的趋势，年龄、文化等结构进一步优化，为农村改革发展注入了新的动力。

（三）注重创新，严格把关，领导班子和干部队伍建设不断加强

干部工作以推进《公务员法》的全面实施为主线，在干部管理、干部培训教育、干部监督等方面，县委组织部做了大量细致的工作，圆满完成了各项工作任务。一是选人用人公信度进一步提高。一方面积极探索干部选任新机制。一方面根据岗位需求，大胆提拔重用勇于谋事干事的领导干部，一些德才兼备、实绩突出的干部走上领导岗位。同时坚持科学全面的原则，强化领导和领导干部年度考核工作，提高了年度考核工作的时效性和准确率。二是工资管理工作有序进行。在严格考核的基础上，将考核结果与工资晋升挂钩。三是干部监督工作步入制度化轨道。坚持干部的职数审批和程序鉴证，做到了职数及时报批，干部研究及时报告，程序鉴证，手续完备，有效地加强了干部

监督工作。四是干部培训工作收到了良好效果。年初，外请专家举办科级干部及企业负责人讲座，分别邀请北京大学教授张可云、清华大学教授王传利来本县进行了专题讲座。同年8月份开始，分五批对全县500余名副科级以上领导干部进行了集中培训，对干部养成良好的学习习惯，提升党政干部的整体素质，起到了有力的促进作用。

（四）强化管理，探索实践，初步探索出一条大学生村干部管理工作新路子

围绕把大学生村干部培养成为党政后备人才、社会复合人才及“三农”新型人才的目标，强管理，抓培养，建制度，创平台，做了大量艰苦细致的工作。在组织管理上，建立了专门的工作机构，从县到乡建立了管理责任制，明确了管理职责，制定出台了《和顺县大学生村干部管理考核实施细则》，从待遇、任务、管理、培训等十个方面作了详细具体的规定，并实行了百分制考核，注重考核政治观念、工作能力、致富带富、制度约束等，实现了对大学生“村官”的动态化管理。同时，在我们的引导下，成立了大学生村干部联谊会，通过组织集体活动、演讲比赛、社会调查等活动，实现了自我管理、自我提高的目标。在培养锻炼上，着眼于培养大学生村官的综合素质，深入组织开展了“十个一”主题实践活动，开辟了大学生村官主题论坛，成立了大学生村官专业技术协作小组，创办了《大学生村官通讯》。特别是按照产业发展实际和大学生村官意愿，指导各乡镇建立了大学生村官实践基地。这些举措的实施，有力地提高了大学生村官的理论素养，增长了实践本领，政治意识得以提高，工作能力得以增强，为民理念得以升华。在教育培训上，坚持把提高道德修养、提升政策水平、提高实践本领作为培训大学生村官的主要内容抓在手上，先后组织开展了科学发展观、政策理论、农科技能等各级各类培训20余期，提高了大学生村干部的思想境界、政治意识和政策水平。在创业实践上，以县设立了大学生村官创业基金，制定了管理办法，鼓励和支持大学生村官围绕农村产业发展实际，积极开展形式多样、实效突出的创业活动。特别是去年以来，县委、县政府专门拿出260万元作为大学生村官创业帮扶资金，有力地扶持了大学生村官创业的深入推进，在全县开创了大学生村官创业的大好局面。10月份，我县迎来了全省大学生村干部工作和顺现场会的隆重召开，县委侯书记在会上作了典型发言，与会的各级领导对我县的大学生村干部工作给予了高度的肯定和评价。

（五）把握重点，创新思路，人才工作实现了历史性突破

2009年是我县人才的开局之年、起步之年。人才工作得到了县委政府的高度关注，在政策、资金上给予了巨大的支持，使人才工作有了新的突破。一是组织开展了人才工作专题调研。召开了全县各级各类人才座谈会，发放了人才工作调查问卷，深入机关单位、企业、农村进行了广泛的调研，进一步找准了制约我县人才工作体制机制性问题，明确了我县人才工作的总体思路和具体措施。二是出台了人才政策。在广泛开展调研、座谈会、论证会的基础上，经县委四套班子领导几上几下研究讨论，制定出台了《和顺县实施“人才强县”战略的暂行办法》，涉及人才的培养、使用、引进、激励等方面，为各类人才干事创业提供了政策性的支持和良好的机遇。三是召开了人才表彰会。10月份以来，经过个人推荐、单位推荐、系统评选、综合评审、四套班子讨论等多种程序，按照宁缺毋滥、典型带动的原则，最后评选出3名拔尖人才和55名优秀人才，并组织召开了和顺建县以来的首次人才工作及拔尖人才、优秀人才命名表彰会，同时对3名引进人才颁发了荣誉市民证书，有力地激发了全县各级各类人才干事创业、服务发展的积极性，在全县营造了尊重人才、尊重知识、尊重劳动、尊重创造的良好氛围。

（马志清）

附：一、中共和顺县委书记、副书记、常委名单

书　记：侯文禄

副书记：杨建平　宋有林　任晓华（3月挂职）

常　委：杨治国　冀建军　李保安
杨念宏（3月离职）　刘晶朋　韩　亮
崔　勇　陈建平（3月任职）

二、乡镇党委书记、副书记名单

义兴镇

书　记：王占斌（11月离职）

副书记：王向东　李英忠　冯建萍（女）

李阳镇

书　记：李敬忠

副书记：袁瑞军　师秀文

松烟镇

书　记：田忠贵（11月离职）

副书记：王雪琴（女）　徐晓林

青城镇

书　记：翟树森

副书记：刘玉堂　唐志斌

横岭镇

书　记：付艳红

副书记：李中瑞　王　勇

平松乡

书　记：张晋平

副书记：冯乐天

喂马乡

书　记：路建斌

副书记：崔怀军　王爱斌

牛川乡

书　记：王占维

副书记：孔祥慧　薛卯卿

马坊乡

书　记：路富庆

副书记：韩永军　张玉明

阳光占乡

书　记：宋瑞斌

副书记：郝瑞斌　曹志荣

中共昔阳县委工作概况

2009年，昔阳县共有基层党组织712个，其中党委22个，党总支35个，党支部655个，共有党员18922名。

一年来，县委认真贯彻党的十七大和十七届三中四中全会精神，坚持以邓小平理论和“三个代表”重要思想为指导，深入贯彻落实科学发展观，紧紧围绕“抓大事、打硬仗、育基地、建设新昔阳”的发展战略，团结和带领全县人民，艰苦打拼，负重赶超，全面推进经济、政治、文化、社会建设和党的建设，全县经济社会步入了历史上发展速度最快、发展质量最好的黄金期。2009年，达到6.4亿元，比上年增长17.84%，由2006年的全市倒数第一，2007年的倒数第二，一跃位居全市第五，城镇居民可支配收入达到11310元，农民人均纯收入达到3681元，分别比上年增长13.1%和8.58%。

国民经济：2009年全年地区生产总值完成24.85亿元，增长10%；工业增加值完成6.4亿元，增长24.5%；固定资产投资完成27.06亿元，增长10.71%；社会消费品零售总额完成12亿元，增长22.9%；财政总收入完成6.4亿元，增长17.84%，位列全市第四；一般预算收入完成2.67亿元，增长31.08%；城镇居民可支配收入完成11310元，增长13.1%；农民人均现金收入完成3681元，增长8.58%。经济社会发展综合考评位列全市第五名，历史性地跨入全市第二梯队，被市委、市政府评为全市“和谐社会建设先进县”和“年度目标责任制考核先进单位”。

农业生产：农业特色产业稳步发展。一是中低产田改造促进了粮食增产增收。综合治理坡耕地1.2万亩，改造中低产田6000亩，连片建设旱地玉米高产示范区2万亩，示范区平均每亩增产218公斤。以此为带动，全县粮食产量达到了1.23亿公斤，玉米亩产达到389.5公斤，大旱之年产量不减。二是养猪业稳步发展推动了循环农业形成。全县规模化猪场达到200个，猪饲养量达到40.6万头，比去年增加9万头，初步形成了“猪—沼—粮”循环农业产业链。三是“西菜东果”战略引领了种植结构调整。大力实施西菜东果战略，鼓励农民合理有序进行土地流转，规模发展无公害绿色蔬菜和核桃经济林，种植面积分别达到2.3万亩和14.2万亩，种植结构进一步优化。全县农民专业合作社新增95个，达到了245个。同时，以沾尚镇为试点的林权制度改革顺利推进，20.2万亩集体林业用地完成确权勘界。

城乡建设：农村实施了以“五项覆盖”为主要内容的基础设施建设工程。按照省政府要求，全面实施了农村校舍安全改造、饮水安全、村通广播电视、村通水泥（油）路、村级卫生室五项全覆盖工程。投资6955万元实施校舍危房改造工程，共消除中小学校危房54997平方米。投资1679万元实施农村人畜饮水安全工程，解决了78个自然村、3.4万人、4225头大牲畜的饮水安全问题。投资1400万元实施农村广播电视无线覆盖工程，新入网农村用户6000户，结束了乡村收看不到昔阳、晋中台电视节目的历史，同时，投资55万元，完成40个自然村1100户村村通广播电视任务。投资4238万元，铺设水泥路146公里，全县所有行政村实现了通水泥（油）路。投资260万元建成69个村级卫生室，实现了所有行政村“村村有卫生室”的目标。“五覆盖”工

程的实施，极大地改善了农村基础设施条件，惠及了千家万户，促进了城乡统筹发展。县城围绕路、气、水、电实施了几大工程。一是新建路改造工程，投资3000万元，拓宽了路面，统一敷设了地下管网，新建了公厕和垃圾地坑，同时投资1000万元进行了绿化、美化、亮化，使县城功能更加完善，环境更加优美。二是集中供热工程，投资1.15亿元，解决了7000余户居民120万平方米的冬季取暖问题，实现了热电联供，降低了用热成本，免收了入网费用，成为全县群众最满意的工程之一。三是集中供气工程，投资6000万元，利用蓝焰公司煤层气开发项目，铺设了12公里的输气管道，实现了“双气源”供气，居民用户达到4500户，成为全国第一个使用煤层气的县城。保障性住房安居工程、、县医院新建工程、病险水库除险加固工程、松溪河综合治理二期工程、县城生活垃圾处理厂建设工程、县体育活动中心建设工程、县城二级汽车站建设等工程全部完成年度建设任务，广大人民群众进一步享受到改革发展带来的实惠。

项目建设：全年实施重点项目23项，总投资118.8亿元。其中，省级重点工业项目1项，市级重点工业项目5项，县级重点项目17项。省级重点工程阳煤寺家庄500万吨规模矿井建设项目，完成投资26.07亿元，于2009年7月底投产试运行，成为全县标准化、规模化最高的现代化示范矿井。国投白羊岭和阳煤坪上、运裕3个90万吨规模矿井改扩工程进展顺利，完成投资11.2亿元，预计在今年上半年可全部投产。市级重点工程蓝焰煤层气开发项目完成投资3亿元，钻井200余口，日产气5万立方，开始向太原等地输送商品气。阳煤集团40万吨电石项目于去年12月11日开工建设。中央32项扩大内需项目全部开工建设，完工19项，完成投资8672.4万元。这些项目的实施和完成，促进了煤电化产业格局的形成，使昔阳县成为晋中市唯一实现了“煤电化”一体化的县份，县域经济发展基础更加扎实。

煤炭资源整合：坚持政府引导，企业运作的方法，立足实际，确立了“大矿整合小矿，好矿整合劣矿”的一背一整合原则，全县保留矿井12座，整合关闭矿井15座，使煤炭开采工作整体上了一个档次。积极创新重组模式，由地方组建主体矿井，县财政出资3000万元成立了山西昔阳乐平煤业有限责任公司，下属丰汇煤业有限责任公司和安顺煤业有限公司2个子公司。按照“二拖五”兼并方略，对10座保留矿井实施兼并重组，形成了以国投昔阳能源有限责任公司和乐平煤业有限责任公司两大集团公司为主体的煤炭产业新格局，整合了资源，提升了产能。全县煤矿产能年增加162万吨。煤炭产业逐步走上规模化、集团化和安全健康发展之路。在兼并重组的同时，坚定不移地对8座被整合矿井实施关闭。坚持以落实资金为抓手，采取“补加清”的关闭措施，充分掌握关矿的主动权，对8座关闭煤矿进行补偿的同时严格清缴所欠的税费和乡村往来，使应关闭矿全部按标准于去年12月14日提前实施关闭，消除了安全隐患，并通过验收，关闭矿井工作走在全市前列，受到了市政府的肯定。

学校教育：为进一步推进教育事业均衡发展，大力实施学校布局调整。组织乡、村两级干部赴朔州平鲁进行实地考察，更新了观念，统一了思想。在此基础上，县政府出台政策，对撤并学校进城上学的寄宿初中学生进行生活补贴，每生每月补助生活费50元、车费10—20元，并保证每天每人吃上1个鸡蛋，同时为学生免费提供被褥和生活用品，学校布局调整工作有序进行，4所中学和21所小学按计划撤并。撤校并点工作走在了全省前列，引起了省、市各级领导和新闻媒体的广泛关注。财政向教育倾斜，拿出专款对150名优秀教师和教育工作者受到重奖，3000名中小学专任教师接受免费体检，高考本科达线757人，再创历史新高。把学校布局调整和校舍危房改造相结合，投资6954.5万元，实施了西大街小学等28所学校校舍危房改造及标准化配套工程，圆满完成了市里下达的校舍危房改造任务，使全县教育标准化建设又上新台阶。

环境保护：大力实施“蓝天碧水”工程。上马了县城集中供热、供气、生活垃圾处理厂、松溪河综合治理等工程，开展了环保专项行动，拔掉132根锅炉烟囱，取缔67个各类土小企业，县城空气质量明显好转，全年县城区二级以上天数达到346天。深入开展“四城联创”和城乡环境综合整治，拆除违章面积7万余平方米，完成通道绿化7万多平方米，新增造林绿化面积10万亩，城乡面貌大为改观。积极探索并推行县城环境卫生管理长效保洁机制，将环卫工作推向市场，有效解决了环卫工作管理难、投入大、效果差等问题。

各项社会事业：通过实行兼并、拍卖、转租、破产等形式，启动了20户企业的改制工作。纸厂、陶瓷厂等5户企业由鑫阳顺建筑公司实施兼并，农修厂、微肥厂等4户企业正在进入破产程序，其余11户企业的改制工作有序推进，3000多名国有、集体职工的身份得到了置换，使困扰多年的下岗职工再就业和最低生活保障问题得到有效解决。高度重视社会保障工作，落实各类低保、五保和救灾救助等资金1266.3万元，惠及1.7万户51810口人。征收医疗、工伤、失业、养老等四项保险基金6200万元，城镇新增就业岗位1713个，创业就业1070人，安置下岗职工703人，“4050”人员240人。体育、计生、科技、人事、宗教、档案、史志、关心下一代等各项社会事业都取得长足进步。

（赵珍珠）

附：一、中共昔阳县委书记、副书记、常委名单

书　记：孟希雄

副书记：丁雪钦　杜建刚

常　委：徐利民（挂职）　孔爱科　李鹏飞　陈　锋　冯耀黎　李秀明（8月离职）　张　驰　高文奇

二、乡镇党委书记、副书记名单

乐平镇
书　记：程　云
副书记：赵继胜
大寨镇
书　记：王建林
副书记：张胜利
李家庄乡
书　记：王志勇
副书记：程海华
三都乡
书　记：邓庆善
副书记：赵　鹏
赵壁乡
书　记：赵海斌
副书记：丁海斌
闫庄乡
书　记：郭利平
副书记：裴素青
皋落镇
书　记：刘仲武
副书记：贾怀斌
界都乡
书　记：刘焕成
副书记：张月青
东冶头镇
书　记：李显明
副书记：翟世青
孔氏乡
书　记：梁宝棠
副书记：张　军
沾尚镇
书　记：石立军
副书记：王永胜
西寨乡
书　记：王志刚
副书记：张东峰

中共寿阳县委工作概况

2009年，寿阳县共有基层党组织737个，其中党委22个，党总支57个，党支部658个，党组9个，共有党员15954名。

刚刚过去的2009年，是寿阳历史上不平凡的一年，面对金融危机的挑战，建设和发展的繁重任务，国庆60周年安全稳定的压力，县委带领四套班子和全县干部群众沉着应对，化危为机，弯道超车，赶超争先，全力维稳，构建和谐，创造了寿阳历史上又一个快速发展之年、跨越腾飞之年、和谐稳定之年。

一、以思想政治建设为抓手，努力提高各级领导班子的执政能力

县委始终把思想政治建设作为党委工作的主抓手，先后组织了三次县委中心组学习和民主生活会讨论，明确全年工作目标，统一四套班子思想认识。外出考察先进典型经验，解放干部思想，开阔眼界、思路，大范围、多层次开展干部教育培训，提高素质，增长才干。年初全委会制定出台了实施意见，提出统筹城乡发展的战略任务。“七一”前夕，总结提炼出“求实、坚韧、包容、奋进”的寿阳人文精神，以先进的思想理念统一全县人民的思想，引领社会舆论，匡正社会风气，表彰塑造了10名模范共产党员，以先进典型事迹教育党员干部，激励人民群众。实践证明，思想政治建设是党的建设的重中之重，是维护班子团结统一，提高班子凝聚力、战斗力、创造力的重要法宝。思想政治工作是党团结带领人民群众战胜一切困难的根本方法。从四套班子包户拆迁到滨河新区拆迁、东关小区拆迁，这些艰巨任务的完成，都是党员领导干部坚持做群众的思想政治工作、充分发挥政治优势、密切联系群众，所取得的显著成果，是我们提升各级领导班子执政能力的表现。这些经验为我们今后的工作提供了重要借鉴，是我们全县的宝贵精神财富和重要政治经验。

二、以干部调整为契机，坚持正确的用人导向，激发全县干部干事创业的积极性和主动性

政治路线确定之后，干部就是决定因素。为进一步营造“干事创业”的良好氛围，为赶超跨越提供优秀的人才队伍和过硬的组织保证，县委按照“以工作实绩论英雄，以工作需要用干部”的原则，坚持注重实绩、注重专长、注重公论、注重基层、注重结构，进行了3次干部调整，共涉及到全县14个乡镇、30余个县直部门的321名干部，其中84人被提拔，181人交流重用，56人调离领导岗位。调整规模力度是全市最大的，解决的问题也是前所未有的。其中包括多年工作在乡镇的干部进城、退下来的同志落实待遇以及班子结构的优化组合。在调整过程中，县委做到了事先广泛征求意见，充分酝酿协商，碰头会、常委会民主讨论，集体决定。全过程坚持民主集中制原则，公开公平公正，得到了社会的高度认可，真正培养造就了一大批求真务实、敢闯敢干、敢为人先的优秀执政团队。他们以全年工作的优异成绩向全县人民交了一份满意的答卷。5月份在全县范围内公开选拔教育局、寿阳一中、人民医院、乡镇

武装部等单位的7名副科级干部，7名综合素质高、群众公论好的干部被选到了领导岗位，进一步提高了县委选人用人的公信度，增强了干事创业者为县域经济社会发展做贡献的积极性和主动性，打破了过去四平八稳、不求进取、干好干坏一个样、守住摊子就能提拔的用人导向，全县上下涌现出争一流、创一流、你追我赶、拼搏进取的良好风尚，许多部门在全市乃至全省工作一路领先，创新发展，受到省市的表彰奖励，得到全县人民的一致认可。

三、以案件查处为突破口，严肃党纪政纪，不断引深反腐败斗争

党风问题是关系到党生死存亡的问题。县委按照中央和省、市委的安排部署，把党风廉政建设和反腐败斗争作为从严治党、取信于民的大事来抓。一是认真落实党风廉政建设和反腐败工作责任制。把40余项主要任务按照分口、分项、分级分解的原则，分别落实到县委、政府领导和各牵头单位、负责单位，进一步明确了“一岗双职”责任，并与各乡镇、部门签定了目标责任书。二是狠抓案件查处。围绕群众反映强烈的违规拆迁、占地、吃拿卡要、收受贿赂等问题，加大立案力度，认真调查审理，严格依法依纪处理。全年公开处理了两批违纪干部，共立查各类违法违纪案件107件，结案92件，92人受到党纪、政纪处分,其中副科级以上干部34人。通过典型案件查处，引深了反腐败斗争，进一步规范了领导干部的廉政行为。同时认真开展了执法监察、效能监察、民主评议及纠风专项治理活动，对违规的单位和个人进行了查处，营造了公正规范的服务环境。三是严格执行廉洁自律的有关规定。越是在经济快速发展、建设项目增多的情况下，越是要领导干部管住自己，管住身边的人，管住亲戚朋友。坚决反对任何损公肥私行为，坚决杜绝任何亲戚朋友、身边工作人员参与企业经商、工程招投标和土地拍卖。坚决拒绝参加任何不健康的活动和生活方式，坚决抵制买官卖官行为，做到清清白白为官，堂堂正正做人。始终坚持对腐败现象的高压态势，使寿阳在经济社会快速发展的同时，腐败现象不能形成气候，确保风清气正。

四、以科学发展观学习实践活动为载体，奋力实现经济社会的跨越发展

2009年是科学发展观实践活动在县乡开展之年。年初，县委常委会认真分析研究了当前形势，针对寿阳发展的阶段性特征，按照科学发展观的要求，明确提出了我县科学发展观学习实践活动的主题是：创新发展理念，谋求更大跨越，推进城乡统筹。载体是：解放思想，改进作风，营造宽松的发展环境；求真务实，善谋敢干，勇于破解发展难题；关注民生，创新体制，加快城乡统筹发展。各乡镇、部门也都制定了切合自身实际的主题和载体。在科学发展观指导下，在学习实践活动的促进下，全县干部奋力赶超，勇于争先，切实实现了历史性跨越。全年地区生产总值完成52.2亿元,同比增长10%；工业增加值完成27.1亿元，同比增长15.7%；固定资产投资完成32.3亿元,同比增长38.5%；社会消费品零售额完成12.5亿元，同比增长23.8%；财政总收入完成15.0618亿元，同比增长56.4%；城镇居民可支配收入达到14974元，同比增长16.2%；农民人均纯收入达到5140元，同比增长10.5%。主要经济指标全部实现两位数增长，超额完成全年任务，并提前一年完成“十一五”规划目标。全市目标责任制考核寿阳名列第一，全省市县发展指数考核有望进入前10名，跨入了全国竞争力最强的百县行列。强伟造纸、华园科技、潞安集团、雨润集团、中电投等一批成长性好、带动性强的大型企业集团进入寿阳创业发展，为我们的经济注入了强有力的发展后劲。南北外环、灵芝公园、福澜广场、市民广场、朝阳广场、文化中心、行政中心、城西小学、集中供热、祁氏故居、尹温公路及白马、石门、东梁河三条河流治理等十大民心工程顺利峻工，中央电视台《艺苑风景线》走进寿阳，福寿文化旅游节正式启动。“游帝师故里，品福寿文化”正在成为寿阳走向全国、走向世界的亮丽名片。滨河新区拆迁、东关小区拆迁，全年共拆1560多户，全部实现了和谐拆迁，创造了山西之最。这其中无不饱含着四套班子的艰辛努力，局级干部的顽强拼搏，全县人民的高度共识。农业产业化取得新进展，蔬菜节办到上海，寿绿品牌敲开了世博会的大门。冷库建设取得实效，林权改革全市先进，畜牧业规模扩张进展明显，农机工作全省先进。随着环城绿化的实施，城镇建设的加快，松塔水库的建设，路南开发的推进，相信我们这个传统的农业大县一定会掀开崭新的统筹城乡发展的新篇章。寿阳的跨越发展一定会是城乡一体化的跨越和发展。

五、以和谐寿阳构建为目标，高度重视民生，积极维护稳定

以人为本、执政为民，始终是县委工作的根本宗旨和基本理念。在前几年不断扩大民生工程、加大民生投入的基础上，2009年又率先自费启动了新型农村养老保险，并经过激烈竞争最终进入到全国试点县，为17万农民老有所养解决了根本问题。其他社会保障工作也在省市获得表彰。“培训带动创业，创业带动就业”在全市介绍了经验。率先全面普及高中阶段教育，使全县劳动者提高文化素质、提高就业水平。实施“以工带农，以煤补农”战略，积极推动企地共建，一批大企业积极投资公益事业，段王煤化建体育馆、富东煤业建青少年活动中心、博大公司建苗木基地、亨元煤化建奶牛养殖场，企业反馈社会、工业反哺农业正在形成社会风尚。

维护社会稳定是县委不可推卸的政治责任。围绕国庆安保等重大活动，坚持不懈地开展严打整治，扎实有效地推进平安县建设，被中央综合治理委员会评为“全国平安建设先进县”，成为晋中市第一个国家级平安县。

以源头治理为重点，加强群众信访工作，2009年我县信访总量较2008年相比明显下降，到市、赴省集体访大幅下降，无进京集体上访。国庆期间，防线前移，四套班子领导带头接访、带头包案解决问题，一批群众反映的合理诉求和历史遗留问题得到有效解决，密切了干群关系，被省委、省政府表彰为“国庆安保工作先进集体”，被市委、市政府表彰为“信访工作先进县”。

为从根本上建立维稳的长效机制，我们狠抓了基层组织建设。书记、副书记、组织部长以及包乡领导全部全程参加了乡镇党委的民主生活会，面对面指导基层工作，提出明确要求。对省委挂牌督办的平舒、上峪两个村换届选举工作，经过县委领导、包乡领导、组织部门、乡镇党委和工作组的共同努力，全部完成了换届选举任务，使多年形成的宗派矛盾、家族矛盾、干群矛盾在共谋发展、共创和谐、共建文明村的氛围中得到了有效化解，打下了稳定的坚实基础，受到了省市组织部门的好评。

县委高度重视宣传、统战及对台工作，宣传部受到市委的表彰，民族宗教工作、非公经济工作受到省市统战部门的表扬，台湾与寿阳的合作联系不断加强。党管武装工作成效显著，国防动员和民兵预备役建设水平进一步提高，民兵训练比赛多次受到省军区的表彰。充分发挥工、青、妇等各界力量建设和谐寿阳的积极性，他们带领各自的队伍为全县的建设和发展作出了突出贡献。2009年被市委表彰为“和谐建设先进县”。

县委不断加强民主政治建设，注重调动几套班子的积极性，协调一致，形成合力，共谋发展。支持政府大胆创新，不断开拓工作新局面，取得了经济社会发展的优异成绩。支持人大依法行使职权，不断拓宽人大代表知政参政渠道，充分发挥人大在经济社会发展中的重要作用。支持政协围绕团结和民主两大主题履行职能，不断推进政治协商、民主监督，参政议政、建言献策，取得了明显成效。

（王云虎）

附：一、中共寿阳县委书记、副书记、常委名单

书　记：黄耀春(女)

副书记：郝鹏鸿　马海军　王岳红

常　委：张祖祁　冯耀洲　成建文　张俊文　潘晓林　史涛海　卫虎周

二、乡镇党委书记、副书记名单

朝阳镇

书　记：马建军

副书记：李志义　王利明　李红光

南燕竹镇

书　记：王全保

副书记：潘慧琴（女）　张庆国

马首乡

书　记：吴志明

副书记：宋润平　王大海

宗艾镇

书　记：和东升

副书记：冀俊武　王永忠

平舒乡

书　记：张建平

副书记：岳俊文　赵剑洪

解愁乡

书　记：赵　弘

副书记：付建民　张永宏

温家庄乡

书　记：常拴林

副书记：王杰英　姜联俊

平头镇

书　记：石　晶

副书记：杨海军　马保荣

松塔镇

书　记：李　雪（女）

副书记：李有明　曹长青

景尚乡

书　记：武明生

副书记：史敬海　王瑞琴

上湖乡

书　记：张江涛

副书记：张小平　张俊峰

羊头崖乡

书　记：张海平

副书记：荣爱民　赵亚明

西洛镇

书　记：姜明亮

副书记：郭丽君　任利生

尹灵芝镇

书　记：孙金钟

副书记：赵东青　张勇禄

中共晋中经济开发区工委工作概况

2009年是开发区经济社会发展最为困难的一年。一年来，面对制约因素严重、各种矛盾突出的形势，开发区党工委以深入学习实践科学发展观活动为动力，精心谋划各项工作，狠抓思想作风建设，倾力破解发展难题，扎实推进工作落实，积极应对金融危机冲击，全力保增长、保民生、保稳定。在干部群众的共同努力下，各项工作都取得了新进展、新成效。

一、积极应对金融危机冲击，确保经济社会平稳较快发展

2009年以来，开发区经济遇到前所未有的下行压力。面对严峻形势，注重从变化的形势中捕捉和把握发展机遇，在逆境中发现和培育有利因素，努力在被动中寻求主动，在困难中推动发展。

一是立足于保发展，提高经济质量，增强发展后劲。坚持保速度、扩总量、上规模不动摇，坚持优结构、提质量、增效益不偏颇，努力使保增长的过程成为转变发展方式、提高发展质量、增强发展后劲的过程。第一，积极推动企业实施科技创新，加强技术改造，加快结构优化。2009年已有13户企业与国内22家高等院校、科研所建立了产学研基地，承担国家863计划项目2项，国家火炬计划6项，国家高新技术产业发展项目5项，拥有自主知识产权的国家专利产品46项。第二，千方百计抓项目、争项目，努力为新一轮发展创造条件，积蓄力量。认真研究中央扩大内需政策对开发区争取项目的可能性、现实性，组织专门班子、专门队伍，主动搞好对接，积极进行运作，争取到中央预算投资项目2项、资金374万元，开工率、地方配套资金率、四制执行率、投资完成率均达到100%，有13个项目列入我省煤炭可持续发展资金扶持范围，争取资金3434万元。第三，把握合理的产业定位，加大好项目、大项目的招商。针对开发空间制约的突出矛盾，引导企业与大公司、大集团对接，以产权换资金，以存量换增量，新引进项目9个，其中投资5000万元以上的项目7个，投资亿元以上的项目2个，项目总投资8.1亿元，当年新引进和续建项目引进到位资金15.6亿元。第四，全力组织重点工程、重点项目的实施，全区46个重点项目，有34个开工建设，列入市里的26个重点项目，有24个开工建设，其中有17个项目竣工投产，全社会固定资产投资完成19.08亿元，同比增长9.6%，呈现出三次产业投资、基础设施投资、社会事业投资共同增长的良好势头。克服困难，倾心尽力推进国家、省、市重点工程，认真组织了太中银铁路、城市污水管网、龙湖立交桥等重点工程的征地拆迁工作，超负荷完成了任务。

二是立足于保增长，帮助企业渡过难关，激发企业内生动力。树立和强化帮企业就是保发展、保就业、保民生的思想，认真贯彻上级的决策部署，深入研究经济运行情况，制定出台相关政策措施，组织各级干部深入企业，重点在促销减负、协调银企合作、提供贷款贴息、帮助上市融资等方面，切实帮助企业解决实际问题。通过组织银企对接，为40户企业协调贷款4.2亿元。财政为重点企业实施贷款贴息300万元，中小企业担保公司提供贷款担保3500万元。同时，积极引导企业由过去主要依赖资源投入、靠量的扩张实现增长，转向以技术进步和提高效益实现企业发展，注意抓好核心骨干企业的发展壮大，抓好有潜力企业的培育成长，抓好高新技术企业的扶持鼓励，引导小企业与大企业配套，推进产业集聚和优势互补。2009年，全区高新技术企业达到4户，占到全市认定数的50%，20户科技型企业完成产值占到规模工业总产值的55%，有效地遏制了经济下行的压力，企稳回升的势头不断巩固和发展。

三是立足于保民生，加强城乡统筹协调，积极做好保障工作。坚持把改善民生放在事关发展稳定的重要位置，妥善处理城市与农村、经济与社会的关系，加大“五大惠民工程”、“五个全覆盖”和开发区八件实事的组织落实。新型农村合作医疗参合率达到96%，每个行政村都建立了达标的卫生所；继续实施农村安全饮水工程，95%以上的农村人口用上符合标准的饮用水；扩大新型农村养老保险覆盖面，“五保”对象应保尽保，保障水平进一步提高；硬化农村街道15公里，农村道路、照明、供排水等生活设施继续改善。加强农村劳动力的转移培训和就业安置，扩大企业社会保障覆盖面，努力做好创业、就业和再就业工作，超额完成了各项社会保障的目标任务。

四是立足于保稳定，强化责任措施，着力构建和谐社会。深入分析新时期社会矛盾酝酿、发生和化解的规律，扎实开展矛盾纠纷排查化解，严格各级干部信访工作责任制，认真组织落实接访下访制度，对重点村派驻工作组蹲下来解决问题，对疑难和重点信访案件亲自上手处理，全区上访批次和人数分别比上年减少50%和19%，圆满实现了国庆期间“四个坚决防止”要求和进京“零上访”目标。加强社会治安综合治理，深入推进平安建设，深化安全生产专项整治，健全和完善应急处理机制，社会和谐稳定进一步巩固。

从总体上看，全区对金融危机的应对措施较为有力，效果较为明显。2009年，全区生产总值达到12.8亿元，比上年增长10.4%；工业总产值达到20.62亿元，增长2.86%；规模以上工业增加值达到5.16亿元，增长11.2%；财政收入达到3.8亿元，比上年略有增长，经济社会实现了平稳发展。

二、认真组织开展学习实践活动，进一步增强贯彻落实科学发展观的自觉性和坚定性，努力提高各级干部的执政能力和工作水平

切实把深入学习实践科学发展观活动作为重要政治任务，真真拿在手上，坚持环环紧扣，投入精力，精心操作，结合开发区的实际，确立了“壮大经济实力，创新发展活力，打造环境魅力，增强工作动力”的学习实践活动主题，把活动定位在把握方向、找准目标、凝心聚力、加快发展上，把重点放在学习文件、寻找差距、理清思路、制定措施上，把各级注意力引导到务实创新、改进工作、提升水平、重在落实上。

（一）坚持领导带头与群众参与相结合，在学习调研上下功夫，深化思想认识。组织处级以上干部集中开展学习培训和研讨交流，就事关开发区发展的重大问题深入进行研讨。围绕推进新型工业化、加快城乡一体化、发展现代物流产业、优化发展环境、健全保障体系等，确定了35个重点调研课题，深入企业、农村和基层单位开展调查研究，共召开座谈会20余次，发放调查问卷1000余份，形成了48篇有情况、有分析、有对策、有建议的调研报告。认真组织开展解放思想大讨论，进一步明确了加强工业新型化推进、加强城乡一体化发展、加强基层党组织建设等战略重点，确立了提前完成“十一五”规划的赶超目标，各级干部进一步更新了发展理念，激活了创新意识，提高了工作热情。

（二）坚持查找问题与优化思路相结合，在分析检查上下功夫，明确发展方向。积极推进学习实践活动由思想层面向实践层面引深，深入查找影响和制约我区科学发展的突出问题，群众反映强烈的突出问题。党工委着眼于推进开发区的又好又快发展，突出检查分析问题、理清科学发展思路这个重点，主动请开发区的省市党代表、人大代表、政协委员、党员干部、党外人士、群众代表“会诊”和“把脉”，从思想认识、突出问题、原因分析、发展思路、工作措施五个方面进行评议，进一步凝聚了群众智慧，反映了群众意愿，扩大了科学发展共识。

（三）坚持破解难题与完善制度相结合，在整改落实上下功夫，推进机制创新。坚持把解决问题贯穿始终，在边查边改的基础上，积极抓好集中整改、系统整改。党工委把整改工作细化为10个方面42条具体内容，采取主要领导负总责、分管领导对口负责、主办部门牵头、相关部门协调配合的形式，严格明确整改责任。对一些事关全局的重大问题，成立专项领导小组，不等不靠，集中解决；对一些涉及面广、群众迫切要求解决的矛盾和问题，上下联动，认真进行研究。特别是对机关反映比较集中的干部问题，在市委的大力支持下，干部的使用配备和调整交流有了突破性进展，进一步增强了机关活力。同时，立足从制度层面上解决问题，建立了城乡统筹、帮扶企业、安全生产、节能减排、维护稳定、改善民生、问责问效等7方面机制，健全和完善了体现科学发展观要求的相关制度和政策措施。

通过开展学习实践活动，各级党员干部在增强贯彻落实科学发展观的自觉性坚定性上有了新的提高，在理清科学发展的总体要求上取得了新的收获，在解决突出问题上见到了新的成效，进一步激活了企业自主创新的热情、部门争先进位的冲动、政府支持促进的责任，形成了谋事创业、开拓进取、加快发展、争创一流的浓厚氛围。

三、坚持党要管党、从严治党方针，切实加强和改进党的建设，进一步提高各级党组织抓经济、保稳定、促发展的能力

认真贯彻落实党的十七大和十七届四中全会精神，着眼于提高党的建设科学化水平，以理论武装为核心，以解放思想为先导，以凝聚人心士气为主旋律，努力营造全区上下一门心思求发展之势，各级各部门真抓实干抓经济之势，干部群众放开手脚干事业之势。

一是加强理论学习，提高综合素质，努力促进科学发展。坚持抓好自身学习，注意运用科学的世界观和方法论去观察形势、分析矛盾、处理问题；注意从战略思维的高度，认真研究带有全局性的问题，推进开发区和谐发展；注意把握时代发展的要求，深化对经济规律的认识，把握开发区发展的趋势。同时，加强和改进中心组学习，倡导多读书、重实际、勤思考，推动理论学习制度化。通过加强学习，更加坚定了对科学发展观的认识，提高了解决改革发展问题的自觉意识，增强了保增长、保民生、保稳定的决心和信心。

二是加强班子建设，实施民主决策，积极推动各项工作。党工委坚持把方向、管全局、议大事、谋发展，认真贯彻执行民主集中制原则，搞好集体领导和民主决策。注意深入研究经济社会发展的战略问题，重大项目和重点工程的建设问题，提升招商引资水平和发展质量问题，优化发展环境、构建和谐稳定的政策问题，涉及群众利益的突出问题，以及加强党的建设的重大问题，积极探求结合实际贯彻上级大政方针的具体举措。进行重大工作部署，研究出台重要政策措施，注意深入调查研究，广泛听取各方面的意见，努力做到符合实际、切实可行，指导工作目标明确、措施有力，较好体现了决策的科学性和政策的协调性。

三是加强组织建设，解决突出问题，不断推进党建科学化。顺应党在基层执政环境的新变化，努力夯实执政基础。第一，大力推进固本强基工程。围绕提高村级组织处理复杂问题的能力，协调利益关系和化解社会矛盾的能力，组织社会主义新农村建设的能力，重点加强政治理论、民主集中制、廉洁从政等方面的思想教育，重点加强以村务公开、民主管理为主的制度建设；结合重点信访案件的处理和解决，对软弱涣散的后进支部进行整顿。第二，加强“两新”组织和机关学校的党建工作。规模以上非公企业基本建立了党组织，党的工作的覆盖面不断扩大，机关、学校等基层组织建设得到加强，党员和党组织活动的经常性、规范性明显提高。第三，积极稳妥调整配备中层领导干部。针对开发区干部建设的突出问题，积极向市委反映沟通，得到市委的高度重视，顺利完成了班子少数成员的调整和全部中层干部的配备，使开发区干部使用进入了市委交流任用的视野，为推动开发区发展带来了生机与活力。

四是加强党风廉政建设，创优经济环境，切实塑造良好形象。按照标本兼治、综合治理、惩防并举、注重预防的方针，深入推进惩治和预防腐败体系建设。第一，全面落实党风廉政建设责任制，将46项工作任务按照“一岗双责”的要求，分解落实到9名党工委委员和26个职能部门，各职能部门也都结合各自职责和任务，做到了层层分解，

责任到人。第二，扎实搞好惩防体系建设，整体推进教育、制度、监督、惩处等各项工作，深入开展形式多样的廉政宣传教育活动，通过办好廉政教育专栏、建设廉政文化墙、制作警示教育桌签、开展廉政文化活动，进一步增强了各级党员干部遵章守纪和廉洁从政意识。第三，深化源头治腐工作，围绕贯彻中央扩大内需促进经济增长的政策，深入开展专项督查，有力地促进了各项政策措施的落实和重点工程、重点项目的推进。狠抓农村基层党风廉政建设，加强对农村财务的审计，不断规范完善各项制度，进一步促进了农村的民主决策、民主管理、民主监督。加强制度建设，不断推进和完善用制度管权、管事、管人的工作机制，行政审批、国库集中收付、部门预算、政府采购、建设工程项目招投标、土地出让招拍挂等改革进一步深化完善。第四，加强领导班子的廉洁自律工作，认真落实党内监督制度和各项政策规定，坚持职务消费公示制度，个人重大事项申报制度，推进公开，完善监督，有效规范了领导干部的从政行为。把群众反映的重点、难点问题作为重中之重，认真治理损害群众利益的不正之风。坚持从严治党，加大违纪违法案件的查办力度，对违纪违法人员进行了严肃处理。

（王艾林）

附：中共晋中经济开发区工委书记、副书记、委员名单

书　记： 申立康

副书记： 刘贵海　石润生　贾慧生

委　员： 张林涛　袁树祥　张仲生　张润成　王志勇　任　钦

中共阳泉市委工作概况

市委书记　白　云

2009年，在省委的正确领导下，市委坚持以邓小平理论和“三个代表”重要思想为指导，深入学习贯彻党的十七大和十七届三中、四中全会精神，团结带领全体党员和广大干部群众，深入开展学习实践科学发展观活动，积极应对国际金融危机冲击，围绕“统筹城乡、率先转型、全面崛起、富民强市”战略目标，全力保增长、保民生、保稳定，经济建设、党的建设、和谐社会建设取得了新成效。

一、深入开展学习实践活动，切实加强和改进党的建设

一年来，市委以深入开展学习实践科学发展观活动为契机，以加强党的先进性建设和执政能力建设为重点，全面推进党的建设新的伟大工程。省委九届十次全会后，组织召开了市委十届六次全会，研究制定了《中共阳泉市委关于贯彻落实党的十七届四中全会和省委九届十次全会精神，加强和改进新形势下党的建设的实施意见》，为加快全面建设小康社会进程提供了坚强的保证。

（一）深入开展学习实践科学发展观活动

坚持把深入学习实践科学发展观作为重要政治任务，以提高思想认识、解决突出问题、创新体制机制、夯实基层基础、促进科学发展为目标，围绕“统筹城乡、率先转型、全面崛起、富民强市”活动主题和实践载体，坚持边学边改、边查边改、边整边改，圆满完成了全市第二批学习实践科学发展观活动，第三批学习实践活动正在深入推进。市委常委会通过深入基层、了解情况、调查研究，召开专题民主生活会，形成分析检查报告，抓好整改落实工作，健全了市级领导“八个一”联系点、领导干部下基层调研、精简会议文件等一系列规章制度，完善了促进和保障科学发展的体制机制，解决了一批事关人民群众切身利益的突出问题，兴办了一批群众期待的实事好事。通过开展学习实践活动，全市党员干部在事关科学发展的重大问题上形成了共识，理清了发展思路，明确了发展目标，推动科学发展、促进社会和谐的能力和本领不断增强，较好地达到了党员干部受教育、科学发展上水平、人民群众得实惠的目的。

（二）加强领导班子和干部队伍建设

结合政府机构改革，稳妥推进领导班子调整配备和干部交流，一年中市委常委会研究调整干部三次，涉及干部129人。其中提拔任用47人，平职调整18人，免职64人。在干部选任工作中，市委认真贯彻执行党的干部路线和方针政策，坚持正确的用人导向，严格执行程序规定，不断完善制度机制，强化监督检查，进一步提高了选人用人的公信度。完善了体现科学发展观要求的党政干部综合考核评价办法，坚持有计划地对负有经济责任的市管干部实施离任审计、任期审计和专项审计等，全年审计干部11人，并把审计结果运用到干部管理和领导班子建设中。全面推行干部选拔“一报告两评议”制度，对四项工作和干部测评满意率分别达到88%、94%以上。加大培养选拔优秀年轻干部力度，从优秀村干部中招录了部分乡镇公务员和县乡事业单位工作人员。以整治用人上不正之风、提高选人用人公信度为目标，大力加强干部监督工作。围绕人才强市战略，完善人才工作政策体系，人才使用、培养、引进等工作得到全面加强，全年通过招聘会等形式共引进各类人才5524人。

（三）加强基层党组织建设

继续深化"三级联创"和先进乡镇党委创建活动。结合第八届村委换届工作，进一步优化村级领导组织结构，党支部书记村委会主任"一肩挑"比例进一步扩大。新选配300名大学生村（社区）干部，基本实现"一村一社区一名大学生干部"的目标。加大村级组织活动场所建设力度，对农村党组织书记进行了集中轮训。积极探索在现代企业制度下发挥企业党组织政治核心作用的有效途径，加强非公有制企业党建工作，抓好社区组织换届选举工作，积极推进机关、学校等基层党组织建设。强化各级党委（党组）抓基层党建工作责任制，建立了市、县（区）委常委会向全委会报告抓基层党建工作情况并接受评议制度。

（四）加强作风建设和反腐倡廉建设

认真落实中央、省建立健全惩治和预防腐败体系工作规划等一系列制度规定，开展了机关干部工作日中午饮酒、党员干部参与赌博、领导干部利用婚丧嫁娶借机敛财等"三股歪风"专项治理工作，继续引深"行风政风评议活动"，促进了机关和干部作风的进一步转变。认真落实党风廉政建设责任制，深入开展煤焦领域反腐败专项斗争，同步推进国有企业、城市社区和农村基层党风廉政建设。深化行政审批、财政和人事制度改革，着力从体制与制度上预防和制止腐败。下大力治理行业不正之风，教育乱收费、公路"三乱"和医药购销不正之风得到有效遏制。对全市各涉煤企业和单位进行了检查，共追缴各类资金9.66亿元。切实加大案件查办力度，受理群众来信来访以及电话举报550件（次），立查90件，处分违纪党员干部165人，其中县处级干部15人，为国家和集体挽回经济损失2923.5万元。

二、有效应对国际金融危机的冲击，千方百计保持经济平稳较快发展

面对国际金融危机的冲击和结构性矛盾的双重挑战，把保持经济平稳较快发展作为全市经济工作的首要任务，认真贯彻落实中央和省委、省政府做好"三保"工作的一系列决策部署和政策措施，千方百计上项目，全力以赴保运行，不遗余力惠民生，全市经济在极度困难的情况下保持了平稳较快发展，呈现出经济总量稳定增长、财政收入逆势上升、投资消费同步增长、城乡居民收入持续增加的良好态势。全市完成财政总收入78.1亿元，同比增长14.6%；完成一般预算收入29.8亿元，同比增长13.8%。规模以上工业增加值完成170.4亿元，同比增长2.6%。全市生产总值完成347亿元，同比增长5.5%；全社会固定资产投资完成220亿元，同比增长37%；社会消费品零售总额完成147.7亿元，同比增长20%；城镇居民人均可支配收入14170元，农民人均纯收入5795元，分别同比增长6.4%和6.77%。大多数经济指标在全省的位次都较大幅度的前移，取得了明显好于预期的成效。

（一）着眼于保持经济平稳较快增长，强力推进"百项工程"建设

推进项目建设，实施"百项工程"，保持经济增长。全年共安排重点项目166个，总投资841亿元，新开工56个，总开工148个，累计完成投资194.4亿元，同比增长50%以上，其中共争取上级各类投资4.5亿元，投资成为拉动经济增长的主要因素。在项目实施过程中，坚持了"三个结合"。一是把保增长与调结构结合起来。昕亮木器、中信焦化、晋东购物广场等一批项目顺利竣工并投入运行；冀东一期200万吨干法水泥、15万吨高级耐火、40万吨有机复合肥、40万吨电石、3652尿素和吉天利循环经济科技园区等一批项目稳步推进；河坡2×30万KW项目前期工作基本就绪，即将开工建设；娘子关2×60万KW、河坡2×30万KW、格盟国际2×100万KW等一批项目前期工作积极推进，经济结构调整取得新的突破。二是把保增长与帮扶企业结合起来。认真落实国家"五缓四降三补"政策，86家企业享受到了保险费缓、减政策，涉及资金7300余万元。大力加强经济运行监测预警和协调服务工作，深化晋京科技合作，加强银企联合，全方位帮助企业渡难关。9月以来连续4个月保持了两位数以上增长速度。三是把保增长与促消费结合起来。落实"家电下乡"、"农机下乡"、"汽车摩托车下乡"等政策措施，不断促进消费升级，扩大消费总量，呈现城乡消费两旺的势头，成为拉动经济增长的重要力量。

（二）着眼于传统产业的改造提升，强力推进煤炭资源和生产要素整合重组

按照省委、省政府统一部署，稳步推进煤炭资源整合重组。目前，53个保留矿井与被兼并重组整合矿井及12个主体企业全部签订了实质性协议，11个主体企业已对50个保留矿井接管到位。整合重组后，虽然全市矿井数量由158个减少到53个，但生产能力由年产3503万吨增加到4760万吨，矿井单产能力由22.2万吨/年提升到89.8万吨/年，煤炭产业素质、资源利用水平和安全生产水平得到提升。引导推动各类企业积极投资加工制造、文化旅游、现代农业等产业，促进了以大棚蔬菜、畜禽养殖、农产品加工为龙头的高效农业的快速发展，一批重大旅游项目加快建设，煤炭产业向绿色产业、生态建设的转型发展迈出新步伐。

（三）着眼于城乡一体化发展，强力推进民营经济快速崛起

发展民营经济，推动资源型城市转型，加快城乡一体化建设。研究制定了《关于进一步加快民营经济发展的决定》和《关于进一步促进民营经济发展的实施意见》，进一步完善和细化了支持鼓励民营经济发展的政策措施以及民营经济腾飞计划，下大力推动民营经济快速发展。围绕城乡一体化建设，不断探索完善"以工补农、以城带乡"的长效机制，各级财政对"三农"的投入稳定增长；突出中心城市、县城、小城镇建设重点，全面加强城乡基础设施建设；"3+2"农业产业化富民工程深入推进，大棚蔬菜等设施农业快速发展，成为农民增加收入的重要途径。积极发展新型农合组织，深入实施"阳光培训"工程，农民致富本领不断增强，致富渠道进一步拓宽。

（四）着眼于经济发展活力的不断增强，强力推进改革

开放

积极深化行政体制改革，市、县两级政府机构改革稳步进行。医药卫生体制改革有序推进。集体林权制度改革试点全面完成。继续实施“借力发展”战略，进一步扩大对外开放。组团赴东北“四市”进行了参观考察，与七台河市缔结为友好城市。先后组团参加了第四届“中博会”、北京、上海项目推介会等区域经济合作交流活动，新签各类经济技术合作项目104项，项目总投资175.76亿元，实际到位资金82.85亿元，同比增长8.2%。

三、注重解决民生问题，扎实推进和谐社会建设

坚持科学发展与社会和谐的内在统一，把关注民生、改善民生放在更加突出的位置，深入推进“五大惠民”工程和“八个全覆盖”，努力把人民群众的根本利益维护好、实现好、发展好。

(一) 突出抓好“八个全覆盖”，健全完善社会保障体系

按照省“五大惠民工程”和“五个全覆盖”的决策部署，从实际出发，提出并实施了“八个全覆盖”。到年底，“村通广播电视”、“村通硬化路”、“万村千乡”市场工程、“县乡村三级卫生服务体系”已经实现全覆盖，“中小学校舍安全改造”完成62.7%，“农村安全饮水工程”正在积极推进，农村自来水入户率达到75%，农村居民新型养老保险参保率达到80.5%，13个“乡镇文化站”建设主体工程完工。扎实推进就业再就业和社会保障体系建设，全市累计实现新增就业22542人，创业就业5110人，下岗失业人员实现再就业人数达到11910人，城镇登记失业率为3.78%，低于省定4.2%的控制目标；全市医疗、养老、失业等社会保障覆盖面不断扩大，城乡低保实现了应保尽保。协调推进各项社会事业。基本实现了教育均衡发展，受到国家教育部的表彰；实行大病互助统筹制度，农村三级医疗机构总体达标率达到89%，社区卫生机构规范化建设达标率为93%，招聘的100名大学生村医全部到位，群众看病难、看病贵的问题得到较好解决。切实加大采煤沉陷区治理和棚户区改造力度，矿区生态环境和矿工生产生活条件明显改善。市委、市政府承诺为全市人民办的十件实事圆满完成。

(二) 全力维护社会稳定，积极营造安定有序的社会环境

围绕庆祝新中国成立60周年，动员全市力量做好安全保卫工作。坚持工作重心下移、防范关口前置，全面强化基层基础工作，深入开展“信访积案化解年”活动，继续引深县区委书记大接访，开通社情民意通道和网上信访受理中心，落实领导包案制度，一批信访问题得到了有效解决；深入开展“进万户门、解万家难、暖万人心”活动，全心全意解民忧、办实事、做好事，积极维护人民群众切身利益；深入开展矛盾纠纷排查，认真做好群众思想工作，解疑释惑，化解矛盾，实现了国庆期间“四个坚决防止”和非正常进京“零上访”的目标，较好地发挥了首都“护城河”的作用。大力加强社会治安综合治理工作，着力健全党委领导、政府负责、社会协同、公众参与的社会管理格局，完善社会治安防控体系和公共安全保障体系，不断引深平安创建活动，推进“天网”工程建设，严厉打击敌对势力、暴力恐怖势力、黑恶势力等严重刑事犯罪；始终保持对“法轮功”等邪教组织非法活动的高压态势，坚持“教育转化、依法打击”相结合，大力做好防范和处理邪教工作，有效遏制了“法轮功”等邪教组织的违法犯罪活动，维护了社会的和谐稳定，人民群众安全感和对社会治安的满意度进一步提高。 (赵全生)

附：中共阳泉市委书记、副书记、常委名单

书　记： 谢　海（3月离职）　白　云（女，3月任职）

副书记： 白　云（女，3月离职）　李栋梁（3月任职）　郃爱国

常　委： 王舰民　樊盛武　陈继光　高全怀　王旭明　宋师璇　王　民　杨永生　方庆灵

中共阳泉市城区区委工作概况

2009年，在市委、市政府的正确领导下，区委以邓小平理论和“三个代表”重要思想为指导，认真学习贯彻党的十七大和十七届三中、四中全会精神，深入贯彻落实科学发展观，团结、带领全区各级党组织和广大干部群众，真抓实干保增长，一心一意保民生，全力以赴保稳定，党的建设、经济建设取得显著成效。

一、以深入开展学习实践科学发展观活动为契机，全面加强党的建设

(一) 深入开展学习实践科学发展观活动

坚持把深入学习实践科学发展观作为重要政治任务，围绕“科学发展，富民强区”的活动主题和“转型发展，优化环境，共建和谐，全面推进全区建设”的实践载体，坚持边学边改、边查边改、边整边改，圆满完成了全区第二批学习实践科学发展观活动，第三批学习实践活动正在深入推进。通过开展学习实践活动，全区党员干部理清了发展思路，明确了发展目标，推动科学发展、促进社会和谐的能力和本领不断增强，较好地达到了“党员干部受教育、科学发展上水平、人民群众得实惠”的目的。

(二) 加强领导班子和干部队伍建设

启动了政府机构改革和事业单位分类改革，进一步转

变了政府职能。按照《党政领导干部选拔任用工作条例》，严格程序，个别调整和配全配齐了城区人民医院以及区纪委、监委领导班子。建立和完善新招录公务员到基层锻炼机制，安排17名新录用公务员到街道办事处和区税务部门进行为期半年或一年的锻炼。加大培养选拔优秀年轻干部力度，从优秀村、社区干部中招录了10名公务员和事业单位工作人员。

（三）加强基层党组织建设

认真落实抓基层党建工作责任制，继续开展“让党徽在全区建设中闪耀”的主题实践活动，深化了“三级联创”等争先创优活动。以“三有一化”为目标，广泛推行社区党建联席会议制度，启动了第四届社区党组织和居委会换届选举工作，大力加强街道社区党建工作，全区已有38个社区达到了标准化社区党组织标准。组织了基层党建工作大调研活动，开展了创建“五型”机关活动，加快了学校党员活动室建设工作，推进了企业“四好”领导班子创建活动，实施了非公有制经济党组织规范化建设，充分发挥了基层党组织推动发展、服务群众、凝聚人心、促进和谐的作用。

（四）加强作风建设和反腐倡廉建设

认真落实中央、省、市建立健全惩治和预防腐败体系工作规划等一系列制度规定，开展了机关干部工作日中午饮酒、党员干部参与赌博、领导干部利用婚丧嫁娶借机敛财等“三股歪风”专项治理工作。继续引深“行风政风评议活动”，促进了机关和干部作风的进一步转变。认真落实党风廉政建设责任制，启动实施了煤焦领域反腐败专项斗争。组织了“四个一”活动，开展了廉政文化“五进”活动，增强了各级干部廉洁自律意识。深化行政审批、财政和人事制度改革，着力从体制与制度上预防和制止腐败。下大力治理行业不正之风，教育乱收费和医药购销不正之风得到有效遏制。

二、以“科学发展、富民强区”为指向，全区经济建设取得显著成效

（一）经济建设加快发展

坚持把保持经济平稳较快发展作为全区经济工作的首要任务，认真贯彻落实中央和省、市做好“三保”工作的一系列决策部署和政策措施，千方百计上项目，全力以赴保运行，不遗余力促发展，使全区经济在较为困难的情况下保持了平稳较快发展，呈现出经济总量稳定增长、财政收入逆势上升、投资消费同步增长、城镇居民收入持续增加的良好态势。到年底，城区生产总值完成78.1亿元，同比增长11.2%；全社会固定资产投资总额完成48.97亿元，同比增长61.2%；社会消费品零售总额完成82.1亿元，同比增长22.7%；财政总收入完成37761万元，同比增长7.8%，其中一般预算收入完成20100万元，同比增长17.64%；城镇居民人均可支配收入完成14972元，同比增长11.2%。除财政总收入这一指标外，全区主要经济指标全部提前实现了“十一五”末的计划任务。城区在全省的经济社会发展水平排名跃升到第23位，居阳泉市第二；经济社会发展指数评价位列全省第7位，居阳泉市之首。

重点工程项目扎实推进。15个重点工程项目累计完成投资8.62亿元，其中滨河世纪城、美隆国际商贸城、晋东（金街）购物广场、天融中兴商业广场四个列入市“百项工程”的项目完成投资7.01亿元，为计划的132.26%，提前2个月完成全年投资计划。

三产服务业的品位和内涵得到提升。出台了《关于加快服务业发展的实施意见》，提出了三产服务业优化升级的“九转九统一”，到年底，全区三产服务业增加值完成61.9万元，占GDP的比重达到79.26%；纳税额实现30092 万元，占区财政总收入的比重达到79.69%。

招商引资成效显著。2009年全区共有外来投资项目21项，其中结转去年8项，新签项目13项，全年到位9.53亿元，为计划119.14%，超额完成外来直接投资任务。

（二）城区布局日趋完善

两大商贸中心建设推进有序，桃北东路商贸中心效应显现，一个以新天地商业广场为中心，欧洲步行街和三个专业市场为两翼，商业面积达50余万平方米的新兴商贸中心基本形成。下站地区商贸中心建设步伐加快，4.5万平方米的美隆国际商贸城大型百货开张运营，18万平方米的天融商业广场一期开工建设，6万平方米的万通建材市场改扩建工程完成前期准备，老商贸中心焕发新活力。5.5万平方米的金街购物广场投入使用，有望成为新的消费场所。农副产品、建材装饰、小商品批发、电子产品、汽车销售及配件、生产资料等六大类专业市场格局初步形成，全区商业面积达到100多万平方米，比“十五”末增加了60多万平方米，社会消费品零售总额占到了全市的55 %，比“十五”末提高了1.8个百分点。

（三）和谐城区稳步推进

坚持工作重心下移、防范关口前置，深入开展矛盾纠纷排查，实现了国庆期间“四个坚决防止”和非正常赴省进京“零上访”目标，获得了全省国庆期间信访工作先进集体。大力加强社会治安综合治理工作，完善社会治安防控体系和公共安全保障体系，不断引深平安创建活动，推进“天网”工程建设，严厉打击黑恶势力等严重刑事犯罪，维护了社会的和谐稳定，人民群众安全感和对社会治安的满意度进一步提高。高度重视安全工作，完善了12项安全生产制度，打牢了科学发展的基础和保障。出台了《进一步加强和谐社区建设的意见》和一系列实施细则，获得了“全国和谐社区建设示范城区”称号。为3.5万户8.6万人发放最低生活保障金1373.55万元，医疗救助2.9万人147.1万元，摘取了“全国基层低保规范化建设典型单位”。大力发展医疗卫生事业，6个社区卫生服务中心、16个社区卫生服务站全部建成。出台了防控甲流的十一项举措，保障了居民生命安全。稳步推进劳动和社会保障工作，城镇基本社会保障覆盖率达到89.67%，城镇居民基本医疗保险覆盖率达到97%。廉租房保障实物配租工作进展有力，全区享受

廉租房租金补贴家庭250户，发放补贴金额22.14万元，实物配租8户 21人。全年累计民生支出20298万元，占全区财政总支出的65.95%，同比增长29.64%。获得了“全省2008年度和谐社会建设先进区”称号，为全省获此殊荣的17家县区之一。

（邵瑞鹏）

附：一、中共阳泉市城区区委书记、副书记、常委名单

书　记：李春泽

副书记：曹凯民　任晓华　马　俊

常　委：高锦孝　弓林柱　史喜平　范秀林（女）

李宏革（11月离职）　王明厚　苏友常

李忠义（11月任职）

二、街道党工委书记、副书记名单

上站街道

书　记：冯正杰

副书记：高　鹏　赵利荣　高红俊（9月离职）

下站街道

书　记：胡春平

副书记：温敏芬（女）　李春元　王爱利（女）

北大街街道

书　记：宋燕明

副书记：苏红霞（女）　高银花（女）　胡天飞

南山路街道

书　记：赵志勇

副书记：刘广顺　蔡华明　许　芳

义井街道

书　记：李荣贵

副书记：李丽萍（女）　郝丽花（女）　卢燕飞

坡底街道

书　记：路永清

中共阳泉市矿区区委工作概况

2009年，矿区区委始终高举中国特色社会主义伟大旗帜，坚持以邓小平理论和“三个代表”重要思想为指导，认真学习贯彻党的十七大和十七届四中全会精神，深入贯彻落实科学发展观，切实加强思想建设、组织建设、作风建设，创新形式，丰富内容，充分发挥了基层党组织的推动发展、服务群众、凝聚人心、促进和谐的作用，为推动“经济发展首富之区、资源转型首创之区、社会和谐首善之区”（以下简称“三区”）建设提供坚强的政治保障。

一、始终坚持理论武装，思想政治建设不断加强

一年来，区委常委会始终把思想政治建设放在首位，用中央和省、市委的重大决策部署统一思想，并落实到确定思路、制定规划、完善政策和健全考核的各个环节。

一是深入开展了社会主义核心价值体系学习教育活动，着力引导广大干部群众牢固树立社会主义荣辱观、大力弘扬以爱国主义为核心的民族精神和以改革创新为核心的时代精神；二是以第二批深入学习实践科学发展观为契机，不断创新常委会思想政治建设的载体和形式，坚持学理论与议工作、务虚与务实、集中学习与个人自学“三个结合”，进一步增强了贯彻科学发展观的自觉性和坚定性；三是完善机关学习制度，制定下发了《全区理论学习制度》，做到理论学习与工作实际相结合，在转变思想观念、解决突出问题、提高创新能力、推动工作落实上见到实效；四是充分发挥党校培训的主渠道作用。先后举办了各类干部主体培训、轮训项目14期，培训1500余人次，有效提高了广大干部职工的理论水平和专业素质；五是深入挖掘出15年如一日伺候病重前儿媳的善良婆婆黄代小、两次自费前往地震灾区服务的志愿者张明、爱岗敬业勇于创新的煤矿工人蔡廷军等一批可亲可信可学的先进典型，经过全国各地广泛投票和评委严格评选，黄代小荣获我省唯一的全国孝老爱亲道德模范；六是进一步强化舆论阵地建设，累计在省、市级新闻媒体上刊发稿件600余条，使区委、区政府的重要决策迅速成为全区上下的共识，在全区营造了心往一处想、劲往一处使的干事创业良好氛围；七是围绕庆祝建国60周年，举办了全区美术、书法、摄影作品展，开展了“爱区、奉献”等主题活动，在全区唱响了共产党好、社会主义好、改革开放好、伟大祖国好的时代主旋律，激励全区人民继续解放思想，坚持改革开放，推动科学发展，促进社会和谐。

二、深入开展学习实践活动，党的建设全面加强

以加强党的执政能力建设和先进性建设为主线，以开展深入学习实践科学发展观活动为重点，全面推进党的建设，为“三区”发展提供了坚强有力的组织保证。

一是学习实践科学发展观活动成效显著。围绕“科学发展、富民强区”这一主题，以“转型发展、创优环境、共建和谐”和全力打造“三区”建设为实践载体，以提高思想认识、解决突出问题、创新机制体制、夯实基层基础、促进科学发展为目标，周密部署，精心组织两批共计10个党工委，9个党组，144个党支部，4703人参加了深入学习实践科学发展观活动。通过整改，废止制度142个、修订制度396 个、新建立制度258个、进一步规范了学习培训、监督检查、和谐创建、干部作风转变四项制度，集中解决了一批事关人民群众切身利益的突出问题，兴办了一批群众

期待的好事实事。通过开展活动，全区党员干部在事关科学发展的重大问题上形成了共识、理清了思路、明确了目标、达到了党员干部受教育、科学发展上水平、人民群众得实惠的总体要求。在全区学习实践活动群众满意度测评中，学习实践活动满意率为97.5%。

二是领导班子和队伍建设不断加强。始终坚持德才兼备、以德为先的用人标准和严格的组织程序，进一步完善体现科学发展观要求的党政干部综合考评体系，大力倡导注重品行、科学发展、崇尚实干、重视基层、鼓励创新、群众公认的用人导向，注重选拔学历层次高、实践经验丰富、发展潜力大、德才兼备的年轻干部，合理使用其他年龄段的优秀干部。推荐产生了5名副县级领导人选，分四批对教育、政法系统、区直机关的126名科级干部进行了配备和充实，完成了区直部门主要负责人的调整，选聘了25名优秀高校毕业生担任社区干部，从大学生村官和社区干部中公开招录了5名街道公务员和5名事业单位干部。

三是基层党建创新发展。以“党员示范工程”为抓手，结合实际、分类指导、突出重点，狠抓基层党建。一是开展“党员承诺拓展年”活动。把“我是党员我承诺、服务群众促和谐”活动，作为第三批学习实践活动的重要抓手，以学习实践活动为契机，按照“巩固、提高、扩面”的要求，加大与驻地单位党组织的联系和沟通，不断提高活动的质量和效果，提高活动的覆盖面和参与率。全区136个党支部，3635名党员参加了党员承诺活动，共帮扶困难群众1923人次，帮扶物品和现金合计40.4万余元，为群众办实事1547余件。二是开展“基层组织加强年”活动。紧密结合基层党建实际，强化基层、夯实基础，把学习实践活动与基层党建目标任务结合起来，努力把基层党组织建设成为贯彻落实科学发展观的坚强堡垒，把广大党员队伍建设成为贯彻落实科学发展观的骨干力量，以基层党组织建设带动其他各类基层组织建设。根据基层党组织创建标准进行考核，初评推荐了沙坪街道沙沟社区、蔡洼街道东四尺社区、贵石沟街道水滩社区党支部为领导班子好、党员队伍好、工作机制好、工作业绩好、群众反映好的市级示范化社区党组织。三是开展“组织活动创新年”活动。主要是“党员责任区”、“党员示范岗”、流动党员“在当地争先锋，为家乡作贡献”多种形式的创先争优活动，切实提高基层党组织在推进科学发展中的执行力。2009年发展党员104人，男37人，女67人，大专以上占75%，年龄35岁以下占53%，36到45岁45人占43%，45至55岁4人占4%。

三、狠抓作风建设，党风廉政建设和反腐败工作进一步强化

坚持以党风带政风，以作风促工作，理清思路，找准定位，突出重点，注重创新，全面推进党风廉政建设和反腐败工作。

一是在作风建设上狠下功夫。召开作风纪律整顿会议，制定印发《关于领导干部进一步改进工作作风严肃工作纪律的若干规定》和《关于狠刹三股歪风》等通知。全区各单位按照作风建设的要求，健全和完善了各项规章制度，强化规范化管理。对机关学习、考勤、信访、机关事务管理等16项内部管理制度进行修订和完善，增设了违反作风建设有关规定的处理意见、贯彻执行“三股歪风”的实施意见和制度。针对工作日中午饮酒、领导干部参与赌博和借婚丧嫁娶借机敛财三股歪风，上班考勤、工作纪律、人员去向登记等情况，将检查范围从机关下移到基层站、所和茶馆、饭店进行了25次明查暗访，对明察暗访中的17人次违反作风纪律的行为进行了严肃处理。

二是在党风廉政建设上狠下功夫。以贯彻落实《建立健全惩治和预防腐败体系2008—2012年工作规划》精神为主线，实行党政齐抓共管，纪委组织协调，部门各负其责的工作机制，进一步建立健全惩治和预防腐败体系建设考核评价体系，从用人管事、用权做事、用财办事三个方面推进了源头治腐工作；紧紧抓住党风廉政建设责任制“责任分解、责任考核、责任追究”三个关键环节，对机关、学校、街道进行分别部署、分类考核；有效开展纠风工作，教育乱收费行为、医疗服务行业不正之风、乱评比达标等现象得到了有效遏制。

三是在廉政文化上狠下功夫。充分发挥大宣教格局作用，使党风廉政建设宣传教育工作形成多层次、多渠道、全方位、常态化的宣教模式。积极开展廉政文化“四进”活动，建立起区级廉政教育基地，形成了多层次、多渠道、全方位、常态化的廉政建设宣教模式。建成首个社区廉政文化教育基地，营造良好的反腐倡廉氛围，推动了全区各街道、各社区的廉政文化建设，让广大居民群众切身感受到廉政文化的教育和熏陶，有力地促进了社区各项事业的健康发展。

（乔　勇）

附：一、中共阳泉市矿区区委书记、副书记、常委名单

书　记： 董仙桃（女）

副书记： 张清河　黄俊德

常　委： 姚　丽（女）　王　刚　邵满存（4月离职）　邢强敏　郭爱聪　吴亚非　高海明　王晓丽（女）　张小武（4月任职）

二、街道党工委书记、副书记名单

沙坪街道

书　记： 李俊萍（女，1月任职）

副书记： 彭　平　邓晓琴（女）　王宝银　刘　健

蔡洼街道

书　记： 张海斌（1月任职）

副书记： 刘　恒（1月任职）　李志清　张汉东　韩晋明

赛鱼街道

书　记： 李新宇

副书记： 郑满柱　韩瑞辉　弓存义　李素青

桥头街道

书　记：孙　伟（12月离职）　刘世平（12月任职）

副书记：雷永平　王计平　李非柱　张少华

平潭街道

书　记：陈宝庆（12月离职）

副书记：周拉弟（女）　杨宝生　刘喜平　张贵军

贵石沟街道

书　记：刘世平（12月离职）

副书记：何　勇　刘喜亭　韩石润　刘新桥

中共阳泉市郊区区委工作概况

全区有党（工）委18个，党总支68个，党支部561个，党员12080名。2009年,区委在省、市委的正确领导下，以邓小平理论和“三个代表”重要思想为指导，认真学习贯彻落实科学发展观，以让人民群众得实惠为宗旨，以富民强区为奋斗目标，全区经济建设取得了明显成效。2009年全区生产总值完成43亿元，增长6%；财政总收入完成6.66亿元，增长9.88%；农民人均纯收入6023元，增长6.7%；一般性预算收入完成2.64亿元，增长14.01%；固定资产投资完成26.7亿元，增长58%。

一、深入开展学习实践科学发展观活动

区委紧紧围绕“党员干部受教育、科学发展上水平、人民群众得实惠”和省委“三个发展”的要求，结合实际，精心组织，突出重点，稳步推进。学习实践科学发展观活动。

（一）结合实际，创新学习方法

全区采取“汲取”与“输入”式学习方式，启动了“百名专家搞宣讲、千名骨干下基层、万名党员受教育”的宣讲工程，举办宣讲活动260余场，培训骨干1858名，8890名农村党员接受教育。同时推出主题活动，增强学习效果。全区自上而下开展了科学发展观知识竞赛的初赛、复赛，并举行了“昌达杯”科学发展观电视决赛；区委在路家山村建立了全区“大学生村干部培训实践基地”和“农村党员教育培训基地”，对农村党员及大学生村干部进行实用技术培训等，为深入开展学习实践活动提供了强有力的理论支持。

（二）立足区情，找准突出问题

区委经过广泛调研和认真分析抓住了当前制约全区农村发展的根本矛盾和问题，找到了解决的主攻方向。区委把解决农村党员干部“想带领群众致富、能带领群众致富、敢带领群众致富”作为学习实践活动的重要内容，把“围绕转型跨越，培育产业农民；围绕开放创新，培育新型农民；围绕统筹城乡，培育城市农民”作为解决矛盾问题的突破口认真加以落实。

（三）强基固本，抓住重点难点

针对全区29个重点、难点村、矛盾突出村的实际，区委实行了四套班子包乡（镇）联村制度，加强重点、难点、矛盾突出村的指导力度。区乡镇三级党委派出指导员，驻村指导工作，督促整改，做到“一村一策”。区直各部门强化对口联系，加大帮扶力度，突出实践特色。区委建立了台帐制度，逐村登记，周清月结，及时解决问题。同时，区委在52个非公企业党组织中选树了昌达伟业、旭日化工、天隆特水等典型，推广经验，抓出特色。经过努力，重点难点得以突破，收到明显成效。

学习实践科学发展观活动以来，区委共召开各类型会议40余次，下发各类文件38个、学习资料2000多套，编发简报112期。各参学单位召开学习实践专题会议650余次，出台文件近500个，集中学习3120余课时，撰写心得体会4000余篇，走访群众4.68万余人次，开展谈心交流活动3200余次、形成班子分析检查报告71篇、解决各类问题386个，为群众办实事好事400余件，圆满完成了各项任务。

二、以富民强区为目标，推进全区经济建设大发展

区委按照科学发展观的要求，结合当前的经济形势，经过广泛调研和征求意见，提出了“科学发展、富民强区”的活动主题和“转型跨越、开放创新、统筹城乡”的实践载体；提出了“打造阳泉新北区，建设荫营明珠城”的奋斗目标，把发展的理念定位在省委提出的“三个千方百计”、“三个坚定不移”的战略决策上，把发展的方向定位在全区实现“三个面向”、做到“三个转变”、走好“五条路子”的具体举措上，使发展思路更科学，发展步伐更坚定。

（一）完善发展思路，在实现“三个发展”上力求新突破

区委紧紧围绕省委提出的“转型发展、安全发展、和谐发展”和市委提出的实施“四大战略”、破解“四大难题”、走好“五条路子”，促进资源型城市转型，加快城乡一体化进程的总体要求，把发展方向定位在服务城市上，让农业面向城市增效，让农民面向城市增收，让农业面向城市壮大。在构建城郊型产业体系上切实做到三个转变。以发展乡村经济为主，向城乡经济并重转变；以资源能耗经济为主，向高新技术经济转变；以二产发展为主，向一二三产协调推进转变。确立了“走好五条路子”的发展思路。

（二）形成发展共识，在落实“三个千方百计”上力求新进展

针对当前的经济形势，区委紧紧围绕省委提出的“三个千方百计”，在服务企业发展、拉动经济增长、带动社会就业上，统一了思想，形成了共识。特别在抓重点项目、保经济增长上加大了推进力度。全区106个投资项目开工94项；列入市“百项工程”的25个项目开工23个，完工16个，完成投资17.06亿元；争取中央预算内投资项目28个，对经

济发展的拉动效应开始显现。

（三）增强发展能力，在贯彻“三个坚定不移”上力求新提高

区委始终以“三个坚定不移”为主线，坚定不移推进转型发展、坚定不移推进煤炭资源整合和企业兼并重组、坚定不移加强“三农”工作。重点在发展高效农业、振兴传统产业、引进新型产业上求突破。一是发展高效农业促增收。按照“育龙头、建基地、抓特色、搞服务、促流通”的思路，加快发展3+3高效农业。全年蔬菜温室大棚已达3358亩；果品总面积达到1.85万亩；建设高标准规模养殖小区23个，建设高标准养殖小区23个，生猪出栏达到3.5万头，蛋鸡存栏达到80万只，奶牛存栏稳定在1000头左右，直接为农民提供人均纯收入1000元。二是振兴传统产业保增长。以煤炭、耐火、建材、冶金、化工五大支柱产业为切入点，振兴传统工业。80万吨氧化铝、100万吨亚美水泥、太阳石6000万吨煤矸石砖项目以建成收效。正在建设中的150万吨保安煤矿、西上庄煤电一体化项目和中机伟林、华鑫电器总投资达到46.2亿元，可实现产值35亿元，利税4亿元。三是引进新型产业促转型。按照多元化发展思路，牢固树立大开放、大项目、大发展理念，以招商引资为抓手，积极引进符合城郊发展的大项目、新产业。目前，已有河坡电厂2×30万千瓦新建项目、北京通达15万吨优质复合耐火、香港莫兆记5万吨挤压铝型材、400万吨冀东水泥和30万吨陶粒沙项目，总投资47亿元，可实现产值43亿元，利税5亿元。这些项目为全区保增长奠定了坚实的基础。

（四）改善民生民计，在达到“五个全覆盖”上力求新成效

按照省委、省政府提出的“五个全覆盖”的要求，区委在学习实践活动中，以“保民生”为主抓手，进一步加快了路、水、电、气等基础设施建设。新北大街将向南延伸1.8公里与阳泉北大街对接，向东拓展连接阳五高速，真正把新北大街建成全长10公里的阳泉“第一街”，形成近30平方公里的荫营新区框架，城市面积扩大3倍；两个乡镇综合文化站和30个村级文化活动室投入使用；总投资2700多万元的中小学校舍安全工程全面启动；60个村级卫生所改造全面完成。学习实践活动取得实实在在的效果。

（王　敦）

附：一、中共阳泉市郊区区委书记、副书记、常委名单

书　记：赵　峰

副书记：杨　勇　刘红霞（女）
王丽梅（女，挂职，4月任职）

常　委：谭伟中　王如生　郭少敏　王振杰　李昱平
李学军（4月离职）　王建华
冯学勤（4月任职）

二、乡镇党委书记、副书记名单

荫营镇

书　记：刘瑞生

副书记：张斌武　胡俊青

河底镇

书　记：张富英

副书记：杨兆明　任晋忠

平坦镇

书　记：李胜英

副书记：段永军　史慧清

义井镇

书　记：史一书（1月离职）　刘金文（1月任职）

副书记：李仁照（1月离职）　韩晓东（1月任职）
靳丽芳（女）

李家庄乡

书　记：程秀春（1月离职）　郭志强（1月任职）

副书记：郭志强（1月离职）　郭智英（1月任职）
王常青

西南舁乡

书　记：王永平（1月离职）　郭满仓（1月任职）

副书记：郭满仓（1月离职）　王红卫（1月任职）
张建存

杨家庄乡

书　记：郭新文（1月离职）　马大刚（1月任职）

副书记：马大刚（1月离职）　史丽娟（女，1月任职）
程慧文

旧街乡

书　记：刘金文（1月离职）　李仁照（1月任职）

副书记：史丽娟（女，1月离职）　武永庆（1月任职）
张晓东

中共平定县委工作概况

2009年，平定县委以邓小平理论和“三个代表”重要思想为指导，认真贯彻落实党的十七大和十七届三中、四中全会精神，深入开展学习实践科学发展观活动，加强了基层党组织建设。

一、深入开展学习实践科学发展观活动

按照省、市委的安排部署，从本年初开始,县直机关等90个单位的2309名党员参加了第二批学习实践科学发展观活动。县委坚持把开展学习实践活动与学习贯彻十七届三中、四中全会精神、进一步加强党的建设结合起来，与解决群众生产生活问题、维护社会和谐稳定结合起来。第二批学习实践活动结束后，全县共有231个突出问题得到了有效解决，61个不符合科学发展观要求的文件和制度予以废

止，325个相关制度得以修改和完善，建立新制度115项，学习实践活动取得了明显成效。第三批学习实践活动开始后，从县委常委会到县直各参学单位坚持把后续整改落实紧紧抓在手上，53个参学单位先后解决各类问题108项，正在落实和推进的26项，同时对暂时无法解决的13项整改事项创造条件逐步解决。在第三批学习实践活动中，在搞好机关、县直科级事业单位、乡镇学习实践活动的基础上，根据农村党员队伍特点和农村工作实际，采取先易后难、先重点后一般、先试点后推面的办法，确保了农村、社区、中小学校、卫生、非公经济和社会团体等单位分批次启动、按进度推进、按要求开展。在学习实践活动中，建立了市、县、乡领导联系点制度，把全县53个重点村、难点村、矛盾纠纷突出村整顿工作及解决农村信访突出问题作为重点，贯穿于学习实践活动全过程。

二、立足基层，夯实基础，加强基层党组织建设

本年，县委以农村基层党建作为重点，抓班子，带队伍，建制度，重考评，制定并完善《平定县基层党组织建设2009—2011年规划》，全面加强基层党组织建设。

（一）抓班子，谋发展

县委要求乡镇党委书记带头抓好党建联系点工作，制定村“两委”工作规范，明确村“两委”职能，强化党组织的领导核心作用。各乡镇党委制定了严格的各类村党组织考核验收标准，以村级组织换届为契机加大了对全县17个软弱涣散基层党组织的整顿转换力度。

大力实施“领头雁”工程，加强村党（总）支部书记队伍建设。在村级组织换届中，通过完善“两推一选”、“公推直选”等方式，用民主、公开、竞争、择优的办法，把优秀党员选拔到村党（总）支部书记岗位上来。同时，还建立了村党（总）支部书记奖惩考核制度。建立完善岗位目标责任制，明确村党（总）支部书记的任期责任、目标，制定年度工作考核办法，严格考核管理，并将工资待遇与工作绩效挂钩。充分发挥党员议事会、村民议事会、党员大会、村民代表大会作用，进一步完善党务公开、村务公开、审议质询、工作汇报等制度。坚持民主评议制度，年度、任期和离任审计制度。加强对村级干部廉洁自律规定的教育、检查，对农村干部行为进行约束。

加强村“两委”成员队伍建设。加大培训投入，利用县委党校和乡镇党校对换届后的1500余名“两委”成员进行了以党的十七届三中全会精神和农村实用技术等为主要内容的培训。

（二）带队伍，提素质

切实加强党员队伍先进性教育。一是加强对党员队伍的教育培训。成立了党员教育培训领导组，建立了党员教育培训工作联席会议制度、党员经常性教育长效机制、党员轮训制度、冬春农闲培训制度、责任追究制度。二是做好流动党员的管理服务工作。努力在全县建立健全城乡一体、流入地党组织为主、流出地党组织配合的流动党员教育管理服务工作机制。下发了《关于进一步加强流动党员管理服务工作的通知》，进一步加强和改进了新形势下流动党员的管理服务工作。三是做好发展党员工作。下发了《关于印发平定县二00九年发展党员工作计划的通知》，要求各乡镇、系统党委认真做好发展党员工作。

加强大学生村干部队伍建设。认真执行省委组织部《关于建立选聘高校毕业生到村任职工作长效机制的实施意见》文件精神，进一步做好大学生村干部的选拔聘用、教育培养、考核管理、落实待遇等工作。一是抓好选拔聘用工作。完成了分配给全县的80名大学生村干部的报名、考试、体检、考察、岗前培训及分配等项工作。二是抓好教育培养工作。组织了全县大学生村干部培训班，通过培训，素质得到了进一步提升。三是抓好考核管理工作。组织开展了“大学生村干部座谈会和服务活动”，通过与大学生村干部广泛交流，了解他们的思想、工作和生活状况，倾听他们的意见要求，积极推行县、乡机关干部下访大学生村干部制度，按照省、市对《大学生村干部考核暂行办法》对全县大学生村干部在岗情况进行了重点抽查。进一步加强对全县大学生村干部的考核管理力度。四是抓好落实待遇工作。认真贯彻落实《关于高校毕业生到农村基层服务项目工作期间参加社会保险有关问题的通知》文件精神，要求结合实际将高校毕业生到农村基层服务项目工作期间参加社会保险工作切实落到实处。

（三）建制度，促规范

2009年，建立了行政村党（总）支部书记、村委主任岗位报酬集中统一发放制度、参加新型农村社会养老保险缴费补助制度，进一步健全了党内激励、关怀、帮扶机制，领导干部党建联系点制度等，用制度规范基层党建工作，促进基层党建工作科学发展。

一是村主干岗位报酬集中统一发放制度。成立了以县委主要领导牵头任组长，由有关部门领导为成员的村级领导岗位报酬集中统一发放工作领导小组。县委在广泛征求基层意见或建议的基础上，制定实施方案，岗位报酬集中统一发放工作。

二是村主干参加新型农村社会养老保险缴费补助制度。全县行政村党（总）支部书记、村委会主任参加新型农村社会养老保险，财政按标准予以补助，并将缴费补助资金直接计入他们新型农村社会养老保险个人帐户。对60周岁以上的村“两委”主干，可以直接领取新型农村社会养老保险财政补助和每月的新型农村社会养老保险金。

三是健全党内激励、关怀、帮扶机制。要求各乡镇党委严格标准、规范程序、完善制度、严格管理，进一步做好农村“三老”及其遗属生活补助待遇审批和管理工作。“七一”前后，开展了纪念新中国成立60周年、建党88周年系列活动。举办了先进基层党组织和优秀共产党员、老党员、老干部等各界代表“七一”座谈会。对照科学发展观要求，各基层党组织在“七一”前夕召开了领导班子民主

生活会和党员组织生活会。通过举行新党员入党宣誓仪式、知识竞赛、演讲比赛、歌咏比赛、体育比赛、书画摄影展、廉政警示教育片等多种形式，开展丰富多彩、生动活泼的纪念活动。此外，在新中国成立60周年之际，县委组织部还从党费中拿出2万元，对全县有影响、有贡献的40个困难党员进行了慰问。

（四）抓落实，重考评

年初，县委和各乡（镇）、系统党委，各乡（镇）、系统党委和基层党支部都签定了“党建工作责任书”。6月份，各基层党组织围绕年初党建工作任务，组织党员认真开展了党建民主评议和党建自查，结合县级领导下乡调研、组织部长下基层活动对乡镇和系统及重点工程的党建责任制落实情况进行重点抽查督查，以促进全年党建目标责任制的圆满完成。年终，县委组成党建验收考核组，对全县各乡镇、各系统的党建工作落实情况进行全面的检查验收，进行民主测评，对优秀的班子及领导干部予以表彰，对思想上不重视、措施不力的予以批评和限期改正。

（王红文）

附：一、中共平定县委书记、副书记、常委名单

书　记：马　骥

副书记：王银旺　申志纯　赵金玺

常　委：杨艳红　赵珍珠　张映涛　李维程　杜平华　李宏革(11月任职)　孙　毅　赵建军

二、乡镇党委书记、副书记名单

冠山镇

书　记：郝建国

副书记：梁海昌　潘爱斌

冶西镇

书　记：苏秀莲

副书记：侯成军　苏建广

石门口乡

书　记：梁宝元

副书记：张丽荣　王海平

锁簧镇

书　记：郄新华

副书记：张石明　李非科

张庄镇

书　记：韩俊富

副书记：田怀所　石成柱

柏井镇

书　记：刘顺彬

副书记：路海平　邵永贵

东回镇

副书记：李鸿斌　余香兰

娘子关镇

书　记：李有义

副书记：朱　琪　张　锋

巨城镇

书　记：白振才

副书记：赵贵恩　岳　晖

岔口乡

书　记：阎立彪

副书记：侯永庆　赵　帅

中共盂县县委工作概况

2009年，县委在省、市委的正确领导下，团结带领全县广大干部群众，以邓小平理论和“三个代表”重要思想为指导，认真贯彻落实科学发展观和党的十七大、十七届三中、四中全会精神，全力实施“兴工强县”战略，扎实新农村建设，全县工、农业发展成效显著。

一、深入开展学习实践科学发展观活动

按照中央和省市委的统一部署，坚持把深入学习实践科学发展观作为重要政治任务，以提高思想认识、解决突出问题、创新体制机制、夯实基层基础、促进科学发展为目标，围绕“科学发展，富民强县”两大主题，边学边改、边查边改、边整边改，圆满完成了第二批学习实践活动，第三批学习实践活动正在深入推进。在学习实践活动中，县委精心组织、周密部署，突出特色、创新载体，务求实效、扎实推进，县委常委以身作则、带头参加，在领导干部中开展了“五比五查五看”活动，在全体党员中开展了“王增五树五表率”活动，通过深入联系点了解情况，调查研究，召开专题民主生活会，形成分析检查报告，抓好整改落实工作，解决了一批突出问题，兴办了一批关系人民群众切身利益的好事实事，完善了促进和保障科学发展的体制机制。全县有29个党委，873个党（总）支部，18138名党员参加了学习实践活动，完成调研课题171个，撰写调研报告1300多篇，编辑出版30万字的《盂县科学发展实践与思考》，为群众办实事3044件，修改完善各类制度188项，建立新制度169项，学习实践活动取得了阶段性成果。基本实现了党员干部受教育、科学发展上水平、人民群众得实惠的目的。

二、全力实施“兴工强县”战略，新型工业化步伐明显加快

一是加快煤炭企业兼并重组，支柱产业得到进一步提升。按照“关小建大，实施大企业、大集团战略”的要求，

以优化资源配置和提高煤炭产业集中度为目标，以东坪、石店、跃进、兴峪等重点煤矿为依托，稳步推进煤炭资源整合重组。晋盂煤业有限公司、恒泰煤炭实业有限公司、南娄集团股份有限公司3个主体企业组建完成，主体煤矿接管、证照变更、人员培训、资产清理移交和复工复产有序推进。整合重组后，全县最终保留25个矿井，年产能可达2100万吨，困扰我县多年的煤炭工业可持续发展和安全生产问题将得到有效解决。按照“高起点、特色化、跨越式”发展要求，坚持“集聚、集群、集约、创新”发展模式，以改造、发展、壮大、优化八大主导产业为目标，全面启动“8+6”工业提升工程，促进主导产业集群集聚发展。全力推进支柱产业条链式开发，做精做细下游产品，提高附加值，发展循环经济。主导产业和骨干企业不断壮大，全县规模企业达到54家。

二是加快重点调产项目建设，转型发展迈出实质性步伐。紧紧抓住国家扩大内需拉动增长的各种政策机遇，下大力实施重点项目建设，加快结构转型。按照“谋划一批、建设一批、投产一批、储备一批”的要求，高效率落实，快节奏推进，项目建设取得新突破。总投资3884万元的中央拉动内需9大类32个子项目全部开工建设，其中近30个项目完工或接近完工。年初确定的总投资35亿元的十大重点调产项目，共完成投资4.5亿元，其中，昕亮木业高档实木家具项目、石店煤矿焦化生产配套回收项目、中信焦化型焦生产项目、金刚玉石油压裂支撑剂项目已建成投产，3652化工、鑫磊电石、吉天利科技实业等项目按计划顺利推进。格盟国际能源2×100万KW电厂项目、万汇钢铁异地改扩建项目、4A沸石洗衣粉无磷助剂项目前期工作有效实施。同时加大向上争取力度，一批项目成功进入省市盘子，全县续建、新建的工业项目达到32个，总投资达到12.9亿元，其中一些项目填补了我县产业空白，延伸了产业发展链条，推动全县转型发展迈出了实质性步伐。

三是加快园区平台建设，对外开放进一步扩大。积极打造发展制高点，集中优质要素向园区倾斜，不断提高园区集聚集群度；进一步完善园区建管模式，强化园区管理和考核；进一步扩大园区规模，完善园区基础设施配套，提高园区承载能力。特别是3652化工、鑫磊电石、昕亮木业、吉天利科技实业、万汇钢铁、4A沸石无磷助剂等一大批重大项目相继落户园区，园区的吸附能力、集聚效应、辐射带动效果将进一步增强放大，以西小坪耐材、南娄高科技、苌池循环经济、牛村煤化工和西烟煤电化建材五大特色园区带动全县经济发展的战略格局初步形成。同时，充分利用资源优势、产业优势、区位优势、环境优势，积极实施大开放、大招商战略，坚持政府招商和以商招商并重，努力拓宽引资渠道，开拓新的引资领域。积极引导煤矿业主转产转型，引领兴办农产品加工企业、绿色地面工业企业和服务、旅游等第三产业，以大开放促大招商，以大招商促大发展。全年共协议利用外资18亿元，实际到位资金22亿元，完成市下达任务的122%。在中博会、渝洽会上共签约项目25个，其中80%已开工建设。

三、以新农村建设为主线，全面加强“三农”工作

一是新农村建设扎实推进。按照“村镇建设，规划先行”的原则，在加大乡镇政府所在村规划建设的同时，完成了26个新农村建设推进村规划，全面铺开11个省级示范村、78个重点推进村基础建设工作。加强农村公共基础设施，完善配套功能，改善农村人居环境，220户农村困难群众住房解困工程全部完工，硬化入户公路10公里，新增农村沼气和秸秆气化用户6000多户，建成园林村89个、生态村24个，农村“脏、乱、差”的现象得到有效治理，村容村貌显著变化，农民群众的生活质量进一步提高。加强农村文化阵地建设，建成农民文化室175个，农民体育场109个，农民休闲广场58个，农民群众的精神文化生活日益提高，新农村建设内涵不断丰富，成效初步显现。

二是农业产业化步伐明显加快。把农业产业化作为破解“三农”问题、推进新农村建设的强力抓手，调结构、建基地、育龙头、搞服务，积极探索农业产业化经营发展的路子。打造玉米优势农产品示范基地，创建百亩攻关田和万亩高产示范区，全县粮食播种面积达到44.17万亩，粮食产量达到1.02亿公斤。与此同时，扩大蔬菜基地建设，推进设施蔬菜发展，全县无公害蔬菜种植面积达到2.5万亩，总产量突破8.8万吨，建成日光温室1000亩，其中百亩以上高标准示范基地达到4个；巩固10万亩核桃基地建设，新增核桃种植面积1万亩，全县核桃产量达到150万公斤，产值突破3000万元，进入了全省核桃种植重点县行列；花椒、万寿菊、油椒、油葵、鲜食玉米等特色种植进一步扩大，其中花椒种植面积达到3万亩；启动寺家坪、温家山等6个规模肉牛养殖示范小区和七里沟、坡头3个标准化生猪养殖小区建设，加大对兴东牧业、南娄农牧、招山养殖等龙头企业的帮扶和服务，有力推动了养殖业的规模化和产业化。2009年，全县成规模的畜禽养殖场达到25个，肉奶牛存栏达到1.2万头，生猪存栏达到5.48万头，蛋鸡存栏达到33万只，獭兔养殖达到4万只，水产养殖达到400亩。以“两川三坪四沟”为主的粮食基地、以龙华河流域为主的蔬菜基地、以西部地区为主的小杂粮基地、以南部地区为主的畜牧基地、以北部地区为主的林果基地“五大基地”初步建成，示范带动效应日益明显，全县农业生产开始由“传统型”向“现代型”、由“分散型”向“集约型”转变。

（张东升）

附：一、中共盂县县委书记、副书记、常委名单

书　记： 吕昌政

副书记： 刘德跃　荆存柱　王谦柱

常　委： 段宏华　马　俊　武润珍　武　雪（女）　高永红　王海珠

二、乡镇党委书记、副书记名单

秀水镇

书　记：王晓程

副书记：韩德健　杨志强　崔贵文

　　　　崔丽芬（女，7月离职）

孙家庄镇

书　记：张文星

副书记：王俊德　张利兵（7月任职）

　　　　张来福（7月任职）　刘保才（7月离职）

　　　　路文旭（7月离职）

路家村镇

书　记：王建华

副书记：郭方恺　赵来俊（7月任职）

　　　　孙雷英（挂职）　韩志坚（1月离职）

　　　　李虎义（7月任职）

南娄镇

书　记：鄯宝明

副书记：侯海军　冯贵生　张润芝

牛村镇

书　记：高建琴

副书记：高尚明　张进军（7月任职）　李世瑞

仙人乡

书　记：郭爱东

副书记：李东亮（3月离职）　闫东红（7月任职）

　　　　王　正（7月任职）　武香萍（女，挂职）

　　　　李忠勇（7月任职）

北下庄乡

书　记：郭　华（3月离职）　聂玉明（3月任职）

副书记：闫建军（3月离职）　杨晓卫（7月任职）

　　　　张海峰　荣毅志（7月任职）

苌池镇

书　记：张五太

副书记：赵红卫　胡慧军　梁凤彦（7月任职）

上社镇

书　记：张丙福

副书记：韩志勇（3月离职）　赵保红（3月任职）

　　　　韩贵成（7月离职）　田晋中

　　　　刘继红（挂职）　张彦平（7月离职）

　　　　武俊明

下社乡

书　记：聂玉明（3月离职）　韩志勇（3月任职）

副书记：侯秀英（女）　王军海（7月任职）　庞秀峰

梁家寨乡

书　记：王建明

副书记：李瑞峰　朱永红（7月离职）　李贵和

　　　　韩俊宏（7月任职）

西潘乡

书　记：高彦青

副书记：闫东红（7月离职）　赵剑涛（7月任职）

　　　　高万喜（7月离职）　张利峰（7月任职）

　　　　李俊宏

西烟镇

书　记：刘家财

副书记：郝志强　张彦平（7月任职）

　　　　张宇伟（7月任职）　李双怀（7月离职）

东梁乡

书　记：刘淑英（女）

副书记：赵剑涛（7月离职）　刘智华（7月任职）

　　　　刘建军（7月离职）　张美英（女，7月离职）

　　　　张建强（7月任职）　尹建忠（7月任职）

中共长治市委工作概况

市委书记　杜善学

2009年，在省委的坚强领导下，市委高举中国特色社会主义伟大旗帜，深入贯彻落实科学发展观，团结带领全市干部群众，按照省委、省政府“转型发展、安全发展、和谐发展”的工作部署，扎实开展深入学习实践科学发展观活动，全力以赴保增长、保民生、保稳定，协调推进经济建设、政治建设、文化建设、社会建设、生态文明建设和党的建设，各项工作取得新进展，全市呈现出经济企稳回升、事业全面进步，民生持续改善、社会和谐稳定的良好局面。

在具体工作中，市委主要把握了以下五个重点：

一、坚持以科学发展观为指导，进一步完善发展思路

2008年10月，我市被省委确定为全省第二批开展深入学习实践科学发展观活动唯一的试点市，我们按照中央“党员干部受教育、科学发展上水平、人民群众得实惠”的总要求，围绕省委“三个发展”的战略部署，结合长治实际，经市委九届九次全会讨论通过，确立了“实施统筹经济、政治、文化和社会一体化（简称‘四位一体’）发展战略，建设富裕文明和谐新长治”的工作思路，制定和完善了推动科学发展的十大工作机制，探索建立了组织活动的

"五三二"工作法，圆满完成了试点工作任务，受到了中央学习实践活动领导小组办公室和省委的肯定。

借鉴试点工作经验，市委精心组织并圆满完成了全市第二批、第三批学习实践活动。深入贯彻落实科学发展观，实施"四位一体"发展战略、建设富裕文明和谐新长治，已成为全市上下的共识，凝聚起了方方面面的力量，正在变为全市人民加快科学发展、共建和谐社会的生动实践。

二、牢牢把握第一要务，努力保持经济平稳较快发展

市委积极应对国际金融危机带来的不利影响，把保增长和促转型结合起来，保持了全市经济平稳较快发展。在省政府经济社会发展44项指标综合考评中，我市2007、2008连续两年名列全省第一。

2009年，全市地区生产总值完成780亿元，增长10%，总量和增幅均排全省第二；全社会固定资产投资完成443.7亿元，增长62.3%，总量排全省第三，增幅排全省第二；社会消费品零售总额完成244.8亿元，增长21.7%；财政总收入完成178亿元，增长11.5%，总量排全省第二，增幅排全省第三；城镇居民人均可支配收入15494元，增长8.5%；农民人均纯收入5337元，增长8%；主城区空气质量二级以上天数达到354天，比上年增加8天；市区空气质量综合污染指数由2008年的1.76降到1.55，在全国重点监测的113个城市中排名由2008年的23位前移至2009年的21位。

把项目和工程建设作为保增长的总抓手，确定了以"双十工程"为龙头的重点工程项目1074个，总投资2000多亿元，投资总额在全省排第二位。10月，全省重点工程建设推进会在我市召开，肯定了我市"政府一线工作室"服务重点工程的做法。2009年竣工项目550个，重点工程投资达到423.9亿元，是我市近年来投资额最大、增长幅度最高、开工项目最多的时期。

坚持用循环经济改造提升传统产业，培育形成了煤化工、煤电能源、新型材料制造、生态农业、城市生活垃圾和污水处理5大产业循环链。加快推进13个重点工业园区建设，去年全市70%的新上项目落户园区。9月，经国家科技部、发改委等17个部门联席评审，我市被列为国家级可持续发展实验区。

以推进农业产业化为重点，加快城乡一体化。建成37个国家级农业标准化示范区，127个绿色农产品通过中国绿色食品发展中心认证。围绕城乡一体化目标，深入推进"1+5"上党城市群建设（以市区为中心，带动周边15分钟通达的5个县城一体化发展），启动实施了"151"推进策略（建设一个品牌县城，带动5个特色镇，每个镇带动10个中心村），加快建设农村基础设施和公共服务一体化的投资和管理机制，推进了城乡协调发展。

以造林绿化和节能减排为重点，加强生态环境建设。牢固树立"人要文化、山要绿化"的理念，大力发扬艰苦奋斗、无私奉献的太行精神，扎实推进"山上治本"和"身边增绿"两大工程，探索总结出"政府出苗、专业种植、树随地走、谁种谁有"的造林经验。全市完成造林40万亩，植树7855万株，全市森林覆盖率达到了26.9%，高于全省、全国平均水平。8月成功接待了全国造林绿化现场会议；11月中旬，我市被省委、省政府授予"全省林业建设突出贡献奖"。实施了百家企业节能行动和十大节能重点工程，实施了蓝天碧水工程，强化上党盆地和长治湿地保护，启动浊漳流域综合治理工程，2008年在全省蓝天碧水工程考核中名列第一，节能减排工作在2007、2008年全省综合考评中均名列第一。

以旅游开发为龙头，加快发展现代服务业。连续举办三届"中国·长治太行山大峡谷国际攀岩节"等有影响的旅游活动，2008年被评为"中国旅游品牌十大目的地"。

以体制创新为动力，加快推进国企改革促进民营经济发展。积极创造条件推动长治钢铁公司与首钢集团实现跨省市联合重组，11月首钢长治钢铁有限公司正式成立。扎实开展煤炭资源整合工作，确立了"集团规模化、经营产业化、利益责任化、安全本质化"的煤炭企业兼并重组整合原则，组建了一批新的煤炭企业集团。全市煤矿企业由重组前的292座减少到110座，总产能由重组前的8000多万吨增加到1.02亿吨。

三、着力保障和改善民生，让群众共享改革发展成果

市委坚持把财力向民生倾斜，认真解决群众最关心、最直接、最现实的利益问题，努力使全市人民共享改革发展成果。12月，我市被省委、省政府表彰为"和谐社会建设先进市"。

教育方面，继续实施从2005年1月开始的，市、县两级政府每年投入6000多万元，为全市义务教育阶段50万中小学生实行免费教育工作。2003年至2007年，全市共投入资金1.9亿元，改造农村中小学危房48万平方米。2007年，投资1.7亿元在市区新建、改建中小学校7所，缓解了市区学校班容量过大问题。2008年，投资5.2亿元新（改、扩）建城镇中小学校52所，新建农村寄宿制小学48所。2009年11月9日至12日我市遭受50年不遇的雪灾，没有倒塌一间中小学校舍。

卫生方面，实施了农村卫生"四个一"工程（村村建立一个卫生所、村村配一名农民健康员、户户建一份健康档案、户户发放一本保健书），新型农村合作医疗参合率保持在90%以上，乡村两级卫生服务体系基本实现全覆盖。

劳动就业方面，实施动态援助制度，零就业家庭全部安排就业，城镇登记失业低于省控目标。在全省建立首家农民工维权指挥中心，有效维护了劳动者合法权益。

社会保障方面，扩大了城乡低保的覆盖范围，提高了低保对象补贴标准。2006年7月在全市启动农村低保，目前全市农村低保对象占到农业人口的5.6%。2008年以来，规范化建设城乡敬老院150余所，在全省率先具备了五保对象

集中供养条件。

“五个全覆盖”方面，按照省委、省政府关于在2010年底完成农村“五个全覆盖”的要求，农村安全饮水全覆盖已提前两年实现，村通水泥（油）路、村设卫生室、村村通广播电视全覆盖提前一年基本实现，中小学校舍危房改造今年上半年将提前完成建设任务。

科技方面，实施了农业科技信息“村村通”工程，为农村提供科技信息和服务。积极开展专利工作，2008年全市专利申请量排全省第二，被国家知识产权局确定为“国家知识产权试点城市”。我市连续6次被国家科技部授予“全国科技进步先进城市”称号。

文化建设方面，坚持以创建全国文明城市为重点，着力提升市民文明素质和城市文明程度。全市先后涌现先进典型、道德楷模1万多名，其中申纪兰被评为“全国道德模范”和“100位新中国成立以来感动中国人物”，20人被评为山西省公民道德建设十大系列先进典型，成为山西省道德楷模最多的城市。在2009年全国精神文明建设表彰大会上，我市夺得31项荣誉，被中央文明委表彰为“全国创建文明城市工作先进城市”。

四、创新体制机制，全力维护社会稳定

市委牢固树立安全稳定是科学发展前提的理念，牢牢把握安全稳定这个底线，始终不懈怠、不动摇、不放松，为经济发展赢得了良好的环境和条件。2005年、2009年我市连续两次被中央综治委、中组部表彰为“全国社会治安综合治理优秀地市”。

一是创新安全生产工作机制，全力创建本质安全型城市。按照国家监察、地方监管、企业负责的安全生产工作格局，坚持推进和落实“两改三监督”（改革采煤方法、改革企业内部机构设置，监督企业全员培训、监督企业董事长下井、监督隐患排查和处置）的煤矿安全生产管理措施，确保了全市地方煤矿近七年来没有发生一次死亡6人以上的重大事故，百万吨死亡率由2002年的2.7下降到2009年的0.37。我市抓安全生产的做法受到党和国家领导人的关注和国家安监总局的充分肯定。

国家安监总局确定我市为全国唯一的“本质安全型城市”试点市,目前创建工作已全面铺开，正在扎实有序推进。

二是创新信访工作机制，加强社会管理。我们着眼于拓宽民意诉求表达渠道，于2008年9月开通了市委书记、市长公开电话，使我市信访部门的信访流量下降了40%。2009年制定出台创新信访工作的“信访十条”，加强了信访工作队伍和基础建设。一年来我市信访流量下降幅度位居全省第一，国庆60周年期间实现了进京非正常上访为零的目标。我市被省委、省政府表彰为2009年唯一的“信访工作先进市”。

三是做好民族宗教工作，维护民族团结和谐。我们抓住敏感区域和敏感节点两个关键，确保了全市民族宗教界的团结稳定。去年9月，我市被国务院表彰为“全国民族团结进步模范集体”。

五、加强和改进党的建设，为长治科学发展提供坚强组织保障

认真学习贯彻党的十七届四中全会精神。紧密结合长治实际，用全会精神指导推动党建工作。①成立了市委党建工作领导组。②新成立了教育局党委、卫生局党委、城建局党委，理顺了党组织隶属关系，强化了对学校、医院党组织的领导。③在全市机关推行“党员联责树形象”，窗口单位推行“党员联岗促服务”，中小学校推行“党员联班抓德育”，煤矿企业推行“党员联组保安全”，农村推行“党员联户促和谐”等基层党员争先创优活动，有效发挥了基层党员干部的先锋模范作用。④在“两新”组织中，加大了党组织的建设力度。⑤推行机关、企业、社区党组织与农村党组织结对帮扶，实现城乡党建资源要素合理流动。⑥召开了市委九届十次全体会议，审议通过了《中共长治市委贯彻落实〈中共中央关于加强和改进新形势下党的建设若干重大问题的决定〉的实施意见》，明确了全市加强和改进党的建设的总体要求和工作重点。

坚持用科学发展观改造世界观。着力转变党员干部中存在的不符合科学发展观要求的陈旧观念，在全市广大党员干部中积极倡导和树立资源循环利用是科学发展方式、安全稳定是科学发展前提、民生优先是科学发展的价值取向、文化是软实力、人才是第一资源、权力是责任、监督是民主保障、工作具体化是有效方法等“八个观念”，进一步增强了广大党员干部贯彻落实科学发展观的自觉性和坚定性。

进一步夯实党的执政基础。着眼巩固农村税费改革成果，省委决定在长治进行农村综合改革试点，从2006年开始，我市在全省率先实现了乡镇党政领导“一肩挑”。积极探索国企停产关闭后党组织和党员管理的新模式，对完成停产转制19户企业的1336名党员整体移交给社区党组织进行管理。我们把在农村推行“四议两公开”工作法作为第三批学习实践活动制度建设的重要内容，研究制定了《实施办法》，正在全市农村全面推行。

始终保持昂扬向上、奋发有为的精神状态。长治是太行精神的孕育之地，市委坚持把太行精神作为推动长治科学发展的强大动力，全面引深向老劳模申纪兰学习活动，在党员干部中大力弘扬认真、务实、团结的优良作风，着力构建主要领导以主要精力解决主要问题的工作格局，坚持“一切工作具体化”的工作方法，带动全市形成了团结一致谋发展、万众一心促和谐的良好氛围。

（长治市委办公厅）

附：中共长治市委书记、副书记、常委名单

书　记：杜善学

副书记：张　保　林玉平（12月离职）　席小军

常　委：张创虎（3月离职）　董　岩　马和平　薛永辉　王维卿（女）　李东峰

范丽霞（12月离职） 乔解民（3月任职）
高建国

中共长治市城区区委工作概况

2009年,区委围绕建设“五区”目标，以开展深入学习实践科学发展观活动为主线，以率先发展、安全发展、和谐发展为己任，着力保增长、保稳定、保民生，真抓实干，攻坚克难，全区经济建设、政治建设、文化建设、社会建设、生态文明建设和党的建设均取得了显著成效。

一、坚定建设“五区”目标，突出抓好理论武装和科学实践，深入学习实践科学发展观活动取得实效

区委立足于“党员干部受教育、科学发展上水平、人民群众得实惠”，准确把握科学发展观的精神实质，确立了“坚定建设‘五区’目标，争创率先发展先锋，奋力创建最具魅力、效益、和谐城区”的活动主题，以开展“服务质量提升年”活动和创建本质安全型城区为活动载体，扎实推进学习实践活动各个阶段各个环节的工作，努力做到了组织领导坚强有力、一以贯之，学习教育联系实际、逐步引深，特色实践围绕中心、重点突出，服务群众途径多样、方法灵活，解决问题一抓到底、注重实效，分类指导因地制宜、鼓励创新，宣传引导有声有色、氛围浓厚，工作学习科学安排、统筹兼顾。学习实践活动取得了重要的认识成果、实践成果和制度成果，有力促进了全区经济社会的发展，达到了预期目标。一是着眼于“党员干部受教育”这个基础，更加坚定、更加富有成效地抓好理论武装，强化学习意识、拓展学习领域、丰富学习内容、改进学习方式、健全学习制度、注重学习考核，不断增强党员干部贯彻落实科学发展观的自觉性和坚定性，有力推动了学习型党组织和学习型领导班子建设。二是着眼于“科学发展上水平”这个核心，更加坚定、更加富有成效地抓好实践指导，把科学发展观作为创建最具魅力、效益、和谐城区工作思路的行动指南，丰富了建设“五区”内涵，进一步理清了发展思路。制定了涉及经济、政治、文化、社会、生态和党的建设等六个方面共40项推进措施，出台了《城区主要工作制度及运行程序汇编》，废除了不符合、不适应科学发展要求的政策、意见、规定43项，修订完善了各类意见和办法246项。三是着眼于“人民群众得实惠”这个目标，更加坚定、更加富有成效地发展民生事业，广泛开展了“服务质量提升年”、“进万家、察民情、送服务、解民忧”、“三问三求”等特色专题实践活动，在圆满完成年初承诺的12件惠民实事的基础上，着力解决了涉及群众切身利益的突出问题和严峻形势下群众生产、生活、就业、保障等方面的新问题共249个，为群众办实事办好事1320余件。

二、把握发展第一要务，突出抓好项目建设和产业优化，都市型经济发展步伐进一步加快

区委立足于调结构、上项目、保增长，准确把握“稳中求进”的客观要求，科学谋划，沉着应对金融危机，强势推进项目建设，积极破解融资难题，全力打造优势产业，全区经济保持了平稳较快发展。2009年，全区地区生产总值完成106.4亿元，同比增长10%；财政总收入完成14.8亿元，增长10.5%；一般预算收入完成2.7亿元，增长12.88%；城镇固定资产投资总额达到41.07亿元，同比增长12%；社会消费品零售总额完成127亿元，增长21.2%；在岗职工平均工资2.4万元，增长10.2%；农民人均现金收入6177元，增长9.2%。

三、坚持先进文化的前进方向，突出抓好宣传思想工作和特色文化创建，区域文化软实力进一步提升

区委立足于特色化、精品化、产业化，准确把握先进文化的科学定位，把提升区域文化软实力作为增强城市竞争力、提高城区知名度的重要途径，一是大力发展文化事业。加快基层文化阵地建设，投资1000余万元，建成了全市标准最高、功能最全的常青、五马街道文化场馆，兴建农民书屋、图书室55个；在全省率先举办了“金秋民族文化艺术节”，成功举办了首届塔岭山桃花节和九九重阳旅游文化节。二是精心打造特色社区文化。深入开展了阅报栏进小区、社区文化艺术节、文艺宣传分队进社区演出、博源影视文化广场影视展播等特色文化社区创建活动，实现了社区文化由“送”到“种”的转变。三是扎实推进文明和谐创建活动。在全区开展了争创省级文明和谐单位活动，共有26个单位成为省级文明和谐单位；迎接了创建全国文明城市文明和环保指数年度测评工作，市区公共文明指数满意度大幅提升，位列全国地级市第22位，成为全省唯一的城市。四是注重提升新闻舆论的宣传引导水平。组织开展了学习实践科学发展观、“服务质量提升年”、创建本质安全型城区、庆祝新中国60华诞等一系列重大宣传活动，营造了率先发展的浓厚氛围；整合市区电视网络资源，长治城区都市频道顺利开播，《长治城区新闻》深受群众喜爱，拓宽了城区宣传工作的广度和深度。

四、树立生态文明观念，突出抓好生态建设和城市管理，人居环境进一步改善

区委立足于生态化、长效化、一体化，准确把握生态文明的丰富内涵，大力实施造林绿化工程，投资5000余万元，完成了5000平方米违章建筑拆除和32.8万株植树造林

任务，圆满完成了全国造林绿化现场会的迎检任务，被市委、市政府表彰为“全市林业生态建设先进区”。着力加强城市经营管理，突出搞好城乡环境卫生整治，重点开展了门店牌匾和户外广告整治工作，完成了“三街两路”并向“五街九路”延伸扩展的3355户门店牌匾和170处户外广告的整治任务。扎实做好治污减排工作，全区空气质量二级以上天数达354天，同比增长8天。稳步推进城中村综合改造工程，完成了近9万平方米“周转楼”建设，并在4个试点村中实现了社会事业“五个全覆盖”。

五、巩固团结稳定的政治局面，突出抓好依法治区和安全稳定工作，民主法治建设进一步推进

区委立足于保稳定、促发展、构和谐，准确把握民主政治建设的正确方向，坚持总揽全局，协调各方，发扬民主，依法治区，一是全面加强民主政治建设。坚持科学执政、民主执政和依法执政，积极支持人大履行法律监督和政协开展民主监督，重视统战、工商联、侨务、对台和民族宗教工作，扩大工会、共青团、妇联、科协等群团组织在基层的覆盖面，群团组织、台办、侨联、残联、工商联等部门联系群众、服务群众、维护群众合法权益的积极作用得到有效发挥。二是扎实推进法治城区建设。支持政府依法行政、依法管理，加快建设法治型政府，政府执行力和公信力进一步提升。规范司法行为，强化执法监督，促进司法机关公正执法、文明执法。深入开展“五五”普法和依法治理，大力推进“法律六进”活动，在全社会形成自觉学法、守法、用法的浓厚氛围。三是努力构建和谐稳定的社会局面。组建了社会工作部，开通了区委书记、区长热线电话，建立了群众通过互联网反映问题工作机制，实现了市委书记、市长公开电话办理和区委书记、区长热线受理的程序化、制度化和规范化。深入开展了区委书记、区长“大接访”、领导干部“入户下访”和“信访积案化解年”等活动，加大矛盾纠纷排查调处力度，解决了一批信访积案和群众合理诉求，全区信访总流量大幅下降，同比减少11%，信访形势趋于好转，实现了国庆期间“进京赴省零上访”目标。四是深入推进本质安全型城区创建。以安全生产专项整治为抓手，开展了本质安全型街道、社区、家庭和企业创建活动，22个社区纳入本质安全、劳动保障、精神文明“三位一体”示范社区创建试点。对市区11529家生产经营单位进行了安全稳定大排查、大整改，进一步规范了安全生产经营秩序。

六、围绕“六有”目标，突出抓好和谐社会建设和民生事业发展，群众幸福指数进一步提高

区委立足于察民情、解民忧、惠民生，准确把握人民群众的殷切期望，围绕“学有所教、劳有所得、病有所医、老有所养、住有所居、难有所帮”等“六有”目标，一是重点推进义务教育均衡发展，公开招聘了200名教师，投资1000余万元，为11所农村学校义务教育阶段学生免除了书本费。二是大力开发社区保洁等公益性岗位，积极举办创业培训班和免费就业求职招聘会，提供就业岗位5200个。三是构建10分钟便民医疗保健服务圈，60%以上的社区卫生服务站纳入医保定点单位。四是扩大廉租房保障范围，为市区低保户和低收入家庭发放廉租住房补贴150万元；建筑面积26万平方米的安康住宅工程主体完工，进入实施网管配套阶段。五是全年为70岁以上的3352名老人发放生活补助达100余万元，中山头敬老院和紫坊村老年公寓即将建成。六是为70余名贫困大学生和新增生源地学生入学资助和贷款30余万元，全年发放各类救灾款和救助金213余万元。

七、保持和发展党的先进性，突出抓好作风转变和基层组织全覆盖，党的建设进一步加强

区委立足于抓制度、强责任、变作风，准确把握“五位一体”的党建布局，坚持党要管党、从严治党，以党的执政能力建设和先进性建设为主线，全面加强党的建设。一是加强作风建设。在全区范围内积极倡导“在岗必须敬业，权力就是责任”的执政理念，严格执行处级干部“六包”制度和副科级以上干部“四个一”责任制，扎实开展“服务质量提升年”活动，按照“六六五五四三”工作法要求，规范全区党员干部的行为，培育优良扎实的工作作风，形成了“上下同心、目标同向、干群同力”的良好局面。二是加强领导班子和干部队伍建设。健全和完善了党的领导制度和工作制度，党委决策实现了民主化和科学化；大力推进党务公开，党员的知情权、参与权、选举权和监督权得到了有效保证；不断深化干部人事制度改革，全年公开选拔副科以上干部13名，落实了14名研究生的政治待遇；加大干部教育培训力度，健全了干部考核评价体系，为干部的选拔使用提供了科学依据。三是全面加强基层党组织建设。大力实施“党建网联工程”，全面推行党建工作“网格化”管理，党组织和党建工作在全区基本实现了全覆盖。有效整合基层党建资源，巩固提升“一街一特、一居一色”的社区党建特色，在农村积极推行“四议两公开”工作法，切实增强了基层党员干部谋发展的责任意识和促和谐的实践能力。加强非公有制经济组织和新社会组织的党建全覆盖和党员管理工作，新成立党组织66个，其中38个规模以上非公企业全部成立党组织。接收了市直19个改制企业的1321名党员。推行“双亮双争”党员品牌工程，设立党员先锋岗220个、党员责任区94个、党员示范店38个。统筹城乡党建资源，深入开展城乡基层党组织“结对共建”活动，创新互助项目，体现互助实效，形成了城乡一体化的基层党建工作新格局。基层党建工作得到了国家副主席习近平同志的充分肯定。四是加强党风廉政建设。围绕落实党风廉政建设责任制，加强组织领导，强化责任分解，严格责

任考核和追究，形成了党风廉政建设与经济、政治、文化、社会建设同部署、同检查、同考核、同总结的局面。围绕惩治和预防腐败体系建设，建立健全了反腐倡廉教育制度、监督制度、预防制度和惩治制度，加大了从源头上预防腐败的工作力度。围绕领导干部廉洁自律，推行了领导干部公开廉政承诺，加强了监督管理，严格执行八项厉行节约要求，年内公用经费额度、会议经费支出、公务接待费用均比上年节减12%。围绕案件查处，建立了案件查办协调配合工作制度，明确了职责，规范了流程，加大了联合办案力度。全年共立案查处各类案件22件次，处理违纪人员23人。围绕纠正行业不正之风，组织全区各职能部门开展了食品药品市场监督检查、清理教育乱收费、查处违法用地和环境违法案件等工作，解决了一批损害群众利益的突出问题。围绕农村党风廉政建设，构建了农廉工作“六大机制”，开展了农村集体资金、资产、资源、资本等“四资”清查核实工作，着力解决了重点村、难点村的突出问题，维护了农村的和谐稳定。（闫俊辉）

附：一、中共长治市城区区委书记、副书记、常委名单

书　记：王进军

副书记：唐立浩　张　波　张爱玲（7月任职）

常　委：杨长义　张国斌　赵联芳　文姜全　牛晨霞　牛文庭

二、街道党工委书记、副书记名单

常青街道

书　记：张　琼（女，4月任职）

副书记：张　琼（女，4月离职）　牛庆红

五马街道

书　记：吴志刚

副书记：栗　玮　崔国英

东街街道

书　记：李　峰（11月离职）

牛晨霞（女，11月任职）

副书记：王路敏

西街街道

书　记：靳　钟

副书记：郜治平

紫金街道

书　记：李建国

副书记：郭进卫（12月离职）

英雄中路街道

书　记：王一军（4月任职）

副书记：王一军（4月离职）　李　诚（9月任职）

英雄南路街道

书　记：程　琳（9月离职）　秦航宇（12月任职）

副书记：秦航宇（9月离职）

太行东街街道

书　记：王宇红（4月任职）

副书记：王宇红（4月离职）

太行西街街道

书　记：郭卫华（女）

副书记：樊义忠

延安南路街道

书　记：李红兵（12月任职）

副书记：李红兵（4月任职，12月离职）

史宇芳（女，11月任职）

中共长治市郊区区委工作概况

长治市郊区区委下辖15个基层党（工）委、27个党组、25个党总支、329个党支部，党员8595人。

2009年，区委在市委、市政府的正确领导下，以科学发展观为指导，认真贯彻落实党的十七届四中全会精神，按照全省转型发展、安全发展、和谐发展战略部署以及全市“四位一体”的目标要求，面对国际金融危机的影响和多种困难，围绕保增长、保民生、保稳定的中心工作，务实进取，奋力攻坚，实现了经济平稳发展与社会和谐稳定。

（一）抓项目、保增长，经济建设平稳推进。坚持发展第一要务，千方百计引项目，克服困难上项目，不遗余力保项目，经济发展取得新进展。2009年，全区新上、续建各类项目55个，其中一产项目7个，二产项目33个，三产项目15个。总投资372亿元，建成投产后可增加产值325亿元，新增税收40亿元。全区地区生产总值完成114.2亿元，工业增加值完成81.6亿元，财政总收入完成19.2亿元，固定资产投资完成53.6亿元，民营企业营业收入完成185亿元，农民人均纯收入达到6935元，城镇居民可支配收入达到17437元。经济发展呈现逐步复苏、企稳向好态势。

（二）调结构、促转型，发展方式实现转变。一年来，我们认真克服国际金融危机冲击和自身结构性矛盾双重影响，加快经济转型步伐，促成了首钢长钢公司、热电联产、潞安太阳能、长治物流中心等重大项目落地郊区;加快农业发展步伐，发展农业龙头企业36个,农民专业经济合作社164家,初步形成了“农家乐”产业带、蔬菜种植批发产业带和畜牧产业带，促进了农民增收;扎实推进三产发展，发挥沿城近市、依山傍水、临矿靠企优势，汇聚民力，激发民智，掀起了全民创业高潮，打造了环城、沿路、靠山、临水、围企的全民创业特色板块和条带。

（三）建和谐、惠民生，社会事业进一步加强。实施“五大惠民工程”，着力解决人民群众最关心、最直接、最现实的利益问题，加快了和谐郊区建设步伐。推进义务教

育标准化建设提升工程，新建了潞安学校和郊区青少年活动中心，率先在全市实行高中阶段免收学杂费，全区教育事业得到进一步发展。推进医疗保健工程，加强农村三级医疗卫生服务体系建设，进一步完善新型农村合作医疗，全区参合人数达141529人，参合率达91%。推进社会保障工程，着力构建全面的、多层次的社会保障体系，全区参保人数达到30970人。建设故南、富村、关村、下秦等4所高标准敬老院，为全区实现老有所养创造了条件。推进农村基础设施建设工程，加强农村道路建设，实施饮水安全工程，加强农田水利基本建设,实施“三电合一”科技工程，改变了农村面貌。推进创业再就业工程，开展弱势群体就业援助工作，促进了社会和谐。

（四）抓环保、搞绿化，生态建设成效突出。坚持把造林绿化作为改善生态环境、提高人民生活质量的一项战略举措来抓。一年来全区共投入1.29亿元，栽植各类树木154万余株，完成园林村庄绿化43个，矿企绿化44个，完善农田林网3万亩，全区森林覆盖率提高2%。开展了“九路突击、百村会战”环境大整治，全区环境面貌大为改观。在实践中，探索建立了“政府租地、专业栽植、集体管护、树随地走、谁地谁有”的投入、造林、管护、受益机制，形成了举全区之力抓生态建设的新局面。特别是下秦新村作为全国造林绿化现场会唯一的园林示范村,以独特的景观和“以煤补农”村企共建社会主义新农村的鲜活实践，发挥了巨大的示范效应。

（五）抓安全、保稳定，社会实现和谐进步。深入开展“本质安全型郊区”建设，进一步加强安全生产专项治理，加快煤炭行业兼并重组、整合关闭，全面完成了省市下达的兼并重组任务，煤炭生产连续4年“零”死亡。高度重视信访稳定工作，建立健全“三三”工作机制，深入开展“书记大接访、干部大下乡”、“两包两创”和“信访积案化解年”活动，坚持从源头治理，全面排查和化解矛盾隐患，着力解决一批重点疑难案件。

（六）重实践、显特色，学习实践科学发展观活动成效显著。按照中央、省委、市委的统一部署，围绕“提高思想认识，解决突出问题，创新体制机制，促进科学发展”的目标，确定了“围绕‘两大主题’，树立‘五种意识’，突出‘五个重点’，开创郊区经济社会发展新局面”的活动主题和载体，明确提出要突出解决发展思路、发展能力、发展动力、发展境界、发展魄力等五个方面的问题。在第二批学习实践科学发展观活动中，区委拟定100个调研课题，解决影响和制约科学发展的突出问题217个，废止各类规章制度55项，修订完善制度222项，新出台制度183项，达到了预期目的。目前，正在组织开展的第三批学习实践活动，以灵活多样的学习形式、富有特色的创新“动作”、注重实效的生动实践，引领基层科学发展、全面发展。

（七）抓创新、激活力，党的建设整体推进。探索构建城乡统筹的基层党建工作新格局，创新基层党组织设置，建立农村干部激励关怀机制，加强非公有制企业党建，开展“三培养、三保证”活动，加强农村和非公有制企业中流动党员管理，全区基层党建工作整体跃上新台阶。在全国非公有制企业党建工作研讨会上，郊区作为全国唯一的县区作了经验介绍。全面加强领导班子和干部队伍建设，领导干部抓经济、谋发展、促和谐的能力进一步提高。坚持德才兼备、以德为先，严格标准、严格程序选拔干部，注重加强农村支部书记和大学生村干部队伍建设，为全区发展提供了坚强的人才保证。坚持党要管党、从严治党，全面加强党风廉政建设，有力维护了党的形象。

2009年是进入新世纪以来我区经济发展最为困难的一年。面对严峻复杂的经济形势，郊区区委、区政府团结带领全区人民从容应对、共克时艰，有效遏止了经济增长明显下滑态势，实现经济企稳回升、事业全面进步、民生持续改善、社会和谐稳定的良好局面。一年来的发展既为今后工作打下了坚实基础，也为我们积累了宝贵经验。一是必须坚持发展第一要务，把保增长、促转型放在更加突出位置，增强加快发展的责任感、使命感、紧迫感，把发展放在心上，把项目抓在手上，确保发展势头不减、发展速度不慢、发展质量不变；二是必须增强忧患意识、进取精神和发展信心，注重从变化的形势中捕捉和把握难得的发展机遇，在逆境中发现和培育有利因素，在困难情况下创造转机、赢得主动；三是必须坚持统筹兼顾，工作中抓重点、攻难点、出亮点，以点带面，抓好落实，确保整体工作协调有序推进；四是必须维护社会和谐稳定，切实解决好群众最关心、最直接、最现实的问题，关注民生、顺应民意、解决民难，营造和谐发展氛围；五是必须切实加强领导班子和干部队伍建设，转变干部作风，弘扬新风正气，坚定干部迎难而上、逆势而为的信心，培养干部处变不惊、打开局面的能力。 （王争艳 杨 亮）

附：一、中共长治市郊区区委书记、副书记、常委名单

书　记： 孙宏波

副书记： 张治云（2月任职） 李文君（6月离职）

姚俊芳（女，6月离职）

姜腾达（2月任职） 李 锋（6月任职）

常　委： 桂元平 冯国文 冯 辉 卢展中 段尧刚

沈瑞庭

二、乡镇（街道）党委（党工委）书记、副书记名单

西白兔乡

书　记： 刘旗文

副书记： 王贺生

黄碾镇

书　记： 郜建中

副书记： 曹高峰

马厂镇

书　记： 王勇斌

副书记： 常峰旭（6月离职） 原 勇（6月任职）

郝国栋（6月挂职）

大辛庄镇

书　记：曹何理

副书记：王　峰

埃北庄镇

书　记：张满荣（6月离职）　龙玉民（6月任职）

副书记：李国平　尚竹英（女，6月挂职）

老顶山镇

书　记：王秀兰（女，6月离职）　常峰旭（6月任职）

副书记：李国亮

故县街道

书　记：原培标

副书记：李彩虹

长北街道

书　记：王红霞（女）

副书记：史彩凤（女）

老顶山旅游开发区管理局

书　记：崔士钧

副书记：王跃进　徐支林（6月离职）

郭旭红（6月任职）

中共长治县委工作概况

长治县现有基层党组织723个，其中党委27个，党总支33个，党支部663个。共有党员17773名，其中女党员2583名,农村党员11174名。

2009年，长治县委以加强党的执政能力建设和先进性建设为主线，以深入开展学习实践科学发展观活动为重点，全面加强党的思想、组织、作风、制度和反腐倡廉建设，不断提高各级党组织的凝聚力、战斗力和创造力，努力营造风清气正、团结和谐的良好氛围，为全县经济社会平稳较快发展提供了坚强组织保证。

一、扎实开展学习实践科学发展观活动

按照中央和省、市委关于学习实践科学发展观活动的安排和部署，县委坚持高标准起步、全方位部署、强力度推进，相继扎实开展了全县第二批、第三批学习实践科学发展观活动。在学习实践活动中，县委把学习实践活动与促进本部门、本单位工作结合起来，与解决人民群众反映的突出问题结合起来，与解决影响和制约全县科学发展的突出问题结合起来，理清思路，提高认识，科学谋划，真抓实干，坚定了率先发展的信心，取得了明显成效。一是强化理论学习。采取“七学”的办法，先后举办党员干部培训班18期，举办专题研讨班2期，举办专题报告会3次，参加培训、研讨和专题报告会的党员干部达到4000多人次。二是解决突出问题。始终把解决群众反映的热点、难点问题作为重中之重，以解决问题促进作风转变，以作风转变推动问题解决。本着先急后缓、分层解决的原则，先后解决群众反映强烈的突出问题260多个。三是紧密结合县情，创新体制机制。县委结合工作实际，创造性地开展了“科学发展我来谈”大讨论活动。“八大规划”登台讲课，专家教授释疑解惑，科级干部冷思热议，新闻媒体聚焦访谈，广大群众热情踊跃，率先发展、转型发展、同城发展、文明发展的“四个发展”目标定位和发展理念渐入人心，“6131”的转型发展战略和“八大规划”的路线图愈加清晰，为我县加快科学发展、实现率先发展奠定了坚实的思想基础。

二、大力加强领导班子和干部队伍建设

一是加大干部教育培训，构建学习型政党。以县委党校为依托，邀请省委党校、国家行政学院知名学者教授举办专题讲座，累计培训400余人次。2009年11月，我县与清华大学共同举办了提高执政能力培训班，组织全县180余名正科级以上领导干部分两期到清华大学进行了学习培训，使领导干部的执政能力建设得到加强。二是提高选人用人公信度。大力推行常委会票决制和全委会票决制。对拟选任的干部，广泛征求相关部门的意见，防止干部“带病上岗”。2009 年，2名35岁左右的同志被选拔到乡镇党委书记岗位，县直单位中3名35岁左右优秀年轻干部被选拔到乡镇党委副书记、人大主席和常务副乡镇长岗位，2名非党干部被选拔到正副科级领导岗位。三是大力实施人才兴县战略。利用“长治县优秀人才信息库”平台，先后培训各类人才12次，共3900余人次，为长治县经济协调快速发展提供了强有力的人才保证和智力支持。同时，积极强化对大学生村干部的日常管理，激发他们的工作活力，结合学习实践活动，按照“以人为本”的原则，真心帮扶，诚心沟通，悉心管理，促进大学生村官健康成长。

三、全面提升基层党组织建设水平

一是继续完善“四个二”村级组织运行机制。重点对支部任期、干部任职和党员“设岗定责”情况进行全程监督,做到了事前监督决策、事中监督执行、事后监督效果，切实保障了党员、群众的民主权利。二是开展多种形式的教育培训活动。起草了《2009—2013年全县党员教育培训工作规划》，2009年1月，对换届后的新一届农村支部书记、村委主任进行专题培训，各乡镇党委对新一届支村两委成员进行了岗前培训。三是积极构建党内关爱帮扶机制。建立完善了农村党支部书记、村委主任岗位报酬发放制度和考核办法。为全县的414名农村党支部书记、村委主任发放岗位报酬296.89万元。四是规范和创新党组织设置。我们积极探索建立“两新”党组织的设置模式，实现党组织在各领域、各行业、各区域的全覆盖，截至年底，共有29 家非公有制企业建立了党组织，6家新社会组织建立了党组织。

四、深入开展党风廉政建设和反腐败工作

县委认真落实党风廉政建设责任制，不断健全防治腐败工作机制。一是积极探索农村“四资”和“三务”公开规范管理。成立了农村“四资”监管中心，设计了农村集体“四资”监管网络系统，实现了“四资”监管电子化。借助全县电子政务网，把“三务”公开在网络上，实现了局域监督到社会监督的突破。二是深入推进民主评议党风活动，进一步提高了群众参与度。三是开展各类专项监督检查。针对“三保”政策落实、重点项目、兼并重组、重点难点村整治、“假日廉政”、“小金库”等开展了专项监督检查，取得了良好效果。四是认真进行了“回头看”活动，追缴矿产资源补偿费、水资源补偿费等2807万元。五是加大违法违纪案件查处力度，共立案61起，查处党员干部85人，乡科级干部14人。

五、深入推进综合治理工作

2009年，县委以确保国庆期间全县社会稳定为中心，切实加强社会治安综合治理，积极开展国庆安保“护城河”行动。全面开展社会面大巡防，大力推行亮灯威慑、联勤作战、压迫跟进、精确制导、公秘结合、快速制胜、卡口堵控“巡防七法”，整合防控资源，构建了“社会治安六张防控网”。深入开展打击“两抢一盗”、打击“拐卖妇女儿童”、打击“毒品犯罪”等一系列专项行动，破获了一批治安、刑事案件，抓获涉案犯罪人员210名。认真落实信访工作责任制，畅通信访渠道，通过完善主要领导接访制度、信访接待日制度、设立县级接访点和基层接访台等，不断加大信访积案解决力度，有力地促进群众诉求及时答复。截至年底，县信访部门共接待来访群众351批1755人（次），同比上升14.7%和86.5%。为及时了解、掌握人民群众的所求、所需、所盼、所愿，把安全隐患发现在先、处理在先、消灭在萌芽状态，化被动为主动，及时成立了社会工作部和社会矛盾协调中心，通过高起点定位，高效率运转，妥善处理了一大批事关人民群众切身利益的民生问题和一些老信访问题。截至年底，共接受市委书记、市长热线电话3209件，回复办理3202件。县委书记、县长热线电话576件，已回复办理572件。综合办结率99%。

六、基础设施建设亮点纷呈，同城发展前景初现

2009年，县委以“同城发展”为总要求，全力融入长治市“1+5”城市集群建设，按照“北进、东扩、南延、西治”的构想，着力加强基础设施建设，完善城市功能，提高城市品味，大力打造长治南部新城区、太行新明珠。一是高标准编制同城发展规划。主要包括以建设长治市南部新城区、建设淘清河水域生态区、现代农业观光区、城市发展综合区、高新产业区、教育园区、农产品商贸物流区、北部开发区、生态发展区八大功能区为重点的“一城八区”规划，以及以一口、一环、一路、一河为重点的南部乡镇“四个一”规划。同时编制了县城总体规划（2009–2030）和城市重点工程项目规划。二是加快市政精品工程建设。建设完成了海子河游园一期、综合体育馆、文化艺术中心、九鑫花园等一批标志性城市建设工程，同时，黎都公园过路涵洞工程、接引辛安泉饮水工程、无害化垃圾处理工程、经济适用房和廉租房工程、县城集中供气第三期工程均正在紧张施工，2010年初都将完成，惠及城乡百姓。三是继续加快道路建设。投资2779万元，完成农村公路“全覆盖”和通达工程43个项目58.4公里。开工奠基了黎都街向东延伸道路工程，同时，规划了光明路到长治市5分钟快速通道工程、高速路口西环路工程、207国道县城段拓宽改造工程等道路工程，2010年春全面开工建设。

（靳永和　李伟峰）

附：一、中共长治县委书记、副书记、常委名单

书　记：常光明（5月离职）
副书记：裴少飞（2月任职，6月主持工作）
崔惠斌　李世钟　刘瑾伟（挂职，2月任职）
常　委：黄福喜（2月离职）　张向东　魏俊英（女）
郑成钢　樊红伟　王振乾
蔡汾湘（挂职，2月离职）

二、乡镇党委书记、副书记名单

韩店镇
书　记：秦国锁
副书记：秦岩伟（4月离职）
荫城镇
书　记：王旭明（4月离职）　李文斌（4月任职）
副书记：陈旭兵
苏店镇
书　记：王旭琴（女）
副书记：侯立峰
西火镇
书　记：张宏山（4月离职）　李旭铭（4月任职）
副书记：宋立刚（4月离职）　原泽英（女，4月任职）
八义镇
书　记：原素兰（女）
副书记：李红亮
贾掌镇
书　记：宋文斌
副书记：和　伟
郝家庄乡
书　记：李旭铭（4月离职）　秦岩伟（4月任职）
副书记：原泽英（女，4月离职）　郭建勇（4月任职）
北呈乡
书　记：牛志川（4月离职）　宋立刚（4月任职）
副书记：张五清

东和乡

书　记：王志刚

副书记：王凯琪

西池乡

书　记：李文斌（4月离职）　牛志川（4月任职）

副书记：郭满平

南宋乡

书　记：崔云峰

副书记：杨　斌

工业园区

书　记：李志文

副书记：李向生

振兴集团

书　记：牛扎根

副书记：张会军

中共潞城市委工作概况

2009年，中共潞城市委认真贯彻落实科学发展观，按照省委“三个发展”和长治市委“四位一体”发展战略部署，团结带领全市人民排难而上、共克时艰，引深“双五”战略，加快科学发展，全市呈现出经济企稳向好、事业全面进步、民生持续改善、社会和谐稳定的良好局面。2009年，全市完成地区生产总值67.4亿元，同比增长11.6%；财政总收入10.08亿元,占去年同期的67.2%；规模以上工业增加值48.5亿元，增长15.1%；全社会固定资产投资总额38.4亿元，同比增长148.1%；城镇居民人均可支配收入12977元，增长8.1%；农民人均现金收入5522元，增长7.1%。先后荣获平安城市、园林城市、科技进步先进市等7项国家级荣誉，文明和谐城市、科技强警示范市等20多项省级荣誉。

一、深入开展学习实践科学发展观活动，勇于破解发展难题，科学发展思路进一步明晰

潞城市委深入开展学习实践科学发展观活动，确立了“坚持以人为本，加快科学发展，实现‘四个突破’，建设富裕文明生态和谐新潞城”的主题和载体，出台了《加快潞城科学发展的实施意见》、《加强和改进新形势下党的建设的实施意见》，形成了“以资源整合为重点，实施大企业大集团战略；以‘一村一品，一乡一业’为方向，发展特色现代农业；以‘六村联创’为抓手，推进城乡一体化进程；以‘四城同创’为载体，打造生态宜居文化名城；以‘五大惠民工程’为主体，统筹发展社会事业；以夯基固本为基础，提升党建科学化水平”的总体思路，建立了“树标杆学榜样，推进机关工作创新”、“集中解决矛盾突出村问题，整体改变农村面貌”等10大工作机制和37项推进措施，丰富了“双五”战略内涵。推进“双五”发展战略，已成为全市上下的广泛共识，正变为潞城人民的生动实践。

二、保增长上项目，变观念促转型，经济运行呈现企稳回升的良好态势

潞城市委把保增长上项目作为学习实践活动最大的实践，引领企业变观念，抢抓机遇上项目，整合重组促转型，经济运行呈现出企稳回升的良好势头。

（一）转变观念整合资源促转型。组织焦化老总“走出去”考察学习，达成“北京共识”和“海南共识”。抢抓落实省十大产业振兴规划先机，整合潞宝、潞丰、惠智等企业5座焦炉产能220万吨，潞宝与华宝战略合作，亚晋与郊区劲牛重组，率先在全省拉开焦化产业整合序幕。针对煤矿、非煤矿山和水泥企业小而散的现状，率先在长治实施煤矿整合重组，率先在全省探索非煤矿山整合；盘活淘汰落后水泥产能200万吨，整合关闭铁厂闲置土地，为新上大水泥项目腾出空间。为寻求更大的发展，先后与潞安、首钢长钢签订了战略合作协议。经历了一场思想观念的大考验，扭转了企业单打独斗的局面，实施大企业大集团战略、推动转型发展迈出坚实步伐。

（二）多措并举帮扶企业度难关。一是组建中小企业担保公司，组织银企洽谈对接，为企业争取贷款3亿多元。二是争取上级扶持资金7000余万元，主动为25家困难企业办理缓交资金手续，下拨环保治理资金2405万元。三是成立推进重点项目建设一线工作室，帮扶在建和续建项目尽快投产。31户规模以上工业企业恢复生产；天脊潞安30万吨甲醇、建滔潞宝10万吨甲醇、兴宝2×550立方锰铁高炉等5个项目投产达效，新增产值11.64亿元。

（三）谋划长远抢抓机遇上项目。抓住国家提高行业准入门槛之机，抢先争取回7.63米大型焦炉和两个300万吨大水泥项目，以及3座60万吨保留煤矿指标。2009年共确定重点项目96项，总投资80.9亿元，完成投资36.5亿元，是2008年的2.8倍；卓越日产4000吨水泥熟料生产线，潞晟120万吨洗煤等项目建设进展顺利；华宝潞州日产4500吨水泥熟料生产线，天脊26万吨苯胺二期等7个重点项目完成立项和环评，为经济增长奠定了基础。

三、发展特色现代农业，探索开展“六村联创”，城乡一体化走出新路子

潞城市委把主要精力放在“三农”工作上，以“一村一品、一乡一业”为载体，以“六村联创”为抓手，推动了新农村建设的蓬勃发展。

（一）扶持“一村一品、一乡一业”，特色农业规模发展。完善政府、信用社、企业、农户“四轮驱动”投融资模式，整合资金3亿元投入“三农”，实现特色种植4.5万

亩，形成以合室、店上为主的大葱产业带，以黄牛蹄、辛安泉为主的三樱椒产业带，以潞华办为主的甜糯玉米产业带，以成家川、微子镇为主的旱地西红柿产业带，以翟店、史回为主的大棚蔬菜产业带和双孢菇种植区；养殖小区由10个增至21个，各式大棚由700架增至1140架，新建高效农业示范园7个，新增矮化核桃1200亩，神农、兴弘、森龙等10个龙头企业带动2万农户，户均增收1400元。

（二）创造性开展“六村联创”，新农村建设蓬勃发展。大力开展“六村联创”星级竞赛活动，形成了三级联动覆盖式推进新农村建设的强大合力，激活了农村干部干事创业的积极性，农村工作发生了意想不到的变化。全市202个建制村，村均创星2.6个，其中六星村15个、五星村34个。59个村有了独特主导产业，占总村数的29.5%；完成户通水泥路316公里,相当于前3年总和，148个村实现户户通，户通率90.3%；新植树木136万株，是过去8年的总和，52个村达标园林绿化，占26%；174个村安装“居家卫士”，治安案件同比下降16.9%，建成130个平安村，占65%；成立红白理事会，杜绝大操大办，92个村成为文明和谐先进村，占46%；引深“双向承诺”，加强农廉建设，89个村达到村级管理先进村标准，占44.5%。

（三）加快基础设施建设，农民生产生活条件得到改善。加强农田水利建设，新增耕地650亩，改善水浇地1.5万亩，新建省级保护性耕作3万亩。推进基础设施建设，建成32.4公里乡村道路，改造12所农村中小学校舍，新建44个卫生所；更加关注农村民生，免费为7.4万农民体检，解决20个自然村1.5万人饮水安全，不仅提前实现“五个全覆盖”，而且在社会保障、卫生防疫、环境治理等方面有了新拓展，户户通水泥路走在全省前列。

四、着力提升文化品位，强力推进“四城同创”，城市面貌发生根本性改观

开展了国家园林城、卫生城、文明城、平安城“四城同创”，完善了城市功能，提升了城市化水平，开创了城建史上投资最多、效果最好，群众满意度最高的新时期。

（一）文化入园塑造城市灵魂，园林绿化建设年扮靓城乡。改造延伸新华路、南华街、合意街、学府街、北华街，初步形成“五纵六横”城市框架。绿化提档8条主街道和四大公园，新增绿化面积140万平方米，人均公共绿地达到9.2平方米。“三仁”雕像矗立南华公园，展现了“仁孝忠信”的微子文化；生态园、民俗园、休闲园三园合璧，城西水系碧波荡漾，八音会雕塑、上党落子脸谱、大型铜鼓墙相映生辉，赋予了城市“精、气、神”。今年2月8日，国家住建部下文命名潞城为“全国园林城市”。

（二）大打环境整治攻坚战，国家卫生城创建取得新进展。大力整治10条主街道，更新990余个门店牌匾，1000余杆盏路灯覆盖11条街道。硬化128条街巷6万平米，城内改厕4400余个。新增供热面积50万平米，中水回用全省县级尚属首家。拆除8座150立方高炉，淘汰80万吨落后产能，9家焦化企业安装蒸氨脱硫设备。二级以上天气达到322天，在前年增加108天的基础上，又增加33天，成为长治空气质量提升最快的城市。将9月8日确定为“清洁日”，形成环境整治长效机制。国家爱卫会正式受理我市卫生城创建申报。

（三）宣传文化工作硕果累累，文明和谐创建全省领先。隆重庆祝撤县设市15周年，成功举办大型广场音舞诗《这一方热土》等系列活动，赢得了社会各界的广泛赞誉。红色旅游列入省精品线路，中国傩文化研究基地落户我市，杜同海、李杉分别被评为国家和省非物质文化遗产传承人。精神文明建设不断引深，31人评为我市道德楷模，4人成为长治道德模范候选人，10人评为长治百名孝星，韩长安、张林英、郝日芳荣登百名“中国好人榜”，韩长安、张林英荣获第二届全国道德模范提名奖，成为全省获得国家荣誉人数最多的县（市），我市以县级市第一名的成绩再次跻身全省“文明和谐城市”行列，为创建全国文明城市奠定了良好基础。

（四）本质安全走在长治前列，平安城市创建成绩斐然。严厉打击各类犯罪行为，破获刑事案件106起，查处行政案件293起，公众安全感明显增强。实现工矿商贸企业安全生产“零事故”，国庆期间赴省进京“零上访”，本质安全型城市创建得到省、长治市首肯，荣获“全国首批平安建设先进市”称号，成为长治市唯一、全省6个获得此项殊荣的县（市、区）之一。

五、高度重视改善民生，统筹发展社会事业，和谐潞城建设顺利推进

潞城市委着力解决群众最关心、最直接、最现实的利益问题，让群众充分享受到党和政府的温暖。

（一）优先发展教育事业，办人民满意的教育。市委向全市人民立下“办人民满意教育”的誓言，改革教育人事制度，实行教师专业知识考试末位淘汰，绩效工资全部兑现，教育工作呈现新活力，普通高考二本以上录取328人，其中应届生86人，是2008年的2倍；职高对口高考全省领先，每年1000余名毕业生被推荐到企业就业。实施中小学校舍安全工程，实现农村中小学校校无危房；免除普高50%学生学费，高中普及率达95.4%。

（二）加快发展卫生事业，医疗服务水平逐步提高。新农合稳步推进，为7670名新农合参合群众发放住院补偿金1318万元，同比增加22.7%；52名大中专生充实卫生院，住院病人同比增加248人，群众就近看病的愿望得到实现。

（三）完善社会保障体系，实现了社会保障全覆盖。成功争取到2010年省级新型农村养老保险试点，提前10年享受到国家优惠政策。引导6000名国有、集体企业职工总体进入社会养老保险体系，扩大了社会保障覆盖面。为潞源铁业359名农民工一次性发放失业金113万元，开创了长治市政策性关闭企业农民工集体领取失业保险的先河。新建首批经济适用房、配建廉租房506套4.63万平米，群众幸福

指数节节攀升。

六、全面加强党的建设，不断提高执政能力，保持和发展党的先进性

潞城市委坚持党要管党、从严治党，全面加强党的思想、组织、作风、制度和党风廉政建设，切实把党的政治优势和组织优势,转化为推动潞城科学发展的强大力量。

（一）加强作风建设。潞城市各级干部领导心往一处想、智往一处谋、劲往一处使，主动帮助企业跑资金跑项目解决发展难题；全市广大干部热情高涨，不讲条件，不提要求，积极开展找差距树标杆学榜样活动，形成了干事创业的良好氛围，推动了全市工业、农业、城建、民生等各项工作的深入开展。

（二）加强干部队伍建设。扎实推进干部人事制度改革，把最优秀的干部用在最关键的岗位上，注重在迎危机促发展的实践中发现人才、考察干部，注重在工作一线培养干部、选拔干部，形成风清气正的的选人用人导向，激发了广大干部谋划发展的积极性、主动性。更加注重基层、强化双向交流，在全市形成了心齐气顺、人心思进的良好氛围。

（三）加强基层党组织建设。深入实施“双向承诺”，明确了支村两委干部责任目标，出台了《岗位报酬和职务补贴统一发放考核办法》，向264名农村支书、主任发放报酬112.87万元；完善了基层干部权利保障制度，更加关心基层干部，使他们有责有权开展工作；通过加强四资监管，推行五务公开，强化了群众的监督权，做到了群众明白、干部清白，融洽了干群关系，使支村两委决策公开透明、更顺民心，进一步增强了凝聚力和战斗力。

（四）加强党风廉政建设。紧紧围绕标本兼治、综合治理、惩防并举、注重预防的反腐倡廉方针，着力构建与社会主义市场经济相适应的教育、制度、监督并重的惩治和预防腐败体系。深入开展理想信念、党风党纪教育，全市广大党员干部能够自觉遵守党的廉政建设的各项规章制度，廉洁奉公，扎实工作。加大查处违法违纪案件工作力度，为国家和集体挽回经济损失48.5万余元。建立了农村党风廉政教育基地，强化了宣传教育和源头治理。

（五）加强民主政治建设。充分发挥市委统揽全局、协调各方的领导核心作用，支持人大、政府、政协、人民团体和审判、检察机关依照法律和章程独立负责、协调一致地开展工作。加强对武装、政法、统战、宗教等工作的领导，重视发挥工、青、妇等人民团体的作用，社会主义民主政治进一步发展。（秦　毅　申向阳）

附：一、中共潞城市委书记、副书记、常委名单

书　记：桂正平

副书记：张治云（2月离职）　孙刘琳（女，2月任职）　吴小华（2月离职）　郝永明（挂职，2月任职）　陈轶群（7月任职）　李伟民（6月离职）

常　委：杨　峰（6月任职）　栗贺龙　王新政　李明强（5月离职）　于保同（5月任职）　陈轶群（7月离职）　元文波（7月任职）　李　媛（女）　王现敏　牛玉书

二、乡镇（街道）党委（党工委）书记、副书记名单

店上镇

书　记：王全乐

副书记：李玉清（8月离职）　李　明（8月任职）

微子镇

书　记：元文波（8月离职）　苗耀刚（8月任职）

副书记：申永刚

翟店镇

书　记：刘林松

副书记：靳林琦

辛安泉镇

书　记：苗耀刚（8月离职）　桑爱斌（8月任职）

副书记：李健业

合室乡

书　记：靳忠玲

副书记：米一波

史迴乡

书　记：王　斌

副书记：尤永刚

黄牛蹄乡

书　记：刘军龙

副书记：曹　枫

潞华街道

书　记：王秋良

副书记：韩旭军

成家川街道

书　记：杨忠民

副书记：王路斌

中共屯留县委工作概况

一年来，面对国际金融危机的严重冲击和罕见的春旱冬雪的严重影响，面对保增长、保民生、保稳定的艰巨任务。在省委、市委的坚强领导下，屯留县攻克六个重点，突出六项工作，以保企业为重点保增长，以保就业为抓手保民生，以保稳定为突破保和谐，奋力夺取了建设小康秀

美和谐新屯留收获09的全面胜利。全年地区生产总值完成58.2亿元，财政总收入完成10.8亿元，一般预算收入完成3.69亿元，城镇固定资产投资完成47.4亿元，社会消费品零售总额完成8.4亿元，城镇居民人均可支配收入达到1.24万元，农民人均纯收入达到6092元，主要经济指标提前一年实现了“十一五”规划目标。

（一）项目建设喜获丰收，增强了建设新屯留的实力。屯留县将100个经济社会发展的重点项目建设作为应对金融危机、遏制经济下滑的关键措施来抓，以保企业为抓手保增长；100个重点项目年内有30多个项目竣工或投产，共争取中央、省、市扩大内需专项资金7730.6万元，在全市名列前茅。特别是总投资612.7亿元的27个工业新型化项目的强力推进，为确保经济平稳较快增长奠定了坚实的基础。全年完成投资32.52亿元，已有麟源煤业一期71万吨焦化等15个项目如期竣工投产。5000吨高纯硅、20万吨聚氯乙烯、兴旺二期75万吨焦化及化产回收等项目正在加紧建设。2009年，全县工业总产值完成90.86亿元，同比增长9%，绝对额增加17亿元，居全市第四；规模以上工业增加值完成39.33亿元，同比增长14.7%，超市计划0.7个百分点。

（二）三农工作喜获丰收，增强了建设新屯留的潜力。屯留县坚持以工业化的理念谋划农业，以产业化的方式经营农业，全面实施农业“3111”工程和“三三”发展规划，开展了以生态建设为载体的新农村建设“百村竞赛”活动，全力推进19个农业产业化项目，总投资5.28亿元，争取中央、省、市资金5000余万元，完成投资1.6亿元，有4个项目已建成投产。三年共实施农业产业化项目46个，总投资10.25亿元，43个项目已竣工投产。优质粮食、畜牧养殖、绿色蔬菜、干鲜水果、苗木花卉五大主导产业形成规模,老爷山、屯玉、王公庄三个农业生态园取得效益，上村现代农业特色生态园全面启动。粮食产量达到4.21亿斤，占全市总产的36%，比上年减产13%，（全市减产17.9%）。共发放粮食补贴、玉米良种补贴和综合补贴2651.57万元；98.7%的村通了客车，顺利实现了行政村“村村通”全覆盖；完成7个乡镇有线电视“村村通”光缆工程，解决农村4.03万人饮水安全问题，发展沼气户3000户，总数达到13050户，位居全市第一、全省前十；新建生态文明村50个，总数达到200个。多次荣获“全国粮食生产先进县”，连续第六次荣获“全国科技进步先进县”称号；连续三年被省委、省政府表彰为“新农村建设先进县”。

（三）第三产业喜获丰收，增强了建设新屯留的活力。屯留县以发展旅游业、房地产开发和商贸服务业为重点，推动现代服务业快速发展。老爷山旅游景区“一日游”格局基本形成，屯绛水库旅游景区、绛河湿地公园和巍山高尔夫俱乐部加紧建设，城市休闲游、工业项目游、生态观光游各具特色，融入全省、全市大旅游圈步伐加快。花苑小区、潞安小区已基本建成入住，滨河小区、馨苑小区开工建设，阳光小区已完成前期准备工作。三年共开工建设商品住宅楼60余栋，总面积达到35万平方米。总投资1.3亿元的电子商贸楼、时代名居商贸楼等服务业龙头项目加紧建设，东盛物流、前苏建材、华谊建材等一批专业市场投入使用。2009年全县第三产业增加值完成11.34亿元，比06年增长85.8%,年均增长22.9%,第三产业已成为推动县域经济持续快速发展的重要力量。

（四）城市建设喜获丰收，增强了建设新屯留的魅力。屯留县全年共铺开城镇特色化重点项目39个，总投资达10.3亿元，完成投资2.9亿元。瓶城公园、会堂广场、一中南校区路改造、常黑线改造、污水处理厂、垃圾处理厂等32个项目建成使用；硬化改造背街小巷21条；新建供热加压站4个，县城集中供热面积稳定在35万平方米；铺设集中供气管线9.5公里，115户居民用上清洁高效的煤气，结束了屯留县城无煤气历史。县城绿化覆盖率达到42%，绿地率达到37%，县城人均公共绿地面积达到9.2平方米，三项主要指标均达到国家级园林县城标准。2009年顺利通过国家级卫生城验收，荣获首批首家“省级环保模范县城”称号，被表彰为创建省级文明和谐县城先进县。

（五）生态建设喜获丰收，增强了建设新屯留的动力。屯留县以建设全国一流绿色生态名县为目标，全年共完成造林5.1万亩，栽植苗木650万株，绿化荒山2.65万亩，新建农田林网3万亩，新植经济林1万亩，总投资1.62亿元。三年共造林8.6万亩，栽植苗木1500万株，总投资达到4.28亿元，是“十五”期间的15.8倍，建成了森林生态旅游、干果经济林基地、林木种苗花卉、速生丰产林和林下经济开发四大林业产业体系。全县森林覆盖率达到28.3%，比06年提高3.2个百分点，年均提高1.1个百分点。屯留作为开点之县，成功接待了全国造林绿化现场会，被誉为“全国的样板、山西的典范”。荣获中国绿色名县、山西省园林县城”等殊荣。县委书记王辅刚被表彰为“全省林业建设优秀县委书记”。

（六）民生事业喜获丰收，增强了建设新屯留的合力。屯留县以解决人民群众最关心、最直接、最现实的利益问题为切入点，深入推进“五大惠民工程”。教育均衡工程：新增教育投入2200万元，为全县义务教育学校发放教师绩效工资4700多万元，完成农村学校危房改造2.3万平方米，高考连续第十一次名列全市各县区榜首，中考连续第十次名列全市各县区第一；投资7800余万元的新职业中学完成主体工程；医疗健康工程：投资1500余万元对县乡医疗机构进行改造，11个乡镇17所卫生院全部达标，完成空白村卫生所建设47所，村甲级卫生所达到280所，新农合实现了“全覆盖”，61682人次享受到了补偿；人口和计生工作再上新台阶，全市考核排名第四。社会保障工程：投资1506万元新建改建6所县乡敬老院，失地农民养老保险、城镇居民医疗保险和农村养老保险试点工作全面启动。创业就业工程：新增就业人数3000人，安置下岗人员500人，招聘农村中小学教师150名；转移农村劳动力2800人，全县就业总量突破4.5万人；城镇登记失业率控制在2.1%以内。住房安居工程：发放廉租住房补贴60余万元，解决城市低收入家庭住房困难540户。荣获全省“2008年度和谐社会建设先进县”。

收获09硕果累累，六个重点全面突破。同时，政治建设、文化建设、改革开放、安全稳定和党的建设也谱写了新的篇章。

一是政治建设为收获09提供了凝聚力。屯留县充分发挥县委总揽全局、协调各方的领导核心作用，进一步加强和完善“一个核心、三个党组、多个口子”的领导格局，加强对人大、政府、政协和法、检两院的领导，注重发挥这些组织中党组织和党员领导干部的作用，全县建设小康秀美和谐新屯留的凝聚力大大增强。

二是文化建设为收获09提供了创造力。屯留县以加强社会主义核心价值体系建设为重点，不断推动党的理论创新成果进企业、进农村、进社区、进学校。全县人均体育场地面积达到2平方米，位居全省第一，青少年活动中心被国家体育总局命名为全省唯一的“全民健身中心”。成功举办了《一把酸枣》、《立秋》、《梨园春》戏剧专场等文艺演出和“立美韩”国际男篮对抗赛、全国第二届小康村CBO篮球赛。2009年荣获“全国文化先进单位”，被省政府授予十大文化强县之一，县委书记王辅刚被评为“山西省十大年度文化创新人物”。

三是改革开放为收获09提供了助推力。屯留县深入推进重点领域和重点环节的改革，进一步深化农村综合改革，积极推进政府机构改革和事业单位分类改革为重点的行政体制改革，全方位营造了政府“兴商、安商、富商”，百姓“亲商、容商、爱商”的氛围。全年引进项目7个，总投资12亿元，引资9.8亿元。三年共引进项目25个，总投资269亿元，引资139.7亿元，其中投资10亿元以上项目2个。招商引资的规模和水平名列长治市榜首。

四是安全稳定为收获09提供了保障力。屯留县深入开展“平安屯留”创建活动和严打整治斗争，实现了“命案全破”目标，群众治安满意率达到90%以上。扎实开展“信访积案化解年”活动，90%以上的重信重访案件得到解决。全面落实安全生产责任制，全力推进本质安全型县创建活动，投入安全整治资金1.96亿元，安全工作考核连续六年名列全市第一。顺利实现了国庆安保期间进京赴省零上访、安全生产零事故的“双零”目标。

五是党的建设为收获09提供了带动力。屯留县委以开展深入学习实践科学发展观活动为契机，全面加强党的思想、组织、作风、制度和反腐倡廉建设，切实把党的政治优势和组织优势转化为推动屯留科学发展的强大力量。一是学习实践活动成效显著。屯留县圆满完成了第二批、第三批学习实践活动各项任务。探索形成了具有屯留特色的“五六五”工作法，建立完善了促进和保障屯留科学发展的4个制度体系、11大长效机制和31项推进措施，取得了“党员干部受教育、科学发展上水平、人民群众得实惠”的现实成果。受到了中央和省委、市委学习实践活动领导组办公室的充分肯定和高度赞扬。二是党的建设全面加强。在思想建设上，围绕建设学习型党组织和学习型领导班子，加强县委理论中心组学习，去年县委理论学习中心组成员在各级报刊发表理论和调研文章50余篇。在组织建设上，继续引深“三级联创”活动，扎实推进“五强五保六化”党建先锋工程，深入开展“三服务三化”活动，积极推行“四议两公开”工作法。在作风建设上，继续引深“学、干、带、快、敢”五字作风建设活动，干部作风明显转变，机关效能明显提高。在制度建设上，认真落实县委14项工作制度，充分发挥民主保障权利，实现了党内民主和党内监督良性互动。在反腐倡廉建设上，建立和完善落实党风廉政建设责任制长效机制，严格规范领导干部从政行为，加大案件查办力度，党同人民群众血肉联系进一步密切，党群、干群关系进一步融洽。（刘　操）

附：一、中共屯留县委书记、副书记、常委名单

书　记：王辅刚

副书记：黄福喜　李伟民（6月任职）

常　委：孙希谋（6月离职）　杜天才　金所军　韩秀英（女）　侯文彬（6月离职）　秦世芳（6月任职）

二、乡镇党委书记、副书记名单

麟绛镇

书　记：郭学斌（5月离职）　高中玉（5月任职）

副书记：张宏斌（5月离职）　李书红（5月任职）

河神庙乡

书　记：高中玉（4月离职）　马珂炜（5月任职）

副书记：仇红刚

张店镇

书　记：郄淑芳（5月离职）　马东斌（5月任职）

副书记：申文良

西贾乡

书　记：冯　华（女）

副书记：郭　炜

丰宜镇

书　记：杨庆春（5月离职）　邢志刚（5月任职）

副书记：郭银萍（女）

李高乡

书　记：牛浩刚（5月离职）　李俊青（5月任职）

副书记：连晓燕（女，5月离职）

上村镇

书　记：李培元

副书记：西立功

渔泽镇

书　记：高素刚（5月离职）　郄淑芳（5月任职）

副书记：李书红（5月离职）　高志刚

路村乡

书　记：王虎斌（5月离职）　牛浩刚（5月任职）

副书记：王 军（5月离职）

余吾镇

书 记：刘志敏

副书记：张庭则

吾元镇

书 记：邢志刚（5月离职） 张宏斌（5月任职）

副书记：宋 军

康庄工业园区

书 记：高锦香（女）

副书记：秦曙斌

上莲开发区

书 记：马珂玮（5月离职） 连晓燕（5月任职）

副书记：高晋山

西流寨开发区

书 记：李俊清（5月离职） 王 军（5月任职）

副书记：杨 斌（9月离职）

中共长子县委工作概况

2009年，长子县委在省、市委的正确领导下，紧紧围绕中央“保增长、保民生、保稳定”工作重点，团结带领全县广大干部群众，按照省委“三个发展”、市委“四位一体”战略要求，持续引深“六大战略”，奋力推进“八大工程”，逆势求进保增长，争先发展上水平，全年相继有10多个市级以上现场会在我县召开，20多项工作受到国家、省、市表彰，相继荣获“全国绿色蔬菜无公害十强县”、“全国科技进步先进县”、“全省信访工作先进集体”、“全省造林绿化先进县”、“全市新农村建设先进县”“全市林业生态建设红旗县”等10多项荣誉称号，全县上下呈现出经济企稳回升、民生持续改善、社会和谐稳定、各业全面进步的良好局面。

一、以打造实力长子为目标，经济建设逆势增长

一年来，共铺开总投资190亿元的各类重点工程项目100个。截至年底，60个项目已全面完工，其余项目按进度有序推进。在项目建设的强力拉动下全年财政收入完成8.03亿元，同比增长14.9%，比2008年净增1个亿；预计地区生产总值达到43.8亿元，同比增长10%；规模以上工业增加值完成22.6亿元，同比增长10%；固定资产投资完成23亿元，同比增长44%；社会消费品零售总额完成8.9亿元，同比增长24%；农民人均现金收入达到5696元，同比增长11%，主要经济指标均达到或超过预期目标。

（一）转变发展方式，狠抓新型工业保增长。煤电产业方面。在抓好已投产的赵庄煤矿、西南呈煤矿达产达效和赵庄煤矿成立子公司的基础上，重点抓了六大煤矿、两大电厂建设。其中，投资5.7亿元年产120万吨的赵庄2号坑口已投入试生产；投资19亿元年产300万吨的霍尔辛赫煤矿、分别投资8亿元年产300万吨的三元煤业五里庄煤矿、潞安集团李村煤矿，2010年可投入试生产；分别投资2亿元、1亿元的慈林山煤矿和凌志达煤业延伸改造项目，2010年底可投产；禾能2×1.5万千瓦秸秆电厂完成招标工作，即将开工建设；赵庄2×60万千瓦电厂正在积极争取国家发改委核准。与此同时，全面推进煤炭资源整合和兼并重组，确定主体企业2个、保留矿井5座，总产能由原来的771万吨提升到840万吨。煤化工产业方面，投资1.2亿元年产1.2亿块砖的康厦建材龙翔煤矸石砖厂扩建项目、投资6000万元年洗精煤180万吨的西南呈洗煤厂项目即将投入试生产；投资6000万元年产6000万块砖的下霍煤矸石砖厂、投资2100万元的丹峰化工50T/h三废硫化混燃炉项目，2010年建成投产。新型产业方面，投资1.5亿元的康宝药业500吨血液制品深度开发项目投入试生产；投资5000万元的龙烨科技30万台节能燃气灶扩建项目、投资3000万元的岚河药业500万瓶阿酸纳新药开发项目即将投入试生产；投资2200万元的SMC新型复合材料项目2010年投入生产。

（二）实施规模发展，推进现代农业保增长。围绕规模化、园区化、集约化发展，认真落实蔬菜种苗补贴、种粮补贴、良种补贴、农机具购置补贴等各类强农惠农补贴政策，全年共发放各类惠农补贴3500万元。进一步降低蔬菜大棚补贴门槛，补贴标准由原来的园区面积200亩以上降为50亩以上。其中对新建生贵式移动大棚每亩补贴2000元，日光温室大棚每亩补贴3000元。一年来，新建成覆盖12个乡镇的50亩以上蔬菜集中连片大棚园区100个、生贵式移动大棚4230亩、日光温室大棚630亩，新增设施蔬菜面积1.1万亩，全县蔬菜种植总面积达到16.1万亩，其中设施蔬菜面积6.5万亩，蔬菜总产量达到10亿公斤。继续实施“123”扶持政策，全县各类畜禽规模养殖小区达到62个，鸡饲养量达到600万只，猪饲养量达到30万头。积极推进现代烟草农业示范园区建设，新发展漂浮式育苗4000亩，新建密集型烤房150座，烤烟种植总面积继续保持在8900亩。扶持发展食用菌生产，双孢菇种植面积达到10万平方米，香菇达到400万棒,食用菌种植成为农民增收致富的又一重要产业。

（三）加速发展步伐，壮大文化旅游保增长。着眼于打造全省文化强县，不断加大文化旅游产业开发建设力度，带动全县第三产业蓬勃发展。文化方面。通过庆祝新中国成立60周年、深入开展省级文明和谐县城创建活动，进一步激发了全县人民勤俭自强、尊老爱幼、助人为乐、见义勇为的精神品格。积极鼓励民间文艺创作。丹峰化工有限公司创作的现代戏剧《丹凤朝阳》继获得山西省十一届“杏花奖”编剧奖、导演奖等五项大奖后，2009年6月再次荣获“中国戏剧文学奖剧本奖”殊荣。坚持不懈抓文化产业、创文化精品，全县从事文化产业的团体达到340个，从

业人员2700余人，文化产业实现收入4059万余元。旅游方面。完成《长子县旅游产业发展总体规划》的编制与评审，为全县旅游产业的科学开发、持续发展打下了良好基础。全面铺开国家一级文物保护单位崇庆寺主体修缮及周边环境整治工程、发鸠山人行栈道修筑工程、县城古建一条街二期工程；积极推进木化石申报国家地质公园；致力加大对法兴寺、北高庙等旅游景点的对外宣传推介力度，初步迈出建设旅游强县的步伐。在文化旅游产业的带动下，全县以餐饮、娱乐、商贸流通为主的第三产业迅速发展，成为拉动县域经济发展的又一有力支撑。

（四）统筹城乡一体，加快城乡建设保增长。围绕扩张规模、完善功能、丰富内涵、提升品位、打造最佳人居环境，全年铺开了长治至长子一级路、城东新区开发、县城集中供气、五星级宾馆、污水处理中心、县城巷道硬化、供水管网改造、集中供热二期、新建省级示范高中及文体中心、县中医院8层综合门诊大楼等一批基础设施建设工程。其中，一级路长子段、县城污水处理中心、县城供气、供热二期工程已经建成投入使用。其它项目正按进度有序推进。投资3000万元，大力推进小城镇建设和新农村建设，慈林、宋村、鲍店、石哲、大堡头五个特色集镇建设和10个示范村、18个推进村、31个整治村建设进展顺利。2009年，全县新农村建设共完成投资3000万元，新完成硬化58万平方米，新装路灯834 盏，新建便民连锁超市15个，新装自来水2543户，城乡一体化步伐明显加快。

二、以建设生态长子为目标，县域人居环境优化改善

围绕打造碧水蓝天、彰显生态文明、建设宜居环境，强势推进了造林绿化、节能减排、环境卫生整治三大生态工程，县域人居环境显著改善。一是大手笔推进造林绿化。全年共投入绿化资金2亿多元，强势推进“12345”造林绿化工程，新栽各类苗木600多万株，新增绿地面积3.6万亩。其中，完成一级路通道绿化10公里，大苗进城2万株，农田林网3万亩，新建扩建城郊森林公园4个，在五个县域出口新建100亩以上景点片林5个，形成了“通道绿化不断线、三座公园镶城边”和“远看像森林、近看是园林”的生态景观。二是全方位落实节能措施。全面落实排污督查、源头控制、项目准入、推广节能器具等措施，主要污染物SO2和COD排放总量严格控制在市控0.341万吨和0.249万吨以内，全年万元工业增加值能耗降为0.75吨标煤，同比下降15%，圆满完成了全年节能减排任务。三是高标准提升环卫水平。深入推进城乡环境卫生一体化管理，全面启动创建全国卫生县城活动，全年环卫经费由2008年的不足400万元，提高到700万元，进一步巩固了环卫工作人员、设施、管理“三到位”和垃圾定点堆放、专人清运的长效机制。三大生态工程的实施，使全县空气质量明显改善，2009年，全县二级以上天数达到365天，一级以上天数达到119天，继续领跑全市全省。

三、以构建和谐长子为目标，社会各项事业取得发展

（一）不断扩大惠民范围，民生事业显著改善。一是进一步扩大农村老党员、老支书、老艺人、老劳模、老年人生活补贴范围，补贴门槛由80岁降至70岁，使全县享受由县财政发放生活补贴的“五老”人员增加到1.5万余人。二是进一步提高现任农村主干生活补贴标准，由2008年的每人每月补贴100元提高到200元。三是由县财政分别出资37万元和5万元，为全县5万多名中小学生购买平安保险、200多名环卫工人购买意外伤害保险。四是对全县计划生育子女、城市下岗职工子女、农村低保户子女、残疾家庭子女就读高中减免多项费用。五是新建敬老院21个，使全县1400多名“五保”人员实现应保尽保。六是公开择优招录230名大学生充实教育教学、医疗卫生等基层一线，极大缓解了大学毕业生就业问题。七是大力实施教育提升工程，普通高考在2008年实现较大突破的基础上再创新高，二本以上达线人数达到437人。与此同时，积极开展甲型流感防控工作，抗击低温雪灾和救助捐赠，使全县人民共享了改革发展的成果，感受了党和政府的关怀，凝聚了和谐共建的合力。

（二）着力解决突出问题，信访稳定叫响全国。认真贯彻落实市委“信访十条”，大幅增加县信访局办公经费、人员编制和内设机构,增配了工作用车，建立了信访救助基金，并将新提拔的8名35岁以下副科级干部全部派驻县信访局挂职锻炼，信访力量进一步加强。整合原“三个中心”，成立社会工作部，群众诉求渠道更加畅通。以解决信访问题为突破口，深入开展书记大接访活动，全面落实县四套班子领导包案制、部门联合办案制等各项制度，全年共接访373 批1133人次，解决突出问题360个。其中，群访案18起，陈年积案20起，停尸案13起，省6起、市8起交办案全部解决，确保了国庆60周年安全稳定，实现了2008、2009连续两年全年赴京“零上访”。

（三）狠抓各业安全生产，全年事故控制为零。深入推进本质安全型县创建工作，全面落实政府监管、企业主体和职工本质安全责任，积极推进煤矿资源整合，特别是加大了对全县所有煤矿，包括已关闭煤矿、被整合煤矿安全监管力度。对全县所有矿井，一律由县安监、煤管等职能部门派驻专门小组，全天候、分班倒、无间隙监控，创造了全年百万吨生产“零死亡”的好成绩。进一步加强对涉电、水、气、油、食品安全以及能源化工、易燃易爆、危险化学品等关键领域、重点物品和学校、商场、超市等人员密集区的监管，全年没有发生一起重大安全事故。

四、以建设法制长子为目标，社会主义民主政治更加清明

一是坚持和完善人民代表大会制度。支持人大及其常委会依法履行职能，在决定重大事项、工作评议、人事任

免等方面，充分发挥了地方国家权力机关的作用。隆重纪念地方人大设立30周年，彰显了地方人大的形象，营造了地方人大工作的浓厚氛围。二是坚持和完善中国共产党领导的多党合作和政治协商制度。支持和保证人民政协履行政治协商、民主监督、参政议政职能，充分发挥政协人才荟萃、智力密集的优势，为全县经济社会发展提供了强大的智力支持。三是扎实推进法治长子建设。支持政府依法决策、依法管理、依法办事，加快建设法治政府。规范司法行为，强化执法监督，促进执法公正。深入开展普法依法治理，大力推进“法律七进”活动，在全社会形成自觉学法、守法、用法的浓厚氛围。四是切实加强国防后备力量建设。坚持党管武装原则，积极支持国防和驻县部队建设。驻县部队和广大民兵预备役人员在抗击雪灾和维护社会稳定等急难险重任务中发挥了生力军、突击队作用。双拥共建工作迈上新台阶，人民群众的国防观念得到进一步增强。

五、以提升执政能力和先进性为目标，党的建设和政治文明取得新进步

围绕提高执政能力和先进性建设这条主线，一年来，着力从思想、组织、作风、制度、廉洁自律等各方面加强党的建设，全县各级党组织的创造力、凝聚力、战斗力明显增强。一是彰显特色，扎实开展学习实践活动。全县第二批、第三批学习实践活动开展以来，各级党组织和广大党员干部坚持在保增长、保民生、保稳定中检验学习实践活动成果，一大批制约科学发展的突出问题得到较好解决，一整套运作有序、制约有效、保障有力的体制机制得以建立完善，全县广大党员干部凝心发展的共识进一步形成，干事创业的合力进一步彰显。5月21日，我县作为长治市唯一县区在全省学习实践活动电视电话会议上作了经验交流。二是强基固本，全面加强基层组织建设。认真贯彻干部选任工作条例，选用一大批能干事、干成事的干部充实到了主要工作岗位。集中对换届后的2200名支村两委干部进行了轮训、培训，基层干部的执政能力和服务水平进一步提高。加快推进村级组织活动场所建设，新建改建活动场所80个，活动场所总数达到336个。进一步引深“五好”党委、“六好”党支部和“三争一创”党建活动，在全县各级党组织和党员干部中营造了只为成功找方法，不为失败找理由，逢一必争、逢冠必夺的争先态势，全县红旗党组织达到49个，占全县党组织的7%。三是创设氛围，深入推进党风廉政建设。强化纪检队伍建设，配齐了纪委常委班子和室主任，充实了县监察局班子，为14个单位配备了纪检干部。不断加大反腐倡廉工作力度，狠抓大案要案查处，共立查党员干部违法违纪69案，其中68案已办结，处分86人,涉及乡科级干部9人，移送司法机关3人。大力推行“阳光工程”，全面落实“三务公开”，建立“三务公开”电子触摸屏查询系统，公开接受群众查询监督。进一步加强和改进作风建设，集中解决干部队伍中存在的不思进取、不理民事、不相团结、不负责任、不办实事的“五不”问题，各级干部执政能力进一步增强。（王俊平）

附：一、中共长子县委书记、副书记、常委名单

书　记：张　圣
副书记：卢展明
常　委：王国英　武振卫　王沁平　崔国英　张耀华
　　　　翟卫华　贾软贤　秦建宇　胡晓光

二、乡镇（街道）党委（党工委）书记、副书记名单

丹朱镇
书　记：王书文

石哲镇
书　记：吴　斌

碾展乡
书　记：赵海斌

南陈乡
书　记：王文德

色头镇
书　记：刘岩庆

常张乡
书　记：申宛成
副书记：张连枝

慈林镇
书　记：吴晋杰

大堡头镇
书　记：韩红星

南漳镇
书　记：杨卫星
副书记：师　宏

宋村乡
书　记：郭世杰
副书记：李照楠

鲍店镇
书　记：薛宏刚

岚水乡
书　记：王华庆
副书记：王慧刚

横水林区
书　记：王志红
副书记：张广虎

王峪景区
书　记：刘向东

中共壶关县委工作概况

2009年，壶关县委在市委、市政府的坚强领导下，紧紧围绕省委“三个发展”要求和市委“四位一体”战略，以安全稳定为重点，以项目建设为抓手，以社会和谐为目标，以作风建设为保证，解放思想，真抓实干，开拓进取，共克时艰，县域经济和社会事业呈现出良好的发展势头，取得了可喜的成绩。

一、着眼科学发展，确立了符合县情的工作思路

2009年3月份，县委、县政府主要领导调整后，新班子在深入调查研究的基础上，对壶关的潜力与优势、现状与基础、差距与不足进行了重新审视和辩证分析，提出并确立了“实施四五战略，落实四抓四保，打造五大基地，建设小康壶关”的总体工作思路。“四五战略”就是发挥精神优势、绿色优势、旅游优势、政策优势四大优势，抓好安全建设、项目建设、文化建设、和谐建设、党的建设五大建设；“四抓四保”就是抓安全、保稳定，抓项目、保增长，抓和谐、保民生，抓作风、保落实；“五大基地”就是打造钢铁冶炼基地、民爆化工基地、旅游品牌基地、石料建材基地、农业产业化龙头企业基地。近一年来的实践证明，这一思路符合县情，顺应民意，抓住了重点，突出了特色，体现了时代性，得到全县人民的认可和支持。

二、紧扣第一要务，加大了重点项目的建设力度

坚持把项目建设作为县域经济发展的重要载体，牢固树立“大项目大发展、小项目小发展、没项目难发展”的发展理念，靠项目应对金融危机、提升发展后劲、推进县域发展。围绕发展抓项目。工业方面，常平集团克服金融危机影响，强管理，抓生产，促营销，下属所有企业全部复产，集团开始步入正常生产轨道。壶化集团投资2亿元上马了两条新型炸药生产线和一条雷管生产线，其中，投资5000万元建设的1.2万吨胶状乳化炸药生产线，生产工艺和技术设备全部从美国引进，是目前我国唯一一条领先世界水平的炸药生产线；投资1亿元建设的2500万发导爆管雷管生产线，采用国内最先进技术，作业连续性强，自动化程度高，是我国第一条具有综合领先水平的专业自动化雷管样板生产线，目前，这三条生产线已经全部投产达效，每年可新增产值2.5亿元，实现税金5500万元。山西环海不锈钢有限公司和长治聚合鑫有限公司实行了资产重组，组建成立了山西环鑫源有限公司，在较短的时间内使20万吨热轧不锈钢生产线顺利投产，目前已上交税金400万元，正在成为壶关新的经济增长点。农业方面，突出抓了宏洲饲料、紫壶蜂业、旱地西红柿种植、秸秆炭化和秸秆气化炉推广等项目，大大加快了全县农业产业化进程，带动了农民增收。旅游业方面，投资4亿元的太行山大峡谷旅游循环路正式开工建设，太行山大峡谷地质公园博物馆建成开馆，电影《大峡谷的女人》完成拍摄，有力地促进了太行山大峡谷旅游开发。目前已接待游客60.5万人次，实现门票收入907万元，旅游社会总收入1.3亿元。创优环境促项目，书记、县长和四套班子分管领导亲临一线，组织经贸、国土、法院、环保、发改、金融等部门负责人深入企业调查研究，对庄益通硅微粉项目复建、华阳集团证照办理、煤炭企业资源整合等企业生产中遇到的问题给予了及时解决，同时，积极协调县信用联社等金融机构，帮助常平、壶化、郭氏食品、紫团饮业等重点企业融通生产资金2亿元，缓解了企业资金运转困难。强化举措保项目，成立了以县委副书记为组长的督查工作领导组，建立了县四套班子领导和责任单位包项目责任制，对重点项目实行月报、月查、月公示、倒计时制度，以严格的包项目责任制和有力的督查机制推进了项目建设的快速健康发展。

三、突出安全稳定，扭转了较为严峻的安全形势

坚持把安全作为第一责任，全面落实打击私挖滥采、安全生产、护林防火、信访稳定、综合治理等方面的工作任务，靠过硬的举措来维护安全、确保稳定。在打击私挖滥采方面，深刻汲取“2·3”案件教训，组织县直机关202名干部进驻全县涉煤涉矿乡镇的65个重点村，按照“包、报、巡、炸、断、打”六字举措，集中开展大排查、大整治，始终保持打击私挖滥采的高压态势，彻底铲除了私挖滥采滋生的土壤。在安全生产方面，对全县合法生产的煤矿、铁矿，抽调专人组成工作组，进矿蹲点，落实好企业安全生产的主体责任、政府安全监管的主体责任，重点抓好“一通三防”、水的治理和顶板问题，帮助企业搞好安全生产；对正在基建、尚未正常生产的煤、铁矿，加大安全投入，完善安全设施，提高企业安全生产水平；对合法矿井及时排查安全隐患，及时整改安全隐患，对政策性关停矿井坚持“属地管理、驻矿监管、切断电源、彻底关闭”的原则，责成专人看护，防止偷挖暗采。在护林防火方面，认真落实万里护林墙、万亩隔离带、万枚红袖章“三个万”，上山不带火、上地不点火、上坟不烧纸“三个不”，一户一个护林员，一户一个宣传员，一户一个红袖章，一处一个责任人，一村一个灭火队，一村一个工作队“六个一”的“三三六”工作法，在全县形成“万里护林墙、万亩隔离带、万枚红袖章、小手拉大手、共筑防护网”的护林防火新格局，截至2009年底，全县没有发生一起森林火灾。在信访稳定方面，建立健全了层级信访制、层级负责

制、层级问责制、领导接待制、限时办结制、包案责任制，群众上访受理率、限时办结率、定期回复率全部达到100%的“六个制”、“三个百”的信访工作机制，同时认真落实市委18号文件精神，切实加强国庆期间的信访工作，设置了新的信访接待大厅，成立了县委社会工作部，进一步畅通了信访渠道，规范了信访秩序。1—10月份，全县接访人数同比下降2.4%，国庆期间全县没有发生一起赴省进京上访案件。在综合治理方面，切实加强学校、企业、社区等场所的专项整治工作，持续引深“严打”整治斗争，严厉打击各类违法犯罪行为，人民群众的安全感和满意度不断提高。

四、注重民生改善，提升了人民群众的幸福指数

坚持把促进和谐作为第一追求，更加注重改善民生民计，更加注重改善基础设施，更加注重改善人居环境，让全县广大群众充分享受到了改革发展的殷实成果。

大力实施六大民生工程。投资1600余万元，实施了包括职业高中学生发放助学补助、高中阶段贫困学生提供学费补助等5项惠民举措的学有所教工程；投资600余万元，实施了包括提高在岗干部职工津贴补助标准，财政供养人员每人每月增加津贴补助等3项惠民举措的劳有所得工程；投资3000余万元，实施了包括全县农民群众实施免费健康体检、新型农村合作医疗全覆盖等6项惠民举措的病有所医工程；投资250余万元，实施了包括对农村老党员、老劳模、老艺人、老寿星、老支书和企事业单位离休人员发放补助等6项惠民举措的老有所养工程；投资850余万元，实施了包括农村贫困残疾人实施危房改造救助、农村新建沼气户每户补助建设资金等3项惠民举措的住有所居工程；投资6000余万元，实施了包括农村五保户、城市低保对象每人每年发放生活补助等17项惠民举措的困有所帮工程。

大力改善城乡基础设施。县城集中供暖二期、县城污水处理厂、宾馆贵宾楼、恒安名都商业城等重点工程如期完工，大大完善了县城功能，提升了县城品位；四赵线改造、古城路延伸、龙欢大道、村通水泥路等重点工程建成通车，有效改善了交通状况，方便了群众出行；实验小学教学楼、职教中心二期、县医院医技楼、中医院病房楼、乡镇卫生院、文化站等重点工程竣工建成，提高了群众的教育医疗水平，丰富了群众的精神文化生活。

大力营造良好人居环境。以国家卫生县城复查验收为契机，狠抓县城“八化”管理和环境卫生集中整治工作，在县城掀起了新一轮创建热潮，县城卫生保洁率达到100%；以迎接新中国成立60华诞为契机，组织开展迎国庆、树新风红色系列活动，县城管理水平和居民文明程度明显提高。持续加大县城绿化力度，县城建成区绿化覆盖率达到35%，初步形成了城在绿中、绿在城中、人与自然和谐相处的优美宜居环境。

五、加强党的建设，提供了坚强有力的组织保证

坚持把加强党的建设作为推进各项工作的重要保证，突出重点，强化举措，全面加强党的建设新的伟大工程。

深入开展科学发展观学习实践活动。按照省、市要求，从3月份开始在全县启动了第二批深入学习实践科学发展观活动，共有122个单位、158个党组织、2923名党员参加，在市委指导组的精心指导和各参学单位的共同努力下，已圆满完成了学习调研、分析检查、整改落实三个阶段的各项任务，取得了实实在在的成效，创出了特色，创出了亮点。从9月份开始，启动了全县第三批学习实践活动，共有12个乡镇、353个行政村、32所中小学校、10个“两新”组织、10896名党员参加，目前正在按程序、按要求扎实开展。通过开展学习实践活动，全县干部队伍的凝聚力、向心力和战斗力大大加强。

狠抓作风建设。为了转变干部作风，狠抓工作落实，县委、县政府把今年确立为“作风建设年”，并出台了作风建设30条，要求全县各级干部要大力弘扬市委提出的认真、务实、团结三大作风，坚持厉行节约，制止奢侈浪费；机关单位一律不准公款旅游，不准买车换车；领导干部下乡一律轻车简从，吃便饭。同时，切实加大责任追究力度，由县纪委牵头，对重点单位、重点领域、重点岗位进行不定期的明查暗访，对相关责任人进行了严肃追究，有效地起到了警示教育作用。

加强基层组织建设。着力抓好机关、农村、企业、社区等基层组织建设，增强了基层组织的凝聚力和影响力。积极开展乡村两级干部培训工作，全年共举办培训班5期，培训干部500余人次，大大提高了干部的综合素质和执政本领。扎实抓好大学生村官选拔使用工作，新选拔大学生村官35名，为基层组织建设添了新鲜血液。

推进党风廉政建设。认真贯彻落实党风廉政建设责任制，扎实抓好领导干部廉洁自律、政风行风评议、煤焦领域反腐败、效能建设等工作，继续加大查办腐败案件力度，为经济社会发展提供了有力保障。全县共查处各类违纪违法案件26件，党政纪处分48人，惩治了腐败分子，教育了广大干部，收到了良好效果。

六、县域经济和社会事业发展

县域经济止跌回升。常平、壶化、环鑫源等重点企业生产逐步走出低谷，步入正常生产轨道。全年地区生产总值预计完成26.8亿元，增长12%；规模以上工业总产值完成5亿元，增长2.16%；规模以上工业增加值完成13.16亿元，增长15.8%；财政总收入完成2.6亿元，下降42.4%；社会消费品零售总额完成8.77亿元，增长17.49%。

项目建设顺利推进。年初确定的总投资25.8亿元的105项重点项目，包括工业增效项目10项，“三农”推进项目12项，旅游开发项目4项，城建提升项目7项，社会事业项

目12项，乡镇项目60项。目前已有60项于国庆节前竣工建成，45项正在抓紧建设。随着这些重点项目的建成和投产，我县的发展后劲将大大增强。

安全形势根本好转。深入开展“百名干部下基层，六措并举保安全”百日大行动，严厉打击私挖滥采行为，全面启动本质安全型县创建工作，建立健全了安全生产、食品卫生、护林防火、私挖滥采等十大长效工作机制，初步实现了安全生产“零事故”、赴省进京“零上访”、重大案件“零发生”、私挖滥采“零坑口”、护林防火“零火灾”的“五个零”的目标。

群众实惠普遍增加。在财政十分紧张的情况下，投资1.23亿元实施了六大民生工程和40项惠民举措，目前，各项惠民举措已全部兑现，全县广大群众充分感受到了公共财政的温暖阳光。

城乡面貌焕然一新。大力推进生态建设，投资1.2亿元完成12项造林绿化重点工程，栽植各种树木380万株，全县绿化面积达到103万亩，森林覆盖率达到50.6%；加大城乡环境整治力度，完成街巷硬化108公里，建设园林化村庄51个，建设小型体育活动场所120个，国家卫生县城复查验收顺利通过，新农村“六化”建设取得显著成效。

对外形象全面提升。圆满完成了全国造林绿化现场会和第三届太行山大峡谷国际攀岩节的参观和承办任务，先后接待了10多个省市30多批观摩团1600余人次前来参观。伟大的太行精神、靓丽的绿色名片和万里森林防护墙令人震撼，闻名全国，为长治争了光，为山西添了彩。

（王林茂）

附：一、中共壶关县委书记、副书记、常委名单

书　记：关小平（3月离职）

副书记：李全心（3月任职，主持工作）
马朝中（3月离职）　段树新（3月任职）
王淑彦　李强安

常　委：赵旭光　马先明　卫　明　牛安林
常　庆　崔海书　张　剑

二、乡镇党委书记、副书记名单

龙泉镇

书　记：李富增

副书记：王世英

百尺镇

书　记：徐玉明

副书记：张红卫

店上镇

书　记：连树斌

副书记：李立堂

树掌镇

书　记：崔秀清

副书记：秦志岩

晋庄镇

书　记：仇建斌

副书记：贾凤鸣

常平开发区

书　记：陈忠孝

副书记：郭志敏　陈　阳　陈胖东　弓书霞

集店乡

书　记：王国林

副书记：雷学波

五龙山

书　记：张月飞

副书记：李伟红

黄山乡

书　记：秦元忠

副书记：宋　波

东井岭乡

书　记：闫文斌

副书记：张志平

石坡乡

书　记：秦志云

副书记：张　文

鹅屋乡

书　记：李爱民

副书记：赵申岗

桥上乡

书　记：栗建平

副书记：闫志斌

中共平顺县委工作概况

平顺县现有13个党委，22个党组，16个党总支，488个党支部。共有党员10384名，其中农村党员6885名。

2009年，是平顺县实施“双五”战略、主攻“五大”目标的初见成效年，也是全县上下积极应对金融危机，各项事业逆势上扬、取得喜人业绩的一年。一年来，在省委、市委的坚强领导下，县委、县政府团结带领全县人民，高扬旅游龙头，主攻绿色生态，全力以赴推进“双五”战略、“五大”目标向高峰挺进，向纵深拓展，年初确定的228个项目尤其是60个重点项目如期推进，六大创建取得实质性进展，十件实事全面完成，在特殊困难之年实现了经济社会各项事业平稳较快发展。全县生产总值达到12.9亿元，同比增长10.8%；固定资产投资完成9.26亿元，同比增长131.4%；规模以上工业增加值达到4.29亿元，同比增长

14.71%;城镇居民人均可支配收入达到10703元，同比增长19.3%;农民人均纯收入达到2720元，同比增长5%；财政收入完成1.1198亿元，财政决算支出4.7亿元，比2008年支出净增1.1亿元，在特殊困难的情况下，确保了财政供养人员工资按时发放，全县重点工程、社会民生等各项事业的顺利推进。

一、改革创新，作风引领，党的建设全面加强

扎实开展学习实践科学发展观活动。按照中央和省市委的统一部署，扎实推进第二批和第三批学习实践科学发展观活动，精心组织筹划，科学确立主题和载体，坚持边学边改、边整边改，做好了三个批次的有序衔接。在活动中深入开展了“三到”（到基层去、到一线去、到人民群众中去）、“三问”（问政于民、问计于民、问需于民）、“三个一流”（建一流班子、创一流业绩、树一流形象）和“五百”（进百家门、知百家情、解百家忧、集百家智、帮百家富）活动。通过开展学习实践活动，高扬旅游龙头、主攻绿色生态，加快平顺科学发展、可持续发展成为全县的共识，并正在变成全县人民的生动实践。学习实践科学发展观活动也成为我县历次学习教育活动中组织最周密、标准最严格、成效最明显的一次，得到了省市指导检查组的充分肯定；全面加强党的建设，进一步增强了各级党组织的创造力、凝聚力和战斗力。强化理论武装，加强了党委中心组学习，制定完善了相关制度；采取“走出去”与“请进来”相结合的方式，积极构建开放式大培训格局，先后组织县乡干部赴中央党校进行专题培训，开了中央党校为县级干部专门开班培训的先河，推进理论学习制度化、规范化，实现了党员干部教育培训经常化；深入实施了“五创一建”为主要内容的“旗帜工程”，特别是注重在实施“双五”战略、主攻“五大”目标中发现人才，选用人才，形成了注重基层、注重实干、注重人才、注重民意的导向，基层党组织的战斗力、凝聚力明显增强；着力转变干部作风，加强党风廉政建设，全面推进党员领导干部教育、制度、监督并重的惩治预防腐败体系建设，广大党员干部的拒腐防变能力进一步增强，全县用人干事环境风清气正。5月31日，省委办公厅专门印发《平顺县通过加强作风建设促进事业发展》的通报，要求全省学习我县在作风建设方面的好经验和好做法。

二、依托绿色，加速转型，旅游产业快速成长

2009年以来，平顺县确立的“高扬旅游龙头、主攻绿色生态”转型发展思路，变成了生动实践，产业结构绿色转型的势头愈发强劲。成功引进山东塔山、长治振东等8家民营企业，投资20多亿元对虹霓大峡谷以及旅游相关产业进行集中开发；全年共完成旅游基础建设投资4110万元，九天圣母庙维修整治项目全部完工，虹石旅游专线竣工通车。太行水乡宾馆正式对外营业，恐龙谷香福宾馆主体完工。成功举办第三届全国新闻记者漂流邀请赛、第四届龙门文化艺术节和名人名家进平顺等一系列旅游推介活动。全年各景区共接待游客55.05万人次，同比增长8.5%；旅游综合收入达到5589万元，同比增长32.6%。

三、全民参与，机制保障，生态文明建设实现质的跨越

致力于绿色平顺、生态平顺、魅力平顺建设，投资8000余万元，完成荒山造林7万亩，通道绿化补植补种305公里，县城绿化完成大苗栽植9000株，干果经济林完成1万亩。发展中药材等林下经济作物1000余亩，建成园林村81个。生态环境进一步改善，综合污染指数下降7.8%，环境空气质量二级以上天数达到355天。全国造林绿化现场会上，我县以整体推进的典范、精细施工的现场、震撼人心的效果，代表长治和山西展示了形象，受到了与会同志的一致好评。会后，13个省市的百余个党政考察团和林业技术人员先后慕名走进平顺，学习取经。

四、发挥优势，培育特色，农业产业稳步推进

大红袍、纪兰饮料等六大农业产业化龙头企业健康成长，辐射带动力进一步增强，四大绿色有机农业园区初具规模，新认证国家级绿色有机农产品19个，发展养殖小区23个，规模养殖户117户，新建三个县级配送中心，西沟、振中民桥两个大型农贸市场建成并投入运营，发展乡村农家旅社318户，农家超市140个，农民增收渠道进一步拓宽和延伸。以“四清、四改、七化”为突破口，农村环境显著改善，新农村建设扎实推进。扶贫开发取得重大突破，投资2500多万元的彩票公益金项目全面完成，15个项目村的村容村貌焕然一新，群众生产生活条件明显改善，扶贫工作名列全省第一。

五、完善功能，提升品位，城乡基础设施更加完善

县委坚持打基础不动摇，增后劲不松手，推动了基础设施大改观、城乡面貌大变化。投资近一亿元，全面完成县城垃圾填埋场、污水处理厂、县城集中供气一期工程、老年活动中心、青羊北街地质灾害治理一期工程、状元路、南河道治理四期工程建设任务；滨河花园200户居民顺利入住，阳光花苑竣工交付使用，县城集中供热取得实质性进展，县体育中心、文化馆改扩建工程全面启动，城市功能日趋完善，山城特色魅力彰显。公路建设实现新突破，全年新完工村通水泥（油）路全覆盖工程121.6公里，在全市率先完成了村通水泥路全覆盖工程，旅游公路覆盖所有景点，路网密度跃居全市第一。特别是事关平顺长远发展的长青二级公路郭和——苗庄段全线贯通，实现沙砾路通车；长平高速全线开工；潞林线改造正式动工；中南铁路即将

动工；投资2.2亿元新建的阳高22万变电站建成并投入使用；投资600余万元的安全饮水工程，彻底解决了1.88万人、2000余头大牲畜饮水难问题。

六、以人为本，统筹发展，人民群众得到更多实惠

教育事业优先发展，投资1.1亿元的县城一中、二中、机关幼儿园“两校一园”工程如期完工并投入使用，15所项目校建设和8所学校校舍危房改造项目全面完成，城乡教育教学环境有了质的改善；筹资200万元组建“山西省平顺县申纪兰扶贫助教基金”；新聘54名中学教师和60名农村中小学特岗教师；深入实施“三名”工程，进一步完善了教师关爱激励机制；中考成绩稳中有升，高考成绩实现三大历史性突破，人民群众对教育事业的满意度有了较大提高。成功举办群众文化展示周、校园文化展示周和城乡消夏晚会等各类节庆晚会百余场，极大地丰富了群众精神文化生活；“一报、一台、一刊”为宣传平顺、弘扬平顺精神发挥积极作用，全县85%的行政村建起了文化站和农家书屋，县、乡、村、户四级文化网络正在形成，文化软实力显著提升。城乡医疗环境有效改善，县医院住院部投入使用，103个村级卫生室建设顺利完成；卫生系统人事制度改革圆满完成，医务人员结构更趋合理；新型农村合作医疗参合率达到91.59%，全年发放补偿金额1123.44万元。就业援助措施全面落实，新增就业岗位1310个，新开发公益性岗位138个，培训返乡农民工3000名。社会保障体系进一步完善，为8926户城乡低保户累计发放低保金1141万元，投资1200万元改扩建8所基层敬老院；人口和计生工作各项指标圆满完成，体育事业发展良好。全年各类民生资金共计投入2.12亿元，发展成果普惠千家万户，人民群众幸福指数有了较大提高。

七、畅通渠道，常抓不懈，安全稳定的良好局面得到进一步巩固

严格落实信访工作责任制，坚持逢二接访、预约接访、定点下访、带案下访、包案接访、敏感时期值班接访，开展“解决问题月”活动，全年共接待信访群众117批343人次，解决信访案件56起，沉积多年的一批信访积案和历史遗留问题得到解决。安全生产体系进一步健全，安全生产责任制全面落实。全县社会安定有序，初步实现了安全生产零事故、群体越级零上访、个体非正常赴省进京零上访“三个零”的目标。

八、逢一必争，逢冠必夺，对外形象和影响力大幅提升

一年来，全县人民在困难中前行，在拼搏中奋进，多项工作受到中央及省市领导和社会各界的广泛关注。先后荣获“中国最具特色旅游胜地”、“中国优秀生态旅游县”、“全省综治工作标兵单位”等殊荣，被省直相关单位推荐为“全国生态建设模范县”、“全国扶贫开发先进县”，相继有12个市级以上现场会在我县召开，有24项工作受到中央或省市表彰，10项工作在全省进行了经验交流和学习推广，先后有习近平、周铁农、罗富和等党和国家领导人及张宝顺、王君、贾治邦、项兆伦等一大批省部级领导走进平顺，考察指导工作，并对平顺坚持科学发展取得的成绩给予高度评价。（陆晓玲）

附：一、中共平顺县委书记、副书记、常委名单

书　记：陈鹏飞
副书记：吴小华　崔江华　杨一平（挂职）
常　委：杜玉岗　杨立宏　赵小平　李晓峰
　　　　贺思宇　韩晓春

二、乡镇党委书记、副书记名单

青羊镇
书　记：路晓波
副书记：张　清
西沟乡
书　记：杨　晓
副书记：刘忠虎
龙溪镇
书　记：杨翠玲（女）
副书记：路国胜
杏城镇
书　记：王　林
副书记：王立中
东寺头乡
书　记：石旭东
副书记：崔买德
虹梯关乡
书　记：王喜萍（女）
副书记：黄世贤
石城镇
书　记：王建中
副书记：杨　光
阳高乡
书　记：申涌泉
副书记：段开松
北耽车乡
书　记：原保根
副书记：杨伟红
中五井乡
书　记：赵彦伟
副书记：程丽荣（女）
北社乡
书　记：吴月红
副书记：许淑芳（女）

苗庄镇
书　记： *张秀斌*
副书记： *杨建松*

中共黎城县委工作概况

2009年，黎城县委在市委的正确领导下，坚持以邓小平理论和“三个代表”重要思想为指导，全面贯彻党的十七大和十七届三中、四中全会精神，以开展学习实践科学发展观活动为契机，围绕市委“四位一体”战略的总体部署，坚持“一手狠抓项目建设，一手争取政策支持”的工作思路，紧紧依靠全委会的同志，团结带领全县干部群众，积极应对国际金融危机冲击，全力以赴保增长、保民生、保稳定，协调推进经济建设、政治建设、文化建设、社会建设和生态建设，全面加强党的建设，各项工作取得新进展。2009 年,全县地区生产总值完成20.5亿元，规模以上工业增加值完成8.3亿元，财政总收入完成3.04亿元，固定资产投资完成12.3亿元，社会消费品零售总额完成7亿元，城镇居民人均可支配收入8876元，农民纯收入4120元，主要经济指标都有不同程度的增长，多项指标在全市、全省的排位明显前移。狠抓了生态建设，全年县城二级以上天数达到326天，比去年增加26天，比年初目标增加56天，现有工业污染源全部实现达标排放，森林覆盖率达到46%，县城绿化率37.8%，人均公共绿地32平米，三项指标均超过了全市、全省、全国平均水平。充分挖掘和弘扬黎城悠久的历史文化，顺利进入了中国千年古县、中国民间文化艺术之乡，霞庄村被命名为省级“历史文化名村”，被中国民族建筑研究会授予“中国民族优秀建筑”称号。通过各种平台宣传扩大黎侯虎影响，继2008年成功参展奥运会后，又被确定为2010年世博会指定参展品。成功申报“山西省影视文化拍摄基地”，“千年古县—尧帝遗风泽黎城”由中央电视台拍摄并播放。武装、计生、卫生、教育等30多项工作受到上级的表彰和肯定。黎城的综合实力和社会和谐水平得到明显提升，呈现出经济蒸蒸日上、事业全面发展、民生持续改善、社会和谐稳定的良好局面。

一、坚持把握发展第一要务，推动经济又好又快发展

一年来，县委坚持既定发展思路不动摇，扎实苦干，共克时艰，县域经济保持了平稳发展态势。

着力抓好项目建设，提升经济实力。改变黎城目前的现状必须靠项目，支撑黎城未来的发展更要靠项目。基于此，县委始终把项目建设牢牢抓在手上，一手抓新上项目的引进和建设进度，一手抓现有企业的技术改造，通过落实项目分包责任，优化发展环境，推行精细化管理，着力壮大工业经济的整体实力。2009年，全县共铺开重点工业项目15个，完成投资10多亿元，有11项竣工投产或即将投产。潞矿集团投资建设全国一流的工业硅生产基地，9月份建成投产，结束了黎城县没有国有大中型企业的历史。粉末冶金三公司投资7000万元，引进国内一流的选矿设备，大大提升了选矿能力和企业的现代化水平。投资4.8亿元的浮法玻璃项目于8月正式投产，填补了长治工业发展的一项空白，成为黎城县循环经济发展的一个典范。投资2亿多元的古寺头铁矿完成建设，将全面投人生产。黄崖洞纯铁精矿粉公司技改、国磁公司技改等项目顺利完工，华太、长福焦化项目二期工程今年5月份建成，180万吨精洗煤项目今年8月份投产。同时，煤炭资源开发、煤炭物流配送、干法水泥、多晶硅、活性炭等项目前期工作正在加紧进行，黎城正逐步实现由工业小县到工业强县的历史跨越。

着力发展高效农业，扎实推进新农村建设。县委始终把“三农”工作摆在重要位置，以农民增收为核心，以现代农业为主攻方向，以基础设施建设为支撑，不断提升城乡统筹发展水平。积极发展核桃、尖椒、蔬菜种植等特色农业，新发展优质核桃树12.5万株，全县核桃树总量达到8.5万亩、255万株，努力向“农民人均一亩核桃树”的目标迈进。种植尖椒4.65万亩，发展蔬菜大棚185个，新建、扩建畜禽规模养殖场20个，带动农民增收8000多万元。大力发展农业龙头企业，飞鹤三泰、三泰科技等一批农副产品加工企业进一步壮大，飞鹤三泰新推出的核桃油、核桃胶囊等系列产品打入了全国大中城市的超市。组织各类技术培训116场次，共培训农民2.3万人次。投资418万元完成27项安全饮水工程，解决了1.1万人和1300头大牲畜的饮水安全问题。以全省第二的位置成功挤入全国小型水利县，可争取省市资金2700多万元，项目完成后，将建成覆盖全县一半以上耕地面积的水利灌溉网络，可有效改变农业“靠天吃饭”的历史。争取上级新农村扶持资金252万元，完成19个省级重点推进村的建设规划。大力实施新农村“四清六化”工程，扎实开展乡村环境卫生综合整治活动，农村人居环境得到明显改善。

着力提升完善县城功能，增强辐射带动能力。县委坚持把县城建设作为推进城乡一体化的重要举措，进一步完善和实施了“东居西贸南园北政”的城市总体发展规划，拉大城市框架，提升城市品位。采用市场化运作的办法，投资2亿元，完成了东河游园、高速公路连接线拓宽改造、综合活动中心建设等10项城建重点工程和标志性建筑，铺开了交通客运中心、火车站棚户区改造、中水回用等工程，县城集中供气、供热等造福县城居民的重点工程也取得了新的进展。同时，以提高县城的文明程度为主要内容，由园林、环卫、城建、县城综合执法大队牵头组织，各单位实行责任分包，广泛开展了净化、绿化、亮化、美化工作，县城面貌焕然一新，黎城正在由格局拘紧的“小黎城”向

秀美开阔的“大黎城”迈进。

二、坚持争取政策支持，着力提高行政保障水平

县委把争取政策支持作为加快经济社会发展的重要抓手，积极向上反映黎城的实际情况，赢得上级的理解，寻求更多的支持。在争取政策支持方面，我们三年迈出了三大步，争取的资金三年翻了近两番。2007年成功挤进省级财政转移支付县，当年争取资金2061万元；2008年争取到5126万元，较2007年翻了一番多；2009年争取和节支的资金9400多万元，较2008年翻了近一番。分四块：一是争取到省财政一般转移支付补助7617万元，二是黎城虽不是两区县，但经过争取，省财政将我县列入革命老区专项转移支付补助范围，从2009年起分三年时间给予补助1500万元，用于发展老区公益事业；三是通过向上争取，市财政局在实施中小学校舍安全工程时，将我县的资金配套比例由30%降低到14.5%，享受省级贫困县同等的政策待遇，为我县减轻资金配套427万元；四是地方国债转贷的880万元资金，本应由我县分三年偿还，经争取，由市财政代还。通过争取政策，保证了干部职工工资的正常发放和财政的正常运转，全县新建的教育、医疗卫生、城建、道路等社会事业项目所用资金，争取的都是上级有关部门的支持，没有加重地方财政负担，经得起实践、历史和人民的检验。

三、坚持优先解决民生问题，努力建设和谐黎城

2009年，县委围绕和谐黎城建设，继续扎实推进“五大惠民工程”、生态绿化工程和平安创建工程，努力让广大人民群众享受更多更好的发展成果。

“五大惠民工程”泽被群众。县委始终坚持以人为本，对涉及全县群众切身利益的民生工程，高度关注，多方争取资金，千方百计予以保障。教育方面，投资6000多万元，完成一中教学楼、北坊小学教学楼、二中餐厅、职业中学餐厅、青少年综合活动中心建设，使50%的初中生摆脱了因为缺少教室不能上高中的困境。投资1600多万元，完成西井中学等12所学校校舍安全改造工程。加快师资队伍建设，将李庄中学改建为教师培训中心，对全县45岁以下的中青年教师先期进行了信息技术培训。卫生方面，投资1200多万元，建成了县医院综合门诊楼，完成了乡镇卫生院改扩建和41个卫生所空白村卫生室覆盖工程，从根本上改变了医护人员在危房办公、群众在危房看病的窘况。继续推进新型农村合作医疗，参合率达到91.84%；城镇职工和城镇居民参加医疗保险2.7万人。不断加大农村卫生工作力度，全年为农民免费健康体检4.3万人次，建档12000余户。加强甲型H1N1流感防控工作，确保了群众的身体健康和生命安全。社保方面，城乡困难群众基本上实现了应保尽保。完成上遥镇中心敬老院等5个敬老院和阳南五保村的二期工程建设，五保户集中供养率达到37%。不断建立健全社会救助制度，在全市率先成立了“流浪乞讨人员救助管理站”。就业方面，积极落实就业再就业各项政策，劳务输出2300人，公开招聘教师100名，为劳动、园林、环卫、公安巡逻等部门争取公益性岗位361个，有效缓解了下岗职工、零就业家庭和困难高校毕业生就业压力。工业经济发展新增就业岗位1900个，并有效拉动了以服务业为主的第三产业发展。住房安居方面，完成首期3000平方米廉租房规划选址、设计、招标发包等前期工作，完成洗耳河等3个村85户困难群众的住房修缮，对324户城镇困难家庭进行了租赁补贴，切实解决低收入家庭的住房困难。

生态宜居建设方兴未艾。县委以迎接全市召开的“全国造林绿化现场会”为动力，狠抓了绿化和环保工作，全力打造生态黎城。大力推进以通道绿化、荒山绿化、县城绿化、环城林带绿化、园林村镇绿化、厂矿区绿化“六大工程”为主的生态林业建设，全年投资3000多万元，完成造林绿化4.5万亩、四旁植树65万株、育苗面积0.4万亩、通道绿化123公里，完成20个省级园林村庄绿化和8个厂矿区绿化，退耕还林到期的经济林经国家检查验收全部达标。黎北公园栽植10公分以上大苗150亩、8000多株，一次成景，一次成型，提升了环城绿化和县城绿化档次。目前全县有林面积78万亩，森林覆盖率达到46%，被市委、市政府评为“生态建设红旗县”。投资3500万元建成了垃圾处理场，污水处理厂安装了在线监测设备确保正常运行，拆除了金元钢铁公司4座小高炉及配套的设施。全年环境状况明显好转，群众进一步感受到了天高气爽、蓝天白云的景象。

平安黎城创建成效明显。县委把安全稳定作为发展的首要前提，在整体推进方方面面工作的同时，突出抓了信访和护林防火工作。狠抓了信访源头防治，深入开展了信访不稳定因素排查处置工作；规范了县委书记、县长公开电话运行机制；出台了《领导阅批群众来信制度》、《定期研究信访工作制度》等九项工作制度，信访工作逐步走上了规范化轨道。加强了信访工作机构、编制和基础设施建设，全年信访总批次和人次分别比去年下降25%、26%，真正实现了国庆期间赴省进京“零上访”目标，受到了省市的表彰。实施和完善了公安、林业、乡镇、包村干部和村护林防火员“五位一体”的责任体制，全民参与，全年坚持，做到了护林防火常态化、制度化，确保了森林资源安全和人民群众的生命财产安全。生产安全、交通安全、学校安全、食品药品安全、社会治安综合治理等工作均取得了新的成绩，群众对社会安全的满意度进一步提高。

四、坚持推进依法治县，弘扬传承先进文化

县委按照发展社会主义民主政治的要求，坚持党的领导、人民当家作主和依法治国的有机统一，巩固和发展民主团结、生动活泼、安定和谐的政治局面，加快依法治县进程。坚持和完善人民代表大会制度，支持人大及其常委会依法行使职权。坚持和完善党领导的多党合作和政治协

商制度，充分发挥人民政协的政治协商、民主监督和参政议政作用，从各个层次扩大公民有序的政治参与。规范司法行为，强化执法监督，促进司法机关公正执法、文明执法。以“法律六进”活动为载体，深入开展法制宣传和依法治理工作，不断创新普法方式方法，扩大法制宣传教育覆盖面，在全社会形成自觉学法、守法、用法的浓厚氛围。完善基层群众自治制度，深入推进了政务公开、村务公开、厂务公开和公共企事业单位办事公开。加强和改善对工会、共青团、妇联等群众团体的领导，发挥他们在联系群众、服务群众、教育群众、维护群众合法权益等方面的积极作用。坚持党管武装，积极支持人武部的各项工作，不断加强国防后备力量建设。

县委十分重视旅游文化建设对经济社会和谐发展的促进作用，深入挖掘我县独特的自然资源和优秀的古黎文化，不断壮大旅游文化软实力。进一步加大“太行红石公园”和黄崖洞景区的开发力度，深度开发了霞庄、正社等一批民俗文化村和民俗自然生态村，组织黎侯虎赴北京参加了全国手工艺品技艺大赛，赴四川成都参加了国际非物质文化遗产作品展，赴太原参加了山西省第二届非物质文化遗产保护展，得到了国家和省市领导、国外游客和民俗专家的好评，引起了新闻媒体的特别关注。借鉴去年太行风景道采风经验，成功组织了河北、山东、河南三省摄影家60人次赴太行风景道采风。对全县宣传资源进行有效整合，完善了政府网站，大宣传的格局初步形成。扎实开展群众性精神文明创建活动，极大地丰富了人民群众的文化生活。

五、坚持加强执政能力和先进性建设，全面提高党建工作水平

县委认真贯彻落实党的十七大、十七届四中全会和省、市委关于加强党的建设的总体部署，坚持党要管党、从严治党，全面加强各级党组织和广大党员干部的思想、组织、作风、制度和反腐倡廉建设，不断提高党的执政能力和执政水平，为经济社会的发展提供坚强的政治和组织保证。

突出特色开展好学习实践活动。3月份第二批学习实践科学发展观活动开展以来，县委紧紧围绕省委“三个发展”和市委“四位一体”发展战略，立足县情，确立了“注重‘三个转变’，培育‘三个优势’（注重转变思想观念，培育敢闯敢拼新优势；注重转变发展模式，培育经济转型新优势；注重转变管理方式，培育安全和谐新优势），构筑‘三个支撑’（项目支撑、环境支撑、人才支撑），强化‘三个保障’（组织保障、制度保障、作风保障），全面加快黎城科学发展步伐”的主题和载体。活动中，坚持“规定动作”不走样，“自选动作”有创新，高标准、严要求，扎实有序推进各个阶段的工作。建立健全了10个长效机制和40个推进机制，为推动科学发展提供了制度保障。坚持把第二批和第三批学习实践活动有机衔接和结合起来，从9月份开始，按照中央和省市委“五个更加注重”和“五个贯穿始终”的要求，围绕提高学习效果，在严格按规定学习的同时，开展了形式多样的学习教育活动，组建了30多支大学生村干部宣讲团，深入250个行政村宣讲，先后有300多批次、10余万群众受到了教育。参学单位普遍确立了切合实际的主题和载体，发展思路和发展方向进一步明确。强化了农村基层基础工作，进一步发挥了基层党组织的战斗堡垒作用。完善了农村环境卫生制度，确保了农村卫生整治常态化。新成立了太行钢铁公司党委，加强了“两新”组织的党组织建设。

注重学习提高干部素质。县委坚持把思想政治建设放在首位，认真落实《中共中央关于加强和改进新形势下党的建设若干重大问题的决定》，围绕建设学习型党组织和学习型领导班子，加强了党委（党组）中心组学习，制定完善了相关制度，推进理论学习制度化、规范化。坚持理论联系实际的学风，把理论学习与指导实践紧密结合，与改造主观世界、加强党性锻炼紧密结合起来，通过学习开阔了视野、增长了才干、促进了工作。充分发挥党校作用，全年共举办各类干部培训班21期，培训干部1620人次，有效提高了党员干部素质。发挥远程教育平台的作用，实现了农村基层党员干部教育培训工作的经常化。

完善制度端正用人导向。继续扎实推进干部人事制度改革，着力端正用人导向，凭品德、凭能力、凭实绩选任干部。2009年分三批调整79名干部，其中提拔任用54人，平级交流25人。凡调整的干部，都是根据岗位空缺情况和上级部门的要求，由部门提出用人意见、分管领导审核、组织部门把关、常委会表决，严格按照干部选拔任用的程序进行，做到了公平、公正、公开，保证了选人用人的可靠性。不断强化干部管理工作，出台了《黎城县乡镇党政正职、县直部门正职责任考核办法》、《黎城县公务员考核办法》、《黎城县事业单位工作人员考核办法》等制度，干部考核工作更加规范。严格执行责任追究制度，2009年共有4名乡镇科级领导和县直部门正职因工作失职、失误被免职。

创新机制强化基层堡垒。围绕农民增收、农业增效、农村稳定，在全县250个行政村继续引深了农村“两委”干部承诺制管理工作，承办实事767件，完成率达到90%以上。继续实施了“三培养”活动，30名大学生村官、145名致富能手和乡土人才、5名非党村委会主任发展为党员，党员的年龄结构、文化程度和综合素质更加优化，凝聚力、战斗力进一步增强。采取调整、包村帮扶、加强培训等措施，对29个“难点村”支部班子进行了整顿，基层党组织的战斗堡垒作用进一步发挥。新建和改建村级组织活动场所23个，为党员开展活动创造了条件。

严格责任推进党风廉政建设。严格执行党风廉政建设责任制，标本兼治、综合治理，不断拓展从源头上防治腐败的工作领域。围绕建设高效廉洁的行政工作体系，继续深化行政审批制度改革、推进投资体制改革和干部人事制度改革，形成了一整套规范权力运行的防治腐败工作机制。对行政机关及其工作人员在纪律作风建设中存在的“在职

不在岗，在岗不履职”等突出问题进行了督促检查，对违反纪律的47人进行了严格的责任追究。围绕重点工程项目建设，开展了监督检查，保障了重点工程项目顺利实施。扎实推进煤焦领域反腐败专项斗争，切实纠正行业不正之风，维护群众的切身利益。以农村“四资”清查为重点，扎实开展农村党风廉政建设，维护了农村的和谐稳定。狠抓了违纪案件查处，全年共立案查办党员干部违纪违法案件58件，11名科级干部、29名普通干部、26名农村主干受到了党纪政纪处分。（常虎田）

附：一、中共黎城县委书记、副书记、常委名单

书　记：崔建泰

副书记：郜双庆　孙希谋　董培德

常　委：孙彩虹　杨和贵　张维斌　姬　文　刘永清　程　琦

二、乡镇党委书记、副书记名单

黎侯镇

书　记：王林莉

副书记：王国斌

黄崖洞镇

书　记：张晓明

副书记：郭联豪

西井镇

书　记：谢永强

副书记：王永刚

东阳关镇

书　记：韩志斌

副书记：魏晓伟

上遥镇

书　记：江永兴

副书记：郭孝军

程家山乡

书　记：李志刚

副书记：康海江

西仵乡

书　记：岳红宜

副书记：王勇波

停河铺

书　记：郭立毅

洪井乡

书　记：任文中

副书记：张永刚

中共襄垣县委工作概况

2009年，在市委、市政府的正确领导下，襄垣县委坚持以邓小平理论和“三个代表”重要思想为指导，以科学发展观为统领，全面贯彻党的十七大和十七届三中、四中全会精神，认真落实中央“保增长、保民生、保稳定”大政方针、省委“转型发展、安全发展、和谐发展”总体要求和市委“四位一体”发展战略，紧紧依靠全委会各位委员，团结带领全县各级党组织和广大党员干部群众，锐意进取，求真务实，以深入开展学习实践科学发展观活动为动力，积极应对国际金融危机给我县带来的困难，努力破解发展难题，坚定不移推进六大战略，聚精会神建设百项工程，全力以赴维护社会稳定，深入扎实开展“绿化、环保和城乡环境卫生整治”攻坚年活动，进一步开创了全县县域经济持续发展、社会事业整体跟进、各项工作亮点频现、社会局面和谐稳定、人民群众安居乐业的良好局面，有力推进了襄垣科学、和谐、跨越发展步伐。

一是综合实力稳步提升。一年来，我们坚持把发展作为执政兴县的第一要务，努力克服世界金融危机对我县经济发展造成的负面影响，化不利条件为有利条件，化消极因素为积极因素，化外在压力为内在动力，强力推进六大战略，奋力建设百项工程，确保了全县经济社会平稳较快发展，巩固和提升了县域整体发展实力。全年生产总值完成144亿元，同比增长8.1%，在全省119个县（市、区）中排名第十一位，在全市各县（市、区）中排名第一位；规模以上工业增加值完成115亿元，同比增长5.2%，在全市排名第一位；固定资产投资完成75亿元，同比增长75%，在全市排名第一位；财政收入完成26.6亿元，同比增长26.8%；其中一般预算收入完成8亿元，同比增长14.7 %，在全省和全市分别排第七位、第一位；城镇居民人均可支配收入达到15544元，同比增长19.4%，在全市排名第二位；农民人均现金收入达到6148元，同比增长7.3%，在全市排名第四位。在全国经济发展普遍受到金融危机冲击的特殊情况下，我县除个别指标外，绝大多数都圆满完成了年初确定的目标任务。在今年全国第九届中部地区县域经济基本竞争力评比中，我县名列第40位，比上届前移了6位；进入了“2009年度中国中小城市科学发展百强县”、“2009年度中国最具区域带动力中小城市百强县”行列。

二是项目建设顺利推进。一年来，我们坚持靠项目提升实力，靠项目改变面貌，靠项目造福人民，把项目建设作为推动襄垣经济与社会快速发展的有效载体和抓手，科学谋划并组织建设了第二个强襄垣实力、富襄垣人民、增

襄垣魅力、提襄垣活力的100项重点工程和项目。各级干部合力攻坚、全县上下众志成城，整个古韩大地继续保持了大建项目、快建项目、建大项目的良好势头。全县的100项重点工程和项目共完成投资44.6亿元，有61项工程项目顺利竣工。各乡镇铺开的200项重点工程和项目也都进展顺利，有148项顺利完工，有14项接近尾声。一批强筋壮骨、提升实力的基础工程的相继完工，一批加快发展、实现跨越的提速工程的顺利建成，一批为民谋利、造福百姓的民生工程的效果显现，为襄垣科学发展、和谐发展、跨越发展奠定了坚实的基础。

三是产业发展态势良好。在工业上，我们着眼于新经济增长点的培育和市场竞争力的提高，坚持以规模化、循环化、园区化发展为着力点，努力转变发展方式，大力推进结构调整，富阳循环经济工业园区迈上了规范化发展的轨道，形成了“采煤、选煤、冶炼、化工、镁合金、建材、发电、污水处理”循环产业链条，成为全市循环工业经济的典范；按照省、市煤炭企业兼并重组和资源整合要求，成功组建了襄矿、七一、三元古韩3大煤炭企业集团，走在了全省、全市前列，全县煤炭工业的产能效益、安全保障、持续发展后劲都得到进一步增强；在建的襄矿集团60万吨聚氯乙烯一期工程被列入省重点工程，正在进行设备安装，预计今年5月可试生产。另外，我们还新建了5个120万吨洗煤项目和4个大型粉煤灰、煤矸石制砖项目，完成了仁达公司300台玉米收割机制造项目、铁路战略装车点项目等。所有这些都为襄垣今后的可持续发展奠定了坚实基础。在农业上，我们着眼于产业化发展，进一步狠抓了龙头企业和规模化种养殖小区建设。东宝薯业、阎老醋业、兴科菌业、宝达菇业、广发禽业等一批龙头企业有了新的发展。东宝薯业初步形成了“基地种植—淀粉加工—粉条生产—饲料加工—生猪饲养—沼气生产—沼液还田”绿色农业循环产业链条。在夏店、善福等乡镇新建和扩建规模化猪场7个，在王村、虒亭、上马、古韩、善福等乡镇新建蔬菜大棚400架，在古韩、王桥、夏店、侯堡、王村、西营、北底七个乡镇的37个村发展甘薯种植基地2万多亩。以崔家庄村大棚蔬菜建设为示范，县财政拨付1500万元专项扶持资金，并协调信用联社信贷300多万元，在全县11个乡镇规划建设了以蔬菜大棚为主的29个、3000余亩设施农业科技示范园区。同时，全县共投入资金近1亿多元，大力推进了60个新农村建设，完成街巷硬化、村庄绿化等各类基础设施项目600项，发展主导产业26项。在三产上，着眼于搞活流通，促进就业，新建和续建了西关农副产品批发市场、北关建材市场、西王桥汽车美容市场、西河底石材与大车修理市场等10个专业市场，新建了客都和金威两个大型超市，并发展乡村农家超市71个，进一步完善了城乡购销体系，繁荣了城乡经济。全县经济发展呈现出一产效益提高、二产基础加固、三产蓬勃发展的良好势头。

四是城乡面貌日新月异。在2008年拓宽、改造、延伸、开通10多条路街工程的基础上，县委铺开5项路街工程建设。古韩大道及其跨太焦铁路立交桥于2009年国庆节前正式建成通车，环湖路、滨河路、学府路南延、新建西街西延等一批路街工程也都顺利竣工，进一步完善了东西南北成环、内外道路贯通的县城交通“六纵六横”大骨架，拓展了县城发展空间。特别是跨太焦铁路立交桥的建成通车，不仅彻底解决了县城向西出口的瓶颈问题，将富阳工业园区拉入了县城建城区范围，而且成为县城的一道靓丽风景。这样规模和标准的立交桥，在全省的县级城市中是没有的，也是我们襄垣形象和气派的展示。一年多时间，在迎宾东西大街、环湖路、人民广场、学府路、古韩大道等处建成122栋、90多万平方米回迁楼的同时，一半以上的回迁户已经乔迁新居，其余回迁户正在进行室内装修。此外，完工建成的还有东关河道治理、人民会堂改造等基础设施工程，主体工程基本完工的有五星级大酒店、文体活动中心、客运中心、华宝大厦等一批标志性建筑。特别是广受群众关注的东湖炎帝农耕文化产业园（东湖公园），基本完成了主体建设任务，11月2日实现了放水入湖，不仅有效治理了过去县城东南角垃圾遍地、浊水漫流、蚊蝇肆虐的环境死角，而且为县城干部群众平添了一处湖光楼色、草青水秀的休闲场所，为县城增添了灵光秀气，提升了城市品位。随着华襄绿苑、植物园、笔塔公园、华宝广场等10处花园和15处小片林绿化以及万棵大树进城工程的顺利完工，城在绿中、绿在城中已经成为现实。在加强县城建设的同时，我们还注重加强了夏店、西营、善福、下良等乡镇所在地的集镇建设，集中时间、集中精力，对乡村的环境卫生开展了大整治。县、乡、村三级共投入3000余万元，新增环卫运输车、洒水车、保洁车127辆，新添垃圾集装箱、果皮箱460个，新建和续建乡村垃圾填埋场、垃圾池1300个，清理公路通道500多公里，清运陈年垃圾1万多方，拆除违章建筑80多间，粉刷墙壁15000多平方米，清除各类小广告1000多条，完成了10个城中村的48条小巷的“六化”任务。所有这些，都极大地改善了襄垣城乡的面貌，改变了襄垣城乡的形象，提升了襄垣城乡的品位。可以说，经过近两年的艰苦奋斗，我们襄垣的城乡面貌发生了巨大变化。国家九部委、省委、省政府、市委、市政府各级领导给予了充分肯定，省内外及社会各界给予了广泛赞誉，全县干部群众给予了一致好评。2009年，先后有江苏南通、黑龙江七台河、河南鄢陵、江西贵溪、山东信发集团、郑州铁路局、平遥、高平、繁峙等30多个省内外参观团来我县进行了参观。

五是绿化攻坚成效明显。我们将2009年确定为全县的“创优环境，绿化、环保和城乡环境卫生整治攻坚年”，坚持一手抓造林绿化，一手抓环保、卫生，加强领导、强化措施，强力度、大范围地开展了攻坚年活动，全县的人居环境、生态环境、生活环境都发生了大变化。在造林绿化上，继续按照“县城绿化要带头、通道绿化要跟上、村庄绿化要起步、企业绿化要上去、荒山绿化要继续”的思路，加大投入，加快造林，加强管护。一年来，政府、社会、企业先后投资2.27亿元，对县城、通道、企业、乡镇、村庄、荒山，进行了大面积绿化，共栽植各类树木380余万株。全县新增绿化面积2500多万平方米，累计达到1.3亿平方米，森林覆盖率新增2.28个百分点，达到12.88%。其中，县城绿化覆盖率达到46.9%，比2007年增加26.8%；绿地率达到41.6%，比2007年增加22.7%；人均公共绿地面积达到12.87平方米，比2007年增加10.11平方米。在环保上，14户化工、焦化、洗煤企业建设了环保项目，新建了县城标准生活垃圾填埋场，对县城内159家餐饮、洗浴行业进行了集中整治，关闭和取缔小焦炉、小石灰窑、小砖窑、小石子厂70户。2009年，全县二级以上天气数达到319天，较去年同期增加21天。我县被市委、市政府授予“全市林业生态建设先进县”称号；被中华环保联合会、中国农业生态环境保护协会等部门评为“中国绿色名县”，并作为生态文明建设和区域绿色发展的优秀成果在全国予以推广。

六是改善民生步伐加快。在大力推进经济又好又快发展的同时，我们高度关注关爱民生和改革发展成果共建共享，2009年大力加强了教育、卫生、文化、交通等公益事业的发展和社会保障体系建设。新建和续建了西关小学、迎宾街幼儿园、一中体育场和学生公寓楼、开元小学体育场，对23所中小学校舍危房进行了改造；续建了县医院住院楼，改造和扩建了6个乡镇卫生院、67个甲级村卫生所，提前一年实现了省政府提出的县、乡、村三级医疗机构网络全覆盖的目标任务；建设了王村至沁县出境路、东外环南延、五阳至黎城出境路、榆长线跨太焦铁路下穿、返底至潞城出境路、18个村50公里村通水泥（油）路；新建和续建88处小型提水、引水工程，解决了92个自然村、25000人的安全饮水问题；顺利完成了县城集中供热二期工程，供热面积新增180多万平方米，县城供热总面积达到310多万平方米，供热覆盖率达到85%；按照人均30元的标准，全县共拿出602万元，给全县农民发放煤炭补贴。人民群众的上学、就医、出行、吃水和城乡居民过冬取暖等生产生活条件得到进一步改善。高度关心关注弱势群体，提高了新型农村合作医疗保障标准，扩大了参合农民住院直补医疗机构范围，加强了城乡居民社会救助体系建设，巩固了国有、集体企业下岗职工社会保障和城镇居民基本医疗保险，出台了失地农民基本养老保险的暂行办法。面对2009年春季低温干旱、仲夏冰雹灾害、初冬暴雪灾情，县、乡、村三级和涉农部门积极深入农村，大力开展了组织抗灾自救活动，县乡政府、民政部门及时开展了受灾救助，社会各界、广大机关干部伸出援助之手，向受灾群众进行了捐助，使受灾群众的损失降到了最低点。

七是社会局面和谐稳定。一年来，我们针对新形势下安全维稳工作的新情况、新特点，着力创新工作机制，努力维护稳定和谐局面，为全县经济社会健康平稳发展创造了优良的社会环境。坚持逢五接访、预约接访、定点下访、带案下访、包案接访、敏感时期值班接访，全面化解各类矛盾纠纷，妥善处理群众反映的各类问题，增进了党和政府与人民群众的血肉联系。全年全县共接待群众上访258批、4100余人（次），解决信访案件236件，信访流量、群体性上访分别下降34.7%和45.3%。积极开展“打黑除恶”、“命案侦破”、“集中追逃”等一系列严打整治专项斗争，严厉打击各类违法犯罪活动，保护了人民群众的生命财产安全。全年全县破获刑事案件255起，查处治安案件1343起，依法处理2089人。狠抓交通运输、森林防火、食品卫生、民爆物品、消防防汛、企业生产等各方面的安全，特别是高度重视煤矿企业安全生产，推进质量标准化建设，引深专项行动，加强监督检查，严格隐患排查，加大安全投入，强化教育培训，有效遏制了重特大事故发生。2009年，全县煤矿安全投入达2.59亿元。特别是国庆60周年期间，全县实现了安全生产事故、群体性越级上访、个体非正常赴省进京上访“三为零”目标。

八是文明创建卓有成效。一年来，我们立足改善襄垣对外形象、优化襄垣发展环境、增强发展竞争力，深入扎实地开展了“四城联创”活动。持续引深机关文化、校园文化、企业文化、节日文化、广场文化、农村文化建设，积极开展“最佳服务机关”、“诚信示范店”、“感动古韩人物”、“文明共建日”、“争创文明县城、争当文明市民”等一系列文明创建活动，大力加强23个社会主义核心价值教育基地建设，全国文明县城创建成果得到进一步巩固；强化历史文化研究，加强海峡两岸联络交流，成功接待了国民党名誉主席连战一行来我县寻根祭祖，对台工作取得了新业绩。大力开展创建全国卫生县城、全省园林县城活动，不断加强县城卫生、商业、交通监管力度，人民群众的文明意识、卫生观念进一步增强。2009年我县被评为“全国文明县城”、“中国绿色名县”、“全国文化先进县”“全国科技进步先进县”、“千年古县”、“全国文明和谐县城”、“山西省园林县城”、“全省粮食生产先进县”等荣誉称号。

九是党的建设不断加强。一年来，县委以科学发展观为指导，坚持党要管党、从严治党，不断加强和改进党的建设，为全县六大战略的推进、工程项目的建设提供了坚强的组织保证和政治保障。精心组织，规范操作，圆满完成了第二批学习实践科学发展观活动目标任务，扎实推进了第三批学习实践活动，全县各级党组织的凝聚力、号召力、战斗力不断增强；坚持把优秀的干部安排到重点工程项目建设一线，坚持从工程项目建设一线选拔干部，坚持选拔干部向基层、向乡镇倾斜，坚持选拔干部向单位班子、向单位负责人、向群众广泛征求意见，严格程序，规范操作，优中选优，分三批对科级干部进行了调整和提拔，优化了干部队伍，强化了班子建设；选拔24名优秀农村党支部书记上挂乡镇副乡镇长、党委委员，并为他们终身发放财政补贴，极大地调动了广大农村干部干事创业的积极性；配套资金420多万元，全部解决了农村支部书记、村委主任的岗位报酬和养老保险，对全县离任农村干部的生活补贴标准由过去的每人每年500元提高到1200元，进一步解除了广大农村基层干部的后顾之忧。坚持标本兼治、综合治理、惩防并举、注重预防，认真落实全县党风廉政建设和反腐败工作目标任务，狠抓领导干部廉洁自律，扎实推进农村基层党风廉政建设，不断引深廉政文化和反腐倡廉教育活动，深入开展行风评议和煤焦领域反腐败斗争，认真纠正部门和行业不正之风，严肃查处违法违纪案件，为六大战略的推进、百项工程的建设创造了优良的社会环境和政治环境。2009年，全县共查处76起违法违纪案件，82人受到党政纪处分，其中党纪处分66人、政纪处分16人。

(王旭毅　王志虎)

附：一、中共襄垣县委书记、副书记、常委名单

书　记：张红星

副书记：冯俊义　琚海鹏　徐建军　李亮军（挂职）

常　委：王守国　秦启明　黄建斌　桑爱平（女）　孙泽强

二、乡镇党委书记、副书记名单

古韩镇

书　记：张红彬

副书记：史宏斌

王桥镇

书　记：李树清

副书记：王保堂

夏店镇

书　记：李智越

副书记：王德宏

侯堡镇

书　记：张国强

副书记：张茂中

虒亭镇

书　记：侯慧平

副书记：王慧斌

西营镇

书　记：郭国荣

副书记：杨丽霞

下良镇

书　记：常慧斌

副书记：王勇伟

王村镇

书　记：赵云发

副书记：王保力

善福乡

书　记：李晓飞

副书记：张素芳

北底乡

书　记：牛建荣

副书记：牛志强

上马乡

书　记：陈晋峰

副书记：董红霞

中共武乡县委工作概况

武乡县现有基层党委25个，党支部672个，党员发展到14079名，其中农村党员9844名，建国以前入党的老党员272名。

2009年，中共武乡县委在省委、市委的坚强领导下，全面落实科学发展观，按照省委“三个发展”和市委“四位一体”战略的总体要求，面对金融危机的严重冲击，认真贯彻落实党的十七大精神和中央、省、市应对金融危机的一揽子政策措施，团结带领全县广大干部群众，以学习实践科学发展观活动为契机，大力弘扬伟大的太行精神和“一争天下无难事”的武乡精神，面难不惧、负重拼搏，坚定不移推进“一三三”战略，千方百计保增长、保民生、保稳定，全县上下呈现出经济企稳回升、事业全面进步、民生持续改善、社会和谐稳定的良好局面。2009年，全县地区生产总值完成32.6亿元，同比增长8%；财政总收入完成8.9亿元，增长5.4%；一般预算收入完成3.2亿元，下降3%；固定资产投资完成18.2亿元，增长30%；规模以上工业增加值完成19亿元，增长6.1%；社会消费品零售总额完成6.9亿元，增长25%；城镇居民人均可支配收入达到1.07万元，增长16%；农民人均纯收入达到2828元，增长6%；人口自然增长率控制在4‰以内；二氧化硫、化学需氧量排放分别下降5.75%和34.36%。

一、高起点谋划，不断完善科学发展思路

结合县情实际，确定了“全面推进‘一三三’战略，扎实开展‘五大创建’活动，强力推进‘五项惠民工程’”的发展思路，提出了“项目支撑、文化带动、旅游拉动、作风保证，强一产、精二产、扩三产”的总体要求，通过抓升级、抓项目、抓招商来保增长，通过重民情、解民忧、办实事来保民生，通过抓基层、夯基础、建机制来保稳定。这个思路，符合科学发展观要求，既具前瞻性、更具操作性，取得了人气提升、经济回升、群众满意的效果。牢牢把握县情实际，确立了“靠文化引项目、靠文化树形象、靠文化促转型”的发展方向，把打好革命老区一张牌、建设八路军文化主题公园作为应对金融危机的重要抓手，强势启动“文化繁荣年”活动，全面实施八路军文化园、游击战纪念园、八路军文化长廊等工程项目，选准了我县转型发展的突破口和逆势发展的新引擎。

二、抓重点突破，扎实开展学习实践活动

根据中央和省市委部署，县委常委会扣紧“四四四一”主题和载体，注重实效、突出特色，深入开展学习实践科学发展观活动，组织专题讲座，实行封闭学习，开展“六个一”主题实践活动，推广“六联六抓”成功经验，解决了一批突出问题、实施了一批民生工程、创新了一套体制机制。在工作方法上，创新采取“五个二”工作推进方法，即“两个抓手”促推进、“两种形式”抓学习、“两次深入”搞调研、“两个层面”重实践、“两个平台”深宣传，促进了学习实践活动的健康有序开展。特别是各级领导带头抓、主动抓、深入抓，成为我县学习实践活动的鲜明特色。在第二批学习实践活动中，县委班子坚持带头扎实学、集中封闭学、邀请专家帮助学，先后邀请哈佛大学商学院李建生教授、省委党校硕士生导师宋建国等专家讲学，进一步深化了党员干部对科学发展观的认识和理解。在学习实践活动中涌现了张书堂、蒋红卫等一批先进典型，得到了人民群众的广泛赞同和上级部门的充分肯定，整个学习实践活动有声有色，收到了良好的效果。

三、大力度宣传，革命老区品牌打响叫亮

充分挖掘“全国著名革命老区”这一独特的政治资源优势，依托红色旅游和八路军文化主题公园宣传造势，“武乡是与井冈山、延安、西柏坡齐名的革命圣地”渐成共识，助推发展效应正在显现。国家副主席习近平、全国人大副委员长司马义·铁力瓦尔地、国务委员兼国务院秘书长马凯、原全国政协副主席杨汝岱等党和国家领导人以及中纪委、国家信访局、卫生部等领导先后亲临我县视察调研。9月6日中央电视台新闻联播《共和国从这里走来》栏目充分肯定了武乡县是全国最大的八路军文化主题公园，这是武乡革命老区在中央电视台最高规格的节目中首次亮相。一年中，先后被确定为全国第一批国家国防教育示范基地、中纪委党务公开工作联系点、全省革命传统教育培训示范基地、省纪委金道铭书记贯彻落实科学发展观联系点、省委组织部扶贫点。同时，中纪委拟在我县建立全国党风廉政建设教育基地，省委组织部拟在我县建设太行干部学院。这一切必将使我县在政策支持上赢得新倾斜，在人气聚集上开拓新境界，在精神支撑上焕发新动力。同时，通过创建活动，相继跨入“中国绿色名县”、“省级绿化先进县”、“省级环保模范县”、“国家园林县城”、“省级和谐文明县城”行列。

四、全方位推进，切实加大改善民生投入

坚持把保障和改善民生作为加快发展的出发点和落脚点，想方设法筹资2个多亿推进各项惠民工程。投资1.4亿元的二十轨制高中、投资860万元的青少年活动中心、投资1100万元的职中学生公寓楼、投资830万元的中小学校舍安全等工程相继竣工，职中实训楼开工建设、134名特岗教师充实到一线，为群众享受优质教育资源和全面推进中小学布局调整奠定了基础；中医院综合楼、妇幼保健院综合楼、154个村级卫生所等新改扩建工程相继完成；新农合参合率达95%，累计报销3.18万人次1357万元；共发放低保金、五保金和医疗救助金1608万元；企事业单位和农村养老保险参保人数达1.59万人，发放养老保险金3193万元。狠抓保障性住房建设，共完工经济适用房、廉租房3万平方米，向城镇低收入家庭发放廉租房补贴70万元。同时，城西客运中心、县游泳馆投入使用，集中供热三期工程全面完成，新增供热面积35万平方米，县城集中供热覆盖率达到85%；完成通达（通畅）工程34个村86.6公里、村村通广播电视236个自然村2360户；解决人畜饮水安全42个行政村、68个自然村。城乡群众的上学、就医、住房、出行、吃水、取暖、社会保障等困难进一步缓解。

五、举重拳出击，全力维护社会安全稳定

按照中央和省、市要求，认真落实维护稳定第一责任，巩固引深奥运安保成功经验，成立国庆安保中心和社会工作部，进一步规范完善县委书记、县长公开电话运行机制，延伸三级书记大接访活动，开设党委书记谈信访栏目，制定了《武乡县信访源头预防和评估工作机制》等十二项制度，采取工作组进驻重点难点村、机关干部进村入企促“三保”等措施，解决了一大批事关群众切身利益的热点难点问题。深入开展创建本质安全型县活动，编制了《武乡县创建本质安全型县行动纲要》，严格执行省、市各项安全生产措施，严肃排查整治各类安全隐患，安全生产形势进一步扭转，实现了国庆期间“零上访”、“零事故”“双零”目标。

六、强固本之基，切实加强党的自身建设

有效发挥总揽全局、协调各方作用，制定下发了《关于进一步加强和改进领导班子思想政治建设的意见》；积极支持县人大及其常委会依法行使职权，制定下发了《关于进一步加强人大工作的决定》；努力提高县政府依法行政能力，充分发挥县政协及社会各界参政议政职能，制定下发了《关于进一步加强人民政协工作的决定》；全面推进武装、老干部、统一战线等各项工作，形成了团结和谐、共谋发展的政治局面。切实加大基层组织建设和干部人才队伍建设，编制了《武乡县2009–2013年人才工作规划》，坚持民主集中制原则，公开、公平、公正配备班子、选拔干部，一批德才兼备、年轻有为、群众信任的同志走上领导岗位或调整到重要位置。认真执行党风廉政建设责任制，制定下发了《关于进一步加强领导干部作风建设的意见》，围绕重要领域和重大项目加强干部纪律、作风和廉政建设，从源头、体制机制上预防和反腐败工作取得新成效。

（张贵平）

附：一、中共武乡县委书记、副书记、常委名单

书　记：周　涛
副书记：阎新平　姚中华　徐建军（7月离职）
常　委：王　霖（7月任职）　薛安庆　魏晋民
　　　　张秀敏　张志刚　张立涛

二、乡镇党委书记、副书记名单

墨镫乡
书　记：张国红
副书记：冯　晋（6月任职）

洪水镇
书　记：魏振东
副书记：张　瑞（6月任职）

蟠龙镇
书　记：张王盛（7月离职）　李俊田（7月任职）
副书记：张鸿儒（6月任职）

韩北乡
书　记：申建斌
副书记：李韩霞（女）

大有乡
书　记：李晓东
副书记：冯　晋（6月离职）　崔宏伟（6月任职）

贾豁乡
书　记：王五堂
副书记：贾弘伟（6月任职）

监漳镇
书　记：李军印
副书记：张宏儒（6月离职）　王跃忠（6月任职）

上司乡
书　记：魏宝鸿
副书记：解建军（6月任职）

故县乡
书　记：刘钢平（7月离职）　郝建灵（7月任职）
副书记：张　瑞（6月离职）　张彦罡（6月任职）

丰州镇
书　记：王振力
副书记：韩海威

石北乡
书　记：杜慧萍（女）
副书记：温志刚（6月任职）

涌泉乡
书　记：郝忠平
副书记：李红伟（6月任职）

故城镇
书　记：李俊田（7月离职）　刘钢平（7月任职）
副书记：郝建灵（7月离职）

分水岭乡
书　记：阎佳坤
副书记：解建军（6月离职）　乔建平（6月任职）

石盘开发区
书　记：郝高宏
副书记：王跃忠（6月离职）　郝树福（6月任职）

中共沁县县委工作概况

2009年，沁县县委在市委、市政府的领导下，全面贯彻落实科学发展观，勇敢探索资源缺乏县区科学发展道路，充分挖掘水、土、人文资源优势，以建设“北方水城、中国沁州”为目标，全力实施“以水为魂，创造靓丽水城品牌；以土为根，打造现代农业园区；以工为重，提升工业发展水平；以人为本，构建和谐富裕沁县”的“四以”发展战略，狠抓“修路、栽树、治水、兴教”四项基础工作，扎实推进“双百”工程和“五城”联创，全年创纪录地有省、市级7个现场会在沁县召开，10多项工作经验在全市推广，20多项工作位居省、市前列，获得“中国绿色名县”、“中国最具特色魅力县”、“中国小米之乡”荣誉称号，被评为“山西综合发展力提升十强县”，整体工作步入了发展最快、变化最大、人民群众得实惠最多的时期。

一、强基固本，基层党建稳固加强

2009年，沁县按照省、市委“强班子、建队伍、创机制”党建工作新思路，创新“四三三二”党建工程，夯实基础、创新机制、全县基层党建工作呈现出城乡统筹、亮点纷呈、整体推进的良好局面。

（一）以科学发展观为指导,学习实践成效显著。在学习实践科学发展观活动中，沁县18个基层党委（工委），530个党支部，10683名党员，紧紧围绕“引深‘四以’战略，突出项目建设，建设‘北方水城’，实现科学发展”这一主题和载体，精心组织，周密部署，严格程序，细化环节，强化学习教育，突出实践特色，重在解决问题。全县党员干部对科学发展观有了新的更深的理解，党的基层组织建设得到了有效加强，“八字”方针得到进一步地贯彻，建立了推动沁县科学发展的十大长效机制，北方水城发展战略向纵深推进，县域经济社会健康发展。

（二）以选育后备干部为重点，干部活力明显增强。一是农村后备干部“青黄不接、后继乏人”的问题得到切实解决。建立健全了村党支部书记选拔任用、教育培训、激励保障和管理监督长效机制，使农村后备干部队伍始终保持了充足的数量、较高的素质和合理的结构。二是干部人事制度改革进展有序。按照县委确定的“在水城建设中考察、识别、使用干部”的总体思路和“三注重、两兼顾”（即注重基层、注重一线、注重平时，兼顾班子结构比例，兼顾机关年轻干部）的原则调整干部，对76个科级单位领导班子进行了调整充实，增强了干部队伍活力。

（三）以强化教育管理为抓手，党员作用有效发挥。一是严格执行发展党员"七项制度"、"八不报批"、"六个必须"工作制，认真实施村村都有新党员工程，重点做好在优秀非党村委班子成员、大学生村干部、三年以上未发展党员村和无35岁以下党员村中发展党员工作。二是建立党员教育师资队伍，健全党员培训、管理制度，完善信息库建设，严格执行民主评议党员、无职党员述职评岗和民主生活会制度，强化对党员的管理教育、考核评价，初步建立党员党性定期分析制度。三是认真实施《关于建立党内激励关怀帮扶机制的实施办法》，为全县338名支书、主任发放岗位报酬180.5万元；全面推行农村党支部书记基本养老保险制度，全县农村支部支书参保率达95%；为3742名离任干部、1514名现任干部发放生活补贴58.36万元；为1000多名离退休党员每人征订了一份《先锋队》党建刊物。四是强化培训力度，对全县312个农村（社区）的374名支部书记、村委主任分两期进行了为期6天的集中培训；组织全县108名党政领导干部赴省委党校进行了为期一周的集中培训，广大干部带领群众共同致富的能力和素质得到了切实提高。

（四）以统筹城乡一体为基础，城乡党建协调推进。一是全面推行"四议两公开"工作法。把"四议两公开"工作法作为加强农村民主政治建设的有力抓手，坚持高起点谋划、高标准要求、高质量运行，在全县312个村和社区全面推行。二是落实《关于构建城乡统筹基层党建新格局的实施意见》，建立了城乡统筹基层党建工作联系会议制度，形成了以城带乡、城乡互助、双向受益、共同提高的共建格局。三是整体推进后进村整顿。通过县级领导主动联系包扶，单位双向选择结对，乡镇主干驻村整顿等方式，47个重点村、难点村、矛盾突出村全部转化升级。四是大力开展组织场所建设。2009年村级组织活动场所，完工22个，开工建设81个，成为村级组织活动开展的重要阵地。

二、化危为机，县域经济健康发展

2009年，沁县积极应对金融危机挑战，全力保增长、保民生、保稳定，确定2009年为项目建设年，扎实推进"双百"工程。"双百"工程完工43个，开工建设102个，完成投资41.2亿元，为促进经济社会发展，推进水城建设积聚了后劲。财政总收入累计完成1.016亿元，超额完成了全年的财政收入任务;财政可支配收入4874万元;全县国民生产总值完成9.6亿元，规模以上工业增加值完成5359.5万元，全社会固定资产投资总额达到11.45亿元，社会消费品零售总额完成5.37亿元，城镇居民可支配收入达到8769元，粮食生产在全省、全市普遍减产的情况下，增收1.24%，达到13.3万吨，多项主要经济指标增幅位居全市前列。

三、以水为魂，水城品牌效应凸显

按照水城建设总体规划，沁县县委、政府凝心聚力，真抓实干，大力度推进"修路、栽树、治水、兴教"四项基础工作，进一步夯实"北方水城、中国沁州"基础。修路先行，构筑经济发展"快车道"：全年投资2.5亿元，新建改建公路项目14个，建设里程159公里。太长高速连接线、沁州路、南沁线改造和红旗西街延伸工程竣工,全县县乡公路全部实现翻新改造，所有出境公路实现等级化。是沁县公路建设史上开工项目最多、建设里程最长、投入资金最大的一年。全民植树，建设绿色宜居水城：带领全县人民发扬"战天斗地"的太行精神，全力实施全县"灭荒"工程。累计投入近1亿元,全年造林5.5万亩，栽植各类苗木1210万余株，造林规模、投资力度均属沁县造林史之最。矢志治水，增添水城景观魅力：实施水城建设总体规划，累计投资2.2亿元,完成了西湖改造和漳河河道治理等水城规划一期工程，瘦西湖滚水坝、下曲峪河道治理和小河桥新建等水城规划二期工程提前一年启动。成功举办首届端午民俗文化节暨龙舟邀请赛，进一步彰显了水特色、展示了水文化、发展了水经济、叫响了水品牌。振兴教育，提升文化软实力：大力实施"兴教"战略，教育水平在全市名列前茅，沁县考生连续三年获得全市中考状元。实行校长公开选任制、副校长组阁制、教师末位淘汰制和上岗培训制，公开选拔12名中、小学校长，加强了学校管理、增强了"兴教"活力。

四、统筹发展，城乡一体特色鲜明

强力实施城乡一体化发展"151"推进计划。深入开展国家级卫生县城、省级文明县城、园林县城、环保模范县城、平安县城"五城"联创，集中精力扮靓县城，打造北方水城城市品牌。重点推进故县、新店、漳源、册村、郭村等五个集镇和100个中心村的快速发展。积极推动引导5个主导产业向尧山工业园区、松村农业科技园区、新店养殖园区集中。建成500亩以上优势产业基地136个，52万亩耕地纳入无公害生产区域，22个农产品被认定为无公害绿色农产品，初步形成了各种特色种植、特色养殖竞相发展、亮点纷呈的产业开发新格局。以县城为龙头、集镇为枢纽、中心村为基础、联系紧密、互动互促的城乡一体化发展基本轮廓已形成，城乡一体化建设在全市进一步创出了经验，创出了特色。

五、以人为本，社会事业全面推进

沁县县委、政府高度重视民生，始终坚持以人为本，民生问题得到大幅改善。2009年累计投资3.9亿元，解决民生问题154个，惠及人口15.73万人。养老、失业、工伤等社会保险覆盖面逐步扩大，城乡低保标准提高，基本做到应保尽保。全面实施文化低保工程，免费送戏到村88台，播放电影3695场，赠送图书6万册。大力实施蓝天碧水工程，县城空气质量二级以上达到365天，一级以上天数达到129天，环境质量稳居全市前列。切实加强党风廉政建设和反腐败工作的力度，全年查结上报各类违纪案件56件，处分党员干部74人。牢固树立"发展是第一要务"、"稳定是第一责任"思想，扎实推进本质平安县创建，突出"平安国庆"主题，认真落实"四个坚决防止"要求，实现了"三零"目标，确保了全县社会大局和谐稳定。

（武宏波　郭　鑫）

附：一、中共沁县县委书记、副书记、常委名单

书　记：田志明

副书记：裴少飞（2月离职）　张　斌（2月任职）
宋坤政（3月任职，6月主持工作）

常　委：李国强　裴润山　郝献民　秦苏良　张立强
宋玉清　张爱玲（6月离职）

二、乡镇党委书记、副书记名单

定昌镇

书　记：郭建宇

副书记：吴国强

郭村镇

书　记：吴少凌

副书记：张俊锋

新店镇

书　记：武一华

副书记：梁世宝

故县镇

书　记：董昊晟

副书记：王东宏

册村镇

书　记：王向明

副书记：张格平

漳源镇

书　记：曹二伟

副书记：马国峰

南里乡

书　记：刘小强

副书记：牛宇峰

南泉乡

书　记：崔艳红

副书记：李建豹

次村乡

书　记：张宇宏

副书记：温俊杰

段柳乡

书　记：魏　瑛

副书记：郭玉龙

杨安乡

书　记：陈少波

副书记：李宏伟

松村乡

书　记：李佩玮

副书记：张宏伟

牛寺乡

书　记：杨宏斌

副书记：温建功

中共沁源县委工作概况

2009年，沁源县委、县政府坚持以科学发展观统领全局，认真贯彻落实省委"三个发展"、市委"四位一体"战略部署，引深"六大和谐"、实施"六保六上"，沉着应对金融危机及各种困难考验，经济社会发展取得了崭新成果。

一、转型蓄势，增长方式持续转变

实施项目拉动，扎实推进十大工程建设，铺开重点工程121项，完成投资28.5亿元，竣工58项。依法推进煤炭企业兼并重组整合，全县矿井由62座压减为31座，形成以县骨干民营企业为主的8个主体，生产能力由1701万吨增加至2750万吨，净增1059万吨；井田面积由214.6平方公里扩大至279.8平方公里，净增65.2平方公里；资源储量由8.7亿吨增加至16.3亿吨，净增7.6亿吨，产能净增1059万吨，为沁源经济社会发展奠定了百年基业。税金超亿元企业达到6个、超千万元企业达到10个，沁新公司入围全国规模以上民营企业500强。规划建设脱毒马铃薯、小杂粮等7大农业产品优势产业带，辐射带动农户公司1000个、发展合作经济组织350余个，开发绿色产品8大系列15种类别。进一步开发灵空山、菩提寺、太岳军区司令部旧址等景点，开通花坡至岭上旅游公路，旅游业对经济发展的带动作用明显增强。同时，房地产、保险、交通运输、商贸流通等产业长足发展。产业结构的优化提升，促进了主要经济指标稳定增长。全县生产总值完成55.14亿元，增长10.2%，人均GDP达到3.41万元，增长10%；全社会固定资产投资25.07亿元，增长84.93%；规模以上工业总产值完成92.56亿元，增长0.5%；工业增加值完成36.21亿元，增长7.54%；财政收入完成16.1亿元，增长8.01%；一般预算收入完成7.16亿元，增长21.55%；在岗职工年工资2.61万元，增长9.05%；农民人均纯收入5420元，增长12.07%，城镇居民人均可支配收入1.52万元，增长11.9%；社会消费品零售总额达10.62亿元，同比增长29.83%。

二、统筹发展，城乡面貌大为改观

县城新区起步区二纵三横路网和北环路建设全面竣工，职业中学、污水处理厂投入使用，沁源三中、体育中心、国际大酒店、客运中心、移动公司、信用联社办公大楼等工程主体完工，集中供热二期工程完工。沁园春景等5个小区建设及北元、城南等城中村改造进展顺利。县城规划面积扩大至15.7平方公里，道路总里程达41.9公里，绿化面积达200万平方米，水面156万平方米，县城人均水面近40平方米、人均公共绿地50多平方米。实施了李家庄水库除险加固、沁河源保护及沁河河道综合治理工程，完成了饮水安全工程43处，解决了5个乡（镇）50个自然村11354口人1547头大牲畜的饮水安全问题。完成2条县乡公路及8条通达通畅工程。投资3.6亿元，高标准改建省道汾屯线、南沁线，彻底打破了困扰沁源多年的交通瓶颈。实施太岳变电站、郭道变电站110千伏二期增容，完成2项主网大修和3个电气化村建设。通讯覆盖100%的行政村和90%的自然村，县城宽带覆盖100%，农村宽带入村率达75%以上，有线电视覆盖率达93%。完成10个村的“美好家园”整村推进、81个村5800余户的民居改造、71个村的园林化建设，城乡面貌日新月异。

三、彰显绿色，生态品牌更加靓丽

投资1亿多元，完成造林绿化3.8万亩，栽种各类树木和苗木400余万株。依托“一河三路”，建设四大特色种植园区，完成环城生态公园8400亩。全县森林覆盖超过62%，绿地覆盖超过90%。圆满完成集体林权制度改革试点任务，202.4万亩林地实现“山有其主、主有其权、权有其责、责有其利”，3.8万农户受惠林改。大力实施节能减排工程，万元规模以上工业增加值能耗下降23%，二氧化硫削减1135吨，化学需氧量削减960吨，空气质量二级以上天数达到360天，沁河水质稳定在国家III类标准，地下水位上升0.41米。康伟公司南山煤矿、沁新公司新源煤矿等4家企业被省环保局命名为绿色或蓝色企业。沁河县城段综合治理和景观绿化工程，坚石护岸，因势造景，碧水映日，鸟语花香，成为沁源生态大县的一张靓丽名片，赢得多方称赞。

四、以人为本，民生事业再度提升

关乎民生的教育、科技、文化、保健、住房、就业、救助、补贴及各类社会保障，都有了新的扩展，年初向全县人民承诺的十二件实事全部兑现。三中主体完工，职业中学综合教学楼竣工，青少年活动中心全面开放，实验小学新校区奠基，实施校舍安全工程，完成40所学校4.1万平方米的危房改造；在全省率先完成农村“普九”化债任务；筹资157.05万元资助贫困学生770人次；义务教育阶段教师绩效工资全面落实。推进科技成果转化，引进推广10方面先进实用技术，新申请专利17件，建成科技文化活动室211个。大力繁荣文体事业，新建村级文化大院70余个，配送图书2.25万册，公益放映电影5000余场，文化低保演出69场；整理出版整理出版《沁源历史文化丛书》、《灵空山志》；成立三晋文化研究会；沁源秧歌列入省级非物质文化遗产；新建农民健身活动场所90个，群众性文体活动异彩纷呈。健全医疗卫生体系，新建改造卫生院5所、甲级卫生所8个，完善61个空白村卫生所建设，县乡村医疗卫生机构达标率达到96%，新农合参合率达96.21%，完成县计生综合服务楼建设，人口自增率控制在3.46‰。完成养老、医疗、工伤、生育、失业保险征缴，城镇基本社会保障率达到86%；继续执行或提高各项救助补助标准，新建改造15所乡镇敬老院，全县1029名五保户实行政府集中供养、社会分散托管；70岁以上农村老人县内免费乘车；全县中小学校和8000余户困难群众享受冬季燃煤补助；完成150户经济适用房主体工程和40户农村住房困难户住房改造；开工建设9360平方米廉租住房一期工程。全县人民共享改革发展成果。

五、固本强基，党的建设全面加强

认真落实省委、市委党建工作部署，大力实施“夯基础，提素质，创机制”党建工程。学习实践科学发展观活动深入开展，真正成为素质提升工程、凝心聚力工程和惠民利民工程，受到省、市委指导检查组的充分肯定。在扎实抓好农村基层党组织和非公经济党组织建设的基础上，探索性地在流动党员较为集中的太原市，建立了山西弘桥电力工程有限公司党支部。县、乡、村、企业和社会各界共筹资5800多万元，新建改建村级活动场所133个、改造78个、整合43个，全县254个行政村全部有了活动阵地，在全省率先实现全覆盖。被评为推动“四位一体”发展战略全市组织工作“十大创新项目”之一，并被市委推荐为全省组织工作服务“三个发展”十大创新项目之一。全县行政村全部运用“四议两公开”工作法进行决策议事。农村党员干部现代远程教育延伸到部分煤矿、企业、社区和农村养殖基地。6月份，全市农村党员干部现代远程教育工作现场会在沁源召开。多途径、多层次，全面加强对全县科级以上干部、农村党支部书记、大学生村官、农民党员的教育培训，进一步提高了广大党员干部的理论知识和岗位实践水平。严格按照《干部任用条例》和省委“四个规定”的要求，公开透明、风清气正，选贤任能，加强了全县科级领导班子和干部队伍的建设。此外，全县的老干部工作、人才工作、公务员队伍、大学生村干部队伍建设和干部档案管理等各项工作也取得了新的进展。

六、务实求真，创优环境卓有成效

始终突出“保发展、保稳定、保民生”，努力营造充满生机、和谐有序、安全稳定的发展环境。党风廉政建设责任制全面落实，煤焦领域、建筑工程领域、医疗卫生等领域反腐败工作扎实开展，权力运行的监督制约长效机制更加完善。本质安全创建不断引深，一线设防机制全面落实，“国庆”安保圆满完成，信访稳定受到国务院调研组充分肯定，全县政治局面和谐稳定，连续七年杜绝煤矿瓦斯和三人以上事故，连续七年没有发生一起大的人为森林火灾，连续七年无集体越级上访、无非正常上访。民主法制建设扎实加强，政府机构改革和事业单位分类改革有序推进，党和政府的公信力和执行力大幅提升。中国老促会、省市委及有关部门在沁源多次召开专项工作现场会。沁源荣获中国绿色名县、全国科技进步先进县、全国经济普查先进县，全省农建"禹王杯"、农民增收先进县和全市林业生态建设红旗县称号，顺利通过全国文化先进县、省级卫生县城复查验收。作为老区建设的典型，在北京人民大会堂作了经验交流。（史晓亮）

附：一、中共沁源县委书记、副书记、常委名单

书　记：王玉圣

副书记：杨红旗　段怀亮　高正堂　史录刚（挂职）

常　委：杨旭涛　汤秀萍　马国勤　赵永进　樊广平

二、乡镇党委书记、副书记名单

沁河镇

书　记：马建峰

副书记：刘金虎

李元镇

书　记：李共和（7月离职）

副书记：史立先（7月离职）　李建功（7月任职）

中峪乡

书　记：李建萍

灵空山镇

书　记：孙建政

副书记：翟长宝

法中乡

书　记：刘世德

副书记：张迎峰

交口镇

书　记：李士功

副书记：宋劲松

郭道镇

书　记：刘建斌

副书记：王东刚

聪子峪乡

书　记：任　景

副书记：阴永明

韩洪乡

书　记：李书祥

副书记：刘保林

官滩乡

书　记：韩文宏

副书记：李　飞

景凤乡

书　记：史跃宏

副书记：何向虎

赤石桥乡

书　记：韩　智

副书记：张永东

王陶乡

副书记：王银刚

王和镇

书　记：胡亚明

副书记：马国威

中共长治市高新区工委工作概况

2009年，在市委、市政府的正确领导下，高新区工委、管委会坚持以党的十七大精神为指导，认真学习贯彻落实科学发展观，推进"四位一体"战略，提出了围绕建设"双基"目标、努力实现"四个新突破"，即紧紧围绕建设长治市自主创新示范基地和高新技术产业基地这一"双基"目标，努力实现招商引资、发展环境建设、自主创新能力以及和谐园区建设的"四个新突破"。经过全区干部群众的共同努力，经济社会各项工作均达到了预期目标。

（一）经济指标完成情况：2009年，全区各项主要经济指标保持了良好的增长态势：科工贸总收入完成210亿元，同比增长4%；工业总产值完成182亿元，同比增长8%；工业增加值完成113亿元，同比增长24%；财政总收入完成24.9亿元，占预算的147%，同比增长65%，其中一般预算收入完成1.2亿元，占预算的135%，同比增长46%。在受金融危机冲击多数企业开工不足的背景下，主要经济指标逆势上扬，实现了平稳较快增长，尤其是财政总收入突破20亿元大关。

（二）着力改善基础设施：一是标准工业园一期工程全面投入运营。该工程总投资7000万元，3栋标准厂房、1栋职工公寓和1栋综合服务楼全面投入使用，为中小科技企业创业创新提供了良好平台，首批入驻的4家企业并已投产，目前还有3家企业达成入驻意向。二是35KV变电站全面建成。该变电站总投资1500万元，目前已开始向达利项目供电，该项目的建成为园区企业提供了充足的用电保障。三是完成科技工业园古墓保护工程。投入135万元完成了科技工业园明代古墓葬保护工程，为达利项目顺利推进铺平了道路。四是实施积极的招商战略。重新修订了招商引资奖励办法，按市场化运行模式成立了招商服务中心，鼓励社会力量参与高新区招商工作。五是成立了科创担保有限公司。为解决中小科技企业融资难问题，区财政注资1000万元启动了科创担保有限公司。同时，多次组织企业参加银企洽谈会，积极引导企业争取政策性扶持资金，中池联华等两家企业获得银行贷款1400万元，防爆集团等三家企业争取到有关政策性资金2350万元。六是建立中小企业创业创新辅导基地。为加强对中小企业创业创新辅导，建立了中小企业创业创新辅导基地，为企业健康成长提供了良好的技术指导平台。七是继续实施自主创新促进办法。加大对创新性项目和企业的帮扶力度，本年度投入400万元专项资金扶持了8个自主创新项目。经上级科技部门评审，长钢锻压通过高新技术企业认定，5家企业获得省民营科技企业认定，12项技术获得长治市科技进步奖。

（三）项目推进措施：一是深入落实了自主创新促进办法。资助专利技术项目和具有自主知识产权的项目22个，资助自主创新资金310余万元。在受扶持的企业中，中德合资博太科公司、长治钜星锻压公司获得2008年度长治科技进步一等奖。由赢盛科技开发公司自主研发的井下除尘器，技术水平高于德国同类产品，价格不到德国产品的三分之二，已经申请国家专利。继续实施名牌战略，长钢锻压、维特衡器等四家企业的产品荣获山西省名牌产品称号，阳光大酒店、钜星锻压、博太科等12家企业获山西省质量信誉等级称号。二是强化了以服务为核心的项目推进办法。项目推进领导组定期召开项目推进例会，项目包点领导对所包项目进展情况进行汇报，协调解决项目推进过程中遇到的困难和问题。同时，项目推进领导组多次召开项目推进现场会，对项目进展情况现场点评，督促项目加快建设进度。三是通过实行倒排工期制筛查和清理低效企业。在对园区项目进行调研的基础上，要求项目建设单位制定项目建设进度承诺书，实施倒排工期制，并对社会进行公示。对5家长期占地不开工的企业果断收回土地，重新安排给急需用地的企业。对2家建成后效益低下的企业，通过鼓励转产或退出的办法，盘活土地及其他存量资产，提高土地效益。

（四）项目推进情况：截至2009年底，投产工业项目4个：分别是总投资2.5亿元的防爆集团新型防爆电机生产基地项目、总投资2亿元的福建达利集团山西食品生产加工基地项目、总投资3600万元的三毛食品有限公司项目、总投资2000万元的赢盛科技公司矿用湿式通风除尘器项目、总投资1500万元的山河设备有限公司矿用绞车及液压支柱项目。投入运营服务业项目2个。总投资3.5亿元的五星级益东国际大酒店项目、总投资2000万元的太行明珠快捷酒店项目。续建完工项目2个。投资2000万元的中池联华公司LED发光组件项目二期工程、总投资2000万元的钜星锻压公司弯曲整形设备生产线项目二期工程。投资1.2亿元的金威大酒店等项目正在进行内部装修，预计2010年上半年建成投产。新开工服务业项目1个：总投资1亿元的长治移动公司综合生产大楼项目。即将开工服务业项目1个：总投资1.8亿元的博源超市居然之家项目，正在办理前期手续，预计2010年上半年正式动工。

（五）社会事业推进情况：一是社会保障基本实现应保尽保。农村养老保险方面：我区农村养老保障标准已达到全省一流水平，按照这个标准今年优先安排134万元资金，确保参保农民按时足额领到养老金。投入180余万元启动了环卫工人养老保险，园林工人、市容城建监察队员及其他临时工的社保问题也正在办理之中。投入68万元为机关事业单位职工缴纳各项保险。2009年财政共投入382万元用于社会保障体系建设，社会保障事业健康顺利向前推进。二是居民就医条件进一步改善。新农合保障方面：我区新农合保障标准人均162元，在全省属一流水平，今年按照这个标准共投入160余万元，为参合农民就医继续提供足额保障。社区医疗卫生改革方面：投入近200万元配套资金，共建成2个卫生服务中心、14个卫生服务站，投入30万元新建了飞龙社区服务站。农村甲级卫生所建设方面：投入50万元完成捉马村甲级卫生所改造，投入30万元新建小化村甲级卫生所，实现了甲级卫生所全面覆盖辖区四村的目标。防控手足口病和甲流疫情方面：投入30万元购置应急物资储备及医药用品，有效防控了疫情的蔓延。健康体检方面：投入50万元为教师、农民及机关干部进行年度健康体检。2009年财政共向医疗卫生事业投入550余万元，有力地保障了全区干部群众的身体健康和生命安全。三是教育事业取得新进步。投入400余万元新建了火炬中学实验楼，学校办学条件得到改善。义务教育教师绩效工资全面足额兑现，教师收入进一步增加。通过开展课堂教学基本技能大赛、五五普法考试、继续教育、信息技术与课程整合比赛、教师资格认定等工作，促使教师进一步提高教育教学水平。在抓好直属4所学校安全监管的同时，根据上级安排对驻区近10 所大中专院校也加强了安全督促与检查，辖区所有学校实现了安全无事故的目标。四是干部群众住房保障得到加强。机关事业单位职工住房保障方面：经过近几年连续补缴欠账，彻底解决了拖欠职工住房公积金问题，其中2009年投入100万元补缴了三年欠账。投入100万元对飞龙小区机关宿舍进行了节能改造和墙体美化，干部职工住房条件得到改善。居民新村建设方面：史家庄村投入3900万元，新建居民新村4100平米；化家庄村投入9600万元，新建居民新村二期8000平米。小化村积极推进城中村改造，在广泛征求意见的基础上制定城了中村改造补偿办法，居民新村建设将全面推开。为改善村民住宅供气条件，捉马村投入600万元，大化村投入400万元，为村民接通煤层气，清洁能源开始在农村进行推广。五是其它社会工作也取得积极进展。考虑到辖区住宅小区及城市居民增多的实际，在过去仅有1个长兴北路社区的基础上，又增设了飞龙社区、复兴社区和佳美绿洲社区，为加强社区管理和服务社区居民打下坚实基础。计生工作在抓好常规管理和服务的同时，重点开展了流动人口计生一盘棋活动，并对干部计生情况进行了大规模的检查。进一步加强扶贫济困力度，组织捐款2.37万元救助雪灾，全年为贫困居民发放廉租房补贴2.7万元、低保救济37万元、大病医疗救助4.8万元。武装部门进一步加强民兵组织建设，经严格挑选为部队输送15名新兵。

（六）安全稳定工作：一是实现了安全无事故的目标。创建本质安全型园区工作：按照市政府统一部署开展了创建本质安全型园区工作，将园区重点企业作为创建试点，每月召开一次安全例会，协调解决创建工作中遇到的困难和问题。开展安全生产专项整治工作：对全区1616家生产经营单位按要求分类进行了集中整治，对23家机械加工企业现场进行指导，在学校、建筑工地以及加油加气等重点领域进行了安全救急演练。维护社会治安及消防安全工作：公安分局从我区出租房多、小旅馆多、小门店多和流动人口多的实际出发，充分调动警力，加强日常监管。一年来侦破各类刑事案108起，逮捕58人，查处治安案件244起，行政拘留149人，社会治安秩序得到有力保障。消防部门加强防火监督检查，共排查156家单位，整改隐患183处，处理火灾事故1起。开展食品及特种设备安全检查工作：根据新的食品安全法，质监部门在食品生产领域、工商部门在食品流通领域、卫生部门在辖区所有饭店及涉及卫生安全的服务场所加强检查，有效确保了食品安全卫生及人民群众生命安全。质监部门对全区55家单位500余台特种设备进行了专项检查，取缔不合格设备29台。二是实现了稳定促和谐的目标。国庆安保实现零上访：按照2008年奥运安保的标准和要求，每天定时召开维稳碰头会，及时研究解决不稳定不和谐问题。对重点信访人员，研究制定专门措施进行稳控。同时派出赴京维稳工作组，严防重点信访人员进京上访。通过采取多管齐下的措施，实现了国庆安保零上访。处置群体性上访方面：经有关部门深入细致的政策教育和说服劝解，及时平息了因征地补偿问题、水库移民补偿问题和捉马村迁坟问题引发的3起群体性上访事件。协调处置陈年积案方面：就辖区居民徐改女陈年积案问题，积极协调有关部门并派人陪访，督促有关部门抓紧解决该问题。考虑到该案确有冤情而且上访人年老体弱家庭贫困，管委会财政向当事人发放了2万元的信访救助资金，使其过激的情绪得到一定控制。处置劳动纠纷维护农民工利益方面：受理劳动纠纷举报案件29起，结案27起；责成有关用人单位补签劳动合同600余份；督促从业人员办理职业资格证492份；为336人索回拖欠工资230万元。上述举措有效规范了用工行为，维护了劳资关系的稳定与和谐。处置邪教问题方面：与有关单位签订处置邪教目标责任书，加强对重点人员帮教和监控，610工作扎实稳步开展。。

（七）市容环境工作：响应市政府号召，投入840万元，对辖区主干道400余家营业户的门店牌匾，按照统一规格集中进行更换。为迎接全国造林绿化现场会，投入350万元，种植大树2800棵、农田林网2万棵，新增绿地3.5万平米，创建市级庭院2个。为提高环卫设施装备水平，投入160余万元购置了大型环卫车辆。为规范市场管理，投入26万元改造了康宝巷和审计巷两个市场。在市容环境整治中，开展10余次部门联合执法，重点整治露天烧烤、占道经营问题，经过整治基本实现露天烧烤彻底取缔、占道经营初步遏制的良好效果。

（八）精神文明建设情况：顺利通过了全国文明城市年度测评。创建期间每天召开例会，研究解决创建中的难点焦点问题。公安、工商、质监、市容、环卫和卫生等职能部门组成联合执法队，机关各单位深入一线现场督查，农村两委干部及部分群众积极参与，形成了全党动员全民参战的强大氛围，为我市顺利通过文明城市年度测评做出了积极贡献。评选表彰了首批区级文明单位。组织开展了首届区级文明单位评选活动，对评选产生的6家单位进行了表彰，为深入推进文明创建积累了经验。组织开展了丰富多彩的国庆庆祝活动。举办了文明礼仪知识讲座、演讲赛、征文赛和大型文艺晚会等活动，整个国庆活动喜庆热烈、文明祥和。创刊并编印了5期《长治高新区》杂志，成为宣传我区建设成就、展现文明新风的重要窗口。

（九）党建工作情况：一是完善党群工作部门。成立了群工部及工会工委、团工委、妇工委等群团组织，指导所辖农村及益东国际酒店成了工会组织，指导益东国际酒店、山河矿山机械设备有限公司成立了团组织，妇工委立足于维护妇女权益，发挥妇女发展建设“半边天”的作用，深入开展了系列活动。群团工作取得良好开局。二是开展学习实践科学发展观活动。根据市委统一部署，首先在机关事业单位党组织中开展了第二批学习实践活动，确定了切合我区实际的主题载体，领导班子开诚布公召开民主生活会，在广泛调研和征求意见的基础上制定了分析检查报告和整改落实方案，基本实现了科学发展上水平、领导干部受教育和人民群众得实惠的目标。目前，在农村、企业和学校基层党组织中开展的第三批学习实践活动正有条不紊顺利推进。三是扎实推进基层党建工作。为加强机关党建，成立了机关党总支。为加强企业党建，成立了企业党总支。为加强农村党建，对新当选的农村两委干部、村民小组长和党小组长进行了培训，农村两委领导农村发展建设的能力得到加强。四是深入推进党风廉政建设。党工委与下属单位签订了党风廉政建设责任书，制定下发了领导班子党风廉政建设责任制分解意见及考核办法。在窗口服务单位推行政务公开、实行开门办公。重大决策、安排项目、干部及人事安排、大宗物资采购、大额度资金使用以及土地处置等重要事项，均提交党工委会、党政联席会、主任办公会和土地项目领导组会集体研究决定，领导班子内部实行集体领导下的分工负责制。涉及土地出让、工程建设、政府采购等关键领域推行公开招投标制度，并加强了事前审计。建立了农村党风廉政建设办公室，建立了农村会计核算中心，农村党风廉政建设进一步加强。五是加强干部队伍建设。深入开展作风纪律整顿，教育干部树立正确的人生观、世界观、价值观、利益观和权力观，胸怀感恩之心，爱岗敬业、干事创业、服务人民。党工委中心组在完成市委安排的学习专题的基础上，结合实际设计专题组织学习，全年完成学习专题15个。为充分调动干部的积极性，按照干部任用选拔条例，对符合条件的干部及时进行了提拔调整，其中新提拔副科干部20名，副科升任正科2名，并完成了正科升任副处5名同志的推荐工作，干部队伍建设进一步增强。

（李林果　苏莉敏）

附：中共长治市高新区工委书记、副书记名单

书　记：李安清

副书记：李富明　傅彩萍

中共晋城市委工作概况

市委书记　张茂才

2009年，面对复杂多变的经济形势和金融危机的冲击影响，市委在省委、省政府的正确领导下，坚持以科学发展观为指导，团结带领全市干部群众，迎挑战、破难题、谋进取、求突破，推动经济社会和各项事业继续保持了平稳较快发展的良好态势。全市生产总值完成606亿元，增长7.2%，增幅位居全省第三；规模工业增加值完成353.3亿元，增长9.8%，增幅位居全省第三；财政总收入完成136.1亿元，增长20.3%，增幅位居全省第一；一般预算收入完成48.1亿元，同比增长14.8%；农民人均现金收入和城市居民人均可支配收入分别完成5255元和15161元，增长8.2%和7.2%。

一、经济建设和社会各项事业取得明显成效

（一）积极应对金融危机

市委认真落实中央提出的“三保”目标，坚决执行省委“三个千方百计、三个坚定不移”的总体部署，坚持把增加投资作为重中之重，把项目建设作为重要抓手，把扩大消费作为有效手段，把帮扶企业作为关键举措，果断出台了应对危机保增长的11个政策性文件，加大了财政、税收、金融等对经济发展的支持力度，使应对危机的过程成为科学发展上水平的过程。一年来，在增加投资方面，全市共完成固定资产投资资金366.6亿元，同比增长37.0%。在基础设施建设上，重点加大了环城高速、高陵高速、汽车客运站等项目建设进度；在优化产业布局上，着力推进煤焦、电力、化工等八大领域重点工业项目建设。国投晋城热电一期联产项目、华能阳电煤电一体化项目和嘉南铁路项目正在加快推进；环城高速、晋城学院、兰花科创玉溪煤矿等项目进展顺利。在扩大消费方面，重点实施了“家电下乡”、农机下乡等一系列政策，加快建设“万村千乡”市场工程，大力促进旅游、文化、体育等消费活力。在帮扶企业方面，建立了不低于4亿元的扶持基金，大力实施“五缓四降三补”政策，累计为企业让利减负4亿多元，为中小企业解决流动资金14亿余元。这些措施，有效缓解了金融危机带来的影响，为促进平稳较快发展奠定了坚实基础。

（二）加强煤炭资源整合力度

坚持把推进煤炭资源整合作为实现转型发展的必由之路、作为推进安全发展的治本之策来抓，不断强化认识，落实责任，明确任务，强力推进。围绕煤炭资源整合和企业兼并重组工作，多次召开市委常委会进行专题研究，多次督促有关部门深入企业调查走访，并在集思广益的基础上，坚持政府主导、政策支持、市场化运作的原则，按照重组整合、安全生产、原煤产销、改造建设、和谐稳定“五位一体”的工作思路，严明责任、严肃纪律、严格程序、严谨操作，推动煤炭资源整合工作取得阶段性成果。主体企业进驻和接管工作已全部完成，129座矿井的采矿许可证换发工作已全面展开，复产复工工作正在推进。预计全部整合工作完成后，全市煤炭年产量可达到1.12亿吨，比整合前提高33.8%。

（三）优化经济结构，转变发展方式

市委把转型发展作为长远发展的根本大计来抓，注重理念创新，加强政策引导，着力从增创传统产业优势和提高新型产业比重两条路径着手，形成了八大产业发展路径，制定了十六项政策保障措施。并把加快项目建设作为转型发展的重要载体，先后确定了81个重点工程项目、40个重点工业项目、100个经济转型项目，其中重点工程项目本年共完成投资116.1亿元，累计共完成投资186.3亿元。一批煤炭等传统产业在做大做强的基础上，开始向旅游文化、精密铸造、商贸物流、现代服务业发展；一批以兰花、晋煤为代表的大企业大集团向新型煤化工产业延伸；一批以富士康、坤达磁材、乐百利特为代表的高新技术产业快速发展；一批以皇城相府、王莽岭为代表的文化旅游产业形成品牌优势；一批以煤层气开发为代表的新能源产业出现了好的发展势头；一批以煤转肥、煤转电、煤制油为代表的工业园区初具规模。各县市区在转型发展上也成效明显。特别是泽州县探索出“四产八业引领、一矿一业带动、全民创业助推、抓大扶强加速、构筑平台保障”的新路子，受到了省委、省政府的充分肯定。召开全市转型发展现场会，推广了该县经验。全省转型发展现场会也在晋城召开。

（四）加快农村经济社会发展

认真落实中央强农惠农政策，财政安排“三农”资金增长29.4%，粮食直补、农资综合直补、良种补贴等各项补贴水平继续提高。在30年不遇的旱灾面前，积极开展抗旱保收工作，粮食总产达到70.0万吨，保持了平年收成。畜牧业发展势头强劲，猪、禽出栏、蛋产量分别增长8.8%、60.7%、21.2%。搞好农民工培训转移，大力发展农村专业合作组织，建成农民专业合作社1007家。建设农村新能源服务网点270个。积极实施“八供八库”水源工程建设，解决了616个自然村15.2万人饮水安全问题。晋城作为全省唯

一的林权改革试点市，率先启动，全面推进，54个乡镇1025个村较好地完成主体改革试点任务，明确产权面积200.5万亩，确权率94.3%，其中家庭和联户承包占到74.1%。在省委林业工作会议上，晋城的做法进行了经验交流，并荣获“全省林业建设突出贡献奖”。

（五）扎实推进就业和社会保障工作

在推进就业方面，重点是完善了就业工作的政策措施，开展了专场招聘、创业就业培训、资金政策扶持“三棒大接力”活动，农村劳动力输出转移7.3万人，新增城镇就业岗位2.7万个，政策扶持再就业人员1.8万人。城镇登记失业率为2.6%，低于4.2%的年度控制目标。大力实施全民创业活动，以创业带动就业，被列入全国首批82个国家级创业城市。在社会保障方面，全市社会保障综合覆盖率持续扩大，城镇居民基本医疗保险工作参保人数16.7万人，新型农民养老保险试点参保人数75.8万人，城乡低保人数10.9万人。建设经济适用房15万平米、廉租房2.3万平米、棚户区住房1万平米、农村困难群众住房800户。在完成市区居民煤层气用户3万多户的基础上，年内又新完成了2万户煤层气用户的普及任务。全力做好城乡居民冬季取暖用煤保障工作,统筹解决冬季取暖用煤92.5万吨，政府补贴、煤炭企业让利达3亿多元。

（六）加快发展社会各项事业

坚持优先发展教育，农村义务教育经费保障机制进一步完善，中小学校舍安全工程顺利实施，农村寄宿制学校“双百”工程进展顺利。义务教育学校绩效工资改革稳步推进，优质高中按比例均衡招生机制健全完善。公共卫生和疾病防控体系进一步健全，县、乡、村三级医疗卫生机构达标率达90.1%，农村卫生所实现全覆盖。新型农村合作医疗保障水平显著提高，参合率95.1%，在全省领先。甲型H1N1流感防控工作卓有成效，没有发生大的疫情。广泛开展全民健身活动，举办了第四届全民运动会。人口和计生工作扎实推进。财政对民生的保障作用进一步加强，全年用于教育、卫生、文体、社保等方面的支出分别增长28.4%、24.5%、25.4%、28.2%。

（七）高度重视安全生产工作

切实加强对安全生产工作的领导，出台了加强安全生产的一系列政策措施，健全安全生产目标管理体系，强化安全生产责任链条，层层落实安全生产责任。围绕企业安全管理标准化达标升级，先后投入4000多万元建设乡镇安全监管体系，市、县、乡、村四级安全监管体系初步建立。深入开展“隐患治理年”活动，一批不符合安全生产条件的企业关闭取缔，烟花爆竹生产企业全部退出生产领域，安全生产形势继续保持稳中有降的良好态势。

（八）加强社会管理和维稳工作

围绕“平安晋城”创建工作，不断完善社会治安防控体系和公共安全保障体系，社会治安持续稳定，人民群众对社会治安的满意率达到了97.5%，连续第四次16年荣获全国社会治安综合治理优秀市称号，再次获得“长安杯”，成为全省唯一获此殊荣的市。完善“六级六步”大调解机制，开展“信访积案化解年”活动，集中解决了一批群众反映强烈的问题，实现了信访总量、进京非正常访、赴省来市集体访三下降和信访秩序的明显好转。围绕庆祝新中国成立60周年，确保了非正常进京上访“零登记”，成为全省最好的五个市之一，并荣获“全省和谐社会建设先进市”称号。

二、深入开展学习实践科学发展观活动，加强党的建设

（一）深入开展学习实践科学发展观活动

按照中央和省委的要求，坚持领导带头、边学边改、上下联动、批次衔接，认真解决突出问题，“五个全覆盖”和16件实事全部兑现，兴办了一批群众期待的实事好事。学习实践活动受到了中央学习实践活动指导和巡视组的好评。习近平副主席在晋城考察指导工作时，对全市开展学习实践活动，特别是在转型发展、生态文明建设等方面取得的成绩给予了充分肯定和高度评价。

（二）加强思想政治建设

认真落实《中共中央关于加强和改进新形势下党的建设若干重大问题的决定》，着眼于提高党的建设科学化水平，强化理论武装、理想信念和思想道德教育，用中国特色社会主义理论体系武装广大党员干部，努力建设学习型党组织和学习型领导班子。加强和改进各级党委中心组的理论学习，坚持干部学习“每月一讲”，引深干部自主选学工作，推进理论学习制度化、规范化。全省在晋城专门召开干部自主选学工作会议。

（三）加强领导班子和干部队伍建设

坚持德才兼备、以德为先的用人标准，严格执行《条例》规定，特别是把应对危机、实践“三保”作为培养锻炼和识别干部的主战场，根据工作需要，根据班子建设需要，重点对市直单位领导班子和领导干部进行了调整配备。继续面向基层培养选拔干部，84名优秀年轻干部和后备干部被选派到乡镇挂职锻炼，10名后备干部被选派到信访部门挂职学习。加强了对干部选拔任用的全过程监督，实行“一报告两评议”制度。在中组部的干部选拔任用评价等四项工作测评中，满意度高于全省、全国平均水平。

（四）加强基层党组织建设

推进城乡党建“五统筹”，市县乡选派140名机关干部到村任书记或第一书记，实施党组织联建、书记跨村任职91个，企村联建党组织185个。健全基层党员干部激励保障机制，138名农村功勋党支部书记受到了表彰，2936名曾长期担任主干的农村老干部享受了养老补贴，8391名困难党员得到了及时帮扶。对此，省委书记张宝顺同志专门作出批示，要求“总结晋城的做法”，推广晋城经验。高度重视“两新”组织党建工作，全市非公有制经济组织1444个，已建立党组织的361个，占25%；其中184个规模以上非公企业和15个新社会组织全部建立了党组织。不断探索党建工作的新经验、新做法，创新农村发展党员工作和农村干部激励保障机制受

到国家副主席习近平、中组部和省委的充分肯定。

（五）加强和改进干部作风建设

市委提出了“大兴六种作风、树好六种形象”的目标要求，在全市掀起了引深“右玉精神”，加强作风建设的热潮，开展了以“督学、督勤、督绩、督廉，治浮、治奢、治庸、治懒”为主要内容的“四督四治”干部作风大督查、大整治活动，促进了干部作风建设全面加强。

（六）加强反腐倡廉建设

认真落实惩治和预防腐败体系规划，严格落实中央反腐倡廉建设四个重要文件要求，强化党风廉政建设责任制，坚决纠正损害群众利益的不正之风，严肃查处了一批违法违纪案件。深入开展煤炭领域反腐败专项斗争，立查煤炭领域腐败案件17件，清理收缴各类资金1亿元。扎实推进农村基层党风廉政建设，巩固农廉五大监督平台建设，狠抓城中村、资源村和矛盾突出村等不同类型的农廉典型。注重从源头和体制上治理腐败，不断探索和推进重点领域、重点行业、重点部门的体制机制创新，逐步形成了具有晋城特色的反腐倡廉工作体系。（高俊霞　申福林）

附：中共晋城市委书记、副书记、常委名单

书　记：张茂才

副书记：王茂设　冯建平

常　委：郭长青　原国政　赵学梅（女）

师建平　于若洁　李治国

王云国　康吉仁　范丽霞（女）

中共晋城市城区区委工作概况

2009年，区委坚持以科学发展观为指导，团结带领全区干部群众，全力以赴抓好十大工程，集中为民办好二十件实事，圆满实现了保增长、保民生、保稳定各项任务，全年生产总值完成34.5亿元，增长9%；财政总收入完成5.6亿元，增长12.85%；城镇居民人均可支配收入完成15150元，增长了7.10%；农民人均纯收入完成5968元，增长了8.39%，全年各项主要经济指标全面完成，“保增长”目标圆满实现。在2009年8月公布的全省119个县（市、区）考核指标排名中，城区经济社会发展水平排名全省第六，经济社会发展指数排名全省第四，首次进入全省十强。

一、积极应对挑战，经济发展实现了历史性跨跃

一是全面实施“321”战略，实现了转型发展新跨跃。2009年，区委按照区六次党代会提出的“三环联动、两业并举、城乡一体”统筹发展战略，狠抓落实，取得了明显成效。三环联动格局稳固，活力迸发。在过去三年工作的基础上，内环新发展了国贸中心、摩天商务中心、世贸购物广场、金辇时代广场、浙江商贸城、大健康体检中心等规模较大的新型服务业，形成了更加完善的城市服务体系；中环以晋城豪德光彩贸易广场、晋运物流中心为龙头形成了环城物流市场经济区；外环形成了以宇光电缆、健牛工贸等为主的新型工业基地，内环建社区、中环建市场、外环建基地的经济构架稳定成型，显示出蓬勃发展的旺盛活力。两业并举基础坚实，重点突破。首先，现代服务业快速发展，扩量提质。豪德光彩贸易广场填补了山西南部无大型商贸物流中心的空白，白马接待中心奠基开工，晋城国贸中心主体竣工并成功引进SPAR美特好连锁超市项目，凤展购物广场扩建工程签定兼并重组协议，金辇时代广场建成开业，全区十大商贸中心中七个建成开业，三个加紧施工，现代服务业占全区经济总量的比重进一步提升，开启了集聚发展、品牌发展、高端发展的新时代，城区作为全市现代服务中心、商贸物流中心、旅游文化中心和休闲娱乐中心的地位更加稳固。其次，新型工业企业渡过危机，企稳向好。一年来，大力实施产业结构优化工程，改造传统产业，拓展新兴产业，扶持优势产业，轻工饮品、玻璃制品、热电联供、矿用电缆、冶炼铸造五大工业基地逐步摆脱困境，恢复生机，为构建符合城市要求、服务城市发展的新型工业体系指明了方向，拓展了空间。同时，煤炭资源整合有了实质性进展，全区的整合方案通过了省政府审批，并与晋煤集团达成了合作协议，整合后全区保留4座煤矿，年生产能力为210万吨，与整合前基本持平。城乡一体连片发展，前景喜人。在北面，随着白马寺山整体开发和北石店区拆迁改造，城区北片的新农村建设步伐空前加快，司徒、南石店等七个村已全部拆迁完毕，启动了城中村改造；在南面，洞头村依托独特的自然和文化优势，吸纳多方投资近1000万元，加快发展生态旅游产业，带动了南片十几个村的生态新村建设，成为贫困村脱贫致富的一面旗帜和城乡一体化发展的生动实践。在西面，豪德光彩贸易广场在西环路的成功落户，为沿线十几个村的整体规划和开发建设带来了无限生机。二是不断扩大对外开放，迈出了招商引资新步伐。县委组织四大班子先后赴浙江、福建等地学习垃圾发电、文化产业等方面的经验，赴青海、右玉等地学习改善生态环境、改进干部作风等方面的先进经验，不仅开阔了大家的视野，也为加强和改进自身工作，提供了有益的启示和借鉴。广泛开展各类经贸洽谈活动，全年签约六个招商引资项目，到位资金5.04亿，履约率76%，引进了香港豪德、SPAR美特好、全聚德、麦当劳等国际国内的知名品牌。

二、集中办好实事，安定和谐的大局进一步巩固

一是扎实推进就业和社会保障工作。不断完善促进就

业的政策措施，成功举办了“就业援助月”“春风送岗”“民营企业招聘周”等活动，新增就业岗位8709个。大力实施全民创业活动，以创业带动就业，变“输血为造血”，参与各类培训人数多达4000余人次。全区社会保障综合覆盖率持续扩大，城镇居民基本医疗保险工作参保人数7.83万人，农村养老保险参保人数41050人，均超额完成预定目标。二是加快发展各项社会事业。坚持优先发展教育，放手实施了学校新改扩建、中小学校舍危房改造等五大工程，夯实了全区教育发展的基础，职业中学的上马更是填补了城区历史上没有职业中学的空白。公共卫生和疾病防控体系进一步健全，城市社区卫生服务不断提档升级，农村卫生所实现全覆盖。林权改革成功启动，新型农村合作医疗参合率达到95%以上，甲型N1H1流感防控工作卓有成效。人口计生工作继续巩固了全国计划生育优质服务区创建成果。三是高度重视做好国庆安保工作。坚持稳定压倒一切的方针，始终将保稳定与保发展保民生同研究同部署同推进。健全了安全生产目标管理体系，着重加强对民爆等危险物品的管理，突出强化对安全生产检查和公共娱乐场所等特殊行业的管控。不断引深严打整治专项行动，确保了社会治安持续稳定，人民群众满意率达到了95%以上。健全完善“六级六步”大调解机制，继续引深“区委书记大接访”，集中解决了一批群众反映强烈的问题，圆满实现了国庆60周年纪念活动期间进京赴省“零上访”工作目标。

三、加强党的建设，转变干部作风

一是扎实开展学习实践科学发展观活动。按照中央和省、市委要求，结合城区实际，提出了“拓展新优势、创优新环境、共建新城区”的主题和载体，并从思想和行动两个层面拓展引深，开展了专题培训、主题宣讲及“领导干部八带头”系列活动，成功举办了千人规模的城区科学发展大论坛，进一步找准了影响城区科学发展的突出问题和基层党建的薄弱环节，凝聚了推动科学发展的共识。坚持领导带头、边学边改、上下联动、批次衔接，突出实践特色，解决突出问题，全力促进“三保”，解决了一批突出问题，兴办了一批群众期待的好事实事，完善了保障科学发展的体制机制。二是切实加强思想政治建设。加强和改进各级党委中心组的理论学习，制定和完善了中心组《学习通报制度》、《考勤制度》、《学习经验交流制度》，强化了科级中心组理论学习考核，推进理论学习制度化、规范化。紧扣区域经济社会发展目标，继续引深干部思想教育，采取凤城讲坛、专题讲座、党校集中培训、参加农村党日活动等模式，强化各级领导班子，尤其是党员领导干部发展推进三个发展的责任意识，进一步提高全区党员干部领导科学发展、促进社会和谐的能力。三是切实加强领导班子和干部队伍建设。坚持德才兼备、以德为先的用人标准，严格执行《条例》规定。特别是把应对危机、实践“三保”作为培养锻炼干部和识别干部的主战场，端正用人导向，匡正用人风气。经过调整充实，各级领导班子和干部队伍整体结构进一步优化。四是抓好各领域基层党组织建设。农村党建工作，圆满完成全区农村党组织换届，67个村级党组织班子结构得到优化。社区党建工作，深入开展“党建特色社区”创建，召开了推进街道社区党建“三有一化”工作会议，研究拟定了《实施意见》。非公企业党建工作，积极开展“双争创、双保障”创建活动，全力推动“三个延伸”，实现了党的建设和企业发展相互促进。机关党建工作，通过开展“党员联系户”、“一对一”结对帮扶等主题实践活动，进一步密切了党群干群关系，树立了廉政勤政形象。五是切实加强反腐倡廉建设。坚持标本兼治、综合治理，惩防并举、注重预防的方针，认真落实惩治和预防腐败体系规划，强化党风廉政建设责任制，坚决纠正损害群众利益的不正之风，严肃查处了一批违法违纪案件。全年立查案件18件，结案18件，挽回经济损失100余万元。着力加强了对全区行业中介机构治理商业贿赂工作情况进行专项检查。继续引深煤炭领域反腐败专项斗争。扎实推进农村（社区）党风廉政建设，继续发挥“一办三中心”的作用，进一步落实“四议两公开”，培树了一大批农廉典型。认真贯彻省、市决定，大力学习弘扬“右玉精神”，注重加强干部党性修养，干部作风建设进一步加强。

（毕海霞）

附：一、中共晋城市城区区委书记、副书记、常委名单

书　记：焦光善

副书记：张玉宏　牛纯忠　宋春生　李山岗（挂职）

常　委：李绪龙　刘秋海　闫跃进　原太平　杨晓波　李子荣

二、乡镇（街道）党委（党工委）书记、副书记名单

北石店镇

书　记：王秀峰

副书记：尚东方　崔晋军　李　斌

西上庄

书　记：王沁元

副书记：逯生云　巩　俊　李　晋

钟家庄

书　记：闫松林

副书记：董培庆　黄广晋

东街

书　记：李清太

副书记：卢坤拽　孟　晨

南街

书　记：原末生

副书记：车文莲　师红兵

西街

书　记：陈黎原

副书记：冯志慧　常韶华　高建军

北街

书　记：胡凤平

副书记：张　宏　李运马　王爱萍

矿区

书　记：陕建峰

副书记：李慧斌

中共泽州县委工作概况

全县有党委21个，党总支61个,党支部1111个，党员23011名。2009年，是全县经济发展面临较大困难和严峻挑战的一年，也是全县广大干部群众众志成城、共克时艰并取得显著成绩的一年。一年来，面对国际金融危机的严重冲击、经济结构深层次矛盾的重重困扰，县委、县政府团结带领全县53万人民，认真贯彻中央、省、市决策部署，紧紧围绕保持经济平稳较快发展这一首要任务，深入学习实践科学发展观，努力克服金融危机不利影响，积极破解资源整合发展难题，强信心，保增长，重民生，抓发展，促稳定，圆满完成了“163”年度目标任务，促进了全县经济社会又好又快发展。

一、争先发展步履铿锵，财政收入两项指标提前一年完成“十一五”规划目标

2009年，全县生产总值完成132.2亿元，同比增长10.30%；财政总收入完成26.04亿元，同比增长25.43%，一般预算收入完成8.12亿元，继续名列全市第一，同比增长27.71%，财政两项经济指标均提前一年完成了“十一五”规划目标；农民人均纯收入完成5967元，同比增长8.2%；规模以上工业增加值完成50.62亿元，同比增长26.88%；社会固定资产投资完成66.41亿元，同比增长4.6%；粮食生产大旱之年保持相对稳定，总产量达到4.04亿斤。精心培育了高都镇大兴片，以及山河镇和犁川镇“10+1”的纯农山区型新农村连片建设典型。南村镇、金村镇城郊结合型新农村建设拉开了全县城乡一体化建设的序幕，新农村建设继续在省市领跑，连续四年被省委、省政府命名为“新农村建设先进县”。连续六年被国家科技部表彰为“全国科技进步县”，成为山西省唯一县（市）荣获“全国新能源产业百强县”和“山西省高新技术产业化工作先进县”称号。在第九届全国县域经济基本竞争力百强县（市）评选中，我县再次进入中部地区50强，名列第45位。

二、转型发展快马加鞭，全省全市转型发展现场会在泽州县成功召开

基于资源型经济的县情，始终坚持“地下转地上、黑色变绿色、一矿办一企、百矿兴百业”的转型发展思路，加大力度，狠抓落实，全县经济增长的质量和效益进一步提升。坚持把“一矿一业”工程作为转型发展的抓手，按照“立足煤、超越煤”的理念，积极鼓励各类煤矿转产转型，目前全县煤炭企业新上项目达84个，总投资达到16.95亿元。坚持把项目建设作为转型发展的载体，全年共争取到中央扩大内需项目65个，总投资8427.2万元。鸿辉铸管、兴达配件等八大新建项目累计完成投资12.67亿元；路宝铝轮毂、广拓建材等八大续建项目完成投资6.4亿元；天辰钙业、金工汽配等八大达产达效项目实现销售收入11.8亿元，实现利税1.37亿元。坚持把全民创业作为转型发展的引擎，新创办实体102家，总投资5.7亿元，培育和壮大了彤康公司、晋大奶业等20个农业龙头企业，农民专业合作社发展到271家，全县新增就业岗位6000个。坚持把改革开放作为转型发展的动力，县级政府机构改革扎实推进，文化体制改革基本完成，城镇集体企业改制步伐加快，林改试点工作进展顺利；先后组团参会共签约项目6个，总投资2.42亿元，引资1.83亿元。节能减排力度加大，万元GDP能耗基本完成了“十一五”规划目标。2009年，煤炭产业占财政税收的比重为65.4%，比2005年下降13个百分点。先后赢得了全市和全省转型发展现场会在我县成功召开。

三、安全发展再创佳绩，第八个安全生产平稳年如期实现

一年来，着眼于加快推进煤炭资源整合，47座政策性关闭矿井彻底关停，整合后全县保留煤矿30座，总产能从每年1727万吨提升到2340万吨，新增矿区资源面积47平方公里，新增煤炭资源储量4.5亿吨，天安、天泰和煤运3个整合主体全部进驻接管，全县煤炭产业结构进一步优化。着眼于建立健全安全生产长效机制，完善了《安全生产问责制》、《局际联席会议制度》等13项规定和办法，企业安全生产主体责任和政府安全监管主体责任得到强化，全年煤炭生产百万吨死亡率与上年持平。着眼于全面加强公共安全管理，全县超限超载率下降到0.015%，被省政府命名为“全省治超先进县”。非煤矿山、危化企业、食品药品等行业实现了安全生产无事故。甲型H1N1流感防控工作取得阶段性成效，顺利实现了第八个安全生产平稳年。

四、和谐发展成果丰硕，全国造林绿化现场会与会代表在泽州县参观

大力实施“公共财政”向“民生财政”倾斜政策，全年县本级财政累计投入民生资金达1.8亿元，比上年增加0.6亿元。“五个全覆盖”率先基本实现，村通水泥(油)路、村通广播电视和村级卫生室实现了全覆盖，中小学校舍安全改造和农村安全饮水覆盖基本完成。乡村服务网点、新能源入户等十件惠民实事圆满完成。全面推进新农保试点工作，覆盖率达到88%；新农合覆盖率达到97%，位居全省前列；城乡低保、五保户实现了应保尽保，社会保障体系进一步健全。扎实推进生态文明建设，全县森林覆盖率达

到33%，2009年8月全国造林绿化现场会与会代表在我县参观后给予高度评价。顺利完成了“全国文化先进县”复查验收，群众性精神文明创建活动异彩纷呈。扎实做好信访维稳工作，国庆安保期间实现了“六个不发生”的目标。始终支持人大和政协认真履职。统战工作荣获“山西省爱国统一战线凝聚力工程奖”称号。工、青、妇等群团工作扎实推进，计生、爱国卫生等工作成绩斐然。民兵预备役工作得到加强。大力推进“综治进矿山”工作，“法治泽州”建设再上新水平。

五、党的建设全面加强，广大干部领导科学发展的能力得到提升

一年来，结合全县第二批、第三批学习实践活动的纵深开展，科学发展观已经转化为泽州干部群众应对“三保”、推进“三个发展”的强大思想武器。深入开展百日大调研、干部大培训等“八大活动”，精心组织开展“五比五看”活动，大力引深学习“右玉精神”，全县各级党组织和广大党员干部的整体素质进一步提高。组织指导全县农村党支部顺利完成了换届选举，推广实行了农村主干岗位报酬统一发放制度。不断深化干部人事制度改革，选拔任用了一批优秀年轻领导干部。认真开展“警示教育月”活动，切实加强党风廉政建设目标责任制考核。深入开展煤炭领域反腐败专项斗争，全年补缴各种税费基金达到2200余万元。

2009 年，全县各项工作虽然取得了一定的成绩，但是按照科学发展观的标准来衡量，还存在许多不容忽视的矛盾和问题，主要表现在以下几个方面：一是虽然国际主要经济体经济形势逐步好转，但全县经济回升的基础仍不稳固，财政收支矛盾仍然突出，2010年的工业经济及财税形势将会十分严峻。二是经济结构还不尽合理，产业结构畸重单一，转型发展任重道远。三是发展方式还比较粗放，经济增长对资源的依赖性比较强，节能减排、防止污染和环境保护压力较大。四是社会就业形势不容乐观，农民就业增收难度加大。五是安全生产形势依然严峻，安全发展的基础还不牢固。六是经济社会之间、城乡之间发展还不够协调，与人民群众的期望还有很大差距。七是制约发展的体制性机制性矛盾仍然突出，政府职能转变还不到位等等。对此，县委高度重视，并在今后的工作中认真加以克服和解决。

（连海峰　王晓峰）

附：一、中共泽州县委书记、副书记、常委名单

书　记： 刘予强
副书记： 崔守安　陈晋勇
常　委： 牛全明　史小军　贾长生　王宏微　酒国平
李　健　王　丽（女）　崔林成

二、乡镇党委书记、副书记名单

下村镇
书　记： 郭云龙（1月任职）
副书记： 刘廷兵

大东沟镇
书　记： 车保林
副书记： 郎军芳　邢剑虹

川底乡
书　记： 申连太
副书记： 郎云峰　刘晋宇

周村镇
书　记： 张良善
副书记： 王江元　段立祥

李寨乡
书　记： 杨鸿飞
副书记： 李云波

南岭乡
书　记： 丁勇军（1月任职）
副书记： 董建军

犁川镇
书　记： 李池堆
副书记： 车树文　原林林

山河镇
书　记： 李雪山
副书记： 焦平旺　肖德利

晋庙铺镇
书　记： 樊海放（1月任职）
副书记： 许云发

大箕镇
书　记： 宋乐明
副书记： 岳建军　董光喜

南村镇
书　记： 毋胜利（1月任职）
副书记： 原吉雷　樊曙钰（4月任职）

金村镇
书　记： 闫晋中
副书记： 牛天明　张建军

柳树口镇
书　记： 刘建云（女）
副书记： 樊武斌　李富春

高都镇
书　记： 闫周瑜
副书记： 李靖芳

北义城镇
书　记： 秦会林（1月任职）
副书记： 闫晓阳

巴公镇
书　记： 郎诗华
副书记： 李俊文

大阳镇
书　记： 陈仲会

副书记：赵亮福

中共高平市委工作概况

2009年，市委在省委、晋城市委的正确领导下，认真学习贯彻党的十七大和十七届三中、四中全会精神，坚持以科学发展观统领经济社会发展全局，迎接挑战，攻坚克难，全市经济建设、政治建设、文化建设、生态建设、社会建设和党的建设都取得了显著成效。

一、综合实力继续大幅度提升

全市生产总值完成137.4亿元，比上年增长5.8%；财政总收入完成28.8亿元，增长33.4%；一般预算收入完成7.35亿元，增长25.3%；城镇居民人均可支配收入达到14086元，增长12.2%；农民人均现金收入达到5629元，增长8.6%。县域经济综合竞争力在全国中部百强县中位居第31位，在山西省119个县（市、区）综合考评中保持在前五位，在晋城市连续四年处于领跑地位。

二、新农村建设亮点频现

继续强势推进新农村建设“八大工程”，全市开工建设户通水泥路工程356个村，硬化面积达522万平方米；完成饮水安全工程55个村、户通自来水工程60个村；开工建设沼气工程1万户，实现通气4620户；建成21所农村标准化中小学，新改扩建乡村幼儿园28所。厦普赛尔1万吨浓缩果汁饮料、新胜肉类15万吨冷鲜肉项目建成投产，佶利迩丝麻服饰家纺改造、神隆氏生物活性肽项目开工建设。全市共发展蔬菜大棚2084栋、钙果250亩，出栏生猪130万头，均比上年有大幅增长。张峰水库引水、米山水库除险加固、农业综合服务中心建设等工程进展顺利。完成植树造林2.5万亩，通道绿化200公里，森林覆盖率提高2个百分点。市财政投资2500余万元，完成了杨界线、举棒出境路、草芳至李家、圪台和陈山老区自然村等公路建设，彻底解决了20个行政村、31个自然村、2.2万农民群众的出行难问题。

三、新型工业化迈出实质性步伐

按照省委转型发展的要求，大力实施了“资源向资本转移、地下向地上转移”的“两个转移”战略，规划建设了五大经济园区和六大企业集团。煤炭资源整合和企业兼并重组工作取得重大进展，全市保留矿井数量、资源储量和产能规模，均在晋城市处于领先地位。特别是依托国有二轻煤矿，成功组建了科兴能源集团，积极参与了乡村煤矿的兼并重组，为全市的煤炭产业可持续发展奠定了坚实基础。精心组织实施了维高水泥日产4800吨水泥熟料一期、天坤特材年产6万吨低碳高铝刚玉、泫氏铸业年产10万吨铸铁排水管等14项重点工业技改项目，全市产业结构进一步优化，发展后劲明显增强。

四、特色城镇化步伐加快

按照“一城五镇双百村”的特色城镇化战略要求，启动了一城五镇总规修编工作，对104个行政村的新农村建设规划进行了评审，基本实现了城乡规划全覆盖。实施了15项城市建设重点工程，丹河市区段综合整治一期筑坝工程基本完成；太华路改造顺利通车；迎宾路延伸、神农路北延、市民文化活动中心、职工文体活动中心、五星级宾馆、环境监测中心、火车站改造、残疾人康复中心和特教学校等城建重点工程进展顺利。采取“政府扶持、企业代建”的办法，建成经济适用住房306套、廉租房30套。城市绿化步伐加快，对神农路、丹河南路等道路进行了高标准绿化，建成8个小游园。组建了城市管理行政执法局和规划局，建立健全了城市管理监察、环境卫生管理、房屋拆迁等有关规章制度，城市管理水平进一步提升。

五、节能降耗和环境保护工作成效明显

积极推进节能降耗项目建设，新上了5个节能项目和7个新型墙体材料项目。持续开展环保专项行动，进一步加大对污染行业落后产能的淘汰力度。完成了城市生活污水处理厂主干管网建设，对72家工业企业排污情况进行了摸底排查，对32家企业排污口进行了规范整治；对15家使用放射源单位进行了安全检查；持续实施了“蓝天碧水”工程，市区空气质量二级以上天数达到350天，比上年增加42天。

六、各项社会事业持续快速发展

大力实施“科技富民强市行动”计划，科普星火学校建成并投入使用。教育事业蓬勃发展，企校共建、捐资助教、民营办学势头良好；卫生事业再上新台阶，完成了6个卫生院、55个甲级卫生所的建设任务；新型农村合作医疗参合农民达到39.1万人，参合率达95.2%。人口和计划生育工作扎实推进，符合政策生育率达90%以上，受到了省委、省政府的表彰奖励。建成了13个乡镇综合文化站、100个新农村文化建设示范村和200个村文化信息资源共享服务点。

七、党的建设科学化水平显著提升

切实加强思想政治建设。牢牢把握正确的思想导向，认真学习贯彻党的十七大和十七届三中、四中全会精神，深入学习科学发展观、和谐社会建设等党的最新理论成果，引导各级干部在学习的全面性、理论的系统性上下功夫，在武装头脑、指导实践上求实效。积极创新干部理论学习方式，建立完善党员干部学习考核机制，先后举办各类培训100余期，培训党员干部3万余人次。围绕全市改革发展中的重大问题、人民群众关心的热点问题，各级领导干部

撰写理论文章和学习心得500余篇，有效提高了广大党员干部的思想理论水平和领导水平。

大力加强领导班子和干部队伍建设。积极推行以“三考两推”（理论考试、综合能力考评、工作绩效考核，群众推荐、组织推荐）为主要内容的干部选拔任用机制，真正做到了重公论、重品德、重实绩。全年共选拔调整干部13批（次）397人，其中提拔215人，交流115人，免职67人。积极探索年轻干部选拔培养新举措，按照公开、平等、竞争、择优的原则，选拔年轻副科级干部17名，充实了干部队伍，有效解决了当前干部老化、断档和后继无人的状况，实现了基层领导班子的优化组合。

扎实推进基层党组织建设。围绕创建高标准党建先进市目标，在全市基层党组织中进一步探索“三级联创”活动方式，通过创新活动载体，不断增强了基层党建工作的活力。健全完善了村级基层组织，分四期对728名农村两委主干进行了集中培训。大力加强基层组织阵地建设，市财政投入资金200余万元，为100个村级组织活动场所配备了办公设施。对21个无阵地和58个办公条件简陋的村级组织活动场所进行了建设改造，实现了村级组织“村村有阵地”的目标。全面落实“一定三有”工作机制，市财政补贴400万元，建立了农村在职主干岗位报酬集中统一发放和参加社会养老保险工作制度，进一步激发了他们干事创业的工作积极性。全面推行“群众推荐、党委考察、支部票决、全程公示”的发展党员工作机制，全年共发展党员488名，为党员队伍增添了新活力。

全面加强党风廉政建设。坚持以领导干部为重点，深入开展理想信念、党风党纪和警示教育，对新任领导干部全部进行了集体廉政谈话，增强了新任干部的廉洁自律意识和拒腐防变能力。制定了领导干部廉洁自律和厉行节约的八条规定和八项要求，持续开展了制止“假日腐败”、狠刹“五股歪风”等工作，坚持并完善了“三谈两述一报告”制度，领导干部廉洁自律工作得到加强。深入推进农村党风廉政建设，出台了《高平市农村集体资产管理办法》，在市、乡、村三级成立了集体资产管理机构，对农村集体资产实行民主管理。扎实开展煤炭领域反腐败专项斗争，加强了组织领导，公布了举报电话，设置了投诉箱，对重点部门、重点单位和重点问题进行了重点督查。严肃查处违纪违法案件，全年共立查案29件，37人受到党纪政纪处分，为全市和谐发展创造了风清气正的政治环境。

（李晓峰）

附：一、中共高平市委书记、副书记、常委名单

书　记：谢克敏

副书记：秦建孝　王晋峰

常　委：闫通宇　张志刚　李智星　李天胜　李刘苏　常书铭　张培军　梁云辉

二、乡镇（街道）党委（党工委）书记、副书记名单

东城街道

书　记：许振全

副书记：郭勇虎　韦魁龙

南城街道

书　记：

副书记：李俊强　朱瑞金

北城街道

书　记：毕建明

副书记：徐育玲　魏志宏

米山镇

书　记：张强胜

副书记：史晓波　成立忠

三甲镇

书　记：张晋文

副书记：张旭强　吴绪鹏

神农镇

书　记：郝卫东

副书记：段晓军　李　皓

陈区镇

书　记：申青山

副书记：许宏建　张义明

建宁乡

书　记：侯志刚

副书记：王进文　杨振洲

北诗镇

书　记：郜书宁

副书记：王国文　袁　萍

石末乡

书　记：靳建军

副书记：申中群　贺俊峰　陈德峰

河西镇

书　记：孟向东

副书记：赵海青　赵栋庭　肖永义

马村镇

书　记：王广平

副书记：范永星　郑威剑

原村乡

书　记：姬国强

副书记：王　京　赵　亮　张群玲

野川镇

书　记：牛惠军

副书记：张立新　李树中

寺庄镇

书　记：司海彬

副书记：申中锋　毕小平　李锦霞

永录乡

书　记：杨电新

副书记：吴华芳　陈　丽

中共阳城县委工作概况

2009年，在省委、市委的正确领导下，县委认真贯彻党的十七大和十七届三中、四中全会精神，深入落实科学发展观，团结带领全县干部群众，迎挑战、破难题、谋进取、求突破，全县经济、政治、文化、社会和党的建设取得了新的成效。

一、坚持转型发展，县域经济综合竞争力持续增强

一是狠抓结构调整，经济发展支撑力明显增强。煤炭资源整合快速推进，晋煤集团、省煤炭运销集团、阳泰集团、皇城相府集团等四家主体企业的进驻和接管工作基本完成。特色农业稳步发展，新发展桑园1800多亩，新发展干果经济林3000亩，新发展专业合作社93家。建瓷产业借势做强，实现19条生产线正常运行，总产量达到5500万平米、同比增长66%；新建成2条中高档生产线，新增生产能力1200万平米。电力产业迅猛扩张，省电力公司阳城北500千伏变电站、晋煤集团2×13.5万KW煤矸石热电联产项目开工建设，华能集团4×100万KW煤电一体化项目顺利签约，阳电三期6×66万KW项目前期工作加快推进。旅游产业全市领先，全年接待游客101.5万人次，综合收入达到1.82亿元。化工产业茁壮成长，兰花田悦达产达效，金象"1830"开工建设，新西、龙腾等精细化工企业不断壮大。

二是狠抓园区建设，经济发展集聚力明显增强。县工业集中发展区规划建设全面启动，芦池煤化工园区、北留电力化工园区、蟒河精细化工园区、润城铸造园区建设步伐加快。

三是狠抓技术创新，经济发展核心竞争力明显增强。扶持建立4个研发中心，自主开发研制项目达到65个。在工农业生产领域大力推广新技术、新工艺45项，科技进步对经济增长的贡献率提高到45.2%。

四是狠抓招商引资，经济发展的带动力明显增强。引进华能集团、山水水泥集团等一批战略投资者，与青岛地恩地集团、世界知名化工企业李长荣公司达成合作意向。签订合同协议22项，实际利用县外资金10.9亿元。

五是狠抓去污增绿，经济发展持续力明显增强。继续实施六大林业工程，完成县城外环绿化8100亩、交通沿线荒山绿化2万亩，全县林木绿化率达到54.3%。加快电力、化工、建材等重点行业和重点领域的技术改造，万元GDP能耗、电耗分别降到1.6吨标煤、2322度电，低于省、市平均水平。加大治污减排力度，SO2、COD排放量分别下降4.3%、7.7%，县城空气质量二级以上天数达到351天。

二、坚持为民发展，人民生活不断改善

一年来，围绕群众所思、所盼、所想，真心实意为群众办实事、做好事、解难事，着力实施了十二大惠民工程。一是实施"基建"工程。铺开了52项重点工程，3条县乡公路改造、18座变电站增容等基础设施项目全面竣工，六大森林公园、供水管网改造等市政工程建成投用，集中供气供热、迎宾大道等重点工程进展顺利。二是实施"希望"工程。在铺开18所中小学新改扩建的同时，狠抓学校教学设施设备配套和教育教学水平提升。高考二本以上达线人数达到1564人、占全市达线人数的44.7%，专科以上达线人数达到3512人、占全县高考总人数的75%，实现了全县高考历史的大跨越。三是实施"健康"工程。填补33个卫生所空白村，为25个乡镇卫生院配齐B超、X光机、救护车等常用设备，完成县二院新建主体工程，实现了村级卫生所全覆盖、乡级卫生院全达标。启动城镇居民医保工作、参保率达到78%，完善新型农村合作医疗制度、参合率达到97.1%，18.9万人次领取补偿金3480万元。四是实施"保障"工程。在全省率先推进"新农保"试点工作，参保率达到92.5%，4万多名60周岁以上农村老年人领到基础养老金。城乡低保实现了应保尽保。农村"五保"分散和集中供养标准分别提高到2600元和3500元，实现全覆盖。五是实施"命脉"工程。新建各类饮水工程75处，解决了251个自然庄、3.5万人的饮水安全问题，全县85%以上的农民吃上了干净的自来水。六是实施"通畅"工程。新建村村通水泥（油）路230公里，新建3个乡镇客运中心，建立了村村通公路管理养护补助制度，全县通水泥（油）路、通班车的村分别达到99.4%、95%。七是实施"农字一号"工程。新发展户用沼气626户、煤层气用户5100户，4万多农户用上新型清洁能源。八是实施"阳光洗浴"工程。新建19个村的太阳能公共浴室，累计达到44个，全县2.5万农民就近享受到绿色洗浴。九是实施"文体建设"工程。建成11个乡镇文化站、202个村级文化室、100多个村级文化广场；95%的村有了门球场、篮球场等活动场所，人均健身场所达到1.2平米、居全市第一。十是实施"越冬供煤"工程。在煤矿大面积停产的形势下，为城乡居民和医院、学校等公益性单位供应平价煤9.8万吨。十一是实施"帮贫助困"工程。采取社会帮扶、企业帮带、财政扶持、机关结对以及党员领导干部包户帮扶农村特困家庭等办法，加大对弱势群体的帮扶力度，有效缓解了特困群众的生活困难。十二是实施"扩大就业"工程。全年新增私营企业188户、个体工商户1215户，共转移和输出农村富余劳动力1.3万人，净增就业岗位3680个，城镇登记失业率控制在1%以下。

三、坚持改革创新，党的建设科学化水平明显提升

一是扎实开展学习实践科学发展观活动。坚持把学习

实践科学发展观活动作为首要政治任务来抓，按照中央“党员干部受教育、科学发展上水平、人民群众得实惠”的总要求，紧扣“坚持科学发展、大力解放思想、推进四个确保、造福阳城人民”的主题和载体，组织全县1194个基层党组织的2.3万名党员分别参加了第二批、第三批学习实践活动。第二批学习实践活动实现了预期目标，第三批学习实践活动正有条不紊地进行，受到了中央学习实践活动指导巡视组的充分肯定。

二是切实加强思想政治建设。认真落实《中共中央关于加强和改进新形势下党的建设若干重大问题的决定》，着眼于提高党建科学化水平，强化理论武装、理想信念和思想道德教育，用中国特色社会主义理论体系武装广大党员干部，努力建设学习型党组织和学习型领导班子。组织“百人宣讲团”和宣讲小分队开展专题宣讲，促进了十七届四中全会精神进农村、进学校、进企业、进机关。利用县委党校和“阳城大讲堂”两个平台，对全县科级干部和新任农村两委主干进行培训，提高了各级干部的政治理论水平和思想道德修养。

三是切实加强领导班子和干部队伍建设。坚持“德才兼备、以德为先”的用人标准，严格执行《条例》规定，把一批品行好、能力强、实绩明显、公信度高的干部选拔到了科级领导班子和重要岗位，进一步优化了班子结构、增强了班子活力。注重在基层一线锻炼干部，选拔21名优秀年轻干部到乡镇和信访部门挂职，促进了年轻干部健康成长。积极开展干部考核评价试点工作，大力推行民意调研、实绩分析、量化评分等办法，促进了干部考核的制度化、规范化。全面启动政府机构改革，稳步推进事业单位改革，权责一致、分工合理、运行顺畅、监督有力的行政管理体制进一步完善。

四是切实加强基层组织建设。适应农村改革发展的新形势，探索创造出“集中联建、强弱联建、村企联建、城乡联建”党建新模式，着力加强64个重点村、难点村的整顿和帮建，狠抓村级组织活动场所建设，提升了基层党建整体水平。实行农村支书、村委主任岗位报酬统一发放和养老保险缴费补助制度，健全了“一定三有”农村支部书记队伍建设长效机制。坚持“群众推荐、党委考察、支部票决、全程公示”的新机制，新发展党员324名，提高了发展党员的公信度。积极为农村党员特别是困难党员解决实际问题2300多件，进一步激发了农村党员干部干事创业的热情。

五是切实加强反腐倡廉建设。深入开展以“学习右玉精神、改进工作作风”为主题的作风建设活动，大力弘扬百折不挠、艰苦奋斗、甘于奉献、真抓实干的优良作风，促进了干部作风的大转变。深入实施农村惩防体系“五大工程”，加快推进国有和集体企业惩防体系建设“159”工程，全面加强机关惩防体系建设，拓宽了从源头上防治腐败的领域。坚持用制度制约和监督权力运行，进一步规范了领导干部的从政行为。加大腐败案件查处力度，全年共立查案件38件，38人受到党纪政纪处分。全面落实党风廉政建设责任制，深入开展煤炭领域反腐败专项斗争，大力纠正部门和行业不正之风，党风政风明显好转，党群干群关系更加密切。

（刘书远　宋跃军）

附：一、中共阳城县委书记、副书记、常委名单

书　记：刘爱军

副书记：冯志亮　贾二庆　王一鸣（挂职）

常　委：申永山　卢祥东　许卫星　范兆森　李国平　王学忠　霍丽丽（女）　郭德灿

二、乡镇（街道）党委（党工委）书记、副书记名单

凤城镇

书　记：张茂才

副书记：郭景文　张斌兵　邢学军

白桑镇

书　记：李　龙（4月任职）

副书记：梁飞昊　吉志良

北留镇

书　记：白继军

副书记：贾敦命　潘新强

润城镇

书　记：马阳光

副书记：常轩胜　范旭东　杨学良

东城街道

书　记：李龙社

副书记：杨勇军

町店镇

书　记：邢海斌

副书记：赵永军

寺头乡

书　记：原家喜（4月任职）

副书记：王向军　郑泽锋

芹池镇

书　记：范学斌

副书记：赵中怀　李军社　李和平

西河乡

书　记：王东胜（4月任职）

演礼乡

书　记：原天信

副书记：延国强

固隆乡

书　记：陕雄亮（4月任职）

副书记：李瑞良　乔光孝

次营镇

书　记：白若磐

副书记：程仓库　刘国荣

董封乡

书　记：贾晓林（4月任职）
副书记：延岳鹏
横河镇
书　记：李　君（女）
副书记：陈永军　李锁明（9月离职）
驾岭乡
书　记：王建平（4月任职）
副书记：卫文善　刘建文（9月离职）
河北镇
书　记：范常胜（4月任职）
副书记：白军龙　柴应龙
蟒河镇
书　记：张万良
副书记：张国瑞
东冶镇
书　记：姬敦虎
副书记：原前卫　王永堂

中共陵川县委工作概况

2009年，县委坚持以邓小平理论和“三个代表”重要思想为指导，以深入学习实践科学发展观活动为契机，围绕“保增长、保民生、保稳定”工作主线，加大“三县战略”实施力度，推动了全县经济和各项社会事业继续保持了良好发展态势。全县生产总值完成21.33亿元，同比增长6.5%；财政总收入完成2.53亿元，同比增长9.37%；农民人均纯收入达到3584元，同比增长6.1%；城镇居民人均可支配收入9244元，同比增长6%；社会消费品零售总额完成8.3亿元，同比增长13.7%；全社会固定资产投资完成23亿元，同比增长119.7%；人口自然增长率控制在1.43‰以内。

一、认真落实“三保”措施，全县经济实现企稳回升

产业项目建设进展顺利，工业经济稳步进入上升通道。推进煤炭资源整合和企业兼并重组，组建了山西崇安能源发展有限公司，规划年生产能力375万吨，比整合前提升产能120万吨。苏村煤矿90万吨标准化矿井升级改造快速推进；关岭山煤矿30万吨机械化升级改造建成投产；煤矿企业转产带产取得新进展，苏村煤矿投资4700万元建设的行源砖厂年产6000万块多孔承重砖正式投产，昌墉年产6000万块标砖二期工程进入试生产；双河钙业土建主体工程已完工，正在进行设备安装。鑫源冶炼铁水连铸配套450立方米高炉技改项目完成投资1.2亿元，初步具备生产条件。总投资3880万元的MW煤气综合利用发电机组项目投资基本完成，正在安装调试。化工行业对传统二硫化碳企业进行了规范整顿，督促企业进行扩规上档升级。行源化工4X25000KVA电石炉项目总投资2.8亿元，已完成环评批复、土地征用及地质勘探等工作。霖春镁业年产3万吨原镁及镁合金技术改造项目完成投资7800万元，已完成土建工程主体和部分设备安装。

特色农业发展步伐加快，社会主义新农村建设成效显著。不断深化农村改革，大力推进畜牧、中药材、干鲜果、小杂粮等特色产业的规模化扩张和品牌化经营，全县粮食种植面积达到36.3万亩，规模健康养殖场达到700个，各类养殖专业合作社（公司）达到110个，无公害农产品认证达到48个，粮食总产量达到10420万公斤。全县新上各类家庭种养项目1103个，确定贴息项目517个，拉动民间投资8922万元。制定出台了《关于解决偏远山区贫困农村突出问题的实施意见》，积极争取把全县人均纯收入3000元以下的245个贫困村纳入市里扶贫攻坚计划，80个贫困村和市里结成帮扶对子，165个村和县里机关企事业单位结成帮扶对子，扎扎实实解决贫困农村突出问题。

生态环境建设不断加强，旅游产业发展持续升温。以集体林权制度改革为重点，全面推进六大林业工程，全县新增造林面积4.24万亩，完成公路绿化补植补种177公里，完成242个行政村集体林权制度基础改革任务和20个省级新农村村庄绿化任务，生态总量持续增长。大力推进生态资源优势向产业优势和经济优势的转变，累计完成景区景点建设投资1.1亿元，进一步提升了景区基础设施建设水平。通过各种主流媒体的广泛宣传和旅游节庆活动的成功举办，进一步扩大了全县旅游品牌的知名度。全年累计接待游客52.5万人次，同比增长27%；门票收入累计达到1200万元，同比增长23%；旅游综合收入8100万元。

二、着力破解民生难题，和谐建设加速推进

扎实推进就业和社会保障工作。大力引导和激励群众自主创业，引导和激励各类企业和新上项目优先吸纳本地人员就业，组织开展各种公共就业服务活动。全年新增城镇就业岗位2390个，帮助下岗失业人员再就业1025人，输出和转移农村富余劳动力1.1万人。全县社会保险覆盖人数达到92428人次，城乡低保覆盖人数达到20593人；全年发放各类社会保险费7455.87万元，城乡低保和医疗救助资金2229万元；完成农村困难群众住房任务100户，廉租住房正在建设中。

加快发展教育、卫生、体育等社会事业。教育围绕“高中县城化、初中城镇化、小学寄宿化”的战略目标，狠抓教育资源整合和基础教学设施的改善，年内新建校舍面积3.6万平方米，实施校舍危房改造1.2万平方米，陵川二中迁建工程、县职业中学综合教学楼工程、陵川一中餐厅工程、陵川二中公寓楼工程基本完工。医疗卫生事业全面启动了城镇居民医保制度，完成了县医院综合医技楼及配套建设、县妇幼保健院病房楼及配套建设、县二院病房楼改

扩建工程以及12个乡镇卫生院的标准化建设，甲型H1N1流感防控工作富有成效。村村通广播电视完成了22个自然村750户覆盖有线网络、6个村100户直播卫星接收设施的安装、调试、用户注册工作。完成了5个乡镇体育文化广场建设，新建了115个农民健身场地，群众性文化体育活动蓬勃发展。人口和计划生育工作进一步加强。

切实加强社会管理和维稳工作。围绕为庆祝新中国成立60周年营造平安稳定的社会环境，县委严格落实安全生产“两个主体”责任，持续深入开展安全隐患排查和专项治理工作，严厉打击私挖滥采行为，全县安全生产形势总体平稳；进一步完善社会治安防控体系和公共安全保障体系，深入开展社会治安专项整治和“平安陵川”创建活动；进一步完善“六级六步”大调解工作机制，认真落实县级领导包案调处责任制，扎实开展矛盾纠纷排查化解，年内共排查各类矛盾纠纷394起，化解336起，化解率达到86%。国庆期间做到了“四个不发生”，实现了非正常进京“零上访”，确保了全县社会和谐稳定。

三、扎实开展学习实践活动，各级党组织先进性建设和执政能力建设不断加强

以创建学习型党组织为目标，大力加强思想政治建设。认真落实《中共中央关于加强和改进新形势下党的建设若干重大问题的决定》，深入开展学习型党组织创建活动。以县委理论学习中心组为龙头，推进各乡镇党委和县直各党(工)委理论学习的制度化、规范化。同时，利用学习实践活动集中学习调研的有利时机，引导各级党组织创新方式方法，拓展广度和深度，进一步增强了各级党组织和广大党员干部贯彻落实科学发展观的自觉性和坚定性。

坚持崇尚实干的用人导向，大力加强领导班子和干部队伍建设。认真落实《党政领导干部选拔任用工作条例》，坚持重实绩、重公论、重能力、重人品的用人导向，在对部分班子成员进行调整过程中，严格按照干部选拔任用程序，经过民主推荐、民主测评、执法执纪部门审查、组织考察和集体讨论。积极推进干部教育培训工作，出台了《科级领导班子和领导干部考核办法》，要求各级领导干部带头严格执行民主集中制的各项规定，带头严格按照领导班子内部议事和决策机制办事。

着眼于夯实基层工作基础，大力加强基层党组织建设。随着第三批学习实践活动的不断深化，县委提出了“抓学习，找差距；抓班子，树形象；定思路，谋发展；树正气，促和谐”总体工作要求，为强化基层党建工作明确了方向。针对部分农村基层组织阵地缺失和多年来存在的“难点村”、“后进村”问题，仔细查清症结所在，研究措施办法逐步解决；同时，推行农村优秀人才跨村任职，为农村主干全部办理了养老保险，极大地调动了农村干部的工作积极性。

以落实惩防体系为重点，大力加强党风廉政建设。坚持标本兼治、综合治理、惩防并举、注重预防的方针，从严落实党风廉政建设责任制，扎实推进农村基层党风廉政建设，深入开展纠风专项治理和行风评议工作，严肃查处严重违法违纪案件，认真开展中央和省市扩大内需、促进经济增长政策措施落实情况的监督检查，煤炭领域反腐败专项斗争成效明显，加强纪检监察机关队伍建设，结合引深学习“右玉精神”，制定出台了《关于引深学习“右玉精神”、进一步加强和改进作风建设的意见》，引导和激励各级干部始终保持干事创业的激情和锐气，在各项工作中说实话、办实事、求实效。（赵天和　杨长力）

附：一、中共陵川县委书记、副书记、常委名单

书　记：马四清

副书记：茹栋梅（女）　李凤远　王霁鸿（挂职）

常　委：侯保成　王文全　陈家富　原光辉

张国文　王加林　靳海峰

二、乡镇党委书记、副书记名单

崇文镇

书　记：任素亮

副书记：张文翠（女）　赵永利

礼义镇

书　记：刘保全

副书记：赵永胜　张学恭

附城镇

书　记：赵志义

副书记：牛中文　路文兴

平城镇

书　记：郝陵义（2月离职）　李志国（2月任职）

副书记：张勇力　郝秀莲（女）

西河底镇

书　记：马晋平（2月离职）　都文芳（女，2月任职）

副书记：宋志刚　侯东升

杨村镇

书　记：李志国（2月离职）　马晋平（2月任职）

副书记：李田富　王苏文

秦家庄乡

书　记：杨志强

副书记：谢　彬　靳赵平

潞城镇

书　记：王三虎

副书记：马喜平

夺火乡

书　记：刘书香（女）

副书记：赵　勇　宋国强

马圪当乡

书　记：毕增林

副书记：张陵芳　姚建忠

古郊乡

书　记：牛树新

副书记：魏明明　翟文洪

六泉乡

书　记：宋红光

副书记：郝晋锋　苏红岗

中共沁水县委工作概况

2009年，县委坚持以科学发展观为指导，全面贯彻落实党的十七大和十七届三中、四中全会精神，按照“三转三化三提高”的总体要求，团结带领全县人民，以深入学习实践科学发展观活动为契机，积极应对国际金融危机冲击，努力破解发展难题，不断加强经济、政治、文化、社会建设以及生态文明建设和党的建设，全县经济社会和各项事业继续保持了平稳较快发展的良好态势。

一、扎实开展学习实践活动，贯彻落实科学发展观的自觉性和坚定性进一步增强

按照中央和省、市委的要求，县委始终坚持把深入学习实践科学发展观活动作为一项重要的政治任务，提出了“三保一推进”（保增长、保民生、保安全，推进沁水和谐发展、跨越崛起）的主题和载体，坚持边学边改、边查边改、边整边改，搞好两个批次的有序衔接，确保学习实践活动成为群众满意工程。通过学习实践活动的深入开展，全县党员干部在事关发展的重大问题上认识更加统一、思路更加清晰，推动科学发展、促进社会和谐的能力不断增强，团结向上、干事创业的氛围更加浓厚，一批事关群众生产生活的热点难点问题得到有效解决。

二、积极应对国际金融危机，努力保持全县经济平稳较快发展

面对国际金融危机冲击和自身结构性矛盾的双重影响，县委认真贯彻中央、省、市的科学决策，深入分析经济运行情况，针对性地做出部署。2009年，全县生产总值完成83亿元，同比增长7.7%；财政总收入完成19.49亿元，增长36.8%，其中一般预算收入完成5.27亿元，增长28.5%；农民人均纯收入完成4371元，增长9.5%；城镇居民人均可支配收入完成1.18万元，增长11.9%。

三、不断加快“三化”建设，积极推动经济转型发展

一是着力推进农业现代化，新农村建设成效明显。一年来，“三农”投入大幅增加，全年累计投入支农资金1.43亿元，粮食总产达到9.1万吨。畜牧业积极推进标准化养羊小区和规模化养殖工程建设，全年出栏优质肉羊12.5万只；蚕桑业以植桑建园为重点，规范化管理桑园8000亩，产茧量稳定在110万公斤以上。积极推进集体林权制度改革，全县总确权面积116.8万亩。新增农民专业合作社99个，带动农户1万余户。新农村建设扎实推进，59个重点推进村通过了阶段性考核评估。完成了8个乡镇、50个示范村、2000个核心农户的新型农民科技培训项目，开展培训4.56万人次。实施扶贫移民、整村脱贫、产业扶贫、培训转移等四项脱贫增收工程，偏远山区扶贫工作取得可喜成绩。

二是大力推进新型工业化，产业结构更趋合理。扎实推进煤炭资源整合和企业兼并重组工作，全县矿井数量由整合前的44个减少到20个，煤炭资源储量净增4.25亿吨，煤炭产业发展后劲不断增强。进一步规范煤层气、煤变电、煤化工等新兴产业发展。中联、蓝焰、港华、顺泰、新奥等煤层气开发企业不断壮大。继续加大了对重点领域、重点行业、重点企业的监督检查和环境治理力度，主要污染物排放量明显下降。

三是努力推进特色城镇化，基础设施日臻完善。大力实施滨河南路、梅杏大道、污水处理等重点工程和集中供热、供气、供水等市政工程，全面加快嘉峰工矿区、端氏商贸区、中村旅游区等小城镇建设步伐，重点开展了以“三清”、“四改”、“五化”为主要内容的村庄环境整治工作。

四是进一步创优发展环境，招商引资成效明显。立足煤炭、煤层气、旅游、特色农业等资源优势，筛选确定了招商引资项目27项，积极组团参加了“中博会”、“煤博会”、“第二届棋子山文化节招商洽谈会”，签约项目7项，已落实开工6项，引资近6亿元。制定出台了创优发展环境、推动全民创业的优惠政策，召开全民创业动员大会和中小企业项目融资推介活动，银企结对签约贷款协议9亿元。

四、着力改善民生，不断加快和谐建设步伐

一是扎实推进就业和社会保障工作。积极落实促进就业再就业各项优惠政策，全年转移农村剩余劳动力8170人，新增城镇就业岗位3850个，城镇登记失业率控制在2%以内。城镇职工基本医疗保险、工伤保险、失业保险以及新型农村合作医疗等社会保障覆盖面持续扩大。新型农村社会基本养老保险试点县工作全面启动，参保人数达9万余人。

二是加快发展各项社会事业。农村义务教育经费保障机制进一步完善，义务教育标准化建设通过省级复评验收，教育园区建设加快推进，中小学校舍安全工程顺利实施，消除D级危房9600余平方米。不断推进县、乡、村三级医疗卫生机构达标建设，公共卫生和疾病防控体系进一步健全。甲型HlNl流感防控工作卓有成效。深入开展城乡环境卫生清洁工程，创建省级卫生县城工作顺利通过省级验收。人口和计划生育工作扎实开展，人口目标责任制得到全面落实。

三是全力维护安全稳定的社会局面。进一步加强对安全生产工作的领导，出台了一系列加强安全生产的政策措

施，扎实开展了“安全生产年”和“安全责任落实年”活动，安全生产基础进一步夯实，安全生产形势明显好转。深入落实社会治安综合治理各项措施，大力加强“平安沁水”、“法治沁水”建设。组织县、乡领导开展大接访活动，集中解决了一批群众反映强烈的信访问题。在庆祝新中国成立60周年活动期间，动员全县力量努力做好安全保卫工作，圆满实现了国庆期间“四个不发生”和进京、赴省“零上访”的目标。

五、切实加强和改进党的建设，为全县经济社会发展提供了强有力的政治保证

一是切实加强思想政治建设。认真贯彻落实《中共中央关于加强和改进新形势下党的建设若干重大问题的决定》和省、市委的实施意见，着眼于提高党的建设科学化水平，努力建设学习型党组织和学习型领导班子。加强和改进县、乡党委中心组学习，出台了《关于加强和改进领导班子思想政治建设的实施意见》。

二是切实加强领导班子和干部队伍建设。严格贯彻执行《党政领导干部选拔任用工作条例》和有关规定，先后对乡镇班子、县直部分单位的领导干部进行了调整交流。加强对干部的监督考核，制定了《关于建立促进科学发展的科级领导班子和领导干部考核评价机制的实施办法（试行)》、《科级领导班子和领导干部日常考核办法》。

三是切实加强基层党组织建设。积极开展“创先争优”活动，不断引深“五个好”乡镇党委和村党组织创建工作；认真落实“一定三有”，建立健全了农村“两委”主干保障激励机制；大力加强了村级组织活动场所建设和农村党员干部现代远程教育工作，全县三分之二以上的村都有了组织活动场所；进一步完善了民主评议党员机制，建立了党员信息库；构建流动党员城乡一体化动态管理新机制，提高了对流动党员的教育管理水平。

四是切实加强反腐倡廉建设。认真落实中央《建立健全惩治和预防腐败体系2008-2012年工作规划》，严格落实中央反腐倡廉建设四个重要文件精神。强化党风廉政建设责任制，对全县500余名科级干部进行了廉政培训，推进了廉政文化“六进”活动。深入开展煤炭领域反腐败专项斗争，扎实推进农村基层党风廉政建设，严肃查处了一批违纪违法案件。深入开展了学习弘扬“右玉精神”，大力加强作风建设的十项活动，进一步加强了干部作风建设，提高了行政效能。

（霍高刚）

附：一、中共沁水县委书记、副书记、常委名单

书　记： 常国荣

副书记： 常广智　邹树琦

常　委： 柴守瑛　张俊明　郭沁林　张桂春　史小林　李喜红（女）　郭家胜　张　号

二、乡镇党委书记、副书记名单

龙港镇

书　记： 史秀忠

副书记： 郝天亮　焦广瑞　丁坚强

樊村河乡

书　记： 程家富

副书记： 原国胜　王　锋（4月任职）

中村镇

书　记： 张广建

副书记： 苗路平　崔　勇（4月任职）

土沃乡

书　记： 牛灵战（11月离职）

副书记： 李书华　李向东（4月任职）

张村乡

书　记： 崔书林

副书记： 张旭明　赵建文（4月任职）　田忠胜（4月任职）

郑庄镇

书　记： 都林旭

副书记： 韩海亮　潘小育（4月任职）

苏庄乡

书　记： 张永忠

副书记： 刘永会　杨国良（4月任职）

端氏镇

书　记： 刘建庭

副书记： 张伟虎　杨春田（4月任职）　郭富太（4月任职）

嘉峰镇

书　记： 张瑞忠

副书记： 牛沁斌　白利平（女，4月任职）

郑村镇

书　记： 张海芳

副书记： 王海军　魏淑芳（女）

胡底乡

书　记： 吉张奎

副书记： 李振强　张汉庭（4月任职）　陈跃武（4月任职）

固县乡

书　记： 武书林

副书记： 原沁霞（女）　赵国强（4月任职）

柿庄镇

书　记： 于建斌

副书记： 常志峰　翟志慧（4月任职）

十里乡

书　记： 栗军利

副书记： 樊宽社　李沁龙（4月任职）　刘　海（4月任职）

中共临汾市委工作概况

市委书记　谢　海

2009年，中共临汾市委坚持以邓小平理论和“三个代表”重要思想为指导，深入贯彻落实科学发展观，全面贯彻党的十七大和十七届三中、四中全会精神，团结带领全市广大干部群众，以深入学习实践科学发展观活动为契机，积极应对国际金融危机冲击，全力以赴保增长、保民生、保稳定，扎实推进转型发展、安全发展、和谐发展，全市经济建设、政治建设、文化建设、社会建设和党的建设都取得了新的进展。

一、扎实开展学习实践活动，贯彻落实科学发展观的自觉性和坚定性进一步增强

坚持把开展学习实践活动作为首要的政治任务，作为推动临汾实现科学发展的重大契机，严格按照中央和省委的要求，精心组织，周密部署，确保了学习实践活动的深入有序开展。在第二批学习实践活动中，市委围绕“牢牢把握以人为本这个核心，突出解决思想观念不适应、发展方式不科学、安全生产形势严峻、环境污染比较严重、民生建设滞后、干部作风不实等六个方面的突出问题，努力实现我市转型发展、安全发展、和谐发展”这一主题，坚持做到“六个贯穿始终”：一是坚持把深化理论学习贯穿始终。市、县两级中心组组织专题学习483次，各级各部门普遍开展了“解放思想大讨论”，加深了对科学发展观的认识和理解。二是坚持把突出实践特色贯穿始终。把实现“三保”目标、推动“三个发展”作为学习实践活动最大的实践，有力促进了全市经济社会平稳较快发展。三是坚持把解决突出问题贯穿始终。市县两级共解决各类突出问题7300余个，为群众办实事1.2万余件，使人民群众切身感受到学习实践活动带来的变化。四是坚持把干部作风建设贯穿始终。进一步健全工作机制，深入开展“作风建设年”活动，形成了团结奋斗、干事创业的强大合力。五是坚持把加强制度建设贯穿始终。全市共废止各类制度1529项，修订完善4812项，新制定出台3184项，进一步健全完善了促进科学发展的体制机制。市委还组织专门力量起草制定了临汾科学发展规划纲要。六是坚持把强化组织领导贯穿始终。市委成立了学习实践活动领导小组，多次召开会议、下发文件对学习实践活动进行安排部署，确保了学习实践活动的顺利开展。第三批学习实践活动开始之后，按照中央提出的“更加注重取得实效、更加注重简便易行、更加注重分类指导、更加注重强化基层、更加注重统筹协调”的要求，市委组成7个巡回检查组和4个系统指导组，切实强化了组织领导和分类指导。农村、街道、社区、中小学校、基层医疗卫生单位和“两新”组织都结合基层实际和行业特点确定了活动主题和实践载体，积极为群众做好事、办实事、解难事，有力地推动了各个阶段任务的落实和突出问题的解决。中央巡回检查组两次来我市检查指导工作，对我市的学习实践活动予以充分肯定，省委和省学习实践活动指导组也给予了高度评价。

二、积极应对国际金融危机冲击，努力保持经济平稳较快发展

面对国际金融危机冲击和安全生产事故的双重影响，市委坚决贯彻落实中央和省委、省政府关于保增长、扩内需、调结构、惠民生的一揽子计划和政策措施，积极采取有效措施，努力克服不利影响，全市经济在经历严重困难后企稳回升，保持了平稳增长。全市生产总值完成763亿元，位居全省第三，同比增长4%；规模以上工业增加值累计完成372.6亿元，位居全省第三，同比增长3.04%；财政总收入完成137.7亿元，位居全省第四，其中一般预算收入完成62.9亿元，位居全省第三，同比增长16%；固定资产投资累计完成417亿元，位居全省第三，同比增长57%；社会消费品零售总额累计完成272.6亿元，同比增长21.7%；城镇居民人均可支配收入达到12247元，同比增长9.3%；农民人均纯收入达到4749元，同比增长8.1%。

一是切实加强对经济工作的领导。市委常委会多次召开会议，分析研判经济形势，研究确定针对性的措施和办法。采取区域调控措施，实行煤焦产业对接，确保企业生产链条不断。多次组织召开银企洽谈会，各金融机构与企业达成240亿元的贷款协议，有效缓解了企业资金紧张的问题。清理和取消了22个行政收费项目，进一步优化了中小企业生产环境。实行了党政领导干部包县（市、区）、包重点项目、包重点企业、包热点难点问题、包信访案件的“五包”责任制，组织1.2万名机关干部深入基层、深入企业、深入群众，包联重点项目166个，包联企业147个，解决热点难点问题118个，有力地促进了“三保”政策措施的落实。

二是着力推动产业结构优化升级。利用市场倒逼机制，把应对国际金融危机作为调整优化产业结构的契机，坚持在发展中促转变，在转变中谋发展。坚定不移地推进传统产业新型化、新兴产业规模化，重点培育煤化工、机械装备制造业、材料工业和高新技术产业。煤化工产业按照全面回收、集中加工、深度开发的思路，大力发展大颗粒尿

素、甲醇、顺酐等系列产品，山焦、襄汾万鑫达两个20万吨甲醇项目投产。机械装备制造业突出发展汽车配件、家电配件、整机装配，提高精密加工和系统集成能力，启动建设了汤荣50万吨汽车刹车盘和轮毂、华翔7万吨机加工、洪洞正和5万吨纺织铸件等项目。材料工业重点发展了曲沃中条山新型干法水泥、襄汾5万吨高岭土、天极恒磁等重点项目建设。高新技术产业以增强自主创新能力、拥有自主知识产权和知名产品为主，重点抓了光宇LED大功率新电源一期项目，洪洞500万柱真空超导暖气片、200万平方米电热膜、侯马平阳液压支架等一批科技含量高的项目相继投产。同时大力发展特色农业、高效农业、设施农业、生态农业，在全市推广了曲沃县磨盘岭农业综合开发模式和洪洞县林下经济模式，重点扶持了大众饲料、天天饮料、汾河生化等农业产业化龙头企业。大力发展以现代物流业和旅游业为重点的第三产业，山西方略物流保税中心形成了海铁陆联运配送网。全市新上重点调产项目83个，总投资397 亿元，当年完成投资105亿元。

三是坚定不移推进煤炭资源整合。认真落实省委、省政府的决策部署，坚持统一领导、统一规划、统一评估、统一政策、统一验收，采取得力措施，精心组织指导，强力推进煤炭资源整合和企业兼并重组，尤其是注重兼顾煤炭企业、当地政府和群众的利益，探索建立“以煤补农”长效机制。目前，这项工作进展顺利，已经取得了阶段性成果，进入收尾阶段。通过这次整合，全市各类矿井将由392座压减到129座，减少67.1%；办矿主体由350家减少到29家，减少91.7%；产能由8976万吨提高到10706万吨，增长12.4%；单井平均产能由23万吨/年提高到83万吨/年，提高了近四倍；全市将形成7家千万吨级的煤矿企业。

四是全力以赴加快重点项目建设。坚持把重点项目建设作为实现“三保”目标、推进“三个发展”的重大举措，紧紧抓住国家扩大内需的政策机遇，共争取到国省投资项目583 个，到位资金13.99亿元。同时千方百计筹集资金，以基础设施和民生建设为重点，新上了209项重点工程，现已竣工65个，完成投资225亿元。加大城市建设力度，全市启动实施道路桥梁建设工程35项，竣工26项，全市新增供热面积230万平方米，燃气普及率达到65%。精心规划实施了汾河生态修复治理工程，已完成投资5亿元，工程竣工后，这个占地10.6平方公里的生态区，将成为临汾的绿肺、城市的客厅，成为城市扩张发展的一个重要轴心。规划36轨108 个教学班的新高中和核定床位1500张的新医院都已开工建设。

五是狠抓节能减排和生态环境建设。把资源能源节约和生态环境保护作为贯彻落实科学发展观的重要举措，进一步完善了政府推动、企业主动、社会参与的节能减排工作机制。狠抓工业污染治理，关停淘汰了4家钢铁企业，对19家企业进行了限期治理。深入开展城市环境综合整治，加强对环境违法行为的查处力度。继续实施造林绿化工程，全市共完成营造林面积78万亩，生态修复面积80万亩，森林覆盖率达到31.4%。全省造林绿化现场会在我市召开。去年全市减排二氧化硫5130吨、化学需氧量2280吨。市区空气综合污染指数为1.72，位居全省第四，比去年同期下降14.3%。市区空气质量二级以上天数达到334天。

六是切实加强“三农”工作。认真落实中央一系列惠农、强农政策措施，全市支农资金达到12.3亿元，比上年增长19%。积极发展现代农业，大力实施粮食增产工程、高效园艺建设工程、龙头企业培育工程、专业合作社发展工程和农产品质量安全工程，进一步加快建设科技推广体系、农业综合执法体系、市、县、乡三级农业信息服务体系和农产品市场营销体系。全年粮食总产达16.68亿公斤。扎实推进新农村建设，全市新农村连片区发展到81个，完成了“四化四改”和“六个一”工程的年度任务。“

三、不断加大安全生产力度，实现了安全生产形势的稳定好转

坚持把安全生产摆在压倒一切的重要位置，下决心扭转安全生产被动局面，结束了从06年以来连续三年事故频发的历史。全市各类生产安全事故死亡人数比上年减少315人，同比下降46.1%，煤炭百万吨死亡率降至0.27。一是严格落实安全生产责任。市委常委会多次研究安全生产工作，把管安全作为“五位一体”工作机制的重要内容，进一步加强了对安全生产工作的领导。切实强化企业安全生产主体责任和政府安全监管主体责任，不断提高安全生产管理水平。加强煤矿安全生产，充分发挥煤矿“五人安全监管小组”、拟关闭矿井“三人监管小组”和煤矿安全督查组的作用，加强督促检查，严格落实煤矿安全生产各项措施，确保煤矿企业安全生产。二是认真排查安全生产隐患。深入开展煤矿安全生产专项整治行动，排查整治各类隐患，加强煤矿兼并重组整合期间的安全生产。始终保持打击私挖滥采的高压态势，在全市范围内开展了“风暴”行动。全面开展了各个行业和领域的安全隐患排查整治，切实抓好非煤矿山、化工行业、地质灾害、易燃易爆品、道路交通、食品药品、防火、防汛及公共聚集场所等方面的安全工作，重点行业全部制定了安全生产应急预案。三是建立安全生产长效机制。在全市广泛开展了安全生产法律法规宣传教育，进一步加强对企业员工的安全生产教育培训，努力夯实安全生产基础。建立健全了安全生产专家会诊制度、安全生产责任追究制度等，建立了“权责明确、行为规范、精干高效、保障有力”的安全生产监管执法队伍，逐步形成较为完善的安全生产监管体系。

四、始终坚持以人为本，认真解决事关群众切身利益的突出问题

坚持把改善民生放在更加重要的位置，加快实施“五大惠民工程”，切实解决群众最关心、最直接、最现实的利益问题。一是着力推进创业就业。制定出台了《关于做好促进就业工作的实施办法》等一系列政策规定，通过加强

就业培训、积极扶持创业、购买公益性岗位、加强劳务输出等措施，最大限度地扩大就业。全市城镇实现新增就业4.2万人，下岗失业人员再就业2661人，创业就业人数1.08万人，均超额完成省定任务。城镇登记失业率控制在了3.1%以内。二是全面实施教育振兴工程。制定下发了《关于全面振兴教育事业的决定》，以办人民满意的教育为宗旨，全面落实义务教育经费保障机制，努力改善办学条件，大力加强职业教育，规范发展民办教育，全面提高教育质量。投资3.95亿元，开工建设中小学校437所，竣工388所。高考达二本线7627人，比去年增加2441人。三是稳步提高医疗卫生水平。加快推进医疗卫生服务体系建设，市人民医院成功晋升三甲医院。社区卫生机构服务覆盖人口继续扩大。县、乡医疗卫生机构达标率83%，村卫生室覆盖率达到99.2%，圆满完成了省里提出的“两个80%”的目标。继续推进新型农村合作医疗制度，参合农民达到289万人。认真抓好甲型H1N1流感防控工作，有效避免了大面积疫情的发生。加强食品药品安全监管，人口和计划生育工作得到加强，人口自然增长率控制在了4.59‰以内，计生工作年终考核位居全省二类市第一名。四是不断完善社会保障体系。全市社会保障投入15亿元，增长14%。认真落实“五缓四降三补”政策措施，不断健全社保体系，进一步扩大覆盖面。全市企业养老保险、失业保险、工伤保险的参保人数都实现了全年目标。机关事业单位养老保险和农村社会养老保险参保人数超额完成了省定任务。同时，加大了保障性住房建设力度，开工建设经济适用房31.35万平方米、廉租房23.12万平方米。五是努力满足群众文化需求。加强公共文化服务体系建设，全市建成15个县级文化广场，11个县级图书馆、6个县级文化馆达到国家标准，67个乡镇建成了标准文化站。以庆祝新中国成立60周年系列活动为载体，广泛开展了以爱党、爱国、爱社会主义为主要内容的群众性文化活动。扎实推进文明和谐创建活动，开展了首届“道德楷模”评选活动。积极推进文化体制改革。非物质文化遗产普查工作全省领先。

五、加大“法治临汾”建设力度，维护社会和谐稳定

认真落实中央、省委关于维护社会稳定的部署和要求，全力以赴做好各项工作，努力维护社会和谐稳定。一是加强民主政治建设。支持人大及其常委会依法履行职能，支持和保证人民政协履行政治协商、民主监督、参政议政职能，完善同民主党派合作共事的机制，解决了民主党派办公场所问题，民革华北地区工作会议在我市召开。切实加强对统战工作的领导，制定下发了《关于进一步加强统一战线工作的实施意见》。支持工会、共青团、妇联等人民团体依照法律和章程独立自主地开展工作，充分发挥其联系群众、服务群众、教育群众、维护群众利益的作用。坚持党管武装的原则，积极支持驻临部队建设。二是加快依法治市进程。全面启动“法制临汾”建设，积极推进行政管理体制改革，加大依法行政力度。深化司法体制和工作机制改革，进一步规范司法行为，强化执法监督，司法公信力和政法队伍形象得到提升。扎实推进“五五”普法教育，法律服务和法律援助不断加强，全市乡镇、街道法律援助工作站覆盖率达到100%。严厉打击各类违法犯罪活动，全市共破获各类刑事案件6252起；破获经济犯罪案件735起，为国家和人民群众挽回经济损失4108万元。切实加强社会治安综合治理，深入开展“矛盾纠纷调解年”活动，各类矛盾纠纷调处率达到92.6%。三是圆满完成国庆安保任务。坚持把国庆安保作为一项重要政治任务，多次召开会议研究部署，强化安保责任，完善工作预案，落实稳控措施，开展了民爆物品专项整治，进行了防恐反恐演练，实现了“四个坚决防止”的目标。积极稳妥地做好应对“9·8”一周年的工作，在省委、省政府的坚强领导和大力支持下，扎实做好帮扶受灾群众、灾后重建、安全稳定等方面工作，有力地维护了社会稳定，达到了处置得当、平稳度过的良好效果。特别是9月中旬以来，妥善应对和处理了“杨、王”非法组织择机扩势滋事事件，取得了阶段性成效，得到了中央和省委的充分肯定和表扬。四是高度重视信访稳定工作。深入开展矛盾纠纷排查化解工作，全面畅通群众诉求渠道，加大“事要解决”力度，扎实开展“信访积案化解年”活动，一大批群众反映强烈的信访突出问题得到有效化解。加大依法治访力度，进一步规范信访秩序，全市信访形势明显好转。国庆期间实现了进京非正常“零”上访目标。上级交办的45件重点案件结案率达到100%，受到省信访局通报表扬，群众赴省集体上访和进京非正常上访同比分别下降15.3%和21.1%。

六、全面加强和改进党的建设，不断提高党建工作科学化水平

认真贯彻落实十七届四中全会和省委九届十次全会精神，全面加强和改进党的思想建设、组织建设、作风建设、制度建设和反腐倡廉建设，努力提高我市党建科学化水平。

一是切实加强思想政治建设。以深入开展学习实践活动为契机，以党性修养和作风养成为重点，大力强化理论武装、理想信念教育和思想道德建设。组织各级干部深入学习党的十七大和十七届三中、四中全会精神，着眼于建设学习型党组织和学习型领导班子，进一步规范了各级党委（党组）中心组学习，倡导各级领导干部“多读书、读好书、善读书”，不断提高运用科学理论指导工作的能力和水平。切实加强宣传思想工作，大力营造团结和谐、奋发向上的社会氛围。积极应对舆论监督，针对媒体报道的汾西县“14岁共产党员”问题，很快查清了事实真相，严肃追究了相关人员的责任。建立了市委新闻发言人制度，制定了《关于严格资格审查，加强干部身份管理的规定》，坚决杜绝类似问题发生。妥善应对了境外记者在哥本哈根世界气候大会前夕，以给我国政府施压为目的的采访活动。广泛开展了“爱我临汾、树我形象、建我家乡”活动，凝

聚起了促进临汾科学发展的强大合力。

二是切实加强各级领导班子建设。建立了市委常委会工作情况通报会议制度，健全完善了工作报告制度。市级党政班子成员实行了管工作、管队伍、管安全、管廉政、管信访“五位一体”的工作机制，初步形成了分工负责、权责一致、行为规范、运转协调、廉洁高效的工作格局。认真执行干部任用《条例》，树立正确的用人导向，在推进“三保”和“三个发展”的实践中考察识别和选拔任用干部。顺利调整了市级领导班子，成功召开了市“两会”，依法选举了市人大常委会副主任、委员、市长、副市长、市中级人民法院院长、市政协副主席、市政协常委共12名同志，都全票或高票当选，又先后选配了6名县（市、区）委书记、8名县（市、区）长，调整了5名县（市、区）长，做到了公开公平公正，营造了风清气正的良好氛围。我市“两推两考两票决”选配县（市、区）长的做法，得到了省委组织部的充分肯定，被评为全省2009年度组织工作服务“三个发展”十大创新项目之一。

三是切实加强基层组织建设。以农村基层组织建设为重点，不断引深“三级联创”活动，继续完善“两定一查三评”制度。加强农村党支部书记队伍建设，在全省率先全面完成了农村支部书记、村委主任岗位报酬集中统一发放工作。继续选派优秀高校毕业生到农村和社区任职，新招录大学生村官1000名，基本实现了“一村一社区一名高校毕业生”的目标。从优秀村干部中招录了172名乡镇公务员和县乡事业单位工作人员。同时狠抓机关党组织建设，切实加强了干部日常管理与监督；以深化“四好”创建活动为重点，狠抓企业党组织建设；加强两新组织中的党组织建设，全市规模以上非公有制企业全部组建了党组织。

四是切实加强干部作风建设。大兴密切联系群众之风、求真务实之风、艰苦奋斗之风和批评与自我批评之风，组织机关干部深入基层，有力促进了“三保”政策措施的落实。大力学习弘扬“右玉精神”，深入开展向我市优秀共产党员景云峰同志学习的活动，动员和激励全市广大党员干部进一步改进作风、攻坚克难、真抓实干。党政机关带头厉行节约，全市公务接待费用比上年下降了11.3%，市本级会议经费比上年下降了24%。为了严明纪律，提高效能，转变作风，对435人进行了行政问责、组织处理和政纪处分，对4人进行了免职处分。

五是切实加强反腐倡廉建设。坚持标本兼治、综合治理、惩防并举、注重预防的方针，扎实推进反腐倡廉各项工作。认真开展对国省投资项目和我市“双百”重点工程的监督检查，确保中央和省扩内需、保增长政策措施落到实处。深入开展煤焦领域反腐败专项斗争，严格落实“十个严禁”，立查各类案件90件，收缴各类资金12.1亿元。不断引深农村党风廉政建设，开展了农村低保、优抚资金专项清理检查。深入推进纠风治乱，坚决纠正损害群众利益行为。进一步引深源头治理工作，政府各部门所有非税收入全部纳入财政统管，市本级和15个县（市、区）完成行政审批电子监察系统建设。切实加大案件查办力度，全力查处“9·8”事故背后腐败案件。纪检监察机关共立案结案1022件，处分1026人，其中县处级干部22人。

（陈波轶　陈晓荣）

附：中共临汾市委书记、副书记、常委名单

书　记：夏振贵（4月撤职）　谢　海（4月任职）

副书记：罗清宇　郭新民

常　委：沈庆华　成洪才（3月免职）　徐树荣

乔成家　王文英　黄翠莲

邓建康（3月免职）　赵建民（5月任职）

张明星　葛中兴（3月任职）

丁文禄（5月任职）

中共尧都区委工作概况

尧都区辖16个乡镇，9个（街道）办事处。全区共有1255个基层党委，其中：党（工）委58个，党总支53个，党支部1144个。全区共有党员26890名，其中妇女党员5284名。

2009年，是尧都区进入新世纪以来经济社会发展最困难、经受考验最严峻的一年。一年来，在市委的正确领导下，区委深入贯彻党的十七大和十七届三中、四中全会精神，认真学习实践科学发展观，紧紧围绕“保增长、保民生、保稳定”三大重点，牢牢把握“1345”经济社会总体发展思路，客观分析形势，正确把握区情，团结带领全区广大干部群众，解放思想，开拓创新，共克时艰，扎实工作，全区经济社会发展呈现出增速平稳回升、民生继续改善、社会和谐稳定的良好局面。

一、深入学习，提高素质，努力形成加快发展的强大合力

紧密结合尧都实际，科学发展观学习实践活动进展顺利。学习实践活动开展以来，区委严格按照中央、省委和市委的要求，精心组织、周密部署，全区各级党组织和广大党员干部围绕我区存在的思想观念不适应、发展方式不科学、安全生产形势依然严峻、民生建设滞后和干部作风不实“五个突出”问题，以“推动科学发展，建设和谐尧都”为主题，广泛开展“三学三带三促进”活动，全区第二批学习实践活动74个单位5368名党员参加，共明确整改项目790个，目前已经解决698个，总体达到了党员干部受教育、人民群众得实惠、科学发展上水平的效果。第三批学习实践活动全区共795个单位参加，我们结合尧都实际，

在广大基层干部群众中开展了“四访四问”活动，将配套实施新农村建设“158”帮扶工程。目前，我区学习实践活动已顺利结束，并且得到了中央、省委巡视组和市委指导组的高度评价。

同时，区委着力加强领导班子和干部队伍建设，不断增强各级领导班子的凝聚力和战斗力；不断引深农村党组织“三级联创”活动，农村党员队伍整体素质明显提高；全面开展思想纪律作风大整顿，教育和引导各级领导干部把心思和精力用在谋划发展、推进工作、改善民生上。我们始终把廉政建设摆在重要位置，带头落实党风廉政建设责任制，党风廉政建设和反腐败工作进一步加强。

区委常委会高度重视和切实加强自身建设，坚决贯彻中央和省委、市委的决策部署，自觉与党中央保持高度一致；坚持中心组集体学习制度，围绕重大理论问题、重要决策开展专题学习，努力在联系实际、推动工作上下功夫；充分发挥区委领导核心作用，全力支持区人大、区政府、区政协工作，稳步推进社会主义民主政治建设，加强统战、群团和党管武装、“双拥”等工作，形成了加快发展的强大合力。

二、开拓进取，扎实工作，全面推动经济社会平稳较快发展

今年以来，区委按照转型发展、安全发展、和谐发展的工作要求，团结带领广大干部群众，克难攻坚，扎实工作，努力保持全区经济社会平稳较快发展。2009年，全区生产总值预计完成176亿元；固定资产投资完成94亿元；财政总收入完成22.6亿元；社会消费品零售完成101.4亿元；城镇居民人均可支配收入达到14120元；农民人均纯收入达到5915 元。各项经济指标继续位居全市第一、全省前列。

结构调整成效显著。区委立足区情，挖掘优势，不断推进工业经济结构调整，大力培植工业骨干企业，以同世达为主体，组建了300万吨产能规模的企业集团；威顿水泥、志强钢铁、同世达甲醇、二甲醚等重点项目全面竣工投产；大唐国际、临汾热电等项目顺利实施；积极盘活工业闲置土地土地1615亩，飞翔墙砖、业之豪不锈钢等一批转型企业投入运营；加快煤炭资源整合步伐，全区已有9座煤矿完成了主体进驻接管，8座煤矿复工复产；积极鼓励企业自主创新，同世达、光宇电源等企业积极申报技术创新项目，光宇电源LED照明技术世界领先，产品远销50多个国家和地区。全面创优环境，切实加大招商引资力度，先后争取上级投资3.4亿元，争取外资700万元，成功融资3.5亿元。

三农工作亮点纷呈。全区农业调产累计投入资金5.3亿元，形成了一批种植、养殖和农产品加工基地，涌现出了中德养殖、贺家庄双孢菇等一大批农业调产先进典型。新农村建设17个重点推进村的“四化四改”、“六通”及“六个一”工程高标准完成，尧庙镇乔村、贾得乡贾材村等七个连片区建设取得了阶段性成果，农村“五个全覆盖”工程任务圆满完成。

基础设施扎实推进。投资1.85亿元，修建完成了240公里的农村公路；投资1.9亿元，顺利完成东城一期供热200万平方米；东城还迁小区建设进展顺利，24栋还迁楼已经完成封顶；二中新校区、东城新学校、新医院、职业中学校区以及东城文化公园等重点项目建设已经全面启动。

社会各业协调发展。切实加大教育投资力度，县底中学、五中、八中等学校的新建改建工程顺利推进；投入资金2.6亿元，启动实施了16个乡镇卫生院改扩建工程和2个城市社区服务中心。全区参加新型农村合作医疗人数38.07万人，参合率达91.6%。全区新增就业岗位6375个，企事业单位和农村养老保险参保人数6.2万人；启动了200户农村困难群众住房解困工作，开工建设经济适用房2万平方米。成功举办国庆60周年“唱响尧都红歌会”和“小康之路”乡镇文艺汇演等活动，积极开展社区文化活动和文化科技下乡活动，极大地丰富了广大人民群众的精神文化生活。继续深入推进蓝天碧水工程，大力开展城乡环境整治，全区环境质量持续改善，空气质量二级以上天数达到334天。

安全稳定形势向好。以煤炭资源整合为契机，强化煤矿企业的安全监管，全年没有发生一起煤矿死亡事故；严厉打击私采滥挖，矿业秩序进一步好转；不断加大对非煤矿山、人员聚集场所、及食品、交通等领域的安全隐患排查和整治力度，确保了全区各行各业的安全生产。不断加强社会治安综合治理，严厉打击各种违法犯罪活动，“平安尧都”工作整体推进。深入开展大接访和“信访积案化解年”活动，全年接访批示案件108件，案件回复率达95%以上；积极稳妥依法处置王、杨非法宗教势力工作取得阶段性胜利；全方位开展国庆安保工作，妥善应对突发事件，稳控工作得到了省委、省政府表彰。

三、以学习实践活动为契机，不断推动各项工作有力开展

在全党深入开展学习实践科学发展观活动，是今年各级党委工作的重中之重。根据中央、省、市委的部署和要求，尧都区深入学习实践科学发展观活动从2009年3月18日正式启动，为切实找准我区在贯彻落实科学发展观上存在的突出问题，提炼好活动主题，我们通过代表征求意见，召开各类人士参加的座谈会，查找出了我区在贯彻落实科学发展观上存在的五个方面的突出问题，即：思想观念不适应的问题、发展方式不科学的问题、安全生产形势依然严峻的问题、民生建设滞后的问题和干部作风不实的问题。经过深入讨论研究，报市委检查组审阅，区委最终确定活动主题为：牢牢把握以人为本这个核心，突出解决五个方面问题，按照转型发展、安全发展、和谐发展的要求，努力实现建设“科学发展、和谐平安、风清气正、富裕秀美”的新尧都这一奋斗目标。

活动中，区委在全区认真开展了以“推动科学发展，建设和谐尧都”为主题的解放思想大讨论活动，在转变观

念上狠下功夫，努力形成推动尧都科学发展的共识。通过深入开展学习实践活动，全区形成了共谋科学发展的浓厚氛围，呈现出人心思稳、人心思干、人心思进的良好局面。区委、区政府以学习实践活动为契机，始终把民生问题做为重中之重，把最大的实践落实在“三保”工作任务上，不断推动各项工作扎实开展。（卢军强）

附：一、中共尧都区委书记、副书记、常委名单

书　记：薛愿兵
副书记：陈怀生　许百龙　丁楷荣
常　委：张宝玉　杨福元　李小平　崔山原
丁　毅（挂职，1月离职）　邓力儒　杨午生
赵文军（挂职）

二、乡镇（街道）党委（党工委）书记、副书记名单

辛寺街
书　记：张文宁
副书记：张世杰　李玉良　张新建　孙卫东

解放路
书　记：柴玉星
副书记：邰国强　徐和平　郭继跃　朱建民

南街
书　记：殷双峰
副书记：田向宇　席玉玲（女）

西街
书　记：杨红胜
副书记：潘齐彪　张金明　郭梅英（女）

水塔街
书　记：董海波
副书记：李艳芳　黄精宁　郭临生　贾国印

车站街
书　记：高向阳（女）
副书记：王千里　李川杰　杜耀荣

铁路东
书　记：张福民
副书记：席春记　梁正岗　田姣娥（女）　孙杰英

乡贤街
书　记：赵　炜
副书记：鲁建辉　吉学文　刘青林
刘生瑞（4月任职）

汾河
书　记：陈忠民
副书记：乔宏基　赵希敏　李卫国　郭云岗
靳宝忠（4月任职）　杨林华（女，4月任职）

尧庙镇
书　记：乔飞鸿
副书记：张朝晖　崔存林（4月离职）　韩同军
马小星　张晓龙（4月任职）
王煜国（挂职，4月任职）

贾得乡
书　记：裴海峰
副书记：郭文生　温少华（4月离职）　郭安顺
尉龙金（4月任职）　赵满荣
王　勇（4月离职）

段店乡
书　记：曹林峰
副书记：刘万里　李　俊（女，4月离职）　景午生
王　勇（4月任职）

屯里镇
书　记：吉世平
副书记：徐　玉　田德欣　董　晖
左永杰（4月任职）

乔李镇
书　记：薛向阳
副书记：任伟民　李宝庆　左永杰（4月离职）

大阳镇
书　记：孙杨毅
副书记：孙学平　赵怀忠（4月离职）
李青云（4月离职）　赵杰虎（4月离职）
袁国杰（4月任职）

县底镇
书　记：畅　勇
副书记：张卫峰　苏步青　胡晓莹（女）
汤国庆（4月离职）

贺家庄乡
书　记：郭婷慧（女）
副书记：李峥嵘　靳宝忠（4月离职）
崔寅龙（4月离职）　刘忠平（4月任职）

金殿镇
书　记：解武强
副书记：王　勇　温文彬（4月离职）　李春艳
景飞燕（女，4月离职）　柴明江（4月任职）

刘村镇
书　记：段　彩
副书记：孔令泽　郑章河　张海平（4月离职）
乔秀菊（女，4月离职）　郑德柱（4月任职）
温马强（4月任职）

吴村镇
书　记：尉建民
副书记：汤晓燕（女）　王双梅（女，4月离职）
乔国栋

土门镇
书　记：师天增
副书记：苏志刚　郑德柱（4月离职）
温文彬（4月任职）　韩　鹏

魏村镇

书　记：郭云平（女）
副书记：史大胜　张杰胜（4月离职）
　　　　尉龙金（4月离职）　曹泽峰（4月离职）
　　　　杨永胜（4月任职）
一平垣乡
书　记：牛少白
副书记：贺万春　许建国（4月离职）
　　　　孙新峰（4月离职）　杨　炜（4月任职）
枕头乡
书　记：陈建峰
副书记：王一民　丁春贵
河底乡
书　记：张朝阳
副书记：张　峰　苏红耀（4月离职）
　　　　刘红霞（女，4月离职）
　　　　杨文生（4月任职）

中共侯马市委工作概况

2009年，中共侯马市委在省委和临汾市委、市政府的正确领导下，坚持以邓小平理论和“三个代表”重要思想为指导，以科学发展观为统领，围绕中心、服务大局、与时俱进、开拓创新，积极应对各种挑战，着力化解各种不利因素，全力推进区域性中心城市建设，党的建设进一步加强，经济形势回暖复苏，各项社会事业取得可喜成绩，多项工作走在前列并获得诸多殊荣：顺利通过了国家园林城市评审验收，被评为“平安畅通县市”，全省“和谐社会建设先进市”、“信访工作先进市”、“安全生产工作先进市”、“民族宗教工作先进市”、“老干部工作先进市”、“军转干部安置工作先进市”等，连续十三年被评为全省县级卫生城市第一名，连续五次荣获全国双拥模范城称号。

2009年侯马市共有30个基层党（工）委。其中3个乡、5个街道办事处党委，16个直属党（工）委，9个二级党委，7个代管企业、学校党委（总支、支部）。下设有51个党总支，539个党支部。其中78个行政村中有1个党委，5个党总支，97个党支部。

全市共有党员12180名，（含预备党员407名），其中男9881名，女2299名；年龄结构：35岁以下党员3196名，36岁-54岁5446名，55岁以上3538名；入党时间：新中国成立前115名，新中国成立1949年10月-1976年10月入党的2919名，1976年11月以后入党9146名；文化程度：大专以上4467名，高中、中专3811名，初中以下3902名。

2009年发展新党员365名，其中生产一线324名，35岁以下256名，女党员115名。全市现有入党积极分子670名。

抓好党的建设是提高党的执政能力，落实科学发展观，构建和谐社会的重要保证，也是推进区域性中心城市建设的现实需要。特别是在金融危机的大背景下，做好党建工作尤为重要。2009年市委主要抓了几项工作：1、精心组织，稳步推进，学习实践科学发展观成效明显。2009年按照上级部署，组织开展了两批学习实践科学发展观活动。在第二批学习实践中，牢牢把握主题，突出活动特色，促进全市经济平稳较快发展；坚持以干部队伍作风建设为重点，突出解决影响和制约科学发展观以及群众反映强烈的党风、党纪方面的问题，各级领导召开座谈会110次，走访干部群众1240人次，撰写调研报告316篇，抓好第二批学习实践活动后续整改工作，促进了经济社会平稳和谐较快发展。在第三批学习实践活动的154个单位中，采取讲学、导学、帮学、寄学的“四学习”方式，和走访典型户、困难户、上访户、离任干部的“四走访”制度，认真征求意见，为群众办实事、办好事，解决突出问题，确保学习实践活动取得实效，不走过程。2、健全制度，注重实效，理论学习扎实深入。为进一步加强和改进市委中心组和二级中心组学习，把各级党组织建设成学习型党组织，学习型班子，2009年制定了《关于加强和改进市委中心组学习的意见》和《关于加强和改进二级中心组学习的意见》，建立健全了中心组学习档案，规范了学习流程和事项，使理论学习更加制度化、规范化；为贯彻落实党的十七大、十七届三中、四中全会精神和科学发展观，我们对全市理论学习进行了科学安排，举办了市、乡（办）理论骨干培训，深入基层进行宣讲；围绕中心工作，重点推出“科学发展观”、“四个产业中心、五个城市特色”、“重点项目建设”、“新农村建设”、“党建工作”等宣传主题，抓好宣传报道工作，全年在国家、省、临汾市各种媒体发表新闻稿件2000多篇，名列临汾市第一。3、坚持标准，严格选配，领导班子和干部队伍建设进一步加强。在选拔任用干部方面，严格执行《干部任用条例》，坚持德才兼备，以德为先的用人标准，做到三个注重（注重民意、注重实绩、注重结构），三个坚持（坚持程序、坚持公开、坚持民主），三个监督（选任监督、日常监督、社会监督）。一年来全市公开选拔了20名年轻副科级领导干部，调整配备了市委办公室、宣传系统干部，调整充实了市纪委、监察局领导班子，选聘了56名大学生村（社区）干部，完成了从优秀村干部中考录乡（办）公务员和事业单位人员任务。4、完善制度，严格把关，不断加强基层党组织和党员队伍建设。继续开展“三级联创”，“党员承诺评议”、“党员责任区”、“党员先锋岗”等活动，基层党组织的战斗堡垒作用和党员先锋模范作用得到充分发挥；在发展党员工作中，严格按照“一推、两考、三公示、六审查”的制度，保证新发展党员的质量，全年发展新党员365名。5、教育引导，强化监督，作风建设取得实效。全市深入开展了以“抓作风建设、促工作落实，抓队伍建设、促素质提高，抓廉政建设、促风清气正”

的“三抓三促”整顿作风活动；开展了以基层站所和部门科室为主要对象的政风行风评议活动，在侯马先后开设了“政风行风面对面”栏目，让群众和干部直接对话。由黄河电视台录制的侯马政风行风面对面专题片在省台播出后，引起强烈反响，被评为“全省政风行风评议先进市”。6、强化责任，狠抓落实，进一步加强反腐倡廉建设。一年来，全面贯彻《廉政准则》和上级有关反腐倡廉及党风廉政建设精神，加强对反腐倡廉建设的组织领导，惩防并举，注重预防；严格落实党风廉政建设责任制，以完善惩治和预防腐败体系为重点，加强党性、党风、党纪教育，强化责任，明确任务，促进了反腐斗争和党风廉政建设各项工作的落实。(1)强化领导干部廉洁自律工作，加强了党风廉政监督。对各级领导干部实施廉政谈话、职务消费公示、述职述廉、责任追究、禁酒等制度；以领导干部为重点，强化了理想信念教育，党纪国法教育、权利观念教育等，使领导干部不断校正自己的人生航向，筑牢拒腐防变心理防线，不断增强自律意识。(2)全面推进农村党风廉政建设调研工作，发放了强农、惠农政策明白卡；落实了农村集体经济财务审批制度；78个行政村进行了“评星进级”活动检查，全市农村达24星的有57个村，达12星的12个村。(3)加大查办案件力度，严肃查处违纪、违法案件。全市共处理违纪、违法人员76案76人，全部给予党纪政纪处分，其中6人给予党、政纪双重处分，12人给予撤职以上处分，通过查办案件，为国家、集体挽回经济损失，促进了党风、政风进一步好转。

2009年为应对金融危机对经济社会造成的不利影响，根据中央“保增长、保民生、保稳定”和省委“转型发展、和谐发展、安全发展”的要求，按照上级的部署，确定了本市继续打造四个产业中心、努力塑造五个城市特色、切实抓好综合配套改革实验区、重点项目建设、党的建设、产业结构调整和各项社会事业发展等工作，明确责任，狠抓落实，推动各项任务的顺利完成：

(一)主要经济指标平稳增长。全市生产总值完成58.6亿元，规模以上工业增加值完成22.5亿元，财政总收入6.8亿元，城镇居民人均可支配收入1.32万元，农民人均纯收入6810元，实现了全市经济社会平稳健康发展。

(二)新农村建设成效显著。2009年按照《侯马市新农村建设规划》方案，贯彻“城市支持农村，工业反哺农业”的精神，采取“增大投入，结对帮扶，领导包村”等多项措施，全面落实各项惠农政策，有效地推进了新农村建设。加大投入，补贴资金9146万元，推动农业产业化跃上新台阶，全年粮食总产达到5.6万吨；投资8600万元，率先完成省委要求的农村各项基础设施建设五个全覆盖。

(三)工业经济企稳回升。坚持以结构调整为主线，以项目建设为切入点，以园区经济、基地建设为突破口，强化节能降耗，提升技术创新，千方百计保企业正常运行，平稳增长。全市确定的25个重点项目建设进展顺利，有的已竣工投入使用，34家规模以上企业运转良好。

(四)商贸物流服务业健康发展。2009年围绕建设山西南部物流港，加快了商贸物流为主导的服务业发展。一是注重商贸市场转型升级，加快资源整合力度；二是突出发展现代物流业，完善服务发展体系，侯马陆港口岸宝特物流、方略保税物流、通盛医药物流等外向型经济机构作用得到充分发挥。

(五)城市建设凸显宜居特色。一是精心组织编制完成了城市四个专项规划；二是努力打造宜居环境，新增绿化面积56万平方米，大气环境二级以上天数达到364天；三是进一步加大城市管理和环境综合整治力度，提升了城市品位，宜居特色更加鲜明，城市建设迈进了一大步。

(六)各项社会事业快速发展。一是教育事业成绩突出，完成了中小学校校舍安全改造任务，新一中创建省级示范高中通过省级验收；教师队伍建设全面加强，教育质量有所提高，中、高考双双均获临汾市县第一，振兴教育事业的各项工作扎实有序推进；二是医疗卫生水平不断提高，强化防控措施，控制了各种传染病发生；强力推进新农合制度，农村参合率达到100%，市、乡、村、社区卫生服务体系日趋完善；三是扩大了城乡基本社会保障范围，不断完善社会保障体系，为广大群众解除了后顾之忧；四是就业再就业推进顺利，全市提供了1.36万个就业岗位。

(郭瑞章)

附：一、中共侯马市委书记、副书记、常委名单

书　记：王醒安(9月离职)　马　彪(9月任职)

副书记：马　彪(9月离职)　郭　宏(10月任职)　包　江　郭慧勇

常　委：尉合怀　崔凯毅　邱建屏　周文伟　王　震　马兴民　刘国平　李云涛

二、乡镇(街道)党委(党工委)书记、副书记名单

新田乡

书　记：郭旭东

副书记：白爱华(女)　石　磊

高村乡

书　记：张　凯

副书记：马　光　朱冬梅(女)　王　浒

凤城乡

书　记：白岗峰

副书记：姚玉泰　张爱军

上马乡

书　记：李居海

副书记：费清海　马俊萍(女)　王景海

张村街道

书　记：李安善

副书记：于　乐　李　震

路东街道

书　记：郭建伟

副书记：卢正中

路西街道

书　记：林　龙

副书记：王志成　董新胜

浍滨街道

书　记：马进民

副书记：张红玉（女）　王巧玲（女）

中共霍州市委工作概况

（一）组织概况与党的建设

1. 组织概况

截至2009年12月底，中共霍州市委下属党组织有三教、陶唐峪、师庄3个乡党委，白龙、李曹、辛置、大张4个镇党委，鼓楼、退沙、南环路、北环路、开元5个街道党委，1个市直工委，627个基层党组织。全市有199个行政村、197个农村党支部。共有党员12941名。

2. 党的建设

2009年，中共霍州市委坚持以中国特色社会主义理论为指导，以加强党的执政能力建设和先进性建设为主线，以开展深入学习实践科学发展观活动为重点，认真学习贯彻落实党的十七大、十七届三中、四中全会精神，不断加强和创新基层党组织建设，围绕党建统领，城乡统筹，创新载体，整体联动等重点，以落实“三项制度”为重点，以开展“千名干部下基层，六联六创抓党建”活动和“三争三比三促进，科学发展当先锋”活动为抓手，积极探索构建城乡统筹基层党建工作的新格局，全市基层党组织建设和党员队伍建设得到了进一步加强。认真推进了党务公开，积极推行了“四议两公开”，进一步促进了各级党组织实现民主决策和民主管理，积极营造了党内民主环境。认真落实了党建工作第一责任人制度、“两定一查三评”制度和党员承诺评议制度，以“双十工程”活动为载体，深入开展党的建设“三级联创”活动，不断提高基层党组织建设的科学化水平，并在促进统筹城乡党建工作方面取得实效。建立完善了“四项机制”，在选拔培养机制上，实施“双培双带”工程，抓好村党支部书记后备人才的培养；在激励保障机制上，严格落实《霍州市农村“两委”主干岗位报酬统一发放制度》、《霍州市农村“两委”主干参加新型社会养老保险制度》、《霍州市卸任农村干部生活补助办法》；在教育培训机制上，定期对全市“两委”主干进行集中培训；在考核管理机制上，出台《关于加强农村党组织书记、村（居）委会主任考核工作的实施意见》等项制度，进一步使全市农村干部职责权力明确。

（二）主要工作

1. 认真组织开展了深入学习实践科学发展观活动。按照中央的统一安排，我们精心组织、周密部署第二批、第三批深入学习实践科学发展观活动，确保学习实践活动各项任务圆满完成。在学习实践活动中，我们结合实际开展了“千名干部下基层，六联六创抓党建”和“三争三比三促进、科学发展当先锋”两个主题实践活动，创新载体，扎实推进，基本上实现了“党员干部受教育、人民群众得实惠、科学发展上水平”的目标，受到了党员群众的衷心欢迎，也得到了社会各界的广泛好评。

2. 加强基层组织建设。我们严格落实党建第一责任人制度、“两定一查三评”制度和党员承诺评议制度，不断引深“三级联创”活动，促进了基层组织的规范化、制度化建设。落实了农村“两委”主干岗位报酬和养老保险，出台了《卸任农村干部生活补贴办法》并兑现到位，设立了市、乡、村三级流动党员服务中心，开展了“在当地争先锋、为家乡做贡献”活动，有效破解了流动党员管理难的问题。

3. 提高了农村干部待遇。为全市366名农村党支部书记、村委会主任办理了《岗位报酬银行卡》和《社会养老保险缴费本》。按照个人申报、村党组织初审、乡（镇、街道）党委复审、市委组织部审批的程序，对连续任职10年以上或累计任职15年以上的334名符合条件卸任农村党支部书记、村委会主任发放了生活补贴。

4. 加强了干部监督管理。制定出台了《霍州市科级干部监督管理办法》，实行科级干部请销假制度，科级干部工作季报制度，科级干部安全生产问责制度，是科级干部监督管理工作走上了规范化道路。

（三）创新与经验

2009年在全党开展的学习实践活动中，市委创新开展了“千名干部下基层，六联六创抓党建”和“三争三比三促进，科学发展当先锋”活动，积极探索构建城乡统筹基层党建工作的新格局。“千名干部下基层，六联六创抓党建”的主要内容是：组织联网，创建城乡共建的基层党组织设置体系。采用“以大带小，以强带弱，以富带贫”等方式，采用横向设置的办法，着力优化城乡基层党组织设置，在全市形成“条块互补，纵横结合”的基层党组织新格局。资源联享，创建城乡统筹的党建资源配置体系。采用“以城带乡，以工促农，相互促进”等形式，统筹调配城乡党建资源要素，在全市形成“双向流动，资源共享”的党建资源配置新举措。党员联管，创建城乡一体的党员动态教育管理体系。采用“交叉任职，互动锻炼，共同提高”等形式，建立健全城乡党员双边管理网络，在全市形成“动态反应，城乡一体”的党员教育管理新机制。城乡联动，创建城乡合作的基层党组织和党员互帮互助、服务群众工作体系。通过采用“百个单位联系村，千名干部下基层，万名党员抓发展”的形式，全面构建城乡基层党组织和党员互帮互助、服务群众体系，在全市形成“结对帮扶，共创共建”的基层组织建设新局面。关怀联心，创建城乡共享的党内关怀激励体系。采用“财政投入，党费列支，部门支持”等方式，大力完善农村干部待遇保障、扶助困难党员各项政策，在全市形成“党内和谐，社会和谐”的关怀激励党员新成效。工作联考，创建体现科学发展观要求的党员干部考核评价体系。采用“城乡互评，跟踪考核，综合评价”等形式，贯彻落实体现科学发展观要求的党员干部综合考核评价办法，在全市形成“转变作风，服务发展”的新面貌。“三争三比三促进、科学发展当先锋”主题活动的主要内容是：争当实干型党员干部，比项目建设贡献，促进经济增长；争当服务型党员干部，比基层管理水平，促进民生改善；争当廉洁型党员干部，比作风转变成效，促进和谐稳定。通过两个活动的开展，在全市形成了比学赶帮的竞争氛围，进一步夯实了基层组织，有力推动了“建设三晋经济强市、实现整体率先发展”宏伟目标的进程。（樊记虎）

附：一、中共霍州市委书记、副书记、常委名单

书　记：白建荣（8月离职）　陈　纲（8月任职）

副书记：陈　纲（8月离职）　孙京民（10月任职）
张　剑　王　山

常　委：薛生平　陈占平　郑步电（11月离职）
杨保旭　马民英（1月离职）
李王俊（6月离职）　张晓东（挂职）
王长征（6月任职）

二、乡镇（街道）党委（党工委）书记、副书记名单

辛置镇

书　记：王林锁

副书记：赵　波　张天龙

白龙镇

书　记：孙杏锁

副书记：房文兵　马建华

李曹镇

书　记：杨永才

副书记：董　娟（女）　乔宝山

大张镇

书　记：郭宏生

副书记：门保生　董斌斌

陶唐峪乡

书　记：张云峰

副书记：荀彦龙　乔珍珍（女）

三教乡

书　记：张建民

副书记：张　斌　孙　华

师庄乡

书　记：晋学斌

副书记：段小刚　段志华

退沙街道

书　记：张伟兴

副书记：杜继保　王　龙　荀三林　高晓华

南环路街道

书　记：侯晋川

副书记：郭惠民　张　铭　路　林

北环路街道

书　记：贾亚龙

副书记：李晓斌　成全义　杜银全　秦仰军　李海龙

鼓楼街道

书　记：刘国平

副书记：张建军　曹记芳（女）　张良有　韩黎平
张秀梅（女）

开元街道

书　记：刘怀忠

副书记：郭建国　朱江鹏　陈华斌　闫学文

中共曲沃县委工作概况

曲沃县共有基层党委11个，党组8个，党总支30个，党支部434个。全县共有党员11225名，其中正式党员10947名，预备党员278名，妇女党员1640名。

2009年，中共曲沃县委团结带领全县各级党组织和广大干部群众，危中寻机，难中求进，全力以赴保增长、保民生、保稳定，经济建设、政治建设、文化建设、社会建设和党的建设都取得了新的进展。

2009年，按照中央的统一部署，县委在全县深入开展了学习实践科学发展观活动。在第二批学习实践活动中，按照“党员干部受教育、科学发展上水平、人民群众得实惠”的总体要求，紧紧围绕全县发展大局和建设“三县四地”奋斗目标，以“解放思想、科学发展、和谐稳定”为主题，以“一创五问四转化”为活动载体，强化组织领导，突出实践特色，创新学习方式，着力解决问题，取得了明显的理论成果和实践成果。全县共收集各界群众意见建议620多条，形成各类调研报告273篇，找出了影响和制约我县科学发展的症结所在，提出了推动我县科学发展的思路和对策，解决了一批制约发展、影响发展、群众反映比较强烈的热点、难点问题,为群众办实事好事323件。在科学发展观学习实践活动满意度测评中，全县109个单位满意率85%以上的91个。全县第二批学习实践活动取得了明显成效，第三批学习实践活动正在扎实有序进行。

以学习实践科学发展观活动为契机，县委全面加强了党的思想建设、组织建设、作风建设和党风廉政建设。在党员干部思想建设上，坚持用科学发展观教育党员干部，开展了“一月一讲”活动，定期邀请有关方面的专家、教授对全县领导干部进行理论培训和形势教育；组织、宣传、党校等部门采取多种形式，开展了党的十七届四中全会精神学习宣传活动，广大党员干部的思想理论水平进一步提高，贯彻落实科学发展观的自觉性和坚定性进一步增强。在领导班子和干部队伍建设上，探索实行了“五位一体”工作机制，县党政班子成员在各自分管系统和分管领域，实行管工作、管队伍、管安全、管廉政、管信访的“一条龙”，初步形成了分工负责、权责一致、行为规范、运转协调、廉洁高效的工作格局。在基层组织建设上，全面落实党建工作责任制，采取建立台账、挂牌督导、“一村一策”的办法，对全县23个难点村进行了集中整顿；深化拓展了“三联三建”活动；健全完善了农村党支部书记和村委主任岗位报酬统一发放制度；选聘51名高校优秀毕业生到村任职，全县大学生村干部人数达到153名，有效地激发了基层组织活力。在民主政治建设上，切实加强了对人大、政协、一府两院和人民团体的领导，努力改进新形势下的统战工作，最大限度地把社会各界的力量和智慧凝聚到加快曲沃发展上来；加强党管武装工作，“双拥”共建活动扎实开展。在宣传思想及精神文明建设上，结合国庆60周年，开展了系列庆祝活动，极大地激发了广大人民群众热爱祖国、热爱家乡、建设家乡的热情；围绕提升创建水平，强化公民思想道德教育，努力培养良好的社会风尚。在党风廉政建设上，认真贯彻执行党风廉政建设责任制，严肃纪律，强化监督，有效保障和促进了各项重点工作的开展；深入推进农廉工作，党在农村的执政基础进一步夯实；扎实开展纠风治乱工作，加大行政效能监察力度，促进了部门和行业风气的进一步好转；坚决惩治腐败现象，全年查处各类违纪违法案件61件，违纪行为得到有效遏制。

2009年，全县上下认真贯彻中央、省、市重大决策部署，紧紧围绕“全市争一流，全省创特色”和“三县四地”发展目标，众志成城、克难求进，沉着应对金融危机，努力践行科学发展，全县呈现出“经济发展总体向好，工业经济企稳回升，三农工作扎实推进，文化旅游品牌凸显，和谐建设取得突破，党的建设不断加强”的良好局面。一是强力推动项目建设，县域经济平稳健康发展。2009年，在全县开展了声势浩大的“项目建设年”活动。全年共确定128个重点项目，总投资46.2亿元，开工98个，竣工53个，累计完成投资22.2亿元，项目数量和投资额度为历年最高。项目建设有效拉动了全县经济发展，2009年全县地区生产总值完成50.6亿元，同比增长11.3%；财政总收入完成47675万元，同比下降9.34%；农民人均纯收入达到5840元，同比增长10.39%；城镇居民人均可支配收入达到13262元，同比增长9.7%，顺利完成保增长目标，整体经济形势回升向好。二是积极探索现代农业发展新途径，“三农”工作整体水平进一步提升。通过大力发展现代农业，加快农业产业化步伐，形成了具有曲沃特色的现代农业发展新模式。在现代农业发展上，2009年，新建“新五代”蔬菜大棚537栋，每栋年收入5—6万元，建棚范围从史村镇扩大到乐昌、北董、曲村3个乡镇，是历年来一次性建棚数量最多、质量最高、效益最好的一年。高显、里村因地制宜，建成2000余亩高产莲菜示范区，亩产莲菜6000斤以上，收入万元以上，成为农业调产的新亮点。大棚蔬菜、红提葡萄、红富士苹果、大蒜、莲菜五大高产高效农业，规模不断扩大，效益日渐显现，已成为我县农业发展、农民增收的主导产业。在规模化畜牧养殖业发展上，启动“千、百、十”畜牧产业化工程，投入资金近两亿元，建成靳庄万头猪场、东张寨万头猪场、曲村万只羊场以及华北最大的万户根茂肉牛养殖基地等大型养殖企业6个，规模养殖小区5个，养殖业新增户和规模扩大户达千余户，效益有较大幅度提升。在新农村建设上，制定《曲沃县新农村建设2009—2020年总体规划》并通过省、市评审，完成北董东北片、史村南片、高显东片三个新发展连片区和23个重点推进村建设任务，全县形成10个新农村建设连片区，新农村建设达标村达到97个。在林业和水利工作上，投入资金6800万元，植树200余万株，造林2万亩，全县林木覆盖率达到22.8%，以优异成绩迎接了全省林业现场会的召开。投资5387万元，完成高显、滏河、天河、溢沟4座水库除险加固工程，实施水保综合治理、节水灌溉及配套工程，为全县农业发展创造了良好条件。三是加快推进产业结构调整，工业经济发展后劲进一步增强。全力推动千万吨钢铁基地建设，以中宇为龙头，对通才、立恒、三星等企业进行整合重组，制定千万吨钢铁发展规划，完成生态工业园区区域环评，高显冶金工业园区被省政府确定为全省五大钢铁生产基地之一，为我县钢铁产业长远发展打下了坚实基础。全力保障规模企业正常生产，制定企业帮扶计划，四大班子成员一对一定点帮扶，跟踪指导，为企业提供政策、信息、管理方面的具体服务。引导企业拓展融资渠道，吸纳各类资金11.7亿元，解决生产经营资金难题。从6月份起，全县规模以上工业企业增加值连续实现正增长。全力抓好工业项目建设，积极走转型发展之路，全年新上中宇120万吨高速线材、通才100万吨特钢、立恒608m3高炉、三星化产回收等工业项目15个，完成投资17.2亿元。新上项目使全县钢铁、焦化等企业在原有粗钢、线材、焦炭基础上，新增管材、棒材、带钢、细密度微粉等新产品，并把产业链延伸到建材、发电、化产回收、精密铸造等领域，企业竞争力不断增强。全力提升工业园区功能，完成浍河水库向通才、立恒、三星延伸供水工程，完成中宇大道道路基础、曲郑路建设前期准备工作，签订园区污水处理厂建设协议，预留了西气东输园区天然气接口，为今后发展拓展了空间。全力抓好矿山企业复工复产，第一批符合生产标准的9家矿山企业，10月份陆续开始生产，4座年加工矿石15万吨的选矿企业投入试运营，矿山资源整合迈出新步伐。四是城乡建设稳步推进，基础设施建设水平进一步提高。继续推进“城建亮县”发展战略，城乡基础设施不断完善，城市功能进一步提升。在基础设施建设上，投资360余万元，完成李野桥建设、曲村至晋国博物馆二级公路基础建设和曲村至下裴、杨谈至高显两条县级公路安保改造工程。本着提高小城镇综合功能、完善市场及配套设施的原则，编制史村、高显村镇总体规划，完成西常集贸市场建设，启动新村集贸批发市场建设。在县城建设上，围绕城东新区开发，启动新乐昌中学、职业中学建设工程；投资1100万元，完成西环路拓宽改造；积极争取国债和省补资金4132万元，完成污水处理厂建设；全力支持，协调配合，城市天然气工程完成门站建设，正在铺设主管道；60套经济适用房、258套廉租房按照规划正在加紧建设；曲沃汽车站顺利通过验收，正式投入运营；实施县城“垃圾不落地”工程，主街道清扫保洁全部达到国家三级卫生标准。五是社会事业建设全面提高，和谐稳定工作富有成效。在社会事业发展上，不断加大教育投入力度，努力改善教育教学条件，全县普通高考二本突破600人大关，教育工作综合考核位居全市前列。科技、人才工作进一步加强，我县被确定为国家知识产权强县工程县。文化、旅游事业取得新成绩，举办磨盘岭生态农业观光旅游文化节和景明旅游文化节，扩大了曲沃的知名度和影响力；隆重举办“曲村——天马遗址发掘30周年”晋文化论坛，晋国博物馆建设进展顺利。完成县人民医院、中医院改扩建主体工程建设，公共卫生服务设施水平进一步提高。规范和完善新型农村合作医疗，农民参合率达到94.39%；全面启动城镇居民基本医疗保险工作，参保人数达到2.6万人；开发就业岗位3900个，安置下岗职工1156人，城镇登记失业率下降到2.25%；做好救灾救济、优抚、扶贫等工作，社会保障体系进一步健全，城镇和农村居民低保工作走在全市前列。全县环境综合污染指数下降22%，空气质量二级以上天数达353天，人居环境得到改善。继续稳定低生育水平，出生人口素质进一步提高。农村“五个全覆盖”工程全面推进，村村通水泥（油）路和广播电视实现100%全覆盖，中小学校舍安全改造、村级卫生室达标、安全饮水达标覆盖率均达90%以上。在维护社会和谐稳定上，严格落实信访工作责任制，继续推行“信访接待日”活动，一些多年陈案、积案得到解决。认真做好国庆六十周年安保维稳工作，及时有效处置农机公司与双喜超市债务纠纷，妥善消除新闻媒体对曲沃血站不实报道造成的负面影响，实现了“四个坚决防止”目标。认真落实安全生产“两个主体”责任，深入开展安全生产专项整治工作，全年无重大安全责任事故。加强社会治安综合治理，严厉打击各类刑事犯罪，社会治安形势明显好转，我县荣获“全省社会治安综合治理标兵单位”称号。工、青、妇、工商联、民族宗教等部门结合自身工作特点，做了大量化解矛盾、促进和谐的工作，有效维护了全县和谐稳定大局。

（侯　玮）

附：一、中共曲沃县委书记、副书记、常委名单

书　记：杨治平

副书记：张三森　王文洲　王晓斌（2月任职）

常　委：刘　伟　高　涨　段天鸿　程世杰　贾二元

二、乡镇党委书记、副书记名单

乐昌镇

书　记：崔权利

副书记：秦康杰　王明亮

北董乡

书　记：李继宏

副书记：张永刚　张志虎

史村镇

书　记：石前进

副书记：魏　波　张　文

曲村镇

书　记：崔永慧（女）

副书记：李建晋　聂　磊

杨谈乡

书　记：柴志坚

副书记：于彩霞（女）　李俊杰

里村镇

书　记：葛鸿胜

副书记：杜　斌　朱全发

高显镇

书　记：王克勤

副书记：孟海河　王根旺

中共翼城县委工作概况

2009年，翼城县委认真贯彻落实中央、省、市组织工作会议精神，以邓小平理论和“三个代表”重要思想为指导，深入贯彻落实科学发展观，团结带领全县广大党员干部和群众，紧紧围绕落实“三件大事”，推进“五项工作”大力加强和改进基层党组织建设，在班子建设、队伍建设、制度建设和作风建设等方面取得明显成效。

（一）以实行基层党建工作第一责任人制度为抓手，县乡村三级党组织书记抓基层党组织建设工作的责任体系得到进一步完善

县委以落实县乡村三级责任人党建工作责任为着力点，突出县乡村三级党组织书记这个关键，形成了一级抓一级，层层抓落实的党建责任落实体系，使党建工作的各项任务得到较好落实。一年来，县委先后多次召开常委会议，就组织工作目标任务、方法措施以及深入学习实践科学发展

观活动开展、七一表彰奖励、农村干部管理、干部思想作风建设、大学生村干部选聘等工作进行专题研究部署。在此基础上，我们采用了“用责任制管责任人、靠责任人带一班人”的办法，年初县委同各乡镇党委和县直工委签订了《基层党建工作第一责任人目标责任状》，在全县形成了“一把手抓、抓一把手”的党建工作良好工作格局。在具体工作中，一是抓班子，二是抓队伍，三是抓热点，四是抓发展。通过这“四抓”，全面落实基层党建工作第一责任人制度，在全县形成了党风正、民心齐、发展好、成效显和基层党员有人管、教育培训有人抓、思想工作有人做、组织活动有人办的良好工作格局，有力地促进了各项工作在基层的落实。

（二）以实行“两定一查三评”制度为载体，农村基层党组织的创造力、凝聚力和战斗力得到进一步提高

翼城县委扎实推行了“两定一查三评”制度。在实践中严格“两定”工作全程实录和有形管理制度、集中公示制度、“两定”电视公开汇报等制度，受到上级党委和组织部门的肯定与好评。“两定一查三评”制度一是解决了乡村干部“不理民事”的问题，极大地改善了农村干群关系。二是解决了乡村基层“办事不民主”的问题，有效地推进了农村基层民主政治建设。三是解决了农村基层党建与经济“两张皮”的问题，真正把农村基层党组织建设落到了实处。四是解决了农村基层任务“落实难”的问题，有力地促进了农村经济和社会发展。2009年乡村两级党组织共完成为群众办实事855件，解决热难点问题289个，一大批涉及群众切身利益的基础设施和民生工程得以改善，一大批群众关注的热点难点问题得以解决，取得了经济发展和社会和谐的双重效果。

（三）以建设一支守信念、讲奉献、有本领、重品行的农村干部队伍为目标，农村干部“选、管、用”工作水平得到进一步提升

1. 兑现了农村“两委”主干的岗位报酬和养老保险待遇。我们依据农民人均纯收入、人口数量分布等情况先后拿出五套岗位报酬发放方案，经过反复酝酿，最终确定除浇底乡以外的其它9个乡镇全部以本乡镇2008年农民人均纯收入的2倍作为农村“两委”主干岗位报酬的发放标准。针对浇底乡作为全县唯一的贫困乡镇，2008年全乡农民人均纯收入只有1140元的实际，决定浇底乡农村“两委”主干岗位报酬按其余九个乡镇农民人均纯收入的最低标准执行。4月20日我们举行了农村党支部书记和村委会主任岗位报酬银行卡和养老保险缴费本发放仪式。根据测算，全年发放岗位报酬金额将达329万余元，人均年领取岗位报酬金额达到9157元。

同时，我们为全县361名在职农村党支部书记和村委会主任全部办理了养老保险，并已将《养老保险缴费本》发放至每位农村干部手中。享受农村养老保险政策待遇的农村党支部书记和村委会主任按每月35元的标准缴纳个人帐户基金，连同省财政每人每月30元的专项补助，直接计入参保对象的养老保险个人帐户，有效解决了农村干部“退有所养”的问题，切实解除了农村干部的后顾之忧。

2. 加强了对农村“两委”主干的实绩考核。我们出台了《全县农村党支部书记和村委会主任工作考核细则》，强化了对农村党支部书记和村委会主任的实绩考核。考核中，实行了“三个结合”的考核办法和“四个挂钩”的考核结果运用办法，“三个结合”就是在考核工作中实行领导与群众相结合、日常与定期相结合、定性与定量相结合。划为“优秀、称职、基本称职、不称职”四个等次，并使考核结果与岗位报酬发放挂钩，考核结果与评先推优挂钩，考核结果与选拔任用挂钩，考核结果与诫勉调整挂钩。这项工作已得到了市委组织部的肯定，并在《临组信息》以特情快报的形式予刊发。

3. 发放了农村卸任正职干部的生活补助。2009年1至12月，共为426名符合一定条件的农村卸任正职干部发放生活补助共计30.78万元。有效解决了农村干部“退有所养”的问题。

4. 搞好了农村干部的教育培训。按照集中学习与个人自学相结合、领导专家授课与基层干部现身说法相结合、传统方式学习与利用现代媒体学习相结合、专题组织学习与以会代训相结合、交流学习与成果检验相结合的“六结合”原则和思路，县委紧抓农村干部教育培训不放松，取得了实实在在的成效。一是利用农村党员干部冬训进行集中培训。以乡镇和县直为单位，由乡镇党委和县直工委负责组织对本辖区范围内的党员和干部进行集中培训；二是按照上级要求对全县所有在职农村“两委”主干进行了党的十七届三中、四中全会精神集中培训。同时，还推荐了12名农村干部参加了市委组织部组织的集中培训和学习。通过培训，达到了提高理论水平、宣传党的政策、学习业务技能、掌握工作方法、明晰工作思路、明确工作目标的目的。

5. 实施了大学生村干部创业竞赛活动。2009年，全县选聘了67名优秀高校毕业生到农村任职，至此，全县已选配到村任职的大学生村干部人数已达到206人，基本实现了“一村一名大学生”的目标。在日常管理上，我们出台实行了《大学生村干部工作日志制度》和《大学生村干部在岗效能检查制度》等10项制度，印发了《大学生村干部工作手册》和《大学生村干部工作日志》，人手一册，做到了政策人人懂、工作天天记，做到了大学生村干部工作的规范化管理。同时，为了激励广大大学生村干部干事创业，成立了翼城县大学生村干部创业协会，并在10个乡镇设立了创业分会，每个乡镇推选一名创业协会会长，具体负责本乡镇大学生村干部创业工作的信息沟通、协调指导和宣传发动等工作，目前，全县已涌现出王庄乡王虎村村委主任助理郭科利、南唐乡北史村村委主任助理马陈波、原村村委主任助理杨露等为代表的一大批创业为民的先进典型，县委组织部门及时总结、宣传他们的先进事迹，通过举办演讲比赛、创办《村官之路》小报、举办事迹报告会、拍

摄电视专题片、电视台新闻报道、《今日翼城》刊载先进事迹等形式，广泛宣传他们的创业事迹，在全社会营造出一种鼓励创业、崇尚创业的良好社会氛围。

（四）以实行“两定一查双评”制度为平台，城乡党的基层组织互帮互助机制得到进一步完善

着眼建立健全城乡党的基层组织互帮互助机制，县委在全县机关、企事业单位党组织中全面推行了“两定一查双评”制度。据统计，2009年全县县直机关和企事业单位党组织年初共完成年度具体工作目标任务302项，为包联村和服务对象办实事174件，累计帮扶资金和物品达58万余元。共有351个机关单位内设股室站所与包联村村民小组结成了帮扶对子，1215户农民家庭成为了机关单位党员的帮扶对象。

（五）以扩大覆盖面、创新活动方式为工作重点，全县“两新”组织党的建设工作水平得到进一步提高

全县共有“两新”组织721个，其中非公制经济组织687个，新社会组织34个，共有党员520人。目前已建立“两新”组织党组织42个，其中党委2个，党总支3个，党支部37个。

第三批深入学习实践科学发展观活动开展以来，按照“有企业就有党的活动，有党员就有党的组织”的工作思路，通过抓组建，夯实党在“两新”组织的执政基础、抓规范，促进“两新”组织党组织健康发展、抓载体，促进“两新”组织党组织和党员作用的发挥、抓典型，提升“两新”组织党建工作整体水平，努力达到“党员干部受教育、科学管理上水平、职工群众得实惠”的目的。

（六）以抓基层、打基础为重点，全县基层党组织建设水平得到进一步提升

按照“把组织工作例会开到基层，一个会议重点解决一个方面的问题”的方法和思路，召开了多个专题现场会。近两年来，先后在牢寨煤业公司、兴浍公司、隆化镇北撖村、里砦镇、唐兴镇封比村、西闫镇曹公村等基层单位召开了以贯彻落实中央四个长效机制文件精神、非公企业党建、无职党员设岗定责、农村党务公开、乡镇党委建设、农村干部队伍建设为主要内容的专题现场会，通过大会交流发言、现场参观学习等方式，做到了学习交流与成果检验相结合，增强了基层党组织建设工作任务落实的针对性和直观性，让事实讲道理，让典型作表率，充分发挥了典型的示范和引导作用，取得了实实在在的成效。

（七）以“有人管事、有钱办事、有处议事，推进城市基层党建区域化建设”为重点，全县社区党组织建设工作得到进一步规范

全县共有桐封、浍滨、文昌、丹阳、铁源、红泉六个社区，社区两委班子成员20人，其中党支部书记和居委会主任一人兼的6人，选聘优秀大学生到社区任职5人。我们抓住第三批学习实践活动机遇，全面加强街道社区党组织建设。围绕“有人管事”、“有钱办事”、“有场议事”，进一步强化街道社区党组织服务和管理功能。在低保办理、就业服务、党员管理、文明和谐家庭创建、维护稳定等方面做了大量的工作。在推动创建管理有序、服务完善、环境优美、文明和谐社区上取得了初步成效。

（郭淳淳　刘　毅　吴金亮）

附：一、中共翼城县委书记、副书记、常委名单

书　记：原学义（9月离职）　李朝旗（9月任职）

副书记：赵雁峰（10月任职）　张志宏　郭　鹏　温国政（3月任职，挂职）

常　委：张瑜庆　卫志敏　孙延震　李　伦　张晋翼

二、乡镇党委书记、副书记名单

唐兴镇

书　记：马俊峰

副书记：单建民　郭小丽（女）　王春明

南梁镇

书　记：张　钦

副书记：杨世英　李传红　李海民　杨天顺

隆化镇

书　记：薛雅强

副书记：翟力龙　郑水亮　杨晓清

中卫乡

书　记：师香丽（女）

副书记：张新民　张延生　李成建　高淑泰

王庄乡

书　记：菅俊军

副书记：李维跃　王建强　薛　勇

里砦镇

书　记：宋保国

副书记：翟铭娟（女）　王宏山　王　斌

南唐乡

书　记：张国华

副书记：张红卫　孟兆虎　马志伟　杜　斌（女）

桥上镇

书　记：杨文明

副书记：胡国华（女）　王长青　张海华（女）

浇底乡

书　记：李文科

副书记：徐延平　王新民　党希虎

西闫镇

书　记：史　鹏

副书记：牛德文　苏怀军　王　海

中共浮山县委工作概况

2009年，县委不断强化党建，不断巩固党的执政基础，坚持党要管党、从严治党的方针，切实加强和改进党的建设，使党组织成为维护稳定、推进发展的坚强堡垒。党建工作第一责任人制度、"两定一查三评"制度和党员承诺评议制度得到进一步落实，"三建三帮三争创"活动不断引深。大学生村官管理体制机制得到完善。配齐配强了部分县直机关领导班子和中层干部。落实了348名农村"两委"主干岗位报酬和社会养老保险。对全县党员干部进行了党的十七届四中全会精神集中培训，参训累计达4.8万人次。进一步健全人才工作责任机制和运行机制，全年共培训各级各类人才6500余人次。党风廉政建设责任制全面落实，农村党风廉政建设制度体系得到完善，源头治理工作进一步引深，煤铁领域反腐败专项斗争扎实推进。行政效能和机关作风建设全面加强，部门和行业不正之风得到有效遏制。查处违纪违规案件38件，处分43人，群众反映的热点难点问题得到有效解决。

2009年是进入新世纪以来，我县经济发展最为艰难的一年，也是我们砥砺奋进、经受重大挑战和严峻考验的一年。面对金融危机、重大旱情等诸多困难，县委常委会坚持以邓小平理论和"三个代表"重要思想为指导，深入贯彻落实科学发展观，在省委、市委的正确领导下，紧紧依靠全体委员，团结带领全县广大干部群众，积极应对困难挑战，着力化解矛盾危机，扎实推进县十一届五次全委（扩大）会议提出的“工业新型化、农业品牌化、文化产业化、民生普惠化、城乡一体化”战略，全县经济、政治、文化、社会建设和党的建设取得了新的进展。

集中精力，扎实开展学习实践科学发展观活动。按照中央、省委、市委的统一部署，先后组织开展了第二、三批学习实践活动。县委常委会围绕“五个贯彻始终”，从解决贯彻落实科学发展观中存在的八个方面的突出问题入手，坚持边学边改、边查边改、边整边改，确保了学习实践活动的成效。县委常委带头参加学习调研和整改落实工作，在深化认识、理性思考、统一思想的基础上，着手解决了一批群众反映较为强烈的突出问题，兴办了一批群众期待的实事好事，建立健全了一系列促进和保障科学发展的体制机制，使科学发展成为了干部的自觉行为和要求。活动期间，举办演讲比赛230余场次，征求意见370余条，帮扶资金100余万元，兴办实事200余件，解决实际问题2200多个。通过学习实践活动，全县党员干部贯彻落实科学发展观的自觉性和坚定性普遍增强，推动科学发展、建设和谐社会的能力明显提高，达到了党员干部受教育、科学发展上水平、人民群众得实惠的预期效果。

提振信心，全力化解金融危机的严重冲击。坚定不移地贯彻中央、省、市应对金融危机的一系列政策措施，深入分析经济运行情况，针对性地调整工作部署，努力把危机的影响降到最低程度。千方百计推进矿山冶金企业复工复产，千方百计加快快速转型项目投产达效，千方百计争取各级各类项目和资金，实现了产业结构调整稳步推进和保工资、保运转、保民生的年度目标。2009年，财政收入完成2.1亿元，同比下降47.6％；生产总值完成17.73亿元，同比增长5.2％；固定资产投资达到12.37亿元，同比增长61.6％；社会消费品零售总额达到3.78亿元，同比增长21.6％；城镇居民人均可支配收入达到13166元，同比增长9.2％；农民人均纯收入达4102元，同比增长2.0％。

抢抓机遇，全面推进快速转型发展。适时利用市场倒逼机制，着力推进"五化"战略，认真实施"两个计划"，煤炭资源整合工作进展顺利，矿山冶金企业生产逐步恢复,产业结构调整呈现新局面。东诚380立方锰铁合金高炉竣工试产，兴鹏450立方锰铁合金高炉正在建设；中强煤化公司浮山循环经济工业园区开工启动；特种水泥、微晶玻璃、黑刚玉、硅酸钙板等一批绿色环保项目相继开工建设；优质谷子、绿色小麦、畜牧养殖等产业不断发展壮大，品牌农业发展体系逐步形成；唐尧文化、民间艺术、餐饮服务和生态旅游等资源得到有效整合，文化产业化步伐明显加快。

统筹协调，加快城乡一体化发展进程。县城总体规划修编（2008—2020）和县域城镇体系规划全部完成；辛村迎宾广场、文昌街北端公园等城建工程全部完工，尧山森林公园建设完成年度任务；县城污水处理厂奠基开工；廉租住房项目完成主体工程；天坛、张庄、响水河、槐埝、东张、北王六个乡镇200户的农村住房解困工程全部完成；新农村试点村、推进村建设稳步推进。城乡环境综合整治效果明显，造林绿化力度不断加大，城乡生态环境明显改善，县城空气二级以上天数达到348天。米家垣乡和张庄乡梁村分别被评为省级环境优美乡镇和生态文明村。

关注民生，稳步推进和谐社会建设。义务教育标准化建设、省级示范高中建设顺利通过复查验收，浮山三中教学楼、响水河中学宿舍楼和餐厅建设已完成主体工程，浮山中学教学楼已开工建设；乡镇文化站建设全部完成；新建改造了5个乡镇卫生院、37个村级卫生室，新型农村合作医疗参合率达到93％；城乡低保覆盖面不断扩大，补助标准不断提高；安置了380名大中专毕业生和复退军人公益性岗位；县城二级客运站正式投入运营，三个乡级客运站全部建成，全县新增公路里程29公里。

多措并举，全力维护安全稳定形势。全面落实政府监管责任、企业主体责任，认真开展安全隐患排查整治，全年煤矿、非煤矿山及其它行业和领域未发生重大事故。以资源整合为契机，加大安全投入，完善安全设施、夯实安全基础，提升安全水平。科学防治甲流疫情，狠抓社会治安综合治理，深入开展"信访积案化解年"活动，实行县四大班子成员信访接待日制度和信访包案责任制，解决了一批较为复杂的信访案件。妥善处置了各类突发事件，为国庆60周年和全县经济社会发展营造了和谐稳定的良好环境。

"爱我浮山、树我形象、建我家乡"活动深入开展，依法治县、民主法制建设继续推进，国防教育深入开展，党管武装工作得到加强，工会、共青团、妇联、科协、工商联、残联等群团组织的作用得到了充分发挥。

(周　鑫)

附：一、中共浮山县委书记、副书记、常委名单

书　记：毛克明

副书记：李朝旗（8月离职）　张宏志（10月任职）　廉　鹏

常　委：王福海　丁向阳　李青彦　秦海玉　黄晓林

二、乡镇党委书记、副书记名单

天坛镇

书　记：高洪波

副书记：杨　哲

张庄乡

书　记：高学忠

副书记：张克彪

响水河镇

书　记：王前进

副书记：杨　波

东张乡

书　记：许拥军

副书记：盖　勇

槐埝乡

书　记：梁生强

副书记：崔　毅

北王乡

书　记：吴晓芳（女）

副书记：丰志华

北韩乡

书　记：陈波轩

副书记：张　真

米家垣乡

书　记：王建斌

副书记：吉秀红（女）

寨圪塔乡

书　记：李江龙

副书记：邢　磊

中共襄汾县委工作概况

襄汾县现有党员16724名，基层党组织673个，其中党委14个，总支45个，支部613个。2009年，县委以深入开展学习实践科学发展观和加强干部作风建设为统领，以加强党的执政能力建设和先进性建设为目标，紧紧围绕全县中心工作，开拓创新，扎实苦干，各项工作都取得了新进展。

突出特色，扎实推进，学习实践活动成效明显。对全县457名科级干部进行了轮训，共组织各类专题辅导报告、培训班、讲座等232场次，发放各类征求意见表3万余份，召开各类座谈会208次，共梳理汇总出意见建议713条，形成各类调研报告1580份。广大党员干部推动科学发展的意识明显增强，科学发展的思路更加清晰，人民群众得到了具体实惠。

领导班子和干部队伍思想政治建设进一步加强。以党性修养、作风养成和新形势下加强党的建设为重点，进一步加强思想信念、宗旨意识和党风廉政教育，组织开展了专题学习和对照检查，进一步完善了领导班子议事规则和决策程序，加强了对各级领导班子民主生活会的指导，切实提高了民主生活会质量。

组织开展了公检法科级领导干部调整配备工作。12月，结合襄汾实际，广泛征求公检法主要领导意见，经书记办公会研究，报市委组织部审批职数，先后完成了民主推荐、资格审查、笔试、面试、县级领导票决、组织考察、任职等程序，共选配科级领导干部32名。其中公安局22名，检察院6名，法院4名。使公检法领导干部队伍平均年龄下降5.8岁。

干部教育和管理工作成效显著。邀请中央党校、中国社科院等单位的专家、教授，举办了科学发展、安全生产、环境保护、旅游开发、民生保障、新农村建设等各类专题培训班35场次，受训人数达2000余人次。举办了"襄汾县农村党支部书记、村委主任培训班"，全县600余名村"两委"主干接受培训，取得了良好效果。筹备建立"干部在线学习网"和干部教育培训数据库，加大对干部学习的考核力度。

领导班子和干部队伍工作作风明显转变。县委提出了"安全稳定、经济发展、提振士气、改变作风"的总体工作思路，进一步扎实了工作作风，提高了工作效率。在6月份省委领导干部作风建设巡视组检查中，受到了巡视组的高度评价。

干部人事制度改革进一步深化。积极探索平时考核与干部推荐相结合的办法，加大了在完成重大任务和应对重大事件中考核干部的力度。重点落实了“三报三查”制度、干部选拔任用有关事项报告制度和党政领导干部考察对象报告个人有关事项制度。对《干部任用条例》执行情况进行一次工作总结与自查，对各乡镇、有关单位副科以上领导干部满意度进行了民意调查，畅通信访举报和网上举报等监督渠道。

基层党组织和党员队伍建设进一步加强。一是着力抓好“联创、联建、联效、联用”，农村基层党组织建设得到进一步加强。全县乡村“两定一查三评”两级共承诺1563件，共承诺16810件，完成率达100%。投资1300余万元，新建了66个村，改造完成了53个，基本完成了农村党员干部现代远程教育资源和村级组织活动场所资源整合，实现了一室多用。完成了农村“两委”主干岗位报酬集中发放工作，实现了村党支部书记和村委会主任岗位报酬发放银行化。推行了村党组织书记、村委会主任基本养老保险制度，对全县在任村党支部书记和村委主任实行参加新型农村社会养老缴费补助制度，按标准享受政府专项缴费补助。成立了大学生村干部专门管理机构，切实加强了大学生村干部的教育、管理和服务。全县673个党组织和16724名党员进行了信息入库，档案归类，装订成册，对全县348个行政村农村“两委”主干工作履历进行了造册登记、归类建档。二是着力抓好组建和作用发挥，各领域基层党组织建设得到进一步推进。开展了“党章集中学习月”、“为什么科学发展，怎样科学发展”解放思想大讨论等一系列活动和“发挥作用，共渡难关”活动，充分发挥党组织的政治核心作用，进一步加强了企业的思想政治工作，把职工的思想引导到了应对金融危机、促进企业发展。三是着力完善落实制度，党员队伍建设得到进一步加强。在农村党员与返乡农民工中开展了“结对帮扶”活动，共结对子2031个，极大地推动了返乡农民工的创业热情；帮扶困难党员236名，走访慰问党员472人次，共投入资金6.5万元。在流动党员中开展“在当地争先锋、为家乡做贡献”活动，共发放《流动党员活动证》196个，接待党员咨询92件次，答复咨询112项，帮助解决办理30件实事。共投入29.56万元，举办各类党员教育培训班54次，培训党员3500人次。共发展党员359名。其中，生产、工作一线党员260名，35岁以下青年党员172名，女党员68名，高中以下文化程序党员199名。

人才队伍建设进一步加强。一是认真编制2009——2020年人才发展规划纲要。二是深入开展了“双服务、双争先”活动和襄汾籍在外高级人才为家乡“出力献策”活动。三是进一步加强了农村实用人才培训培养。实施农村实用人才、入党积极分子、后备干部“三位一体”综合培养工程，重点培养了一批创新创业的农村中青年领军人才，培养了一批大学生村干部和农村优秀青年创新创业的先进典型。

（吕　军）

附：一、中共襄汾县委书记、副书记、常委名单

书　记：张成梁（8月任职）

副书记：王国平（10月任职）　王建中　张建国

常　委：狄学飞　廉振东

毛跟云（1月任职，10月离职）

董凤妮（女）　曹　佩　苏嘉邦

刘永军（1月任职，6月离职）

霍林雨（6月任职）

段常喜

二、乡镇党委书记、副书记名单

新城镇

书　记：范志军

副书记：王世红　张常勇

陶寺乡

副书记：王俊强

大邓乡

书　记：赵锁明

副书记：张　峰　周森业

邓庄镇

书　记：杜许堂

副书记：李　刚　梁　昌　白建成

襄陵镇

书　记：张英杰

副书记：梁培奇　张俊亮　张宁红

南辛店乡

书　记：文慧敏

副书记：曹丽娟　马东俊

古城镇

书　记：李文耀

副书记：王宝贝　尉红宙

景毛乡

书　记：王彦珍

副书记：臧俊民　贾跃勇

汾城镇

书　记：张学民

副书记：聂增勇　高治国

西贾乡

书　记：任治中

副书记：刘学武　张国新

南贾镇

书　记：张　翔

副书记：梁彦明　王岗彦

赵康镇

书　记：杨建廷

副书记：杨江滨　邓　聪

永固乡

书　记：孟建汾

副书记：张国强　狄永红

中共洪洞县委工作概况

一、坚持以学习实践活动为契机，党的基层组织和干部队伍建设不断加强

中共洪洞县委在2009年党建工作方面主要做了以下五个方面的工作：

1. 严格标准，突出特色，学习实践活动扎实推进。按照中央和省、市委统一部署，全县第二批学习实践活动于3月13日在全县99个参学单位全面展开。各级党组织紧紧围绕科学发展主题，创新活动载体，突出实践特色，狠抓工作落实，开展了“解放思想大讨论”和“千名干部进村企，破难解困促发展”主题实践活动，圆满完成了各项既定任务，达到了预期目标。第三批学习实践活动也已于9月份在全县573个党组织中展开。在学习实践活动中，县委常委会带头学习调研、带头分析检查、带头整改落实，进一步树立科学发展观和正确政绩观，认真研究解决影响和制约科学发展的突出问题，以实际行动推动全县学习实践科学发展观活动深入开展。

2. 联系实际，强化培训，干部教育工作全面开展。聘请中央党校教授和省、市委党校理论专家和16名理论教学骨干，对党员干部进行专题辅导；对全县农村党支部书记和村委会主任进行了集中轮训，组织各职能部门干部开展了现代金融、依法行政、安全生产、环境保护、民生保障、农业科技、工业管理、市场经济等方面的业务知识培训。

3. 健全制度，加强监督，领导班子和干部队伍建设不断增强。下发了《关于加强领导班子思想政治建设的实施意见》，在全县各级干部中，全面落实了县委《关于在全县干部队伍中建立岗位目标责任制及问责监督机制的意见》和《关于建立领导干部实绩跟踪考察制度的意见》，建立了科级领导干部工作日志制度，进一步加强对全县科级领导干部的日常监督管理，及时了解和掌握其工作情况。

4. 突出重点，夯实基础，农村基层党组织建设进一步加强。在落实党建工作责任制、“两定一查三评”和“党员承诺评议制度”方面，签订了党建工作目标责任书，建立了工作台帐制度，切实加强了基层组织和党员队伍建设。提高村党支部书记、村委主任“一肩挑”和两委班子成员交叉任职的比例，在农村党支部换届选举中全面推行了“两推一选”办法。落实村级组织激励机制，对功勋村级组织的党支部书记、村委会主任性购买养老保险，激发农村干部工作积极性。

5. 注重教育，强化监督，领导干部廉洁自律意识进一步提高。始终坚持把党风廉政教育作为增强各级领导干部廉洁自律意识和拒腐防变能力的基础性工作，坚持集中教育与经常性教育相结合，示范教育与警示教育相结合，拓宽思路，创新载体，注重层次性，增强针对性，突出实效性，通过开展思想纪律作风集中整顿、警示教育活动和煤焦领域反腐败专项斗争，有效地提高了领导干部廉洁自律意识。

二、各项事业在金融危机的冲击下稳步推进

“三农”工作方面——扎实推进新农村建设，在16个乡镇的112个村实施了532公里的主干道路硬化工程，完成417个村的中小学校舍改造，完成370个村的饮水安全改造，全县463个行政村全部完成了村级卫生所建设和广播电视网络建设；加强农业结构调整力度，围绕主导产业，巩固发展十个高效农业示范园区，发展林下示范基地5万亩，并已经显现出良好的经济效益和生态效益；加快农村富余劳动力转移步伐，积极开展农村劳动力转移“阳光工程”和农民科技培训“三进村”活动，有效缓解了农民就业压力，为农民增收创造了条件。

工业经济方面——面对金融危机的不利影响，坚持“举全县之力，支持三大国有企业做大做强，带动地方企业发展”的工作思路，与山焦、三维、霍州煤电等国有企业加强合作，共同应对金融危机，全力扭转经济下滑局面；全力推进工业经济转型发展，加快建设赵城精细煤化工业园、城南新技术材料工业园和甘亭精密铸造及装备制造工业园。

旅游业发展方面——以《洪洞县旅游业发展总体规划》为指导，全力打造全球华人“老家体验”旅游目的地。成功举办了第十九届大槐树寻根祭祖节，进一步扩大了洪洞旅游的知名度。加快推进旅游景区配套建设，开展了一个中心、两个星级宾馆、十个宗族会馆、二十个农家乐宾馆建设项目的筹备工作，总投资2.5亿元的大槐树至广胜寺旅游专用通道，已启动实施。

基础设施建设方面——实施了集中供热二期、涧桥北路翻新改造、5条长55公里县乡公路改造工程、180个村主干街道水泥路工程。完成了桃临线、洪乔线改造工程，启动实施了广胜寺旅游公路、虹通北路、洪安涧河城区段治理、广电大楼、县人民医院、天然气入户等重点工程。

社会稳定工作方面——深入开展“安全生产年”和安全隐患排查整治专项活动，整改消除了一批安全隐患；大力提高对突发事件的应急处置能力，制订了各项突发事件工作预案，建立了快速反应机制；高度重视社会稳定工作，全面落实信访工作责任制，积极化解各类矛盾，严厉打击各类违法犯罪活动，保持了全县平安稳定。

“生态工程”建设方面——严格执行国家产业政策和“三同时”制度，禁止高耗能、高污染项目上马建设，加快城市环保基础设施建设，城区新增集中供热面积150万平方

米，新增煤气用户2000户，天然气3000户，日处理3万吨的污水处理厂已投入试运行；以平原、通道、城区、村庄、厂矿企业绿化为重点，投资2亿元，完成造林4.2万亩，植树508万株，全县绿化覆盖率达到32%，城市绿化覆盖率达到40%。

民生工程实施方面——优先发展教育，启动实施了玉峰山标准化高中建设，建成了一所十轨制标准化试验小学；积极扩大就业，为下岗失业人员提供再就业岗位1260个，向外输出劳动力8万余人次；大力发展医疗卫生事业，实施了6个乡镇卫生院、9个卫生服务站和600多个村级卫生所的改扩建工程；健全城乡社会保障体系，养老、失业、医疗、工伤保险覆盖面进一步扩大，失地农民社会保障机制基本建立，实施廉租房和经济适用房建设工程，努力解决困难居民住房问题。

一年来，在金融危机的巨大冲击下，通过第二、第三批学习实践活动，全县上下在在科学发展上提高了认识、形成了共识。

1. 推动科学发展，必须以科学发展观为指导，实现经济社会又好又快发展。近年来，全县的经济社会发展速度不快，城乡基础设施相对落后，人均主要指标低于于全省的平均水平，社会事业建设发展滞后，用科学发展的要求来衡量，还存在着不小的差距和不足，要确保经济社会的又好又快发展，必须把科学发展观贯彻始终，并作为加快发展的根本指导方针。

2. 推动科学发展，必须大力推进经济结构调整，实现转型发展。作为资源型经济大县，受全球金融危机和环境治理的影响，我县以煤焦为主导的工业经济，受到重大冲击，相当一部分处于停产半停产状态，直接导致全县各项主要经济指标增速下滑，全县经济发展的压力倍增。究其原因主要是产业结构单一、发展方式粗放形成的，必须推进结构调整，实现转型发展，才可能保持领先发展。

3. 推动科学发展，必须加快煤炭资源整合步伐，实现安全发展。安全工作的首要任务是煤炭生产安全，这一点在我县有着血的教训，必须通过煤矿资源整合全面提升煤炭生产水平。在这个问题上，我们没有任何退路可言。必须加快推进煤炭资源整合步伐，实现安全发展。

4. 推动科学发展，必须高度关注和着力改善民生，实现和谐发展。不断改善民生不仅是一个重大的社会问题，更是执政者必须面对和解决的政治问题。近年来，随着各项改革的不断深化，出现了许多新情况新问题，人民群众要求解决的最关心、最直接、最现实的利益问题不断增加。因此，维护稳定，促进和谐，必须从解决群众的困难和问题做起，从改善民生做起。

5. 推动科学发展，必须切实转变各级干部的作风。干部作风作为一种内在素质，关乎事业成败；作为一种外在表现，关系党和政府的形象。在当前各种社会矛盾碰头叠加，保增长、保民生、保稳定的任务异常艰巨的困难和特殊时期，各级干部的作风建设尤其重要，更为迫切，必须转变作风，切实加强党性修养，以坐卧不安的责任感、如履薄冰的危机感、只争朝夕的紧迫感，切实抓好各项工作的落实。

（洛宇峰）

附：一、中共洪洞县委书记、副书记、常委名单

书　记：陈玉士

副书记：段　新　李世杰　冯亚平

周东曙（3月任职）

常　委：晋廷瑞　赵双宝　宋保平　郭景旭

魏全顺　荆太峰　卫浩静　张玉龙

二、乡镇党委书记、副书记名单

大槐树镇

书　记：魏金顺

副书记：刘亚俊　董其贤　李　白　张炜华　许　红

甘亭镇

书　记：黄小平

副书记：席青松　景志盛　陈建文　马龙娃

曲亭镇

书　记：李元忠

副书记：邱　波　乔　强

苏堡镇

书　记：范春雷

副书记：柳　勇　乔文平（女）　马继文　黄随军

广胜寺镇

书　记：张峰山

副书记：李金龙　武　进　张河水　石心强　张忠记

陈云川

明姜镇

书　记：程红俊

副书记：杨瑞平　段红拽　张汝平

赵城镇

书　记：张元龙

副书记：纪小明　马宏方　高洪安　黄果林

席苏顺　刘保兵　郝洪春　张素进

万安镇

书　记：周希斌

副书记：贯长春（2月离职）　郅陆平（2月任职）

陈林顺　常宝元　石云峰　车志雄

刘家垣镇

书　记：郭建军

副书记：郭双平　李长吾　刘俊刚　冯卫卫

淹底乡

书　记：赵泽瑞

副书记：刘舒华（女）　刑宝记　郭永民　林北红

兴唐寺乡

书　记：郑国龙

副书记：王　欣　李书才　贯宏海　刘三龙

堤村乡

书　记：史学著

副书记：倪宁慧　刘新平　郭成玉　李东旗　史剑峰

辛村乡

书　记：刘希宏

副书记：郭芳芳（女）　郭洪喜　巩天会　乔新明　段红红

龙马乡

书　记：敬三平

副书记：乔建红　张勤喜　李繁茂

山头乡

书　记：田晋川

副书记：席红松（7月离职）　朱虎平　柳肖鹏

左木乡

书　记：温　泉

副书记：徐泽文　段洪波（7月离职）　王湖锁　杜延海　韩永刚　张文俊

中共安泽县委工作概况

2009年是安泽发展形势最为严峻、面临困难最大、应对挑战最多的一年，也是安泽砥砺奋进、团结拼搏、攻坚克难的一年。一年来，全县上下坚持以科学发展观为统领，认真贯彻落实中央和省、市“保增长、保民生、保稳定”的一系列决策部署，同舟共济克时艰，排难而上勇拼搏，全县经济社会发展呈现出平稳较快、逆势上扬的良好态势。全县地区生产总值完成29.87亿元，同比增长22.8%；财政收入完成5.7亿元，同比增长53.4%；规模以上工业增加值达到22.16亿元，同比增长27.6%；固定资产投资总额达到15.19亿元，同比增长37.3%；社会消费品零售总额完成4.54亿元，同比增长22.2%；城镇居民可支配收入达到12003元，同比增长13.5%；农民人均纯收入达到4018元，同比增长10.5%。地区生产总值、工业增加值、财政总收入三大指标增幅继续位居临汾市前列，特别是财政收入增幅连续三年保持临汾市第一，创造了安泽经济逆势上扬的历史奇迹。

截至2009年底，安泽全县共有7个乡镇、103个行政村，289个基层党组织，其中党委18个，党总支11个，党支部260个；共有5997名党员，其中农村党员2788名。2009年，安泽县大力开展了以“思想观念大更新、干部能力大提升、基层党建大推进、工作作风大转变、自身建设大发展”为主要内容的党建五大强基工程，凝聚了人心，汇聚了力量，党的建设全面加强，执政能力得到明显提升，为推动经济社会又好又发展提供了坚强有力的保障。认真开展学习实践活动，全县第二批学习实践活动群众满意度都在98%以上，第三批学习实践活动已顺利转入分析整改阶段，全县各级党员干部的执政能力显著提升。继续推行“三级联创”、“两定一查三评”、党员承诺评议制度，扎实开展“学右玉、树形象”活动，全县共有1900余名党员深入基层一线，联系帮扶困难户1200余户，为群众解决实际问题400余个，帮助协调解决资金360余万元。注重关怀农村干部，大幅提高了农村“两委”主干的工资标准，为全县年满60周岁、任职10年以上的103名离任农村干部发放生活补贴，解除了农村干部的后顾之忧，激发了他们的工作热情。不断加强领导班子和干部队伍建设，坚持公开公平公正，调整提拔了53名科级干部，为全县干部队伍注入了新的活力；顺利完成了全县农村支部、县总工会、文联换届选举工作，各级领导班子的凝聚力、战斗力、号召力显著增强。扎实推进党风廉政建设，深入开展煤焦领域反腐败专项斗争，切实加大案件查办力度，共处分违纪党员干部25人，进一步严肃了党纪，匡正了党风。

安泽县立足于发挥资源优势，大上传统产业改造项目；立足于提升对外形象，大上基础设施项目；立足于改善民生，大上社会事业项目；立足于城市发展需要，大上重点工程项目，确定了总投资达26亿元，涵盖农业、教育、医疗、交通、城建、文化等各领域的125个重点项目，目前，各重点项目工程进展顺利，已完成投资10.4亿元，有39.2%的项目完工，有83.2%的项目开工建设。坚持“调高、调强、调优”的原则，强力推进煤矿体制改革和资源兼并重组。全县9座煤矿全部实现高档普采，有8座矿井与主体企业签订了框架协议，全县煤矿安全生产水平和生产能力大幅提升。以“肥、醇、炔、苯、油”五条主线为主导，推进煤焦产业优化升级。投资3.4亿元的永鑫10万吨焦炉煤气甲醇项目、投资2.3亿元的太岳焦化60万吨2号焦炉改造工程已正式投产；投资8.6亿元的全市“双百”重点工程永鑫100万吨焦化项目、县城集中供气供热项目已开工建设；特别是总投资102.5亿元，全国最大的煤化工项目（“532”煤化工项目），已与山西同世达集团和霍州煤电集团签约，并完成前期准备工作，项目取得重大实质性进展。

坚持把促进农民持续增收摆到突出位置，走“高产、优质、高效、生态”的路子，投入1000万元专项资金，强力推进有机蔬菜、优质核桃、高山绿茶、种桑养蚕、高效畜牧等五大科技调产项目。全县种植优质玉米25万亩，蔬菜1.18万亩，小杂粮4万亩，优质烟叶4300亩，奶牛存栏366头，新发展优质核桃3000亩、优质桑园500亩、高山绿茶400余亩，蔬菜大棚500个，初步形成一个“山上连翘、山下核桃、茶树缠腰，蔬菜进川、蚕桑入滩、养殖成圈”的山区现代特色农业产业新格局。启动了总投资6700万元的沁河沿岸万亩自流灌溉暨农业科技调产示范区工程；投资105万元，实施了槐树底水土保持综合治理工程，完成水土流失治理面积330公顷。投资1650万元，集中连片建设

30个新农村，目前，30个连片建设村的“六通”、“六个一”、“四化四改”工程已全部完成。投资830万元，完成了马壁移民工程13个乡直机关办公楼的主体修建任务，已进入室内装修阶段；拨付移民住宅修建资金1900万元，95%的马壁移民户已破土动工新建住宅；和川移民工程已进入正式实施阶段。投资6115万元，完成了东湾至麻家山、马壁至石槽、冀氏至郭皂等十条公路，全县村村有候车亭、有招呼牌，实现了乡乡通公路、村村通油路；投资631万元，完成了4710m2的危旧校舍改造工程，全县中小学危房已全部消除；投资425万元，完成了7个乡镇卫生院、76个村级卫生室新改建工程，全县实现了建设一个新农村，就有一所标准化村级卫生室，县、乡两级医疗机构达标率达到100%；投资308万元，解决了33个自然村、7851口人的饮水困难，圆了百姓吃水梦；投资175万元，架设通村主干线路155公里，完成了32个自然村的有线电视联网工程，使888余户群众收看到42套清晰的电视节目；投资70余万元，开通了安泽人民无线调频广播电台，使6万群众收听到本县清晰的无线调频广播。目前，全县真正实现了“五个全覆盖”。严格落实中央各项惠农政策，落实种粮补贴面积34.65万亩，补贴资金达1446.2万元；补贴各类农业机械及配套机具488台，补贴资金达141.693万元；尤其是面对玉米销售市场需求减缓、价格持续走低、农民春耕备耕资金回笼缓慢的实际困难，采取托市收购县级政府调控粮的办法，争取农业发展银行贷款资金1600万元，县财政拿出203万元对贷款利息、收购费用、器材费用及保险费用进行了补贴，以高于市场0.1元的价格，收购2000万斤县级调控粮，妥善解决了农民“卖粮难”的难题，使农民户均增收200元，人均增收60元。

以荀子文化游为切入点，以生态旅游开发项目为重点，全力打响荀子故里、神奇安泽品牌，进一步促进旅游资源优势向旅游产业优势的转化。按照“科学整合、深度开发、集约经营”的理念，积极学习和借鉴各地旅游规划经验，高起点、高标准制订了“安泽县风景旅游发展规划”和“荀子文化园总体规划”建设详规。形成了以荀子文化游为核心，以古色人文旅游、绿色生态旅游、红色教育基地旅游、乡土特色山庄农家乐游为板块的旅游产业发展新格局。投资118万元，完成了省级重点文物保护单位麻衣寺砖塔和郎寨塔的维修工程；投资1000万元的望岳楼附属工程已投入使用，荀子文化园六期工程已完成前期征地工作，植树、绿化等附属工程已经结束；投资1709万元，建设了全长15.5公里的青松岭旅游公路。成功举办了第四届中国（山西安泽）荀子文化节，安泽县第八届“黄花节”等各具特色的活动，进一步提高了安泽知名度，扩大了安泽影响力。

（李　斌）

附：一、中共安泽县委书记、副书记、常委名单

书　记：梁若皓

副书记：乔悟生　刘晓东

常　委：马志超　刘　浩　马学平　鲁立波　高成锁　王海江

二、乡镇党委书记、副书记名单

府城镇

书　记：马新梅（女）

副书记：刘合生（2月离职）

唐城镇

书　记：李峻石

副书记：王朝峰

和川镇

书　记：李　晓

副书记：王新文

冀氏镇

书　记：张晓东

副书记：魏金平（2月离职）

良马乡

书　记：连忠武

副书记：张福增

杜村乡

书　记：李世民

副书记：冯清华

马壁乡

书　记：张建强（2月离职）

副书记：赵春亮（2月离职）　马洪岩（2月离职）

中共古县县委工作概况

古县共有7个乡镇党委、1个县直工委、1个公安局党委、10个党组、4个党总支、1个企业总支、1个民办非企业党支部、267个基层党支部，5865名党员。其中，农村党支部111个，机关事业党支部101个，企业党支部50个；农村党员3542名，妇女党员1152名；2009年新发展党员313名。

2009年，全县生产总值完成42.6亿元，同比增长3.7%；限额以上工业增加值完成34亿元，同比增长1.86%；城镇居民人均可支配收入完成13802元，同比增长8.7%；农民人均纯收入完成4380元，同比增长8.12%；财政总收入完成10.05亿元，同比增长4.7%。全县有34项重点工程和项目开工建设和实施，确保全县经济社会平稳较快发展。

一、强化队伍，转变作风，党的建设全面加强

（一）深入开展学习实践科学发展观活动。在学习实践

活动中，县四大班子领导带头深入学习，带头参加讨论，带头调查研究，带头征求意见，有力地推动了全县学习实践活动的顺利健康有序开展。全县共组织专题学习1200余次，其中县委中心组专题学习15次，邀请专家辅导82次，辅导党员2110人。县党政班子成员每人负责一个课题，深入基层、企业、群众当中开展调研活动，累计调研时间263天。各部门各单位也结合各自实际、各自职能进行深入调研，确定调研课题388个。通过这次学习实践活动，广大党员干部的理论水平、群众观念和工作作风得到进一步增强。

（二）基层党建工作不断拓展。狠抓基层组织建设，对新当选的村“两委”班子进行集中培训，使他们的工作能力得到普遍提高；提高了村“两委”班子主要成员的工资保障。加大企业党建力度，推进非公有制经济组织党的建设，基层党建覆盖面不断拓宽。建立健全机关党建责任制，机关党组织联系群众、协调各方的作用得到充分发挥，党员的先锋模范作用得到充分发挥。

（三）党风廉政建设扎实推进。全面落实党风廉政建设责任制，引深“353”源头治理和三项治理工作，深入开展纠正行业不正之风和政务、村务、企务公开工作。贯彻落实中纪委三次全会和省、市有关会议精神，在全县深入开展党员干部警示教育活动，增强了广大党员干部的忧患意识、公仆意识和拒腐防变意识。加大违纪案件查处力度，今年以来，共立查违纪案件19件，对19人进行了党政纪处分，继续保持了惩处腐败的高压态势。大力开展煤焦领域反腐败专项斗争，共有20个单位，448人申报款项、物品，价值约25万元。

（四）民主法制进程不断加强。认真贯彻落实民主集中制原则，健全各项制度，为科学决策、民主决策提供了规范的制度保证。继续推进依法治县进程，努力在全社会形成学法守法、依法办事、依法行政的良好氛围。继续加强人大、政协的监督职能。在“三城联创”工作中，由人大、政协县级领导组成督查组，对全县各级各部门的工作进行督查，积极探索监督职能和工作实践的有序对接。继续支持法院、检察院依法履行职责，为经济社会发展创造了良好的法治环境。同时，统战、人武、工会、共青团、妇联工作扎实有效，营造了和谐的社会氛围。

二、锐意进取，团结奋进，经济社会事业快速发展

（一）以农民增收为核心，“三农”工作扎实推进。全县粮食产量完成40832吨。新栽植核桃50万株，核桃产量突破1000 万斤，实现农民人均增收1000元。建成万亩优质谷子、万亩经济作物、万亩小杂粮、万亩高产玉米四个示范园区。新增农民专业合作社132户。实施农业科技项目33个。“五个全覆盖”工程进展良好，村村通水泥（油）路和村级卫生室建设均全部完成，中小学校舍安全改造完成87%，村通广播电视完成78%，农村安全饮水工程完成82%。

（二）以安全生产为重点，工业经济稳步增强。全县深入开展安全生产“三项行动”和“三项建设”，查处隐患1420条，关闭一类企业9家，停产整顿二类企业61家。强力推进煤炭资源整合与煤矿兼并重组工作。全县37座煤矿整合为14个规划区，9个整合主体，井田面积增至116.3892平方公里，产能增至1005万吨/年。节能减排成效显著。完成6大焦化企业湿法脱硫、消烟除尘、污水处理、厂区综合整治等工程建设，实现污染物达标排放。11家洗煤企业安装了防尘抑尘网等除尘设备，22家洗煤企业办理了环评。项目建设有序开展。全县向上争取中央投资项目14个，引进省煤炭可持续发展基金项目10个，争取资金2500余万元。

（三）以牡丹景区开发为龙头，旅游产业势头良好。景区规模不断扩大，完成张家大院一期修复、温泉水疗会馆等景点和休闲场所的建设。成功举办了第二届“中国·古县牡丹文化旅游节”，共接待游客35万余人次。在门票价格减半的情况下，旅游综合收入仍然达到1800余万元，同比增长63%。带动了服务业的发展，全县第三产业完成5.4亿元，同比增长9.9%。

（四）以“三城联创”为抓手，人居环境更加优化。深入开展以创建省级园林县城、省级环保模范县城、省级文明和谐县城为主要内容的“三城联创”活动。城市管理日臻完善。对城区主次干道、城市出入口、城乡结合部、农贸集贸市场进行了卫生环境长效综合整治。新建了畜禽屠宰场。污水处理厂工程已全面完工。城市集中供热面积达到49.6万平方米，供热率达到80%；煤气用户增至4185户。城乡环境继续优化。深入开展了城乡卫生综合整治工作，北平镇、石壁乡创建国家卫生乡镇工作顺利通过预验收。石壁村获“省级生态文明示范村”称号。

（五）以共建和谐为目标，社会事业协调发展。教育方面，完成了古县一中宿舍楼和标准化操场建设工程、城镇小学综合楼建设工程以及17所学校共3万余平方米的校舍安全工程。卫生方面，7个乡镇卫生院住院楼全部建成。新型农村合作医疗参合率达94.13%，全年共发放补偿资金470余万元。有效防控甲型流感，全县无疫情发生。文化方面，积极举办各类群众性文化活动，全年共举办文艺演出80余场，先后举办了四省市CBA青年篮球赛、建国60周年五项体育比赛和领导干部篮球赛。7个乡镇文化站建设工程全部完成。县图书馆主体工程完工。社会保障方面，新型农村养老保险参保人数达4万余人。启动城镇医疗保险工作，征缴基金112万元。开发新增就业岗位1032个，120名下岗失业人员实现再就业。为4个城中村完全失地农民办理了失地生活补助。完成了120套廉租房建设工程和300户农村住房解困工程。安全方面，突出抓好煤矿、非煤矿山、食品卫生、危险化学品和森林防火等重点行业、领域的安全监管，实现了连续六年全县无重特大安全事故。

三、转变思路，优化结构，为经济社会发展提供强大动力

（一）从思想观念上转变。一是树立绿色发展的理念。

面对低碳经济时代的到来，我们深入推进节能减排，大力发展循环经济，进一步加强生态建设。二是树立协调发展的理念。从“惟煤是从”、“惟资源是从”的怪圈中跳出来，不再把发展完全寄托在有限的煤炭资源上，更多关注一三产业发展，促进三次产业、城乡之间统筹协调发展。三是树立科学决策的理念。通过深入调研，掌握实际情况，学习借鉴先进地区经验，把握经济社会发展的方向，以科学决策为转变发展方式提供保障。

（二）从产业结构上转变。主要是巩固第一产业，使之由弱变壮；提升第二产业，使之由大变强；做大第三产业，使之由慢变快，从而形成协调发展的现代产业体系。农业上，在保证粮食生产的基础上，发展特色农业、设施农业、高效农业，走农业现代化道路。工业上，拉长加粗煤焦化产业链条，推动非煤矿产向非煤产品转化，走循环发展之路和非煤矿产转化之路。三产上，继续抓好旅游业这个龙头，大力发展城镇商贸、房地产、物业等现代服务业，走全面发展之路。

（三）从增长方式上转变。将促进经济增长由主要依靠增加资源消耗向主要依靠科技进步、劳动者素质提高、管理创新和产业组织形式转变，由原来的高碳经济向低碳经济转变。体现在农业上，就是逐步改变一家一户分散经营的模式，以各种合作组织为依托，发展高效农业和农产品加工业，最大限度地提高农产品附加值。体现在工业上，就是在全面完成煤矿企业兼并重组整合的基础上，加快组建焦化集团和建设焦化园区，进一步提升循环经济发展水平。体现在三产上，就是在政策允许的范围内，最大限度地降低三产准入门槛，大力培育服务行业和服务企业。

（赵　华）

附：一、中共古县县委书记、副书记、常委名单

书　记：张成梁（8月离职）
　　　　李　菲（8月任职）

副书记：李　菲（8月离职）　加天山（10月任职）
　　　　程世俊

常　委：李玉龙　赵海山　姜红光　刘红龙　石焕勤
　　　　牛宇岚

二、乡镇党委书记、副书记名单

北平镇

书　记：张俊林

副书记：赵贤惠　张银贵

古阳镇

书　记：李荣强

副书记：杨晋栋　杨青保

岳阳镇

书　记：柴保林

副书记：刘国强　范志萍（女）

石壁乡

书　记：元福明

副书记：张秋香（女）　牛玉强

旧县镇

书　记：李秋生

副书记：苏红光　韩碧文

永乐乡

书　记：李国龙

副书记：崔　艳（女）　彭建康

南垣乡

书　记：韩红霞（女）

副书记：史　澎　韩玉康

中共汾西县委工作概况

汾西县下辖8个乡镇1个社区，120个行政村，6个街道居委会，全县总人口14.2万人，其中农业人口12.4万人。汾西县是国家重点扶贫开发县，也是一个以农业为主的县份，农业基础条件差，是全省严重缺水的县份之一，也是全国唯一一家没有农村信用社的县份。

汾西县共有基层党委9个（8个乡镇党委、1个社区党委），派出工委1个（县直机关党委），基层党支部301个，其中农村党支部120个。共有党员7249名，其中，女党员1084名，占党员总数15%；农村党员5166名，占党员总数71%。

以开展深入学习实践科学发展观活动为契机，全面加强和改进党的建设。扎实开展深入学习实践科学发展观活动。根据中央、省委、市委统一部署，坚持把开展学习实践活动和抓好当前工作紧密结合，统筹安排两个批次的学习实践活动，取得了重要的认识成果、实践成果和制度成果。全县两批参加学习实践活动的单位共计267个，参学党员6495名。广大党员干部对科学发展观的认识水平、实践水平有了新的提升，贯彻落实科学发展观的自觉性和坚定性进一步增强。着力加强领导班子和干部队伍建设。按照《党政领导干部选拔任用条例》和省委“四个规定”的要求，结合我县干部队伍实际情况，充分征求各方意见，反复酝酿协商，采取大会测评、岗位定向推荐、个人自荐的方法，坚持公开、公平、公正和德才兼备、以德为先的原则，调整和选配了64名正科级干部，选配了7名年轻副科级干部到乡镇一线工作，高质量、高标准选聘39名优秀高校毕业生到农村任职；在此基础上，完成了从优秀村干部中考录乡镇公务员和县乡事业单位工作人员工作，新录用1名乡镇公务员和5名县乡事业单位工作人员，完成对拟录用4名乡镇公务员和4名县乡事业单位工作人员的考察工作。切实加强基层组织建设。以农村基层组织建设为重点，不断引深“三级联创”活动，完善“两定一查三评”制度，继续推进规范基础资料、完善基本制度、健全基本运行机制的“三基”建设；实行了农村干部每日集中办公和轮流值班制度，在全县农村全面推行“四议两公开”的工作制度；抓住开展学习实践科学发展观活动的重要契机，加强对全县新经济组织党建工作的指导；全面启动了农村村级活动场所建设工程。深入推进党风廉政建设。积极推进党风廉政建设责任制工作落实，研究出台了《关于2009年全县党风廉政建设和反腐败工作任务的分解意见》，把促进科学发展重大决策部署和扩大内需、保持经济平稳较快发展政策措施的贯彻落实等62项工作分解到了县委、政府班子成员，制定了实施细则，层层落实责任。加大案件查处力度，全年查结违纪违法案件52件，其中，副科级以上案件9案9人。以“服务优质、效率提速、素质提高”为主题，在全县开展了机关纪律作风建设专项检查活动。农村党风廉政建设工作以“抓农廉，正党风，办实事，为人民”为目标，把关注民生，解决群众反映强烈的突出问题作为农廉工作的重点来抓，排查化解各类矛盾纠纷300余件，解决农民反映强烈的突出问题10类32个，取得明显成效。扎实开展煤焦领域反腐败专项斗争，共查出欠缴税费基金2029.42万元，清回税费基金881.8万元。

围绕“三保”工作大局，努力实现经济社会平稳较快发展。产业结构调整稳步推进。继续实施三大特色农业产业基地建设，当年种植苦荞近两万亩，栽植核桃经济林1.06万亩，新建5个万只鸡场、3个千头牛养殖区、3个千只羊养殖区、10个千头猪养殖区、2000户规模养殖，辐射带动全县一大批农户发展养殖产业，有效增加了农民收入。龙荞生物科技有限公司苦荞系列产品顺利通过QS认证，并被确定为市级重点龙头企业。项目建设进展顺利。紧紧抓住国家扩大内需、加强基础设施建设的机遇，千方百计争取项目资金，争取中央、省项目资金达18197.2万元。与此同时，全力抓好重点工程建设，全县年初确定实施的31项重点工程，开工建设29项，完成投资40421万元，占年度计划投资97%，其中，投资5940万元的城市污水处理厂投入运行，成为全市第四家、山区县第一家达标污水处理企业；投资350万元的晨曦休闲生态公园项目全面完工；投资970万元的平安小区廉租住房建设工程进入实施阶段；投资13660万元的城市集中供热供气项目，完成了煤气净化设施、储配站的建设安装和城市煤气主管网铺设，入户400户，供热、发电可研已完工；投资1800万元的洞底至对竹16.1公里的油路改造工程全面完工，县委、县政府确定的3年完成县乡公路改造的目标全部兑现。煤炭资源整合取得实质性进展。按照省市统一部署，全县原有21座煤矿将重新整合为5座骨干煤矿，总产能比原来增加117万吨。10月11日，经省煤矿企业兼并重组整合工作领导组审查通过，我县煤矿企业兼并重组整合方案在全市第一家以县为单位整体获批。目前，所有被整合煤矿全部完成资产评估，采矿权转让协议已经签订，三个过渡性生产矿井整合主体正式进入，全县煤炭资源整合工作取得突破性进展，整体工作走在全市前列。利民为民实事逐步落实。扎实推进“五个全覆盖”，投资1482.5万元，完成18所中小学校舍危房改造；投资552万元，新建扩建和改造卫生所138个；投资9660万元，实施56个村305.8公里“村村通”水泥（油）路建设；投资1163万元，70个村20370口人实现安全饮水；有线电视在去年全部覆盖行政村的基础上，今年向人口集中的自然村延伸覆盖，新增有线电视收视户2000多户，全县农村有线电视用户达到7345户。狠抓劳动就业保障工作，全年劳务输出4128人，开展职业技能培训14期1140余人、农民工技能培训29期4450余人、下岗失业人员培训160余人；全面落实就业再就业政策，开发了86个公益性岗位，公开招聘事业单位工作人员72人。逐步完善社会救助体系，新增农村低保户1000人，全县城乡低保覆盖人口达9000多人，占总人口的6.3%；县城60周岁以上老年人实行了免费乘坐城区公交；新型农村合作医疗参保人数达到113859人，参合率90.1%；完成大病救助709人，救助资金130.2万余元，实施临时救助1318人，救助资金29.8万元；制定出台了《汾西县冬季取暖用煤供应保障实施办法》，确保城乡群众冬季取暖，除以低于成本价供应城乡居民取暖用煤外，对农村2000户特困户每户免费供煤一吨，并送煤入户；开展了“救灾、帮困、送温暖、献爱心”社会捐助活动，捐款金额达450420元。安全稳定工作扎实开展。坚持不懈打击非法开采，始终保持打击非法采矿的高压态势，坚持日常监管与集中整治相结合，开展了声势浩大的打击非法违法采矿“风暴”行动，全年炸毁填埋非法矿点640多处次，对54名违法犯罪人员进行了公开处理。扎实开展安全生产专项整治工作，认真落实维护稳定的各项措施，引深“平安创建”工作，为全县经济社会事业发展营造了安全稳定的社会环境。进一步健全和完善信访接待日制度，认真开展“积案化解年”活动，全年接待群众来信来访614起2965人次，比去年同期分别下降了22.5%和24.2%。

（王忠怀）

附：一、中共汾西县委书记、副书记、常委名单

书　记：邓彩彪

副书记：郭　宏（10月离职）
毛跟云（10月任职）　王晓民
冯海涛（2月任职）

常　委：郭向东　牛春平（女）　尚　彬　张全管
李春雷

二、乡镇党委书记、副书记名单

永安镇

书　记：要赴朝

副书记：王　成　侯俊杰　王大勇

勍香镇

书　记：贾治华（1月离职）　　任贵平（1月任职）
副书记：郭良敏　郭庆文
对竹镇
书　记：薛荣华
副书记：曹兴林　任玉记
僧念镇
书　记：乔旭兵
副书记：王红林　张锁虎　杨虎龙
和平镇
书　记：王建国
副书记：庞良平　赵彦有
佃坪乡
书　记：任贵平（1月离职）　侯明生（1月任职）
副书记：李胜利　杨志华　王红记
团柏乡
书　记：辛五青
副书记：张俊林
邢家要乡
书　记：师学斌
副书记：刘元健（女）　　金兰旺
社区委员会
书　记：侯明生（1月离职）
副书记：苏　涛　王学义

中共蒲县县委工作概况

一年来，在市委、市政府的正确领导下，面对复杂严峻的发展形势，蒲县县委团结带领全县广大干部群众，认真贯彻市委各项决策部署，按照年初确定的“咬定一个目标，突出两个重点，推进五大战略，办好十件实事，建设百项工程”的“12511”总体工作思路，总揽全局，协调各方，面难不惧，积极应对，克难攻坚，励精图治，全面落实保增长、保民生、保稳定各项政策措施，深入推动转型发展、安全发展、和谐发展，做了大量打基础、蓄后劲、利长远的工作，经济、政治、文化、社会和党的建设均取得了新的长足的发展。全年地区生产总值完成15.5亿元，同比下降26.8%；固定资产投资达到9.06亿元，同比增长90.8%；财政总收入完成9.71亿元，同比增长21.8%；一般预算收入完成4.6亿元，同比增长70.3%；城镇居民人均可支配收入12303元，同比增长10.1%；农民人均纯收入3740元，同比增长8.1%。

（一）以兼并整合、推动转型为主攻，工业转型升级取得了重大突破。煤矿企业兼并重组整合取得重大阶段性成果，坚持把煤矿企业兼并重组整合作为事关全县大局的重中之重，作为关乎蒲县长远可持续发展的重大战略性举措，高度重视，下大功夫，千方百计保护地方和企业利益，全力以赴扎实推进，出台了“一个协议”、“两个转移”、“四个条件”、“五个结合”的具体措施办法，保证了改革的健康有序进行，做到了地方、企业、群众方方面面满意，受到了省、市充分肯定。全县煤矿个数由80座减少到23座，办矿主体由61个减少到了8个，单井生产规模由20.3万吨／年提高到75.6万吨／年，资源量由5.6亿吨提高到13.17亿吨，产能由1641万吨提高到1830万吨，煤炭支柱产业在负重转型中实现突围，在规模化、集约化、机械化、信息化、安全化发展上迈出了实质性步伐，为蒲县未来经济社会更好更快地发展奠定了坚实基础。在此基础上，蒲城工业矿区“探转采”工作取得重大进展，市、县政府先后和潞安集团签订了蒲城工业矿区“探转采”开发建设协议，由潞安集团建设一座年产300万吨煤矿，使之成为整个蒲县经济社会发展的一个新亮点。大力推进非煤产业发展，新上总投资10多亿元的10个重点调产项目，冠鑫铸造、赢晟园铸造、易恒天酿酒项目已投产达效，成为新的经济增长点。

（二）以产业结构调整、新农村建设为抓手，农业产业化格局初步显现。粮食生产喜获丰收，总产量6.85万吨，增产41.5%。土豆、烟叶、糯玉米等优势产业进一步彰显特色，“三种三收”、“粮经套种”等现代实用技术得到推广，设施农业、现代农业、规模养殖、特色养殖蓬勃发展。昌源粉丝、龙泉养殖、正茂核桃等“农”字号龙头企业辐射带动作用不断增强。以建设“核桃大县”为目标，以“一川三垣”优质核桃基地建设为重点，把发展核桃产业确定为广大农民长远稳定增收的主导产业，县财政拿出200万元资金，对农民进行补贴，新栽植优质核桃树近万亩，全县核桃面积累计达到6.4万亩。大力实施生态建设工程，投资1313万元，围绕“三环一线”，完成造林14.2万亩，植树25.3万株。总投资6300万元，所有行政村全面启动实施了新农村建设“四四六六”工程，硬化街巷48万平方米，新建农村休闲广场47个、农村饮水安全工程66处、移民并村工程4个，被省委、省政府评为“全省新农村建设先进县”。

（三）以公路交通、城市创建为标志，城乡面貌正在发生显著变化。以临大线建设为重点，配套资金8000余万元，完成了拆迁征地等任务。致力于彻底打破交通瓶颈制约，形成以县城为中心的十字型公路框架，经过积极争取，以县城为中心，向南连接临吉高速，投资1463万元,全长47公里的荆河高速连接线路基基本形成；向北连接霍永高速，全长48 公里的高速连接线，已经省交通厅立项规划。总投资7700万元，建设了18条、96.4公里村村通油路工程，通行政村新增21个，实现了全覆盖。以建设山水相依、宜居宜业新县城为目标，以拉大框架，完善功能为重点，加大力度、加大投入，全力推进，新上工程22个，投资近10个亿。蒲子文化中心、新建县医院、新建县宾馆等投资上亿元的工程，主体全面完工；荆嘉路街一体化工程、农资大厦、信合大厦、安居花园、污水处理、垃圾处理等投资超1000万元的项目建设进展顺利，城市面貌正在发生显著变化。

（四）以执政为民、造福于民为宗旨，民生改善取得新的进展。抢抓全省新型养老保险试点县机遇，积极主动,结合实际，强势推动，参保人数达到3.9万人，参保率91.6%，名列全省第一,成为全市唯一的全国试点县,全县近万名60岁以上农村老人每月领到30元的基础养老金。大力实施教育振兴“三个一”工程，公开招录了二本B类以上大学生100名、特岗教师24名,充实了教师队伍；全县各级共拿出近100万元，教师节重奖贡献突出教师；投资1203万元，启动了薛关中学、西沟小学等5所寄宿制学校改造工程，被市委、市政府评为“校舍安全工程建设先进县”。公开招聘30名医学院校毕业生，充实到乡镇卫生院，缓解了乡村医护人员短缺的现状。新型农村合作医疗参合率达到96.9%，覆盖面达到100%。全县新增参保人员3.94万人，参保人数达到7.54万人，各项社会保险基金累计滚存结余1.72亿元。全县享受城市和农村低保人数达到7050户、9821人，发放低保金1118万元。继续推进县城集中供热,供热面积达到60万平米。严格落实安全生产责任制，严厉打击私挖滥采，扎实开展专项整治“风暴”行动；高度重视群众来信来访工作，有效处理和化解了一大批群众关注的信访难题，全县没有发生一起安全责任事故和越级上访及群体上访事件。圆满完成了建国60周年安保任务。持续开展严打整治、民爆物品专项整治行动，扎实推进平安创建，被评为“全市平安建设先进县”。

（五）以思想组织作风建设为重点，党的建设得到全面加强。学习实践活动取得切实成效。坚持把学习实践活动同转变工作作风、应对金融危机、推进“三保”措施、推动当前工作、惠及人民群众紧密结合起来，创造性地开展了“千、百、十”活动，进行了思想解放大讨论，形成了“八推进，八解决”的共识，突出了实践特色，解决了实际问题，第二批学习实践活动取得预期效果，得到了省委、市委的充分肯定，被评为“山西省第二批学习实践活动先进县”。在新农村建设、新型农村养老保险、农村基层党组织建设等方面的典型做法，成为全省第三批学习实践活动的教材内容。同时，第三批学习实践活动以“抓班子、带队伍、办实事、促和谐、树形象、创一流”为努力方向，确定了联、帮、传、带、办“五个一”活动载体，组织开展了学习实践活动暨基层组织建设现场观摩交流会，推动了学习实践活动的深入开展。坚持把思想政治建设放在首位，以学习实践活动为契机，县委中心组共集中学习12次，形成学习成果50余篇，全县形成有价值调研报告90余篇，各级党员干部的理论水平得到进一步提高。大力创新选人用人机制，坚持原则，按照《条例》，先后5次提拔调整了129名正副科级干部，进一步匡正了用人风气，切实提高了选人用人的公信度。继续引深“三项制度”和“双百”活动，全面完成了42个村级组织活动场所建设，基层组织建设得到进一步加强。圆满完成了“两委”换届选举工作，对全县所有农村“两委”主干及大学生村干部进行了集中培训，按时足额兑现了农村“两委”主干岗位报酬和功勋党支部书记政治生活待遇，选聘了29名大学生村干部到农村任职，全县农村“两委”班子的面貌焕然一新。继续推行县级领导“三联四定”责任制和推动工作落实“六大机制”，对全县十件大事、百项重点工程和重要工作进行了两次大规模、大范围的观摩检查和三次汇报测评，有效地推动了干部作风转变和工作的开展。乡村两级结合实际，艰苦创业，新上项目177个，完成173个，总投资达4.6亿元，创历史之最。全面落实党风廉政建设责任制，持续引深农廉工作，农村财务管理“568”模式，在全省交流推广。继续保持严惩腐败的高压态势，山西省煤焦领域反腐败专项斗争第一案郝鹏俊案件，在国务院调查组和省、市纪委高度重视、挂牌督办下，成功告破，有力地推动了煤焦领域反腐败专项斗争的深入开展。人大、政协职能作用得到有效发挥，党管武装工作进一步强化，民族宗教和群团工作取得新的进步，爱国统一战线进一步巩固，文明和谐创建取得新的成效，被评为“临汾市文明和谐县城”。

（王宝铭　云玉宝）

附：一、中共蒲县县委书记、副书记、常委名单

书　记：乔建军

副书记：王国平（10月离职）　闫建国（10月任职）　樊奋强

常　委：马爱萍（女）　史虎喜　郭迎明　范双民（1月离职）　余作明　张天龙　樊建强

二、乡镇党委书记、副书记名单

蒲城镇

书　记：刘金奎（12月离职）　席江红（12月任职）

副书记：王晓晖　曹彦红

黑龙关镇

书　记：宋蒲刚

副书记：谭　源

薛关镇

书　记：常宏昌（5月离职）　芦志俊（5月任职）

副书记：冯宥铨（3月任职）

克城镇

书　记：辛耀庭

副书记：张彦龙（3月离职）　李永剑（3月任职）　庞志刚

山中乡

书　记：席江红（12月离职）　张彦龙（12月任职）

副书记：乔福顺（3月离职）　康向红（3月任职）　崔海斌

古县乡

书　记：任建平

副书记：亢鹏飞（3月离职）　李俊虎（3月任职）
　　　　任建龙

红道乡

书　记：刘俊绒（女）

副书记：张保平（3月离职）　亢鹏飞（3月任职）
　　　　王丽霞（女）

乔家湾乡

书　记：马旭东（3月离职）　张保平（3月任职）

副书记：任梁智（3月离职）
　　　　张彦龙（3月任职，12月离职）
　　　　张晋峰（12月任职）　宫智勇

太林乡

书　记：席彦平（3月离职）　马华剑（3月任职）

副书记：乔福顺（3月任职）　张国伟

中共乡宁县委工作概况

中共乡宁县地方组织创建于1938年1月。2009年，乡宁县共有14个基层党委，6个党总支，438个党支部，8025名党员。其中，乡镇党委10个，农村党支部182个，农民党员5745名。2009年，县委以邓小平理论和“三个代表”重要思想为指导，深入贯彻落实科学发展观，全面贯彻党的十七大、十七届三中、四中全会精神，紧密结合全县党的建设工作实际，不断提高党的建设科学化水平，努力把各级党组织建设成为立党为公、执政为民，求真务实、改革创新、团结和谐的坚强领导核心，为加快推进和实现“争创全市一流”的目标，实现转型发展、安全发展、和谐发展，提供坚强有力的政治和组织保证。

一是学习实践科学发展观活动取得实效。按照中央、省委和市委的统一部署，全县深入学习实践科学发展观活动从2009年3月份开始，分两批进行。在市委学习实践活动指导检查组的精心指导下，县委紧扣“牢牢把握以人为本这个核心，突出解决八个方面的问题，努力实现转型发展、安全发展、和谐发展”这个主题和载体，认真贯彻“五个更加注重”，强化组织领导，紧密联系实际，精心策划实施，狠抓措施落实，学习实践活动取得了预期的效果。基本实现了党员干部受教育、科学发展上水平、人民群众得实惠的目标要求，广大党员干部思想观念有了新转变，工作作风有了新改进，执行能力有了新提高，制度建设有了新成果。

二是努力提高干部选任的公信度。2009年，干部调整工作坚决按照政策办事，坚持原则不动摇，执行标准不走样，严格程序不变通。在树立正确用人导向的基础上，严把选人用人推荐关、考察关和讨论决定关。坚持民主推荐、民主测评、调查走访相结合，不断扩大党代表、人大代表、政协委员和服务对象的参与面，多种形式交叉互补获取民意，有效落实了地方党政领导班子和领导干部考核评价体系。认真落实干部监督工作联席会议制度，注重发挥执纪执法等职能部门的审查把关作用，广泛接受社会监督，畅通群众反映问题的渠道，确保不带病提拔干部。

三是抓乡镇党委书记履行第一责任人职责。乡镇党委书记年初签订党建工作目标责任书，包村联组，建立联系点，带头抓党建，年终报告党建工作情况并接受评议。对全县486名农村干部进行了近一周的集中培训，邀请专家和理论教师举办了专题讲座，全县农村“两委”干部和大学生村干部公开承诺，并制作版面进行了公示。为任职20年以上的农村干部发放了财政补贴，为现任“两委”主干办理财政工资和养老保险，“一定三有”制度得到较好落实。

四是严格大学生“村官”队伍管理。2009年，县委组织部从大学生村干部的选聘、录用、培训、管理、待遇落实、作用发挥、结对帮扶、自主创业、激励机制、期满流动等各个方面，都建立了配套的制度和规范。编印发放了《乡宁县大学生村干部工作手册》和《工作日志》，对大学生村干部实现了常态化管理。县政府还拿出50万元设立了大学生“村官”创业基金，为他们更好地发挥作用提供了保障。

五是进一步优化党员队伍。发展党员“严把六关”注重结构优化，保证质量，消除了“空白村”；建立了193个流动党员服务中心和站、点，健全了管理台帐，开通了“12371”咨询服务电话，帮助流动党员解决问题63个；完善了老党员、生活困难党员的帮扶机制，慰问老党员和困难党员1200余名，发放慰问金23万元，为39名建国前老党员发放慰问金3.66万元；党员培训教育不断创新内容和形式，举办各种培训班193班次，培训党员28970人次，入党积极分子812人次。

六是认真落实“两定一查三评”和党员承诺评议制度。通过继续落实“两定一查三评”和党员承诺评议制度，逐步构建基层党建长效机制。2009年全县“两定”和党员承诺项目全部制作版面，进行县、乡、村三级集中公示，广泛接受群众的监督。全县10个乡镇和182个村结合学习实践活动的开展，完成“两定”项目552项，解决群众反映的热难点问题248个。6786名党员承诺事项18565条，兑现率达到98%以上。这两项制度成为我们抓基层党建的有力抓手，受到了广大群众的欢迎，取得了明显效果。

七是努力实现村级组织活动场所“全覆盖”。县委把基层组织活动阵地建设纳入新农村建设的整体规划，出台了《关于整体提升农村基层党建工作水平的实施意见》，不断加强村级组织活动场所建设。2009年，为全县182个村级组织活动场所建立了档案，启动了42个村级组织活动场所建设工程，这些场所建成后，将实现彻底消除“空白点”的目标。

八是人才队伍建设不断上水平。认真抓“一网两库”。组成了全县“人才工作联络员”网络，重点对全县高层次人才、海外留学回国服务人才及紧缺人才需求情况进行再次摸底调查，建立“现有人才信息库”和“人才需求信息库”，实行动态管理。先后培训党员领导干部600余人，专业技术人员1420人次，农村实用人才150名，发挥了重点培训对象带头富、带领富的示范带动作用。

（贺振龙　乔建军）

附：一、中共乡宁县委书记、副书记、常委名单

书　记：郑中夏（8月离职）　杨安虎（8月任职）

副书记：杨安虎（8月离职）　郝忠祥（10月任职）　李汛生

常　委：李秀生（7月离职）　张东红　范洋平　陈海平　樊　宇　张春龙　王　蓬　钱文亮（2月挂职）

二、乡镇党委书记、副书记名单

枣岭乡

书　记：郭玉龙

副书记：武卫堂　杨万荣

昌宁镇

书　记：李　星

副书记：李宝堂　丁保富

西坡镇

书　记：卫建平

副书记：刘玉杰　高江荣

西交口

书　记：赵继宁

副书记：卢　冬　张文红

尉庄乡

书　记：郑安民

副书记：贺伟科　冯卫平

关王庙乡

书　记：杨国效

副书记：王海鸣　屈卫东

双鹤乡

书　记：王建明

副书记：任进科　白云山

光华镇

书　记：刘建平

副书记：高建新　董锄云

台头镇

书　记：闫　鹏

副书记：王永生　赵连明

管头镇

书　记：杜吕科

副书记：闫贵平　冯建平

中共吉县县委工作概况

吉县共有乡镇党委8个，县直党委（总支）22个，党支部233个，党员5881名。

2009年，县委坚持以邓小平理论和“三个代表”重要思想为指导，深入贯彻落实科学发展观，全面贯彻党的十七大和十七届三中、四中全会精神，紧紧围绕转型发展、安全发展、和谐发展的战略部署，认真落实保增长、保民生、保稳定的各项措施，团结带领广大干部群众，攻坚克难，开拓进取，有力地推动了吉县科学快速和谐发展。

一、抓学习，重整改，学习实践科学发展观活动取得显著成效

按照中央和省委、市委的统一部署，认真组织开展第二批和第三批学习实践科学发展观活动。深入查找问题。采取问卷调查、召开座谈会、发放征求意见表等多种形式，广泛征求上上下下、方方面面的意见和建议，找准了在贯彻落实科学发展观方面存在的思想观念不适应、产业特色不突出、经济发展不快、社会事业滞后、城市建设落后、安全理念不牢、干部作风不实七个方面突出问题，抓住了影响和制约科学发展的症结；精心组织学习。通过领导引学、专家讲学、电教观学、个人自学、交流促学、专栏评学、答题考学等行之有效的方式，深入学习党的重大科学理论及中央、省委、市委的重大决策部署，使广大党员干部加深了对科学发展观内涵、实质的理解和把握，增强了贯彻落实科学发展观的自觉性和坚定性；认真分析检查。召开高质量的领导班子民主生活会和党员组织生活会，撰写高质量的分析检查报告（材料），开展批评与自我批评，剖析存在问题的根源，理清了思路，明确了方向；扎扎实实整改。定具体的整改落实方案，建立领导班子成员分工落实整改任务责任制，县委确定的36项整改任务已完成33项，各单位确定的323个问题已解决289个，健全完善了重大问题科学决策、中心组学习、干部考核评价、加强领导干部作风建设、安全生产、社会事业发展、新农村建设、城市现代化建设八个方面的体制机制。

二、抓基层，夯基础，党的建设不断加强

切实加强和改进党的建设，努力为各项事业发展提供保障。落实党建责任，坚持“书记抓、抓书记”，实施了党建工作“一把手”工程，实行了《党建工作责任制手册》，建立了党建工作联系点、党建工作例会、党建工作“一报告一评议”制度，形成了职责定位、工作定标、考核定性

的责任体系。强化理论武装，以科学发展观、党的十七大和十七届四中全会精神为主要内容，加强党委中心组学习，开展理论宣讲，全年培训党员干部4000多人次，提高了广大党员干部的思想政治素质。加强领导班子和干部队伍建设，严格执行《干部选拔任用条例》，牢固树立能干事、会干事、干成事、不出事、群众公认的用人导向，绝不让素质高的人吃亏、绝不让干事的人吃苦、绝不让老实人吃亏，绝不让搞歪门邪道、投机钻营的人得逞。各级领导班子严肃认真召开了高质量的民主生活会，安排30名副科级后备干部轮流到信访部门接待群众上访，选派3名优秀后备干部到太原市小店区挂职锻炼。加强农村干部队伍建设，制定出台了《吉县农村干部管理办法》、《关于建立党内评比表彰制度的意见》、《关于实施农村支部书记、村委主任业绩考核的意见》；实行了农村主干任期目标管理制度、养老保险和岗位报酬统一发放制度、卸任干部补助制度；对换届后的农村“两委”干部进行了全面培训；组织70名农村支部书记和大学生村干部到北京韩村河、中国（山西）特色农产品博览会、和顺县进行了参观考察。加强基层组织建设，选聘26名优秀高校毕业生到村任职，从优秀村干部和大学生村干部中考录6名乡镇公务员和事业单位工作人员；完善了66个农村远程教育站点；开展了创新农村党组织设置模式试点；落实“两定”实事468件、热点难点问题145件。加强大学生村干部管理，在组织部设立了大学生村干部管理科，编印了《大学生村干部管理手册》，组织开展了村情民意大调研和创业竞赛活动，充分发挥了大学生村干部在新农村建设中的生力军作用。加强人才队伍建设，组织开展了“双服务、双争先”活动（单位服务人才、争当服务人才先进单位，人才服务发展、争当服务发展先进个人）；招录了98名特岗教师和15名计生工作人员。

三、抓整顿，提效能，干部作风明显改善

坚持以强化干部作风凝聚发展合力、推动工作落实。集中整顿，组织开展了为期两个月的纪律作风大整顿活动，集中整治干部队伍中存在的“懒”、“散”、“慢”、“差”、“乱”等问题，促进各单位加强管理、严肃纪律、提高效率，促进广大干部解放思想、振奋精神、干事创业。加强督查，成立专门机构，定期、不定期对各单位纪律作风情况进行明查暗访，发现问题，及时处理，督促整改。重点整治，召开条管单位工作会议、社会治安整治工作会议、采沙厂石料厂整治工作会议，开展了重点问题专项整治活动，增强了条管单位服务经济社会发展的积极性和主动性，巩固了安全稳定的良好局面，激发了广大干部的工作热情。强化服务，第二批学习实践活动启动之初，组织开展了“转变作风下基层，服务群众面对面”活动，共为群众办实事600余件；第三批学习实践活动中，还组织开展机关党员干部“下基层、办实事、送温暖、促和谐”活动，促使广大党员干部带着感情、带着问题、带着服务深入基层、进村入企、登门入户，问政于民、问需于民、问计于民，着力为群众办实事、做好事、解难事。活动中各单位共答复群众咨询6000余次，发放各类宣传资料1万余份，为群众办实事189件，解决实际热点难点问题323个，走访慰问困难户479户，送去面675袋，油373桶，其他慰问品100余件，慰问金67800元，让广大群众温暖过冬、愉快过节。

四、抓项目，促发展，经济持续快速增长

牢牢抓住发展这个首要任务，积极应对严峻挑战，认真落实“三保”措施，全县经济实现了持续快速增长。全县地区生产总值完成9.45亿元，同比增长13.5%；固定资产投资完成7.85亿元，同比增长42%；社会消费品零售总额完成3.3亿元，同比增长21.6%；财政总收入完成6276万元，同比增长70.8%；城镇居民人均可支配收入达到8994.1元，同比增长5.4%；农民人均纯收入达到1913.2元，同比增长6%。抓项目建设，实施了总投资3亿多元的52项重点工程，已有47项竣工或完成年度目标；积极争取古贤大坝、提黄灌溉、旅游开发、畜—沼—果循环经济模式、河道治理等重点项目，赢得了上级有关部门的大力支持；积极联系北京大唐国际电力公司、中石油、山西省综合职业技术学院、国家级太原经济技术开发区内各大企业，初步达成了电力开发、煤层气开发、集中供热供气、建设职业大专、建设大型养殖基地等投资合作意向。累计争取到2010年项目投资4.9亿元，创历史新高。抓苹果生产，推广了畜—沼—果循环经济模式，利用首届中国（山西）特色农产品博览会之机，举办了吉县“壶口牌”苹果推介会。2009年苹果总产15 万吨，总产值3亿元。抓旅游开发，实施了壶口垃圾场、污水处理场、二级汽车客运站等基础设施建设工程，举办了壶口国庆大联欢活动，启动了克难坡、人祖山、管头山、柿子滩等景点整合开发内涵挖掘和前期论证工作，壶口被列入国家自然遗产名录。2009年接待游客13.7万人次，门票收入527.2万元，创社会综合经济效益5000万元。抓煤矿改制，圆满完成了沙坪煤矿、明珠煤矿与山西煤运集团、华晋焦煤有限公司的兼并重组工作。抓城市建设，实施了总投资1.8亿元的新华街改扩建、锦屏山公园建设等十多项城建重点工程，开展了环境卫生秩序大整治活动，县城面貌大大改观。抓基础改善，实施了8个新农村重点推进村建设工程及安全饮水、移民搬迁、危房改造、沼气池建设、农田水利建设、公路建设、小流域治理、造林绿化等农村基础设施建设工程，完成了临吉高速公路征地和拆迁任务、顺利开工建设。抓对外交流，与太原市小店区和国家级太原经济技术开发区缔结为友好区县，开展了经贸、旅游、教育、卫生、城建、干部挂职、劳动力就业等多个方面的交流与合作。

五、抓民生保稳定，和谐社会迈开新步伐

顺应群众期盼，扎实推进民生改善，切实维护安全稳定，努力让人民群众共享发展成果。大力发展社会事业，教育方面，制定了全面振兴教育事业的决定，实施了三所

中学和一所小学校舍改造工程，实行了教师绩效工资制度。卫生方面，总投资6000万元的二级甲等县医院建设已完成主体工程，改造了两个乡镇中心卫生院和31个农村卫生室，新型农村合作医疗参合率达97.41%，为参合农民补偿门诊、住院费用640多万元。文化方面，实现了广播电视城乡联网，完成了图书大楼主体工程，开展了丰富多彩的“文化下乡”和节庆系列文化活动，打响了原生态黄河风情唢呐特色文化品牌。社会保障方面，养老保险、失业保险、工伤保险、医疗保险、五保供养、城镇和农村低保等各项保障制度规范运行、及时兑现，城镇居民医疗保险全面启动。就业方面，城镇新增就业岗位523个，开发公益性岗位115个，转移农村剩余劳动力和城乡待业青年1000多人，与国家级太原经济技术开发区内企业签订了二百多人的劳动力转移就业合同。住房方面，建设廉租房48套、2400平米，建设经济适用房169套、10000平米，改造农村危房800户。着力加强安全生产，建立了安全生产和安全监管责任制，健全了安全隐患排查整治长效机制，制定了地质灾害分类治理规划，实行了煤矿安全风险抵押金制度、“零死亡、零伤亡”考核制度和民爆物品专业部门统一储存、统一爆破制度，整治规范了采沙厂、石料厂经营秩序，成功援救了“12·8”黄委会勘探队翻船遇险人员。全力维护社会稳定，开展了社会治安百日综合整治活动，解决了历史遗留的祖师庙基金会问题，及时妥善处置了一批突发事件，接待并调处信访案件81件。 (张占利)

附：一、中共吉县县委书记、副书记、常委名单

书　记： 张金凤（8月离职）　毛益民（9月任职）

副书记： 刘奎生　姚焕章　任天顺（10月离职）

常　委： 贯凤山（6月离职）　李灵芝（女）　董跃明　薛鹏寿　牛庆国　高文胜　李建设（6月任职）

二、乡镇党委书记、副书记名单

吉昌镇

书　记： 秦志富

副书记： 郭东舟　王文龙

中垛乡

书　记： 王吉生

副书记： 王留虎　刘春旺

柏山寺乡

书　记： 韩克顺

副书记： 李俊中　洛较民

屯里镇

书　记： 刘创珍

副书记： 肖　峰　赵晓红（女）

文城乡

书　记： 谭立忠

副书记： 景洪才

车城乡

书　记： 冯淑琴

副书记： 陈志荣　陈文革

东城乡

书　记： 吴吉民

副书记： 李永升　白晓虎

壶口镇

书　记： 张晓平

副书记： 杨宗儒　张军森

中共大宁县委工作概况

2009年，大宁县委在省、市委的正确领导下，坚持高举邓小平理论和“三个代表”重要思想伟大旗帜，以科学发展观统领全局，全面贯彻落实党的十七大和十七届三中、四中全会精神，认真实施三大战略、发展四大产业、建设绿色大宁，按照保增长、保民生、保稳定的工作要求，开拓进取，奋力拼搏，全县经济建设、政治建设、文化建设、社会建设和党的建设都取得了新的明显进展。

中国共产党大宁县地方组织共有7个党委，18个党总支，214 个党支部（其中农村支部84个），党员4257名。2009年，全县各级党组织和广大干部群众围绕党建工作这一中心，强化措施，服务大局，使党的组织、思想、作风建设都取得新的进展，特别是学习实践活动、农村廉政建设和文明和谐县城创建等工作卓有成效，得到了市委、市政府的充分肯定。

（一）全力推进党的建设

1. 加强思想建设。认真落实县委中心组集中学习制度，选派8名县级、科级干部到省、市委党校进行培训；各乡镇、县直机关单位都建立起了完善的学习制度，基本实现了干部学习的规范化和制度化。组织开展了深入学习实践科学发展观活动，邀请省、市专家、学者举办专题讲座5次，组织县内理论教师，深入各乡镇、村委和县直机关巡回辅导，以科学发展观、构建和谐社会、建设社会主义新农村和十七大精神、十七届三中、四中全会精神为主要内容，对3000多名机关单位工作人员和农村两委干部进行政策和理论知识培训。注重理论学习和工作实际相结合，以农民培训学校为基地，分批对650余名村两委班子成员和项目实施单位主要负责人进行了轮训。

2. 加强组织建设。认真贯彻民主集中制原则，坚持常委会和全委会议事决策制度，坚持集体领导和分工负责相结合。重大决策出台前，都要在全县范围内广泛征求意见，都要在常委会和县四大班子联席会议上充分酝酿，最后由全委会作出决定。加强领导班子和干部队伍建设，按照有关规定，通过制定方案、民主推荐、公开选拔、实绩考核等程序，公开选拔了9名中小学校长，解决了长期困扰大宁教育的一个难题。狠抓基层党组织建设。进一步完善和落实基层党建第一责任人、两定一查三评和党员承诺评议三项制度，实行了县、乡、村三级党组织党建工作分级责任制；出台了《关于进一步规范和完善县直机关党的组织工作的意见》，完善了县直机关党的组织设置、管理权限和隶属关系，并通过选举配备了113个单位的总支和支部书记。

3. 加强作风建设。组织开展了机关纪律作风整顿，以坚决杜绝有令不行、有禁不止，坚决理清长期不在岗、不上班，坚决查处超计划生育，坚决纠正机关管理不规范为重点，对乡镇和机关单位进行全面整顿。出台了“禁酒令”，推行了干部公开承诺制度。县效能督查组经常深入各乡镇、各部门对上班情况进行督促检查，共查处违纪干部39名，其中对2名负有领导责任的科级干部给予了免职处分。实行了县级领导包乡、包企、包校和县直单位包村责任制，县四大班子领导下乡调研天数都在50天以上，96个县直机关通过个人捐资近百万元，为农村学校和农村群众办实事，帮助群众发展主导产业。切实改变文风会风。今年在召开县委部门工作会议时，我们采取了纪检、宣传、组织、政法、统战五个部门会议集中召开的办法，过去两天的会期仅开了半天时间。把两节期间为群众献爱心、送温暖作为各单位的重要任务，各单位一年来累计向群众捐助资金达10万余元。

4. 加强党风廉政建设。强化教育监督方法，促进干部廉洁从政。切实加强对党风廉政建设工作的领导，把廉政目标责任分解落实到每位党政班子成员，具体到各个职能部门。举办了3次警示教育，对副科级以上领导干部以及乡镇、县直经济主管部门负责人配偶进行反腐倡廉教育；开展了廉政文化进机关、进社区、进企业、进农村、进家庭活动，举办了反腐倡廉图片展、家庭助廉座谈会和以反腐倡廉为主题的诗歌赛、报告会。先后对扩内需保增长政策落实、煤焦领域、工程建设领域、社保资金、住房公积金和其他重点行业领域实施了检查监督，追缴各类资金1700多万元，查处党员领导干部3人。加大了农村党风廉政建设力度，实行了“三卡”问责和涉农明白卡制度，出台了《大宁县农村基层党风廉政建设“创星争旗”活动实施方案》，年底召开村民大会，村两委班子成员现场述职述廉，接受群众的评议和质询。

（二）全力推进经济社会发展

年初，县委召开了十届二次全委（扩大）会议，制定出台了《关于加快工业发展实施工业强县战略的决定》、《关于进一步加强人才工作的意见》、《关于加快侧柏大县建设的意见》，进一步明确了工作思路，确定的工作重点。一个决定、两个意见有力地凝聚了全县人民的力量，焕发了广大干部群众的工作热情，极大地推动了各项工作的开展。

1. 经济指标不断增长。全县国民生产总值完成3.1亿元，增长17%；规模以上工业增加值完成1.7亿元，同比增长32%；财政总收入完成3030万元，同比增长14%；农民人均纯收入1191元，同比增长0.2%；社会消费品总额完成1.4亿元，同比增长22%；城镇居民可支配收入8900元，同比增长10%；全县固定资产投资完成2.1亿元，同比增长40%；粮食总产量3646万斤，同比增长10%。

2. 新农村建设不断推进。以片区开发项目建设为主线，加快农业产业结构调整。全年新增经济林4.05万亩，种草2.5万亩，新增羊存栏22157万只，被省科协评为“百万肉羊产业化工程先进县”。新建无公害瓜菜大棚300座，重点发展大棚西瓜100余亩。新建淤地坝40座，完成土地平整830亩，新增耕地面积390亩。完成人工造林6.2万亩，封山育林1.4万亩，三北防护林5.9万亩，绿化公路25公里。配合省市实施了沿黄干线公路和沿黄扶贫旅游公路建设工程，完成了村通水泥(油)路工程30项394公里，新通行政村46个，走在了全市前列。新建户用沼气池900个，沼气服务网点12个。建设农村饮水安全工程40处，解决了40个自然村9800口人及1982头大牲畜的饮水安全问题。以农民培训学校为载体，完成农民培训5300人，新增转移劳动力2100人。

3. 城市环境不断优化。全面加快重点工程的实施，不断提升城市功能和品味。启动了交电综合大楼、林业住宅楼、城关小学教学楼、东关小学教学楼、大宁一中学生公寓楼建设工程，建成了经济适用住房190套、廉租住房60套。完成了西外环和东关街道拓宽改造工程，延伸主街道2.8公里，形成了十里长街。金殿广场、府前广场、文化活动中心广场、南山公园二期工程相继竣工，群众休闲场所面积达到8.6万平方米。完成了城市集中供热二期工程，供热面积达到了17.4万平方米。廉租房建设工程完成二层主体工程。实施了城市供水改造工程，完成了滨河路的路面硬化，青少年校外活动中心、古乡小学、安民小区全部完工，并已投入使用。

4. 项目建设不断加快。县佳源煤业公司、黄河化工总公司改制整合有序推进，投资8000万元的麦绿素生产线和投资1.2亿元的北方第一条人造石生产线相继动工建设。进一步加强石材工业园区，与中石油签订了煤层气开采协议，资源开发迈开了步伐；争取城市集中供热、垃圾处理场、污水处理厂项目工程资金2000余万元，三北防护林、饮水安全、廉租住房、规模健康养殖示范小区、动物疫病防控体系建设、乡镇综合文化站等扩大内需项目资金4484.5万元；昕水河河道治理工程已通过省发改委和水利厅评审，并上报国家发改委，预计可下达资金计划3000万元。同时，对全县2008年以来工程建设领域突出问题进行了专项治理，促进项目工程建设的科学化、规范化和制度化。

5. 社会事业全面进步。农村合作医疗参合人数占到农村总人口的93%，为农民报销药费199.5万元。启动了家电下乡工作，完成了50户残疾人的危房改造任务。完成了9012平方米的中小学校舍安全工程和农村寄宿制学校取暖工程，招聘特岗教师67名，19名学生达到了高考二本以上分数线。动工建设了县医院门诊大楼，完成了50个乡、村两级卫生院所建设任务，卫生院所的覆盖面达到94 %。认真开展计划生育集中整治，完成长效节育措施932例，征收社会抚养费85万元、人口出生率为7.8‰，人口自然增长率为4.2‰。县城电视逐步由模拟信号向数字信号过渡，农村80%的村庄都能收看到中央电视台1套和7套节目。兑现种粮补贴、农机补贴89万元。发放城乡低保和救灾、救助资金870余万元，实现了动态管理下的应保尽保，农村特困救助、生产救灾和社会救助工作成效显著。启动了家电下乡工作，补贴资金31.7万元。筹措资金3281万元，确保了公务员津贴补贴、2006年以来理顺工资和正常晋升工资的足额发放。

（三）全力推进创新能力提升

1. 创新安全稳定保障机制。在安全工作上，严格对818户工商企业进行了排查分类，根据分类情况再进行分别整治。同时，强化对重点行业的监管。加快了黄河化工公司的改制步伐，实行了专人监督，定期排查的安全工作措施；从汾西矿务局聘请了2名安全生产方面的专家，对县煤矿一月一排查，发现问题立即整改，实现了全县各类安全生产事故和死亡人数均为零的目标。在稳定工作上，认真落实社会治安综合治理责任制，开展了“平安县城”、“平安单位”、“平安社区”、“平安家庭”等创建活动。组织开展了社会治理整治行动，全年共发生刑事案件87起，破获57起，破案率为66%，打击处理违法犯罪人员68名，破获串案2起，抓获网上逃犯29名。投资16万元购置了涉密通信设备。开展了民爆物品和危险物品管理专项整治行动；严格执行县级领导定期接待制度，积极办理群众提出的意见和建议，努力把各种矛盾和纠纷化解到最基层，消除在萌芽状态。

2. 创新学习实践活动方式。按照省委、市委统一部署，精心组织全县202个单位4000余名党员分两批开展了深入学习实践科学发展观活动。在活动中，突出学习调研，坚持分类指导，创新学习方式，灵活安排学习时间，累计举办集中培训120余次，解放思想大讨论291次，撰写调研报告和调研材料560篇，取得了较好的理论成果；在活动中，突出实践特色，以顺民意、解民忧、惠民利，加快大宁新的崛起作为主体和实践载体，坚持边学边改、边整边改，解决突出问题786个，为群众办实事好事631件，集中整顿难点村11个，取得了较好的实践成果；在活动中突出体制机制创新，累计新出台制度121件，修订完善380项，废止169项，取得了较好的制度成果。通过学习实践活动，用科学发展观教育全县党员干部，解放思想，应对挑战，破解难题，创新机制，进一步明确了我县科学发展的具体途径和战略重点，解决了一批影响和制约科学发展的突出问题，以及党性、党风、党纪方面群众反映强烈的突出问题，有力地推动了科学发展，加强的党组织建设，使群众得到了实实在在的利益。

3. 创新精神文明和文化建设成果。加大了舆论宣传创新力度，为大宁科学发展创造了良好的舆论环境。开展了文明和谐县城创建活动，制作了“创建市级文明和谐县城”专题片，开展了“争做文明大宁人”万人签名活动，发放宣传资料4万余份，全力实施了全县环境卫生大整治活动，我县顺利通过了市级验收，被确定为市级文明和谐县城。春节、元宵节组织举办了万人街头文艺表演。举办了“和谐之声”文艺晚会和“倡导文明新风、共建和谐大宁”大型文艺晚会，举办了“庆祝建国六十周年西山五县书画联展”。与陕西省延长县进行文艺演出、摄影等各种形式的文化交流。在省级以上报刊发表各类新闻稿件66篇，市级以上各类报刊发表新闻稿件280余篇，被市级以上电视台采用60余条，有2件新闻作品获市新闻节目评选二等奖，一件获三等奖。编播《大宁新闻》900多条，制作《大宁巨变》、《廉政建设》、《析案说法》等各类专题片12部，专题片《大宁巨变》获得市第三届精神文明建设“五个一工程”优秀作品奖。开展了全县第三次全国文物普查，使全县文物保护单位由69处增加到154处。同时，“吉亭云车”表演项目被列为市级非物质文化遗产。

（杨对明　单红波）

附：中共大宁县委书记、副书记、常委名单

书　记：张越轶

副书记：孙京民（10月离职）　程明温（10月任职）　柳红兵　刘　奎

常　委：姚如意（6月离职）　房蒲建　郑效锋　何卫青（女）　解高民　王好收

二、乡镇党委书记、副书记名单

昕水镇

书　记：白会宁

副书记：许华伟　任秀红（女，8月离职）

曲峨镇

书　记：雷建鹏

副书记：张鹏华　房小平

太德乡

书　记：高红旭

副书记：李　炜　刘原平

三多乡

书　记：冯小宁

副书记：景生平　李志刚

徐家垛乡

书　记：张新平

副书记：高广旭　李宇平

太古乡

书　记：陈旭平

副书记：王建平　王对林

中共隰县县委工作概况

隰县县委共有296个基层党组织，包括8个乡镇党委，2个县直党（工）委，11个党总支，97个农村支部，91个行政支部，58个事业支部，29个企业支部。共有党员5843名。

2009年，县委坚持以邓小平理论和三个代表重要思想为指导，深入贯彻党的十七大和十七届三中、四中全会精神，认真学习实践科学发展观，以加强党的执政能力和先进性建设为重点，按照重点突破、整体推进的思路，以改革的思维、创新的精神、扎实的作风，努力加强党的思想、组织、作风和党风廉政建设，为实施“366”、建设新隰县提供了强有力的政治和组织保障。

以“践行科学发展观、努力建设新隰县”为载体，扎实开展了学习实践科学发展观活动。始终坚持把学习实践科学发展观活动作为首要政治任务，作为全面加强党的建设、推动科学发展的重大契机，严格按照中央、省、市要求，精心组织，周密部署，卓有成效地开展了第二批、第三批学习实践活动，全县有115个单位、295个党组织、5559名党员参加了第二、三批学习实践活动。活动中，组织县四大班子和中层干部到洪洞、浮山等5个县参观学习，开展了“参观归来话发展、解放思想大讨论”活动，开阔了视野，激发了干劲，进一步坚定了全县干部群众加快发展的信心和决心。各基层党组织还广泛开展各具特色的主题实践活动，狠抓整改落实，共研究解决485个突出问题、制定113项“三保”措施，为群众办实事、解决实际问题1198件。

以落实党建目标责任制为抓手，切实加强党的基层组织建设。制定完善并严格落实了《各级党（工）委（党组）抓基层党建工作责任制》，层层签订党建工作目标责任书，明确各级党组织书记抓基层党建第一责任人的职责，形成了县委统一领导，部门各司其职，县、乡、村三级联动、各方密切配合抓党建工作的良好格局。建立了基层党建“一报告两评议”制度、基层党建工作例会制度和督查落实工作机制，组织部门定期不定期地进行督促检查，促使各项重点任务得到了较好落实。不断深化“两定一查三评”工作内容，推广了我县城南乡“百分季考创星争旗”的考核办法，使“两定一查三评”目标任务完成率在95%以上；开展了“干部说事”活动，让干部与群众面对面交流沟通，提高了素质，增进了感情，化解了矛盾。制定出台了《隰县关于加强农村党支部书记、村委会主任管理工作的实施意见》，加强对农村干部考核管理，实行“两挂钩”，即将村干部月考核结果与岗位报酬相挂钩，年终考核与绩效工资相挂钩。全县191名农村“两委”干部足额按期领取了岗位报酬，29名享受到绩效工资。年内为符合条件的186名村干部办理了社会养老保险。先后对8名工作成绩突出的村支部书记进行了表彰奖励，对群众满意度不高，评为基本合格和不合格的村干部，通过诫勉谈话或重点管理的方式，对其进行督促整改。

以落实重点项目工程建设为目标，进一步加强作风建设。制定出台了《关于进一步转变干部作风，狠抓工作落实的决定》，进一步加强领导班子和机关干部队伍作风建设。严格执行管工作、管队伍、管安全、管廉政和管信访“五位一体”工作机制，实行年初建帐、年中查账、年底交帐的“三帐”监督机制以及领导干部岗位承诺制，确保了各项工作任务的落实。特别是在重点项目工程的实施过程中，严格实行四大班子包联项目责任制，坚持“一月一督查、一月一汇报、一月一通报”制度，各位县级领导坚持一月三约会，深入工程建设现场，积极督促指导、协调解决项目建设中的问题，先后7次召开全县重点项目工程汇报会，查找问题，分析原因，研究对策，制定措施，有力地推动了各个重点项目工程顺利推进。

以规范权力运行为重点，进一步加强党风廉政建设。坚持把党风廉政建设工作纳入全县经济社会发展的总体格局，同各项中心工作一起部署、一起检查、一起落实、一起考核、一起奖惩。自上而下层层签订党风廉政建设责任书，实行了定期工作报告制度，要求各乡镇、各单位每年至少向县委报告两次落实党风廉政建设责任制情况。坚持把党风廉政建设纳入年度综合考核，实行一票否决，把考核结果与干部的任用、奖惩挂起钩来，形成了强有力的约束机制。制定下发了《关于进一步完善县委常委会工作机制的意见》、《关于四大班子领导参加公务活动的规定》等文件,切实加强党的政治纪律、组织纪律和廉洁自律规定执行情况的监督检查，严肃追究违规人员责任，健全完善了落实责任制报告、述职述廉、“三项谈话”、民主生活会、廉政档案等各项廉洁从政制度。进一步加大教育乱收费、医药购销不正之风、公路“三乱”和农民负担过重等纠风工作力度，扎实推进政风行风评议工作，有效扭转了政风行风。加强对重点工程的监督检查，深入开展煤焦领域反腐败斗争。加大案件查处力度，认真开展“小金库”治理工作。与此同时，进一步深入开展村务公开、村组干部述职述廉、村民民主议事、廉政文化进农村和评星进级五项活动，整体推进农村党风廉政建设，为全县经济社会平稳较快发展提供了坚强有力的纪律保证。

大力实施“党建示范走廊”工程，党建工作整体水平明显提高。2009年，在全县实施了“党建示范走廊”工程，确定了209国道、328省道及乡镇主干道沿线的42个需要着力争创建的农村党建示范点，扎实开展了创建活动。年初，县乡两级党组织将党建示范走廊建设工作纳入各级党建工作目标责任书，制定了《县乡村“三级联创”创建标准》，通过县级领导联系、组工干部包抓、县直部门帮扶、项目政策倾斜等有效措施，使示范点做到了班子和谐，硬件齐全，制度版面健全、更新及时，文件及影像资料收集齐全、分类装订齐整，远程、电教设备功能配套，党员教育管理表册卡完备、登记记载清楚、活动正常规范，村务、党务公开栏位置固定、内容全面、作用发挥比较充分，能够让广大党员干部群众很直观地感受到我县基层党建工作规范化、制度化、标准化水平。通过实施党建示范走廊创建活动，各个示范点辐射作用逐步显现，初步形成了新农村建设型、阵地规范化管理型、党员教育管理型、项目带动型等特色鲜明的示范点创建格局。

全力构筑创业平台，大学生村干部管理得到进一步加强。坚持把大学生村干部作为新农村建设骨干力量和党政干部后备人才来培养，促进大学生村干部健康成长成才。一是全方位培训，着力提高大学生村干部的综合素质。县里专门成立大学生村干部管理办公室，安排大学生村干部代表列席县人代会、党代会、经济工作会，提高了大学生村干部的政治待遇。组织大学生村干部参加了农村干部任前培训班、SYB创业培训班、十七届四中全会培训班等，确保大学生村干部累计集中培训不少于7天。开通了隰县大学生村干部专用信箱和热线电话，确定专人收集、受理大学生村干部反映的问题；建立了大学生村干部QQ群，拍摄了《隰县大学生村干部风采》电教专题片，便于大学生村干部相互学习交流、共同提高；与团县委联合举办了大学生村干部“扎根新农村、建设新隰县”为主题的演讲比赛，激发了他们扎根新农村、建设家乡的热情。二是制定出台政策，为大学生村干部干事创业创造良好环境。汇编《隰县大学生村干部工作指南》，明确了县乡村三级责任和大学生村干部具体职责；制定了《大学生村干部行为规范》，从学习、工作、言行、信念、创造等方面对大学生村干部进一步提出要求；实行结对帮带制度，鼓励大胆创业。下发了《关于印发<大学生村干部创业资金贷款管理办法>的通知》，凡是具有经营项目、经营场所、法定营业证件的大学生村干部，均可办理3—5万元的贷款业务。三是健全保障制度，着力培养新型农村干部。参照事业单位人员管理办法，对全县95名大学生村干部实行统一的工资福利、养老保险、医疗保险制度；实行发展党员优先培养，将大学生村干部纳入入党积极分子培养考察，并及时作为村级后备干部培养。通过公开选拔、公推直选，有12名考录乡镇公务员和县乡事业单位人员，19名担任村党支部副书记、村委会副主任、村委委员，21名获得县以上表彰奖励。我县大学生村干部管理工作受到了上级组织部门的肯定。2009年2月底，中央电视台新闻联播进行了报道。

（高　伟）

附：一、中共隰县县委书记、副书记、常委名单

书　记： 王天郎

副书记： 加天山（10月离职）　任天顺（10月任职）　张宏志（10月离职）

常　委： 赵志慧　贺崇伟　薛小平　任全祥　李　竟　卫再学

二、乡镇党委书记、副书记名单

龙泉镇

书　记： 刘兰福

副书记： 宋元元　曹慧民

城南乡

书　记： 吴红洲

副书记： 任志明　关新东

午城镇

书　记： 韩贵生

副书记： 贺宏鑫　崔俊明

黄土镇

书　记： 秦慧民（3月离职）　刘俊平（3月任职）

副书记： 冯晶萍（女，3月离职）　段兰虎（3月任职）　员海龙

下李乡

书　记： 刘俊平（3月任职）　秦慧民（3月任职）

副书记： 翟红星　王　军

寨子乡

书　记： 曹根元

副书记： 段兰虎（3月离职）　任新生（3月任职）　王文东

阳头升乡

书　记： 马建民

副书记： 卫建军　贾跃明

陡坡乡

书　记： 王志华

副书记： 任新生（3月离职）　冯晶萍（女，3月任职）　贾小龙

中共永和县委工作概况

永和县共有7个乡镇党委、79个农村党支部，9个党组、1个县直机关工委、9个系统党总支、49个机关党支部、47个事业单位党支部、25个企业党支部（11个公有经济企业党支部、14个非公有经济企业党支部）。

永和县2009年底共有党员4007名，其中：预备党员146名，女党员655名，在岗职工1716名；年龄在35岁以下的党员1283名，占32%，36至45岁党员1061名，占26.5%，46至55岁党员772名，占19.3%，55岁以上党员891名，占22.2%；文化程度在大专以上的1237名，占30.9%，中专和

高中1216名，占30.3%，初中及以下1554名，占38.9%。

一、开展学习实践科学发展观活动

按照上级的安排部署，永和县第二批学习实践活动从3月17日启动，9月初结束，第三批学习实践活动从9月15日启动，目前，分析检查阶段各项工作任务已经全部完成，正在积极开展“回头看”和准备整改落实阶段的各项工作。整体上看，学习实践活动取得明显成效。一是突出主题明方向。活动开展之初，县委在深入调研和广泛征求意见的基础上，提出了第二批学习实践活动要紧紧围绕“以人为本，科学发展”这个主题，把开展“四比四看”活动作为有力载体，找准了需要认真解决的六个方面的突出问题；第三批活动紧紧围绕“把握科学内涵，贴近基层实际，办好惠民实事，建设特色永和”这一主题，创新了“学习、实践、强基、服务”四大载体，初步查找出七个方面的突出问题，确保活动更加贴近基层。二是严格程序求实效。在学习调研阶段，针对第二批活动参学人员大都是机关工作人员，素质高，理解能力强的特点，开设了领导课堂、专家课堂、流动课堂、实践课堂、测试课堂、讨论课堂等“六个课堂”深化学习；针对第三批活动农村党员多，文化素质低，理解能力差的实际，在学习内容上注重通俗易懂，方式上注重喜闻乐见，采取了“集中式、菜单式、送学式、结对式、风筝式”等五种培训办法，使学习调研更加切合基层实际。在分析检查阶段，各单位严格按照“三个不开，四个重开”的原则，召开了专题民主生活会，撰写分析检查报告111份，分析检查材料79份。并通过专题座谈会、群众评议、分管县级领导审阅等形式，确保了分析检查报告和分析检查材料高质量。在整改落实阶段，按照“四明确一承诺”的要求，制定了目标明确、措施具体、责任到位的整改落实方案104个，并建立整改台帐，实行整改“销号”制。集中活动结束后，认真抓了第二批活动的整改落实后续工作，各单位已解决群众反映强烈的突出问题389件，占到总数的86%，销号389件，废止不符合科学发展的制度114项，修改完善制度186项，新制定制度32项。三是突出实践解难题。针对第二批学习实践活动查找出的六个方面的突出问题，实施了教育提质、全民健康、民生保障、项目建设、干部作风建设等五项重点工程，使全县广大群众得到了实实在在的实惠。在第三批学习实践活动中，各乡镇在解决突出问题、破解发展难题、促进科学发展上下功夫。比如芝河镇针对个别村民多年上访的问题，对信访案件进行责任分解，实行乡镇主要领导包案责任制，把每一个案件责任落实到人，使上访案件和上访人次明显减少。

二、加强思想政治建设

充分发挥县、乡、村三级培训网络的作用，县上主抓县直、乡镇科级干部和农村支部书记、村委会主任以及大学生村干部的培训；乡镇党委、县直机关工委、县直系统党总支主抓农村“两委”干部和县直支部书记的培训；农村支部和县直支部主抓基层党员干部的培训。通过具体采取集中培训、外出培训、巡回培训、远程教育四种方式，围绕十七届四中全会、省市有关会议精神等为重点培训内容，培养学习型党员，建设学习型党组织。

三、加强干部作风建设

在考核上，我们把加强领导班子和干部队伍考核作为改进作风、狠抓落实的突破口，积极探索体现科学发展观、正确政绩观的干部考核评价体系，研究制定了部门联考，千分制考核办法。这个办法重点是在科学设置考核指标，注重绩效考核，引入民意调查机制，调动考核资源，注重结果运用等方面进行深入实践，取得了较好的效果。在监督上，今年以来，在干部选任、评模、评优、入党、晋级等方面，召集纪检、人事、公、检、法、计生、信访、审计、综治等十个部门进行认真审查，先后召集联席会议6次，审查单位和集体累计165个，审查个人687名。

四、推进基层党建工作

一是圆满完成农村“两委”班子换届。截至1月上旬，圆满完成了农村“两委”班子换届，44个行政村实行了“一肩挑”，占到全县行政村总数的56%；158名“两委”干部交叉任职，占到全县农村干部总数的65%；女干部比例较上届提高了15.6%；高中以上学历层次较上届提高了13.2%；平均年龄较上届下降了4.5岁，村干部结构进一步优化，战斗力明显增强。

二是健全完善了四项机制。今年以来，县委积极探索建立教育培训、结对帮扶、激励保障、党内关爱四项机制，有效增强基层党员干部的归属感、荣誉感和党组织的吸引力和凝聚力。在教育培训机制上。充分发挥县乡党校、村级活动场所主阵地作用，健全县、乡、村三级培训网络，采取集中培训、外出培训、巡回培训、远程教育四种方式，每年对全县党员干部普遍轮训一遍。在结对帮扶机制上。县委积极探索城乡基层党组织互帮互助机制，把开展“支部联村，党员联户”结对帮扶的“双联”活动作为落实市委“三项制度”的具体抓手。县级党员领导干部每人帮联一个乡镇、一个村支部、一名困难党员，113个县直机关党支部联系79个农村支部，县直机关1453名党员结对帮扶1000余名农村困难党员，全面构建了城乡一体的互帮互助体系。在激励保障机制上。主要涉及到基层干部的薪酬、养老、医疗、权益等各个方面。我们连续10年拿出专款，对评选出的红旗、功勋支部书记给予办理2000–5000元不等的养老保险金；对全县114名农村党支部书记和村委会主任的岗位报酬集中统一发放，并办理了社会养老保险补助金；继续对14名建国前老党员，2名30年以上、38名20年以上的农村支书、村委主任实行了定补；对农村“两委”副职以及村民小组长连续任期在20年以上者，由乡镇党委和农村党支部明确补助标准，并按期发放。在党内关爱机制上。针对流动党员家庭“留守儿童”、“空巢老人”的实际困难，我们全面推行党员全程代理制。针对部分农村党员荣誉感不强的现象，全面推行“民主议政”活动和党务公开制度，畅通党员行使民主权利的渠道，调动广大党员参与村务管理的热情。同时，建立了党员慰问制度，对老党员、老干部做到过年、七一、婚丧嫁娶“三必访”，对年老、孤寡或残疾的困难党员定期进行走访，帮助解决存在的实际困难。

三是继续加强“三项制度”建设。围绕市委提出的“基层党建第一责任人”、“两定一查三评”和“党员承诺评议”制度，进一步强化措施，完善各种制度。共制定“两定”目标475项，已完成“两定”目标462项，完成率达97.3%；全县党员共承诺事项12073件，完成11028件，完成率达91.3%。同时，推行“三三制”发展农村党员，开展“双帮”活动，加强了流动党员管理。（田晋全）

附：一、中共永和县委书记、副书记、常委名单

书　记：郭行杰

副书记：赵雁峰（10月离职）

梁秀娟（女，10月任职）

郝忠祥（10月离职）

常　委：刘迎虎　张亚斌　马连青　任吉龙　苏文龙　李　刚　李海峰

二、乡镇党委书记、副书记名单

芝河镇

书　记：赵惠明

副书记：薛丽红（女）　段慧斌

坡头乡

书　记：贺福平

副书记：李　勇

交口乡

书　记：韩永祥

副书记：王连锁　张海红

桑壁镇

书　记：郭记平

副书记：段永林　段冬红

阁底乡

书　记：宋新亮

副书记：冯贵生　田永峰

南庄乡

书　记：白永明

副书记：刘永胜　王　涛

打石腰乡

书　记：段奇文

副书记：李　雄　李彩红

中共运城市委工作概况

市委书记　高卫东

2009年，全市共下辖13个县（市、区）委，379个基层党委，429个党总支，8838个党支部。全市党员总数210341名，约占全市总人口的4%。其中当年发展6800名新党员。

一年来，在省委的正确领导下，市委认真贯彻落实党的十七大和十七届三中、四中全会精神，以邓小平理论和“三个代表”重要思想为指导，深入贯彻落实科学发展观，为服务“三保”、推动“三个发展”和“热爱运城，共谋发展”提供了坚强有力的组织保障。坚持把反腐倡廉建设放在更加突出的位置，全面落实惩治和预防腐败体系工作规划，不断推进教育、制度、监督、改革、纠风和惩处等各项工作深入开展，全市党风廉政建设和反腐败斗争服务大局更加主动，推进发展更加积极，维护稳定更加有效，呈现出良好的发展态势；紧紧围绕深入学习实践科学发展观、庆祝新中国成立60周年等活动，按照“高举旗帜、围绕大局、服务人民、改革创新”的总要求，实施文化强市战略，为应对金融危机保增长、保民生、保稳定，推动转型发展、安全发展、和谐发展营造了良好的舆论氛围，提供了强大的理论支撑、思想保证、精神动力和文化条件。

一、以服务“三保”和“三个发展”为重点，精心组织深入学习实践科学发展观活动

全市参加第二、三批学习实践活动开展以来，市委认真贯彻落实中央、省委关于把保增长、保民生、保稳定的“三保”和“三个发展”作为最大实践特点的要求，坚持把“热爱运城，共谋发展”作为活动主题，精心组织，周密部署，有序推进，整个活动特色突出，效果明显。

第二批学习实践活动目标基本实现。学习调研阶段，集中开展了“金点子”征集、笔记展评、主题演讲、知识测试等“七个一”实践活动；分析检查阶段和整改阶段，开展了“热爱运城，共谋发展”领导干部大讲述、万人问卷调查、百名干部下基层集中调研、干部群众大访谈等四

项大的活动，增强了学习实践活动的针对性和实效性。组织各级党员干部深入到企业、农村、社区等基层一线，多种形式问需于民、问计于民，广泛征求群众意见和建议。各参学单位严格按照“四明确一承诺”的要求，制定出了目标和时限明确、措施具体、责任到位的整改落实方案，由指导检查组审核把关，并通过一定形式，在一定范围内向群众公示，根据群众意见进行修改完善。狠抓整改落实，确保取得实效。对查找出的问题分类逐条研究，制定整改方案，改进整改方式，完善整改措施，对能够尽快解决的问题及时整改，对群众反映强烈的问题突出整改，对一时难以整改的问题长期整改，确保学习实践活动的成果让群众看得见、摸得着、感受深。在第二批学习实践活动单位群众满意度测评工作中，市委常委会的满意度96.8%；各参学单位满意度100%的162家，占68.1%;95%以上53家，占22.2%；95%以下23家，占9.7%。

第三批学习实践科学发展观活动进展顺利。第三批活动启动后，坚持把学习贯彻十七届四中全会精神作为一条主线，针对基层单位多、普通党员多、行业类别多的特点，主要作了三项工作：一是加强领导指导，二是分级分类组织，三是突出重点难点。紧紧把握第三批学习实践活动最接近基层、最贴近群众的特点，注重突出实践特色，坚持查找和解决突出问题。围绕村规民约、基层民主管理，市县乡三级干部通过调研走访，共初步查找问题5293个，已着手解决2303个，并为群众办实事好事2139件。各级党委每月通报一次，强化对解决突出问题和办好事实事情况的督查落实。对省委确定的3个“难点村”和482个“重点村”进行了分类整顿和集中会诊，实行市县乡三级领导包联责任制，组织专门工作队驻村帮助工作，确保了这些村学习实践活动的顺利开展。

坚持把第二、三批学习实践活动有序对接，采取压茬推进、批次衔接、上下联动、左右互动的办法，整体推进学习实践活动。通过横向交流，整体联动，形成了整体合力，促使第二批、第三批参学单位互相学习、互相促进、整体提高，使许多跨行业、跨部门的突出问题得到了有效解决。

二、以提升领导班子和领导干部推动科学发展的能力为重点，坚持用中国特色社会主义理论武装党员干部

严格执行政治理论测试制度。组织544名县处级领导班子副职后备干部进行政治理论测试。坚持主体班次培训作为干部教育培训工作重点，紧抓不放。在市委党校分别举办了两期新提任县处级领导干部培训班和中青年干部培训班，培训县处级干部157名、副处级后备干部147名。围绕提高培训质量和效果,创新和改进干部培训工作。一是加大外请领导干部授课力度。二是实行课堂教学与学员交流、社会实践相结合。三是强化廉政警示教育。

认真抓好大规模干部轮训。一是开展十七届三中全会精神集中轮训，培训市直涉农部门、各县（市、区）党政班子中分管农业的县处级领导干部，乡镇主干和部分农村支部书记，共计531人。二是开展十七届四中全会精神集中轮训，集中对1400余名市管领导干部进行了十七届四中全会精神轮训。三是开展“六个为什么”专题轮训，组织市委党校的教授，采取送教下乡、统一安排、分别办班、专题辅导、分组讨论的方式，把轮训班下移到县（市、区）和市直各系统，共举办县处级干部“六个为什么”轮训18期。

三、以深化干部人事制度改革为切入点，不断提升选人用人公信度和群众满意度

以创新干部任用提名制度为突破口，不断深化干部人事制度改革，提高选人用人的公信度，赢得了广大干部群众的一致好评。积极探索干部选拔任用提名办法。紧紧抓住省委组织部将我市确定为干部选拔任用提名办法试点市的契机，研究出台了《运城市市管党政领导干部选拔任用提名办法（试行）》，按照主体清晰、程序科学、责任明确的要求，从三个方面着手探索建立了市管领导干部选拔任用提名办法。一是明确提名主体。根据广泛性和代表性、知情度相结合原则，把干部提名主体确定为市委书记、市委副书记、纪委书记、组织部长、其他市委常委、分管市领导、市委组织部、主管干部科室、干部考察组、参加推荐考察的干部群众八个层面。二是规范提名形式和程序。细化了从提出干部调整配备方案到讨论决定干部任职过程，特别是在民主推荐时，按县处级正职和副职人选分别规定了三个工作环节。对县处级正职人选，规定了非定向民主推荐、遴选民主推荐和领导干部推荐三个环节。对县处级副职人选,也规定了建立后备干部名单、确定人选产生单位和组织进行民主推荐三个工作环节。三是明确提名责任。针对八个层面的提名主体，根据各自工作职责划定了不同的提名责任，实行严格的责任追究制。进一步规范了市管干部选拔任用提名制度，推进了干部工作的科学化、民主化和制度化。

建立健全从严管理干部机制。按照党的十七届四中全会的要求，始终把从严管理干部贯穿到干部管理全过程，下发了《关于严格执行领导干部工作调动有关规定的通知》、《运城市市管领导干部请假报告制度》、《关于对全市各单位国家工作人员因私出国（境）证件进行集中保管的通知》、《关于成立各类领导组的相关规定》、《运城市领导干部兼任社会团体领导职务若干问题的暂行规定》、《大专院（校）科级干部选拔任用工作程序》、《市管中专学校、中学、医院科级干部选拔任用工作程序（试行)》、《副处级单位副职领导干部选拔任用及管理工作暂行规定》、《关于严格执行党政领导干部任职试用期制的通知》和《中共运城市委关于加强乡镇党委书记队伍建设的意见》等15个干部工作规范性文件，进一步健全了我市干部管理的体制机制，加强干部管理，较好地解决了对干部管理失之于

宽，失之于软的问题。

不断完善领导班子结构。在领导干部配备中，坚持注重从市直单位选拔优秀年轻干部到县市区任职，从县市区选拔富有基层工作经验的干部到市直机关任职。结合机构改革，认真研究制定干部分流政策，处级干部退出领导岗位95 人，空出领导岗位50个，为加大年轻干部、妇女干部、党外干部选配力度，保证实现领导班子合理结构要求创造了条件。

四、以深入学习实践科学发展观活动为契机，不断加强基层党组织和党员队伍建设

着力加强基层组织建设。全市3194个行政村全部完成了村规民约规范工作。《山西日报》宣传报道了我市的做法。落实“一定三有”工作机制。出台了《关于建立农村党支部书记和村委会主任岗位报酬集中统一发放制度的通知》和《关于村干部参加农村社会养老保险有关问题的通知》，全市农村党支部书记、村委会主任岗位报酬集中统一发放和参加新型农村社会养老保险缴费补助工作全部落实到位。扎实推进村级组织活动场所建设。召开了全市村级组织活动场所全覆盖工作推进会，各县（市、区）在活动场所建设中“实现四个确保、达到五个统一、落实五项制度、做到五个不准、明确八个要求”，在全省率先基本实现村级组织活动场所和农村党员远程教育网络一体化全覆盖任务。大力加强非公有制经济组织、新社会组织建党工作。出台《关于进一步加强在非公有制经济组织和新社会组织中建立党组织工作的通知》，加大非公有制经济组织和新社会组织建立党组织工作力度。全市共有非公有制经济组织110262个、个体工商户105112个。应单独建立党组织的52个单位中，有46个单位建立了党组织；应建立联合党组织的266 个单位中，已建立联合党组织124个，覆盖了195个单位；选派党建工作指导员8382人，覆盖了2933个企业、79384个个体工商户。全市共有新社会组织1057个。应单独建立党组织的57个单位中，有48个单位建立了党组织；应建立联合党组织的42个单位中，已建立联合党组织13个，覆盖了33个单位；选派党建工作指导员315人，覆盖了790个企业。统筹推进街道、社区、机关、学校、企业党建工作。认真落实全省街道社区党建工作会议会议精神，将全市13 个街道党委全部改设为党工委。

扎实做好大学生村干部选聘管理工作。圆满完成1221名大学生村干部选聘任务，基本实现“一村一名大学生村干部”的目标。树立大学生村干部创业典型，组织各县（市、区）开展以“热爱农村、奉献青春”为主题的演讲比赛，从38名选手中选出18名优秀大学生村干部典型。下发了《关于做好大学生村干部创业信贷扶持工作的通知》，在全市农村信用社按照一名大学生村干部一万元的标准协调贷款3000万元，鼓励支持大学生村（社区）干部干事创业。大力优化党员队伍结构。一是认真做好发展党员工作。注重优化新发展党员的质量和结构，下发了《关于实施农村发展党员“382”工程的意见》，提出用3年时间，在全市农村建立培养一支8万名左右高素质的入党积极分子队伍，力争每年每村吸收2名优秀分子加入党组织，使全市农村党员队伍有一个明显改观。二是注重做好党员培训工作。结合科学发展观和学习贯彻党的十七届四中全会精神，以县（市、区）和乡（镇）为单位，对农村党组织书记、“两委”成员和新党员进行了集中培训，并拿出专门费用补助农村党员冬训工作。还对各县(市、区）选派的130名优秀农村党支部书记兼村委会主任进行为期7天的集中示范培训。三是全力抓好党员干部现代远程教育站点建设。下发了《关于资源具备的农村党支部安装党员干部现代远程教育终端接收站点的通知》，不断加强远程教育向全市农村党员家庭延伸工作。全市共建成远程教育接收站点7941个(占全省建点数量的三分之一)，使用率达到73%。

五、以“五型、四好、三满意”为目标，全面推进机关党建新格局

构建“五、四、三”党建工作新格局的实践，为机关党建工作注入了新的活力，使机关党建工作更好地服务全市改革发展大局。为推进创建活动，巩固成果，市委把2009年定为“狠抓落实年”，在抓落实上下功夫，全力推进“五四三”机关党建新格局的创建。

健全大党建工作体制机制。利用不同形式的座谈会、报告会，创新思维，更新观念，引导市直各级党组织逐步走出了那种认为机关党建是“软”指标，抓紧抓松无所谓的认识误区。使大家认识到，机关党组织，抓党建是天职，抓出成效是履职，抓不好是失职，不抓是渎职。通过一系列的得力措施，形成了抓党建、正作风、促和谐的“大党建”理念。在转变观念的基础上，结合换届选举，督促各单位建立健全了党建工作新机制，基本构建起行政一把手兼任机关党委书记，纪检组长兼任副书记，班子主要成员和党办主任任党委委员的党建工作领导机制和工作机制。形成了党政同唱一台戏，齐心协力促发展的机关党建工作新格局。各单位党组（党委）把机关党建工作摆上重要位置，纳入重要议事日程，定期听取机关党组织的工作汇报，研究和解决突出问题。建立起书记负总责、分管领导负具体责任、机关党委（总支、支部）书记负直接责任的机关党建工作责任体系。

为了把加强机关党建工作的精神落到实处，通过督导促落实，以考核检验效果。把“五型党组织”、“四好机关”的内容细化为70多条细则，涵盖了党建工作和机关工作的方方面面。先后两次对市直140多个县处级独立单位党组织创建活动进行督导和检查。在2009年度党建工作考核前，又根据行业特点和单位实际，进行分类指导，合理确定分值，进一步细化考核细则，健全完善了《2009年度市直机关五型四好三满意考核细则》和《2009年度市直大中专院校五型四好三满意考核细则》，使党建工作目标考核体系趋于科学化规范化。同时将党建工作考核同领导干部述

职、党风廉政建设责任制考核一并进行，作为业绩评定、奖励惩处、选拔任用干部和党建工作先进单位评比的重要依据。（刘辽垣）

附：中共运城市委书记、副书记、常委名单

书　记：高卫东

副书记：王安庞　尚平安（8月离职）

董鹏翔（8月任职）

常　委：马东波（8月离职）　张建合（4月离职）

柴林山（4月离职）　王殿民

张建喜（8月任职）　孟庆发（3月离职）

刘哲凝（3月任职）　赵建平

董一兵（8月任职）　陈振亮　王蕾（女）

崔克信（8月任职）　于波（8月任职）

中共盐湖区委工作概况

全区有党（工）委有29个，党支部756个，党员16723名。2009年，区委坚持以党的十七届三中、四中全会精神为指导，深入贯彻落实科学发展观，结合实际，创新工作思路，多措并举,全区经济建设取得了明显成效。

一、深入开展学习实践科学发展观活动

按照中央和省市委的统一安排，全区先后分两批开展了学习实践科学发展观活动。

从第二批学习实践活动来看，主要有四个特点。一是活动主题明确，全区把“再建一个经济发展较快的集中区域、充分发挥中心城区辐射带动作用”作为活动主题。二是做到组织领导到位、宣传发动到位、集中辅导到位、全员参与到位、查找问题到位、意见反馈到位、帮扶措施到位和指导检查到位“八个到位”，高标准启动学习实践活动。三是坚持把理论学习、调查研究、群众参与、为民办事四项工作贯穿活动始终，切实保证学习实践活动扎实有效开展。四是在思想认识、作风转变、体制机制、思路定位、解决问题、项目建设上实现了“六突破”。

从第三批学习实践活动进展情况来看，各项工作开展有序，成效明显。一是精心准备，谋划到位。准备阶段坚持做到“八个到位”即党员分类摸底到位、分类施教措施到位、活动场所落实到位、人员培训到位、经验交流和宣传到位、乡土教材编写到位、活动方案制定到位和组织机构设置到位。二是动员充分，宣传广泛。2009年9月16日召开全区深入学习实践科学发展观活动第二批总结暨第三批动员千人大会，各乡镇办党委全部于9月20日前组织所辖支部全体成员和党小组长召开了动员会，对第三批学习实践活动进行了安排部署。乡村两级党组织采取贴标语、挂横幅、出板报、放广播、编简报等形式大力营造学习氛围，加大宣传力度。三是指导有力，学以致用。区四大班子23名领导干部分别建立了各自的联系点，不定期深入包点乡村，现场指导学习实践活动。组织全区农村支部书记、大学生村干部和基层党组织负责人1000余人进行了科学发展观集中培训，对年老体弱的党员和流动党员，安排了专人送学、帮学和寄学。四是典型引路，推动全局。先后树立了龙居镇、王范乡、解州镇、东城街道等一批乡村学习实践活动先进典型，真正起到了以点带面、推动全局的作用，在全区迅速掀起了学先进、赶先进的良好氛围。五是边学边改，措施得力。在第三批学习实践活动中，全区各参学单位共向基层群众发放调查问卷表2万余份，召开不同类型座谈会600余次，广泛征求不同层面的意见和建议8000余条。对征求到的意见建议，各基层党组织原汁原味进行了汇总和整理，并及时反馈到有关部门和单位，明确责任和时限，认真进行整改。六是科学考评，奖优酬勤，健全完善村级干部管理机制。区委进一步完善了村级班子和主干年度工作公开承诺立状目标管理责任制，狠抓目标任务制定、项目落实、年终交帐和奖惩兑现等四个重点环节。在年度考核中，把各村承诺立状兑现情况与村级主干绩效报酬进行挂钩，将省财政给每村拨付的5000元转移支付全部作为绩效报酬，不搞平均分配，奖优酬勤，有效地激发了广大农村干部的积极性和创造性。2009年全区314个村级班子共向群众承诺了修路、打井、建学校、办医疗、改善生产生活和人居环境、增加农民收入等3000余件实事，98%得到了兑现或基本兑现，基本实现了“党员干部受教育、科学发展上水平、人民群众得实惠”的目的。

二、经济建设取得明显成效

2009年，区委坚持以科学发展观为指导，认真贯彻落实中央保增长、保民生、保稳定的决策部署，迎难而上，多措并举，经济建设取得明显成效。

（一）区域经济实力持续增强

全区生产总值完成105亿元，同比增长8.1%；区属规模以上工业增加值完成9亿元，同比增长12.5%；社会固定资产投资完成125.5亿元，同比增长72.6%；粮食总产量达到2.03亿公斤，同比增长20.8%；财政总收入完成12.3亿元，同比增长13.6%，其中一般预算收入完成3.4亿元，同比增长23.2%；社会消费品零售总额完成105.6亿元，同比增长14.9%；城镇居民人均可支配收入达到13416元，同比增长5.2%；农民人均纯收入达到5115元，同比增长14.3%；万元GDP能耗下降5%，万元GDP主要污染物排放量下降10%；居民消费价格涨幅、人口自然增长率、城镇登记失业率分别控制在4.5%、4.2‰和3%以内，圆满完成了年初制定的各项经济社会发展主要任务。

（二）项目建设成效显著

区委紧紧抓住国家扩大内需一揽子计划的历史机遇，把项目建设作为建设经济发展较快集中区域的总抓手，以项目建设促进经济发展。全区重点项目投资完成23.1亿元。凯盛肥业等18个项目建成投产，年可新增销售收入18.5亿元，新增利税2.76亿元。石药银湖、黄河纺织、舜蒲胶辊、安顺农药、鑫洲玻璃等22个项目已开工建设。舜帝陵景区改扩建、舜帝复旦小学、运城卫校等民生项目已建成，并投入使用。盐湖区文化体育中心、运城学院一期工程、运城特教学校、盐湖区社会福利中心等项目基本完工。盐湖区人民医院门诊综合大楼等项目开工建设。在抓好在建项目的同时，积极运作鑫源骏达木业扩建、常运动力、铁力建材、恒达蕾傲、双龙水利机械等项目的前期准备工作，为我区经济社会发展积蓄了后劲。

（三）工业经济运行良好

由于受国际金融危机的影响，全区大多数企业经营困难，经济效益急剧下滑，工业经济整体运行形势非常严峻。面对复杂多变的经济和市场形势，为了帮助企业解决融资难题，区政府多次召开银企联谊会，邀请各大商业银行为企业负责人和财务人员进行融资业务培训，增强银行和企业联系。与此同时，区财政拿出专门资金，注入区担保公司，为企业融资搭建平台，解决资金难题，帮助部分生产有困难、发展前景好的企业度过了难关。全面落实四大班子领导包联企业帮扶制度，及时解决企业发展中遇到的各种难题，积极优化企业周边环境。不断完善盐湖工业园区的基础设施，极大地提高了园区的承载能力和服务质量。2009年，全区规模以上工业企业达到35家，规模以上工业企业实现利税1.3亿元。全区中小企业新增160个，总数达到3362个。

（四）农业经济稳步发展

区委紧紧围绕新农村建设，强力推进农业产业化，努力战胜各种自然灾害，促进农业农村继续保持良好的发展局面。全年粮食总产2.03亿公斤。棉花总产1672万公斤。水果面积达到32万亩，总产量7亿公斤，总产值达到12.6亿元。蔬菜种植面积不断增加，达到10.7万亩。畜禽养殖小区达到60多个，实现产值4亿元。投资684万元，完成中低产田改造9000亩。投资2600万元，完成以金井、龙居、军盘为主的1.3万亩土地开发复垦，新发展节水灌溉面积5000亩。完成水土保持综合治理12.5平方公里。农产品绿色认证、无公害认证达到12个，无公害基地认证达到55万亩；农业示范园区涉及项目57个；新发展农民专业合作社132个，总数达265个。新增造林面积2万亩，发展干果经济林1000亩，绿化道路130公里，植树总数超过300万株。继续巩固园林卫生村建设，深入开展“百企帮百村、百局包百村”和“万名干部下基层”活动，继续推行“11211”民主理财管理机制，农村财务管理得到进一步加强。不断加大农村文化设施投入，全区农村文化生活更加活跃。

（张世伟）

附：一、中共盐湖区委书记、副书记、常委名单

书　记：于　波（8月离职）　李润山（12月任职）
副书记：邓雁平（12月离职）　史　凯（5月离职）
张建元（5月任职）　周茂玉（3月任职）
常　委：靳虎刚　严惠琴（女）　张天才　赵山理
贺建功　郭一民　王建军
李新湖（5月离职）　靳学武（5月任职）

二、乡镇（街道）党委（党工委）书记、副书记名单

席张乡

书　记：马福森
副书记：李俊龙　闫景民

金井乡

书　记：解晋元
副书记：仝粉娥（女）　李良超　霍国荣

上郭乡

书　记：霍夏立
副书记：杨连智　王海科

上王乡

书　记：靳志球
副书记：吴建华　王迎霞（女）

王范乡

书　记：陈拥军
副书记：邓永红　王东海

冯村乡

书　记：李晓辉
副书记：李　宣　邵运红　李路明

龙居镇

书　记：李致峰
副书记：苏引萍（女）　李根田

北相镇

书　记：何　伟
副书记：雷　刚　赵跃辉　樊春云（女）

泓芝驿镇

书　记：杨保国
副书记：何文龙　杨建勋

三路里镇

书　记：卫新红
副书记：吴肖江　何明智　陈晓娟（女）

陶村镇

书　记：孟满堂
副书记：牛　睿　李存喜　张保国

东郭镇

书　记：叶建军
副书记：张　彤　相秋喜　李永莉（女）

解州镇

书　记：吕民法（6月离职）
副书记：葛　凯　赵洪波

车盘街道
书　记：武卫民
副书记：杨世进　陈虎存
姚孟街道
书　记：邢学渊
副书记：徐志勇　石白勇　王红宝
大渠街道
书　记：卫晓军
副书记：郑　娃　赵登新
安邑街道
书　记：肖　鹏
副书记：张海滨　何光华
东城街道
书　记：王学峰
副书记：李朝霞（女）　岳国林
西城街道
书　记：张大虎
副书记：赵　屹　黄红雁
南城街道
书　记：裴颖萍（女）
副书记：邵红福　周　荣
北城街道
书　记：谢忠义
副书记：淮占胜　王　光
中城街道
书　记：李雪峰
副书记：赵志云　刘建章

中共永济市委工作概况

全市有党委16个，党总支37个，党支部639个，党员16119名。2009年，市委在运城市委、市政府的正确领导下，坚持以科学发展观为指导，认真贯彻党的十七届四中全会精神，紧密联系实际，抢抓历史发展机遇，紧紧围绕加强党的执政能力建设这条主线，突出重点，突出特色，狠抓落实，圆满完成了各项基层党建工作。

一、党的建设不断加强

（一）以扎实开展学习实践科学发展观活动为核心，思想政治建设得到新提升

一是坚持深入学习、深刻领会、深化认识，在科学发展战略思路上形成了新的共识。学习实践活动中，市委把加强学习、提高认识作为基础工作，贯穿于学习实践活动始终，建立健全了“六有四落实”的学习制度，认真学习十七届三中、四中全会精神。通过学习、讨论全市广大干部群众深刻认识到，实现永济率先崛起是学习实践活动的最大主题。积极引导全市干部树立强烈的“五种新意识”，即发展意识、机遇意识、创新意识、质量意识和实力意识。“五种新意识”的树立，使广大干部有了“坐不住”的危机，“向前冲”的干劲和“干就干好”的进取精神。全市广大干部群众也进一步坚定了围绕五大工作重心转移和三十大强市惠民的工作重点、最终实现永济率先崛起的信心。二是坚持扎实调研、认真分析、找准问题，运用科学发展观推进工作的能力有了新提高。认真召开领导班子民主生活会，对分析检查报告深入讨论、深刻研究，使之成为全市推动科学发展的指导性文件和整改落实的着力点。通过找差距、查问题进一步把全社会的发展积极性引导到科学发展上，为贯彻落实科学发展观理清了思路、提供了依据。三是坚持边学边改、边查边改、边整边改，解决了一批关系永济发展大局和群众切身利益的突出问题。在学习实践活动中，重点关注群众关心的热点、难点问题，全心全意解难题，尽心竭力办实事。建立了整改台账，实行了整改方案公示、整改情况通报、整改效果评议等群众监督评价制度，逐一解决整改落实方案承诺解决的问题，全市各部门各单位共为群众办实事、办好事269件，解决突出问题525个。

（二）以加强执政能力建设为重点，干部队伍建设得到新加强

认真做好科级领导班子和干部年度考核工作，不断完善科级干部科学管理新机制，落实干部培训工作任务，将领导干部的培训考核工作与大干三十大强市惠民工程相结合，注重工作实绩，为使用调整干部提供可靠依据。2009年，按照严格选拔标准，把好条件关；严格选任纪律，把好程序关；严格群众公认原则，把好民意关；严格职数设置，把好职数关；严格监督检查，把好监督关的总要求，共分两次对镇街道和市直人民团体领导班子进行了调整补充，共涉及85人，其中交流任职57人，提拔使用28人。

（三）以干部群众满意为标准，扎实做好各项日常管理工作，干部管理工作得到新加强

9—10月份，积极组织全市优秀村干部，参加运城统一组织的乡镇公务员和事业单位工作人员的录用考试。其中1名大学生村干部进入公务员录用范围，6名大学生村干部和1名优秀村干部进入事业单位工作人员录用范围。结合领导班子和领导干部年度考核工作，完善了我市各级后备干部库，全市共有副处级后备干部14人，科级后备干部396人。坚持干部监督部门与各执纪执法部门的联系通报制度，坚持每月收集干部问题信息，全年共掌握各类信息36件，为市委选用可靠干部提供依据。

（四）以“五个创新”为突破，夯实基础，严格规范，基层党组织建设得到整体推进

从全市基层的实际出发，将全市3个街道改设为街道党

工委，3个街道党工委的人员任免全部完成。在摸清底数的基础上，将全市20家规模以上非公有制企业、162家规模以下非公有制企业、70家新社会组织及7904户个体工商户分解到10个镇、街道及市直相关单位，加大非公有制经济组织、新社会组织的党组织组建力度，确保实现全覆盖。结合在全市大力实施的“村级组织活动场所建设年”活动，对全市村级组织活动场所进行调查摸底，全市265个村级组织活动场所中，196个能正常使用，36个属于危房，纯粹没有活动室12个，租房7个，正在建设之中的14个。根据运城市村级组织活动场所全覆盖工作推进会精神，专门编制了《永济市村级组织活动场所建设规划》，在全市53个村全面启动此项工作。制定出台了《永济市村级党组织书记和村民委员会主任规范化管理暂行办法》，对村“主干”实行报酬保发、养老保障、医疗保障、监管保廉为主要内容的“四保”机制。全年市财政将全市所有村主干的岗位报酬打卡并发放到12月底。加强了对大学生村干部的管理，把培养、发展大学生村干部入党作为加强农村基层组织建设、提高基层组织生机和活力的重要举措，全年共发展大学生村干部党员15人，培养入党积极分子85人。

二、党风廉政建设力度不断加大

在推进全市经济社会发展进程中，市委高度重视党风廉政建设工作，坚持一手抓经济建设，一手抓党风廉政建设，以党风廉政建设的新成效推动全市经济社会发展的大跨越。

（一）积极履行监督检查职能，科学发展重要决策部署得到有效落实

重点在工程建设、环境保护、安全生产，劳动用工等方面加强监督检查。先后监督工程招标项目25项，叫停非法开工项目28项；查处土地违法案件51起，面积817.38亩，追缴土地违法罚款300余万元。查处未办理环保手续企业4家，关闭高污染企业12家，排查安全隐患223处，下发安全生产整改通知书20份。在市镇两级设置“网上审批日情”和“周情披露”等效能监督窗口，全年共接受群众投诉25起，查处行政效能案件2件。对全市行政单位、窗口服务单位和镇（街道）工作情况进行明察暗访5次，诫勉谈话18人次，下发整改建议书8份。

（二）加大惩治腐败力度，查办案件工作取得新进展

全年共核查各类违纪案件52件，立案48件，结案48件，其中涉及乡科级领导干部11人，给予开除党籍处分5人，党内严重警告8人，开除公职2人，行政撤职7人。

（三）充分发挥联系点作用，农村党风廉政建设再上新水平

不断提升农廉“四三”工作机制运行水平，在中央纪委、山西省召开的农村党风廉政建设座谈会上分别作了典型经验介绍，我市被授予“中央纪委农村党风廉政建设工作先进联系点”称号。先后4次召开市委常委会农廉工作专题会议，研究解决了农廉工作中的问题，推行年终考核农廉工作一票否决制。制定出台了《永济市村级党组织书记和村民委员会主任规范化管理暂行办法》和“四保机制”，有效提高了农村干部干事创业的积极性。参加“双述”的基层干部达1689名，共发放征求意见表5万余份，梳理归纳意见建议5大类350余条，整改解决260条。

（孙少辉）

附：一、中共永济市委书记、副书记、常委名单

书　记：武宏文（12月离职）　冯方汇（12月任职）
副书记：冯方汇（12月离职）　袁宏轩　孙志信
　　　　张玉景（挂职）
常　委：牛英杰　仇红学　麻选民　叶彩凤　刘　明
　　　　杜中伟　亢晓晔（5月离职）
　　　　李金章（5月任职）

二、乡镇（街道）党委（党工委）书记、副书记名单

城东街道
书　记：吕安斌
副书记：韩　波　王兴革
城西街道
书　记：孟建欢
副书记：李晓军　聂学政
城北街道
书　记：孙红茂
副书记：张转运　廉广收
于乡镇
书　记：张文军
副书记：柴卫国　王大凤
卿头镇
书　记：张千里
副书记：张泽锋　尚卉泽
开张镇
书　记：席永勤
副书记：王永明　刘晓鹏
栲栳镇
书　记：王德谋
副书记：孙文伟　李兴国
张营镇
书　记：念以成
副书记：史云峰　吕晓斌
蒲州镇
书　记：曹国伟
副书记：麻亚龙　宁　昕
韩阳镇
书　记：牛慧玲
副书记：苏宏伟　燕建刚

中共河津市委工作概况

全市共有基层党组织527个，其中，街道党工委2个，党委14个，党总支32个，党支部478个；党员11325名,其中，农村党员6392名，占全市人口3%，其中本年度新发展党员325名。

一、加强党的建设，提升党组织的凝聚力和战斗力

（一）加强领导班子建设

农村以村级组织换届选举为契机，通过狠刹贿选歪风，严格“两推一选”，把好村干部“入口关”，一大批政治素质好、带富能力强、协调能力强的优秀党员进入了班子，符合条件的59名大学生村干部中有30人依法进入“两委”班子，农村干部队伍结构进一步优化；市直机关以科级班子调整为契机，采取“双向进入、交叉任职”的办法，配齐配强了班子；社区面向全市公开选聘7名党组织负责人，经试用合格后，依法选举为党组织书记，班子战斗力跃上新台阶。

（二）加强党员队伍建设

一是打好基础。借换届之机，选择建立一支数量充足、素质优良的入党积极分子队伍，为发展党员工作打好基础。二是改善结构。发展党员向高中以上学历、妇女群众、35岁以下优秀青年倾斜，从整体上改善党员队伍状况。三是严格把关。对三年未发展党员的后进支部进行“黄牌警告”，警告后一年仍未纳新党员的支部，对书记进行诫勉谈话。四是狠抓教育。建立了党员干部教育基地和现代远程教育网络，开辟党员教育“网上课堂”。编撰《农村干部楷模》一书，用身边人身边事教育党员干部。开展“农村党员素质提升工程”，对农村党组织书记和大学生村干部定期开展专题培训，不断提高党员干部的素质和管理水平。

（三）加强基层党组织建设

在非公有制经济组织采取单独组建和挂靠组建的办法，实现党的工作“全覆盖”。全市共建立27个非公有制企业党组织，1个新社会党组织。加大党组织活动场所建设力度，村级组织活动场所明确了“八有”标准即有房子、有牌子、有桌椅、有资料、有记录、有党员远程教育设施、有版面、有一定数量的文化娱乐设施。2006年以来，新建组织活动场所57个，修缮37个，为党员开展活动创造了良好条件。

（四）加强领导干部和党员队伍的管理

全面推行目标化管理和无职党员设岗定职活动，对农村“两委”班子，通过广泛征求党员群众意见、研究讨论的办法，确定任期和年度目标，责任分解到班子成员，并向党员群众公开承诺、向上级党组织书面承诺，接受组织和群众监督。全年全市农村“两委”班子共承诺办理实事好事782件，设立党员服务性、示范性岗位5311个。在非公制经济组织，设立党员责任区、党员先锋岗，增强了党员的责任意识、奉献意识。

二、坚持科学发展，促进经济社会平稳较快发展

县委以科学发展观统揽经济社会发展全局，突出抓好经济发展、民生改善、社会管理三大重点，经济呈现出企稳回升的发展态势。

（一）项目建设扎实推进

围绕产业链条延伸、资源综合利用、新型产业发展、煤焦产业转型四个方面，强力推进30个投资3000万元以上的项目建设。煤焦化产业方面，鑫升4万吨炭黑项目、太工天成年产7000万立方车载天然气项目已投产或即将投产。煤电铝产业方面，博翔铝业等9个铝深加工项目，7个建成投产。钢铁产业方面，宏达100万吨螺纹钢项目、达康镍铁合金等项目延伸了产业链条。资源综合利用方面，鑫诚3万根液压支柱项目、宏泰2亿块粉煤灰砖项目投产达效后，将提高资源利用率。新型产业方面，腾茂科技2万吨石油催化剂等项目已投产。煤焦产业转型方面，喜民焦化转型生产新型农药、医药项目正在进行。

（二）重点工程进展顺利

加大跑项目、争资金力度，全年共争取水利、交通、城建、电力、卫生等140多个项目，争取资金2.1亿元，全部用于基础建设。北城公园建成开放，108和209国道城市立交桥和六座铁路立交桥已开工建设，改造完成鑫光大道等五条道路，实施城市集中供热扩网工程，新增供热面积25万平米，建设龙门集中供水等工程，城乡基础设施进一步完善。

（三）三农工作不断加强

县委、县政府全面落实强农惠农政策，全年共发放各类农业补贴2980万元。实施双创增粮计划，全市粮食总产达到1.4亿公斤。大力发展设施农业，新建无公害蔬菜大棚210个。以六个全覆盖为重点，加强农村基础设施建设，提前实现村通油路、村通广播电视、村级标准化卫生室、村级组织活动场所四个全覆盖。加强农村教育、医疗、文化设施投入，充实完善农村中小学仪器设施，新建柴家、阳村、樊村、僧楼4所乡镇卫生院和1个社区卫生服务中心。全面实施新型农村养老保险，参保人数达12.6万人。完善新型农村合作医疗服务，参合率达98.7%。

（四）和谐稳定有序推进

全面加强党的建设，深入开展科学发展观学习实践活动，各级党组织的凝聚力和战斗力进一步增强。严格落实党风廉政建设责任制，加强宣传文化阵地建设，党风政风行风进一步好转。全面加强社会管理，加大生态建设和环境保护力度，全年二级以上天气达345天，跨入全省空气质

量优良城市行列。加强土地市场管理，坚决打击违法占地。科学调整用地规划，没有任何企业或项目因为土地问题受到影响。持续狠抓安全生产，全年没有发生重特大安全事故。加强甲型流感疫情防控，全市没有发生一例病例。完善社会保障体系，启动城镇居民基本医疗保险，参保人数达2.1万人。深入开展严打整治，社会治安秩序明显好转。加强信访稳定工作，全国“两会”、建国60周年和全省“两会”期间，基本实现赴京进省零上访。全市安全稳定的大好局面进一步巩固。

三、注重听取民意，提高服务质量和办事效率

根据干部群众意见，在全市133个乡局级单位（包括垂直管理单位），100个独立办公的股级单位，开展了“深入学习实践科学发展观，进一步加强机关职责规范化建设，建立群众评价投诉机制”活动，取得了初步成效。

一是职责规范。根据实际，各单位明确了单位职责、科（股）室职责和每个工作人员的具体岗位职责，规范办事流程，涉及不同岗位的工作，都有具体的衔接程序；同时，把这些职责、流程、制度汇编成册，印发给机关全体人员，并通过适当方式向社会公开，保证了职责和程序的落实。

二是服务公开。各单位都在机关醒目的位置设立了六有“服务公开栏”，即有班子成员和工作人员的照片、岗位职责和联系方式，有办公地点标牌，有办事程序，有服务群众的限时办结制等五项制度，有单位主要负责人的电话号码，有投诉电话、网址和邮箱，让前来办事的群众明白办理的程序、办理的时限和办理的结果。

三是群众评价。建立群众对机关干部服务质量的评价制度，尽量做到即时评价，一事一评，定期整理汇总分析，发现问题，及时整改。并将结果纳入全年考核，作为评价干部、使用干部、岗位评聘和奖金分配的重要依据。

四是组织监督。建立群众对机关干部服务质量的投诉制度，随时接受群众对机关工作人员的投诉，并组织咨询会、听证会，面对面回答群众提出的问题，及时调查落实，认真进行处理。问题严重的，对单位负责人实行诫勉，追究承办人责任，并在媒体曝光。有违纪问题的，移交纪检部门立案调查。通过努力，机关服务意识明显增强，群众热点难点问题得到有效解决，群众对党和政府的满意度不断提高。

（史改玲）

附：一、中共河津市委书记、副书记、常委名单

书　记： 崔克信（12月离职）　杨勤荣（12月任职）
副书记： 杨勤荣（12月离职）　李亚丽（女）
常　委： 闫新民　赵玉明　杨敬福　张有荣
邓文义　胡凯旋　侯鹏程　张作伟
杨国栋（5月离职）　赵红权（5月任职）

二、乡镇（街道）党委（党工委）书记、副书记名单

城区街道
书　记： 李满刚
副书记： 卫俊青　赵红刚
清涧街道
书　记： 姚文生
副书记： 齐彦青　赵伟民
樊村镇
书　记： 贺红林
副书记： 李鹏奇　史效刚
僧楼镇
书　记： 薛新民
副书记： 刘　平　任鹏云
赵家庄乡
书　记： 李　明
副书记： 蔡　斌　董卫红
小梁乡
书　记： 李朝霞
副书记： 李赛梅（女）　薛将军
柴家乡
书　记： 张　军
副书记： 柴虎杰　杜克真
下化乡
书　记： 武安军
副书记： 吕　平　李凯斌
阳村乡
书　记： 吕武荣
副书记： 贺正平　王高红

中共闻喜县委工作概况

全县有党委27个，党总支37个，党支部691个，党员15501名。一年来，县委全面贯彻落实党的十七大和十七届四中全会精神，紧紧围绕县委中心工作，以深入学习实践科学发展观活动为载体，全面加强基层组织建设和党员干部队伍建设，为有效应对金融危机，保持全县经济社会平稳较快发展提供了坚强的组织保证和人才支持。

一、学习实践科学发展观活动扎实开展

根据中央、省、市委的安排部署，全县党员先后分两批参加了深入学习实践科学发展观活动。活动中，县委把强化基层组织建设放在突出位置，加大体制机制创新力度，认真解决涉及群众切身利益的突出问题，整个活动呈现出主题鲜明、组织得力、载体新颖、整改强劲等四个特点。

"主题鲜明"，按照省、市委要求，结合实际情况，通过征求各方面意见，经县委常委会研究，明确提出了"坚定信心再创业、创优环境促发展"这个主题，并做到了主题贯彻活动始终，发挥了积极的引领作用。"组织得力"，充分发挥指导协调作用，县委主要领导全程参与学习实践活动，及时派出了12个指导检查组，指导学习实践活动扎实开展。"载体新颖"，结合各阶段、各环节实际，针对性的设计了载体。重点组织了前所未有的党员干部大轮训，开展了"进百企、入千户、访万人"大调研活动，举办了全市唯一的科学发展论坛，开展了规模宏大的"集中整改月"活动，认真查找和破解了一批制约全县经济社会发展的突出问题和群众反映的热点难点问题。"整改强劲"，组建了县委指导检查组、系统党委、人大代表、政协委员、退休老干部五支督查队伍加强整改落实，出台了百分考核制、公开公示制、整改销号制、解决问题周报制、定期督查制和解难题、办实事好事挂牌督办制等五项制度，解决了86个长期积压的问题，办理了600余件群众看得见、摸得着的实事好事。

二、领导班子和干部队伍建设全面加强

通过加强培训、完善制度、强化监督等方式，全县领导班子和党员队伍建设取得了明显成效。

(一) 以能力建设为抓手，着力加强干部教育培训工作

以深入学习实践科学发展观活动为契机，继续引深感恩教育活动和"1264"读书活动，先后分8批开展了大规模的干部教育培训工作，对全县副科级以上干部和农村"两委"主干进行了一次普遍轮训。举办了县处级领导干部"六个为什么"培训班。组织召开了"学习临海先进经验，推动闻喜科学发展"专场报告会，着力解放全县党员干部的思想，更新发展理念。深入开展了"三学三比三争"(学理论、学先进、学技能，比形象、比能力、比业绩，争当好党员、好干部、好领班) 活动，举办了"解放思想、全民创业"典型事迹巡回报告会，提高了全县干部应对危机、破解难题、推动发展的能力和本领。

(二) 以制度建设为切入，着力加强领导班子思想政治建设

县委一方面对县、乡两级党组织中心学习组、民主生活会、领导成员互相沟通思想和定期通报情况等制度进行全新修订和完善，并坚持不懈地抓落实，使党内生活实现了制度化、规范化。另一方面，在全县各单位建立健全乡局级领导班子议事规则的基础上，通过采取单位自查、定期督查、随机抽查等措施，加强议事规则的落实工作，进一步提高了全县各级领导班子决策民主化、科学化水平。

(三) 以激发活力为引擎，着力加强干部队伍建设

一是配强配齐了乡 (局) 级领导班子。年初，按照"大稳定、小调整、补空缺"的原则，根据中央、省、市关于干部选拔任用的有关规定，对部分单位正职进行了调整交流。二是政府机构改革领导干部调整配备稳步到位。做到了严格按照规定职数和编制调配干部，实现了干部满意、群众满意、社会满意。三是调整充实股级干部队伍。重点对县公安局、环保局、全县中小学等32个单位的221名股级干部分两批进行了调整配备、交流和充实。

(四) 以匡正风气为目标，着力加强干部监督工作

在出台《离任经济责任审计》和《离任交接审计》两个办法的基础上，组织部、纪委 (监察局)、人事局、审计局等部门对14名行政单位一把手进行了离任交接监管。其中对2名虚报、瞒报交接事项的离任领导干部进行了严肃核查。对119名拟发展党员、240余名拟表彰干部、90余名拟提任干部和72各基层党组织进行了资格审查，其中对发现有违规违纪行为的13名干部和11个基层党组织予以一票否决。

三、基层组织建设巩固夯实

一年来，县委坚持不懈地做好抓基层、打基础工作，不断提高党的执政能力，为推进各项工作任务的完成提供了坚强的组织保证。一是以"两个全覆盖"为重点，不断扩大党在基层工作的覆盖面。在推进非公有制经济组织和新社会组织党组织全覆盖工作中，新成立2个企业党组织，新发展党员16名。在推进村级组织活动场所建设覆盖工作中，按照"活动场所基本覆盖，远程教育同步完成，功能完善综合利用"的活动场所建设目标要求，投入700余万元，建设了84个活动场所。不断扩大远程教育网络覆盖面，向县直单位、优秀党员户延伸，安装县直单位19家，优秀党员471户，超额完成任务，位居全市第一。二是以"三支队伍建设"为重点，提升农村党员干部的整体素质。在党员队伍建设上，认真落实市委发展农村党员"382"工程要求，推行"千名新党员计划"，实行"两推四培双评一公示"工作法，培训入党积极分子927名，发展农村党员513名，其中35岁以下、高中以上学历的优秀青年389名，占到了76%以上，进一步优化了农村党员队伍的年龄、文化结构，为农村党组织注入了一大批新鲜血液。在农村党支部书记队伍建设上，认真落实"一定三有"要求，重点实施了目标管理、报酬保障和奖惩激励三项机制。在农村"两委"主干中全面推行了"双定、双述、双评"制度，激发了农村主干的活力。出台了《农村党支部书记和村委会主任岗位报酬集中发放管理办法》，为498名农村"两委"主干发放岗位报酬138.5万元，为467名农村两委主干办理了养老保险。考核严格与实行岗位报酬、评优评模、考录乡镇干部"三挂钩"，极大地激发了农村干部的工作热情和干劲。在大学生村干部管理工作上，出台下发安全教育管理制度，成立大学生村干部"创业创新互助管理小组"，编印了《村官先锋》，特别是精编了《大学生"村官"工作手册》，促进了交流，加强了指导。在11月份全省召开的大学生村干部管理工作经验交流会上，我县的做法在全省交流推广。

四、反腐倡廉建设深入推进

进一步完善了预防和治理腐败工作机制，依托廉政警示教育基地，举办培训班105期，培训党员干部5200人，提

高了党员干部的廉洁从政意识。积极开展廉政文化进机关、进社区、进企业、进学校、进家庭、进农村“六进”活动，通过典型示范引导，廉政文化建设向纵深发展，营造了尊廉崇廉的浓厚氛围。深入开展煤焦及矿产领域反腐败专项斗争和“小金库”专项治理，清理和追缴各类资金3200万元。严格责任追究，加大对违法违纪案件的查处力度，全年立案查处党员干部违纪案件78件，处理科局级干部11人。对中央新增投资项目资金到位情况、种粮直补资金发放情况、农村转移支付资金使用情况等开展监督检查，共检查资金7700万元，追缴违规资金24.8万元。对全县31个重点项目进展情况进行跟踪监督，下发了18份整改通知书，促进了重点项目顺利实施。深化了农村“三务”公开，对公开情况进行定期检查，进一步扩大了群众的知情权、参与权。在全县343个村和6个社区设立了基层纪检小组，完善了农村基层监督机制。出台了《关于加强作风建设，严肃工作纪律的规定》，狠刹党员干部参与赌博、工作日午间饮酒等不良风气，对行政不作为、慢作为以及上班期间从事与工作无关活动等行为进行了严厉查处，促进了全县党员干部的作风转变。 (柴小明)

附：一、中共闻喜县委书记、副书记、常委名单

书　记： 裴良杰

副书记： 李尧林　闫　宏　赵州平
曹　林（挂职，3月任职）

常　委： 谭淑珍（女）　任红可　高克敏
逯光耀　许中义　李红民

二、乡镇党委书记、副书记名单

桐城镇

书　记： 杨　平

副书记： 张万奎（2月离职）　张安红（2月任职）
胡俊彦（挂职，2月离职）
孟令义（2月离职）

东镇

书　记： 张水忠

副书记： 李明虎　郭　梁（挂职）　李金平

河底镇

书　记： 李　俊（2月离职）　李　强（2月任职）

副书记： 史学敏　何吉虎

郭家庄镇

书　记： 吉俊伟

副书记： 张英奇　支红梅（女）

凹底镇

书　记： 高俊红（女）

副书记： 刘红吉　薛天坤

礼元镇

书　记： 樊辉生

副书记： 张安红（2月离职）　徐剑昆（2月任职）
江红宝

薛店镇

书　记： 梁松斌

副书记： 付晓霞（女）　樊家宏　柴晓明（挂职）

侯村乡

书　记： 张俊庆

副书记： 郭亚斌　焦耀奎　马天辉（挂职）

裴社乡

书　记： 李　强（2月离职）　翟东旭（2月任职）

副书记： 薛耀东　王吉胜　张中宝（挂职）

后宫乡

书　记： 冯峥嵘

副书记： 徐剑昆（2月离职）　蔺效普（2月任职）
马保才　史巍鹏（挂职）

阳隅乡

书　记： 翟东旭（2月离职）　张万奎（2月任职）

副书记： 王海峰　薛赵庆　杨　朝（挂职）

神柏乡

书　记： 钮杏芬（女）

副书记： 张阿俭　张刘彬　杨海军（挂职）

石门乡

书　记： 任东波

副书记： 高秀海　王英华　王武华（挂职）

中共临猗县委工作概况

全县有党委25个，党总支20个，党支部735个，党员16820名。2009年，县委以党的十七届四中全会精神为指导，以科学发展观为主线，团结和带领全县人民，加强党的思想、组织、作风、廉政建设，为建设“平安临猗、诚信临猗、魅力临猗”提供了坚强的政治保证。

一、深入开展学习实践科学发展观活动

根据市委统一部署安排，全县先后参加了第二批、第三批学习实践科学发展观活动。在第二批学习实践活动中，县委高度重视，把学习实践活动作为一项重大政治任务来抓。一是坚持开展活动与实际相结合，谋划准备到位。构建三级组织网络，实行常委联系包点制、党委划分责任制、支部具体负责制，在全县形成了“常委抓党委、党委抓支部、支部抓党员”的格局。二是坚持领导带头和群众参与相结合，学习调研到位。重点开展了县级领导干部选题调研、科级干部定题调研、普通党员带题调研三个层次调研，形成了一批有份量的调研报告，为县委决策提供了参考依

据。三是坚持查找问题与优化思路相结合，分析检查到位。通过“五查五看”，做到问题找准，全县上下形成了科学的发展共识。四是坚持破解难题与完善制度相结合，整改落实到位。初步形成了责任、推动、评价三大工作机制，促进了各项工作的开展。五是坚持找准问题与解决问题相结合，创新实践到位。四大班子领导和县直干部深入帮扶企业，解难题、办实事，做到两手抓、两不误、两促进。在第三批学习实践活动中，县委针对点多面广、广大党员身处生产一线，工学、农学矛盾突出的实际，提出了“六三”工作机制。一是创新三个载体。结合“千名干部进万家宣讲调研活动”、“双赛双比双创活动”、“双联共建活动”，使学习实践活动有载体、有内容、有特色。二是构建三级宣讲网络。通过县四大班子领导、专家学者下乡宣讲，县乡机关干部进村宣讲，两委主干、大学生村官进户宣讲，使科学发展观在农村家喻户晓、入脑入心。三是开展三项调研。重点围绕班子建设、党员队伍、群众需求三个方面问计于民。四是把握三个重点。即解决经济社会发展中与科学发展观要求不适应的问题、发展思路的问题、帮助群众致富的问题。五是开展“三送”活动。“送理论、送科技、送文化”。六是实现三个转变。理论学习实现了由单一向复合型转变，党建活动实现了由单一农村型向城乡互动型转变，帮建活动实现了由阶段型向长效型转变。

二、加强思想建设

县委坚持用理论武装全县干部不放松，特别是党的十七届四中全会召开后，县委将学习贯彻落实全会精神摆在突出位置，及时组织中心组进行专题学习，安排四大班子领导分批到市委党校进行培训，责成组织、宣传、党校等部门对全县三级干部进行培训，并邀请西安交大、市委党校教授进行辅导。组建宣讲队，深入全县学校、企业、农村进行宣讲，使全会精神家喻户晓，入脑入心。结合中宣部提出的“六个为什么”、省委提出的“三个发展”、“右玉”精神和市委提出的“四宽”理念，组织四大班子领导、全县广大党员干部认真学习，深刻领会，并在县新闻媒体开辟专栏，报道各单位的学习动态和先进典型，增强了广大党员干部学习的积极性和主动性。

三、加强组织建设

县委结合实际和政府机构改革，全年调整科级干部235人，其中正科平调35人，副科提拔为正科14人，一般干部提拔为副科7人，因年龄到限免职106人。针对乡镇班子的缺位，县委从大局出发，从发展、稳定出发，按照《党政领导干部选拔任用工作条例》和干部的年龄、文化层次结构，面对实际，发扬民主，严格程序，公开透明，充分发挥各级党委作用，调整配齐了乡镇主干。8名乡镇长提拔为党委书记，8名乡镇书记、乡镇长进行了交流，对空缺的6名乡镇长进行了补充。首次通过基层推选、资格审查、公开演讲、部门参与、当场投票、组织考察，公开选拔了3名30周岁以下乡镇长拟任人选。在用人制度、选人制度上实现了突破，调整后的乡镇班子活力显现，劲头十足。结合政府机构改革，县委调整了部分县直单位缺额人选，对撤销的单位负责人进行了妥善安排，对合并单位负责人进行了重新任命，及时做好协调衔接工作，确保工作不断档。

四、加强作风建设

县委始终把干部的作风建设放在首位，针对少数干部理想信念不坚定、精神状态不振奋、缺乏干事创业的激情，满足于碌碌无为“过日子”、作风漂浮、贪图享受、铺张浪费、吃喝玩乐等歪风，三次召开全县干部大会，对县直两个单位、一个乡镇的主要负责人不请示、不汇报、擅自作主的无组织、无纪律行为，以及一名村主干、县人大代表，进行了公开处理。对全县干部明确提出了“作风严谨、生活节俭、职责明确、纪律严格、勤政廉政”五条要求和“寻找两个结合，警惕三种隐患，克服四个错位，强化五种意识”的新理念。提出了“定目标、抓管理、促发展”的号召，要求各级干部不能盲目干工作，要懂规矩，制定目标，加强管理，促进发展。针对县公安局内部发生的违纪行为，县委高度重视，采取果断措施，对有关责任人进行了严肃处理。10月份，以全市政法系统作风整顿为契机，在全县政法系统开展了为期半年的纪律作风大整顿活动。促进了干部作风转变，推动了工作落实。

五、加强廉政建设

年初，县委按照上级党委关于落实党风廉政建设责任制的要求，从五个方面狠抓党风廉政建设。一是突出警示教育。组织县直党员干部和农村“两委”主干，分批到廉政警示教育基地，接受廉政警示教育，全年共举办培训班111期，教育人数达到5501人。同时结合我县信用联社发生的典型案例，在全县范围内开展了为期3个月的廉政警示教育活动，对全县干部起到了警示的作用。二是突出惩防体系建设。完善了68条制度，下发了12个文件，明确了四大班子领导的责任，与牵头单位和基层部门层层签订责任书，在全县形成了一级抓一级、一级带一级的浓厚氛围。三是突出农廉工作。为了更好地贯彻落实国家支农惠农政策，县委提出了“三加强五结合”的农廉工作思路，狠抓三务公开和三资管理。认真解决群众反映强烈的农村违法占地、转移支付、良种补贴、低保等问题，使农廉工作走在了全市的前列，受到了省委督查组的表扬。四是突出监督检查。主要是围绕中央扩大内需保持经济增长的重大项目、专项治理、行政效能等进行监督检查，确保了重大项目的落实。五是突出案件查处。一年来，纪检部门共立查案件42起，查结39起，处理党员干部39人，教育了全县干部，促进了经济社会发展。

（武　斌）

附：一、中共临猗县委书记、副书记、常委名单

书　记：胡　宝（4月任职）
副书记：史　凯（6月任职）　金永德　周邦稳
常　委：谢万程　张富有　王周义　王玉民
　　　　杨连中　石铁吨　张建莉（女）　李志远

二、乡镇党委书记、副书记名单

猗氏镇
书　记：李为民
副书记：景世军（6月离职）　王周平
　　　　王　军（6月任职）　王长生

牛杜镇
书　记：唐晓琳（5月任职）
副书记：董学峰（8月离职）　王鹏君（8月任职）
　　　　荆　晖（12月任职）

楚侯乡
书　记：张勤学
副书记：滑卫宏（6月离职）　管振波（6月任职）
　　　　芦国峰（8月离职）　王　磊（12月任职）
　　　　张定泽

嵋阳镇
书　记：相晋全（6月离职）　耿红创（6月任职）
副书记：杨建华（6月离职）　岳匡印（6月任职）
　　　　郭民稳

庙上乡
书　记：阮建军（6月离职）　李晓波（6月任职）
副书记：李晓波（6月离职）　钱　波（8月任职）
　　　　侯　宝　吴纽兰

临晋镇
书　记：潘建祖（6月离职）　李栓稳（6月任职）
副书记：郝晓峰　姚　煊

七级镇
书　记：张伟民（6月离职）　陆迎国（6月任职）
副书记：陆迎国（6月离职）　范海英（8月任职）
　　　　宋学儒

东张镇
书　记：李栓稳（6月离职）　景世军（6月任职）
副书记：管振波（6月离职）　陈晓龙（8月任职）
　　　　杨建刚　魏旭锁

角杯乡
书　记：宁华文（6月离职）　廉　辉（6月任职）
副书记：廉　辉（6月离职）　张守刚（8月离职）
　　　　尹　飞（12月任职）

孙吉镇
书　记：宁华文（6月任职）
副书记：赵仲波（6月离职）　滑卫宏（6月任职）
　　　　侯　勇

耽子镇
书　记：耿红创（6月离职）　刘双胜（6月任职）
副书记：李红阳（8月离职）
　　　　阎潘敏（女，8月任职）　范建平

北辛乡
书　记：史飞跃
副书记：王　军（6月离职）　王世宏（6月任职）
　　　　程立功

卓里区
书　记：杨雅女（女）
副书记：王世宏（6月离职）　秦伟泽（挂职）
　　　　王晋峰（8月离职）
　　　　张守刚（8月任职）　樊　豫（12月任职）

闫家庄
书　记：刘双胜（6月离职）　赵仲波（6月任职）
副书记：王晋峰（8月任职）　赵越发

北景乡
书　记：冯淑芳（女，6月任职）
副书记：胡银霞（女，6月离职）
　　　　李红阳（6月任职）　张新杰

三管镇
书　记：冯淑芳（女，6月离职）
　　　　胡银霞（女，6月任职）
副书记：岳匡印（8月离职）
　　　　董学峰（8月任职）　王民管

中共稷山县委工作概况

全县有党委12个，党总支22个，党支部483个，党员10978名。一年来，县委坚持深入贯彻落实党建工作责任制，将党建工作与经济工作同部署、同安排、同推进，为全县经济社会平稳较快发展提供了坚强的思想、政治和组织保证。

一、深入开展学习实践科学发展观活动

从3月份开始，全县第二批、第三批深入学习实践科学发展观活动全面展开，做到了规定动作不走样，自选动作有创新，取得了明显成效。精心组织了“五课”学习，广泛开展了“十个一”活动，编印了辅导百问读本，下发各类培训教材3万余册，邀请北大、省委党校及市委党校的教授举办讲座9场次，在县委党校举办培训班8批次，组织党员干部学习体会交流1500余场次。使广大党员干部群众振奋了精神，统一了思想，形成了科学发展、干事创业、共克时艰的新共识。县四大班子领导带头深入基层，开展大调研、大走访活动，所有参学单位共计走访企业家、农户

万余人次，形成调研报告1436篇。在深入调研的基础上，县委及时提出并实施了“农业产业结构调整、劳务输出增效”等八大惠民工程，使全县经济发展在较短的时间走出了困境，呈现出良好的发展态势。在学习实践活动中，参学单位及广大党员共计为群众办实事、办好事243件。特别是在第二批的“千名党员下基层”和第三批“先锋引领”主题实践活动中，90多个单位、1000余名党员重点帮扶28个后进村，并与贫困生、贫困户结对帮扶，共计调整理顺班子6个，兴办实事50余件，为群众送去慰问物品、资金等，投入资金200余万元，受到了群众的欢迎。省市新闻媒体12次对县委工作中的好做法予以报道，省、市委学习实践活动检查指导组对县委的工作多次予以肯定。

二、加强领导班子和干部队伍建设

1月份，县委坚持民主、公开、竞争、择优的原则，对干部任用初始提名权进行了新探索，采取“公推公选”的办法，对缺额人选进行了补充。选拔出了两名民意好、素质高，熟悉基层工作、德才兼备的乡镇长，进一步提高了干部选拔工作公信度，端正了用人导向。在坚持“建、交、考、用”管理机制的基础上，年初公开承诺目标任务，年中进行严格检查，年末进行全面考核。坚持日常考核与突出考核相结合、定性考核与定量考核相结合，确保了全县“五项工作、双十工程”按时间要求整体顺利推进。对水利局、农业局等10个单位进行了离任经济责任审计。中组部委托统计部门在我县进行的组织工作“两个满意度”调查，全委会“一报告两评议”工作顺利完成，确保了社会各界和全委会对干部选任工作的有效监督，为县委选任干部提供了可靠依据。在大学生村干部中开展了“三比双争”活动，即：比学习、比作风、比业绩，争当新农村建设标兵，争当优秀大学生村干部，确保大学生村干部下得去、待得住、干得好、流得动。在稷山报开辟了《大学生村官在基层》栏目，为大学生村干部相互交流工作经验提供了很好的平台，制定并下发了《大学生村（社区）干部年度考核暂行办法》，规范了大学生村（社区）干部的考核、管理。认真做好大学生村（社区）干部选聘工作。圆满完成了2009年选聘优秀高校毕业生到村任职工作应试人员为1367人，录取人数为74人。还选派了17名县直各单位副科级领导干部和4名新招录的乡镇公务员，分批到信访岗位进行培养锻炼。

三、加强基层党组织建设

在全县基层党组织中开展了“三定一树”活动，全县200个农村党组织共向党员群众承诺办实事1360余件，4800余名党员帮扶困难党员1200余名，帮助贫困户3600余户，帮教实用技术10余种，促进了农村经济社会发展。2月13日至2月19日，对新当选的农村“两委”干部进行了为期七天的集中培训，提高了农村“两委”干部的政策水平和执政能力。进一步理顺了农村主干岗位报酬和新型农保养老制度。重点抓好28个相对落后村的班子建设，先后调整党支部书记3名，化解“两委”班子中的矛盾13件，使这些村班子的工作能力和在群众中的号召力得到增强。根据市委发展党员“382”工程要求，重点在致富能手、回村大中专毕业生、外出务工返乡农民、非党村委成员和大学生村干部中培养、发展党员，注重在非公有制企业发展党员，壮大党的力量。着力构建流动党员“五个一”动态管理机制，建立流动党员档案，办理流动党员活动证。同时，探索实施了发展党员“双推双荐”、全程公示等五项制度，确保了新发展党员质量。经过多方筹集资金，在全面进行设计规划的基础上，建成高标准村级活动场所56个，修缮5个。全县共有154个活动场所达标，其余46个需新建或修缮的村级活动场所正在加快步伐，预计明年6月底前将实现全覆盖的目标。实行了现代远程教育网络向企业和党员之家延伸，每月提供各类理论政策、致富信息5000余条次。加强了现代远程教育站点建设和管理员队伍建设，大学生村官集中轮训一次，全年通过现代远程教育网络学习党的理论知识和农业实用技术的党员干部群众累计超过5万余人次，进一步加大了电教宣传工作力度。拍摄优秀大学生村官、学习实践科学发展观活动典型专题片13部，在县电视台播出“四宽”大访谈等专栏60余期，扩大了组织工作的影响力。

四、提升党员干部综合素质

根据中央大规模培训干部的要求，在全县实施干部素质提升工程。把学习科学发展观理论、十七届三中、四中全会精神作为党员干部培训的重点，不仅全面完成了学习实践活动培训任务，举办了十七届三中、四中全会精神、中央一号文件精神培训班，并且邀请省内外知名教授来我县作专题报告。通过培训，广大党员干部的科学发展意识不断增强，知识进一步丰富。同时，还组织了10批107人次参加了上级组织的各类培训。两次组织宣讲团，深入全县7个乡镇、100余村宣讲科学发展观、党的新政策和各种农业实用技术，受到广大党员干部群众的欢迎。

五、充分发挥各类人才的带头作用

一是拓宽人才视野，将各行各业的佼佼者纳入人才管理范畴，组织114名优秀人才创立了全县创业者联谊会，搭建了人才交流经验、共谋发展的新平台。联合劳动局在稷山电视台开辟了《走南闯北稷山人》专栏，对13名在外创业人才的先进事迹进行了宣传，激发了群众外出创业的新热情。二是创新工作方法，牵头组织了“打饼子、煮麻花、枣树管理”等实用技术培训班30余场次，培训3000余人次，充分发挥了农村实用人才的带头作用。三是进一步夯实人才基础工作，对全县各单位35岁以下优秀年轻人才情况进行了一次统计摸底，并组织32人参加了“热爱运城、共谋发展”百名优秀人才评选工作，其中5名优秀人才受到市委表彰。

（赵武琪　文艺博）

附：一、中共稷山县委书记、副书记、常委名单

书　记：李润山

副书记：乔登州　董旭光　王勇强（挂职）

常　委：高根立　禹桂香（女）　姚广林　赵永刚　尚国桦　张建军　李宝珠

二、乡镇党委书记、副书记名单

稷峰镇

书　记：赵高云

副书记：樊双全　董武云

化峪镇

书　记：付红安

副书记：梁永明　孙　鹏

西社镇

书　记：任喜龙

副书记：杨丙坤　韩张斌

翟店镇

书　记：王　尧

副书记：郝　冰　宁昌狮

清河镇

书　记：兰金锁

副书记：赵　鹏　史永安

太阳乡

书　记：朱建虎

副书记：黄亚平　冯志俊

蔡村乡

书　记：薛建东

副书记：张国兴　张文元

中共芮城县委工作概况

一年来，县委在省、市委的正确领导下，全面贯彻党的十七大和十七届三中、四中全会精神，深入学习实践科学发展观，坚持走生态文明发展之路，紧紧围绕“修路、抓大、绿化、开放、公平”五大工作重点，狠抓八大工程和十件惠民实事的落实，全县呈现出经济增长、政治安定、社会稳定、干部队伍风清气正、人民群众安居乐业的良好局面。

一、转变作风，从严管理，不断加强党的建设

在思想建设上，抓好学习实践科学发展观活动，开展“十个一”主题实践活动，千名干部下一线、万人问卷大调研。在制度建设上，建立健全党风廉政建设责任制、民主生活会制度、县委中心组学习制度、干部选拔任用制度等，加强和改进干部作风，切实加强党员干部的责任意识、大局意识和忧患意识。在干部选任上，牢牢把握“五大原则”，分两批对全县60个乡（局）级领导班子做了调整充实，把政治可靠、实绩突出、群众认可的121名优秀干部选拔到各级领导岗位。在基层组织建设上，健全基层党建领导组和县级党员领导干部党建工作联系点制度，完善各基层党（工）委抓基层党建责任制。在作风建设上，先后出台《关于改进工作作风，严明工作纪律的决定》、《关于大力弘扬右玉精神，切实加强党员干部作风建设的决定》、《关于进一步从严管理干部的实施意见》等，全县干部特别是领导干部严于律己、改进作风、争做“五个表率”、反对“四个主义”，干部队伍中的“懒、散、守”等问题得到集中整治，工作作风明显转变。

二、抓住工作重点，实施八大工程，落实惠民政策

2009年，县委围绕“建设生态文明县”的战略决策，狠抓“修路、抓大、绿化、开放、公平”五大工作重点、八大工程和十件惠民实事的落实。

（一）着力五大工作重点

“修路”是走生态文明发展之路的基础。总投资25.93亿元、全长30.95公里（中条山隧道9608米）的运灵高速公路芮城段工程正式开工；完成陌南西桥至柳湾、西陌枣园至夏阳、风陵渡古伦至张风线三条乡道改造工程，全县公路里程达到1300公里，公路密度达到百平方公里113公里。“抓大”是走文明发展之路的核心，以发展县域经济为龙头，突出抓好大企业、农业大产业、大城镇的建设。做大做强三大方阵特别是十大重点企业，形成现代制药、工程塑料、新型材料、农副产品加工四大产业集群。全县工农业总产值完成42.5亿元，同比增长7.5%；财政总收入完成3.34亿元，同比增长13.3%，规模以上企业增加值 完成11.3亿元，同比增长17.9%；社会消费品零售总额完成12.96亿元，同比增长28.6%。全年粮食播种总面积83万亩，总产2.33亿公斤，同比增长7.6%；农民人均纯收入达到4504元，比上年增长13.7%；完成新农村建设重点推进村20个。在特色城镇化建设上，重点抓了县城、陌南镇和风陵渡镇的城镇化建设。“绿化”是走生态文明发展之路的必要条件。加大通道绿化、片林绿化、退耕还林、荒山造林力度，全年共栽植苗木370万株，林木覆盖率由2008年的35.01%提升到37.02%，荣获“全省造林绿化先进县”称号。“开放”是走生态文明之路的有效手段。以“黄河根祖、道教圣地、生态旅游”为主题，着力打造“洞宾故里，黄河明珠，生态芮城”品牌。全年先后投资4500万余元，新建了永乐宫旅游酒店，扩建了永乐宫景区，完成了永乐宫民俗博物馆的建设；大力开发大禹渡风景区，购买了两艘气垫船，恢复了中断14年的“黄河游”，兴建了大禹渡文化园区；在圣

天湖畔新建了白天鹅宾馆，完善了圣天湖的旅游基础设施；修复佛教圣地寿圣寺、千年古刹清凉寺，举办了道教文化节和圣天湖荷花节。“公平”是社会主义的本质要求。用于社保、就业、农民补贴、教育、医疗等民生工程1.1亿元，让全县人民共享改革发展的成果。

（二）实施八大工程

运灵高速公路芮城段工程正式开工；平风线大王至风陵渡段改造工程，全长27公里，总投资6500万元，年内立项并实施改造；陌南至圣天湖二级旅游公路，全长10公里，总投资1100余万元，已竣工通车；永乐广场北扩工程，拆迁位置北至卫生局，南至洞宾街，西至永乐北路，东至亚宝路，年内拆迁到位；污水处理一期工程，总投资4600万元；220KV 变电站工程，总投资2.5亿元，2010年7月完工，同时做好陌南110KV变电站工程前期工作；圣天湖景区建设，总投资5628万元，年内完成投资1500万元；大禹渡灌区改造续建工程，预计投资2000万元，解决郑村沟以西6万亩耕地灌溉问题。

（三）落实十件惠民实事

城乡环境卫生整治工程，5月份，开展了为期两个月的城乡环境集中大整治，配备84辆垃圾清运车和192名保洁员。解决90岁以上高龄老人生活补贴问题，为全县290名90岁以上老年人按农村低保标准及与生活补贴，共计30万元。继续扩大农村低保范围，全县农村低保对象达11071人，比计划高出51人。继续提高公职人员津贴补贴，从7月1日起，全县公职人员津贴补贴提高到每人每月600元。路标安装及八字口拓宽工程，总投资235万元，为全县县级路段安装道路标志274块，拓宽道路八字口18处。解决低收入家庭住房困难问题，完成农村100户解困住房，建设县城廉租房40套。大力实施中小学校舍安全工程，全县34所项目校已全部竣工并投入使用。开展义务教育阶段债务化解工作，争取上级资金1600万元，财政配套500万元，实施了义务教育阶段债务化解工程。农村饮水工程，总投资919万元，完成规划工程9处，解决了56个自然村、2万人吃水安全问题。实施县人民医院住院楼扩建工程，总投资1100万元，新建住院部1万平方米，主体工程已竣工。

三、围绕中心工作，创新工作方法

县委在省、市委领导下，全面贯彻党的十七大和十七届三中、四中全会精神，深入学习实践科学发展观，紧紧依靠全县各级党组织和人民群众，坚持走生态文明发展之路，取得了比较好的成就，主要体会是：

（一）重点突破，整体推进，确保经济增长

一是抓好规模经济，工业经济逆势而上；二是三农工作稳步推进，农村面貌得到进一步改观；三是开发旅游项目，做强做大旅游产业；四是实现交通建设新突破，为经济腾飞创造有利条件；五是抓好城市建设，为经营城市打好基础；六是不断改善生态环境，坚持走生态文明发展之路。

（二）统筹协调，发挥职能，建设民主政治

县委按照统揽全局、协调各方的原则，积极支持人大依法履行职能，重视发挥人民政协政治协商、民主监督、参政议政职能，注重加强与民主党派、工商联和无党派人士的联系，不断推进民主法制建设。

（三）转变作风，从严治党，搞好党的建设

一是把好用人关，把群众公认的品德好、能力强、工作勤奋、业绩突出、作风廉洁的干部调整到重要岗位上来，形成正确的用人导向；二是把好教育关，不断提高各级干部的理论素质和执政能力；三是把好监督关，严格执行党风廉政建设的各项规定。四是预防为主，惩防并举，开展反腐斗争，把各级党组织建成为民、务实、清廉的好班子，带领广大群众为建设生态文明县而努力奋斗。

（王升辰）

附：一、中共芮城县委书记、副书记、常委名单

书　记：王正风

副书记：陈　杰　李泽亮　胡金虎　杨国义（挂职）

常　委：姚新亭　佘妙珍（女）　王吉敏　李建刚
　　　　贾国平　王志迎（5月任职）

二、乡镇党委书记、副书记名单

风陵渡镇

书　记：张应征

副书记：张振江　杨云平

阳城镇

书　记：张建丰（11月离职）　焦龙生（12月任职）

副书记：王江荣　刘建民　王春龙

永乐镇

书　记：王亚波（11月离职）　张　波（12月任职）

副书记：张　波（11月离职）　薛红阳（12月任职）
　　　　张振东

大王镇

书　记：李稳军（11月离职）　翟纪亭（12月任职）

副书记：翟纪亭（11月离职）　赵创国（12月任职）
　　　　闫　飞

学张乡

书　记：焦龙生（11月离职）　杨小召（12月任职）

副书记：张　凯（11月离职）　张云鹏（12月任职）
　　　　蔡林权

古魏镇

书　记：谭平川

副书记：王旭鹏　任占盈

南卫乡

书　记：王红梅

副书记：林　波　范世平　张晓丽

东垆乡

书　记：郝永峰

副书记：李　轩　杨安平

西陌镇

书　记：蔡军龙

副书记：杜步奇（11月离职）　姚建鹏（12月任职）
　　　　董军越

陌南镇

书　记：姚康宁（11月离职）　张建丰（12月任职）

副书记：薛红阳（11月离职）　杜步奇（12月任职）
　　　　张云鹏（11月离职）

中共绛县县委工作概况

一年来，在市委、市政府的正确领导下，县委坚持以党的十七大和十七届三中、四中全会精神为指导，深入学习实践科学发展观，按照党的建设总体部署，紧紧围绕服务转型升级、推动科学发展，党的建设取得明显成效，为深入落实“三保”政策，推动“三个发展”，实现“三县”战略提供了坚强的政治保证。

一、加强理论引领，不断提高党员干部思想政治水平

县委坚持用中国特色社会主义理论体系武装头脑，统一思想，指导实践，推动工作。县委班子成员坚持带头学习，不断发挥组织指导和示范带动作用，加强对各级领导干部的教育培训，把广大干部群众的思想不断统一到科学发展观的要求上来，统一到中央和省委、市委的决策部署上来，统一到推动全县平稳较快发展的实践中来。2009年三月份以来，县委按照中央和省委、市委的统一部署，扎实组织开展了第二批和第三批学习实践活动。全县各参学单位和党员，坚持把学习实践活动作为重要政治任务，围绕活动的主题载体，精心安排了各个阶段各个环节工作，在做好规定动作的同时，创新自选动作，突出实践特色，坚持领导带头，边学边改、上下联动、批次衔接，突出实践特色，解决突出问题，全力促进“三保”，解决了一批突出问题，兴办了一批群众期待的好事实事，形成了高质量的《分析检查报告》和《整改落实方案》，研究出台了推进转型发展、安全发展、和谐发展的各项保障机制。通过学习实践活动，全县党员干部的思想认识进一步深化，贯彻落实科学发展观的自觉性和坚定性进一步增强，领导科学发展的能力和水平进一步提高。进一步找准抓住了影响科学发展的突出问题和基层党建的薄弱环节，增强了“三个发展”的紧迫感和责任感，形成了推动科学发展的新共识。

二、注重协调各方，切实加强社会主义民主政治建设

面对艰巨的发展任务，县委十分注重调动各个方面的积极性，积极支持人大及其常委会依法履行职能，切实保障人大代表依法行使职权。积极支持人民政协围绕团结和民主两大主题履行职能，推进政治协商、民主监督、参政议政制度建设。深入开展五大“凝聚力工程”，充分发挥统一战线作用，发挥各民主党派参政议政、服务大局的积极性、主动性和创造性。积极支持工会、共青团、妇联等人民团体依照法律和各自章程开展工作。坚持把法治绛县、平安绛县作为两个抓手，依法行政、公正司法、普法教育、法律监督等都取得新进展。认真贯彻落实党内监督条例，严格执行领导干部个人事项报告、述职述廉、民主评议、诫勉谈话和经济责任审计等制度。完善民主监督机制，充分发挥人大、政协、舆论、群众、社会等多种渠道的监督作用，权力监督得到有效加强。积极推进村务、政务、厂务公开，完善重大事项听证、公示、政务信息和社情民意通道等制度，保障人民的知情权、参与权、表决权和监督权。

三、完善用人机制，建设高素质的干部队伍

县委坚持按照《干部任用条例》和有关规定的要求，以提高素质、优化结构、改进作风和增强团结为重点，积极探索干部选拔任用工作科学化、民主化、制度化的新路子，全面加强领导班子和干部队伍建设，为推进全县的各项工作提供了有力的组织保证和人才支撑。在干部选拔任用工作中，县委严把“职数配备、标准审核、推荐考察、讨论决定”四个关口，匡正了用人风气，确保了干部选任工作公平公正。制定出台了一系列文件，狠抓了干部队伍作风建设，实施了体现科学发展观要求的干部考核评价制度，进一步密切了党群干群关系，全县干部队伍的结构趋于优化，素质得到提高。2009年由于政府机构改革，干部人事冻结，鉴于工作需要，经市委组织部批准，8月和9月份，分三次调整了干部13人，其中退出领导岗位或免职退休2人，提拔任职4人，平职调整7人。12月份，根据机构改革需要，结合全县干部队伍实际，对机构改革合并和名称变更等单位的领导进行了重新任命，对部分干部进行了调整，免职25人，提拔任职84人，平职调整126人。

四、创新工作思路，构建城乡统筹基层党建新格局

面对新形势下经济社会生活中出现的一系列新变化，县委坚决贯彻执行中央和省委、市委关于基层党建工作的决议、决定和指示精神，围绕“三抓一深化一促进”的党建整体工作思路，大力强化基层班子建设。通过外部营造氛围，内部拓展空间，切实落实阵地、网络、人员、制度四大建设，积极开展“帮建升级”、“三级联创”、“素质提升工程”等活动，充分发挥党员的先锋模范作用，有效

增强了基层党组织的创造力、凝聚力和战斗力，逐步构建起了覆盖城乡、纵横贯通、全面融入的城乡一体化党建工作机制，全县基层党建工作水平得到整体提升。以农村“两委”领导班子换届为契机，推行“两推一选”，大胆选拔优秀年轻干部，通过换届选举，164个行政村实现了“一肩挑”，“两委”成员交叉任职比例达到了50.1%。扎实做好大学生村干部的选聘和日常管理工作，严格按照有关要求和工作程序，从报考我县大学生村干部833名考生中择优选拔出94人，已全部顺利上岗，全县已实现了一村（社区）一大学生村干部。

五、强化干部监督，以反腐倡廉建设成效取信于民

县委把党风廉政建设放在重要位置来抓，层层建立了党风廉政建设责任制，做到了党风廉政建设工作与经济、业务工作一起部署、一起落实、一起检查、一起考核，在全县形成了“党委统一领导、党政齐抓共管、纪委组织协调、部门各负其责、依靠群众支持和参与”的工作机制。突出狠抓大案要案查处，不断引深“三项治理”，党风廉政建设和反腐败斗争得到了新的加强。丰富载体，创新形式，不断深化廉政教育活动，进一步筑牢了广大党员干部拒腐防变的思想道德防线。结合实际，扎实开展了煤焦领域、工程建设领域反腐败专项斗争，精心组织，狠抓落实，取得了阶段性成果。积极推行信访预约，加大案件查处工作力度，全年共受理群众来信来访来电举报95件100余人，立案59件，结案59件，给予党纪处分49人，政纪处分11人，双处分1人，刑事处理4人。

六、把握正确方向，实现经济社会各项事业平稳较快发展

2009年受国际金融危机严重冲击，全县经济发展遇到了前所未有的严峻挑战和严重困难。面对复杂多变的经济形势，县委全面贯彻落实党中央关于应对金融危机作出的一系列决策部署，在全面分析宏观经济形势、准确把握县情实际的基础上，在年初果断做出了继续以“新型工业立县、特色农业富民、科技教育兴绛、优化环境促发展”的战略思路为统领，着力在大工程大项目建设、产业结构优化升级、改善民生、深化改革、加强党建等方面下功夫，努力保持县域经济平稳较快发展。围绕这一指导思想，全县上下坚持把大工程、大项目建设和促进经济发展方式转变作为重大战略和重要方针来落实，集中精力谋发展，心无旁骛搞建设，打通了文公南路，完成了华信大道、县城污水处理厂等一大批重点工程。加大民生事业投入力度，扎实推进六个全覆盖和五大惠民工程，年初提出的八件惠民实事全部顺利完成，全面启动了城镇居民医疗保险，完工了经济适用房和廉租房主体工程，实现了经济社会各项事业平稳较快发展。2009年，全县生产总值32.8亿元，同比增长8%；规模以上工业增加值11.98亿元，同比增长9.3%；全社会固定资产投资23.8亿元，同比增长52.6%；财政总收入1.7635亿元，同比下降24.6%；一般预算收入5417万元，同比下降9%；社会消费品零售总额10.2亿元，同比增长32.02%；城镇居民人均可支配收入10476元，同比增长14.4%；农民人均纯收入3800元，同比增长8%。

（张小卫）

附：一、中共绛县县委书记、副书记、常委名单

书　记：张　冠

副书记：梁潞阳　李百选　李国平

常　委：张新进　李　旸　李清水　高　力
张永霞（女）　崔全彦　景　涛

二、乡镇党委书记、副书记名单

古绛镇

书　记：王辩明

副书记：徐凌杰　李玉林（9月离职）　邓　琦

陈村镇

书　记：赵仙萍（女，9月离职）
马春海（9月任职）

副书记：马春海（9月离职）　李玉林（9月任职）
赵军强

大交镇

书　记：王　刚（9月离职）　赵仙萍（女，9月任职）

副书记：郝俊杰　亓向东

南樊镇

书　记：王红林（9月离职）　李彩霞（女，9月任职）

副书记：黄新苏　王李军

安峪镇

书　记：王世伟

副书记：李彩霞（女，9月离职）
樊军民（9月任职）　郝养锦

横水镇

书　记：孙　晓

副书记：荆晨波　王　泰

郝庄乡

书　记：卫文静

副书记：盖忠良　谢　强

冷口乡

书　记：张文成

副书记：王海忠　张牡丹（女）　白箐杰

磨里镇

书　记：马　辉（女）

副书记：赵周伟　张红星

卫庄镇

书　记：秦来虎（9月离职）　李彩兰（女，9月任职）

副书记：李彩兰（女，9月离职）
刘新俊（9月任职）　李宝林　苗晓忠

中共万荣县委工作概况

全县有党委14个，党总支27个，党支部480个，党员14399名。2009年，县委坚持以科学发展观为统领，认真学习贯彻十七大和十七届三中、四中全会精神，紧紧围绕全县经济和社会发展大局，改革创新、规范运作、突出重点、狠抓落实，为全县经济社会平稳较快发展提供了坚强的组织保障和人才支持。

一、联系实际，突出特色，深入学习实践科学发展观活动成效明显

深入学习实践科学发展观活动是全党一项重大战略决策。在第二批学习实践活动中，以“热爱万荣、共谋发展”为主题，认真做好规定动作，积极创新自选动作，深入开展了以“进果园实施三改六配套、进企业化解企业生产难、进社区排忧解难舒民急、进农村千名干部帮贫困和外出招商跑项目、外出考察抓旅游”为主要内容的“四进两出”主题实践活动。构建了党员干部学习培训、农村民主管理、化解矛盾解决问题、干部干工程办实事、科学发展观考评干部等五项长效机制，提高了全县干部谋事干事、化解矛盾的能力和水平，激发了党员干部自觉践行科学发展观的积极性和主动性。在第三批学习实践活动中，为了建设一支干净、干事、理事的农村基层班子，县委把学习实践活动与村干部素质提升、农民增收、乡村和谐稳定、安全生产、干工程办实事、完善乡村管理制度相结合，开展了大宣讲、大调查、大交流、大讨论、大办实事“五大”实践活动，努力促进科学发展上水平、人民群众得实惠，为推动经济社会平稳较快发展提供了强劲动力。

二、抓好三项工作，基层党组织和人才队伍建设扎实推进

（一）大力实施“四建一帮”工程

一是建党组织。运用单独组建、联合组建、挂靠组建、派驻指导员的“三建一派”的办法，把党组织建在产业链上、建在非公有制经济组织中、建在新社会组织中，并向各组织派驻党建联络员，努力实现了基层党组织全覆盖。二是建村级组织活动场所。采取“项目联扶、以奖代补”的措施，建设村级组织活动场所。全县281个农村，165个活动场所能正常使用，16个活动场所正在建设，剩余的100个活动场所已做出规划，确保2010年底基本实现全覆盖目标。三是建农村远程教育站点。通过实施“建学管用”（建站点，培训操作人员，规范管理，发挥站点作用）四措并举的措施，引导农村党员干部运用远程教育网学习实用技术、了解市场信息、掌握政策理论，提高了群众增收致富的能力，有效地增加了农民收入。四是建“一定三有”制度。坚持“以岗取酬、以绩定酬、注重激励”的原则，将农村主干岗位报酬分为基本报酬和绩效报酬：基本报酬占60%，绩效报酬占40%。基本报酬根据所在村人口多少、工作量大小划分为五个档次；绩效报酬由乡镇党委根据两委主干年度目标完成情况，半年进行一次考核，依据考核情况发放报酬，有效激发农村干部干事创业的热情。五是继续引深“帮建升级创十好”活动。把帮建升级活动与“改善民生”、新农村建设有效结合起来，推动帮建工作不断深入。通过实施“四建一帮”工程，大大提升了基层党组织的战斗力和影响力。

（二）加强党员队伍建设

一是加强发展党员工作。进一步完善“三五”运行机制，普遍实行以群众推荐、团组织推荐、妇联推荐和党员评定为主要内容的“三推一评”确定入党积极分子的工作办法，注重从致富能手、小康建设带头人、村组干部和大学生村干部中推荐，全年共发展优秀青年党员527名。二是完善“党员学教”机制。依托县乡党校和远程教育网进行专题培训，以支部为单位组织党员干部“一月读一本书”，并先后举办了十七届三中、四中全会精神和六个“为什么”等专题培训150班次，培训党员5万余人次。三是规范流动党员教育管理。完善流动党员“异地有家、流动有序、管理有章、建功有台”的“四有”新机制，引导外出党员为家乡提供信息达1200余条，解决剩余劳动力113人，引进资金1100余万元。

（三）开展“人才创业大行动”

一是诚心引才。建立在外人才信息库，编印了《万荣在外人才通讯录》，开展了“项目院校大对接”活动，把全县农业龙头企业纳入全市对接范围，促进了农业产业化发展。二是倾心育才。在职称评审、绿色证书工程、职务聘任和待遇分配上向优秀人才倾斜政策，在实用拔尖人才中建立了“一带一、一带三”帮带教育制度，并对全县各种教育培训资源进行整合，依托南景万红宝科技合作社和兴农畜禽养殖有限公司建立了两个标准化农村实用人才培训基地，启动“新农村实用人才”培养工程，培养电焊、驾驶、电脑操作、缝纫技术、养殖等紧缺行业人才2000余人。三是真心用才。成立了“技术专家服务三农工作队”，开展“送技术、送信息、送点子，服务三农”活动，全县20多名拔尖人才深入5个乡镇举办各类技术培训30多场次，受益群众达12000余人，有效促进了农村发展、农业增效、农民增收。

三、创新工作举措，党的基层组织建设不断完善

一是建立“双推双验”选任干部工作机制。在干部选拔任用上，建立并坚持以“连年推荐后备干部、定向推荐提名人选”和“看公众评论验民意、看工程实事验实绩”

为主要内容的“双推双验”选任干部工作机制。“连年推荐后备干部”，即结合每年乡科级领导班子和领导干部考核工作，民主推荐乡科级干部后备人选，年年推荐、年年后备、年年培养。“定向推荐提名人选”，即在调整干部时，将推荐提名人选与连续三年民主推荐乡科级后备干部的结果进行比对印证，凡人选一致的，作为初步提名人选，不一致的不予考虑。“看公众评论验民意”，即对初步提名人选进行民意再检验。“看工程实事验实绩”，即坚持干部工程目标责任制，将干工程办实事作为考核干部的一项重要内容。“双推双验”选任干部的工作机制，有效地扩大了民主，避免了选人用人不正之风，得到了群众的拥护支持。

二是建立干部选任培养“全程监督”机制。严格按照《条例》规定的内容、程序和纪律要求，对用人上不正之风工作情况进行了自查，对选任后的干部进行回访和跟踪监督。进一步健全和落实干部监督工作部门联系会议制度。广泛收集反映干部政治立场、道德品质、思想作风、廉政建设等方面的情况，发挥干部监督工作机构的整体合力。进一步加大经济责任审计力度，坚持定期审计和离任审计相结合的原则。认真开展治理拉票行为的专项行动，进一步巩固了全县公平公正、风清气正的干部选任工作局面。

三是开展“三比三联”活动。为了提升大学生村干部投身农村工作的实践能力和综合素质，在全县大学生村干部中开展了“三比三联”活动。“三比”，即比才智、比爱心、比贡献。通过撰写调查报告、发挥专业特长以及演讲等形式，着力打造“能说、会写、善干”的多技能人才。通过与五保户、贫困户、残疾人、留守学生等弱势群体的结对帮扶，奉献爱心。通过比谁为农民提供的致富信息多、办的好事实事多、招商引资多、传授技术多，看谁对农民贡献大。“三联”，即联系思想工作做汇报，联系形势任务搞宣讲，联系贫困农户搞帮扶。大学生村干部每月向所在乡镇党委汇报一次思想工作，每半年以书面形式向县委组织部详细汇报一次思想工作。利用广播、黑板报等形式向群众宣传党在农村的路线、方针、政策和各项法规，引导群众深入学习实践科学发展观，开展“科学发展，强村富民”大讨论。开展结对帮扶，每人每年联系至少两户困难户，与其结成帮扶对子。通过教技术、送信息、送资金等形式，帮助困难户尽快脱贫致富。通过开展“三比三联”活动，大学生村干部扎根基层的信心不断坚定，服务基层的能力不断提高。（郭学功）

附：一、中共万荣县委书记、副书记、常委名单

书　记：卫孺牛

副书记：张汪尤　吕景方　裴　峰（6月任职）

常　委：孙典孝　董焕朝　裴良豪　权志学　刘政光　黄梅芳（女）　卫增辉　裴　峰（6月离职）

二、乡镇党委书记、副书记名单

解店镇

书　记：张宗泽

副书记：李东波　丁世奇

西村乡

书　记：李印成

副书记：史旭强　赵卫国

里望乡

书　记：张　炜

副书记：丁文玲（女）　王春雷

通化镇

书　记：王伯龙

副书记：李忠泽　王世红　胡　军

南张乡

书　记：姚东杰

副书记：张华峰　黄　峰

裴庄乡

书　记：薛　峰

副书记：丁文斌　寻　耿

光华乡

书　记：杨　强

副书记：杨晓凯　李湘军

荣河镇

书　记：廉振虎

副书记：裴玉斌　杨永忠

万泉乡

书　记：王　权

副书记：薛　峰　郝文栋

高村乡

书　记：闫世杰

副书记：范炎森　李永强

贾村乡

书　记：吴中庆

副书记：胡慎英　尹艳霞（女）

王显乡

书　记：李泽民

副书记：阎志宏　李晓江

汉薛镇

书　记：董志刚

副书记：李明凯　卫国威

皇甫乡

书　记：尉艳梅（女）

副书记：孙红伟　董官喜　张创功

中共垣曲县委工作概况

全县有党委22个，党总支22个，党支部479个，党员9981名。2009年,在市委的正确领导下,县委坚持以邓小平理论和“三个代表”重要思想为指导，深入贯彻党的十七大三中、四中全会精神，在开展学习实践科学发展观活动中，在加强大学生村干部管理上，在加强非公有经济组织和新社会组织党的建设中，取得了明显成效。

一、深入开展学习实践科学发展观活动

按照省委、市委统一安排，全县先后分两批参加了学习实践科学发展观活动。在学习活动中，全县采取个人自学、集中培训、专家辅导、集体研讨等形式，通过学习、培训、辅导、讨论，形成了共识，提高了理论水平。全县各参学单位和党员领导干部围绕怎样应对金融危机，怎样保增长、保民生、保稳定，怎样保证中央、省委、市委、县委重大决策部署的贯彻落实，结合本部门、本单位存在的突出问题和群众反映强烈的热点和难点问题，深入基层，开展调研，写出了有份量的调研报告。全县还开展了万人问卷调查活动，对转变发展方式、农业产业化、优化环境、体制机制、党的建设等10个方面的问题广泛征求意见，进一步查找到了制约本单位科学发展和群众关心关注的主要问题。在“金点子”征集活动中，全县共收集金点子1200个，向市委推荐上报40个。全县共撰写领导班子分析检查报告110篇，制定整改落实措施486条，提出解决各类问题317个。学习活动开展以来，县委把解决“百姓期盼、群众急需，社会关注”的热点、难点问题放在首位，边学边改，边整边改，在全县实施教育、就业、医疗、社保、住房“五大惠民工程”，并取得显著成效。切实达到了“领导干部受教育，人民群众得实惠”的目的。

二、加强大学生村干部管理工作

一是精心组织，圆满完成大学生村干部选聘工作。为了做好高校毕业生村干部选聘工作，在市委组织部的领导下，组织了1386名高校毕业生参加的笔试，并按照1：1.2的比例，对81人进行了面试，最后对确定的65名高校毕业生进行了考察和体检。根据大学生所学专业、本人意愿及空缺村（社区）具体情况，通过双向选择，对今年新选聘的65 名大学生村干部进行了任职分配，11名是中共党员的任村党支部副书记，其余的54名任村委会（社区居委会）主任助理。9月1日，65名大学生村干部全部到乡镇、村报到上岗。

二是加强培训，切实提高大学生村干部整体素质。为确保2009年新选聘的大学生村干部尽快熟悉农村工作，垣曲县委组织部对他们进行了为期5天的岗前培训，培训对象主要是今年新选聘的65名大学生村干部，同时吸收了2006年至2008年选聘的大学生村干部，共188人。县委组织部邀请了县纪检委、县委宣传部、县委党校、县民政局等相关单位的有关负责人对他们进行授课，同时还选出两名优秀农村党支部书记对他们进行农村工作经验传授。通过培训，大学生村干部提高了自身素质,熟悉了农村工作,为他们到村任职工作奠定了扎实的基础。县委组织部还编印下发了《垣曲县大学生村干部服务管理工作手册》，将有关大学生村干部方面的政策、规章制度、管理办法、管理机构、通讯录以及农村相关知识等收录在内，以便他们在以后工作中作为工具书学习使用。

三是落实待遇，努力发挥大学生村干部干事创业激情。全县188名大学生村干部全部在岗任职，其工资和各种福利津贴原原本本参照全额事业单位在职管理人员标准执行，标准不减，数额不减，按时足额地发放，同时各乡镇统一为每一位大学生村干部办理了养老、医疗保险和住房公积金。为了鼓励大学生村干部立足农村、积极创业，我县设立了大学生村干部创业基金，总额188万元，并建立了基金使用和审批制度。第三批学习实践活动中，大学生村干部切实发挥了有效作用，他们不仅是学习实践活动的参与者，同时也是组织者，不仅在乡镇从事日常工作，还在村支部积极担当义务宣传员，为老弱病残党员送学帮学，为群众做了100余件实事好事。

三、加强非公有制经济组织和新社会组织中的党建工作

一是明确职责，积极建立非公有制经济和新社会组织党建工作责任体系。县委进一步完善了由县委统一领导，组织部门牵头抓总，统战、工商、中小企业局、民政、科教、卫生等部门和组织参加的非公有制经济组织和新社会组织党建工作联系会议制度。各部门都确定了专人负责非公有制经济和新社会组织党建工作。工商局负责注册的规模以下企业和个体工商户，中小企业局负责规模以上企业，科教局和卫生局负责私立学校和私立医院等新社会组织的党组织建立工作。

二是加大力度，确保非公有制经济组织和新社会组织党组织全覆盖。在非公有制经济组织和新社会组织中建立党组织本着“有利于管理，有利于开展活动，有利于党员参加正常组织生活”的原则，因地制宜，灵活设置。依托企业组建党的基层组织，根据企业党员人数和企业规模，通过单独组建、联合组建等方式，认真抓好非公有制企业党组织的组建工作。全县有规模以上企业13家，10家已经建立党组织，建立1个党总支，13个党支部，84名党员。组建个体工商户党组织，现已组建1个个体工商户党支部，有11名党员。

三是强化指导，大力推行党建工作指导员制度。坚持高标准从属地和行业管理的上级党组织中选派党性强、业务精、作风正的优秀党务工作者到非公有制经济组织和新社会组织中担任指导员，帮助非公有制经济组织做好职工的思想政治工作，发展新党员，组建党组织。县中小企业局下派了1名党建工作指导员指导3家没有党员的规模以上企业；县工商局结合工作实际，按照工商管理员管辖的街道区域，1名党建工作指导员负责联系若干个个体工商户，共下派了7名党建工作指导员，指导县城的1380家个体工商户；按照“属地为主”的原则，11个乡镇党委共选派了11名党建工作指导员指导3050家个体工商户和企业；县科教局从局机关选派了2名党建工作指导员指导6所没有党员的私立学校；县卫生局选派2名指导2所私立医院。

四、加强村级组织活动场所设施建设

10月底，市委组织部抽派检查组到全县村级组织活动场所进行检查，借此机会，我们抽调专人配合，利用两天时间对全县188个村的村级组织活动场所进行了详细摸底。经调查，村级组织活动场所能正常使用的有93个村，没有或不能正常使用的95个村，其中，正在建设的3个，有6个属于危房不能正常使用，纯粹没有的20个，临时借租民房及其它设施的11个，借租学校的52个，计划移民的3个。经市委组织部确定，全县2010年新建村级组织活动场所任务为28个，改扩建任务2个，建设项目已全部列入各级计划委项目建设计划，所需资金已列入各级财政预算。总投资为254.3万元，占地面积为3090平方米。新建的28个村选址已定，为了保证村级组织活动场所建设工作顺利实施，县委成立了领导组，将统一招标进行建设，统一配备办公设备，真正建设一批高标准的村级组织活动场所。

（闫小茹）

附：一、中共垣曲县委书记、副书记、常委名单

书　记：侯伟建（5月任职）
副书记：侯伟建（5月离职）　杨彦康（5月任职）
　　　　张春吉　刘景锋　王志超（3月任职）
常　委：陈立社　荀明林　郭　勤　张登庆
　　　　高倩倩（女）　裴斌虎　王志超（3月离职）

二、乡镇党委书记、副书记名单

毛家湾镇
书　记：刘跃进（12月离职）　王　坚（12月任职）
副书记：王国平（12月离职）　姬云鹏　张联民

新城镇
书　记：庞卫民
副书记：赵王平（12月离职）　贯龙龙

皋落乡
书　记：张东旭（12月离职）　王国平（12月任职）
副书记：焦立豹（12月离职）　席为民　黄建光

长直乡
书　记：樊赵伟
副书记：龚　峰　张晋鹏

王茅镇
书　记：吕亚平（12月离职）　赵建喜（12月任职）
副书记：赵建喜（12月离职）　张红军　王亮民

解峪乡
书　记：屈　飞（12月离职）　焦立豹（12月任职）
副书记：谢　军（12月离职）　王　杰　温高伟

古城镇
书　记：耿爱元（12月离职）　文立选（12月任职）
副书记：文立选（12月离职）　赵　磊　吉金良

华锋乡
书　记：朱思源（12月离职）　靳　荣（12月任职）
副书记：靳　荣（12月离职）　张海岗　郭言民

英言乡
书　记：王小虎（12月离职）　毕丽红（12月任职）
副书记：毕丽红（12月离职）　尚　斌　王金星

蒲掌乡
书　记：靳军发（12月离职）　赵王平（12月任职）
副书记：程小平（12月离职）　张艾红　张平川

历山镇
书　记：方伟俊
副书记：王　坚（12月离职）　张海潮　郭亚明

中共夏县县委工作概况

全县有党委13个，党总支23个，党支部561个，党员13312名。2009年，县委认真贯彻落实党的十七大和十七届四中全会精神，深入学习实践科学发展观，全面落实中央“保增长、保民生、保发展”的三保方针和省委提出的“转型发展、安全发展、和谐发展”的目标要求，紧紧依靠全县人民，迎难而上、开拓进取，共克时艰、扎实工作，有力地推进了全县经济社会的平稳较快发展，党的建设、精神文明建设和民主法制建设进一步加强。

一、把握形势，立足根本，党的建设全面加强

按照“把基层党组织建设成为科学发展观重要思想的组织者、推动者、实践者”的要求，县委突出抓好干部培训、干部选任、机构管理、农村基层组织建设这几个关键环节，加强领导，强化措施，创新机制，有效增强了全县各级党组织的凝聚力和战斗力，为推进县域经济快速发展

提供了坚强的组织保证。

一是深入开展学习实践科学发展观活动，为科学发展提供动力。县委始终将学习实践科学开展观当做推动各项工作又好又快的有效载体和较大动力来抓，将学习实践科学发展观作为一条主线贯穿各项工作始终。去年3-8月份，经过学习调研、分析检查、整改提高等阶段，圆满完成了第二批深入学习实践科学发展观活动，使全县92个参学单位，2192名党员干部精神面貌焕然一新。9月份，又启动了第三批深入学习实践科学发展观活动。在社区、医院、学校、农村、两新组织等全面开展了科学发展观学习实践活动。326个单位，10604名党员积极参与，已圆满完成学习调研和分析检查阶段的内容，正在进行整改提高工作。

二是大力加强村级班子和农村干部队伍建设。对在换届中新当选的1104名村“两委”干部、新选聘的88名大学生村干部和新招考的10名乡镇公务员进行了4天集中培训，进一步提升了村级干部的领导能力和水平。对342名在职“两委”主干的岗位报酬和养老保险实行统筹发放，专人专卡，今年已经发放180余万元，对265名卸任“两委”主干发放补助19万元。在职“两委”主干报酬由岗位报酬、工龄报酬、绩效报酬三部分组成。岗位报酬按照本村人口数多少确定，人口1500人以下的村，每人每月300元；1500—3000人的村，每人每月320元；3000以上的村，每人每月340元。工龄报酬，按照担任年限确定，担任农村“两委”干部10年以上、20年以下的，每人每月5元；20年以上、30年以下的，每人每月10元的；30年以上的，每人每月15元。绩效报酬根据绩效考核结果发放，确保岗位报酬发放合理化。对活动场所不健全的村实施“七个覆盖”工程，县财政为每个村补助2万元，完善活动场所建设，已经完成34个村的工程建设。

三是围绕“两条线”建设，更加深入地推进源头防腐工作。县委围绕廉政教育体系建设，主要抓了以下工作：首先加强廉政教育，编织教育互“廉”网。充分发挥廉政警示教育基地的教育功能，组织广大党员干部职工到基地参观学习，接受教育。发挥县廉政警示教育基地辐射带动作用，在韩家岭、堆云洞、司马温公祠和看守所又建起了四个廉政教育辅助基地。在县直地税局、财政局、交通局等16个单位根据各自行业特点建立廉政教育示范点。突出学习型机关、廉政教育、爱岗敬业特点，树立良好的机关风气。重点选树了50个农村廉政文化示范村，从而构成了横向到边、纵向到底的教育网络，形成了红色革命文化与优秀传统文化交相辉映、正面示范教育与反面警示教育互为补充的教育格局，增强教育的渗透力和辐射面。其次突出责任追究，狠抓廉洁自律工作。围绕“责任分解、责任考核、责任追究”三个关键环节，将党风廉政建设的责任内容分解成7个大项、66个小项，层层分解到各级领导干部、责任单位和协办单位，并延伸至农村基层，构建起了“横向到边、纵向到底、一级抓一级、层层抓落实”的责任追究工作网络。

二、突出重点，稳健发展，经济建设成效明显

在全县确立了实施生态立县、工业富县、农业强县、文化兴县、旅游活县五大战略，紧紧围绕“工业增效、财政增长、农民增收、后经增强”四增目标，突出抓好“民营企业、特色农业、旅游产业、生态林业、社会事业”五大重点，力求在改革开放、项目建设、城乡统筹、强农惠民、改善民生、安全稳定取得新的成效，努力推动全县经济社会转型发展、安全发展、和谐发展。

一是新型工业化发展步伐加快。全县规模企业由年初的25家发展到28家。特别是晋新双鹤、宇达集团、骏达木业、安瑞风机、运力化工、冠宇化学、康宝单采血浆等企业着力抢抓困难中的机遇，不断创新经营理念，企业发展步伐加快，税收明显增长。同时，县委县政府及时制定出台了《关于支持工业企业应对金融危机的十条措施》，成立了中小企业信用担保公司，明确要求除环保、安监部门外，任何单位不得进入企业检查收费，为企业发展创优了环境，而且积极开展县级领导下企业帮扶解困，协调银企关系，帮助企业解决具体问题。由于工业化发展的带动，2009年县域经济实现了由下滑到增长的重大转折，全县规模以上企业基本恢复了生产，财政收入实现了1.1亿元的目标。

二是特色农业发展再显活力。县委继续在全县实施了以“白色覆盖”和“农业合作社”为主的双重战略，全力拓宽农民的增收空间。在南大里、裴介、胡张、尉郭、埝掌5个乡镇各规划建设一个高标准设施农业示范园区，已新发展“83355”型标准化日光温室2000亩。金融部门累计投放涉农资金4.08亿元，净增8700万元。目前蔬菜种植面积达18万亩，优质水果面积达15.2万亩。大力发展农民专业合作组织，围绕农产品生产加工、运输、销售等环节，积极培育龙头企业，大力发展各类专业合作经济组织，不断提高农民的组织化程度和农业产业化水平。全县涌现出蔬菜协会、养殖协会等各类中介组织200余个，农产品经纪人800余名。

三是旅游产业开发有序推进。立足人文和生态资源优势，把开发旅游产业作为调整经济结构、推进第三产业、加快城市化发展的重大举措，全力打造“人文夏县、古都夏县、绿色夏县”旅游品牌。依托漂流项目的成功开发，进一步发挥泗交镇独特的生态优势，全面整合各种开发要素，不仅对景区内的配套设施进行了完善，而且与市电视台联合举办了“水上激情大挑战”活动，使景区人气大增，夏季来泗交的游客日平均3000人次，双休日高达5000人次，使生态旅游日渐成为全县旅游产业的“龙头”。

四是基础设施建设进展顺利。全县共实施各类重点项目78个，总投资10.08亿元，其中中央新增项目52个，投资5301.8万元，省、市、县重点工程26个，投资9.55亿元。中央新增投资项目的开工、县级配套资金到位率和问题纠正率均达100%，其中完工项目40个，其余12个项目正在加紧

实施。省、市、县重点工程进展顺利，夏南公路疙马沟至祁家河段水毁公路修复、温峪引水一期工程、污水处理厂、夏泗旅游公路翻新改造、裴介初中新建工程、闻夏线道路翻新改造和文化馆、图书馆等一大批基础设施建设项目都已全面完工。 (樊金瑞)

附：一、中共夏县县委书记、副书记、常委名单

书　记：苏安乐

副书记：李晋学　薛玉马

常　委：姚仁义　郭刘龙　张　宏　翟龙飞　李　鹏　王　钊　苏丽红（女）　王更合

二、乡镇党委书记、副书记名单

瑶峰镇

书　记：李永林

副书记：杨　军　崔晓国

庙前镇

书　记：王建斌

副书记：杨海娟（女）　张志久

禹王乡

书　记：吴朝晖

副书记：王青会　张首华

裴介镇

书　记：杨克隆

副书记：刘宏庆　裴卫平

水头镇

书　记：张贵林

副书记：裴文荣　臧孟义

胡张乡

书　记：黄运生

副书记：高天赐　解利军

尉郭乡

书　记：武曙光

副书记：张更群　翟红灯

南大里乡

书　记：王继瑞

副书记：樊艺兵　李怀波

埝掌镇

书　记：温建新

副书记：张瑞芳（女）

泗交镇

书　记：刘　军

副书记：张建波

祁家河乡

书　记：秦旭东

副书记：宁国荣

中共平陆县委工作概况

2009年，在市委的正确领导下，县委坚持以邓小平理论和“三个代表”重要思想为指导，深入贯彻党的十七大三中、四中全会精神，认真学习实践贯彻落实科学发展观，围绕全县工作大局，锐意创新，狠抓落实，党的建设取得成效。

一、深入开展学习实践科学发展观活动

按照中央、省、市委安排，全县先后分两批参加了第二批、第三批学习实践活动。在第二批学习实践活动中，县委坚持做到“规定动作不走样，自选动作有特色”，在认真完成三个阶段六个环节工作的同时，紧紧围绕“爱我平陆，共谋发展”这个主题，举办了多场次的演讲比赛和笔记展评，开展了“走百村、进百企、入千户、访万民”大调研活动，组织了访贫问寒大慰问活动。形成调研报告300份，提出科学发展思路对策1530条。全县许多好做法得到省、市委的肯定，省委工作简报先后登载全县专稿6期，《搭建五个平台，大力实施劳动力转移》的做法，被中央简报刊发。在第三批学习实践活动中，除了下发规定学习的两本书外，还专门组织力量编印了通俗易懂的《平陆县深入学习实践科学发展观活动辅导读本》，统一印制了学习笔记。特别是结合第二批学习实践活动“回头看”工作，组织第二批参学单位，在加大“落实整改方案、解决突出问题、切实转变作风”力度的同时，开展了以送政策、送技术、送文化、送资金、送项目、送医疗、送温暖“七送”为主要内容的“包村联户”活动。147个县直机关、企事业党支部同228个建制村结成了帮联对子，3000多名党员共联系困难党员和困难群众1687户，办实事、好事达1600余件。

二、加强干部教育培训工作

一年来，县委按照中央和省、市委要求，以建设学习型政党为目标，以县委党校、乡镇党校为依托，区别情况，分类施教，加大党员干部教育培训力度。全年，在县委党校分期分批对295名农村“两委”主干和1238名股级以上干部进行了集中培训。以全面提升全县国家公务员的整体素质为目标，对全县709名公务员进行了集中培训。利用冬春农闲时节，组织农村党员进行冬训。大力实施党组织书记、党员、大学生村官、党员创业技能四大培训工程，把讲理论与教方法结合起来，提高了针对性。对县乡机关干部，根据不同发展阶段、不同区域特征、不同干部需求，开展各种专题培训，重点提高干部谋划发展、推动发展的本领和群众工作、维护稳定的本领。一年来，共举办各类专题

培训班达12次。十七届四中全会召开后，通过专题讲座、派出讲师团，分赴机关、学校、农村、企业进行专题辅导外，在全县开展了以引导党员干部爱读书、勤思考、善总结为目标的“书香平陆”全民读书学习活动。各级党员干部坚持日学一小时，月读一本书，干什么学什么，缺什么补什么，关注什么学什么，在全县形成了崇尚学习，抵御低俗的良好风气。

三、加强领导班子和干部队伍建设

一是大力加强领导班子和领导干部思想政治建设。县委对全县贯彻落实中央《关于进一步加强和改进领导班子思想政治建设的意见》和领导班子思想政治建设座谈会精神的情况进行全面自查，及时发现和解决领导班子存在的问题。推行了领导干部建立联系点工作制度，完善了党建工作例会和考核评价制度，定期听取基层党组织工作情况汇报。

二是实行民主遴选办法选干部。年初，在对县直8个单位正职调整中，组织县处级以上领导干部和县委委员进行了大范围的民主遴选推荐；采用个别谈话的方式，逐一征求县处级以上领导干部、县委委员和乡镇党委书记的意见；在此基础上，县委提名备选人选，在备选人选单位组织进行了第三次民主推荐，公平公正公开选拔出了8名领导正职，社会反响良好。在每次干部调整中，都在平陆电视台和政府门前公示栏，对拟提拔的科级、副科级干部进行7个工作日的公示。公示期间，实行8小时值班制度和来电、来信、来访登记制度，认真对待群众反映的问题，真正落实了群众的“四权”。

三是建立健全科学考核评价体系。出台了《平陆县经济社会发展考核评价工作方案》，注重实绩考核，突出量化和细化，按照一季一督察、半年一小评、年终总评比的办法进行。为贯彻落实中央《关于进一步从严管理干部的意见》，专门从组织、纪检、新闻媒体抽调人员，组成暗访督察组，对县直单位和乡镇干部在职在岗，履行岗位职责情况进行明察暗访，在全县各机关中营造了爱岗敬业的良好氛围。

四、加强党员队伍建设，扩大基层党组织覆盖面

一是抓住壮大队伍和发挥作用两个关键，党员队伍呈现出新的生机与活力。县委制定了发展党员“122”工作机制，全县每年培养两千名入党积极分子、每村每年至少发展两名以上新党员。为更好地发挥党员的先锋作用和模范带头作用，在全县推广部官乡东祁村“支部抓协会，党员定岗位”做法，成立各类协会600余个，成立专业合作社327个，广大党员量才定岗、在岗履责，较好地发挥了先锋模范作用。县委还实施了“农村小康建设带头人工程”，建立乡土拔尖人才档案库，通过政治上给荣誉，经济上给扶持，发展上搭平台的举措，让他们在引领群众致富方面发挥作用。

二是采取“三建一派”方式，扩大党的工作和党组织覆盖面。本着“巩固基础，重点突出，分类指导，建管并重”的原则，采取单独组建、联合组建、挂靠组建、派驻指导员“三建一派”方式，加大非公有制经济组织和新社会组织党建工作力度，实现了应建尽建，不留空白的党建新格局。全县所有符合组建条件的非公有制经济组织、新社会组织全部建立党组织。对不符合组建条件的非公有制经济组织和个体工商户，共派出党建联络员、指导员163人，基本做到了党的工作和党组织全覆盖。

三是创新工作，多方筹资，村级组织活动场所基本实现全覆盖。县委面对财政困难，动员镇、村在自筹资金的基础上，把县财政拨付的27万元作为激励资金，凡是主体完工时，每村拨付5000元，全县新建了45个村，修缮了49个村，新建的45个村中有35个主体完工，有25个村粉刷等后续工作全部到位，有8个村正在建设，基本实现了全覆盖目标。12月15日，全市村级组织活动场所全覆盖推进会在我县召开。投资96万元，共完成了11个乡镇党委，167个党支部，270名党员干部家中的远程教育终端站点建设任务，为基层干部学习教育开辟了空中课堂。

四是严格管理，精心培养，大学生村干部作用得到较好发挥。坚持管活、管好、管出实效原则，采取县委组织部宏观管理、乡镇党委具体管理、村“两委”直接管理、大学生村干部自我管理“3+1”模式，通过“抓规范、强监督、严纪律、促成长、激创业、重实绩”措施，大学生村干部建功立业信心坚定、激情高涨，有13人考录为公务员和事业单位人员，通过SYB创业技能培训，有26名大学生村干部自主创业和带领群众创办经济实体34个，已成为新农村建设的生力军。（王　伟）

附：一、中共平陆县委书记、副书记、常委名单

书　记：姚十保

副书记：任秀红（女）　廉广锋　杨彦康（5月离职）
惠安和（3月任职）

常　委：赵建新　石杜杰　范有生
任爱梅（女，5月离职）
罗宏伟（5月任职）　苏红军（5月离职）
王晓峰（5月任职）　惠安和（3月离职）

二、乡镇党委书记、副书记名单

曹川镇

书　记：吕新安

副书记：范效朴

坡底乡

书　记：

副书记：宋克宽　李跟照

三门镇

书　记：曹福定

副书记：张俊涛　王　强

圣人涧镇

书　记：李文杰

副书记：梁永杰

开发区

书　记：郭淑文（女）

副书记：员晋杰　王田野

部官乡

副书记：吴　彬

杜马乡

书　记：吕俊刚

副书记：毛锐龙　马苏义

张村镇

书　记：毛兴辉

副书记：郑文红（女）　李　波

常乐镇

书　记：

副书记：张福臻　仝华斌

洪池乡

书　记：成胜生

副书记：何拥军　贺建杰

张店镇

书　记：潘占奎

副书记：周春安

中共新绛县委工作概况

全县有党委20个，党总支22个，党支部452个，党员11209名。2009年,县委坚持以邓小平理论和“三个代表”重要思想为指导，深入贯彻落实科学发展观，党的建设取得新成效。

一、深入开展学习实践科学发展观活动

按照中央统一部署，今年我县参加第二批学习实践科学发展观活动的单位共有76个，其中包括省试点单位2个，横桥乡和东横桥村；市试点单位2个，新绛中学和三泉镇孝陵村。共涉及党组织149个，其中基层党委10个，党总支19个，党支部120个，党员2047名。3月1日以来，县委按照中央、省、市部署，结合新绛实际，以“践行科学发展，破解民生难题，建设和谐新绛”为总主题，以“突出改善民生，抓好‘双十’工程”（强力实施十大强县工程，努力办好十大惠民实事）为总载体，以实现“十个全覆盖、十个所有”（力争使每个村、每个社区都达到“水、电、道路、闭路电视、教育、卫生、文化体育、社会保障、住房、村级组织活动场所”十覆盖，力争使每个人都能实现“学有所教、劳有所得、病有所医、老有所养、住有所居、难有所助、险有所保、民有所安、负有所减、人有所乐”十所有）为总目标，全面安排，扎实推进，做到“规定动作”功夫到位不走样，“自选动作”突出创新求实效，顺利完成了学习实践活动的各项任务，并取得了实实在在的效果。第三批学习实践活动于9月14日全面展开，参加单位主要有10个镇（乡、区）、1个办事处、218个农村、8个社区、30所中小学、9所医院、21个新经济组织等，共涉及党组织330个，其中基层党委11个，党总支3个，党支部316个，党员9075名。目前，已进入到整改落实阶段，共解决各类突出问题213件，为群众办实事好事269件，确保人民群众真切感受到学习实践活动带来的成果。

二、加强村级领导班子建设

县委继续在农村“两委”班子建设上，推行“以事业论官、以能力选贤”的干部选拔任用和监督管理新机制。采取村干部年初从解决好农民群众最关心、最直接、最现实的问题入手，结合支村委任期工作目标，确定自己全年工作目标任务，并向广大群众公开承诺。年终，村督查考核组严格按照“完成一项、申报一项、公示一项、交帐一项”的程序，采取“听汇报、看现场、访群众”的办法，对村干部的承诺工作逐项检查验收。乡镇党委根据考核结果，对完成任务的村干部，大张旗鼓地予以表彰奖励，给予一定的经济待遇；对未完成承诺工作目标的村干部，限期完成任务，特别差的村干部，依法予以处理或调整。从2009年开始给村“两委”主干发放岗位报酬。先发放岗位报酬额的60%，其余40%作为绩效工资，根据村“两委”主干的工作实绩确定绩效工资的发放额，有效地增强了村干部干事创业的积极性和主动性。全县220个村373名主干承诺完成1928件实事好事中已完成承诺工程1823件，占承诺任务的94.55%。积极推行“村官论坛”制度。按照“党委命题、集体讨论、集思广益、大家受益”的原则，由乡镇党委、政府围绕班子建设、村务公开、民主管理、调整结构、增收减负、科技致富、财务管理、计划生育、土地管理、公益事业、集体经济、依法治村等方面存在的普遍、倾向性的热点、难点问题，以及农村工作中遇到的棘手问题和热门话题，确定1—2个议题，组织村官围绕议题，摆问题、揭矛盾、谈经验、讲教训，集思广益，寻求解决问题的办法，或采取组织村官外出考察、讲座培训、电化教育等灵活多样的形式，帮助他们开阔视野，拓宽思路，提高自身素质和工作能力。全年全县共召开28次村官论坛。

三、积极探索“两新”组织党建工作

县委采取单独组建、联合组建、挂靠组建、派驻党建指导员等方式，加大“两新”中建立党组织的力度。一是加强领导，分类指导。先后下发了《关于进一步加强非公有制经济组织和新社会组织中党员组织关系管理工作的通知》和《关于进一步加强非公有制经济组织和新社会组织党建工作的通知》两个文件，并召开了专题会议，进行了

安排部署。二是摸清底数，重点突破。对全县非公有制经济组织和新社会组织以及农民专业合作社、专业协会、产业链等建立党组织情况进行了调查摸底，并吃透了情况。在此基础上，紧紧抓住在农民专业合作社、产业链、专业协会建立党组织这个重点，以此带动各领域建立党组织工作。全县共有非公有制企业745个，共有党员239名，已建立21个党组织，其中煤化园区25家企业联合建立了1个党支部，党员25名。新社会团体22个，党员52名，已建立党组织的有4个。全县农村共有各类专业合作社157个，其中党员392人，建立党小组49个；各类专业协会41个，建立了党小组41个，涉及党员274名；产业链上建立党组织18个，其中党支部1个，党小组17个，涉及党员95名。三是建管并重，典型引领。在进一步创新基层组织设置方式、扩大基层组织覆盖面的基础上，更加注重作用的发挥。通过树立典型，在县电视台制作专题片宣传典型等方式，发挥典型的引领作用，从而推动了“两新”组织及农民专业合作社、专业协会、产业链党组织作用的发挥。依托丁村现代设施农业示范基地建立了由18名党员组成的全县首个产业联合党支部，党支部下设科技服务、市场营销、监督管理3个党小组。同时，产业联合党支部通过为党员挂牌划分责任区的方式，有效破解了菜农使用技术难、产品销路难、科学管理难等问题。在广大党员的带领下，丁村现代设施农业示范基地已形成占地3000余亩，400余户农民参与、建成800余座日光温室的蔬菜示范基地，正朝着集约化、规模化、集团化的方向发展。

四、建立流动党员管理机制

建立“1234”工作机制，加强对流动党员的管理教育。按照“共同管理、动态管理、因地制宜”的原则，分别在县委组织部、各基层党委、基层党支部设立了党员服务中心、服务站、服务点，并在县委组织部安装了“12371”党员咨询服务电话，具体负责受理流动党员咨询服务和管理工作。在流动党员的管理上，建立了“一证三卡”、“两定四包”流动党员管理机制。“一证”即流动党员活动证。全县167名流动党员全部使用了活动证。“三卡”即外出登记卡、思想汇报卡、信息反馈卡。每个流动党员在外出时，由党支部负责，让流动党员填写外出登记卡，注明流入地、流出时间、从事职业、联系方式。外出期间流动党员每季度向所属党支部通过邮寄、电话、电子信箱等形式汇报一次思想工作情况。流动党员回来后，除向党支部汇报外出情况外，还要积极向党支部反馈致富信息。同时，为了进一步深化拓展流动党员“在当地争先锋，为家乡做贡献”主题实践活动，充分发挥流动党员的先锋模范作用，要求有致富能力的在外流动党员，根据自身创业经验，带动一批贫困户外出务工，落实定人员、定责任、包资金、包技术、包服务、包致富的“两定四包”责任制。

五、搞好农村党员干部现代远程教育工作

全县现有终端接收站点177个，其中10个镇（乡、区）党委终端接收站，采用了机顶盒+投影仪模式；165个村级终端接收点和2个非公有制企业，全部采用了机顶盒+电视机模式；农村党员之家站点240个。同时，我们注重作用的发挥，建立完善了县乡村三级管理网路，并分层次开展了业务培训，使每名管理人员能熟练的使用远程教育播放节目。另外，我们还充分利用远程教育这一平台，采取定期播放“必须看”、按需点播“自愿看”、技术人员“指导看”、结合中心“重点看”的办法，认真组织党员干部群众进行集中培训、学习，在第三批学习实践活动中最大限度地发挥远程教育的实际效用。（光俊义）

附：一、中共新绛县委书记、副书记、常委名单

书　记：李景发
副书记：王志峰　卢天狮　范宽衍
常　委：赵顺太　李铁路　王功成　杨云英（女）
薛学农　王荣光（5月任职）
陈接运（3月任职）

二、乡镇党委书记、副书记名单

龙光镇
书　记：王军胜
副书记：孙贵明　王晓明

三泉镇
书　记：杨瑞林（1月任职）
副书记：席建功（1月任职）　赵　珉（1月任职）

泽掌镇
书　记：郝红霞（女）
副书记：王红森（1月任职）　段淑杰（1月任职）

北张镇
书　记：董国华
副书记：王　玉（1月任职）　李文山

泉掌镇
书　记：许宏立（1月任职）
副书记：王晓民（1月任职）　程玉龙（1月任职）

古交镇
书　记：赵秋顺（1月任职）
副书记：唐　勇（1月任职）　李　乾

万安镇
书　记：李　雯（女，1月任职）
副书记：王高林（1月任职）　李小旗（9月任职）

阳王镇
书　记：董亚强（1月任职）
副书记：史敏胜　文彩平（女）

横桥乡
书　记：薛永琦
副书记：王会民（1月任职）　成　俊

开发区
书　记：杨轶群（1月任职）
副书记：李虎杰　南天明

山西辉煌60年

1949—2009山西60年巨变

省统计局

伴随着历史前进的步伐，中华人民共和国迎来了60华诞。60年来，人民共和国在前进中不断发展，中华民族在世界民族之林快速崛起，同样，山西这块古老的黄土地也发生了天翻地覆的变化，取得了举世瞩目的发展成就。特别是1978年党的十一届三中全会以来，全省国民经济和各项社会事业均得到了空前发展，一个富有生机、充满活力的新山西在共和国逶迤而又气势磅礴的历史画卷上浓墨重彩地画下了绚丽多彩、光辉灿烂的一页。

辉煌成就

一、经济规模不断扩大，综合实力显著增强

解放初期的山西，经济基础十分薄弱。1952年，全省生产总值仅16亿元，人均GDP仅116元。经过60年的不懈努力，全省国民经济总量不断扩大，经济增长速度明显加快，总体实力和人均水平都大大提高。到2008年，全省实现生产总值超过7000亿元，达7055.8亿元，是1952年的84.5倍（按可比价计算，下同），年均增长8.2%;人均生产总值20742元，是1952年的31.8倍，年均增长6.4%。特别是改革开放以来，社会生产力被极大地激发，1978年—2008年，全省生产总值年均增长10.0%，人均生产总值由1978年的365元增至2008年的20742元，增长12.3倍，年均增长8.7%。迈入新世纪的最近几年，国民经济更是跨越式发展，GDP总量连续突破五个千亿大关，人均GDP2006年比2000年翻了近一番，2008年已经完成了到2020年人均GDP比2000年翻两番目标任务的一多半。

在经济大步发展、财源日益雄厚的基础上，全省财政收入规模大幅增长，支出结构日益合理，有效发挥了宏观调控功能，为实现经济稳定、政治稳定和社会稳定起到了举足轻重的作用。1952年，全省财政总收入只有1.8亿元，到2008年达1518.8亿元，增长830倍，年均增长12.7%。财政支出规模持续加大，2008年，全省财政支出达到1315.0亿元，比1952年的1.1亿元增长1203.9倍，年均增长13.5%;比1978年的21.1亿元增长61.3倍，年均增长14.8%。

二、产业结构不断优化升级，新型能源和工业基地建设成就斐然

60年来，随着经济的快速增长，山西逐步由一个贫穷落后的农业经济结构向三次产业协同发展演变，三次产业比例由1952年的58.6：17.2：24.2演变为2008年的7.2：59.2：33.6，呈现出农业比重不断下降、二产比重快速提高、三产比重不断提升的演进趋势。

1.农业综合生产能力明显提高，农村经济整体实力显著增强。建国初期,农产品供给是影响经济发展和人民生活水平提高的重要问题。60年后的今天，农产品产量获得极大丰收：粮食产量从1949年的26亿公斤增加到2008年的102.8亿公斤，增长3倍，最高的1998年产量达到108.2亿公斤，相当于1949年的4.2倍；棉花产量达到10.7万吨，是1949年的5.3倍；油料产量达到19.1万吨，是1949年的5.5倍；猪牛羊肉产量从1978年的15.1万吨增加到2008年的54.7万吨，年均增长8.7%；禽蛋产量从1978年的3.9万吨增加到2008年的61.6万吨，年均增长49.3%；牛奶产量从1978年的1.5万吨提高到2008年的68.2万吨，年均增长13.6%。农业经济从单一的抓粮食生产变为粮经作物并重，从偏重于农作物种植，变为注重农、林、牧、渔业全面发展。

2008年，全省农林牧渔业总产值达到595.92亿元，比

1949年增长8.0倍（可比价）。农、林、牧渔业产值比重由1949年的90.8：0.12：9.1：0逐步演变为2008年的61.4：3.4：31.1：0.7。农业区域化布局逐步形成，一批布局相对集中、区域特色明显的优质农产品生产基地建设取得突破，已形成了中南部无公害果菜产业区、东西两山优质小杂粮区及雁门关生态畜牧区。各具特色的经济区、产业带的逐步形成，有力地推进了农业市场化、区域化、产业化进程。

2. 工业经济迅猛发展，能源基地建设成就斐然。建国60年来，山西工业基本实现了由技术含量低、门类单一的传统工业结构向技术密集、门类齐全的发展格局转变。到2008年，山西工业已形成拥有37个工业行业大类、147个行业中类、283个行业小类的比较完整的工业体系。全省工业增加值由1952年的2.3亿元增加到2008年的3833.8亿元，增长401倍，年均增长11.3%，主要产品产量大幅度增长，一些重要产品产量位居全国前列。2008年，全省原煤、焦炭、生铁、发电量、水泥分别比1949年增长245倍、1099倍、675倍、4528倍和1702倍，其他产品产量也都成几倍、几十倍、百倍甚至千倍增长，成品钢材、铜材、铝、镁、化肥等产品从无到有，产量快速增加。2008年，山西规模以上工业原煤、焦炭、镁、不锈钢产量位居全国第1位，氧化铝产量位居第3位，生铁、粗钢、铝产量位居第5位，钢材产量位居第10位。

依托资源优势，山西成为全国重要的能源重化工基地和原材料工业基地，在支撑山西自身长足发展的同时，为全国建设做出了巨大贡献。60年间，山西共生产煤炭106.3亿吨，占全国生产总量的四分之一以上；外调煤炭的辐射面达全国26个省市自治区，同时远销国外10多个国家和地区，有力支援了全国的经济建设。在此基础上，山西始终把推进结构调整作为改革发展的重要任务，通过整合资源、创新管理、调整产品结构，优化内部结构，提高新型化水平，使传统产业的增长方式发生了重大转变，在建设新型能源和工业基地道路上迈出了坚实的步伐。煤炭产业集中度和整体素质不断提升，资源回收率大幅提高，煤层气开采利用实现历史性突破，焦炭行业产能和出口量居全国第一，太钢成为全球最大，装备、技术和管理最先进的不锈钢生产基地，以太原为中心的镁铝合金基地加快建设，煤焦化、煤电铝、煤铁钢等产业链初步形成，全省电力装机达到3634.8万千瓦，晋东南到湖北荆门的国家第一条特高压输电线路进一步带动了山西能源结构的优化，提升了山西能源大省的地位。新兴产业规模化得到积极推进，2008年全省装备制造业主营业务收入705.3亿元，是2003年的3.3倍；医药产业主营业务收入达65.8亿元，比2003年增长114.8%。煤化工、新型材料、高新技术，特别是煤基合成油开发等取得重大进展，各类经济技术开发区引领作用日益增强，增创了能源基地和老工业基地的新优势。

3. 商贸流通格局根本性转变，第三产业成为推动经济发展的重要力量。伴随工农业生产的快速发展及流通体制的改革，市场供求状况由短缺向供需均衡和买方市场转化，基本形成了多层次、多门类的商品市场体系和多种经济成分、多种市场流通渠道、多种经营方式并存的商品市场格局，超市、便民店、专卖店、购物中心、仓储式商场、网上购物、自动售货等新型商业业态竞相发展，大型综合商厦不断涌现，一流的设施、丰富的商品、优质的服务相得益彰。2008年全省社会消费品零售总额2356.5亿元，比1949年增长1420倍，年均增长13.1%。

除商业领域外，一些现代服务业也如雨后春笋，在建国后特别是改革开放30年中迅速发展起来。金融业增加值由1952年的0.1亿元增加到2008年的189.8亿元，增长161.7倍；房地产业由1952年的0.6亿元增加到2008年的169.0亿元，增长124.9倍。旅游业在扩大内需、拉动经济增长、提高群众生活质量方面作用日益重要，成为国民经济一个新的支柱产业。全省旅游总收入2008年达739.3亿元，而1985年仅4800万元，增长1500多倍，年均递增37.6%，相当于全省GDP的10.5%，比1985年的0.22%，提高了10.3个百分点。

服务业各领域整体水平全面提升，为推进全省经济的发展提供了强劲的动力。2008年，全省第三产业增加值达到2370.52亿元，比1952年增长122倍，年均增长9.0%。特别是改革开放以来，随着对第三产业认识的深化，第三产业发展迅速加快。1979—2008年全省服务业年均增速达到11.3%，高出整体经济增速1.8个百分点；服务业占经济总量的比重由1978年的20.8%上升为2008年的33.6%，上升12.8个百分点。

三、固定资产投资快速增长，基础产业条件、基础设施水平明显改善

新中国建立60年来，国家和地方在三晋大地上进行了大规模的基本建设投入，特别是改革开放以来，为适应全国大规模经济建设的需要，围绕能源重化工基地建设的主题，山西固定资产投资总量不断扩大。1949—2008年，全省累计完成固定资产投资19638.7亿元，平均每年增长19.1%，建成投产了一批又一批基础产业和基础设施项目，为山西经济社会发展奠定了坚实基础。

农业投资快速增长，农田水利基本条件取得明显改善。60年间，全省农村投资累计达到2006.4亿元，年均增长15.2%。1949年，全省有效灌溉面积仅有252.7千公顷，只占耕地面积的6.1%，人均不足3分。通过大兴以农田水利灌溉、饮水安全、滩涂开发和农田整治等工程为重点的农田水利基本建设，至2008年末，全省机电灌溉面积达到945.7千公顷，旱涝保收面积达到723.3千公顷，配套的机电井80117眼，用于排灌的动力机械达到14.49万台。

工业投资规模宏大，能源、原材料等主要工业产品生产能力由弱变强。60年间，全省工业累计完成投资10377.2亿元，平均每年增长22.9%。其中能源原材料工业累计完成投资8818.1亿元，占到全省工业投资总量的85.0%。大规模的投资使全省工业产品生产能力迅速提升，特别是改革开放以后，为了缓解全国对能源、原材料供求紧张的矛盾，

国家及山西加大了对山西能源原材料基地的建设，有力促进了山西能源原材料产品生产能力的强劲扩张。近年来，山西加大资源整合和规模扩张的力度，进一步提升了能源原材料优势产业的生产竞争能力。建成投产了60对煤炭开采能力在100万吨/年以上的矿井和洗煤厂；建成投产了以太钢、海鑫、山西关铝、山西铝厂、山西华泽铝电联产等30个大型冶金工业项目；建成投产了以山西化肥、丰喜肥业、南风化工等30个化学工业项目、山西焦化厂90万吨炼焦工程；以阳城电厂、太原电厂、古交电厂、神头一、二电厂、兆光电厂、漳泽电厂、榆社电厂、霍州电厂为龙头的50个单机装机容量在30万千瓦以上的火力电厂。

2008年底，全省原煤生产能力7.2亿吨，炼焦能力1.4亿吨，炼钢能力3880万吨，钢材生产能力2964万吨，发电装机容量达到3635万千瓦。

交通运输能力显著增强，形成了铁路、公路、民用航空等运输方式共同组成的综合运输网。60年间国家和地方用于山西交通运输业的投资累计高达2394.3亿元（不包括航空业），使国民经济的“先行官”得到长足发展，截至2008年底，山西铁路、公路线路长度由1949年的783公里、1288公里增加到2512公里和124773公里。特别值得一提的是，石太铁路客运专线开通运营和动车组开行，使山西铁路的客运能力得到了前所未有的大释放。高速公路也从无到有，迅速发展，目前总长度已达1965公里，实现了与河北、河南、陕西等周边省份的全联通，基本实现了省会与各地级市3小时通达；到2008年底，山西拥有4个飞机场（太原武宿机场、长治机场、运城关公机场和大同机场），空中航线达60余条，通航城市约50个，已基本形成了以太原为中心辐射全国的空中运输网络。全省货物运输总量由1949年的82万吨增加到2008年的127066万吨，旅客运输总量由140万人次增加到36706万人次，年平均递增速度分别为13.3%和9.9%，货物周转量由1953年的14.8亿吨公里增加到2329.7亿吨公里，旅客周转量由1953年的7.5亿人公里增加到448.2亿人公里，年平均递增速度分别为9.6%和7.7%。

邮电通信业蓬勃发展，初步建成包括光纤、数字微波、程控交换、移动通信等覆盖全省、通达全国和世界的公用邮电电信网，并建成了业务种类齐全、网点密布的邮政网。2008年，全省邮电业务总量达到559.5亿元，是1949年的2.7万多倍，是1978年的504倍。固定长途电话交换机容量22.8万路端，比1999年增长87.1%；移动电话交换机容量达2363.9万户，比1999年增长16.9倍；长途光缆线路总长度为2.6万公里，比1993年增长13.5倍；全省互联网宽带接入用户达到214.5万户，较有宽带业务端口统计的2001年底的1245户增长了1722倍。

四、全方位对外开放格局基本形成，招商引资规模不断扩大

直到改革开放前，山西只有少量对外贸易，基本处于闭关自守的落后状态。改革开放后，山西积极适应经济全球化、加入WTO以及国际产业资本加速转移的新形势，不断扩大对外开放领域，加快转变外贸增长方式，初步形成了全方位、宽领域、多层次的对外开放格局。

进出口规模不断扩大。1949年全省直接出口额只有145万美元，到1978年直接出口总额也只有731万美元，进口为零。到2008年，全省海关进出口总额达到143.9亿美元，其中进口达到51.5亿美元，出口92.4亿美元。进出口总额在全国31个省（市、区）的排位由1978年的第27位前移到第17位。目前，与山西有贸易往来的国家和地区达到190个，其中进出口总额上亿美元的贸易伙伴达到25个。与欧盟、美国、日本三大经济体、周边国家（地区）、东盟及其他贸易伙伴的贸易合作全面发展，贸易市场多元化格局逐步形成。

利用外资从无到有，快速增长。特别是近几年来，山西积极承接国际、国内产业转移，改善投资发展环境，创新招商引资方式，实行“走出去”和“请进来”相结合，利用外资规模迅速扩张，领域不断拓展。到2008年末，全省外商直接投资企业项目数累计已发展到2885个，其中，合资企业2090个，合作企业301个，外商独资企业493个。1985—2008年，山西累计实际利用外资118.5亿美元，其中外商直接投资累计达到54.1亿美元。

对外直接投资从无到有，长足发展。2008年全省对外直接投资2754万美元。对外承包工程、劳务合作业务“十五”期间共完成营业额6.65亿美元，年均增长41.5%。2006年至2008年分别完成营业额2.9亿美元、3.3亿和5.3亿美元，分别增长42.8%、16.8%、64.4%。

五、人民生活显著改善，向全面小康社会大步推进

20世纪80年代居民生活从贫困走向温饱，90年代逐渐迈向小康，20世纪末全省总体平均生活水平跨进小康社会的初级阶段。进入21世纪，居民生活逐步走向富裕，向全面小康社会大步推进。

城乡居民收入大幅度增长，收入来源向多渠道、多元化方向发展。城镇居民人均可支配收入由1952年的126元提高到2008年的13119元，增长103倍，年均增长8.1%。农村居民人均纯收入由74.8元提高到4097.2元，增长53.8倍，年均增长6.9%。市场经济的日趋成熟和经济活力的增强，也拓宽了增加收入的渠道。全省城镇居民收人中近四成来源于除工薪收入外的经营性、财产性、转移性收入。在农民人均纯收入中，工资性收入占农民纯收入的比重由1992年的31.1%上升到41.8%，成为农民增收的重要渠道。在城镇居民可支配收入中，经营性收入、财产性收入、转移性收入成为重要来源，2008年占总收入的比重达到34.9%。

随着居民收入水平的大幅提高，居民消费持续增长，消费结构发生了质的变化。城镇居民人均消费性支出由1952年的93.3元、1978年的275.4元增加到2008年的8806.6元，农民人均生活消费支出由1954年的70.3元、1978年的90.6元增加到2008年的3097.5元。消费结构加快转型升级，逐步由温饱型向享乐型和发展型转变，住房、家用轿车、旅游、文化娱乐、交通通讯等消费热点持续升温，居民生活条件和居住环境不断改善。城市居民家庭恩格尔系数

（即居民家庭食品消费支出占家庭消费支出的比重）由1952年的67.8%、1978年的55.5%下降为2008年的33.8%；农村居民家庭恩格尔系数由1954年的56.1%、1978年的67.3%下降为2008年的39%。城镇居民人均住房建筑面积由1978年的4.5平方米提高到2008年的27.5平方米，农村居民人均住房面积由9.4平方米提高到2008年的26.5平方米。

六、社会事业蓬勃发展，和谐社会建设稳步推进

科技事业快速发展。新中国建立初，山西的科技工作几乎一片空白，专门的科研机构寥寥无几，科技人才严重匮乏，全省科技人员仅有6030人。新中国的诞生成为山西科技事业腾飞的起点，60年来，全省科技投入不断加大，科技队伍不断发展壮大，科技成果不断涌现。到2008年底，全省国有企事业单位拥有工程技术人员、农业技术人员、科学研究人员、卫生技术人员和教学人员等5类自然科技人员41.7万人，是1952年的28.6倍。

2008年，全省全社会研究与试验发展（R&D）经费支出达到62.7亿元，是1995年的45.6倍，R&D经费支出相当于全省生产总值（GDP）的比重为0.9%，比1995年提高0.77个百分点。2008年全省专利申请量突破5000件大关，达到5386件，在全国排到第20位。

教育事业成绩斐然。1949年，山西仅有1所高等学校，42所中等专业学校，34所普通中学，小学20073所，各类学校在校学生总数103.3万人，仅占全省总人口的8.1%。2008年末，全省高等院校发展到61所，比1978年增加了45所，在校学生52.7万人，是1978年的24.2倍；中等职业教育学校（普通中等技术学校、职业高中、技工学校、成人中专）630所，比1978年增加420所，在校学生63.7万人，比1978年增加59.0万人。农村义务教育全部纳入了公共财政保障范围，“普九”人口覆盖率达到100%。从2007年起，全部免除了农村义务教育阶段433.8万名学生的学杂费，2008年秋季开学起，全面免除了城市义务教育阶段学生学杂费。

文化体育事业繁荣进步。到2008年末，全省公共图书馆达到122个，比1978年增加61个，其中省级馆1个，地（市）级馆6个，县（市）级及以下馆115个，总藏量达到11015千册件；全省各类艺术表演团体164个，比1978年增加17个；博物馆85个，比1978年增加70个；广播电台8座，电视台10座，广播人口覆盖率和电视人口覆盖率分别达到92.4%和96.6%，分别比1978年提高12.4和42.6个百分点；全省报刊出版16.3亿份，各类杂志出版3950万册，各类图书出版10535万册。2008年末，全省共拥有体育场104个，比1953年增加103个；体育馆34个、比1958年增加33个；有看台的灯光球场201个，比1954年增加200个；运动场189个，比1953年增加180个；游泳池142个，比1955年增加140个；全省国际级裁判员达到4人，国家级裁判员6人，一级裁判员72人，二级裁判员988人。从1978年以来，山西运动员3人5人次累计打破世界纪录3项，打破全国纪录130多项。2008年，山西9名队员代表国家参加在北京举行的第29届奥运会，在6个项目上与世界一流强手同场竞技，取得了古典式摔跤74公斤级银牌、蹦床男子网上个人铜牌、特设项目武术男子长拳金牌的优异成绩，实现了山西在奥运历史上单项成绩奖牌“零”的突破。

卫生服务体系不断完善。2008年，山西省各级卫生机构由1949年的1262个增加到9533个，其中医院由51个增加到1048个；卫生机构床位数由1949年的917张增加到13.0万张，其中医院床位由902张增加到9.4万张；卫生技术人员由1949年的4989人增加到16.2万人。基本建立了适应社会主义市场经济要求的基本医疗保险、补充医疗保险、公费医疗和商业医疗保险等多种形式的城镇职工医疗保障体系，并从2003年开始，开展了由中央财政、地方财政和农民自愿参加筹资、以大病补助为主的新型农村合作医疗试点，2007年末新型农村合作医疗覆盖率已达到90%，具有山西特色的基本医疗保险框架已经初步形成。

经验启示

“前事不忘，后事之师”。60年辉煌成就来之不易，60年创业经验弥足珍贵，认真总结并结合实践的发展充分运用这些经验，对继续推进今后的发展具有十分重要的意义。回顾山西60年的发展历程，得出以下几条基本经验：

一、坚持以经济建设为中心是经济社会发展的关键

坚持以经济建设为中心，是我国总结60年发展的经验教训特别是总结改革开放前30年发展的经验教训，充分分析把握社会主义初级阶段的基本国情所确定的基本方针。我国正处于并将长期处于社会主义初级阶段，这个阶段的基本矛盾，始终是人民日益增长的物质文化需要同落后的社会生产之间的矛盾，在这个阶段，发展的问题始终是最核心的问题。60年的发展经验告诉我们，哪个阶段坚持了以经济建设为中心，哪个阶段就能较快地发展。60年来，山西虽然取得了前所未有的发展成就，但与全国水平相比，特别是与先进省区相比，差距依然较大。要改变落后、赶上先进，就必须把发展作为最首要的任务，就必须更加坚定不移地坚持以经济建设为中心，只有经济发展了，人民生活才能改善，社会才能稳定，其他各项事业的发展才有物质基础的保障。

二、坚持实事求是，走具有山西特色的路子是加快发展的根本出路

60年的探索实践证明，山西改革和发展之路不可能照搬别省的经验和做法，只有立足省情省力，和本省的实际紧密地结合起来，创造性地确定改革思路，推进发展进程，才能走出一条既符合时代潮流，又符合本地实际，具有自己特色特点的正确道路。资源型地区、欠发达地区、内陆省份，是山西最基本的省情，煤炭资源丰富、工业基础和原材料条件较好、自然人文资源丰厚，是山西最基本的优势。必须不断深化对省情特点和发展规律的认识，把中央大政方针和山西实际结合起来，以科学发展观蕴含的世界观和方法论，在更广范围和更高层次谋划和推进山西的发展，在国际国内发展大环境中发挥比较优势、增创新的优

势，增强走出“四条路子”、实现“三个跨越”的责任感和紧迫感，进一步加快转型发展、安全发展、和谐发展步伐，努力走具有山西特色的科学发展之路，建设充满活力、富裕文明、和谐稳定、山川秀美的新山西，才能使兴晋富民的道路越走越宽广。

三、坚持改革开放是推动经济社会发展的不竭动力

60年的发展历史特别是党的十一届三中全会以来的发展历史雄辩地证明，实现改革开放是社会主义的强国之路，是山西这样的后发地区加快发展的“牛鼻子”，山西面临的问题一定要通过深化改革、实现开放来解决，必须坚定改革开放的信心和决心，勇于变革、勇于创新，永不僵化、永不停滞，不为任何风险所惧，不被任何干扰所惑，坚决革除妨碍科学发展的观念、做法和体制机制弊端，着力解决制约科学发展的深层次矛盾和问题，以更大力度的改革和更全面的开放为建设新基地新山西提供不竭动力、注入旺盛活力。

四、坚持不断调整和优化产业结构是科学发展的必然选择

60年的发展证明，产业结构的调整优化对经济发展有着十分重要的作用。山西经济几次大起大落的客观事实告诉我们，要适应科学技术不断进步、社会发展日新月异的要求，必须把产业结构优化升级和不断进步作为重要抓手。近年来，经过全省上下的共同努力，山西产业结构调整取得了明显成效，但一些深层次的问题尚未根本解决。推进山西科学发展，必须进一步加大产业结构的调整力度，积极推动转型发展。充分利用市场倒逼机制，确实落实好省委、省政府的十大产业调整振兴规划。正确处理调整和发展的关系，统筹兼顾各方利益，坚持在发展中调整，以调整促进发展。

五、坚持科技引领是推动发展的决定因素

科学技术是第一生产力，科技进步是经济发展的决定因素。60年的发展历程充分表明，每一次重大的历史飞跃，每一项重大成就的取得，都与科技进步、科技成果应用有着不可分割的联系。山西实现又好又快发展的根本途径是转型发展，而转型发展的根本途径是科技创新。要牢固树立科技立省、创新转型的理念，高层次、强力度谋划科技创新，有重点地提升科技创新能力，在山西省主导产业发展的关键领域掌握一批核心技术和自主知识产权，促进重点企业向技术和管理的高端看齐，实现科技创新与开辟新的经济增长点有机统一，促进山西经济又好又快发展。

六、坚持以人为本，维护和实现人民群众的利益是发展的根本出发点和落脚点

人民群众是历史的创造者和推动历史前进的力量，具有光荣传统的山西人民蕴涵着创业、创新、创造的无穷智慧和力量，只有让广大人民群众从改革中得到实实在在的好处，看到未来希望，才能不断增强创造活力，形成推动发展的强大合力。60年来。正是由于我们始终坚持把依靠人民，由人民当家作主、尊重人民群众的首创精神和经济社会各项事业发展有机地结合起来，积极调动最广大人民群众投身改革开放伟大实践的积极性、主动性和创造性，把实现好、维护好、发展好最广大人民群众的根本利益作为发展的根本出发点和落脚点，才使山西各项事业得以蓬勃发展。我们必须坚持以人为本，切实做到改革发展为了人民、改革发展依靠人民、改革发展成果由人民共享，才能更加调动全省人民投身全面建设小康社会的积极性、主动性、创造性。

60年，在人类发展的历史长河中只不过是短暂的一瞬间。然而，就在这短暂的60年中，三晋儿女在这块古老的黄土地上描绘出了一幅奋发图强的光辉画卷，谱写了一曲激情豪迈、催人奋进的壮丽乐章。但我们必须看到，到目前为止，山西仍属于欠发达省区，仍处于艰苦创业、负重爬坡、奋力追赶的时期。我们必须始终保持清醒头脑，增强进取意识，保持和发扬山西人民淳朴坚韧、吃苦耐劳、自强不息的高尚品格，同舟共济、奋力开拓，不断实现经济社会新发展新跨越。

站在新的历史起点上，肩负着新的时代使命。党的十七大提出了深人贯彻落实科学发展观、夺取全面建设小康社会新胜利的新目标，对改革开放又提出了更高的新要求，省委、省政府做出了实现山西转型、跨越、崛起发展的新部署，提出转型发展、安全发展、和谐发展的新思路。我们坚信，在中国特色社会主义伟大旗帜指引下，在党中央、国务院和山西省委、省政府的正确领导下，具有顽强拼搏精神的山西人民，一定会以更加昂扬的斗志，更加扎实的工作，夺取全面建设小康社会新胜利，一个充满活力、富裕文明、和谐稳定、山川秀美的新山西必将在中华民族的伟大复兴中崛起!

9月28日，省领导参观“辉煌60年——山西省庆祝新中国成立60周年成就展”。

60 年来历任省委、省人大、

程子华

华北人民政府组建任命的山西省人民政府主席
（1949.7–1950.3）
中共中央华北局任命的中共山西省委书记
（1949.8–1950.9）
山西省人民政府委员会主席
（1950.3–1951.2）
山西省第一届各界人民代表大会协商委员会主席
（1950.3–1951.2）

赖若愚

中共中央华北局任命的中共山西省委书记
（1950.9–1951.11）
山西省人民政府委员会主席
（1951.2–1951.11）
山西省第一届各界人民代表大会协商委员会主席
（1951–1952.4）

裴丽生

山西省人民政府委员会代理主席
（1950.9–1951.2）
山西省人民政府委员会主席
（1952.4–1955.2）
山西省第二届各届人民代表会议协商委员会主席
（1952.4–1955.2）
山西省人民委员会省长
（1955.2–1956.4）

陶鲁笳

中共中央华北局任命的中共山西省委书记
（1952.12–1953.6）
中共中央华北局任命的中共山西省委第一书记
（1953.7–1956.8）
中共山西省委第一届委员会书记
（1956.8–1965.8）
政协山西省第一、二、三届委员会主席
（1955.2–1965.12）

王世英

山西省人民委员会省长
（1956.4–1958.12）

卫　恒

中共山西省第二届委员会第一书记
（1965.8–1967.1）
山西省人民委员会代理省长
（1956.4–1958.12）
山西省人民委员会省长
（1958.12–1965.12）
政协山西省第三届委员会主席
（1965.12–1967.1）

阮泊生

山西省第五、六届人大常委会主任
（1979.12–1988.1）

罗贵波

山西省人民政府省长
（1979.12–1983.4）

郑　林

政协山西省第四届委员会主席
（1979.12–1983.4）

武光汤

政协山西省第五届委员会主席
（1983.4–1985.4）

李修仁

政协山西省第五、六届委员会主席
（1985.5–1993.1）

王庭栋

山西省第七届人大常委会主任
（1988.1–1993.1）

孙文盛

山西省人民政府代理省长
（1993.9–1994.3）
山西省人民政府省长
（1994.3–1999.7）

郭裕怀

政协山西省第七、八届委员会主席
（1995.2–1999.12）

田成平

中共山西省第七、八届委员会书记
（1999.6–2005.7）
政协山西省第八届委员会主席
（2000.1–2001.2）
山西省第十届人大省委会主任
（2003.1–2005.7）

张宝顺

山西省人民政府代理省长
（2004.1–2004.2）
山西省人民政府省长
（2004.2–2005.7）
中共山西省第八、九届委员会书记
（2005.7–2010.5）
山西省第十、十一届人大常委会主任
（2006.1–2010.7）

于幼军

山西省人民政府代理省长
（2005.7–2006.1）
山西省人民政府省长
（2006.1–2007.9）

孟学农

山西省人民政府代理省长
（2007.9–2008.1）
山西省人民政府省长
（2008.1–2008.9）

省政府、省政协主要领导名录

解学恭

中共中央华北局任命的中共山西省委代理书记
（1951.7–1952.7）

吴　德

中共中央华北局任命的中共山西省委书记
（1951.11 任命，未到职）

高克林

中共中央华北局任命的中共山西省委书记
（1952.7–1952.12）

王　谦

山西省人民委员会省长
（1965.12–1967.1）
山西省三、四届委员会第一书记
（1975.5–1980.10）
山西省革命委员会主任
（1975.5–1979.12）
政协山西省第四届委员会主席
（1977.12–1979.12）

刘格平

中共山西省（革命委员会）核心小组组长
（回族，1967.12–1971.4）
山西省革命委员会主任
（1967.3–1971.4）

谢振华

中共山西省（革命委员会）核心小组第一副组长
（1969.7–1971.4 主持省核心小组和革委会工作）
中共山西省第三届委员会第一书记
（1971.4–1975.5）
山西省革命委员会主任
（1971.4–1975.5）

霍士廉

中共山西省第四届委员会第一书记
（1980.10–1983.3）

李立功

中共山西省第四、五届委员会书记
（1983.3–1991.3）

王森浩

山西省人民政府省长
（1983.4–1992.8）

王茂林

中共山西省第六届委员会书记
（1991.3–1993.9）
政协山西省第七届委员会主席
（1991.3–1993.9）

胡富国

山西省人民政府代理省长
（1992.8–1993.1）
山西省人民政府省长
（1993.1–1993.9）
中共山西省第六、七届委员会书记
（1993.9–1999.6）
政协山西省第七届委员会主席
（1994.3–1995.2）

卢功勋

山西省第八、九届人大常委会主任
（1993.1–2003.1）

刘振华

山西省人民政府代理省长
（1999.7–2000.1）
山西省人民政府省长
（2000.1–2004.1）

郑社奎

政协山西省第八届委员会主席
（2001.2–2003.1）

刘泽民

政协山西省第九届委员会主席
（2003.1–2008.1）

金银焕

政协山西省第十届委员会主席
（女，2008.1–2008.10）

王　君

山西省人民政府代理省长
（2008.9–2009.1）
山西省人民政府省长
（2009.1–　　）

薛延忠

政协山西省第十届委员会主席
（2009.1–　　）

（按任职时间排序　武威方　供稿）

10月20日，由中华人民共和国农业部、山西省人民政府、中国国际贸易促进委员会联合主办的中国(山西)特色农产品交易博览会在太原隆重开幕。

工业实现跨越式发展

徐建中　马双喜

新中国成立60年以来，在中共山西省委和省人民政府的领导下，全省工业战线广大干部职工在一片废墟中白手起家，艰苦创业，一大批工矿企业拔地而起，发展壮大，初步形成了门类齐全的工业体系，从而使山西的工业化进程明显加快；改革开放30年，全省工业化、现代化、市场化进程大大加快，山西迅速成为了共和国最为重要的能源重化工基地。进入新世纪后,特别是党的十六大以来，全省工业行业全面贯彻落实科学发展观，大力推进新型工业化，积极转变经济发展方式，全省工业又好又快发展，综合实力和竞争力明显增强。目前，在省委、省政府的坚强领导下，全省工业领域积极应对全球金融危机，坚决打响“保增长、保民生、保稳定”的攻坚战，积极探索和创造性地开展转型发展、安全发展、和谐发展，努力将山西尽快建设成为全国重要的新型能源和新型工业基地。山西工业60年的历史性发展，使古老的三晋大地实现了惊人巨变和跨越式腾飞，不仅极大地加快了兴晋富民和建设新山西的步伐，而且为支援全国经济建设做出了历史性贡献。

一、伟大的历程

新中国成立后，中共山西省委和省人民政府领导全省人民迅速恢复战争创伤，短短的三年就实现了国民经济的恢复。1953—1957年，描绘山西工业版图、改变山西面貌的“一五计划”顺利推进，全国156项重点工程中，投资山西工业18项，揭开了山西工业历史性巨变的序幕，也奠定了山西工业重型化的发展格局。1958—1978年，在全面探索和推进社会主义建设的实践中，虽然三年大跃进、十年文化大革命使全省工业经济发展遭受了重大挫折和损失，但奋战在山西工业战线的老一辈为建设世代向往的新山西呕心沥血，进行了积极探索、开展了大胆实践，付出了巨大努力，仍取得了令人难忘的巨大成就，获得了弥足珍贵的经验教训。建国29年，全省逐步建成的门类齐全的工业体系，为改革开放和社会主义现代化建设奠定了物质基础，老一辈艰苦奋斗的历程和积极探索建设新山西的宝贵经验教训，为改革开放和建设有中国特色社会主义提供了重要借鉴。

1978年12月，党的十一届三中全会作出了把党和国家工作中心转移到经济建设上来、实行改革开放的历史性决策。我国进入了以改革开放为标志的社会主义现代化建设新时期。1980—1984年，山西紧紧围绕增强企业活力，积极扩大企业自主权，工业领域改革取得了重要进展。1984年10月十二届三中全会通过了《中共中央关于经济体制改革的决定》，全国改革开放风起云涌，并不断推向纵深。1985年初，省委、省政府发布了《山西省以增强企业活力为中心的经济体制改革实施方案》，省级12个部门又制定了配套改革的一系列实施细则，我省的改革开放进入了全面配套发展阶段，全省广泛推行承包制、租赁制、资产经营责任制，进一步扩大开放、加快发展乡镇企业和“三资”企业。1992年邓小平同志南巡谈话提出了判断是非得失的“三个有利于”标准后，全国思想空前大解放，掀起了改革开放的新高潮，以社会主义市场经济为目标，加快建立现代企业制度、加快建立健全社会保障制度、大力发展非公有制经济成为潮流，全省股份制企业和私营企业异军突起。2000年我国成功战胜亚洲金融危机，我省从1999年开始了新一轮结构调整，以全新的姿态进入新世纪。此时，传统的计划经济体制基本退出历史舞台，新的社会主义市场经济体制初步建立。2000年以来，改革开放进入了全面深化和攻坚克难阶段，社会主义现代化建设捷报频传。全面建设小康社会、坚持走新型工业化道路、建设创新型国家、构建社会主义和谐社会、全面树立和贯彻落实科学发展观，进一步完善社会主义市场经济体制，积极推进全球一体化，成为时代的最强音。这一时期的山西工业成为历史上发展最快、效益最好的时期。

改革开放30年来，极大地调动了广大企业和职工建设社会主义现代化的积极性、主动性和创造性，使古老的三晋大地重新焕发出勃勃生机和活力，特别是党的十六大以来全省新型工业化进程明显加快，转型发展、安全发展、和谐发展成为全省人民的共识和战胜全球金融危机的重要法宝。30年的改革开放，有力地推动和促进了全省工业经济的发展，随着改革开放全面推进，全省工业经济呈现出前所未有的发展好势头，描绘了一卷波澜壮阔的壮丽史诗，走出了一条跨越式发展的腾飞之路。

二、成功的探索

新中国成立之后，国家实行优先发展重工业的工业化发展战略，山西作为首都北京的重要屏障和战略缓冲之地，始终是发展重工业的主战场。山西依靠独特的区位优势和丰富的矿产资源，经过“一五”、“二五”国家重点建设，以及60年代“三线”军工企业建设，成为了新中国重要的重工业基地之一。1958年，全省工农业总产值中，工业总产值比重即超过农业总产值比重，分别为57%和43%；1978年全省重工业总产值70.34亿元，占全省工业总产值的66.1%。1978年全省外调原煤、洗煤、焦炭分别为5270万吨、204万吨和25万吨，外送电力2.75亿千瓦时，合计外送能源总量4698.5万吨标准煤。

改革开放后，我国进入了以经济建设为中心的社会主义现代化建设新时期。但煤电供应长期紧张，成为制约我国经济发展的主要“瓶颈”。为满足全国国民经济发展需要，保证全国能源供应，1982年党中央、国务院作出了在山西建设能源基地的战略决策。经过“六五”、“七五”以来的重点建设，山西外送能源能力大幅增强，在全国能源供应中发挥了生力军的作用，有力地保证了迅猛发展的全国经济对能源产品与日俱增的需求。新世纪以来，我国的改革开放和社会主义现代化建设进入了全新的历史时期，适应时代的变化，省委、省政府准确把握科学发展观之精髓，深入探索山西扩大开放促进发展的思路和作法。2004年郑重提出了把山西建设成为全国重要的新型能源和工业基地的伟大战略构想。2006年省第九次党代会提出山西要走出“四条路子”、实现“三个跨越”的发展思路（“四条路子”一是走出能源基地和老工业基地创新发展的路子，二是走出资源型地区可持续发展的路子，三是走出欠发达地区构建社会主义和谐社会的路子，四是走出内陆省份对外开放的路子；“三个跨越”一是实现由煤炭大省向新型能源和煤化工大省的跨越，二是实现由老工业基地向新型工业基地和精品原材料基地的跨越，三是实现由自然人文资源大省向经济强省和文化强省的跨越）。2008年，针对我省经济社会发展实际，郑重提出转型发展、安全发展、和谐发展这一引导和推动山西科学发展的基本方略和根本途径，为山西今后的发展指出更加明确的方向，成为了山西科学发展和新基地建设的重要里程碑。这不但是思想认识上的重要升华，也是对我省经济发展总体思路的进一步完善和深化，对全省科学发展具有长远的指导意义。目前，“新基地”、“新山西”已成为全省人民的共同奋斗目标。全省传统产业新型化、新兴产业规模化、支柱产业多元化和转变经济发展增长方式均取得了突破性进展。

建国以来，山西沿着建设成全国的重工业基地之一→能源重化工基地→重要的新型能源和工业基地的发展道路，成功地抓住国家振兴老工业基地、促进中部崛起的机遇，大胆实践、积极探索，逐步明确山西工业在全国经济发展中的定位和作为，促进了全省工业的持续稳定发展，加快了全省工业化、新型工业化的进程。特别是改革开放以来，能源基地建设取得了伟大成就，在全国经济发展中发挥了不可替代的重要作用。1978年我省外送能源总量不到5000万吨标准煤，1982年外送能源总量8091.24万吨标准煤，1984年外送原煤和能源总量均超过1亿吨，1992外送原煤超过2亿吨，1992年外送能源总量超过2亿吨标准煤，2003年外送能源总量超过3亿吨标准煤，2005年超过4亿吨标准煤，2007年超过5亿吨标准煤，2008年达到53762.2亿吨标准煤，是1978年的11.4倍。其中，外送原煤48601.3万吨，外送洗煤4722.7万吨，外送焦炭6422.2万吨，外送电力485.6亿千瓦时，分别是1978年的9.2倍、23.2倍、256.9倍、176.6倍。

1979—2008年，山西累计向省外输出能源总量66.55亿吨标准煤，年均输出2.22亿吨标准煤，山西煤炭净外调量占全国净外调量的3/4。山西的外送能源总量长期居全国第一，为全国经济持续稳定高速发展提供了强大的动力，有力地推动了全国经济发展，对保障全国能源安全和改善人民生活做出的历史性贡献将永载史册。在2008年年初全国战胜南方雨雪冰冻自然灾害和“5·12”汶川特大地震以及随后的确保北京奥运会成功举办的伟大斗争中,山西顾全大局,创造了能源输出的历史最高纪录,赢得了全国人民的广泛好评，能源基地的重要作用进一步彰显！

三、辉煌的成就

解放前，山西工业基础十分薄弱，总量很小。1949年全省共有各类工业企业2864个，全年工业总产值（现价）2.07亿元，工业增加值0.65亿元，固定资产仅有1.3亿元，工业产品品种少、产量低。全年仅生产原煤267万吨，焦炭7.5万吨，生铁7.5万吨，钢1.2万吨，水泥1.4万吨，发电量0.4亿千瓦时，纱0.3万吨，卷烟1.2万箱，饮料酒0.1万吨。

（一）从建国到改革开放前，山西工业发展初具规模

1949—1978年，在中国共产党的坚强领导下，奋战在山西工业战线的几代人，艰苦创业，历经坎坷，宁是从“一穷二白”的三晋大地上，建立起星罗棋布的工矿企业和工业城市，产品品种从无到有，从少到多，产量成倍、成百倍地增加。这在山西工业发展史上是历史性的飞跃。1978年，我省已初步形成门类齐全的工业体系，全省实现工业增加值48.12亿元，比1952年增加19.36倍（按可比价计算），年均增长12.29%，工业增加值已占全省地区生产总值的54.7%，工业占据了国民经济的主导地位。

1978年，全省全部乡及乡以上工业企业实现工业总产值98.22亿元，按可比价计算，比1949年增长52.72倍，年均增长14.73%。1978年全省生产原煤9825万吨，焦炭356.51万吨，生铁150.39万吨，钢119.99万吨，水泥255.87万吨，发电量106.63亿千瓦时，纱7.22万吨，卷烟16.77万箱，饮料酒2.42万吨，分别比1949年增长35.8倍、46.3倍、35.6倍、97.4倍、176.7倍、241.3倍、24.7倍、13.0倍、23.2倍。钢材、铜、铝、硫酸、化肥、塑料、平板玻璃、起重机械等产品从无到有，生产规模不断扩大。1978年全省钢材74.04万吨，铜1.03万吨，铝0.50万吨，硫酸22.77万吨，化肥32.33万吨，塑料0.57万吨，平板玻璃47.09万重量箱，起重机械0.91万吨。

（二）改革开放以来，山西工业成就辉煌

改革开放以来，在历届省委、省政府的正确领导下，全省工业战线积极投身改革开放和社会主义现代化建设的伟大事业，创造出前所未有的物质财富，涌现出了一批优秀的企业，创造出一大批闻名省内外的产品。全省工业经济总量连续跨上新台阶，综合经济效益和运行质量迭创新高，全省工业经济综合竞争力大幅度提高。经过30年改革开放和现代化建设，山西已成为共和国最为重要的能源重化工基地，并加速向全国重要的新型能源和工业基地转变。山西工业经济的历史性巨变，为山西转型发展、安全发展、和谐发展奠定了坚实的基础。2008年四季度以来，全省工业行业积极应对全球金融危机，万众一心“保增长、保民生、保稳定”，目前，全省工业经济已止跌企稳回升，工业生产已恢复增长，工业经济逐月好转，全省工业经济的积极性变化不断增多，加快了全省工业在转型中快速崛起、在科学发展中赶超跨越的步伐。

1. 工业经济总量连上新台阶，工业主导地位日趋稳固。1978年全省全部工业增加值不到50亿元，1985年、1996年分别突破100亿元、500亿元大关，2003年、2005年和2007年又连续快速突破1000亿元、2000亿元和3000亿元大关，2008年达到3919.8亿元，按可比价格计算比1978年增长18.74倍，年均增长10.45%，超过1966—1978年平均增速（8.26%）2.19个百分点。2008年工业增加值超过了改革开放以前29年的工业增加值总和。1978年以来全省工业增加值占GDP的比重长期处于40%以上，2005—2008年全省工业增加值占GDP的比重分别为50.7%、52.7%、54.8%和56.5%，稳坐全省经济“半壁江山”。

2. 规模以上工业经济持续发展，经济总量进入全国中上游水平。改革开放30年，全省工业（1978—1997年为全部乡及乡以上工业，1998—2008年为规模以上工业，下同）总体实现持续稳定增长，经济波动明显趋缓。除了国民经济调整时期（1979—1981年）、治理整顿时期（1989—1991年）和国有企业“三年走出困境”时期（1998—2000年）外，绝大多数年份全省工业持续稳定高速增长。1979—1997年全省全部乡及乡以上工业总产值年均增长8.86%（按1990年不变价格计算）。1997年亚洲金融危机后，全省工业进行了国有企业“三年走出困境”攻坚，2000年全省工业增速大幅提高，增速超过1997年增速2.2个百分点（1998—2000年全省工业增加值分别比上年增长6.0%、4.2%和9.7%）。进入新世纪，山西工业进入了新一轮高速增长期，增速明显超过全国平均水平。1998—2008年，全省规模以上工业增加值按可比价计算年平均增长14.19%，超过同期全国规模以上工业年平均增速0.63个百分点，其中，2001—2007年山西工业增速连续七年超过全国，年均增长18.78%，超过全国3.38个百分点，大大超过1979—1997年全省工业增长速度。我省工业增加值在全国各省（区）中的位次也由2000年的第19位，上升到2007年的15位，前移了4位，我省工业经济总量进入了全国中等水平的行列。增长速度较快成为改革开放30年山西工业的最大亮点。

3. 全省工业体系更趋完备，主要行业迅速壮大。1949—1978年山西基本形成了完整的工业体系，经过30年改革开放，山西的工业体系进一步完整，行业规模迅速扩大。2008年全省工业行业大类有37个，中类行业有147个，小类行业有283个，分别占全部工业行业大、中、小类的94.87%、76.96%和53.90%；1978年全省工业产品销售收入尚不到100亿元，1980年首次突破100亿元，1991年煤炭行业销售收入首次超过100亿元，1998年全省工业有3个行业大类超过100亿元（煤炭行业收入达到229.66亿元）。2008年全省工业销售收入超过1000亿元的行业大类有3个，超过500亿元的有4个，超过100亿元的有11个。

4. 主要产品产量跃居全国前列。2008年全省原煤、焦炭、镁、不锈钢产量均居全国第1位；规模以上工业产品产量中，氧化铝居全国第3位；化肥产量居全国第4位，生铁、粗钢和铝均居全国第5位，发电量居全国第7位，钢材居全国第10位，精炼铜居全国第11位，水泥居全国第20位。

5. 全省工业综合实力显著增强，综合经济效益迭创历史新高。30年来，全省工业发展虽然有过短暂的低潮时期，但绝大多数年份工业利润保持稳定增长，增速均在10%以上，致使全省工业综合实力明显增强。2008年全省工业主营业务收入历史性突破1万亿元大关，达到10130.61亿元，比1978年增长124.46倍，年均增长17.44%；实现利润634.25亿元，比1978年增长60.28倍，年均增长14.64%；实现利税1428.25亿元，比1978年增长86.75倍，年均增长16.04%。2008年山西工业资产总计、主营业务收入、利润总额、利税总额在全国各省区中居第12位、16位、13位和9位，主要经济指标进入全国中上游水平（按2008年1—11月月报数据排序）。

2008年全省工业经济效益综合指数突破200%大关，达到211.77%，创该指数开始计算以来的年度最高水平，比1998年提高140.87个百分点。总资产贡献率由1998年的5.22%提高到2008年的12.31%，上升了7.09个百分点；资金利税率则由1998年的4.19%提高到2008年的14.06%，上升了9.87个百分点；成本费用利润率由1998年的0.92%提高到2008年的6.79%，上升了5.87个百分点；流动资产周转次数由1998年的0.99次提高到2008年的2.05次，加快了1倍多；销售利润率由1998年的0.90%提高到2008年的6.26%，上升了5.36个百分点；人均实现利税由1998年的4527.6元，提高到2008年的66452.7元，提高了13.68倍。经济效益好成为改革开放30年山西工业发展的重要标志。

6. 全省工业综合竞争力大幅提升。2008年全省8户工业企业进入中国企业500强，其中，入围企业和位次分别为：太原钢铁（集团）有限公司，第46位；山西焦煤集团有限责任公司，第133位；大同煤矿集团有限责任公司，第142位；山西晋城无烟煤矿业集团有限责任公司，第149位；山西潞安矿业（集团）有限责任公司，第176位；阳泉煤业（集团）有限责任公司，第217位；海鑫钢铁集团有限公司，第440位；长治钢铁（集团）有限公司，第454位。截至2007年底，全省共有山西名牌产品280个,中国名牌产品17个。目前全省拥有中国驰名商标39件，其中，经国家工商总局认定29件，占全国的1.8%。截止目前，全省工业拥有23支上市公司股票在沪、深股票交易所挂牌交易，有些企业还成为上市公司的控股企业和分（子）公司，或出省控股省外上市公司。

四、惊人的巨变

新中国成立60年，改革开放30年，特别是2000年以来，山西工业的所有制、行业、规模、地区结构均发生巨大变化。

(一) 各种经济成分竞相发展，股份制、私营企业异军突起

新中国成立时，全省2864个企业的经济类型主要是官办、商办和个体工业；经过三年的恢复与发展，所有制类型转变为清一色的公有制经济。到1952年全省国有企业382个，集体企业3039个。到改革开放前的1978年全省国有企业2547个、集体企业6834个，其中，国有企业占全省工业总产值的比重高达81.74%。1983年开始,全省陆续出现非公有制企业，1985年全省第一家三资企业出现,1987年平朔安太堡露天煤矿建成投产,是当时全国最大的中外合资企业和世界最大的露天煤矿,1994年山西汾酒成为全省第一家在沪上市的股票,90年代以来安泰集团、三佳股份、海鑫钢铁、阳光焦化等一批私营企业开始闻名省内外。

改革开放30年，山西工业所有制出现重大变化。纯国有企业大幅减少，但国有及国有控股企业实力不断增强，私营企业、三资企业从无到有，股份制、私营企业异军突起，逐步形成了公有制经济占主导，多种经济成分竞相发展的新局面。

2008年全省规模以上工业企业中，国有企业、国有联营企业和国有独资企业分别有310户、2户和48户，合计360户，占全省工业的8.15%，工业总产值占全省工业27.75%，比1978年下降53.99个百分点。国有控股企业650户，占全省工业单位数的14.72%，但其资产总计、工业总产值、主营业务收入、利税总额分别占全省工业的62.18%、51.87%、53.11%和50.64%，仍占全省工业主要指标的半壁江山。股份制企业3121户，占全省工业的70.69%，比1998年提高61.85个百分点，其经济总量已占全省工业的3/4左右，资产总计、工业总产值、主营业务收入、利税总额分别占全省工业的75.86%、75.66%、76.26%和72.50%，分别比1998年提高52.81、52.09、51.88和43.83个百分点；私营企业1593户，占全省工业36.08%，比1998年提高29.79个百分点。资产总计、工业总产值、主营业务收入、利税总额分别占全省工业的11.33%、16.47%、16.33%和15.86%，分别比1998年提高10.28、12.82、12.94和12.10个百分点。

三资企业获得长足发展。2008年全省共有三资企业177户，实现工业总产值、主营业务收入和利税总额626.42、605.65、93.82亿元，分别占全省工业的6.25%、5.98%和6.57%。

(二) 逐步形成四大支柱产业，主导全省工业经济发展

新中国成立60年以来，全省工业在发展中成长，依靠独特的自然资源，抓住国家建设山西重工业、能源重化工业基地的契机，逐渐形成了煤炭、机电、电力、纺织、冶金、化工、建材、食品、焦炭等主要行业，最终形成煤炭、冶金、焦炭、电力四大支柱产业。主要行业在全省工业中的位次也发生了重大变化，1978年，按工业净产值排序，全省工业主要行业分别是煤炭、机电、电力、纺织、冶金和化学行业，占全省工业净产值的比重分别为26.01%、21.86%、12.78%、8.58%、8.01%、7.15%。1998年,按工业增加值排序，全省工业主要行业分别是煤炭、冶金、电力、机电、化学和焦炭行业，分别占全省工业增加值的30.12%、17.37%、13.48%、9.70%、8.04%和7.23%。2008年，全省工业前六大行业分别是煤炭、冶金、焦炭、电力、机电和化学工业，分别占全省工业主营业务收入的34.84%、23.79%、15.71%、7.98%、6.96%和5.10%，不但六大行业的位次发生了明显变化，而且合计比重明显提高，煤炭、冶金、焦炭、电力四大支柱产业主营业务收入占全省工业的比重达到82.32%,比1998年提高17.13个百分点。

(三) 企业平均规模不断扩大，企业综合实力明显增强

新中国成立60年来，全省工业企业由小到大，企业平均规模成倍、成百倍的增加。全省乡及乡以上工业企业1949年年均产值7.24万元，1978年年均产值突破百万元大关，达104.7万元，比1949年增长13.46倍，1997年年均产值突破1000万元大关，达1108.56万元，比1949年增长152.07倍。1998年以来，全省规模以上工业企业平均规模又上新台阶，1998年平均规模为2819.7万元，2005年达到1.09亿元，比1998年增长2.87倍，2008年又比2005年增长1.08倍，达2.27亿元，比1998年增长7.05倍，比1978年增长215.85倍。

2008年全省大中型工业企业（按新划型标准）1063个，比1998年增加700个，其中大型企业129个，比1998年增加85个。全省工业主营业务收入超过1亿元的企业1132个，比1998年增加994个。其中，10亿元以上企业161个，比1998年增加147个。100亿元以上企业10个，比1998年增加10个。太钢集团2007年和2008年营业收入均超过1000亿元。

(四) 各地区竞相发展，地区总量排位变化大

新中国成立60年，特别是改革开放30年，全省工业布局日趋合理，区域经济获得大发展。全省形成了11个地市的基本行政区划后，1994年按各市全部乡及乡以上工业总产值排序，前6位依次是太原、晋中、大同、运城、长治和临汾，分别为255.39、137.31、124.87、78.37、75.35和69.58亿元。1998年全省规模以上工业总产值排前6位的仍是太原、运城、大同、临汾、晋中、长治，分别为268.62、140.56、125.92、100.05、97.95和95.58亿元，2008年全省各市位次又发生重大变化。太原、临汾、长治、吕梁、运

城和晋中市成为全省前6强，其工业总产值分别为1920.52、1270.86、1122.93、1027.21、952.44和823.91亿元，除太原市龙头老大地位没有改变外，吕梁取代大同挺进全省6强，全省第2—6位的地市位次全部改变。按各市的利税总额从高到低排序，全省工业经济总量版图又有新变化，吕梁、太原、晋城、长治、临汾、晋中和朔州市均超过100亿元，分别为207.18、197.61、170.79、161.60、156.18、105.06和103.95亿元，从根本上改变了全省工业经济的格局。

五、科学的道路

新中国成立60年以来，山西工业化步伐明显加快，基本完成了传统工业化。党的十六大以来，山西以科学发展观为统领，坚持走新型工业化道路，全省积极推进传统产业新型化、新型产业规模化和转变经济发展方式，努力促进支柱产业多元化，新型工业化水平明显提高。根据《山西新型工业化统计监测评价方案》测算，2000年山西省新型工业化水平为11.25%，2002年为17.32%，2004—2008年分别为27.55%、33.16%、38.46%、45.09%和47.42%，2008年新型工业化水平比2000年提高了36.17个百分点，比2002年提高了30.10个百分点。

（一）传统产业新型化成效显著

2002年以来，山西省逐步形成了煤炭、冶金、电力和焦炭四大传统支柱产业，在全省工业经济中发挥着越来越重要的主导作用。2008年四大传统支柱产业实现工业总产值、主营业务收入、利润总额和利税总额占全省工业的比重分别为81.62%、82.32%、90.32%和90.19%，分别比2002年上升15.52、12.48、-1.43个和10.40个百分点。2008年传统产业新型化率为50.41%，分别比2000年和2005年提高39.86和22.33个百分点。

1. 煤炭行业优势更加凸显。近年来，煤炭行业坚持走新型工业化道路，积极实施“三大战役”，大力推进煤炭工业可持续发展试点工作，特别加强了资源整合和安全发展，取得丰硕成果。2008年与2003年相比，煤矿单井规模提高近30万吨，煤炭资源采区回采率提高1倍以上；全省煤炭百万吨死亡率2000年首次下降到2以下，2008年下降为0.423，仅为全国水平的35.79%。建成高产高效矿井37座，占全国的21.64%,2008年全省重点煤炭企业（焦煤、同煤、晋煤、阳煤、潞安、兰花集团、中煤平朔公司）原煤产量占全省原煤产量的比重超过50%，形成煤与非煤产业齐头并进的格局。2008年规模以上煤炭行业实现工业总产值、主营业务收入、利润和利税分别为3356.12、3529.65、526.03和914.82亿元，占全省工业的比重分别为33.48%、34.84%、82.94%和64.05%，工业增加值比重将近50%。

2. 焦炭行业成为全省第三大支柱产业。1978年焦炭行业工业总产值在全省微不足道，1988年其产品销售收入也不到全省工业的1%。但通过30年的发展，特别是近十年的发展，焦炭行业已成为全省重要的战略性支柱产业。2008年规模以上焦炭行业实现工业总产值、主营业务收入、利润和利税分别占全省工业的15.57%、15.71%、7.26%和14.84%。规模以上机焦比重由1999年的49.26%提高到2008年的98.19%；大机焦从无到有，2000年比重仅为15%左右，2008年提高到近90%。焦油回收利用深加工从无到有初具规模，焦油回收利用率逐年提高，彻底结束了山西“只焦不化”的历史。

3. 冶金工业实现跨越式发展。在太钢集团高速高效发展下，全省钢铁工业工艺技术装备水平明显提升，产品质量、档次大幅提高，综合效益成倍增长。2008年我省粗钢产量居全国第5位，其中不锈钢产量居全国第1位；太原钢铁集团已成为全球产能最大、工艺技术装备最先进的不锈钢企业，综合竞争力大幅提升，2008年吨钢综合能耗、耗新水分别比2000年下降46.2%和84.5%。2008年山西不锈钢占钢产量比重7.63%，比1998年提高5.34个百分点。全省生铁和钢材产量的比例由1998的4.46：1调整为2008年的1.40：1；全省氧化铝、电解铝产能迅速扩大，山西已成为全国重要的铝工业生产基地之一。2008年氧化铝、电解铝产量分别占全国产量的15.0%和7.4%。铝工业行业集中度明显提高，山西华泽铝电、华圣铝业等6户企业铝产量占到全省的83.8%。电解铝企业全面使用预焙槽先进工艺，能耗和污染大幅降低。山西已成为全国重要的镁工业基地，2008年我省规模以上金属镁产量居全国第1位，占全国总产量的50%以上，全国十大镁生产企业中山西最多，全省镁合金深加工能力较大发展。冶金行业结构调整明显见效，综合效益大幅提高。2008年规模以上冶金行业实现工业总产值、主营业务收入、资产总额分别占全省工业的24.46%、23.79%和18.01%。

4. 电力工业新型化加速推进。山西的电力工业在全国同行业中影响巨大。改革开放初全省发电量刚超过100亿千瓦时，上世纪90年代初实行输煤输电并重后，电力发展速度明显加快，1998年全省装机容量即突破1000万千瓦，党的十六大以来全省电力工业发展步伐特别是新型化步伐明显加快。全省发电设备装机容量由2002年的1506万千瓦迅速发展到2008年的3635万千瓦。2008年全省火力发电厂供电标准煤耗349克/千瓦时，分别比1995年、1998年和2005年下降94、82和38克/千瓦时。全省空冷、脱硫机组从无到有，比重持续上升，2008年底分别占同期火电发电设备容量的45%和84%左右。2008年全省30万千瓦及以上机组比重超过60%。2008年全省外送电量占到同期全省发电量的近30%，电力行业主营业务收入、资产总计占全省规模以上工业的7.98%和11.95%。2008年电力行业新型化率53.64%，分别比2000年、2005年上升53.25和36.41个百分点。

（二）新兴产业规模化初见成效

我省紧紧抓住国家振兴装备制造业和促进中部地区崛起的战略机遇，加快发展装备制造业，取得明显进展，煤化工、医药、食品和高新技术等新兴产业持续快速发展。2008年全省规模以上装备制造业、医药行业、食品行业的主营业务收入分别比1998年增长4.99、3.95和4.92倍。2008年工业高新技术产业主营业务收入1092.34亿元，比2000年增长4.32倍，年均增长23.24%。2007年工业高新技术产业增加值占全省GDP的比重已超过5%。2008年全省新型产业规模化水平为37.84%,比2000年提高27个百分点，比2005年提高12.92个百分点。

（三）转变经济发展方式有实质进展

“十一五”以来，全省下大力气抓好节能减排工作，建设节约型社会，取得了较大进展。2006年以来，全省万元工业增加值能耗已连续四年下降，为完成“十一五”节能任务奠定了坚实的基础。全省万元工业增加值能耗2005年为6.57吨标准煤，2008年下降为4.885吨标准煤，2006—2008年分别比上年下降3.36%、7.69%和9.33%，2009年上半年同比下降7.92%。近年来全省万元工业增加值水耗也逐年明显下降。2008年全省各市二级以上天数比2005年明显增加。2008年工业固体废物综合利用率56.71%，分别比2000年和2005年提高了34.21和12.13个百分点。2008年全省工业用水重复利用率94.79%,分别比2000年和2005年提高2.19和1.71个百分点。全省新型工业化监测数显示，2008年全省转变经济增长方式水平为52.37%,比2000年提高40.28个百分点，比2005年提高9.22个百分点。

新中国成立60年，特别是改革开放30年，山西工业发生了天翻地覆的惊人巨变。从新的历史起点出发，全省改革开放和社会主义现代化建设又揭开了新的一页。着眼于加快建设“新基地”、“新山西”，使山西工业经济总量不断跨越新台阶，进一步提高山西工业经济的综合竞争力，促进全省工业又好又快发展，今后必须全面深化改革，进一步加快开放步伐，始终坚持从山西实际出发，全面贯彻落实科学发展观，坚持不懈地贯彻执行转型发展、安全发展、和谐发展的战略方针，坚定不移地走新型工业化道路。

能源工业蓬勃发展

焦有梅　张艳鹏

新中国60华诞即将来临，回眸60年山西能源工业经济发展的风雨历程，倍感欢欣和鼓舞。我省能源工业从建国初期一穷二白的基础起步，不断壮大，发展成为今天门类齐全的现代化能源基地，成为国民经济的主体和支柱，为我省乃至我国综合实力的增强、国民经济持续快速发展和人民生活水平的提高做出了巨大的贡献。

一、能源工业发展的成就与特点

（一）发展迅速，成就辉煌

经过60年的建设，山西能源工业发展迅速，成就辉煌，主要表现在如下几个方面：

1. 能源建设突飞猛进，基础能力快速增强

60年来，国家和山西为建设能源基地，保持能源工业的持续发展，从投资方面对能源工业采取倾斜政策，大力扶持、强力推动能源工业快速发展。在国家、省能源开发建设政策的引导下，山西能源建设投资增速大幅提高，在1949年，能源工业固定资产投资额仅为92万元的基础上，快速增加至2008年的1100亿元，年均递增20%。尤其是改革开放30年间，能源工业固定资产的投资力度进一步加大。2008年能源工业固定资产投资已达1100亿元，比1949增长了119564 倍。其中煤炭工业513亿元，增长55759倍；电力工业376亿元；焦炭工业105亿元。

高强度的投资注入，使能源工业的固定资产迅速增加，基础设施实力迅速增强，一大批基础产业项目和基础设施项目不断投产，整体生产能力大大提高。截至目前，山西原煤生产能力已达9.4亿吨；焦炭生产能力达1.5亿吨；发电装机容量已达3800万千瓦。成为全国最大、最重要的煤炭、焦炭生产基地，在国内、国际两个市场占据举足轻重的战略地位。

2. 技术装备不断更新，机械化水平迅速提高

（1）煤炭工业机械化程度大幅提高

建国初期，山西煤矿的开采方法全部是落后的残柱式和高柱式，回采率很低，生产不安全。通过国民经济恢复时期和“一五”时期的不断改进，各煤矿基本采用了长壁式采煤新方法，采区回采率由40%提高到70%。为了进一步提高回采和适应机械化开采，从“二五”时期开始，又进行了延长工作面进度，调整了开拓布置，经过多年的建设和改造，在矿井提升和运输上多数矿井淘汰了无极绳小绞车。从60年代开始，全国首先在山西使用了长距离运输的皮带机，出现了一部分运输和提升皮带化的矿井，这种装备当时在国内外都是先进的。从70年代开始，使用并推广了3吨底卸式矿车。在采煤工作面机械化方面，开始引进和研制了成套综采设备，从而实现了采煤、落煤、装煤、放顶、运输各个环节的机械化，综合机械化采煤等现代化成套设备广泛使用，使我省拥有了一批世界先进水平的大型煤矿，如山西焦煤集团、同煤集团、潞安集团、阳煤集

团、晋煤集团等五大煤炭集团，采煤机械化程度已近100%，掘进机械化程度为87%。地方煤矿逐步采用了高档普采，采煤机械化程度近80%。同时，煤炭安全、机械化开采、信息化管理等重大技术取得突破，一大批先进适用技术和装备被广泛推广应用，煤矿生产条件发生了翻天覆地的变化，煤炭生产力水平有了很大的提高。

(2) 电力企业的现代化装备水平不断提高

总体装备水平进步很快，发电设备逐步向大功率、高容量机组发展，尤其在改革开放30年中，大容量超高压机组不断增加，300、600MW等级大型机组正在成为发电装备的主力军。与之相适应，建成了1000千伏、500千伏、220千伏、110千伏、35千伏纵横交错遍布全省的输电网络。到2008年末，建成1000千伏特高压变电站1座，容量300万千伏安；500千伏变电站容量2100万千伏安；220千伏变电站容量3244千伏安；110千伏变电站362座。电网运行基本实现了自动化、现代化管理，电网发展进入大规模跨区送电的新阶段，并向高效、环保、安全、经济的更高目标迈进。

(3) 焦化工业产业素质大幅提升

建国后至改革开放前，焦化产业技术装备更新缓慢，机械化水平不高，以土法炼焦为主。改革开放后，焦化工业在大型机械化焦炉快速发展的同时，土焦改造也取得突破性进展，各种性能良好的小型机焦炉、改良焦炉在焦炭生产中得到广泛应用，极大地提高了劳动生产率。进入新世纪，山西实施“发展大机焦、限制小机焦、坚决取缔土焦、改良焦”战略，产业整体素质大幅度提升。机焦比例尤其是符合现行国家产业政策的大机焦比重显著提高。2000年，全省机焦与改良焦、土焦比例为39.2：59.8：1，到2007年底，全省大机焦、小机焦、改良焦的比例为79.2：20.1：0.7，大机焦比重比2000年提升了近70个百分点，符合现行产业政策的大机焦比例大幅提高，已成为山西焦化产业的主力军。

3. 生产能力大大增强，产品产量飞速增长

1949年，全省生产原煤仅为267万吨、电力0.63亿千瓦小时、焦炭8万吨。经过60年的努力，山西已经初步形成了煤炭为主体、电力为中心，多种可再生能源全面发展的能源生产供应格局，基本建立了较为完善的能源生产供应体系，生产能力大大增强，产品产量大幅上升。

(1) 一次能源原煤产能跨越式发展

新中国建立之初，山西煤炭年产量只有267万吨，占全国总产量的8.2%，按目前的统计口径划分，国有重点煤矿和地方煤矿所占比重分别为40.8%和59.2%。经过30年的发展，到1979年全省煤炭年产量首次突破1亿吨，1985年突破2亿吨，1993年突破3亿吨。1997年四季度开始，煤炭市场出现疲软，全国性的限产压库，山西煤炭产量一直减少到2000年的2.46亿吨；2001年煤炭市场开始复苏，到2002年产量恢复到3.6亿吨，比上年增加近亿吨。到2008年，全省共有各类矿井2598座，其中生产矿井1804座，建设改造矿井794座。煤炭生产能力9.4亿吨，煤炭产量达到6.56亿吨，比1949年增长244.61倍。从1949年到2008年的60年间，山西共生产煤炭106.23亿吨，占全国生产总量的四分之一以上。

(2) 能源加工转换生产能力不断提高，二次能源产品产量快速增长，品种结构优化

山西的能源加工转换业从建国初期一直到1978年前一直处于一种简单的初级加工阶段，而且发展缓慢。改革开放的实施，特别是1985年省委、省政府提出的大力发展能源加工转换业，加速原煤向优质的二次能源转化决策的实施，促进了全省此项工作的开展。1985年当年用于加工转换消费原煤2744万吨，占全省原煤产量的12.8%。1992年省委、省政府提出的“输煤、输电并举”的发展战略，掀起全省能源加工转换业的第二个高潮。1992年全省用于加工转换消费原煤6650万吨，占全省原煤总产量的22.4%，比1985年上升9.6个百分点。进入21世纪，随着国际国内能源市场的变化，对能源产品的要求不断提升，2008年全省用于能源加工转换的原煤已达2.76亿吨，占全省产量的42.03%。

60年来，随着全省经济的发展，技术的不断进步，全省能源加工转换效率不断提高。1979年，全省能源加工转换投入产出总的转换效率为54.8%。其中：发电及供热效率为20.7%、洗煤效率为87.3%、炼焦为74.4%。到2008年，全省加工转换总效率达82.03%，比1979年上升27.23个百分点。其中：发电效率为38.41%，供热效率为75.61%，洗选煤效率达93.25%，炼焦效率达90.92%。能源转换效率的提高使二次能源的生产能力大大提高。全省主要二次能源产品中，电力由1949年的0.63亿千瓦时快速增长至1985年的184.59亿千瓦时，至2008年已达到1797亿千瓦时；洗精煤由1951年的15万吨增长至2008年的14069万吨；焦炭产量1949年仅为7.54万吨，至2008年已达到8376.50万吨，位居全国第一位，比1949年增长1109.94倍。60年来，能源工业的快速发展，能源产品结构不断优化，为提高全省各行各业能源消费经济效益奠定了良好的物质基础。

4. 经济效益显著提高，支柱地位逐步夯实

60年来，能源工业作为山西的资源优势工业和支柱产业，大力推进传统产业新型化，下大力气用高新技术特别是先进适用技术改造传统产业，并通过资源整合，改革重组，创新管理，调整产品结构等途径，优化产业布局，做大产业规模，提高产业集中度，延伸产业链，提高产品附加值，能源工业经济效益显著提高，有力地支撑了全省经济快速增长。

建国初期的1949年，尽管能源工业基础非常薄弱，但能源工业产值仍达到1.24亿元，占全省工业总产值的33.2%。在全民所有制独立核算工业企业中（口径下同）能源工业实现利税749万元，占总数的30.9%。经过3年恢复生产和“一五”、“二五”时期的发展，到1962年能源工业产值增加到19.98亿元，实现利税1.36亿元。后经3年国民经济调整和“三五”、“四五”时期的发展，到1975年能源工业产值达到49.82亿元，实现利税4.24亿元。“七五”至“九

五”时期，能源工业产值始终保持在三分之一强的比重，实现利税则基本保持在40%左右。“十五”时期，全省能源工业增加值完成2878.55亿元，占整个工业增加值的比重达到55.59%，比“九五”时期提高6.1个百分点，其中煤炭工业贡献最大，完成工业增加值1717.77亿元，占整个工业增加值的33.17%；实现利税1153.48亿元，占工业利税总额的61.88%，比“九五”时期提高3.39个百分点。进入“十一五”以来，能源工业经济实力不断增强。2007年，能源工业完成工业增加值1665.58亿元，占整个工业增加值的59.24%，实现利税724.00亿元，占整个工业利税总额的61.96%，比1949年增长了9665.22倍。

(二) 不同阶段，各具特色

为有效发挥山西的能源资源优势，全省一直非常重视能源工业的发展，但受国家及省内各个时期重点建设政策变化的影响，能源工业在各个时期又显示出不同的发展变化特点。

1. 国民经济恢复和“一五”时期，能源工业基础奠定时期

这一时期，国家对山西能源工业建设进行了较大规模的投资和建设，全省用于能源工业基本建设的投资6.57亿元，占全省工业基本建设投资的38.3%。由于方针正确、政策稳定，能源工业发展较快，能源工业的技术装备、生产能力等均有了明显的提高，能源工业产品产量、产值也有了大幅的增长，系统的能源工业体系开始形成，能源工业的布局全面展开，从而奠定了能源工业的基础。但由于能源工业基础非常薄弱，能源加工转换业处于简单的初级加工阶段，能源工业产品种类较少，外输能源品种单一（全部是原煤）。

2. “二五”时期和国民经济调整时期，能源工业在曲折中发展

“二五”时期，全省能源工业基本建设投资比“一五”时期有了大幅的增长，但由于受当时“左”的思想的影响，能源工业制订了过高的能源生产指标。为了实现能源产量的突破，能源工业的基础设施建设盲目地扩张，带来了生产维修等比例的严重失调等一系列严重后果，而各地小土群中的“小煤窑”并没有真正带来煤炭产量的突破，反而造成了资源的浪费以及环境的破坏。1960年，中央提出了“调整、巩固、充实、提高”的方针，大力压缩基本建设投资。到国民经济调整时期，山西能源工业基本建设投资开始回升。3年中，用于能源工业基本建设投资3.25亿元，占工业基本建设投资总额的39.1%，不但比“二五”时期高出8.1%，而且也高于“一五”和国民经济恢复时期所占比重。这一时期，国营煤矿进行全面调整，生产能力达到2524万吨，比1962年提高6.8%。电力工业新增发电机装机容量8.38万千瓦，全省发电量增加25.7亿千瓦小时，比1962年增长42.9%。“二五”和国民经济调整时期，山西能源工业虽经历了一段曲折，但仍然保持了一定的增长速度，到国民经济调整时期，山西能源工业生产在投资的刺激下，又恢复了持续发展的好形势。到1965年，全省能源工业产值达到12.02亿元，比1962年增长17.6%。其中，煤炭工业产值增长14.4%，电力工业产值增长44%。

3. “三五”时期和“四五”时期，遭遇挫折，发展速度放缓

国家煤炭开发重点建设向南转移和“文化大革命”的动乱，使山西能源工业遭受了严重的挫折和损失，能源工业建设投资、产品生产能力等增长速度缓慢。“三五”时期，全省用于能源工业基本建设投资5.24亿元，占全省工业基本建设投资总额的比重由国民经济调整时期的39.1%下降为24.5%，降低了14.6个百分点。“四五”时期，山西能源工业建设投资10.47亿元，比“三五”时期增加5.23亿元，占全省工业投资总额的28.2%，比“三五”时期上升了3.7个百分点。这一时期，山西能源工业发展总体比较平稳，随着各种能源产业项目的竣工投产，能源产品生产能力不断提高。

4. “五五”时期，进入改革开放发展新阶段

山西能源工业进入新的发展阶段。“五五”后期，党的十一届三中全会确立了我国实行改革开放，以经济建设为中心的方针政策，极大地促进了山西能源工业的发展。这一时期全省用于能源工业基本建设投资24.6亿元，比“四五”时期增长1.1倍，占全省工业总投资的比重由“四五”时期的28.2%猛增到51.8%，山西能源生产发展较快。1980年，全省能源工业产值达到36.6亿元，占全省工业总产值的30.7%，比1975年增长48.1%，平均每年递增8.2%，且煤炭和电力工业基本上做到了同步增长。这一时期，能源工业生产最显著的特点是：煤炭生产突破了亿吨大关，发电量突破了百亿千瓦小时大关，焦炭产量首次突破三百万吨大关。1979年，全省煤炭产量达到1.09亿吨，成为当时世界上年产原煤亿吨以上的6大产区之一。

5. “六五”时期和“七五”时期，长足发展阶段

改革开放以来，特别是进入“六五”时期的1982年，中央决定把山西建设成全国的能源重化工基地，煤、电、交通重点建设工程投资大幅度增加。这给山西能源工业发展注入新的生机与活力，全省掀起能源工业发展建设高潮。随着能源工业基本建设投资额的成倍增加，一大批能源基础产业项目竣工投产，使山西能源基地的实力大大增强，各种能源产品生产能力空前提高，能源加工转换的方针政策得到进一步落实，二次能源产品快速增加，外销能源品种增多，构成优化。1988年，焦炭产量首次突破亿吨大关，达到1051万吨。这一时期，能源工业生产基本呈现出持续、稳定、大幅度增长的新局面，能源经济的实力大为增强。

6. “八五”时期和“九五”时期，能源工业产品结构不断优化

“八五”初期，我国经济体制发生重大变革，由计划经济向社会主义市场经济全面转轨。适应全国及全省经济的发展需求，能源产品生产除原煤增速有所降低外，其余产品仍保持高速增长。

这一时期，体制转轨下的产业结构调整升级，工业化的进程加快，市场配置资源的作用增强，使我省的经济朝着质量和效益的方向发展。由于宏观调控的成功实施，经济增长从“八五”后期逐年回落，能源供需形势也发生了急剧变化，出现了能源总量基本平衡、劣质能源过剩、优质能源供应不足的新特点。“九五”期间，全国出现了能源需求量和生产量的较大幅度下降，这个时期能源市场的制约因素已经从过去的供应能力不足转变为有效需求的限制。因此，我省的能源工业，以市场为导向，对能源的开发生产进行了相应的调整，取得了新的进展。煤炭工业适应市场，实行总量控制和战略调整；电力、焦炭工业努力开拓市场，进行结构调整。

与此同时，能源立法进程加快，《中华人民共和国电力法》、《中华人民共和国节约能源法》、《中华人民共和国煤炭法》相继颁布实施，对完善社会主义市场经济法制，促进能源工业的发展起到了积极作用。

7. “十五”时期至今，产业调整、优化、提升阶段

2001年，中国加入世界贸易组织，对外开放力度进一步加大。山西能源工业翻开了崭新的一页。能源工业优化升级加快，日益走入全球化的产业链中，融入世界经济。2001至2008年，累计出口煤炭达28532万吨，与整个90年代出口总量相比，增长67.1%。为加快我省能源工业“走出去”的步伐，我省紧紧围绕建设新型能源和工业基地为目标，以结构调整为主线，深化投融资体制改革，积极推进投资的社会化、多元化，下大力气改造提升传统支柱产业，培育发展新型支柱产业，促进了全省能源工业经济结构、产业结构的调整和优化。“十五”以来，能源工业作为我省的传统支柱产业，随着结构调整的不断深化和提高，产业素质明显提高，综合实力进一步增强，成为历史上发展最快的时期之一。

在科学发展观指导下，能源工业逐步增强用科学发展观指导、推动产业发展、破解难题的能力，不仅以经济效益作为重点，满足工业生产和社会生活所需的能源消费，而且越来越多地重视环境、生态和能源安全等因素，逐步走上了“转型发展、安全发展、和谐发展”的道路。

二、能源工业发展回顾与总结

(一) 能源工业对山西经济发展的贡献

1. 带动山西国民经济快速发展

作为山西的支柱产业，能源工业带动全省国民经济快速发展。60年山西能源工业的快速发展，对GDP、财政收入及税收的贡献十分巨大。统计资料显示，能源工业对GDP的贡献接近40%，山西工业总产值四成左右依靠能源工业，工业实现利税半数以上来源于能源工业。因此，已成为山西国民经济发展的“排头兵”、“领头羊”，并将继续带动国民经济又好又快发展。

2. 带动交通运输业发展

铁路运输为适应能源外调和能源工业发展需要，先后修建了“双沁、孝柳、阳涉、神河、武墨、侯月”等地方铁路，同时国家也投资对石太、南北同蒲铁路干线进行了全线电气化改造，并投资十亿元新建了大秦双线电气化铁路。与此同时，山西集资数亿元修建了高等级的太旧高速公路、太原东山过境高速公路、大运高速公路、太长高速公路等，极大地提高了晋煤外运能力。2007年公路线路里程11.99万公里，是1979年的3.8倍，其中高速公路里程达1893公里，进入全国发达地区行列。1997年，通过铁路外运煤炭2.03亿吨，为1978年的26.4倍；2008年，通过铁路外运煤炭4.17亿吨，公路外运煤炭1.36亿吨。

3. 带动产煤县经济发展

能源开发促进了山区、老区的经济开发和乡镇企业的发展，带动了许多有煤炭资源地区的经济发展。在全省28个综合实力强县中，重点产煤县就有18个。29个经济较发达县中，重点产煤县有13个。形成了资源型县域经济发展模式，涌现出平定、左云、高平、太原北郊、古交、大同、南郊、朔城区、怀仁、孝义、介休、阳泉郊区、盂县、潞城、阳城、临汾市、霍州市等资源型县域经济发展的典型代表，对全省有煤炭资源的经济欠发达县产生示范效应，对许多县、乡、村的脱贫摘帽、解决温饱起了决定性作用。

4. 带动了以能源、原材料为主体的工业产业的发展

能源工业对国民经济的龙头作用日益显现，有力地带动了冶金、化学工业、建材工业等产业的发展。特别是化工行业从无到有，逐渐发展壮大，形成了包括煤气、化肥、电石、乙炔工业等较为完整的煤化工体系，煤炭加工转化和综合利用的规模和效益已充分显现。1949年，全省冶金工业、化学工业、建材工业在全省工业产值中的比重仅为7.8%、1.1%、2.3%。经过30年的发展，到1978年，冶金工业、化学工业、建材工业产值占工业总产值比重分别为12.4%、9.8%、3.5%。1998年，三行业总产值合计达到393.70亿元（现价），占全省工业产值的35.57%。其中，冶金、化学、建材比重分别上升至21.68%、9.78%和4.12%。2007年，三行业总产值达到2879.26亿元（现价），占全省工业总产值的比重上升到36.95%。

(二) 能源工业对全国经济发展的贡献

50年来，山西能源工业迅速发展，不仅成为山西经济快速发展的生力军，同时由于能源外调量大幅增加，为全国经济建设也做出了巨大贡献。

1. 外输能源大量增加，辐射全国20多个省，并远销国外

煤炭作为山西的优势资源，1978年，山西外运能源总量仅4698.5万吨标准煤，其中，外运煤炭0.55亿吨。1983年外运煤炭突破亿吨，达1.06亿吨，1990年达到2.02亿吨。进入新世纪以来，外运量呈现高速增长态势。2003年突破3亿吨大关，2005年达到4.33亿吨，2007年外运煤炭达到5.36亿吨，比1978年增长8.8倍。建国以来，山西共生产煤炭约100亿吨，外调煤炭高达75亿吨。山西外调煤炭的辐射面达全国26个省市自治区，同时远销国外10多个国家和地区，

成为调入省不可缺少的能源资源，有力支援了全国的经济建设；山西在外运煤炭大幅增长的同时，其他能源外调量增长更加迅猛。

2. 外输能源品种结构不断优化

建国后相当长一段时期内，由于全省能源加工转换业发展缓慢，外输能源品种比较单一，几乎全部为原煤。随着全省能源加工转换业的发展，优质能源品种增加，外输能源的构成不断优化。1978年全省输出能源中，一次能源原煤占到95.3%，二次能源占4.7%。在二次能源中，洗精煤仅占3.9%，焦炭0.6%，电力0.2%；1998年外调能源中，一次能源原煤占79.6%，比1978年下降15.7个百分点，二次能源产品占20.4%，提高了15.7个百分点。其中，二次能源中的洗精煤所占比重上升到8.2%，比1978年提高了4.3个百分点，焦炭占9.9%，提高9.3个百分点，电力占2.4%，上升2.2个百分点；2007年外调能源中，原煤占76.7%，比1978年下降18.6个百分点，二次能源所占比重进一步上升到23.3%，上升了18.6个百分点。其中，二次能源中的洗精煤占7.4%，上升3.5个百分点，焦炭占12.5%，上升11.9个百分点，电力占3.4%，上升3.2个百分点。外输能源产品结构的优化，大大提高了山西能源产品的输出效益，有力地支持了全国经济的发展。

（三）能源工业发展的反思

在改革开放历史进程的催生下，山西能源工业取得了长足的发展，促进了全省经济的繁荣。但由于能源自身的有限性、不可再生性以及开发利用中的不合理性，能源工业发展中仍然存在不足之处，集中表现为以下几方面：

1. 能源生产方式粗放，资源浪费严重

长期以来，在能源（煤炭）丰富、价格低廉、使用方便等节能观念淡薄的影响下，能源工业从开采、运输到加工利用环节，形成了一种粗放型的生产经营方式，这种过度的能源消耗必将加速能源资源的枯竭。山西主要矿产探明储量的增长远低于开采耗竭速度，而且开采难度越来越大，开采成本逐步增加，资源约束瓶颈日益显现。经过数十年来对煤炭的高强度开采，全省浅层煤炭资源、整装资源已所剩无几，大同侏罗纪动力煤资源已近枯竭，后备资源匮乏。资源综合利用程度低，共生、伴生资源破坏惊人。资源回收率不高，全省煤炭资源平均回采率仅为50%左右，乡镇小煤矿回采率更低，导致大量煤炭资源消耗和浪费。据估算，山西每采一吨煤约损耗与煤炭资源共生、伴生的铝矾土、硫铁矿、高岭土、耐火粘土等矿产资源8吨，大量煤矸石、焦化副产品等二次资源得不到合理利用。

2. 能耗水平高，低品种能源消费构成独特

高耗能的产业结构、初级能源为主的品种构成，是山西能源工业发展的显著特征。能源工业快速发展既对本省经济增长产生有效拉动，但同时又使山西面临着高耗能经济所形成的巨大压力。全省产业结构重型化趋势仍在加剧，高耗能产品的增势依然强劲，2007年煤炭、化工、焦炭、建材、冶金、电力六大支柱产业能耗总量为13151.77万吨标准煤，同比增长12.08%，占规模以上工业能耗总量的比重为97.51%，同比上升0.21个百分点；低品位煤炭燃料消费占到能源消费总量的94.7%，比全国平均水平高26个百分点。山西能源利用中间环节损失大，浪费现象亦不容忽视，主要产品能耗和工艺能耗与国内先进水平相比有较大差距。

3. 环境污染和生态破坏严重，阻碍经济的可持续发展

山西能源工业粗放式的发展模式，给生态环境造成了巨大压力，生态环境问题日益突出。大气、水体、固体废弃物等环境污染逐年加重，水土流失、煤矿区土地与生态破坏、土地盐渍化、荒漠化呈进一步扩大趋势。据统计，山西采煤对水资源的破坏面积已达20352平方公里，占全省国土面积的13%。矿井水和洗煤污水排放，加剧了水资源浪费和水环境污染。土地塌陷严重。据调查统计，截至2005年，全省采空区面积达5000平方公里，引起和潜在严重地质灾害的区域约2940平方公里。全省生态系统退化、逆向演进现象日益加剧，生态环境整体上十分脆弱。受能源经济结构和布局影响，结构型污染特征明显，城镇大气环境、水环境质量处于较高污染水平，区域性污染问题突出。同时，能源工业安全生产形势仍然十分严峻，“老工伤”问题难以得到实质性解决。

三、新征程，实现科学发展再展雄风

（一）山西能源工业发展的定位

1. 能源工业依然是山西经济的支柱产业，并在全国经济发展中扮演着重要角色

新中国成立以来的60年间，山西能源工业从小到大，从弱到强快速发展，尤其是1978年改革开放以来，山西能源工业飞速发展，主要经济指标位居各行业之首，成为全省经济名副其实的支柱产业。

在未来经济发展中，能源工业依然是山西经济的支柱产业，这是由我国的能源资源是以煤炭为主的产品结构所决定的。能源资源的产品结构也决定了以煤炭为主的能源消费结构，在2007年全国能源消费总量中煤炭仍然占到70%以上，我省能源消费总量中煤炭所占比重更高，2007年达到2.78亿吨。资源的禀赋决定了我省、我国以煤为主的消费结构在短期内不会有大的改变。因此，在未来经济发展中，巨大的煤炭消费需求，为我省以煤为主的能源工业发展提供了广阔的空间。我省能源工业将依然是山西经济的支柱产业，并在未来中国经济建设发展中继续发挥重要作用。

2. 能源工业必须实现科学发展，才能继续引领山西经济发展

随着全球经济一体化的快速发展，市场竞争更加激烈，而粗放式的发展已难以为继，山西能源工业以原煤开采、洗选、炼焦和发电、供热简单的粗加工转换为主的且规模较为分散的生产组织方式已经难以适应当前形势发展的要求。随着国际、国内能源市场的变化，能源企业的竞争更加激烈，周边省大规模煤炭、电力企业的崛起，将对山西

能源工业的进一步发展产生重要影响。因此，山西能源工业必须提升产业层次，提高发展质量，必须实现科学发展，才能在激烈的市场竞争中立于不败之地，才能继续引领和支撑山西经济快速发展。

（二）能源工业实现科学发展，促进经济腾飞的政策建议

1. 坚定不移的加快推进产业调整和振兴规划

受全球金融危机的影响，去年以来我省经济持续下行，省委省政府一方面认真贯彻落实党中央、国务院扩大内需、促进经济增长的决策部署，采取增加投资、扩大消费、帮助企业解决实际困难、稳定和扩大就业等一系列积极有效的应对措施，另一方面充分利用金融危机形成的倒逼机制，加大产业调整力度，针对能源工业出台了煤炭、焦化、电力以及煤化工四个行业的产业调整和振兴规划，科学谋划了煤炭、焦炭、电力以及煤化工产业非常具体的调整和发展规划。因此，全省各级政府、各部门应抓紧时机，积极创造一切条件加快推进、尽快实现能源各产业的调整和振兴，争取在新一轮经济增长中赢得机遇，取得更大发展。

2. 最大限度的实现能源产业间以及和其他产业的有机结合

我省能源工业是以煤炭产业为基础，以煤为原料而发展起来的，在经济运行中有着相互关联、互为因果的密切关系，一损俱损、一荣俱荣。因此，各产业间必须实现有机结合，互惠互利，共同发展，避免曾经出现过的我省电力企业身在煤海而没煤烧的尴尬局面。焦化企业应全力做好与其主要用户钢铁企业的联合经营，使其产品拥有稳定的市场需求，最大限度的回避市场风险。

3. 不断优化发展战略，积极培育新兴能源产业

在大力提升、优化传统能源产业的基础上，还应积极培育新兴能源产业。一个产业能否永保活力，关键还要看是否有代表其发展方向的新兴产业的不断产生。我省能源产业发展规划中明确提出了发展振兴煤化工这一新兴产业，除此之外，还要不断挖掘培育更多的新型能源产业，如太阳能利用、沼气、风能等新能源产业，使我省能源工业的发展更有活力、潜力，为我省经济发展发挥更大作用。

4. 应对低碳经济时不我待、抢时间加快转型发展

近一百年来，由于工业化进程的加快，全球气候变暖已经成为一个不争的事实，气候变暖对自然生态系统、人类生存和发展环境产生的严重后果已越来越明显，成为当今国际事务中一个非常重要的话题，可以预料在不远的将来，应对气候变化将成为世界各国共同的行动，与此同时低碳经济时代向我们加快走来。低碳经济简言之就是最大限度地减少煤炭和石油等碳能源消耗的经济，也就是以低能耗、低污染、低排放为特征的经济发展模式。这种发展模式将大力降低碳排放，也就是极大的减少煤炭消费量，将对我省能源工业产生巨大影响。

因此，我省应抢时间、抓机遇，加快经济的转型发展，大力发展低碳产业，即能源利用效率高、排放低、污染少的产业及应用前景广的新能源产业，包括先进制造业、节能建筑、服务业和新能源、资源的循环利用等。要把服务业的发展放在更加突出的位置，逐步实现经济增长主要依靠第二产业带动向第一、第二、第三产业协同带动转变。要通过发展低碳产业，促进全省产业结构转型升级，从而实现发展方式的根本转变。

长治县煤运公司运煤车队

农业与农村经济全面振兴

高青山

1949年，中华人民共和国的成立，犹如一声春雷，奏响了中国社会主义建设的序曲，也成为我国农业发展史上的重要转折点。新中国成立60年来，山西农业综合生产能力明显提高，农村经济整体实力显著增强，农民收入大幅提高，生活质量显著改善，农村社会事业蓬勃发展，农村面貌发生了翻天覆地的变化。

一、农林牧渔业全面发展，主要农产品产量不断迈上新台阶

新中国成立60年来，山西农业克服了十年九旱、土地瘠薄、水土流失严重等不利条件的制约，在耕地逐年减少，人口数量不断增加的情况下，农林牧渔业全面发展，产品产量不断攀升，不仅解决了全省人民的温饱问题，提高了城乡居民的生活质量，而且为促进国民经济的快速稳定发展奠定了坚实的物质基础。

（一）粮棉油等主要农产品产量大幅度提高

新中国成立以来，山西粮食产量从1949年的25.96亿公斤增加到2008年的102.8亿公斤，增长3倍，最高的1998年产量达到108.15亿公斤，相当于1949年的4.2倍。如果以增产10 亿公斤为一个阶段划分，那么60年来全省粮食产量迈了八个大台阶。除个别年份进行品种调剂和省际间的丰歉调拨外，基本上满足了山西的粮食需求。2008年，全省棉花产量达到10.7万吨，是1949年的5.1倍，最高的1984年产量达到13.31万吨，相当于1949年的6.6倍。油料产量达到19.1万吨，是1949年的5.5倍。改革开放以来，山西“菜篮子”建设卓有成效，2008年全省蔬菜产量达到852.8万吨，比1980 年增长3.7倍，其中“鲜细”菜比重不断提高；水果产量达到339.85万吨，比1949年增长34.3倍。同时，甜菜、烟叶、药材、麻类等产品产量屡创历史新纪录，年生产能力均达到了新的生产水平。

（二）林业和生态建设步伐加快，成效显著

新中国成立后，山西各级党政部门从我省山林少，气候干旱，自然灾害频繁的实际情况出发，在保护和扩大现有森林资源的同时，实行以造林为主方针，坚持不懈地开展大规模的植树造林。改革开放以来，特别是进入新世纪后，普遍开展了“退耕还林”工程和林权制度改革，全省林业和生态建设取得了显著成效。2008年全省有林地面积达2211.1千公顷，比1949年的367.33千公顷增长5倍；森林覆盖率达到14.12%，与1949年的2.35%相比，提高了个11.77百分点。年末实有自然保护区45个，其中国家级5个，省级40个，自然保护区总面积1.15万平方公里，占全省国土面积的7.34%。

（三）畜牧业生产迈上规模化发展轨道，畜产品生产能力显著提高

新中国成立以来，山西畜牧业在波动中得到了长足的发展。特别是改革开放30年来，随着农村经济体制改革的不断深入和社会主义市场经济的逐步完善，畜牧业生产逐步摆脱了产品经济模式的束缚，生产格局、生产结构、生产效益、生产地位均发生了深刻的变化。近年来，畜牧养殖小区和适度规模饲养场在全省各地迅速兴旺发展，饲养周期短、生产效益高的规模化养殖逐步取代农户散养，成为畜牧业生产的主力军。2008年，全省畜禽饲养户已近150万户，其中近30万户的规模饲养户饲养了全省80%以上的畜禽。畜牧业生产的观念已经由过去的主要为役用、肉用转变为“肉、蛋、奶、毛、役”综合利用，整个畜牧业结构发生了深刻变化，生产能力显著增强，主要畜产品产量大幅增长。2008年山西猪牛羊肉产量达到54.7万吨，比1978年的15.1万吨增加39.6万吨，年均增长8.7%。其中猪肉产量从1978年的11.65万吨提高到2008年的45.4万吨，年均增长9.7%。牛肉产量和羊肉产量分别从1978年的0.09万吨和0.93万吨提高到2008年的4.2万吨和5.1万吨，分别增长41倍和4.5倍。禽肉产量从1985年的0.89万吨提高到2008年的7.1万吨，增长了7倍，年均增长30.5%。禽蛋产量从1978年的3.9万吨增加到2008年的61.6万吨，年均增长49.3%。牛奶产量从1978年的1.5万吨提高到2008年的68.2万吨，年均增长148%。随着生产能力的不断提高，畜牧业逐步发展成为我省农村经济中的支柱产业，在农业和农村经济中的地位不断增强，为增加农民收入做出了较大贡献。2008年全省畜牧业产值为185.4亿元，比1949年的0.75亿元增长246倍，比1978年的3.3亿元增长55倍，畜牧业产值占农林牧渔业总产值的比重由1949年的9.1%提高到2008年的31%，提高了21.9个百分点。2008年全省农民人均畜牧业收入达到199.89元，其占农民家庭经营纯收入的比重为10.1%。畜牧业收入在农林牧渔业中仅次于种植业，成为农民增收的主

导产业之一。

(四) 渔业生产长足发展，水产品自给率大幅度提高

新中国成立初期，山西仅有一些零星的天然捕捞，渔业几乎处于空白地位。受水资源严重匮乏等因素的制约，山西渔业生产发展十分缓慢，到1978年，全省水产品产量仅为719吨，人均仅有0.03公斤，居民食用鱼基本上依靠从外省调入，自产鱼占全省鱼类消费的比重很低。改革开放以来，山西认真贯彻“以养为主，养殖、捕捞、加工并举，因地制宜，各有侧重”的发展方针，加强内引外联，强化科技兴渔，多方投资，大力发展生态渔业、名优渔业，有力地推动了山西渔业生产的迅猛发展。2008年，全省水产品产量达到3.07万吨，人均占有水产品产量由1978年的0.03公斤增加到2008年的0.9 公斤，自产鱼占全省水产品消费总量的比重亦由5%上升到30%。水产品产量的迅速增长，有效地丰富了城镇居民的“菜篮子”。

二、农业和农村经济结构不断优化，农业区域化布局逐步形成

新中国成立以后，特别是改革开放以来，山西省在狠抓粮食生产的同时，大力发展多种经营和农村非农产业，着力培育优势农产品和优势产业带，不仅保持了粮食生产能力的稳定提高，农业和农村经济结构也不断优化，农业区域化布局逐步形成。

(一) 种植业结构由以粮食种植为主向粮食与经济作物共同发展转变

长期以来，旱灾的困扰、水资源的匮乏和人口持续增长，使山西的粮食历来偏紧，客观上形成了以粮食生产为主的单一产业结构。改革开放后，水果、蔬菜等经济作物快速发展，单一粮食的种植结构被彻底打破，出现了粮食与经济作物共同发展的新格局。2008年，粮食作物产值与经济作物产值由1978年的74.9：25.1调整为51.4：48.6，粮食作物产值所占比重比1978年下降了23.5个百分点，而经济作物产值所占比重上升了23.5个百分点。

(二) 农业生产结构由以种植业为主向农林牧渔业全面发展转变

到2008年，全省农林牧渔业总产值达到595.92亿元，比1949 年增长71.1倍，比1978年增长19.5倍。在农林牧渔业均有发展的同时，农业比重下降，林牧渔业比重上升。农业比重由1949年的90.8%下降到1978年的82.6%，到2008年进一步下降到61.4%；而林牧渔业所占比重则由1949年的9.1%提高到1978年的7.4%，2008年进一步提高到38.6%。其中畜牧业发展尤为突出，产值由1949年的0.75亿元增加到1978 年的3.29亿元，到2008年增加到185.4亿元，占整个农林牧渔业总产值的比重达到31%，比1949年提高了21.9个百分点。

(三) 农村就业结构由单一农业向农业与非农业并重

随着农村经济的快速发展，工业化和城镇化水平的提高以及农民外出务工环境的逐步改善，山西省农村劳动力向非农产业和城市快速转移，农村劳动力就业结构发生了深刻变化。2008年，从事第一产业的农村劳动力占农村劳动力的比重由1978年的86.1%下降至59.3%，下降了26.8个百分点，而从事非农产业的农村劳动力所占比重则由13.9%提高到40.7%，上升了26.8个百分点。有20%的农村劳动力在本乡镇以外的地方就业，且绝大多数均为非农就业。

(四) 农业生产布局向优势产区集中、区域化生产方向发展

在资源比较优势的驱动和产业政策的引导下，农产品逐步向优势产区集中。全省近年来已形成了中南部无公害果菜产业区、东西两山优质小杂粮区及雁门关生态畜牧经济区。其中创建南部无公害果菜生产基地5个，发展无公害蔬菜53千公顷。以优质专用粮食品种为主的农作物优质品种面积达878千公顷，其中优质专用小麦种植面积达170万亩，加工专用小麦面积5万余亩；优质玉米面积达200万亩；优质高蛋白及甜玉米20万亩。东西两山特色农产品种植面积达2000万亩，产量达250万吨，种植范围跨9市、34县(区)；其中谷子、荞麦、燕麦、马铃薯等品种居全国前列，总产值达26.5亿元，占到全省种植业产值的12.5%。一批布局相对集中、区域特色明显的优质农产品生产基地建设取得突破，如晋南的苹果、吕梁的红枣都颇初具规模和影响力。各具特色的经济区、产业带的逐步形成，有力地推进了农业市场化、区域化、产业化进程。

三、农业生产条件明显改善，农业现代化水平显著提高

新中国成立以来，山西针对穷山恶水、十年九旱、水土流失严重的自然条件，加强农业基础设施建设，进行大规模的农田水利基本建设，大力实施农业综合开发项目，推进农业产业化经营，全省农业生产条件、基础设施和物质装备明显改善，农业现代化、产业化水平显著提高。

(一) 农田水利基本建设取得显著成效

降雨不足、十年九旱、水土流失严重、水资源匮乏是山西的基本水情。1949年，全省有效灌溉面积仅有252.7千公顷，只占耕地面积的6.1%，人均不足3分。新中国成立以后，山西始终把农田水利基本建设作为农业增效、农民增收，加速经济发展的重要举措来抓，千方百计加大投资力度，大兴以农田水利灌溉、饮水安全、滩涂开发和农田整治等工程为重点的农田水利基本建设，为改善农民群众生产生活条件，提高农业综合生产能力，确保粮食安全，提供了有力的水利保障。至2008年末，全省机电灌溉面积达到945.72千公顷，旱涝保收面积723.30千公顷，已配套的机电井80117眼，用于排灌的动力机14.49万台，功率165.44万千瓦。从上世纪90年代开始，全省节水农业逐步兴起，发展迅速。到2008年底，全省节水灌溉面积达到805.52千公顷，其中，喷灌面积144.27千公顷，低压管灌面积458.23千公顷。

(二) 农业机械化水平逐步提高

新中国成立以来，山西的农业机械化在近乎一张白纸的基础上起步，从无到有，逐步发展。到2008年，全省农业机械总动力达到2509.9万千瓦，大中型拖拉机51703台，联合收割机发展到6182台。在机械数量增加的同时，农机化作业的面积与范围不断扩展。2008年，全省机耕地面积2179.93千公顷，机播、机收面积分别达到1765.23千公顷、745.96千公顷，机械化秸杆还田、机械铺膜、化肥深施等农机化技术实施面积分别达到了822.37千公顷、477.40千公顷、1787.49千公顷。农业机械化有效地提高了劳动效率，为农村劳动力的转移创造了条件，同时为农业可持续发展提供了有力保障。

（三）科技手段和资金投入持续增加

建国以后，特别是改革开放以来，山西始终坚持把发展农业、扶持农业放在重中之重，从资金到现代化生产元素以及科技元素等诸方面的投入，力度逐年加大，比重持续上升，为全省农业生产稳步发展再上新台阶奠定了坚实的基础。2008年农用化肥施用量达到371.02万吨，平均每亩耕地75.3公斤。覆盖农业新技术始于改革开放之初，经过三十年的发展，现已广泛地应用于蔬菜、瓜果以及各种农作物，大幅度地提高了农作物的产出水平和经济效益。1991年农用塑料薄膜使用量为14433吨，2008年为36073吨，增长了1.5倍。近年来兴起的设施农业，使一些农作物实现了常年均衡供应，成为农业可持续发展、农民创收的主要途径之一。2008年全省设施农业实施温室面积达到24027万平方米，其中塑料大棚面积12371万平方米，日光温室11247万平方米。国家财政对农业的投入逐年增长，到2007年，财政支农资金在上年基础上继续增加，农林水事务支出84.1亿元，增长32.8%，省级新增经济社会事业发展资金的60%以上投向了农业和农村。全年用于“三农”方面的支出达77.7亿元，占财政支出的7.5%，这些资金主要用于扶持龙头企业开展技术引进和技术改造、支持农业基础设施和耕地综合生产能力建设，推进现代农业科技发展、畜产品基地、农产品流通体系和特色农产品基地建设等等，与此同时，用于落实惠农政策的资金达到10亿元之多。

四、农村非农产业快速发展，工业化、城镇化水平不断提高

（一）农村非农产业快速发展

山西乡镇企业经过60年的发展，特别是改革开放30年来，已由从属于农业的副业地位，成长为农村经济乃至整个国民经济中不可或缺、主宰沉浮的重要力量。不仅在繁荣山西农村经济、增加农民收入、支援农业生产发展等方面发挥了举足轻重的作用，而且为增加社会有效供给、提高综合省力，为山西经济发展、政治稳定和社会进步做出了重大贡献。2007年，全省乡镇企业从业人员数达到266.3万人，总产值达到5521.4亿元，营业收入达到5176.8亿元，利润总额达到509.3亿元，上交税金293.8亿元。进入21世纪以来，全省乡镇企业以科学发展观为统领，以结构调整为突破口，以市场需求为导向，迎来了又一次大发展的黄金时期。

一是增长方式不断转变，发展后劲显著增强。经过近几年结构调整，一大批污染严重、工艺技术落后的企业关停。煤、焦、铁等传统主导产业企业数量减少，规模扩大，档次提高，产能稳定，产业链不断延伸。与此同时，第三产业总量扩大，增加值从2002年的200亿元提高到目前的700亿元；农副产品加工业规模扩大，亿元以上农副产品加工企业达到23个，医药、旅游、文化、社会中介服务企业发展加快，投资力度逐步增加。2007年完成固定资产投资1200亿元，比2002年的192亿元增长6.2倍。招商引资成效明显，近5年累计招商引资1000亿元。出口继续扩大，2007年，出口交货值完成210亿元，比2002年的70亿元增长了2倍多。

二是企业素质显著提升，竞争能力逐步提高。到2007年底，全省年营业收入亿元以上的民营企业达到500个，10亿元以上的民营企业35家，20亿元以上的民营企业12家，50亿元以上的民营企业2家。全省纳税超过5000万元的民营企业达到61个，其中，纳税在亿元以上的企业有25家。在规模以上民营企业中，有70%以上的企业自建或与大专院校、科研院所合作建立了产品研发机构，企业的自主研发能力得到了增强。目前，全省民营企业中，科技型企业达到859户，创省级名牌产品187个，山西标志性名牌产品21个，国家名牌产品7个。近五年来，全省共有近500家民营企业获得了质量、环境、卫生等国际标准认证，有300多个新产品填补了国内和省内空白。全省各类乡镇企业工业小区、科技园区、东中西合作示范区和民营经济开发区达到151个，入园企业完成的营业收入占到全省民营经济总量的五分之一，企业布局分散的格局进一步改善。在诚信守法、劳动保护、社会保险、党的建设、群众工作等方面，我省民营企业进步很大，社会责任感逐步增强。

三是“以企带村”、“以工补农”力度加大，乡镇企业成为新农村建设投资的主渠道。随着乡镇企业的发展壮大，近几年乡镇企业在“以企带村”、“以工补农”方面发挥的作用越来越大，有些地方乡镇企业已成为新农村建设投资的主渠道。据初步估计，近几年每年乡镇企业用于支农建农及补助社会性支出总额都在10亿元以上，大大改善了农村的生产生活条件。目前，新农村建设搞的好的地方，共同的特点都是乡镇企业比较发达。乡镇企业不仅通过自身的发展壮大了农村经济，走出了一条农村工业化、城镇化、现代化的现实路子，而且在新农村建设中，通过以企带村、以工补农、以薪富农等形式，重新找到了定位，焕发出新的活力，进一步密切了与“三农”的联系。

（二）工业化、城镇化水平不断提高

农村非农产业特别是乡镇工业的发展促进了我省工业化和城镇化进程。截止2007年底，全省共有建制镇561个，占到全省乡镇总数的46.29%；建制镇镇区行政面积达到7445.49千公顷，其中镇区占地面积105.09千公顷；建制镇总人口达1619.26万人，其中镇区人口459.76万人，占到全

省乡村人口的19.41%；建制镇全年财政总收入达到121.17亿元，占到全省全年财政收入的10.09%。随着城镇化的逐步推进，城镇的人口聚集、资金聚集等各种效应开始显现，大量农民在从自然村落逐步向城镇聚合或转变的过程中，以农村各类企业职工的身份过上了市民生活。2007年全省561个建制镇从业人员700.34万人，其中：外来从业人员36.39万人。工业企业从业人员114.49万人，第三产业从业人员157.32万人，分别占从业人员总数的16.32%、22.46%。2007年年末建制镇居民储蓄存款额达到744.45亿元，企业实交税金总额167.97亿元。

五、农民收入水平大幅提高，农村居民生活显著改善

在旧中国，由于遭受残酷剥削和多重压迫，加上连年不断的战争和自然灾害，山西农村居民终日食不果腹，衣不遮体，生活极端贫困。解放以后，全省人民开始了新的生活，从1949年至1978年的30年间，山西农村经济和农业生产都取得了一定的成绩，农村居民的生活也有了一定的改善，但总的来说步伐比较缓慢，仍没有摆脱贫困。改革开放以来，一系列农村重大改革的实施，极大地解放和发展农村生产力，有力地促进了我省农业和农村经济持续快速发展，农民收入大幅增长，从而实现农民生活整体上由基本生存向温饱生活过渡及温饱向小康生活的跨越。

（一）农民收入大幅度增长，收入结构呈现新特点

从新中国成立到1978年，山西农民人均纯收入由1949年的52.5元增加到1978年的101.6元，年均增加1.69元，递增2.3%，是为实现温饱生活而奋斗的30年。党的十一届三中全会以来，山西农村所发生的深刻而广泛的变革，扭转了长期以来农民收入水平提高缓慢的境况，农民收入不断跃上新的台阶。1978—2008年间，山西农民人均纯收入由1978年的101.61元增加到2008年的4097.24元，增长39.3倍，年均递增13%。2008年，农民收入中家庭经营性纯收入1986.38元、工资性纯收入1713.5元、财产性纯收入和转移性纯收入397.31元；家庭经营性纯收入占农民纯收入的比重达48.5%，是农民收入的主要来源。

（二）农村居民生活显著改善

1978年以前，由于农民收入增长不快，农民生活消费和消费结构变化不大。山西农民人均生活消费支出由1949年的47.7元增加到1978年的90.64元，年均增加1.48元，递增2.2%。改革开放以后，随着农民收入的大幅度增长，农民的消费水平明显提高，消费结构不断提升。2008年，山西农民人均生活消费支出达3097.75元，比1978年增长了33.2倍，年均递增12.4%；农村居民恩格尔系数由1978年的67.3%下降为38.9%，下降了28.4个百分点。医疗保健、交通通讯及文教娱乐等消费支出占整个生活消费支出的比重达到29.7%，比1978年提高了26.3个百分点。伴随着农村居民消费结构的升级，农村居民消费档次得到提升，生活质量明显改善。一是食品消费中，肉、蛋、奶、鱼、水果等消费量增加，膳食结构向营养、科学型发展。2008年，农民人均消费肉6.91公斤、蛋6.6公斤，比1978年分别增长2.6倍、13.2倍。同时，农民在外饮食支出增加较快，人均137.74元，同比增长16.6%，占食品消费的比重明显上升。二是居住条件和质量明显改善。2008年山西农民人均居住消费支出486.75元，比1978年的8.84元增长54.1倍，年均增长14.2%。目前，农民新建房屋中楼房、砖瓦房面积占到85%以上，外部装饰和内部装修质量明显提升；部分先富起来的农民已选择在城镇购置商品房，把居住空间延伸至城市。到2008年末，山西农民人均居住面积达26.5平方米，平均每户住房价值达3.07万元。三是耐用消费品拥有量成倍增长。彩电、电话、摩托车、洗衣机等一大批新型耐用消费品在农村已得到极大普及，到2008年末，山西农民平均每百户家庭拥有彩色电视机104.1台、移动电话78.8部、摩托车57.1台、洗衣机77.1台、影碟机28.2台、电冰箱23.1台。近几年，空调、电脑、小汽车等高档消费品陆续进入农民家庭。2008年，农民每百户拥有空调3.4台、电脑3.5台、小汽车1.1辆。

（三）农村贫困状况大幅改善

山西作为中国中部内陆欠发达和贫困人口较多的省份之一，是全国18个集中连片的贫困地区之一，山区面积占全省总面积的80%以上，这些地区大都是革命老区，曾为新中国的建立做出过巨大贡献。新中国成立之后，党和政府一直采取社会救济、生产救灾等措施，关心和改善老区人民的生活，但由于这些地区自然条件较差，基础设施薄弱，农村经济发展十分缓慢，直到改革开放初山西仍有近1000万贫困人口。1978年开始的经济改革推动了农村经济的巨大增长，为国家不断强化反贫困干预提供了坚实的经济基础。国家先后实施了开发式扶贫规划、“八七扶贫攻坚计划”，不断加大扶贫资金投放力度，完善扶贫措施，到2000年底，除了150万左右社会保障对象和生活在自然环境恶劣地区的特困人口，以及部分残疾人以外，全省农村贫困人口的温饱问题已基本解决，农村扶贫事业取得了举世瞩目的成就。进入21世纪以后，国家制定了《中国农村扶贫开发纲要（2001—2010年）》，以产业化扶贫和劳务输出为依托，整村推进缓解贫困，扶贫事业取得了新的成就。到2007年，全省35个国家贫困县，未解决温饱的贫困人口已减少到36.1万人，贫困发生率下降到6.6%。

六、农村基础设施日臻完善，农村社会事业蓬勃发展

农村经济的长足发展，为农村社会的全面发展提供了强有力的支持。特别是近年来，全省各地以社会主义新农村建设为契机，不断加快农村基础设施和社会公共事业的发展，农村面貌发生崭新变化，农村社会事业蓬勃发展。

（一）农村基础设施日臻完善

新中国成立以后，特别是改革开放以来，山西高度重视乡村道路、农村电网、文化教育等关系农业和农村长远

发展的基础建设，农村基础设施日臻完善。第二次农业普查结果显示，目前，全省通公路、电话、通电和能接收电视的行政村的比重均已达到95%以上，80%以上的乡镇有邮电所。文化教育、环境卫生和医疗机构也得到大幅改善，目前85%以上的村在3公里范围内有小学，98%以上的乡镇有医院、卫生院，72%的乡镇实施集中供水，37%的镇有垃圾处理站。2005年12月在全省启动“农村网络文化站”建设工程以来，已在28000多个行政村全部完成网络文化站软硬件建设投入运营。在开展“农村网络文化站”建设过程中，共计免费为农村送去电脑终端4.7万台。目前，具有先进科技水平的IPTV、多媒体可视电话、网络信息查询等新装备技术在农村也得到应用，为新农村建设提供了重要的现代信息通道。作为新型洁净能源和可再生能源的农村沼气建设工程，近年被省政府列入为民办的12件实事之一，列入新农村建设的重要内容。目前，全省约有60万农户用上了沼气，一个“沼气为主，多能互补”的农村节能格局逐步形成。

（二）农村卫生教育事业快速发展

目前，山西省已全面建立了义务教育经费保障机制和农村义务教育中小学校舍改造新机制及教师工资财政保障机制。从2006年起，免除了农村义务教育阶段433.8万名学生学杂费，对农村家庭经济困难学生免费提供教科书并补助寄宿生生活费，直接减轻了农民经济负担，使农村免费义务教育成为现实。近年来，全省各级财政积极筹集资金，兴建了一批农村寄宿制学校，新建和改扩建中小学校舍，使得全省农村中小学校园环境和校舍条件明显改进，极大地改善了农村办学条件。还为所有农村初中配备了计算机教室、农村小学配备了卫星教学收视点、农村小学教学点配备了教学光盘播放设备和成套教学光盘，搭建起了优质资源共享平台，有效地提高了农村学校的教学质量。农村医疗卫生也在改革开放过程中取得显著成效。特别是于2003年启动的全省新型农村合作医疗试点，已进入全面推进阶段。2008年，按照中央提出的增加补助、全面覆盖、巩固提高的目标要求，参合农民的筹资标准翻了一番。全省各级财政部门大力支持，调整支出、增加补助、落实筹资、及时拨付，确保了新农合制度的顺利开展，截止2008年11月份，全省已筹集新型农村合作医疗专项资金17.83亿元，其中：中央财政7.38亿元，省级财政4.13亿元，市级财政1.48亿元，县级财政2.1亿元，农民缴费2.74亿元（含农村医疗救助），全省115个涉农县（市、区）已全部实行新农合制度，实现了100%全覆盖。参加合作医疗的农村居民达2212万人，参合率为92%，覆盖全省农业人口2305万人，筹资标准由人均50元提高到100元，参合农民得到了更多的补偿和实惠，农民看病报销的梦想终成现实。

（三）社会保障机制逐步完善

随着农村经济的快速发展，政府对农村投入加大，山西省农村长期靠家庭供养、自我保障的状况得到逐步改变，农村基本养老保险、最低生活保障等农村社会保障体系开始逐步建立和完善，社会保障项目不断增加，覆盖面不断扩大。2008年，全省参加农村基本养老保险人数达到160万人，享受农村最低生活保障人数102.32万人，资助参加合作医疗人数55.66万人，农村最低生活保障救济费支出5.59亿元，农村医疗救助费支出1.15亿元。

（四）社会主义新农村建设稳步推进

近几年，全省各地围绕生产发展、生活宽裕、乡风文明、村容整洁、管理民主的要求，坚持以发展农村经济为中心，以实现好、维护好、发展好广大农民的根本利益为出发点和落脚点，以“四化四改”“五个一工程”等建设项目为突破口，规划先行，试点起步，扎实推进各项工作，取得了阶段性成果。首批1098个新农村建设试点村，95%以上已经形成明显的主导产业，社会事业等方面得到长足发展；4000个重点推进村绝大部分完成规划，各项建设任务顺利进行。并且这些试点村和重点村各具特色，日益显现出示范效应，引领山西省新农村建设走向深入。3年来，全省“三农”投入每年必增，2008年省财政预算支农资金增幅达38.2%。在政府鼓励和引导下，工矿企业已经成为山西省新农村建设的一支重要力量。据初步统计，山西省参与帮建新农村的企业达到3500个，帮建村3875个。这些企业累计投入资金33亿元，已经为帮建村开展产业发展和基础设施建设项目2万多个。目前，全省试点村和重点推进村数量已经突破5000个，这些村的率先发展正在把山西省的新农村建设带入整体推进阶段。

新中国成立60年来，山西农业和农村经济取得了巨大的成就，特别是党的十一届三中全会以来，农村经济迅猛发展，农民生活显著改善，农村面貌焕然一新。但与党的十七大和党中央、国务院的要求相比，与全面建设社会主义新农村的目标相比，还存在一定的差距和不足。山西省农业农村正处于一个新的发展阶段、一个新的历史起点上，机遇大于挑战。我们要坚持走中国特色农业现代化的道路，坚持农村改革开放，在强基础、保供给、促增收上下功夫，推进农业农村工作再上新台阶、推进社会主义新农村建设迈出新步伐。

山西农村从赤贫到高质量小康

省统计局

新中国成立60年来，在中国共产党的坚强领导下，山西农村经济社会发生了天翻地覆的变化。特别是改革开放以来，山西各级党委政府认真贯彻党中央国务院制定的各项农村政策，结合山西实际出台了一大批适合山西农村发展的政策措施，为全省农村经济社会发展注入了强大活力，极大地调动了广大农民的生产积极性，农村经济快速发展，农民收入水平不断提高，消费水平不断提升，生活质量显著改善，农民生活迈向了小康，实现了历史性跨越。

一、农民生活质量从贫困迈向小康

新中国成立到改革开放前的30年间，山西农村经济取得了一定的发展，农民的生活也有了一定的改善。但由于旧中国遗留下来的极其落后的经济基础，以及这一时期我国社会主义建设中走过的曲折发展道路，总体上讲，从1949年—1978年的30年中，山西农村经济发展和农民收入提高的步伐比较缓慢，农民整体生活水平处于低水平状态。中共十一届三中全会以来，农村的改革极大地调动了广大农民的劳动积极性，使长期积累的物质能量得到集中释放，农业生产持续增长，农村经济全面发展，加之市场经济体制的建立，农民的收入渠道进一步拓宽，收入水平大幅度提高。1979—2008年间，山西农民人均纯收入由1978年的101.61元增加到2008年的4097.24元，增长39.3倍，年均递增13%。在收入增长的基础上，农民生活消费水平有了显著的提高。1979—2008年，山西农民人均生活消费支出由90.64元增加到3097.75元，增长33.2倍，年均递增2.4%。收入和消费水平的提高，使农民消费结构发生了重大变化，农民生活消费呈现出物质生活质量提高、精神生活丰富、文化素质提高以及生活环境改善等特征。

（一）1949—1978年，缓慢改善阶段

建国初期的1949—1957年，经济迅速恢复，农民生活有所改善。由于刚结束连年战乱，农村百废待兴，农民生活困难。在党的领导下，山西农村经过土地改革运动，使全省70—75%的无地或少地的农民大约得到了333.33万公顷的耕地及其他农业生产资料，广大农民从封建压迫下解放出来。普遍成立了在个体经营基础上的互助合作组织，继1954年之后又一次掀起农业合作化运动的高潮。到“一五”期末的1957年，全省实现了高级合作化，基本上完成了农业的社会主义改造，建立了农业集体所有制经济。生产关系的变革，极大地调动了农民的生产积极性，大大解放了生产力，促进了农业生产条件的改变和农业生产的发展。在生产发展的同时，广大农民的生活状况也得到了相应的改善。1957年，全省农民平均纯收入为80元，比1949年增加27.4元，增长52.1%；全年人均生活消费支出为76.6元，比1949 年增加28.9元，增长60.6%。

1958—1978年，中国经历了“大跃进”和“文化大革命”，经济建设遭遇了严重挫折，导致农民收入起伏徘徊，生活改善的步子缓慢。1978年山西农民人均纯收入为101.61元，比1957年增长27%，平均每年递增1.2%；农民人均消费支出为90.64元，增长18.3%，平均每年递增0.9%，这是新中国成立60年来增长最慢的时期。由于经济发展缓慢，同时人口增长过快，市场上大多数生活必需品供应短缺，需按人口凭票供应，广大农民生活处于低水平状态。

（二）1979—1989年，跨入温饱阶段

改革初期的10年间，农村发生的广泛而深刻的变革，带来了农村经济的长足发展和农民收入的显著增长，扭转了长期以来农民生活贫困的境况，山西农民整体生活水平进入温饱阶段。这10年间农民生活消费明显改善。随着党和政府制定的发展农村经济的各项方针政策的贯彻落实，家庭联产承包责任制的普遍推行，极大地调动了农民的生产积极性，促进了劳动生产率和土地产出率的提高，同时对农村产业结构和工农产品比价的调整，也使农民从中得到较大实惠，农民收入迅猛增长。随着收入的增加，农民人均生活消费支出由1978年的90.64元增加到1989年的409.25元，增长3.5倍，年平均递增14.7%，10年间农民人均生活消费支出的增加量比1949—1978年的30年的增加量还多275.67元，比改革前历史最高水平的“五五”期末水平还多184.23元。恩格尔系数由1978年的67.3%下降到1989年的52.9%，全省农民整体生活水平进入了温饱阶段。

随着农民收入的增加和温饱问题的基本解决，农民物质生活消费结构发生明显变化，长期以来农民以吃、穿为主的消费结构初步得到改变。消费序列由吃、穿、用、烧、住转向吃、用、住、穿、烧，消费结构趋向优化。1979—1989年的10年间，全省农民人均食品、衣着、燃料支出占生活消费支出的比重分别由1979年的67.3%、14.4%和6.0%

下降到53.3%、13.1%和3.0%，用品、住房支出所占比重则分别由1979年的9.2%和0.6%上升到15.2%和10.9%。在食品消费结构中，主食比重趋于下降，副食消费、其它食品（如各种饮料、糖果、糕点、干鲜水果、方便食品等）和在外饮食消费比重逐年上升，反映了农民生活消费正在由“封闭型”向“开放型”转变。在用品消费中，日常生活用品消费比重渐趋下降，文化娱乐用品、书报杂志和医药卫生用品消费所占比重不断上升，反映了广大农民对文化生活日益重视，显示了社会主义新型农民精神状态的重大变化。

（三）1990—1999年，稳步提高阶段

上世纪90年代，邓小平同志南方谈话和党的十四大的胜利召开，给农村经济注入了新的活力。这一时期党和政府采取了一系列支持和保护“三农”发展的政策措施，农民积极发展生产，广开就业门路，人均收入逐步增加，生活质量稳步提高。

1990—1999年，山西农民人均生活消费支出由1990年的487.65元增加到1999年的1047.18元，增加559.53元，增长1.2倍。在生活消费支出中，1999年人均食品支出539.83元，比1990年的257.87元，增加281.96元，增长1.1倍；衣着支出108.27元，增长78.3%；居住支出102.47元，增长35.4%；设备用品及服务支出51.98元，增长55.7%；医疗保健支出58.30元，增长1.9倍；交通及通讯支出46.27元，增长13.6倍；文教娱乐用品及服务支出120.6元，增长2.7倍；其他商品及服务支出19.46元，增长3.6倍。农民各项生活消费支出的增长，表明山西农民整体生活水平稳步提高，生活消费进入以提高质量为主的新阶段。

（四）2000—2008年，快速提高阶段

2000—2008年，这一时期是山西农村经济社会发展最快的时期，也是农民收入增加最多的时期。在政策的护航和市场繁荣的推动下，农民收入经过恢复调整、能量积蓄，终于冲出了一度增速徘徊、增量低迷的困境，昂首步入了“快车道”。更为可喜的是，随着我国“中部崛起战略”的实施和推进，山西农民赶超全国的意识日渐增强，增收信心不断加大，增收能力日益提高，增收的路子迅速拓宽，增收的步伐明显加快，带动了农民消费水平不断提升，生活质量明显改善，呈现出物质消费越来越好，精神消费和生活环境明显改观的新变化。“十五”期末的2005年，山西农民人均生活消费支出达1877.70元，比2000年增加728.69元，增长63.4%，年平均增长10.3%，比农民收入平均增幅高1.6个百分点。2008年山西农民人均生活消费支出3097.75元，比2000年的1149.01元增加1949.74元，增长1.7倍，年均增长13.2%，农民整体生活呈现出消费信心增强、消费层次提升的特征。2008年山西农民人均纯收入4097.24元，同比增加431.58元；人均生活消费支出3097.75元，增加415.18元，在农民当年新增收入中，96.2 %用于生活消费，直接拉动了农民生活消费支出的快速增长和消费水平的提高。由于收入增长快，农民收入预期转好，即期消费增加，货币结余购买力增速减缓，边际储蓄率下降，消费信心明显增强。

二、农民消费结构与水平不断优化提升

新中国成立以来，劳动人民当家做了主人，山西农民生活水平不断提高，特别是改革开放以来的30年，是农民生活水平提高最快的时期。随着农民收入的提高，带动了农民消费水平不断提升，生活状况显著改善。据调查资料显示：2008年山西农民人均生活消费支出为3097.75元，比1949年的47.7元，增加3050.05元，增长63.9倍，年均增长7.2%；比1978年的90.64元，增加3007.11元，增长33.2倍，年均增长12.5%。

（一）恩格尔系数下降，食品消费结构优化

随着农民收入的增长和经济活动的增加，农民的饮食习惯及消费观念也在不断发生变化。山西农民消费的恩格尔系数呈现出不断下降态势，2008年恩格尔系数降到38.9%，比“十五”期末下降5.5个百分点，比2000年的48.6%下降9.7个百分点，比1978年的67.3%下降了28.4个百分点。恩格尔系数的下降表明了农民生活消费质量在不断提高。2008年，山西农民人均用于食品的消费支出为1206.71元，比1978年的61.02元，增加1145.69元，增长18.8倍，年均增长10.5%。在食品消费中，人均主食消费支出的增幅明显低于副食和其他食品消费支出。从食物消费量看，粮食等传统食物消费量略有减少，全年人均消费粮食190.84公斤，同比下降3.6%；水产品和蛋类等食物消费量增加，全年人均消费水产品0.93公斤，同比增长15.1%，蛋类及其制品6.60公斤，增长10.9%。食品消费的另一特点是农民在外饮食支出增加较快，人均137.74元，同比增长16.6%，占食品消费的比重明显上升。

（二）消费观念变化，生活质量提高

1. 注重教育投资，讲究文明生活。随着农民生活消费水平的稳步提高，生活质量的不断改善，生活消费领域不断拓展，特别是在新农村建设过程中，农民的消费观念发生了新的变化，学文化、学技术意识逐渐增强，对子女和自身教育培训舍得投资，注重文体教育，讲究文明生活的氛围已在广大农村日渐形成，农民生活消费中发展型和享受型消费的比重逐年上升。2008年山西农民文教娱乐消费支出人均380.70元，比1978年的1.95元，增加378.75元，增长194 倍，年均增长19.2%。特别是“十五”期间，农民教育投资占全部生活消费支出的比重由“十五”初期的11.6%提高到14.9%，上升了3.3个百分点。

2. 信息化程度快速提高。2008年山西农民用于交通和通讯的人均支出328.92元，比1978年的0.49元，增加328.43元，增长670.3倍，年均增长24.2%。交通通讯支出增长的主要原因：一是移动电话迅速增加。在农民家庭通讯消费中发展最快的就是通讯器材类，特别是移动电话，为农村居民的生产和生活带来了诸多的便利，移动电话新产品不断推出和价格的大幅下降，吸引了更多农民购买，成为通讯消费支出的新亮点。到2008年末，山西每百户农民家庭

拥有移动电话达到78.8部；其次是交通消费支出迅速增加。到2008年末每百户农民家庭拥有电动自行车达8.4辆，摩托车57.1台，不仅如此，生活用汽车也开始进入农户家庭。所有这些变化一方面是农户的消费观念随着时代的发展而逐渐变化，另一方面也反映出国家对交通通讯基础设施的大规模建设，使越来越多的农户享受到现代交通通讯的方便与快捷。

3、居住由数量扩充变为质量提高，且建筑风格呈现多样化。改革开放以来，山西农村最直观、最明显的变化之一便是广大农民的住房条件得到明显改善。2008年山西农民人均居住消费支出486.75元，比1978年的8.84元，增加477.91元，增长54.1倍，年均增长14.2%。居住消费支出的持续增长，表明改革开放以来，广大农民在改善居住环境的迫切愿望得到基本满足后，新一轮改善居住质量的投资开始成为农户生活投资的重点，宽敞舒适的住房一直是农民生活质量改善的重要目标，目前农村新购、新建房屋主要有二个特征：一是追求多样化，把居住空间延伸至城市，部分先富起来的农民选择在城镇购置商品房；二是新建住房大多设施齐全，档次提升。2008年农民在新建房屋中楼房、砖瓦房面积占到85%以上，外部装饰和内部装修质量明显提升，到2008年末，山西农民人均居住面积达26.5平方米，平均每户住房价值达3.07万元。

4、中高档耐用家电稳步增加。2008年山西农民用于购买家庭设备和用品的支出人均138.26元，比1978年的4.10元，增加134.16元，增长32.7倍，年均增长12.3%。其中家电设备占了很大比重，农户日用家电的普及率明显提高。到2008年末，山西农民平均每百户家庭拥有彩色电视机104.1台、洗衣机77.1台、影碟机28.2台、电冰箱23.1台、家用计算机3.5台，在保证生产和基本生活的前提下，购买各种中高档家用电器成为农民生活水平提高的又一个重要标志，也体现出农民生活质量越来越趋向城市化。

5、衣着支出增加，消费档次提高。改革开放以来，山西农村居民随着收入水平的提高，衣着消费观念的改变，衣着消费基本实现了成衣化和时尚化。山西农村居民在吃饱、穿暖的基础上，衣着消费由“一衣多季”逐步改变为“一季多衣”，再发展到追求“色调、款式、质量”。2008年山西农民衣着消费支出人均276.24元，比1978年的13.02元，增加263.22元，增长20.2倍，年均增长10.5%。

（三）健康意识增强，医疗保健支出增加迅速

衣食无忧不完美，拥有健康最重要。改革开放以来，随着生活水平的提高，山西农民防病治病的意识不断增强，健身器材、医疗保健器材和滋补保健品开始进入农户家庭。2008年全省农民家庭人均医疗保健支出达210.32元，比1978年的0.65元，增加209.67元，增长322.6倍，年均增长21.2%。特别是“十五”期间，我省农村顺利推行了新型农村合作医疗制度试点工作，建立了农村特困群体大病救助等制度，农村医疗条件得到改善，农民基本上实现了小病不出村，同时对防病保健的意识明显增强。

经济结构在调整中优化升级

窦志达　房　敏

60年星转斗移，省委、省政府带领山西人民，艰苦创业，顽强拼搏，三晋大地发生了沧海桑田的巨变。沿着数据轨迹去认识60年的发展路程，从不同层面剖析国民经济各种比例结构，对于我们开创经济发展新局面，意义深远而重大。

一、60年的发展，山西经济实力不断增强，人均生产总值稳居中部第一

解放初期的山西，经济基础十分薄弱，生产力水平低下，1952年全省生产总值仅有16亿元，人均GDP仅有116元。解放初期至改革开放前，山西经历了三个历史阶段：第一阶段：1949—1957年，完成了农业、手工业和资本主义工商业的社会主义改造，是国民经济迅速恢复和相对健康发展的时期；第二阶段：1960—1965年，经历了三年自然灾害和“左”倾思想泛滥的影响，是国民经济发展遭遇挫折的时期；第三阶段：1966—1976年，是十年“文革”造成国民经济遭受严重破坏的时期。1978年全省国内生产总值88亿元，是1952年的5.5倍，人均GDP为365元，是1952年的3.15倍。

1978年，党中央在国家面临向何处去的重大历史关头召开了十一届三中全会，作出了把党和国家工作中心转移到经济建设上来、实行改革开放的历史性决策，实现了新中国成立以来我们党历史上具有深远意义的伟大转折。改革开放30年经历了四个历史阶段：第一是改革开放的起步阶段（1978—1984年），推行农村家庭联产承包责任制，农业生产全面增长；第二是改革开放的全面展开阶段（1985—1991年），以党的十二届三中全会为标志，中央作出了关于经济体制改革的决定，改革的重点由农村转向城

市，改革的目的是发展社会主义有计划的商品经济；第三是改革开放的整体推进阶段（1992—2002年），邓小平南方谈话和党的十四大召开标志着改革开放进入了建立社会主义市场经济体制的新阶段，经济发展步入快车道并逐渐转向稳步增长；第四是改革开放的深化、攻坚阶段（2003年至今），党的十六大、十六届三中全会以及十七大的召开，标志着改革开放进入到完善社会主义市场经济体制、全面提高改革开放水平的新时期，国民经济进入新一轮增长。

党的十一届三中全会引领中国进入改革开放的全新历史时期。改革开放为我省经济发展注入新的生机和活力，全省上下坚持以经济建设为中心，社会生产力得到空前释放。1978—1990年，山西完成地区生产总值2750亿元，1991—2000年，完成地区生产总值11495亿元，2001—2008年，完成地区生产总值32502亿元,其中2008年是1978年的80.2倍。国内生产总值由88亿到200亿用了7年时间，200亿到400亿用了5年时间，400亿到800亿仅用了4年时间。进入新世纪,地区生产总值连续七年以两位数快速增长,特别是十六大以来，山西国民经济实现跨越式发展，2004年地区生产总值增速上升至15.2%，达到1985年以来最高峰值。2004—2007年GDP总量连续突破3000亿元、4000亿元、5000亿元三个台阶，到2008年超过7000亿元。人均GDP由1978年的365元增至2008年的20742元，2008年是1978年的56.8倍。2003年以来，山西人均生产总值稳居中部第一，2006年人均生产总值比2002年翻了近一番，2008年已经完成了到2020年人均GDP比2000年翻两番目标任务的一多半。经济发展总体呈逐级上升态势，三晋大地发生了沧海桑田的巨变。

1978—1990年，山西经济增长速度高低差幅相距19.6个百分点，1991—2000年，缩小至8.9个百分点，2001—2008年缩小至6.9个百分点。随着改革开放的逐步深化，山西经济由改革前期的大起大落，到改革中期的平稳过渡，最后以新世纪以来连续7年两位数的增长模式，划出了一条平稳、健康、快速增长的生动轨迹。

二、60年的发展，山西产业结构稳步升级，由前30年奠定工业化基础，向后30年三次产业协同发展转变

改革开放前30年，为改变当时经济发展落后、物质基础薄弱的现状，山西处于奠定工业化基础的发展时期。三次产业结构由1952年的58.7：17.2：24.1演变为1978年的20.7：58.5：20.8，第一产业下降了38个百分点，第二产业上升了41.3个百分点，山西产业结构经历了“以农业为支柱”过渡到“以工业为支柱”的格局转换，前30年为山西工业化打下了坚实基础。

产业结构由“一、三、二”至“二、三、一”最后达到“三、二、一”格局，是世界经济发展的一般规律。改革开放30年，山西坚持以发展为主题、以结构调整为主线，实现了经济增长与结构调整良性互动。1984年后，随着经济发展水平的提高，无论是社会生产还是人民生活，对第三产业的客观需求都在不断扩大，从中央到地方在经济发展指导思想上也更加成熟和科学。产业结构由1978年的20.7：58.5：20.8演变为1990年的18.8：48.9：32.3。进入90年代，山西产业结构调整步伐进一步加快，至2000年演变为9.7：46.5：43.8,第三产业比重十年提高了11.5个百分点，至2008年演变为7.2：59.2：33.6。改革开放以来，三次产业逐步由第一产业向第二、第三产业演进，基本实现了由工农业为主向三次产业协同发展的转变，与世界经济发展规律十分吻合。

经过60年的发展，特别是改革开放30年来，山西农业经济从单一的抓粮食生产变为粮经作物并重，从偏重于农作物种植，变为注重农、林、牧、渔业全面发展。第一产业内部农、林、牧、渔业产值比重由1952年的92.2：0.87：6.9：0.0逐步演变为2008年的61.5：3.4：31.1：0.7。随着农业市场化程度的提高和专业化分工的细化，农林牧渔服务业逐步形成规模，到2008年全省农林牧渔服务业总产值达19.92亿元，占到农林牧渔业总产值的3.3%。粮经种植比例由1952年的89.4：10.6调整为2008年的81.5：18.7，以粮食作物种植为主的传统农业格局已打破。在行业布局调整的同时，农业区域化布局、专业化分工的趋势逐步显现，主要农产品生产逐步向优势区域集中，农产品集中度不断提高，形成了雁门关生态畜牧经济区、中南部无公害果菜产业区、东西两山杂粮干果产业区三大优势区域格局。

第二产业是山西国民经济的主体，其基本特征是以能源重化工、建筑业等低附加值产业作为自身发展的基础。建国60年来，山西第二产业尤其是能源重化工业保持了较快的发展速度，第二产业增加值由1952年的2.75亿元增长到1978年的51.47亿元，至2008年达到4179.7亿元，其中，工业增加值由1952年的2.34亿元增长至1978年的48.12亿元，2008年增至3833.8亿元。进入新世纪以来，山西紧紧抓住新一轮经济腾飞提供的战略机遇，结合独特的资源优势，大力发展以煤炭、炼焦、冶金、电力为核心的传统产业，期间原煤产量由2000年的2.5亿吨提高到2008年的6.6亿吨，发电量由2000年的625亿千瓦小时提高到2008年的1789亿千瓦小时，焦炭、钢材也分别由4967万吨、473万吨提高到8236万吨、2345万吨（规模以上工业），在四大产业的带动下，我省经济呈现出建国以来最好的发展状态，期间GDP总量由2000年的1845.7亿元增长至2008年的7055.76亿元。目前山西的煤、焦、冶、电四大支柱产业占规模以上工业比重超过80%，能源工业在全国地位举足轻重，对全国经济发展做出了巨大贡献。近年来，走新型工业化道路，是山西省委、省政府新时期加快经济结构调整、推进经济发展的一项重大战略部署。全省上下通过整合资源、创新管理、调整产品结构、优化内部结构、提高新型化水平，使传统产业的增长方式发生了重大转变。2007年全省传统产业新型化水平达到43.52%，比2000年提高32.97个百分点，

平均每年提高4.71个百分点。十六大以来，新兴产业规模化得到积极推进，2008年全省装备制造业完成增加值186亿元，是2003年的3.33倍；医药产业销售收入达64.95亿元,比2003年增长112%；全省旅游总收入达到739.3亿元，是2003年的7.3倍。传统产业新型化、新兴产业规模化呈逐年加快之势。随着改革开放的深化，打破了国有经济一枝独秀的传统格局。规模以上工业企业国有经济单位由1978年的2547个减至2007年的352个，集体经济单位由1978年的6834个减至2007年的715个，其他经济单位从无到有，由1985年的6 个增至2007年的3405个，经济形式呈现多样化。2007年规模以上股份合作企业、联营企业、有限责任公司、股份有限公司、私营企业、港澳台及外资企业工业总产值占到全部规模以上工业的84.5%。在国有经济战略性调整取得重大进展、公有经济的主体地位进一步巩固、影响力和带动力不断增强的前提下，实现了由单一的公有制经济向多种所有制经济共同发展的转变。

山西第三产业发展经历了四个阶段。建国初期至80年代中期，这一时期由于受“左”的思想束缚，第三产业发展相对滞后，1985年第三产业占到GDP比重的25.9%，比1952年仅高出1.8个百分点，第三产业行业分布主要集中在运输、商贸、金融等传统行业，产业格局处于较低层次，无论是规模还是结构都不能满足社会生产和人民生活的客观需要；80年代中期至1992年，经历了从商品经济到社会主义市场经济的实践，第三产业步伐明显加快，在传统产业向更高层次提升的基础上，在金融保险、房地产业、广播电视、信息咨询等更高层次上强力突破，1992年山西第三产业上升至36.0%，迅速向多元化和合理化格局发展，其均衡性和协调性不断提高；1992—2001年，由于社会生产和人民生活的需求加大，第三产业呈快速发展态势，2001年第三产业比重达到44.5%；2001—2008年，随着山西能源产业规模的快速扩大，第三产业所占份额相对有所下降，但传统产业比重下降，新兴服务业比重上升，内部结构逐步优化，呈现出向集约化和高层次发展的趋势。

从山西产业结构整体布局看，社会资源不断从低收益部门向高收益部门转移，进而由物质产业部门转向非物质产业部门。第三产业内部结构也由传统服务业逐步向现代服务业转化，对国民经济和社会发展的服务功能明显增强。山西特殊的资源禀赋和良好的工业基础，使工业内部结构在趋向重型化的同时，不断推进传统产业提升和新兴支柱产业的培育，煤化工、装备制造业等新兴支柱产业体系正在稳步、有序推进，产业结构顺利迈向工业化时代。

近年来，在国际能源供给趋紧、主要能源产品价格振荡的形势下，山西静下心、沉住气，坚持不懈推进了产业结构调整。到2008年，全省矿井数量由2003年的4878座下降为目前的2598座，减少了46.7%；2004年全省仅有10座煤矿实行综采，到2008年上升为307座，占煤矿总数比例上升为12%；全省规模以上工业的机焦比重由2003年的75.82%提高到2008年的98.2%；30万千瓦以上机组发电设备容量比重由2003年的39.2%上升为2008年的61.1%，提高了21.9个百分点；2003—2008年我省煤炭百万吨死亡率比上年依次下降0.2、0.08、0.06、0.09和0.33人/百万吨。煤、焦、冶金、电力等传统产业新型化水平明显加快，产业水平进一步提高，新兴产业规模化得到积极推进，对全省经济社会发展形成了有效支撑。旅游业快速发展，在国民经济中的地位不断提升，文化产业经济总量持续扩大，成为拉动经济增长的新亮点。

三、政府、企业、个人所得不断增长的同时，三者分配结构发生了明显变化，财政、城乡居民收入水平迅速提升

改革开放以来，我国在分配领域进行了一系列改革，大致可分为以下几个阶段：一是恢复社会主义按劳分配的原则（1978—1987年）。这一阶段分配改革的实践是以农村20世纪80年代初普遍实行家庭联产承包责任制为突破口的，从分配方面来说，明确划分了国家、集体、个人的责、权、利关系，最有效地将农民的收入同他们的劳动成果挂起钩来。农村分配改革的成功对以后中国分配体制的改革产生了极为深远的影响。二是探索社会主义初级阶段分配方式（1987—1992 年）。这一阶段强调以按劳分配为主体，其他多种分配方式为补充，其中包括合法的非劳动收入。在分配实践上，主要是国有企业“工效挂钩”的工资改革。三是探索适应社会主义市场经济的分配方式（1992—2002年）。这一阶段在分配理论上主要是探索适应社会主义市场经济的分配方式。明确提出允许和鼓励资本、技术等生产要素参与收益分配；提出不断完善分配结构，既要坚持效率优先，促进经济发展；又要兼顾公平，促进社会稳定。四是贯彻“效率优先、兼顾公平”的原则和明确按要素分配的模式（2002年至十六大后）。在分配理论上主要是对按生产要素分配的明确界定以及指出了如何贯彻“效率优先、兼顾公平”的原则。明确了劳动、资本、技术和管理是基本的生产要素；明确了生产要素按贡献分配；对效率与公平的关系做出了清晰的回答。

同全国一样，山西对于公平与效率的认识也经历了一个逐步深化的过程，表现在收入分配方式和结果上也经历着一个起伏调整的过程。“八五”时期山西政府、企业、个人三者所得比例分别为14.0%、21.4%和64.6%，“九五”时期三者比例变化为20.3%、16.9%和62.8%，期间企业、个人所得比例有所下降，政府所得比例较快上升；“十五”时期，三者所得比例分别为21.9%、22.5%和55.6%，与“九五”时期相比，企业、政府所得上升较快，分别上升了5.6和1.6个百分点，个人所得则下降明显，比“九五”时期下降了7.2个百分点。2007年，山西政府、企业、个人三者所得比例分别为17.1%、36.4%和46.5%，与“十五”时期相比，企业所得上升了13.9个百分点，政府、个人所得分别下降4.8和9.1个百分点。由此可见，在山西经济“蛋糕”不断做大做好，政府、个业、个人所得在不断增长的同时，

个人所得份额有所下降，政府和企业所得份额则交替上升。

从收入水平看，解放初期山西经济十分薄弱，政府财力严重不足，1952年财政收入仅有1.8亿元，经过30年的发展，1978年山西财政收入是1952年的10.7倍；改革开放以来，突飞猛进的经济发展带来了财政收入的快速增长，全省财政收入由1978年的19.6亿元增至2007年的1200.5亿元，增长61.3倍。进入新世纪，山西财政收入大踏步前进，特别是十六大以来，财政收入平均每年增加额超过200亿元，2008年突破1500亿元大关。2007年一般预算收入占生产总值比重的排位，由2000年全国第11位跻身于第5位。财政实力不断增强，为政府促进经济发展、改善经济社会薄弱环节、提高人民生活质量提供了有力的资金保障。

解放初期的经济实力薄弱也造成了人民生活水平的低下。1952年城镇居民人均可支配收入为126元，1954年农民人均纯收入为75元，居民收入主要用于解决吃饭问题，居民家庭基本没有储蓄存款；历经30年，1978年城乡居民人均收入分别为301元和102元，城乡居民人均储蓄存款为30元；随着改革开放经济快速发展和按劳分配为主体、多种分配方式并存分配制度的逐步完善，人民群众创业的积极性得到充分调动，收入水平快速提高。进入新世纪，城镇居民人均可支配收入超过5000元，2008年达到13119元，是1978年的43.6倍；300元上升到1000元用了11年时间，1000元到2000元用了5年时间，2000元到4000元仅用了4年时间，十六大以来，平均每年增加1223元；2008年农民人均纯收入达到4097元，是1978年的40.3倍，1995年突破1000元，2002年突破2000元，2008年突破4000元，城乡居民收入呈加速递增趋势，2008年城乡居民人均储蓄存款达20664元，高出全国平均水平4286元。分配方式也实现了由平均主义突出、收入渠道单一，向以劳动报酬为主、资本和技术等收入为辅的多种分配方式并存的转变。

四、拉动经济增长结构日趋优化，投资、消费、净出口“三驾马车”共同拉动山西经济快速协调发展

需求结构受生产、分配结构的制约，同时又作用和影响生产、分配结构，长时期的需求结构变化构成了一个地区经济结构特点的主要内容。1952—1978年固定资本形成累计432亿元，最终消费累计654亿元；1979—2008年山西固定资本形成总额累计23216亿元，是前30年的53.7倍。1979年至2008年我省最终消费累计23107亿元，是前30年的35.3倍，前30年投资消费累计比重为40：60，后30年二者之比为50：50。前30年消费是拉动经济增长的主动力，随着国家经济实力的明显增强，后30年由投资消费共同拉动经济快速发展。进入新世纪，全社会固定资产投资力度加大，2003年突破1000亿，2006年超过2000亿，2008年达到3635亿元，十六大召开以来，山西投资呈现加速增长态势，全社会固定资产投资年均增加500亿元以上。净出口1952年以来增长了57.5倍，经济外向度不断提高。

随着改革开放深入，山西投资结构不断得到优化。改革开放前实行高度计划经济体制，投资主体主要是中央和地方政府，以国有投资为主。改革开放后，以国家为投资主体的高度集中的投资计划管理体制模式逐步打破，演变为由国家、集体、联营、私营、个体、外商和其他所有制经济成份的多元化投资新格局。1979—2007年，全社会固定资产投资中，国有、非国有投资分别以年均15.0%和25.8%的速度增长，二者比重也由1978年的90.7：9.3调整到2008年的45.2：54.8，投资来源呈现多样化，突破了投资结构来源单一的格局。1978年三大产业投资比重为0.8：61.4：37.8，经过30年的不断积累和调整，2008年三大产业投资比重为3.1：51.4：45.5，投资结构趋向优化。

最终消费中，改革开放前30年政府消费43.4亿元，居民消费610.8亿元。改革开放后30年政府消费达到6335.7亿元，是前30年的146.2倍，政府调配能力日益增强；改革开放后30年居民消费达到16771.0亿元，是前30年的27.5倍，居民消费总量快速扩张。居民消费支出成为拉动经济增长的主要动力。1952年城镇居民人均消费支出93元，1978年提高到275元，是1952年的3倍，进入新世纪，城镇居民人均消费支出超过4000元，十六大以来超过5000元，2008年提高至8807元，是1978年的32倍；1954年农民人均生活消费支出70元，1978年提高到91元，是1954年的1.3倍，进入新世纪，农民人均生活消费支出呈递增式提高，2008年达到3098元，是1978年的34倍。前30年城镇居民人均消费支出增长高于农民，后30年农村居民人均消费支出增长高于城镇居民，城乡居民消费增长并驾齐驱。

五、居民生活不断改善，由解放初期的温饱不足步入今天的总体小康

改革前30年，对居民生活实行粮布票定量供给制，物资来源贫匮，生活水平落后。1952年城镇居民恩格尔系数为67.9%，1954年农民恩格尔系数为56.2%，收入主要用于食品消费，仅能维持基本生活；1978年城镇居民恩格尔系数为55.5%，农民恩格尔系数为67.3%，生活水平有所提升。

改革开放30年，告别了物资匮乏的年代，结束了票证供应的历史，是人民群众得到实惠最多、生活水平提高最快的30年，也是城乡居民生活实现从温饱不足到总体小康历史性跨越的30年。城镇居民恩格尔系数由1978年的55.5%降至2008年的33.8%，农民恩格尔系数由1978年的67.3%降至2008年的39.0%。用于食品以外的支出大幅提高，城乡居民每百户耐用消费品拥有量迅速上升。进入新世纪特别是十六大以来，居民生活水平快速提高，2007年城乡居民每百户口拥有彩电分别为113台和102台，拥有洗衣机分别为102台和76台，拥有移动电话分别为127部和67部。

居民生活最显著的变化主要体现在耐用消费品的不断升级。由80年代的“老三件”到90年代的“旧三件”，移动电话、电脑和家用汽车逐步成为新世纪居民家庭“新三

件”。引导时代潮流的家用电脑，2007年城镇居民每百户拥有39.1台，是2000年的6.3倍，拥有家用汽车4.66辆，在全国居第13位，在中部居第1位。消费结构进入新一轮升级换代，发展和享受型消费比重上升，现代生活方式进入寻常百姓之家，居民生活实现了由量的扩张到质的提升。

六、随着改革开放的逐步深化,经济发展与全国差距迅速缩小

改革开放30年，山西经济发展走出一个明显的“V”字型，呈明显的剪刀差。80年代中期以前，山西与全国的发展速度接近，但80年代中期以后出现明显的分叉，经济增长速度1985—2000年间平均低于全国平均水平1.9个百分点。上世纪90年代，我省地区生产总值占全国比重是持续下降的。随着我省经济的加速增长，新世纪以来，地区生产总值占全国比重呈持续上升态势，由2000年的1.86%上升至2008 年的2.35%；一般预算收入占比也由2000年的1.78%快速升至2008年的2.61%。

居民赶超步伐紧随其后，我省城镇居民人均可支配收入占全国城镇居民人均可支配收入的比重，由2000年的75.22%升至2008年的83.13%；农民人均纯收入占比由2000年的84.57%升至2008年的86.05%。目前我省经济呈明显上升趋势，与全国差距迅速缩小。照此势头发展下去，山西经济赶超全国水平的时间有望缩短。

主要经济指标与中部相比，我省人均GDP、人均一般预算收入、人均规模以上工业销售收入、人均进出口总额、人均国内旅游收入、人均人民币储蓄存款余额，均居中部第1位，经济增长质量迅速提升。

七、从未来经济发展趋势看，山西经济增长潜力全面提升

1979—2007年山西生产总值年均增长10.1%，高于全国同期（9.8%）0.3个百分点。上世纪80年代地区生产总值年均增长8.7%，90年代上升至10.3%，进入新世纪以来更是实现连续7年两位数增长，2001年到2008年地区生产总值年均增长高达12.1%，凸现了山西以科学发展观为指导，推进经济发展进入一个新的历史时期。

目前受国际金融危机的严重影响及国民经济的正常周期作用，经济增长出现回调迹象，但山西投资拉动经济增长动力强劲，高储蓄为拉动内需提供充足的资金来源，承接沿海地区产业转移空间宽广，民营经济潜力很大。2006—2008 年，山西地区生产总值平均增长依然超过两位数达到11.5%，财政收入和一般预算收入增长均达到26%以上，全社会固定资产投资和社会消费品零售总额分别增长25%和18.9%。2008年山西原煤产量仍居全国第1位，化肥产量居全国第4位，粗钢产量居全国第5位，发电量居全国第7 位，钢材产量居全国第10位，2008年，全省旅游总收入达到739.3亿元，是2003年的7.3倍，年均增长48.8%，增速比全国平均水平快29.9个百分点。无论是历史积淀还是现实潜力，都为山西未来经济腾飞奠定了坚实的基础和创造了充分的条件。

八、60年山西经济发展带给我们的启迪

60年，波澜壮阔，60年，风生水起。回眸山西走过的辉煌历程，经济发展日新月异，成果斐然可圈可点。当我们站在新的起跑线上，以更加科学的态度来评判60年历史长河中山西经济发生天翻地覆变化，在带给我们丰富的经验和深刻的启迪的同时，还有许多重大课题需要我们潜心研究并付诸实践。目前山西结构性矛盾依然比较突出，居民生活水平和生态环境改善任务依然艰巨，经济结构多元化发展需要我们付出更加艰辛的努力。

60年如白驹过隙，我们走过了从贫困到小康、从计划到市场、从短缺到充裕的道路，经济发展到达了一个前所未有的历史高度。践行不同的发展观，就会走不同的发展道路，就会有不同的发展前景。历史实践证明，坚持解放思想为先导，坚持改革开放不动摇，坚持以经济建设为中心，坚定不移地走具有中国特色的社会主义道路，践行以科学发展观指导经济建设，是我们取得辉煌成果的根本原因。每一个亲身经历了这60年伟大变革并贡献了自己力量的三晋儿女，都有理由为我们改革开放的历史性成就感到无比自豪。

经历了60年的发展和积累，物质财富基础雄厚，综合国力不断增强，社会事业协调发展，居民生活显著提高，供给条件实力雄厚，需求动力后势强劲，为山西转型发展、和谐发展、安全发展提供了坚实基础。我们站在一个新的历史起点上，面临国际国内两个市场发展的新机遇，迎接新一轮经济增长带来的新挑战，坚信山西经济在新的历史时期一定会创造新的奇迹！

全面小康建设稳步推进

全面建设小康社会是党的十六大提出的在本世纪头20年的奋斗目标。胡锦涛总书记在党的十七大报告中指出“在优化结构、提高效益、降低消耗、保护环境的基础上，实现人均国内生产总值到2020年比2000年翻两番”，为我国

全面建设小康社会提出了新的更高要求。全面建设小康社会，是推进我国现代化建设和中国特色社会主义事业的新起点，是新中国成立60年尤其是改革开放30年来中国社会发展的历史延续，是社会主义经济、政治、文化、社会全面发展的总目标。

一、全面小康建设取得巨大成绩

新中国成立后，在社会主义改造的基础上，山西进行了大规模的社会主义建设，经济社会发生了深刻变化，取得了显著成就；特别是党的十一届三中全会以来，在改革开放政策的指引下，山西全面小康建设事业取得了前所未有的巨大成就。

（一）国民经济持续增长，综合实力显著增强

新中国成立60年尤其是改革开放30年来，除“文革”等特殊时期外，全省经济持续健康飞速发展，从1949年到改革开放前的30年里，全省生产总值总量由1952年的16亿元增加到1978年的87.99亿元，按可比价格计算，增长4.5倍。改革开放30年来，全省生产总值实际年均增速达到10.1%，全省生产总值总量由1978年的88亿元增加到2008年的6939亿元，按可比价格计算，增长15.3倍。改革开放30年间，全省人均生产总值由1978年的365元增加到2008年的20398元，扣除价格因素，增长12.4倍，年均增长9.1%。

经济持续快速增长使全省综合经济实力明显增强，生产总值在全国的排位由2000年的21位前移至18位；在中部6省中的排位超过了江西，前移到第5位。人均生产总值在全国的排位由20位前移至15位；在中部6省中由第4位升至第1位。产业结构由以农业、工业为主向第一、二、三产业协同发展转变。三次产业增加值占地区生产总值的比例由1978年的20.7：58.5：20.8演变为4.3：61.5：34.2，其中第三产业比重上升13.4个百分点。

城镇化水平稳步提高。改革开放以来特别是近年来，山西积极调整城乡和区域结构，大力推进特色城镇化进程，积极发挥小城镇承接城市、带动农村的桥梁纽带作用，特别是提高县城和中心镇基础设施的承载能力，促进大中小城市和小城镇协调发展，有力促进了全省城镇化的发展。从1978年到2008年的30年间，城镇化水平从19.81%稳步上升到45.11%，平均每年上升0.84个百分点。从2000年到2008年，山西的城镇化水平由35.9%提高到45.11%，平均每年提高1.15个百分点，全省城镇化水平呈现出继续提高的走势。

（二）社会保障逐步完善，社会和谐稳步推进

全省各级政府始终把不断提高人民的生活水平和质量作为决策、工作的出发点和落脚点，始终做到发展为了人民、发展依靠人民、发展成果由人民共享。把更多的注意力投向社会弱势群体，扎实推进社会保障、医疗卫生等各方面工作，全省各项社会事业取得了丰硕成果。广大人民群众切身感受着党的富民政策带来的幸福生活。

2000年以来，全省紧紧围绕保持经济平稳较快发展这一中心，提高“三个群体”（困难群体、优抚群体、孤老孤残孤儿等特殊群体）生活保障水平，加速民政公共服务设施建设。加快建立覆盖城乡居民的社会保障体系，实施保障性安居工程，积极发展以扶老、助残、救孤、赈灾等为重点的社会福利和慈善事业。基本建立了适应社会主义市场经济要求的基本医疗保险、补充医疗保险、公费医疗和商业医疗保险等多种形式的城镇职工医疗保障体系，并从2003年开始，开展了由中央财政、地方财政和农民自愿参加筹资、以大病补助为主的新型农村合作医疗试点，2008年末新型农村合作医疗覆盖率已达到90.42%，具有中国特色的基本医疗保险框架已经初步形成。

2008年末全省参加城镇基本养老保险人数达到539.1万人，比2000年增加201.03万人，年均增长7.43%。参加城镇基本医疗保险的人数达到593.8万人，比2000年增加528.8万人，增长8.14倍，年均增长101.7%。2008年，全省共有91.9万城市居民得到政府最低生活保障；102.32万农村居民享受最低生活保障；共发放低保资金21.30亿元。无论是覆盖面还是资金投入规模都较2000年有较大幅度的提高。

（三）生活质量不断提高，发展成果日新月异

新中国成立60年特别是改革开放30年来，山西城乡居民生活发生重大变化。20世纪80年代居民生活从贫困走向温饱，90年代逐渐迈向小康，20世纪末全省总体平均生活水平跨进小康社会的初级阶段。进入21世纪，居民生活逐步走向富裕，向全面小康社会大步推进。

城乡居民收入水平显著提高。城镇居民人均可支配收入由1978年的301.4元增加到2008年的13119元，农民人均纯收入由1978年的101.6元增加到2008年的4097元，分别增长42.53倍和39.32倍，年均增长13.4 %和13.1%。

消费结构加快转型升级，逐步由温饱型向享乐型和发展型转变。2008年，城市居民家庭恩格尔系数33.8%，比2000年下降1.73个百分点。比1978年下降21.7个百分点；农村居民家庭恩格尔系数39.0%，比2000年下降10.0个百分点，比1978年下降28.3个百分点。

城乡居民居住条件不断改善。城镇居民的人均住房面积由1949年的不足3平方米提高到2000年的13.3平方米，2007年达到27.3平方米,比1978年增加22.77平方米；农村居民人均住房面积由1978年的9.4平方米提高到2000年的21.6平方米，2007年达到25.8平方米，城乡居民居住条件得到了实实在在的改善。

人民健康状况改善，平均预期寿命继续提高。根据世界卫生组织的标准，当一个地区或国家的人口平均预期寿命超过70岁，就进入了长寿社会。根据人口变动抽样调查资料测算，2008年全省人口平均预期寿命为73.36岁，比2007年提高0.1岁，比世纪之初的2000年提高1.39岁。新中国成立以来，山西人口平均预期寿命大幅度提高，由新中国成立前的35岁提高到2008年的73.36岁，59年提高38.36岁，平均每年提高0.66岁。

（四）社会安全显著提高，民主法制稳步推进

改革开放尤其是2000年以来,全省紧紧围绕构建和谐山西这个目标，深入开展平安建设活动，实行群防群治、齐抓共管和社会治安综合治理，社会治安状况明显好转，人民群众的安全感不断增强。2008年，全省进一步完善安全生产的防范和预警机制，实现安全生产的制度化，确保人民群众的生命财产安全。全省生产安全事故死亡3692人，比上年下降0.27%；全省煤矿百万吨死亡人数为0.462人，下降36.45%。2008年共发生道路交通事故7868起，同比下降13.36%，造成2910人死亡、8938人受伤，直接经济损失3431.77万元，比上年下降11.11%。

积极推进民主法制建设进程，建立了尊重和保障人权的法律制度，坚持生存权、发展权的首要地位，把发展作为第一要务，制定和完善了一系列法律法规保障制度；促进经济发展与社会和谐的法治环境不断改善；依法行政和公正司法水平不断提高；对权力的制约和监督得到加强。不断建立健全决策权、执行权、监督权，既相互制约又相互协调的权力结构和运行机制，人民代表大会及其常务委员会对“一府两院”依法进行监督，监督活动和行为正逐步制度化、规范化、法制化。在民主发展方面,坚持和完善人民代表大会制度，扩大公民有序的政治参与，完善基层群众自治制度，推动城乡社区建设。坚持和完善政务公开、厂务公开、村务公开，保障基层群众依法行使选举权、知情权、参与权、监督权。2008年，公民自身民主权利满意度达78.3%，较2000年提高18.3个百分点。通过法制建设，推进了城乡各项工作的开展。

（五）科技教育建设加快，文化产业成绩斐然

新中国成立60年，尤其是改革开放30年来，全省的文化教育事业取得了长足的进步。教育事业建设明显加快，文化产业发展成绩斐然。

教育事业在改革中快速发展。2008年高等教育规模适度扩大，高等教育毛入学率达到25%,高等院校达到76所，比1949年增加75所，较1978年增加60所。2008年招收普通本专科生18.43万人，比上年增加1.68万人，毕业生人数连续六年递增，达14.12万人，比上年增长6.9%。在普通高等教育规模扩大的同时，各类成人高等教育和民办高校继续得到发展。全省独立设置的成人高等学校在校学生1.58万人，成人中等专业学校在校学生2.73万人，成人技术培训学校培训结业的职工和农民分别为72.35万人次和107.74万人次。

平均受教育年限延长。教育是开发人力资源、提高人口素质、增强国家和地区综合竞争力的基础。平均受教育年限是反映人口受教育总体水平的重要指标。2008年，全省15岁及以上人口的平均受教育年限为8.95年，比2000年提高1.15年。

文化产业初具规模。改革开放以来，全省加大文化产业的培育和发展，活跃和丰富了人民群众的文化生活。进入“十五”时期以来，文化产业作为服务业新的增长点，迅速发展壮大。2007年，山西文化产业增加值达到160.75亿元，比2006年的124.72亿元，增加36.03亿元，增长28.9%，占GDP的比重达到2.80%，比2006年提高0.15个百分点，较2000年提高0.42个百分点。文化产业对经济增长的贡献率达到3.54%，拉动GDP增长0.76个百分点。

（六）资源节约有效推广，环境保护力度加大

近年来，全省紧紧围绕污染治理和节能减排，提出了“全力攻坚，全面推进”的环保攻坚战略。通过实施综合减排措施，完成约束性指标的减排任务；强化监管，加快重点行业污染防治设施建设；严格执法，动真碰硬，集中开展区域环境综合整治；克难攻坚，全力拼搏，促进了环境空气质量的明显改善，有效控制了资（能）源的过量消耗，提高了能源利用率。

2008年，全省把节能减排、保护环境放在战略层面，把打造蓝天、碧水、青山、绿地作为重要的民生工程加以推进。严格淘汰钢铁、焦炭、水泥等落后产能，深入开展工业污染源集中整治行动。GDP能耗和二氧化硫、化学需氧量排放连续大幅下降，减排总量名列全国前茅，重点城市环境空气质量显著改善，地表水质量稳中好转。2008年全省11个重点城市环境空气质量Ⅱ级以上天数总计达到3679天，较2003年增加2184天，增长46.09%,年均增长9.22%。黄河、海河两流域山西段监测的103个断面的地表水环境，符合I—Ⅲ类水质标准的断面占15.5%，较2000年的11.5%增加4%。全省加强工业节能工作，启动了“发展循环经济推进节能减排全民行动”，社会领域能耗增速明显减缓。积极探索多行业、多领域和不同区域发展循环经济的有效模式，风力发电实现零的突破，预计投产机组10.95万千瓦，风力、水利、煤层气发电机组规模达到110万千瓦。

二、全面小康建设进程与全国、中部、周边省份的比较

山西全面建设小康社会进程总体稳步推进，但同全国、中部以及周边省份发展水平相比仍有较大的差距，主要表现在：总体实现程度低，提升速度慢，位处下游、位次后移、差距明显。

（一）全面小康建设进程位处下游、位次后移、差距明显

1. 实现程度低。2007年，山西全面建设小康社会实现程度为66.5%，在已监测的29个省份中排第23位，低于全国水平6.4个百分点，比中部地区平均水平低3.8个百分点，分别比东北地区和东部地区水平低14.8和8.38个百分点，差距明显；仅比西部地区水平高1.9个百分点。

2. 差距拉大。2000年，全省全面建设小康社会实现程度为56.6%，仅比全国水平低2.7个百分点，与东部地区和东北地区水平的差距也只分别低7.4和4.1个百分点，高于中部地区和西部地区水平0.8和4.3个百分点，起点尚可。但从2000—2007年的发展情况看，与全国、东北地区及东部地区的差距在逐步拉大，原先在中部地区的领先优势也已荡

然无存，成为仅高于安徽的中部老五，领先西部地区的优势也在逐步缩小。

3. 提升幅度小。山西全面小康进程步伐不快，在全国位次后移。2007年，山西全面建设小康社会实现程度在已监测的29个省份中排第23位，比2000年后移3位。2000—2007年的七年间，山西全面小康实现程度由56.6%上升到66.5%，年均提升1.41个百分点，提升幅度小于全国、东北地区和东部地区，分别低0.53、0.6和1.06个百分点。随着国家对中西部地区扶持力度的不断加大，中西部地区全面小康实现程度提升幅度也在不断提高，山西作为中部省份提升幅度不仅落后中部平均水平，而且也落后于西部水平，年均升幅分别落后0.64和0.35个百分点，形势不容乐观。

（二）从监测的六个方面看，山西与中部及周边省份存在差距

1. 经济发展方面——中部第2、周边第4。在经济发展方面，山西2007年的实现程度为58.1%，比全国低7.4个百分点，在中部六省排第2位，落后湖北3.5个百分点；高于湖南、安徽、江西和河南四省，分别高出2.0、3.7、5.8和6.5个百分点。与周边河北、陕西、内蒙古3省（区）相比，分别落后河北1.3个百分点、陕西3.5个百分点和内蒙古8.6个百分点，差距比较明显。与东部发达地区相比，差距则更为明显。2007年，东部实现程度最高的是北京和上海，北京在经济发展方面的实现程度从2004年起已经连续4年达到了100%。

2. 社会和谐方面——在中部和周边都排第3。在社会和谐方面，2007年山西实现程度为74.6%，比全国高3.3个百分点，在中部六省中排第3位，落后湖南和河南两省，分别落后2.6和2.5个百分点；高于江西、安徽和湖北三省，分别高出2.2、8.9和12.5个百分点。与周边3省（区）相比，落后河北和内蒙古，分别落后5.0和9.8个百分点，高于陕西16.0个百分点。落后北京21.8个百分点。

3. 生活质量方面——中部第5、周边第2。在生活质量方面，2007年山西实现程度达到了74.3%，比全国低4.0个百分点，在中部六省中排第5位，仅比安徽高出0.1个百分点，落后于河南、湖北、湖南和江西四省，分别落后5.0、4.9、4.8和0.7个百分点。与周边3省（区）相比，落后河北2.9个百分点，高于内蒙古和陕西，分别高出0.8和6.7个百分点。落后北京22.1个百分点。

4. 民主法制方面——中部第5、周边第4。在民主法制方面，山西2007年的实现程度为83.7%，比全国低9.5个百分点，在中部六省中排第5位，落后于湖南、湖北、河南和江西四省，仅稍高于安徽省。低于周边三省（区）。民主法制方面有两项指标，其中的公民自身民主权利满意度采用的是全国统一的调查数据，差距主要表现在社会安全指数指标上。

5. 文化教育方面——中部第3、周边第1。在文化教育方面，2007年山西实现程度为72.5%，比全国高5.2个百分点，在中部六省排第3位，落后于湖南和湖北两省，分别落后13.6和7.4个百分点；高于河南、安徽和江西三省，分别高出3.2、11.9和18.5个百分点。与周边省（区）相比，高于河北、内蒙古和陕西，分别高出10.9、3.9和8.8个百分点。但与北京相比，差距仍很明显，落后26.8个百分点。

6. 资源环境方面——全国末位。在资源环境方面，2007年山西实现程度为41.4%，比全国低30.6个百分点，在中部六省中排最后一位，问题较多，差距悬殊。在中部与河南的差距最小，仍落后28.0个百分点，与江西相比，更是落后了44.2个百分点；分别落后湖北、湖南和安徽32.5和37.8和40.2个百分点。与周边省（区）相比，也分别落后河北、内蒙古和陕西21.3、22.1和20.1个百分点，落后北京27.7个百分点。资源环境问题成为制约山西全面小康建设的最主要障碍。

从监测情况可以看出，按照2020年全面实现小康社会的目标要求，山西如期实现全面小康的任务十分艰巨。2000年山西全面建设小康社会实现程度为56.6%，距离2020年实现全面建设小康社会的100%相差43.4%，平均每年需要提升2.17个百分点。如按照目前的年均1.41%的提升幅度，要到2031年才能实现全面小康目标。2007年全省实现程度为66.5%，尚有33.5%的目标任务，按期完成必须达到年均2.58%的提升速度。好在2000年以来山西提升速度处于加快趋势，其中，2005—2007年的3年中，提升速度明显加快，年均达到2.2个百分点；尤其是2007年比2006年提升了3.2个百分点。只有将这一势头长期保持下去，全省才有可能如期实现全面小康的目标。

三、全面建设小康社会的努力方向

山西全面建设小康社会的起点低、速度慢，还存在许多问题和困难，同全国平均水平相比仍有不小差距，一些指标提升不稳，仍存在下滑的可能和危险，必须引起高度关注。2020年顺利实现全面建设小康社会的既定目标，必须努力从以下六个方面推进。

（一）实现转型发展，努力做大做强经济总量

经济发展是社会各方面得以发展的物质基础。发展对于全面建设小康社会、加快推进现代化，具有决定性意义。山西这个欠发达省份，要与全国同步奔向全面小康社会，千方百计实现又好又快发展显得尤为重要。基于此，该监测指标体系把“经济发展”放在“六个方面”之首，并给了29分的最高权重。从监测结果看，山西经济发展方面实现程度虽逐年提高，但提高幅度不大。2007年，实现程度为58.1%，比全国低7.4个百分点，在“六个方面”中失去了应有的领先作用，仅位居第5位。其中，权重最大的人均国内生产总值实现程度是41.4%，低于全国5.9个百分点，距100%还差58.6%；权重较大的城镇人口比重和第三产业增加值占GDP比重两个指标的实现程度分别为73.4%、70.6%；R&D经费支出占GDP比重的实现程度仅为34.6%，落后全国14.9个百分点，离100%的目标仍有很大的差距。经济发展方面中只有失业率（城镇）一项指标达标，且与

全国水平相等。其余四项均不同程度落后于全国水平。经济发展水平低，很大程度上制约了生活质量、社会和谐、文化教育和资源环境等方面的顺利实现。

加快全面建设小康社会步伐，必须按照党的十七大对经济建设八个方面的战略部署和要求，创新发展理念、转变发展方式、破解发展难题、提高发展质量和效益、实现又好又快发展。必须按照省委确定的转型发展、安全发展、和谐发展的战略，走出“四条路子”，实现“三个跨越”。大力实施结构调整，加快转变经济增长方式，实现山西经济转型发展。巩固和发展第一产业，重点发展现代农业；改造提升传统产业，拉长产业链，提高附加值，实现传统优势产业和产品的更新换代；积极发展煤化工、装备制造、轻纺、食品、医药、旅游文化、高新技术等产业，培育新的支柱产业；加快发展服务业，重点推进旅游、现代物流、金融、商贸、会展、信息咨询等服务业发展。加大科技经费投入，支持科研院所、高校和企业的研发活动。大力提升城镇化水平，不断增加就业，加大农村剩余劳动力的转移就业。

（二）体现社会公平，稳步推进和谐山西建设

扩大基本社会保险覆盖率，缩小城乡和区域差距，促进男女受教育平等是社会和谐的主要内容。从监测结果看，在全省经济实现较快增长的时候，地区间、城乡之间居民收入和生活水平差异却仍在扩大，从全省发展程度和小康进程来看，表现出了明显的不平衡，且差距不断拉大。中部腹地和城市郊区发展较快，东西两山水平明显滞后。全省基尼系数由2000年的0.358扩大到了2007年的0.418，城乡居民收入比由2000年的2.48倍扩大到3.15倍，而且呈现持续扩大的趋势。2007年全省基本社会保险覆盖率达到45.7%，较2000 年提高30.4个百分点，但距离90%的目标值差距还很大。基本社会保险覆盖率的大幅度提高，其原因在于2003年以来农村新型合作医疗的广泛开展，参加农村新型合作医疗的农民呈几何级态势增长。农村新型合作医疗覆盖率虽然比较高，2007年的覆盖率已经达到了87.5%，但合作医疗保障水平仍比较低，农村卫生医疗条件并没有因为覆盖率的大幅提升而得到相应的改善。

“山西虽然是欠发达省份，但在和谐社会建设上，只要努力工作，是可以走出新路、走在前面的。”这是胡锦涛总书记对山西的殷切期望和巨大激励，必须坚决落实胡锦涛总书记的嘱托和要求，切实在和谐社会建设上制定得力措施，实现山西和谐社会建设的全面提高。

一是要统筹城乡和区域发展，夯实居民收入稳定增长的基础。提升人民群众生活，关键在更高层次上加快发展。各地都要抓住重要战略机遇期，以科学发展观为指导，协调统筹发展，全面提升经济整体素质和综合竞争力，努力做大经济总量。加快经济持续稳定增长，才能扩大就业，增加居民收入，增加社会财富，为减少地区差距缩小贫富悬殊提供解决的物质基础和条件；二是要深化政府职能转变，更好地发挥收入调节作用。加快政府职能转变，不断强化政府社会管理和公共服务职能，把更多的力量放在发展社会事业和提高人民生活水平上。各级政府要制定合理科学的收入分配政策，建立健全有效的分配机制，充分发挥税收的杠杆作用，引导收入分配向更加合理、公开、公正的方向发展；三是要强化社会保障，尽快完善社会保障体系。社会保障是经济运行的减震器、社会和谐的安全网，也是全面建设小康社会的重要支撑。社会保障的重点是城乡劳动者群体，特别是低收入群体。解决这一问题，必须尽快建立健全社会保障体系，使确实需要扶持的得到及时扶持，确实需要救助的得到有效救助，确实需要关照的得到充分关照。因地制宜，综合考虑收入水平差异和实际承受能力，以保障群众基本生活和基本医疗需求为重点，进一步完善城镇基本养老和基本医疗保险制度，积极推动并改进新型农村社会养老保险，努力扩大社会保险的覆盖面。

（三）突出富民优先，千方百计解决民生问题

以人为本是科学发展观的核心，全面建设小康社会最根本的任务就是要使发展的成果普惠于民，做到“发展为了人民、发展依靠人民、发展成果由全体人民共享。”从监测结果来看，关于改善民生的多项指标都呈上升的趋势，但步伐不快、改善幅度不大。生活质量方面的五项指标中除了恩格尔系数实现程度已达到目标值外，其余四项还较低。尤其是居民人均可支配收入实现程度仅为42.0%，比全国平均水平低7.1个百分点。全省人均住房使用面积，2007年的实现程度为80.9%，仍比全国低12.5个百分点；实际值为21.9平方米，比全国少3.3平方米。平均预期寿命实现程度落后全国0.4个百分点。5岁以下儿童死亡率，2007年的实现程度达到81.3%，高于全国15.0个百分点，但距离目标值还有一定差距。正是由于这些看似量小数微的差距，使得六个方面中第二大权重的生活质量实现程度排在第3位，为74.3%，落后全国4.0个百分点。

加快全面建设小康社会步伐，必须在加快发展经济的同时，把富民始终作为全面小康建设的核心要求，放在发展全局的优先位置，大力推进以改善民生为重点的社会建设。一是牢固树立没有农村小康就没有全面小康，没有农民富裕就没有国家富强的观念。要在增加农民非农收入和提高农业产业化水平方面下功夫，继续加快新农村建设步伐，大力发展现代高效农业，加快农业产业化进程，建立以工促农、以城带乡的长效机制，千方百计增加农民收入；二是改革投资型财政体制，通过逐渐调整财政支出结构，加快建立公共财政体制，把财政支出的重点向社会管理和公共服务倾斜，确保基本公共服务投入具有稳定增长机制。切实增加社会事业投入，加快社会事业基本设施建设，为人人都享有公共服务奠定强大的财政基础；三是要继续推进“五大惠民工程”，让更多的民众体会到发展带来的好处，得到真正的实惠。

（四）实现安全发展，逐步推进民主法制进程

2000年以来，山西努力推进民主化进程，厂务公开、

政务公开和村民自治得到有效实施；通过深入开展平安建设活动和社会治安综合治理，社会治安状况明显好转，人民群众的安全感不断增强。2007年，公民自身民主权利满意度达到78.3%，比上年提高2.9个百分点，较2000年提高18.3个百分点；但社会安全指数实现程度仅为81.0%，较上年下降0.8个百分点，较2000年下降19.0个百分点，而且远低于全国98.4%的平均水平，差距显而易见。

安全发展是科学发展的题中应有之义，也是践行科学发展观的重要保证。山西省是能源原材料生产大省，安全生产事故易发多发。2007年，全省生产安全事故死亡3702人，比上年下降11.5%，但仍比2000年上升31.51%。2007年道路交通事故造成3062人死亡，较2000年上升35.85%，为此必须更加绷紧安全生产这根弦，坚决杜绝和遏制重特大事故的发生。在社会民主法制方面，继续坚持和完善人民代表大会制度，扩大公民有序的政治参与，完善基层群众自治制度，推动城乡社区建设。坚持和完善政务公开、厂务公开、村务公开，保障基层群众依法行使权力，逐步推进社会民主法制进程。继续扎实推进平安山西建设，健全社会治安防控体系，对重点地区和突出治安问题进行集中整治，确保人民群众安居乐业，努力构建和谐社会。

（五）强化文化教育，丰富人民精神文化生活

文化和教育水平的高低直接反映民生质量的高低。监测结果显示：2007年全省文化教育方面的实现程度是除了社会和谐以外另一个高于全国水平的方面，高于全国5.2个百分点。从其所包含的三项指标来看，也都高于全国平均水平，表明山西的文化教育事业取得了显著成效。在充分肯定文化教育事业取得长足发展的同时，也应该清醒地看到，与全面小康社会的最终目标相比，山西文化教育发展还有一定的差距。2007年，全省文化产业增加值占GDP的比重为2.8%，较2000年的2.38%只增长了0.42百分点，距目标值5%仍有较大距离，其实现程度也只有56.0%。居民文教娱乐服务支出占家庭消费支出比重以及平均受教育年限也远未达标，还需要经过不断的努力才能最终实现。这就要求还应继续加大教育经费投入，优化教育资源配置，彻底扭转教育事业基础薄弱的不利局面；同时，要逐步加大文化产业投入，努力提升文化产业增加值占GDP的比重。

（六）体现环保先行，努力改善生态资源环境

山西作为国家重要的能源基地，在加快经济发展的同时如何做好资源利用和环境保护工作，是山西在建设全面小康社会进程中所面临的突出问题。2000—2007年的8年间，全省资源环境方面的实现程度进展不大，走过的是一段有升有降的波动过程。2007年全省资源环境方面虽然取得了一定的进展，实现程度比上年提高2.7个百分点，但整体实现水平仍然很低，仅为41.4%，实现程度仅比2000年提升2.6个百分点。全省资源环境方面存在的问题主要有：一是节能问题，2007年山西能耗总量居全国第7位，万元GDP能耗达到3.37吨标煤（2000年可比价），是全国平均水平的2.48倍，能耗非常大；二是耕地问题，随着城镇化、工业化占用耕地的增加，今后13年，如何确保常用耕地面积占补平衡将是山西不可回避的问题。2007年，全省的耕地面积指数为90.94%，落后全国3.99个百分点；三是环境问题，必须清醒认识到，空气质量、水域达标率以及国土绿化达标率三个指标的实现程度仍然很低，水域达标率仅为16.5%，远远落后于全国47.9%的水平，差距非常明显。

资源环境在建设全面小康社会中始终占有非常重要的位置，加紧资源能源的科学合理利用，全面保护并改善环境，是山西建设全面小康社会的重点和难点。山西资源环境承载能力相对脆弱，在加快经济发展的同时，必须首先考虑环保因素，坚决落实环保先行方针，实行最严格的环境保护措施，通过节能减排和生态文明建设两项举措来推动节约集约绿色发展。一方面要加大耕地管理力度，完善耕地占用事前审批、事中监管、事后审计的制度，从源头上保护好耕地；想方设法开垦新的耕地和减少丢荒，实现耕地占补平衡，努力实现这一难点指标的逐步回升；另一方面要坚持经济与环境协调发展，确实转变经济增长方式。以产业集群和园区经济两个载体为重点大力发展循环经济，推行清洁生产，把污染从末端治理转向源头控制；开展广泛的节能降耗活动，提高能源利用效率；加快实施生态环境综合整治工程，推进重点流域、重点区域生态恢复。加强环境应急能力建设，提高环境监管水平。

党的十七大对全面建设小康社会提出了新要求，只要全面贯彻科学发展观，继续保持实现程度好的指标的发展势头，防止已有成果的下滑反弹；全力做好实现程度低、问题比较多的指标的提升工作，山西就一定能够早日实现全面建设小康社会的宏伟目标。

城镇居民从贫困到富裕

王永年

新中国成立以来，我省城镇居民生活变化大体可以1978年十一届三中全会为分水岭。改革开放前的30年，是为温饱而奋斗的30年，这30年人民生活发展历程，风雨坎坷，从物质供应短缺到衣食有保障，居民生活得到了初步改善；改革开放后的30年，是迈向小康的30年，居民在收入大幅度提高的同时，消费能力显著增强，消费结构升级加快，生活质量明显提高。60年来城镇居民生活发生了翻天覆地的变化，生活水平总体已达到小康，正向富裕阶段扎实迈进。

一、60年间我省城镇居民生活发生了巨大的变化

（一）改革开放前，城镇居民生活得到了逐步改善和提高

解放前夕，旧中国的经济已处于崩溃边缘，连年战争留下满目疮痍，生产力遭到严重破坏，市场萧条，物价飞涨，失业现象严重，广大劳动人民在生存线上苦苦挣扎。1949年新中国成立后，党和国家采取了一系列措施医治战争创伤，恢复和发展生产，稳定物价，安排就业，安定人民生活，居民的生活问题得到逐步改善，到改革开放前夕，城镇居民基本解决了吃饭穿衣问题。从1952年到1978年城镇居民消费支出增加了182.1元，年均增长4.3%。从反映居民贫困与富裕程度的重要指标恩格尔系数看，恩格尔系数也由建国初期1952年的67.8%降到了1978年的55.5%，居民生活水平不断得到提高。

（二）改革开放后，消费支出全面增长，生活质量显著提高

改革开放以后，我省也同全国一样，经济实现了前所未有的大发展、大跨越和大突破。经济长期高速发展带动城镇居民收入实现了飞跃。城镇居民收入有了明显增加，城镇居民消费水平和生活质量也大幅提高，居民从衣食住行到精神文化生活等方面都得到了极大的改善和丰富。广大人民群众真正享受到了社会进步和改革发展带来的实惠。城镇居民人均可支配收入由1978年的301.4元提高到2008年的13119.1元,增长了43.5倍,平均每年递增13.4%。随着收入水平的提高，城镇居民消费观念发生了显著变化，消费水平明显提高。2008年城镇居民人均消费性支出为8806.55元，比1978年增长31.98倍，年均增长12.24%，扣除价格因素影响，年均实际增长5.9%。居民生活变化及特点具体表现为：

1. 食品消费由量的满足转向质的提高，恩格尔系数持续下降。民以食为天。在70年代末期，城镇居民的吃饭问题虽然基本解决，但只能说是可以吃饱，不敢说吃好。那时，买粮食要凭粮本，到粮站去购买原粮，而且粗细粮搭配，供应什么吃什么，吃细粮就算改善生活了。现在的吃，不仅是吃饱，而且要吃好。过去是以吃粗粮为主，现如今吃粗粮变成了调剂。在吃饱的同时，还讲起营养、讲起搭配来。特别是近年来出现的安全、营养、无公害的绿色食品，很受人们的欢迎。这一变化不但改变着人们的膳食结构，还改变了人们对吃的概念。居民更加注重质量的提高，营养食品、保健食品、鲜活食品、方便食品倍受人们的青睐。2008 年城镇居民人均食品支出2974.76元，比1978年增长了19.46倍，年均增长10.4%。从主要食品消费量看，主食下降，肉、油、蛋、奶等食品消费显著增加，营养结构有所改善。另外随着人们工作和生活节奏的加快及消费观念的更新，节假日，亲朋好友相聚上餐馆或高档酒店用餐成为就餐消费的时尚。2008年城镇居民人均在外用餐支出555.04元，比1992年增长了26.2倍，年均增长54.1%。

恩格尔系数是衡量一个国家和地区人民生活水平的重要指标之一。一个家庭收入越少，家庭消费支出中用来购买食物的支出所占的比重（即恩格尔系数）就越大，随着家庭收入的增加，消费支出中用来购买食物的支出比例则会下降。根据联合国粮农组织提出的标准，恩格尔系数在60%以上为绝对贫困，50～60%为温饱，40～50%为小康，30～40%为生活富裕，低于30%为更富裕。

另从反映居民贫困与富裕程度的重要指标恩格尔系数看，2008 年全省城镇居民恩格尔系数为33.8%，比1978年的55.5%下降了21.7个百分点，恩格尔系数持续下降，标志着山西城镇居民生活已整体进入小康，正向富裕扎实迈进。

2. 衣着消费追求品牌化、高档化、时装化、个性化。改革开放前，人们的衣着单调死板，大街上常见穿打补丁衣服的人，服装的色调以灰色、蓝色、军装绿色为主调，其它花色很少。有的年轻人将裤口做的肥了点，则被斥为奇装异服。虽然当时还是提倡艰苦朴素，但人们并不是不想穿，而是没的可穿，或说是没有什么好穿的。30年后，改革开放带来市场繁荣，各类时装专卖店、连锁店雨后春笋般

兴起，极大地满足了人们求新、求美的消费心理，并且使居民在穿着打扮上对款式、品牌、档次更加讲究。30年来，城镇居民的衣着需求发生了三个转变，从“穿暖”向“穿美”转变，从“一衣多季”向“一季多衣”转变，从“请裁缝做衣”到“上商场购衣”转变。人们的穿着更注重服装的质地、款式和色彩的搭配，单调划一的服装被新颖美观的时装代替，个性化、时尚化、高档化成为大多数居民的衣着消费新趋势。2008年城镇居民人均衣着支出为1137.71元，比1978年增长了23.9倍，年均增长11.2%。人均各种服装消费820.81元，比1978增长了59.1倍，年均增长14.6%。

3. 家庭耐用消费品更新换代加快，家庭财产明显增加。改革开放以来，城镇居民生活变化最显著的体现就是耐用消费品的不断升级。30年中耐用消费品市场从萌芽期到发展期，很快进入饱和期，卖方市场转变为买方市场。科技的快速发展，又拉动了耐用消费品不断推陈出新，推动居民家庭耐用消费品不断更新换代。反映在居民家庭耐用品购买上，由20世纪80年代自行车、缝纫机、手表“老三件”到90 年代彩电、冰箱、洗衣机“新三件”，随后科技含量更高的家电产品逐步取代了“新三件”。电视机由90年代的21寸彩电发展到目前的大屏幕、等离子、液晶彩电；洗衣机由双缸发展到半自动、全自动，出现了除波轮式外的滚筒式；冰箱由单门到双门、三门，以及绿色环保型冰箱。随着近年来消费能力和消费意愿的上升，也使居民添置时尚家具、更新家用电器的开支呈上升趋势。2008年，全省城镇居民人均家庭设备用品及服务支出为471.65元，比1992年增长了4.4倍，其中用于耐用消费品的支出为259.05元，比1992年增长了5.1倍。

截至2008年末，全省城镇居民家庭每百户拥有彩色电视机、电冰箱、洗衣机分别为110.53台、85.56台和98.87台，而1981年仅为0.3台、0.3台和12.9台。此外，一些新型家用电器逐步进入家庭，居民消费向学习型、享用型消费产品转移。移动电话、电脑和家用汽车逐步成为新世纪里城镇居民家庭耐用消费品的“新三件”。据统计，截至2008年末，全省每百户城镇居民拥有移动电话、电脑和家用汽车分别为136.39部、47.21台和8.4辆，分别比2000年增长16.8倍、7.6倍和12.7倍。新兴耐用消费品增长迅猛，居民家庭财产比1978年末有了显著的增加。

4. 教育意识转变，学习投资增加。改革开放前，就业靠国家分配，上班吃大锅饭，教育并未受到大多数百姓的重视。随着改革开放，党和政府大力发展教育事业，人们逐渐意识到教育对国家建设和自身发展的重要性，懂得了“穷什么不能穷教育”。同时，随着90年代社会竞争日益激烈，补课风、家教风盛行，居民对教育、文化娱乐等精神方面的消费也越来越重视。注重教育投入，加强自身素质，提高文化品位已被众多家庭所认同。2008年，全省城镇居民用于教育文化娱乐服务支出为1041.91元，比1992年增长了8.2倍，其中用于文化娱乐服务方面的支出为214.38元，比1992年增长了11.1倍；用于教育支出为570.79元，比1992年增长8.9倍，教育、文化娱乐消费继续成为近年来的消费热点。

5. 住房条件不断改善，生活更加舒适便利。安居才能乐业。改革开放前，绝大多数城镇居民解决居住问题主要是依靠租赁单位或房屋管理部门的房屋，只有少数城镇居民拥有自已的住房，城镇居民最大的愿望是能在本单位分一套公有住房，能住得下一家老少几口就心满意足了。很多家庭几代人同居一室，拥挤的房间里堆满了诸如纸箱，旧衣服、煤球等杂物，居室成为吃饭、学习、堆放杂物的多功能房间。在城市拥有个人产权的住房，是想也不敢想的事。而人口多、住房面积小、三代同居一室是当时住房条件的真实写照。改革开放后，人们的居住条件逐年得到了改善。特别是90年代中期的城镇住房制度改革，使购买住房成了城镇居民的普遍行为。一座座住宅楼拔地而起，一个个配套完善的住宅小区，如雨后春笋般的速度建成。寻常百姓不但有了自已产权的住房，而且讲究居住环境的舒适、华丽和幽雅。住房装修已成为时下居民的消费热点，无论是新房还是旧房，都要对客厅、卧室、厨房、厕所、阳台装修一番。调查资料显示：1992年有80%以上的城镇居民家庭租住公房，到1998年，租住公房的家庭下降到36%。特别是1998年国家住房制度改革政策实施（如货币化分房，经济适用房，安居工程建设,住房消费贷款），对启动住房消费市场，改善人们居住条件起到了积极作用。不仅使城镇居民有了住房消费商品化的观念，更使城镇居民实现了从租房到购房的跨越，真正拥有了自己的住房。近年来，随着人们对生存环境、生活环境的高层次需求，住房消费已成为一个较为明显的消费亮点，2008年全省城镇居民用于购房建房支出人均达到624.47元，比1992年增长了12.1倍，人均用于居住方面的支出达1250.87元，比1992年增长了20.6倍。

到2008年末，全省城镇居民家庭人均住房建筑面积为27.53平方米，比1978年增加了23平方米，有88.11%城镇居民家庭拥有了自己的私房。居民家庭在住房面积增加的同时，住房设施及条件也得到了极大的改善，生活环境不断优化。居民家庭住房中使用自来水的比重达97.55%，有卫生设备的达83.85%，取暖设备中有暖气设备的占82.57%，炊用燃料使用管道煤气及液化气的达53.43%，居民家庭居住质量得到了明显的改善。

6. 居民更加注重身体健康，医疗保健支出增加较快。快节奏、高强度的城市生活给居民带来了越来越多的精神压力和生活压力，为了能健康的生活和工作，就必须要有健康的身体和充沛的精力，所以现在城市居民更加注重用于健康的投资，各类健身器材、医疗保健器材和滋补保健品迅速进入普通居民家庭，医疗保健消费成倍增长。统计资料表明，2008年城镇居民家庭人均医疗保健支出达769.79元，比1992年增长24.4倍。随着医疗体制改革的全面推开，个人承担的医疗费用比例提高，使城镇居民药品费和医疗服务费支出快速增长。调查表明，2008年城镇居民人均医疗费支出422.39元，比1992年增长了15.7倍。

7. 交通通讯和信息消费成为近几年城镇居民消费的热点。改革开放前，马路上见到最多的就是自行车，有摩托车跑，但多是邮电局送信件的，个人买不起摩托车；有小汽车跑，都是有一定级别的领导才能享用的，与平民百姓无缘。公共汽车不但少，而且也很不方便。普通百姓能分到一张购车票，买辆新自行车，就很了不起了。要说谁家有几个上班的，每人有辆新自行车，就会让左邻右舍羡慕不已，就会有人说：看，这家已经是“小康了”。经过改革开放30年，我们的交通和交通工具发生了日新月异的变化。居民出行的交通工具从自行车、摩托车、电动车，发展到家用汽车。生活水平的提高，人们出行使用的公共交通工具，也从最初的公共汽车、火车，发展到广为人们接受的出租车和飞机。城镇居民的交通消费也有了质的飞跃。调查表明，2008年城镇居民家庭交通通讯支出931.33元，比1992年增长了42.4倍，其中交通支出452.47元，增长23.3倍；交通工具中，以家用轿车增长为龙头，近几年家用轿车快速进入居民家庭，至2008年底，城镇居民家庭每百户拥有家用汽车8.4辆，比1997年的0.23辆增长了36.6倍。近几年来，电动自行车成为替代普通自行车的新趋向，2008年城镇居民家庭百户拥有23.01辆，表明城镇居民家庭的交通工具正在升级换代。

历经30年的改革和经济的迅速发展，我国的邮电通讯发生了历史性巨变。随着电话网规模容量的迅速扩大，电信技术产业的快速变革，现代通讯方式快捷多样，信息产品更新换代周期缩短，频率加快，极大地刺激了居民信息消费需求，城镇居民信息通讯消费保持较高的增长水平。改革开放初期，城镇居民通讯方式主要为信函，传递紧急信息必须发电报，一个单位只有一部或两部固定电话，长途电话非常落后，没有移动电话网络。1985年全省城镇居民人均邮电费支出仅0.3元。30年后的今天，固定电话逐渐被百姓家庭普遍拥有，居民只要拿起电话就可以直拨国内、国际长途，话费优惠不断。2008年底每百户城镇居民家庭拥有固定电话85.6部，移动电话也从无到有，以惊人的速度迅速普及，1997年每百户拥有量为0.91部，2000年为8.1部，2002年为39.5部，到2008年已达到每百户136.4部，11年增长149.9倍，年均增速达57.6%。2008年城镇居民人均通讯消费支出478.86元，比1978年增长1596.2倍。

以电脑为中心的多媒体方式，正在把电话、传真、信函甚至移动电话等多功能通讯方式合为一体，大大缩小了人们之间的时空距离，彻底改变了人们的通讯方式。到2008年末，拥有电脑的城镇居民家庭有72.2%，半数以上使用互联网，人均上网费18.34元。

二、消费结构不断优化，消费热点亮点突现

1. 消费结构不断优化。改革开放30年来，我国城镇居民消费升级经历了从传统的基本生活消费，逐步向发展型和享受型消费转移的过程，居民消费能力随之不断升级，从十几年前的“拾元级”、“百元级”、“千元级”到近几年的“万元级”、“拾万元级”，消费品的档次越来越高，消费周期越来越短，折旧越来越快。居民消费升级主要经历了三个时期：

（1）以基本生活消费为主的初级阶段。这一时期为1978年的改革开放前，消费重点主要是满足基本的生活需求。主要追求“三转一响”的“老四件”，即自行车，缝纫机、手表和收音机。

（2）以普及家用电器为主的购置生活必需品阶段。始于80年代中期的城镇居民消费从千元级向万元级发展，形成了以家用电器普及为代表的耐用消费品热潮。这一时期大约延续了十年左右。其主要标志是：经历了以普及家用电器为主要内容的第一次消费结构剧变期；以彩电，洗衣机、电冰箱、录音机等为主要代表的“新四件”成为集中的消费热点，并迅速普及。

“新四件”基本普及后，消费升级转型也明显加快，居民在消费选择上愿意花更多的钱添置和更新以家电为代表的高档耐用消费品，电话、空调器、家用电脑等新的消费品又逐渐进入了城镇居民家庭，拥有量显著增加。

（3）以住房、汽车为主要消费品的发展型和享受型消费阶段。家电普及后，以住房、汽车为主的新的消费热潮又扑面而来，其增势出人意料。经过多年的资金积累期，我国城镇居民已具备了从万元级消费向十万元级消费过渡的能力，汽车、住房等高档消费品进入了百姓家中，居民消费结构向更高层次升级。

改革开放初期，城镇居民生活水平低，生存资料在消费中的比例很高。1981年全省城镇居民人均消费支出仅373.2元，在城镇居民的消费支出中，食品、衣着和水电燃料等基本生活支出占消费支出的比例达70%左右，其中人均食品支出为196.8元，恩格尔系数达52.7%，发展和享受资料的支出非常有限，是属于温饱型的消费结构。随着收入的增加，消费水平不断提高，发展和享受型消费资料需求增加，高档耐用消费品逐渐进入家庭，消费领域不断扩大，城镇居民消费结构出现了质的变化，逐步开始了从温饱向小康转型的消费模式。2008年全省城镇居民人均消费性支出已达8806.05元。在居民消费支出中，反映基本生存所需的食品、衣着和基本生活用品支出比重不断下降，城镇居民食品、衣着和水电燃料支出占消费支出的比重降到55%左右，其中人均食品支出为2974.76元，恩格尔系数从1981年的52.7%下降到2008年的33.8%，而体现发展享受需求的交通通信、文化娱乐教育、医疗保健支出比重迅速上升。近几年，服务性消费、旅游、医疗保健、交通通讯、教育文化娱乐消费成为城镇居民生活中的五大消费热点和亮点，有力地促进了总体消费水平不断提高。30年间，城镇居民消费结构日趋优化合理，总体生活水平达到小康，正逐步向富裕阶段迈进。

2. 消费由生存型向享受型转化。居民家庭服务性消费水平的高低是反映生活质量的一个重要标志。20世纪80年代，城镇居民的消费以满足基本物质生活为主，在消费支

出中，商品性消费占主导地位，服务性消费只是日常生活必须的水电费、学杂费、交通等基本服务性消费支出。1981—1988年，服务性消费支出占全部消费支出的比重不足10%。近几年随着社会服务行业和家政行业等第三产业的发展，人们的生活观念从生存型的生活方式摆脱出来，人们逐渐从满足基本的物质需求向更高层次精神需求转变，利用闲暇时间享受生活。花钱顾保姆，请钟点工，利用第三产业发展给生活带来的极大方便，将家务劳动推向社会化，居民对服务性消费需求不断上升，消费支出中服务性消费的比重不断提高。城镇居民家庭服务性消费支出成为居民享受生活新的增长点。2008年城镇居民人均服务性消费支出2307.1元，比开始有这项统计指标的2002年增长73.5%，年平均增长9.6%。占消费支出的比重达26.2%。服务性消费已成为消费支出中不可或缺的重要组成部分。

3. 居民享受生活，旅游消费显亮点。自国家1994年3月1日出台职工每周5天工作制以来，假日消费开始启动，特别是从1999年9月18日国务院修订发布全国公民增加年节休假天数起，“黄金周”的实施有力地推动了旅游业的健康有序发展，城镇居民利用“五一”、“国庆节”和“春节”7天长假外出旅游、购物，成为近年来城镇居民家庭消费的一道靓丽的“风景线”。假日经济对消费市场的繁荣和拉动日趋明显，对消费支出的贡献日益增大，城镇居民用于旅游的花费成倍增长。2008年城镇居民人均用于旅游的花费达165.89元，比1992年增长了14.7倍，年均增长17.2%。

盘点过去，展望未来，我们有理由相信，在党的正确领导下，在科学发展观的指引下，一个经济更加发展、民主更加健全、科教更加进步、文化更加繁荣、社会更加和谐、人民生活更加殷实的更高水平的小康社会，离我们越来越近，我们的生活将越来越美好。

（作者单位：国家统计局山西调查总队）

为山西经济社会发展提供强大的理论支撑

高健生

在山西这块孕育了古老华夏文明的土地上，数千年的历史演进，从来不缺乏跌宕起伏的发展变化。但是，从1949年新中国成立迄今的60年发展，是山西真正具有现代意义变革与发展的时期。在这样的变化中，山西不断加强党的思想理论工作，为山西经济社会发展提供了强大的理论支持和思想舆论环境。

在新中国成立后60年的发展中，山西的理论工作从总的发展脉络上看，基本可以区分为新中国成立到党的十一届三中全会召开，以及党的十一届三中全会以来两个大体各为30年的发展时期。

第一个30年，是我国社会进行社会主义改造和建设的时期。山西全省的理论工作，坚持围绕工作大局、服务经济社会发展，在宣传党的路线方针政策，统一干部群众认识等方面，做出了突出的贡献。其中特别是新政权建立和农村土地改革中围绕经济恢复与建设、《中华人民共和国土地改革法》的宣传教育，抗美援朝战争中围绕爱国主义与国际主义理论宣传教育，农业、手工业和资本主义工商业社会主义改造，特别是农业合作化中对社会主义过渡时期总路线的集中研讨、宣传，大规模经济建设开始后对党员、干部进行的社会发展史、党的知识和文化补习培训教育，三年自然灾害和国民经济调整时期对社会主义政治经济学、经济发展规律、国家集体个人利益关系展开的研究与教育，以及这一时期围绕党的八大《决议》、《毛泽东选集》出版发行、山西国民经济发展五年计划等重大活动，理论工作和理论工作者都通过自己艰辛努力，做出了重要贡献。后一个30年，是当代中国社会发生巨大社会变革、山西经济社会发展迎来改革开放新时期的发展阶段。在这一发展时期，理论工作一方面高举思想解放、改革创新的旗帜，在真理标准讨论、思想理论上拨乱反正，破除僵化思想束缚，推进社会主义市场经济体制改革和分析、思考推进山西经济社会深化改革、开放搞活、发展跨越的一系列重大思想理论问题上，站在引领思想舆论、把握正确导向的战略高度，释疑解惑、统一思想、凝聚力量，为全省改革发展创造了必不可少的思想舆论条件；另一方面，坚持马克思主义中国化创新成果与山西改革发展实际相结合，深入思考、深入调查、深入研究推进山西又好又快发展的现实问题，在中国特色社会主义理论体系学习、宣传、教育、研究中，紧紧围绕党的基本理论、基本路线、基本经验、基本方针政策，围绕省委省政府的重大决策部署，围绕经济社会发展中重大理论问题和实践问题，围绕干部群众关心的现实问题，在邓小平理论、“三个代表”重要思想和科学发展观学习实践活动，在思想文化和社会主义精神文明建设、提高党的执政能力和领导干部素质、分析研究山西改革发展和经济结构调整思路，以及事关山西经济、政治、文化、社会和党的建设发展等重大问题上，努力推动理论教育培训效果的不断增强，理论探索研究的成果不断涌现，理论宣传武装的作用不断加强，为全省改革开放和经济社会发展提供了强大的理论支持。

对山西思想理论工作的简要回顾可以看出，60年山西经济社会发展的成就是全省广大干部群众共同努力的结果，其中也包含着思想理论工作者的心血和汗水，他们艰辛的努力与探索，为宣传思想工作增添了夺人眼目的亮点与特点，是新中国成立60年间山西发展宏册中值得大书重书的重要内容。

——不断加强思想理论的宣传与引导工作，紧密围绕党和国家大政方针和省委、省政府决策部署，牢牢掌握正确导向，在围绕中心、服务大局、增强信心的艰辛努力中，为全省上下凝聚共识、激发斗志做出了突出的贡献。

山西是革命老根据地，革命战争年代就十分注重党的理论宣传工作，形成了许多行之有效的工作方法。夺取政权之后，各级党组织和思想理论部门，始终把运用各种宣传渠道和方式，广泛深入地开展马克思主义世界观、方法论和党的路线方针政策的宣传，作为全省广大干部群众在建设、改革和发展的不同时期团结奋斗的共同思想基础。一方面坚持了马克思主义理论，特别是马克思主义与中国实际结合产生的理论成果的广泛宣传，始终围绕党中央和省委省政府重大工作部署，正确审视和解决不同发展阶段影响实践进程和干部群众思想活动的重大思想与实际问题。在60年的发展中，如果说山西刚刚解放后，理论宣传工作针对接管官僚资本企业、恢复生产秩序和建立新政权过程中围绕坚定广大群众对新生政权信心、新旧社会对比展开的宣传教育，抗美援朝、土地改革、“三反”“五反”、增产节约和农业合作化运动中对马克思主义阶级观点、爱国主义与国际主义观点、群众观点、劳动观点、集体观点和社会主义社会的宣传，普及了党的方针政策以及马列主义基本立场、观点和方法，使广大群众增强了对共产党治国能力的认识本身，表现出理论宣传工作的强大社会整合效应的话，那么，在随后社会主义建设大规模开展，特别是上世纪70年代末改革开放大幕徐徐拉开之后，全省理论宣传工作围绕社会主义建设和改革开放实践发展开展的观念变革与思想解放，深化改革开放和推进社会主义市场经济发展的理论宣传，尤其是改革开放以来关于中国特色社会主义道路和中国特色社会主义理论体系的广泛宣传，对把党的基本理论、基本路线、基本纲领、基本经验变为干部群众投身推进山西建设、改革、发展自觉行动中的作用，就具有更为突出的社会价值。另一方面，理论宣传工作始终坚持了主动跟进全省经济社会发展的重大进程、重大转折、重大关头和重大事件，在最需要理论宣传的时刻最突出地发挥了理论宣传工作的作用。比如新中国成立、山西各级新政权组织刚刚建立时对马克思主义阶级观点、群众观点、社会主义集体主义的理论宣传；改革开放启动后对坚持真理标准、实践标准、实现工作重心转移和破除封闭保守思想观念的理论宣传；改革发展由农村转入城市并逐步深入后对破除计划经济崇拜和坚定推进社会主义市场经济信心的理论宣传；改革开放和社会主义发展遭遇严峻考验条件下对坚定社会主义信念和坚持“一个中心、两个基本点”为核心的基本路线的理论宣传；改革进入攻坚阶段、发展步入关键时期后对利益关系调整、利益矛盾化解和提高党的执政能力与领导水平的理论宣传；经济发展面临转型、社会更加注重发展质量和多种国际风险显著增加的背景下对坚持以人为本，走全面、协调和可持续发展道路的理论宣传等，都在历史和实践发展的重要关头，回答了社会实践和干部群众急需回答的理论与实践问题，坚定了干部群众对科学理想信念的追求和对党和政府的信心，激发了他们推进山西经济社会发展的主动性和创造力。

——不断加强思想理论的教育与培训工作，紧密围绕实践发展对思想理论教育提出的新课题、新要求，在不断增强科学理论武装针对性、实效性的实践中，为提高全省党员干部素质、调动干部群众参与建设、改革、发展的积极性做出了重要的贡献。

注重理论武装工作和对党员干部，特别是领导干部的教育培训，是60年思想理论工作的一大突出特点。早在1950年，省委第一次代表会议就把党员干部学习培训作为全省党的工作方针与任务，1952年的第二次代表会议，又专门做出了加强干部教育培训的决议。在此之后，省委不断根据形势发展与党的中心工作要求，对加强干部理论教育培训提出目前的任务与要求，并作出一系列的相应决议。在中央的统一部署和省委具体要求下，全省理论教育培训工作在60年发展中，既一以贯之，又不断创新：一是强调理论学习，注重科学理论武装。从新中国成立后的联共(布）党史教育、社会主义政治经济学理论学习、马列主义经典作家原著学习、《毛泽东选集》的学习教育，到党的十一届三中全会以来邓小平理论、“三个代表”重要思想和科学发展观的学习教育，持之以恒的理论武装工作，提高了干部群众的思想理论水平，增强了做好工作的原则性、科学性和预见性。二是注重党员干部、特别是领导干部的教育培训。从新中国成立到社会主义改造完成的7年时间内，省委仅在省委党校就举办了20期各类党员领导干部教育培训班次，参加培训者达8000余人。实行改革开放之后，干部理论教育更是高潮迭起，其中贯通各级党组织和党员干部的集中性教育培训就包括中国特色社会主义理论学习培训，邓小平理论、“三个代表”重要思想和科学发展观学习培训，党的历次代表大会和中央全会作出重大决议、决定精神的学习培训，以及结合整党整风、“三讲”教育、保持共产党员先进性和学习实践科学发展观活动开展的学习培训。三是强调区分层次类别、运用多种形式教育培训。在职自学、专门辅导、现身说法、调查研究、交流讨论、集中培训等方式，对不同层次和类型的党员干部都收到了较好教育效果。党的十一届三中全会后还增加了党委中心组学习、理论研讨、研修班学习、集中宣讲，其中特别是省委中心组的学习，经过多年的实践和总结，创造和形成了把学习理论与统一思想、完善决策、指导实践有机结合的经验和做法，多次受到中央的肯定。市、县党委中心组在坚持运用省委中心组经验和做法的基础上，结合各自实际进行了多方面的探索，其运行机制逐步形成和完善。同时，理论学习教育通过各级党校、干部学校、高等院校和讲师团进行案例式、研究性、专题化和跨区域、境内外学习教育，以及建立电化教学网络、推进远程教学学习、开设理论学习网站、综合运用各方教育培训资源、进行集中宣讲等探索，在对党员干部教育培训的同时，还加强了对机关、厂矿、农村、街道社区、部队、学校和多种新经济组织中干部群众的理论教育培训，其中仅2001年到党的十七大召开后的6年中举办的8次大规模宣讲，听众就达到71300人，产生了良好教育效果。

——不断加强思想理论的研究与探索工作，紧密围绕60年建设、改革、发展中重大理论与现实问题，在解放思想、实事求是、与时俱进的不懈追求中，为全省经济的发展、环境的改善、文明的提升和社会的进步做出了积极的贡献。

山西60年思想理论工作的发展历史，同时也是60年理论研究探索的发展历史。从基础理论研究上看，十一届三中全会前山西思想理论界关于马克思主义认识论的研究、社会主义农村经济发展研究、唯物辩证法研究和近代历史研究，十一届三中全会后关于思维科学、科技哲学、社会主义发展史、马克思主义人口理论、经济体制改革与社会主义市场经济理论、社会主义改革理论研究等，都产生了不少在全国具有较大影响的研究成果，在思想理论界产生了良好反响。对这一点具有很好说明的是，中央宣传部从1991年开始组织的全国精神文明建设“五个一工程”奖，我省先后有10篇文章获“五个一工程”优秀理论文章奖；山西省“五个一工程”奖共举行了六届，先后有128篇文章获优秀理论文章奖；“八五”以来，在国家社会科学基金课题评审中，全省立项数达157项，1996年后省级社会科学研究课题立项数达1400项。从应用性理论研究上看，从50年代关于农业合作化问题研究，李顺达、申纪兰等劳动模范和石圪节煤矿等模范集体的人物、事迹研究，到改革开放以来的能源经济研究、煤化经济研究、城市经济研究，革命根据地建设研究、文化产业发展研究，太行精神、太旧精神、右玉精神的研究，以及直接服务于山西经济社会发展的多侧面、跨学科的软科学课题研究等，都产生了一大批对分析、解决建设、改革、发展实践和人们思想认识中重大理论与实际问题具有积极意义的优秀成果。与理论研究不断加强的这种局面相呼应，新中国成立，特别是改革开放以来，山西理论探索与创新的气氛逐步形成，理论研究和学术活动更为活跃，这都成为全省经济社会发展的重要智力支持。

——不断加强思想理论的阵地与队伍建设，紧密围绕理论宣传、教育、研究工作的思路与忠诚敬业、德才兼备的职业操守，在思想理论工作不断探索、不断创新的发展中，为唱响主旋律、把握主动权和培养高素质思想理论工作队伍做出了显著的贡献。

60年间，思想理论工作阵地与载体伴随全省经济社会的发展和物质文化条件的迅速变化，从几乎没有什么成规模的出版、报刊和教育培训院校，到形成目前包括8家图书出版社，3家音像电子出版社，77种报纸，199种期刊和404种内部资料性出版物，拥有94家中央新闻单位驻晋记者站，70家省内记者站，3620家印刷企业和2596家发行企业在内的宣传文化传播系统，以及遍及机关、企业、学校、部队、社区党员干部和城乡群众学习教育的党校、干部学校、工会妇联共青团等宣传、教育组织；从最初铅字排版的报纸、设备简陋的广播、原始的戏曲舞台，以及粉笔、黑板、传单、标语和幻灯片等载体，到进入现代化的报刊、杂志、图书、歌舞剧场、文化站点、电影电视电脑、互联网、音像和数字化媒体，不断得到加强的思想理论阵地与载体牢固树立了守土有责的明确意识，充分利用宣传教育研究阵地，始终把握正确导向。在60年深刻的社会变革中，尽管在具体工作中也会有这样那样的不足甚至偏差，但从总体上看，全省思想理论工作在不断加强阵地与载体建设过程中，不仅坚持了正确的宣传思想方向，为党的理论宣传、教育、研究提供了工作阵地，并且还在不断发展变化的形势和环境中，在指导思想一元化与社会成员思想认识多元性、扩大对外开放与防范精神污染、弘扬主旋律与提倡多样化、大胆吸收人类文明优秀成果与坚持中国特色，以及社会效益与经济效益等重大关系的把握上，在不同思想认识激烈交锋、各种思潮流派纷至沓来、多重性挑战与考验不断，以及一些重大事变、突发事件出现的情况下，特别是在国内出现政治风波、国际社会主义运动发生空前挫折、“西化”、“分化”势力时有发难的严峻考验中，坚持了正确的立场，掌握了党对思想理论阵地的牢固控制。同时，经历60年思想理论工作的不断发展，全省上下逐步形成了一支具有强烈事业心和高度责任感、政治敏锐、头脑清醒、思想活跃、业务过硬的思想理论工作队伍，这既是60年来全省思想理论工作能够取得引人瞩目成就的基本原因，也是不断推进思想理论工作走向新的辉煌所不可缺少的重要条件。

总结新中国成立以来60年思想理论工作的发展，不能回避的问题在于，在60年的实践中，理论工作也存在和出现过偏差与失误。比如上世纪50年代中后期在左的思想影响下超越社会发展阶段提出的一些目标、口号和主张，比如文化大革命期间极左思想在思想理论工作中产生的影响及其后果，比如改革开放以后一段时间内对加强思想政治工作存在的忽视，比如新的形势、环境、任务背景下思想理论工作在一定程度上存在的不适应，比如对新的历史条件下做好思想理论工作规律性的认识缺乏等等，既在实践中造成了消极的影响，也是需要深刻汲取的历史教训。

回顾历史和总结经验，是为了更好地面向未来。60年的发展，在历史的长河中转瞬即逝，但面对站在新的历史起点上和对山西经济社会发展必将担负更为艰巨重任的思想理论工作，深入思考山西60年思想理论工作的发展，其启示与激励意义是不言而喻的。

其一，做好新的历史起点上的思想理论工作，必须具有战略眼光，对思想理论工作在党和国家发展大局、推进山西经济社会又好又快发展具有的重大意义有深刻而自觉的认识。在60年思想理论工作发展中，省委、省政府对做好党的思想理论工作高度重视，围绕加强思想理论工作做出了一系列决定和工作部署，实行改革开放之后，思想理论工作被置于更加突出的地位，这是山西60年思想理论工作能够取得突出成就的重要原因。同时，在新的历史起点上，全省经济、政治、文化和社会发展任务更加艰巨，矛盾与问题更为突出，思想理论工作所承责任与任务的重要性与复杂性与以往任何时候都难于比拟，如何使对思想理论工作的重视达到与之所承责任、任务相匹配的程度，不仅对各级党政部门，而且对思想理论工作部门和理论工作者本身，都是应当认真思考的。只有内在地而不是外在地，自觉地而不是被动地认识和加强思想理论工作，才能更好地发挥其对经济社会发展所具有的强大功能。

其二，做好新的历史起点上的思想理论工作，必须理论联系实际，对推动理论宣传、教育、研究成果在山西经济社会发展中的转化有积极而能动的把持。坚持把党的路线方针政策与山西建设、改革、发展实际结合起来，在解析、回答理论和实践问题的过程中，推动科学理论向实践的转化，是60年发展中理论工作成效不断增强的关键。反之，脱离山西发展实际、不顾山西具体省情、超越现实发展条件，直接导致了思想理论工作的偏差与失误。经历60年的发展之后，无论就推进全省转型发展、安全发展、和谐发展的要求上看，还是就走出“四条路子”、实现“三个跨越”、建设新山西、新基地的任务上说，思想理论工作如何在用中国特色社会主义理论体系，特别是科学发展观统一思想、凝聚力量方面更好地发挥作用；如何在把理论成果转化为干部群众推进改革发展的信念与本领，如何把省委、省政府的决策部署转化为推动发展、促进社会和谐的具体行动等重大问题上更好地体现理论工作的价值；在如何把握社会发展的深刻变化对人们思想观念带来的触动与影响，如何突出思想理论宣传、教育、研究工作在不同社会思潮激荡、不同思想认识碰撞的环境下明确导向，引领舆论、凝聚人心，如何在具体的思想理论工作中积极稳妥地解决思想理论领域的问题等方面增强思想理论工作的功能，都对思想理论工作提出了新的任务与要求，只有把推动科学理论向实践转化作为头等任务，才能不辜负时代发展和干部群众对思想理论工作的期待。

其三，做好新的历史起点上的思想理论工作，必须解放思想、实事求是，对思想理论工作的改革创新、与时俱进有充分而坚定的理解。总体上看，60年思想理论工作的探索创新力度在逐步加大，改革开放以来，更是有了突破性的进展。但是，与不断变化的发展形势和整个社会的发展进度比较，还是表现出一定的不适应。怎么样通过思想理论工作和思想理论工作者艰辛的努力，以皈依科学的精神、理论探索的毅力和追求真理的勇气，用创新的成果更好地发挥思想理论工作在推进经济社会发展中的作用，特别是对关系到全省经济社会发展重大现实问题的分析解决中，怎么样更多地体现出为党和政府制定决策提供智力支持、在构建社会主义和谐社会中发挥智囊团和思想库作用，让全社会更多地体会、感悟到思想理论工作的价值，是必须研究与破解的现实课题。

其四，做好新的历史起点上的思想理论工作，必须强化质量意识、实效意识，对在新的实践与新的发展中不断推出高品位、高质量的思想理论成果有紧迫而执着的追寻。面对社会的发展变化，面对社会成员日趋活跃的思想认识变化，以追求质量、追求实效为要求的工作意识，以更为贴近实际、贴近生活、贴近群众的理论成果，对思想理论工作具有了更实际的意义。当越来越多的干部群众靠近理论，为理论魅力感召并掌握理论、运用理论时，理论工作对推进全省改革发展的作用才能有效发挥。

（作者系省委党校副校长）

山西高等教育60年的成就与启示

王李金　李培风

国运兴衰，系于教育。新中国60年的光辉历程，教育是其中浓墨重彩的一章。60年来，山西高等教育在省委省政府的正确领导下，积极探索，艰苦创业，努力实现规模、质量、结构、效益的协调发展，初步建立起具有山西特色的高等教育体系，为山西经济社会发展提供了有力的智力和人才贡献。

一、山西高等教育60年风雨历程

60年来，山西高等教育伴随着国家政治环境的变革、经济体制的转型、社会事业的进步，走过一条艰难曲折的发展道路，并呈现出鲜明的阶段性发展特点。

（一）1949—1965年为院系调整、重建发展阶段。1949年4月24日，随着省城太原的解放，刚刚在战乱中落脚北平的山西大学当即奉北平军管会和教育部的命令，回迁太原，成为解放后山西发展高等教育最宝贵的基础资源和骨干力量。经过接收、整顿和发展，山西大学很快成为一所拥有文、理、工、医、财经5个学院，13个系，学科门类齐全的综合型大学。从1952年开始，全国高等教育学习苏联办学模式，进行院系调整，将山西大学财经学院划归中国人民大学，工学院的冶金工程系并入北京钢铁学院，纺织工程系和采矿系并入西北工业大学，在剩余学科专业基础上独立组建太原工学院、山西医学院、山西师范学院，加上在接收私立铭贤学院基础上组建的山西农学院，形成解放初山西的四所专门学院。“一五”期间，各学院积极扩大招生规模，加强教师队伍建设，健全管理制度，开始进入正常发展轨道。但在1958年开始的“大跃进”中，山西高等教育也出现了冒进的局面，高等学校从4所增加到47所，在校生人数从7315人，猛增到19593人。1960年中共中央提出“调整、巩固、充实、提高”的方针，山西贯彻执行国务院“高教六十条”，对高等教育进行了大幅度调整，引导高校以教学工作为主，努力提高质量。到文革前，高校减少到11所，在校生压缩到6380人，回落到一个大体正常的发展水平。

（二）1966—1976年为文化革命、曲折发展阶段。1966年开始的“文化大革命”，使刚刚恢复正常的山西高等教育受到重创，学校的教育教学秩序完全被打乱，连续6年停止招生，直到1972年才开始采取推荐办法招收工农兵学员。尽管如此，这期间全省高教战线广大干部和教职工顶住压力，在教学科研领域还是取得了一些重要成果。比如，山西大学的化学键理论研究在探索新晶体材料方面取得突破性进展，太原工学院研制的75型双圆弧齿轮滚刀和“荷重传感器”研究等都达到先进水平。

（三）1977—1984年为拨乱反正、恢复发展阶段。1977年，国务院批转教育部《关于1977年高等学校招生工作的意见》，中断11年的高考得以恢复，当年全省共有高校13所，招生6471人。以此为标志，高等教育率先进入一个崭新的发展阶段。面对百废待兴的高等教育，省委省政府专门研究亟待解决的问题，制定了1978年至1985年高等教育发展规划，有序恢复了高等教育工作。山西高度重视教师队伍建设问题，及时对990余起冤假错案进行了平反昭雪。省财政加大投入力度，改善教师工作、生活条件，为吸引优秀人才从事高教事业奠定了基础。全省高校积极推动学科专业调整，将工作重点转移到教学、科研上，各项事业逐步走上正轨。

（四）1985—1998年为结构调整、改革发展阶段。这一阶段是新中国高等教育发展史上改革力度最大、涉及范围最广、影响最深远的时期。山西贯彻中共中央《关于教育体制改革的决定》和《中国教育改革与发展纲要》，积极推进高等教育管理体制改革，通过“共建、调整、合作、合并”等方式，在优化整合高等教育资源的基础上，组建了新的太原理工大学、山西财经大学、太原师范学院等大学。完成了华北工学院、太原重机学院、太原电力高等专科学校等部属高等学校划转为省管的工作，逐步理顺了中央、地方和高校之间的关系，调动了高校自主办学的积极性，形成了高等教育主动适应和服务区域经济社会发展的新格局。从“九五”开始，山西加大了高等教育工作力度，以“四重工程”建设为抓手，集中优质资源，加强重点大学、重点学科、重点实验室、重大科技成果和人才队伍建设，大大提高了山西高校的竞争能力和办学实力，1985—1998年取得近20项国家级大奖。

（五）1999—2006年为规模扩张、快速发展阶段。以1999年高等学校扩大招生规模为标志，我国高等教育进入快速发展阶段。山西抓住机遇，积极发展，当年招生41180人，比1998年的24090人，增加了70.94%。到2002年，全省普通高校本专科在校生达到20.84万人，在校研究生4837人，成人高校在校生15.63万人，毛入学率达到了15%,跨入国际公认的高等教育大众化发展阶段。2003—2008年普通高校招生数连年保持两位数增长，分别为23.77%、14.90%、18.62%、14.51%、14.75%、10.01%,高等教育毛入学率达到25%。针对在快速发展的过程中，教学基本条件建设滞后的矛盾，山西于2003年启动“高等教育强校工程”，努力在规模扩大的同时，不断提高教学水平和办学实力，取得了一系列标志性成果：建成一批重点学科、重点实验室、工程研究中心、人文社科基地，承担一批重大研究项目，新增一批博士点、硕士点，获得国家级大奖10余项，2003年山西大学彭堃墀教授当选中科院院士、太原理工大学谢克昌教授当选为中国工程院院士。

（六）2007年—现在为提高质量、内涵发展阶段。2007年党的十七大把“提高高等教育质量”写进工作报告，全国高等教育进一步把发展的重点转移到提高质量上来，致力于实现由高等教育大国向高等教育强国的转变。山西根据教育部的部署，结合本省实际，进一步推进“高等教育强校工程”，努力通过品牌专业、精品课程、基础课实验教学中心、人才培养模式改革实验区建设，努力提高教学质量；通过重点学科建设、校企合作研究生教育创新基地建设、研究生培养模式改革，努力推进研究生教育创新；通过重点实验室、工程研究中心、人文社科基地建设，努力提升科学研究水平和创新能力；通过中青年拔尖创新人才、教学名师、优秀青年学术带头人、以及教学科研优秀团队的建设，努力加强教师队伍建设。引导高等学校坚持走内涵发展、特色发展、科学发展的道路，全面提升教学质量和办学水平。

二、山西高等教育60年巨大成就

山西高等教育60年风雨兼程、求索奋进，取得了巨大成就，主要表现在以下六个方面：

（一）高等教育规模实现了跨越式发展。纵观山西高等教育60年规模发展，成就巨大。解放前，山西高校少、规模小、条件差。1949年，经过接管和整顿，山西高校当年招生333人，在校学生总计945人。经过60年艰苦曲折发展，到2008 年，全省普通高等学校发展到61所，本专科招生184316人，本专科在校生526756人，分别达到解放初的553.50和557.41倍。全省具有博士硕士授权的高校达到8所，招收研究生6919人（其中博士生402人、硕士生6517人）；在学研究生18938人（其中博士生1520人、硕士生17418人）。有效地满足了人民群众接受高等教育的愿望，较好地适应了经济社会对高层次人才的需求。

（二）高等学校办学水平和教学质量显著提升。从建国之初恢复和整顿高等教育，到20世纪90年代的“四重工程”，再到21世纪的“强校工程”，山西始终将质量提升放在高等教育工作重中之重的地位，积60年建设成就，山西高等教育办学水平和教学质量跃上了新水平：太原理工大学进入国家“211工程”建设行列，山西大学成为山西省和教育部共建高校。重点学科建设取得突破性进展，全省高校有国家重点学科8个，国家重点实验室1个；教育部重点实验室8个、人文社科重点研究基地1个、工程研究中心5个；一级学科博士点13个，博士点54个；一级学科硕士点71个，硕士点184个。山西高校以学科建设为龙头，深化教学改革，创新人才培养模式，教育教学质量明显提升，目前，山西省共有教育部特色专业建设点27个，国家精品课程34门，国家教学名师4位，国家优秀教学团队5个，国家级实验教学示范中心5个，国家高职高专示范建设院校3所。为国家和区域经济社会发展培养了大批杰出人才，许多人才已成长为社会各界的骨干力量。

（三）高等教育整体结构逐步优化。山西高等教育结构根据区域经济社会发展的需求不断调整优化，形成了层次分明、形式多样、区域分布和学科结构比较合理的高等教育结构体系。从层次结构看，解放以后，一直存在本专科招生比例失调和高层次人才培养能力薄弱的问题。1978年研究生恢复招生，山西大学、太原工学院、山西农学院、山西医学院四所高校共招收研究生153人，研究生、本科生和专科生比例为1：90：44。经过30年的努力，到2008年这个比例调整为1：13：15，层次结构得到明显优化。从布局结构看，从建国初仅太原和长治、太谷有高校，发展到目前各市都有普通高校，依层次和类型的不同，分别承担为当地区域经济社会发展服务的职能。从类型结构看，由建国之初仅有一所综合大学和一所专门学院的单一办学形式，经院系调整为四所专门学院，发展到目前以山西大学和太原理工大学为龙头，办学历史较长、实力较强的6所本科老校为骨干，9所新建本科院校为支撑，一大批高等职业院校为重要组成部分的高等教育格局，构建起多层次、多类型的高等教育人才培养体系。

（四）高等学校办学效益明显提高。几十年来，山西高等学校发扬艰苦奋斗、自强不息的精神，不断挖掘潜力，高等教育规模效益得到显著提高。山西高校校均规模在解放初只有400多人，改革开放初期也只有1300多人，到2008年校均规模达到8635人，多数本科高校都达到或超过了万人规模。高校生师比也逐渐趋于合理，1949年底，山西高校师生比为1：5.5，到2008年，师生比达到1：15.1，办学资源利用率明显增高，规模效益得到稳步提高。

（五）高等教育服务能力不断增强。建国初期，山西高等教育坚持为工农服务，为生产建设服务的方针，把培养工业建设人才和优秀教师作为两个重点，为经济社会发展和教育事业发展奠定了人才基础。改革开放以来，山西大力实施科教兴晋和人才强省战略，建立和发展了多层次多类型的高等学校，并且进一步密切了高校与科研院所及企业之间的合作，促进了产学研的结合。高校承担的科研项目逐年增加，2003—2008年获得各类项目经费达16亿元，其中横向项目经费占总数的47.81%；获得专利授权684项，签订技术转让合同322项，合同成交金额5942亿元；一批创新成果实现了产业化，推进了区域经济发展和创新体系建设。比如，山西大学张生万主持完成的科研项目“低度有色配制酒稳定性的研究及应用”，使汾酒集团从2004—2006年三年内增加产值2.4亿元，利税3800万元。太原理工大学谢克昌主持完成的“依据煤气化规律优化脱硫净化技术及产品开发”的系列产品实现了产业化，为企业创造经济效益累计达2亿多元，创汇约100万美元。

（六）高等学校师资队伍建设成效显著。建国60年来，山西高等教育始终将师资作为最重要的资源进行重点建设，教师队伍数量和质量不断提升。解放初，高等学校专任教师仅为98人，经过对知识分子进行改造和整顿，到1965年，全省高校专任教师达到2874人，是1949年底的17倍。改革开放以来的30年，高校数量和在校学生数持续增加，与此相适应，专任教师也由1978年的4460人，增加到2008年的34885人，翻了近3番。教师的学历层次明显提高，具有硕士以上学位的人数占到半数以上，职称结构和学缘结构也有了明显改善。进入21世纪以来，山西大力实施“高层次创新人才队伍建设计划”，到2008年，选拔优秀创新团队13个，培养中青年拔尖创新人才45名，省级教学名师168名，优秀青年学术带头人159名，其中成为两院院士2人、教育部社科委委员1人、长江学者1人，33人入选教育部新世纪优秀人才支持计划，3人获得国家杰出青年科学基金，13人获得国家级科技成果奖、4人获得教育部人文社科优秀成果奖，教师队伍的整体水平有了明显提高。

三、山西高等教育60年重要启示

当前，我国高等教育事业已经跨上了一个新的起点。实现高等教育事业全面、协调和可持续发展，提供坚强有力的人才和智力支持，无疑是加快新山西建设的最重要的基础和保障。面对这样的形势和任务，认真梳理和总结山西高等教育60年成就和发展经验，对进一步推进山西高等教育的科学发展具有非常重要的借鉴意义。

(一) 立足服务、合理定位是科学发展的基础。60年来，山西高等教育坚持“围绕中心，服务大局”的原则，合理制定高校发展规划，找准自身定位，主动搞好服务，为山西的发展和进步做出了积极贡献。历史表明，正是经济社会发展需求，赋予了高等教育相应的使命，也正是高等教育的发展，才支撑了全省各项事业的发展。当前，各高校更应抓住我省推进产业结构调整，建设新型能源和工业基地的战略机遇，围绕我省大力推进的支柱产业和优势产业领域，立足学校的层次、类型、传统和服务面向，加快学科专业结构调整和人才培养模式改革，坚持“有所为有所不为”的发展战略，在高等教育激烈竞争的大格局中，找准发展的位置和空间，努力形成优势和特色。依托各自的优势学科和特色专业，找准学校与企业、行业、产业合作的结合点，开展实质性的服务，努力以服务求支持，以贡献促发展。

(二) 内涵建设、提高质量是科学发展的核心。人才培养是高等学校的中心任务，提高质量是高等教育的永恒主题。走内涵建设之路，促进高等教育规模、结构、质量、效益协调发展，是60年高等教育经历曲折发展获得的最宝贵经验，也是贯彻落实科学发展观的基本要求。我们要很好总结“九五”以来实施高等教育“四重工程”和“强校工程”的成功经验，引导高等学校进一步增强“以质量求生存、以特色求发展”的意识，树立新的教育观、人才观、质量观，牢固确立教学工作在高等学校各项工作中的中心地位，以更多的财力和更大的精力进一步加强教学工作。采取切实可行的政策措施，加大教学投入，加强教学建设，建立健全教学质量监控和保障体系，促进教学工作和人才培养质量不断上水平。

(三) 优化结构、完善体系是科学发展的途径。在计划经济体制下，全国高等教育形成条块分割的体制格局，山西缺乏对区域高等教育统筹协调的权力。1985年高等教育体制改革以来，逐步理顺了中央、地方与高等学校的关系，山西高等教育在结构优化过程中，促进了高等教育与区域经济社会的互动发展。今后，要更好地适应我省经济社会发展的需要，按照高等教育重心下移的要求，进一步推进高等教育布局结构调整，要充分调动各市举办高等教育的积极性，努力在每个地级市办好一所以上高等学校，积极支持具备条件的市，建设本科学校。在此基础上，进一步优化学科专业结构以及人才培养的层次结构、类型结构。大力发展民办高等教育，积极引进省外和国外优质教育资源，努力构建具有山西特色的规模适当、结构合理、质量上乘、服务有力的高等教育体系。

(四) 改革开放、创新机制是科学发展的手段。改革开放以来，山西省积极推进高等学校开放办学，在全国率先拨出专项经费在高校选派出国留学人员、引进国外智力，为山西高等教育快速发展培养和吸纳了一大批优秀人才，国际交流与合作也得到加强。同时，山西高等教育不断深化教育体制改革，在人才激励机制、教学管理机制、科研创新机制和校内人事分配制度改革等方面进行了积极探索，架构起了新的管理模式和运行高效的体制机制。事实雄辩地证明：改革开放是推进高等教育事业发展的必由之路。在新的形势下，必须进一步深化各个领域的改革，打破制约事业发展的体制和机制性障碍，努力以新一轮改革，推动新一轮发展。特别要深化教学领域的改革，加快学科专业结构调整和人才培养模式转变，围绕培养学生的创新精神和实践能力来设计课程体系和教学内容，改革教学方法和手段，全面提高人才培养质量。

(五) 以人为本、建设队伍是科学发展的关键。办好学校的关键在人才。近年来，山西省积极推进人才强校战略，培养和引进一大批高层次拔尖创新人才和创新团队，为提高高等教育质量奠定了重要的人才基础。今后要紧紧围绕培养、吸引和用好人才三个环节，切实加强教师队伍建设。要进一步充实教师队伍数量，优化教师队伍结构，提高教师队伍素质。要继续加强对创新团队、拔尖创新人才、教学名师和青年学术带头人的支持和培养，大力提高教师队伍的教学能力和创新水平。要不断深化人事和分配制度改革，完善激励机制，形成鼓励人才干事业，支持人才干成事业，帮助人才干好事业的政策导向，为高层次创新人才脱颖而出和建功立业营造良好环境。

(六) 依法治校、规范管理是科学发展的保证。当前，我国高等教育在机遇与挑战面前，迫切需要在总结过去和展望未来的基础上，深入思考办什么样的大学和如何办学的问题。过去讲：大学不仅要有大楼，而且要有大师。现在更多的人认识到：大学不仅要有大楼、有大师，还要有科学规范的大学制度。高等教育60年发展的历史表明：如果没有好的制度和科学规范的管理，即使有了大楼、有了大师，也难以发挥作用。因此，必须提高高等学校的制度建设和管理水平，努力向制度要质量，向管理要效益。要坚持依法治校，进一步落实学校独立法人地位和自主办学的权力，为加强学校内涵建设和规范管理打下良好的制度基础。要按照现代大学教育规律，规范学校内部治理结构，完善大学领导体制和运行机制。要建立健全各项具体的管理制度，坚持用制度管人、管事、管物，使学校各项工作真正走上法制化、科学化、规范化的道路，推动学校的教学、科研和服务工作全面上水平，努力为山西经济社会发展做出更大贡献。

奔向全面小康的美好前程

赵满仓

伴随着历史前进的步伐，山西人民同全国人民一样，满怀豪情地走过了60年的不平凡历程。回顾60年波澜壮阔的伟大实践和广大城乡人民创业奋斗的历程，我们倍感骄傲和自豪。自强不息、勤劳勇敢的山西人民，在中国共产党的正确领导下，在历届省委省政府的带领下，在社会主义建设事业中进行了不懈的探索、创新和开拓。在建设和谐家园和美好新生活的过程中，在推进经济社会跨越发展中，城乡居民生活也得到了持续的显著改善。广大群众正是从实实在在利益的共享中，更加认同中国特色的社会主义事业，更加拥护党的改革开放的基本路线。

城乡经济不断发展，人民生活显著改善

新中国建立前的旧山西，连年的战争使人民流离失所，妻离子散，贫苦大众衣不蔽体，食不果腹。当时的山西经济社会十分落后，自然经济和半自然经济占很大比重，通货恶性膨胀，市场商品奇缺，工农业生产萎缩，生产生活条件相当恶劣。新中国成立60年来，勤劳、淳朴、勇敢、智慧的山西人民艰苦奋斗，百折不挠，奋力开拓创新，坚持与时俱进，在极端落后的生产力基础上，迅速治愈了战争创伤，在社会主义建设以及改革开放的伟大实践中，取得史无前例、令人瞩目的业绩，经济、政治、文化、社会等多个领域都发生了深刻的巨变，广大城乡的自然面貌、生产面貌、城乡人民的精神面貌和生活水平均发生了历史性的变化，人民生活水平不断提升，生活质量显著改善。

从60年山西城乡居民收入和生活水平的发展变化的进程来看，具有明显的阶段性，以1978年党的十一届三中全会召开的伟大历史转折为标志，呈现出“前慢后快”的格局。近30年是山西人民求变、求新、求富的30年，是城乡经济实力增长最快，人民得到实惠最多的30年。以城乡居民最终消费支出（消费基金总额）为例，全省消费基金总额由1952年的10亿元增加到2008年的3000多亿元，增长300多倍，其中用于个人的最终消费支出占绝对比重。到2008年底，全省城乡居民最终消费支出达到3002.67亿元。从城乡居民消费差距来看，经历了由不断扩大到逐步缩小的过程。城乡居民平均每人消费水平由1952年的1：1.82扩大到1978年的1：3.33，2008年城乡居民消费水平差距又缩小为1：2.84。从60年的发展过程看，党的十一届三中全会前居民最终消费支出增长较慢，26年增长了73.2%；改革开放以后，增长速度明显加快，1979—1988年的10年间增长了1.2倍，1989—2008年进入提速阶段，20年间增长了17.8倍。这充分说明，山西人民在改革开放的新的历史条件下，在社会生产力不断发展的同时，物质和文化生活水平都得到明显提高。

农村生产条件改观，农民消费观念改善

60年来，山西农村为彻底改变落后的自然条件，获得衣食住行条件的逐步改善和脱贫致富，进行了艰苦卓绝的伟大实践，取得了空前的辉煌成就。

———农村生产和农民生活条件改观。长期以来农村落后闭塞的自然环境和生存状态被逐步打破，农村交通运输状况显著改善。目前山西的交通已形成纵横交错、四通八达的网络。一个以高速、国道为骨架，以县乡道路为脉络，沟通全国，衔接铁路、机场、重要矿区、重要经济圈的交通网络和以国家、集体、个体运输业竞相发展的铁路、公路、航空运输体系业已形成，长期以来山西四面环山，表里山河的封闭环境被打破，穷山恶水、十年九旱、水土流失严重的自然面貌已换新颜。“麻油灯照明，牛拉犁人帮犋”的落后生产方式和生活情景已成为历史；农村电气化、机械化、信息化、科技化水平不断得到普及和提高；农村三大产业全面发展，农村工业化、城镇化进程逐步加快，农林牧渔全面发展，主要农产品产量迈上了新的台阶，在兴晋富民中发挥了至关重要的作用。

——农民收入不断增加。收入水平决定消费的档次和生活的质量。据全省农村住户抽样资料表明，1949—1978年，农民全年人均纯收入由52.51元增加到101.61元，29年间增长了93.5%，年平均增长仅2.3%。改革开放以来，山西农民收入由1978年的101.6元提高到2008年的4097.24元，增长39.3倍，年平均递增13.1%。进入本世纪以来，山西农民收入连年登上新的台阶，2002年突破2000元关口，达到2149.82元；2004年又迈上了2500元关口，达到2589.6元；2006年跨越3000元大关,达到3180.92元，2008年又迈上了4000元大关，达到4097.24元。农民收入的持续快速增长不仅有力支撑了经济的高速增长和改革开放的顺利进行，而且彰显了社会主义制度的强大生命力，为提高农村居民生

活水平奠定了坚实的基础。从整体上看，农村生活基本解决了温饱问题，相当一部分农民已进入宽裕和小康阶段，不同层次、不同地区农民向着整体小康和共同富裕的方向发展。

——农民消费结构改善，生活水平提高。随着收入的增长和经济活动的增加，山西农村居民生活质量明显改善，消费水平发生了一系列新的变化，农民的消费观念也在不断改变。2008年，山西农村恩格尔系数为38.9%，为改革开放以来的最低点，比1978年的67.3%下降了28.4个百分点，比2000 年又下降9.7个百分点。

——食品结构进一步优化。2008年，我省农民人均用于食品的消费支出为1206.71元，比1978年的61.02元增加到1145.69元，增长18.8倍，年均增长10.5%。人均用于主要消费支出的增幅明显低于副食和其他食品消费支出,从食物消费量看，粮食等传统食物消费量减少，全年人均消费粮食190.84公斤，同比下降3.6%；水产品和蛋类等食物消费量增加，全年人均消费水产品0.93公斤，同比增长15.1%,蛋类及制品6.6公斤，增长10.9%。农村居民在外饮食支出2008年人均达137.74元，同比增长16.6%，占食品消费的比重明显上升。一些农民特别是一些从事二、三产业的农民提早地过上了“食有鱼、出有车”的城市生活。

——衣着款式更加讲究。建国以来特别是改革开放以来，山西农民在吃饱、穿暖的基础上，衣着消费由“一衣多季”逐步改变为“一季多衣”，再发展到追求时尚、色调、款式和衣服质量。2008年山西农民衣着消费支出为276.24元,比1978年的13.02元增加263.22元,增长20.2倍,年均增长10.58%。随着收入水平的提高，消费观念的改变，农村居民衣着消费已实现成衣化和时尚化，穿着也不断注重和讲究质量、花色和款式，享受着时尚的衣着。

——交通通讯愈加畅通。2008年农户交通通讯费支出人均为328.92元，比1978年的0.49元增加328.43元，增长670.3倍,年平均增长24.2%。交通通讯增长的主要原因，一是移动电话迅速增加，到2008年末，山西每百户农民家庭拥有移动电话达到78.8部；其次是交通消费支出迅速增加，到2008 年末每百户农民家庭拥有电动自行车达8.4辆，摩托车57.1台，不仅如此，生活用汽车也开始相继进入农民家庭。这些变化一方面反映出农民的消费观念随着时代的发展、收入的增加而逐渐变化，另一方面也反映出随着国家对交通通讯基础设施的大规模建设，越来越多的农户享受到了现代交通、通讯的方便与快捷。

——教育空前受到重视。2008年山西农村居民文教娱乐消费支出人均380.7元，比1978年的1.95元增加378.75元，增长194倍，年均增长19.2%，而且比重在持续加大。随着市场经济的发展，广大农民增强了学文化、学技术及加快致富步伐的意识，注重文化生活、增加教育投资的氛围已在广大农村日渐形成，特别是孩子接受中小学乃至大学教育，受到空前重视和高度关注。

——居住环境注重舒适。人居环境是反映农民消费的一项重要指标，宽敞舒适的住房一直是农民生活质量改善的重要目标。2008年末，山西农村居民人均住房面积26.5平方米，平均每户住房价值3.07万元。山西农村最直观，最明显的变化之一，便是农民的住房条件得到明显改善。2008年山西农民人均居住消费支出486.75元,比1978年的8.84元增加477.91元,增长54.1倍,年均增长14.2%。在住房面积、价值增加的同时，农户的居住环境和卫生设施也得到了进一步的改善。山西农民家庭中有水冲式厕所、装配了取暖设备的农户比重均有较大的提高；有96.7%的农民家庭使用安全饮用水，自来水普及率达到60%以上，并有部分农民家庭使用了液化气、电磁灶，农民的居住条件更加方便洁净。目前农村新购、建房屋有两个特点，一是多样化，把居住空间延伸至城市，部分先富起来的农民选择在城镇购置商品房；二是新建住房设施齐全，档次提升。

——生活质量明显改善。随着山西加大对农村基础设施建设的投入，农民的生产条件和生活质量明显改善：一是农村电气化建设步伐加快，农村用电户达到95%以上。中高档耐用家电稳步增加，2008年山西农民用于购买家庭设备和用品的支出人均为138.26元，比1978年的4.10元增加134.16元，增长32.7倍，年均增长12.3%。2008年，山西农民平均每百户家庭拥有彩电104.1台，洗衣机77.7台，影碟机28.2台、电冰箱23.1台，家用计算机3.5台，购买多种中高档家用电器成为农民生活水平提高的又一重要标志，体现出农民生活日趋城市化。二是顺利推进了新型农村合作医疗制度试点工作，建立了农村特困群众大病救助等制度，农民基本上实现了小病不出村，并对防病保健的认识有了新的提高。2008年，山西农民用于医疗消费的支出达到210.32元，比1978年的0.65元增长322.6倍，年均增长21.2%。这些变化说明，山西农民的健康意识在增强，医疗保健支出在持续增加。三是注重生态环境的改善，人与自然的和谐发展能力不断增强。

城镇居民收入提高，生活质量显著提升

建国60年来特别是改革开放30年来，山西同全国一样，城镇居民的工作条件和生活质量也发生了历史性的巨变，从城市的景气面貌到普通人的着装饮食，每一个人都真切目睹和切身感受了经济社会的发展和人民生活的巨变。人们把今天城镇居民生活形象地概括为：吃讲绿色、搭配和营养，穿讲个性、多款和时尚，住讲舒适、幽雅和宽敞，用讲实用、豪华和高档，行讲快捷、方便和多样。人们告别了贫困、告别了商品短缺、告别了票号供应，迎来了丰富多彩、琳琅满目的商品新时代，这是一个突破性成长和历史性跨越。与改革开放前相比，城镇居民收入大幅度增长，消费能力显著提高。据城镇居民的抽样调查资料显示，山西城镇居民人均可支配收入由1978年301.4元提高到2008年的13119.1元，增长了43.5倍，年平均增长13.4%。在收入大幅度提高的同时，2008年全省城镇居民人均消费性支出达到8806.55元，比1978年增长32倍，年均增长12.24%。其

中食品、衣着、居住、交通和通讯、医疗保健、教育文化娱乐服务、家庭设备用品及服务、杂项商品及服务的八大类支出均呈增长态势。人民的生活方式、思维方式、消费理念乃至价值观念和精神风貌均发生一系列深刻的变化，城镇居民的物质文化生活步入了一个崭新的时代。

——食品消费由量的满足转向质的提高。追求营养、讲究绿色、注重搭配，粮票、油票、肉票、糖号、烟号、酒号等票号已退出历史舞台，变成尘封的记忆和历史收藏品，被丰富多彩的“卡”取代，国营的粮店、菜站、副食品已被大中型超市和连锁店取代，这种取代绝不只是一种简单的取代，而是我国的经济社会发展形态与生活水平发生了深刻变化的反映。一方面表示我们的经济已经进入了一个电子货币的时代，体现了我国在改革开放之后，经济快速发展、市场经济逐步建立，同时也表明这短短的30年间，国人的消费观念、消费水平和消费方式发生了深刻的变化和跨越式进步。2008年我省城镇居民人均食品支出2974.76元，比1978年增长了19.46倍，年均增长10.4%，从主要食品消费量看，粮食等主食下降，肉、油、蛋、奶等食品消费量比重上升，营养结构改善。

——衣着消费追求个性化、时装化、高档化。从打补丁和单调的灰、黑、蓝、绿等衣着，到如今的色彩斑斓；从过去的中山装、军装到现在“不拘一格”的各种样式；从过去的“的确良”是稀罕货，到现在的“莱卡”、“纳米”精彩纷呈服装材料的出现，城市俨然成了一个巨大的时装展示场所。城镇居民的衣着需求发生了三个转变：从穿暖向穿美转变，从一衣多季向一季多衣转变，从请裁缝做衣向上商场购成衣转变。2008年城镇居民人均衣着支出为1137.71元，比1978年增长23.9倍，年均增长11.2%。

——居住条件明显改善。建国以来特别是改革开放以来，居住条件和环境的改善尤为明显，安居才能乐业，“小康不小康，关键看住房”，以前是“四世同堂十平米，几代家人居陋室”，现在是“宽敞明亮大厅堂，全家舒心喜洋洋”。到2008年，山西城镇居民家庭人均住房面积达到27.53平方米，比1978年增加了23平方米，88%以上城镇居民拥有自己的私房。在住房面积增加的同时，住房设施及条件得到了很大的改善，生活环境不断优化。使用自来水的占97.55%，有卫生设备的达83.85%，取暖设备中有暖气设备的占82.57%，炊用燃料使用煤气及液化气的占53.43%，居住质量明显改善。

——耐用消费品换代加快，家庭财产显著提高。改革开放以来，城镇居民生活变化最明显的就是耐用消费品不断升级，1978年前追求的“三转一响”的老四件，即自行车、缝纫机、手表和收音机很快被彩电、洗衣机、电冰箱、电话、空调、音响所取代，并向人工智能化发展，移动电话、电脑和家用汽车逐步成为新世纪里城镇居民家庭耐用消费品的“新三件”。据统计，2008年，全省每百户城镇居民拥有移动电话、电脑和家用汽车分别为136.39部、47.21台和8.4辆，分别比2000年增长16.8倍、7.6倍和12.7倍。居民家庭财产成倍增长。

——交通通讯消费日新月异，信息消费已成热点。改革开放前，马路上见到最多的是自行车，现在马路上车水马龙，交通工具多种多样。出远门，火车、飞机、长途车，随您挑选。以电脑为中心的多媒体方式，正把电话、传真、信函、移动电话等多功能通讯方式合为一体，大大缩小了人们的时空距离。

总之，60年来，山西城乡居民的生活实现了由贫穷到温饱，再到整体小康的跨越式转变，山西社会实现了由封闭、贫穷、落后和缺乏生机到开放、富强、文明和充满活力的历史转变。盘点过去，展望未来，我们相信，在中国共产党的领导下，在科学发展观的统领下，一个经济更加发展，民主更加健全，科学更加进步，文化更加繁荣，社会更加和谐，人民更加安居乐业，生活更加殷实的更高水平的全面小康社会，正在向我们走来，山西的明天会更加美好！

生态环境建设铸就三晋青山绿水

新中国成立60年来，山西各级政府高度重视环境保护和生态建设工作，采取一系列重大措施，落实责任，强化环境法制建设，加强重点流域、重点城市、重点区域环境整治和重点行业污染治理，环保投入、环境基础设施建设及环保监管能力明显加强,从而使环境保护事业得到了较快发展，进入了改革、发展、健全的阶段。全省环境污染急剧恶化的趋势得到初步遏制，局部地区环境质量有所改善，环境保护成为推动山西经济结构调整、经济增长方式转变、推进实施可持续发展战略、促进和谐社会建设、维护环境安全和群众环境利益的重要力量。

一、环境保护工作在积极探索中推进

山西环境保护事业是从1972年开始起步的，机构从无到有，规模从小到大，逐步发展起来，1979年山西省环保局挂牌成立。环保工作在当时还是新生事物，从决策层、知识界到广大人民群众，对此都缺乏应有的了解。从那时起，开展环保宣传教育、提高社会公众的环境意识和环保科普知识，成为环保部门的一项主要工作任务，从20世纪

90 年代起，山西环保界和新闻界联手推进环保宣传，1994年省人大常委会联合省环保局等省直10多家单位共同组织“三晋环保行”记者采访活动，截止2009年的15年来，累计有300 多名记者参与参访报道，共刊播稿件3000多条，推动了一大批重大环境问题的解决。随着“三晋环保行”的深入，环保成为社会普遍关注的热点话题。

改革开放30年来，山西的环境保护工作经历了不同的发展阶段。1972—1978年，全省环保工作的重点是治理工业“三废”（即废气、废水、废渣）。由于对环境问题和环境状况缺乏全面深入的调查研究，对工业污染的治理还提不出完整的对策。1979年国务院环境保护领导小组在全国环境保护工作会议上提出了全面加强环境管理，以管促治的方针，这是环境保护事业的历史性转折。此后，全省环境保护工作开始进入以防为主，防治结合，综合治理的阶段，逐步开展了环境科研、环境监测、环境立法和环境生态工作，并综合运用行政、法律、经济和技术的手段管理环境，有力地推动了山西环保工作的开展。1984年初，国务院召开了第二次全国环境保护会议，提出了“环境保护是我国一项基本国策”和“经济建设、城乡建设、环境建设同步规划、同步实施、同步发展”的战略方针，确立了环境保护在现代化建设中的战略地位，这是环境保护史上的一个新的里程碑。以此为起点，山西的环境保护开始纳入国民经济和社会发展计划，成为经济和社会生活的重要组成部分。从1987年开始，全省每年用于环境污染治理和生态保护的专项资金增加到5700万元。

“七五”、“八五”时期，全省环保工作在贯彻执行强化环境管理制度的同时，积极进行了工程治理，在着重进行重点污染源治理的同时，区域环境综合整治开始起步，全省环保工作形成了上下结合、齐抓共管、以管为主、管治结合的工作体系，环境保护工作收到较好效果。

“九五”、“十五”时期，2002年，党的十六大对全国实现新型工业化提出明确要求：“坚持以信息化带动工业化，以工业化促进信息化，走出一条科技含量高、经济效益好、资源消耗低、环境污染少、人力资源优势得到充分发挥的新型工业化路子”。这个时期是山西产业结构调整，建设小康社会，加快现代化建设的重要时期，也是控制环境污染和扭转生态环境恶化趋势的攻坚时期。全省环境保护工作实施可持续发展战略，贯彻污染防治和生态保护并重的方针，依靠科学技术进步，改善环境质量，保障环境安全。通过污染防治和生态保护促进经济结构调整，在经济结构调整中解决环境问题。全省将经济结构调整作为推进新型工业化的重要措施和着力点，特别是明确提出了经济结构调整要以新型工业化和特色城镇化为方向，努力将山西建设成为国家的新型能源和工业基地，环境保护取得了积极的成效。2003年，省政府工作报告首次将环境保护工作纳入为全省人民办的十件实事之一，自此开始已连续7年，省政府坚持每年将环境质量改善作为为全省人民办的实事之一。2003年12月12日，山西取缔关闭土焦、改良焦专项毁灭性打击行动全面铺开，在行动中，1241家改良焦企业被关闭，上万支改良焦炉、近万个土焦坑被拆除。此后，由于受利益驱动，违法建设的焦化企业在整治中仍有复燃，2004年至2008年，全省持续开展焦化行业清理整顿，在683 个焦化项目中321个被彻底关闭，关闭产能7409万吨。

进入“十一五”时期，全省认真贯彻党的十六届五中全会提出的构建社会主义和谐社会的目标和任务，以优化结构、提高效益和降低消耗、保护环境为前提，确定GDP增长的指导性指标，实现山西经济又好又快发展。针对工业企业集中分布于重点区域、流域的特点，2006年全省实施了以工业污染治理为重点的“蓝天碧水工程”，实施范围包括11个主要城市、大运高速公路、汾河干流沿线的32个县（市）。通过以确保节能和污染减排两项约束性指标的实现，推动了全省环境保护工作的深入开展。

二、环境法制建设和管理逐步走向科学规范

新中国成立60年，全省环境规划编制水平有了明显提高。1985—1987年全省组织了6500多人的工业污染源调查队伍，对8640个企业和106个县城进行了工业污染源调查，基本摸清了全省环境污染状况;1995—1996年全省组织开展了乡镇污染源调查工作，3040人的乡镇污染源调查队伍，对37506 个乡镇企业进行了调查，基本摸清了乡镇工业污染状况。通过环境监测和污染源调查，山西省编制完成了一系列重点区域环境保护规划：《山西省生态功能区划》、《山西省煤炭开采生态环境恢复治理规划》及实施方案、《山西省“十一五”环境保护规划》等，为全省环境保护宏观决策和有计划、有步骤地开展环境综合整治提供了科学依据。

环境保护由人治逐步走上法治管理轨道。新中国成立60年，山西省环境法制建设出现了良好的势头，各级政府及有关部门认真贯彻执行国家颁布的各项环境保护行政法规，初步形成了比较科学、完备的地方性环境保护法规体系，环保执法开始走向正规化，环境执法力度明显提高，推动企业严格执行环保法律，促进企业达标工作。先后颁布了《关于加强工业“三废”管理的通知》、《山西省汾河流域水污染防治条例》、《关于加强环境保护工作决定》、《山西省人民政府各有关部门及地市县的环境保护职责暂行规定》、《山西省重点工业污染源治理办法》、《山西省重点工业污染监督条例》等多部环保法规。为了加快环境友好型山西建设，促进经济社会与环境全面协调可持续发展，2006年相继出台《关于落实科学发展观加强环境保护决定的实施意见》、《关于实施蓝天碧水工程的决定》、《山西省主要污染物总量减排统计监测及考核实施办法》（“十一五”期间）等规章政策，进一步明确了环境保护工作的目标任务，提出了要在发展理念上突出绿色环保，发展模式上突出循环经济，坚持人口、资源、环境相协调的发展途

径。这些重大决定和举措，充分体现了省委、省政府对环境保护的高度重视，为进一步强化环境保护工作开创了新的发展空间，为环境事业带来了空前的发展机遇。

环境管理开始由定性管理向定量管理转变，从经验管理向科学管理，单项控制向区域性控制转变。全省认真开展、执行环境影响评价和“三同时”制度，充分发挥环境影响评价对经济发展的调控作用，针对不同地区环境保护工作面临的实际情况，实施了差别化区域环境管理政策，主要是以环境承载能力、经济发展水平和潜力等因素为依据，对全省环境保护区划，不同区域因地制宜定出不同的环境要求和措施。优化开发区域的环境保护，对太原市经济技术开发区和高新技术开发区、太原不锈钢产业园区等进行了区域环境影响评价，帮助完善环境保护基础设施;完成了《山西省高速公路网规划》等规划环境影响评价，加大了环境执法检查和行政执法的力度，监督企业达标排放切实维护群众权益。此外，全省连续多次对大气污染防治、水污染防治、固体废物污染环境等方面法律法规实施情况进行检查，推动重点地区的污染治理。2008年全省开展了“环境集中整治百日运动”，完成了40项“奥运”保障治理项目;实施了工业企业污染防治设施建设攻坚战，推进了9208家重点工业污染源达标进程，仅12月31日“零点关停行动”就对476家逾期未完成污染防治设施任务和不达标的企业实施了关停。为改变环保部门单打独斗、孤军奋战的局面，全省建立了由铁路、电力、银行等14个部门参与的环保统一战线，联合出台了20多项环境执法新政策，对3000余家环境违法企业采取了停贷、停电、停运等措施;先后对违法排污现象严重的10个市县实施“区域限批”，通过“区域限批”扭转环境形势恶化的趋势，遏制地方政府盲目追求“黑色GDP”的行为;对1500余家工艺落后的高污染企业和设施实施了环境污染“末位淘汰”。

实施政府环保目标责任制。1998年省政府与11个市及各工业部门签订了环境保护目标责任书，2000年将工业污染源达标作为责任制的主要内容。2006年全省将环保工作目标具体落实到各市政府，省委、省政府将环保工作作为各级政府评优评先和干部提拔录用的重要依据，实行环境保护问责制、奖惩制和一票否决制。2008年全省将城市环境综合整治定量考核指标列入各级政府的环保目标责任制。为了让各级政府承担起环保第一责任人的责任，全省制订的经济社会发展考核指标体系，污染减排指标考核权重占绝对优势。通过鉴定政府目标责任书，强化“四合一”年度考核，将“环保目标责任制、污染减排、蓝天碧水、城市环境综合整治”任务指标，作为推动各级政府落实环保责任的重要内容，形成了政府主导、部门参与、企业行动的环保工作责任新机制，各级政府和企业从“要我环保”的外部约束变为“我要环保”的自觉行动。

2006年省政府对退出全国大气环境质量倒数前三名的阳泉市政府给予了100万元的奖励，2007年对环境空气质量明显改善的长治、晋城等7个城市分别给予了200万元的重奖。省政府决定从2009年开始，对环境质量改善显著的市县分别给予50—300万元和200—1000万元奖励和环保能力建设资金;对区域环境空气质量排名后10位、退步幅度排名前10位的，予以通报批评，政府主要领导不得参与评奖、评优，连续两年或三年通报批评的，对政府主要负责人进行诫勉谈话，直至予以行政处分，进一步将环保奖惩制落到实处，环境保护工作取得较大进展。

三、环境污染防治取得积极成效

新中国成立60年，全省采取各项有效措施，狠抓了污染防治和节能减排工作。一是通过技术改造和推广清洁生产，淘汰了一批能源、资源消耗大、污染严重的工艺设备;二是对大气质量严重超标的地区，严格执行环境影响评价和“三同时”制度，新上建设项目不允许突破总量控制指标，全省大中型项目“三同时”执行率达到100%;三是加大了对造纸、化工、制药等重点行业的监察频次和污染治理力度，加快提高治理能力建设，对长期难以实现稳定达标排放的，实行限产或采取关停措施；四是严格行业准入，严格新（扩）建项目的审批，新（扩）建燃煤电厂，同步建设使用脱硫设施;五是继续推动产业结构调整，淘汰落后产能。2006年以来全省实施并全力推进“蓝天碧水”工程，对1115家企业实施“末位淘汰”，对4420家企业采取“三停”（停贷、停电、停运）措施，停贷金额23亿元，腾出焦炭运力3000余万吨，腾出电量10亿千瓦。对15个县（市）实行区域限批，对80多名责任人给予党纪政纪处分；六是积极开展整治违法排污企业保障群众健康环保专项行动，2008年开展的“区域集中整治”，20个重点县市共关停取缔辖区内违法排污企业或设施4237个（台)。工业“三废”治理成果初步显现，工业企业“三废”治理效率进一步提高，环境污染防治取得重大进展，主要表现在：

水环境恶化趋势被遏制。1995年监测的106个断面中，全省河流地面水污染以有机污染为主，90%以上断面有机污染超过国家水环境质量五类标准。2003年至2008年，全省地表水水质总体呈好转趋势。根据对全省地表水14项评价指标例行监测结果，2003年至2008年全省重度污染水质断面（劣Ⅴ类）比例呈明显下降趋势，2008年，劣Ⅴ类水质断面比例为58.3%，较2003年下降15.0个百分点;水质优良断面（Ⅰ—Ⅲ类）比例呈上升趋势，2008年Ⅰ—Ⅲ类水质断面比例达15.5%，较2003年上升10.7个百分点。特别是汾河水库出口，据监测，2008年与2003年相比，出口断面显著好转，由2003年的Ⅴ类提高到2008年的Ⅱ类水质。经过加强水污染防治工作，2008年全省9个国控省界河流断面中，8个提前达到国家“十一五”考核目标，水质恶化的趋势第一次被遏制。城市集中式生活饮用水源地水质状况改善，2008年监测的11个城市，共监测水源地24个，达标率为74.3%，其中大同等8个市达标率100%。

工业废水排放量减少，处理率大幅提高。1980年全省工业废水排放量41684万吨，工业废水处理率仅为10.57%;

2008 年全省工业废水排放量4.11亿吨，工业废水排放达标率达到85.6%。2008年，全省完成了县级以上饮用水水源地保护区划定工作和155个水源地保护区立标工作。开展了饮用水源地污染集中整治行动，关停取缔饮用水源地一级保护区内所有排污企业。新（扩）建灵丘县、介休市等27个城市污水处理厂，占已建成污水处理厂总数的44.3%，新增污水处理能力49.7万吨/日。全省累计建成投运61座城市污水处理厂，设计处理能力188.79万吨/日。全省共实施废水治理项目240个，竣工206个，新增废水处理能力31.60万吨/日。

汾河与海河流域污染治理工作稳步实施。海河流域是国家确定的重点治理流域。1996年以来，全省积极加快海河流域山西段的污染治理步伐，流域内的重点工业污染源通过治理和关停基本实现排污达标，工业污染物排放总量明显减少。汾河全长695千米，流经忻州、太原、吕梁、晋中、临汾和运城6个地市的27个县市区，流域面积占全省总面积的25.3%。汾河流域是山西省的重要政治、经济、文化中心区域，其生态环境恶化问题直接影响全省社会经济的发展。省政府为加快汾河的污染治理步伐，从1996年起每年增加2000万元污染治理专项资金，省政府下发了修订的《汾河流域水污染防治实施方案》，从1998年起开始实施第二阶段的汾河治理工作。2008年全省对汾河流域1437家工业企业进行全面排查，实施分类处置。其中对320家企业实施深度处理和中水回用，79家企业实施停产治理，71家企业予以关停淘汰，20家企业实施搬迁。

大气环境状况明显改善。1995年全省主要城镇大气污染属于总悬浮微粒和二氧化硫为主的煤烟型污染。2003年山西省大气环境质量居全国倒数第一，11个省辖市环境空气质量二级以上天数为1495天，平均136天，最少的阳泉市56天。临汾、阳泉、大同在全国113个重点城市空气质量考核中，位居全国污染严重的“黑三甲”。

2003年至2008年间，全省环境空气质量有明显改善，综合污染指数呈逐年下降趋势，2008年综合污染指数全省平均值比2003年下降61.9%。与2003年相比，11个省辖市环境空气综合污染指数下降幅度在31.3%～73.1%之间。为加强环境监管，山西省在全国最早实现所有县（市、区）建成空气质量自动监测站，建成全国第一家工业污染源自动监控系统，实现对470家重点工业企业的658个污染源实施全天候监控。2008年11个省辖市环境空气质量Ⅱ级以上天数累计达3679天，比2003年增加2184天，空气质量优良率达到90%以上。通过加大治污力度，部分大气污染物排放逐年减少，1981年全省二氧化硫排放量为34.23万吨，2008年全省二氧化硫排放量为130.84万吨，工业粉尘排放量由1998年的88.80万吨减少到2008年的45.21万吨。

2008年11个省辖市二级以上天数平均达334天，临汾、阳泉等8个省辖市空气质量首次达国家二级标准。与2003年相比，11个城市环境空气质量达国家二级以上标准的城市比例由2003年的“零”上升为2008年的72.7%，结束了有统计以来山西11个重点城市没有二级空气质量的历史。侯马等35个县（市）首次达到了环境空气质量二级标准，创历史最高水平。与国家考核的113个重点城市对比，2008年山西省有10个重点城市排名大幅前移，除大同外，全国倒数第35位以后已没有山西省重点城市，这在山西环保史上是一个标志性、历史性、里程碑式的跨越和突破。特别是2006年，阳泉市率先由全国倒数第2位前移至倒数第8位，率先摘掉了“黑帽子”。2007年，临汾市由倒数第1位前移至倒数第13位，大同市空气质量排位由倒数第4位前移至倒数第20位，至此，三个重污染城市全部摘掉了环境空气污染前四名的“黑帽子”。

工业固体废物利用率提高。1981年全省工业固体废物产生量为1644万吨，2008年全省工业固体废物产生量为16213.32万吨，工业固体废物综合利用率由1981年的10.8%，提高到2008年的56.83%，2008年，全省用于工业固体废物治理的投资为27641.1万元，新增工业固体废物处理能力1.36万吨/日。

主要污染物总量减排成效初现。从“十一五”时期，国家全面开展了对二氧化硫和化学需氧量两项主要污染物实施减排控制与考核。以2005年为基数，国家核定山西省的减排目标为：2010年二氧化硫下降到130.4万吨，减排21.2万吨，减排率14%;化学需氧量下降到33.6万吨，减排5.1万吨，减排率13%。2006年在全国二氧化硫和化学需氧量“只升不降”的情况下，山西省二氧化硫较上年净减排3.8万吨，化学需氧量排放量与上年持平，成为排放量未增长的省份。2007年全省开始把占全省二氧化硫排放总量60%的燃煤电厂作为“硬山头”来攻，全省二氧化硫和化学需氧量较上年净减排9.13万吨和1.28万吨。

2008年，省政府印发了《山西省节能减排综合性工作方案》、《关于做好山西省主要污染物排放总量减排考核工作的通知》，进一步明确了“十一五”时期主要污染物排放总量年度减排目标和各级政府减排责任。41台重点燃煤机组烟气脱硫项目提前完成，成为全国率先完成所有燃煤电厂烟气脱硫工程建设的省份。全省二氧化硫排放量130.84万吨,较2007年净减排量7.83万吨，减排率5.65%，较2005年累计减排率13.69%，累计完成“十一五”时期减排目标的97.8%;化学需氧量排放量35.88万吨，较2007年净减排量1.54万吨，减排率4.12%，较2005年累计减排率7.29%，累计完成“十一五”时期减排目标的55.3%。两项污染物均超额完成国家下达的年度减排任务，二氧化硫减排进度和减排量均名列全国前茅。

环保投入不断加大。新中国成立60年，环保投入的不断增加，确保了环境保护工作的顺利开展。1981年全省环境污染治理投资仅为2753万元。“十一五”时期前三年，全省环保投入累计达523.5亿元，占到整个“十一五”时期环保规划投资的65%，是“十五”期间环保总投入的2.3倍。这些资金主要用于电力、焦化、冶金、化工等重污染行业的大气、水污染治理，城市环境综合整治等污染治理设施建设和环保监管能力建设。2007年全省决定投资8.5亿元，在800多个企业、1112个废气排放口和549个废水排放口安装自动监控装置，初步形成了用数字化资源带动信息技术应用的环境监控新模式，实现了运用最新科技与环保的有效结合。

四、城市环境保护工作成绩显著

20世纪70年代初，全省城市环境保护的重点是开展工业锅炉改造和消烟除尘工作。1975年逐步开始对城市废气、废水、废渣进行全面治理，1979年开始从城市的规划入手，统筹安排，合理布局，对城市环境进行综合整治，在控制交通噪声、治理河道污染、发展城市煤气、推行集中供热、建立烟尘控制区、调整不合理工业布局等方面，解决了一些环境问题，取得明显成效。2007年全省新建项目配套环保设施及城市集中供热、城市污水、垃圾处理等基础设施建设投入预计达50亿元。2008年全省全力推进6个重点区域20个重点县市环境集中整治，整顿期间共关闭企业1798户，关闭污染严重的设施2329台（套），责令995户企业停产整顿，357户企业补办手续，88个违法项目停止建设，1723户违法企业被断水断电，执行行政处罚814.17万元。使20个重点县环境质量得到进一步改善，整治区域内环境空气质量二级以上天数同比增长49%。

全省11个省辖市和大运路及汾河流域的32个县（市）城镇环境基础设施建设及管理取得长足进展，有10项指标提前完成“十一五”时期蓝天碧水工程建设目标。推进城市集中供热供气、危固废和污水处理工程建设，到2008年底，“蓝天碧水”工程范围内11个重点城市、32个县（市）新增污水处理能力4753.68万吨，平均污水处理率达到47.2%，比2007年增加13.7个百分点;新增集中供热面积4545.38万平方米，平均集中供热率达到63.17%，比2007年增加14.77个百分点;新增垃圾无害化处理能力81.37万吨，平均垃圾无害化处理率达到20.99%，比2007年增加12.22个百分点；平均气化率达到76.87%，比2007年增加9.36个百分点;新增烟尘控制区面积124.9平方公里，平均烟控区覆盖率达到87.6%，比2007年增加21.75个百分点;新增绿化覆盖面积135.9平方公里，平均绿化覆盖率达到33.78%，比2007年增加3.95个百分点。太原建成国内最大的垃圾焚烧发电厂，年处理能力达33.3万吨。全省5个市的医疗废物处理设施已争取到国家投资，正在筹备建设。全省唯一的危险废物处置设施建设项目也已确定了项目业主。开展了城市生态恢复与综合治理工作。阳泉市重点治理矸石山1500亩，复垦造地2000亩，到2008年底全市矸石山将得到全部治理。

2007年全省启动实施生态环境补偿机制，土壤污染状况调查已开始采样分析。新农村创建工作取得突破，山西省被国家环保总局确定为“全国生态省建设试点”。创建省级环境优美乡镇22个，省级生态文明村101个。

五、自然生态环境得到改善

新中国成立60年，生态环境建设已成为环境保护重点工作之一，包括水土保持、流域治理、植树种草、防治沙漠化、生态农业建设、天然林保护工程等内容已纳入全省国民经济与社会发展计划实施，积极开展水土流失综合治理，自然生态环境得到一定程度的改善。

人工造林成效显著，森林资源增加。全省开展了天然林资源保护工程、退耕还林工程、“三北”（东北、华北、西北）防护林体系建设工程、京津风沙源治理工程等。通过确立以生态建设为主的林业发展指导方针，加强森林资源管理，启动森林生态效益补偿制度，森林面积和森林蓄积量迅速增加，森林质量趋于提高，实现了由持续下降到逐步上升的历史性转折。2008年，全省退耕还林（草）工程完成面积6.04万公顷，其中荒山荒地造林4.04万公顷。全省森林覆盖率达到14.12%。

土地荒漠化和沙化趋势得到抑制。山西将防止土地荒漠化、沙化作为改善生态环境，拓展生存和发展空间，促进经济社会协调和可持续发展的战略举措，实施黄土高原地区水土保持淤地坝等一批防沙治沙重点专项工程，水土保持生态建设进入建设规模最大、速度最快的时期，使荒漠化和沙化土地面积同时出现净减少，荒漠化和沙化趋势得到抑制。

自然保护区建设成效显著。山西坚持把建立自然保护区作为保护生态环境的重要措施，到2008年全省共建设汾河源头、沁河源头2个生态功能保护区，自然保护区累计达到46个，比1980年增加44个，其中有5个国家级自然保护区，保护区面积达114万公顷，占全省国土面积的7.30%，基本形成了种类齐全，分布较为合理的自然保护区网络，较好的保护了珍贵的物种资源;地形、地貌、气候、土壤的复杂多样性造就了山西省生物种类的多样性，全省现有维管类植物2731种，占全国维管类植物的9.1%，陆栖动物共439种，占全国的19.09%。

湿地生态功能得到恢复。出台了《关于加强湿地保护管理工作的通知》，对全省天然湿地的保护、开发与利用进行了严格的规定。一批重要湿地面积得到稳定和扩展，生态功能得到恢复和改善。全省湿地总面积达到50万公顷，占到全省国土总面积的3.19%。

新中国成立60年，山西在环境保护方面虽然取得了一些成绩，但是由于环境污染历史欠账太多，全省的环境状况还没有进入良性循环，当前正处在环境保护与经济发展的战略转型期。从污染减排来看，一方面出现“拐点”难，巩固“拐点”、实现减排目标更难。另一方面，由于利益冲动和经济快速发展，污染减排“拐点”可能出现反弹。为此，走在转型之路上，建设资源节约型、环境友好型社会，实现生态文明建设的目标，对山西而言仍然是任重而道远。

根据山西环境现状、发展特征等实际情况，站在新的历史起点上，全省的环境保护工作应着眼长远、把握当前，以科学的发展观和生态文明的理念，在经济结构、产业布局、合理区域功能定位的高层面上，统筹考虑、综合决策。通过追求经济结构、产业结构的平衡，经济活动对环境影响与环境承载能力的平衡，实现人与自然的和谐，环境质量的改善，人居环境的优美。具体而言应做好以下几方面的工作：

1. 加大攻坚克难力度，实现污染减排目标。认真落实节能减排综合性工作方案，打好污染减排攻坚战，确保污染减排取得重大进展。

2. 深化城市、农村环境保护，努力改善区域质量。将能源、重工业产业与人居区域分开布局，以人居环境为主导功能定位，实现以人为本，环保优先;对重污染的企业、车间或生产设施，实行关小、搬大、堵进的政策，加大投入，进行生活污水、垃圾的处理，发展集中供热、供气，增加绿地和景观水域，建设优美的人工环境，并大力发展无污染产业;编制实施规划为龙头开展农村环境综合整治，因地制宜地推进村镇生活污水和垃圾处理。加强农村工业污染防治，严控重污染企业和落后产能向农村落后地区转移。

3. 依靠科技进步和创新，实现资源节约和环境保护。开发和推广节约、替代、循环利用的先进适用技术，全面提高能源资源的利用效率。大力发展清洁能源和可再生资源改善能源结构，依法淘汰落后的生产力。

4. 建立正确的经济、社会、环保考评体系，发挥正确的导向作用。按照科学发展、优化结构、改善民生、改善环境、增加地方收益的思路，制定考核指标体系，引导、推动山西的产业结构得到良性调整，环境得到改善。

旅游业迅速发展壮大

曹进伟

山西是中华民族古文化的发祥地之一，旅游资源可谓得天独厚。丰富的人文景观、自然景观、民俗旅游以及新型的工业、农业旅游资源等，构成了山西独具魅力的资源优势。新中国成立初期，山西旅游业是以非经济的影响为人所注目的，而后则逐步以其经济影响引起人们的关注，并以发展势头最强劲的产业令人所瞩目。特别是改革开放以来，全省旅游业蓬勃发展，为发展经济、繁荣社会做出了贡献。旅游业经过60年的发展，其经济规模、发展势头已成为全省国民经济中最具发展活力的行业之一，并已逐步成为新兴的支柱产业。

一、旅游业发展历程回顾

（一）旅游业萌芽时期

新中国成立初期，中国的国民经济迅速恢复和发展，国际威望也与日俱增，有许多外国人士想来看看中国的新面貌，广大海外侨胞、外籍华人也想回国探亲访友。为此，创办旅行社、开办旅行业务，很快就被提到国家对外事务的议事日程上来。当时主要任务是接待社会主义国家友好人士与援华工程技术人员及家属，接待工作纯属为政治服务，旅游业务实际上并未真正展开。

1959年山西成立了新中国经营国际旅游业务的第一家国际旅游接待部门——中国国际旅行社太原分社，负责接待访华外宾的食、住、行、游等事务。

1966年“文化大革命”开始，使刚刚成长起来的山西旅游业受到了严重的干扰和破坏，接待人数急剧下降，旅游业同全国各地一样处于瘫痪状态，影响了旅游业的快速发展。

1974年成立了山西省中国旅行社和山西省华侨旅行社与国旅太原分社，并合署办公，统一领导和协调全国华侨、港澳同胞探亲旅游接待服务。

真正意义上的山西旅游业是党的十一届三中全会以后发展起来的。1977年太原、大同对外开放，大同以其独特的资源优势一跃成为全国的十大旅游热点城市之一。1978年全省接待游客1万多人次。

（二）旅游业孕育时期

1979年至1985年是全省旅游业的孕育期。随着改革开放政策的实施和全社会对旅游业认识的不断提高，山西国际旅游业步入发展轨道，国内旅游业开始兴起。主要表现特征为：旅游业的接待、创汇所带来的经济、社会效益逐渐引起政府和社会各方面的重视，对旅游业的投入开始启动；全省各级旅游接待、旅游管理机构、旅游企业相继建立，为全省旅游业发展创造了条件；国际旅游接待仍被视为外事工作的一部分，游客几乎全是外国人、华侨和港澳同胞，旅游收入主要是国际旅游外汇收入；旅游业发展尚缺乏规划，旅游资源开发利用层次低、规模小，还未能体现旅游产业投入产出的特点；旅游体制正在改革中，旅游业仍呈现出接待事业型的特征，旅游景点大都处于控制开放和不开放状态；旅游经济活动，政府行为十分突出，还没有发展为政府主导、全社会参与并投入、开发的社会经济活动。据统计，1979年至1985年，全省旅游接待人数由1.1万人次上升至3.6万人次。

（三）旅游业形成时期

1986年至1995年是山西旅游业由接待事业向旅游产业过渡时期。主要表现特征为：旅游产业要素市场开始建立，旅游市场开拓工作日益加快，经营体系初步形成，资源开发逐步升温；旅游景点相继对外开放，旅游企业逐年增加和扩大，旅游业初具规模，逐步形成以大同、五台山、太原、临汾为重点的国际、国内旅游业同步发展的格局；旅游经济活动，政府行为仍然十分突出，但是全社会积极参与、兴办旅游业的热潮开始兴起，发展旅游业作为一种社会经济活动开始步入快车道。据统计，1995年接待海外游客7.1万人次,比1985年增长82%，年均增长7.6%；接待国内游客977万人次，比1985年增长1.7倍，年均增长10.5%。

（四）旅游业起步发展时期

1995年至2000年，山西旅游产业进入发展时期。这一阶段，省委、省政府在制定全省国民经济和社会发展长期战略中，明确做出大力发展旅游业，把旅游业列为后续支柱产业的重大决策，国际、国内旅游业发展速度明显加快。主要表现特征为：旅游业发展环境明显改善，资源开发速度加快，产业规模逐渐壮大，一批新的适应国内外旅游者需求的旅游产品线路、项目不断推出；旅游产品开始向高级化、营销市场化进展，旅游宣传力度不断加大，全社会兴办旅游、推动旅游大发展的高潮逐渐形成；国际、国内客源市场得到有效拓展，国内旅游客源市场拓展到全国各省、自治区、直辖市，出国旅游市场仍在形成中，本省居民出国旅游人数成倍增长，全省初步形成了入境、出境、国内旅游同步发展的格局。据统计，1995年至2000年全省旅游创汇收入年均递增19.3%,国内旅游收入年均递增38.8%，全省旅游总收入每年以20%以上速度递增，在全省GDP中的比重由1995年的1.5%增加到2000年的4.4%。

（五）旅游业快速发展时期

2000年至今，是山西旅游产业快速发展时期。全省旅游业以科学发展观为指导，紧紧抓住国家实施中部崛起的战略机遇，按照产业自身规律谋划旅游发展，制定并实施了“三个转变”、“六项调整”战略，概括提出了“华夏古文明，山西好风光”旅游整体形象，走“规划为纲、市场为先、线路为形，文化为魂”的产业发展路子。主要表现特征为：旅游业发展环境逐步改善，产业规模不断扩张，旅游经济质量明显提高；旅游生产力水平不断提高，全省旅游接待体系日益完善，旅游业发展进入最快、最好的时期，海外旅游，国内旅游，出境旅游三大市场快速发展，旅游市场接待人数快速增长，为加快“十一五”旅游业发展奠定了良好基础。据统计，“十五”期间全省共接待海外旅游者127.9万人次，年平均增长20.6%；接待国内旅游者23484万人次，年平均增长17.6%。“十五”期间国际旅游累计创汇3.6亿美元，比“九五”时期增长63.6%，年平均增长18.1%，国内旅游收入789.2亿元，年平均增长29.6%。2008年全省共接待海外旅游者93.9万人次，比2005年增长1.2倍，年平均增长30.1%；接待国内旅游者9383.3万人次，比2005年增长43.4%，年平均增长12.7%。国际旅游累计创汇3亿美元，比2005年增长1.5倍，年平均增长35.8%；国内旅游收入721.3亿元，比2005年增长1.6倍，年平均增长36.8%。

二、旅游业发展成就

新中国成立60年来，山西旅游业发展从无到有，从小到大，到目前已步入了一个稳步、健康、快速发展的轨道，产业形象日益鲜明，产业规模不断壮大。山西旅游业发展虽起步较晚，但发展成就令人瞩目，旅游业在国民经济中发展的地位和作用越来越显得重要。目前旅游业已成为全省国民经济中发展最快、最具活力的新兴支柱产业，旅游业发展实现了历史性的跨越。

（一）旅游基础设施建设取得重大突破

随着改革开放的不断深入，旅游投入力度不断加大，旅游基础设施建设扎实推进，为旅游业发展奠定了基础。到2008年连接周边客源市场的京大、大运、邯长、晋焦、运三高速公路全线贯通，形成了以省会太原为中心的3小时旅游圈，干线公路到景区连接段基本通畅，全省主要旅游城市和重点景区均在京、津、冀、豫、陕等省5小时车程范围。太原机场升格为国际机场，大同机场、运城机场、长治机场相继投入使用。国内外航线可直通全国38个大城市和香港地区，包机国际航线不断增多，这些都大大增强了本省旅游的可进出性。在旅游资源开发方面，据统计，仅“十五”期间，全省用于旅游基础设施建设和旅游资源开发投资达69.64亿元，比“九五”期间增长5倍之多，重点景区基础设施条件明显改善。到目前全省共有世界遗产3处，A级以上旅游景区68家，其中5A级景区2家，4A级景区31家。有6家景区列入国家级“红色旅游经典景区”。

（二）旅游产业规模不断发展壮大

改革开放以来，随着旅游业的快速发展，山西旅游产业体系逐渐完善，产业发展逐步走向了规模化、规范化的发展道路，呈现出全方位、多元化的格局。截至目前，全省旅游产业共有各类旅游经营单位6790个。其中，旅游景区632处，列入国家级旅游线路和景区20余处，各类旅游接待设施3998个（含宾馆、饭店、招待所、度假村等），星级饭店335家（五星级7家、四星级52家、三星级121家）。旅游餐饮单位368个，旅行社712家（国际社52家、国内社660家）。旅游运输单位52家，旅游生产销售单位164个，旅游娱乐单位724家。全省共有持证导游14854人，初步形成了一支高、中、初级结合的职工队伍和要素市场基本配套的产业体系。

（三）旅游支柱产业的地位进一步得到强化

新中国成立60年来，随着全省国民经济持续健康发展，旅游生产力水平不断提高，旅游产业体系逐渐完善，海外、国内、出境三大旅游市场实现了快速发展，旅游对经济和社会的贡献日益增强。

1. 海外旅游接待实现了跨越式发展。入境旅游人数从1978年的1.1万人次增加到2008年的93.9万人次，增长85.4

倍，年均递增16.0%；旅游外汇收入从1978年的88.8万美元增加到2008年的30065万美元，增长338.6倍，年均递增21.4%。

2. 国内旅游发展突飞猛进。国内旅游起步晚、成长快，到2008年全省国内旅游人数达9383.8万人次，比1984年的300万人次，增长31.3倍,年均递增15.4%；国内旅游收入实现721.3亿元人民币，比1984年的0.3亿元，增长2404.3倍，年均递增38.3%。

3. 出境旅游稳步发展。从改革开放以来到现在，经国务院批准的中国公民出国旅游目的地国家和地区达到109个，已经实施了69个。全省公民自费出国旅游人数由2000年末的7279人次增长到2008年的70091人次，年均递增32.7%。

4. 旅游经济得到长足进展。到2008年，全省旅游总收入达739.3亿元人民币，比1985年的0.48亿元，增长了1540.2倍, 年均递增37.6%，相当于全省GDP的10.7%。比2000年的4.4%,提高了4.9个百分点。

5. 旅游业对社会就业的带动作用更加显著。旅游业对促进就业有着特殊作用，发展旅游对促进就业的贡献成为旅游对经济社会发展的最重要的作用之一。到2007年末，全省旅游直接从业人员114.6万人，比1985年增长59.3倍，年均递增19.5%。

6. "黄金周"假日旅游蓬勃发展。从2000年"十一"推行假日旅游"黄金周"以来，每年的"黄金周"全省旅游接待、收入约占到了全年接待、收入的20%。从2000年到2008年，"黄金周"旅游人数由120万人次快速攀升至2008年的1690.8万人次，年均递增39.2%。

三、旅游业发展的主要经验

新中国成立60年来，山西旅游业保持了较高的增长速度，取得了令人瞩目的成就。主要经验有：

（一）坚持以改革开放统揽旅游业发展全局

改革开放之初，旅游业是开放最早、吸引外资较多的行业之一，改革开放使旅游业走上稳步、健康、快速的发展道路，山西旅游业壮大了规模、增强了实力。

（二）坚持政府主导型旅游发展模式

新中国成立以来，旅游业在省委、省政府的直接关怀下迅速起步。十六大以来，旅游业步入发展的快车道，这关键得益于省委、省政府的高度重视，把旅游产业确定为支柱产业，举全省之力加以培育和推动，形成了政府主导、部门联动、市场运作、全社会参与的发展格局。

（三）坚持国家、地方、部门、集体、个体，利用外资、市场融资一起上的方针

加快旅游景区开发建设的速度，就旅游业整体而言是高投入、高产出的产业，开发建设需要大量资金投入，打基础的初创阶段更是如此。由于我省经济相对滞后，财政收入有限，不可能拿出太多的钱来办旅游，所以就必须坚持"五个一起上"，发动社会办旅游的方针，国家和省里的旅游投资主要集中在各类基础设施的建设，而旅游景区、景点和旅游企业的开发建设则主要靠社会力量。

（四）强化市场观念，加强市场研究，努力增强市场促销的计划性、主动性和针对性

多年来，山西在旅游工作实践中逐渐认识到宣传促销对旅游业发展的极端重要性，并在资金投入、队伍建设、研究策划上不断强化，取得了明显成效。国际、国内客源市场初步形成重点突出、梯次跟进的开发格局，省内旅游外向性、时效性增强，重点产品知名度逐步提高，旅游宣传品不断向多品种、高档次发展。

（五）坚持可持续发展的原则

我省旅游业发展始终坚持把环境和资源看作是自身发展的生命线，强调经济效益、社会效益和环境效益并重，大力倡导和推广生态旅游、绿色旅游，建立完善符合可持续发展要求的绿色产品标准、服务标准和管理标准，推动旅游业向资源节约型、环境友好型产业发展。

（六）坚持加强行业管理力度，不断提高旅游业发展整体水平

改革开放30年，我省陆续制定出台了《山西省旅游管理条例》、《山西省旅游涉外饭店管理规定》、《山西省旅行社管理条例》等一系列法规制度，对规范市场，强化管理起到了有效作用。随着旅游业规模扩大和产业升级，市场管理、行业管理的任务会日益加重，综合运用行政的、经济的、法律的手段，进一步提高行业管理水平，是我省旅游业应坚持不懈解决的长期工作任务。

四、旅游业发展面临的机遇与优势

新中国成立60年，山西旅游业发展取得了巨大成绩，今后随着经济、社会的可持续发展，旅游业将有更广阔的发展空间和新的发展机遇。

（一）持续增长和不断升级的旅游需求，为山西旅游发展和创新突破提供坚实的市场支撑

近年来，山西经济保持了强劲发展势头（GDP增长率8%以上），人均年收入已达2000美元，进入新一轮旅游消费高峰，成为消费升级主要导向行业之一。旅游消费结构变化趋势也有利于山西旅游的创新突破。旅游的深度发展，从观光向休闲度假和文化娱乐体验升级，自驾车旅游、避暑旅游、商务会展旅游、工农业旅游等的兴起，为山西旅游的创新突破创造了空间。

（二）国家重大战略倾斜，给山西旅游发展带来了巨大机遇

近年来，国家实施中部崛起战略，山西作为该区域核心部分，这一战略将给三晋黄河旅游精品线开发带来直接机遇。国务院将山西列为煤炭经济转型试点省，将太行山区和沿黄地区比照西部开发政策，也给山西旅游开发带来重大机遇。旅游业被列为全省"转型、跨越、崛起"的支柱产业之一，科学发展观进一步彰显了旅游产业的地位，成为山西转变发展方式，扩大对外开放，调整产业结构的

重要选择。

（三）全省经济的快速增长与基础设施条件的改善为旅游业实现跨越式发展提供有力的支撑

近年来，随着山西各级财政收入的增加、社会资金的充盈为扩大旅游投资形成了基础条件。交通、通讯、城市建设等基础设施条件的改善提供了旅游发展平台。全省加快新型工业化和特色城镇化建设进程，经济社会发展速度和发展质量将提高到一个新的水平，这些都会从实质上提高旅游产品的市场吸引力，为旅游产业升级和目的地建设奠定基础。

（四）周边区域旅游发展趋势总体上有利于山西拓展旅游市场

周边河南、陕西、内蒙古、河北、北京等地旅游业发展都比较快，有利于整体提升这一区域的价值。旅游区域合作的趋势，有利于山西与周边地区联合开发旅游资源，拓展发展空间。

（五）国家重视文化产业的发展和文物保护工作，为山西文化旅游创造了条件和机遇

国家文化复兴战略的实施，使中华文明的形象更加鲜明突出，对各国游客的吸引力不断加强，作为文化旅游资源大省，山西旅游产品也从中得到整合提升，为产业发展增添了无形力量。

五、旅游业发展前景展望

展望未来，山西旅游业面临难得的历史机遇。随着对外扩大开放的不断深入和经济发展、人民生活水平的进一步提高，山西省委、省政府制定的“转型、跨越、崛起”战略的逐步实施，旅游业作为支柱产业之一，将有着广阔的发展前景，全省旅游业将进入起飞和跨越发展的新阶段。

（一）旅游人数将继续快速增长

随着人们收入的增加和对生活质量不断提高的要求，山西省旅游接待人数将持续增长，并维持高速态势。“十一五”期间，全省经济发展水平人均GDP为2000美元左右，根据国际经验，这一时期的文化旅游消费支出不仅总量稳步增长，而且文化旅游消费占消费总量的比重将明显提高。加之省内旅游资源的快速增长，只要做好旅游形象定位及宣传促销工作，来晋旅游人数将成倍增长。

（二）旅游市场结构将有新变化

国家新的放假办法和带薪休假制度的实施，为居民旅游休闲提供了更大的选择余地，有利于缓解短期的结构性供需矛盾，减少对资源和环境的压力，从而有利于旅游产业的均衡协调发展。由于新的放假办法中上半年假日多于下半年，短假时间增多，因此预计国内旅游上半年长线游客减少、短线游客增加，城市周边旅游将大量增加，而下半年长线游客增加。出境旅游总量将继续增长。

（三）旅游业的服务设施和配套措施将日趋完善

随着省委、省政府对旅游业投入力度的不断加大，旅游业内部管理机制的不断创新，旅行社、饭店的数量在逐步增加的同时，将更注重内部管理和服务质量的提高。旅游业服务设施和配套措施的不断完善，提高游客的旅行质量，将更多地吸引海外游客。

（四）旅游消费结构将呈现多元化的状态

当前山西旅游消费的结构中食住行的比重较大，达75—85%，游购娱占15—25%。旅游业发达地区，旅游消费中游览购物娱乐支出占60%。随着旅游产品生产开发的多样化、系列化和旅游配套设施投资结构的进一步改观，今后全省旅游消费结构中游购娱的比重将进一步上升。

（五）旅游方式将由单一化向多样化发展

随着人们生活内容的多样化，同样要求旅游内容的多样化，人们要体验更多的美好经历，初级的游山玩水不能满足人们的需要，专题和特种形式的旅游会日益增加，享受性和游乐性的旅游内容会大大增强，传统观光旅游会继续发展，度假休闲旅游及自驾车、科考、探险、体育、文化和健康旅游等会明显上升，许多旅游新业态将快速发展。

（六）旅游业对国民经济和社会的贡献将全面显现

旅游业是一个关联带动作用很强的产业。随着山西旅游业的快速发展，旅游业在第三产业中将会有举足轻重的地位，对全省经济发展起着巨大的促进作用，旅游业在拉动内需、促进相关行业的发展、促进农村和贫困地区经济发展、促进和谐社会的建设等方面，会产生更加积极的作用。

六、旅游业发展的战略思考

新中国成立60年来，山西旅游业取得了巨大成就，但是由于起步晚，基础差，底子薄，旅游业正处在产业积累向产业发展的转型期，仍然存在旅游产业素质比较低，旅游产业投资不足，旅游业发展环境不佳，发展旅游业的观念与市场接轨不够，产业处于小规模、低层次的发展阶段，基础薄弱等问题。旅游业的发展与丰富的旅游资源和区位优势还很不相称。

目前，山西旅游产业机遇和挑战并存。随着国家刺激内需拉动经济增长决策的实施，京太高速铁路、大运高速铁路的开通，全省旅游交通将会大大改观，火车票一票难求的状况将会得到初步解决。随着经济危机的影响逐步减弱，居民消费信心将逐步回升，全省旅游产业发展也会带来新的机遇。今后应正视问题，发挥优势，创新理念，抓住机遇，加速旅游项目和精品名牌建设的重大突破，实现旅游资源大省向旅游经济大省的历史跨越。

（一）实施政府主导战略，夯实旅游支柱产业发展基础

一是加快旅游服务要素支撑体系建设。进一步加快高星级旅游饭店建设工作，培育有较强竞争力的龙头旅行社集团。二是进一步发展交通配套服务,完善道路标示、旅游标示，合理规划建设配套的加油站、停车场、修理、冲洗等综合配套服务。三是大力拓展旅游信息服务，形成省、市、县和主要旅游景区分层管理、相互补充的旅游咨询服

务系统。四是加快旅游投资体系建设。建立省旅游产业发展资金，积极向资本市场和金融市场融资，充分利用民营和社会资金，引导省内外、国内外的各类投资主体投资山西旅游业。五是加强旅游诚信体系建设。以法规建设为重点，加强行业管理，抓好旅游安全，规范旅游市场秩序，塑造“诚信山西”、“安全山西”的旅游形象。

（二）实施精品战略，提高山西旅游核心竞争力

提高旅游产业发展的核心竞争力，充分挖掘旅游资源的文化内涵，用文化品牌提升旅游产品层次，使旅游精品不断推陈出新，进一步增强旅游产业的发展后劲。

（三）实施市场开拓战略，塑造旅游新形象

继续完善“华夏古文明，山西好风光”为主体的山西旅游形象体系。一方面大力发展入境旅游，努力发展高端客人，进一步转变客源结构和消费结构。另一方面，深化发展国内旅游，加快自然观光和休闲度假旅游产品建设，积极倡导“山西人游山西”活动。做到以省内游激励市场，以入省游扩大市场，以入境游提升市场。加强旅游区域合作，促进山西与沿黄协作带、环渤海、中部省份的旅游业大合作，大发展。

（四）实施体制机制创新战略，不断激发旅游产业生机和活力

积极推进旅游管理体制改革。建设统一、开放、竞争、有序的现代旅游市场体系，推进旅游企业运营机制改革。深入落实《山西省促进旅游产业发展条例》，营造公开公平的市场竞争环境。加强与境内外旅行社双向合作，形成互为旅游目的地，入境游和出境游协调发展的双赢局面。

（五）实施人才战略，为建设旅游经济强省提供人才保证

加强导游业务培训，推行导游等级考试，优化导游队伍结构，加快培养外语导游人才，培养一支有较高专业水平、各语种相配套的导游队伍。培养一批旅游经理人才和企业家，搭建旅游经理人才和企业家成长的平台。加强旅游人才市场建设，健全人才市场网络，创建有利于各类人才脱颖而出的创业环境，培育好我省旅游产业大军。

努力实现文化资源大省向文化强省的跨越

——对山西60年来文化建设的回顾与思考

杜学文

对山西60年来的文化建设进行总体性回顾是一件非常有意义的事情。在举国上下都在为新中国成立60周年进行庆祝的时刻，我们有责任对山西的文化建设进行梳理和总结，以进一步推动我们的事业。如果要对山西60年来的文化建设作一个简单评价的话，我认为，山西的文化建设是与共和国的发展同步的。在这里，既可以看到共和国成长、进步的历史轨迹，也可以从中展示出时代的发展与变化。山西的文化发展，与共和国同命运。

一、60年来山西文化建设的成就及其精神品格

1949年，《人民文学》的创刊标志着共和国新文学的起步。而在《人民文学》创刊号上，山西籍作家马烽的中篇小说《村仇》的发表，生动地说明山西的文艺工作者与共和国的命运息息相关。1949年10月1日，山西诗人高沐鸿在自己的诗中写到：说不尽欢喜，/说不尽兴奋：/中华人民共和国今天诞生！/他的母亲是伟大的。/他就是勤劳勇敢的———四万万七千万中国人民！山西的文化工作者以自己发自内心的歌唱庆祝古老中华的新生，并用自己的才智和心声投入到新中国的建设之中。60年来，这样的责任和使命从未懈怠，从未消隐。如果给山西的文化建设分期的话，可以简单地分为改革开放前30年和后30年这样两个时期。

新中国成立前17年是山西文化建设高歌猛进的时期。其表现主要有这样两个方面。一是涌现出一大批突出的人才，二是出现了一大批优秀的作品。除高沐鸿、冈夫、李束为、郑笃，以及丁果仙、牛桂英、郭凤英、冀美莲等在山西的作家艺术家外，上世纪50年代后，一批在中国文化艺术界产生了重要影响的人物先后回到了山西。如赵树理、力群、马烽、西戎、孙谦、胡正等；同时，王爱爱、田桂兰、冀平、马玉楼等艺术家和焦祖尧、韩文洲、李逸民、义夫、杨茂林、刘德怀等作家，以及被誉为“山西文坛五女杰”的霞裳、郁波、杏绵、青稞、颜颖等女作家群成长起来，构成了山西文艺界蔚为壮观的景象。长篇小说《三里湾》、《汾水长流》，短篇小说《登记》、《我的第一个上级》、《太阳刚刚出山》、《宋老大进城》、《赖大嫂》、《老长工》，电影《我们村里的年轻人》、《扑不灭的火焰》、《陕北牧歌》、《葡萄熟了的时候》，新编传统剧《打金枝》、

《金水桥》、《算粮》、《小宴》等，以及被拍成了戏曲电影的《窦娥冤》、《三关排宴》、《打金枝》、《涧水东流》、《一颗红心》等构成了山西文化建设异彩纷呈的动人景观。这一时期的创作，主要是表现新中国成立后人民群众爆发出的建设热情和对党、对社会主义的热爱之情。同时，也涉及到了现实生活中存在的矛盾和问题。总的情调是昂扬向上的，充满了激情和希望的。

“文革”前后的十几年间，山西的文化建设进入徘徊期。队伍解散，作家艺术家下放，有的住进了牛棚接受改造，赵树理等被迫害致死。但是，山西文心不死，薪火仍存。一批有志青年开始了自己的创作。如诗人食指等成为地下诗人的代表。还有一批在山西插队的知识青年与下放在山西的丛维熙等作家秘密来往，开始学习创作，有的还发表了作品。特别需要提及的是，反映农村建设的晋剧《三上桃峰》被江青等“四人帮”批判，诬为为刘少奇唱赞歌的“毒草”，惨遭诛杀，参与者受到了牵连。总的来看，这一阶段，正常的创作秩序被打乱，文化工作者受到了不公正的对待，山西的文化事业处于低潮。

对时代变化最敏感反应也最快的仍然是文学。1978年，震惊全国的天安门广场诗歌事件被平反，一个新的历史时期来临。诗人文武斌在自己的诗中写到：春来了！来了——来了——/来得这样突然这样快；/春来了！来了——来了——/来得如此威风如此气派。/蜇居的心儿简直不敢相信：/今天，就是她日日夜夜的期待！伴随着诗人发自内心的吟唱，山西的文化建设掀开了崭新的一页。当年，以马烽在《山西日报》发表短篇小说《有准备的发言》和《无准备的行动》为标志，山西的文艺创作重新进入了一个百花争艳、万紫千红的历史阶段。从最早的对极左路线的批判、控诉，到对改革开放的呼唤、呐喊，到对民族文化的审视、追寻，到对社会主义现代化建设的歌颂，以及对发展进程中消极、落后现象的揭露、批评，山西的文艺创作坚持了正确的方向，表现了时代的精神，并在艺术探索中进行了积极的努力。

文学创作是山西文化建设中收获最丰的领域。《顶凌下种》、《镢柄韩宝山》、《结婚现场会》、《在住招待所的日子里》、《祭妻》等是上世纪70年代末、80年代初涌现出来的对“文革”十年来错误路线、极左思潮进行批判和反思的优秀作品。这种批判意识在山西作家中一直延续下来，强化了直面现实、弘扬正气、为民代言的品格。之后，又有《黑雪》、《天网》、《抉择》、《跑官》等具有强烈批判意识的作品面世。《三千万》、《新星》、《夜与昼》、《跋涉者》、《柳大翠一家的故事》等是最早呼唤改革的小说。之后，《国家干部》、《特别提款权》、《股票市场的迷走神经》、《金融家》、《乡村豪门》、《城市英雄》、《归来》、《上面》等一大批反映现代化建设的优秀作品涌现出来。在表现现实生活的同时，山西作家也有相当一部分人从历史文化的角度对我们民族的发展进步进行思考。较早的有《远村》、《老井》、《在九曲十八弯的山凹里》、《仇犹遗风录》系列，《厚土》系列，《温家窑风景》系列，一直到稍后的《世界正年轻》、《白银谷》、《茶道青红》、《旧址》、《栎树的囚徒》、《心爱的树》、《地气》、《喊山》以及《太平风物——农具系列》等都产生了重要的影响。报告文学也呈现出繁荣的景象。其中，《中国的要害》、《强国梦》、《革命百里洲》、《晋人援蜀记》、《西部在移民》、《昨天》、《黄河落天走山西》、《大运亨通》、《丰收不在田野》、《文字狱纪实》等反响巨大。同时，山西的散文、诗歌创作也多有优秀之作。山西的文艺批评也极为活跃。

影视创作是山西文化建设的重镇。在电影领域，《泪痕》是最早对极左路线进行批判和反思的作品，上映后产生了巨大的轰动效应。而《知音》虽然说的是蔡锷等反对帝制复辟的重大主题，但电影以蔡锷和小凤仙的爱情故事为重要线索，在重大题材中融入了传奇色彩、爱情故事、武装行动，以及类似于斗智斗勇的谍战情节，是最早在电影中注入娱乐因素的故事片，可以说是开内地电影娱乐化的先声之作。之后，山西的电影以密切关注现实生活为主，先后创作和拍摄了《咱们的退伍兵》、《黄土地上的婆姨们》、《山村锣鼓》、《神行太保》、《元帅的思念》、《刘胡兰》等。进入新世纪以来，山西的电影创作进入新的辉煌期。先后拍摄了《明天我爱你》、《声震长空》、《暖春》、《暖情》、《二十五个孩子一个爹》、《夜袭》、《生死托付》《江北好人》、《剃头匠》、《黄河喜事》等大量的电影作品。

1980年，山西电视台拍摄了第一部电视剧《祝你们幸福》。之后，山西的电视剧创作风起云涌，佳作不断。比较突出的有以下几个方面。一是革命历史题材电视剧。从1985年的《上党战役》以来，陆续拍摄了《尹灵芝》、《大敌当前》、《忻口战役》、《百团大战》、《毛泽东过山西》、《刘胡兰》等。二是纪实题材短篇电视剧，如《太阳从这里升起》、《有这样一个民警》《好人燕居谦》、《沟里人》等。三是表现现实生活的长篇电视连续剧，如《新星》、《葛掌柜》、《阿霞》、《黑金地的女人》、《郭兰英》、《赵树理》、《喜耕田的故事》等。四是历史题材的长篇电视连续剧，如《杨家将》、《昌晋源票号》、《一代廉吏于成龙》、《八路军》《乔家大院》、《走西口》、《吕梁英雄传》等。

舞台艺术作品呈现出异彩纷呈的繁荣局面。改编传统戏《挂画》、《苏三起解》、《教子》，新编历史剧《杨儒春秋》、《桐叶记》、《范进中举》、《大脚皇后》、《边城罢剑》、《傅山进京》、《走西口》等都产生了积极的影响。新创剧目《家风》、《油灯灯开花》、《丁果仙》、《风流父子》、《唢呐泪》、《赵树理》、《孔繁森》、《八思巴》、《傲雪花红》、《刘胡兰》、《我能当班长》、《立秋》、《一把酸枣》，以及《黄河儿女情》、《黄河一方土》、《黄河水长流》、《黄河情韵》、《唱享山西》、《解放》等均产生了较大的影响。

此外，山西在美术、音乐、舞蹈、摄影、书法、曲艺、广播剧，以及理论评论等诸多方面都有重要作品面世。

回顾山西60年的文化建设成果，有几个现象需要特别提及：

一是在上世纪50年代中后期，以赵树理为代表的一大批山西作家密切关注中国农村的发展变化，表现农民群众在新的时代的建设热情和精神世界，被后来的研究者称为中国文学创作的“山药蛋”流派，产生了标志性影响。

二是上世纪70年代末80年代初一批新兴作家迅速涌现出来，被誉为中国文坛的“晋军崛起”，成为新时期文学引人注目的重要文学现象。

三是在上世纪80年代至90年代，以《黄河儿女情》、《黄河一方土》、《黄河水长流》，以及《山妞与模特》、《元宵夜》等一批以表现黄河风情为主要特色的歌舞剧目先后出现，被誉为中国舞台艺术的“黄河歌舞”流派，对中国歌舞艺术产生了重要影响。

四是以长篇小说《抉择》及其改编的电影《生死抉择》为代表，形成了山西文艺创作继“山药蛋”流派兴起和“晋军崛起”之后的第三次创作高潮。其直面现实、揭露腐败、弘扬正气的创作精神影响了新时期的文艺创作，形成了中国文坛独特的风景线。

五是话剧《立秋》创造了五年演出500余场，走遍海峡两岸、大江南北，实现票房2000余万元的舞台奇迹，成为中国话剧最具有代表性的剧目。

六是《立秋》、《一把酸枣》、《乔家大院》、《走西口》等一批以历史文化为题材的作品在全国产生了重要影响，带动了全国各地开掘历史文化题材，用文艺作品提升区域文化形象、增强文化自信的创作风潮。

七是电影《暖春》以200余万元的投入创作了实现内地票房2000余万元收入的小成本电影，先在国内二级市场发行后，又进入日本和港澳台地区。其创作发行模式被国家广电总局概括为“小成本、小制作，大影响、大效益”，成为与大片、以及娱乐片等模式三足鼎立的国产电影创作生产模式之一，为国产电影的繁荣探索了一条适合国情的发展道路。

二、60年来山西文化发展的轨迹

在新中国即将成立的历史时刻，山西已经开始为新的时代的来临筹划文化建设的大业。1948年秋晋中战役后，党组织开始在榆次筹建《山西日报》。1948年4月26日，解放军进入太原的第三天，由毛泽东同志题写报头的《山西日报》创刊发行。1949年10月16日，由山西省文联筹委会编辑的《文艺》作为《山西日报》的专版创办。新中国建立初期，山西的文化建设主要是建立机构、阵地和队伍。1949年11月，山西省第一届文代会召开，会议成立了山西省文学艺术界联合会，选举高沐鸿为主席，力群、卢梦为副主席，同时，组建了山西省文学工作者协会、美术工作者协会、音乐工作者协会等专业协会，决定创办文艺刊物。1950年5月1日，《山西文艺》创刊。刊物在发刊词中提出，“把这个时代中的现实生活正确地写出来，是我们的文艺所担负的一个重大责任、光荣的责任。”1956年，《火花》创刊。在此前后，《山西画报》、《山西歌声》、《山西人民歌选》（后改名为《山西歌选》）、《文化周刊》（后改名为《山西文化》），以及各地的文艺刊物如《太原文艺》、《云冈文艺》、《晋中文艺》等在大致相近的时间里面世。需要提到的是，由于《火花》周围团结了一批创作倾向一致的作家，陆续推出了一批优秀的作品，在全国产生了较大的影响，受到了中国文联的肯定，并专门派人来山西考察《火花》的办刊经验。与此同时，一些文化机构陆续建立。如1958年，山西电影制片厂成立。1959年，山西省晋剧院成立。同时，各演出院团、文化艺术学校陆续成立。在机构逐步健全、阵地日益多样的情况下，一些重要的文化活动也产生了积极的影响。如1951年2月召开了山西省首届文艺新闻奖评奖大会。《山西文艺》开展了发展工农兵文艺通讯员活动，并制定了奖励办法，每三期评奖一次，每次评奖都要评出特等奖二名、甲等奖三名、乙等奖四名、丙等奖五名。50年代初，开始推进戏曲改革工作。1952年10月，组团进京参加了第一届全国戏曲观摩演出大会，演出了《蝴蝶杯》、《捉放曹》、《西厢记》等一批剧目。1961年8月，山西省晋剧院青年团带着一批整理改编的传统剧目进北京演出70天，轰动京华。剧团九进中南海，受到了周恩来总理等中央领导的亲切接见，得到了首都专家和观众的广泛好评。之后，又先后到天津、内蒙等地演出，至1962年1月历时半年多，方载誉归来。这一时期，我省文化建设的另一项重要任务就是开始了大规模的文化基础设施建设。省城及各地主要的剧场、电影院等文化设施陆续兴建起来。

“文革”期间，先后出现了《革命文艺》、《山西群众文艺》、《红小兵》等文艺类刊物。各地陆续创办了《吕梁文艺》、《上党文艺》、《大同文艺》、《榆次文艺》，以及忻州的《春潮》等。特别需要提到的是，1976年，文学刊物《汾水》创刊，为新时期山西文化建设的繁荣发展起到了开路的作用。

改革开放以来，山西的文化建设进入了新的兴盛期。一是各类文化机构先后恢复。二是被打倒的文化工作者陆续平反，被下放的文化工作者返回了自己的工作岗位。三是文化阵地逐步繁荣。1978年5月，省文联召开了三届二次全委会，恢复了文联和各协会的活动。1978年9月，中央为《三上桃峰》平反；10月，省委为赵树理平反。1980年4月，山西省第四次文代会召开，同时作协、剧协、美协、音协、摄协等协会换届，影协、曲协、舞协和民间文艺研究会成立。之后，各项工作蓬蓬勃勃地开展起来。首先是先后涌现出一大批文艺刊物。《蒲剧艺术》于1980年创刊。1981年创办了《名作欣赏》、《戏友》。《汾水》于1982年改名为《山西文学》。特别是1985年前后，集中创办了《黄河》、《批评家》、《火花》、《太行山》、《美术耕耘》、《黄河之声》、《童话大王》、《北岳风》等。之后，各地的文学艺术类刊物也陆续问世，或进行了改刊。如《城市文学》改为《都市》，《北岳》改为《小品文选刊》。此外，如《五台山》、《娘子关》、《漳河水》、《云冈》等陆续问世。以上这些刊物后来多有变化。

创作生产活动也逐步开展起来。在推动戏曲改革的同时，提出了"综合治理"的发展举措，并组织开展了一系列的调演、展演活动。如1984年的振兴晋剧调演，以及历年来的新创剧目调演、小戏小品调演等。为推动创作，组织开展了各类评奖活动。如山西省人民政府文艺奖、赵树理文学奖、舞台艺术"杏花奖"、"五个一工程"奖、山西省文艺评论奖，以及各地、各部门和各刊物自己主办的评奖活动。在做好本省评奖工作的同时，积极参加国内外的各种展演、展览、交流活动，获得了众多的奖项。比较突出的包括：张平的长篇小说《抉择》获茅盾文学奖；赵瑜与人合作的报告文学《革命百里洲》，王祥夫、葛水平的短篇小说《上面》、《喊山》，蒋韵的中篇小说《心爱的树》先后获鲁迅文学奖；话剧《立秋》、舞剧《一把酸枣》双双进入国家舞台艺术精品工程，《立秋》并获得了文华奖大奖等众多奖项；电影《暖春》获平壤国际电影节奖；任根心等42人次获戏剧"梅花奖"。此外，各领域、各门类的奖项数不胜数。

进入新世纪以来，山西的文化建设迈开了新步伐。2002年，省委、省政府提出要实施文化强省战略，并制定出台了山西省建设文化强省的发展规划纲要。此后，陆续制定了"十一五"时期文化发展规划纲要和文化体制改革的实施意见、文化产业发展的规划纲要等重要文件，明确了山西文化建设的方向、任务、目标、措施等。主要抓了以下几个方面的工作。

一是深化文化体制改革。从2003年开始，我省确定了29个改革试点单位，积极推进改革，先后组建了山西日报报业集团、山西出版集团、太原文广集团等。各地各单位根据实际，就文化单位的内部经营管理机制、宣传业务与经营业务的分离等进行了改革。2008年9月，召开了全省文化体制改革推进工作会议，对改革进行了全面部署。2009年，省委、省政府出台了包括文化体制改革、文化产业发展，以及相关配套政策在内的四个文件，建立了文化产业发展专项资金，进一步明确了改革的时间表、路线图和任务书，推动全省改革进入新的阶段。

二是健全公共文化服务体系。文化基础设施建设迈上了新台阶。如我省剧场从1978年的33个发展到1986年的51个；县图书馆从1978年的61个发展到1986年的105个。"十一五"以来，我省进一步加大了文化基础设施的建设力度，山西大剧院、山西省图书馆（新馆）等标志性文化设施开工建设。各地根据实际，兴建新型现代化文化中心、博物馆、展览馆、图书馆。仅2008年，省级共争取彩票公益基金2250万元，煤炭可持续发展基金1300万元，用于14个县级文化设施建设，全省在建的文化设施达30个。临汾市提出"十一五"期间为"文化设施建设年"，近三年内县乡两级投入资金达10多亿元，新建、扩建"两馆一站"为主的文化设施106个。太原、大同、运城、临汾、朔州、阳泉、晋中、忻州等市属博物馆的建设正在进行，曲沃晋国博物馆、晋绥边区革命纪念馆、山西牺盟会决死队纪念馆等专业和专题博物馆、纪念馆陆续开工。目前，我省有县级以上文化馆131个，公共图书馆122个，各级各类博物馆141个。同时，基层文化服务进一步加强。持续广泛地开展科技、文化、卫生"三下乡"活动和文化、体育、卫生、法律"四进社区"活动。长治、晋城等许多地区开展了"文化低保工程"。50户以上的农村全部完成了广播电视"村村通"，20户以上的正在进行。文化信息资源共享工程共建成7002个基层站点。

三是繁荣文艺创作。发挥山西文化资源丰富的优势，努力把资源优势转化为产品优势。在坚持正确的创作方向、密切关注现代化建设的同时，积极开掘历史文化题材。制定创作规划，扶持重点项目，整合创作资源，开展繁荣活动，加强队伍建设，近年来，连续出现了一批社会效益好、经济收益大、专家肯定、群众欢迎的优秀作品。

四是发展文化产业。推动文化资源向文化产业转换，形成新的发展动力。规划构建北、中、南、东南和沿黄地带五大特色文化产业区，明确提出实施六大工程、振兴九大行业、推进重大项目带动战略的发展目标。2008年，我省文化产业增加值实现200亿元，首次超过金融业和房地产业，占全省GDP的比重达2.9%，增幅连续数年达到25%左右。文化产业正在发展成为我省新兴的支柱产业，为全省的转型发展发挥着十分重要的作用。

五是推动民间资本和社会资本进入文化领域。出现了一批民营文化机构。特别是民营剧团的发展比较迅速。如太原清徐嫦娥文化艺术有限公司，已经由单一的演出团体发展为集梅花晋剧院、杏花晋剧院和戏曲人才培训基地等于一体的文化产业基地。此外，一批民营文化企业成长起来。

六是打造文化品牌。明确提出打造包括"华夏之根"、"黄河之魂"、"佛教圣地"、"晋商家园"、"古建瑰宝"、"边塞风情"、"关公故里"、"抗战文化"等八大文化品牌。加强基础理论研究，组建八大文化研究中心，举办文化产业发展论坛。同时，先后举办"华夏文明看山西"系列活动，以及经济文化艺术周等活动。成功组织了平遥国际摄影大展、我们的节日·清明等节庆活动。各地发挥资源优势，举办了山西侯马新田春秋古都文化节、荀子文化节以及关公、云冈、五台山等文化节、艺术节。华夏文明看山西、平遥国际摄影大展、晋商文化、太行精神、关公文化、清明等节庆文化等已经成为具有较大影响、体现三晋文化的文化品牌，极大地提升了山西的形象，增强了山西的吸引力和影响力。山西，正在从自然人文资源大省向经济强省和文化强省跨越。

三、60年来山西文化对共和国文化建设的贡献

新中国成立60年来，山西文化建设经历了曲折的发展历程，取得了重要的建设成就，对共和国的文化建设做出了突出贡献。概括而言，主要有以下几个方面：

一是在发挥自然资源优势的同时，发挥文化资源的优势，使文化成为新的历史条件下推动改革发展和进步的重要动力。这一发展思路，符合中国国情，适应国际发展趋势。文化自觉意识和文化自信心的觉醒对贯彻落实科学发展观、推动发展方式的转型提供了重要的路径。

二是重新认识山西在中华文明发展进程中做出的贡献，对我们正确审视人类发展进程中不同文明形态的特点、规律有了重要的切入点，使我们在实现中华民族的崛起，建设中国特色社会主义的历史进程中，能够更加科学、客观地认识中华文明，增强民族自信心。

三是60年来，山西涌现出一批又一批优秀的文化人才，为共和国社会主义先进文化的建设做出了卓越的贡献。其中，有些人，如赵树理等是文明传承、文化发展的标志性人物。忽略了他们，我们的文化发展链条就不完整。

四是由山西培养，并最终走出了山西的大批文化艺术人才为共和国的文化事业做出了积极的贡献。其中，如郭兰英、马玉涛、张继刚、阎维文、戴玉强、谭晶、贾樟柯等是活跃在共和国文化舞台中最重要的代表性人物。他们的努力为共和国文化事业的繁荣进步做出了重要贡献。此外，一大批作家、艺术家也产生了非常重要的影响。

五是山西的作家艺术家创作生产的文化产品在60年来各个时期、各个历史阶段，都有十分重要的影响。有的甚至是某一方面的代表性作品。山西的作家艺术家，关注民生，直面现实，表现时代精神，体现了强烈的社会责任感，形成了直朴、厚重、凝练的创作风格，在中国文坛成为一道独特的亮丽风景。他们的作品，作为共和国文化建设的结晶，极大地丰富了祖国的文化宝库，成为新中国文化建设的重要收获。

（作者系省委宣传部副部长）

山西综合交通运输网络60年成就与展望

王凤鸿　伊文君　张彦波

交通运输业是国民经济的基础产业，是经济发展的“先行官”。新中国的成立，揭开了当代山西交通运输发展新的篇章。1949—2009年的60年间，随着国家和我省的高强度、大规模的经济建设，山西交通运输业实现了跨越式发展，在基础建设和体制改革方面都取得了巨大成就。目前，山西已形成了快捷方便的综合交通网落，彻底改变了落后、封闭的状态，为全省经济腾飞奠定了坚实的基础。

一、交通运输业实现历史性跨越

山西交通运输业起点低、底子薄。1949年全省只有12条公路，公路通车里程1288公里，公路旅客运输量和货物运输量分别只有10万人和7万吨；铁路仅有4条干线，通车里程783公里，铁路的旅客运输量和货物运输量分别只有130万人和75万吨；民航只有5条国内航线，机场简陋，适航能力差。新中国成立以来，我省不断加大对交通运输行业的投入力度，增强行业基础设施、运输供给能力建设，全省交通运输业发展结构日趋完善，增长速度逐步与国民经济发展相适应。

（一）发展速度逐步加快

通车里程大幅增加。从1949年到1978年改革开放以前，山西交通运输业经历了创建恢复、调整探索、遭遇挫折的时期，取得了一定进展。1949—1977年底，全省公路通车里程增加了近3万公里，铁路通车里程增加了1270公里。改革开放以来，山西的交通运输经过改革振兴，进入一个新的飞速发展阶段。到2008年底，山西运输线路总长度达12.78万公里，是1949年的62倍。每百平方公里平均里程达81.9公里，名列全国前茅。公路通车里程达到12.5万公里，比1949 年增加了12.37万公里，年均增长率达到8.1%，其中高速公路从无到有，达到了1965.2公里；铁路营业里程达到2784 公里（其中国家铁路2512公里，地方铁路272公里），比1949年增加了2001公里，年均增长2.2%；拥有了四个机场即太原武宿机场、长治机场、运城关公机场和大同机场，空中航线达60余条，通航城市约50个。

客货运输量迅猛增长。到2008年底，我省公路和铁路的总旅客运输量达46233.6万人，比1949年增加了40949.1万人，年均增长率为15.1%。旅客运输周转量达417.8亿人公里，是1949年的5120倍，年均增长率达6.3%。公路和铁路的总货物运输量达146154.4万吨，比1949年增加了85820万吨，年均增长率达到17.3%。货物运输周转量为1685.5亿吨公里，是1949年的29622倍，年均增长3.6%；2008年全省民

航4个运营机场完成旅客吞吐量499.46万人次，货邮吞吐量5.73万吨，分别比1978年增加497.5万人和5.64万吨。

投资步伐日益加快。1949年到上世纪90年代以前，虽然交通运输业受到高度重视，但一直严重相对滞后于经济发展，1949年全省交通运输及邮电通讯固定资产投资额仅有10万元。从上世纪90年代开始，交通运输投资额的增长速度迅速提升，2008年达到了374.1亿元，交通运输业发展开始逐步与我省国民经济发展速度相适应。“八五”、“九五”、“十五”期间山西省GDP的年均增长速度分别为10.3%、9.9%、13.1%，客运周转量的年均增速分别为6.8%、5.1%、8%，货运周转量的年均增速分别为3.8%、3.7%、9.4%，已逐步与经济发展速度相适应。

（二）发展结构日益完善

运输方式渐趋合理。60年来，我省主要以铁路运输为主，1953年铁路旅客周转量占总旅客周转量的89.4%，随着经济的不断发展，运输方式逐渐向公路运输转移，到2008年这一比例下降为34%，而公路旅客周转量从1953年的10.6%上升为2008年的53.5%，成为山西客运的主要方式。与此同时，航空运输也得到了一定的发展，2008年我省航空旅客周转量占12.5%。运输结构得到不断的优化；货物运输方式也在发生变化，1953年铁路货物周转量所占比重为93.2%，2008年该比例下降为72.6%，公路货物周转量从1953年的6.8%上升到2008年的27.1%，公路货运量上升到2008年的58.8%，公路的主体地位进一步确立，以其快速、直达等优势为铁路分流和集散起到了重要作用。

运输结构进一步优化。运输结构的优化在公路运输上体现得更为明显。受供求机制的作用，具有集约化、规模化、网络化经营特征的企业在市场中所占比重提高，高速客运、旅游客运、快速货运、现代物流、货运代理等运输服务在道路运输中逐步占据了主导地位。全省高级客车在营运客车中的比重达到17%，重型货车在大型货车中的比重达到41.6%；同时，受竞争机制的作用，多元化竞争的局面有了进一步变化，个体和私营公路运输经济有了较快的发展。

二、行业管理体制不断完善创新

在60年的发展中，交通管理体制的变迁沿革无疑是最为关键的推动力，也是其发展历程的重要坐标。新中国成立60年来，我省综合交通运输行业取得的巨大成就，正是在国家经济社会发展和宏观体制变革的大背景下，伴随着行业管理体制的完善一步步实现的。

公路交通管理体系日臻完备。解放初期，由于连年战争的破坏，全省重要的干线公路均不能全线贯通，1/3的县城不通公路。1949年，太原军事管制委员会批准成立山西省公路运输局，负责管理全省的公路建养、公路运输管理、汽车修理工业、机动车监理等项工作。经过3年恢复性建设，从1953年起，为了配合国家第一个五年建设计划的实行，山西省正式组建交通厅。在文革期间，交通厅一度被撤销，其职能被“六大组”和“交通委”所取代，许多行之有效的管理制度被废除，省属公路养护机构和运输企业被再次下放。总的看，新中国成立到改革开放前的近30年间，山西的公路运输管理实行的是计划经济下的政府直接管理，其显著特征为：政企合一经营、统一计划管理。

十一届三中全会以来，随着国家经济体制改革不断深入，围绕能源重化工基地建设，全省交通管理体制改革迈出重要步伐。包括：实行多种形式承包经营责任制；印发《关于山西省公路建设和公路管理体制改革方案》，明确全省公路建设和养护实行统一领导，分级管理；将交通监理移交公安部门管理；设立交通征费稽查局，完成市县区机构设置。随着行业管理体制的逐步理顺，交通“瓶颈”制约得到改善，多种经济成分，多种经营形式共同发展的统一、开放、竞争、有序的公路交通运输市场体系初步建立。

进入新世纪以来，全省以科学发展观统领全局，不断创新交通管理体制机制，着力构建新型能源和工业基地交通运输支撑保障服务体系。2000年，山西省高速公路管理局正式挂牌成立，强化了对全省高速公路的集中统一管理。全省大力推进重点公路建设体制改革，积极探索省市共建共管建设模式；不断深化投融资体制改革，积极鼓励社会资本参与公路项目建设；基本建立收费公路“五统一”管理体制，并在高速公路管理中建立绩效考核分配制度；农村公路建立省、市、县“三级抬”的养护经费渠道和县、乡、村分级负责的管理体制；积极推进城乡交通管理体制改革试点，支持试点县（市）城市公共交通基础设施建设。为加强水上交通运输管理，2002年山西省地方海事局正式挂牌成立，全省水上交通安全监管、水路运输、港航监督、船舶检验、航道行政管理等业务开始纳入了统一的专业化管理格局。

铁路管理更加贴近地方发展实际。60年来，根据不同时期国家经济的发展需求和宏观政策的变迁，山西铁路先后经历过以线设局、以区设局、干线区管理和区域管理等几个阶段。解放初，全省铁路基本处于瘫痪状态。为尽快恢复铁路出省通道，1949年，中国人民革命军事委员会铁道部将石家庄铁路管理局与同蒲铁路管理局合并，成立铁道部太原铁路管理局。1951年，天津、太原两局合并为天津铁路管理局。1953年，国家第一个五年计划开始实施，为了增强铁路运输对地方经济发展的辐射和带动作用，太原铁路管理局第二次成立，下设太原、大同、临汾3个运输分局。1963年，根据中央在工业交通企业开展增产节约和“五反”运动的精神，铁道部决定撤销太原等5个铁路局，实行大局统一管理调配。1971年，国家“四五计划”提出了“狠抓备战，集中力量建设大三线战略后方”等战略目标，为了充分保障三线建设地区的运输能力和水平，太原铁路局第三次成立，恢复1953年建制和职能。

改革开放以来，为了满足国家经济快速发展对能源的大量需求，强化中央对煤炭等战略资源的统一调配，铁道部于1983年撤销太原铁路局，将其纳入北京铁路局管理。

2005年，顺应国家实行铁路局直接管理站段的体制变革，北京铁路局所属太原铁路分局和大同铁路分局被撤销，太原铁路局重新组建，并受铁道部委托以出资人身份对大秦铁路股份有限公司实行管理。

航空管理实现军民、国省同步发展。由于薄弱的基础建设和特殊的行业特点，山西民航发展起步较晚，且在相当长一段时间内发展自主权很小，其职能主要由国家有关部门代行。1958年，山西省地方民用航空管理局成立，辖太原、长治、大同、临汾4个民航中心站；一年之后，又在此基础上改组为中国民用航空山西省管理局；1973年后，中国民用航空总局山西省管理局先后经历了合并、改建、更名等系列变革。

1995年，为适应山西省民航事业发展的需要，民用航空总局同意恢复民用航空山西省管理局，由其承担省局所在地机场和省内其他机场的经营管理职能，负责机场的安全生产工作，隶属民航华北管理局领导。2003年，根据国务院《民航体制改革方案》，原归属民航总局的山西省民用机场实行属地化管理，撤销民航山西省管理局建制，同时组建成立山西省民航机场管理局和山西省民航机场集团公司，隶属于山西省人民政府，实行“一套机构、两块牌子”的管理运行模式。

三、对现代综合交通运输网络建设的展望

结合当前国际国内经济形势和地区发展实际，以及“十一五”规划的目标任务，在未来几年内，我省将继续以科学发展观为指导，围绕新型能源和工业基地的建设，抓好国家扩大内需、加快交通基础设施建设的重大发展机遇，全面推进交通管理体制改革，理顺内部利益关系，降低行业门槛，拓宽投融资渠道，吸引多元化投资进入交通领域，完善价格形成机制，建立多层次、市场化的价格体系，大力实施高速公路网络化、干线公路改造养护、农村公路通达通畅、运输产业规模化集约化四大工程，重点加强晋煤外运通道和快速铁路客运系统建设，合理布局省内民用机场，着力构建管理科学、布局合理、运营有序、适度超前的综合交通运输体系，努力推进全省经济社会又好又快发展。

在公路交通领域，今明两年，我省要集中建设高速公路1000多公里，国省干线一二级公路2500公里，农村公路4.2万公里，确保“十一五”全省高速公路通车里程达到3000公里，全省70%的县道、乡道实现油路化，实现具备条件的建制村通水泥（油）路、通客车全覆盖；建设运输站场项目177个，全省实现市市有一级客运站、县县有二级客运站、50%以上的乡镇有等级客运站；再用三年时间，建设高速公路2000公里，使全省高速公路达到5000公里，在“十二五”末基本建成总规模6000多公里的“三纵十一横十一环”高速公路网，实现省会到省辖市三小时、相邻省辖市之间两小时通达，全部县（市、区）半小时上高速。

在民用航空领域，到“十一五”期末，我省将全面完成太原武宿机场由4D级到4E级的提升改造，根据发展需求改扩建长治机场、运城机场、大同机场，积极推进五台山、吕梁、临汾等支线机场的建设。有效改善机场基础设施，提高机场保障能力、完善机场航线网络，基本形成布局合理、规模科学，以省会太原机场为中心的山西省民用机场网络体系。

在铁路建设领域，到2010年底，我省从北向南将形成三大铁路运输通道，外运能力达到7.4亿吨；由石太客运专线、太中线和同蒲线构成的十字型快速铁路客运系统建设完成；与国铁相配套的地方铁路、铁路专用线及大型煤炭集运站建设取得突破性进展，年货运量在100万吨以上的煤炭、焦炭、化肥、钢铁等生产企业实现支线连接；中南部铁路出海通道建设有序推进。力争通过新建干线铁路和既有线改造，全省铁路运输进入一个便捷、高效的运输能力与运输需求较为适应的良性循环阶段。

人　物

一、年度职务变动的省级领导

王　君

王君同志简历

王君，男，汉族，一九五二年三月出生，山西省大同市人，中央党校研究生学历，高级工程师(教授级)，一九七七年七月加入中国共产党，一九七一年十月参加工作。

参加工作后在大同青磁窑矿当工人；一九七四年入山西矿业学院采矿系采煤专业学习；毕业后历任大同矿务局晋华宫矿通风区技术员、助理工程师，通风区副区长、区长，晋华宫矿副矿长；一九八五年任大同矿务局党委副书记；一九九三年任大同矿务局副局长；一九九五年任大同矿务局局长；一九九七年任煤炭工业部副部长、党组成员；一九九八年任国家煤炭工业局副局长、党组成员(副部长级)；一九九九年任江西省副省长；二○○一年任江西省委副书记、副省长；二○○二年任江西省委副书记、省委党校校长(其间：二○○三年六月至二○○六年十月任中国井冈山干部学院第一副院长)；二○○六年任中华全国供销合作总社党组副书记；二○○七年一月任中华全国供销合作总社党组副书记、理事会副主任，同年七月任中华全国供销合作总社党组书记、理事会副主任，同年十月当选十七届中央委员；二○○八年三月任国家安全生产监督管理总局局长、党组书记，同年九月任山西省委副书记、代理省长，省政府党组书记；二○○九年一月任山西省省长。

中共十六届中央候补委员，十七届中央委员，十六大、十七大党代表，江西省十一次党代会代表，江西省十一届省委委员，江西省九届、十届人大代表，山西省九届省委委员，省十一届人大代表。

薛延忠

薛延忠同志简历

薛延忠，男，汉族，一九五四年二月出生，山西省孝义市人，中央党校在职研究生学历，一九八一年九月加入中国共产党，一九六九年十月参加工作。

参加工作后任山西省七二五厂班组长、制版工序负责人、团支部书记；一九七六年入山西大学中文系学习；毕业后任省计委综合处、政治处干事、机关团支部书记；一九八三年任中共山西省委办公厅秘书；一九八六年后任中共山西省委组织部研究室副主任、经济干部处副处长、处长；一九九二年任省工商局副局长、党组成员；一九九五年任省工商局局长、党组书记；一九九八年任中共吕梁地委副书记、行署专员；一九九九年任中共山西省委副秘书长、办公厅主任；二○○○年任中共山西省委常委、秘书长兼办公厅主任；二○○一年任中共山西省委常委、组织部部长；二○○四年任中共山西省委副书记；二○○六年十月任中共山西省委常委、省政府党组副书记，同年十一月任中共山西省委常委、常务副省长，省政府党组副书记；二○○七年任中共十七届中央候补委员，中共山西省委常委、常务副省长，省政府党组副书记，省行政学院院长；二○○八年四月任中共山西省委副书记、常务副省长，省政府党组副书记；二○○九年一月任政协第十届山西省委员会主席。

中共十六届、十七届中央候补委员，十六大、十七大代表，省七次、八次、九次党代会代表，七届、八届、九届省委委员，省九届、十届、十一届人大代表，省十届政协委员。

汤　涛

汤涛同志简历

汤涛，男，汉族，一九六二年七月出生，湖北省英山县人，在职研究生学历、硕士。一九八四年十月加入中国共产党，一九八一年九月参加工作。

一九七八年九月至一九八一年九月在宜昌市高等工业专科班（现三峡大学）学习。一九八一年九月至一九八四年任宜昌市三峡制药厂团委书记；一九八四年至一九八八年先后任共青团宜昌市委青工部负责人、副部长、部长；一九八八年至一九九二年一月任共青团宜昌市委副书记、书记；一九九二年一月至一九九二年十月任宜昌市人民政府办公室主任；一九九二年十月至一九九六年任共青团湖北省委副书记、党组成员；一九九六年至一九九七年十月任中共恩施州委副书记、组织部部长；一九九七年十月至二〇〇〇年二月任共青团湖北省委书记、党组书记（其中一九九八年九月至二〇〇〇年十二月在武汉理工大学产业经济学专业学习）；二〇〇〇年二月至二〇〇二年十一月任鄂州市委副书记、市长、党组书记；二〇〇二年十一月至二〇〇七年一月任恩施州委书记；二〇〇七年一月至二〇〇八年一月先后任恩施州委书记、州人大常委会主任、湖北省委常委；二〇〇八年一月至二〇〇九年六月任湖北省委常委、副省长；二〇〇九年六月任山西省委常委、组织部部长。

刘维佳

刘维佳同志简历

刘维佳，男，汉族，一九五五年十月出生，山东省龙口市人，在职研究生学历，经济学硕士学位，高级政工师，一九八一年五月加入中国共产党，一九七〇年十二月参加工作。

参加工作后在吉林省辉南县下乡插队，后在吉林省杉松岗煤矿当工人，历任吉林省煤田机械厂团总支书记，吉林省煤田地质公司团委干事、副书记、书记，吉林省委办公厅机关团委副书记、书记，吉林省委办公厅副处级巡视员、机关党委副书记，永吉县副县长，吉林省委办公厅综合处副处长，海南省委办公厅秘书处处长，海南省富南国际信托投资公司副总经理，海南省人大常委会办公厅研究室主任；一九九五年任海南省人大常委会副秘书长；一九九八年五月任海南省人大常委会法规室主任，同年八月任海南省委副秘书长(正厅级)；二〇〇二年任农业部办公厅副主任(正司局级)；二〇〇三年任农业部办公厅主任、新闻发言人；二〇〇六年任山西省省长助理、省政府党组成员；二〇〇八年任山西省委组织部常务副部长；二〇〇九年一月任山西省副省长。

海南省三次党代会代表，海南省三届人大代表；山西省九次党代会代表，九届省委委员，省十一届人大代表，省十一届人大常委。

张建欣

张建欣同志简历

张建欣，女，汉族，一九五五年十月出生，河北省无极县人，在职研究生学历，经济学硕士学位，高级经济师，一九七五年六月加入中国共产党，一九七三年十月参加工作。

参加工作后在太原市南郊区小店公社插队，后任太原市南郊区郝庄公社团委书记；一九七八年入太原重型机械学院基础部应用力学专业学习；一九八二年后历任太原市标准计量局标准科负责人，太原市第一毛纺厂党委副书记、书记、厂长；一九九四年任省纺织总会副会长、党组成员；二〇〇〇年任晋城市委常委、副市长；二〇〇一年任晋城市委副书记；二〇〇三年一月任朔州市委副书记，同年四月任朔州市委副书记、市长；二〇〇六年任忻州市委书记；二〇〇九年一月任山西省副省长。

十七大党代表，十届全国人大代表，省九次党代会代表，九届省委委员，省十届、十一届人大代表。

王建明

王建明同志简历

王建明，男，汉族，一九六二年十二月出生，福建省漳州市人，研究生学历，法学博士学位，一九八四年八月参加工作，一九八三年十一月加入中国共产党。

参加工作后历任最高人民检察院监所检察厅干部（其间一九八四年八月至一九八六年九月先后在湖北省埔圻县人民检察院、武汉市人民检察院锻炼）、劳改检察处副处长、监狱（劳改）检察处处长、检察厅厅长助理、副厅长；一九九九年四月后历任最高人民检察院审查批捕厅副厅长、侦查监督厅副厅长、反贪污贿赂总局副局长；二〇〇四年二月任反贪污贿赂总局局长（其间二〇〇四年九月至二〇〇七年六月在中国政法大学学习，获法学博士学位）；二〇〇五年四月任最高人民检察院检察委员会委员、反贪污贿赂总局局长；二〇〇七年十一月任最高人民检察院检察委员会专职委员（副部级）、反贪污贿赂总局局长；二〇〇九年六月任山西省人民检察院党组书记，七月任山西省人民检察院代检察长。

二、先进人物和先进集体

中共山西省委　山西省人民政府
关于表彰第二届全省优秀中国特色社会主义事业建设者的决定

(2009年2月19日)

近年来，我省个体、私营等非公有制经济蓬勃发展，为推动全省经济社会发展作出了重要贡献。广大非公有制经济人士认真贯彻党的十七大精神，深入贯彻落实科学发展观，大力弘扬“爱国、敬业、诚信、守法、贡献”精神，积极投身新基地新山西建设，广泛参与光彩公益事业，涌现出一批守法经营、热心奉献、贡献突出，拥护党的领导，坚持走中国特色社会主义道路的优秀代表。为激励先进，树立榜样，进一步调动广大非公有制经济人士的积极性和创造性，省委、省政府决定授予张亚平等49名同志“山西省优秀中国特色社会主义事业建设者”荣誉称号。

希望受表彰的企业家珍惜荣誉，不懈努力，在全面建设小康社会的伟大实践中再创佳绩。全省广大非公有制经济人士要以他们为榜样，进一步激发创业、创新、创造热情，坚定信心、迎接挑战，埋头苦干、勇于创新，沉着应对国际金融危机，扎实推进事业发展，勇于承担社会责任，为促进经济平稳较快发展、建设和谐山西贡献力量。各级党委、政府要进一步优化投资发展环境，加大政策扶持力度，帮助和支持非公有制经济快速健康发展，全力推进转型发展、安全发展、和谐发展。

第二届山西省优秀中国特色社会主义事业建设者名单（按姓氏笔画排序，共49名）

丁玉萍（女）	王长青	王国瑞	丰新兰（女）
孔繁海	左　征	代全民	冯建新
朱苏海	任武贤	刘良才	刘眉寿
刘根泉	孙宏原	李　猛	李龙飞
李生祥	李永红	李光忠	李安平
李建明	李海瑕（女）	李家林	李德志
杜红奎	杜寅午	吴晓年	汪荣贵
张亚平	陈浪华	陈富平	陈福喜
范小玲（女）	赵　明	赵华山	胡创过
郜志成	姚锦诚	原贵生	高文变（女）
郭海林	高靖海	黄卫东	曹建军
梁　伟	梁俊明	彭家华	程田青（回族）
霍　平			

省委、省政府表彰的2008年增加农民收入、粮食生产、新农村建设和扶贫开发工作先进集体

一、增加农民收入先进集体（25个）

（一）先进市（5个）

太原市　阳泉市　朔州市　晋中市　长治市

（二）先进县（市、区）（20个）

清徐县　太原市小店区　大同市南郊区　左云县

盂县　襄垣县　沁源县　高平市　怀仁县　原平市

定襄县　孝义市　汾阳市　灵石县　祁县　曲沃县

侯马市　临汾市尧都区　河津市　运城市盐湖区

二、粮食生产先进集体（25个）

（一）先进市（5个）

朔州市　晋城市　运城市　吕梁市　临汾市

（二）先进县（市、区）（20个）

闻喜县　洪洞县　寿阳县　临汾市尧都区

朔州市朔城区　屯留县　原平市　文水县　五寨县

天镇县　定襄县　沁水县　稷山县　太谷县　沁县

安泽县　大同市南郊区　临县　阳曲县　平定县

三、新农村建设先进集体（46个）

（一）先进市（6个）

朔州市　晋城市　忻州市　吕梁市　长治市　大同市

（二）先进县（市、区）（20个）

大同市南郊区　左云县　繁峙县　代县　孝义市

临县　平顺县　屯留县　晋中市榆次区　介休市

永济市　闻喜县　朔州市平鲁区　古交市

太原市小店区　泽州县　安泽县　蒲县　曲沃县

阳泉市郊区

（三）企业帮扶新农村建设先进单位（20个）

省电力公司

中国移动山西分公司

太原钢铁（集团）有限公司

杏花村汾酒集团有限责任公司

山西纪元玉米产业有限公司

文水大象禽业有限公司

中铁十七局集团公司

大同煤矿集团有限责任公司

山西阳城皇城相府集团

晋中鑫阳顺建筑工程有限公司

左云县鹊儿山精煤集团有限公司

省国新能源发展集团岢岚煤炭有限公司

山西离柳焦煤集团有限公司

中国移动山西公司长治分公司

和顺凤台一缘煤业有限公司

山西振兴集团

洪洞县三兴焦煤有限公司

中国移动山西公司朔州分公司

山西兴高能源股份有限公司

阳泉市志远工程有限公司

四、扶贫开发工作先进集体（10个）

岢岚县　宁武县　方山县　岚县　石楼县　吉县

安泽县　和顺县　浑源县　朔州市平鲁区

省委、省政府表彰的1999—2009年依法治省工作先进集体和先进个人名单

一、依法治理十佳市县

太原市　晋中市　长治市　左云县　偏关县　盂县

阳城县　安泽县　永济市　交城县

二、依法行政十佳单位

省财政厅　省建设厅　省交通厅　省物价局

省地税局　省工商局　省地震局　省环保局　朔州市国税局　长治市审计局

三、公正执法十佳单位

省公安厅　省安全厅　省劳教局　大同市检察院

晋中市司法局　阳泉市地税局　长治市郊区法院

晋城市公安局　运城市工商局　吕梁市审计局

四、依法治企十佳单位

中国工商银行山西省分行

大同煤矿集团有限责任公司

省电力公司长治供电分公司

中国国电集团公司太原第一热电厂

省电力公司大同供电分公司

太原铁路局大新火车站

五台县水电有限责任公司

山西阳光发电有限责任公司

晋城市金建集团投资有限公司

中国石化山西临汾石油分公司

五、依法治校十佳单位

广播电影电视管理干部学院　太原市第二外国语学校

阳高县第四中学　怀仁县第一中学

晋中市榆次区第五中学　阳泉市外国语学校

长治市第九中学　泽州县第一中学

闻喜中学　孝义市中学

六、依法治村（社区）十佳单位

太原市尖草坪区向阳镇横渠村

应县金城镇龙泉村
忻州市忻府区秦城乡顿村
昔阳县大寨镇大寨村
阳泉市郊区平坦镇桃林沟村
长治市郊区马厂镇马厂村
陵川县杨村镇杨村
曲沃县高显镇常家村
河津市清涧街道办事处龙门村
文水县南安镇西韩村

七、法制宣传教育十佳单位

省委办公厅　省妇联　太原市迎泽区柳巷街道办事处
大同市国税局　忻州市建设局　晋中市工商局
阳泉市交通局　高平市财政局
翼城县委依法治县领导组　吕梁市建设局

八、法制宣传教育十佳个人

包　江　任和辰　任保世　李　渊
杨凤英（女）段艾生　柴守瑛　高妙侠（女）
曹玉林　梁耀文

九、依法治理十佳个人

马和平　王小元　毋青松　王素梅（女）
兰双萱　李　菲（女）张　凯　张耀忠
赵相成　阎建科

十、依法治理十佳工作者

田应雨　李　凤（女）　李占祥　刘建国
闫春利（女）许　萍（女）　张兴芳（女）
赵珍珠　赵益华　胡智荣

全国五一劳动奖状获得单位

大同市吴官屯煤业有限责任公司
长治市公共交通总公司
朔州朔煤小峪煤矿
山西寿阳段王煤化有限责任公司
山西省电力公司运城供电分公司
宁武县大运华盛煤矿
临汾同世达实业有限公司
吕梁市财政局
山西省气象局
中国移动通信集团山西有限公司
山西潞安工程有限公司

全国五一劳动奖章获得者

郭凤莲（女）吉永业　杨　霖　谢　涛（女）阎少泉（女）刘金元　魏正琍（女）曹晓斌　吴永平
郝彩斌　李国栋　代维华　李冬花（女）方志有　刘文显　邢许庆　高玉斌　秦学东
姜　英（女）李培元　刘琳玉（女）贾建民　李春藻　沙万里　杨新建　曹国刚　杨保国
赵成书　蔚　明　王增全　李永旺　王抒祥　贾兆命　宋建成　张藕珠（女）卫红光
周新民　杨　斌　王吉生

山西省职工技术创新能手

王志刚　赵一元　孟燕东　任建斌　李广庆　温树果　张伟斌　袁明科　郭学平　吴永刚

山西省五一劳动奖状获得单位

太原钢铁(集团)有限公司技术中心
山西焦煤西山煤电集团公司东曲矿
山西省煤炭运销总公司太原分公司
太原市热力公司
太原市邮政局
太原日报社
中国工商银行股份有限公司山西省分行营业部
太原市公安局交警支队后勤服务中心
太原市第二外国语学校
大同煤矿集团煤炭运销大同有限公司
中国重汽集团大同齿轮有限公司
大同市旧高山煤炭集运站
大同市第五人民医院
阳泉煤业(集团)有限责任公司新景矿
山西阳光发电有限责任公司
盂县跃进煤矿
长治市煤炭工业局
长治市林业局
长治市地方税务局
长治医学院附属和平医院

晋城市邮政局
晋城城郊供电支公司
阳城县煤炭运销公司
山西教场坪能源产业集团有限公司
山西省公路局晋中分局
山西烟草公司晋中分公司
灵石县林业局
运城关铝热电有限公司
芮城中学
山西省公路局运城分局
山西省电力公司忻州分公司
忻州市地方税务局
霍州煤电集团辛置煤矿综采二队
乡宁县人民检察院
霍州市地方税务局
山西中阳钢铁有限公司
孝义供电支公司
中国移动通信集团山西有限公司吕梁分公司
山西轩明律师事务所
交城县国家税务局
山西柴油机工业有限责任公司
山西广播电视无线管理中心
中共山西省纪委办公厅
山西省新闻出版纸张公司
山西省政府发展研究中心咨询委综合处
山西省总工会干部学校
山西省工商行政管理局经济检查总队
山西省人民政府办公厅督查处
山西省煤炭地质144勘查院
太原理工大学煤科学重点实验室
国家开发银行山西省分行
山西中强审计事务所
平遥县工商局
山西焦炭集团有限责任公司
山西平朔煤矸石发电有限责任公司
山西省引沁入汾和川引水枢纽工程建设管理局
太原铁路局太原客运段北京车队
中铁三局集团有限公司运输工程分公司第二运输段

山西省五一劳动奖章获得者

秦宝平　安建香　魏二刚　钱文光　张雪平　程自力　贺　智　侯红串（女）　岳普煜
李国忠　吕家谋　温宁瑞　王　卫　陈建东　阎继忠　李　毓　李孟西　牛丕奇
张永苏　韩　森　杨胜辉　高海林　芦金科　孙　发　鲁学斌　金俊华　张启文
王芳卿（女）　张忠义　李　政　尹九江　燕慧铭　吴生彪　田晟宇（女）　李卫东　丁雅雯（女）
郭永钢　李贵峰　梁秀芝（女）　郝银生　赵广富　卢国梁　任海平　刘爱红（女）　韩　军
王晓程　王银祥　尹东生　郑　红（女）　张俊荷（女）　王春宇　耿春光　杜德彬　张仁堂
郭卫光　刘　峰　王孝中　韩　毅　史兆庆　李新才　凌晋绥　孙连平　宿建民
胡振光　阎文晏　王建强　张永斌　王锁奎　茹文彪　张国瑞　杨晋彪　毕生才
郭长庆　吕中楼　王春虎　张　栋　杨大明　刘晓江　殷宏伟　赵　杰　王东旭
任利明　史庆寿　吴敬孝　李　进　牛福仁　牛喜军　白金海　胡建明　郝午威
杨慧敏　温守政　马玉禄　梁友平　李兰宏　侯映昶　李志强　邢　毅　贾进锋
李文杰　李咏梅（女）　王树琪　杨静涛（女）　王　英　陈新安　赵立勤　王艺华　谭定金
孙一平　柴斌杰　马德礼　卫运虎　樊双全　王永春　牛　文　孙金华　阎保平
崔海涛　韩　瑞　薛存银　张久儒　任　厚　牛　虎　阎世贵　王尚仁　曹　琦
李喜元　刘树田　张　堉　张朝阳　张红忠　赵楼生　郭　籍　高月娥（女）　郭学军
卢辉生　董志康　贾自胜　李晓军　焦北生　田武俊　张晋建　孙铁忠　刘贵平
郭士彪　高拖前　张学翊　李勤保　裴志明　冯　志　张志康　康继荣　白建新
武振胜　郭卫东　李卫平　张子玉　崔　靖　张秀春　高　民　高小平　李凤鸣
李韶华　许远秦　秦继荣　李　峰　赵春生　胡孟卿　齐　峰　李　伟　范新民
孙　萍（女）　贺学功　常志峰　宁建平　赵金凤（女）　田　根　李海生　张苏丽（女）　范扎根
乔云彬　高素春（女）　高春平　琚李珍　牛柱珍　李桂琴（女）　周平川（女）　杨治国　胡顺鹏
连建华　李扁顿　赵永祥　郭晋平　文　洪　李宝瑜　贠克明　李　莉（女）　郭茂林
焦斌龙　周巧红（女）　郭彦新（女）　刘晓红（女）　李荣山　李健丁　梁丽萍（女）　李　玮　李荣钢
郭　颖（女）　马红岩　申荣华　马　卓　欧阳勇　邓智毅　郭丽华（女）　赵卫民　田建保
唐中国　张建平　谢生玮　欧阳业新　张京社　赵治萍（女）　贺东昌　尹荔生　原海云
倪华光　马锦生　张恒康　高荣峰　赵文君　焦　钢　韩保军

三、4位为新中国成立作出突出贡献的山西籍候选人事迹

马定夫：遵纪爱民　英勇善战

马定夫

马定夫，又名马镇西，号马丁，1915年生，山西省榆社县东汇村人。6岁识字，学习珠算、书法。8岁入学，嗜书如命，学识渊博，酷爱军事游戏，外号叫“马百精”。14岁考入县第一高小，酷爱鲁迅、李大钊之文章。1930年秋，先后考入太原新民中学、太原友仁中学，皆因组织学潮而遭开除。

1933年，考入山西省立第一中学继续宣传革命思想。在《新闻晚报》发表《地亡要穷》《猪嘴绅士》等文章，抨击富者之压迫、剥削罪恶，呼唤穷者抗争，又被当局驱逐出校。1933年8月，考入太谷铭贤中学。毕业后，1935年考入北平镜湖高中，加入中国共产党的外围组织“反帝大同盟”。次年加入中国共产党。

抗日战争爆发后，受党组织派遣弃学回县，参加山西牺牲救国同盟会。1937年10月县抗日游击队组建后，他任抗日游击队第3大队大队长兼指导员。1939年后历任中共榆社县委宣传部长、组织部长，八路军晋中独立支队政治部教育科长、民运科长，太行二分区政治部主任，新编第10旅30团政委等职。他关心战士，热爱群众，所率部队以遵纪爱民而著称。1943年6月，在夏收保卫战中，指挥了著名的中北岭伏击战，粉碎了驻太谷日伪军的偷袭，击毙敌人30余人。根据地人民编了两首颂扬30团和马定夫的歌谣，四处传唱。1943年7月23日，在太谷县枫子岭村与千余名干部群众举行军民联欢会时，突遭日伪军200余人偷袭，千余名群众的生命安全受到威胁，他果断指挥部队阻击敌人，保护群众安全转移。激战中，腹部中弹，壮烈牺牲，年仅28岁。

1946年，中共榆社县委、县政府在东汇村建立马定夫烈士纪念碑。太谷县建马定夫烈士纪念馆，并更名枫子岭村为马定夫村。

刘胡兰：生的伟大　死的光荣

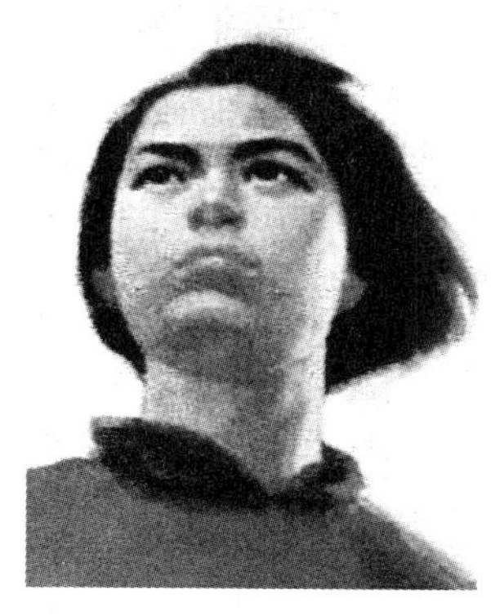
刘胡兰

刘胡兰，女，1932年10月8日出生于文水县云周西村的一个中农家庭。她从小受共产党人的耳濡目染，10岁起参加抗日儿童团，为八路军站岗、放哨、送情报。1945年11月，她参加了党组织举办的妇女干部训练班，阶级觉悟有了进一步提高，之后担任了云周西村妇女救国会秘书，参加了党领导的送公粮、做军鞋等群众活动，还动员青年报名参加八路军。1946年5月，她调任第五区“抗联”妇女干事；6月，被吸收为中共候补党员，并被调回云周西村领导当地的土改运动。1946年秋，国民党军大举进攻解放区，文水县委决定留少数武工队坚持斗争，大批干部转移上山。当时，刘胡兰也接到转移通知，但她主动要求留下来坚持斗争，在已成为敌区的家乡往来奔走，秘密发动群众，配合武工队打击敌人。

1947年1月12日，阎锡山国民党军和地方武装“复仇自卫队”突然包围云周西村，刘胡兰因叛徒告密而被捕。她在敌人威逼利诱面前坚贞不屈，大义凛然：“怕死不当共产党员！”敌人将同时被捕的6位革命群众当场铡死，但她毫不畏惧，面对铡刀，怒问一声：“我咋个死法？”匪军喝叫“一个样”后，她从容地躺在铡刀下，英勇献出了年仅14岁的宝贵生命。刘胡兰以短暂的青春年华，谱写出永生的诗篇，以不朽的精神，矗立起生命的宣言。刘胡兰牺牲后，毛泽东为她亲笔题词：“生的伟大，死的光荣。”

贺昌：革命先驱　民族脊梁

贺　昌

贺昌，1906年1月19日出生于山西省离石县一个士绅家庭。父亲贺雨亭，是清末拔贡，学识渊博，思想开明。少年贺昌深受其父影响，在他幼小的心灵中播下了爱国报国的种子。贺昌曾在一篇作文中写道："国家灾难临头，应挺身而出，即使牺牲也不退缩。"1920年春，贺昌随父来到太原，考入山西省立第一中学读书。在进步人士的影响下，先后集资创办了晋华书社，编辑出版《青年报》，吸引大批学生来这里读书，进而走上革命道路。1922年9月，年仅17岁的贺昌被推选为太原团地委书记，发动与领导太原青年学生罢课和正太铁路工人全线罢工。1923年，加入中国共产党，1925年被选为团中央常委、工农部长。1927年参加了周恩来、罗亦农、赵世炎等领导的上海工人三次武装起义。不久，任共青团湖北省委书记。在中共第五次全国代表大会上当选为中央委员。之后，参加了南昌起义和广州起义，与反动派展开了不屈不挠的斗争。1928年中共第六次全国代表大会继续当选为中央委员。1929年春担任中共中央南方局宣传部长、中共广东省委书记。1930年任中共中央北方局书记，发动与组织北方的罢工、暴动和起义。后担任中国工农红军第五军政治委员、红三军政治部主任。1932年2月，调中央军委，任中国工农红军总政治部副主任、代主任。1934年2月当选为中央执委会委员。1934年10月，举世闻名的二万五千里长征开始后，他奉命留在江西苏区，担任中共中央苏区分局委员、中央军区政治部主任等职，坚持游击战争。1935年3月5日，贺昌率领红军与数倍于己之敌激战，在江西会昌附近山上突围时壮烈牺牲，时年29岁。陈毅元帅曾在《哭阮啸仙、贺昌同志》一诗中沉痛地写道："环顾同志中，阮贺足称贤。阮誉传岭表，贺名播幽燕，审计呕心血，主政见威严。哀哉同突围，独我得生全。"表达了对贺昌等同志的敬佩与怀念。

续范亭：誓死抗日　拔剑长歌

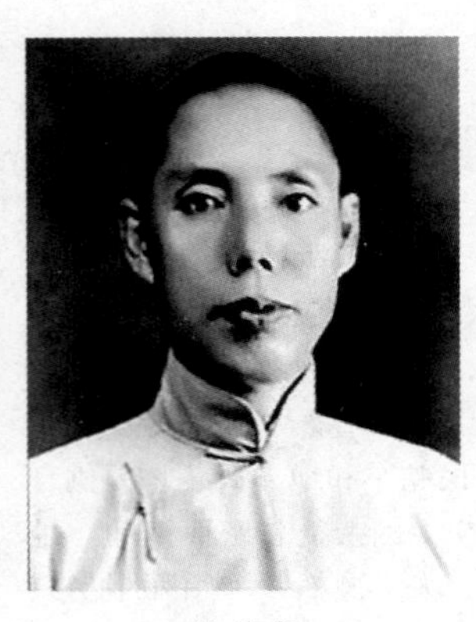
续范亭

续范亭，1893年11月出生于崞县（今定襄县）西社村。早年参加孙中山领导的同盟会。1911年辛亥革命时，任革命军山西远征队队长，后组织西北护国军，讨伐袁世凯。1925年前后任国民军第三军第二混成支队参谋长、第六混成旅旅长、国民军军政学校校长。

1931年九一八事变后，续范亭反对对日妥协，呼吁抗日。但国民党蒋介石政府顽固坚持"攘外必先安内"的方针，拒不纳谏。1935年，续范亭在南京拜谒中山陵时悲愤地写下《哭陵》一诗："赤膊条条任去留，丈夫于世何所求？窃恐民气摧残尽，愿把身躯易自由。"并在中山陵前剖腹自戕，要求抗日,举国为之震惊。

续范亭的壮举，是对蒋介石不抵抗政策的有力揭露和抗议，激励了全国人民的抗日热情。遇救不死的续范亭继续为抗日奔走。他赞同共产党停止内战，团结抗日的主张。1937年9月，续范亭任第二战区民族革命战争战地总动员委员会主任委员，与共产党人合作创建山西新军。1938年6月，由关向应、南汉宸介绍，秘密加入中国共产党。1939年，他参与指挥反击国民党顽固派的战斗。1940年，任晋西北军政民联会委员会副主任委员、晋西北行政公署行署主任。同年11月，任晋西北军区副司令员。1940年冬，日军对晋西北根据地实行残酷的大"扫荡"，续范亭率行署机关日夜转战，积劳成疾，终于病倒。1947年9月12日病逝于山西临县。毛主席亲送挽联：'为民族解放，为阶级翻身，事业垂成，公胡遽死？有云水襟怀，有松柏气节，典型顿失，人尽含悲'。1947年9月13日，续范亭被追认为中国共产党正式党员。

四、5位新中国成立以来感动中国人物山西籍候选人事迹

申纪兰：村民的贴心人 党员的好镜子

申纪兰

申纪兰，女，汉族，山西省平顺县西沟村人，中共党员。1929年12月出生，现任山西省长治市人大常委会副主任、平顺县西沟乡西沟村党总支副书记、西沟村金星经济合作社社长。她3次被评为全国劳动模范，是全国唯一连任一至十一届的全国人大代表。

1952年，申纪兰带头动员和组织妇女参加社里劳动，在一个封闭贫瘠的小山沟带领广大妇女和男村民开展劳动竞赛，在全国率先实行男女同工同酬，当年她第一次被评为全国农业劳动模范，1953年参加中国妇女第二次全国代表大会，并当选全国妇联第二届执行委员会委员，并参加丹麦第三届世界妇女代表大会，1953年参加共产党，从1954年当选第一届全国人大代表，到2008年当选第十一届全国人大代表，她是全国唯一的一位从第一届连任到第十一届的全国人大代表，被国际友人称为资格最老的“国会议员”。

改革开放以来，她很快完成了一个从农业劳模向现代企业家的角色转换。她不顾自己年老体弱，上北京、下江南，跑项目、引人才，利用本地丰富的硅矿资源优势，接连建成了铁合金厂、焦化厂、磁钢厂、饮料厂等几个骨干企业。近年来，她又带领干部群众先后建成了西沟石料厂、西沟金星焦化厂、纪兰冶炼5万吨电石项目、西沟采矿厂等一批重点骨干企业项目，组建了山西纪兰商务公司等企业，初步形成了建筑建材、冶炼化工、农副产品加工和外向型企业为主的有西沟特色的企业发展新格局。同时，利用自身和西沟的“名人名村”优势，建成了展览馆、太行之星纪念碑、村史亭、老西沟互助组雕塑、西沟森林公园等旅游景点，形成了以全国爱国主义教育基地、森林休闲为主的红色旅游和绿色旅游，把一个落后的纯农业村变成农林牧工商游全面发展的现代化新农村。

半个多世纪以来，她带领西沟群众在荒山上造林25000亩，在干石河滩上筑坝7座、闸谷坊800余座、造地900亩，营造了一座座“绿色银行”，开发了一块块肥沃良田，把一个几乎不具备生存条件的旧西沟建成全国农业战线的一面红旗。2008年她被选为北京奥运会火炬手并出席奥运会开幕式，2008年，她把自己的1万元积蓄全部捐献给了汶川地震灾区，2009年6月30日作为全省唯一代表参加纪念建党88周年全国优秀共产党员代表座谈会，她先后被授予全国农业劳动模范、全国优秀共产党员、全国劳动模范、全国道德模范、全国巾帼建功标兵、全国三八红旗手、精神文明标兵、全国首届“保护母亲河（波司登）奖”、太行英雄、第五届全国“功勋村长”等荣誉称号。

申纪兰是西沟的领路人，她把自己的一切都献给了西沟，现在虽然80多岁高龄，但只要是村里的事，她都不辞劳苦去办，只要是村民的事，她都随叫随到，她是一个真正的共产党员，一个真正的人民代表，一个真正的劳动模范。

李双良：环保治渣 当代“愚公”

李双良

李双良，1923年出生在忻县北村一个贫苦农民家庭里,从小失去了父母，12岁当了放羊娃。在日军统治下,他迫于生计逃到煤矿当劳工,受尽压迫，饱尝艰辛,1947年来太钢当了工人。

1949年太原解放了。共产党、解放军把李双良和他的穷弟兄们从苦海里救了出来。从此，他把热爱共产党、热爱社会主义的朴素感情自觉地落实到本职工作上。

1952年，李双良入选了由当时苏联专家指导帮助下成立的太钢“高温沉渣爆破小组”。他凭着自己的才智，在多次爆破实验中，总结出“胆大心细讲科学”的七字经验，成为一名享誉全国冶金系统的“爆破能手”。1955年，他光荣加入中国共产党。

改革开放以后，我国钢铁企业焕发出勃勃生机。当时的太钢，却面临着钢渣越堆越多、无法排运的难题。近50年间累积成的一座占地约2平方公里、体积约1000万立方米、最高处达23米的大渣山，不仅威胁着太钢的正常生产，还给周边带来环境污染。

李双良看在眼里，急在心上。一到节假日，他便带着儿子去丈量渣山，掌握了第

一手资料。1983年春节期间，他向领导递交了改造、治理渣山的承包方案。当问到有什么要求时，他说："不要国家和企业投资一分钱，只要一个治渣权。"

1983年"五一"劳动节这天，李双良带着队伍开进了渣场。到1988年底，第一个五年承包期结束时，他们已累计挖排废渣1173万吨，回收废钢铁47.8万吨，创收6460万元，赢利2458万元。到1998年底，太钢渣场合计创收3.3亿元，总赢利达1.242亿元。与愚公移山不同的是，李双良带领渣场职工走出了一条"以渣养渣，以渣治渣，综合治理，变废为宝"的新路子，被世人称作当代"愚公"。

为了改善环境，清除污染，造福社会，走可持续发展道路，他们在治渣的同时，利用创收来的资金，在渣山四周建起了长2500米，底宽20米、高13米的防尘护坡墙。防护墙内建起了假山、亭榭、走廊，今日渣山绿树成荫、鸟语花香、风景秀丽。

全国"五一"劳动奖章、全国劳动模范、全国优秀共产党员，李双良获得的荣誉称号很多。最金灿灿的是：1988年6月5日，联合国环境规划署向全世界正式宣布，中国李双良被选入联合国《保护及改善环境卓越成果全球500佳名录》，同年12月，他获得"全球500佳"金质奖章。

1993年，全国总工会、国家环保总局、省总工会在太钢隆重纪念双良同志治渣十周年，并专题研讨了"双良精神"。会后，70岁的李双良把太钢渣场交给了年轻同志继任。

如今86岁高龄的李双良肩任30多所学校的名誉校长、校外辅导员、省委党校的名誉教授，山西省陶行知研究会与省关工委的顾问等，依然关心太钢治渣和关心下一代工作。

苏宁：献身国防　舍己救人

苏　宁

苏宁生前系中国人民解放军沈阳军区某部参谋长。1953年12月出生，1969年2月入伍，历任战士、班长、排长、连长、参谋长等职。苏宁以对党对祖国对人民的无比忠诚，爱岗敬业，埋头苦干，身在基层，心系全局，成为一名具有现代军事素质的指挥员，并时刻把祖国安危挂在心上，紧盯世界军事科学的发展进步，在做好本职工作的同时，潜心钻研现代军事理论，挤时间撰写了70篇学术论文。

苏宁与战士情同手足，生前曾3次冒着生命危险保护战友。1991年4月21日上午，苏宁现场指挥团队建制连手榴弹实弹投掷训练。轮到12连投弹时，一名投弹手由于挥臂过猛，弹体碰撞到堑壕的后沿，手榴弹落在不到一米外的监护员脚下。全神贯注的苏宁看到已经拉开拉火环的手榴弹冒着白烟，在手榴弹即将爆炸的危急时刻，不顾个人安危，大喊一声"快卧倒!"一个箭步冲过去推开监护员，俯身抓起手榴弹，想把手榴弹扔出堑壕，但手榴弹还未出手就爆炸了。两名战友得救了，苏宁却身负重伤，经抢救无效光荣牺牲，年仅38岁。

苏宁舍身救战友牺牲后，他的英雄行为和高尚品德，引起社会强烈反响。《人民日报》《解放军报》等报刊连续报道他的事迹。1993年，中央军委授予他"献身国防现代化的模范干部"荣誉称号，并经中央军委批准，将其画像制作印发全军，和黄继光、邱少云一样在连以上单位悬挂张贴。他的事迹还被改编成电影《炮兵少校》，成为人们熟悉的影视作品。

赵新民：临危不惧　舍生取义

赵新民

赵新民，1976年参加公安工作，生前是新疆维吾尔自治区乌鲁木齐市公安局西门派出所教导员。从警20多年里，他一直兢兢业业，忘我工作，多次受到市公安局嘉奖并荣立三等功一次。2002年2月1日11时许，一名身绑炸药的犯罪嫌疑人，在自治区人民政府门前勒索居民财物。接警后，赵新民迅速带领民警赶到现场。此时沿街行人、车辆川流不息，情况万分危急。赵新民指挥民警疏散周围群众和车辆，自己面对面做犯罪嫌疑人的劝导工作。歹徒不听劝告，还企图闯入天山百货大楼。一旦进入人流密集的购物场所实施爆炸，将给人民群众生命财产造成重大损失。赵新民发现后，毫不犹豫地挺身而出，将歹徒拦住。丧心病狂的歹徒看到罪恶图谋无法实施，突然引爆身上炸药。一声巨响，赵新民身负重伤，另两位民警也受了伤，但现场群众安然无恙。尽管医院竭力抢救，但赵新民还是因为伤势过重，于当日下午牺牲。当月5日，在赵新民的追悼会上，千余民警、数万群众冒着严寒自发挥泪送行，表达着对英雄的无限哀思和敬意。

赵新民的英雄事迹在社会上引起强烈反响。2002年，他被新疆维吾尔自治区人民政府追认为革命烈士，被公安部追授为"全国公安系统一级英模"。2003年1月，又入选中央电视台组织评选的"感动中国——2002年度人物"。

郭兰英：德艺楷模　民族之声

郭兰英

郭兰英是民族声乐和民族艺术中有影响力的代表性人物。她出生于平遥一个贫苦家庭，6岁开始学唱山西中路梆子，11岁随戏班到太原市演出。1946年秋，她毅然加入革命艺术队伍，参加华北联大文工团，开始从事新歌剧事业。1948年8月转入华北联大文工一团在石家庄成功演出《白毛女》而闻名。后演出《夫妻识字》《兄妹开荒》等歌舞剧，受到老百姓的欢迎。1949年4月，郭兰英随中国青年代表团参加了在匈牙利举行的第2届世界青年学生和平与友谊联欢节，以演唱《妇女自由歌》获奖，为新中国的成立献出一份厚礼。

郭兰英是新中国民族新歌剧、民歌演唱的奠基人，为新歌剧艺术表演体系的建立和民歌演唱作出了开拓性、历史性的贡献。1949年新中国成立后，郭兰英先后在中央戏剧学院附属歌舞剧院、中央实验歌剧院、中国歌剧舞剧院任主要演员，并担任文联第四届全国委员，中国音协第二、三届理事。她主演的新歌剧《白毛女》《刘胡兰》《小二黑结婚》等，创造了喜儿、红霞、小芹、刘胡兰等一系列生动艺术形象。同时，她还演唱了很多脍炙人口、流传很广的歌曲，如《南泥湾》《绣金匾》等，以及电影插曲《我的祖国》《山丹丹开花红艳艳》《人说山西好风光》等等，这些歌曲已成为我国民族歌曲中的经典之作。郭兰英不但出色地完成了许多重大演出任务，而且经常送戏到基层。她还作为中国艺术的使者到20多个国家和地区访问，为中外文化交流作出了贡献。退出舞台后，郭兰英在广东创办了民族艺术学校，将毕生艺术积累传给青年一代。

五、年度逝世人物

康洛同志逝世

中国共产党优秀党员、原中共山西省委候补委员、省监察委员会副书记、山西矿业学院党委书记康洛同志因病于2009年1月22日在太原逝世，享年93岁。

康洛同志出生于1916年11月，河南省淯川县人。1937年10月参加革命，1938年3月加入中国共产党。建国前，历任太行南区游击队直属大队四支队特派员、政委，中共高平县委组织部副部长，中共平顺县委组织部副部长、县委副书记、书记，太行区党委干部科副科长、社会部科长。

新中国成立后，历任山西省人民政府公安厅秘书长，省人民检察署副检察长，中共阳泉市委书记兼市长，中共山西省委组织部副部长，省监委副书记，太原工学院党委副书记、副院长，山西矿业学院党委书记、院长。曾当选为山西省委候补委员。1986年11月经山西省委同意在我省享受副省长级医疗、住房待遇，1985年5月离休。

霍泛同志逝世

中国共产党优秀党员、忠诚的共产主义战士，山西省第六届人民代表大会常务委员会副主任、党组副书记霍泛同志，因病医治无效，于2009年4月14日2时在太原逝世，享年94岁。

霍泛同志1915年11月出生于山西省黎城县西井镇下寨村。曾就读于长治师范学校、山西省立第一中学。1936年1月在北平弘达学院加入共产主义青年团，参加革命工作，同年7月加入中国共产党。1938年9月后任太行区党委宣传部秘书兼教育干事，黎城县牺盟会组织部部长、县委宣传部部长、县委书记，太行区党委宣传部宣传科长，太行一地委常委、宣传部部长、组织部部长。1949年1月任中央政策研究室农村组组长；1953年1月任中央农工部农村互助合作处副处长。1957年9月后任广西壮族自治区党委常委、秘书长，农工部部长、农村政策研究室主任、档案局局长；1964年1月任广西壮族自治区党委候补书记。“文革”期间遭受迫害，停职关押长达10年之久。十一届三中全会后彻底平反，恢复工作。1981年3月任山西省副省长，同年10月任山西省委常委、副省长；1983年4月任山西省人大常委会副主任、党组副书记；1988年2月退出领导岗位后被中央农村政策研究室聘为特约研究员；1995年12月中央批准离职休养；2002年1月中央批准享受省长级医疗待遇。

霍泛同志是省六、七、八次党代表大会代表，省五、六、七届人大代表。

青年时期的霍泛同志积极追求进步，追求真理，关心国家的前途和命运，参加了中共北平地下党组织的“北平学生读书会”，阅读了大量进步书刊和马列主义著作，逐步树立起共产主义信仰。“一二·九”爱国学生运动爆发后，他被选为弘达学院学生会副主席，积极投身运动并参加了北平学联会组织的南下抗日宣传团。次年加入共青团并担任弘达支部组织委员，后被国民党当局逮捕入狱。他在狱中与敌人进行了坚决的斗争，加入了中国共产党，走上了革命道路，冒着生命危险掩护王维纲同志（注：冀南农民暴动组织者之一，被国民党当局判处死刑，当时任狱中党组织负责人，解放后任最高人民法院副院长）成功越狱，震动了北平市反动当局。

抗日战争时期，霍泛同志出狱回到家乡黎城县，恢复了党的组织关系。他组织黎城县军民积极配合八路军反“扫荡”作战，平息了“离卦道”暴乱，领导群众开展减租减息运动，努力发展生产和改善群众生活，为建设黎城县抗日民主政权和支援前线，为发展壮大当地抗日武装力量和开展党的工作作出了贡献。

解放战争时期，霍泛同志担任太行区委、太行一地委领导职务，深入基层调查研究，扎实开展群众工作，采取有力措施推动各项工作，为巩固人民民主政权做了大量有益的工作。

新中国成立后，霍泛同志始终牢记“两个务必”，为了国家的强盛、人民的幸福勤奋工作，奉献出自己的光和热，即使受到不公正对待，也毫无怨言，继续努力工作。在中央政策研究室工作期间，起草了《关于中农与富农的划分问题》、《在土地改革工作中应当怎样去发动和组织群众》等文件，有力地指导和推动了南方地区的土地改革运动。1951年受党的派遣赴苏联了解集体农庄情况，受中宣部有关同志委托，撰写了《苏联集体农庄是怎样进行生产和分配的》调研文章供党内学习。在中央农工部工作期间，参加了统购统销、农业合作化政策的制订工作，推动了农业经济健康发展。在广西工作期间，参加了广西壮族自治区的筹备工作，组织起草了区党委有关农村工作的一系列文件和指示，其中关于广西农村社会主义大辩论的报告，中央作了重要批示并转发全国。他经常深入各个县市指导工作，为广西壮族自治区的经济建设和社会发展作出了重要贡献。

进入改革开放新时期，霍泛同志调回山西工作。他衷心拥护并坚决贯彻党的十一届三中全会以来的路线、方针、政策，勤勤恳恳、兢兢业业投入家乡的改革发展事业。在担任省委常委、副省长期间，他坚持从大局出发，积极参加省委、省政府的集体领导，为全面准确了解基层情况和把握党的政策，他经常深入田间地头调查研究，取得了大量第一手资料，为省委、省政府领导和推动“三农”工作提供了依据。他在农村、县城、机关宣讲党的农村政策近百次，为全省农村实施联产承包责任制起到了重要推动作用。1981年至1985年，他连续参加了中央关于农村工作五个1号文件的起草工作，为推进全国农村改革发展奉献了自己的智慧和心血。在担任省人大常委会副主任期间，为完善人民代表大会制度、推进民主法制建设以及加强省人大机关建设尽职尽责，辛勤工作，取得了显著成绩。

霍泛同志退出领导岗位后，始终以一个共产党员的标准严格要求自己，深入学习实践邓小平理论、“三个代表”重要思想和科学发展观，积极参加党支部活动。他始终关注农村和农民生活，不断进行调查研究，主动为推进“三农”工作建言献策，经常下乡看望基层群众特别是农民群众。他把一生积累的精神财富编印成《霍泛文集》，计140余万字。离职休养后仍担负一些社会职务，继续为社会奉献余热。

霍泛同志注重学习，勤于思考，坚持用辩证唯物主义和历史唯物主义的立场、观点和方法分析研究形势，提出工作思路，具有较高的政策理论水平，特别是在研究、推动和领导“三农”工作上作出了突出贡献。他坚持党的领导，坚决贯彻执行党的路线、方针、政策，始终同党中央保持高度一致。他为人正直，爱憎分明，廉洁奉公，处事公道，带头讲实话、办实事，与同志相处开诚布公，对同志的困难热情帮助。他对群众有着深厚的感情，无论是战争年代还是建设和改革时期，始终重视维护群众利益，尤其是始终与农民群众打成一片，被称为农民可亲可敬的朋友。他发扬党的优良传统，以身作则，吃苦在前，任劳任怨，一身正气，两袖清风，严格要求家属、子女和身边工作人员，保持了一个共产党员、人民公仆的高尚品质，在广大干部群众中享有较高威望。霍泛同志的一生，是革命的一生、奉献的一生，是为党和人民的事业鞠躬尽瘁的一生！

霍泛同志虽然离开了我们，但他坚持党性原则、忠诚于党的事业的坚定信念，严于律己、关心群众、艰苦朴素的优良作风永远值得我们学习，他的革命精神和高风亮节永远值得我们铭记！

霍泛同志永远活在我们心中！

贾云标同志逝世

中国共产党优秀党员、忠诚的共产主义战士，原山西省副省长贾云标同志，因病医治无效，于2009年9月5日13时10分在太原逝世，享年98岁。

贾云标同志1912年12月16日出生于河北省磁县城南关。曾就读于磁县师范学校。1930年10月加入中国共产主义青年团，同年参加革命工作，1935年秋转入中国共产党。历任河北省磁县小学教员、共青团磁县城区区委、磁县县委交通、直南特委交通，山西省黎城县委组织科长、冀豫边区农联主席、太行区武安县抗日民主县长，晋冀鲁豫边区政府科长、处长，安阳县县长，太行五专署科长、副专员、四专专员，太行区党委直属科科长、区党委干校副校长等职。1949年任平原省新乡市委书记；1952年任平原省委统战部副部长；1953年任华北行政委员会统计局副局长，国家统计局办公室主任、党组成员；1955年任国务院城市建设部规划设计局局长；1958年任山西省政府计委、建委副主任；1964年任山西省政府副省长兼经委主任、党组书记；1970年任山西省计委副主任；1975年任山西省委工交建政治部、省革委工交建办公室副主任，省国防工办主任；1977年任山西省副省长；1983年退出领导岗位，1985年离职休养；2002年享受正省级医疗待遇。

青年时期的贾云标同志受进步思想影响，积极追求进步。1930年前后，参与领导了学校学生自治运动和失业小学教员要求教学运动。1931年配合王维纲同志（注：冀南农民暴动组织者之一，解放后任最高人民法院副院长）宣传组织上万名小车社工人与彭城镇资本家和旧警察开展面对面的斗争，取得了维护工人利益斗争的胜利。1932年参加了磁县农民武装暴动。担任中共直南特委交通后，严守党的秘密，躲避了白色恐怖的多次通缉，成为冀南地区党的早期领导者之一。

抗日战争时期，贾云标同志在地委的领导下，在敌我交错的复杂环境下积极开展建党、建军、建政工作。主持冀豫农联工作，领导群众开展减租减息，负责筹建太行根据地卫生组织，配合八路军粉碎日寇大“扫荡”，农民自卫武装队伍建设取得显著成绩。在反磨擦消灭朱怀冰的战斗中，充分发挥后勤保障作用，保证了对我军全部粮食的供应及运输，为抗日战争胜利和民族解放做出了贡献。

1943年贾云标同志到陕北延安，在中央党校参加了近三年的整风学习和党的“七大”会议。

解放战争时期，贾云标同志领导了太行五专、四专的政权建设，担负着繁重的支前任务，动员了大量的随军民工，筹备了成千上万的担架小车，为主力部队筹集了大量的粮食，有力地支援了刘邓大军的作战，圆满完成了担负解放安阳、汤阴的后勤指挥部的工作任务，在支援战争、发展生产上发挥了积极的作用。在太行区党委负责干部甄别工作时，坚持实事求是的原则，挽救了一大批党的干部。

新中国成立后，贾云标同志努力贯彻中央指示，为稳定社会，恢复生产，团结各界人士，巩固新生的人民政权，做了大量有益工作。在山西主持工业、交通和国防科技工作期间，团结干部职工，艰苦奋斗，发展生产，劳动生产率一度达到全国中等偏上水平，为国家城市建设和山西经济发展贡献了智慧和力量。

贾云标同志从领导岗位上离休后，始终以一个共产党员的标准严格要求自己，积极参加党的组织活动，实践离休再做贡献的思想。曾担任省老年体协名誉主席，老龄人才资源开发协会会长、名誉会长。90多岁高龄还经常到全省各地调研，宣讲党史，下基层看望工人，关心改革开放和社会主义现代化建设，为山西经济社会发展积极献计献策。

贾云标同志在长期的革命生涯中，对党赤诚忠贞，革命信念坚定，为人正直，磊落坦荡，爱憎分明，廉洁奉公，办事公道，团结同志，密切联系群众。他毫不动摇地贯彻执行党的路线方针政策，时刻与党中央保持高度的一致。他坚持理论联系实际，实事求是，一切从实际出发，遇事独立思考，决不盲从。在担任党和政府高级领导职务后，更是勤勤恳恳，以身作则，吃苦在前，享受在后，一身正气，两袖清风，高风亮节，德高望重，受到广大干部和人民群众的爱戴。贾云标同志的一生，是革命的一生、奉献的一生，是为党和人民的事业鞠躬尽瘁的一生！

贾云标同志的逝世，使我们党失去了一位忠诚的老党员和老战士，经济战线上失去了一位老专家和老干部，人民群众失去了一位可亲可敬的老朋友。贾云标同志虽然离开了我们，但他坚持党的原则、严于律己、勇于开拓、关心群众、艰苦朴素的优良作风和无私人品永远值得我们学习，他的革命精神和高风亮节永远值得我们铭记！

贾云标同志永远活在我们心中！

王文章同志逝世

中国共产党优秀党员、忠诚的共产主义战士，原省委常委、省委文教部长,省人大常委会副主任王文章同志，因病医治无效，于2009年12月2日4时20分在太原逝世，享年92岁。

王文章同志1918年2月11日出生于四川省巴中县曾口区牛嵌石村，1932年11月在四川省巴中县三江乡苏维埃政府参加革命工作，1936年7月加入中国共产党。1933年5月任巴中县少共县委秘书，1934年1月任四川省少共省委宣传部秘书，同年7月任红四方面军工农总医院政治部团委书记；1935年3月任西北联邦政府军事部教育干事，同年9月到红四方面军党校学习，1936年7月到中央党校学习；1937年10月后任延安陕北公学工作人员、政治指导员、文书科长、会计科长；1940年4月后任晋察冀边区华北联合大学供给处协理员、校部党总支书记、校务处副处长；1943年3月后任晋察冀平西地委组织部干事、副部长、部长；1948年3月任晋察冀北岳区随军工作团主任，同年5月任晋察冀第三纵队政治部民运部长；1950年7月任六十三军后勤部政治委员；1954年6月任志愿军后勤五分部副政治委员；1955年12月任二十一军政治部副主任；1958年2月到解放军政治学院速成系学习；1964年9月后任山西省工交政治部主任，太钢“四清”工作团副团长、党委副书记；1965年9月当选为山西省委委员；“文革”中受到冲击；1969年秋到中央学习班学习；1970 年4月任省革委会政工组副组长，同年7月任省“五七”干校革委会主任、校领导组组长；1972年8月任省革委会政治部副主任、主任；1973年5月当选为省委常委；1975年3月后任省委文教部部长、文教委主任；1980年3月任省委宣教领导组副组长；1984年4月任省人大常委会副主任；1985 年6月兼任省人大环境保护委员会主任；1988年2月退出领导岗位；1996年2月中央批准离休；2002年1月经中央批准享受省长级医疗待遇。

王文章同志出生于贫苦农民家庭，深受苛税压榨、地主盘剥、军阀混战之苦，从小树立了追求解放、争取光明的理想。红四方面军到达四川后，他说服家人，参加了乡苏维埃政府，参加了打土豪、分田地、保卫苏维埃政权的革命工作。1933年5月加入共青团后，在农村广泛宣传党的方针政策，动员广大青年参加红军，保卫革命根据地。长征期间，爬雪山、过草地，历经艰险，经受磨练，先后参加了四川懋功会师、甘孜地区会师和甘肃会宁会师。抗日战争期间，他积极做好华北联大师生的疏散工作，组织民兵埋设地雷、破坏道路桥梁，动员群众坚壁清野，分散埋藏粮食物资，迅速转移撤离，为粉碎日寇秋季“扫荡”作出了积极贡献，坚定了当地军民抗战必胜的信心。解放战争期间，在新保安战役、北京和平解放、太原战役和兰州战役中，他积极协助地方组织训练民兵武装，配合部队作战，宣传发动群众运送物资，做好支前工作。抗美援朝期间，作为部队后勤部门的领导，他对保障部队粮草弹药物资供应、搞好战场救护和对伤员运转等问题进行深入研究分析，针对建立“炸不断的钢铁运输线”采取了许多措施，有力保障了第二、三次战役和铁源阻击战的兵力运输、物资供应。

1964年，中央决定抽调部分军队优秀政工干部到地方，加强地方政治思想工作。王文章同志离开部队来到山西，任省委工交政治部主任。他深入厂矿车间，认真调查研究，提出了许多建设性的意见和建议，积极组织开展以“政治思想好、劳动生产好、企业管理好、遵纪守法好、环境卫生好”为内容的比学赶帮竞赛活动，进一步提高了广大干部职工的工作积极性和业务技术水平。“文革”期间，他不屈压力，不怕风险，顶风直言，想方设法保护干部。党的十一届三中全会以后，他认真贯彻落实党的方针政策，满怀热情投身经济社会建设事业，做了大量卓有成效的工作。在文教工作方面，针对师资力量严重不足、教育设备陈旧和短缺的问题，多方协调、积极争取，加大投入，提高了教师的待遇水平，加强了学校的基础设施建设。在卫生工作方面，针对山西地方病突出的问题，向省委建议成立了地方病防治领导组，每年从财政拨款100万元作为专项经费，对地方病防治工作起到了促进作用。在计划生育工作方面，积极组建机构，争取经费，组织制定了切实有效的规划和措施，并担任了山西省首届计划生育协会会长，二、三、四届名誉顾问，为我省计生工作做出了开创性贡献。在任省人大常委会副主任兼环境保护委员会主任期间，他认真参加地方法规审议，积极开展立法调研，在环境保护工作上坚持“抓得硬、不放松、不手软”，落实“三同时”政策，收到积极成效，全国人大、国家环保部门和部分省市多次来山西考察、参观学习，给予了充分肯定。退出领导岗位后，他老当益壮，学而不厌，积极参加各项社会活动，讲党史、讲军史、讲传统。1997年，王文章同志作为我省老红军代表，光荣地参加了在北京举办的纪念红军长征胜利60周年系列活动。

70多年的革命生涯，王文章同志始终坚信马克思主义，坚信共产党领导，在思想上、政治上、行动上自觉同党中央保持一致，不畏艰险，不怕牺牲，积极献身共产主义事业，为民族独立、人民解放和社会主义建设事业作出了积极贡献。他勤奋敬业，认真负责，一丝不苟，求真务实、作风深入、平易近人，具有较高的政策理论水平和丰富的领导经验。他牢记全心全意为人民服务的宗旨，廉洁奉公、勤政为民，生活简朴，坚持原则，与人为善，对亲属、子女和身边工作人员严格要求，始终保持了共产党员的本色，在广大党员干部、知识分子和人民群众中享有较高的威望。

王文章同志的一生，是忠诚革命事业的一生，是全心全意为人民服务的一生，是为共产主义事业鞠躬尽瘁的一生。王文章同志虽然离开了我们，但他的革命精神和高风亮节永存！他永远活在我们心中！

六、缅怀文章

深切缅怀赵雨亭同志

李立功

花谢花开，春去春来，赵雨亭同志辞世已一年了。

这一年，我们国家经历了雨雪冰冻灾害、汶川地震、成功举办奥运、纪念改革开放30周年等等，可以说是悲喜交加。但不论是悲是喜，我总想，若雨亭同志尚在，彼此促膝谈论为之奋斗一生的事业发展和社会变迁，那该是多么高兴的情境！遗憾的是，雨亭同志走了。但时光流逝却难掩我对他深深的怀念!

赵雨亭同志于抗战时期参加革命，他在抗日战争中经历了残酷的对敌斗争磨练，在解放战争中经过了纷飞战火的洗礼，新中国建立后又经历了社会主义建设的曲折历程，在“文化大革命”中进行了坚决抗争，在党的十一届三中全会前后参加了拨乱反正和改革开放的伟大实践，是一位久经考验的坚定的共产党员、党的优秀高级干部，堪称名播三晋、德高望重。

我与赵雨亭同志在一起工作、共事、相识60年。可以说，赵雨亭同志既是我的老领导、老战友，又是我的老同事、老朋友。我与赵雨亭同志初识于1948年，那时他是中共晋中三地委即太谷地委宣传部长，不久先后任中共晋中区党委青委书记兼新民主主义青年团筹委会书记、晋中二地委(后改称汾阳地委)副书记兼组织部长。在汾阳地委，赵雨亭同志分管青年工作。在此期间，1948年10月底晋中区党委调我做青年工作，任晋中二地委青委书记。1949年春，我两次去西柏坡参加华北地区青年工作会议，并到北平参加全国青年联合会代表大会和中国新民主主义青年团第一次全国代表大会，5月间回到晋中二地委后，晋中二地委已改为汾阳地委，我担任了团地委书记。在赵雨亭同志的领导下，我在汾阳地区开展了建团工作。1954年以后，赵雨亭同志任中共晋南地委书记，1957年我被派往晋南地区西山，先是任中共隰县中心县委书记，后任西山工委书记；当1959年省委调我任团省委书记时，赵雨亭同志出面挽留，经省委同意，我担任了晋南地委书记处书记。因此，从1957 年开始，我们在一个班子里工作了几年。1964年开展农村社会主义教育运动即“四清”运动时，省委成立了洪洞“四清”工作团，由赵雨亭同志任政委，我任团长。按照当时的统一安排，赵雨亭同志到公孙堡大队蹲点，我抓面上的工作。“文化大革命”前，赵雨亭同志调任山西省委书记处书记，我调北京市工作。在“文化大革命”期间，我经常打听赵雨亭同志的情况，对他身处逆境、遭受迫害的情况十分同情，对他顽强抗争的精神十分佩服。从1981年春开始，我先后任山西省委常务书记(第一书记是霍士廉同志，第二书记是罗贵波同志)和书记，赵雨亭同志是省委书记，对我的工作给予了积极支持和大力配合。几十年来，我们在工作上相互支持，生活上相互帮助，结下了深厚的友谊和情感。因而，我对赵雨亭同志有着深刻的了解。

赵雨亭同志是一位具有坚定理想信念的共产党人。无论是在战争年代、和平岁月，无论身处顺境和逆境，他都忠于党的事业，服从党的领导，执行党的决议，勤勤恳恳、踏踏实实地为党工作。在战争年代的对敌斗争中，他在平西格子网领导群众进行艰苦的反“扫荡”、反“蚕食”斗争。在社会主义建设时期的各项运动中，他不气馁、不退缩，而是勇往直前认真总结经验教训。在“文化大革命”中，他立场坚定，旗帜鲜明，勇敢地与“左”倾错误潮流抗争。他一贯认真地、刻苦地学习马克思列宁主义、毛泽东思想，学习党在各个时期的路线、方针和政策，并雷厉风行地予以贯彻和落实。这种精神是每个共产党员和党的领导干部都应该学习和发扬的。

赵雨亭同志是一位实事求是、坚持真理的楷模。在1957年开展反右派斗争时，他虽然不免受到当时“左”倾指导思想的影响，但能够冷静地分析客观情况，不赶浪，不冒头，较为稳妥地安排部署工作。我当时在隰县工作，由于上级没有压力，所以没有造成大的偏差。对这一点感受很深。在1958年的大跃进、人民公社、大炼钢铁的高潮中，他主政的晋南地区也曾轰动一时，但还是因为比较保守，受到了批评。尔后在纠偏工作中，赵雨亭同志却非常坚决，非常及时。1959年贯彻第二次郑州会议精神时，赵雨亭在召开五级干部会议时，采取会议讨论与全民讨论相结合、解决思想问题与解决实际问题相结合、领导会议与领导生产相结合的办法，明确核算单位下放，大力纠正“五风”和“一平二调”的错误，收到了很好的效果，他的书面汇报材料受到了毛主席的赞赏。在洪洞开展“四清”运动时，赵雨亭同志在公孙堡大队蹲点，他从实际出发，狠抓了村政建设和党的建设，帮助制定了生产建设规划，毫不放松地抓了生产建设，使这个大队的农、林、牧、副业都得到了很大的发展，改变了落后的面貌。赵雨亭同志从实际出发的实事求是精神，是党性的体现，也是值得我们认真学习和发扬的。

赵雨亭同志具有丰富的工作经验。他经常深入实际，深入群众，在群众的实践中总结经验，发现和培养典型，以典型引路，推动全盘工作，所以各项工作能够顺利开展，取得成绩。在上世纪五六十年代，赵雨亭同志在领导晋南农业生产方面，树立了一批典型，如“棉花八仙”“小麦十杆旗”“谷子玉茭九先锋”“畜牧六大标兵”“植树造林五面红旗”等，并在其他各业培养了如浮山县圪塔供销社、全国卫生模范县稷山县、全国体育先进县万荣县、全国教育先进单位运城卿头小学等。农业战线上的一批典型，为晋南各种类型地区的农业生产树立了学习的榜样，特别是“棉花八仙”“小麦十杆旗”推动了盛产棉麦的晋南地区的棉花和小麦的丰产。赵雨亭同志还总结了曲沃县杨谈大队“政治、技术、管理”三结合的经验，在全区大力推广，以典型推动全盘的工作方法，推动了全区各项工作的开展，使晋南地区成了全省、全国的先进地区。中央领导同志刘少奇、彭真等对晋南地区的工作经验非常重视。刘少奇专门听取了赵雨亭同志关于杨谈大队经验的汇报，彭真同志亲自到杨谈大队和闻喜县涑阳大队进行了考察。他们对赵雨亭同志的工作给予了很高评价。赵雨亭同志这种工作方法和工作经验，是我们领导干部应该继承的一笔宝贵财富。

赵雨亭同志严于律己、情系群众。他一贯作风严谨、细致，听传达报告总是亲自记笔记。记得他在晋南工作时期经常亲自写讲话稿，也经常下乡，下到农村总是与群众同吃、同住、同劳动，与农民群众交朋友。下级对他特殊招待，每次都受到严厉批评。他去下边检查工作，就在机关食堂就餐，不吃小灶，不搞特殊，他从来不吸烟，不喝酒，不吃肉，饭菜非常简单。他极力提倡节俭的会风，反对铺张浪费。一次他在一个县下乡，县里招待的标准有点高，上菜超过了四菜一汤，饭还没吃完，他便披上大衣离开了饭桌，说是“你们吃吧!”可是，他对群众的生活却非常关心，在三年困难时期，赵雨亭同志把群众的生活当作大事来抓，抽调地、县两级大批干部到基层去安排群众生活，采取了一系列有效措施，解决农民的吃饭问题，群众曾称之为“吃饭革命”，就是这种“吃饭革命”，在全国有些地方发生死人事件的情况下，在晋南没有饿死一个人，这是很了不起的。这种关心群众疾苦、与人民群众同舟共济的精神，也是我们今天应该发扬的。

几十年革命征途中的同甘共苦，使我对赵雨亭同志十分钦佩和敬重。他逝世之后，他的业绩、他的精神、他的思想、他的作风、他的形象，一直深深地印在我的脑海里，久久不能忘怀。在赵雨亭同志逝世一周年之际，我们应该好好向这位老党员、老革命学习，使赵雨亭同志身上体现的党的优良传统和作风，发扬光大，薪火相传。

教诲常在　德范永存

——追忆崔光祖同志

申功延

崔光祖同志离开我们已经一年了。他的音容笑貌时常萦绕在我们心头，他的谆谆教诲始终回响在我们耳畔，他忠诚事业、勤奋工作和朴实厚道的优良品质一直在激励着我们。他的离去，我们党失去了一名好党员，我们的改革和发展事业失去了一个好干部，我们这些长期在他身边工作的人失去了一位好领导、好师长。我们掩泪思之，惟因他是一位普通而又不平凡的人，是一位可以亲近而又值得尊敬的人，是一位历经磨难而又矢志不渝的人。

几十年来，崔光祖同志时刻以“正正派派做人，清清白白做官，扎扎实实做事，勤勤恳恳做人民大众的牛”为座右铭，始终坚信马克思主义，坚信中国共产党的领导，积极献身共产主义事业，满怀热情地投入社会主义现代化建设。我们追忆崔光祖同志，不仅仅是为了缅怀，更重要的是为了在他的优秀品质感召下，在自己的本职岗位上做出更大的贡献。

正正派派做人

在崔光祖同志的笔记本里抄录有明代学者高攀龙的一句话，“吾立于天地间，只思量做一个好人，乃第一要义。”他很欣赏这句话，并将之视为自己的人生准则。崔光祖同志出生在临猗县曹家营村一个农民家庭，自幼家教严格，父辈教育他第一位的就是要正正派派做人。无论是他在求学期间，还是步入仕途，以至成为高级干部，正正派派做人始终都是他不渝的人生追求。他常对我们说，做人不见得非要顶天立地，但起码要对得起自己的良心，作为一名共产党员、领导干部，更要对得起党，对得起人民。人字虽只有一撇一捺，但要真正“写”好可不是那么容易的事情。

做人正派，首先要真实坦诚。崔光祖同志一生中很多时间是在做共青团和宣传文化工作，他在团的系统和宣传文化战线上有极好的人缘和十分广泛的朋友，靠的就是他自己的真实和坦诚。真实便是诚信，是做人最基本的道德底线。坦诚便是心底无私，是人与人畅快沟通的前提。崔光祖同志1975年任团省委副书记后，认真履行自己的职责，跟大家坦诚友好共事，被视为广大青年的良师益友。崔光祖同志调任省委宣传部长后，跟文艺界的老前辈、新秀广交朋友，不装腔，不摆谱，在文艺圈口碑甚好，也很好地带动了广大艺术家们更加自觉勤奋的工作。平常跟我们秘书、司机相处，崔光祖同志工作上要求甚严，但有什么都说到明处，毫不遮掩，毫不虚与委蛇，在他身边工作感觉踏实快乐。

崔光祖同志特别注重品行修养，他是这样认真的做了，对别人也是这样严格的要求。他经常告诫我们说，无论是做人还是做官，没有一个好的人品，一切都无从谈起。他还题词赠给我们："先修身而后求能" "人可一生不仕，不可一日无德"。崔光祖同志品行端正，一是他的正直，二是他的严谨，三是他的忠诚。正直，就是一定要堂堂正正、光明磊落；严谨，就是要慎言、慎行、慎独、慎思；忠诚，就是要忠于党、忠于人民，忠于事业、忠于职守。崔光祖同志终其一生，品行端正，垂范后人。在他的身上我们能深刻地感受到，有一个好的人品，做人才有底气，做事才会硬气，做官才有正气。没有良好的人品做底子是干不了大事的。

崔光祖同志的正派不光体现在工作和事业上，在治家方面也显得很突出。他们家家风淳朴，庭宇间充盈着正派之气。他跟老伴邵梅同是运城师范毕业，志同道合，相濡以沫，情深意笃，堪称模范夫妻。

清清白白做官

崔光祖同志曾吟诵过这样一段话，"得一官不荣，失一官不辱，勿说一官无用，地方全靠一官；吃百姓之饭，穿百姓之衣，莫道百姓好欺，自己也是百姓。"这是我省平遥旧县衙门前的一副对联，其中意思虽含有一点封建糟粕，实际上是道出了为官的本质。崔光祖同志说过，既然做官，就得做一个人民满意、群众认同的官，做一个"为官一任，造福一方，无憾一生"的官，不愧对手中这份权力和责任，不愧对群众对你的那份期望和信任。

崔光祖同志做官做到了"公正"。做到身正、心正、行正，不愧于己，不负于心。公正对于一个领导干部来讲，应该是做官最基本的原则。处理问题做不到公正，不能一碗水端平，不能为群众说公道话，他的为官准则就会受到质疑。说到底，正与不正，实际上是一个政治修养的问题，它反映着一个干部从政以什么为目的、以什么为核心、以什么为基础。崔光祖同志在工作中特别强调要唱响"树正气、讲团结、求发展"的主旋律，树立和保持共产党人的浩然正气和革命情操，抵制各种歪风邪气的干扰。为官之人如果能够以民为本，视民心为根，心里装着群众，凡事想着群众，工作依靠群众，才能真正做到"以德服人、以正服人"。

崔光祖同志做官做到了"亲切"。"乐民之乐者，民亦乐其乐；忧民之忧者，民亦忧其忧。"亲切可以升华为大爱，它不是一种姿态，而是对人民发自内心的热爱。崔光祖同志常讲，老百姓心里都有一杆秤，凡事都是以心换心、以情换情，如果你心里时刻装着人民的喜乐哀愁，时刻把群众的温饱冷暖挂在心上，自然会得到群众的支持和拥护。作为党员干部，应该像对待自己父母那样，对广大群众充满真情挚爱，对他们体现出真正的亲切关怀。崔光祖同志无论在哪个领导岗位上对下级都是关怀备至，问寒问暖，大家有什么困难他都会想方设法去解决。为他开车的司机的爱人生小孩了，他跟老伴提着鸡蛋、牛奶前去探望。他回老家时总是让司机把车停在离村还比较远的地方，自己走着回家，从不显摆。在村里期间，要到邻村看亲戚，他都是骑自行车去。

崔光祖同志做官做到了"廉洁"。当前，我们所处的社会正处于变革期、转型期，形形色色的诱惑无处不在。在这种环境下，作为领导干部，要想做到"不为名利失心、不为权欲熏心、不为排场傲心"，就必须有一种力排一切干扰的定力，有一种不为外物所动的境界。崔光祖同志反复告诫身边的工作人员要管住自己的脑，不该想的不要想；管住自己的嘴，不该吃的不要吃；管住自己的手，不该拿的不要拿；管住自己的脚，不该去的地方不要去，努力做到廉洁自律。

扎扎实实做事

崔光祖同志秉承着这样一个原则：人生在世，就要做事。为官掌权，就要扎扎实实为人民做事，为社会做出应有的贡献。

1975年，崔光祖同志担任团省委副书记后，认真履行自己的职责，顾全大局，勇挑重担，他分管的各项工作亮点频出。经他和同志们创办的《山西青年》发行量高达150万份，为全国之最。1983年，崔光祖同志任晋东南地委副书记期间，他怀着对晋东南革命老区的深情厚谊，一心扑在工作上，为老区的稳定与发展尽了自己最大的力量。两年后，他出任新组建的晋城市市委书记，当时晋城市各方面的条件比较困难，干部思想不稳，大部分机关仍然在晋东南地区所在地长治市办公，部分干部不愿"南下"。在这种复杂困难的情况下，崔光祖同志代表市委明确提出"机关南下，经济翻番，党风好转"的奋斗目标，并大刀阔斧创造性地开展工作。在晋城工作三年时间，他呕心沥血、屡建奇功，他以他的德行和政绩赢得了人们的赞誉。

1988年，省里新成立土地管理局。崔光祖同志是第一任局长。上任伊始，他就响亮地提出"一年打基础，两年上水平，三年冲出娘子关"的阶段性奋斗目标。战鼓擂响，旌旗猎猎，才不到两年时间，山西土地管理局的工作就一跃冲出娘子关。1989年，由省土地管理局组织的"中国土地使用制度改革理论研讨会"在北京成功召开，时任党和国家领导人的李鹏、姚依林亲临会议，并对山西的经验给予了高度评价。1991年，崔光祖同志调任运城地委书记，他团结和带领地委一班人，坚持以经济建设为中心，实施科教兴区、富民强区战略，各项工作均取得骄人成绩。

1992年崔光祖同志任省委常委、宣传部长后，统领全省宣传思想战线积极开拓、奋勇进取，一举开创了山西宣传文化事业的全新局面，山西宣传文化工作很快便排到了全国的前列。在崔光祖同志任宣传部长的三年当中，山西宣传文化工作在理论、新闻、宣传、文艺等诸多方面，都实现了新的创造和大的发展。1996年，崔光祖同志任省人大常委会副主任、党组副书记。他以对人民高度负责的态度，认真履行宪法和法律赋予的职责，为努力开创人大工作的新局面，为促进全省经济发展和民主法制建设做出了积极贡献。退出一线领导工作岗位后，崔光祖同志老骥伏枥、壮心不已，仍然热心关注党的事业和国家建设，关注全省改革开放和现代化建设事业，积极参加各项力所能及的工作。同时，坚持学习，笔耕不辍，创作并出版了大量深受广大党员干部和青少年学生喜爱的人生感悟、道德修养著作，在社会上产生了强烈的经久不衰的积极影响。

崔光祖同志作为一名领导干部，时刻牢记共产党人的使命，时刻牢记人民群众的嘱托，他扎扎实实地工作，诚心实意地为群众办实事、办好事，赢得了群众的认可和拥戴。

崔光祖同志做“官”做到了“创新”。创新是融责任、勇气、方法、态度等综合素质于一身的具体实践，是一切工作能否取得进步和发展的关键。崔光祖同志认为做事缺乏创新，最多只能把一件事做对，而不能把一件事做好。他在工作中勇于进取、大胆创新，他所领导过的每一个单位都有很多可圈可点的创新亮点，充满生机和活力。在他的带动下，干部群众都具有强烈的创新意识，形成了创新的习惯，培育出创新的思维，敢为人先，争创一流，在创新中推动事业不断发展。

勤勤恳恳做人民大众的“牛”

崔光祖同志毕生的信念是：勤勤恳恳做人民大众的牛。几十年来，他学习牛的品格，发扬牛的精神，保持牛的韧性，效仿牛的奉献，“俯首甘为孺子牛”，真正称得上是人民大众的牛。

崔光祖同志坚定信念甘为“牛”。坚定的理想信念，是我们的事业不断前进的思想动力和精神支柱。一个有坚定理想信念的人，才会成为一个高尚的人，一个纯粹的人，一个有道德的人，一个脱离低级趣味的人，一个有益于人民的人。崔光祖同志在任何时候、任何岗位上都坚决服从党的决定，服从组织安排，当遇到个人切身利益与全局利益发生矛盾时，他总是着眼全局，顾全大局，从不计较个人的得失。他始终保持优良的思想作风，加强党性修养，做到身先士卒、言行一致、表里如一。

崔光祖同志艰苦奋斗乐为“牛”。艰苦奋斗是我们党的光荣传统，也是一个干部特别是领导干部必须具备的基本政治素质。“历览前贤国与家，成由勤俭败由奢”。艰苦奋斗，不仅体现在生活的低标准上，更重要的在于极端艰苦的条件下不怕困难，不畏艰险，迎难而上，勇于拼搏的良好精神状态。崔光祖同志敢于面对各种复杂困难的工作条件下带来的严峻挑战，他深知自己身上肩负的任务的光荣与神圣，他有为官一任、造福一方的雄心壮志，有带领干部群众艰苦创业、不断改善人民生活条件的强烈责任感，有知难而上、勇于战胜困难的坚强毅力。

崔光祖同志联系群众愿为“牛”。一切为了群众，一切依靠群众，从群众中来，到群众中去，是我们党的根本工作路线。崔光祖同志牢记党的宗旨，跟群众打成一片，冷暖相知，甘苦与共。他从不摆官架子，未敢高高在上；他从不嫌贫爱富，在他身边不见“大款”“大腕”，都是农民兄弟、工人师傅；他要说便是真话，要做便是实事，他说的做的都是群众喜欢听的话，群众盼望做的事，并力求把真话落到实处，把实事办到好处。

教诲常在，德范永存。我们谨记着崔光祖同志每一次的教诲，我们遵循着他做人做事的垂范。

太行山高，汾河水长。崔光祖同志的品格和业绩，宛如山高水长，将永远铭刻在人们的心里。

大事记要

中共山西省委大事记

一月

四日 山西省与山东省在京签订了《晋鲁两省加强能源交通领域合作框架协议》，山西省委、省政府领导张宝顺、王君、李小鹏、杨安和、牛仁亮、令政策和山东省省委书记姜异康、省长姜大明、常务副省长王仁元等出席签字仪式，张宝顺、王君等同志分别讲话。

六日 省委深入学习实践科学发展观活动领导小组第三次会议召开，张宝顺同志主持会议并讲话，王君、薛延忠、申联彬、任泽民、金道铭、高建民同志出席会议。

七日 山西慈善暨社会捐助工作表彰大会召开，张宝顺、王君同志出席会议并为代表颁奖，薛延忠同志作了讲话，申联彬同志主持会议，杨安和、郭良孝同志出席会议。

八日 张宝顺、王君、申联彬、李小鹏、牛仁亮同志出席山西省电网建设动员大会暨220千伏龙城变电站启动仪式，王君同志作了重要讲话。

九日 省政协十届二次会议开幕，省委常委出席开幕式。

十一日 省十一届人大二次会议开幕，在并省委常委出席开幕式，王君同志做政府工作报告。

十六日 省十一届人大二次会议闭幕，在并省委常委出席闭幕式，张宝顺同志作了重要讲话。

同日 省委召开座谈会，分别由张宝顺、王君、薛延忠同志主持会议，征求对省委常委会贯彻落实科学发展观情况分析检查报告的意见和建议。申联彬、任泽民、高建民、李政文分别出席座谈会。

十九日 全省金融工作会议召开，王君、申联彬同志出席会议并讲话。

二月

十一日 薛延忠同志出席省妇联九届九次执委（扩大）会议并讲话。

十一日至十五日 中央纪委副书记张惠新在我省调研。金道铭同志陪同调研。在晋期间，张宝顺、王君、金道铭、高建民同志会见张惠新一行，召开山西省反腐倡廉工作汇报会，张宝顺同志主持汇报会并讲话。

十九日 全省政府机构改革动员大会暨机构编制工作会议召开，张宝顺、王君出席会议并讲话，申联彬同志作政府机构改革方案说明，任泽民同志主持会议。

同日 张宝顺、王君、薛延忠、李政文同志出席山西省统一战线“凝聚力工程”暨中国特色社会主义优秀建设者表彰大会，王君同志讲话，薛延忠同志主持会议，李政文同志作工作报告。

二十日 全省安全生产工作会议召开，王君同志主持并讲话，申联彬、李小鹏同志出席会议。

二十二日 省委农村工作会议召开，薛延忠同志出席会议并讲话，刘维佳同志作工作报告。

二十四日 全省党风廉政建设干部大会暨省纪委四次全会召开，张宝顺同志出席会议并讲话，王君、薛延忠同志分别主持，省委、省人大、省政府、省政协党员负责同志、省法检两长出席会议，中央纪委也专门派员参会。

同日 全省重点工程建设动员大会召开，王君同志出席会议并讲话，申联彬、申维辰、金道铭、李小鹏、李政文同志出席会议。

二十五日 中共山西省委九届七次全体会议召开，会议由省委常委会主持，张宝顺同志讲话。

同日 省级党政领导班子和领导干部年度考核测评会议召开，张宝顺同志主持会议并讲话。

二十六日 省委议军会议暨省国动委第四次全体会议召开，张宝顺主持会议并讲话，王君同志出席会议并讲话，薛延忠、申联彬、申维辰、方文平、张少华、高建民等省领导出席会议。

二十七日 张宝顺、王君、李小鹏、高建民同志出席万家寨引黄入晋工程北干线开工仪式，王君同志宣布开工。

三月

一日 省委召开全省深入学习实践科学发展观活动第一批总结暨第二批动员会议，张宝顺同志出席会议并讲话，王君、薛延忠、申联彬、申维辰、金道铭、胡苏平、高建民、张建欣同志出席会议，薛延忠同志主持会议。

十七日 省委召开会议传达贯彻十一届全国人大二次会议和全国政协十一届二次会议精神，张宝顺同志主持并讲话，王君、薛延忠、杨安和同志传达会议精神。

二十日 山西省召开纪念依法治省工作十周年暨“法治山西”建设动员大会，张宝顺同志出席会议，王君同志出席会议并讲话，薛延忠同志主持会议，杜玉林同志作工作报告，任泽民、金道铭、胡苏平、高建民、杨安和、张建欣等领导同志出席会议。

三十日 全省信访工作暨表彰大会召开，张宝顺同志出席会议并讲话，王君同志出席会议，薛延忠同志作报告，高建民同志主持会议。会前，张宝顺、王君、薛延忠、高建民同志会见了受表彰的先进集体代表和先进工作者。申维辰同志在太原市分会场参加会议。

三十一日至四月四日 中共中央政治局常委、中央政法委书记周永康在山西考察工作。张宝顺、杜玉林、高建民同志全程陪同考察，王君同志在太原陪同考察。四日上午，周永康同志与省领导及有关方面负责同志进行了座谈，张宝顺同志主持座谈会并代表省委、省政府作了汇报。

四月

一日 太原至北京动车组举行首发仪式。全国政协常委、全国政协经济委员会副主席、铁道部原副部长孙永福致辞，王君、薛延忠、申维辰、李小鹏、胡苏平、方文平等省领导出席仪式并为动车开行剪彩。

五日至八日 中国国民党荣誉主席连战和夫人连方瑀，中国国民党副主席林丰正及参访团一行，在海峡两岸关系协会副会长王在希和山西省政协主席、省委副书记薛延忠同志的陪同下，在襄垣县古韩镇南丰沟村祭拜连氏先祖，并到晋中、太原进行参观访问。六日下午，张宝顺、王君、薛延忠、李小鹏、高建民同志会见并宴请参访团一行。

七日 中共山西省委九届八次全会举行，省委常委会主持，张宝顺同志作重要讲话。

九日 省四大班子领导、驻并部队官兵和太原市干部群众一起在万柏林区红沟万亩生态园参加省城党政军民义务植树活动。

十二日至十四日 中共中央政治局委员、国务院副总理回良玉同志在山西农村考察并召开农村形势分析座谈会。

十五日 省总工会召开十一届四次全委（扩大）会议，薛延忠同志出席并讲话。

十八日至二十一日 中共中央政治局委员、书记处书记、中央宣传部部长刘云山一行，在山西就宣传思想文化工作更好地面向基层、服务群众，让广大人民群众共享文化发展成果进行考察调研。

二十三日 张宝顺、王君、薛延忠、申维辰、胡苏平、方文平同志出席纪念太原解放60周年座谈会，张宝顺同志作了重要讲话。

二十四日 省委、省政府召开电视电话会议，传达贯彻中共中央政治局常委、中央政法委书记周永康，中共中央政治局委员、国务院副总理回良玉，中共中央政治局委员、中央书记处书记、中央宣传部部长刘云山同志考察山西重要讲话精神，张宝顺同志主持会议并提出贯彻意见，王君、薛延忠同志分别传达，在并省委常委出席会议。

二十五日 中部论坛合肥会议在安徽省合肥市召开，张宝顺、王君同志出席论坛，王君同志发言。

二十九日 全省“五一”表彰大会召开，张宝顺、王君、薛延忠同志出席大会，薛延忠同志讲话。

五月

四日 山西省召开纪念五四运动90周年暨青年服务“三个发展”促进大会，张宝顺、王君、薛延忠、高建民、杨安和、郭良孝同志出席大会，薛延忠同志讲话。会前，出席大会的省领导接见了优秀青年代表，张宝顺同志作了重要讲话。

十三日至二十一日 全国人大常委会副委员长、民进中央主席严隽琪，全国政协副主席、民进中央常务副主席罗富和一行在我省就“新形势下的农村教育综合改革”进行专题调研考察。在晋期间，张宝顺、薛延忠同志看望严隽琪、罗富和一行。

十九日 省委常委出席山西省第十次妇女代表大会，薛延忠同志代表省委、省政府讲话。全国妇联副主席、书记处书记甄砚同志出席开幕式。

十九日至二十日 全省造林绿化现场会召开，王君同志出席并讲话，李政文同志出席会议。

二十四日至二十六日 中共中央政治局常委、中央书记处书记、国家副主席习近平一行在张宝顺、王君、薛延忠、杜玉林、高建民同志的陪同下，在晋城、长治、太原等地考察调研。在晋期间，习近平同志主持召开座谈会，听取省委、省政府工作汇报和市县乡及企业代表发言。

二十五日 全国政协副主席、民进中央常务副主席厉无畏带领全国政协调研组进行专题调研，王君同志看望厉无畏一行。

三十一日 张宝顺、王君、薛延忠、申维辰、胡苏平、高建民同志出席省城儿童欢庆“六一”暨“红色传递”爱国主义教育活动启动仪式，薛延忠同志讲话。

六月

二日 省委召开电视电话会议，传达贯彻中共中央政治局委员、中央书记处书记、国家副主席习近平同志考察山西重要讲话精神，张宝顺同志主持会议并讲话，王君、薛延忠同志分别传达，在并省委常委出席会议。

十九日 山西省召开省属企业推广潞安党建工作经验交流会，张宝顺同志出席并讲话，胡苏平、汤涛出席会议，陈川平同志主持会议。

二十三日 全省第四届高新技术产业成果展示暨合作洽谈会开幕，王君同志出席开幕式并宣布开幕，牛仁亮同志致辞。张宝顺、胡苏平、高建民同志于24日下午参观展览。

七月

一日 省委召开纪念中国共产党成立88周年座谈会，张宝顺同志出席会议并讲话，王君、胡苏平、高建民、汤涛同志出席座谈会，薛延忠同志主持座谈会。

四日至五日 中共中央政治局常委、国务院总理温家宝同志先后来到太原、大同进行调研。张宝顺、王君、杜玉林、高建民同志全程陪同。4日晚，温家宝同志主持召开企业家座谈会并作重要讲话。

九日 省委、省政府召开会议传达贯彻温家宝总理考察山西重要讲话精神，张宝顺同志主持会议并提出贯彻意见，王君同志传达，在并省委常委出席会议。

二十四日至二十五日 省委召开常委（扩大）会议，认真学习贯彻7月23日中央政治局会议精神，总结上半年经济工作，分析当前经济形势，安排部署下半年经济工作。张宝顺同志主持会议。

八月

一日 山西省举行民兵预备役部队应对多种安全威胁实兵演练，北京军区政委符廷贵上将出席活动并讲话，张宝顺同志出席活动并讲话，王君同志为山西省地震灾害紧急救援二队授旗，薛延忠、方文平、申联彬等领导同志观摩演练，张少华同志主持。

同日 全省党管武装工作述职会议召开，张宝顺同志出席并讲话，王君、薛延忠、张少华、申联彬同志出席会议，方文平同志主持会议。

十三日 省委召开全省维护稳定暨信访工作电视电话会议，张宝顺同志出席会议并讲话，王君、申维辰、杜玉林、方文平、高建民、张建欣同志出席会议，薛延忠同志主持会议。

二十一日 省委以视频会议的形式，召开“法治山西”百场报告会动员会暨首场报告会，张宝顺同志出席报告会并讲话，在并省委常委以及省人大、省政府、省政协领导出席报告会，薛延忠同志主持报告会。

二十三日 张宝顺、王君、薛延忠、申维辰同志出席第十一届全国运动会中国石化杯火炬传递活动山西省火炬传递起跑仪式，张宝顺同志点燃主火炬，王君同志致辞。

二十四日至二十七日 全国政协副主席、民建中央第一副主席张榕明在晋考察工作，张宝顺、薛延忠、李政文同志先后看望或陪同考察。

二十五日至二十六日 全国造林绿化现场会在长治召开，张宝顺同志致辞，国家林业局局长贾治邦同志讲话，王君同志讲话，刘维佳同志出席会议。

三十一日 省委举行山西省大学生村（社区）干部赴任动员大会，张宝顺同志出席会议并讲话，薛延忠同志出席会议，汤涛同志主持会议。

九月

一日 全省军转安置工作暨军转表彰大会召开，张宝顺、王君、薛延忠、申联彬、方文平、汤涛同志接见与会部分代表，申联彬同志出席大会并讲话，汤涛出席会议并宣布表彰决定。

四日 2009新晋商大会暨新晋商形象展示与产业博览会召开，张宝顺、王君、薛延忠、申维辰、李小鹏同志出席大会，薛延忠同志讲话，申维辰同志致辞，李雁红同志主持。全国人大常委会原副委员长蒋正华出席并讲话。

九日 省委召开全省深入学习实践科学发展观活动第二批总结暨第三批动员电视电话会议，张宝顺同志出席会议并讲话，薛延忠同志主持会议，申联彬、金道铭、胡苏平、高建民同志出席会议。

十日 张宝顺、王君、申联彬、李小鹏、牛仁亮、陈川平、令政策同志出席2009山西省招商引资项目签约仪式，申联彬同志主持，王君同志致辞。签约仪式前，省领导会见出席签约仪式的上海市副市长艾宝俊、中国华能集团总经理曹培玺、中国大唐集团总经理翟若愚、中国华电集团总经理云公民、国家开发投资公司总经理王会生一行。

二十一日 省委召开传达贯彻党的十七届四中全会精神大会，张宝顺同志主持会议并讲话，王君、薛延忠同志分别传达，在并省委常委出席会议。

二十六日 山西省举行庆祝人民政协成立60周年座谈会，张宝顺同志出席会议并讲话，王君、方文平、高建民、李政文同志出席座谈会，薛延忠同志主持座谈会。

二十七日 省委召开常委（扩大）会议，深入学习贯彻党的十七届四中全会精神，张宝顺同志主持会议。

二十八日 省四大班子领导同志出席辉煌60年——山西省庆祝新中国成立60周年成就展开幕式，张宝顺同志宣布成就展开幕，薛延忠同志致开幕词，胡苏平同志主持开幕式。

二十九日 省委召开弘扬“右玉精神”、加强作风建设电视电话会议，张宝顺同志作重要讲话，薛延忠同志主持会议，金道铭同志宣读了省委《关于大力学习弘扬“右玉精神”的决定》。省委常委出席电视电话会议。

十月

十九日 全省庆祝新中国成立60周年系列活动总结表彰大会召开，薛延忠同志出席并讲话，胡苏平同志主持。

二十一日 中国（山西）特色农产品交易博览会在太原开幕，张宝顺、王君、薛延忠、国家农业部副部长陈晓华出席并启动开幕式光电按钮，王君、陈晓华同志先后致辞，申联彬、李小鹏、胡苏平同志出席开幕式，刘维佳同志主持。

二十二日 省委举行全省社会治安综合治理“双先”表彰大会，张宝顺同志出席并讲话，王君同志出席会议，薛延忠同志主持会议，杜玉林同志宣读表彰《决定》。中央综治办督导室主任胡增印莅会指导。

二十八日 庆祝山西省科学技术协会成立50周年大会在太原举行，张宝顺、王君、薛延忠、李政文同志出席大会，张宝顺同志讲话。

二十九日 全省党校工作会议暨省委党校建校60周年庆祝大会举行，张宝顺、王君、薛延忠、申联彬、杜玉林、金道铭、胡苏平、高建民、汤涛同志出席大会，张宝顺同志讲话。

三十一日 张宝顺、王君、薛延忠、刘维佳同志会见全国政协副主席白立忱、中国扶贫开发协会会长胡富国一行。

十一月

五日至六日 中共山西省委九届十次全体会议召开，全会由省委常委会主持，张宝顺同志讲话。

十八日 王君、薛延忠同志出席山西省参加第十一届全运会总结表彰大会，薛延忠同志讲话，张平主持会议。会前，张宝顺、王君、薛延忠、张平等省领导接见部分获奖代表。

十九日 省委林业工作会议召开，张宝顺、王君、薛延忠、刘维佳等省领导出席会议，张宝顺同志作了重要讲话，王君同志主持，薛延忠同志宣读表彰决定。

十二月

一日 省委召开深入学习实践科学发展观活动汇报交流会，张宝顺同志主持会议并讲话，申联彬、金道铭、胡苏平、高建民、汤涛同志出席会议。

三日 张宝顺、王君、薛延忠、申联彬、李小鹏等省领寻出席大同至西安铁路客运专线建设动员大会，大会由铁道部副部长卢春房主持，张宝顺同志宣布大西客运专线开工。铁道部部长刘志军，陕西省委常委、副省长洪峰出席大会并讲话。

十日 省委召开会议，传达贯彻中央经济工作会议精神．张宝顺同志主持会议，传达胡锦涛同志讲话精神并提出贯彻意见。王君同志传达温家宝同志讲话精神，省四大班子负责同志出席会议。

十七日 省委召开第三批深入学习实践科学发展观活动电视电话会议，张宝顺同志讲话，王君、申联彬、金道铭．高建民、汤涛同志出席会议，薛延忠同志主持。

二十三日至二十四日 全省经济工作会议召开，张宝顺．王君同志作重要讲话，在并四大班子负责同志出席会议。

二十五日 山西省举行纪念地方人大设立常委会30周年座谈会，张宝顺同志出席会议并讲话，王君、方文平等有关省领导出席座谈会。

二十七日至二十八日 中共中央政治局常委、国务院副总理李克强在大同市考察工作，张宝顺、王君、杜玉林、李小鹏、高建民同志陪同考察。28日，李克强出席在大同召开的全国城市和国有工矿棚户区改造会议并作重要讲话。

三十日 省委召开电视电话会议，传达贯彻李克强同志考察山西重要讲话精神，张宝顺同志传达并提出贯彻意见，省领导王君、申联彬、高建民、杨安和、李雁红同志出席会议，薛延忠同志主持。

附　　录

山西省2009年国民经济主要指标完成情况

2009年是山西经济社会发展经受严峻考验并取得来之不易成绩的一年。面对国际金融危机的严重冲击，全省上下认真贯彻中央决策部署，紧紧围绕保持经济平稳较快发展这一首要任务，迎难而上、危中求机、奋力拼搏，努力推动转型发展、安全发展、和谐发展，全年全省经济实现由下滑到较快增长的重大转折，各项社会事业取得新发展。

一、综　　合

经济增长：初步核算，全年全省地区生产总值7365.7亿元，比上年增长5.5%。其中，第一产业增加值477.6亿元，增长4.2%；第二产业增加值4021.2亿元，增长2.3%；第三产业增加值2867.0亿元，增长10.3%。第三产业中，金融保险业增加值351.6亿元，增长22.3%；交通运输、仓储和邮政业增加值513.4亿元，增长3.2 %；批发和零售业增加值557.9亿元，增长17.1%；房地产业增加值173.3亿元，增长5.7%。

人均地区生产总值21544元，按2009年平均汇率计算达到3154 美元。

第一、第二和第三产业增加值占全省生产总值的比重分别为6.5%、54.6%和38.9%，对经济增长的贡献率分别为5.3%、 22.2%和72.5%。

价格：居民消费价格比上年下降0.4%，其中食品价格上涨1.8%。商品零售价格下降0.9%。固定资产投资价格下降1.9%。工业品出厂价格下降8.0%，其中生产资料价格下降8.3%，生活资料价格下降2.3%。原材料、燃料、动力购进价格下降3.4%。农产品生产价格上涨0.4%。农业生产资料价格上涨1.6%。房屋销售价格上涨1.0%，其中新建商品住宅价格上涨1.1%，二手住宅价格上涨0.6%，房屋租赁价格上涨0.7%。

就业：年末全省就业人员1630.6万人。城镇新增就业人员42.2万人，完成全年目标（40万人）的105.5%。应届高校毕业就业12.7万人，就业率81.1%。下岗再就业人数达到17.7万人，其中就业困难对象再就业人数5.1万人。年末城镇登记失业率3.86%，控制在了4.2%的目标范围之内。

二、农　　业

种植面积：全年全省农作物种植面积369.21万公顷，比上年减少0.92%。其中，粮食种植面积314.67万公顷，增长1.14%；油料种植面积16.99万公顷，减少5.15%；棉花种植面积7.02万公顷，减少2.12%。在粮食种植面积中，玉米种植面积145.12万公顷，增长5.27%；小麦种植面积72.75万公顷，增长4.31%。

粮食产量：全年粮食总产量942万吨，比上年减产8.37%。其中，玉米654万吨，减产4.2%；小麦211.11万吨，减产16.5%。

畜禽及水产品产量：全年全省猪牛羊肉总产量61.1万吨，比上年增长11.7%。其中，猪肉产量50.7万吨，增长11.5%；牛肉产量4.8万吨，增长14.6%；羊肉产量5.6万吨，增长10.4%；牛奶产量72.5万吨，增长6.3%；禽蛋产量75.3万吨，增长22.2%；水产品产量3.1万吨，增长1.0%。

林业生产：年末全省森林面积221.1万公顷，森林覆盖率达14.1%。全年木材产量5.7万立方米，比上年减少21.9%。全年完成造林35.4万公顷，比上年增长17.5%。退耕还林工程完成配套荒山荒地造林面积3.6万公顷。全年完成天然林资源保护工程造林面积7.6万公顷，比上年增长197.5%。

农业机械：年末全省农业机械总动力2655万千瓦，比上年末增长5.8%。机械耕地面积236.8万公顷，机械播种面积199.0万公顷，机械收获面积86.1万公顷，分别比上年增长8.6%、12.7%和15.4%。全省农机化经营总收入达到87.6

亿元，同比增长11.0%。

三、工业和建筑业

工业：全年全部工业增加值3551.9 亿元，比上年下降0.2%，在二产中所占比重为88.3 %，比上年减少2.9 个百分点。其中，规模以上工业企业完成工业增加值3379.2亿元，比上年增长 2.5%。

全社会原煤产量6.15亿吨，比上年下降6.2%。规模以上工业企业原煤产量5.94亿吨，比上年增长4.8 %；焦炭产量7649.3万吨，比上年下降5.0 %；钢材2288.4万吨，比上年增长16.1%。

规模以上工业主营业务收入9060.1亿元，比上年下降9.1%。其中，四大传统支柱产业实现主营业务收入7257.0亿元，下降11.3%，煤炭、焦炭、冶金和电力工业分别实现主营业务收入3383.8亿元、1086.4亿元、1889.1亿元和897.8亿元，分别增长-1.2%、-28.8%、-21.9%和10.9%；新兴产业中，装备制造业和医药工业分别实现主营业务收入711.2亿元和67.6亿元，分别增长-0.3 %和1.7%。

规模以上工业实现利税1093.4亿元，比上年下降20.2 %；实现利润428.4亿元，下降25.9%。

建筑业：全年全省建筑业实现增加值469.3亿元，比上年增长28.2%。具有建筑业资质等级的总承包和专业承包建筑业企业实现利润总额29.8亿元，增长28.8%；上缴税金51.4亿元，增长17.9%。

四、固定资产投资

固定资产投资：全年全社会固定资产投资5033.5亿元，比上年增长38.5%。按城乡分，城镇投资4599.9亿元，增长39.5%；农村投资433.6亿元，增长28.8%。按产业分，第一产业投资220.2亿元，增长96.6%；第二产业投资2155.1亿元，增长15.3%；第三产业投资2658.2亿元，增长60.7%。按登记注册类型分，国有投资2487.8亿元，增长51.4%；非国有投资2545.7亿元，增长27.8%。

城镇固定资产投资建成投产项目5983个，项目建成投产率为62%；新增固定资产2204.2亿元，固定资产交付使用率为47.9%。

房地产开发：全年房地产开发投资477.3亿元，比上年增长45.5%。按工程用途分，住宅投资379.5亿元，增长65.9%；商业营业用房投资42.6亿元，增长9.2%。

五、能　　源

能源生产：全年全省一次能源生产折标准煤5.25亿吨，比上年下降6.0%；二次能源生产折标准煤2.67亿吨，下降4.4%。

能源外调：全年全省向省外运输煤炭4.46亿吨，比上年下降16.4%，外运煤炭占原煤产量的比重为72.47%；向省外输送电力641.17亿千瓦小时，增长32.0%，外输电量占发电量的比重为34.22%；向省外运输焦炭5413.1万吨，下降15.7%，外运焦炭占焦炭产量的比重为70.25%。

能源投资：城镇投资中，能源工业投资完成1211.9亿元，比上年增长18.4%。其中煤炭工业投资600亿元，增长29.3%；焦炭工业投资101亿元，下降0.4%；电力工业投资405亿元，增长4.9%。

煤炭资源整合：2009年全省煤炭资源整合、煤矿兼并重组工作取得重大阶段性成果。截至2009年底，全省矿井数由2600座减少到1053座，办矿主体由2200多家减少到130家，70%的矿井规模达到年产90万吨以上，年产30万吨以下的小煤矿全部淘汰，保留矿井全部实现机械化开采。

六、国内贸易

消费品零售：全年全省社会消费品零售总额2809.0亿元，比上年增长19.2%。其中，城市消费品零售额1783.5亿元，增长18.9%；县消费品零售额561.3亿元，增长19.8%；县以下消费品零售额464.2亿元，增长19.7%。

七、对外经济

进出口贸易：全年全省海关进出口总额85.5亿美元，比上年下降40.6%。其中，进口额57.1亿美元，增长11.1%；出口额28.4亿美元，下降69.3%。

全年出口煤炭159.9万吨，比上年下降62.6%，出口金额19875 万美元，下降71.7%；出口焦炭22.7万吨，下降96.6%，出口金额9460万美元，下降97.1%；出口镁及其制品7.3万吨，下降56.2%，出口金额19915万美元，下降70.3 %；出口机电产品11.1亿美元，下降26.0%。

全年进口铁矿砂及其精矿2670.8万吨，比上年增长126%，进口金额21.7亿美元，增长39.6%；进口机电产品9.6亿美元，增长14.7%。

招商引资：全年全省新设立外商直接投资企业58家；按全口径统计实际使用外商直接投资金额13.5亿美元，比上年下降50.4%；其中纳入商务部口径统计的为4.9亿美元，下降51.8%。全年全省对外经济合作新签合同额4.9亿美元，比上年下降30.1%；完成营业额11.5亿美元，增长118.5%。

八、交通、邮电和旅游

交通运输：全省公路线路年末里程12.7万公里，其中高速公路1965.2公里。

年末全省民用汽车保有量达到234.9万辆（包括三轮汽车和低速货车30.8万辆），比上年末增长15.3%，其中私人汽车177万辆，增长20.4%。本年新注册汽车37.9万辆，比上年增长13.3%。年末轿车保有量97.2万辆，比上年末增长26.2%，其中私人轿车80万辆，增长31%。

邮电：全年全省完成邮电业务总量627.8亿元，比上年增长12.2%。其中，邮政业务总量35.3亿元，增长12.4%；电信业务总量592.5亿元，增长11.7%。新增局用交换机3.7万门，总容量达到584.1万门。固定电话用户年末达到758.8万户。其中，城市电话用户498.6万户，农村电话用户260.2

万户。新增移动电话用户259.3万户，年末达到1957.8万户。年末全省固定及移动电话用户总数达到2716.5万户，比上年末增加215.1万户。电话普及率达到79.26部/百人，其中固定电话和移动电话普及率分别达到22.14部/百人和57.12部/百人。全省宽带接入用户达到279.95万户，增长30.5%。

旅游：全年全省接待海外旅游者106.8万人次，接待国内旅游者1.06亿人次，分别增长13.7%和13.1%；旅游外汇收入3.8亿美元，国内旅游收入865.9亿元，旅游总收入892.5亿元，分别增长25.7%、20.1%和20.7%。

九、财政、金融、证券和保险

财政：全年全省财政总收入1537.5亿元，比上年增长1.28%。一般预算收入805.8亿元，增长7.7%。其中，税收收入581.9亿元，增长2.7%，国内增值税、营业税、企业所得税、个人所得税、资源税和城建税共计完成税收521.6亿元。

一般预算支出执行1556.7亿元，比上年增长18.6%。其中农林水事务支出增长80.4%，教育支出增长18.0%，社会保障和就业支出增长8.5%，医疗卫生支出增长41.1%，环境保护支出增长10.5%，文化体育与传媒支出增长6.6%，公共安全支出增长8.7%。

金融：年末全省金融机构本外币各项存款余额15759.8亿元，比年初增长22.8%。各项贷款余额7915.4亿元，增长31%。人民币消费贷款216.6亿元，增长28.2%，其中个人住房贷款169.4亿元，增长36.7%。全年累计现金收入21746.7亿元，累计现金支出22024亿元，货币净投放277亿元。

年末全省农村金融合作机构（农村信用社、农村合作银行、农村商业银行）人民币贷款余额1484.5亿元，增长19.4%。

证券：全年山西辖区证券市场各类证券成交额12268.3亿元，比上年增长83.9%。其中股票成交额11554.7亿元，增长122.4%；基金成交额71.5亿元，增长11.2%；债券成交额15.9亿元，增长61.7%。年末股票市场累计开户数127.4万户，比上年末增长18%。

保险：全年全省保费收入289.3亿元，比上年增长10.9%。其中，寿险业务保费收入205.7亿元，增长9.9%；健康险和意外伤害险业务保费收入16.4亿元，增长20.2%；财产险业务保费收入67.1亿元，增长11.7%。支付各类赔款及给付78.6亿元，增长6.8%。其中，寿险业务给付40.2亿元，增长3.6%；健康险和意外伤害险业务赔款及给付5.2亿元，增长23.2%；财产险业务赔款33.2亿元，增长8.5%。

十、教育和科学技术

教育：年末全省高等院校达到78所。全省高等教育毛入学率达到26.5%，高中阶段毛入学率达到85%。全省独立设置的成人高等学校在校学生1.64万人，成人中等专业学校在校学生4.95万人，成人技术培训学校培训结业职工和农民共计205.41万人次。全年扫盲班结业0.79万人。

科学技术：全年全省受理专利申请6822件，比上年增长26.7%。受理发明专利申请2422件，比上年增长18.0%。全年全省授予专利权3227件，比上年增长41.6%。授予发明专利权604件，比上年增长43.8%。全年有180个项目列入国家各类科技计划，获得国家资助1.9亿元。全年共取得197项科技成果，获得国家科技奖励5项，其中国家科技进步奖4项，国家技术发明奖1项。国家认定企业技术中心达到17家。省级企业技术中心达到95家。按照国家新的高新技术企业认定办法，截至2009年底，全省累计认定高新技术企业达到147家。

全年全省19个省级以上经济技术开发区和高新技术开发区科工贸总收入2143亿元，比上年增长8%；区内生产总值676 亿元，增长6.5%；税收收入74亿元，增长5.3%；进出口总额18亿美元，增长26.4%；引进国内资金194亿元，增长0.6%。

年末全省共有省、市、县产品质量监督检验所85个，国家检测中心2个，省授权行业建立的检验所(站)37个，监督抽查了645家企业19类745种产品和商品。全省共有法定计量技术机构107个，全年完成强制检定计量器具52万台件。

全省有气象台站121个。全省开展121电话天气自动答询的台站共计121个。全省气象系统开展人工影响天气业务的单位97个，防雹、增雨受益覆盖面积12万平方公里。全省有天气预报服务Intel网站30个，卫星云图接收站13个。

全省有专业综合地震台站10个，省级地震台网中心1个，数字测震地震台网5个，数字测震子台46个，流动地震台网1个。全年M1.0–M1.9级地震145次，M2.0–M2.9级地震25次，M3.0–M3.9级地震1次，M4.0–M4.9级地震1次，最大震级M4.2级。

全年全省编印专题地图6655幅，电子地图6118幅，地图集5册。

十一、文化、卫生和体育

文化：年末全省共有艺术表演团体158个，群众艺术馆12个，文化馆119个，博物馆86个。广播电台8座，电视台10座，广播电视台106座。有线电视用户385.76万户。广播人口覆盖率92.46%，电视人口覆盖率96.77%。全省共有公共图书馆124个。年末全省共有档案馆131个。全省报纸出版18.3亿份，各类杂志出版200种、3402.02万册，各类图书出版2629种、11187万册。山西电影制片厂全年完成电影故事片11部，电视电影12部，电影纪录片1部，电视剧5部150集；数字电影《十八个手印》《男孩都想有辆单车》分获第十三届电影华表奖“优秀数字电影奖”“优秀少儿影片奖提名”等一系列奖项；电视剧《喜耕田的故事》获得第二十七届电视剧“飞天奖”长篇电视剧一等奖、中日韩三国电视剧奖；话剧《立秋》获国家舞台十大保留剧目；京剧《走西口》获2009年国家十大精品剧目奖；电影纪录片

《决战太原》获得第二十七届中国电影金鸡奖"最佳纪录片奖"。山西广播电视台全年拍摄电视剧6部162集，数字电影1部；电视剧《文化站长》获中宣部第十一届精神文明建设“五个一”工程奖、第二十七届电视剧“飞天奖”提名荣誉奖；《别拿豆包不当干粮》《阿霞》《沟里人》《共产党员张小民》分获中国首届新农村电视艺术节电视剧最佳作品奖、优秀作品奖。

卫生：年末全省共有卫生机构(含诊所)11804个，其中妇幼保健院（所、站）133个。全省卫生机构(含诊所)共有床位14.5万张；其中医院床位10.2万张，卫生院床位2.9万张。卫生技术人员18.2万人。全省共有115个县（市、区）开展了新型农村合作医疗试点工作，2126万农民参加了合作医疗，参合率91.43%。

体育：全年我省运动员在国内外重大比赛中获金牌27枚、银牌26枚、铜牌30枚（包括非奥运项目比赛），破全国纪录1人1次1项，破省纪录9人15次15项，其中青少年破省纪录4人7次7项。全年全省销售中国体育彩票8.07亿元，比上年下降12.57%。

十二、人口、人民生活和社会保障

人口：据2009年人口抽样调查，年末全省常住人口为3427.36万人，比上年末增加16.72万人。全年全省出生人口37.16万人，人口出生率为10.87‰；死亡人口20.45万人，死亡率为5.98‰；自然增长率为4.89‰。出生人口性别比为116.75。

人民生活：全年城镇居民人均可支配收入为13996.55元，比上年增长6.7%；城镇居民人均消费性支出9355.1元，增长6.2%。农村居民人均纯收入4244.10元，增长3.6%；农村居民人均生活消费支出3304.76元，增长6.7%。城镇占调查总户数20%的低收入家庭人均可支配收入6154.86元，增长6.8%；农村占人口20%的低收入者收入1422.03元，下降4.8%。城镇居民家庭恩格尔系数（即居民家庭食品消费支出占家庭消费支出的比重）32.8%，农村居民家庭恩格尔系数37.1%。

社会保障：年末参加城镇基本养老保险人数为564.1万人；参加农村社会养老保险的人数为378.2万人；参加城镇基本医疗保险的人数为879.3万人；参加失业保险的人数为293.3万人；参加工伤保险的人数为280.3万人，其中农民工96万人；参加生育保险的人数为185.6万人。

全年全省纳入城市最低生活保障的居民94.4万人，比上年增加2.5万人，发放城市低保资金17.5亿元，比上年增加1.8亿元；纳入农村最低生活保障的居民121万人，比上年增加19万人，发放农村低保资金9.8亿元，比上年增加4.2亿元。

年末全省各类福利院床位数4.51万张，收养人数2.74万人。城镇建立各种社区服务设施1921个，其中综合性社区服务中心164个。全年销售社会福利彩票14.86亿元,筹集社会福利资金5.08亿元，直接接收社会捐赠款0.91亿元。

五个全覆盖工程：农村“五个全覆盖工程”深入推进，全年累计完成投资94.0亿元。截至2009年底，两年全覆盖实现程度达67.5%。其中，建制村通水泥（油）路全覆盖率为92.1%，中小学校舍安全改造全覆盖率为61.5%，村级卫生室全覆盖率为100%，村通广播电视全覆盖率为28.1%，农村饮水安全全覆盖率为56.2%。

十三、资源、环境和安全生产

资源：全年全省实际建设占用耕地3043.8公顷。因各种原因调整减少耕地3390.4公顷。土地整理、复垦、开发补充耕地4219.5公顷。当年净增加耕地829.1公顷。

年末全省7座大型水库蓄水总量5.05亿立方米，比上年末增加0.57亿立方米。年末全省农村饮水安全未达标人口711.19万人，当年解决农村饮水安全人口276.49万人。

全省自然保护区总数为46个，自然保护区面积达到108.6万公顷，占全省国土面积的7.0%；全省国家级生态示范区达14个。

环境：全年全省11个省辖城市中，10个省辖城市环境空气质量达到国家二级标准，比上年增加了2个。

全年全省河流监测的102个断面中，有70.6%的断面受到不同程度的污染，其中重度污染（劣Ⅴ类）的断面55个，占监测断面总数的53.9%；中度污染（Ⅴ类）的断面6个，占监测断面总数的5.9%；轻度污染（Ⅳ类）的断面11个，占监测断面总数的10.8%；水质优良（Ⅰ～Ⅲ类）的断面30个，占监测断面总数的29.4%。与上年相比，全省地表水水质总体有所好转，其中水质优良的断面同比增长13.9%，重度污染的断面减少了4.4个百分点，轻度污染的断面减少了9.6个百分点。全省集中式生活饮用水源地水质达标率为82.3%。

年末全省城市污水处理率达到73.5%，提高2.1个百分点；城市生活垃圾无害化处理率达到55.3%，提高7.83个百分点；集中供热普及率达到78%，提高7.8个百分点。

全年全省各类自然灾害造成直接经济损失150.8亿元，比上年上升53%。全年农作物受灾面积301.33万公顷，上升8.9%。其中，绝收66.5万公顷，上升9%。全年全省发生森林火灾37起，因森林火灾造成受害森林面积636.34公顷，比上年同期增长127.4%。

安全生产：全年共发生各类安全生产事故11855起，同比下降4.13%；安全生产事故死亡2723人，比上年下降27.21%；重大以上事故起数和死亡人数分别下降50.00%和72.58%。全年全省煤炭百万吨死亡率0.335，下降27.55%。

治理车辆非法超限超载：全省超限超载率由治超前的8%—11%下降到0.2%，高速公路杜绝了车货总重55吨以上的非法超限超载车辆，长途运输中的非法超限超载车辆基本消除。全年全省公路养护投资10亿元。全省国省干线公路桥涵受损由2008年的75座下降到2009年的73座，下降了2.7%；县乡公路桥涵受损由2008年的346座，下降到2009年的335座，下降了3.2%。

全年全省发生道路交通事故7051起，同比下降10.52%，造成2351人死亡、8293人受伤，直接经济损失3307.85万元，比上年下降4.05%。

注：

1.文中数据出自《山西省2009年国民经济和社会发展统计公报》。

2.地区生产总值、各产业增加值绝对数按现价计算，增长速度按可比价计算。

3.部分数据因四舍五入的原因，存在与分项合计不等的情况。

4.规模以上工业企业是指年主营业务收入500万元及以上的全部法人工业企业；限额以上批发零售企业是指年销售额2000万元及以上批发企业和年销售额500万元及以上零售企业。（山西省统计局　段永丽）

太原市2009年国民经济主要指标完成情况

2009年是太原市经济社会发展经受严峻考验并取得来之不易成绩的一年。面对国际金融危机的冲击，市委、市政府团结带领全市人民以科学发展观为指导，紧紧围绕“保增长、保民生、保稳定、促转型”的总目标，以坚定的信心积极应对，努力推动转型发展、和谐发展。经过一年的奋力拼搏，经济下行的趋势得到有效遏止，经济发展总体回升向好，经济结构进一步优化，民生得到较好保障，城市建设取得新成效，各项社会事业全面发展。

一、综　合

初步统计，2009年全市实现生产总值（GDP）1545.24亿元，比上年增长2.6%。其中，第一产业增加值31.10亿元，增长4.1%；第二产业增加值675.54亿元，下降6.2%；第三产业增加值838.60亿元，增长10.2%。第三产业中，金融保险业增加值152.30亿元，增长33.6%；交通运输、仓储和邮政业增加值134.70亿元，增长0.4%；批发零售及住宿餐饮业增加值256.10亿元，增长15.0%；房地产业增加值42.50亿元，增长4.1%。

全市人均生产总值达到44319元，比上年增长1.9%，按2009年平均汇率计算达到6488美元。

2009年三次产业比重依次为2.0%、43.7%、54.3%，分别拉动经济增长0.1、-2.9和5.4个百分点。与上年相比，第一产业比重提高0.5个百分点，第二产业比重下降4.6个百分点，第三产业比重提高4.1个百分点。

全年居民消费价格（CPI）比上年下降0.1%，其中，食品价格上涨2.6%，非食品价格下降1.3%。服务项目价格下降0.6%。商品零售价格下降0.9%。工业品出厂价格（PPI）下降10.9%。原材料、燃料、动力购进价格下降4.8%。

年末全市从业人员167.33万人，其中，城镇从业人员118.06万人，农村从业人员49.27万人。城镇新增就业11.80万人。4.44万名下岗失业人员实现再就业，其中就业困难人员再就业1.26万人。年末城镇登记失业率为3.4%。

二、农　业

2009年全市农林牧渔业总产值50.30亿元，比上年增长3.1%。其中，农业产值30.20亿元，增长0.3%；林业产值4.37亿元，增长30.6%；牧业产值13.93亿元，增长1.7%；渔业产值0.30亿元，下降0.6%；农林牧渔服务业产值1.50亿元，增长6.6%。

全年农作物总播种面积11.52万公顷，粮食播种面积8.55万公顷，比上年增加0.04万公顷。其中：夏粮播种面积0.29万公顷，秋粮播种面积8.26万公顷，蔬菜种植面积2.36万公顷，药材种植面积0.12万公顷。

年末大牲畜存栏6.40万头，猪出栏46.75万头。肉类产量4.64万吨，增长5.8%。禽蛋产量3.86万吨，增长0.8%。牛奶产量9.75万吨，增长1.1%。水产品养殖面积0.24万公顷，水产品产量2410吨，与上年持平。

全年造林面积1.95万公顷。零星植树952.95万株。新增育苗面积0.08万公顷。

2009年末全市拥有农业机械总动力119.41万千瓦。全年农用化肥施用量（折纯）27274吨。新发展沼气用户5768户。

三、工业和建筑业

2009年全部工业增加值501.04亿元，比上年下降11.6%。规模以上工业增加值470.14亿元，下降9.9%。

在规模以上工业中，中央企业增加值74.13亿元，下降4.2%；省属企业增加值263.64亿元，下降2.3%；市属企业增加值19.30亿元，增长1.5%；县属及以下企业（含无主管企业）增加值113.07亿元，下降27.6%。

全年工业产品销售率为98.5%，比上年提高0.7个百分点。其中，国有控股工业企业产品销售率为99.2%，非国有工业企业产品销售率为96.3%。

全年工业经济效益综合指数为162.03，比上年下降32.22点。利税总额135.23亿元，下降29.3%。利润总额51.04亿元，下降26.6%。

2009年全市建筑业增加值174.50亿元，比上年增长13.1%。具有建筑业资质等级的总承包和专业承包建筑业企业总产值1111.21亿元，增长39.9%；利税总额49.92亿元，增长37.7%；利润总额15.19亿元，增长35.7%；上缴税金34.73亿元，增长38.6%。

全市房屋建筑施工面积2736.08万平方米，其中，实行招标投标承包工程施工面积2400.56万平方米。房屋建筑竣工面积480.95万平方米，房屋面积竣工率为17.6%。

四、固定资产投资

2009年全社会固定资产投资782.02亿元，比上年增长11.3%。城镇固定资产投资730.59亿元，增长9.7%；农村固定资产投资51.43亿元，增长41.4%。

在城镇固定资产投资中，中央项目固定资产投资86.70亿元，增长16.5%；省属项目固定资产投资160.81亿元，下降3.1%；市属项目固定资产投资483.08亿元，增长13.4%。

第一产业投资8.80亿元，增长254.0%；第二产业投资216.67亿元，下降36.6%，其中：工业投资197.70亿元，下降39.2%；第三产业投资505.12亿元，增长57.0%。三次产业投资的比重依次为1.2%、29.7%和69.1%。

国有投资410.91亿元，增长18.1%，非国有投资319.68亿元，增长0.4%。

全年房地产开发投资165.01亿元，比上年增长35.7%。商品住宅投资116.75亿元，增长58.0%，其中，经济适用住房投资4.78亿元，增长18.9%。90平方米以下住房投资37.32亿元，占住宅投资的比重为32.0%。

全年商品房竣工面积164.23万平方米，商品房销售额88.78亿元，其中：现房销售额23.83亿元，占26.8%；期房销售额64.95亿元，占73.2%。

年内城镇新开工项目1078个，比上年减少71个。其中亿元以上项目232个，增加25个。城镇以上固定资产投资建成投产项目585个，项目建成投产率为54.3%；新增固定资产274.09亿元，固定资产交付使用率为37.5%。

五、能　　源

2009年全市一次能源生产折标准煤2501.97万吨，比上年下降13.5%；二次能源生产折标准煤4120.82万吨，下降19.1%。

全社会能源工业投资85.47亿元，比上年下降35.3%。其中：煤炭工业投资31.62亿元，下降35.9%；焦炭工业投资4.12亿元，增长88.9%；电力工业投资39.37亿元，下降40.0%。

全年全社会用电量189.34亿千瓦时，下降5.3%。其中，农业用电1.34亿千瓦时，增长14.3%；工业用电144.24亿千瓦时，下降10.0%；建筑业用电1.66亿千瓦时，增长43.6%；第三产业用电24.43亿千瓦时，增长10.6%；城乡居民生活用电17.67亿千瓦时，增长15.7%，城乡居民人均生活用电483.96千瓦时。万元GDP电耗1444.50千瓦时，下降7.7%。

六、国内贸易

2009年全市社会消费品零售总额721.70亿元，比上年增长16.4%。

限额以上贸易企业零售额313.26亿元，比上年增长34.1%，在全市社会消费品零售总额中所占比重为43.4%。

七、对外经济

2009年全市外贸进出口总额59.12亿美元，比上年下降37.1%。其中，出口额19.44亿美元，下降67.3%；进口额39.68亿美元，增长15.3%。

在出口产品中，煤炭、焦炭、金属镁分别为1.98、0.63、1.23亿美元，三类产品占出口总额的比重为19.8%。不锈钢材、机电产品、高新技术产品分别为2.56、7.53、3.38亿美元，三类产品占出口总额的比重为69.3%。

有贸易往来的国家和地区达到157个，比上年增加4个。其中，年进出口额在千万美元以上的国家和地区40个。

全年新设立外商及港澳台商直接投资企业25家。外商及港澳台商直接投资新签合同（协议）30项。项目总投资7.79亿美元。合同外资额2.76亿美元。直接到位外资2.62亿美元，下降16.2%。

八、交通、邮电和旅游

2009年末全市公路线路里程6093公里，其中高速公路165公里。公路密度87.2公里/百平方公里。

年末全市民用汽车保有量51.08万辆（包括三轮汽车和低速货车9629辆），比上年末增长19.9%，其中，私人汽车37.46万辆，增长27.1%。本年新注册汽车8.95万辆，增长11.7%。年末轿车保有量24.96万辆，增长27.5%，其中，私人轿车20.81万辆，增长32.9%；本年新注册轿车5.42万辆，增长12.5%。

全年完成邮电业务总量154.50亿元，比上年增长47.9%，其中，邮政业务总量6.96亿元，增长12.3%；电信业务总量147.54亿元，增长50.2%。新增局用电话交换机7.92万门，总容量为144.98万门。年末市话到达155.18万户，其中，无线市话28.78万户。农话7.70万户。移动电话用户409.84万户，增加68.60万户。全市固定及移动电话用户总数达到572.72万户。每百人拥有电话157部，其中，固定电话和移动电话普及率分别达到45部/百人和112部/百人。计算机互联网实际使用用户84.20万户，净增加18.78万户，其中，宽带网用户78.07万户，增加15.59万户。

2009年全市接待海内外游客1887.74万人次，比上年增长10.3%。其中，国内游客1865.20万人次，增长10.2%；海外游客22.54万人次，增长18.8%。在海外游客中，外国人15.84万人次，香港同胞3.89万人次，澳门同胞0.50万人次，台湾同胞2.31万人次。全年旅游总收入195.22亿元，增长17.8%；国内旅游收入186.13亿元，增长14.7%；旅游外汇收入1.34亿美元，增长35.4%。

九、财政、金融和保险

2009年全市财政总收入279.57亿元，比上年下降8.9%。其中，市级财政完成166.83亿元，下降4.0%；县（区）级财政完成112.74亿元，下降15.3%。

全市一般预算收入117.54亿元，增长0.5%。其中，税收收入93.50亿元，下降4.2%，增值税、营业税、资源税、企业所得税、个人所得税五大税种税收66.77亿元。

全年执行一般预算支出159.91亿元，比上年增长4.6%。农业、教育、科技等各项重点支出以及事关民生的支出得到较好保障，其中，农林水事务支出7.27亿元，教育支出28.74亿元，科学技术支出3.72亿元，社会保障和就业支出32.14亿元，医疗卫生支出10.27亿元，环境保护支出5.18亿元，文化体育与传媒支出2.41亿元，城乡社区事务支出21.80亿元，一般公共服务支出18.55亿元。

截止2009年末全市金融机构本外币各项存款余额5935.90亿元，比年初增长31.1%；本外币各项贷款余额4230.07亿元，增长41.9%。人民币各项存款余额5892.15亿元，增长31.4%；人民币各项贷款余额4156.46亿元，增长42.0%。在人民币贷款中，中长期贷款余额2580.18亿元，增长52.1%；短期贷款余额1227.26亿元，增长26.5%。全年金融机构现金收入5425.52亿元，现金支出5255.57亿元，净回笼货币169.95亿元。

全年保险金额及责任限额1.75万亿元，比上年增长17.4%。全年原保险保费收入69.30亿元，增长13.1%。其中，寿险业务保费收入47.19亿元，增长15.7%；健康险保费收入5.25亿元，增长15.8%；意外伤害险业务保费收入1.07亿元，增长13.4%；财产险业务保费收入15.79亿元，增长5.0%。支付各类赔款及给付17.49亿元，增长9.6%。其中，寿险业务给付7.43亿元，增长6.0%；健康险业务赔款及给付1.80亿元，增长21.6%；意外伤害险业务赔款0.26亿元，增长41.5%；财产险业务赔款8.00亿元，增长9.9%。

十、城市建设

2009年开工重点建设项目101项，改造小街小巷76条，完成投资117.3亿元。其中，实施城市主次干道工程28项、桥梁工程5项，迎泽西大街微循环、漪汾桥改造等工程全面完工；南内环桥、桃园南北路改造等工程主路完工通车；祥云桥、五龙口街改造等工程顺利推进。实施城市配套工程41项，部分工程建成投用。长风商务区等片区建设和小村镇建设加快推进。实施7项防洪治污工程、4项节能减排工程。

完成天然气置换工程10.3万户。集中供热扩网979万平方米，集中供热普及率达到83.1%。城市污水处理率达到78%，提高9.6个百分点。城市生活垃圾无害化处理率达到94.8%，提高4.8个百分点。完成城市公共供水1.7亿立方米。年末公交运营线路网长度635.25公里，年客运量32532.08万人次。

实施园林绿化工程55项，汾河治理美化南延至长风桥段，学府公园、漪汾公园等工程全面完工；汾河治理美化北延、环城高速互通绿化改造等工程基本完工。创建园林绿化单位32个，建成2个省级环境优美乡镇、20个省级生态文明村。全市共有公园40个，公园面积3443公顷。建成区绿化覆盖面积8519公顷，园林绿地面积7372公顷，公共绿地面积2442公顷。建城区绿化覆盖率35.8%，绿地率31.0%，人均公共绿地9.09平方米。

十一、教育和科学技术

2009年末共有高等院校36所（其中高职院校24所），中等专业学校21所，技工学校（包括技工部）45所，普通中学234所，职业中学22所，小学640所，幼儿园795所。

全市幼儿园入园率保持在93%以上，城区达到97.5%；小学学龄儿童入学率达100%，巩固率达103.2%；初中生入学率达97.2%，巩固率保持在99%。高中阶段毛入学率为95%。

年末共有独立科研机构110所，工作人员1.38万人。全年安排科技发展项目181项，技术市场共登记技术合同516项，成交金额78716万元。全年研究与试验发展（R&D）经费支出33.40亿元，比上年增长7.3%，占地区生产总值的比重为2.2%。全年共取得549项科技成果，获得国家科技奖励2项，其中国家技术发明二等奖1项，国家科技进步二等奖1项。科技成果转化率达到45%。全年共申请专利4011件，比上年增加999件。每10万人专利申请数达到114.5项，比上年增加28.5项。高新技术产业增加值占地区生产总值的比重为7.6%，比上年提高0.7个百分点。

截止2009年末高新区、经济区、民营区共有入区企业3770家。全年实现科工贸总收入1211亿元，增长9.2%。

十二、文化、卫生和体育

2009年末全市共有艺术表演团体14个，演职人员1646人。群艺文化馆12个，博物馆12个。公共图书馆馆藏图书373万册。国家综合档案馆11个，馆藏档案资料58万卷（册）。广播电视台2座，广播节目12套，中、短波广播发射台和转播台1座。电视节目19套，100瓦以上电视发射和转播台10座。全市广播人口覆盖率为99.2%，电视人口覆盖率为99.6%。2009中国·太原晋商文化艺术周成功举办，荣获第二届节庆中华奖“最佳文化传承奖”；晋剧《傅山进京》荣获第三届全国地方戏优秀剧目展演一等奖、中宣部第十一届精神文明建设“五个一工程奖”；晋剧《龙兴晋阳》作为代表山西省唯一参赛剧目，参加了第十一届中国戏剧节，荣获“优秀剧目奖”和“优秀表演奖”两项大奖。非物质文化遗产保护力度加大，共建名录141项，列入国家级保护项目13项、省级保护项目33项。继续实施农村电影放映工程，全年放映1.2万场，覆盖率达到100%。

年末共有卫生机构2425个（不含村卫生室），医疗床位26815张。每千人拥有医疗床位7.66张。各类卫生技术人员37155人，其中，执业医师14159人，执业助理医师1160人，注册护士14526人。每千人拥有医生4.37人。城乡公共卫生体系进一步完善，社区卫生服务网络覆盖率达到98.9%。计划生育工作进一步加强，符合政策生育率达97.5%。县乡两级医疗卫生机构基础设施达标率为81.7%。新型农村合作医疗覆盖全市所有行政村，实际参加合作医疗的农民96万人，参合率达到96.1%。有效控制了“甲型H1N1流感”疫情的蔓延，3所哨点医院、33家发热门诊、13所定点医院和流感监测网络实验室收治病人715例，累计接种疫苗44.67万人。

在2009年全国各种锦标赛、冠军赛中，太原选手共夺得金牌24枚、银牌10枚、铜牌11枚。在十一届全运会中，取得3金、1银、2铜的好成绩。兴建全民健身路径和农民健身工程1000余条（块），群众体育活动蓬勃开展。

十三、绿色转型、环境保护和安全生产

《太原市绿色转型促进条例》正式实施，颁布实施《太原市绿色转型促进条例实施办法》，成为全国第一个以地方立法形式整体推动绿色转型和区域科学发展的城市。绿色转型重点标准体系不断完善，制定和发布《太原市绿色村庄要求与评价》等绿色标准7个，总数达到27个，成为拥有绿色地方标准最多的城市。在机关、企业、农村等12个领域500家单位延伸和拓展“绿色十佳”创建活动。

对53个不符合要求的建设项目坚决予以否决。关停、取缔、淘汰污染企业及落后生产设施96个(座)。全面启动城中村燃煤污染控制工作，拆除城中村土小锅炉8202台。15个城中村实现了集中供热或区域供热，年减少原煤散烧35万吨。加快煤炭资源整合步伐，地方煤矿数量由整合前的130座压减到53座。建筑节能改造完成82.5万平方米。

全市饮用水源地水质达标率继续保持100%，汾河出境断面化学需氧量、氨氮年均值分别下降7.1%、11.5%。全年减排二氧化硫4600吨、化学需氧量1380吨。市区区域环境噪声年均值53.1分贝、交通噪声年均值68分贝，持续保持全国先进水平。市区二级以上空气质量天数为296天。全年平均气温为8.4—11.4℃，降水量为525—613mm。

深入开展“安全生产年”活动，出台《太原市安全生产专项整治工作方案》、《太原市安全生产三项行动工作方案》，投资4.5亿元开展煤矿、非煤矿山、尾矿库和危险化学品等专项整治。亿元GDP生产安全事故死亡率为0.17人，下降15.0%。

十四、人口、人民生活和社会保障

据2009年人口抽样调查，年末全市总人口350.18万人。其中，城镇人口287.92万人，乡村人口62.26万人。城镇化率为82.2%，比上年提高0.2个百分点。男性人口178.57万人，女性人口171.61万人，性别比为104.06：100。

全年出生人口2.94万人，人口出生率为8.45‰，比上年下降0.02个千分点；死亡人口1.40万人，死亡率为4.03‰；自然增加人口1.54万人，自然增长率为4.42‰。

2009年城市居民人均可支配收入为15607元，比上年增长2.5%；城市居民人均消费支出11708元，增长8.4%。农村居民人均纯收入6828元，增长7.4%；农民人均生活消费支出3687元，增长2.2%。城市居民与农村居民收入比为2.29：1。城市居民家庭恩格尔系数为32.1%，农村居民家庭恩格尔系数为32.6%。

截止2009年末城乡居民储蓄存款余额2085.00亿元，比年初增长20.6%。其中，城镇居民储蓄存款余额1955.50亿元，增长21.3%；农村居民储蓄存款余额129.50亿元，增长11.2%。

城镇住宅施工面积2057.57万平方米，比上年增长23.3%，住宅竣工面积370.78万平方米。城镇居民人均住房建筑面积为25.84平方米，增加1.04平方米。农村新建住宅建筑面积119.53万平方米，农村人均住房面积为33.89平方米，增加2.50平方米。

城镇基本社会保障覆盖率达到90.7%，比上年提高3.7个百分点。全市企业职工参加养老保险的人数为70.87万人。参加基本医疗保险的人数为132.50万人。参加失业保险的人数为74.11万人。参加工伤保险的人数为53.02万人，其中参保农民工13.08万人。参加生育保险的职工人数为58.18万人。城市居民最低生活保障继续加强，城市低保覆盖人口达到9.65万人；农村低保覆盖人口达到6.40万人。

年末全市城镇共有各种社区服务设施852个，社区服务中心13个。各类收养类单位40个，床位4882张，收养4408人。救济农村五保户3623户，农村临时救济人员13985人次。

大同市2009年国民经济主要指标完成情况

2009年是极度不平凡的一年。一年来，全市人民在市委、市政府的正确领导下，坚持以邓小平理论和“三个代表”重要思想为指导，认真贯彻落实科学发展观，开拓进取，真抓实干，全市经济在“转型发展、绿色崛起”战略思想的引领下，成功地抗击了历史上罕见的全球金融危机的严峻挑战，走出了年初大幅下挫、年中艰难拉动、年末企稳回升的三部曲，为2010年全市经济较快发展打下了坚实的基础。

全市经济运行情况及特点

一、地区生产总值逆势回升

从2008年第四季度开始，我市GDP增速走势就呈现下滑态势。到2009年第一季度出现大幅下挫，突破了10年前1999年-7.2%的最低记录，达到了 -8.1 %。危机时刻，全市上下坚定信心，迎难而上，坚持转型发展不动摇，扭住结构调整不松手，利用国家扩大内需、加快基础设施建设的有利机遇，打响扩内需、保增长攻坚战，全力推动经济社会稳步发展。从二季度开始止跌企稳，三四两个季度稳步回升，成功地走出了一个“V”型反转回升的走势。全年GDP 总量预计可达570亿元，同比增长3—4%。

二、农村经济稳步增长

2009年，全市农业生产遭遇历史罕见的春旱灾害袭击，导致粮食产量下降幅度较大。预计全市粮食产量可达10.5亿斤左右，比上年减产近4亿斤，下降幅度25%左右。

在严重的自然灾害面前，全市农村经济以结构调整为主线，以现代农业示范园区为抓手，大力实施畜牧、果蔬、优质杂粮和特色农产品四大产业战略，全市农业产业化步伐明显加快。目前，全市44个农业产业化项目均开工建设，已建成的140多个精品工程项目取得明显生产效益，有力推动全市农村经济平稳发展，在大灾之年减产不减收。

2009年，全市农林牧渔业完成现价总产值55.8亿元，同比增长2.74%，增加值（现价）30.54亿元，与上年基本持平。

三、工业增加值企稳回升

2009年，全市规模以上工业增加值累计完成225亿元，同比增长—3.89%，比年内最低的5月份回升了22.71个百分点，尤其是后两个月当月增速实现了突破性增长，带动全年走势呈现“V”型反转突破增长态势。其中，同煤集团拉动作用最为明显，全年工业增加值完成132亿元，占全市总量的比重达到了58%，增速达到了12.92%。

全市工业生产实现企稳回升的主要原因：

一是主导产品原煤稳步回升。原煤生产除1月份最低为320万吨外，从2月份开始稳步回升，到10月份开始进一步明显增长，直至年底。全市生产原煤7127万吨，比上年增长5.76%。其中，同煤集团生产6061万吨，比上年增长9.33%；市地方煤矿生产1066万吨，比上年下降10.8%。

二是发电量全年稳步增长。共发电264亿度，增长45.3%。

三是复产复工企业持续增加。从前三个季度看，全市规模以上工业企业开工率分别为52.9%，57.2%和61.5%，到年底达到了64.7%。比第一季度提高了11个百分点，比1月份提高了26.9个百分点。

四、固定资产投资强劲增长

2009年，全市固定资产投资以“扩内需、保增长”为着力点，在年初开始快速起步，呈现大幅反转并持续强劲增长的走势。全年投资累计完成475.17亿元，比上年增长71.8%。其中，城镇以上投资完成421.89亿元，比上年增长59.3%。

全市固定资产投资持续强劲增长的主要特点

一是市地方项目投资前所未有，占比大、增速快，投资额完成320.32亿元，比上年增长134.5%，占全部投资总量的67.4%。；二是第三产业投资最为突出，共完成312.17亿元，比上年增长142.7%，拉动全市投资增长47.4个百分点；三是非国有投资大幅增长，完成180.58亿元，比上年增长152%，占全部投资总量的38%，其增速快于全市80.1个百分点；四是保障性住房投资成为房地产开发投资的最大亮点，2009年全市房地产开发投资完成83.66亿元，比上年增长209.7%。其中保障性住房完成51.96亿元，占房地产开发投资的62.1%；五是全市重大、重点建设项目进展顺利，全年开工828个，投资总额达到了414.64亿元，占全部投资的87.3%。

五、消费品市场稳步增长

2009年，全市消费品市场在第二季度经历了短暂低迷下滑之后快速反转回升，下半年基本呈平稳增长态势。全年社会消费品零售额达到270.54亿元，比上年增长16.29%。

六、财政收入止跌回升

2009年，全市财政总收入累计完成120.9亿元，比上年下降1.12%，增速有效突破了从年初以来一直持续的-15%至-10%低位区间，比年内最低的4月份回升了16.8个百分点。一般预算收入累计完成47.61亿元，增长2.04%,实现了正增长。

七、进出口总额降势趋缓

2009年，1—11月份全市海关进出口总额累计完成1.8亿美元，同比下降16.9%。其中，出口额累计完成1亿美元，同比下降44.2%；进口额累计完成0.8亿美元，同比增长116.9%。

八、城乡居民收入平稳增长

2009年，全市城镇居民人均可支配收入达到14585元，比上年增长6.01%。

农民人均纯收入（预计）3589元，比上年增长7%。

九、金融市场运行平稳

12月末，全市金融机构人民币各项存款余额达1482亿元，比年初增加了194.71元，增长15.13%,增幅创历史同期新低。从结构上看，呈现“一增一降”态势：即企业存款多增26.95亿元，储蓄存款少增113亿元。

12月末，全市金融机构人民币各项贷款余额达456.5亿元，比年初增加了89.5亿元，增长24.3%。各项贷款增量排全省第2位，存量排全省第4位。

存贷差达1025.5亿元，存贷比为30.8%。 （王志铭）

朔州市2009年国民经济主要指标完成情况

在市委、市政府坚强领导下，全市上下抗击金融风暴，战胜自然灾害，力保经济增长。

——保增长取得巨大成效，危机之年全市经济持续、稳定增长。初步核算，全年全市地区生产总值（GDP）完成561 亿元，比上年增长10.6%，分别高出全国、全省增幅1.9和5.1个百分点。其中，第一产业完成增加值29.5亿元，同比增长2.51%；第二产业完成增加值293.8亿元，同比增长16.54%；第三产业完成增加值238亿元，同比增长5%。全市人均地区生产总值达到36452元，比上年增长9.98%，按现行汇率计算，折合5338美元，在上年突破4000美元的基础上，2009年再上5000美元新台阶。

——农业和农村经济经历了自然灾害和市场的双重考验，形势保持基本稳定。一是种植业在大旱之年，依靠播种面积增加、小杂粮增产、农产品价格上涨以及设施农业建设等有利条件，保持了稳定增长，全年累计完成农业产值30.76亿元，比上年增产4.2%，全年粮食产量达到14.4万斤，虽然比上年下降5.65%，但仍达到正常年景的平均水平；二是畜牧业发展经受了市场的考验。上半年受肉价下跌的影响，猪、牛、羊大量出栏，以降低存栏量，全年累计猪、牛、羊出栏量分别比上年增长4.9%、26.2%和13.1%，导致肉类总产量50971.6吨，比上年增产7.7%，这也是牧业产值增长幅度较大的主要原因。在国家宏观调控政策支持和推动下，后半年市场肉价稳步回升，养殖户信心有所提升，到年底，全市猪存栏增长11.8%，牛、羊存栏量仍分别比上年下降3%和4%，奶牛存栏149596头，比上年增长3.6%，全年牛奶产量45.16万吨，比上年增长4.8%，禽蛋产量21606.2吨，比上年增长20.9%。

——工业生产在困境中奋力前行，实现了两位数增长。能源需求的急剧下降导致了全年工业生产不能正常进行，大面积的企业停产，使得工业经济增长乏力，电力需求的下滑，也导致发电生产能力的闲置，煤炭就地转化率下降，地方煤矿产能利用率极低。然而在中央企业及部分受益于国家产业政策行业的强力带动下，全市工业经济保持了全省一路领先的地位。全年267户规模以上工业企业完成工业增加值270.2亿元，比上年增长18%，高于上年增幅2.3个百分点，在全省持领先地位。

——固定资产投资在国家宏观政策驱动下操持大幅增长。2009年在国家、省、市一系列保增长、扩内需重大基础性项目投资带动下，我市再次掀起固定资产投资新高潮，中央、地方项目一齐上，基础设施项目和生产性项目共同推进，投资活动十分活跃，新开工项目逐月增加，大型投资项目明显增多。全年全市施工项目达到553个，比上年增加173个，其中投资在500万元以上的项目487个，比上年增加124个。累计完成全社会固定资产投资301.5亿元，比上年增长35.86%，保持了持续大幅增长的局面。其中城镇以上投资完成287.9亿元，比上年增长38.06%。尽管从增幅看比上年回落9个多百分点，但基于我市现实经济发展所处阶段和实力，再加上进入新世纪后伴随经济结构调整而持续保持投资规模的扩张，在基数逐年扩大的情况下，能够取得35%以上的增长实属不易。

——在市场平稳、物价回落中，扩内需政策取得明显成效。全年，市区居民消费价格指数98.9%，价格总水平同比回落1.1个百分点，商品零售价格指数98.2%，同比回落1.8个百分点。在国家一系列扩大内需、刺激消费政策的有力推动下，全市消费品市场始终保持旺盛的发展势头，全年累计完成社会消费品零售总额128.59亿元，同比增长23.1%，继续高居全省第一位。特别是在一揽子刺激消费政策促动下，全市农村消费得到明显拉动，全年农村消费累计完成34.4亿元，比重达到26.75%，比上年提高0.74个百分点，同比增长29.2%，高于上年4.3个百分点，分别高出城市和县城消费增幅4.4和6.3个百分点，拉动消费增长7.16个百分点，拉动力比上年提高0.67个百分点。

——对外贸易在外需不足的情况下，依靠进口规模的扩大取得强劲增长。2009年我市对外贸易格局发生显著变化，在平朔第三露天煤矿上马的带动下，进口量取得较大规模提升，而原本弱小的出口规模受海外市场需求萎缩进一步下降。从太原海关反馈的统计结果显示，全市按经营单位所在地口径统计的海关进出口总额累计完成11345万美元，创记录地突破1亿美元大关，总量规模首次摆脱全省倒数第一的位置，跃居第九位，比上年增长86.5%，增幅高居全省第一。其中进口额完成10771万美元，增长1.04倍，出口额完成574万美元，比上年下降29.2%。

全年，全市规模以上工业企业完成出口交货值10.5亿元，同比下降59.7%。其中出口大户平朔煤炭工业公司因海外市场洗煤需求不足、价格下降较大，洗精煤出口量压缩转内销，累计只完成出口交货值9.85亿元，比上年下降60.87%。

——财政收入在增收难度不断加大的情况下，实现了新的突破。全年财政总收入完成110亿元，比上年增长7.8%，增幅下滑17.3个百分点，增收8亿元，比上年少增14亿元。其中一般预算收入完成46.2亿元，比上年增长22.3%，增幅比上年下滑2.9个百分点，增收8.4亿元，高于上年增收额0.8亿元，超额完成年度预算目标12个百分点。全年财政一般预算收入占财政总收入的比重达到42.02%，收入结构得到明显优化，为保证各项重点支出，更好地发挥公共财政职能创造了有利条件。

——惠民政策取得积极成果，城乡居民收入稳定增长。一年来，围绕保持城乡居民稳定增收这一目标，市县两级政府采取多种渠道和手段，克服企业生产不足、效益下滑、农民工返乡增加等不利因素，努力扩大就业，充分发挥财政收入分配调节功能，实施了更加有力的惠农政策，千方百计扩大城乡社会保障覆盖范围，确保城乡居民收入取得实实在在的提高。全年市区城镇居民人均可支配收入达到15508元，比上年增长10.8%，增幅位居全省第一，超出年初确定的奋斗目标。从支撑城镇居民增收的因素看，继续主要依靠工薪收入拉动。全年工薪收入14251.37元，比重高达82.42%，比上年增长15.27%；伴随着城镇社会保障水平的提高，转移性收入也构成城镇居民收入的重要来源，全年人均达到2049.53元，比重占到11.85%，比上年增长18.46%。

2009年在经济危机和严重干旱的双重影响下，全市农民增收的难度明显加大。一方面实体经济的萎缩使进城务工农民大量返乡，工资性收入增长不足；另一方面是严重的自然灾害造成粮食产量的下降，使农民来自农业生产经营性收入难以达到预期。但农产品收购价格在四季度的明显上涨，部分弥补了产量下降造成的损失，同时，年内大幅增加的各项农业补贴，在很大程度上推动农民增收，全年农民人均纯收入5123.9元，比上年增长8.28%，比全省平均水平高出880元，增幅居全省第二位。

忻州市2009年国民经济主要指标完成情况

一、综　　合

经济增长：初步核算，全年全市地区生产总值346.5亿元，比上年增长0.2%。其中，第一产业增加值39.8亿元，增长3.4%，比上年下降2.2个百分点；第二产业增加值140.8亿元，下降8.4%，比上年下降17.2个百分点；第三产业增加值165.9亿元，增长7.3%，比上年上升0.5个百分点。第三产业中，金融保险业增加值16.3亿元，增长14.8%；交通运输、仓储和邮政业增加值34.9亿元，增长3.2%；批发和零售业增加值20.0亿元，增长19.7%；房地产业增加值11.6亿元，增长7.3%。

人均地区生产总值12016元，按2009年平均汇率计算达到1759 美元。

第一、第二和第三产业增加值占全市生产总值的比重分别为11.5%、40.6%和47.9%，对经济增长的拉动分别为0.5、-4.8和4.5个百分点。

价格：居民消费价格比上年上涨0.8%，其中食品价格上涨1.0%。商品零售价格下降1.1%。工业品出厂价格下降1.6%，其中生产资料价格下降1.9%，生活资料价格上涨2.7%。原材料、燃料、动力购进价格上涨2.2%。房屋销售价格上涨5.2%，其中新建商品住宅价格上涨4.2%，二手住宅价格上涨8.0%，房屋租赁价格上涨5.0%。

就业：年末全市就业人员129.8万人，其中城镇就业人员22.69万人。城镇新增就业人员33173人，完成全年目标的115 %。下岗再就业人数达到14354人，其中就业困难对象再就业人数4617人。年末城镇登记失业率3.4%，控制在了4.2%的目标范围之内。

二、农　　业

种植面积：全年全市农作物种植面积466.4千公顷，比上年增长1.0%。其中粮食种植面积417.2千公顷，增长2.5%；油料种植面积35.2千公顷，下降7.2%。在粮食种植面积中，玉米种植面积229.9千公顷，增长1.0%；小麦种植面积0.36千公顷，增长2.9%。

粮食产量：全年粮食总产量114.2万吨，比上年减产2.4%。其中，玉米89.5万吨，减产3.1%；小麦1542吨，增产29.8%。

畜禽及水产品产量：全年全市肉类总产量8.4万吨，比上年增长15.5%。其中，猪肉产量4.8万吨，增长14.0%；牛肉产量0.8万吨，增长27.5%；羊肉产量2.0万吨，增长7.7%。牛奶产量6.4万吨，下降7.3%。禽蛋产量4.0万吨，下降9.6%。水产品产量0.2万吨，增长0.5%。

林业生产：全年完成退耕还林和荒山荒地造林面积0.5万公顷，完成天然林资源保护工程造林面积0.36万公顷，造林合格面积5.3万公顷，比上年增长59.3%。年末全市森林面积34.3万公顷，森林覆盖率达14.3%。预计全年实现林业产业产值11.2亿元，比上年增长8.3%，其中营林产值10.8亿元。林业产业增加值6.6亿元。全年木材产量1.2万立方米，比上年增加4.6%。

农业机械：年末全市农业机械总动力200.2万千瓦，比上年末增长8.1%。机械耕地面积24.5万公顷，机械播种面积19.4万公顷，机械收获面积2.7万公顷，分别比上年增长13.4%、17.8%和67.8%。全市农机化经营总收入达到6.96亿元，同比增长9.4%。

三、工业和建筑业

工业：全年全部工业增加值124.2亿元，比上年下降13.2%，在二产中所占比重为88.2%，比上年减少5.0个百分点。其中，规模以上工业企业完成增加值105.6亿元，比上年下降12.5%。

全社会原煤产量3025.0万吨，比上年下降8.9%，其中，规模以上工业企业原煤产量2755.5万吨，下降5.4%。

规模以上工业销售收入231.3亿元，比上年下降18.4%。其中，五大传统支柱产业实现销售收入173.4亿元，下降16.7%，煤炭开采和洗选业、黑色金属矿采选业、有色金属冶炼及压延加工业、电力热力的生产和供应业、通用设备制造业工业分别实现销售收入75亿元、15.2亿元、23.6亿元、29.9亿元和29.7亿元，分别下降7.4%、60.9%、9.1%、4.7%和4.2%。

规模以上工业实现利税42.8亿元，比上年下降28.3%；实现利润22.7亿元，下降32.9%。

建筑业：全年全市建筑业实现增加值16.6亿元，比上年增长50.2%。具有建筑业资质等级的总承包和专业承包建筑业企业实现利润总额1.03亿元，增长16.3%；上缴税金1.07亿元，增长9.7%。

四、固定资产投资

固定资产投资：全年全社会固定资产投资352.7亿元，比上年增长151%。其中，按城乡分，城镇投资346.9亿元，增长151.0%；农村投资5.8亿元，增长154.7%。按产业分，第一产业投资7.2亿元，增长5.6倍；第二产业投资193.4亿元，增长1.3倍；第三产业投资152.1亿元，增长1.8倍。按登记注册类型分，国有投资188.0亿元，增长156.0%；非国有投资164.7亿元，增长145.4%。

房地产开发：全年房地产开发投资14.4亿元，比上年增长20.1%。按工程用途分，商品住宅投资13.0亿元，增长22.2%；办公楼投资0.1亿元，增长1167.1%；商业营业用房投资0.8亿元，增长5.4%。

重点工程建设：2009年，全市47个重点工程项目，累计完成投资240.3亿元，同比增长441.2%；资金到位212.4亿元，资金到位率为88.4%。重点工程项目完成投资占全市全社会投资的比重为68.1%，对全市全社会投资的贡献率为92.4%，拉动全市全社会投资增139.5个百分点。

五、能　源

能源生产：全年全市一次能源生产折标准煤1191.5万吨，比上年下降43.6%；二次能源生产折标准煤640.8万吨，下降28.1%。

能源外调：全年全市向省外运输煤炭655.2万吨，比上年增长52.9%，外运煤炭占原煤产量的比重为23.8%；向省外运输焦炭72.6万吨，下降2.6%，外运焦炭占焦炭产量的比重为49.7%。

能源投资：城镇投资中，能源工业投资完成107.8亿元，比上年增长273.7%。其中煤炭工业投资31.0亿元，增长181.8%，一批高产、高效矿井建成投产；焦炭工业投资4.2亿元，增长3.3%；电力工业投资72.6亿元，增长427.5%。

煤炭资源整合：2009年全市煤炭资源整合和兼并重组基本完成，矿井由175座压减到68座，不但转变了过去“多、小、散、乱”的状况，单井生产能力也由30万吨以下提升到100万吨以上，产能由每年5489万吨提高到7140万吨，煤矿的本质安全度和综合生产能力大幅提升。

六、国内贸易

消费品零售：全年全市社会消费品零售总额133.7亿元，比上年增长18.4%。其中，城市消费品零售额49.3亿元，增长17.3%；县消费品零售额43.7亿元，增长17.9%；县以下消费品零售额40.8亿元，增长20.3%。

七、对外经济

进出口贸易：全年全市海关进出口总额1.02亿美元，比上年下降35.2%。其中，出口下降36.1%，进口增长28.7%。

全年出口机电产品8154万美元，比上年下降38.1%;农副产品730万美元，增长168.2%；贱金属及制品33万美元，下降56%；石料、石膏、水泥石棉、云母及类似材料的制品，陶瓷产品、玻璃及其制品309万美元，增长1085倍。全年进口机电产品57万美元，下降72.6%。

招商引资：全年全市新设立外商直接投资企业3家；实际使用外商直接投资金额638.5万美元，比上年增长68.4%；其中纳入商务部口径统计的为638.5万美元。

八、交通、邮电和旅游

交通运输：全年全市交通运输、仓储和邮政业增加值34.9亿元，比上年增长3.2%。公路线路年末里程16168公里，其中高速公路112公里。

年末全市民用汽车保有量达到21.3万辆（包括三轮汽车和低速货车2.9万辆），比上年末增长7.5%，其中私人汽车17.0万辆，增长7.5%。年末轿车保有量5.2万辆，比上年末增长27.6%。

邮电：全年全市完成邮电业务总量46.5亿元，比上年增长42.1%。其中，邮政业务总量2.7亿元，增长27.5%；电信业务总量43.8亿元，增长35%。固定电话用户年末达到65.1万户。其中，城市电话用户18.6万户，农村电话用户46.5万户。新增移动电话用户76万户，年末达到166.1万户。年末全市固定及移动电话用户总数达到231.2万户，比上年末增加71.1万户。电话普及率达到75部/百人，其中固定电话和移动电话普及率分别达到21部/百人和54部/百人。全市宽带接入用户达到27.2万户，增长121.1%。

旅游：全年全市接待海外旅游者11.9万人次，接待国内旅游者881.0万人次，分别增长11.0%和6.1%；旅游外汇收入0.4万美元，国内旅游收入80.9万元，分别增长13.0%和16.6%。

九、财政、金融和保险

财政：全年全市财政总收入74.3亿元，比上年增长3.4%。一般预算收入33.5亿元，增长13.9%。其中，税收收入21.3亿元，增长8.6%，国内增值税、营业税、企业所得税、个人所得税、资源税和城建税共计完成税收18.9亿元，分别增长-10.7%、37.2%、4.5%、-0.3%、6.0%和8.2%。

一般预算支出执行102.0亿元，比上年增长20.1%。其中农林水事务支出增长14.7%，教育支出增长29.4%，科学技术支出增长2.3%，社会保障和就业支出增长21.6%，医疗卫生支出增长30.1%，环境保护支出增长52.2%，文化体育与传媒支出增长10.6%，城乡社区事务支出增长17.3%，公共安全支出增长3.9%。

金融：年末全市金融机构本外币各项存款余额804.8亿元，比年初增长17.5%。各项贷款余额294.2亿元，增长23.3%。人民币消费贷款3.4亿元，增长13.1%，其中个人住房贷款1.7亿元，增长2.6%。全年累计现金收入1390.1亿元，累计现金支出1432.4亿元，货币净投放42.3亿元。

年末全市农村金融合作机构（农村信用社、农村合作银行、农村商业银行）人民币贷款余额117.8亿元，增长22.0%。

保险：全年全市保费收入15.6亿元，比上年增长13.4%。其中，寿险业务保费收入10.8亿元，增长10.7%；健康险和意外伤害险业务保费收入0.3亿元，增长9.6%；财产险业务保费收入4.8亿元，增长20.0%。支付各类赔款及给付3.7亿元，增长7.5%。其中，寿险业务给付1.4亿元，下降4.5%；健康险和意外伤害险业务赔款及给付0.1亿元，下降3%；财产险业务赔款2.2亿元，增长17.0%。

十、教育和科学技术

教育：年末全市高等院校达到2所。成人中等专业学校在校学生479万人，普通中学招生7.3万人，在校生21.8万人，毕业生7.6万人。

科学技术：全年全市共受理各项专利申请271件，比上年增长43.39%。全市技术市场共签订技术合同8份，成交金额2507万元。全年有6个项目列入国家各类科技计划，获得国家资助360万元。

全市共取得72项科技成果，获得省科技奖励1项。其中获省级二等奖1项。

全年经济开发区工贸总收入27.2亿元，比上年增长16.3%；经济开发区内生产总值8.2亿元，增长16.3%；税收收入1.2亿元，增长20.8%；进出口总额115.96万美元，增长17.4%；入区企业数13个，增长44.4%；引进国内资金5.7亿元，增长29.7%。

年末全市共有产品质量监督检验所12个，监督抽查了841家企业11类48种产品和商品。全市共有法定计量技术机构14个，全年完成强制检定计量器具7.8万台件。

全市有气象台站15个。全市开展12121电话天气自动答询的台站共计15个。全市气象系统开展人工影响天气业务的单位15个，防雹、增雨受益覆盖面积2.5万平方公里。全市有天气预报服务网站1个，卫星云图接收站14个。

全市有专业综合地震台站2个，市级地震台网中心2个，数字测震子台3个，流动地震台网10个。全年小震活动316次，最大震级4.2级。

十一、文化、卫生和体育

文化：年末全市共有艺术表演团体16个，群众艺术馆1个，文化馆14个，博物馆1个。广播电台14座，电视台2座，广播电视台14座。有线电视用户14.5万户。广播人口覆盖率88.09%，电视人口覆盖率91.75%。全市共有公共图书馆14个，馆藏图书61万册。年末全市共有档案馆16个。全市报纸出版1302万份，各类杂志出版1种、3.8万册 。

卫生：年末全市共有卫生机构(含诊所)699个，其中妇幼保健院（所、站）16个。全市卫生机构(含诊所)共有床位10227张；其中，医院和卫生院床位8470张。卫生技术人员12825人。全市共有14个县（市、区）开展了新型农村合作医疗试点工作，214.9万农民参加了合作医疗，参合率92.06%。

体育：全年我市运动员在省内重大比赛中获金牌20枚、银牌19枚、铜牌14枚（包括非奥运项目比赛）。全年全市销售中国体育彩票2000.3万元，比上年减少500万元。

十二、人口、人民生活和社会保障

人口：据2009年人口抽样调查，年末全市常住人口为309.67万人，比上年末增加0.64万人。全年全市出生人口3.64万人，人口出生率为11.76‰；死亡人口2.21万人，死亡率为7.12‰；自然增长率为4.64‰。出生人口性别比为108.23。

人民生活：全年城镇居民人均可支配收入为12195元，比上年增长8.9%；城镇居民人均消费性支出9106.5元，增长18.9%。农村居民人均纯收入3028元，增长7.0%；农村居民人均生活消费支出2741元，增长5.4%。中心城市占调查总户数20%的低收入家庭人均可支配收入5431.3元，增长17.4%；农村占人口20%的低收入者收入1052.6元，减少2.0%。城镇居民家庭恩格尔系数（即居民家庭食品消费支出占家庭消费支出的比重）30.8%，农村居民家庭恩格尔系数43.2%。城镇单位在岗职工平均工资20797元，增长8.5%。

社会保障：年末参加城镇基本养老保险人数为27.8万人,农村基本养老保险金27.2万人；参加城镇基本医疗保险的人数为52.6万人；参加失业保险的人数为18.6万人；参加工伤保险的人数为11.8万人，其中参保农民工5.4万人；参加生育保险的人数为13.9万人。

全年全市纳入城市最低生活保障的居民10.9万人，比上年增加3746人，发放城市低保资金19521.6万元，比上年增加3453.2万元；纳入农村最低生活保障的居民17.07万人，比上年增加4.2万人，发放农村低保资金12000万元，比上年增加6000万元。全年全市共发放低保资金31521.6万元，比上年增加 9453.2 万元。

年末全市各类福利院床位数260张，收养各类人员98人。城镇建立各种社区服务设施4个，其中综合性社区服务中心1个。全年销售社会福利彩票6773.9万元,筹集社会福利资金2300.8万元，直接接收社会捐赠款116万元。

十三、资源、环境和安全生产

资源：2008年全市水资源总量16.69亿立方米，比上年增长0.5%。2009年全市平均降水量401毫米，比上年减少17%。年末全市大型水库蓄水总量0.25亿立方米，比上年末减少0.12亿立方米。年末全市农村饮水安全未达标人口60.4万人，当年解决农村饮水安全人口177.8万人。

环境：全年城区环境空气质量Ⅱ级以上天数总计达到358天，比上年增加9天，增长2.6%。

黄河、海河两流域忻州段监测的14个断面的地表水环境，符合Ⅰ-Ⅲ类水质标准的断面占14.3%；符合Ⅳ-Ⅴ类水质标准的断面占21.4%；劣于Ⅴ类水质标准的断面占64.3%。

年末全市城市污水处理率达到93.4%，提高6.1个百分点；集中供热面积640万平方米，增长36.2%，集中供热普及率达到80%，提高15个百分点。

全年全市各类自然灾害造成直接经济损失4.9亿元，比上年增长10.2%。全年农作物受灾面积580.2万亩，上升20.0%。其中，绝收23.1万亩，增长21.3%。全年发生森林火灾5起，因森林火灾造成受害森林面积105.8公顷，上升

96.0%。

安全生产：2009年，全市生产安全事故死亡3人，比上年下降90.6%。全市煤矿百万吨死亡人数为0.11人，下降93.3%。

治理车辆非法超限超载：2009年,治理车辆非法超限超载总行动以来，全市共检查货运车辆820万台次，查处非法超限、超载车辆8台次，取缔非法储（售）煤场和非法改装厂6处。

2009年，全市县乡公路好路率为88.9%，比上年提高0.6%。客车正点率达到98.5%，比上年提高1.5%。

全年全市发生道路交通事故360起，同比下降16.0%，造成198人死亡、412人受伤，直接经济损失321.8万元，比上年下降12.7%。

（忻州市统计局）

吕梁市2009年国民经济主要指标完成情况

一、综　　合

经济增长：初步核算，全年全市地区生产总值611亿元，比上年增长2.5%。其中，第一产业增加值38亿元，增长3.7%；第二产业增加值390亿元，下降1.1%，；第三产业增加值184亿元，增长11.7%。第三产业中，金融保险业增加值17亿元，增长19.9%；交通运输、仓储和邮政业增加值52亿元，增长6.2%；批发和零售业增加值21亿元，增长13.4%；房地产业增加值12亿元，增长13.8%。

人均地区生产总值16944元，按2009年平均汇率计算达到2480 美元。

第一、第二和第三产业增加值占全市生产总值的比重分别为6.1%、63.8 %和30.1%。

价格：居民消费价格比上年下降0.6%，其中食品价格上涨0.2%。商品零售价格下降2.5%。工业品出厂价格下降8%，其中生产资料价格下降8.3%，生活资料价格下降0.9%。原材料、燃料、动力购进价格下降2.1%。

就业：年末全市就业人员142万人，其中城镇就业人员28.77万人。城镇新增就业人员0.97万人。年末城镇登记失业率2.3%，控制在了4 %的目标范围之内。

二、农　　业

种植面积：全年全市农作物种植面积40.96万公顷，比上年增长3%。其中粮食种植面积35.74万公顷，增长5.2%；油料种植面积4.11万公顷，减少9.2%；棉花种植面积0.02万公顷，增加6.5%。在粮食种植面积中，玉米种植面积14.65万公顷，增长6.37%；小麦种植面积1.53万公顷，减少21.7%。

粮食产量：全年粮食总产量89.42万吨，比上年增产9.1%。其中，玉米60.71万吨，增产11.84 %；小麦4.45万吨，减少33.82%。

畜禽及水产品产量：全年全市肉类总产量9.81万吨，比上年增长36%。其中，猪肉产量5.02万吨，增长21.5%；牛肉产量12.6万吨，增长22.4%；羊肉产量0.8万吨，增长8.9%。牛奶产量2.29万吨，增长15.3 %。禽蛋产量8.05万吨，增长8.9%。

农业机械：年末全市农业机械总动力230万千瓦，比上年末增长1.32%。机械耕地面积16.57万公顷，机械播种面积13.64万公顷，机械收获面积5.3万公顷，分别比上年增长7.1%、19.1%和33.2%。全市农机化经营总收入达到6.76亿元，同比增长10.3%。

三、工业和建筑业

工业：全年全部工业增加值374亿元，比上年下降1.2%，在二产中所占比重为96.0%，比上年减少0.6个百分点。其中，规模以上工业企业完成增加值343.7亿元，比上年增长0.09%。

全社会原煤产量5554万吨，比上年下降9.95%，其中，规模以上工业企业原煤产量5529.36亿吨，下降0.6%。

规模以上工业销售收入818.9亿元，比上年下降15.36%。其中，四大传统支柱产业实现销售收入683.06亿元，下降19.8 %，煤炭、焦炭、冶金和电力工业分别实现销售收入360.7亿元、189.6亿元、113亿元和19.6亿元，分别增长-5.57%、-37.07%、-24.1%和0.8%；新兴产业中，装备制造业和医药工业分别实现销售收入7.87亿元和14.9亿元，分别增长-3.5%和7.93%。

规模以上工业实现利税132.88亿元，比上年下降34.04%；实现利润55.13亿元，下降45.66%。

建筑业：全年全市建筑业实现增加值15.7亿元，比上年增长2.4%。

四、固定资产投资

固定资产投资：全年全社会固定资产投资388.8亿元，比上年增长3.5%。其中，按城乡分，城镇投资321.6亿元，增长8.5%；农村投资29.7亿元，增长1.6%。按产业分，第一产业投资8.0亿元，增长50%；第二产业投资162.6亿元，下降22.2%；第三产业投资180.6亿元，增长62.7%。按登记注册类型分，国有投资142.8亿元，增长51.9%；非国有投资208.5亿元，下降9.9%。

城镇固定资产投资建成投产项目331个，项目建成投产率为56.3%；新增固定资产195.8亿元，固定资产交付使用率为60.9%。

房地产开发：全年房地产开发投资13.1亿元，比上年增长1%。按工程用途分，商品住宅投资10.9亿元，增长4.8%；办公楼投资0.2亿元，下降50%；商业营业用房投资

1.4亿元，下降6%。

五、能　　源

能源生产：全年全市一次能源生产折标准煤0.3967亿吨，比上年下降10%；二次能源生产折标准煤0.1937亿吨，下降11%。

能源外调：全年全市向省外运输煤炭0.0134亿吨，比上年下降31.7%，外运煤炭占原煤产量的比重为2.4%。

六、国内外贸易

消费品零售：全年全市社会消费品零售总额197亿元，比上年增长22.43%。其中，城市消费品零售额92.3元，增长25.21%；县消费品零售额48亿元，增长18.84%；县以下消费品零售额56.7亿元，增长21.14%。

进出口贸易：全年全市海关进出口总额28372万美元，比上年下降76.9%。其中，出口下降92.3%，进口增长22.3%。

七、交通、邮电

交通运输：年末全市民用汽车保有量达到184631辆（包括三轮汽车和低速货车29072辆），比上年末增长13.24%，其中私人汽车143494辆，增长15.82 %。年末轿车保有量75241辆，比上年末增长20.4%，其中私人轿车63145辆，增长22.97%。

邮电：全年全市完成邮电业务总量56.14亿元，比上年增长20.5%。其中，邮政业务总量3.03亿元，增长10.3%；电信业务总量53.11亿元，增长21.1%。固定电话用户年末达到63.2万户。其中。移动电话年末达到170.8万户。年末全市固定及移动电话用户总数达到234万户。电话普及率达到65 部/百人，其中固定电话和移动电话普及率分别达到17部/ 百人和47部/百人。全市宽带接入用户达到21万户。

八、财政收支

全年全市财政总收入165亿元，比上年增长0.64%。一般预算收入60亿元，增长8.37%。其中，税收收入43亿元，增长9.64 %，国内增值税、营业税、企业所得税、个人所得税、资源税和城建税共计完成税收39亿元，分别增长-14.3%、38.56%、39.31 %、25.86%、24.33%和19.36%。

一般预算支出执行118亿元，比上年增长17.43%。其中农林水事务支出增长31.52%，教育支出增长14.79%，科学技术支出增长18.21%，社会保障和就业支出增长23.96%，医疗卫生支出增长23.72%，环境保护支出增长-2.2%，文化体育与传媒支出增长16.07%，城乡社区事务支出增长3.05%，公共安全支出增长5.86%。

九、科学技术

全年全市共受理各项专利申请402件，比上年下降10 %。全市技术市场共签订技术合同9份，成交金额0.44亿元。全年有11个项目列入国家各类科技计划，获得国家资助0.087亿元。

全年共取得53项科技成果，获得国家科技奖励3项。其中国家科技进步二等奖1项；国家技术发明二等奖1项；国家自然科学二等奖1项。认定国家级企业（集团）技术中心1家。

十、文化、卫生

文化：年末全市共有艺术表演团体19个，群众艺术馆1个，文化馆13个。全市共有公共图书馆14个，馆藏图书750千册。

卫生：年末全市共有卫生机构(含诊所、卫生所)527个，其中妇幼保健院（所、站）14个。全市卫生机构(含诊所)共有床位8649张。卫生技术人员1.3535万人。全市13个县（市、区）开展了新型农村合作医疗试点工作，265万农民参加了合作医疗。

十一、人口、人民生活和社会保障

人口：据2009年人口抽样调查，年末全市常住人口为361.79万人，比上年末增加1.99万人。全年全市出生人口4.2万人，人口出生率为11.67‰；死亡人口2.2万人，死亡率为6.15‰；自然增长率为5.52‰。

人民生活：全年城镇居民人均可支配收入为13795.33元，比上年增长8.01%；城镇居民人均消费性支出8105.44元，下降1.99%。农村居民人均纯收入3426元，增长7.06%；农村居民人均生活消费支出2919.2元，增长8 %。城镇占调查总户数20%的低收入家庭人均可支配收入6154.81元，增长5.09%；农村占人口20%的低收入者收入1140元，增长10 %。城镇居民家庭恩格尔系数（即居民家庭食品消费支出占家庭消费支出的比重）24.05%，农村居民家庭恩格尔系数42%。城镇单位在岗职工平均工资25896元，增长10.4%。

社会保障：全年全市纳入城市最低生活保障的居民10.7248万人，比上年增加0.3321万人，纳入农村最低生活保障的居民16.1941万人，比上年增加3.0992万人，

年末全市各类福利院床位数3608张，收养各类人员1963人。城镇建立各种社区服务设施59个，其中综合性社区服务中心1个。全年销售社会福利彩票0.9亿元,筹集社收社会捐赠款1308万元。

十二、环境治理和治超工作

全年市区二级以上天数达到359天,较上年增加5天。荣获“全省生态建设突出贡献奖”。5个县城空气质量达到国家二级标准。

2007年12月19日新一轮治理车辆非法超限超载总行动以来，全市共检查货运车辆9262871台次，查处非法超限、超载车辆5109台次，共卸载货物26634.44吨，拆解车辆349台，没收拼装车辆2台，取缔非法储（售）煤场和非法改装

厂309处，超限、超载率由治超前的8%—11%下降为0.05%。

注：

1.本公报部分数据为初步统计数据。

2.地区生产总值、各产业增加值绝对数按现价计算，增长速度按可比价计算。

3.部分数据因四舍五入的原因，存在与分项合计不等的情况。

4.规模以上工业企业是指年主营业务收入500万元及以上的全部法人工业企业；限额以上批发零售企业是指年销售额2000万元及以上批发企业和年销售额500万元及以上零售企业。

晋中市2009年国民经济主要指标完成情况

2009年，是晋中市应对金融危机的关键一年。全市在市委、市政府的正确领导下，认真贯彻中央“保增长、保民生、保稳定”和省委、省政府的“转型发展、安全发展、和谐发展”的战略目标，结合晋中市实际，迎难而上、奋力拼搏，沉着应对金融危机的严峻挑战。经过全市上下一年的共同努力，全市经济企稳回升趋势日渐明朗，各项社会事业取得新的进步。

一、综　　合

国民经济持续保持较快增长,综合经济实力进一步加强。初步核算，全年全市生产总值636.8亿元，按可比价格计算，比上年增长6.7%。分产业看，第一产业实现增加值54.7亿元，比上年同期增长4.2%；第二产业实现增加值334.2亿元，同比增长5.8%；第三产业实现增加值247.9亿元，同比增长8.4%。

三次产业构成为8.6∶52.5∶38.9。与上年相比，第一产业比重提高1.7个百分点，第二产业比重下降3.7个百分点，第三产业比重提高2.0个百分点。人均地区生产总值20335元，按2009年平均汇率计算达到2977美元。

全市居民消费价格比上年下降0.1%，其中食品价格上涨0.1%。商品零售价格下降0.7%，工业品出厂价格下降12.6%，原材料购进价格下降9.1%，农业生产资料价格上涨1.7%。

年末全社会从业人员158.7万人，比上年末增加2.4万人，增长1.5%。全年新增就业岗位4.3万个，年末城镇登记失业率为1.97%，控制在了4%的目标范围之内。

二、农　　业

全年全市农作物总播种面积为338.62千公顷，比上年增加3.43千公顷。其中粮食作物播种面积289.51千公顷，增加6.56千公顷，在粮食播种面积中，玉米种植面积203.86千公顷，增加8.13千公顷；小麦种植面积26.21千公顷，增加1.53千公顷。其他各类作物播种面积为49.11千公顷，减少3.13千公顷，在其他作物播种面积中，油料种植面积4.95千公顷，增加0.03千公顷；棉花种植0.28千公顷，减少0.19千公顷；蔬菜种植面积39.91千公顷，减少2.15千公顷。

全年粮食总产量达到138.3万吨，比上年增加4.93万吨，增产3.7%。其中，夏粮产量9.78万吨，减产5.1%，秋粮产量128.56万吨，增产4.4%。

全年全市肉类总产量12.97万吨。其中猪肉产量8.76万吨，牛肉产量1.14万吨，羊肉产量0.94万吨，禽肉产量2.13万吨。全年奶类产量13.14万吨；禽蛋产量13.47万吨。

三、工业和建筑业

全年规模以上工业企业完成工业增加值276.19亿元，比上年增长6.9%。其中，国有企业增长94.1%；集体企业下降13.7%；股份制企业增长9.5%；外商港澳台企业下降21.8%，其他经济类型企业下降26.6%。外商港澳台企业下降21.8%，其他经济类型企业下降26.6%。

分轻重工业看，重工业完成增加值258.4亿元，增长7.3%，轻工业完成17.79亿元，增长1.2%。分行业看，在我市八大主导行业中，三个行业生产增长，五个行业下降，煤炭行业增加值比上年增长15.65%，冶金行业增长8.47%，机械行业增长1.01%，焦炭行业下降4.26%，电力行业下降2.69%，纺织行业下降55.32%，化学行业下降14.88%，建材行业下降3.5%。

规模以上工业企业实现产品销售收入720.7亿元，比上年下降14.7%；实现利税74.0亿元，下降19.9%；实现利润9.8亿元，下降53.6%，其中股份制企业实现利润12.5亿元。亏损企业亏损额达到27.3亿元。工业企业经济效益综合指数156.32%，比上年下降23.5个百分点。

全年全市建筑业实现总产值107.1亿元；其中建筑工程总产值101.4亿元，安装工程总产值4.3亿元，其他总产值1.4亿元。

四、固定资产投资

全年全社会固定资产投资达到395.9亿元，比上年增长19.5%。分城乡看，城镇投资374.4亿元，增长19.1%；农村投资21.5亿元，增长26.9%。分区域看，东山五县投资106.9亿元，比上年增长25.0%；平川六县投资289.0亿元，增长17.6%。

分产业看，第一产业投资完成17.8亿元，比上年增长83.0%，一产的基础地位得到加强；第二产业投资完成224.1亿元，增长17.2%，占全部投资的比重为56.6%,继续占据主导地位；第三产业投资完成154.0亿元，增长18.2%。

全市固定资产投资建成投产项目789个，项目建成投产率为60.0%，比上年提高23.6个百分点；新增固定资产

242.9亿元，比上年增长82.3%。

五、国内外经济贸易

全年全市实现社会消费品零售总额249.0亿元，比上年增长21.7%。分地域看，城市消费品零售额为81.4亿元，增长19.4%；县及县以下社会消费品零售额实现167.7亿元，同比增长22.9%。分行业看，批发零售业、餐饮业共同繁荣，全市批发零售贸易业实现零售额217.8亿元，增长23.0%；住宿和餐饮业实现零售额23.9亿元，增长15.1%；其他行业零售额为7.4亿元，增长9.0%。

全年全市外贸进出口总额为16009万美元，比上年下降77.9%。其中，出口15017万美元，下降78.9%，进口992.6万美元，下降28.7%。全年新签外商投资项目8个，比上年减少6个。实际使用外资金额7047.9万美元。

六、交通、邮电和旅游

年末全市公路通车里程为14317.2公里，比上年增加213.2公里，增长1.5%。公路密度为87.3公里/百平方公里。

年末市区共有运营的公交汽车502辆，全年运送乘客3375.0万人次；出租汽车902辆，运送乘客2933.4万人次。全市民用汽车保有量达到23.03万辆，比上年末增长19.3%。其中，载客汽车14.51万辆，增长27.85%；载货汽车5.17万辆，增长27.44%。年末轿车保有量达到9.32万辆，比上年末增长28.59%，其中私人轿车保有量达到8.22万辆，比上年增长31.42%。

全年全市完成邮电业务总量53.0亿元，比上年增长29.3%。其中，邮政业务总量3.8亿元，增长11.8%；电信业务总量为49.2亿元，增长30.9%。固定电话用户年末为81.7万户，减少5.5%。其中，城市电话用户46.9万户，乡村电话用户34.8万户。新增移动电话用户21.2万户，年末达到168.8万户，增长14.4%。年末全市固定及移动电话用户总数达到250.5万户，增长7.0%。电话普及率达79.8部/百人，其中固定电话和移动电话普及率分别达到26.0部/百人和53.8部/百人。全市国际互联网用户增加3.2万户，达到24.5万户，增长15.0%。年末全市设有邮局158处，其中，设在农村的居所有102处，邮路总长度（单程）2577公里。农村投递路线总长度（单程）12377公里。邮政汽车165辆。

全年全市共接待国内外游客人数达到1135.0万人次，比上年增长13.5%。其中接待国外游客17.0万人次，国内游客1118.0万人次，分别增长12.2%和13.6%。

七、财政、金融

全年全市财政总收入125.5亿元，比上年增长8.1%；一般预算收入57.8亿元，比上年增长23.1%。其中，税收收入33.1亿元，增长1.63%，增值税、营业税、资源税、企业所得税和个人所得税五大税种共计完成税收25.5亿元，增值税下降9.68%，营业税增长5.93%，资源税增长5.81%，企业所得税增长42.46%，个人所得税下降3.55%。全市一般预算支出执行103.1亿元，比上年增长20.7%。

2009年末，全市金融机构人民币各项存款余额1064.3亿元，较年初增加180.4亿元，增长20.4%。各项贷款余额为362.4亿元，较年初增加79.1亿元，增长27.9%。全年累计现金收入1955.3亿元，减少11.4%，累计现金支出2057.4亿元，减少1.79%，收支相抵，现金净投放102.0亿元，同比少投放3.8亿元，减少3.26%。

八、教育、科技、文化和卫生

2009年全市共有普通高等学校7所。普通中等专业学校7所；普通中学250所，在校生200179人；小学1000所，在校生245251人。幼儿园436所，在园幼儿80943人。全市小学五年巩固率99.65 %；初中三年保留率99.95%。

全年共受理各种专利481项，比上年增加123项。每10万人专利申请15.3项，比上年增加3.8项。共有发明98项，比上年增加8项。

2009年末全市共有艺术表演团体15个，群众艺术馆、文化馆12个，公共图书馆11个，艺术表演场所6个，乡镇文化站118个。电视台11座，电视人口覆盖率97.9%，比上年提高0.3个百分点，广播电台节目10套，广播人口覆盖率91.95%,有线电视用户36.9万户。全年艺术表演730场，举办文化、艺术展览290个。

年末全市共有卫生机构1098个，其中疾病预防控制中心（防疫站）13个，妇幼保健机构14个，社区卫生服务中心43 个，卫生监督所12个。全市卫生机构拥有床位12131张；其中，医院和卫生院床位11199张。卫生技术人员15021人。全市11个县（市、区）全部开展了新型农村合作医疗试点工作，210.6万人参加了农村合作医疗，参合率93.03%

九、人口、人民生活和社会保障

据2009年人口抽样调查，年末全市总人口313.91万人，比上年末增加1.51万人。全年出生人口33946人，人口出生率为10.84‰；死亡人口18821人，死亡率为6.01‰；人口自然增长率为4.83‰。出生人口性别比为106.97。城镇化率为43.48%，比上年提高0.81个百分点。

全年城镇居民人均可支配收入完成14628.0元，比上年增长12.2%，其中市区城镇居民人均可支配收入为15379.0元，增长9.6%。农村居民人均纯收入为5193.8元,增长8.7%。

年末全市基本养老保险参保人数为31.64万人，其中职工22.20万人；失业保险参保职工22.67万人；医疗保险参保人数为35.59万人，其中职工25.59万人；工伤保险参保人数为17.12万人；生育保险参保9.27万人。

全年全市给城乡16.36万居民发放最低生活保障补助金共计16326万元，比2008年增加3480万元，增长27.1%。其中，城市发放生活补助金9252万元；农村发放生活补助金7074 万元，分别增加885万元和2594万元。

年末全市各类收养性社会福利单位85个，床位3158张，收养各类人员2373人。城镇建立各种社区服务设施159个。

十、资源、环境和安全生产

全年全市耕地保有量373.97千公顷，比上年增加9.82千公顷。检查验收合格造林面积28.3千公顷。全年全市总用水量5.66亿立方米，比上年减少1.7%。万元地区生产总值用水量94.4立方米，比上年减少7.0%。

全年全市11个县（区、市）空气质量Ⅱ级以上天数总计达到3781天，比上年增加237天，比上年增长6.7%，市城区空气质量Ⅱ级以上天数达到348天，比上年增加9天，增长2.7%。市城区综合污染指数为1.86，比上年下降10.6%。

在监测的6个断面的地表水质情况，符合Ⅰ类一个，比上年增加一个；Ⅱ类、Ⅳ类各一个，与上年持平；劣于Ⅴ类水质标准的断面三个，占50.0%，与上年持平。

全年市城区污水处理率达到84.0%，比上年提高18.0个百分点。2009年市区城市集中供热普及率达到69.0%，比上年提高11.3个百分点。年末全市建成区绿化覆盖率35.98%，比上年提高1.8个百分点，其中市区绿化覆盖率39.35%，提高4.02个百分点。全市农村自来水普及率比上年提高2.0个百分点，达到80.0%。

全年生产安全事故死亡372人，比上年减少8.4%。煤炭生产百万吨死亡率0.1人，下降72.2%。亿元GDP生产安全事故死亡人数为0.58人，下降19.4%。全市矿区煤炭资源回采率达到71.0 %，比上年提高0.7个百分点。

（王爱婕）

阳泉市2009年国民经济主要指标完成情况

2009年，是新世纪以来我市经济发展最为困难的一年。面对百年不遇的国际金融危机的严重冲击，面对深层次的结构性矛盾，市委、市政府认真贯彻落实中央和省委、省政府关于扩大内需、保持经济增长的一系列战略部署、带领全市人民万众一心，共克时艰，较好地完成了全年的各项目标任务，全市经济基本保持了平稳较快发展的态势，各项社会事业取得新成绩。

一、综　　合

国民经济继续保持平稳较快增长，综合实力继续增强。初步核算，全年全市地区生产总值348.71亿元，比上年增长7.1%。其中，第一产业增加值5.52亿元，增长6.0%，比上年下降14.0个百分点；第二产业增加值199.27亿元，增长3.9%，比上年下降5.4个百分点；第三产业增加值143.92亿元，增长12.5%，比上年上升3.2个百分点。第三产业中，金融保险业增加值14.70亿元，增长22.8%；交通运输、仓储和邮政业增加值31.26亿元，增长3.5%；批发和零售业增加值26.77亿元，增长19.4%；房地产业增加值9.10亿元，增长8.5%。

人均地区生产总值26383元，按2009年平均汇率计算达到3862 美元。

第一、第二和第三产业增加值占全市生产总值的比重分别为1.6 %、57.1%和41.3 %。对经济增长的贡献率分别为1.1%、40.6%和58.3%。

市场物价小幅上涨：居民消费价格比上年上涨0.1%，其中食品价格上涨2.7%。商品零售价格下降2.1%。工业品出厂价格上涨5.95%，其中生产资料价格上涨6.1%，生活资料价格上涨0.98 %。原材料、燃料、动力购进价格下降0.84%。

劳动就业工作状况进一步好转。年末全市就业人员62.8万人，其中城镇就业人员22.93万人。城镇新增就业岗位2.25万个，下岗再就业人数达到11910人，其中就业困难对象再就业人数862人。年末城镇登记失业率3.78%。

二、农　　业

粮食种植面积继续增加：全年全市农作物种植面积5.7万公顷，比上年增长1.4 %。其中粮食种植面积5.4万公顷，增长1.1 %；油料种植面积0.04万公顷，下降2.3 %。在粮食种植面积中，玉米种植面积4.5万公顷，下降0.2%。

大灾之年粮食取得较好收成：全年粮食总产量21.96万吨，比上年减产0.4%。其中，秋粮总产量21.78万吨，比上年减少0.05万吨。减产0.3%；夏粮总产量为0.18万吨，比上年减少191吨，减产9.7%。其中，玉米19.58万吨，减产0.6 %。

畜禽及水产品产量继续增长：全年全市肉类总产量1.1万吨，比上年增长5.8 %。其中，猪肉产量0.99万吨，增长1.8 %；牛肉产量0.02万吨，下降59.7 %；羊肉产量0.03万吨，下降43.1%。牛奶产量0.53万吨，下降36.9 %。禽蛋产量1.97万吨,增长57.6%。水产品产量0.06万吨,下降10.7 %。

林业发展取得新成效：全年完成退耕还林和荒山荒地造林面积0.7万公顷，造林合格面积0.7万公顷。年末全市森林覆盖率达23.1%。

农业生产条件不断改善：年末全市农业机械总动力121.17万千瓦，比上年末增长1.9%。机械耕地面积3.77万公顷，比上年减少4.6%；机械播种面积3.66万公顷，机械收获面积0.37万公顷，分别比上年增长10.4%和23.5%。全市农机化经营总收入达到5.63亿元，同比下降0.2%。

三、工业和建筑业

工业生产平稳增长：全年全部工业增加值175.77亿元，比上年增长1.9%，在二产中所占比重为88.2%，比上年减少1.7个百分点。其中，规模以上工业企业完成增加值

170.40亿元，比上年增长2.6%。

工业经济效益稳健增长：规模以上工业销售收入552.60亿元,比上年增长19.1 %。其中，四大传统支柱产业实现销售收入517.49亿元，增长12.2 %，煤炭、焦炭、冶金和电力工业分别实现销售收入476.20亿元、8.26亿元、4.90亿元和28.13亿元，除煤炭增长27.1%外，其他分别下降6.5%、59.8%和1.4%；新兴产业中，装备制造业实现销售收入9.30亿元，下降9.7%。

规模以上工业实现利税82.76亿元，比上年增长20.8 %；实现利润33.10亿元，增长26.8%。

建筑业生产稳步增长：全年全市建筑业实现增加值15.10亿元，比上年增长18.9%。具有建筑业资质等级的总承包和专业承包建筑业企业实现利润总额4.15亿元，增长11.9%；上缴税金3.68亿元，增长7.3%。

四、固定资产投资

固定资产投资继续高速增长：全年全社会固定资产投资242.46亿元，比上年增长55%。其中，按城乡分，城镇投资220.84亿元，增长49.4%；农村投资21.62亿元，增长150.2%。按产业分，第一产业投资5.31亿元，增长12.8%；第二产业投资98.44亿元，增长18.1 %；第三产业投资138.71亿元，增长102.9%。按登记注册类型分，国有投资188.06亿元，增长75.1%；非国有投资54.40亿元，增长12.3%。

全年房地产开发投资31.98亿元，比上年增长13.8%。按工程用途分，商品住宅投资25.39亿元，增长23.3%；办公楼投资0.58亿元，下降42.6%；商业营业用房投资3.45亿元，下降33.5%。

重点工程建设取得新进展：2009年，全市166个重点工程项目中，有148个项目开工建设，开工率89.2%，有56个项目竣工，累计完成投资194.40亿元，同比增长54.3%；完成年度计划的119.8%，比2008年提高18.7个百分点。重点工程项目完成投资占全市全社会投资的比重为80.2%，对全市全社会投资的贡献率为78.8%，拉动全市全社会投资增长43.3个百分点。

五、能　源

能源工业发展迅速：全年全市一次能源生产折标准煤0.39亿吨，比上年下降4.3%；二次能源生产折标准煤539万吨，下降19.6%。

能源外输量持续增加：全年全市向省外运输煤炭0.45亿吨，比上年下降 3.9%，外运煤炭占原煤产量的比重为81.8%；输送电力14 亿千瓦小时，增长5.2%，外输电量占发电量的比重为11.4%；向省外运输焦炭44.68万吨，增长29.4%，外运焦炭占焦炭产量的比重为98.6%。

能源投资不断增加：城镇投资中，能源工业投资完成68.10亿元，比上年增长13.1%。其中煤炭工业投资58.70亿元，增长48.6%，一批高产、高效矿井建成投产；焦炭工业投资2.00亿元，增长185.7%，电力工业投资7.40亿元，下降64.1%。

煤炭资源整合取得突破性进展：全市地方煤矿兼并重组整合由158矿整合到2009年末的53矿，生产能力由原来的3503万吨整合到4760万吨，单井能力由22.2万吨提升到89.9万吨。

六、国内贸易

国内市场持续升温：全年全市社会消费品零售总额149.45亿元，比上年增长21.0 %。其中，城市消费品零售额109.11亿元，增长21.0 %；县消费品零售额26.17亿元，增长21.5%；县以下消费品零售额14.17亿元，增长19.7%。

七、对外经济

外贸进出口有所下降：全年全市海关进出口总额9355万美元，比上年下降39.5%。其中，出口下降55.3%，进口增长15.6%。

全年全市新设立外商直接投资企业1家；实际使用外商直接投资金额8990.9万美元，比上年增长36.8%；其中纳入商务部口径统计的为2933万美元。

八、交通、邮电和旅游

交通运输业稳步发展：全年全市交通运输、仓储和邮政业增加值31.26亿元，比上年增长3.5%。公路线路年末里程0.53万公里，其中高速公路67公里。

2008年，全市共完成货物运输总量6780.4万吨，同比下降1.1%。其中，铁路完成3940.4万吨，同比增长4.1%；公路完成2840万吨，同比下降7.6%。共完成货物运输周转量174.6亿吨公里，同比下降6.8%，其中，铁路完成154.1亿吨公里，同比增长3.5%；公路完成20.5亿吨公里，同比下降6.6%。

全年全市共完成旅客运输总量2593.3万人次，同比下降6.9%，其中，铁路完成165.3万人次，同比增长9.3%；公路完成24280.0万人次，同比下降7.8%。共完成旅客运输周转量13.8亿人公里，同比增长1.8%，其中，铁路完成8.3亿人公里，同比增长9.4%；公路完成5.5亿人公里，同比下降7.6%。

年末全市民用汽车保有量达到9.8万辆（包括三轮汽车和低速货车0.9万辆），比上年末增长14.9%，其中私人汽车6.5万辆，增长26.3%。年末轿车保有量3.9万辆，比上年末增长30.4%，其中私人轿车3.0万辆，增长39.7%。

邮电通信业继续快速增长：全年全市完成邮电业务总量27.75亿元，比上年增长56.3%。其中，邮政业务总量1.81亿元，增长13.5%；电信业务总量25.94亿元，增长60.6%。局用交换机总容量为30.4万门。固定电话用户年末达到33万户。其中，城市电话用户25.5万户，农村电话用户7.5万户。新增移动电话用户20.5万户，年末达到100.0万户。年末全市固定及移动电话用户总数达到133.0万户，比上年末增加16.7万户。电话普及率达到100.6部/百人，其中固定电话和移动电话普及率分别达到24.9部/百人和75.6部/百人。全市宽带接入用户达到15.9万户，增长27.0%。

旅游业迅速：全年全市接待海外旅游者1.4万人次，接待国内旅游者673.8万人次，分别增长38.8 %和14.8 %；旅游外汇收入523万美元，国内旅游收入46.79亿元，旅游总收入47.15亿元，分别增长23.9%、4.2%和2.8%。

九、财政、金融和保险

财政收入继续大幅增长：全年全市财政总收入78.09亿元，比上年增长14.6 %。一般预算收入29.77亿元，增长13.8 %。其中，税收收入24.26亿元，增长14.8%，国内增值税、营业税、企业所得税、个人所得税、资源税和城建税共计完成税收20.74亿元，分别增长12.8%、7.8%、35.5%、-3.5%、-2.1%和20.5%。

一般预算支出执行48.97亿元，比上年增长20.4%。其中农林水事务支出增长29.8%，教育支出增长22.8 %，科学技术支出增长9.5%，社会保障和就业支出增长7.1%，医疗卫生支出增长23.4%，环境保护支出增长11.5%，文化体育与传媒支出下降8.0%，城乡社区事务支出增长49.2%，公共安全支出增长8.5%。

金融存贷款不断增加：年末全市金融机构本外币各项存款余额699.21亿元，比年初增长20.7 %。各项贷款余额293.08亿元，增长22.9%。全年累计现金收入967.76亿元，累计现金支出987.48亿元，货币净投放19.72亿元。

保险事业发展迅速：全年全市保费收入14.87亿元，比上年下降2.7 %。其中，寿险业务保费收入10.80亿元，下降3.6%；健康险和意外伤害险业务保费收入0.43亿元，增长4.9%；财产险业务保费收入3.63亿元，下降0.3 %。支付各类赔款及给付4.52亿元，增长6.4%。其中，寿险业务给付2.66亿元，增长11.3 %；健康险和意外伤害险业务赔款及给付0.09亿元，下降10.0%；财产险业务赔款1.77亿元，增长0.6 %。

十、教育和科学技术

教育事业全面发展：年末全市高等院校达到1所。全市独立设置的成人高等学校在校学生1643人，成人中等专业学校在校学生964人，农村劳动力转移培训3.57万人，农民实用技术培训12.72万人。

科学研究和技术创新取得新进展：全年全市共受理各项专利申请308件，比上年增长23.7%。全市技术市场共签订技术合同17份，成交金额3808万元。全年有63个项目列入省级科技计划，获得国家资助519万元；有3个项目列入国家级科技计划，获得国家资助150万元。

全年共取得市级以上科研成果53项，其中，市级50项，省级2项，国家级1项，获得国家科技奖励二等奖1项。认定国家级企业（集团）技术中心1家。

十一、文化、卫生和体育

文化事业健康发展：年末全市共有艺术表演团体5个，群众艺术馆1个，文化馆5个，广播电台1座，电视台1座，广播电视台3座。有线电视用户32.1万户。广播人口覆盖率100%，电视人口覆盖率100%。全市共有公共图书馆5个，馆藏图书350千册。年末全市共有档案馆7个。《阳泉日报》发行量为1199.6万份。

卫生条件继续改善：年末全市共有卫生机构(含诊所)494个，其中妇幼保健院（所、站）6个。全市卫生机构(含诊所)共有床位6781张；其中，医院和卫生院床位987张。卫生技术人员9409人。全市3个农业县（区）全部开展了新型农村合作医疗试点工作，56.48万农民参加了合作医疗，参合率91.3%。

体育事业取得新成绩：全年我市运动员在国内重大比赛中获金牌9枚、银牌5枚、铜牌4枚（包括非奥运项目比赛）。全年全市销售中国体育彩票1602万元，比上年增长2.0 %。

十二、人口、人民生活和社会保障

人口继续低速增长：据2009年人口抽样调查，年末全市常住人口为132.38万人，比上年末增加0.42万人。全年全市出生人口12715人，人口出生率为9.62‰；死亡人口8485人，死亡率为6.42‰；自然增长率为3.2‰。人口性别比为103.57。

人民生活不断改善：全年城镇居民人均可支配收入为14240元，比上年增长7.0%；城镇居民人均消费性支出8547元，增长0.2%。农村居民人均纯收入5801元，增长6.9 %；农村居民人均生活消费支出3894元，减少1.0 %。城镇占调查总户数20%的低收入家庭人均可支配收入6542元，增长8.2%；农村占人口20%的低收入者收入2518元，增长8.2%。城镇居民家庭恩格尔系数（即居民家庭食品消费支出占家庭消费支出的比重）37%，农村居民家庭恩格尔系数35.9%。城镇单位在岗职工平均工资34720元，增长10.0%。

社会保障进一步发展：年末参加基本养老保险人数为20.92万人；参加基本医疗保险的人数为24.46万人；参加失业保险的人数为19.49万人；参加工伤保险的人数为11.52万人；参加生育保险的人数为5.51万人。

全年全市纳入城市最低生活保障的居民4.3万人，比上年减少0.1万人，发放城市低保资金7877.6万元，比上年增加209.3 万元；纳入农村最低生活保障的居民3.6万人，比上年减少0.1 万人，发放农村低保资金3607.6万元，比上年增加1490万元。全年全市共发放低保资金11485.2万元，比上年增加1699.3万元。

年末全市各类福利院床位数169张，收养各类人员169人。城镇建立各种社区服务设施135个，其中综合性社区服务中心97个。全年销售社会福利彩票5760万元,筹集社会福利资金1863.6万元，直接接收社会捐赠款1025.2万元。

十三、环境和安全生产

环境工作成绩突出：全年全市环境空气质量Ⅱ级以上天数总计达到353天，比上年增加8天，增长2.3%。

年末全市城市污水处理率达到77.75%，提高18.12个百分点；城市生活垃圾无害化处理率达到51.24%，提高4.18个百分点；集中供热面积1994.96万平方米，增长15.6%，集中供热普及率达到78.81%，提高5.6个百分点。

全年全市各类自然灾害造成直接经济损失11.18亿元，比上年有较大幅度上升。全年农作物受灾面积5.07万公顷，上升31.0%，其中，绝收0.69万公顷，下降9.2%。

安全生产成效显著：全年全市生产安全事故死亡82人，比上年下降11.8%。全年全市地方煤矿百万吨死亡人数为0.34人，下降39.3%。

治理车辆非法超限超载收到实效：2009年，全市把路面严查作为治超工作的重点，共检查检测车辆167万辆；加强源头车辆检测，先后组织21次专项检查，12次突击检查，源头检测车辆17万辆。全市车辆超限、超载率由上年的0.04%下降到0.01%。

2009年全市国省干线公路优良路率达到78.5%；县乡公路完好率保持在87.5%。没有增加一座危桥。道路交通事故明显减少。

长治市2009年国民经济主要指标完成情况

2009年，长治市积极应对国际和国内经济环境的变化，大力实施“四位一体”发展战略，振奋精神，致力创新，迎逆势而勇进、处低谷而力争，实现了经济由下滑到增长的重大转折，整体形势好于年初预期，保持了经济社会的平稳较快发展。

总体经济“保增长”成效明显

2009年，长治市地区生产总值（GDP）完成775.3亿元，总量较2008年相比净增93亿元；全年增速“V”型回升轨迹明显，同比增长10%，分别高于全省、全国平均水平，而且总量和增速在2008年排第三位的基础上，再度实现“弯道超车”，全省位居“第二”。“保增长”任务圆满完成，呈现又快又稳态势。

“快”表现在GDP连续第八个年头超过10%以上，2009年GDP比上年增长10%。这是自2002年以来持续保持两位数以上的增速。人均GDP达到3450美元，增长9.5%，标志着民众的公共需求正在由消费型向发展型升级，基本达到小康型社会的标准。

“稳”表现在GDP增速加快势头有所放缓。从2002年起到2009年，我市的国民经济分别比上年增长11.6%、15.2%、15.5%、13.8%、11.5%、14.3%、10.2%和10%。但是放在全球金融危机背景下，面对严峻的经济环境，能够保持10%的增长速度难能可贵，既符合当前“保增长”的要求，也反映出长治经济发展已经为经济增长质量和效益的提升留有更多空间。

经济增长呈现出既快又稳的运行格局，源于多种积极因素：一是以大项目推动大发展，带动经济的快速增长。2009年，长治市委、市政府把抓大项目、管好项目作为“三保”和“三个发展”的重要抓手，用快、用足、用好中央和省关于项目建设的各项政策措施，做大投资盘子，做广投资渠道，做快投资进度，做优投资结构，做大转型项目，做强基础设施项目，做实民生项目，以大力度、超强度地推进重点工程建设。同时组建项目建设指挥部，成立项目服务组，实现政府对项目主体的无缝隙对接，并建立“政府推进项目一线工作室”，确保各项工程从论证到上马，从实施到竣工，都实现了快速、高效、零距离服务，让制约项目建设的土地、环保、资金等一系列问题得到及时解决。2009 年全市共确定了以“双十工程”为龙头的重点工程1074 项，成为全市经济新的增长源，拉动全年经济增长8个百分点以上，2009年全市全社会完成固定资产投资443.7亿元，增长62.3%，成为我市历史上项目数量最多、投资规模最大、投资结构最好、对经济总量拉动最强的一年，带动了整体经济的快速增长。二是政府携企业共度时艰，增强了经济发展的动力。从2008年9月份开始，受国际金融危机严重冲击，我市工业经济发展遇到严重困难，全市工业经济经历了最为艰难的时期，规模以上工业增加值增速大幅下跌，一些大企业生产滑坡严重。危急时刻长治市委、市政府加大对企业的扶持力度，共渡难关，优惠政策相继出台，在“加、减、乘、除”四个方面大做文章。“加”就是针对全市中小企业融资困难，成立了企业信用担保联盟、小额贷款公司，组织银企洽谈会，有效缓解了中小企业融资难题；“减”就是指为了减轻企业负担，全市实施了“五缓四降三补政策”，切实有效的减轻了企业负担；“乘”意在指政府加大对企业的帮扶。2009年市委、市政府及时制定了保增长、促转型“双十条”措施，每月对全市经济实行“监测、例会、通报”。同时成立了企业帮扶服务中心，开通服务企业热线电话，组织千名机关干部下基层、促三保，深入企业解决实际问题；“除”意在指利用危机之“机”，淘汰落后产能，特别是淘汰高能耗、高排放、资源消耗型的产能、产品。2009年，全市规模以上所有经济类型增加值全部实现增长。全市共完成工业增加值452.8亿元，同比增长12.2%，充分发挥了拉动经济增长的“主力军”作用。

农业发展基础作用稳固

这一年，全市进一步加大支农力度，深化和完善农村各项改革,克服多种因素所带来的不利影响,农业与农村经济呈现两大亮点:一是大灾之年粮食产量接近正常年景水平；二是农民人均纯收入保持较快增长。2009年全市粮食总产量116.6万吨,同比下降18.2%，农民人均纯收入为5337元,比上年增长8%。

畜牧产品产量增加。全年肉类总产量5.99万吨，增长17.6%，其中猪牛羊肉5.37万吨，增长18.8%；禽蛋产量7.29万吨，增长8.3%。

农业生产条件继续改善。全年全市共发放农机购置补贴和粮食直补资金1.94亿元，新上农业产业化项目65个，新发展农民专业合作社769个。

造林绿化成绩斐然。受全国绿化造林现场会的带动，2009年以来，我市共投入资金11.8亿元，实施了10万株树苗进城，20万亩荒山绿化，10万亩干果经济林建设，1000万株平原绿化植树的“1211”工程，不仅有效解决了3.4万农民返乡就业，而且在此基础上林下经济发展迅速，实现了林地增效、林农增收的目标。

诚然，2009年农业与农村经济的好形势让人振奋,同时,我们也要看到和更加关注影响农业、农村、农民发展的不利因素，进一步提高农民收入的任务依然艰巨。

结构调整出现积极变化

比速度和总量指标更重要的,是全方位的结构优化,体现着长治按照科学发展观的要求，实现追赶跨越取得的新成效。

产业结构优化是基础。长治产业结构进一步升级,2009年第一产业增加值35.2亿元,下降3.5%;第二产业增加值486.7亿元,增长11.7%;第三产业增加值253.4亿元,增长9.5%。第二、第三产业对地区生产总值的贡献率为67.5%和34.5%，分别比上年下降10.3个百分点和提高12.5个百分点。地区生产总值中三次产业比例为4.5：62.8：32.7。二三产业共同推动城市发展的格局进一步巩固。

创新结构优化是动力。去年长治以高科技产业为抓手,加大创新投入，提升创新能级,自主创新力度不断加大,科技进步对经济增长的贡献率明显提高。全年用于科技活动的经费支出为14.2亿元，同比增长17.9%。共取得市级以上科技成果93 项，省部级以上38项。签订技术合同220项，成交金额2.1亿元。全年共受理专利申请量667件。全市高新技术产业增加值达到3.6亿元,增长11.6 %。工业经济内在活力和动力不断释放。

转型发展是目标。全年加大对新兴产业的投资力度，引导民间资金发展非煤产业，参与结构调整，LED封装项目实现2009年当年开工建设、当年投产见效。推动长钢与首钢实现跨省市联合重组。成功淮海汽车生产线、武乡德盛镁轻量化与能源开发应用等一批新兴产业项目进展顺利。一年来，我市发展新兴产业和改造传统产业的投资占2009年全市投资总额的70%。三次产业投资结构由上年同期的2.2：63.2：34.6调整为3.2：58.2：38.6，结构趋于优化。人民分享到了更多实惠。

这一年,有更多改革和发展的成果普惠于民。城镇新增就业3.9万人,全年有1.2万下岗人员实现了再就业。年末城镇人口登记失业率为2.16%，远低于省控目标。

城乡居民收入增速明显加快。全年全市在岗职工平均工资28773元,比上年增加2250元,增长8.5%。城镇居民人均可支配收入15494元，比上年增长8.5%；城镇居民人均消费性支出10286元，增长7.8%；农村居民人均纯收入5337元,比上年增长8%，农村居民人均生活消费支出2713.9元，增长2.8%。城乡居民储蓄存款余额为636亿元,比年初增加86亿元。

社会保障又有明显加强。年末全市城镇参加基本养老保险人数为33.4万人,比上年增加2.1万人，参加失业保险的人数为24.6万人,参加基本医疗保险人数为77.2万人。年末全市共有17.9万人得到政府最低生活保障救济，同比增加3.1万人。

社会事业全面发展

巨大的财政推手,使各项社会事业蓬勃发展。2009年,长治加大了对社会事业的支出,全市财政对科技、教育、医疗卫生、文化体育等事业支出均有较大幅度增长。

教育方面,全年共安排义务教育经费保障机制资金2.7亿元，全面免除义务教育阶段城乡学生学杂费,为2.5万名寄宿生提供了生活补助。实际安排校舍安全工程涉及317所学校共计325个项目，总投资3.5亿元，共完成改造危房面积400134平方米。

医疗卫生方面,实施免费防治重大传染病政策,启动新型农村养老保险试点,5万多农村老人领到了养老金，新型农村合作医疗实现全覆盖；积极推进城镇居民基本医疗保险,实现参保32万人，覆盖率超过70%，在全省率先实现“一证通”。

我们清醒地看到，经济社会发展也存在不少矛盾和问题：经济结构不够合理，农业产业化、工业化、城镇化水平偏低；经济外向度不高，非公有制经济不强；产业集群规模不足，科技创新能力不高;城市的辐射和带动能力不强，县域经济发展整体不平衡和实力不够强；农村基础设施和公共服务体系比较薄弱,居民消费物价上涨较快，农民增收的长效机制尚未形成；就业压力依然较大,社会事业发展还不平衡，社会保障体系亟待进一步完善。但是,这都是发展中的问题，须在发展中逐步解决。只要我们按照“保增长，保民生，保稳定”的总体要求，加快转变经济发展方式，着力推进结构调整，加快推进改革开放，就一定能够逐步解决好发展中存在的矛盾和问题，实现经济平稳较快增长和社会事业的全面发展。

晋城市2009年国民经济主要指标完成情况

2009年，是晋城经济进入新世纪以来发展最为困难的一年。面对严峻复杂的经济形势，市委、市政府果断决策，从容应对，采取了一系列抓生产、促投资、扩内需的积极有效措施，全市经济企稳向好态势不断增强，发展质量稳步提高，民生继续得到改善，各项社会事业全面进步。

一、综　合

初步核算，全年全市生产总值606.0亿元，比上年增长7.2%。分产业看，第一产业增加值25.1亿元，增长2.3%；第二产业增加值383.7亿元，增长7.6%；第三产业增加值197.2亿元，增长7.0%。第一产业增加值占全市生产总值的比重为4.1%，第二产业增加值比重为63.3%，第三产业增加值比重为32.5%。人均生产总值27108元，增长6.8%，按2009年平均汇率（6.831）计算达到3968美元。

居民消费价格比上年上涨0.3%，其中食品价格上涨3.8%。商品零售价格下降0.9%。工业品出厂价格上涨2.6%，其中生产资料价格上涨2.9%，生活资料价格下降4.4%。原材料、燃料、动力购进价格下降5.6%。

年末全市从业人员126.8万人，比上年增加3.2万人。其中城镇从业人员44.2万人，农村从业人员82.6万人。年末城镇单位从业人员26.8万人，比上年增加1.04万人，其中，在岗职工人数26.2万人，比上年增加0.9万人。城镇新增就业岗位29994个，完成年度目标的122%；下岗再就业7165人，完成年度目标的116%，其中“4050”人员2101人，占全年目标1652人的127.2%；年底全市城镇登记失业人员6970人，较年初增加685人，城镇登记失业率为2.6%，低于省控目标（4.2%）1.6个百分点。

全年全市财政总收入136.1亿元，比上年增长20.3%。一般预算收入48.1亿元，增长14.8%，其中，税收收入37.5亿元，增长16.5%，增值税、营业税、资源税、企业所得税和个人所得税五大税种共计完成税收30.0亿元，占到税收收入的80.0%。

一般预算支出执行76.5亿元，比上年增长20.9%。其中农林水事务支出增长29.4%，教育支出增长28.4%，环境保护支出增长27.4%，科学技术支出增长24.0%，医疗卫生支出增长24.5%，文化体育与传媒支出增长25.5%，社会保障和就业支出增长28.1%。

二、农　　业

全年粮食种植面积201.64千公顷，比上年减少2.3千公顷；棉花种植面积0.3千公顷，减少0.16千公顷；油料种植面积3.62千公顷，减少0.68千公顷；药材种植面积1.1千公顷，减少0.08千公顷；蔬菜种植面积5.19千公顷，减少0.36千公顷；果园面积3.80千公顷，增加0.2千公顷。

全年粮食产量70万吨，比上年减少16.45万吨，减产19.0%；其中，夏粮产量22.03万吨，减产9.0%；秋粮产量47.98万吨，减产22.9%。

全年棉花产量184吨，比上年减少222吨，减产54.7%；油料产量4779吨，比上年减少2279吨，减产32.3%；药材产量4908 吨，比上年减少37吨，减产0.8%。

全年蔬菜产量25.78万吨，比上年减少0.8万吨，减产3.0%；全年水果产量5.26万吨，比上年减少0.28万吨，减产5.0%。

全年肉类总产量8.93万吨，比上年增长6.9%。其中，猪肉产量7.98万吨，增长7.4%；牛肉产量0.17万吨，减产14.8%；羊肉产量0.3万吨，减产14.3%。

全年奶类总产量5175吨，比上年增长0.2%；禽蛋总产量47530 吨，增长21.2%；蚕茧总产量4010吨，减产23.9%。

全年水产品产量1150吨，下降3.4%。

全年木材产量4564立方米，下降8.8%。

三、工业和建筑业

全年全部工业增加值367.5亿元，比上年增长7.2%。规模以上工业增加值353.3亿元，增长9.8%，其中国有控股企业增长11.6%，集体企业下降8.2%，股份制企业增长11.0%，外商及港澳台商投资企业增长15.1%，其他经济类型下降3.2%。分轻重工业看，轻工业增长11.5%，重工业增长9.8%。

全年规模以上工业企业累计实现主营业务收入713.4亿元,比上年增长13.2%;实现利税180.5亿元,比上年增长7.7%;实现利润114.9亿元，比上年增长0.1%。

全年全社会建筑业实现增加值16.2亿元，比上年增长18.5%。具有资质等级的总承包和专业承包建筑业企业总产值30.98亿元，比上年增长31.7%。

四、固定资产投资

全年全社会固定资产投资366.6亿元，比上年增长37.0%。从城乡看，城镇投资329.3亿元，增长37.7 %；农村投资37.3亿元，增长31.7%。从产业看，第一产业投资9.7亿元，增长124.1%；第二产业投资187.6亿元，增长8.0%；第三产业投资169.3亿元，增长89.3 %。从登记注册类型看，国有投资189.1亿元，增长55.7%；非国有投资177.5亿元，增长21.5%。

全年房地产开发投资26.5亿元，比上年增长79.3%。其中商品住宅投资22.1亿元，增长102.3%。

五、能　　源

全年全市一次能源生产折标准煤6169.44万吨，比上年下降0.2%；二次能源生产折标准煤317.84万吨，增长0.2%。

全年全市向外运输煤炭8616万吨，比上年下降4.7%；输送电力178.43亿千瓦小时，下降1.7%，外输电量占发电量的比重为89.9%。

城镇投资中，能源工业投资完成147.07亿元，比上年增长15.4%。其中煤炭工业投资93.69亿元，增长10.2%，一批高产、高效矿井建成投产；煤层气产业投资12.38亿元，增长6.09倍；电力工业投资37.05亿元，增长27.5%。

六、国内贸易

全年社会消费品零售总额182.3亿元，比上年增长21.4%。分地域看，市的消费品零售额124.0亿元，增长21.2%；县及县以下消费品零售额58.2亿元，增长21.8%。分行业看，批发和零售业零售额136.11亿元，增长18.0%；住宿和餐饮业零售额30.5亿元，增长27.9%；其他行业零售额15.6亿元，增长43.9%。

在限额以上批发和零售业零售额中，化妆品类零售额比上年下降33.0%，食品、饮料、烟酒类下降11.0%，金银珠宝类增长32.0%，服装鞋帽、针、纺织类增长9.7%，日用品类下降5.8%，汽车类增长7.5%，石油及制品类增长18.3%，家用电器和音像器材类增长7.5%，文化办公用品类下降25.3%，通讯器材类增长48.0%，家具类增长863.3%。

七、对外经济

全年海关进出口总额23962万美元，比上年增长15.5%。其中，出口12025万美元，下降6.6%；进口11936万美元，增长51.7%。

全市外来直接投资额42.3亿元，比上年下降19.6%。全年新批外商直接投资企业1家。外商直接投资合同额1572万美元，比上年下降58.3%；实际使用外商直接投资金额8539万美元，比上年下降72.0%。

八、交通、邮电和旅游

全年交通运输、仓储和邮政业增加值49.9亿元，比上年增长6.9%。公路通车里程7712公里，其中，高速路通车里程161公里。

年末全市民用汽车保有量达到16.6万辆（包括三轮汽车和低速货车），比上年末增长16.4%，其中私人汽车保有量12.6万辆，增长19.4%。民用轿车保有量6.98万辆，增长31.2%，其中私人轿车5.8万辆，增长34.9%。

全年全市完成邮电业务总量35.7亿元，比上年增长36.3%。其中，邮政业务总量2.05亿元，电信业务总量33.7亿元。局用交换机总容量达到54万门。固定电话用户年末达到42.6万户。其中，城市电话用户19万户，农村电话用户23.6万户。移动电话用户年末达到123万户。年末全市每百人电话（固定+移动）拥有数达73.96部。全市因特网宽带接入户达到14.8万户，增长26.3%。

全年全市接待入境旅游者4.2万人次，比上年增长12.1%；接待国内旅游者875.9万人次，增长12.7%。实现旅游总收入63.7亿元，增长12.3%，其中，旅游外汇收入1604.5万美元，增长78.4%；国内旅游收入63.0亿元，增长12.2%。

九、金　融

年末全市金融机构本外币各项存款余额1108.6亿元，比年初增加148.9亿元，增长15.5%。其中，人民币各项存款余额1107.0亿元，比年初增加149.0亿元，增长15.6%。各项贷款余额427.9亿元，比年初增加51.1亿元，增长13.5%。其中，人民币各项贷款余额427.2亿元，比年初增加50.4亿元，增长13.4%；全年累计现金收入1290.2亿元，累计现金支出1310.5亿元，货币净投放20.3亿元，比上年多投放28.9亿元。

全年全市保费收入22.9亿元，比上年增长16.8%。其中，财产险保费收入5.7亿元，增长12.3%；人身险保费收入17.2亿元，增长18.4%。全年支付各类赔款及给付5.2亿元,下降2.3%。其中，人身险给付支出2.6亿元,下降14.0%；财产险赔款支出2.6亿元,增长12.6%。

截止年底，全市共有证券营业部3家，从业人员53人。年末客户开户数60902户，年末客户累计存入资金6.56亿元，比年初下降58.8%；全年营业收入11649万元，增长58.1%，营业支出3214万元，增长26.1%。

十、教育和科学技术

年末全市共有各级各类学校1138所，比上年减少201所。在各类学校中，有高等学校2所，中专2所，普通中学165所，职业中学20所，小学939所，聋哑学校4所，幼儿园507所。年末全市共有各级各类在校学生人数39万人，比上年末减少6850人；全年各级各类学校招生数9.6万人,比上年增加571人；毕业生数10.1万人，比上年增加1398人；年末全市教职工人数3.73万人，比上年末增加77人；小学学龄儿童入学率100%，小学升学率99.98%，比上年增加0.17个百分点。

全市科技三项经费支出8029.5万元，比上年增长16.4%。全年组织实施各类科技项目143项（其中国家级4项，省级25项，市级114项）。在国家级项目中，列入国家级火炬计划2项，星火计划2项；在省级项目中，列入省级火炬计划3项，科技发展计划2项，星火计划4项，农业攻关2项，成果推广9项，工业攻关3项，软科学及基础平台建设2项。全年共受理各项专利申请621件，比上年增长173.6%。每10万人专利申请28件。

十一、文化、卫生和体育

年末全市共有艺术表演团体12个，新创作首演剧目9个；演出场次2310场，演出收入740万元；全市共有艺术表演场馆6个，群众艺术馆、文化馆7个，公共图书馆6个，总藏量27.2万册。博物馆8个。广播电台1座，电视台2座。广播综合覆盖人口218.1万人，广播综合人口覆盖率97.4%，电视人口综合覆盖率达98.5%。全市广播电视传输网络干线总长19950公里。全市共有调频转播发射台6座12.4千瓦，电视转播发射台6座24.97千瓦。

年末全市共有卫生机构（含诊所）1982个，其中医院、卫生院185个，妇幼保健院（所、站）7个，专科疾病防治院（所、站）4个。医院和卫生院床位8278张，每千人拥有病床3.92张。卫生技术人员14338人，其中执业医师和执业助理医师6503人，注册护士3931人。疾病预防控制中心（防疫站）7个，卫生技术人员215人；卫生监督所7个,卫生技术人员98人；乡镇卫生院105个，床位2170张，卫生技术人员2522人。全市6个县（市、区）全部开展了新型农村合作医疗试点工作，新型农村合作医疗参合率95.31%，比上年同期增加0.73个百分点。

全年全市共举办各级各类运动会178次，参加运动会运动员人数6.6万人。运动员在省级以上重大比赛中获金、银、铜牌分别为28枚、32枚、38枚。全民健身活动更加形式多样，据不完全统计，全年全市体育锻炼标准达标人数达33.65万人，其中优秀级8200人。本年批准的等级运动员42人，批准的等级裁判员35人。

十二、人口、人民生活和社会保障

年末全市常住总人口为223.91万人。全年出生人口20479人，出生率为9.16‰；死亡人口13638人，死亡率为6.10‰；自然增长率为3.06‰。男女人口性别比为100.42%。

全年城镇居民人均可支配收入15161元，比上年增长7.2%；人均消费性支出9470元，增长2.7%。农村居民人均纯收入5255元，比上年增长8.2%；人均生活消费支出3651元，增长7.9%。城镇占调查总户数20%的低收入家庭人均可支配收入5808元，增长8.4%；农村占人口20%的低收入者收入2768元，增长9.2%。城镇居民家庭恩格尔系数（即居民家庭食品消费支出占家庭消费支出的比重）为30.34%，农村居民家庭恩格尔系数为37.41%。截至2009年末，全市农村贫困人口为4.7万人，比上年减少1.1万人。城镇单位在岗职工平均工资34200元，比上年增长10.3%。

年末全市企业养老保险参保148058人，占省下达任务的101.7%，比上年增长4%。企业退休人员纳入社区管理人数达26152人，纳入社区管理服务率达78.8%，超年目标3.8个百分点；机关事业养老保险参保53125人，占年目标的105.4%，增长3.3%。为5941名机关事业离退休人员发放养老金13816万元，按时足额发放率为100%；医疗保险参保467157人，占省下达任务的119.8%；失业保险参保196663人，占省下达任务的102.6%，较上年增加305人。为3430名失业人员发放失业保险金1441万元；工伤保险参保172511人，占省下达任务的101.5%，增长5.4%，为1488名伤残职工、84名工亡职工和356名符合供养条件的供养家属支付工伤保险待遇3182万元，支付率为100%；女工生育保险参保110671人，占年目标的110.7%，增长35.9%；农村养老保险参保758647人，占省下达目标的127.0%,增长1.67倍。

全年共有31888个城镇居民得到政府最低生活保障，比上年减少1305人，保障户数14679户，比上年减少369户；有77969个农村居民得到政府最低生活保障，比上年增加14049人。

年末全市各类收养性社会福利单位53个，比上年增加7个，床位2976张，增加1387张。收养各类人员1719人，增加579人。享受定期抚恤人数2326人，比上年减少33人；享受定期补助人数8017人，比上年增加583人。伤残人数3658人，比上年减少33人。优待优抚对象户数4064户，优待总金额577.9万元，比上年增长14.1%。年末全市共有各类社会福利企业47个，比上年增加1个，共安置860个残疾人就业。本年我市直接接收捐赠款476.5万元，受益人数24803人。

十三、资源、环境和安全生产

年末耕地保有量为307.1万亩，比上年增长6.6%。完成造林合格面积14.7万亩，完成年度计划的100%。

全市共有国家、省级自然保护区4个，自然保护区面积1277.1千公顷；生态示范区2个，生态示范区面积达4.43千公顷。

年末城市污水处理率达到95%；城市生活垃圾无害化处理率达到93.1%；集中供热普及率达到81%，提高2个百分点；建成区绿化覆盖率达到45.8%。全年市区环境空气质量二级以上天数达到352天，比上年增加5天，其中一级天数创历史纪录的达到103天，比上年增加27天。空气综合污染指数控制在1.84,比上年下降0.17,降幅为8.5%。全市集中式饮用水源地水质达标率达100%。

全年共发生各类生产安全事故799起，比上年减少93起，下降10.4%；事故死亡229人，同比减少22人，下降8.8%。亿元GDP安全生产死亡0.38人，低于省控指标的17.4%，比上年下降21%。全市地方煤矿发生安全生产事故7起，同比减少2起，死亡9人，同比减少15人，为省、市控制指标26人的34.6%；煤炭生产百万吨死亡率为0.11人，同比下降89%，为省、市控制指标的11%。全年共发生道路交通事故655起，造成213人死亡、720人受伤，直接财产损失228万元。

（晋城市统计局）

临汾市2009年国民经济主要指标完成情况

2009年是临汾市经济发展面临较大困难和严峻挑战的

一年。面对国际金融危机的严重冲击和煤矿、非煤矿山企业开工不足的双重影响，全市上下按照市委、市政府的总体部署，围绕“三个发展”，全力加强经济调控，加快推进项目建设，大力优化产业结构，着力破解发展难题，全市经济呈现出逐季回升、持续向好的态势，主要经济指标实现由下滑到增长的重大转折。

1. 经济增速逐季回升。2009年，全市累计实现生产总值763.1亿元，按可比价格计算，比上年增长4.2%，呈逐季回升态势。

从三次产业看，第一产业实现增加值51.8亿元，同比增长6%；第二产业实现增加值440亿元，同比增长1.9%。其中，工业实现增加值402.6亿元，同比增长0.3%。建筑业实现增加值37.4亿元，增长30.9%；第三产业实现增加值271.3亿元，同比增长8.2%。

从各产业对全市经济增长的贡献率看，第一产业的贡献率为7.2%，拉动GDP增长0.3个百分点；第二产业的贡献率为28.6%，拉动GDP增长1.2个百分点。其中，工业的贡献率为4.8%，拉动GDP增长0.2个百分点，建筑业的贡献率为23.7%，拉动GDP增长1个百分点；第三产业的贡献率为64.3%，拉动GDP增长2.7个百分点。

2. 工业生产触底回暖。全市规模以上工业增加值增速3月份探底后一路回升，自6月份开始连续7个月实现正增长。全年累计完成规模以上增加值372.6亿元，按可比价计算，比上年增长3%。

从主要行业看，煤炭开采及洗选业增加值同比增长4.4%，比前三季度回升23.1个百分点；焦炭业同比下降2.2%，降幅比前三季度缩小15.2个百分点；钢铁业同比增长10%，比前三季度回升15.3个百分点。

从主要产品产量看，除煤、焦、铁矿石下降外，其余主要产品保持稳步增长。2009年,全市规模以上原煤产量2556万吨，同比下降18.8%；焦炭产量1707万吨，同比下降3.2%；铁矿石产量76.5万吨，下降42.5%；发电量62.1亿千瓦时，同比增长4.6%；生铁产量917万吨，同比增长21.2%；粗钢产量606万吨，增长32.4%；钢材产量446万吨，增长22.4%；精炼铜产量4.9万吨，增长22.4%；水泥产量248 万吨，增长19.8%。

3. 投资需求高位运行。2009年，全市施工项目1068个，比上年增加149个，其中，新开工项目886个，增加149个。全年累计全市固定资产投资完成417亿元，同比增长58.1%，保持高位运行态势。从三次产业看，第一产业完成投资14.9亿元,同比增长84.9%；第二产业完成投资211.1亿元,同比增长37.8%；第三产业完成投资190.9亿元,同比增长85.8%。

4. 市场销售稳定增长。在家电下乡、汽车下乡、农机补贴、完善社会保障等政策持续作用下，全市消费品零售额稳步提高。2009年，全市社会消费品零售总额完成272.6亿元，同比增长21.7%。其中，批发业同比增长21.6%；零售业同比增长21.6%；住宿和餐饮业同比增长21.5%。

对外贸易形势略有好转。2009年，全市海关进出口总额35519 万美元，同比下降36.4%,降幅比前三季度缩小13个百分点。其中，出口8687万美元,同比下降72.9%，进口26832万美元,同比增长12.6%。

5. 民生状况继续改善。由于良种、农机具、农资补贴和种粮农民直接补贴以及企业退休人员基本养老金、城乡低保补助等资金落实到位情况较好，转移性收入和财产性收入增长较快，带动今年以来全市城乡居民收入稳步增加。2009年，全市城镇居民人均可支配收入达到12247元，同比增长9.3%。其中，市区城镇居民人均可支配收入14120元，同比增长9.2%；农民人均纯收入达到4749元，同比增长8.1%。

运城市2009年国民经济主要指标完成情况

一、综　　合

经济增长：初步核算，全年全市地区生产总值728.0亿元，比上年增长6.7%。其中，第一产业增加值114.7亿元，增长6.5%；第二产业增加值325.8亿元，增长4.3%；第三产业增加值287.5亿元，增长10.4%。第三产业中，金融业增加值19.4亿元，增长9.1%；交通运输、仓储和邮政业增加值71.0亿元，增长5.4%；批发和零售业增加值54.9亿元，增长18.6%；房地产业增加值20.0亿元，增长5.1%。

人均地区生产总值14316元，按2009年平均汇率计算达到2096 美元。

第一、第二和第三产业增加值占全市生产总值的比重分别为15.8%、44.7%和39.5%。对经济增长的贡献率分别为11.5%、33.5%和55.0%。

价格：居民消费价格比上年下降1.4%，其中食品价格下降4.1%。商品零售价格下降0.8%。工业品出厂价格下降19.6%，其中生产资料价格下降20.6%，生活资料价格下降9.6%。原材料、燃料、动力购进价格下降4.8%。农业生产资料价格下降0.4%。

就业：年末全市就业人员264.2万人，其中城镇就业人32.1万人。城镇新增就业人员5.1万人，完成全年目标（4.49万人）的113.6%。下岗失业人员再就业人数1.35万人，就业困难对象再就业人数0.37万人。年末城镇登记失业率2.4%，控制在了4.2%的目标范围之内。

二、农　　业

种植面积：全年全市农作物种植面积771.8千公顷，比上年增长10.9%。其中粮食种植面积624.9千公顷，增长

14.0%；油料种植面积12.7千公顷，下降7.3%；棉花种植面积66.2千公顷，减少18.9%。在粮食种植面积中，玉米种植面积235.9千公顷，增长25.2%；小麦种植面积329.5千公顷，增长6.8%。

粮食产量：全年粮食总产量222.2万吨，比上年增长6.4%。其中，玉米119.3万吨，增长25.9%；小麦90.2万吨，下降13.7%。

畜禽及水产品产量：全年全市肉类总产量2.65万吨，比上年增长39.0%。其中，猪肉产量2.0万吨，增长21.0%；牛肉产量0.1万吨，增长6.0%；羊肉产量0.1万吨，增长32.0%。牛奶产量1.6万吨，增长8.0%。禽蛋产量3.1万吨，增长7.0%。

林业生产：全年完成退耕还林和荒山荒地造林面积2800公顷，完成天然林资源保护工程造林面积4534公顷。年末实有封山（沙）育林面积21979公顷，零星（四旁）植树1383.3万株。造林合格面积1.7万公顷。全年实现林业产业产值20.9亿元，其中营林产值5.0亿元。林业产业增加值7.1亿元。全年木材产量6.6万立方米，比上年减少12.0%。

全年发生森林火灾6起，因灾造成受害面积111.2公顷。

农业机械：年末全市农业机械总动力570.8万千瓦，比上年末增长7.0%。机械耕地面积47.7万公顷，机械播种面积42.0万公顷，机械收获面积29.9万公顷，分别比上年增长5.0%、11.0%和8.0%。全市农机化经营总收入达到8.3亿元，同比增长16.9%。

三、工业和建筑业

工业：全年全部工业增加值283.2亿元，比上年增长4.1%，在二产中所占比重为86.9%，比上年下降5.2个百分点。其中，规模以上工业企业完成增加值238.4亿元，比上年增长6.0%。

全社会原煤产量28.3亿吨，比上年下降67.0%，其中，规模以上工业企业原煤产量28.3亿吨，下降67.0%。

规模以上工业主营业务收入777.5亿元，比上年下降18.2%。其中，五大支柱产业实现主营业务收入555.1亿元，下降25.8%，有色金属冶炼及压延加工业、黑色金属冶炼及压延加工业、焦炭业、化学原料及化学制品制造业、电力热力生产和供应业分别实现主营业务收入269.3亿元、183.9亿元、165.4亿元、100.5亿元和289.7亿元，分别增长-34.2%、-20.3%、-25.1%、-29.8%和28.8%；规模以上工业实现利税73.4亿元，比上年下降88.3%；实现利润-25.3亿元，下降300.1%。

建筑业：全年全市建筑业实现增加值42.5亿元，比上年增长6.5%。具有建筑业资质等级的总承包和专业承包建筑业企业实现利润总额1.6亿元，下降13.0%；上缴税金1.8亿元，下降5.1%。

四、固定资产投资

固定资产投资：全年全社会固定资产投资481.5亿元，比上年增长40.2%。按城乡分，城镇投资406.2亿元，增长43.5%；房地产投资40.2亿元，增长14.8%；农村投资35.1亿元，增长38.4%。按产业分，第一产业投资27.7亿元，增长157.4%；第二产业投资254.3亿元，增长56.3%；第三产业投资199.5亿元，增长17.3%。按登记注册类型分，国有投资157.0亿元，增长65.7%；非国有投资324.5亿元，增长30.4%。

2009年全市固定资产施工项目1283个，全投产项目990个，新增固定资产328.3亿元。房屋施工面积1126万平方米，其中，住宅677.8万平方米。竣工面积553.7万平方米，其中，住宅317.4万平方米。

房地产开发：全年房地产开发投资40.2亿元，比上年增长14.8%。按工程用途分，商品住宅投资29.5亿元，增长28.4%；办公楼投资0.8亿元，增长46.7%；商业营业用房投资6.0亿元，下降13.3%。

五、国内贸易

消费品零售：全年全市社会消费品零售总额328.2亿元，比上年增长22.0%。其中，城市消费品零售额184.7亿元，增长16.9%；县消费品零售额79.9亿元，增长26.4%；县以下消费品零售额63.5亿元，增长33.1%。

六、对外经济

进出口贸易：全年全市海关进出口总额81979万美元，比上年下降39.4%。其中，出口下降71.2%，进口下降18.0%。

全年出口焦炭500吨，比上年下降99.9%；出口金属镁2.042万吨，下降45.5%；出口机电产品2201万美元，下降41.4%；出口高新技术产品38万美元，增长149.7%。

全年进口铁矿砂及其精矿305.4万吨，比上年增长32.9%；进口机电产品1924万美元，下降5.4%；进口高新技术产品353万美元，下降32.8%。

招商引资：全年全市新设立外商直接投资企业4家；实际使用外商直接投资金额1.77亿美元，比上年下降67.0%；其中纳入商务部口径统计的为0.42亿美元，下降83.0%。

全年全市对外经济合作新签合同额0.29亿美元，比上年增长7.4%。

七、交通、邮电和旅游

交通运输：全年全市交通运输、仓储和邮政业增加值71.0亿元，比上年增长5.4%。年末公路线路里程14655公里，其中国道、省道1522公里（包括高速公路340公里），县道、乡道、村道及专用道13133公里。公路密度达到103.3公里/百平方公里，全市公路客运量4750万人，比去年增长7.6%；公路货运量4537万吨，比去年下降25.0%。公路旅客运输周转量19.7亿人公里，比去年下降0.8%；公路货运周转量122.6亿吨公里，比去年下降55.5%。

年末全市民用汽车保有量达到25.6万辆（包括三轮汽车和低速货车4.5万辆），比上年末增长20.0%，其中私人汽车20.0万辆，增长22.5%。年末轿车保有量10.1万辆，比上年末增长45.9%，其中私人轿车9.0万辆，增长56.0%。

邮电：全年全市完成邮电业务总量60.0亿元，比上年增长9.7%。其中，邮政业务总量3.3亿元，增长12.0%；电信业务总量56.7亿元，增长9.5%。年末全市固定及移动电话用户总数达到362.2万户，比上年末增加37.8万户。其中，固定电话86.2万户，移动电话276.0万户。电话普及率达到71.1部/百人，其中固定电话和移动电话普及率分别达到16.9部/百人和54.2部/百人。全市宽带接入用户达到36.3万户，增长31.0%。

旅游：全年全市接待海外旅游者10.3万人次，接待国内旅游者1265.8万人次，分别增长14.1%和10.1%；旅游外汇收入2326.3万美元，国内旅游收入85.4亿元，旅游总收入87.1亿元，分别增长23.0%、19.1%和19.3%。

八、财政、金融、证券和保险

财政：全年全市财政总收入63.7亿元，比上年下降31.2%。一般预算收入26.3亿元，下降19.5%。其中，税收收入20.0亿元，下降21.4%。非税收入6.3亿元，下降12.7%。在税收收入中，国内增值税、营业税、企业所得税、个人所得税、资源税和城建税共计完成税收15.3亿元，分别下降39.3%、0.2%、53.6%、22.9%、2.0%和15.6%。

一般预算支出执行103.3亿元，比上年增长10.94%。其中农林水事务支出增长19.4%，教育支出增长10.8%，科学技术支出增长4.8%，社会保障和就业支出增长15.9%，医疗卫生支出增长30.7%，环境保护支出下降21.8%，文化体育与传媒支出增长15.4%，城乡社区事务支出下降14.6%，公共安全支出增长15.8%。

金融：年末全市金融机构本外币各项存款余额830.0亿元，比年初增长15.6%。各项贷款余额482.9亿元，增长9.3%。年末全市金融机构人民币各项存款余额827.9亿元，比年初增长15.6%；各项贷款余额479.6亿元，比年初增长9.1%。人民币个人消费贷款19.5亿元，增长15.9%。全年累计现金收入1990.2亿元，累计现金支出1998.0亿元，货币净投放7.8亿元。

年末全市农村金融合作机构（农村信用社、农村合作银行、农村商业银行）人民币贷款余额167.5亿元，增长11.8%。

证券：全年运城辖区证券市场各类证券成交额433.3亿元，比上年增长63.1%。其中股票成交额431.0亿元，增长55.3%；基金成交额2.2亿元，增长37.1%。年末股票市场累计开户数5.7万户，比上年末增长38.1%。

保险：年末全市入户保险公司18家，全年保费收入27.7亿元，比上年增长23.8%。在保费收入中，人身险业务保费收入21.8亿元，增长20.2%，其中，健康险和意外伤害险业务保费收入1.2亿元，增长16.4%；财产险业务保费收入5.9亿元，增长39.1%。支付各类赔款及给付5.7亿元，下降2.4%。其中，人身险业务给付3.1亿元，下降19.1%；财产险业务赔款2.7亿元，增长27.6%。

九、教育和科学技术

教育：普通高校在校生1.8万人，教职工1470人，其中专任教师966人。中等职业学校在校学生82482人，普通中学在校学生39.9万人，小学在校学生42.4万人。全市中小学专任教师达到5.7万人。高中阶段毛入学率达到90.0%，比上年提高2.9个百分点。

科学技术：全年全市共受理各项专利申请399件，比上年增长5.0%。全市技术市场共签订技术合同16份，成交金额1.2亿元。全年有9个项目列入国家各类科技计划，获得国家资助390万元。

全年共取得16项科技成果，获得省级科技奖励7项。其中省级科技进步二等奖2项，三等奖4项；省级自然科学二等奖1项。认定省级企业（集团）技术中心4家。

全年全市3个市级以上经济技术开发区和高新技术开发区科工贸总收入222.04亿元，比上年增长18.71%；区内生产总值51.61亿元，增长29.5%；税收收入3.92亿元，增长7.4%；进出口总额5032.81万美元，下降52.45%；入区企业数120个，增长21.22%；引进国内资金25亿元，下降7.3%。

年末全市共有产品质量监督检验所13个，市授权行业建立的检验所(站)55个，监督抽查了1223家企业12类1638批次产品和商品。全市共有法定计量技术机构13个，全年完成强制检定计量器具44549台件。

全市有气象台站14个。全市开展电话天气自动答询的台站共计13个。全市气象系统开展人工影响天气业务的单位12个，防雹、增雨受益覆盖面积1.4万平方公里。全市有天气预报服务网站2个，卫星云图接收站1个。

全市有专业综合地震台站16个，市级地震台网中心1个，数字测震地震台网1个，数字测震子台5个。全年小震活动141次，最大震级3.2级。

十、文化、卫生和体育

文化：年末全市共有艺术表演团体16个，群众艺术馆1个，文化馆13个，公共图书馆13个，馆藏图书950.17千册，博物馆19个。广播电台17座，电视台20座。有线电视用户43.70万户。广播人口覆盖率94.06%，电视人口覆盖率95.06%。

卫生：年末全市共有卫生机构(含诊所)1934个，其中妇幼保健院（所、站）14个。全市卫生机构(含诊所)共有床位21985张；卫生技术人员27593人。全市共有13个县（市、区）开展了新型农村合作医疗试点工作，337.1万农民参加了合作医疗，参合率92.10%。

体育：全年我市运动员在国内重大比赛中获铜牌1枚。全年全市销售中国体育彩票1.16亿元，比上年增长8.4%。

十一、人口、人民生活和社会保障

人口：据2009年人口抽样调查，年末全市常住人口为509.5万人，比上年末增加1.9万人。全年全市出生人口5.7万人，人口出生率为11.2‰；死亡人口3.1万人，死亡率为6.1‰；自然增长率为5.2‰。

人民生活：全年城镇居民人均可支配收入为12656.7元，比上年增长12.1%；城镇居民人均消费性支出8061.8元，增长12.0%。农村居民人均纯收入4110.5元，增长8.2%；农村居民人均生活消费支出2943.4元，增长2.2%。城镇占调查总户数20%的低收入家庭人均可支配收入6463.0元，增长9.6%；农村占人口20%的低收入者收入1708.0元，增长8.5%。城镇居民家庭恩格尔系数（即居民家庭食品消费支出占家庭消费支出的比重）33.0%，农村居民家庭恩格尔系数35.3%。城镇单位在岗职工平均工资21186元，增长7.2%。

社会保障：年末参加城镇基本养老保险人数为40.23万人；参加城镇基本医疗保险的人数为67.79万人；参加失业保险的人数为23.29万人；参加工伤保险的人数为17.96万人，其中参保农民工6.00万人；参加生育保险的人数为6.60万人。

全年全市纳入城市最低生活保障的居民8.96万人，发放城市低保资金1.94亿元；纳入农村最低生活保障的居民14.66万人，比上年增加1.66万人，发放农村低保资金1.33亿元，比上年增加0.58亿元。全年全市共发放低保资金3.27亿元。

年末全市各类福利收养单位床位数0.27万张，收养各类人员0.15万人。城镇建立各种社区服务设施88个，其中综合性社区服务中心48个。全年销售社会福利彩票2.1亿元,筹集社会福利资金0.21亿元，直接接收社会捐赠款0.04亿元。

十二、资源、环境和安全生产

资源：全年全市水资源总量13.34亿立方米。

全年平均降水量464.9毫米，比上年增加11%。

年末全市5座中型水库蓄水总量360万立方米，比上年末减少55万立方米。

年末全市农村饮水安全未达标人口35.5万人，当年解决农村饮水安全人口41万人。

环境：全年市区二级以上优良天数达到354天以上，超额完成省政府下达的280天的目标任务，综合污染指数预计可由2008年的1.98降低到1.67。汾河、涞水河化学需氧量（COD）分别控制在省定指标内。全市污染物二氧化硫、化学需氧量的排放总量分别控制在省定指标13.1万吨和7.8万吨之内，完成了省定的减排二氧化硫（SO2）0.06万吨、化学需氧量（COD）0.06万吨的目标任务。

年末全市城市污水处理率达到85%，提高10个百分点；城市生活垃圾无害化处理率达到85%，提高29个百分点；集中供热面积1206万平方米，增长9.6%；集中供热普及率达到86%，提高6个百分点。

全年全市各类自然灾害造成直接经济损失10.43亿元，与上年基本持平。全年农作物受灾面积494.71万亩，上升18.0%。其中，绝收94.92万亩，上升90.0%。

安全生产：2009年，全市投入126万元，建成了煤炭产量监控、井下人员管理和煤矿瓦斯监测监控“三大系统”。从2008年至今，组织培训煤矿主要负责人和安全生产管理人员564名；共培训煤矿特种作业人员448人；煤矿班（组）长984名。初步形成了市、县、矿三级煤矿安全培训网络。全年全市生产安全事故死亡253人，比上年下降9.0%。

治理车辆非法超限超载：2007年12月19日新一轮治理车辆非法超载总行动以来，全市共检查货运车辆965.15万台次，查处非法超限、超载车辆1.57万台次，共卸载货物1.13万吨，拆解车辆141台，没收拼装车辆7台，取缔非法储（售）煤场和非法改装厂38处，超限、超载率由治超前的8%—11%下降为0.16%。

全年全市发生道路交通事故759起，同比下降10.39%，造成242人死亡、891人受伤，直接经济损失158.8万元，比上年上升27.8%。

山西省2009年党员情况

近年来，全省各级党组织认真贯彻落实党的十七大和十七届三中、四中全会精神，从提高党的执政能力和保持党的先进性出发，不断创新党员队伍建设和党的基层组织建设，党员队伍不断壮大，结构更加改善，分布更趋合理，全省党员队伍充满生机与活力，以一流的工作业绩为我省“三个发展”作出了新的贡献。截至2009年底，全省党员总数已达219.2万,比上年度增加4.8万。其中，35岁以下的青年党员48.1万名，占总数的21.9%；女党员42.3万名，占总数的19.3%。

在数量持续增长的同时，党员队伍结构不断改善，分布更趋合理。截至2009年底，全省党员队伍中大专以上学历的69.0万名，占总数的31.5%，比上年提高2.8个百分点;初中及以下学历的88.0万名，占总数的40. 2%，比上年下降1.8个百分点。

从党员队伍的构成来看，来自工人、农民、知识分子、军人、干部的党员是党的队伍最基本的组成部分和骨干力量。目前，全省党员队伍中有工人、农牧渔民97.6万名，占总数的44.5%；机关干部、企事业单位管理人员、专业技术人员、军人、武警70.9万名，占总数的32.4%。

党员队伍发展壮大、充满活力的一个重要原因，是全省各级党组织坚持贯彻“坚持标准，保证质量，改善结构，慎重发展”的方针，使党不断充实新鲜血液，党的阶级基础得到进一步巩固，党组织的凝聚力、战斗力和社会影响力有了新的提高。2009年，全省共发展党员7.5万名，新党员的构成、分布明显改善。其中，35岁以下党员5.6万名，占总数的74.8%；女党员2.6万名，占总数的34.5%；高中以上学历的6.5万名，占总数的86.1%。各级党组织以改革创新的精神，不断扩大发展党员工作中的民主，强调真正从思想上入党，严把党员发展的“入口”关，使新党员的质量进一步提高。2009年发展的党员中，各行各业的先进模范人物0.8万人，占总数的11.2%，共青团员2.4万人，占总数的32.3%。入党积极分子队伍也不断壮大，2009年全省入党申请人达88.9万人，其中被党组织确定为入党积极分子的有29.1万人。

各级党组织积极研究解决新形势下党员队伍建设中出现的各种情况，积极贯彻“党要管党，从严治党”的方针，加强对党员的教育管理工作。通过深入开展学习实践活动，认真贯彻落实中央《2009—2013年全国党员教育培训工作规划》和《山西省2009—2013年党员教育培训工作实施意见》，组织全省党员深入学习党的十七大和十七届三中、四中全会精神，进一步增强了他们走有中国特色社会主义道路的坚定性，提高了他们实践科学发展观的自觉性。

在深化改革、扩大开放和推进和谐社会建设的各项事业中，共产党员的先锋模范作用也得到了充分发挥，为推进我省“三个发展”，加快新基地新山西的各项工作中作出了积极的贡献。

（省委组织部）

2009年7月1日，山西日报报业集团机关党委组织50多名预备党员在中共太原支部旧址纪念馆参观学习并举行了入党宣誓仪式，庆祝中国共产党成立88周年。

图书在版编目（CIP）数据

中共山西年鉴·2010/中共山西省委主办；中共山西省委党史办公室编. —北京：中央文献出版社，2011.1

ISBN 978—7—5073—3155—4

Ⅰ. ①中…　Ⅱ. ①中…　Ⅲ. ①中国共产党—工作—山西省—2010—年鉴　Ⅳ. ①D235.25—54

中国版本图书馆CIP数据核字（2010）第225771号

书　　名：中共山西年鉴（2010）

主　　办：中共山西省委
编　　者：中共山西省委党史办公室
责任编辑：王春明
出　　版：中央文献出版社
社　　址：北京市西城区前毛家湾1号
邮　　编：100017
印　　刷：山西省综治印刷厂
开　　本：1/16
字　　数：2232千字
印　　张：58.25
印　　数：1-3000册
版　　次：2011年1月第1版
印　　次：2011年1月第1次印刷

ISBN 978—7—5073—3155—4
定　　价：290.00元（精装）